For Reference

Not to be taken from this room

Diccionario de Literatura
Española e Hispanoamericana

Alianza Diccionarios

Agradecemos a la Fundación Argentaria
su generosa ayuda,
que ha hecho posible
la publicación de esta obra.

Diccionario de Literatura Española e Hispanoamericana

N-Z

Dirigido por
Ricardo Gullón

Asesores: Pedro Cátedra (Edad Media)
            Alberto Blecua (Siglo de Oro)
            Javier Blasco (ss. XVIII, XIX y XX)
            Teodosio Fernández y Ricardo de la Fuente (Hispanoamérica)
Secretario: Javier Blasco
Edición: Carmen Criado

Alianza
Editorial

QUINTO CENTENARIO

Deseamos expresar nuestro profundo agradecimiento a aquellas personas o instituciones que de una u otra forma nos ayudaron en la preparación de esta obra:

Sociedad General de Autores de España	Santos Sanz Villanueva
Asociación Colegial de Escritores	Lluìs Maristany
Moisés García Ruiz (Biblioteca Nacional)	René Solís
Biblioteca del C.S.I.C.	Sealtiel Alatriste
Departamento de Literatura Hispano-americana de la Universidad Complutense	Alberto Díaz

Primera edición en «Alianza Diccionarios»: 1993 (mayo)
Primera reimpresión en «Alianza Diccionarios»: 1993 (noviembre)

Reservados todos los derechos. De conformidad con lo dispuesto en el art. 534-bis del Código Penal vigente, podrán ser castigados con penas de multa y privación de libertad quienes reprodujeren o plagiaren, en todo o en parte, una obra literaria, artística o científica fijada en cualquier tipo de soporte, sin la preceptiva autorización.

© Herederos de Ricardo Gullón
© Sociedad Quinto Centenario
© Alianza Editorial, S. A.; Madrid, 1993
Calle Juan Ignacio Luca de Tena, 15; 28027 Madrid; Teléf. 741 66 00
ISBN: 84-206-5292-X (O. C.)
ISBN: 84-206-5248-2 (Tomo II)
Depósito legal: M. 32.716-1993
Compuesto en EFCA, S. A.
Avda. Doctor Federico Rubio y Galí, 16. 28039 Madrid
Impreso en LERKO PRINT, S. A. Paseo de la Castellana, 121. 28046 Madrid
Printed in Spain

N-Z

N

NÁCHER, ENRIQUE (Moya, Gran Canaria, 1912). Médico y periodista. Es autor de novelas amoldadas a las técnicas del realismo tradicional: *Buhardilla* (1950), *Cama 36* (1953), *Sobre la tierra ardiente* (1954), *Volvió la paz* (1955), *Guanche* (1957), *Los ninguno* (1959), *Cerco de arena* (1961), *Tongo* (1963), *Se vende el sol* (1969) y *La evasión de los débiles* (1972). También ha publicado ensayos sobre diversos temas (entre ellos, *Proceso a la publicidad*, 1977). [G.R.F.]

NADAÍSMO. Movimiento colombiano de rebeldía social y literaria surgido hacia 1958 y capitaneado por Gonzalo Arango *. Se proponía llevar a cabo «una revolución... del orden espiritual imperante en Colombia». Sus actitudes de rebeldía y permanente desafío pasan por un intento de desestabilización del lenguaje y de las costumbres literarias tradicionales. El movimiento es en parte consecuencia no sólo de la situación que atravesaba el país, después de una época de infernal violencia, sino de la asimilación de ciertos elementos de corrientes europeas de vanguardia. Entre sus miembros más importantes, se hallan los poetas Mario Rivero (1935), cuya original obra tal vez introduce en Colombia la poesía urbana, y Jaime Jaramillo Escobar *.

BIBLIOGRAFÍA. A. Romero, *El nadaísmo colombiano o la búsqueda de una vanguardia perdida* (Bogotá, 1988). [E.C.]

NÁJERA, CANCIONERO DE ESTEBAN DE. Véase CANCIONEROS Y ROMANCEROS DE LOS SIGLOS XVI Y XVII.

NÁJERA, MANUEL DE. Véase ORATORIA SAGRADA DE LOS SIGLOS XVI Y XVII.

NALÉ ROXLO, CONRADO (Buenos Aires, 1898-1971). Como poeta, se caracteriza por una expresión clásica y un talante irónico y sentimental: *El grillo* (1923), *Claro desvelo* (1937), *De otro cielo* (1952). En 1967 apareció su *Poesía completa*. Su teatro recorre la comedia de vuelo lírico e intención socarrona: *La cola de la sirena* (1941), *Una viuda difícil* (1944), *El pacto de Cristina* (1945), *El cuervo del arca* (1945) y *Judith y las rosas* (1956). Con el seudónimo de «Chamico» publicó los artículos y relatos breves de *Cuentos de Chamico* (1941), *El muerto profesional* (1943), *Cuentos de cabecera* (1946), *Mi pueblo* (1953) y otros volúmenes. También es autor de la novela *Extraño accidente* (1960). [B.M.]

NANDINO, ELÍAS. Véase CONTEMPORÁNEOS.

NARANJO, CARMEN (Cartago, Costa Rica, 1931). Comienza escribiendo la poesía de *América* (1961), *Canción de la ternura* (1964), *Hacia tu isla* (1966) y *Misa a oscuras* (1967), y las novelas *Los perros no ladraron* (1966), *Camino al mediodía* (1968), *Memorias de un hombre palabra* (1968) y *Responso por el niño Juan Manuel* (1971), en las que llevó a cabo un análisis profundo e irónico de la crisis socio-cultural de su entorno centroamericano. Su mejor obra es *Diario de una multitud* (1974), donde, entre el dolor y la esperanza, buscó soluciones para una sociedad conflictiva, injusta y cruel, al tiempo que experimentaba con formas narrativas renovadoras. *Sobrepunto* (1985) es otra novela suya. Poemarios recientes son *Homenaje a don Nadie* (1981) y *Mi guerrilla* (1984). Es también autora de cuentos como los reunidos en *Hoy es un largo día* (1974) y *Ondina* (1985), y de la colección de ensayos *Cinco temas en busca de un pensador* (1977). [A.B.F.]

NARBONA, EUGENIO DE. Véase LITERATURA POLÍTICA Y ECONÓMICA EN LOS SIGLOS XVI Y XVII.

NARBONA, RAFAEL (Córdoba, 1911-Madrid, 1972). Fue periodista —después de la Guerra Civil colaboró en *ABC, Pueblo, El Alcázar*, etc.— y crítico literario. Según confesión propia, en su obra literaria hay «un mensaje de luz y de esperanza y una advertencia sombría». Es autor de diversas novelas de carácter realista —*Una luz en la sombra* (1945), *Ausencia sin retorno* (1953), *La difícil convivencia* (relatos, 1961), *La paz imposible* (1966) y *Carta al hijo* (1970)—, de obras de teatro —*La ciudad de los sueños* (1947) y *Los pícaros* (1965), inspirada en textos de Quevedo*—, y de los ensayos *Palacio Valdés o la armonía* (1941), *El aliento de un siglo. Menéndez Pelayo* (1942) y *Polémica de nuestro tiempo* (1968).

BIBLIOGRAFÍA. J. Gómez Burón, *Ensayo sobre Rafael Narbona* (Madrid, 1964); L. Pérez Aguado, *Perfil humano de Rafael Narbona* (Madrid, 1969); R. Horcajada García, *Ideario de Rafael Narbona. Intimografía de la obra narboniana* (Madrid, 1970). [A.R.]

NARRATIVA ESPAÑOLA POSTERIOR A 1975. La narrativa posterior al 75 conoce un progresivo auge hasta nuestros días, que se manifiesta básicamente en la amplia producción y edición de novelas y relatos cortos —es significativa la recuperación de este género tradicionalmente poco valorado—, con el consiguiente aumento de las colecciones dedicadas a la narrativa, traducciones de textos españoles a otras lenguas y proliferación de títulos, premios, reseñas, suplementos, revistas, etc., que, si bien constituyen indicios de vitalidad del género, no facilitan el establecimiento de unas líneas dominantes, sino que ofrecen más bien un panorama confuso del fenómeno narrativo. Por ello, las características que se presentan en las líneas siguientes constituyen tan sólo puntos de referencia que han de tomarse con reservas, dado que, si hay algo que define a la nueva novela, es precisamente la falta de unos criterios universales.

Pasado el furor experimental que caracteriza a la novela de finales de los sesenta y principios de los setenta, la narrativa última, sin renunciar por completo a la renovación formal, tiende a utilizar recursos más tradicionales, una vez asimilados y decantados los intentos innovadores de los años precedentes. La joven novela no tiene ya como objetivo preferente la búsqueda o la experimentación, sino que prefiere lo que con expresión demasiado genérica, pero acertada, se ha denominado la vuelta al placer de contar, al interés por la historia misma, a la amenidad del relato. Por lo general, quedan lejos ya las intenciones políticas o sociales —y cualquier clase de finalidad didáctica o ideológica—, así como el hermetismo que caracterizó a cierta narrativa anterior. Se ha ido abriendo paso una actitud escéptica, ajena a toda convicción firme, que ha llevado a algunos a hablar de la influencia de ese «pensamiento débil» que se señala como una de las notas de la cultura contemporánea.

En este mismo sentido se ha señalado también la inexistencia de una tradición o, mejor, la ruptura con ella, es decir, la ausencia de maestros entre los novelistas españoles o hispanoamericanos más o menos recientes, pese a que no falten influencias concretas reseñables. Abundan, sin embargo, las referencias a los grandes autores de la novela europea y americana de este siglo: Joyce, Faulkner, Kafka, etc., pero ninguno de ellos impone su huella de una manera definitiva. Coexisten en la narrativa española última temas, motivos, estilos y maneras de contar muy diversos entre sí. De hecho, continúan publicando representantes de todas las generaciones y escuelas presentes en el panorama novelístico español desde la primera postguerra y todos ellos cuentan con un grupo más o menos numeroso de lectores asiduos.

Aunque la diversidad temática es grande, pueden detectarse algunos motivos recurrentes, como los históricos (tanto los que se refieren al pasado reciente como los que atañen a una visión de períodos lejanos, marcada con frecuencia por el exotismo), lo erótico y lo amoroso (tratado de muy diversas maneras), los viajes —que adquieren en ocasiones el carácter de búsqueda interior—, el proceso de la creación artística, los asuntos policíacos o procedentes del género negro, y algunos motivos de actualidad como la droga, la delincuencia, la política, etc.

Abundan los tonos humorísticos, lúdicos o irónicos, pero también están presentes los aires nostálgicos o líricos en novelas de fuerte carácter intimista; los tratamientos culturalistas, exquisitos o refinados; el empleo libre y sin trabas de la fantasía; el recurso al perspectivismo. No es frecuente el empeño por la objetividad o por el realismo a ultranza, sino que se prefiere lo subjetivo, tal vez como consecuencia del escepticismo dominante. Los narradores se alejan también, por lo general, de las formas naturalistas.

Son muy comunes las novelas de un carácter vagamente existencial en las que el protagonista, que suele presentarse como desorientado interiormente, inicia un proceso en busca de su identidad, de sus raíces o del sentido de su vida. Esta búsqueda de las propias raíces suele justificar narrativamente las incursiones en el pasado reciente (en términos históricos, el tardofranquismo o la transición) o en un pasado un poco más remoto a la busca de los antecedentes familiares, culturales o locales.

Por lo general, han desaparecido los grandes personajes y han sido sustituidos muchas veces por seres desvalidos e inseguros. No es extraño que los personajes secundarios se presenten como meras sombras, narrativamente hablando. Suelen excluirse las conductas heroicas y predomina una cierta mediocridad vital o al menos una buscada indefinición y, en ocasiones, se tiende a la defensa o la exaltación —siempre moderada— de conductas social o moralmente marginales. Puede detectarse un cierto hastío a la hora de enfrentarse a la vida, consecuencia tal vez de un escepticismo que puede resultar paralizador.

En cuanto al lenguaje, se advierte una notable preocupación formal que muchas veces deriva en un barroquismo o en un amaneramiento de la prosa, pero que, por lo general, revela la sensibilidad y la preparación cultural y literaria de los narradores jóvenes y su esfuerzo por lograr un estilo personal y de calidad. No es raro que muchas de las novelas de los jóvenes autores constituyan auténticos ejercicios de virtuosismo lingüístico.

La estructura narrativa se ha hecho más ligera, variada y dinámica como consecuencia del experimentalismo de los sesenta y setenta, pero también ha tendido al empleo de formas sencillas, no demasiado alejadas de las tradicionales: el capítulo convive con la secuencia y, por lo general, se prescinde de disposiciones del texto que resulten trabajosas para el lector. Hay un cierto gusto por la morosidad en el tratamiento del tiempo, impregnado por la nostalgia, y en la composición del relato la linealidad cronológica tiende a imponerse sobre otras formas más complejas, aunque éstas no falten en algunas novelas. Se prefiere el espacio urbano al espacio rural, aunque la variedad elegida en este aspecto es muy grande y no faltan las visiones idílicas de la naturaleza. Su valoración es muy desigual en los diferentes narradores: mientras que en algunos los elementos paisajísticos están prácticamente ausentes, otros los han convertido en los elementos básicos de sus composiciones.

Aunque no es posible proceder a una clasificación siquiera mínimamente rigurosa, no sólo por la tendencia a la variedad y a la indefinición, sino también porque es frecuente que los títulos de un mismo novelista puedan incluirse en apartados distintos y porque los motivos reseñados en los párrafos anteriores se combinan con gran libertad, se sugiere el siguiente esbozo de clasificación que, inspirada en la que propone Sanz Villanueva, atiende a los motivos temáticos y formales dominantes y básicos:

1) Novela negra o de carácter policiaco, sobre la que han ejercido notable influencia los narradores de la generación inmediatamente anterior, como Eduardo Mendoza * y Manuel Vázquez Montalbán *, y a la que puede adscribirse la producción de Juan Madrid, Pedro Casals, Jorge Martínez Reverte, Andréu Martín, etc., pero también algunas novelas de Juan José Millás * *(Visión de la noche)*, Soledad Puértolas *(Queda la noche)* o Antonio Muñoz Molina *(El invierno en Lisboa,* *Beltenebros)*. (Véase también NOVELA POLICIACA.)

2) Novela histórica. Los acontecimientos cuyos centenarios se han conmemorado en torno a 1992 han reforzado una tendencia que venía desarrollándose desde años atrás y a la que no han sido ajenos algunos novelistas de las generaciones precedentes (Torrente Ballester *, Eduardo Mendoza, José Esteban *, Jesús Fernández Santos *, etc.) ni es exclusiva tampoco de la narrativa española. Lo histórico constituye un tema de difícil delimitación tanto en cuanto a su dependencia de los hechos como en cuanto a los períodos abordados: los siglos de Oro o los prolegómenos, el desarrollo y las consecuencias de la Guerra Civil —tema constante de la narrativa española— son tal vez los que acaparan más títulos, pero no los únicos. En cualquier caso, han proliferado últimamente los especialistas en cuestiones históricas como Juan Eslava Galán, Arturo Pérez-Reverte, Juan Miñana, Luisa Vergara, Juan Van Halen, Juan Campos Reina, Leopoldo Azancot o Pilar Pedraza, entre otros, pero lo histórico sirve de base también para algunas novelas de Antonio Muñoz Molina *(Beatus ille, El jinete polaco)*, Julio Llamazares *(Luna de lobos)*, Eduardo Alonso *(El insomnio de una noche de invierno)*, Javier Maqua *(Invierno sin pretexto)*, José María Merino * *(El oro de los sueños)*, Lourdes Ortiz *(Urraca)*, etc.

3) Novela culturalista. La tendencia culturalista es patente en diversas manifestaciones de la creación artística a partir de los novísimos y el grupo de poetas que comenzaron a escribir en torno al año 70. Uno de ellos, Antonio Colinas *, ha publicado durante la década de los ochenta sus dos novelas, verdaderos paradigmas de la corriente culturalista. El culturalismo como tendencia es heterogéneo: en ocasiones evoca ambientes de épocas pasadas, y se confunde con la novela histórica;

describe con minuciosidad ambientes exquisitos atemporales o presentes, pero vinculados a la creación estética; recrea motivos literarios, legendarios o mitológicos, pero, sobre todo, elige como motivo la reflexión acerca del proceso creativo. Pese a las diferencias entre sus cultivadores, podrían adscribirse al grupo algunas novelas de Álvaro Pombo * —en quien es perceptible una fuerte intelectualización del género tamizada por la ironía que le es consustancial—, Jesús Ferrero —cuya narrativa, al menos durante su primera etapa, está marcada por gustos exóticos—, Miguel Sánchez-Ostiz, Álvaro del Amo, Pedro Zarraluki —quien no prescinde del tratamiento irónico de los motivos culturales—, José María Merino *(El centro del aire)*, Eduardo Alonso *(El retrato del Schifanoia)*; Guillermo García Valdecasas *(El huésped del rector)* o el propio Muñoz Molina, entre otros muchos.

4) Novela intimista. Aunque no es fácil deslindar esta categoría, ya que el intimismo constituye una de las notas dominantes de la nueva narrativa, pueden considerarse en este apartado aquellas novelas que de manera directa o metafórica recojan un intento de ahondar en las raíces de la propia personalidad que se presenta casi siempre como desasistida y frustrada. En algunos autores es perceptible un profundo lirismo presente en la historia misma o en su expresión formal y literaria, como ocurre con Julio Llamazares *(La lluvia amarilla)*, Adelaida García Morales *(El sur, Bene);* en otros, la historia aparece tamizada por la ironía, el sarcasmo o, simplemente por la actitud de desesperanza o desidia, como en Mercedes Soriano *(Historia de no)*, Juan José Millás *(El desorden de tu nombre)*, Ignacio Martínez de Pisón *(Nuevo plano de la ciudad secreta)*.

5) Novela experimental. El evidente retroceso del experimentalismo que caracterizó al período anterior no ha impedido ni la presencia minoritaria de una corriente experimental entre los narradores jóvenes, entre los que destacan Julián Ríos y Antonio Enrique, ni, sobre todo, la asimilación de una renovación formal presente en muchos de los novelistas jóvenes (Muñoz Molina entre ellos). Por lo demás, el experimentalismo se ha prolongado en la narrativa de autores más veteranos como Miguel Espinosa, Leyva, Sánchez Espeso, etc.

6) Novela erótica. La corriente erótica ha adquirido un cierto auge en la novela de los últimos años. Entre sus cultivadores destacan Almudena Grandes.

7) Otras direcciones. La recuperación de las formas tradicionales de la novela. En un panorama tan disperso como el que ofrece la nueva narrativa hay tendencias que apuntan aunque no terminen de cuajar. Así el intento de revitalización de una novela de tipo tradicional que se aborda desde distintas perspectivas, como en el caso de Luis Landero, en cuya *ópera prima, Juegos de la edad tardía*, se han visto elementos cervantinos o en el de Cristina Fernández Cubas, quien en *El año de Gracia* utiliza como referencia explícita los moldes de la novela de aventuras (Stevenson, Defoe) tratados con sus habituales elementos oníricos.

Sin ánimo de agotar la nómina completa de novelistas y obras, pero con el deseo de proporcionar una información amplia sobre los principales nombres de la narrativa española última, se adjunta la siguiente relación de autores que han comenzado a publicar después del setenta y cinco con sus títulos correspondientes.

MERCEDES ABAD (Barcelona, 1961): *Ligeros libertinajes sabáticos* (1986), *Felicidades conyugales* (1989). LEOPOLDO ALAS (Arnedo, La Rioja, 1962): *Bochorno* (1991). JAVIER ALFAYA (Bayona, Pontevedra, 1939): *El traidor melancólico* (1990). DAMIÁN, ALOU (Palma de Mallorca, 1959): *Una modesta aportación a la historia del crimen* (1991). JESÚS ALVIZ (Cáceres, 1946): *Luego, ahora háblame de China* (1977), *He amado a Wagner* (1978), *El Frinosomo vino a Babel* (1979), *Calle Urano* (1981), *Trébedes* (1982), *Concierto de ocarina* (1986). ÁLVARO DEL AMO (Madrid, 1942): *Mutis* (1980), *Libreto* (1985), *Contagio* (1991), *En casa* (1992). JUAN CARLOS ARCE (Albacete, 1958): *Melibea no quiere ser mujer* (1991). RAFAEL ARGULLOL (Barcelona, 1949): *Lampedusa* (1981), *El asalto del cielo* (1986), *Desciende, río invisible* (1989). MARIANO ARIAS (Oviedo, 1951): *El silencio de las palabras* (1991). LEOPOLDO AZANCOT (Sevilla, 1935): *La novia judía* (1977), *Fátima, la esclava* (1979), *La noche española* (1981), *El amante increíble* (1982), *El rabino de Praga* (1983), *Mozart, el amor y la culpa* (1988). ENRIC BENAVENT (Quatretonda, Valencia, 1953): *Cáliz de vértigo* (1988). FELIPE BENÍTEZ REYES (Rota, Cádiz, 1960): *Chistera de duende* (1991). XAVIER BERENGUER (Barcelona, 1947): *Relatos del asombro* (1985). ÁLVARO BERMEJO (San Sebastián, 1959): *La Madonna de la tempestad* (1988), *El descenso de Orfeo* (1988). CARLOS BLANCO AGUINAGA (Irún, Guipúzcoa, 1926): *Ojos de papel volando* (1984), *Un tiempo tuyo* (1988), *Carretera de Cuernavaca* (1990). RAMÓN BODEGAS (Bilbao, 1955): *Jarri* (1988). JORGE BONELLS (Barcelona, 1951): *La luna* (1988). JUAN MANUEL BORRERO (Huelva, 1947): *La luna blanca de Chesed* (1989). EDUARDO CALVO (Madrid, 1949): *El dueño de la luna* (1982), *La edad geométrica* (1983), *El diablo al amanecer* (1984). JUAN CAMPOS REINA (Córdoba, 1946): *Santepar* (1988), *El desierto de seda* (1990). IGNACIO CARRIÓN (San Sebastián, 1938): *El milagro* (1990), *Klaus ha vuelto* (1992). PEDRO CASALS (Barcelona, 1944): *El intermediario* (1983), *El primer poder* (1984), *Anónimos contra el banquero* (1984), *¿Por qué mataron a Felipe?* (1985), *Disparando cocaína* (1986), *La jeringuilla* (1986), *Las hogueras del rey* (1989). MARTÍN CASARIEGO (Madrid, 1962): *Qué te voy a contar* (1989). JUAN PEDRO CASTAÑEDA (Tenerife, 1945): *La despedida* (1977), *Muerte de animales* (1982), *En el reducto* (1986). LUISA CASTRO (Foz, Lugo, 1966): *El somier* (1990). JOSÉ CARLOS CATAÑO (La Laguna, Tenerife, 1954): *Jules Rock* (1975), *Disparos en el paraíso* (1982), *De tu boca a los cielos* (1985), *Muerte sin ahí* (1986), *Madame* (1989). JUAN LUIS CEBRIÁN (Madrid, 1944): *La rusa* (1986), *La isla del viento* (1990). JAVIER CERCAS (Cáceres, 1962): *El inquilino* (1989). AGUSTÍN CEREZALES LAFORET (Madrid, 1957): *Perros verdes* (1989), *Escaleras en el limbo* (1991). ALFONS CERVERA (Gestalgar, Valencia, 1947): *De vampiros y otros asuntos amorosos* (1984), *Nunca conocí un corazón tan solitario* (1987), *El domador de leones* (1989). EDUARDO CHAMORRO (Madrid, 1946): *El zorro enterrando a su abuela debajo de un arbusto* (1976), *Relatos de la Fundación* (1982), *Súbditos de la noche* (1982), *La cruz de Santiago* (1992). RAFAEL CHIRBES (Tabernes de Valldigna, Valencia, 1949): *Mimoun* (1988), *En la lucha final* (1991), *La buena letra* (1992). PILAR CIBREIRO (Villaboa, La Coruña, 1952): *El cinturón traído de Cuba* (1984), *Arte de acecho* (1990). RICARDO CID CAÑAVERAL (Madrid, 1945): *M-30* (1984), *Bordillo* (1988). JOSÉ MARÍA CONGET (Zaragoza, 1948): *Quadrupedumque* (1981), *Comentarios (marginales) a la Guerra de las Galias* (1984), *Gaudeamus* (1986), *Todas las mujeres* (1989). ANTONIO ENRIQUE (Granada, 1953): *La armónica montaña* (1986). JUAN ESLAVA GALÁN (Arjona, Jaén, 1948): *En busca del unicornio* (1987), *Guadalquivir* (1990). RAMÓN DE ESPAÑA (Barcelona, 1956): *La vida mata* (1984), *Sol, amor y mar* (1988), *Nadie es inocente* (1989). JOSÉ FERNÁNDEZ CAVIA (Barcelona, 1963): *Historias de amor y otros cuentos chinos* (1989). CRISTINA FERNÁNDEZ CUBAS (Arenys de Mar, Barcelona, 1945): *Mi hermana Elba* (1980), *Los altillos de Brumal* (1983), *El año de* *gracia* (1985), *El ángulo del horror* (1990). José Miguel Urbina (Miranda de Ebro, Burgos, 1951): *Musarañas de celuloide* (1900) y *El arrepentido* (1900). José Ferrer-Bermejo (Alcalá de Henares, 1956): *Incidente en Atocha* (1982), *El increíble hombre inapetente y otros relatos* (1982), *El globo de Trapisonda* (1985). Jesús Ferrero (Zamora, 1952): *Bélver Yin* (1981), *Opium* (1986), *Lady Pepa* (1988), *Debora Blenn* (1988), *El efecto Doppler* (1990), *Alis el salvaje* (1991). Laura Freixas (Barcelona, 1958): *El asesino en la muñeca* (1988). Julio Frisón (Zaragoza, 1946): *El altísimo secreto* (1989). Alejandro Gándara (Santander, 1957): *La media distancia* (1984), *Punto de fuga* (1986), *La sombra del arquero* (1990), *El final del cielo* (1990), *Ciegas esperanzas* (1992). Pedro García Montalvo (Madrid, 1951): *La primavera en viaje hacia el invierno* (1981), *Los amores y las vidas* (1983), *El intermediario* (1983), *Una historia madrileña* (1988). Adelaida García Morales (Badajoz, 1945): *Archipiélago* (1981), *El sur* (1985), *Bene* (1985), *El silencio de las sirenas* (1986), *La lógica del vampiro* (1990). Adolfo García Ortega (Valladolid, 1958): *Mampaso* (1990). Javier García Sánchez (Barcelona, 1955): *Mutantes de invierno* (1985), *Teoría de la eternidad* (1985), *Continúa el misterio de los ojos verdes* (1985), *La Dama del Viento Sur* (1985), *Última carta de amor de Carolina von Günderrode a Bettina Brentano* (1986), *Los amores secretos* (1987), *El mecanógrafo* (1990), *La historia más triste* (1991). Sonia García Soubriet (Tomelloso, Ciudad Real, 1957): *La otra Sonia* (1987), *Bruna* (1990), *El correo prodigioso* (1990). Blanca García Valdecasas (Granada, 1936); *La puerta de los sueños* (1978). Tomás García Yebra (Madrid, 1956): *El andarín de su órbita* (1983), *La dificultad de ser normal* (1987), *El infierno son los otros* (1990). Alicia Giménez Bartlett (Almansa, Albacete, 1951): *Exit* (1984), *Pájaros de oro* (1987), *Caídos en el valle* (1989). Ignacio Gómez de Liaño (Madrid, 1946): *Arcadia* (1981). José Benjamín González Nebot (Burriana, Castellón, 1957): *Diálogo del arte de torear* (1986), *Eran tiempos heroicos y frágiles* (1990). José Ángel González Sáinz (Soria, 1956): *Los encuentros* (1989). Almudena Grandes (Madrid, 1960): *Las edades de Lulú* (1989), *Te llamaré viernes* (1991). Avelino Hernández (Valdegeña, Soria, 1944): *La historia de San Kildán* (1981), *Campodelagua* (1990). César Hernández (Barcelona, 1959): *La noche azul* (1991). Domingo-Luis Hernández (Los Realejos, Tenerife, 1954): *Triángulo* (1984), *El ojo vacío* (1986). Felipe Hernández (Barcelona, 1960): *Naturaleza* (1989). Manuel Hidalgo (Pamplona, 1953): *El pecador impecable* (1986), *Azucena, que juega al tenis* (1988), *Olé* (1991). Juan Ramón Iborra (Granada 1954): *Porque mi vida se apaga* (1984). Ramón Irigoyen (Pamplona, 1942): *Inmaculada Cienfuegos y otros relatos* (1991). María Jaén (Utrera, Sevilla, 1962): *El escote* (1986), *Sauna* (1987). Luis Landero (Alburquerque, Badajoz, 1948): *Juegos de la edad tardía* (1989). José María Latorre (Zaragoza, 1945): *Huida de la ciudad araña* (1981), *School bus* (1985), *Miércoles de ceniza* (1985), *Sangre es el nombre del amor* (1985), *Osario* (1987), *La noche transfigurada* (1990), *Fiesta perpetua* (1992). Joaquín Leguina (Villaescusa, Cantabria, 1941): *Historias de la calle Cádiz* (1985), *La fiesta de los locos* (1989), *Tu nombre envenena mis sueños* (1992). Julio Llamazares (Vegamián, León, 1955): *El entierro de Genarín* (1981), *Luna de lobos* (1985), *La lluvia amarilla* (1988), *El río del olvido* (1990). José Carlos Llop (Palma de Mallorca, 1956): *Pasaporte diplomático* (1991). Manuel Longares (Madrid, 1943): *La novela del corsé* (1979), *Soldaditos de Pavía* (1984), *Operación Primavera* (1992). Manuel de Lope (Burgos, 1949): *Jardines de África* (1987), *Madrid continental* (1987), *El otoño del siglo* (1988), *Octubre en el menú* (1989), *Albertina en el país de los gararmantes* (1990), *Los amigos de Toti Tang*. JUAN MADRID (Málaga, 1947): *Las apariencias no engañan* (1982), *Nada que hacer* (1984), *Un trabajo fácil* (1984). JAVIER MAQUA (Madrid, 1945): *El cadáver del tiempo* (1976), *Aventuras de Percy en Australia* (1978), *Las condiciones objetivas* (1982), *Invierno sin pretexto* (1992). ANDRÉU MARTÍN (Barcelona, 1949): *Aprende y calla* (1979), *A la vejez, navajazos* (1980), *Prótesis* (1980), *Memento de difuntos* (1985), *Cuidados intensivos* (1990). JOSÉ LUIS MARTÍN (Ávila, 1941): *Cáñamo para un violín* (1989). LUIS G. MARTÍN (Madrid, 1962): *Los oscuros* (1990). ANTONIO MARTÍNEZ LLAMAS (Villanueva de Carrizo, León, 1952): *La flor de la peste* (1987). IGNACIO MARTÍNEZ DE PISÓN (Zaragoza, 1960): *La ternura del dragón* (1985), *Alguien te observa en secreto* (1986), *Antofagasta* (1987), *Nuevo plano de la ciudad secreta* (1992). JORGE MARTÍNEZ REVERTE (Madrid, 1948): *Demasiado para Gálvez* (1979), *El mensajero* (1982), *Gálvez en Euzkadi* (1983), *El último café* (1989). JUAN ANTONIO MASOLIVER RÓDENAS (Barcelona, 1939): *Retiro lo escrito* (1988), *Beatriz Miami* (1991). MARINA MAYORAL (Mondoñedo, Lugo, 1942): *Cándida otra vez* (1979), *Al otro lado* (1980), *La única libertad* (1982), *Contra muerte y amor* (1985), *Morir en sus brazos y otros cuentos* (1989). JAVIER MEMBA (Madrid, 1959): *Hotel Savoy* (1987), *Homenaje a Kid Valencia* (1989), *Disciplina* (1991). JOSÉ ANTONIO MILLÁN (Madrid, 1954): *Sobre las brasas* (1988), *El día intermitente* (1990), *La memoria y otras extremidades* (1991). JUAN MIÑANA (Barcelona, 1959): *La claque* (1986), *El jaquemart* (1991). PEDRO MOLINA TEMBOURY (Málaga, 1955): *Madre gallina África* (1985), *Ballenas* (1987), *El hombre de Madrid* (1989). ROSA MONTERO (Madrid, 1951): *Crónica del desamor* (1979), *La función Delta* (1981), *Te trataré como a una reina* (1983), *Amado amo* (1988), *Temblor* (1990). ENRIQUE MONTIEL (San Fernando, Cádiz, 1951): *Mal de piedra* (1987), *Calle Comedias* (1987). GREGORIO MORALES VILLENA (Granada, 1952): *Y Hesperia fue hecha* (1982), *Puntos de vista* (1985), *La cuarta locura* (1989). JUAN MORO (Alhucemas, Marruecos, 1939): *El reflejo* (1984). DANIEL MÚGICA (San Sebastián, 1967): *En los hilos del títere* (1988), *Uno se vuelve loco* (1989). JOSÉ LUIS MUÑOZ (Salamanca, 1951): *El cadáver bajo el jardín* (1986), *Barcelona negra* (1986), *Serás gaviota* (1988), *El barroco* (1988), *La casa del sueño* (1989), *La lanzadora de cuchillos* (1989), *Pubis de vello rojo* (1990). ANTONIO MUÑOZ MOLINA (Úbeda, Jaén, 1956): *Beatus ille* (1986), *El invierno en Lisboa* (1987), *Las otras vidas* (1988), *Beltenebros* (1989), *El jinete polaco* (1992). VICENTE MUÑOZ PUELLES (Valencia, 1948): *Anacaona* (1980), *Campos de Marte* (1985), *Sombras paralelas* (1989), *El último manuscrito de Hernando Colón* (1992). ENRIQUE MURILLO (Barcelona, 1944): *El secreto del arte* (1984), *El centro del mundo* (1988). PILAR NASARRE (Huesca, 1956): *El último concierto* (1990). JUSTO NAVARRO (Granada, 1953); *El doble del doble* (1988), *Hermana muerte* (1990), *Accidentes íntimos* (1990). JORGE ORDAZ (Barcelona, 1946): *Prima donna* (1986), *Las confesiones de un bibliófago* (1989). MARCOS ORDÓÑEZ (Cistierna, León, 1957): *El signo de los tiempos* (1988), *A cualquiera puede sucederle* (1990). LOURDES ORTIZ (Madrid, 1943): *Luz de la memoria* (1976), *Picadura mortal* (1979), *En días como éstos* (1980), *Urraca* (1982), *Arcángeles* (1986), *Los motivos de Circe* (1988). JESÚS PARDO (Torrelavega, Santander, 1927): *Ahora es preciso morir* (1982), *Ramas secas del pasado* (1984), *Cantidades discretas* (1987), *Operación Barbarrosa* (1988). ERNESTO PARRA (Madrid, 1952): *Soy un extraño para ti* (1981), *Menos da una piedra* (1989). PILAR PEDRAZA (Toledo, 1951): *La fase del rubí* (1987), *Las joyas de la serpiente* (1988), *La pequeña pasión* (1990), *La bella, enigma y pesadilla*

(1991). PEDRO J. DE LA PEÑA (Valladolid, 1944): *Los años del fuego* (1989). ANTONIO PÉREZ HENARES (Butalaro, Guadalajara, 1953): *La piel de la tierra* (1981), *Las bestias* (1983), *La cruzada del perro* (1985). CARLOS PÉREZ MERINERO (Écija, Sevilla, 1950): *Días de guardar* (1981), *Las reglas del juego* (1982), *El ángel triste* (1983), *La mano armada* (1986). ARTURO PÉREZ-REVERTE (Cartagena, 1951): *El húsar* (1986), *El maestro de esgrima* (1988), *La tabla de Flandes* (1990). ALBERTO PORLAN (Madrid, 1947): *Quasar azul* (1981), *Luz de oriente* (1991). BEATRIZ POTTECHER (Madrid, 1951): *Ciertos tonos del negro* (1985), *Onca* (1987). SOLEDAD PUÉRTOLAS (Zaragoza, 1947): *El bandido doblemente armado* (1979), *Una enfermedad moral* (1983), *Burdeos* (1986), *Todos mienten* (1986), *Queda la noche* (1989), *Días del arenal* (1992). JOSÉ ANTONIO RAMÍREZ LOZANO (Nogales, Badajoz, 1950): *Flos sanctorum* (1981), *Gárgola* (1985), *Titirimundi* (1987). MANUEL RICO (Madrid, 1952): *Los filos de la noche* (1987), *Estilográficas* (1987), *Mar de octubre* (1989). JULIÁN RÍOS (Vigo, Pontevedra, 1941): *Larva* (1983), *Poundemonium* (1986), *Impresiones de Kitaj: la novela pintada* (1989). JOSÉ LUIS RODRÍGUEZ (León, 1949): *El rorcual azul* (1991). ANTONIO RODRÍGUEZ ALMODÓVAR (Alcalá de Guadaira, Sevilla, 1941): *Variaciones para un saxo* (1986). CLARA SÁNCHEZ (Guadalajara, 1953): *Piedras preciosas* (1989), *No es distinta la noche* (1990). FERNANDO SÁNCHEZ DRAGÓ (Madrid, 1936): *Eldorado* (1984), *La Dragontea* (1992), *La prueba del laberinto* (1992). MIGUEL SÁNCHEZ-OSTIZ (Pamplona, 1950): *Los papeles del ilusionista* (1982), *El pasaje de la luna* (1984), *Tánger-Bar* (1987), *La quinta del americano* (1987), *La gran ilusión* (1989). FRANCISCO J. SATUÉ (Madrid, 1961): *El círculo infinito* (1983), *Las sombras rojas* (1986), *El desierto de los ojos* (1986), *La pasión de los siniestros* (1987), *Desolación del héroe* (1988), *Múltiples móviles* (1989), *La carne* (1991). JAVIER SEBASTIÁN (Zaragoza,

1962): *La casa del calor* (1990). EMILIO SOLA (Asturias, 1945): *Los hijos del agobio* (1984), *Arcadio y los pastores* (1986). RAFAEL SOLER (Valencia, 1947): *El grito* (1979), *Cuentos de ahora mismo* (1980), *El mirador* (1981), *El corazón del lobo* (1982), *El sueño de Torba* (1983), *Barranco* (1985). PEDRO SORELA (Bogotá, 1951): *Aire de mar en Gádor* (1989), *Huellas del actor en peligro* (1991). MERCEDES SORIANO (Madrid, 1950): *Historia de no* (1989), *Contra vosotros* (1991). FERRÁN TORRENT (Sedaví, Valencia, 1951): *No me vacilen al comisario* (1987), *Contra las cuerdas* (1987), *Un negro con un saxo* (1988). MARUJA TORRES (Barcelona, 1943): *¡Oh, es él!* (1986), *Ceguera de amor* (1991). ANDRÉS TRAPIELLO (León, 1953): *La tinta simpática* (1988), *El buque fantasma* (1992). ESTHER TUSQUETS (Barcelona, 1936): *El mismo mar de todos los veranos* (1978), *El amor es un juego solitario* (1979), *Varada tras el último naufragio* (1980), *Siete miradas en un mismo paisaje* (1981), *Para no volver* (1985). JUAN VAN HALEN (Torrelodones, Madrid, 1944): *Memoria secreta del hermano Leviatán* (1988). HÉCTOR VÁZQUEZ RIAL (Buenos Aires, 1947): *El viaje español* (1984), *Oscuras materias de la luz* (1987), *La libertad de Italia* (1989), *Territorios vigilados* (1990). LUISA VERGARA (Madrid, 1941): *Más allá del río Birú* (1977), *No serán las Indias* (1988). IGNACIO VIDAL FOLCH (Barcelona, 1956): *El arte no se paga* (1985), *No se lo digas a nadie* (1987). PEDRO ZARRALUKI (Barcelona, 1954): *La décima sinfonía* (1979), *Las fantásticas aventuras del Barón Roldán* (1981), *Tres trayectos innobles* (1986), *La noche del tramoyista* (1987), *Galería de enormidades* (1989), *Retrato de familia con catástrofe* (1989), *El responsable de las ranas* (1990). JOSÉ ANTONIO ZORRILLA (Bilbao, 1946): *Antiguo esplendor* (1983).

BIBLIOGRAFÍA. S. Alonso, *La novela de la transición* (Madrid, 1983); S. Sanz Villanueva, *Historia de la literatura espa-*

ñola. *Literatura actual* (Barcelona, 1984); AA. VV., «Diez años de novela en España (1976-1985)», en *Ínsula*, núms. 464-465 (julio-agosto de 1985); R. Landeira y L. González del valle (eds.), *Nuevos y novísimos. Algunas perspectivas críticas sobre la narrativa española desde la década de los sesenta* (Boulder, Colorado, 1987); G. Navajas, *Teoría y práctica de la novela española posmoderna* (Barcelona, 1987); S. Amell y S. García Castañeda (eds.), *La cultura española en el postfranquismo. Diez años de cine, cultura y literatura. 1975-1985* (Madrid, 1988); AA. VV., «El cuento en España: 1975-1990», en *Lucanor*, núm. 6 (1988); AA. VV., *Doce años de cultura española (1976-1987)* (Madrid, 1989), págs. 11-51; AA. VV., monográfico sobre «La literatura española actual», en *Cuenta y razón*, núms. 48-49 (julio-agosto de 1989); M.ª C. África Vidal, *Hacia una patafísica de la esperanza. Reflexiones sobre la novela posmoderna* (Alicante, 1990); AA. VV., «Novela española, 1989-1990», en *Ínsula*, núm. 525 (septiembre de 1990); A. Basanta, *La novela española de nuestra época* (Madrid, 1990); R. Conte, «La novela española actual, o los mercaderes en el templo», en *Una cultura portátil. Cultura y sociedad en la España de hoy* (Madrid, 1990); S. Sanz Villanueva, *Narrativa hispánica* (Madrid, 1990); P. de Miguel, «Narrativa española: balance de seis años de entusiasmo», en *Atlántida*, núm. 8 (octubre-diciembre de 1991), págs. 106-111; AA. VV., *Historia y crítica de la literatura española*, vol. 9 (Barcelona, 1992), págs. 248-431. [E.P.-R.]

NARVÁEZ, LUIS DE. Véase CANCIONEROS Y ROMANCEROS DE LOS SIGLOS XVI Y XVII.

NASARRE, BLAS ANTONIO (Alquézar, Huesca, 1689-Madrid, 1751). Catedrático de Derecho en Zaragoza, se trasladó a Madrid, donde fue director de la Biblioteca de Palacio y miembro de la Real Academia Española. Se le consideró en su tiempo como gran erudito, bibliógrafo y paleógrafo, pero su nombre ha quedado asociado a sus polémicas opiniones sobre el teatro español y Cervantes *. En 1732 reimprimió el *Quijote* de Fernández de Avellaneda *, que consideraba superior a la segunda parte del de Cervantes. Y en 1749 editó el teatro de este último, al mismo tiempo que atacaba duramente la dramaturgia del Siglo de Oro —sobre todo a Lope de Vega * y Calderón *— en un prólogo arbitrario que fue contestado, entre otros, por T. Erauso y Zabaleta. [J.A.R.]

NASARRE, PILAR. Véase NARRATIVA ESPAÑOLA POSTERIOR A 1975.

NATAS, FRANCISCO DE LAS. Véanse TEATRO EN LOS SIGLOS XVI Y XVII y TRADUCCIONES DEL ITALIANO EN LOS SIGLOS XVI Y XVII.

NATURAE CURIOSUM, ACADEMIA. Véase ACADEMIAS.

NATURALISMO EN ESPAÑA. Escuela literaria procedente de Francia y difundida en España a mediados de los años setenta del pasado siglo cuando Charles Vigot, corresponsal de la *Revista Contemporánea*, presentó al público español la obra de Émile Zola. Éste, máximo exponente de la escuela, había sido influido muy directamente por las ideas de Claude Bernard, expuestas en su *Introducción al estudio de la medicina experimental* (1865), donde se declara la fe en la ciencia como modo de explicar la conducta humana. En *La novela experimental* (1880) explicó Zola cómo la novela debía tener en cuenta las condiciones de vida de los personajes, su fisiología y las circunstancias derivadas del medio ambiente y de la posición social: situar al hombre en un medio determinado y explicarlo objetivamente, esforzándose en operar con el rigor y la eficacia de la medicina experimental. La teoría fue modificada por la práctica, eliminando extremismos esterilizantes. Uno de los efectos del naturalismo fue producir una reacción contraria entre los tradicionalistas, que emprendieron una verdadera cruzada contra las novedades de la escuela. Hechos considerados hasta entonces como tabúes —la injusticia social, el adulterio, el incesto, la prostitución, etc.—, pasaron a ser materia propia de la novela.

El naturalismo en España tuvo distintas vertientes; una popular, que le acercó al folletín y logró escasa relevancia, y otra más selectiva y artística, en la que se embarcaron escritores como Vicente Blasco Ibáñez *, José M.ª de Pereda *, Alejandro Sawa * y Emilia Pardo Bazán. El influjo del naturalismo fue entonces considerable, pero sus productos se diferenciaron claramente de lo que se escribía en Francia. El naturalismo peredicano es esencialmente costumbrismo, y el de Pardo Bazán * intenta compatibilizar las creencias religiosas con los principios de la escuela, hecho que asombró al mismo Zola. En 1882-83 publicó doña Emilia *La cuestión palpitante*, resumen personal de lo que consideraba la doctrina de la escuela. Las novelas naturalistas ofrecen características disímiles, reflejo de las diferentes maneras de concebir al hombre y su representación novelesca. Respecto a la perspectiva narrativa, en el naturalismo tiende a desaparecer la autoridad de la voz organizadora y sistematizadora de lo contado. El autor-autoridad, dominante en las novelas anteriores, abandona hasta cierto punto su posición privilegiada, dejando a los personajes que actúen sin su mediación. Si en la novela precedente no tenía dificultades el lector para distinguir entre héroes y villanos, en la naturalista la distinción se borra: el personaje carece de libertad, puesto que está determinado por las leyes de la herencia y por los condicionamientos sociales; la fisiología determinante del carácter hace que el actante no pueda moverse con la misma libertad que en narraciones de otro tipo. Los rasgos fisiológicos de sus familiares, los suyos propios, su relación con la sociedad y la historia de su tiempo son factores que han de tenerse en cuenta al valorar la conducta de los personajes.

Si las novelas de Alarcón * y Fernán Caballero * se caracterizan por cómo el narrador cuenta lo acontecido, en la novela naturalista esa autoridad queda atenuada cuando el personaje y los rincones de su personalidad se encuentran dominados por vicios ocultos. Hay una tendencia reiterada a dirigir el foco narrativo sobre lo miserable, lo sórdido, lo vicioso. Y esta tendencia es la que hizo que Menéndez Pelayo * calificara el naturalismo de romanticismo al revés, de romanticismo que en lugar de deformar la realidad hacia la belleza, la deteriora, exaltando la fealdad. La prosa había de basarse en un lenguaje tan crudo como fuese necesario para dar la impresión de realismo. Un nuevo estilo se imponía para narrar hechos hasta entonces preteridos por el novelista, especialmente la aparición del proletariado, el poder y los abusos de la burguesía y la decadencia, por no decir desaparición, de las clases altas de la sociedad.

A mediados de la década de los ochenta el naturalismo se había convertido en parte del acervo cultural del mundo de Occidente, pasando de Europa a Hispanoamérica y Estados Unidos. El espiritualismo ruso, llegado con las traducciones al francés y al español de las novelas de Tolstoi y Dostoyevski, fue un elemento de cambio que no debe perderse de vista para comprender la evolución de la literatura de Occidente.

BIBLIOGRAFÍA. W. T. Pattison, *El naturalismo español. Historia externa de un movimiento literario* (Madrid, 1965); R.

Pérez de la Dehesa, «Zola y la literatura española finisecular», en *Hispanic Review*, 39 (1971); M. Etreros, «El naturalismo español en la década de 1881-1891», en *Estudios sobre la novela española del siglo XIX* (Madrid, 1977); G. Sobejano, «El lenguaje de la novela naturalista», en *Realismo y naturalismo en España*, ed. de I. Lissorgues (Barcelona, 1988). [G.G.]

NATURALISMO EN HISPANOAMÉRICA. El naturalismo se deja sentir en la narrativa hispanoamericana a partir de 1880, relacionado sobre todo con el análisis profundo de los conflictos étnicos y sociales y con la atribución de motivos inconscientes a la conducta de los personajes. Esas novedades se detectan en numerosas obras «realistas», pero el conocimiento de la novela experimental francesa parece afectar decisivamente a algunos escritores, localizados sobre todo en el Río de la Plata. Novelas argentinas como *La gran aldea* (1884), de Lucio Vicente López *, *La bolsa* (1891), de Julián Martel *, y *Memorias de un vigilante* (1897), de fray Mocho (José Sixto Alvarez *), ofrecen ingredientes naturalistas, y a la escuela de Zola se adscriben decididamente *Inocentes o culpables* (1884), de Juan Antonio Argerich (1862-1924), *Irresponsables* (1889), de Manuel T. Podestá (1853-1918), *Libro extraño* (1891-1902), de Francisco Sicardi *, y las obras de Eugenio Cambaceres *, tal vez el mejor representante del naturalismo en Hispanoamérica: *Pot-puorri. Silbidos de un vago* (1881), *Música sentimental* (1884), *Sin rumbo* (1885) y *En la sangre* (1887). Cambaceres se mostró más decidido que ninguno de ellos a adentrarse en los secretos de la naturaleza humana, a descubrir la podredumbre de su entorno y a comprobar el cumplimiento de las leyes de la herencia biológica que parecían determinar irremediablemente las conductas. Del lado uruguayo, el naturalismo encontró su mejor representación en la obra de Eduardo Acevedo Díaz *, que trató de hacer de la novela experimental una forma de acercamiento a la realidad nacional, y en novelas como *Por la vida* (1888) y *Beba* (1894), de Carlos Reyles *, y *Gaucha* (1899), de Javier de Viana *. Y no es difícil encontrar muestras en otros países: la peruana Clorinda Matto de Turner * se aproximó a la difícil realidad del indio en *Aves sin nido* (1889), pero se mostró más naturalista después, en *Índole* (1891) y *Herencia* (1893); en México el naturalismo estuvo representado sobre todo por Federico Gamboa * y por sus novelas *Suprema ley* (1896), *Santa* (1903) y *La llaga* (1910); en Puerto Rico por Manuel Zeno Gandía * y sus «crónicas de un mundo enfermo», ciclo de novelas entre las que destaca especialmente *La charca* (1894); y en Chile por los cuentos de Baldomero Lillo * reunidos en *Sub terra* (1904), y por novelas como *Juana Lucero* (1902), de Augusto D'Halmar *. Por lo demás, rasgos naturalistas aparecen en novelas como *El conspirador* (1892), de la peruana Mercedes Cabello de Carbonera *, *Peonía* (1890), del venezolano Manuel Vicente Romero García *, *Casa grande* (1908), del chileno Luis Orrego Luco *, y en algunas del colombiano Tomás Carrasquilla *, que por algún tiempo pretendió hacer una literatura científica.

La narrativa naturalista apenas fue una consecuencia de la mentalidad cientificista que el positivismo había difundido en Hispanoamérica. También fueron numerosos los ensayos dedicados a analizar el organismo social, a veces con optimismo, como en el caso de Justo Sierra *, que en «Historia política» y «La era actual», escritos para la obra colectiva *México: su evolución social* (1900-1902), ofreció su visión de las transformaciones sufridas por el pueblo mexicano en el camino necesario del progreso. Pero los estudios de psicología social o colectiva, que constituyeron a fines del XIX un esfuerzo fundamental para la definición del carácter nacional, arrojaron por lo general resultados negativos. El médico argentino José María Ramos Mejía (1849-1914), autor de *Las multitudes argentinas* (1899) y *Rosas y su época* (1907), hizo ver que en el alma colectiva operan elementos inconscientes y herencias seculares, y esa actitud cientificista, que muchos compartieron, mostró que el proceso evolutivo se convertía en una manifestación de leyes naturales ajenas al libre albedrío. En cuanto algunas tesis racistas y deterministas se volcaron sobre el análisis de la realidad americana, el evolucionismo materialista amenazó con imponerse a la propia teoría positivista del progreso social. Proliferaron entonces los diagnosticadores de los males del continente, y fueron muchas las obras que se ocuparon de la barbarie, del salvajismo, de la degeneración y de la locura de una sociedad concebida como un cuerpo enfermo, en el que operaba negativamente la presencia de razas de color y de elementos mestizos. Así lo había visto Domingo Faustino Sarmiento * en *Conflicto y armonías de las razas en América* (1883), y a esas convicciones responden después *Manual de patología política* (1899), del argentino Agustín Álvarez (1857-1914), *Continente enfermo* (1899), del venezolano César Zumeta (1860-1955), *Nuestra América* (1903), del argentino Carlos Octavio Bunge *, y *Pueblo enfermo* (1909), del boliviano Alcides Arguedas *. Desde luego, las pretensiones científicas no quedaron al servicio exclusivo de los diagnósticos pesimistas: a veces fueron compartidas por quienes no asumían el darwinismo social, como el peruano Manuel González Prada *, y por quienes se orientaban hacia el socialismo, como el argentino José Ingenieros *.

BIBLIOGRAFÍA. G. Ara, *La novela naturalista hispanoamericana* (Buenos Aires, 1965); V. Urbistondo, *El naturalismo en la novela chilena* (Santiago de Chile, 1966); L. Iñigo-Madrigal, «La novela naturalista hispanoamericana», en C. Goic, *La novela hispanoamericana. Descubrimiento e invención de América* (Valparaíso, 1974), págs. 71-94. [T.F.]

NAVA, THELMA. Véase HISPANOAMÉRICA: POESÍA ACTUAL.

NAVA ÁLVAREZ, GASPAR MARÍA DE. Véase NOROÑA, CONDE DE.

NAVALES, ANA MARÍA (Zaragoza, 1935). Ensayista, poetisa y narradora española que obtuvo en 1972 el Premio de Narrativa Internacional Silarus por *Una máquina gris y verso*. Ha publicado relatos y novelas de carácter intimista —*Dos muchachos metidos en un sobre azul*, 1976; *Mi tía Elisa*, 1983; *El laberinto del Quetzal*, 1985, y *Cuentos de Bloomsbury*, 1991—, así como media docena de poemarios: *Junto a la última piel* (1973), *Del fuego secreto* (1978), *Los espías de Sísifo* (1981), *Nueva, vieja estancia* (1983), *Los labios de la luna* (1989) y *Los espejos de la palabra (Antología personal)* (1991). Es autora también del ensayo *Cuatro novelistas españoles: Delibes, Aldecoa, Sueiro y Umbral* (1974) y de dos antologías sobre poetas y narradores aragoneses contemporáneos. [M.A.]

NAVARRA, PEDRO DE. Véase COLOQUIOS Y DIÁLOGOS EN EL SIGLO XVI.

NAVARRETE, JOSÉ DE (Puerto de Santa María, Cádiz, 1836-Niza, Francia, 1901). Siguió la carrera militar y colaboró, con artículos de tema político y castrense, y con poesías, en *Revista de España*, *El Mundo Militar*, *La Ilustración Española y Americana*, *El Globo*, etc. Las tertulias de su casa, los domingos, con Valera *, Fernández Grilo * y Alarcón *, fueron famosas. Interesado por la política, publicó *Las lla-*

ves del Estrecho (1882). Escribió también la comedia *La cesta de la plaza* (1875), la novela *María de los Ángeles* (1883) y obras del género memorialístico, como *Desde Wad-Ras a Sevilla, acuarelas de la campaña de África* (1876) y *Norte y Sur, recuerdos alegres de Vizcaya y mi tierra* (1882). [M.P.C.]

NAVARRETE Y FERNÁNDEZ LANDA, RAMÓN DE (Madrid, 1822-1889). Fue periodista, redactor de la *Gaceta*, y su director entre 1851 y 1866. Colaboró en numerosas publicaciones. Con el seudónimo de «Asmodeo» firmó algunas de sus crónicas. Escribió obras teatrales, como *Don Rodrigo Calderón o La caída de un ministro* (1841), *¡Un ente singular!* (1847) y *Caprichos de la fortuna* (1849). (También tradujo y refundió bastantes obras dramáticas. Fue además autor de cuentos y novelas de tipo costumbrista; entre ellas, *Madrid y nuestro siglo* (1845), *Misterios del corazón* (1845), donde refleja la sociedad aristocrática de su tiempo, y *Una mujer misteriosa* (1847). [G.R.F.]

NAVARRO, GUSTAVO A. Véase MAROF, TRISTÁN.

NAVARRO, HEDDY (Santiago de Chile, 1942). Revisa en su escritura las relaciones hombre-mujer desde una clave feminista, denunciando la organización anquilosada de la sociedad a través de su obra. Escribe la crónica del desamor, de la ausencia del amado y de la insatisfacción, con el humor ácido de la antipoesía. Es autora de los poemarios *Palabra de mujer* (1984) y *Óvulos* (1986). [A.M.]

NAVARRO, JUSTO. Véanse NARRATIVA ESPAÑOLA POSTERIOR A 1975 y POESÍA ESPAÑOLA POSTERIOR A 1975.

NAVARRO, LEANDRO. Véase TORRADO, ADOLFO.

NAVARRO, OSVALDO. Véase HISPANOAMÉRICA: POESÍA ACTUAL.

NAVARRO FLORES, MARTÍN (Cuevas de Vera, Almería, 1871-México, 1950). Fue discípulo de Giner de los Ríos *, profesor de la Institución Libre de Enseñanza * y catedrático de Instituto. Se exilió en 1939. Escribió, entre otras obras, *Nociones de psicología* (1906), *Relaciones de la pedagogía con la psicología y con la ética* (1908), *Manual de psicología experimental* (1914) y *Vida y obra de Giner de los Ríos* (1945). [G.R.F.]

NAVARRO LEDESMA, FRANCISCO (Madrid, 1869-1905). Estudió Derecho y Filosofía y Letras; perteneció al Cuerpo de Archiveros y fue catedrático del Instituto San Isidro de Madrid. Hombre de vasta cultura y conocedor de varios idiomas, se dedicó al periodismo, donde abordó temas muy diversos; entre ellos, la crítica literaria, caracterizada por la variedad de intereses y enfoques, pero casi siempre con la nota común de un fuerte componente subjetivo. Fundó, con Royo Villanova, el semanario satírico *Gedeón* (1895), desde donde mantuvo una agria polémica con Clarín *. Amigo de Ángel Ganivet *, publicó una emotiva semblanza suya en *Helios* (1904). Colaboró también en *La Lectura, La Ilustración Española y Americana, Blanco y Negro*, etc. Escribió unas *Lecciones de literatura* (1900-02); *El ingenioso hidalgo Miguel de Cervantes Saavedra* (1905), reconstrucción de la vida y personalidad de este autor, y dos libros de cuentos: *En un lugar de la Mancha...* (1905) y *Los nidos de antaño*, publicado póstumo.

BIBLIOGRAFÍA. C. de Zulueta, *Navarro Ledesma, el hombre y su tiempo* (Madrid, 1968). [M.P.C.]

NAVARRO Y RODRIGO, CARLOS (Alicante, 1833-Madrid, 1903). De familia muy humilde, fue cronista oficial de la guerra de África y llegó a ser ministro. Fue redactor de *La Época* y *La Política*. Además de obras de tema histórico, político y castrense, publicó *Ensayos poéticos* (1851), *Poesías* (1857) y *Cuadros al fresco, cuentos de todos los colores, menos verdes* (1868).

BIBLIOGRAFÍA. F. Aldeguer Jover, *Carlos Navarro Rodrigo, una vida dedicada al periodismo y la política* (Alicante, 1984). [M.P.C.]

NAVARRO VILLOSLADA, FRANCISCO (Viana, Navarra, 1818-1895). Sus inicios literarios fueron erráticos, como explica Ferrer del Río * en su *Galería de la Literatura Española* (1846): «Anda brujuleando este ingenio entre la sátira política y la novela, después de dar al teatro *La prensa libre*.» En 1840 escribe un poema narrativo sobre el éxito de las tropas liberales en *Luchana*. Su camino definitivo se sitúa en el periodismo integrista —fundador de *El Pensamiento Español*— y la novela histórica, género en el que produce obras que todavía se reeditan: *Doña Blanca de Navarra. Crónica del Siglo XV* (1847), *Doña Urraca de Castilla* (1849) y *Amaya o los vascos en el siglo VIII* (1879). [L.R.T.]

NAVAS MORMENEO, ÁNGEL. Véase TEATRO ESPAÑOL POSTERIOR A 1975.

NAVAS VALDÉS, ANTONIO. Véase REY MOLINÉ, ANTONIO.

NAZOA, AQUILES (Caracas, 1920-Valencia, Carabobo, Venezuela, 1976). Poeta, ensayista y humorista venezolano. La poesía significó para él la mayor y más definitiva entrega de su creación literaria, y ella preside las otras manifestaciones de su actividad creadora: el ensayo y el humorismo. Fina sensibilidad, gracia lírica de espontánea vena y fresco ingenio, combinan el maravilloso y tierno mundo poético de Aquiles Nazoa, que por su claridad, lo mismo que por la plasticidad de sus versos y recursos de imaginación, está a un paso de ser, en su pura esencia, mundo de poesía infantil. Su verso rehúye el retoque y artificio para centrar su eficacia en el aliento emocional o en la imagen evocativa que retoma el tiempo en su transcurrir hacia el pasado. Entre sus obras se cuentan *Aniversario del color* (poemas, 1943), *El ruiseñor de Catuche* (poemas, 1958), *Marcos Manaure, idea para una película venezolana* (1950), *Caballo de manteca* (poemas, 1960), *Cuba: de Martí a Fidel Castro* (ensayo, 1961), *Poesías costumbristas, humorísticas y festivas* (1962), *Los humoristas de Caracas* (1966), *Caracas física y espiritual* (ensayo, 1967) y *Humor y amor de Aquiles Nazoa* (compilación de sus obras poéticas, 1970). [J.R.M.]

NEBRIJA, ELIO ANTONIO DE (Lebrija, Sevilla, 1444-Alcalá de Henares, Madrid, 1522). Su nombre era Antonio Martínez de Cala y Jarava. Estudió en la Universidad de Salamanca y contó entre sus maestros a Pedro de Osma, conocido profesor de filosofía moral. En torno al año 1463 marchó a Italia, país en el que permaneció durante diez años, según él mismo nos dice en su prólogo al *Vocabulario de romance en latín*. De esta época consta su adscripción al Colegio de san Clemente en Bolonia. A su vuelta a España permanece unos años en Sevilla, al parecer llamado por el arzobispo Fonseca; en 1476 se incorpora a la Universidad de Salamanca con un contrato como maestro de prima de gramática; allí permanece hasta 1488. Desde 1488 a 1504 se instala en Extremadura, y luego en Sevilla bajo la protección de Juan de Zúñiga, y a su muerte vuelve a Salamanca por un período de siete años (1504-1511). Durante esta segunda etapa salmantina, en 1509, es nombrado cronista regio. A partir de 1511, y hasta 1522, lo encontramos en la Universidad de Alcalá de Henares.

El conjunto de su obra es variado, aun cuando se imponga la sensación dominante de su carácter gramatical, si adjudicamos a este término un valor próximo al que tenía en aquellos momentos. Dentro de este grupo se distingue una doble faceta:

1. Obras de gramática normativa; entre ellas se cuentan las dos versiones de sus *Introductiones Latinae* (1481 y 1485; esta última es más conocida en la edición de 1495, acompañada de *Comentario* y modificada en ciertos puntos), la versión bilingüe de las *Introductiones Latinae*, escrita a instancias de la reina Isabel (1488), las *Differentiae*, pequeño tratado lexicográfico que se basa en la sinonimia y tiene como fuente principal las *Elegantiae* de Valla, y la *Gramática Castellana* de 1492. A ello podrían sumarse los vocabularios temáticos que acompañan a las ediciones más recientes de las *Introductiones*.

2. Otro grupo de obras gramaticales, más en la línea de las actividades humanistas del momento en Italia: las glosas o comentario a las *Introductiones Latinae*, sus *Diccionarios Latino-español* y *Español-latino*, las *Repetitiones* (lecciones magistrales), pronunciadas en la Universidad, que, aunque versan sobre problemas de distinto tipo, tienen una aproximación gramatical casi siempre, sus *Comentarios* a autores de arraigo en la enseñanza: Prudencio, Sedulio, Persio y Virgilio y un comentario a un poema *(In Ianum)* de Pedro Mártir de Anglería *. Su *Obra de Vocablos*, a la que él mismo alude como su máximo logro, por lo que se sabe no se ha conservado. Muy vinculados también a la enseñanza puede decirse que son los *Vafre dicta philosophorum ex Diogene Laertio*, colección versificada de máximas.

3. Al margen de su obra gramatical ha dejado obras históricas: *De bello Nauariensi* y *Rerum a Ferdinando et Elisabe Hispaniarum felicissimis regibus gestarum decades duae*, que parecen ser reelaboración en latín de obras en castellano de otros autores; una introducción a Pomponio Mela, que se suele mencionar como tratado *de cosmographia;* diversas anotaciones y comentarios a obras jurídicas y bíblicas y, por último, algunas composiciones en verso —las más conocidas quizá sean la *Salutatio ad patriam* y la titulada *Ad artem suam auctor*, que se ha transmitido encabezando la segunda versión de las *Introductiones Latinae*.

BIBLIOGRAFÍA. G. G. Olmedo, *Nebrija en Salamanca* (Madrid, 1944); E. Asensio, «La lengua compañera del Imperio. Historia de una idea de Nebrija en España y Portugal», en *Revista de Filología Española*, XLIII (1960), págs. 399-413; F. Rico, *Nebrija frente a los bárbaros* (Salamanca, 1978); AA. VV., *Nebrija y la introducción del Renacimiento en España. Actas de la III Academia Literaria Renacentista* (Salamanca, 1983).
[C.C.]

NEDRUDA, ESTEBAN. Véase Literatura filipina.

NEGRÓN MUÑOZ, MERCEDES. Véase Lair, Clara.

NEILA, MANUEL. Véase Poesía española posterior a 1975.

NEIRA DE MOSQUERA, ANTONIO. Véase Costumbrismo.

NELLERTO, JUAN (seudónimo). Véase Llorente, Juan Antonio.

NEMO (seudónimo). Véase Franquelo y Romero, Ramón.

NERUDA, PABLO (Parral, Chile, 1904-Santiago de Chile, 1973). Seudónimo de Neftalí Ricardo Reyes Basoalto, poeta chileno cuya influencia sobre la poesía de lengua española, que se hizo sentir desde mediados de la década del treinta, es comparable a la que ejerció Rubén Darío * como iniciador del modernismo. Nació el 12 de julio de 1904 en la ciudad de Parral, en el sur de Chile. Sus padres fueron José del Carmen Reyes Morales, obrero ferroviario, y Rosa Basoalto Opazo, maestra de escuela, fallecida poco después.

En 1906 la familia se trasladó a Temuco, ciudad fundada a fines del siglo anterior en la antigua frontera de la Araucanía. Su padre contrajo matrimonio ahí con Trinidad Candia Marverde, que el poeta mencionaría en diversos textos, en especial en *Confieso que he vivido* y en *Memorial de Isla Negra*, con el nombre cariñoso de Mamadre.

Entre 1910 y 1920 realiza sus estudios en el Liceo de Hombres de Temuco. Gabriela Mistral *, directora del vecino Liceo de Niñas durante algunos de esos años, alentaría sus primeros intentos literarios y le prestaría libros. El 18 de julio de 1917 aparece un primer texto suyo, «Entusiasmo y perseverancia», en el periódico regional *La Mañana*. Entre 1918 y 1919 publica diversos poemas en diarios y revistas de provincia y de Santiago, firmados todavía como Neftalí Reyes. En 1919 participa en unos juegos florales de la provincia de Maule, obteniendo el tercer premio con su poema «Nocturno ideal».

En 1920, inspirado por sus lecturas del cuentista checo Jan Neruda y de otros autores eslavos, adopta en forma definitiva el seudónimo con que se haría célebre. Ese mismo año es presidente del Ateneo Literario de su liceo y secretario de la Asociación de Estudiantes de Cautín. En 1921 se traslada a Santiago y estudia Pedagogía en francés en la Universidad de Chile. El 14 de octubre obtiene el primer premio de las fiestas estudiantiles de la primavera con «La canción de la fiesta», publicada en la revista *Juventud* de la Federación de Estudiantes. Interviene cada vez más en la vida literaria chilena y pronto abandona sus estudios en el Instituto Pedagógico.

En agosto de 1923, con ayuda de un préstamo que le hace el gran crítico chileno Hernán Díaz Arrieta *, más conocido como Alone, hace imprimir por su cuenta la edición original de *Crepusculario*. Muchos escritores de esa época, entre ellos Alone, Raúl Silva Castro o Pedro Prado *, reconocen de inmediato su enorme talento. Ya escribe algunos de los textos que publicará al año siguiente, 1924, en la Editorial Nascimento de Santiago, con el título de *Veinte poemas de amor y una canción desesperada*. El título original del famoso poema XX era: «Tristeza a la orilla de la noche». En esa primera edición aparecen también unas «Páginas escogidas de Anatole France», cuyo prólogo, selección y traducción pertenecen al poeta. El 20 de agosto de ese año, Neruda explica en una carta dirigida al diario *La Nación* el proceso de creación de ese libro. En esa poesía predomina una atmósfera melancólica, sombría, que todavía no se desprende de la influencia del modernismo. Muchos años después, en una de sus *Odas elementales*, el poeta, volviendo la vista a esa época, escribirá: «Te desdeñé, alegría, / fui mal aconsejado.»

En 1925 dirige la revista *Caballo de Bastos*. Tres breves libros publicados en 1926 revelan un propósito claro de renovación formal. Estas obras son *El habitante y su esperanza*, novela; *Anillos*, poemas en prosa escritos en colaboración con Tomás Lago *, y el poema largo *Tentativa del hombre infinito*, donde ya se advierten los gérmenes más originales de su obra futura. Traduce del francés fragmentos de *Los apuntes de Malte Laurids Brigge*, de Rainer Maria Rilke. En la revista *Atenea* publica «Dolencia» y «Tormentas», poemas que después formarán parte de *Residencia en la tierra* como «Madrigal escrito en invierno» y «Fantasma». A mediados de

1927 sale de Santiago en viaje a Birmania, destinado por el Gobierno al cargo de cónsul de elección en Rangún. *La Nación* publica sus crónicas de viaje. También aparecen poemas suyos en *El Sol* y en *Revista de Occidente* *, de Madrid. Al año siguiente es cónsul en Colombo, Ceilán. Estudia con atención la novela y la poesía de lengua inglesa. Asiste en 1929 al Congreso Panhindú, en la India, y conoce al Mahatma Gandhi y al joven Nehru. Cónsul en Batavia, Java, en 1930. Contrae matrimonio con María Antonieta Haagenar Vogelzanz, holandesa de las colonias. En 1931 es cónsul en Singapur y en 1932 regresa a Chile. Publica *El hondero entusiasta* en 1933, obra influida por la lectura del uruguayo Sabat Ercasty *. Los poemas que más tarde formarán parte de *Residencia*, publicados en diversas revistas del idioma, revelan ya un estilo personalísimo y le dan un lugar definido y excepcional en el mundo de las letras. En ese mismo año es nombrado cónsul en Buenos Aires, ciudad donde conoce a Federico García Lorca *.

En 1934 es cónsul en Barcelona, España, y el Gobierno chileno lo traslada antes de un año al Consulado en Madrid. En octubre nace su única hija, Malva Marina. Conoce en persona a Rafael Alberti *, con quien había mantenido una larga correspondencia, y éste le presenta a la que será su segunda esposa, Delia del Carril. En 1935, Manuel Altolaguirre *, fundador de la revista *Caballo Verde para la Poesía*, se la entrega a Neruda para que la dirija. Neruda es compañero de los poetas de la generación española del 27. En los textos que publica en *Caballo Verde* hace la defensa de una poesía alejada de todo esteticismo y todo formalismo, que no rehúye los temas cotidianos, prosaicos, e incluso el mal gusto («Quien huye del mal gusto cae en el hielo»). Aparece la edición madrileña de *Residencia en la tierra*, impresa por Altolaguirre.

La muerte de Federico García Lorca en Granada, en el verano de 1936 y en los comienzos de la guerra de España, fusilado por el bando franquista, lo afecta profundamente. Es destituido de su cargo consular y escribe *España en el corazón*, poema que más tarde formará parte de *Tercera residencia* y que marca el paso del hermetismo y el individualismo anterior a una poesía de intención social, épica y política. Ese año se separa de María Antonieta Haagenar. Neruda escribirá más tarde: «Casi todo lo que he hecho en mi vida y en mi poesía tiene la gravitación de mi tiempo en España.»

El nuevo Gobierno chileno del Frente Popular lo designa en 1939 cónsul en París a cargo de la inmigración española. Organiza el viaje del *Winnipeg*, barco fletado por el Gobierno de la República española para llevar refugiados de la guerra desde Francia hasta Valparaíso.

En 1940 es nombrado cónsul general en México. Allá escribirá sus dos poemas a Stalingrado y «Un canto para Bolívar», anuncios del estilo que desarrollará más tarde en *Canto general*. En 1943, en viaje de regreso, visita en Perú las ruinas incásicas de Machu Picchu. El célebre poema *Alturas de Macchu Picchu*, grandioso intento de poetizar la historia del hombre americano, será publicado en 1950 en *Canto general*.

En 1945 es elegido senador por las provincias norteñas de Tarapacá y Antofagasta, con apoyo de los comunistas y de otros partidos de izquierda. Obtiene el premio Nacional de Literatura de Chile. Se afilia al Partido Comunista de Chile en una ceremonia pública y solemne. En 1947 entra en conflicto con el Gobierno de Gabriel González Videla, que había llegado al poder con una coalición de izquierda, con Pablo Neruda como jefe de su propaganda electoral, y que al poco tiempo había efectuado un viraje político y había propiciado una ley anticomunista, la Ley de Defensa de la Democracia. En 1948, ante un requerimiento del Poder Ejecutivo, la Corte Suprema de Justicia aprueba su desafuero como senador. Se ordena su detención. El poeta pasa a la clandestinidad.

Sale de Chile a Argentina, cruzando la cordillera de los Andes por uno de los pasos del Sur, en 1949. Viaja a Europa occidental y posteriormente a la Unión Soviética, donde participa en un Congreso Mundial para la Paz y asiste a los festejos del 150 aniversario del nacimiento de Pushkin, uno de sus poetas predilectos. Sus libros se empiezan a editar en Estados Unidos, México, Cuba, Colombia, Argentina, la Unión Soviética.

En 1952 sale una edición anónima de *Los versos del capitán*. En 1954 *Las uvas y el viento* y *Odas elementales*. Se separa en 1955 de Delia del Carril y se traslada a vivir con Matilde Urrutia a una nueva casa en Santiago, que bautiza como La Chascona. Funda y dirige la revista *La Gaceta de Chile*, y sucesivamente publica *Nuevas odas elementales* (1956) y *Tercer libro de las odas* (1957). En 1958 aparece *Estravagario*, que señala un nuevo cambio en su poesía: recupera el humor de algunos textos de juventud, aunque con un espíritu menos dramático, más juguetón, y su poesía vuelve a vincularse a la vanguardia e incluso al surrealismo. *Navegaciones y regresos* (1959). *Cien sonetos de amor* (1959). *Canción de gesta* (1960), en homenaje a la revolución cubana. 1961: *Las piedras de Chile* y *Cantos ceremoniales*. *Plenos poderes* (1962). Es nombrado miembro académico de la Facultad de Filosofía y Educación de la Universidad de Chile. El discurso de presentación es de Nicanor Parra *, poeta y miembro de la Facultad de Ciencias Físicas. Neruda lee un ensayo sobre dos clásicos chilenos: Pedro Prado y Mariano Latorre *. *Memorial de Isla Negra* (1964). Hace una traducción libre de *Romeo y Julieta*, de Shakespeare, y es puesta en escena por el Teatro de la Universidad de Chile.

En 1965 se le otorga el título de doctor *honoris causa* de la Universidad de Oxford, Gran Bretaña. Escribe *Comiendo en Hungría* en colaboración con Miguel Ángel Asturias *. Asiste en 1966 como invitado de honor a una reunión del Pen Club Internacional en Nueva York. A su regreso hace escala en Lima y es condecorado por el presidente Fernando Belaúnde. Ambas cosas dan origen a una carta agudamente crítica de los intelectuales y artistas cubanos. Publica *Arte de pájaros* y *Una casa en la arena*. Escribe *Fulgor y muerte de Joaquín Murieta*, obra de teatro basada en la historia de un aventurero chileno en la época de la fiebre del oro en California. Recibe el premio Atenea, de la Universidad de Concepción, Chile, por la totalidad de su obra. En 1967 se le concede en Italia al premio internacional Viareggio. Publica *La barcarola*. 1968: *Las manos del día;* condecoración Joliot-Curie; miembro honorario de la Academia Norteamericana de Artes y Letras, 1969: *Fin de mundo, Aún, Sumario, La copa de sangre*. Miembro de la Academia Chilena de la Lengua. Doctor *honoris causa* de la Universidad Católica de Chile. El 30 de septiembre, el Partido Comunista de Chile lo designa como su precandidato para las elecciones presidenciales de septiembre del año siguiente.

A comienzos de 1970 renuncia a su candidatura en beneficio de Salvador Allende. Publica *Maremoto, La espada encendida* y *Las piedras de Chile*. Octubre de 1971: premio Nobel de Literatura. Viaja a Estocolmo a recibirlo y de allí a Polonia, donde asiste al estreno de *Joaquín Murieta*. A partir de abril de ese año representaba al Gobierno de la Unidad Popular en Francia en calidad de embajador. También es embajador ante la Unesco. En 1972 publica *Geografía infructuosa*. Regresa a Chile a fines del año 1972 y recibe un gran homenaje popular en el Estadio Nacional de Santiago.

En 1973, con motivo de las elecciones parlamentarias del mes de marzo, publica *Incitación al nixonicidio y alabanza de la revolución chilena*. Se hace una edición no comercial de *La rosa separada*, poema inspirado en un viaje a la isla de Pascua. Trabaja en las memorias que se publicarán después de su muerte con el título, que él alcanzó a indicar, de *Confieso que he vivido* (1974). El golpe de Estado del 11 de septiembre de 1973 acaba con la vida de Salvador Allende y con la antigua democracia chilena. Las casas de Neruda en Santiago (La Chascona) y en Valparaíso (La Sebastiana) son asaltadas y en parte destruidas. El 23 de septiembre del mismo año, Pablo Neruda muere en la Clínica Santa María de Santiago. Su cuerpo es trasladado a La Chascona y es velado ahí, entre huellas del vandalismo de los asaltantes, por su viuda y algunos amigos.

Además de las memorias de *Confieso que he vivido*, cuya edición fue preparada por su viuda, Matilde Urrutia, y por el escritor venezolano y gran amigo del poeta Miguel Otero Silva *, se publican después de su muerte las siguientes obras: *El mar y las campanas*, poesía, 1973; *La rosa separada*, edición normal, 1974; *Jardín de invierno*, poesía, 1974; *El corazón amarillo*, poesía, 1974; *Defectos escogidos*, poesía, 1974; *2000*, poesía, 1974; *Elegía*, poesía, 1974; *Libro de las preguntas*, poesía, 1974; *Para nacer he nacido*, textos en prosa recopilados por Matilde Urrutia y Miguel Otero Silva, 1977; *El río invisible*, poesía y prosa inéditas de adolescencia y juventud recopiladas por Matilde Urrutia y Jorge Edwards *, 1980, y *El fin del viaje*, poesía y prosa no recogidas en libro, 1982.

BIBLIOGRAFÍA. A. Alonso, *Poesía y estilo de Pablo Neruda: interpretación de una poesía hermética* (Buenos Aires, 1940); E. Rodríguez Monegal, *El viajero inmóvil* (Buenos Aires, 1966); H. Loyola, *Ser y morir en Pablo Neruda* (Santiago de Chile, 1967); E. M. Santí, *Pablo Neruda: the poetics of prophecy* (Ithaca, 1982); A. Sicard, *El pensamiento poético de Pablo Neruda* (Madrid, 1983); S. Yurkiévich, *Fundadores de la nueva poesía latinoamericana* (Barcelona, 1971, ed. aumentada 1984). [J.E.]

NERVO, AMADO (Tepic, Nayarit, México, 1870-Montevideo, 1919). Personalidad compleja, con facetas de luz y rincones de sombra, participó en la actividad literaria de su época como ensayista, crítico, cuentista y, sobre todo, como poeta. Publicó sus primeros artículos en la provincia y se instaló en Ciudad de México (1894), incorporándose al grupo de escritores encabezados por Manuel Gutiérrez Nájera *, que encontró en *Revista Azul* el órgano adecuado para defender las ideas y las obras de la renovación artística en curso. Su relato *El bachiller* (1896) todavía corresponde a las orientaciones del naturalismo. Los versos de *Perlas negras* (1898) y *Místicas* (1898) y los de *Poemas* (1901) son ya de corte y expresión modernista. En 1900 viajó a París, donde se relacionó con Rubén Darío *, Leopoldo Lugones * y Guillermo Valencia *. Escribió crónicas de viaje y los textos, en verso y prosa, reunidos en *El éxodo y las flores del camino* (1902), mezclando evocaciones en que se reflejan sus lecturas de los simbolistas y el intimismo de los modernistas hispanos. Gradualmente, se distanció de las tendencias de escuela para encontrar su identidad, su personalidad propia. Una identidad inconfundible, teñida de sentimiento religioso y de un misticismo que no a todos pareció tan auténtico como sería deseable. Esta religiosidad le distingue de sus coetáneos: arraigada y sencilla, ya en su época resultaba excepcional y hasta un tanto anacrónica. Hombre de fe, católico ortodoxo, con eventuales desviaciones panteístas y herméticas, contempló su alma y contempló el mundo desde una perspectiva evangélica, con la caridad impulsando su visión del mundo. *Los jardines interiores* (1905) marcan la transición entre el primer Nervo y el de los últimos quince años de su vida. Destinado en Madrid como secretario de la Legación mexicana, escribió en la capital de España alguno de sus libros más notables: *En voz baja* (1909), intimista como sugiere su título; *Serenidad* (1914), *Elevación* (1917) y *Plenitud* (1918), además de numerosos relatos, conferencias, crónicas y artículos periodísticos de tipo muy variado. En 1918 fue designado ministro de México en Argentina y Uruguay, y en Buenos Aires apareció su libro *El estanque de los lotos* (1919), casi coincidiendo con su muerte. Póstumamente apareció *La amada inmóvil* (1922), inspirada por la muerte de Ana Daillez, a quien el poeta amara. Este libro, acaso por su autobiografismo, sigue siendo leído y estimado por el público actual.

BIBLIOGRAFÍA. A. Torres Ruiz, *La poesía de Amado Nervo* (Valladolid, 1924); E. T. Wellman, *Amado Nervo: Mexico's Religious Poet* (Nueva York, 1936); A. Reyes, *Tránsito de Amado Nervo* (Santiago de Chile, 1937); B. Ortiz de Montellano, *Figura, amor y muerte de Amado Nervo* (México, 1943); M. Durán, *Genio y figura de Amado Nervo* (Buenos Aires, 1968). [I.Z.]

NEULAENDER, LUDWIG. Véase NOVAS TERRA, LUIS.

NEVILLE, EDGAR (Madrid, 1899-1967). Diplomático y escritor, autor de novelas, cuentos, poemas y obras teatrales. Antes de la guerra publicó la novela humorística *Don Clorato de Potasa* (1929). Su teatro conecta, por un lado, con el humor de Miguel Mihura *; por otro, con la comedia sentimental de López Rubio * y Víctor Ruiz Iriarte *. Su mayor éxito fue *El baile* (1952), que proporcionó un gran triunfo a la actriz Conchita Montes, seguido por *Veinte añitos* (1954), *Adelita* (1955), *Prohibido en otoño* (1957), *Alta fidelidad* (1957) y *La vida en un hilo* (1959). Dentro de un tono voluntariamente ligero, Edgar Neville posee indudable ingenio y finura. Su obra merece una mayor atención de la crítica y una cierta revalorización. Dirigió también diversas películas. [A.A.]

NICARAO (seudónimo). Véase MAYORGA RIVAS, ROMÁN.

NIEREMBERG, JUAN EUSEBIO (Madrid, 1595-1658). Escritor ascético. En 1614 entró en la Compañía de Jesús. Nueve años después se ordena sacerdote. Fue profesor de Gramática, Erudición, Sagrada Escritura e Historia Natural, maestro de novicios y confesor de numerosas personalidades de la Corte. Escribió diversos tratados de carácter filosófico y político. De ellos, hay que mencionar *Obras y días. Manual de señores y príncipes* (1628), *Curiosa filosofía* (1630), *Oculta filosofía* (1634), *Maquiavelismo degollado* (1637), publicado bajo el seudónimo de «P. Clemente Coello», *Causa y remedio de los males públicos* (1642) y *Corona virtuosa y virtud coronada* (1643). De sus obras ascéticas destacan *De la diferencia entre lo temporal y lo eterno. Crisol de desengaños* (1640), la más popular, numerosas veces reimpresa, y *De la hermosura de Dios y su amabilidad* (1641), traducción de la *Imitatio Christi*, de Kempis.

BIBLIOGRAFÍA. J. E. Nieremberg, *Obras escogidas*, introducción del P. Zepeda Henríquez, en *Biblioteca de Autores Españoles*, vols. CIII y CIV (Madrid, 1957); I. Iparraguirre, «Un escritor ascético olvidado: el P. Juan Eusebio Nieremberg», en *Estudios Eclesiásticos*, XXXII (1958), págs. 427-448. [J.G.L.]

NIETO, RAMÓN (La Coruña, 1934). Colaboró durante varios años en la prensa y en la radio. Su producción narrativa inicial, en la que, con técnicas cercanas al realismo tradicional y al objetivismo, denuncia la marginación de los desheredados de la fortuna y los comportamientos insolidarios de la burguesía, se compone de *La tierra* (1957), *Los desterrados* (1958), *La fiebre* (1959), *El sol amargo* (1961), *La patria y el pan* (1962), *La cala* (1963) y *Vía muerta* (1963). Publica después otra novela, *La señorita* (1974: una versión de 1971, *La señorita B*, había sido censurada), en la que, mediante el empleo de cuatro planos narrativos simultáneos, que se corresponden con el mismo número de estamentos sociales, nos ofrece una visión crítica de la vida española. En su última novela, *Los monjes* (1984), aborda, en clave alegórica, el problema del terrorismo. Es autor también del libro de poemas *Siete años y unos días* (1971) y del relato infantil *Un mundo sin «coca-cola»* (1991). [A.R.]

NIETO DE MOLINA, FRANCISCO (Cádiz, h. 1730-¿?). Poeta burlesco y satírico, polemizó con Fernández de Moratín * y con Nasarre * en favor del teatro barroco (*Discurso en defensa de las comedias de Lope Félix de Vega Carpio y en contra del «Prólogo crítico»*, 1768). Es autor de un poema heroico burlesco con el título de *La Perromaquia* (1765) y de las colecciones burlescas *El fabulero* (1764) y *Juguetes del ingenio y rasgos de la poesía* (1768). [J.B.]

NIETO SILVA, FÉLIX. Véase AUTOBIOGRAFÍAS Y MEMORIAS EN ESPAÑA.

NIEVA, FRANCISCO (Valdepeñas, Ciudad Real, 1927). Nieva es, sin duda, uno de los nombres capitales del «nuevo teatro» español. Un hombre de teatro total: autor dramático, escenógrafo y figurinista, ensayista, profesor, adaptador de clásicos, director de ópera, etc. Después de varios triunfos como escenógrafo, se consagra como autor con el estreno de *La carroza de plomo candente* y *El combate de Ópalos y Tasia* (1976). Otras obras importantes son: *Pelo de tormenta* (1962), *La señora Tártara* (1980) y *Coronada y el toro* (1982). También ha realizado adaptaciones de Larra * (*Sombra y quimera de Larra*, 1976), Pérez Galdós * (*Casandra)*, duque de Rivas * (*Don Álvaro*, 1983), Cervantes * (*Los baños de Argel*), Aristófanes *(La paz)*, *Tirante el Blanco* (1987), etc. El ingreso en la Academia Española ha supuesto su plena consagración. A la vez, el carácter verdaderamente subversivo de su teatro, en lo ideológico y en lo estético, lo ha hecho difícilmente aceptable para el gran público. Frente a la reproducción de la realidad, Nieva ha defendido los derechos de la imaginación; frente al compromiso inmediato, la creación de la belleza. Ha estado siempre en un hemisferio opuesto al del realismo social. No quiere eso decir que su obra, con fuertes raíces españolas, no suponga una denuncia implacable —pero indirecta, estética— de muchos de nuestros «demonios» colectivos. Une a Goya y Valle-Inclán * con la influencia de Jarry y Artaud. Su antirrealismo se manifiesta a través de un lenguaje dramático exagerado, barroco, musical, ceremonial. Le fascinan la culpa, la transgresión: «las partes más oscuras, las más inexorables o contenidas del corazón humano». Su «teatro furioso» mostraba con fuerza plástica impresionante esta capacidad subversiva. Últimamente, su *Trilogía italiana* parece abrirse a una visión más alegre, dentro de la permanente defensa de la transgresión. «Teatro en libertad», lo ha calificado certeramente Ruiz Ramón. Se trata, desde luego, de uno de nuestros autores actuales más originales y más universales. En 1991 se editó, en dos volúmenes, su *Teatro completo*.

BIBLIOGRAFÍA. F. Nieva, *Teatro furioso*,

prólogo de M. Pérez Coterillo (Madrid, 1975); F. Nieva, *La carroza de plomo candente* y *Coronada y el toro*, prólogo de A. Amorós (Madrid, 1986); J. Barrajón, *La poética de Francisco Nieva* (Ciudad Real, 1987). [A.A.]

NIEVA, GREGORIO. Véase LITERATURA FILIPINA.

NIFO, FRANCISCO MARIANO (Alcañiz, Teruel, 1719-Madrid, 1803). Fue periodista, profesión que contribuyó a perfilar y modernizar. Introdujo en España el periódico diario y el político. Fundó y dirigió diversas publicaciones —*Diario noticioso* (1758), *Cajón de sastre* (1760), *El murmurador imparcial* (1761), *El Correo general de España* (1770), *El Correo de Madrid* (1786), etc.—, mediante las cuales contribuyó a la difusión de las nuevas ideas y de los avances científicos y a la crítica de los problemas nacionales. Tradujo, además, numerosas obras.

BIBLIOGRAFÍA. L. M. Enciso, *Nipho y el periodismo español del siglo XVIII* (Valladolid, 1956). [J.A.R.]

NIÑO, JAIRO ANÍBAL. Véase HISPANOAMÉRICA: TEATRO ACTUAL.

NIÑO, PERO. Véase BIOGRAFÍAS MEDIEVALES.

NIÑO DE DIOS, EL (seudónimo). Véase ORTS-RAMOS, TOMÁS.

NISENO, FRAY DIEGO. Véase ORATORIA SAGRADA DE LOS SIGLOS XVI Y XVII.

NISIDAS (seudónimo). Véase UREÑA DE MENDOZA, NICOLÁS.

NOBOA ARIZAGA, ENRIQUE (Cañar, Ecuador, 1921). Poeta ecuatoriano, pertenece al grupo «Madrugada», que renovó la lírica nacional. Dentro de su obra destacan *Epopeya del pueblo mártir: tres cantos a Lídice* (1944), *Ámbito del amor eterno* (1948), *Morada y perfil de la canción frutal* (1963), *Biografía Atlántica* (1967) y *Las posadas del otoño* (1985). [J.C.]

NOCTURNOS, ACADEMIA DE LOS. Véase ACADEMIAS.

NOÉ, JULIO. Véase NOSOTROS.

NOEL, EUGENIO (Madrid, 1885-Barcelona, 1936). Su nombre era Eugenio Muñoz Díaz. Estuvo durante algún tiempo en un seminario. En 1909 participó como voluntario en la Guerra de África. Autodidacto, bohemio, republicano, anticlerical, obsesionado por regenerar a los españoles a través de la cultura, y en medio siempre de penurias económicas, no cejó, en sus conferencias, artículos periodísticos y libros, escritos siempre con una prosa de gran riqueza léxica, pero en exceso arcaizante, de atacar, de forma vehemente, el flamenquismo, la afición a las corridas de toros y el caciquismo. Entre sus numerosos ensayos y reportajes novelados, destacan: *Lo que vi en la guerra. Diario de un soldado* (1912), *Pan y toros* (1913), *Nervios de la raza* (1915), *Las capeas* (1915), *Castillos de España* (1915), *Señoritos chulos, fenómenos, gitanos y flamencos* (1916), *Piel de España* (1917), *España nervio a nervio* (1924), *Raza y alma* (1926) y *Aguafuertes ibéricos* (1927). Es autor también de unas *Vidas de santos, diablos, mártires, frailes, clérigos y almas en pena* (1916), de cinco volúmenes de novelas cortas —*El rey se divierte* (1913), *El «allegretto» de la Sinfonía VII* (1917), *Los frailes de San Benito tuvieron una vez hambre* (1925), *El picador Veneno y otras novelas* (1927) y *La novela de un toro* (1931)— y de una novela larga, *Las siete Cucas (Una mancebía en Castilla)* (1927). En 1956 se publicaron sus *Novelas escogidas*. Tiene un gran interés su *Diario íntimo*, editado mucho después de su muerte en dos tomos (1962 y 1968).

BIBLIOGRAFÍA. C. González-Ruano y F. Carmona Nenclares, *Eugenio Noel* (Madrid, 1927); J. de Entrambasaguas, «E. Noel», en *Las mejores novelas contemporáneas*, VII (Madrid, 1961), págs. 623-677; A. Prado, *La literatura del casticismo* (Madrid, 1973), págs. 95-264. [A.R.]

NOGALES, JOSÉ (Valverde del Camino, Huelva, ¿1850?-Madrid, 1908). Narrador y periodista. Gana en 1900 el concurso de cuentos de *El Liberal* con *Las tres cosas del tío Juan*. Las novelas *Mosaico* (1891) y *Mariquita León* (1901) llevan también su firma. [J.B.]

NOGALES, LYDIA (seudónimo). Véase CONTRERAS, RAÚL.

NOGUERA, CARLOS. Véase HISPANOAMÉRICA: NARRATIVA ACTUAL.

NOGUERA, MARÍA. Véase LITERATURA INFANTIL EN HISPANOAMÉRICA.

NOGUERAS, LUIS ROGELIO (La Habana, 1946-1985). Escritor de novelas policiacas muy populares y guionista de cine, se dio a conocer como poeta en la publicación literaria *El Caimán Barbudo*, de la cual fue fundador. Dentro de la corriente llamada coloquialidad, que afirmó los tópicos principales y la tendencia formal predominante en las promociones de poetas y poetisas que empezaron a publicar después del triunfo revolucionario de 1959, sobresalió por el sobrio manejo de los recursos de una poesía que rechazaba la retórica en aras de una expresión directa y simple y por la presencia del humor. Sus obras más importantes son *Cabeza de zanahoria* (1967), *Las quince mil vidas del caminante* (1977) e *Imitación de la vida* (1981). [M.Y.]

NOGUÉS Y MILAGRO, ROMUALDO (Borja, Zaragoza, 1824-Madrid, 1899). General de brigada y narrador de temas castrenses y regionales. A menudo omite su nombre bajo la firma de «Un soldado viejo natural de Borja». Fue también un muy respetado coleccionista de antigüedades y escribió estudios sobre este asunto. Destacan sus obras *Cuentos, dichos, anécdotas y modismos aragoneses* (1881 y 1885), *Cuentos para gente menuda* (1887), *Aventuras y desventuras de un soldado viejo natural de Borja* (memorias, 1898) y *Cuentos, tipos y modismos de Aragón, cuentos baturros* (1898).

BIBLIOGRAFÍA. J. L. Calvo Carilla, *Romualdo Nogués y Milagro. Vida y obra de un escritor aragonés desconocido* (Borja, 1984). [M.P.C.]

NOLASCO, LUIS F. Véase LITERATURA FILIPINA.

NOLLA, OLGA. Véase HISPANOAMÉRICA: POESÍA ACTUAL.

NOMBELA Y TABARES, JULIO (Madrid, 1836-1919). Fecundo periodista y autor de novelas por entregas que ha dejado excelentes noticias sobre la vida literaria madrileña de la segunda mitad del siglo XIX en sus *Impresiones y recuerdos* (4 vols., 1909-12). En esta misma obra recoge datos de primera mano sobre la producción de romances de ciego y la industria del folletín, a la que contribuyó decisivamente en París —trabajando para los editores Rosa y Bouret o Garnier— y en Madrid —asalariado de Manini o Manero—. Su concepción del arte novelesco se resume en esta declaración: «Imaginación, sentimiento, ironía sin pesimismo, teniendo por inspiración la vida real y por fin la absoluta moralidad.» El resultado de estos principios fue una extensa producción narrativa, en la que pueden recordarse novelas como *Desde el cielo*

(1857), *Una mujer muerta en vida* (1861), *Historia de un minuto* (1862) o *El amor propio* (1889). [L.R.T.]

NÓMEZ, NAÍN (Talca, Chile, 1944). Poeta, perteneció a la Escuela de Santiago. De su labor académica destacan sus investigaciones sobre la poesía de Pablo de Rokha *. En su exilio de Canadá escribió el poemario *Historias del reino vigilado* (1984), en el que condensa su poética; en él están antologados poemas escritos desde 1964 a 1980. Elementos constantes de su obra son el lenguaje metafórico y alegórico, las recurrencias intertextuales, las imágenes subsconscientes y la ausencia de puntuación. [A.M.]

NORA, EUGENIO DE (Zacos, León, 1923). Poeta y crítico. Muy pronto pasa a residir en León, donde tendrá como amigo y orientador literario a Antonio G. de Lama. Ya en la posguerra, se traslada a Madrid para estudiar Filología Románica, materia que, desde 1949, profesará fuera de España. En 1944, junto con A. G. de Lama y con Victoriano Crémer *, funda en León la revista *Espadaña*, núcleo de una poesía desgarrada que cambia los postulados poéticos entonces en boga. Al año siguiente, aparece su primer libro, *Cantos al destino* (1945), cuyas reflexiones se centran en el hombre («arcángel caído») como sujeto de incertidumbres existenciales: el anhelo incumplido de plenitud, la interrogación ante la muerte y el ansia, unamuniana, de permanencia confluyen en unos textos de gran riqueza retórica y rítmica. En el que cierra el libro, anuncia Nora el propósito de salir de su ensimismamiento para unirse, dice, «a la angustia enlazada de los hombres». El primer estadio de este proyecto culmina con libros como *Contemplación del tiempo* (1948) o *Siempre* (1953), colecciones que aportan una mayor concisión expresiva, y donde el poeta, sin abandonar del todo sus ensoñaciones antiguas, aparece mucho más atento a lo otro y a los otros. El hombre como sujeto histórico protagoniza ya por completo *España, pasión de vida* (1954), único corpus de Nora que merece, en rigor, el marbete de poesía social; el laconismo de libros anteriores deja paso ahora a un acento épico, represado a veces por la disciplina del soneto, pero que rebosa otras de prosaísmos sin contención. El centro temático es la «honda herida de España» y el deber regenerador que nos incumbe a todos —y especialmente a los poetas: «Es tiempo de no plantar rosales»— respecto a ella. Con su último libro, *Angulares*, inserto en el volumen *Poesía 1939-1964* (1975), regresa el poeta «hacia sí, hacia su centro»: esto es, a la línea existencialista y de expresión más sobria que distinguió su obra de madurez anterior a *España, pasión de vida*. Al margen de la poesía, le debemos a Nora un meticuloso estudio sobre *La novela española contemporánea* (1958-62).

BIBLIOGRAFÍA. AA. VV., *Entre la cruz y la espada; en torno a la España de posguerra* (homenaje a Eugenio García de Nora) (Madrid, 1984); A. Soladana Carro, *La poesía de Eugenio de Nora* (Madrid, 1987). [A.S.Z.]

NOROÑA, CONDE DE (Castellón de la Plana, 1760-Madrid, 1815). Gaspar M.ª de Nava Álvarez fue militar y diplomático. Cultivó también el teatro. Sus *Poesías* (1799) revelan el anacreontismo vigente en la época. Pero es más conocido por sus traducciones de poemas orientales, a través de versiones inglesas y latinas, con las que divulgó un orientalismo exótico. Póstumamente, se publicó la *Ommiada* (1816), sobre los musulmanes españoles. [J.A.R.]

NOSOTROS. Revista literaria argentina, la de más larga trayectoria hasta el momento. Fue fundada en 1907 por

Roberto F. Giusti y Alfredo A. Bianchi, que la dirigieron durante toda su existencia, salvo entre 1920 y 1924, en que lo hicieron Bianchi y Julio Noé. La primera época termina en 1934, con el número 300. La segunda abarca de 1936 a 1943. Nacida con una ideología democrática y progresista, agrupa a toda la intelectualidad joven de principios de siglo, enrolada en la revisión del modernismo y el desarrollo de un realismo de escuela. Son los jóvenes hijos de la inmigración que ya integran el *establishment* y se unen a los intelectuales del patriciado. La revista celebra el sufragio universal (1912) y en 1916 hace reparos al triunfo de Yrigoyen, cuya caída ante el golpe de Estado de 1930 celebrará. Su primer silencio se debe a las urgencias políticas del momento (auge de los fascismos), que impiden la unidad del grupo. Antes, ha dado cabida a los primeros manifiestos de la vanguardia y ello supone un recambio generacional. El nombre de *Nosotros*, que invoca a un colectivo intelectual, fue sugerido por una novela proyectada y nunca escrita por Roberto J. Payró *. El núcleo inicial alió a los habituales de los dos cafés literarios más notorios de Buenos Aires, *La Brasileña* y *Los Inmortales*, en un gesto no sólo de camaradería y contemporaneidad, sino de afirmación de una literatura nacional que hasta entonces era cuestionada como tal. Es imposible prescindir de este órgano para estudiar la evolución literaria argentina en la primera mitad del siglo, así como las complejas y ambivalentes relaciones entre los intelectuales y la política.

BIBLIOGRAFÍA. *La revista «Nosotros»*, selección y prólogo de N. Ulla (Buenos Aires, 1969). [B.M.]

NOVÁS CALVO, LINO (As Grañas do Sur, La Coruña, 1905-Nueva York, 1983). Narrador, traductor y ensayista. Vivió en Cuba desde niño. Entre 1928 y 1929 colaboró en la *Revista de avance*. De 1931 a 1936 estuvo en España, donde fue corresponsal de *Orbe*; textos suyos se publicaron también en la *Revista de Occidente* *, *La Gaceta Literaria* *, *Diario de Madrid*, etc. Regresó a Cuba en 1940. Su narrativa muestra influencia de escritores de lengua inglesa como Ernest Hemingway, William Faulkner, Sherwood Anderson, Aldous Huxley o James Joyce, entre otros. Su novedosa técnica se caracteriza por la hábil utilización literaria de los procesos del subconsciente y de recursos cinematográficos, con lo que logra brindar gran intensidad y tensión a sus diálogos, situaciones y atmósferas. Se le considera uno de los iniciadores en Hispanoamérica de la tendencia estética del «realismo mágico». En 1963 marchó al exilio y se instaló en Nueva York, donde trabajó para las revistas *Bohemia Libre* y *Vanidades*. En 1967 fue nombrado profesor de la Universidad de Siracusa (N.Y.), cargo que ocupó hasta su jubilación en 1974. Su obra de ficción está concentrada en *La luna nona y otros cuentos* (1942), *No sé quién soy* (1945), *Cayo Canas* (1946), *En los traspatios* (1946), *Maneras de contar* (1970), y en su afamada novela *El negrero* (1933).

BIBLIOGRAFÍA. A. Gutiérrez de la Solana, *Maneras de narrar. Contraste de Lino Novás Calvo y Alfonso Hernández Catá* (Nueva York, 1972); R. D. Souza, *Lino Novás Calvo* (Boston, 1981); L. E. Roses, *Voices of the Storyteller* (Nueva York, 1986). [J.H.-M.]

NOVAS TERRA, LUIS (Beuthen, Alemania, 1923-Montevideo, 1979). Comediógrafo naturalizado uruguayo en 1939, su verdadero nombre era Ludwig Neulaender. Se dedicó al teatro en los años cincuenta, realizando comedias musicales, sátiras y, en particular, comedias costumbristas. Sus más celebrados títulos fueron: *Los cuatro musi-*

cantes (1963), *Uruguayos campiones* (1968), *La pulga del por qué* (1971), *Savoir faire* (1975) y *Una vida color topacio* (1977). [R.F.B.]

NOVELA ARTÚRICA EN LA EDAD MEDIA, LA. Los primeros relatos extensos de la materia artúrica o, mejor, bretona, son del siglo XII y tienen una vertiente latina representada por las obras de Geoffrey de Monmouth (¿1100?-1154), y una vertiente en francés, de obras en verso, con autores como Wace (1100-¿1184?), María de Francia (segunda mitad del s. XII) o Chrétien de Troyes (s. XII). Muy a finales del siglo XII, Robert de Boron reunió en una trilogía distintos textos que hasta entonces habían sido independientes entre sí, a la vez que los cargó de simbolismo cristiano: *Joseph d'Arimathie* (o *Roman de l'estoire dou Graal*), *Merlín* y *Perceval* (también denominado *Didot-Perceval*), de los que sólo ha pervivido el primero y el comienzo del *Merlín*. Muy poco tiempo después de haber sido escrita esta trilogía fue prosificada por un autor anónimo, versión que daría lugar al nacimiento de la *Vulgata* artúrica (o ciclo de Lanzarote-Grial o de Pseudo-Map), obra anónima de gran extensión y calidad literaria.

La *Vulgata* artúrica (entre 1215 y 1235) está formada por la *Estoire del Saint Graal* (o *Joseph Abarimathie*), *Estoire de Merlin* (y una *Suite Merlin*), *Lancelot*, *Queste del Saint Graal* y *Mort Artu* —las dos primeras partes son, cronológicamente, posteriores al resto del ciclo.

Entre 1230 y 1240, un autor anónimo atribuyó a Robert de Boron la reelaboración de la *Vulgata* que había llevado a cabo, y que se denomina *Post-Vulgata*, *Roman du Graal* o *Pseudo-Robert de Boron*. Este ciclo intentaba reunir las aventuras artúricas en un conjunto más homogéneo, centrando la atención no tanto en los amores de Lanzarote y Ginebra, como en el rey Arturo y el Grial.

Aunque no hay ningún texto completo de la *Post-Vulgata*, el contenido de este ciclo se suele reconstruir a partir de algunos fragmentos franceses y, sobre todo, de las traducciones gallego-portuguesas y castellanas. De acuerdo con estos planteamientos, parece que el ciclo estaba compuesto por una *Estoire del Saint Graal* semejante a la de la *Vulgata*; por un *Merlín*, que tampoco diferíría mucho del contenido en el ciclo de la *Vulgata*— la *Suite de Merlin* sí que introdujo notables alteraciones, ya que prescindió de gran parte de las guerras juveniles de Arturo, para dejar más paso a los amores de Merlín y Viviene y a las aventuras de Gauvain, Yvain y Le Morholt; al *Lancelot* de la *Vulgata*, que quedó reducido a su parte final, se añadieron algunas aventuras de la primera versión del *Tristán* en prosa para conectar con la *Queste* y la *Mort Artu*, poco distantes de las contenidas en la *Vulgata*.

En la Península ibérica son abundantes los testimonios que prueban el conocimiento de la materia de Bretaña desde época temprana: tanto en el *Fuero General de Navarra* (h. 1196-1212), como en los *Anales Toledanos Primeros* (1217), se alude a la batalla de Camlann, que enfrentó a Arturo con Mordret —anteriores son las referencias contenidas en los poemas de trovadores catalanes como Guerau de Cabrera o Guillem de Berguedà—. En los casos navarro y castellano, el conocimiento de la fatal batalla debió llegar a través de alguna versión de la *Historia Regum Britanniae* de Geoffrey de Monmouth, mientras que en el caso de los trovadores catalanes, la relación con el sur de Francia justifica un conocimiento más profundo de los temas bretones.

Sin embargo, no se empiezan a encontrar traducciones o adaptaciones de la materia de Bretaña hasta comienzos del siglo XIV, en que se debió traducir al castellano el *Tristán* citado por el Arcipreste de Hita * y el *Josep Abarimatia* portugués, que presenta la fecha de 1313 al final del texto traducido por João Sánchez. De 1380 es la *Storia del Sant Grasal* catalana, aunque hay testimonios que hablan de obras artúricas en esta lengua desde veinte años antes. Junto a estas versiones, algunas obras incluyen episodios tomados directamente de la tradición artúrica, o reelaborados de acuerdo con los patrones de esa tradición; así ocurre en la *Gran conquista de ultramar* *, en las *Sumas de Historia Troyana* de Leomarte *, en el *Libro del caballero Zifar* *, etc. Y el influjo es mayor aún en algunos autores de novelas sentimentales y, naturalmente, en las novelas de caballerías, empezando por el *Amadís de Gaula* *.

Las traducciones de las novelas francesas son de origen muy heterogéneo: el *Libro de Josep Abarimatea* * castellano (h. 1469) y su correspondiente portugués (1313) derivan, al parecer, de una versión del ciclo del pseudo-Robert de Boron que realizó fray Juan Vivas, aunque no se ha identificado de forma clara el origen. Tampoco está clara la fuente de los distintos textos conservados de *Merlín* *. La *Demanda do Santo Graal* portuguesa (copiada entre 1400 y 1438) y las versiones castellanas (*Demanda del Santo Grial* *, Salamanca, Toledo y Sevilla) derivan de un texto de la *Post-Vulgata*, mientras que la traducción catalana viene de la *Vulgata*; de este mismo ciclo proceden en gran parte el *Lanzarote del Lago* * castellano y los fragmentos conservados en portugués y catalán. Finalmente, el *Tristán de Leonís* * (ms. del s. XIV y edic. de 1501, 1528 y 1534) deriva de la primera versión del *Tristán* francés en prosa, mientras que el *Cuento de Tristán de Leonís* * y el fragmentario *Tristany de Leonís* catalán proceden de la segunda versión francesa, aunque se especula sobre la presencia de un intermediario catalán en el primer caso e italiano en el segundo.

Además de estos testimonios, el *Cancioneiro da Biblioteca Nacional* incluye cinco poemas líricos de finales del siglo XIII o principios del XIV, denominados *Lais de Bretanha:* tres de ellos tienen el *Tristán* francés en prosa como fuente directa y los otros dos derivan de la *Vulgata*.

En el Romancero * hay, también, tres romances pertenecientes a la materia de Bretaña: dos relacionados con la figura de Lanzarote y el tercero con la muerte de Tristán.

BIBLIOGRAFÍA. W. J. Entwistle, *The Arthurian legend in the literatures of the Spanish Peninsula* (Londres, 1925); AA. VV., «The *Suite du Merlin* and the Post-Vulgate *Roman du Graal*», en *Arthurian Literature in the Middle Age*, ed. de R. S. Loomis (Oxford, 1959), págs. 325-335; F. Bogdanow, *The Romance of Grail: a study of the structure and genesis of a thirteenth century Arthurian prose Romance* (Manchester, 1966); H. L. Sharrer, *A critical bibliography of Hispanic Arthurian material* (Londres, 1977); I. Castro, «Sobre a data da introdução na Península ibérica do ciclo arturiano da Post-Vulgata», en *Boletim de Filologia*, 28 (1983), págs. 81-98; J. Sharrer, «La fusión de las novelas artúrica y sentimental a fines de la Edad Media», en *El Crotalón*, I (1984), págs. 147-157; A. Deyermond, «Las relaciones genéricas de la ficción sentimental española», en *Symposium in honorem profesor M. de Riquer* (Barcelona, 1986), págs. 75-92; H. L. Sharrer, «La materia de Bretaña en la poesía gallego-portuguesa», en *Actas del I Congreso de la Asociación Hispánica de Literatura Medieval* (Barcelona, 1988), págs. 561-569; M.ª R. Lida de Malkiel, «Arthurian literature in Spain and Portugal», en *Arthurian literature in the Middle Ages* (cit.), págs. 406-416. Los textos franceses medievales de la Vulgata artúrica han sido traducidos por C. Alvar, *La muerte del rey Arturo* (Madrid, 1980); *La búsqueda del Santo Grial* (Madrid,

1986); *Historia de Lanzarote del Lago*, 7 vols. (Madrid, 1987-88); *Historia de Merlín*, 2 vols. (Madrid, 1988). [C.A.]

NOVELA DE AVENTURAS EN LOS SIGLOS XVI Y XVII, LA. Con este título se designa un género narrativo que fue muy leído de la segunda mitad del siglo XVI a la primera del XVII, y que tuvo una de sus primeras muestras en lengua romance en el *Filocolo* de Boccaccio, donde se remozaba la historia medieval de Flores y Blancaflor y la peregrinación del último a Oriente en busca de su amada; de hecho, la llamada «novela de aventuras» podría distinguirse, bajo formas y en momentos distintos, por dibujar su trama argumental sobre la base del viaje y la búsqueda. Jacopo Caviceo sacó a la luz en Parma *Il libro del Peregrino* a principios de siglo (1508), y pronto le seguirá la traducción peninsular de Hernando Díaz (1527), con éxito notable entre el público español. No extraña entonces que Menéndez Pelayo * considerara esta versión castellana una de las fuentes primordiales de la *Selva de aventuras* de Jerónimo de Contreras * (Barcelona, 1565), una de las primeras obras con características del género en español, donde se narraban las peripecias del caballero Luzmán, quien decidía emprender un viaje a Italia al ser rechazado por su amada Arbolea, y tras sufrir un largo cautiverio y lograr escapar de él, concluía sus días en una ermita.

Pero los modelos de la novela de aventuras tienen un origen más lejano todavía: Antonio Vilanova ha señalado cómo la *Odisea* y la *Eneida*, aun en medio de un gran aparato mitológico y fabuloso, ofrecen, con su profusión de elementos extraídos de la realidad, un armazón insustituible para la aplicación al relato épico del concepto aristotélico de verosimilitud —o mejor, de lo maravilloso verosímil—, tal como propugnaba Tasso desde sus *Discorsi del Poema Eroico*. Esos son, en efecto, los modelos más lejanos y autorizados, ejemplos del poema épico «en verso», que están tras la peregrinación del nuevo héroe, inmerso en un arabesco complejísimo de peripecias, como tormentas y naufragios, tierras lejanas, costumbres ignotas, piraterías, raptos, anagnórisis, juegos, competiciones, danzas y bodas. Ahora bien, ese extraordinario enmarañamiento de la trama es herencia, ante todo, de dos novelas helenísticas tardías, modelos a su vez del poema épico «en prosa», y que han dado con frecuencia el nombre de *bizantinas* a las novelas escritas bajo su inspiración. 1) El *Leucipe y Clitofonte* de Aquiles Tacio fue traducida por Annibale della Croce parcialmente en 1544 —después completada en 1554—, y en ella, además de F. A. Coccio (1551), se basó Dolce para su versión italiana, que se adelantó por su influjo en España a la tardía de Diego de Ágreda y Vargas * (1617). En ella se cuenta el amor ilícito de Clitofonte de Tiro hacia su prima Leucipe; para evitar las intransigencias familiares, los dos enamorados huyen a Alejandría en un viaje marítimo, como exige el género, y allí se suceden las tempestades y los naufragios, las separaciones, hasta la boda de los amantes. 2) Las *Etiópicas* o *Teágenes y Cariclea* de Heliodoro, que obtuvieron un gran éxito en su tiempo, fueron impresas en Amberes ya en 1554, en una versión española de la traducción francesa de Amyot, y reeditadas dos veces antes de la aparición de la versión de Fernando de Mena en 1587 —hecha sobre la anónima y la traducción latina de Warschewiczki—, que fue la que gozó del favor de la crítica. Alonso Núñez de Reinoso * conoció la primera de estas dos obras a través de los *Amorosi ragionamenti* de Ludovico Dolce (1546), quien tradujo y reelaboró la novela a partir de su libro quinto, pues, en *Los amores de Clareo y Florisea y los trabajos de la sin ventura Isea* (Venecia, 1552), el autor, como advertía en el preámbulo, intentó volver a la novela griega, «imitando y no romanzando» a Tacio, a la vez que aceptaba el influjo más tangencial de las *Tristes* de Ovidio, las *Tragedias* de Séneca, las *Geórgicas* de Virgilio y ciertos rasgos horacianos.

Pero fue hacia principios del siglo XVII cuando el género bizantino dio sus obras más ambiciosas: *El peregrino en su patria* (Sevilla, 1604), de Lope de Vega *, tergiversaba en su título una de las características esenciales del héroe de este género narrativo, puesto que la peregrinación es inseparable del desarraigo de la propia patria. En la obra, dividida en cinco libros, se intercalaron numerosos poemas y, al final de las cuatro primeras partes se añadieron cuatro autos sacramentales (*El viaje del alma, Las bodas del alma, La maya* y *El hijo pródigo*). Góngora *, en las *Soledades*, llevó al verso el peregrino andante —una *Eneida* abreviada—. Y Cervantes *, no sólo mostró interés por el género bizantino en su gran novela póstuma, *Persiles y Sigismunda* (1617), sino que ya en vida había visto publicados varios relatos vertebrados según la pauta de la novela griega, como *La española inglesa*, o *El amante liberal*, de sus *Novelas ejemplares* (1613). J. Enríquez de Zúñiga * imitó a Cervantes en el *Semprilis y Geronodano* (1629), A. Gual *, en verso, a Heliodoro en *La Oronta* (1637), y Pellicer * tradujo y continuó *Argenis*, de Barclay. De hecho, la novela cortesana, esa especie de cajón de sastre, bajo cuyo título se reúnen dispares elementos narrativos del XVII, adquiere numerosos motivos e hilvana muchas de sus tramas sobre la herencia bizantina, de manera parecida a como se había dejado fecundar por el género la novela pastoril (sobre todo a partir de la *Diana enamorada*, 1564, de Gil Polo *, y la *Galatea*, 1585, de Cervantes), mezcladas aquí con desafíos, justas, festejos y saraos, sin ir más lejos en *La más desgraciada amistad*, de los *Sucesos y prodigios de amor* (1624) de Pérez de Montalbán *, donde los amantes se encuentran finalmente bajo el cautiverio de los turcos. María de Zayas * también muestra cierta preferencia por la mixtura de aventuras y viajes en alguna de las novelitas insertas en sus *Novelas amorosas y ejemplares* (1637), como *Aventurarse perdiendo*, o por los cautiverios en poder de piratas y bandidos en *La esclava de su amante*, en la segunda parte de los *Desengaños amorosos* (1647). Bajo el título de *Deleitar aprovechando* (1635) reunió Tirso de Molina * varias novelas con rasgos del género de aventuras, como *Los triunfos de la verdad* o *El bandolero*; y Castillo Solórzano * echó mano al mismo recurso de poner a los personajes en camino en algún cuento como, por ejemplo, en *El bien hacer no se pierde*, o en *El pronóstico cumplido*, recogidos en *Las noches del placer* (1631), y en *Engañar con la verdad*, inserto en *Tardes entretenidas*, con lo que mostró un interés por ensanchar los límites de sus novelas fuera de la Península, del que tampoco escapó Gonzalo de Céspedes * en *El español Gerardo* (1615), *El soldado Píndaro* (1626), o algunas de sus *Historias peregrinas y ejemplares* (1626). Y, en fin, Gracián *, en *El Criticón*, llevó al límite la mixtura de géneros al acudir a la estructura de la novela de aventuras. Montengón * y otros autores dieciochescos también se sirvieron de ella para hacer, de la novela, pedagogía y didáctica.

BIBLIOGRAFÍA. Heliodoro, *Historia etiópica de los amores de Teágenes y Clariclea*, trad. de F. de Mena, prólogo de F. López Estrada (Madrid, 1954); E. Carilla, «La novela bizantina en España», en *Revista de Filología Española*, 49 (1966), págs. 275-287; R. Osuna, «El olvido de *Persiles*», en *Boletín de la Real Academia Española*, XLVIII (1968), págs. 55-75; A. K. Forcione, *Cervantes, Aristotle and the «Persiles»* (Princeton

U.P., 1970); A. Vilanova, *Erasmo y Cervantes* (Barcelona, 1989), págs. 326-455. [E.F.]

NOVELA BIZANTINA. Véase NOVELA DE AVENTURAS EN LOS SIGLOS XVI Y XVII.

NOVELA BREVE EN LA EDAD MEDIA, LA. La interpretación y el significado de la categoría genérica de la novela breve es relativa, ya que se confunde hasta cierto punto con otras formas del relato breve o narraciones cortas cuya delimitación interna presenta problemas terminológicos. En la Edad Media existen varias formas narrativas breves, como el *exemplum*, el *milagro*, el *lai*, el *fabliau* o el *conte*. Si estas formas narrativas son novelas breves o no depende, en gran medida, de la definición y del alcance histórico de la *novella* italiana, que no se impone en toda Europa hasta que se difunde el *Decamerón* de Boccaccio, compuesto hacia 1355. Sin embargo, algunos críticos, como W. Krömer, no renuncian al estudio «novelístico» de ninguna de las formas citadas, de tal modo que incluyen, por lo que hace a la literatura castellana o española, colecciones de milagros, como los de Gonzalo de Berceo*, y colecciones de ejemplos como la *Disciplina clericalis* de Pedro Alfonso*, el *Conde Lucanor* de don Juan Manuel*, el *Libro de los siete sabios* y la versión latina del *Sendebar* o *Libro de los engaños**. Sin embargo, para completar esta lista, habría que añadir al menos el *Calila e Dimna** y el *Barlaam e Josafat**. En cualquier caso, se acepten o no estos amplios límites, lo que parece evidente es que el *Decamerón* de Boccaccio recoge motivos y argumentos de la tradición precedente, lo mismo que las novelas breves posteriores, especialmente en la Península ibérica, donde, según W. Pabst, la tradición didáctica del *exemplum* goza de gran vitalidad. Claro que la aparición y el desarrollo de las formas literarias de la *novella* italiana modifica de manera sustancial el panorama de la narrativa breve medieval. Aunque en España la influencia del *Decamerón* no se manifiesta hasta mediados del siglo XVI, como apunta Caroline B. Bourland, que cita en primer lugar *El patrañuelo* de Timoneda*, de 1566, y los *Coloquios satíricos* de A. de Torquemada*, de 1553. Además, la primera edición de la traducción castellana del *Decamerón* es de 1496, aunque se conocen varios manuscritos anteriores y aunque una obra anónima del siglo XV, los *Castigos y doctrinas que un sabio dava a sus hijas*, contiene una imitación de la historia de Griselda que cierra el *Decamerón*. La historia de Griselda había sido difundida de manera independiente a través de una versión latina de Petrarca, traducida al catalán por Bernat Metge, quien afirma que la historia gozaba de gran popularidad; y es hasta posible que circulara en castellano desde muy antiguo, en ediciones populares de principios del siglo XVI. También era conocida en España durante el siglo XV la historia de Guiscardo y Guismonda, la primera de la cuarta jornada del *Decamerón*, que influye en el nacimiento de la llamada «novela sentimental», con semejanzas argumentales entre esta novela y la *Estoria de dos amadores* de Juan Rodríguez del Padrón*, el *Grisel y Mirabella* de Juan de Flores* o la *Cárcel de Amor* de Diego de San Pedro*.

Capítulo aparte formarían los relatos breves de carácter caballeresco, en su mayoría traducidos del francés, o con textos intermedios catalanes. Éstos circularon extensamente en manuscrito y en impreso, agrupándose en el género de lecturas populares que estaba en el repertorio de todos los libreros. Así, la *Historia de Flores y Blancaflor*, la *Historia de Oliveros de Castilla y Artús de Albarge*, la *Historia de París y Viana* e *Historia de Roberto el Diablo*, entre otras muchas narraciones en las que, después de haberse acendrado en una larga evolución —en ocasiones que remontan al siglo XII, pues algunos de estos temas están ya representados en el famoso *Ensehnament* al juglar Cabra—, lo sentimental ha sido fundido estrechamente con lo caballeresco. En la segunda mitad del siglo XV estas narraciones, principalmente en Cataluña, tienen vida propia y, en buena medida, han alimentado otros textos de novela caballeresca más extensa, como el *Tirant lo Blanc*.

BIBLIOGRAFÍA. C. B. Bourland, «Boccaccio and the *Decamerón* in Castilian and Catalan literature», en *Revue Hispanique*, 12 (1905), págs. 1-233; W. Pabst, *La novela corta en la teoría de la creación literaria* (Madrid, 1972); R. J. Clements y J. Gibaldy, *Anatomy of the novella. The European Tale Collection from Boccaccio and Chaucer to Cervantes* (Nueva York, 1977); W. Krömer, *Formas de la narración breve en las literaturas románicas hasta 1700* (Madrid, 1979); J. Paredes Núñez, *Formas narrativas breves en la literatura románica medieval. Problemas de terminología* (Granada, 1986); *Formas breves del relato*, ed. de A. Egido e Y. R. Fonquerne (Zaragoza, 1986); P. M. Cátedra, *La historia de París y Viana* (Gerona, 1988). [J.G.G.]

NOVELA DE CABALLERÍAS, LA.

EDAD MEDIA: En la literatura española, a finales del siglo XIII y principios del XIV, diferentes caballeros protagonizan obras como la *Leyenda del Caballero del Cisne*, inserta en la *Gran conquista de Ultramar* *, de procedencia francesa, o el *Libro del caballero Zifar* *, o tenemos noticia de un *Amadís* primitivo, estas últimas creaciones originales. Por esas fechas se conocen en España las leyendas artúricas, y quizá a comienzos del siglo XIV se recrean de procedencia francesa relatos breves como *Otas de Roma*, *El cavallero Pláçidas* *, etc.; a finales del siglo XV se incorporan al sistema literario otros textos breves, también de origen francés, como *Roberto el Diablo*, *Oliveros de Castilla* y *Artús de Algarbe*, etc., muchos de los cuales se difundirán en pliegos de cordel hasta comienzos del siglo XX. No obstante, debemos distinguir entre *materia caballeresca*, a la que pertenecen todas las obras indicadas, y *libros de caballerías*. Bajo esta denominación designamos las creaciones originales hispanas publicadas en los siglos XVI y XVII, cuya formación como género se origina en la recreación del *Amadís de Gaula* *, realizada por Rodríguez de Montalvo a finales del XV, y en su continuación, *Las sergas de Esplandián*, del mismo autor. Los principales rasgos configuradores de estos libros son los siguientes: son extensos relatos en prosa, a veces narrados por un ficticio historiador, en ocasiones testigo de los hechos y ayudante mágico del héroe. El narrador pretende contar una historia verdadera, la biografía ficticia de uno o varios héroes; dicha historia aparece casualmente en algún desconocido manuscrito nunca visto antes, también escrito en una lengua extraña, que será necesario traducir. La infancia del protagonista apenas aparece reflejada, pero sí, en ocasiones, unos incidentes y rasgos característicos del héroe de la tradición —nacimiento en circunstancias extrañas, alejamiento de sus progenitores, educación por personas de inferior categoría, posterior reconocimiento, etc.—. Tras la investidura comenzarán sus hazañas caballerescas, ocurridas en continuos desplazamientos y que pueden tener como norte el amor de alguna dama con quien contraerá matrimonio. Esta biografía ficticia finalizará con dicho matrimonio, con el ascenso del caballero andante al trono o con el nacimiento de algún descendiente, pudiéndose combinar todos los motivos. En un mundo maniqueo, se enfrentará victoriosamente con las fuerzas del mal representadas por caballeros soberbios, traidores, animales fantásticos, gigantes, etc. Tampoco suelen faltar ingredientes mágicos en algunos episodios, o en personajes con estas características, sean auxiliares o enemigos del héroe. Las aventuras suelen articularse en ciclos abiertos, dejando al final la posibilidad de una nueva historia anunciada. Surgen continuaciones en las que los autores tratan de superar los libros anteriores, llegando a agostarse el género por la repetición sistemática de motivos, episodios y temas. El modelo amadisiano, combinación armónica de amor y aventuras bélicas, puede dejar paso a otro prototipo en el que el amor es secundario o desaparece, de la misma manera que las hazañas guerreras se ejercen contra los enemigos de la fe, árabes, turcos, etc. A veces, el narrador inserta glosas moralizantes para dar ejemplo de comportamiento, posibilitando un discurso didáctico sobre los más diversos temas. Las aventuras suelen desarrollarse en un espacio lejano, tanto por los países en los que acaece la acción, como por los lugares preferentes de la aventura —islas, florestas, castillos encantados, etc—. La obra transcurre ficticiamente en un lejano pasado, siempre después de Cristo. Se insertan episodios, temas y técnicas de otros géneros; la llamada «novela sentimental» * influirá en el cada vez más frecuente intercambio de cartas o en algunas aventuras alegóricas, como en *Don Florindo;* Feliciano de Silva incluye en sus obras caballerescas episodios en los que están implícitos los enredos de la novela pastoril *, persistiendo esta combinación en obras posteriores. Siguiendo procedimientos de la época, se escriben libros de caballerías a lo divino, algunos de los cuales guardan poca conexión con sus congéneres, y que tienen como motivos comunes la consideración de la vida cristiana como milicia y peregrinación, su tendencia moralizante y la técnica alegórica, en algunos casos inserta en una débil trama caballeresca. A pesar de las numerosas críticas de los moralistas, de algunos humanistas y, sobre todo, de los erasmistas, el éxito e influjo de estos libros fue extraordinario. Se tradujeron a diversas lenguas; se convirtieron en manuales de cortesanía, sirviendo de modelo para algunas festividades cortesanas y proporcionando materiales para su recreación en otros géneros, desde el Romancero * hasta la comedia. Su expansión coincide en España con unas fases del descubrimiento de América, mientras que de forma significativa las reediciones y la creación de nuevos libros disminuye considerablemente a partir de la derrota de la Invencible (1588).

BIBLIOGRAFÍA. J. Ruiz de Conde, *El amor y el matrimonio secreto en los libros de caballerías* (Madrid, 1948); H. Thomas, *Las novelas de caballerías españolas y portuguesas* (Madrid, 1952); M. de Riquer, *Caballeros andantes españoles* (Madrid, 1967); D. Eisenberg, *Castilian romances of chivalry in the sixteenth century. A bibliography* (Londres, 1979); D. Eisenberg, *Romances of chilvary in the Spanish Golden Age* (Neark, Delaware, 1982). [J.M.C.B.]

SIGLOS XVI Y XVII: Durante más de tres siglos, los lectores de toda Europa se sintieron fascinados por las hazañas de los caballeros andantes. Este género, de raíces medievales, alcanzó su madurez durante la Edad de Oro, desbordó las mayores fantasías de la época y, después de una etapa de decadencia, estaba prácticamente agotado cuando Miguel de Cervantes * escribió su *Don Quijote de la Mancha,* parodia de estas obras. Curiosamente, durante muchos años fue sólo por ese motivo por el que se prestó atención a este género, más para denigrarlo y abominar de él que otra cosa. Sin embargo, en estos últimos años se ha descubierto en él un fecundo y valioso campo para la investigación.

Su principal exponente es el *Amadís de Gaula* *, que se enmarca en la Edad Media. Lo mismo ocurre con las novelas del ciclo artúrico, aunque *Tristán de Leonís* * se imprima en 1534 y *La demanda del Santo Grial* * en 1535. También pertenecen al mundo medieval un buen número de relatos *(Flores y Blancaflor, París y Viana, Pierres y Magalona)* y de historias más o menos milagrosas *(Roberto el diablo, Oliveros de Castilla)*, traducidos del francés, que se imprimieron repetidamente hasta bien entrado el siglo XIX, a veces como pliegos sueltos. El ciclo carolingio, con las aventuras de los Doce Pares de Francia, cobró nuevos vuelos gracias a los poemas caballerescos de Matteo Maria Boiardo y Ludovico Ariosto. A sus diferentes traducciones (16 ediciones entre 1549 y 1558) y continuaciones, hay que sumar las adaptaciones de Lope de Vega * o Barahona de Soto *, e imitaciones como el *Florando de Castilla* (1588), de Jerónimo Huerta. En prosa, el *Espejo de caballerías* (1525) adoptó materiales de Boiardo y Niccola Degli Agostini, y fueron numerosas las traducciones de Ludovico Dolce, Luigi Pulci, Andrea da Barberino y otros autores. De las diferentes partes de *Reinaldos de Montalbán* (14 ediciones entre 1523 y 1562), tiene especial interés la cuarta (1542-43), *Baldo*, una adaptación muy libre del *Baldus* de Teófilo Folengo.

Sí pertenecen plenamente a la Edad de Oro los grandes ciclos de la caballería: el de Amadís y el de Palmerín, que se tradujeron a todas las lenguas. Del primero, resultan interesantes los libros séptimo y noveno: *Lisuarte de Grecia* (10 ediciones entre 1524 y 1587) y *Amadís de Grecia* (siete ediciones entre 1530 y 1596), de Feliciano de Silva *; así como el décimo libro, *Florisel de Niquea* (1532), y cinco ediciones más hasta 1588), que se continuó con *Rogel de Grecia* (seis ediciones entre 1535 y 1568). En el resto de Europa continuaron escribiéndose continuaciones del *Amadís* hasta el vigésimo cuarto libro. El ciclo de Palmerín se inició en 1511 con *Palmerín de Olivia* —trivializado en *Oliva*— (siguieron once impresiones hasta 1580), y sus mejores exponentes son *Primaleón* (10 ediciones entre 1512 y 1598), atribuido a Francisco Vázquez, y *Palmerín de Inglaterra* (1547-48), que seguramente fue escrito por Francisco de Morães en portugués, idioma en que se llegó hasta el octavo libro del ciclo.

Otros libros no pertenecen a ningún ciclo, pero gozaron de enorme fama. Uno de los más famosos fue *Lepolemo o el caballero de la cruz*, atribuido a Alonso de Salazar (11 ediciones entre 1521 y 1563), pero no hay que olvidar otros como *Belianís de Grecia*, de Jerónimo Fernández (seis ediciones de la primera parte entre 1545 y 1587); *Clarián de Landanís*, de Gabriel Velázquez del Castillo (cuatro ediciones entre 1518 y 1542), continuado por Jerónimo López (seis ediciones de las diferentes partes entre 1522 y 1550). Jerónimo de Urrea *, traductor de Ariosto y de Olivier de la Marche, apuntó una renovación en estas novelas con su *Clarisel de las Flores* (h. 1550), aunque parece que se difundió sobre todo por medio de manuscritos. El *Espejo de príncipes y caballeros*, más conocido como *El caballero del Febo* (1555, y cinco ediciones más hasta 1617), fue escrito por Diego Ortúñez de Calahorra *, y es uno de los mejores exponentes del género. Fue continuado por Pedro de la Sierra (seis ediciones entre 1580 y 1617) y Marcos Martínez (tres ediciones entre 1587 y 1623).

Pocos géneros despertaron pasiones tan contrarias como los libros de caballerías. Las críticas contra ellos se remontan a la Edad Media: ya entonces se cuestionaban su inverosimilitud, su inmoralidad y lo descuidadamente escritos que estaban. Sin embargo, para los lectores de estas obras, su principal atractivo residía en las fantásticas aventuras y en los amoríos de damas y caballeros, despreocupándose de cualquier contenido doctrinal o de pretensiones literarias. Por eso, muchos textos originales se presentaban como obras anónimas o traducidas de lenguas exóticas. A la larga, el resultado no podía ser otro que el anquilosamiento del género, convertido en un fósil ya hacia 1530 y una verdadera antigualla en el último tercio del siglo XVI. De poco sirvió que cultivaran el género humanistas como Pedro Luján * o Antonio de Torquemada *, ni que se inventaran versiones «a lo divino» de estos libros, donde el alma se enfrentaba a vicios y pecados; tres títulos principales de este *rifacimento* cristiano son *Caballería celestial* (1554) de Jerónimo Sempere, *Caballería cristiana* (1570) de fray Jaime de Alcalá y *El caballero de la Clara Estrella* (1580) de Andrés de la Losa. Durante todo el siglo XVI, los lectores continuaron devorando aventuras cada vez más fantasiosas, con gigantes y monstruos, alejadas en el lugar y en el tiempo, con magos y hechiceros y, sobre todo, con los tiernos amores de caballeros y princesas. Pero no hay que creer que este público estaba formado por mujeres incultas e hidalgos de medio pelo, ansiosos de recordar lo que había sido la caballería; el gusto por estos libros había arraigado en todos los estamentos sociales: labriegos, comerciantes, frailes, damas de la corte, etc. Santa Teresa *, San Ignacio, Diego Hurtado de Mendoza *, Juan de Valdés *, Carlos V o el propio Miguel de Cervantes * son algunos de los que devoraron estas historias.

BIBLIOGRAFÍA. H. Thomas, *Las novelas de caballerías españolas y portuguesas* (Madrid, 1952); M. Chevalier, *Lectura y lectores en la España del Siglo de Oro* (Madrid, 1976); D. Eisenberg, *Castilian romances of chivalry in the sixteenth century* (Londres, 1979). [R.R.]

NOVELA CORTA EN LOS SIGLOS XVI Y XVII, LA. Por *novela corta* (o, según otros críticos, *novela cortesana*) se entiende la amplia producción novelística desarrollada en España durante el siglo XVII, a imitación de la novela italiana, y que tendrá en las *Novelas ejemplares* de Cervantes * de 1613 el referente o modelo más concreto, tanto en su temática (mezcla de un pintoresco realismo y de idealizaciones) como en su conformación (colección de novelas, marco ideológico o narrativo explícito e intención, más o menos confesada, ejemplarizante o moral). Por lo general, y a excepción de algunos destacados cultivadores del género, como María de Zayas *, Castillo Solórzano *, Salas Barbadillo * o el propio Lope de Vega *, la historia crítica ha menospreciado esta novelística, más importante sin duda como síntoma de una primera literatura de consumo, creadora de un público lector alternativo al espectáculo teatral que como elaboración literaria y narrativa. Supone, sin embargo, y por su especial porosidad temática (no elude incluir en su ámbito desde lo pastoril, lo caballeresco y lo bizantino hasta lo picaresco y el relato de exagerado romanticismo amoroso en la más truculenta tradición *bandelliana*) un género donde el concepto mismo de *novela* madura y crece a través de sus múltiples cultivadores y a través de un público devoto más cortesano y aristócrata que estrictamente popular. Un género, además, que no puede vincularse de manera absoluta en sus orígenes a la novela breve italiana, sino que responde, de modo más complejo, a una arraigada tradición de literatura oriental y a la literatura medieval y renacentista de la península (desde las misceláneas de Pedro Mexía * al *Patrañuelo* de Juan Timoneda *, 1567). Ello determinará características formales muy especícas de la novela corta española del Barroco: la concentración en su desarrollo, la acumulación tensional y emotiva, cierta rigidez en la caracterización (casi emblemática) de los personajes, la necesidad de justificación moral del entretenimiento que supuestamente persiguen (que la convierten en una muestra maniquea de la moral contrarreformista, pero con audaces y sabrosas transgresiones de la mano de una María de Zayas o de un Pérez de Montalbán *) y, por supuesto, la capacidad frecuente de prescindir del obligado marco *boccacciano*, es decir, el relato-marco que engloba la sucesión de novelas o historias en las que el realismo costumbrista alternará siempre con unos niveles argumentales propensos al enredo y las acciones inverosímiles, cuando no casi fantásticas (casos como Juan de Piña * o Céspedes *), y con escenarios de sabor arcaico y clásico (José Camerino *). No faltarán autores que desearán dotar al género de prestigio poético y retórico (Rodríguez Lobo en su *Corte na aldeia*, 1619, distingue entre *cuento* e *historia*) y, sin duda, de prestigio erudito y estilístico, como Suárez de Figueroa * en *El Pasajero* (la novela «no ha de ser simple ni desnuda, sino mañosa y vestida de sentencias, documentos y todo lo demás que puede ministrar la prudente filosofía...») y, sobre todo, Lope de Vega en sus *Novelas a Marcia Leonarda* (1624). Al modelo de marco como reunión aristócrata únense en España estructuras alternativas como la *tertulia nocturna* (las *Noches de Invierno* de Eslava * en 1609, anterior, por tanto a Cervantes), el *viaje*, el *sarao* o *reunión de Carnestolendas*. Un sentido de conservación moral y fuertes restricciones ideológicas contrarreformistas impregnan estas novelas, que reciben así la denominación de *cortesana*, no sólo por constituir la Corte el escenario anónimo y urbano más adecuado de los relatos, sino porque suponen una literatura claramente dirigida y con escasas fisuras críticas. No obstante, se aprecia tanto en el tono de las historias como en el comportamiento de los protagonistas un deseo de acceder a unos lectores de nobleza mediana que, en términos relativos, se aproximarían a un primer público burgués y consumista. Además de los citados, deben recordarse autores de novelas cortas como el gascón Loubaysin de la Marca (*Engaños deste siglo*, París, 1615, e *Historia tragicómica de don Henrique de Castro*, París, 1617); Baltasar Mateo Velázquez (*El filósofo de aldea*, Pamplona, 1626, y *Novela del más desdichado amante y pago que dan mugeres*, Madrid, 1641); Jerónimo de Quintana —con el seudónimo de Francisco de las Cuevas— (*Experiencias de amor y fortuna*, Madrid, 1626); Suárez de Mendoza (*Eustorgio y Clorilene, historia moscovita*, Madrid, 1629); Ginés Carrillo Cerón (*Novelas de varios sucesos en ocho discursos morales*, Granada, 1635); Pacheco de Narváez (*Historia ejemplar de dos constantes mugeres españolas*, Madrid, 1635); Baptista Remiro de Navarra (*Los peligros de Madrid*, Zaragoza, 1646); Baltasar Altamirano (*Firmeza en los imposibles y fineza en los desprecios*, Zaragoza, 1646); Francisco Jacinto Funes de Villalpando, marqués de Osera (*Escarmientos de Jacinto*, Zaragoza, 1650); Isidro de Robles (*Varios efectos de amor en once novelas*, Madrid, 1666); Correa Castelblanco (*Trabajos del vicio y afanes del amor vicioso*, Madrid, 1680); José Zatrilla y Vigo (*Engaños y desengaños del profano amor*, Nápoles, 1687); Ginés Campillo de Bayle, quien, recogiendo la tradición de *Los cigarrales de Toledo* (1624) de Tirso, reúne en *Lentiscar de Cartagena* (1689) una colección de novelitas, alguna morisca, que se relatan en la finca de Lentiscar, y los más conocidos como Lugo y Dávila *, Andrés de Prado *, Mariana de Carvajal *, Cristóbal Lozano *, Liñán y Verdugo *, Pérez de Montalbán, Diego de Ágreda y Vargas *, Castro y Añaya *, o el mismo Tirso de Molina * en sus *Cigarrales de Toledo* (1621).

BIBLIOGRAFÍA. E. B. Place, *Manual elemental de novelística española. Bosquejo histórico de la Novela Corta y del Cuento durante el Siglo de Oro* (Madrid, 1926); C. B. Bourland, *The short story in Spain in the Seventeenth Century* (University of Illinois, 1927); A. González de Amezúa, «Formación y elementos de la novela cortesana», en *Opúsculos histórico-literarios*, I (Madrid, 1951), págs. 124-279; G. Formichi, «Saggio sulla Bibliografia Critica della Novela Spagnuola Seicentesca» [*Lavori Ispanistici*] (Serie III) (Università di Firenze, 1973), págs. 1-105; P. Palomo, *La novela cortesana, forma y estructura* (Barcelona, 1976); E. Rodríguez Cuadros, *Novela corta marginada del siglo XVII español* (Valencia, 1979); J. M. Laspéras, *La nouvelle en Espagne au Siècle d'Or* (Montpellier, 1987). [E.R.]

NOVELA CORTESANA. Véase NOVELA CORTA.

NOVELA EN ESPAÑA, LA.

SIGLOS XVI Y XVII: La laxa denominación de *novela* —que la crítica anglosajona ha resuelto mejor con los términos, no exportables, de «romance» y «novel»— para definir a un género literario habitualmente en prosa que se aplicó desde el siglo XIX, no era desconocido en los siglos XVI y XVII en España, pero se limitaba a la especie de la «novella» italiana, esto es, una narración breve a lo Boccaccio o Bandello (y que podía estar en verso, como las *Novelas* de Tamariz *). Y, sin embargo, es en la literatura española de esta época cuando se desarrolla una abundante creación narrativa que, bajo la denominación de «libro», «tratado», «historia», «vida» o, simplemente, el nombre del o de los protagonistas, llevó a través de su difusión en otras literaturas a la novela moderna —el *Lazarillo* *, *El Quijote*—. De la tradición medieval proceden los *libros o novelas de caballerías* *, que con la llamada *novela sentimental* * —en la época *Tratado*— y las continuaciones e imitaciones en prosa de *La Celestina* —Feliciano de Silva *, Sancho Muñón *, Gaspar Gómez de Toledo *— dominan ampliamente hasta mediados del siglo XVI. En el decenio de 1550-60, se desarrollan los nuevos géneros renacentistas de génesis muy variadas. De la tradición clásica —la novela griega de Heliodoro y Aquiles Tacio— procede la llamada *novela de aventuras* * o *bizantina*, muy apreciada por los humanistas —«épica en prosa» la denominó Cervantes *—, y ciertos aspectos —con Luciano y Apuleyo— de la *novela picaresca* *; de la tradición virgiliana, a través de Sannazaro, con injertos de la novela de aventuras de caballerías o de las *novelle* italianas, surgen los *libros de pastores* o *novela pastoril* * —«égloga en prosa» la denominó Cervantes— y la *novela morisca* *. Fue la novela pastoril, y en particular *Los siete libros de la Diana* (h. 1559), de éxito asombroso, la que predominó durante la segunda mitad del siglo XVI. Con el *Guzmán de Alfarache* (1599) de Mateo Alemán *, el género y los motivos picarescos inundan la literatura de la nueva centuria. Si Cervantes en el *Quijote* (1605) sintetiza los géneros anteriores, incluidos los diálogos, con las *Novelas ejemplares* (1613) implanta definitivamente la *novella* italiana, que, etiquetada por la crítica como *novela cortesana* *, fue el género narrativo predominante en competencia con las colecciones o *partes* de comedias, impresas para ser leídas y que tantas semejanzas guardan con aquélla. Y es también Cervantes el que reaviva la *novela de aventuras* con *Trabajos de Persiles y Sigismunda* (1617), que, cruzada con la sátira menipea humanista revitalizada por Quevedo * en los *Sueños y discursos* (1627, aunque iniciados al alborear el siglo) y con la picaresca, culmina en *El criticón* (1651) de Gracián *. [A.B.]

SIGLO XVIII: Durante el siglo XVIII se produce en Europa una reinvención o transformación del género novelesco que cambia radicalmente la manera de concebirlo y que afecta tanto a los mecanismos de la producción del texto como a los de su recepción. Con afán moralizador (a lo que debe en buena medida la expansión inicial y, sobre todo, su florecimiento decimonónico, cuando el género consigue ser la forma de expresión más relevante y característica de la burguesía) y audiencia masiva (público culturalmente inerme, constituido generalmente por mujeres y jóvenes, que requieren fórmulas didácticas, fáciles y reactualizadoras del «docere delectando» horaciano), la novela comienza a sustituir antiguos papeles y funciones de la sociedad estamental, retomando su humilde rango de servir como vehículo de conocimiento para los que apenas saben nada. Es aquí donde encuentran explicación hechos tales como los de su rechazo por parte de las elites ilustradas, su reclusión en unas limitadas características formales y temáticas o la relación sociológica e histórica entre sus ideales morales, laborales y domésticos con los de las clases burguesas medias. Añadamos a ello lo de su naturaleza reflectante —el ser reflejo del paso desde el Antiguo Régimen a la nueva estratificación social— y transmisora de la nueva ideología social ligada a los valores del individualismo y el materialismo —con el descubrimiento de la vida íntima y la actitud observadora— así como alguna que otra peculiaridad de abolengo francés (modelo novelesco que produce su renovación sobre presupuestos subversivos, mediante la sustitución del racionalismo idealista cartesiano por el criticismo filosófico debelador de la tradición nobiliaria y eclesiástica, al tiempo que descubridor de la pasión, la libertad y el progreso como bienes de felicidad individual) y tendremos las pautas que acabaron por distinguir la novela de sus antecedentes en prosa —la epopeya, la picaresca, la historia...— y por transformar el relato áureo en este otro reflectante, crítico y demoledor, que inicia su fortuna en el XVIII. No obstante esta genérica visión de los materiales novelescos en la Europa del XVIII, el caso hispánico es, todavía, una relación de carencias que dificultan extraordinariamente el trazado de un panorama unitario y de conjunto.

En primer término, porque afrontar la condición de lo novelesco en nuestro siglo ilustrado implica la aceptación del debate teórico acerca de la revisión de los géneros literarios, alejando así la noción normativa de novela, causa en parte del diagnóstico desnovelizador del XVIII español. Después, porque es en términos de difusión y recepción como cabe enjuiciar el valor de nuestra novela dieciochesca, en tanto que elemento innovador y conformador del gusto literario. Todo ello supone una consideración global del repertorio literario disponible, que pasa por el rastreo de la continuidad de los modelos narrativos de nuestro Siglo de Oro —la picaresca, la novela corta *, la literatura satírica y moralizante, Cervantes *, etc.—, empezando por la necesidad de conocer el número de reediciones, continuando por el fenómeno de las readaptaciones hispánicas a partir de modelos franceses e ingleses (no olvidemos que son los paradigmas de la picaresca, fundamentalmente el *Guzmán de Alfarache*, y de la novela cervantina, fundamentalmente el *Quijote*, los que subyacen en los presupuestos novelescos de Lesage, Florian, Defoe, Richardson, Fielding, etc.) y concluyendo en la utilización directa por parte de nuestros autores, casos de Torres Villarroel * o Isla *, así como de otros muchos que sostuvieron los prejuicios sobre el género con criterios poéticos y retóricos del Neoclasicismo. Consideración que alcanza también los territorios de la erudición o la historiografía, así como el entendimiento de la novela en tanto que forma de instrucción de las ciencias útiles (caso de numerosas traducciones y adaptaciones de novelas foráneas en las que la narración se convierte en excusa para la divulgación de nociones generales sobre historia natural, geografía, mitología o botánica) o al más vasto capítulo de la literatura educativa difundida a través de periódicos y novelas, sobre cuya importancia basta revisar los anuncios de *La Gaceta* o las reseñas del *Memorial Literario* para cerciorarnos de que las novelas que se publican se introducen en el mercado en tanto que compendios y guías de la educación cristiana, aunque en ocasiones sea la moral natural lo que se defienda.

Así pues, es mediante la reconstrucción del canon cómo conseguiremos un criterio de selección para el magma bibliográfico que nos solicita y una consideración de los principios estéticos y postulados creativos que latieron en novelistas, traductores, adaptadores, autores de resúmenes y compendios, etc. durante el largo período en que dichas actividades estaban amparadas en el principio de la «imitatio», con lo que un recurrente número de obras, caso del *Telémaco*, proporcionaron sólida base a un sinnúmero de adaptaciones y variaciones con tal de que el principio útil del modelo, generalmente la educación, tuviese universal aceptación. Sustento similar, el modelo imitativo, al que posee una muy socorrida modalidad novelesca del XVIII, presentada por lo común en colecciones, cuyo afán instructivo y divulgador, a la manera de las *Anécdotas* de Marmontel, se mezcla con demandas de diversión y entretenimiento del más diverso carácter, como ocurre con las colecciones publicadas por Olive *, Calzada, A. Valladares *, García Malo *, Cándido María Trigueros *, etc.

Es esta condición híbrida y fluctuante, por encima de programas retóricos y objetivos ideológicos, lo que define el carácter y naturaleza de unos materiales novelescos que trataron de armonizarse con los nuevos gustos del público lector —englobando aquí la común costumbre de las «lecturas» en reuniones y tertulias— y encontraron refugio tanto en pronósticos y almanaques como en una literatura miscelánea de cambiantes exigencias morales y didácticas, todo ello antes de que el fenómeno de las traducciones y adaptaciones se generalizara allá por los años 70 de la centuria. Ciertamente el gusto neoclásico, del que la nueva dinastía era supuestamente transmisora, dictaminó como anticuadas e indignas todas aquellas ficciones de tradición hispánica o italiana, relegándolas a publicaciones de carácter misceláneo —junto a entremeses, fábulas y cuentos, pero también conviviendo con un tipo de literatura moral y ejemplarizante que aprovecha elementos propios de la ficción—, cuyo principal valor fue el de mantener una cambiante memoria narrativa, así como un cierto espíritu heterodoxo ejercido a modo de crítica social y religiosa. Es también cierto que la pervivencia de esta materia narrativa, excepción hecha de las peculiaridades de los escritos de Torres Villarroel, supuso en buena medida un rechazo casticista de lo foráneo, sin aporte de soluciones innovadoras —casos de la *Historia de Lisseno y Fenissa* (1701), de Francisco Párraga *, o la *Nueva Clariclea* (1723), de Fernando Manuel Castillejo— en un momento en el que se erigen los nuevos conceptos de la novela moderna, precisamente a propósito del modelo cervantino. Pero no es menos cierto que lo primero que produce la larga gestación ilustrada de la prosa narrativa es un relato «quijotesco» —el *Fray Gerundio* (1758 y 1768) de Isla—, del que toma elementos, situaciones y referencias que estaban siendo objeto de debate desde los inicios del siglo. Un modelo del que se alimentan algo más de una docena de títulos, algunos de indudable interés narrativo, caso de *Los enredos de un lugar* (1778-81), de Fernando Gutiérrez de Vegas *, o de la *Vida y empresas literarias del ingeniosísimo caballero don Quixote de la Manchuela* (1767) de Arenzana *, que guardan evidentes relaciones con el *Fray Gerundio* y su concepción de lo satírico.

La difusión alcanzada durante el último tramo del siglo, gracias a la prensa periódica, de nociones propias de la filosofía del empirismo y el racionalismo ilustrado, hubo de tener múltiples influencias sobre el desarrollo de nuestra prosa dieciochesca. No resulta fácil aplicarlo a la novela con un sentido tipológico preciso, a pesar de que abunden las secuencias, personajes y unidades narrativas de allí extraídas. Probablemente la dificultad resida en la fortaleza de los modelos ingleses y franceses, que aconsejó a nuestros novelistas la vía de la adaptación antes que emprender un camino propio. Las implicaciones de este masivo fenómeno de intertextualidad son múltiples, como demuestra ejemplarmente la novelística de Olavide *, pues lo que se cuestiona son preclaras nociones literarias, como las de autoría, originalidad y creación. Fue en este contexto donde se produjo, durante los cincuenta años que transcurren entre el último cuarto del XVIII y el primero del XIX, la necesaria renovación heredada por la gran novelística decimonónica.

Así, por ejemplo, la noción de sentimentalidad o sensibilidad aparece en la literatura y la filosofía del XVIII denotando unas veces precisas formulaciones y sugiriendo, otras, vagas cualidades emocionales. Su potencialidad semántica es tal, que no sólo sirve para caracterizar determinadas novelas, como la *Serafina* (1798), de Mor de Fuentes *, *La filósofa por amor* (1799), de Francisco de Tójar *, o *La Eumenia* (1805), de Zavala y Zamora *, sino para indagar sobre las «sombras» que completan las «luces» del siglo ilustrado, recogidas a través de pasajes, referencias y conductas amorosas que figuran en diverso grado en autores como Montengón, Martínez Colomer *, Cadalso *, etc. De hecho, las nuevas ideas cimentaron los innovadores empeños novelísticos, ya provengan éstos del debate anticlerical —la *Cornelia Bororquia* (1801 y 1802), de Luis Gutiérrez *— o del más extenso universo de la moral pública —las *Cartas marruecas* (1789), de Cadalso—, la sátira literaria —*Los gramáticos* (1782), de Forner *, *Los literatos en Cuaresma* (1773), de Tomás de Iriarte *, o *Los eruditos a la violeta* (1772), de Cadalso— y la educación —*Eusebio* (1786-88), de Montengón— o bien se formulen bajo apariencias costumbristas —*Las aventuras de Juan Luis* (1781), de Rejón y Lucas *—, de retrospección histórica —*El Antenor* (1788) y *Eudoxia* (1793), de Montengón—, de libro de viajes —la *Noticia del viaje de España* (1765), de Luis José Velázquez *, o el *Viaje a Italia* y las *Apuntaciones sueltas de Inglaterra*, de L. Fernández de Moratín *—, o de alegoría utópica —el *Tratado sobre la monarquía columbina* (1790), el *Viaje de un filósofo a Selenópolis* (1804), de Antonio Marqués y Espejo *, etc.—. Unos materiales que son buena prueba de la existencia de un fenómeno novelesco propio, cuyo desarrollo se vio dificultado por la presencia de múltiples factores paralizantes, pero que terminó por afianzar una narrativa que sistemáticamente tuvo que ocultar sus designios novelescos.

BIBLIOGRAFÍA. R. F. Brown, *La novela en España de 1700 a 1850* (Madrid, 1953); J. Fernández Montesinos, *Introducción a una historia de la novela en España en el siglo XIX* (Madrid, 1960); J. Caro Baroja, *Ensayo sobre la literatu-*

ra de cordel (Madrid, 1969); M. Defourneaux, *Inquisición y censura de libros en la España del siglo XVIII* (Madrid, 1973); J. Marco, *Literatura popular en España en los siglos XVIII y XIX* (Madrid, 1977); F. Aguilar Piñal, *Bibliografía de autores españoles del siglo XVIII* (Madrid, en curso de publicación desde 1981); J. I. Ferreras, *La novela en el siglo XVIII* (Madrid, 1987); I. M. Zavala, *Lecturas y lectores del discurso narrativo dieciochesco* (Amsterdam, 1987); T. Barjau Condomines, *La novela en España en el siglo XVIII. Teoría y evolución de un género* (Universidad de Barcelona, 1990); J. Álvarez Barrientos, *La novela del siglo XVIII* (Madrid, 1991). [F.G.L.]

SIGLO XIX: En comparación con la exuberancia de la lírica o del teatro, la prosa narrativa durante el período romántico es pobre, aunque el siglo comienza con un hecho decisivo: el resurgimiento, precario, eso sí, de la novela, con imitaciones del romanticismo inglés, de Walter Scott sobre todo. Si el siglo anterior había dado la espalda a la espléndida germinación novelesca del Siglo de Oro, durante el primer tercio del siglo los narradores españoles se forman en las abundantes traducciones de la novela histórica de Scott, Victor Hugo, Alejandro Dumas, en Richardson, en la novela sentimental francesa; en cambio Fielding, Swift, Voltaire o Diderot apenas dejan sedimento. Y a mediados de siglo, Scott verá empañado su triunfo por la aparición de la novela social, humanitaria o truculenta, de George Sand o de Eugenio Sue. Pese al entusiasmo de Larra por Balzac, el realismo del autor de la *Comedia humana* no influirá hasta más tarde, lo mismo que Edgar Allan Poe o Hoffmann.

Tras casi dos siglos de extinción de la narrativa, el estallido del género, propiciado por las traducciones, obtiene un gran número de lectores, en parte femeninos, que en los folletones periodísticos o por entregas beben sucedáneos carentes de mérito literario en su mayoría; pero impusieron un tipo de novela histórica de ambiente y fondo social contemporáneos que tiene su primera muestra en *Ramiro, conde de Lucena* (1823), escrita por Rafael Húmara y Salamanca * (véase NOVELA HISTÓRICA).

Quizá el mayor interés del período lo ofrezcan dos «raros»: Braulio Foz *, a quien se debe *Vida de Pedro Saputo* (1844), donde lo irracional termina imponiéndose sobre el realismo de base; y Antonio Ros de Olano *, quien, además de unos *Cuentos estrambóticos*, publicó en 1863 *El doctor Lañuela*, novela donde la lógica queda sumida en la irrealidad más negativa. Estos aspectos, el del relato fantástico o el de la narración extravagante, tendrán continuación a lo largo del siglo, en los cuentos de Pedro Antonio de Alarcón * o en Rosalía de Castro * y su novela *El caballero de las botas azules*.

Agotada la vena histórica que tan pocas muestras de valor había dado, en 1849 arranca, con la publicación de *La Gaviota*, de Fernán Caballero *, el género realista que iba a producir el esplendor narrativo de finales de la centuria (véase REALISMO EN ESPAÑA). Hasta ese momento, según Menéndez Pelayo *, sólo hubo en la narrativa «ñoñeces y monstruosidades»; pese a ello, gestan el realismo por negación. Casi todos sus autores se inician en el artículo de costumbres, cuya técnica aplican a la composición novelesca; si el primer paso fue el análisis detallista de la realidad circundante, con cierto sabor crítico, el segundo, gracias a la influencia del naturalismo francés, aborda la descripción de una sociedad carcomida por lacras latentes; el tercero nos devuelve al regionalismo que, en un último coletazo romántico, busca en los modos provincianos lo pintoresco y el casticismo; los nudos argumentales serán entonces meros pretextos para la composición de cuadros. (Véase Costumbrismo.)

Dejando a un lado a Fernán Caballero, las tres etapas de la generación realista se hallan bastante definidas: a la primera pertenecerían aquellos escritores que, nacidos en las décadas del veinte y del treinta, se educaron en el romanticismo, como Valera *, Alarcón * y Pereda *: sus límites no traspasarán los mojones del realismo. La segunda la formarían varios autores nacidos con posterioridad a 1850: la condesa de Pardo Bazán *, Leopoldo Alas *, Blasco Ibáñez * y Palacio Valdés *, que oponen al tradicionalismo de aquéllos un liberalismo más abierto que los adentra primero por el realismo y los lleva luego a postulados naturalistas y al empleo de sus métodos narrativos, aunque no acepten sus bases científicas y filosóficas. Entre ambos grupos, tanto por su fecha de nacimiento (1843) como por su obra, se sitúa la gran figura narrativa del siglo, Benito Pérez Galdós *, que, además, se convierte en el padre indiscutible de todos ellos, salvo de Leopoldo Alas. Galdós, el único narrador que no escribe novela regional, toma las restantes modalidades narrativas, desde la psicológica hasta la problemática religiosa y moral, de tesis y de análisis histórico, resumiéndolas en apretada síntesis con su fuerte personalidad.

Cabría considerar otro grupo de narradores, interesantes desde puntos de vista más sociológicos que literarios: los autores de folletines, novelas populares y por entregas, que en sus momentos de mayor difusión llegaron a tener entre ochocientos mil y un millón de lectores: tras ofrecer sucedáneos románticos tipo Sue antes de mediados de siglo (Wenceslao Ayguals de Izco * y su obra *María, o la hija de un jornalero*, 1845-1846), incorporaron pinceladas costumbristas a unos ingredientes básicos cocinados con elementos históricos, sentimentales y de aventuras: Manuel Fernández y González *, hoy no sólo olvidado sino denostado, fue el novelista más envidiado de la época por su espectacular éxito entre las capas populares.

El momento clave de esta segunda mitad de siglo puede situarse en la polémica entre realismo, novela de tesis y naturalismo: sus gérmenes ya estaban planteados en *La Gaviota* (1849), donde Fernán Caballero parece defender la perversión natural del hombre, que ha de refrenar sus instintos mediante la educación. En medio de su capacidad para observar lo pintoresco y los rasgos tipificadores de lo regional, Fernán Caballero inserta (también en su segunda mejor obra, *La familia de Alvareda*) abundantes digresiones en que hace apología de la virtud y condena del vicio. Pedro Antonio de Alarcón escribirá ya, sobre todo en su segunda etapa —a la primera pertenecería un relato lleno de pintoresquismo, *El sombrero de tres picos* (1874)—, novelas de tesis como *El escándalo* (1875) y *El niño de la bola* (1880), cuya temática exige una moral para evitar fallos tanto en la vida colectiva como en la individual.

Juan Valera, el de mayores dotes literarias de su generación, sintió estrechos los marcos sociales y la estructura religiosa para el amor mundano, provocando en sus tramas conflictos entre ambos grupos, entre el individuo y lo que oprime su libertad; como por circunstancias históricas no pudo liberarse de la concepción sociorreligiosa que embargaba al ser enamorado, los hombres y mujeres de *Pepita Jiménez* (1874), *Las ilusiones del doctor Faustino* (1875), *Doña Luz* (1879) y *Genio y figura* (1897), una vez traspasadas las barreras, piensan y se angustian con ese amor que ellos mismos consideran prohibido y pecaminoso. Frente a la postura de alta estética e intención individualizadora del arte, se levantó José María de Pereda como símbolo de todo lo contrario, del retiro en el pago natal: *El sabor de la tierruca* (1882), *Sotileza* (1885), *La puchera* (1889) y *Peñas arriba* (1895) están consideradas como la síntesis apoteósica de este narrador regionalista, perspicaz para el detalle, lírico de la naturaleza, a la que consigue arrancar colores y tonalidades. Pero sus personajes son perfectos modelos costumbristas, rígidos arlequines que se mueven según unos usos montañeses y carecen de ideología íntima, de orden y mesura en su proceso psicológico, dado que su vida anímica está al servicio de unas descripciones.

El año 1883 serviría de bisagra para el último movimiento del siglo, o, mejor dicho, para la salida lógica del realismo siguiendo los modelos franceses. En esa fecha, Emilia Pardo Bazán publica un libro teórico polémico, *La cuestión palpitante*. Pese a sus constantes citas y referencias al autor de *Nana*, el naturalismo promovido por la Pardo Bazán, apenas tenía que ver con él, dado que desde un principio se negaba su fondo determinista, su materialismo y su utilitarismo. Al propio Zola le extrañaba que la condesa fuese una fervorosa adicta de su causa por un lado y católica convencida por otro. Rechazada la base determinista del naturalismo, la Pardo Bazán hubo de abogar por un naturalismo diluido, apagado, que en última instancia se acerca más al realismo español, aunque suponga un mayor impulso a temas poco desarrollados por aquél: fue una leve vuelta de tuerca a los antecesores, a Pereda, Alarcón, etc., motivada quizá por el desarrollo de las fuerzas intrínsecas del arte realista y que conducirá a una mayor profusión del erotismo, a una mayor libertad en el tratamiento de los personajes, enfocados a través de su psiquis, dañada a veces por problemas de herencia, etc. En cuanto a los temas, prosigue la búsqueda del submundo, de un cosmos donde late el vicio, una patología enfermiza y un virus corrosivo.

Por lo que hace al regionalismo, frente a lo pintoresco o descriptivo de un Pereda, frente a una naturaleza por sí misma, el naturalismo apunta una naturaleza con problemas y defectos, con corrosiones que poco tienen que ver con la anterior contemplación lírica. Vicente Blasco Ibáñez verá un mundo levantino asolado por la explotación, y la propia condesa denunciará la barbarie de la aldea.

Emilia Pardo Bazán ya había centrado su interés en algunos de los aspectos naturalistas: en el prólogo de *Un viaje de novios* (1881) —novela en que aborda rasgos fisiológicos— hace una defensa del naturalismo que preludia *La cuestión palpitante;* la narración, sin embargo, es de estirpe romántica; la imitación zolesca llegará con *La tribuna* (1883), que sigue un «método de análisis implacable» sobre una mujer del pueblo, una cigarrera convertida en arengadora de masas y en apóstol de los derechos del proletariado. Si en otros títulos amalgama romanticismo y naturalismo, en *Los pazos de Ulloa* (1886), considerada su mejor novela, la autora hace una radiografía del derrumbe físico y moral de una noble familia rural gallega, y en *La madre naturaleza* (1887) agudiza la violencia de su mirada partiendo del amor incestuoso entre dos hermanos naturales, hijos sin saberlo del señor de Ulloa. La Pardo Bazán tropieza con dificultades a la hora de novelar el interior de los personajes; conociendo perfectamente lo que buscaba, la narración naturalista, no logra dominar su temperamento y someterlo a la teoría; y sus héroes salen narrativamente hoscos, delineados de forma somera, en una prosa funcional, transparente, sin grandes alardes; su mayor mérito estriba en esa visión terrible y sensual del paisaje de su región, a la que suelda la sensualidad del ser humano.

Dentro del naturalismo, y al hilo de la revolución de 1868, el movimiento finisecular gesta un espléndido momento narrativo que tiene por base la realidad detallada; sobre ella se imponen tanto las ideologías políticas de los narradores como sus tendencias: más cerca del naturalismo original, la «novela de tesis» aboga por soluciones políticas o religiosas para los conflictos, con ánimo docente, crítico o satírico: desde distintos enfoques y con diferentes técnicas que pueden darse en un mismo novelista, en Galdós, por ejemplo. La novela se convierte así en campo de batalla literario de las ideologías políticas que, a partir de 1868, iban a combatir por la regeneración de la España vieja, que autores más «espiritualistas» defendían. Tradicionalmente, el período finisecular suele dividirse en tres apartados: esa novela de tesis (Galdós, Alarcón y Valera); asentamiento del naturalismo (Pardo Bazán, Clarín y Blasco Ibáñez) y la novela regionalista, que puede contener en su seno parte de las características de los dos grupos anteriores (Pereda, Palacio Valdés).

De Leopoldo Alas, «Clarín», puede decirse que es el escritor del XIX que más se acerca a la sensibilidad y al espíritu crítico del siglo XX. Además de los varios tomos de artículos y de relatos que dejaba a su muerte, hay un título que ocupa el primer puesto narrativo del siglo, *La Regenta* (1884-1885), regida por una morosidad proustiana (un recurso semejante al de la magdalena se convierte en motor de *Cuesta abajo*, relato inconcluso). El tema de esa pausada narración no se limita al adulterio de su protagonista; se complementa con el análisis de los impulsos místico-eróticos que siente Ana Ozores, de esa lenta caída en el adulterio, de esos asedios que le pone el magistral de la catedral de Vetusta, con una escena final terrible, cuando ya el marido ha muerto a manos del tenorio. Dejando de lado la maestría del análisis psicológico, *La Regenta* recibe de Flaubert influencias técnicas en su estructura; de *El pecado del abate Mouret*, de Zola, en su tema, y de *El crimen del padre Amaro*, de Eça de Queiroz, en el estudio del clero y de su corrupción. Aunque, en esencia, pese a que naturalismo y realismo aporten sus recursos, *La Regenta* es una obra original: gracias a ellos, y en un descarnado *tempo lento*, Clarín narra un proceso psicológico y descubre su cosmovisión de la sociedad, como también hace en *Su único hijo* (1891), con otro adulterio por tema.

En el caso de Armando Palacio Valdés, el tiempo ha menguado la fama de quien, junto a Blasco Ibáñez, fuera el novelista más prestigioso de su tiempo. Sin preocuparse nunca por los problemas estéticos de la novela como género, acertó en *Marta y María* (1883) con un modo de narrar que casi sin variación alguna habría de granjearle los mayores aplausos. Poco interesado en la realidad profunda del mundo que narra, hay que adjudicarle sin embargo una sagaz observación del detalle y un gran instinto para lo pintoresco y regional —*Riverita* (1886), *Maximina* (1887), *La hermana San Sulpicio* (1889)—. Más profundidad tiene la investigación de Vicente Blasco Ibáñez, que nace en el naturalismo y en el naturalismo muere, pese a que en 1928, fecha de su fallecimiento, el 98, el modernismo y las mareas de las vanguardias habían modificado el tono y las miras de la literatura. Su amplia obra es un magma efervescente del que han desaparecido los caracteres; acción, personajes e idioma corren, se mueven y precipitan como chorros volcánicos. Fue ese vigor, esa fuerza, la que debió sorprender no sólo al público español, sino también al europeo, desolado por una guerra mundial. Sus temas son broncos y sin desbastar: por un lado, la sexualidad encarnada en el ambiente levantino; por otro, los problemas sociopolíticos, cuando Blasco vio en ellos un sucedáneo de su primer naturalismo: y de *Arroz y tartana* (1894), *La barraca* (1898), *Entre naranjos* (1900), *Cañas y barro* (1902) pasa a novelas de tesis político-social como *La catedral* (1903), *El intruso* (1904), *La horda* (1905), para terminar internándose en diversos laberintos, arqueológicos, psicológicos, históricos, de aventuras, cosmopolitas...

Es Benito Pérez Galdós (1843-1920) quien realmente coordina y asume todas las tendencias de la novela de la segunda mitad del siglo, salvo la regional. Con el voluminoso corpus de un centenar de novelas, Galdós se sitúa al lado de los forjadores de mundos propios, de un Balzac, de un Tolstoi, de un Dostoyevski: en su obra no cuenta tal o cual personaje por el puesto destacado que ocupa, ni tal o cual situación; la obra galdosiana es un todo inseparable que cobra su dimensión auténtica desde un enfoque totalizador. Galdós considera que su misión como narrador es convertirse en testigo de la historia de España: «Imagen de la vida es la novela y el arte de componerla estriba en reproducir los caracteres humanos, las pasiones, las debilidades, lo grande y lo pequeño, las almas y las fisonomías, todo lo espiritual y lo físico que nos constituye y nos rodea, y el lenguaje que es la marca de la raza, y las viviendas que son el signo de la familia, y la vestidura que diseña los últimos trazos externos de la personalidad: todo esto, sin olvidar que debe existir perfecto fiel de balanza entre la exactitud y la belleza de la reproducción», escribiría en una de las escasas confesiones que hizo sobre sus ideas estéticas, en el discurso de ingreso en la Academia, *La sociedad contemporánea como materia novelable*. Su cuantiosa obra, que comienza en la prensa a mediados de la década de los sesenta y concluye con su muerte, ha tenido muchas subdivisiones, empezando por las que hizo el autor, de «Episodios nacionales», «Novelas españolas de la primera época» y «Novelas españolas de la segunda época», demasiado generales. Los estudiosos las han clasificado por sus aspectos en novelas naturalistas, novelas psicológicas, novelas dramáticas y novelas idealistas.

La significación de su vasto mundo resulta esencial en el contexto de la literatura española por varios aspectos: primero, esa citada edificación de un vasto corpus literario que se corresponde con una realidad social oteada desde todos los ángulos y desde perspectivas tan dispares como lo psíquico, lo dramático, lo realista, etc. En segundo lugar, Galdós supo apreciar la médula de una realidad abigarrada, pululante, llena de frustraciones y anhelos, y sus héroes no son más que encarnación de las conclusiones deducidas de su mirada sobre el mundo. Como ninguno en su generación, Galdós cala en la multiplicidad de corrientes y fuerzas motrices que rigen y son regidas de la realidad española, desde el aristócrata al anormal; como ninguno, también, supo dar la imagen de un pueblo sumido en la depresión cotidiana, en la opacidad de una vida sin más ilusiones que las idealistas o las groseramente defectuosas; construye un cosmos, no con los brillantes oropeles de personajes típicos, sino con tristes retazos grises como la vida diaria, que aúnan el materialismo en que está sumida la miseria y el idealismo de un moralizador que trata de regenerar el mundo mediante la comprensión. En última instancia, Galdós supone el ápice de la narrativa española del siglo XIX y el inicio de la que vendrá en los albores del siglo XX, por más que las distintas direcciones de ésta sean muy personales y muchos novelistas no le deban otra cosa que una lectura.

BIBLIOGRAFÍA. B. J. Dendle, *The Spanish Novel of Religious Thesis, 1876-1936* (New Jersey-Madrid, 1968); W. T. Pattison, *El naturalismo español. Historia externa de un movimiento* (Madrid, 1969); R. Navas Ruiz, *El Romanticismo español. Historia y crítica* (Salamanca, 1970); I. M. Zavala, *Ideología y política en la España del siglo XIX* (Salamanca, 1971); J. I. Ferreras, *Los orígenes de la novela decimonónica (1800-1830)* (Madrid, 1973) e *Introducción a una sociología española de la novela del siglo XIX* (Madrid, 1973); C. Seco Serrano, *Sociedad literaria y política en la España del siglo XIX* (Madrid, 1973); B. Valera Jácome, *Estructuras novelísticas del siglo XIX* (Barcelona, 1974); G. Gullón, *El narrador en la novela del siglo XIX* (Madrid, 1976); J. Oleza, *La novela del XIX: del parto a la crisis de una ideología* (Valencia, 1976); L. Romero Tobar, *La novela popular española del siglo XIX* (Madrid, 1976); J. I. Ferreras, *El triunfo del liberalismo y de la novela histórica* (Madrid, 1976); M. Etreros, M. I. Montesinos, L. Romero Tobar, *Estudios sobre la novela española del siglo XIX* (Madrid, 1977); E. Miralles, *La novela española de la Restauración (1875-1885)* (Barcelona, 1979); J. Fernández Montesinos, *Introducción a una historia de la novela en España en el siglo XIX. Seguida del esbozo de una biblioteca española de traducciones de novelas*, 4.ª ed. (Madrid, 1980). [M.A.]

SIGLO XX (AÑOS 1900-1939): El amplio movimiento de renovación cultural y artística que se inicia en España hacia 1900 —y que tiene dos momentos significativos en el fin de siglo y en la llamada Generación de 1914— alcanza muy particularmente al ámbito del relato novelístico, impulsando el ensayo de nuevas fórmulas dentro del género (fórmulas que llevarán al propio cuestionamiento de la naturaleza y límites de la novela). Esta renovación que podría ejemplificarse, siguiendo un orden cronológico lato, a través de las obras de Unamuno *, Azorín *, Valle-Inclán * o el mismo Baroja *, es consecuencia de una dinámica de doble dirección: por una parte, debe considerarse la prolongación lógica de tendencias ya presentes en la novela española del XIX, como son el espiritualismo, tan evidente en el Pérez Galdós * de fines de siglo, o el simbolismo de algunas novelas de Emilia Pardo Bazán * y de Armando Palacio Valdés *, y que podemos analizar como fermentos de transformación presentes ya en el realismo tradicional; y, por otra parte, el reflejo literario de un conjunto nuevo de preocupaciones e intereses que informan la sensibilidad de la época y entre los que destaca muy especialmente la fascinación por el descubrimiento y la expresión de las profundidades de la conciencia, inducido a su vez por el desarrollo de la psicología y del psicoanálisis y por aquellas filosofías de base subjetivista que hacen del individuo y de la percepción el objeto fundamental de análisis. Todo ello propicia no sólo el desarrollo de una novela de corte psicológico —lo que no sería ya una novedad en sí misma, aunque pudiera serlo por la riqueza o la finura del tratamiento—, sino, muy particularmente, de una novela lírica en la que predomina la expresión de una subjetividad, en cuanto subjetividad actuante, y la presentación ante el lector de los procesos de aprehensión de la realidad por parte de protagonistas o narradores (el interés se traslada, por lo tanto, desde el mundo de lo objetivo, de los acontecimientos y la representación de la totalidad, al mundo de la conciencia y los fenómenos, la representación, en suma, de la individualidad). Todo ello tiene su correlato en la frecuencia con la que la novela aborda procesos de educación o formación de la personalidad.

Igualmente relacionada con esta actitud hay que considerar el escaso interés que los escritores de este período muestran hacia el relato tradicional de acontecimientos según un orden lógico (o mejor, cronológico, porque la lógica temporal es sustituida por la lógica interna del recuerdo, la rememoración o la divagación de la conciencia, en definitiva). Y esto a pesar del enorme éxito, a fin de cuentas, de otro conjunto de escritores que viven un tanto al margen de las preocupaciones esteticistas y que se ciñen a los modos clásicos del relato naturalista o realista, para ponerlos tanto al servicio del entretenimiento o la mera diversión —literatura erótica o de evasión— como al mismo impulso reformista y social de los escritores más voluntariamente renovadores en lo artístico. En este último caso están Vicente Blasco Ibáñez *, Felipe Trigo * o Carmen de Burgos *, «Colombine», por citar sólo a tres, mientras que, entre los primeros, habría que mencionar a Eduardo Zamacois *, Joaquín Belda *, Antonio de Hoyos y Vinent * y tantos otros, conocidos principalmente por sus aportaciones en el campo de la novela corta y de las colecciones de literatura popular.

La ruptura del relato tradicional viene acompañada por la creciente «perceptibilidad» y «opacidad» de la escritura que hacen visible el propio discurso novelesco y que es consecuencia de una voluntad estética de renovación, imperativo de la conciencia de modernidad y generadora de un buscado rechazo de los modelos narrativos previos (conceptualizados como productos de otra época). La opacidad a la que nos referimos se logra mediante una gran variedad de procedimientos estructurales y estilísticos más o menos innovadores (multiplicación de puntos de vista, digresiones intelectualistas, preciosismo lingüístico que viene a revelar al narrador en detrimento del mundo narrado, simbolismo) y tiende, en última instancia, a dotar de complejidad el proceso de lectura inscribiéndolo en un horizonte convencionalmente artístico. Tal es la línea de renovación que prolongarán los escritores del 14 —muy especialmente Pérez de Ayala *, Gabriel Miró * y Gómez de la Serna *—, sin desistir aún en su afán de encontrar un punto de equilibrio entre tendencias contrapuestas. En cierto modo, cabe considerar que estos autores tratan de revitalizar el realismo salvando los escollos tanto del naturalismo, que sobrevivía en una narrativa de amplio consumo popular, como del experimentalismo aislador que irrumpe con la aparición de las primeras vanguardias, situándose a caballo, por lo tanto, entre la conciencia ética y la conciencia estética o artística. En cualquier caso, el resultado, en lo que a la posteridad interesa, es la creación de un corpus novelístico que conjuga la aspiración de comunicabilidad —el acceso a un público potencialmente más amplio por el propio desarrollo cultural del país— con la tensión que se origina en una exigencia de enjuiciamiento y valoración estética (que actúa independientemente de los criterios particulares que se apliquen). Y eso sin que se diluya en su totalidad la marcada preocupación reformista y social que tiñe la actividad de gran parte de los autores e intelectuales del momento.

Focalizada casi exclusivamente la atención de la crítica sobre los poetas, se ha ignorado, cuando no se ha despreciado, la importancia de un relevante grupo de prosistas, que, en los años veinte, sintonizando perfectamente con las modernas tendencias europeas de la época (Proust, Joyce, Gide, etc.) acierta a construir un universo variadísimo (ensayo, narración, poema en prosa, aforismo, biografía, etc.), a partir de una prosa que es capaz de conjugar la novela con el poema en prosa, la agilidad del aforismo o de la greguería con el rigor del ensayo, la experimentación más atrevida con un meditado sentido de la construcción.

Esta misma diversidad explica las vacilaciones de la crítica a la hora de poner etiquetas al panorama narrativo de estos años. Se ha hablado, en muchos casos para un mismo producto, de *Novela lírica*, de *Novela intelectual* o de *Novela deshumanizada*, lo que resulta, en sí mismo, elocuente de la pluralidad de matices a los que la prosa de este momento es capaz de atender. Sin embargo, puede afirmarse que los ensayos de Ortega y Gasset * sobre la nueva estética (*La deshumanización del arte* e *Ideas sobre la novela*, 1925) y colecciones como la de los «Nova Novorum», que el propio Ortega anima desde las páginas de la *Revista de Occidente* *, suponen la consagración oficial de unas formas de novelar que, asumiendo las innovaciones narrativas modernistas (Unamuno, Valle-Inclán y Azorín, principalmente) y novecentistas (Miró, Gómez de la Serna y Pérez de Ayala), ponen en pie, en los años veinte, un «corpus» de prosa tan interesante y rico, como descuidado por la crítica. Globalmente y en conjunto, puede afirmarse que el diagnóstico trazado por Ortega en su ensayo sobre la *Deshumanización* permite orientar, en una misma dirección, la plural manifestación de toda la prosa, narrativa, y de la no narrativa, del momento: una antimimética concepción del arte, como dotación de significado y de sentido a la realidad.

El clima cultural en el que se inscribe la novela de los años veinte se define, ideológicamente, en las coordenadas que marcan la «restauración de la razón» y el «vitalismo» orteguiano; formalmente, por una actitud antirrealista y por un decidido afán experimental, lo que se plasma en una serie de rasgos temáticos y de estilo, que hacen de la novela un discurso alegórico o simbólico, en el que las fronteras entre novela, ensayo y poema tienden a difuminarse. La nueva novela ensaya la incorporación a la narración del estilo metafórico —suma de imagen futurista y gongorina— propio de la poesía; asume el fragmentarismo en boga en las artes plásticas y la dinámica visión aprendida en el cine; rompe con la disposición lineal del tiempo, encaminando el relato hacia la ucronía o la retrospección; y, para concluir, multiplica las perspectivas desde las que los enunciados se producen, abriendo un amplio espacio para el distanciamiento irónico o humorístico, en el que la parodia de la novela burguesa tiene un destacado papel. Lo esencial de esta novela —la etiqueta de *lírica* no nos remite sólo al estilo, como la etiqueta de *intelectual* no nos remite sólo a los temas— radica en que la narración entera se estructura líricamente, liberando al discurso de la dependencia de la historia y convirtiéndolo en soporte, necesariamente fragmentario, de «una orquestación de sensaciones y motivos», que se organiza «racionalmente» en torno a una serie de elementos integradores, como son el mito o el arquetipo literario, y que tiene como objetivo prioritario presentar el «proceso intelectual» de un personaje. Es la novela de una nueva época, que ha puesto sobre el tapete la teoría de la relatividad, el cine, el cosmopolitismo, el maquinismo y una nueva moral, menos puritana.

Toda la narrativa de la época puede ordenarse en dos grandes vertientes: la novela lírico-intelectual (Benjamín Jarnés * —con *Paula y Paulita*, 1929; *Locura y muerte de Nadie*, 1929, y *Teoría del zumbel*, 1930—, Antonio Espina * —con *Pájaro pinto*, 1927, y *Luna de Copas*, 1929—, Mauricio Bacarisse * —con *Las tinieblas floridas*, 1927, y *Los terribles amores de Agliberto y Celedonia*, 1931—, Valentín Andrés Álvarez *, Corpus Barga *, Domenchina *, Chabás *, Claudio de la Torre * y algunos de los autores del 27, considerados por la crítica, prioritariamente, como poetas: Salinas *) y la humorística (Jardiel Poncela *, Antonio Robles Soler *, Neville *). En ambas direcciones preside el relato una actitud ambivalente, que acepta esperanzada todo lo que de novedad técnica, cosmopolitismo y vitalismo, traen consigo los «tiempos modernos»; pero, a la vez, ironiza, desconfiada, sobre los peligros de frivolidad y de deshumanización, que acompañan la incorporación de novedades.

Pese a la repercusión de las Vanguardias, surge entre 1920-1935, una generación de escritores que van a marcar el paso hacia la tendencia que se consolida en los años de la posguerra. En oposición al arte deshumanizado, cultivan una novela realista, movidos, mayoritariamente, por una finalidad social. Se proponen una recuperación del realismo, una manifiesta rehabilitación de lo «humano», del valor testimonial, y de la trascendencia social, moral y política de la literatura. Por el idealismo y exaltación que caracteriza a las novelas del grupo, se ha hablado de un «Romanticismo revolucionario». Aunque desde el punto de vista artístico, no renuncian a los hallazgos de la Vanguardia, sus objetivos y el deseo de llegar a todo el mundo les inclinan hacia la «rehumanización».

Se suele considerar como inicio de esta tendencia el año de 1928, con la publicación de «La novela social» de la editorial Historia Nueva; y puede afirmarse que, cuando se proclama la República, el arte social ha triunfado definitivamente.

Figura clave en la evolución de la novela vanguardista hacia la de orientación social es José Díaz Fernández *, autor de *El blocao* (1928), de extraordinario éxito, y *La Venus mecánica* (1929), donde, pese al título vanguardista, el autor se propone reflejar fielmente las circunstancias político-sociales del momento. Junto a Díaz Fernández, Joaquín Arderius *, autor de *Justo el Evangélico. Novela de sarcasmo social y cristiano* (1929), *El comedor de la pensión Venecia* (1930), *Campesinos* (1931), o *Crimen* (1934); Manuel de D. Benavides *, con *Un hombre de treinta años* (1933); César M. Arconada *, autor de *La turbina* (1930), *Los pobres contra los ricos* (1933) y *Reparto de tierras* (1934);

y Andrés Carranque de Ríos *, con *La vida difícil* (1935) y *Cinematógrafo* (1936), son considerados precursores de la narrativa comprometida.

El triunfo electoral de la derecha, en noviembre de 1933, provoca un retroceso de la novela social, quedando prácticamente truncada con el estallido de la Guerra Civil.

BIBLIOGRAFÍA. E. de Nora, *La novela española contemporánea*, vols. I y II (Madrid, 1970); J. Crispin y R. Buckley (eds.), *Los vanguardistas españoles (1925-1935)* (Madrid, 1973); M. A. Hernando, *Prosa vanguardista en la generación del 27* (Madrid, 1975); G. Pérez Firmat, *Idle Fictions: The Hispanic Vanguard Novel, 1920-1934* (Duke University Press, 1982); L. Fernández Cifuentes, *Teoría y mercado de la novela en España: del 98 a la República* (Madrid, 1982); AA. VV., *La novela lírica*, 2 vols., ed. de Darío Villanueva (Madrid, 1983); J. Blasco, «Prosa y teatro del 27», en *Historia y Crítica de la Literatura Española. Época contemporánea*, ed. de V. García de la Concha, vol. VII (Barcelona, 1984); R. Gullón, *La novela lírica* (Madrid, 1984). [J.B., J.L.C.C. y J.R.G.]

AÑOS 1939-1975: El nuevo orden cultural que pretende imponer el régimen franquista —un «nuevo Renacimiento» propio de «una nueva era», marcada cronológicamente por la Victoria—, no queda plasmado en producciones novelísticas que lo acrediten. Bien al contrario —y frente a un supuesto rupturismo en la España de 1939—, las novelas de los años inmediatamente posteriores a la Guerra Civil demuestran una total dependencia —sucedáneo en muchos casos— de las tendencias vigentes en el pródigo primer tercio del siglo. Con todo, el trágico silencio, el exilio, la represión y la censura impuestas por el dictador configuran un precario panorama, agravado por las penurias editoriales y, en general, por el empobrecimiento intelectual del país.

A la sombra de la cultura oficial, pasarán a primer plano los jóvenes cachorros del nuevo orden que ya habían dado muestras de su belicosidad ideológica y literaria a comienzos de los años treinta, junto a novelistas más o menos «viejos» que se reacomodan a la situación. Ello explica el conformismo y la mediocridad de una exigua producción novelística, entre testimonial y panfletaria —carente de todo interés que no sea el meramente sociológico—, que entronca remotamente con la novela comprometida de preguerra y prolonga la de los años del conflicto en un tosco y degradado maniqueísmo. Esta «novela de los vencedores» de la inmediata posguerra oscurece un tanto las más dilatables urgencias oficiales de «una prosa de dignidad artística», que trata de asimilar, bajo la común denominación de «neorrománticas» o «estetizantes», aquellas novelas que no dejan de seguir la estela de la novela deshumanizada anterior. Minoritaria en sus realizaciones —no tanto evasivas, cuanto portadoras de un compromiso estético de índole diferente—, esta heterogénea corriente absorbe —con más propiedad continúa y prolonga— los rescoldos del modernismo (presente en los amarillentos magisterios de Manuel Machado *, Cansinos-Assens *, Azorín *...), algo de la experimentación novelesca unamuniana y del preciosismo valleinclanesco, el ramonismo y el desenfadado espíritu narrativo de los años veinte. No desaparecerán completamente del horizonte intelectual las grandes referencias de la novela europea más renovadora (Proust, Woolf, Joyce, Faulkner, Kafka, Cocteau, Giraudoux...) que ya se habían hecho familiares a los novelistas españoles en las páginas de la *Revista de Occidente* *, aunque el norte más seguro lo representa cierta novela oficial de la Italia fascista: especialmente el «realismo mágico» y el humor de Bontempelli o el lirismo fantástico de Vincenzo Cardarelli. En la vertiente más estimulante de este clima de consecuente o aséptico esteticismo se encuentran las novelas del primer Zunzunegui *, junto a otras como *Una mujer en la calle* (1940) de Salaverría *, *Taxímetro* de Francisco de Cossío * (1940), *La novela número 13* (1940) y *El bosque animado* (1943) de Wenceslao Fernández Flórez * y otras de Tomás Borrás *, Julio Camba * o Villalonga *. Una tercera vía recurrirá al siempre frecuentado venero del realismo decimonónico. Sin embargo, las cautelas existentes ante la tarea de afrontar la realidad llevan a orientar el espejo stendhaliano hacia el pasado, en un esfuerzo que tiene más de gris arqueología que de palpitante explicación de los orígenes de la situación presente. Así sucederá con algunas novelas del Zunzunegui de mediados de siglo o con «La ceniza fue árbol» (entre 1944 y 1957 sus tres primeras entregas), trilogía-río de Ignacio Agustí * sobre la burguesía catalana. La aparente excepción temática del también fluvial *bestsellerismo* de José María Gironella *, en su no distanciada crónica de la guerra (*Los cipreses creen en Dios, Ha estallado la paz, Un millón de muertos*, entre 1953 y 1966), responde en lo estético a los mismos patrones narrativos del pasado. La evasión al terreno neutral y ahistórico de la novela tradicional —*Nuevas andanzas y desventuras de Lazarillo de Tormes* (1944) de Cela *; *La vida nueva de Pedrito de Andía* (1951) de Rafael Sánchez Mazas *; *Martín de Caretas* (1955) de Sebastián Juan Arbó *—, sólo en la década del cincuenta proporcionará tangenciales incursiones de crítica social inherentes al género picaresco, como *Lola, espejo oscuro* de Darío Fernández Flórez *. Incluso una novela como *La familia de Pascual Duarte* (1942) debe mucho al pasado en sus fintas picarescas y en una sombría textura de naturalismo rural con ribetes de Gutiérrez Solana * y del esperpentismo valleinclanesco. Con todo, y pese al evidente contagio de las estridencias del desaforado tremendismo imperante, abre implícitamente la narración a una cruda reflexión sobre la condición humana.

El irracional desajuste con el mundo circundante que testimonia Pascual Duarte y la ideologizada angustia intelectual de la conversión imposible de *Javier Mariño* (1943) de Torrente Ballester *, sientan los precedentes para el reencuentro de la novela de posguerra con la conciencia de la realidad cotidiana, en forma de crónica biográfica de la vida gris en el seno de una familia de la Barcelona pequeño-burguesa en el caso de *Nada* (1945) de Carmen Laforet *, o en la fidelidad a los cánones de un tradicional realismo introspectivo y detallista en las primeras novelas de Miguel Delibes *. *La sombra del ciprés es alargada* (1947), *Aún es de día* (1949) o *El camino* (1950) de este autor, *Las últimas horas* (1950) de José Suárez Carreño * son algunas novelas representativas de un clima cotidianista, caracterizado por la reducción del universo narrativo al ámbito de la intimidad. Dicho reducto —acaso el único posible— refleja, no obstante, la subjetivización de los conflictos interiores en que se debaten los protagonistas (incomunicación, angustia, nihilismo, desesperación...), de modo paralelo al existencialismo que invade la novela europea posterior a la Segunda Guerra Mundial, aunque sin la carga filosófica de ésta.

La década del cincuenta señala el paso de estas actitudes existencialistas individuales a un realismo que toma en consideración la vida cotidiana en una dimensión social. Todavía *La colmena* (1951) pertenecía inicialmente a una proyectada trilogía que Cela pensaba titular significativamente «Caminos inciertos». Sin embargo, y pese a la breve propuesta estética que preside esta influyente novela («un trozo de vida contada paso a paso»), anuncia una visión de la existencia como metafórica interrelación de celdillas que conforman un sórdido panorama del Madrid de la posguerra, de modo semejante a *Esta oscura desbandada* (1952) de Zunzunegui o, en lo que respecta a Barcelona, *La noria* (1952) de Luis Romero *. El recuerdo de la guerra y sus secuelas y la actitud crítica ante las circunstancias sociales suponen «el reencuentro con el pueblo perdido» en unas novelas en las que ambientes (el campo, la fábrica, la mina, el mar...), personajes colectivos (alienados, explotados, víctimas), desenmascaran situaciones sociales injustas en clara correspondencia con las que se suceden en la realidad de cada día. Esta tendencia, predominante a lo largo de la década, revitaliza el realismo tradicional a partir de estímulos externos contemporáneos, entre los que se encuentran el cine neorrealista y la novela americana e italiana (Dos Passos, Hemingway, Vittorini, Levi, Silone, Pavese). Ideólogos y teóricos de la novela, como Lukács, refuerzan un realismo crítico («realismo social» o «social-realismo») que pese a su interés por unos contenidos testimoniales, supone un considerable avance en la renovación en las técnicas narrativas. Lo demuestran, por encima del formulismo escolástico de raso vuelo de algunos de sus cultivadores, obras como *Los bravos* (1954) de Jesús Fernández Santos *, *El Jarama* (1956) de Rafael Sánchez Ferlosio *, *Gran Sol* (1957) de Ignacio Aldecoa *, etc. Aparecida en 1962, *Tiempo de silencio* de Luis Martín Santos * marca un considerable avance en la evolución de la narrativa de la posguerra. Su mérito estriba, no tanto en su reincidencia en la crítica social de la década precedente, sino en el tratamiento distanciado de la misma mediante un alarde lingüístico y técnico que orienta la creación novelesca hacia un horizonte formal cualitativamente más rico y novedoso.

Puede afirmarse que la década de los sesenta supone, en lo que a la historia de la novela se refiere, una cierta clausura de la interminable posguerra. Nuevas circunstancias económicas y sociológicas y culturales (mínima relajación de la censura, las repercusiones del mayo francés del 68, el conocimiento del *nouveau roman*, el llamado *boom* de la novela hispanoamericana, el reencuentro con algunos novelistas del exilio, la sintonía con el experimentalismo europeo) propician una mayor libertad de ejecución entre los cultivadores del género.

Pero la llama de la experimentación narrativa había seguido viva en intentos renovadores que, con mayor o menor carácter subterráneo con respecto a las tendencias dominantes señaladas con anterioridad, confluyen con la experimentación de esta década. Búsquedas de nuevos espacios de la conciencia y de un lenguaje extrañador para disfrazarlas (las de ciertos experimentos fronterizos al existencialismo, las de la irrefrenable vocación kafkiana de ciertas muestras postistas) habían tomado sucesivamente el relevo del continuismo estetizante de la inmediata posguerra. Las *Tentativas* (1946), de Gabriel Celaya *, el realismo mágico del *Alfanhuí* (1951), de Sánchez Ferlosio, o la desbordante fantasía de Álvaro Cunqueiro * constituyen ejemplos ilustrativos de esta corriente de renovadora insatisfacción que atraviesa la posguerra para aportar su bagaje experimental a la reactivación de los últimos años del franquismo. La consideración de esta ininterrumpida sucesión de radicalidades matiza la significación histórica de *Tiempo de silencio*, como también la de la tardía floración experimental de 1969, que venía precedida por títulos como *Cinco variaciones* (1963), de Antonio Martínez Menchén * y *Don Juan* (1963), de Gonzalo Torrente Ballester; *El roedor de Fortimbrás*, de Gonzalo Suárez *, y *Ballet para una infanta* (1963), de José Vidal Cadellans *; *Solo de trompeta*, de Antonio Fernández Molina * (1965); *Señas de identidad*, de Juan Goytisolo *, y *Arrabal celebrando la ceremonia de la confusión*, de Fernando Arrabal * (1966); *Volverás a Región*, de Juan Benet *, y *El buey en el matadero*, de Ramón Hernández * (1966); *El mercurio* (1968), de José María Guelbenzu *, etc.

El año 1969, que se viene señalando con insistencia como referencia de la cosecha de la más granada experimentación, tan sólo supone el momento de recolección y puesta al día en «conversiones» sin riesgos: el pasajero sarampión experimental de Miguel Delibes en *Parábola del náufrago* y el *San Camilo, 1936*, del versátil Cela, ya curtido con su innovadora creación postista *Mrs. Caldwell habla con su hijo* (1953). En vísperas de la muerte del dictador, y en el marco de un abigarrado marco de mimetismos y gratuidades formales, este proceso quedará coronado por personales y sólidas realizaciones, entre las que se cuentan *Una meditación* (1970) y *Un viaje de invierno* (1972), de Juan Benet; *Reivindicación del Conde don Julián* (1970), de Juan Goytisolo; *La saga/fuga de J. B.* (1972), de Gonzalo Torrente Ballester; *El gran momento de Mary Tribune* (1972), de Juan García Hortelano *, o *Si te dicen que caí* (1973), de Juan Marsé *.

BIBLIOGRAFÍA. E. de Nora, *La novela española contemporánea*, vol. III (Madrid, 1970); J. I. Ferreras, *Tendencias de la novela española actual (1931-1969)* (París, 1970); S. Sanz Villanueva, *Tendencias de la novela española actual* (Madrid, 1972); G. Sobejano, *Novela española de nuestro tiempo (En busca del tiempo perdido)* (Madrid, 1975); M. Joli, I. Soldevila, J. Tena, *Panorama du roman espagnol contemporain (1939-1975)* (Montpellier, 1979); I. Soldevila Durante, *La novela española desde 1936* (Madrid, 1980); J. M. Martínez Cachero, *La novela española entre 1939 y 1969. Historia de una aventura* (Madrid, 1986). [J.L.C.C.]

POSTERIOR A 1975: Véase NARRATIVA ESPAÑOLA POSTERIOR A 1975.

NOVELA GALANTE, LA. En la última década del siglo XIX comenzó a desarrollarse una modalidad novelesca, próxima muchas veces al naturalismo decimonónico y al decadentismo finisecular —J.-K. Huysmans, con *Al revés* (1884), había abierto el camino para todas las transgresiones—, que se caracterizó por la importancia que en ella adquirieron los ingredientes eróticos y sicalípticos.

Los dos representantes más destacados de la misma fueron Eduardo Zamacois *, que, entre 1893 y 1905, contribuyó poderosamente a la aclimatación en España de la literatura «galante» francesa, y Felipe Trigo *, que se sirvió del erotismo con el fin de reformar convicciones y prejuicios, sexuales y morales, profundamente arraigados en la sociedad española. Según Andrés González Blanco *, «antes de que Zamacois escribiese sus primeras novelas [...] toda nuestra bibliografía erótica hallábase reducida a infectas narraciones escatológicas, que erizaban los nervios del más sereno y alarmaban el pudor del menos timorato. La obscenidad era erotismo, antes de que lo conociésemos».

A Zamacois se debe además la fundación de la revista erótica *Vida Galante* (el primer número apareció en Barcelona el 6 de noviembre de 1898), proyectada con el noble propósito de recoger «el aroma de alcoba que perfuma la literatura francesa del siglo XVIII» y de presentar, de forma «frívola y traviesa», «historietas de mujercitas locas y maridos de vodevil, aunque sin audacias de mal género». Junto a *Vida Galante*, que desapareció en 1904, se crearon otras publicaciones de parecidas características. Entre ellas, las colecciones *Regente* y *Galante*, que también dirigió Zamacois, el semanario *Sicalíptico* y las revistas *París alegre, La hoja de parra*, en la que se combinaban lo cómico y lo erótico, *Mundo galante, Mimí* y *¡Toma tripita!*, subtitulada «revista casi verde». En los años veinte sobresalen *La vida, Flirt, Variété* y, en especial, *Muchas gracias*. La nómina se cierra con *Miss* (1931), que incluía, por primera vez, desnudos integrales, y *Chic* (1932).

A la sombra de Zamacois y de Trigo surgió pronto una pléyade de novelistas que, con fines comerciales casi siempre, y sin excesivas ambiciones por alcanzar la inmortalidad, explotaron el filón erótico, adobándolo con sales más o menos gruesas. Eduardo Gómez de Baquero * ya se refería en 1909 a «este género o variedad novelesca que va adquiriendo una extensión propia para alarmar a los moralistas». Por estas mismas fechas constataba Azorín *: «La nueva generación de escritores españoles está completa y desenfrenadamente entregada al más bajo y violento erotismo; no transcurre una semana sin que aparezca en las librerías una nueva novela pornográfica; se ponen a estos libros los títulos más provocadores y llamativos; se los anuncia en grandes carteles por las esquinas; se describen en ellos las más torpes aberraciones humanas.»

Entre los cultivadores de esta variedad novelística destacaron Joaquín Belda *, A. de Hoyos y Vinent *, Alberto Insúa *, Rafael López de Haro *, José Francés *, Álvaro Retana *, Pedro Mata *, Artemio Precioso —autor de *El hijo legal, Isabel-Clara, La virgen casada, Pasión y muerte*, etc.— y José María Carretero *. Hay que advertir que, aparte del distinto tratamiento que dieron a lo erótico (el lector puede entretenerse en recorrer, a través de sus obras, el variado camino que va desde la sexualidad patológica y torturada de los héroes de Hoyos y Vinent hasta la actitud festiva y desenfadada de los de Joaquín Belda), algunos de ellos, como ocurrió con Zamacois e Insúa, pronto manifestaron otras inquietudes y preocupaciones. En la nómina citada podría incluirse también, aunque sólo sea por una parte de su producción, a Andrés Guilmain, Emilio Carrere *, Luis Capdevila, Juan González Olmedilla, Germán Gómez de la Mata —que calificó a sus *Muñecas perversas* de «literatura frívola e incipiente»—, Antonio García de Linares, Alberto Valero Martín, Carmen de Burgos *, Isaac Muñoz *, en cuya obra el erotismo se combina con un orientalismo de filiación modernista; al cubano A. Hernández Catá *, al peruano Felipe Sassone *, y a Ángel Samblancat y Alfonso Vidal y Planas *, que hicieron de los mundos marginales, y, sobre todo, de las figuras de las prostitutas, eje fundamental de sus relatos. Algunos autores, como Ricardo Baroja *, en *De tobillera a cocotte*, también se acercaron esporádicamente a este género. El éxito de público que alcanzaron algunos de ellos fue enorme. Ortiz de Pinedo * escribía en 1917: «Para lograr algunas comodidades el escritor español, salvo contadas excepciones, tiene que hacer teatro «gordo» o novelas eróticas. Los libros de Trigo y de sus imitadores son, como todo el mundo sabe, los que más se han vendido y se venden.» Por su parte, Joaquín Belda confesará, sin rubor: «[Gano] más que todos los novelistas jóvenes, exceptuando a Ricardo León *, que es el escritor de la gente seria. De modo que aquí, el poco dinero que se dedica a la literatura es para los serios y para los sicalípticos. Por eso yo, que no busco la inmortalidad, no me saldré del terreno de la sicalipsis, aunque me emplumen.» No está de más recordar que a la difusión de sus obras contribuyeron algunas de las publicaciones que se crearon a partir de 1907 —entre otras, *El cuento semanal*, *Los contemporáneos*, *El libro popular*, *La novela corta*, *La novela semanal*, *La novela mundial*, *La novela de bolsillo*, *La novela de hoy*, *El cuento galante*, *La novela para todos*, *La novela apasionada*, *La novela de noche*, la *Biblioteca erótica*, la *Biblioteca galante*, creada con el propósito de dar a conocer obras de la literatura universal «dedicadas a pintar la pasión amorosa, con todo su abundante cortejo de extravíos, aberraciones y desórdenes», y las colecciones *Afrodita*, *Pompadour* y *Esmeralda*—, dedicadas a difundir este tipo de literatura.

La crítica, por lo general, se ha mostrado escéptica con respecto a los valores literarios de los mencionados autores. Max Aub * escribirá: «Un grupo de médicos forma la vanguardia de un numeroso grupo de novelistas más o menos pornográficos, que son pasto de muchos lectores y de la industria editorial y que poco tienen que hacer en la historia de la literatura; los más vendidos: F. Trigo, E. Zamacois, P. Mata, A. Insúa, A. de Hoyos y Vinent, J. Belda y A. Retana.» Sin embargo, en estos últimos tiempos se ha intentado, con éxito discreto, la rehabilitación de algunos de ellos (de Felipe Trigo y Hoyos y Vinent, sobre todo). También los amantes de la sociología se han entretenido en analizar las causas de su masiva aceptación y en precisar su posible influencia en la transformación de las costumbres de la época. Ya Juan Pujol, en el prólogo que puso en 1926 a *Pasión y muerte* de Artemio Precioso, especificaba: «Lo que ha querido usted hacer es una revolución: sostener que las piernas y los senos de las mujeres bonitas no son objetos que puedan inspirar horror a ningún espectador equilibrado, no ha sido audacia baladí, aquí donde las damas de Orbajosa y Estropajosa creen que un bidet es el símbolo de todas las corrupciones.»

La novela galante comienza a agotarse en los últimos años de la dictadura de Primo de Rivera. Es bastante significativo que escritores como Manuel D. Benavides * y Joaquín Arderius *, que empezaron cultivándola tardíamente, dieran pronto el salto que los llevaría, en la época de la República, hacia la novela social, o que, en 1933, José M.ª Carretero dirigiera una colección de novelas, *Los Trece*, de clara intención política. Tampoco debe olvidarse la competencia que, en los años treinta, le hizo una literatura pseudocientífica y oportunista que, con fines supuestamente divulgadores, se recreó en las más aparatosas patologías sexuales. De sus cultivadores, se lleva la palma Ángel Martín de Lucenay, autor de *La sexualidad maldita*, *Un mes entre prostitutas*, *Vicios femeninos*, *Invertidos célebres* y *Bestialismo*, entre otros muchos títulos de parecido jaez.

BIBLIOGRAFÍA. L. S. Granjel, *Eduardo Zamacois y la novela corta* (Salamanca, 1980); G. Santonja, «En torno a la novela erótica española de comienzos de siglo», en *Cuadernos Hispanoamericanos*, núm. 427 (enero de 1986), págs. 165-174. [A.R.]

NOVELA HISTÓRICA, LA. La poetización de acontecimientos ocurridos en un pasado remoto o próximo constituye la materia de la literatura de tema histórico, realizada en géneros tan varios como la épica, el teatro, la poesía narrativa, la biografía, las memorias y la novela. La *novela histórica* es considerada como aportación específica del romanticismo *, que también produjo en las literaturas europeas un amplio caudal de textos teatrales y poéticos ambientados en los tiempos pretéritos. El predominio de la materia histórica no dificultó el que las tendencias narrativas del romanticismo español fueran más diversificadas; en su discurso de ingreso en la Real Academia Española (1838) Mesonero Romanos * distinguía entre la novela fantástica, la novela de costumbres y la novela histórica, adelantando en veinte años el panorama narrativo descrito por Fernán Caballero * en *La Gaviota* (segunda parte, cap. IV). La dicotomía aristotélica entre *poesía* e *historia* tiene un banco de prueba en la novela histórica y la teoría y la creación literarias han formulado diversas réplicas a esta cuestión desde la Antigüedad hasta finales del siglo XVIII. Todavía en esta centuria predominaba la *mímesis* de lo universal humano a la hora de —son palabras de Tirso de Molina * en *Los cigarrales de Toledo*— «fabricar, sobre cimientos de personas verdaderas, arquitecturas del ingenio fingidas», y por ello los relatos históricos de Marmontel, Florian, Mme. de Genlis o Montengón * no son sino otros antecedentes remotos —desde la *Farsalia* hasta las *Guerras civiles de Granada*— de la novela histórica romántica. La publicación, en 1814, de *Waverly* de Walter Scott señala el inicio de un nuevo modo de ficción de tema histórico en que el novelista acertó a «derivar de la singularidad histórica de la época representada la excepcionalidad en la actuación de cada personaje» (Georg Lukács). Una época de contracción antirrevolucionaria produjo un nuevo modo de *mímesis* de lo particular proyectado sobre los inseguros escenarios de la Historia. Las circunstancias colectivas y el marco de reflexiones teóricas que iluminan la vida europea del primer tercio del siglo XIX explican el auge de una modalidad narrativa que se lucró, además, de los recursos del pintoresquismo de la narrativa «gótica» y de la poética del drama sentimental, centrado en los héroes medios de la sociedad. Scott acertó en la integración de estos componentes que supo poner al servicio de una fabulación inspirada en el proceso constitutivo de la nación inglesa —es decir, la Edad Media y la Moderna—, aunque Chateaubriand con *Les Martyres* (1809)— había fijado otro modelo de marco narrativo en la historia de la Antigüedad.

El éxito inmediato que tuvo Walter Scott en los países europeos llegó a la literatura española, que, a pesar de la censura fernandina, recibió traducciones del autor escocés publicadas en Londres o Perpiñán desde 1823, y estimuló —ayudado por los textos de Fenimore Cooper, Manzoni y Victor Hugo— la escritura de las primeras novelas históricas españolas. Suele considerarse la pionera *Ramiro conde de Lucena* (1823) de Rafael Húmara *, aunque resulta texto apegado al modelo dieciochesco; se acercaron más al modelo del autor escocés los relatos escritos en inglés por españoles residentes en Inglaterra: *Vargas* (1822), atribuible a Blanco White *, *Don Esteban* (1826) y *Sandoval or the Freemason* (1826) de Valentín de Llanos, *Gomez Arias or the Moors of the Alpujarras* (1828) y *The Castilian* (1829) de Telesforo de Trueba *. Los editores Cabrerizo, de Valencia, Bergnes de Barcelona y Delgado de Madrid aprovecharon el auge de la nueva fórmula para el lanzamiento de colecciones de novelas históricas en las que se publicaron las más características de las aparecidas durante los años románticos: *Los bandos de Castilla* (1830) de López Soler *, *El Doncel de don Enrique el Doliente* (1834) de Larra *, *Sancho Saldaña* (1834) de Espronceda *, *Ni Rey ni Roque* (1835) de Patricio de la Escosura *. Ni las estrategias de enunciación narrativa —la distanciada ironía de la obra de Larra procede rotundamente de la tradición cervantina— ni los parvos esfuerzos de documentación —sólo evidentes en *Doña Isabel de Solís* (1837) y, más tarde, en las del erudito catalán Bofarull *— denotan una profunda huella de la narrativa scottiana, visible sólo en elementos compositivos como las aventuras caballerescas y las escenas sorprendentes. La publicación de *El señor de Bembibre* (1844) de Enrique Gil y Carrasco * introdujo una veta de lirismo —manifiesta en las secuencias en que se observa un cuidado tratamiento de la «falacia patética»— que no encontró mejores prolongaciones; a partir de este punto la novela histórica desenvolvió un modelo de esquemático relato de aventuras hábilmente cultivado por los escritores folletinescos, entre los que destaca Manuel Fernández y González * por sus condiciones de eficaz artesano. Pero, al tiempo que se cultivaba una novela histórica ambientada en tiempos remotos de la Historia española —la Edad Media y los siglos áureos— se publicaba también una narrativa de historia contemporánea cuyos márgenes más remotos llegaban al siglo XVIII, como ocurre en *El golpe en vago* (1835) de García de Villalta *; los grandes acontecimientos del XIX —Guerra de Independencia, conflictos entre liberales y absolutistas, guerra civil, tensiones políticas del nuevo régimen liberal— proporcionaron los bastidores para otras ficciones en que la interpretación actualizada del pasado se resolvía en un discurso ideológica y políticamente comprometido. La primera obra que se puede adscribir a esta tendencia es *El héroe y heroínas de Montellano* (1813) de Pablo Rincón. La novela histórica de tema contemporáneo, a partir de 1833, tuvo un abundante cultivo en crónicas, biografías y novelas como *Espartero* (1843-45) de José Segundo Flórez, *El patriarca del valle* (1846-47) de Escosura o *Las ruinas de mi convento* (1851) de Patxot; los *Episodios nacionales* de Pérez Galdós * son las obras más relevantes de esta forma narrativa.

La atenuación de la *voz de la Historia* que manifiesta la novela romántica española tiene un contrapeso en los ejercicios de verosimilitud realista que sirven las abundantes *descripciones* de objetos y escenarios y el inexacto empleo del arcaísmo lingüístico como rasgo de estilo; la *voz del narrador* determina la dirección del relato tanto por el lastre ideológico con que carga la interpretación del pasado como por la rigidez de su mediación entre los personajes ficticios y los hechos históricos. Posiblemente sólo *El Doncel de don Enrique el Doliente* y *Amaya o los vascos en el siglo VIII* (1879) de Navarro Villoslada * deparan dos modelos de novelas históricas en las que se articula con flexibilidad la relación entre el tiempo vivido de la Historia y el tiempo imaginado del relato. Larra había resumido programáticamente los imperativos de la información documental y la tensión inevitable entre verdad histórica y verdad poética: «con respecto a la veracidad de nuestro relato [...] el lector perdiera su tiempo si tratase de irle a buscar comprobantes en ningún libro antiguo ni moderno; respondemos, sin embargo, de que si no hubiese sucedido, pudo suceder cuanto vamos a contar» (*El Doncel de don Enrique el Doliente*, cap. I).

BIBLIOGRAFÍA. E. Allison Peers, *A History of the Romantic movement in Spain* (Cambridge, 1940; trad. española, Madrid, 1954, 2 vols.); J. I. Ferreras, *El triunfo del liberalismo y de la novela histórica (1830-1870)* (Madrid, 1976); A. Alonso, *Ensayo sobre la novela histórica. El modernismo en «La gloria de don Ramiro»*, 2.ª ed. (Madrid, 1984); AA. VV., *Larra, entre pueblo y corona*, ed. de G. Güntert y J. L. Varela (Madrid, 1986); M.ª P. Yáñez, *La historia: inagotable temática novelesca. Esbozo de un estudio sobre la novela histórica española hasta 1834 y análisis de la aportación de Larra al género* (Berna, 1991). [L.R.T.]

NOVELA LÍRICA. Véase NOVELA ESPAÑOLA DEL SIGLO XX.

NOVELA MORISCA, LA. La cuna literaria de la figura del musulmán, que después adquirirá la redondez de personaje novelístico, está en los romances fronterizos que versan sobre el cerco de Baeza, la muerte del alcalde Cañete, la conquista de Antequera, el sitio de Álora y un largo etcétera. Ahora bien, a mediados del siglo XVI aparecen con pocos años de diferencia tres grandes versiones del primer relato de tema morisco muy estrechamente parecidas entre sí, pero no por ello exentas de diferencias sustanciales: 1) se conserva en dos textos la *Parte de la crónica del infante don Fernando*, una encuadernada junto a la *Diana* (h. 1559) de Jorge de Montemayor *, impresa en Cuenca en 1561, y otra, más completa que la anterior, encuadernada independientemente e impresa en Toledo por Miguel de Ferrer también en 1561. 2) incluida en el *Inventario* de Antonio de Villegas * de 1565, pero que podía circular muy bien en versión manuscrita desde 1551, fecha de una primera licencia de impresión que se menciona en los preliminares y que Villegas rasgó. 3) La más amplificada, que se interpoló en el capítulo cuarto de la *Diana* de Montemayor a partir, según parece, de la edición vallisoletana de 1561. La crítica ha valorado muy poco esta versión, a pesar de que fue la que dio a conocer en la Península y el extranjero la bella historia morisca y la que creó toda una maurofilia literaria muy bien estudiada por Soledad Carrasco y G. Cirot, entre otros. Esta última versión del *Abencerraje* * es, y puede demostrarse, obra casi con seguridad del mismo Montemayor. El cuento, que fue el inaugurador del género, y en el que se mezclan anacrónicamente datos históricos con otros legendarios e imaginarios, analizados por López Estrada y Luis Seco de Lucena, presenta al noble moro Abindarráez, del famoso linaje de los Abencerrajes, que al ir a reunirse secretamente con su amada Jarifa, cae prisionero de don Rodrigo de Narváez, el primer alcaide cristiano de Antequera, quien compadecido por los tristes lamentos del cautivo, le otorga la libertad a condición de que regrese al tecer día. Al cumplir la promesa, el noble moro es premiado con la libertad definitiva. La inclusión de esta novelita en una obra tan leída como la *Diana* favoreció que la moda morisca empezara a rivalizar en el romancero * nuevo con la boga pastoril, y que hacia finales del siglo apareciera la primera parte de las *Guerras civiles de Granada* (1595) de Ginés Pérez de Hita *, la *Historia de los bandos de zegríes y abencerrajes, caballeros moros de Granada*, fundadora de la novela histórica, que después hará gran fortuna en el romanticismo europeo. En ella se narran los encuentros entre moros y cristianos en la vega de Granada, a la vez que los amores y rivalidades de los nobles granadinos, mientras va adquiriendo gradual protagonismo la tensión entre abencerrajes y zegríes, siempre a causa de la envidiosa alevosía de los segundos. En 1619 vio la luz la segunda parte de las *Guerras civiles de Granada*, que, en lugar de ofrecer la visión distanciada y poética de las viejas contiendas de la primera parte, describe la reciente lucha vivida por el propio autor, la segunda rebelión de los moriscos en las Alpujarras en 1568 con el recuerdo vivo de la expulsión definitiva en 1609. Esta campaña había sido ya referida por Diego Hurtado de Mendoza * en su *Guerra de Granada*, escrita antes de 1575, aunque impresa en 1627, y también por Luis de Mármol Carvajal en su *Historia de la rebelión y castigo de los moriscos de Granada* (1600), y, al parecer, Pérez de Hita pudo utilizar como fuente los primeros cantos de la *Austríada* de Juan Rufo *, según ha señalado Soledad Carrasco. La única novela propiamente morisca del siglo XVII resulta ser la *Historia de los dos enamorados Ozmín y Daraja* de Mateo Alemán *, incluida en el capítulo octavo del libro primero de la primera parte de su *Guzmán de Alfarache* (1599), que narra las peripecias de dos amantes, cuyo destino les lleva por sendas distintas hasta que logran contraer matrimonio después de superar múltiples obstáculos. Comparte la brevedad del relato y el protagonismo de dos enamorados con el *Abencerraje*, y se acerca más a la novela de Pérez de Hita en el gusto por las descripciones de fiestas de toros y de justas, pero difiere de esos dos puntales del género en la visión poco noble de los enamorados que engañan a sus protectores cristianos y carecen de la generosidad de ánimo de sus predecesores. Cervantes *, en la historia del cautivo, incluida en la primera parte del *Quijote*, y en la del morisco Ricote, inserta en la segunda parte, acudió, tanto en los temas como en la estructura —inclusión de «novelas» en un marco narrativo—, a los modelos de Montemayor y Alemán, anudados con la novela de aventuras o bizantina. Y lo mismo hicieron los autores de novelas cortas posteriores. Además, el romancero y el teatro se sirvieron con frecuencia de los motivos que brindaba la novela morisca.

BIBLIOGRAFÍA. S. Carrasco Urgoiti, *El moro de granada en la literatura (siglos XV al XX)* (Madrid, 1956); F. López Estrada, *«El abencerraje y la hermosa Jarifa». Cuatro textos y su estudio* (Madrid, 1957); L. Seco de Lucena, *Los abencerrajes. Leyenda e historia* (Granada, 1960); L. Morales Oliver, *La novela morisca de tema granadino* (Madrid, 1972); E. Fosalba Vela, *El abencerraje pastoril. Estudio y edición crítica* (Barcelona, 1990). [E.F.]

NOVELA PASTORIL EN LOS SIGLOS XVI Y XVII, LA. A mediados del siglo XVI —¿en 1559?, Valencia— hizo su aparición la primera novela pastoril española, *Los siete libros de la Diana* de Jorge de Montemayor *. Atrás quedaban tímidos bosquejos bucólicos en algunas novelas de la saga de *Amadís*, como el *Amadís de Grecia* (1530), muy intensificados en el *Florisel de Niquea* (1551) de Feliciano de Silva *, y el «Coloquio pastoril», capítulo séptimo de los *Coloquios satíricos* (1553) de Antonio de Torquemada *, o en una novela de corte bizantino como la *Historia de los amores de Clareo y Florisea* (1554) de Alonso Núñez de Reinoso *. Bernardim Ribeiro había intentado en portugués llevar a un episodio de la prosa melancólica de *Menina e moça*, ataraceada de aventuras caballerescas, el paisaje amable característico del género pastoril. La traducción de *La Arcadia* de Iacopo Sannazaro, cuyo original había inspirado ese trasvase de elementos pastoriles al terreno de la prosa, e impresa en 1547, fue hecha conjuntamente en Toledo por Diego López de Ayala, Diego de Salazar y Blasco de Garay. El éxito de la prosa poética de Sannazaro había resultado abrumador desde su aparición en Italia; más de sesenta ediciones se sucedieron hasta mediados del siglo XVII, numerosas imitaciones europeas se agolparon en torno a este revivir en lengua vulgar —siguiendo los pasos del *Ameto* boccacciano— de la naturaleza clásica (Mosco, Bion, Virgilio, Ovidio, Calpurnio, Nemesiano, Claudiano), sin las ataduras de la *amplificatio* retórica y la métrica del verso. Pero la *Diana* —pronúnciese *Di-a-na*, trisílabo— de Montemayor, obra iniciadora del género en España, no bebe directamente de los clásicos sino que reúne características dispares y, además de bucólica, es también cortesana, sentimental, caballeresca (veta reforzada por la inclusión a partir de las ediciones de 1561 de un *Abencerraje* * amplificado en el libro IV), y quizá con sus puntas de novela en clave. Los modelos, los clásicos, son ahora el mismo Garcilaso de la Vega *, Sannazaro, junto a otros narradores y dramaturgos italianos como Bandello. No extraña que esa variedad de motivos narrativos y líricos hiciera las delicias de su público lector, preferentemente entre las damas de la corte —que, como recordaba Malón de Chaide *, escondían

ejemplares de la *Diana* en sus «faltriqueras»—, y se imprimieran cerca de treinta ediciones en la Península y el extranjero, además de numerosas traducciones parciales o totales al francés, inglés, alemán, italiano y holandés. La prematura muerte del autor en el Piamonte propició que sólo un año después (1563) viera la luz en Valencia una continuación de la *Diana*, esta vez obra de Alonso Pérez, médico salmantino, que en las palabras preliminares a su obra se vanagloriaba de poder acompañar de «letras latinas» los amores de Diana. Embutió así en su prosa continuas comparaciones y alusiones a la mitología, mezclándolas con cuentos intercalados, como el de los dos amigos —idea que después recogerá Cervantes * en su *Galatea*—, y unos versos no exentos de finura poética. Pero en 1564 aparece la *Diana enamorada* de Gaspar Gil Polo *, que obtuvo, a diferencia de la primera, el reconocimiento de Cervantes y de la crítica posterior, fue editada en once ocasiones hasta 1617 y tuvo el honor de ser traducida al latín por Gaspar Barth (1625), además de al francés, inglés, alemán y holandés. Aquí proseguían los amores de Diana y Sireno, haciendo caso omiso a la continuación de Pérez, y logrando, esta vez sí, una delicada y sutil integración de motivos grecolatinos en el seno de la novela pastoril; introdujo en ella el mar Mediterráneo y una deliciosa égloga piscatoria en quintillas, que canta Nerea.

El trasfondo autobiográfico que siempre puede buscarse en el género bucólico, tanto en la descripción añorada de la patria, como bajo el disfraz y seudónimo pastoril, tuvo cierto eco en algunas imitaciones de la *Diana*: Francisco Rodríguez Marín ha interpretado, por ejemplo, los amores de Fílida y Siralvo en *El pastor de Fílida* (Madrid, 1582) de Luis Gálvez de Montalvo * como posible trasunto de los contrariados de Gálvez con Magdalena Girón, hermana del primer duque e hija del cuarto conde de Ureña. Pero quizá lo más interesante de esta obra esté en su parte sexta —después de exequias florales, cantos, juegos y competiciones, la descripción del templo de Pan en recuerdo de Sannazaro—, cuando se introduce una autocrítica de lo pastoril que preludia las ironías cervantinas acerca del género en *El coloquio de los perros*. Más claras parecen, no obstante, las reminiscencias biográficas en la *Arcadia* (1598) de Lope de Vega *, que describió estando en Alba de Tormes, acompañado por Isabel de Urbina, al servicio de Antonio de Toledo, bisnieto del gran duque de Alba, don Fernando. La obra construye ciertos planteamientos de su anécdota sobre unos complicados amores de don Antonio, bajo el nombre pastoril de Anfriso, y está dividida en cinco libros, de los cuales sólo los cuatro primeros están dedicados a los desdichados amores del protagonista y Belisarda. Otra obra que cuenta con la presencia de su autor es el *Prado de Valencia* (Valencia, 1600), cuya acción es situada por Gaspar Mercader * alrededor de 1595, cuando el marqués de Denia, «pastor cuyo ganado de ordinario pacía las saladas yerbas de la invencible Denia» en la novela, llegó a Valencia para hacerse cargo del virreinato. En los tres libros apenas si hay acción, pues los dos primeros se dedican a ensartar los propios poemas junto a los de sus contertulios de la Academia valenciana de los Nocturnos —como Guillén de Castro *, Gaspar Aguilar *, Miguel Beneito *, López Maldonado *, Fernando Pretel, el capitán Rey de Artieda *, Carlos Boil * y otros—, y en el tercer libro da conclusión a la historia del amor entre Fideno y Belisa, rubricándola con sus bodas y la marcha del Prado. La *Constante Amarilis* de Cristóbal Suárez de Figueroa * (Valencia, 1609) es, según J. W. Crawford, otra novela que permite su interpretación en clave, pues *Damón*

pudiera bien ser seudónimo del propio autor, *Menandro* de Juan Andrés Hurtado de Mendoza y *Amarilis* de doña María de Cárdenas. Avalle-Arce interpretó, en su indispensable monografía, las *Prosas y versos del pastor de Clenarda* (Madrid, 1622) del poeta portugués Miguel Botelho de Carvalho como otra novela en clave, en donde el pastor Lisardo era el propio Botelho, gracias a unos versos preliminares de María de Zayas *.

Otros epígonos de Montemayor fueron Antonio de Lofrasso *, poeta sardo, que escribió una prolija novela titulada *Los diez libros de la fortuna de amor*, publicada en Barcelona en 1573, en la que el decorado urbano va ganando terreno hasta acaparar toda la escena; tertulias, justas, saraos, bodas. Otras obras pastoriles que apenas han dejado huella en la crítica actual son el *Desengaño de celos* (Madrid, 1586) de Bartolomé López de Enciso, que incluye un templo alegórico de Diana y ciertas historias intercaladas que no acaban de engastarse con pertinencia narrativa en la trama argumental, de fuerte orientación moralizante; la primera parte de las *Ninfas y pastores de Henares* (en Alcalá, 1587), obra de juventud de Bernardo González de Bobadilla * deja claro, en los versos preliminares, que centra su acción en Alcalá, Toledo y Salamanca, una acción salpicada de crímenes pasionales, amores ocultos y lascivos; *Los cinco libros de la enamorada Elisea* (1594) de Jerónimo de Covarrubias Herrera *, cuya acción novelesca se sitúa a los márgenes del Nilo —en los dos últimos libros se expone un cancionero poético—; además de las *Tragedias de amor* (Madrid, 1607) de Juan Arce de Solórzeno (1556-1620), que, como el título indica, intercala relatos de sangriento desenlace; *El premio de la constancia y pastores de Sierra Bermeja* (Madrid, 1620) del dominico Jacinto de Espinel Adorno (¿1580?-1635), que contiene, entre otras cosas, un sueño alegórico, la consabida disputa acerca de los méritos de las mujeres y varias fábulas intercaladas, como la historia de Anglaura según las *Metamorfosis* de Ovidio; sin olvidar las tres últimas muestras del género, la *Cintia de Aranjuez* (Madrid, 1629) de Gabriel de Corral *, *Los pastores del Betis* (Madrid, 1633), de Gonzalo de Saavedra, y *Vigilia y octavario de San Juan Bautista* (1679) de Ana Abarca de Bolea *.

Pero la moda pastoril había llegado a tierras de ultramar, pues dos años después de su llegada a España, en 1608, Bernardo de Balbuena * publicó su *Siglo de Oro en las selvas de Erífile*, en donde, como en los modelos italianos, prefería ofrecer el paisaje como protagonista, descartando así la acción e incluso la casuística amorosa, los relatos intercalados o el intercambio epistolar, y llenando el espacio novelesco con una gran variedad y riqueza vegetal.

La narrativa de ficción, tan buscadamente ingenua y apartada de la realidad en el caso de las *Dianas* y su numerosa descendencia, fue *diana* fácil de los dardos de los moralistas, como Malón de Chaide en su *Conversión de la Magdalena* (1588), escandalizados por su fantasía carente de disciplina moral; la primera parte de la *Clara Diana a lo divino* (Zaragoza, 1599), escrita por fray Bartolomé Ponce, cisterciense aragonés, se inserta en esta veta censuradora del género, y es así un intento poco afortunado de volver a lo divino el amor mundano y el estilo profano de la *Diana*; así, los pastores sólo son perchas conceptuales portadoras de una entidad traslaticia, como el *Diablo* vestido de mayoral de los rebaños, el *Mundo* ataviado de cazador zagalejo, y *Caro*, pastora representante de los apetitos carnales. Lope de Vega, por su parte, dio a conocer una suerte de réplica, también a lo divino, de su *Arcadia* trece años después (1612), con los *Pastores de Belén*, donde las historias intercaladas toman sus personajes de la Sagrada Biblia, como Jacob, la Virgen María, David y Betsabé, Amnón y Thamar, etc.

A pesar de que el género narrativo pastoril, con no pocos epígonos farragosos, estuvo lejos de tener una gran fortuna en el célebre escrutinio del *Quijote*, lo cierto es que Cervantes aprendió mucho de técnica narrativa leyendo la prosa de Montemayor, y no en balde escribió su primera novela, *La Galatea* (Alcalá de Henares, 1585), siguiendo sus pasos; con frecuencia se recuerda cómo todavía en el lecho de muerte, al firmar su dedicatoria del *Persiles*, prometía darle una segunda parte.

BIBLIOGRAFÍA. M. I. Gerhardt, *La Pastorale. Essai d'analyse littéraire*, ed. de Van Gordum (Assen, 1950); F. G. Vinson, *A critical bibliography of the Spanish pastoral novel (1559-1633)* (Chapel Hill, 1969); R. Reyes Cano, «La Arcadia» de Sannazaro en España, (Sevilla, 1973); J. B. Avalle-Arce, *La novela pastoril española* (Madrid, 1974); F. López Estrada, *Los libros de pastores en la literatura española. La órbita previa* (Madrid, 1974); F. López Estrada, J. Huerta y V. Infantes, *Bibliografía de los libros de pastores* (Madrid, 1984). [E.F.]

NOVELA PICARESCA, LA. A mediados del siglo XVI, diversas circunstancias sociales (p. ej., el problema de la mendicidad, la obsesión por la limpieza de sangre, el concepto de la honra) y, sobre todo, literarias (el humanismo, el erasmismo y el lucianismo), hicieron posible, con la mediación de un creador de genio, que brotase un texto como el *Lazarillo de Tormes* *, escrito y publicado no muchos años antes de 1554 (fecha de las tres primeras ediciones conocidas). Su autor recogió el ejemplo de Apuleyo y Luciano y compuso, en molde epistolar (autores y género que triunfaban entre los humanistas de la época), la autobiografía de un personaje bajo (en claro contraste con los nobles héroes de la narrativa caballeresca), de un mozo de muchos amos, cuya narración retrospectiva y episódica se presenta como explicación y consecuencia del estado final (el «caso») del protagonista. A esos elementos, que son los esenciales de la novela picaresca (la primera persona, la estructura episódica y el relato como justificación), podrían añadirse otros diversamente asumidos por los novelistas posteriores (la intención crítica y satírica; la voluntad de verosimilitud, lejos del lucianismo al uso; el sabio manejo de la ironía y del punto de vista...), pues en rigor el género no se constituye hasta la publicación, en 1599, de la primera parte del *Guzmán de Alfarache* de Mateo Alemán * (la segunda y última apareció en 1604), que recoge las principales soluciones narrativas del *Lazarillo*, acomodándolas a un propósito distinto, ya claramente didáctico-moral. Mateo Alemán advirtió las posibilidades de la obrita apócrifa y ahondó en el fértil contraste entre las peripecias del pícaro Guzmanillo (más vicioso y menos acuciado por la necesidad que el pobre Lázaro) y las reflexiones del narrador maduro, encerradas en densas y variadas digresiones que dan sentido y unidad a la obra. Las novelas picarescas posteriores adoptan, interpretan, modifican, desvirtúan u omiten, según el caso, los rasgos comunes al *Lazarillo* y al *Guzmán*, de modo que el inventario cabal del género es una de las cuestiones más discutidas por la crítica.

La siguiente obra maestra es *El Buscón* de Francisco de Quevedo *, escrita hacia 1603-1604 (con el título completo de *Historia de la vida del buscón llamado don Pablos, ejemplo de vagamundos y espejo de tacaños*), aunque no publicada, y con numerosas variantes, hasta 1626, en Zaragoza; es también la narración autobiográfica de un desharrapado, pero el autor ya no se interesa especialmente por las posibilidades críticas del relato. Así, no parece dispuesto a compadecerse de su protagonista ni a compartir sus deseos de medro, sino que apuesta por la burla descarnada o la distorsión caricaturesca, y se propone, como fundamento de todo ello, un prodigioso alarde de ingenio verbal. La misma mezcla de asunción y repulsa de los modelos precedentes, en especial del *Guzmán*, caracteriza a *La Pícara Justina* (Medina del Campo, 1605) de Francisco López de Úbeda *, que inaugura la nutrida corriente de la picaresca protagonizada por mujeres y que, como *El Buscón*, desvirtúa la verosimilitud autobiográfica y la rica coherencia del punto de vista para inclinar la balanza hacia el lado de la invención lingüística (pues la incontinencia verbal de Justina propicia una de las obras más curiosas, complejas y extravagantes de la literatura española). De aquellos años, también con aires de polémica disidencia con respecto al modelo canónico del género, es *El guitón Onofre* de Gregorio González *, poco conocido entonces —se conserva un único manuscrito de 1604— e inédito hasta nuestro siglo. Todas esas obras, no obstante, tienen en común la narración en primera persona, rasgo esencial de la picaresca abandonado en algunas obras posteriores con idéntico tema, protagonista similar y episodios afines. Puede, por ello, decirse que las posibilidades y limitaciones del género estaban implícitas en los títulos inaugurales y que a partir, aproximadamente, de 1605, muchas obras de carácter picaresco sólo asumirán en parte el ejemplo del *Lazarillo* y el *Guzmán de Alfarache*, derivando hacia otras fórmulas narrativas o contaminándose con ellas.

El protagonista de la *Vida del escudero Marcos de Obregón* (Madrid, 1618), de Vicente Espinel *, no es ya un mozo con grandes necesidades y tendencias delictivas, sino un viejo, paciente y sensato observador de las aventuras poco «picarescas» de otros personajes; la narración, en primera persona, contiene muchas digresiones moralizantes «para instrucción de la juventud» (su modelo es, a tal propósito, Mateo Alemán) y se halla empedrada de datos ciertos o idealizados de la biografía del propio autor. Esa paradoja del protagonista virtuoso se repite en *El donado hablador Alonso, mozo de muchos amos* (1624-1626), novela dialogada, aunque presidida por un relato en primera persona, de Jerónimo de Alcalá *. Por otra parte, la dificultad del deslinde entre lo real y lo ficticio se exacerba en el caso de *La vida y hechos de Estebanillo González, hombre de buen humor* * (Amberes, 1646), la más tardía de cuantas novelas del Siglo de Oro pueden llamarse con propiedad picarescas; su protagonista es un bufón, cuyas andanzas por Flandes están documentadas históricamente, si bien lo más probable es que esa narración autobiográfica sea obra de otro español (quizá, como se ha propuesto últimamente, un tal Gabriel de la Vega). De fecha anterior y escaso mérito literario son el *Lazarillo de Manzanares* (1620) de Juan Cortés de Tolosa *, *La desordenada codicia de los bienes ajenos* (París, 1619) de Carlos García * y *Varia fortuna del soldado Píndaro* (Lisboa, 1626) de Gonzalo de Céspedes y Meneses *.

La disolución de la picaresca se debió en buena medida a sus posibilidades de relación y confusión con otros subgéneros narrativos del siglo XVII. Es el caso de las novelas picarescas con protagonista femenino compuestas por Alonso Jerónimo de Salas Barbadillo * —*La hija de Celestina* (1612)— y Alonso de Castillo Solórzano * —*Las harpías en Madrid* (1631), *La niña de los embustes, Teresa de Manzanares* (1632) y *La garduña de Sevilla* (1642)—, todas ellas en tercera persona y muy próximas, como las *Aventuras del bachiller Trapaza* del mismo Castillo Solórzano (1637), a la abundante y variada narrativa corta de aquellas décadas. Deben también mencionarse los relatos alegóricos y transmigratorios a la manera de *El Diablo Cojuelo* (1641) de Luis Vélez de Guevara * o de *El siglo pitagórico* (Ruán, 1644, con la *Vida de don Gregorio Guadaña*) de Antonio Enríquez Gómez *, que mantienen la condición proteica de los primeros pícaros, pero deshacen toda voluntad de «realismo», enlazando a su manera con las inverosimilitudes lucianescas de las continuaciones del *Lazarillo* (la temprana y anónima de 1555 y la de Juan de Luna *, publicada en París en 1620). Por otra parte, el prestigio y los rasgos esenciales del patrón picaresco tenían que influir necesariamente en el auge de las autobiografías de soldados, entre las que destacan las de Jerónimo de Pasamonte * (hacia 1603), Miguel de Castro (hacia 1612), Alonso de Contreras * (1630-1633) y Diego Duque de Estrada * (de 1612 a 1645). Los ingredientes picarescos menudearon en otras muchas obras del siglo XVII, pero solían enmarcarse en meros retratos costumbristas o baldías moralidades sin estructura novelesca.

Por influencia de nuestros clásicos, el género tuvo representantes de mérito en Alemania —con el *Simplicius Simplicissimus*, de Grimmelshausen (1668)—, en Francia —con Lesage y su *Historia de Gil Blas de Santillana* (1715-1735)—, en Inglaterra —con la *Moll Flanders* (1722) de Daniel Defoe y el *Tom Jones* (1749) de Fielding— y en Hispanoamérica —desde *Los infortunios de Alonso Ramírez* (1690), de Carlos de Sigüenza y Góngora *, hasta *El Periquillo Sarniento* (1816) de José Joaquín de Lizardi, pasando por el *Lazarillo de ciegos caminantes* de «Concolorcorvo» * (1773)—. La literatura en español del siglo presente ha vuelto en varias ocasiones al fértil ejemplo de la picaresca clásica.

BIBLIOGRAFÍA. M. Bataillon, *Pícaros y*

picaresca (Madrid, 1969); A. del Monte, *Itinerario de la novela picaresca española* (Barcelona, 1971); M. Molho, *Introducción al pensamiento picaresco* (Salamanca, 1971); F. Lázaro Carreter, *«Lazarillo de Tormes» en la picaresca* (Barcelona, 1972); A. A. Parker, *Los pícaros en la literatura. La novela picaresca en España y Europa (1599-1753)*, 2.ª ed. (Madrid, 1975); J. Talens, *Novela picaresca y práctica de la transgresión* (Madrid, 1975); A. Francis, *Picaresca, decadencia, historia. Aproximación a una realidad histórico-literaria* (Madrid, 1978); F. Rico, *La novela picaresca y el punto de vista*, 3.ª ed. (Barcelona, 1982); J. A. Maravall, *La literatura picaresca desde la historia social* (Madrid, 1986); A. Gómez Yebra, *El niño-pícaro literario de los Siglos de Oro* (Barcelona, 1988). [J.M.M.J.]

NOVELA POLICIACA, LA. Frente a lo ocurrido en los países anglosajones y Francia, por distintos motivos de carácter histórico y de valoraciones estéticas, la modalidad narrativa comúnmente conocida en el ámbito hispánico como novela policiaca no ha tenido en él una tradición escritural amplia en ninguna de sus dos tendencias fundamentales (relato de enigma y negro), si bien, como es sabido, las técnicas narrativas propias del género sí han tenido una gran influencia en numerosas obras de autores españoles e hispanoamericanos de prolija enumeración. No obstante, a lo largo de este siglo y, muy especialmente, en época muy próxima ha habido algunos escritores que han destacado en el cultivo de este género en lengua española.

En el ámbito hispanoamericano la principal tradición de escritura de relatos policiales se centra sobre todo en Argentina y Cuba. El impulso básico a la literatura detectivesca argentina fue dado precisamente por Adolfo Bioy Casares * y Jorge Luis Borges * —que además se interesó por el estudio del género en «Sobre Chesterton» (1952)— y la famosa colección «El séptimo Círculo», que acogió, entre las traducciones de destacados títulos extranjeros, algunas obras de escritores nacionales. Aquí aparecieron las novelas *Los que aman, odian* (1947), del matrimonio Silvina Ocampo * y Bioy Casares, y *El estruendo de las rosas* (1948), de Manuel Peyrou *, autor también dentro de la literatura policial de la novela *Las leyes del juego* (1959), sobre la corrupción de la administración peronista, y del volumen de cuentos policiales protagonizados por un investigador inglés, *La espada dormida* (1944). También Bioy firmó con Borges *Un modelo para la muerte* (1946), con el seudónimo de B. Suárez Lynch, y, con el de H. Bustos Domecq, *Dos fantasías memorables* (1946) y *Seis problemas para Don Isidro Parodi* (1942), narraciones escritas en clave de enigma que resuelve desde la cárcel el barbero Parodi. Entre otras obras más recientes de la literatura policial argentina pueden citarse asimismo *Triste, solitario y final* (1973), de Osvaldo Soriano *, donde renace el detective de Raymond Chandler Philip Marlowe, y las novelas policiales de Juan Sasturáin (1945) *Manual de perdedores I* (1985), *Manual de perdedores II* (1987), *Arena en los zapatos* (1989), *Los sentidos del agua* (1990) y *Pagaría por no verte* (1991).

El caso de Cuba es especial porque, pese a la existencia de novelas policiales previas a 1971 —por ejemplo, *El ojo de vidrio* (1955) y *El asesino de la rosa* (1957), publicadas en México bajo seudónimo por López Nussa, o *Asesinato por anticipado* (1966), de Arnaldo Correa—, fecha de iniciación del Concurso de Literatura Policial convocado por el Ministerio del Interior, es a partir de entonces cuando se produce un importante aumento de la práctica narrativa del género que no sólo lleva a producir un relato criminal sustentado en el testimonio crítico de la novela negra y vinculado con los planteamientos ideológicos de la revolución, sino que, en estadísticas proporcionadas por Imeldo Álvarez, supone la edición de 40 novelas y 14 libros de cuentos policiales frente a las 359 obras de narrativa no policial publicadas entre 1971 y 1986. Cabe mencionar entre estos relatos *Enigma para un domingo* (1971), de Ignacio Cárdenas Acuña; *Joy*, de Daniel Chavarría; *Y si muero mañana*, de Luis Rogelio Nogueras *; *La red y el tridente*, de Gregorio Ortega (1986); *El muro al final del túnel* (1987), de Justo E. Vasco, y *Los hombres color del silencio*, que introduce el contraespionaje como tema policial en Cuba, y *Añejo a la roca* (1990), de Alberto Molina (1949), organizador en la isla del Primer Encuentro Internacional de Escritores Policiacos (1986), promotor de la Asociación Internacional correspondiente y fundador de la revista *Enigma*.

Aunque con menor tradición que en Argentina y Cuba, no faltan ejemplos de destacados novelistas policiacos de otros países hispanoamericanos. Así ocurre con el uruguayo Claudio Trobo, autor de *Guión para un crimen* (1983), historia protagonizada por un guionista en diferentes escenarios internacionales, o con los mexicanos Rodolfo Usigli *, dramaturgo que escribió *Ensayo de un crimen* (1944), Rafael Ramírez Heredia *, creador de *Al calor de Campeche* (1990) y, sobre todo, el gijonés, aunque de nacionalidad mexicana, Paco Ignacio Taibo II (1949), vicepresidente de la AIEP, promotor de la Semana Negra de Gijón, director de la colección especializada española «Etiqueta Negra» y autor, entre otras, de la novela *Sombra de la sombra* (1989) y de la serie de relatos protagonizados por el investigador mexicano Belascoarán: *Días de combate*, *Cosa fácil*, *No habrá final feliz* y *Algunas nubes*.

En España la novela policial surge a principios del siglo XX apoyándose en el conocimiento de las historias inglesas y francesas de este tipo, el éxito de las crónicas periodísticas de sucesos y los antecedentes literarios de las novelas de bandoleros, crímenes reales y «causes célèbres», línea esta última en la que cabe situar algunos precedentes del relato policial español como la novela corta *El clavo* (1853), de Alarcón *, y posteriormente *La incógnita* (1889), de Pérez Galdós *, ambas basadas en delitos reales y carentes también de solución racional estricta.

La primera muestra de la literatura policiaca española parece encontrarse, por ello, en *El aljófar* y *De un nido* (1902), cuentos de Emilia Pardo Bazán *, a los que seguirán, varios años después, otros como *La cita* (1909), *Presentido* (1910), *La cana* (1911), *Nube de paso* (1911), *En coche cama* (1914) y la novela corta *La gota de sangre* (1911), su incursión más amplia en el relato policial y ejemplo de racionalismo deductivo, donde el protagonista descubre el enigma a partir de la visión de una mancha de sangre que lleva un hombre en su camisa.

A estos títulos habría que añadir principalmente las novelas *¿Quién disparó?* (1909), en la que el exgobernador civil Agapito Bermúdez investiga la muerte de un duque, y *Una mancha de sangre* (1915), de Joaquín Belda *, así como las escritas en los años 30 por Julián Amich Bert, bajo el seudónimo de E. C. Delmar, *Piojos grises* y *La tórtola de la puñalada*, historias protagonizadas por el periodista de «El Grito» Juan Bandells, que colabora con el inspector Villabaja y descubre a los falsificadores culpables del asesinato de un joven estudiante en *El secreto del contador de gas* (1932). Pueden mencionarse igualmente *El enigma del Kursaal*, de José Francés *; *La misteriosa muerte del Dr. Cropp* (1938), de Antonio Loma Osorio, y *El vampiro rojo* (1931), donde el delincuente Gu-Gú ayuda a la policía a resolver una serie de crímenes misteriosos, obra de Adelardo Fernández

Arias, camuflado en el seudónimo de Jack Forbes.

En este primer período —hasta la Guerra Civil— el relato policial español se muestra muy ligado a la tradición de la novela de crímenes famosos y a la imitación de los modelos extranjeros, que se dan a conocer sobre todo a través de las diversas colecciones especializadas que empiezan a crearse desde mediados de los años 20 («Enigma», «Club del Crimen», «Detective»...) y entre las que destacó de forma especial la «Biblioteca Oro» de Molino —fundada en 1933— por la importancia ulterior de su labor traductora en la difusión del género entre lectores y autores españoles. El primitivismo técnico y argumental de estas primeras obras no impide, sin embargo, considerarlas como los primeros conatos —aun fallidos— de creación de una literatura policial española que, en esta etapa, se inscribe en el modelo racionalista de la novela de enigma, suele inventar protagonistas nacionales y localizar la acción en nuestro país.

Junto al reforzamiento de la actividad traductora iniciada en el anterior período, que venía además a cubrir el vacío de la escasísima narrativa policial autóctona, la etapa comprendida entre 1939 y 1975 se caracteriza también por la notable influencia ejercida por el cine en la difusión de las historias de tipo policial mediante la filmografía negra norteamericana y por la aparición de una literatura popular de bastante dignidad en los años 40, que sobrevivirá casi hasta nuestros días rebajando su calidad literaria y editorial.

El relato policial español de este período suele seguir el molde de las novelas racionalistas de enigma, localizar la acción en países extranjeros y presentar detectives foráneos como protagonistas, en muchas ocasiones en clara imitación de otros personajes famosos. El enorme peso del relato de misterio frente a la novela negra estadounidense, aún poco traducida y de menor éxito de consumo, el intento de dar mayor verosimilitud a la trama y el hecho de que muchos de estos escritores fueran también traductores de novelas-enigma contribuyen a explicar las peculiaridades del relato policial español de la época.

Estas primeras colecciones populares publicadas por diversas editoriales en los años 40 incluían numerosas obras españolas que, pese a su dignidad literaria, firmaron bajo seudónimo sus autores siguiendo la tradición del género, para entremezclar sus obras con los títulos extranjeros elevando las ventas y, sobre todo, a causa del menosprecio crítico con que se juzgaba en España esta clase de textos.

Así, en la «Serie Wallace» publicaron varias novelas Federico Mediante Noceda, Manuel Vallvé y López y José M.ª del Valle con el seudónimo de Óscar Montgomery; pero el escritor que verdaderamente creó la mayoría de los títulos de la colección fue Adelardo Fernández Arias, que escribió con diversos nombres —Jack Forbes, Gary Wells, A. Warrer, A. F. Arias— numerosas historias de tipo enigma como *El abogado que asesinaba* (1943), *¿Quién robó la «Lágrima de Budha»?* (1944) o *El robo de «El Sol de Oriente»* (1944).

La «Serie Policiaca. Biblioteca Iris» editó principalmente novelas de Heliodoro Lillo —con el seudónimo de Óscar Montenegro— como *El misterio del pañuelo azul* (1943) o *El loco asesinado* (1944), protagonizada por el inspector Mac Hugh, y de Luis Conde Vélez, que anglosajonizó su nombre en Lewis E. Welleth para crear al escritor e investigador Canterbury que aparece en *Dos paquetes de cigarrillos* (1942) o *El conflicto del inspector* (1943) y que también parodió a través del personaje Pat Olford las claves racionalistas de esta clase de novelística en *El detective loco* (1943).

La «Colección Misterio» acogió relatos de Guillermo López Hipkiss —G. L. Hipkiss— y los hermanos Guillermo y Luis Gossé Cleyman —S. Palmer y W. Powell, G. y L. G. Cleyman—. El primero escribió obras como *El tañido fantasma* (1944), en la que el rico Lincoln Fields resuelve el caso de un supuesto esqueleto asesino, *La muerte se hace actriz* (1945), cuyo protagonista, el inspector Selwyn, logra atrapar a una banda de traficantes de droga, o *La cámara vacía* (1946), donde el detective O'Hara captura a unos ladrones de joyas. Los segundos crearon, a imitación de Maigret, el comisario belga Perochon en *El caso del crimen repetido* (1944) o *El papiro de la muerte* (1944) y, basándose en Charlie Chan, al detective chino de Los Ángeles, Peter Wong que protagoniza *La muerte al final* (1944) o *El caso de los cuatro enigmas* (1945).

Entre los títulos aparecidos en la «Biblioteca Oro» cabe destacar *El caso del criado guaraní* (1943) de Vicente Arias Archidona, protagonizada por el remedo de Nero Wolfe, Juan Gay; *El ídolo azteca* (1944), *El misterio del hermano fantasma* (1944), *El misterio de los guantes negros* (1943) y *El misterio de los tres suicidas* (1944), escritas por José Mallorquí bajo seudónimos y donde aparece —en las dos últimas— como protagonista el agente del FBI, Sherman Ryles, y la serie de 6 novelas de Jaume Ministral Masiá —firmada con la metátesis J. Lartsinim— que protagoniza el psicoanalista holandés y discípulo de Freud, Ludwig van Zigman, iniciada en *El caso del psicoanálisis* (1949) y cerrada con *La pista de los actos fallidos* (1953).

Durante ese mismo decenio y el siguiente aparecieron también numerosas novelas publicadas en colecciones literarias normales. El inspector de la policía madrileña Hugo Corin fue el héroe de las novelas firmadas por Adolfo Ober, en realidad José Cano, capturando a un asesino que pretendía quedarse con un yacimiento de mercurio en *El valle de la muerte invisible* (1943) y atrapando al ladrón de un cuadro de El Greco en *El robo del Museo del Prado* (1944). Enrique Cuenca Grancha creó como H. C. Granch al profesor de física de Harvard Frank Sullivan, que protagonizó los cuatro relatos (1947) *El halcón*, *El caso de los tacones cortados*, *El caso del cadáver riente* y *Un crimen en la sombra*. Noel Clarasó * publicó entre 1948 y 1952 diversos relatos de enigma entre los que pueden citarse *Los zapatos del hombre muerto* (1948), donde un estudiante de medicina llamado curiosamente Noel Daudí resuelve a distancia un asesinato, y *Hay sangre en las rosas* (1949), sobre la acusación de asesinato del marido de una mujer suicida. J. Enrich inventó al inspector Juan Fosey que intervino en 1952 en novelas como *El secreto del molino*, *El asesinato del Sr. Martel* o *El crimen del metro*.

Pero el inicio de una escritura autóctona de relatos policiacos más firme y aposentada tiene lugar a fines de los años 50 y en la década siguiente, después de la edición de *El inocente* (1953) de Mario Lacruz *, con autores que ya empiezan a firmar con su nombre y a ubicar la acción en nuestro país. Los nombres más destacados son, aparte del propio Lacruz, los de Tomás Salvador *, autor de *El charco* (1953), *Los atracadores* (1955), *El cebo* (1979) y *Camello para un viaje* (1984), Manuel de Pedrolo, primer impulsor de una novela policiaca escrita en catalán, y, sobre todo, Francisco García Pavón *, creador en el ciclo protagonizado por el municipal de Tomelloso, Plinio, de una novela costumbrista y humorística, donde la intriga criminal pasa a un segundo plano ante la preocupación por el lenguaje. Además de los anteriores, pueden citarse los títulos *Cerrado por asesinato* (1957) y *Tobogán* (1958), de Antonio Martínez Torre; *Tu presencia en el tiempo* (1963), sobre la investigación de un antiguo asesinato, y *Al filo de la sospecha* (1971), de Alejandro Núñez Alonso *, y, finalmente, las novelas-enigma tradicionales protagonizadas por César Frades, investigador de la compañía de seguros «Metropolitan Insurances», *Los registros cerebrales de César Frades* (1968) y *César Frades y el inspector mentiroso* (1969), de Carmelo Paradinas.

Desde el inicio de los años 70, pero especialmente a partir de 1975, se produce un cambio importante en el relato policial español que permite hablar de la existencia de una novela criminal autóctona, concebida no como una especial fórmula nacional de escritura de relatos policiales sino como la ampliación y arraigo de su práctica literaria. El gran crecimiento de la lista de escritores y obras —fundamentalmente en español y catalán—, la localización de la trama en nuestro país y la creación de personajes españoles, la búsqueda por muchos autores de fórmulas que eleven la calidad de sus obras, la generalización de la firma sin seudónimo y el predominio de la utilización del discurso realista y crítico del relato negro frente a la fórmula racionalista de la novela-enigma son algunos de los rasgos que caracterizan globalmente esta etapa.

Muy distintos hechos han coadyuvado a esta nueva situación: el peso en la formación cultural de nuestros escritores contemporáneos de la lectura de novelas policiacas europeas y americanas y de la visión de filmaciones cinematográficas y televisivas de esta índole, la nueva situación sociopolítica y jurídica, la idoneidad de las fórmulas del relato negro para elaborar una pintura realista y crítica de la sociedad española, las razones de mercado que han auspiciado el apoyo editorial a las novelas policiacas españolas, sobre todo desde 1979, y que se evidencia en las colecciones especializadas («Novela Negra», «Etiqueta Negra», «Alfa 7», «La Negra», «Crimen & Cía», «Cosecha Roja», etc.), la filmación de películas y series televisivas sobre bastantes relatos o guiones de algunos escritores, la mayor dignificación de que goza hoy el género y, por último, el influjo que han podido tener intentos temáticos muy concretos de potenciación de la novela criminal autóctona a través de ciertas ediciones («Círculo del Crimen», «Cuadernos del asfalto» o más recientemente la colección «Luna negra»), premios («Círculo del Crimen», «Moriarty», «Alfa 7») y revistas *(Calibre 38, Detective Stories, Dick Tracy* y principalmente *Gimlet).*

Entre la extensa nómina de novelistas españoles que cultivan actualmente este género cabría diferenciar operativamente un primer grupo de escritores que inician su obra en los primeros años de la transición y un segundo que la comienza unos diez años después. En la primera relación, junto a nombres sobresalientes como los de Manuel Vázquez Montalbán *, Juan Madrid o Eduardo Mendoza *, figura Andréu Martín (1949), que ha cultivado las modalidades de relato de investigador y delincuente tanto en español como en catalán en novelas como *Prótesis* (1980), Premio «Círculo del Crimen», que desarrolla una violenta historia sobre el enfrentamiento hasta la muerte entre un policía y un delincuente, *El caballo y el mono* (1984), que aborda la relación entre la delincuencia y la droga dentro de la línea de la novelística negra *tough* o de criminales no profesionalizados, *Barcelona Connection* (1988), un relato detectivesco marcado argumentalmente por los ejes de la traición y la entrada de las organizaciones criminales internacionales en España, y el volumen de cuentos basados en crónicas periodísticas *Sucesos* (1984).

Otros autores que iniciaron su obra policial situada en los parámetros de la novela negra durante la transición son Pedro Casals (1944), que ha escrito novelas criminales infantiles y otras sobre temas de gran actualidad como *El* *intermediario* (1983), *Disparando cocaína* (1986) o *Hagan juego* (1988), protagonizadas por el abogado Lic Salinas; Francisco González Ledesma, que sitúa al viejo y desengañado policía barcelonés Méndez de héroe de relatos como *Las calles de nuestros padres* (1984), *Crónica sentimental en rojo*, Premio Planeta de 1984, y *La dama de Cachemira* (1986); Raúl Guerra Garrido *, autor de novelas como *La sueca desnuda* (1979), *La costumbre de morir* (1981) o *Escrito en un dólar* (1982); Julián Ibáñez (1940), que ha firmado relatos como *La triple dama* (1980) y *No des la espalda a la paloma* (1983), protagonizados por el exfutbolista Ramón Ferreol, y como *La recompensa polaca* (1981), *Mi nombre es Novoa* (1986), *Tirar al vuelo* (1986) y *Llámala Siboney* (1988), cuyo personaje central es el contable Novoa; Jorge Martínez Reverte (1948), creador del periodista Gálvez, que aclara una estafa inmobiliaria en *Demasiado para Gálvez* (1979) y es perseguido por ETA en *Gálvez en Euzkadi* (1983); Carlos Pérez Merinero (1950), que sigue la línea de la novela protagonizada siempre por un delincuente aficionado —tough— o profesional —crook— en obras como *Días de guardar* (1981), *El ángel triste* (1983), *La mano armada* (1986), *Llamando a las puertas del infierno* (1988) o *Las noches contadas* (1990), y Jaume Ribera (1953), que ha escrito *El asesinato de Peter Pan* (1980) y *La sangre de mi hermano* (1988), además de relatos policiales infantiles en colaboración con Andréu Martín.

En el siguiente grupo, integrado por escritores que inician el cultivo del género en fechas muy próximas y también elaborando historias de tipo negro, pueden enclavarse los nombres de Eduard José Gasulla (1948), creador de un ciclo caracterizado por la presencia de situaciones humorísticas que tiene como personaje central al sarcástico y escéptico detective Jaime Blasco y que se inicia *Por unos ojos color miel* (1985), continuando con *No hay relax para los muertos* (1986), *Quimera sangrienta* (1988), *Palos de ciego* (1988), *Tiro libre* (1989) y *Buster Keaton está aquí* (1991); José Luis Muñoz, autor de la novela corta *El cadáver bajo el jardín* (1987), Premio Tigre Juan de 1985, *Barcelona negra* (1987), una historia policial ambientada en un futuro deshumanizado, y *La casa del sueño* (1989); Manuel Quinto Grané (1944) que, aparte de otras novelas policiacas como *Estilo indirecto* (1988) o *Festival de terror* (1988), ha inventado a un editor-detective homosexual y cinéfilo, Buenaventura Pals, que interviene en *Cuestión de astucia* (1985), *El judío errante* (1987) y *Estigma* (1990); Mariano Sánchez (1954), entre cuyas obras destacan *Carne fresca* (1988) y *La sonrisa del muerto* (1990), donde aparece la pareja de policías Galeote y Pulido, y Jordi Sierra i Fabra (1947), creador del periodista político, escritor de novelas policiacas e investigador de casos reales Daniel Ros, héroe de algunas de las novelas criminales de este escritor como *Doble imagen* (1986), *Demasiado oscuro para un fin de semana* (1986) y *En la esquina del círculo* (1987).

Aunque mucho menos practicada que el relato negro, la novela-enigma que cultivó García Pavón ha tenido algunos continuadores en el volumen de cuentos *Velatorio para vivos* (1977) de Esteban Padrós de Palacios, la novela corta *Aventura del quinteto inacabado* (1980) de Santiago Rodríguez Santerbás, *Continúa el misterio de los ojos verdes* (1984) de Javier García Sánchez (1955) y, sobre todo, en *La tabla de Flandes* (1990) de Arturo Pérez-Reverte (1951). La narrativa policial humorística está representada sobre todo por José García Martínez, firmante como P. García de un amplio ciclo de novelas ambientadas en los años 40 americanos que protagoniza el detective homosexual Gay Flower en historias como *Gay Flower, detective muy privado* (1978), *Flower al aparato* (1982), *Flower en el calzoncillo eterno* (1983), *Flower en el tataranieto del Coyote* (1985) y *El método Flower* (1992). Escritores de ficción policiaca también, pero entremezclada con la novela de espionaje, son Juan Antonio de Blas (1942), autor de *¿Hay árboles en Guernica?* (1987) y *La patria goza de calma* (1988), y Fernando Martínez Laínez (1941), con obras como *Carne de trueque* (1979), *Destruyan a Anderson* (1983), *Tampoco llegarás a Samarkanda* (1986), *Se va el caimán* (1988) y las más estrictamente policiales *Bala perdida* (1990) y *La intentona del dragón* (1991), protagonizadas por el comisario Martín, que ya había intervenido en algunos relatos anteriores.

En esta incompleta relación, cabe mencionar las obras de algunos otros autores que se han acercado de forma más aislada al género. Es el caso de las novelas protagonizadas por el forense Dr. Leonard, *No tenía corazón* (1979) y *La vieja del molino de aceite* (1984) de Santiago Lorén *, *Picadura mortal* (1979) de Lourdes Ortiz, donde aparece la primera mujer española que ejerce de detective privado, *Las pistolas* (1981) y *Merienda de blancos* (1983) de Félix Rotaeta, *Caronte aguarda*, cuyo investigador es un profesor universitario de Lógica, de Fernando Savater, *Niño, ¿quieres un caramelito?* (1988), de Manuel L. Alonso; *Un tiempo para plantar begonias* (1990) y *Los crímenes del Santo Niño Jesús de Praga* (1992), de Juan Ignacio Ferreras *, o *Amante muerta no hace daño* (1989), de Miguel Agustí.

BIBLIOGRAFÍA. V. Claudín, «Con Vázquez Montalbán sobre novela policiaca española», en *Camp de l'arpa (Dossier Serie negra)*, 60-61 (febrero-marzo de 1979), págs. 36-39; J. Paredes, «El cuento policiaco en Pardo Bazán», en *Estudios sobre literatura y arte (Dedicados al Prof. Emilio Orozco Díaz)*, III (Granada, 1979), págs. 7-18; S. Vázquez de Parga, «La novela policiaca española», en *Los Cuadernos del Norte*, núm. 19 (mayo-junio de 1979), págs. 24-37; I. Álvarez, «La literatura policial cubana, conquista y realidad», en *Revista de Literatura Cubana*, 8 (enero-junio de 1987), págs. 35-44; J. Valles Calatrava, «La novela criminal española en la transición», en *Boletín del Instituto de Estudios Almerienses*, 8 (1988), págs. 225-240; J. Paredes (ed.), *La novela policiaca española* (Granada, 1989); J. Valles Calatrava, *La novela criminal española* (Granada, 1991). [J.V.C.]

NOVELA ROSA, LA. La novela rosa, género que entra con frecuencia en el terreno de la subliteratura, tiene como conflicto central los avatares sentimentales de los protagonistas. Comienza a tener popularidad en España en torno a la segunda década de este siglo (la primera novela de Rafael Pérez y Pérez *, uno de los autores más representativos del género, data de 1915) y los años treinta, en que se crea una colección que lleva por título «La Novela Rosa»; alcanzó gran auge en la época de postguerra, aunque su vigencia no ha desaparecido, como lo prueba la reedición de obras del autor citado y de dos de las escritoras más características de esta modalidad literaria, Luisa-María Linares y Concha Linares Becerra.

En principio, está concebida como un tipo de literatura dirigida al público femenino; no obstante, aunque no siempre de forma explícitamente confesada, también cuenta con lectores masculinos. Se trata de un género estereotipado, reiterativo y conservador, tanto desde el punto de vista de la técnica narrativa como ideológico, que ha atraído la atención de críticos e investigadores por las posibilidades que ofrece para aplicar a su estudio las teorías de la sociología literaria, aunque su evolución histórica en España está todavía sin elaborar. Teniendo en cuenta el público a que van dirigidas, se han señalado, en numerosas ocasiones, la finalidad evasiva de estas novelas y su carácter de literatura de compensación o consolación para las lectoras.

Una realidad desproblematizada, desconectada de todos los aspectos de la vida que no se relacionen con el sentimiento amoroso, presentado, a su vez, de manera falseada, convencional y edulcorada, enmarca a los personajes, prototipos masculinos y femeninos, escasamente matizados en sus caracteres, por lo general, entre los que se encuentran los protagonistas, que son siempre jóvenes, sobre todo ellas, atractivos y distinguidos, y a otras figuras, presentadas habitualmente de forma maniquea, que están siempre en función de las principales. Todos ellos se desenvuelven en un ambiente de lujo, donde el dinero nunca es una dificultad insalvable ni el trabajo una tarea penosa. Por las páginas de estas novelas desfilan aristocráticas villas y palacios, mansiones de ensueño o suntuosos apartamentos, atendidos por solícitos criados, así como yates, salones de té o fiestas espléndidas, a donde los personajes llegan en lujosos coches, envueltos en trajes y perfumes exquisitos.

Las modas y los modos cambian con el tiempo y estas variaciones tienen su reflejo en las novelas a que nos referimos. Si los trajes de los protagonistas se transforman en su corte y estilo, también lo hacen los usos amorosos. El moralismo más conservador, que hacía de estas obras lectura apta para la jovencita más candorosa, predomina desde los años veinte en la clásica novela rosa. El narrador no permitía a los personajes, complacidos con la presencia y evocación del amado, otras expresiones amorosas que un leve roce de la mano o el cabello o un juego de ardientes miradas, hasta la conclusión inevitable y feliz de todas estas obras, la ceremonia de la boda, con la que se ponía el punto final. En las novelas de Corín Tellado, no obstante, desde mediados los años sesenta, observa Andrés Amorós la presencia de un erotismo más insinuante y explícito, lo que le lleva a decir que «si respetamos el tradicional simbolismo de los colores en castellano, habremos de concluir que se trata de unas *novelas rosas* fuertemente teñidas de color *verde*». Ahora bien, los esquemas y convencionalismos del género no cambian en lo fundamental, como se pone de manifiesto, entre otros aspectos, en el nupcial final feliz y en el papel, tanto social como individual, desempeñado en estas obras por los personajes femeninos que, por ejemplo, cuando trabajan, lo siguen haciendo, con preferencia, en oficios como el de secretaria, azafata o modelo.

En lo que se refiere a la técnica literaria, son novelas ancladas en formas decimonónicas, con recursos tomados muchas veces del melodrama o el folletín, en las que un narrador omnisciente guía constantemente al lector para evitarle cualquier equívoco. El lenguaje se nutre de la iteración y el estereotipo, y tiende, en ocasiones, en la prosa pictórico-descriptiva, al barroquismo hiperbólico que, muchas veces, no pasa del tópico lingüístico.

Señala Eugenio G. de Nora algunos antecedentes más o menos ilustres de estas novelas, en los que el género rosa se mezcla con otros elementos que les confieren mayor interés: el realismo costumbrista, en *La hermana San Sulpicio*, de Armando Palacio Valdés *; el tipismo localista, en *La casa de la Troya*, de Alejandro Pérez Lugín *; lo dramático y folletinesco, en *La niña de Luzmela*, de Concha Espina *, o el erotismo insinuante, en *Corazones sin rumbo*, de Pedro Mata *.

La mayor parte de las novelas rosas se publican en colecciones específicas dedicadas al género, que mantienen un ritmo periódico de aparición, y que poseen nombres tan sugerentes como «La Novela Rosa», «Rosaura», «Alondra», «Amapola», «Coral», «Orquídea» o «Madreperla».

Uno de los maestros del género fue Rafael Pérez y Pérez, autor de numerosísimas obras; destacan también, entre otros autores, Juan Aguilar Catena *, Carmen de Icaza, María Luz Morales o Carlos Clarimón *, que publicó novela rosa con el seudónimo de «Rob Joyce», y Mercedes Fórmica *, que lo hizo con el de «Elena Puerto». Gran popularidad, durante los años inmediatos y posteriores a la Guerra Civil, tuvieron las obras de las hermanas madrileñas Concha Linares Becerra y María-Luisa Linares; varias obras de ésta han sido llevadas al cine, entre ellas, *En poder de Barba-Azul* (1940), *Doce lunas de miel* (1941) o *La vida empieza a medianoche* (1943). Pueden señalarse además otras autoras de novela rosa, como María Mercedes Ortoll, María de las Nieves Grajales, Pilar Molina o María Teresa Sesé.

El caso de Corín Tellado, seudónimo de María del Socorro Tellado López (Viavélez, Asturias, 1926), es casi un fenómeno sociológico, no sólo por la fecundidad de la autora, que ha escrito más de cuatro mil obras, sino por el enorme éxito de ventas. Entre sus innumerables novelas, señalamos algunos títulos: *Atrevida* (1946), *¡Era el amor!* (1949), *Casada por ambición* (1956), *La boda de Anita* (1957), *Me casé contigo* (1957), *Ella y él* (1958), *Compraré un marido* (1958), *Mi secretaria* (1959), *Deseo un millonario* (1959), *Caprichos de millonario* (1961) y *Me casé con él* (1961).

BIBLIOGRAFÍA. A. Amorós, *Sociología de una novela rosa* (Madrid, 1968); J. M. Díez Borque, *Literatura y cultura de masas* (Madrid, 1972); M. P. Pozzato, *Il romanzo rosa* (Milán, 1982); B. Álvarez, *Corín Tellado* (Madrid, 1991). [G.R.F.]

NOVELA SENTIMENTAL, LA. Bajo esta denominación, proporcionada por Menéndez Pelayo *, se agrupan relatos en prosa, acompañados ocasionalmente del verso, producidos entre 1440 y 1550. Estas obras, generalmente denominadas «tractados» por sus autores, deben su origen a tradiciones literarias europeas y peninsulares: libros de caballerías, especialmente de la serie artúrica; narración erótica italiana, representada por la *Elegia di madonna Fiammetta*, de Boccaccio, y la *Historia de duobus amantibus*, de Eneas S. Piccolomini, y poesía cancioneril.

En el ámbito castellano, el primero de los relatos sentimentales es el *Siervo libre de amor*, de Rodríguez del Padrón *, al que siguen *Sátira de infelice e felice vida*, del condestable don Pedro de Portugal *; *Triste deleytación* *, de autor anónimo; *Arnalte y Lucenda* y *Cárcel de Amor*, de San Pedro *; una continuación de esta última: *Cárcel de Amor*, de Nicolás Núñez *; *Grisel y Mirabella* y *Grimalte y Gradissa*, de Juan de Flores *; un fragmentario *Tratado de amores*, la anónima *Cuestión de amor*; *Penitencia de amor*, de P. M. Jiménez de Urrea; *Notable de amor*, de Juan de Cardona, y *Proceso de cartas de amores*, de Juan de Segura. Generalmente, se acepta este corpus de obras, aunque la extensión del género es objeto de discusión porque algunas obras no reúnen en su totalidad los rasgos específicos de su grupo. Así, ofrecen dudas: el *Tratado e dispido a una dama de religión*, de Fernando de la Torre *; *Triunfo de Amor*, de Juan de Flores; *Repetición de amores*, de Luis de Lucena *; la anónima *Coronación de la señora Gracisla*; *Veneris tribunal*, de Ludovico Scrivá, las cuales, sin embargo se hallan recogidas en el repertorio bibliográfico de Keith Whinnom.

Un rasgo común es el tratamiento de la pasión amorosa, desarrollado mediante una concepción cortés y poética: amor como servicio y con finalidad trágica, procedente de la poesía cancioneril, en la que algunos autores de relatos sentimentales fueron reconocidos poetas (Rodríguez del Padrón, Diego de

San Pedro, Nicolás Núñez y Jiménez de Urrea). Pero la experiencia amorosa es compleja porque en algunos relatos se alterna una concepción del amor naturalista, dependiente de la tradición ovidiana y de la utilización con fines literarios de teorías científicas contenidas en los tratados medievales sobre el amor.

Los cuatro rasgos constructivos comunes son: tono autobiográfico, historias paralelas, debate e introducción de epístolas. La forma autobiográfica se inspira en *Heroidas* y en *Fiammetta*, pero ningún relato sentimental de la zona castellana es una autobiografía femenina. Tampoco la autobiografía se observa en todas las obras y, en algunas, esta perspectiva cambia. Las obras no autobiográficas incluyen generalmente un narrador testigo con función determinante en la historia (*Cárcel de Amor, Arnalte y Lucenda, Cárcel de Amor* de Nicolás Núñez). La introducción de epístolas puede afectar a la estructura general de la obra *(Siervo libre de amor,* el fragmentario *Tratado de amores)* o ser requisito de la conquista amorosa. Es probable que en este caso, algunos relatos tengan deuda contraída con la narración de Eneas Silvio Piccolomini, *Historia de duobus amantibus*. Otros procedimientos expresivos con finalidad variable son las visiones y las alegorías. Las unidades narrativas: cartas, debates, parlamentos, plantos, así como los poemas, dan cuenta en su organización y estilo del compromiso entre las artes medievales y la retórica clásica redescubierta. De las obras de San Pedro y de Flores se hicieron reimpresiones y traducciones a las lenguas europeas en el siglo XVI.

BIBLIOGRAFÍA. K. Whinnom, «The Spanish Sentimental Romance, 1440-1550: A Critical Bibliography», en *Research Bibliographies and Checklists*, 41 (Londres, 1983); A. Deyermond, «Las relaciones genéricas de la ficción sentimental española», en *Symposium in honorem profesor Martín de Riquer* (Barcelona, 1986) y «El punto de vista narrativo en la ficción sentimental del siglo XV», en *Actas del I Congreso de la Asociación Hispánica de Literatura Medieval*, ed. de V. Beltrán (Barcelona, 1988). [C.P.]

NOVO, NANCHO. Véase TEATRO ESPAÑOL POSTERIOR A 1975.

NOVO, SALVADOR (México, D.F., 1904-1974). Con Gilberto Owen * y Xavier Villaurrutia * fundó la revista *Ulises* (1927-1928), y fue colaborador destacado de *Contemporáneos* *. Los ecos de la vanguardia se acusan en sus iniciales *XX poemas* (1925), para dejar paso en los años treinta primero a acentuadas preocupaciones sociales y luego a un desencanto cada vez más acusado, en una obra poética que conjuga la emoción con el espíritu satírico y la intención burlesca al analizar la deshumanización del mundo contemporáneo: *Espejo, poemas antiguos* (1933), *Nuevo amor* (1933), *Seamen rhymes* (1934), *Romance de Angelillo y Adela* (1934), *Décimas en el mar* (1934), *Poemas proletarios* (1934), *Poesías escogidas* (1938), *Dueño mío: cuatro sonetos inéditos* (1944), *Decimos: «Nuestra tierra»* (1944), *Florido laude* (1945) y *Dieciocho sonetos* (1955). En *Poesía: 1915-1955* (1955) y *Poesía* (1961) reunió una selección de los poemas que había dado a conocer, junto a otros nuevos o nunca publicados. En *Sonetos* (1964) se encuentran algunos inéditos y otros ya difundidos, y de 1968 son *Catorce sonetos de Navidad y Año Nuevo (1955-1968)*. Desde muy pronto cultivó también la narrativa, que se concretó en la ficción autobiográfica *El joven* (1925), en los relatos o descripciones de *Nueva grandeza mexicana* (1946) y en la novela inconclusa *Lota de loco* (1931). Mención especial merece su dedicación al teatro, al menos desde que en 1924 dio a conocer dos piezas tituladas *Divorcio* y *La señorita Remington*. En 1928 formó parte del Teatro Ulises, fundamental para la renovación de la escena mexicana. Dirigió numerosas representaciones, realizó adaptaciones para niños, tradujo destacadas piezas extranjeras, publicó algún trabajo de intención didáctica (*Diez lecciones de técnica de actuación teatral*, 1951) y, además de las citadas, dio a conocer varias creaciones personales: *La culta dama* (1951), *A ocho columnas* (1956), *Diálogos* (piezas cortas, 1956), *Yocasta o casi* (1961), *Ha vuelto Ulises* (1962), *In Pipiltzintzin o La guerra de las gordas* (1963), *Cuauhtémoc* (1963), *El sofá* (1964), *In Ticitezcatl o El espejo encantado* (1966) y *Diálogo de Ilustres en la Rotonda* (1966). A esas aportaciones hay que sumar su tarea como crítico literario y como periodista, como traductor y como antólogo. Merecen destacarse sus libros de viajes —*Return Ticket* (1928), *Jalisco-Michoacán* (1933), *Continente vacío. Viaje a Sudamérica* (1935) y *Este y otros viajes* (1951)— y algunos títulos que avalan su excelente condición de ensayista: *Ensayos* (1925), *En defensa de lo usado* (1938), *Letras vencidas* (1962), *México, historia de una ciudad* (1967) e *Historia y leyenda de Coyoacán* (1971).

BIBLIOGRAFÍA. M. Muncy, *Salvador Novo y su teatro* (Madrid, 1971); P. J. Roster, *La ironía como método de análisis literario: la poesía de Salvador Novo* (Madrid, 1978). [T.F.]

NOVO Y COLSON, PEDRO DE (Cádiz, 1846-Madrid, 1931). Siguió la carrera naval y fue director de *El Mundo Naval* y *Diario de la Marina*. Colaboró también en *La Ilustración Española y Americana*, *La Gran Vía* y *Heraldo*. Su afición por el mar y la marina se plasmó en obras como *Última teoría sobre la Atlántida* (1879), *Sobre los viajes apócrifos de Juan de Fuca y de Lorenzo Ferrer Maldonado* (1881) o *Historia de la guerra de España en el Pacífico* (1882); e, incluso, fue la base de una de sus mejores obras dramáticas, la tragedia romántica *Vasco Núñez de Balboa* (1882). Estrenó además los dramas *La manta del caballo* (1878), *Corazón de hombre* (1884), *La bofetada* (1890) y *El pródigo* (1891); la comedia *Un archimillonario* (1886) y la zarzuela *Todo por ella* (1890). [M.P.C.]

NUCIO, CANCIONERO DE ROMANCES DE MARTÍN. Véase CANCIONEROS Y ROMANCEROS DE LOS SIGLOS XVI Y XVII.

NUEVOS, LOS. Grupo de escritores surgido hacia 1925, que introduce en la literatura colombiana modos coincidentes con los de la vanguardia europea y latinoamericana —la cual, dicho sea de paso, no llegó nunca a ser una tendencia dominante en Colombia—. Entre sus componentes (Rafael Maya *, León de Greiff *, Germán Arciniegas *, Jorge Zalamea *, Luis Vidales *, Hernando Téllez y otros) hay diversidad de posturas y opciones literarias, desde el compromiso político radical hasta el historicismo ameno, pasando por el rigor clasicista, el barroquismo, la crítica brillante en prosa inmejorable, la pirueta satírica o el experimentalismo lingüístico al servicio de evidente hondura lírica. Muchos escritores de este grupo continúan siendo respetados, desde el iconoclasticismo de nuevas generaciones ansiosas de novedades. [E.C.]

NUNES, ARIAS. Véase ALFONSO X.

NUNES, JORGE (Lisboa, Portugal, 1942). Poeta, ensayista y crítico. Psicólogo, graduado en la Universidad Central de Venezuela donde reside desde su niñez. Integrante de los grupos literarios «En Haa» y «Jakemate». Colabora en publicaciones periódicas. «En Haa» publicó el libro de poemas *Oscilaciones* (1966) e *Imágenes y reflejos*

(1967). Ha publicado, además: *Fuego sucesivo* (1972), *Oculto en su memoria* (1978) y *Retratos de arena* (1986). Con los relatos de *Ninfas, fábulas y manzanas* (1977) se inicia en la narrativa erótica. [C.R. de G.]

NÚÑEZ, ANÍBAL. Véase POESÍA ESPAÑOLA POSTERIOR A 1975.

NÚÑEZ, ENRIQUE BERNARDO (Valencia, Carabobo, Venezuela, 1895-Caracas, 1964). Novelista, cuentista y ensayista. Abandonó las carreras de Medicina y Derecho en la Universidad Central de Venezuela para dedicarse al periodismo durante cuarenta años, que se encuentran reflejados en *Signos en el tiempo* (1939), *Una ojeada al mapa de Venezuela* (1949), *Viaje al país de las máquinas* (1954) y *Bajo el samán* (1963). En 1931 publica en París *Cubagua*, novela, y *Ensayos biográficos*. En Panamá había escrito otra novela, *La galera de Tiberio*, cuya primera edición, de 1931, fue destruida para corregirla según un criterio artístico más riguroso. Como historiador escribe *La ciudad de los techos rojos* (1947), galería de estampas caraqueñas, y *Figuras y estampas de la antigua Caracas* (1962-63). Tres biografías destacan entre sus obras del género: *El hombre de la levita gris* (1943), *Miranda o el tema de la libertad* (1950) y *Juan Francisco de León o el levantamiento contra la Compañía Guipuzcoana* (1950). En su versión definitiva, publicada en 1967, *La galera de Tiberio* manifiesta una posición combativa respecto a las preocupaciones «existencialistas», en monólogos y diálogos del escritor consigo mismo. Los planteamientos históricos se muestran en una fusión de lo didáctico, la realidad de los hechos y las circunstancias que en la novela recrea. Núñez, hombre de soledad, prefirió dialogar con sus escritos y combatir diariamente con la palabra sin salir de su propio universo, para dejarnos un testimonio de múltiples vertientes. Su obra se recoge en *Huellas en el agua* (artículos periodísticos, 1933-61) y *Novelas y ensayos* (1987).

BIBLIOGRAFÍA. R. S. Guerra, *Elogio de Enrique Bernardo Núñez* (Valencia, Venezuela, 1965); O. Larrazábal Henríquez, *Enrique Bernardo Núñez* (Caracas, 1969); O. Araujo, *La obra literaria de Enrique Bernardo Núñez* (Caracas, 1980). [J.R.M.]

NÚÑEZ, FÉLIX ARMANDO (Boquerón de Maturín, Monagas, Venezuela, 1897-Santiago de Chile, 1972). Poeta, ensayista y crítico. Residió en Chile desde 1914. Premio Nacional de Literatura en el bienio 1951-1952. En sus obras poéticas se incluyen *La luna del otoño* (1919), *La voz íntima* (1919), *El corazón abierto* (1922), *Canciones de todos los tiempos* (1943), *Moradas imprevistas* (1945), *Poema de la tarde* (1952), *Poema filial* (1953) y *Fastos del espíritu* (1954). [C.R. de G.]

NÚÑEZ, HERNÁN. Véanse FÁBULAS MITOLÓGICAS EN LOS SIGLOS XVI Y XVII, HUMANISTAS, LAZARILLO DE TORMES, LITERATURA APOTEGMÁTICA, CUENTOS Y CHISTES y RENACIMIENTO.

NÚÑEZ, JOSÉ GABRIEL. Véase HISPANOAMÉRICA: TEATRO ACTUAL.

NÚÑEZ, NICOLÁS (¿Valencia, h. 1470?-¿?). Poeta del *Cancionero general* * y autor del tratado *Cárcel de Amor*, impreso en calidad de apéndice de la obra del mismo nombre de Diego de San Pedro * (Burgos, 1496). Imitando el estilo de ésta, se prolonga la función del *auctor* después de la muerte de Leriano, consiguiendo la declaración amorosa de Laureola y transformando el ideal cortés de la primera *Cárcel de Amor*. El relato se organiza en prosa y verso; con estructura dialogal, recurso narrativo del sueño e introducción del simbolismo de vestimenta y colores.

BIBLIOGRAFÍA. K. Whinnom, «Nicolás Núñez's Continuation of the *Cárcel de Amor* (Burgos, 1496)», en *Studies in Spanish Literature of the Golden Age presented to Edward R. Wilson* (Londres, 1973); *Dos opúsculos isabelinos: «La coronación de la señora Gracisla» (BN. Ms. 22020) y Nicolás Núñez, «Cárcel de Amor»*, ed. de K. Whinnom (Exeter, 1979); A. Deyermond, «The poetry of N. Núñez», en *The age of the Catholic Monarchs, 1474-1516. Literary Studies in Memory of K. Whinnom*, ed. de I. Macpherson y A. Deyermond (Liverpool, 1989). [C.P.]

NÚÑEZ, PEDRO JUAN. Véanse Humanistas, Ideas lingüísticas del Siglo de Oro y Retórica en los siglos XVI y XVII.

NÚÑEZ, RAFAEL (Cartagena, Bolívar, Colombia, 1825-1894). Político, prosista y poeta. Fue presidente de Colombia en varios períodos, a partir de 1880 y hasta su muerte, mas no siempre ejerció el poder. Dirigió el movimiento de «La Regeneración». En 1886 propició una nueva Constitución que, con reformas, rigió en el país más de cien años. Sus *Poesías* (1889), que gozaron de gran fama, son reflexivas y conceptuosas. Se le reprocha su afán de querer filosofar en ellas. Su interés por el positivismo y las ciencias experimentales llenó sus estrofas de pensamientos y de referencias a los adelantos que entonces alcanzaba la técnica. Romántico, influido en su primera época por el pesimismo de Leopardi, fue hombre apasionadamente amoroso. En artículos periodísticos, en gran parte recogidos en *La reforma política en Colombia* (1885), trató asuntos de carácter político, económico, social e internacional.

BIBLIOGRAFÍA. F. de la Vega, *Ratos de estudio: R. Núñez por dentro* (Cartagena, 1922); I. Liévano Aguirre, *Rafael Núñez* (Bogotá, 1944). [F.C.L.]

NÚÑEZ, VICENTE (Aguilar de la Frontera, Córdoba, 1929). Ha publicado los siguientes libros de poesía: *Elegía a un amigo muerto* (1954), *Tres poemas ancestrales* (1955), *Los días terrestres* (1957), *Poemas ancestrales* (1980), *Ocaso en Poley* (1982), *Cinco epístolas a los ipagrenses* (1984), *Teselas para un mosaico* (1985), *Poesía (1954-1986)* (1988) e *Himnos y textos* (1989). Estrechamente ligado al grupo cordobés de la revista *Cántico*, su poesía se define por la utilización de elementos vitalistas, sensuales y cultos, el cuidado esteticista de la palabra y la meditación elegíaca de la experiencia personal. Su lenguaje es siempre elegido y lírico, pero no cae nunca en la retórica ni en los adornos superficiales, porque su voluntad de precisión lingüística se resuelve en un depurado control del vocabulario. Los temas preferidos son el nacimiento de la propia sensibilidad y sus relaciones con el amor y la belleza, marcadas por la conciencia del paso del tiempo. Vicente Núñez puede ser considerado como uno de los poetas andaluces más significativos de la Generación del 50.

BIBLIOGRAFÍA. G. Carnero, «Vicente Núñez, o el reino de este mundo», en V. Núñez, *Poesía (1954-1986)* (Córdoba, 1988), págs. 7-13. [L.G.M.]

NÚÑEZ ALONSO, ALEJANDRO (Gijón, Asturias, 1905-Quebec, Canadá, 1982). Entre 1929 y los años cincuenta vivió en México, en donde ejerció el periodismo y escribió guiones de cine. De su vasta producción novelística, en la que conviven los asuntos más variados, destacan *Konco* (1943), *Días de huracán* (1949), *La gota de mercurio* (1954), *Segunda agonía* (1955), *Gloria en subasta* (1964), *Al filo de la sospecha* (1971) y *Víspera sin mañana* (1971). Alcanzó gran popularidad con una serie de obras que tienen como escenario la Roma antigua. [A.R.]

NÚÑEZ DE ARCE, GASPAR (Valladolid, 1832-Madrid, 1903). Son dudosas la fecha y las circunstancias de su nacimiento. Un accidente infantil le provocó una deformación del tórax. Era hombre de extraña psicología, «apagado, bilioso y melancólico», según Emilia Pardo Bazán *. Periodista durante la campaña de África, diputado, senador, Gobernador Civil de Barcelona y Ministro de Ultramar en el Gabinete de Sagasta, se esforzó, desde *Gritos de combate* (1875), por reflejar en la poesía sus preocupaciones sociopolíticas y el espíritu de su época. La oposición entre los ideales y las flaquezas humanas, que constituye su tema preferido, provocó sus dudas religiosas y políticas y la expresión de sus angustias personales. El interés por Dante y el cristianismo primitivo lo emparenta con los prerrafaelitas; la intención simbólica y la rara musicalidad de sus versos anuncian el simbolismo; la perfección de sus imágenes, trabajadas como obra de orfebrería, lo acerca a los parnasianos franceses. Fue, por todo ello, maestro del modernismo. Escribió además *Poemas cortos* (1895), dramas como *El haz de leña* (1872) y poemas declamatorios, que interpretó Rafael Calvo.

BIBLIOGRAFÍA. M. Menéndez Pelayo, *Personajes ilustres. Gaspar Núñez de Arce. Estudio biográfico-crítico* (Madrid, 1942); J. Romo Arregui, *Vida, poesía y estilo de don Gaspar Núñez de Arce* (Madrid, 1946); I. Vallejo, *Núñez de Arce* (Valladolid, 1984). [R.B.]

NÚÑEZ CABEZA DE VACA, ALVAR (Jerez de la Frontera, Cádiz, 1490-Sevilla, 1558). Nació en el seno de una familia prestigiosa pero empobrecida. Después de una breve estancia en Italia, se incorporó a la infortunada expedición que Pánfilo de Narváez llevó a la Florida en 1527. Durante ocho años vivió con varias comunidades indígenas de Norteamérica. Con otros tres supervivientes regresó, a pie, a Nueva España. Como gobernador y adelantado fue enviado en 1540 al Paraguay. Su poca capacidad de liderazgo y la malicia de otros hicieron que regresara a España como prisionero. Escribió varias relaciones que culminaron en sus *Naufragios* (1542) y *Comentarios*, que se publicaron conjuntamente en 1555. Sus textos son objeto constante de investigación por antropólogos, historiadores y literatos. [E.P.-W.]

NÚÑEZ Y DÍAZ, FRANCISCO DE PAULA (Sevilla, 1766-Granada, 1832). Poeta. Toda su obra se inscribe en los parámetros de la escuela sevillana. Sus *Odas*, publicadas algunas de ellas en el *Correo Literario de Sevilla*, le hicieron merecedor del excesivo sobrenombre de «Píndaro del Cristianismo» con que le bautizó Lista *. [J.B.]

NÚÑEZ DE CÁCERES, JOSÉ. Véase LITERATURA INFANTIL HISPANOAMERICANA.

NÚÑEZ DE CEPEDA, FRANCISCO. Véase LITERATURA EMBLEMÁTICA.

NÚÑEZ DELGADO, PEDRO. Véase HUMANISTAS.

NÚÑEZ DE PINEDA Y BASCUÑÁN, FRANCISCO (Chillán, Chile, 1607-Viaje a Perú, 1682). Su figura se corresponde, en gran medida, con el prototipo de escritor-soldado. Criollo, hijo de soldado y de descendiente de conquistador, nos legó un manuscrito de gran interés, titulado *Cautiverio feliz y razón de las guerras dilatadas de Chile*, suerte de autobiografía escrita en su vejez «para recordar las aventuras de su juventud». Pensado en parte como crónica de prisión, el título refleja las tensiones que lo motivaron: el relativo buen trato recibido en su cautiverio (1629) por los araucanos, de un lado, y los abusos de los españoles (encomenderos, gobernadores y sacerdotes) como causa directa de la interminable guerra en Chile. El autor presenta la realidad chilena de aquel tiempo con cierta objetividad, aunque siempre desde la óptica de un soldado criollo, casto creyente y en todo momento consciente de la superioridad de su religión y de su cultura sobre las de sus captores. Su afán catequizador contrasta con la visión de los indios araucanos que se desprende de sus propias palabras: son limpios, valerosos, corteses y hospitalarios, si bien bárbaros y deshonestos. Su prosa muestra ciertas influencias de Cervantes *, de la novela bizantina y de *El viaje de Turquía* *, y, como éste, presenta una realidad social emergente en Chile: el mestizaje físico y espiritual, que se corresponde lingüísticamente con la apropiación recíproca de numerosos americanismos, por parte del autor, y de los romances españoles, por parte araucana. El *Cautiverio feliz* se publicó por primera vez en 1863.

BIBLIOGRAFÍA. J. Anadón, *Pineda y Bascuñán, defensor del araucano: vida y escritos de un criollo chileno del siglo XVII* (Santiago, 1977); R. Chang-Rodríguez, «Conocimiento, poder y escritura en el *Cautiverio feliz*», en *Violencia y subversión en la prosa colonial hispanoamericana, siglos XVI y XVII* (Madrid, 1982). [A.L.M.]

NÚÑEZ DE REINOSO, ALONSO (La Alcarria, f. s. XV-¿Ferrara, Italia?, d. 1552). Narrador y poeta de cuya vida apenas nada se sabe. Natural de La Alcarria —según Carolina Michaëlis—, pasó su juventud en Ciudad Rodrigo, y pudo comenzar sus estudios en Salamanca. El año 1552 es fecha clave en su biografía, pues coincide el último rastro que conocemos sobre su vida, ya acabándose («agora en la vejez»), con la publicación en las prensas venecianas de su novela *La historia de los amores de Clareo y Florisea y de los trabajos de la sinventura Isea*, adaptación del libro V del *Leucipe y Clitofonte* de Aquiles Tacio, a través de la versión al vulgar de Ludovico Dolce (1546). Esta novela bizantina, aunque con un final de carácter pastoril, vio la luz junto a su obra lírica —entre cuyas composiciones destaca la «Égloga de los pastores Baltheo y Argasto»—. El destierro fue, al parecer, el triste acontecimiento que jalonó en dos ocasiones la vida de Alonso Núñez —la soledad y la nostalgia de España están siempre presentes en sus escritos—. Primero se exilió a Portugal, donde pudo conocer a Sá de Miranda * y Bernardim Ribeiro, miembros de la tertulia literaria de Cabecerias del Basto, también mencionada en su obra poética; pero pronto tuvo que abandonar esta segunda patria, que tan bien le había acogido, para emigrar junto a la corriente de *marranos* que se instaló en Italia, al abrigo de la permisiva corte de Ferrara.

BIBLIOGRAFÍA. M. Bataillon, «A. Núñez de Reinoso y los marranos portugueses en Italia», en *Varia lección de clásicos españoles* (Madrid, 1964); C. H. Rose, *A. Núñez de Reinoso: The Lament of a Sixteenth-Century Exile* (New Jersey, 1971), con edición facsimilar de las *Rimas*; E. Asensio, «A. Núñez de Reinoso, gitano peregrino, y su *Égloga Baltea*», en *Estudios portugueses* (París, 1974); A. Núñez de Reinoso, *Historia de los amores de Clareo y Florisea*, ed. de M. Teijeiro Fuentes (Cáceres, 1991). [E.F.]

O

OBLIGADO, PEDRO MIGUEL (Buenos Aires, 1892-1967). Poeta y ensayista argentino. Forma parte del movimiento postmodernista, imbuido de modelos simbolistas y de un sentimentalismo tardorromántico ante la fugacidad de la vida y la melancolía de lo temporal. Entre sus poemarios figuran *Gris* (1918), *El ala de sombra* (1921), *El hilo de oro* (1924), *La isla de los cantos* (1931), *Melancolía* (1942) y *Los altares* (1959). [B.M.]

OBLIGADO, RAFAEL (Buenos Aires, 1851-Mendoza, Argentina, 1920). Poeta argentino de importante actividad en la organización de instituciones culturales de su país: cofundador de la Academia Argentina de Letras y de la Facultad de Filosofía y Letras de la Universidad de Buenos Aires, cuyo vicedecanato ejerció entre los años 1909 y 1916. También fue designado miembro de la Real Academia Española. Su obra comprende un único libro, *Poesías*, publicado en 1885 y ampliado en la edición de 1906. Sus temas están siempre ligados a su tierra natal. Entre sus poemas sobresale *Santos Vega*, la más destacada manifestación de una poesía gauchesca «culta» que prescindió del lenguaje popular del gaucho, pero conservó el ambiente de la pampa y los argumentos tradicionales.

BIBLIOGRAFÍA. M. I. Hernández Prieto, *Vida y obra del poeta argentino Rafael Obligado* (Sevilla, 1989). [R.F.B.]

OBREGÓN, ANTONIO DE (Madrid, 1910-1985). Colaboró en *Revista de Occidente* *, *La Gaceta Literaria* *, *El Sol, Arriba, Madrid* y *ABC*. Ha sido guionista, director y crítico cinematográfico. Dirigió el servicio de Propaganda Falangista (1937). Es autor de un libro de poemas, *El campo, la ciudad y el cielo* (1929), y de las novelas vanguardistas *Efectos navales* (1931) y *Hermes en la vía pública* (1934). Ésta, subtitulada «Novela de aventuras actuales», acumula todos los elementos de la prosa de vanguardia, pero supone también el final de dicha etapa; como señaló B. Jarnés *, es «la última carcajada de una gran fiesta literaria extinguida».

BIBLIOGRAFÍA. J. Cano Ballesta, «Una retórica narrativa de vanguardia: *Hermes en la vía pública*, de Obregón», en *Actas del VII Congreso de la Asociación Internacional de Hispanistas*, vol. I (Roma, 1982), págs. 255-264. [G.R.F.]

OBREGÓN MORALES, ROBERTO. Véase HISPANOAMÉRICA: POESÍA ACTUAL.

OCAMPO, FLORIÁN DE [o D']. Véase HISTORIOGRAFÍA DE LOS SIGLOS XVI Y XVII.

OCAMPO, SILVINA (Buenos Aires, 1906). Hermana menor de Victoria Ocampo * y mujer de Adolfo Bioy Casares *, aparece tempranamente vinculada al mundo literario de la revista *Sur* *. Sus libros iniciales, tras un *Viaje olvidado* (cuentos, 1937) que no reivindica, son de versos: *Enumeración de la* *patria* (1942), *Espacios métricos* (1945), *Poemas de amor desesperado* (1949) y *Los nombres* (1953). Con Bioy Casares escribe una novela policiaca que permaneció muchos años repudiada por sus coautores: *Los que aman, odian* (1946). Un solitario drama histórico, *Los traidores* (1956), surge de su colaboración con Juan Rodolfo Wilcock *. Lo mejor de su obra son sus volúmenes de relatos, aunque esporádicamente haya vuelto a la poesía con *Los nombres* (1953), *Lo amargo por dulce* (1962) y *Amarillo celeste* (1972). En ellos —*Autobiografía de Irene* (1948), *La furia y otros cuentos* (1959), *Las invitadas* (1961), *El pecado mortal* (1966), *Los días de la noche* (1970), *Y así sucesivamente* (1987), *Cornelia frente al espejo* (1988)— elabora un universo de sutil crueldad, centrado en el ámbito de las relaciones sociales asimétricas y del amor. Niños de la burguesía que violan los tabúes, fiestas caníbales, fantasmas familiares, prácticas de elegante sadismo, van configurando un espacio en que alternan las convenciones del realismo costumbrista con las alucinaciones que permiten encarnar almas en objetos y animales, perfilando uno de los mundos más singulares de la moderna narrativa argentina. Se le deben, junto a Borges * y Bioy Casares, una *Antología de la literatura fantástica* (1940) y otra *Antología poética argentina* (1941).

BIBLIOGRAFÍA. H. Parcas, «La original expresión poética de Silvina Ocampo», *Revista Iberoamericana*, 38 (1954), 283-98; B. Matamoro, *Oligarquía y literatura* (Buenos Aires, 1975). [B.M.]

OCAMPO, VICTORIA (Buenos Aires, 1890-San Isidro, Argentina, 1979). Viajera y amiga de grandes figuras intelectuales europeas, se inicia escribiendo en francés y haciendo traducir sus textos al castellano. Ofrece *La laguna de los nenúfares* (1926), un texto escénico alegórico, pero en seguida se concentra en el ensayo breve, de pulso periodístico, en que narra sus reflexiones sobre figuras, libros y circunstancias sociales y aun políticas de su tiempo. En general, estos textos se agrupan en series que, bajo el título común de *Testimonios*, cubren diez volúmenes, publicados entre 1939 y 1977. Su autobiografía, en seis libros (1979-1984), ha ido publicándose póstumamente y re-velan una capacidad de autoanálisis y de confidencialidad antes ignorada en la literatura argentina. En 1931 funda la revista *Sur* *, que dirige mensualmente durante cuarenta años y sostiene con su dinero, así como una editorial. Dejó estudios sobre las hermanas Brontë, Lawrence de Arabia, el conde de Keyserling, Juan Sebastián Bach, Rabindranath Tagore o Virginia Woolf, así como traducciones de Albert Camus, Graham Greene, Colette, William Faulkner, John Osborne y Dylan Thomas, entre otros escritores de lenguas francesa e inglesa. Sus páginas impresionistas, sus meditaciones al hilo del recuerdo y sus retratos del natural alcanzan altos logros en tales géneros.

BIBLIOGRAFÍA. D. Meyer, *Victoria Ocampo; against the wind and the tide* (Nueva York, 1979); A. Omil, *Frente y perfil de Victoria Ocampo* (Buenos Aires, 1980); B. Matamoro, *Genio y figura de Victoria Ocampo* (Buenos Aires, 1986). [B.M.]

OCANTOS, CARLOS MARÍA (Buenos Aires, 1860-Madrid, 1949). Narrador y diplomático argentino, escribió relatos breves como los reunidos en *Fru Jenny: novelas danesas* (1915) y novelas cortas como *Carmucha* (1931), pero es sobre todo el autor de la serie de veinte «novelas argentinas» iniciada con *León Zaldívar* (1888) y concluida con *Fray Judas* (1929). *Quilito* (1891), *El candidato* (1892), *Entre dos luces* (1892) y *Don Perfecto* (1902) figuran entre las más elogiadas. En ellas pretendió ofrecer una visión crítica de la vida en Buenos Aires, con técnicas y lenguaje relacionables con el realismo español. [T.F.]

OCHARÁN MAZAS, LUIS DE (Bilbao, 1858-¿?). Novelista, que con *Ángela* (1887) inicia una obra narrativa en los márgenes del costumbrismo, a la manera de Trueba *. La siguiente obra, *Marichu* (1916), de manera realista, con documentada fidelidad histórica y con paladeo de lo pintoresco, recrea el ambiente finisecular de Castro Urdiales. Con *Lola* (1920) intenta el estudio psicológico de un alma femenina. [J.B.]

OCHOA, ANASTASIO DE (Huichapán, Hidalgo, México, 1783-México, D.F., 1833). Prácticamente ignorado hasta que fue exhumado por Luis Miguel Aguilar en *La democracia de los muertos. Ensayo de poesía mexicana (1800-1921)* (1988), este último poeta virreinal gozó de «celebridad romana» entre sus paisanos por sus *Poesías de un mexicano* (1828). Párroco insurgente, celebra en su poesía heroica no sólo a los próceres, sino también a la muchedumbre y a los caudillos populares; cultivó también los tonos nacarados y los pueriles asuntos del estilo rococó, a lo Meléndez Valdés *, con sus ninfas impúberes y sus juegos de porcelana, pero también la poesía religiosa, los versos de ocasión, la sátira y las letrillas de buen humor. [J.J.B.]

OCHOA, EUGENIO DE (Lezo, Guipúzcoa, 1815-Madrid, 1872). Protegido por ayudas oficiales, se formó en París, de donde regresó a España para dirigir con Federico de Madrazo la gran revista artística del romanticismo, *El Artista*. Por su cultura francesa, ejerció de puente entre la literatura española y la industria editorial parisina, como asesor y traductor. Fue autor de relatos costumbristas —*París, Londres y Madrid* (1861)—, de cuentos y de novelas históricas, como *El auto de fe* (1837).

BIBLIOGRAFÍA. D. A. Randolph, *Eugenio de Ochoa y el romanticismo español* (California, 1966). [L.R.T.]

OCHOA, JUAN (Avilés, Asturias, 1864-Oviedo, 1899). Narrador, que se mueve en el marco del realismo y cuyas obras rinden homenaje al humor y a la ironía de Clarín *, así como al sentimentalismo de Palacio Valdés *. El magisterio de uno y de otro las aleja de la moda naturalista. Lo mejor de su producción se halla en sus cuentos y en sus novelas cortas, con títulos como *Su amado discípulo* (1894), *Los señores de Hermida* y *Un alma de Dios* (1898). [J.B.]

OCHOA, MORAVIA (Ciudad de Panamá, 1941). Poeta y cuentista panameña. Ha publicado el poemario *Cuerdas sobre tu voz de albas infinitas* (1964) y los libros de cuentos *Yesca* (1967) y *El espejo* (1968). [A.B.F.]

OCIOSOS, ACADEMIA DE LOS. Véase ACADEMIAS.

ODIO, EUNICE (San José de Costa Rica, 1912-México, D.F., 1974). Poetisa y periodista costarricense, nacionalizada mexicana al final de su vida. En *Los elementos terrestres* (1948) ofreció una poesía en la que el erotismo buscaba la fusión con la naturaleza. Esa orientación se mantiene en *Zona en territorio del alba* (1953) y *El tránsito de fuego* (1957), en los que su expresión adquiere una factura vanguardista. Escribió también *El rastro de la mariposa* (1968) y algún otro relato breve. [J.A.C.]

O'DONNELL, PACHO. Véase HISPANOAMÉRICA: TEATRO ACTUAL.

OJEDA, JUAN. Véase HISPANOAMÉRICA: POESÍA ACTUAL.

OLAIZOLA, JOSÉ LUIS. Véase LITERATURA INFANTIL ESPAÑOLA.

OLAVIDE Y JÁUREGUI, PABLO DE (Lima, 1725-Baeza, Jaén, 1803). Uno de los más importantes intelectuales del siglo XVIII. Catedrático de la Universidad de San Marcos y Consejero de la Audiencia de Lima, hubo de trasladarse a España en 1752, y ya nunca regresaría a América. Amigo de Campomanes *, fue Asistente en Sevilla, y después Intendente de los Cuatro Reinos de Andalucía. Su labor reformadora se aplicó tanto al teatro —creó la primera escuela de actores en Sevilla, y en su salón literario se forjaron los primeros ejemplos de comedias sentimentales—, como a la Universidad —suyo es el primer plan de reforma universitaria que se aprobó—, como a la política. En este sentido fue, junto con Campomanes y Capmany *, impulsor de las llamadas Nuevas Poblaciones: intento de establecer un nuevo orden social y económico. Olavide, librepensador e introductor de las novedades ideológicas y culturales europeas, fue acosado por la Inquisición y por algunos sectores cercanos a Carlos III que veían su actuación como peligrosa, como demasiado reformista. Se lo condenó y encarceló en 1778, pero huyó a Francia, donde tenía amigos. Allí fue nombrado ciudadano de honor de la república y después conoció la cárcel. Eso parece haber determinado la escritura de obras —*El Evangelio en triunfo, o historia de un filósofo desengañado* (1798) y *Poemas cristianos, en que se exponen con sencillez las verdades más importantes de la religión* (1799) son las más significativas— que muestran una considerable involución. Olavide tradujo a muchos dramaturgos franceses (Voltaire, Mercier, Racine, etc.), y también escribió en sus últimos años siete novelas dedicadas a encarecer la virtud y condenar el vicio. Son novelas cortas, de inspiración a menudo francesa, pero también basadas en la narrativa breve española de los Siglos de Oro. Se publicaron en Nueva York en 1828.

BIBLIOGRAFÍA. M. Defourneaux, *Pablo de Olavide, afrancesado* (México, 1965); F. Aguilar Piñal, *La Sevilla de Olavide: 1767-1778* (Sevilla, 1966); E. Núñez, *El nuevo Olavide* (Lima, 1970); G. Dufour, *Pablo de Olavide, cartas de Mariano a Antonio. El programa ilustrado de «El Evangelio en triunfo»* (Aix-en-Provence, 1988). [J.A.B.]

OLAZÁBAL Y OLAIZOLA, FRANCISCO JOSÉ. Véase ORATORIA SAGRADA EN EL SIGLO XVIII.

O'LEARY, JUAN E. (Asunción, 1879-1969). Periodista, poeta y ensayista paraguayo, miembro de la promoción de escritores de 1900. Como los demás integrantes de su grupo, escribe cuando todavía está muy vivo el recuerdo de la guerra de la Triple Alianza (1864-70) y en su obra trata de afirmar los valores espirituales de una nación que renacía de la catástrofe. Conocido reivindicador de Francisco Solano López —quien sostuviera esa trágica guerra y muriera en su última batalla—, O'Leary exalta en su obra el heroísmo con que el mariscal luchó y sucumbió en la contienda. Famosos son los versos llenos de patriotismo de «El alma de la raza» (1899) y «¡Salvaje!» (1902). Entre sus numerosos libros hay que destacar *Historia de la guerra de la Triple Alianza* (1912), *Nuestra epopeya* (1919), *El mariscal Solano López* (1925) y un par de volúmenes póstumos: *Prosa polémica* (1982) y *Antología poética* (1983). [T.M.F.]

OLIVA, ÓSCAR. Véase HISPANOAMÉRICA: POESÍA ACTUAL.

OLIVARES FIGUEROA, RAFAEL (Caracas, 1893-1972). Poeta, ensayista y crítico. Cursó estudios en Sevilla y Madrid, y regresó a Venezuela huyendo de la Guerra Civil española en la década de 1930. Participó en la organización del Servicio Nacional de Investigaciones Folklóricas, dirigido por Juan Liscano *. Recorrió el país investigando y recopilando materiales de la tradición oral (cuentos, milagros, mitos, supersticiones, juegos infantiles y de adultos, adagios y sentencias, cantos y adivinanzas), publicados en *Folclore venezolano* (1958). Traductor de poetas franceses al castellano, su poemario *Sueños de arena* (1939) fue a su vez traducido al francés. Víctima de una crisis emocional, enfermó y falleció enajenado. En su obra poética destacan los títulos *Espiga pueril* (1937), *Teoría de la niebla* (1938), *Escalas de renunciación* (1940), *Libro primero de las sátiras* (1942), *Suma poética* (1942), *Sátiras* (1946) y *Teoría de la nieve* (1957). Sus ensayos están recogidos en *Sentido evolutivo de la lírica de Jorge Carrera Andrade* (1937), *Antología de la nueva poesía venezolana* (1940) y *Antología infantil de la nueva poesía venezolana* (1942). [J.R.M.]

OLIVARI, NICOLÁS. Véase BOEDO y VANGUARDIAS EN HISPANOAMÉRICA.

OLIVE, PEDRO MARÍA (¿?-¿?). Dirigió el *Memorial literario o biblioteca de ciencias y artes* (1801-05), las *Efemérides de España, históricas y literarias* (12 vols., 1804-1818), la *Minerva o el revisor general* (1805), así como la *Biblioteca universal de novelas, historias y cuentos* (1817). Se le atribuye la autoría de *La gitana o Memorias egipcias*, que apareció sin nombre en 1817. Sí que llevan su firma las novelas contenidas en la miscelánea de *Las noches de invierno* (7 vols., 1796-97). Es autor también de la comedia *El padre de familia* (1801). [J.B.]

OLIVER, FEDERICO (Chipiona, Cádiz, 1873-Madrid, 1957). A través de la caricatura y en el marco de un espíritu regeneracionista, el teatro social de Federico Oliver —en deuda estética con el Pérez Galdós * de *Electra* y con el Dicenta * de *Juan José*, especialmente en *Los pistoleros* (1931)— incide sobre algunos de los tópicos de la España de pandereta, examinando en ellos las causas del atraso del país. Destacan, en este sentido, *Los semidioses* (1914) y *El pueblo dormido* (1918). Es también autor de zarzuelas *(Las hilanderas,* 1929) y de comedias costumbristas *(Los cómicos de la legua,* 1925). [J.B.]

OLIVER BELMÁS, ANTONIO (Murcia, 1903-Madrid, 1968). Poeta y ensayista. Fundador del Seminario Rubén Darío (tuvo a su cargo la publicación de varios números). Dedicó un libro al lírico nicaragüense: *Este otro Rubén* (1960). De su producción lírica destacan: *Mástil* (1925), *Tiempo cenital* (1932) y *Libro de loas* (1947). [M.G.P.]

OLIVER LABRA, CARILDA (Matanzas, Cuba, 1924). Sus poemas amorosos y eróticos deslumbraron a principios de la década de los cincuenta. También autora de textos de preocupación social y filosófica, su poesía se inclinó hacia un tratamiento de sencillez conversacional, sin descuidar los recursos metafóricos y el esplendor de las imágenes. En 1950 le fue otorgado el Premio Nacional de Literatura por su libro *Al sur de mi garganta* (1949). En 1963 preparó *Versos de amor*, antología seleccionada de su obra. En los últimos años se le han dedicado muchos homenajes y se han editado sus últimos libros: *Las sílabas y el tiempo* y *Desaparece el polvo*, ambos en 1984. En 1987 se editó una nueva antología llamada *Calzada de Tirry 81*. [M.Y.]

OLLÉ, CARMEN. Véase HISPANOAMÉRICA: POESÍA ACTUAL.

OLLER, ANA (seudónimo). Véase ORELLANA, FRANCISCO JOSÉ.

OLMEDO, JOSÉ JOAQUÍN DE (Guayaquil, Ecuador, 1780-1847). Poeta, traductor y primer vicepresidente del

Ecuador. Sus poemas «La victoria de Junín. Canto a Bolívar» (1825) y «Canto al general Flores, vencedor de Miñarica» (1835) lo sitúan dentro de una línea neoclásica. En el «Canto a Bolívar» destacan el aliento pindárico, los ecos líricos de Virgilio, Horacio, Gallegos * y Quintana *, la visión de una patria americana y una incipiente orientación indigenista. Su «Discurso sobre las mitas de América», pronunciado ante las Cortes liberales de Cádiz en su condición de diputado, subraya que la preocupación por el indio se había manifestado tempranamente. Tradujo partes del *Essay on Man* de Alexander Pope.

BIBLIOGRAFÍA. D. Guevara, *Olmedo, actor y cantor de la gran epopeya libertadora* (Quito, 1958). [H.R.]

OLMO, LAURO (Barco de Valdeorras, Orense, 1922). Novelista y poeta, obtuvo por su libro *Doce cuentos y uno más* (1956) el Premio Leopoldo Alas. Se dio a conocer en el mundo teatral con *La camisa*, estrenada en el teatro Goya de Madrid el 8 de marzo de 1962. Considerada en su momento como la mejor obra de teatro social después de la Guerra Civil, *La camisa* ha sido y es el punto de referencia obligado para los estudios del teatro español en lo que llevamos de siglo. En *La camisa* se cuenta, sin partidismos ideológicos, la lucha por la supervivencia y contra el desarraigo de un grupo humano forzado a vivir en los suburbios de la ciudad, sin más horizonte que la emigración al extranjero o el premio de la lotería o de las quinielas de fútbol. Hizo Olmo en esta obra, como en otras posteriores, una labor que casi podríamos definir como de reportaje, de crónica de la realidad social española, empleando un lenguaje natural y de la calle. Lauro Olmo es uno de los más genuinos representantes de la llamada generación realista, que fue sistemáticamente marginada de los teatros comerciales, por ser el suyo un teatro de denuncia y de protesta. Estrenó después *La condecoración* (en Burdeos), en 1965. Otras obras suyas son: *El cuerpo* (1966), *La pechuga de la sardina* (1967), *English Spoken* (1968), que es en cierto modo la otra cara de *La camisa*, *El cuarto poder* (título bajo el cual se agrupan cinco piezas cortas escritas entre 1963 y 1967: *La noticia, Nuevo retablo de las maravillas y olé, El mercadillo utópico, De cómo el hombre limpión tiró de la manta y El soplo*); de 1984 es *Pablo Iglesias*, y de finales de 1986 *La jerga nacional*, una serie de «minitragicomedias» separadas por breves ilustraciones musicales y coreográficas, que a modo de juguete cómico tratan temas como el de las quinielas y la lotería primitiva, los nuevos políticos, el machismo, etc. Lauro Olmo, junto a Pilar Enciso, ha tenido también mucho que ver en el reciente auge del teatro infantil en España.

BIBLIOGRAFÍA. C. Oliva, *Cuatro dramaturgos «realistas» en la escena de hoy. Sus contradicciones estéticas* (Murcia, 1978); L. Olmo, *La camisa. English Spoken y José García*, ed. de L. García Lorenzo (Madrid, 1981); A. Fernández Insuela, *Aproximación a Lauro Olmo. (Vida, ideas literarias y obra narrativa)* (Oviedo, 1986). [M.S.]

OLMOS, ANDRÉS DE (Burgos, ¿1500?-México, 1571). Fraile franciscano que participó en la evangelización de la Nueva España. Aprende el náhuatl a la perfección y escribe *Arte de la lengua mexicana* (1555). Asimismo domina otras lenguas indígenas, en las que escribe doctrinas, gramáticas y catecismos. Su vida en la Nueva España está marcada por el prodigio: posee una heroica vocación evangélica y el don de profecía que le hace predecir el momento de su muerte. Olmos se adentra en la mentalidad indígena por medio de informantes, para aprender su idioma, sus costumbres y su pasado. Se le atribuyen algunas piezas dramáticas en náhuatl, como el *Auto del Juicio Final* representado en Tlatelolco hacia 1533, primera manifestación conocida del teatro de evangelización.

BIBLIOGRAFÍA. G. Baudot, «Andrés de Olmos», en *Utopía e historia en México* (Madrid, 1983). [M.D.B.]

OLMOS, CARLOS. Véase HISPANOAMÉRICA: TEATRO ACTUAL.

OLONA, LUIS (Málaga, 1823-Barcelona, 1863). Autor de comedias (*¿Se acabarán los enredos?*, 1846, o *La cabeza a pájaros*, 1850) y de dramas históricos (*La tierra del rey don Sebastián*, 1844; *El caudillo de Zamora*, 1847), donde realmente dejó sentir su impronta, por su humor y gracia, fue en la zarzuela. En este género, destacan obras como *Buenas noches, señor don Simón* (1852), *El valle de Andorra* (1852), *Catalina* (1854) y *El sargento Federico* (1855). [J.B.]

OLZINA, JOSÉ DE. Véase RETÓRICA EN LOS SIGLOS XVI Y XVII.

ONATEYAC (seudónimo). Véase RODRÍGUEZ BELTRÁN, CAYETANO.

ONETTI, ANTONIO. Véase TEATRO ESPAÑOL POSTERIOR A 1975.

ONETTI, JORGE (Buenos Aires, 1931). Narrador y periodista. Hijo de Juan Carlos Onetti *. Residió en Montevideo largos años. Sus primeros cuentos aparecieron en 1958, en Buenos Aires, pero sólo siete años después el autor compuso un libro (con algunos de aquellos textos) que obtuvo el premio Casa de las Américas: *Cualquiercosario* (1965). Su novela *Contramutis* (1969) fue finalista en el concurso Biblioteca Breve, en España. El modo narrativo de Onetti se caracteriza por un juego humorístico con que satiriza la realidad inundándola con fantasía. Su visión ácida y corrosiva tiene tonos políticos fuertes, para referirse en especial a la historia de Argentina en los años cincuenta y sesenta, ocultos bajo claves lúdicas de continua actitud satírica. [J.R.]

ONETTI, JUAN CARLOS (Montevideo, 1909). En 1969 y en diferentes textos, dos notables novelistas hispanoamericanos señalaron a Onetti como iniciador de la novela contemporánea en América Latina, porque sus obras son las primeras en adquirir una «dimensión universal» (Mario Vargas Llosa *) y porque, a la vez, ellas son las «piedras de fundación de nuestra modernidad enajenada» (Carlos Fuentes *). Hasta entonces, la obra de Onetti había sido seguida y admirada por un grupo pequeño de lectores fieles en su Montevideo natal, y aunque varias novelas habían sido publicadas en Buenos Aires (*Tierra de nadie*, 1941; *Para esta noche*, 1943; *La vida breve*, 1950, y *Los adioses*, 1954), el autor seguía siendo un desconocido en el contexto hispanoamericano. Sus primeros cuentos datan de 1933, y expresan la preocupación por el tema urbano, entonces marginal frente a la hegemónica literatura criollista. En 1939, Onetti acompañó a Carlos Quijano en la publicación del semanario *Marcha*, que por treinta y cinco años marcaría pautas políticas y culturales en Uruguay y el resto de América Latina. Mientras ejercía la actividad de secretario de redacción de *Marcha*, escribió la novela *El pozo* (1939), donde se encuentran esbozados muchos motivos desarrollados luego en su novelística. Durante dos períodos (1930-34 y 1941-55) vivió en Buenos Aires, y en 1955 se instaló en Montevideo, donde trabajó como director de Bibliotecas Municipales, aunque jamás contó con presupuestos para adquirir libros. En los años uruguayos, Onetti publicó algunos de sus mejores libros: *Para una tumba sin nombre* (1959), *La cara de la* *desgracia* (1960), *El astillero* (1961), *Tan triste como ella* (1963), *El infierno tan temido* (1962), *Juntacadáveres* (1965) y *La muerte y la niña* (1973). En 1974 apareció una novela escrita en los años cuarenta y después extraviada: *Tiempo de abrazar*. Ese mismo año el gobierno militar encarceló al escritor durante tres meses por haber premiado, como jurado, un cuento de Nelson Marra publicado en *Marcha*, y, poco después de quedar libre, el escritor se marchó definitivamente a España (1975). En España ha publicado las novelas *Dejemos hablar al viento* (1979) y *Cuando entonces* (1987), además de *Presencia y otros cuentos* (1986). En 1980 obtuvo el Premio Cervantes.

Onetti es uno de los primeros escritores hispanoamericanos que logran construir un mundo ficticio original y propio, con personajes retomados una y otra vez a través de cuentos y novelas, al modo de una saga. Un rasgo interesante es la «inversión» de valores, que pone en evidencia un propósito de crítica social; en vez de empresas «positivas», sus personajes se empeñan en asuntos grotescos: fundar un prostíbulo en *Juntacadáveres*, resucitar un astillero en ruinas en *El astillero*. Desde los primeros textos, el universo onettiano es sombrío, así como ambiguas las conductas de sus personajes, sin sentido aparente y positivo sus proyectos y empresas. Al mismo tiempo, hay una nostalgia constante por un paraíso perdido e identificado con la adolescencia. En algunos textos («El infierno tan temido», «La cara de la desgracia») su literatura bordea conductas perversas y feroces, pero incluso entonces existe un trasfondo en que la pasión y la compasión equilibran la balanza de los sentimientos.

La vida breve marca un hito en su obra. Narrada desde el punto de vista de su personaje Brausen, es perfecta su continuidad con *El pozo*: el mismo mundo de angustia y enajenación espiritual y psicológica, sin horizontes en el futuro, sin valores sólidos en el pasado. Convencido Brausen de que no estamos condenados a una sola vida sino «a un alma, a una manera de ser» y que «se puede vivir muchas veces, vidas más o menos largas», se desdobla en otro personaje, Arce, y vive una existencia de impostor. El capítulo sexto («Los malentendidos») se dedica a exponer un fundamento filosófico para la actitud de los personajes; esto es extraordinario, porque a lo largo de su literatura Onetti evita cuidadosamente el discurso filosófico y cultiva, en cambio, la ambigüedad. La nostalgia por otra vida posible tiñe su narrativa y de ella surgen los soñadores, especímenes extraños que, cuando pasan a la acción, se proponen aventuras descabelladas. En esa excentricidad básica de sus personajes hay algo de Dostoievski, de Faulkner y de Arlt *, así como en Cortázar * hubo luego algo de Onetti. Éste logra integrar muchos elementos variados en un mundo propio que parte de *El pozo*, se ramifica en *La vida breve* y alcanza momentos cumbres en *Juntacadáveres*, *El astillero* y *Dejemos hablar al viento*. La suya no es una saga ordenada y planificada, sino el espacio de una obsesiva recurrencia de personajes e historias. Como señaló Verani, «pocos como Onetti han aspirado a crear tan vasto universo autorreferente, que se repliegue sobre sí mismo y genere su propia verdad [...]. Frente al terror de vivir en su ostensible infierno tan temido, Onetti no tiene más remedio que reinventar el mundo a imagen de sus sueños irrealizables». Las primeras obras de Onetti *(El pozo, Tierra de nadie* y *Para esta noche)* se referían al mundo histórico contextual; las siguientes, hasta 1973, perdieron esa capacidad referencial, pero a partir de *La muerte y la niña* (1973) la recuperaron bajo la forma de alusiones a la dictadura uruguaya (1973-85).

BIBLIOGRAFÍA. F. Aínsa, *Las trampas de Onetti* (Montevideo, 1970); J. Ruffinelli (ed.), *Onetti* (Montevideo, 1973); M. Frankenthaler, *Juan Carlos Onetti: la salvación por la forma* (Nueva York, 1977); D. Kadir, *Juan Carlos Onetti* (Boston, 1977); J. Ludmer, *Onetti: los procesos de construcción del relato* (Buenos Aires, 1977); H. J. Verani, *Onetti: el ritual de la impostura* (Caracas, 1981); M. Millington, *Reading Onetti: language, narrative and the subject* (Liverpool, 1985); O. Prego, *Juan Carlos Onetti* (Montevideo, 1986); M.ª C. Milián-Silveira, *El primer Onetti y sus contextos* (Madrid, 1986); B. Bayce, *Mito y sueño en la narrativa de Onetti* (Montevideo, 1987); H. J. Verani (ed.), *Juan Carlos Onetti* (Madrid, 1987). [J.R.]

ONTAÑÓN, SANTIAGO (Santander, 1905-Madrid, 1989). Figurinista y decorador, colaboró como tal en «La Barraca» de García Lorca * (diciembre de 1932). Es autor de *El bulo* (farsa política en un acto) y de *El saboteador* (1938); las dos obras formaron parte del repertorio de «Las Guerrillas del Teatro» durante la Guerra Civil.

BIBLIOGRAFÍA. L. M. Gómez Díaz, «Santiago Ontañón, escenógrafo y dramaturgo republicano», en *Primer Acto*, núm. 232 (1990), págs. 94-101. [M.S.]

OÑA, PEDRO DE (Los Infantes de Angol, Chile, 1570-¿Lima?, h. 1643). Bajo la protección del Virrey García Hurtado de Mendoza se trasladó a Lima, donde completó sus estudios a la vez que participaba en la vida literaria. A los veinticinco años, e inspirándose en *La Araucana*, escribió su *Arauco domado* (1596). Trata los mismos hechos poetizados por Alonso de Ercilla *, sólo que con versos más efusivos y no tan logrados como los de su predecesor. También escribió *El temblor de Lima* (1639), *Ignacio de Cantabria* (1639), *Vida de San Francisco Solano* (1643) y sobre todo *El Vasauro* (1635, inédito hasta 1941), otro poema épico, dedicado a cantar las hazañas de los antepasados del Virrey Conde de Chinchón.

BIBLIOGRAFÍA. G. Seguel, *Pedro de Oña* (Santiago de Chile, 1940); S. Dinamarca, *Estudio del «Arauco domado», de Pedro de Oña* (Nueva York, 1952). [E.P.-W.]

OQUENDO, DIEGO (Quito, 1938). Periodista combativo, se ha enfrentado con el sistema político del país. Como poeta ha publicado, entre otros, los poemarios *Fuga* (1961), *Apenas 6* (1963), *Después los muros* (1968), *Usa: más o menos, más y menos* (1971), *Asomando a las gentes* (1974) y *Del amor por sobre todas las cosas* (1981). Recientemente publicó el ensayo *Alegato por la prensa y sus libertades* (1987). [J.C.]

OQUENDO DE AMAT, CARLOS (Puno, Perú, 1905-Navacerrada, Madrid, 1936). Poeta peruano de inclinación vanguardista. Influido por el surrealismo, libera al poema de toda mecánica exterior e interior, de todo peso retórico. Es autor de *Cinco metros de poemas* (1927), más tres poemas publicados en *Amauta* *, en homenaje a José María Eguren *. En muchos aspectos Oquendo de Amat es producto de su época, pero escapa a lo común de la poesía de entonces al subordinar las técnicas a su imaginación. Vivió la mayor parte de su vida en la penuria, negándose a sacrificar su libertad al trabajo. [F.M.R.A.]

ORATORIA SAGRADA EN LOS SIGLOS XVI Y XVII. El cultivo de la oratoria sagrada sufre una gran evolución durante los siglos XVI y XVII como consecuencia, por una parte, de las nuevas corrientes de espiritualidad que sacudieron el Renacimiento, hasta culminar en la Reforma y la Contrarreforma, y, por otra, de la renovación de la retórica que arranca del Humanismo y que, debido a la desproporcionada atención que recibe la *elocutio*, se disuelve en el Barroco en innumerables controversias sobre el estilo. En una primera etapa, pervive la estructura que había sido ya establecida en las *Artes praedicandi* medievales, en los sermones de predicadores de tendencia escolástica, entre los que destaca Pedro Ciruelo. Sin embargo, pronto se alzaron voces a favor de la una simplificación, que terminó con la *divisio* o anuncio de las partes que iban a componer el desarrollo del sermón, que se veía como una reminiscencia escolástica. La reforma emprendida por el cardenal Cisneros dio a la oratoria sacra el primer impulso, acrecentado por las disposiciones del Concilio de Trento (1547-1563) sobre la obligación de explicar el Evangelio todos los domingos y días de fiesta y de que se predicase en Adviento y Cuaresma más a menudo. La renovación vino por la vía de la retórica clásica, que con la llegada del Humanismo fue aplicada a la filología bíblica y a la retórica sacra, constituyéndose en el principal centro difusor de este movimiento el Colegio de Alcalá, fundado por Cisneros. Fruto de la preocupación por formar el nuevo tipo de predicador fueron, entre otras, la primera retórica en romance, debida a fray Miguel de Salinas (Alcalá, 1541) y la ciceroniana *De formandis sacris concionibus* de Alfonso García Matamoros, aunque es en la *Rhetorica Ecclesiastica* (1575) de fray Luis de Granada * donde mejor se plasma el ideal que conciliaba la cultura humanista y la formación cristiana. Granada fue el predicador más famoso e influyente del siglo XVI, lo que le convirtió en modelo para aquellos que reclamaban la vuelta a un estilo más sencillo y auténtico en la siguiente centuria. Cultivadores de un estilo similar fueron sus contemporáneos los frailes Alonso de Cabrera, Baltasar Pacheco, Alonso de la Cruz, Diego de la Vega y Hernando de Santiago. Paralelamente, se dio un fuerte movimiento que rechazaba la asimilación de la retórica clásica al arte oratorio y que reclamaba una mayor atención en la preparación teológica, moral y pastoral de los predicadores, lo que explica que una parte importante de los tratados escritos con este fin venga ocupada por temas ajenos a la retórica, como son el *De formandis sacris concionibus* (1565) de L. de Villavicencio, *De ratione concionandi* (1579) de Francisco de Borja, la *Rhetorica christiana* (1579) de Diego de Valdés o el *Modus concionandi* (1584) de Diego de Estella.

El mismo lenguaje familiar, salpicado de relatos pintorescos y de diálogos para dar mayor viveza a la narración, caracteriza a una serie de predicadores del primer cuarto del siglo XVII, discípulos de Granada, entre los que sobresalen los frailes Diego Murillo, Martín de Peraza, Basilio Ponce de León, Diego de Arce, Baltasar Arias y Pedro de Valdivieso. Sin embargo, ya algunos de ellos, como fray Angel Manrique, anuncian la evolución que iba a tener el sermón en el Barroco. El punto de inflexión lo marca la presencia en el púlpito (1612-1633) de fray Hortensio Paravicino *. Su triunfal carrera estuvo acompañada desde el primer momento por la polémica, que llevó a que cada predicador justificara su elección estilística al comienzo de los sermonarios y a que los tratados de predicación se transformaran en apasionadas argumentaciones en pro y en contra del conceptismo *. Después de su muerte coexisten diferentes estilos, aunque tanto los conceptistas o seguidores de Paravicino como la antigua escuela heredera de fray Luis Granada se caracterizan por el elemento decorativo y la teatralidad que los define como pertenecientes al Barroco. Los llamados «antiguos» buscaban el aplauso popular. Su propósito era lograr el efectismo externo: el diálogo recomendado por Granada se había transformado en un exceso de gestos y declamación que emulaban las representaciones teatrales. Se había renunciado a cualquier ambición estética o a dar un sello personal al contenido, abusando de las citas y los tópicos, así como de los métodos exegéticos del escolasticismo, que al explotar los sentidos alegóricos, tropológicos y místicos daba lugar a interpretaciones descabelladas de los textos bíblicos. Por contraposición, los conceptistas construían sermones difíciles y oscuros, más de una vez sobre temas triviales, que versaban más sobre temas morales que doctrinales, buscando deleitar y conmover antes que persuadir; la originalidad se perseguía mediante un estilo esencialmente intelectual, basado en la sutileza expresiva y en las ideas ingeniosas, que agradaba a la minoría cortesana. Su afán era producir sorpresa mediante la novedad, pero no mediante el empleo de un estilo lleno de metáforas e imágenes —también abundantes en sus sermones—, sino mediante juegos de pensamiento, por lo que justamente los tratados de la época lo califican de conceptista. Ambas tendencias triunfan hasta el final del reinado de Felipe IV (1633-1664) con figuras como el agustino Jerónimo de Aldovera, fray Diego Niseno, el dominico Andrés Pérez, Jerónimo Florencia, el P. García Loaysa, el P. Manuel de Nájera o fray Gonzalo de Arriaga, quienes produjeron y publicaron una cantidad enorme de sermones. Lo que queda de siglo marcó la decadencia del género. La dimensión literaria de la oratoria, su asociación con celebraciones, como por ejemplo los funerales, en que se daba también un componente no despreciable de espectáculo visual exacerbó los elementos efectistas y teatrales, llevando los sermones fuera del límite del decoro y del buen gusto, excesos que ridiculizó el P. Isla * en *Fray Gerundio de Campazas.*

BIBLIOGRAFÍA. M. Herrero García, *Sermonario clásico* (Madrid-Buenos Aires, 1942); A. Martí, *La preceptiva retórica española en los siglos de oro* (Madrid, 1972); M. Fumarolli, *L'Âge de l'éloquence* (Ginebra, 1980); F. Cerdán, «La oración fúnebre del Siglo de Oro», en *Criticón*, 30 (1985), págs. 8-102. [M.M.R.-F.]

ORATORIA SAGRADA EN EL SIGLO XVIII. El siglo XVIII se abre, para la oratoria sagrada, bajo la marca de la decadencia, repetidas veces puesta de relieve por sus propios contemporáneos. En el primer diálogo de los tres que integran *El orador cristiano*, Gregorio Mayans y Siscar * hace un exhaustivo diagnóstico de los vicios que dominaban el púlpito: la vana especulación, el deseo de reconocimiento público o el interés material, el predominio de lo circunstancial, la preocupación por la cadencia de la prosa, la gratuita erudición, el excesivo afán poético y cultista; y, más adelante, con mirada aún más severa, el sarcasmo, el chiste, la excesiva gesticulación... Del propio texto de Mayans parece deducirse una distinción entre un cierto tipo de predicadores «selectos», caracterizados por los vicios mencionados en primer lugar, y un segundo tipo, de tendencia «bufonesca». Tratando de sistematizar esta división, y en coincidencia con la clasificación que Félix Herrero Salgado hace de la oratoria del siglo XVIII, se podría diversificar ésta en dos tendencias: por un lado, una, de pretensión culta, en la que el predicador busca ser admirado por su ingenio y erudición, dirigida preferentemente a un público de corte y que se vale de recursos pretendidamente cultos (pensamiento conceptuoso, erudición, cultismos léxicos). Por otro lado, una tendencia popular, en la que el predicador se dirige al pueblo, al que busca divertir, por medios más vulgares, como son el chiste y la gesticulación. Pero hay que tener en cuenta que estas dos corrientes no siempre se dieron separadas, sino que el llamado gerundianismo vino a reunir todos los vicios que degradaban la oratoria en un solo modo de predicar. Al margen de las causas generales, de orden sociopolítico y estético, que definen la degradación general de las artes conocida comúnmente como barroquismo, la degeneración de la oratoria sagrada tuvo unas determinantes específicas: por un lado, la escasa formación cultural, teológica y moral del clero, circunstancia a la que, paradójicamente, se une un desmedido afán erudito —signo de los tiempos—, con lo que proliferan los predicadores «a la violeta», que basan todo su saber en Polianteas, Concordancias y otros diversos repertorios; por otro lado, el interés material se hace prioritario, lo que potencia el auge de los sermones de circunstancias, en los que el predicador tiene que agradar y provocar la admiración del público y de las autoridades contratantes para merecer sus dádivas y la posterior publicación del sermón. Este tipo de sermones distorsiona la naturaleza de la predicación: convierte lo circunstancial en fundamental, centrado a menudo en cuestiones livianas; invierte el orden de los fines del sermón —*docere, movere, delectare*—, interesado sólo en agradar o, a lo sumo, en conmover, pero olvidándose absolutamente de la enseñanza y persuasión moral, y traslada el foco de atención hacia el ingenio conceptuoso y la brillantez estilística del predicador. Algunos autores han aducido también razones intrínsecas a la marcha de la Iglesia para esta degeneración de la oratoria sagrada o, al menos, para la consolidación de ciertos «vicios» retóricos, encontrando en el escolasticismo decadente el origen de una faceta del gerundianismo: la vana especulación. El predicador centraba su atención en un juego de preguntas y respuestas, imbuyendo en el pueblo una serie de dudas que jamás se hubiera planteado por sí mismo, supuestamente satisfechas luego con respuestas ingeniosas y abstractas, todo ello en perjuicio del principal fin de la predicación, que no es la especulación teológica sino la edificación moral. Ya en el siglo XVIII el obispo de Barcelona, monseñor Climent, vislumbró este origen histórico, que él remonta a la *Concordia* del P. Molina y a las disputas *de Auxiliis*, en el siglo XVI.

No obstante, aunque la decadencia es la marca del género en el XVIII, existió también una línea de gravedad y contención que desde el siglo XVI se había desarrollado ininterrumpidamente y que, según Félix Herrero, fue la determinante o, al menos, la base sobre la que poder plantear la verdadera reforma en la segunda mitad del siglo. En esta línea de contención cabe mencionar muy especialmente al P. José Barcia y Zambrana, canónigo del Sacromonte granadino, caracterizado por la claridad y erudición; y al P. Antonio Vieira, admirado tanto por los profanos como por los mismos preceptistas, por su agudeza y brillantez, que no ponen en peligro la inteligibilidad de sus sermones. Seguirán esta línea reformadora los padres Nicolás Gallo, que teoriza sobre la necesaria reforma de la predicación en varias de sus *Aprobaciones*; Juan Interián de Ayala, cofundador de la Real Academia Española, heredero de la elocuencia de su maestro, el P. Vieira; Fr. Alonso Bocanegra, famoso por su sobriedad y elegancia; Francisco José Olazábal y Olaizola, admirado por sus exordios; Francisco Javier Delgado, catedrático de Artes de la Universidad de Alcalá, que sigue la inspiración clásica en motivos y estilo, etc.

Ante el estado de degradación de la oratoria sagrada en la primera mitad del siglo XVIII, se aportaron distintas soluciones: primero, las cartas pastorales de los obispos —destacan las de los obispos de Guadix, Mons. Bocanegra, y de Barcelona, Mons. Climent—, que censuran vicios y llaman al sentido común, mostrando como modelos a los predicadores del siglo XVI, especialmente Fray Luis de Granada *. Segundo, la edición, reedición o traducción de obras preceptivas, que tratan de enseñar las normas básicas de la oratoria sagrada (para nómina de obras, véase RETÓRICAS DEL SIGLO XVIII); destacan en este sentido *El orador cristiano* (1733), de Gregorio Mayans y Siscar, en forma de diálogo, y, posteriormente y más general, su *Retórica* (1757); en cuanto a reediciones, merece especial mención la de los *Siete Libros* de Fray Luis de Granada, hecha por Mons. Climent; las traducciones de obras francesas fueron múltiples y su influjo en la práctica muy grande, lo que provocará también airadas protestas, como la del P. Agustín de Castejón o la del Licenciado Miguel Antonio Salgado, y, en tercer lugar, la parodia del P. Isla *, con su «Don Quijote de los predicadores», *Fray Gerundio* (1758), obra decisiva por su gran repercusión en todos los estratos de la sociedad. En la segunda mitad del siglo XVIII el panorama comienza a cambiar: persisten algunos predicadores gerundianos, como Fray Alejandro de la Concepción, Fray Luis Sextri o Domingo Bages, aunque su vigencia va disminuyendo paulatinamente; los reformadores se diversifican en los que toman como modelo a autores franceses, sobrios, elegantes, pero también carentes de emoción, y los casticistas, que vuelven su mirada a nuestros predicadores clásicos, como Bernardo Vela, Basilio de Mendoza, Félix Amat, Domingo Rivera, etc.

BIBLIOGRAFÍA. F. Herrero Salgado, *Aportación bibliográfica a la oratoria sagrada española* (Madrid, 1971). [M.P.C.]

ORDAZ, JORGE. Véase NARRATIVA ESPAÑOLA POSTERIOR A 1975.

ORDOÑEZ, MARCOS. Véase NARRATIVA ESPAÑOLA POSTERIOR A 1975.

ORDÓÑEZ ARGÜELLO, ALBERTO (Buenos Aires, Rivas, Nicaragua, 1913). Poeta, dramaturgo y novelista. Ha dado a la imprenta cinco libros de poesía, en los que canta la tierra, las gentes, las tradiciones y los héroes centroamericanos. Su poemario *Invocación a Centroamérica* (1961) es un retablo profano con los personajes históricos más ejemplares de aquella región ístmica. Otras obras poéticas suyas son *Poemas para amar a América* (1952), *Tórrido sueño* (1955), *Amor en tierra y mar* (1964) y *Cantos verdes a Costa Rica* (1974). Pero su creación más celebrada es la pieza teatral *La novia de Tola* (1941), verdadero triunfo del mestizaje, drama de las malas artes, del «hechizo». Ordóñez es también autor de *Ébano* (1954), novela de la naturaleza y los hombres de la costa atlántica nicaragüense.

BIBLIOGRAFÍA. E. Zepeda-Henríquez, *Mitología nicaragüense* (Managua, 1987). [E.Z.-H.]

ORDÓÑEZ DE CEBALLOS, PEDRO. Véase AUTOBIOGRAFÍAS Y MEMORIAS EN ESPAÑA.

OREAMUNO, YOLANDA (San José de Costa Rica, 1916-México, D.F., 1956). Escritora costarricense, vivió en Chile, en Guatemala y México, en los Estados Unidos de la América del Norte. En *La ruta de su evasión* (1949), única novela que llegó a publicar, se mostró innovadora y exploradora de formas nuevas para la narrativa. Prefirió ocuparse de psicologías amargas y difíciles, interesada sobre todo en los fenómenos de la introspección y de la memoria. Sus ensayos críticos aparecieron reunidos en *A lo largo del corto camino* (1961).

BIBLIOGRAFÍA. V. Urbano, *Una escritora costarricense. Yolanda Oreamuno* (Madrid, 1968). [A.B.F.]

ORELLANA, FRANCISCO JOSÉ (Albuñol, Granada, 1820-Barcelona,

1900). Periodista, poeta, novelista e historiador, utilizó con frecuencia el seudónimo de «Ana Oller». Dirigió *El Bien Público* y *El Universal*, de Barcelona. Su poesía se halla recogida en *Lágrimas del corazón* (1848). Su narrativa se mueve entre la novela histórica (*Quevedo*, 1857; *Flor de oro*, 1863) y el folletín (*Mundo, dinero y mujer*, 1850, y *Luz del alba o el hombre de cuatro siglos*, 1857). Es autor también de un *Diccionario de disparates* (1882). [J.B.]

ORGAMBIDE, PEDRO (Buenos Aires, 1929). Se dio a conocer como poeta con *Mitología de la adolescencia* (1954), para dedicarse después al teatro y a la narrativa, en la que conjugó el realismo con la fantasía. Es autor de cuentos como los de *La buena gente* (1960), *Historias cotidianas y fantásticas* (1965) e *Historias con tangos y corridos* (1976), y novelas como *El encuentro* (1957), *Las hermanas* (1959), *Memorias de un hombre de bien* (1964), *El páramo* (1965), *Los inquisidores* (1967), *Aventuras de Edmund Ziller en tierras del nuevo mundo* (1977) y *El arrabal del mundo* (1987). Ha publicado *Yo, argentino* (1968), *Genio y figura de Ezequiel Martínez Estrada* (1985) y otros ensayos. [T.F.]

ORIBE, EMILIO (Melo, Uruguay, 1893-Montevideo, 1975). Intentó aunar, a partir de 1930 y a lo largo de una dilatada obra, sus dos preocupaciones fundamentales: la ensayística sobre temas de la filosofía (*Teoría del nous*, 1934; *El mito y el logos*, 1944) y, en particular, de la estética (*Poética y plástica*, 1930), con la práctica de la poesía. Uno de sus libros más reconocidos por la crítica y característico de una modalidad previa al entrelazamiento de reflexión y poesía, es *La colina del pájaro rojo*, publicado en 1925. Otros poemarios: *Alucinaciones de belleza* (1912), *El nardo del ánfora* (1915), *El castillo interior* (1917), *El nunca usado mar* (1922), *La lámpara que anda* (1939), *La esfera del canto* (1948).

BIBLIOGRAFÍA. I. Sesto Gilardoni, *Emilio Oribe, el poeta* (Montevideo, 1981). [I.V.]

ORÍGENES. La residencia de Juan Ramón Jiménez * en Cuba de 1936 a 1939 significó un acontecimiento decisivo para un grupo de jóvenes que por entonces comenzaban su producción poética. Muy pronto la revista *Verbum* (1937), dirigida por José Lezama Lima * y Guy Pérez de Cisneros, acogerá sus inquietudes, y en este ambiente de iniciativa poética se realiza la antología *La poesía cubana en 1936* (1937). El grupo inicial lo formaban, junto a los ya citados, Gastón Baquero *, Ángel Gaztelu * y Justo Rodríguez Santos *. Pero el que pronto se denominará grupo de «Orígenes» se fragua con la revista *Espuela de Plata* (1939-41) que, también dirigida por Lezama, agrega al poeta Cintio Vitier *. Desaparecida esta última, le suceden *Clavileño* (1942-43) —en que publican Cintio Vitier, Fina García Marruz * y Eliseo Diego *— y *Nadie Parecía* (1942-44) —que sacan a la luz Lezama y Gaztelu—, dispersando aparentemente al grupo que se concentra de nuevo con la aparición de *Orígenes* (1944-56).

Orígenes, sufragada por José Rodríguez Feo y dirigida por Lezama, fue —en sus cuarenta números y veintitrés libros publicados— una de las mejores revistas de su época por la feliz combinación de un amplio universalismo y temas tan exclusivamente cubanos como el mito de lo insular. Si lo que cohesiona a un grupo es tener, además de un guía —y Lezama lo fue—, un ideario en común, el grupo de «Orígenes» destacaba por una serie de exigencias históricas y generacionales que se traducían en una necesidad de penetrar la esencia de la cubanidad apartando el folclorismo precedente, desinteresándose de la actividad política del grupo «Minorista» y de los componentes vanguardistas de la *Revista de Avance* *. Además, se constituyen como un baluarte de amistad frente al pesimismo del momento, con un objetivo común: el centro poético. Se expresan en frases en las que hay un regusto verbal clásico y barroquista, y sobre todo entronizan la imagen como instrumento fundacional en pos de una mitificación organizada sobre bagajes culturales que no desdeñan el hermetismo. Roberto Fernández Retamar * ha considerado como nota definitoria su carácter trascendentalista, pues su objetivo es el apresamiento de la realidad y el erigirse en vehículo de conocimiento. Su misma denominación alude a esos «orígenes» inasibles, que apuntan a la esencia constitutiva de las cosas, «orígenes oscuros e inalcanzables, como son siempre los fundamentos vitales últimos» de la sensibilidad creadora, al decir de Cintio Vitier. Pero la proyección de la revista y del grupo trasciende cualquier estrecho límite para acoger también a pintores y músicos, conformándose en un amplio movimiento cultural.

El grupo aparece definitivamente configurado en la antología de Cintio Vitier *Diez poetas cubanos* (1948): José Lezama Lima, que fue su maestro u orientador; Ángel Gaztelu, Gastón Baquero, Justo Rodríguez Santos, Virgilio Piñera *, Cintio Vitier, Eliseo Diego, Octavio Smith *, Fina García Marruz y Lorenzo García Vega. Su poesía se caracteriza por esa unidad en lo diverso que salvaguarda toda individualidad, el hermetismo barroquista en diversos grados, la concepción de la vida dentro de las pautas cristianas que incluye una ética de honradez en contraste con el entorno en que surgen. Se suele aceptar también la existencia de dos promociones; la segunda la formarían los cinco últimos nombres y en ellos se apreciaría, dentro de las pautas poéticas señaladas, una mayor predilección por la evocación del pasado, la nostalgia y el recuerdo de la infancia.

BIBLIOGRAFÍA. C. Vitier, *Diez poetas cubanos (1937-1947)* (La Habana, 1948); C. Vitier, *Cincuenta años de poesía cubana (1902-1952)* (La Habana, 1952); R. Fernández Retamar, *La poesía contemporánea en Cuba (1927-1953)* (La Habana, 1954); L. García Vega, *Los años de «Orígenes»* (Caracas, 1978); C. Vitier, *De Peña Pobre. Memoria y novela* (La Habana, 1980); J. Lezama Lima, «Un día del ceremonial», en *Imagen y posibilidad* (La Habana, 1981); J. Prats Sariol, «La revista *Orígenes*», en *Coloquio sobre la obra de José Lezama Lima. Poesía* (Madrid, 1984). [C.R.B.]

ORIHUELA, ROBERTO. Véase HISPANOAMÉRICA: TEATRO ACTUAL.

OROZCO, BEATO ALONSO DE (Oropesa, Toledo, 1500-Madrid, 1591). Escritor místico agustino. Estudió Derecho. Fue prior en Soria, Medina del Campo, Sevilla, Granada y Valladolid. En 1554 fue nombrado por Carlos V predicador real. Entre sus obras podemos destacar *Vergel de oración y monte de contemplación* (Sevilla, 1544), *Examen de conciencia* (Sevilla, 1551), *Crónica del glorioso padre y doctor de la yglesia San Agustín* (Sevilla, 1551), *Desposorio espiritual* (Baeza, 1553), *Historia de la reyna Saba* (Salamanca, 1565), *Epistolario Christiano* (Alcalá, 1567), *Libro de la suavidad de Dios* (Salamanca, 1576), *Victoria de la muerte* (Burgos, 1583) y *Guarda de la lengua* (Madrid, 1590).

BIBLIOGRAFÍA. A. J. Bulovas, *El amor divino en la obra del beato Alonso de Orozco* (Madrid, 1975). [J.G.L.]

OROZCO, OLGA (Toay, La Pampa, Argentina, 1920). Aparte de un libro de narraciones de inspiración autobiográfica y muy permeadas de lirismo *(La* *oscuridad es otro sol*, 1967), sobresalen sus poemarios *Desde lejos* (1946), *Las muertes* (1951), *Los juegos peligrosos* (1962), *Museo salvaje* (1974), *Veintinueve poemas* (1975), *Cantos a Berenice* (1977), *Mutaciones de la realidad* (1979), *La noche a la deriva* (1984) y *En el revés del cielo* (1987). Con un uso muy libre de los modelos, construye un mundo imaginario personal, en que la poesía actúa como iluminación instantánea de una escena, muy vinculada a las experiencias de lo visionario. Junto a la suntuosidad verbal de cierta poesía francesa y las últimas voces surrealistas, cabe encontrar en Olga Orozco la narratividad de los poetas norteamericanos y un decantado gusto por la meditación existencial.

BIBLIOGRAFÍA. E. Torres de Peralta, *La poética de Olga Orozco: desdoblamiento de Dios en máscara de todos* (Madrid, 1988). [B.M.]

OROZCO Y BERRA, FERNANDO (Ciudad de México, 1822-1851). Médico y periodista identificado con la corriente liberal. Su única obra, *La guerra de treinta años* (1850), es la primera novela romántica de la literatura mexicana. El título no corresponde a una acción guerrera, pues el personaje principal informa: «¡Treinta años! ¿y qué he gozado? ¡Treinta años de guerra con las mujeres! ¿y qué triunfo he alcanzado?»

BIBLIOGRAFÍA. C. González Peña, *Historia de la literatura mexicana* (México, 1947). [J.E.C.]

ORQUÍN, FELICIDAD. Véase LITERATURA INFANTIL ESPAÑOLA.

ORREGO, ANTENOR (Trujillo, Perú, 1892-1960). Uno de los ideólogos asociados con la revista *Amauta* *. En Trujillo fundó el periódico *El Norte* (1922), que tuvo gran influencia en el desarrollo literario y político del país. Sus ideas literarias se expresan en sus ensayos *Notas marginales* (1922) y *El monólogo eterno* (1929). Sus ideas políticas en los ensayos *El pueblo continente* (1939) y *Hacia un humanismo americano* (1966). [J.C.]

ORREGO LUCO, LUIS (Santiago de Chile, 1866-1948). Narrador realista, periodista y ensayista chileno. En su producción, centrada en la descripción de las clases altas y del ambiente urbano, destacan los relatos breves de *Páginas americanas* (1892) y *La vida que pasa* (1918), y las novelas de la serie *Recuerdos del tiempo viejo*: *Un idilio nuevo* (1900), *Casa grande* (1908), *En familia* (1912), *Al través de la tempestad* (1914), *El tronco herido* (1929) y *Playa negra* (1947), ciclo con el que trató de recuperar los ambientes y la historia chilena de fines del XIX y principios del XX, desde la perspectiva de la clase acomodada a la que él pertenecía. En *Memorias de un voluntario de la Patria Vieja* (1905) se ocupó de la época de la independencia. [J.A.C.]

ORS, FRANCISCO. Véase TEATRO ESPAÑOL POSTERIOR A 1975.

ORS, MIGUEL D' (Santiago de Compostela, La Coruña, 1946). Diligente teórico de la Literatura Española —que profesa en Granada— y, en especial, de la poesía, a la que ha dedicado estudios tan cuidadosos como *Los «Poemas del toro» de Rafael Morales* (1972) o *Vida y poesía de Alonso de Ledesma* (1974), no ha dejado de analizar, asimismo, su propia actitud poética frente a la de los más representativos poetas *novísimos*, con los que no comparte el distanciamiento de lo cordial. En contrapartida, propone una poética vitalista —«con una voz sencilla que me diga / cerca del fuego cosas verdaderas»—, alimentada por la biografía y por el entorno cotidiano. En esta línea ha publicado *Del amor, del olvido* (1972), *Ciego en Grana-*

da (1975), *Codex 3* (1981), *Chronica* (1982), *Es cielo y es azul* (1984), *Curso superior de ignorancia* (1987), que mereció el Premio de la Crítica, y *La música extremada* (1991).

BIBLIOGRAFÍA. M. Pallottini, «Miguel D'Ors: la vuelta de un poeta», en *Nuestro tiempo*, núm. 263 (mayo 1976), págs. 93-97; J. L. García Martín, *Las voces y los ecos* (Madrid, 1980); J. Luna Borge, *La generación poética del 70* (Sevilla, 1991). [A.S.Z.]

ORS Y ROVIRA, EUGENIO D' (Barcelona, 1882-Villanueva y Geltrú, Barcelona, 1954). Miembro destacado de la Generación de 1914 y definidor del novecentismo, d'Ors es un originalísimo escritor, cuya valoración se ha visto afectada por criterios políticos. De joven, participó en tareas catalanistas con Prat de la Riba. En 1923 se instaló en Madrid y se integró en la cultura castellana. Escritor y filósofo de prestigio internacional, no logró el puesto académico que hubiera sido lógico esperar. (Sólo en 1953, poco antes de morir, fue nombrado catedrático «por proposición» en la Universidad de Madrid.) En cambio, desempeñó un cierto liderazgo intelectual en la primera Falange y fue secretario del Instituto de España. D'Ors surge a la vida cultural en el ambiente de la Barcelona de fines y comienzo de siglo. Su temperamento era contrario a las efusiones sentimentales del modernismo, el impresionismo y lo que él denomina el «fin de siglo». Frente a todo eso levanta d'Ors su novecentismo, de raíz clásica, y la «filosofía del hombre que trabaja y juega». Escribe d'Ors en tres idiomas: catalán, castellano y francés. Su obra castellana es muy dispersa, incluye géneros diversos: el relato filosófico *(La bien plantada, Oceanografía del tedio)*, el teatro *(Guillermo Tell*, 1926), la crítica de arte *(Tres horas en el Museo del Prado,* 1922, *Lo barroco, Goya)*, filosofía *(El secreto de la filosofía,* 1947), biografía *(Epos de los destinos,* 1943, *El valle de Josafat)* y dos obras capitales: el *Glosario* y *La ciencia de la cultura* (1964), póstuma. Como Ortega *, d'Ors ejerció un magisterio intelectual muy amplio, que se concretaba, por ejemplo, en algunos aforismos: «Lo que no es tradición es plagio»; hay que «pasar de la anécdota a la categoría». Filosóficamente, pretende superar a la vez el racionalismo y el intuicionismo con su teoría del pensamiento figurativo. Según esto, el crítico debe estudiar la trascendencia de la forma, hacer morfología. En la crítica artística y literaria, las formas reveladoras de un sentido son los estilos. En la crítica de arte, d'Ors alcanzó una notable reputación internacional. Entre otras cosas, ha sido uno de los críticos europeos que han llevado a cabo una labor más importante en la revalorización y definición de lo barroco. Partiendo de casos concretos, se eleva a una concepción amplísima de lo barroco, como «eón» o constante histórica que se opone a lo clásico. Llegó a hacer de lo clásico y lo barroco dos categorías fundamentales, que abarcan todo el universo. Para d'Ors, clásico es todo producto humano en que resplandecen los principios de la inteligencia, la unidad, la armonía, la sencillez. Lo barroco, en cambio, significa el triunfo de la naturaleza, la vida, la inconsciencia, el instinto, etc. Él defendía lo clásico, pero también sentía el atractivo de lo barroco.

La *glosa* es la forma literaria que va unida al nombre de d'Ors: una inyección cotidiana de cultura para afrontar el obligado chapuzón en nuestras ocupaciones. A lo largo de toda su vida, el *Glosario* sirvió para difundir en España la cultura europea de su tiempo, a la que d'Ors estuvo siempre atento. La prosa de d'Ors tiende claramente al cultismo: adjetivos intelectuales, neologismos, ritmo bimembre. A la vez, busca lo expresivo, lo pintoresco, lo plásticamente acertado. Para ello, recurre, con frecuencia, a fórmulas francamente populares. Tiende al didactismo y la amplitud oratoria. A la vez, busca en su crítica la expresión conceptista, escultórica, de máxima concisión. Todos estos dualismos se armonizan en la unidad de un estilo muy original, de raíz irónica. Superados muchos prejuicios ideológicos, hoy se vuelve la vista a d'Ors, como pensador original, maestro y excelente escritor.

BIBLIOGRAFÍA. A. Amorós, *Eugenio d'Ors, crítico literario* (Madrid, 1971); J. L. Aranguren, *La filosofía de Eugenio d'Ors* (Madrid, 1981); G. Díaz-Plaja, *El combate por la luz. La hazaña intelectual de Eugenio d'Ors* (Madrid, 1981); L. F. González-Cruz, *Fervor del método: El universo creador de E. d'Ors* (Madrid, 1989). [A.A.]

ORTEGA, FRANCISCO (Ciudad de México, 1793-1849). Poeta insurgente, autor de la censura política «A Itúrbide, en su coronación», donde muestra signos románticos precursores, como la exaltación moral de los indios antiguos y de los caudillos populares, cierto culto a la libertad y una clara repugnancia por el despotismo. [J.J.B.]

ORTEGA, GREGORIO. Véase NOVELA POLICIACA.

ORTEGA, JUAN DE. Véase LAZARILLO DE TORMES, EL.

ORTEGA, JULIO (Chimbote, Perú, 1942). El intimismo metafísico de su poesía inicial (la de *De este reino*, 1964) dejó paso luego a una búsqueda de objetividad textual que se concretó en *Tiempo en dos* (1966), *Las viñas del Moro* (1968) y *Rituales* (1976), libros que comparten las experiencias más renovadoras de la poesía peruana de su época. A partir de 1965 estrenó algunas piezas breves de teatro, que reunió con otras nuevas en *Ceremonias y otros actos* (1974). Es autor de la novela *Mediodía* (1970) y de los relatos breves de *Las islas blancas* (1966) y *Adiós Ayacucho, seguido de El oro de Moscú y otros peligros que acechan a los adolescentes en sus primeros pasos hacia la vida adulta* (1974). En *Diario imaginario* (1988) reflexionó sobre el arte de escribir libros (o de no escribirlos), y en *Parábola del buen lector* (1991) ofreció una divertida parodia de la crítica literaria. Entre sus estudios sobre literatura se cuentan *La contemplación y la fiesta* (1969), *Figuración de la persona* (1971), *La teoría poética de César Vallejo* (1988) y *Crítica de la identidad: la pregunta por el Perú en su literatura* (1988). [T.F.]

ORTEGA Y FRÍAS, RAMÓN (Granada, 1825-Madrid, 1883). Uno de los más fecundos cultivadores de la novela de folletín * y de las crónicas históricas contemporáneas *(Historia de la insurrección federal en 1873)*. Sus novelas encadenan acontecimientos y truculencias en un marco histórico construido sobre abundantes apelaciones a los tópicos de la leyenda negra: *El caballero relámpago* (1853), *El Diablo en Palacio* (1857), *El Tribunal de la sangre o los secretos del rey* (1867), *La loca del Vaticano* (1874), *Una venganza de Felipe II*, *Memorias del Diablo en palacio* (1882). [L.R.T.]

ORTEGA Y GASSET, JOSÉ (Madrid, 1883-1955). Filósofo y ensayista, ejerció en la cultura de su tiempo una muy relevante influencia, dejando profundas huellas de su talento en los dominios del arte, de la literatura, de la política y del pensamiento de la primera mitad del siglo XX. Estudió con los jesuitas en Málaga y en Deusto, cursando luego estudios universitarios en la Facultad de Filosofía y Letras de la Universidad de Madrid, donde se doctoró, en 1904, con una tesis titulada *Los terrores del año mil (Crítica de una leyen-*

da), que todavía permanece inédita. De 1905 a 1909 completó su formación en Alemania (Leipzig, Berlín y Marburgo), siguiendo los cursos de filosofía de Hermann Cohen y, a más distancia, los de Ernst Cassirer. La formación europea de Ortega le permite encarar el «problema» de España desde una perspectiva muy diferente a la de sus predecesores, como revelan las polémicas con Maeztu * y con Unamuno *. En 1910 obtiene la cátedra de Metafísica de la Universidad de Madrid, ejerciendo allí la docencia hasta el estallido de la Guerra Civil y reuniendo en torno a su persona a un nutrido grupo de discípulos. Aunque la guerra le separa de su cátedra en Madrid, la labor docente de Ortega no se interrumpe, sino que continúa viva, con conferencias en Estados Unidos, Argentina, Alemania y Suiza. Además de los países citados, en el exilio, Ortega visita Portugal, Holanda y Francia. Con Ortega empieza realmente, en lo que a las ideas y al pensamiento se refiere, el siglo XX español. Su actividad intelectual, no obstante, desborda con mucho los estrechos límites de las aulas. Nieto de Eduardo Gasset e hijo de José Ortega Munilla * (periodistas ambos), tiene, desde muy joven, fácil acceso al mundo del periodismo, un medio que, a lo largo de toda su vida, le sería especialmente familiar y querido para la exposición de sus ideas. En el periódico —en el artículo, en el ensayo, en el dominio de la retórica— ve Ortega un instrumento extraordinariamente apto para dinamizar la vida cultural y elevar la sensibilidad de su país. No perdió ocasión, por ello, de intervenir, a través de diarios y revistas, en cuantos debates culturales le brindó la España de su tiempo. Su firma, bajo su auténtico nombre y apellidos o bajo el seudónimo de «Rubén de Cendoya» *, la podemos seguir, desde 1902, en una larga nómina de publicaciones periódicas (desde *Vida nueva* a *La Nación*, pasando por *Los lunes de El Imparcial, Helios, La Lectura, Diario de Madrid, Faro, España, El Sol, Crisol, Luz* o la *Revista de Occidente* *), en la fundación de muchas de las cuales intervino directamente. Sobre todo, hay que destacar su papel en la *Revista de Occidente* (y en la biblioteca aneja), que él mismo fundó en 1923, con la pretensión de que sirviera de enlace a los intelectuales españoles con los núcleos científicos y culturales más relevantes fuera de nuestras fronteras.

Difícil resulta reducir a categorías una producción intelectual que abarca, en la edición de sus *Obras completas* (1983), doce amplios volúmenes; y difícil resulta, asimismo, destacar títulos. Sin fronteras claramente delimitadas, es factible, con todo, hablar de tres registros diferentes —la filosofía, la crítica y teoría del arte y de la literatura, y el pensamiento político— en la obra de Ortega. Las *Meditaciones del Quijote* (1914), *Personas, obras, cosas* (1916), *El espectador* (1916-34), *España invertebrada* (1921), *El tema de nuestro tiempo* (1923), *La rebelión de las masas* (1930), *Ideas y creencias* (1940), *Sobre el amor* (1940), *Historia como sistema* (1940), *¿Qué es la filosofía?* (1958), *Idea del principio en Leibniz* (1958) y *Origen y epílogo de la filosofía* (1960), constituyen algunos de los títulos más relevantes en el conjunto del pensamiento filosófico de Ortega; un pensamiento que, como señala Ferrater Mora * (uno de sus más lúcidos exégetas), no llega nunca a configurarse como doctrina, ofreciéndosele siempre al lector como «un sistema abierto» en cuya evolución el influjo de la fenomenología de Husserl y el existencialismo de Heidegger juegan importante papel. Claves esenciales en la incardinación de tal sistema resultan los conceptos de «objetivismo», «circunstancia», «perspectivismo» y «raciovitalismo», a través de los cuales ensaya Ortega una superación de la vieja oposición entre realismo e idealismo, entre razón pura y razón práctica. Para

Ortega, «la realidad de que habla la ciencia no es más que una realidad pensada; realidad viva únicamente la tienen los objetos cuando en ellos se prende nuestro deseo y nuestra nostalgia». Pero la vida de cada hombre es un punto de vista diferente del universo, de ahí que la realidad (la objetividad) sea siempre perspectivista y circunstanciada; o, en términos del propio Ortega, de ahí que la única realidad válida sea la realidad «ejecutada» o «construida» a partir de las relaciones que un «yo» (cada yo) establece con las «cosas». Si a lo anterior añadimos que esta realidad vital es, para Ortega, creación sobre todo del arte, entenderemos por qué su reflexión deriva con gran frecuencia hacia la crítica o hacia la teoría del arte y de la literatura, dando lugar, dentro de la bibliografía orteguiana a títulos como *La deshumanización del arte* e *Ideas sobre la novela* (1925), *Goethe desde dentro* (1932), *Papeles sobre Velázquez y Goya* (1950) e *Idea del teatro* (1958). Y, a los trabajos citados, habría que añadir el importante número de ensayos de tema literario recogidos en *El espectador*. Ortega no sólo vivió intensamente la evolución de la literatura española del primer cuarto de siglo, sino que jugó además en la misma un destacado papel, poniendo en pie un edificio teórico que no ha sido aún justamente valorado. Si es cierto que tanto *La deshumanización del arte* como *Ideas sobre la novela* son más un diagnóstico que un programa de la literatura de vanguardia, cierto es también que ello no disminuye la importancia del papel de mentor literario ejercido por Ortega sobre los jóvenes, primero desde la Residencia de Estudiantes y luego desde empresas como la *Revista de Occidente*. El propio estilo de Ortega, en todas sus obras, resulta más cercano a un discurso literario que a un discurso filosófico. De alguna manera, tal estilo le permite una mayor compenetración con la realidad «palpitante» de su tiempo, lo que, para el filósofo de la «circunstancia», constituye el punto de partida de toda reflexión, como reflejan, junto a muchos de los títulos arriba citados, *Vieja y nueva política* (1914), *La decadencia nacional* (1930), *Misión de la Universidad* (1930) y *Rectificación de la República* (1931). Hay ciertamente en Ortega un pensamiento político de España, pensamiento que se concreta en la fundación de la Liga de Educación Política Española y que aglutina a la vez el rechazo de los residuos restauracionistas y las aspiraciones elitistas a la «gobernación intelectual de España». A pesar de la ya copiosa bibliografía sobre Ortega, no es exagerado afirmar que su magna obra cultural está pendiente todavía de una reflexiva y desapasionada valoración. Al Ortega político se le ha acusado —interpretaciones ideológicas aparte— de hacer abstracción de los problemas concretos para remitirlos a construcciones abstractas, en tanto que al Ortega filósofo se le ha reprochado el sacrificar la coherencia de su sistema por la atención prestada a lo circunstancial. Ambos posicionamientos ponen el dedo en la llaga de las limitaciones de un pensamiento que, por principio, sitúa sus objetivos en el campo que abarca el «yo» y sus «circunstancias», pero resultan injustos en relación con un proyecto cultural —compartido, con matices, por Pérez de Ayala*, Marañón*, A. Castro*, M. Azaña*, E. d'Ors*, Juan Ramón Jiménez*, etc.—, en el que el filósofo y el político se reconcilian, de manera que el primero construye, sobre el análisis que el segundo hace de la realidad, un programa cuyo objeto no mira tanto al cambio político cuanto a la transformación moral del individuo. Y es en este punto de encuentro, del filósofo con el político, en el que se asientan las reflexiones del Ortega teórico del arte y de la literatura, dado que el cultivo de la sensibilidad, tanto como el de la inteligencia, se considera esencial para la conquista de esa «realidad vital» que traerá la mejora moral del individuo.

BIBLIOGRAFÍA. J. L. Aranguren, *La ética de Ortega* (Madrid, 1958); J. Ferrater Mora, *Ortega y Gasset, etapas de una filosofía* (Barcelona, 1958); A. Rodríguez Huéscar, *Con Ortega y otros escritos* (Madrid, 1964); R. Senabre, *Lengua y estilo de Ortega y Gasset* (Salamanca, 1964); J. L. Abellán, *Ortega y Gasset en la filosofía española* (Madrid, 1966); E. Lafuente Ferrari, *Ortega y las artes visuales* (Madrid, 1970); P. Garagorri, *Introducción a Ortega* (Madrid, 1970); R. McClintock, *Man and his circumstances: Ortega as educator* (Nueva York, 1971); U. Rukser, *Bibliografía de Ortega* (Madrid, 1971); A. López Quintas, *El pensamiento filosófico de Ortega y D'Ors* (Madrid, 1972); P. W. Silver, *Fenomenología y razón vital. Génesis de «Meditaciones del Quijote» de Ortega y Gasset* (Madrid, 1978); A. Rodríguez Huéscar, *La innovación metafísica de Ortega* (Madrid, 1982); J. Marías, *Ortega* (Madrid, 1983); P. Cerezo Galán, *La voluntad de aventura* (Barcelona, 1984). [J.B.]

ORTEGA MOREJÓN, JOSÉ MARÍA DE (Madrid, 1860-¿?). Fue redactor de *La Dinastía* y colaboró en *La Ilustración Española y Americana* y otras revistas. Utilizó los seudónimos de «Román Gatojero» y «Ángel Miguel». Cultivó todos los géneros literarios: en poesía destacan sus obras *Ratos perdidos* (1897) y *De otoñada* (1914); como narrador, *Cuentos de color de lila y fragmentos sin color* (1887) y la novela *Cosas pasadas* (1913); como dramaturgo, los dramas *Epílogo de una culpa* (1885), *El sol nuevo. Cuadro dramático* (1889) y *El protector de Inglaterra* (1916). [M.P.C.]

ORTEGA MUNILLA, JOSÉ (Cárdenas, Cuba, 1856-Madrid, 1922). Una de las figuras destacadas de la vida cultural decimonónica, su identidad aparece difuminada por la fama de su hijo, José Ortega y Gasset *. Fue periodista, crítico, autor dramático (adaptó al teatro su novela *Estrazilla* [1917]), y autor de novelas bastante populares. Dirigió el prestigioso suplemento cultural *Los Lunes* de *El Imparcial*.

Los relatos y novelas publicados por Ortega fueron aceptados con reservas por la crítica. En *La cigarra* (1879), y su continuación *Sor Lucila* (1880), en *Lucio Tréllez. Relación contemporánea* (1879), se ejercita en el naturalismo, bajo la influencia de Émile Zola. Ya sus primeros intentos narrativos le habían situado en esa línea. *Cleopatra Pérez* (1884) es quizá la obra mejor conocida de Ortega Munilla; por su tema, es cabeza de una serie de novelas aristocráticas, llamadas así por desarrollarse en el mundillo de la nobleza, como *La Montálvez* (1888), de Pereda *, y *Pequeñeces* (1891), del padre Coloma *. El tono es en Ortega más fuerte; la malvada protagonista tiene poco aire de personaje real y el argumento de la novela peca de rebuscado y truculento. Abundan las descripciones nauseabundas, el desfile de personajes auténticamente abominables, los suicidios. Esta novela ejemplifica lo que el naturalismo tenía de desagradable. El historiador de la novela del siglo XIX, padre Francisco Blanco García, dijo de Ortega que era un Goncourt poco escrupuloso con la gramática, quizá por el estilo altisonante, muy retórico, recargado con rasgos coloristas que desdicen del pretendido fondo realista. En un precioso autorretrato literario, «Itinerario para andar por estas páginas», que antecede a su libro de cuentos *Relaciones contemporáneas* (1883-1919), cuenta sus lecturas e influencias: Pérez Galdós *, Dickens, Balzac, Hugo y, luego, Zola —«las simas del naturalismo»— y Théophile Gautier, la perenne presencia de Cervantes *, la admiración por Valera *. Termina diciendo que sabe que la crítica acogió sus obras con benevolencia y nada más, pero que su tibieza no logró enfriar su indomable vocación.

BIBLIOGRAFÍA. R. Schmidt, *José Ortega Munilla y sus novelas* (Madrid, 1973). [G.G.]

ORTEGA VICENZI, DINA (San José de Costa Rica, 1947). Poetisa, educadora. Se dio a conocer con *Lluvia de enero* (1971), donde supo conjugar sencillez y hondura lírica para ofrecer un amoroso resplandor donde se reúnen una nota de angustia primaveral y otra de soledad. [A.B.F.]

ORTEGO, PHILIP D. Véase LITERATURA CHICANA.

ORTIZ, ADALBERTO (Esmeraldas, Ecuador, 1914). Novelista, poeta y pintor ecuatoriano. El más joven de los escritores de la generación de 1930 que integraron el Grupo de Guayaquil *. Le han interesado el mundo mágico y la problemática social del negro y del mulato provenientes de su región natal. Su novela *Juyungo* (1943) es una lograda ilustración artística de esas preocupaciones. Es el poeta afroecuatoriano por excelencia. En *Tierra, son y tambor* (1945) adaptó el romance a los ritmos de la creación negrista. En *El animal herido* (1961) su poesía se vuelca hacia lo cotidiano y antipoético. Sus últimas novelas son *El espejo y la ventana* (1967) y *La envoltura del sueño* (1982). Aquélla analiza el mundo existencial de un negro culto; ésta constituye un esfuerzo lingüístico cabal. Es autor también de *Los contrabandistas* (novela, 1945), *La mala espalda* (cuentos, 1952) y *La entundada* (cuentos, 1971). [H.R.]

ORTIZ, AGUSTÍN. Véase TEATRO EN LOS SIGLOS XVI Y XVII.

ORTIZ, ALONSO (Villarrobledo, Albacete, ?-Toledo, 1503). La vida del Dr. Ortiz transcurre entre Salamanca y Toledo. En la Universidad se formó, principalmente, con el estudio de Leyes; en Toledo fue canónigo con los cardenales Mendoza y Cisneros *. Allí se relacionaría también con los Reyes Católicos. A la Universidad de Salamanca donó sus libros (1503). Trabajó activamente en cuestiones de liturgia, y llegó a compilar, después de un exhaustivo trabajo textual, el llamado *Misal mozárabe* (publicado en Toledo en 1500) y el *Breviario* de 1502. En *Los tratados del doctor Alonso Ortiz* (1493) se recogieron varios opúsculos de carácter polémico, histórico y consolatorio. Retórico y bien formado —el viajero alemán J. de Münzer, en su *Viaje a España*, lo llamó *poeta*—, de él se conservan varias obras con motivo de la muerte del príncipe don Juan (1497), sobre cuya educación opinó en un *Diálogo* latino recientemente traducido. También escenificó la conversación de los Reyes Católicos sobre la gobernación del país en un *Diálogo* latino aún inédito. Compuso, además, otras obras de carácter hagiográfico, moral e histórico. Tradujo al castellano el *Arbor* de Ubertino da Casale, famosa compilación espiritual de enorme influencia posterior. Una parte de su producción latina y romance permanece inédita.

BIBLIOGRAFÍA. G. M. Bertini, *Un diálogo humanístico sobre la educación del Príncipe don Juan* (Madrid, 1983); P. M. Cátedra y J. Sanz, *Consolatorias por la muerte del Príncipe don Juan* (Salamanca, 1992). [J.S.H.]

ORTIZ, FERNANDO (La Habana, 1881-1969). Ensayista, sociólogo, criminólogo y filólogo. Su cultura enciclopédica y su laboriosidad creadora lo hizo descollar en múltiples facetas. De su preocupación por Cuba dan cuenta: *Entre cubanos* (1912), *Las relaciones económicas entre Cuba y los Estados Unidos* (1927) y su muy estudiado *Con-*

trapunteo cubano del tabaco y el azúcar (1940). Se le considera un maestro de los estudios etnográficos y en esa especialidad alcanzó dimensión internacional. Cabe citar al efecto: *Los negros brujos* (1905), *Hampa afrocubana: los negros esclavos* (1916), *Las cuatro culturas indias de Cuba* (1943), *La africanía de la música folklórica en Cuba* (1950), *Los bailes y el teatro de los negros en el folklore de Cuba* (1951) y *Los instrumentos de la música afrocubana* (5 vols., 1953-55). Fue un destacado animador de la cultura cubana. [E.A.B.]

ORTIZ, FERNANDO. Véase POESÍA ESPAÑOLA POSTERIOR A 1975.

ORTIZ, FRANCISCO. Véase LITERATURA EPISTOLAR EN LOS SIGLOS XVI Y XVII.

ORTIZ, JOSÉ JOAQUÍN. Véase ROMANTICISMO EN HISPANOAMÉRICA.

ORTIZ, JUAN L. (Puerto Ruiz, Entre Ríos, Argentina, 1896-Paraná, Argentina, 1978). Escritor recatado, de vida provinciana y alejada de la escena literaria, ha desarrollado una obra que combina sabiamente las sugestiones telúricas del paisaje con la experiencia significante del simbolismo. Su obra se halla recogida en tres volúmenes bajo el título de *En el aura del sauce* (1971). [B.M.]

ORTIZ, LOURDES. Véanse NARRATIVA ESPAÑOLA POSTERIOR A 1975, NOVELA POLICIACA y TEATRO ESPAÑOL POSTERIOR A 1975.

ORTIZ, PEDRO (Ocotal, Nicaragua, 1859-San José de Costa Rica, 1892). Usó el seudónimo de «Ignotus». Cultivó el ensayo, el cuento y el artículo literario. Fue también antólogo, polemista y traductor. En gran parte, su obra quedó dispersa, como su cuento «La pluma azul», o como sus semblanzas de Miguel Larreynaga * y de Antonio José de Irisarri *. Entre sus libros y folletos conviene mencionar *Frutos de nuestro huerto...* (1888), selección de poesías y prosas, y *La lucha del día* (1890), donde Ortiz emplea sus mejores armas de polemista. Hay un libro póstumo: *Biografía y artículos* (1898). [E.Z.-H.]

ORTIZ Y AYALA, WALTER. Véase HISPANOAMÉRICA: POESÍA ACTUAL.

ORTIZ DE ESTÚÑIGA, IÑIGO. Véase COPLAS DE ¡AY PANADERA!

ORTIZ GUERRERO, MANUEL (Villarrica, Paraguay, 1897-Asunción, 1933). Poeta y dramaturgo paraguayo, uno de los pocos representantes del modernismo de su país. Víctima de lepra a edad temprana, vivió desde muy joven en el aislamiento impuesto por su enfermedad. Con grandes sacrificios logró instalar una imprenta y en ese taller que le sirvió de sustento cotidiano publicó también la mayoría de sus poemarios y piezas teatrales. Escribió en español y guaraní. De sus obras en español sobresalen *Surgente* (1922) y *Pepitas* (1930), ambas recogidas en sus *Obras completas* (1952, vol. póstumo). Varios de sus poemas —y entre ellos «Nde rendape ayú» («Vengo a tu encuentro»), uno de los más conocidos— fueron musicalizados por el maestro José Asunción Flores, creador de la «guarania» paraguaya. [T.M.F.]

ORTIZ DE MONTELLANO, BERNARDO (México, D.F., 1899-1948). Escritor mexicano, uno de los fundadores de la revista *Contemporáneos* *, de la que fue director desde el número 9 al 42-43 (1929-31). *Avidez* (1921), *El trompo de siete colores* (1925), *Red* (1928), *Primero sueño* (1931), *Sueños* (1933) y *Muerte del cielo azul* (1937) fueron muestras de una notable obra poética que, tras la muerte del autor, fue en buena parte reunida en *Sueño y poesía* (1952). Ortiz de

Montellano buscó siempre una expresión rigurosa, y se mostró interesado en el mundo de los sueños, que Freud y los surrealistas habían puesto de actualidad. En sus poemas es muy importante la inspiración onírica, conjugada a veces con ingredientes de la antigua cultura mexicana, a la que dedicó los estudios *La poesía indígena de México* (1935) y *Literatura indígena y colonial mexicana* (1946). *Esquema de la literatura mexicana moderna* (1931) y *Figura, amor y muerte de Amado Nervo* (1943) completan su labor de ensayista. También dio a conocer las piezas teatrales *El sombrerón* (1931) y *La cabeza de Salomé* (1943), y los relatos *Cinco horas sin corazón* (1940) y *El caso de mi amigo Alfazeta* (1946). [T.F.]

ORTIZ DE PINEDO, JOSÉ (Jaén, 1881-Madrid, 1959). Colaboró como crítico literario y como poeta en *ABC, Blanco y Negro, La Ilustración Española y Americana, Helios* y *Renacimiento*; ambas facetas están marcadas por el impresionismo subjetivista. Publicó libros de poesía —*Canciones juveniles* (1901), *Poemas breves* (1902), *Dolorosas* (1903), *Huerto humilde* (1907), *La jornada* (1910)—; y de prosa —*El pobre amor* (1911), *La dulce mentira* (1911)—, así como varias comedias, entre ellas, *Las feas* (1909). [M.P.C.]

ORTIZ DE PINEDO, MANUEL (Madrid, 1831-1901). Político, poeta, dramaturgo y crítico. Fue director del Patrimonio en la Revolución del 68. Sus sátiras, agudas y punzantes, aparecieron en *El Tribuno, La Discusión, La Política, Gente Vieja*, etc. Publicó *Poesías* en 1884. Como autor teatral, obtuvo gran éxito con el drama naturalista *Los pobres de Madrid* (1857). Del mismo género son *Una mujer de historia. Culpa y castigo* (1857), *Madrid en 1818* (1860) y *Frutos amargos* (1861), entre otros. Estrenó también la zarzuela *Un sobrino* (1857) y varias comedias. [M.P.C.]

ORTIZ SANZ, JOSÉ FRANCISCO (¿?-Valencia, 1822). Presbítero. Fue poemario más conocido, *Prólogo al adiós* (1954), está conceptuado como un poeta existencialista, dada su visión nostálgica del tema de la muerte. Otros libros suyos en el mismo género son *Cantos de los oasis de la noche* y *Los cantos precarios* (1983). Tiene proyectado un ciclo de seis novelas históricas, de las cuales ha publicado solamente *La barricada* (1963) y *Cruz del Sur* (1969). Al igual que Adela Zamudio*, Ortiz Sanz ha escrito con éxito unos cuantos poemas en lengua quechua. [C.C.B.]

ORTIZ SANZ, JOSÉ FRANCISCO (¿?-Valencia, 1822). Presbítero. Fue bibliotecario real y académico en la de Historia y de San Fernando. Empleó el seudónimo de «Escenófilo Ortomeno». Con este seudónimo publicó varios trabajos sobre teatro, como la *Carta de... al caballero de las cinco letras E.A.D.L.M. acerca del drama nuevo intitulado «Dios protege la inocencia»* (1788). Fue una polémica, la de ese año, en la que intervinieron varios críticos, como Cándido María Trigueros* —que se escondía tras las cinco letras citadas—, y actores como Parra. Ortiz fue autor también de una tragedia titulada *Orestes en Sciro* (1790) y tradujo la obra de F. Milizia *El teatro* (1789), donde se dan normas sobre la correcta interpretación teatral. Además de esto, puso en castellano *Los diez libros de Arquitectura* (1787) de Vitruvio, los cuatro de Palladio (1797) y escribió un *Viaje arquitectónico anticuario de España* (1807) y otras obras sobre arquitectura.

BIBLIOGRAFÍA. M. Fabbri, «Forme tragiche in evoluzione. Le due redazioni dell'Orestes in Sciro di José Ortiz», en *Vagabondi, visionari, eroi* (Abano Terme, 1984), págs. 75-100. [J.A.B.]

ORTIZ SARALEGUI, JUVENAL (Lavalleja, Uruguay, 1907-Montevideo,

1959). Poeta y ensayista uruguayo, director de la revista literaria *Cuadernos Julio Herrera y Reissig* y organizador de las Jornadas Interamericanas de Poesía. Aunque su primera obra, *Palacio Salvo* (1927), está vinculada al más radical futurismo, el resto de su producción parte de los más tradicionales impulsos de la poesía hispánica. [J.L.F.]

ORTOLL, MARÍA MERCEDES. Véase NOVELA ROSA.

ORTS-RAMOS, TOMÁS (Benidorm, Alicante, 1866-?, 1939). Escritor taurino y narrador, colaboró en *La Lidia, Vida Nueva, La Vida Literaria* y *La Vanguardia*. En Madrid fundó y dirigió *El Látigo* (1889-90) y en Barcelona *El Saltillo* (1910) y *Todo Leche* (1913). A veces firmó con el seudónimo de «El Niño de Dios». Fue corresponsal en Francia y en diversos países hispanoamericanos. Tradujo a D'Annunzio y Stendhal. Publicó *Una historia vulgar* (1892), *Todo por nada* (1894), *La alegría de amar* (1901), *Confesiones de mujeres* (1904), *Eróticos y sentimentales* (1905) y *El implacable amor* (1905). [M.P.C.]

ORTÚÑEZ DE CALAHORRA, DIEGO (Nájera, Logroño, ?-¿?). Autor del libro de caballerías *Espejo de príncipes y cavalleros*, más conocido por el nombre de su protagonista: *El caballero del Febo*. Se trata de uno de los textos más representativos de este género —es un «regimiento de caballeros», plagado de parlamentos filosóficos y morales— y uno de los que más éxito logró, incluso cuando lo caballeresco se encontraba ya en franca decadencia: además de sus seis ediciones, desde la primera, hecha en Zaragoza en 1555, se escribieron cuatro continuaciones; también sus aventuras se incorporaron al romancero nuevo.

BIBLIOGRAFÍA. D. Ortúñez de Calahorra, *Espejo de príncipes y cavalleros*, ed. de D. Eisenberg (Madrid, 1975). [R.R.]

ORY, CARLOS EDMUNDO DE (Cádiz, 1923). Poeta, cuya producción se inicia con algunos libros, como *Sombras y pájaros* (1940) o *Canciones amargas* (1942), inmersos en una tardía estética modernista. Su obra más personal se produce tras su traslado a Madrid en 1942, donde, junto con Eduardo Chicharro* y Silvano Sernesi, funda el movimiento postista, que, anclado en las vanguardias de preguerra, supone un revulsivo frente a la poesía vigente. Dos revistas, *Postismo* y *La Cerbatana*, cuya vida se limita a un solo número, le servirán de órgano de expresión. Una selección de poemas de esta época aparece en 1945 con el título de *Versos de pronto*. En 1951 se inicia una nueva etapa en su poesía con la publicación, en compañía del pintor dominicano Darío Suro, del manifiesto introrrealista: su objetivo es ahora un arte entendido como manifestación de la realidad interna del hombre y expresado en un lenguaje que ha de surgir como invención a partir de misteriosos estados de conciencia. En 1955 se instalaba en París, donde reside hasta 1968, fecha en que se traslada a Amiens y funda su *Atelier de Poésie Ouverte* (A.P.O.). Puede hablarse a partir de entonces de una tercera etapa, en la que la labor poética es entendida como creación colectiva: desarrolla así una serie de experiencias con el objetivo de hacer llegar la poesía a un público mayoritario y transmitir la experiencia de su realización a través de reuniones y discusiones con grupos de oyentes que se convierten en copartícipes del proceso creativo. Su obra (muy dispersa en revistas) conforma, entre otros, los siguientes volúmenes: *Los sonetos* (1963), *Poemas* (1969), *Música del lobo* (1970), *Poesía: 1949-1969* (1970), *Técnica y llanto* (1971), *Poesía abierta* (1974), *Lee sin temor* (1976), *Energeia* (1978), *Metanoia* (1978), *La flauta prohibida* (1979), *Nabla* (1982) o *Soneto vivo* (1988). Es autor asimismo de varios libros de relatos en prosa, como *El bosque* (1952), *Kikiriquí-Mangó* (1954), *El alfabeto griego* (1970), *Basuras* (1975), y de la novela *Nephiboseth en Onou, diario de un loco* (1973).

BIBLIOGRAFÍA. AA. VV., en *Litoral*, núms. 19-20 (Málaga, 1971); C. E. de Ory, *Metanoia*, introducción de R. de Cózar (Madrid, 1978), págs. 19-94; J. Pont, *El postismo* (Barcelona, 1987). [A.S.Z.]

ORY, EDUARDO DE (Cádiz, 1884-1939). Las revistas modernistas que él inspiró (*Azul* —1906-08, con dos etapas—, *España y América, La Diana* —1909— y *Gente Conocida* —1939—) sirvieron, como antes las de Villaespesa*, para mantener los lazos de hermanamiento cultural que, entre España y América, tendió el modernismo*. Su obra lírica, que arraiga en el intimismo becqueriano finisecular (*Plumaditas*, 1902; *Ecos de mi lira*, 1903; *Aires de Andalucía*, 1904; *Laureles-rosas*, 1905; *El pájaro azul*, 1906; *La primavera canta*, 1907; *Mariposas de oro*, 1907; *Bouquet de azucenas*, 1908; *Alma de luz*, 1909; *Lo que dicen las campanas*, 1909; *Mármoles líricos*, 1909; *Caravana de ensueños*, 1911; *Hacia las cumbres*, 1917), da pasos importantes hacia la desnudez formal que caracteriza una de las vías de superación del modernismo (*Cascabeles de plata*, 1923, e *Inquietudes*, 1925) y de aproximación a la vanguardia, evolución visible aún más en libros como *Rarezas literarias* (1925) e *Intimidades literarias* (1937). Como ensayista, destacan sus trabajos sobre *Gómez Carrillo* (1909), *Manuel Reina* (1916), *Rubén Darío* (1917) y *Amado Nervo* (1918).

BIBLIOGRAFÍA. M. Ramos Ortega, *La obra poética de Eduardo de Ory* (Cádiz, 1983). [J.B.]

OSORIO, MARTA. Véase LITERATURA INFANTIL ESPAÑOLA.

OSORIO BENÍTEZ, MIGUEL ÁNGEL. Véase BARBA JACOB, PORFIRIO.

OSORIO LIZARAZO, JOSÉ ANTONIO (Bogotá, 1900-Buenos Aires, 1964). Novelista y periodista colombiano, calificado de naturalista por el interés que concede a las historias de crimen, vicio, sexo, locura, miseria, infamia. Sus novelas son testimonio de problemas sociales y están inspiradas por un sentimiento de protesta. Se inició con *La cara de la miseria* (1927), a la que siguieron *La casa de vecindad* (1930), *Hombres sin presente* (1938), *Garabato* (1939) y *El hombre bajo la tierra* (1944). En la más famosa, *El día del odio* (1952), narra el 9 de abril de 1948, día trágico en la historia colombiana del presente siglo. [F.C.L.]

OSPINA, WILLIAM. Véase HISPANOAMÉRICA: POESÍA ACTUAL.

OSSORIO Y BERNARD, MANUEL (Algeciras, Cádiz, 1839-Madrid, 1904). Trabajador incansable, publicó numerosas obras y cientos de artículos en las más importantes revistas de la época. Fue redactor de *El Contemporáneo, El Español, El Cascabel, La Correspondencia, El Día*, etc. Su importante labor de bibliógrafo está recogida en *Galería bibliográfica de artistas españoles del siglo XIX* (1868-84), *Galería biográfica de artistas españoles del siglo XIX* (1883-84), *Ensayo de un catálogo de periodistas españoles del siglo XIX* (1903-04), *Apuntes para un Diccionario de escritoras españolas del siglo XIX* (publicado en *La España Moderna*, 1889-90) y *Apuntes para un Diccionario de escritoras americanas del siglo XIX* (en *La España Moderna*, 1891-92). Sus cuadros de costumbres —*La república de las letras*, 1876— muestran su agudeza y gracejo. Al mundo infantil, como tema y como destinatario, dedicó numerosas obras en verso y prosa, entre las que destacan *Moral infantil. Páginas en verso* (1876), *Lectu-*

ras de la infancia. Cuentos (1880), *Álbum infantil. Cuentos, máximas y enseñanzas, en prosa y en verso* (1885), *Gente menuda. Romances infantiles* (1891), *Poemas infantiles* (1894) y *Epigramas infantiles* (1895). [M.P.C.]

OSSOT, HANNI (Caracas, 1946). Poetisa, ensayista y profesora universitaria. Su obra poética está recogida en los siguientes libros: *Espacios para decir lo mismo* (1974), *Formas en el sueño figuran infinitos* (1976), *Espacios en disolución* (1976), *Espacios de ausencia y luz* (1982), *Hasta que llegue el día y huyan las sombras* (1983) y *El reino donde la noche se abre* (1987). Los ensayos de la autora se incluyen en *Memoria en ausencia de imagen/Memoria del cuerpo* (1979) e *Imágenes, voces y visiones (Ensayos sobre el habla poética)* (1987). [C.R. de G.]

OSTORNOL, ANTONIO (Santiago de Chile, 1954). Novelista chileno. En su escritura se registra la experiencia del golpe militar de 1973; sus personajes no se sienten pertenecientes a la nueva historia. Sus novelas, *Los recodos del silencio* (1981) y *El obsesivo mundo de Benjamín* (1982), están construidas desde el dolor, desde la destrucción y la nostalgia. [A.M.]

OSUNA, FRANCISCO DE (Osuna, Sevilla, 1492-?, h. 1541). Escritor ascético; franciscano reformado. Su infancia transcurrió en Osuna, en el seno de una familia al servicio de los Téllez Girón. Posiblemente en 1510 asistió a la toma de Trípoli y peregrinó a Santiago de Compostela. Hacia 1513 ingresó en la Orden de San Francisco, quizá en la provincia de Castilla. Al parecer, estudió teología en Alcalá. Entre 1520 y 1523 residió en la casa de oración de La Salceda, donde destacó como predicador. De 1527 a 1531 aparece en los documentos sevillanos como comisario general de Indias; en 1532 participó en las reuniones de la Congregación general de Toulouse; viajó posteriormente a Lyon, París y Amberes, donde estuvo, en 1534, buscando editores para sus obras. Regresó a España a principios de 1537. Su *Abecedario espiritual*, publicado en varias partes, consiste en una serie de dísticos ordenados alfabéticamente por su primera palabra, comentados extensamente. La parte más importante es la 3.ª (1527), muy utilizada por Santa Teresa de Jesús *; a ella siguieron una 1.ª (1528), una 2.ª (1530), una 4.ª (1530), también conocida como *Ley de amor*, y una 5.ª y una 6.ª —considerada a veces como apócrifa—, dedicadas a la vida de pobreza. Otras obras suyas son *Gracioso convite* (Sevilla, 1530), dedicada a la Eucaristía, y *Norte de los estados* (Sevilla, 1531). Gran importancia histórica tienen sus sermones, escritos en latín.

BIBLIOGRAFÍA. F. de Ros, *Un maître de Sainte Thérèse* (París, 1936); F. de Osuna, *Tercer Abecedario Espiritual*, ed. de M. Andrés Martín (Madrid, 1972); L. Calvert, *Francisco de Osuna and the spirit of the letter* (Chapel Hill, 1973); V. Muñiz Rodríguez, *Experiencia de Dios y lenguaje en el Tercer abecedario espiritual, de Francisco de Osuna* (Salamanca, 1986). [J.G.L.]

OTERO, BLAS DE (Bilbao, 1916-Madrid, 1979). Poeta cuyo influjo ha incidido en amplios sectores de la poesía española actual. Tras unos comienzos juveniles, en los que, influido por San Juan de la Cruz *, Fray Luis de León * y Santa Teresa de Jesús *, tantea el campo de la poesía religiosa (*Cántico espiritual*, 1942) para expresar una fe sin fisuras, irrumpe en el panorama literario para conmoverlo, como lo habían hecho Dámaso Alonso * o José Luis Hidalgo *, con un libro importante: *Ángel fieramente humano* (1950), exhibición estremecedora de un conflicto religioso que vierte en imprecaciones a

Dios, donde alternan la súplica dolorida y el nihilismo más sombrío. La crisis trasciende los niveles de lo personal para proyectarse en lo universal humano —«Esto es ser hombre: horror a manos llenas»—, objetivo perenne, si bien con múltiples matices, de la poesía de Otero. Esta presencia de la otredad se impone con mayor fuerza aún en el siguiente libro, *Redoble de conciencia* (1951), donde, a la vez, se transparentan con mayor claridad las circunstancias históricas —posguerra española, guerra y posguerra europeas—, desencadenantes, en rigor, de tanta conflictividad. Ambos libros se publicarían luego, conjuntamente, con el añadido de bastantes textos inéditos, bajo el título —conformado por la primera y la última sílaba, respectivamente, de los libros que recoge— de *Ancia* (1958). En los libros siguientes, *Pido la paz y la palabra* (1955) y *En castellano* (1960: un año antes había sido publicado en francés como *Parler clair*), encontramos ya una poesía donde la preocupación social ha desplazado a la angustia metafísica. La fe en la solidaridad humana y la necesidad de una esperanza salvadora diluyen el nihilismo anterior, aunque no la violencia del discurso poético: éste se centra ahora en las circunstancias que rodean al hombre español y tiene como interlocutor principal a España, cuya realidad despierta en el poeta sentimientos contradictorios de amor y de repulsa. Ambos títulos fueron reunidos en el volumen *Con la inmensa mayoría* (1960), marbete esclarecedor de la poética solidaria de Otero, al igual que el título siguiente, *Hacia la inmensa mayoría* (1962), que compendia todos los libros de su autor, a excepción de *Cántico espiritual*. Han seguido, entre otros, *Esto no es un libro* (1963), *Que trata de España* (1964), *Expresión y reunión (1941-1969)* (1969 y 1981), *Mientras* (1970) y *Poesía con nombres* (1977). Tienen gran interés unas *Historias fingidas y verdaderas* (1970 y 1980) por lo que aportan de voluntad evolutiva y experimentalista.

BIBLIOGRAFÍA. E. Alarcos Llorach, *La poesía de Blas de Otero* (Madrid, 1973); AA. VV., en *Papeles de Son Armadans*, núms. 254-55 (1977); M. de Semprún Donahue, *Blas de Otero en su poesía* (Chapel Hill, 1977); J. Galán, *Blas de Otero, palabras para un pueblo* (Barcelona, 1978); AA. VV., *Blas de Otero. Study of a poet*, ed. de C. Mellizo y L. Salstad (Wyoming, 1980); I. Zapiain y R. Iglesias, *Aproximación a la poesía de Blas de Otero* (Madrid, 1983); S. de la Cruz, *La poesía de Blas de Otero* (Madrid, 1983). [A.S.Z.]

OTERO, GUSTAVO ADOLFO (La Paz, 1896-Quito, 1958). Novelista, crítico y ensayista boliviano, de un temperamento humorístico proclive a la burla y el sarcasmo. Dentro de esa orientación escribió, por ejemplo, la novela *El honorable Poroto* (1921). En 1933 escribió *Horizontes incendiados*, obra narrativa cuyo desenlace tiene lugar en la guerra del Chaco. Otero ha compuesto muchas obras de historia, sociología, biografía y crítica literaria. Baste con citar sus libros *Figura y carácter del indio* (1935), *La vida social en el coloniaje* (1942) y *Figuras de la cultura boliviana* (1952). [C.C.B.]

OTERO, LISANDRO. Véase HISPANOAMÉRICA: NARRATIVA ACTUAL.

OTERO REICHE, RAÚL (Santa Cruz de la Sierra, Bolivia, 1906-1976). Poeta y autor de teatro. Asistió a la guerra con el Paraguay, y sus *Poemas de sangre y lejanía* (1934) muestran un alma quebrada por la angustia que causa la destrucción violenta de la vida. Después su poesía se orientó hacia temas muy diferentes: el paisaje natal, el amor, la maternidad, la paz, los niños. De esta inclinación nacieron sus obras *Fundación en la llanura* (1967), *Soledad* *iluminada* (1972) y *América y otros poemas* (1977). Entre sus obras de teatro destaca *Paso de comedia* (1963). [C.C.B.]

OTERO SILVA, MIGUEL (Barcelona, Anzoátegui, Venezuela, 1908-Caracas, 1985). Novelista, poeta y cuentista. Exiliado desde 1930 a 1936, se dedicó en Europa al periodismo. Al regresar en 1937 a Venezuela es desterrado a México y viaja a Estados Unidos y algunos países de Sudamérica. En 1937, publica su primer libro de poemas, *Agua y cauce*, y en 1939 la novela *Fiebre*. La segunda novela, *Casas muertas* (1954), obtuvo el premio Arístides Rojas y el Nacional de Literatura. Otero Silva, cuyas actividades literarias han sido muy varias, cultivó en sus novelas formas expresivas de constante vivacidad intelectual, alcanzando por esta razón un prestigio fácil de constatar, observando las numerosas traducciones de sus novelas a los principales idiomas de Occidente. Como escritor testimonial, su estilo y su personalidad literaria revelan una disposición creadora mantenida a través de la prosa, el verso, el ensayo y el humor, buscando la entraña de lo venezolano. Puede trazarse una línea que muestre su participación directa en la historia contemporánea de su patria: *Casas muertas* ofrece la realidad de un pueblecito llanero arrasado por el paludismo, rodeado de soledad y con personajes diluidos en la atmósfera aterradora del desamparo; *Oficina número 1* (1961) es, a su modo, una continuación de esta novela y se desarrolla en un tiempo que va de 1929 a 1941; *La muerte de Honorio* (1963) describe los acontecimientos que derrocaron al general Marcos Pérez Jiménez: sus personajes nos ayudan a reconstruir el período entre 1945-58, en un documental terrible de torturas y cárceles; *Cuando quiero llorar no lloro* (1970) plantea una cuestión de actualidad: la acción guerrillera revolucionaria, desestabilizadora de la juventud estudiantil. En *Lope de Aguirre, príncipe de la libertad* (1979), se centra en el tirano español, famoso por su crueldad demencial, y refiere muertes, venganzas y actos de la mayor sordidez. *La piedra que era Cristo* (1984) es una reconstrucción documentada de la vida sagrada del Salvador.

BIBLIOGRAFÍA. F. Paz Castillo, *Miguel Otero Silva: su obra literaria* (Caracas, 1975); A. Márquez Rodríguez, *Acción y pasión en los personajes de Miguel Otero Silva y otros ensayos* (Caracas, 1985); P. P. Barnola, *La piedra angular: «La piedra que era Cristo»* (Caracas, 1985); O. Guaramato y otros, *Miguel Otero Silva y su tiempo* (Cumaná, 1986). [J.R.M.]

OTEYZA, LUIS DE (Zafra, Badajoz, 1883-Caracas, 1961). Fue periodista. Es autor también de diversas novelas —*El diablo blanco* (1928), *¡Viva el Rey!* (1929), *El tesoro de Cuauhtemoc* (1930), *El hombre que tuvo harén* (1931), *Río revuelto* (1932), *Anticípolis* (1933), etc.—, de libros de poemas de corte modernista —*Flores de almendro* (1903), *Brumas* (1905) y *Versos de los veinte años* (1923)— y de obras en las que dejó testimonio de sus muchos viajes —*De España al Japón* (1927), *En el remoto Cipango* (1927), *Al Senegal en avión* (1928), *La tierra es redonda. Novela de aventuras alrededor del mundo* (1933)—, o en las que abordó asuntos pintorescos y frívolos. Entre estas últimas, *Las mujeres de la literatura* (1917), *Frases históricas* (1918), *Animales célebres* (1919) y *Los dioses que se fueron* (1929), sobre mitología. [A.R.]

OTHÓN, MANUEL JOSÉ (San Luis Potosí, México, 1856-México, D.F., 1906). Su obra es útil para entender el tránsito del postromanticismo al modernismo. Su libro principal, *Poemas rústicos* (1882), ofrece la novedad de un paisajismo que anuncia el regionalismo mexicano de la primera década del siglo XX. *Idilio salvaje* (1905) representa bien este aspecto del poeta, que fue ocasionalmente dramaturgo, cuentista y novelista. Los sonetos de *Noche rústica de Walpurgis* (1907) son una rareza en la que se mezclan lecturas diversas y un vago espiritualismo. Estas composiciones contribuyeron a realzar su reputación.

BIBLIOGRAFÍA. B. Dromundo, *Manuel José Othón: su vida y su obra* (México, 1959). [I.Z.]

OVALLE, ALONSO DE (Santiago de Chile, 1601-Lima, 1651). Jesuita chileno, su conocida *Histórica relación del reino de Chile* (1646) no es apreciada hoy por su valor historiográfico. Lo que la singulariza es su manifiesta vocación narrativa, y sobre todo sus afortunadas evocaciones de paisajes chilenos. Ese extenso relato, tan rico en hipérboles sutiles, es un texto fundador de la narrativa de creación hispanoamericana. Son memorables sus grandiosas visiones de tempestades andinas, que tan cercanas están a innumerables escenas de la novela bizantina. A pesar de su contenido imaginativo, el texto ha merecido muy pocos estudios.

BIBLIOGRAFÍA. F. Esteve Barba, *Historiografía indiana* (Madrid, 1964). [E.P.-W.]

OVALLES, CAUPOLICÁN (Guarenas, Miranda, Venezuela, 1935). Poeta y novelista venezolano, integrante del grupo «Sardio» * y, con Juan Calzadilla *, fundador del «El Techo de la Ballena». Sus poemas de estilo directo y agresivo muestran la influencia de los antipoemas del chileno Nicanor Parra * y de la "beat generation" norteamericana. Obtuvo el Premio Nacional de Literatura, mención de Poesía (1971-72), por *La copa de huesos*. Actualmente es presidente de la Asociación de Escritores de Venezuela. Entre sus obras figuran: *¿Duerme usted, señor presidente?* (1962), *En uso de razón* (1963), *Elegía a Guatimocín, mi padre, alias «el Globo»* (1967) *Sexto sentido o Diario de Praga* (1973) y *Para canción y canción de Evita Paraíso* (1980). Ha publicado también una novela de matiz histórico: *Yo, Bolívar Rey* (1987). [H.J.B.]

OVANDO SANTARÉN, JUAN DE (Málaga, 1624-1706). Poeta de la escuela gongorina. Estudió leyes en Granada y ya en 1642 inició una exitosa carrera militar. Su vida estuvo plagada de escándalos y sucesos extraordinarios. Escribió algunas comedias, como *El engaño en la fineza* o *La fortuna en la desgracia*, pero son más importantes sus obras poéticas, como el *Exemplar de castigos y piedades* (Málaga, 1650); su obra cumbre, *Ocios de Castalia* (Málaga, 1663), los *Poemas lúgubres* (Málaga, 1665) y el *Orfeo militar* (Málaga, 1688), sin contar sus numerosas participaciones en academias, justas y festejos.

BIBLIOGRAFÍA. J. de Ovando Santarén, *Ocios de Castalia*, ed. de C. Cuevas (Málaga, 1987); C. Cuevas, «Autógrafos poéticos de Juan de Ovando y Santarén. El manuscrito Muñoz Rojas», en *Homenaje al profesor A. Gallego Morell* (Granada, 1990), págs. 333-345. [R.R.]

OVIDIO (seudónimo). Véase SUÁREZ BRAVO, CEFERINO.

OVIEDO, JOSÉ MIGUEL (Lima, 1934). En su juventud ejerció la crítica teatral, y estrenó y publicó *Pruvonena* (1958), drama histórico en el que recordó a José de la Riva Agüero, político peruano de la época de la independencia y primeros años de la República. Al tiempo que enseñaba en universidades de Perú, Gran Bretaña y Estados Unidos, centró luego sus esfuerzos en la investigación literaria, lo que se tradujo en *Genio y figura de Ricardo Palma* (1965), *Mario Vargas Llosa: la invención de una realidad* (1970), *La niña de*

New York. *Una revisión de la vida erótica de José Martí* (1989), *Breve historia del ensayo hispanoamericano* (1991) y otros estudios. Recientemente ha dado a conocer *Soledad & Compañía* (1987) y *La vida maravillosa* (1988), donde pueden encontrarse relatos breves de lograda factura y otros textos que propenden a la brevedad y culminan en las «esquirlas», aforismos y anotaciones que proponen como especialmente significativa su condición de fragmentos y de iluminaciones súbitas. [T.F.]

OVIEDO Y SQUARZAFIGO, JUAN DE (Madrid, 1702-1753). Carmelita, con el nombre de fray Juan de la Concepción, destacó como orador. Además, con desenfado cómico y popular sentido del humor —bajo el seudónimo de «Don Juan de Madrid»—, escribió diversas obras, preferentemente en verso, entre las que destacan *El patán de Carabanchel*, *Guerra y paz de las estrellas* y *El poeta oculto*. También su discurso de ingreso en la Real Academia lo escribió en verso, *Oración gratulatoria* (1744). A imitación de Torres Villarroel *, publicó también un *Piscator cómico* (1744). [J.B.]

OWEN, GILBERTO (El Rosario, Sinaloa, México, 1905-Filadelfia, EE.UU., 1952). Escritor mexicano, colaboró en las revistas *Ulises* (1927-1928) y *Contemporáneos* *, y, como sus compañeros de generación, se mostró poseedor de una gran cultura literaria. Con el relato *La llama fría* (1925) y luego con *Novela como nube* (1928), se mostró interesado en renovadoras experiencias narrativas. En *Desvelo* (1925), *Línea* (1930), *Libro de Ruth* (1944) y *Perseo vencido* (1948) se concretó su poesía, sin duda lo más destacado de su producción: una poesía rica en juegos verbales y en reminiscencias literarias, que apenas enmascaran un acentuado sentimiento de tristeza y desesperación total ante el misterio inextricable del universo. Tal vez alcanza su mejor manifestación en «Sindbad el varado» (1948), poema donde se conjugan referencias metaliterarias con otras de carácter mítico y esotérico, para plasmar la nostalgia de absoluto o de la unidad perdida. Póstumamente aparecieron una selección de sus escritos, *Poesía y prosa* (1953), y sus *Primeros versos* (1957).

BIBLIOGRAFÍA. J. García Terrés, *Poesía y alquimia. Los tres mundos de Gilberto Owen* (México, 1980). [T.F.]

OYANGUREN, IGNACIO DE LOYOLA (¿?-¿?). Abogado. Escribió el *Discurso crítico sobre el origen, calidad y estado presente de las comedias en España* (1750), que es una apología del teatro español del Siglo de Oro y una refutación de las críticas de Blas Nasarre * contra el mismo, en el marco de la polémica teatral dieciochesca. [J.A.R.]

OYARZÚN, LUIS (Santa Cruz, Chile, 1920). Poeta y ensayista chileno de vasta cultura, autor de los relatos autobiográficos contenidos en *La infancia* (1940) y *Los días ocultos* (1955), de los libros de poesía introspectiva *Las murallas del sueño* (1940), *Poemas en prosa* (1943), *Ver* (1952), *Mediodía* (1958) y *Mudanzas del tiempo* (1962), y del ensayo *El pensamiento de Lastarria* (1953). [J.A.C.]

OYUELA, CALIXTO (Buenos Aires, 1857-1935). Escritor y crítico literario. A su poesía, de orientación clasicista, pertenecen *Cantos* (1891), *Nuevos cantos* (1905), *Cantos de otoño* (1924) y *Cantos nocturnos: Leopardianas* (1933). Sus ensayos, entre los que se cuentan *Estudios y artículos literarios* (1889) y *Estudios literarios* (1915), muestran su declarado respeto de la tradición y su preocupación por la pureza de la lengua. [T.F.]

OZORES, RENATO (Oviedo, España, 1910). Escritor panameño, es autor de colecciones de relatos breves como *Un pequeño incidente y otros cuentos* (1947) y *El dedo ajeno* (1954), y de novelas como *Playa honda* (1950), *Puente del mundo* (1951) y *La calle oscura* (1951). Ha cultivado también el teatro: *Un ángel* (1953), *La fuga* (1959), *El Cholo* (1961). [T.F.]

P

PABÓN Y GUERRERO, ALONSO. Véase RETÓRICAS DEL SIGLO XVIII.

PACHECO, ABEL (Puerto Limón, Costa Rica, 1933). Cuentista y psiquiatra, vinculado a la zona caribeña atlántica de Puerto Limón. Los cuentos reunidos en *Paso de tropa* (1969) y *Más abajo de la piel* (1972) lo muestran como un narrador directo y vitalista, de acentuada orientación lírica. [A.B.F.]

PACHECO, BALTASAR. Véase ORATORIA SAGRADA DE LOS SIGLOS XVI Y XVII.

PACHECO, CRISTINA (Guanajuato, México, 1941). Periodista y entrevistadora de televisión. Al calificarla como «cronista de los pobres», se describe sucintamente la forma literaria que emplea y los personajes que le importan. Los volúmenes de crónicas *Para vivir aquí* (1983) y *Sopita de fideo* (1984) apuntan al mundo de los desposeídos con gran dosis de ternura y comprensión. Otras colecciones de relatos: *Zona de desastre* (1986) y *La última noche del tigre* (1987). [J.E.C.]

PACHECO, FRANCISCO (Sanlúcar de Barrameda, Cádiz, 1564-Sevilla, 1644). Su faceta más conocida es la de pintor, si bien es también famoso como poeta, erudito, recopilador de poesías ajenas (Baltasar del Alcázar*, Fernando de Herrera*) y editor. Participó en las polémicas literarias de su tiempo, sobre todo en las que siguieron a la aparición de las *Anotaciones* de Herrera. Como pintor, le debemos el mejor tratado teórico de los que se publicaron en España, *El arte de la pintura* (Sevilla, 1649) y un interesantísimo *Libro de retratos*, que no se llegó a imprimir, donde se recogen, bajo los retratos, importantes noticias sobre los escritores de su tiempo.

BIBLIOGRAFÍA. F. Pacheco, *El arte de la pintura*, ed. de B. Bassegoda i Hugas (Madrid, 1990). [R.R.]

PACHECO, JOAQUÍN FRANCISCO (Écija, Sevilla, 1808-Madrid, 1865). Político, fue embajador, ministro y presidente del Consejo. De activa presencia en publicaciones como *El Artista*, *La Abeja*, *El Siglo*, *El Español* y *La España*, recogió sus trabajos periodísticos en *Literatura, historia y política* (1864). Escribió poesía, recogida en *Meditación* (1834), pero se le recuerda especialmente por dramas como *Alfredo* (1835) y *Bernardo del Carpio* (1848). Es también autor de la tragedia *Los infantes de Lara* (1836). [J.B.]

PACHECO, JOSÉ EMILIO (México, D.F., 1939). Es, para muchos, el escritor más importante de su generación en México. Ha sabido combinar con eficacia el pensamiento crítico y la creación imaginativa. Tanto la poesía como la narrativa, géneros entre los que alterna con idéntica brillantez, son las modalidades más sobresalientes de su labor literaria, las que le han convertido en uno de los escritores hispanoamericanos más significativos de la actualidad. Poeta de la desolación, dominado por presagios funestos, ha ido despojándose progresivamente de la retórica establecida y de la noción del poema como objeto estilizado, para adquirir, a partir de *No me preguntes cómo pasa el tiempo* (1969), un decir plenamente afín con la sensibilidad contemporánea, conversacional, epigramático y de exacta sobriedad, que se vuelca sobre múltiples experiencias cotidianas con aguda conciencia crítica e irreverente ironía desmitificadora. A Pacheco le apasiona escribir, pero considera que el texto no es propiedad exclusiva de su autor; para él la literatura es un producto social que no pertenece a nadie en particular. Su heterónimo, Julián Hernández, lo resume con palabras que hacen eco con una célebre frase de Lautréamont: «La poesía no es de nadie: se hace entre todos.» De ahí la importancia que Pacheco concede a las traducciones («Aproximaciones») que incorpora en sus propios libros, a la invención de heterónimos y, especialmente, a la intertextualidad, el proceso de crear literatura de la literatura, práctica en la que se inserta perfectamente su obra poética. Su poesía es, en cierta manera, un palimpsesto donde su propia voz se fragmenta en máscaras apócrifas, versiones y voces de otros que dialogan entre sí, de cuyo entrecruzamiento nace y se desarrolla su auténtica voz poética. *Tarde o temprano* (1980) recoge su poesía hasta la fecha indicada. Sus libros posteriores —*Los trabajos del mar* (1984), *Miro la tierra* (1986) y *Ciudad de la memoria* (1989)— confirman el lugar de Pacheco en la poesía hispanoamericana actual.

La preocupación central de su poesía, la fugacidad de lo vivido y el desgaste progresivo del mundo, subyace en su narrativa. Pero ésta privilegia otras dimensiones, entre las que se destacan tres: la infancia y la adolescencia, vistas como pautas del fracaso de la comunicación afectiva y del desencanto adulto; la persistencia de situaciones sociopolíticas degradantes, el testimonio penetrante y conmovido de la crisis del México moderno y de las crueldades cíclicas de la historia, y la apertura del relato a una realidad más vasta, la irrupción de lo inexplicable y fantástico en lo cotidiano. *El viento distante* (1963), *El principio del placer* (1972) y su reciente *La sangre de Medusa y otros cuentos marginales* (1990) recogen las ficciones breves de Pacheco. Sus novelas *Morirás lejos* (1967) y *Las batallas en el desierto* (1981), regidas por un cuestionamiento de orden estético, ético e ideológico, son ejemplos de maestría narrativa. La experimentación con la estructura, el tiempo y la escritura de la primera deja lugar en la segunda a la concisión y la sobriedad, a un lenguaje cada vez más intenso y escéptico.

La labor de divulgación cultural de Pacheco ha merecido el Premio Nacional de Periodismo de 1980. La extensa lista de ediciones y antologías que ha preparado demuestra, una vez más, su impar dedicación a investigar y a reconstruir la vida cultural mexicana de los siglos XIX y XX, a establecer sus vínculos con las literaturas de otros países y a fomentar el estudio de obras o autores insuficientemente conocidos.

BIBLIOGRAFÍA. Y. Jiménez de Báez, D. Morán y E. Negrín, *Ficción e historia: la narrativa de José Emilio Pacheco* (México, 1979); L. A. de Villena, *José Emilio Pacheco* (Madrid, 1985); H. J. Verani (ed.), *José Emilio Pacheco ante la crítica* (México, 1986); R. Dorra, *La literatura puesta en juego* (México, 1986); D. Torres, *José Emilio Pacheco: poesía y poética del prosaísmo* (Madrid, 1990). [H.J.V.]

PACHECO, MANUEL (Olivenza, Badajoz, 1919). De formación autodidacta, ha desempeñado varios oficios manuales. Entre sus libros de poemas pueden citarse *Ausencia de mis manos* (1949),

En la tierra del cáncer (1953), *Los caballos del alba* (1954), *Poemas al hijo* (1960), *Poemas en forma de...* (1962), *Poesía en la tierra* (1970), *Para curar el cáncer no sirven las libélulas* (1970), *El emblema del sueño* (1972), *Diario de Laurentino Agapito Agaputa* (1981) y *Azules sonidos de la música* (1982). Toda su obra fue recogida en *Poesía*, 3 vols. (1986). Por su estilo realista, su compromiso moral y la elección de temas, Manuel Pacheco es uno de los representantes más significativos de la poesía social de la posguerra.

BIBLIOGRAFÍA. L. de Luis, *Poesía social española contemporánea (1939-1968)* (Madrid, 1982). [L.G.M.]

PADILLA, HEBERTO (Pinar del Río, Cuba, 1932). Uno de los poetas cubanos más sobresalientes de la llamada «Generación del 50», reside en los Estados Unidos de Norteamérica. En Cuba formó parte del equipo de redacción de una de las publicaciones culturales más polémicas, *Lunes de Revolución*. Es autor de los poemarios *Las rosas audaces* (1948), *El justo tiempo humano* (1962), *La hora* (1964), *Fuera del juego* (1968), *Provocaciones* (1972) y *El hombre junto al mar* (1981), y de las novelas *En mi jardín pastan los héroes* (1981) y *La mala memoria* (1989). Premiado en el Concurso de la Unión de Escritores de Cuba en 1968, *Fuera del juego* suscitó un debate por el carácter crítico que algunos textos parecían adoptar frente a la sociedad revolucionaria cubana. [M.Y.]

PADILLA, JOAQUINA DE. Véase LITERATURA INFANTIL HISPANOAMERICANA.

PADILLA, JUAN DE (Sevilla, ¿1467?-1520). Conocido por el Cartujano, por haber tomado el hábito de la orden en la Cartuja de Santa María de las Cuevas. Siendo joven, se interesó por la antigüedad clásica, a juzgar por sus propias confesiones, restándole un poso de cultura greco-latina que utilizó en sus obras posteriores. Andaluz e integrado en su ambiente, dedicó 150 coplas de arte mayor a uno de los héroes de la guerra de Granada, que constituyen el *Laberinto del Marqués de Cádiz*, poema impreso pronto, actualmente ilocalizable, enclavado en la tradición de la nueva historiografía en verso generada en los tiempos de los Reyes Católicos. El *Retablo de la vida de Cristo* (acabado en 1500 e impreso en 1505) es perfecto ejemplo de poesía evangélica narrativa. Consta de cuatro tablas —indicio del carácter pictórico y contemplativo que quiere tener la obra—, correspondientes a los cuatro evangelios. Contrasta con la producción coetánea de este tipo por la poca cabida que se da a las tradiciones apócrifas de la vida de Cristo, en una línea cartujana más que franciscana. Bajo la misma autoría y título se reeditó numerosas veces la *Pasión trovada* de Diego de San Pedro *. Otra obra suya, *Los doce triunfos de los doce apóstoles* (terminada en 1518 y editados en 1521), es testimonio de la persistencia de la cultura literaria de Padilla, con ecos continuos de los clásicos y Dante, así como de españoles como Juan de Mena *. El simbolismo astrológico, la cosmografía y un viaje al infierno y al purgatorio constituyen los hilos principales del poema, en el que lo narrativo es intercalación en el principal andamiaje de lo alegórico.

BIBLIOGRAFÍA. J. de Padilla, *Los doce triunfos de los doce apóstoles*, ed. de E. Norti-Gualdani (Messina-Florencia, 1975-1983). [O.L.F.]

PADILLA, PEDRO DE (Linares, Jaén, h. 1550-?, d. 1605). Amigo de Silvestre *, Barahona de Soto *, Cervantes *, Lope de Vega *, Gálvez de Montalvo *, Ercilla * y, en general, de los grupos granadinos y alcalaíno-madrileños. Padilla se graduó de bachiller en Artes en

Granada y en 1572 estudiaba en Alcalá teología. Profesó como carmelita en 1585 y, por las referencias del *Quijote*, todavía vivía en 1605. Fue tan famoso en su tiempo, que un personaje del *Buscón* conservaba «los gregüescos que dejó Padilla cuando se metió fraile». En 1580 publicó *Tesoro de varias poesías*, colección extensa de romances, canciones, sonetos y ensaladas. Muy notable es esa mezcla de géneros cultos y populares que anticipa lo que será el desarrollo de la lírica a partir de Lope de Vega y Góngora *. Al año siguiente publicó sus *Églogas pastoriles*, que recoge trece églogas y varios sonetos; y en 1583 el *Romancero*, copiosa recopilación de romances moriscos, pastoriles, mitológicos e históricos y de ensaladas. Fray Pedro dedicó el *Jardín espiritual* (1585) a cantar a la Virgen, a la vida de Cristo, a los santos, a las virtudes e incluso a imitar en coplas de pie quebrado las célebres de Jorge Manrique *. En loor de la Virgen compuso, además, un poema épico: *Grandezas y excelencias de la Virgen* (1587). Sus dos últimas obras conocidas son las traducciones en prosa de la *Monarquía de Cristo* (1590), del italiano J. Antonio Pantera, y *La verdadera historia y el admirable suceso del segundo cerco de Diu* (1597), del portugués Jerónimo de Corte-Real. La poesía de Padilla tiene especial interés para comprender la que compusieron Laýnez *, Gálvez de Montalvo y Cervantes y la transición al Romancero Nuevo.

BIBLIOGRAFÍA. P. de Padilla, *Romancero*, ed. del Marqués de la Fuensanta del Valle (Madrid, 1880); J. G. Fucilla, *Relaciones hispano-italianas* (Madrid, 1953); R. Menéndez Pidal, *Romancero hispánico*, II (Madrid, 1953); I. Bajona, «La amistad de Cervantes con Pedro de Padilla», en *Anales Cervantinos*, V (1955-56). [A.B.]

PADORNO, MANUEL (Santa Cruz de Tenerife, 1933). En Madrid, donde reside, alterna la actividad poética con trabajos editoriales. Suele incluírsele en la llamada «poesía canaria del medio siglo», caracterizada, en mayor grado que su coetánea peninsular, por la exploración de mundos oníricos. Ha publicado, entre otros, los siguientes poemarios: *Oí crecer las palomas* (1955), *A la sombra del mar* (1963), *Juan García Coral, «el Corredera»* (1977), *Una bebida desconocida* (1986), *Desnudo en Punta Brava* (1990), *Una aventura blanca* (1991) y *Égloga del agua* (1991). [A.S.Z.]

PADRÓN, JULIÁN (San Antonio de Maturín, Monagas, Venezuela, 1910-Caracas, 1954). Narrador incluible en las corrientes criollistas y vanguardistas. Cultivó también el ensayo, el teatro, la crítica literaria y la poesía. Fue editor del diario *Unidad Nacional* (1936) y columnista de *El Universal*. Autor de varias novelas: *La guaricha* (1934), *Madrugada* (1939), de tema rural, *Madreperla* (1939), *Clamor campesino* (1944), *Primavera nocturna* (1950) y *Este mundo desolado* (1954). Ha escrito igualmente cuentos, como los reunidos en *Candelas de verano* (1937), y las piezas de teatro *Fogata* (1939) y *Parásitas negras* (sainete, 1939). Coautor con Arturo Uslar Pietri * de una *Antología del cuento moderno venezolano* (1940), primera de este género literario editada en Venezuela.

BIBLIOGRAFÍA. P. Díaz Seijas, *Lectura en tres dimensiones de la narrativa de Julián Padrón* (Caracas, 1982). [C.R. de G.]

PADRÓN, JUSTO JORGE (Las Palmas de Gran Canaria, 1943). Residente en Suecia durante muchos años, conocedor de la poesía de ese país y embajador, allí, de la nuestra, entre la que destaca su propia obra, tanto por lo logrado de la forma como por la proyección cordial y cósmica que entrañan libros como *Los círculos del infierno* (1976), *El* *abedul en llamas* (1978) y *Otesnita* (1979), recopilado, con otros, en *Obra poética: 1971-1980* (1980). Han seguido *La visita del mar (1980-1984)* (1984), *Los Dones de la Tierra (1982-1983)* (1984) y *Sólo muere la mano que te escribe, los rostros escuchados* (1989).

BIBLIOGRAFÍA. AA. VV., *Doscientos textos críticos sobre la poesía de J. J. Padrón*, recopilación de V. Ivanovici (Madrid, 1991). [A.S.Z.]

PADRÓS DE PALACIOS, ESTEBAN. Véase NOVELA POLICIACA.

PÁEZ DE CASTRO, JUAN. Véanse HISTORIOGRAFÍA DE LOS SIGLOS XVI Y XVII y LITERATURA EPISTOLAR EN LOS SIGLOS XVI Y XVII.

PÁEZ DE RIBERA, RUY (Sevilla, f. s. XIV-¿?). Aunque de familia hidalga, los Riberas de Huete, cayó en desgracia, lo que motiva la obsesión, habitual en sus poemas, por la pobreza. Residió en Sevilla. Seguidor de Imperial *, parte de su poesía pertenece a la tradición alegórica del *Cancionero de Baena* *, con la adopción del género *dezir*. Se le ha atribuido el *Proceso entre Dolencia, Vejez, Destierro e Pobreza* y *Proceso entre la Sobervia y la Mesura* (1406). Escribió también poemas sobre el estado político de la Castilla de Enrique III y Juan II *: *deçires* a la reina Catalina, sobre la muerte de Enrique III o sobre la batalla de la Torre de la Matanza, con regusto épico sorprendente (1424).

BIBLIOGRAFÍA. E. B. Place, «More about Ruy Páez de Ribera», en *Hispanic Review*, 14 (1946); B. Dutton, *El Cancionero español del siglo XV: 1370-1420* (Salamanca, 1991). [A.F.]

PÁEZ DE SANTAMARÍA, ALONSO (?, f. s. XIV-¿?). Fraile de la Orden de Predicadores, maestro en Teología, que formó parte de la embajada que Enrique III envió a Tamorlán, junto con Ruy González de Clavijo *, criado del rey. El relato de esta embajada suele atribuirse a González de Clavijo, pero considerando la condición de los embajadores nombrados en la relación, el autor o recopilador de los datos debió de ser fray Alonso Páez.

BIBLIOGRAFÍA. F. López Estrada, «Procedimientos narrativos de la *Embajada a Tamorlán*», en *Crotalón*, 1 (1984), págs. 129-146. [F.L.E.]

PAGANINI (seudónimo). Véase RODAO, JOSÉ.

PAGANO, JOSÉ LEÓN (Buenos Aires, 1875-1965). En su obra de creación destacan piezas de teatro como *Más allá de la vida* (1902), *Almas que luchan* (1906), *Nirvana* (1906), *Los astros* (1916), *El sobrino de Malbrán* (1918) y *La venganza de Afrodita* (1954). Entre sus ensayos, destacó como crítico de arte en *El arte de los argentinos* (1937-1940), *Motivos de estética* (1940) y *Nuevos motivos de estética* (1945). Merecen recordarse también *Cómo estrenan los autores (crónicas de teatro)* (1908) y *Evocaciones* (1964). [T.F.]

PAGAZA, JOAQUÍN ARCADIO (Valle de Bravo, México, 1839-Xalapa, Veracruz, México, 1918). Autor de célebres traducciones de Horacio y Virgilio, cultivó una poesía arcádica inspirada en los paisajes de Valle de Bravo y Veracruz, con el nombre arcádico de Clearco Meonio *. *Murmurios de la selva* (1887) y *Algunas trovas últimas* (1893) constituyen sus obras más destacadas. [J.J.B.]

PALACIO, EDUARDO DEL (Málaga, ¿1836?-Madrid, 1900). Escritor festivo, sus artículos humorísticos y sus cuadros de costumbres salpican las páginas de *La Ilustración Española y Americana*, *Madrid Cómico*, *La Caricatura*, *El Globo*, *El Imparcial*, etc. Como escritor costumbrista publicó *El garbanzo* (1875), *El fraile del Rastro* (1886), *Cuadros vivos (a pluma y al pelo)* (1891) y *Adán y compañía* (1892). Para el teatro escribió varios juguetes y comedias, entre las que destaca *Mi mujer y el vecino* (1860). [M.P.C.]

PALACIO, JAIME DEL (Durango, México, 1943). Licenciado y doctor en letras, director editorial en distintas instituciones. Sus novelas *Parejas* (1980) y *Mitad de la vida* (1985) destacan por una escritura firme, segura, de significaciones profundas y una estructura sólida por el cabal empleo de los recursos narrativos. En el contenido destacan la complejidad de las relaciones humanas y el valor de la cultura, el deseo sexual y la política.

BIBLIOGRAFÍA. S. Sefchovich, *México: país de ideas, país de novelas* (México, 1988). [J.E.C.]

PALACIO, MANUEL DEL (Lérida, 1831-Madrid, 1906). Periodista político y satírico exaltado. Fundó, con E. Blasco * y R. Robert, el periódico *Gil Blas*. Algunos de sus escritos motivaron que Narváez lo deportara a Puerto Rico. Escribió *Doce reales de prosa y algunos versos gratis* (1864), *Viaje cómico al interior de la política* (1865), *Letra menuda* (1877) y *Mi vida en prosa. Crónicas íntimas* (s.a.), y un gran número de sátiras y graciosas parodias literarias.

BIBLIOGRAFÍA. N. Alonso Cortés, «M. del Palacio», en *Jornadas* (Valladolid, 1920), págs. 13-92; AA. VV., *Homenaje a Manuel del Palacio* (Madrid, 1932). [R.B.]

PALACIO, PABLO (Loja, Ecuador, 1906-Guayaquil, Ecuador, 1947). Narrador y ensayista ecuatoriano. Ejerció como abogado y profesor universitario de filosofía. Sus ideas políticas le llevaron a militar en las filas del socialismo. Tras una larga enfermedad, murió demente. Se ha insistido en forjar un aura novelesca en torno a su vida. Su producción literaria ha ido adquiriendo un prestigio cada día mayor, hasta convertirse en el máximo representante de la vanguardia literaria de su país, y uno de los grandes adelantados de la narrativa hispanoamericana. Sus obras chocaron frente a los cánones de una literatura de denuncia y protesta que prosperaba en el Ecuador hacia 1930. Su producción literaria hace evidente su práctica metaliteraria y paródica, sus cualidades antinovelísticas, su sentido de lo ridículo y absurdo, su humor cáustico, su cuestionamiento de la retórica oficial y de la autoridad establecida. Cuestionamiento de normas, de instituciones, de mitos y de fórmulas en vigencia que recalcan uno de sus temas clave: la lucha del ser humano contra una realidad que lo amenaza y asfixia con su formulismo. Su obra consiste en apenas un manojo de poemas, algunas narraciones dispersas, una colección de cuentos y dos novelas cortas. Los relatos de *Un hombre muerto a puntapiés* (1927) comparten la atracción por lo monstruoso y torcido, por lo insólito y demencial, mas no se trata de un mero interés por lo mórbido y anómalo, sino de detonantes que pretenden hacer estallar la violenta yuxtaposición y contraste de lo abyecto y la norma, de lo enfermizo y la sociedad, del desarraigo del monstruo y la vida en común, de excepciones y reglas, de la realidad y el deseo. El pederasta, el antropófago, el maniático, el esquizofrénico y hasta el brujo forman el reparto de esta delgada colección en que tampoco se olvida el interés por el proceso creativo en sí. *Débora* (1927) representa una teoría y práctica del arte de antinovelar. Si el lector se acerca a esta obra en espera de una anécdota, de personajes singulares o de la recreación objetiva de un ambiente, saldrá defraudado. No pasa nada. El protagonista

—el Teniente— es un ente ficticio, sin propósito, un antihéroe, vulgar e inútil, tragicómico. Por otro lado, esta breve novela constituye un verdadero alegato teórico y práctico contra las convenciones, suposiciones, artificios y procedimientos de motivación de la literatura realista. *Vida del ahorcado. Novela subjetiva* (1932) lleva hasta el límite la desintegración de la forma y el desencanto frente a las fórmulas literarias y sociales en vigencia. La novela carece de intriga, no hay personajes tradicionales con quienes identificarse, el espacio es interior y la realidad objetiva es casi inexistente. Tampoco se puede hablar de una progresión narrativa basada en causas y efectos, ya que el arte que practica Palacio carece de transiciones. Lo que hay es un montaje de imágenes, secuencias y viñetas que remiten a una organización abierta, más propia del diario. Las secuencias yuxtaponen elementos dispares que invitan a las asociaciones y que, gracias a la participación del lector, producen analogías. Las analogías, sin embargo, son inmediatamente desmanteladas por medio del contraste irónico. Imperan en la obra un irreconciliable sentido de contradicción y una ambivalencia y ausencia de valores que condenan al ser humano al desdoblamiento del ser, al desarraigo y a la penosa búsqueda de algo que sostenga su imperativa necesidad de equilibrio, de armonía. Palacio, además, practicó el periodismo y escribió sobre asuntos filosóficos, políticos y legales. Asimismo, tradujo del francés la edición que hizo Maurice Solovine de *Doctrinas filosóficas* de Heráclito de Éfeso.

BIBLIOGRAFÍA. W. H. Corral, «Colindantes sociales y literarios de *Débora*, de Pablo Palacio», en *Texto Crítico*, V, 14, julio-septiembre (1979); H. E. Robles, «Pablo Palacio: el anhelo insatisfecho», en *Cahiers du Monde Hispanique et Luso-Brésilien (Caravelle)*, 34, (1980); M. Donoso-Pareja (ed.), *Recopilación de textos sobre Pablo Palacio* (La Habana, 1987); M.ª C. Fernández, *El realismo abierto de Pablo Palacio* (Quito, 1991). [H.R.]

PALACIO VALDÉS, ARMANDO (Entralgo, Asturias, 1853-Madrid, 1938). Destacado novelista y crítico, caracterizado, como Juan Valera *, por una cierta inclinación clásica en el estilo y en la manera de ejercitarse en la composición literaria. Desde el principio se mostró sensible a las corrientes de la época.

Su padre era abogado y su familia acomodada. Pasó en Oviedo infancia y juventud, entablando con Leopoldo Alas * una amistad que duró hasta la muerte de éste. La vena ética de Alas perdía rigidez en Palacio Valdés, de actitud más flexible. Los dos amigos estudiaron en Madrid la carrera de Leyes y asistieron a los acontecimientos históricos que jalonaron el segundo tercio del siglo XIX, desde la revolución de 1868 a la Restauración. Palacio Valdés terminó la carrera en 1874. Durante los primeros años de su vida intelectual, Alas y Palacio coincidieron en sus críticas de la situación española y en los peligros que entrañaba el entramado político-social de la monarquía restaurada. El transcurso del tiempo suavizó la postura de Palacio, aligeró el peso de sus críticas, inclinándole a una relativa aceptación de la situación, cuyos riesgos, sin embargo, no dejaba de reconocer. Si el conformismo aparece es por temor a que la inestabilidad social entrañe peligro de graves trastornos, como los que llegó a presenciar en los últimos años de su vida.

La obra de Palacio es copiosísima e incluye tanto crítica como creación, con notorio predominio de ésta. Comenzó ejerciendo la crítica, y no sin éxito. Sus primeros libros de ensayo fueron *Los oradores del Ateneo* (1878), *Los novelistas españoles* (1878), *Nuevo viaje al Parnaso* (1879) y, en colaboración con Alas, *La literatura en 1881* (1882): dieciséis de sus capítulos los escribió Palacio, quince son de Alas. Diferían sus críticas, y así había de ser dado el acercamiento de Palacio al gusto de Valera. El tono reflexivo, teorizante y, desde luego, la acometividad de Alas no se da en las páginas de su amigo, que no se queda atrás en la variedad y riqueza de lecturas, tanto españolas como extranjeras. Sus estudios críticos caen en el círculo del impresionismo, refiriéndose tanto como a las obras comentadas a las impresiones producidas por ellas en la sensibilidad del lector. Sobre esas impresiones, o partiendo de ellas, emite Palacio opiniones y juicios generalmente perspicaces y a veces reveladores. Cuando se aproxima en sus comentarios a los modos clarinianos y esparce agudas reflexiones en sus escritos, resulta más interesante y convincente. Así ocurre en el sustancioso prólogo (setenta y ocho páginas en la primera edición, 1889) a la novela *La hermana San Sulpicio*. En ese prólogo examina temas de poética novelística, reexaminados en el discurso de ingreso en la Real Academia de la Lengua, «¿Qué es un literato? ¿Qué representa? ¿Cuál es el papel que debe representar?» (1921), y vueltos a repasar en *Testamento literario* (1929).

La producción novelesca de Palacio es impresionante por su número y estimable por su calidad. Como otros novelistas de su tiempo, no ha recibido la atención crítica que merece. Este relativo olvido obedece a causas muy complejas: su independencia artística, que le mantuvo al margen de las corrientes predominantes: naturalismo, primero, y modernismo, más tarde. Moderado en su realismo, desafecto a los excesos del romanticismo e inmune a las tentaciones del experimentalismo, no se apartó del camino que desde el principio consideró suyo. Presenta en sus novelas la realidad de un mundo poetizado por la imaginación creadora, por la esperanza y el humor. Si los temas y argumentos de sus ficciones suelen ser variados, el escenario donde suceden suele ser Asturias.

En 1881 aparece *El señorito Octavio*, idilio trágico de escaso valor; poco después, *Marta y María* (1883), ambientada en Avilés, más valiosa por la finura de sus descripciones que por la acción novelesca. A continuación de *El idilio de un enfermo*, también de 1883, publicó cuatro grandes novelas, las mejores de las suyas en esta fecunda década, que le acreditaron ante público y crítica como maestro del género. En *José* (1885) presentó los amores del pescador, cuyo nombre da título a la obra, con Elisa, muchacha de mejor posición económica; la semejanza de *José* con *Sotileza*, la peredíana novela del mar, es temática y estilísticamente visible, y la comparación no perjudica al escritor asturiano, que tuvo el acierto de localizar el drama en una bellísima aldea costera: Cudillero. *Riverita* (1886) y *Maximina* (1887) fueron leídas en su momento como novelas, si no confesionales, al menos confidenciales; historia de amor, que en el segundo volumen cuenta el triste final de la joven protagonista. *La hermana San Sulpicio* (1889) tiene mayor animación que las novelas anteriores y se desarrolla en escenarios poco habituales en la novelística del autor. Es la historia de una novicia, cuya vocación religiosa flaquea, y acaba sucumbiendo, ante los asedios amorosos de un médico joven, que no puede creer en la vocación de la graciosa Gloria.

Ni *La espuma* (1890) ni *El maestrante* (1893) se mantienen al nivel de las anteriores; ambas están cercanas al naturalismo, especialmente la primera. Mayor interés tienen *La fe* (1892), análisis dramatizado del sentimiento religioso —o seudorreligioso—, y *La alegría del capitán Ribot* (1900), relato de los amores de un marino y una mujer casada, muy bien acogido, por el excelente equilibrio con que acertó a desarrollar el argumento. Ya en el siglo XX, la fecundidad de Palacio Valdés continuó: *La aldea perdida* (1903) y *Tristán o el pesimismo* (1906), al comienzo; *La hija de Natalia* (1924) y *Santa Rogelia* (1926), más adelante; y entre unas y otras, dos obras de distinto tipo: *Papeles del Doctor Angélico* (1911) y *Años de juventud del Doctor Angélico* (1918), en las que el autor se desdobla en editor de los ensayos y las memorias de cierto amigo suyo, cuya historia resume en el prólogo al primer volumen. De 1921 son sus memorias de juventud, *La novela de un novelista*, continuadas con leve cambio en *Testamento literario* (1929) y en otras páginas de escaso interés. Su copiosa producción como cuentista fue recogida en libros de valor desigual: *Aguas fuertes* (1884), *Seducción* (1914), *El pájaro en la mano y otros cuentos* (1918) y *A cara o cruz* (1929).

BIBLIOGRAFÍA. A. Cruz Rueda, *Armando Palacio Valdés: su vida y su obra* (Madrid, 1949); J. M. Roca Franquesa, *Palacio Valdés: técnica novelística y credo estético* (Oviedo, 1951); M. Pascual Rodríguez, *Armando Palacio Valdés: teoría y práctica novelística* (Madrid, 1976); G. Gómez-Ferrer Morant, «Armando Palacio Valdés en la transición del siglo XIX al XX», en *Revista de la Universidad Complutense*, 116 (Madrid, 1979), págs. 231-260. [G.G.]

PALACIOS, ANTONIA (Caracas, 1915). Narradora y poetisa venezolana, de incesante actividad como promotora de revistas y grupos literarios. Su obra narrativa incluye *Ana Isabel, una niña decente* (1949), *Viaje al frailejón* (1955), *Crónica de las horas* (1964), *Los insulares* (1972), *El largo día ya seguro* (1975) y *Una plaza ocultando un lugar desconcertante* (1981). De su poesía, deben mencionarse *Textos del desalojo* (1978), *Multiplicada sombra* (1983) y *La piedra y el espejo* (1985). [H.J.B.]

PALACIOS, LUCILA (Puerto España, Trinidad, Venezuela, 1902). Novelista, cuentista y autora teatral que utiliza el seudónimo de «Mercedes Carvajal de Arocha». Fue senadora por el Estado de Bolívar y embajadora de Venezuela en Uruguay. En sus novelas trata temas de denuncia politicosocial. Además de las novelas, ha escrito cuentos, poemas y dramas. Su no escasa producción abarca obras de distinto tipo: *Desatemos el nudo* (cuentos, 1935), *Los buzos* (novela, 1937), *Rebeldía* (novela, 1940), *Orquídeas azules* (teatro, 1942), *Trozos de vida* (cuentos, 1942), *La gran serpiente* (novela, 1943), *Tres palabras y una mujer* (novela, 1944), *El corcel de las crines albas* (novela, 1950), *Niebla* (1952), *Mundo en miniatura* (cuentos, 1955), *Juan se durmió en la torre* (teatro, 1956), *Tiempo de siega* (novela, 1960), *Poemas de noche y de silencio* (1964), *Ayer violento* (cuentos, 1965), *La piedra en el vacío* (novela, 1970), *Reducto de soledad* (novela, 1975) y *Espejos rodantes* (1985-1986). [H.J.B.]

PALACIOS, MIGUEL DE (Gijón, Asturias, 1863-Covadonga, Asturias, 1920). Comediógrafo y periodista español que estrenó a los dieciocho años en Madrid su primera obra dramática, *Modesto González*. Además de intentar la poesía con leyendas históricas y poemas sucedáneos del movimiento romántico, escribió novelas y relatos. Pero su dedicación principal fue la prensa, como colaborador y director de revistas teatrales, además de las tablas, a las que entregó centenar y medio de piezas o libretos para zarzuela donde da muestras de ingenio aplicado a los problemas de la vida del momento; aunque firmó él sólo alguno (*El rajá de Bengala*, opereta cómica, 1917), la mayoría de sus éxitos fueron escritos en colaboración con G. Perrín *. [M.A.]

PALACIOS, PEDRO BONIFACIO (San Justo, Buenos Aires, 1854-La Plata, Argentina, 1917). Poeta argentino conocido como «Almafuerte», autor de *Lamentaciones* (1906) y *Evangélicas* (1915). Ególatra y misántropo, sus temas fueron la indignación y la rebeldía, el amor al desheredado y el odio al poderoso, y su ira compensa las caídas frecuentes en la trivialidad y el prosaísmo. Enfrentado a un Dios que guardaba silencio ante el sufrimiento, supo ser el vidente de la naturaleza humana encadenada a las leyes de la materia, el profeta que clama por los derechos del espíritu. Su actitud era consecuencia de las contradicciones ideológicas de su tiempo: de la colisión entre los altos ideales espiritualistas del romanticismo y el materialismo de las doctrinas positivistas que no sabían de otros conocimientos que los científicos. [T.F.]

PALAFOX, JOSÉ DE. Véase AUTOBIOGRAFÍAS Y MEMORIAS EN ESPAÑA.

PALAFOX Y MENDOZA, JUAN DE (Fitero, Navarra, 1600-Osma, Soria, 1659). Hijo ilegítimo de un noble navarro, entra en la carrera eclesiástica y es nombrado obispo de Puebla en 1640. Llega a Nueva España, investido además con los poderes de visitador general y de juez de residencia. En 1642 es nombrado virrey de Nueva España, por sólo seis meses, tiempo en el que, no obstante, desarrolla una gran labor. En 1647 protagoniza una encarnizada lucha contra la Compañía de Jesús. Es enviado a España como obispo de Osma. Su vasta obra literaria, en su mayor parte publicada después de su muerte, abarca poesía, pastorales, tratados, epístolas y una novela. Aunque es un escritor del período barroco, el estilo literario de Palafox es llano, de sintaxis clara y con énfasis en la expresión directa de su pensamiento. Notable es su tratado *De la naturaleza y virtudes del indio* (¿1650?), que recuerda el celo misionero de los frailes del siglo XVI. Es un modelo de ensayo apologético y de prosa disertativa. Es notable cómo el escritor entremezcla los argumentos de índole social y política con relatos, anécdotas y narraciones, lo que enriquece la condición literaria del texto. *El pastor de Nochebuena* (1660) es una curiosa novela alegórica que narra las peripecias de un Pastor, como reflejo terrenal de Cristo, quien tiene la misión de guiar a los hombres en lo aparente de lo terrenal y lo verdadero de la vida espiritual. *Vida interior* (1691) es una sincera autobiografía en la que Palafox describe los momentos culminantes de su vida. Su poesía, de gran lirismo, evoca los raptos amorosos de los mejores místicos.

BIBLIOGRAFÍA. F. Sánchez-Castañer, *Don Juan de Palafox, virrey de Nueva España* (Zaragoza, 1964). [M.D.B.]

PALAO, PALOMA (Madrid, 1944-Palma de Mallorca, 1986). Estuvo vinculada a la abogacía y a la carrera diplomática, profesiones que alternó con la vocación poética. Su prematura muerte ha impedido la continuidad de una voz que conjugaba compromiso íntimo y preocupación por la forma, como puede verse en sus obras *El gato junto al agua* (1970), *Del corazón de mi pueblo* (1977), *Resurrección de la memoria* (1978) y *Contemplación del destierro* (1982). [A.S.Z.]

PALAU, BARTOLOMÉ (Burbáguena, Teruel, h. 1520-¿?). Estudió en Salamanca. A ello alude en la *Farsa salmantina* (Salamanca, 1552), que sigue las huellas de *La Celestina* y trata de las costumbres de la gente baja y los estudiantes. El resto de su producción es de tono más serio, pues incluye la *Farsa llamada «Custodia del hombre»* (Salamanca, 1547), un poema dramático alegórico de contenido similar al de los autos sacramentales; la *Victoria de Cristo* (Zaragoza, s.a.; reimpreso en el s. XVI), *Historia de Santa Librada*, hoy perdida, y la *Historia de Santa Orosia* (Barcelona, 1637; pero escrita mucho antes), sobre la vida de la santa y el fin de don Rodrigo, con lo que se convierte en el primer drama histórico de España.

BIBLIOGRAFÍA. B. Palau, *Historia de la gloriosa Santa Orosia*, ed. de O. Mazur (Madrid, 1986); M. M. García-Bermejo, «Un estudiante de Burbáguena en Salamanca», en *Studia Zamorensia*, IX (1988), págs. 291-296. [R.R.]

PALAU Y CATALÀ, MELCHOR DE (Mataró, Barcelona, 1843-Madrid, 1910). Fue ingeniero, licenciado en Derecho, catedrático de Geología y miembro de la Real Academia de Bellas Artes de San Fernando, de las Buenas Letras de Barcelona y de la Real Academia Española de la Lengua. Escribió en catalán y en castellano, idioma al que tradujo *La Atlántida* de Verdaguer. Colaboró en numerosas publicaciones; entre ellas, *El Museo Universal*, *La Ilustración Española y Americana*, *El Mundo Ilustrado* y *La Ilustración Ibérica*. Su obra poética muestra influencias de Heine, como puede observarse en *Cantares* (1866), *Poesías y cantares* (1878), *Nuevos cantares* (1883) y *Cantares populares y literarios* (1900). En *Verdades poéticas* (1879), pretendió llevar a cabo una ampliación de los asuntos líricos, mediante la introducción de temas relacionados con los conocimientos técnicos y científicos; y también una renovación del lenguaje, a través de la incorporación de neologismos y tecnicismos procedentes de estos campos. En *Acontecimientos literarios* (1895) recopiló parte de sus escritos de carácter crítico. [G.R.F.]

PALENCIA, ALFONSO DE (¿Burgo de Osma, Soria?, 1423-Sevilla, 1492). Ligado desde que era un muchacho al círculo de Alfonso de Cartagena, sabemos que en 1453 ya estaba en Roma, pero antes, en la cuarta década del siglo, durante su permanencia en Florencia, ya había iniciado relaciones con varios humanistas, que luego dejarán rastro en sus cartas, enviadas a Jorge de Trebisonda o a Vespasiano da Bisticci. A su regreso a España, sucede a Juan de Mena * en el cargo de secretario de cartas latinas de Enrique IV. Pero más tarde, siguiendo el curso de las intrigas políticas, abandona al rey para unirse al bando contrario del infante Alfonso y, a la muerte de éste en 1468, de la futura reina Isabel, de la que acabaría siendo cronista. Entre las obras de Palencia, se percibe su voluntariedad de humanista: sus traducciones de Plutarco y de Josefo, sus epístolas latinas, recientemente editadas —alguna de las cuales sobrepasa el género epistolar—, o su *Compendiolum* geográfico son obras que pertenecen a géneros cultivados por los humanistas. Con su *Universal vocabulario en latín y en romance* se adelantó a Nebrija *. Sus crónicas latinas no son las propias de un historiador neutral; en ellas, bajo la influencia de Tito Livio y de Jorge de Trebisonda, se aparta conscientemente, tanto en la lengua como en el andamiaje, de las crónicas reales castellanas. De su producción destacan dos tratados alegóricos escritos primero en latín, pero traducidos al castellano por el propio autor: la *Batalla campal de los perros contra los lobos* y el *Tratado del triunfo militar*. La *Batalla*, inspirada en la *Batracomiomaquia* y en una larga tradición medieval de alegoría política explotada en todos los ambientes laicos y religiosos, ha sido interpretada como un trasunto de las luchas nobiliarias. El *Triunfo militar* es un tratado alegórico en forma de diálogo, en donde se pretende conjuntar las prendas militares que caracterizan al soldado español, representadas en la figura del Ejercicio, con las prendas militares representadas en las figuras del Orden y de la Obediencia. Al final del *Tratado*, asistimos al desfile del Triunfo militar, donde intervienen todas las figuras alegóricas. No obstante este andamiaje aparentemente medieval, en estos textos se percibe una cierta nostalgia de la fusión florentina de civismo y humanismo, que ha sido descrita por Baron.

BIBLIOGRAFÍA. M. Penna (ed.), *Prosistas castellanos del siglo XV* (Madrid, 1959); R. B. Tate, «Political allegory in fifteenth-century Spain: a study of the *Batalla campal de los perros contra los lobos* by Alfonso de Palencia: 1423-1492», en *Journal of Hispanic Philology*, 1 (1976-77), págs. 169-186; R. B. Tate, *Epístolas latinas de Alfonso de Palencia* (Barcelona, 1982); R. B. Tate, «Alfonso de Palencia y los preceptos de la historiografía», en *Academia Literaria Renacentista*, III: *Nebrija y la introducción del Renacimiento en España* (Salamanca, 1983), págs. 37-53. [J.G.G.]

PALENCIA, CEFERINO (Fuente de Pedro Naharro, Cuenca, 1859-Madrid, 1928). Poeta y dramaturgo, fue empresario del Teatro Español. Destacan sus obras *Carrera de obstáculos* (1880), *El guardián de la casa* (1881), *Cariños que matan* (1882), *La charra* (1884), *Comediantes y toreros o la vicaría* (1897), *Las alegres comadres* (1907), *La nube* (1908) y *Al amor de la lumbre* (1910). [M.P.C.]

PALÉS MATOS, LUIS (Guayama, Puerto Rico, 1898-San Juan, 1959). Su vida transcurrió entre su pueblo natal y la capital de Puerto Rico. Había escrito *Azaleas* (1915), *El palacio en sombras* (1919-20) y *Canciones de la vida media* (1925) dentro del estilo modernista, pero inicia con José I. de Diego Padró el «diepalismo», primer movimiento vanguardista con énfasis en la onomatopeya. Además, se adelantó estéticamente a los poetas de Cuba y otros países en el cultivo de la temática negroide, uniendo la sustancia de lo puertorriqueño a los ingredientes de la cultura africana, logrando en poemas como «Danza negra», «Majestad negra», «Canción festiva para ser llorada», «Pueblo» y «Mulata antilla», una síntesis de música y palabra en movimiento de gran efecto visual y auditivo. El pesimismo generacional, la ironía, el erotismo y la magia de la negritud, afloran en el ritmo de *Tuntún de pasa y grifería* (1937). Completó su obra lírica con un conjunto de poemas amorosos alrededor de la figura literaria de Filí-Melé, entre los cuales se destacan «Puerta al tiempo en tres voces», «El llamado» y «La búsqueda asesina». En prosa, escribió una autobiografía, *Litoral (Reseña de una vida inútil)* (1951). Los poemas afroantillanos de Palés ensanchan la visión hacia lejanas y misteriosas regiones, mientras los poemas de amor se reconcentran en la soledad, la muerte, la inmortalidad, en el corazón de su credo poético. Su obra está recogida en *Poesía 1915-1956* (1957). [M.T.B.]

PALISOC, FRANCISCO. Véase LITERATURA FILIPINA.

PALLAIS, AZARÍAS H. (León, Nicaragua, 1884-1954). Poeta, humanista, prosista y orador sagrado. Militó en el segundo modernismo nicaragüense, mezclando en su poesía la ingenuidad de los primitivos y el lujo de los simbolistas. En sus versos, musicales y coloristas, se advierte un sentimiento de la naturaleza muy arraigado, particularmente en *Piraterías* (1951). Otros libros poéticos son *A la sombra del agua* (1917), *Espumas y estrellas* (1919), *Caminos* (1921), *Bello tono menor* (1928) y *Epístola católica a Rafael Arévalo Martínez* (1946). [E.Z.-H.]

PALLARÉS, MARÍA DEL CARMEN. Véase POESÍA ESPAÑOLA POSTERIOR A 1975.

PALMA, ANGÉLICA (Lima, 1878-Rosario, Argentina, 1935). Escritora modernista peruana, hija de Ricardo Palma *. Obras: *Vencida* (1918), *Por senda propia* (1921), *Coloniaje romántico* (novela, 1923), *Uno de tantos* (novela, 1926), *Al azar* (1926), *Contando cuentos* (1930), *Sombra alucinante* (1931) y *Fernán Caballero, la novelista novelable* (1931). [F.M.R.A.]

PALMA, CLEMENTE (Lima, 1872-1946). Narrador y periodista. Con su vena fantástica, establece el cuento como género en el Perú, al publicar numerosos relatos breves en los periódicos desde finales del siglo XIX. En *Cuentos malévolos* (1904) se advierte la influencia de Maupassant y Poe. Tiende a una literatura relacionada con la condición humana. Su obra se halla marcada por el cosmopolitismo, característico del modernismo hispánico. Otro volumen de relatos es *Historietas malignas* (1926). Escribió también la novela *X. Y. Z.* (1935). [F.M.R.A.]

PALMA, JOSÉ. Véase LITERATURA FILIPINA.

PALMA, LUIS DE LA (Toledo, 1559-Madrid, 1641). Escritor ascético. Ingresó en la Compañía de Jesús en 1575 y estudió Filosofía y Teología en Alcalá. A principios de 1592 fue nombrado rector del Colegio de Talavera; en 1596 se trasladó a Madrid. Por esa época trató asiduamente al padre Ribadeneyra *, al que auxilió en su lecho de muerte. En 1607 fue nombrado rector del Colegio de Alcalá, cargo que obtuvo de nuevo en los años 1629-33. En 1610 se retiró al noviciado de Madrid. Fue más tarde Provincial de Toledo (en 1614 y 1627) y rector del Colegio Imperial (1618-22). Entre sus obras destacan especialmente la *Historia de la Sagrada Pasión* (Alcalá, 1624), el *Camino espiritual...* (Alcalá, 1626), *Práctica y breve declaración del camino espiritual* (Madrid, 1629) y la traducción del *Médico religioso* de Charles Scribani. Entre sus escritos inéditos figuran *Del uso y abuso de la Comunión*, varias *Meditaciones* y la *Vida del padre Pedro de Ribadeneyra*, impresa modernamente.

BIBLIOGRAFÍA. L. de la Palma, *Obras completas*, ed. de C. M. Abad, en *Biblioteca de Autores Españoles*, CXIV (Madrid, 1959). [J.G.L.]

PALMA, RAFAEL. Véase LITERATURA FILIPINA.

PALMA, RICARDO (Lima, 1833-1919). Fue el primer escritor peruano en hacer de la escritura una profesión. Narrador, poeta, ensayista, dramaturgo, académico y periodista. Comenzó como poeta a los quince años, y como tal produjo *Armonías* (1865) y *Lira americana* (1865), *Pasionarias* (1870) y *Poesías completas* (1911). También escribió dramas: *Rodil, La hermana del verdugo, La muerte o la libertad* (1851), entre otros. Tomó parte en la guerra que el Perú sostuvo contra Ecuador (1859), fue desterrado a Chile (1860), viajó a Europa (1864), combatió en el Callao (1866) y llegó a la cima de su carrera política en 1868, al convertirse en secretario del Presidente de la República. A través de una investigación histórica que lo llevó a producir obras como *Los anales de la Inquisición de Lima* (1863), encontró su estilo como narrador. Su prosa inicial fue una copia de leyendas románticas, que seguían la inspiración de Walter Scott. Pronto empezó a escribir una especie de relatos anticlericales, irónicos y picarescos. Los tomó en parte de la historia, los cuadros de costumbres, las leyendas y la tradición oral. Técnicamente partía de un trasfondo histórico que sutilmente se iba convirtiendo en ficción, para concluir presentando al lector el género que se conoce con el nombre de «tradición». Escribió seis series de *Tradiciones peruanas* (1872,

1874, 1875, 1877 y dos en 1883), *Perú*. *Ropa vieja* (7.ª serie, 1889), *Perú: ropa apolillada* (8.ª serie, 1891) y *Cachivaches* (última serie, 1900). En esas tradiciones trató una amplia gama de temas: la conquista, la vida colonial, la época de la independencia; gobernantes, piratas, caballeros, damas; el honor, el orgullo, la venganza; claustros, conventos; supersticiones, teología; seducciones, duelos; toreo y riñas de gallos, etc. Su amor por la vida colonial fue interpretado en ocasiones como manifestación de un espíritu tradicionalista, nostálgico de la vida y el estilo de la colonia. Eso determinó a partir de 1888 sus polémicas y enemistad con Manuel González Prada *, que durarían hasta 1912. Nombrado decano de la Academia Peruana de la Lengua (1887), escribió *Neologismos y americanismos* (1896) y *Dos mil setecientas voces que hacen falta en el diccionario y papeletas lexicográficas* (1903). Como historiador contribuyó con *Los anales del Cuzco* (1901), *Apuntes para la historia de la Biblioteca de Lima* (1912) y *Refutación a un compendio de la historia del Perú* (1886). *La bohemia de mi tiempo* (1899) recuerda los personajes y acontecimientos importantes del romanticismo peruano.

BIBLIOGRAFÍA. J. M. Oviedo, *Genio y figura de Ricardo Palma* (Buenos Aires, 1965); M. Compton, *Ricardo Palma* (Boston, 1982). [F.M.R.A.]

PALMIRENO, JUAN LORENZO (Alcañiz, Teruel, 1524-Valencia, 1579). Humanista. Catedrático de Retórica en Zaragoza y Valencia (1561-1579). De entre sus numerosas publicaciones didácticas es necesario recordar diversos opúsculos, reeditados en varias ocasiones, como *De vera et facili imitatione Ciceronis* (1560), *El estudioso de la aldea* (1568), *El latino de repente* (1573) y su *Rhetorica* (1567), en cuatro partes, que incluye diversos fragmentos de comedias para ser representadas por los alumnos. También fue autor de *El vocabulario del humanista* (1569), obra lexicográfica con equivalencias latinas, castellanas y catalanas. Su disertación *Campi elocuentiae* (1573) marca la plenitud del latín ciceroniano.

BIBLIOGRAFÍA. E. Asensio, «Ciceronianos contra erasmistas en España, dos momentos: 1528-1560», en *Revue de Littérature Comparée*, 52 (1978), págs. 1-20; A. Gallego Barnés, *Juan Lorenzo Palmireno (1524-1579): un humanista aragonés en el Studi General de Valencia* (Zaragoza, 1982). [J.F.A.]

PALOMARES, JOSÉ FRANCISCO. Véase LITERATURA CHICANA.

PALOMARES, RAMÓN (Escuque, Trujillo, Venezuela, 1935). Ramón David Sánchez Palomares fue miembro del grupo «Sardio» *, redactor de la revista *Rocinante* y director de *Albarregas* y *Raíces*. Está considerado como uno de los renovadores de la poesía venezolana, en su vertiente «objetiva». Su poesía se expresa en un lenguaje espontáneo y su ritmo y sintaxis son propios de las formas orales. *Alegres provincias* (1989) reúne poemas cercanos a la prosa, que privilegian las vivencias y creencias rurales y mezclan los planos del mundo objetivo y del mundo mítico en un mismo discurso. Ya en *Paisano* (1964), poemario alejado del nativismo y enriquecido con ingredientes surrealistas, había mostrado su profunda vinculación con los temas regionales; *Honras fúnebres* (1965) y *Santiago de León de Caracas* (1967) son obras de tema histórico-heroico. Otros testimonios de su actividad poética se encuentran en *Vientecito suave del amanecer con los primeros aromas* (1969), *Poesía* (antología, 1973), *Adiós, Escuque* (1974), *Poesía* (antología, 1977) y *Elegía 1830* (1980). [J.R.M.]

PALOMERO, ANTONIO (Málaga, 1869-1914). Periodista famoso, utilizó casi siempre el seudónimo de «Gil Parrado». Colaboró en *El País, El Liberal, Madrid Cómico, La Vida Galante, La Lectura*, etc., labrándose fama de satírico. En *Gedeón* publicó sus versos en la sección «Cancionero de Gil Parrado», luego recogidos en libro con el mismo título (1900). Es autor también de los libros de poemas *Versos políticos* (1895), *Coplas de Gil Parrado* (1906) y *Versos de Gil Parrado* (1913). Para el teatro escribió *La trompa de Eustaquio* (1892), con García Álvarez *; *El ciudadano Simón* (1894), con E. de Lustonó *, y *Raffles* (1908). [M.P.C.]

PALOU Y COLL, JUAN (Palma de Mallorca, 1828-1906). En 1859 estrenó el drama histórico *La campana de la Almudaina*, que obtuvo gran éxito. Sin embargo, las otras dos obras que escribió —*La espada y el laúd* (1865) y *Don Pedro del Puñalet* (1900)— no alcanzaron la altura de la inicial y pasaron en gran parte desapercibidas para crítica y público. [M.P.C.]

PALZA, HUMBERTO (La Paz, 1901-1975). Novelista, autor de teatro y ensayista boliviano. Sus comedias y dramas se caracterizan por su penetración psicológica: *Mi novio el extranjero* (1920), *La felicidad* (1922) y *El viajero* (1942). Su novela *Soroche* (1970) está compuesta con una técnica renovada en la cual juega a voluntad con la categoría del tiempo. Cierta fatalidad, que el autor identifica con el «soroche» o mal de altura, acompaña a sus personajes. Palza es autor de un interesante libro sobre el poeta Primo Castrillo *: *Tierra adentro, mar afuera* (1949). En 1939 publicó en México un libro valioso en el campo del pensamiento filosófico: *El hombre como método*. [C.C.B.]

PAMPLONA ESCUDERO, RAFAEL (Zaragoza, 1865-1928). Novelista. Colaborador de *Blanco y Negro, Revista de Aragón* y *Cultura Española*. Ancladas en el realismo de finales del siglo anterior, sus novelas —*Cuartel de inválidos* (1904), *Engracia* (1905), *Boda y mortaja* (1909) y *Don Martín el humano* (1918), entre otras muchas— merecieron el elogio de críticos tan cualificados como Andrés González Blanco *. [J.B.]

PANERO, JUAN (Astorga, León, 1908-carretera León-Astorga, 1937). Fue hermano del poeta Leopoldo Panero *, con quien coincide en la valoración de la poesía como ejercicio rehumanizador y trascendente. En Madrid establece amistad, entre otros, con Luis Rosales * y con César Vallejo *. Como prosista se inicia en las revistas locales *La Saeta* y *Humo*, donde firma con el seudónimo de «Critilo». Su actividad más importante es, sin embargo, la poesía, de la que conoce en vida escasas publicaciones: algún poema suelto en las revistas *La Saeta* (1925) y *Literatura* (1934) y el conjunto titulado *Cantos del Ofrecimiento* (1936), obra ya en granazón, donde se conjugan, en el marco de una cosmovisión trascendida, algunos temas esenciales: amor y muerte, naturaleza y religiosidad. Idéntica marca lleva la poesía publicada con carácter póstumo —en *Escorial* (1940), en *Espadaña* (1944), en *Castilla* (1983-84)—, que ha culminado con la edición, en Astorga, de su *Obra poética* (1986).

BIBLIOGRAFÍA. L. F. Vivanco, «El misticismo amoroso de Juan Panero», en *Introducción a la poesía española contemporánea*, 2 (Madrid, 1974), págs. 215-254; R. Gullón, *La juventud de Leopoldo Panero* (León, 1985); F. Martínez García, *La poesía de Juan Panero y otras «cosas nuestras»* (Astorga, 1987). [A.S.Z.]

PANERO, JUAN LUIS (Madrid, 1942). Ha publicado los siguientes libros de poemas: *A través del tiempo* (1968), *Los* *trucos de la muerte* (1975), *Desapariciones y fracasos* (1975), *Juegos para aplazar la muerte (1966-1983)* (1984), *Antes que llegue la noche* (1985) y *Galería de fantasmas* (1988). La poesía de Juan Luis Panero se alejó del culturalismo retórico y de la estética dominante durante los años setenta, para presentarse como una meditación agria y directa sobre la historia personal. Su estilo conecta con una poesía de tradición cernudiana. La publicación en 1984 de *Juegos para aplazar la muerte*, su poesía completa hasta entonces, provocó una significativa revalorización de Juan Luis Panero entre los autores más jóvenes, atraídos por su forma de convertir el poema en una elaboración literaria, casi teatral, de la experiencia propia. El amor, el tiempo y la muerte, concretamente el suicidio, aparecen como temas constantes de una poesía que suele justificar su propia tradición a través de numerosos homenajes literarios: Cernuda, Pavese, Costafreda o Lowry.

BIBLIOGRAFÍA. M. P. Palomero, *Poetas de los 70* (Madrid, 1987); L. A. de Villena, «Juan Luis Panero. Trayectoria de una voz auténtica», en *El Urogallo*, núms. 29-30 (1988), págs. 72-73; J. L. García Martín, «Imágenes rotas», en *Renacimiento*, núm. 3 (1989). [L.G.M.]

PANERO, LEOPOLDO (Astorga, León, 1909-Castrillo de las Piedras, León, 1962). Por edad y por coincidencia en sus respectivas trayectorias poéticas, debemos contar a Leopoldo Panero entre los jóvenes —Rosales *, Vivanco *, Ridruejo *, Bleiberg *— que, en el umbral de los años treinta, contribuyeron a desanclar la poesía española de los últimos resplandores vanguardistas. Como todos ellos, Panero no logra evadirse por completo a la fascinación verbalista (es expresión suya) y así lo testimonian sus colaboraciones en diversas revistas —*Nueva Revista* de Madrid, *Noreste* de Zaragoza, *Sudeste* de Murcia—, a las que entrega textos que denotan un acarreo multiforme: creacionismo y surrealismo, pureza guilleniana y fórmulas neogongorinas, constituyen, por ejemplo, materiales frecuentes. Simultáneamente, sin embargo, la secreta poesía de Leopoldo Panero —reservada a la lectura entre amigos— sigue curso distinto: entre 1930 y 1932 redacta sus *Versos al Guadarrama* (sólo publicados en 1945), corpus ahormado en sobriedad clásica y sobre el que planea, muy visible, el influjo de Antonio Machado *. Unas «pocas palabras verdaderas» —hombre, amor, muerte, Dios— encauzan ahora motivos universales: la conciencia temporal, la duda religiosa, la melancolía del hombre que se aferra a la infancia. He aquí, íntegra, la constelación temática de Leopoldo Panero. Todo el resto de su esfuerzo creador consistirá en modular, con nuevas irisaciones, estas preocupaciones básicas, intensificadas después, como en el caso de tantos coetáneos, por la experiencia, particularmente dura para Leopoldo, de la Guerra Civil.

Detenido a poco de estallar ésta —el poeta acaba de regresar de Cambridge y se le acusa de amistad con intelectuales marxistas, Ilia Ehrenburg, entre otros—, está a punto de ser fusilado por los nacionalistas. Sólo la decisión de su madre, que se entrevista con Carmen Polo de Franco, consigue liberarlo. Luego, las sospechas que se ciernen sobre toda la familia y la muerte en accidente del hermano mayor —el también poeta Juan Panero *— impulsan a Leopoldo a incorporarse al ejército franquista. No puede extrañar que, cuando acaba la guerra (el poeta ha mantenido durante ella un obstinado silencio), su primer trabajo poético lleve este significativo título: *La estancia vacía* (1944). Se trata, obviamente, del repliegue hacia un ámbito íntimo, anclado en la memoria, que le permita al poeta iniciar un proceso reconstructor de sus claves deshechas. En este sentido, el símbolo del viejo tronco desgajado por el hacha, que opera en el libro, es bien elocuente. Los motivos existenciales, familiares e históricos siguen imbricados en *Escrito a cada instante* (1949), obra menos unitaria que la anterior, pero donde el magisterio poético de Panero —adobado por un riguroso conocimiento de la poesía francesa e inglesa— alcanza su cima. Casi todos los temas tratados aquí —los relativos a Dios, al hijo, a España, a los muertos queridos, a la decrepitud personal— están expresados en tensión. Una sola imagen recurrente bastaría para sugerir esta conflictividad: la del ciego que busca asideros, sobrenaturales o humanos, sin encontrarlos nunca. La cosmovisión paneriana, pues, participa del agonismo de Unamuno *: ciertamente, desde su condición de hombre de fe, el poeta atisba la esperanza, sustentada por una armonía cósmica —«el dulce y fijo girar de las estrellas»— de signo metafísico; pero su estrategia intelectual opera, como dice, «absolutamente de noche». El oleaje marino se presenta entonces, desde el título, como emblema de incertidumbre existencial: lo «escrito a cada instante» queda desvanecido por el agua y es preciso reiniciar la búsqueda.

Sigue *Canto personal* (1953), donde, con desigual fortuna literaria, se hace una defensa de la realidad histórica española. Tras él, se limita Panero a publicar textos sueltos —algunos de circunstancias; otros, en su mejor línea intimista— en diversos periódicos y revistas. En las *Obras completas* (1973) que ordenó su hijo Juan Luis puede verse también un apartado de poemas inéditos, entre ellos el impresionante «Epitafio», escrito muy poco antes de sorprenderlo una muerte repentina en su finca veraniega de Castrillo de las Piedras.

BIBLIOGRAFÍA. J. García Nieto, *La poesía de Leopoldo Panero* (Madrid, 1963); AA. VV., en *Cuadernos Hispanoamericanos* (en memoria de L. Panero), núms. 187-188 (Madrid, julio-agosto de 1965); E. Connolly, *Leopoldo Panero: la poesía de la esperanza* (Madrid, 1969); A. Parra, *Investigaciones sobre la obra poética de Leopoldo Panero* (Francfort del Main, 1971); L. Rosales, «L. Panero hacia un nuevo humanismo», en *Lírica española* (Madrid, 1972), págs. 345-429; C. Aller, *La poesía personal de Leopoldo Panero* (Pamplona, 1976); J. Sardo, *El Dios de Leopoldo Panero* (León, 1978); R. Gullón, *La juventud de Leopoldo Panero* (León, 1985); M.ª de las M. Marcos Sánchez, *El lenguaje poético de Leopoldo Panero* (Salamanca, 1987). [A.S.Z.]

PANERO, LEOPOLDO MARÍA (Madrid, 1948). Fue uno de los seleccionados por José María Castellet en la antología *Nueve novísimos poetas españoles* (1970). Su primer libro, *Por el camino de Swan* (1968), lo había hecho acreedor a ello, aunque el experimentalismo decisivo sólo surge a partir de *Así se fundó Carnaby Street* (1970), cimentado, melancólicamente, en mitos de infancia y adolescencia. El soporte culturalista, así como la ruptura de convencionalismos ideológicos y expresivos, se afianza en libros como *Teoría* (1973), *Narciso en el acorde último de las flautas* (1979) o *Dioscuros* (1982), recogidos, junto a otros, en *Poesía 1970-1985* (1986), conjunto que se incrementa, después, con los *Poemas del manicomio de Mondragón* (1987), donde el autor plasma, con privilegiada lucidez, una atroz experiencia psiquiátrica, ahondada, todavía, por dos libros de 1992: *Piedra negra o del temblor* y *Heroína y otros poemas*. Es autor también de dos obras en prosa, *En lugar del hijo* (1976) y *Dos relatos y una perversión* (1984).

BIBLIOGRAFÍA. J. Barella Vigal, «La poesía de L. M.ª Panero: entre Narciso y Edipo», en *Estudios humanísticos*, IV (León, 1984), págs. 123-128; M. Mas, «Una lectura generacional de la destrucción (notas acerca de *Narciso* de L. M.ª Panero)», en *Ideologies and Literature*, I (1985), págs. 1-5. [A.S.Z.]

PANGANIBAN, JOSÉ. Véase LITERATURA FILIPINA.

PAQUITO, PAN Y COMP.ª (seudónimo). Véase DÍAZ MARTÍN, MANUEL.

PARADAS, ENRIQUE (Madrid, 1871-¿?). Olvidado hoy, parece que alcanzó cierta notoriedad en los últimos años del pasado siglo y primeras décadas del presente. Por Miguel Sawa * (prologuista de su primer poemario) sabemos que era hijo de andaluza y apasionado admirador de lo andaluz. Manuel Machado * (que le dedicó críticas y lo consideraba «gran poeta») dice algo de su vida llena de aventuras. Antonio Machado * lo recuerda en *Juan de Mairena*. En Madrid fundó y dirigió el periódico *La Caricatura* (1892-1893), en el que colaboraron los Machado. Escribió principalmente para el teatro. Es autor —solo o en colaboración— de numerosos libretos de revistas musicales y zarzuelas, algunas con música de conocidos maestros (Guerrero, Alonso, entre otros). Como poeta, publicó: *Agonías* (1891), *Undulaciones* (1893), *Tristes y alegres* (1894), *Etcétera* (1895) —los dos últimos, con Manuel Machado: los textos de cada poeta se agrupan separadamente—. En 1913 publicará *Impresiones. Cantares*. Lo más importante de su producción poética son, sin duda, los «cantares» de corte popular: presentes ya en su libro primero, en los siguientes encontramos hallazgos notables.

BIBLIOGRAFÍA. J. M. de Cossío, *Cincuenta años de poesía española (1850-1900)* (Madrid, 1960); M. Machado, «Un libro nuevo y un poeta de siempre», en *La guerra literaria*, ed. de P. Celma y J. Blasco (Madrid, 1981). [A. de A.]

PARADINAS, CARMELO. Véase NOVELA POLICIACA.

PARAVICINO Y ARTEAGA, HORTENSIO FÉLIX (Madrid, 1580-1633). Muy joven inició estudios de filosofía en Alcalá y, más tarde, los de cánones en Salamanca. A los veinte años profesó en la orden de los trinitarios calzados y se doctoró en Teología. Apenas acabados los estudios, obtuvo una cátedra en la Universidad de Salamanca, donde se dio a conocer como uno de los oradores más sobresalientes de toda la historia. Poco después fue elegido definidor, en Madrid; en 1616 obtuvo la prelacía del convento de su orden en esa ciudad. Al año siguiente fue nombrado predicador del rey, cargo que disfrutó bajo Felipe III y Felipe IV. Dos veces fue elegido provincial de Castilla y visitador de Andalucía; también se le nombró vicario general y definidor general de la Orden en Nápoles, Flandes, Roma, etc. Por sus dotes de orador, gozó de extraordinaria fama, lo que le acarreó admiradores apasionados (Lope de Vega *) y enemigos acérrimos (Calderón *). El estilo retórico de sus sermones y otras obras, extraordinariamente recargado y complicado, se ha comparado frecuentemente a la poesía de Góngora *, aunque parece claro que ambos lo desarrollaron de manera independiente. Su obra, muy variada y numerosa, abarca diferentes campos: teología, historia, sermones, poesía. Merecen recordarse sus *Epitafios o elogios fúnebres a Felipe III* (Madrid, 1625) y sus diferentes tomos de *Oraciones evangélicas* (Madrid, 1638 y 1641). La mayor parte de su obra literaria apareció en las *Obras póstumas, divinas y humanas* (Madrid, 1641), aunque buena parte de su poesía continúa inédita.

BIBLIOGRAFÍA. F. Cerdán, «En el IV Centenario de Paravicino: documentos inéditos para su biografía», en *Criticón*, núm. 14 (1981), págs. 55-92, y «El texto de los sermones de Paravicino», en *Edición y anotación de textos* (Pamplona, 1987), págs. 39-50. [R.R.]

PARDO, ISAAC J. (Caracas, 1905). Ensayista venezolano, entre sus obras se cuentan *Rasgos culturales del siglo XVI en Venezuela* (1955), *José Antonio Maitín y su «Canto fúnebre»* (1957), *Biografía de Juan de Castellanos* (1959), *Juan de Castellanos. Estudio de las «Elegías de varones ilustres de Indias»* (1961) y *Fuegos bajo el agua. La invención de Utopía* (1983). Su primer libro, *Esta tierra de gracia* (1955), narra en ajustadas imágenes una visión de América considerada como el paraíso sugerido por Colón * al llegar al continente.

BIBLIOGRAFÍA. H. J. Becco, *Isaac J. Pardo: bibliografía humanística* (Caracas, 1984). [H.J.B.]

PARDO, JESÚS. Véase NARRATIVA ESPAÑOLA POSTERIOR A 1975.

PARDO, MIGUEL EDUARDO (Caracas, 1868-París, 1905). Novelista, cuentista, dramaturgo y poeta venezolano. En 1882 dirigió la revista satírica *El Buscapié*. En *El Cojo Ilustrado* * publica en la columna «Madrileñas» sus impresiones de viaje por Europa. En 1899 apareció su novela satírico-social *Todo un pueblo*, donde introdujo el tema de la vida de la ciudad con nuevas dimensiones, fuera del esquemático binomio ciudad/campo, civilización/barbarie. Desenmascara a la sociedad burguesa y la presenta como grotesca, hipócrita y corrompida; critica las teorías del progreso por entender que tienden a una uniformidad desnacionalizadora. Otras obras suyas: *Ecos de la lucha* (poemas, 1887), *Edmeda* (monólogo, 1888), *A tal culpa tal castigo* (drama, 1888), *Viajeras* (prosa y verso, 1892), *Al trote. Siluetas, croquis, rasgos, artículos literarios y descripciones de París y Madrid* (1894) y *Volanderas* (artículos, 1895). [C.R. de G.]

PARDO Y ALIAGA, FELIPE (Lima, 1806-1868). Tras algunos años en Madrid, regresó al Perú en 1827 y adoptó una postura prohispánica que contrastaba con la realidad política del nuevo país. Redactor de periódicos como *El Mercurio Peruano*, dirigió sus letrillas y sátiras contra los principios liberales y las instituciones republicanas, desde una posición conservadora y monárquica. Cultivó el artículo de costumbres, y hoy se lo recuerda especialmente como autor de algunas comedias de factura neoclásica y pretensiones didácticas: *Frutos de la educación* (1829), *Una huérfana en Chorrillos* (1833) y *Don Leocadio o el Triunfo de Ayacucho* (1853). [T.F.]

PARDO BAZÁN, EMILIA (La Coruña, 1851-Madrid, 1921). Destacó en tres géneros literarios: la novela, el cuento y la crítica. En su tiempo no hubo mujer que alcanzara mayor prestigio y que tuviera igual influencia en las letras españolas. Aunque generalmente se la recuerda como defensora del naturalismo, en los últimos años se ha valorado también su actitud feminista. Se la suele agrupar, por razones de sexo, más que por analogías de escritura, con Gertrudis Gómez de Avellaneda *, Cecilia Böhl de Faber *, Rosalía de Castro * y Concepción Arenal *, que, por su condición de escritoras, superaron las limitaciones a que estaba sometida la mujer española. Hija única de un padre acomodado, que ascendió a aristócrata en 1841, al recibir el título pontificio de conde, heredó el título, a su muerte, en 1890. Recibió la educación propia de las mujeres de su posición social: estudios elementales, que su afición a la lectura amplió considerablemente. Con avidez y de manera sistemática llegó a tener una cultura extensa en las disciplinas humanísticas. A los diecisiete años se casó con José Quiroga, trasladándose con él a Madrid, desde donde emprende numerosos viajes al extranjero: Francia, Italia, Suiza, Austria e Inglaterra (Londres). En 1876 nació su hijo Jaime, y por esas fechas obtuvo un premio por el ensayo titulado «Estudio crítico de las obras del padre Feijoo». Coincidiendo con el nacimiento de su hija Blanca (1879) aparece su primera novela, *Pascual López. Autobiografía de un estudiante de medicina*. La actividad narrativa va acompañada por la publicación de algunos poemas de inspiración romántica y de artículos seudocientíficos. Un viaje a Vichy (1880), para atender una afección hepática, produce un cambio de rumbo en su producción; en 1874 había visitado a Victor Hugo —la influencia del gran escritor se dejará sentir en su narrativa—; en el ochenta leyó a los naturalistas y tal lectura la afectó notablemente.

Resulta casi imposible, en su caso, separar lo biográfico de lo literario: cada suceso de su vida complementa un acontecimiento intelectual; el encuentro con el naturalismo tuvo repercusiones importantes en las letras españolas, pues si no fue su introductora, sí fue su más activa propagandista. Los prólogos a *Un viaje de novios* (1881) —su segunda novela, coincidente con el nacimiento de su hija Carmen— y a *La tribuna* (1883), más una colección de artículos, *La cuestión palpitante*, de 1882-83, son los textos en que definió su posición ante el naturalismo. Esta toma de posición extendió la fama de la escritora, pero produjo escándalo en quienes entendían que las nuevas tendencias eran antirreligiosas, trataban temas de alcantarillado y asuntos sórdidos: alcoholismo, prostitución, incesto, degeneración. El hecho de que una dama católica, casada, defendiera las ideas de Emilio Zola, aunque sin aceptar sus bases ideológicas, es decir, el determinismo y la degeneración hereditaria en lo personal y en lo social, sorprendió y chocó a sus lectores. En realidad, su naturalismo era una prolongación del realismo, con aportaciones de elementos procedentes de la ciencia experimental y de su lenguaje, considerados como antídoto del idealismo que seguía dominante en las letras del país. Creía Pardo Bazán que el naturalismo significaba la vuelta al realismo tradicional de la novela picaresca. Dos eran las vertientes del naturalismo: la ideológica y la técnico-estilística. La ideológica se fundaba en la creencia de que las relaciones sociales funcionaban del mismo modo que los organismos individuales, yendo de la plenitud vital al deterioro y a la destrucción. Para describir ese proceso, el novelista debía recurrir a técnicas de representación, parecidas a las utilizadas por los científicos, diseñando ambientes en donde la experiencia humana se manifestara en términos de un experimento científico, lo que requería objetividad y un cierto alejamiento del autor, que permitiera al personaje desarrollarse según sus propias leyes.

En *Un viaje de novios* no se detecta la presencia de la ideología naturalista; en *La tribuna*, el intento de presentar una acción social significativa, imparcial, objetivamente, se acerca bastante a las ideas del naturalismo: el trabajo de las empleadas en la fábrica de tabacos de La Coruña y la vida de las clases bajas están contados con fuerza. *El cisne de Vilamorta* (1885) tuvo gran éxito de público, seguido por el de *Los pazos de Ulloa* (1886), su novela más conocida, y por *La madre naturaleza* (1887). En estas dos se cumplen las premisas zolescas: decadencia individual y social, observada en el medio rural gallego, sensualidad, miserabilismo, codicia. El señor de los pazos, don Pedro Moscoso, mantiene relaciones íntimas con Sabel, hija de un mayordomo, Primitivo, auténtico dueño de la comarca. El niño, Perucho, hijo del señor y de su querida, y un recién llegado capellán que anima a don Pedro a casarse con una tímida prima, hasta entonces residente en Santiago, completan el cuadro. El matrimonio y la presencia de Nucha, la esposa, no impiden que Sabel siga en la casa; el nacimiento de una hija, y no del varón deseado por don Pedro, le aleja de su mujer, que no tarda en morir. En *La madre naturaleza*, los hermanos, ignorantes de los lazos que los unen, cometen incesto, concluyendo la novela con el ingreso de la muchacha en un convento. Como en *Los pazos*, el naturalismo se atempera por el ambiente, el aislamiento y la lógica de las circunstancias.

En 1886, Pardo Bazán conoció en París a Zola, a Daudet y a los hermanos Goncourt; por entonces leyó a los novelistas rusos, que tanto influirían en la transformación de la novela. Dictó en el Ateneo madrileño una conferencia sobre el tema: «La revolución y la novela en Rusia» (1887). Dos años antes se había separado de su marido e iniciado relaciones íntimas con Benito Pérez Galdós *, luego sustituido por José Lázaro Galdiano, director de *La España Moderna*. Polemizó con Pereda * y con Clarín *; en 1891 intentó, sin conseguirlo, ingresar en la Real Academia Española. Dirigió la sección de literatura del Ateneo y en 1916 fue nombrada profesora de la Universidad de Madrid. Dos novelas, *Insolación* y *Morriña*, ambas de 1889, marcan el final de su período naturalista; *Una cristiana* y *La prueba* —las dos aparecidas en 1890—, *Doña Milagros* (1894) y *Memorias de un solterón* (1896), son obras de transición, que la acercan a los nuevos modos que el modernismo trajo consigo. Lo mismo ocurre con *La quimera* (1905) y *La sirena negra* (1908).

Desde 1891 a 1893 publicó una revista, *Nuevo Teatro Crítico*, redactada por ella en su totalidad. Prolífica autora de cuentos, no bajan de casi quinientos los que escribió a lo largo de su vida.

BIBLIOGRAFÍA. M. Baquero Goyanes, *La novela naturalista española: Emilia Pardo Bazán* (Murcia, 1955); C. Bravo Villasante, *Vida y obra de Emilia Pardo Bazán* (Madrid, 1962); S. H. Eoff, *El pensamiento moderno y la novela española* (Barcelona, 1965); B. Varela Jácome, *Estructuras novelísticas de Emilia Pardo Bazán* (Santiago de Compostela, 1973); N. Clemessy, *Emilia Pardo Bazán como novelista* (Madrid, 1981); R. M. Scari, *Bibliografía descriptiva de estudios críticos de Emilia Pardo Bazán* (Valencia, 1984); A. R. Rodríguez, *La cuestión feminista en los ensayos de E. Pardo Bazán* (La Coruña, 1991). [G.G.]

PARDO DE FIGUEROA, MARIANO (Medina-Sidonia, Cádiz, 1828-Cádiz, 1918). Conocido con el seudónimo de «Doctor Thebussem». Escritor ingenioso que publicó humorísticos relatos, como: *Futesas literarias; Literatura filatélica de España* (1876), *La mesa moderna: cartas sobre el comedor y la cocina cambiadas entre el Doctor Thebussem y un cocinero de Su Majestad* (1883) y *Ristra de ajos* (1886).

BIBLIOGRAFÍA. J. Catasús, *Don Mariano Pardo de Figueroa («Doctor Thebussem») y el ex librismo* (Barcelona, 1955). [E.R.C.]

PARDO GARCÍA, GERMÁN (Ibagué, Tolima, Colombia, 1902-México, D.F., 1992). Poeta colombiano, dio a conocer en su país, en 1930, un primer libro: *Voluntad*. Desde 1931 residió en México, donde publicó más de treinta colecciones de poemas. En su obra se presentan dos etapas: la primera, con herencias del modernismo y ceñida a formas y temas tradicionales, se prolonga hasta *Los sueños corpóreos* (1947), y en ella destacan los sonetos de *Presencia* (1938). Luego, a partir de *Poemas contemporáneos* (1949), sus motivos son los horrores de la guerra, la crueldad del mundo moderno y el llamamiento a la paz universal. Otros de sus libros: *Las voces naturales* (1945), *U.Z. llama al espacio* (1954), *Osiris preludial* (1960), *Himnos de Hierofantes* (1969) y *Génesis* (1974). El volumen *Apolo Pankrátor*, publicado en 1977, recoge su producción poética hasta ese año. [F.C.L.]

PARDO DE TAVERA, TRINIDAD. Véase LITERATURA FILIPINA.

PAREDES, ALBERTO. Véase HISPANOAMÉRICA: TEATRO ACTUAL.

PAREDES, AMÉRICO. Véase LITERATURA CHICANA.

PAREDES, ANTONIO DE (Extremadura, h. 1590-Toledo, h. 1622). Alabado por Cervantes * y Lope de Vega *, este militar, que «murió en su más florida edad», publicó en 1605 una *Canción fúnebre panegírica* a madame Francisca Passier, participó en la beatificación de Santa Teresa de Jesús * en 1614 y vivió probablemente en Córdoba, donde los amigos publicaron sus borradores (*Rimas*, 1622). Excelente sonetista, compuso una gongorina *Fábula de Daphne y Apolo* en octavas, unas odas, letrillas y una colección de romances amorosos en la tradición de Lope de Vega.

BIBLIOGRAFÍA. A. de Paredes, *Rimas*, ed. de A. Rodríguez Moñino (Valencia, 1948). [A.B.]

PAREDES, PEDRO PABLO (La Mesa de Esnujaque, Trujillo, Venezuela, 1917). Poeta, ensayista y crítico. Integrante del grupo literario «Yunque», su obra incluye textos líricos y críticos: *Silencio de tu nombre* (1944), *Transparencia* (1947), *Alabanzas de la ciudad* (1947), *Patria de sueño: San Cristóbal* (1961), *Alcor* (1970), *El soneto en Venezuela* (1962), *La eternidad del soneto* (1962), *Emocionario de Laín Sánchez* (prosa narrativa, 1965) y *Leyendas del Quijote* (1976). [C.R. de G.]

PAREDES, RIGOBERTO. Véase HISPANOAMÉRICA: POESÍA ACTUAL.

PAREDES, TORIBIO. Véase BENAVENTE, TORIBIO DE.

PAREDES CANDÍA, ANTONIO. Véase LITERATURA INFANTIL HISPANOAMERICANA.

PAREJA DIEZCANSECO, ALFREDO (Guayaquil, Ecuador, 1908). Novelista, crítico e historiador ecuatoriano. Miembro del «Grupo de Guayaquil» *. Autor fecundo, de amplia cultura, su obra se ha ido remozando constantemente. Le ha interesado el ambiente marinero de la costa ecuatoriana. Consta su gran capacidad para crear personajes femeninos. La presencia de la historia está en el fondo de la mayoría de sus libros. *El muelle* (1933) trata la crisis económica del 29 en Nueva York y Guayaquil, y es considerada su mejor novela. Después ha ido publicando *La Beldaca* (1935), *Baldomera* (1938), *Hechos y hazañas de don Balón de Baba* (1939), *Hombres sin tiempo* (1941), *Las tres ratas* (1944), *La advertencia* (1956) y *Las pequeñas estaturas* (1970), entre otras novelas que también muestran su evolución hacia lo psicológico y existencial. En el terreno del ensayo ha escrito *La hoguera bárbara* (1944), sobre la vida y la horrible muerte del caudillo liberal Eloy Alfaro; *Thomas Mann y el nuevo humanismo* (1956); e *Historia del Ecuador* (1962). [H.R.]

PARELLADA, PABLO (Valls, Tarragona, 1855-Zaragoza, 1944). Fue ingeniero militar, alcanzó el grado de coronel y desempeñó el puesto de profesor en la Academia General Militar. Utilizó el seudónimo de «Melitón González». Colaboró con artículos humorísticos en diversas publicaciones, *Blanco y Negro*, *ABC*, *Gedeón*, *La Vanguardia*, *Madrid Cómico*, *Nuevo Mundo*, *La Correspondencia de España*, *El Gato Negro* y *La Avispa*, entre otras. Una parte de sus artículos los recogió en *The Patent London superfine* (1896). Escribió las novelas *Memorias de un sietemesino* (1919) y *La mosca dorada* (1926). Es autor de numerosas obras teatrales, comedias, juguetes, operetas y sainetes de carácter cómico, como *Los asistentes* (1895), *El figón* (1898), *El regimiento de Lupián* (1898), *Tenorio modernista* (1906), *De pesca* (1908), *El gay saber* (1911), *Tenorio musical* (1912), *Pelé y Melé* (1917) y *¿Tienen razón las mujeres?* (1919). [G.R.F.]

PARÉS, NURIA (Barcelona, 1925). Se trasladó a Francia y a México a causa de la Guerra Civil. Se dedicó a la música en su juventud. Ha publicado *Romances de la voz sola* (1951), *Canto llano* (1959) y *Colofón de la luz* (1987). Es traductora, ensayista y crítica de arte. Su poesía gusta de los ritmos del romance y de los tonos coloquiales. Especialmente significativos son los poemas dedicados en *Canto llano* al exilio, porque Nuria Parés representa a toda una generación de niños españoles educados en México, que no pudieron identificarse completamente ni con su país de origen ni con su país de adopción. El vacío personal y la falta de raíces aparecen frecuentemente como tema de su poesía.

BIBLIOGRAFÍA. S. Rivera, *Última voz del exilio. (El grupo hispano-mexicano)* (Madrid, 1990). [L.G.M.]

PARIENTE, ÁNGEL (Gijón, Asturias, 1937). Su nombre completo es Ángel Manuel Aragón Pariente. Estudió Comercio. En 1972 fundó en Madrid Ediciones Júcar, para las que ha dirigido las colecciones «Los Poetas» y «Biblioteca de Traductores». Es autor de los libros de poemas *También a mí me gusta la bella música* (1967) y *Este error* (1968), de carácter crítico; *Ser alguna vez* (1981), en el que, sirviéndose de un gran número de símbolos y de elementos irracionales, reafirma su actitud ética y comprometida, y *Los sueños* (1989), donde se mueve entre la desazón y la desesperanza. De sus ensayos destacan: *Antología de la poesía culterana* (1981), *Góngora* (1982), *Antología de la poesía surrealista* (1985), *En torno a Góngora* (edición y comentarios, 1987) y *Razonado desorden* (textos surrealistas, 1991). [A.R.]

PARÍS, LUIS. Véanse BOHEMIA LITERARIA ESPAÑOLA DE FIN DE SIGLO y CADENAS, JOSÉ JUAN.

PARÍS Y VIANA, HISTORIA DE. Véase NOVELA BREVE EN LA EDAD MEDIA.

PARMENO (seudónimo). Véase LÓPEZ PINILLOS, JOSÉ.

PARNASO ESPAÑOL. Véase CANCIONEROS Y ROMANCEROS DE LOS SIGLOS XVI Y XVII.

PARRA, ADÁN DE LA. Véase LITERATURA POLÍTICA Y ECONÓMICA EN LOS SIGLOS XVI Y XVII.

PARRA, ERNESTO. Véase NARRATIVA ESPAÑOLA POSTERIOR A 1975.

PARRA, MARCO ANTONIO DE LA. Véase HISPANOAMÉRICA: TEATRO ACTUAL.

PARRA, NICANOR (San Fabián de Alico, Ñuble, Chile, 1914). Realiza sus estudios primarios en la ciudad de Lautaro y parte de sus estudios medios en Chillán. Termina la enseñanza media en Santiago en el Internado Barros Arana. Estudia física y matemáticas en el Instituto Pedagógico de la Universidad de Chile y se gradúa como profesor en 1937. Había escrito poesía desde su adolescencia y publica su primer libro, *Cancionero sin nombre*, el mismo año de su graduación. Las raíces de esta poesía son populares y provincianas.

Los temas principales: la aldea, los amores de adolescencia, la pobreza, la vida familiar.

Entre 1943 y 1947, becado por el Institute of International Education, se especializa en mecánica avanzada en la Universidad norteamericana de Brown. En 1948 es nombrado director interino de la Escuela de Ingeniería de la Universidad de Chile. Viaja con una beca a Gran Bretaña y estudia cosmología en Oxford entre 1949 y 1951. Sus primeros poemas de madurez, que denomina antipoemas, se publican en diversas revistas y empiezan a ser traducidos. En 1954, la Editorial Nascimento, de Santiago de Chile, publica *Poemas y antipoemas*. Es una clara reacción frente a la retórica superabundante del Neruda * de *Canto general* y de otros poetas chilenos y latinoamericanos. Los antipoemas están hechos de concisión, de prosaísmo, de humor negro. Utilizan el lenguaje coloquial y, en algunos casos, los metros populares chilenos. Su hermana Violeta Parra, entretanto, ha empezado a recoger ritmos y canciones campesinas, donde suelen mezclarse elementos indígenas con viejas tradiciones hispánicas de origen medieval.

En 1958 publica *La cueca larga*, poema en el que intenta abiertamente el rescate de la lírica popular chilena. En 1962, *Versos de salón*. En 1963, *Manifiesto*. En 1967, después de una estancia en la Unión Soviética, publica *Canciones rusas*. En 1968 ejerce como profesor titular de Física en la escuela de Ingeniería de la Universidad de Chile. Recibe el premio Nacional de Literatura en 1969. Ese mismo año, la Editorial Universitaria publica *Obra gruesa*, que recoge sus poesías casi completas. Su influencia en la nueva poesía chilena y latinoamericana es cada vez más acusada. En 1971 dirige un taller de escritores en la Universidad de Columbia, en Nueva York. En Chile es profesor investigador del Departamento de Estudios Humanísticos de la Escuela de Ingeniería (Universidad de Chile). Ahí dirigirá en la década del ochenta un curso titulado «La variable ecológica».

En 1972 publica su primera colección de *Artefactos*, minipoemas de carácter epigramático, humorístico, anecdótico y filosófico. Después utiliza un personaje popular del Chile de la década del treinta y del cuarenta, una especie de versificador y predicador ambulante, para escribir su serie de *Sermones y prédicas del Cristo de Elqui* (1977). En 1979 se publican los *Nuevos sermones y prédicas del Cristo de Elqui*. Una segunda colección de *Artefactos* aparece en 1982.

Antes de eso, en 1977, participa en una creación colectiva con textos suyos que se pone en escena en un circo en las afueras de Santiago, *Hojas de parra*. La obra es fuertemente alusiva a la represión política. La compañía recibe amenazas y, por último, la carpa del circo es incendiada en horas de toque de queda. En 1982 publica *Poemas y antipoemas a Eduardo Frei*, y en 1983 *Chistes para desorientar a la po(lic)esía*, *Poesía política* y *Coplas de Navidad*. Sus *Hojas de parra* son recogidas en libro en 1985.

Nicanor Parra vive entre sus casas de La Reina y de Conchalí, en los alrededores de Santiago, y la de Isla Negra, en la costa central. Aún imparte clases ocasionalmente en el Departamento de Estudios Humanísticos de la Escuela de Ingeniería. Continúa agregando textos poéticos a sus diferentes series: los artefactos, los ecopoemas, las hojas de parra, y a veces vuelve a sus ya clásicos antipoemas. Sus influencias en las generaciones más jóvenes y en algunos poetas chilenos importantes, desde Enrique Lihn * hasta Raúl Zurita * y Diego Maqueira *, es visible y digna de ser examinada con atención.

BIBLIOGRAFÍA. H. Monte y Mario Rodríguez, *Nicanor Parra y la poesía de lo cotidiano* (Santiago, 1970); M. Gottlieb,

No se termina nunca de nacer. La poesía de Nicanor Parra (Madrid, 1977); R. Yamal, *Sistema y visión de la poesía de Nicanor Parra* (Valencia, 1985); F. Schopf, *Del vanguardismo a la antipoesía* (Roma, 1986); I. Carrasco, *Nicanor Parra: La escritura antipoética* (Santiago de Chile, 1990). [J.E.]

PARRA, TERESA DE LA (París, 1889-Madrid, 1936). Nació ocasionalmente en Francia, de padres venezolanos, y desde 1902 vivió en Caracas. Colaboró en *El Universal, Actualidades* y *La Lectura Semanal*. La Caracas adormecida, ciudad de los techos rojos, de los personajes típicos por las calles, con el silencio en el interior de las casonas de blancas paredes encaladas, es el mundo lejano y real que pinta en la novela *Ifigenia o Diario de una señorita que escribió porque se fastidiaba* (1924). No es una historia de maledicencia, un tapiz del sereno escenario criollo, sino un testimonio revelador que exhala fragancias de ingenuidad. La segunda novela, *Memorias de Mamá Blanca* (1929), está localizada en el valle de Caracas, y conjuga los recuerdos con la melancolía en una prosa que intenta recuperar el tiempo perdido. Las *Obras completas* de Teresa de la Parra se publicaron póstumamente (1965) con prólogo de Francis de Miomandre.

BIBLIOGRAFÍA. L. M. Febres, *Cinco perspectivas críticas sobre la obra de Teresa de la Parra* (Caracas, 1984); E. Garrels, *Las grietas de la ternura (Nueva lectura de Teresa de la Parra)* (Caracas, 1987). [J.R.M.]

PARRA DEL RIEGO, JUAN (Huancayo, Perú, 1894-Montevideo, 1925). Poeta peruano. Algunos de sus poemas anticipan el vanguardismo, utilizando imágenes modernas, versos libres y ritmos encaminados a reflejar la vitalidad del siglo XX. Obras: *Himnos del cielo y los ferrocarriles* (1924), *Blanca luz* (1925), *Tres polirritmos inéditos* (1937) y *Prosa* (1943). [F.M.R.A.]

PARRA SANDOVAL, RODRIGO. Véase HISPANOAMÉRICA: NARRATIVA ACTUAL.

PARRADO, GIL (seudónimo). Véase PALOMERO, ANTONIO.

PÁRRAGA MARTEL DE LA FUENTE, FRANCISCO (¿?-¿?). Autor de comienzos del siglo XVIII. Según deja constancia en su novela *Historia de Lisseno y Fenissa* (1701), comenzó en el teatro, aunque sin éxito. Su novela es de estructura bizantina y ambiente pastoril. [J.A.B.]

PARREÑO, JOSÉ MARÍA. Véase POESÍA ESPAÑOLA POSTERIOR A 1975.

PASAMONTE, JERÓNIMO DE (Ibdes, Zaragoza, 1533-?, d. 1605). Infanzón aragonés nacido en Ibdes, cerca de Calatayud, en 1533. Tras haber estudiado latinidad con un tío suyo clérigo, en 1571 sentó plaza como soldado en el tercio de don Miguel de Moncada; luchó el 7 de octubre del mismo año en la batalla de Lepanto, luego en la jornada de Navarino y en la conquista de Túnez, donde permaneció de guarnición hasta que en agosto de 1574 los turcos recuperaron la ciudad norteafricana y él fue hecho prisionero. Sufrió un duro cautiverio en Túnez, Constantinopla, Alejandría, Misistro (la antigua Esparta), Rodas y otra vez en Constantinopla, donde fue rescatado en 1592. De Italia pasó a España, y estuvo en Aragón y Madrid de 1593 a 1598. Entonces redactaba ya su curiosa autobiografía *Vida y trabajos de Jerónimo de Pasamonte*, que concluyó en Nápoles en 1605. Es un libro en el que narra de un modo vulgar su azarosa existencia, en la que se interfieren visiones del más allá y una profunda religiosidad. Demuestra en él una gran familiaridad con textos religiosos latinos y su entusiasmo por Ariosto. Su prosa, a veces deslavazada pero muy personal, deja transparentar aragonesismos y algunos italianismos. Es evidente que Cervantes * conoció a Jerónimo de Pasamonte cuando ambos eran soldados en el mismo tercio, y que entre ellos hubieron de surgir graves diferencias, pues lo ridiculizó cruelmente en la figura del galeote Ginés de Pasamonte, en el cap. XXII de la primera parte del *Quijote*. Ello ha hecho suponer que Jerónimo de Pasamonte sea el escritor aragonés que, escondiéndose bajo el seudónimo de Alonso Fernández de Avellaneda *, compuso el *Quijote* apócrifo.

BIBLIOGRAFÍA. M. de Riquer, *Cervantes, Pasamonte y Avellaneda* (Barcelona, 1988). [M. de R.]

PASCUA DE REYES, ACADEMIA DE. Véase ACADEMIAS.

PASCUAL BUXÓ, JOSÉ (Sant Feliu de Guíxols, Gerona, 1931). Se trasladó a México a causa de la Guerra Civil. Es profesor universitario de literatura. Ha vivido en México, Italia, Venezuela y Estados Unidos. Dirigió la revista *Ideas de México*. Entre sus libros de poesía destacan *Tiempo de soledad* (1954), *Memoria y deseo* (1963), *Materia de la muerte* (1966) y *Lugar del tiempo* (1974). Su poesía apuesta por un estilo directo, utilizando los recursos coloquiales para construir sus metáforas y sus imágenes. Poeta del amor, tema al que ha dedicado una parte importante de su obra, Pascual Buxó ha indagado también en sus versos la intuición de la muerte y los signos de la memoria infantil.

BIBLIOGRAFÍA. S. Rivera, *Última voz del exilio. (El grupo hispano-mexicano)* (Madrid, 1990). [L.G.M.]

PASO, ALFONSO (Madrid, 1926-1978). Además de un autor prolífico, Alfonso Paso constituye un verdadero fenómeno sociológico, pues durante muchos años dominó la cartelera madrileña, en la que tenía, a la vez, varias obras de gran éxito. De una familia de hombres de teatro, comenzó con un teatro de humor crítico y tragicómico, procedente de la línea de Miguel Mihura *. (Entonces colaboraba en empresas teatrales, por ejemplo, con Alfonso Sastre *.) La crítica exigente acogió con esperanza obras como *Los pobrecitos* (1957) o *La boda de la chica* (1960). Deriva luego hacia la crítica social: *Juicio contra un sinvergüenza* (1958), *Cena de matrimonios* (1959) y *La corbata* (1963). Y acaba en la comicidad popular pura y simple, apreciada por el público, pero no por la crítica. Dentro de esta curiosa evolución, Alfonso Paso merece más estudio por su significación teatral y sociológica.

BIBLIOGRAFÍA. A. Marqueríe, *Alfonso Paso y su teatro* (Madrid, 1960); J. Mathias, *Alfonso Paso* (Madrid, 1971). [A.A.]

PASO, FERNANDO DEL (México, D.F., 1935). Escritor y diplomático mexicano, se inició como poeta y dibujante. La novela *José Trigo* (1966) es la primera muestra de su particular concepción artística, sustentada en un empleo muy libre de diferentes técnicas narrativas y un lenguaje en constante búsqueda expresiva. Aunque algunos hechos y situaciones son reconocibles en lo histórico y lo social, la materia literaria no conforma un conjunto integrado u homogéneo, puesto que el procedimiento es el de acumular datos, vocablos, recursos descriptivos, tonos, historias, sin prestar atención a la trama. Si de anécdota se trata, *Palinuro de México* (1977) cuenta la historia de un estudiante de medicina que es muerto en los hechos represivos de 1968. Si de epítetos se habla, es una novela exuberante, enciclopédica, acumulativa, manierista, barroca, monumental, humorística, erótica. *Noticias del Imperio* (1988) puede catalogarse como historia novelada y como novela histórica, según se califiquen y cuantifiquen las dosis histórica y literaria. Historia novelada es la que narra la princesa Carlota a través de su monólogo y que tiene que ver con el archiduque Maximiliano de Habsburgo, su esposo. Novela histórica, recrea por medio de personajes menores y de ficción los acontecimientos de la intervención francesa y del imperio de Maximiliano y Carlota en México. En ambos casos, el empleo de fuentes documentales es excepcional y erudito.

BIBLIOGRAFÍA. I. Trejo Fuentes, *Segunda voz: ensayos sobre novela mexicana* (México, 1987). [J.E.C.]

PASO Y CANO, ANTONIO (Granada, 1870-Madrid, 1958). Dramaturgo. Fue redactor de *El Defensor de Granada* y *El Resumen*. Inscritas en el género chico *, casi todas sus obras reflejan la influencia de Abati *, con quien colaboró en varias ocasiones. *La candelada* (1894), *La marcha de Cádiz* (1896), *La alegría de la huerta* (1900), *El trébol* (1904), *El arte de ser bonita* (1905) y *Genio y figura* (1910) son, entre otros muchos que podrían citarse, algunos de sus títulos más representativos. [J.B.]

PASO Y CANO, MANUEL (Granada, 1864-Madrid, 1901). Licenciado en Filosofía y Letras. Fue redactor de *El Defensor de Granada* y más tarde, cuando se trasladó a vivir a Madrid, de *El Resumen*, *La Correspondencia de España* y *El Heraldo de Madrid*. Alcanzó cierta popularidad como autor de obras teatrales. Su obra poética se recoge en *Nieblas* (1886) y *Páginas de oro* (1900). Quedan, además, poemas suyos dispersos en revistas. Aunque su obra podemos considerarla postromántica —por su ambiente, temas o formas—, algunos críticos han señalado, ya en *Nieblas*, ciertos rasgos anticipadores del modernismo: así, algunas combinaciones métricas no frecuentes en aquel momento; o, sobre todo, una adjetivación muy original. Juan Ramón Jiménez * llamó la atención sobre el olvido injustificado que pesaba sobre este poeta, digno de atención.

BIBLIOGRAFÍA. J. M. de Cossío, *Cincuenta años de poesía española (1850-1900)* (Madrid, 1960); I. Prat, *Poesía modernista española. Antología* (Madrid, 1978); F. Torres Rodríguez, «Manuel Paso, premodernista», en *Actas del Congreso Internacional sobre el Modernismo Español e Hispanoamericano* (Córdoba, 1987). [A. de A.]

PASOS, JOAQUÍN (Granada, Nicaragua, 1914-Managua, 1947). Es, en Nicaragua, el poeta más importante del grupo de vanguardia-posvanguardia. Su obra abunda en «correlaciones» y «paralelismos», como en el barroco y en los viejos cancioneros españoles. En cuanto al mundo metafórico, en su mayor parte obedece a la conquista permanente que las escuelas europeas de vanguardia hicieron de la imaginación, o sea, de la imagen con sentido creador, aunque no haya desdeñado la metáfora de corte tradicional, sobre todo en su poesía amorosa. La maestría de Pasos llega también a la creación de poemas depurados y, sin embargo, de un realismo «muy médico», como «India caída en el mercado» o «Elegía del pez». Pero la obra más madura de este nuevo clásico nicaragüense es su *Canto de guerra de las cosas*, en el cual adquiere categoría estética la desintegración espiritual de nuestro tiempo, a través de recursos como la «enumeración caótica» y hasta la supresión de los nexos gramaticales en la misma, que es, en definitiva, una desarticulación del lenguaje. Su obra poética se halla en dos libros póstumos: *Breve suma* (1947) y *Poemas de un joven* (1962). Pasos publicó, en 1941, un cuento titulado «El ángel pobre», tal vez inspirado en *Cuento de Navidad* (1912), de Amado Nervo *. Publicó asimismo, y en colaboración con Coronel Urtecho *, *Chinfonía burguesa* (estrenada en 1939), pieza cómico-grotesca que «nació como poema el año 1932», conforme la nota de Pablo Antonio Cuadra *, su editor. En dicha farsa se exagera el uso de la rima interna, procedimiento que, ya en 1896, Rubén Darío * tomara de *Parallèlement*, de Verlaine. Está probada la influencia en la misma del *Retablillo de don Cristóbal*, de García Lorca *, y se encuentra en estudio su conexión con *La pájara pinta* albertiana. Pasos editó en León de Nicaragua su estudio *Interpretación de la mujer hispana durante la época imperial*, sin año de edición.

BIBLIOGRAFÍA. C. Jiménez Cajina, *Metaforización en la poesía de Joaquín Pasos* (Managua, 1970); J. E. Arellano, *Esbozo biográfico de Joaquín Pasos* (Managua, 1972); E. Zepeda-Henríquez, *Joaquín Pasos, sabiduría y temporalidad* (León, Nicaragua, 1972). [E.Z.-H.]

PASSALACQUA, CARLOS M. (Coamo, Puerto Rico, 1912). Poeta y humanista puertorriqueño, su poesía es de tendencia mística y metafísica, de carácter religioso-cristiano, y expone toda una filosofía en torno a la existencia. Entre sus obras sobresalen especialmente *La fe de la estrella* (sonetos, 1985), *Confluencia en la luz* (poemas, 1987) y *Luz y vida* (décimas, 1990). Su auto sacramental *El llanto de la nada* (1967), de tema y tendencias poéticas del siglo XX en fondo de poesía convencional y prosa poética, constituye un diseño de pensamiento sobre el hombre dentro del esquema divino de la Creación. [G.A.]

PASTOR DÍAZ, NICOMEDES. Véase DÍAZ CORBEILLE, NICOMEDES PASTOR.

PASTOR DE LA ROCA, JOSÉ (Dolores, Alicante, 1824-Alicante, 1875). Novelista y cronista de su provincia natal. Entre sus obras, que se mueven dentro de la moda de la novela histórica, espigamos títulos como *La llave de oro o los orientales* (1848) y *La corona de fuego o los subterráneos de las torres de Altamira* (1863). [J.B.]

PASTORI, LUIS (La Victoria, Aragua, Venezuela, 1921). Poeta y crítico. Doctor en Economía por la Universidad Central de Venezuela. Premios Municipal de Poesía (1950), Nacional de Literatura (1963) e hispanoamericano de Poesía León de Greiff (1984), y miembro de la Academia Venezolana de la Lengua (1965). Su poesía entrañablemente lírica, de deslumbrante magia verbal, utiliza el verso libre y atiende a las corrientes simbolistas de la experiencia poética. Otras obras de Pastori que es preciso recordar son: *Quince poemas para una mujer que tiene quince nombres* (1942), *Poemas del olvido* (1945), *Las canciones de Beatriz* (1947), *País del humo* (1948), *Herreros de mi sangre* (1950), *Toros, santos y flores* (1950), *Tallo sin muerte* (1959), *Elegía sin fin* (1962), *Hasta la fecha* (1964), *Trofeos de caza* (1970) y *Razón de ser* (1987). Y, además, es autor de un estudio crítico sobre el poeta Tomás Alfaro Calatrava.

BIBLIOGRAFÍA. G. Jaén, *Tres poetas de Aragua* (Caracas, 1965); J. Liscano, *Lecturas de poetas y poesía* (Caracas, 1985). [H.J.B.]

PATÁN, FEDERICO (Gijón, Asturias, 1937). Se trasladó a México a consecuencia de la Guerra Civil. Es profesor Universitario, traductor y crítico. Su novela *Último exilio* recibió en 1986 el Premio Villaurrutia. Entre sus libros de poemas destacan *Del oscuro canto* (1965), *Los caminos del alba* (1968), *A orillas del silencio* (1977), *Fuego lleno de semillas* (1980) e *Imágenes* (1986). En 1987 publicó una antología de su obra con el título *Dos veces el mismo río*. Su poesía, de tono natural y sencillo, está relacionada con la experiencia cotidiana. Con frecuencia aparecen los recuerdos y los paisajes infantiles perdidos con el exilio.

BIBLIOGRAFÍA. S. Rivera, *Última voz del exilio. (El grupo poético hipano-mexicano)* (Madrid, 1990) [L.G.M.]

PATERNO, PEDRO. Véase LITERATURA FILIPINA.

PAVLOVSKY, EDUARDO (Buenos Aires, 1933). Médico, psicoanalista, actor, teórico y práctico del psicodrama, y dramaturgo argentino del absurdo. Comienza a escribir obras en un acto a partir de 1961 y se introduce de lleno en un teatro caracterizado por su experimentalismo. Obras suyas son: *Somos* (1961), *La espera trágica* (1961), *Imágenes, hombres y muñecos* (1963), *Camellos sin anteojos* (1963), *Acto rápido* (1965), *Robot* (1966), *Último Match* (con Juan Carlos Herme, 1967), *Circus-loquio* (con E. Antonietto, 1969), *La cacería* (1969), *La mueca* (1970), *El señor Galíndez* (1973), *Telarañas* (1977), *Cámara lenta* (1980), *Historia de una casa* (1980), *El señor Laforgue* (1980), *Potestad* (1985), *Pablo* (1986) y *Paso de dos* (1990).

BIBLIOGRAFÍA. R. M. Armando, *Teatro argentino contemporáneo* (Buenos Aires, 1985); D. Zalacaín, *Teatro absurdista hispanoamericano* (Valencia, 1985). [R.F.B.]

PAYNO, MANUEL (México, D.F., 1810-1894). Escritor y periodista, participó activamente en la vida política mexicana. Su interés literario radica en sus narraciones, sobre todo en dos largas novelas «de folletín»: *El fistol del diablo* (1845-1846) y *Los bandidos de Río Frío* (1889-1891). En ellas se ofrece un cuadro completo y pintoresco de la sociedad de la época. Le pertenecen también la novela costumbrista *El hombre de la situación* (1861) y el volumen *Tardes nubladas* (1871), en el que reunió sus cuentos y novelas cortas.

BIBLIOGRAFÍA. F. Monterde, *Aspectos literarios de la cultura mexicana* (México, 1975). [J.E.C.]

PAYRÓ, ROBERTO J. (Mercedes, Buenos Aires, 1867-Lomas de Zamora, Buenos Aires, 1928). Escritor argentino de ideología socialista y anarquizante. Notable representante del mundonovismo de principios de siglo, sus narraciones constituyen una destacada manifestación del criollismo americanista. Entre ellas destacan las novelas *El casamiento de Laucha* (1906) y *Divertidas aventuras del nieto de Juan Moreira* (1910), y los cuentos de *Pago Chico* (1908), *Historias de Pago Chico* (1920) y *Nuevos cuentos de Pago Chico* (1929). Cultivó también la novela histórica —*El falso Inca* (1905), *El capitán Vergara* (1925), *El mar dulce* (1927)—, y particular interés ofrecen sus obras de teatro, entre las que sobresalen *Canción trágica* (1900), *Sobre las ruinas* (1904), *Marco Severi* (1905), *El triunfo de los otros* (1907), *Vivir quiero conmigo* (1923) y *Fuego en el rastrojo* (1925).

BIBLIOGRAFÍA. G. García, *Roberto J. Payró: testimonio de una vida y realidad de una literatura* (Buenos Aires, 1961); M. C. Leonard de Anaya, *R. J. Payró y su tiempo* (Buenos Aires, 1964). [R.F.B.]

PAZ, IRENEO (Guadalajara, Jalisco, México, 1836-México, D.F., 1924). Abogado, político, liberal convencido, apoya los postulados reformistas, defiende el país en contra de la intervención francesa y se adhiere al Plan de Tuxtepec seguido por Porfirio Díaz. Funda diversos periódicos y es director de *La Patria Ilustrada*. Es un novelista histórico que persigue la recreación literaria de la conquista de México en *Amor* *y suplicio* (1873) y *Doña Marina* (1883). Otra obra: *Leyendas históricas de la Independencia* (1886).

BIBLIOGRAFÍA. C. Meléndez, *La novela indianista en Hispanoamérica* (Madrid, 1934). [J.E.C.]

PAZ, MARCELA (seudónimo de ESTER HUNEEUS). Véase LITERATURA INFANTIL HISPANOAMERICANA.

PAZ, OCTAVIO (México, D.F., 1914). Octavio Paz nace el 31 de marzo de 1914 en la ciudad de México. En 1931, a los diecisiete años, publica su primer poema: «Cabellera». Ese mismo año, con la fundación de *Barandal* (1931-32), inicia la actividad relacionada con la creación y difusión de revistas literarias que desarrollará con frecuencia: posteriormente colabora en *Cuadernos del Valle de México* (1933-34), *Taller* (1938-41) y *El hijo pródigo* (1943-46); funda y dirige *Plural* (1971-76) y *Vuelta* (1976), revista mensual que continúa publicándose en la actualidad. En 1933 aparece su primer poemario, *Luna silvestre,* tributario de la poesía barroca, como lo serán los sonetos de *Raíz del hombre,* de 1937. Este año es decisivo en la vida y en la obra de Paz. Se casa con la escritora Elena Garro*, con quien tiene una hija, y participa en el II Congreso de Escritores Antifascistas en Valencia, en plena guerra civil, donde conoce a los principales escritores de la época y comienza a ampliar sus lecturas literarias. En España descubre afinidades estéticas con Cernuda* y Jorge Guillén*. *Bajo tu clara sombra y otros poemas sobre España* (1937) cierra el ciclo de aprendizaje en el barroco español (Lope de Vega*, Góngora* y Quevedo*), la poesía medieval y la tradicional del siglo XVII, y recoge sus «Cantos españoles», poesía social que testimonia su solidaridad con el pueblo español.

Numerosos viajes al extranjero han marcado el camino de la obra de Paz y el de la literatura hispanoamericana. Su estadía en los Estados Unidos (1944-45), en Francia (1946-51), en el Japón (1952), nuevamente en Francia (1959-62), y su residencia en la India, como embajador de su país (1962-68), han dejado huellas indelebles en su formación intelectual y artística. El año 1944 señala otro cambio importante: recibe una beca Guggenheim y pasa dos años en los Estados Unidos, donde descubre la poesía de habla inglesa (T. S. Eliot, Ezra Pound, Wallace Stevens, e. e. cummings). A partir de *Libertad bajo palabra* (1949), su poesía asimila características distintivas de esa tradición, en particular el fragmentarismo, la simultaneidad, la supresión de nexos sintácticos, el lenguaje conversacional, el poema extenso, el resquebrajamiento de la imagen del mundo y la incorporación de la historia en el poema. A partir de la investigación realizada en California escribirá el ensayo *El laberinto de la soledad,* publicado en 1950.

En Francia le cautiva la herencia de Mallarmé (la espacialización de la poesía y las posibilidades aleatorias de la página, la tipografía como escritura) y participa en la aventura surrealista, el movimiento poético con el cual ha sentido mayor afinidad espiritual y estética. El surrealismo es para Paz una actitud vital basada en las ideas de rebelión, amor y libertad, una subversión total que pretende derribar los valores de la civilización occidental, reconquistar el estado natural del ser humano y transformar el universo en imagen de su deseo. La conjunción del surrealismo con la antigua mitología azteca («surrealismo telúrico» lo ha llamado el poeta francés Alain Bosquet) guía su búsqueda de valores eternos y su afán de anular las escisiones de la condición humana. En *¿Águila o sol?* (1951), el libro más cercano al surrealismo, en *La estación violenta* (1958) y en *Salamandra* (1962), el desborde en imágenes oníricas, la inmersión en las profundidades del yo, la visión alucinada e inconexa de la realidad, la reconciliación de antinomias y la ruptura de las barreras que establece la razón responden a su compenetración con el surrealismo.

En el Japón descubre el *haiku*, poema breve, de tres versos, cuyos rasgos más distintivos son la concisión verbal, el predominio de la imagen y la sorpresa final. Los principales *haikus* fueron recogidos en *Semillas para un himno* (1954). Su residencia en la India es aún más decisiva en su persona y en su visión del mundo: se casa en 1964 con Marie-José Tramini y desarrolla su afinidad con el pensamiento oriental (budismo y tantrismo), que penetra en su poesía de los sesenta, especialmente en *Blanco* (1967), su poema más ambicioso, y en *Ladera este* (1969). El énfasis en el hombre natural y en la iluminación repentina, el acercamiento de eros y lo sagrado, el salto a «la otra orilla», «donde pactan los contrarios», la naturaleza ilusoria e indecible del mundo, la negación de la idea del yo y la búsqueda de la realidad interior se convierten desde su estadía en la India en constantes de su obra poética. Los poemas más importantes de este período («Viento entero» y *Blanco*) son constelaciones de fragmentos que recogen una experiencia sincrética, signos en perpetua rotación en los cuales la simultaneidad de tiempos y de espacios es el punto de confluencia de una red inagotable de relaciones. En la poesía de estos años todas las edades convergen en un instante privilegiado, en un presente arquetípico, evanescente e intemporal. El mundo es lenguaje.

El quehacer literario de Paz ha logrado una proyección realmente universal. *Libertad bajo palabra* y *El laberinto de la soledad* son las primeras obras fundamentales en su itinerario poético y ensayístico. Desde entonces, y especialmente con la publicación de *El arco y la lira* (1956) y *Piedra de sol* (1957), incluido en *La estación violenta*, su producción literaria ha recibido la atención de la crítica especializada y ha logrado asiduos lectores en diversos centros culturales. El reconocimiento de su obra fuera del ámbito hispánico le llega en 1963, al recibir el «Gran Premio Internacional de Poesía», otorgado por la Maison Internacional de Poèsie de Bruselas, y culmina en 1990 con la concesión del Premio Nobel de Literatura. En su versión de 1960, *Libertad bajo palabra* recoge la poesía de Paz desde 1935 hasta 1957. Su título alude a una noción latente en toda su poesía: la libertad verbal del poeta que inventa un mundo soñado y le devuelve a la palabra la fuerza original, la capacidad de decir y de sugerir: «Contra el silencio y el bullicio invento la Palabra, libertad que se inventa y me inventa cada día.» La poesía de Paz aparece como una forma de superar la soledad: «El poeta parte de la soledad, movido por el deseo, hacia la comunión.» Paz se enfrenta al desarraigo y a la soledad del ser con gran fe en la creación poética, explora dimensiones secretas de la realidad donde vigilia y sueño se unen, cuestiona el lenguaje y el mundo en busca de un absoluto o un nuevo orden más allá del espacio y del tiempo. *La estación violenta* cierra *Libertad bajo palabra*, nueve poemas largos escritos entre 1948 («Himno entre ruinas») y 1957 («Piedra de sol»), en los cuales funde la tradición anglosajona del poema extenso, practicada por Eliot y Pound, y la poesía de la ciudad, a la manera de Apollinaire. Nuestra época (estación) es violenta y ciega a las necesidades del ser humano. Todos los poemas son meditaciones frente a una sociedad en ruinas, a un tiempo creadora y destructora. El libro representa, tal vez mejor que ningún otro, dos líneas principales de la poesía de Paz, sugeridas por Juan García Ponce*: el sentimiento de caída y de desarraigo, la separación del mundo debido a la pérdida de la inocencia original, y la actitud con que Paz se enfrenta al mundo, la fe en la creación artística y en el poder de la palabra para reconciliarnos con una civilización enajenada. La imaginación encarna en imágenes y el acto creativo reconcilia las oposiciones de un mundo envilecido: «Palabras que son flores que son frutos que son actos», dice el célebre verso que cierra «Himno entre ruinas». «Piedra de sol», una de las más notables creaciones de la lírica contemporánea, cierra un período de su poesía. El poema es una búsqueda del amor a través de la escritura y un ejemplo decisivo de su asimilación creadora de los recursos del surrealismo. El mismo Paz resumió lúcidamente el poema: «El tema central es la recuperación del instante amoroso como recuperación de la verdadera libertad, "puerta del ser" que nos lleva a la comunión con otro cuerpo, con los demás hombres, con la naturaleza. Este salto del "yo al otro", al reino de los pronombres enlazados, es la mujer.»

El deslumbrante encuentro con la cultura oriental (*Viento entero*, 1965; *Blanco, Ladera este*), se complementa con la experimentación espacial y tipográfica (*Discos visuales*, 1968; *Topoemas*, 1971), con la poesía colectiva en cuatro lenguas (*Renga*, 1972) y con la radical exploración del sentido del lenguaje de la escritura en *El mono gramático* (1974), libro que desborda los géneros literarios (¿poema en prosa?, ¿ensayo?, ¿narración?). La virtud de transmutar experiencias personales en poesía lírica de gran riqueza imaginativa logra una de sus cumbres en *Pasado en claro* (1975), largo poema que unifica el ser y el no ser en un instante intemporal, tentativa de evocar vivencias de su infancia y adolescencia en un espacio mental, donde la memoria involuntaria inventa el pasado. *Vuelta* (1976) recoge la poesía escrita tras el retorno del poeta a México, en 1969, después de una larga ausencia, e incluye algunos de los más importantes poemas de su poesía reciente: el que da título al libro y «Nocturno de San Ildefonso», reencuentros consigo mismo y con su ciudad natal. *Árbol adentro* (1987) es hasta la fecha el último libro de poesía de Paz: entre poemas de amor, de amistad y de admiración a pintores, el yo se enfrenta al tiempo y a la muerte y se reconcilia con el existir. La elegía «Carta de creencia» cierra el volumen, poema clave que resume su visión poética actual.

La extensa obra ensayística de Paz no es menos importante que la lírica. *El arco y la lira* (1956) es un libro nuclear, compendio de su poética: en él Paz reúne reflexiones sobre el fenómeno poético, la naturaleza del poema y sus componentes (lenguaje, ritmo e imagen), su lugar en la historia y su función en nuestra época, con una lucidez teórica y una brillantez expositiva impar en Latinoamérica. A partir de *El arco y la lira* la meditación crítica es una de las preocupaciones centrales de Octavio Paz, producto de una penetrante reflexión sobre la literatura y el arte de la época moderna. Su obra crítica asombra por la variedad y riqueza de los temas tratados y por llevar el ensayo literario a niveles de la más alta creación. Estudia el estructuralismo y el arte moderno (*Claude Lévi-Strauss o el nuevo festín de Esopo*, 1967; *Marcel Duchamp o el castillo de la pureza*, 1968; *Apariencia desnuda: la obra de Marcel Duchamp*, 1973), el erotismo y las relaciones entre la filosofía oriental y la europea (*Conjunciones y disyunciones*, 1969), la traducción literaria (*Traducción: literatura y literalidad*, 1971), y desarrolla una aptitud nada habitual para esclarecer complejas y dispares manifestaciones artísticas (*Las peras del olmo*, 1957; *Cuadrivio*, 1965; *Puertas al campo*, 1966; *Corriente alterna*, 1967; *El signo y el garabato*, 1973; *In/Mediaciones*, 1979; *Sombras de obras*, 1983;

Hombres en su siglo, 1984). Es autor también de dos libros fundamentales de la ensayística hispánica: una magistral revisión de la tradición poética moderna desde el romanticismo a nuestros días, *Los hijos del limo* (1974), y la monumental reconstrucción de la figura apasionante de sor Juana Inés de la Cruz * y de la sociedad de la Nueva España en el siglo XVII *Sor Juana Inés de la Cruz o las trampas de la fe* (1982). A fines de 1990 apareció *La otra voz: poesía y fin de siglo*, que cierra el panorama teórico-crítico iniciado con *El arco y la lira*. Sus últimas colecciones de ensayos son: *Convergencias* (1991) y *Al paso* (1992).

El laberinto de la soledad es la historia espiritual de México, una meditación que ahonda en actitudes determinantes del carácter y de la historia de los mexicanos: el sentimiento de orfandad y de soledad, el hermetismo, la simulación, el machismo, la búsqueda de comunión, la nostalgia de un orden primigenio, el amor como experiencia transgresora y, especialmente, las máscaras que ocultan, mutilan y ahogan la verdadera identidad. Es un intento de autoconocimiento y de profundizar en la mexicanidad mediante el psicoanálisis freudiano de la historia. La reflexión sobre lo mexicano se prolonga en *Posdata* (1970), motivada por el asesinato de estudiantes de 1968 en Tlatelolco. Paz postula una discutible concepción del carácter nacional, derivada de la coexistencia de dos Méxicos: el desarrollado, que forma parte de la civilización occidental, y el subdesarrollado, aquel que responde al modo de ser de los aztecas. Más polémicos aún han sido los libros que recogen en años siguientes sus ensayos sobre historia, política y las convulsiones sociales de nuestra época (*El ogro filantrópico*, 1979; *Tiempo nublado*, 1983; *Pequeña crónica de nuestros días*, 1990). La historia reciente —el derrumbe de los sistemas totalitarios burocráticos y su transformación hacia una democracia plural— parece haber corroborado la disidencia ideológica de un escritor que se resiste a ser servidor de toda causa moral o política.

Los rasgos distintivos de la obra de Paz —la búsqueda de una unidad perdida, el regreso a los orígenes, el tiempo cíclico, la celebración del amor y de la libertad de pensar, la fusión de los contrarios, la apertura a la otredad, la vivificación de la palabra poética, el poder liberador del lenguaje y de la imaginación— confluyen en la escritura reflexiva de los ensayos y en una poesía que asume la forma de la autocrítica y de la interrogación incesante, dos vertientes distintas de un todo orgánico —de inseparable unidad en su diversidad— que constituye un inhabitual y apasionado testimonio de humanidad. Fue galardonado con el Premio Cervantes en 1981.

BIBLIOGRAFÍA. R. Xirau, *Octavio Paz: el sentido de la palabra* (México, 1970); J. Rodríguez Padrón, *Octavio Paz* (Madrid, 1975); R. Phillips, *Las estaciones poéticas de Octavio Paz* (México, 1976); C. H. Magis, *La poesía hermética de Octavio Paz* (México, 1978); J. Aguilar Mora, *La divina pareja: historia y mito en Octavio Paz* (México, 1978); A. Roggiano (ed.), *Octavio Paz* (Madrid, 1979); D. Martínez Torrón, *Variables poéticas de Octavio Paz* (Madrid, 1979); J. Wilson, *Octavio Paz: a study of his poetics* (Cambridge, Ingl., 1979); P. Gimferrer, *Lecturas de Octavio Paz* (Barcelona, 1980); H. J. Verani, *Octavio Paz: bibliografía crítica* (México, 1983); J. M. Fein, *Toward Octavio Paz: a reading of his major poems: 1957-1976* (Lexington, 1986); M. Scharer-Nussberger, *Octavio Paz: trayectorias y visiones* (México, 1989). [H.J.V.]

PAZ CASTILLO, FERNANDO (Caracas, 1893-1981). Poeta, crítico y ensayista venezolano. Escritor fecundo, de intensa vida intelectual, publicó un primer libro de poesía, *La voz de los cuatro vientos* (1931), al que siguen *Signo* (1937), *Entre sombra y luces* (1945), *El muro* (1954), *Enigma del cuerpo y del espíritu* (1956), *El otro lado del tiempo* (1971), *Pautas* (1973), *Persistencias* (1975) y *Encuentros* (1980). Como ensayista publicó *Vicente Fuentes* (1956), *Reflexiones de atardecer* (1964), y libros en los que la crítica literaria y la biografía se funden en equilibrada proporción: *Con Rubén Darío* (1967), *De la época modernista (1892-1910)* (1968), *Luis Barrios Cruz* (1968), *Entre pintores y escritores* (1970), *José Antonio Ramos Sucre, el solitario de «La Torre de Timón»* (1973), *Miguel Otero Silva* (1975).

BIBLIOGRAFÍA. E. Subero, *El sentido espiritual metafísico en la poesía de Fernando Paz Castillo* (Caracas, 1975); L. B. Prieto Figueroa, *Persistencia y trascendencia en la poesía de Fernando Paz Castillo* (Caracas, 1981). [J.R.M.]

PAZ PASAMAR, PILAR (Jerez de la Frontera, Cádiz, 1933). Aunque escribe teatro y publica con frecuencia cuentos y artículos en diversas revistas españolas y americanas, la vocación fundamental de Pilar Paz Pasamar es la poesía, campo en el que ha publicado *Mara* (1951), *Los buenos días* (1954), *Del abreviado mar* (1957), *La soledad, contigo* (1961), *Violencia inmóvil* (1967) y *La alacena* (1987). Su poética —donde se insinúan irisaciones gongorinas— arraiga en lo elemental: las cosas sencillas, los incidentes cotidianos —«Existen los milagros. Mejor dicho, la vida»—, el latido de la trascendencia en los seres. En Cádiz, su residencia habitual, formó parte de la dirección de la revista *Platero*, título indicativo de otro magisterio muy presente en la poesía de esta autora: el de Juan Ramón Jiménez*, antídoto, por los años cincuenta y sesenta, contra un exceso de prosaísmo, del que Pilar Paz Pasamar se mantuvo, siempre, alejada.

BIBLIOGRAFÍA. L. Jiménez Martos, *Antología general de Adonais (1943-1969)* (Madrid, 1969). [A.S.Z.]

PAZOS, JULIO (Baños, Ecuador, 1944). Poeta y crítico ecuatoriano. En 1982 obtuvo el premio «Casa de las Américas» con su poemario *Levantamiento del país con textos libres*. Había publicado anteriormente varias colecciones, entre las que destacan *Ocupaciones del buscador* (1971), *Entre las sombras y las iluminaciones* (1977) y *La ciudad y las visiones* (1980, Premio Nacional de Poesía). Es uno de los poetas más activos de las nuevas promociones ecuatorianas. [J.C.]

PEDRAZA, PILAR. Véase NARRATIVA ESPAÑOLA POSTERIOR A 1975.

PEDREIRA, ANTONIO S. (Caguas, Puerto Rico, 1899-Río Piedras, Puerto Rico, 1939). Profesor y director del Departamento de Estudios Hispánicos de la Universidad de Puerto Rico, fue ensayista y crítico de encomiable probidad, según se revela en su obra póstuma *Aclaraciones y crítica* (1941). Su ensayo *Insularismo* (1934) fue un enfrentamiento crítico con la realidad puertorriqueña que todavía se debate. Reconocido como el principal animador del grupo que se convirtió en la generación del 30. Fundador de la revista *Índice*, conjuntamente con Samuel R. Quiñones y Vicente Géigel Polanco. [M.T.B.]

PEDRERO, PALOMA. Véase TEATRO ESPAÑOL POSTERIOR A 1975.

PEDRO, MAESTRE (s. XIV). Autor de difícil identificación (aunque hay razones para pensar que se trate de Pedro Gómez Barroso*, al que se conocía como *maestre Pedro*), escribe el *Libro del consejo e de los consejeros*. Basado en la obra de Albertano de Brescia *Liber consolationis et consilis* (1246), abandona la normal estructura de la literatura sapiencial del momento, incorporando la novedad de incluir ejemplos bíblicos y de la antigüedad clásica, aunque no dejan de incrustarse otros procedentes de los *Castigos e documentos*, *Flores de filosofía*, *Bocados de oro* *, etc., presentándose así como una obra más en la que el saber tiene una base proverbial y una clave numérica (aquí es el número seis) que no nos permite olvidar obras como el *Setenario* de Alfonso X *, entre otros.

BIBLIOGRAFÍA. *Libro del consejo e de los consejeros*, ed. de A. Rey (Zaragoza, 1962). [M.A.S.]

PEDRO PASCUAL, SAN (?, h. 1227-Granada, 1300). Mercedario valenciano nombrado obispo de Jaén en 1296 y preso por los moros en 1298. Murió en la prisión de Granada y fue canonizado en 1670. Las más recientes investigaciones apuntan a que acaso pudiera tratarse de un autor inexistente al que se han atribuido una porción de obras religiosas muy posteriores, creado en el siglo XVII de acuerdo con necesidades documentales de la orden mercedaria. En cualquier caso, tradicionalmente se ha considerado que escribió obras en catalán, castellano y latín, entre las que podemos citar: *Nou istories religioses o contemplacions*, *Llibre de Gamaliel*, *Destrucció de Hierusalem*, *Disputa contra los jueus* (disputa compendiada que se conocerá luego como *Biblia pequeña*), la *Glosa de los diez mandamientos*, de atribución dudosa; la *Glosa del Pater noster*, el *Tratado del libre albedrío* y la *Impugnación de la secta de Mahoma*. Se dice que escribió en latín un tratado, *De regimine principum*, así como otras obras que no se han conservado. El *Tratado contra los fados*, la *Exposición del credo* y el *Tratado que prueba que Dios es Trinidad* parecen ser en realidad obra de Alfonso de Valladolid *.

BIBLIOGRAFÍA. P. Armengol Valenzuela, *Obras de San Pedro Pascual* (Roma, 1905-08); M. Caballero Venzala, *Una aproximación al estudio bibliográfico de San Pedro Pascual, obispo de Jaén* (Jaén, 1970); J. Riera, «La invenció litèraria de Sant Pere Pascual», en *Capllerra*, 1 (1986), págs. 45-60. [M.A.S.]

PEDRO DE PORTUGAL, CONDESTABLE (Coimbra, Portugal, ¿1429?-Granollers, Barcelona, 1466). Hijo del regente de Portugal y nieto por línea materna del último conde de Urgel, don Pedro de Portugal fue una figura influyente en la historia política y literaria del siglo XV. En 1463 los catalanes que se oponían a Juan II le ofrecieron la corona de Aragón y Cataluña. Murió en Granollers, después de dos años de reinado, en lucha continua con Juan II. Por razones diplomáticas y en calidad de exiliado al perder el favor real, don Pedro pasó temporadas en la corte de Castilla, en donde probablemente se relacionó con personalidades literarias. El *Prohemio e carta* que le dirige el marqués de Santillana * es una muestra, así como también su cultivo de la lengua castellana. La primera de sus obras fue la *Sátira de infelice e felice vida*, escrita en portugués entre 1445-49 y refundida en castellano entre 1450-53. Su género es el de la sátira en la tradición genérica medieval: estilo medio y fin amonestador. Es una obra con elementos temáticos y formales procedentes de la teoría del amor de la poesía cancioneril, presentes ya en la antítesis del título. Debe incluirse en el grupo de los relatos sentimentales, con los que comparte el tono autobiográfico, la dialéctica interna del sentimiento amoroso y la representación alegórica en viaje imaginario. La abundante erudición de las glosas al texto guarda relación con la exégesis mitológica. Otras dos obras son las *Coplas del menosprecio e contempto de las cosas fermosas del mundo* (¿1453?) y la *Tragedia de la insigne reyna doña Isabel* (1457). La primera es un doctrinal de ética cristiana y social compuesto en coplas de arte mayor, dentro de la línea tradicional de las obras sobre el mundo engañoso, caducidad de las cosas y cambios de fortuna. La segunda es un ejercicio elegíaco, panegírico y consolatorio, titulado «tragedia», según la convención medieval, por su estilo alto y tema de la desaparición de una figura eminente (su propia hermana). Está escrita en prosa y verso polimétrico, con una estructura interna cuatripartita: anuncio de la muerte, lamento, panegírico y consolación.

BIBLIOGRAFÍA. E. M. Gerli: «Toward a Revaluation of the Condestable of Portugal's *Sátira de infelice e felice vida*», en *Hispanic Studies in honor of Alan D. Deyermond: a North American tribut.*, ed. de J. S. Miletich (Madison, 1986). [C.P.]

PEDRONI, JOSÉ (Gálvez, Santa Fe, Argentina, 1899-Mar del Plata, Argentina, 1968). Escritor argentino, autor de los poemarios *La gota de agua* (1923), *Gracia plena* (1925), *Poemas y palabras* (1935), *Diez mujeres* (1937), *El pan nuestro* (1941), *Nueve cantos* (1944), *Monsieur Jaquín* (1956), *Cantos del hombre* (1960), *Canto a Cuba* (1960), *La hoja voladora* (1961) y *El nivel de la lágrima* (1963). Su poesía buscó inspiración en la sencillez de lo cotidiano, y con frecuencia mostró inquietudes sociales relacionadas con la lucha por la paz y la justicia. [T.F.]

PEDROSO, REGINO (Unión de los Reyes, Matanzas, Cuba, 1896-La Habana, 1983). Destacado poeta. Con su poema «Salutación fraterna al taller mecánico», publicado en un suplemento literario en 1927, se inició en Cuba la poesía social de tema obrero. Su libro *Más allá canta el mar* obtuvo el Premio Nacional de Poesía en 1939. Se han publicado dos recopilaciones de su obra: *Antología poética* (1939) y *Obra poética* (1975). [M.Y.]

PEDROZO, AMANDA (Asunción, 1955). Poeta y periodista paraguaya. Su producción incluye el poemario *Las cosas usuales* (1985) y otras colaboraciones en periódicos y revistas literarias. Algunos de sus versos integran también los volúmenes colectivos *Y... ahora la palabra* (1979) y *Poesía taller* (1982). [T.M.F.]

PELÁEZ, FRANCISCO (seudónimo). Véase TARIO, FRANCISCO.

PELÁEZ, PEDRO PABLO. Véase LITERATURA FILIPINA.

PELLEGRINI, ALDO (Rosario, Argentina, 1903-Buenos Aires, 1973). Poeta y ensayista, impulsó el desarrollo del surrealismo en Argentina por medio de las revistas *Que* (1928-1930) y *A partir de 0* (1952-1956). Es autor de poemarios como *El muro secreto* (1949), *La valija de fuego* (1952), *Construcción de la destrucción* (1954), *Para contribuir a la confusión general* (1965), *Distribución del silencio* (1966) y *Confrontación del vacío* (1967). Publicó ensayos sobre pintura, y una notable *Antología de la poesía viva latinoamericana* (1966). [T.F.]

PELLICER, CARLOS (Villahermosa, Tabasco, México, 1899-México, D.F., 1977). Poeta adscrito al grupo de *Contemporáneos* *. Su posmodernismo americanista de *Colores en el mar y otros poemas* (1921), *Piedra de sacrificios* (1924) y *6, 7 poemas* (1924), dio paso a un acercamiento a la vanguardia, como a veces puede advertirse en *Hora y 20* (1927) y *Camino* (1929). Luego, sin prescindir de los valores plásticos y visuales que siempre lo caracterizaron, derivó hacia una poesía íntima, trascendente, plena de inquietudes religiosas, en *Hora de junio* (1937), *Recinto y otras imágenes* (1941), *Subordinaciones*

(1948) y *Práctica de vuelo* (1956). En *Material poético* (1962) reunió una selección de los poemas que había escrito hasta ese momento, e hizo otro tanto en *Primera antología poética* (1969). Con posterioridad aparecieron *Cuerdas, percusión y alientos* (1976) y, ya póstumos, *Cosillas para el Nacimiento* (1978), poemas relacionados con la Navidad, y *Reincidencias* (1979), prueba de que se mantuvo fiel a sí mismo hasta el fin de su vida. Había hecho suya la estética de lo inefable, y en la sustancia poética había encontrado algo «semejante a la luz en su comportamiento, que revela matices sorprendentes en cuanto baña». La poesía se convirtió así en una posibilidad de adentrarse en la armonía de la naturaleza y de traducirla en alegría de vivir.

BIBLIOGRAFÍA. E. J. Mullen, *La poesía de Carlos Pellicer. Interpretaciones críticas* (México, 1979). [T.F.]

PELLICER, CASIANO (¿?-¿?). Hijo del más famoso Juan Antonio Pellicer *. Fue bibliotecario en la Biblioteca Real. Tradujo *Werther* de Goethe en 1800, aunque se le negó la licencia de impresión; no había sucedido esto con su versión de *La Galatea* (1797) de Florian. Su aportación más significativa es el *Tratado histórico sobre el origen y progresos de las comedias y del histrionismo en España* (1804), que algunos consideran obra de su padre. En 1974, J. M.ª Díez Borque editó la primera parte de este tratado. [J.A.B.]

PELLICER DE OSSAU SALAS Y TOVAR, JOSÉ (Zaragoza, 1602-Madrid, 1679). Historiador y erudito. Es dudoso que estudiara en la universidad de Salamanca; quizá cursara Teología o Cánones, pero nunca llegó a licenciarse, y mucho menos fue, como él mismo decía, su vicerrector. Más probable es su paso por la Universidad de Alcalá. Se ganó la vida escribiendo memoriales de servicios para quienes solicitaban algún favor en la corte y haciendo genealogías para quienes necesitaban probar su hidalguía. Sustituyó a Bartolomé Leonardo de Argensola * en el cargo de cronista. Pocos personajes fueron a la vez tan admirados por unos y despreciados por otros a causa de su pedantería y su falsa erudición. Como historiador, su bibliografía incluye una defensa de los falsos cronicones hallados en Granada y *El Fénix y su historia natural* (Madrid, 1630). Dejó unas doscientas obras sobre los temas más variados, desde la *Cadena historial o Historia de las historias del mundo* hasta los *Avisos históricos* (escritos entre 1639 y 1644), un precioso documento autógrafo sobre la vida de la corte, la Guerra de Cataluña y, en general, la política, y la *Idea de la comedia de Castilla* (Madrid, 1635). Hoy es recordado por sus *Lecciones solemnes sobre las «Soledades»* (Madrid, 1630). Su *Vida de Góngora* (anterior a 1630) es un texto capital para el conocimiento de la vida del poeta.

BIBLIOGRAFÍA. J. M. Micó, «Góngora en las guerras de sus comentaristas. Andrés Cuesta contra Pellicer», en *El Crotalón*, II (1985). [R.R.]

PELLICER Y SAFORCADA, JUAN ANTONIO (¿?-¿?). Padre de Casiano Pellicer *. Fue erudito bibliotecario y académico en la de Historia. Entre sus obras merecen destacarse las que dedicó al *Quijote* y a Cervantes *: una edición en 1797 con abundantes notas y el texto corregido y una *Vida de Cervantes* (1800), que en realidad ya había aparecido al frente de la edición de 1797. Publicó también en 1806 un *Examen crítico del tomo primero del anti-Quijote* de Nicolás Pérez *. Merece destacarse también su *Ensayo de una biblioteca de traductores españoles*, aparecido en 1778. [J.A.B.]

PEMÁN, JOSÉ MARÍA (Cádiz, 1897-1981). Escritor de amplio registro: poeta, narrador, dramaturgo, ensayista, orador, etc. Sin embargo, su clara adscripción ideológica le ha valido que suela aparecer, en los manuales, como una figura más monolítica de lo que en realidad fue. En la inmediata posguerra ocupó el puesto de director de la Real Academia Española, que luego cedió caballerosamente. Alcanzó gran éxito, antes de la guerra, con el drama histórico *El divino impaciente* (1933), sobre la figura de San Francisco Javier. Las derechas lo convirtieron en bandera frente al *A.M.D.G.* de Pérez de Ayala *, y la polémica fue muy grande. Otro motivo de escándalo: su obra poética *Poema de la Bestia y el Ángel* (1938) suele citarse como ejemplo máximo de la adhesión triunfal al régimen de Franco, en lo que algunos califican de «literatura fascista». Se reveló como novelista de humor en *Romance del fantasma y doña Juanita* (1927). A esta obra siguieron: *Volaterías* (1932), *De Madrid a Oviedo* (1933) y *Señor de su ánimo* (1943). Pemán fue también uno de los más grandes oradores de su tiempo, dentro de una elocuencia florida de escuela tradicional.

En el teatro siguió fiel al drama histórico: *Cuando las Cortes de Cádiz* (1934) y *Cisneros* (1934). Comedias costumbristas son *La casa* (1946) y *Callados como muertos* (1952). Farsas castizas, con enredo y humor andaluz, son *Los tres etcéteras de don Simón* (1958) y *La viudita naviera* (1960). Después de la guerra se convirtió en el autor favorito de la alta burguesía, con sus comedias suaves, ingeniosas, que triunfaban en el madrileño Teatro Lara. Pemán siguió fiel siempre a sus ideas patrióticas, católicas y tradicionalistas: «¡Soy cristiano y español, que es ser dos veces cristiano...» Suele confundírsele con la fidelidad absoluta al régimen de Franco. No es justo. Pemán fue siempre monárquico, eso sí, y eso le colocó no pocas veces frente a la Falange y al Movimiento Nacional. Su origen gaditano le inclinaba hacia un liberalismo nada revolucionario, pero poco acorde con el Generalísimo. La finura innata de su espíritu andaluz se expresaba mejor que nunca, quizá, en muchos de sus artículos, que solía publicar en el diario *ABC*.

BIBLIOGRAFÍA. AA. VV., en revista *Caracola*, núms. 200-204 (1969); M. Ciriza, *Biografía de Pemán* (Madrid, 1974); J. Calvo Sotelo, «J. M.ª Pemán», en *Boletín de la Real Academia Española*, LXI (1981), págs. 351-363. [A.A.]

PENNA, LEONARDO (Santiago de Chile, 1885-París, 1935). Seudónimo del peculiar narrador chileno Ignacio Pérez Kallens, amigo y editor de Carlos Pezoa Véliz *. Vivió en Francia desde 1913. Entre sus novelas se cuentan *Yo* (1907), *El libro de las siete locuras de amor* (1908), *El alma perdida de la princesa* (1909) y *Las puertas* (1911). [J.A.C.]

PENSON, CÉSAR NICOLÁS (Santo Domingo, 1855-1901). Prosista dominicano, autor de *Cosas añejas* (1891), volumen de tradiciones de los siglos XVIII y XIX, al estilo de las de Ricardo Palma *. Fue también poeta modernista. [J.L.C.]

PEÑA, ANDRÉS. Véase RETÓRICAS DEL SIGLO XVIII.

PEÑA, CECILIO. Véase HISPANOAMÉRICA: POESÍA ACTUAL.

PEÑA, EDILIO. Véase HISPANOAMÉRICA: TEATRO ACTUAL.

PEÑA, HORACIO (Managua, Nicaragua, 1936). Poeta, narrador y autor de monólogos dramáticos. Inicialmente conjugó su fe cristiana con la angustia existencial, para mostrarse cada vez más inmerso en el desencanto, la desolación y la duda. Los propios títulos de sus poemarios declaran ese proceso: *La espiga en el desierto* (1961), *Ars moriendi y otros poemas* (1967) y *La soledad y el desierto* (1970). Otro libro de versos: *Poema a un hombre llamado Roberto Clemente* (1973). Como narrador, Peña ha publicado *El enemigo de los poetas y otros cuentos* (1976) y *Memorias de Beowulf* (1978), libros también determinados en buena medida por «la náusea» y «el concepto de la angustia», y escritos en una prosa flexible y reflexiva. Otras obras suyas son el *Diario de un joven que se volvió loco* (1962) y los monólogos *El sepulturero* (1968) y *El hombre* (1970). [E.Z.-H.]

PEÑA, MANUEL (Valparaíso, Chile, 1951). En sus relatos —*Dorada locura* (1978), *El niño del pasaje* (1988)— encontramos la intemporalidad, los objetos detenidos, evocaciones y atmósferas evanescentes. Ha realizado investigaciones críticas como *Historia de la literatura infantil chilena* (1987), además de comentarios literarios en artículos periodísticos. [A.M.]

PEÑA, PEDRO J. DE LA. Véase NARRATIVA ESPAÑOLA POSTERIOR A 1975.

PEÑA BARRENECHEA, ENRIQUE (Lima, 1904-1987). Escritor y diplomático peruano. Hermano de Ricardo Peña Barrenechea *, se dio a conocer como poeta con *El aroma de la sombra* (1926), y luego, con el espíritu neorromántico y las imágenes oníricas de *Cinema de los sentidos puros* (1931) y *Orto* (1931), se convirtió en uno de los mejores representantes del vanguardismo en su país. En *Retorno a la sombra* (1936) y *Zona de angustia* (1956) ofrecería después un intimismo doliente donde predomina el sentimiento de soledad y zozobra. En *Obra poética* (1979) reunió los libros posteriores y algunos poemas dispersos. [J.V.]

PEÑA BARRENECHEA, RICARDO (Lima, 1893-1939). Poeta peruano. Desde el posmodernismo sentimental de *Floración* (1924) evolucionó hacia la expresión sensual, rica en imágenes y a su manera vanguardista de *Eclipse de una tarde gongorina y Burla de don Luis de Góngora* (1932), buena muestra de su admiración por el gran poeta barroco. *Discurso de los amantes que vuelven* (1934), *Romancero de las sierras* (1938) y el póstumo *Cántico lineal* (1943) completan su obra poética, atormentada al final por referencias a la soledad y la muerte. Escribió también numerosas obras de teatro, en su mayoría perdidas. [T.F.]

PEÑA Y GOÑI, ANTONIO (San Sebastián, 1846-Madrid, 1896). Gran satírico de la prensa periódica, colaboró en *Madrid Cómico, El Imparcial, El Liberal, La Lidia, El Globo, La Época*, etc. Fue director, con Revilla *, de *La Crítica*. Utilizó, en distintos momentos, los seudónimos de «El Tío Gilena», «La Señora Pascuala», «Caminante», «La Señora Toribia», «El de Córdoba», «La Tía Jeroma», «Don Jerónimo», «Don Íñigo» y «P. Íñigo». Sus dos grandes pasiones fueron la música y la tauromaquia; en el marco de la primera, escribió *Barbieri* (1875), *Impresiones musicales* (1878), *La ópera española y la música dramática en España en el siglo XIX* (1881), *Contra la ópera española* (1885), etc.; a su segunda afición se debe *Lagartijo y Frascuelo y su tiempo* (1887). [M.P.C.]

PEÑARANDA, CARLOS (Sevilla, 1848-Madrid, 1908). Viajó por Hispanoamérica y Filipinas, en donde ocupó cargos públicos, así como en Madrid. Publicó artículos en varias revistas —*La Ilustración Española y Americana, Gente Vieja*—, luego recogidos en los libros *Más prosa, artículos literarios, críticos y biográficos* (1895) y *Por la patria* (1897). Pero, sobre todo, su vocación literaria se materializó en varios libros de poesías, entre los que destacan *Indecisiones* (1873), *Cantos del pueblo* (1875), *Odas* (1877), *Poesías selectas* (1893) y *Sonetos* (1908). Escribió también el drama *El obrero de Maguncia* (1883). [M.P.C.]

PEÓN Y CONTRERAS, JOSÉ (Mérida, Yucatán, México, 1843-México, D.F., 1907). Escritor y político, destacó sobre todo como dramaturgo, con obras como *Un amor de Hernán Cortés* (1876), *Gil González de Ávila* (1876), *La hija del rey* (1876), *Por el joyel del sombrero* (1878) y *¡Por la patria!* (1894). Como poeta es recordado por sus *Romances históricos y dramáticos* (1888), que, como su teatro, muestran una notoria influencia del romanticismo español. También intentó la novela: *Taide* (1885), *Veleidosa* (1891). [T.F.]

PEPE (seudónimo). Véase RODAO, JOSÉ.

PER ABBAT. Véase CANTAR DE MIO CID.

PERAILE, MELIANO (Villanueva de la Jara, Cuenca, 1922). Profesor de Lengua y Literatura. Como narrador, cuenta con una larga lista de publicaciones en las que evoluciona desde el compromiso político hacia las inquietudes temáticas de orden metafísico: *Tiempo probable* (1965), *Cuentos clandestinos* (1970), *Ínsula Ibérica* (relatos, 1976), *Matrícula libre* (relatos, 1976), *Molino de tiempo* (relatos, 1981), *Un alma sola ni canta ni llora* (relatos, 1985) y *Fuentes fugitivas* (1987), entre otros títulos. *Las agonías* es, por el momento, su única colección de versos. [N.M.C.M.]

PERALTA, ALEJANDRO (Puno, Perú, 1899-Lima, 1973). Formó parte del grupo literario *Orkopata* (1926-1930), dirigido en Puno por su hermano Arturo Peralta, más conocido por su seudónimo «Gamaliel Churata» (1897-1969), y que tuvo su órgano de expresión en el *Boletín Titikaka* (1925-1930). Ellos fueron los representantes más destacados de un vanguardismo indigenista que encontró sus mejores manifestaciones poéticas en los libros *Ande* (1926) y *El Kollao* (1934), de Alejandro Peralta. En poemarios posteriores se alejó de esa orientación inicial: *Poesía de entretiempo* (1968), *Tierra-Aire* (1971), *Al filo del tránsito (Poemas póstumos)* (1974). [T.F.]

PERALTA, ARTURO. Véase VANGUARDIAS EN HISPANOAMÉRICA.

PERALTA, BERTALICIA (Ciudad de Panamá, 1939). Poetisa y cuentista. Dirigió la revista literaria *El pez original*. Obtuvo en Perú, en 1971, uno de los premios del Concurso Internacional de Poesía con *Un lugar en la esfera terrestre*. Otras obras suyas son *Canto de esperanza filial* (1961), *Sendas fugitivas* (1963), *Dos poemas de Bertalicia Peralta* (1964), *Atrincherado amor* (1965), *Los retornos* (1966) y el *Himno a la alegría* (1973). [A.B.F.]

PERALTA, CANCIONERO DE GABRIEL DE. Véase CANCIONEROS Y ROMANCEROS DE LOS SIGLOS XVI Y XVII.

PERALTA Y BARNUEVO, PEDRO DE (Lima, 1663-1743). Uno de los grandes eruditos de la época colonial. Estudió en la Universidad de San Marcos, y fue allí catedrático. Su obra tuvo acogida en Europa, donde fue celebrada por los ingenios de la época, entre ellos el P. Feijoo *, quien elogia a Peralta y Barnuevo en su *Teatro crítico universal*. Fue miembro de la Academia literaria del Virrey Castell-dos-Rius, miembro de la Academia de Ciencias de París, dominaba ocho idiomas, y su obra cubre todos los campos del conocimiento de la época (astronomía, historia, geografía, geología, matemáticas, filosofía). Publicó por más de veinte años *El conocimiento de los tiempos, Pronóstico y lunario*, almanaque muy difundido en su época. Su obra poética está constituida sobre todo por composiciones de ocasión, en las que domina el gongorismo colonial. Se destaca por su interés histórico el poema *Lima fundada* (1732), que resume la trayectoria del Perú desde la llegada de Pizarro hasta la época del autor. Son también interesantes *El teatro heroico* (1720) y *Pasión y triunfo de Christo* (1738). Especial atención merecen sus obras dramáticas *Triunfos de amor y poder* (1711), *La Rodoguna* (1719) y *Afectos vencen finezas* (1720).

BIBLIOGRAFÍA. G. Lohmann Villena, *Pedro de Peralta* (Lima, 1954). [J.C.]

PERAZA, MARTÍN DE. Véase ORATORIA SAGRADA DE LOS SIGLOS XVI Y XVII.

PERDOMO ACEDO, PEDRO (Las Palmas de Gran Canaria, 1897-¿?). Maestro de enseñanza primaria y catedrático de Lengua y Literatura españolas en la Escuela Normal de su ciudad natal, ejerció el periodismo en Canarias y en Madrid. Afín a la vanguardia, en sus primeros textos se advierten influencias del ultraísmo y del surrealismo; ya en la posguerra, dio nuevas señales de vida con *Ave breve* (1948), cuyos poemas se distinguen «por la música apagada del verso, junto a una recoleta ternura». [M.M.-C.R.]

PEREDA, JOSÉ MARÍA DE (Polanco, Santander, 1833-Santander, 1906). La novela y el cuento españoles deben a Pereda algunos de sus títulos más destacados. En ambos géneros culmina el realismo en su variedad regionalista, hasta el punto de que las «escenas», como él llamó a sus cuentos, son pequeños cuadros en que las costumbres de su tierra y de sus gentes se reflejan con extraordinaria vitalidad.

Nacido en una pequeña aldea cántabra, e hijo menor de un matrimonio prolífico —veintidós hijos—, vivió en ella la primera infancia. Cuando contaba siete años se trasladó la familia a Santander, donde cursó estudios de bachillerato; en 1852 marchó a Madrid a prepararse para ingresar en la Academia de Artillería, pero al cabo de un par de años desistió del proyecto y, disgustado de la vida madrileña, regresó a Santander, donde se sintió igualmente desilusionado por los avances del progreso, que inevitablemente transformaban la faz y las costumbres de la ciudad. Comenzó entonces a escribir en dos revistas de la región, *La Abeja Montañesa* y *El Tío Cayetano* —ésta, fundada por él—, que acogieron sus primeras colaboraciones. Contaba con el apoyo económico de su hermano Juan Agapito, quien, emigrado a Cuba cuando la familia estaba pasando una mala racha económica, hizo fortuna y se convirtió en sostén de la casa. Hasta su muerte (1870) mostró predilección por el benjamín de la familia.

En 1865 realizó Pereda el viaje iniciático a París, ciudad que no le gustó demasiado. Sus ideas políticas le inclinaban cada día más hacia un conservadurismo extremado y, al ser derrocada la monarquía de Isabel II, se afilió al partido carlista, y como diputado de este grupo acudió a las Cortes de 1871. No tardó en cansarse de la política, prefiriendo la convivencia con los amigos de Santander, coincidentes con sus opiniones; entre ellos, Marcelino Menéndez Pelayo *, Domingo Cuevas y otros, hoy olvidados. La vida familiar (se había casado poco antes de fallecer Juan Agapito), el trabajo y las tertulias ocupaban sus horas. Entabló amistad con Benito Pérez Galdós * y juntos realizaron un viaje a Portugal. En el que hizo más tarde a Barcelona, la intelectualidad catalana le acogió con respeto y afecto. La amistad con Galdós y con Leopoldo Alas * ha sido subrayada porque mostró la posibilidad de que convivieran cordialmente personas de distinta ideología.

El primer libro de Pereda fue *Escenas montañesas* (1864), colección de cuentos y de artículos de costumbres escritos en lenguaje que, siendo muy personal, produce la impresión de reproducir fielmente el habla de los personajes, (re)creación tan expresiva y realista que aleccionó a sus coetáneos, incluido Galdós, a utilizar el lenguaje popular como elemento caracterizador de los actantes. De la misma vena costumbrista nacen *Tipos y paisajes* (1871), *Bocetos al temple* (1876), *Tipos trashumantes* (1877) y *Esbozos y rasguños* (1881), títulos alusivos a la pintura, pues de pintar trataba el autor, utilizando como pincel la pluma con que describía el paisaje y el paisanaje de su región, con intención de darle en el texto vida permanente.

Enlazó así con el realismo tradicional español, oscurecido durante dos siglos, esforzándose en transmitir fielmente la realidad en páginas que transforman la copia en invención, apropiándose de espacios que con toda exactitud podemos llamar peredianos. Si Cervantes * «sacó» a su héroe de los libros de caballería, Pereda encontró a los suyos en los caminos y recintos de su vida; si Cervantes lo viste de caballero ante los ojos del lector, Pereda lo presenta ya instituido en lo que es: vaquero o viejo marino. Mira el costumbrista al pasado y lamenta su destrucción por el progreso; en el caso presente las figuras son «tipos» inmutables, sin posibilidades de evolución y cambio.

No difiere gran cosa el novelador del cuentista: la ficción extensa, de la ficción breve. La novela fue, para él, un medio de presentar usos y figuras a punto de desaparecer; otras veces le sirvió para intentar una cruzada contra adversarios ideológicos, y, en los mejores casos, para desplegar ironía o nostalgia ante los cuadros representados en el texto. *El buey suelto* (1878), sátira contra la soltería, fue un fracaso; Clarín advirtió que lo sucedido al protagonista le sucede por ser un majadero, no por ser soltero. En *Don Gonzalo González de la Gonzalera* (1879), por el contrario, actúa una de las más logradas figuras peredianas, Patricio Rigüelta, ejemplo, artísticamente muy atractivo, de malicia caciquil. *De tal palo tal astilla* (1880) fue una respuesta a *Gloria*, de Galdós, poco interesante en su desarrollo, dañado por la voluntad de probar una tesis.

Muy superiores parecieron en su día y parecen hoy las novelas publicadas en años sucesivos: *El sabor de la tierruca* (1882), delicada y vigorosa pastoral, se acerca a lo denominado por José F. Montesinos «novela idilio», con predominio de lo lírico sobre lo narrativo. *Pedro Sánchez* (1883) fue escrita partiendo de recuerdos personales del autor; bien acogida por la sencillez de su argumento: andanzas de un joven de provincia llegado a la capital, sus avatares y su final retorno a la aldea, retuvo la atención de Clarín por razones fáciles de entender: buena caracterización del personaje, hábil manejo de la voz narrativa en primera persona, aguda visión de los ambientes cortesanos.

Sotileza (1885) superó el éxito de la novela precedente y hoy es considerada en la estimación crítica una de las grandes novelas españolas del siglo XIX: historia de una joven huérfana recogida por un viejo marino y por su esposa; de la muchacha se enamoran tres hombres de distinta posición social, y en el curso de estos amores se revela con notable profundidad psicológica el carácter de los cuatro. La ciudad y el mar son más que fondo y escenario; participan a su modo en la acción novelesca. Canto heroico y hermoso, sólo superado, en otra clave, por *Peñas arriba* (1895), la novela de la alta montaña en que culmina el arte perediano y la poesía alcanza los planos más elevados del lirismo narrativo del siglo XIX.

BIBLIOGRAFÍA. J. Montero, *Pereda* (Madrid, 1919); J. M. de Cossío, *La obra literaria de Pereda, su historia y crítica* (Santander, 1934); R. Gullón, *Vida de Pereda* (Madrid, 1944); J. F. Montesinos, *Pereda o la novela idilio* (Madrid, 1969); L. H. Klibbe, *José María de Pereda* (Nueva York, 1975); G. Gullón, *El narrador en la novela del siglo XIX* (Madrid, 1976); J. M. González Herrán, *La obra de Pereda ante la crítica literaria de su tiempo* (Santander, 1983); B. Madariaga, *Pereda. Biografía de un novelista* (Santander, 1991). [G.G.]

PEREDA Y REVILLA, VICENTE DE (Santander, 1881-Madrid, 1950). Hijo de José María de Pereda *. Autor de libros de viajes y de novelas sobre los más variados temas, su producción evidencia un templado humor y una preocupación por la psicología. Entre sus novelas destacan *Viejo poema* (1910), *La fiera campesina* (1919) y *Cenizas y leyendas* (1920). [J.B.]

PEREDA VALDÉS, ILDEFONSO (Tacuarembó, Uruguay, 1899). Se inició en 1920 como uno de los jefes de fila de la vanguardia ultraísta: ese año aparecen en Montevideo su primer libro de poemas, *La casa iluminada*, y la primera entrega de *Los nuevos*, revista que fundó y dirigió junto con Federico Morado. La publicación de *La guitarra de los negros* (1926) indica el comienzo de una nueva etapa dentro de su producción poética, la «negrista», y el de una larga y fecunda trayectoria dedicada al estudio y a la difusión de la cultura negra en el Uruguay y en el resto de América, así como de diferentes aspectos del folclore de dichas regiones.

BIBLIOGRAFÍA. AA.VV. *Ildefonso Pereda Valdés: ideario y antología* (Montevideo, 1978). [I.V.]

PEREGRINA, ACADEMIA. Véase ACADEMIAS.

PEREGRINO, EL (seudónimo). Véase LUZÁN CLARAMUNT DE SUELVES Y GURREA, IGNACIO DE.

PEREIRA, ABRAHAM. Véase LITERATURA SEFARDÍ.

PEREIRA, ANTONIO (Villafranca del Bierzo, León, 1923). Tiene el título de maestro y ha sido viajante de comercio. Comenzó su actividad literaria escribiendo poemas que publicó en *Espadaña* y *Alba*. En 1964 aparece su primer libro de poesía, *El regreso*, al que siguieron *Del monte y los caminos* (1966), *Cancionero de Sagres* (1969) y *Dibujo de figura* (1972), todos ellos recogidos en *Contar y seguir* (1972). Sin embargo, Pereira destaca, sobre todo, en el terreno de la narrativa, y en especial en el del cuento. Es autor de tres novelas: *Un sitio para Soledad* (1969), *La costa de los fuegos tardíos* (1973) y *País de los Losadas* (1978), y de varios libros de cuentos: *Una ventana a la carretera* (1966), Premio Leopoldo Alas; *El ingeniero Balboa y otras historias civiles* (1976), *Historias veniales de amor* (1978), *Los brazos de la i griega* (1982), *El síndrome de Estocolmo* (1988), Premio Fastenrath, y *Picassos en el desván* (1991), así como de un libro de crónicas, recuerdos y apuntes misceláneos, *Reseñas y confidencias* (1985). Si en sus primeros cuentos el autor se circunscribe al ámbito leonés y utiliza una técnica realista, en los posteriores amplía el espacio geográfico y las preocupaciones técnicas, pero sin someterse nunca a rígidos esquemas formales. Toda la obra de Pereira muestra un interés por los sucesos cotidianos y por el erotismo, siempre reflejados a través del humor, la ironía y la ternura.

BIBLIOGRAFÍA. S. Alonso, «Los cuentos de Antonio Pereira», en *Lucanor*, 2, (1988), págs. 45-62. [G.R.F.]

PEREIRA, GUSTAVO (Punta de Piedras, Nueva Esparta, Venezuela, 1940). Poeta y profesor universitario. Comenzó su carrera de escritor en la revista *Símbolo* en Caracas a finales de la década del cincuenta. En Puerto La Cruz fundó con otros amigos la revista *Trópico Uno* (1964), en la que propuso la radicalización estética e ideológica. En *Preparativos de viaje* (1964) expone las dos vertientes de su poesía: por un lado la realidad social y el compromiso del hombre frente a la historia y por otro el poema sereno, irónico y reflexivo. Ha publicado los siguientes poemarios: *El rumor de la luz* (1957), *Los tambores de la aurora* (1961), *Hasta reventar* (1963), *Bajo la refriega* (1964), *En plena estación* (1966), *El interior de las sombras* (1967), *Poesía de qué* (1970), *Los cuatro horizontes del cielo* (1970), *El libro de los Somaris* (1979), *Tiempos oscuros, tiempos de sol* (1980), *Sumario de Somaris* (1980) y *Vivir contra morir* (1988). [C.R. de G.]

PEREIRA, MANUEL. Véase HISPANOAMÉRICA: NARRATIVA ACTUAL.

PERERA, ARTURO (Madrid, 1850-¿?). Abogado, escritor y periodista, fue redactor jefe de *El Globo* y colaborador de *El Demócrata* y *El Correo*. En 1895, fue cofundador de la Asociación de la Prensa de Madrid. Como narrador, publicó *Un amor del infierno* (1878), *Amores y amoríos. (Historias y cuentos)* (1896), *La confesión de un confesor* (1898) y *Más historias y cuentos* (1918). Estrenó los dramas *El único remedio* (1886), *La flor del almendro* (1902), que fue el que mayor fama le dio, y *Rafaela*; y las comedias *Volver a la razón* (1889) y *Lazos indisolubles* (1914). [M.P.C.]

PERERA, HILDA. Véanse HISPANOAMÉRICA: NARRATIVA ACTUAL y LITERATURA INFANTIL HISPANOAMERICANA.

PERES, RAYMOND. Véase LITERATURA CHICANA.

PEREYRA, DIOMEDES DE (Cochabamba, Bolivia, 1897-1976). Narrador y ensayista boliviano. Escribió por igual en español —*Caucho* (1938), *La trama de oro* (1938)— e inglés —*The land of the golden sacabas* (1928)— novelas influidas por London y Poe. [J.L.F.]

PÉREZ, ALONSO. Véanse FÁBULAS MITOLÓGICAS EN LOS SIGLOS XVI Y XVII y NOVELA PASTORIL EN LOS SIGLOS XVI Y XVII.

PÉREZ, FRAY ANDRÉS. Véanse FERNÁNDEZ DE AVELLANEDA, ALONSO; LÓPEZ DE ÚBEDA, FRANCISCO, y ORATORIA SAGRADA DE LOS SIGLOS XVI Y XVII.

PÉREZ, ANTONIO. Véanse AUTOBIOGRAFÍAS Y MEMORIAS EN ESPAÑA, LITERATURA EPISTOLAR EN LOS SIGLOS XVI Y XVII y LITERATURA POLÍTICA Y ECONÓMICA EN LOS SIGLOS XVI Y XVII.

PÉREZ, DIONISIO (Grazalema, Cádiz, 1871-Madrid, 1935). Narrador. Ejerció el periodismo, colaborando en el *Heraldo de Madrid*, *El Imparcial*, *ABC* y *El Sol*, con los seudónimos de «Mínimo Español» y «PostThebussen». Entre sus novelas destacan *Jesús (Memorias de un jesuita novicio)* (1898), *La juncalera* (1902) y *En el lendel de la vida* (1926). [J.B.]

PÉREZ, FLORIDOR (Yotes, Chiloé, Chile, 1937). Poeta chileno, en *Para saber y contar* (1965) recupera la atmósfera de la vida rural y de la infancia. *Cartas de prisionero* (1984) es el testimonio de sus días de cárcel, un diario poético de la cotidianidad. En *Chilenas y chilenos* (1986) analiza los lugares comunes de la tradición, los elementos de la identidad nacional; sus antecedentes se encuentran, entre otros, en *La cueca* *larga* de Nicanor Parra * y en *La epopeya de las comidas y las bebidas de Chile* de Pablo de Rokha *. [A.M.]

PÉREZ, GIL (seudónimo). Véase SÁNCHEZ PÉREZ, ANTONIO.

PÉREZ, JUAN [«PETREIUS» o «PETREYO»]. Véanse HUMANISTAS, RENACIMIENTO, RETÓRICA EN LOS SIGLOS XVI Y XVII y TEATRO DE COLEGIO.

PÉREZ, JUAN BAUTISTA. Véase HISTORIOGRAFÍA DE LOS SIGLOS XVI Y XVII.

PÉREZ, MARTÍN (?, h. 1250-?, h. 1325). Se identifica a un tal Martinus Petri, que en 1269 frecuentaba las aulas de Bolonia y en 1278-79 era canónigo en Salamanca, con el autor del *Libro de las confesiones* (compuesto entre 1312-17). No se trata de una simple metodología de la penitencia, sino que con este motivo se pasa revista a todos los oficios de la época. Fue traducido al portugués, de forma incompleta, en el siglo XIV. Véase, además, PROSA DOCTRINAL DEL SIGLO XIV.

BIBLIOGRAFÍA. A. García y García y J. M. de Múgica, «O Libro de las confesiones de Martín Pérez», en *Itinerarium*, 20 (1974), págs. 137-151; A. García y García, *Estudios sobre la canonística portuguesa medieval* (Madrid, 1976). [M.J.L.]

PÉREZ, NICOLÁS (Játiva, Valencia, ?-?, 1828). Utilizó el seudónimo de «El Setabiense». Además de *El anti-Quijote* (1805), obra en la que intentaba demostrar que la novela de Cervantes no era una novela, tradujo varias comedias, como *El fanático por la nobleza* (1807), de Molière, y *El barón de Trenk*, en prosa. [J.A.B.]

PÉREZ, RAÚL (Quito, 1941). Periodista y narrador. Uno de los valores de la joven narrativa ecuatoriana, ganó el Premio Casa de las Américas de 1980 con *En la noche y en la niebla*. Se destacan también *Micaela y otros cuentos* (1976) y *Musiquero joven, musiquero viejo* (1978). [J.C.]

PÉREZ, UDÓN (Maracaibo, Zulia, Venezuela, 1871-1926). Seudónimo de Abdón Antero Pérez. Redactor de las revistas *El Centinela* (1893), *Alma Latina* (1903) y *El Cojo Ilustrado* *. Obtuvo innumerables premios literarios. Cultivó el regionalismo e incorporó a su temática los paisajes, el lago de Maracaibo y las leyendas de la región. A su obra literaria pertenecen *Lira triste* (poemas, 1903), *Frutos naturales* (drama en verso y en tres actos, 1903), *Ánfora criolla* (poemas, 1913), *El gordo* (drama, 1917), *Colmena lírica* (incluye traducciones libres de poemas de Verlaine, O. Wilde, G. d'Annunzio y Carducci, 1921), *Plectro rústico* (1922-24), *La piedad de la esfinge* (1923), *Láurea. Cantos patrióticos* (1927) y *Hojas y pétalos* (1929).

BIBLIOGRAFÍA. V. M. Álvarez, *Estudio crítico sobre el poeta Udón Pérez* (Caracas, 1930); C. Montiel Molero, *Esbozo crítico del poeta Udón Pérez* (Caracas, 1951). [H.J.B.]

PÉREZ ALFONSECA, RICARDO (Santo Domingo, 1892-1950). Poeta dominicano que evolucionó progresivamente del modernismo —en *Mármoles y lirios* (1909)— a la actitud intimista de *Oda de un yo* (1913) y *Palabras a mi madre y otros poemas* (1925). [J.L.C.]

PÉREZ AVELLÓ, CARMEN. Véase LITERATURA INFANTIL ESPAÑOLA.

PÉREZ DE AYALA, RAMÓN (Oviedo, 1880-Madrid, 1962). Es una de las personalidades más singulares del novecentismo, que hereda temas noventayochistas, tratados con un tono más sereno, intelectual y europeo. A los ocho años, sus padres le envían al colegio de jesuitas de San Zoilo, en Carrión de los Condes (Palencia). Los jesuitas le proporcionan una sólida base humanística —algo singular en un novelista español—. A la vez, sufre una crisis religiosa y se hace anticlerical. Tras iniciar estudios de Derecho en Oviedo y una corta estancia en Inglaterra, decide dedicarse profesionalmente a la literatura. Aparece en la vida literaria madrileña, en contacto con la estética modernista y la ideología de la Institución Libre de Enseñanza *. La fama le llegará con la polémica *A.M.D.G.* Viaja a Italia y Alemania en 1911, con una beca de la Junta para Ampliación de Estudios. Al estallar la guerra europea, milita decididamente en el bando aliadófilo. Años después, funda con Ortega y Gasset * y Marañón * la Agrupación al Servicio de la República. En 1931 es designado embajador en Londres, cargo que ocupa hasta el triunfo del Frente Popular, en 1936. Vive después en Francia y América del Sur, especialmente en Buenos Aires. Vuelve a España en 1954. Ya sólo publica artículos (muchos de ellos, de hace años) en el *ABC*. Literariamente, era una figura ya detenida hacía tiempo. A pesar de su fama de perezoso, Pérez de Ayala se pasó la vida escribiendo (todavía falta mucho para que se complete la edición de sus *Obras*). Sobre todo, ensayos y artículos de periódico, luego recogidos en libros.

Su obra puede clasificarse en tres grupos: poesía, ensayo y novela. La poesía comprende principalmente cuatro libros: *La paz del sendero* (1904), *El sendero innumerable* (1916), *El sendero andante* (1921), pero escrito a la vez que el anterior, y *El sendero ardiente* (publicado póstumo, en las *Obras completas*). Nótese que se trata de un vasto plan, regido por la metáfora básica de la vida como sendero y la alusión a elementos naturales: tierra, mar, río y fuego. Ayala comenzó su carrera literaria como poeta modernista, cercano a Rubén Darío *, y hasta el fin de su vida siguió componiendo poemas. Su poesía es profundamente intelectual y hasta conceptuosa, algo poco frecuente entre nosotros.

La mayor parte de su producción literaria son ensayos. Se ha dicho que el ensayo es el núcleo de toda su producción, dado su carácter razonador y discursivo. Destacaré dos libros: *Las máscaras* (1917-19) y *Política y toros* (1918). El primero reúne sus críticas teatrales. Hay que resaltar en ellas la defensa ardorosa de Pérez Galdós * y Arniches *, así como los ataques violentos a Benavente * y el teatro poético. El segundo agrupa trabajos sobre política española que suponen una crítica acerba del militarismo.

Cabe dividir sus novelas en dos etapas, separadas por una de transición. En la primera, autobiográfica, publica cuatro libros: *Tinieblas en las cumbres* (1907), *A.M.D.G. (La vida en los colegios de jesuitas)* (1910), *La pata de la raposa* (1912) y *Troteras y danzaderas* (1913). En las cuatro aspiraba —dijo— «a reflejar y analizar la crisis de la conciencia hispánica desde principios de este siglo». A la vez, los cuatro relatos son claramente autobiográficos, con un protagonista común, su *alter ego*, Alberto Díaz de Guzmán. Subrayemos el escándalo de *A.M.D.G.*, un panfleto con detalles voluntariamente escandalosos, pero también una novela de colegio y una crítica de los sistemas educativos poco liberales. También hay que destacar *Troteras y danzaderas*, novela de clave sobre el Madrid bohemio de 1910, comparable, en este aspecto, a *Luces de bohemia*, de Valle-Inclán *. A la etapa de transición pertenecen las tres «novelas poemáticas de la vida española»: *Prometeo, Luz de domingo* y *La caída de los Limones* (1916). Con su unión de novela lírica y crítica social, suponen —sobre todo la segunda— una de las cumbres de su autor y uno de los mejores ejemplos de la renovación de la novela española en nuestro siglo. En la última etapa narrativa, Pérez de Ayala aborda grandes temas de alcance universal: el lenguaje, en *Belarmino y Apolonio* (1921); el amor y la educación sexual, en *Las novelas de Urbano y Simona* (título conjunto que he dado a la pareja formada por *Luna de miel, luna de hiel* y *Los trabajos de Urbano y Simona*, 1923), y el honor, en *Tigre Juan* (1926) y *El curandero de su honra* (1926).

Pérez de Ayala siente auténtica adoración por Clarín *, su verdadero maestro espiritual. Sus novelas no siguen la línea de Galdós, a quien también admiraba, sino la de Clarín: novela intelectual, rica de ideas y de preocupaciones, centrada en la visión muy crítica —amarga e irónica— de la realidad social en una capital de provincia española: Oviedo, la Vetusta de Clarín, que Pérez de Ayala denomina Pilares. Su última novela lleva la fecha de 1926. Entonces el escritor tiene cuarenta y seis años y está plenamente reconocido por la crítica internacional. ¿Por qué ese silencio? Nadie lo sabe, con seguridad.

BIBLIOGRAFÍA. M. Baquero Goyanes, *Perspectivismo y contraste (De Cadalso a Pérez de Ayala)* (Madrid, 1963); V. García de la Concha, «Los senderos poéticos de Ramón Pérez de Ayala», en *Archivum*, XX (1970); A. Amorós, *La novela intelectual de Ramón Pérez de Ayala* (Madrid, 1972) y *Vida y literatura en «Troteras y danzaderas»* (Madrid, 1973); M. Best, *Ramón Pérez de Ayala: an annotated bibliography of criticism* (Londres, 1980). [A.A.]

PÉREZ DEL BARRIO, GABRIEL. Véase LITERATURA POLÍTICA Y ECONÓMICA EN LOS SIGLOS XVI Y XVII.

PÉREZ BOJART, JOSÉ. Véase BOHEMIA LITERARIA ESPAÑOLA DE FIN DE SIGLO.

PÉREZ BONALDE, JOSÉ ANTONIO (Caracas, 1846-La Guaira D.F., Venezuela, 1892). Figura central del romanticismo poético venezolano. Por razones políticas su padre emigró con su familia a Puerto Rico, país donde transcurrieron sus años juveniles. Colaboró en la prensa liberal y fundó con Nicanor Bolet Peraza * un periódico donde escribió una sátira contra el presidente Antonio Guzmán Blanco. A consecuencia de ello se exilia en Nueva York; desde allí viajó hacia distintos países de Latinoamérica, Europa y Asia. Dominó varias lenguas, entre ellas el alemán y el inglés. En 1887 publica su libro de poemas *Estrofas*, donde se encuentra el canto lírico del desterrado «Vuelta a la patria». En 1880 da a conocer *Ritmos*, en el que se incluye el famoso «Poema al Niágara». Tradujo en 1885 el *Cancionero* de Heinrich Heine y en 1887 *El cuervo* de Edgar Allan Poe, considerada la mejor versión de este poema al español. Regresó a Venezuela en 1889 y fue nombrado embajador, cargo que no llegó a desempeñar. Se le considera un precursor del modernismo.

BIBLIOGRAFÍA. J. R. Medina, *Juan Antonio Pérez Bonalde* (Caracas, 1954); E. A. Johnson, *Juan Antonio Pérez Bonalde. Los años de formación: 1846-1870. Documentos* (Mérida, 1971); A. Padrón Toro, *Juan Antonio Pérez Bonalde: 1846-1892* (Caracas, 1973). [C.R. de G.]

PÉREZ CADALSO, ELISEO (El Triunfo, Choluteca, Honduras, 1920). Ensayista, poeta, cuentista, parlamentario, diplomático y periodista. Actualmente es director de la Academia Hondureña de la Lengua. Ha publicado: *Vendimia* (poemas, 1943), *Jicaral* (poemas, 1947), *Alfonso Guillén Zelaya en el neomodernismo de América* (ensayo, 1950), *Valle, apóstol de América* (biografía, 1954), *Ceniza* (cuentos, 1955), *Habitante de la Osa. Vida y pasión de Juan Ramón Molina* (biografía, 1966), *Achiote de la comarca* (cuentos, 1959), *El rey del tango* (cuentos, 1964), *Oro de Yuscarán* (ensayos, 1968), *Vigencia universal de Rubén*

Darío (1969), *Hondón Catracho* (cuentos, 1974) y *Precursores indigenistas: José Cecilio del Valle* (ensayo, 1977). [O.A.]

PÉREZ DEL CAMINO, MANUEL NORBERTO (Burgos, 1783-Cusad Medoc, Francia, 1842). Afrancesado, que, como tantos otros, hubo de desterrarse a Francia por sus ideas políticas. Buen conocedor de la lengua latina, dio a la estampa meritorias traducciones de Tibulo (1874), de Virgilio (*Las Geórgicas*, 1876) y de Catulo (1878). Es también autor de poesías originales, recogidas en *La opinión* (1820) y en *Poética y sátiras* (1829), que posee el mérito de contener (en seis cantos en octavas reales) una «poética», inspirada en Horacio y en Boileau, que resiste la comparación con la de Martínez de la Rosa *. [J.B.]

PÉREZ CAPO, FELIPE (Sevilla, 1878-¿?). Dramaturgo menor. Hijo de Pérez y González *, fue autor de abundante número de piezas cómicas, zarzuelas, sainetes y entremeses, entre los que, por citar algún título, cabe mencionar *El organista de Móstoles* (1904), *El alma del cantarillo* (1906), *¡Yo necesito casarme!* (1912) y *La novia de don Juan* (1915). Escribió también cuentos (*De aquí y de allí*, 1903; *Fruta prohibida*, 1910, y *Pastillas de menta*, 1914) y novelas, entre las que destaca *Flor de la estufa* (1908), *Amor vicioso* (1908) y *Los misterios del amor* (1918). [J.B.]

PÉREZ CASAUX, MANUEL (Cádiz, 1930). Pertenece a la generación de autores del «Nuevo Teatro Español»; trabajó con frecuencia para los grupos del teatro independiente. Es autor de: *La cena de los camareros* (1964), *Historia de la divertida ciudad de Caribdis* (1969), farsa épica; *La curiosa invención de la escuela de plañidores* (1971) y *La familia de Carlos IV* (Premio Sitges, 1973). [M.S.]

PÉREZ CHAVES, EMILIO (Asunción, 1950). Poeta, periodista y crítico literario paraguayo. Uno de los valores más jóvenes de la poesía paraguaya actual, ha dado a luz, en su libro *El fénix del recuerdo* (1976) y en otras publicaciones colectivas, una poesía de gran riqueza lírica y de fuerte contenido social. [T.M.F.]

PÉREZ CLOTET, PEDRO (Villaluenga del Rosario, Cádiz, 1902-Ronda, Málaga, 1966). Lírico ligado a la *poesía pura*. Fundador, en los años anteriores a la Guerra Civil, de la revista *Isla* (que se editaba en Cádiz), a través de la cual desplegó entonces una intensa actividad. De su obra destacan: *Signo del alba* (1929), *Trasluz* (1933), *A la sombra de mi vida* (1935), *A orillas del silencio* (1943) y *Noche del hombre* (1950). [M.G.P.]

PÉREZ DE CULLA, VICENTE. Véase POESÍA ÉPICA DE LOS SIGLOS XVI Y XVII.

PÉREZ DANN, CARLOS (Luarca, Asturias, 1936). Es uno de los autores del «Nuevo Teatro Español» que, como muchos otros de ellos, ha pasado del naturalismo (*La inundación*, finalista del Premio Valle-Inclán de 1963) a un vanguardismo donde las resonancias de Brecht, Grotowski y el teatro-documento son evidentes. Otras obras suyas son: *Mi guerra* (Premio Arniches de 1966) y *El insaciable Peter Cash o Los cuernos de la abundancia* (1970). [M.S.]

PÉREZ ECHEVARRÍA, FRANCISCO (Madrid, 1842-1884). Poeta y dramaturgo, publicó sus versos en *La Ilustración Española y Americana*, *La Ilustración Artística* y *La Niñez*. Entre sus piezas estrenadas destacan las comedias *El centro de gravedad* (1870), *Los celos de una vieja* (1870), *Las quintas* (1870) y *Lo que vale el talento* (1879); y los dramas —escritos con Francisco Luis de Retes *— *La Beltraneja* (1871), *Doña*

María Coronel (1872), *L'Hereu* (1874) y *La Fornarina* (1876). [M.P.C.]

PÉREZ ESCRICH, ENRIQUE (Valencia, 1829-Madrid, 1897). Colaborador de publicaciones moralizantes —*El Amigo de la Familia, La Ilustración Católica* o *El Mundo de los Niños*—, fue aplaudido autor de piezas teatrales, como *La Pasión y muerte de Jesús* (1856), que se llegó a representar como espectáculo edificante los Viernes de Cuaresma. En su trabajo novelístico predica una ideología católica conservadora. Así ocurre en *El cura de aldea* (1861), versión de una de sus obras dramáticas, *El Mártir del Gólgota, Tradiciones de Oriente* (1863-64), *La caridad cristiana* (1879) y *El camino del bien* (1882). [L.R.T.]

PÉREZ ESTRADA, RAFAEL. Véase POESÍA ESPAÑOLA POSTERIOR A 1975.

PÉREZ-FEBRES CORDERO, FRANCISCO (Guayaquil, Ecuador, 1934). Estudió en Guayaquil y luego periodismo en los Estados Unidos, en las universidades de Siracuse y Miami. Ha desarrollado una larga labor como periodista y poeta. Dentro de su obra lírica destacan *Penumbras y otros poemas* (1966), *Reincidencias* (1967), *El corresponsal de la tristeza* (1971) y *Poesía* (1980). [J.C.]

PÉREZ FERNÁNDEZ, PEDRO (Sevilla, 1885-Madrid, 1956). No es fácil definir su producción dramática, por su enorme versatilidad y porque gran parte de ella fue escrita en colaboración. Autor cómico, cultivó la astracanada: *El oro del moro* (1918), *Lola, Lolita, Lolilla y Lolo* (1924) o *Mañana me mato* (1935). Con Fernández Ardavín escribió la farsa *El señor Pandolfo* (1917); con Fernando Luque, *El presidente Mínguez* (1917) y *La última astracanada* (1918); con Muñoz Seca * firmó casi un centenar de obras: la «película cómico-lírica» *El incendio de Roma* (1914), *Los extremeños se tocan* (1927), etc.

BIBLIOGRAFÍA. R. de la Fuente, «Apunte biográfico de Pérez Fernández», en *Archivo Hispalense*, 214 (1987), págs. 123-142. [J.R.J.]

PÉREZ FERRERO, MIGUEL (Madrid, 1905-1978). Se doctoró en Derecho y colaboró en numerosas publicaciones madrileñas —*La Gaceta Literaria* *, *La Libertad, Cruz y Raya* *, *Heraldo de Madrid*, de cuyas páginas literarias fue director— y americanas —*La Nación* y *La Prensa* de Buenos Aires, *El Mercurio* de Chile, etc.— Entre 1937 y 1941 vivió en París. En 1946 se incorporó a la redacción de *ABC*. Es autor de diversas biografías, en las que el rigor científico, la información de primera mano y lo anecdótico conviven felizmente, sobre algunos de los más destacados escritores de este siglo (Jaime Arias lo calificó de «notario de una generación insobornable»). Entre ellas, *Vida de Ramón* (Gómez de la Serna) (1935); *Pío Baroja en su rincón* (1941; en 1960 se reeditó, ampliada, con el título de *Vida de Pío Baroja*); *Vida de Antonio Machado y Manuel* (1947) y *Ramón Pérez de Ayala* (1973). En *Unos y otros* (1947) y en *Algunos españoles* (1972) recogió diversos escritos sobre literatos y artistas a los que trató o sólo conoció fugazmente. En parecida línea está *Tertulias y grupos literarios* (1974), en donde se refirió a un amplio período que va desde 1923 hasta los años cuarenta. Es autor también del ensayo *El derrotero de la novela* (1934) y de dos poemarios: *El bufón de la reina y otros poemas* (1923) y *Luces de bengala* (1925). Tradujo, además, numerosas obras. [A.R.]

PÉREZ FIRMAT, GUSTAVO. Véase HISPANOAMÉRICA: POESÍA ACTUAL.

PÉREZ GALDÓS, BENITO (Las Palmas de Gran Canaria, 1843-Madrid,

1920). Décimo hijo del matrimonio de don Sebastián Pérez, teniente coronel del Ejército, y doña Dolores Galdós, fue Benito un niño reservado, aficionado a observar la vida más que a protagonizarla. Sus primeros años escolares revelaron su afición a la música, al dibujo y a los libros. Siendo muchacho, mantuvo un amorío con su prima Sisita, hija natural de la norteamericana Adriana Tate y de su tío José M.ª Galdós. Para apartarle de su prima, los padres decidieron enviarle a estudiar a Madrid en el otoño de 1862. Su contacto con el krausismo * fue en estos años crucial para su futuro como escritor: un movimiento intelectual que pretendía reformar el país mediante la educación, basándose en el respeto al individuo y en la creencia en sus posibilidades de mejora, no podía sino atraerle. Don Francisco Giner de los Ríos *, fundador de la Institución Libre de Enseñanza *, alentó a Galdós para que escribiera novelas, y ello no sólo por su inclinación krausista. Su conocimiento de la capital le convirtió en heredero de don Ramón de Mesonero Romanos *. No fueron perdidos los ratos que pasó en los cafés, siendo asiduo visitante del Universal, de Fornos y del Suizo, «universidades» que suplían su ausencia de la Facultad. Durante los primeros años de su estancia en la corte frecuentó redacciones y teatros. De dramas y comedias, de música y otros asuntos escribió en *La Nación* y en *El Debate*, asistiendo puntualmente al Ateneo y alternando lecturas de los clásicos con las de románticos y costumbristas. Mesonero, Ramón de la Cruz *, Leandro Fernández de Moratín *, o extranjeros, entre ellos Dickens y Balzac, entretuvieron sus horas. La obra de Dickens, de quien tradujo *Pickwick papers*, ha sido considerada como un ingrediente esencial en la creación galdosiana y en su capacidad para presentar las diversas capas sociales, estableciendo conexiones entre la historia, la situación social, la geografía urbana y el carácter del individuo.

Tras un devaneo con el teatro, que produjo un drama *(La expulsión de los moriscos)* y una comedia *(Un joven de provecho)*, en 1868 comenzó a escribir ficción. En los años últimos de la década de los sesenta cuajó la primera manera de Galdós: escribe, partiendo de las ideas krausistas, con escenario madrileño, y reflejando los hábitos de la burguesía del país con las formas de novelar aprendidas en Balzac y Dickens. La reseña de un libro de Ventura Ruiz Aguilera *, «Observaciones sobre la novela contemporánea en España» (1870), puede considerarse como el manifiesto en que Galdós expuso los requisitos para trascender la novela costumbrista del período. *La fontana de oro* (1870), *La sombra* (1871) y *El audaz* (1871) fueron los títulos de sus primeras novelas, que revelan la indecisión de quien está influenciado por un romanticismo rezagado, evidente en los contrastes excesivos de lo claro y lo oscuro y en la división de los personajes en buenos y malos. La forma de publicación por entregas, con cortes abruptos y cambios súbitos, marcan negativamente algunas páginas de las novelas citadas. En la década siguiente sus proyectos avanzan en el camino de la conciliación nacional, suavizándose las actitudes radicales del comienzo. Publica artículos políticos en la *Revista de España* y algo de lo dicho en ellos se trasluce en las novelas de la llamada primera época, *Doña Perfecta* (1876), *Gloria* (1877), *La familia de León Roch* (1878) y *Marianela* (1878), obras de tesis, donde se ataca al antiguo régimen y al inmovilismo de la tradición. Todavía funciona el autor a base de dualidades, y ése es el lastre de estas narraciones; persiste el impulso juvenil de censurar la España tradicional, lo que le llevó a simplificar las cosas. En *Doña Perfecta*, un joven ingeniero, Pepe Rey, sobrino de la protagonista, llega a Orbajosa, ciudad clerical de Castilla la Vieja, a casarse con su prima Rosario. Las argucias de un sacerdote y de su hermana, que querían que la joven se casara con el sobrino del primero e hijo de la segunda, alzan en armas contra Rey al mundo de la reacción. Sobre una historia de amor, Galdós presenta el enfrentamiento entre el progreso y la tradición. El enfrentamiento capital-provincia está claro, y el joven enamorado, culpable de liberalismo, acabará siendo asesinado por orden de su tía. La tesis se trasluce: el liberalismo es excelente y la tradición perversa.

No queriendo incurrir en partidismos contrarios a la verdad artística, al escribir *Gloria* y *La familia de León Roch*, distribuye Galdós el fanatismo entre judíos y católicos, en la primera de estas obras, y entre neocatólicos y liberales, en la segunda. A partir de 1873 aparecieron los *Episodios nacionales*, compuestos de veinte volúmenes en dos series, terminadas de publicar en 1879. En los episodios se novela la historia, tratando de explicar a los ciudadanos la diferencia entre las dos Españas, que mantuvo al país en estado de guerra civil, latente y patente, hasta el último tercio del siglo.

En el gran período de la narrativa decimonónica, en los años ochenta, vieron la luz las novelas contemporáneas. *La desheredada* (1881) abre el camino al naturalismo. Isidora Rufete, la protagonista, es una especie de Quijote femenino: se cree hija de una aristócrata y, poseída por el afán de ascender de situación social, se entrega a la ilusión de pertenecer, siquiera fuera de la legalidad, a una familia de la nobleza. Engañada por su amante y perdidas sus ilusiones, acaba prostituyéndose. Galdós pone ante ella un espejo cruel, azogado por circunstancias verídicas, que se contraponen a las ensoñaciones románticas de una joven, cuya conducta prueba la necesidad de ver las cosas como son.

En las obras siguientes —*El doctor Centeno* (1883), *Tormento* (1884) y *La de Bringas* (1884)—, se multiplican los personajes y los ambientes del Madrid de los ochenta. Grandezas y miserias y un vivir no para ser, sino para parecer. La religión queda en el trasfondo, apenas perceptible, y lo importante de personajes como Rosalía Bringas es el afán de figurar, de enriquecerse y de vivir en la apariencia de lo que no se es. Al desaparecer los valores religiosos como medida de la conducta, el autor exploró con plena libertad los sentimientos de sus personajes. Técnicas nuevas aparecen: monólogo interior, predominio del narrador personaje, estilo indirecto libre, todas ellas concurrentes a dar mayor autonomía a la narración. La polifonía aumenta: las voces son distintas, como lo son sus perspectivas, intentando captar la pluralidad social. El monólogo interior ayuda a explorar la intimidad, con lo que las obras adquieren una dimensión nueva. *El amigo Manso* (1882) es una de las creaciones más originales de Galdós; Ricardo Gullón * la calificó de primera *nivola*, una novela de acción interior que prefigura las de Miguel de Unamuno *. *Lo prohibido* (1884-85) es la novela galdosiana más impregnada de naturalismo. Está contada en primera persona por un protagonista que merece poca confianza. En verdad, es difícil confiar en la palabra de José M.ª Bueno de Guzmán, que así se llama el «héroe» de la narración.

Fortunata y Jacinta (1887) es un vasto mural donde la historia, la sociedad, el perfil urbano de Madrid, sirven de fondo a un argumento que presenta a dos jóvenes enamoradas del mismo hombre: Juan Santa Cruz, Juanito, prototipo del hijo de familia acomodada, del que Ortega y Gasset * llamará más tarde «el señorito satisfecho». Enamora a Fortunata, mujer del pueblo, apasionada, abandonándola, embarazada, para casarse con su prima Jacinta. Las veleidades de Santa Cruz le llevan de nuevo a su antigua amante, que arriesga todo, incluso su matrimonio con Maximiliano Rubín, para entregarse de nuevo al inconstante varón. Un nuevo hijo llega y, a consecuencia de una riña entre la muchacha, que recientemente ha dado a luz, y la amiga que le ha sustituido en los amores de Juan, aquélla se desangra y muere. El hijo, por voluntad de su madre, pasará a ser prohijado por Jacinta, que, al cabo de los días, soñará que ha sido ella quien lo ha llevado en el seno y lo ha parido con dolor.

Al final de esta década y a comienzos de la siguiente publica *Miau* (1888), *La incógnita* (1889), *Torquemada en la hoguera* (1889), *Realidad* (1889) y *Ángel Guerra* (1891). Nuevos modos de novelar se dan de alta en el arte galdosiano. En *Miau* presenta un descenso a los infiernos, a los infiernos de la burocracia; en *La incógnita* lleva a cabo la realización más perfecta de su carrera en lo referente a la novela epistolar, y en *Realidad* logra el mejor producto de novela dramática que se ha dado en la narrativa española de todos los tiempos. *Torquemada en la hoguera* es el primer volumen de una tetralogía en que se describe de nuevo la sociedad madrileña y el ascenso social de un usurero que, cuando se halla suficientemente enriquecido, se convierte en financiero, en senador y en un puntal de la patria. Es una narración breve, movida, intensa, de la que el autor no pierde ni una sola línea en divagaciones o digresiones.

Los problemas éticos reaparecen con *Tristana* (1892), *Nazarín* (1895), *Halma* (1895) y *Misericordia* (1897). Las dos primeras fueron llevadas al cine por Luis Buñuel *, que, acaso sin pretenderlo, mostró la universalidad de las obras. Tristana es una mujer soñadora, inventora de su propia novela y de la de quienes la rodean; es una imaginativa, que, seducida por el galán maduro que la tiene a su cargo, a modo de tutor, tarda en recuperarse de lo acontecido, pero al fin acaba recobrando la libertad de decisión y la de ensoñación, para perderlas de nuevo cuando ingresa definitivamente en la vulgaridad de la vida burguesa. Lo más notable de *Misericordia* es la exaltación de la caridad. Benina, la heroína de la obra, es capaz de hacer milagros, aunque no tenga conciencia de su poder: es la caridad encarnada, la belleza del alma que sólo puede advertir el mendigo ciego que la acompaña y que, por su misma ceguera, es capaz de ver el interior de las almas.

En esos momentos vuelve Galdós a escribir *Episodios nacionales: Zumalacárregui, Mendizábal* y *De Oñate a La Granja*, de 1898, lejos de mostrar decadencia, suponen, a juicio de algunos críticos, un verdadero ascenso en el arte narrativo de Galdós. Según rezan los títulos, tratan estas obras de las guerras carlistas y nos llevan hasta la Restauración. De la quinta serie, que quedó incompleta, aparecieron sólo seis volúmenes. Los últimos son *Amadeo I* (1910), *La primera República* (1911), *De Cartago a Sagunto* (1911) y *Cánovas* (1912). Un nuevo narrador, Tito Liviano, presta a los episodios finales una gracia especial, como se la añade la aparición de Mari Clío, la musa degradada de la historia.

El estreno de *La loca de la casa* (1893), acogido con éxito por el público y la crítica, fue seguido de *Los condenados* (1895), rechazado, según su autor, con completa injusticia, lo que motivó que al publicar la obra la hiciera preceder de un prólogo más acusatorio que defensivo. El estreno de *Electra* (1901) constituyó un acontecimiento nacional. Finalizada la obra, los espectadores acompañaron al autor hasta su casa, aclamándole, y los escritores del modernismo incipiente iniciaron la publicación de una revista con el mismo título que el drama. En 1904 estrenó *El abuelo*, otro de sus grandes éxitos; las reminiscencias shakespearianas son evidentes, como lo es la grandeza del personaje y la lección moral que de sus errores psicológicos se deduce. Después, puso mano a sus últimas novelas, *El caballero encantado* (1909) y *La razón de la sinrazón* (1915). Pertenece la primera al género fantástico, y no sería difícil mostrar sus conexiones con la novela modernista triunfante en esa época. La segunda de estas obras, dialogada, es, quizá, la menos interesante de las novelas de Galdós.

A la pluma del novelista debemos la transformación total que experimentó el género narrativo en España. Se apartó de las debilidades románticas y flexibilizó el realismo español castizo, dotando a la narración de una escritura expresiva, y utilizando formas adecuadas para el entendimiento del mundo y de la obra.

Las intervenciones de Galdós en lo político tuvieron poca importancia, especialmente la inicial. Elegido diputado a Cortes por Guayama (Puerto Rico), en 1886, nunca pronunció palabra en el Parlamento. En 1907 encabezó la candidatura de la Conjunción Republicano-Socialista por Madrid. Fue académico y mantuvo relaciones amorosas, generalmente discretas, con mujeres como Concha-Ruth Morell, Lorenza Cobián —madre de su hija—, Emilia Pardo Bazán * y Teodosia Gandarias, su último gran amor.

BIBLIOGRAFÍA. R. Gullón, *Galdós, novelista moderno* (Madrid, 1960 y 1987); J. Casalduero, *Vida y obra de Galdós (1843-1920)* (Madrid, 1961); J. F. Montesinos, *Galdós*, I, II y III (Madrid, 1968-70); D. Rogers (ed.), *Benito Pérez Galdós* (Madrid, 1973); R. Gullón, *Psicología del autor y lógica del personaje* (Madrid, 1979); S. Gilman, *Galdós y el arte de la novela europea* (Madrid, 1985); B. Pérez Galdós, *Fortunata y Jacinta*, ed. de G. Gullón (Madrid, 1986); A. Armas Ayala, *Galdós, lectura de una vida* (Santa Cruz de Tenerife, 1989); R. Benítez, *La literatura española en Galdós* (Murcia, 1992). [G.G.]

PÉREZ-GAY, JOSÉ MARÍA (México, D.F., 1943). Escritor, traductor y crítico, vivió 15 años en Alemania, donde se doctoró en Filosofía y Ciencias Sociales. En 1984 se dio a conocer como novelista con la publicación de *La difícil costumbre de estar lejos*, en la que se narra la infortunada vida de un cónsul de México en Alemania en los años posteriores a la Segunda Guerra Mundial. Su último libro, *El Imperio perdido* (1991), es una mezcla de crítica y biografía, relato y análisis de cuatro escritores vieneses del siglo XX: Kraus, Musil, Roth y Broch. [A.R.A.]

PÉREZ Y GONZÁLEZ, FELIPE (Sevilla, 1854-Madrid, 1910). Estudió Derecho y trabajó en el Archivo Municipal de su ciudad. Ya de niño publicó sus primeros artículos en el periódico *El Tío Clarín*. Colaboró después en *El Universal, El porvenir, La Ilustración Española y Americana, Madrid Cómico, El Imparcial* y *El Liberal*, donde sus «Revistas cómicas» tuvieron lugar fijo durante dieciocho años. Firmó a veces con los seudónimos «Urbano Cortés» y «Tello Téllez». Fecundo escritor de poesía, relatos humorísticos y teatro, alcanzó gran notoriedad con la zarzuela *La Gran Vía*, con música de Chueca y Valverde. Caben citar, entre sus múltiples obras, las comedias *El Niño Jesús* (1885) y *Las oscuras golondrinas* (1892); y las zarzuelas *Oro, plata, cobre y... nada* (1888), *Lo pasado, pasado* (1889) y *El marquesito* (1892). Publicó también el libro de cuentos *Pompas de jabón* (1895) y diversas obras humorísticas, como *Chucherías, fruslerías históricas y chascarrillos de la historia* (1898). [M.P.C.]

PÉREZ DE GUZMÁN, CANCIONERO DE FERNÁN. Véase CANCIONEROS ESPAÑOLES DEL SIGLO XV.

PÉREZ DE GUZMÁN, FERNÁN (?, h. 1376/79-Batres, Madrid, 1460). Señor de Batres, estaba emparentado con otros nobles literatos, pues era sobrino del canciller Pedro López de Ayala * y tío del Marqués de Santillana *. Su vida siguió muy cercanamente los avatares de la corte de Juan II * hasta que a la edad de cincuenta y seis años se retirara a sus posesiones de Batres, en donde acaso muriera. Pertenece al tipo de nobles cortesanos al servicio de la corona que tenían una buena formación literaria, principalmente romance, aunque nada ajena a los cambios culturales que se producían a principios del siglo XV. Su obra abarca algunas de las disciplinas de «humanidat» según el canon del momento: escribió poesía, participó en la traducción de textos clásicos, cultivó el género epistolar y, en cierto modo, innovó algún género historiográfico. Como poeta, formó parte de la generación representada en los cancioneros de la corte de Juan II y tuvo intercambios con Imperial *, Álvarez de Villasandino *, Pedro García de Herrera, Íñigo Ortiz de Estúñiga o Suero de Ribera *, entre otros. En su primera época fue poeta cortesano; por eso está representado sólo con canciones y decires amorosos en el *Cancionero de Baena* *, entre los cuales destacan los cuatro poemas dedicados a Leonor de los Paños, su esposa, tan encomiásticos y fuera de las normas cortesanas, que provocaron la reacción de varios poetas. Era, sin embargo, considerado experto en literatura amorosa y como tal es recomendado como juez en estos asuntos por Juan de Dueñas *. Con el tiempo y coincidiendo con su retiro, Fernán Pérez reacciona contra la poesía superficial que cifraba la maestría en el conocimiento del arte de la *gaya ciencia* o en el cultivo de la alegoría vana, al estilo de la lectura que la Edad Media hace de autores clásicos como Virgilio u Ovidio. Por eso se dedicó especialmente a la poesía de contenido moral y didáctico, como la *Requesta fecha al magnífico marqués de Santillana*, o la pesada y difundida *Confesión rimada*, mero comentario catequístico de los diez mandamientos, de los siete pecados capitales y de las siete obras de misericordia, o las no menos populares *Coplas de vicios y virtudes* y la *Doctrina a Sara*. En línea con lo anterior, cultiva también los temas religiosos propios de una piedad renovadora de ascendencia franciscana, con asuntos marianos y de la Pasión de Cristo, temas con los que tiene una relación estrecha en el «desprecio del mundo» y de las postrimerías, que también cultivó en sus *Coplas a la muerte del obispo de Burgos*, con cuya lectura se recuerda la *Danza de la muerte* *. Recupera, como el Marqués de Santillana *, el valor doctrinal del proverbio para la poesía y dedica más de cien glosados a Vasco Ramírez de Guzmán, también pariente suyo. Pero además se dedicó a la poesía con contenidos historiográficos, adelantándose al éxito de un género que tendrá especial apogeo entre los poetas de varias generaciones posteriores al servicio de la ideología monárquica y de mecenas notables. Destacan sus *Loores de los claros varones de España*, en coplas de arte menor, donde glorifica a las principales figuras históricas de España, impostando una ideología goticista que coincide con los afanes de renovación monárquica del momento. Entre su obra en prosa destaca su traducción del *Mar de historias* de Giovanni Colonna, con algunos complementos del propio Pérez de Guzmán. Este compendio medieval, en el que se mezclan con fantasía episodios y vidas de santos, emperadores y hombres famosos, no podía ser del gusto de muchos intelectuales del momento, como Enrique de Villena *, y de no haber sido en alguna medida obra inspiradora de las *Generaciones y semblanzas* la labor de Fernán Pérez de Guzmán hubiera formado parte de un capítulo muy menor de la historiografía peninsular del siglo XV. Esta obra es una colección de retratos y biografías breves de personajes que desempeñaron un papel importante en la política y en la vida castellana durante los reinados de Enrique III y Juan II, todas ellas escritas entre 1450 y 1455. Pérez de Guzmán se presenta como un Salustio, espectador de la historia de su tiempo y abandonando un estricto orden histórico, concretando su atención en un fijo retrato en deuda con la retórica de Cicerón y con los modelos medievales de los héroes antiguos que se podían leer en obras como la *Historia destructionis Troiae* de Guido delle Colonne, aunque parece que Pérez de Guzmán sigue el modelo clásico de la *descriptio personarum:* nombre, linaje, descripción física y psicológica, actividades, relaciones personales y muerte. La caracterización psicológica puede apuntarse por medio de un pequeño detalle en el comportamiento externo del retratado. Utiliza el contraste entre *vitia* y *virtutes* y el doblete de la *fortitudo* y *sapientia* como ejes fundamentales de sus retratos: el personaje noble, no exento de debilidades, resalta su valor militar y su habilidad; el prelado, su virtud y su cultura. Pero no por ello se disimula que, bajo la corteza de la retórica de las *Generaciones y semblanzas* y a pesar de las protestas de imparcialidad de su autor, hay también ciertos rasgos de memoria. En todo caso, su toma de postura historiográfica no deja de ser una toma de partido en la polémica sobre el modo de hacer historia, en la que se enfrentan los bandos de los partidarios de la elocuencia y los modos artificiales del discurso para conseguir la verosimilitud y el loor de los protagonistas de la historia, por un lado, y de aquellos que preconizan la verdad como único valor, por otro, entre los que se cuenta Fernán Pérez de Guzmán.

BIBLIOGRAFÍA. F. López Estrada, «La retórica en las *Generaciones y semblanzas* de F. Pérez de Guzmán», en *Revista de Filología Española*, 30 (1946), págs. 310-352; C. Clavería, «Notas sobre la caracterización de la personalidad en las *Generaciones y semblanzas*», en *Anales de la Universidad de Murcia*, 10 (1951-1952), págs. 481-526; F. Pérez de Guzmán, *Generaciones y semblanzas*, ed. de R. B. Tate (Londres, 1965); D. C. Carr, «Pérez de Guzmán and Villena: A Polemic on Historiography?», en *Hispanic Studies in Honor of Alan D. Deyermond. A North American Tribute*, ed. de J. S. Miletich (Madison, 1986), págs. 57-70. [A.J.]

PÉREZ DE GUZMÁN, PEDRO ALONSO (Madrid, 1724-1779). Duque de Medina-Sidonia. Tradujo a Fontenelle y a Racine y escribió *Varias poesías y cartas en verso*. [J.B.]

PÉREZ HENARES, ANTONIO. Véase NARRATIVA ESPAÑOLA POSTERIOR A 1975.

PÉREZ DE HERRERA, CRISTÓBAL (Salamanca, h. 1556-Madrid, 1620). Célebre médico y poeta ocasional. Ejerció en la corte desde 1577, y en 1586 fue nombrado protomédico de las galeras, empleo que le obligó a viajar por toda España. Desde 1592, y por orden de Felipe II, se dedicó a estudiar la situación de los pobres mendigos en España para intentar ponerle remedio. Fruto de ese trabajo es su *Amparo de pobres* (Madrid, 1598, aunque algunos capítulos se habían publicado con anterioridad), cuyas disposiciones fueron adoptadas por muchas ciudades. Sin embargo, muerto Felipe II, el joven Felipe III se desentendió del proyecto. Aun así, continuó escribiendo obras como *Defensa de las criaturas de tierna edad* (Valladolid, 1604) y *Curación del cuerpo de la república* (Madrid, 1610). Reunió algunas enseñanzas en sus *Proverbios morales y consejos cristianos*

(Madrid, 1618), que contiene una original colección de enigmas en verso y con glosa en prosa.

BIBLIOGRAFÍA. C. Pérez de Herrera, *Amparo de pobres*, ed. de M. Cavillac (Madrid, 1975); R. Querillacq, «À propos de *Defensa de las criaturas*..., de Cristóbal Pérez de Herrera», en *Littérature, Médecine, Société*, núm. 8 (1986), págs. 139-142. [R.R.]

PÉREZ DE HITA, GINÉS (Mula, Murcia, h. 1550-¿Lorca, Murcia, 1619?). Autor del que se sabe poco. Estuvo en la guerra de los moriscos (1569-1571) en las Alpujarras como escudero del Marqués de los Vélez. Los escasos testimonios conservados nos lo sitúan en la ciudad de Lorca, en fiestas y celebraciones locales; dedicó a esta ciudad la crónica rimada titulada *El libro de la población y hazañas... de Lorca* y también tradujo la *Crónica Troyana*. Su gran acierto fueron las dos partes de su obra *Historia de los bandos de los Zegríes y Abencerrajes, caballeros moros de Granada, y de las guerras que hubo en ella*; la primera (1595) es una narración de contenido morisco, referente a episodios de las luchas de estas familias del tiempo nazarí, en la cual se intercalan romances del gusto morisco y otras poesías, y en la que se mezclan noticias de raíz histórica con ficciones de fiestas de caballerías. La parte segunda (1619) se refiere a la rebelión de los moriscos en las Alpujarras, y también cuenta relatos brillantes de éstos. Ambas partes son piezas maestras de la maurofilia literaria, y si la primera tuvo una proyección sobre todo literaria, la segunda es una pieza de gran valor social. En esta obra culmina la corriente morisca, establecida en este caso a la manera de crónica extensa, como el *Abencerraje* * lo fue a la manera de novela corta, y aseguró la fortuna literaria de la literatura morisca con la consideración noble del moro y de sus amores. Su influjo fue intenso en los Siglos de Oro y en autores neoclásicos y románticos.

BIBLIOGRAFÍA. G. Pérez de Hita, *Guerras civiles de Granada*, ed. de P. Blanchard-Demouge (Madrid, I, 1913; II, 1915); M.ª S. Carrasco Urgoiti, *The moorish novel* (Boston, 1976), págs. 73-144. [F.L.E.]

PÉREZ HUANCA, HILDEBRANDO. Véase HISPANOAMÉRICA: NARRATIVA ACTUAL.

PÉREZ KALLENS, IGNACIO. Véase PENNA, LEONARDO.

PÉREZ LUGÍN, ALEJANDRO (Madrid, 1870-El Burgo, La Coruña, 1926). Estudió Derecho en Santiago de Compostela y ejerció el periodismo. Alcanzó un enorme éxito con sus novelas *La casa de la Troya (Estudiantina)* (1915), en donde presentaba, de forma amable e insustancial, los ambientes estudiantiles de Santiago, y *Currito de la Cruz* (1921), plagada de tópicos pintoresquistas, sobre la vida de un torero andaluz. Menor interés tienen *La Virgen del Rocío ya entró en Triana* (1926) y *Arminda Moscoso* (1928), editadas póstumas. Recogió algunos de sus trabajos periodísticos en *De Titta Ruffo a la Fons, pasando por Machaquito* (1912), *La amiga del Rey. Las tiples. La vicaría* (1917) y *La corredoira y la rúa* (1919).

BIBLIOGRAFÍA. J. de Entrambasaguas, «A. Pérez Lugín», en *Las mejores novelas contemporáneas*, V (Madrid, 1959), págs. 1-52. [A.R.]

PÉREZ MARICEVICH, FRANCISCO (Asunción, 1937). Poeta, ensayista, narrador, periodista y crítico literario paraguayo. Su obra poética incluye los poemarios *Axil* (1960), *Paso de hombre* (1963) y *Los muros fugitivos* (1983). También es autor de cuentos, y de su copiosa bibliografía ensayística y crítica se destacan en particular sus trabajos sobre literatura paraguaya. Entre estos se cuentan *La poesía y la narrativa en el Paraguay* (1969), *Breve antología del cuento paraguayo* (1969) y *Panorama del cuento paraguayo* (1988). [T.M.F.]

PÉREZ MERINERO, CARLOS. Véanse NARRATIVA ESPAÑOLA POSTERIOR A 1975 y NOVELA POLICIACA.

PÉREZ DE MIRANDA, DON GREGORIO (seudónimo). Véase LÓPEZ SOLER, RAMÓN.

PÉREZ DE MONTALBÁN, JUAN (Madrid, 1602-1638). Era hijo del librero Alonso Pérez, gran amigo de Lope de Vega * y editor de sus obras. Se doctoró en Teología por Alcalá y se ordenó sacerdote en 1625. Vivió activamente el mundo literario madrileño, siendo el discípulo predilecto de Lope, a quien honró a su muerte con la *Fama póstuma* (1636). Tuvo un gran enemigo en Quevedo *, que lo ridiculizó y satirizó en varios de sus escritos. Montalbán perdió la razón en sus últimos años y murió prematuramente. Pese a su temprana muerte, dejó escritas un buen número de obras de diversos géneros. En 1624 publica *Sucesos y prodigios de amor*, colección de ocho novelas, que responden al gusto de la época, en las que se relatan asuntos fantásticos y misteriosos, amores apasionados, viajes y naufragios. En algunas de ellas, sobre todo en la titulada *La mayor confusión*, se describen los goces carnales a los que se entregan sin freno los protagonistas. Esta colección tuvo quince ediciones en el siglo XVII y fue traducida a varias lenguas. En 1627 publica la narración *Vida y purgatorio de San Patricio*, de difusión excepcional, y, en 1633, *Para todos. Ejemplos morales, humanos y divinos*, miscelánea en la que agrupó novelas, comedias y discursos de varia lección, y en donde se sirvió del marco narrativo del *Decamerón* de Boccaccio: un grupo de caballeros y damas, reunidos en un lugar ameno y apacible, deciden conversar durante una semana acerca de diversos temas eruditos y curiosos, acabando cada día con la lectura de una comedia o novela. De la producción teatral de nuestro autor conservamos unas cincuenta comedias y autos. Muy ligado al arte dramático de su admirado Lope de Vega, su temprana muerte le impidió desarrollar un arte escénico más original. Escribió, como era habitual en la época, piezas de diversos subgéneros: comedias de intriga *(La toquera vizcaína, La doncella de labor)*, hagiográficas *(El divino portugués, San Antonio de Padua)*, históricas *(La monja alférez, Comedia famosa del gran Séneca de España, Felipe II)* y también comedias caballerescas, novelescas y autos sacramentales.

BIBLIOGRAFÍA. J. Pérez de Montalbán, *Sucesos y prodigios de amor*, ed. de A. González de Amezúa (Madrid, 1949); V. Dixon, *The life and works of Juan Pérez de Montalbán* (Cambridge, 1960); M. G. Profeti, *Montalbán: un commediografo dell'etá de Lope* (Pisa, 1970); J. H. Parker, *Juan Pérez de Montalbán* (Boston, 1975); M. G. Profeti, *Per una bibliografia di Juan Pérez de Montalbán* (Verona, 1976); J. Pérez de Montalbán, *La mayor confusión*, incluida en *Novelas amorosas de diversos ingenios del siglo XVII*, ed. de E. Rodríguez (Madrid, 1986), págs. 127-165. [F.F.D.]

PÉREZ DE MOYA, JUAN. Véanse FÁBULAS MITOLÓGICAS EN LOS SIGLOS XVI Y XVII e IDEAS LINGÜÍSTICAS DEL SIGLO DE ORO.

PÉREZ NIEVA, ALFONSO (Madrid, 1859-Badajoz, 1931). Estudió Filosofía y Letras y ejerció el periodismo. Entre sus novelas, de corte realista, destacan *Esperanza y Caridad* (1885), *La última lucha* (1888), *El alma dormida*

(1889), *El señor Carrascas* (1889), *Ágata* (1897), *La tierra redentora* (1897), *La savia* (1899), *La dulce oscuridad* (1907) y *La alemanita* (1914). Escribió también poemarios —*Mi muerta* (1903) está dedicado a la «sagrada memoria» de su esposa—, libros sobre sus viajes por Europa y América, y numerosos cuentos, que recogió en diversos volúmenes. [A.R.]

PÉREZ DE OLIVA, FERNÁN (Córdoba, 1494-Medina del Campo, Valladolid, 1531). Su padre quiso que fuera un humanista europeo y fue su maestro hasta los catorce años. Estudió después en Salamanca, Alcalá, París, Roma y, de nuevo, París. Volvió a Córdoba, y en 1526 pasó como sustituto de Martínez Silíceo a Salamanca. Fue rector de esta universidad en 1529 y catedrático de Teología. Pérez de Oliva llegó a abarcar una amplia gama de géneros literarios: escribió poesía, historia, filosofía moral, diálogos, razonamientos y discursos; tradujo al castellano dos tragedias griegas (*La venganza de Agamenón* de Sófocles y la *Hécuba triste* de Eurípides) y una comedia latina (el *Anfitrión* de Plauto). Gran parte de estas obras fueron reunidas en un volumen (1586) por su sobrino Ambrosio de Morales *. De todas ellas destaca el *Diálogo de la dignidad del hombre*, en que dos amigos, Aurelio y Antonio, disputan sobre la condición humana (el primero la denigra, mientras el segundo la ensalza). Oliva no pretende ser original (el tema había sido motivo de reflexión en los siglos anteriores) y consigue, en una admirable capacidad de síntesis y relación, engarzar diferentes núcleos de pensamiento.

BIBLIOGRAFÍA. F. Pérez de Oliva, *Diálogo de la dignidad del hombre*, ed. de M. L. Cerrón Puga (Madrid, 1982). [B.M.M.]

PÉREZ DE LA OSSA, HUBERTO (Albacete, 1897-Salamanca, 1983). Estudió Filosofía y Letras y estuvo muy relacionado con el mundo del teatro, como catedrático de dirección escénica y como director en el Teatro Nacional María Guerrero. Escribió la obra teatral *En el kilómetro 13* (1945), el libro de poemas *Polifonías* (1922) y novelas que van del decadentismo de *El opio del ensueño* (1924) y *La Santa Duquesa* (1924), al realismo de corte barojiano de *La casa de los masones* (1927), *Obreros, zánganos y reinas* (1928) y *Los amigos de Claudio* (1931). [G.R.F.]

PÉREZ PERDOMO, FRANCISCO (Boconó, Trujillo, Venezuela, 1929). Poeta, formó parte del grupo «Sardio» * y de «Tabla Redonda» y fue jefe de redacción de la *Revista Nacional de Cultura*, desarrollando una importante labor crítica en la prensa. Su primer libro es *Fantasmas y enfermedades* (1961). La muerte y los espectros, la ausencia y la identidad de la persona son los temas más importantes de que trata en obras como *La depravación de los astros* (1966), *Huéspedes nocturnos* (1971), *Ceremonias* (1976) y, con nuevos matices, *Círculo de sombras* (1980). [H.J.B.]

PÉREZ Y PÉREZ, RAFAEL (Cuatretondeta, Alicante, 1891-Alicante, 1984). Fue maestro. Cultivó la novela «rosa», género en el que alcanzó gran popularidad, sobre todo por los relatos de temática histórica. De sus numerosísimas obras, señalamos *Los caballeros de Loyola* (1929), *El hada Alegría* (1930), *Los cien caballeros de Isabel la Católica* (1931), *Madrinita buena* (1932), *El chófer de María Luz* (1941), *La doncella de Loarre* (1942), *El templario* (1950), *Aquella mujer* (1957) y *Novios de verano* (1964).

BIBLIOGRAFÍA. C. Espinós Ferrándiz, *R. Pérez y Pérez. (Hacia un análisis estructural de su novela)* (Alicante, 1983). [G.R.F.]

PÉREZ PETIT, VÍCTOR (Montevideo, 1871-1947). Periodista, crítico y comediógrafo uruguayo, se dedicó en especial al teatro gauchesco, aunque su aportación a la dramaturgia nacional fueron sus obras de ambiente urbano próximas al naturalismo, sin abandonar del todo el tema criollista y con destellos simbolistas. Entre ellas se cuentan *Cobarde* (1894), *La ley del hombre* (1920), *Mangacha* (1920) y *El príncipe azul* (1921). [R.F.B.]

PÉREZ PIERRET, ANTONIO (San Juan de Puerto Rico, 1885-1937). Poeta de un solo libro, *Bronces* (1914), marcado por la poesía parnasiana. Destaca dentro de su obra el tema de la hispanidad, determinado por el temor de los modernistas hispanoamericanos a la expansión territorial norteamericana, temor sobradamente justificado en el caso puertorriqueño. [E.B.]

PÉREZ PRAT, JOSÉ MARÍA (Salamanca, 1917). Ha utilizado el seudónimo de «Juan Iturralde» *. Estudió Derecho e ingresó en el cuerpo de Abogados del Estado. Es autor de los relatos *El viaje a Atenas* y *Labios descarnados*, publicados en 1975, y de la novela *Días de llamas* (1979). Los dos relatos se articulan en torno a un viaje y, en ellos, los protagonistas, un viejo revolucionario y un hombre envuelto en la rutina cotidiana, respectivamente, revisan, acechados por la muerte, su actitud vital. *Días de llamas* es una novela sobre la Guerra Civil española, escrita en primera persona. Su narrador protagonista, desde la cárcel, en los días de la contienda, ofrece el análisis y testimonio de un drama colectivo que incide en su propio drama personal. [G.R.F.]

PÉREZ RAMÍREZ, JUAN (México, ¿1545?-¿?). Es el primer dramaturgo de origen americano. Criollo, nacido en Nueva España, son pocos los datos que se tienen de su vida. Su única obra es *Desposorio espiritual entre el Pastor Pedro y la Iglesia mexicana* (1574). Es una pieza de circunstancia, escrita en honor de Pedro Moya de Contreras, nombrado arzobispo de México. La comedia nos narra, en un acto y de forma alegórica, el idilio entre el arzobispo y la Iglesia novohispana, personificados en dos pastores. La obra está bien construida y destacan en ella la ágil versificación y la figura del gracioso que hace más amena y ligera la trama alegórica.

BIBLIOGRAFÍA. J. Rojas Gracidueñas, *El teatro en la Nueva España en el siglo XVI* (México, 1972). [M.D.B.]

PÉREZ-REVERTE, ARTURO. Véanse NARRATIVA ESPAÑOLA POSTERIOR A 1975 y NOVELA POLICIACA.

PÉREZ RODRÍGUEZ, PASCUAL (Valencia, 1804-1868). Novelista. Fundador, con el padre Arolas, de *El Diario Mercantil* (1833-44), dirigió también *El Conciliador* (1857). Dentro de la novedad de la novela histórica, es autor de *La torre gótica* (1831), *La amnistía cristiana* (1833), *El hombre invisible* (1833) y *La urna sangrienta o El panteón de Scianella* (1834). [J.B.]

PÉREZ ROSALES, VICENTE (Santiago de Chile, 1807-1886). Costumbrista liberal chileno de agitada y viajera vida. Educado en Argentina y París, su obra más significativa es el libro de memorias *Recuerdos del pasado: 1814-1860* (1886, ed. definitiva). Escribió también algunos ensayos sobre temas relacionados con la colonización y la emigración, el *Diario de un viaje a California: 1848-1849* (1851) y el póstumo *Diccionario del entrometido* (1946). [J.A.C.]

PÉREZ SO, REINALDO (Caracas, 1945). Poeta y profesor. Traductor de poetas portugueses (Pessoa, Sa Carneiro) y brasileños (Ledo Ivo, Mario Quintana, Melo Neto). Codirector de la revista *Poesía*, de la Universidad de Carabobo. Trabaja fuera de grupos y cenáculos, esforzándose por lograr una poética personal. A su obra lírica pertenecen *Para morirnos de otro sueño* (1971), *Tanmatra* (1972), *Nuevos poemas* (1975), *Veinticinco poemas* (1982) y *Matadero* (1986). [C.R. de G.]

PÉREZ TORRES, RAÚL. Véase HISPANOAMÉRICA: NARRATIVA ACTUAL.

PÉREZ TUELLS, LORENZO. Véase LITERATURA FILIPINA.

PÉREZ DE VALDIVIA, DIEGO. Véase RETÓRICA EN LOS SIGLOS XVI Y XVII.

PÉREZ VALIENTE, SALVADOR (Murcia, 1919). Entre sus libros de poemas pueden citarse *Cuando ya no hay remedio* (1947), *Por tercera vez* (1953), *Lo mismo de siempre* (1960), *No amanece* (1962), *Volcán* (1967), *El que busca* (1973), *La tarde a perros* (1976), *Con odio, con temor, con ira* (1977), *Tiempo en Ávila y yo* (1980) y *La memoria, ese olvido* (1984). Su poesía puede situarse en la corriente de la poesía social de posguerra, aunque Pérez Valiente enriquece continuamente los temas propios de esta poesía con referencias individuales a la historia personal.

BIBLIOGRAFÍA. L. de Luis, *Poesía social española contemporánea (1939-1968)* (Madrid, 1982). [L.G.M.]

PÉREZ DE VIBERO, ALONSO. Véase ALTAMIRA, VIZCONDE DE.

PÉREZ DE VILLAGRÁ, GASPAR (España, ¿1551?-Guatemala, ¿1621?). Soldado que participa en la conquista del norte de México. Escribe un poema épico, *Historia de la Nueva México* (1610), que, sin el refinamiento de otras obras del género, ofrece atractivos derivados de su presentación de la naturaleza americana y de su espontaneidad singular.

BIBLIOGRAFÍA. E. Mejía Sánchez, *Gaspar Pérez de Villagrá en la Nueva España* (México, 1970). [M.D.B.]

PÉREZ DE ZAMBRANA, LUISA (El Cobre, Oriente, Cuba, 1835-Regla, La Habana, 1922). Mujer de vida hogareña y retirada, como poeta estuvo dotada de un temple elegíaco y un timbre límpidamente antirretórico. Su conocida y hermosa composición «La vuelta al bosque» (escrita en ocasión de la muerte de su marido) es una de las más intensas elegías de la lírica cubana de todos los tiempos. En 1856, 1860 y 1920 publicó sucesivas ediciones de sus *Poesías*. [J.O.J.]

PÉREZ DE ZÁRATE, DORA. Véase LITERATURA INFANTIL HISPANOAMERICANA.

PÉREZ ZÚÑIGA, JUAN (Madrid, 1860-1938). Fue abogado y violinista. Colaboró en numerosas publicaciones; entre ellas, *Madrid Cómico*, *Blanco y Negro*, *ABC*, *La Esfera*, *El Liberal* y *Heraldo de Madrid*. De sus obras humorísticas, que fueron muy populares, destacan *Viajes morrocotudos en busca de «Trifinus Melancolicus»* (1901), los cuentos del libro *¡Buen humor!* (1907) y sus memorias, *El placer de recordar* (1935). [G.R.F.]

PERI ROSSI, CRISTINA (Montevideo, 1941). Ha escrito poesía y narrativa con similar pasión y fortuna. Después de un libro de cuentos sólo promisorio, *Viviendo* (1963), destacó su originalidad literaria en los relatos de *Los museos abandonados* (1969, premio de los Jóvenes), y la novela *El libro de mis primos* (1970, premio Marcha). La prosa de Peri Rossi es una fiesta de lenguaje e imaginación: al comienzo —y parcialmente en libros posteriores— exploró el mundo de la infancia y sus perspectivas singulares, en otros enfrentó la temática adulta de ambiguas y complejas relaciones pasionales. Después de *Indicios pánicos* (1970) en narrativa y *Evohé* (1971) en poesía, se marchó de Uruguay y se instaló en España, desde donde ha dado a conocer los poemarios *Descripción de un naufragio* (1975), *Diáspora* (1976), *Lingüística general* (1979) y *Babel Bárbara* (1991), las novelas *La nave de los locos* (1984), *Solitario de amor* (1988) y *La última noche de Dostoievski* (1992), las colecciones de cuentos *La tarde del dinosaurio* (1976) y *La rebelión de los niños* (1980), y algunos volúmenes de prosas de difícil clasificación: *El museo de los esfuerzos inútiles* (1983), *Una pasión prohibida* (1986) y *Cosmoagonías* (1988). El rasgo central de su escritura lo constituye la riqueza metafórica, la capacidad virtual de sugerirlo todo sin explicitar nada. [J.R.]

PERILLÁN BUXÓ, ELOY (Valladolid, 1848-La Habana, 1889). De espíritu aventurero, recorrió diversos países de Hispanoamérica; en Montevideo ocupó una cátedra de Literatura; en Lima fundó *La Broma* y, luego, en Madrid, otra revista homónima. En ocasiones firmó con los seudónimos de «Pedro Illán», «El Bachiller Juan de Lima» y «Eva Canel», nombre de su esposa. Compuso múltiples obras dramáticas, en verso y prosa: más de treinta piezas en un solo acto, casi diez zarzuelas —*El chispero*, con música de los maestros Arche y Bretón; *La copa de plata* (1873), *Apolo y Apeles* (1873), *Una cana al aire*—, varias comedias —*El espejo del alma*, *Las hijas de la noche*, *Colón, Cortés y Pizarro* (1871)— y el drama *El sitio de París* (1871), en colaboración con Pedro Marquina *. Escribió también obras políticas, biografías y retratos —*Retratos de cuerpo entero* (1870), *Biografías de hombres políticos*—, novelas —*¡Cásate, Pancho!*, *Bengalas* (1887)—, artículos humorísticos y de crítica literaria. [M.P.C.]

PERIODISMO Y PRENSA PERIÓDICA EN ESPAÑA.

SIGLO XVIII: Las primeras publicaciones periódicas aparecen en España en el siglo XVII. Pero es en el XVIII cuando proliferan, siguiendo modelos europeos, al calor de un reformismo ilustrado impulsado por la Corona y que trata de satisfacer la demanda, aún muy minoritaria pero creciente y de intereses muy diversificados, de una burguesía ascendente. En la primera mitad del siglo sólo merecen destacarse la aparición en 1737 del *Diario de los literatos de España*, y en 1738 del *Mercurio Histórico político*, fundado por Salvador José Mañer *. Mucho más abundante, rica y variada en su temática es la prensa de la segunda mitad del siglo. Hay que destacar en ella la figura del gran promotor Francisco Mariano Nifo *, de poco fuste intelectual, pero enorme laboriosidad y capacidad divulgadora, que ensayó en España todos los géneros periodísticos que ya funcionaban en Europa. El reinado de Carlos III supone la culminación del reformismo borbónico y en él van a ver la luz las más interesantes muestras de periodismo ilustrado, concebido como vehículo de las luces que, dada la resistencia que encontraban entre las más numerosas huestes de los reacios a toda reforma, adoptó una actitud fuertemente crítica y polémica. En los últimos años del reinado se manifiesta en alguna de estas publicaciones un espíritu crítico que va más allá de las ideas políticas del despotismo ilustrado, y manifiesta ya una actitud preliberal. Crítico y polémico en el terreno de la literatura y las costumbres fue *El Pensador*, de Clavijo y Fajardo *, imitación de los *Spectators* ingleses, que, entre 1762 y 1767, con una dilatada interrupción intermedia, puso en solfa las costumbres españolas, desde los *usos amorosos* del chichisbeo y el cortejo, a los autos sacramentales. Tuvo su secuela de detractores e imitadores, entre los cuales merece destacarse, por su actitud de moderado feminismo, trasunto también de una moda europea de *female spectators*, *La Pensadora Gaditana*, de Beatriz Cienfuegos *. Mucho más lejos fue en su crítica de 1781 a 1787 Luis García del Cañuelo *, con su *Censor*, que cuestiona los mismos fundamentos sociales y políticos del que pronto se denominará el «Antiguo Régimen». En la misma línea, si bien algo más moderada, estuvieron *El apologista universal* del religioso agustino Pedro Centeno *, *El corresponsal del Censor*, de Manuel Rubín de Celis * y *El Duende de Madrid*. En los últimos meses del reinado aparecieron, sin nombre de autor, tres números de *Conversaciones de Perico y Marica*, que se inscribe, desde una postura de avanzado reformismo, en la polémica de las *apologías* que había suscitado Forner *. Mayor importancia tuvo el *Espíritu de los mejores diarios literarios que se publican en Europa*, que empezó a publicar en 1787 Cristóbal Cladera * y que duró hasta 1791. Dedicado en principio a críticas y resúmenes de libros extranjeros, publicó más tarde obras de escritores españoles, entre las que destacan por su radicalismo reformista las *Cartas sobre los asuntos más exquisitos de la economía política* y *Sobre la libertad de escribir*, de Valentín de Foronda *. Sólo seis números de *El Observador* pudo publicar entre 1787 y 1788, en que fue prohibido por la Inquisición, el que iba a ser famoso revolucionario abate Marchena *. Desde el punto de vista de la literatura, ofrecen especial interés, en estos años finales del reinado, el *Memorial Literario*, el *Diario de Madrid*, el *Correo de Madrid* (titulado primero *de los ciegos*) y *La Espigadera*. Desde sus páginas se defendieron los principios neoclásicos en el teatro y en el *Correo* se publicaron póstumamente las *Cartas marruecas*, de Cadalso *. El *Semanario erudito*, de Antonio Valladares * trataba también temas de literatura y, sobre todo, de historia; publicó muchos manuscritos inéditos antiguos.

Como consecuencia de la reacción inducida por la Revolución Francesa, una Real Resolución de febrero de 1791, firmada por Floridablanca, prohibía todos los periódicos, con excepción de los oficiales *Gaceta* y *Mercurio* y del *Diario de Madrid*. Posteriormente fueron autorizados algunos periódicos, que en ningún caso podían rozar cuestiones políticas. El más interesante de estos últimos representantes de la prensa ilustrada dieciochesca, ya en los albores del siglo siguiente es *Variedades de Ciencia, Literatura y Arte*, de Quintana *, en cuyo prospecto se defendía a los periódicos frente a los que los despreciaban «porque no encuentran allí aquella profundidad y extensión de luces que suele proporcionar un libro». «Ellos —argumentaba— son los que dilatan la esfera de los triunfos y aplausos que consiguen el Orador, el Pintor y el Poeta; y no bien los han recibido, cuando el suceso llevado en las alas ligeras de estos escritos se extiende a todas partes, y anuncia a las Artes y a las Letras que cuentan con una bella producción añadida a su riqueza, o con un nuevo talento que las aumente.»

SIGLO XIX: Como consecuencia del levantamiento popular de 1808, se establece de hecho casi inmediatamente una libertad de imprenta, que aunque no será decretada por las Cortes, reunidas en Cádiz, hasta noviembre de 1810, trae consigo una extraordinaria floración de folletos y periódicos. Como ocurrió en Francia en 1789, el despertar súbito de la nación condensa toda la actividad intelectual en el periodismo y en obras de circunstancias. Los escritores se sienten arrastrados al terreno de la política, y queda paralizada toda otra clase de literatura. Ese fue el caso del poeta Quintana, de José María Blanco White * —que publicaron el *Semanario Patriótico*— y del erudito Bartolomé José Gallardo *, que hizo gala de su ingenio satírico en defensa de las ideas liberales en el periódico *Abeja Española*. Como consecuencia de la reacción de 1814, fueron prohibidos todos los periódicos, con la excepción de la *Gaceta* y el *Diario de Madrid*. No obstante el decreto de prohibición de 1815, antes de la nueva explosión de la prensa política tras el triunfo de la revolución liberal de 1820, fueron autorizados cuatro periódicos, que obviamente no podían rozar temas políticos y que por lo mismo no carecen de interés para la literatura: *Almacén de Frutos Literarios*, *La Minerva* o *El Revisor General* de Pedro María Olive *, ambos continuación de los que con el mismo título se habían publicado antes de 1808, *Miscelánea de Comercio, Artes y Literatura*, de Javier de Burgos *, y la *Crónica Científica y Literaria*, de José Joaquín de Mora *. La *Crónica*, de Mora, tiene especial interés para la historia del romanticismo en España. Mora, que había de convertirse a las ideas románticas durante su exilio en Inglaterra en 1823, defiende en ella el clasicismo frente a las extravagancias «ossiánicas» o «romanescas», adjetivos con que son designados en la *Crónica* los nuevos gustos y actitudes literarias, hasta que el 26 de junio de 1818 emplea por primera vez la palabra *romántico*. Sobre estos temas sostienen Mora y Antonio Alcalá Galiano * la célebre polémica con Nicolás Böhl de Faber *, que escribe en el *Diario Mercantil* de Cádiz. Durante el Trienio Liberal la política vuelve a absorber casi todas las plumas. No obstante, ofrece interés en el aspecto literario la revista *El Censor*, en la que Alberto Lista * se ocupa sobre todo de teatro, defendiendo un neoclasicismo a ultranza. Tras la nueva reacción absolutista de 1823 los emigrados publican en Londres interesantes periódicos de los que, desde el punto de vista literario, destacan *Ocios de los Españoles Emigrados* y el *Correo Literario y Político de Londres*, de Mora, que en contacto con el ambiente inglés se convierte en estos años al romanticismo. Mientras tanto en España, no ya cuestiones políticas, pero ni siquiera literarias se trataban en la casi inexistente prensa. Una excepción la constituye la revista barcelonesa de corta vida *El Europeo*, célebre en la historia del romanticismo español. En Madrid, durante un tiempo aún más breve, en 1825, un grupo de escritores, entre los que figuraban quizá Carnerero y Agustín Durán *, publicó un *Diario Literario y Mercantil*, que abría una ventana sobre la poesía y el teatro franceses del momento. A partir de 1828 se produce una tímida apertura, que se acentúa en 1832. En la primera fecha se publica *La Gaceta de Bayona*, en la ciudad francesa de su nombre, periódico costeado por el Gobierno, a cargo de Sebastián Miñano *, Lista y Reinoso *. Los artículos literarios de este último se mantienen dentro del más inflexible clasicismo, mientras que los de Lista muestran un carácter más abierto, suponen una transición del hasta entonces clasicista autor hacia el romanticismo. En febrero de este mismo año hace su aparición Larra * con *El Duende Satírico del Día*, y en julio, José María Carnerero inicia la publicación del insípido *Correo Literario y Mercantil*, en cuyas páginas se dedicó atención a la literatura, sobre todo al teatro, en sección primero a cargo de López Peñalver y después de Bretón de los Herreros *. El mismo Carnerero empieza a publicar en 1831 *Cartas Españolas*, revista literaria muy superior a las que la habían precedido. En ella se configura ya decididamente en 1832 el género costumbrista, con los artículos de Mesonero Romanos *, «El Curioso Parlante», y Estébanez Calderón *, «El Solitario», que se turnaban semanalmente con sus escenas madrileñas y andaluzas respectivamente. A finales de este año *Cartas Españolas* se convirtió en *Revista Española*, en cuyas páginas empleó por primera vez Larra el seudónimo de «Fígaro». *El Correo de las Damas*, que comenzó a publicarse en 1833, todavía antes de la muerte del rey, cuyo objeto principal eran las informaciones de modas, concedía un importante lugar a la literatura, dando muestras de una hostilidad creciente frente al movimiento romántico. En Barcelona, también en estos últimos meses del reinado, comienza a publicarse *El Vapor*, que en lo literario, como su antecesor *El Europeo*, muestra veneración por Walter Scott. Exalta las antiguas glorias catalanas y en sus páginas se publicó el 14 de agosto la célebre «Oda a la Patria» de Buenaventura Carlos Aribau *, considerada como arranque del renacimiento literario de la lengua catalana.

Tras la muerte de Fernando VII en 1833, se producen importantes cambios en el periodismo. Los emigrados en 1823, que regresan tras la apertura que se produce como consecuencia de esa muerte, y que junto con la nueva generación, la de Espronceda * y Larra, van a marcar el estilo de la época en periodismo y en política, han aprendido mucho en los años de exilio de las muchísimo más avanzadas prensas inglesa y francesa y vuelven con esa experiencia, junto con el Romanticismo, en sus equipajes. Un periódico como *El Español*, de Andrés Borrego, calificado en 1836 por su más famoso colaborador, Larra, de «elegante periódico, el mejor indudablemente de Europa», supone un gran progreso sobre los *papeles públicos* del Cádiz de las Cortes o del Madrid del Trienio Liberal, que difícilmente se identificarían hoy como periódicos. El tamaño, la distribución de secciones en sus cuatro páginas, la aparición del anuncio comercial en la cuarta, componen ya una disposición que no varía sustancialmente hasta finales de la década de los ochenta. La parte inferior de la primera página —después pasará a tercera o cuarta— suele aparecer aislada de la sección política por una línea negra y constituye el *boletín* o *folletín* *, dedicado a la vida intelectual o artística, con artículos de crítica o de creación, disposición copiada de la prensa francesa. En 1836, el gran innovador de ésta, Girardin, va a iniciar en su periódico *La Presse*, en su afán de atraerse lectores, una costumbre llamada a tener un éxito fulminante y duradero: la de dedicar el *feuilleton* a la publicación de novelas. La prensa española, con la vista siempre puesta en la del país vecino, va a copiar la iniciativa en seguida. El folletín-novela va a ser el *inquilino del bajo* de los periódicos hasta entrado nuestro siglo. Su época de mayor auge fue la década de 1845 a 1855. La mayor parte de las novelas publicadas de este modo eran traducciones de los autores franceses del género, pero también se publicaron así por primera vez muchas novelas románticas y realistas españolas. El costumbrismo está estrechamente vinculado a este resurgir de la prensa; las características de los *cuadros de costumbres*, «ligeros bosquejos, cuadros de caballete», se explican, como ya señaló Mesonero Romanos, porque están destinados a «encontrar colocación en la parte amena del periódico». Para los inicios del romanticismo en España el periódico tiene una importancia decisiva. Vicente Llorens ha señalado que su predominio es casi absoluto en los años 30; en ellos se contiene la crítica literaria, la poesía, la narración breve, los artículos de costumbres; «razones económicas —dice— favorecen esta situación; el periódico es más barato para el lector, y puede ser más beneficioso para el autor, que a veces se ve mejor retribuido por sus colaboraciones que por sus libros». Ello ocurre no sólo en las revistas literarias, *El Artista*, el *Semanario Pintoresco Español* y otras, sino también en los diarios. A lo largo del siglo los escritores seguirán siendo tributarios de la prensa, tanto para su subsistencia como para darse a conocer. Bécquer * formó parte de la redacción de varias publicaciones. En *El Contemporáneo*, además de publicar textos literarios importantes, hacía gacetillas anónimas, recogía las últimas noticias y asistía al Congreso para hacer las reseñas de las sesiones. Como ha dicho Francisco López Estrada, el poeta más auténtico de su siglo pudo parecer, para los lectores de 1860, simplemente un periodista. Muchos escritores del XIX rindieron su tributo, como Bécquer, al periodismo: Campoamor *, Valera *, Pérez Galdós *, en mayor medida Clarín *, y tantos otros. En 1874 comenzó *El Imparcial* la publicación de sus famosos *Lunes*, suplemento literario por el que habían de desfilar, popularizándose así, las más importantes plumas de las generaciones realista y noventayochista. La fórmula se impuso y se hizo costumbre que los diarios tuviesen sus hojas literarias semanales, ampliación del modesto *boletín* de los años treinta.

Siglo XX: El periodismo español del primer tercio del siglo —deficiente por el lado de la información, sobre todo si se lo compara con el de los ámbitos anglosajón y germánico— brilla a extraordinaria altura en el aspecto intelectual y literario, porque se nutre en gran medida de las plumas de escritores e intelectuales, en una época excepcional de la cultura española. No sólo periódicos de corte intelectual como *El Sol* y ya en la época republicana *Crisol* y *Luz*, sino periódicos más populares, como *El Liberal*, *La Libertad* y, por supuesto, las revistas ilustradas de información general, o las de corte más intelectual y espíritu más renovador como *España*, publican en cada número varios artículos de escritores que comentan la actualidad política o social,

o escriben sobre temas estrictamente literarios, científicos o filosóficos. Añádase a ello las innumerables revistas literarias, minoritarias, sin olvidar a los grandes diarios argentinos, *La Prensa* y *La Nación*, que constituían un segundo hogar para los escritores españoles, donde hallaban además remuneración más generosa, y en determinadas situaciones mayor libertad de expresión. Puede afirmarse sin exageración que el ámbito natural del escritor es el periódico más que el libro. Especialmente a principios de siglo, pero incluso también en los años veinte y treinta, pese a la relativa expansión del mercado editorial en esos años. La prensa era el único medio de darse a conocer y de realizar una labor cultural eficaz, dada la escasa difusión del libro y el carácter minoritario y elitista de la universidad. No sólo los ensayos breves —artículos periodísticos en su origen—, sino muchas obras de más largo aliento, novelas y ensayos filosóficos, vieron por primera vez la luz en forma de series de artículos, en folletines o folletones de periódicos y revistas. Por citar sólo algunos ejemplos muy significativos, la mayor parte de la obra de Ortega y Gasset * entre 1918 y 1931 se publicó por primera vez en *El Sol*; *La Busca* y *Mala Hierba*, de Baroja *, en *El Globo*, en 1903; el *Juan de Mairena*, de Antonio Machado *, en *Diario de Madrid*, 1934, y *El Sol*, 1935... Ciertas características del pensamiento contemporáneo —su arraigo en la experiencia cotidiana, su índole fragmentaria— resultan incomprensibles si no se tiene en cuenta que se manifiesta en el periódico. El auge del ensayo sobre otros géneros en las Generaciones del 98 y del 14 se debe a la mutua dependencia, a la simbiosis entre periódico y escritor. Para los periódicos, a los que la modestia de sus tiradas y la insuficiente publicidad no permite grandes dispendios, la colaboración literaria resulta más barata que los grandes alardes informativos. Para el escritor que no tenga medios de fortuna, como es el caso de la inmensa mayoría, el periódico es la fuente de ingresos primordial, dada la insuficiencia del mercado del libro. «Sólo sé que gracias al periodismo vive el escritor, pues los libros son largos de escribir y cortos de venta», diría Ramón Gómez de la Serna * en *Automoribundia*. Hasta un autor tan poco periodista como Valle Inclán * pudo dar a conocer gran parte de su obra —y de paso malvivir— gracias a la prensa (*El Embrujado* se publicó en *El Mundo* en 1912; *Divinas Palabras* en *El Sol* en 1920; *Luces de Bohemia* en la revista *España* en 1920; la revista *La Pluma*, dirigida por Manuel Azaña *, que le dedicó un número monográfico en enero de 1923, publicó *Farsa y licencia de la reina castiza*, *Cara de Plata* y *Los cuernos de don Friolera*; *Tirano Banderas* fue publicado por la revista *El Estudiante*... No dejó Valle de pagar su tributo a la labor periodística; sus colaboraciones dispersas han sido recogidas en volúmenes por diversos autores en época más o menos reciente; merece destacarse «Un día de guerra. Visión estelar», enviado desde el frente francés y que publicó *El Imparcial* en folletín a partir del 11 de octubre de 1916.)

Incluso para los que tienen otra actividad profesional, la colaboración periodística, imprescindible para el que vive sólo de la pluma, es una fuente de ingresos complementaria. Pero no son sólo razones económicas las que llevan a los escritores a escribir en los periódicos. Es también el deseo de salir del reducido círculo del libro, para llegar a un público mucho más amplio. En algunos casos, el imperativo moral de predicar sus ideas a sus conciudadanos desde la tribuna pública que es el periódico. Ortega tuvo aguda conciencia de ello: «En nuestro país —dijo...— ni la cátedra ni el libro tienen eficiencia social. Nuestro pueblo no admite lo distanciado y solemne. Reina en él lo puramente cotidiano y vulgar. Las formas de aristocratismo aparte han sido siempre estériles en esta península. Quien quiera crear algo —y toda creación es aristocrática— tiene que ser aristócrata en la plazuela. He aquí por qué, dócil a la circunstancia, he hecho que mi obra brote en la plazuela intelectual que es el periódico [...] El artículo de periódico es hoy una forma imprescindible del espíritu, y quien pedantescamente lo desdeña, no tiene la menor idea de lo que está aconteciendo en los senos de la historia».

El caso de Ortega, como el de Unamuno *, los dos intelectuales más influyentes de este siglo, son bien significativos. Ambos publicaron gran parte de su obra en los periódicos. El primero fundamentalmente en tribunas privilegiadas, en cierto modo *suyas*: primero en *El Imparcial*, el diario de su familia, luego en la revista *España*, fundada por él, en *El Sol*, diario que también contribuyó a fundar y que en gran parte inspiraba, además de en la minoritaria *Revista de Occidente* * o en la serie de *El Espectador*. Unamuno prodigó sus escritos en toda clase de diarios y revistas, de grande y pequeña circulación, de Madrid y de provincias, o americanas. Le llevaban a ello «ineludibles necesidades de padre de familia», como decía en carta a Ortega, pero también el deseo de «agitar los espíritus para crear opinión pública». Azorín *, Baroja, Maeztu *, Antonio y Manuel Machado *, Pérez de Ayala *, Eugenio D'Ors *, Madariaga *, Ramón Gómez de la Serna, Maragall *, fueron periodistas o escribieron asiduamente en los periódicos. La lista equivaldría casi a la nómina completa de los escritores del 98 y del 14. En cuanto a la Generación del 27, además de poetas, dio, sobre todo, articulistas. Los escritores jóvenes, que aún no tienen un *nombre*, hallan fácil acogida en periódicos menores, que les pagan poco o nada, pero les dan la satisfacción de ver su nombre en letra impresa. Pasaban luego a la «gran prensa». A principios de siglo publicar en *El Imparcial*, después en *ABC* o *El Sol* supone ya la consagración. La prensa española es por ello una prensa muy literaria y muy intelectualizada. Ejerce además una función de reclamo para la literatura. Ofrece comentarios sobre libros, noticias y anécdotas del mundo literario, entrevista a los escritores y les pregunta sobre su obra y su opinión sobre los más diversos temas, publica sus retratos; les hace, en definitiva, propaganda. Gracias a la prensa se convierten en personajes *populares*, aunque no por ello aumente mucho la venta de sus libros.

La frontera entre la condición de escritor que colabora en la prensa y la de periodista que es también escritor, o merece la calificación de tal por la brillantez de su estilo o la profundidad de su pensamiento, no es siempre fácil de determinar. Como tampoco lo es la diferencia entre político periodista o periodista político. Escritor y político, pero sobre todo periodista fue Araquistáin *, como Ciges Aparicio *. Periodistas que merecen tener un lugar en la historia de la literatura, Mariano de Cavia *, Corpus Barga *, Julio Camba *, Manuel Troyano *, Alfredo Vicenti, Félix Lorenzo, Luis Bello *, José María Salaverría * y Manuel Bueno *. Antonio Zozaya * fue un pensador notable que consagró, por vocación o necesidad, toda su vida al periodismo, y fue uno de los periodistas más cotizados de su tiempo.

La Guerra Civil truncó la evolución de la prensa española. El panorama en abril de 1939 era completamente distinto del que ofrecía en junio de 1936. Muchos periódicos sufrieron muerte violenta al comienzo de la guerra o a su final. De los 18 diarios que se publicaban en Madrid en aquella fecha sólo continuaron —o resucitaron— en la posguerra *ABC*, *Informaciones* y *Ya*, a los que se sumarían *Arriba*, el diario de la Falange, editado en los incautados talleres de *El Sol*, *Madrid*, en los locales y con la maquinaria incautados a la empresa de *El Liberal* y *Heraldo de Madrid*, cedidos a Juan Pujol, y *Pueblo*, que sería órgano de los sindicatos verticales, en los talleres de *Claridad*. No menor es el cambio que se produce en el elemento humano. Muertos, encarcelados, exiliados o silenciados la gran mayoría de los periodistas, escritores e intelectuales que colaboraban en los periódicos, la prensa experimentó un brutal retroceso con respecto a la brillantez del primer tercio del siglo, tanto desde el punto de vista informativo, como de reflejo de una opinión pública que, precisamente, tiene como principal misión uniformar. Como vehículo cultural sufrió también las consecuencias de la desertización que se produjo en este campo. También en la prensa periódica se manifiesta el más o menos larvado antagonismo entre falangistas y católicos, que en el terreno de las revistas culturales están representados por publicaciones como *Escorial* o *Arbor*. El suplemento literario de *Arriba* difundió en la prensa diaria la nueva literatura. También *El Español*, «semanario de la política y del espíritu» fundado por el antiguo jonsista Juan Aparicio, dedicó notable espacio a la creación, la información y sobre todo la polémica literarias, en las décadas de los cuarenta y cincuenta; se distinguió, entre otras cosas, por prestar atención y espacios a los jóvenes.

En la década de los sesenta la prensa inicia un despegue en todos los aspectos. Los cambios producidos en la sociedad española fuerzan a una creciente permisividad y a una relajación de los mecanismos de control que corresponderá llevar a cabo a Manuel Fraga Iribarne al hacerse cargo del Ministerio de Información y Turismo en 1962. Signos de esta relativa liberalización son la aparición en 1963 de *Revista de Occidente*, en su segunda época, y sobre todo de *Cuadernos para el Diálogo*, de tendencia demócrata cristiana, promovida por Ruiz Jiménez e impulsada por el entusiasmo de Pedro Altares. También el semanario ilustrado *Triunfo* inicia en 1962 una nueva etapa como revista de información general de orientación izquierdista, con José Ángel Ezcurra como director y Eduardo Haro Tecglen * como redactor más destacado. Desde Barcelona, la revista *Destino*, dirigida desde 1958 por Néstor Luján *, acentúa su postura crítica y catalanista. Todas ellas prestaron atención a la literatura; merecen destacarse los *Suplementos* de *Cuadernos para el Diálogo*, dedicados monográficamente a autores o movimientos. Esta tendencia liberalizadora culmina con la nueva Ley de prensa de 1966, que suprime la censura previa y el sistema de consignas. Pese a las limitaciones y la inseguridad jurídica que suponía su artículo segundo, supuso un indudable progreso hacia la libertad de expresión, sobre todo porque periódicos y periodistas forzaron su techo, aun exponiéndose a graves represalias. Nada ilustra mejor las ventajas e inconvenientes de la nueva ley que las vicisitudes de los diarios madrileños *El Alcázar* (publicado de 1959 a 1968 por la empresa PESA) y *Madrid* (adquirido en 1965 por FACES). Ambos periódicos, de estilos muy distintos, traían un aire fresco y aperturista, que si fue posible gracias a la liberalización de estos años, dejó de serlo por sus limitaciones: fueron suprimidos por sendas disposiciones administrativas en 1968 y 1971 respectivamente. En el *Madrid*, que se caracterizó por un tono marcadamente intelectual, bajo la dirección de Antonio Fontán, se dieron a conocer muchos jóvenes escritores y periodistas que darían más tarde el tono de la transición política. Los últimos años de la Dictadura y primeros de la transición se caracterizan por un auge de los semanarios, iniciado por el éxito meteórico de *Cambio 16*, que, fundado en 1971, supo conectar, hasta en su título, con el momento español.

Después de 1975 el panorama periodístico español ha sufrido una reestructuración. Desaparecieron muchas cabeceras, entre ellas varias de la antigua cadena del Movimiento, empezando por el buque-insignia *Arriba*. Aparecieron nuevos diarios, algunos de los cuales se situaron en los primeros puestos; el caso más notorio es el de *El País*, nacido en 1976, cuyo éxito, al situarse en pocos años en cabeza en difusión y prestigio, es el fenómeno más destacado en el mundo de la prensa en el período postfranquista. No sólo en Cataluña, sino también en las otras nacionalidades históricas, el País Vasco y Galicia, se han afianzado los periódicos de alcance regional, que dedican especial atención a sus respectivas culturas. En general, las antiguas regiones, hoy comunidades autónomas, en correlación con la descentralización política y administrativa, son ahora menos dependientes de la prensa de Madrid de lo que han sido en el pasado. En la década de los ochenta se ha producido, con ayudas del Estado, una muy notable renovación tecnológica en los periódicos españoles. Sin embargo, las expectativas puestas en que el definitivo afianzamiento de la democracia y la libertad de expresión supondría para la prensa un crecimiento hasta las cotas de difusión propias de los países desarrollados, no se vieron en principio confirmadas. No obstante, después de un estancamiento, en los últimos años ochenta se inició un despegue que ha llevado a alcanzar en 1991 el índice de 100 ejemplares por 1.000 habitantes, que marca, según los criterios de la UNESCO, el umbral de entrada en el ámbito del desarrollo en consumo de periódicos, aun así muy lejos de la media europea, que se sitúa en el índice 232 por 1.000.

Todos los grandes diarios publican

suplementos semanales dedicados a la literatura e insertan, con más o menos frecuencia, en sus números corrientes artículos literarios. Poetas, ensayistas, dramaturgos, novelistas, colaboran como *columnistas* en sus páginas. La *columna* —que guarda tan estrecho parentesco con el costumbrismo crítico en que fue maestro Larra, y con la crónica de principio de siglo— es hoy el género periodístico-literario por excelencia. Hasta la crítica de televisión puede convertirse en un género literario escrita por Haro-Tecglen. Con todo, la literatura tiene en este fin de siglo mucho menor peso en la prensa diaria que en su principio. No pasa de ser una oferta más —de mucha menor importancia que los deportes o la economía— dentro de la *globalidad* a que aspiran los grandes diarios, aun los que pueden definirse como *de calidad*. No es menos cierto que los periódicos siguen siendo los grandes altavoces de la literatura y de los escritores, el lugar donde el gran público puede enterarse de su existencia, dado que los medios audiovisuales, y muy especialmente la televisión, tras desvaídos intentos de acercar los libros a su enorme audiencia, parecen haber renunciado casi por completo a ello.

BIBLIOGRAFÍA. M. D. Sáiz, *Historia del periodismo en España, 1. Los orígenes. El siglo XVIII* (Madrid, 1983); M. C. Seoane, *Historia del periodismo en España, 2. El siglo XIX* (Madrid, 1983); J. C. Mainer, «La vida cultural (1930-1980)» y «La reanudación de la vida literaria al final de la guerra civil», en *Historia y crítica de la literatura española*, VIII. *Época contemporánea* (Barcelona, 1991). [M.C.S.]

PERIODIZACIÓN LITERARIA. El establecimiento de una *periodización* deriva de uno de los axiomas básicos del estudio histórico: la idea de progreso que convierte a cada acontecimiento o situación de la historia en estación de tránsito hacia formas más complejas que las antecedentes. En el terreno de las artes, sin embargo, tal principio no es de aceptación general. La obra artística trasciende a su época de modo muy distinto al que lo hace una costumbre o una técnica y, por eso, no es fácil postular que Shakespeare sea, por razón de antigüedad, inferior a un dramaturgo más moderno, o que el Partenón no pueda seguir ejerciendo la huella de su concepción del espacio muchos siglos después de su erección. Como señaló T. S. Eliot, la literatura es un *orden simultáneo* y no histórico. Así, durante siglos, el prestigio de las letras clásicas griegas y latinas condicionó el rumbo de las modernas y marcó su desarrollo; solamente a finales del siglo XVII, la Querella de los Antiguos y los Modernos replanteó esa jerarquía, alumbró un concepto arqueológico de la misma antigüedad y asentó una relativización racionalista de los valores culturales. Como vio Voltaire, primer historiador en el sentido moderno, la época de Luis XIV no era inferior a los siglos de Augusto o de Pericles.

La inercia de aquellas concepciones explica, sin embargo, la escasa tradición de una periodización propia de la literatura y de las artes, fuera de denominaciones arcaicas y de base biológica sobre la evolución de las culturas: así, las que identifican lo áureo con las formas de madurez y lo argénteo con las de decadencia incipiente. En tal sentido, el arraigo español del término «Edad de Oro» deriva de esa concepción, aunque su utilización se inicie en el XVIII y solamente se extienda en el XX. Y aunque, muy a menudo, la forma «Siglo de Oro» revele una precisión cronológica que es muy ajena a la intención originaria de designar y valorar un período de esplendor.

Pero, en lo demás, la periodización literaria depende de las clasificaciones históricas más convencionales, pese a que no siempre sean muy precisas, como sucede en el uso de Edad Media (denominación peyorativa acuñada de los humanistas) que contribuye a dar una falsa impresión de identidad. De ese contagio de las categorías históricas derivan otros conceptos heterogéneos y de utilidad desigual: términos como «Los poetas de la corte de Juan II de Castilla» (que usó Menéndez Pelayo *), «Literatura de la época de Carlos V» (que extrapola una idea de Menéndez Pidal * aplicada a la historia de la lengua) o «Novela de la Restauración» han adquirido un valor descriptivo en función de su uso o de la homogeneidad del ámbito artístico que abarcan. Y, sin embargo, troquelaciones parecidas que alguna vez han sido propuestas y que también resultan convenientes no han gozado de idéntica fortuna: pensemos en «Época de Fernando VI» (que plasmaría muy adecuadamente el mundo de renovación en torno a la *Poética* de Luzán * y a los redactores del *Diario de los Literatos*) y en «Literatura de la Segunda República», sin ir más lejos.

No debe olvidarse que la historia de las artes ha desarrollado como forma de periodización más específica marbetes caracterizadores de rasgos estéticos o ideológicos: me refiero a términos como Renacimiento, Barroco, Romanticismo, Naturalismo... Pero no todos tienen la misma amplitud semántica (compárese lo que explicitamos con Renacimiento y lo que se hace evidente con Naturalismo) y, por otro lado, no resulta nada fácil acotarlos cronológicamente de forma satisfactoria, incluso si nos limitamos a un uso «histórico» del concepto correspondiente (y no hablamos, como se ha hecho, de los «renacimientos» medievales o del romanticismo como tendencia general). La dificultad de hallar una cronología precisa de estos movimientos se agudiza en los estudios de literatura comparada y se hace muy confusa en la apreciación de las fases iniciales y finales de cada etapa artística. Esto último ha llevado a la introducción de fórmulas, tan discutibles siempre, como las de «Prerromanticismo» (de extensión universal) y «Prerrenacimiento», entre otras; R. P. Sebold ha llegado a considerar romántico a José Cadalso *, no contentándose con su asignación prerromántica, y M. R. Lida calificó a Juan de Mena * como «poeta del prerrenacimiento», pero no parece muy conveniente describir lo presente en función de un futuro que ya conocemos, como tampoco deja de revelar cierta pereza intelectual definir lo actual por lo pasado (caso de quienes hablan de un Bécquer * «postromántico» o quienes dilatan mucho la existencia de una poesía «postmodernista»).

No obstante, tampoco suele ser infrecuente que un término artístico se resista a abandonar su especificidad. El concepto de Manierismo no ha gozado en literatura del éxito que ha tenido en historia del arte y, en gran medida, los inconvenientes derivados del uso del término Barroco —de gran capacidad evocativa, pero de muy dificultosa definición— dimanan de la difícil correlación de formas literarias y formas plásticas, amén de las muy diferentes intencionalidades del enunciante: no es lo mismo concebir el Barroco como una constante de complicación de las formas artísticas, que como expresión de una ideología contrarreformista, o como un desarrollo específico del arte nacional. Otros términos de origen no literario se han revelado como sencillamente inaplicables: nada que no sea la discutible intuición personal permite relacionar el románico y el *Cantar de Mio Cid* *, las formas góticas y *El conde Lucanor*, o el plateresco y *La Diana* de Montemayor *. Incluso propuestas más fundamentadas —como la de J. Arce al calificar de Rococó la primera poesía clasicista dieciochesca— han tenido menguado éxito.

Indudablemente sucede que en literatura hay aspectos propios de lo que el historiador F. Braudel ha denominado de *longue durée* (larga duración) —tales como la continuidad del legado clásico, la inercia de ciertos usos retóricos, la categorización de los grandes géneros— que conviven y se modulan al lado de fenómenos de *moyenne* y *courte durée* (posturas políticas e ideológicas, modas transitorias...). Y, en tal sentido, lo que C. Guillén ha llamado el «objeto del cambio literario» (y, de ese modo, el sujeto de una periodización específica) quizá sea la constelación de formas bien definidas, de talantes que se reconozcan comunes y de fases históricas coherentes, que no siempre han de coincidir con las que adopta como propias el historiador general.

En ese sentido, la periodización generacional ha gozado en la historia de la cultura de un largo predicamento, por más que en ella tiendan a prevalecer los aspectos más mecánicos y deterministas sobre los más abiertos y ponderados. No en vano su origen moderno está en el positivismo de A. Comte, aunque con J. Stuart Mill y sobre todo con W. Dilthey recibiera una orientación más vitalista. En ellos se basan las aportaciones metodológicas más modernas de Ottokar Lorenz y del sociólogo François Mentré, todos los cuales tuvieron su eco en la teoría de Ortega y Gasset * que se expresó en *El tema de nuestro tiempo* (1923) y *En torno a Galileo* (1933). Para todos ellos, y especialmente para Ortega, la *generación* es el promedio dinámico entre la personalidad individual y el factor colectivo como agentes históricos y una atractiva forma de conciliar en la descripción el mecanismo de las grandes constantes de la historia y lo imprevisible y animado de las mentalidades. De la antropología orteguiana han derivado concepciones más recientes —la de Pedro Laín Entralgo *, *Las generaciones en la historia* (1945), y la de Julián Marías *, *El método histórico de las generaciones* (1949)— que son testimonio de la proclividad española a esa interpretación entre personalista y colectivizadora, entre psicológica y sociológica, de la evolución histórica.

El uso de la periodización generacional no ha dado, sin embargo, entre nosotros, interpretaciones globales al modo de la de A. Thibaudet en Francia o del libro de J. J. Arrom, *Esquema generacional de las letras hispanoamericanas* (1963). En lo que toca a la Edad Moderna, alguna vez se ha aludido a que la inquina de Cervantes * y Lope de Vega * podía deberse a una incompatibilidad generacional: los veinte años que separan sus nacimientos explicarían la tardía llegada de Cervantes a la comedia nueva y la incomprensión lopesca hacia el humanismo cervantino del *Quijote*. Por su lado, el historiador J. M. Jover habló de una «generación de 1635» (que podría incluir a Quevedo * y Saavedra Fajardo *) en orden a los acontecimientos hispano-franceses de la guerra de los Treinta Años. J. Marías, por su parte, ha planteado una división generacional del siglo XVIII (en la que parece sugestiva la consideración de los nacidos entre 1760 y 1770) y, por lo que hace al XIX, la denominación «generación de 1868» ha tenido un cierto arraigo (que demuestra, por ejemplo, la monografía de A. Jiménez Fraud * sobre Valera * o algunas consideraciones de S. Beser a propósito de Clarín *).

En lo que concierne al siglo XX, la periodización generacional ostenta una indiscutible hegemonía. El concepto de «generación de 1898» es, sin duda, el más veterano, el más extendido y también el más polémico a la luz de la bibliografía reciente que, cuando no prefiere todavía la troquelación de «modernismo», se inclina por la más aséptica denominación de «crisis de fin de siglo» *. Con todo, es muy cierto que los textos finiseculares hablaron reiteradamente de una «nueva generación», siempre en el animado contexto de una querella de jóvenes contra viejos escritores y para referirse a quienes habían nacido en torno a 1870. Y es indudable que ese recuerdo (o quizá las afirmaciones de Ortega y Gasset * hacia 1910 sobre su propia promoción intelectual) tuvo parte en el designio de Azorín * que, a principios de 1913, acuñó —muy tardíamente— nombre y concepto de «generación del 98». La presunta oposición de unos caracteres *noventayochescos* (preocupación apasionada por España, temas introspectivos, culto por la sencillez y desdén por los refinamientos estéticos) y de otros caracteres *modernistas* (proclamación del arte por el arte, hegemonía de la forma, internacionalismo estético) ha sido una invención de la bibliografía posterior que gozó de amplio crédito hasta los años sesenta (en 1969, Ricardo Gullón * proponía la inhabilitación filológica del concepto «generación del 98»). Pero tal antinomia está llena de contradicciones: la visión poética e intuitiva de Unamuno *, el sentimentalismo romántico de Baroja *, la técnica impresionista de Azorín son rasgos más modernistas que noventayochescos y, a cambio, la decidida pasión radical de Valle-Inclán * o la sencillez expresiva de los Machado * casan poco con la imagen decorativa del modernismo. Las posturas críticas más recientes (D. L. Shaw, H. Ramsdem o I. Fox, por ejemplo) mantienen la denominación de «generación del 98» para designar un cruce de destinos y vocaciones personales a final del siglo y una serie de preocupaciones comunes, estrechamente relacionadas con la recepción de nuevas herramientas ideológicas (la sociología positivista, el nietzscheanismo) y un repertorio de problemas (la función del intelectual en la vida social, la secularización del nacionalismo) que tuvieron su momento activo entre 1895 y 1910.

La «generación de 1914» —concepto de arraigo muy minoritario— designaría al grupo de escritores que tienen actividad desde los alrededores de 1900 como Gabriel Miró *, Ramón Pérez de Ayala *, Juan Ramón Jiménez *, José Ortega y Gasset, Manuel Azaña *, Gregorio Marañón * y Ramón Gómez de la Serna *, nacidos en torno a 1880. La fecha generacional recuerda la llamativa comparecencia pública de Ortega y Gasset al frente de la Liga para la Educación Política Española y, en tal sentido, quizá introduce una abusiva jefatura espiritual orteguiana que, por ejemplo, apenas concierne a Miró, a Juan Ramón Jiménez e incluso a Gómez de la Serna. Cierto es que a este período toca la liquidación del radicalismo estético y político del modernismo (que se convierte en un fenómeno casi residual y avulgarado) y la exigencia de un mayor rigor intelectual, de un nacionalismo más contemplativo y racional y de un programa ideológico bajo el doble lema de sensibilidad y reflexión: en tal sentido, la obra de primera madurez de los autores mencionados halla un parentesco ético particularmente activo entre 1910 —novelas «generacionales» de Miró y Pérez de Ayala— y 1915 —primeros libros de Ortega, inicio de la segunda época de Juan Ramón, florecimiento de la literatura ramoniana—. El término paralelo de *novecentismo*, que ha propugnado entre otros G. Díaz Plaja, no ha encontrado mucha mejor fortuna que el marbete «generación del 14»: pretende traducir al español la legitimidad histórica del término catalán *noucentisme*, acuñado a principios de siglo por Eugenio D'Ors * (sobre el modelo italiano de designación de las épocas seculares).

Más popular es el marbete «generación de 1927», nada ajeno a la complacencia del núcleo del propio grupo literario así designado, incluso a despecho de lo impreciso de sus límites. Al citarlo, se piensa en un conjunto de poetas líricos nacidos en torno a 1900 —lo que haría discutible la pertenencia al mismo de dos indiscutibles, Pedro Salinas * (1891) y Jorge Guillén (1893)— y que se rodea de constelaciones menores de «prosistas del 27», «pintores del 27», «músicos del 27»... De todos modos, el nombre ha prevalecido sobre el de «generación de 1925» que prefirió Luis Cernuda * y no digamos sobre las connotaciones políticas de «generación de la Dictadura» y de «generación de la República» (que, sin embargo, designa de modo casi oficial a los músicos —los hermanos E. y R. Halffter, R. García Ascot, S. Bacarisse, A. José...— que velaron sus armas artísticas junto a los poetas). El gran nexo de unión del grupo fue la recepción entusiasta de la buena nueva vanguardista —los últimos ecos del ultraísmo, el creacionismo, la poesía pura, el surrealismo...— y, en plano de no menor importancia, anduvieron la comunicación personal facilitada por la frecuentación de las mismas revistas, la red de amistades y guiños personales (ambientados a menudo en la madrileña Residencia de Estudiantes, donde vivieron García Lorca *, Prados *, Buñuel *, Dalí *...), la común dedicación a la enseñanza de la literatura (en «poetas-profesores» como Salinas, Guillén, Dámaso Alonso * y Gerardo Diego *) y la muy temprana conciencia de grupo activo (por ejemplo, en la «Nómina (incompleta) de la nueva literatura» publicada por Fernández Almagro * en la revista *Verso y Prosa* en 1927).

Debemos al bibliógrafo Homero Serís la invención de la «generación de 1936» que quiso ver inicialmente como la agrupación total de quienes, tuvieran la edad que tuvieran, vieron afectada su obra por la Guerra Civil. Más adelante, las reflexiones de Guillermo de Torre *, José Luis L. Aranguren * y Dionisio Ridruejo * centraron su contenido en el grupo de escritores, nacidos en torno a 1910, que se reveló en las revistas de los años treinta, a la sombra de la entonces dominante «generación del 27», y que protagonizaron en ellas un proceso de «rehumanización» y, a veces, politización de las formas vanguardistas: aspecto que define convincentemente las trayectorias de poetas como Ildefonso Manuel Gil *, Juan Gil-Albert *, Leopoldo Panero *, Dionisio Ridruejo, Luis Rosales *, Arturo Serrano-Plaja, Luis Felipe Vivanco, cuya obra se prolongó más allá de 1939 y, al margen de su participación en la contienda, fue una suerte de conciencia activa de la catástrofe. No es tan claro el proceso para los novelistas, algunos de los cuales —Ramón Sender *, Max Aub * o Francisco Ayala *— por su edad y su formación están más cercanos de 1927; sin embargo, el marbete se ajusta con más facilidad para los ensayistas y pensadores que, desde campos muy diversos, promovieron un mayor rigor universitario y suturaron con sus ideas muchas de las heridas abiertas por la guerra y la dictadura que le siguió: función que identifica —muy superficialmente, desde luego— a José Ferrater Mora *, Julián Marías *, Pedro Laín Entralgo *, J. L. L. Aranguren, etc. La aceptación de la denominación de «generación de 1936» ha sido, en suma, más de índole moral que técnica, aunque hoy goza de una difusión que solamente queda por debajo del consenso universal que registra a su favor la «generación del 27».

El término de «generación de 1950» o «de los cincuenta» se ha afianzado en fechas muy recientes por cuenta de la recuperación sentimental del pasado cercano y a favor del generalizado interés de los jóvenes lectores (tan devotos en los años ochenta de dos poetas tan distintos como José Ángel Valente * y Jaime Gil de Biedma *), aunque tampoco ha faltado la estrategia del recuerdo colectivo que han sabido ejercer los propios interesados al publicar sus jugosos recuerdos (Carlos Barral *, Juan Benet *, Gil de Biedma...) o acudir masivamente a reuniones sobre el tema. La fecha epónima tiene, en cualquier caso, un significado fundamentalmente político: designa el momento de acceso al uso de razón cívico por parte de los jóvenes nacidos hacia 1925-1935 y, en tal sentido, la primera conciencia de malestar y oposición al régimen franquista por parte de quienes no habían combatido en la guerra. Revistas a menudo semioficiales —como la barcelonesa *Laye* o las madrileñas *Alcalá* y *La Hora*—, tertulias juveniles en ambas capitales, la fallida organización del Primer Congreso de Escritores (1956) y los sucesos universitarios que desencadenó su prohibición en febrero de ese año, activaron las solidaridades y los descontentos que fraguaban también en primeros viajes a Europa, en la recepción de novedades intelectuales (desde el cine neorrealista italiano a la revista de Sartre, *Les Temps Modernes*) y en alguna empresa generacional tan significada como la trayectoria editorial de Carlos Barral. Muy pronto, el lenguaje generacional —en poesía, novela, cine y teatro— fue el realismo crítico y el proyecto colectivo, la reconstrucción moral de un país solidario y el hallazgo de un lugar socialmente legitimado para la profesión artística. El fracaso de esas esperanzas políticas y la invasión del ignaro pero triunfante *desarrollismo* económico modificaron las actitudes hacia 1965 (de 1962 es *Tiempo de silencio*, de Luis Martín Santos *; de 1966, *Señas de identidad*, de Juan Goytisolo *) y las trayectorias personales posteriores destacaron los elementos de introspección personal, ironía y atención al lenguaje que hasta entonces habían sido preteridos.

Más discutibles son troquelaciones posteriores y demasiado próximas al observador. No parece que haya de prevalecer el nombre de «generación de los Novísimos» en atención a la antología poética que publicó J. M. Castellet en 1970: la unidad de cierta cultura *pop* que reflejaban las declaraciones allí recogidas sería efímera y no representaba el cambio generacional, también visible, por ejemplo, en otros órdenes de la vida universitaria del momento. Pero tampoco el marbete de «generación de 1968», propuesto recientemente por S. Sanz Villanueva (que piensa en narradores como José María Guelbenzu *, José Antonio Gabriel y Galán *, Lourdes Ortiz, o Juan José Millás *), parece que encuentre mucho eco a pesar de lo evocador de la fecha elegida. Es patente que los escritores nacidos entre 1940 y 1950 comparten una experiencia histórica, una formación y unas expectativas que los diferencian de los de la «generación de 1950», pero también parece claro que los más jóvenes —nacidos a partir de 1955— ya se mueven en ámbitos e intereses —el neoformalismo lírico, la «nueva sentimentalidad», la literatura minimalista, el eclecticismo postmoderno— que les son propios. Por otra parte, en las más recientes clasificaciones generacionales parece observarse una aceptación de la periodización anglosajona de base decenal (los «sesenta», los «setenta», los «ochenta»...) que rompe en cierto modo los férreos esquemas conocidos pero cuya provisionalidad arbitraria es más propia de un divertido juego de sociedad que de la filología. [J.C.M.]

PERLONGHER, NÉSTOR. Véase HISPANOAMÉRICA: POESÍA ACTUAL.

PEROGORDO Y RODRÍGUEZ, GREGORIO (Madrid, 1840-1891). Colaboró en periódicos religiosos. Entre sus obras destacan *Achaques del sexo feo* (1863), *La Virgen de la Almudena* (1864) y *La Iglesia y el Estado en sus relaciones mutuas en España* (1868). [R.B.]

PERRÍN Y VICO, GUILLERMO (Málaga, 1857-Madrid, 1923). Comediógrafo y libretista de zarzuelas español, sobrino del actor Antonio Vico. Abandonó pronto su carrera de Derecho para entregarse a la escritura escénica, con la que demostró picardía e ingenio facilón en el centenar pasado de libretos que llevó a las tablas en colaboración, sobre todo, con Miguel de Palacios *, hasta el punto de que la firma «Perrín y Palacios» garantizaba a los productores teatrales el éxito de las zarzuelas, revistas, comedias y sainetes que juntos suscribieron, con música de Manuel Nieto, Amadeo Vives, Gerónimo Giménez, Miguel Marqués y Ruperto Chapí, entre otros; en la actualidad todavía perviven algunos de sus libretos para el género chico: *Certamen nacional* (proyecto cómico-lírico, 1888), *El barbero de Sevilla* (zarzuela cómica en prosa, 1901), *Bohemios* (zarzuela musical, 1904), *Cinematógrafo nacional* (revista cómico-lírica, 1907), *Enseñanza libre* (apunte cómico-lírico, 1910), *La corte de Faraón* (opereta bíblica en verso, 1910), *Las mujeres de don Juan* (fantasía cómico-lírica, 1912), *La Generala* (opereta cómica en prosa, 1913), etc. Con Manuel Fernández Lapuente escribió, entre otras, *Correo interior* (apropósito cómico-lírico, 1901) y *La soleá* (juguete cómico-lírico, 1901). Y firmó solo *Los empecinados* (zarzuela en verso, 1890), *La reina de los mercados* (opereta, 1909), etc. [M.A.]

PERSIA, JUAN DE. Véanse AUTOBIOGRAFÍAS Y MEMORIAS EN ESPAÑA e HISTORIOGRAFÍA DE LOS SIGLOS XVI Y XVII.

PERSIO, FÉLIX (Sevilla, ?-¿?). Lo poco que conocemos de su vida es su seudónimo, «Bertiso», y sus obras, difundidas en manuscritos y pliegos sueltos. Una de las más famosas es la *Segunda parte de la vida del pícaro* (Madrid, 1654), en verso, aunque también fueron impresas varias veces sus obras teatrales: el *Entremés de la infanta Palancona*, *La Peregrina del cielo* o el *Auto del Nacimiento*. Sin embargo, es más recordado por su poesía, de difusión más limitada, pues sólo se llegaron a imprimir unas pocas composiciones en *La harpa de Belén* (Sevilla, 1677), quedando el resto inédito hasta hace pocos años.

BIBLIOGRAFÍA. R. Navarro Durán, *Poemas inéditos de Félix Persio, Bertiso* (Sevilla, 1983). [R.R.]

PERUCHO, JUAN (Barcelona, 1920). Ingresó en la carrera judicial y ha ejercido la crítica de arte. Poeta en lengua catalana, en 1981 realizó una edición bilingüe (en catalán y castellano) de su obra en verso, que publicó completa en 1984. Su narrativa, que también tiene una doble versión idiomática, se desarrolla en un universo imaginario, poblado de historias apócrifas, con la constante presencia de lo maravilloso y fantástico. Entre sus numerosas obras en prosa, pueden señalarse: *Galería de espejos sin fondo* (1963), *Los misterios de Barcelona* (1968), *Rosas, diablos y sonrisas* (1970), *Libro de caballerías* (1976), *Las aventuras del caballero Kosmas* (1981), *Pamela* (1983), *Cuentos* (1986) y *La guerra de la Cotxinxina* (1986). También ha publicado los ensayos *Gaudí, una arquitectura de anticipación* (1968), *Joan Miró y Cataluña* (1968) y *Una semántica visual* (1986).

BIBLIOGRAFÍA. C. Pujol, *Juan Perucho, el mágico prodigioso* (Barcelona, 1986). [G.R.F.]

PESADO, JOSÉ JOAQUÍN (San Agustín del Palmar, Puebla, México, 1801-México, D.F., 1861). Político conservador y poeta neoclásico dedicado al estudio de la Biblia y del paisaje. Tradujo mucha poesía, especialmente salmos y versiones indirectas de antiguos poetas del mundo náhuatl: *Los aztecas* (1854). Se estimaron sobre todo sus poemas arcádicos sobre «Sitios y escenas de Orizaba y Córdoba». Desde 1839 publicó colecciones de sus *Poesías originales y traducidas*. [J.J.B.]

PESCE, ELENA. Véase LITERATURA INFANTIL HISPANOAMERICANA.

PETATE, JUAN (seudónimo). Véase BETANCORT CABRERA, JOSÉ.

PETISCO, PADRE. Véase JESUITAS EXPULSOS.

PETIT, MAGDALENA (Peñaflor, Melpilla, Chile, h. 1903-1968). Novelista, dramaturga y crítica interesada por los aspectos psicológicos, autora de las imaginativas novelas históricas *La Quintrala* (1930), *Los Pincheira* (1939), *Caleuche* (1949), *Un hombre en el universo* (1951) y la biografía novelada *El patriota Manuel Rodríguez* (1951). [J.A.C.]

PETREYO, JUAN. Véase PÉREZ, JUAN.

PEYROU, MANUEL (San Nicolás de los Arroyos, Argentina, 1902-Buenos Aires, 1974). En novelas de aspecto policiaco y cuentos fantásticos, ensaya una visión irónica de las relaciones sociales y políticas. Entre sus títulos figuran *La espada dormida* (cuentos, 1944), *El estruendo de las rosas* (novela, 1948), *La noche repetida* (cuentos, 1953), *Acto y ceniza* (novela, 1963), *Se vuelven contra nosotros* (novela, 1966) y *Marea de fervor* (cuentos, 1967). [B.M.]

PEZA, JUAN DE DIOS (México, D.F., 1852-1910). Entusiasmó al público de clase media con sus poemas patrióticos y de escenas domésticas, especialmente con sus *Cantos del hogar* (1884). Aunque podrían tal vez encontrarse textos de composición más cuidada, fueron los versos que llegaron al sentimiento de un público iletrado —los de «las ruinas de Mitla», «Fusiles y muñecas» (Juan y Margot), «Reír llorando» (Garrick)— los que le dieron fama internacional (incluso asiática) y lo conservan en la memoria popular hispanoamericana. [J.J.B.]

PEZOA VÉLIZ, CARLOS (Santiago de Chile, 1879-1908). Encuadrado en el modernismo, su vida de privaciones y dolor acabó con él prematuramente en un hospital de Santiago. Fue personaje excéntrico y contradictorio (anarquista y liberal, igualitarista y elitista, exquisito y procaz a la vez). Su obra literaria, dispersa y difícilmente encasillable, fue recogida póstumamente: en 1912, Ernesto Montenegro recopiló su poesía con el título de *Alma chilena*; en 1927 Armando Donoso publicó su obra completa: *Poesías, cuentos y artículos*. Ecos modernistas se perciben en diversos poemas, pero sólo constituyen la cáscara ornamental de un poeta sensual y popular, hondamente preocupado por una temática social de clara filiación romántico-naturalista.

BIBLIOGRAFÍA. A. de Undurraga, *Pezoa Véliz, biografía crítica y antología* (Santiago, 1951). [A.L.M.]

PEZZONI, ENRIQUE. Véase SUR.

PHILALETHES, IGNACIO (seudónimo). Véase LUZÁN CLARAMUNT DE SUELVES Y GURREA, IGNACIO DE.

PI Y MARGALL, FRANCISCO (Barcelona, 1824-Madrid, 1901). Ministro de la Gobernación y Presidente de la Primera República Española. Político, jurisconsulto y escritor que publicó numerosos artículos periodísticos dedicados al estudio y difusión del republicanismo federal. Colaborador de *El Correo*, *La América*, *La Revue des Deux Mondes*, *El Museo Universal*, etc. Aceptó en 1864 el cargo de director de *La Discusión* para defender las doctrinas socialistas y combatir a los demócratas individualistas. Su obra literaria se proyecta en dos direcciones; por un lado, el ensayo crítico —*Observaciones* sobre el carácter de don Juan Tenorio (1884), *Cartas íntimas* (póstuma, 1911), etc.—; por otro, el análisis histórico, como sus *Historia de la pintura en España* (1851), *Estudios sobre la Edad Media* (1852) —obra prohibida por la Iglesia y reimpresa en 1873—, *Historia General de América* (1878) y la *Introducción a la Historia de España en el siglo XIX*, obra que terminó de redactar y publicó su hijo F. Pi y Arsuaga. [E.R.C.]

PICADO, MARIO. Véase HISPANOAMÉRICA: POESÍA ACTUAL.

PICATOSTE, FELIPE (Madrid, 1834-1892). Polifacético escritor, de vastos y variados conocimientos, que ocupó cargos públicos tras el triunfo de la Revolución del 68. Fue director de *La Gaceta* y administrador de la Imprenta Nacional. Publicó estudios, crónicas y críticas en *El Madrileño*, *Revista del Movimiento Intelectual en Europa* y *Fígaro*. En sus obras de historia y crítica literaria, aborda también planteamientos teóricos. Destacan *Centenario de Calderón* (1881), *La estética en la naturaleza, en la ciencia y en el arte* (1882) y *Don Juan Tenorio* (1883). [M.P.C.]

PICÓN, JACINTO OCTAVIO (Madrid, 1852-1923). Escritor muy conocido en su época y hoy poco recordado. Su posición en el grupo de prosistas decimonónico, del que formó parte, no fue marginal ni sulbalterna, como parece sugerir su actual olvido. Pertenece a una promoción posterior a la de Pereda * y Alarcón *, situándose más cerca de José Ortega Munilla *, Armando Palacio Valdés * y el padre Luis Coloma *, que de aquéllos. Perteneció a una familia de la clase media: hijo de magistrado y de una dama de origen francés. Tras una infancia normal cursó la carrera de Leyes. Ya abogado, obtuvo un puesto en el Ministerio de Ultramar y no tardó en colaborar en las revistas y diarios más prestigiosos: *La Ilustración Española y Americana*, *Revista de España*, *La España Moderna*, *Madrid Cómico*, *El Imparcial*, *ABC*, *Blanco y Negro*, etc. En 1878 viajó a París, enviado especial a la Exposición Universal.

Publicó su primera novela, *Lázaro*, en 1882, con gran éxito. Fue elegido secretario primero de la sección de Literatura del Ateneo, viajó al extranjero y sus obras se sucedieron con regularidad. El 24 de junio de 1900 ingresó en la Real Academia Española; su discurso versó sobre don Emilio Castelar * y fue contestado por Valera *. Dos años después, su interés por las artes plásticas cristalizó en *Vida y obra de don Diego Velázquez*, que le abrió las puertas de la Real Academia de Bellas Artes de San Fernando; en el discurso de ingreso desarrolló el tema del desnudo en el arte, siendo respondido por José Ramón Mélida.

En 1903 fue diputado a Cortes por Madrid, en la candidatura republicana, junto a Joaquín Costa * y a Nicolás Salmerón *. Desempeñó la vicepresidencia del Patronato del Museo del Prado (1912) y el cargo de bibliotecario de la Real Academia Española (1914). Al año siguiente recibió la encomienda de la Legión de Honor francesa. La muerte inesperada de su hijo Jacinto Felipe, de cuarenta años, amargó la vejez del escritor.

La obra de Jacinto Octavio Picón, aparte de artículos periodísticos y ensayos sobre arte, se compone de cuentos, novelas cortas y novelas. Después de *Lázaro*, ya citada, aparecen *La hijastra del amor* (1884), *Juan Vulgar* (1885), *El enemigo* (1887), *La honrada* (1890), *Dulce y sabrosa* (1891), *Juanita Tenorio* (1910) y *Sacramento* (1914). La crítica ha destacado *Dulce y sabrosa*, por encontrar en ella los principales temas piconianos, tratados con un atrevimiento naturalista que le dio fama de novelista erótico y anticlerical. Su gran tema es ciertamente el amor, tratado con delicadeza y ternura. Su dominio de la lengua española dio flexibilidad a su prosa. Al adscribirse a la corriente naturalista, describiendo el eros con evidente delectación, se enfrentó a la crítica conservadora, sin ceder en el propósito de novelar temas y figuras afines al espíritu contemporáneo.

BIBLIOGRAFÍA. H. Peseux Richard, «Un romancier espagnol: Jacinto Octavio Picón», en *Revue Hispanique*, XXX (1914), págs. 515-585; A. G. de Amezúa, «Apuntes biográficos de don Jacinto Octavio Picón», en J. O. Picón, *Obras completas*, 10, XII-XLIV (Madrid, 1925); J. O. Picón, *Dulce y sabrosa*, introducción de G. Sobejano (Madrid, 1976); N. M. Valis, *J. O. Picón, novelista* (Barcelona, 1991). [G.G.]

PICÓN, JOSÉ (Madrid, 1829-Valladolid, 1873). Arquitecto, redactor de *El Clamor Público*. Escribió múltiples piezas teatrales, fundamentalmente zarzuelas. Destacan *Memorias de un estudiante* (1860), con música de Oudrid, *Anarquía conyugal* (1861), *La isla de San Balandrán* (1862), *La doble vista* (1863), *El médico de las damas* (1864), etc., y, sobre todas ellas, *Pan y toros* (1864), con música de Barbieri *, en la que refleja satíricamente la corte de Carlos IV, por lo que, en 1867, fue considerada corrosiva y prohibida su representación. Escribió también comedias —*La corte de los milagros* (1862), *Palco, modista y coche* (1867)— y sainetes. [M.P.C.]

PICÓN FEBRES, GONZALO (Mérida, Venezuela, 1860-Curazao, 1918). Poeta, novelista, cuentista y crítico. Desde 1878 escribe para diversos periódicos de Caracas, entre ellos *La Época* y *El Cojo Ilustrado* *. En 1893 edita en Caracas su primer libro de poemas, *Caléndulas*, y en el mismo año en Curazao su primera novela: *Fidelia*. En 1899 publica la novela *El sargento Felipe* que presenta, por un lado, el problema de la Venezuela rural, iletrada, inculta y abandonada; y, por el otro, la ciudad culta, fuente de guerra y desolación. En 1905 publica la novela *Flor* y en 1906 el estudio titulado *Literatura venezolana en el siglo XIX*, primer estudio sistemático de la literatura de su país. Además de las obras ya mencionadas, ha escrito *Claveles encarnados y amarillos* (nuevas poesías, 1895), *Notas y opiniones* (1898), *Teatro crítico venezolano* (1912), *Nieve y lodo* (novela contemporánea: época, 1879 a 1886; 1913), *De tierra venezolana* (novela corta y semblanzas, 1939) y *Don Simón Rodríguez, maestro de El Libertador y otros estudios* (1939).

BIBLIOGRAFÍA. S. A. Consalvi, *Gonzalo Picón Febres. Los delitos de la imaginación* (Caracas, 1969). [H.J.B.]

PICÓN SALAS, MARIANO (Mérida, Venezuela, 1901-Caracas, 1965). Ensayista, novelista y crítico. Realizó estudios en la Universidad Central de Venezuela (1920), continuados en la de Santiago de Chile, donde trabajó como profesor de historia. En 1936 regresó a su país, siendo director de Cultura y Bellas Artes. Fundó la Facultad de Filosofía y Letras de la Universidad Central de Venezuela (1946-47) y presidió el Instituto Nacional de Cultura y Bellas Artes (1964) en Caracas. Fundador y director de la *Revista Nacional de Cultura*, colaborador de *El Nacional*, *Cultura Universitaria*, *Sardio* y otras publicaciones venezolanas y extranjeras. Miembro de la Academia Nacional de la Historia y premio nacional de Literatura (1954). La variedad de sus obras comprende una rica gama de textos difíciles de encasillar. Material de evocación, nostalgia y encierro de sus primeros años en las serranías de Mérida, son *Viaje al amanecer* (1943) y *Regreso de tres mundos* (1959); escribió biografías: *Miranda* (1946), *Pedro Claver. El santo de los esclavos* (1950), *Simón Rodríguez* (1953) y *Los días de Cipriano Castro*

(1953). Sus ensayos más importantes son: *Latinoamérica: intuición de Chile y otros ensayos en busca de una conciencia histórica* (1935), *De la conquista a la independencia; tres siglos de historia cultural hispanoamericana* (1944), *Europa-América, preguntas a la esfinge de la cultura* (1947), *Gusto a México* (1952), *Crisis, cambio y tradición: ensayo sobre la forma de nuestra cultura* (1955). Esforzándose en el análisis de su país, escribió *Comprensión de Venezuela* (1949), *Estudios de literatura venezolana* (1961), *Antología de costumbristas venezolanos* (1946) y *Dos siglos de prosa venezolana* (1965). Sus cuentos se agrupan en *Registro de huéspedes* (1934). Sus novelas son *Odisea de tierra firme* (1931) y *Los tratos de la noche* (1955).

BIBLIOGRAFÍA. R. Pineda, *Para Mariano Picón Salas* (Caracas, 1966); G. Felíu Cruz, *Para un retrato psicológico de Mariano Picón Salas* (Santiago de Chile, 1970); J. M. Siso Martínez y Juan Oropesa, *Mariano Picón Salas* (Caracas, 1977); T. D. Morín, *Mariano Picón Salas* (Boston, 1979). [J.R.M.]

PIEDRA, ANTONIO. Véase POESÍA ESPAÑOLA POSTERIOR A 1975.

PIEDRA Y CIELO. Grupo poético surgido hacia 1940 que intenta, desde una indudable inspiración nacionalista, la incorporación de la poesía colombiana a ciertas tendencias de la modernidad ya establecidas en otras latitudes. Bajo el ala de la poesía de Juan Ramón Jiménez * (de donde sale la denominación del grupo y el talante poético de muchos de sus componentes), pero con notables influjos de poetas más cercanos, como Vicente Aleixandre *, Luis Cernuda *, Pablo Neruda * o Federico García Lorca *, los piedracielistas ofrecen una poesía de calidad estética, llena de gracia e ingenio, y también en, alguno de ellos, de apasionado desorden. Entre sus más notables componentes se cuentan Eduardo Carranza *, Jorge Rojas * y Arturo Camacho Ramírez *. [E.C.]

PIERA, CARLOS (Madrid, 1942). Residió un tiempo en EE.UU., donde consiguió un doctorado y enseñó lingüística en la Universidad de Cornell (Ithaca) hasta su incardinación en la Autónoma madrileña. En su escritura alienta una voluntad de introspección ejemplarmente cumplida. La sobriedad formal que exhibe es transparencia en la revelación del ser: una poesía sin destellos sensoriales que enfrenta al lector —«Que el que te sepa / se sepa sólo...»— con lo más profundo de su intimidad. Tras *Versos* (1972), su primer libro, sólo ha publicado una parca *Antología para un papagayo* (1985), que recoge la labor de una década, y *De lo que viene como si se fuera* (1989). [A.S.Z.]

PIFERRER, PABLO (Barcelona, 1818-1848). Exponente de la corriente histórica del romanticismo catalán, desarrolla una teoría hegeliana del arte como anhelo de unidad y belleza absoluta. Escribió para su colección *Recuerdos y bellezas de España*, obra considerada por Menéndez Pelayo * base de la arqueología romántica, los tomos sobre Cataluña y Mallorca. Inició la recopilación de un romancero catalán, que Milá y Fontanals * concluye (1852), y una antología de *Clásicos españoles* (primer volumen, 1846). Sus pocas poesías líricas fueron recogidas, junto con las de otros catalanes, en la edición de Milá, *En el siglo pasado* (1851); son notables por la nostalgia del pasado legendario, el interés por la poesía popular, el idealismo amoroso y cierta atmósfera fantasmal y simbólica.

BIBLIOGRAFÍA. R. Carnicer, *Vida y obra de Pablo Piferrer* (Madrid, 1963). [R.B.]

PIGLIA, RICARDO. Véase HISPANOAMÉRICA: NARRATIVA ACTUAL.

PILAR, MARCELO HILARIO DEL. Véase LITERATURA FILIPINA.

PILARES, MANUEL (Pola de Lena, Asturias, 1921-Madrid, 1992). Su verdadero nombre fue Manuel Fernández Martínez. De formación casi autodidacta, alternó sus estudios por libre —bachillerato y magisterio— con varios trabajos: ayudante minero, peón de albañil, chatarrero y empleado de Renfe. De todos ellos acopiará experiencia vital, que ha de hacerse, muy pronto, sustancia literaria en forma de poema o de relato breve: los dos cauces expresivos que prefirió Manuel Pilares. Su primer libro poético fue *Poemas mineros* (1946), dedicados, sin alharacas sociales ni existenciales, al áspero pero dignificador trabajo de la mina. Siguió, en 1950, *Sociedad Limitada*, libro desigual, cuyos acentos más auténticos ahondan, con sencillez, en la condición humana total: esa *sociedad* —cuerpo y alma— limitada por la muerte. Espaciados por largos silencios, aparecieron, luego, *Primer libro de antisueños* (1969) y *Segundo libro de antisueños* (1984), que no renuncian a ninguna de las características anteriores: sencillez formal, indagación íntima, solidaridad con los otros. Como narrador, consiguió Pilares el prestigioso Premio Café Gijón con su novela corta *El andén* (1951), de reflejos autobiográficos, al igual que su libro de relatos *Historias de la cuenca minera* (1953). Posteriormente, publicó *Cuentos de la buena y de la mala pipa* (1960) y *Cuentos* (1989), atento siempre al hombre, a sus conflictos psicológicos y a su entorno social.

BIBLIOGRAFÍA. M. Martínez-Cachero Rojo, «La poesía de M. Pilares: de *Poemas mineros* (1946) a *Sociedad Limitada* (1950)», en *Crónica de tres lustros de poesía en Asturias: 1939-1953* (Principado de Asturias, 1989), págs. 157-172. [A.S.Z.]

PIMENTEL, JORGE. Véase HISPANOAMÉRICA: POESÍA ACTUAL.

PINA, MARIANO (Madrid, 1820-1883). Dramaturgo de limitadas dotes literarias, supo ganarse el aplauso del público. Sobre todo destaca por sus zarzuelas, a algunas de las cuales puso música Barbieri. Destacan *La Nochebuena* (1848), *El joven Virginio* (1858), *El sordo* (1859), *Matar o morir* (1863), *Los dioses del Olimpo* (1864) y *El hombre es débil* (s.a.). Estrenó también, con parejo éxito, comedias, entre las que sobresale su parodia de Zorrilla *, en *Juan el perdío* (1848). Es también autor de varias novelas. [J.B.]

PINAR, FLORENCIA (¿?-¿?). Una de las pocas mujeres poetas del siglo XV. En sus seis poemas de atribución segura se advierte un interés especial por los objetos concretos, y en algunos casos con un fuerte simbolismo erótico e incorporando imaginería procedente de bestiarios *.

BIBLIOGRAFÍA. A. Deyermond, «Spain's first women writers», en *Women in Hispanic Literature: icons and fallen idols*, ed. de B. Miller (Berkeley, 1983). [M.I.T.P.]

PINEDA, CECILE. Véase LITERATURA CHICANA.

PINEDA, JUAN DE. Véanse COLOQUIOS Y DIÁLOGOS EN EL SIGLO XVI, HISTORIOGRAFÍA DEL SIGLO XV e HISTORIOGRAFÍA DE LOS SIGLOS XVI Y XVII.

PINEDA, RAFAEL (Guasipati, Bolívar, Venezuela, 1926). Seudónimo de Rafael Ángel Díaz Sosa, poeta, ensayista, crítico y traductor venezolano. Dirigió con Héctor Mújica * la revista *Contrapunto* *. Ha recibido el premio Municipal de Literatura por su poema *Inmensas soledades del Orinoco* (1969). Entre sus libros de versos figuran *El resplandor de las palabras (1946), *Poemas para recordar a Venezuela* (1951), *El pie de espuma* (1954), *La caza del unicornio* (1956), *Hombre cuadrado* (1957), *El extraño vate* (1957), *Poemas mexicanos* (1970) y *Receso de la esmeralda* (1974). [H.J.B.]

PINEDO, LUIS DE. Véase LITERATURA APOTEGMÁTICA, CUENTOS Y CHISTES.

PINEL Y MONROY, FRANCISCO. Véase HISTORIOGRAFÍA DE LOS SIGLOS XVI Y XVII.

PINILLA, RAMIRO (Bilbao, 1923). Es un escritor de formación autodidacta. Ha publicado las novelas *Las ciegas hormigas* (1961), Premio Nadal; *En el tiempo de los tallos verdes* (1969) y *Seno* (1972), análisis de la vida del pueblo vasco, al que dota de caracteres míticos, y, posteriormente, *El salto* (1975) y *Antonio B... «el Rojo», ciudadano de tercera* (1977), testimonio sobre un marginado social. También ha escrito novelas cortas y libros de relatos, como *¡Recuerda, oh, recuerda!* (1975) y *Primeras historias de la guerra interminable* (1977). [G.R.F.]

PINILLOS, MANUEL (Zaragoza, 1914-1989). Poeta marcadamente individualista. Fundó y editó *Ámbito* (1951-62). Simultaneó la creación poética con el ejercicio de la crítica literaria, vertida en las páginas de *El Heraldo de Aragón*, *Lira Hispana*, *El Universal*, *Álamo* y *Poemas*. Su producción lírica cuenta con los volúmenes siguientes: *A la puerta del hombre* (1948), *Sentado sobre el suelo* (1951), *Demasiados ángeles* (1951), *Tierra de nadie* (1952), *De hombre a hombre* (1952), *La muerte o la vida* (1955), *El octavo día* (1958), *Débil tronco querido* (1959), *Debajo del cielo* (1960), *En corral ajeno* (1962), *Aún queda sol en los veranos* (1962), *Esperar no es un sueño* (1962), *Nada es del todo* (1963), *Atardece sin mí* (1964), *Lugar de origen* (1965), *Del menos al más* (1966), *Viento y marea* (1968), *Hasta aquí, del Edén* (1970), *Sitiado en la orilla* (1976), *Viajero interior* (1980) y *Cuando acorta el día* (1982).

BIBLIOGRAFÍA. J. L. Calvo Carilla, *Introducción a la poesía de Manuel Pinillos. Estudio y antología* (Zaragoza, 1989). [N.M.C.M.]

PINO, ÁNGEL (seudónimo). Véase DÍAZ GARCÉS, JOAQUÍN.

PINO, FRANCISCO (Valladolid, 1910). Poeta y cofundador de las revistas *Meseta*, *DDOOSS* y *A la nueva ventura*. Autor de una obra copiosa, que ha abarcado tanto la lírica tradicional como la más vanguardista. De ella, destacan: *Textos económicos* (1956), *Solar* (1956), *Antisalmos* (1978) y *Hay más* (1989). En *Distinto y junto* (1990), Antonio Piedra ha recogido la secreta trayectoria poética de Pino. [M.G.P.]

PINO, MANUEL DEL. Véase LITERATURA INFANTIL HISPANOAMERICANA.

PINPIN, TOMÁS. Véase LITERATURA FILIPINA.

PINTO, JULIETA (San José de Costa Rica, 1940). El campo y la ciudad inspiran su narrativa. Una sensibilidad rural se une a su gusto por la psicología de los seres afligidos por los conflictos urbanos. *Cuentos de la tierra* (1963), *Si se oyera el silencio* (1967), *La estación que sigue al verano* (1969), *El eco de los pasos* (1978) y *Los marginados* (1984) son algunos de sus títulos. [A.B.F.]

PINTO, MANUEL MARÍA (La Paz, 1872-Buenos Aires, 1942). Es uno de los primeros poetas bolivianos que abrazó la corriente modernista, y se mostró original con sus poemas inspirados en el mundo indígena del altiplano, del que capta las danzas vistosas, los tambores sonoros, las ropas de colores encendidos. Incorpora a la poesía unos vocablos nativos muy bien seleccionados. Sus obras poéticas son *Acuarelas* (1893), *Palabras* (1898) y *Viridario* (1900). Pinto cultivó también el ensayo histórico. [C.C.B.]

PINTO GROTE, CARLOS (La Laguna, Tenerife, 1923). Es neuropsiquiatra. Entre sus numerosos libros de poemas, en los que sobresale un intenso lirismo, se encuentran *Las tardes o el deseo* (1954), *Las preguntas al silencio* (1956), *El llanto alegre* (1957), *Muda compasión del tiempo* (1963), *Siempre ha pasado algo* (1964), *En este gran vacío* (1967), *Sin alba ni crepúsculo* (1967), *Oneiron* (1973), *Unas cosas y otras* (1974), *Tratado del mal* (1981), *Cantatas* (1984) y *La trampa de la noche* (1989). Es autor también de libros de narraciones —*Las horas del hospital y otros cuentos* (1966) y *Un poco de humo y otros relatos* (1984)— y de diversos trabajos científicos y ensayos sobre arte —en 1992 publicó *Juan Ismael. Ocultaciones*, dedicado a un pintor tinerfeño. [A.R.]

PIÑA, JUAN DE (Buendía, Cuenca, h. 1566-?, 1643). Escribano del rey, fue gran amigo de Lope de Vega *. Pese a sus habilidades narrativas y su disponibilidad para la invención y la originalidad, oscureció su lenguaje con rebuscadas metáforas, alegorías y excesivas alusiones mitológicas; su propensión a las elipsis de verbos y adverbios convierte ocasionalmente su estilo en enigma (pese a no abusar de latinismos ni del hipérbaton). Escribió poesía y un libro sobre mitología, *Epítome de las fábulas de la antigüedad* (1635). En 1624 publica sus *Novelas ejemplares y prodigiosas historias*, de indudables resabios cervantinos. El volumen contiene: *La duquesa de Normandía, El celoso engañado, Los amantes sin terceros, El casado por amor, El engaño en la verdad, Amar por ejemplo* y *El matemático dichoso*, así como la comedia en verso *Amar y disimular*. En 1627 da a la luz *Varias fortunas*, integrada por las novelas: *Las fortunas de don Antonio Hurtado de Mendoza, Fortunas del segundo Orlando, Fortunas de la Duquesa de Milán, Leonor Esforzia y Próspera y adversa fortuna del tirano Guillermo, Rey de la Gran Bretaña*. Un año después publicó *Casos prodigiosos y cueva encantada*, donde se funden los elementos de la novela italianizante idealista y casi inverosímil, los episodios o casos realistas, pasionales e intensos, y los de libre fantasía o cierto simbolismo. Los continuó en una *Segunda parte de los Casos prodigiosos* (1629), pero resultó peor escrita y con menor variedad.

BIBLIOGRAFÍA. J. de Piña, *Casos prodigiosos*, ed. de E. Cotarelo (Madrid, 1907); L. Leal, «Las *Novelas morales*, de Juan de Piña Izquierdo», en *Anuario de Letras*, XII, (México, 1974), págs. 221-230; J. de Piña, *Novelas ejemplares y prodigiosas historias*, ed. de E. García de Daisi (Verona, 1987). [E.R.]

PIÑER, LUIS [ÁLVAREZ] (Gijón, Asturias, 1910). Fue colaborador de Gerardo Diego * en la revista *Carmen*. Publicó *Suite alucinada* (1936). Después de mucho tiempo de silencio recogió parte de su obra bajo el título *En resumen* (1989), con prólogo de J. M. Díaz de Guereñu. En sus poemas pueden advertirse los distintos tonos de la poesía más característica de la Generación de 1927. En 1991 se le concedió el Premio Nacional de Literatura. Es autor también de *Tres ensayos de teoría (1940-1945)* (1992). [L.G.M.]

PIÑERA, VIRGILIO (Cárdenas, Cuba, 1912-La Habana, 1979). Perteneció al grupo de «Orígenes» *, pero destacó luego como narrador y dramaturgo. *Las furias* (1941), *La isla en peso* (1943), *Poesía y prosa* (1944) son títulos poéticos reunidos en *La vida entera* (1969). Residió de 1946 a 1958 en Buenos Aires, donde tradujo la novela de Witold Gombrowicz, *Ferdydurke*. Sus primeros cuentos aparecieron en 1942, pero fueron *La carne de René* (novela, 1952) y sobre todo *Cuentos fríos* (1956) las obras que lo revelaron como originalísimo narrador. Dentro de la línea del absurdo, la objetividad de su estilo no oculta una poderosa imaginación angustiada y pesimista, cargada de humor negro, que alcanza a menudo la truculencia. Otras novelas: *Pequeñas maniobras* (1963), *Presiones y diamantes* (1967).

Como dramaturgo, Piñera ha ejercido una gran influencia en los jóvenes autores de hoy. En su obra se observa la simbiosis de lo cubano con las corrientes teatrales europeas del momento. Sus primeros títulos datan de finales de la década de los cuarenta, ya entonces practicaba el absurdo en la escena como lo prueba *Falsa alarma*, escrita en 1948 y estrenada en 1957. Principio esencial de su teatro es presentar lo trágico y existencial a través de lo cómico y lo grotesco. A *Electra Garrigó* (1948) y *Jesús* (1950), se unen *La boda* (1958) y *El flaco y el gordo* (1959), en la que los rasgos cómicos surgen de la hiriente realidad: al gordo siempre se le come el flaco. Obras de madurez son: *Aire frío* (1959), *Siempre se olvida algo* (1964), y sobre todo *Dos viejos pánicos* (1968), ejemplo de teatro de la crueldad en el que el miedo obliga a unos seres absurdos a penetrar en un juego continuo y estéril que persigue el exorcismo de sus temores.

BIBLIOGRAFÍA. D. Zalacaín, *Teatro absurdista hispanoamericano* (Valencia, 1985); R. Aguilú de Murphy, *Los textos dramáticos de Virgilio Piñera y el teatro del absurdo* (Madrid, 1989); C. L. Torres, *La cuentística de Virgilio Piñera. Estrategias humorísticas* (Madrid, 1989). [C.R.B.]

PIRALA Y CRIADO, ANTONIO (Madrid, 1824-1903). Académico en la de Historia y de la Lengua, colaboró en *La Ilustración Española*, *La España Moderna* y *Gente Vieja*. Es ante todo historiador, lo que se deja notar en la prosa narrativa de *Celinda* (1843). [J.B.]

PÍRIZ-CARBONELL, LORENZO. Véase TEATRO ESPAÑOL POSTERIOR A 1975.

PISCATOR DE SALAMANCA, EL (seudónimo). Véase TORRES VILLARROEL, DIEGO DE.

PISÓN Y VARGAS, RAMÓN DE. Véase FABULISTAS ESPAÑOLES DE LOS SIGLOS XVIII Y XIX.

PITA, SANTIAGO DE (La Habana, ?-1755). Su *Príncipe jardinero y fingido Cloridano* (1730-33) es una de las mejores piezas de teatro de su época, quizá inspirada en la de Giacinto H. Cicognini (1606-60) o tal vez en el *Poema de Apolonio*. Su estilo, elegante y diverso, es sintomático del desfase que a menudo revelan las letras coloniales. En sus textos detectamos ecos lopescos, calderonianos y de Moreto *. Su obra es ajena al racionalismo dieciochesco.

BIBLIOGRAFÍA. J. J. Arrom, «Consideraciones sobre el *Príncipe jardinero y fingido Cloridano*», en *Estudios de literatura hispanoamericana* (La Habana, 1950). [E.P.-W.]

PITA RODRÍGUEZ, FÉLIX (Bejucal, Cuba, 1909-La Habana, 1990). Es autor de ensayos sobre distintos temas, y de los poemarios *Corcel de fuego* (1948), *Las crónicas. Poesía bajo consigna* (1961), *Las noches* (1964) e *Historia tan natural* (1971), donde las referencias literarias y personales dejan paso al compromiso con la Revolución cubana. Dio a conocer colecciones de relatos como *Tobías* (1955) y *Esa larga tarea de aprender a morir* (1960), antes de publicar sus *Cuentos completos* (1964). [T.F.]

PITILLAS, JORGE (seudónimo). Véase LOSADA, LUIS DE.

PÍTIMA, ACADEMIA. Véase ACADEMIAS.

PITOL, SERGIO (Puebla, México, 1933). Diplomático y escritor. Con *Victorio Ferri cuenta un cuento* (1958) inicia una abundante producción de relatos breves, que reunió en los volúmenes *Tiempo cercado* (1959), *Infierno de todos* (1964), *Los climas* (1966), *No hay tal lugar* (1967), *Del encuentro nupcial* (1970), *Nocturno de Bujara* o *Vals de Mefisto* (1981) y *El asedio del fuego* (1984). Con *El tañido de una flauta* (1972), *Juegos florales* (1982), *El desfile del amor* (1984), *Domar a la divina garza* (1988) y *La vida conyugal* (1991), se ha revelado también como un novelista notable. Su literatura se muestra obsesivamente fijada en el pasado, al que siempre vuelven unos personajes amenazados por la soledad y el dolor, y en los últimos tiempos muestra una inclinación creciente hacia la recreación caricaturesca de la realidad. Ha traducido del inglés a Henry James, Jane Austen y Joseph Conrad, y del polaco a Witold Gombrowicz, Alexander Zeromsky, Jerzy Andrezjiewski y otros autores.

BIBLIOGRAFÍA. R. M. Cluff, *Siete acercamientos al relato mexicano actual* (México, 1989). [T.F.]

PITTY, DIMAS LIDIO. Véase HISPANOAMÉRICA: NARRATIVA ACTUAL.

PIZARNIK, ALEJANDRA (Buenos Aires, 1936-1972). Desde su precoz comienzo con *La tierra más ajena* (1955), fue celebrada como una de las principales voces líricas de su generación, aunque siempre ha ocupado un lugar peculiar, debido a su culto por una meditación de la palabra acerca de sí misma, actitud infrecuente en la poesía argentina. Su obra comprende *La última inocencia* (1956), *Las aventuras perdidas* (1958), *Árbol de Diana* (1962), *Los trabajos y las noches* (1965), *Extracción de la piedra de locura* (1968) y *El infierno musical* (1971). Aparte de estos poemarios, ha ensayado la narración breve y lírica. Escribió la biografía poemática *La condesa sangrienta* (1971). Residió largas temporadas en Europa y los Estados Unidos, cultivando relaciones literarias y trabajando en el campo de la traducción [B.M.]

PLA, JOSEFINA (Fuerteventura, Canarias, 1909). Poeta, periodista, dramaturga, narradora, ensayista y crítica de arte. Aunque española de nacimiento, su nombre y su obra están totalmente identificados con la cultura paraguaya de este siglo. Radicada en Asunción desde 1927, ha incursionado con éxito en todos los géneros y colabora asiduamente en innumerables publicaciones locales y extranjeras. Como merecido homenaje a su labor de tantos años, en 1981 la Universidad Nacional de su país de adopción le concedió el título de doctora *honoris causa*, galardón que se une a muchas otras merecidas distinciones de que ha sido objeto en los últimos años, entre ellas: dama de la Orden de Isabel la Católica (España, 1977), mujer del año (Paraguay, 1977), medalla del Ministerio de Cultura de San Pablo (Brasil, 1979), trofeo Ollantay del Centro Latinoamericano de Creación e Investigación Teatral, por investigación teatral (Venezuela, 1983), y miembro correspondiente de la Real Academia Española de la Historia (España, 1987). Con más de sesenta años de intensa y fecunda labor creativa y crítica y más de cincuenta libros publicados hasta la fecha, nos limitaremos a mencionar aquí sólo algunos de los títulos más representativos de su extensa bibliografía. En poesía se destacan *El precio de los sueños* (1934), su primer libro, *El polvo enamorado* (1968) y tres poemarios recientes: *Tiempo y ti-*

niebla (1982), *Cambiar sueños por sombras* (1984) y *La llama y la arena* (1987). Su producción narrativa incluye algunas colecciones de cuentos, entre ellas: *La mano en la tierra* (1963), *El espejo y el canasto* (1981) y *La muralla robada* (1989). En teatro, es coautora (con Roque Centurión Miranda*) de varias obras —entre otras: *Episodios chaqueños* (1933), *Desheredado* (1942) y *Aquí no ha pasado nada,* premiada por el Ateneo Uruguayo (1942)— y autora de muchas más, entre ellas: *La cocina de las sombras, Historia de un número* (1969) y *Fiesta en el río* (1977). De su prolífica producción ensayística y crítica más reciente sobresalen: *Voces femeninas en la poesía paraguaya* (1982), *La cultura paraguaya y el libro* (1983), *Españoles en la cultura del Paraguay* (1985) y *En la piel de la mujer* (1987). [T.M.F.]

PLA, JOSEP (Palafrugell, Gerona, 1897-Llofriu, Gerona, 1981). Estudió Derecho y se dedicó al periodismo. Colaboró en diversos periódicos y revistas de Madrid y Barcelona, como *La Publicitat, La Veu, El Sol* y, ya en la posguerra, en *Destino*. Fue corresponsal en el extranjero. Pla ocupa un lugar destacado en la literatura catalana, lengua en la que escribió la mayor parte de su extensa obra —la edición completa de ésta comprende cuarenta y seis volúmenes—. Sólo incidentalmente —o por la imposibilidad, en la inmediata posguerra, de publicar en catalán— utilizó el castellano en obras como *Historia de la Segunda República española* (1940-41), *Las ciudades del mar* (1942), *Viaje en autobús* (1942), *Rusiñol y su tiempo* (1942), *El pintor Joaquín Mir* (1944), *Un señor de Barcelona* (1945), *Humor honesto y vago* (1945), *La huida del tiempo* (1945), *Viaje a pie* (1949), *Guía de Mallorca, Menorca e Ibiza* (1950) y *Lo infinitamente pequeño* (1954). Desde 1947 reanudó sus escritos en catalán.

BIBLIOGRAFÍA. J. M.ª Castellet, *Josep Pla o la razón narrativa* (Barcelona, 1982). [G.R.F.]

PLA, ROGER. Véase HISPANOAMÉRICA: NARRATIVA ACTUAL.

PLACENCIA, ALFREDO ROMÁN (Jalostotitlán, Jalisco, México, 1875-Guadalajara, México, 1930). Cura de pueblo, afectado de pobreza, alcoholismo y melancolía, escribió encendidos y asombrosos (así como muy heterodoxos) poemas de examen de conciencia y de furia y amor religiosos, que muestran el efecto de algún tipo de romanticismo bronco y de ciertos aspectos del modernismo (los abismos introspectivos de Rubén Darío*, Díaz Mirón*, López Velarde*). Su poesía es una gran protesta personal contra la violencia y la miseria, contra Dios o contra la teología, contra la jerarquía eclesiástica (que lo obligó a desterrarse en Estados Unidos y El Salvador) o contra sí mismo. Su gran poema de la vida en desastre es su interpelación a Dios: «Así te ves mejor, crucificado», de su principal obra: *El libro de Dios* (1924). Otros libros : *Del cuartel y del claustro* (1924), *El paso del dolor* (1924), *Poesías* (1959). [J.J.B.]

PLÁCIDAS, EL CAVALLERO. Este breve relato en prosa, escrito en leonés quizá en el primer cuarto del siglo XIV, reelabora un original francés; recoge la leyenda de San Eustaquio, con una parte inicial y final hagiográfica, de conversión y martirio, y otra central, de aventuras, que trata de la separación y posterior reunión feliz de la familia de Plácidas, de gran influencia en la narrativa medieval.

BIBLIOGRAFÍA. *El cavallero Pláçidas* (Ms. esc. h-I-13), ed. de R. M. Walker (Exeter, 1982). [J.M.C.B.]

PLÁCIDO (seudónimo). Véase VALDÉS, GABRIEL DE LA CONCEPCIÓN.

PLANCHART, JULIO (Caracas, 1885-1948). Ensayista, novelista y crítico. Fundador —junto con Rómulo Gallegos * y otros— de la revista *La Alborada* (1909) y del Círculo de Bellas Artes (1912). Autor de cuentos, novelas y dramas, destacó sobre todo en la crítica literaria. Obras: *Oviedo y Baños y su «Historia de la conquista de Venezuela»* (1914), *Estos hombres de ahora* (novela corta, 1922), *Historia de la casa de Bolívar y anotaciones sobre su reedificación* (1924), *Los Montijos* (caps. 1-4 de la novela, 1925). *Reflexiones sobre novelas venezolanas con motivo de «La trepadora»* (1927), *La república de Caín* (comedia en verso, 1936), *Tendencias de la lírica venezolana a fines del siglo XIX* (1940). [C.R. de G.]

PLANO, JUAN FRANCISCO DEL (Zaragoza, ¿1762?-1808). Su amor al teatro se hace evidente tanto en su *Ensayo sobre la mejoría de nuestro teatro* (1789), como en su *Arte poética* (1784), en tercetos que imitan a los Argensola *. Como creador escribió la tragedia *El sacrificio de Calliroe* (1797), la comedia *La orgullosa* (1801), y algunas poesías, que fueron recopiladas tras su muerte bajo el título *Poesías selectas* (1880), en la *Biblioteca de Escritores Aragoneses*. [J.B.]

PLATERO, JOSÉ MARÍA (Madrid, 1893-¿?). Poeta en la órbita del simbolismo, con obras como *Las primeras rosas* (1913), *Tránsito* (1914) y *Poema del buen anunciamiento* (1916). [J.B.]

PLAZA, ANTONIO (Apaseo, Guanajuato, México, 1832-México, D.F., 1882). Paradigma del poeta bohemio, vivió la verdadera miseria como poeta «maldito», y cantó enfebrecidamente a las prostitutas como emperatrices celestiales. No hay poeta más requerido en México por el público de libros de declamación: su *Álbum del corazón*, de 1870, sigue reeditándose anualmente. [J.J.B.]

PLOU, ALFONSO. Véase TEATRO ESPAÑOL POSTERIOR A 1975.

POBLETE, PASCUAL. Véase LITERATURA FILIPINA.

POBRECITO HABLADOR, EL (seudónimo). Véase LARRA Y SÁNCHEZ DE CASTRO, MARIANO JOSÉ DE.

POBRECITO HOLGAZÁN, EL (seudónimo). Véase MIÑANO Y BEDOYA, SEBASTIÁN DE.

POÇA, ANDRÉS. Véase IDEAS LINGÜÍSTICAS DEL SIGLO DE ORO.

POCATERRA, JOSÉ RAFAEL (Valencia, Carabobo, Venezuela, 1889-Montreal, Canadá, 1955). Escritor y político. Colaboró en el periódico *Caín*, opositor del gobierno de Cipriano Castro, por lo que fue encarcelado (1907). En 1909 es secretario del Ministerio de Obras Públicas durante la presidencia de Juan Vicente Gómez. En 1911 escribe su primera novela: *Política feminista* (o *El doctor Bebé*) (1913), donde satiriza la situación social y política de las ciudades de provincia durante el gobierno de Cipriano Castro. En Maracaibo colabora en *El Fonógrafo* y luego dirige esta publicación. Dirige también la revista *Caracteres* y escribe la novela *Tierra del sol amada* (1917). Encarcelado por razones políticas, escribe en prisión *Memorias de un venezolano de la decadencia* (1919), que se publicó en Colombia en 1927; *La casa de los Abila*, publicada en 1946, y varios de sus *Cuentos grotescos* (1922). Otra novela suya es *Vidas oscuras* (1913).

BIBLIOGRAFÍA. J. A. Castro, *El sentido de lo grotesco en los cuentos de Pocaterra* (Maracaibo, 1968); L. A. Arcay, *Evocación de Pocaterra* (Valencia, Venezuela, 1970); M. J. Tejera, *José Rafael Pocaterra: Ficción y denuncia* (Caracas, 1976). [C.R. de G.]

PODESTÁ, JOSÉ. Véase LITERATURA GAUCHESCA.

PODESTÁ, MANUEL T. Véase NATURALISMO EN HISPANOAMÉRICA.

POEMA DE MIO CID. Véase CANTAR DE MIO CID.

POEMA DE YÚÇUF (¿segunda mitad del s. XIV?). En dos copias fragmentarias que emplean caracteres árabes, con lo que se conforma como un ejemplo capital de la literatura aljamiada, se conserva el *Poema de Yúçuf*, donde se nos ofrece, aunque incompleta, la historia de José, el hijo de Jacob, según la versión coránica del *Génesis*, a la que se suman detalles y pormenores coincidentes con las versiones y refundiciones debidas a Cab, Talaví, Kisai, Firduasi, más la incluida en el *Safer Haiyaschar (Libro del justo)*.

El autor, posiblemente aragonés, a juzgar por los rasgos lingüísticos, es sin duda un musulmán que escribe para personas de su religión, echando mano de la cuaderna vía, aun cuando los hemistiquios heptasilábicos y octosilábicos se mezclan indiscriminadamente, mientras que las rimas no consonánticas alcanzan un 51,47 %, según mi propio cómputo. La fecha permanece imprecisa entre los siglos XIII y XIV, si bien su especial forma de tratar los materiales, el carácter de desorden y descomposición y las peculiaridades métricas apoyan su datación en la segunda mitad de la decimocuarta centuria.

BIBLIOGRAFÍA. R. Menéndez Pidal, «*Poema de Yúçuf*»: *materiales para su estudio* [1902] (Granada, 1952); W. W. Johnson, *The «Poema de José». A transcription and comparison of the extant manuscripts* (Mississipi, 1974). [N.S.M.]

POESÍA ÉPICA DE LOS SIGLOS XVI Y XVII. Es una paradoja que, según las convenciones de la retórica, el género épico fuera considerado el más prestigioso durante el Siglo de Oro; paradoja, porque pobre es el panorama que puede presentarse de la épica española. No en vano, la epopeya era la heredera de los grandes poetas clásicos, Horacio, Virgilio, Lucano, y se regía por las ordenanzas más rígidas del mundo literario: su estilo debía ser sublime, sus héroes, modelos de comportamiento, sus enseñanzas, provechosas, etc. Con los ojos puestos en los clásicos, no es extraño que se multiplicaran las traducciones ni que se imitara a los modelos incluso a la hora de dividir los poemas en cantos. Sin embargo, el metro utilizado preferentemente era de origen italiano: la octava real; aunque se realizaron algunos ensayos con quintillas o tercetos, la estrofa que utilizaron Boiardo y Ariosto en sus respectivos *Orlandos* fue la que se impuso en toda Europa. Tras los pasos de Ariosto, pues, comenzó a andar la épica española: suele aceptarse que la *Christo Pathia* de Juan de Quirós (1552) es la primera muestra del género en el Siglo de Oro. Sin embargo, el modelo iba a ser prontamente sustituido. Desde Italia, donde la discusión erudita llegó frecuentemente al insulto, llegaban nuevas reglas para la poesía épica. Las doctrinas de Aristóteles y Horacio habían sido revisadas y, con ello, se separaron irremisiblemente *romanzi* (obras de libre invención en la línea de Ariosto) y poemas épicos (ligados a la historia). El mejor representante de esta escuela era Torquato Tasso, preceptista de renombre y autor de la *Gerusalemme liberata*. Este poema, pronto traducido al español, fue el nuevo modelo épico, y a veces se le imitó demasiado ceñidamente. En España defendieron la maestría de Tasso Alonso López Pinciano * y Francisco Cascales *, aunque —siguiendo también aquí los gustos de Italia— bien entrado el siglo XVII fue denostado por Faria y Sousa * o Trillo y Figueroa *. Fruto de esa nueva visión fueron los «poemas heroicos», donde se suprimieron los hechos sobrenaturales de la acción.

Hemos dicho arriba que el panorama épico español era pobre, y es verdad. La mejor obra hispánica fue, sin la menor duda, Os Lusíadas de Camões *. Pocos textos españoles pueden compararse con el portugués: La Araucana de Ercilla * en primer lugar y, a prudente distancia, las obras de J. Rufo *, Balbuena *, Virués *, Hojeda * y Lope de Vega *. En efecto, Lope buscó con los versos heroicos la aprobación que nunca tuvo de los doctos; más que la fama o el dinero que le podían dar sus poesías y comedias, quiso obtener la misma consideración que aquellos mostraban por —es un caso— Góngora *, pero en vano escribió siete obras épicas desde La Dragontea (1598) o El Isidro (1599) hasta La Gatomaquia (1634). Nunca lo consiguió. Y es que la musa épica no sonreía a España en esos tiempos. Mejor fortuna que infinidad de autores —algunos de los cuales veremos en seguida— tuvieron las obras heroicas de Fernando de Herrera * o Góngora, aunque nunca llegaron a escribir una verdadera epopeya. Sin embargo, obras verdaderamente épicas se pueden contar por centenares en el Siglo de Oro, y se podrían dividir en diferentes apartados según su tema.

Los héroes de firme raigambre, como don Pelayo, el Cid o Bernardo del Carpio, revivieron en las plumas de Francisco Garrido de Villena (Roncesvalles, 1555), Diego Jiménez de Ayllón * (Hechos del Cid, 1568), Agustín Alonso (Bernardo del Carpio, 1585) o Alonso López Pinciano (El Pelayo, 1605), aunque el mejor representante es, sin duda, El Bernardo de Balbuena. La reconquista se convirtió en fuente de inspiración para Duarte Díaz (Don Fernando y doña Isabel, 1590), Cristóbal de Mesa * (Las Navas de Tolosa, 1594), Juan de la Cueva * (Conquista de la Bética, 1603) o Juan Antonio de Vera y Figueroa (El Fernando, 1632). Otras veces se acudía a temas de lo más variado, como Joan Soares de Alarcón en La infanta Inés de Castro (1606) o Antonio de Viana, autor de las Antigüedades de las islas Afortunadas (1604). Las guerras de Nápoles fueron cantadas por Trillo y Figueroa (La Neapolisea, 1651) y Francisco de Borja * (Nápoles recuperada, 1651). La historia contemporánea también se elevó a la altura de la epopeya. Así ocurrió con las campañas de Carlos V, poetizadas por Jerónimo Sempere en La Carolea (1650), Jerónimo de Urrea * en El victorioso Carlos V (1584) y, sobre todo, en el Carlo famoso de Zapata * (1566). La batalla de Lepanto la cantaron Rufo, Jerónimo de Corte Real (1570) y Pedro Manrique, pero no faltaron poemas sobre las guerras de Malta y Flandes, los terremotos o la expulsión de los moriscos (Gaspar Aguilar * escribió sobre este tema en 1610, Juan Méndez de Vasconcelos en 1612 y Vicente Pérez de Culla en 1635). Mención aparte merecen los poemas sobre la conquista americana, entre los que sobresalen La Araucana y sus diferentes continuaciones.

El mundo clásico se asomó a la épica española de dos maneras: como materia poética o como marco histórico. En el primer sentido, encontramos Los titanes y los dioses de Diego Gutiérrez de Pamanes (1607), sendas Gigantomaquias de Manuel de Gallegos (1628) y de Francisco de Sandoval (1630), o Atalanta e Hipomenes de Juan de Moncayo * (1656). En el segundo, podemos recordar la Historia de Sagunto de Lorenzo de Zamora (1589), La Iberiada de Gaspar Savariego (1603) o La Numantina de Francisco Mosquera (1612).

Sin embargo, la palma —por lo menos en cantidad— se la llevan los poemas de tema religioso. Ya los italianos (Sannazaro, Alamanni, Vida, Tansillo) se habían adelantado a los españoles al escoger el estilo más elevado para este menester, y ya hemos dicho que la primera obra épica del Siglo de Oro es la *Christo Pathia*. Sólo entre quienes escribieron sobre la vida de Cristo podemos señalar a Alonso Girón (1563, y una nueva versión en 1588), Diego Ramírez Pagán * (1564), Francisco Hernández Blasco (1584, y veinte ediciones más con las continuaciones de su hermano Luis hasta 1629), Diego Sánchez de la Cámara (1589), Alonso de la Sierra (1605), Hernando de Camargo (1619), Juan Bautista de Ávila (1661), etc. Los mejores exponentes son *La Christiada* de Diego de Hojeda (1611) y la obra de igual título de Juan Francisco de Enciso (1694), sin olvidar que no cesaron de imprimirse textos medievales como la *Pasión* de Diego de San Pedro * o el *Retablo* de Juan de Padilla *. No faltaron poemas sobre el Antiguo Testamento, como *Creación del mundo* de Alonso de Acevedo * (1615), *David* de Jacobo Uziel (1624), *El Macabeo* de Miguel Silveira * (1638) o *Sansón nazareno* de Antonio Enríquez Gómez * (1656). Se escribieron también infinidad de poemas en honor de los santos y, sobre todo, de la Virgen María y de San José. Entre ellos hay que recordar la famosísima *Vida de San Joseph* de Valdivielso * (31 ediciones entre 1604 y 1696), aunque también son importantes los escritos sobre la Virgen de Pedro de Padilla * (1587), Antonio de Ribera (1616), Baltasar Elisio de Medinilla * (1617), Antonio Hurtado de Mendoza * (1652 y nueve ediciones más hasta 1688), etc. Entre los panegíricos de los santos merecen atención especial los dedicados a Santa Teresa de Jesús *, como los de Pablo Verdugo de la Cueva (1615), Bartolomé de Segura (1619) o Juan Bautista Felices (1623). Se cuentan también entre los poemas religiosos los que relatan milagros y martirios, como *Los cinco mártires de Arabia* de Damián Rodríguez de Vargas (1624) o el *Martirio de los santos mártires* de Cristóbal de Tamariz (1684), pero el mejor es, sin duda, *El Monserrate* de Virués.

En un mundo contradictorio como el de los hombres de la época, no es de extrañar que el género más elevado recibiera también una mirada desmitificadora. Así, como había ocurrido en Italia, apareció la épica burlesca, donde lo sublime del estilo contrasta con un tema trivial, incluso chocarrero, o con los personajes. Es el caso de *Las necedades y locuras de Orlando* de Quevedo *, o de poemas donde los protagonistas son animales, como *La Crespina Marauzmana* de Cintio Merotisso (1604) o *La Mosquea* de José de Villaviciosa * (1615).

BIBLIOGRAFÍA. M. Chevalier, *L'Arioste en Espagne (1530-1650)* (Burdeos, 1966); F. Pierce, *La poesía épica del Siglo de Oro* (Madrid, 1968); G. Caravaggi, *Studi sull'epica ispanica del Rinascimento* (Pisa, 1974). [R.R.]

POESÍA ÉPICA DE LOS SIGLOS XVIII Y XIX. La épica culta languidece en el setecientos. Sería falso deducir de los títulos y de la variedad temática su vigencia, porque ni la extensión de las obras ni su calidad lo permiten. Aun cuando no existe en la española la discusión que se plantea sobre el género en otras literaturas, aparecen síntomas de desintegración del modelo clásico. Aparte los *poemas* mitológicos, alegóricos, didácticos, morales y satírico-burlescos, entre los que con más propiedad cabe considerar *épicos* predominan los de dos o tres *cantos* sobre los que superan ese número, siendo muy frecuentes los de uno, llamados también *rasgos*. Estos describen más que narran una escena o episodio breve en que el héroe pone a prueba sus virtudes.

Por su cantidad y características destacan los *religiosos* e *históricos*. En cierto modo enlazan la épica renacentista y barroca con la narrativa poemática decimonónica. De los primeros superan los *hagiográficos* a los marianos y cristográficos. La mayoría de sus autores son clérigos, más preocupados por mover la devoción popular que por atenerse a las reglas de la Poética. Cuentan vidas y milagros de santos recurriendo a la intervención de lo maravilloso y sobrenatural, expresado con diversidad estilística y formas tradicionales, solas o combinadas con la octava, que sigue siendo la estrofa preferida para los poemas de mayores proporciones y pretensiones. La recuperación del prestigio europeo de Milton en los últimos años del siglo impulsó en España cierto auge de los temas bíblicos. *El Juicio Final* (1785), de Cristóbal Cladera *, los poemas homónimos *La Caída de Luzbel*, de Juan Meléndez Valdés * (¿1784?, 1.ª ed.: 1820) y Donato de Arenzana * (1789), y *La inocencia perdida*, de Félix José Reinoso * (1798) y Alberto Lista * (1798; 1.ª ed.: 1848), están inspirados por el *Paraíso perdido*. La musa sagrada se desvanece después y no resurge hasta la segunda mitad del siglo XIX por obra de clérigos aficionados, más retóricos que poetas.

Entre quienes escriben sobre asuntos *históricos*, apenas merece atención la edad antigua ni, por razones obvias, la época de los Austrias; en cambio, son relativamente frecuentes los poemas —cantos y rasgos sobre todo— que se dedican a la nueva dinastía y a los hechos heroicos que la prestigian. A tal fin compone los suyos Eugenio Gerardo Lobo * sobre algunas acciones de la Guerra de Sucesión, y Torres Villarroel * la *Conquista del Reino de Nápoles por su rey D. Carlos de Borbón* (1735). Estos panegíricos, de invariable estructura y estereotipado énfasis, perdurarán hasta el primer tercio del ochocientos. Todavía continúa esa línea el *Canto épico al Rey Don Fernando VII* (1828) de Ventura de la Vega *.

Pero los dos grupos que más interesan por su proyección en la centuria siguiente son los que cantan las gestas americanas y de la Reconquista, de los que destacan los ciclos sobre Cortés y Rodrigo. El conquistador por antonomasia inspiró *époi* graves y ligeros, extensos y breves. En el debate ideológico de la Ilustración el mito cortesiano fue revisado desde las afirmaciones tradicionales de la *Hernandía* (1755), de Francisco Ruiz de León, y *Méjico conquistada* (1798), de Juan Escoiquiz, hasta las reticencias de Pedro de Montengón en la *Conquista de Méjico* (1820), que sintoniza con la crítica europea, a cuyo paso había salido la Academia con su concurso sobre la anecdótica «destrucción de las naves» (1777), en el que participaron, junto con el premiado José María Vaca de Guzmán *, Nicolás Fernández de Moratín * y José Iglesias de la Casa *, entre otros. A partir del Romanticismo, Cortés atrajo también a los poetas que ensayaron epopeyas (García Gutiérrez *, Escosura *), *romances históricos* (duque de Rivas *) y *romanceros* (Hurtado), convirtiéndose en héroe de ficción novelesca.

Aunque la tradición medieval no había desaparecido en ningún momento en nuestra cultura, desde 1780 aproximadamente se observa su crecimiento en sintonía con el de la medievofilia europea. En el género épico se manifiesta con la recuperación de los héroes del pasado y con la experimentación en la forma y los procedimientos narrativos. Si bien en sus respectivos prólogos los autores suelen afirmarse en la fidelidad a los hechos históricos, cada vez son más frecuentes las concesiones a la leyenda y a la libre imaginación. Ello se debe a una clara consciencia del desplazamiento del gusto de los lectores, en parte provocado por el desarrollo de la novela, de modo que ambos géneros, al entrar en competencia, se influyen. Por otro lado, al buscar la correspondencia de los asuntos elevados con una forma autóctona noble, ensayarán el romance de endecasílabos en sustitución de la octava. El cambio se advierte tanto en las traducciones de epopeyas clásicas y modernas extranjeras, como en las creaciones originales, en algún caso fomentado por la misma Academia; en el concurso de 1779 sobre la «toma de Granada», por ejemplo. No obstante, el predominio de la estrofa emblemática de la épica no cesó ni siquiera durante el Romanticismo, si bien cedió protagonismo al romance heroico y al endecasílabo suelto.

Aunque los primeros síntomas del fenómeno se advierten en los años finiseculares, se intensifica en el siglo XIX, entre 1808 y 1834; es decir, entre la composición de los primeros poemas sobre la Guerra de la Independencia y la de *El moro expósito*. Es el período crítico en que los modelos virgiliano, ariostesco y tassiano de *épos* dan paso a la *leyenda*. Es también el momento de una fructífera reconsideración crítica.

Los sitios de Zaragoza inspiraron considerable número de *cantos* y *poemas heroicos*, entre los que destaca *La Iberiada* (1813; 2.ª ed.: 1826), en doce cantos, de Ramón Valvidares y Longo. También la contienda en general fue el tema escogido por Salvador María Granes * en *El templo de la Fama* (1815). La novedad no está tanto en el nivel lingüístico-retórico como en el tono. Su talante patriótico se traduce en alusiones frecuentes a hechos y héroes de la Reconquista, con intención traslaticia. Terminada la Guerra, lo medieval se convierte de motivo referente en tema central de una serie de poemas que muy claramente acusan las vacilaciones y audacias de sus autores para renovar un género sentido como obsoleto. La evolución de la poesía narrativa de Ángel de Saavedra puede jalonar el proceso general: *El paso honroso* (1812; 1820 en su versión definitiva) coincide en aspectos formales y estructurales con la *Ommíada* (1816), del conde de Noroña *, con los *Fragmentos de un poema* sobre la conquista de Vélez de la Gomera, de Martínez de la Rosa *, y con la también inconclusa *Sevilla restaurada*, de Eugenio de Tapia *. *Florinda* (1824-1826) representa la transición del poema clásico a la leyenda romántica. A su lado hay que situar el importante precedente de *La pérdida de España* (1820), de Montengón, *El Pelayo* inacabado de Espronceda *, y *Don Opas* (1833), que José Joaquín de Mora * incluyó entre sus *Leyendas españolas* (1840). *El moro expósito* supuso la culminación del proceso, junto a *Esvero y Almedora*, de Juan María Maury *, algo anterior a la *leyenda* de Rivas, aunque publicado en 1840. Son dos creaciones singulares en medio de un panorama de mediocridades. Maury escribe un *romanzo* bajo el influjo de Ariosto y Tasso, intentando armonizar el clasicismo de la épica erudita con las innovaciones de la poesía narrativa de Scott y Byron; Saavedra se acercaba a la épica tradicional y a la novela scottiana, integrando en una misma obra todos los componentes que venían ensayándose desde principios de siglo.

Ninguna de las dos fórmulas tuvo en rigor continuadores. La generación siguiente optó por otras soluciones. El *cuento trovadoresco*, como *El bulto vestido de negro capuz* (1835), de Escosura, o *fantástico*, como *El estudiante de Salamanca*, el *poema* al estilo de *El Diablo Mundo* y la *leyenda* diseñada por Zorrilla * se impusieron y mantuvieron su vigor durante dos o tres décadas. En especial esta última compartió éxito popular con los *romances históricos* de Rivas y de sus imitadores durante la segunda mitad del siglo. Y más que decaer entró en competencia con los cuentos realistas de Campoamor * y Núñez de Arce *.

Mientras la poesía narrativa originada por los románticos completaba este recorrido, la épica culta quedaba reducida a distraer ocios de archiveros, clérigos y militares que persistían en la composición de poemas en entonadas octavas sobre la vida de Jesús y de sus santos o de héroes locales. A veces, su tenacidad por mantener un género anacrónico era premiada en provincianos juegos florales.

BIBLIOGRAFÍA. F. Pierce, «The "canto épico" of the Seventeenth and Eighteent Centuries», en *Hispanic Review* (1947), págs. 11-48; J. M. Cossío, *Cincuenta años de poesía española (1850-1900)* (Madrid, 1960); M. Nerlich, *Untersuchungen zur Theorie der Klassizistischen Epos in Spanien (1700-1850)* (Ginebra-París, 1964). [L.D.L.]

POESÍA ESPAÑOLA.

SIGLOS XVI Y XVII: Como en otros géneros, pero con diferentes matices por su peculiar transmisión oral y cantada, además de impresa y manuscrita, la poesía siguió hasta mediados del siglo XVI la tradición que arrancaba del *Cancionero general* * de 1511, esto es, la poesía que se había compuesto desde Juan de Mena *, Santillana * y Jorge Manrique *, con nuevas inflexiones como las de Garci Sánchez de Badajoz * o Boscán *. El octosílabo, para los poemas menores —motes, villancicos y canciones con sus glosas, romances—, y el arte mayor, para los poemas de tema grave —preguntas, decires, poesía narrativa y didáctica—, eran los metros constitutivos de las estrofas más frecuentes, como la copla castellana, las varias de pie quebrado —en las que intervenían tetrasílabos—, la copla real y la copla de arte mayor. Con la publicación de las *Obras* de Boscán y Garcilaso de la Vega * en 1543 y la introducción del endecasílabo y sus combinaciones estróficas —tercetos, cuartetos, sonetos, octavas reales, sueltos o en estancias combinado con el heptasílabo, formando canciones—, y una nueva lengua poética, la poesía española cambió profundamente. El endecasílabo y su poética desterraron desde 1555 al arte mayor, pero el arte menor, en particular el octosílabo, adquirió mayor pujanza al insertar en la poética conceptista medieval la nueva lengua y sensibilidad renacentistas. Fueron Castillejo *, Diego Hurtado de Mendoza *, Jorge de Montemayor *, Lope de Vega * y Góngora * quienes con mayor empeño se esforzaron en este proceso de dignificación de un metro de tradición nacional —como es el caso del romance o la redondilla—, tan útil para reflejar la lengua coloquial —en el teatro, por ejemplo— como para crear una poética repleta de dificultades conceptistas y culteranas —la gongorina *Fábula de Píramo y Tisbe* o la misma creación de la décima—. La comedia nueva es un producto ejemplar de la simbiosis de los metros y géneros de la tradición octosilábica y la italiana al utilizar unos y otros de acuerdo con los contenidos y usos de sus estrofas. Se suele historiar la poesía de estos siglos por generaciones —de Garcilaso, de Herrera, de Lope, etc.— o por grupos geográficos, con el más amplio de los castellanos frente a andaluces, y los más específicos: el salmantino, con fray Luis de León * a la cabeza; el sevillano, con Herrera *; el aragonés, con los Argensola *; el alcalaíno, con Figueroa *, Cervantes * y sus amigos; el antequerano-granadino, con Espinosa *, Soto de Rojas *, etc. Conceptos didácticos pero que falsean en parte la realidad al ser la literatura un arte de modelos dignos de imitación, en este caso de los grandes poetas de la época que, aunque en general no publicaron sus obras, tuvieron amplia difusión oral y manuscrita. Garcilaso es el gran modelo, que sólo decae a partir de 1612, con el triunfo del gongorismo. Y con él sus fuentes: Petrarca, Ariosto, Bernardo Tasso, Tansillo. Garcilasistas e italianistas —con modelos como Varchi, Molza, Bembo y otros poetas de las antologías italianas de flores de poetas ilustres— son la mayoría de los poetas que componen entre 1540 y 1570: Acuña *, Aldana *, Cetina *, Figueroa, etc. Si Herrera, partiendo de los mismos modelos, abre el camino hacia una poética neopetrarquista original, fray Luis de León es el gran introductor de una poesía moral con las traducciones y adaptaciones de las odas horacianas y de la poesía bíblica con sus traducciones de salmos. Esta línea de poesía neolatina en lengua vulgar fue muy fecunda, especialmente en la llamada escuela aragonesa, con los Argensola, pero también se da en numerosos poetas, tanto en canciones como en sonetos y, sobre todo, en epístolas, como es el caso de los sevillanos —Arguijo *, Medrano *, Rioja *, Caro *—, que siguen ambos modelos, Herrera y fray Luis. Y, en fin, a partir de 1580 Góngora y Lope de Vega son los grandes innovadores en el octosílabo —letrillas, romances— y en el endecasílabo, enfrentados, a raíz de las *Soledades* y el *Polifemo*, en dos poéticas divergentes. Fue la gongorina la que triunfó y pervivió, ya agostada, hasta mediados del siglo XVIII. El único nombre innovador en los temas y lengua a partir de ambos poetas es el de Quevedo *. (Véanse CONCEPTISMO, CULTERANISMO, CANCIONEROS Y ROMANCEROS DE LOS SIGLOS XVI Y XVII, COLOQUIOS Y DIÁLOGOS EN LOS SIGLOS XVI Y XVII, FÁBULAS MITOLÓGICAS EN LOS SIGLOS XVI Y XVII, PERIODIZACIÓN LITERARIA, POESÍA ÉPICA DE LOS SIGLOS XVI Y XVII, POÉTICAS DE LOS SIGLOS XVI Y XVII, TRADUCCIONES DE LOS SIGLOS XVI Y XVII.) [A.B.]

SIGLO XVIII. Durante muchos años, la crítica se ha referido al siglo XVIII como a un período sin interés literario, o como a una época de decadencia y transición entre el momento álgido de la producción literaria del Siglo de Oro y el otro momento significativo que sería el romanticismo. La poesía escrita durante el Setecientos era, o una desgradación de lo aportado por los poetas del Barroco, o un yermo en el que componían secos poemas los autores a los que se denominaba neoclasicistas, neoclásicos o galoclásicos. La causa de esta visión de la producción poética del período hay que buscarla en las apreciaciones negativas de eruditos como Menéndez Pelayo * y Leopoldo Cueto *, marqués de Valmar, autor de una utilísima antología de poetas del siglo XVIII. Las opiniones de estos críticos, influidas por sus gustos decimonónico-románticos, especialmente en Cueto, llevaron a despreciar u olvidar una época que, sin embargo, es de gran importancia, tanto por lo que supone en el paso a la nueva estética romántica, como por sí misma. Téngase presente que fue en el siglo XVIII cuando se iniciaron los nuevos caminos de renovación poética con autores como Cadalso *, Jovellanos *, Meléndez Valdés * o Leandro Fernández de Moratín *. E incluso antes, ya que poetas como Porcel *, Torrepalma *, Luzán * y otros, no todos de la misma forma ni desde el mismo gusto estético, sintieron la necesidad de renovar los lenguajes poéticos. En este sentido, las Academias del Trípode en Granada y del Buen Gusto en Madrid tuvieron singular importancia. Poco a poco, especialmente desde los trabajos de Joaquín Arce y José M. Caso González, ha empezado a verse el asunto de manera diferente. A la simplificación estética e histórica que suponía en la Ilustración un componente exclusivamente racionalista, olvidando lo sentimental, y al romanticismo un único elemento sentimental, le ha sustituido una visión más aproximada de la realidad estética de la época, en la que sentimiento y razón se dan la mano durante el período, especialmente en las tres últimas décadas del siglo. Gracias a ello se ha dejado de referirse a la poesía del siglo XVIII como poesía neoclásica en su totalidad. Hoy en día el término neoclasicismo está en crisis, de la misma forma que también está vacío de contenido el concepto prerromanticismo. Vayamos por partes.

Leopoldo Cueto, en su monumental

trabajo de 1869, estableció una periodización de la poesía del siglo XVIII que después, con matizaciones, ha seguido vigente. Cueto consideraba que la primera mitad del siglo, aproximadamente lo que duró el reinado de Felipe V, era una época de decadencia y mala imitación de la poesía barroca. Figurarían como representantes de este período autores como Álvarez de Toledo *, Salazar, Lobo * y Torres Villarroel *. A este período le seguiría otro de transición, correspondiente en la práctica al reinado de Fernando VI, en el que la poesía comienza a dar señales de innovación, gracias a la presencia de modelos franceses y a la influencia de la *Poética* de Luzán, publicada en 1737. A este período pertenecen poetas como Porcel y Torrepalma, que, bebiendo aún en fuentes barrocas, inician un proceso de depuración, que en parte llevará al rococó. El tercer período, durante el reinado de Carlos III, supone el éxito de lo que llama negativamente la «escuela francesa»: Nicolás Fernández de Moratín *, Cadalso, Diego González *, Iglesias de la Casa *, García de la Huerta *. Esta escuela francesa tendría otro momento, el cuarto período, en el que el prosaísmo y el filosofismo se extreman. Es decir, en el que los defectos, según Cueto, de la poesía del siglo XVIII son más evidentes. A este período pertenecerían Jovellanos, Forner * y Meléndez; autores a los que, sin embargo, rescata, aunque sin valorarlos muy positivamente. El último momento de la poesía dieciochesca, para Cueto, es el correspondiente al reinado de Carlos IV: el prosaísmo casi desaparece y la poesía se encamina hacia formas más cercanas al futuro romanticismo. Quintana * y Álvarez Cienfuegos * serán los máximos representantes de ese período. Esta distribución de la poesía dieciochesca es la que ha perdurado básicamente hasta nuestros días. Arce y Caso, matizando y cambiando denominaciones, han venido a señalar que, a un primer período barroquizante, que se correspondería más o menos con el arco de tiempo acotado por Cueto, le sigue otro de poesía ilustrada. Esta poesía ilustrada sería el reflejo de los intereses modernos de la época, y tendría diversas manifestaciones: poesía rococó, filosófica, didáctica, clasicista. Esta poesía ilustrada se desdoblaría en dos corrientes que conviven juntas: la prerromántica y la neoclásica. Caso, no obstante, en su colaboración en la *Historia y crítica de la literatura española*, se retractó de estas ideas, rechazando el término prerromanticismo. R. P. Sebold, que es junto con Arce y Caso quien más se ha dedicado a periodizar la poesía del siglo, también rechaza el término prerromanticismo. Sebold considera que se debe hablar de una corriente neoclásica española que viene desde el siglo XVI y que en el XVIII se concreta en determinados poetas; que el vocablo rococó no tiene contenido poético y que, en lugar de prerromanticismo, lo que hay ya es romanticismo. Él lo denomina primer romanticismo, siendo el «segundo» una derivación manierista de este primero. Poetas románticos y neoclásicos conviven en los años finales del siglo. Por su parte, Aguilar Piñal propone, en lugar de prerromanticismo y de primer romanticismo, el sintagma «neoclasicismo sentimental», observando que los rasgos novedosos que se dan en la poesía de las últimas décadas, gracias a la aceptación de la filosofía sensista, no son románticos, aunque sí darán pie al romanticismo. Aguilar Piñal considera que el neoclasicismo es un estilo característico del siglo XVIII, pero al que la sensibilidad y la filosofía de Locke y Condillac dan una peculiar forma. De este modo, literatura neoclásica y literatura sentimental se influirían mutuamente, lo que le lleva a proponer la denominación neoclasicismo sentimental para la producción de las décadas finales del siglo XVIII y las primeras del XIX. Así pues, nos encontramos con que la periodización de la poesía del siglo XVIII está clara hasta los años setenta, aproximadamente. Una primera época de tendencia barroquizante, otra de transición antigongorina, en la que lo barroco se estiliza y se junta a ciertos principios clasicistas originando lo que algunos llaman poesía rococó, caracterizada por formas como la anacreóntica, por el bucolismo, lo frívolo y erótico, lo galante y lo decorativo. Y un tercer período más complejo en el que coexisten diversas manifestaciones poéticas que algunos se empeñan en considerar opuestas y otros complementarias, que recibe diversas denominaciones. En este período se da decididamente una puesta al día en la imitación de los modelos clásicos —entendidos estos más como autores españoles del Siglo de Oro que como autores grecolatinos—. Garcilaso de la Vega *, Fray Luis de León *, Villegas *, Herrera *, los Argensola * son algunos de los modelos dieciochescos; sin olvidar que es precisamente en este siglo cuando se «descubre» el Siglo de Oro, se le da dicha denominación y se edita a sus poetas. Los escritores dieciochescos no pueden dejar de reflejar su mundo cotidiano en su poesía, aunque se sirvan de recursos y modelos antiguos, porque ha cambiado el modelo de imitación, y, de este modo, introducen en la poesía temas y motivos nuevos, resultado de su observación y vivencia de la realidad. Este es el motivo de la presencia en sus versos de asuntos científicos, políticos y de todo tipo. El poeta dieciochesco no es un ser aislado del mundo, sino que está dentro de él, y siente la poesía como un instrumento más para llevar a cabo su proyecto de reforma. Si no es así, debe abandonar la poesía, o al menos ciertos temas, en especial los amorosos. Esto es lo que viene a señalar Jovellanos a sus amigos de Salamanca: Cadalso, Meléndez y otros. La poesía, como los poetas, ha de ser útil.

Por todo ello, en la producción de estos autores encontramos rastros del sensismo filosófico y del sentimentalismo de la época, porque el hombre se conmueve ante lo que ve, sea un paisaje o sea la pobreza en que viven los demás. Recordemos a Meléndez como ejemplo de esta actitud. Así pues, es en la poesía del siglo XVIII donde se encuentra el germen que dará fruto en la estética romántica, porque, como señala Sebold, el romanticismo no es una reacción, sino una evolución del clasicismo, y es en el siglo XVIII cuando se dan los primeros intentos de búsqueda de nuevas formas poéticas, más en consonancia con el paso del tiempo, conscientes como eran los autores de que ya no se podía escribir como lo habían hecho los poetas del siglo XVII, ni los admirados del XVI, a los que se podía tener, sin embargo, como modelo, punto de partida o molde en el que verter las inquietudes modernas, muchas de ellas sociales, aunque también amatorias, satíricas, religiosas y de todo tipo.

BIBLIOGRAFÍA. L. A. Cueto, «Bosquejo histórico-crítico de la poesía castellana del siglo XVIII», en *Poetas líricos del siglo XVIII (Biblioteca de Autores Españoles*, 61, 63 y 67, 1952-53); J. M. Caso González, *La poética de Jovellanos* (Madrid, 1972); N. Marín, *Poesía y poetas del Setecientos* (Granada, 1972); J. H. R. Polt (ed.), *Poesía española del siglo XVIII* (Madrid, 1975); J. Arce, *La poesía del siglo ilustrado* (Madrid, 1980); J. M. Caso González, *Ilustración y neoclasicismo*, en vol. IV de *Historia y crítica de la literatura española*, dirigida por F. Rico (Barcelona, 1983); R. P. Sebold, *Descubrimiento y fronteras del neoclasicismo español* (Madrid, 1985); R. Reyes (ed.). *Poesía española del siglo XVIII* (Madrid, 1988); R. P. Sebold, *El rapto de la mente. Poética y poesía dieciochescas* (Barcelona, 1989); F. Aguilar Piñal, *Introducción al siglo XVIII* (Madrid, 1991). [J.A.B.]

SIGLO XIX. En medio del agotamiento general de la literatura neoclásica, hay unas pocas figuras de restringido valor que materializan el paso desde Meléndez Valdés * hasta las nuevas formas románticas que marcan el siglo con su impronta. La transición no tuvo un poeta que englobase bajo su nombre una orientación determinada, un quehacer digno; pero sí hubo hombres interesantes como Nicasio Álvarez de Cienfuegos *, Manuel José Quintana * y Juan Nicasio Gallego *, sobre todo. La invasión francesa hace olvidar en 1808 las anacreónticas y letrillas, y poetas y pueblo anónimo componen canciones patrióticas animados por el espíritu de independencia y de lucha, primer carácter romántico. Con Álvarez de Cienfuegos tenemos ya un precursor: aunque puede calificársele de prolongador de la escuela salmantina; seguidor en sus piezas dramáticas de los moldes neoclásicos, deja correr por toda su obra un sentimiento apasionado ajeno a la centuria anterior; el movimiento de sus imprecaciones interpoladas, de queja y llanto, apunta ya hacia el romanticismo. Con Manuel José Quintana se da un paso más: espíritu liberal convencido, de ideario enciclopedista, une setecentismo y romanticismo en sus poemas de tópico social, filantrópicos y patrios. La grandilocuencia de su vuelo es ya romántica, aunque las formas todavía sean rígidamente neoclásicas; en sus poemas más famosos, de enardecimiento en favor de abstracciones como la libertad y la independencia, Quintana se muestra oratorio, sin grandes imágenes, carente de impulso lírico: sólo es poeta gracias a unas circunstancias donde el énfasis está justificado. Tampoco Nicasio Gallego traspasa el tiempo literario en que se educó su juventud: es un poeta de laboratorio que aventaja a los dos citados en el cuidado de la forma, en la impecable factura, pero su frialdad debe mucho al neoclasicismo, hasta el punto de que no se libran de ella sus sonetos de tema hedonista ni la composición que ha permitido que perviva su nombre, la elegía «Al dos de mayo».

La importación del nuevo espíritu del siglo sería posterior en poesía que en la escena, pero la lírica terminaría siendo la expresión de mejor calidad literaria y mayores consecuencias: fue ella la que sembró los gérmenes de la sensibilidad moderna. La lucha primero por la independencia, luego por la libertad durante el absolutismo de Fernando VII, y el retorno de los emigrados fueron imponiendo el sentimiento como motor de esa lírica: el yo del poeta terminaría por centrar sus composiciones, incluso en las piezas históricas, donde la humanización del paisaje revela en el fondo la presencia del autor, que había desaparecido durante el neoclasicismo. Los temas vienen a ser los mismos del romanticismo europeo: la tristeza, el amor, el desengaño, la melancolía, el dolorido sentir ante la realidad cruel, que les conduce bien a la rebeldía, bien al hastío. Quizás el mayor defecto de toda la producción romántica, vista en conjunto, sea la falta de sinceridad que se adivina en muchos vates, porque el manido tema resultó moda y todos o casi todos cantaron con mediocridad aplastante la infelicidad, el nihilismo, sus ansias por dejar la vida, etc. Al lado de esta temática personal, el romanticismo sitúa el retorno al pasado épico, para dar rienda suelta a una realidad transfigurada por la fantasía, en medio de caballeros moriscos, pasiones desaforadas y desilusiones sin cuento. Ese medievalismo no sólo afecta a los temas, sino también a las formas: se desentierra entonces una polimetría hacía tiempo en desuso, se remozan los viejos esquemas y los poetas se lanzan a la improvisación de nuevas formas mediante alternancias y ensayos que dan lugar a aciertos de mérito: en el poema «Granada», de Zorrilla *, en la carrera de Alhamar los lentos alejandrinos se convierten en versos de tres, dos y hasta una sílaba, dando una sensación de movimiento de gran riqueza. Algo parecido ocurre también en la parte final de *El estudiante de Salamanca*, de José de Espronceda *, quien, precedido por Ángel de Saavedra, duque de Rivas *, rompe definitivamente con el movimiento neoclásico.

Rivas, autor en 1835 de la pieza que instaura el triunfo del movimiento, sería también quien inaugurase la senda que iba a seguir el romanticismo español, frenado por el fracaso de la revolución liberal y limitado a la evocación histórica para salvar el conflicto entre vida y arte. Sus *Romances históricos* (1841) van precedidos de un prólogo doctrinario en que defiende la expresión poética del romance, tan tradicional y tan española; exhorta a los vates «a volverlo a su primer objeto y a su primitivo vigor y enérgica sencillez, sin olvidar los adelantos del lenguaje, del gusto y de la filosofía). Y a renglón seguido aparecen estampas descriptivas, donde se derraman el color, la luz, los paisajes, ciudades como Sevilla, Córdoba, Toledo, etc., pero de las que se ha eliminado el desafuero romántico de don Álvaro; incluso el lenguaje posee una sobriedad rayana en lo castizo por un lado, por otro, en lo culto.

El primer poema de Espronceda, el histórico-narrativo *Pelayo*, había sido planeado en su esquema por Lista *, y se mueve dentro de una órbita neoclásica en la que surgen notas románticas, como la fantasía moruna de color y lujuria del serrallo, la brusca transición del verano al otoño como símbolo del paso del placer al dolor, etc. Pero sería el exilio de su autor en Londres el factor determinante para el cambio, que afecta plenamente a las composiciones líricas que tocan el destierro y la nostalgia de la patria. Se viene haciendo hincapié en el influjo de Byron, debido a la anécdota del conde de Toreno, rival de Espronceda, quien a la pregunta de si había leído a éste, respondió: «No, pero he leído a Byron». La leyenda peca de injusticia. Una de las vertientes del romanticismo fue efectivamente el byronismo, caracterizado por el pesimismo en la consideración de la existencia, el subjetivismo, la postura liberal, el desmelenamiento y el desorden estructural en el plan del poema, que recoge digresiones extensísimas. En esto Espronceda es byroniano, sobre todo en algunos pasajes de sus dos obras mayores, *El diablo mundo* y *El estudiante de Salamanca*. Pero lo es con ese tipo de influencia de época que no empaña ninguna obra. Lo que Espronceda hace, y difunde en la poesía española, es afiliarse al desmelenamiento romántico de los personajes byronianos y construir a partir de ellos. En sus poemas sueltos se encuentra la pauta del período: exaltación de la libertad a través de la protesta del individuo que se rebela para ejemplificar conflictos de la conciencia y la sensibilidad de su tiempo; cantos a marginados sociales, en señal de protesta contra una sociedad que no sólo permite tales formas de vida, sino que las impone a muchos de sus miembros.

Es José Zorrilla, el autor del *Tenorio*, quien mejor cumple con los aspectos narrativos de la poesía romántica, en un género peculiar del momento, las leyendas. Si como poeta lírico siempre ha sido denostado por una hojarasca que intenta envolver la carencia de ideas y de sentimientos propios —se salva más por los hallazgos verbales que por sensibilidad—, como «trovador que vaga errante» enlaza con los juglares medievales para cantar gestas heroicas o legendarias basándose unas veces en tradiciones orales, otras en obras históricas o semi-históricas, otras en fuentes literarias: todo ello adobado por su poderosa imaginación que le permitía rehacer los temas con libertad total.

Tras su imposición, el romanticismo

sufre una crisis que dará paso a la lírica contemporánea; las tendencias, estilos y temas desarrolladas por los poetas citados tendrán seguidores hasta el final de la centuria mientras por otro lado se produce una reacción antirromántica, que contiene mucho de romanticismo, aunque incluya premisas neoclásicas. Las tendencias en esta época de disolución son varias y pueden encontrarse en un mismo poeta. La principal, o la que se expresa con mejor tono poético, canta el sentimentalismo individual desde un enfoque subjetivo y con espíritu romántico, predominio de ayes y de una sensibilidad dolorida, que representan Gustavo Adolfo Bécquer *, Rosalía de Castro *, Federico Balart *, Vicente Wenceslao Querol *, Eulogio Florentino Sanz *, Teodoro Llorente *, etc. En segundo lugar aparece una tendencia realista, insuflada de positivismo y orientada hacia lo prosaico y lo vulgar, aunque su ironía escéptica se cargue de preocupaciones filosóficas y didácticas: Ramón de Campoamor *, Joaquín María Bartrina *, Manuel del Palacio * y Eusebio Blasco * son sus mejores representantes. La tercera tendencia, vinculada a la segunda por sus preocupaciones filosófico-sociales (aunque su escepticismo sea mayor) cuida más la forma y ensaya la poesía civil; la encabezan Gaspar Núñez de Arce *, Gabriel García de Tassara *, José Velarde *, Emilio Pérez Ferrari, entre otros. El cuarto grupo, de gran interés por suponer el paso hacia el modernismo, lo forman poetas preocupados por el lenguaje, como Manuel Reina *, Ricardo Gil * y Salvador Rueda *.

La poesía de ese período final del romanticismo, salvo la de figuras como Bécquer o Rosalía de Castro, ha sufrido algún menosprecio por parte de la crítica; y es cierto que sus frutos son mínimos si tenemos en cuenta al lector. Pero, en el aspecto histórico, la labor de estos predecesores del modernismo tiene su importancia, aunque no pueda compararse con la del parnasianismo y el simbolismo que llenan ese período al otro lado de los Pirineos. Consiguen romper con el retoricismo que asolaba los vacuos versos románticos, destruir lo que de cartón y falsedad había en la lírica grandilocuente de sus padres e iniciar una poesía cotidiana, ahincada en la realidad inmediata; desde esta perspectiva, los postrománticos reelaboran el lenguaje, simplificándolo.

De cualquier modo, con Gustavo Adolfo Bécquer, el romanticismo se prolonga tres décadas más allá de su muerte natural. Nació (1836) cuando Larra * estaba a punto de dispararse el pistoletazo fatal, cuando Campoamor pergeñaba su primer libro; fruto tardío, emparenta por un lado con los románticos, por otro con la sensibilidad actual, esa sensibilidad que recogerán generaciones tan distintas como la del 98 y la del 27, que vieron en Bécquer, si no a un precursor, al menos a un antecedente del giro que la poesía iba a cobrar en la primera mitad del siglo XX. Veinte años antes, la realidad romántica había cambiado costumbres, sentimientos, dignidad, orgullo, las formas del honor y del amor.

Mucho se ha hablado de las influencias que Bécquer recibe; a raíz de la despectiva frase de Núñez de Arce que calificaba sus rimas de «suspirillos de corte germánico» se han rastreado todos los posibles contactos, y se ha citado a Heine, a Musset, a Byron, a Goethe, a los heinianos españoles Eulogio Florentino Sanz, José Selgas *, al chileno Blest Gana *; y es cierto que tales influjos existen y, en ocasiones, afectan al enfoque de los motivos de inspiración. Gracias a todo ello, Bécquer logró ser el poeta más auténtico y de mayor calidad de su tiempo y del romanticismo español, que logró, incluso, proyectar el mundo de las rimas en la prosa más aguda del período, unas *Leyendas* narrativas que, aunque pertenezcan a otro género, están impregnadas del espíritu de su poesía.

La faceta tradicional del romanticismo, con su retorno a los orígenes y la mirada hacia la lírica popular, queda representada por Rosalía de Castro, autora de dos libros en gallego *(Cantares gallegos, Follas novas)* y uno en castellano, *En las orillas del Sar*, que también cala en sus mejores momentos en un dolor personalísimo que la equipara a Bécquer. Además de parafrasear o glosar canciones populares de su tierra natal, cultiva también una corriente de violenta protesta; el sufrimiento, las costumbres, los ritmos y la música del pueblo gallego pueden percibirse en su melancoliosa pauta.

Con Ramón de Campoamor inicia el romanticismo su disolución, y, aunque su lírica posea ingredientes de ese movimiento, avanza hacia una búsqueda del realismo. Poesía nihilista tocada de leve escepticismo y presidida por un afán filosófico que la sume en defectos imperdonables como ripios fáciles, rimas mostrencas y prosaísmos vulgares, la de Campoamor no consigue apuntalar en la práctica las ideas de una poesía conceptual semejante, en presupuestos estéticos, a los de un gran poeta del siglo XX, T. S. Eliot —fue Luis Cernuda * quien estudió esas concomitancias—. La vena civil y religiosa daría un paso más con Núñez de Arce, poeta que cuida con esmero la forma y se enfrenta a temas tan poco poéticos como el pensamiento de diversas figuras prestigiosas del pasado, desde Lulio a Lutero pasando por Dante y Byron, en largos poemas que esbozan conflictos conceptuales humanos como la religión, el individualismo, la moral, etc.

Estos dos últimos nombres representan una época de la poesía española carente de valores líricos, una época con escasa inspiración y originalidad. La generación que ambos apadrinaron prosiguió su labor; al sentimentalismo facilón de Campoamor se adscribieron Joaquín María Bartrina y Manuel del Palacio, y en la vertiente político-social y filosófica hay nombres de algún interés como García de Tassara, Pérez Ferrari y Velarde. Más local es otro poeta, Vicente Medina *, que en *Aires murcianos* (1899) desarrolla una de las vetas del siglo: el costumbrismo regionalista, que también seguiría otro poeta, José María Gabriel y Galán *.

Pero la caída del positivismo burgués y el fracaso del naturalismo que sobrevino a finales del siglo XIX va dejando paso a otras voces, especialmente en Francia, donde, con Leconte de Lisle, Verlaine, Baudelaire, Rimbaud, Lautréamont y Mallarmé, se oían otros sones, que desembocarían, para la lengua castellana, en el «gran movimiento de entusiasmo y libertad hacia la belleza», como definió Juan Ramón Jiménez * el modernismo. Fue un poeta nicaragüense el artífice del decisivo paso: enviado como diplomático a España en 1892, Rubén Darío * influyó, con sus planteamientos estéticos, en un grupo de poetas que, a disgusto de las escasas posibilidades del campoamorismo y de la poesía realista de fines de siglo, e incapaces de crear como Miguel de Unamuno * o Antonio Machado * un camino lírico que sirviera de cauce a una personalidad independiente, no tardaron en aceptar la brillantez de aquel modernismo que parecía responder a la época y, al mismo tiempo, a un mundo donde cada cual podía bucear en su intimidad nostálgica y decadente. Aunque ya había habido precursores, como Manuel Reina, Ricardo Gil y Salvador Rueda.

BIBLIOGRAFÍA. H. Juretschke, *Origen doctrinal y génesis del romanticismo español* (Madrid, 1954); J. M. de Cossío, *Cincuenta años de poesía española (1850-1900)*, 2 vols. (Madrid, 1960); E. Caldera, *Primi manifesti del Roman-*

ticismo Spagnolo (Pisa, 1962); M. A. Hatamleh, *El tema oriental en los poetas románticos españoles del siglo XIX* (Granada, 1972); E. Allison Peers, *Historia del Movimiento Romántico Español*, 2 vols. (Madrid, 1973); R. Navas Ruiz, *El romanticismo español*, 3.ª ed. (Madrid, 1982); J. Descola, *La vida cotidiana en la España Romántica, 1833-1868* (Barcelona, 1984). [M.A]

Siglo xx (1900-1975): El primer momento de la literatura española del xx es simbolista. El Simbolismo toma en España el nombre de Modernismo, aunque esa identificación se matice aquí por la tendencia al sincretismo, que hace compatibles simbolismo, decadentismo, posromanticismo o naturalismo, entre otros. Entre las estéticas de Verlaine o de Mallarmé, la poética modernista debe mucho más al primero. Esto se refleja en la consideración de la música como arte modélico, que se toma en España, la mayor parte de las veces, de modo demasiado literal, como búsqueda de sonoridad y no tanto de sugerencia. Salvador Rueda * es un ejemplo, con su libro *El ritmo* (1894). Pero una y otra concepción sobre la música, por contradictorias que sean, deben mucho a Rubén Darío *, quien en el prólogo a sus *Prosas profanas* (1896) era capaz de precisar: «Como cada palabra tiene un alma, hay en cada verso, además de la harmonía verbal, una melodía ideal. La música es sólo de la idea, muchas veces». También en Rubén se encuentra desarrollada la faceta más creativa del Simbolismo, que es la visión analógica: la concepción de la realidad sensible como lenguaje cifrado, como símbolo —no siempre inteligible o lógico— de una realidad más profunda y trascendente, ideal. Esto, que tuvo también su vertiente mágica, esotérica, marcó como principal meta poética la expresión de complejos estados emocionales, que se alcanzaría mediante símbolos casi siempre físicos. En la vertiente más tópica del Modernismo, esos estados de alma se resumen en la preponderancia de la melancolía y la abulia, que son, entre nosotros, la traducción favorita del espíritu del decadentismo. Pero simbolización implica sugerencia, única vía para vencer los límites de lo conceptual o descriptivo. Sin embargo, lo que mejor resume la imagen que quisieron dar de sí mismos los poetas modernistas es su defensa de una cierta ética estética, expresada mediante la deliberada confusión entre arte y vida y en la defensa —también política y antiburguesa— de lo bello frente a lo útil.

El desgaste del lenguaje modernista, tan hipercaracterizado, hizo que surgiesen críticos y detractores desde su mismo seno, como es el caso de dos grandes poetas que supieron ser también dos grandes críticos y teóricos: Antonio Machado * y Juan Ramón Jiménez *. Juan Ramón Jiménez busca una depuración del simbolismo o, en su propio lenguaje teórico, un alejamiento del preciosismo parnasiano de origen francés —que según él habría dominado nuestro Modernismo— hacia la profundidad simbolista. Esa búsqueda es de signo netamente novecentista, y sirve para el caso de otros escritores del momento. La palabra clave será *pureza*, una palabra que será estandarte polémico hasta bien entrados los años treinta, aunque llegará a significar contenidos muy diferentes, según quién la ondee. La poesía pura, según esta poética juanramoniana, no tiene aún el signo marcadamente intelectualista que en seguida defenderán los más jóvenes. Pureza significa para él tanto como desnudez: economía de medios, un extremado rigor en la construcción del poema, un acento en lo que podríamos llamar su artesanía verbal.

Las vanguardias españolas ocupan un espacio paralelo al anterior, cuando no compartido, algo que bien podría reseñar el término anglosajón «Modernism», si no fuese engañoso en nuestro contexto. Las vanguardias defienden unas poéticas explícitas, y no sólo eso; también sumarias y combativas, tal como corresponde a facciones artísticas que mimetizan las formas de avanzada política o militar del momento. La recepción de la vanguardia en España es un fenómeno bastante inmediato. Ya en 1909, la revista *Prometeo* publica el manifiesto futurista del italiano Marinetti, quien entregará, un año después, su «Proclama futurista para españoles», donde se propone la síntesis «¡Futurismo! ¡Insurrección!». En la misma revista, y en el número anterior, Gómez de la Serna * ha publicado «El concepto de la nueva literatura», que bien puede considerarse como la primera manifestación original de esta tendencia.

Como movimiento singular, el papel de las vanguardias es fundamentalmente revulsivo, aunque en el caso español esto deba matizarse con razones semejantes a las vistas para el Modernismo. Rechazan la herencia romántica —tan visible en el Modernismo— y su aprecio del subjetivismo o del sentimiento. Rechazan también la herencia realista o naturalista, que desplazaría el interés desde el objeto artístico, único centro legítimo, hasta hacerlo esclavo de la realidad. De ahí surge una nueva versión de la tan buscada *pureza*, la que prescinde ahora de toda dependencia mimética y se ofrece bajo una dimensión gratuita y lúdica. Los rasgos que caracterizarían ese nuevo espíritu serían el experimentalismo, el juego, la asunción de nuevas realidades técnicas, la integración de las artes, la escisión entre vida y literatura, las rupturas lógicas o la libertad formal.

El primer manifiesto ultraísta aparece en 1918, muy marcado por el deslumbramiento de la venida de Vicente Huidobro * a España ese mismo año. En la tendencia se agrupan escritores conocidos con otros que aún no lo son: Rafael Cansinos Assens *, Guillermo de Torre *, Pedro Garfias *... Pese a lo que cabría esperar, este primer manifiesto no ofrece ninguna aportación literaria concreta y ni siquiera llega a ser un revulsivo. Esta autodefinida «juventud literaria» respeta la obra de los novecentistas, se siente «con anhelos de rebasar la meta alcanzada por estos primogénitos, y proclaman la necesidad de un "ultraísmo", para el que invocan la colaboración de toda la juventud literaria española». Su moderación y eclecticismo son bien conscientes. «Nuestro lema será "ultra" —añaden—, y en nuestro credo cabrán todas las tendencias, sin distinción, con tal que expresen un anhelo nuevo. Más tarde estas tendencias lograrán su núcleo y se definirán.»

Pese al eclecticismo inicial, en seguida hubo de buscarse una frontera, que debía ser tanto teórica como práctica, entre el ultraísmo y el creacionismo de Vicente Huidobro, que sí tenía una filosofía más o menos concreta. En todo caso, sería Jorge Luis Borges *, otro latinoamericano, quien tentaría en varios artículos teóricos un cuerpo más sólido para la tendencia. Entre ellos, destaca su manifiesto «Ultraísmo», de 1921, donde sintetiza en cuatro puntos, después muy citados, todo un catálogo de retórica ultraísta. No se puede olvidar, tampoco, el papel director y teórico de Guillermo de Torre, quien importará, sobre todo como sintetizador y divulgador, estas y otras corrientes en su *Literaturas europeas de vanguardia* (1925).

En la práctica, creacionistas y ultraístas tendían a formar en las mismas revistas y cenáculos literarios, sin excesivas distinciones de origen. Gerardo Diego *, Juan Larrea * o Eugenio Montes * formaban parte de la facción huidobriana y buscaron para ella definiciones autónomas que partían siempre del marco establecido por el creador de la tendencia. Huidobro prodigó sus teorías en múltiples escritos y entrevistas, acuciado por la reivindicación del invento que le lanzaba Reverdy. «Lo realizado en la mecánica también se ha hecho en la poesía —escribía Huidobro—. Os diré qué entiendo por poema creado. Es un poema en el que cada parte constitutiva, y todo el conjunto, muestra un hecho nuevo, independiente del mundo externo, desligado de cualquiera otra realidad que no sea la propia, pues toma su puesto en el mundo como un fenómeno singular, aparte y distinto de los demás fenómenos.» A Gerardo Diego se debe una temprana teoría de la imagen, «Posibilidades creacionistas» (1919), que constituye un valioso intento sistematizador y programático de lo que era eje retórico de la poesía del momento.

Hacia 1923 el impulso renovador de las vanguardias ultraísta y creacionista comienza a flaquear, y estos escritores tientan caminos nuevos. Quien mejor definirá esos valores literarios emergentes es José Ortega y Gasset *, personalidad de muy considerable influjo en el panorama literario español. Su estudio sobre *La deshumanización del arte* (1925), tan citado y tan clarificador para las ideas estéticas de esa década, quizás sea más un intento de acercamiento comprensivo a esa remodelación vanguardista en marcha que un recetario estético. Con el término «deshumanización» —tan peligroso conceptualmente como el coetáneo de «arbitrarismo», que usa Eugenio D'Ors *— alude Ortega al auge de las ideas antirrománticas en la nueva poesía, que pretende romper con las determinaciones de signo vital —biográficas o sociales— y defiende para el arte un estatuto de libre juego. Con la referencia al juego, Ortega subraya el nuevo valor de la intrascendencia, que debe entenderse como la primacía del placer puramente estético, inmanente al objeto artístico, sobre el referencial o emotivo, o bien sobre la anécdota, que ofrecerían placeres «impuros». El nuevo arte tiende «a evitar las formas vivas», «a hacer que la obra de arte no sea sino obra de arte», «a considerar el arte como juego y nada más». En ese sentido, el nuevo arte sí es «puro», en cuanto «deshumanizado», no romántico, y también en ese sentido es necesariamente minoritario e impopular: «Y en ese proceso —escribe Ortega— se llegará a un punto en que el contenido humano de la obra sea tan escaso que casi no se le vea. Será un arte para artistas, y no para la masa de los hombres; será un arte de casta y no demótico». La inmanencia del factor estético —tan enfatizado, por otra parte— hará destacarse un procedimiento retórico cuyo protagonismo es insistente, como vamos viendo: la metáfora, que —como en Huidobro— sería un procedimiento esencialmente creativo, en tanto que des-realizador y no mimético. «La poesía es hoy —escribe Ortega— el álgebra superior de las metáforas.»

El Grupo o Generación del 27 no ofrece poéticas explícitas como tal grupo, aunque pudiera considerarse algo cercano a esa voluntad integradora el homenaje a Góngora * celebrado en el Ateneo de Sevilla en 1927, si no queremos considerarlo simplemente como un hábil lanzamiento publicitario. En él se produce la fértil alianza de los García Lorca *, Alberti *, Bergamín * o Chabás * con la facción profesoral y filológica de Pedro Salinas *, Jorge Guillén *, Dámaso Alonso * y Gerardo Diego. En esa lista aparecen además antiguos ultraístas y creacionistas, que aportarían un matiz no desdeñable a la suma. En fin, desde esos comienzos, la poética implícita en los del veintisiete tiene mucho de voluntad integradora, que ya no puede despacharse como simple electicismo: lenguaje renovador, de raíz vanguardista y centrado en la imagen, adscripción a la llamada «deshumanización» o «poesía pura», rigor constructivo. Además, todo ello se hace con una consciente asunción de la tradición propia, de lo que es ejemplo la reivindicación de Góngora, que españoliza el lenguaje cosmopolita de las vanguardias. La corriente neotradicionalista, por su parte, reivindicará y fijará el «surrealismo» de nuestros cancioneros del XV, como hace Alberti en su artículo «La poesía popular en la lírica española contemporánea» (1933), donde afirma: «El surrealismo español se encontraba precisamente en lo popular, en una serie de maravillosas retahílas, coplas, rimas extrañas, en las que, sobre todo yo, ensayé apoyarme para correr la aventura de lo para mí hasta entonces desconocido».

Otro eje de articulación del discurso del 27 es su lectura española del Surrealismo, nada programática e incluso negada o diluida por sus miembros. Sólo la llamada facción surrealista de Tenerife reivindica esa adscripción. Esta nacionalización o individualización del Surrealismo relega técnicas como la escritura automática, que es uno de los componentes más llamativos de la escuela francesa. La exploración del mundo onírico y del subconsciente no falta, pero a lo que más contribuye el surrealismo español, desde el punto de vista histórico, es al cambio de rumbo de la lírica española desde la búsqueda de la pureza hacia una pretendida impureza y «rehumanización».

La llamada surrealista a cambiar la vida y a transformar el mundo, de raíces rimbaudiana y revolucionaria, coincidirá con un momento de excepcional politización de la vida española, a finales de los veinte y comienzos de los treinta, en pleno tránsito a fórmulas republicanas. Sobre este mismo terreno se produce una fuerte polémica en torno a un ensayo de José Díaz Fernández *, titulado *El nuevo romanticismo* (1930), que es ya expresivo del cansancio de lo puro o lo pretendidamente esencial. Bajo esa confusa formulación histórica y pensando fundamentalmente en la novela, José Díaz propugna una vuelta del arte a la preocupación social, al compromiso con la realidad, desde una revaloración del sentimiento y de la pasión. La fotografía lírica resultante, en la fecha precisa de 1931, se puede encontrar en la *Antología* que publica al año siguiente Gerardo Diego, donde se reúnen los poetas más destacados entonces. Por fin, ya en 1935, aparecerá el manifiesto de Pablo Neruda * «Sobre una poesía sin pureza», recogido en el primer número de *Caballo Verde para la Poesía*. Ahí se pide «una poesía impura como un traje, como un cuerpo, con manchas de nutrición, y actitudes vergonzosas, con arrugas, observaciones, sueños, vigilias, profecías, declaraciones de amor y de odio, bestias, sacudidas, idilios, creencias políticas, negaciones, dudas, afirmaciones, impuestos».

La rebelión militar y el estallido de la guerra conducirán la poesía a un terreno donde la misma idea de pureza parecería un sarcasmo. Como es lógico, predomina la literatura de tendencia y agitación en ambos bandos en conflicto. En su poema «Nocturno», Alberti escribirá: «Cuando tanto se sufre sin sueño y por la sangre / se escucha que transita solamente la rabia, / [...] las palabras entonces no sirven: son palabras. / Balas. Balas». Y el mismo Antonio Machado * acabará su poema a Líster con estos versos: «Si mi pluma valiera tu pistola / de capitán, contento moriría». En otro plano, acaso lo más reseñable será la recuperación de las fórmulas narrativas del romance en el territorio leal.

La lírica tampoco podía ser ajena a las durísimas condiciones de la primera posguerra. El fascismo afecta a todas y cada una de las manifestaciones civiles, cuando no de manera directa, sí indirectamente. En cualquier caso, las afinidades electivas de los poetas cambian, y si en 1927 el centenario de Góngora —de cierto Góngora— lo erigía en estandarte de los nuevos poetas, en 1936 será el centenario de Garcilaso de la Vega * —cierta lectura de Garcilaso— el resumen del nuevo gusto. De ahí que se hable de «garcilasismo»: una vía neoclasicista que lo toma como modelo para la recuperación de formas clásicas, como el soneto, y excusa para una temática fascista basada, por elevación, en el Amor, Dios o el Imperio, y que choca radicalmente con la áspera y desolada realidad española del momento. Cuando no es así, el garcilasismo se queda en simple formalismo.

Entonces, son las revistas el cauce de cada una de las adscripciones estéticas. Este clasicismo se plasma, fundamentalmente, en *Escorial* (1940-1950) o en *Garcilaso* (1943-1946). Habría que destacar la importancia y coherencia del grupo de *Escorial* (1940), donde se encuentran poetas falangistas que, como su primer director, Dionisio Ridruejo *, desbordarán en seguida estos estrechos márgenes líricos e ideológicos: Luis Rosales *, Luis Felipe Vivanco *, Leopoldo Panero *. Cuando comience el auge de las poéticas realistas, más o menos existenciales, estos poetas —más José María Valverde *— iniciarán un repliegue hacia el intimismo o el ensimismamiento, muchas veces bañadas por una retórica de orden religioso, lo que Luis Felipe Vivanco definirá como «realismo intimista trascendente».

1944 es un año que marcará una inflexión en este escenario de cartón piedra, y ello por *Hijos de la ira* (1944), de Dámaso Alonso, que cataliza todo el malestar acumulado y abre una vía neoexpresionista para la manifestación de lo que aún no se puede nombrar sencillamente. Los nombres que designa esa poesía —más o menos inconformista, más o menos incómoda— son engañosos: «poesía desarraigada», «existencialismo», «neorromanticismo existencial». Dámaso Alonso, que encabeza esa ruptura, traza una discutible frontera entre las poéticas del momento, aunque expresiva de un cierto perspectivismo histórico, en su artículo «Poesía arraigada y poesía desarraigada» (1944). La reacción antigarcilasista se basa en una estética de confrontación transversal o perifrástica, por así decirlo: frente al neoclasicismo, la libertad formal; frente al triunfalismo, la duda o el dolor; frente a la retórica clerical, el diálogo con un Dios conflictivo. Las corrientes existenciales se encontrarán en las revistas *Espadaña* (León, 1944), en torno a Victoriano Crémer * y Eugenio de Nora *, *Corcel* (Valencia, 1942) o *Proel* (Santander, 1944). La primera ha ido adquiriendo con el tiempo un carácter ejemplar, quizás exagerado, como santo y seña de la reacción realista y antiformalista, llámese «tremendista» o desarraigada o social. Las otras dos han servido para fijar los orígenes literarios de la llamada «Quinta del 42», con poetas como José Hierro * y José Luis Hidalgo *, fundamentalmente.

Hay excepciones en ese panorama mayoritariamente realista y existencial. Está el fenómeno de la vanguardia postista, con su revista *Postismo*, cuya primera etapa va de 1945 a 1949. El postismo recupera el gusto por el juego, consustancial a la vanguardia, en torno a los nombres de Carlos Edmundo de Ory *, Eduardo Chicharro *, Gabino Alejandro Carriedo * o Ángel Crespo *. Está también la prolongación de un cierto surrealismo explícito, de la mano de Juan Eduardo Cirlot *, Julio Garcés o Miguel Labordeta *, y que afecta incluso a Camilo José Cela *. Pero 1944 había sido también el año de *Sombra del Paraíso*, de Vicente Aleixandre *, y no faltan vetas surrealistas en lo anterior.

La otra excepción en ese panorama realista será la del grupo de la revista *Cántico*, de Córdoba, cuya primera etapa irá de 1947 a 1949. En autores como Pablo García Baena *, Ricardo Molina *, Juan Berniere *, Mario López * o

Julio Aumente * se da una reivindicación del Sur y la Belleza muy deudora del modernismo, o bien la recuperación —también a contracorriente del ambiente literario dominante— de la imagen y lo sensual, de la poética del 27, y muy concretamente de Luis Cernuda *, quien alimentará las poéticas superadoras del realismo más ingenuo, años después. No es casual que la reivindicación posterior del grupo *Cántico* corra de manos de los poetas de los 70 o Novísimos.

La década de los 50 trae consigo el auge de la poesía social, que busca profundizar en la estética realista con un sesgo marcadamente político, y más concretamente de izquierda. La poética social, dentro de esos parámetros, oscila entre la vertiente más instrumental y política del realismo socialista —que no puede autodefinirse así, por razones obvias— y las más literarias y documentales. Característica común es la creencia, curiosamente optimista, en el valor referencial de la poesía y en su capacidad de incidencia social. Blas de Otero * lo expresará —contra el lema de Juan Ramón— en su envío «a la inmensa mayoría», en verso que encabeza *Ancia* (1958). De ahí parte la noción de la poesía como «instrumento, entre otros, para transformar el mundo», tal como escribía Gabriel Celaya *. Sin llegar a esa instrumentalización, es común el entendimiento de la poesía como comunicación, algo que va a teorizar Carlos Bousoño *, a partir de ideas de Aleixandre. Aleixandre, en su *Discurso de recepción en la Real Academia* (1949), destacaba la identificación del poeta y el hombre, en la que el poema va a ser eje o cauce de un diálogo que lo trasciende: «Y en este poder de comunicación está el secreto de la poesía, que, cada vez estamos más seguros de ello, no consiste tanto en ofrecer belleza cuanto en alcanzar propagación, comunicación profunda del alma de los hombres». El sufrido patrono de turno será ahora Antonio Machado, pero con poco o nada de su base original. El signo de la época no se queda en los Ramón de Garciasol *, Eladio Cabañero * o Carlos Sahagún *, sino que alcanza a poetas de promociones anteriores, como el Vicente Aleixandre de *Historia del corazón* (1954), el Jorge Guillén de *Clamor* (1957), por no mencionar los casos más evidentes de Blas de Otero, José Hierro o Gabriel Celaya.

Los llamados «Poetas del 50» desarrollarán lo más personal de su obra en los sesenta. Sin embargo, sus primeros pasos se darán en esta tendencia social. Esto es un problema de perspectiva que conviene destacar ahora, cuando el revisionismo crítico tiende a alejarlos del papel de bisagra que cumplen generacionalmente. La originalidad del grupo del 50, y la clave de lo más renovador de su lenguaje, está en sus fórmulas alternativas al predominio social-realista anterior. Aún dentro del realismo, y de un realismo que admitiría en muchos sentidos el membrete de crítico o aun de social, ellos entierran la concepción voluntarista de la poesía como instrumento, sea para transformar el mundo (Celaya), sea para la comunicación intersubjetiva (Bousoño). La negación más temprana de estas ideas parte del artículo de Carlos Barral * «Poesía no es comunicación», publicado en el número 23 de *Laye*, en 1953. En él, Barral denuncia «la existencia de una serie de fantasmas teóricos: el mensaje, la comunicación, la asequibilidad a la mayoría, temas de nuestro tiempo que coartan la vocación creativa». La poesía, por el contrario, sería ante todo un medio de conocimiento, y en primer lugar, para el propio poeta. La realidad, vista desde la perspectiva del poema, es otra realidad, insólita, imposible de captar si no es mediante la palabra: «el acto de su expresión es el acto de su conocimiento», precisará más tarde José Ángel Valente * en *Las palabras de la tribu* (1971). «El acto creador —escribe ahí Valente— aparece así como el conocimiento a través del poema de un material de experiencia que en su compleja síntesis o en su particular unicidad no puede ser conocido de otra manera». Esta postura los conduce, de modo nantural, desde lo directamente social y denotativo hasta la búsqueda y revaloración de la especificidad del poema.

Aunque lo referencial haya perdido el predominio anterior, el realismo continúa y continúa también, pero sin falsas ideas, sin idealismos. El abandono de cualquier posible concepción instrumental de la poesía supone circunscribir la realidad referida a unas coordenadas muy concretas, cotidianas, experienciales. Jaime Gil de Biedma *, a partir de Robert Langbaum, presenta su propia poesía como «poesía de la experiencia», lo cual hace del poema «algo dicho por alguien en una cierta situación y en un cierto momento», según él mismo lo define en 1966, a propósito de Espronceda *. Esta definición, aunque sintética, es muy rica en consecuencias, pues implica la creación consciente de un yo poético, ficticio, auténtico centro del poema, que expresa su discurso en unas coordenadas muy precisas. Discurso y experiencia (poética) se confunden en unidad.

Quizás la vía más útil para topografiar el panorama cambiante de la lírica en torno a aquellos años sea la de las antologías, más concretamente, las antologías «consultadas», al estilo de la ya citada de Diego, donde los poetas seleccionados expresan brevemente su poética. La *Antología consultada de la joven poesía española* (1952), de Francisco Ribes, presenta ya un panorama dominado por lo social. Importa más, por su significación histórica, la de José María Castellet, *Veinte años de poesía española (1939-1959)* (1960), que puede considerarse al mismo tiempo como la ceremonia triunfal del social-realismo y anuncio de su cercana despedida y cierre. Aún insistirá en esa nota Leopoldo de Luis *, con su *Poesía social. Antología* (1965). La de José Batlló, *Antología de la nueva poesía española* (1968), marca una inflexión en ese panorama social-realista hacia los nuevos postulados críticos de los poetas del 50, mayoritariamente representados en ella.

De modo sorprendente, aquel Castellet de 1960, luckacsiano anunciador de la definitiva muerte del simbolismo, diez años más tarde será capaz de captar y capitalizar —si no de recrear— el nuevo ambiente literario español con su antología *Nueve novísimos poetas españoles* (1970), partida de nacimiento de una nueva promoción y, sobre todo, de una nueva estética, ya curada de realismos. La antología permite vislumbrar algunos rasgos que se asentarán en el futuro inmediato. Barthes o Eco —en plena moda estructuralista— aparecen como los nuevos guías teóricos, lo cual anuncia la decidida vocación profesoral y metapoética de todo un sector de estos escritores. Del otro lado, la insistencia en el *collage* cultural y en toda clase de quincallería artística de segunda mano, en gran parte modernista o del arte de masas, justificará el apodo de «venecianos». Pere Gimferrer *, que desde la antología de Batlló ha crecido mucho, escribe: «Me gusta la palabra bella y el viejo y querido utillaje retórico», y Guillermo Carnero *, que aún no lo ha hecho tanto, sentencia: «Poetizar es ante todo un problema de estilo». El invento generacional sería desarrollado por muchas otras antologías, a las que se incorporarán autores tan significativos como Luis Antonio de Villena * o Antonio Colinas *, que no estaban en ésta. La lista es larga, y los nombres que se citan no la agotan: Enrique Martín Pardo, *Nueva poesía española* (1970), Concepción G. Moral y Rosa María Pereda, *Joven poesía española* (1979), José Luis García Martín, *Las voces y los ecos* (1980), Elena de Jongh Rossell, *Florilegium: Poesía última española* (1982), Mari Pepa Palomero, *Poetas de los 70: Antología de poesía española contemporánea* (1987), etc.

Después del fenómeno de los Novísimos, es muy difícil —si no imposible— diferenciar cualquier otra poética dominante. Lo dominante es hoy, precisamente, la dispersión y la aparente falta de notas comunes. Aun así, hay antólogos que han intentado reunir lo disperso, como Luis Antonio de Villena, con su *Postnovísimos* (1986), de título insostenible, o el ya veterano en estas lides José Luis García Martín, con *La generación de los ochenta* (1988). De señalar alguna nota común, quizás la más evidente sea el magisterio de Jaime Gil de Biedma y de su poesía de la experiencia, que es referente de muy diferentes lenguajes poéticos actuales.

BIBLIOGRAFÍA. J. M. Castellet (ed.), *Veinte años de poesía española (1939-1959)* (Barcelona, 1960); L. de Luis (ed.), *Poesía social. Antología* (Madrid, 1965); J. M. Castellet (ed.), *Nueve novísimos poetas españoles* (Barcelona, 1970); J. Cano Ballesta, *La poesía española entre pureza y revolución (1930-1936)* (Madrid, 1972); A. Blanch, *La poesía pura española: Conexiones con la cultura francesa* (Madrid, 1976); F. Rubio, *Las revistas poéticas españolas (1939-1975)* (Madrid, 1976); A. L. Geist, *La poética de la Generación del 27 y las revistas literarias: De la vanguardia al compromiso (1918-1936)* (Barcelona, 1980); V. Bodini, *Los poetas surrealistas españoles* (1963) (Barcelona, 1981); J. M. Rozas, *La generación del 27 desde dentro (Textos y documentos)*, 2.ª ed. aumentada (Madrid, 1987); V. García de la Concha, *La poesía española de 1935 a 1975. I: De la preguerra a los años oscuros (1935-1944). II: De la poesía existencial a la poesía social (1944-1950)*, 2 vols. (Madrid, 1987); J. L. García Martín (ed.), *La generación de los ochenta* (Valencia, 1988); P. Provencio, *Poéticas españolas contemporáneas. I: La generación del 50. II: La generación de 1970*, 2 vols. (Madrid, 1988 y 1989); G. Diego (ed.), *Poesía española contemporánea (1901-1934)* (1932 y 1934), ed. de A. Soria Olmedo (Madrid, 1992). [L.C.E.]

POSTERIOR A 1975: Los poetas que se han dado a conocer a partir de 1975, aunque alguna vez hayan ofrecido propuestas unitarias —por ejemplo, los vinculados a la «otra sentimentalidad», defendida por Luis García Montero, Javier Egea * y Álvaro Salvador *, y en la que el lirismo y la reflexión se unen al humor y al compromiso, y los defensores del «sensismo», con Miguel Galanes y Fernando Beltrán a la cabeza, que han pretendido superar el culturalismo dominante en los años setenta—, han procurado crear al margen de escuelas, normas, consignas y modas. Escasamente preocupados por las rupturas violentas, han mirado con respeto, para adaptarla a su nueva sensibilidad, tomarla como ejemplo o parodiarla, hacia una larga tradición que va desde los clásicos, los simbolistas e impresionistas hasta los poetas de los cincuenta —en especial, F. Brines * y J. Gil de Biedma *—. Por el contrario, aunque el recargamiento cultural, el hermetismo y las formas barrocas hayan pervivido ocasionalmente, ha habido menos interés en prolongar la estética de los novísimos.

De las variadas tendencias que ha seguido la poesía de esta época —iniciadas o reforzadas a veces por algunos de los poetas precedentes—, hay que destacar, en primer lugar, la tendencia a un lirismo reflexivo, es decir, a un predominio de lo emocional sobre lo racional. La expresión de la intimidad, los tonos elegíacos, las meditaciones sobre las propias experiencias, las preocupaciones intelectuales y vitales —telúricas, hedonistas, metafísicas, místicas, neorrománticas e, incluso, sociales— pasan ahora a un primer plano.

Progresivamente ha ido cobrando espesor una veta neorromántica, meditativa y elegíaca, en la que, mediante formas clásicas, neobarrocas o con bien ajustados procedimientos irracionales, se ha reivindicado la memoria y se han dibujado los más diversos paisajes interiores: la soledad, el amor (en sus vertientes sentimental y erótica), las inquietudes religiosas, la melancolía ante el tiempo ido, etc.

El triunfo de la percepción y de la experiencia sobre la imaginación y los sistemas representativos ha sido también común a los ya numerosos poetas que, mediante la reivindicación con frecuencia del desaliño, del prosaísmo, de las imperfecciones estilísticas —algunos se sirven de coloquialismos y expresiones propias de los medios de comunicación y de la publicidad— y del humor y de la ironía, como elementos distanciadores, han pretendido dar cuenta de sus vivencias cotidianas y, de forma superficial, irónica y humorística, o con más serias intenciones —los esporádicos atisbos de crítica social están generalmente desprovistos de connotaciones políticas—, de sus particulares relaciones con el entorno urbano.

Junto a estas líneas hay que destacar las readaptaciones de la épica, las revitalizaciones del surrealismo y el cultivo de la poesía del silencio, concreta, minimalista y pura. Los adscritos a esta última tendencia, mediante un afanoso esfuerzo de experimentación con el lenguaje, se han caracterizado por una firme vocación de desprendimiento de todo aquello que puede entorpecer la comunicación y por el despojamiento de lo que imposibilite acercarse al núcleo esencial de lo que hay, existe, es o nos parece que es. Todos han puesto un extremo celo en el uso de la palabra que se quiere esencial y tensa, depurada y concisa, en la estela de los presupuestos de la «poesía pura».

De todos estos poetas ofrecemos a continuación una nómina, que no pretende ser exhaustiva:

ANTONIO ABAD (Melilla, 1949): *El ovillo de Ariadna* (1978), *Misericordia de mí* (1980), *Mester de lujuria* (1980), *Invención del paisaje* (1982), *Elena Laverón o el vuelo de las formas* (1983), *El arco de la luna* (1987). JESÚS AGUADO (Madrid, 1961): *Primeros poemas del naufragio* (1984), *Mi enemigo* (1987), *Semillas para un cuerpo* (1987), *Los amores imposibles* (1990). LEOPOLDO ALAS (Arnedo, La Rioja, 1962): *Los palcos* (1988), *Signos 7* (1989), *Signos 8* (1990). JOSÉ LUIS AMARO (Córdoba, 1954): *Erosión de los espejos* (1981), *Despojos de la noche* (1983), *Estrago y melodía* (1984), *Huellas en el cristal* (1984), *Poemas sacramentales* (1986). AMPARO AMORÓS (Valencia, ?): *Ludia* (1983), *La honda travesía del águila* (1986), *Quevediana* (1988). ENRIQUE ANDRÉS RUIZ (Soria, 1962): *La línea española* (1991). BLANCA ANDRÉU (La Coruña, 1959): *De una niña de provincias que se vino a vivir en un Chagall* (1981), *Báculo de Babel* (1983), *Elphistone* (1988). MIGUEL ARGAYA (Valencia, 1960): *Prohibido el paso a perros y poetas* (1983), *Elementos para un análisis específico de los poblamientos indígenas* (1987), *Luces de gálibo* (1990). PABLO DEL BARCO (Burgos, 1943): *Piedra quejida* (1975), *Versounverso* (1979), *14×14 sonetos* (1980), *Del Burgos desungido* (1980), *Libro blanco para la paz* (1982), *Maryando el mar* (1984), *Zoosignica* (1985), *Escribituras* (1986), *Castilla bría y umbría* (1986), *El animalario estrafalario* (1986), *Sevilla* (1987), *Lluvia!* (1987), *Popular* (1987), *Inevitablemente, amar* (1987). JUAN BARJA (La Coruña, 1951): *Equilibrio del día* (1981), *Horizonte de entrada* (1984), *El fuego y la ceniza* (1989), *Las estaciones* (1991). AMALIA BAUTISTA (Madrid, 1962): *Cárcel de amor* (1988). FRANCISCO BEJARANO (Jerez de la Frontera, Cádiz, 1945): *Trans-*

parencia indebida (1977), *Amar es bien* (1978), *Pasolini* (1979), *Las tardes* (1988). FERNANDO BELTRÁN (Oviedo, 1956): *Umbral de cenizas* (1978), *Aquelarre en Madrid* (1983), *Ojos de agua* (1985), *Cerrado por reformas* (1988), *Gran Vía* (1990), *El gallo de Bagdad y otros poemas* (1991). FELIPE BENÍTEZ REYES (Cádiz, 1960): *Estancia en la heredad* (1979), *Paraíso manuscrito* (1982), *Los vanos mundos* (1985), *Pruebas de autor* (1989), *La mala compañía* (1989), *Bazar de ingenios* (1991), *La maleta del náufrago* (1991). JUAN MANUEL BONET (París, 1953): *La patria oscura* (1983), *Café des exilés* (1990), *La ronda de los días* (1990). VÍCTOR BOTAS (Oviedo, 1945): *Las cosas que me acechan* (1979), *Segunda mano* (1982), *Mis turbaciones* (1983), *Aguas mayores y menores* (1985), *Historia antigua* (1987). RAMÓN BUENAVENTURA (Tánger, 1940): *Cantata soleá* (1978), *Tres movimientos* (1981), *Vereda del gamo* (1984), *Los papeles del tiempo* (1984), *El abuelo de las hormigas* (1986), *Eres* (1989). JOSÉ JULIO CABANILLAS (Granada, 1958): *Las canciones del alba* (1990). JUAN MARÍA CALLES (Cáceres, 1963): *Sr. López, López* (1985), *Silencio celeste* (1986), *El peregrino junto al mar* (1987). ÁNGEL CAMPOS PÁMPANO (San Vicente de Alcántara, Badajoz, 1957): *De la virtud del ocio, materia del olvido* (1986), *La ciudad blanca* (1988), *Caligrafías* (1989). DIONISIO CAÑAS (Tomelloso, Ciudad Real, 1949): *El olor cálido y acre de la orina* (1977), *La caverna de Lot* (1981), *Los secuestrados días del amor* (1982), *El fin de las razas felices* (1987), *En lugar del amor* (1989). RAÚL CARBONELL (Valencia, 1950): *Espejos planos* (1981), *Interior esencial* (1982), *Decir* (1983), *Viaje al océano* (1984), *Nocturno sin consejo* (1988). JOSÉ CARLÓN (León, 1954): *Así nació Tiresias* (1983), *Los ojos del cielo, los labios del mar* (1985), *El cenotafio de Newton* (1990). MIGUEL CASADO (Valladolid, 1954): *Invernales* (1985), *La condición del pasajero* (1986), *Inventario* (1987). FRANCISCO CASTAÑO (Salamanca, 1951): *Breve esplendor de mal distinta lumbre* (1985), *El decorado y la naturaleza* (1987), *Fragmentos de un discurso enamorado* (1989). JUANA CASTRO (Villanueva de Córdoba, 1945): *Cóncava mujer* (1978), *Del dolor y las alas* (1982), *Paranoia en otoño* (1985), *Narcisia* (1986), *Arte de cetrería* (1989). LUISA CASTRO (Foz, Lugo, 1966): *Odisea definitiva* (1984), *Los versos del eunuco* (1986), *Los hábitos del artillero* (1990). JOSÉ CARLOS CATAÑO (La Laguna, Tenerife, 1954): *Disparos en el Paraíso* (1982), *Muerte sin ahí* (1986), *El cónsul del mar del Norte* (1990), *El amor lejano* (1991). SALVADOR F. CAVA (Cuenca, 1955): *Acceso a Samaria* (1980), *Cerezas, cerezas, cerezas* (1987). ALFONS CERVERA (Gestalgar, Valencia, 1947): *Canción para Chose* (1987), *Hyde park blues* (1987), *La ciudad oscura* (1987). ALEJANDRO CÉSPEDES (Gijón, Asturias, 1958): *James Dean... amor que me prohíbes* (1986), *La noche y sus consejos* (1986). JOSÉ ÁNGEL CILLERUELO (Barcelona, 1960): *Narrado en bronce* (1982), *Alfama* (1987), *El don impuro* (1989), *Días de playa* (1990), *Diario de ciudad* (1991). JUAN COBOS WILKINS (Riotinto, Huelva, 1957): *El jardín mojado* (1981), *Sol* (1985), *Barroco ama a Gótico* (1986), *Espejo de príncipes rebeldes* (1989), *Balcón del infierno* (1990), *Diario de un poeta tartesso* (1990). LUIS CREMADES (Alicante, 1962): *Su animal favorito* (1991). ALEJANDRO DUQUE AMUSCO (Sevilla, 1949): *Esencia de los días* (1976), *El sol en Sagitario* (1978), *Del agua, del fuego y otras purificaciones* (1983), *Sueño en el fuego* (1989). ANTONIO ENRIQUE (Granada, 1953): *Retablo de la Alhambra* (1974), *Retablo de luna* (1980), *La blanca emoción* (1980), *La ciudad de las cúpulas* (1980), *Los cuerpos gloriosos* (1982), *Orphica* (1984), *Las lóbregas alturas* (1984), *El galeón atormentado* (1990), *La Quibla* (1990). MERCEDES ESCOLANO (Cádiz, 1964): *Marejada* (1982), *Las bacantes* (1984), *Felina calma y oleaje* (1986), *Estelas* (1991). JOSÉ LUIS FALCÓ (Valencia, 1952): *Le-*

brel de sombras (1978), *El encanto de la serpiente* (1980), *Paisaje dividido* (1981), *Diez fragmentos en Abril* (1984). JESÚS FERNÁNDEZ PALACIOS (Cádiz, 1947): *Poemas anuales* (1976), *El ámbito del tigre* (1978), *De un modo cotidiano* (1981), *Las coplas de Israel Sivo* (1982). FRANCISCO FORTUNY (Málaga, 1958): *Náutica espiritual* (1981), *De la locura metódica* (1985), *Y danzaste hacia el sur* (1986), *Cielo rasante. Seis décimas* (1988). JOSÉ ANTONIO GABRIEL Y GALÁN (Plasencia, Cáceres, 1940): *Descartes mentía* (1977), *Un país como éste no es el mío* (1978), *Poesía (1970-1985)* (1988). MIGUEL GALANES (Daimiel, Ciudad Real, 1951): *Inconexiones* (1979), *Urgencias sin nombre* (1981), *Ópera ingenua para Isabel María* (1983), *Condición de una música inestable* (1984), *La demencia consciente* (1987), *Los restos de la juerga* (1990). VICENTE GALLEGO (Valencia, 1963): *Santuario* (1986), *La luz, de otra manera* (1988), *Los ojos del extraño* (1990). ÁLVARO GARCÍA (Málaga, 1965): *Para quemar el trapecio* (1985), *Morir en la llanura* (1986), *La dulce edad* (1986), *La noche junto al álbum* (1989). CONCHA GARCÍA (La Rambla, Córdoba, 1956): *Otra ley* (1987), *Ya nada es rito* (1987), *Desdén* (1990). LUIS GARCÍA MONTERO (Granada, 1958): *Y ahora ya eres dueño del puente de Brooklyn* (1980), *Tristia* (en colaboración con Álvaro Salvador) (1982), *El jardín extranjero* (1983), *Rimado de ciudad* (1984), *Égloga de los dos rascacielos* (1984), *Diario cómplice* (1987), *Las flores del frío* (1991). ADOLFO GARCÍA ORTEGA (Valladolid, 1958): *Esta labor digital* (1983), *La mirada que dura* (1986), *Oscuras razones* (1988), *Los hoteles* (1990). OLVIDO GARCÍA VALDÉS (Santianes de Pravia, Asturias, 1956): *El tercer jardín* (1986), *Exposición* (1990). ÁNGEL GUACHE (Luanco, Asturias, 1950): *El viento en los árboles* (1986), *Vals de bruma* (1987), *Los adioses* (1991), *Diario de un buzo* (1991). JOSÉ GUTIÉRREZ (Nigüelas, Granada, 1955): *Ofrenda en la memoria* (1976), *Espejo y laberinto* (1978), *El cerco de la luz* (1978), *La armadura de sal* (1980), *De la renuncia* (1989). ALMUDENA GUZMÁN (Madrid, 1964): *Poemas de Lida Sal* (1981), *La playa del olvido* (1984), *Usted* (1984), *Después del amor...* (1988), *El libro de Tamar* (1989). EDUARDO HARO IBARS (Tánger, 1948-Madrid, 1989): *Empalador* (1980); *Sex-Fiction* (1981); *En rojo* (1985). MARIO HERNÁNDEZ (Palencia, 1945): *Variantes de noviembre* (1975), *Sombra marina* (1976), *Enemigo de plata* (1980), *Para bien morir* (1983), *Distinta sombra de Dánae* (1984), *Tankas del mar y los bosques* (1989). AMALIA IGLESIAS (Menaza, Palencia, 1962): *Un lugar para el fuego* (1985), *Memorial de Amauta* (1988), *Mar en sombra* (1989). RAFAEL INGLADA (Málaga, 1963): *Las vigilias* (1983), *Tríptico del fuego* (1983), *Biografía* (1984), *Oficio de cuerpos* (1985), *Dos poemas* (1986), *Brillante muerte* (1986), *La senda jaque* (1986), *Noticia del amor* (1988), *Habitaciones contiguas* (1991), *Vidas ajenas* (1991). RAMÓN IRIGOYEN (Pamplona, 1942): *Cielos e inviernos* (1979), *Los abanicos del Caudillo* (1982). ANTONIO JIMÉNEZ MILLÁN (Granada, 1954): *Último recurso* (1976), *De iconografía* (1982), *Restos de niebla* (1983), *Poemas del desempleo* (1985), *Ventanas sobre el bosque* (1987), *Espejos y bares* (1990). JOSÉ LUIS JOVER (Cuenca, 1946): *Memorial* (1978), *En el grabado* (1979), *Paisaje* (1981), *Retrato del autor* (1982). JON JUARISTI (Bilbao, 1951): *Diario de un poeta recién cansado* (1986), *Suma de varia intención* (1987), *Arte de marear* (1989), *La sal de la culpa (Antología 1989-1990)* (1990). JUAN LAMILLAR (Sevilla, 1957): *Muro contra la muerte* (1982), *Interiores* (1986), *Las playas* (1987), *Música oscura* (1989), *El paisaje infinito* (1991). ABELARDO LINARES (Sevilla, 1952): *Mitos* (1979), *Sombras* (1986), *Espejos* (1991). SALVADOR LÓPEZ BECERRA (Málaga, 1957): *Poemas* (1979), *Variaciones sobre el olvido* (1983), *Riente azar* (1986), *El patio* (1989), *Voluntad del fuego* (1991).

JULIO LLAMAZARES (Vegamián, León, 1955): *La lentitud de los bueyes* (1979), *Memoria de la nieve* (1982). JOSÉ CARLOS LLOP (Palma de Mallorca, 1956): *La naturaleza de las cosas* (1987), *La tumba etrusca* (1992). JOSÉ LUPIÁÑEZ (Línea de la Concepción, Cádiz, 1955): *Ladrón de fuego* (1975), *Río solar* (1978), *El jardín de ópalo* (1980), *Amante de gacela* (1980); *Música de esferas* (1982), *Arcanos* (1984), *Laurel de la costumbre* (1988). JUAN MALPARTIDA (Marbella, Málaga, 1956): *Espiral* (1989). JUAN CARLOS MARSET (Albacete, 1963): *Puer profeta* (1989). LORENZO MARTÍN DEL BURGO (Almagro, Ciudad Real, 1952): *Raro* (1982), *Jarvis* (1987). LUIS MARTÍNEZ DE MERLO (Madrid, 1955): *De algunas otras veces* (1975), *Alma del tiempo* (1978), *Fábula de Faetonte* (1982), *Orphénica lyra* (1984). JULIO MARTÍNEZ MESANZA (Madrid, 1955): *Europa* (1986), *Europa (1985-87)* (1988), *Europa y otros poemas* (1990). CARLOS MARZAL (Valencia, 1961): *El último de la fiesta* (1987), *La vida de Frontera* (1991). MIGUEL MAS (Valencia, 1955): *Frágil ciudad del tiempo* (1977), *Celebración de un cuerpo horizontal* (1978), *El testigo* (1982), *La hora transparente* (1985). JOSÉ MATEOS (Jerez de la Frontera, Cádiz, 1963): *Una extraña ciudad* (1990). INMACULADA MENGÍBAR (Córdoba, 1962): *Los días laborables* (1988). JOSÉ ANTONIO MESA TORÉ (Málaga, 1963): *En viento y en agua huidiza* (1985), *Jóvenes en el daguerrotipo* (1987), *El amigo imaginario* (1991). JUAN CARLOS MESTRE (Villafranca del Bierzo, León, 1957): *La visita de Safo* (1983), *Antífona del otoño en el valle del Bierzo* (1986). JESÚS MORENO (Cáceres, 1949): *Recorrido de sombras* (1983), *Memoria de la estación ausente* (1984). LUIS MUÑOZ (Granada, 1966): *Calle del mar* (1987), *Septiembre* (1991). JUAN MANUEL MUÑOZ AGUIRRE (Madrid, 1959): *Omnia* (1986), *Adiós, dijo el duende* (1991). JUSTO NAVARRO (Granada, 1953): *Los nadadores* (1985), *Un aviador prevé su muerte* (1986), *La visión* (1987). MANUEL NEILA (Hervás, Asturias, 1950): *Clamor de lo incesante* (1978). ANÍBAL NÚÑEZ (Salamanca, 1944-1987): *Elegías* (1980), *Cuarzo* (1981), *Clave de los tres reinos* (1986), *Estampas de ultramar* (1986), *Naturaleza no recuperable* (1990), *Definición de savia* (1991). FERNANDO ORTIZ (Sevilla, 1947): *Primera despedida* (1978), *Cuaderno de otoño* (1979), *Personae* (1981), *Vieja amiga* (1984), *Marzo* (1986), *La ciudad y sus sombras* (1987), *El hombre del renacimiento* (1988). MARÍA DEL CARMEN PALLARÉS (Madrid, 1950): *Del lado de la ausencia* (1979), *Molino de agua* (1980), *La llave de grafito* (1984), *Caravanserai* (1987), *Luces de travesía* (1989). JOSÉ MARÍA PARREÑO (Madrid, 1958): *Instrucciones para blindar un corazón* (1981), *Libro de las sombras* (1986), *Las reglas del fuego* (1987), *Postrimerías* (1989), *Fe de erratas* (poesía completa) (1990), *Intimidatoria* (1991). RAFAEL PÉREZ ESTRADA (Málaga, 1934): *Tres propuestas asilogísmicas* (1979), *Especulaciones en la misma naturaleza* (1983), *Memorial para otras estaciones* (1984), *Jardín del unicornio* (1989), *Tratado de las nubes* (1990). ANTONIO PIEDRA (Salamanca, 1948): *Del rigor al desatino* (1986), *Calendario profano* (1990). ANTONIO PORPETTA (Elda, Alicante, 1936): *Por un cálido sendero* (1978), *Los sigilos violados* (1985). BENJAMÍN PRADO (Madrid, 1961): *Un caso sencillo* (1986), *El corazón azul del alumbrado* (1991), *Asuntos personales* (1991). PEDRO PROVENCIO (Alhama de Murcia, 1943): *Tres ciclos* (1980), *Forma de margen* (1982), *Es decir* (1986), *Embrión* (1991), *Tiempo al tiempo* (1991). JOSÉ LUIS PUERTO (La Alberca, Salamanca, 1953): *El tiempo que nos teje* (1982), *Un jardín al olvido* (1987), *Cuaderno de poesía renacentista* (1989). JORGE RIECHMANN (Madrid, 1962): *Figuración de ti* (1979), *Borradores para una fidelidad* (1984), *Diálogo de la herida* (1985), *Cántico de la erosión* (1987), *Cuaderno de Berlín* (1989). JOSÉ RAMÓN RIPOLL (Cádiz, 1952): *Las tardes en sus oficios y dos gardenias for you* (1978),

Esta música (1979), *La tauromaquia* (1980), *Sermón de la barbarie* (1981), *El humo de los barcos* (1986), *Música y pretexto* (1990), *Las sílabas ocultas* (1990). ANTONIO RODRÍGUEZ JIMÉNEZ (Córdoba, 1956): *Vértigo de la infancia* (1980), *El sueño de los cuerpos* (1982), *Ciudad de lunas muertas* (1987), *Un verano de los 80* (1991). MIGUEL ROMAGUERA (Valencia, 1955): *Mirada del silencio* (1983), *El jardín de Ida* (1984). JOSÉ CARLOS ROSALES (Granada, 1952): *El buzo incorregible* (1988), *Mínimas manías* (1990), *El precio de los días* (1991). VICENTE SABIDO (Mérida, 1953): *Aria* (1975), *Décadas y mitos* (1977), *Sylva* (1981), *Adagio para una diosa muerta* (1988), *Antología poética* (1990). JAVIER SALVAGO (Paradas, Sevilla, 1950): *Canciones del amor amargo y otros poemas* (1977), *La destrucción o el humor* (1980), *En la perfecta edad* (1982), *Variaciones y reincidencias* (1985), *Antología (1977-85)* (1986), *Volverlo a intentar* (1989), *Los mejores años* (1991). MIGUEL SÁNCHEZ GATELL (Madrid, 1965): *La soledad absoluta de la tierra* (1989). ELOY SÁNCHEZ ROSILLO (Murcia, 1948): *Maneras de estar sólo* (1978), *Páginas de un diario* (1981), *Elegías* (1984), *Autorretratos* (1989). LEOPOLDO SÁNCHEZ TORRE (El Entrego, Asturias, 1963): *Los días perdidos* (1985), *Lugares comunes* (1991). MARÍA SANZ (Sevilla, 1956): *Tierra difícil* (1981), *Variaciones en vísperas de olvido* (1984), *Cenáculo vinciano y otros escorzos* (1985), *Aquí quema la niebla* (1986), *Contemplaciones* (1988), *Jardines de Murillo* (1989), *Trasluz* (1989), *Aves de paso* (1991), *Los aparecidos* (1991), *El pétalo impar* (1991). JUVENAL SOTO (Málaga, ?): *Ovidia* (1976), *El hermoso corsario* (1986), *Arte y ciencia* (1990). MIGUEL SUÁREZ (Vera de Bidasoa, 1951): *De entrada* (1986), *La perseverancia del desaparecido* (1988). JUAN CARLOS SUÑÉN (Madrid, 1956): *Para nunca ser vistos* (1988), *Un ángel menos* (1989), *Por fortunas peores* (1991). LUIS SUÑÉN (Madrid, 1951): *El lugar del aire* (1981), *Mundo y sí* (1988). JUAN JOSÉ TÉLLEZ RUBIO (Algeciras, Cádiz, 1958): *Crónicas urbanas* (1979), *Medina y otras ciudades* (1979), *Bambú* (1988), *Daiquiri* (1988). VICENTE TORTAJADA (Sevilla, 1952): *Sílaba moral* (1983), *La respuesta inelegante* (1986), *Pabellones* (1990). ANDRÉS TRAPIELLO (Manzaneda de Torío, León, 1952): *Junto al agua* (1980), *Las tradiciones* (1982), *La vida fácil* (1985), *El mismo libro* (1989), *Fuera del mundo* (1990), *Las tradiciones* (poesía reunida) (1991). ÁLVARO VALVERDE (Plasencia, Cáceres, 1959): *Territorio* (1985), *Sombra de la memoria* (1986), *Lugar del elogio* (1987), *Las aguas detenidas* (1988), *Una oculta razón* (1991). LOLA VELASCO (Madrid, 1961): *La frente de una mujer oblicua* (1986). MIGUEL ÁNGEL VELASCO (Palma de Mallorca, ?): *Sobre el silencio y otros llantos* (1980), *Pericoloso sporgersi* (1986). GERMÁN YANKE (Bilbao, 1955): *Furor de Bilbao* (1987), *Álbum de agujeros* (1988), *Estación del norte* (1990). JUAN PABLO ZAPATER (Valencia, 1960): *La coleccionista* (1989).

BIBLIOGRAFÍA. J. L. García Martín, *Las voces y los ecos* (Madrid, 1980); *Florilegium. Poesía última española*, selección y estudio de E. de Jongh Rossel (Madrid, 1982); J. Barella, *Después de la modernidad. Poesía española en sus lenguas literarias* (Barcelona, 1987); J. L. García Martín, *La generación de los 80* (Valencia, 1988). [N.G.]

POESÍA SORPRENDIDA, LA. Véase REVISTAS LITERARIAS Y CULTURALES ESPAÑOLAS.

POESÍAS VARIAS DE GRANDES INGENIOS. Véase CANCIONEROS Y ROMANCEROS DE LOS SIGLOS XVI Y XVII.

POETA, JUAN. Véase VALLADOLID, JUAN DE.

POETA DE LA ROSA. Véase LÓPEZ DE ZÁRATE, FRANCISCO.

POÉTICAS DE LOS SIGLOS XVI Y XVII. Tras un largo período de gran fertilidad literaria, pero nula teoría práctica, las primeras muestras de ésta en España llegan a remolque de la poesía, en forma de comentarios o de artes métricas. En un mismo año aparecen las *Anotaciones* a las *Obras de Garcilaso* (Sevilla, 1580), de Fernando de Herrera *, y el *Arte poética en romance castellano* (Alcalá de Henares, 1580) de Miguel Sánchez de Lima *. Paradójicamente, tienen mucho más valor en cuanto a reflexión estética las primeras, con exposición de la doctrina de erudición poética, que la segunda, un simple tratado de métrica castellana. En la misma línea de la última, se publica, en 1592, en Salamanca, el *Arte poética española* de Juan Díaz Rengifo, seudónimo del jesuita Diego García Rengifo (Ávila, 1533-Monforte de Lemos, 1615), cuya utilidad para componer metros tradicionales e italianos le convirtió en una de las más editadas y famosas hasta fines del siglo XVIII. Entre estas primeras artes métricas hay también que recordar la de Jerónimo de Mondragón *, *Arte para componer en metro castellano* (Zaragoza, 1593).

Las poéticas concebidas y presentadas como tales, como proyecto filosófico y estético, numerosas veces en forma de diálogos y epístolas, no aparecen hasta 1596, año en que se publica en Madrid la primera y más importante, la *Philosophía antigua poética* de Alonso López Pinciano *. El campo de especulación se amplía considerablemente respecto a las artes métricas que la habían precedido. López Pinciano, Alfonso de Carvallo * en su *Cisne de Apolo* (Medina del Campo, 1602) o Francisco Cascales * en sus *Tablas poéticas* (Murcia, 1617; terminadas en 1604) son los primeros en abordar un gran abanico de cuestiones literarias (hay que entender, por *poesía*, «literatura»), en general planteadas ya en las poéticas clásicas: la imitación —bien de modelos literarios, bien de la realidad (mimesis)—; la inspiración del poeta —enajenación, furor divino, amoroso, humores—; el fin educativo y deleitable de la poesía; la relación con el resto de las artes y las ciencias; las reglas poéticas; los géneros y especies, etc. En el tratamiento de estos temas se percibe la huella de las teorías poéticas clásicas de Platón y, sobre todo, de Aristóteles y Horacio. Debe recordarse que durante el siglo XVI se editó, comentó y difundió al estagirita desde Italia en griego, latín e italiano. Los propios comentarios y los tratados italianos adquirieron casi tanta relevancia como los autores antiguos y se convirtieron a su vez en clásicos de la teoría poética: Robortello, Minturno, Castelvetro o el Tasso, entre otros, fueron fundamentales para la elaboración de las primeras poéticas áureas castellanas. Son éstas más o menos independientes, yendo desde el espíritu crítico y el juicio personal del Pinciano, hasta los fragmentos en que Cascales plagia a Minturno, Robortello o el Tasso, pero en todas es fácilmente perceptible el conocimiento directo de las teorías de Aristóteles, Horacio o Platón.

La teoría poética no se mantuvo al margen de la creación literaria: por múltiples vías se fortalecieron los contactos. Desde la poética con referencias constantes a poetas españoles, caso del *Ejemplar poético* (1606) de Juan de la Cueva *, hasta las frecuentes ocasiones en que autores como Lope de Vega * o Cervantes * escribieron prólogos y epístolas, pronunciaron discursos en academias o aludieron a la teoría literaria en sus obras, siendo de suma importancia las polémicas en torno a las novedades del teatro y la poesía.

La fórmula dramática consolidada por Lope de Vega y sus seguidores se sometía al gusto del público, pero no a las observaciones de las poéticas clásicas que los humanistas habían elevado a la categoría de preceptos. Las nuevas comedias vulneraban las unidades de tiempo y lugar, mezclaban acción trágica y cómica, y estado noble con plebeyo, reduciendo, además, los clásicos cinco actos a tres jornadas. Éstos fueron los puntos clave que suscitaron la polémica y que sustentaron las críticas de los clasicistas. Los primeros en levantar sus voces contra la nueva comedia fueron Cervantes (*Quijote*, I, pág. 48) y Andrés Rey de Artieda * en la «Epístola al marqués de Cuéllar sobre la comedia» (*Discursos, epístolas y epigramas*, Zaragoza, 1605). Cascales dijo en sus ya citadas *Tablas poéticas* que las nuevas comedias eran «unos hermaphroditos, unos monstruos de la poesía». Cristóbal Suárez de Figueroa *, que se había ocupado ya de temas literarios en diversas ocasiones, escribió en su obra miscelánea *El pasajero* (Madrid, 1617): «Casi todas las comedias que se representan en nuestros teatros son hechas contra razón, contra naturaleza, contra arte.» Pero hubo también otras opiniones más moderadas o eclécticas. Bartolomé Leonardo de Argensola *, aun desaprobando la mezcla tragicómica, veía con buenos ojos la reducción del número de actos. González de Salas * explicó las doctrinas aristotélicas en su *Nueva idea de la tragedia antigua* (Madrid, 1633), pero defendió la libertad del nuevo teatro. El portugués Antonio López de Vega *, tras atacar «las inverosimilitudes y desatinos» de las comedias, en su serie de ensayos *Heráclito y Demócrito de nuestro siglo* (1641), admitía: «No digo que se guarden con superstición las antiguas reglas; que algo se ha de permitir al gusto diverso del siglo diferente.» Ese «gusto diverso» del nuevo público fue una de las razones que Lope de Vega esgrimió en su discurso *Arte nuevo de hacer comedias* (Madrid, 1609) para contravenir la preceptiva clásica. Fueron muchos los autores y los argumentos que defendieron la fractura de los antiguos preceptos: el transcurso de la acción en más de un día o más de un lugar no disminuía, sino que aumentaba la verosimilitud, pues era más fiel a la realidad; para la mezcla de estados también se podían aducir modelos clásicos; la reducción de cinco a tres jornadas se adecuaba sobremanera a las partes de la acción: planteamiento, nudo y desenlace; también se planteó la superioridad del drama español sobre el clásico, etc. Entre los defensores cabe destacar: la escuela dramática valenciana que, bajo el nombre de Ricardo del Turia *, en el *Apologético de las comedias españolas* (Valencia, 1616) adujo que Aristófanes y Sófocles habían mezclado dioses, nobles y plebeyos; Alfonso Sánchez al final de la *Expostulatio Spongiae* (1618) defendió la superioridad del teatro español; Tirso de Molina * en los *Los cigarrales de Toledo* (Madrid, 1621) afirmaba lo inverosímil de la unidad de tiempo y lugar en determinadas acciones. El jurista Francisco de la Barreda, en *El mejor príncipe, Trajano Augusto* (Madrid, 1622) incluyó uno de los más interesantes ensayos de poética dramática del siglo XVII: la «invectiva a las comedias que prohibió Trajano y apología por las nuestras». Recogió en él todos los argumentos que le habían precedido en la defensa del nuevo teatro e hizo la siguiente justificación: «¿Cuál será, pues, el arte de las comedias?... Un precepto sólo basta, que los ciñe a todos: saber todo poema es imitación. Aquél, pues, será perfecto sin más leyes que imitar la acción con puntual propiedad: esto ha hecho España excelentemente, luego guarda el arte.» El erudito Juan Caramuel * dictaminó en una epístola de su *Primus Calamus* (1668): «Los antiguos ignoraron el arte de hacer comedias y él [Lope] las inventó.» En este combate, por tanto, los preceptistas fueron cediendo poco a poco, pero a la vez las reflexiones teóricas que hicieron y las que provocaron en los innovadores contribuyeron a replantear el panorama dramático español. (Véase LOPE DE VEGA.)

Otra batalla que tuvo que librar la comedia se centró en la moral. Los ataques (vg., *De spectaculis* [1609] de Juan de Mariana *) criticaban la inmoralidad de las acciones, los personajes y la finalidad deleitable de la comedia. Ello obligó a elaborar argumentos teóricos en defensa de la licitud moral del deleite y la comedia, reuniendo tal empeño tanto a clasicistas como a innovadores (Cervantes, Rey de Artieda, Lope). Destacaremos aquí los tratados de José de Pellicer *, *Idea de la comedia de Castilla* (ms. 1635, 2.ªv. 1639) y de Francisco Bances Candamo *, *Theatro de los theatros de los pasados y presentes siglos* (ms. h. 1690), defensores de la perfección moral y literaria del teatro lopesco y calderoniano.

En el terreno de la poesía, la polémica fue protagonizada por la escuela gongorina. Los tropos, metáforas y cultismos, la erudición y los hipérbatos, en definitiva, la oscuridad y afectación de la poesía de Góngora * perseguían la belleza y dignificación del lenguaje, alejarse del vulgo y avivar el ingenio del lector culto. Dos años antes de que circularan los manuscritos del *Polifemo* y las *Soledades* se había publicado el *Libro de la erudición poética* (1611) de Luis Carrillo y Sotomayor *, que defendía el hermetismo de la erudición y el enaltecimiento del castellano a la perfección latina. Posteriormente, los seguidores de Góngora sostuvieron que él había elevado la belleza y cultura de la poesía española: Pedro Díaz de Rivas, *Discursos apologéticos por el estilo del «Polifemo» y «Soledades»* (1624); Vázquez Siruela, *Discurso sobre el estilo de don Luis de Góngora* (h. 1628); José Pellicer, *Lecciones solemnes a las obras de don Luis de Góngora y Argote* (Madrid, 1630); Cristóbal de Salazar Mardones, *Ilustración y defensa de la «Fábula de Pyramo y Tisbe», compuesta por don Luis de Góngora* (Madrid, 1636); García de Salcedo Coronel *, *Las obras de don Luis de Góngora, comentadas por...* (1636, 1644 y 1648, 3 vols.). Tan continuada apología había tenido un claro motivo: igual de persistentes e inmediatos habían sido los ataques al gongorismo. Según los detractores, el nuevo estilo se basaba en el *abuso* de determinadas figuras y tropos, como la metáfora, de períodos parentéticos e hipérbatos latinizantes y de neologismos y cultismos, pervirtiendo el lenguaje y convirtiendo lo que podían haber sido virtudes en vicios. Todo ello conducía, contra la estética quintilianista y ciceroniana, a una oscuridad en la invención, disposición y elocución que, más que inevitable resultado, era deliberada finalidad, ocultando una absoluta pobreza de contenidos, olvidados en favor de una pretendida belleza. Quien elaboró el ataque más sistemático y completo al sistema gongorino fue Juan de Jáuregui * en su *Discurso poético* (Madrid, 1623), donde expuso su propia doctrina estética, más cercana al llamado conceptismo. Destacan entre los detractores Pedro de Valencia *, que envió a Góngora una *Censura* de *Las soledades* y *Polifemo* a instancia del mismo en 1613; Cascales, que en 1613 ó 1614 escribió una de sus *Cartas filológicas* (Murcia, 1634), *Sobre la oscuridad del «Polifemo» y «Soledades» de don Luis de Góngora*; Lope, que publicó con *La Filomena* (1621) el *Papel que escribió un señor de estos reinos a Lope de Vega Carpio en razón de la nueva poesía* —le respondieron J. P. Mártir Rizo * y Diego de Colmenares (1586-1651), enzarzándose en una larga polémica—; Manuel de Faria y Sousa *, *«Lusíadas» de Luis de Camoens, comentadas por...* (Madrid, 1639), etc. Gutierre Marqués de Careaga en *La poesía defendida y definida, Montalbán alabado* (Madrid, 1639) criticó a los culteranos, pero también a los que por «buscar y amar lo claro y lo suave, se abrazan con lo humilde y sin nervios». (Véanse CONCEPTISMO y CULTERANISMO.)

Al margen de polémicas habría que considerar el *Panegírico por la poesía*, publicado anónimamente (Montilla, 1627), cuyo erudito autor, Fernando de Vera y Mendoza, estudia el carácter divino de la poesía, en la línea de Alfonso de Carvallo. Otra obra personal y ecléctica, el «gran hito final de nuestra teoría poética áurea» (García Berrio), es la *Agudeza y arte de ingenio* (1.ª v., Madrid, 1642, y Huesca, 1648) de Baltasar Gracián *, que advertía: «Cuando se junta lo realzado del estilo y lo remontado del concepto, hacen la obra cabal.» A medio camino entre la poética y la retórica, definía (y creaba), entre otras nociones literarias, las de «concepto», «agudeza» y «equívoco». (Véanse CONCEPTISMO, CULTERANISMO y LOPE DE VEGA.)

BIBLIOGRAFÍA. M. Menéndez Pelayo, *Historia de las ideas estéticas en España* (Madrid, 1889); E. Cotarelo y Mori, *Bibliografía de las controversias sobre la licitud del teatro en España* (Madrid, 1904); A. Vilanova, «Preceptistas de los siglos XVI y XVII», en *Historia general de las literaturas hispánicas*, vol. III, ed. de G. Díaz-Plaja (Barcelona, 1953); S. Shepard, *El Pinciano y las teorías literarias del Siglo de Oro* (Madrid, 1962); E. Orozco, *En torno a las «Soledades» de Góngora* (Granada, 1969); A. García Berrio, *Formación de la teoría literaria moderna*, vol. I (Madrid, 1977), vol. II (Murcia, 1980); E. C. Riley, *Teoría de la novela en Cervantes* (Madrid, 1981); A. Porqueras Mayo, *La teoría poética en el Renacimiento y manierismo españoles* (Barcelona, 1986) y *La teoría poética en el manierismo y barroco españoles* (Barcelona, 1989). [R.V.]

POÉTICAS DEL SIGLO XVIII. Las poéticas neoclásicas se propusieron imponer, sobre la actividad literaria, el respeto a unos moldes preestablecidos. Fueron Aristóteles —a través de sus comentaristas—, Horacio y los modernos autores italianos y franceses, modelos seguidos por los preceptistas españoles. Pretenden volver al dominio del equilibrio, la sencillez y la simetría. Se exalta el concepto del «buen gusto», frente al estilo que todavía no se denominaba «barroco», pero que ya entre los neoclásicos se asimilaba decididamente al «mal gusto». La máxima horaciana del *docere delectando* pesa sobre toda la poética neoclásica. El arte neoclásico —que lo fue de las minorías ilustradas, ya que el arte popular corrió por derroteros independientes— parecía destinado a elevar la cultura y conseguir la felicidad, el bienestar del ciudadano.

En las primeras décadas del siglo, perdura una postura liberal ante la estética. Así, para el P. Benito Feijoo *, en su discurso «El no sé qué», (*Teatro crítico*, tomo VI, 1733), el «buen gusto», que defenderán después los clasicistas, es una apreciación personal más que una sujeción a las normas, e incluso plasmó su desconfianza en la eficacia de la retórica en algunas de sus *Cartas eruditas* (1742-1760), como «La Elocuencia es Naturaleza y no Arte, Respuesta a dos objeciones y Disputa de cuál sea el constitutivo esencial de la poesía».

Proliferan las discusiones en torno a todos los géneros literarios. Especial resonancia tuvo la polémica del teatro, a raíz de la aparición de la *Poética* (1737) de Luzán *. Se trataba de la primera declaración plenamente clasicista, con la que su autor se propuso elaborar algo que faltaba en España: un tratado moderno de poética. En la larga polémica, con origen en el XVI, entre los clasicistas y los defensores de la libertad del genio, Luzán toma partido por aquéllos. No fue el primero, pero sí el más importante de una serie de poco conocidos escritores españoles, que mantuvo vivo en España el concepto clásico de la poética durante la escasa actividad creadora de finales del XVII y principios del XVIII. Recoge en su *Poética* las principales ideas de los clásicos, Aristóteles y Horacio sobre todo; también están presentes fuentes italianas: Muratori, Paolo Beni, etc., fruto de su formación en Italia; y, en menor medida —frente a lo que repetidas veces se ha defendido—, fuentes francesas: Boileau, Corneille, Dacier, Le Bossu..., y españolas: Cascales *, Pinciano, etc. Con la *Poética* de Luzán no sólo quedan definidos los caracteres esenciales de las nuevas fórmulas dramáticas, sino que se delimitan las líneas básicas de la crítica al teatro popular barroco, que desde instancias eclesiásticas y neoclásicas se suscitan a lo largo del siglo. El respeto a las tres unidades, junto a la exigencia de verosimilitud y propiedad, en función de la finalidad didáctica del arte serán principios básicos de todo el teatro neoclásico. Los presupuestos teóricos de Luzán, ignorados por los dramaturgos populares, calaron en los círculos ilustrados más innovadores, no sin ciertas reservas en un principio. Así, Juan de Iriarte * hizo una recensión de la *Poética* en el *Diario de los literatos* (1737-1742), recriminando a Luzán por su crítica a autores barrocos. La reseña de Iriarte daba inicio a un debate público, protagonizado, principalmente, por los intelectuales de la Academia del Buen Gusto (1749-1751). De aquí nacieron los primeros defensores del teatro clásico que, desde una concepción aristocrática y elitista del arte, se propusieron purificar la escena española. Enfrentan el concepto neoclásico del teatro, con fines pedagógicos y morales, al espectáculo teatral entendido como diversión. Blas Antonio Nasarre *, en el prólogo *Disertación sobre las comedias españolas* que coloca al frente de su edición del *Teatro de Cervantes* (1749), critica las disparatadas comedias barrocas, a la vez que hace una defensa sin reservas de la tradición española contra los detractores extranjeros. El contradictorio prólogo de Nasarre provocó una airada defensa del teatro nacional, con escritos como el de Tomás de Erauso y Zabaleta, seudónimo de Ignacio de Loyola Oyanguren, *Discurso crítico sobre el origen, calidad y estado presente de las comedias en España* (1750), defensor a ultranza de Lope de Vega * y Calderón de la Barca *. Entre los partidarios del teatro neoclásico, Montiano y Luyando * (*Discursos sobre las tragedias españolas*, 1750 y 1753) tuvo el mérito de ser el primero en teorizar sobre textos concretos, así como de establecer una historiografía del género. En la misma línea de reforma clasicista, Luis José Velázquez *, en 1754, publicó sus *Orígenes de la Poesía Castellana*, fuertemente influido, al igual que Gregorio Mayans y Siscar * en su *Retórica castellana* (1757), por los estudios de Luzán, Nasarre y Montiano. Clavijo y Fajardo *, desde la revista *El Pensador* (1762-1767), rompe también una lanza en defensa del teatro neoclásico, resaltando especialmente su ataque contra los autos sacramentales, cuyo estado de decadencia en el siglo XVIII, los convirtió en centro de críticas de los ilustrados. Juan Cristóbal Romea y Tapia *, indignado por las críticas dirigidas al teatro nacional, salió en su defensa, publicando un periódico bajo el nombre de *El escritor sin título* (1763), en oposición a *El Pensador*. De la misma opinión que Clavijo y Fajardo fue el propio Nicolás Fernández de Moratín *, autor de tres *Desengaños al teatro español* (1762-1763), donde se advierte de la necesidad de hacer una renovación concreta del teatro, dejando a un lado las discusiones académicas. También Tomás de Iriarte *, a propósito de la comedia, en *Los literatos en cuaresma* (1773), se lamenta de lo inútil de las disputas sobre el asunto. A partir de la década de los ochenta, la teoría neoclásica se enriquece con abundantísimos estudios a través de las poéticas, prólogos de libros y, de manera particular, en la prensa ilustrada. El sentimiento neoclásico respecto al teatro se afianza también con la reedición de textos clásicos españoles y extranjeros. Una falta de novedad caracteriza a las nuevas poéticas, pero, por el contrario, se extiende la influencia de las mismas a ámbitos más amplios. Sempere y Guarinos * hace una traducción libre de las ideas poéticas del italiano L. A. Muratori bajo el título *Reflexiones sobre el buen gusto en las ciencias y en las artes* (1782), a la que añade un «Discurso sobre el gusto actual de los españoles en la literatura». Entre 1785-1786 V. García de la Huerta * publicó su *Theatro Hespañol*, antología donde la exposición de ideas contrarias a las clasicistas, además de la no acertada selección de autores, dio lugar a una sonada polémica en la que en realidad se cuestionaba la licitud de las reglas. Huerta contestó a sus detractores, en su *Lección crítica* (1785) y, más tarde, en *La Escena Hespañola Defendida* (1786), motivo de innumerables réplicas. Leandro Fernández de Moratín * se convirtió en crítico acérrimo del teatro popular. Autor de numerosos prólogos, cartas, planes y otros estudios, su pensamiento respecto al arte dramático quedó sistematizado en el «Discurso preliminar» a la edición de sus comedias. Subraya que la imitación no es copia; insiste en la necesidad de respetar la verosimilitud en el teatro, y recomienda escribir en prosa la comedia. El interés por tener un texto básico y seguro de la poética neoclásica quedó reflejado en la reedición de la *Poética* de Luzán en 1789, versión notablemente mejorada en información sobre fuentes hispánicas y ejemplificaciones. Esta segunda edición tiene como base los apuntes que Luzán había anotado en los márgenes de una copia de la *Poética*, reelaborados luego y ampliados por Llaguno y Amírola *. La teoría dramática, iniciada por Luzán, se desarrolla en estos finales de siglo en multitud de escritos. Jovellanos * escribió unas *Lecciones de Retórica y Poética*, no publicadas en vida del autor, en las que, tras hacer una definición del teatro en clave neoclásica, incluye entre los géneros teatrales a la *comedia sentimental*, tenida habitualmente por género espurio, a pesar de haber sido aceptada por el último Luzán. Santos Díaz González publica en 1793 unas *Instituciones poéticas, con un Discurso preliminar en defensa de la Poesía y un compendio de la Historia Poética o Mitología, para inteligencia de los Poetas*, bajo el ejemplo de los clásicos: Juvencio, Aristóteles, Horacio, etc. Pedro de Estala * escribe, al frente del *Edipo* de Sófocles (1793), un «Discurso preliminar sobre la tragedia antigua y moderna», y un estudio sobre la comedia en el prólogo a la traducción del *Plauto* de Aristófanes (1794). José Mor de Fuentes * dedica al teatro la carta 20 de su novela *Serafina* (1798). En los últimos años del siglo, los neoclásicos, para quienes el mensaje estaba siempre por encima de la forma, se vieron obligados a hacer continuas concesiones a la relajación de las reglas, para la pervivencia de aquél. Así, el P. Esteban de Arteaga *, en las *Investigaciones filosóficas sobre la belleza ideal* (1789), se aparta en alguna medida de los cánones neoclásicos, no se muestra partidario de la imitación estricta de la naturaleza y acepta la imaginación como elemento que realza y enriquece la pura imitación. El autor francés Batteux, de gran repercusión en el pensamiento poético de final del siglo XVIII y principios del XIX, es traducido y anotado por Agustín García de Arrieta *, bajo el título de *Principios filosóficos de la literatura o Curso razonado de Bellas Letras y de Bellas Artes*, donde se hace una defensa de la comedia como «género serio», y propone como regla del poeta cómico corregir los defectos por medio de una «fina burla», separándose así del criterio aristotélico que hacía coincidir lo ridículo con lo cómico. García Arrieta, sobre una base esencialmente clásica, muestra, en cambio, una gran independencia de criterio, haciendo concesiones a la diversión, con el fin de sacar al teatro de su aburrimiento. En esta misma línea marcada por Arrieta, donde se aprecia ya una versión más moderna y liberal de los principios clásicos, se sitúa la traducción que José Luis Munárriz * hace de las *Lecciones sobre la Retórica y las Bellas Letras* (1798-1801), de H. Blair, y de *Los placeres de la imaginación*, de Addison.

Además de la sonada polémica en torno al teatro, no faltaron en el siglo XVIII discusiones respecto a la literatura en general. Así, por ejemplo, provocaron un gran revuelo en la época las *Fábulas literarias* (1782) de Tomás de Iriarte *, donde, de forma alegórica, el autor se propuso hacer una defensa de las reglas neoclásicas. Como preceptiva literaria, las *Fábulas* tienen escasa originalidad. Su popularidad se debió a que escondían una sátira solapada de muchos de sus contemporáneos. No tardaron en surgir las réplicas; así, Juan Pablo Forner *, a través de varios escritos, subraya los defectos de las *Fábulas* de Iriarte, y por medio de una dura crítica contra los escritores ilustrados anticipa ya su futura trayectoria polémica. Fueron las *Exequias de la lengua castellana* (1786-1788) las que crearon el mito del Forner crítico antineoclásico, puesto hoy en duda por parte de la crítica, al ver en su autor la misma concepción neoclásica del arte que en sus contemporáneos, salvo que su manera de aplicarlo es mucho más rigurosa. Forner —en deuda con *Viaje del Parnaso*, de Cervantes * y la *República literaria*, de Saavedra y Fajardo *—, narra, en tono alegórico, un viaje al Parnaso, donde conoce a un sinfín de escritores sobre los que emite sus opiniones; exalta a las glorias del pasado y reprocha a los modernos haber corrompido la lengua castellana con su afectación ga-licista. En la misma línea que estas obras, pero dentro de una postura neoclásica, Leandro Fernández de Moratín escribió su célebre escrito *La derrota de los pedantes* (1789), sátira alegórica contra los abusos generales que cometen los poetas y, en particular, ciertos contemporáneos suyos.

BIBLIOGRAFÍA. M. Menéndez Pelayo, *Historia de las ideas estéticas en España* (Madrid, 1889); E. Cotarelo, *Bibliografía de las controversias sobre la licitud del teatro en España* (Madrid, 1904); J. de José Prades, *La Teoría Literaria (Retóricas, Poéticas, Preceptivas, etc.)* (Madrid, 1954); R. P. Sebold, *El rapto de la mente. Poética y poesía dieciochescas* (Madrid, 1970); R. Froldi, «La tradición trágica española según los tratadistas del siglo XVIII», en *Criticón* (Francia, 1983); J. M. Díez Borque, *Historia del teatro en España* (Madrid, 1988). [T.G.T.]

POGGIO, JUAN BAUTISTA (Santa Cruz de La Palma, Tenerife, 1632-1707). Salvo un opúsculo poético (1688) y alguna loa mariana, toda la obra de Juan Bautista Poggio permaneció inédita hasta fechas recientes, en que se ha rescatado su poesía, definida por un severo barroquismo de tonos meditativos, y su obra dramática, integrada casi toda ella por loas sacramentales de sabor calderoniano, piezas todas que hacen de Poggio un notable exponente del «grupo» de poetas barrocos surgido en la isla de La Palma en el último tercio del siglo XVII, grupo en el que destaca asimismo Pedro Álvarez de Lugo.

BIBLIOGRAFÍA. A. Sánchez Robayna, *Poetas canarios de los Siglos de Oro* (La Laguna, 1990); J. B. Poggio, *Celeste zona (Sonetos completos)*, introducción de R. Fernández Hernández (La Laguna, 1992). [A.S.R.]

POLETTI, SYRIA. Véase HISPANO-AMÉRICA: NARRATIVA ACTUAL.

POLILLA (seudónimo). Véase MACHADO RUIZ, MANUEL.

POLO DE MEDINA, SALVADOR JACINTO (Murcia, 1603-Alcantarilla, Murcia, 1676). Realizó sus primeros estudios en el Colegio-Seminario de San Fulgencio, donde debió ser discípulo de Cascales *. Por su gran amistad con Pérez de Montalbán *, se introdujo en el círculo de Lope de Vega *, al que conoció en Madrid en 1630. Pasó breves períodos en Orihuela (1636) y, como Secretario del obispo Juan Vélez de Valdivieso, en Lugo (1638) y Ávila (1641). Desde 1646 fue rector del Colegio-Seminario de San Fulgencio y, en la última parte de su vida, fue administrador de la familia Usodemar. Probablemente su primera obra poética es las *Academias del jardín* (Madrid, 1630), miscelánea de poemas propios y ajenos encabezados por una relación en prosa de *academias* celebradas en una propiedad de los marqueses de Espinardo, entre 1625-30. De ese mismo año es *El buen humor de las musas*, dedicada a la crítica literaria y a la sátira del culteranismo, con fuerte influjo de Quevedo *. *Ocios de la soledad* (Murcia, 1633) constituye un importante esfuerzo de originalidad en el tópico del *beatus ille*. De carácter burlesco son la *Fábula de Apolo y Dafne* (Murcia, 1634) y la *Fábula de Pan y Siringa*, a la zaga del *Píramo y Tisbe* gongorino. *A Lelio, Gobierno moral* (Murcia, 1657), está compuesto por doce tratados morales que se cierran con un resumen en verso, en general en sonetos, excepto unas redondillas y una larga silva, publicada en su juventud y aquí refundida. Como narrador destaca el *Hospital de incurables y viaje de este mundo y el otro* (Orihuela, 1636), obra en la línea del *Sueño del infierno* de Quevedo.

BIBLIOGRAFÍA. F. J. Díez de Revenga, *S. J. Polo de Medina* (Murcia, 1976); S. J. Polo de Medina, *Poesías. Hospital de incurables* (Madrid, 1987). [J.G.L.]

POLO Y PEYROLÓN, MANUEL (Cañete, Cuenca, 1846-Valencia, 1918). Fue catedrático de Psicología, Lógica y Ética. De su vasta obra, en la que con frecuencia se pone de relieve su pensamiento católico y tradicional, destacan: *Realidad poética de mis montañas. Cuadros de costumbres de la sierra de Albarracín* (1873), *Sacramento y concubinato. (Novela original de costumbres contemporáneas)* (1884), *Quien mal anda, ¿cómo acaba?* (1890), *Pepinillos en vinagre* (1891), de carácter misceláneo, y, en especial, *Los Mayos* (1879 y 1982), novela de costumbres aragonesas. Poco antes de morir legó a la Academia de la Historia toda su correspondencia y nueve tomos que llevan el título de *Memorias de un sexagenario*. En 1990 se editaron, en Santander, *Cuarenta cartas inéditas* que le dirigió J. M.ª de Pereda *. [A.R.]

POMA DE AYALA, FELIPE GUAMÁN. Véase GUAMÁN POMA DE AYALA, FELIPE.

POMBO, ÁLVARO (Santander, 1939). Es licenciado en Filosofía y Letras. Ha publicado un libro de cuentos, *Relatos sobre la falta de sustancia* (1977), y las novelas *El parecido* (1979), *El hijo adoptivo* (1983), *El héroe de las mansardas de Mansard* (1983), Premio Herralde, *Los delitos insignificantes* (1986) y *El metro de platino iridiado* (1990). Sus narraciones, que tienden a lo metaliterario, y repiten una serie de motivos como la relación amo-criado, la homosexualidad y los ambientes cerrados, unen realidad y símbolo, y están construidas con un lenguaje en el que caben los más variados registros. También ha escrito poesía: *Protocolos* (1973), *Variaciones* (1977), *Hacia una constitución poética del año en curso* (1980) y el extenso poema *Protocolos para la rehabilitación del firmamento* (1992).

BIBLIOGRAFÍA. C. Galán, *Tres calas en*

tres novelistas cántabros (Santander, 1988). [G.R.F.]

POMBO, PILAR. Véase TEATRO ESPAÑOL POSTERIOR A 1975.

POMBO, RAFAEL (Bogotá, 1833-1912). Uno de los mayores poetas del romanticismo hispanoamericano. Con diestra versatilidad cultivó numerosos géneros, con amplia variedad de formas, ritmos y metros, desde el epigrama hasta la oda. Una larga permanencia en los Estados Unidos le permitió conocer especialmente las letras inglesas y lo alejó de su primer romanticismo trivial a otro desesperado y meditador. Su acento, por el gobierno del lenguaje y sentido de la proporción, hace tenerlo además por un clásico. El amor fue en él tema frecuente. Sus fábulas y cuentos infantiles han perpetuado su popularidad. Obras: *Cuentos pintados y cuentos morales para niños formales* (1854), *Poesías* (dos tomos, 1916-17) y *Traducciones poéticas* (1917).

BIBLIOGRAFÍA. H. H. Orjuela, *La obra poética de Rafael Pombo* (Bogotá, 1975). [F.C.L.]

POMBO ANGULO, MANUEL (Santander, 1912). Es médico y periodista. Su producción novelística, en la que el realismo, a veces crudo y tremendista, deja paso con frecuencia a los tonos líricos, folletinescos y moralizadores y a las tesis simples y elementales, se compone de *La juventud no vuelve* (1945), *En la orilla* (1946), *Hospital General* (1948), inspirada en sus experiencias profesionales; *Sin patria* (1949), ambientada en la Segunda Guerra Mundial; *Valle sombrío* (1951), *El agua amarga* (1952), *Sol sin sombra* (1954) y *La sombra de las banderas* (1969), sobre las desilusiones y progresiva pérdida de ideales de algunos de los vencedores en la Guerra Civil. Es autor también de un libro de crónicas, *Alemania y yo* (1952), de un poemario —*Aún* (1955)—, de obras de teatro —con *Te espero ayer* ganó en 1967 el Premio Lope de Vega— y de guiones para cine. [A.R.]

PONCE, FRAY BARTOLOMÉ. Véase NOVELA PASTORIL EN LOS SIGLOS XVI Y XVII.

PONCE, JAVIER. Véase HISPANOAMÉRICA: POESÍA ACTUAL.

PONCE, MARIANO. Véase LITERATURA FILIPINA.

PONCE, PEDRO (seudónimo). Véase COELLO DE PORTUGAL, CARLOS.

PONCE DE LEÓN, BASILIO. Véase ORATORIA SAGRADA DE LOS SIGLOS XVI Y XVII.

PONIATOWSKA, ELENA (París, 1933). Periodista y narradora mexicana, especialmente orientada hacia relatos próximos al reportaje, como puede deducirse de *La noche de Tlatelolco* (1970), donde el testimonio colectivo reconstruye la masacre del 2 de octubre de 1968 en la Plaza de las Tres Culturas, y de *Nada, nadie* (1987), sobre los terremotos que asolaron la ciudad de México en 1985. Próxima a esa práctica están la novela testimonial *Hasta no verte Jesús mío* (1969), donde una mujer recuerda su vida y a la vez recupera la historia mexicana del siglo XX desde la perspectiva de los menos afortunados, y *Gaby Brimmer* (1979), sobre una joven afectada de parálisis cerebral. También ha cultivado posibilidades narrativas más convencionales, como demuestran *Querido Diego, te abraza Quiela* (cartas imaginarias de Angelina Beloff a Diego Rivera, 1978), los volúmenes de cuentos *De noche vienes* (1979), *La casa en la tierra* (1980) y *Métase mi prieta entre el durmiente y el silbatazo* (1982), o las novelas *Lilus Kikus* (1954), *Moletiques y pasiones* (1987) y *La flor de* *lis* (1988). Su incansable labor periodística ha dado lugar a otros libros de notable interés, como *Palabras cruzadas* (entrevistas, 1961), *Todo empezó el domingo* (crónicas, 1963), *Fuerte es el silencio* (ensayos y crónicas, 1980), *El último guajolote* (crónica, 1982), *Domingo 7* (entrevistas, 1982) y *¡Ay vida, no me mereces!* (crónicas, 1985). En 1956 publicó *Melés y Teleo*, una obra de teatro. [T.F.]

PONTREMOLI, RAFAEL. Véase LITERATURA SEFARDÍ.

PONZ, ANTONIO (Belchí, Valencia, 1725-Madrid, 1792). Tras abandonar la carrera eclesiástica, estudió Bellas Artes en Madrid y en Italia. Regresó en 1765 y fue comisionado por Campomanes para inventariar las abundantes colecciones de pinturas de los jesuitas expulsos, tarea que amplió considerablemente durante los veintiún años que dedicó a recorrer España. De aquí surge la idea de su monumental obra *Viaje de España* (18 vols., 1772-94), que, además de ser un amplísimo y útil inventario de los tesoros artísticos de España, es un sugerente libro de viajes, escrito con una mentalidad reformista propia de la Ilustración, que aborda múltiples materias más allá de lo artístico. [J.A.R.]

PORCEL, JOSÉ ANTONIO (Granada, 1715-1794). Sacerdote. Como su amigo Torrepalma*, perteneció a las Academias del Trípode y del Buen Gusto, así como a las Reales Academias Española y de la Historia. Escribió un largo poema mitológico, el *Adonis*, dividido en églogas venatorias, una *Fábula de Alfeo y Aretusa* y otras composiciones que se sitúan, aunque de forma atenuada, en la órbita gongorina. También tradujo diversas obras.

BIBLIOGRAFÍA. E. Orozco, *Porcel y el barroquismo literario del siglo XVIII* (Oviedo, 1969). [J.A.R.]

PORCHIA, ANTONIO (Nápoles, Italia, 1886-Buenos Aires, 1969). Escritor argentino. Iniciado tardíamente en 1943 con su volumen *Voces*, continuó su obra poética desarrollando una producción unitaria bajo el mismo título. Las sucesivas reediciones del texto (1948, 1956 y 1967) acrecientan el contenido inicial, enriqueciéndolo en una línea de densos y paradójicos poemas-aforismos. Su elocución es aparentemente prosaica y se inclina hacia las sugestiones del puro conceptismo, según el modelo de los poetas herméticos italianos. Su obra, de evidente vocación metafísica, ha influido de modo decisivo en la poesía intelectual argentina de las décadas posteriores. [B.M.]

PORIDAT DE LAS PORIDADES (¿mediados del s. XIII?). Traducción castellana de una obra árabe, *Sirr al-asrār*, atribuida erróneamente a Aristóteles, y más conocida con el nombre de la versión latina, *Secretum secretorum*. Los consejos de práctica política y ética, comunes a otros «espejos de príncipes», se combinan con nociones esotéricas de medicina, astrología, fisiognómica, alquimia y magia.

BIBLIOGRAFÍA. S. Aristóteles, *Poridat de las poridades*, ed. de Lloyd A. Kasten (Madrid, 1957). [M.J.L.]

PORLAN, ALBERTO. Véase NARRATIVA ESPAÑOLA POSTERIOR A 1975.

PORLÁN, RAFAEL (Córdoba, 1899-Jaén, 1945). Poeta. Colaboró en *Mediodía*, *Litoral*, *Carmen* y *Meseta*. Libros publicados: *Pirrón en Tarfia* (1926), *Romances y canciones* (1936) y *Poesías* (ed. póstuma, 1948). [M.G.P.]

PORPETTA, ANTONIO. Véase POESÍA ESPAÑOLA POSTERIOR A 1975.

PORRAS, ANTONIO (Pozoblanco, Córdoba, 1895-1970). Estudió Derecho.

Se exilió en 1939. Murió poco después de regresar a España. Fue periodista, ensayista y crítico notable. Su producción novelística se inicia con dos obras: *El centro de las almas* (1924), elogiada por Azorín *, y *Santa Mujer Nueva* (1925), de carácter melodramático y sentimental. Con *Lourdes y el aduanero* (1928) se acercó a las modas vanguardistas de la época. Publicó, además, *Curra* (relatos, 1922), *El misterioso asesino de Potestad* (novelas breves y ensayos humorísticos, 1923), *Quevedo* (1930) y *El burlador de Sevilla* (ensayos, 1937). También cultivó la poesía despúes de la Guerra Civil. [A.R.]

PORRAS, ANTONIO DE. Véase COLOQUIOS Y DIÁLOGOS EN EL SIGLO XVI.

PORRAS, JERÓNIMO DE. Véase FÁBULAS MITOLÓGICAS EN LOS SIGLOS XVI Y XVII.

PORREÑO, BALTASAR. Véase LITERATURA APOTEGMÁTICA, CUENTOS Y CHISTES.

PORTAL, MAGDA (Lima, 1901-1989). Poeta, narradora y ensayista. Dedicó su vida a la lucha social, y a causa de sus ideas políticas tuvo que expatriarse, viviendo en varios países. Colaboró en la revista *Amauta* * y fundó y dirigió las revistas *Flechas* (1924) y *Timonel* (1927). Colaboró con Serafín Delmar * en una colección de cuentos, *El derecho de matar* (1926). De su obra lírica destacan *Ánima absorta* (1924), *Una esperanza y el mar* (1927) y *Constancia del ser* (1965). De su obra crítica y ensayística resaltan *Hacia la mujer nueva* (1933), *Flora Tristán, la Precursora* (1944) y *Flora Tristán: una reserva de utopía* (1985). [J.C.]

PORTAL, MARTA (Nava, Asturias, 1930). Es profesora de la Universidad Complutense de Madrid y ha colaborado en numerosas publicaciones. De su producción narrativa, en la que, con técnicas realistas, ha abordado diversos problemas sociales y humanos, destacan *A tientas y a ciegas* (Premio Planeta de 1966), *El malmuerto* (novelas cortas, 1967), *A ras de las sombras* (1968), *Ladridos a la luna* (1970), *La veintena* (1973), libro compuesto por veinte cuentos; *El buen camino* (1975), *Un espacio erótico* (1983) y *Pago de traición* (1983). Es autora también de los ensayos *El maíz: grano sagrado de América* (1970) y *Proceso narrativo de la Revolución Mexicana* (1977; 2.ª ed., aumentada, 1980) y de estudios sobre Juan Rulfo * y Mariano Azuela *. [A.R.]

PORTERO DEL OBSERVATORIO, UN (seudónimo). Véase VALERO DE TORNOS, JUAN.

PORTILLO, EDUARDO M. DEL (Madrid, 1895). Autor de *Monte perdido*, que fue Premio Ciudad de Barcelona en 1952. Después ha caído en el olvido. Otras obras suyas son: *Su admiradora y amiga* (1926), *Calle de la Amargura* (1937), *El silencio de Dios* (1955) y la adaptación teatral de la novela de Pío Baroja * *El mayorazgo de Labraz*. [J.R.J.]

PORTOGALO, JOSÉ. Véase BOEDO.

PORZECANSKI, TERESA (Montevideo, 1945). Narradora y ensayista. En sus diferentes libros narrativos, ha sido tenaz y fiel a un proyecto experimental; es tal vez la escritora uruguaya menos preocupada por comunicarse convencionalmente con su lector y, por ende, menos dada a ofrecer concesiones en el «contrato de lectura». Se inició con *El acertijo y otros cuentos*, en 1967, y los libros posteriores conjugaron la misma intención de narrar «abstractamente», concentrando sus significados en breves textos de ceñida y árida escritura: *Historias para mi abuela* (1970), *Esta manzana roja* (1972), *Cons-*

trucciones (1979), *Invención de los soles* (1982), *Ciudad impune* (1986) y *Una novela erótica* (1986). [J.R.]

POSADA, ADOLFO [GONZÁLEZ] (Oviedo, 1860-Madrid, 1944). Fue catedrático de Derecho en Oviedo y Madrid. En estas dos ciudades participó activamente en la reforma universitaria. Estuvo vinculado a la Institución Libre de Enseñanza * (es autor de una *Breve historia del krausismo español*, inédita hasta 1981). Publicó numerosos trabajos en el *Boletín* de esta Institución y en otros periódicos y revistas. En los recogidos en *Política y enseñanza* (1904) aboga por un sistema educativo que prepare para el trabajo serio y la investigación. Otras obras suyas, en las que se pone de relieve su mentalidad científica positivista, son: *Ideas pedagógicas modernas* (1892), con prólogo de Clarín *, *Literatura y problemas de Sociología* (1901), *Teorías políticas* (1905), *Principios de Sociología* (1908) y *El régimen constitucional* (1930).

BIBLIOGRAFÍA. F. J. Laporta, *Adolfo Posada: Política y sociología en la crisis del liberalismo español* (Madrid, 1974); J. F. Lorca Navarrete, *Autonomía y libertad de cátedra en Adolfo Posada* (Málaga, 1980). [A.R.]

POSSE, ABEL (Córdoba, Argentina, 1936). Novelista y diplomático argentino que gusta de fundir historia y ficción en sus relatos, donde los personajes se mueven desesperanzados y nostálgicos del pasado desde un presente frustrado. Su producción narrativa abarca: *Los bogavantes* (1968), *La boca del tigre* (1971), *Daimón* (1978) —donde desarrolla su particular visión del mítico Lope de Aguirre, que ha dado lugar a creaciones como las de Uslar Pietri *, Sender * u Otero Silva *—, *Los perros del paraíso* (1983), *Los demonios ocultos* (1988), *El viajero de Agartha* (1989) y *La reina del Plata* (1990). [R.F.B.]

POSSE, JOSÉ ANTONIO. Véase AUTOBIOGRAFÍAS Y MEMORIAS EN ESPAÑA.

POST THEBUSSEN (seudónimo). Véase PÉREZ, DIONISIO.

POTTECHER, BEATRIZ. Véase NARRATIVA ESPAÑOLA POSTERIOR A 1975.

POZA, JUAN BAUTISTA DE. Véase RETÓRICA EN LOS SIGLOS XVI Y XVII.

POZO, CANCIONERO DE PEDRO DEL. Véase CANCIONEROS Y ROMANCEROS DE LOS SIGLOS XVI Y XVII.

PRADA OROPESA, RENATO (Potosí, Bolivia, 1937). Narrador y ensayista literario. Con la novela *Los fundadores del alba* (1969) ganó el Premio Casa de las Américas. Aplicando las técnicas del *boom* literario latinoamericano en orden al tiempo y el espacio, así como en lo que hace al relato simultáneo, escribe esa primera novela dedicada a la guerrilla del «Ché» Guevara en Bolivia. Antes había publicado *Argal* (cuentos, 1967), y posteriores son *Ya nadie espera al hombre* (cuentos, 1969), *Al borde del silencio* (cuentos, 1970), *El último filo* (novela, 1975) y *La autonomía literaria* (ensayo, 1976). [C.C.B.]

PRADO, ADRIÁN DEL. (¿?-¿?). Sólo se sabe que era jerónimo y que en pliegos sueltos, desde 1616, circuló con su nombre una extraordinaria *Canción real a san Hierónimo*, en veinte estancias y un envío, que comienza «En la desierta Siria destemplada».

BIBLIOGRAFÍA. M. Ambrogetti, *La «Canción real» del geronimita Adrián del Prado (sec. XVII)* (Pisa, 1982). [A.B.]

PRADO, ANDRÉS DE (Sigüenza, Guadalajara, ?-¿?). Apenas tenemos datos sobre su vida, aunque es probable que fuera religioso; el marco de alguna de sus obras y los círculos en que se relacionaba apuntan a que quizá residiera en Zaragoza. Su única obra conocida es la colección de novelas *Meriendas del ingenio y entretenimientos del gusto* (Zaragoza, 1663), donde se recogen seis relatos en un marco similar al *Decamerón* de Boccaccio.

BIBLIOGRAFÍA. E. Rodríguez, *Novela corta marginada del siglo XVII español. Formulación y sociología en José Camerino y Andrés de Prado* (Valencia, 1979). [R.R.]

PRADO, BENJAMÍN. Véase POESÍA ESPAÑOLA POSTERIOR A 1975.

PRADO, PEDRO (Santiago de Chile, 1886-Viña del Mar, Chile, 1952). Escritor chileno, fue uno de los integrantes del grupo de la revista *Los Diez* (1915). Como el resto de los componentes del grupo, se caracteriza por plasmar su visión de los problemas sociológicos y adherirse a la tendencia naturalista, aunque en su obra también podemos rastrear notas intimistas y autobiográficas, y la voluntad de enriquecer sus obras con un simbolismo complejo. Escribió poesía: *Flores de cardo* (1908), *La casa abandonada* (1912), *El llamado del mundo* (1913), *Los pájaros errantes* (1915), *Androvar* (1925), *Camino de las horas* (1934), *Otoño en las dunas* (1940), *Esta bella ciudad envenenada* (1945) y *No más que una rosa* (1949). Como novelista publicó *La reina de Rapa Nui* (1914), *Alsino* (1920) y *Un juez rural* (1924). En colaboración con Antonio Castro Leal editó *Fragmentos de Karey I. Roshan* (1923), influido por el auge de la poesía de Omar Khayam. También es autor de *Ensayos sobre arquitectura y poesía* (1916). [R.F.B.]

PRADO NOGUEIRA, JOSÉ LUIS (El Ferrol, La Coruña, 1919). Poeta de profundas resonancias intimistas y religiosas, que se canalizan a través de un buen dominio de formas clásicas. Entre sus títulos figuran *Testigos de excepción* (1953), *Oratorio del Guadarrama* (1956), *Miserere en la tumba de R. N.* (1960), Premio Nacional de Literatura, *Sonetos de una media muerte* (1963) y *La carta* (1966). [A.S.Z.]

PRADOS, EMILIO (Málaga, 1899-México, 1962). Poeta. Entre 1914 y 1923 permaneció en la Residencia de Estudiantes, con una estancia en Suiza para curar una afección tuberculosa. Estudios inconclusos de Filosofía en Alemania. Impresor, fundador, con Manuel Altolaguirre*, de *Litoral*. Durante los años de la República se dedicó a tareas de instrucción cultural en Málaga, en el barrio de pescadores pobres de El Palo. Activa participación en la Guerra Civil a favor del bando republicano. Se exilió a México, donde vivió modestamente dedicado a la docencia y a tareas literarias.

Antes de la mencionada guerra, los libros publicados le otorgaban a Prados un perfil menor respecto a sus compañeros de grupo. Son *Tiempo. Veinte poemas en verso* (1925), *Canciones del farero* (1926), *Vuelta (Seguimientos-ausencias)* (1927). Hay que exceptuar *El llanto subterráneo* (1936), un grito potente en el que el surrealismo se tiñe de aliento social. Hasta *El llanto...*, Prados se adhiere a los patrones del neopopularismo andaluz. La guerra le arrancará un *Cancionero menor para los combatientes* (1938), más los *Romances* (1937). Esa imagen no se ajustaba para entonces a la talla real del autor, que había producido dos poemarios tan considerables como *El misterio del agua* (1926-27, pero inédito hasta 1954), o *Cuerpo perseguido* (1927-28, pero inédito hasta 1954). Tenía también inédito el primer libro de poesía surrealista escrito en España, *Seis estampas para un rompecabezas*, de 1925, y el estallido de la guerra, con la proliferación de la poesía social, pudo hacer olvidar que *El calendario incompleto del pan y el pes-*

cado era de 1933-34. El hecho es que —aunque Prados escribiría en el destierro libros mayores— su *talla real* distaba de ajustarse a la de un lírico menor ya antes de abandonar España. Al morir, Prados dejaba unos veinte poemarios, la mayor parte inéditos, más un *Diario íntimo* (1966). Casi todos sus versos han sido recogidos en *Poesías completas* (México, 1975-76).

Hay que señalar varias etapas en su obra: una primera, formada por la producción anterior a 1936; la segunda, integrada por aquellas composiciones vinculadas a la sociedad y a la Guerra Civil; por último, la poesía compuesta en el exilio. Resulta difícil a veces la interpretación de cada una de ellas, dado que la fecha de publicación no se corresponde con la de escritura. Si en *Tiempo, Canciones del farero* y *Vuelta*, Prados centra el foco de su atención sobre la naturaleza, los ciclos del día y de la luz, de los sonidos y las leves variaciones del tiempo, sus matices y su paso, sin que la figura humana aparezca más que como espectadora, en *El misterio del agua* resume todo ese período mediante una metáfora que da sustancia al poema: los cuerpos del tiempo (mar y cielo, día y noche). *Cuerpo perseguido* incluye la figura humana como elemento fundamental de la cosmovisión, ya que en ella se funden el alma física y el cuerpo espiritual. Es un poema amoroso, donde los sentidos existen pero se ejercen de forma neoplatónica. Luego la poesía de Prados se adentra por la lírica comprometida, sobre todo a raíz de la revolución asturiana de 1934, en *Llanto de octubre* y *Llanto subterráneo*.

El tercer período consta de tres obras fundamentales: *Jardín cerrado, Penumbras* (II) y *Río natural*, escritos entre 1940 y 1956, y de una nómina total de títulos como la siguiente: *Memoria del olvido* (1940), *Mínima muerte* (1944), *Jardín cerrado* (1946), *Dormido en la yerba* (1953, antología del libro anterior), *Antología (1923-53)* (1954), *Río natural* (1957), *Circuncisión del sueño* (1957), *La sombra abierta* (1961), *La piedra escrita* (1961), *Transparencias* (1962, poemas que pertenecen a *Circuncisión del sueño*), *Signos del ser* (1962), *Últimos poemas* (1965), y el resto incluido en sus *Poesías completas*. En esta obra final de Prados se produce un misticismo de transgresión de la realidad, de metamorfosis del poeta que se transfigura y libera a solas. «Místico de la soledad», lo llamó Pedro Salinas *. Intimidad y soledad, huida de sí mismo, poesía de la muerte donde la desesperación queda contenida. De esa desesperación sólo le salva la entrega amorosa, la transfiguración, la ascensión. Pese a su dificultad, la poesía de Prados, de cuidada factura, con manejo magistral de los ritmos cultos y populares, asegura a su autor un puesto entre los líricos metafísicos de la lengua castellana.

BIBLIOGRAFÍA. C. Blanco Aguinaga, «Emilio Prados. Vida y obra», en *Poesías completas de Emilio Prados*, vol. I (México, 1975); J. Ellis, *The poetry of Emilio Prados: a progression towards fertility* (Wales of University Press, 1981); J. Sanchís-Banús, *Seis lecciones: Emilio Prados, su vida, su obra, su mundo* (Valencia, 1987); P. Hernández Pérez, *E. Prados: La memoria del olvido*, 2 vols. (Zaragoza, 1988). [M.G.P.]

PRAENA, MANUEL. Véase NARRATIVA ESPAÑOLA POSTERIOR A 1975.

PRAT, IGNACIO (Zaragoza, 1945-Barcelona, 1982). Con la desaparición de este joven profesor de Barcelona, la poesía española ha perdido a un distinguido cultivador, tanto en la modalidad crítica como en la creativa. Lúcido lector e investigador meticuloso, abordó con preferencia aspectos de la poesía española actual. Entre sus estudios publicados en vida, destaca, por la originalidad del enfoque, el titulado *Aire nuestro» de Jorge Guillén* (1974). Al cuidado de Carmen Jiménez, viuda de Prat y depositaria de sus papeles, se han editado, póstumos, *Estudios sobre poesía contemporánea* (1983) y *El muchacho despatriado. Juan Ramón Jiménez en Francia (1901)* (1986). Por lo que hace a la propia poesía, de signo rupturista, apenas vieron la luz, antes de la muerte de su autor y en ediciones no venales, algunos breves cuadernos: *Trenza* (1974), *Así se hacen las efes* (1978) y *Para ti* (1980), incrementados luego por otros —*Contra ti-Para ti* (1982), *Cuatro poemas* (1982)— que, sumados a aquéllos, han nutrido el volumen *Para ti (1963-1981)* (1983), edición a cargo de José Luis Jover.

BIBLIOGRAFÍA. AA. VV., *El Ciervo*, homenaje a Ignacio Prat, núm. 375 (mayo de 1982); T. Blesa, *Scriptor ludens (Ensayo sobre la poesía de I. Prat)* (Zaragoza, 1990). [A.S.Z.]

PRECIOSO, ARTEMIO. Véase NOVELA GALANTE.

PREGUNTAS DEL EMPERADOR ADRIANO AL INFANTE EPITUS. Véase PROSA DIDÁCTICA EN LA EDAD MEDIA (SIGLOS XIII-XIV).

PREMIOS LITERARIOS.

Desde muy antiguo han abundado en España los premios literarios. Sin embargo, nunca ha habido tantos como durante el siglo XX y, en especial, durante los últimos cuarenta años. A ello ha contribuido el patrocinio de las autoridades de los Estados central y autonómicos, de las provincias y de los municipios, sociedades de cultura, instituciones docentes, fundaciones, academias, organismos, empresas comerciales, editoriales y hasta individuos.

Sin propósito de ser exhaustivos, recogemos a continuación los más destacados:

ADONAIS

Convocado por primera vez por Ediciones Rialp, S. A. en 1943, se consolida en su segunda edición, en 1947, y desde 1949 se viene otorgando anualmente sin interrupción. Premia una obra inédita de poesía que pasa a ser editada en la colección Adonais. A pesar de no tener una dotación económica importante, es el premio de poesía más cotizado. Aunque no lo preceptúan así las bases, puede concederse a un poeta novel y cada año suele otorgar diversos accésit. La relación de obras premiadas es la siguiente:

1943, *Edad de hombre*, de José Suárez Carreño; *El vuelo de la carne*, de Alfonso Moreno; *Arcángel de mi noche*, de Vicente Gaos.

1947, *Alegría*, de José Hierro.

1949, *Corimbo*, de Ricardo Molina.

1950, *Dama de soledad*, de Juana García Noreña.

1951, *El caballo*, de Lorenzo Gomis.

1952, *Bajo la luz del día*, de Antonio Fernández Spencer.

1953, *Don de la ebriedad*, de Claudio Rodríguez.

1954, *A modo de esperanza*, de José Ángel Valente.

1955, *Hombre en forma de elegía*, de Javier de Bengoechea.

1956, *Humana voz*, de María Elvira Lacaci.

1957, *Profecías del agua*, de Carlos Sahagún.

1958, *La agorera*, de Rafael Soto Vergés.

1959, *Las brasas*, de Francisco Brines.

1960, *Hombre nuevo*, de Mariano Roldán.

1961, *Conciencia*, de Luis Feria.

1962, *Junto a mi silencio*, de Jesús Hilario Tundidor.

1963, *Las piedras*, de Félix Grande.

1964, *La ciudad*, de Diego Jesús Jiménez.

1965, *El tiempo en el espejo*, de Joaquín Caro Romero.

1966, *Sagrada materia*, de Miguel Fernández.
1967, *Materia de olvido*, de Joaquín Benito de Lucas.
1968, *Los pobres*, de Roberto Sosa.
1969, *A flor de piel*, de Ángel García López.
1970, *Lugar común*, de Pureza Canelo.
1971, *Elegía y no*, de José Infante.
1972, *Abstracción del diálogo del Cid mío con mío Cid*, de José Luis Alegre.
1973, *Ditirambos para mi propia burla*, de José Antonio Moreno Jurado.
1974, *Urgencias de un río interior*, de Julia Castillo.
1975, *Ceremonia de la inocencia*, de Ángel Sánchez Pascual.
1976, *De fuegos, tigres, ríos*, de Jorge G. Aranguren.
1977, *Maneras de estar solo*, de Eloy Sánchez Rosillo.
1978, *La oscura potestad*, de Arcadio López-Casanova.
1979, *Herencia del otoño*, de Laureano Albán.
1980, *De una niña de provincias que se vino a vivir en un Chagall*, de Blanca Andréu.
1981, *Las berlinas del sueño*, de Miguel Velasco.
1982, *El jardín extranjero*, de Luis García Montero.
1983, *Adjetivos sin agua, adjetivos con agua*, de Javier Peñas Navarro.
1984, *Un lugar para el fuego*, de Amalia Iglesias.
1985, *Antífona del otoño en el valle del Bierzo*, de Juan Carlos Mestre.
1986, *Silencio celeste*, de Juan María Calles.
1987, *El bosque insobornable*, de Francisco Serradilla.
1988, *La soledad absoluta de la tierra*, de Miguel Sánchez Gatell.
1989, *Buen profeta*, de Juan Carlos Marset.
1990, *El único umbral*, de Diego Doncel.
1991, *Canción para una amazona dormida*, de Jesús Javier Lázaro Puebla.

BIBLIOTECA BREVE DE NOVELA

Convocado por primera vez en 1957 por Editorial Seix-Barral, premiaba una novela inédita escrita en castellano. Gozó de gran prestigio y su trayectoria se cerró en 1972, dos años después de la desvinculación de Carlos Barral, su creador y animador, de esta empresa editorial.
1958, *Las afueras*, de Luis Goytisolo.
1959, *Nuevas amistades*, de Juan García Hortelano.
1960 (desierto).
1961, *Dos días de septiembre*, de José Manuel Caballero Bonald.
1962, *La ciudad y los perros*, de Mario Vargas Llosa.
1963, *Los albañiles*, de Vicente Leñero.
1964, *Tres tristes tigres*, de Guillermo Cabrera Infante.
1965, *Últimas tardes con Teresa*, de Juan Marsé.
1966 (no convocado).
1967, *Cambio de piel*, de Carlos Fuentes.
1968, *País portátil*, de Adriano González León.
1969, *Una meditación*, de Juan Benet.
1970 (desierto).
1971, *Sonámbulo del sol*, de Nivaria Tejera.
1972, *La circuncisión del señor solo*, de J. Leyva.

CRÍTICA

Creados en Zaragoza en 1956 a partir de una idea de Tomás Salvador, crítico entonces de la revista *Ondas*, la idea fue aceptada y desarrollada por los críticos barceloneses y contó con la adhesión de los de Madrid; en definitiva, se perseguía crear un premio semejante al de otros países y encontrar un pretexto para organizar una primera agrupación de quienes habitualmente ejercían la crítica literaria.

Al principio, se premiaban obras de narrativa y poesía publicadas en España durante el año anterior. A partir del año 1976, se amplió para dar cabida también a obras escritas en las cuatro lenguas del Estado español. Son premios honoríficos que no tienen dotación económica alguna y que se otorgan sin concurso previo de los autores. Su fallo suele coincidir con el Día del Libro (23 de abril). El jurado se reúne cada año en una ciudad diferente.

Desde su fundación, los libros en castellano premiados han sido:

Narrativa en castellano:

1956, *La catira*, de Camilo José Cela.
1957, *El Jarama*, de Rafael Sánchez Ferlosio.
1958, *Gran Sol*, de Ignacio Aldecoa.
1959, *Los hijos muertos*, de Ana María Matute.
1960, *Las crónicas del sochantre*, de Álvaro Cunqueiro.
1961, *Tristura*, de Elena Quiroga.
1962, *Las ciegas hormigas*, de Ramiro Pinilla.
1963, *Las ratas*, de Miguel Delibes.
1964, *La ciudad y los perros*, de Mario Vargas Llosa.
1965, *Gloria en subasta*, de Alejandro Núñez Alonso.
1966, *19 de julio*, de Ignacio Agustí.
1967, *La casa verde*, de Mario Vargas Llosa.
1968, *El mundo de Juan Lobón*, de Luis Berenguer.
1969, *El rapto de las Sabinas*, de Francisco García Pavón.
1970, *El hombre de los santos*, de Jesús Fernández Santos.
1971, *Guarnición de silla*, de Alfonso Grosso.
1972, *El jardín de las delicias*, de Francisco Ayala.
1973, *La saga/fuga de J. B.*, de Gonzalo Torrente Ballester.
1974, *Los galgos verdugos*, de Corpus Barga.
1975, *Ágata, ojo de gato*, de José Manuel Caballero Bonald.
1976, *La verdad sobre el caso Savolta*, de Eduardo Mendoza.
1977, *Barrio de Maravillas*, de Rosa Chacel.
1978, *Fragmentos de Apocalipsis*, de Gonzalo Torrente Ballester.
1979, *Casa de campo*, de José Donoso.
1980, *Dejemos hablar al viento*, de Juan Carlos Onetti.
1981, *Sólo cenizas hallarás*, de Pedro Vergés.
1982, *El río de la luna*, de José María Guelbenzu.
1983, *Gramática parda*, de Juan García Hortelano.
1984, *Herrumbrosas lanzas*, de Juan Benet.
1985, *Estela del fuego que se aleja*, de Luis Goytisolo.
1986, *La orilla oscura*, de José María Merino.
1987, *La fuente de la edad*, de Luis Mateo Díez.
1988, *El invierno en Lisboa*, de Antonio Muñoz Molina.
1989, *El grano de maíz rojo*, de José Jiménez Lozano.
1990, *Juegos de la edad tardía*, de Luis Landero.
1991, *El metro de platino iridiado*, de Álvaro Pombo.
1992, *Leyenda del César visionario*, de Francisco Umbral.

Poesía en castellano:

1957, *De claro en claro*, de Gabriel Celaya.
1958, *Cuanto sé de mí*, de José Hierro.
1959, *Ancia*, de Blas de Otero.
1960, *Las horas muertas*, de José Manuel Caballero Bonald.
1961, *Poemas a Lázaro*, de José Ángel Valente.
1962, *Voces y acompañamientos para San Mateo*, de José María Valverde.
1963, *En un vasto dominio*, de Vicente Aleixandre.
1964, *Al este de la ciudad*, de María Elvira Lacaci.
1965, *Libro de las alucinaciones*, de José Hierro.

1966, *Alianza y condena*, de Claudio Rodríguez.
1967, *Palabras en la oscuridad*, de Francisco Brines.
1968, *Oda en la ceniza*, de Carlos Bousoño.
1969, *Poemas de la consumación*, de Vicente Aleixandre.
1970, *El contenido del corazón*, de Luis Rosales.
1971, *Poesía*, de Eladio Cabañero.
1972, *Semana Santa*, de Salvador Espriu.
1973, *Réquiem andaluz*, de Alfonso Canales.
1974, *Las monedas contra la losa*, de Carlos Bousoño.
1975, *Los caminos*, de Luis Felipe Vivanco.
1976, *Sepulcro en Tarquinia*, de Antonio Colinas.
1977, *Vuelta*, de Octavio Paz.
1978, *Descrédito del héroe*, de José Manuel Caballero Bonald.
1979, *Mester andalusí*, de Ángel García López.
1980, *Diario de una resurrección*, de Luis Rosales.
1981, *Tres lecciones de tinieblas*, de José Ángel Valente.
1982, *Huir del invierno*, de Luis Antonio de Villena.
1983, *Ocaso en Poley*, de Vicente Núñez.
1984, *Música de agua*, de Jaime Siles.
1985, *La roca*, de Andrés Sánchez Robayna.
1986, *La caja de plata*, de Luis Alberto de Cuenca.
1987, *Un aviador prevé su muerte*, de Justo Navarro.
1988, *Curso superior de ignorancia*, de Miguel D'Ors.
1989, *Las tardes*, de Francisco Bejarano.
1990, *Volverlo a intentar*, de Javier Salvago.
1991, *Testimonio de invierno*, de Antonio Carvajal.
1992, *Espejos*, de Abelardo Linares.

HERRALDE DE NOVELA

El Premio Herralde de Novela, de carácter anual, se otorgó por primera vez en noviembre de 1983. El jurado estuvo formado por Salvador Clotas, Juan Cueto, Luis Goytisolo, Esther Tusquets y el editor Jorge Herralde.

Las novelas ganadoras en las diez primeras convocatorias han sido:
1983, *El héroe de las mansardas de Mansard*, de Álvaro Pombo.
1984, *El desfile del amor*, de Sergio Pitol.
1985, *El silencio de las sirenas*, de Adelaida García Morales.
1986, *El hombre sentimental*, de Javier Marías.
1987, *Diario de un hombre humillado*, de Félix de Azúa.
1988, *La Quincena Soviética*, de Vicente Molina Foix.
1989, *La gran ilusión*, de Miguel Sánchez-Ostiz.
1990, *Accidentes íntimos*, de Justo Navarro.
1991, *La historia más triste*, de Javier García Sánchez.
1992, *El sueño de Venecia*, de Paloma Díaz-Mas.

MIGUEL DE CERVANTES DE LITERATURA

Creado en 1975 y concedido por primera vez en 1976, se considera el premio más prestigioso que se concede anualmente a una personalidad relevante en el ámbito de las letras por el conjunto de su obra.

Los candidatos son propuestos por el Pleno de la Real Academia, por las Academias de la Lengua de los países de habla hispana y por los ganadores de anteriores ediciones. El jurado está presidido por el Ministro de Cultura de España. Desde 1980, el premio no puede compartirse.

Los autores galardonados han sido:
1976, Jorge Guillén.
1977, Alejo Carpentier.
1978, Dámaso Alonso.

1979, Gerardo Diego y Jorge Luis Borges.
1980, Juan Carlos Onetti.
1981, Octavio Paz.
1982, Luis Rosales.
1983, Rafael Alberti.
1984, Ernesto Sábato.
1985, Gonzalo Torrente Ballester.
1986, Antonio Buero Vallejo.
1987, Carlos Fuentes.
1988, María Zambrano.
1989, Augusto Roa Bastos.
1990, Adolfo Bioy Casares.
1991, Francisco Ayala.
1992, Dulce María Loynaz.

NACIONALES

Complejo resulta el itinerario de estos premios que, junto con el Fastenrath, son probablemente los más antiguos que siguen convocándose.

En rigor, los Premios Nacionales de Literatura se iniciaron en la década de los 40, después de la Guerra Civil, pero en 1922 (R. O. del Ministerio de Instrucción Pública y Bellas Artes de 27 de septiembre de 1922) se creó el Concurso Nacional de Literatura, que fue su claro antecedente porque otorgó importantes Premios Nacionales.

En esta primera etapa, los galardonados fueron:

1922-23
Francisco A. de Icaza por su trabajo *Lope de Vega en la vida y en los libros.*

1924
Claudio de la Torre por su novela *En la vida del señor alegre.*
Huberto Pérez de la Ossa por su novela *La Santa Duquesa.*
Roberto Molina por su novela *Dolor de juventud.*

1925
Rafael Alberti por *Marinero en tierra.*
Gerardo Diego por *Versos humanos.*

1926
Pedro Sainz Rodríguez por *Introducción a la historia de la literatura mística en España.*
Manuel Azaña por *Vida de Don Juan Valera.*

1927
Dámaso Alonso por *El lenguaje poético de Góngora y su influencia poética en la literatura española moderna.*
Miguel Artigas y Ferrando por *Semblanza de Góngora.*

1928
José Montero Alonso por *Yo guardo con amor un libro viejo.*

1929
Ángel Cruz Rueda por *Las gestas heroicas castellanas.*

1931
Cipriano de Rivas Cherif por *El teatro del siglo.*

En 1940, mediante la Orden del Ministerio de la Gobernación de 25 de mayo, se crearon los premios nacionales «Francisco Franco» y «José Antonio Primo de Rivera», destinado el primero a premiar un ensayo histórico o texto de doctrina política, y el segundo, una obra literaria o poética.

En 1949, estos premios pasaron a depender de la Subsecretaría de Educación Popular y el 25 de enero de este mismo año se creó el Premio Nacional «Miguel de Cervantes» destinado a premiar una novela, quedando el «José Antonio Primo de Rivera» sólo para poesía.

En 1951 al crearse el Ministerio de Información y Turismo, los premios nacionales pasan a ser de su competencia.

En 1955, aparece el premio «Menéndez Pelayo» para estudios históricos o biográficos, dejando el «Francisco Franco» únicamente para obras doctrinarias.

En 1964 se crearon tres nuevos premios: «Miguel de Unamuno», para un ensayo de carácter cultural o literario, «Calderón de la Barca» para una obra de teatro estrenada en España y «Emilia Pardo Bazán» para un conjunto de críticas literarias aparecidas como libro, artículo de revista o de prensa diaria española.

En 1967, dotado por la Subsecretaría de Turismo, se creó el premio «Azorín» para premiar un libro sobre el paisaje y tierras de España. A partir de este año, el Ministerio convocante se comprometía a adquirir un número de ejemplares de los libros premiados.

Durante los años 1966, 1967 y 1968 se otorgaron, respectivamente, unos premios en otras lenguas españolas: «Jacinto Verdaguer» para libros de poesía en lengua catalana, «Rosalía de Castro» para un libro en lengua gallega y «José María Iparraguirre» para un libro en lengua vasca.

Ocasionalmente, para una sola convocatoria, se crearon premios también llamados nacionales como, por ejemplo, «Enrique Larreta» (1950), «Garcilaso» (1951), «Gustavo Adolfo Bécquer» (1961), «Leopoldo Panero» (1962) o «Escorial» (1963).

En 1975, recién creado el Ministerio de Cultura, se convocó sobre presupuestos muy diferentes al antiguo de la misma denominación, el Premio Miguel de Cervantes de Literatura que, por su trascendencia y por la dimensión adquirida, es objeto de tratamiento individualizado fuera de los Premios Nacionales.

En 1976, el «Francisco Franco» pasa a denominarse «Premio Nacional de Ensayo» simplemente, inaugurando una segunda época.

En 1977, el «Miguel de Cervantes», que no había sido convocado desde 1974, pasó a llamarse «Premio Nacional de Literatura de Novela y Narrativa», a pesar de que hasta 1986 se vino concediendo sin distinción de modalidades como Premio Nacional de Literatura. También en este mismo año, el «José Antonio Primo de Rivera» pasó a denominarse «Premio Nacional de Literatura de Poesía en lengua castellana».

Finalmente, en 1984 (O. M. de 12 de junio de 1984) se creó el Premio Nacional de las Letras Españolas, generosamente dotado, que se concede al conjunto de la labor literaria de un autor español vivo, en cualquiera de las lenguas oficiales del Estado: castellano, euskera, gallego, catalán, mallorquín y valenciano. Su dotación y prestigio lo convierten desde su nacimiento en el premio más importante de las letras españolas, después del Premio Cervantes.

Los galardonados en los Premios Nacionales anteriormente descritos, solamente de carácter literario, son los siguientes:

PREMIO NACIONAL DE LITERATURA. ENSAYO

1976, *Aragón, literatura y ser histórico*, de Manuel Alvar López.

1977, *El caciquismo en Andalucía*, de Javier Tusell (renunció por haberle sido otorgado el Premio de Historia de España y América de ese mismo año).

1977, *Bécquer, biografía e imagen*, de Rafael Montesinos.

1978, *Irracionalismo poético (El símbolo)*, de Carlos Bousoño.

1979, *Gárgoris y Habidis. Una historia mágica de España*, de Fernando Sánchez Dragó.

1980, *Introducción a la literatura*, de Andrés Amorós.

1981, *Historia crítica del pensamiento español. Del Barroco a la Ilustración*, de José Luis Abellán.

1982, *La tarea del héroe*, de Fernando Savater.

1983, *Lo bello y lo siniestro*, de Eugenio Trías.

1984-1986 (durante estos años, la convocatoria no tuvo modalidad específica. El Premio Nacional de Literatura fue otorgado respectivamente a una novela, una obra de poesía y otra novela).

1987, *La literatura picaresca desde la historia medieval*, de José Antonio Maravall.

1988, *La sinagoga vacía*, de Gabriel Albiac Lopiz.

1989, *Ética de la felicidad y otros len-*

guajes, de José Luis López Aranguren.
1990, *Hablando de lo que habla: estudios de lenguaje*, de Agustín García Calvo.
1991, *Aproximació al Tirant lo Blanc*, de Martí de Riquer.
1992, *El silencio de la escritura*, de Emilio Lledó.

PREMIO MIGUEL DE CERVANTES

1949, *Orillas del Ebro*, de Enrique Larreta.
1950, *Un valle en el mar*, de Concha Espina.
1951, *La casa de la fama*, de Ramón Ledesma Miranda.
1952, *De pantalón largo*, de José Antonio Giménez Arnau.
1953, *Los cipreses creen en Dios*, de José María Gironella.
1954, *Cuerda de presos*, de Tomás Salvador Espejo.
1955, *Diario de un cazador*, de Miguel Delibes.
1956, *La mujer nueva*, de Carmen Laforet.
1957, *El lazo de púrpura*, de Alejandro Núñez.
1958, *Hicieron partes*, de José Luis Castillo-Puche.
1959, *Los hijos muertos*, de Ana María Matute.
1960, *Monólogo de una mujer fría*, de Manuel Halcón.
1961, *Los muertos no se cuentan*, de Bartolomé Soler.
1962, *El premio*, de Juan Antonio de Zunzunegui.
1963, *Encrucijada de Carabanchel*, de Salvador García de Pruneda.
1964 (desierto).
1965, *19 de Julio*, de Ignacio Agustí Peipoch.
1966, *Historia de coral y de jade*, de Tomás Borrás.
1967, *El otro árbol de Guernica*, de Luis de Castresana.
1968, *Auto de fe*, de Carlos Rojas.
1969, *Marea escorada*, de Luis Berenguer.
1970, *La eliminatoria*, de Ramón Solís.
1971, *Torremolinos Gran Hotel*, de Ángel Palomino.
1972 (no convocado).
1973, *El viento se acuesta al atardecer*, de José Luis Martín Abril.
1974 (no convocado).

LAZARILLO DE LITERATURA INFANTIL

Fue convocado por primera vez en el año 1958, en su triple modalidad de escritores, ilustradores y editores, en este último caso, de carácter honorífico.

Creado por la Comisión de Literatura Infantil y Juvenil del INLE tuvo el patrocinio económico de los Ministerios de Información y Turismo y de Educación Nacional.

Las bases de su convocatoria se modificaron bastante en el tiempo; así, por ejemplo, de premiar obras publicadas se pasó a obras inéditas y a partir de 1983 se aceptaron los originales escritos en cualquiera de las lenguas del Estado español. El Premio «Lazarillo» se otorga con independencia de la nacionalidad de los autores y de hecho goza también de gran prestigio en Latinoamérica. En la actualidad, desde 1986, su convocatoria y patrocinio corresponde a la OEPLI (Organización Española para el Libro Infantil y Juvenil) de carácter institucional privado.

La relación de obras premiadas es la siguiente:
1958, *Dicen las florecillas*, de Alfonso Iniesta.
1959, *El niño, la golondrina y el gato*, de Miguel Buñuel.
1960, *Rastro de Dios*, de Montserrat del Amo.
1961, *El juglar del Cid*, de Joaquín Aguirre.
1962, *Fiesta en Marilandia*, de Concha Fernández Luna.
1963, *De un país lejano*, de Ángela C. Ionescu.
1964, *Color de fuego*, de Carmen Kurtz.

1965, *El polizón de Ulises*, de Ana María Matute.
1966, *El caballito que quería volar*, de Marta Osorio.
1967, *Historia del gato que vino con Solís*, de Lita Tiraboschi.
1968, *Ángel de Colombia*, de Jaime Ferrán.
1969, *Froilán, el amigo de los pájaros*, de José Javier Aleixandre.
1970, *Cuentos del zodíaco*, de Fernando Sadot.
1971, *Operación pata de oso*, de María Puncel.
1972, *Cuentos del año 2100*, de Aaron Cupit.
1973, *Caramelos de menta*, de Carmen Vázquez-Vigo.
1974, *Los batautos*, de Consuelo Armijo.
1975, *Cuentos para chicos y grandes*, de Hilda Perera.
1976 (no se convocó).
1977, *El hombrecillo vestido de gris y otros cuentos*, de Fernando Alonso Alonso.
1978, *Podría ser que una vez...*, de Hilda Perera.
1979 (desierto).
1980, *El misterio de la isla de Tokland*, de Joan Manuel Gilbert.
1981, *Las cosas del abuelo*, de José Antonio Cañizo.
1982, *Capitanes de plástico*, de Pilar Mateos.
1983, *Pabluras*, de Miguel M. Fernández de Velasco.
1984, *El amigo oculto y los espíritus de la tarde*, de Concha López Narváez.
1985, *El tesoro del Capitán Nemo*, de Francisco Climent.
1986, *El juego del pirata*, de Fernando Martínez Gil.
1987, *Un cuento grande como una casa*, de Beatriz Doumerc.
1988, *El rubí del Ganges*, de Manuel Alfonseca.
1989, *Por un maldito anuncio*, de Miguel Ángel Mendo.
1990, *Cuentos por palabras*, de Agustín Hernández Paz.
1991, *Devuelve el anillo, pelo cepillo*, de Enrique Páez.
1992, *Nacido del verbo oscuro*, de Francisco A. Díaz Guerra.

PREMIO NACIONAL DE NOVELA Y NARRATIVA

1977, *Copa de sombra*, de José Luis Acquaroni.
1978, *El cuarto de atrás*, de Carmen Martín Gaite.
1979, *Extramuros*, de Jesús Fernández Santos.
1980, *Mesa, sobremesa*, de Alonso Zamora Vicente.
1981, *La isla de los jacintos cortados*, de Gonzalo Torrente Ballester.
1982, *Conocerás el poso de la nada*, de José Luis Castillo-Puche.
1983, *Recuerdos y olvidos*, de Francisco Ayala.
1984, *Mazurca para dos muertos*, de Camilo José Cela.
1985 (este año el premio, de convocatoria única, se otorgó a un libro de poesía).
1986, *Xa vai no griffon no vento*, de Alfredo Conde.
1987, *La fuente de la edad*, de Luis Mateo Díez.
1988, *El invierno en Lisboa*, de Antonio Muñoz Molina.
1989, *Obabakoak*, de Bernardo Atxaga.
1990, *Juegos de la edad tardía*, de Luis Landero.
1991, *Galíndez*, de Manuel Vázquez Montalbán.
1992, *El jinete polaco*, de Antonio Muñoz Molina.

PREMIO JOSÉ ANTONIO PRIMO DE RIVERA

1940 (desierto).
1941, *Arpa fiel*, de Adriano del Valle.
1942, *A la sombra de la muerte*, de Emiliano Aguado.
1943, *La fiel infantería*, de Rafael García Serrano.

1944, *Pedrarias Dávila*, de Pablo Álvarez Rubiano.
1945, *La prudencia política*, de Leopoldo Eulogio Palacio.
1946, *Tapices de Goya*, de Valentín Sambricio López.
1947, *La victoria del Cristo de Lepanto*, de Luis Marrero Blanco.
1948 (desierto).
1949, *La espera*, de José María Valverde y Joaquín Muntaner.
1950, *Espíritu militar español*, de José Vigón.
1951, *Rimas*, de Luis Rosales.
1952, *Tus rosas frente al espejo*, de José María Alonso Gamo.
1953, *Antología poética*, de José Hierro.
1954, *Canción sobre el asfalto*, de Rafael Morales.
1955 (desierto).
1956, *Paisaje con figuras*, de Gerardo Diego.
1957, *Antología*, de Julio Maruri.
1958, *El tiempo en nuestros brazos*, de Rafael Montesinos.
1959, *La rama ingrata*, de Rafael Laffón.
1960, *Miserere en la tumba de R. N.*, de José Luis Prado Nogueira.
1961, *Contemplación de España*, de Luis López Anglada.
1962, *Ciudad de entonces*, de Manuel Alcántara.
1963, *Marisa Sabia*, de Eladio Cabañero.
1964, *Rodando en tu silencio*, de Federico Muelas.
1965, *Aminadab*, de Alfonso Canales.
1966, *Arde el mar*, de Pere Gimferrer.
1967, *Obras poéticas*, de Carmen Conde.
1968, *Coro de ánimas*, de Diego Jesús Jiménez.
1969, *Encuentro con Ulises*, de Luis Jiménez Martos.
1970, *Claro silencio*, de Carlos Mariano González.
1971, *La duda*, de Francisco Garfias López.

1972, *El oboe*, de Manuel Ríos.
1973, *Elegía en Astaroth*, de Ángel García López.
1974, *El mono azul*, de Aquilino Duque Gimeno.
1975, *El libro de Segovia*, de Jaime Delgado Martín.

PREMIO NACIONAL DE LITERATURA. POESÍA

1977, *Eros y anteros*, de Miguel Fernández González.
1978, *Las rubaiyatas de Horacio Martín*, de Félix Grande.
1979, *Igual que guantes grises*, de Leopoldo Urrutia.
1980, *Primer y último oficio*, de Carlos Sahagún Beltrán.
1981, *Última Thule*, de Vicente Gaos.
1982, *Poesía 1967-1980*, de Antonio Colinas Lobato.
1983, *Desde mis poemas*, de Claudio Rodríguez.
1984 (este año el premio, de convocatoria única, se otorgó a una novela).
1985, *Passeig D'Aniversari*, de Joan Vinyoli.
1986 (este año el premio, de convocatoria única, se otorgó a una novela).
1987, *El otoño de las rosas*, de Francisco Brines.
1988, *Edad*, de Antonio Gamoneda.
1989, *El vendaval*, de Pere Gimferrer.
1990, *Metáfora del desafuero*, de Carlos Bousoño.
1991, *En resumen 1927-1988*, de Luis Álvarez Piñer.
1992, *Poesía 1927-1987*, de Basilio Fernández.

PREMIO NACIONAL
DE LAS LETRAS ESPAÑOLAS

1984, Josep Vicent Foix.
1985, Julio Caro Baroja.
1986, Gabriel Celaya.
1987, Rosa Chacel.
1988, Francisco Ayala.
1989, Joan Corominas.
1990, José Hierro.

1991, Miguel Delibes.
1992, José Jiménez Lozano.

NADAL DE NOVELA

Convocado por primera vez en 1944 por Ediciones Destino, como homenaje póstumo a Eugenio Nadal, redactor-jefe de la revista *Destino*, es uno de los premios más importantes que se conceden en nuestro país a una obra literaria. Se falla la noche del 6 de enero de cada año.

Sus ganadores han sido:
1944, *Nada*, de Carmen Laforet.
1945, *La luna ha entrado en casa*, de José Félix Tapia.
1946, *Un hombre*, de José María Gironella.
1947, *La sombra del ciprés es alargada*, de Miguel Delibes.
1948, *Sobre las piedras grises*, de Sebastián Juan Arbó.
1949, *Las últimas horas*, de José Suárez Carreño.
1950, *Viento del norte*, de Elena Quiroga.
1951, *La noria*, de Luis Romero.
1952, *Nosotros, los Rivero*, de Dolores Medio.
1953, *Siempre en capilla*, de Luisa Forrellad.
1954, *La muerte le sienta bien a Villalobos*, de Francisco José Alcántara.
1955, *El Jarama*, de Rafael Sánchez Ferlosio.
1956, *La frontera del Dios*, de José Luis Martín Descalzo.
1957, *Entre visillos*, de Carmen Martín Gaite.
1958, *No era de los nuestros*, de José Vidal Cadellans.
1959, *Primera memoria*, de Ana María Matute.
1960, *Las ciegas hormigas*, de Ramiro Pinilla.
1961, *El curso*, de Juan Antonio Payno.
1962, *Muerte por fusilamiento*, de José María Mendiola.
1963, *El día señalado*, de Manuel Mejía Vallejo.
1964, *El miedo y la esperanza*, de Alfonso Martínez Garrido.
1965, *El buen salvaje*, de Eduardo Caballero Calderón.
1966, *La zancada*, de Vicente Soto.
1967, *Réquiem por todos nosotros*, de José María Sanjuán.
1968, *Un hombre que se parecía a Orestes*, de Álvaro Cunqueiro.
1969, *Las hermanas coloradas*, de Francisco García Pavón.
1970, *Libro de las memorias de las cosas*, de Jesús Fernández Santos.
1971, *El cuajarón*, de José María Requena.
1972, *Groovy*, de José M.ª Carrascal.
1973, *El rito*, de José Antonio García Blázquez.
1974, *Culminación de Montoya*, de Luis Gasulla.
1975, *Las ninfas*, de Francisco Umbral.
1976, *Lectura insólita de* El Capital, de Raúl Guerra Garrido.
1977, *Conversación sobre la guerra*, de José Asenjo Sedano.
1978, *Narciso*, de Germán Sánchez Espeso.
1979, *El ingenioso hidalgo y poeta Federico García Lorca asciende a los infiernos*, de Carlos Rojas.
1980, *Concerto grosso*, de Juan Ramón Zaragoza.
1981, *Cantiga de agüero*, de Carmen Gómez Ojea.
1982, *La torre herida por el rayo*, de Fernando Arrabal.
1983, *Regocijo en el hombre*, de Salvador García Aguilar.
1984, *La otra orilla de la droga*, de José Luis de Tomás García.
1985, *Flor de sal*, de Pau Faner.
1986, *Balada de Caín*, de Manuel Vicent.
1987, *La ocasión*, de Juan José Saer.
1988, *Retratos de ambigú*, de Juan Pedro Aparicio.
1989-1990, *La soledad era esto*, de Juan José Millás.

1991, *Los otros días*, de Alfredo Conde.
1992, *Ciegas esperanzas*, de Alejandro Gándara.

NOBEL DE LITERATURA

Uno de los premios instituidos por el químico e inventor sueco Alfred Nobel (1833-1896) y otorgado anualmente por la Academia Sueca de la Lengua «al autor de la obra más notable de inspiración idealista». Los escritores españoles e hispanoamericanos que han conseguido este premio han sido: en 1904, José Echegaray (compartido con Frédéric Mistral, francés); en 1922, Jacinto Benavente; en 1945, Gabriela Mistral; en 1956, Juan Ramón Jiménez; en 1967, Miguel Ángel Asturias; en 1971, Pablo Neruda; en 1977, Vicente Aleixandre; en 1982, Gabriel García Márquez; en 1989, Camilo José Cela, y en 1990, Octavio Paz.

PLANETA DE NOVELA

Creado en 1952 por el editor José Manuel Lara, es el premio mejor dotado económicamente de España. A él pueden optar escritores de cualquier nacionalidad que presenten novelas inéditas y no hayan sido premiados con anterioridad. Se falla el 15 de octubre de cada año, festividad de Santa Teresa.

Las obras premiadas, desde su fundación, han sido:
1952, *En la noche no hay caminos*, de Juan José Mira.
1953, *Una casa con goteras*, de Santiago Lorén.
1954, *Pequeño teatro*, de Ana María Matute.
1955, *Tres pisadas de hombre*, de Antonio Prieto.
1956, *El desconocido*, de Carmen Kurtz.
1957, *La paz empieza nunca*, de Emilio Romero.
1958, *Pasos sin huellas*, de Fernando Bermúdez de Castro.
1959, *La noche*, de Andrés Bosch.
1960, *El atentado*, de Tomás Salvador.
1961, *La mujer de otro*, de Torcuato Luca de Tena.
1962, *Se enciende y se apaga una luz*, de Ángel Vázquez.
1963, *El cacique*, de Luis Romero.
1964, *Las hogueras*, de Concha Alós.
1965, *Equipaje de amor para la tierra*, de Rodrigo Rubio.
1966, *A tientas y a ciegas*, de Marta Portal.
1967, *Las últimas banderas*, de Ángel María de Lera.
1968, *Con la noche a cuestas*, de Manuel Ferrand.
1969, *En la vida de Ignacio Morel*, de Ramón J. Sender.
1970, *La cruz invertida*, de Marcos Aguinis.
1971, *La guerra nueva*, de José María Gironella.
1972, *La cárcel*, de Jesús Zárate.
1973, *Azaña*, de Carlos Rojas.
1974, *Icaria, Icaria*, de Xavier Benguerel.
1975, *La gangrena*, de Mercedes Salisachs.
1976, *En el día de hoy*, de Jesús Torbado.
1977, *Autobiografía de Federico Sánchez*, de Jorge Semprún.
1978, *La muchacha de las bragas de oro*, de Juan Marsé.
1979, *Los mares del Sur*, de Manuel Vázquez Montalbán.
1980, *Volavérunt*, de Antonio Larreta.
1981, *Y Dios en la última playa*, de Cristóbal Zaragoza.
1982, *Jaque a la dama*, de Jesús Fernández Santos.
1983, *La guerra del general Escobar*, de Juan Luis Olaizola.
1984, *La virtud o algo parecido*, de Francisco González Ledesma.
1985, *Yo, el rey*, de Juan Antonio Vallejo-Nájera.
1986, *No digas que fue un sueño*, de Terenci Moix.

1987, *En busca del unicornio*, de Juan Eslava Galán.
1988, *Filomeno, a mi pesar*, de Gonzalo Torrente Ballester.
1989, *Queda la noche*, de Soledad Puértolas.
1990, *El manuscrito carmesí*, de Antonio Gala.
1991, *El jinete polaco*, de Antonio Muñoz Molina.
1992, *La prueba del laberinto*, de Fernando Sánchez Dragó.

Príncipe de Asturias de las Letras

La Fundación Príncipe de Asturias, desde 1981, concede el premio de este nombre «a la persona, grupo de trabajo o institución cuya labor creadora o de investigación represente una contribución importante al enriquecimiento de la lengua común de los pueblos hispánicos y de su acervo cultural». Los galardonados hasta el momento han sido los siguientes:
1981, José Hierro.
1982, Miguel Delibes y Gonzalo Torrente Ballester.
1983, Juan Rulfo.
1984, Pablo García Baena.
1985, Ángel González.
1986, Mario Vargas Llosa y Rafael Lapesa.
1987, Camilo José Cela.
1988, Carmen Martín Gaite y José Ángel Valente.
1989, Ricardo Gullón.
1990, Arturo Uslar Pietri.
1991, El pueblo de Puerto Rico.

PREMIOS TEATRALES

Lope de Vega

Convocado por el Ayuntamiento de Madrid para premiar obras inéditas en castellano, fue concedido por vez primera en 1932.
Declarado desierto unos años o no convocado otros, la relación de obras premiadas es la siguiente:
1932, *Leonor de Aquitania* (o *Alianor*), de Joaquín Dicenta (hijo).
1933, *La sirena varada*, de Alejandro Casona.
1934, *Una tarde en la Boca del Asno o La boda de la Sole*, de Antonio Asenjo y Ángel Torres del Álamo.
1948, *Historia de una escalera*, de Antonio Buero Vallejo.
1949, *La noche no se acaba*, de Faustino González Aller y Armando Ocano.
1950, *Condenados*, de José Suárez Carreño.
1952, *Murió hace quince años*, de José Antonio Jiménez Arnau.
1953, *El hogar invadido*, de Julio Trenas.
1954, *Media hora antes*, de Luis Delgado Benavente.
1956, *Nuestro fantasma*, de Jaime de Armiñán.
1957, *La Galera*, de Emilio Hernández Pino.
1958, *El teatrito de D. Ramón*, de José Martín Recuerda.
1963, *Epitafio para un soñador* (o *Los justicieros*), de Adolfo Prego de Oliver.
1967, *Te espero ayer*, de Manuel Pombo Angulo.
1968, *Los niños*, de Diego Salvador Blanes.
1969, *Proceso a un régimen*, de Luis Emilio Calvo Sotelo.
1970, *Tal vez un prodigio*, de Rodolfo Hernández.
1971, *Solos en la tierra*, de Manuel Alonso Alcalde.
1972, *El edicto de gracia*, de José M.ª Camps.
1973, *7.000 gallinas y un camello*, de Jesús Campos.
1974, *De San Pascual a San Gil*, de Domingo Miras.
1975, *El engañao*, de José Martín Recuerda.
1976, *El desguace*, de Alfonso Vallejo.
1977, *Las bicicletas son para el verano*, de Fernando Fernán Gómez.
1979, *Dios está lejos*, de Marcial Suárez Fernández.
1980, *Los despojos del invicto señor*, de Lorenzo Fernández Carranza.

1981, *Ederra*, de Ignacio Amestoy.
1983, *Hay que deshacer la casa*, de Sebastián Junyent Rodríguez.
1986, *La carta magna*, de Edilberto García Amat.
1991, *Trueno de su sepultura*, de Francisco Javier Prada.

CALDERÓN DE LA BARCA

Fue creado en 1950 por el Ministerio de Información y Turismo y reinstaurado por el Ministerio de Cultura a partir de 1981. Está dirigido a escritores noveles a los que, en su primera etapa, se les representaba la obra premiada en el Teatro Nacional María Guerrero. Su fallo coincide con el mes de enero de cada año.

Sin enumerar la totalidad de autores premiados, podría destacarse a Luis Delgado Benavente, Jaime de Armiñán, Santiago Moncada, Antonio Gala, Luis Romero, Ricardo López Aranda, Andrés Ruiz López, David Barbero Pérez y M.ª Luisa Canille Salgado. Durante los últimos años, con notable frecuencia ha sido declarado desierto.

TIRSO DE MOLINA

Fue creado en 1961 por el Instituto de Cultura Hispánica (hoy Instituto de Cooperación Iberoamericana) para obras inéditas en castellano con independencia de la nacionalidad del autor. Hasta 1975 se otorgó muy pocas veces, bien por declararse desierto o por ausencia de convocatoria. Desde entonces, los autores premiados han sido los siguientes: Jorge Díaz, César Vega Herrera, Juan Polo Barrena, Alfonso Vallejo, Ricardo Prieto, Domingo Miras, Manuel Canseco Godoy y Juan A. Pérez Mateos, José Luis Alonso de Santos, Jorge Díaz, Ignacio García May, Paloma Pedrero, José Luis Miranda, Hugo Salcedo, Héctor Plaza Noblía, Fermín Cabal y Roberto Ramos Perea. [R.M.A.]

PRETE JACOPÍN. Véanse HERRERA, FERNANDO DE y TAMAYO DE VARGAS, TOMÁS.

PRIETO, ANTONIO (Águilas, Almería, 1930). Estudió Filosofía y Letras. Es catedrático de Literatura de la Universidad Complutense de Madrid. Su producción novelística, en la que las técnicas realistas alternan con otras más innovadoras, está formada por *Tres pisadas de hombre* (1955), *Buenas noches, Argüelles* (1956), *Vuelve atrás, Lázaro* (1958), *Encuentro con Ilitia* (1961), *Elegía por una esperanza* (1962 y 1972, con prólogo de Á. Valbuena Prat), *Prólogo a una muerte* (1968), *Secretum* (1972, con introducción de D. Santos) y *Carta sin tiempo* (1975). En todas estas obras destacan el fuerte simbolismo, la reflexión sobre problemas existenciales (la situación límite del hombre ante la muerte es frecuente en ellas) y la abundancia de referencias culturales (la antigüedad clásica y el período renacentista son sus épocas preferidas). Después de algunos años de silencio ha publicado *El embajador* (1988), en donde recrea las andanzas del poeta y diplomático Diego Hurtado de Mendoza*, y *La desatada historia del caballero Palmaverde* (1991). Es autor también de numerosos estudios sobre literatura. Entre ellos, *Ensayo semiológico de sistemas literarios* (1972), *Morfología de la novela* (1974), *Estudios de literatura europea* (1975) y *Coherencia y relevancia textual (De Berceo a Baroja)* (1980).

BIBLIOGRAFÍA. P. Rubio Montaner, «El mito de la redención en dos novelas españolas», en *Castilla*, núm. 12 (Valladolid, 1987), págs. 113-132; M. Hernández Esteban, «Autor, narrador, protagonista en *El embajador* de A. Prieto», en *Epos*, vol. V (1989), págs. 271-294; J. A. Fortes, *La nueva narrativa andaluza* (Madrid, 1990), págs. 341-342. [A.R.]

PRIETO, GUILLERMO (México, 1818-1897). Aunque su educación es asistemática y desordenada, sus ideales reformistas, liberales, nacionalistas, son vigorosos y probados a través de su colaboración con el presidente Juárez. Su trabajo periodístico y su labor literaria son, también, intensos y trascendentes. El primero queda expuesto en numerosos periódicos y revistas de la época como *El Siglo XIX* y *El Renacimiento*. La segunda es ejemplificada con *Musa callejera* (1883), poesía popular para la muchedumbre analfabeta, a partir de la tradición de corridos, jácaras y letrillas, y por los romances de *El Romancero nacional* (1885). En prosa, publicó muchos textos dispersos y libros como *Viajes de orden suprema* (1857) y *Memorias de mis tiempos 1828-1853* (1906). Su poema satírico «Los cangrejos», vuelto canción, fue el himno de los liberales o chinacos contra la invasión francesa de Napoleón III y el imperio de Maximiliano de Habsburgo. El costumbrismo de «Fidel», su seudónimo, es búsqueda de raíces, de maneras de ser y hacer, de momentos vividos, a fin de reconocerse como mexicano en una sociedad y una nación ávidas de identidad y progreso. Es autor también de *Los San Lunes de «Fidel»* (1923).

BIBLIOGRAFÍA. M. D. Mclean, *Vida y obra de Guillermo Prieto* (México, 1960). [J.E.C.]

PRIETO, JENARO (Santiago de Chile, 1889-1946). Periodista y abogado chileno, conocido por su humorismo e ironía al servicio de la sátira político-social. Sus artículos están recogidos en los libros *Pluma en ristre* (1925), *Con sordina* (1930) y el póstumo *Humo de pipa* (1955). También escribió la novela *Un muerto de mal criterio* (1926), en la que un juez sigue «ejerciendo» tras su muerte, la comedia satírica y pirandelliana *El socio* (1928), y el libro de recuerdos *La casa vieja* (póstumo, 1957). [J.A.C.]

PRIETO, RICARDO. Véase HISPANO-AMÉRICA: TEATRO ACTUAL.

PRIMAVERA Y FLOR DE LOS MEJORES ROMANCES. Véase CANCIONEROS Y ROMANCEROS DE LOS SIGLOS XVI Y XVII.

PRIMERA PARTE DE LAS FLORES DEL POETA. Véase CANCIONEROS Y ROMANCEROS DE LOS SIGLOS XVI Y XVII.

PRÍNCIPE, MIGUEL AGUSTÍN (Caspe, Zaragoza, 1811-Madrid, 1863). Profesor de la Universidad de Zaragoza primero y después activo abogado, periodista y bibliotecario. Su firma fue habitual en la prensa de la época: *El Semanario Pintoresco Español, El espectador* y *El entreacto*. Fue escritor versátil y epígono de un moderado romanticismo. Publicó *Poesías ligeras, satíricas y festivas* (1840), *Fábulas en verso castellano y en variedad de rimas* (1861-62), relatos como *La casa de Pero Hernández* (1848) y ensayos históricos y de métrica. Estrenó, en fin, dramas históricos —*El conde don Julián* (1839) y *Mauregato o el feudo de las cien doncellas* (1851)— y la comedia *Periquillo entre ellas* (1844). [J.R.J.]

PROAZA, ALONSO DE (Asturias, 1445-Valencia, 1519). Puede calificarse de humanista. Estudió en Salamanca y, posteriormente, se trasladó a Valencia, vinculándose desde 1504 a la activa cátedra de retórica de su universidad. Poeta y prosista latino, escribió una *Oratio luculenta de laudibus Valentiae*, entre otras obras. Sus poemas incluidos en el *Cancionero general* * son de trámite. Para la literatura española, su labor más importante es la que ejerció como editor y corrector, y por sus manos pasó una porción grande de los libros más importantes publicados en Valencia en los primeros decenios del siglo XV, entre los que acaso haya que contar la *Comedia Thebayda* *, cuya composición se le ha atribuido, y sus intervenciones en *Celestina*.

BIBLIOGRAFÍA. D. W. McPheeters, *El*

humanista español Alonso de Proaza (Valencia, 1961). [P.C.]

PROMETEO. Véase REVISTAS LITERARIAS Y CULTURALES ESPAÑOLAS.

PROSA DIDÁCTICA EN LA EDAD MEDIA (SIGLOS XIII-XIV). La creación literaria medieval suele estar destinada al *castigo*, para aconsejar al hombre que busque el Bien y huya del Mal. Esta finalidad se superpone a las demás, como sintetiza en este proverbio el marqués de Santillana *: «Inquiere con gran cuidado / la Ciencia, / con estudio y diligencia / reposado; / no codicies ser letrado / por loor, / mas sciente reprehensor / del pecado.» Pocos textos, si descontamos sólo algunas manifestaciones líricas, escapan, en mayor o menor medida, a la intención de transmitir alguna enseñanza. Ello explica la rápida difusión alcanzada por las obras de didactismo oriental, que empezaron a conocerse en Europa entre los siglos XII y XIII, por medio de traducciones al latín, castellano y catalán. El origen de estas colecciones de cuentos y de sentencias se remonta en muchas ocasiones a la India o a Persia, aunque su vehículo de transmisión hacia Occidente fuera el árabe o el hebreo. Bajo una aparente diversidad, ejemplos y proverbios cumplen la misma función de transmisores del saber, lo que permite encuadrar todas estas colecciones bajo el título genérico de literatura didáctica. No obstante, se pueden establecer ciertas diferencias. Hacia mediados del siglo XIII circulaban ya en castellano dos libros de cuentos: *Calila e Dimna* * (1251) y *Sendebar* * (1253) y, posiblemente varios de proverbios, como las *Flores de filosofía*, *Poridat de las poridades* * y *Libro de los buenos proverbios*. Es probable también que con anterioridad se conocieran en la Península versiones árabes o hebreas, como se deduce por las citas de Pedro Alfonso * o Ibn Zabara. Ambos tipos de colecciones disfrutaron de una mayor popularidad cuando se hicieron traducciones latinas, debido a la confluencia de una serie de factores, especialmente el movimiento reformista de la Iglesia fomentado por Inocencio III y el IV Concilio de Letrán (1215), y el renacimiento general de la cultura a partir del siglo XII. Si nos remontamos al origen del *Calila e Dimna* *, es decir, al *Panchatantra*, podemos decir que se trata de una obra cuya intención es enseñar lo que se designaba con el término *niti*. Se trata de la facultad de adaptarse a las circunstancias concretas, aplicar reglas generales a una situación dada y reconocer las verdaderas intenciones de los demás, aunque estén en contradicción con las apariencias. En definitiva, se recogen normas de conducta práctica, válidas para cualquier individuo, aunque se insista en la educación de príncipes y gobernantes. La amplitud de objetivos facilitará posteriormente no sólo la interconexión entre la didáctica oriental y la literatura de «espejo de príncipes», sino su adecuación para los más variados fines. Este carácter pragmático implica que haya un predominio de los cuentos sobre las formas breves, comparaciones o sentencias. La presentación amena de la enseñanza se justificará por la fragilidad de la naturaleza humana, más dispuesta siempre a aprender lo que le agrada, aunque los autores se encargarán desde los prólogos de dirigir al lector hacia el sentido oculto tras las apariencias, como se advierte al principio del texto: «Si el entendido alguna cosa leyere deste libro, es menester que lo afirme bien, e que entienda lo que leyere, e que sepa que ha otro seso encobierto.»

Aunque los límites entre colecciones de sentencias y de cuentos sean imprecisos, aquéllas presentan la enseñanza de una manera más concisa, exenta de desarrollo narrativo. Ello hace que vayan más dirigidas hacia un público entendido y que su posterior utilización por los autores cristianos sea más difícil. Aun así los escritores con acceso a la biblioteca regia serán los primeros en descubrir las posibilidades de ese amplio *corpus* de literatura sapiencial. Los *Bocados de oro* * o el *Libro de los buenos proverbios* se citan en las *Partidas* y en la *General Estoria* (IV), inspiran el *Libro del consejo e de los consejeros*, atribuido a Pedro Gómez Barroso *, consejero de Sancho IV *, y reaparecen en numerosas páginas de don Juan Manuel *, especialmente las partes segunda, tercera y cuarta de *El conde Lucanor*. Otras colecciones, aunque estrechamente conectadas con las orientales citadas, parecen haber surgido en la Península; es el caso de las *Flores de filosofía*, trasvasadas luego al *Libro del caballero Zifar* *, del *Libro de los cien capítulos* o del *Libro de los doze sabios* *. Retóricos, profesores y predicadores, entre otros, se aprovecharán de ese amplio caudal narrativo y sentencioso, aunque con las debidas adaptaciones. Los cuentos, pese a tocar a veces temas licenciosos, eran fácilmente aprovechables como *exempla ex contrariis* para adornar un sermón, y así se hará con la mayoría de los recogidos por Pedro Alfonso. Las sentencias podían sufrir más cambios, como es el caso de la adaptación que Pedro López de Baeza * realizó de las *Flores de filosofía* para sus *Dichos de los Santos Padres*. La obra parece una paráfrasis de las *Flores* pensada para un público especializado: los frailes de Santiago. Por un lado, Baeza atribuye a ilustres sabios y santos, Salomón, Aristóteles, San Agustín, etc., los dichos que en las *Flores* aparecían en boca de «un filósofo»; por otro, añade algún capítulo nuevo, como el destinado a la castidad y, finalmente, cristianiza todo el conjunto, transformando el rey, el reino y los súbditos del original en maestre, orden y frailes de Santiago.

En la didáctica oriental sentencias y cuentos pueden engarzarse por medio de diversos recursos, desde el diálogo entre un padre y un hijo, un rey y un filósofo, etc., hasta el complejo procedimiento del marco narrativo. Los diálogos no narrativos adoptan con frecuencia la forma de una representación simulada del aprendizaje, en la que el lector podría sentirse reflejado. La sencillez del procedimiento, junto con la clara interconexión con las formas más corrientes de enseñanza escolar, explicarán la vigencia de este recurso. Desde la *Disciplina clericalis*, el *Barlaam e Josafat* *, el *Lucidario*, hasta la mayor parte de las obras de don Juan Manuel, el intercambio de preguntas y respuestas es una de las estructuras didácticas más utilizadas. En las colecciones de cuentos de origen oriental este sistema se combinará con otros, especialmente con el denominado narración enmarcada, de mayor dramatismo pero menor eficacia didáctica. Los libros de sentencias utilizarán especialmente la ficción dialogada, procurando agruparlas por campos semánticos. La influencia escolar y el peso de la enseñanza religiosa harán que el sistema dialogado termine siendo una de las formas más reiteradas en la didáctica medieval. El monótono intercambio de preguntas y respuestas, propio de los catecismos, se reconoce en obras menores, como las *Preguntas del emperador Adriano al infante Epitus* o la *Historia del filósofo Segundo*, y en tratados más ambiciosos, como el *Lucidario*. De modo similar configura don Juan Manuel, en parte, el *Libro del cavallero et del escudero*, *Libro de los Estados*, *Libro infinido* y *El conde Lucanor*. Sin embargo, la maestría de su autor permite infundir nuevas perspectivas al viejo recurso, al hacer que se borren los límites entre realidad y ficción.

BIBLIOGRAFÍA. D. W. Lomax, «Pedro López de Baeza: *Dichos de los Santos Padres*», en *Miscelánea de textos medie-*

vales, I (Barcelona, 1972), págs. 147-178; G. Bossong, «La abstracción como problema lingüístico en la literatura didáctica de origen oriental», en *Cahiers de Linguistique Hispanique Médiéval*, 3 (1978), págs. 99-132; M. J. Lacarra, *Cuentística medieval en España: los orígenes* (Zaragoza, 1979); B. Taylor, «Old Spanish wisdom texts: some relationships», en *La Corónica*, XIV, 1 (1985), págs. 71-85. [M.J.L.]

PROSA DOCTRINAL DEL SIGLO XIII. El siglo XIII viene marcado desde sus inicios por el amplio movimiento de reforma de la Iglesia, que dirige el papa Inocencio III con la convocatoria del IV Concilio de Letrán (1215) y por la consolidación de los Estudios Generales. Esta reforma representará un cambio sustancial en la instrucción religiosa, primero de los propios clérigos y, en segundo lugar, del pueblo cristiano, que terminará por influir, de manera determinante, en todos los aspectos de la cultura medieval, y, en concreto, de la literatura. Resulta difícil, sin embargo, valorar exactamente la repercusión peninsular de este concilio. La Reconquista y el establecimiento de nuevas diócesis, parroquias, etc., en los territorios recuperados suponía la preocupación predominante de la Iglesia hispánica; por ello escasean los sínodos y reuniones episcopales (sólo siete a lo largo del siglo XIII). Cabe suponer que los decretos lateranos se conocerían y aplicarían en la Península, aunque, en opinión de D. Lomax, sólo a partir de 1290, con los avances de la Reconquista y la disminución del poder real, comienza realmente a florecer en Castilla el movimiento de reforma religiosa y educativa. Hasta entonces los avances se alternan con los retrocesos, como ocurre con los estudios palentinos, restaurados entre 1208-14 y suprimidos a mediados de siglo. Los escasos ejemplos en romance de literatura catequética anteriores a esa fecha inducen a pensar que los esfuerzos renovadores del concilio laterano fueron más bien nulos. Sólo en Cataluña, quizá debido a la presencia de herejes, fue relativamente alta la preocupación por la enseñanza de la doctrina cristiana.

De la primera mitad del siglo XIII son los *Diez mandamientos*, especie de «manual del confesor», donde se instruye al sacerdote sobre qué ha de preguntar y cómo ha de proceder con el penitente que confiesa sus pecados. Esta guía debió ser de las primeras escritas en castellano, pues su generalización fue muy posterior con la aplicación efectiva de los decretos lateranos en los que se obligaba a la confesión anual. Los textos básicos todavía circularían en latín, aunque se tradujeran después al romance para favorecer su difusión. Un ejemplo de esta transición la encontramos en un catecismo hispano-latino conservado en la Biblioteca Colombina; escrito en estrofas latinas, que recuerdan la vieja práctica de aprenderlo cantando en la escuela, incluye a continuación una versión castellana en prosa. Según su editor, J. M. Casas Homs, tiene que ser de origen europeo, por no haber ningún otro similar a él en el panorama peninsular del siglo XIII.

La peculiar situación hispánica da pie para que en la literatura religiosa se insista especialmente en la temática apologética. Conservamos un brevísimo fragmento de la *Disputa del cristiano y el judío*, posiblemente de la primera mitad del siglo XIII. El cristiano comienza la disputa acusando al judío, con cierto sarcasmo, de no cumplir los preceptos de su propia ley, a lo que el judío responde citando diversos pasajes del *Antiguo Testamento* e increpando a su vez al cristiano. El fragmento, de tono popular, enlaza con el género literario de los debates y con lo que fue también en otros muchos casos una práctica real. Más interesante resulta la producción, recientemente discutida, de San Pedro Pascual * (1227-1300), que llegó a ser obispo de Jaén y, hecho prisionero de los moros, sufrió el martirio en 1300. Autor supuesto de una numerosa obra, escrita tanto en catalán como en castellano, para enseñar la doctrina cristiana y fomentar la devoción de los miles de cautivos en Granada. Por ello recurre a un estilo popular, plagado de refranes, con alusión a leyendas musulmanas, tergiversadas maliciosamente. Así, en la *Impugnación de la secta de Mahoma*, que se le atribuye, cuenta la visión de Mahoma del cielo y del infierno, tema de amplia difusión en la España del siglo XIII, incluido de manera abreviada en la *Estoria de España*.

A los últimos años del siglo correspondería la obra doctrinal más interesante, desde el punto de vista literario. Se trata del *Lucidario*, compilado por Sancho IV *. El modelo del antiguo *Elucidarium* (h. 1095) latino de Honorio de Autun se enriquece con la influencia del *Tesoro* de Brunetto Latini, enciclopedia mandada traducir por el mismo monarca. De este modo la materia estrictamente teológica se combina con asuntos que afectan al mundo natural, sin enfrentamientos. La ley divina y la natural se armonizan en el universo de acuerdo con una jerarquía de valores. Pero si la temática se ha ido ampliando considerablemente desde el núcleo primitivo, la forma dialéctica, con la alternancia de un maestro y un discípulo, se ha mantenido inalterable. Los alumnos de las cada vez más numerosas escuelas catedralicias encontrarían aquí un útil manual de instrucción básica; por otro lado, la estructuración dialéctica pudo servir de modelo a don Juan Manuel * para la organización de varias de sus obras.

BIBLIOGRAFÍA. A. Morel-Fatio, «Textes castillans inédits du XIIIe siècle», en *Romania*, 16 (1887), págs. 379-382; «Diálogo o disputa del cristiano y el judío», ed. de A. Castro, en *Revista de Filología Española*, I (1914), págs. 173-180; J. M. Casas Homs, «Un catecismo hispano-latino medieval», en *Hispania sacra* (1948), págs. 113-126; AA. VV., *Repertorio de historia de las ciencias eclesiásticas en España* (Salamanca, 1967); *Los «Lucidarios» españoles*, estudio y edición de R. P. Kinkade (Madrid, 1968); D. W. Lomax, «The lateran reforms and Spanish literature», en *Iberoromania*, I (1969), págs. 299-313; J. Sánchez Herrero, «La literatura catequética en la península ibérica: 1263-1553», en *La España medieval. V: Estudios en memoria del profesor don Claudio Sánchez Albornoz* (Madrid, 1986), vol. II, págs. 1051-1115. [M.J.L.]

PROSA DOCTRINAL DEL SIGLO XIV. Con un siglo de retraso comienzan a notarse en España los ecos del espíritu reformista puesto en marcha por el IV Concilio de Letrán (1215). En 1310, Clemente V ordenó a los tres arzobispos del reino de Castilla que celebraran concilios provinciales. Poco después se reúne el de Valladolid (1322) y el de Toledo (1323). Estos concilios y los sucesivos sínodos marcan la pauta y explican el auge de la literatura catequética a partir de estas fechas. Asimismo, como señala D. Lomax, una consecuencia positiva de la debilidad de la Corona en los primeros años del siglo XIV es la mayor libertad de la Iglesia, que comienza a organizar su enseñanza. Con estos cambios institucionales, traslado de la curia a Avignon, potenciación de las universidades y de los estudios teológicos, etc., cabría asociar el auge de escritores religiosos, como Alfonso de Valladolid * (1270-1349), rabí de Burgos, convertido al cristianismo hacia 1320. Entre su producción destaca, por su estilo muy popular y ameno, el *Tratado contra los que dicen que hay fadas y venturas*, aunque otras de sus obras tienen carácter catequístico *(Libro declarante... de la santa fe ca-*

thólica, Libro de las tres gracias). Alfonso de Valladolid y Pedro Pascual * tienen en común el estilo y la insistencia en la controversia contra los judíos, prueba de que el antisemitismo crecía en la Castilla del siglo XIV. Su deseo de convencer a un público amplio les lleva a emplear la lengua vernácula y a servirse tanto del lenguaje popular como de una amplia gama de recursos retóricos. Ello hace que su prosa merezca entrar en el ámbito de la literatura castellana medieval.

Dentro de los sínodos se compilaron también tratados de doctrina cristiana, de diversa longitud, tanto en latín como en romance, para instrucción primero de los propios clérigos y luego también de los laicos. La manifestación más ambiciosa de ese espíritu reformista es el catecismo total, dogmático, disciplinario y litúrgico, como el atribuido a Pedro de Cuéllar. El interés de ese texto es indudable, no sólo por ser el primer catecismo amplio escrito en castellano, sino por tratarse de una fuente importante para conocer la sociedad de su tiempo. Del autor sólo se sabe que fue natural de la villa de Cuéllar, donde reunió en 1325 un sínodo, y obispo de Segovia. Los temas se hallan organizados por un orden lógico (artículos de la fe, mandamientos, virtudes, vicios, etc.), pero el conjunto va precedido por una breve exposición de los fundamentos «históricos» del cristianismo. Fuera de sínodo se escribieron también numerosos tratados y catecismos, como el *Catecismo completo* del arzobispo de Toledo, don Gil de Albornoz, adaptación de otro latino de su antecesor, el infante don Juan, y el de don Gutierre de Toledo, obispo de Oviedo de 1377 a 1399. En Pamplona, el obispo Arnal de Barbazán escribía en 1354 la *Suma de sagramentos et de las cosas a la cura de las ánimas pertenesçientes,* también para remediar la ignorancia del clero.

Aunque en los catecismos prime muchas veces, como en el caso del mencionado de Pedro de Cuéllar, el enfoque penitencial de la doctrina cristiana, otras obras se componen para abordar específicamente y por extenso el sacramento de la penitencia. En la literatura castellana el antecedente más antiguo del género es los *Diez mandamientos* y la obra de mayor envergadura el *Libro de las confesiones* del canónigo leonés Martín Pérez *, escrito entre 1312 y 1317, donde se estudian los pecados en que pueden caer las diferentes personas humanas según su estado, oficio, etc., lo que resulta de enorme interés psicológico. Frente a otras *summae confesorum,* caracterizadas por su aridez, el libro de Martín Pérez está más cerca de la vida real. El interés de esta literatura, tan olvidada muchas veces, es múltiple. Junto al empleo de un lenguaje vivo, con observaciones procedentes de la vida cotidiana, encontramos una temática, tratada también de modo similar en otras obras literarias. El primer paso se dará al elegir algunos autores el estilo «metrificado» para hacer más asimilable la materia didáctica, especialmente cuando se destina a los laicos. Ejemplos de esta forma de difusión son el *Tratado* de Alfonso Fernández de Ocaña, que se conserva en un mismo manuscrito con la obra más innovadora del género, la *Doctrina de la discriçión* de Pedro de Veragüe *, en tercetos monorrimos octosilábicos. Finalmente la vinculación entre la didáctica religiosa y la creación literaria más ambiciosa queda de manifiesto en la exposición sobre los pecados capitales del *Libro de Buen Amor* (estr. 1579-1605) o en los distintos apartados que Pedro López de Ayala * dedica a los pecados capitales, los mandamientos, las obras de misericordia, etc.; concretamente estos pasajes del *Rimado de palacio* guardan estrechas analogías con el *Libro de la justicia de la vida espiritual,* de finales del siglo XIV.

BIBLIOGRAFÍA. D. W. Lomax, «The lateran reforms and Spanish literature», en *Iberoromania*, I (1969), págs. 299-313, y «Algunos autores religiosos: 1295-1350», en *Journal of Hispanic Philology*, II, 2 (1978), págs. 81-90; J. Sánchez Herrero, «La literatura catequética en la península ibérica: 1236-1553», En *La España medieval. V: Estudios en memoria del profesor don Claudio Sánchez Albornoz*, II (Madrid, 1986), págs. 1051-1117; J. L. Martín y A. Linage Conde, *Religión y sociedad medieval. El catecismo de Pedro de Cuéllar (1325)* (Salamanca, 1987). [M.J.L.]

PROVENCIO, PEDRO. Véase POESÍA ESPAÑOLA POSTERIOR A 1975.

PROVINCIAL (seudónimo). Véase ROJAS, ARÍSTIDES.

PUBLICIO (seudónimo). Véase BARRANTES, VICENTE.

PUCHE, ELIODORO. Véase BOHEMIA LITERARIA ESPAÑOLA DE FIN DE SIGLO.

PUERTO, ELENA (seudónimo). Véase FÓRMICA, MERCEDES.

PUERTO, JOSE LUIS. Véase POESÍA ESPAÑOLA POSTERIOR A 1975.

PUERTOCARRERO, ¿LUIS DE? (¿?-¿?). Apenas hay datos sobre la vida de este poeta, de difícil identificación —un Fernán Rodríguez Puertocarrero, poeta de la corte del duque de Arjona, menciona Santillana *—. El nuestro, intercambia poemas con Lope de Zayas y otros poetas, como Antón de Montoro *, lo mencionaron. Lo que sí parece claro es que su producción es de muy finales del siglo XV y principalmente del primer decenio del XVI (así, varios de sus poemas no aparecen aún en la edición del *Cancionero general* * de 1511, sino que van añadidos en la edición siguiente de 1514). Es principalmente conocido por sus *Coplas*, largo poema de 78 estrofas en las que dialogan él y su amada en presencia de una tercera o *amiga*, en tono de cruel parodia del «servicio amoroso», y que se han considerado como uno de los géneros teatrales poéticos del siglo XV.

BIBLIOGRAFÍA. F. Lázaro Carreter, *Teatro medieval* (Madrid, 1965). [R.C.G.G.]

PUÉRTOLAS, SOLEDAD. Véanse LITERATURA INFANTIL ESPAÑOLA y NARRATIVA ESPAÑOLA POSTERIOR A 1975.

PUGA, MARÍA LUISA (México, D.F., 1944). Escritora y coordinadora de talleres literarios. El realismo crítico, que se expresa en *Las posibilidades del odio* (1978) por medio de la discriminación y el coloniaje en Kenya, se atempera para dar paso, en *Cuando el aire es azul* (1980), a un realismo idealista que construye una sociedad mejor. *Pánico o peligro* (1983) es una novela de múltiples registros sociales, existenciales, culturales, que responde a distintas lecturas, pero que, fundamentalmente, cuenta la historia de cuatro mujeres, de cuatro seres humanos que recorren sus vidas, que recorren su ciudad. Otras obras: *Accidentes* (cuento, 1981) y *La forma del silencio* (novela, 1987).

BIBLIOGRAFÍA. F. Bradu, *Señas particulares: escritora* (México, 1987). [J.E.C.]

PUIG, MANUEL (General Villegas, Buenos Aires, 1932-Cuernavaca, Morelos, México, 1990). Novelista argentino. Tras una experiencia europea y norteamericana vinculada al cine, se presenta en 1968 con *La traición de Rita Hayworth*, novela muy celebrada por la crítica, y consigue un enorme éxito en 1969 con *Boquitas pintadas*. En ambos textos está ya toda su propuesta de una narrativa que investiga las mitologías cotidianas, sobre todo sexuales y sentimentales, de la clase media de provincias, concretamente bonaerense, por medio de una utilización distanciada e irónica de los lenguajes de la cultura de masas: guiones de cine, letras de tangos y boleros, radionovelas, descripciones de revistas del corazón, ecos de sociedad y folletines. En *The Buenos Aires Affaire* (1973) enriqueció esos ingredientes con implicaciones psicoanalíticas, y en *El beso de la mujer araña* (1976), historia carcelaria de un homosexual y un guerrillero, le sirvieron para colocar a sus personajes en una situación límite, testimonio de la represión política y sexual que por entonces padecían los países hispanoamericanos del cono sur. Esas circunstancias se advierten también en *Pubis Angelical* (1979) y *Maldición eterna a quien lea estas páginas* (1980). En *Sangre de amor correspondido* (1982), ambientada en Brasil, pareció regresar a las maneras de sus primeras obras, y en *Cae la noche tropical* (1988) consiguió una síntesis de sus temas más característicos y también de sus técnicas, basadas fundamentalmente en una sabia composición de distintas voces y textos, y en el uso abundante y eficaz de los diálogos. En 1983 se publica un volumen que incluye la obra teatral *Bajo un manto de estrellas* y una adaptación escénica de *El beso de la mujer araña*. Otro aspecto de su labor literaria es el de guionista cinematográfico: *La cara del villano* y *Recuerdo de Tijuana* (publicados conjuntamente en 1985).

BIBLIOGRAFÍA. VV. AA., *Actes du colloque sur l'oeuvre de Puig et Vargas Llosa, Avril 1982, Les cahiers de Fontenay* (Fontenay-aux-Roses, 1982); L. Kerr, *Suspended fictions. Readings novels by Manuel Puig* (Urbana and Chicago, 1987). [B.M.]

PUIG, SALVADOR (Montevideo, 1939). Ocasionalmente ha ejercido la crítica literaria, y lleva publicados tres volúmenes de poesía: *La luz entre nosotros* (1963), *Apalabrar* (1979) y *Lugar a dudas* (1984). Para un amplio sector de la crítica uruguaya, Puig es el poeta fundamental de las últimas promociones, y su poesía se caracteriza por la riqueza formal y expresiva, por una «violencia emocional» sometida a «la pasión del lenguaje». [H.J.V.]

PUJOL, CARLOS (Barcelona, 1936). Estudió Filosofía y Letras. Después de una larga trayectoria como crítico literario, traductor e historiador de la literatura francesa, publicó en 1981 su primera novela, *La sombra del tiempo*, de carácter histórico. Siguieron: *Un viaje a España* (1983), *El lugar del aire* (1984), *Es otoño en Crimea* (1985), *La noche más lejana* (1986) y *Jardín inglés* (1987). De sus muchos ensayos, destacan: *Voltaire* (1973), *Balzac y la «Comedia humana»* (1974), *La novela extramuros* (1975), *Leer a Saint-Simon* (1979), *Juan Perucho, el mágico prodigioso* (1986) y *Cuaderno de escritura* (1988). [A.R.]

PULGAR, HERNANDO DEL (¿Pulgar, Toledo?, h. 1420/1430-?, 1493). Hijo de un escribano de Toledo, pronto siguió la carrera del padre y se incrustó en la vida política del siglo XV. Primero, como cronista de Enrique IV (1456) y luego con los Reyes Católicos, a los que sirvió como embajador, secretario y, durante algunos períodos, como hombre de confianza en el ámbito de ese grupo de oficiales reales sin vinculaciones nobiliarias sobre los que se cargó mucho de las reformas administrativas y políticas de los Reyes Católicos. A éstos acompañó incluso en las campañas militares, como la de Granada, de las que levantó acta el propio Pulgar en su *Crónica*. Su labor literaria es, principalmente, historiográfica. Parece que escribió una *Crónica de Enrique IV*, actualmente perdida, pero la más importante de sus obras es la *Crónica de los Reyes Católicos*, que llega hasta 1490. Aunque continúa la tradición de la crónica real castellana, el mismo Pulgar es consciente del cambio del modo de hacer historia del momento e incorpora actitudes historiográficas nuevas, de raigambre humanista, en un entramado tradicional. Aquí se integran las opiniones personales de una manera más cuidadosa que en Alfonso de Palencia *, pero se incorporan los materiales documentales a los que Pulgar tenía acceso, con un sinfín de ejercicios retóricos (arengas, epístolas, etc.) que cumplen su fin de integrar la elocuencia en el panorama de la realidad, influyendo al lector. Variante del género historiográfico es su compilación *Claros varones de Castilla*, acaso terminada a mitad del decenio de los ochenta, una colección de biografías de personas que brillaron o hicieron la historia política de los últimos decenios. Es cierto que tiene propósitos políticos —en donde se enfrentan, por medio de la biografía de sus habitantes más significativos, dos tiempos de Castilla: el presente, el de la Guerra de Granada en sus más difíciles momentos, y el pasado—, pero interesa notar que se recupera el género del retrato o *semblanza* tal como lo había iniciado Fernán Pérez de Guzmán *, aunque con modificaciones expresas, como una acentuación mayor del contenido ético del retrato y mayor insistencia en los aspectos de los *dicta et facta memorabilia*, pero sin salir de los esquemas retóricos ciceronianos de sus modelos. Otra obra que singulariza a Pulgar son sus *Letras*, una colección de cartas sobre diversas materias, desde lo serio y político hasta lo satírico y festivo, dirigidas a interlocutores declarados y encubiertos. Dos son las redacciones en las que circuló la obra: una, con quince cartas; otra con treinta y dos. Interesa destacar que se trata de una de las pocas colecciones epistolares romances del siglo XV y que el cultivo de este género caracteriza muy bien a un grupo de intelectuales que forman el humanismo castellano. Las cartas adoptan el esquema clásico, especialmente por lo que a los temas se refiere, con una cierta superficialidad propia de las epístolas ciceronianas. Son también de Pulgar unas *Glosas a las Coplas de Mingo Revulgo*, de enorme valor histórico e interés literario; no obstante, no sería difícil entrever una cierta ironía en estas *glossae* a una obra tan discutida como las *Coplas de Mingo Revulgo* *.

BIBLIOGRAFÍA. J. de Mata Carriazo (ed.), *Crónica de los Reyes Católicos* (Madrid, 1946); R. B. Tate (ed.), *Claros varones de Castilla* (Oxford, 1971); P. Elia (ed.), *Letras* (Pisa, 1982). [O.L.F.]

PULIDO, ÁNGEL. Véase AUTOBIOGRAFÍAS Y MEMORIAS EN ESPAÑA.

PURGATORIO DE SAN PATRICIO. Versión castellana del *Tractatus de Purgatorio Sancti Patricis* de Henricus Salteriensis (s. XII), basado en una leyenda de origen irlandés en la que se relatan visitas humanas a ultratumba con fines de conversión. Compuesta a principios del siglo XIV, se ha arriesgado que fue traducida por el equipo alfonsí. El tema se cultivó repetidamente en las literaturas peninsulares, hasta llegar a la popularísima obra de Pérez de Montalbán *.

BIBLIOGRAFÍA. A. G. de Solalinde, «La primera versión española del *Purgatorio de San Patricio* y la difusión de esta leyenda en España», en *Homenaje a Menéndez Pidal*, II (Madrid, 1925). [M.A.S.]

PUYOL, JUAN. Véase BONILLA Y SAN MARTÍN, ADOLFO.

Q

QUADRADO NIETO, JOSÉ MARÍA (Ciudadela, Menorca, 1819-Palma de Mallorca, 1896). Periodista, historiador y arqueólogo. Fue discípulo de las ideas de Balmes * y el realizador del ideario de Parcerisa y Piferrer *. Su obra más significativa es *Ensayos religiosos, políticos y literarios* (1853-73), obra prologada por M. Menéndez Pelayo * en su segunda edición (1893-96).

BIBLIOGRAFÍA. G. Sabater, *José M.ª Quadrado, el polígrafo balear* (Palma de Mallorca, 1967). [E.R.C.]

QUEIPO DE LLANO Y VALDÉS, JOAQUÍN JOSÉ (Cangas de Narcea, Asturias, 1727-1796). Conde de Toreno, militar y socio de varias Sociedades Económicas. Se valió de los seudónimos «Fileno» y «Cypariso». Fue poeta ocasional, siempre con motivo de algún hecho relativo a la familia real, aunque también dedicó versos a temas religiosos y morales, como en *La muerte de Abel* (1788). [J.A.B.]

QUEREMEL, ÁNGEL MIGUEL (Coro, Falcón, Venezuela, 1900-Caracas, 1939). Poeta, ensayista y cuentista venezolano. Principal animador del grupo «Viernes» *, dio a conocer en su país las tendencias poéticas de la posguerra europea, que había conocido durante su estancia en España —a partir de los años veinte— al relacionarse con poetas ultraístas, surrealistas y creacionistas. Se considera a Queremel como un puente entre el ultraísmo y el creacionismo en Venezuela. Sus poemas están reunidos en *El barro florido* (1924), *Brinco* (1926), *Trayectoria* (1927), *El trapecio de las imágenes* (1929) y *Santo y seña* (1938). Los cuentos de Queremel están penetrados por el lirismo del poeta y por su peculiar manera de observar los hombres y las cosas, de lo que son ejemplo *Yo pecador* (1922) y *El hombre de otra parte y otras narraciones* (1926).

BIBLIOGRAFÍA. J. Fabbiani Ruiz, *Cuentos y cuentistas* (Caracas, 1951). [H.J.B.]

QUEROL, VICENTE WENCESLAO (Valencia, 1836-1889). Iniciador del renacimiento literario valenciano, sus *Rimas* (1877), prologadas por Pedro Antonio de Alarcón *, y republicadas con añadidos en 1891, le confieren lugar, según críticos como Juan Valera *, entre los mejores poetas líricos españoles. Condiscípulo de Teodoro Llorente, que prologa esa nueva edición, tradujo con él magistralmente *El corsario*, *Childe Harold* y otros poemas de Byron. Siguiendo la tradición neoclásica, y sobre todo el modelo de Quintana *, escribió odas —entre ellas la famosa *Oda a las Bellas Artes*, que, junto con la *Carta a don Bernardo Ferrándiz acerca de la pintura*, evidencia su conocimiento técnico de la pintura—, extensos poemas religiosos *(Jesucristo, Al eclipse de 1860)* y políticos *(A la guerra de África, A la libertad, A la paz)*, en los que se destacan las digresiones líricas de tono personal. El grupo denominado *Poesías familiares (En Nochebuena*, elegía *A la muerte de mi hermana Adela)* presenta, entre tonos horacianos y reminiscencias de Leopardi y otros elegíacos italianos, un auténtico sentimiento personal y un pocas veces superado buen gusto.

BIBLIOGRAFÍA. L. Guarner, *Poesía y verdad de Vicente W. Querol* (Valencia, 1976). [R.B.]

QUESADA, ALONSO (Las Palmas de Gran Canaria, 1886-Santa Brígida, Gran Canaria, 1925). Seudónimo de Rafael Romero Quesada. En su corta vida —no llegó a cumplir los treinta y nueve años—, tuvo tiempo de dejar una extensa obra, en prosa y verso, publicada en su mayor parte póstumamente en varios volúmenes. De familia burguesa, recibió una buena educación, pero la temprana muerte de su padre le obligó a hacerse cargo de un hogar compuesto por madre y hermanas. Desde joven trabajó como oficinista, en su ciudad natal, en compañías inglesas. Leyó mucho y no sólo a los autores españoles, pues comentó y tradujo poesía inglesa, francesa e italiana. En su adolescencia se interesó mucho por el teatro: actuó en escenarios domésticos y escribió piezas teatrales cortas. También se interesó por el periodismo, tarea a la que consagró muchas horas, hasta el final de su vida. En 1907 publicó un tomito de versos, *Hipos*, bajo el seudónimo de «Gil Arribato»: puede considerarse su prehistoria como poeta, ya que son versos de humor en los que satiriza algunos tópicos modernistas. A partir de 1908 comienza a manifestarse con voz propia. En 1915 publica su libro más conocido, *El lino de los sueños* —con prólogo de Unamuno *, al que había conocido en 1910—. El siguiente, *Los caminos dispersos*, lo terminó muy poco antes de su muerte y se editó póstumamente. (En vida publicó también teatro y reunió artículos en volumen.) Ya en *El lino de los sueños* —como también luego en *Los caminos dispersos* y en poemas publicados en revistas— advertimos una voz muy original que, dentro del modernismo, busca novedades y, en muchos momentos anticipa rasgos típicamente vanguardistas. Señalemos como notas muy peculiares de su poesía, la ironía y un buscado prosaísmo formal, en lo que coincide con algunos de sus contemporáneos hispanoamericanos.

BIBLIOGRAFÍA. A. Quesada, *Obra completa*, prólogo de L. Santana, 6 vols. (Gran Canaria, 1986) [A. de A.]

QUESADA, JOSÉ LUIS. Véase HISPANOAMÉRICA: POESÍA ACTUAL.

QUESSEP, GIOVANNI. Véase HISPANOAMÉRICA: POESÍA ACTUAL.

QUEVEDO, NINO (Madrid, 1929). Seudónimo de Benigno-Ángel Quevedo Gil. Es licenciado en Derecho, y ha escrito guiones cinematográficos. Es autor de las novelas *Las noches sin estrellas* (1961), sobre la difícil vida de un grupo de fugitivos, posiblemente maquis, y *Las cuatro estaciones* (1974), y del relato *Mi abuelo, el rojo* (1982). [G.R.F.]

QUEVEDO GIL, BENIGNO-ÁNGEL. Véase QUEVEDO, NINO.

QUEVEDO Y VILLEGAS, FRANCISCO DE (Madrid, 1580-Villanueva de los Infantes, Ciudad Real, 1645). Tercero de los cinco hijos del montañés Pedro Gómez de Quevedo, que ocupó importantes cargos palaciegos, y de su mujer María de Santibáñez. Estudió en el colegio de la Compañía de Jesús en Madrid y en la Universidad de Alcalá; cursó Teología en Valladolid (1601-06), donde residía la corte; su calidad poética fue tempranamente reconocida. De entonces arrancan su encarnizada rivalidad con Góngora * y su condescendiente amistad con Lope de Vega *. Siendo aún estudiante, entabló docta correspondencia con Justo Lipsio. Era cojo; le llovieron burlas por ello, y él mismo no se las ahorró. En 1606, regresó a Madrid en busca de medro cortesano, que empieza a ganar con la amistad de don Pedro Téllez de Girón, duque de Osuna (1609). Ese año, reivindica el señorío de La Torre de Juan Abad, pleito en que gastó energías y fortuna hasta 1631. Allí pasó largas temporadas a lo largo de su vida. En 1612-13, sufre una crisis espiritual, que plasma en varias obras. Por entonces, va a Sicilia llamado por Osuna, donde éste es virrey (lo será más tarde de Nápoles), el cual, durante seis años, le confía importantes misiones; para cumplirlas, realiza abundantes viajes a Madrid. Son años de gestiones muy complicadas, al servicio del duque, que le consiguió el hábito de Santiago. Colaboró en las intrigas de Osuna contra Venecia y se vio involucrado en la conjuración. Al caer el prócer en desgracia (1620), sufrió destierro en La Torre y prisión en 1621 y 1622. Su actividad literaria es intensa los años siguientes, en que alterna las estancias en su retiro con viajes a la corte. El 29 de febrero de 1634, se casó con una viuda, Esperanza de Mendoza, señora de Cetina —unos diez años antes, había estado amancebado con una tal Ledesma—, de la que se separó dos años después; quedó viudo en 1641. Sus escritos y opiniones le habían granjeado innumerables enemigos, y ese mismo año el maestro de armas Pacheco de Narváez —a quien había satirizado—, el padre Niseno y Pérez de Montalbán *, publican un cruel libelo: *Tribunal de la justa venganza, erigido contra los escritos de don Francisco de Quevedo, maestro de errores, doctor en desvergüenzas, licenciado en bufonerías, bachiller en suciedades, catedrático de vicios y protodiablo entre los hombres*. Se había creado en torno de él un clima enrarecido. Por su oscura participación en un asunto de política con Francia, fue detenido el 7 de diciembre de 1639 y encarcelado en el convento de San Marcos, en León, donde los padecimientos aceleraron su decadencia física. Tras caer Olivares, fue liberado en 1643. Pasó un año en Madrid, se trasladó a La Torre y, después, al vecino Villanueva de los Infantes, donde murió el 8 de septiembre de 1645.

Constituyen su producción más temprana en prosa escritos burlescos y satíricos breves (como *Vida de la corte y oficios entretenidos de ella*, *Premática que este año de 1600 se ordenó* y *El caballero de la Tenaza*). De hacia 1604 es la *Vida del buscón llamado Pablos*, su única obra narrativa, con la que contribuía a la consolidación del género picaresco, hostil a los fines morales del *Guzmán* de Alemán *; se imprimió, sin intervención del autor, en 1626. Entre 1605 y 1622, compone los *Sueños*: «El sueño del Juicio Final» (1605, titulado más tarde «Las zahúrdas de Plutón»), «El alguacil endemoniado» (entre 1605 y 1608), «Sueño del infierno» (1608), «El mundo por de dentro» (h. 1612) y «El sueño de la muerte» (1620). Muy reacio a publicar —sus obras solieron difundirse manuscritas o impresas fraudulentamente—, los *Sueños* aparecieron reunidos con texto muy viciado en 1627; Quevedo los dio a luz en 1631 con el título *Juguetes de la niñez y travesuras del ingenio*, precedidos de un prólogo contra la codicia de los editores. Son fantasías alegóricas de intención satírica y expresión audazmente conceptista contra tipos, costumbres, modas, asuntos políticos, etc. Con los *Sueños* se relacionan estrechamente las fantasías morales *Discurso de todos los diablos o infierno enmendado* (1628) y *La hora de todos y la fortuna con seso* (1635), la más importante obra de esta serie.

En *España defendida y los tiempos de ahora* (1609), exalta la historia, costumbres y lengua nacionales. En la polémica sobre el patronato de España, defiende el exclusivo del Apóstol, no compartido con el de Santa Teresa, en su *Memorial por el patronato de Santiago* y *Su espada por Santiago, solo y único patrón de las Españas* (1628). Contenido ascético senequista posee *La cuna y la sepultura* (1634). Y obra magna de su pensamiento político, donde, basado en el Evangelio, diseña la imagen ideal del gobernante, es *Política de Dios, gobierno de Cristo, tiranía de Satanás* (1626; la segunda parte apareció póstuma en 1655). Ocupa la cumbre de su prosa *Marco Bruto* (1644), en que sentenciosamente va glosando textos de Plutarco, para mostrar «los premios y los castigos que la liviandad del pueblo dio a un buen tirano (Julio César) y a un mal leal»; acaba con un elogio de Osuna. Glosó también el tratado de Séneca *De los remedios de cualquier fortuna* (1638), y tradujo la *Introducción a la vida devota*, de San Francisco de Sales (1634). Quedaron inéditas sus *Lágrimas de Jeremías castellanas* (1613), donde traduce el primer capítulo de los Trenos, lo comenta en prosa y lo parafrasea en versos libres. Otros textos de carácter político, ascético, polémico y de sátira (sin excluir la literaria, contra Góngora y sus seguidores —*Aguja de navegar cultos*, *La culta latiniparla*—, y también contra Ruiz de Alarcón * y Montalbán) completan su abundante obra prosística. Se conserva también un nutrido e importante epistolario.

Sus más tempranos poemas conocidos son quince que recogió Pedro Espinosa * en sus *Flores de poetas ilustres de España* (1605), y en donde los temas graves alternan con los burlescos y satíricos (entre ellos, la letrilla «Poderoso caballero / es don Dinero»), como ocurrirá en toda su poesía posterior. La crisis que, como decíamos, experimentó hacia 1613, le dicta el *Heráclito cristiano y segunda arpa a imitación de la de David*. La recopilación más completa de sus poesías —unas 600; sólo parte de su producción, mucha de ella perdida— fue publicada póstuma por Jusepe Antonio González de Salas * (a quien Quevedo mismo había confesado cómo quería disponerlas para su edición), con el título de *El Parnaso español, monte en dos cumbres dividido, con las nueve musas castellanas* (1648), donde alteró algo las previsiones del autor y puso título a los poemas. Bajo el nombre de cada musa, se ordenan composiciones dictadas por ellas. Murió el recopilador sin terminar su trabajo, el cual fue completado por Pedro Aldrete, sobrino del poeta, que publicó en 1670 *Las tres últimas musas castellanas. Segunda cumbre del Parnaso español*. Ambas recopilaciones, que han merecido objeciones, han sido enriquecidas modernamente con más textos; hoy contamos con la monumental edición de José Manuel Blecua de la poesía quevedesca, en tres volúmenes (1969-71). En el tratamiento de una amplia gama temática, Quevedo alcanza muchas veces la genialidad. Pocos poemas se pueden fechar con seguridad. A Clío se acogen sonetos famosos como «Buscas en Roma a Roma, ¡oh peregrino!» y «Faltar pudo su patria al grande Osuna»; a Polimnia, «¡Ah de la vida!... ¿Nadie me responde?», «Fue sueño ayer, mañana será tierra», «Retirado en la paz de estos desiertos», y, en tercetos, la célebre *Epístola satírica y censoria*, dirigida a Olivares, contra las costumbres de los castellanos. La tercera sección del poemario acoge asuntos funerarios y de loa. Sigue la poesía amorosa, donde, dentro de la tradición petrarquista, alcanza radical hondura en la expresión del sentimiento; el primer editor dedicó un apartado especial a los poemas dedicados a Lisi, dama de la que nada se sabe; tal vez es sólo la imprescindible amada que exigía la tradición poética. Pero más que esa supuesta relación personal, lo genial de esta serie es la fuerza con que expresa el autor la pasión de amor, en sonetos impresionantes como «Cerrar podrá mis ojos la postrera» o «Si hija de mi amor mi muerte fuese».

Pocos poemas amorosos más aparecieron en la musa Euterpe de la edición de Aldrete. Una copiosa colección de letrillas, jácaras y otras composiciones en verso corto, donde lucen la malicia, la gracia y el sarcasmo del poeta aparecen bajo la advocación de Terpsícore; figuran en esta serie la «Carta de Escarramán a la Méndez». Sátiras y donaires se acogen a la inspiración de Talía, como el celebérrimo soneto «Érase un hombre a una nariz pegado», y otros de singular densidad conceptista, como «Si eres campana, ¿dónde está el badajo?», y el dedicado «Al mosquito de la trompetilla». Abundan también en esta serie los poemas en verso corto; en muchos de ellos, exhibe su implacable misoginia, y no escatima las lanzadas contra los culteranos. En la sección dedicada a la musa Calíope, agrupó Aldrete más letrillas satíricas y silvas morales («El sueño»). Son escasos los poemas de carácter religioso y, a veces, contrito, amparados por Urania. Tradujo a poetas como Anacreonte, Marcial y Ausiàs March; el *Epicteto y Focílides en español* (1635) es el único libro poético que publicó.

Se le atribuyen algunos entremeses y comedias *(Cómo ha de ser el privado* y *Pero Vázquez de Escamilla).*

Polarizado entre los dos extremos de su carácter, el de pensador estoico o preocupado testigo de la política y de la decadencia nacional, y el de satírico que no rehúye procacidades y chocarrerías (lo más tópicamente recordado en la opinión popular), Quevedo es, sobre todo, un genial domeñador de la palabra, en quien el conceptismo alcanza una cumbre. Su lírica grave o amorosa lo sitúa, además, entre los máximos poetas de todos los tiempos.

BIBLIOGRAFÍA. F. de Quevedo, *Obras completas*, ed. de L. Astrana Marín (Madrid, 1932; eds. posteriores); *Epistolario completo*, ed. de L. Astrana Marín (Madrid, 1946); *Obras* (en prosa), ed. de A. Fernández Guerra, en *Biblioteca de Autores Españoles*, vols. 23 (Madrid, 1946), 48 (Madrid, 1951); *Lágrimas de Jeremías castellanas*, ed. de E. M. Wilson y J. M. Blecua (Madrid, 1953); *Obras* (poesías), ed. de F. Janer, en B.A.E., vol. 69 (Madrid, 1953); *La vida del buscón llamado Pablos*, ed. crítica de F. Lázaro Carreter (Salamanca, 1965); *Obra poética*, ed. crítica de J. M. Blecua (Madrid, 1969-71); *Poesía varia*, ed. de J. O. Crosby (Madrid, 1981). R. Bouvier, *Quevedo, homme du diable, homme de Dieu* (París, 1929); L. Astrana Marín, *La vida turbulenta de Quevedo* (Madrid, 1945); E. Carilla, *Quevedo (entre dos centenarios)* (Tucumán, 1949); D. Alonso, *Poesía española* (Madrid, 1950); F. Ynduráin, *El pensamiento de Quevedo* (Zaragoza, 1954); Otis H. Green, *El amor cortés en Quevedo* (Zaragoza, 1955); A. Mas, *La caricature de la femme, du mariage et de l'amour dans l'oeuvre de Quevedo* (París, 1957); F. Lázaro Carreter, *Estilo barroco y personalidad creadora* (Salamanca, 1966); J. O. Crosby, *En torno a la poesía de Quevedo* (Madrid, 1967); A. Martinengo, *Quevedo e il simbolo alchimistico* (Padua, 1967); C. S. de Cortázar, *La poesía de Quevedo* (Buenos Aires, 1968); H. Ettinghausen, *Francisco de Quevedo and the neostoic movement* (Oxford, 1972); J. O. Crosby, *Guía bibliográfica para el estudio de Quevedo* (Londres, 1976); R. de Garciasol, *Quevedo* (Madrid, 1976); M. Molho, *Semántica y poética (Góngora, Quevedo)* (Barcelona, 1977); AA. VV., *Francisco de Quevedo*, ed. de G. Sobejano (Madrid, 1978); J. M. Pozuelo, *El lenguaje poético de la lírica amorosa de Quevedo* (Murcia, 1979); R. Lida, *Prosas de Quevedo* (Barcelona, 1981); C. Guillén, *El primer Siglo de Oro* (Barcelona, 1988). [F.L.C.]

QUEZADA, JAIME (Los Ángeles, Chile, 1942). Poeta y crítico literario que ha desarrollado una importante labor de difusión de la poesía chilena como antólogo (*Poesía joven de Chile*, 1973). Destacan sus libros *Las cosas olvidadas* (1965), *Astrolabio* (1976) y *Huerfanías* (1985). Dirigió la revista *Arúspice*. La poesía de Quezada conjuga el lenguaje coloquial de la antipoesía con la nostalgia del paisaje provinciano y la religiosidad a la manera de Gabriela Mistral *. Mediante incorporación de citas bíblicas y literarias, da testimonio de nuestro tiempo: de la nostalgia de lo trascendente, de la violación de los derechos humanos, de la destrucción de la naturaleza. [A.M.]

QUIJADA URÍAS, ALFONSO. Véase HISPANOAMÉRICA: POESÍA ACTUAL.

QUIJOTES, LOS. Véase REVISTAS LITERARIAS Y CULTURALES ESPAÑOLAS.

QUILES, EDUARDO (Valencia, 1940). Es considerado por Wellwarth como de la generación *underground*. Ha residido en México. De su producción dramática destacan: *El asalariado* (1969), *El hombre-bebé* (1969), *El frigorífico* (1972), *Pigmeos, vagabundos y omnipotentes* (1972), *La concubina y el dictador* (1978) y *La navaja* (1985), en donde presenta el conflicto entre el hombre y la realidad que le rodea. Es autor también de los relatos *El carnaval del relajo* (1981), *El regreso de Ion, el extraterrestre* (1986) e *Ion y su perro Khan-Guau* (1987). [M.S.]

QUINTANA, FRANCISCO DE. Véase PROSA EN LOS SIGLOS XVI Y XVII.

QUINTANA, JERÓNIMO DE LA. Véase HISTORIOGRAFÍA DE LOS SIGLOS XVI Y XVII.

QUINTANA, MANUEL JOSÉ (Madrid, 1772-1857). Difícil aquilatar hoy la importancia de su pensamiento, acción política y obra literaria, en España e Hispanoamérica. Patriarca del liberalismo español, su enciclopedismo se formó en contacto con maestros como Jovellanos * y Meléndez Valdés *. Estudió leyes en Salamanca, integró la llamada escuela poética salmantina, caracterizada en su última época por el influjo de la filosofía escocesa. Durante la invasión napoleónica fue leal a la Junta Central y participó de las Cortes de Cádiz; perseguido por Fernando VII y la Inquisición, sufrió prolongada prisión. Ocupó importantes cargos: fue instructor de Isabel II y ministro en el gobierno de Espartero. Su conducta cívica le mereció el título de prócer del reino y el conmovedor respeto de sus conciudadanos. Apoyó con proclamas y odas como *A la expedición española para propagar la vacuna en América* (1806) la insurrección de Hispanoamérica; fue así modelo de los intelectuales independentistas, que lo imitaron en sus poesías patrióticas. Aunque apegado a la retórica neoclásica, Quintana evidencia muchos rasgos del prerromanticismo europeo aprendidos en las *Lecciones de retórica* de Hugo Blair, de gran importancia en la formación de los románticos. Publica su primer libro a los dieciséis años, *Poesías* (1878), con prólogo de Meléndez Valdés, a quien sigue en algunos idilios, composiciones amorosas y elogios; pero las *Poesías patrióticas* (1808) constituyen originales alegatos contra la tiranía opresora que impide el florecimiento de la inteligencia, el progreso de las artes y de las ciencias y la felicidad humana. Hay en ellas además cierto humanitarismo social. Formalmente perfectas, aunque de estructura lógica y no poética, esas odas introducen en la visión de la naturaleza y la historia, así como en los tonos, la estética de la *sublimidad*, aun de la sublimidad terrorífica desarrollada mejor en su obra teatral *El duque de Viseo* (1801). Escribió también la tragedia *Pelayo* (1805), estudios críticos sobre el romancero * y clásicos españoles, la *Vida de Cervantes* (1797), *Vidas de españoles célebres* (1807,

1830 y 1832) y un interesante conjunto de *Cartas a lord Holland*.

BIBLIOGRAFÍA. M. Menéndez Pelayo, «Quintana considerado como poeta lírico», en *Estudios y discursos de crítica histórica y literaria* (Santander, 1942), págs. 229-260; L. Monguió, «Don Manuel José Quintana y su oda "A la expedición española para propagar la vacuna en América"», en *Boletín del Instituto Riva Agüero* (1956-57), págs. 175-184; A. Dérozier, *Manuel Josef Quintana et la naissance du libéralisme en Espagne* (París, 1968). [R.B.]

QUINTANA ROO, ANDRÉS (Mérida, Yucatán, México, 1787-México, D.F., 1851). Poeta y político insurgente. Formó parte de las tropas de Morelos. Colaboró en la redacción (con Carlos María de Bustamante) del «Acta solemne de la declaración de la independencia de la América septentrional» y escribió el «Manifiesto», documentos ambos del Congreso de Chilpancingo (1813); compuso una «Oda al dieciséis de septiembre» en homenaje a los caudillos de la independencia, especialmente a Itúrbide. Fue el primer presidente de la Academia de Letrán. [J.J.B.]

QUINTANILLA, LUIS. Véase ESTRIDENTISMO.

QUINTERO, HÉCTOR. Véase HISPANOAMÉRICA: TEATRO ACTUAL.

QUINTERO, JACINTO CARLOS. Véase RETÓRICA EN LOS SIGLOS XVI Y XVII, LA.

QUINTERO RAMÍREZ, ANTONIO (Jerez de la Frontera, Cádiz, 1895-Madrid, 1977). Seguidor del teatro costumbrista de los hermanos Álvarez Quintero *, reitera sus temas hasta el agotamiento en obras como: *La copla andaluza* (1929), *El alma de la copla* (1930), *Los caballeros* (1932), *Como tú,* *ninguna* (1934) y *Oro y marfil* (1934), escritas en colaboración con otros autores. También contó con la ayuda de P. Pérez Fernández * para el juguete cómico *La casa de las brujas* (1941). [J.R.J.]

QUINTO, JOSÉ MARÍA DE (Madrid, 1925). Vinculado al teatro como crítico desde su incorporación en 1946 a «Arte Nuevo», en octubre de 1950 firmó con A. Sastre * el manifiesto del TAS (Teatro de Agitación Social), publicado en *La Hora*. También con Sastre, creó el Grupo de Teatro Realista en 1960. Ha publicado, entre otros, un libro de relatos *(Las calles y los hombres*, 1957) y un libro de ensayo *(La tragedia y el hombre: notas estético-sociológicas*, 1962). [M.S.]

QUIÑONES, FERNANDO (Chiclana de la Frontera, Cádiz, 1930). Colabora en diversos medios de comunicación. Tiene una extensa obra poética, iniciada con los libros *Cercanía de la gracia* (1957), *Retratos violentos* (1963) y *En vida* (1963). A ellos siguieron: *Las crónicas de Al-Andalus* (1970), *Las crónicas americanas* (1973), *Salero de España o Las crónicas del 40* (1976), *Las crónicas inglesas* (1980), *Muro de hetairas* (1981) y *Las crónicas de Hispania* (1985). Como narrador ha publicado los libros de relatos *Cinco historias del vino* (1960), *Sexteto de amor ibérico* (1972), *El viejo país* (1978), *Nos han dejado solos* (1980) y *Viento Sur* (1987), y las novelas *Las mil noches de Hortensia Romero* (1979), *La canción del pirata* (1983) y *El amor de Soledad Acosta* (1989). También ha escrito teatro y ensayos sobre flamenco y otros temas. [G.R.F.]

QUIÑONES, PEDRO DE. Véase QUIÑONES, SUERO DE.

QUIÑONES, SUERO DE (?, 1409-?, 1458). A Suero de Quiñones se le conoce más por su famoso *Paso de armas* sobre el río Órbigo, del que levantó acta Rodríguez de Lena *, que por su poesía, en la que acaso destacó más su hermano Pedro. No obstante, su agitada vida caballeresca y militar, junto con su condición de poeta y las relaciones literarias que mantuvo —por ejemplo, con Enrique de Villena *—, lo hacen un prototipo de la sociedad del otoño medieval. Antes de su *Paso honroso*, ya había participado en otros, como el de la Fuerte Ventura (1428), con el infante don Enrique, uno de los de Aragón; luchó en la batalla de la Higueruela (1431) en la compañía de Álvaro de Luna *, con el brazo derecho desarmado, en prueba de su amor por doña Leonor de Tovar, con la que al fin acaba casándose (1435). Su poesía es más monótona que su vida: canciones de amores en las que se expresa el deseo de servicio amoroso y el martirio; un romance, *Por unos puertos arriba*, concreta la tensión lírica del romancero viejo; así como también alguna canción en donde es evidente el gusto popular que empieza a ser rescatado entonces.

BIBLIOGRAFÍA. M. von Wunster, «Suero e Pedro de Quiñones», en *Poeti cancioneriles* (Roma, 1986). [M.I.T.P.]

QUIÑONES DE BENAVENTE, LUIS (Toledo, h. 1590/93-Madrid, 1651). Apenas se sabe de su vida. Tuvo entre los contemporáneos fama de humilde y bondadoso y se mantuvo, cosa difícil, al margen de las polémicas literarias. Utilizaba el título de *licenciado* y fue uno de los más alabados autores de entremeses y bailes de su tiempo, hasta el punto de que las piezas conservadas pasan del centenar largo. Probablemente comenzó como músico y autor de bailes, para acabar escribiendo entremeses y piezas dramáticas cortas de diferentes tipos. Famoso ya como autor dramático en 1623, elogiado por Tirso de Molina *, su amigo Vargas publicó la *Jocoseria* (Madrid, 1645), que contiene doce entremeses representados (cuatro cantados), seis loas y seis jácaras. Es posible que la colección represente un extracto de su creación dramática durante los años 1630-40. La importancia de Quiñones radica en el paso del *entremés representado*, sin baile, al *entremés cantado*, y del desenlace «a palos» a un predominio de elementos musicales que acaban invariablemente en baile. Combina diferentes formas dramáticas del género chico, produciendo tipos intermedios, como la loa entremesada. Entre sus personajes destaca la figura de Juan Rana, máscara derivada de Arlequín e invariablemente representada por el cómico Cosme Pérez. Entre sus piezas más antiguas destacan *La malcontenta, El retablo, Las alforjas, El abadejillo, El talego-niño* y *El gori-gori*, todas anteriores a 1632. Más tardías son *El guardainfante*, en dos partes; *El soldado Juan Rana, El doctor Juan Rana*, las cuatro piezas incluidas en la *Jocoseria*, a las que podría añadirse *El aceitunero, Las habladoras, Los alcaldes encontrados*, serie de hasta seis partes, muy famosa, aunque de discutible atribución, y *La puente segoviana*, en dos partes, una de sus obras más celebradas.

BIBLIOGRAFÍA. H. E. Bergman, *Luis Quiñones de Benavente y sus entremeses* (Madrid, 1965); E. Asensio, *Itinerario del entremés. Desde Lope de Rueda a Quiñones de Benavente* (Madrid, 1971); *Ramillete de entremeses y bailes nuevamente recogidos de los antiguos poetas de España (siglo XVII)*, ed. de H. E. Bergman (Madrid, 1984). [J.G.L.]

QUIROGA, CARLOS BUENAVENTURA (Buenos Aires, 1890-1971). Escritor argentino cuya obra presenta importantes rasgos de originalidad en el tratamiento de motivos populares y regionales. Publicó tres novelas: *Alma popular* (1924), *El algarrobo* (1934) y *El paisaje y el alma argentina* (1938). [R.F.B.]

QUIROGA, ELENA (Santander, 1919). Muy pronto se trasladó a Galicia. En 1950 se casó con el historiador Dalmiro de la Válgoma y se instaló en Madrid. Después de un relato breve —*La soledad sonora* (1949)—, en el que pone al tanto de la vida de una mujer desde la adolescencia hasta la madurez, publicó dos novelas de corte realista, que se desarrollan en escenarios gallegos: en *Viento del Norte* (Premio Nadal de 1951), la conflictiva relación amorosa entre un viejo caballero y una joven sirvienta, le sirve para el análisis de unas anacrónicas relaciones entre criados y señores y para una poética y espiritualizada descripción de la naturaleza; en *La sangre* (1952), un castaño centenario transmite sus impresiones de una familia campesina a lo largo de cuatro generaciones. En las siguientes novelas, que versan sobre asuntos contemporáneos, da mayor consistencia psicológica a los personajes —muchos de ellos, solitarios y con dificultades para comunicarse, se muestran vacilantes ante el reconocimiento de su malestar o intentan sofocarlo o atajarlo—, deja entrever más nítidamente sus juicios morales y sociales y da entrada a técnicas narrativas moderadamente innovadoras. Todo esto puede comprobarse en *Algo pasa en la calle* (1954), *La enferma* (1955), con un enfoque de la realidad desde diferentes puntos de vista; *La careta* (1955), donde analiza diversas capas de la burguesía durante los años de la posguerra española, *Plácida, la joven y otras narraciones* (1956), *La última corrida* (1958), de estructura dialogada; *Tristura* (1960), *Escribo tu nombre* (1965) y *Presente profundo* (1973), sobre la vida de dos mujeres suicidas. En 1984 ingresó en la Real Academia Española con el discurso *Presencia y ausencia de Álvaro Cunqueiro*.

BIBLIOGRAFÍA. Ph. Z. Boring, *Elena Quiroga* (Boston, 1977); D. R. Winkles, *Galician aspects in four novels by Elena Quiroga* (Michigan, 1985); R. Lapesa, «Elena Quiroga y sus novelas», en *De Ayala a Ayala* (Madrid, 1988), págs. 315-340. [A.R.]

QUIROGA, HORACIO (Salto, Uruguay, 1878-Misiones, Argentina, 1937). Horacio de Quiroga, un pintoresco personaje que destacó como periodista y pionero de la cinematografía del Río de la Plata, figura en la literatura de nuestro tiempo como uno de los creadores del perfil contemporáneo del cuento. Con la sola excepción de Leopoldo Lugones [*], en narraciones escritas por las mismas fechas que las de Quiroga, el cuento de fin de siglo permanecía en Hispanoamérica ligado al costumbrismo o al relato histórico. Con Quiroga aparecen dos elementos novedosos en los que se reconocen antecedentes de Edgar Allan Poe y de Guy de Maupassant, muy leídos en periódicos y en alguna colección popular de la época: la consagración de la forma del cuento como género de funcionamiento riguroso y el efecto sorpresa. Quiroga, que teorizó en un artículo periodístico sobre el modo de escribir cuentos, expuso los puntos principales de éstos: economía expresiva y concentración estructural desde un punto de vista ambiguo. En segundo término, la novedad se logra por el despliegue de lo fantástico como zona híbrida de una realidad en que la fantasía coexiste con la cotidianidad de unos personajes de realismo ramplón, casi regionalista. Esta conjunción anima sus principales colecciones de cuentos, en las que se recopilan textos que tuvieron gran popularidad a través del folletín, aparecido en diversos diarios: *Cuentos de la selva* (1918), *Anaconda* (1921) y *El regreso de Anaconda* (1926). El espacio de estos relatos, representación de la provincia argentina de Misiones donde el autor pasó larga parte de su vida, está caracterizado por una vegetación tropical, por una cultura fronteriza entre la civilización y la selva y por una zoología desmesurada de serpientes y otras alimañas que se comportan, a veces, de manera casi humana. En esas narraciones se describen los esfuerzos del hombre blanco por adaptarse a lo extraño de un territorio que, destructivamente, se opone a sus empeños o coopera con ellos, en una especie de mesianismo natural, ayudándole a alcanzar la plenitud de su condición.

Cuentos de amor, de locura y de muerte (1917) expone con prosa lúcida experiencias límites del hombre, de su conciencia y de quienes le rodean, siempre con la muerte al fondo. En *El salvaje* (1920), en *El desierto* (1924) y en *Los desterrados* (1926) se recogen algunas narraciones de intenso y sorprendente dramatismo: «El hombre muerto», por ejemplo. *Más allá* (1935), su último libro, reúne lo «inverosímil» —«El vampiro»— y el incidente dramático: «El hijo». Obsesionado por la idea de la muerte accidental —su padre murió en un accidente de caza y él mató sin querer a uno de sus amigos— y del suicidio —cometido por su padrastro y por su primera mujer—, acabó suicidándose él mismo.

BIBLIOGRAFÍA. E. Rodríguez Monegal, *Genio y figura de Horacio Quiroga* (Buenos Aires, 1967) y *El desterrado* (Buenos Aires, 1968). [I.Z.]

QUIROGA PLA, JOSÉ MARÍA (Madrid, 1902-Ginebra, 1955). Poeta y ensayista en revistas y periódicos. Yerno de Unamuno *. Notable traductor, merecen destacarse sus versiones de Proust (1931-1932), que comenzó a realizar con Pedro Salinas * y prosiguió solo. Colaborador del Centro de Estudios Históricos. Ocupó cargos en la Administración Republicana durante la guerra. Recogió sus versos en *Morir al día* (1946) y *La realidad reflejada* (1955). [M.G.P.]

QUIROGA SANTA CRUZ, MARCELO (Cochabamba, Bolivia, 1931-La Paz, 1980). Novelista. Su libro *Los deshabitados*, de 1957, marca un hito en la historia literaria de Bolivia. Dejando de lado esquemas casi estereotipados vigentes en el país hasta entonces, ofrece una novela sin acción y referida solamente a lo que sucede en la conciencia de los personajes. Se ha señalado el carácter proustiano y existencialista de esta obra. [C.C.B.]

QUIRÓS (?, último tercio del siglo XV-?, primera mitad del siglo XVI). Poeta del que no sabemos más que lo que deja entrever su producción, recogida en su mayor parte en el *Cancionero general* *, aunque también hay algunos poemas musicados en el *Cancionero musical de Palacio* * y otros conservados en pliegos sueltos, sobre todo algunos romances viejos con *desfecha* o glosados, género en el que destacó. Debió de estar vinculado a la vida literaria valenciana, pues hace historia de los amores tan sonados del Marqués de Cenete en un romance; algunas preguntas están dedicadas al Conde de Oliva, a Crespí de Valdaura o a Juan Fernández de Heredia *.

BIBLIOGRAFÍA. B. Dutton, *Cancionero del siglo XV*, VII (Salamanca, 1991). [A.F.]

QUIRÓS, JUAN (Cochabamba, Bolivia, 1914-La Paz, 1992). Destacado crítico literario, es autor de *La raíz y las hojas. Crítica y estimación* (1956), *Índice de la poesía boliviana contemporánea* (1964) y *Las cien mejores poesías bolivianas* (1978). Este incansable animador de la vida literaria empezó como poeta en 1947, con el libro *Ruta del alba*. [C.C.B.]

QUIRÓS, JUAN DE. Véase POESÍA ÉPICA DE LOS SIGLOS XVI Y XVII.

QUIRÓS, PEDRO DE (Sevilla, h. 1600-Madrid, 1667). Entró hacia 1624 en la orden recién fundada de los Clérigos Menores de Sevilla donde todavía residía en 1649. Fue prepósito de la orden en Salamanca (1659-1665) y Visitador General (1665-1667). Escribió varias relaciones de fiestas y dejó inédita una colección de poemas de tono conceptista que consta de numerosas décimas y epigramas en coplas, romances, endechas, traducciones de himnos, varias loas, canciones y una cuarentena de sonetos. Excelente poeta de matices sobre tradiciones establecidas.

BIBLIOGRAFÍA. *Poesías divinas y humanas del P. Pedro de Quirós*, ed. de M. Menéndez Pelayo (Sevilla, 1887). [A.B.]

QUIRÓS, RODRIGO. Véase HISPANOAMÉRICA: POESÍA ACTUAL.

QUÍSPEZ ASÍN, ALFREDO. Véase MORO, CÉSAR.

QUZMĀN, BEN IBN (Córdoba, 1100-1160). Abén Quzmān (o Guzmán), famoso poeta hispanoárabe, autor de *zéjeles* en árabe vulgar, que se caracterizan por su dinamismo, su humor y picardía, su radical originalidad. Destinados al canto y la recitación pública, escenifican la vida callejera y exaltan los placeres sensuales; varios contienen *jarchas* en árabe coloquial, que suelen entremezclar palabras romances.

BIBLIOGRAFÍA. S. M. Stern, «Studies on Ibn Guzmān», en *Al-Andalus*, 16 (1951), págs. 379-425; E. García Gómez, *Todo Ben Guzmán*, 3 vols. (Madrid, 1972); J. Monroe, «Prolegómenos al estudio de Ibn Quzmān: el poeta como bufón», en *Nueva Revista de Filología Hispánica*, 34 (1985), págs. 769-799. [M.F.]

R

RABANAL, RODOLFO. Véase HISPANOAMÉRICA: NARRATIVA ACTUAL.

RABASA, EMILIO (Ocozocoautla, Chiapas, México, 1856-México, D.F., 1930). Abogado, periodista, político y especialista en Derecho Constitucional. Una observación cuidadosa de la vida y de los seres, sin recurrir a las costumbres y a la argumentación sentimental, le permitió introducir el realismo en la literatura nacional. Superó la estructura de la novela de folletín al establecer una clara y equilibrada línea narrativa que eficientemente sustenta su tetralogía titulada *Novelas mexicanas*, y conformada por *La bola* (1887), *La gran ciencia* (1887), *El cuarto poder* (1888) y *Moneda falsa* (1888). Otra obra: *La guerra de los tres años* (póstuma, 1931).

BIBLIOGRAFÍA. E. Glass, *México en las obras de Emilio Rabasa* (México, 1975). [J.E.C.]

RADRIGÁN, JUAN. Véase HISPANOAMÉRICA: TEATRO ACTUAL.

RAFAEL (seudónimo). Véase MAYORGA RIVAS, ROMÁN.

RAFAEL MARÉS, CARMEN DE. Véase KURTZ, CARMEN.

RAIDA, PEDRO (Sevilla, h. 1890-¿?). Poeta que colaboró, en los inicios del ultraísmo, en la revista sevillana *Grecia*, de la que fue administrador. Es autor de *Mercedes (poemas absurdos)* (1920), de la novela *Un belmontista* (1926) y de *Amor y tiempo de poetas en guerra total* (1955). [M.G.P.]

RAM DE VIU, LUIS (Zaragoza, 1864-1907). Barón de Hervés. Hombre obsesionado por la muerte, paseaba su soledad por el cementerio de Zaragoza, donde debía de encontrar la vena poética. Colaboró en *Barcelona Cómica*, *El Gato Negro* y *La Ilustración Española y Americana*. Escribió *Amparo, poema en tres cantos* (1887), *Dos guitarras, cantares* (1892), *Horas de luz* (1894), *Viva España* (1898) y *Del fondo del alma, obras póstumas* (1908-09). [M.P.C.]

RAMA, ÁNGEL (Montevideo, 1926-Mejorada del Campo, Madrid, 1983). Uruguayo, fue crítico, dramaturgo y narrador, pero ante todo un intelectual original, removedor y renovador de la vida cultural y de la crítica hispanoamericana. Leyó la literatura en su contexto social y político. Hizo crítica teatral durante buena parte de los años cincuenta y sesenta, pero fue desde la jefatura de la sección literaria del semanario *Marcha* (1958 a 1968) desde donde pasó a ser uno de los críticos de la novela continental más influyente y leído. Después fue profesor universitario en Venezuela, Puerto Rico y Estados Unidos, y comenzaba a enseñar en Francia cuando falleció en un accidente aéreo. Su caudaloso trabajo crítico disperso en revistas de toda América Latina le demoró la publicación de libros. Apenas comenzó a hacerlo, el sesgo original y nuevo de su pensamiento se hizo evidente: su *Rubén Darío y el modernismo* (1970) ha sido un hito en los estudios darianos, y *Los gauchipolíticos rioplatenses* (1976) dio las pautas para leer con enfoque nuevo un viejo género. Reunió ensayos fundamentales en *Literatura y clase social* (1984), explicó la modernización de la literatura continental en *Transculturación narrativa en América Latina* (1982), y comenzó a estudiar los orígenes, estructura y función de la cultura americana en *La ciudad letrada* (1984). Su visión global de la literatura se encuentra en *La novela latinoamericana. Panoramas: 1910-1980* (1982), y la continuación de sus estudios modernistas en el volumen póstumo *Las máscaras democráticas del modernismo* (1985). La presencia de Rama fue vital para la cultura hispanoamericana en muchos frentes: la crítica periodística y la especializada, la polémica, los viajes múltiples y la intervención en simposios, las clases de enseñanza media y universitaria, la televisión, la fundación de editoriales y de repositorios bibliográficos como la Biblioteca Ayacucho, en todo lo cual quedó su sello e influencia.

BIBLIOGRAFÍA. A. Barros-Lémez y C. Blixen, *Cronología y bibliografía [de] Ángel Rama* (Montevideo, 1986). [J.R.]

RAMÍREZ, ARMANDO (México, D.F., 1954). Ayudante de carnicería, vendedor de billetes de lotería, hojalateador de coches y reportero cultural en la televisión. Tepito es el barrio de la ciudad de México en donde nació y que ha inspirado sus narraciones: un ámbito poblado por una amplia gama de personajes prototípicos y de acciones características de una zona urbana en donde imperan la pobreza, el alcoholismo, la difícil supervivencia. Su novela *Chin Chin el teporocho* (1971) abre este mundo a la literatura con una sintaxis, una ortografía y un léxico que contradicen toda norma culta. Otras novelas: *Pu* (1977), *Noche de califas* (1982), *Quinceañera* (1986).

BIBLIOGRAFÍA. S. Sefchovich, *México: país de ideas, país de novelas* (México, 1988). [J.E.C.]

RAMÍREZ, IGNACIO (San Miguel Allende, México, 1818-México, D.F., 1879). Acaso el pensador mexicano más importante de su tiempo, dejó también admirables poemas, precisos, agudos y lapidarios, que proponían virtudes romanas. Fue muy comparado a Voltaire y conocido como *El Nigromante*. Sus proposiciones ateas causaron escándalos públicos a mediados del siglo XIX y cien años después, cuando Diego Rivera trató de aludirlas en su mural sobre La Alameda. Hay edición reciente de sus *Obras* (1984) en prosa. [J.J.B.]

RAMÍREZ, JOSÉ AGUSTÍN. Véase JOSÉ AGUSTÍN.

RAMÍREZ, ORLANDO. Véase LITERATURA CHICANA.

RAMÍREZ, RAFAEL Véase RODAO, JOSÉ.

RAMÍREZ, SERGIO (Masatepe, Nicaragua, 1942). Narrador y ensayista. Estudió derecho en la nicaragüense universidad de León. Cofundador, en esa ciudad, del grupo literario «Ventana» y de la revista de igual nombre. En 1979 fue nombrado miembro de la Junta de Reconstrucción Nacional nicaragüense, y luego vicepresidente del gobierno del Frente Sandinista. Empezó publicando un volumen de *Cuentos* (1963), de estilo tradicional. En su siguiente colección, *Nuevos cuentos* (1969), tomó otros derroteros: el de la literatura de protesta y el uso de modos de contar experimentales. Después dio a la luz pública *De tropeles y tropelías* (1972), conjunto de relatos «comprometidos», donde lo real parece imaginario; así como el llamado *Charles Atlas también muere* (1976), nuevo ejemplo de concentración narrativa y cuyo sólo título es ya sarcástico. Por otra parte, la novela inicial de Ramírez es *Tiempo de fulgor* (1970), una recreación de época, con episodios locales que se entrecruzan, aunque sin demasiada complicación, y que despiertan verdadero interés. Pero la condición de ideólogo marxista del autor le llevó «a narrar de una forma dialéctica», según él mismo. Y eso lo entiende Ramírez como «una lección literaria que después se convirtió en una lección política». Tal es el origen de su segunda novela, *¿Te dio miedo la sangre?* (1977), en la que el autor pasó de la mera denuncia al uso de la narrativa en función de la guerrilla y la revolución o, más exactamente, al servicio de las mismas. La última obra narrativa de Ramírez, *Castigo divino* (1988), aunque trate de un hecho delictivo real, no está basada en tal hecho, sino en el sumario de la causa. También es autor de ensayos como *La narrativa centroamericana* (1970), *Mariano Fiallos, biografía* (1971) y *Balcanes y volcanes* (1975).

BIBLIOGRAFÍA. J. E. Arellano, *Panorama de la novela nicaragüense* (Madrid, 1973). [E.Z.-H.]

RAMÍREZ ÁNGEL, EMILIANO (Toledo, 1883-Madrid, 1928). Ejerció el periodismo. De sus novelas, en las que suele describir, con ternura y comprensión, la vida de la clase media, destacan *La tirana* (1907), *Después de la siega* (1909), *La voz lejana* (1915), *Los ojos abiertos* (1916), *Los ojos cerrados* (1924) y *Uno de los dos* (1927). Publicó también novelas cortas, dramas, un libro de poemas de corte intimista y sentimental —*La flor de los años (1908-1924)* (1924)—, obras de carácter costumbrista y biografías. Su amor por Madrid, patente en toda su producción, cobra especial relieve en las escenas recogidas en *Madrid sentimental* (1907), *Bombilla-Sol-Ventas. Peligros y seducciones de esta coronada Villa* (1915) y *La Villa y Corte pintoresca* (1924).

BIBLIOGRAFÍA. *El dulce Madrid de Ramírez Ángel*, con prólogos de J. Francés y E. Carrere (Madrid, 1951); M. Sánchez de Palacios, *Emiliano Ramírez Ángel o la serenidad* (Madrid, 1974). [A.R.]

RAMÍREZ DE ASBAJE, JUANA. Véase JUANA INÉS DE LA CRUZ, SOR.

RAMÍREZ HEREDIA, RAFAEL (Tampico, Tamaulipas, México, 1942). Contador público y coordinador de talleres literarios. Su estilo, fundamentado en los registros de la lengua hablada, es altamente efectivo para crear al detective de la novela *Trampa de metal* (1979) y al boxeador que protagoniza el cuento que da título al volumen de relatos breves *El Rayo Macoy* (1984). Otras obras: *Muerte en la carretera* (1985) y *Los territorios de la tarde* (1988).

BIBLIOGRAFÍA. R. Teichman, *De la onda en adelante* (México, 1987). [J.E.C.]

RAMÍREZ LOZANO, JOSÉ ANTONIO. Véase NARRATIVA ESPAÑOLA POSTERIOR A 1975.

RAMÍREZ PAGÁN, DIEGO (Murcia, h. 1524-?, d. 1562). Estudió en Alcalá y se ordenó sacerdote en 1544. Ya en 1556 vivía en Valencia como capellán de los duques de Segorbe. Poeta laureado, amigo de Figueroa * y Montemayor *, decidió publicar su obra en 1562 con el título de *Floresta de varia poesía*. Interesantísima colección, recoge una serie de elegías y sonetos elegiacos dedicados a la muerte de Carlos V, a la de doña Guiomar de Aragón —con versos en latín e italiano—, a la de Fernández de Heredia *, a Ariosto, Mena *, Garcilaso de la Vega *, Boscán *, Montemayor; un extenso poema en coplas en alabanza de los cartujos martirizados en Londres en 1536 y otro en loor de San Juan Evangelista; un curioso sermón en endecasílabos sueltos en la festividad de Santo Tomás de Canterbury; una serie de sonetos que anticipan los temas barrocos («A una mordedura de un perro rabioso», «A una candela que apagó una dama», «A una violeta»); un pequeño cancionero amoroso dedicado a Marfira, donde se encuentra su más famoso soneto, «Dardanio con el cuento del cayado»; varias epístolas cruzadas con Montemayor y Figueroa; varios madrigales; una égloga piscatoria, otra imitada de Virgilio y un extenso poema en octavas en alabanza de las valencianas *(Trofeo de amor y damas)*. Excelente poeta, se encuentra en la tradición italiana de Cetina * y Figueroa.

BIBLIOGRAFÍA. D. Ramírez Pagán, *Floresta de varia poesía*, ed. de A. Pérez Gómez (Barcelona, 1950). [A.B.]

RAMÍREZ DE PRADO, LORENZO. Véase LITERATURA POLÍTICA Y ECONÓMICA EN LOS SIGLOS XVI Y XVII.

RAMÍREZ RUIZ, JUAN. Véase HISPANOAMÉRICA: POESÍA ACTUAL.

RAMÍREZ DE SAAVEDRA Y CUETO, ENRIQUE. Véase SAAVEDRA Y CUETO, ENRIQUE RAMÍREZ DE.

RAMÍREZ VELARDE, FERNANDO (Sucre, Bolivia, 1913-Santa Fe, Argentina, 1948). Narrador boliviano. En su novela *Socavones de angustia* (1947) se describen las penurias de los mineros del estaño, y se denuncian las injusticias que reciben de los patronos. Su obra no fue política, sino de carácter humanista, como lo declaró alguna vez el propio autor. [C.C.B.]

RAMÓN, BENJAMÍN (Colón, Panamá, 1939). Estudió Filosofía e Historia en la Universidad de Panamá. Poeta de inclinación social, ha publicado *Puta vida y otros poemas* (1969), *Camión* (1972) y *Sólo el mar* (1972). [A.B.F.]

RAMÓN Y CAJAL, SANTIAGO (Petilla de Aragón, Navarra, 1852-Madrid, 1934). Médico histólogo, que recibió el Premio Nobel de Medicina. Su labor literaria obtuvo su reconocimiento al ser nombrado miembro de la Real Academia, ya en 1905, aunque no llegó a tomar posesión. Como ensayista, destaca su discurso *Psicología de don Quijote y el quijotismo* (1905); como narrador, *Cuentos de vacaciones* (1905), *Recuerdos de mi vida*, dos volúmenes de memorias escritos en varias fases (1901-15, 1915 y 1917), *Chácharas de café* (1921) y *El mundo visto a los ochenta años* (1934). En 1947 se publicaron sus *Obras completas*.

BIBLIOGRAFÍA. G. Marañón, *Ramón y Cajal y su tiempo* (Madrid, 1951). [M.P.C.]

RAMOS, AGUSTÍN (Tulancingo, Hidalgo, México, 1952). Militante por algún tiempo del Partido Revolucionario de los Trabajadores, ha desarrollado una activa labor como coordinador de talleres literarios. *Al cielo por asalto* (1979) y *Ahora que me acuerdo* (1985) son novelas de la Revolución, de la lucha social, de la política, de la nostalgia. Es también autor de la novela *La vida no vale nada* (1982). [J.E.C.]

RAMOS, ENRIQUE. Véase LITERATURA POLÍTICA Y ECONÓMICA DEL SIGLO XVIII.

RAMOS, JOSÉ ANTONIO (La Habana, 1885-1946). Dramaturgo, novelista y ensayista. Su obra en general es de contenido social, con predominio de la técnica naturalista y realista, aunque muestra una gran influencia clásica en su teatro. Escribió cuatro novelas: *Humberto Fabra* (1919), *Coaybay* (1926), *Las impurezas de la realidad* (1931) y *Ca-*

niquí (1936). Entre sus ensayos, los más importantes son *Manual del perfecto fulanista* (1916) y *Panorama de la literatura norteamericana* (1935). Su mayor aporte fue indudablemente en el teatro, al hacerlo receptivo a las corrientes universales de la dramaturgia. En sus piezas se aprecia la influencia predominante de Ibsen, así como las de Benavente *, Chejov, O'Neill, Hauptmann y Florencio Sánchez *. Merecen citarse, entre las de temas universales, *Liberta* (1919), *Satanás* (1923), *Cuando el amor muere* (1925) y *En las manos de Dios* (1933). De ambiente local es *Tembladera* (1917), la más conocida de sus obras. [E.S.-G.A.]

RAMOS, LUIS ARTURO (Minatitlán, Veracruz, México, 1947). Es licenciado en letras españolas, colaborador de revistas literarias y autor de cuentos infantiles. Como cuentista sobresale por *Del tiempo y otros lugares* (1979) y *Los viejos asesinos* (1981), y su importancia como narrador se finca en tres novelas: *Violeta-Perú* (1979), *Intramuros* (1983) y *Éste era un gato* (1987). Es autor también de *Domingo junto al paisaje* (1987). [J.E.C.]

RAMOS, SAMUEL (Zitácuaro, Michoacán, México, 1897-México, D.F., 1959). Ensayista especialmente dedicado a estudios de estética y de antropología filosófica. En su obra fundamental, *Perfil del hombre y la cultura en México* (1934), intentó un análisis de la personalidad nacional a partir de sus experiencias «infantiles», relacionadas con el encuentro traumático del indio y el conquistador. Ese encuentro determinaría un sentimiento de inferioridad encubierto con máscaras diversas, cuyo análisis había de desvelar la verdad oculta como paso previo para el desarrollo de la personalidad propia. Las intenciones regeneradoras determinaron después su *Hacia un nuevo humanismo: programa de una antropología filosófica* (1940):

se trataba de hacer frente a la deshumanización contemporánea, de modo que las preocupaciones nacionalistas adquirían de inmediato un alcance universal. Obras suyas son también *Diego Rivera* (1935), *Más allá de la moral de Kant* (1938), *El caso Stravinsky* (1939), *Veinte años de educación en México* (1941) e *Historia de la filosofía en México* (1942). [T.F.]

RAMOS CARRIÓN, MIGUEL (Zamora, 1848-Madrid, 1915). Tras ocupar modestos cargos burocráticos y colaborar en periódicos, se fue haciendo un lugar entre los dramaturgos cómicos. Construye con cuidado sus piezas, buscando la comicidad de las situaciones. Algunas de sus zarzuelas y sainetes tuvieron gran éxito: *Los sobrinos del capitán Grant* (1877), *La tempestad* (1882), *La bruja* (1887), *El chaleco blanco* (1890) y *Agua, azucarillos y aguardiente* (1897). Colaboró con Vital Aza * en: *La ocasión la pintan calva* (1879), *¡Adiós, Madrid!* (1880), *El oso muerto* (1891), *El rey que rabió* (1891) y *Zaragüeta* (1894). [J.R.J.]

RAMOS DE CASTRO, FRANCISCO (Madrid, 1890-1963). Desempeñó diversos oficios, se licenció en Derecho y se dedicó al periodismo y a la literatura. Colaboró en *El Parlamentario, La Acción, El Mentidero, La Nación, Informaciones* y *Hoja del Lunes*. Es autor de numerosas obras teatrales —sainetes, juguetes, zarzuelas, comedias— de carácter cómico y paródico, como *¡Pare usted la jaca, amigo!* (1928), *La maté porque era mía* (1932), *El niño se las trae* (1933), *La culpa fue de aquel maldito tango* (1934) y *La del manojo de rosas* (1935), sainete al que puso música Sorozábal, escrito con Anselmo C. Carreño, con quien colaboró en otras obras. También trabajó para el cine como autor de diálogos y de guiones, entre ellos los de las películas *¿Por qué te fuiste?* y *Mi fantástica esposa*. [G.R.F.]

RAMOS MARTÍN, ANTONIO (Madrid, 1885-¿?). Comediógrafo. Hijo de Miguel Ramos Carrión *. El estilo tradicional de su padre, con quien colabora habitualmente, se deja sentir profundamente en una producción, en la que sobresalen los sainetes *El sexo débil* (1912), *La cocina* (1912), *La redacción* (1913) y *La afición* (1915); y los entremeses *Calabazas* (1905) y *El mejor de los mundos* (1914). [J.B.]

RAMOS MARTÍN, JOSÉ (Madrid, 1892-1974). Era hijo de Miguel Ramos Carrión *. Colaboró en *ABC*, *Blanco y Negro*, *Gente Menuda* y *El Liberal*. De sus numerosos sainetes, comedias, melodramas, apropósitos, humoradas y farsas, pueden recordarse: *Madrecita* (1911), *El nido de la paloma* (1912), *La leyenda del maestro* (1914), *El redil* (1914), *Gramática parda* (1916), *Las madreselvas* (1916), *Los inculpables* (1918), *Su desconsolada viuda* (1920), *Los que tenemos cincuenta años* (1930), en colaboración con E. Reoyo, y *La marimandona* (1931). Mayor popularidad alcanzaron sus libretos, en los que demostró una notable habilidad para alternar las escenas líricas con las cómicas, destinados a operetas y zarzuelas de Jacinto Guerrero —*Colilla IV* (1920), *La alsaciana* (1921), *La montería* (1922), *Los gavilanes* (1923), *Campanela* (1930) y *La loca juventud* (1931)— y de otros conocidos maestros. [A.R.]

RAMOS MEJÍA, JOSÉ MARÍA. Véase Naturalismo en Hispanoamérica.

RAMOS OTERO, MANUEL. Véase Hispanoamérica: narrativa actual.

RAMOS SUCRE, JOSÉ ANTONIO (Cumaná, Sucre, Venezuela, 1890-Ginebra, Suiza, 1930). Poeta y ensayista venezolano. Doctor en Ciencias Políticas, traductor e intérprete de la Cancillería de la República de Venezuela, profesor de geografía, historia, latín y griego. Colaboró en revistas y periódicos caraqueños con artículos, poemas y traducciones. Víctima del insomnio y de conflictos personales, pone fin a su vida el 13 de junio de 1930. Su obra está escrita en prosa poética. Es difícil encuadrarla dentro de un movimiento literario: para unos es postmodernista y para otros prevanguardista. La verdad es que sus textos en prosa poética son de una gran libertad formal y complejidad estructural, lo que induce a situarle como iniciador de la modernidad en la poesía venezolana. No comprendido en su país y en su época —con excepción del grupo vanguardista de la revista *válvula* (1928)—, su obra es rescatada en la década de 1960 por los integrantes de los grupos «Sardio» * y «El Techo de la Ballena». Es autor de *Trizas de papel* (1921), *Sobre las huellas de Humboldt* (1923), *La Torre de Timón* (notas, ensayos y textos poéticos, 1925), *El cielo de esmalte* (1929) y *Las formas del fuego* (1929). En *Obra completa* (1980), con prólogo de José Ramón Medina *, se han agregado traducciones, textos no recogidos en libros y cartas fechadas entre 1910 y 1930.

BIBLIOGRAFÍA. F. Paz Castillo, *José Antonio Ramos Sucre, el solitario de «La Torre de Timón»* (Caracas, 1973); A. Rama, *El universo simbólico de José Antonio Ramos Sucre* (Cumaná, 1978); T. E. Martínez, *José Antonio Ramos Sucre (1890-1930)* (Caracas, 1980); H. J. Becco, *Bibliografía de José Antonio Ramos Sucre* (Caracas, 1981); J. R. Medina, *Ramos Sucre ante la crítica* (Caracas, 1981). [J.R.M.]

RAS, MATILDE. Véase Literatura infantil española.

RASCÓN BANDA, VÍCTOR HUGO. Véase Hispanoaméria: teatro actual.

RAUSKIN, JACOBO A. (Villarrica, Paraguay, 1941). Autor de varios libros de poesía, también ha publicado algunos poemas en revistas y antologías literarias locales y extranjeras. De su producción más reciente sobresalen los poemarios *Casa perdida* (1971), *Naufragios* (1984), *Jardín de la pereza* (1987) y *La noche del viaje* (1988). [T.M.F.]

RÁVAGO, MANUEL. Véase LITERATURA FILIPINA.

RÁVENA, CANCIONERO DE. Véase CANCIONEROS ESPAÑOLES DEL SIGLO XV.

RAZNOVICH, DIANA. Véase HISPANOAMÉRICA: TEATRO ACTUAL.

RAZÓN DE AMOR. Esta joya líriconarrativa del siglo XIII es conocida bajo diferentes nombres. *Razón de amor, con los denuestos del agua y el vino* es el título que más se ha aceptado, aunque Menéndez Pidal * la rebautizó como *Siesta de abril*. Su propio título atiende ya a uno de los grandes problemas de este texto, su unidad. A lo largo de los 261 versos pareados (seguidos de tres versos más, en latín, donde se atribuye la copia a Lope de Moros), se nos narran dos hechos que, aparentemente, no tienen nada que ver: una aventura amorosa entre un *clérigo* (un letrado, no especialmente un sacerdote) y una doncella, relatada por el autor en primera persona, y un debate tradicional entre el agua y el vino. Al principio y al fin del poema se encuentran varias fórmulas juglarescas de presentación y despedida. El orden de los versos ha sido corregido en diferentes lugares, pero, aún así, resulta imposible separar las dos partes del poema, de rígida unidad estructural. Se han propuesto diferentes razonamientos para explicar esta mezcla; entre otros, el de L. Spitzer, que vio en el enfrentamiento entre el agua y el vino un trasunto de oposición entre el amor espiritual y el amor sensual a que se arroja el protagonista en la primera parte del poema. Sin embargo, es posible que su nexo de unión fuera únicamente la representación juglaresca en que se recitaran ambas composiciones. Así, son muchos los elementos comunes que tiene con la lírica occitana, incluso muchas coincidencias con fórmulas líricas y motivos. Como también son evidentes los recuerdos de la lírica trovadoresca peninsular (gallego-portuguesa). Lo que, unido a las referencias a una geografía poética y al estamento racial del poeta (yo) —«un escolar la rimó / que siempre ovo criança / en Alemania y en Françia; / moró mucho en Lombardía / para aprender cortesía»—, representa muy bien el panorama de la lírica castellana del siglo XIII, que tan mal conocemos. Frecuentemente se ha relacionado el poema con diferentes motivos de la lírica culta (especialmente la provenzal) y la tradicional, así como con diferentes teorías medievales del amor. También se ha interpretado como una alegoría religiosa o una condena de la herejía cátara. Sin llegar a determinados extremos, es cierto que se reconoce en la alegoría de la paloma y el derramamiento del vaso —nexo entre las dos partes del poema que provoca el Debate del agua y el vino—, una alegoría penitencial y eucarística, presente en *exempla* medievales. A pesar de todo, *Razón de amor* sigue siendo uno de los grandes misterios de la literatura española.

BIBLIOGRAFÍA. A. C. de Ferraresi, *De amor y poesía en la España Medieval* (México, 1976); M. Barra Jover, «*Razón de amor*: texto crítico y composición», en *Revista de Literatura Medieval*, I (1989), págs. 123-153. [R.R.]

READER, PAUL (seudónimo). Véase ARCE, CARLOS DE.

REAL, ADELAIDA (seudónimo). Véase MARTÍ, JOSÉ.

REAL DE AZÚA, CARLOS (Montevideo, 1916-1977). Abogado y profesor en enseñanza media y universitaria, combinó varias disciplinas en su enfoque intelectual: la historia, la sociología, la ciencia política, la estética y la crítica literaria. Fue ante todo un ensayista erudito, abigarrado, capaz de interpretaciones originales, osadas, así como de síntesis notables. Su formación tradicional y católica lo llevó a abrazar las ideas de José Antonio Primo de Rivera (*España de cerca y de lejos*, 1943), de las que se distanció después. Los pocos libros que publicó fueron de índole polémica, como *El patriciado uruguayo* (1961), *El impulso y su freno* (1964), una extraordinaria *Antología del ensayo uruguayo contemporáneo* (1964) y, tardíamente, *Historia visible e historia esotérica* (1975). Desde su muerte se ha comenzado a publicar una obra inédita más voluminosa que la editada en vida: *Escritos* (1987) y *Los orígenes de la nacionalidad uruguaya* (1990) son los primeros títulos.

BIBLIOGRAFÍA. AA. VV., *Vigencia de Carlos Real de Azúa* (Montevideo, 1987); R. Cotelo, *Carlos Real de Azúa de cerca y de lejos* (Montevideo, 1987). [J.R.]

REALIDAD. Véase REVISTAS LITERARIAS Y CULTURALES ESPAÑOLAS.

REALISMO EN ESPAÑA. Corriente literaria predominante en España entre 1840-90, que llegó a nuestro país precedida por el Romanticismo y fue continuada por el Modernismo *. Surgió aquí más tarde que en el resto de Europa, y en los años ochenta apareció redefinida por el Naturalismo *. Afectó principalmente a la novela.

Tras el período romántico, los autores costumbristas exploraron la realidad cotidiana. Las revistas ilustradas y la invención de la fotografía propiciaron el cambio de enfoque de lo romántico abstracto, soñado, a lo cotidiano y «vulgar». En los años sesenta y en los setenta el realismo castizo se aclimató en el país. Fernán Caballero *, Pedro Antonio de Alarcón * y José María de Pereda * hilvanan las escenas costumbristas en unidades más extensas, novelescas, uniéndolas en un argumento de mayor aliento. Adjetivar de castiza esta tendencia significa aludir a su arraigo en la tradición, incluida la herencia del romanticismo, que lleva a estos autores a contemplar la realidad española volviendo la mirada hacia el pasado. Tiñe sus creaciones el tradicionalismo manifiesto en la defensa y predominio de la fidelidad al orden establecido, la sumisión a la Iglesia católica y la alabanza de la patria.

Juan Valera * fue en ese momento una excepción. A diferencia de Pereda, Alarcón o Fernán Caballero, encontró sus raíces en la literatura española, pero también en la narrativa alemana, fuente de su afición a lo imaginativo. Los autores del realismo castizo se mantuvieron fieles a la tradición del Siglo de Oro: novela picaresca, Cervantes * y Quevedo *.

La que puede considerarse segunda manera del realismo español abarca las décadas de los setenta y de los ochenta, siendo sus representantes más ilustres Benito Pérez Galdós * y Leopoldo Alas *. A partir de 1870 el realismo cambió de piel, produciendo obras en que lo castizo cede su predominio al sistema de valores acordes con el pensamiento filosófico y la realidad historicosocial de la España postseptembrina. Se produce el ascenso de la clase media, y la burguesía ocupa en el escenario nacional el lugar que desde entonces la caracteriza: el de protagonista.

En los años ochenta la dinámica del realismo se ve alterada por la influencia del naturalismo francés, con una adherencia más o menos profunda a los principios establecidos por Émile Zola. La convergencia del neorromanticismo naturalista y el realismo a la española da lugar a descripciones en que se aúna lo fisiológico y lo psicológico con la intención de objetivar el proceso creativo. La novela quiere ser grave y responsable; la bonhomía y las chanzas predominantes en los ámbitos del realismo castizo desembocan en espacios colmados de datos concretos y de perfiles precisos. La ironía socava el localismo casticista.

La aportación del realismo a la cultura consistió fundamentalmente en pintar un mural representativo de la sociedad de su tiempo, imagen con la que contrastan las conseguidas más tarde. Y lo logró a base del desarrollo y perfeccionamiento de una forma capaz de captar tal imagen: un lenguaje inclinado más a la metonimia que a la metáfora. El perfeccionamiento y la creación de diversas hablas desde lo popular, pasando por el decir burgués a la jerga de filósofos e ideólogos, resultó beneficioso para el logro artístico del texto. Los autores produjeron escenarios donde los personajes, en intercambios constantes de voces y de opiniones, dieron sentido a una época que intentaba conocerse a sí misma. Antes, en nuestra historia literaria, no se le había propuesto al lector español nada semejante.

BIBLIOGRAFÍA. E. Gómez de Baquero («Andrenio»), *El renacimiento de la novela española en el siglo XIX* (Madrid, 1924); I. M. Zavala, *Ideología y política en la novela española del siglo XIX* (Madrid, 1971); J. I. Ferreras, *La novela por entregas (1840-1900)* (Madrid, 1972); G. Gullón, *El narrador en la novela del siglo XIX* (Madrid, 1976); I. Lissorgues (ed.), *Realismo y naturalismo en España en la segunda mitad del siglo XIX* (Barcelona, 1989). [G.G.]

REALISMO EN HISPANOAMÉRICA. El interés costumbrista del romanticismo facilitó la irrupción de la novela realista en Hispanoamérica, cuyo primer representante destacado fue el chileno Alberto Blest Gana *: su conocimiento de la literatura francesa reciente, y de las obras de Balzac en particular, le permitió sustituir la factura romántica de sus primeros relatos para ofrecer —a partir de *La aritmética en el amor* (1860) y sobre todo de *Martín Rivas* (1862)— un excepcional testimonio de la historia chilena y de la vida social del siglo XIX. Por lo demás, el realismo hispanoamericano ocupa un espacio difícil de delimitar, situado entre un costumbrismo de raíz romántica, que a fines del XIX aún continúa vigente, y las manifestaciones más o menos decididas del naturalismo, que se desarrollan a partir de los años ochenta. Entre esos límites se desenvuelven novelas como *Juan de la Rosa* (1885), del boliviano Nataniel Aguirre *, o *La gran aldea* (1884), del argentino Lucio Vicente López *, o *A la costa* (1904), del ecuatoriano Luis A. Martínez *, o las numerosas del colombiano Tomás Carrasquilla *, que muestran la pervivencia de esa manera de narrar ya muy avanzado el siglo XX. Como Blest Gana, otros autores trataron de ofrecer en sus novelas, más o menos numerosas, un minucioso testimonio de sus países y de su tiempo: ese fue el caso del uruguayo Eduardo Acevedo Díaz *, el de los chilenos Vicente Grez * y Luis Orrego Luco *, y el de los argentinos Carlos María Ocantos *, Roberto J. Payró * y Manuel Gálvez *. En México, donde el costumbrismo había alcanzado un desarrollo notable, los relatos de Ignacio Manuel Altamirano * y de Vicente Riva Palacio * abrieron el camino para novelas de un carácter realista más definido, como *La bola* (1887), de Emilio Rabasa *, *Los bandidos de Río Frío* (1889-1891), de Manuel Payno *, *La calandria* (1890), de Rafael Delgado * o *La parcela* (1898), de José López Portillo y Rojas *. Con el realismo se relaciona el descubrimiento del indio real en los países andinos: *Aves sin nido* (1889), de la peruana Clorinda Matto de Turner *, fue su manifestación novelística más destacada.

El realismo significa también el primer momento brillante del teatro hispanoamericano. Dramaturgos realistas aparecen en países muy diversos, y merecen mención al menos los mexicanos José Joaquín Gamboa * y Federico Gamboa *, el peruano Leónidas Yerovi *, el cubano José Antonio Ramos * y el chileno Antonio Acevedo Hernández *. Pero es en el Río de la Plata donde, a partir de la tradición aún reciente del teatro gauchesco, se alcanzan las mejores manifestaciones de un teatro realista de costumbres, atento a los problemas contemporáneos del campo y de la ciudad. El uruguayo Florencio Sánchez * es el dramaturgo más destacado, aunque también es notable la calidad de su compatriota Ernesto Herrera * y la del argentino Gregorio de Laferrère *.

BIBLIOGRAFÍA. J. Navarro, *La novela realista mexicana* (México, 1955); C. Goic, *Historia de la novela hispanoamericana* (Valparaíso, 1972); J. Lafforgue y D. Viñas (eds.), *Teatro rioplatense (1886-1930)* (Caracas, 1977); M. Gálvez, *La novela hispanoamericana (hasta 1940)* (Madrid, 1990). [T.F.]

REBOLLEDO, BERNARDINO DE (León, 1597-Madrid, 1676). Conde de Rebolledo; fue embajador en Hungría y Dinamarca. Entre sus obras hay que destacar sus *Ocios* (Amberes, 1650 y 1660) y *Selvas dánicas* (Copenhague, 1655), donde publicó la mayor parte de su poesía lírica; hay que recordar además sus *Selva militar y política* (Colonia, 1652), *Trenos de Jeremías* (Colonia, 1655), *La Constancia victoriosa* (Colonia, 1655), sobre los infortunios de Job, y el *Idilio sacro* (Amberes, 1660). Es autor también de un extenso tratado sobre la existencia del Purgatorio (Colonia, 1670) y de varias piezas dramáticas como *Amar despreciando riesgos*.

BIBLIOGRAFÍA. R. González Cañal, *La obra dramática del Conde de Rebolledo* (León, 1988); J. M. Blecua, «Los *Ocios* del conde de Rebolledo», en *Homenajes y otras labores* (Zaragoza, 1990). [R.R.]

REBOLLEDO, EFRÉN (Actopán, Hidalgo, México, 1877-Madrid, 1929). Poeta mexicano de la *Revista Moderna*, buscó la perfección formal y los arabescos eróticos. El conjunto de doce poemas *Caro Victrix* (1916) destaca en su pulida y pequeña obra poética, de la que se publicó una antología en 1939 (*Poemas escogidos*). En 1919 apareció su novela *Salamandra*. Sus *Obras completas* se editaron en 1968. [J.J.B.]

RECACOECHEA, JUAN (La Paz, 1935). Escritor boliviano. En la novela *Fin de semana* (1977) se ocupa de la juventud boliviana transterrada en una gran ciudad europea. Con *La mala sombra* (1980) se interna en los problemas que el narcotráfico causa a la policía local, aunque dejando de lado las implicaciones políticas. [J.L.F.]

RECASENS SICHES, LUIS (Ciudad de Guatemala, 1903-México, D.F., 1977). Estudió Derecho. Fue discípulo de Ortega y Gasset * y catedrático de la Universidad de Madrid. Se exilió después de la Guerra Civil y se estableció en México, donde se dedicó a la enseñanza y trabajó en el Instituto de Investigaciones Filosóficas. Es autor de diversos ensayos de carácter jurídico y filosófico, en los que intentó introducir la teoría orteguiana de la razón vital en el ámbito de la filosofía del Derecho. De ellos, destacan: *Vida humana, sociedad y derecho* (1940), *Nueva Filosofía de la interpretación del Derecho* (1956) y *Experiencia jurídica, naturaleza de la cosa y lógica de lo «razonable»* (1971). En otros libros —*La filosofía del Derecho* *en el siglo XX* (1941) y *Panorama del pensamiento jurídico en el siglo XX* (1963)— expuso doctrinas históricas sobre asuntos jurídicos. En *Antología: 1922-1974* (México, 1976) se recogió lo más representativo de sus escritos.

BIBLIOGRAFÍA. B. de Castro Cid, *La filosofía jurídica de Luis Recasens Siches* (Salamanca, 1974); AA. VV., *Estudios en honor del doctor Luis Recasens Siches* (México, 1980); M. Bueno, *La axiología jurídica en Luis Recasens Siches* (México, 1980); M. L. Contreras Hauser, *La teoría fundamental del derecho de Luis Recasens Siches* (Madrid, 1983). [A.R.]

RECTO, CLARO M. Véase LITERATURA FILIPINA.

RECHY, JOHN. Véase LITERATURA CHICANA.

REDEL Y AGUILAR, ENRIQUE (Córdoba, 1872-1909). Colaboró en *Blanco y Negro*. En 1900 prologó *Mosquetazos*, de J. Ocaña. Poeta modernista, es autor de *Desvaríos. Poemas líricos* (1891), *Lluvia de flores* (1892) y *Al aire libre* (1893). En 1897 se publicaron sus *Obras literarias*, con un prólogo de S. Rueda *. [R.B.]

REGA MOLINA, HORACIO (San Nicolás de los Arroyos, Argentina, 1899-Buenos Aires, 1957). Aunque por razones de edad corresponde a la promoción de la vanguardia, su expresión es clásica y apunta a recuperar los valores meditativos de la poesía romántica. Obras: *El árbol fragante* (1923), *La víspera del buen amor* (1925), *Azul de mapa* (1928), *Domingos dibujados desde una ventana* (1931) y *Oda provincial* (1940). [B.M.]

REGENERACIONISMO. Como reacción al desastre militar del 98 y a la pérdida de las últimas colonias españolas, en la España del fin de siglo se levanta toda una serie de voces contra los síntomas de la decadencia por parte de una minoría intelectual pequeñoburguesa que pretende aislar las causas de tal decadencia, denunciar las estructuras que la generaron y ofrecer soluciones para el presente. Este movimiento finisecular de intención reformista se conoce como Regeneracionismo. Sus presupuestos ideológicos —cuyas raíces se hunden en un pensamiento activo ya en la literatura dieciochesca— aparecen ahora estrechamente vinculados a la filosofía krausista y a las ideas pedagógicas de la Institución Libre de Enseñanza, y desarrollan —incluso en el plano del léxico— la conciencia de «decadencia» (Max Nordau, Pompeyo Gener), tan característica de toda Europa en ese momento. Los regeneracionistas son pesimistas ante los males que afectan al país. Y, aunque no faltan en sus escritos algunas soluciones concretas para los «males» de España, su obra se caracteriza, como les ha reprochado la crítica, por buscar respuestas espiritualistas a problemas que son, sobre todo, de índole económica y política.

Las figuras que trazaron las principales líneas del movimiento regeneracionista fueron Lucas Mallada *, considerado el impulsor del movimiento; Joaquín Costa *, Ángel Ganivet *, Ramiro de Maeztu *, Ricardo Macías Picavea *, Luis Morote *, Rafael Altamira, José María Salaverría *, etc.

Los regeneracionistas reaccionaron contra el sistema político de la Restauración y confiaron en una dictadura momentánea como única medida posible, exigida por la gravedad de las circunstancias; un «cirujano de hierro» que subordinase las ideas a la salvación del país (Joaquín Costa, *Oligarquía y caciquismo como la forma actual de gobierno en España: urgencia y modo de cambiarla*, 1901-1902). Las ideas de Costa tuvieron gran repercusión. Así, autores posteriores como César Silió * en *Problemas del día* (1899), Joaquín Sánchez de Toca * en *Reconstitución de España* (1911), o Julio Senador * en *Castilla en escombros. Las Leyes. Las tierras. El trigo y el hambre* (1915), también vieron en la dictadura la única solución posible. Ricardo Macías Picavea llegó más lejos que Costa, atreviéndose a pedir que se cerraran las Cortes. Actitudes como éstas han permitido a la crítica posterior relacionar el regeneracionismo con el prefascismo. Algunos autores, como Luis Morote (*La moral de la derrota*, 1900), se apartaron de las ideas preconizadas por Costa, y, aunque también se muestran partidarios de fortalecer el poder del Estado, creen que es la democracia la única forma de salvación nacional. Ramiro de Maeztu y José María Salaverría, a pesar de mantenerse como fieles partidarios del estado autoritario de Primo de Rivera y de reconocer su deuda hacia Costa, apuntan ya una clara evolución y aceptan la Dictadura sólo como medida excepcional. La fórmula ideal sería una monarquía autoritaria, antidemocrática y antiparlamentaria, que actuase al servicio de la concepción cristiana del mundo. Los regeneracionistas pretendieron una revolución hecha desde arriba, que no rompiera con el orden establecido. Con frecuencia se les ha reprochado una actitud elitista, propia de las clases burguesas, poco confiadas en el papel de la clase obrera para la salvación de España. Sólo en casos excepcionales, como los de Luis Morote en la mencionada obra o Joaquín Sánchez de Toca en *Reconstitución de España* (1911), se vuelven los ojos al proletariado como auténtico protagonista del futuro.

La evidencia del atraso español respecto a Europa llevó a algunos escritores regeneracionistas a apostar por una europeización a ultranza como única vía de progreso. Pero el nacionalismo propio del regeneracionismo finisecular, que pretendía reconstruir España a partir del reencuentro del «alma de la nación», provocó una reacción en contra de la política exterior aperturista. Progresivamente se fueron perdiendo las esperanzas puestas en Europa; se cree que España debe concentrar en sí todas sus fuerzas (es el «Que inventen ellos», de Unamuno *, o la doctrina del *Idéarium español* y *El porvenir de España* de Ganivet). Rafael Altamira, en su discurso *La psicología del pueblo español* (1899), pone su confianza en las fuerzas nacionales y defiende la necesidad de descubrir lo más genuinamente español. Autores como José María Salaverría y Ramiro de Maeztu, buenos conocedores de la realidad europea, se sienten decepcionados por la supuesta superioridad extranjera. Salaverría (*La afirmación española*, 1917) es partidario del contacto con Europa, pero no desde la postura de inferioridad que se venía adoptando, y emite en *Retratos* (1926) y *Nuevos retratos* (1930) severos juicios hacia el excesivo afán de europeización de los autores del 98. De la misma forma, Maeztu, que en su juventud había mostrado su desacuerdo con la España heredada, se convence en sus últimos escritos (*Defensa de la Hispanidad*, 1934) de la necesidad de un retorno a la hispanidad y a los valores tradicionales como forma única de salvación. Reflejo de esta actitud fue la revista *Acción Española*, aparecida en 1931, y la sociedad cultural del mismo nombre, fundada por el propio Maeztu.

Ante los problemas concretos que afectaban al país, los regeneracionistas, por lo general, pretenden aplicar un método positivista, valiéndose de datos concretos y estadísticas, pero sin abandonar nunca la perspectiva espiritualista, característica siempre de este tipo de literatura. Dedicaron especial atención al problema de la agricultura, pilar básico de la economía nacional. Joaquín Costa insiste en la necesidad de reforma de los métodos de cultivo y es partidario de la propiedad colectiva de la tierra mediante reparto (*Colectivismo agrario en España*, 1898). Tanto Macías Picavea como Lucas Mallada, influidos por el positivismo, piensan que mejorando el suelo y la alimentación del pueblo pueden cambiar sus condiciones psicológicas. Mostrando su desconfianza hacia las instituciones, Julio Senador invita a los españoles a abandonar las universidades para dedicarse al cultivo de la tierra, más necesario para el país. Costa considera que todos los males nacionales radican en que el gobierno está en manos de la oligarquía y el caciquismo —más tarde Picavea coincidió con Costa en considerar al caciquismo como cáncer nacional.

Por otro lado, el problema de la educación fue tratado con un gran interés por parte de los regeneracionistas. Como portavoces de la ideología de la Institución Libre de Enseñanza, a la que muchos estaban vinculados, dan una importancia decisiva al papel de la escuela, a la que asignan la misión de formar hombres para el futuro y de educarlos para cambiar la sociedad.

Así, con todo, los autores regeneracionistas, incapaces de poner los cimientos políticos necesarios para sostener las reformas defendidas, cayeron en generalizaciones superficiales e ingenuas, achacando los males de España al «carácter nacional». Denuncian el escepticismo y la abulia general. Maeztu, en un artículo titulado «Parálisis progresiva» (*Hacia otra España*, 1899), acusa a los intelectuales españoles de falta de interés por las realidades serias. Ricardo Burguete *, en *Morbo nacional (Vida defensiva)* (1906), coincide con Maeztu en ver en la pasividad del pueblo español, incapacitado para la acción, la causa de todos los males. Damián Isern *, en su obra más importante, *El desastre nacional y sus causas* (1899), se dedica a hacer un detallado análisis de los vicios nacionales. Considera que una de las principales causas del mal es la inactividad nacional, la parálisis de España ante el recuerdo de un pasado glorioso. Así, Lucas Mallada (*Los males de la patria*, 1890) se propuso destruir la falsa creencia en nuestra riqueza nacional, creencia tras la que, según él, se ocultaba la raíz de la decadencia. Se ha criticado el idealismo utópico de escritos como *Ideárium español* (1896) de Ángel Ganivet, por considerar que solamente contiene simples críticas morales a la Restauración, carentes de alternativas políticas.

BIBLIOGRAFÍA. M. Fernández Almagro, *Vida y obra de Ángel Ganivet* (Madrid, 1952); E. Tierno Galván, *Costa y el regeneracionismo* (Barcelona, 1961); R. Pérez de la Dehesa, *El pensamiento de Costa y su influencia en el 98* (Madrid, 1966); V. Ramos, *Rafael Altamira* (Madrid, 1968); C. Blanco Aguinaga, *Juventud del 98* (Madrid, 1970); N. Carrasco, *Ganivet* (Madrid, 1971); J. López-Morillas, *Hacia el 98: literatura, sociedad e ideología* (Barcelona, 1972); J. L. Abellán, *Sociología del 98* (Barcelona, 1973); J. López-Morillas, *Krausismo: estética y literatura* (Barcelona, 1973); M. Tuñón de Lara, *Costa y Unamuno en la crisis de fin de siglo* (Madrid, 1974); L. Aguirre Prado, *Ramiro de Maeztu* (Madrid, 1976); E. Tierno Galván, *Idealismo y pragmatismo en el siglo XIX español* (Madrid, 1977). [T.G.T.]

REGIDOR, MÁXIMO (Valladolid, 1929). Periodista y crítico cinematográfico. Ha publicado novelas de técnica realista sobre el mundo rural y las clases humildes: *El pan muerto* (1962), Premio Ateneo de Valladolid; *No tenemos sitio para caminar* (1967) y *No dejarse morir* (1968). Es autor también de guías de viaje. [G.R.F.]

REGNIER, CLAUDINA (seudónimo). Véase RETANA, ÁLVARO.

REIDMAN, CLEMENTE (Valdivia, Chile, 1953). Su poemario *Karra Maw'n* (1984) describe la geografía del sur de Chile, redescubriendo su compleja superposición cultural: lo indígena, los colonos, los criollos. El poeta, al modo de un cronista, pone de relieve los signos de desajuste del choque cultural. [A.M.]

REIN, MERCEDES (Montevideo, 1931). Narradora, ensayista, dramaturga y traductora. Se ha dedicado intensamente al teatro, con traducciones y adaptaciones de gran éxito. Escribió un libro de ensayo crítico: *Cortázar y Carpentier* (1974). En 1967 dio a conocer su primera obra de narrativa, *Zoologismos*, compuesta de piezas breves intensamente imaginativas, que bordean o incurren en lo fantástico. Después de un largo silencio, dos novelas seriadas y autónomas a la vez, *Casa vacía* (1983) y *Bocas de tormenta* (1987), permitieron observar el absurdo trasladado sutilmente a un régimen narrativo de aparente realismo, pero orientado en definitiva a realizar una alegoría social y política en torno al Uruguay de la década anterior. Por *Casa vacía* obtuvo el premio Foglia para la mejor novela del bienio 1984-85. [J.R.]

REINA, MANUEL (Puente Genil, Córdoba, 1856-1905). Abogado y diputado a Cortes en 1896. Colaboró en importantes revistas de fin de siglo y, en 1892, fundó la *Diana*, que apareció en Madrid, en la que dio a conocer a algunos poetas —Baudelaire, entre otros—. Su obra poética muestra, desde sus comienzos, ciertas peculiaridades. Ya en *Andantes y allegros* (1877), primer poemario, notamos —al lado de presencias de Zorrilla *, Núñez de Arce * y, más aún, de Bécquer *— ciertos rasgos que, en parte, lo aproximan al parnasianismo. Y como «parnasiano» lo juzgaron muchos (entre otros, Juan Ramón Jiménez *, que lo calificó como «parnasiano impecable»). En ese primer libro ya advertimos algunas notas muy personales que, a través del tiempo, desarrollará: gran preocupación formal, cuidadosa búsqueda de las palabras y un visible deseo de asociar el mundo de la poesía al de otras artes, especialmente a la música y a la pintura. Todo ello es aún más notorio en *Cromos y acuarelas (Cantos de nuestra época)* (1878); y mucho más aún en *La vida inquieta* (1894), obra que es justo calificar de «modernista»: la voz de Reina se hace aquí más personal y, a la vez, más próxima a lo que otros poetas de su tiempo están creando en otras partes del mundo. En *La vida inquieta*, como en algunos de los libros siguientes, la mayoría de los textos se inspiran en obras o en personajes creados por otros artistas. Con posterioridad al citado libro, publica: *La canción de las estrellas* (1895), *Poemas paganos* (1896), *Rayo de sol* (1897) y *El jardín de los poetas* (1899). *Robles de la selva sagrada* se edita póstumamente, en 1906. Creemos que hoy aún son válidas unas palabras que sobre Reina y su papel en la lírica de su momento escribió Rubén Darío * en 1901: «Su adjetivación variada, su bizarría de rimador, su imaginativa de hábiles decoraciones, su pompa extraña entre los uniformes tradicionales, le dieron un puesto aparte, alto puesto merecido.»

BIBLIOGRAFÍA. E. de Ory, *Manuel Reina. Estudio biográfico* (Cádiz, 1916); J. M.ª de Cossío, *Cincuenta años de poesía española (1850-1900)* (Madrid, 1960); F. Aguilar Piñal, *La obra poética de Manuel Reina* (Madrid, 1968); I. Prat, *Poesía modernista española. Antología* (Madrid, 1978); M. Reina, *La vida inquieta*, ed. de R. A. Cardwell (Exeter University, 1978). [A. de A.]

REINA, MARÍA MANUELA. Véase TEATRO ESPAÑOL POSTERIOR A 1975.

REINOSA, RODRIGO DE (?, h. 1450-?, h. 1520). Nada se sabe de su vida, aunque acaso pueda considerarse montañés. Su obra se nos ha conservado exclusivamente en pliegos sueltos impresos. Se le considera un poeta poco atento a la forma; su originalidad estriba en el empleo y recreación de ciertos tipos, como el negro o el rufián, así como en la facilidad para asimilar distintos códigos lingüísticos: el habla rústica de los pastores, la jerga de los esclavos negros de Sevilla, la germanía. Sus poemas son de temática amorosa, satírica, de costumbres y, en ocasiones, también religiosa. Alguna vez se ha señalado la relación de sus *Coplas de las comadres* con *La Celestina*. También se le ha presentado como antecedente de la poesía germanesca y rufianesca.

BIBLIOGRAFÍA. J. M.ª de Cossío, «Rodrigo de Reinosa y sus obras», en *Boletín de la Biblioteca Menéndez Pelayo*, 21 (1945); J. M. Cabrales Arteaga, *La poesía de Rodrigo de Reinosa* (Santander, 1980). [M.I.T.P.]

REINOSO, BERNARDINO JOSÉ DE. Véase TEATRO ESPAÑOL EN EL SIGLO XVIII

REINOSO, FÉLIX JOSÉ (Sevilla, 1772-Madrid, 1841). Amigo de Lista * y Blanco White *. Por las ideas liberales en materia religiosa y política de su célebre discurso *Examen sobre los delitos de infidelidad a la patria, imputados a los españoles sometidos bajo la dominación francesa* (1816), se le acusó de afrancesado y heterodoxo. Sus *Poesías de una Academia de las Letras humanas* (1797) expresan con rara perfección las características prerrománticas, incluidas algunas resonancias de Milton. Es autor también de numerosas composiciones religiosas.

BIBLIOGRAFÍA. L. A. de Cueto, *Poetas líricos del siglo XVIII* (Madrid, 1952). [R.B.]

REJANO, JUAN (Puente Genil, Córdoba, 1903-México, D.F, 1976). Poeta. La Guerra Civil y el destierro en México marcarán su obra de modo indeleble. Rejano escribió más de una decena de libros, entre los que destacan *Fidelidad del sueño* (1943), *El Genil y los olivos* (1944), *El oscuro límite* (1948), *Noche adentro* (1949) y *Cantar del vencido* (1954). Lo mejor del autor está en sus poemas neopopulares, de acento andaluz, y en el cultivo del verso corto y la canción al servicio de los temas del sueño, el olvido y el contraste entre vida interior y exterior, bastante más que en el poeta civil, con frecuencia declamatorio y acartonado. En las dos recopilaciones que existen de su obra —*Alas de tierra. Poesía (1943-1975)* (1975) y *La mirada del hombre* (1978), con prólogo de A. de Albornoz *— se añadieron poemas inéditos. En prosa publicó *La esfinge mestiza. Crónica menor de México* (1943) y *El poeta y su pueblo. Homenaje a F. García Lorca* (1974). [M.G.P.]

REJÓN Y LUCAS, DIEGO VENTURA (Murcia, 1721-1796). Autor de la narración satírica *Aventuras de Juan Luis. Historia divertida que puede ser útil* (1781). Con la tragedia *Gabriela* probó suerte en el teatro. Escribió además poesía, género en el que hay que destacar su *Fábula de Céfalo y Pocris* (1760), en octavas jocoserias. [J.B.]

REJÓN DE SILVA, DIEGO ANTONIO (Murcia, 1740-¿?). Hijo de Diego Ventura Rejón y Lucas, no su seudónimo como se ha venido repitiendo. Es autor ocasional de poesía —así, por ejemplo, su poema *La pintura* (1786), criticado por frío y prosaico— y de obras sobre asuntos artísticos, como el *Diccionario de las nobles artes*. Estuvo vinculado a la Academia de San Fernando.

BIBLIOGRAFÍA. C. de la Peña Velasco, *Aspectos biográficos y literarios de Diego Antonio Rejón de Silva* (Murcia, 1985). [J.A.B.]

RELLÁN, MIGUEL ÁNGEL (Sevilla, 1943). Fue uno de los fundadores del grupo «Esperpento» y trabajó en el teatro universitario de Sevilla. De su producción dramática destacan: *El guerrero ciego* (1967), *La puerta* (1968) y *Crónica indecente de la muerte del cantor* (1985). [M.S.]

REMESAL, ANTONIO DE. Véase CRONISTAS E HISTORIADORES DE INDIAS.

REMO (seudónimo). Véase FRANQUELO Y ROMERO, RAMÓN.

REMOLOC. Véase COLOMER, JUAN ESTEBAN.

REMÓN, FRAY ALONSO (Vara del Rey, Cuenca, 1561-Madrid, 1632). Mercedario. Alcanzó fama como orador y precedió a Tirso de Molina * en el cargo de cronista de su Orden, escribiendo una *Historia general de la Orden de la Merced* (1618-33); fue también biógrafo (*Vida del caballero de Gracia*, 1620). Editó la *Historia verdadera de la conquista de Nueva España* de B. Díaz del Castillo * (1632), con posible incorporación de materiales propios. Publicó numerosas obras de tipo religioso y sobre oratoria (p. ej.: *La espada sagrada y arte para nuevos predicadores*, 1616; *La casa de la razón y el desengaño*, 1625). Como dramaturgo famoso en su tiempo, se conservan pocas obras, aunque de temas variados: hagiográficas *(El santo sin nacer y mártir sin morir)*, históricas *(El sitio de Mons)* y de enredo; la más conocida es *¡De cuando acá nos vino!*, escrita en colaboración con Lope de Vega *. Algún crítico le atribuye el seudónimo de Antonio Liñán y Verdugo *, autor de una *Guía y avisos de forasteros* (1620).

BIBLIOGRAFÍA. M. Fernández Nieto, *Investigaciones sobre Alonso Remón, dramaturgo desconocido del siglo XVII* (Madrid, 1974). [J.L.S.]

RENACIMIENTO. Véase REVISTAS LITERARIAS Y CULTURALES ESPAÑOLAS.

RENACIMIENTO. La convicción definitoria del Humanismo fue que la educación clásica, orientada a proporcionar un amplio dominio de la lengua y la literatura de Roma y Grecia, según los modos de la antigua *paideía*, era la base más adecuada para formar debidamente al hombre en tanto individuo y en tanto ciudadano, a todo propósito. Parece legítimo llamar «Renacimiento» a ese período de la historia europea que, entre otras muchas novedades, tuvo al Humanismo por suprema novedad educativa y literaria, y compartió mayoritariamente los supuestos primarios de los *studia humanitatis* (el recurso a la filología como punto de partida para el análisis de la realidad, el sentido de la historia, la exigencia de la corrección y la elegancia clásicas como normas de estilo, la referencia constante a los textos y a los modelos de la Antigüedad, etc.), a la vez que encontraba en él a un destacado exponente del proyecto de una sociedad también nueva, a cuya construcción contribuyó en multitud de casos. Pero, incluso si no se acepta tal premisa, es difícil rehuir la designación de «Renacimiento» para identificar el conjunto en que se articulan el movimiento humanístico y las variadas actividades que en el Humanismo hallaron estímulos, métodos, principios rectores y hasta planes explícitos de trabajo.

Desde finales del siglo XIV habían ido llegando a España no pocas obras clásicas puestas en circulación por los humanistas italianos y un número menor de textos de los propios humanistas. Unos y otros venían sobre todo de la mano de príncipes o grandes señores, miembros del alto clero y curiales o burócratas que, en el deseo de ampliar su cultura estrictamente medieval, no podían por menos de tropezar con las aportaciones del Humanismo: estaban en el mercado, y un hombre con gusto por los libros tenía que acabar descubriéndolas.

Entre esos lectores, muchos (es el caso, por no dar sino un par de nombres, de Enrique de Villena * o Alfonso de Madrigal *) no advirtieron (o no les interesó asumir) que las novedades bibliográficas que entonces se difundían formaban sólo una parte de un vasto continente intelectual: y se limitaron a usarlas con impasible neutralidad, revolviéndolas indiferenciadamente con las autoridades medievales que seguían constituyendo la base y el horizonte de su mundo. Otros, en cambio, como Alfonso de Cartagena * o Rodrigo Sánchez de Arévalo *, vieron muy bien que en las páginas de clásicos y humanistas afloraba un ideal apuntado de frente contra el paradigma escolástico (vale decir, especializado, técnico); y porque lo vieron muy bien, desdeñaron o atacaron tales páginas, si bien en algún caso no supieron evitar ciertos minúsculos contagios. Unos terceros, todavía, y tan ilustres como el Marqués de Santillana * o Juan de Mena *, reconocieron en los *studia humanitatis* un fermento creador e intentaron incorporárselo: por desgracia, cuando ya era tarde, porque llevaban irremediables vicios de formación y no eran capaces de entender plenamente la nueva cultura, ni de asimilarla sino en unos cuantos rasgos superficiales, copiados, además, con métodos e instrumentos caducos, empezando por el imposible empeño de acercarse al estilo clásico mediante las recetas de la preceptiva medieval y dar muestras de erudición acumulando nombres antiguos o referencias mitológicas espigados en los pobres repertorios de la edad oscura.

Valga un ejemplo: como el saber del Marqués de Santillana no le permitía siquiera leer el latín de Pier Candido Decembri, se consolaba en una carta con la esperanza de leer pronto la traducción de la *Ilíada* hecha a través del latín por Pedro González de Mendoza *: «E pues non podemos aver aquello que queremos, queramos aquello que podemos; e si caresçemos de las formas, seamos contentos de las materias». He aquí perfectamente definido el drama del prehumanismo español: la tragedia de una elite de nobles y curiales deslumbrados por la cultura de moda en Italia, e incapaces de seguirla por haberse criado en una tradición intelectual completamente distinta.

Los esfuerzos de estos *amateurs* definen el marco en que se mueve una porción importante de la literatura romance en la España del siglo XV. En efecto, gracias a ellos, en buena medida, se fue incubando un clima favorable al Humanismo, un clima a menudo alimentado en las mismas razones en apariencia frívolas que a veces habían atraído antes a los aficionados en cuestión: el deslumbramiento ante la novedad, la tentación de la moda. En la primera mitad del Cuatrocientos fueron bastantes los españoles que se dejaron fascinar por la revolución que el Humanismo había producido en Italia. Los viajes, los viajeros, algunos libros recientes les pusieron ante los ojos la maravilla de una resurrección de la Antigüedad que estaba cambiando la literatura, las artes, la misma vida cotidiana de las gentes refinadas. Los contemporáneos del Marqués de Santillana o de Juan de Mena veían sólo los resultados más epidérmicos de los *studia humanitatis* y a menudo aspiraban a emularlos con los medios que tenían a mano y sin variar la formación que les era propia. Si había que acrecentar las notas mitológicas o las alusiones a la historia y a la geografía del mundo clásico, echaban mano de la *General estoria* de Alfonso X *, el *Catolicón* de Juan Balbus de Génova, las *Etimologías* de San Isidoro y el *De imagine mundi*, los repertorios que se habían venido utilizando en los últimos siglos; si el ideal de estilo era la elocuencia latina, se sabían de coro las normas de los *dictatores* medievales... Por fortuna, no era esa una situación dada de una vez por todas. El esnobismo de los padres, acercando a los hijos a la órbita del humanismo, les ayudó a recorrerla desde el principio con sosiego y aplicación. El decisivo mecenazgo que dispensó «al estudio de las letras» y a la renovación de las artes era para el Cardenal Mendoza, expresamente, un modo de continuar las lecciones de su padre, el Marqués de Santillana.

El humanismo español, en verdad, no arraiga sino en el último tercio del siglo XV, pero entonces avanza quemando etapas en una carrera vertiginosa. La parte constitutiva del proceso ocurre toda durante la vida y en buena parte gracias a la obra de Elio Antonio de Nebrija *. En 1481, Nebrija ponía las bases de una cultura nueva publicando unas *Introductiones latinae* que se proponían y consiguieron destruir la barbarie de sus contemporáneos por el procedimiento de enseñarles el buen latín de Cicerón. Menos de quince años después, y adelantándose otros tantos a Erasmo, Nebrija se decía cansado de otros trabajos (como las investigaciones sobre la fonética histórica del latín y del griego, sin parangón en su tiempo por la hondura y clarividencia) y anunciaba el propósito de dedicar el resto de sus días a la filología bíblica trilingüe. A su muerte, en 1521, sólo cuarenta años después de las *Introductiones*, el primer humanismo español contaba con un monumento filológico de la extraordinaria categoría de la *Biblia políglota complutense* o con algunos de los más valientes libros de quien nunca negó su condición de discípulo y admirador de Nebrija: Luis Vives *.

Al predicar el latín de la experiencia, la literatura y la historia, las *Introductiones* proponen un mundo nuevo construido sobre la palabra clásica. Nebrija lo explicó con especial transparencia y rotundidad en 1488, cuando, por encargo de la Reina, preparó una edición del librito de 1481 en la que una versión castellana corría paralela al texto original. «Para el colmo de nuestra felicidad y cumplimiento de todos los bienes», dice, «ninguna otra cosa nos falta sino el conocimiento de la lengua», del buen latín. El buen latín, en efecto, es el fundamento de «nuestra religión y república cristiana»: sin el buen latín, los teólogos y los biblistas no tienen acceso a la obra de los Padres de la Iglesia, cuyo estilo y manera de argumentar son resueltamente clásicos; y sin los Padres de la Iglesia, los doctorcillos modernos no pueden beber en las aguas de la Escritura y han de quedarse en la ciénaga de los autores medievales que emplearon el mismo galimatías escolástico que ellos han aprendido. El buen latín es asimismo la base del derecho, gracias a cuyo recto uso existe la civilización y «los hombres viven igualmente en esta gran compañía que llamamos ciudad». Como es cimiento de la medicina, «por la cual se contiene nuestra salud y vida». En España, sin embargo, por no saber latín, los supuestos expertos en derecho y en medicina interpretan mal las fuentes de información que poseen y se ven privados de otras importantísimas; y si los leguleyos caen en los más grotescos errores por incomprensión y falta de sentido histórico en la lectura de los códigos, los medicastros llegan a confundir la *úvula* con la *vulva*. Idéntico «laberinto de confusión» se produce en el panorama de las restantes disciplinas: por ignorancia del latín, «todos los libros en que están escritas las artes dignas de todo hombre libre yacen en tinieblas sepultados» desde hace muchos siglos, «no menos que todas las otras buenas artes», y en particular «las artes que dicen *de humanidad*, porque son propias del hombre en cuanto hombre». En suma: sin dominar cabalmente el latín no hay medio de edificar una «ciudad» verdaderamente humana.

En verdad, los hombres más representativos de los *studia humanitatis* creyeron que con la filología podía (re)crearse una civilización nueva y mejor. En una parte considerable, y en el preciso momento histórico en que formularon ese grandioso proyecto, tenían razón. Cuando Isabel la Católica le encargó a Nebrija la nueva edición de las *Introductiones*, el humanista le sugirió que, para aliviar las dificultades económicas de la Corona, sería bueno estudiar la *Naturalis historia*, porque con su ayuda quizá se podrían volver a explotar aquellas minas de oro y plata que Plinio situó en España. Cuando Cristóbal Colón *, después de agotadas todas las razones que su experiencia le proporcionaba en defensa de sus planes, comprende que tiene que ponerse a la altura de lo que entonces se consideraba la nueva *imago mundi*, Nebrija pudo ofrecerle la agilísima síntesis del método ptolemaico que había publicado en 1487 con el título de *Isagogicon cosmographiae;* y Colón, en efecto, estudia a Ptolomeo y de él extrae importantes consecuencias prácticas para sus viajes al otro lado del Atlántico.

El estudio de la lengua y la literatura de la Antigüedad era un factor real de progreso en los más diversos campos. Piénsese sólo —por no dar sino otro ejemplo, a medio camino entre España, Italia y América— en que las investigaciones de Ermolao Barbaro en torno a Plinio y los tratados naturales de Aristóteles, secundadas por Nebrija con entusiasmo, no son sencillamente una etapa capital en la historia de la lexicografía humanística: son sobre todo el nacimiento de un método en el campo de las ciencias naturales, del método que los discípulos de Nebrija —así Nicolás Monardes y Francisco Hernández— aplicaron al estudio analítico de la zoología, la botánica o la mineralogía americanas. Pero Plinio y Aristóteles, para seguir con nuestro ejemplo, sólo permitían recorrer la parte inicial del camino: continuarlo hasta el fin exigía nuevos planteamientos que la filología ya no era capaz de suministrar. Los humanistas tenían que abandonar su sueño.

Ahí residen la grandeza y el límite del humanismo: con los instrumentos de la filología clásica, podía ponerse en marcha un proceso y recorrerse una jornada importante, pero no podía llegarse hasta el final: había que cambiar esos instrumentos por otros más adecuados o contentarse con ser meros profesores de lenguas muertas.

En todo caso, la aportación de España a la filología y al pensamiento clásicos fue en el siglo XVI de primera importancia: los nombres de Nebrija, Luis Vives, Hernán Núñez Pinciano, Antonio Agustín, Pedro de Valencia * o Francisco Sánchez de las Brozas *, el Brocense —por mencionar sólo media docena—, pueden y deben ponerse entre los de las figuras más significativas de su época.

En el plano estrictamente literario fue también así. En poesía latina, en especial, hubo entonces una producción tan notable en cantidad cuanto en calidad y variedad, de los madrigales amorosos de Hernán Ruiz de Villegas a la epopeya teológica de Álvar Gómez de Ciudad Real o los epigramas conceptuosos de Jaime Falcó. La España humanística produjo también buen número de obras dramáticas en latín (por ejemplo, el teatro de Hércules Floro y de Juan Petreyo) y unas pocas narraciones ficticias de valor no desdeñable, como el *Somnium* de Juan Maldonado. No es una situación diferente de la de otros países: abundante poesía y teatro, porque los modelos clásicos eran también abundantes, y escasísima ficción en prosa, porque la Antigüedad tenía asimismo escasos ejemplos que proponer, y la misma noción de «literatura» iba unida al precepto de imitar a los autores antiguos.

Los humanistas, por otro lado, propugnaban una poética de la verosimilitud, la racionalidad y la experiencia a todos común: «adsint» —recomendaba Vives—, «adsint... verisimile, constantia et decorum...». Pero es claro que esa literatura pedida por los humanistas, los humanistas no podían escribirla como literatura: se lo impedían la lengua que les era propia, la sumisión a la *imitatio* clásica, el corsé de los géneros admitidos... Fue necesario, pues, escribirla en romance. En este terreno, abonado por los *studia humanitatis*, florecieron las más atractivas novedades intelectuales del siglo XVI y, en especial, la mejor literatura del Renacimiento.

Las doctrinas del estilo y las pautas clásicas representaron, así, la irrupción de la modernidad en España. En algunos casos no hace falta pensar mucho sobre la paradoja de que la vuelta a la Antigüedad supusiera la entrada en la literatura moderna. Esa aparente paradoja, definitoria del Renacimiento, se desvanece con sólo mencionar unos pocos nombres o títulos, junto a algunos géneros, autores o tendencias resucitados por la pedagogía del humanismo: *La Celestina* y Terencio, Garcilaso de la Vega * y Virgilio, *Lazarillo de Tormes* * y la epístola autobiográfica, fray Luis de León * y Horacio (o los diálogos de Platón), Cervantes * y la preceptiva aristotélica... En otras dimensiones, sin embargo, quizá no se vean tan rápidamente los vínculos entre el cultivo de las letras clásicas y una literatura cuyos frutos más sabrosos se dan en vulgar. Pero tampoco ahora hay que sorprenderse: ocurre, simplemente, que los criterios esenciales de la buena latinidad son los mismos que rigen las grandes creaciones en castellano.

BIBLIOGRAFÍA. M. Bataillon, *Erasmo y España* (México, 1966) y *Erasmo y el erasmismo* (Barcelona, 1978); F. Rico, *Nebrija frente a los bárbaros* (Salamanca, 1979); E. Asensio y J. Alcina Rovira, «Paraenesis ad litteras». *Juan Maldonado y el humanismo español en tiempos de Carlos V* (Madrid, 1980); L. Gil Fernández, *Panorama social del humanismo español (1500-1800)* (Madrid, 1981); J. A. Maravall, *Estudios de historia del pensamiento español. Serie segunda. La época del Renacimiento* (Madrid, 1984). [F.R.]

RENALES FERNÁNDEZ, JORGE. Véase CAMPOS, JORGE.

RENGIFO, CÉSAR (Caracas, 1915-1980). Prolífico dramaturgo venezolano, además de pintor, periodista y político, que utilizó el teatro como instrumento de concienciación social y de crítica. Su trayectoria se inicia con el drama *Por qué canta el pueblo* (1938) y la pieza corta *Los canarios* (1942), aunque lo principal de su dramaturgia se encuentra en una trilogía de tema histórico titulada *Mural de la guerra federal* —compuesta por *Un tal Ezequiel Zamora* (1956), *Lo que dejó la tempestad* (1957) y *Los hombres de los cantos amargos* (1967)—, y otra en torno al tema del petróleo, a la que pertenecen *El raudal de muertos cansados* (1949), *Vendaval amarillo* (1954) y *Las torres y el viento* (1970). Del resto de su obra sobresalen las piezas históricas *Curayú o El vencedor* (1949), *Joaquina Sánchez* (1952), *Manuelote* (1952, ambientada en la realidad sociopolítica de 1814), *Soga de niebla* (1954), y *Obscéneba* (1958), en torno a la explotación de los indígenas en la isla de Cubagua durante la conquista; el drama social *La sonata del alba* (1954); la farsa *Buenaventura Chatarra* (1960); la comedia satírica *La fiesta de los moribundos* (1966); una parodia crítica del imperialismo norteamericano titulada *Una medalla para las conejitas* (1966); *La esquina del miedo* (1969), y las cantatas en verso *María Rosario Nava* (1964) y *Esa espiga sembrada en Carabobo* (1971).

BIBLIOGRAFÍA. C. M. Suárez Radillo,

Trece autores del nuevo teatro venezolano (Caracas, 1971). [J.A.C.]

REPERTORIO AMERICANO, EL. Ese fue el título de una efímera revista que Andrés Bello * publicó en Londres, en 1826-1827, con la que trataba de continuar la misión cultural iniciada en 1823 con la *Biblioteca Americana*. Joaquín García Monge * recuperó ese título para una revista que fundó en San José de Costa Rica en 1919, y cuyo último número, el 1.186, se publicó en 1959, precisamente en homenaje al fundador ya fallecido. Aunque prestó especial atención a la literatura, *El Repertorio Americano* de García Monge acogió artículos sobre cuestiones de sociología, economía, política, arte y otros temas. En ella pueden encontrarse colaboraciones de los mejores representantes de la cultura española e hispanoamericana de su tiempo, además de otras muchas firmas de prestigio internacional. [T.F.]

RÉPIDE, PEDRO DE (Madrid, 1882-1948). Estudió Derecho y Filosofía y Letras. Ejerció el periodismo desde su juventud. En sus obras, escritas en estilo voluntariamente castizo y arcaizante, noveló la historia anecdótica y pintoresca de Madrid. Él mismo confesó: «Mi ideal es hacer novela española. Lo pintoresco de las costumbres populares y la extraña picaresca que perdura en el alma de la raza atraen mi interés.» Entre su producción narrativa, destacan: *La enamorada indiscreta o El peligro en la verdad* (1905), *Agua en cestillo* (1906), *Del Rastro a Maravillas* (1907), *Noche perdida* (1908), *Los cohetes de la verbena* (1910), *La buena fama* (1911), *Un conspirador de ayer* (1911), *El puerto sereno* (1913), *Chamberí por Fuencarral* (1913), *La venganza de la Julia* (1913), *La Negra* (1915), *El regalo de la madrina* (1915) y *El maleficio de la U* (1919). Escribió también libros de poemas —*Las canciones* (1901) y *Estampas grotescas* (s.a.: ¿1924?)— y obras de teatro. Otros títulos suyos son: *El Madrid de los abuelos* (1908), *Costumbres y devociones madrileñas* (1914), *La lámpara de la fama* (1919), *La villa de las Siete Estrellas* (1923), *Isabel II* (1932), *Alfonso XII* (1936) y *Las calles de Madrid* (1971), con crónicas publicadas entre 1921 y 1925.

BIBLIOGRAFÍA. F. C. Sainz de Robles, «P. de Répide», en *Raros y olvidados* (Madrid, 1971), págs. 113-115, y *P. de Répide, ingenio y gala de Madrid* (Madrid, 1974). [A.R.]

REQUENA, ANDRÉS FRANCISCO (Santo Domingo, 1908-1952). Narrador dominicano, autor de *Los enemigos de la tierra* (1936), *Camino de fuego* (1941) y *Cementerio sin cruces* (1949), en los que toca los temas campesinos y los políticos. [J.L.C.]

RESENDE, GARCÍA DE (Évora, Portugal, ?-¿?). Estuvo vinculado a la corte del rey don Juan II de Portugal, como secretario e historiador, fue también poeta, músico y compiló el importantísimo *Cancioneiro Geral* (1516), en el que se reúnen 286 poetas portugueses, de los que 29 —entre ellos el mismo Resende— tenían composiciones en castellano. El compilador tiene una especial predilección por los géneros musicables; también destacan sus trovas a la muerte de Inés de Castro y los romances glosados. [M.I.T.P.]

RESINO, CARMEN. Véase TEATRO ESPAÑOL POSTERIOR A 1975.

RESMA, JOSÉ (seudónimo). Véase MERÁS Y QUEIPO DE LLANO, IGNACIO.

RESTREPO, ELKIN. Véase HISPANOAMÉRICA: POESÍA ACTUAL.

RESTREPO, JUAN DE DIOS. Véase COSTUMBRISMO EN HISPANOAMÉRICA.

RETANA, ÁLVARO (Batangas, Filipinas, 1890-Torrejón de Ardoz, Madrid, 1970). Además de utilizar el seudónimo de «Claudina Regnier», se proclamó el «novelista más guapo del mundo». Escribió las letras de numerosas canciones —las de «Ven y ven», «Batallón de modistillas» y «Ay, Sandunga», entre otras— para las más famosas tonadilleras de la época y fue un cotizado dibujante y figurinista. En su abundante obra narrativa abordó, con desparpajo, refinamiento licencioso y abundantes gotas de humor y de sarcasmo, todas las heterodoxias sexuales (sobre todo, la homosexualidad). Según J. Belda *, «no embarcó en sus naves de autor a ningún pasajero que no estuviese adornado por lo menos con un pecado, mortal de necesidad». De dicha obra, destacan: *Ninfas y sátiros* (1918), *Las «locas» de postín* (1920), *El príncipe que quiso ser princesa* (1920), *El fuego de Lesbos* (1921), *Mi novia y mi novio* (1923) y *El infierno de la voluptuosidad* (1924). Después de la Guerra Civil estuvo encarcelado durante casi siete años. Con posterioridad, publicó *Historia de una «vedette» contada por su perro* (1954), *Estrellas del cuplé* (1963) y una *Historia del arte frívolo* (1964).

BIBLIOGRAFÍA. L. A. de Villena, «Álvaro Retana, en el abanico de la "novela galante-decadente"», en *Turia*, núms. 21-22 (Teruel, octubre de 1992), págs. 19-28. [A.R.]

RETANA Y GAMBOA, WENCESLAO EMILIO (Boadilla del Monte, Madrid, 1862-Madrid, 1924). Sin acabar sus estudios de ingeniero, marchó a Filipinas, en donde vivió seis años. A su regreso a Madrid (1890) se interesó por la política y en 1896 fue nombrado diputado. Posteriormente fue gobernador de Huesca y Teruel e inspector general de Policía en Barcelona. Se le considera el mejor investigador sobre Filipinas, labor que abordó desde diferentes puntos de vista: histórico, lingüístico, biográfico, etc. Fue nombrado académico de la Historia en 1924. Publicó también la novela *La tristeza errante* (1903), en la que analiza el amor en el hombre y la mujer y hace un perfecto retrato del alma femenina. [M.P.C.]

RETES, FRANCISCO LUIS DE (Tarragona, 1822-Madrid, 1901). Dramaturgo. Dentro del gusto romántico de la época, es autor de comedias y de dramas de tema histórico, entre los que sobresalen *Doña Inés de Castro* (1874), *El frontero de Baeza* (1877) y *Luchar contra la razón* (1887), en colaboración con Pérez Echevarría *. Como poeta, sus textos ven la luz en el *Semanario Pintoresco* (desde 1842), mereciendo una mención especial, entre todos ellos, su poema épico *La Hispálida* (1843). [J.B.]

RETÓRICA EN LOS SIGLOS XVI Y XVII. Con su insistencia en el valor de la palabra como elemento que distingue al hombre, el Humanismo italiano del cuatrocientos propició que la retórica, junto al estilo de las lenguas clásicas, se convirtiera en principal disciplina de estudio en la centuria siguiente. Su enseñanza comprendía dos tipos de clases: las teóricas, impartidas por el catedrático siguiendo un libro de texto, y las prácticas, cuyo objetivo era que los alumnos aprendieran a expresarse en latín con elegancia y fuesen capaces de analizar y comprender los textos clásicos para que a través de su imitación pudieran escribir un discurso completo. Las clases prácticas se completaban con el recitado de textos célebres, que eran aprendidos de memoria, y con la composición de comedias en latín al estilo de las de Plauto y Terencio que luego eran representadas por los alumnos. Este sistema fue incorporado por los jesuitas a la *Ratio studiorum*, lo que supuso su pervivencia a lo largo del siglo XVII, cuando la

Compañía se hizo con el control de la mayor parte de las cátedras de retórica en España.

La necesidad de proveer a los estudiantes de textos está en el origen de la mayor parte de los tratados y manuales de retórica que se escribieron en el siglo XVI. Los ejercicios prácticos o *progymnasmata* reciben su nombre del manual que con ese título escribió el bizantino Aftonio a partir de la retórica de Hermógenes, de amplio uso en España. Los ejercicios consistían en componer diferentes partes del discurso *(oratio)* según casos y fines distintos; para cada uno de los tipos de textos (*fabula, narratio, sententia, confirmatio, laus, vituperatio*, etc.) se daban normas y modelos específicos. Los *Progymnasmata* de Aftonio circularon en España en la versión latina de Rodolfo Agrícola y Cataneo. Hubo, además, ediciones con anotaciones o *Scholia* de Francisco Sánchez de las Brozas * (Salamanca, 1556) y de Lorenzo Palmireno * (Valencia, 1552). Francisco Escobar * los tradujo al latín (Barcelona, 1558), y su discípulo Juan de Mal Lara * los publicó más tarde con comentarios (1567). Se ha perdido una versión en latín y castellano que Simón Abril * afirmaba haber realizado. Otros manuales escolares que siguieron el modelo de los *progymnasmata* son los publicados por Juan Pérez (Alcalá, 1539), Antonio Lulio (Basilea, 1550), Lorenzo Palmireno (Valencia, 1553) y Pedro Juan Núñez (Zaragoza, 1596). Con el mismo fin de instruir a los estudiantes de retórica en la composición y en el análisis de los textos se produjeron un sinfín de vocabularios y tablas de términos, frases tropos y figuras en general, como las *Phrases Ciceronis* (Valencia, 1553), el *Vocabulario del humanista* (Valencia, 1569) o la antología de discursos célebres titulada *Campi eloquentiae* (Valencia, 1574) de Lorenzo Palmireno; el *Epitome troporum* (Valencia, 1553) de Francisco Gallés; los *Epitheta M. Tulli Ciceronis* de Pedro Juan Núñez (Zaragoza, 1556) o las *Tabulae* (Alcalá, 1569) de Alfonso de Torres. Aunque el valor de estos manuales es escaso, tienen una gran significación para el estudio de la literatura vernácula, pues el aprendizaje de la retórica se realizaba a través de los ejercicios que en ellos se proponían, sirviendo sin duda de modelo a los escritores a la hora de producir sus obras originales; sin embargo, éste es un aspecto que apenas ha sido estudiado.

A lo largo de los siglos XVI y XVII se compusieron también multitud de tratados teóricos, ligados unos con la predicación, otros relacionados con la labor de sus autores como profesores de retórica. Ello hace que, en ocasiones, sean meras sistematizaciones de las doctrinas clásicas, exentas de originalidad. Aquí se pueden incluir títulos como *De oratione libro III* (Basilea, 1558) de Antonio Lulio, el *Methodus oratoriae* (Valencia, 1568) de A. Sempere, la *Rhetorica institutio* (Alcalá, 1589) de Martín de Segura o los *Rhetoricum libri IV* (Amberes, 1569) de Arias Montano *, escritos en elegantes hexámetros latinos. Por otro lado, existe un importante grupo de tratados en latín, fruto de las especulaciones preceptivas de los humanistas españoles del siglo XVI, cuya renovación de la retórica clásica alcanza trascendencia en el campo de las ideas literarias y estéticas.

La primera retórica para uso en las aulas fue escrita por Antonio Nebrija * (1515), a instancias del Cardenal Cisneros, para la reciente universidad de Alcalá de Henares, y no pasa de ser un compendio de las doctrinas de Aristóteles, Cicerón y Quintiliano. Más originalidad presenta el pensamiento de Juan Luis Vives * en su crítica de la retórica clásica (*De corruptione rhetoricae*, Amberes, 1531; *De ratione dicendi*, Brujas, 1532). Frente a la definición comúnmente aceptada desde Catón del orador como «*vir bonus dicendi peritus*», Vives defiende la independencia entre la calidad del discurso, resultado de una técnica, y la bondad ética del orador y excluye de la retórica la *inventio*, que considera parte de la dialéctica, y la *memoria*, por ser común a todas las artes. Con ello se adelanta a las críticas de Pedro Ramus, cuyos seguidores en España dejan reducidas a dos las cinco partes de la retórica clásica *(inventio, dispositio, elocutio, pronuntiatio, memoria)*. En lo que se refiere al estilo, adopta una actitud ecléctica alejada del ciceronianismo estricto que propugnaban algunos círculos de humanistas italianos, lo cual no es de extrañar dada la influencia de Erasmo en Vives. La intensidad de la corriente erasmista en el reinado de Carlos V explica que hasta la segunda mitad de siglo no aparezca una corriente retórica marcada por el ciceronianismo. La encabeza Juan Lorenzo Palmireno, autor de un manual que lleva el expresivo título de *De vera et facile imitatione Ciceronis* (Zaragoza, 1560) y varios tratados de retórica reunidos en las *Rhetoricae Prolegomena* (Valencia, 1567) y *De arte dicendi* (1573). Sin embargo, se trata de un ciceronianismo moderado, pues incluso este humanista recomienda a Erasmo como ejemplo de *varietas et copia verborum*. Dentro de la misma corriente hay que situar *De imitatione* (Amberes, 1554) de Sebastián Fox Morcillo y la obra de Alfonso García Matamoros *(De ratione dicendi*, Alcalá, 1548; *De tribus dicendi generibus*, 1570), aunque sin duda los principales impulsores del ciceronianismo y de su pervivencia en el siglo XVII fueron los jesuitas. Estos utilizaron tratados como el *De rhetorica libri tres* (Coimbra, 1560) del P. Cipriano Suárez, que alcanzó una gran difusión al ser adoptado como libro de texto en la primera *Ratio* jesuítica (1586), y *De arte oratoria* (Salamanca, 1596) del P. Bartolomé Bravo —de hecho, un calco de la obra de Suárez—, reimpresa sucesivamente hasta 1774. La tercera corriente que influyó en la conformación de las ideas retóricas en España fue el ramismo. Su presencia en las universidades españolas dio lugar, como en el caso del erasmismo, a controversias y finalmente a choques con la Inquisición. Las ideas de Pedro Ramus sobre los límites de la retórica, que quedaba reducida a la *elocutio* y a la *pronuntiatio*, se dejan sentir en la obra de los que asistieron a sus clases en París, como en los *Institutionum Rhetoricarum libri III* (Lovaina, 1554) de Fadrique Furió Ceriol *, en las *Institutiones rhetoricae* (1552) de Pedro Juan Núñez —más influido, en realidad, por Hermógenes— y en el *De arte dicendi* (Salamanca, 1556) y *Organum dialecticum et retoricum* (Lyon, 1579) de Francisco Sánchez de las Brozas, aunque el insigne humanista fue más bien un ecléctico, conjugando una actitud escéptica ante los argumentos de autoridad y su admiración hacia Erasmo y el estilo ciceroniano. Por último, a la influencia de la escuela bizantina a través de Aftonio hay que sumar la difusión de la retórica de Jorge de Trebisonda en texto latino anotado por Hernando Alonso de Herrera (Alcalá, 1511). En realidad, ideas afines a una u otra corriente pueden hallarse en casi todos los textos, si bien, como se ha indicado, éstos pueden agruparse en función de la orientación predominante.

Los tratados de oratoria sagrada, dirigidos a predicadores, se hacen abundantes sobre todo en el siglo XVII, pero ya en el siglo XVI hay algunos textos de gran interés. Entre éstos destaca la *Rhetorica Ecclesiastica* (1576) de fray Luis de Granada * y la *Retórica en lengua castellana* (Alcalá, 1541) de fray Miguel de Salinas, la primera retórica en romance, utilizada con provecho por Rodrigo Espinosa de Santayana en su *Arte de retórica* (Madrid, 1578) y por Juan de Guzmán en la *Primera parte de la rethórica* (Alcalá, 1589). Otros textos de menor interés son el *Modus concionandi* (Salamanca, 1576) de fray Diego de

Estella y *De sacra ratione concionandi* (Barcelona, 1588) de Diego Pérez de Valdivia.

El último cuarto del siglo XVI se caracteriza por la publicación de tratados en castellano en los que prevalece el interés por las ideas sobre la inspiración poética, la discusión sobre los géneros, el concepto de imitación y verosimilitud y el análisis de la versificación, lo que los convierte más bien en preceptivas poéticas que en tratados de retórica.

Dentro del campo de la retórica, sólo los jesuitas continuaron escribiendo tratados en latín de corte ciceroniano destinados a su uso en las escuelas, de lo que son ejemplo el *Rhetoricae compendium* (1615) de Juan Bautista de Poza, *Rhetoris christiani* (1619) de José Arriaga y las *Orationis institutiones* (1652) de José de Olzina. El resto de los tratados siguen una línea de eclecticismo, en los que, como consecuencia del ramismo, la atención se centra de modo casi exclusivo en la elocución, lo que lleva a incluir exhaustivas listas de tropos y figuras de gran complejidad. Esta tendencia afecta a la mejor retórica del siglo XVII, el *Mercurius trimegistus* (Baeza, 1621) de Bartolomé Jiménez Patón *. Compuesta por tres partes, la de mayor interés es la titulada *Elocuencia española en arte*, que va precedida de la *Eloquentia sacra*, en latín, y seguida de unas *Instituciones de la gramática española*. Patón, que pretende ser fiel intérprete de los preceptos aristotélicos, se inspira sobre todo en el Brocense. Su retórica nace de la necesidad de componer una retórica en lengua vulgar que siguiera el ejemplo establecido por las artes poéticas de Sánchez de Lima *, Díaz de Rengifo y López Pinciano *. El fin de la *Elocuencia española* es proporcionar un manual donde se enumeren los tropos y figuras de dicción catalogados por la retórica clásica, pero ejemplificados con textos extraídos únicamente de escritores españoles, desde Mena * hasta Quevedo *, en lo que es claramente una exaltación de la lengua vulgar. Sin llegar a su importancia renovadora, *El culto sevillano* (1631) de Juan de Robles sobrepasa la categoría del tratado de retórica. Escrito en forma de diálogo, ha sido definido como una especie de manual de cultura literaria y un arte de elocuencia castellana destinado a formar a un perfecto hombre de letras. El último tratado publicado en el siglo, el *Epítome breve de elocuencia española* (1692) de Francisco José Artiga o Artieda, con sus extravagantes divisiones, su forma en romances y su declarado propósito de evitar al estudiante el gasto inútil de tiempo por «salir sólo hablador» supone la manifestación palpable de la ruptura con el ideal humanista que había inspirado la renovación de la retórica a comienzos del siglo XVI.

Junto a estos títulos, se publican otras obras en que se tratan de modo polémico las cuestiones de estilo en torno al culteranismo y el conceptismo que tanto preocuparon en el Barroco, pero que sólo de forma bastante laxa pueden considerarse retóricas, y de las que el máximo exponente es la *Agudeza y arte de ingenio* (1648) de Baltasar Gracián *. De menor trascendencia son los numerosos tratados de oratoria sagrada, donde, además de comentarse aspectos como las cualidades pastorales y las lecturas retóricas y patrísticas necesarias al predicador, se participa de manera activa, a veces virulenta, en las controversias sobre el estilo. Aquí se pueden citar el *Templo de la elocuencia* (1629) de Jacinto Carlos Quintero, el *Arte de orar evangélicamente* (1648) de Agustín de Jesús María, el *Tractatus por instructione Evangelici praedicatores* (1650) de Francisco Alfonso Covarrubias y el *Jardín de la elocuencia* (1677) de fray José Antonio de Herrera.

BIBLIOGRAFÍA. A. Vilanova, *Los preceptistas españoles de los siglos XVI y XVII*

(Barcelona, 1953); F. Rico Verdú, *La retórica española de los siglos XVI y XVII* (Madrid, 1970); A. Martí, *La preceptiva retórica española en los siglos de oro* (Madrid, 1972); L. López Grigera, «An introduction to the study of rhetoric in 16th century Spain», en *Dispositio* 7 (1983), págs. 1-18; E. Artaza, *El ars narrandi en el siglo XVI español* (Deusto, 1989). [M.M.R.-F.]

RETÓRICAS DEL SIGLO XVIII. En el siglo XVIII existe ya una conciencia de la autonomía de la Retórica frente a la Poética, aunque en la mayoría de las preceptivas ambas disciplinas son tratadas simultáneamente. La Retórica, ya desde el siglo anterior, había quedado prácticamente reducida a preceptiva literaria. Se orientó exclusivamente hacia el ámbito de la ornamentación verbal, convirtiéndose en una teoría de la *elocutio*, con desatención de la *inventio* y la *dispositio*. Las retóricas del XVIII —salvo excepciones, como la completa *Rhetórica* (1757), de Mayans y Siscar *— se convirtieron en limitados manuales de recursos y figuras, al margen de su función en el discurso. En realidad, se trataba de preceptivas dirigidas principalmente a su utilización escolar. La enseñanza de esta disciplina se había reducido a una simple memorización mecánica, que ya había sido objeto de críticas en el siglo anterior. Esta limitación de la Retórica se ha achacado a una falta de motivos reales para el ejercicio de la elocuencia. El absolutismo permitía exclusivamente la retórica afirmativa; faltaron por tanto auténticos motivos de persuasión.

La actitud de los tratadistas retóricos de este siglo es más bien conservadora y tradicionalista. Así, los más importantes tratados de retórica del XVIII, como el ya citado de Mayans o la *Filosofía de la elocuencia* (1777) de Antonio de Capmany *, no se apartan del camino trazado por sus predecesores españoles y extranjeros. El propio Mayans y Siscar declara en el prólogo a su *Rhetórica*, que lo que él se propone es hacer hablar en castellano a Aristóteles, Hermógenes y Longino, a Cicerón, Cornificio y Quintiliano, entendidos tal como los explicaban Nebrija *, Vives *, Matamoros, Fray Luis de Granada *, Núñez y el Brocense *. Se trata de una enorme compilación, pero no da un paso adelante ni tiene una sola idea original. Años antes Gregorio Mayans había publicado *Los Orígenes de la Lengua Española* (1737), donde muestra una sistemática exposición de sus ideas lingüísticas y retóricas, y ofrece la primera edición del *Diálogo de la lengua* de Juan de Valdés *, que considera anónimo. Un año antes, Nicolás Puente había publicado un tratado *De rhetoricae facultate breve compendium ex varilis actoribus collectum, et recopilatum* (1736). Andrés Peña * da a la luz, en 1752, una *Retórica para los que breve y fácilmente quisieran saber hablar con elegancia*. En 1757, Manuel Merino saca un *Tratado de rethorica*, y años después un *Tratado de rhetórica para el uso de las escuelas* (1775). Alonso Pabón y Guerrero es autor de una *Rhetórica castellana, en la cual se enseña el modo de hablar bien y formar una oración o discurso coordinado sobre cualquiera assumpto* (1764); José de Muruzabel, de una *Explicación, según las reglas de la rhetórica de la oración de Cicerón en defensa de la ley de C. Manilio* (1775), y de un *Compendio de rhetórica latina y castellana* (1781). En 1777, Calixto Hornero escribió unos *Elementos de retórica con ejemplos latinos de Cicerón y castellanos de fray Luis de Granada para uso de las escuelas*. De la *Filosofía de la elocuencia* de Antonio de Capmany se ha destacado una actitud abierta y europeizante que, a pesar de su clara intención clasicista, trasluce ya ciertos vislumbres románticos. En realidad se trata de una retórica, y no de un tratado filosófico. Del mismo autor se publicó en 1786-94 el *Teatro histórico-crítico de la elocuencia española*.

Quizá la mejor aportación para los estudiosos de la retórica de aquellos tiempos fuese la primera traducción castellana de las *Instituciones oratorias* de Quintiliano, publicada en 1779 por los padres escolapios Ignacio Rodríguez y Pedro Sandier, tomando como base, según indican en el prólogo, la edición del francés Charles Rollin. En la extensa obra de Jovellanos * encontramos también un tratado de poética y retórica, bajo el título de *Curso de humanidades castellanas* (1794), no publicado en vida del autor, pero conocido por sus contemporáneos. Mariano Madramany y Calatayud * escribió un *Tratado de la elocución o del perfecto lenguage y buen estilo respecto al castellano* (1795). En 1798, J. L. Munárriz traduce la famosa retórica de Hugo Blair, bajo el título de *Las Lecciones sobre la Retórica y las Bellas Letras*, traducción realmente polémica que se convirtió en texto único de las cátedras de Humanidades hasta 1827, fecha en que será sustituido por el *Arte de hablar en prosa y verso*, de Gómez de Hermosilla *.

Dada la evidente decadencia del sermón en la época (véase ORATORIA SAGRADA EN EL SIGLO XVIII), la reforma de la predicación se convierte en punto esencial de los planteamientos religiosos de los ilustrados. A lo largo del siglo, se multiplicaron los tratados retóricos dirigidos a la enseñanza de los predicadores. En 1710, apareció *El ángel predicador S. Thomas de Acquino, en el quaresma*, de Juan de Villalva. Bruno Benavides publica *Directorio del púlpito* (1713). El barroquismo hueco y rimbombante que reinaba en los púlpitos en la primera mitad de siglo provocó escritos como *El Orador christiano ideado en tres diálogos* (1733) de Mayans y Siscar. Recuperando la línea perfilada por *De doctrina christiana* de San Agustín y, sobre todo, la *Retórica* de fray Luis de Granada, se propone combatir el sermón barroco que amenazaba poner en peligro la palabra de Dios, insistiendo en la necesidad de consultar la Biblia y los Santos Padres. Años más tarde, desde diferente género e ideología, el P. Isla *, en su popular novela *Fray Gerundio de Campazas* (1758), ridiculiza los excesos de la predicación. Esta obra fue, sin duda, junto a la traducción, en 1770, de la *Rhetórica Ecclesiástica* de fray Luis de Granada, la que contribuyó principalmente a la restauración de la oratoria sagrada en la segunda mitad del siglo. Pedro Antonio Sánchez es autor de unos *Discursos sobre la elocuencia sagrada española* (1778). Ignacio Obregón escribió *Práctica del púlpito para instrucción de un principiante manifestada según el estado presente de la oratoria, en los tres discursos, panegírico, moral y doctrinal* (1781). Antonio Sánchez Valverde es autor de *El predicador, al cual preceden unas reflexiones sobre los abusos del púlpito y medios de su reforma* (1782) y de *Exámenes de los sermones del P. Eliseo, con instrucciones utilísimas a los predicadores* (1787). Joaquín Traggia escribió *Rhetórica filosófica, o principios de la verdadera eloquencia... a uso de los discípulos de las Escuelas Pías* (1782). En el mismo año, sale a la luz *Reglas ordinarias de retórica, ilustradas con ejemplos de oradores y poetas del Siglo de Oro, para uso de las escuelas...*, de Juan Barbera y Sánchez. En 1788, Nicolás Aquino escribe *El púlpito, o reflexiones a los jóvenes eclesiásticos que se dedican al santo ministerio de la predicación evangélica* (1788), y Leonardo Soler de Cornellá, *Aparato de la elocuencia para los sagrados oradores...* (1788). En 1797, se publicó *El pretendiente de la oratoria sagrada*, de Francisco de Taradell.

BIBLIOGRAFÍA. M. Menéndez Pelayo, *Historia de las ideas estéticas en España* (Madrid, 1889); J. de José Prades, *La Teoría Literaria (Retóricas, Poéticas, Preceptivas)* (Madrid, 1975); K. Spang, *Fundamentos de Retórica* (Pamplona, 1979); P. Abbott, «A Bibliography of

Eighteenth —and Nineteenth— Century Spanish Treatises», en *Rhetorica* (Univ. de California, 1986); T. Albadalejo, *Retórica* (Madrid, 1989); J. González Bedoya, *Tratado histórico de retórica filosófica* (Madrid, 1990). [T.G.T.]

REVELACIÓN DE UN ERMITAÑO. Véase DEBATES POÉTICOS DE LA EDAD MEDIA.

REVILLA, MANUEL DE LA (Madrid, 1846-El Escorial, Madrid, 1881). Catedrático de la Universidad de Madrid, plasmó su ideario estético y crítico, cercano al krausismo * y al positivismo, en su obra *Principios de literatura general* (1872). Publicó un tomo de poesías —*Dudas y tristezas* (1875)— y tradujo, con comentarios, las obras de Descartes.

BIBLIOGRAFÍA. C. García Barrón, *Vida, obra y pensamiento de Manuel de la Revilla* (Madrid, 1987). [E.R.C.]

REVISTA DE AVANCE. Por ese subtítulo —el año en curso, en números, era el título verdadero, y en consecuencia variable— se conoce la revista que Alejo Carpentier *, Jorge Mañach *, Juan Marinello *, Francisco Ichaso y Martí Casanovas fundaron en La Habana en 1927, y de la que salieron cincuenta números hasta 1930. Fue el órgano difusor del vanguardismo, aunque su atención a la actualidad estética y literaria desbordaba con mucho ese marco: incluyó manifestaciones tanto del posmodernismo como de la poesía pura y afroantillana (en sus páginas aparecieron poemas de autores cubanos tan significativos como Mariano Brull *, Emilio Ballagas * y Eugenio Florit *), contó con la colaboración de personalidades del mundo intelectual de habla española como Alfonso Reyes *, Miguel de Unamuno * y José Ortega y Gasset *, prestó atención a manifestaciones culturales muy diversas (cine, teatro, artes plásticas, música), difundió información sobre las letras no hispánicas y, cuando llegó el caso, no rehuyó pronunciarse sobre la actualidad social y política del país. En buena medida gracias a la *revista de avance*, el vanguardismo cubano constituyó una vigorosa reacción contra la inercia intelectual y un impulso decisivo en busca de una cultura con identidad propia. [T.F.]

REVISTA NACIONAL DE CULTURA. Revista literaria venezolana, fundada en Caracas, en 1938, por Mariano Picón Salas *. Se ha mantenido vigente hasta el día de hoy, en que la dirige el poeta Vicente Gerbasi *. Informa especialmente sobre literatura, artes y cultura venezolana e hispanoamericana, abriéndose ampliamente a lo universal. Ha publicado números monográficos dedicados a países y a temas especiales. La nómina de colaboradores es numerosa e incluye escritores de todo el mundo.

BIBLIOGRAFÍA. O. Sambrano Urdaneta, *Revista Nacional de Cultura. Índice del número 1 al 150* (Caracas, 1962); M. Hernández, *Revista Nacional de Cultura. Índice de los números 151 al 220: marzo, 1968-junio, 1975* (Mérida, 1977). [H.J.B.]

REVISTA NUEVA. Véase REVISTAS LITERARIAS Y CULTURALES ESPAÑOLAS.

REVISTA DE OCCIDENTE (Madrid, julio de 1923-julio de 1936). Fue fundada y dirigida por José Ortega y Gasset *, con el fin de hacer balance de cuanto valioso se producía en España y en el extranjero, ya se tratara de filosofía, ciencia, arte, sociología y literatura. En este último sentido dio preferencia a las novedades vanguardistas, a los nombres más importantes del panorama europeo (Kafka, Rilke, Joyce, Valéry, Cocteau, etc.) y a las obras en que se reflejaban las preocupaciones del momento: el vitalismo, la filosofía existencial, el renacimiento religioso, el espiritualismo irracionalista, la presencia dominante de las masas, etc. La atención que prestó a escritores españoles del pasado, con la excepción de Góngora *, fue menor. También dedicó amplio espacio a la creación literaria, tanto a la española —la mayor parte de los poetas del 27 dio a conocer en ella algunas de sus producciones— como a la hispanoamericana. Por otra parte, aunque se mantuvo de espaldas «a toda política, ya que la política no aspira nunca a entender las cosas», intentó dar cuenta de las transformaciones sufridas en la vida española de la época —sobre todo de las referidas a la sexología y a las relaciones entre individuo y sociedad.

De los 308 colaboradores con que contó, 133 fueron españoles, 78 alemanes y 97 de otros países. Algunos de los nombres que más se repiten son los de F. Vela *, que actuó de secretario de redacción, B. Jarnés *. R. Gómez de la Serna *, Corpus Barga *, J. Chabás *, E. Díez-Canedo *, A. Marichalar *, G. de Torre *, R. Baeza *, M. Abril *, A. Espina *, F. Ayala *, A. Sánchez Rivero, M. Fernández Almagro *, E. García Gómez, J. M.ª Quiroga Pla *, J. M.ª de Cossío *, M.ª Zambrano *, G. Marañón *, M. García Morente, R. Menéndez Pidal *, C. G. Jung, G. Simmel y B. Russell. Casi todos ellos, independientemente de los asuntos abordados, muestran una marcada tendencia a servirse en sus ensayos de argumentos extraídos del campo de la sociología, la historia, la filosofía y la psicología, y a utilizar procedimientos narrativos típicamente literarios.

En relación con la *Revista* se fundó la editorial del mismo nombre, en la que se dieron a conocer obras de gran interés.

Entre abril de 1963 y septiembre de 1977 volvió a publicarse, con José Ortega Spottorno de director y Paulino Garagorri de secretario de redacción. Con un carácter más informativo que ensayístico, mantuvo el mismo talante liberal de la anterior. En el primer número se precisaba: «La vida intelectual se halla hoy infestada por la pasión y el partidismo. A la vital curiosidad, a la fruición del pensamiento, a la claridad, es necesario unir destacándolos con vigor los requisitos de la veracidad y, ante todo, de la libertad, tan gravemente amenazada, y sin la cual tales imperativos resultan imposibles.»

En su última etapa (abril de 1980-1992...), en la que ha tenido al frente a Soledad Ortega, se ha marcado como objetivos: «ser una revista de ensayo, atenta a los temas de máximo interés, en conexión con las inquietudes y expectativas del lector culto de nuestro tiempo [y] mantener una corriente de circulación entre las culturas ibéricas y latinoamericanas».

BIBLIOGRAFÍA. T. Gurza y Bracho, *Índices 1923-1936 de la Revista de Occidente* (México, 1946); E. Segura Covarsi, *Índice de la Revista de Occidente* (Madrid, 1952); E. López Campillo, *La Revista de Occidente y la formación de minorías* (Madrid, 1972). [A.R.]

REVISTAS LITERARIAS Y CULTURALES ESPAÑOLAS.

FIN DE SIGLO: La joven generación del fin de siglo encontró en la prensa periódica un cauce apropiado, por el menor coste y mayor alcance que el libro, para publicar sus primeros escritos. Cuando estos autores irrumpen en el panorama cultural del país, se les ofrecen dos tipos de publicaciones periódicas heredadas de sus mayores: por un lado, revistas como *Madrid Cómico*, intrascendentes, de orientación humorística, destinadas a un público mayoritario; por otro, revistas intelectuales, de carácter divulgativo, como *La España Moderna*, con un enfoque en el tratamiento de los diversos temas frío y aséptico. No satisfechos con ninguno de estos dos tipos de publicaciones, optaron por crear sus propias revistas, éstas también con un variado planteamiento: comprometidas sociopolíticamente, como *Electra*, o predominantemente literarias, como *Helios;* no obstante, en ambos tipos late una misma preocupación por la necesaria renovación de España y en ambas subyace el convencimiento de que la base de dicha renovación debe atender a la regeneración integral del individuo, no descuidando ni sus necesidades materiales ni sus necesidades anímicas.

A pesar de su disconformidad con las revistas existentes, los jóvenes deben hacer inevitablemente en ellas sus primeros tanteos literarios, introduciéndose tímidamente e intentando dejar el sello de su personalidad: especial mención merece, en este sentido, el caso de *Madrid Cómico*, en el que un joven, Jacinto Benavente *, se introdujo paulatinamente, llegando a ser director y abriendo sus puertas a las nuevas plumas; la prometedora renovación, sin embargo, duró sólo un año (septiembre de 1898-octubre de 1899), tras el cual *Madrid Cómico* retomó su orientación, haciéndose entonces aún más agria la crítica antimodernista. *Germinal* (1897) supone una primera toma de postura de la «gente joven»: bajo la dirección de Joaquín Dicenta *, desde el principio declara su orientación «socialista-republicana», pero en él se comprueba ya la fusión de interés político y estético, no sólo por la presencia de firmas diversas —Valle-Inclán * junto a Ernesto Bark *—, sino por el doble interés en un mismo autor —Dicenta, Baroja *, Maeztu *—; periódico ecléctico, conviven en él el más feroz anticlericalismo con un cristianismo próximo al socialismo utópico.

La Vida Literaria (1899) nació como suplemento de *Madrid Cómico* en la época de responsabilidad de Benavente, igualmente bajo su dirección, desgajándose pronto de aquél; pero su feliz independencia duró poco, pues esta revista murió con su número 31; de interés predominantemente literario, como su nombre quiere significar, publican cuentos en ella Pío Baroja, G. Martínez Sierra *, Valle-Inclán, Clarín *, E. Zamacois *, etc., y poesías Vicente Medina *, Rubén Darío *, Ricardo Gil *, etc.; no obstante, en ella también se da cabida a otros planteamientos más generales, debidos a Federico Urales, Urbano González Serrano * o Maeztu. *Revista nueva* (1899) nació en Madrid, vinculada a la tertulia que varios escritores llevaban a cabo en casa de Luis Ruiz Contreras *, que aparece como director; el peso debió de recaer inicialmente en éste, junto a Baroja, pues ambos multiplican sus artículos bajo diversos seudónimos, para dar mayor variedad al conjunto; posteriormente se va ampliando la lista de colaboradores con E. Gómez Carrillo *, Benavente, Unamuno *, Valle-Inclán, Martínez Sierra, etc.; por el título y por sus firmas se deduce fácilmente la intención de marcar fronteras entre los intereses de dos generaciones, la de sus mayores, que es criticada explícitamente por la pobreza del legado tanto politicosocial, como cultural, y la de la «gente nueva»; en paralelo a este doble reproche se reivindica, tanto en artículos teóricos, como en la realidad práctica de la revista, la necesidad de atender a los dos aspectos para la regeneración futura de España.

Electra (1901) nació bajo los auspicios del éxito teatral de la obra galdosiana, que se tomó como bandera de la lucha contra la intransigencia y el dogmatismo sociopolítico; una carta de Pérez Galdós * abría esta publicación, dando ánimos a sus jóvenes responsables —Valle-Inclán, Maeztu, Villaespesa *, Manuel Machado * y, pronto, Baroja—; aparte del magisterio de Galdós, más teórico que real, están totalmente ausentes las firmas de la «gente vieja»; en los artículos de fondo, sus redactores se muestran intransigentes y hasta revolucionarios —Castrovido, Baroja, Azorín *—, con cierta complacencia especialmente en la lucha anticlerical, incluso antirreligiosa; en el terreno literario, dominan los relatos con fuerte carga de crítica social, aunque tampoco está ausente el interés esteticista —Valle-Inclán—; además se presenta a «Los poetas de hoy», Juan Ramón Jiménez *, Antonio Machado *, Francisco Villaespesa, etc. *Juventud* (1901-02) es una de las revistas más citadas de la época y sobre la que más tópicos pesan: se le ha concedido una excesiva importancia como integradora del grupo de «los tres», pero ni es la primera vez que sus nombres aparecen juntos en una publicación, ni su colaboración es aquí más importante que en otras revistas, ni sólo ellos «tres» son sus inspiradores, ni es una revista abanderada del «noventayochismo»; por el contrario, son figuras fundamentales Pío Baroja, que se diversifica en diversos seudónimos, y José María Llanas Aguilaniedo *, cuyas iniciales cierran el manifiesto fundacional; desde el primer número colaboran Valle-Inclán y Manuel Machado, mientras que Azorín y Maeztu no lo hacen hasta el número 5 y 6, respectivamente (en total son doce números); a pesar de que laten siempre las preocupaciones sociopolíticas, la solución que se quiere dar al problema de España es de base idealista y, en concreto, regeneracionista; por último, la misma atención que se concede a los artículos de fondo, se dedica a la creación literaria, especialmente al género narrativo.

Helios (1903-04) es la revista de presentación más cuidada de la época, a pesar de la escasez de recursos; se gestó su idea entre el grupo de amigos que visitaban a Juan Ramón Jiménez en el Sanatorio del Rosario: el manifiesto inaugural, «Génesis», aparece firmado por Pedro González Blanco *, Juan Ramón Jiménez, Gregorio Martínez Sierra, Carlos Navarro Lamarca y Ramón Pérez de Ayala *, y en él se declara el interés literario de la revista, que se plasma después tanto en su dimensión crítico-reflexiva, como en la creativa; pese a ello, no está totalmente ausente la preocupación por el porvenir de España, aunque mucho más diluida y con propuestas de solución más idealistas —regeneración personal prioritaria—; colaboran también Azorín, Benavente, Manuel Machado, Navarro Ledesma *, etc.; los «Glosarios» de *Helios*, en los que los redactores iban anotando impresiones variadas, son un magnífico muestrario de temas y motivos modernistas.

Alma española (1903-04) nació —muy probablemente inspirada por Azorín— con declarada intención politicosocial, presidida por la bandera de España en su encabezamiento, con la pretensión de aglutinar a todos los que sentían el amor por la patria, aunque en la realidad pronto se vio definida por el sectarismo socialista, con colaboraciones de Manuel Bueno *, Luis Bonafoux *, Maeztu, Manuel Carretero *, etc.; en una segunda etapa se van infiltrando las firmas de los hombres de *Helios*, con Martínez Sierra a la cabeza, hasta hacerse predominante el interés literario; por último, reaparece tras una breve ausencia, con el número 21 —durará hasta el número 24—, retomando la orientación política, ahora con un carácter mucho más intransigente y combativo, reapareciendo las firmas de la etapa inicial, aunque sin prescindir de las colaboraciones literarias.

Renacimiento (1907) fue fundada por Martínez Sierra, con interés exclusivamente literario; aunque se ha dicho que es la revista del modernismo «triunfante», en ella se observa la disgregación del grupo inicial de *Helios*, con ausencias significativas y con la apertura a los jóvenes escritores Andrés González

Blanco *, José Francés *, Enrique Díez-Canedo *, Eugenio d'Ors *, etc.; hay, eso sí, una defensa teórica a ultranza, sobre todo a cargo de su director, de la estética modernista y de los autores de su «generación»; muy importante es el número 8, especial, en el que se presenta a diversos poetas modernistas —casi siempre se trata de una autocrítica— y se ofrece una muestra antológica de su obra.

Aunque en 1908 aparece *Prometeo*, que parece anunciar un tiempo nuevo, todavía en 1911 se crea en París *Mundial Magazin*, con ideales y contenidos netamente modernistas, bajo la dirección literaria de Rubén Darío; esta revista está definida por dos notas: el sentido hermanamiento entre modernismo español e hispanoamericano y la extensión del fenómeno modernista más allá de los límites literarios (ilustraciones, moda, etc.); colaboran, entre los españoles, Valle-Inclán, Manuel y Antonio Machado, Juan Ramón Jiménez, Villaespesa, Joan Maragall *, etc.; y, entre los hispanoamericanos, José E. Rodó *, Amado Nervo *, J. Santos Chocano *, Gómez Carrillo, etc.

BIBLIOGRAFÍA. D. Paniagua, *Revistas culturales contemporáneas* (Madrid, 1964); *Alma española*, reedición de P. O'Riordan (Madrid, 1978); *Revista Nueva*, reedición de J.-C. Mainer (Barcelona, 1979); M.ª P. Celma, *Literatura y periodismo en las Revistas de Fin de Siglo. Estudio e índices* (Madrid-Gijón, 1991). [M.P.C.]

AÑOS 1907-1918: En los años que van de 1907 a 1918 se produce el gran salto, expresivo e ideológico, que le permite a la literatura española, superada la estética finisecular, entrar en la modernidad. Las revistas de este momento configuran un campo excelentemente abonado para la divulgación y extensión de las nuevas ideas, así como para la experimentación de nuevas técnicas, hasta llegar a constituir un material historiográfico importantísimo para trazar la línea de evolución que, del modernismo, lleva a la vanguardia. Vehículo y laboratorio de las nuevas corrientes, las publicaciones periódicas de la segunda década de nuestro siglo dan acogida a los primeros manifiestos de la vanguardia y cambian radicalmente el concepto de revista literaria.

Inspirada en el formato de las grandes revistas del modernismo (*Helios* y *Renacimiento*, especialmente) y presidida por una cita de Rubén Darío *, en 1908 ve la luz el primer número de *Prometeo* (1908-12). Pero *Prometeo*, en los 38 números a que se extiende la duración de la revista, ya no es una publicación modernista, sino que, desde muy pronto, presagia y anticipa el tiempo de la vanguardia, a la vez que se preocupa por dar cabida a ciertas formas de erotismo y de utopismo social que la literatura del fin de siglo no había atendido suficientemente. La mano de Ramón Gómez de la Serna *, director de la revista a partir del número 11 (en sucesión de su padre, Javier Gómez de la Serna, que lo había sido hasta entonces), está visible a lo largo de toda la historia de la publicación. Especial atención presta *Prometeo* a la definición del «Concepto de la nueva literatura», así como al estudio de la cuestión referente al papel que al intelectual le correspondía en una sociedad que ha dejado de ser la del siglo XIX. Sobre la pauta de estas líneas de reflexión, la revista va elaborando una serie de claves (vitalismo y actualidad, disolución de los géneros tradicionales, relectura y reinterpretación de la historia de la literatura y exigencia de actualidad), que determinan, a la vez, el desmembramiento del modernismo y el asentamiento de un estado de pensamiento, sobre el que vendrá a arraigar la vanguardia. En este contexto, no es extraño que la «Proclama futurista a los españoles», de Marinetti, viera la luz en sus páginas.

El camino que tan claramente marcaba ya *Prometeo* se consolida con *Los Quijotes* (1915-18), de la que fue director el anarquista Emilio G. Linera. Su existencia alcanza los 88 números. En sus páginas se curten muchos de los escritores que, pronto, aparecerán como integrantes de las huestes del ultraísmo (Pedro Garfias *, Cansinos-Assens *, Guillermo de Torre *, Adriano del Valle *, Lasso de la Vega *, etc.). Sin ser propiamente una revista de vanguardia, la acogida que sus páginas dan a Apollinaire y a Reverdy resulta muy significativa, a la vez que Cansinos, en el tratamiento de ciertos temas orientales, constata la disolución definitiva del modernismo.

Las dos etapas de *Cervantes* (1916-19 y 1919-20) son bien reveladoras de un momento especialmente interesante para entender ese «paso» de la estética modernista a la vanguardista, que, sin solución de continuidad, se produce en los años ahora historiados. Si los nombres de F. Villaespesa *, A. González Blanco * y J. Ingenieros * presiden una época que mira hacia el pasado, los de César A. Comet *, Chabás *, R. Cansinos, R. Ballesteros, Gerardo Diego * y G. de Torre marcan, en 1919, la aparición de un clima nuevo. No desaparecen los nombres de españoles e hispanoamericanos de procedencia modernista, pero la apertura a Max Jacob, Apollinaire, Cendrars, Picabia, Breton y Cocteau dan justificación al credo «ultraísta» proclamado en el manifiesto «A la juventud literaria», que firma Cansinos, en 1919, y que es definido en un número importante de artículos y ejemplificado con un ramillete no menos representativo de poemas que le rinden culto.

Con *Cervantes*, antes, y con *Cosmópolis* (1919-20), *Perseo* (1919), *Reflector* (1920), *Tableros* (1921-22), *Ultra* (1921-22), *Horizonte* (1922), *Vértices* (1923) y *Tobogán* (1924), un poco más tarde, comparte *Grecia* el honor de haber servido de cuna al movimiento «ultra». Dirigida por Isaac del Vando-Villar * y Adriano del Valle, en 1918, aparece en Sevilla *Grecia* (1918-20), que, como las anteriores, refleja un clima de transición que el significativo hermanamiento, en sus páginas, de Rubén Darío y «Los poetas del ultra» hacen evidente. Se repiten en esta revista muchos de los nombres que, desde *Prometeo*, hemos visto surgir en las anteriores y se amplía la nómina de europeos e hispanoamericanos (Cendrars, Paul Fort, Tzara, Saint-Pol Roux, Huidobro *, Borges *) representativos de lo «nuevo». Pero *Grecia* resulta especialmente interesante en la definición del «ultraísmo» como movimiento español, en la especificación teórica de la importancia de la imagen como instrumento de creación y en el reconocimiento, en este sentido, de la significación de Cansinos y de Gómez de la Serna como inspiradores.

Al lado de las publicaciones citadas más arriba, en la segunda década del siglo, si tomamos la literatura como punto de referencia, hay que contar también con el papel desempeñado en el panorama nacional por revistas menos especializadas que las mencionadas y por las secciones literarias de algunos periódicos. Entre las primeras hay que citar *España* y *Hermes;* entre las segundas, las páginas de *El Sol* y *El Imparcial.*

Con una periodicidad semanal, *España* aparece en 1915, bajo la dirección de José Ortega y Gasset *, y consigue aglutinar a los intelectuales progresistas más representativos del momento. La cultura, en sentido amplio, y la política, más que lo estrictamente literario, es lo que da sentido a unas páginas, en las que las firmas del propio Ortega, Pérez de Ayala *, Juan Ramón Jiménez *, Díez-Canedo *, D'Ors *, Melchor Fernández Almagro *, Luis de

Zulueta *, etc., aparecen con cierta frecuencia. Díez-Canedo, encargado de la sección de crítica literaria, no descuida la información sobre las corrientes renovadoras de la vanguardia. A pesar de no ser una publicación estrictamente literaria, la información sobre la nueva literatura (Proust, Marinetti, Apollinaire, Reverdy y Maiakowski) es relevante, y los jóvenes escritores españoles (Bacarisse *, Espina *, García Lorca *, Chabás y Bergamín *) encuentran en sus páginas una buena acogida. Desde 1916 y hasta su desaparición en 1924, Luis Araquistáin * y Manuel Azaña * suceden a Ortega en la dirección de *España*, y el semanario evoluciona hacia posiciones más avanzadas de izquierda.

Por lo que se refiere a las páginas literarias de los diarios, hay que destacar las de *El Sol*, donde resulta especialmente estimulante la labor desempeñada por la crítica de Díez-Canedo (crítica informada siempre. en la que su entusiasmo por lo francés contribuye no poco a familiarizar a los lectores con «renovaciones» de la modernidad), junto a una nómina (Ortega, Salvador de Madariaga *, Mariano de Cavia *, Corpus Barga *, Federico de Onís, Julio Camba *, etc.) que da clara idea de la fuerza de la publicación como órgano creador de opinión. En las páginas de *El Sol* aparecieron también, con cierta frecuencia, «anticipaciones» del trabajo en que los escritores del momento (Pérez de Ayala, Juan Ramón Jiménez, etc.) estaban empeñados. La gran relevancia que, desde el punto de vista literario, alcanzaron en un determinado momento, en el fin de siglo, *Los Lunes de «El Imparcial»*, no se mantiene en la etapa ahora historiada, perdiendo este periódico la sintonía que, para con los cambios literarios, había demostrado poseer en los años anteriores.

BIBLIOGRAFÍA. A. Soria Olmedo, *Vanguardismo y crítica literaria en España: 1910-1930* (Madrid, 1988); C. A. Molina, *Medio siglo de prensa literaria española: 1900-1950* (Madrid, 1990). [J.B.]

AÑOS 1918-1939: El antecedente más directo de las publicaciones vanguardistas fue la revista *Prometeo* (Madrid, 1908-12), impulsada por Ramón Gómez de la Serna *. Entre el modernismo y la vanguardia surgieron *Los Quijotes* (Madrid, 1915-18), *Cervantes* (Madrid, 1916-19) y la significativa revista *Grecia* (Sevilla-Madrid, 1918-20), dirigida por Isaac del Vando-Villar *. Ultraístas fueron las publicaciones madrileñas *Cosmópolis* (1919-20), *Perseo* (1919), *Reflector* (1920), *Ultra* (1921-22), *Tableros* (1921-22), *Vértices* (1923) y *Tobogán* (1924). Fuera de Madrid se publicaron *Ultra* (Oviedo, 1919-20), *Parábola* (Burgos, 1923 y 1927-28) y *Ronsel* (Lugo, 1924). Aunque incluida por Guillermo de Torre * entre las revistas del ultraísmo, *Plural* (Madrid, 1925) estaba ya abierta a otras tendencias, así como *Horizonte* (Madrid, 1922) y *Alfar* (La Coruña, 1923-27) —ésta con una segunda etapa uruguaya en 1929—, que marcan el paso de la combatividad de los inicios de la nueva estética a posturas eclécticas menos beligerantes. Entre 1921 y 1922 aparecieron los cuatro números de *Índice*, revista de Juan Ramón Jiménez *, donde se agruparon escritores guiados por un afán de modernidad, pero alejados del radicalismo de la vanguardia. Otras revistas de Jiménez fueron *Sí. Boletín Bello Español del Andaluz Universal* y *Ley. Entrega de Capricho*, que salieron una sola vez, en 1925 y 1926, respectivamente.

El cuidado en la presentación caracteriza las publicaciones de Juan Ramón Jiménez y de una serie de revistas, principalmente poéticas, surgidas en los años veinte, entre las cuales destacan: *Verso y Prosa* (Murcia, 1927-28), que tuvo como punto de partida el *Suplemento literario* del diario *La Verdad*; *Mediodía* (Sevilla, 1926-28), que reapareció en 1933 y en 1939; *Litoral* (Málaga,

1926-29), dirigida por Emilio Prados * y Manuel Altolaguirre *, que ha tenido otras dos épocas: en México (1944) y en Málaga (a partir de 1968); *Papel de Aleluyas* (Huelva, 1927-28), a cargo de Rogelio Buendía *, Adriano del Valle * y Fernando Villalón *; *Carmen* (Santander, 1928-29), con el suplemento *Lola*, a cuyo frente estaba Gerardo Diego *; *Gallo* (Granada, 1928), dirigida por Federico García Lorca *, con el suplemento *Pavo; Meseta* (Valladolid, 1928-29); *Manantial* (Segovia, 1928-29), y *Favorables París Poema* (1926), que dirigieron en París Juan Larrea * y César Vallejo *.

Vinculadas a Manuel Altolaguirre aparecieron: *Poesía* (Madrid-París, 1930-31), *Héroe* (Madrid, 1932) y *1616 (English and Spanish Poetry)* (Londres, 1934-35), que incluyó textos en inglés y en español. Se sitúan también en una línea de continuidad de las publicaciones de la década anterior *DDOOSS* (Valladolid, 1931), *Isla* (Cádiz, 1933-36), que reapareció entre 1937 y 1940, y *Los Cuatro Vientos* (Madrid, 1933), promovida, entre otros, por Dámaso Alonso *, Jorge Guillén * y Pedro Salinas *. Pablo Neruda * dirigió en Madrid *Caballo Verde para la Poesía* (1935-36), donde publicó un manifiesto, «Sobre una poesía sin pureza», en el que resumía los nuevos rumbos literarios iniciados al comienzo de los años treinta, tendentes a una «rehumanización» del arte. Siguen defendiendo, por el contrario, la estética purista revistas como *Frente Literario* (Madrid, 1934), *Surgir* (Madrid, 1934), *Altozano* (Albacete, 1935-36) y *Nueva Poesía* (Sevilla, 1935-36). Otras publicaciones literarias de interés fueron *Extremos a los que ha llegado la poesía en España* (Madrid, 1931); *Murta* (1932), de Rafael Duyos; *Brújula* (Madrid, 1932), a cargo de Julio Angulo * y Ricardo Gullón *; *Literatura* (Madrid, 1934), dirigida por Gullón y Gil; *A la Nueva Ventura* (Valladolid, 1934); *Ágora* (Albacete, 1934-35), cuyo director fue José S. Serna; *Silbo* (Orihuela, 1935); *Hoja de Poesía* (Sevilla, 1935); *Pregón Literario* (Madrid, 1936); *Almena* (Madrid, 1936); *Ardor* (Córdoba, 1936).

Si en relación con la etapa precedente encontramos en los años treinta, por un lado, un descenso de las revistas literarias, hay, por otro, una proliferación de publicaciones en las que abundan textos ensayísticos y críticos, además de los de creación, y en las que, junto a lo literario, se presta también atención a temas artísticos, culturales y sociales. Ya en la segunda década del siglo habían aparecido algunas revistas culturales de gran importancia, como *La Pluma* (Madrid, 1920-23), a cargo de Manuel Azaña * y Cipriano Rivas Cherif *, que dedicó especial atención a la literatura, *Revista de Occidente *, Residencia* (Madrid, 1926-34) y *La Gaceta Literaria *.

Defienden el compromiso de los intelectuales desde posturas izquierdistas, a partir de un concepto de la literatura y el arte como herramientas de transformación social, *Post-Guerra* (Madrid, 1927-28), *Nueva España* (Madrid, 1930-31), *Hoja Literaria* (Madrid, 1933), *Diablo Mundo* (Madrid, 1934), *Letra* (Madrid, 1935), *Octubre* (Madrid, 1933-34), subtitulada «Escritores y artistas revolucionarios», y dirigida por Rafael Alberti * y María Teresa León *, *Nueva Cultura* (Valencia, 1935-37) y *El Tiempo Presente* (Madrid, 1935). Una orientación católica progresista y liberal, como *Cruz y Raya *, tuvo *El Gallo Crisis* (Orihuela, 1934-35), que dirigió Ramón Sijé *. En Tenerife se publicó en esta década una interesante revista, *Gaceta de Arte*, dirigida por Eduardo Westerdhal, relacionada con personalidades vinculadas al surrealismo, aunque evitó la plena identificación con este movimiento. También en Tenerife, apareció *Boletín Internacional del Surrealismo* (1935). Otras publicaciones culturales dignas de mención fueron *Noreste* (Zaragoza, 1932-36), *Azor* (Barcelona, 1932-36), *Eco* (Madrid, 1933-35), *P.A.N.* (Madrid, 1935) y las del Centro de Estudios Históricos, *Tierra Firme* (1935-36) e *Índice Literario* (1932-36), a cargo de Pedro Salinas y Guillermo de Torre.

La Guerra Civil acabó con la mayor parte de las revistas de la época precedente, y surgieron entonces publicaciones acordes con la ideología de los bandos contendientes. Entre las que apoyaron el levantamiento militar, las más destacadas, desde el punto de vista literario, fueron *Jerarquía* (Pamplona, 1936-38) y *Vértice* (San Sebastián-Madrid, 1937-46). De las publicaciones republicanas hay que señalar *El Mono Azul* (1936-38), impulsada por Rafael Alberti, *Madrid. Cuadernos de la Casa de la Cultura* (Valencia, 1937-38), dirigida por Enrique Díez-Canedo * y María Zambrano *, y *Hora de España* (Valencia, 1937-38), en la que colaboraron, entre otros, Alberti, Aleixandre *, Altolaguirre, Corpus Barga *, Bergamín *, R. Dieste *, Cernuda *, Rosa Chacel *, Jarnés, Antonio Machado *, Moreno Villa *, Navarro Tomás, Prados y Sánchez Barbudo *.

BIBLIOGRAFÍA. D. Paniagua, *Revistas culturales contemporáneas* (Madrid, 1964-70); R. Osuna, *Las revistas españolas entre dos dictaduras (1931-1939)* (Valencia, 1986); C. A. Molina, *Medio siglo de prensa literaria española (1900-1950)* (Madrid, 1990). [G.R.F.]

AÑOS 1939-1992: *Garcilaso* (Madrid, 1943-46) —a la que habían precedido *Juventud* (1939), *Cancionero* (1941) y *Cuadernos de poesía* (1941)— fue la primera revista poética importante. La mayor parte de sus colaboradores ofreció una visión optimista y esperanzada del mundo, una notable voluntad de armonía, claridad y orden, un lenguaje depurado y mostró una notable predilección por las formas métricas clásicas. *Cántico* (Córdoba, 1947-49 y 1954-57) constituye uno de los ejemplos máximos de las actitudes no comprometidas de la poesía de posguerra. Sobre todo en su última etapa pretendió enlazar con los poetas franceses de la segunda mitad del siglo XIX, con los modernistas y con los de la vanguardia. Por el contrario, la leonesa *Espadaña* (1944-50) se presenta como la más notoria prolongación de la línea rehumanizadora iniciada en la década anterior. Muchos de sus colaboradores dieron rienda suelta, con lenguaje agrio, violento y, a veces, grandilocuente y tremendista, a sus angustias existenciales y a sus inquietudes sociales. También *Verbo* (Alicante, 1946-63) se opuso al esteticismo de otras revistas del momento. Un carácter más ecléctico tuvieron *Corcel* (Valencia, 1942-49), en la que convivieron los poetas de la vanguardia con otros más jóvenes; *Proel* (Santander, 1944-45 y 1946-50), que, en su segunda etapa, acogió originales sobre todo tipo de manifestaciones artísticas y culturales, y *Caracola* (Málaga, 1952-75).

En Madrid también destacaron *Postismo* y *La Cerbatana* (sólo salió un número de cada una de ellas en 1945), cauces de expresión del movimiento postista; *El Pájaro de Paja* (1950-54), que, aunque acogió a representantes de la poesía comprometida, intimista y desgarrada, mostró un talante vanguardista; *Poesía Española*, que, con la intención de ofrecer sólo textos inéditos, apareció en 1952 (a partir del número 217 —1971— cambió su nombre por el de *Poesía Española e Hispanoamericana;* desde el 221 —1971—, por el de *Poesía Hispánica*); *Trece de Nieve* (1971-77), abierta a poetas de diferentes tendencias; *Poesía* (1978-92...), caracterizada por su lujo tipográfico, y los *Pliegos de poesía Hiperión* (1985-92...).

De otras zonas, hay que mencionar: las santanderinas *La Isla de los Ratones* (1948-55), de talante más experimental y antipurista que otras publicaciones del momento, y *Peña Labra* (1971-1989), que tuvo como objetivo ser «remanso y oasis lírico en las actividades de la Institución Cultural de Cantabria»; las andaluzas *El Parnaso* (Cádiz, 1948-51), y su continuación *Platero* (1951-54), en las que suele aparecer la imagen de un sur idealizado y luminoso; *Antorcha de Paja* (Córdoba, 1973-83), de orientación ecléctica; *Olvidos de Granada* (Granada, 1984-88); *Con Dados de Niebla* (Huelva, 1984-92...), de cuidada presentación; *La Trinchera*. «Frente de poesía libre» (salieron tres números: el primero, en Sevilla, en 1962; los otros dos, en Barcelona, en 1966); *Fin de Siglo* (Jerez de la Frontera, 1982-87 y 1992...), que acogió a poetas recientes y ensayos sobre autores españoles y extranjeros, y las barcelonesas *Dau al Set* (1948-51), escrita en castellano, catalán y francés; *Laye* (1950-53), que sirvió de campo de entrenamiento dialéctico a jóvenes valores de la poesía, el ensayo y la crítica, y *Hora de Poesía* (1979-92...), en la que han convivido el ensayo, la crítica y la creación poética. Por su parte, *Rocamador* (Palencia, 1956-68) mostró preferencia por una poesía espiritual y católica; *Claraboya* (León, 1963-68) estuvo dedicada en gran medida a debatir asuntos de teoría literaria; *Álamo* (Salamanca, 1964-76) dio entrada a todas las tendencias poéticas del momento, sobre todo a las más comprometidas y novedosas; *La Caña Gris* (Valencia, 1960-62) se presentó como revista de «poesía y ensayos»; *Barcarola* (Albacete, 1979-92...) ha acogido tanto «a las nuevas tendencias experimentales y minoritarias» como a «toda esa mayoría preocupada por el clasicismo»; *Tránsito* (Murcia, 1979-83) fue creada con el propósito de «levantar al verso accidentado para que continúe respirando en la calle»; *El Molino de Papel* (Cuenca, 1955-65) dio preferencia a una poesía de corte experimental y vanguardista. Tienen también gran interés las zaragozanas *Papageno* (1958-60),

Despacho Literario (1960-63), vanguardista y moderadamente iconoclasta, y *Albaida* (1977); y las vascas *Kurpil* (San Sebastián, 1975-76), de poesía y prosa, que se transformó en *Kantil* (1977-81), y *Zurgai* (Bilbao, 1979-92...), que se ha propuesto situar a la «poesía en lo cotidiano».

La primera publicación teatral que destacó en Madrid fue *Teatro*. «Revista internacional de la escena» (1952-57). Siguieron *Primer Acto*, que, en sus dos etapas (1957-75 y 1979-92..), constituye un documento insustituible para conocer la historia del teatro contemporáneo; *Pipirijaina* (octubre de 1976-77 y julio de 1978-82), que dio preferencia a corrientes experimentales y a autores jóvenes, y *El Público*, patrocinada desde 1983 por el Ministerio de Cultura. De las de ensayo y crítica sobre autores del pasado destacan *Segismundo* (1965-86) y *Cuadernos de Teatro Clásico* (1988-92...). En Barcelona, *Estudios Escénicos*, que comenzó a editar en 1957 el Instituto de Teatro (en 1976 pasó a denominarse *Estudis Escènics*), dio prioridad a los ensayos de teoría teatral, y *Yorick* (1965-73) se orientó hacia los grupos independientes y los nuevos dramaturgos españoles.

De las publicaciones dedicadas a la prosa hay que mencionar *Revista Española* (Madrid, 1953-54), *Bitzoc* (Palma de Mallorca, 1986-92...) y *Lucanor* (Pamplona, 1988-92...).

Escorial (1940-50) fue la revista cultural que abrió el fuego en Madrid. Sobre todo en su primera etapa, supo trascender la función propagandística y doctrinal de otros medios de expresión de la Falange y dar cabida en sus páginas a otras corrientes de pensamiento. Siguieron *Santo y seña. Alerta de las letras españolas* (1941-44), *Cuadernos de Literatura Contemporánea* (1942-46), orientada hacia la exaltación de los valores hispánicos (entre comienzos de 1947 y 1950 se convirtió, con el título de *Cuadernos de Literatura*, en una revista general de las letras); *Árbor* (1944-90); *La Estafeta Literaria* (1944-46), en la que se dio preferencia al análisis, muchas veces con afán polémico, de las tendencias estéticas del momento y se revitalizó a escritores del pasado —tuvo otras etapas, desde 1956 hasta 1977. Entre 1978 y 1983 reapareció con el título de *Nueva Estafeta*—. Aunque dedicó mayor espacio a la poesía, en parecida línea estuvo *Correo Literario* (1950-53). En 1952 apareció *Revista de Literatura*, orientada preferentemente a la investigación y a la crítica, que se ha mantenido hasta hoy. Con voluntad de entroncar con las publicaciones orteguianas de antes de la guerra, en 1942 surgió *Finisterre* —después de un período en el que se denominó *Más allá*, en 1948 recobró su título primero.

Por su parte, *Cuadernos Hispanoamericanos* (1948-92...), que ha patrocinado el Instituto de Cultura Hispánica, y *Clavileño* (1950-57), Revista de la Asociación de Hispanismo, se han esforzado en estrechar los lazos entre los escritores y artistas españoles e hispanoamericanos.

Otras publicaciones mostraron mayor inquietud por abrir nuevos horizontes a la cultura española. A la cabeza de ellas se sitúa *Ínsula*, la primera revista de divulgación y crítica verdaderamente independiente de posguerra. Apareció el 1 de enero de 1946, de la mano de Enrique Canito. Como secretario figuraba José Luis Cano *, que, con el tiempo, la dirigiría (en 1987 fue sustituido por Víctor García de la Concha). Aparte de la calidad de sus numerosos colaboradores, se ha caracterizado por la atención que dedicó a escritores del exilio y por las oportunidades que ha venido prestando a autores noveles.

En 1951 Juan Fernández Figueroa adquirió el suplemento de *El Bibliófilo*, titulado *Índice*, que se transformará, desde el número 43 (10 de septiembre, 1951), y hasta 1976, en una interesante revista. Aunque en sus páginas asome a veces el sectarismo cultural, tuvo una orientación antidogmática y pluralista.

Otras revistas madrileñas de ensayo y crítica han sido: *El Urogallo* (1969-76 y 1986-92...), que surgió por la fe de su primera directora, Elena Soriano *, «en el poder de la literatura para cambiar el mundo y la vida»; *República de las Letras* (Órgano de la Asociación Colegial de Escritores, 1980-92...), *El Paseante* (1985-92...) y *Álbum* (1986-92...), de aire cosmopolita, *Saber leer* (1987-92...) y el *Boletín de la Fundación García Lorca* (1987-92...).

De las publicaciones surgidas en otras zonas hay que citar: *Papeles de Son Armadans* (Palma de Mallorca, 1956-1979), que, comandada por Camilo José Cela *, prestó especial atención al ensayo, a la creación literaria, al arte y a narradores y poetas exiliados; *Los Cuadernos del Norte* (Oviedo, 1980-92), en la que se han abordado los aspectos más novedosos de la cultura actual; las barcelonesas *Camp de l'arpa* (1972-82) y *Quimera* (1980-92...), atentas en especial a la literatura extranjera, y *Anthropos* (1981-92...); *Diwan* (Zaragoza, 1978-81), desde la que se intentó pasar revista, de forma crítica e iconoclasta, a la vida cultural de la época; *Turia* (Teruel, 1985-92...) y *Canente* (Málaga, 1987-92...), que han contado con valiosas aportaciones de narradores, poetas y críticos, y *Syntaxis* (Tenerife, 1983-92...) y *Renacimiento* (Sevilla, 1988-92...), dedicadas, respectivamente, al ensayo literario y lingüístico y a la creación poética y a la crítica.

BIBLIOGRAFÍA. F. Rubio, *Las revistas poéticas españolas (1939-75)* (Madrid, 1976); C. A. Molina, *Medio siglo de Prensa literaria española (1900-1950)* (Madrid, 1990). [A.R.]

REVISTAS DEL EXILIO: Las publicaciones periódicas constituyen una de las fuentes principales para el conocimiento del complejo fenómeno del exilio que siguió a la derrota de la República en 1939. Por la diversidad y la abundancia de los documentos que se incluyen en las páginas de un corpus tan enorme, el capítulo de la cultura española de la emigración no podría abrirse siquiera sin contar con el testimonio vivo de una afirmación lingüística, artística, cultural e ideológica que encarnan todas esas publicaciones, efímeras en su mayoría.

Aunque para muchos de los exiliados el exilio fue definitivo, para otros, los que sobrevivieron manteniendo su voluntad de retorno, se prolongó hasta 1975, con el final del Régimen de Franco. Es un período muy amplio que se inició con la efervescencia organizativa y editorial de los exiliados más activos y que disminuyó a un ritmo muy rápido tras la Segunda Guerra Mundial y la evidencia del mantenimiento del general Franco en el poder. Tan sólo algunos núcleos organizados en Francia, México y Argentina mantuvieron durante varias décadas una actividad autoafirmativa y de oposición al Régimen con cierta trascendencia documental.

Resulta característico que la mayor parte de las publicaciones periódicas del exilio respondan directa o indirectamente a la actividad política organizada de los distintos grupos asentados en Francia y en Hispanoamérica, y muchas de esas publicaciones son exclusivamente políticas: boletines y órganos de expresión del Gobierno Republicano en el exilio, de los partidos y centrales sindicales y de los grupos de intelectuales republicanos de distintas generaciones con los que colaboran solidaria y activamente escritores e intelectuales de los países en que esos colectivos se organizan. Es en Francia donde la actividad de resistencia se mantiene por más tiempo, en particular en publicaciones de carácter libertario y nacionalista, tanto en español como en catalán, sobre todo, y, naturalmente, en francés.

Las publicaciones periódicas de carácter exclusiva o principalmente literario son relativamente escasas, pero la mayoría de ellas muestran la vitalidad y la gran altura de esa parte de la cultura española desterrada durante largos años. La historia literaria española reciente no puede, por ello, escribirse sin contar con la pervivencia creadora en el destierro de los principales literatos e intelectuales del primer tercio del siglo, que siguen produciendo su obra fuera de España y que rescatan, en ediciones a veces impensables, a los clásicos y a los grandes escritores desaparecidos con la guerra —Unamuno *, Valle Inclán *, Federico García Lorca *, Miguel Hernández *, etc.

Aunque los núcleos principales en Hispanoamérica fueron México y Argentina, en otros países florecieron revistas de gran interés abiertas a la creación literaria, como la cubana *Nuestra España* (1939-40), de Álvaro de Albornoz y Manuel Altolaguirre *, donde colaboró, entre otros, María Zambrano *. Altolaguirre dirigió también en La Habana los dos números de *Atentamente* (1940), además de la «Colección del ciervo herido» (1930) en la Imprenta La Verónica. Hay que mencionar, además, la chilena *España libre* (1942), la colombiana *Espiral* (1944-75), la venezolana *España* (1959-60) o la uruguaya *Temas* (1965-68). En Ecuador se publicó la *Revista de Poesía Universal*. En la República Dominicana se publicaron *Panorama*, *Ozama*, *Ágora* y *La Poesía Sorprendida* (1943-47), de corte surrealista.

México es el núcleo principal de las revistas literarias del exilio, por su número y por el destacado grupo de escritores que las impulsaron. La primera que debe destacarse es *España peregrina* (1940), que publicó nueve números. Patrocinada por la Junta de Cultura Española, su director fue José Bergamín * y el secretario de redacción

Juan Larrea *. Sin una línea estética definida, como resulta habitual en casi todas, el tema del exilio propicia la vehemencia de algunas colaboraciones. Otra de las primeras revistas que materializaron la colaboración entre escritores españoles y americanos, *Taller* (1938-1941), estuvo dirigida por Octavio Paz * y tuvo a Juan Gil-Albert * como secretario. Mucha mayor entidad y significación tiene *Romance* (1940-41), dirigida por Antonio Sánchez Barbudo y Juan Rejano. Abierta también desde el principio a los escritores de América, en ella colaboraron historiadores, lingüistas, músicos, pintores, etc.

En 1944 se publicaron los tres números de la época americana de *Litoral*, dirigidos por Moreno Villa, Prados, Altolaguirre, Rejano y Francisco Giner de los Ríos. Conservó su formato original y el pulcro aspecto gráfico. Moreno Villa, Arturo Souto y Rufino Tamayo fueron algunos de sus ilustradores. A diferencia de su andadura anterior, más que aglutinar la creación literaria de un grupo definido, sirvió, como casi todas las revistas aquí reseñadas, para reunir a intelectuales del exilio en una afirmación cultural alternativa.

Dejando aparte la importante revista *Cuadernos Americanos*, dedicada más al ensayo y a la crítica literaria, y cuya consideración no corresponde aquí, hay que destacar varias revistas de objetivos más variados. Una publicación de carácter más cultural que propiamente literario fue *Las Españas*, que tuvo dos épocas entre 1946 y 1956 y una tercera, con el nombre de *Diálogo de las Españas*, desde 1957. Manuel Andújar * y José Ramón Arana * fueron sus promotores, y destaca su carácter abierto a muy distintas tendencias y a escritores de diversas generaciones.

Otra revista cultural, *UltraMar* (1947), tuvo a Juan Rejano como director artístico y a Miguel Prieto como director literario.

De menor entidad, pero igualmente dignas de mención, son *Tierra Nueva* (1940-41) y *El Hijo Pródigo* (1943-46), revistas propiamente mexicanas, pero en las que colaboraron los principales exiliados en México. Otras revistas fueron *Clavileño* (1948), dirigida por Luis Rius *; *Presencia* (1948-50), dirigida por J. M. García Ascot *; *Hoja* (1948), dirigida por el poeta Tomás Segovia; *Segrel* (1951), dirigida por Arturo Souto, e *Ideas de México* (1953-55), dirigida por Benjamín Orozco.

Una publicación *sui generis* y que merece mención aparte es *Los Sesenta*, creada por Max Aub en la década de los sesenta, y abierta solamente a escritores sexagenarios. Más que responder a un oscuro capricho, la función que cumple en su breve andadura es la de presentar juntos a escritores de una misma y significativa generación.

Las revistas que los exiliados publicaron en Argentina forman otro magnífico testimonio de vida literaria y de voluntarismo cultural alternativo. *De mar a mar*, que publicó 7 números entre 1942 y 1943, y titulada con un verso de Antonio Machado, fue dirigida por Arturo Serrano-Plaja y Lorenzo Varela. De planteamientos abiertos e integradores, destaca su orientación iberoamericana, integradora de lo portugués y brasileño.

Destaca en las revistas de Argentina la presencia nutrida de escritores gallegos, lo que aporta una mayor diversidad y hace de ellas fuentes imprescindibles para estudiar ese aspecto del exilio. Hay que mencionar *Pensamiento español* (1942-44), del Centro Republicano Español de Buenos Aires y, sobre todo, la galleguista *Correo Literario* (1943-45). Posteriormente, entre 1945 y 1946, apareció *Galeuzca* (Galicia-Euskadi-Catalunya), que se publicó también en Francia. De carácter más decididamente político, su principal promotor fue Alfonso Rodríguez Castelao, hasta que fue nombrado Ministro de la

República en el exilio y se trasladó a París.

Otras dos revistas que deben conocerse son *Cabalgata* (1946-48) y *Realidad* * (1947-48). *Cabalgata* buscó un formato con pretensiones de difusión, que no pudo sobrevivir en el crítico final de los años cuarenta en Argentina. Editada por Joan Merli, el director literario fue Lorenzo Varela, y el artístico, Luis Seoane. Aunque también aquí se halla presente la orientación galleguista que detectamos en todas las revistas mencionadas, su elenco de colaboradores españoles e hispanoamericanos es muy amplio.

Realidad *, dirigida por Francisco Romero, Lorenzo Luzuriaga y Francisco Ayala, ostenta en su nómina una gran variedad de intereses intelectuales y la integración de varias generaciones de escritores.

En Francia, la mayoría de las publicaciones periódicas tuvieron un carácter decididamente ideológico y político. Los grupos organizados y activos de la resistencia antifranquista promovieron innumerables publicaciones, y a través de ellas el historiador puede reconstruir la vida subterránea de los movimientos nacionalistas —particularmente el catalán—, libertarios, socialistas o comunistas. Los principales centros fueron París y Toulouse.

La revista más significativa de cuantas fuera de España contribuyeron a la resistencia contra el franquismo desde los años sesenta fue *Cuadernos de Ruedo Ibérico* (1965-1975, con interrupciones de motivación política), en cuya orientación tuvieron un papel importante José Martínez y Jorge Semprún *. En los *Cuadernos de Ruedo Ibérico* colaboraron los escritores más relevantes del momento.

Es preciso mencionar, finalmente, los cuatro números de la revista *Libre* (1971-72), dedicada, en este caso, a la política y la cultura latinoamericana y con una muy nutrida representación de los intelectuales de la izquierda española y latinoamericana, prácticamente los mismos que colaboraban en los *Cuadernos de Ruedo Ibérico*. El primer número lo dirigió Juan Goytisolo; el segundo, Jorge Semprún; el tercero, Teodoro Petkoff y Adriano González León. El cuarto, Mario Vargas Llosa.

BIBLIOGRAFÍA. H. Lafleur y otros, *Las revistas literarias argentinas (1893-1967)* (Buenos Aires, 1967); M. Andújar y A. Risco, *El exilio español de 1939*, vol. 3 (Madrid, 1976); F. Caudet, *Cultura y exilio: la revista España Peregrina (1940)* (Valencia, 1976); R. Osuna, *Las revistas españolas entre dos dictaduras (1931-1939)* (Valencia, 1986); C. A. Molina, *Medio siglo de Prensa literaria española (1900-1950)* (Madrid, 1990). [F.J.D.C.]

REVISTAS LITERARIAS DE HISPANOAMÉRICA. Aunque desde la primera mitad del XVIII se registra la aparición de publicaciones periódicas, las más notables de la época colonial pertenecen a la etapa que precede a la independencia. Entre ellas se cuentan la *Gazeta de Literatura de México* (1788-1795), el *Mercurio Peruano* (1791-1795), y sobre todo el *Papel Periódico de La Habana* (1790-1805) y *El Diario de México* (1805-1817). En ocasiones interesan sobre todo por quien las dirigió, como en los casos de *Primicias de la Cultura de Quito* (1792), de Francisco Eugenio de Santa Cruz y Espejo *, o *El Pensador Mexicano* (1812-1814), de José Joaquín Fernández de Lizardi *. Casi siempre tienen un valor científico y cultural más que estrictamente literario, determinadas como estaban por la voluntad de llevar hasta América las luces del siglo. Ese espíritu condiciona también las publicaciones que surgen a raíz de la emancipación, de las que constituyen un ejemplo excelente la *Biblioteca Americana* (1826) y *El Repertorio Americano* * (1826-1827) que Andrés

Bello * difundió desde Londres. No obstante, sin desentenderse de los problemas políticos y sociales de la época, poco a poco van adquiriendo una relación más directa con la literatura. Revistas destacables en los primeros tiempos son *El Iris* (1826) y *Miscelánea* (1829-1830 y 1831-1832), que el cubano José María Heredia * publicó en México, y *La Moda* (1837-1838), órgano de expresión del Salón Literario integrado por Esteban Echeverría *, Juan Bautista Alberdi * y otros escritores argentinos de la Generación de Mayo. En las páginas de esas publicaciones y de muchas otras puede verse la trayectoria de las letras hispanoamericanas hacia el romanticismo y la búsqueda de una cultura propia —esa pretensión impulsa tardíamente en México la fundación de *El Renacimiento* (1869), por Ignacio Manuel Altamirano *—, así como el testimonio de las diversas tendencias que se suceden o coexisten a lo largo del siglo XIX. A ese respecto merecen mención también *El Museo Guatemalteco* (1856-1859) y *El Porvenir* (1877-1882) de Guatemala, *El Mosaico Mexicano* (1836-1842) y *El Artista* (1874-1875) de México, *Revista de Cuba* (1877-1884) y *Revista Cubana* (1885-1894) de La Habana, la *Revista Ecuatoriana* (1889-1894) de Quito, la chilena *Revista de Artes y Letras* (1884-1890), las peruanas *El Correo del Perú* (1871-1877) y *La Revista Social* (1885-1888), las colombianas *El Repertorio Colombiano* (1878-1899) y *El Papel Periódico Ilustrado* (1881-1888), la *Revista Puertorriqueña* (1887-1893), y las argentinas *Revista de Buenos Aires* (1863-1871), *Revista del Río de la Plata* (1871-1878) y *Nueva Revista de Buenos Aires* (1881-1885). A veces también su interés deriva ante todo de la personalidad de su fundador, como prueba la efímera *Revista Venezolana* (1881) que el cubano José Martí * dirigió en Caracas. Mención especial merece *Anales de la Universidad de Chile*, fundada en 1843 y destinada a perdurar hasta la actualidad.

La labor de las revistas literarias encontró la colaboración muy frecuente de los periódicos a lo largo de todo el siglo XIX. Fueron muchos los que se fundaron entonces, algunos para convertirse en testimonio fundamental de aquella época, como el mexicano *El Siglo Diez y Nueve* (1841-1896), y otros destinados a una larga vida que se prolonga hasta hoy, como el chileno *El Mercurio* (1827) y los argentinos *La Prensa* (1869) y *La Nación* (1870). En ellos encontraron acogida folletines, cuadros de costumbres, cuentos, ensayos, notas biográficas y críticas sobre autores y obras. Dispusieron para eso de secciones permanentes, o de suplementos que alguna vez se convirtieron en verdaderas revistas literarias, iniciando una tradición que llega a nuestros días y se ha visto enriquecida con las aportaciones de numerosos diarios de aparición más reciente. Desde luego, tanto las revistas como los periódicos crecieron en número e importancia a medida que se acercaba el final del XIX, y esas circunstancias favorecerían la difusión del Modernismo. Por primera vez en Hispanoamérica un movimiento literario contó con órganos de expresión dedicados expresamente a proclamar una estética. En esa función destacaron sobre todo la *Revista Azul* (1894-1896), fundada en México por Manuel Gutiérrez Nájera * y Carlos Díaz Dufoo * como suplemento literario de *El Partido Liberal*, la efímera *Revista de América* (1894) que Rubén Darío * y Ricardo Jaimes Freyre * publicaron en Buenos Aires, *El Mercurio de América* (1898-1900), creada también en la capital rioplatense por el argentino Eugenio Díaz Romero (1877-1927), y la *Revista Gris* (1892-1894), dirigida en Bogotá por el poeta colombiano Max (Maximiliano) Grillo (1868-1949). Merecen también mención otras publicaciones finiseculares, como *El Perú Ilus-*

trado (1887-1896), *La Habana Elegante* (1883-1896), la colombiana *Revista Literaria* (1890-1894), *Guatemala Ilustrada* (1892-1894), la venezolana *Cosmópolis* (1894-1895), la chilena *Revista Cómica* (1895-1898) y la panameña *El Cosmos* (1896-1897), que casi siempre acogen orientaciones literarias de distinto signo. También exceden con mucho el ámbito del Modernismo algunas revistas fundamentales del momento, como *La Biblioteca* (1896-1898), que Paul Groussac * dirigió en Buenos Aires, o la *Revista Nacional de Literatura y Ciencias Sociales* (1895-1897) de Montevideo, que contó con la asidua colaboración de José Enrique Rodó * y Víctor Pérez Petit *, y ejerció una benéfica influencia en el panorama intelectual del Uruguay. En este país la renovación modernista quedó sobre todo a cargo de Julio Herrera y Reissig * y Horacio Quiroga *, a quienes respectivamente se debieron *La Revista* (1899-1900) y *La Revista de Salto* (1899-1900). Y con el Modernismo guardan relación también las primeras publicaciones importantes del siglo XX: sobre todo la *Revista Moderna* (1898-1911), de México, y *El Cojo Ilustrado* * (1892-1915) de Caracas, de consulta indispensable para el análisis de la literatura hispanoamericana de su tiempo. Aunque de menor relieve, merecen atención asimismo las uruguayas *Vida Moderna* (1900-1903) y *Bohemia* (1908-1910), la chilena *Pluma y Lápiz* (1900-1904), las guatemaltecas *La Locomotora* (1906-1909) y *Electra* (1908), las peruanas *Prisma* (1905-1907) y *Colónida* (1916), las colombianas *Trofeos* (1906-1908) y *Letras* (1911-1917), las venezolanas *Atenas* (1908-1911) y *Actualidades* (1918-1921), la ecuatoriana *Letras* (1912-1917), las paraguayas *Crónica* (1913-1915) y *Letras* (1915-1916), y *La Revista Nueva* (1916-1919) de Panamá.

Con la irrupción de los movimientos de vanguardia, las revistas literarias vivieron en Hispanoamérica otra época de esplendor, convertidas en órganos de expresión de los distintos movimientos renovadores. Las primeras en asumir decididamente esa función fueron las del ultraísmo argentino *: Jorge Luis Borges *, que había participado en la aventura ultraísta española y había sido su mejor teórico, regresó a Buenos Aires con esas novedades en 1921, y para difundirlas fundó con algunos colaboradores las revistas *Prisma* (1921-1922) y *Proa* (1922-1923 y 1924-1926). Superior relieve adquirió la titulada *Martín Fierro* (1924-1927), con la que Evar Méndez (1888-1955) trató de recuperar una publicación de 1919. A pesar de la decidida orientación vanguardista que le dio Oliverio Girondo *, en sus páginas se constata la pretensión de conjugar los hallazgos artísticos contemporáneos con las peculiaridades nacionales para un desarrollo cultural autónomo. Esa evolución es común a los movimientos vanguardistas hispanoamericanos, entre los que cabe destacar el estridentismo * mexicano, que contó con revistas efímeras como *Irradiador* (México, 1924) y *Horizonte* (Xalapa, 1926-1927). La renovación de la literatura ofreció en ese país manifestaciones más mesuradas y perdurables a través de publicaciones como la posmodernista *México Moderno* (1920-1923), de Enrique González Martínez *, y de *Falange* (1922-1923) y *Ulises* (1927-1928), donde se iniciaron algunos de los escritores que luego se reunirían en torno a *Contemporáneos* * (1928-1931), sin duda una de las grandes revistas del momento. También en Perú fue breve la vida de publicaciones como *Flechas* (1924), *Trampolín-Hangar-Rascacielos-Timonel* (cuatro entregas de una revista de título y dirección cambiantes, 1926-1927) o *Guerrilla* (1927), y más duradera y significativa la del *Boletín Titikaka* (1925-1930), que difundió el vanguardismo indigenista del grupo «Orkopata» de Puno, y de *Amauta* * (1926-1930), la revista que

José Carlos Mariátegui * convirtió en la más destacada manifestación del pensamiento marxista hispanoamericano, sin cerrar sus páginas a otras orientaciones. Con características tal vez menos definidas, la renovación cuenta también con publicaciones abundantes en otros países, y un buen ejemplo es el moderado y nativista vanguardismo uruguayo, que se manifestó por medio de *Los Nuevos* (1919-1920), *La Cruz del Sur* (1924-1931), *La Pluma* (1927-1931) y *Cartel* (1929-1931), y tardíamente de *Alfar* (1920-1954), publicada en La Coruña hasta que Julio J. Casal * la trasladó a Montevideo en 1929. Extremadamente fugaces fueron las de Chile, como *Elipse* (1922) y *Nguillatum* (1924), ambas de Valparaíso, o las promocionadas por Pablo Neruda * (*Caballo de bastos*, 1925), Pablo de Rokha * (*Dínamo*, 1925) y sobre todo por Vicente Huidobro *: *Pro* (1934), *Vital* (1935) y *Total* (1936 y 1938). Con un único número contaron la venezolana *válvula* (1928) y la nicaragüense *Criterio* (1929), y para encontrar otras revistas de relieve relacionables con la vanguardia ha de recurrirse a Cuba, donde la renovación cultural encontró acogida en publicaciones como *Social* (1919-1933) y *Carteles* (1919-1960), y culminó en la excepcional *revista de avance* * (1927-1930), sin duda otro de los grandes testimonios culturales de su tiempo.

Finalizado el período estricto de la vanguardia histórica, la vitalidad de las revistas literarias no decayó. El surrealismo, que fecundó en buena medida la literatura hispanoamericana de los años cuarenta y cincuenta, había irrumpido en Argentina con Aldo Pellegrini * y los dos números de *Que* (1928-1930) y volvió a manifestarse en los tres de *A partir de O* (1952-1956), a la vez que enriquecía el «invencionismo» que Edgar Bayley * propuso desde las páginas de *Arturo* (1944) y que desembocó luego en *Contemporánea* (1940-1950 y 1956-1957), dirigida por Juan Jacobo Bajarlía, y *Poesía Buenos Aires* (1950-1960), fundada por Raúl Gustavo Aguirre. Surrealistas ortodoxos hubo en Chile, donde Braulio Arenas * y otros miembros del grupo «Mandrágora» publicaron las revistas *Mandrágora* (1938-1943) y *Leitmotiv* (1942-1943), y también en el Perú, donde Emilio Adolfo Westphalen * dirigió *Las Moradas* (1947-1949). En otros países ese último movimiento de vanguardia se diluye en diferentes búsquedas de renovación, como ocurre en Cuba, donde la incansable labor de José Lezama Lima * dio lugar a *Verbum* (1937-1939), *Espuela de plata* (1939-1941), *Nadie parecía* (1942-1943) y sobre todo *Orígenes* * (1944-1956), que conjugó una actitud universalista con la indagación en la cubanidad, y determinó en buena medida los rumbos de la literatura cubana. Tras el fin de *Contemporáneos*, también en México se sucedieron las revistas decididas a ocupar su lugar. Octavio Paz * colaboró decisivamente en algunas, como *Barandal* (1931-1932), *Cuadernos del Valle de México* (1933), *Taller* (1938-1941) y *El Hijo Pródigo* (1943-1946), y también merecen mención *Taller Poético* (1936-1938), *Tierra Nueva* (1940-1942), *Metáfora* (1955-1958) y *Estaciones* (1956-1960). En Venezuela fue determinante la titulada *Viernes* (1939-1941), órgano del grupo de ese nombre que Ángel Miguel Queremel * había fundado a su regreso de España, en 1936. Para Colombia, donde se habían sucedido tímidos intentos renovadores desde la aparición de la revista *Los Nuevos* * (1925), resultó decisiva la publicación de *Mito* * (1955-1962), con la que Jorge Gaitán Durán * y Eduardo Cote Lamus * dieron cauce a la modernización de la cultura nacional. *Ahora* (1943-1947) y *La Poesía Sorprendida* (1944-1947) significaron hitos en la evolución de la poesía dominicana, y el «trascendentalismo» puertorriqueño difundió en *Pegaso*

(1952) su mensaje espiritualista contra el materialismo contemporáneo.

Las revistas literarias jugaron también un papel importante en la consolidación de los grupos que en los años sesenta recuperaron la agresividad vanguardista, casi siempre desde posiciones políticas solidarias con la triunfante Revolución cubana. Con esas inquietudes se relaciona la venezolana *El Techo de la Ballena*, que a partir de 1961 rechazó las preocupaciones estéticas de Guillermo Sucre * y otros poetas hasta entonces reunidos en torno a la revista *Sardio* * (1958-1961), la puertorriqueña *Guajana*, que cubrió distintas etapas entre 1962 y 1979 (Vicente Rodríguez Nietzsche fue el único de sus fundadores que se mantuvo en la dirección), la ecuatoriana *Pucuna*, órgano de expresión de los *tzántzicos* * a partir de 1962, y desde luego la cubana *El Caimán Barbudo*, suplemento literario del diario *Juventud Rebelde* que en 1966 empezaron a publicar Jesús Díaz y otros escritores jóvenes. Aunque revistas como la venezolana *Zona Franca*, fundada en 1964 por Juan Liscano *, o las chilenas *Trilce* (Valdivia, 1964) y *Arúspice* (Concepción, 1965) prueban que también entonces la literatura obedecía a preocupaciones muy diversas, la radicalización revolucionaria se mostró dominante hasta entrados los años setenta —uno de los últimos grupos significativos publicó en distintos lugares del Perú la revista *Hora Zero* (1970-1971)—, y luego las proclamas movilizadoras empezaron a atenuarse hasta casi desaparecer en los últimos tiempos. La puertorriqueña *Zona de carga y descarga* (1972-1975) y otras muchas revistas permiten seguir en detalle las inquietudes recientes de los escritores hispanoamericanos.

Aunque no se ajusten a una estética determinada, o tal vez por eso, a lo largo del siglo XX cobraron especial relieve revistas que a veces alcanzaron una larga pervivencia, como las cubanas *El Fígaro* (1885-1929), *Cuba contemporánea* (1913-1927) y *Revista Bimestre Cubana* (2.ª época, 1910-1959: se había publicado ya en 1831-1834), las argentinas *Caras y Caretas* (1898-1939), *Ideas* (1902-1905), *Revista de Derecho, Historia y Letras* (1898-1923), *La Nota* (1915-1921), *Inicial* (1923-1927), *Valoraciones* (1923-1927) y *Síntesis* (1927-1930), la hondureña *Revista Tegucigalpa* (1917-1952), la ecuatoriana *Revista de la Sociedad Jurídico-Literaria* (1902-1952), y la colombiana *Senderos*, fundada en 1934 y transformada después en *Revista de las Indias* (1936-1951). En la primera mitad del siglo destacan especialmente la argentina *Nosotros* * (1907-1934 y 1936-1943), que durante muchos años dio cuenta de la vida intelectual argentina e hispanoamericana, y *El Repertorio Americano* * (1919-1958), que Joaquín García Monge * dirigió en San José de Costa Rica. Porque en Buenos Aires fue uno de los órganos de expresión del Grupo de Boedo *, también merece recordarse *Claridad* (1926-1941), representante de un cosmopolita pensamiento de izquierdas que encontró eco y publicaciones, a veces con el mismo título, en otros países hispanoamericanos. Más duradera aún fue la repercusión de la también argentina revista *Sur* *, dirigida por Victoria Ocampo * desde su fundación en 1931: con su número 322/323 puso fin en 1970 a su aparición regular, y algunos números más aparecieron hasta 1973. Desde luego, no le faltó competencia entre las numerosas publicaciones dedicadas a la literatura que en los últimos tiempos han aparecido en Hispanoamérica, cuya relación puede prolongarse indefinidamente: entre otras muchas y ya antiguas, al menos también merecen mención la mexicana *América* (1940-1960), la boliviana *Kollasuyo* (1939-1945 y 1951-1953), las colombianas *Espiral* (1944-1975) y *Eco* (1960-1983), la argentina *Contorno* * (1953-1959), y algunas que aún siguen publicándose, como la *Revista Nacional de Cultura* (desde 1938) en Venezuela, *Cuadernos Americanos* (desde 1942), *Universidad de México* (desde 1946; entre 1960 y 1985 se denominó *Revista de la Universidad de México*) y *Vuelta* (desde 1974) en México, *Atenea* (desde 1924) en Chile (Concepción), y *Casa de las Américas* (desde 1960) en Cuba.

Para la literatura hispanoamericana han tenido una importancia fundamental algunas revistas publicadas fuera de su ámbito geográfico, desde las ya citadas de Bello hasta la actualidad. A fines del siglo XIX fue París un centro fundamental para la difusión de obras y autores, especialmente a través de la sección «Lettres hispanoamericaines» que *Le Mercure de France* ofreció casi sin interrupción desde 1890 hasta 1940, dirigida por Eugenio Díaz Romero cuando terminó su aventura de *El Mercurio de América*, y luego, de 1911 a 1933, por el chileno Francisco Contreras *. En París aparecieron *El Nuevo Mercurio* (1907), del guatemalteco Enrique Gómez Carrillo *, *Mundial Magazine* y *Elegancias*, que Rubén Darío dirigió desde 1911 hasta 1914, y *La Revista de América* (1912-1914), a cargo del peruano Francisco García Calderón *. En tiempos de la vanguardia se publicaron allí *Favorables París Poema* (1926), de Juan Larrea * y César Vallejo *, e *Imán* (1931), a cargo de Alejo Carpentier *. En Madrid y París dio a conocer Vicente Huidobro * su revista *Creación* (1921 y 1924). En la capital de España salió *Cosmópolis* (1919-1922), de Gómez Carrillo, y Pablo Neruda alcanzó a publicar cuatro números de *Caballo Verde para la Poesía* (1935-1936). Por lo demás, el interés español por Hispanoamérica se ha traducido en distintas publicaciones, desde *La Ilustración Española y Americana* (1857-1921) y *España y América* (1900-1927), hasta *Cuadernos Hispanoamericanos*, que nació en 1948 en el Instituto de Cultura Hispánica de Madrid y continúa editándose en la actualidad. Su especial dedicación a la crítica literaria la acercan a las numerosas que hoy se ocupan del estudio de la literatura hispanoamericana en cualquier parte del mundo, y entre las que ha destacado la *Revista Iberoamericana*, desde 1939 órgano del Instituto Internacional de Literatura Iberoamericana, con sede en Pittsburgh (EE.UU.), y dirigida a lo largo de sus últimos 36 años por el crítico y poeta argentino Alfredo A. Roggiano (1919-1991).

BIBLIOGRAFÍA. G. A. Otero, *La cultura y el periodismo en América* (Quito, 1953); B. G. Carter, *Las revistas literarias de Hispanoamérica. Breve historia y contenido* (México, 1959); S. E. Leavitt, *Revistas hispanoamericanas. Índice bibliográfico, 1843-1935* (Santiago de Chile, 1960); B. G. Carter, *La literatura hispanoamericana a través de sus revistas* (México, 1968). [T.F.]

REVUELTAS, JOSÉ (Durango, México, 1914-México, D.F., 1976). Periodista, argumentista cinematográfico, figura destacada y reconocida en la actividad partidista de izquierda, narrador y ensayista. El compromiso político, traducido en una actividad decidida e incesante que le valió prisión en muchas ocasiones, oscureció hasta cierto punto su compromiso literario. En su obra dio cabida a historias protagonizadas por seres humanos enfrentados a las contradicciones de la realidad, a la injusticia social, a la fatalidad, al dogmatismo y al confinamiento. *Los días terrenales* (1949) es una severa crítica de las desviaciones del partido comunista mexicano, la cual es reafirmada con *Los errores* (1964). *Los muros de agua* (1941) y *El apando* (1969) son una descripción de la vida en prisión; al respecto el escritor explica: «Comparo la cárcel, que es una geometría, con la ciudad: estamos rodeados de rejas.» *Dios en la tierra* (1944) es un volumen de cuentos que oscila entre lo humano y lo cósmico, entre lo vulgar y lo extraordinario, y que se enraíza en el dolor, la ausencia, la soledad, el olvido, el sueño, el amor, la felicidad. *El luto humano* (1943), junto con *Al filo del agua* (1947) de Agustín Yáñez *, inaugura la novela moderna mexicana, por lo que tiene de innovación en las técnicas narrativas, de argumentación social e histórica, de introducción de la dimensión interna humana y de severa valoración de la Revolución mexicana. Otras obras: *Dormir en tierra* (1960) y *Material de los sueños* (1974).

BIBLIOGRAFÍA. J. Ruffinelli, *José Revueltas* (Xalapa, 1977). [J.E.C.]

REY, FERMÍN DEL. Véase TEATRO ESPAÑOL EN EL SIGLO XVIII.

REY DE ARTIEDA, ANDRÉS (Valencia, ¿1544?-1613). Poeta y dramaturgo. Doctor en leyes (1585) y militar de profesión, participó como capitán en la batalla de Lepanto. Fue académico de la Academia de los Nocturnos valenciana y residió en Zaragoza desde principios del siglo XVII hasta poco antes de su muerte. Publicó buena parte de su poesía en los *Discursos, epístolas y epigramas de Artemidoro* (Zaragoza, 1605). La ciudad de Valencia le encargó unas *Octavas a la venida del Rey don Felipe...* (1586) que se distribuyeron en los diferentes arcos y monumentos erigidos por toda la ciudad. Su fama de dramaturgo se cimenta en su tragedia *Los amantes* (Valencia, 1581) y en la comedia —hoy en día perdida— *Los encantos de Merlín;* otras obras suyas igualmente perdidas son *El príncipe constante* y *Amadís de Gaula*. Expresó sus opiniones sobre el sentido de la tragedia en su época y el valor de la comedia en dos interesantes epístolas: a don Tomás de Vilanova (en *Los amantes*) y al marqués de Cuéllar (en los *Discursos*).

BIBLIOGRAFÍA. A. Hermenegildo, *La tragedia en el Renacimiento español* (Barcelona, 1973); J. Ll. Sirera, «Rey de Artieda y Virués», en *Teatros y prácticas escénicas*, II (Londres, 1986), págs. 69-101. [J.L.S.]

REY MOLINÉ, ANTONIO (Cádiz, ?-Madrid, 1936). Firmaba sus obras con el seudónimo de «Dorio de Gádex», con el que aparece reflejado en un personaje de *Luces de bohemia* de Valle-Inclán *. Claro representante de la bohemia literaria madrileña, colaboró en diversas publicaciones y escribió novelas y cuentos —*Tregua* (1908), *Lolita Acuña* (1909), *Por el camino de las tonterías...* (1910), *Princesa de fábula* (1910) y *Cuentos al oído* (1911)—, obras teatrales, como *El triunfo de Pierrot*, comedieta cómico-lírica, en colaboración con Antonio Navas Valdés, y el libro de semblanzas y anécdotas *De los malditos, de los divinos...* (1914). [G.R.F.]

REY SOTO, ANTONIO (Santa Cruz de Arrabaldo, Orense, 1879-Madrid, 1966). Sacerdote y profesor de literatura española en Guatemala. Su teatro, en la línea del teatro en verso de Marquina *, pretende conjugar los logros de Valle-Inclán * en su interpretación de la tierra gallega (*Cuento del lar,* 1918) con los valores del teatro clásico español (*Amor que vence al amor,* 1917). Es, además, autor de dos libros intrascendentes de versos (*Falenas,* 1905, y *Nido de áspides,* 1911) y de una novela (*La loba,* 1918), cuyo argumento también está en deuda con el teatro clásico. En 1965 se editaron sus *Obras completas*. [J.B.]

REYES, ALFONSO (Monterrey, Nuevo León, México, 1899-México, D.F., 1959). Desde 1907 hasta 1914 formó parte de la Sociedad de Conferencias, luego Ateneo de la Juventud y por último Ateneo de México. Junto a Pedro Henríquez Ureña * y a Antonio Caso *, asumió una actitud crítica hacia el positivismo que dominaba la vida intelectual mexicana durante el gobierno de Porfirio Díaz, al que puso fin la revolución de 1910. La nueva generación se caracterizaba por su independencia intelectual, por su espíritu crítico o filosófico y por su interés en la antigüedad clásica, y eso determinó el renacimiento de las humanidades en el país. Reyes sobresalió sobre todo en los estudios sobre literatura, desde que reunió en *Cuestiones estéticas* (1911) algunos ensayos juveniles en los que ya aparecían temas que le serían gratos para siempre: Goethe, Mallarmé, Góngora *, la antigua Grecia. La convicción de que las manifestaciones culturales son algo dinámico y relativo, estrechamente ligado al discurrir de la historia, le permitía superar las actitudes dogmáticas, y nadie representó como él la tolerancia y la mesura en la crítica literaria.

Esa actitud abierta había de conjugarse luego con la experiencia directa de distintas culturas. En 1913 abandonó México —su padre, el general Bernardo Reyes, se había enfrentado a Fracisco I. Madero y a la revolución, y había muerto en circunstancias confusas—, para refugiarse en las letras y en funciones diplomáticas al servicio de su patria. Viajó primero a París, pero la guerra europea lo obligó a trasladarse a España, donde residió entre 1914 y 1924. Después viviría estancias prolongadas en Francia, en Argentina y en Brasil, hasta que en 1938 regresó a México para quedarse, abandonando el servicio diplomático. Entonces dirigió la Casa de España, que luego se transformó en el Colegio de México. De sus diversas aficiones y capacidades queda testimonio en sus numerosos escritos, en su mayoría de posible adscripción a ese «centauro de los géneros» que, según su propia definición, es el ensayo: *El suicida* (1917), *Retratos reales e imaginarios* (1920), *El cazador* (1921), *Simpatías y diferencias* (1921-1926), *Cuestiones gongorinas* (1927) y *Las vísperas de España* (1937) son títulos dignos de mención, y buena muestra de una inspiración variada, atenta a la circunstancia social y política, literaria y artística. El humanista mexicano superaba el modernismo rescatando de él la actitud cosmopolita, el interés por la cultura universal, tal vez la pretensión de ser, más que un pensador sistemático, un poeta con preocupaciones sociológicas y metafísicas.

Entre los temas que abordó, y fueron muchos, uno de los más interesantes tiene que ver con el ser de los pueblos, inseparable de sus manifestaciones culturales. Reyes trató de arraigar el presente en el pasado, conciliando tradición y modernidad. Ya en 1910, con ocasión del centenario de la independencia de México, preparó una conferencia sobre «Los *Poemas rústicos* de Manuel José Othón *», relacionada con un trabajo más amplio que había de denominarse «El paisaje en la poesía mexicana del siglo XIX», y en ella trató de confirmar la opinión de Marcelino Menéndez Pelayo *, quien en su *Historia de la poesía hispanoamericana* había hecho de la poesía descriptiva su manifestación más original, y en México había encontrado un país de arraigadas tradiciones clásicas. Reyes compartió esa impresión, que determinaría para el futuro su visión de la tierra y de la cultura de México y de Hispanoamérica. A su personal americanismo se deben ensayos como «Visión de Anáhuac» (1917), «Discurso por Virgilio» (1931), «Notas sobre la inteligencia americana» (1937) y «Posición de América» (1942), que son también la muestra mejor de su capacidad para conjugar el sentimiento americano con su pasión por la literatura grecolatina. Había entendido que las humanidades constituían parte fundamental en la tradición cultural mexicana, y que prescindir de ellas era renunciar a las raíces propias, en un momento en que se trataba de asentar sobre ellas la modernización de Iberoamérica. Reyes nunca se consideró ajeno a la tradición europea —ésa era la tradición de Grecia y de Roma—, ni sintió que fuese otra la tradición americana.

En consecuencia, «la hora de América» era para él universal, sobre todo en lo que se refiriese al ámbito del Anáhuac, la meseta mexicana que identificó con el espíritu clásico. El paisaje determinaría la continuidad de la cultura a través de los tiempos. El pasado precolombino, por el que demostró un notable interés, compartiría con el presente la emoción cotidiana ante una misma naturaleza, engendradora del alma común. El futuro, por otra parte, tenía que ver para Reyes con la construcción de un mundo ajeno al racismo étnico o cultural, ajeno incluso a dilemas como el que parecía obligar a elegir entre americanismo y universalidad. Esa actitud le permitió ocuparse de las cuestiones más variadas, demostrando con hechos lo que en su opinión había de ser la inteligencia americana: la síntesis de la cultura humana, una organización cualitativamente nueva y de virtud trascendente. Su trabajo incesante había de culminar en magníficos ensayos de madurez, relacionados con la teoría de la literatura —*La experiencia literaria* (1942), *El deslinde: prolegómenos a la teoría literaria* (1944)—, con la crítica literaria —*Capítulos de literatura española* (1939 y 1945), *Letras de la Nueva España* (1948)—, con su afición a la cultura clásica —*La crítica en la edad ateniense* (1941), *Junta de sombras* (1949), *Estudios helénicos* (1957), *La filosofía helenística* (1959)—, o con el pensamiento utópico, tan ligado a la significación de América en el mundo y al que dedicó la atención que demuestran especialmente *Última Tule* (1942) y *No hay tal lugar...* (1960, póstumo).

Excepcional hombre de letras en todos los aspectos, Reyes mostró curiosidad hacia las más diversas manifestaciones culturales, como la cocina y las modas, y merece destacarse el interés verdaderamente notable de su obra menor: de sus *Marginalia*, de su diario, de su correspondencia. Traducciones y ediciones numerosas contribuyen a hacer de él una figura fundamental entre los críticos literarios de lengua española. Y también fue un creador destacado. Como narrador le pertenecen *El plano oblicuo* (1920), *El testimonio de Juan Peña* (1930), *La casa del grillo* (1945), *Verdad y mentira* (1950), *Árbol de pólvora* (1953), *Quince presencias* (1955) y *Los tres tesoros* (1955). Sus relatos, breves y a menudo próximos al ensayo ligero e imaginativo que también cultivó con frecuencia, muestran una inspiración libresca y una lucidez que se vuelca a veces sobre el proceso de creación, mostrando sus claves. Reyes contribuyó así a la renovación de una narrativa hispanoamericana por entonces demasiado sujeta a planteamientos realistas. En cuanto a su obra poética, se caracterizó por la inspiración clásica, por la aparente sencillez de sus imágenes y motivos, por su aire refinado de canción popular. Se concretó en *Huellas* (1922), *Pausa* (1926), *Cinco casi sonetos* (1931), *Romances del río de enero* (1933), *Yerbas del Tarahumara* (1934), *Otra voz* (1936), *Cantata en la tumba de Federico García Lorca* (1936) y otros títulos, en su mayoría reunidos en *Obra poética: 1906-1952* (1952). Mención especial merece su poema dramático *Ifigenia cruel* (1924), extraordinaria reflexión sobre la libertad y sobre sus difíciles relaciones con el medio social en que pretende desarrollarse. *Landrú* (1929) fue otra contribución suya al teatro mexicano.

BIBLIOGRAFÍA. R. Gutiérrez Girardot, *La imagen de América en Alfonso Reyes* (Madrid, 1962); J. L. Morales, *España en Alfonso Reyes* (Río Piedras, Puerto Rico, 1976); A. Reyes, *Genio y figura de Alfonso Reyes* (Buenos Aires, 1976); J. W. Robb, *El estilo de Alfonso Reyes* (México, 1978); A. Rangel Guerra, *Las ideas literarias de Alfonso Reyes* (México, 1989). [T.F.]

REYES, ARTURO (Málaga, 1864-1913). Muy pronto huérfano, tuvo que ejercer diversos oficios. Tanto sus poesías como su narrativa se enmarcan dentro del costumbrismo andaluz, pero se aleja del tipismo de la España de pandereta para centrarse en una Andalucía cuya alegría oculta siempre un fondo trágico. Fue elogiado por Juan Valera. Participó en *El Cuento Semanal* y *Los Contemporáneos* y colaboró en varias revistas literarias. Publicó los libros de poemas *Íntimas* (1891), *Desde el surco* (1896), *Otoñales* (1910) y *Del crepúsculo* (1914), y las novelas *Cosas de mi tierra* (1893), *Cartucherita* (1897) —que fue muy bien acogida por la crítica—, *El lagar de la viñuela* (1898), *La Goletera* (1900), *Las de Pinto* (1908), *Cielo azul* (1911) y varias colecciones de cuentos.

BIBLIOGRAFÍA. C. Cuevas, *Un enfoque humano del andalucismo literario. Arturo Reyes: su vida y su obra* (Málaga, 1974). [M.P.C.]

REYES, CARLOS JOSÉ. Véase HISPANOAMÉRICA: TEATRO ACTUAL.

REYES, EDWIN. Véase HISPANOAMÉRICA: POESÍA ACTUAL.

REYES, ISABELO DE LOS. Véase LITERATURA FILIPINA.

REYES, JAIME. Véase HISPANOAMÉRICA: POESÍA ACTUAL.

REYES, JOSÉ G. Véase LITERATURA FILIPINA.

REYES, MATÍAS DE LOS (Borox, Toledo, 1581-¿Madrid?, h. 1640). Poco se sabe de este autor e intelectual, cuyo carácter de *converso* marcó su trayectoria vital. Estudió en Alcalá y desempeñó diversos cargos burocráticos en distintos lugares. Perteneciente a la generación de Tirso de Molina*, escribe distintas comedias religiosas, novelescas o de enredo, que reúne en 1629. Su obra en prosa *El Curial del Parnaso* (1624) es una combinación de la sátira boccaliniana y el estilo de las *novelle* italianas. *El Menandro* (1630) es una ambiciosa síntesis de elementos bizantinos, picarescos e italianizantes. Y en *Para algunos* (1640), intenta de nuevo sintetizar diversos géneros como el diálogo o coloquio humanista, al modo del *Viaje de Turquía**, y la novela pastoril, intentando al mismo tiempo el análisis de cuestiones filosóficas o doctrinales, como la predestinación o libre albedrío. Su poética y estilo responden a la estética neoaristotélica y tridentina, pero su carácter de *converso* le impulsa a investigar profundamente los géneros para obtener un lugar digno en las letras. Sin embargo, no alcanzó, quizá injustamente, la gloria y popularidad que pretendía.

BIBLIOGRAFÍA. C. B. Johnson, *Matías de los Reyes and the Craft of Fiction* (California, 1973). [E.R.]

REYES, SALVADOR (Copiapó, Chile, 1899-Santiago de Chile, 1969). Narrador, poeta y ensayista chileno, diplomático de carrera. Es un escritor escéptico y atraído por la vida primitiva. El mar es el primer y obsesivo motivo de toda su obra, lo que se aprecia en muchos de sus títulos. Como poeta imaginista, publicó *Barco ebrio* (1923) y *Las mareas del Sur: 1924-1930* (1930). Sus cuentos están recogidos en *El último pirata* (1925) y *Lo que el tiempo deja* (1932). De su incansable dedicación novelística son testimonio *El matador de tiburones* (1929), *Tres novelas de la costa* (1934), *Ruta de sangre* (1935), *Piel nocturna* (1936), *Los tripulantes de la noche* (1945), *Norte y Sur* (1947), *Mónica Sanders* (1951), *Valparaíso, puerto de nostalgia* (1955), *Los amantes desunidos*

(1959), *Los defraudados* (1963) y *El incendio del astillero* (1964). Escribió también los libros de viajes *El continente de los hombres solos* (1959), *Andanzas por el desierto de Atacama* (1963) y *Peregrinajes literarios en Francia* (1967). [J.A.C.]

REYES, SEVERINO. Véase LITERATURA FILIPINA.

REYES BASOALTO, NEFTALÍ RICARDO. Véase NERUDA, PABLO.

REYES HUERTAS, ANTONIO (Campanario, Badajoz, 1887-Badajoz, 1952). Periodista y poeta en la órbita del modernismo, con *Tristezas* (1908) y con *Nostalgias*, destacó en el campo de la narración con estampas costumbristas e idealistas, ambientadas en Extremadura, entre las que destacan *Lo que está en el corazón* (1918), *La sangre de la raza* (1919), *Los humildes senderos* (1920) y *La ciénaga* (1921).

BIBLIOGRAFÍA. E. Segura Otaño, *Para un estudio crítico biográfico del novelista Antonio Reyes Huertas* (Badajoz, 1953). [J.B.]

REYLES, CARLOS (Montevideo, 1868-1938). Narrador y ensayista. Perteneció a la mayor aristocracia hacendaria del Uruguay, y a la muerte de su padre decidió dedicarse a la explotación de sus propiedades al mismo tiempo que escribía literatura y viajaba por el mundo. En 1888 publicó su primera novela, *Por la vida*, pero de inmediato se arrepintió y destruyó los ejemplares. Después publicó *Beba* (1894), novela de acentuado realismo en la descripción de escenarios y caracteres. Otro espíritu animó los libros que siguieron: *Primitivo* (1896), *El extraño* (1897) y *El sueño de rapiña* (1898), relatos atravesados por la sensibilidad y la estética decadentista del primer modernismo, incluidos el «mal de fin-de-siglo» y los estados mórbidos, influencias que Reyles recogió en su viaje a París hacia 1897. Sin embargo, al publicar *La raza de Caín*, en 1900, retomó a un personaje de *El extraño*, Guzmán, para corregir aquella perspectiva, denunciando el decadentismo que había retratado y del cual formara parte. Lo sustituye un realismo más decantado, para exhibir la vida rural y las actividades agropecuarias de una familia de la oligarquía terrateniente. Por un período, Reyles se dedicó a la política y, en 1915, fundó la Federación Rural, que sería un influyente bastión conservador en la vida económica y política del Uruguay. *El terruño* (1916), *El embrujo de Sevilla* (1922) y *El gaucho Florido* (1932) fueron sus tres últimas novelas, a las que se añadiría, póstuma, *A batallas de amor... campos de pluma* (1939). Mientras *El terruño* es novela «de tesis» y de menor interés, *El embrujo de Sevilla* tuvo una gran difusión: intentó captar la sensualidad de la vida andaluza (el origen de su madre era andaluz) a través de los toros, el cante jondo, la danza gitana. A su vez, *El gaucho Florido* resultó hijo de la nostalgia, y a diferencia de *Beba*, donde Reyles mostró el «progreso» a través de la hacienda tecnificada, esta novela se resumió a ser una serie de episodios de la época cimarrona que Reyles apenas recordaba de su infancia. Fue autor de varios libros de ensayo, en los que exhibió sus ideas sobre la organización social y económica del país, con fuerte influencia de Nietzsche: *El ideal nuevo* (1903), *La muerte del cisne* (1910) y *Diálogos olímpicos* (2 vols., 1918-19). Su *Diario*, que cubre los años 1929 a 1933, se publicó póstumo, en 1970. Sus conferencias por el Centenario dieron origen a una *Historia sintética de la literatura uruguaya* (1931).

BIBLIOGRAFÍA. G. Guillot Muñoz, *La conversación de Carlos Reyles* (Montevideo, 1955); W. Rela, *Carlos Reyles, guía bibliográfica* (Montevideo, 1967). [J.R.]

REYNALTE, ACADEMIA DE JOSEPH. Véase ACADEMIAS.

REYNOLDS, GREGORIO (Sucre, Bolivia, 1882-La Paz, 1948). Es uno de los máximos representantes del modernismo boliviano. En su libro de sonetos *El cofre de Psiquis* (1918) reveló sus dotes de versificador en composiciones de estirpe parnasiana y extraordinaria belleza formal, y esos aciertos se reiteraron en *Horas turbias* (1922), *Prismas* (1937), *Caminos de locura* (1943) y *Arco Iris* (1948), obras en las que progresivamente se acentúa el carácter reflexivo de su poesía. El exotismo y las referencias mitológicas no impiden en ocasiones la presencia de motivos locales, como se advierte en *Beni* (1942), *Illimani* (1945) y *Tunari* (1945), o en el célebre soneto «La llama», incluido en el primero de sus libros. Escribió también una obra dramática, *Quimeras* (1915), y el poema épico *Redención*, del que sólo publicó una parte, en 1925. [T.F.]

REYNOSO, DIEGO. Véase CRONISTAS E HISTORIADORES DE INDIAS.

REYNOSO, OSWALDO (Lima, 1932). Narrador peruano, se interesó sobre todo por la alienada juventud urbana de clase media y baja. El joven de *Los inocentes* (cuentos, 1961), luego retomado en *Lima en rock* (1970), y el de la novela *El escarabajo y el hombre* (1970) son rebeldes sin causa. Rechazan los valores de los mayores y buscan una vida diferente, sin lograrlo por estar atrapados en un medio socioeconómico que los lleva al vicio y a la delincuencia. Su obra más importante es la novela *En octubre no hay milagros* (1965), en la que muestra la cruda realidad de la división económica de las clases, que subyace bajo la apariencia de cohesión social. [F.M.R.A.]

REZANO IMPERIAL, ANTONIO (¿?-¿?). Comediógrafo que estrenó sus obras a mediados del siglo XVIII y en las décadas inmediatas. Su producción es de carácter eminentemente popular. Destaca su trabajo en defensa de la profesión de los cómicos y del teatro en general, titulado *Desengaño de los engaños en que viven los que ven y ejecutan comedias. Tratado sobre la cómica, parte principal de la representación* (1768). [J.A.B.]

RIAL, JOSÉ ANTONIO (San Fernando, Cádiz, 1911). Estuvo en la cárcel de 1939 a 1943 por su militancia en las Juventudes de Izquierda Republicana. En 1947 publicó su novela *Gente de mar*. Tres años después emigró a Venezuela. Entre sus obras de teatro, en las que hay muestras de humor negro, de teatro social y de teatro psicológico, destacan: *La muerte de García Lorca* (1969), *El padre* (1977) y *Bolívar* (1982). [M.S.]

RIAZA, LUIS (Madrid, 1925). De su obra teatral, caracterizada por los procedimientos esperpénticos y paródicos, la ambivalencia sexual de algunos personajes y el uso de muñecos articulados de gran tamaño, destacan: *El caballo dentro de la muralla* (1962), *Los muñecos* (1966), *Las jaulas* (1969), parodia de la historia de Edipo; *Representación de «Don Juan Tenorio» por el carro de las meretrices ambulantes* (1973), en donde se burla de los grandes temas del teatro contemporáneo —la represión, la moral, el poder, la censura—, *El desván de los machos y el sótano de las hembras* (1974), *Retrato de dama con perrito* (1976) y *Retrato de niño muerto, La emperatriz de los helados* y *La noche de los cerdos* (1990). [M.S.]

RIBADENEIRA, SANTIAGO. Véase HISPANOAMÉRICA: NARRATIVA ACTUAL.

RIBADENEIRA MENESES, EDMUNDO (Ibarra, Ecuador, 1920). Narrador, ensayista y crítico literario ecuatoriano. Profesor de literatura de la Universidad Central de Quito, ha desarrollado también una labor muy activa en la Casa de la Cultura Ecuatoriana. De su amplia bibliografía sobresalen los ensayos *La moderna novela ecuatoriana* (1958), *Cuaderno de itinerarios* (1984) y *Teoría del arte en el Ecuador* (1987), y la novela de tono autobiográfico *El destierro es redondo* (1979). [J.C.]

RIBADENEYRA, PEDRO DE (Toledo, 1526-Madrid, 1611). Escritor e historiador jesuita. Conocido secularmente como Ortiz de Cisneros, pero llamado Ribadeneyra por el lugar de origen de su familia, Riba de Neyra (Galicia). Vivió en Toledo hasta 1539 como paje de Alejandro Farnesio. En Roma ingresó muy joven en la Compañía de Jesús. Estudió Humanidades en Padua hacia 1545-49; pasó después a Palermo como profesor de Retórica y, entre 1552-56, al Colegio Romano. Su talento y la proximidad a San Ignacio, de quien fue discípulo predilecto, le llevan a cargos y misiones diplomáticas de gran responsabilidad. En 1574 vuelve a España, por motivos de salud, y se establece en Toledo. En 1583 fija su residencia en Madrid, donde escribe la mayor parte de sus obras. Éstas pueden dividirse en tres grupos principales: histórico-apologéticas, entre las que destacan la *Vida de San Ignacio de Loyola*, con las adiciones de las vidas de Laynez y San Francisco de Borja —estas dos últimas fueron publicadas sueltas en Madrid (1594)— y el *Tratado del modo de gobierno de San Ignacio* (Madrid, 1578); las ascético-morales, como el *Tratado de la tribulación* (Madrid, 1589), *Tratado de la religión y virtudes que debe tener el príncipe cristiano para gobernar y conservar sus estados* (Madrid, 1595); misceláneas, como *Historia eclesiástica del cisma del reino de Inglaterra* (Madrid, 1588), *Manual de oraciones* (Madrid, 1607) y la primera gran bibliografía de la Compañía de Jesús, *Illustrium Scriptorum religionis Societatis Iesu Cathalogus* (Amberes, 1608).

BIBLIOGRAFÍA. P. de Ribadeneyra, *Historias de la Contrarreforma*, ed. de E. Rey (Madrid, 1945); R. Lapesa, *De la Edad Media a nuestros días* (Madrid, 1967), págs. 193-211. [J.G.L.]

RIBERA, ANASTASIO PANTALEÓN DE (Madrid, 1600-1629). Poeta de la escuela gongorina. De origen humilde, estudió leyes en Alcalá y Salamanca, aunque parece ser que nunca ejerció. Gozó del favor de diferentes nobles y del propio Felipe IV, que alabaron sus dichos agudos y festivos. Tuvo una vida disipada, siendo un personaje habitual en las academias y justas poéticas de su momento. Murió muy joven, de sífilis, con lo que se truncó una carrera que pudo haber llegado muy lejos. Él mismo se definió como «poeta gongorino» y, efectivamente, imita al cordobés en más de una ocasión. También imitó a Paravicino *, a quien consideraba su maestro. Sin embargo, su poesía de tema serio, que es la que más acusa estas influencias, no puede desprenderse de cierta pesadez prosaica. Su poesía burlesca, muy superior, demuestra muchísimo ingenio y brillantez tanto en el uso de los recursos como en la gracia de los conceptos. Son suyos también dos vejámenes, los mejores de su época, donde se satiriza a los literatos amigos y enemigos. Sus *Obras* aparecieron en Madrid (1634), al cuidado de su amigo José Pellicer *, que se hizo con un *Quaderno de versos* manuscrito, actualmente conservado en la Biblioteca Nacional de Madrid. Pronto seguirían nuevas ediciones: el mismo año, también en Madrid, y después en Zaragoza (1640) y Madrid (1648 y 1670). Además, se le atribuyeron otras obras: dos comedias (*Origen de los machucas* y *El blasón de los Machucas*) y una colección de sales, todas ellas desaparecidas.

BIBLIOGRAFÍA. K. Brown, *A. P. de Ribera (1600-1629), ingenioso miembro de la república literaria española* (Madrid, 1980). [R.R.]

RIBERA, ANTONIO DE. Véase POESÍA ÉPICA DE LOS SIGLOS XVI Y XVII.

RIBERA, HERNANDO DE. Véase HISTORIOGRAFÍA DEL SIGLO XV.

RIBERA, JAUME. Véase NOVELA POLICIACA.

RIBERA, FRAY MANUEL DE. Véase AFÁN DE RIBERA, FULGENCIO.

RIBERA, SUERO DE (¿?-¿?). Vivió de pleno la actividad política y literaria de varias cortes, primero en la de Juan II * y después en la aragonesa de Alfonso el Magnánimo, desde donde pasó a Italia, en donde residió en la corte del rey Ferrante. Por eso no es extraño que la mayoría de sus poemas se conserven en el *Cancionero de Palacio* *. Éstos tienen los caracteres, tanto temáticos como técnicos, de la lírica cortesana y, en especial, recuerdan, a veces, a la tradición provenzal, como cuando incorpora la técnica del *ensenhamen* en sus *Reglas a los galanes*, que constituyen un breviario del amador o manual del cortesano. Participa también de la tradición paródica de textos sacros con su *Misa de Amor*, que destaca por la adaptación de la forma y el tono de su glosa al carácter del momento de la Misa al que se refiere. Asimismo participó en los debates poéticos, replicando a Pere Torroella *, a Juan de Valladolid * y a Fernán Pérez de Guzmán *.

BIBLIOGRAFÍA. B. Periñán, «Las poesías de Suero de Ribera», en *Miscellanea di Studi Ispanici* (Pisa, 1968); N. Salvador Miguel, *La poesía cancioneril. El «Cancionero de Estúñiga»* (Madrid, 1977). [M.I.T.P.]

RIBERA CHEVREMONT, EVARISTO (San Juan de Puerto Rico, 1896-1976). Poeta puertorriqueño que se inicia tardíamente en el modernismo, como muestran sus libros *Desfile romántico* (1914) y *El templo de los alabastros* (1919). En 1919 viajó a España, y sus contactos con el ultraísmo se advierten en el versolibrismo de los poemas escritos entre 1921 y 1924, reunidos en *La copa de Hebe* (1922) y tardíamente en *Tú, mar, yo y ella* (1946) y *El hondero lanzó la piedra* (1975). A partir de la publicación de *Los almendros del paseo de Covadonga* (1928) vuelve a una poesía de inspiración más bien clásica y a las formas poéticas tradicionales y de contenidos trascendentes y humanistas: *La hora del orífice* (1929), *Pajarera* (1929), *Color* (1938), *Tonos y formas* (1943), *Anclas de oro* (1945) y *Verbo* (1947). A estas obras siguen una antología, *Creación* (1951), la colección de sonetos *La llama pensativa* (1954), *Inefable orilla* (1961) y *Memorial de arena* (1962). Estas dos obras regresan al tema del mar, que ya había conformado poemarios como *Anclas de oro*. El resto de su producción abarca *Punto final (Poemas del sueño y de la muerte)* (1963), *El semblante* (1964), *Principio de canto* (1965), *Nueva antología* (1966), *Río volcado* (1968), *Canto de mi tierra* (1971), *El caos de los sueños* (1974) y los póstumos *El libro de las apologías* (1976), *Jinetes de la inmortalidad* (1977) y *Elegías de San Juan* (1980).

BIBLIOGRAFÍA. C. Meléndez, *La inquietud sosegada. Poética de Evaristo Ribera Chevremont* (San Juan de Puerto Rico, 1956); J. Rivera de Álvarez, *Literatura puertorriqueña. Su proceso en el tiempo* (Madrid, 1988). [R.F.B.]

RIBERO Y LARREA, BERNARDO ALONSO (¿?-¿?). Escribió la novela conocida como el *Quijote de la Cantabria*, publicada entre 1792 y 1800. En ella se jacta en el tercer tomo de que la obra gustó al rey y de que éste le pidió que la terminara. El protagonista emprende un viaje que le lleva a Inglaterra, lo que le sirve al autor para proponer a la sociedad británica como ejemplo de eficacia. La novela se inspira en el *Quijote*, pero pronto se aleja del modelo. Ribero ejerce cierta crítica social, dirigida contra aquellos nobles que son un lastre en la marcha de la sociedad.

BIBLIOGRAFÍA. A. Fernández Insuela, «Opiniones sobre Inglaterra en el *Quijote de la Cantabria* (siglo XVIII)», en *Scripta in memoriam J. B. Álvarez Buylla* (Oviedo, 1986), págs. 161-167. [J.A.B.]

RIBEYRO, JULIO RAMÓN (Lima, 1929). Narrador, ensayista y dramaturgo. Es la figura más destacada de la literatura del medio siglo, a la que ofrece la mejor aportación con sus narraciones breves. Desde el comienzo, se empeñó en renovar la narrativa en el Perú. En los relatos de *Los gallinazos sin plumas* (1955) se muestra como un narrador eminentemente urbano. Su primera novela es una importante aportación regionalista: *Crónica de San Gabriel* (1960), relato de iniciación, que destruye el mito de la vida idílica del campo. *Los geniecillos dominicales* (novela, 1965) tiene como tema central la insatisfacción y frustraciones de los sectores marginados de la sociedad limeña, presentados a través del humor. *Cambio de guardia* (1964-66, publicada en 1976) es una rara incursión dentro de la ficción política. Sus cuentos están reunidos en tres volúmenes bajo el título de *La palabra del mudo* (1973-77), y en ellos realiza una pintura del Perú en un momento de cambio económico y social, que paradójicamente permanece inalterable. Ribeyro posee una gran perspicacia para captar, bajo los cambios superficiales del país, las constantes de la vida nacional. Ha escrito ensayos: *La caza sutil* (1976), *Prosas apátridas* (completas, 1986); y obras teatrales. La más conocida de éstas, titulada *Vida y pasión de Santiago el pasajero* (1959) y basada en una de las tradiciones de Ricardo Palma *, trata de un visionario del siglo XVIII que creía haber descubierto el secreto de volar; en esta obrita presenta a un artista y su anhelo de trascendencia. *Atusparia* (1981) no ha sido representada. [F.M.ªR.A.]

RIBOT Y FONTSERÉ, ANTONIO (Vich, Barcelona, 1813-Madrid, 1871). Dramaturgo y poeta. Desarrolló una intensa actividad en publicaciones como *El Vapor, El Constitucional, Diario de Barcelona, El Látigo, La Poliantea, El Espectador* y *La Península*. Entre sus obras teatrales, merecen mención los dramas *Cristóbal Colón* (1837) y *El puñal* (1840), y la comedia *Un cuarto con dos alcobas* (1848). En el terreno de la novela histórica probó fortuna con *Don Juan I de Castilla* (1852). Sus poemas, que se recogen bajo los títulos *Poesías* (1833), *Mis flores* (1837), *Mi navegación* (1839) y *Poesías patrióticas* (1841), revelan, todavía, una deuda neoclásica y una preferencia por los temas civiles y políticos. *Solimán y Zaida* (1849), poema narrativo, es su obra de más aliento. [J.B.]

RICA, CARLOS DE LA (Pravia, Asturias, 1930). Trabaja como sacerdote en Carboneras de Guadazaón (Cuenca). Ha dirigido la colección poética «El Toro de Barro». Escribe narrativa, teatro y poesía, género en el que ha publicado libros como *El mar* (1959), *La casa* (1960), *20 poemas experimentales* (1972) y *Poemas de amar y pasar* (1981). [L.G.M.]

RICCI, JULIO (Montevideo, 1920). Lingüista y narrador uruguayo. Recibió un premio nacional por los cuentos de *El grongo* (1977). Antes había dado a conocer *Los maniáticos* (1970) y después publicó *Ocho modelos de felicidad*

(1980) y *Cuentos civilizados* (1985). *El grongo* ha sido su libro más leído y comentado. En él configuró una visión sórdida, pero a la vez humorística y paródica, de la realidad nacional, enfatizada aún más por la habilidad narrativa de crear tipos humanos con registros de habla diversos (la culta, la popular, la lunfarda). [J.R.]

RICO, MANUEL. Véase NARRATIVA ESPAÑOLA POSTERIOR A 1975.

RICO Y AMAT, JUAN (Elda, Alicante, 1821-Madrid, 1870). Colaborador de la prensa satírica conservadora, es autor de cuadros y tipos costumbristas de la segunda generación (*Cuadros de Costumbres*, 1844). Su más famosa obra es el *Diccionario de los políticos o verdadero sentido de las voces y frases más usuales entre los mismos* (1855; fue reeditada por D. Sevilla en 1976). [L.R.T.]

RIDRUEJO, DIONISIO (Burgo de Osma, Soria, 1912-Madrid, 1975). Poeta e intelectual prestigioso, Dionisio Ridruejo ha sido, ante todo, notario excepcional de muchos acontecimientos literarios e históricos, cuyos avatares narró, con lúcida honradez, en libros como *Escrito en España* (1962 y 1964) y *Casi unas memorias* (1976). Como poeta, se inicia con el libro *Plural* (1935), donde se detectan huellas de Antonio Machado*, profesor suyo en Segovia. Las vivencias de la Guerra Civil, a la que sirvió en el bando franquista como Director General de Propaganda, repercuten en una poesía de la experiencia que se plasma en *Primer libro de amor* (1939) y *Poesía en armas* (1940). Voluntario de la División Azul, cuando regresa a España (1942) manifiesta su insolidaridad con el régimen franquista, lo que le ocasiona el inmediato confinamiento en Ronda y, más tarde, el exilio en Francia. No se crispa por ello el intimismo de su poesía, que continúa hallando motivos de meditación permanente en el fluir temporal, en el paisaje, en el amor y la amistad, en los recuerdos de la infancia y en Dios. Destacan: *Sonetos a la piedra* (1943), *En la soledad del tiempo* (1947) y *Elegías* (1948). Sus poesías completas, compiladas ya en 1950 bajo el título *En once años (1935-1945)*, vieron la luz en el volumen *Hasta la fecha* (1961), al que han seguido, entre otros, *Cuaderno catalán* (1965) y *Casi en prosa* (1972). Tras su muerte, ocurrida en junio de 1975, tanto el hombre (su probidad ética) como el poeta (de un clasicismo austero que no empece la cordialidad) siguen en alza.

BIBLIOGRAFÍA. H. P. Schmidt, *Dionisio Ridruejo: Ein Mitglied der Spanischen «generación» von 1936* (Bonn, 1972); L. F. Vivanco, «El desengaño del tiempo en la poesía de D. Ridruejo», en *Introducción a la poesía española contemporánea* (Madrid, 1974), vol. II, págs. 311-354; D. Ridruejo, *Cuadernos de Rusia, En la soledad del tiempo, Cancionero en Ronda, Elegías*, introducción de A. Penella (Madrid, 1981), págs. 7-64. [A.S.Z.]

RIECHMANN, JORGE. Véase POESÍA ESPAÑOLA POSTERIOR A 1975.

RIEGO Y NÚÑEZ, EUGENIO ANTONIO DEL (?, 1748-Oviedo, 1816). Administrador de Correos, miembro de la Sociedad Económica de Asturias y padre de Riego, el general liberal. Poeta ocasional, escribió también algunas disertaciones para la Sociedad Económica. Fue famoso su poema *Los pastores del Narcea* (1784). [J.A.B.]

RIESCO, LAURA. Véase HISPANOAMÉRICA: NARRATIVA ACTUAL.

RÍO, ANA MARÍA DEL (Santiago de Chile, 1948). *Entre paréntesis* (1985) reúne sus cuentos, escritos con lenguaje alegórico. Su novela *Óxido de Car-*

men (1986), metáfora del matriarcado, describe un grupo familiar cerrado donde conviven la locura y el orden. [A.M.]

RÍO, BENIGNO DEL. Véase LITERATURA FILIPINA.

RÍO SAINZ, JOSÉ DEL (Santander, 1884-Madrid, 1964). Periodista, director del diario *Atalaya* y fundador de *La Voz de Cantabria*, se le recuerda, sobre todo, como poeta, aunque no sea autor de mucha obra. Estudió náutica y navegó algún tiempo por diversos mares, reduciéndose luego a piloto en la bahía de su ciudad natal. El mar —con todo lo que le rodea— es un tema fundamental de su poesía, aunque no el único. Autor de *Versos del mar y de los viajes* (1912, con modificaciones en la edición de 1925) y *Versos del mar y otros poemas* (1925), en sus mejores momentos conmueve al lector, ya por la pasión contenida que logra dar a sus palabras, ya por una cierta sensación de nostalgia que transmiten algunos de sus poemas. En *Hampa* (1923), su mejor obra, retrató el mundo de los puertos y de los arrabales de las ciudades. [A. de A.]

RIOJA, FRANCISCO DE (Sevilla, 1583-Madrid, 1659). De humildes orígenes —su abuelo soldado, su padre albañil—, se ordenó de menores en 1594 y estudió Humanidades en su ciudad natal, adquiriendo una magnífica formación en lenguas y en antigüedades. Consejero del conde-duque de Olivares desde 1621, la carrera eclesiástica de Rioja es una acumulación de prebendas y beneficios. Tras la caída del valido en 1643, volvió a Sevilla hasta 1654, en que de nuevo fue llamado a la corte para seguir de bibliotecario real, cargo que ocupaba desde 1634.

Famoso en su tiempo como sabio humanista, prudente consejero y polemista feroz en materias teológicas e históricas —el problema de la Inmaculada Concepción o el de los falsos cronicones—, la fama póstuma de Rioja se basa en una breve colección de poemas que quedó inédita. Poesía muy limitada de formas y temas, consta de sesenta sonetos, dos sextinas, tres composiciones en décimas y once silvas. Muy amigo del pintor Pacheco * y de su grupo sevillano, Rioja tomó como modelo la lengua poética de Herrera * —cuyos valores elogió en el prólogo a la polémica edición de 1619—, aunque, como ha analizado Chiappini, en tono más sobrio y clasicista. Su lírica amorosa reproduce los motivos petrarquistas y hasta los mismos nombres poéticos —Heliodora, Aglaya, Egle— de su modelo. En cambio, el otro grupo de poemas tiene como temas centrales el horaciano del *Beatus ille*, el desengaño y la brevedad de la vida. Ruinas, flores, efímera belleza corporal son los motivos recurrentes en los sonetos y, sobre todo, en las silvas —«A la riqueza», «A la pobreza», «A la constancia», «Al jazmín», «A la rosa», etc.—, donde la libertad métrica le permite una más matizada y discursiva reflexión sobre el paso del tiempo y el destierro de la ambición (y, también, el contrapunto vital: el *carpe diem*).

BIBLIOGRAFÍA. F. de Rioja, *Versos*, ed. (y traducción italiana) de G. Chiappini (Florencia, 1975); *Poesía*, ed. de B. López Bueno (Madrid, 1984). [A.B.]

RÍOS, BLANCA DE LOS (Sevilla, 1862-Madrid, 1956). Sobrina de Amador de los Ríos *, fue discípula de Menéndez Pelayo *. Aunque desde muy joven publicó libros de poemas (*Esperanzas y recuerdos*, 1881; *¿Vida o sueño?*, 1914) y novelas como *La niña de Sanabria*, *Melita Palma* (1901), *La sangre española* (1907) o *Madrid goyesco* (1908), su nombre figura en las historias de la literatura como estudiosa de los grandes escritores castellanos de los Siglos de Oro, en especial de Tirso de Molina * —*Las mujeres de Tirso* (1910) y *El enigma biográfico de Tirso de Molina* (1928)—, cuyas *Obras dramáticas completas* publicó en 1947 en 3 volúmenes. Es autora además de trabajos sobre santa Teresa de Jesús *, Calderón de la Barca *, Cervantes *, la mística, el romanticismo o Menéndez Pelayo. Colaboradora de diversas publicaciones, dirigió la revista *Raza Española*. [M.A.]

RÍOS, FERNANDO DE LOS (Ronda, Málaga, 1879-Nueva York, 1949). Fue catedrático de Derecho político y desarrolló una intensa actividad dentro del Partido Socialista. Durante la República fue ministro de Instrucción Pública y de Estado. Después de la guerra se dedicó a la enseñanza en Estados Unidos. En muchos de sus ensayos, en los que pueden rastrearse influencias del krausismo *, al mismo tiempo que rechaza el materialismo dialéctico de los marxistas ortodoxos, hace responsable al capitalismo de haber degradado los valores espirituales y humanos más arraigados desde el Renacimiento, sin los que la vida carece de sentido. De ellos, destacan: *La filosofía del derecho en don Francisco Giner y su relación con el pensamiento contemporáneo* (1916), *La crisis actual de la democracia* (1917), *Una supervivencia señorial* (1920), *Mi viaje a la Rusia sovietista* (1921), *El sentido humanista del socialismo* (1926) y *Religión y Estado en la España del siglo XVI* (1927).

BIBLIOGRAFÍA. V. Zapatero, *Fernando de los Ríos* (Madrid, 1974). [A.R.]

RÍOS, ISABELLA. Véase LITERATURA CHICANA.

RÍOS, JUAN (Lima, 1914). Poeta y dramaturgo. De joven viajó a España, y se enroló en las milicias populares durante la guerra civil española. Sus ideas políticas lo llevaron a la cárcel y al destierro. Su obra poética tiene ecos de la voz de Pablo Neruda * al igual que de la poesía surrealista francesa. De su obra lírica destacan *Canción de siempre* (1941), *Cinco cantos al destino del hombre* (1953) y *Primera antología poética* (1981). De su teatro, *Don Quijote* (1948), *Medea* (1951), *Ayar Manco* (1952) y *Argos* (1954). [J.C.]

RÍOS, JULIÁN. Véase NARRATIVA ESPAÑOLA POSTERIOR A 1975.

RÍOS, LARA. Véase LITERATURA INFANTIL HISPANOAMERICANA.

RÍOS, VICENTE DE LOS (Córdoba, 1732-Madrid, 1779). Militar que escribió, además de tratados sobre la milicia, un *Análisis del «Quijote»*, aparecido en 1780, en el que sostenía que la obra de Cervantes era un poema épico. Recibió numerosas alabanzas y críticas. Entre estas últimas merece la pena destacar las de José Marchena *, quien desde el prólogo a sus *Lecciones de Filosofía moral y Elocuencia* (1820) desbarató la tesis de Ríos, con argumentos que, en parte, ya habían sido utilizados por Isla * para diferenciar ambos géneros: épica e historia. Alcanzó el grado de teniente coronel y perteneció a las Academias Española y de la Historia. Fue profesor en la Academia de Artillería de Segovia. [J.A.B.]

RÍOS RUIZ, MANUEL (Jerez de la Frontera, Cádiz, 1934). Poeta que coincide, por su estirpe barroca, con las más significativas tendencias andaluzas de todos los tiempos. Es la suya, en efecto, una poesía de sensaciones, con gran riqueza léxica y rítmica y sorprendente imaginería. Ha publicado, entre otros, los siguientes libros: *La búsqueda* (1963), *Dolor de sur* (1969), *El oboe* (1972), *Los arriates* (1973), *La paz de los escándalos* (1975), *Piedra de amolar* (1982), *Antología poética* (1983), *Figuraciones* (1986), *Poemas mayores* (1987) y *Juratorio* (1991). [A.S.Z.]

RIOSALIDO, JESÚS (Madrid, 1937). Su obra literaria está dedicada mayoritariamente a la poesía. Entre sus libros pueden citarse *Zéjel del libro de amor y algunos más* (1969), *El diván de las sombras* (1971), *Didi Mahmud* (1978), *Circo de urgencias* (1984) y *Alcor* (1986). Ha seleccionado su obra en *Antología poética (1969-1986)* (1987). Su poesía gusta de la experimentación con el lenguaje, adentrándose libremente en diversas tradiciones como el barroco, la lírica arábigo andaluza y las distintas posibilidades de la vanguardia española. Ha escrito también novelas y las obras teatrales *H₂O*, *El ojo de cristal* y *Negocio blanco* (1987), que giran en torno a la muerte.

BIBLIOGRAFÍA. J. Riosalido, *Antología poética*, introducción de J. García Nieto (Barcelona, 1987), págs. 7-13. [L.G.M.]

RIPOLL, DOMINGO MARÍA (Madrid, ?-1775). Fue escribano del rey. Poeta ocasional, es más interesante su contribución al teatro de la época. Vio representadas con éxito algunas de sus comedias, como la de magia *Marta la romarantina* (tercera parte). [J.A.B.]

RIPOLL, JOSÉ RAMÓN. Véase POESÍA ESPAÑOLA POSTERIOR A 1975.

RISCO, RENÉ DEL. Véase HISPANOAMÉRICA: NARRATIVA ACTUAL.

RITTER, JORGE R. (Asunción, 1914-1976). Novelista paraguayo. Médico de profesión, incorpora en su obra las experiencias que su carrera le ha brindado. En su novela *El pecho y la espalda* (1962) descubre las angustias y el desamparo social de la gente del campo, preocupación que también permea las páginas de *La hostia y los jinetes* (1969), su segunda novela. Del resto de su producción narrativa hay que destacar *La tierra ardía* (1974), novela sobre la guerra del Chaco (1932-35). [T.M.F.]

RIUS, LUIS (Tarancón, Cuenca, 1930-México, D.F., 1984). Se trasladó a México a causa de la Guerra Civil. Fue profesor universitario de literatura, ensayista y director de las revistas *Clavileño* y *Segrel*. Publicó los siguientes libros de poesía: *Canciones de vela* (1951), *Canciones de ausencia* (1954), *Canciones de amor y de sombra* (1965) y *Canciones a Pilar Rioja* (1970). En 1984 se publicó una antología de su obra bajo el título *Cuestión de amor y otros poemas*. Como ensayista destaca su libro *León Felipe, poeta de barro. (Biografía)* (1968). Poesía contenida, que se mueve entre la canción lírica y la experiencia de tono coloquial, sus imágenes suelen basarse en los símbolos más sencillos y en los elementos primarios de la naturaleza.

BIBLIOGRAFÍA. S. Rivera. *Última voz del exilio. (El grupo poético hispano-mexicano)* (Madrid, 1990). [L.G.M.]

RIVA PALACIO, VICENTE (México, D.F., 1832-Madrid, 1896). Abogado, funcionario público y militar que luchó contra la invasión francesa. Ejerció el periodismo político y satírico. Sus novelas pertenecen a la narrativa mexicana que recrea sucesos de la época virreinal, tal como se aprecia en *Martín Garatuza* (1868). Junto con José María Roa Bárcena *, es considerado el iniciador del cuento mexicano moderno por su equilibrado tratamiento de la anécdota, evidente en *Cuentos del general* (1896). Otras obras: *Las dos emparedadas* (1869) y *Memorias de un impostor* (1872). [J.E.C.]

RIVADENEIRA, JORGE. Véase HISPANOAMÉRICA: NARRATIVA ACTUAL.

RIVANO, LUIS. Véase HISPANOAMÉRICA: TEATRO ACTUAL.

RIVAROLA MATTO, JOSÉ MARÍA (Asunción, 1917). Dramaturgo, narrador y ensayista paraguayo. En narrativa, es autor de *Follaje en los ojos* (1952), novela que capta la angustiosa realidad de la vida en los obrajes del Alto Paraná, y de *Mi pariente el cocotero* (1974), una colección de cuentos. De su producción teatral se destacan *El fin de Chipí González*, comedia estrenada en Asunción en 1956, y los dramas *La cabra y la flor* (1965), *La encrucijada del Espíritu Santo* (1972) y *Tres obras y una promesa* (1983), antología teatral que reúne tres piezas: *El fin de Chipí González*, *La cabra y la flor* y *Su señoría tiene miedo*. [T.M.F.]

RIVAROLA MATTO, JUAN BAUTISTA (Asunción, 1933-1991). Periodista, narrador y ensayista paraguayo. Es autor de las novelas *Yvypóra* (1970; trad. literal, «fantasma de la tierra»), *Diagonal de sangre*, subtitulada «La historia y sus alternativas en la guerra del Paraguay» (1986), y *La isla sin mar* (1987). Las tres forman una trilogía histórico-novelesca que gira en torno a la problemática de una pequeña nación, la paraguaya, aislada por la geografía y a menudo también olvidada de la Historia. Con la novela *San Lamuerte* (1986) obtuvo el premio Gabriel Casaccia en 1985. [T.M.F.]

RIVAS, DUQUE DE (Córdoba, 1791-Madrid, 1865). Ángel de Saavedra y Ramírez de Baquedano, de familia aristocrática, fue educado en el Seminario de Nobles de Madrid. Ingresó en el Ejército, distinguiéndose durante la Guerra de la Independencia. En aquellos años conoció a Manuel José Quintana *, que orientó sus ideas literarias. Condenado a muerte por Fernando VII, huyó a Londres y luego a Italia, familiarizándose con la obra de Shakespeare, Byron y Scott. Cultivó la pintura. En 1834 regresó a España. Intervino activamente en la política y llegó a ser embajador en París (1859), Presidente del Consejo de Estado (1863) y Director de la Real Academia de la Lengua.

Con el paso de los años atenuó su liberalismo inicial y fue adoptando ideas cada vez más conservadoras. Literariamente, arranca del neoclasicismo, como revelan sus poemas anacreónticos (en la línea de Meléndez Valdés *) y patrióticos (en la línea de Quintana). Sus primeros versos los recopiló en *Poesías* (1814). Romántico desde su estancia en Inglaterra, escribe en esta línea algunos de sus mejores poemas: «El desterrado», «El sueño del proscrito» (1824), «El faro de Malta» (1828). Orientó sus esfuerzos a la creación de leyendas —*Florinda* (1826), *La azucena milagrosa* (1847)— y de romances de tema histórico: *El Moro Expósito o Córdoba y Burgos en el siglo XI* (1834) y *Romances históricos* (1841). En *El Moro Expósito* realizó una recreación del tema legendario de Mudarra y sus hermanos, los infantes de Lara. Escrito en vigoroso romance heroico, sus doce cantos resultan hoy prolijos y anacrónicos, pero fueron tal vez la manifestación más notable del medievalismo romántico en la poesía de los primeros años del romanticismo español. Sus *Romances históricos* tratan tanto de asuntos lejanos como próximos y tuvieron una importancia decisiva en la recuperación del romancero.

En su producción dramática se observa una evolución desde la tragedia neoclásica al drama romántico. De *Aliatar* (1816), *Lanuza* (1822), *Arias Gonzalo* (1827) a *Don Álvaro o la fuerza del sino* (1835), que es, de hecho, una de las obras emblemáticas del drama romántico español. Escrita en prosa y verso, mezcla lo trágico y lo cómico, que se funden con intensidad y equilibrio. El protagonista acumula en su ser los signos del héroe romántico prototípico: origen exótico y misterioso, pasión, fatalismo que —sin querer— le conduce al crimen y al suicidio. Y todo ello con la más exagerada parafernalia de la escenografía romántica. Escribió además *La morisca de Alajuar* (1841) y *El desengaño en un sueño* (1842), obra ésta de gran espectacularidad y en la que Rivas puso gran empeño. (No llegó a verla estrenada durante su vida.)

BIBLIOGRAFÍA. E. A. Peers, «Ángel de Saavedra, duque de Rivas. A Critical Study», en *Revue Hispanique*, LVIII (1923); G. Boussagol, *Ángel de Saavedra, duc de Rivas. Sa vie, son oeuvre poétique* (Toulouse, 1926); G. H. Lovett, *The Duke of Rivas* (Nueva York, 1977). [J.R.J.]

RIVAS, ENRIQUE DE (Madrid, 1931). A causa de la Guerra Civil se refugió con su familia en Francia y México. Es profesor universitario, ensayista y poeta. Ha publicado los siguientes libros de poemas: *Primeros poemas* (1949), *En la herencia del día* (1966), *Tiempo ilícito* (1980), *Como quien lava con luz las cosas* (1984) y *El espejo y su sombra* (1985). Es autor también del libro de memorias *Cuando acabe la guerra* (1992). El estilo poético de Enrique de Rivas está relacionado con la poesía de la experiencia, aunque no renuncia al experimentalismo y los juegos de lenguaje, sobre todo en el libro *Tiempo ilícito*.

BIBLIOGRAFÍA. S. Rivera, *Última voz del exilio. (El grupo poético hispano-mexicano)* (Madrid, 1990). [L.G.M.]

RIVAS, JOSÉ LUIS. Véase HISPANOAMÉRICA: POESÍA ACTUAL.

RIVAS BONILLA, ALBERTO (Santa Tecla, El Salvador, 1891). Secretario de la Academia Salvadoreña de la Lengua y médico de profesión, ha escrito poesía, teatro y los libros de relatos *Andanzas y malandanzas* (1936) y *Me monto en un potro* (1943). [A.B.F.]

RIVAS CHERIF, CIPRIANO DE (Madrid, 1891-México, 1969). Fue doctor en Derecho. Colaboró habitualmente en *España, El Liberal, La Libertad, El Sol* y *Heraldo de Madrid*. Con su cuñado, Manuel Azaña *, dirigió *La Pluma*. Fue un renovador director escénico y promotor de importantes actividades teatrales. Pasó a Francia en 1939. Tras ser devuelto al gobierno franquista por los alemanes, y pasar una temporada en presidio, consiguió ir a México en 1947. Es autor de un libro de poesía, *Versos de abril* (1907), del relato *Los cuernos de la luna* (1908) y de la novela *Un camarada más* (1921), sobre la aparición en la Facultad de Derecho de la primera mujer estudiante. En 1961 publicó un libro sobre Azaña, *Retrato de un desconocido*. También escribió obras dramáticas —*Trance* (1926), *Un sueño de la razón* (1929) y *La costumbre* (1946), entre otras—. En *Cómo hacer teatro: Apuntes de orientación profesional en las artes y oficios del teatro español*, ensayo que ha permanecido inédito hasta 1991, dejó testimonio de sus experiencias escénicas.

BIBLIOGRAFÍA. AA. VV., *Cipriano Rivas Cherif. Retrato de una utopía*, en *Cuadernos de El Público*, 42 (Madrid, 1989). [G.R.F.]

RIVAS DÁVILA, ANDRÉS (León, Nicaragua, 1892-1930). Poeta y periodista, muerto tempranamente por causa de la bohemia de moda entre los escritores de su tiempo. Coetáneo de los representantes del posmodernismo en Nicaragua (Salomón de la Selva *, Alfonso Cortés *, etc.), fue más allá que éstos al militar en el estridentismo * del mexicano Manuel Maples Arce *, ya antes de 1923 *(Paisaje estridentista)*. Su obra poética es breve, y en vida del autor sólo apareció en publicaciones periódicas, siendo reunida en un libro póstumo editado en Managua: *El beso de Erato* (1941). Rivas Dávila fue, más que un precursor, el iniciador de la poesía de vanguardia en Nicaragua y, además, el único poeta que allí sintonizó su obra con los movimientos vanguardistas de la primera hora en lengua española.

BIBLIOGRAFÍA. A. Argüello, *Los precursores de la poesía nueva en Nicaragua* (Managua, 1963). [E.Z.-H.]

RIVAS GROOT, JOSÉ MARÍA (Bogotá, 1863-Roma, 1923). Poeta, novelista, político y diplomático colombiano. Estudió en Europa y conoció especialmente las letras francesas, inglesas e italianas. Su poema «Constelaciones» es una meditación lírica. Sus novelas cortas *Resurrección* (1902) y *El triunfo de la vida* (1916), así como varios cuentos —narraciones todas ambientadas en el mundo cultural europeo de comienzos de siglo, al que se observa desde un profundo espiritualismo y la exaltación estética del catolicismo—, le han valido la consideración de figura del modernismo. Además de sus páginas de crítica, publicó dos antologías: *La lira nueva* (1886) y *Victor Hugo en América* (1890). La primera de ellas muestra las tendencias de los jóvenes poetas de entonces, como José Asunción Silva *: el final del romanticismo y los comienzos del modernismo. [F.C.L.]

RIVAS ITURRALDE, WLADIMIRO. Véase HISPANOAMÉRICA: NARRATIVA ACTUAL.

RIVAS PANEDAS, JOSÉ (?, h. 1890-¿?). Poeta. Codirector de *Ultra* (1918-1922) y *Tableros* (1921-1922). Es autor de *Cruces* (1922). [M.G.P.]

RIVERA, GERARDO (seudónimo). Véase DOMENCHINA, JUAN JOSÉ.

RIVERA, HESNOR (Maracaibo, Zulia, Venezuela, 1928). Poeta venezolano, vivió en Chile entre 1949 y 1951. Fundó junto a otros jóvenes escritores el grupo «Apocalipsis» (1955), con el objeto de difundir entre los poetas zulianos las nuevas escuelas vanguardistas, entre ellas el surrealismo que había conocido con el grupo chileno «Mandrágora». Comenzó a escribir en la «Página literaria» de *El Nacional;* fue redactor del diario *Panorama de Maracaibo* y colaboró en revistas como *Cultura Universitaria*. Ha publicado: *En la red de los éxodos* (1963), *Puerto de escala* (1965), *Superficie del enigma* (1968), *No siempre el tiempo siempre* (sonetos, 1975), *Persistencia del desvelo* (1976), *Las ciudades nativas* (1976), *El visitante solo* (1978), *Elegía a medias* (1978), *La muerte en casa* (sonetos, 1981) y *El acoso de las cosas*. [C.R. de G.]

RIVERA, JOSÉ EUSTASIO (Neiva, Huila, Colombia, 1888-Nueva York, 1928). Escritor colombiano. Obtuvo el título de maestro y luego el de doctor en derecho. Como abogado investigó la suerte de trajadores al servicio de compañías petroleras extranjeras. Después intervino en el amojonamiento de límites en la frontera colombo-venezolana. Fue parlamentario. En ejercicio de su profesión litigó en los Llanos Orientales. Se inició como poeta con los sonetos de *Tierra de promisión* (1921), de gran éxito. De corte clásico y lenguaje modernista, presentan escenas tropicales de la selva (que aún no conocía), la cordillera y la llanura. Pero la consagración de Rivera fue la novela *La vorágine* (1924). La prosa, como la acción, es acelerada y mantiene en su dinamismo una atmósfera a la vez dramática y poética. Se denunciaban las injusticias de las empresas que explotaban a los caucheros colombianos, y a la vez se mostraba al hombre amenazado por su destino y por las fuerzas de la naturaleza. El personaje (Arturo Cova, poeta que huye de Bogotá con su amante Alicia, supuesto autor de las memorias que da a conocer el novelista) es contradictorio y de gran complejidad psicológica: «El destino implacable me desarraigó de la prosperidad incipiente y me lanzó a las pampas, para que ambulara vagabundo, como los vientos, y me extinguiera como ellos sin dejar más que ruido y desolación.» La naturaleza, la cárcel o infierno verde de la selva, es una realidad aniquiladora y despiadada bajo la cual el ser humano queda destruido. En ella no impera sino la ley de los más fuertes. Los peores instintos de los hombres se acrecientan, como en su hojarasca y humedad el veneno de reptiles y escorpiones. La voz de Arturo Cova ha servido a muchos europeos, y aun a los mismos latinoamericanos, para imaginar y describir la selva, y la asoladora relación de sus habitantes con ella, hasta la frase final: «¡Los devoró la selva!»

BIBLIOGRAFÍA. E. Neale Silva, *Horizonte humano: vida de José Eustasio Rivera* (1960); L. C. Herrera, *José Eustasio Rivera, poeta de promisión* (Bogotá, 1968); M. Ordóñez, *«La vorágine»: textos críticos* (Bogotá, 1987); I. Peña Gutiérrez, *José Eustasio Rivera* (Bogotá, 1988). [F.C.L.]

RIVERA, LUIS (Valencia de Alcántara, Cáceres, 1826-Madrid, 1872). Escritor y periodista, fue redactor de *La Discusión* y fundador del periódico satírico político *Gil Blas* (1864), desde el cual contribuyó al triunfo de la revolución de septiembre. Escribió también la novela *Los hijos de la fortuna* (1855) y, para el teatro, las comedias *La luna de miel* (1857) y *Presente, mi general* (1859); los dramas *Las aves de paso* (1858), *El honor y el trabajo* (1859), *El padre de familia* (1859), *Al borde del abismo* (1863) y *La profecía* (1864), y las zarzuelas *A rey muerto* (1860), *El secreto de una dama* (1862) y *El estudiante de Salamanca* (1867). [M.P.C.]

RIVERA, PEDRO (Ciudad de Panamá, 1939). Poeta y cuentista, Premio Ricardo Miró en 1969. Entre otros libros, publicó *Incendio de sollozos* (1958), *Despedida del hombre* (1961), *Los pájaros regresan de la niebla* (1970) y *Peccata minuta* (cuentos, 1970). [A.B.F.]

RIVERA, TOMÁS. Véase LITERATURA CHICANA.

RIVERA-RODAS, ÓSCAR (La Paz, 1942). Poeta y crítico literario. Con *La nueva narrativa boliviana* (1972) introduce en Bolivia la moderna crítica literaria, concebida como ciencia. En *El realismo mítico en Óscar Cerruto* (1973), *Funciones de la metáfora lírica* (1973), *Cinco momentos de la lírica hispanoamericana* (1978) y *La poesía hispanoamericana del siglo XIX* (1987) estudia obras sobresalientes de la literatura boliviana e hispanoamericana, armado de nuevas ideas y sistemas de trabajo diferentes. Sus obras poéticas son *Dársena en el tiempo* (1966) y *Testimonio de la ausencia* (1970). Es profesor universitario en los Estados Unidos. [C.C.B.]

RIVERO, DOMINGO (Arucas, Gran Canaria, 1852-Las Palmas de Gran Canaria, 1929). Poeta tardía y secretamente revelado, Domingo Rivero apenas publicó en vida. Desde muy pronto, sin embargo, fue celebrado su soneto «Yo, a mi cuerpo», que, junto a otras piezas, lo muestran como poeta cercano a Unamuno y que rehúye los planteamientos más epidérmicos del Modernismo. Exalta su entorno objetual y familiar con hondo aliento metafísico y un lenguaje de extrema sequedad meditativa. Su poesía se halla recopilada en *Homenaje a Domingo Rivero* (1966) y en *Poesías* (1991).

BIBLIOGRAFÍA. J. Rodríguez Padrón, *Domingo Rivero, poeta del cuerpo* (Madrid, 1967); AA. VV., *Pictografías para un cuerpo* (1977 y 1981); D. Rivero, *Poesías*, introducción de E. Padorno (Islas Canarias, 1991). [A.S.R.]

RIVERO, ISEL. Véase HISPANOAMÉRICA: POESÍA ACTUAL.

RIVERO, MARIO. Véanse Hispano-américa: poesía actual y Nadaísmo.

RIVERO, RAÚL. Véase Hispanoamérica: poesía actual.

RIVERO ORAMAS, RAFAEL. Véase Literatura infantil hispanoamericana.

RIVEROS, JUAN PABLO (Concepción, Chile, 1945). En su libro *De la tierra sin fuego* (1986), adscrito a la tendencia de la «poesía etnocultural», se da testimonio de las culturas indias: Selkman, Yámanas y Qawashqar. Las vivencias de los poemas arrancan de la lectura de los recuerdos dejados por el sacerdote Martín Gusinde, que durante años vivió entre los indios y dejó testimonio de su mundo. La voz que habla en el poema es un cronista que documenta con fotografías y mapas los lugares habitados por las tribus exterminadas, por conveniencias de todopoderosos intereses económicos. [A.M.]

RIZAL, JOSÉ (Calamba, Isla de Luzón, Filipinas, 1861-Manila, 1896). Estudió Medicina y Filosofía y Letras en Manila y en Madrid (1882-85). Vivió después en diversos países europeos y asiáticos y en Estados Unidos. En 1892 regresó a Manila. Cuatro años después fue condenado a muerte y fusilado. Su afán por obtener reformas políticas y mayores libertades para su país y su denuncia de los abusos de la administración española —tanto de la civil como de la religiosa— se plasman, de forma cada vez más radical, en algunos de sus ensayos y artículos y en dos novelas de tesis, *Noli me tangere* (1887 y 1992, con prólogo de J. Ordaz) y *El filibusterismo* (1891). En sus composiciones poéticas —unas cuarenta— son notables las influencias de los autores clásicos, románticos y modernistas españoles e hispanoamericanos —desde fray Luis de León * hasta G. A. Bécquer *, M. González Prada * y J. C. Zenea *—. Entre 1930 y 1938, J. M. Kalaw editó, en cinco volúmenes, su *Epistolario*. En 1960 se rescataron *Dos diarios de juventud*, en los que habla, respectivamente, de su primer viaje a España en 1882 y de un semestre de su vida en Madrid en 1884. Un año después, con motivo del Centenario de su nacimiento, se publicaron, en Manila, todas sus obras. Es responsable también de un melodrama en verso impregnado de fervor mariano, *Junto al Pásig* (1880), de una edición anotada de *Sucesos de las islas Filipinas* (1890), de Antonio de Morga, y de diversas traducciones.

BIBLIOGRAFÍA. W. E. Retana, *Vida y escritos del doctor José Rizal* (Madrid, 1907); C. Quirino, *The Great Malayan. The biography of Rizal* (Manila, 1940); AA. VV., *Rizal ante los ojos de sus contemporáneos* (Manila, 1961); A. Coates, *Rizal: Philippine Nationalist and Martyr* (Oxford, 1968); D. Madrid Maligson, *España y los españoles en las obras del Dr. José Rizal* (Universidad de Colorado, 1975). [A.R.]

ROA BÁRCENA, JOSÉ MARÍA (Jalapa, Veracruz, México, 1827-México, D.F., 1908). Poeta neoclásico con no escasos aspectos románticos, como el culto de elementos locales e indígenas. Todavía se admira su obra de traductor (poetas latinos, Schiller, Byron, Dickens). Varias recopilaciones de sus *Poesías líricas* aparecieron desde 1859. Escribió, a la manera de José Zorrilla * (con quien asistió a la corte del imperio de Maximiliano de Habsburgo) y del duque de Rivas *, unas *Leyendas mexicanas* (1862). Entre sus obras en prosa importan sobre todo sus *Recuerdos de la invasión norteamericana (1846-1848) por un joven de entonces* (1883). [J.J.B.]

ROA BASTOS, AUGUSTO (Asunción, 1917). Poeta, narrador, periodista, ensayista, guionista cinematográfico y dramaturgo paraguayo. Uno de los grandes maestros de la narrativa contemporánea y el escritor paraguayo de más renombre internacional, Roa Bastos pasó gran parte de su infancia en Iturbe, un pequeño pueblo del interior donde tienen lugar muchas de sus narraciones. Miembro del grupo que inicia la renovación poética en el Paraguay en la década del cuarenta —con Josefina Pla * y Hérib Campos Cervera *, entre otros—, Roa Bastos ha vivido en el exterior durante más de cuarenta años. Cuando a raíz de la guerra civil de 1947 se vio obligado a dejar su país, optó por el exilio en la Argentina y allí escribió toda su obra narrativa publicada hasta la fecha. Se trasladó después a Francia, donde actualmente reside y trabaja como profesor de literatura en la Universidad de Toulouse. Aunque empezó su carrera literaria como poeta, es en el cuento y en la novela donde ha obtenido sus mayores éxitos: muchas de sus obras han sido traducidas a varias lenguas, distinguidas con prestigiosos premios internacionales e incluso llevadas al cine. En poesía, es autor de *El ruiseñor de la aurora y otros poemas* (1942) y *El naranjal ardiente* (1960). En cuanto a su producción narrativa, se debe indicar que los innumerables problemas históricos y políticos de su país natal, como también su larga experiencia en el exilio, han tenido una influencia profunda en su obra. Sin embargo, y aunque sus narraciones giran en torno a la realidad problemática del Paraguay, la ficción de Roa Bastos cobra valor universal por la similitud de los problemas contemporáneos, tanto en los países latinoamericanos como en otros de nuestro mundo actual. En 1953 apareció su primera colección de cuentos, *El trueno entre las hojas*, donde se describe el sufrimiento de unos seres para quienes la lucha por la existencia adquiere dimensiones trágicas. Como en muchas otras narraciones suyas, la temática de estos primeros cuentos gira en torno a problemas del contexto nacional (inestabilidad económica, violencia política, opresión gubernamental, etc.), vigentes a lo largo de este siglo y que afectan más que nada a las clases bajas, especialmente a los campesinos pobres. Otros motivos recurrentes en narraciones posteriores, incluyendo sus dos novelas, son el exilio y la dictadura, temas relacionados con el entorno histórico-político de gestación de esas obras —publicadas entre 1960 y 1984; la dictadura de Stroessner se extiende entre 1954 y 1989— y con el contexto vivencial del propio autor. El resto de su producción cuentística incluye *El baldío* (1966), *Madera quemada* (1967), *Moriencia* (1969), *Cuerpo presente* (1971), *Antología personal* (1980) y *Contar un cuento y otros relatos* (1984), para dar sólo unos cuantos títulos representativos. En 1960 sale a la luz su primera novela, *Hijo de hombre*, obra ganadora del Concurso Internacional de Novelas de la Editorial Losada (1960), y epopeya sublime de un pueblo sufrido y doliente, cuya narración abarca un marco temporal muy amplio: desde la dictadura del doctor José Gaspar Rodríguez de Francia (1814-40) hasta años después de la guerra del Chaco (1932-35). Dividida en nueve capítulos relativamente autónomos, este relato logra unidad novelesca a través de una serie de motivos temáticos duales (libertad y opresión, bondad y maldad, justicia e injusticia, heroísmo y traición, etc.) que se incorporan a la narración por medio de historias individuales de heroísmo y sacrificio que alternan y contrastan con la ambigüedad moral e indecisión crónica del protagonista principal, Miguel Vera, cuyos recuerdos y diario ocupan los capítulos impares de la obra. El derrotero de este intelectual y escritor (de biografía muy similar a la de Roa), incapaz de comprometerse totalmente con su pueblo, contrasta con la solidaridad y el espíritu de abnegación de los protagonistas más humildes: entre ellos, Gaspar Mora, Casiano y Nati Jara, y Kiritó (Cristóbal Jara). Si la liberación final de un pueblo sólo puede lograrse a través de la lucha popular (de los Mora y los Jara del mundo), como parece proponer esta obra, entonces en *Hijo de hombre* Roa está anticipando algunas de las propuestas que la «teología de la liberación» (movimiento que adquiere importancia en la Iglesia católica latinoamericana a partir de la década del sesenta) postularía unos años después.

En 1974 aparece *Yo, el Supremo*, novela decisiva para que su autor recibiese recientemente tres importantes y codiciados galardones: el premio de Letras del Memorial de América Latina (Brasil, 1988), el premio Cervantes (España, 1989) y la condecoración de la Orden Nacional del Mérito (Paraguay, 1990). *Yo, el Supremo* se publica en el mismo año que *El recurso del método* de Carpentier * y al igual que ésta, y que *El otoño del patriarca* de García Márquez *, tiene como personaje principal a un dictador típico latinoamericano. A diferencia de estas dos últimas novelas, cuyos protagonistas reflejan características colectivas de varios ex dictadores, la obra de Roa está inspirada en un solo personaje histórico, el doctor Francia, supremo dictador del Paraguay durante veintiséis años y figura ya presente en las primeras páginas de *Hijo de hombre*. *Yo, el Supremo* constituye un inmenso y detallado panorama del derrotero histórico-político del Paraguay desde su independencia hasta el presente. A través de la novela —de la que Roa Bastos se declara mero «compilador», subvirtiendo así la idea tradicional de autor como «creador» de su obra— desfilan ante el lector elementos del contexto humano, económico y político que configuran la realidad nacional e internacional de la época. Datos varios, recogidos de diversas fuentes —cuya lista aparece en la «Nota final del compilador» (última página del texto)—, confluyen a reconstruir la difícil circunstancia histórica que le tocó vivir al primer magistrado paraguayo para quien los juicios de la historia no han sido unánimes. La acción novelesca se sitúa *post mortem* y se abre con un pasquín que imita la letra del Supremo, anunciando el desmembramiento de su cuerpo. De importancia clave es la ubicación del pasquín al principio del texto, ya que desata el «dictado», hecho a su secretario Patiño, que constituye la novela y cuyas líneas revisarán siglo y medio de historia paraguaya y americana, documentos diversos insertados en la obra, maquinaciones extranjeras destinadas a anexar a sus respectivos dominios al Paraguay, deseos y planes varios que rebotan contra la voluntad férrea de Francia de mantener, a toda costa, la integridad territorial y política del Paraguay. *Yo, el Supremo* rescata de la historia la figura del doctor Francia y la humaniza. Se logra eso haciendo que el propio dictador produzca el texto de la novela. Roa deja que aquél se enfrente con la serie de documentos y leyendas que sobre él se han escrito o tejido durante el curso de la Historia. Convierte así al doctor Francia en actor y juez de sus propios actos, defensor de su política contra las acusaciones de historiadores futuros y fiscal implacable de la corrupción y política entreguista de sus sucesores, especialmente de la de Stroessner, cuyo derrotero se define por oposición total a la profunda responsabilidad histórico-nacional que siempre caracterizó al doctor Francia. En *Yo, el Supremo*, éste, o mejor dicho su recreación literaria, hace y deshace la historia que es la novela; comenta y corrige los varios documentos en ella insertos, convirtiéndose así en juez, testigo y «revisador» de casi dos siglos de historia paraguaya.

En 1992 Roa Bastos publicó *La vigilia del Almirante*, novela sobre Cristóbal

Colón y el descubrimiento de América.

BIBLIOGRAFÍA. D. W. Foster, *Augusto Roa Bastos* (Boston, 1978); G. Vila Barnes, *Significado y coherencia del universo narrativo de Augusto Roa Bastos* (Madrid, 1984); F. Tovar, *Las historias del dictador «Yo el Supremo» de Augusto Roa Bastos* (Barcelona, 1987). [T.M.F.]

ROBLES, JUAN DE. Véase RETÓRICA EN LOS SIGLOS XVI Y XVII.

ROBINSÓN LITERARIO DE ESPAÑA, EL (seudónimo). Véase GIMÉNEZ CABALLERO, ERNESTO.

ROBLES CARVAJAL. Véase CANCIONEROS Y ROMANCEROS DE LOS SIGLOS XVI Y XVII.

ROBLES SOLER, ANTONIO (Robledo de Chavela, Madrid, 1897-San Lorenzo del Escorial, Madrid, 1983). Utilizó el seudónimo de «Antoniorrobles». Estudió Derecho. A partir de 1923 colaboró en diversos periódicos y revistas (sobre todo en los infantiles). En 1939 se exilió y se estableció en México. Regresó a España en 1972. Su producción novelística, en la que los toques humorísticos dan paso muchas veces a los sarcásticos y descarnados, se compone de *El archipiélago de la muñequería* (1924), *El muerto, su adulterio y la ironía* (1927), *Novia, partido por dos* (1929) y *Torerito soberbio* (1932). En 1944 publicó *El refugiado Centauro Flores*, donde ofrecía, a través de un personaje fantástico, una aguda visión de las luchas políticas de la España republicana, de la guerra y de los exiliados españoles en México. Sin embargo, su fama se debe, ante todo, a sus cuentos, en los que muchas veces intentó aplicar los postulados pedagógicos de la Institución Libre de Enseñanza * a la literatura infantil. Entre ellos, *Veintiséis cuentos infantiles en orden alfabético* (1930), *Cuentos de los juguetes vivos* (1931), *Hermanos monigotes* (1935), *¿Se comió el lobo a Caperucita?* (1942), *8 estrellas y 8 cenzontles* (1954) y *Rompetacones y cien cuentos más* (1962). Es también autor de las biografías *Albéniz, genio de Iberia* (1953) y *Granados* (1954). En *De literatura infantil o 50 respuestas de Antoniorrobles* (1966) y *Los escalones de una vida: autobiografía y otros comentarios* (1981), se refirió a su peripecia vital y a su obra. [A.R.]

ROBLETO, HERNÁN (Camoapa, Boaco, Nicaragua, 1895-México, D.F., 1968). Narrador, periodista liberal, biógrafo y autor de comedias y dramas. Se trata del más afamado novelista nicaragüense. La mayor parte de su producción es testimonial, como su conocida obra *Sangre en el trópico* (1930), donde trató el tema de la intervención norteamericana en Nicaragua. El dolor humano, la tensión bélica y el despotismo de la naturaleza tropical —más sentida que descrita— aparecen en toda su crudeza. El estilo de Robleto empezó por ser directo y enérgico, con mucho de crónica periodística, pero en sus siete novelas restantes fue adquiriendo más intencionalidad literaria, conservando la claridad como principal nota característica de su lenguaje. Tal desarrollo cualitativo se observa claramente en novelas como *Los estrangulados* (1933), *Una mujer en la selva* (1936), *Don Otto y la niña Margarita* (1944), *Brújulas fijas* (1961) y, especialmente, en *Y se hizo la luz...* (1966). Cultiva el cuento en *Cuentos de perros* (1943). Temas americanos —históricos o de actualidad— son igualmente los de relatos como *La mascota de Pancho Villa* (1934) y *Obregón, Toral y la madre Conchita* (1935). Era un periodista de raza, y de ahí que su literatura de viajes sea rápida y ágil, como en sus crónicas sobre los Estados Unidos recogidas bajo el título de *Almas y rascacielos* (1951). Más reflexivo se mostró en *Color y calor de España* (1957). Dejó, además, libros autobiográficos, en particular sobre su lucha política, como *Cárcel criolla* (1955) y *Nido de memorias* (1960); algún tomo de versos, como *Lejanías* (1948), e incluso cuatro obras de teatro: *La rosa del paraíso, El milagro, La señorita que arrojó el antifaz* y *El vendaval*. [E.Z.-H.]

ROCA, JUAN MANUEL. Véase HISPANOAMÉRICA: POESÍA ACTUAL.

ROCA DE TOGORES, MARIANO (Albacete, 1812-Lequeitio, Vizcaya, 1889). Marqués de Molins. Profesor de matemáticas y diplomático, colaboró en revistas y semanarios de la época, como *El Artista, Cartas Españolas* y *Semanario Pintoresco Español*. Dedicado a la política durante buena parte de su vida, llegó a ministro de Fomento y de Marina. Se estrenó como dramaturgo con *El duque de Alba* (1831). Su obra más destacada es *Doña María de Molina* (1837), drama en el que la materia histórica es tan sólo un pretexto para que el autor ponga en escena la situación política del momento. Sus poemas, entre los que destacan sus leyendas, se recogieron en el tomo primero de sus *Obras* (1881). Es autor también de algún opúsculo de crítica literaria y algunos cuentos y novelas que, en 1839, vieron la luz en el *Semanario Pintoresco*.

BIBLIOGRAFÍA. A. Gallego, *El Marqués de Molins: Su vida y sus obras* (Albacete, 1912). [J.B.]

ROCHA, LUIS. Véase HISPANOAMÉRICA: NARRATIVA ACTUAL.

ROCHA MONROY, ENRIQUE (Tarija, Bolivia, 1932). Novelista, cuentista y periodista boliviano. Además de la novela histórica *El rostro de la furia* (1979), es autor de otras donde la bolivianidad y la esencia lingüística de su país quedan magistralmente reflejadas, como en *Sentina de escombros* (1975) o *Medio siglo de milagros* (1979). [J.L.F.]

ROCUANT, MIGUEL LUIS (Valparaíso, Chile, 1877-1948). Crítico de arte chileno que comenzó su carrera literaria con los libros de poemas *Brumas* (1900), *Poemas* (1905) y *Cenizas de horizonte* (1921). A partir de entonces, todas sus obras aparecieron en Madrid. Algunos de sus trabajos críticos fueron recogidos y publicados en 1921 bajo los títulos de *Los líricos y los épicos, Las blancuras sagradas* y *Tierras y cromos*. Es también autor de las novelas *El crepúsculo de las catedrales* (1935) y *Con los ojos de los muertos* (1940), y de un más afortunado libro de viajes sobre Grecia titulado *En la barca de Ulises* (1933). [J.A.C.]

RODAO, JOSÉ (Cantalejo, Segovia, 1865-Segovia, 1927). Periodista y poeta festivo, en su capital fue director de varios periódicos —*La Tempestad, El Adelantado*, etc.— y colaborador de varios madrileños —*Heraldo de Madrid, Madrid Cómico, Blanco y Negro, El Imparcial*, etc. En ocasiones utilizó los seudónimos de «Paganini», «Pepe» y «A. Rojo Dosé». Como poeta publicó *Retazos* (1886), *Noche y día* (1894), *Polvo y paja* (1900), *Música de organillo* (1910), *Ripios con moraleja* (1912) y *Coplas de la aldea* (1918). Estrenó el juguete *Los tímidos* (1891), con R. Ramírez. [M.P.C.]

RODÓ, JOSÉ ENRIQUE (Montevideo, 1871-Palermo, Italia, 1917). Ensayista uruguayo, fue uno de los miembros más destacados de la generación de 1900. Desde 1895, cuando participó en la fundación de la *Revista Nacional de Literatura y Ciencias Sociales*, mostró una constante dedicación a la crítica literaria, que no era para él una mera manifestación de juicios, sino un género complejo en el que podían fundirse el arte del historiador, la observación del psicólogo, la doctrina del sabio, la imaginación del novelista y el subjetivismo del poeta. Esa fue la crítica que trató de ejercer, caracterizada por la tolerancia y la flexibilidad, y ajena a los criterios rigurosos de cualquier escuela. De sus trabajos, alcanzó especial repercusión uno de los primeros, el titulado *Rubén Darío. Su personalidad literaria. Su última obra* (1899): allí decidió para las generaciones futuras que el nicaragüense no era el poeta de América, e hizo un análisis profundo de las encontradas inquietudes de la hora. Quería un arte que hiciese pensar y sentir, y, porque encontraba el final del siglo XIX pleno de incertidumbres morales (la obra de Rubén Darío * parecía confirmarlo), se inclinó por un espiritualismo o idealismo que significase una regeneración moral. Su definición fue lo que fundamentalmente lo preocupó, tanto al escribir sobre literatura como al abordar cualquier otro aspecto relacionado con el presente y con el futuro inmediato. Precisamente, *La vida nueva* fue el título común que dio a los breves ensayos cuya publicación inició en 1897 con «El que vendrá» —el hombre o escritor representativo de ese tiempo, el profeta del renovador espíritu que anunciaban los presagios del momento— y con «La novela nueva», donde reflexionaba sobre las corrientes novelísticas que trataban de desplazar al naturalismo.

Ninguno escrito de Rodó alcanzó tanta repercusión como el último de los opúsculos de *La vida nueva* (a la que pertenece también el dedicado a Rubén Darío): el «sermón laico» que tituló *Ariel* (1900), y que dedicó «a la juventud de América». Los lectores prestaron atención especial a su visión de los Estados Unidos como imperio de la materia o reino de Calibán, donde el utilitarismo habría afectado negativamente a los valores espirituales y morales, y, aunque tales planteamientos no eran nuevos, fue esta versión la que encontró en Hispanoamérica un eco definitivo. Pero el pensador uruguayo no se limitaba a criticar valores ajenos: pretendía evitar que un modelo foráneo determinase el futuro de los pueblos iberoamericanos, ignorantes de su verdadera tradición, que era la tradición latina. El discurso sobre lo que Ariel representaba —la parte noble y alada del espíritu, el imperio de la razón y del sentimiento, el entusiasmo generoso, el móvil alto y desinteresado en la acción, la espiritualidad de la cultura, la vivacidad y la gracia de la inteligencia, el término ideal al que asciende la selección humana— era una exhortación a los jóvenes para que cultivasen esos valores propios del hombre superior, en perjuicio de los «tenaces vestigios» de Calibán, el símbolo de la sensualidad, de la torpeza o de los estímulos irracionales. Se trataba de un mensaje regeneracionista, destinado a conjurar los peligros de un tiempo de decadencia y de decadentes, fruto del hastío materialista del fin de siglo. Al recordar la perfección inigualada de la vida en Atenas, resultado del concierto de todas las facultades humanas, Rodó aconsejaba la educación integral del espíritu, capaz de conciliar el idealismo con los avances científicos, el amor desinteresado de lo bello y lo verdadero con el utilitarismo que amenazaba con dominar a la sociedad contemporánea. Nunca adoptó actitudes radicales: frente al irracionalismo de quienes proclamaban la bancarrota de la ciencia, optó por una solución respetuosa con las adquisiciones del siglo XIX. El nuevo idealismo surgiría al impulso de espíritus superiores, una auténtica aristocracia espiritual cuya selección habrían garantizado las libertades democráticas, tras haber terminado con las desigualdades injustas de la sociedad.

El éxito de *Ariel* no habría de repetirse con escritos posteriores. De 1906 es el opúsculo *Liberalismo y jacobinismo*, un alegato contra la incomprensión y la intolerancia, y cuando en 1909 apareció *Motivos de Proteo*, el eco que encontró fue escaso. Eso no disminuye el interés de esa digresión continua que constituye el libro, una prolongada reflexión sobre la época: sobre la circunstancia que rodeaba al intelectual, sobre las inquietudes del hombre moderno, sobre la personalidad humana que evoluciona con el paso del tiempo. En 1913 Rodó publica *El mirador de Próspero*, una recopilación de artículos que muestra bien la variedad de sus preocupaciones, y en 1918 aparece *El camino de Paros (meditaciones y andanzas)*, otra colección de prosas breves entre las que figuran las relacionadas con el viaje a Europa, y en particular a Italia, que ocupó sus últimos días: impresiones de lugares y gentes, redactadas a fines de 1916 y principios de 1917.

BIBLIOGRAFÍA. V. Pérez Petit, *Rodó. Su vida, su obra* (Montevideo, 1937); M. Benedetti, *Genio y figura de José Enrique Rodó* (Buenos Aires, 1966); H. Costabile de Amorín y M. R. Fernández Alonso, *Rodó, pensador y estilista* (Washington, 1973); J. Lago, *El verdadero Rodó. Estudios críticos* (Montevideo, 1973); M. B. Castro Morales, *J. E. Rodó modernista. Utopía y regeneración* (La Laguna, Tenerife, 1992); A. García Morales, *Literatura y pensamiento hispánico de fin de siglo: Clarín y Rodó* (Sevilla, 1992). [T.F.]

RODRIGUES LOBO, FRANCISCO. Véase LOBO, FRANCISCO RODRIGUES.

RODRÍGUEZ, ADOLFO (seudónimo). Véase BÉCQUER, GUSTAVO ADOLFO.

RODRÍGUEZ, SAN ALONSO (Segovia, 1531-Mallorca, 1617). Estudió en Alcalá junto a Francisco de Villanueva. Fue recibido en la Compañía de Jesús en 1571, cumpliendo el noviciado en el colegio de Gandía, pasando al colegio de Montesión (Mallorca), donde emite sus votos en 1573, para incorporarse definitivamente a la Compañía en 1585. Escribió varios *Memoriales* autobiográficos, entre 1604-17, así como meditaciones y tratados de carácter ascético y místico, publicados con carácter póstumo.

BIBLIOGRAFÍA. San Alonso Rodríguez, *Obras espirituales*, ed. de P. J. Nonell, 3 vols. (Barcelona, 1885-1887); P. I. Casanovas, *San Alonso Rodríguez, coadjutor temporal de la Compañía de Jesús* (Barcelona, 1947); San Alonso Rodríguez, *Autobiografía, o sea memorial o cuentas de la conciencia*, ed. de P. V. Segura (Barcelona, 1956). [J.G.L.]

RODRÍGUEZ, ANTONIO ORLANDO. Véase LITERATURA INFANTIL HISPANOAMERICANA.

RODRÍGUEZ, ARGENIS (Santa María de Ipire, Guárico, Venezuela, 1935). Novelista, cuentista y crítico. Sus cuentos y novelas, de marcado acento político, son esencialmente polémicos. Participó en acciones guerrilleras y sus libros *Entre las breñas* (cuentos, 1964) y *Donde los ríos se bifurcan* (novela, 1965) son el testimonio de su experiencia en la lucha armada. Su escritura incisiva satiriza a menudo a escritores de su tiempo. Otras obras suyas son: *El tumulto* (novela, 1961), *Sin cielo y otros relatos* (1962), *La fiesta del embajador* (novela, 1969), *Gritando su agonía* (1970), *Relajo con energía* (1979), *La amante del presidente* (1980), *El juicio final* (1980), *El ángel del pozo sin fondo* (1984), *El vuelo de los gavilanes* (1985). Su crónica sobre la vida intelectual y política de Venezuela se halla recogida en varios volúmenes de *Memorias*. [C.R. de G.]

RODRÍGUEZ, BUENAVENTURA. Véase LITERATURA FILIPINA.

RODRÍGUEZ, CLAUDIO (Zamora, 1934). Poeta, traductor de T. S. Eliot y lector de español en las Universidades de Nottingham y Cambridge, circunstancia que le ha permitido un conocimiento exhaustivo de los poetas Wordsworth, Coleridge, Shelley, Keats y Dylan Thomas, determinantes, en especial el último, de su formación poética. Al igual que muchos de sus jóvenes compañeros de los años cincuenta (A. González *, Gil de Biedma *, Valente *), parte de los postulados realistas vigentes para, sin negar su vinculación con el entorno social, superarlo mediante vías de exploración intimista que operan con elementos como el distanciamiento irónico o la alegoría. Su primer libro, *Don de la ebriedad* (1953), destacó ya por una gran originalidad expresiva y rítmica, que encontraba en la exploración de técnicas surrealistas elementos idóneos para desenmascarar la falacia de lo aparente y profundizar en la revelación del ser íntimo de las cosas: poesía, pues, de apariencia realista, pero de medulares resonancias metafísicas, perceptibles también en el resto de su breve producción, compuesta, además, por *Conjuros* (1958), *Alianza y condena* (1965) y *El vuelo de la celebración* (1976), libros constantemente reeditados. Sus temas recurrentes —el análisis de experiencias cotidianas, la proyección en la otredad, el ámbito rural castellano, el mundo familiar y la infancia, la exaltación de lo real, que pugna, desde *Alianza y condena*, con la invasión de la melancolía y el desengaño— conllevan siempre esta idea nuclear: la revelación del Ser a través de una mirada amorosa y solidaria (es evidente la conexión con la filosofía de Plotino y otros neoplatónicos) que permite que la tierra se haga «cosmos», entidad habitable. En sus técnicas de escritura se observa una gradación de matices que lleva desde la poesía exclamativa de sus dos primeros libros a una actitud más interrogativa en los siguientes. Ello no empece, sin embargo, una concepción estilística unitaria, que tiene en la riqueza verbal (incluidos muchos vocablos sin aparente rango poético), en la modulación rítmica y en el aprovechamiento de los filones irracionalista y simbólico sus más firmes apoyos. *Desde mis poemas* (1983) recoge su obra total. Con posterioridad ha publicado *Casi una leyenda* (1991). Ha ingresado en la Real Academia Española con un discurso titulado *Poesía como participación: hacia Miguel Hernández* (1992).

BIBLIOGRAFÍA. C. Bousoño, «La poesía de C. Rodríguez», en *Poesía poscontemporánea* (Madrid, 1985), págs. 115-139; P. Silver, «C. Rodríguez o la mirada sin dueño», en *La Casa de Anteo* (Madrid, 1985), págs. 220-239; D. Cañas, *Claudio Rodríguez* (Madrid, 1986); A. Debicki, «C. Rodríguez: los códigos lingüísticos y sus efectos», en *Poesía del conocimiento. La generación española de 1956-1971* (Madrid, 1987), págs. 83-108; L. M. García Jambrina, «La trayectoria poética de Claudio Rodríguez (1953-1976): Análisis del ritmo», en *Studia Zamorensia. Philologica*, VIII (Salamanca, 1987), págs. 97-118; L. M. García Jambrina y L. Ramos de la Torre, *Guía de lectura de Claudio Rodríguez* (Madrid, 1988); A. L. Prieto de Paula, *La llama y la ceniza* (Salamanca, 1989). [A.S.Z.]

RODRÍGUEZ, JOSÉ LUIS. Véase NARRATIVA ESPAÑOLA POSTERIOR A 1975.

RODRÍGUEZ, JUAN. Véase LITERATURA CHICANA.

RODRÍGUEZ, JUAN (¿?-¿?). Autor de la *Comedia Florinea* (Medina del Campo, 1554), imitación de *La Celestina* de Fernando de Rojas *, aunque sus principales modelos son la *Comedia Thebayda* * y Feliciano de Silva *.

BIBLIOGRAFÍA. K. Whinnom, «El género celestinesco: origen y desarrollo», en *La literatura en la época del Emperador* (Salamanca, 1988), págs. 119-130. [R.R.]

RODRÍGUEZ, LUCAS (¿Alcalá de Henares, Madrid?, ?-¿?). Entre los años

1579 y 1590 era vecino de Alcalá, donde actuaba como *escritor*, «copista». Lope de Vega *, en *La Arcadia* (1598), le denomina *doctor*. Estaba relacionado con el grupo de poetas alcalaínos amigos de Cervantes * y compuso un *Romancero historiado* (1581, pero hay edición perdida de 1579), en el que recoge romances del ciclo de Troya, compuestos por el maestro Arce, otros del cerco de Zamora, ya impresos en el *Romancero* de Sepúlveda, y otros procedentes de libros de caballerías o de la historia de España. Al final incluye glosas, églogas y cartas pastoriles en verso. Lo llamó *historiado* por estar ilustrado con grabados. Escribió y recopiló también unos *Conceptos de divina poesía* (1599).

BIBLIOGRAFÍA. L. Rodríguez, *Romancero historiado*, ed. de A. Rodríguez-Moñino (Madrid, 1967). [A.B.]

RODRÍGUEZ, MANUEL. Véase CRONISTAS E HISTORIADORES DE INDIAS.

RODRÍGUEZ, MAXI. Véase TEATRO ESPAÑOL POSTERIOR A 1975.

RODRÍGUEZ, REINA MARÍA. Véase HISPANOAMÉRICA: POESÍA ACTUAL.

RODRÍGUEZ, WALTER. Véase HISPANOAMÉRICA: TEATRO ACTUAL.

RODRÍGUEZ, YAMANDÚ (Montevideo, 1891-1957). Famoso en su tiempo y luego olvidado, hoy vuelve a ganar el interés de críticos y lectores. Publicó *Aires de campo* (1913), *Raza gaucha* (1933) y otros poemarios. Gran éxito alcanzaron también sus cuentos de ambientación campesina, que dio a conocer en la prensa antes de reunirlos en los libros *Bichito de luz* (1925), *Cansancio* (1927), *Cimarrones* (1933) y *Humo de marlo* (1944). De 1919 son las dos piezas de su teatro que consiguieron mayor popularidad: *1810* y *El matrero*. [T.F.]

RODRÍGUEZ ACEVEDO Y GONZÁLEZ DE POSADA, ISIDORO. Véase ACEVEDO, ISIDORO.

RODRÍGUEZ ALCALÁ, GUIDO (Asunción, 1946). Poeta, narrador, ensayista, periodista y crítico literario paraguayo. Prolífico escritor y asiduo colaborador de diversos periódicos locales y extranjeros, ha publicado gran número de obras entre las que sobresalen los poemarios *Ciudad sonámbula* (1967), *Viento oscuro* (1969) y *Leviatán*, etcétera (1980), como también los ensayos *Literatura del Paraguay* (1980) e *Ideología autoritaria* (1987). En narrativa es autor de *Caballero* (1986, novela) y de *Cuentos decentes* (1987), obras que le merecieron el premio Narrativa 1991 de *El Lector*. [T.M.F.]

RODRÍGUEZ-ALCALÁ, HUGO (Asunción, 1917). Ensayista, poeta, narrador y crítico literario paraguayo. Ha residido en los Estados Unidos de Norteamérica durante más de tres décadas ejerciendo la cátedra de literatura en varias universidades. Después de jubilarse, hace algún tiempo, volvió a Asunción donde ahora dirige el Taller de Cuento y colabora regularmente en periódicos locales y extranjeros. De sólida y prolífica labor crítica, Hugo Rodríguez-Alcalá es autor de numerosos ensayos y libros de crítica, como también de varios poemarios y cuentos. De su producción crítica y ensayística sobresalen: *El arte de Juan Rulfo* (1965), *Historia de la literatura paraguaya* (1970) y *Narrativa hispanoamericana* (1973). Sus obras creativas más recientes incluyen *El canto del aljibe* (1973) y *El portón invisible* (1983), dos poemarios, y *Relatos del Norte y del Sur* (1983), una colección de cuentos. [T.M.F.]

RODRÍGUEZ ALCALÁ, JOSÉ (Buenos, Aires, 1883-Asunción, 1959). Periodista, narrador y ensayista. Aunque argentino de nacimiento, está vinculado a las letras paraguayas desde su llegada a Asunción en el año 1900. Con Rafael Barret *, Viriato Díaz Pérez * y Martín Goycochea Menéndez *, integra un pequeño grupo de intelectuales extranjeros que se han destacado de manera significativa en el ambiente literario paraguayo de las primeras décadas del siglo. Entre otras obras, ha escrito la primera novela paraguaya (*Ignacia*, 1906), la primera *Antología paraguaya* (1910) y numerosos ensayos de carácter histórico y biográfico. [T.M.F.]

RODRÍGUEZ ALDECOA, JOSEFINA (La Robla, León, 1926). Firma sus obras con el apellido de su esposo, el escritor Ignacio Aldecoa *. Es doctora en Filosofía y Letras y se ha dedicado a la docencia. Colaboró en *Revista Española*. Ha escrito un libro de cuentos, *A ninguna parte* (1961), y las novelas *La enredadera* (1984), historia de dos mujeres que han sufrido el dolor de una ruptura afectiva, *Porque éramos jóvenes* (1986), *El vergel* (1988) e *Historia de una maestra* (1990). *Los niños de la guerra* (1983) es, a un tiempo, una antología de relatos de diversos autores que vivieron en su infancia la Guerra Civil y una evocación personal de la época. [G.R.F.]

RODRÍGUEZ DE ALMELA, DIEGO. (¿?-?, 1491/92). Intelectual vinculado a la figura del obispo don Alfonso de Cartagena *, en cuya casa de Burgos le sirvió como paje, momento en el que formaría su espíritu literario, visible en diferentes piezas historiográficas; así, hacia 1472, debió componer su *Valerio de las historias escolásticas y de los hechos de España*, obra miscelánea, plagada de anécdotas que se distribuyen por categorías morales y no por personajes biografiados; el origen de esta obra lo constituye el interés de don Alfonso de Cartagena por imponer la didáctica estructura de Valerio Máximo, pero referida a casos bíblicos y españoles, no a romanos y griegos. También, por iniciativa del obispo, redactaría las *Batallas campales* (1481), manual práctico de caballería, dividido en dos períodos: uno que llegaría hasta Cristo y otro hasta la fecha de su redacción. Como capellán de Isabel I, sirvió a la causa religiosa y nacionalista de los Reyes Católicos; a la reina le presentó, en 1491, su *Compendio historial*, obra que se extiende desde los orígenes del mundo a Enrique IV, y que adopta como fuente estructuradora la *Crónica de 1344* *; este trabajo le valió el cargo de cronista real. A lo largo del tiempo redactó una serie de *Cartas* de carácter misceláneo, principalmente histórico.

BIBLIOGRAFÍA. B. Sánchez Alonso, *Historia de la historiografía española* (Madrid, 1947); R. B. Tate, *Ensayos sobre la historiografía peninsular del siglo XV* (Madrid, 1970); D. Rodríguez de Almela, *Cartas*, ed. de D. Mackenzie (Exeter, 1980). [F.G.R.]

RODRÍGUEZ ALMODÓVAR, ANTONIO. Véase NARRATIVA ESPAÑOLA POSTERIOR A 1975.

RODRÍGUEZ ÁLVAREZ, ALEJANDRO. Véase CASONA, ALEJANDRO.

RODRÍGUEZ DE ARELLANO, VICENTE (Navarra, h. 1750-?, d. 1806). Poeta, dramaturgo, novelista y traductor de la segunda mitad del siglo XVIII. Cultivó la poesía, con gracia, con agudeza y con ingenio, como demuestran los textos recogidos en sus *Poesías varias* (1806). Como ejemplo de su variado estro, merecen destacarse el poema épico, en octavas, *Extremos de lealtad y valor heroico navarro* (1789) y las décimas del *Memorial burlesco*. Como hombre de teatro, llevan su firma unas 26 obras, algunas de las cuales son refundición de textos franceses. Entre las obras originales destacan *Las tres sultanas* o *Solimán II* (1793), *Cecilia y Dor-*

sán (1800), *La dama labradora* (1801) y *La Fulgencia* (1801). Tradujo a Florian y a Ducray-Duminil, y probó fortuna en el campo de la narrativa con *El Decamerón español*, que es, como reza el subtítulo una *Colección de varios hechos, raros y divertidos* (1805). [J.B.]

RODRÍGUEZ AVECILLA, CEFERINO (Valladolid, 1880-¿1936?). Dramaturgo y narrador. Es autor de las novelas *Los crepúsculos* (1906) y *Rincón de humildes* (1908), y de las piezas teatrales *En mala tarde* (1905), *Silencio* (1913) y *Los caminos de Roma* (1917). [J.B.]

RODRÍGUEZ BELTRÁN, CAYETANO (Veracruz, México, 1866-1939). Profesor y funcionario en la administración de la educación en su estado natal. Usa el seudónimo «Onateyac» * para firmar sus colaboraciones periodísticas. *Cuentos costeños* (1905) forma parte de la rica tradición cuentística veracruzana que parte de José María Roa Bárcena *, pasa por Rafael Delgado * y llega a Sergio Galindo *, como expresión de una vinculación espiritual con la región. Otra obra: *Cuentos y tipos callejeros* (1922).

BIBLIOGRAFÍA. L. Leal, *El cuento veracruzano* (Xalapa, 1966). [J.E.C.]

RODRÍGUEZ BUDED, RICARDO (Madrid, 1928). Su teatro, cercano a las preocupaciones críticas y testimoniales de las primeras obras de Buero Vallejo *, estuvo en la vanguardia en los años cincuenta y sesenta. Ha escrito: *Queda la ceniza* (1957), *Un hombre duerme* (1960), *La madriguera* (1960), en donde presenta la vida de varias familias obligadas a convivir realquiladas en una casa, y *El charlatán* (1962). [M.S.]

RODRÍGUEZ CAMPOMANES, PEDRO (Santa Eulalia de Sorriba, Tineo, Asturias, 1723-Madrid, 1802). Una de las figuras centrales del movimiento ilustrado español. Como fiscal del Consejo de Castilla ejerció notable influencia en la vida española. A su impulso se debe la creación de las Sociedades Económicas. Sus obras más importantes son el *Discurso sobre el fomento de la industria popular* (1774), reeditado por J. Reeder en 1975, y el *Discurso sobre la educación popular de los artesanos y su fomento* (1775), reeditado por F. Aguilar Piñal en 1976.

BIBLIOGRAFÍA. L. Rodríguez Díaz, *Reforma e Ilustración en la España del siglo XVIII: Campomanes* (Madrid, 1975); V. Llombart, *Campomanes, economista y político de Carlos III* (Madrid, 1992). [J.A.B.]

RODRÍGUEZ CASTELO, HERNÁN (Quito, 1933). Estudió en Quito y luego en España, especializándose en literatura y filosofía. Dramaturgo, narrador y crítico literario. De su obra dramática destacan *El pobre hombrecillo, La fiesta, El hijo* (1967) y *Casandra, el payaso y el vagabundo* (1969). De su labor crítica destacan *Teatro ecuatoriano* (1964) y *Literatura de la Real Audiencia de Quito. Siglo XVII* (1980). [J.C.]

RODRÍGUEZ CHICHARRO, CÉSAR (Madrid, 1930-México, D.F., 1984). Pasó su juventud en México a causa de la Guerra Civil. Fue profesor universitario en México, Venezuela y Estados Unidos. Fundó la revista *La palabra y el hombre*. Es autor de los siguientes libros de poemas: *Con una mano en el ancla* (1952), *Eternidad es barro* (1954), *Aventura del miedo* (1962), *La huella de tu nombre* (1963), *Aguja de marear* (1973) y *Finalmente* (1983).

BIBLIOGRAFÍA. S. Rivera, *Última voz del exilio. (El grupo poético hispano-mexicano)* (Madrid, 1990). [L.G.M.]

RODRÍGUEZ FERREIRA, GUALBERTO. Véase LARRETA, ANTONIO.

RODRÍGUEZ-FREYLE, JUAN (Santa Fe de Bogotá, 1566-¿1640?). Son escasos y equívocos los datos que poseemos sobre este cronista. Su fama se afirma en una historia del virreinato de Nueva Granada que hoy conocemos como *El carnero* (¿1637?). Ese título —que no es el que originalmente llevó la obra— ha motivado pesquisas y polémicas muy diversas. Aunque la obra adopta el formato habitual de las relaciones históricas, se trata, más bien, de una amplia colección de anécdotas y relatos tomados de fuentes históricas, literarias y del folclore. Además de la facultad narrativa del autor, destaca la rica vertiente satírica y paródica del texto.

BIBLIOGRAFÍA. S. Benso, *La técnica narrativa de Juan Rodríguez Freyle* (Bogotá, 1977). [E.P.-W.]

RODRÍGUEZ GALVÁN, IGNACIO (Tizayuca, Hidalgo, México, 1816-La Habana, 1842). Fundador del romanticismo mexicano, escribió una poesía de la orfandad, la miseria, la rebeldía contra el despotismo, el desengaño y las ansias de libertad y gloria, con nuevos ritmos adquiridos de la poesía francesa y española. Toma asuntos locales, coloniales como en su drama *Muñoz, visitador de México* (1838), sobre la conjura del hijo de Hernán Cortés * y sobre el despotismo, o indígenas como en su atrevida y acertada «La profecía de Guatimoc», cabeza del indigenismo literario y «la obra maestra del romanticismo mexicano» (Menéndez Pelayo *). Hizo también algo por la canción popular: hay un corrido suyo, «Los rivales», y una letrilla que ha dado vueltas en boca de todo el país: «¡Adiós, oh patria mía!» Una obra suya sobre el tema del infante don Juan Manuel *, *El privado del virrey* (1841), figura también entre las fundadoras del teatro mexicano, al lado de las de Fernando Calderón *. Perteneció a la Academia de Letrán. [J.J.B.]

RODRÍGUEZ JIMÉNEZ, ANTONIO. Véase POESÍA ESPAÑOLA POSTERIOR A 1975.

RODRÍGUEZ JULIÁ, EDGARDO (Aguas Buenas, Puerto Rico, 1946). Narrador y cronista que emerge como figura importante de la renovación literaria en Puerto Rico desde la aparición de su novela *La renuncia del héroe Baltasar* (1974). Esta y su segunda novela, *La noche oscura del niño Avilés* (1984), construyen una imagen mítico-histórica del Puerto Rico del siglo XVIII, de corte carpenteriano. La densidad erudita y el humor labran un discurso barroco por alusivo y por el contrapunto que establece con la modernidad. Su *José Campeche: los diablejos de la melancolía* (1986) es un valioso ensayo crítico sobre el pintor colonial, en el que continúa su indagación de los fundamentos de la cultura puertorriqueña. Sus crónicas modernas, como *Las tribulaciones de Jonás* (1981) y *El entierro de Cortijo* (1983), son una disección, entre tierna y satírica, del desarrollismo estadolibrista de la era del gobernador Luis Muñoz Marín.

BIBLIOGRAFÍA. A. Benítez Rojo, *La isla que se repite: el Caribe y la post-modernidad* (Hanover, 1989). [R.R.A.]

RODRÍGUEZ DE LENA, PEDRO (¿?-¿?). Apenas conocemos detalles sobre su vida, salvo que fue escribano de Juan II* y que redactó el *Libro del Passo Honroso*. Casi un acta notarial, relata cómo el caballero Suero de Quiñones * hizo voto de defender el puente de San Marcos, sobre el río Órbigo, hasta no haber roto setecientas lanzas en otras tantas justas, y cómo combatió con los caballeros que aceptaron su reto. A pesar de lo sorprendente de la materia, los hechos narrados son rigurosamente ciertos y reflejan las costumbres caballerescas que predominaban a fines de la Edad Media y marcaban la convivencia y la literatura.

BIBLIOGRAFÍA. M. de Riquer, *Caballeros andantes españoles* (Madrid, 1970); A. Labandeira, *El Passo Honroso de Suero de Quiñones* (Madrid, 1977). [J.S.H.]

RODRÍGUEZ LOBO, MANUEL. Véase NOVELA CORTA.

RODRÍGUEZ MÉNDEZ, JOSÉ MARÍA (Madrid, 1925). Pertenece a la generación de Lauro Olmo * y Martín Recuerda *; ejerció labores periodísticas desde Argentina, Italia y Marruecos para *El Noticiero Universal*. Inició en 1953 su escritura teatral con *El milagro del pan y de los peces*, reelaborada en 1963 con el título de *La puerta de las tinieblas*. Teatro de denuncia, dentro de las coordenadas estéticas del naturalismo, su producción cuenta, entre otras, con las siguientes obras: *Vagones de madera* (1958), *Los inocentes de la Moncloa* (1960), *La vendimia de Francia* (1961), *La batalla del Verdún* (1961), *Bodas que fueron famosas del Pingajo y la Fandanga* (1965), *El círculo de tiza de Cartagena* (1966), sobre la revolución cantonal; *Historia de unos cuantos* (1970) y *Flor de otoño* (1973), ambientada en el Barrio chino de Barcelona. Es autor también de los ensayos *Comentarios impertinentes sobre el teatro español* (1972), *Ensayo sobre la inteligencia española* (1972) y *La incultura teatral en España* (1974). [M.S.]

RODRÍGUEZ DE MESA, GREGORIO. Véase SILVESTRE, GREGORIO.

RODRÍGUEZ DE MONTALVO, GARCI. Véase AMADÍS DE GAULA.

RODRÍGUEZ MUÑOZ, ALBERTO (Buenos Aires, 1915). Poeta, dramaturgo y director teatral argentino. Fue director de la revista *Platea* y del grupo «Gente de Teatro». Entre sus numerosas obras de teatro, casi siempre recreación poética y satírica de ámbitos populares de Buenos Aires, se cuentan *Cuatro horas* (1937), *Luna negra* (1940), *El verde camino* (1955), *Melenita de oro* (1961), *El tango del ángel* (1962), *El pasillo oscuro* (1967), *Pasaje por el limbo* (1969), *Nuestra bella que duerme* (1976), *Las dos caras de la luna* (1980) y *Una catedral gótica* (1988). [R.F.B.]

RODRÍGUEZ NIETZSCHE, VICENTE. Véanse HISPANOAMÉRICA: POESÍA ACTUAL y REVISTAS LITERARIAS DE HISPANOAMÉRICA.

RODRÍGUEZ DEL PADRÓN, JUAN (Padrón, La Coruña, h. 1390-Herbón, Galicia, 1450). Hidalgo gallego, probablemente criado en la corte de Juan II * de Castilla, formó parte de la casa del cardenal Cervantes, residiendo en Italia y en otros puntos de Europa. Se cree que profesó en la Orden franciscana en Jerusalén y acabó sus días en el convento franciscano de Herbón, de su Galicia natal. Su figura adquirió un carácter legendario de trovador enamorado por antonomasia, no sólo por el tono autobiográfico de algunas de sus obras y por sus referencias al poeta Macías *, sino porque en la segunda mitad del siglo XVI se escribió un anónimo y breve relato que pretende ser su biografía novelesca.

Su poesía forma parte de los cancioneros más importantes del siglo XV, en la modalidad amorosa y en la alegórica sacroprofana. De esta última son muestra los *Siete gozos de amor* y los *Diez mandamientos de amor*. Con el título de *Bursario*, Rodríguez del Padrón adaptó al castellano las *Heroidas* de Ovidio y escribió también tres epístolas originales *(Madreselva a Mausol, Troilo a Briseida* y *Briseida a Troilo)*, que por su temática amorosa y por los rasgos formales de la epístola heroicoliteraria son una consecuencia de la influencia ovidiana. Este ejercicio literario es el antecedente de una obra en prosa y verso: *Siervo libre de amor* (h.

1440), el primer relato sentimental castellano, que ejercerá influencia sobre la *Sátira de infelice y felice vida* del condestable don Pedro de Portugal *.

El *Siervo libre de amor* desarrolla el tema amoroso en dos proyecciones: como sentimiento no correspondido y como relación humana que desemboca en un final trágico. Los críticos no se ponen de acuerdo sobre el significado del título, interpretándolo como la liberación de las pasiones amorosas o, por el contrario, como la entrega consciente de la voluntad. Esta última interpretación ratifica la concepción cortés y, a la vez, ética del amor, presente en todo el relato.

El *Siervo libre de amor* adopta la forma de una epístola expurgativa dirigida a un amigo, en la que se introducen dos formas de relato: el propiamente autobiográfico, dispuesto en la forma de un tratado, con representación alegórica y tres partes diferenciadas que evocan sucesivamente «el tiempo que amó y fue amado», «el tiempo que bien amó y fue desamado» y «el tiempo que no amó ni fue amado». Entre el segundo y el tercer tiempo, y por el recurso del sueño, se introduce un segundo relato independiente de la historia principal: la «Estoria de dos amadores», pero unido al plan general de la epístola, pues funciona en el conjunto autobiográfico en calidad de ejemplo que acentúa el tono ético de toda la obra. Se trata de la historia de dos amantes infortunados, separados por la violencia y la muerte. En la última sección de la epístola, el tiempo en que el siervo «no amó ni fue amado», es un espacio narrativo que describe la última etapa de una peregrinación que conduce a la paz por el encuentro con un misterioso personaje: la Syndéresis, esto es, la *scintilla conscientiae*, fundamento de todas las virtudes, lo que supone haber adquirido el estado de libertad. Desde esa situación se escribe la epístola. En la obra se introducen siete canciones, con lugares comunes cancioneriles, pero vinculadas a la prosa narrativa, expresivas y sintetizadoras del autobiografismo erótico del texto.

Otras dos obras de Rodríguez del Padrón, dedicadas a la primera esposa de Juan II y relacionadas estructural y narrativamente, son *Triunfo de las donas* y *Cadira de onor*. El conjunto se dispone en la forma de un doble tratado: el primero, en la tradición del debate, es una defensa de las mujeres, como réplica al *Corbaccio* de Boccaccio, y consiste en la enumeración de razones que muestren la superioridad femenina, por medio de un recurso narrativo presente también en otra obra de Boccaccio: el *Filocolo*. El *Triunfo de las donas* enmarca la *Cadira de onor*, en donde con aparato erudito se exponen las virtudes y grados de la nobleza.

BIBLIOGRAFÍA. M. Scordilis Brownlee, «The Generic Status of the *Siervo libre de amor*: Rodríguez del Padrón Reworking of Dante», en *Poetics today*, 5 (1984); O. Tudorica Impey, «Boccaccio y Rodríguez del Padrón: la espuela de la emulación en el *Triunfo de las donas*», en *Hispanic Studies in honor of Alan D. Deyermond. A North American tribut.*, ed. de J. S. Miletich (Madison, 1986); P. M. Cátedra, *Amor y pedagogía en la España medieval* (Salamanca, 1989). [C.P.]

RODRÍGUEZ PINILLA, CÁNDIDO
(Ledesma, Salamanca, 1856-Salamanca, 1931). Poeta ciego, que con *Memorias de un mártir* (1888), *Cantos de la noche* (1899) y *El poema de la tierra* (1914) pone en pie una poesía que, por la sencillez verbal, por la humanización de sus cuadros y por el apego a lo regional, nos recuerda a J. M.ª Gabriel y Galán *. [J.B.]

RODRÍGUEZ RIVERA, GUILLERMO. Véase HISPANOAMÉRICA: POESÍA ACTUAL.

RODRÍGUEZ RUBÍ, TOMÁS (Málaga, 1817-Madrid, 1890). A partir de 1840, ocupó cargos burocráticos. Sintetizó su concepción del teatro en su discurso de ingreso en la Real Academia: «Excelencia, importancia y estado presente del teatro» (1860). Tanto sus obras de costumbres contemporáneas como las de tema histórico tienen como fin corregir las costumbres: *Toros y cañas* (1840), *Rivera o la fortuna en la prisión* (1841), *Borrascas del corazón* (1846), *La entrada en el gran mundo* (1874) y *Fiarse del porvenir* (1874). [J.R.J.]

RODRÍGUEZ SANTANA, EFRAÍN. Véase HISPANOAMÉRICA: POESÍA ACTUAL.

RODRÍGUEZ SANTERBÁS, SANTIAGO. Véase NOVELA POLICIACA.

RODRÍGUEZ SANTOS, JUSTO (Santiago de Cuba, 1915). Perteneció al grupo de «Orígenes» *. Se destaca por su perfecto manejo del soneto, dueño de un intenso ajuste de imagen y palabra. Entre sus obras: *Federico García Lorca (1899-1936)* (1937), elegía por la muerte de Federico García Lorca *; *Luz cautiva* (1937), *La belleza que el cielo no amortaja* (1950), *La epopeya del Moncada* (1963). Y después de su salida de Cuba en 1967: *El diapasón del ventisquero (Poemas: 1974-1975)* (1976) y *Los naipes conjurados (Poemas: 1975-1976)* (1979). Se ha distinguido como autor y director de programas originales en la radio y la televisión cubanas *(Teatro experimental del aire, Imágenes)*. [C.R.B.]

RODRÍGUEZ SOLÍS, EDUARDO. Véase HISPANOAMÉRICA: TEATRO ACTUAL.

RODRÍGUEZ SPITERI, CARLOS (Málaga, 1911). Poeta de la promoción del 36, con una extensa obra en su haber. Entre sus libros cabe señalar: *Choque feliz* (1935), *Los reinos de la secreta esperanza* (1938), *Amarga sombra* (1947), *Las voces del ángel* (1950), *Ese día* (1959), *Málaga* (1962), *Los espejos* (1964), *Las cumbres* (1965) y *No todo es silencio* (1972). [M.G.P.]

RODRÍGUEZ DE TIÓ, LOLA (San Germán, Puerto Rico, 1843-La Habana, 1924). De esta poeta, romántica y neoclásica a la par, se recuerdan siempre unos versos que defienden la unión de las Antillas y que son casi siempre atribuidos a Martí *; también se recuerda de su obra la letra original del himno de su país. Su vida tuvo un sentido ejemplar por su compromiso con la lucha por la independencia de Puerto Rico, compromiso que la llevó al destierro en los Estados Unidos, Venezuela y, finalmente, Cuba. Hoy se valora su activismo político sobre su creación literaria. Sus poemas, recogidos en *Mis cantares* (1876), *Claros y nieblas* (1885) y *Mi libro de Cuba* (1893), declaran su ideal patriótico, su afinidad con la poesía clásica española y su conciencia protofeminista. [E.B.]

RODRÍGUEZ TORRES, CARMELO. Véase HISPANOAMÉRICA: NARRATIVA ACTUAL.

RODRÍGUEZ VARELA, LUIS. Véase LITERATURA FILIPINA.

RODRÍGUEZ DE VARGAS, DAMIÁN. Véase POESÍA ÉPICA DE LOS SIGLOS XVI Y XVII.

ROGGIANO, ALFREDO A. Véase REVISTAS LITERARIAS DE HISPANOAMÉRICA.

ROJAS, ÁNGEL FELICÍSIMO (Loja, Ecuador, 1909). Novelista y crítico ecuatoriano, miembro de la generación del 30. La zona austral de su país constituye el contexto preferido de sus obras. Dominio de recursos narrativos, realismo ponderado, sentido del paisaje, vivisección social y un humorismo suave, teñido de cierta tristeza, caracterizan su producción. Es autor de *Banca, *novela escolar* (1938), *Un idilio bobo*, (relatos, 1946), *La novela ecuatoriana* (ensayo, 1948), *El éxodo de Yangana* (novela, 1949). [H.R.]

ROJAS, ANTONIO DE. Véase CRISTO CRUCIFICADO, SONETO A.

ROJAS, ARÍSTIDES (Caracas, 1826-1894). Médico, historiador y periodista. Se le considera el iniciador de la investigación científica en Venezuela y uno de sus más destacados divulgadores. Fundó también la Sociedad de Bibliografía Americana; publicó artículos costumbristas bajo los seudónimos de «Bibliófilo», «Camilo de la Tour» y «Provincial», y poesías con el de «E. d'Aubry». Por su obra *El elemento vasco en la historia de Venezuela* (1874) obtuvo la medalla de oro de la Universidad Central de Venezuela. Con prólogo de José Antonio Calcaño publicó en 1876 *Un libro en prosa: miscelánea de literatura, ciencias e historia*. En 1878 la Academia de Ciencias Sociales premia su obra *Estudios indígenas. Contribución a la historia antigua de Venezuela*. En 1891 se publica el primer tomo de sus *Estudios históricos: orígenes venezolanos*. A su muerte dejó inéditos muchos trabajos, entre ellos *Folklore venezolano*, que fue publicado en 1967.

BIBLIOGRAFÍA. E. B. Núñez, *Arístides Rojas: anticuario del Nuevo Mundo* (Caracas, 1944); P. Grases, *Bibliografía de don Arístides Rojas: 1826-1894* (Caracas, 1977). [C.R. de G.]

ROJAS, CANCIONERO DE PEDRO DE. Véase CANCIONEROS Y ROMANCEROS DE LOS SIGLOS XVI Y XVII.

ROJAS, CARLOS (Barcelona, 1928). Es profesor de literatura en Estados Unidos. Fue uno de los novelistas que, frente al realismo testimonial y crítico de los años cincuenta y sesenta, tomó partido en favor de una literatura de corte intelectual y metafísico. De ahí que, en su producción narrativa, muestre con frecuencia un deseo de ofrecernos interpretaciones filosóficas de la historia y de adentrarse en los misterios de la personalidad y en las esencias de lo humano. Así ocurre en *De barro y de esperanza* (1957), *El futuro ha comenzado* (1958), *El asesino de César* (1959), *Las llaves del infierno* (1962), *La ternura del hombre invisible* (1963), *Adolfo Hitler está en mi casa* (1965), *Auto de fe* (1968), *Aquelarre* (1970), *El Valle de los Caídos* (1978), *El sueño de Sarajevo* (1982), *El jardín de las Hespérides* (1988) y *El jardín de Atocha* (1990). En otras de sus obras —*Azaña* (1973), *Memorias inéditas de José Antonio Primo de Rivera* (1977), *El ingenioso hidalgo y poeta Federico García Lorca asciende a los infiernos* (1980), *Yo, Goya* (1991) y *Proceso a Godoy* (1992)— se acerca, con afán polémico, a personajes de la España de estos últimos siglos. Es autor también de numerosos ensayos sobre literatura, historia y arte.

BIBLIOGRAFÍA. J. P. Soler, *Los temas en la narrativa de Carlos Rojas* (Ann Arbor, Michigan, 1985). [A.R.]

ROJAS, FERNANDO DE (Puebla de Montalbán, Toledo, h. 1470-Talavera de la Reina, Toledo, 1541). Autor de la obra medieval con la que también comienza la modernidad literaria en España, *Celestina*, título abreviado de la *Comedia y Tragicomedia de Calisto y Melibea*, en honor del principal de sus personajes, la vieja rufiana, alcahueta y bruja que oficia de tercera o intermediaria en la relación amorosa de los dos jóvenes protagonistas, Melibea y Calisto. Fernando de Rojas se declara a sí mismo continuador-autor de la obra y se puede identificar con el homónimo que nació y vivió en tierras toledanas. Rojas nació en el seno de una familia de media fortuna de judíos convertidos al cristianismo. Aunque se discute su fecha real de nacimiento, sí es seguro que obtuvo el título de bachiller en Leyes hacia 1500. En 1507, se trasladó a Talavera, en donde fue alcalde en varias ocasiones, según los documentos municipales. Al origen converso de Rojas, que está fuera de toda duda, se le ha dado más importancia de la que seguramente tiene para la comprensión de su obra. El hecho de que en 1525 no fuera admitido como defensor de su suegro en un proceso inquisitorial, o de que su padre fuera condenado por el Santo Oficio en 1488 por judaizar, entre otros, son bastante comunes en familias de reciente ingreso en el cristianismo. Gracias al inventario de sus bienes, sabemos de su medianía económica y de ciertos intereses culturales plasmados en los libros que poseía. Aparte una nutrida biblioteca profesional de libros jurídicos latinos y romances, parece que el interés del autor de *Celestina* por la literatura profana se concentraba, sobre todo, en la historia y en libros que habían estado presentes en la elaboración de su única obra, como las de Petrarca o enciclopedias poéticas como la *Margarita* de Albrecht von Eyb.

La acción narrativa de *Celestina* transcurre con la espina dorsal de la relación amorosa de Calisto y Melibea, a la que se incorporan otras acciones subsidiarias que son causas y efectos del principal argumento, asociando todo un espectro humano —nobles, criados de distintos niveles, entretenidas, prostitutas— dependiente de la tradición literaria en la que se enclava la obra, la comedia humanística, revitalizada por la visión especular de la propia sociedad castellana de fines de la Edad Media. El texto completo, en prosa y dialogado, se ha conservado en dos estados principales. Uno, el representado por la llamada *Comedia de Calisto y Melibea*, cuyas ediciones más antiguas conservadas son de hacia 1499 (¿impresa en Burgos por Fadrique Alemán de Basilea?) y 1500 (Toledo, por Pedro Hagenbach). Esta versión consta de dieciséis actos con «argumentos» o resúmenes a la cabeza de cada acto. En la impresión toledana aparecen una serie de importantes piezas preliminares: carta de «el autor a un su amigo», en la que plantea el beneficio social que persigue con su trabajo, destinado a remediar el ambiente de relajación y superficialidad amorosa que se vive entonces, aplicándose en especial al amigo, que ha sufrido los embates negativos de esa pasión; declara también que el texto es en parte ajeno y que él es continuador. Siguen luego unos versos de Proaza, corrector de la impresión, en los que, además de alabar al autor, da instrucciones para la lectura recitada de la obra, declara el secreto de los versos acrósticos y data con alusiones mitológicas la corrección e impresión de la obra. Una versión ampliada de ésta fue reiteradamente impresa a partir de 1500 y 1502, pero no conservamos ediciones anteriores a la zaragozana de 1507 —todas las que llevan fecha de 1502 son seguramente posteriores en quince o más años, aunque hay traducción italiana de 1506—. Esta versión apareció con el nuevo título de *Tragicomedia de Calisto y Melibea* —en alguna edición: *Libro de Calixto y Melibea y de la puta vieja Celestina*—. Incluía los mismos preliminares de la *Comedia*, con un nuevo prólogo retórico en el que el autor (que confiesa ser el mismo de la versión anterior) claudica ante la presión de los lectores y de la libertad de éstos para interpretarla, fuera de los propósitos iniciales; denuncia también la ligereza de los impresores que han añadido argumentos a cada uno de los actos —así que incluso la primera versión que conservamos no es exactamente la del autor—, para acabar cerrando con una broma por las disputas que desencadenó la discordia entre el título original y el final desastroso de la obra, a la que decide bautizar ahora *tragico-*

media, denominación mestiza que no era la primera vez que se usaba en el ambiente de la comedia humanística latina. Acaba anunciando también que por deseo de la mayoría alargará «el processo de su deleyte destos amantes». Lo que en efecto tiene lugar, no sólo con numerosos cambios e interpolaciones en el texto de la primera versión, sino con la adición de cinco auctos nuevos, intercalados a partir de la mitad del acto XIV, y que modifican esencialmente los presupuestos primitivos en temas tan importantes como el amor y el propio desarrollo de la acción.

La primera versión, la *Comedia*, condensaba su argumento mucho más, en beneficio de la intencionalidad moral declarada en la carta del autor a su amigo y en el argumento general de la obra. Ésta, nacida en el entorno universitario de Salamanca y sobre la base de una literatura estudiantil que siempre se remite a lo aprendido en las aulas, continuaba —según declaración del autor— un primer aucto ajeno, pero de autor ilustre, para el que se han propuesto varios padres, Rodrigo Cota entre otros. Este primer *aucto* de cuya circulación desgajada ha sido hasta ahora único testigo Rojas pudo haber circulado manuscrito, pues en un códice misceláneo del Palacio Real de Madrid figura una copia incompleta de este aucto. Y, aunque parte de la crítica se pregunta aún si este manuscrito es copia de una edición impresa, el interés del mismo es extraordinario porque, aunque no sea el primer aucto ajeno que Rojas dice continuar, sí puede representar un primer estado de circulación de la obra o un borrador de autor, entre otras posibilidades. La *Tragicomedia* no sólo tiene ciertas interpolaciones muy importantes a partir del aucto XIV, sino también el llamado *Tratado de Centurio* (aucto XV), cuya autoría se le ha negado a Rojas, y que algunos atribuyen a Sanabria, autor del *Auto de Traso*, que fue también añadido a la *Tragicomedia* posteriormente.

Ésta empieza abruptamente y con problemas. Aunque se ha discutido la localización de la obra (Salamanca, Toledo, Sevilla, Talavera, etc.), las investigaciones más recientes se decantan por la opción salmantina para el escenario. Parece razonable seguir admitiendo que el autor dejó en una nebulosa voluntaria la ubicación exacta de su historia, por razones artísticas y de tradición literaria. La obra comienza con la conversación o requesta de amor de Calisto hacia Melibea. Según el argumento del primer acto, el encuentro es accidental y ocurre en el huerto o jardín de Melibea cuando el protagonista entra en él persiguiendo uno de sus halcones. La crítica ha supuesto, sin embargo, un encuentro anterior, para algunos ocurrido quizá en una iglesia. No obstante, la situación y la economía dramática justifican tanto el comienzo abrupto como la entrevista. Melibea finge escuchar con complacencia el arranque de la declaración amorosa, pero rechaza de inmediato al galán, lo que cabía esperar de su condición de doncella. No es improbable que haya aquí una parodia de escenas bien reglamentadas en las artes de amor, como la de Andrés el Capellán. Calisto quiere conseguir a Melibea y a instancias de Sempronio, criado de cierta edad, charlatán y entendido en el amor y su literatura, pone el asunto en manos de Celestina, con la oposición de Pármeno, el criado joven y por ahora fiel. Celestina que, además de otros oficios marginales, ejerce de alcahueta hace acto de presencia y es agasajada por Calisto ante la presencia de los criados que acabarán compinchados con la tercera. Ésta consigue la promesa de que, si tiene éxito, tendrá fuerte recompensa económica que promete a espaldas de Calisto compartir con los dos sirvientes. La alcahueta inicia sus gestiones en casa de Melibea, dura al principio y poco a poco ablandada por medio de un doble asedio de la vieja, que ejerce su habilidad dialéctica y sus dotes de bruja para cambiar el rechazo de la muchacha en una pasión demoníaca, que contrasta con el amor superficial de Calisto. Las añagazas de la vieja continúan enredando a todos en una situación sin salida —nunca se pierde de vista la propuesta didáctica de la obra— y, a fin de estropear la fidelidad de Pármeno y convertirlo en adicto a su causa, la vieja le facilita el acceso carnal a la joven Areusa, compañera de oficio de Elicia, que vive en casa de Celestina y es amante de Sempronio. Estas dos prostitutas, que no residen en el burdel legalmente establecido, se incorporan como tipos humanos complementarios y quedan así constituidas tres parejas de amantes, de las que la de Pármeno y Areusa funciona como el contrapunto, en las clases bajas, de la que encarnan Melibea y Calisto en las privilegiadas. Melibea toma la iniciativa y, por medio de su criada Lucrecia, envía mensaje a la alcahueta y a Calisto expresando su disponibilidad. Así, tras una primera entrevista nocturna a través de la puerta del jardín, la muchacha accederá a un encuentro sin barreras en el que se entrega, con la complacencia sorda de los criados al otro lado de la tapia. Calisto había premiado con antelación a Celestina con una valiosa cadena de oro, una parte de la cual le reclaman Pármeno y Sempronio. Es asaltada por los dos cuando ella se niega a compartirla, y acaban acuchillándola. Cuando quieren huir precipitadamente de la casa de la alcahueta, caen malheridos y, apresados por la justicia, son ejecutados públicamente. Tristán y Sosia, jóvenes acemileros y sirvientes de Calisto, sustituyen a los ajusticiados en la nueva visita del amo a Melibea, a la que no renuncia a pesar de conocer lo ocurrido. Mientras tanto Areusa y Elicia deciden vengarse de Calisto por las muertes de su protectora y de sus enamorados. Encargado el asunto a Centurio, un matón, prototipo de soldado fanfarrón clásico, éste se limita a provocar un alboroto nocturno que inquieta a Calisto mientras está con Melibea, el cual sale a ayudar a sus criados y cae por la escala rompiéndose la cabeza y muriendo en el acto. Melibea, incapaz de sobreponerse a esta pérdida, se suicida arrojándose desde lo alto de una torre de su casa. Un desconsolado y retórico planto de Pleberio, padre de Melibea, pone fin a la *Tragicomedia*.

Esta acción se construye en la obra siempre dentro de los límites de un marco dialogado. En ningún momento —salvo en los «argumentos» ajenos a Rojas que preceden a cada acto—, se deja oír una voz distinta de la de los personajes. Son éstos los que, por medio de sus propias palabras, se autodefinen y encaminan la acción hacia su desenlace, incluso incorporando los apartes dentro del texto de acuerdo con una técnica teatral bien asentada en el ámbito de la comedia humanística. Estas y otras particularidades de la acción nos sitúan ante uno de los varios puntos polémicos de la obra, en este caso de su interpretación genérica o literaria. Pues mientras algunos críticos creen que la *Tragicomedia* tiene puntos de contacto con el género dramático, otros insisten en considerarla una obra narrativa, una novela dialogada, y no son pocos los que están por aceptar ambas posibilidades. Entre los argumentos que barajan los defensores de su carácter narrativo, está la dependencia de *Celestina* para con opciones literarias que temáticamente coinciden con ésta, como por ejemplo la producción agrupada bajo el marbete de novela o ficción sentimental, aunque sea incluso con una intención paródica para socavar el género. Calisto, así, se comporta como un ridículo amante cortés —contrapunto del Leriano de la *Cárcel de amor* de Diego de San Pedro *—, frente al mundo duro, por real, de la España que vive Rojas. Así entendida, la *Tragicomedia* sería el varapalo realista que Fernando de Rojas propina a la ficción del *roman* medieval. A donde se puede llegar, por este camino, es a una consideración de la *Tragicomedia* como la primera novela realista de nuestras letras, precursora de la novela picaresca por lo que a los tipos de personajes se refiere y claro antecedente del *Quijote*. Esta sugerente interpretación, desviacionista con respecto a los intereses literarios reales de un estudiante salmantino del siglo XV, contrasta con la consideración de Calisto como personaje trágico. Los partidarios de la teatralidad de la obra insisten en la acomodación a formas dialogadas y en el respeto que demuestra el autor por las exigencias del género teatral de la comedia clásica y de la comedia humanística: condensación de la acción, seleccionada siempre en sus momentos de máxima tensión, con desprecio de cuanto no contribuya al mantenimiento de un clima dramático; reducción del tiempo dramatizado a un tramo vital muy breve; incluso la multitud de escenarios que exige la obra no tiene por qué ser un inconveniente, ya que no son más numerosos que los de multitud de comedias del teatro español o del resto de Europa en los siglos XVI y XVII. Se defiende no sólo la naturaleza dramática de la obra, sino la representabilidad de la misma, tanto con los recursos teatrales de la época, como con la técnica de los escenarios contiguos y circulares. La representabilidad estaría favorecida por las frecuentes acotaciones implícitas (de movimiento, lumínicas, etc.) que aparecen en el texto. Sea como fuere, es evidente que hay elementos en *Celestina* que entorpecen su presunto diseño teatral, como la extensión e inoportunidad dramática de ciertas concesiones a la retórica y a la erudición que frenan el ritmo vivo de los hechos. Sin embargo, los *accessus* coetáneos, como el que su corrector Alonso de Proaza coloca al final de la obra, no dejan de recordarnos la idea de lo teatral que podría tener Rojas, distinta de la actual, en especial por lo que se refiere a la concepción dramática de una obra como *Celestina*, convencionalmente una comedia humanística como otras italianas destinadas a la lectura en voz alta. Así que, en el fondo de la discusión genérica, late el problema de las fuentes. Si, por un lado, está clara la dependencia de la comedia clásica latina, en especial de Terencio pero también Plauto, y de la comedia humanística, no lo está menos su deuda para con la novela o ficción sentimental del siglo XV, en especial con la *Cárcel de amor*, cuyos préstamos textuales han sido confirmados; o para con obras cuyo lenguaje vivo y realista es un claro antecedente de la de Rojas, como el *Arcipreste de Talavera* de Alfonso Martínez de Toledo [*]. Menos polémica es la deuda de los numerosos aforismos que aparecen en la *Tragicomedia* con citas de los clásicos latinos y griegos y de obras españolas e italianas de la Edad Media. Rojas pudo servirse de alguna colección de sentencias, del tipo de la de Diógenes Laercio, Valerio Máximo o la ya citada *Margarita poethica* de Albrecht von Eyb. La fuente principal, no obstante, fue Petrarca, pero a partir de un índice de citas del italiano, la *Principalium sententiarum... annotatio*, colocada al final de la edición incunable de sus *Opera*. Tampoco se puede olvidar la presencia del Séneca medieval. Por lo que hace al autor del primer acto, éste utiliza también a Séneca y a Boecio y al pseudo Tostado, y sólo una vez parece haberse servido de Petrarca.

La presencia de estas fuentes es natural en una obra escrita a finales del siglo XV, desde la perspectiva que da una educación universitaria, en la que el ejercicio escolar de la composición latina en el ámbito de la *inventio* retórica obligaba al uso de materiales ajenos. Y las tergiversaciones genéricas en tanto que bromas literarias también son naturales en el contexto de la literatura estudiantil salmantina del momento. Quizá estas cuestiones de contexto literario son más importantes para el proceso de creación y evolución de la obra de Rojas que algunas otras aducidas por la crítica. Se ha discutido, así, sobre qué fue lo que movió a su autor a ampliar la *Comedia*, y, con ello, a cambiar el título de la primera redacción. Pudo encontrar en el *Anfitrión* de Plauto —en esencia, una pieza cómica sobre los dioses a los que se debe tratar «trágicamente»—, quizá a través del *Fernandus Servatus* de Verardo, la categoría genérica del título —tragicomedia— y el modelo para hacer una obra de contenido cómico y final desastrado. En cualquier caso, lo que más importa es la diferencia de tono entre la *Comedia* y la *Tragicomedia*, pues mientras la primera se lee como un remedio eficaz y deleitoso contra el mal de amores, la segunda acentúa el lado negativo y moralista de la historia. Si nadie parece dudar del carácter comprometido de la obra, lo que se discute es la orientación que Rojas quiso darle. Algunos críticos interpretan la actitud del autor como la de un converso resentido que se siente amenazado por una sociedad que le resulta hostil, y que, con talante pesimista o incluso nihilista, pretende minar la sociedad de su época, como parece quedar sentado en el desgarrado planto de Pleberio. Se reconocería un particular interés en haceer crítica de la religión y de las categorías sociales establecidas. Otros, en cambio, prefieren verlo dentro de la ortodoxia y consideran su actitud como didáctico-moralizante. A través de Calisto, Rojas estaría condenando el loco amor cortés y animando a los lectores a apartarse de la vida desordenada. La presentación de las conductas desviadas de unos personajes que acaban recibiendo castigo por sus perversidades, es el método que emplearía el autor para adoctrinar a su público. La polémica dista mucho de apagarse, porque el propio autor se muestra muy ambiguo: mientras que en la *Tragicomedia* parece decantarse por la actitud moralizante, contradice tales propósitos con una nueva entrega de material erótico, para satisfacer a los que «querían que se alargase en el proceso de su deleyte destos amantes». Al margen de cualquier intencionalidad crítica, está claro que Rojas no tenía más remedio que dar noticia cabal y lúcida del desasosegado trasfondo social que caracterizó las últimas décadas del siglo XV, pero que al tiempo no se aparta en esencia de un modo de hacer literatura que fusiona géneros universitarios y argumentos cortesanos. Y quizá la clave de la ampliación de la *Comedia* sea un resultado de una necesidad editorial: Rojas se ve abocado a modificarla cuando decae en su popularidad y los mismos editores presionan para ello. Una obra pensada en las aulas universitarias que, como otras tan paródicas como ella tiene un marco edificante y unos fines de condenación del loco amor en el contexto de las artes amorosas y con ingredientes sólo admisibles en el ámbito universitario, con un protagonista superficial y una doncella seducida por medio de la magia; una obra con esa construcción retórica y argumental no podía interesar a los lectores de la ficción sentimental, en cuyo ambiente la pasión es recíproca y cosa de dos, y tiene que convertirse por medio de interpolaciones en una nueva historia pasional con este esquema, la *Tragicomedia*. Esta perspectiva evitaría el planteamiento de otras cuestiones, como la inexistencia de una solución matrimonial en la obra, que era normal en el teatro coetáneo. La supuesta condición judaica de Melibea, sería, para algunos, el impedimento de tal proceso. Pero lo cierto es que no hay en el texto indicios para deducir tal condición de la protagonista ni de ninguno de los personajes, y la explicación más plausible para esta inexistencia de la opción matrimonial, como desenlace lógico de los amores entre los amantes, habrá que buscarla en la tradición literaria de la literatura *cortés*.

La obra de Rojas encarna tres de los temas más importantes de la Edad Media: el amor, la fortuna y la muerte. Y lo hace desde una perspectiva que, en el otoño medieval, anticipa ya el Renacimiento, pues aborda esos temas no desde la perspectiva jerarquizada, tipificada, hierática de los siglos anteriores, sino con el marchamo típicamente individualista de la Edad Moderna. Lo mismo vale decir para los personajes, cuyo rasgo más sobresaliente quizá sea esa poderosa individualización con que han sido diseñados. Y, aunque remiten a tipos vitales y literarios perfectamente identificables en la tradición literaria romance, tienen comportamientos, actitudes y reacciones que se oponen a lo esperable del arquetipo original que reproducen: la astuta Celestina es asesinada por no calcular las consecuencias de su avaricia ante los codiciosos Sempronio y Pármeno; el egoísta Calisto morirá a consecuencia de un inesperado acto de valentía, como es acudir en defensa de sus criados; la prostituta Areusa sabe adoptar formas corteses en su calculado rechazo de Pármeno; Pármeno mismo evoluciona desde el arquetipo de criado fiel, a criado desentendido del bien de su señor, etc. Son personajes dinámicos, perfectamente humanos y creíbles y que evolucionan con la trama.

En cuanto al valor estilístico de la obra, alternan lo erudito y lo plebeyo, el retoricismo más depurado y el estilo más llano y directo. En los diálogos encontramos toda la gama de registros: desde los más callejeros y realistas a los elaboradamente literarios. Los personajes se expresan como lo que son, pero Rojas va más allá provocando transgresiones literarias (y por ende sociales); así, la alcahueta, las prostitutas y los criados no sólo salpican su discurso con refranes populares (como era tradición en la comedia terenciana y humanística) sino que echan mano, y no pocas veces, de los dichos de filósofos, o se permiten bromas humanistas. Rojas maneja todos esos recursos con una contención y mesura tales que sitúan la obra al margen tanto de las extravagancias cultistas de buena parte de los prehumanistas castellanos, como de los afanes localistas o popularistas tan en boga en la literatura de la época.

BIBLIOGRAFÍA. F. Castro Guisasola, *Observaciones sobre las fuentes literarias de «La Celestina»* (Madrid, 1924); C. Samonà, *Aspetti del retoricismo nella «Celestina»* (Roma, 1953); A. D. Deyermond, *The Petrarchan Sources of «La Celestina»* (Londres, 1961; 2.ª ed., Westport, Conn., 1975); M. Bataillon, *«La Célestine», selon Fernando de Rojas* (París, 1961); M. R. Lida de Malkiel, *La originalidad artística de «La Celestina»* (Buenos Aires, 1962); J. A. Maravall, *El mundo social de la Celestina* (Madrid, 1968); D. S. Severin, *Memory in «La Celestina»* (Londres, 1970); J. H. Martin, *Love's Fools: Aucassin, Troilus, Calisto and the Parody of the Courtly Love* (Londres, 1972); S. Gilman, *«La Celestina»: arte y estructura* (Madrid, 1974); P. E. Russell, *Temas de «La Celestina» y otros estudios del «Cid» al «Quijote»* (Barcelona, 1978); S. Gilman, *La España de Fernando de Rojas* (Madrid, 1978); J. T. Snow, *«Celestina» by Fernando de Rojas: An Annotated Bibliography of World Interest, 1930-1985* (Madison, 1985); M. Marciales (ed.), *Celestina: Tragicomedia de Calisto y Melibea: Fernando de Rojas* (Urbana, Ill., 1985); D. S. Severin, *Tragicomedy and Novelistic Discoural in «Celestina»* (Cambridge, 1988); L. Fothergill-Payne, *Seneca and «Celestina»* (Cambridge, 1988); Ch. B. Faulhaber, «Celestina de Palacio: Madrid, Biblioteca de Palacio, Ms. 1520», en *Celestinesca*, 14 (1990), págs. 3-39, y «*Celestina* de Palacio: Rojas's Holograph Manuscript», en *Celestinesca*, 15 (1991), págs. 3-52. [P.C. y E.M.]

ROJAS, GONZALO (Lebu, Arauco, Chile, 1917). Perteneció al grupo surrealista reunido en torno a la revista *Mandrágora* (1938-1943), pero se distanció de él cuando Braulio Arenas* y otros compañeros de aventura le parecieron demasiado sumisos ante André Breton y el surrealismo francés. Rojas no desdeñaba esas aportaciones renovadoras, pero no estaba dispuesto a afiliarse a una escuela y a una retórica. Visionario y torrencial al principio, derivó hacia el rigor y la contención verbal, con una conciencia cada vez más lúcida del acto poético y de los poderes del lenguaje. En sus versos había de conciliar la condición del poeta vidente con la expresión de vivencias cotidianas y compartidas, e incluso con la voluntad de influir en el destino del hombre y en la evolución de la realidad en que vive. En la obra que fue renovando y que en buena medida reiteró en *La miseria del hombre* (1948), *Contra la muerte* (1974), *Oscuro* (1977), *Transtierro* (1979), *Del relámpago* (1981), *50 poemas* (1982), *Críptico y otros poemas* (1984), *El alumbrado* (1986), *Esquizotexto y otros poemas* (1988), *Materia de testamento* (1988) y *Desocupado lector* (1990), muestra una búsqueda que supo prescindir de la iconoclastia y aprovechar el legado de la tradición para indagar en lo auténtico, para mostrar preocupaciones metafísicas y existenciales y a la vez inquietudes sociales concretas y profundas. Se ha dedicado a la enseñanza de la literatura y ha cultivado la crítica literaria.

BIBLIOGRAFÍA. M. Coddou, *Poética de la poesía activa* (Madrid, 1984); E. Giordano (ed.), *Poética y poesía de Gonzalo Rojas* (Santiago de Chile, 1987); H. R. May, *La poesía de Gonzalo Rojas* (Madrid, 1991). [T.F.]

ROJAS, JOAQUÍN. Véase HISPANOAMÉRICA: NARRATIVA ACTUAL.

ROJAS, JORGE (Santa Rosa de Viterbo, Colombia, 1911). Poeta considerado como el fundador y animador del grupo «Piedra y Cielo»*. Su poesía aparece dominada en gran parte por el tema amoroso y el sentimiento de la naturaleza, dentro del culto a la poesía juanramoniana. Gracia, sensualidad, melancolía, son las características de su obra, en la que destacan *La ciudad sumergida* (1939), *La forma de su huida* (1939), *La doncella de agua* (1948) y *Rosa de agua* (1948). [E.C.]

ROJAS, JOSÉ MARÍA (Caracas, 1828-París, 1907). Ensayista, crítico e historiador venezolano. Hermano de Arístides Rojas*, fue miembro correspondiente de la Real Academia Española de la Lengua y, en 1833, miembro fundador de la Academia Venezolana de la Lengua. Desempeñó cargos diplomáticos en Madrid, La Haya, Londres y París, donde definitivamente fijó su residencia hasta su muerte. Allí escribió diversos trabajos de carácter histórico y literario, algunos de publicación póstuma: *Simón Bolívar* (1883), *El general Miranda* (1884), *Bosquejo histórico de Venezuela* (1888), *Las fronteras de Venezuela* (1891), *Recuerdos de la patria* (1963), *Tiempo perdido* (colección de escritos sobre política, literatura y hacienda pública, 1967) y *Biblioteca de escritores venezolanos contemporáneos, ordenados con noticias biográficas* (1975). [H.J.B.]

ROJAS, MANUEL (Buenos Aires, 1896-Santiago de Chile, 1973). Narrador criollista, hijo de padres chilenos y arraigado en Chile desde 1924. Sus novelas suponen un rechazo del realismo tradicional y del naturalismo, a la vez que un cambio de estructuras y de sensibilidad literaria. *Lanchas en la bahía* (1932), la primera, es la historia de Eugenio, un muchacho despedido de su trabajo de cuidador nocturno de faluchos, y de sus relaciones con un camarada del puerto y con una prostituta. *Hijo de ladrón* (1951) es una de las novelas chilenas del siglo que más huella han dejado, e inicia una tetralogía autobiográfica en la que Aniceto Hevia, hijo de un ladrón de joyas de Buenos Aires, recuerda y analiza su historia de desarraigo; completan ese ciclo *Mejor que el vino* (1958), *Sombras contra el muro* (1964) y *La oscura vida radiante* (1971). Rojas es autor también de los libros de cuentos *Hombres del Sur* (1926), *El delincuente* (1929) y *El bonete maulino y otros cuentos* (1968, parcialmente en 1943), y de las novelas *La ciudad de los Césares* (1936) y *Punta de rieles* (1960). Otras obras suyas son: *Tonada del transeúnte* (1927, poemas), *Travesía* (1934, novelas breves), *De la poesía a la revolución* (1938, ensayo), *Imágenes de infancia* (1955, memorias), *El vaso de leche y sus mejores cuentos* (1959, antología) y *Manual de literatura chilena* (1964). En 1961 aparecieron sus *Obras completas*.

BIBLIOGRAFÍA. R. Rodríguez Reeves, «Bibliografía sobre Manuel Rojas», *Revista Iberoamericana*, 95 (1976); D. A. Cortés, *La narrativa anarquista de Manuel Rojas* (Madrid, 1986). [J.A.C.]

ROJAS, RICARDO (Tucumán, Argentina, 1882-Buenos Aires, 1957). En 1912 funda la primera cátedra de literatura argentina, a la que dedicará su monumental y erudita *Historia* (cuatro volúmenes en su forma inicial, 1917-1922). Se ocupa del problema de la identidad nacional en textos como *Blasón de plata* (1909), *La argentinidad* (1922) y *Eurindia* (1924), de inspiración romántica e historicista. De acento romántico tardío son sus poemarios *La victoria del hombre* (1903), *Las lises del blasón* (1911) y *Canciones* (1920). Su teatro rescata temas históricos y legendarios indígenas: *Elelín* (1929), *Ollantay* (1939). Sus textos políticos *(La restauración nacionalista*, 1909; *El radicalismo de mañana*, 1931) son nacionalistas liberales. [B.M.]

ROJAS, WALDO (Concepción, Chile, 1944). Poeta que evoca lo perdido, lo corrosivo del tiempo. En sus libros *Agua removida* (1964), *Pájaro en tierra* (1965), *Cielo raso* (1971) y *Almenara* (1985), el espacio muestra su deterioro. En *El puente oculto* (1981) rememora el pasado desde la distancia del exilio. En *Almenara*, la paráfrasis del lenguaje pretende la iluminación en versos epigramáticos, sentenciosos; busca en diferentes lugares y en evocaciones de personas la relación oculta. [A.M.]

ROJAS GONZÁLEZ, FRANCISCO (Guadalajara, Jalisco, México, 1904-1951). Antropólogo, especializado en etnografía, y diplomático. Su formación científica sustenta la recreación literaria del indio tal como se evidencia en *El diosero* (1952), su más celebrada colección de cuentos. Las otras son *Historia de un frac y otros cuentos* (1931), *El pajareador* (1934), *Chirrín y la celda 18* (1944) y *Cuentos de ayer y hoy* (1946). Es autor, asimismo, de las novelas *La negra Angustias* (1944) y *Lola Casanova* (1947).

BIBLIOGRAFÍA. J. Sommers, *Francisco Rojas González. Exponente literario del nacionalismo mexicano* (Xalapa, 1966). [J.E.C.]

ROJAS GUARDIA, ARMANDO (Caracas, 1949). Poeta y ensayista. Fue animador y el más destacado poeta del grupo literario «Tráfico» (1981), adscrito a la busca y exaltación de lo cotidiano. Sus poemas están elaborados estéticamente con el lenguaje conversacional. El objetivo del grupo era el cuestionamiento de la poesía institucionalizada de la décadas anteriores y la exigencia de una poesía que expresara la realidad ciudadana caraqueña entre 1980-81. La obra poética de Rojas Guardia comprende: *Del mismo amor ardiendo* (1979), premio Manuel Díaz Rodríguez en 1980; *Yo que supe de la vieja herida* (1985), que trata la experiencia erótica como opción ética y aventura personal; *Poemas de la Quebrada de la Virgen* (1985), donde manifiesta el deseo de retornar a una experiencia religiosa del mundo, gestada en la palabra; y *Hacia la noche viva* (1989), donde con los reiterados temas del amor, el cuerpo, la ciudad y los recuerdos, depurados sus versos del barroquismo anterior, apunta a un cambio de actitud en la visión del mundo y de la poesía. Ha escrito ensayos: *El dios de la intemperie* (1985) y *El caleidoscopio de Hermes* (1989).

BIBLIOGRAFÍA. J. Liscano, *Lectura de poetas y poesía* (Caracas, 1985). [H.J.B.]

ROJAS GUARDIA, PABLO (Caracas, 1909-1978). Poeta, ensayista y crítico. Cónsul en Madeira, Guadalupe y Martinica, segundo secretario en las embajadas de Venezuela en Checoslovaquia y Haití y primer secretario de la de Nicaragua. Fundó *El Pueblo*, diario vespertino, y con Luis Castro y Arturo Croce * la revista *Caribe*. Protagonizó los incidentes de la Semana del Estudiante (febrero, 1928) y fue encarcelado en La Rotunda. Liberado en 1929, fue confinado hasta 1935 en la isla de Margarita, donde escribió sus *Poemas sonámbulos* (1931) con elementos vanguardistas. Participó en la fundación del grupo literario «Viernes» * (1939) y redactó el manifiesto inaugural. Enviado a México como agregado comercial, escribió *Desnuda intimidad* (1937) y *Acero y signo* (1937). En sus primeros poemas están presentes los problemas humanos y se revela una grave confusión personal. En 1945 obtuvo el primer premio Municipal de Poesía por *Trópico lacerado* y en 1970 el Nacional de Literatura por su obra *Espejos de noviembre para sueños de abril*. Otros libros de poemas son *Clamor de que me vean* (1937) y *La voz inacabada* (1960). Entre sus ensayos, se cuentan *El rostro de la patria* (1968), *La realidad mágica. Ensayos de aproximación literaria* (1969), donde analiza la obra de Guimarães Rosa, García Márquez * y Pío Gil *, y *Diálogos sobre poesía y literatura* (1972). [H.J.B.]

ROJAS HERAZO, HÉCTOR (Tolú, Bolívar, Colombia, 1921). Tras varios libros de poesía —*Rostro en la soledad* (1952), *Tránsito de Caín* (1953), *Desde la luz preguntan por nosotros* (1956) y *Agresión de las formas contra el ángel* (1961)—, se ha revelado como uno de los más destacados narradores colombianos, con las novelas *Respirando el verano* (1962), *En noviembre llega el arzobispo* (1967) y *Celia se pudre* (1986). Ha publicado un libro de notas y ensayos: *Señas y garabatos del habitante* (1976). [T.F.]

ROJAS JIMÉNEZ, ALBERTO (Santiago de Chile, 1900-1934). Poeta chileno recordado por el cariño que le tuvo su generación y como precursor de algunas formas contemporáneas de lírica que después desarrollarán otros autores. Su muerte temprana fue cantada por Pablo Neruda * en un famoso poema. En 1928 publica su único libro, en una prosa de notable calidad lírica: *Chilenos en París*. [J.G.]

ROJAS JIMÉNEZ, ÓSCAR. Véase VIERNES.

ROJAS PAZ, PABLO (Tucumán, Argentina, 1896-Buenos Aires, 1956). Con Ricardo Güiraldes *, Jorge Luis Borges * y Alfredo Brandán Caraffa fundó en Buenos Aires la revista *Proa* (segunda época), de la que aparecieron quince números entre 1924 y 1926. En el ámbito de la vanguardia argentina, representaban una posición moderna y cosmopolita pero ajena a cenáculos y grupos, con lo que se alejaban del ultraísmo *. Rojas Paz publicó varios libros de cuentos —*Arlequín* (1928), *El patio de la noche* (1940), *El arpa remendada* (1944)—, y novelas como *Hombres grises, montañas azules* (1930), *Hasta aquí no más* (1936) y *Mármoles bajo la lluvia* (1954). Entre sus numerosos ensayos, con frecuencia de inspiración nacionalista, se cuentan *El perfil de nuestra expresión* (1929), *Biografía de Buenos Aires* (1944) y *El canto de la llanura (meditaciones pampeanas)* (1955). [T.F.]

ROJAS VILLANDRANDO, AGUSTÍN DE (Madrid, 1572-Monzón de Campos, Palencia, h. 1635). Tuvo una vida agitadísima como soldado en Francia e Italia y como corsario. Fue autor y actor dramático, siendo obra suya *El natural desdichado*. Es conocido sobre todo por *El viaje entretenido* (Madrid, 1603), un divertido relato en forma de diálogo entre un autor y los cómicos de su compañía. En la obra se recoge una buena cantidad de anécdotas y costumbres sobre el mundo del teatro y los actores de la época, por lo que constituye un documento de primer orden para su estudio. Menos interés tiene *El buen repúblico* (Salamanca, 1611), tratado sobre el gobierno, que fue prohibido por el Santo Oficio.

BIBLIOGRAFÍA. A. de Rojas, *El viaje entretenido*, ed. de J. Joset (Madrid, 1977); J. B. Avalle-Arce, *Dintorno de una época dorada* (Madrid, 1978). [R.R.]

ROJAS ZORRILLA, FRANCISCO DE (Toledo, 1607-Madrid, 1648). Estudió en Salamanca y residió en Madrid desde muy joven, donde fue poeta cortesano de circunstancias y se dedicó profesionalmente a la escritura dramática (no sólo a la profana: por razones económicas debió escribir también autos sacramentales dentro del estilo calderoniano: *El caballero de Febo* o *El gran patio de Palacio*, 1647). Se le atribuyeron ascendientes *cristianos nuevos* en una información que se le hizo para otorgarle el hábito de Santiago (que logró finalmente en 1645). Escribió tanto comedias de costumbres como dramas históricos, comedias de figurón y tragedias, siendo estas últimas las que más estudios han merecido. Este mayor interés por las obras trágicas es debido a una serie de elementos originales que individualizan la producción de Rojas: un cierto efectismo melodramático, que juega con la acumulación de recursos trágicos, algunos de raíz senequista; un tratamiento del honor en el que se otorga a la mujer un especial protagonismo, y una peculiar sutilidad a la hora de situar la figura real (y la paterna) dentro del conflicto trágico, mediante su desdoblamiento funcional. Entre sus obras destacan: en la tradición más clasicista, *Progne y Filomena* y *Los áspides de Cleopatra* (calificada por MacCurdy como una tragedia amorosa de gran fuerza poética); en el tratamiento de la figura paterna escindida es fundamental *No hay ser padre siendo rey;* y en el de la mujer vengadora, *Cada cual lo que le toca*, que provocó el rechazo del público (según Bances Candamo *), pues el marido perdonaba a su mujer al matar ésta a quien la había previamente violado. Con todo, es *Del rey abajo, ninguno* o *El labrador más honrado, García del Castañar* su obra más importante entre los dramas de honra; presenta aquí Rojas el tema del *honor villano*, aunque el decoro haya transformado al protagonista en un noble rural y se juegue con el equívoco de que el ofensor pueda ser el rey.

Su labor como comediógrafo se ha

revalorizado bastante en los últimos años; su *Entre bobos anda el juego* es una excelente comedia de figurón (con un protagonista, don Lucas del Cigarral, fundamental para entender la consolidación de este *tipo* dramático), mientras que comedias como *Abre el ojo, Donde hay agravios no hay celos* o —muy especialmente— *Lo que son las mujeres* (donde rechaza el convencional matrimonio con que se cierra la mayoría de las comedias de este tipo) nos lo presentan como un autor que cuida mucho la estructura de sus obras, a las que imprime un ritmo muy ágil (a veces en exceso) y utiliza un lenguaje contenido, lejos de los excesos pseudopoéticos, que él mismo critica en *Sin honra no hay amistad*. Escribió también obras de tipo histórico dentro del tono trágico ya aludido *(El Caín de Cataluña* o *El profeta falso Mahoma)* y hagiográficas *(Santa Isabel, reina de Portugal)*. Adaptó *Persiles y Sigismunda*, de Cervantes *, estrenada en El Pardo en 1633. Su prestigio se hizo sentir en Francia; Corneille escribió *Don Bertrand du Cigarral*, mientras que autores como Scarron, Lesage o Rotrou se inspiraron también en su teatro. La mayoría de sus obras se publicó en dos partes (1640 y 1645).

BIBLIOGRAFÍA. E. Cotarelo y Mori, *Don Francisco de Rojas Zorrilla. Noticias biográficas y bibliográficas* (Madrid, 1911); R. R. MacCurdy, *Francisco de Rojas Zorrilla* (Nueva York, 1968); F. de Rojas Zorrilla, *Del Rey abajo ninguno*, ed. de J. Testas (Madrid, 1975). [J.L.S.]

ROJO DOSÉ, A. (seudónimo). Véase RODAO, JOSÉ.

ROKHA, PABLO DE (Licantén, Chile, 1894-Santiago de Chile, 1968). Carlos Díaz Loyola —su verdadero nombre— nace en la provincia de Curicó, pero con su padre y su familia se traslada a diversos lugares entre la cordillera y el mar, el valle central y la Araucanía. Con interrupciones, estudia en Talca y luego en Santiago. Su primera obra refleja la combinación de un anarquismo entre natural y deliberado, y una postura poética que oscila entre el vanguardismo y una dimensión grotesca del mundo aprendida directamente de su goce y sufrimiento: *Los gemidos* (1922), libro apreciado por los más avanzados de su generación y por aquellos que han convertido su poesía en una especie de culto. En esta línea se suceden varios títulos, entre ellos: *Cosmogonía* (1925), *U* (1926), *Satanás* (1927), *Suramérica* (1927) y *Escritura de Raimundo Contreras* (1929). Durante los años treinta toma una posición de compromiso con el comunismo chileno, pero muy pronto su ruptura con Pablo Neruda * lo marcará para el resto de su vida —notable en este sentido es su libro *Neruda y yo* (1955)—, a la vez que el partido lo margina en 1940. Pese a ello, su obra sigue enriqueciéndose con abundantes títulos, como *Jesucristo* (1933), *Moisés* (1937) o *Morfología del espanto* (1942), que buscan nuevos motivos de inspiración. De sus viajes por el continente surgen varios libros, entre los que destaca su *Carta magna del continente* (1949), donde se encuentra su famosa «Epopeya de las comidas y bebidas de Chile (Ensueño del infierno)». Esta apertura a lo colosal de la realidad hispanoamericana produce *Idioma del mundo* (1958), *Genio del pueblo* (1960) y *Estilo de masas* (1965). Su obra presenta un vanguardismo duro, ofensivo y grotesco, opuesto al depurado, europeo y, en último término, inocente de Vicente Huidobro *, y merecería un lugar, aunque humilde, junto a él en el parnaso continental.

BIBLIOGRAFÍA. N. Nómez, *Pablo de Rokha: historia, utopía y producción literaria* (Ottawa, 1991). [J.G.]

ROKHA, WINETT DE (Santiago de Chile, 1892-1951). Seudónimo de la poetisa chilena Luisa Anabalón Sanderson, esposa de Pablo de Rokha *, cuya *Antología: «Cantoral», «Oniromancia», «El valle pierde su atmósfera» y otros poemas* (1953) ofrece una buena muestra de su lirismo, puesto al servicio de temas de la vida cotidiana. [J.A.C.]

ROLDÁN, JOSÉ MARÍA (Sevilla, 1771-1828). Sacerdote; amigo de Reinoso *. Autor de odas religiosas —*A la Resurrección de Jesucristo* y *A la venida del Espíritu Santo*— y del poema filosófico *El hombre vivificador y destructor de la naturaleza*. [R.B.]

ROLDÁN, MARIANO (Rute, Córdoba, 1932). Es, además de poeta, traductor y antólogo. Su poesía conjuga la atención a la circunstancia histórica con una escritura que experimenta nuevas fórmulas de indagación inscritas en la línea más renovadora de los años sesenta. Ha publicado, entre otros libros, *Uno que pasaba* (1957), *Hombre nuevo* (1961), *Ley del canto* (1970), *Poesía (1953-73)* (1974) y *Elegías convencionales* (1974). [A.S.Z.]

ROMAGUERA, MIGUEL. Véase POESÍA ESPAÑOLA POSTERIOR A 1975.

ROMÁN, ¿DIEGO? (¿?-?, d. 1497). Pocos datos tenemos de la vida de este poeta. Recientemente, se ha propuesto su identificación con Diego Román, que aparece en la documentación de la época como contino al servicio de los Reyes Católicos. Antes aparece un comendador Román, que será el mismo, perdonado por los monarcas después de haber sido partidario del rey Alfonso de Portugal durante la guerra de sucesión (1475-79). De su obra poética se deriva que estuvo al servicio del duque de Alba y se relacionó literariamente con Antón de Montoro *, entre otros. Menos difundidas que otras obras del género, pero muy interesantes, son sus *Coplas de la Pasión con la Resurrección*, elaboradas a lo largo de un decenio (h. 1482-92), con dos redacciones, en la última de las cuales se añade todo lo referente a la Resurrección. Están en la línea de las devociones particulares del momento. Otras obras suyas son una colección de textos amorosos, incluidos en el *Cancionero general* * y en varios cancioneros manuscritos, dos decires, el más interesante de los cuales trata de la muerte del príncipe don Juan, y varios textos de polémica con el mencionado Montoro.

BIBLIOGRAFÍA. G. Mazzocchi (ed.), *Coplas de la Pasión con la Resurrección* (Florencia, 1990). [P.C.]

ROMÁN, JOSÉ (León, Nicaragua, 1906-Nueva York, 1983). Escritor nicaragüense. En 1939 fundó en Managua la revista *Centro*, donde publicó ese mismo año su extenso poema «Un fauno ebrio». Con Hernán Robleto *, es el más importante novelista nicaragüense de estilo tradicional. Su primera novela, *Cosmapa* (1944), se detiene dentro de los linderos de un realismo social puramente novelístico. Su construcción narrativa es de mano maestra, lo mismo que sus descripciones ambientales y de caracteres. Su lenguaje es vivo, enérgico y vario, cargado de intención artística y de verdad; un lenguaje lleno de gracia y, a ratos, hasta de humor. La otra novela del autor, *Los conquistadores* (1966), escrita entre Nueva York y París, resulta una obra ambiciosa, pero alejada de la anterior en el sentido de la creación y en la estructura. Es una novela histórica, cuya «más importante fuente de referencias» —según el propio José Román— fue la *Vida del segoviano Rodrigo de Contreras*, por el marqués de Lozoya. El tema de la novela es, en efecto, la rebelión de los dos hijos de aquel gobernador de Nicaragua, por causa de las Leyes Nuevas (1542), cuya aplicación iba en detrimento de los propietarios de encomiendas.

BIBLIOGRAFÍA. J. E. Arellano, *El movimiento de vanguardia de Nicaragua* (Managua, 1969) y *Panorama de la novela nicaragüense* (Madrid, 1973). [E.Z.-H.]

ROMÁN DE LA HIGUERA, P. Véase HISTORIOGRAFÍA DE LOS SIGLOS XVI Y XVII.

ROMANCE. Véase REVISTAS LITERARIAS Y CULTURALES ESPAÑOLAS.

ROMANCERO. El Romancero representa el corpus entero de romances del mundo hispánico (españoles, portugueses, catalanes, hispanoamericanos, judeoespañoles), tanto los de carácter oral-tradicional, como los de origen erudito y autor conocido. Por definición, el romance es un poema narrativo relativamente breve, de tono épico-lírico, en versos monorrimos de 16 sílabas divididos en dos hemistiquios de ocho sílabas con rima asonante en los hemistiquios pares. En la práctica, un buen número de romances no se ajusta a tal patrón; hay romances de más de 1.000 versos («Conde Dirlos»); existen romances sin relato apenas y de tono esencialmente lírico («El Prisionero»); hay canciones en diversos metros que han sido admitidos en el corpus («Don Bueso», en hexasílabos pareados), y muchos romances —algunos de origen épico— incluyen varios cambios de asonancia («Huida del rey Marsín»). El estilo del romance viejo y también el de sus avatares modernos —afín al de la baladística de otras tradiciones europeas— ha sido bien caracterizado por Colin Smith: «compresión estilística, concisión y poder dramático..., extremada llaneza de lenguaje, falto de símiles complejos, metáforas y otros recursos retóricos... [un mensaje] implícito más bien que explícito..., falto de didactismo y de religiosidad... [y con una] capacidad única de tocar una gran variedad de... emociones humanas». Por otra parte, la aparente sencillez del romance no desmiente la complejidad de su organización poética y de su contenido semiológico.

El romance tiene su origen en la fragmentación de los cantares de gesta a finales de la Edad Media. El octosílabo asonantado deriva del verso épico anisosilábico, también asonante; el lenguaje poético de las dos tradiciones —épica y romancística— integra una serie de recursos formulísticos en común (por ejemplo, la fórmula *el que en buen ora nasçió* del *Cantar de Mio Cid* * sigue viva en la tradición sefardí moderna: *la que en buen día nació*); recursos como la -d- y la -e paragógicas a final de verso, que reflejan un estado lingüístico anterior, en dos siglos a los primeros textos épicos conservados, han sobrevivido en áreas laterales arcaicas hasta la actualidad; un buen número de relatos romancísticos del siglo XVI deriva directamente de fuentes épicas, y una detenida exploración de las subtradiciones modernas ha revelado temas adicionales, no documentados en el Romancero viejo, que también se remontan a congéneres epicotradicionales. Las investigaciones más recientes han venido a confirmar la teoría de Menéndez Pidal * de la fragmentación épica como origen del Romancero, y con toda confianza ya podemos afirmar, con Dámaso Alonso *: «El paso tradicional de los cantares de gesta a los romances épico-líricos está seguramente comprobado». Lo que parecen ser dos tradiciones es, en efecto, una sola y no hay solución de continuidad entre epopeya y romancero. A la vez, no cabe duda de que la lírica primitiva —en parte octosilábica— había de influir también, tanto en la métrica como en los recursos formales y estilísticos del primitivo Romancero. Una vez establecido, el nuevo género había de servir para la creación de nuevos poemas autónomos y originales, así como para la adaptación al castellano de múltiples relatos baládico-novelescos de origen continental (sobre todo franceses). Una función esencial de los cantares de gesta era su noticierismo, y los romances también funcionaban como reportajes poéticos de hechos contemporáneos (por ejemplo, los romances fronterizos y otros de tema histórico). Ya plenamente desarrollado, el Romancero se nos presenta como un género poético notablemente flexible y complejo, capaz de abarcar temas y propósitos muy variados: incluye relatos de la épica española y francesa; de acontecimientos históricos; narraciones bíblicas y apócrifas; leyendas de la antigüedad clásica; recreaciones de *romans d'aventure* medievales; amén de gran número de temas novelescos de inspiración española o de origen continental. Abarcan éstos una amplísima gama de experiencias y emociones humanas, tanto positivas como negativas: fidelidad e infidelidad; aventuras e infortunios amorosos; la vuelta del marido; la esposa desgraciada; la mala suegra; burlas y engaños; violaciones y secuestros; incesto e infanticidio; asesinatos y venganzas. Tanto en su enorme diversidad temática y de tonalidad, como en la naturaleza multisecular de su trayectoria, el Romancero, en efecto, se nos ofrece —en palabras de Juan Ramón Jiménez *— como un verdadero «río de la lengua española».

El primer romance conservado data de principios del siglo XV (*La dama y el pastor*, transcrito en Italia, en una mezcla de castellano y catalán, por Jaume Olesa, en 1421), pero los primeros indicios de romances remontan ya al primer tercio del siglo XIV. A lo largo del siglo XV la documentación manuscrita es todavía esporádica: el Romancero oral vive esencialmente en estado latente. Juan Rodríguez del Padrón * copia y adapta tres textos en el *Cancionero de Londres* y otros varios se asoman a finales de siglo y a principios del siglo XVI en el *Cancionero musical de Palacio* *. Los primeros romances cultos ya se dan en el *Cancionero general* * de Hernando del Castillo (1511). La primera mitad del siglo XVI es la época áurea de los pliegos sueltos, aunque una primera antología romancística en forma de libro, el *Libro en el qual se contienen cincuenta romances,* ya se imprime *circa* 1525. En Amberes, hacia 1548, Martín Nucio publica su *Cancionero de romances* (sin año), iniciando la época de los cancioneros. Son cruciales, entre otros, el de 1550 del propio Nucio, la *Silva* de Esteban G. de Nájera (1550-51), y las *Rosas* de Joan Timoneda * (1573). En 1580, con la publicación de las *Flores* y un masivo florecimiento de poemas cultos en metro romancístico, comienza el apogeo del Romancero nuevo, que culmina en el *Romancero general* (1600). El destino del género se bifurca: el Romancero viejo tradicional, tan popular y en boca de todos —desde la gente más humilde hasta la alta nobleza y los reyes— vuelve a su habitual estado de latencia, al refugiarse en las aldeas y entre gentes del campo, pero no antes de haberse difundido a todas las regiones, cercanas y lejanas, del mundo hispánico, desde Portugal hasta Cataluña, desde América hasta los núcleos sefardíes de Turquía y del norte de África. Y con el Romancero nuevo, por otra parte, el romance se confirma como vehículo creativo de los mayores genios de la poesía española. El romance erudito no deja de cultivarse en el siglo XVIII (Meléndez Valdés *, los Fernández de Moratín *), florece durante el romanticismo (Rivas *, Espronceda *, Zorrilla *) y cobra nueva y vigorosa vida en tiempos modernos (Machado *, Unamuno *, García Lorca *). Una tercera veta nace ya en el propio siglo XVI, con composiciones en germanía sobre guapos y valentones, y ha de abundar, sobre todo en los siglos XVIII y XIX, en romances vulgares impresos en pliegos sueltos, vendidos y cantados —y a veces tradicionalizados— por ciegos ambulantes. Su actividad ha de durar más allá de los comienzos del siglo XX.

El romanticismo, fascinado por lo popular, por la diversidad humana, por los rasgos nacionales distintivos, se apasiona por el Romancero viejo y motiva, aunque sólo paulatinamente, el redescubrimiento de la tradición oral latente. Al publicar la primera edición de su *Romancero* (1828-32), Agustín Durán * no incluye ningún romance oral moderno. Pero desde 1828, Almeida Garrett recuerda y recoge romances en Portugal para la elaboración de su *Romanceiro* (1843-51). Gradualmente el género se irá sacando de su latencia: en Cataluña, en el Brasil, en Asturias, entre los sefardíes, ya a principios del siglo XX en América y aún más tarde en Canarias. En 1900, comenzando en Castilla, Menéndez Pidal empezará su campaña para el rescate y la recolección sistemática del Romancero oral moderno; campaña que sigue en pie hoy día con las actividades recolectoras del Seminario Menéndez Pidal (bajo la dirección de Diego Catalán) y con todos los que, en diversas partes del mundo, nos asociamos a tan apasionante tarea. Tales actividades vienen a confirmar el carácter panhispánico del género, según proponía Menéndez Pidal: «El romance tradicional existe dondequiera que se lo sepa buscar en los vastos territorios en que se habla español, portugués y catalán; allí donde no se tenga noticia de su existencia, una hábil indagación lo descubrirá indudablemente». Hoy ya se conocen romances de los rincones más apartados: desde Alguer (Cerdeña) a Goa, Malaca, Filipinas, Guam. Tales datos subrayan la coherencia, tanto geográfica como cronológica, del género y tienen implicaciones fundamentales para la investigación. Resulta imposible, por lo tanto, estudiar el Romancero sin tener en cuenta a la vez el testimonio de todas las subtradiciones geográficas e igualmente imposible resulta el estudio del Romancero viejo sin tener presente la tradición moderna en todas sus distintas modalidades.

Aunque los estudios romancísticos siguen siendo aún hoy una disciplina un tanto «marginada» respecto a otras investigaciones literarias supuestamente más «céntricas», las últimas décadas han visto una notable expansión de investigaciones y de publicaciones pertinentes. La labor monumental de Antonio Rodríguez Moñino ha hecho posible una auténtica revolución en nuestros conocimientos del Romancero antiguo impreso, que, gracias a Moñino, ya podemos estudiar con todo el detalle que exige la moderna crítica textual. Los trabajos pioneros de Paul Bénichou sobre la creatividad poética oral tienen implicaciones trascendentales para estudios ulteriores. Muy significativas también son las investigaciones de Ruth H. Webber sobre el formulismo de la épica y del Romancero. Las masivas encuestas y los trabajos de archivación y catalogación realizados por Diego Catalán y el equipo del Seminario Menéndez Pidal, así como los nuevos métodos de análisis textual son de un valor inestimable para el futuro de la disciplina. Como otro indicio del nuevo interés por el Romancero, también cabe señalar una serie de coloquios internacionales y sus actas publicadas (Madrid, 1971; Davis, California, 1977; Madrid, 1982; Los Ángeles, 1984; Cádiz, 1987). Hoy día los estudios romancísticos comprenden una gran variedad de perspectivas: investigaciones del *Romancero viejo* (descubrimientos de pliegos y cancioneros desconocidos, análisis de alusiones literarias, ensaladas y glosas); estudios históricos (nexos con la épica, noticierismo, orígenes y desarrollo de temas individuales); análisis formulístico; nexos paneuropeos; encuestas de la tradición moderna; trabajos musicológicos; bibliografía y catalogación; crítica literaria; creatividad oral; estudios contextuales; perspectivas ideológicas y sociológicas; semiótica, y análisis electrónico. El futuro no deja de prometer diversos y fructíferos descubrimientos.

BIBLIOGRAFÍA. R. H. Webber, *Formulistic diction in the Spanish ballad* (Berkeley, 1951); R. Menéndez Pidal, *Romancero hispánico*, 2 tomos (Madrid, 1953); R. Menéndez Pidal y otros, *Romancero tradicional de las lenguas hispánicas*, 12 tomos (Madrid, 1957-85); P. Bénichou, *Creación poética en el Romancero tradicional* (Madrid, 1968); A. Rodríguez Moñino, *Diccionario bibliográfico de pliegos sueltos poéticos* (Madrid, 1970); D. Alonso, «La tradición épica castellana en la obra de Menéndez Pidal: teoría y hechos comprobados», en *La Torre*, XVIII-XIX (1970-71), págs. 15-49; A. Rodríguez Moñino, *Manual bibliográfico de cancioneros y romanceros*, 4 tomos (Madrid, 1972-78); C. Smith, «On the Ethos of the *Romancero viejo*», en *Studies of the Spanish and Portuguese ballad*, ed. de N. D. Shergold (Londres, 1972); A. Sánchez Romeralo y otros, *Bibliografía del Romancero oral* (Madrid, 1980); D. Catalán y otros, *Catálogo general del Romancero*, 4 tomos (Madrid, 1982-88). [S.G.A.]

ROMANCERO GENERAL DE 1600. Véase CANCIONEROS Y ROMANCEROS DE LOS SIGLOS XVI Y XVII.

ROMANCERO HISTORIADO. Véase CANCIONEROS Y ROMANCEROS DE LOS SIGLOS XVI Y XVII.

ROMANCERO NUEVO HISTORIADO. Véase CANCIONEROS Y ROMANCEROS DE LOS SIGLOS XVI Y XVII.

ROMANCERO VIEJO. Véase ROMANCERO.

ROMANCES DE GERMANÍA. Véase CANCIONEROS Y ROMANCEROS DE LOS SIGLOS XVI Y XVII.

ROMANO, EDUARDO. Véase HISPANOAMÉRICA: POESÍA ACTUAL.

ROMANTICISMO EN ESPAÑA. En los primeros años del siglo XIX los escritores europeos emplearon este neologismo como denominación de las nuevas propuestas literarias que ofrecían una idea distinta de lo que tradicionalmente se había entendido por actividad artística; el término derivaba de una palabra de dilatada historia —*romántico*— que, desde mediados del siglo XVII, se había venido empleando en las lenguas europeas. El Romanticismo, entendido como la gran mutación que abrió las puertas de la modernidad artística, fue el complejo resultado de un proceso de teorización y práctica que había permeado la cultura del siglo XVIII y que a finales de esta centuria se polarizó en la especificidad de la obra poética; por ello, ostenta unos rasgos de fenómeno internacional, múltiple y combativo. El hecho de que la palabra *romántico* hubiera tenido un amplio uso aplicado a poemas narrativos o ficciones fantásticas no atenidas a *reglas* y, posteriormente, a las profundas emociones vividas en espacios capaces de suscitar irracionales asociaciones psíquicas, explica el orgullo profesional con el que sus usuarios la sintieron como generada en el ámbito propio de la literatura. Su empleo tipológico se acentuó en la transición desde el Antiguo Régimen hacia la moderna sociedad industrial y burguesa, y fue consecuencia inmediata del idealismo filosófico, de la ideología historicista y de las zozobrantes circunstancias en que se desenvolvía la existencia europea del momento. El ritmo de incorporación de las literaturas nacionales al movimiento romántico desenvolvió los avatares de la «nueva escuela» de formas tan diversas que se ha convertido en una esforzada tarea crítica la delimitación conceptual del romanticismo, dificultad que A. O. Lovejoy destacaba en 1924 al afirmar que «había llegado a significar tantas cosas que ya no significaba nada». El romanticismo español, a pesar de la tesis casticista que situaba sus orígenes en la literatura del Siglo de Oro, fue cronológicamente tardío y ha sido fenómeno de exégesis controvertida, al igual que el romanticismo de las literaturas en el mundo latino.

Los estudiosos admiten que el troquel primigenio del *romanticismo* literario fue el esfuerzo teórico del grupo de Iena en el que, entre los años 1797 a 1804 de modo aproximado, Federico Schlegel representó un papel capital. La conciencia de que el lenguaje autorreferencial de la poesía construye la relación más adecuada entre el individuo contingente y la realidad absoluta era la fórmula que para Federico Schlegel y los escritores del grupo —su hermano Augusto Guillermo, Tieck, Wackenroder, Schleiermacher, Schelling, Novalis— daba razón de ser del romanticismo. Por estos mismos años, la revista de Quintana *Variedades de Ciencias, Literatura y Artes* (1805) publicaba un breve escrito de «Reflexiones sobre la Poesía» en el que se señalaba que, frente a las prácticas literarias de la tradición francesa, «los alemanes, alimentados con las grandes obras de todas las naciones, han tomado otro rumbo; hacen que todos los dioses del Olimpo bajen a sus hogares; es decir, aplican directamente el talento a lo que les interesa más de cerca». El modelo teórico al que se apuntaba en este escrito —Kant y Schiller—, reelaborado años más tarde por J. N. Böhl de Faber * en los escritos de los hermanos Schlegel, atenuaba los componentes de teoría literaria de los textos originales para limitarse al más inmediato campo de la apología del teatro clásico español y a la polémica ideológica que es designada por los historiadores como la «querella calderoniana» (1814-1820). El debate sobre el teatro clásico español y la vigencia moderna del teatro calderoniano que enfrentó en esta querella a Böhl con José Joaquín de Mora * y Antonio Alcalá Galiano * fue un episodio más entre partidarios del Antiguo Régimen y defensores del moderno Estado liberal, pero también fue una confrontación de teoría literaria que divulgó en España algunos de los planteamientos del grupo de Iena; cuando Böhl sostenía que las reacciones suscitadas por las obras maestras «son las indicaciones que traen envueltas de nuestro origen divino, los recuerdos de una felicidad perdida y las esperanzas de recobrarla» o cuando Mora afirmaba que «el arte moderno pretende combinar todos los opuestos, y así se complace en amalgamar la naturaleza y el arte, la poesía y la prosa, la memoria y la esperanza, el alma y los sentidos, lo terrestre y lo divino, la vida y la muerte» no hacían sino reiterar aserciones de Federico Schlegel como las contenidas en el imprescindible *fragmento* 116 de sus escritos de juventud.

La literatura inglesa de principios del XIX había elaborado una nueva visión de los autores del Siglo de Oro y de la nación española y, al mismo tiempo, servía modelos de comportamiento político-social y un modo singular de escritura que fraguaba mitologías de nuevo cuño en los poemas del falso Ossian y proclamaba la facultad creadora de la *imaginación* humana en el acto de producir la palabra poética, lección que explicitarían en sus escritos del destierro Blanco White *, en su estudio «Sobre el placer de las imaginaciones inverosímiles» de 1824, y Antonio Alcalá Galiano, en el prólogo a *El moro expósito*, de 1834; poetas ingleses como Byron y novelistas como Scott ejercieron influjo notable sobre los liberales que vivían en el destierro. La más próxima comunicación hispanofrancesa significó la reelaboración de tópicos arraigados en la visión sobre España que poseían los escritores y viajeros galos y, a su vez, ofrecía para uso de los españoles los textos conspicuos de los contrarrevolucionarios de principios de siglo —Lorenzo Thjulen, Barruel, Chateaubriand—, el teatro de autores melodramáticos como Scribe, Ducange, Dumas y, a partir de 1827, los fogosos combates por la *libertad* que promovían Victor Hugo y los escritores del «Cénacle».

La apertura a la cultura europea realizada por los ilustrados trasladó a los escritores españoles del primer tercio del XIX el repertorio de textos que, desde mediados del XVIII, eran considerados imprescindibles en la definición de la literatura nacional: los líricos del XVI desde Garcilaso de la Vega * a Lope de Vega *, las novelas de Cervantes *, los poemas medievales que entonces empezaban a recuperarse. Sobre estos aportes textuales, la producción escrita de la segunda mitad del XVIII integró una cultura de la sensibilidad —que elevaba a categoría moral la que hasta entonces había sido considerada simple propiedad fisiológica de los seres orgánicos— y una atracción por escenarios insólitos, capaces de suscitar emociones *patéticas* y *sublimes;* de manera que la continuidad decimonónica del neoclasicismo poético, de la moral humanitaria, del gusto por las tramas terroríficas, por las lejanías del enervante orientalismo y la admiración por la inocencia americana o el caballeresco medievo son otras tantas prolongaciones de la Ilustración * en el siglo XIX. La práctica dieciochesca de una *mímesis* artística que se fijaba en los tipos y las situaciones comunes de los individuos pertenecientes a la nueva clase burguesa produjo, en fin, un estilo de prosa crítico-social y una interacción entre las más sueltas ficciones novelescas y las convenciones formales del teatro posrenacentista que estimularon la aproximación de formas literarias y la creación de nuevos géneros.

La proyección en España de esta red de acicates se superpuso a la apropiación de las propuestas innovadoras de origen romántico, cuya difusión se realizó en fases sucesivas. En un primer momento, afectó a una reducida minoría —Böhl y su grupo gaditano, los redactores del periódico barcelonés *El Europeo* (1823-24), Agustín Durán * con su *Discurso* de 1828—, minoría que se mostró receptiva a la apropiación del romanticismo germano en la teoría del absoluto literario y en su estimación de la literatura antigua española (el cuento de «don Illán», de don Juan Manuel *, el Romancero *, el teatro del Siglo de Oro y, singularmente, Calderón de la Barca * y el *Quijote*). Inmediatamente después y durante el curso de la «ominosa década», se manifestó en formulaciones más atemperadas a la cultura oficial del país (crítica del madrileño *Diario Literario y Mercantil* [1825], colección de teatro clásico español editada por el impresor Ortega [1826-34], primer periódico de M. J. de Larra * [1828], *Discurso* [1829] de Donoso Cortés *) y, a raíz de la muerte de Fernando VII (1833), con el regreso de los exiliados políticos —«liberales y románticos»— que trajeron, para su arraigo definitivo, un núcleo de pensamiento liberal y progresista cuyo sentido compendian la «divisa» de Larra —«libertad en literatura, como en las artes, como en la industria, como en el comercio, como en la conciencia»— o los provocativos versos de Espronceda * —«Miseria y avidez, dinero y prosa / en vil mercado convertido el mundo, / los arranques del alma generosa / poniendo a precio inmundo...»—. La venerable tesis de Georg Brandes sobre la función innovadora que desempeñaron en toda Europa los desterrados políticos del primer tercio del siglo se repite también en el caso español, de manera que el cambio de régimen, aunque sólo fuera una precaria estabilización del régimen de libertades constitucionales, dio de sí un amplio margen de desahogo para la expansión de los artistas y escritores nacidos al filo del siglo XIX. La coincidencia entre el cambio político posterior a 1833 y una vida cultural en la que surgen publicaciones dirigidas a amplias capas de lectores y se desarrollan actividades colectivas del ocio en instituciones de proyección ciudadana —Ateneos, Liceos, bibliotecas públicas, gabinetes de lectura...— y en que se produce la profesionalización de los escritores como asalariados de su público lector, conforma un conjunto de pautas sociológicas indicadoras del inicio de la modernidad literaria en España. Correlación similar se dio en la América hispana, cuya independencia coincidió también con las primeras manifestaciones del romanticismo, avivado, a su vez, por los estímulos de las literaturas contemporáneas de Francia e Inglaterra.

Diversos hechos suscitaron la difusión peninsular de la visión del mundo y del nuevo lenguaje manifiestos en los textos románticos contemporáneos. Las páginas de los viajeros extranjeros que divulgaron una atractiva imagen de España, los activistas foráneos que intervinieron eficazmente en la vida cultural del país (Böhl de Faber en Cádiz, el alsaciano Cook y el italiano Monteggia en Barcelona, Washington Irving en Granada, Grimaldi, Blanchard, Rossini, Mercadante en Madrid, el inglés Borrow por todas las partes...) y el retorno de los exiliados son las más llamativas manifestaciones de la permeabilización cultural que experimentó la vida española durante el primer tercio del siglo y que, en el plano de la creación literaria, troqueló el «monólogo satírico» de Larra, los ritmos y la «armonía del sentimiento» de la obra poética de Espronceda, el lenguaje escenográfico de los héroes en los dramas históricos o —como se lee en la novela de Gil y Carrasco *— la vivencia del «germen de la melancolía producido por aquel deseo innato de lo que no tiene fin». Todos estos aportes son testimonios elocuentes de la irreconciliable antinomia que enfrenta al individuo con el universo, según las propuestas del romanticismo europeo y que, con un estilo más individualizado que el de la mera voz epigonal, podemos leer en numerosos textos españoles escritos entre 1828 y 1844. Con todo, la aclimatación de las novedades encontró una fuerte resistencia de raíz ideológica en polémicas y parodias, tan numerosas y encarnizadas que un joven poeta —Jacinto de Salas y Quiroga * en el *No me olvides* de 1837— distanciaba contundentemente el programa romántico de todas las desfiguraciones que lo reinterpretaban: «Si tuviésemos nosotros por *romanticismo* esa ridícula fantasmagoría de espectros y cadalsos, esa violenta exaltación de todos los sentimientos, esa inmoral parodia del crimen y la iniquidad, fuéramos ciertamente nosotros los primeros que alzáramos nuestra débil voz contra tamaños abusos».

La resistencia más sólida procedió de la convergencia de una estética de tradición ilustrada y una moral social apegada a los valores de la sociedad inmóvil del Antiguo Régimen. «Eclecticismo» fue la denominación que propusieron los escritores sevillanos Amador de los Ríos * y Juan José Bono (1839) para esta alternativa literaria en la que la figura de Alberto Lista * fue la personalidad más influyente. E. Allison Peers trasladó esta denominación coyuntural a la categoría de tesis que reduce el proceso histórico del romanticismo español a un breve espacio de intensa actividad —desde 1834 hasta 1837—, seguido de una prolongada fase de amortiguamiento y domesticación. Esta tesis, reiterada con argumentos procedentes del pensamiento político contemporáneo —el predominio de las posiciones conservadoras y reaccionarias durante el reinado de Isabel II—, e iluminada por esquemas organicistas que ven la diacronía literaria como un automático sucederse de etapas preparatorias y etapas de decadencia —las nociones de «pre-romanticismo» y «post-romanticismo»—, ha desatendido dos fenómenos sociales de singular entidad: por una parte, el lento proceso de transformación de las creencias de una sociedad anclada en la cultura arcaica, y, por otra, la mutación profesional de las jóvenes generaciones que dedicaron su esfuerzo a la consolidación del moderno Estado liberal; el universo legendario de la tradición aureosecular y popular al que apelaba Zorrilla * con relativa frecuencia y la transformación de los escritores de los años treinta en la clase dirigente del período isabelino son las traducciones más tangibles de ambos fenómenos.

La nueva sociedad surgida en los años treinta potenció el llamativo incremento de los medios de comunicación en las ciudades —publicaciones periódicas y por entregas, locales urbanos para el ocio y las diversiones— y mantuvo a las comunidades agrarias en las formas y los valores de la sociedad tradicional. El fondo legendario y folclórico de esta reserva proporcionaba el contorno de la imagen romántica de España, el depósito de los asuntos maravillosos —como pone de manifiesto Espronceda en *El estudiante de Salamanca*— y, avanzando el siglo, el laboratorio para las investigaciones folclóricas o antropológicas. Las nuevas tecnologías aplicadas a la imprenta, a los espectáculos y diversiones públicas o a la reproducción fotográfica de la realidad (desde 1839) conformaron, en sentido contrario, las apoyaturas precisas para la consolidación de una cultura urbana y en continuo proceso de reelaboración y cambio, lo que no impidió que el más ambicioso poema romántico —*El diablo mundo* (1840-41)— se generase desde el repudio a la cultura de ciudad característica de la época. Del cruce de tradición y cambio proceden los géneros literarios, el lenguaje, los temas y los motivos que caracterizan a la nueva literatura. Poesía épico-narrativa —*El moro expósito* (1834)— y romancero histórico legendario —*Cantos del trovador* (1840-41), de Zorrilla—; poesía didáctico-satírica —*Fábulas* (1848), de Hartzenbusch *— y canción lírica —las escritas por Espronceda entre 1835 y 1838—; cuento y artículo de costumbres —las *Escenas matritenses* (1842), de Mesonero Romanos *; «El castellano viejo», «La Nochebuena de 1836», de Larra—; drama histórico o contemporáneo —el *Don Álvaro* (1835), del duque de Rivas *; o la *Teresita* (1835), del saint-simoniano Josep Andreu—; novela histórica —*El señor de Bembibre* (1844), de Enrique Gil y Carrasco— o folletín propagandístico —*María o la hija de un jornalero* (1845-46), de Ayguals de Izco *— son textos representativos de la práctica literaria entre los años 1830 y 1854. Pasada la mitad del siglo, aunque perdurasen formas y géneros vigentes en los años anteriores, la conciencia de la modernidad artística experimentó cambios que acentuaron el ahondamiento en las galerías de la conciencia individual y en el imperativo de la fidelidad imitativa de las realidades observadas de modo inmediato; es el tiempo de la poesía simbolizadora que se articula en torno a Bécquer *, en la práctica del relato fantástico al modo de Pedro Antonio de Alarcón * y en el desdoblamiento irónico sobre un romanticismo distanciado, de las cartas familiares de Valera * y de las novelas de este autor publicadas en los años setenta, cuando el rubro definidor de la creación artística —*realismo*— había desplazado de las definiciones programáticas al que ya se consideraba vencido romanticismo. Romanticismo que, durante su acmé, había tensado una visión del mundo radicalmente individualista y una búsqueda de formas literarias inéditas forjadas en un lenguaje oscilante entre el arcaísmo y el coloquio familiar, entre el neologismo designador de los progresos de la técnica moderna y el léxico de la afectividad y la imaginación.

BIBLIOGRAFÍA. C. Pitollet, *La querelle caldéronienne de Johan Nikolas Böhl von Faber et José Joaquín de Mora* (París, 1909); E. Allison Peers, *A History of the Romantic Movement in Spain* (Cambridge, 1940; trad. española, Madrid, 1954, 2 vols.); H. Juretschke, *Origen doctrinal y génesis del romanticismo español* (Madrid, 1954); V. Llorens, *Liberales y románticos. Una emigración española en Inglaterra (1823-1834)* (México, 1954); E. Carilla, *El Romanticismo en la América hispánica* (Madrid, 1958); AA. VV., *Romantic and its Cognates. The European History of a Word* (University of Toronto Press, 1972); G. Carnero, *Los orígenes del romanticismo reaccionario español. El matrimonio Böhl de Faber* (Valencia, 1978); V. Llorens, *El Romanticismo español* (Madrid, 1980); AA. VV., *Los orígenes del Romanticismo en Europa* (Madrid, 1982); R. P. Sebold, *Trayectoria del Romanticismo español* (Barcelona, 1983). [L.R.T.]

ROMANTICISMO EN HISPANOAMÉRICA. Aunque con frecuencia se ve en el cubano José María Heredia * al primer poeta romántico, la introducción del Romanticismo en Hispanoamérica debe relacionarse con el regreso de Esteban Echeverría * a Buenos Aires, en 1830. Las doctrinas que había conocido en Europa le fueron útiles para impulsar una renovación que encontró eco inmediato entre los escritores jóvenes. Las actitudes patrióticas o nacionalistas, dominantes entonces, forzaban a descubrir el paisaje americano y a analizar las costumbres e ideas de la comunidad, con la pretensión de obrar sobre esa sociedad a través o por medio de la literatura. Así se trazó un programa americanista que había de determinar en buena medida el desarrollo de la literatura hispanoamericana posterior, orientada hacia la realidad y el futuro en perjuicio de la propensión romántica hacia la evasión por el pasado o por el amor. Los románticos argentinos señalaron con insistencia que la emancipación mental no había acompañado a la emancipación política, pues pervivía el oscurantismo de la tradición española, y la conquista de la independencia cultural se convirtió en su principal objetivo. La dictadura de Juan Manuel de Rosas determinó el exilio de la mayoría de ellos, y eso propició la difusión de su programa en Chile, en Bolivia y en Uruguay. En Chile desarrollaron sus actividades figuras de la talla intelectual de Domingo Faustino Sarmiento * o de sus compatriotas Juan María Gutiérrez *, Juan Bautista Alberdi * y Vicente Fidel López *, y la lucha por la emancipación mental encontró allí otros protagonistas destacados, como José Victorino Lastarria * y Francisco Bilbao *. El mexicano José María Luis Mora * y el ecuatoriano Juan Montalvo * prueban que esas preocupaciones se extendieron por todo el mundo hispanoamericano y durante mucho tiempo ocuparon la atención de los ensayistas.

Esas preocupaciones determinaron también el carácter de la poesía y de la novela. Los escritores hispanoamericanos casi siempre desdeñaron el interés europeo por las evocaciones de la Edad Media y la exaltación del catolicismo, pues pretendían un arte preocupado por el progreso de los pueblos. El ideario de la Ilustración seguía vivo y, entre las distintas opciones posibles, los inclinaba hacia el romanticismo social. La producción poética no muestra unos límites claros entre los románticos y los neoclásicos que los habían precedido. No los advirtió José Mármol *, que fue por excelencia el poeta de la proscripción y de la lucha contra la tiranía, y no son fáciles de determinar en la poesía gauchesca de Bartolomé Hidalgo *, Hilario Ascasubi *, Estanislao del Campo * y José Hernández *. Las soluciones eclécticas predominan en la notable poesía colombiana de la época, que representan sobre todo José Eusebio Caro *, José Joaquín Ortiz (1814-1892) y Julio Arboleda *, y luego Gregorio Gutiérrez González * y Rafael Pombo *. La herencia neoclásica pervive también entre los románticos de otros países: es el caso de Carlos Augusto Salaverry * en el Perú, o el de José Antonio Maitín * en Venezuela, o el de José Joaquín Pesado * en México, donde Ignacio Rodríguez Galván * pudo introducir un sentimiento apasionado poco frecuente. Merecen destacarse en Cuba las aportaciones de Gabriel de la Concepción Valdés * («Plácido»), de José Jacinto Milanés *, y de Gertrudis Gómez de Avellaneda *, que desarrolló en España casi toda su actividad literaria. Entre unos y otros multiplicaron los perfiles que caracterizan a una poesía dominada por las preocupaciones políticas y las descripciones de la naturaleza.

Las circunstancias afianzaban la función cívica del escritor, y pudo pasarse de las manifestaciones ilustradas de fe en el futuro a la exaltación positivista del progreso sin una transición fácil de definir, aunque perceptible a medida que avanza la segunda mitad del siglo. A ese período pertenece el argentino Olegario Víctor Andrade *, que destacó sobre todo al cantar el destino humano, las hazañas de los héroes, una naturaleza imponente y el futuro próspero y libre reservado a una América española unida. Pero no todos veían la época con ese optimismo. Si alguna tendencia se acusa a partir de 1860, es la que lleva a los poetas a ocuparse de sus experiencias íntimas y a desentenderse de la función cívica. El nihilismo del mexicano Manuel Acuña *, el sentimiento elegíaco y pesimista del venezolano José Antonio Pérez Bonalde * y la indignación rebelde del argentino Pedro Bonifacio Palacios *, «Almafuerte», son un fruto característico de ese momento, pero el malestar pudo traducirse también en idealización del pasado indígena —como en *Tabaré* (1888), célebre poema del uruguayo Juan Zorrilla de San Martín *—, o en nostalgia de un orden patriarcal y heroico perdido, como en las *Poesías* (1885 y 1906) del argentino Rafael Obligado *. La novedosa plasticidad expresiva del argentino Carlos Guido Spano * prepara por entonces la transición hacia el modernismo *.

La narrativa romántica experimenta una evolución similar. Si se prescinde de la anónima *Jicoténcal* (1826), «novela histórica americana de la época de la conquista» que se publicó en Filadelfia, tarda en producir manifestaciones destacadas. Las más antiguas aparecen en España, donde Gertrudis Gómez de Avellaneda da a conocer *Sab* (1841), *Dos mujeres* (1842), *Espatolino* (1844) y *Guatimozín, último emperador de México* (1846), y a los escritores argentinos se deben varias entre las primeras publicadas en América: *Soledad* (1847), de Bartolomé Mitre *, *Esther* (1847), de Miguel Cané (1812-1862), *Amalia* (1851-1855), de José Mármol, y *La novia del hereje o La inquisición en Lima* (1854), de Vicente Fidel López. Es ya en la segunda mitad del XIX cuando se advierten abundantes manifestaciones del género, coincidiendo con el desarrollo de la narrativa realista y a veces confundiéndose con ella, sobre todo en las novelas de orientación costumbrista, como *Manuela* (1866), del colombiano Eugenio Díaz Castro *, *Clemencia* (1869), del mexicano Ignacio Manuel Altamirano *, y las incluidas por el también mexicano José Tomás de Cuéllar * en *La linterna mágica* (1871-1872 y 1889-1892). Como destacada manifestación de la novela sentimental y del romanticismo hispanoamericano se considera *María* (1867), del colombiano Jorge Isaacs *. En *Enriquillo* (1879-1882), del dominicano Manuel de Jesús Galván *, culmina una abundante novela histórica que con frecuencia prefirió inspirarse en los tiempos de la conquista, y en *Cumandá o Un drama entre salvajes* (1879), del ecuatoriano Juan León Mera *, una literatura indianista que casi siempre ignoró la realidad del indio contemporáneo, al menos hasta la publicación de *Aves sin nido* (1889), de la peruana Clorinda Matto de Turner *. Entre el costumbrismo y las preocupaciones sociales se movieron las novelas cubanas que se ocuparon del negro y de la esclavitud, como *Francisco* (1880), de Anselmo Suárez y Romero *, o *Cecilia Valdés o La loma del Angel* (1839-1882), de Cirilo Villaverde *. Esas fueron las orientaciones dominantes en la novela romántica hispanoamericana.

El teatro contó con algunas manifestaciones merecedoras de mención, como la farsa antirrosista *El gigante Amapolas y sus formidables enemigos* (1841), de Juan Bautista Alberdi. Especial dignidad alcanzó el drama histórico, en el que destacaron los mexicanos Fernando Calderón *, con *El torneo* (1839), *Hermán o La vuelta del cruzado* (1842) y *Ana Bolena* (1842), e Ignacio Rodríguez Galván, con *Muñoz, visitador de México* (1838), pero la figura más sobresaliente fue sin duda Gertrudis Gómez de Avellaneda, que obtuvo en España éxitos tan señalados como *Munio Alfonso* (1844), *Saúl* (1849) y *Baltasar* (1858). La comedia de costumbres encontró a su mejor representante en el peruano Manuel Ascensio Segura *.

BIBLIOGRAFÍA. M. Suárez-Murias, *La novela romántica en Hispanoamérica* (Nueva York, 1963); R. Lazo, *El romanticismo. Lo romántico en la lírica hispanoamericana* (México, 1971); E. Carilla, *El romanticismo en la América Hispánica* (Madrid, 3.ª edición, 1975); M. Yáñez (ed.), *La novela romántica latinoamericana* (La Habana, 1978); O. Rivera-Rodas, *La poesía hispanoamericana en el siglo XIX (del Romanticismo al modernismo)* (Madrid, 1988). [T.F.]

ROMANYÁ, JAIME. Véase TEATRO DE COLEGIO.

ROMANZ DEL INFANT GARCÍA. Éste es el título con que aparece designada esta obra en la *Estoria de España* (cap. 788); la ambigüedad del término «romanz» no permite afirmar si el texto sería un poema épico, una obra de ficción en verso o bien un testimonio incipiente de prosa narrativa. El contenido épico, al menos, lo asegura el argumento, que adscribe la pieza al ciclo de los condes de Castilla: en este caso, es García, nieto del Garci-Fernández traicionado por su mujer o mujeres (véase CANTAR DE LA CONDESA TRAIDORA). Idéntico final aguarda al último de los descendientes de este linaje, asesinado en el año de 1029 en León por los hermanos Vela, cuando el infante iba a desposarse con doña Sancha, hermana del rey leonés; las reelaboraciones cronísticas varían los detalles de la escena del crimen: o bien a las puertas de una iglesia (Tudense), o bien delante de la novia *(Crónica Najerense);* según el Toledano, la pareja se había enamorado al primer encuentro (amor cortés), lo que provoca el deseo de ella por ser enterrada con el joven infante; mayor protagonismo adquiere en las versiones vernáculas la desconsolada infanta: de Sancho el Mayor de Navarra logra cruel venganza contra los Vela; dos son quemados y uno que escapa, Fernán Laínez, es al final prendido y la propia doña Sancha, con un cuchillo, le corta las manos, los pies, la lengua y le saca los ojos; sólo entonces se desposa con el infante don Fernando de Navarra, que sería, a la postre, el primer rey castellano. A. Deyermond ha señalado los paralelismos de esta obra con el *Cantar de Mio Cid* * (por el comienzo histórico y el final ficticio) y con el *Cantar de los siete infantes de Lara* (con la venganza femenina como nexo de unión).

BIBLIOGRAFÍA. R. Menéndez Pidal, «El Romanz del infant García y Sancho de Navarra antiemperador», en *Historia y epopeya* (Madrid, 1934), págs. 29-99; D. G. Pattison, *From Legend to Chronicle* (Oxford, 1983), págs. 7-80. [F.G.R.]

ROMEA, JULIÁN (Aldea de San Juan, Murcia, 1818-Madrid, 1863). Fue uno de los actores más célebres de su tiempo y estuvo casado con la actriz Matilde Díez. Defensor de la *naturalidad* en la declamación, escribió, sobre este tema, algunos folletos, muy valorados en su tiempo, que fueron usados como manuales en el Real Conservatorio de Madrid, donde fue profesor: *Ideas generales sobre el arte del teatro* (1858), luego utilizado en *Manual de declamación* (1851 y 1865), y *Los héroes en el teatro (Reflexiones sobre la manera de representar la tragedia)* (1866). Escribió poemas líricos, que refundió en *Poesías* (1846 y 1861).

BIBLIOGRAFÍA. A. Espina, *Romea o el comediante* (Madrid, 1935). [J.R.J.]

ROMEA Y TAPIA, JUAN CRISTÓBAL (¿?-¿?). Escritor aragonés del siglo XVIII, conocido por su periódico *El escritor sin título*, que apareció en 1763. Mantuvo una polémica con Clavijo y Fajardo * con motivo de las distintas actitudes de ambos ante los autos sacramentales, aunque en realidad se estaba ventilando una polémica sobre el teatro español de los Siglos de Oro. Si Clavijo lo criticaba, Romea, sentando las bases del casticismo decimonónico, lo apoyaba, por considerarlo reflejo del carácter nacional.

BIBLIOGRAFÍA. L. Romero Tobar, «Romea y Tapia, un casticista aragonés del siglo XVIII», en *Archivo de Filología Aragonesa*, XXXIV-XXXV (1985), págs. 135-149. [J.A.B.]

ROMERO, ALBERTO (Santiago de Chile, 1896). Novelista naturalista chileno, autor de *Memorias de un amargado* (1918), *Soliloquios de un hombre extraviado* (1925), *Un infeliz* (1927), *La tragedia de Miguel Orozco* (1929), *La novela de un perseguido* (1931), *La mala estrella de Perucho González* (1935) y *España está un poco mal* (1938). Su mejor obra es *La viuda del conventillo* (1930), sobre el hampa de Santiago. [J.A.C.]

ROMERO, ARMANDO. Véase HISPANOAMÉRICA: POESÍA ACTUAL.

ROMERO, CONCHA. Véase TEATRO ESPAÑOL POSTERIOR A 1975.

ROMERO, DENZIL (Aragua de Barcelona, Anzoátegui, Venezuela, 1939). Poeta, narrador e historiador. Se inició en la narrativa a los cuarenta años de edad. Obtuvo el premio municipal de Literatura Manuel Díaz Rodríguez (1976) y el de Casa de las Américas (Cuba, 1983). Sus primeras producciones fueron libros de cuentos: *El hombre contra el hombre* (1977), *Infundios* (1978) y *El invencionero* (1982). Su interés por los personajes históricos se manifiesta en la saga formada por cuatro novelas: *La tragedia del generalísimo* (1984), cuyo referente histórico es Francisco de Miranda; *Entrego los demonios* (1986), *Gran Tour* (1987) y *La esposa del doctor Thorne* o *La adorable loca* (1988); en la última de las novelas mencionadas la heroína es Manuela Sáenz, la compañera de Simón Bolívar. Romero es un novelista que utiliza la historia para fantasearla en buena prosa y con maestría constructiva. Su última novela es *Tardía declaración de amor de Seraphine Louis* (1988). [H.J.B.]

ROMERO, ELVIO (Yegros, Paraguay, 1926). Poeta y periodista paraguayo. Fecundo versificador del sentir de su pueblo y brillante representante del vanguardismo social, en la línea de su compatriota Hérib Campos Cervera * y de Pablo Neruda *, Romero es el poeta paraguayo más conocido, y tal vez el más importante, de las últimas tres décadas. En 1947 tuvo que abandonar su país por razones políticas (la guerra civil de ese año) y se exilió en Buenos Aires, donde reside actualmente y donde ha escrito y publicado la mayor parte de su creación poética. Autor de más de una docena de libros traducidos a más de una decena de lenguas, entre sus mejores y más recientes poemarios figuran: *Esta guitarra dura* (1961), *Libro de la migración* (1966), *Los innombrables* (1970), *Destierro y atardecer* (1975), *Los valles imaginarios* (1984), *Poesías completas* (2 vols., 1990) y *El poeta y sus encrucijadas* (1991), su último libro y el que le mereció en su país el primer premio nacional de Literatura 1991, distinción con él inaugurada y creada por iniciativa del Parlamento paraguayo con el nombre de premios nacionales de Literatura y Ciencia. [T.M.F.]

ROMERO, EMILIO (Arévalo, Ávila, 1917). Es periodista. En sus numerosos ensayos y colecciones de artículos —*Juego limpio* (1962), *Cartas al pueblo soberano* (1965), *Los «Gallos» de Emilio Romero* (1968), *Cartas al Rey* (1973), *Cartas pornopolíticas* (1977), *El discreto impertinente* (1978), *Crónicas malditas* (1979), *Retratos de época* (1985), *Tragicomedia de España. (Unas Memorias sin contemplaciones)* (1985), *Los papeles reservados de Emilio Romero*, 2 tomos (1985-86), *Testigo de la historia* (1986) y *Un desnudo de la historia* (1992), entre otros— ha pasado revista, de forma cáustica y apasionada y con afán polémico, a la vida española de estos últimos cincuenta años. Su producción novelística, de corte testimonial y crítico, se compone de *La paz empieza nunca* (Premio Planeta de 1957), sobre la España de la inmediata posguerra, *El vagabundo pasa de largo* (1959), *Todos morían en «Casa Manchada»* (1969), *Una golfa subió a los cielos* (1981) y *Tres chicas y un forastero* (1987). Es autor también de guiones cinematográficos y de las obras de teatro *Historias de media tarde* (1964), *Las ratas suben a la ciudad* (1964), *Las personas decentes me asustan* (1964), *Lola, su novio y yo* (1966), *Verde doncella* (1967), *El amante jubilado* (1970) y *La Chocholila o El fin del mundo es el jueves* (1984). En los escritos recogidos en *Mis versos secretos y prosas canallas* (1981) lo burlesco y sarcástico conviven con lo intimista y sentimental.

BIBLIOGRAFÍA. E. García Rico, *Emilio Romero. Periodismo y política* (Barcelona, 1972). [A.R.]

ROMERO, FERNANDO (Lima, 1905). Marino, escritor y cuentista. Sus *Doce relatos de la selva* (1934) surgieron de sus experiencias como miembro de la expedición que exploró los ríos de la selva peruana. Sus relatos presentan algunas similitudes con las tempranas narraciones de Horacio Quiroga * y José Eustasio Rivera *. De sus obras destacaremos *Mar y playa* (1959). [F.M.R.A.]

ROMERO, FLOR. Véase HISPANOAMÉRICA: NARRATIVA ACTUAL.

ROMERO, J. M. Véase LITERATURA CHICANA, LA.

ROMERO, JOSÉ RUBÉN (Cotija de la Paz, Michoacán, México, 1890-México, D.F., 1952). Comerciante, funcionario público en su estado natal y, en el Gobierno federal, miembro del servicio exterior. Su obra es una crónica provinciana de la Revolución. En *Mi caballo, mi perro y mi rifle* (1936), acude a la alegoría para definir la contienda revolucionaria: «Mi ideal es mi caballo, y la justicia de la causa está precisamente en que no me lo lleven.» *La vida inútil de Pito Pérez* (1938) es una novela que, por su humor, ironía y perspectiva picaresca, le confiere gran popularidad. Otras obras: *Desbandada* (1934) y *Rosenda* (1946).

BIBLIOGRAFÍA. M. Portal, *Proceso narrativo de la Revolución mexicana* (Madrid, 1980). [J.E.C.]

ROMERO, LUIS (Barcelona, 1916). Historiador y, principalmente, periodista. Fue agente de seguros después de la guerra y marchó luego a Buenos Aires, donde vivió desde 1950 a 1951. Ganó en este último año el Premio Nadal con la novela *La noria* (1952). Luego seguirán *Carta de ayer* (1953), *Las viejas voces* (1955) y *Los otros* (1956), quizá la más personal de sus obras, *Esas sombras del trasmundo* (1957), colección de narraciones breves; *La noche buena* (1960), *La corriente* (1962) y *El cacique* (1963). Más tarde se dedicó a narraciones de carácter histórico, como *Desastre en Cartagena* (1971) y *El final de la guerra* (1976). Escribió también una obra en catalán, titulada *La finestra*, y un volumen de cuentos, *Tudá*.

BIBLIOGRAFÍA. L. González del Valle, *Luis Romero* (Boston, 1979). [P.A.P.]

ROMERO, MARINA. Véase LITERATURA INFANTIL ESPAÑOLA.

ROMERO, MARIO. Véase HISPANOAMÉRICA: POESÍA ACTUAL.

ROMERO DE CEPEDA, JOAQUÍN (Badajoz, ?-¿?). Poeta y dramaturgo sobre el que apenas se tienen datos. En verso compuso una *Destruyción de Troya* (Toledo, 1583) y una *Vida y fábulas de Esopo* (Sevilla, 1590). Entre sus poesías originales cuentan los *Famosísimos romances* (s.l., h. 1577) y las *Obras* (Sevilla, 1582), además de glosas, romances, sonetos y un volumen en que incluye dos comedias: *Salvaje* y *Metamorfosea*, de tema celestinesco y pastoril, respectivamente. Aunque cultivó frecuentemente los metros italianos, se muestra especialmente hábil en las formas tradicionales, imitando a Castillejo * y Gregorio Silvestre *. Sólo publicó una obra en prosa, *Rosián de Castilla* (Lisboa, 1586), raro libro de caballerías ambientado en la época del rey Sancho Abarca.

BIBLIOGRAFÍA. J. Romero de Cepeda, *La historia de Rosián de Castilla*, ed. de R. Arias (Madrid, 1979). [R.R.]

ROMERO ESTEO, MIGUEL (Montoro, Córdoba, 1930). Se afincó en Málaga al finalizar la Guerra Civil. Realizó estudios de Filosofía, Teología, Ciencias Económicas, Políticas, Periodismo y Música. Su teatro, calificado de fiesta popular, está dentro del realismo grotesco, y en él destaca la radical novedad del lenguaje que utiliza. Entre sus obras destacan: *Pizzicato irrisorio y gran pavana de lechuzos* (1966), *Pontifical* (1967), *Horror vacui* (1974), *Paraphernalia de la olla podrida, de la misericordia y la mucha consolación* (1975), *Fiestas gordas del vino y el tocino* (1975) y *El vodevil de la pálida, pálida, pálida, pálida rosa* (1979). [M.S.]

ROMERO GARCÍA, MANUEL VICENTE (Valencia, Carabobo, Venezuela, 1865-Aracataca, Colombia, 1917). Novelista y periodista venezolano. Se incorpora a la lucha armada contra el gobierno de Antonio Guzmán Blanco. Militó a las órdenes del general Cipriano Castro. Estuvo preso en el castillo de Puerto Cabello (1900-01). Posteriormente rompió con Cipriano Castro y se exilió en Estados Unidos, Perú y Trinidad, donde trabajó en modestos oficios. Finalmente fijó su residencia en Colombia hasta su muerte. Fue redactor del diario *Eco Andino* y escribió *La Delpinada* contra Guzmán Blanco. Colaboró en *El Cojo Ilustrado* * y *Cosmópolis*, especialmente con artículos titulados «bocetos» y «acuarelas», en que comenta acontecimientos de actualidad. Su novela *Peonía* (1890) originó interesantes polémicas sobre la literatura venezolana; algunos la consideraron primera novela «nacional» por los ambientes, personajes, habla popular y descripciones de realismo criollista. Esta tendencia fue luego llamada «criollismo». Otras novelas esbozadas y no concluidas fueron *Marcelo, Escenas de la vida revolucionaria, Mi parroquia* y *Los pigmeos*. Sus *Obras completas* fueron publicadas en 1966 y sus *Notas personales* en 1977.

BIBLIOGRAFÍA. R. Osuna Ruiz, *Elaboración de «Peonía» dentro del costumbrismo* (Maracaibo, 1965). [C.R. de G.]

ROMERO LARRAÑAGA, GREGORIO (Madrid, 1814-1872). Poeta, novelista y dramaturgo, fue oficial de la Biblioteca Nacional. Colaboró en *El Semanario Pintoresco* y *El Mentor de la Infancia* y dirigió *La Mariposa* (1837-1840). Como poeta, siguió a Zorrilla * en leyendas, del tipo de la oriental *El de la cruz dorada*, que pueden leerse en sus *Poesías* (1841), de corte romántico; y a Escosura *, de muy cerca, en *El sayón* (1836), inspirada en *El bulto vestido de negro capuz*. Es autor también de unos *Cuentos históricos, leyendas antiguas y tradiciones populares de España* (1841) y de unas *Historias caballerescas españolas* (1843), en verso. Su narrativa, con fuerte tendencia a la idealización, se inscribe dentro de la moda de la novela histórico-legendaria, en *La Biblia y el Alcorán* y en *La Virgen del valle* (1847), para ceder al gusto sentimental y costumbrista en *La enferma del corazón* (2 vols., 1846 y 1858). *Amar con poca fortuna* (1844) es, según propia definición, una «novela fantástica en verso». Su teatro recrea temas históricos (*Jimena de Ordóñez*, 1838; *La vieja del candilejo*, 1838; *Padilla o El asedio de Medina* 1845; *El gabán del rey*, 1847; *La cruz de la Torreblanca*, 1847) o a literatos (*Garcilaso de la Vega*, 1840 —a quien admiraba profundamente—, *Macías el enamorado* y *El licenciado Vidriera*), sin olvidar su parodia sobre *Los amantes de Teruel*.

BIBLIOGRAFÍA. J. L. Varela, *Vida y obra literaria de Gregorio Romero Larrañaga* (Madrid, 1948). [J.B.]

ROMERO MURUBE, JOAQUÍN (Los Palacios, Sevilla, 1904-Sevilla, 1969). Poeta y miembro de la revista *Mediodía*. Director de los Reales Alcázares de Sevilla. Prosista de estilo cincelado y asuntos sevillanos y andaluces en obras como *Sevilla en los labios* (1938), *Pueblo lejano* (1954) y *Los cielos que perdimos* (1964). Lírico a caballo entre el neopopularismo y la poesía elegíaca andaluza en *Sombra apasionada* (1929), *Canción del amante andaluz* (1941), *Kasida del olvido* (1947) y *Tierra y canción* (1948). [M.G.P.]

ROMERO QUESADA, RAFAEL. Véase QUESADA, ALONSO.

ROMERO YEBRA, ANA MARÍA. Véase LITERATURA INFANTIL ESPAÑOLA.

ROMUALDO, ALEJANDRO (Trujillo, Perú, 1926). Escritor y periodista peruano. Inicialmente poeta a la manera de Rilke, abandona esta tendencia en *Poesía concreta* (1954) en favor de un arte comprometido, donde se advierte la influencia de César Vallejo *. «A otra cosa», poema inicial del libro, marca la ruptura tanto con su poesía anterior —la de *La torre de los alucinados* (1951)— como con la que se producía en ese momento en el Perú. Invita a los poetas a participar en la solución de los problemas del mundo real y a intervenir en la lucha por una sociedad mejor. A partir de *Como Dios manda* (1967), la preocupación social se enriquece con virtuosismos formales y recursos visuales. *El movimiento y el sue-*

ño (1971), *Cuarto mundo* (1972) y *En la extensión de la palabra* (1974) pertenecen a esta etapa. [F.M.R.A.]

RONCESVALLES. Junto al *Cantar de Mio Cid* *, el *Roncesvalles* es el otro testimonio conservado de la antigua épica española, si bien reducido apenas a un centenar de versos, o sea, a dos folios sueltos en pergamino, preservados por el casual hecho de que debieron de utilizarse como carpeta. El poema se compondría en Navarra a finales del siglo XIII; épica tardía, por tanto, conectada con la materia carolingia. Su argumento desarrollaría la conquista de España por Carlomagno, salvo Zaragoza, y la traición de Ganelón, que entrega el ejército francés al rey Marsín; sucede la batalla de Roncesvalles, en donde Reinaldos y Roldán caen muertos por la morisma; el fragmento conservado dispone las lamentaciones del emperador por los caídos: primero, el arzobispo Turpín; luego, Oliveros; para explayarse en un largo «planto» por Roldán; a partir del verso 54, prosigue el monólogo del emperador, que rememora sus mocedades y correrías por la Península Ibérica. El texto contiene seis tiradas; los versos anisosilábicos presentan una gran similitud con los del *Cantar de Mio Cid* *: al menos, existe una tendencia a los hemistiquios de siete sílabas.

BIBLIOGRAFÍA. J. Horrent, «*Roncesvalles*». *Étude sur le fragment du «cantar de gesta» conservé à l'Archive de Navarre (Pampelune)* (París, 1951); R. H. Webber, «El *Roncesvalles*: lenguaje y temática tradicionales», en *VIII Congreso de la Société Rencesvals* (Pamplona, 1981), págs. 547-551; E. Rossi-Ross, «Style and pathos in the Spanish Epic *Planctus:* an aesthetic chritique of *Roncesvalles*», en *Revista Canadiense de Estudios Hispánicos*, 12 (1988), págs. 429-445. [F.G.R.]

ROS, SAMUEL (Valencia, 1904-Madrid, 1945). Ejerció el periodismo en *ABC, Blanco y Negro, El Sol* y *El Debate* y dirigió *Vértice*. En sus obras se unen el humorismo y las técnicas de vanguardia. De ellas, hay que destacar las novelas *El ventrílocuo y la muda* (1930), *El hombre de los medios abrazos* (1933) y *Los vivos y los muertos* (1937); los cuentos de *Marcha atrás* (1931), la novela corta *Meses de esperanza y lentejas* (1939), *Cuentas y cuentos* (1942) y *Cuentos de humor* (1944) y las obras teatrales *En el otro cuarto* (1940) y *Víspera* (1941). También escribió poesía.

BIBLIOGRAFÍA. M. Fraile, *Samuel Ros (1904-1945). Hacia una generación sin crítica* (Madrid, 1972). [G.R.F.]

ROS DE OLANO, ANTONIO (Caracas, 1808-Madrid, 1886). Gran amigo de Espronceda *, escribió el prólogo para *El diablo mundo* y colaboró con él en la comedia *Ni el tío ni el sobrino*. Bajo la influencia de Espronceda se sitúan los versos románticos de sus *Poesías* (1886), pero es en la narración donde destaca, con sus novelas *El diablo las carga* (1840) y *El doctor Lañuela* (1863), y con sus *Cuentos estrambóticos* (1868), obras que, por la suma de fantasía, barroquismo e ingenio, causaron la perplejidad de los lectores y de los críticos. [J.B.]

ROSA, JULIO C. DA (Treinta y Tres, Uruguay, 1920). Narrador y ensayista. En su obra expresó el malestar generacional de una tradición de narrativa rural durante una época de hegemonía del paradigma urbano. Da Rosa enfrentó este problema en el ensayo *Civilización y terrofobia* (1968), después de dar autoridad a su opinión a través de una sólida obra literaria iniciada en el relato breve hacia 1952 con *Cuesta arriba*. Ha recogido sus varios libros de cuentos en un volumen «in progress»: *Cuentos completos* (1966). Publicó dos novelas cortas muy destacadas, *Juan de los Desamparados* (1961) y *Rancho amargo* (1969), además de *Mundo chico* (1975), extensa novela que compendia su mundo, *Tiempo de negros* (1977) y *Rumbo sur* (1980). En 1968 dio a conocer *Ratos de padre*, libro basado en su propia experiencia; escribió otros dos orientados a estimular en los niños el descubrimiento del mundo sensible de la naturaleza, *Buscabichos* (1970) y *Gurises y pájaros* (1973), y dos más de memorias lugareñas: *Recuerdos de Treinta y Tres* (1961) y *Lejano pago* (1970). Es uno de los mejores exponentes del mundo campesino. Obtuvo el Premio Nacional de Literatura en 1977-78. [J.R.]

ROSALES, CÉSAR (Buenos Aires, 1910-1973). Poeta y crítico argentino. Entre sus contribuciones a la crítica de la literatura argentina, se cuentan sus estudios sobre Leopoldo Lugones * y Vicente Barbieri *. Colaborador de la revista *Sur* *, también editó varias antologías de poetas y cuentistas argentinos. Su obra poética se compone de los títulos *La patria elemental* (1945), *El Sur y la esperanza* (1952), *El exiliado* (1952), *Vengo a dar mi testimonio* (1960), *El cristal y la esencia* (1966) y *Cartas de la edad de oro* (1966). [R.F.B.]

ROSALES, JOSÉ CARLOS. Véase POESÍA ESPAÑOLA POSTERIOR A 1975.

ROSALES, JULIO (Caracas, 1885-1970). Perteneció a la generación reunida en la revista *La Alborada* (1909), con Rómulo Gallegos *, Enrique Soublette y Julio Planchart *. Comenzó a escribir en *El Cojo Ilustrado* * en 1905. Sus cuentos y novelas cortas fueron publicadas en *La Revista, Actualidades, Billiken, El Nacional, El Universal, Revista Nacional de Cultura* * y *Cultura Universitaria*. Gusta explorar el mundo de los niños de origen humilde y la emoción de la naturaleza cercana a Caracas: «Polaco», «Historia de rapaces», «La estatua» y «Había adquirido una trampajaula» son algunos de sus cuentos que, en prosa limpia y despojada del léxico modernista, muestran el característico pesimismo de la época. La evasión y los recuerdos son también tema de sus cuentos «Viendo pasar las nubes» y «La casa del pasado». Sus obras publicadas son: *Caminos muertos* (1910), *Aires puros* (novela, 1911), *Bajo el cielo dorado* (cuentos, 1914), *Historia de rapaces y otros cuentos* (1945), *Fatum. El mejor rábula* (narraciones, 1959), *Cuatro novelas cortas* (1963), *Panal de cuentos* (1964) y *El Cojo Ilustrado* (ensayo, 1966). [H.J.B.]

ROSALES, LUIS (Granada, 1910-Madrid, 1992). Poeta y crítico de extensa andadura. Tras iniciar en Granada las carreras de Letras y Derecho, pasa a cursar Filología Románica en Madrid, donde publica sus primeros poemas en la revista *Los Cuatro Vientos* (1933) y conoce a otros jóvenes poetas —Vivanco *, los Panero *— que, como él, propugnan una poesía menos incardinada en las vigentes pautas vanguardistas y, en consecuencia, más confidencial. En esta dirección se orientan algunos influyentes artículos de Rosales en la revista de José Bergamín *, *Cruz y Raya* *, así como su primer libro poético, *Abril* (1935), compendio de poesía amorosa, cuyo trasfondo metafísico la dota de un tono emocional nuevo, inspirado, entre otros, por Garcilaso de la Vega *, Fray Luis de León *, San Juan de la Cruz *, Pedro Espinosa *, Quevedo * y Lope de Vega *. La Guerra Civil lo sorprende en Granada, donde intenta salvar, inútilmente, la vida de García Lorca *. Trasladado a Pamplona y, más tarde, a Burgos, se refugia en sus reductos de creatividad literaria y hace posible, junto a un grupo de intelectuales como Ridruejo *, Laín Entralgo *, Torrente Ballester * o Vivanco, la primera llamada a la tolerancia desde el enrarecido ámbito nacionalista. Su poesía de estos años así lo confirma. Acabada la contienda, se instala en Madrid y publica *Retablo Sacro del Nacimiento del Señor* (1940), ejercicio retórico de notable calidad, pero que no anticipa aún la nueva orientación poética —con Bécquer *, Rilke, César Vallejo * y Machado *, al fondo— de libros posteriores. El primero de ellos, *Rimas*, publicado en 1951, pero cuya redacción arranca de 1937, da cuenta del caos subsiguiente a la Guerra Civil, plasmado en una cosmovisión negativa —el acoso temporal y la muerte, la imposible plenitud del amor— que el poeta trata de contrarrestar, a través del recuerdo, mediante claves emocionales (lo que él mismo llamó, por estas fechas —1941— «El contenido del corazón») que le permitan la recomposición de su identidad perdida: de ahí la fijación temática en la niñez y en la seguridad afectiva del mundo familiar. Dichos motivos se concretarán en *La casa encendida* (1949), poema unitario, cuya modulación en versículos permite al poeta una sostenida reflexión autobiográfica, que aborda la búsqueda de la unicidad —amenazada por el tiempo— en el recuerdo y en la esperanza. El protagonismo en esta obra de múltiples materiales cotidianos (redimidos, como pidió Neruda *, por la poesía) no impide su exigencia estética, plasmada, muchas veces, en la creación de neologismos, así como en múltiples hallazgos rítmicos e imaginarios, lo que le ha granjeado a Rosales, una vez pasado el fervor por la poesía de signo social, muchas adhesiones de jóvenes poetas. A partir de los años setenta, en efecto, y gracias, en parte, a dicha reivindicación, asistimos a un incremento notable de su corpus lírico, engrosado con obras como *Segundo Abril* (1972), *Canciones* (1973) o *Como el corte hace sangre* (1974), donde se acentúa, en general, la concepción amarga del mundo y del hombre. Hito importante de esta década es *Diario de una resurrección* (1979), cuyos densos contenidos existenciales se corresponden, formalmente, con un interesante trabajo de experimentación poética, capaz de conjugar con fortuna clasicismo y vanguardia. Idéntica vitalidad viene presentando *La carta entera*, ciclo formado, hasta el momento, por tres volúmenes de intención autobiográfica: *La almadraba* (1980), *Un rostro en cada ola* (1982) y *Oigo el silencio universal del miedo* (1984). Entre los años 1981 y 1983, se editó la obra poética de Rosales en sendos tomos de *Poesía reunida*, que abarcan, respectivamente, los períodos de 1935-74 y 1979-82. Por lo que hace a su importante labor crítica, destacan obras como: *Cervantes y la libertad* (1960 y 1985), *Pasión y muerte del Conde de Villamediana* (1969) y *Lírica española* (1972). Perteneció a la Real Academia Española (1962) y fue distinguido con numerosos premios literarios, entre ellos el prestigioso Cervantes.

BIBLIOGRAFÍA. AA. VV., en *Cuadernos Hispanoamericanos*, núms. 257-258 (1971); L. F. Vivanco, «El crecimiento del alma en la palabra encendida de L. Rosales», en *Introducción a la literatura española contemporánea*, 2 (Madrid, 1974), págs. 113-149; R. Lapesa, «*Abril* y *La casa encendida* de L. Rosales», en *Poetas y prosistas de ayer y hoy* (Madrid, 1977), págs. 385-414; L. Rosales, *Rimas* y *La casa encendida*, prólogo de D. Alonso (Madrid, 1979), págs. 13-16; AA. VV., en *Anthropos*, núm. 25, dedicado a L. Rosales (Madrid, 1983); A. Sánchez Zamarreño, *La poesía de Luis Rosales* (Salamanca, 1986); F. Grande, *La calumnia* (Madrid, 1987); AA. VV., *Luis Rosales. Premio «Miguel de Cervantes», 1982* (Barcelona, 1990).
[A.S.Z.]

ROSA-NIEVES, CESÁREO (Juan Díaz, Puerto Rico, 1901). Poeta, profesor, dramaturgo y crítico. Su iniciación poética remite a la estética modernista: *Las veredas olvidadas* (1922), *La feria de las burbujas* (1930) y *Tú en los pinos* (1938) son buenos ejemplos de este registro, modificado muy pronto por el temprano contacto con las vanguardias. El noísmo dadaísta ya había aparecido en *Sinfonizando imágenes a la luz del sol*, editado en *La feria de las burbujas* (1930). El siguiente paso de la poesía de este autor es la proclamación de la estética denominada «ensueñismo», poesía íntima llena de sutilezas que da lugar a *Undumbre (Primores de amor sin anclas)* (1949), *Epístola de una noche sin caminos* (1954), *Tres baladas en luna de vísperas* (1954), *Oda al Río de la Plata* (1955), *Solumbra* (1955), *Siete caminos en luna de sueños* (1957) y *Los nísperos del alba maduraron* (1959). Otras obras poéticas suyas son: *Girasol* (1960), *Diapasón negro* (1960), *Calambreñas* (1964), *El plenamar de las garzas de ámbar* (1964) y *La emoción divertida* (1967). Su producción teatral está escrita en verso y en prosa. A través del verso explora la leyenda y la tradición popular e histórica: *Román Baldorioty de Castro* (1947) y *Trilogía lírica* (1950) (donde se recogen *El huésped del mar*, *Flor de areyto* y *La otra*). Su teatro en prosa se reduce a una tragedia en un acto titulada *Norua*, que fue leída en 1947 y publicada en 1957. Dentro de su trabajo crítico es fundamental *La poesía en Puerto Rico* (1943 y 1958). También ensayó la narrativa con obras como *Mi vocación por el véspero* (1965), *El mar bajó de la montaña* (1963), *Mañana será la esperanza* (1964) y *El sol pintó de oro los bohíos* (1965). [R.F.B.]

ROSARIO, MARIANO DEL. Véase LITERATURA FILIPINA.

ROSARIO, SALVADOR DEL. Véase LITERATURA FILIPINA.

ROSAS MORENO, JOSÉ (Lagos de Moreno, Jalisco, México, 1838-1883). Dramaturgo y periodista mexicano, destacó sobre todo como autor de literatura infantil. Sus *Fábulas mexicanas* (1872) se volvieron, desde su aparición, libro escolar por más de un siglo. Rosas Moreno es autor de muchas otras obras de lectura infantil y enseñanza elemental. [J.J.B.]

ROSAS DE OQUENDO, MATEO (Sevilla, ¿1559?-¿1612?). Su personalidad es la de un aventurero, la de un pícaro itinerante. Viajó a los dos virreinatos de Perú y México. A su muerte dejó un *Cancionero* con poesías suyas y de otros autores. Con expresión contundente hace mofa de las costumbres sociales, de las aspiraciones aristocráticas de criollos y peninsulares y, sobre todo, de la rivalidad existente entre ellos. Reconoce el habla americana en un léxico burlón y gracioso. Es célebre su «Sátira que hizo un galán a una dama criolla que le alababa mucho a México», en la que desacraliza la visión heroica de los conquistadores. Rosas de Oquendo escribe, sobre todo, romances; en el del «mestizo» se observa la pugna entre éste y los españoles. También destaca su «Romance a México», en el que hace una apología de «aquesta ciudad loada», de la que canta en especial su riqueza y su universidad.

BIBLIOGRAFÍA. A. Méndez Plancarte, *Poetas novohispanos* (México, 1964); P. Lasarte, «Mateo Rosas de Oquendo: la sátira y el carnaval», en *Hispanic Review*, LIII (1985). [M.D.B.]

ROSAS RIBEYRO, JOSÉ. Véase HISPANOAMÉRICA: POESÍA ACTUAL.

ROSE, JUAN GONZALO (Lima, 1928-1983). Poeta y dramaturgo peruano. Sus ideas políticas lo llevaron al exilio en México. Publicó los poemarios *La luz armada* (1954), *Cantos desde lejos* (1956), *Simple canción* (1960), *Las comarcas* (1964), *Obra poética* (1974) y *Camino real* (1980). Entre sus piezas teatrales se cuentan *Operación maravillosa* (1961) y *Carnet de identidad* (1966). [J.C.]

ROSENCOF, MAURICIO (Florida, Uruguay, 1933). Narrador, poeta, humorista, pero fundamentalmente dramaturgo: *El Gran Tuleque* (1960), *Las ranas* (1964) o *Los caballos* (1967) son algunas de sus obras más representadas dentro y fuera del Uruguay. En 1969 escribió la crónica de *La rebelión de los cañeros*. Vivió encarcelado los años 1972 a 1985 por haber sido dirigente del MLN Tupamaro; después de esas fechas publicó *Vincha brava* (1987) en narrativa, así como varios tomos de las *Memorias del calabozo* (1988), en colaboración con Eleuterio Fernández Huidobro. Rosencof es un buen descriptor de la marginalidad social, pues une el realismo de las situaciones a las atmósferas irreales y simbólicas de las esperanzas humanas. [J.R.]

ROSO DE LUNA, MARIO (Logrosán, Cáceres, 1872-Madrid, 1931). Estudió Derecho, Filosofía, Ciencias y Astronomía. En 1893 descubrió el cometa que lleva su nombre. A partir de 1902 se convirtió en propagador apasionado de las doctrinas teosóficas de Helena Petrovna Blavatsky. Colaboró en algunas publicaciones —en 1921 creó la revista *Hesperia*— y dirigió la Biblioteca de las Maravillas. Pronunció numerosas conferencias en España e Hispanoamérica y escribió diversos ensayos sobre filosofía, ciencia, religión, historia y teosofía (lo más notorio de ellos es su defensa de la espiritualidad, frente al materialismo imperante, y sus anhelos de una fraternidad universal, por encima de nacionalidades, razas y religiones, y de «sintetizar las ideas, comparar y unificar las ciencias todas en suprema poligrafía»). Los más destacados son: *Hacia la gnosis. Ciencia y teosofía* (1909), *En el umbral del misterio* (1909; 2.ª ed., aumentada, 1921), *De gentes de otro mundo* (1917), *El libro que mata a la muerte o Libro de los Jinas* (1920) y *El simbolismo de las religiones del mundo* (1925). De su producción narrativa, en la que con frecuencia resplandecen sus obsesiones habituales, hay que citar: *El tesoro de los lagos de Somiedo* (1916), *De Sevilla al Yucatán* (1918) y *Del árbol de las Hespérides* (1923). Su actitud antimilitarista queda patente en *La humanidad y los Césares* (1916).

BIBLIOGRAFÍA. E. Cortijo, *M. Roso de Luna. Teósofo y ateneísta* (Cáceres, 1982); AA.VV., *M. Roso de Luna. Estudios y opiniones*, ed. de E. Cortijo (Cáceres, 1989); P. V. Fernández Fernández, «Teosofía y Masonería. Pensamiento y obra de Roso de Luna», en *Azafea*, II (Salamanca, 1989), págs. 235-255. [A.R.]

ROSSETTI, ANA (San Fernando, Cádiz, 1950). Muy interesada por el mundo del teatro, ha llegado a estrenar algunas piezas: *El saltamontes* (1974), *Sueño en tres actos* (1975) y *La casa de las espirales* (1977). En prosa ha publicado *Plumas de España* (1988) y *Alevosías* (1991). Sus mayores éxitos, sin embargo, provienen del cultivo de una poesía apasionada y brillante, que acumula estos títulos: *Los devaneos de Erato* (1980), *Dióscuros* (1982), *Indicios vehementes* (1985), *Devocionario* (1987), *Yesterday* (1988) y *Apuntes de ciudades* (1990). [A.S.Z.]

ROTAETA, FÉLIX. Véase NOVELA POLICIACA.

ROTHSCHUH TABLADA, GUILLERMO (Juigalpa, Nicaragua, 1926). Poeta y educador. Su poesía empezó siendo social y telúrica a la vez, inspirada en los campesinos y en la tierra (*Poemas chontaleños*, 1960), para hacerse después más sobria e, incluso, «conversacional», aunque también más intelectualizada y crítica, como en *Cita con un árbol* (1965), donde destaca la sección *Homenaje a César Vallejo en París*, en la que el lenguaje del poeta va condensándose hasta alcanzar formas tan breves como la del «hai kai». Otros poemarios suyos son *Veinte elegías al cedro* (1973), donde parecen hermanarse aquellas dos etapas del poeta, así como un nuevo homenaje literario titulado *Quinteto a don José Lezama Lima* (1978). Entre sus publicaciones en prosa figuran *Escritos pedagógicos* (1968), *Santiago, el Cid y el Quijote, tres caballeros de España* (1970), *Juigalpa: una ciudad que va a la deriva* (1972) y *Whitman, Darío y Neruda* (1974).

BIBLIOGRAFÍA. F. Coloma González, *La poesía de Guillermo Rothschuh* (Managua, 1960); J. Lecocq, *Árboles contra monumentos* (Managua, 1965). [E.Z.-H.]

ROVINSKI, SAMUEL. Véanse HISPANOAMÉRICA: NARRATIVA ACTUAL e HISPANOAMÉRICA: TEATRO ACTUAL.

ROVNER, EDUARDO. Véase HISPANOAMÉRICA: TEATRO ACTUAL.

ROZENMACHER, GERMÁN. Véase HISPANOAMÉRICA: TEATRO ACTUAL.

RÚA, PEDRO DE. Véanse LAZARILLO DE TORMES, EL, y LITERATURA EPISTOLAR EN LOS SIGLOS XVI Y XVII.

RUBIA BARCIA, JOSÉ (El Ferrol, La Coruña, 1914). Estudió Filosofía y Letras. Durante la Guerra Civil colaboró en publicaciones republicanas. Después se exilió en Cuba. En 1943 se instaló en Estados Unidos, donde realizó diversos trabajos —entre 1947 y 1985 fue profesor de la Universidad de California—. Es autor de *Tres en uno. Auto Sacramental a la usanza antigua* (1940), *Umbral de sueños* (1961 y 1989), conjunto de relatos que tienen como punto de partida textos de autores medievales; *Prosas de razón y hiel* (1976), *A aza enraizada*. *Cántigas de bendizer* (en gallego y castellano, 1981) y *Con Luis Buñuel en Hollywood y después* (1992). En *Lengua y cultura* (1972) y *Memoria de España* (2 vols., 1989-90) recogió algunos de sus ensayos sobre historia y literatura españolas e hispanoamericanas. También ha publicado numerosos estudios sobre Lope de Vega *, Américo Castro *, Gabriel Miró * y, en especial, Valle-Inclán *.

BIBLIOGRAFÍA. R. Johnson y P. C. Smith (eds.), *Studies in honor of José Rubia Barcia* (Universidad de Nebraska, Lincoln, 1982). [A.R.]

RUBÍN, RAMÓN (Mazatlán, Sinaloa, México, 1912). Narrador prolífico que, a través de cuentos y novelas y sin distorsión alguna, describe el comportamiento y las condiciones de vida de varias etnias nacionales. De los primeros destacan *Cuentos del medio rural mexicano* (1942); de las segundas, *El callado dolor de los tzotziles* (1948). Otras obras: *Quinto libro de cuentos mestizos* (1961) y *Donde la sombra espanta* (1964). [J.E.C.]

RUBIO, ALBERTO (Santiago de Chile, 1928). Uno de los mejores poetas de la generación del 50 en Chile. Su humor negro, concisión expresiva y magia escritural, hicieron figurar *La greda vasija* (1952) entre los grandes poemarios de esos años, junto a los de Teillier *, Lihn * y Barquero *. Su segundo libro, *Trance* (1987), añade a los atributos del anterior un poderoso sentido de lo trágico. [J.G.]

RUBIO, CARLOS (Córdoba, 1833-1871). Periodista político, novelista y poeta. Fue secretario de Prim en el destierro y se enfrentó con Castelar * —que escribía en *La Democracia*—, en abierta polémica, en *La Iberia*. Utilizó el seudónimo de «Pablo Gámbara». Como narrador escribió las novelas *Lo que nos falta* (1853), *Otro Artagan* (1855), *Martín de Aranda* (1865) y *María y Esperan-*

za (1865); sus relatos, de corte fantástico, publicados en revistas, fueron recogidos en *Cuentos* (1868). Escribió también el drama *Nicolás Rienzi, el tribuno* (1872) y varios poemas altisonantes. [M.P.C.]

RUBIO, FANNY (Linares, Jaén, 1949). Profesora de Literatura Española en la Universidad Complutense, es una crítica literaria muy prestigiosa en el ámbito de la poesía española actual, donde destacan trabajos de consulta obligada como *Las revistas poéticas españolas (1939-1975)* (1976) o *Poesía española contemporánea (1939-1980)* (1981: en colaboración con J. L. Falcó). Como poeta, combina el rigor verbal (que es, en ella, tensión hacia una escritura sorprendente) con la persecución de claves de identidad personales y colectivas. Ha publicado *Primeros poemas* (1966), *Acribillado amor* (1970), *Retracciones* (1982), *Reverso* (1987) y *Dresde* (1990). En 1992 apareció su primera novela, *La sal del chocolate*. [A.S.Z.]

RUBIO, RODRIGO (Montalvos, Albacete, 1931). Es periodista. Entre sus obras narrativas, en las que se ponen de relieve sus preocupaciones sociales, políticas y religiosas y su voluntad testimonial, destacan: *Un mundo a cuestas* (1961), *Equipaje de amor para la tierra* (1965), *El incendio* (1965), *La espera* (1967), *La sotana* (1968), *Oración en otoño* (1970), *Agonizante sol* (1972), *El gramófono* (1974), *Cuarteto de máscaras* (1976), *Banco de niebla* (1985), *Los sueños de Bruno* (1990), dirigida a un público juvenil, y *Un camino de rosas* (1992), en donde, a partir de la sórdida historia de una violación, reflexiona sobre diversos aspectos de la vida cotidiana española. Es autor también de los ensayos *Minusválidos* (1971), *Crónicas de nuestro tiempo* (1972) y *Albacete, tierras y pueblos* (1983). [A.R.]

RUBIÓ Y LLUCH, ANTONIO (Valladolid, 1856-Barcelona, 1936). Catedrático de la Universidad de Barcelona y discípulo de Milá y Fontanals *. Escribió una *Memoria sobre el sentimiento del honor en el teatro de Calderón* (1882) y editó textos históricos y literarios catalanes, como *Curial y Güelfa*. Dedicó también varios estudios a la expedición catalana a Oriente.

BIBLIOGRAFÍA. J. J. A. Bertrand, *Antonio Rubió y Lluch. Étude monographique* (Barcelona, 1928). [E.R.C.]

RUEDA, LOPE DE (Sevilla, ¿1505?-Córdoba, 1565). De familia artesana, fue batihoja antes de dedicarse al teatro como actor, director y dramaturgo. Recorrió al frente de su compañía buena parte de la Península, alternando giras y estancias breves con permanencias más largas: Valladolid (1551-52), Segovia (1558), Sevilla (1559), Valencia (1559-60), Toledo (1560), Sevilla (1564), etc. Al igual que las compañías profesionales italianas que por aquellos años recorrían España (y que le servirían de ejemplo), su labor profesional abarca tres frentes: las representaciones privadas en los palacios, las de *autos* de la procesión de Corpus (por encargo municipal) y, finalmente, las públicas, que exigieron la delimitación de espacios acotados a los que se accedía previo pago. Será esta última faceta la que recordarán casi exclusivamente Cervantes *, Agustín de Rojas Villandrando *, Juan de la Cueva *, Juan Rufo *, etc., contribuyendo a cimentar una forma de hacer teatro que alcanzó —en parte por razones interesadas— fama proverbial. Sería injusto, sin embargo, olvidar que en sus representaciones cortesanas y en las de los autos, Rueda puso en juego recursos escénicos que poco tenían que ver con la supuesta pobreza de sus representaciones en los patios y corrales. En todos los casos, lo que sí parece evidente es que alcanzó renombre debido a su interpretación de determinadas *máscaras:* la de negra, por ejemplo. Sus obras no fueron publicadas hasta después de su muerte, en 1567 (las *Cuatro comedias* y *El deleitoso,* colección de pasos) y 1570 (*Registro de representantes,* otra colección de pasos), por Joan Timoneda *, quien posiblemente retocó —o manipuló incluso— los textos. En ellas, acostumbra a distinguirse entre *comedias* y *pasos,* aunque *pasos* haya también en el interior de sus comedias. Parece clara la influencia italiana sobre las comedias (O. Arróniz); *Los engañados* se inspira en la anónima *Gl'ingannati* (1538); *Eufemia* —posiblemente su mejor obra, por el desarrollo de la intriga, por el trazado de los personajes (*bobo* incluido) y por la calidad de los pasos intercalados— en un cuento del *Decamerón; Medora* lo hace en *La ciganna* de Giancarli (1545) y *Armelina* en *Attilia* de Raineri e *Il servigiale* de Cecchi. A su vez, la *commedia all'improviso* influiría en la construcción de unos tipos (el vizcaíno, la negra, la gitana, el fanfarrón, el bobo, etc.) que se repiten en pasos y comedias, así como en el predominio de la comicidad puntual sobre la lógica de la acción, etc. Pero ello no tiene que hacernos olvidar hasta qué punto el teatro de Rueda es deudor igualmente de tradiciones autóctonas, como la del teatro religioso, y también de la teoría y la práctica teatral culta. Finalmente, recordemos la justa fama alcanzada por sus *pasos,* auténticas piezas maestras de breves dimensiones y comicidad concentrada: *Las aceitunas, La tierra de Jauja, Cornudo y contento,* etc. Escribió además dos *Coloquios pastoriles* en prosa *(Camila, Timbria)* y se le atribuyen otras obras como el *Diálogo sobre la invención de las calzas* y el *Coloquio llamado prendas de amor,* apócrifas con toda probabilidad.

BIBLIOGRAFÍA. E. Veres, «Juegos idiomáticos en las obras de L. de Rueda», en *Revista de Filología Española,* XXXIV (1950), págs. 195-237; E. Asensio, *Itinerario del entremés* (Madrid, 1965); V. Tusón, *Lope de Rueda. Bibliografía crítica* (Madrid, 1965); L. de Rueda, *Eufemia y Armelina,* ed. de F. González Ollé (Salamanca, 1967); O. Arróniz, *La influencia italiana en el nacimiento de la comedia española* (Madrid, 1969); C. B. Johnson, «El arte viejo de hacer teatro: L. de Rueda, Lope de Vega y Cervantes», en *Cuadernos de Filología,* I (Valencia, 1981), 1-2, págs. 247-260; L. de Rueda, *Pasos,* ed. de F. González Ollé (Madrid, 1981); J. Oleza, «Hipótesis sobre la génesis de la comedia barroca», en *Teatros y prácticas escénicas* (Valencia, 1984), págs. 9-42. [J.L.S.]

RUEDA, MANUEL. Véase HISPANOAMÉRICA: TEATRO ACTUAL.

RUEDA, SALVADOR (Benaque, Málaga, 1857-Málaga, 1933). Se trasladó muy pronto a Madrid para trabajar en *La Gaceta.* Colaboró después en los periódicos más notables de su tiempo. Viajó a Filipinas y a diversos países iberoamericanos, en los cuales obtuvo éxitos resonantes: así, su coronación en La Habana, en 1910. Es autor de algunas narraciones —*La cópula* (1906), *El salvaje* (1909), *La vocación* (1921) y *El secreto de una náyade* (1922)—, de libros de cuentos —*Granada y Sevilla* (1890), *Bajo la parra* (1890), *Tanda de valses* (1891) y *Sinfonía callejera* (1896)—, de obras teatrales —*La musa* (1902), *La guitarra* (1907), *El vaso de rocío. Idilio griego* (1908)— y de algunas reflexiones sobre poesía —*El ritmo* (1894)—. Sus versos, muy musicales y coloristas, llamaron pronto la atención, tanto a poetas consagrados como a jóvenes —de España y de América—, que vieron en él a un maestro. Suele considerársele como uno de los máximos representantes del modernismo español del primer momento, aunque alguna crítica reciente ha advertido claros residuos del Zorrilla * de las «Orientales», de Campoamor *, de Núñez de Arce * y de otros postrománticos a través de toda su obra. La preocupación por el ritmo, el culto a la palabra, la presencia de temas mitológicos del mundo antiguo, le aproximan a los entonces «nuevos». Gran experimentador en el terreno de la métrica, ya en su entrega primera, *Renglones cortos* (1880), emplea versos poco comunes y, en los libros siguientes, se sirve de combinaciones de ritmos que resultaban entonces extraños al oído español. De su extensa obra poética, destaquemos: *Noventa estrofas* (1883), *Cuadros de Andalucía* (1883), *Poema nacional: costumbres populares* (1885), *Sinfonía del año* (1888), *Poema nacional: Aires españoles* (1890), *Himno a la carne* (1890), *Cantos de la vendimia* (1891), *En tropel* (1892), *Camafeos* (1897), *Piedras preciosas* (1900), *Fuente de salud* (1906), *Trompetas de órgano* (1907), *Lenguas de fuego* (1908), *El poema a la mujer* (1910), *Cantando por ambos mundos* (1913), *Antología poética* (1928) y *El poema del beso* (1932). Póstumamente se editó *Claves y símbolos* (1957).

BIBLIOGRAFÍA. M. Prados y López, *S. Rueda, el poeta de la raza. Su vida y su obra* (Madrid-Málaga, 1941); R. Ferreras, «Diferencias y coincidencias entre Salvador Rueda y Rubén Darío», en *Cuadernos Hispanoamericanos* (enero de 1964); B. de la Fuente, *El modernismo en la poesía de Salvador Rueda* (Berna y Frankfurt, 1976); G. Carnero, «Salvador Rueda: teoría y práctica del modernismo», en *Las armas abisinias* (Barcelona, 1989), págs. 30-63. [A. de A.]

RUFO, JUAN (¿Córdoba, h. 1547?-?, d. 1620). Juan Gutiérrez o Juan Rufo, como se firmó según los momentos, fue hijo del tintorero Luis Rofos. Jugador, causó incontables disgustos a su laborioso padre durante toda su vida. Fue jurado de Córdoba desde 1568 —juradería que le compró su padre, quien no pudo ejercerla dado su oficio—, estafando 500 fanegas de trigo al año siguiente. Ese mismo año estalla la Guerra de Granada, de cuya gesta fue el cantor en *La Austríada*, aunque no asistió a ella, sino que marchó a Madrid, con una joven poco honesta. En 1571 va a Lepanto en la galera real con don Juan de Austria. Probablemente estuvo como soldado en Nápoles hasta 1578. Casó en 1581, tras varios problemas, y de su matrimonio tuvo tres hijos. Uno de ellos, a quien dedicó uno de los más hermosos poemas del género, Luis Rufo (Córdoba, 1581-1653), fue famoso pintor retratista y, como su padre, a quien desde niño acompañaba a las tertulias literarias, compuso una colección de dichos agudos, titulado *Las quinientas apotegmas*. En 1597, tras su estancia en Madrid y Toledo, se retiró a Córdoba, donde vivió en el anonimato hasta por lo menos 1620.

Este estupendo personaje escribió un extenso poema épico en octavas reales sobre la guerra de Granada y Lepanto, *La Austríada* (Madrid, 1584), alabado hasta el límite por Góngora *, Cervantes *, Lupercio Leonardo de Argensola * y otros escritores. Iniciado en 1571, circuló manuscrito hasta la fecha de publicación y tuvo dos reediciones (Toledo, 1585, Alcalá, 1586). Sus libros se relacionan con los del contador Soto, con la *Guerra de Granada* de Diego Hurtado de Mendoza *, y con poemas épicos de Lucano, Virgilio, Ariosto y otros. A pesar de los elogios de Cervantes en el escrutinio del *Quijote*, sólo se volvió a editar en la Biblioteca de Autores Españoles. Más interés revisten, por la lengua y los datos de la vida cotidiana que transmite, *Las seiscientas apotegmas* (Toledo, 1595), colección de dichos agudos del propio Rufo, muy importante para la génesis del conceptismo y para la tradición de la literatura apotegmática del Renacimiento. Al final incluyó una colección de poesías, entre las que destacan la mencionada «Carta a su hijo», joya de la literatura familiar, la elegía «A la muerte de un ratón», en la tradición de las paradojas, el sangriento romance de «Los comendadores de Córdoba» y el soneto que comienza «Di, Ana, ¿eres Dïana?», que tanto gustaba a Gracián *.

BIBLIOGRAFÍA. J. Rufo, *Las quinientas apotegmas*, ed. de J. M.ª Sbarbi (Madrid, 1882); R. Ramírez de Arellano, *Juan Rufo, jurado de Córdoba* (Madrid, 1912); J. Rufo, *La Austríada*, en *Poemas épicos*, II, ed. de C. Rosell, en *Biblioteca de Autores Españoles*, XXIX (Madrid, 1948), págs. 1-136; *Las seiscientas apotegmas y otras obras en verso*, ed. de A. Blecua (Madrid, 1974). [A.B.]

RUGELES, MANUEL FELIPE (San Cristóbal, Táchira, Venezuela, 1903-Caracas, 1959). Poeta y periodista. Por sus críticas al gobierno de Juan Vicente Gómez fue encarcelado y en 1929 se exilió en Colombia. En 1936 regresó a Venezuela y ocupó importantes cargos públicos, como el de director de Cultura y Bellas Artes del Ministerio de Educación y director de la *Revista Nacional de Cultura*. Fue integrante del grupo «Viernes» *, en cuya revista colaboró constantemente. Su poemario *Cántaro* (1937) forma parte de la tendencia nativista y folclórica. Los libros poéticos de Rugeles son: *Oración para clamar por los oprimidos* (1939), *La errante melodía* (1942), *Aldea en la niebla* (1944), *Puerta del cielo* (sonetos, 1945), *Luz de tu presencia* (1947), *Memoria de la tierra* (1948), *Coplas* (1947), *¡Canta, Pirulero!* (1950), *Cantos de sur y norte* (1954), *Dorada estación* (1961) y *Plenitud* (1966). Como ensayista escribió: *Poetas de América cantan a Bolívar* (1951), *Lo popular y lo folklórico en el Táchira* (1952) y *Sentido emocional de la patria* (1953).

BIBLIOGRAFÍA. J. R. Medina, *Ochenta años de literatura venezolana* (Caracas, 1981). [J.R.M.]

RUIBAL, JOSÉ (Pontevedra, 1925). En los años cincuenta emigró a Argentina y Uruguay, en donde escribió su primera obra: *La ciencia del birlibirloque* (1956). Pertenece a la corriente no realista de lo que fue llamado «Nuevo Teatro Español». De sus más de veinte textos, en los que es frecuente el uso de la alegoría y de símbolos, destacan: *Los mendigos* (1957), *El asno* (1962), *Su majestad la sota* (1965), las piezas para café-teatro escritas entre 1968 y 1969 *(Los mutantes, La secretaria, El rabo, Los ojos, El padre* y *El superagente)*, *El hombre y la mosca* (1968) y *La máquina de pedir* (1969). En *Teatro sobre teatro* (1975) se recogieron, con prólogo del autor, ocho de sus obras cortas. [M.S.]

RUIZ, ANDRÉS (Sevilla, 1928). Por razones políticas, se ha visto obligado a vivir en el extranjero. Premiado en la URSS en 1957 y 1962 por sus obras *La guerra sobre los hombros* y *La espera*, escribe un teatro plenamente identificado con una estética realista y de denuncia, cercana al teatro documento. Es autor, además, de: *Como un cuento de otoño* (1964), *Réquiem por mi infancia* (1970), *Golpes bajos* (1971), *Rosas iluminadas* (1982), *Los árboles bajo la luna* (1983), *Ocaña, el fuego infinito* (1986) y *Memorias de aquella guerra* (1986). [M.S.]

RUIZ, BERNARDO (México, D.F., 1953). Licenciado en letras hispánicas, profesor universitario y funcionario en la administración de cultura. En 1982 publica dos obras que le conceden lugar distintivo en la narrativa mexicana: la novela *Olvidar tu nombre*, retrato fiel de los jóvenes urbanos de los setenta, y la colección de cuentos *Vals sin fin*. También es autor de los relatos breves *Viene la muerte* (1973) y *La otra orilla* (1980). [J.E.C.]

RUIZ, JUAN (primera mitad del s. XIV). En la única obra que nos ha legado, el *Libro de buen amor* —una de las producciones más interesantes de la literatura europea medieval—, el propio autor facilita unos pocos datos sobre sí mismo: nombre y apellido, cargo y lugar de ejercicio eclesiástico: Juan Ruiz, arcipreste de Hita (en el *Libro*, c. 19*bc* y 575*a*). Los historiadores modernos se han empeñado en rastrear la veracidad de los datos aportados por el autor y algunos lo han identificado con homónimos de los muchos que pululan en el siglo XIV. No obstante, el candidato más fiable para ser el autor es un cierto 'venerable' «Johanne Roderici archipresbitero de Fita», que Francisco J. Hernández documentó en el *Liber privilegiorum Ecclesie Toletane* como testigo en un pleito entre el arzobispo de esa iglesia y los clérigos de Toledo, precisamente sobre la penitencia, tema desarrollado con extensión en el *Libro*. Este documento no está fechado y debe comprobarse su autenticidad. La crítica ha rescatado otros datos a partir de la obra: un supuesto encarcelamiento del autor bajo el mandato del cardenal don Gil de Albornoz, arzobispo de Toledo, basado en las referencias de una de las partes finales del *Libro* (la «Cantiga de los clérigos de Talavera»), que pudiera ser adición posterior y quién sabe si apócrifa, referencias matizadas por el copista del manuscrito de Salamanca, cuya autoridad es muy discutible en este terreno. O bien puede trazarse una hipotética cronología; forzando más o menos los datos, podemos ir de los años 1327 al 1329 (Riquer) hasta los de 1380 (Kelly), cuando no se propone que la obra está compuesta por una serie de autores a partir de un germen de la primera mitad del siglo XIV (Walsh). Lo que es evidente a partir del estudio interno de la obra, cribadas todas aquellas referencias que están condicionadas por la lógica de la ficción, es que el ámbito geográfico del autor es el de Castilla la Nueva (Hita, Henares, Alcalá, los puertos, etc.) y que su lengua es la de esta zona en el estado en que se encontraba por los años de 1330 a 1350.

El *Libro de buen amor* debió de tener bastante éxito a lo largo de los siglos XIV y XV. Tres son los manuscritos principales que nos ha conservado el texto: el llamado *S*, de la Biblioteca Universitaria de Salamanca, copiado a principios del siglo XV por Alfonso de Paradinas, un colegial de San Bartolomé de Salamanca que, según parece, añadió rúbricas explicativas de su propia cosecha (no obstante esto, es el manuscrito más completo). Otro manuscrito, *T*, perteneció a la catedral de Toledo y ahora se encuentra en la Biblioteca Nacional; fue copiado a finales del siglo XIV. El tercer manuscrito importante, *G*, es el de la Real Academia Española, y también fue copiado a finales del siglo XIV. Otros fragmentos se han conservado, así como también restos de una traducción portuguesa y una serie de citas en obras de autores del siglo XV. No es cuestión meramente filológica el establecimiento de la relación entre sí de estos manuscritos, pues las divergencias han permitido que se creen dos posturas encontradas sobre la composición de la obra: la de aquellos que pensaron en una doble redacción en la que intervino personalmente Juan Ruiz (de Menéndez Pidal * a J. Corominas, con los matices de Gybbon-Monypenny), en la que los manuscritos *G* y *T* representarían la primera redacción, datada en el colofón de *T* en 1330, y el manuscrito *S* la segunda, datada en 1343; y la de aquellos otros que achacan las diferencias a la propia transmisión de la obra y, por tanto, niegan en ellas la intervención del autor, opinión esta que actualmente es la de la mayoría (de Chiarini a A. Blecua y Joset) y que parece dejar claro que el manuscrito *S* representa la versión mejor y de correcta datación (1334).

El contenido del *Libro de Buen Amor* es unitario, pero muy variado. Sus 1709 coplas de cuaderna vía, con intercalaciones en otros metros líricos, reúnen una enorme cantidad de materiales literarios. En suma, el *Libro de Buen Amor* contiene: una serie de piezas preliminares en verso y en prosa de definición de principios, un bloque central con tres grupos de aventuras amorosas y episodios alegóricos en los que el protagonista interviene como ente de ficción y, por último, una serie de piezas con conexión dudosa entre sí y con el resto de la obra, pero que estructuralmente se corresponde con el principio. Comienza —en el manuscrito S— con una oración, inspirada en el *Ordo commendationis animae* del Ritual de los Agonizantes, en la que el arcipreste se encomienda a Dios y pide la salvación (coplas 1-7). Acaba de forma brusca y sigue con una nueva oración a la Virgen, incompleta por el principio (c. 8-10). Sigue después un texto en prosa, que estructuralmente es un sermón típicamente escolástico, con su *thema*, división en tres partes y sus autoridades bíblicas y patrísticas. Esta pieza, perteneciente a un género serio —que, por otro lado, prestó también estructura a diversos prólogos—, nos localiza el *Libro de Buen Amor* en su ámbito principalmente universitario, más que religioso, y en ella la propia lógica del discurso homilético se completa con una andadura corriente de *accessus* (o explicación de la obra) y presentación apologética de los prólogos medievales, reunión de dos formas que abre el camino a la ambigüedad: pongo en guardia —viene a decir Juan Ruiz— contra el amor, pero no puedo evitar que mi obra sea considerada como un arte de amar y una buena muestra de poesía profana. Ambigüedad que continuará a partir de ahora con referencias al doble sentido de la obra, repetidas a lo largo de ella (c. 11-19). Siguen sus gozos de la Virgen, en metro lírico (c. 20-43) de una amplia tradición en lengua romance. La famosa disputa entre griegos y romanos es el primer ejemplo que utiliza Juan Ruiz, según una técnica de inserción que va a mantener a lo largo de toda su obra. Ahora se discute la ambigüedad del signo, con un marcado matiz antinominalista y según las preocupaciones de los gramáticos de la época —también se ha supuesto una crítica al lenguaje de los signos de las órdenes religiosas—, pero en este caso con un humorístico planteamiento del asunto al objeto de defender las posibilidades interpretativas de un texto, en especial el suyo (c. 44-70). Muy importantes son las estrofas que siguen, en las que sobre la base de una cita del libro II del *De anima* de Aristóteles se plantea el naturalismo amoroso universitario, con una serie de elementos vinculados al averroísmo que presidía muchos de los textos teóricos sobre amor. Juan Ruiz manipula el texto —bien conocido por sus lectores universitarios— y saca conclusiones sobre el carácter obligatorio del amor, sobre sus consecuencias y su relación con el determinismo astral (c. 71-76), para concretar en su propio caso con la primera aventura fallida, en la que interviene una medianera y se intercalan ejemplos de tradición esópica, junto con referencias a una relación amorosa cortesana y a la presencia de piezas líricas que no se han conservado —son varios los casos en que esto ocurre— (c. 77-104). Después de una vuelta anticlimática con el recuerdo de la divinidad (c. 105-114), se narra el episodio de Ferrán García, en estrofas líricas que el propio arcipreste llama *cazurras*; en esta ocasión el que se beneficia de la nueva cortejada es el mensajero, como en el poemilla atribuido en la edad media a Ovidio *De nuncio sagaci*, que utiliza Juan Ruiz en esta ocasión (c. 115-122), para retomar después el tema astrológico como justificación de una autodescripción anímica determinista, las tópicas alabanzas de las virtudes benéficas del amor y, como era de esperar, el inicio de una nueva aventura también fallida (c. 123-180). A consecuencia de ésta sueña —el *somnium* es un género muy prestigioso— una disputa con el propio don Amor, en donde se sigue el género escolástico de la *disputatio*, engarzando el discurso con abundantes apoyos ejemplares, fabulísticos, y con la acumulación de pruebas; así, hay una larga intercalación de los males que causa Amor por medio de una enumeración penitencial de pecados capitales, del uso de los *contrafacta* litúrgicos (horas amorosas), con otros elementos menores. La respuesta de don Amor tiene otra estructura menos dialéctica, y es a la postre un *ars amandi* con abundantes intercalaciones ovidianas, ejemplos como el famoso de don Pitas Payas y conversaciones de los argumentos antieróticos blandidos por el arcipreste (c. 180-575). Previos a la historia de doña Endrina y don Melón, narrada también en primera persona, se intercalan los castigos de doña Venus, que matiza y completa los de don Amor. La historia narrada es una versión del poema también atribuido a Ovidio en la Edad Media *Pamphilus de amore;* ahora va tomando cuerpo palpable la medianera, la trotaconventos, poco delimitada como personaje hasta ahora, pero de gran importancia para el éxito amoroso en esta ocasión, que contradice las aventuras anteriores, pues acaba en boda (c. 576-891). Siguen las alabanzas de la vieja alcahueta, en cierto modo versión profana y humorística de las enormes maldiciones de los predicadores y canonistas medievales, para quienes estas viejas son el diablo (c. 892-944). Por afán de variar y con cierto desengaño, el arcipreste va a la sierra, en donde sufre varias aventuras, narradas en las *cantigas de serrana;* son éstas una modalidad paródica de las pastorelas y en el *Libro de Buen Amor* sirven como contrapunto tanto amoroso —suscitación del amor bestial— como formal —recreación de un género y de una métrica entonces de moda— (c. 945-1042). La vuelta al mundo propio del arcipreste, como su propia iniciación al principio del *Libro,* se da de mano de la devoción, preparándose para la cuaresma —se ha destacado el rigor cronológico acorde con el calendario litúrgico de esta parte del *Libro*—, vida espiritual y amorosa que es descrita en las coplas siguientes por medio de la alegoría. Ahora recuerda el santuario de Santa María del Vado y las devociones marianas, con la ayuda de unas interesantes coplas zejelescas sobre los dolores de la Virgen y la pasión de Cristo (c. 1043-1066). Todo ello previo a la pelea de Carnal y Cuaresma, tema desarrollado en otras literaturas románicas, y que tiene también abundantes materiales de épica alegórica y paródica (c. 1067-1209). Después de la Cuaresma, vuelven de nuevo Carnal y Amor, que son recibidos en triunfo por protagonistas goliárdicos (frailes de todas las órdenes, monjas, etc.) y por objetos (instrumentos musicales) y elementos festivos integrados en la fiesta y en un gran banquete, rodeado de lujo y tapices, alguno de los cuales se describe —la descripción de una tienda de campaña lujosa es un motivo de la épica y del *roman*—; todo ello como contrapunto de la relación cronística de las grandes fiestas aristocráticas (c. 1210-1314). Toda esta larga integración de la alegoría acaba con la realidad de la inclusión del arcipreste en su quehacer enamorado y de fracaso, con intervención de Trotaconventos: primero la destinataria es una viuda (c. 1315-1320), luego otra que se le casa (c. 1321-1331) y luego, por consejo de la medianera, intenta amar a una monja, doña Garoça, importante episodio en el que se intercalan numerosos ejemplos, como el del ratón de aldea y de ciudad y la descripción física del arcipreste, y que acaba con la muerte de la monja

(c. 1332-1506). Después, amó a una mora con el mismo éxito (c. 1507-1513). Muere Trotaconventos y el arcipreste entona un planto paródico y una invectiva tópica contra la muerte (c. 1520-1578). Este episodio empieza a cerrar el ciclo del *Libro*, y se completa con las coplas siguientes, en donde se recrea alegóricamente la lucha contra el pecado para alcanzar salvación (c. 1579-1605). En este ciclo vital del hombre al que asistimos desde el principio de la obra, que muy bien podría acabar aquí, extraña la incorporación siguiente de la *laus* o alabanza de las dueñas chicas (c. 1606-1617), enlazada con el pasajero recuerdo de Furón, el mozo del arcipreste (c. 1618-1625). Estructuralmente, sin embargo, son pertinentes las declaraciones finales sobre cómo hay que entender el libro y el colofón de la famosa estrofa 1634. Pero la incorporación de nuevos gozos marianos se puede deber tanto al deseo de trazar una conclusión simétrica al inicio del *Libro*, como al resultado de una acumulación de piezas líricas que cierran el manuscrito, que no la obra, del arcipreste, como las canciones subsiguientes de escolares, ciegos, etc. (c. 1644-1689). O como la Cantiga de los clérigos de Talavera, cuya autoría se le ha disputado a Juan Ruiz poniendo de manifiesto la impertinencia de su inclusión aquí. Pero tiene relación con las reformas del clero en las que se venía insistiendo desde el siglo XIII y cuyas denuncias se acentúan en los concilios locales del primer y segundo tercio del siglo XIV.

A primera vista todos estos elementos literarios, que se pueden poner en relación casi uno a uno y de forma independiente con sus congéneres europeos, son difíciles de enlazar y, en consecuencia, justificar desde el título de la obra hasta su propia unidad como *Libro*. Sin embargo, varias son las macroestructuras de unión de las microestructuras componentes: la poética propia (métrica y técnicas de composición), la forma autobiográfica, la raigambre intelectual de los contenidos y, en relación con esta última, el sentido explícito de la obra. Juan Ruiz, como universitario y conocedor de las teorías de la creación poética de la Edad Media, usa éstas en aspectos que tocan la composición. El desequilibrio compositivo está en relación, por ejemplo, con el uso de la *amplificatio* o de la digresión, recomendadas por teóricos como Geoffroi de Vinsauf, que desajustan en extensión y en percepción el todo de una obra literaria. Además se abusa del *ordo artificialis* en el uso de géneros universitarios dentro de la exposición, como las disputas. Juan Ruiz, además, repite en varias ocasiones su intención pedagógica de dar muestra de su virtuosismo en *metrificar* y *rimar*, lo que aparte de ser un tópico de la poesía aristocrática y culta, se percibe bien a lo largo de la obra, por la importancia que tiene la estrofa de cuaderna vía como una microestructura o célula artística completa. En ella y con la superación de las formas del siglo anterior, Juan Ruiz muestra un amplio abanico de los *colores retóricos* y de reiteración rítmica y rímica, haciendo de la lengua un elemento maleable al servicio más de la creación que de la expresión, como las poéticas romances de tradición occitana ponían de manifiesto. En este sentido, varios críticos han puesto de relieve la dependencia que de esos géneros tiene el *Libro de Buen Amor*.

Rasgo unificador es también la forma autobiográfica. En principio, el *yo* omnipresente se confunde con los diversos niveles posibles (autor, protagonista de determinadas aventuras y narrador). Sólo es un espejismo para lectores modernos. El género al que pertenece la obra, el tratado de amores con forma autobiográfica, impone esa fusión. Así se leía la obra de Ovidio en la Edad Media (como ha demostrado Francisco Rico), pero además las narraciones en primera persona propias de la tradición juglaresca benefician esta confusión —piénsese en el ejemplo español de la *Razón de amor* *—. Esto empaña en alguna medida el reconocimiento del sentido del *Libro*. De hecho, éste se declara a lo largo de él en varias ocasiones, pero con matices: aunque Juan Ruiz invoca muchas veces el *buen entendimiento* de su libro —es un recurso tópico introductorio que se puede ver en Dante o en Gonzalo de Berceo—, éste depende del contexto en el que se propone; si en las piezas preliminares se va degradando poco a poco el carácter de *reprobatio amoris* que parece querer tener la obra, es manifiestamente propuesta luego como un *arte de amar*. No obstante, se debe tener en cuenta que el fracaso erótico está presente a lo largo de una vida que acumula experiencias en forma cíclica, forma con sus delimitadores temporales y cronológicos —fiestas litúrgicas, cambios de estación, etc.— que pueden acabar con el arrepentimiento del pecador, en una especie de *dieta salutis* en la que el mal se hace evidente para resaltar el bien y la adquisición última del paraíso. Así, la oposición entre *loco amor* humano y *buen amor* de Dios, con toda la ambigüedad de su uso a lo largo del libro, explica la doble posibilidad de egoísmo y caridad de raigambre agustiniana.

Todo esto complica la lectura de una obra cuyo fundamento ideológico principal es de cariz universitario, cuyos medios expresivos son propios de una poética elitista y cuyos contenidos proceden de todos los ámbitos de la lectura o del espectáculo literario medieval. Obra que se estructura originalmente en el marco general del tratado amoroso, por lo que los modelos concretos que se han propuesto para su composición (*El collar de la paloma*, de Ibn Hazm, según Américo Castro *; las *maqamat* hispanohebreas, según M.ª R. Lida de Malkiel *; las *Confesiones* de San Agustín, según M. S. Brownlee, por poner un ejemplo más moderno) quedan empequeñecidas por su grandeza.

Libro, por otro lado, esencialmente divertido; no sólo en el nivel de creación intelectual referido, sino también por la ambigüedad y los múltiples resortes lingüísticos, métricos y humorísticos con que Juan Ruiz enriquece su obra, dotándolos de una inmediatez paródica en todos los niveles y con una amplia gama de recursos. Lo que hace al *Libro de Buen Amor* uno de los ejemplos europeos más acabados del uso de la parodia medieval, que incluso puede ser el motor de la composición de la obra, si la comparamos con sus referentes genéricos de la Romania.

BIBLIOGRAFÍA. R. Menéndez Pidal, *Poesía juglaresca y orígenes de las literaturas románicas* (Madrid, 1957); A. N. Zahareas, *The art of Juan Ruiz* (Madrid, 1965); M.ª R. Lida, *Dos obras maestras españolas* (Buenos Aires, 1966); F. Rico, «Sobre el origen de la autobiografía en el *Libro de buen amor*», en *Anuario de Estudios Medievales*, 4 (1967), págs. 301-325; O. H. Green, *España y la tradición occidental*, I (Madrid, 1969); G. B. Gybbon-Moneypenny (ed.), «*Libro de buen amor*» *Studies* (Londres, 1970); A. C. Ferraresi, *De amor y poesía en la España medieval. Prólogo a Juan Ruiz* (México, 1976); L. Beltrán, *Razones de buen amor* (Valencia-Madrid, 1977); J. N. H. Lawrance, «The audience of the *Libro de buen amor*», en *Comparative Literature*, 36 (1984), págs. 220-237; H. Kelly, *Canon Law and the Archpriest of Hita* (Nueva York, 1984); F. J. Hernández, «The venerable Juan Ruiz, archpriest of Hita», en *La Corónica*, 13 (1984-85), págs. 10-22; J. Joset, *Nuevas investigaciones sobre el «Libro de buen amor»* (Madrid, 1988); P. M. Cátedra, *Amor y pedagogía en la España medieval* (Salamanca, 1990); *Libro de buen amor*, ediciones de J. Joset (Madrid, 1990) y A. Blecua (Madrid, 1992). [P.C.]

RUIZ, L. (seudónimo). Véase LAVERDE RUIZ, GUMERSINDO.

RUIZ, RAÚL (Badalona, Barcelona, 1947-Barcelona, 1987). Ha escrito novelas de ambientación histórica, con una gran carga de referencias culturales: *El tirano de Taormina* (1980), *Sixto VI. Relación inverosímil de un papado infinito* (1986) y *La peregrina y prestigiosa historia de Arnaldo de Monterrat* (1984), que forman una trilogía, el *Ciclo de Taormina*, además de *Los papeles de Flavio Alvisi* (1985) y *Hay un lugar feliz lejos, muy lejos* (1987). En *El alfabeto de la luna* (1992) reunió una serie de breves textos que participan de lo narrativo y lo poemático. También es autor de poesía y de ensayos sobre cine.

BIBLIOGRAFÍA. J. M. García Ferrer y M. Rom (eds.), *Raúl Ruiz, una mirada blava per reinventar el món* (Barcelona, 1988). [G.R.F.]

RUIZ, ROBERTO (Madrid, 1925). Profesor universitario. Ha residido fuera de España desde 1939. Entre sus obras narrativas, en las que trata de la guerra civil y del exilio, hay que señalar *Esquemas* (1954), *Plazas sin muros* (1960), *El último oasis* (1964), *Los jueces implacables* (1970) y *Paraíso cerrado, cielo abierto* (1977). Algunas de sus novelas han sido primeramente publicadas en francés. [G.R.F.]

RUIZ AGUILERA, VENTURA (Salamanca, 1820-Madrid, 1881). Estudió Medicina. Fue periodista y fecundo escritor. Sus obras, poco leídas hoy, merecieron elogios de Menéndez Pelayo * y Juan Valera *. En sus *Ecos nacionales* (1849 y 1854) define la poesía como interpretación del espíritu popular en un momento de la historia, espíritu que identifica con su pensamiento progresista. Procura dar un contenido nacional a temas legendarios o patrióticos. Son pequeños cuadros históricos («Roncesvalles», «Numancia», «Guzmán el Bueno»), costumbristas («El veterano»), o sociales («La prostituta»), diálogos dramáticos, romances y baladas, que expresan los sentimientos y las aspiraciones sociales del pueblo. Sus *Sátiras* (1849), literarias, con reminiscencias de Boileau, y sociales, constituyen un apicarado repertorio del habla vulgar. *La Arcadia moderna* (1867), sátira de la literatura idílica, recuerda páginas de Pereda *. Las *Elegías* (1862), profundas lamentaciones generadas por la muerte de la hija, presentan formas sencillas y libertad métrica. Escribió además *Inspiraciones* (1865), *Armonías y cantares* (1865) y *Armonías y rimas varias* (1869).

BIBLIOGRAFÍA. A. Palacio Valdés, *Nuevo viaje al Parnaso* (Madrid, 1879); J. M.ª de Cossío, «Don Ventura Ruiz de Aguilera», en *Papeles de Son Armadans*, II (1956), págs. 129-152. [R.B.]

RUIZ DE ALARCÓN Y MENDOZA, JUAN (¿Taxco, México, 1581?-Madrid, 1639). Criollo, hijo de noble familia. Su defecto físico, la corcova de pecho y espalda, será blanco de las burlas de Lope de Vega *, Quevedo * y otros escritores. Ingresa en la Universidad de México para estudiar Artes. Viaja a España en 1600 y en Salamanca estudia cánones y leyes. Trabaja como abogado en Sevilla. Regresa a su tierra natal y no logra colocarse como profesor en la Universidad mexicana. Ante este fracaso, vuelve de nuevo a la Península en 1613, donde residirá hasta su muerte. Se dedica plenamente a su carrera de dramaturgo, y, posteriormente, ejerce como relator en el Consejo de Indias. Dueño de una posición económica acomodada, fallece en Madrid en 1639, casi olvidado por sus contemporáneos. En Ruiz de Alarcón se plantean varias cuestiones importantes para la historia y crítica literarias. Un aspecto de gran interés es el de su tan discutida mexicanidad. Varios críticos han polemizado al respecto, y la conclusión más adecuada es que en tiempos de Ruiz de Alarcón todavía no existe lo que pudiéramos llamar un espíritu nacional. Sus esquemas culturales e ideológicos, así como sus modelos literarios, son peninsulares. Escribe en España y en sus comedias la acción transcurre en la Península. No obstante, sí se puede señalar una «diferencia» en relación con los dramaturgos españoles de su tiempo.

Frente a los cientos de comedias escritas por sus coetáneos, Alarcón sólo produce veinticuatro. Su lirismo es más contenido que el de Lope, por ejemplo; su manejo del idioma es más conceptual y en sus diálogos domina el sentido racional. La estructura típica de la comedia de enredo alarconiana es de tres galanes y dos damas, que al final eligen a los enamorados que ellas desean. El concepto del honor alarconiano es también distinto; no establece un código tan rígido. El honor para Ruiz de Alarcón se cifra en los valores individuales y en la autoestimación de los personajes. Sus protagonistas no están tan ceñidos a las presiones ético-sociales como los de otros dramaturgos. Un rasgo más, peculiar del autor criollo, es un universo eminentemente laico, en el que Dios no rige a los personajes de una manera determinante. Asimismo, sobresale la inteligente, valiente y decidida crítica que Alarcón hace de los miembros de la nobleza. Marqueses, duques y hasta príncipes son objeto de censura por el desenfreno de sus apetitos amorosos. Los protagonistas de moral negativa resultan juzgados severamente, sin importar su alta condición económica o nobiliaria. Tal es el caso, por ejemplo, de nobles de alta jerarquía, como don Diego y don Pedro, en *Ganar amigos*, quienes contrastan en su ruindad y egoísmo con el marqués don Fadrique. Este personaje, uno de los más destacados de Alarcón, reúne las mejores virtudes de la nobleza de alma, la lealtad, la generosidad, la discreción y un alto concepto de la amistad. En él se conjugan la alta dignidad espiritual con el encumbramiento social. Esto demuestra la amplitud del universo dramático alarconiano, al crear dentro de un mismo estamento social (la alta nobleza) personajes tan distintos en sus valores morales. También destaca el sentimiento amistoso: la solidez de la amistad de los galanes contrasta con las argucias y la veleidad amorosa de las damas.

Entre las obras de Ruiz de Alarcón destaca *La verdad sospechosa*, su obra maestra. Con una estructura dramática impecable, el autor nos ofrece a un personaje extraordinario, de marcada singularidad: el mentiroso don García. Para él la mentira es más que un simple defecto, es un arte que le hace crear una nueva realidad. Los enredos creados por su inventiva son, en verdad, extraordinarios y lo conducen a que en el desenlace se case con la dama equivocada. Con don García, Alarcón cuestiona la convención y la apariencia de los valores sociales.

Examen de maridos es una comedia de gran originalidad, en la que el personaje femenino principal organiza un certamen para elegir esposo. Es la mujer la que define y decide la acción de la realidad que la circunda; su decisión y voluntad son similares a las de las damas de Tirso de Molina *. En *Las paredes oyen* triunfa la autenticidad y la fineza interior del ser sobre la apariencia y el buen aspecto físico. En esta conocidísima comedia de Alarcón compiten dos galanes por el amor de la viuda doña Ana. Don Mendo, apuesto y simpático, es, sin embargo, un maldiciente, incluso de la mujer a la que pretende. En una lograda técnica de contrastes, Alarcón presenta a don Juan, feo y algo contrahecho, pero de una gran probidad y nobleza interiores. Al final triunfa don Juan, y doña Ana lo elige y siente un profundo desprecio por el antes amado don Mendo. Después de un proceso de reconocimiento, la dama dice: «con que ya en mi pensamiento / no sólo el fuego apagué, / pero cuanto el amor fue / es el aborrecimiento». Otra comedia sobresaliente es *La industria y la suerte*, en donde se pone en juego, asimismo, la contraposición de caracteres. El mercader Arnesto, nuevo rico, egoísta y de bajos sentimientos, rivaliza con don Juan, quien a falta de bienes posee vocación amorosa, sentido del honor y alto linaje. Como es frecuente en todas sus comedias, después de una serie de enredos y de toda una dialéctica en el sentir de la dama, ésta se inclina por don Juan. Éste, como galán «honesto», tiene como lema hacia ella: «Pero yo, que sólo atiendo / a amar, y no a merecer.» En esta obra se presenta también la oposición entre el nuevo espíritu mercantilista y el tradicional espíritu caballeresco, que finalmente se impone. En Ruiz de Alarcón se percibe el deseo de los protagonistas por afirmar su identidad y su individualidad ante los demás y ante el mundo social. Sus comedias de enredo traslucen un dominio del trazo de caracteres muy definidos en su psicología. Otros títulos relevantes, dentro de su producción, son: *Todo es ventura, No hay mal que por bien no venga o Don Domingo de don Blas, El tejedor de Segovia, Los pechos privilegiados, Mudarse por mejorarse* y *El desdichado en fingir*.

BIBLIOGRAFÍA. W. F. King, *Juan Ruiz de Alarcón, letrado y dramaturgo. Su mundo mexicano y español* (México, 1989). [M.D.B.]

RUIZ CONTRERAS, LUIS (Castelló de Ampurias, Gerona, 1863-Madrid, 1953). Ejerció el periodismo y fundó diversas publicaciones literarias —entre ellas, la *Revista Nueva*—. Es autor de ensayos eruditos y de crítica —*Libritos, librotes y librajos* (1894), *De guante blanco* (ensayos literarios, 1895), *Medio siglo de teatro infructuoso* (1930)—, narraciones —*Historias crueles* (1888), *De amor* (1896)—, poemas y obras de teatro. Mayor interés tienen sus *Memorias de un desmemoriado* (1946), en las que se refiere, sobre todo, a sus relaciones con escritores de comienzos de siglo. Tradujo también diversas obras.

BIBLIOGRAFÍA. L. S. Granjel, *Maestros y amigos de la Generación del 98* (Salamanca, 1981), págs. 87-119. [A.R.]

RUIZ FIGUEROA, JOSÉ (Santiago de Compostela, La Coruña, 1820-?, 1855). Dramaturgo, en cuya producción destacan los dramas *El arzobispo don Suero* (1840), que la censura eclesiástica prohibió, y *También por amor se muere* (1848). Fundó *El Porvenir* (1845) y el periódico satírico *Santiago y a ellos* (1842), y dirigió *La Nación* y *La Gaceta*. Algunos cuadros costumbristas del *Semanario Pintoresco Español* se deben a su pluma. [J.B.]

RUIZ GÓMEZ, DARÍO. Véase HISPANOAMÉRICA: NARRATIVA ACTUAL.

RUIZ IRIARTE, VÍCTOR (Madrid, 1912-1982). Autor dramático cercano a López Rubio * o Edgar Neville *, su obra se estrena toda después de la guerra. Como en ellos, lo humorístico se une a lo sentimental, el ingenio del diálogo y la moderada sátira de costumbres. Sus principales obras son: *El landó de seis caballos* (1950), *Juego de niños* (1952), *El pobrecito embustero* (1953), *La guerra empieza en Cuba* (1955), *La vida privada de mamá* (1956), *Esta noche es la víspera* (1958), *Un paraguas bajo la lluvia* (1965) y *La muchacha del sombrerito rosa* (1967). Varias de ellas alcanzaron buen éxito de crítica y público, dentro de la línea tradicional de la comedia. Toda la crítica ha elogiado la brillantez de sus diálogos, la unión de humor y ternura, la habilidad teatral.

BIBLIOGRAFÍA. V. García Ruiz, *Víctor Ruiz Iriarte, autor dramático* (Madrid, 1987) [A.A.]

RUIZ DE LEÓN, FRANCISCO. Véase POESÍA ÉPICA DE LOS SIGLOS XVIII Y XIX.

RUIZ NESTOSA, JESÚS (Asunción, 1941). Narrador, crítico de arte y periodista paraguayo. En 1973 apareció en Buenos Aires *Las musarañas*, su primera novela, cuya temática gira en torno al ascenso social y posterior caída de una familia arribista. El resto de su producción narrativa incluye *Huida* (1974), publicada anteriormente en Alemania (1976) en una antología dedicada a escritores paraguayos, y *Los ensayos* (1982), colección de breves crónicas, suerte de cuento-historias o miniensayos periodísticos publicados en diversos diarios de Asunción durante varios años. [T.M.F.]

RUIZ PEÑA, JUAN (Jerez de la Frontera, Cádiz, 1915-Sevilla, 1992). Poeta y catedrático de literatura española, fue cofundador, en 1935, de la revista *Nueva poesía*, próxima a los postulados puristas de Juan Ramón Jiménez*. En esta órbita surgirá, ya en la inmediata posguerra, su primer libro poético, *Canto de los dos* (1940). Pero desde el *Libro de los recuerdos* (1946) su poesía ahonda en lo meditativo y en lo elegiaco. A. Machado * y Unamuno * tutelan, a partir de ahí, una obra exigente, de la que destacan *Vida del poeta* (1950), *La vida misma* (1956), *Andaluz solo* (1962), *Nudo* (1966), *Maduro para el sueño* (1970), *Versos juntos* (1974) y *Arco iris* (1983). Es autor también de prosas poéticas que tienen en *Historia en el Sur* (1954) y *Memorias de Mambruno* (1956) sendos ejemplos de notable calidad.

BIBLIOGRAFÍA. J. E. Cabey Riley, «Bibliografía de Juan Ruiz Peña», en *Bibliografía de algunos poetas andaluces de posguerra* (Madrid, 1984). [A.S.Z.]

RUIZ DE LA VEGA, DOMINGO (Sevilla, 1789-1868). Autor de un extenso poema, *El Pelayo* (1839-40), con notas eruditas, y de *Recuerdos de la juventud* (obra póstuma, 1871). [R.B.]

RUIZ DE VILLEGAS, HERNÁN. Véanse HUMANISTAS y RENACIMIENTO.

RULFO, JUAN (Apulco, Jalisco, México, 1918-México, D.F., 1986). La brevedad de su obra literaria —esencialmente consiste en el libro de cuentos *El llano en llamas* (1953) y la novela *Pedro Páramo* (1955), ambos escuetos— no impide considerarla una de las mayores contribuciones a la renovación de la narrativa hispanoamericana. De hecho, esa exigüidad alcanzó un carácter casi legendario porque ambos títulos son obras maestras en sus respectivos géneros, difíciles de superar aun por su propio autor, que entró, después de publicarlas, en una honda crisis personal y un período de silencio que se prolongó hasta su muerte. Curioso destino de un escritor cuya misma obra hizo de la elipsis, la soledad y el silencio, vehículos de enorme fuerza expresiva.

Una experiencia fundamental de su infancia en la región de San Gabriel, es la violencia desatada por la rebelión cristera (1926-28), esa reacción de los sectores católicos tradicionales contra el laicismo revolucionario; las escenas de bandolerismo y luchas faccionales de sus cuentos y el clima general de su novela, deben mucho a este crítico momento de la historia mexicana. En 1934, Rulfo llega a la capital e inicia estudios de leyes, que abandona muy pronto, pasando a desempeñar diversos trabajos burocráticos hasta que en 1962 —después de vivir unos tres años en Guadalajara— entra a ocupar un cargo en el Instituto Nacional Indigenista que mantuvo hasta el final de su vida. A partir de 1945 empieza a publicar relatos en revistas y periódicos mexicanos. No es exagerado decir que los hechos más notorios de una vida muy privada, son sus libros. Ambos tuvieron inmediato éxito de público y de crítica, pero produjeron también (sobre todo *Pedro Páramo*) algún desconcierto y confusión: aunque trataban temas mexicanos y presentaban situaciones reconocibles, no eran exactamente narraciones tradicionales. Señalan, más bien, la crisis y la renovación más radicales de esa peculiar forma del regionalismo mexicano que se conoce como «la novela de la revolución».

Iniciado con *Los de abajo* de Azuela *, este proceso ya había cumplido su gran ciclo cuando Rulfo apenas comenzaba el suyo. Entre las últimas novelas de la revolución hay que mencionar, sin duda, *El luto humano* (1945) de José Revueltas * y *Al filo del agua* (1947) de Agustín Yáñez *, en las que se nota el influjo de la nueva novela norteamericana y europea. Rulfo se diferencia porque toda intención «cronística» o «testimonial» ha desaparecido; más que los hechos de la revolución, lo que vemos son sus consecuencias, las huellas profundas y dolorosas que la lucha armada había dejado en la sociedad mexicana. Su obra corresponde a un período histórico de franca «institucionalización» del movimiento revolucionario, el abandono de sus viejas banderas sociales y el crecimiento del aparato estatal; es una fase de desencanto y reajuste a una realidad que no se parecía mucho a los ideales de la fase épica. Rulfo nos comunica, a través de imágenes, símbolos y reelaboraciones de creencias ancestrales, una experiencia del mundo mexicano que no es fiel a la superficie de lo real, sino a su entraña. En más de un sentido, su posición en el contexto literario mexicano recuerda la que ocupa José María Arguedas * dentro del indigenismo peruano. Y hacer el paralelo entre sus obras respectivas puede resultar provechoso. En la cosmovisión del autor son decisivos los aportes técnicos de la escuela norteamericana, sobre todo el de Faulkner, pero también las hondas visiones del ámbito rural de los escritores rusos, franceses y nórdicos, que sin dejar de ser realistas capturan un sentido místico y «primitivo» de un orden de vida ligado a la tierra.

La violencia, el odio, la venganza generalizada (aun dentro de una familia) y el abandono que el campo había sufrido debido a la guerra revolucionaria, están presentes en los cuentos de *El llano en llamas;* pero también la agónica ternura y la piedad que resiste la fuerza de sus divisiones. Una atmósfera luctuosa, desolada y sin esperanza domina en este libro. El ardido laconismo del lenguaje, las elipsis de las estructuras que dejan mucho librado a la imaginación, la rigurosa economía formal que prescinde de todo lo accesorio, producen un efecto imborrable, que algo tremendo e inevitable está pasando por razones que no comprendemos bien. Un ejemplo de su arte cuentístico puede ser «En la madrugada», sombría historia de un crimen en el que la víctima (un violador) podría parecer más odiosa que su victimario, si éste admitiese su crimen o supiese por qué lo cometió. Otro es el que brinda «¿No oyes ladrar los perros?», extraordinaria parábola de amor de un viejo padre por el hijo bandolero, del que reniega mientras, patéticamente, carga su cuerpo moribundo sobre sus hombros.

Cabe destacar al menos dos aspectos esenciales en la obra de Rulfo —y particularmente en *Pedro Páramo*—, que lo convierten en un precursor de las innovaciones que serían ensayadas en la novela hispanoamericana de la década de los 60: la fragmentación del tiempo narrativo y la percepción intensificadora del mundo real. El tiempo en Rulfo no es un dato objetivo y confiable, sino la percepción discontinua y oscura de una conciencia subjetiva, frecuentemente limitada (como ocurre en «Macario»). No tenemos la totalidad del hilo temporal, sino su precaria composición por la memoria y el designio íntimo de cada individuo. La imaginación del autor opera con secuencias sintetizadoras del proceso general, cuyos bordes se superponen o crean vacíos que empañan la visión del conjunto, pues no se ciñen tampoco a la sucesión temporal lógica. Rompecabezas o laberinto temporal que tiene mucho del montaje cinematográfico, con sus técnicas del *flashback*, el *fade-out* y las voces en *off*. Esas distintas perspectivas crean estructuras narrativas marcadas por reiteraciones, adelantos y retornos, ecos y reflejos que diseminan los valores simbólicos por todo el relato.

El segundo aspecto, asociado con el primero, es la presentación de una realidad cuyas fronteras con las formas de la imaginación popular se han borrado y confundido casi por completo. Así, en la difusión del tiempo corresponde una difuminación del espacio en el que los personajes viven sus dramas. En *Pedro Páramo*, las dicotomías vida/muerte y mundo concreto/ultratumba se disuelven en una realidad ambigua que contradice las evidencias racionales. Los muertos hablan entre ellos y con los vivos, en un trasmundo de sueños anticipatorios, promesas rituales y castigos predestinados. Esta visión, siendo personal, hunde sus raíces en la mitología del antiguo México y en creencias mágico-religiosas del presente. La asociación de la muerte a las experiencias de la ebriedad, el sueño y la sexualidad, tan frecuentes en la novela, tienen una base en el pensamiento náhuatl. Según éste, la muerte era irreversible pero no acarreaba la aniquilación total del individuo y contenía, en cierto sentido, una forma de «vida»; los cuerpos enterrados conservaban una «energía», una potencia regeneradora que se activaba si se cumplía con los rigores de una larga jornada por el mundo subterráneo. La muerte abre las puertas de otra vida, superior, pues está en contacto con lo sagrado. Los lectores de la novela reconocerán fácilmente el antiguo sustrato indígena de muchas de sus escenas. El paradisíaco mundo que fue alguna vez Comala y las imágenes de lluvia y radiante luz a las que está asociado, recuerdan el de Tlaloc, dios de la lluvia y el relámpago. Igualmente, la desgarradora historia de Dorotea, que desde su tumba sueña en vano por un hijo, y de su «viaje» por el cielo en el que esa ilusión se desvanece, recuerdan la vieja creencia de que las mujeres que morían al dar a luz llevaban consigo a un ser que en el más allá se convertía en un guerrero.

Pero interpretar *Pedro Páramo* como una mera reelaboración de mitos prehispánicos es tan limitado como interpretarla como una novela «realista». Importantes cuestiones histórico-sociales como la situación agraria en el México revolucionario o el papel de la iglesia tras la guerra cristera están presentes en el libro, pero su significado profundo excede esos temas. Es un relato que juega con paradigmas universales y con el trasfondo común de los grandes mitos de la humanidad. La búsqueda que Juan Preciado inicia, al comenzar la novela, tras las huellas de su padre desconocido (luego nos enteraremos que el padre ha muerto y que la jornada se cumple en el reino de ultratumba), evoca, por cierto, la de Telémaco en la *Odisea*, el viaje de Orfeo a los infiernos y quizá las historias de desafío, culpa y castigo de Prometeo y Edipo. El libro presenta un mundo de pecadores y penitentes que son sancionados con terrible violencia por fuerzas divinas implacables; un mundo rencoroso que corrompe el amor, pues el perdón es imposible y el remordimiento eterno.

Poco más sumó Rulfo a estos dos notables libros: unos cuantos relatos sueltos y *El gallo de oro* (1980), que recoge sus textos cinematográficos. En 1974 destruyó el original inconcluso de *La cordillera*, la novela en la que había trabajado por más de una década.

BIBLIOGRAFÍA. H. Rodríguez Alcalá, *El arte de Juan Rulfo* (México, 1965); L. Leal, *Recopilación de textos sobre Juan Rulfo* (La Habana, 1969); J. Rulfo, *Obra completa*, ed. de Jorge Ruffinelli (Caracas, 1977); J. C. González Boixo, *Claves narrativas de Juan Rulfo* (León, 1983); L. Leal, *Juan Rulfo* (Boston, 1983); W. Rowe, *Rulfo. El llano en llamas* (Valencia, 1987). [J.M.O.]

RUMAZO, LUPE. Véase HISPANOAMÉRICA: NARRATIVA ACTUAL.

RUMAZO GONZÁLEZ, JOSÉ (Latacunga, Ecuador, 1904). Estudió historia en España, y trabajó extensamente en los archivos españoles. Director de la Academia Ecuatoriana de la Lengua, ha desarrollado una gran labor tanto de crítica como de creación. De su obra poética destaca *Parusía* (1985, 5 tomos) y *Ecos del silencio* (1987). De su narrativa sobresale *Andariegos* (1956). De su labor histórica *El Ecuador en la América prehispánica* (1933) y *Libros del Cabildo de Quito* (1932-34, 4 tomos). [J.C.]

RUSSELL, DORA ISELLA. Véase HISPANOAMÉRICA: POESÍA ACTUAL.

RUSSOTTO, MÁRGARA. Véase HISPANOAMÉRICA: POESÍA ACTUAL.

RUTE, ABAD DE. Véase JÁUREGUI Y AGUILAR, JUAN DE.

RUY SÁNCHEZ, ALBERTO (México, D.F., 1951). Licenciado en comunicación, doctor en letras, traductor y director de una revista de arte. *Los demonios de la lengua* (1987) y *Los nombres del aire* (1987) son productos narrativos de una poética conformada por «el impulso del deseo», el «testimonio de la imaginación», «la prosa de intensidades» o la prosa poética. [J.E.C.]

RUYZES DE FONTECHA, JUAN ALONSO. Véase IDEAS LINGÜÍSTICAS DEL SIGLO DE ORO.

S

SÁ DE MIRANDA, FRANCISCO DE (Coimbra, Portugal, 1482-Quinta de Tapada, Minho, Portugal, 1558). Hijo del canónigo Gonzalo de Sá y de Inés de Melo, estaba emparentado con los Colonna italianos a través de la hija de Giacomo, el amigo y protector de Petrarca. Se doctoró en leyes en Lisboa y colaboró en el *Cancioneiro* de Resende (1516). Entre 1521 y 1527 viajó por Italia. En 1530 se retiró al Miño y, aunque mantuvo correspondencia con personas importantes de la Corte, nunca quiso volver a Lisboa: entre la vida de cortesano y la libertad e independencia que él predicaba para el hombre, eligió la segunda vía; hidalgo campesino, igualó con la vida el pensamiento.

Poeta humanista, introductor en Portugal —si no en la Península— de los metros y temas italianos, se apartó en la construcción de sus poemas y en su pensamiento tanto de Petrarca como del neoplatonismo, aunque ambos le sirvieran como punto de partida. Nunca renunció a las posibilidades del viejo estilo, alcanzando en él cimas de lirismo. Señalemos la canción «Puédese ésta llamar vida», la endecha «Quién viese aquel día» y la melodía e intensidad que imprime al verso y copla de arte mayor en su *Lamentación,* de técnica tan depurada.

Su voz personal, muchas veces casi palabra hablada, surge también en la medida nueva, sean sonetos, epístolas o églogas. Una voz elíptica en busca de lo esencial poético, empeñada en incesante corrección y reescritura; elimina los nexos lógicos para dar paso a los poéticos, lo que le permite escribir textos a la vez meditativos y dialécticos en los que el hombre y su comportamiento es lo que más importa, y en los que ética y pasión se complementan.

Si tenemos en cuenta que aproximadamente la mitad de su obra está escrita en castellano, Sá de Miranda se convierte en uno de los primeros clásicos de nuestra lengua.

BIBLIOGRAFÍA. Sá de Miranda, *Poesías,* ed. de Carolina Michaëlis (Halle, 1885); E. Asensio, *Estudios portugueses* (París, 1974); J. V. de Pina Martins, *Cultura portuguesa* (Lisboa, 1974); Sá de Miranda, *Obras completas,* ed. de Rodrigues Lapa (Lisboa, 1976); T. F. Earle, *Theme and Image in the Poetry of Sá de Miranda* (Oxford, 1980); J. de Sena, *Reflextes sobre Sá de Miranda* (Lisboa, 1981). [J.F.]

SAAVEDRA, ANTÓN MARTÍN. Véase SALAVERRI, VICENTE ADOLFO.

SAAVEDRA, GONZALO DE. Véase NOVELA PASTORIL EN LOS SIGLOS XVI Y XVII.

SAAVEDRA DE BAQUEDANO, ÁNGEL DE. Véase RIVAS, DUQUE DE.

SAAVEDRA Y CUETO, ENRIQUE RAMÍREZ DE (Malta, 1828-Madrid, 1914). Hijo del duque de Rivas *, hereda su título. Es autor de leyendas e historias novelescas. Sus poesías, *Sen-*

tir y soñar (1876), fueron alabadas por Juan Valera *. [R.B.]

SAAVEDRA FAJARDO, DIEGO (Algezares, Murcia, 1584-Madrid, 1648). Segundón de una familia hidalga y adinerada, licenciado y doctor por Salamanca en los dos Derechos, canónico y civil, su vida transcurrió, salvo breves períodos, fuera de España. Ordenado de menores en fecha incierta y caballero de Santiago (1640), alcanzó en los reinados de Felipe III y Felipe IV los más altos cargos de la política exterior: secretario (1608-20) de la Embajada en Roma, encargado de los papeles secretos de Nápoles y Sicilia; miembro del Consejo de Estado (1623-33); ministro en Baviera, Ratisbona, Milán, Borgoña y Viena, asistiendo al duque de Baviera (1633-40); plenipotenciario en nueve Dietas en Esguízaros (1638-42); integrante de la Junta de Guerra del Consejo de Indias (1643); plenipotenciario en el congreso de Münster (1643-46); consejero de Indias e introductor de embajadores (1646-48) en Madrid.

Don Diego, escritor esencialmente político, compuso una serie de opúsculos encaminados a la acción práctica. El más importante de todos ellos es el diálogo *Locuras de Europa* (h. 1643-45). Se publicó por primera vez en 1748, quizá en Alemania, atribuido a Saavedra, y no hay motivos para dudar de su autoría. Se trata de un coloquio en la línea de los de Luciano y, en particular, de los de Alfonso de Valdés *. Los protagonistas, Luciano y Mercurio, pasan revista a la lastimosa situación política del momento y, de hecho, allí se responde a varios discursos franceses contra la política española y se procura atraer a los cantones, al imperio, a los catalanes y a los potentados italianos. Por el estilo preciso y sin florituras, y por el tono en apariencia objetivo, el coloquio debió de divulgarse en varias lenguas, como solía ocurrir con los panfletos anónimos de Saavedra. Aunque rechazaba este método cuando se empleaba para fomentar la guerra, Saavedra lo practicó en numerosas ocasiones para promover la paz: «También me manda V. Magd. que esparza algunos tratadillos que puedan inducir a la paz, deshacer los designios de Francia y descubrir la sincera intención de V. Magd. Y siempre he trabajado en esto, reconociendo lo que mueven y que de ello se valía Richelieu...», comenta en carta al rey de 6 de mayo de 1644, donde enumera una sarta de panfletos en distintas lenguas, anónimos, que él había «esparcido», y de los que sólo se conservan dos —*Suspiros de Francia* y *Dispertador a los trece cantones esguízaros*—, aunque es probable que sean suyos la *Indisposizione generalle della monarchia di Spagna* de 1630 y la *Respuesta al manifiesto de Francia* de 1635.

El 1 de febrero de 1631 dedica al Conde-duque las *Introducciones a la Política y Razón de estado del Rey Católico don Fernando*, autógrafo inédito hasta 1853. Es obra inacabada: el proyecto inicial se desechó probablemente para transformarse en la *Idea de un príncipe politicocristiano*, al que pasaron párrafos íntegros de la obra anterior. El proyecto era componer una política teórico-práctica en que la teoría corresponde a la *Introducciones* y la práctica a la *Razón de estado*, aunque ya en el plan de la primera —poner la *Política* de Aristóteles al día—, se incluían ejemplos prácticos derivados de los casos concretos históricos. La *Razón de estado* es el mismo libro invirtiendo el método: la vida de Fernando el Católico sirve para extraer una doctrina con valor universal. Si la organización de la primera sigue puntualmente la obra aristotélica, la segunda recurre a los modelos de las biografías barrocas, inspiradas en el *Panegírico de Trajano* de Plinio el Joven. Saavedra escogió, como hará después Gracián *, la figura de Fernando el Católico —poco apreciada en la historiografía italiana, que la consideraba modelo de *El príncipe* de Maquiavelo— como el ideal de las virtudes del monarca, en especial la *prudencia*, virtud esencial en la aretelogía quintuplicista barroca (junto a la *justicia, fortaleza, templanza* y *religión*). Este ideal teórico-práctico se desarrolla íntegramente en la *Idea de un príncipe politicocristiano representada en cien empresas* (Munich, 1640; reeditada con una empresa más y algunos cambios en Milán, 1642 [pero 1643]). Conocida por sus numerosas reediciones y traducciones en las lenguas más importantes —en latín, sobre todo— como *Empresas políticas*, para la *Idea* Saavedra acudió a los emblemas como los más aptos para manifestar las intenciones. Según indica el título original, en esa colección de discursos, dirigidos al príncipe Baltasar Carlos, fabrica un príncipe ideal que, frente al de Maquiavelo, pueda conjugar la práctica política con la ética cristiana: una razón de estado o arte de gobernar que haga compatibles una y otra. Para el experimentado diplomático, el arte de reinar «no es un don de la naturaleza, sino de la especulación y de la experiencia. Sciencia es de las sciencias. Con el hombre nació la razón de estado...» (*Obras completas*, pág. 192). Escribe su tratado para formar un príncipe *científico* en el arte de gobernar. Como tal arte no va dirigido sólo a Baltasar Carlos, «también habla con los demás príncipes que son y serán» (*Obras completas*, pág. 192). Y, de hecho, la *Idea* va más lejos: es un tratado de psicología del hombre como ser político, y, en particular, de los príncipes, de los ministros y consejeros, de los nobles y del pueblo, no como abstracciones sino como funciones de relación. Saavedra acude a su experiencia personal y a la historia sacra o profana, antigua o moderna, para extraer un conocimiento general sobre la política. Cambian las circunstancias, pero la naturaleza humana es siempre la misma. El príncipe no debe aplicar directamente sus saberes: «De todo nace el peligro de gobernarse con ejemplos, siendo muy dificultoso, cuando no imposible, que en un caso concurran las mismas circunstancias y accidentes que en otro...» (*Obras completas*, pág. 304). Y es que la política, como arte, difiere de las otras artes y ciencias, porque no da leyes ni preceptos, sino advertencias: «Los casos de otros sean advertimiento, no precepto y ley» (*Obras completas*, pág. 305). Así, los ejemplos —de la Biblia, de Tácito y de la historia nacional en su mayoría— pueden ser utilizados de diversas formas según las circunstancias: en ocasiones el príncipe ejecutará la justicia en público, en otras en secreto. El príncipe que resulta de la *Idea* se aproxima tanto al modelo maquiavélico, que Saavedra se ve obligado a advertir sobre el candente problema de la *razón de estado*: «No pretendo en estos discursos formar un príncipe y esclavo de la república, que por cualquier motivo o apariencia de beneficio della falte a la fe y a la palabra, y a las demás obligaciones de su grandeza... Mi intento es de levantar el ánimo del príncipe sobre las opiniones vulgares y hacelle constante contra las murmuraciones vanas del pueblo» (*Obras completas*, pág. 319). La prosa de Saavedra en esta obra —propiamente una colección de ensayos— es la característica *ática*, anticiceroniana, de frase corta y sentenciosa: la que mejor se plegaba a un género de *regimiento de príncipes*. El resultado fue una obra espléndida al conjugar como nunca se había hecho política y literatura.

Durante su estancia en Münster compuso la *Corona góthica, castellana y austriaca* (Münster, 1646). El fin es, como indica su título, claro: demostrar los derechos del imperio sobre los territorios en litigio. Es una réplica con las mismas armas utilizadas por los historiadores y políticos de otras naciones. Saavedra se inclina por la *conservación de la monarquía,* no por el *aumento,* como pretendía Francia. Si cada nación se mantenía en sus límites actuales se conseguiría la ansiada paz en la que don Diego puso todo su empeño. Además de ese fin inmediato, en la *Corona góthica,* Saavedra pretende ser un historiador puntual y exhaustivo: más de doscientos autores se citan como fuente de las vidas de treinta reyes godos, desde Alarico hasta don Rodrigo, y una historia ejemplar, pero *ex contrario,* de la sangrienta política «natural» —no «scientífica»— de esos monarcas. Y hacer, además, una obra de estilo imitando «la elegancia y la elocuencia» de los historiadores latinos.

Póstuma, a nombre de Claudio Antonio de Cabrera y bajo el título de *Juicio de artes y sciencias* (Madrid, 1655), se publicó la *República literaria* que figura como de Saavedra en dos manuscritos y en la edición de 1670. Se trata de una sátira —inspirada en Luciano, en la tradición humanista y en Boccalini—, de antiguos y modernos, españoles y extranjeros y, en general, de la abundancia excesiva de libros y de la falta de criterio de sus escritores. El autor, soñando, entra en una ciudad acompañado de distintos guías —Heráclito y Demócrito son los más importantes— y allí los oye criticar la «literatura» y, en particular, la poesía española desde Juan de Mena *. Esta redacción se debió de componer hacia 1640, pero existe una versión primitiva escrita poco después de 1613, que permaneció inédita hasta el siglo XVIII, que difiere en cuanto al estilo, al pensamiento y a la estética, de la atribuida a Saavedra. Esta primera versión, admirable, está escrita con el mismo espíritu crítico de lo mejor del Renacimiento. La segunda redacción, en cambio, con todos los defectos barrocos que aquélla critica. Son obras que no parecen haberse gestado en una misma cabeza.

BIBLIOGRAFÍA. D. Saavedra Fajardo, *Obras completas,* ed. de A. González Palencia (Madrid, 1944); M. Fraga, *Don Diego de Saavedra Fajardo y la diplomacia de su época* (Murcia, 1956); F. Murillo Ferriol, *Saavedra Fajardo y la política del barroco* (Madrid, 1957); M. Z. Hafter, *Gracián and the perfection* (Harvard, 1966); A. Joucla-Ruau, *Le tacitisme de Diego Saavedra Fajardo* (París, 1977); J. Dowling, *Diego Saavedra Fajardo* (Boston, 1977); D. Saavedra Fajardo, *Introducc. a la Política y Razón de Estado del Rey Católico Don Fernando,* estudio preliminar de A. Blecua, ed. de J. García López (Barcelona, 1984); *Empresas políticas,* ed. de F. J. Díez de Revenga (Barcelona, 1988). [A.B.]

SAAVEDRA Y GUZMÁN, ANTONIO (?, 1555-México, ¿1599?). Poeta mexicano, fue el primero en imprimir su obra. Escribió una epopeya titulada *El peregrino indiano* (1599), poema narrativo que cuenta la aventura de Hernán Cortés * en México. Su obra recibió la crítica negativa de Clavijero * y Menéndez Pelayo *, quienes lo tildaron de trivialidad, monotonía y exceso de tópicos. [R.F.B.]

SABAT ERCASTY, CARLOS (Montevideo, 1887-1982). Poeta uruguayo. *Pantheos* (1917), su primer libro, trasunta la lectura de clásicos orientales, sobre todo de la India. Un ímpetu de integración con las fuerzas de la naturaleza será el sello de su obra. A la lectura de los *Vedas* sumó la muy decisiva de Walt Whitman, a quien poco antes había traducido el también uruguayo Álvaro Armando Vasseur *. Su segundo libro, *Poemas del hombre* (1921), adopta un tono desmesurado, y un aliento multiplicador de adjetivos, prolongador de períodos, que resultarán característicamente suyos. Tuvo una temprana difusión en América Latina: queda testimonio de ellos en la palabra de Pablo Neruda *, que reconoce influjos del uruguayo en su *Tentativa del* *hombre infinito*. Bajo el título genérico de *Poemas del hombre*, Sabat Ercasty reunió muchos de sus extensos poemas en verso libre: *Libro del amor* (1930), *Libro de la ensoñación* (1947) y *Libro de los mensajes* (1958). También escribió innúmeros sonetos (se pueden citar los de *Los adioses*, de 1929, o los quinientos veintidós *Sonetos a Eurídice*, de 1978), en los que pretendió encauzar su poderoso flujo creador; pero no cabe duda de que la necesaria concentración de esta forma se le resiste. Escribió hasta el final de su extensa vida, sin abandonar nunca una estética que se pretendió superadora del modernismo y que para él fue la única expresión posible de su «pneuma» lírico. También escribió textos de intención dramática y exaltados panegíricos.

BIBLIOGRAFÍA. G. L. Haws, *El Prometeo uruguayo: Carlos Sabat Ercasty* (Montevideo, 1968); R. Bula Píriz, *Sabat Ercasty (persona y creación)* (Montevideo, 1979); I. Sesto de Gilardoni, *Memoria y sed de Dios en la poesía de Carlos Sabat Ercasty* (Montevideo, 1983). [I.V.]

SÁBATO, ERNESTO (Rojas, Buenos Aires, 1911). Narrador y ensayista argentino. Hijo de inmigrantes italianos, cursó estudios de Física y Matemáticas en la Universidad de La Plata. Durante algunos años fue militante comunista, hasta que en 1935, tras asistir a un congreso en Bruselas, repudió el stalinismo y se alejó del partido. Tras doctorarse en el Instituto de Física de La Plata, en 1938 viajó a París para trabajar en el laboratorio Joliot-Curie, y ya entonces sus contactos con el surrealismo lo tentaron a abandonar el orden y la claridad del conocimiento científico para adentrarse en los territorios tenebrosos que el arte y la literatura le permitían descubrir. Tras una estancia en EE.UU., en 1940 regresó a la Argentina para dedicarse a la investigación y a la docencia. Pronto pudo entrar en el círculo de la revista *Sur* *, lo que sin duda constituyó un estímulo importante para su interés por la literatura. Las circunstancias políticas también influyeron en su decisión de abandonar toda actividad científica a partir de 1945, fecha de la llegada del peronismo al poder y también de la publicación de su primer libro: *Uno y el universo*. Era una colección de artículos en los que mostraba una actitud crítica hacia la tradición ideológica heredada del siglo XIX. Su formación reforzaba el significado de su rechazo de la ciencia, incapaz de garantizar un saber que no fuese provisional, alejada de la realidad del hombre que sufre y muere, impulsada por una concepción del progreso que amenazaba con producir desastrosas consecuencias. En *Hombres y engranajes* (1951) y *Heterodoxia* (1953) abordaría ese tema y otros relativos a la crisis espiritual de su tiempo, de manera que las reflexiones reunidas en esos tres primeros volúmenes de ensayos constituyen ante todo una descalificación rotunda del conocimiento científico y del dogma del progreso, descalificación que también afectaba a las esperanzas revolucionarias de la izquierda política y —porque los planteamientos de Sábato se asentaban en un radical escepticismo sobre las posibilidades del lenguaje para dar cuenta de la realidad— al significado de la literatura realista y de los sistemas filosóficos.

En 1948 había publicado *El túnel*, convencido ya de que la novela era el medio más adecuado para la expresión de sus inquietudes metafísicas y existenciales. Una historia de amor y de muerte sirvió allí para mostrar la soledad y la incomunicación del hombre contemporáneo. Determinado por temores, obsesiones y pesadillas de frecuente inspiración autobiográfica, el sombrío universo de Sábato alcanzó después su manifestación más compleja en *Sobre héroes y tumbas* (1961), donde la reflexión sobre la historia argentina reciente se enriquecía con referencias a horrores y grandezas del pasado, y se conjugaba con una indagación pesimista en los misterios de la condición humana. El célebre «Informe sobre ciegos», tercera de las cuatro secciones que conforman la obra, constituyó el momento fundamental de esa inmersión en los oscuros secretos de la existencia, una incursión en los abismos tenebrosos del infierno o del sueño. Y los planteamientos de Sábato sobre la novela se concretaron por tercera y última vez en *Abaddón el exterminador* (1974), otra narración de condición autobiográfica aún más acusada, de apariencia fragmentaria y abundante en reflexiones ensayísticas. Con ella insistió en interpretar un tiempo de apocalipsis, en revelar los secretos de un mundo regido por potencias maléficas, con las cuales apenas puede competir el heroísmo inútil de algunos comportamientos que permiten alentar la esperanza.

El alcance que Sábato pretendía para esas obras de ficción quedó plenamente de manifiesto en *El escritor y sus fantasmas* (1963) y *Aproximaciones a la literatura de nuestro tiempo: Robbe-Grillet, Borges, Sartre* (1968), recopilaciones de ensayos en los que realizó una meditación sobre la literatura y en particular sobre la novela, pretexto para dotar de trascendencia a un género que ahora se convertía en un intento de rescatar al hombre integral, perdido en una civilización que lo habría escindido al separar lo racional de lo irracional, lo intuitivo de lo intelectual, lo espiritual de lo corporal. El conjunto de su obra demostraba que la búsqueda de la verdad o del conocimiento no sólo constituía para Sábato una interpretación subjetiva de la realidad «exterior», sino también y sobre todo una indagación, siquiera indirecta, en el propio sujeto, en la condición humana, a la que la razón y la ciencia —responsables en buena medida de su degradación— eran incapaces de acceder. Las aportaciones del surrealismo se fundían con las del psicoanálisis y con las del pensamiento existencialista al realizar esa indagación, que no resultaba esperanzadora: permitía descubrir que, más allá de las circunstancias históricas, en lo profundo del hombre se oculta el Mal que extiende sus tentáculos sobre la tierra y hace insuperables la alienación y el desamparo. Eso no impedía que Sábato apostase por la lucha, por una rebelión existencial dirigida a eliminar algunos factores determinantes de la deshumanización contemporánea, por lo que denominó una «absurda metafísica de la esperanza». Por eso la novela «metafísica» había de indagar en los enigmas de la vida y de la muerte, de la esperanza y la desesperación, de la búsqueda de lo absoluto y de la existencia de Dios. Para Sábato resultaba evidente la superioridad del arte sobre la ciencia al tratar de dar respuesta a esos interrogantes sobre su destino que la humanidad se había planteado a lo largo de los siglos. El arte y la literatura podían mostrar lo contradictorio e insensato de la existencia humana, en la medida en que prestasen atención a la subjetividad, a las emociones y los sentimientos. En consecuencia, la novela había de lograr lo que ni siquiera la filosofía —que por su misma esencia conceptual podía recomendar la rebelión antirracionalista pero no hacerla, pues hasta el propio existencialismo paradójicamente era una suerte de racionalismo— había conseguido: realizar la síntesis del hombre disgregado, conjugar las ideas con las pasiones, lo objetivo y lo subjetivo, lo diurno y lo nocturno, la conciencia y la inconsciencia, el yo y el mundo. Así podría recuperarse para el hombre la integridad de un tiempo remoto, cuando la poesía, la filosofía y la magia constituían una única manifestación del espíritu en busca de respuestas sobre su destino y de conocimientos sobre el cosmos. Eso significaba indagar en el Mal, pues para Sábato el hombre real existe desde la caída, no existe sin el Demonio, Dios no basta.

En los libros de ensayos *El otro rostro del peronismo* (1956), *La cultura en la encrucijada nacional* (1976), *Ernesto Sábato: claves políticas* (1971), *Apologías y rechazos* (1979) y *La robotización del hombre y otras páginas* (1981), Sábato se ocupó de diversos temas, algunos relacionados con la vida política argentina, y mostró casi siempre su característica inclinación a la reflexión breve y fragmentaria. En 1969 se había publicado una selección de sus escritos realizada por él mismo, *Itinerario*, y en 1984 aparecieron sus *Páginas escogidas*. También es autor de las antologías *Tango: discusión y clave* (1963) y *La convulsión política y social de nuestro tiempo* (1969). Con *El caso Sábato. Torturas y libertad de prensa. Carta abierta al general Aramburu* (1956) había dado muestras de una preocupación constante por los derechos humanos, preocupación que lo llevó a presidir la Comisión Nacional que en 1985 publicó el informe *Nunca más*, sobre la brutal represión desencadenada en Argentina por el gobierno militar que asumió el poder en 1976. Sábato recibió en Francia el nombramiento de Caballero de la Legión de Honor en 1979, y en 1984 se le otorgó en España el Premio Miguel de Cervantes. Quizá paradójicamente, la pérdida paulatina de visión lo ha llevado en los últimos tiempos a hacer de la pintura su actividad fundamental.

BIBLIOGRAFÍA. A. B. Dellepiane, *Sábato, un análisis de su narrativa* (Buenos Aires, 1970); H. F. Giacoman (ed.), *Homenaje a Ernesto Sábato. Variaciones interpretativas en torno a su obra* (Nueva York, 1973); T. Barrera, *La estructura de «Abaddón, el exterminador»* (Sevilla, 1982); VV. AA., *Homenaje a Ernesto Sábato. Cuadernos Hispanoamericanos*, núms. 391-393 (Madrid, enero-marzo de 1983); C. Catania, *Genio y figura de Ernesto Sábato* (Buenos Aires, 1987). [T.F.]

SABIDO, VICENTE. Véase POESÍA ESPAÑOLA POSTERIOR A 1975.

SABINES, JAIME (Tuxtla Gutiérrez, Chiapas, México, 1925). Autor de una obra muy personal, sus poemarios *Horal* (1950), *La señal* (1951), *Tarumba* (1956) y *Diario semanario y poemas en prosa* (1961) fueron reunidos en *Recuento de poemas* (1962); *Yuria* (1967), *Maltiempo* (1972) y *Algo sobre la muerte del mayor Sabines* (1973) dieron lugar a *Nuevo recuento de poemas* (1977) y *Poemas sueltos* (1981). Con un lenguaje coloquial y a veces irónico, su obra se ha mostrado atenta a la vida cotidiana y a la soledad y la angustia de un hombre perdido en las limitaciones de su propia condición y en las que le impone el mundo contemporáneo. [T.F.]

SACOTO ARIAS, AUGUSTO (Azogues, Ecuador, 1910-1979). Poeta y dramaturgo ecuatoriano, su obra refleja un gran dominio técnico. Su producción fue limitada, debido a su innato perfeccionismo. Se destacan *Velorio del albañil* (1933), *Sismo y exhortación a la muerte* (1940) y *La furiosa manzanera* (1943), esta última una de las obras de teatro más innovadoras y líricas escritas en su país. [J.C.]

SADA, DANIEL (Mexicali, Baja California Norte, México, 1953). Criado en Coahuila, allí ha coordinado talleres literarios, semilleros de nuevos escritores norteños. Definido por él mismo como un escritor del desierto, busca recrear su paisaje fusionando el tono poético y el tono narrativo, para así poseer un lenguaje literario alimentado por vocablos regionalistas reconocibles, deformados o inventados. Es autor de la novela *Lampa vida* (1980) y del volumen de cuentos *Juguete de nadie* (1985). [J.E.C.]

SÁENZ, BRUNO. Véase HISPANOAMÉRICA: TEATRO ACTUAL.

SÁENZ, CARLOS LUIS (Heredia, Costa Rica, 1899). Poeta, educador, Premio Magon 1966. Autor de poesía para niños, fue poeta de claridad y sencillez emocionada en la línea del primer Juan Ramón Jiménez *, desde *Raíces de la esperanza* (1940), *Mulita mayor* (prosa y verso 1949) y *Memorias de alegría* (1951). En sus últimos poemas buscó los tonos de la poesía china. Sus dos últimos poemarios fueron *Libro de Ming* (1983) e *Hijo de la Tierra* (1983). A la sencillez simbólica y emotiva, agregó un dulzor irónico y sentimental, y mantuvo su emoción con el paisaje natural y humano de su pueblo. Colaboró en *Repertorio Americano* *. [A.B.F.]

SÁENZ, DALMIRO. Véase HISPANOAMÉRICA: NARRATIVA ACTUAL.

SÁENZ, JAIME (La Paz, 1921-1987). Escritor surrealista boliviano. Sus poemas y sus narraciones son abstractos y aun abstrusos, pero están penetrados de valores estéticos ciertos, arrancados del misterio, las sombras, los sueños y la misma locura. El amor, la muerte y un complicado lenguaje metafórico se pasean campantes en sus poemarios *Muerte por el tacto* (1957), *Aniversario de una visión* (1960), *Visitante profundo* (1964), *Recorrer esta distancia* (1973) y *La noche* (1984), entre otros. *Felipe Delgado*, novela de 1979, de largo aliento, tiene personajes del *lumpen* que en la ciudad de La Paz se conocen con el nombre de *aparapitas* (cargadores). [C.C.B.]

SÁENZ-ALONSO, MERCEDES (San Sebastián, 1918). Ha sido corresponsal de prensa en diversas ciudades extranjeras. Es autora de las novelas *Bajos fondos* (1949), cuya acción se desarrolla en Londres, y a la que Camilo José Cela * calificó de «arrebatadora y valerosa, cruel incluso»; *Altas esferas* (1950), *El tiempo que se fue* (1951), visión nostálgica del San Sebastián del primer tercio de siglo, y *La pequeña ciudad* (1952), de corte existencial. Ha publicado también ensayos literarios y libros de viajes. Entre ellos: *Del Bósforo a Gibraltar* (1963), *Don Juan y el donjuanismo* (1969) y *Bécquer: poeta innovador* (1976). Ha traducido también diversas obras. [A.R.]

SÁENZ MORALES, RAMÓN (Managua, 1891-1927). Fue un posmodernista de la primera hora y, por lo tanto, un poeta fronterizo entre la corriente literaria que cronológicamente le correspondía y el segundo modernismo nicaragüense, inmediatamente anterior. Se trata de un poeta telúrico, que vivió su tierra no sólo para cantarla sino, ante todo, para transformarla en canto por vez primera. El poeta, además, hincó su raíz cristiana en la llanura verde, en la tierra quemada o en la serranía, trascendiendo su propia objetividad. Su libro póstumo *Aires monteros* (1947) es una selección de su extensa obra poética, en la cual también destaca la versificación del artífice; fue un extraordinario sonetista en «Un nombre como el tuyo...», «Aquella casa» o «Sin rojo».

BIBLIOGRAFÍA. A. Argüello, *Los precursores de la poesía nueva en Nicaragua* (Managua, 1963). [E.Z.-H.]

SAER, JUAN JOSÉ (Serondino, Santa Fe, Argentina, 1937). En 1949 se traslada a la capital de su provincia. En 1962 se instala en el campo (Colastiné). En 1965 es profesor de la escuela de cine de la universidad del Litoral. Reside en Francia desde 1968, enseñando literatura en Rennes. Ha filmado algunos cortometrajes y escrito artículos de crítica literaria. Un realismo testimonial y costumbrista caracteriza sus primeras obras: las colecciones de cuentos *En la zona* (1960), *Palo y hueso* (1965) y *Unidad de lugar* (1967), y las novelas *Responso* (1964) y *La vuelta completa* (1967). Con los relatos de *Cicatrices* (1969) se interna después en el objetivismo del *nouveau roman* francés, alternando la narración de efecto alegórico sobre la sociedad argentina con la evocación histórica de la conquista española. A esta nueva etapa pertenecen los cuentos y argumentos reunidos en *La mayor* (1976), y las novelas *El limonero real* (1974), *Nadie, nada, nunca* (1980) y *El entenado* (1983). En 1988 publicó dos novelas más: *La ocasión* (Premio Nadal 1987) y *Glosa*. En *El arte de narrar* (1977) había reunido poemas escritos a partir de 1960. [B.M.]

SÁEZ DE MELGAR, FAUSTINA (Villamanrique, Ciudad Real, 1834-Madrid, 1895). Escritora de ideología conservadora, gran parte de su obra va dirigida a las de su mismo sexo, en sus diferentes edades. Fundó las revistas *La Violeta*, *La Canastilla de la Infancia* y *París Charmant*. Colección de artículos son *Deberes de la mujer* (1866) o *Manual de la joven adolescente* (1883). Escribió casi una veintena de novelas —*La pastora de Guadiela* (1860), *La marquesa de Pinares* (1861), *Los miserables de España o secretos de la Corte* (1862-63)—, el libro de poemas *La lira del Tajo* (1859) y el drama *La cadena rota* (1879). [M.P.C.]

SAHAGÚN, BERNARDINO DE (Sahagún, León, ¿1500?-México, 1590). Bernardino Ribera nace en la villa de Sahagún, en el reino de León, de donde toma su nombre. Estudia en Salamanca y en 1524 se ordena sacerdote en la orden franciscana. Llega a Nueva España en 1529. Es uno de los más distinguidos maestros de los nobles indígenas en el Colegio de Santa Cruz de Tlatelolco. Buen conocedor del náhuatl, con el auxilio de informantes y de alumnos redacta su magna obra *Historia general de las cosas de la Nueva España* (1560), publicada en el siglo XVIII. Se conserva de ella un manuscrito en Florencia, que es el célebre Códice Florentino. La *Historia* de Sahagún se estructura en doce libros que se inician con el panteón indígena y los diversos cultos a los dioses. En los siguientes libros se describe la espiritualidad y el pensamiento de los naturales, sus costumbres, su estructura social y su lengua, de riqueza expresiva y calidad poética excepcionales. Finalmente se relata la llegada de los españoles y la conquista del imperio mexicano por Cortés *. Apegado a un auténtico rigor científico, la obra de Sahagún es una gran síntesis antropológica y etnográfica de la cultura mexicana. Nadie demostró tal comprensión y conocimiento del mundo indígena. La claridad en la exposición y los amplios y variados registros de lenguaje logran un estilo de gran valor literario. [M.D.B.]

SAHAGÚN, CARLOS (Onil, Alicante, 1938). Es catedrático de Lengua y Literatura. Como poeta, se integra en la corriente superadora del realismo imperante en los años cincuenta y sesenta. Prefiere, por ello, incidir en contenidos elegiacos, aunque no prescinde de la reflexión histórico-social, tratada con ironía y sin hacer concesiones al prosaísmo. Tras un libro primerizo, *Hombre naciente* (1955), se afirma con *Profecías del agua* (1958), *Como si hubiera muerto un niño* (1961) y *Estar contigo* (1973), terna que fue compilada bajo el título de *Memorial de la noche* (1976). Tras él, ha aparecido *Primer y último oficio* (1979 y 1981).

BIBLIOGRAFÍA. J. Rodríguez Puértolas, «La poesía de C. Sahagún: memoria de una generación», en *Entre la cruz y la espada: en torno a la España de posgue-*

rra. *Homenaje a E. de Nora* (Madrid, 1984), págs. 299-311; A. P. Debicki, «Carlos Sahagún y la transformación metafórica», en *Poesía del conocimiento. La generación española de 1956-1971* (Madrid, 1986), págs. 225-256; Á. L. Prieto de Paula, «Carlos Sahagún: un poeta en la frontera», en *La lira de Arión. De poesía y poetas españoles del siglo xx* (Alicante, 1991), págs. 189-220. [A.S.Z.]

SAHAGÚN, JUAN DE. Véase CETRERÍA Y MONTERÍA, LIBROS DE.

SAINZ, GUSTAVO (México, D.F., 1940). Profesor universitario en México y Estados Unidos. Colaborador de numerosas publicaciones periódicas. Ha mantenido su vocación de novelista desde la publicación de *Gazapo* (1965), obra que hace irrumpir en la literatura mexicana, con técnicas narrativas innovadoras, la figura del joven y sus conflictos generacionales, así como un lenguaje coloquial de variadas y ricas construcciones. Cada novela suya es la búsqueda de un acercamiento distinto a la realidad, tal como se puede constatar en *Obsesivos días circulares* (1969), *La princesa del palacio de hierro* (1974) y *Compadre lobo* (1977). Con *Muchacho en llamas* (1987) regresa a la década de los sesenta y se reencarna en un primerizo escritor. Otras obras: *Fantasmas aztecas* (1982) y *Paseo en trapecio* (1985).

BIBLIOGRAFÍA. W. M. Langford, *La novela mexicana* (México, 1975). [J.E.C.]

SAINZ, HERMÓGENES (Melilla, 1928). Su producción dramática, en la que se advierten influencias de Piscator, Brecht y del teatro del absurdo, y en la que cada obra está escrita con una estética teatral diferente, cuenta, entre otras, con las siguientes obras *La espera injuriosa* (1967), *La madre* (1970), *La niña Piedad* (1972) y *La historia de los Arráiz* (1973), larga narración dialogada, dividida en 54 cuadros. [M.S.]

SAINZ DE ROBLES, FEDERICO CARLOS (Madrid, 1898-1982). Estudió Derecho y Filosofía y Letras. Fue catedrático de Instituto y asesor de diversas editoriales. Publicó novelas, a las que bautizó de «novelerías» —*Mario en el foso de los leones* (1925), de tendencia anticlerical, *La decadencia de lo azul celeste* (1928), intento frustrado de acabar, mediante la ridiculización, con la sentimentalidad cursi y amanerada de gran parte de la literatura precedente, y *Escorial: vida y transfiguración* (1963, pero terminada en 1938), historia de un médico obsesionado por el monasterio del título—, y libros de poemas de corte intimista —*La soledad recóndita* (1920), con prólogo de M. Machado *, *El silencio sonoro* (1923), *Ritmo interior* (1927), *Poemillas a Celina* (1957) y *Diálogos de la sombra y la pena* (1967)—. De sus obras eruditas y ensayos, ligeros, anecdóticos, de escaso rigor científico y escritos, por lo general, con fines divulgadores y de entretenimiento, hay que citar: *Ayer y hoy. La evolución de la sociedad española en cien años* (1960), *Raros y olvidados* (1971), *La promoción de «El cuento semanal» (1907-1925)* (1975), sus estudios sobre Lope de Vega *, Velázquez, B. Pérez Galdós *, E. Pardo Bazán *, J. Benavente * y A. Casona *, sus *Diccionarios* (de *Sinónimos y antónimos*, de *Mitología*, de *Mujeres célebres*, de *Sabiduría*, en colaboración con T. Borrás *, y de *Literatura*), y, en especial, sus numerosísimos escritos sobre Madrid, ciudad de la que, en 1966, fue nombrado «Cronista oficial» y, en 1980, «Hijo predilecto». Escribió también miles de artículos y prologó infinidad de obras. [A.R.]

SAL, JUAN DE LA. Véase LITERATURA APOTEGMÁTICA, CUENTOS Y CHISTES y LITERATURA EPISTOLAR EN LOS SIGLOS XVI Y XVII.

SALADO ÁLVAREZ, VICTORIANO (Jalisco, México, 1867-México, D.F.,

1931). Abogado, político y periodista. El interés por la Historia lo conduce a la redacción a la manera galdosiana de su novela *Episodios nacionales* (1902-1906). Sobresale como cuentista por su tono irónico y su estilo directo y punzante, apreciables en *De autos* (1901). Mucho después de su muerte se publicaron sus *Cuentos y narraciones* (1953). [J.E.C.]

SALARRUÉ (seudónimo). Véase SALAZAR ARRUÉ, SALVADOR.

SALAS, FRANCISCO GREGORIO (Jaraicejo, Cáceres, ?-Madrid, 1808). Sacerdote y poeta popular en su época, rescatado del olvido por Azorín *, admirador de su poesía exaltadora de la vida campestre, en un tono nada idealizado y hasta prosaico. Su obra más destacada es el *Observatorio rústico* (1772-74). También cultivó la poesía religiosa y epigramática.

BIBLIOGRAFÍA. S. García Castañeda, «La obra fabulística de Francisco Gregorio de Salas», en *Spicilegio Moderno*, 15-16 (1981), págs. 3-13. [J.A.R.]

SALAS, GERMÁN (San José, Costa Rica, 1943). Especialmente con *Espacio-luz* (poemas, 1974), inicia un tono profético, whitmaniano. Sus iniciales experiencias poéticas transcurren en el Círculo de Poetas Costarricenses y va hacia un neomisticismo humanamente cálido, participativo, teñido de entonación social. [A.B.F.]

SALAS, HORACIO (Buenos Aires, 1938). Poeta argentino, en *El tiempo insuficiente* (1962), *La soledad en pedazos* (1964), *El caudillo* (1966), *Memoria del tiempo* (1966), *La corrupción* (1969), *Mate pastor* (1971), *Gajes del oficio* (1979), *Cuestiones personales* (1985) y *El otro* (1990), ofreció una expresión coloquial cada vez más depurada, para dar cuenta de inquietudes existenciales relacionables con el paso del tiempo y a veces —residió en España desde 1976 a 1982— con la nostalgia del desterrado. Muestras de esa obra poética pueden encontrarse en *Que veinte años no es nada. 1962-1982* (1982) y *Antología personal* (1992). Es también autor de los ensayos *La poesía de Buenos Aires* (1968), *Homero Manzi* (1968), *Vicente Barbieri y El Salado* (1970), *La España barroca* (1978) y *El tango* (1986). Como periodista ha desarrollado una notable labor, que incluye programas de radio y televisión. [T.F.]

SALAS BARBADILLO, ALONSO JERÓNIMO DE (Madrid, 1581-1635). Estudió filosofía en Alcalá y leyes en Valladolid, ya que su padre, agente de negocios de la Nueva España, hubo de seguir a la Corte en su traslado. Cuando ésta regresa a Madrid sucede a su progenitor en el cargo; debido a que había estudiado cosmografía, puso en verso el *Tratado poético de la esfera*. Dilapidó su relativa fortuna y fue procesado tras una disputa sangrienta con Diego de Persia. Posteriormente, es condenado a dos años de destierro por sus sátiras contra unos alguaciles y, tras ser indultado a los seis meses, de nuevo es desterrado a Zaragoza, no se sabe ciertamente por qué causa. Tras visitar Tudela volvió a Madrid, donde residió hasta su muerte. Amigo de Cervantes *, Paravicino *, Pérez Montalbán * y Valdivielso *, Salas Barbadillo espigó en todos los géneros novelísticos de la época: novela cortesana, picaresca, novela dialogada y satírica, cultivando además la lírica y el teatro. De hecho, los elementos satíricos y picarescos se hallan dispersos en todas sus obras. Con todo, no fue moralista o censor de comportamientos éticos equivocados. No se preocupó por un didactismo excesivamente religioso ni por la problemática social que suscitaba en el entorno, aunque constató la decadencia de su mundo. Sus novelas carecen de un plan bien organizado o trabajo; son apenas mezcla hilvanada de sátiras, cuadros de costumbres, novelas al estilo italiano, episodios picarescos, poesías festivas, anécdotas y dichos ingeniosos, entre los que la fina trama narrativa acaba perdiéndose. Sin embargo, su inspiración multiforme y caprichosa constituye un importante documento para conocer la vida madrileña del siglo XVII y las diversas tendencias entrecruzadas en la literatura narrativa de la época. Entre sus libros hay varios poéticos, como el dedicado a Nuestra Señora de Atocha, *Patrona de Madrid restituida* (1609), *Rimas castellanas* (1618) y *Triunfos de la beata sor Juana de la Cruz* (1621), pero sólo en las piezas de carácter popular y en los epigramas consigue cierta calidad. Su fama, con todo, reside en la producción novelística, eslabón entre la picaresca y el costumbrismo. Su primera novela fue *La hija de Celestina* (1612), obra cuyo éxito le animó a una refundición, añadiendo versos, cuentos y la novelita del *Pretendiente discreto*, ahora con el título de *La ingeniosa Helena* (1614). Gran admirador de la obra de Fernando de Rojas*, la de Salas se parece a su antepasada en la forma dialogada en que se desarrolla y en el ambiente picaresco, aunque la intriga y personajes son de la invención del autor. Dicha forma dialogada la distancia de la autobiografía usual y esperada en el género picaresco. También en 1614 publicó la primera parte de *El caballero puntual*, cuyo protagonista, don Quijote, está aquejado de manía de grandezas, muy al estilo cervantino. Tras reimprimirse en 1616, publicó en 1619 la *Segunda parte del caballero puntual. Los prodigios de amor*. De 1615 es *Corrección de vicios*, ocho novelitas satíricas plagadas de elementos picarescos, con un marco italianizante en el que los elementos moralizadores (la verdad puesta en boca de un loco) superan los puramente recreativos. En *El sagaz Estacio, marido examinado* (1620) muestra sarcásticamente su desprecio por los maridos consentidos. Ese mismo año publica *El caballero perfecto* (inspirada posiblemente en *Il Cortegiano* de Castiglione), *El subtil cordobés Pedro de Urdemalas* (1620), *Casa del placer honesto* (1620) y la comedia *La escuela de Celestina y el hidalgo presumido*. De 1621 es la comedia en prosa *La sabia Flora malsabidilla*, así como *El cortesano descortés*, ambas dialogadas. Luego de *El necio bien afortunado* (1621) aparece su miscelánea *Fiestas de la boda de la incasable malcasada* (1622) y su interesante *Don Diego de noche* (1623), que incluye un variado epistolario jocoso, muestra de lo que había de ser *La estafeta del Dios Momo* (1627). Su último libro es *Coronas del Parnaso y platos de las Musas* (1635), descripción de un imaginario viaje al Parnaso junto a otros dos escritores. Un año antes había aparecido *El curioso y sabio Alejandro, fiscal y juez de vidas ajenas* (1634), una amplia galería de tipos sociales donde Salas aparece como buen caricaturista y observador reflejando jocosamente variedad de tipos humanos. En esto y en su sentido cáustico y castiza sátira, se advierten no pocas influencias de Boccalini, Berni y el Aretino. Un cierto conceptismo le aproxima a Quevedo*, aunque su estilo raya más en lo natural y llano.

BIBLIOGRAFÍA. G. G. La Grone, «Salas Barbadillo and the *Celestina*», en *Hispanic Review* (1941) y «Quevedo and Salas Barbadillo», en *Hispanic Review*, X (1942); M. A. Peyton, *Alonso Jerónimo de Salas Barbadillo* (Nueva York, 1973); C. A. Pauley, *Social realism in the short novels of Salas Barbadillo, Céspedes and Zayas* (Ann Arbor, Michigan, 1985). [E.R.]

SALAS Y QUIROGA, JACINTO DE (La Coruña, 1813-Madrid, 1849). Se quedó huérfano tempranamente, e ingresó en un colegio de Burdeos. En 1830 marchó a Perú; regresó después a Europa, y vivió durante un tiempo en Inglaterra y Francia. Se estableció más tarde en Madrid, donde fundó la revista semanal *No me olvides*. En 1839 fue como diplomático a Puerto Rico y La Habana. Colaboró en numerosas publicaciones e hizo traducciones. Escribió un libro de *Viajes* (1840), obras históricas, teatrales, cuentos y la novela *El Dios del siglo* (1848), relato con elementos costumbristas, que se ha considerado como un antecedente del realismo. Como poeta, su obra (que se inscribe en el romanticismo) trata preferentemente, con un tono melancólico, los temas de la soledad, el amor y el desamparo. Publicó un volumen de *Poesías* (1834), cuyo prólogo es una especie de manifiesto romántico, y *Mis consuelos* (1840).

BIBLIOGRAFÍA. E. Alarcos Llorach, «Un romántico olvidado: Jacinto Salas y Quiroga», en *Ensayos y estudios literarios* (Madrid, 1976), págs. 37-59. [G.R.F.]

SALAVERRI, VICENTE ADOLFO (Viniegra de Abajo, La Rioja, 1887-Montevideo, 1971). Fue escritor y periodista. Utilizó, a veces, el seudónimo de «Antón Martín Saavedra». En 1902 emigró a Buenos Aires. Siete años después se asentó en Uruguay. De su producción narrativa destacan: *La locura del amo* (1914), *El corazón de María* (1919), *Los niños bien* (1919), *Éste era un país...* (1920), *Cuentos del Río de la Plata* (s.a.: ¿1921?), *El hijo del león* (1922), *El manantial y otros cuentos del campo* (1927) y *Deformarse es vivir* (s.a.: ¿1933?). Escribió también obras de teatro, una autobiografía —*Animales con pluma: el periodismo por dentro* (1918)— y los ensayos *Del picadero al proscenio* (1913), *Hombres del Uruguay* (1915), *La comedia de la vida* (1917), *Los hombres de España. (Desde Maura al vivillo)* (1918) y *La visión optimista* (1919). [A.R.]

SALAVERRÍA, JOSÉ MARÍA (Vinaroz, Castellón, 1873-Madrid, 1940). De familia vasca humilde, en su juventud desempeñó diversos oficios. Vivió durante muchos años en la América hispana. Aunque de formación autodidacta, pronto se convirtió en un conocido periodista, ensayista y conferenciante. Desde un punto de vista ideológico, sus actitudes iconoclastas y extranjerizantes fueron dejando paso a una defensa de la monarquía y la tradición. En sus primeros libros —*El perro negro* (1906), *Vieja España (Impresión de Castilla)* (1907), *Tierra argentina* (1910), *Las sombras de Loyola* (1911) y *A lo lejos. España vista desde América* (1914)—, de carácter regeneracionista, censuró, sin acritud extrema, los defectos de la vida española. De ahí pasó, en diversos artículos y ensayos —*Cuadros europeos* (1916), *La afirmación española* (1917), *El muchacho español* (1917)—, a considerar la conveniencia de reafirmar, lejos de cualquier modelo europeo, los valores patrios y de elevar el tono moral y la economía de la nación. Escribió también una obra de teatro, *Guerra de mujeres* (1922), y diversos ensayos sobre literatura —*Retratos* (1926) y *Nuevos retratos* (1930), entre otros—, en los que se pone de relieve su postura conservadora frente a algunas de las más notorias innovaciones del primer tercio de este siglo, y sobre el País Vasco, Andalucía y América. Su obra narrativa se compone de algunos relatos cortos y de las novelas *La Virgen de Aránzazu* (1909), en la que se aproximó a la actitud nihilista de los escritores del 98; *Nicéforo el Bueno* (1909), que, con el cuento *Nicéforo el Tirano* (1910), formó *El rey Nicéforo* (1923), y *Una mujer en la calle* (1940).

BIBLIOGRAFÍA. B. Petriz Ramos, *Introducción crítico-biográfica a José María Salaverría* (Madrid, 1960); F. Caudet Roca, *Vida y obra de José María Salaverría* (Madrid, 1972). [A.R.]

SALAVERRY, CARLOS AUGUSTO (Piura, Perú, 1830-París, 1891). Poeta peruano. En su juventud compuso varios dramas románticos, como *Atahualpa o la conquista del Perú* (1854), *Abel o el pescador* (1857), *El bello ideal* (1857), *El amor y el oro* (1867) y otros. Se le conoce sobre todo por su obra lírica, en su mayoría reunida en *Diamantes y perlas* (1869) y *Albores y destellos* (1871). [T.F.]

SALAZAR, ADOLFO (Madrid, 1890-Cuba, 1958). Uno de los más importantes musicólogos españoles, fue también compositor y fundador de la moderna crítica musical española. Colaboró en *El Sol*, *Cruz y Raya* * y *Revista de Occidente* *. En su libro *La música en la sociedad europea* (1942-46) da muestras de su variada y sólida cultura al relacionar el fenómeno musical con otros elementos de la vida política, social y artística. Póstumamente se editó *La música en Cervantes y otros ensayos* (1961). [M.M.-C.R.]

SALAZAR, ALONSO DE. Véase NOVELA DE CABALLERÍAS.

SALAZAR, AMBROSIO DE. Véanse IDEAS LINGÜÍSTICAS DEL SIGLO DE ORO y LITERATURA APOTEGMÁTICA, CUENTOS Y CHISTES.

SALAZAR, DIEGO DE. Véase COLOQUIOS Y DIÁLOGOS EN EL SIGLO XVI.

SALAZAR, PEDRO DE (¿?-?, 1576). Padre de Eugenio de Salazar y Alarcón *, fue capitán de Carlos V y de Felipe II. Como testigo de los acontecimientos bélicos, escribió una *Historia y primera parte de la guerra que don Carlos V... en Nápoles* (1548), que motivó las burlas de don Diego Hurtado de Mendoza * en la *Carta del bachiller de la Arcadia;* una *Historia de la guerra y presa de África...* (1552) y la *Hispania victrix* (1570) sobre las guerras en Bería. Salazar merece un puesto de honor en la historia de la novela corta española, porque es el primero que compuso una colección de treinta *Cuentos*, «que los italianos llaman *novellas*», inspirados en general en Bandello y en otros autores italianos. La obra, dedicada a Felipe II entre 1552 y 1570 y descubierta por José Manuel Blecua, permanece inédita.

BIBLIOGRAFÍA. J. M. Blecua Perdices, «Notas para la historia de la novela en España», en *Serta Philologica... Fernando Lázaro Carreter* (Madrid, 1983), II, págs. 91-95. [A.B.]

SALAZAR, SEVERINO (Zacatecas, México, 1942). Licenciado en letras modernas, profesor universitario. Las novelas *Donde deben estar las catedrales* (1984) y *El mundo es un lugar extraño* (1989), y la colección de cuentos *Las aguas derramadas* (1986), forman una saga de su tierra natal, consecuencia del orgullo regional y de la necesidad de ofrecer «una geografía literaria de la provincia», a fin de alejarse del lugar común de escribir sobre la ciudad. [J.E.C.]

SALAZAR Y ALARCÓN, EUGENIO DE (Madrid, h. 1530-Valladolid, 1602). Hijo de Pedro de Salazar *, estudió Leyes en Alcalá, Salamanca y Sigüenza. Fue gobernador de Tenerife y La Palma; tuvo cargos importantes en santo Domingo, Guatemala y México, y fue consejero de Indias en 1601. Inéditos dejó unos *Estudios jurídicos;* las célebres y espléndidas *Cartas*, entre las que destaca la de los *catarriberas;* un poema alegórico extraño, *Navegación del alma por el discurso de todas las edades del hombre*, donde incluye un valioso vocabulario de términos náuticos; y la extensa *Silva de poesía*. En esta colección, dividida en tres partes —lírica amorosa, de circunstancias y de devoción—, tienen su presencia todos los géneros menores de la época, desde églogas hasta jeroglíficos. Poeta notable por su variedad y originalidad, es uno de los escasos autores de la época que dedicó centenares de versos a cantar el amor por su esposa, doña Catalina Carrillo, *Carilia*.

BIBLIOGRAFÍA. E. Salazar y Alarcón, *Cartas*, ed. de P. de Gayangos (Madrid, 1866); J. Gallardo, *Ensayo de una biblioteca de libros raros y curiosos* (Madrid, 1889), IV, cols. 324-397; *Cartas*, ed. de F. R. Maldonado (Madrid, 1966); J. M. Blecua Perdices, «Notas para la historia de la novela en España», en *Serta Philologica... Fernando Lázaro Carreter* (Madrid, 1983), II, págs. 91-95. [A.B.]

SALAZAR ARRUÉ, SALVADOR (Sonsonate, El Salvador, 1899- San Salvador, 1975). Narrador, poeta, periodista y pintor salvadoreño más conocido por el seudónimo de «Salarrué». Encuadrado, con Arturo Ambroghi * y Alberto Rivas Bonilla *, en la generación de 1920. Fue director del diario *La Patria* de San Salvador y de la revista *Amatl*, y agregado cultural en Washington. Se le recuerda particularmente por sus breves y originales relatos, a los que él mismo denominó «cuenteretes», centrados en las costumbres y la psicología del campesino de su tierra. Su obras más celebradas son *El Cristo negro* (1927, leyenda), *Cuentos de barro* (1933) y *Cuentos de cipotes* (1945). Escribió, además, *El señor de la burbuja* (1927, novela), *O'Yarkandal* (1929), *Remontando el Uluán* (1930), *Eso y más* (1940), *Trasmallo* (1954), *La espada y otras narraciones* (1960), *Íngrimo* (1970), *Sagitario en Géminis* (1970), *La sed de Slind Bader* (1971) y *Catleya Luna* (1974), aparte de los dos volúmenes de *Conjeturas en la penumbra*. *Obras escogidas* (1969 y 1971). [J.A.C.]

SALAZAR BONDY, SEBASTIÁN (Lima, 1924-1965). Poeta, narrador, periodista y comediógrafo. Junto con Jorge Eduardo Eielson * y Javier Sologuren * inició la tarea de renovación y depuración del lenguaje poético. Sus libros *Voz desde la vigilia* (1944), *Cuaderno de la persona oscura* (1946), *Máscara que duerme* (1949) y *Los ojos del pródigo* (1950), pueden inscribirse en lo que se llama «poesía pura». También se convierte en uno de los pioneros de la narrativa urbana con sus historias de *Náufragos y sobrevivientes* (1954). Pero, tal vez, la obra más leída por las nuevas generaciones fue *Lima la horrible* (1964), ensayo en el que presenta una imagen crítica de su ciudad natal, influida por las ideologías políticas predominantes en el momento. [F.M.R.A.]

SALAZAR Y CASTRO, LUIS DE. Véase HISTORIOGRAFÍA DE LOS SIGLOS XVI Y XVII.

SALAZAR CHAPELA, ESTEBAN (Málaga, 1900-Londres, 1965). Fue redactor de *El Sol* y colaboró en *Revista de Occidente* *. Residió en Londres desde el final de la Guerra Civil española. Publicó crónicas sobre Inglaterra en diversas revistas hispanoamericanas, como *Asomante*, *Romance* o *La Torre*. De 1931 es su primera novela, *... Pero sin hijos*. Ya en el exilio dio a conocer *Perico en Londres* (1947), sobre los republicanos españoles asentados en Gran Bretaña, y *Desnudo en Picadilly* (1959), novela humorística centrada en un hombre que regresa a Inglaterra, al finalizar la Segunda Guerra Mundial, con una nueva identidad y con un físico irreconocible y notablemente mejorado. En 1966 apareció *Después de la bomba*, relato de anticipación histórica.

BIBLIOGRAFÍA. J. R. Marra-López, *Narrativa española fuera de España (1936-1961)* (Madrid, 1962). [G.R.F.]

SALAZAR HERRERA, CARLOS (San José de Costa Rica, 1906). Dibujante, escultor, escenógrafo y profesor de artes plásticas. Fue director de la Radio Universitaria. Cultivó el relato breve en *Cuentos* (1936) y *Cuentos de angustia y paisajes* (1947). [A.B.F.]

SALAZAR MALLÉN, RUBÉN (Coatzacoalco, Veracruz, México, 1905-México, D.F., 1986). Escritor mexicano, profesor universitario y licenciado en derecho. Destacó sobre todo como novelista, con títulos numerosos: *¿Por qué perdió el cóndor?* (1924), *Cariátide* (1932), *Camino de perfección* (1937), *Soledad* (1937), *Páramo* (1944), *Ojo de agua* (1949), *Ejercicios* (1952, novelas cortas), *Camaradas* (1959), *La iniciación* (1966), *¡Viva México!* (1968), *La sangre vacía* (1982) y *El paraíso podrido* (1986). Se mostró con frecuencia inquieto e innovador. Cultivó también el relato breve —*Dos cuentos* (1932), *El sentido común* (1960)— y el teatro —*Estampa* (1932), *Ninón* (1957)—, y en periódicos y revistas dejó una variada muestra de sus reflexiones sobre temas políticos y literarios. [T.F.]

SALAZAR MARDONES, CRISTÓBAL DE. Véase Poéticas de los siglos XVI y XVII.

SALAZAR Y TORRE, AGUSTÍN DE (Almazán, Soria, 1642-Madrid, 1675). Aún niño pasó a México, donde estudió con los jesuitas, desde Humanidades hasta Astrología. Volvió a España con el duque de Alburquerque, a quien acompañó a Alemania y Sicilia con el cargo de sargento mayor. Murió «extenuado y atrófico» a los treinta y tres años. Con el título de *Cythara de Apolo* (1681, 1.ª parte; 1694, 2.ª parte) publicó su amigo y biógrafo Juan de Vera Tasis las obras póstumas de Salazar. De un gongorismo contenido, don Agustín ensayó todos los géneros poéticos: églogas, romances, un curioso canto ameobeo en prosa y verso, un *Teatro de la vida humana* en silvas, traducciones de Ausonio y Anacreonte, sonetos, endechas y letrillas. No es suya, sino de Jáuregui *, la *Fábula de Orfeo* allí incluida. Entre sus obras dramáticas destacan: *La mejor flor de Sicilia, Elegir al enemigo, Segunda Celestina*, de enredo; y *El amor más desgraciado (Céfalo y Pocris), Tetis y Peleo* y *Los juegos olímpicos*, clásico-mitológicas.

BIBLIOGRAFÍA. A. de Salazar y Torre, *El encanto en la hermosura («Segunda Celestina»)* y *Elegir al enemigo*, en *Dramáticos posteriores a Lope de Vega*, ed. de R. de Mesonero Romanos, *Biblioteca de Autores Españoles*, XLIX (Madrid, 1951). [A.B.]

SALCEDO, EMILIO (Salamanca, 1929-1992). Estudió Filología Románica. Desde 1946 se dedicó al periodismo y a la crítica literaria. De sus numerosos ensayos y biografías destacan: *Literatura salmantina del siglo XX* (1960), *Vida de don Miguel de Unamuno* (1964), *Teatro y sociedad en el Valladolid del siglo XIX* (1978), *Escritores contemporáneos en Castilla y León* (1982), *Rosa Chacel* (1983), *Antonio Tovar* (1984), *Ecos e imágenes al fondo del espejo* (1985) y *Miguel Delibes, novelista de Castilla* (1986). Publicó también diversos relatos, entre los que destaca *El cochecito rojo* (1963). [A.R.]

SALCEDO CORONEL, JOSÉ GARCÍA DE (Sevilla, ?-Madrid, 1651). Viajó por Italia al servicio del duque de Alcalá, virrey de Nápoles, que le nombró gobernador de Capuz. De vuelta en España, fue caballerizo del infante cardenal Fernando de Austria. Sin duda, debe su fama a su excelente edición en tres volúmenes de las *Obras de don Luis de Góngora comentadas* (Madrid, 1636, 1644 y 1648, aunque el comentario sobre el *Polifemo* había aparecido ya en 1629), que, aunque discutida en su época, es todavía punto de referencia ineludible. Fue además poeta de más que mediano ingenio, el mejor de los imitadores de Góngora *, como demostró en sus *Rimas* (Madrid, 1627) y en los *Cristales de Helicona* (Madrid, 1650).

BIBLIOGRAFÍA. E. M. Wilson, *Entre las jarchas y Cernuda* (Barcelona, 1977), págs. 157-193. [R.R.]

SALDAÑA, CONDE DE. Véase ACADEMIAS.

SALDIVAR, RAMÓN. Véase LITERATURA CHICANA.

SALINAS, CONDE DE. Véanse CANCIONEROS Y ROMANCEROS DE LOS SIGLOS XVI Y XVII y SILVA Y MENDOZA, DIEGO DE.

SALINAS, JUAN DE (Nájera, Logroño, 1562-Sevilla, 1643). Uno de los mejores romancistas del barroco. Estudió leyes en Logroño y Salamanca. En su juventud viajó por Italia, donde intentó conseguir algún empleo en la corte pontificia. Desde 1587 fue canónigo en Segovia; en 1595 se trasladó a Sevilla, donde desempeñó diversos empleos, como administrador del Hospital de San Cosme y visitador de iglesias. Su poesía, editada a veces en obras de conjunto como las *Flores de poetas ilustres* (1605) o el *Romancero general* (1600), se conservó principalmente en manuscritos. Utiliza la sátira, el epigrama y frecuenta la poesía religiosa. Su obra puede dividirse en dos etapas. Hasta su llegada a Sevilla es, en esencia, un autor más entre los muchos que cultivan el romancero nuevo, de tema morisco, pastoril, etc.; en esta parcela de su producción destacan sobremanera sus agudezas, basadas siempre en ingeniosos juegos expresivos (anagramas, paronomasias, retruécanos) y alejadas de toda oscuridad cultista. Después, lejos de su empleo rutinario en Segovia, se convierte en autor de una poesía mucho más humana y profunda, aunque sin renunciar de vez en cuando a la sátira y a los guiños festivos. De todas maneras, es precisamente a la poesía ligera, adecuada para la sátira y para destacar en los salones literarios de Sevilla, a la que debió su fama.

BIBLIOGRAFÍA. J. de Salinas, *Poesías humanas*, ed. de H. Bonneville (Madrid, 1988). [R.R.]

SALINAS, LOPE DE. Véase CANCIONEROS Y ROMANCEROS DE LOS SIGLOS XVI Y XVII.

SALINAS, LUIS OMAR. Véase LITERATURA CHICANA.

SALINAS, FRAY MIGUEL DE. Véanse ORATORIA SAGRADA DE LOS SIGLOS XVI Y XVII y RETÓRICA EN LOS SIGLOS XVI Y XVII.

SALINAS, PEDRO (Madrid, 1891-Boston, Estados Unidos, 1951). Poeta, ensayista, narrador, crítico literario y dramaturgo. Catedrático de Literatura en varias universidades españolas. Colaborador del Centro de Estudios Históricos. Secretario de la Universidad Internacional de Santander. Exiliado tras la Guerra Civil, profesó en diversas instituciones norteamericanas y en Puerto Rico.

Salinas fue un intelectual y un humanista, que llevó a cabo en el destierro la defensa de los más altos valores de la cultura occidental. Su gran ensayo *El defensor* (1948) cobra sentido dentro de ese humanismo integral, que inspira el elogio que en él se efectúa de ciertas formas tradicionales de vida. Crítico literario de enorme relieve (*Literatura española del siglo XX* [1941], *Jorge Manrique o tradición y originalidad* [1947] y *La poesía de Rubén Darío* [1948]); narrador no desdeñable, bajo la impronta orteguiana (*Víspera del gozo* [1926]), o de contenido más trascendente (*La bomba increíble* [1950]); autor de un teatro audaz poco representado, que fue editado en 1957, Salinas es un lírico exquisito. Su poesía puede dividirse en tres etapas. La primera, de 1923 a 1931, abarca los libros iniciales (*Presagios*, 1924; *Seguro azar*, 1929; *Fábula y signo*, 1931), y cabe considerarla como de búsqueda. La segunda, de 1932 a 1939, incluye los tres grandes libros de amor: *La voz a ti debida* (1933), *Razón de amor* (1936) y *Largo lamento* (terminado en 1939). A la tercera etapa, la del destierro, pertenecen *Confianza* (que vería la luz póstumamente), *El Contemplado* (1946) y *Todo más claro y otros poemas* (1949).

Salinas se mantuvo fiel toda su vida a una precisa concepción de la poesía. Tenía una visión, si no platónica, sí platonizante de la realidad. La exterior es engañosa; hay que buscar la realidad profunda por detrás de las apariencias. Esta realidad esencial es la que creamos dentro de nosotros. Los seres se presentan escindidos en alma y cuerpo; el afán del poeta se encamina a lograr la unidad de esos dos términos. Se ha señalado el intelectualismo como fundamento mismo de la poesía salinesca. No puede negarse cuanto hay de construcción conceptista en buena parte de ella; construcción y método congruentes con los supuestos en que descansa la percepción salinesca de lo real y con la concepción del poema como expresión de una nueva y más profunda realidad. Los títulos de los libros poéticos encierran una interpretación de los fenómenos mismos. Los *Presagios* son representaciones subjetivas de los acontecimientos; el *Seguro azar* alude también al giro de los sucesos, etc. Pero, como ha hecho notar Ricardo Gullón *, la percepción del autor no es sólo intelectualista, «pues a su vera, si no ensamblada con ello, vigila, siempre operante y alerta, una percepción sensual que, con tantos títulos como el pensamiento, contribuye a forjar su concepción del mundo». De hecho, el mismo manejo de los elementos metafóricos responde al propósito de objetivar y personificar las abstracciones. Y esto es así porque la orientación platonizante se concilia con una visión romántica del mundo, subjetiva y fuertemente emotiva.

Característica esencial de la poesía de Salinas es su naturaleza dialógica. Se ha visto su primera etapa como un gran *tour de force* de ingenio. Más prudente parece considerarla como un ciclo en el que el autor interroga a la realidad desde una perspectiva temática, y en la que ya se perfila el protagonismo de los temas amorosos. Hay ciertamente un sentido lúdico, que con frecuencia desplaza al sentimentalismo, lo que es coherente con los postulados de la poesía pura. Puede decirse que el estilo del autor aparece formado íntegramente: es ya esa sucesión discursiva, en apariencia prosaica, trabada por conceptos que se encadenan sutilmente, y cuyo efecto poético es seguro: por eso García Lorca * hablaba de «prosías». Este estilo constituye una de las grandes aportaciones de Salinas a la poesía española.

A razones internas, ya señaladas, y al neorromanticismo que marca a nuestra poesía a partir de 1930 se debe la creación de la gran trilogía amorosa. La aspiración salinesca a una realidad esencial encuentra al fin la respuesta: el amor, que es la amada, centro y totalidad de lo existente: «La vida es lo que tú tocas.» Es el espacio absoluto del tú y del yo («¡qué alegría más alta: / vivir en los pronombres!»), el regreso al Edén. La amada de Salinas no es ninguna idea; tampoco es una musa, sino una criatura concreta que otorga al enamorado la experiencia *absoluta* del amor: el tú de ella da sentido autosuficiente al vivir. Ella es la fuente del amor; pero para alcanzar el amor necesita del amante, de su cuerpo. Una dialéctica llameante, en espiral, impulsa a la pareja hacia el descubrimiento siempre de un grado más alto de amor, que Jorge Guillén * ha puesto en relación con la filosofía de los valores de Max Scheler. *La voz a ti debida* es un largo poema en el que se asiste a las vicisitudes del amor con una riqueza sorprendente de giros psicológicos. *Razón de amor* continúa el ciclo con un tono más reposado. *Largo lamento* cierra la trilogía, y por su tono y sentido se distancia de modo visible de las otras dos partes. Más desigual, en sus mejores momentos aporta un perfil distinto de la voz de Salinas por la conciencia de que la experiencia del amor vivido se enlaza con su disolución irreversible, por la insólita presentación de los reproches.

Los tres poemarios del destierro están marcados por el signo del humanismo, que unifica la crisis personal del poeta y la crisis universal. La superación de las circunstancias adversas se muestra como uno de los temas centrales del período. Hay, al mismo tiempo, una menor homogeneidad estilística. Los temas urbanos y de la civilización industrial hacen acto de presencia con aire sombrío. La culminación del ciclo la representa, sin duda, *El Contemplado*, largo poema en el que el autor dialoga con el mar de San Juan de Puerto Rico. El absoluto laico del amor cede el paso a una nueva mística, en la que el poeta, hecho portavoz de todos los hombres, pisa los umbrales del misterio.

BIBLIOGRAFÍA. L. Spitzer, «El conceptismo interior de Pedro Salinas», en *Revista Hispánica Moderna*, VII (1941), págs. 33-69; E. Dehenin, *Passion d'absolu et tension expressive dans l'oeuvre poétique de Pedro Salinas* (Gante, 1957); A. de Zubizarreta, *Pedro Salinas: el diálogo creador* (Madrid, 1969); C. Feal Deibe, *La poesía de Pedro Salinas* (Madrid, 1971); P. Salinas, *Poesías completas*, prólogo de J. Guillén (Barcelona, 1971); A. P. Debicki (ed.), *Pedro Salinas* (Madrid, 1976); M. C. García Tejeda, *La teoría literaria de Pedro Salinas* (Cádiz, 1988). [M.G.P.]

SALINAS, RAÚL. Véase LITERATURA CHICANA.

SALINAS ARTECHE, OSWALDO. Véase ARTECHE, MIGUEL.

SALISACHS, MERCEDES (Barcelona, 1916). Ha publicado diversos relatos y novelas de corte realista, que han alcanzado muchas veces un gran éxito de público. La crítica, sin embargo, le ha sido, por lo general, adversa. Los títulos más destacados de los mismos son: *Primera mañana, última mañana* (1955), *Una mujer llega al pueblo* (1956), *Carretera intermedia* (1956), *Más allá de los raíles* (1957), de ambiciones metafísicas; *Adán-Helicóptero* (1957), en el que se acercó a la ficción científica; *Vendimia interrumpida* (1960), *La estación de las hojas amarillas* (1963), *El declive y la cuesta* (1966), novela histórica sobre la muerte de Cristo; *La última aventura* (1967), *Adagio confidencial* (1973), *La gangrena* (1975), en donde nos ofrece un vasto fresco de Barcelona y, por extensión, de España, desde la dictadura de Primo de Rivera hasta la época actual; *Viaje a Sodoma* (1977), *El proyecto y otros relatos* (1979), *Derribos: crónicas íntimas de un tiempo saldado* (1981), *El volumen de la ausencia* (1983) y *La danza de los salmones* (1985). También es autora de *La decoración* (1969). [A.R.]

SALMERÓN, NICOLÁS (Alhama la Seca, Almería, 1838-Pau, Francia, 1908). Político y filósofo español. En 1866 ganó la cátedra de Filosofía en la Universidad Central, y en 1869 la de Metafísica, que desempeñó hasta su muerte. En 1873 sucede a Pi y Margall * en la presidencia de la República, a consecuencia de la insurrección cantonal de Cartagena. Con Giner de los Ríos * y Azcárate * forma Salmerón el grupo de discípulos más eminentes de

Sanz del Río *. Como ellos, conservó el fondo racionalista y armónico del maestro y derivó hacia corrientes más actuales del pensamiento. No tuvo un criterio original ni una doctrina fija y, sin embargo, estaba dotado para uno y otra. De sus trabajos, destacan *Conceptos de la metafísica* (1870), *Principios analíticos de la idea del tiempo* (1873) y *La filosofía de la vida* (1902).

BIBLIOGRAFÍA. AA. VV., *Homenaje a la buena memoria de don Nicolás Salmerón. Trabajos filosóficos y discursos políticos*, prólogo biográfico de Giner de los Ríos (Madrid, 1911). [E.R.C.]

SALOM, JAIME (Barcelona, 1925). Es médico. De sus comedias, que han sido calificadas de teatro convencional, de intriga o melodramático y de caracteres, y que revelan un dominio de la técnica teatral, sobresalen: *Culpables* (1961), *El baúl de los disfraces* (1964), *La casa de las chivas* (1968), *Los delfines* (1969), *La piel del limón* (1976) y *Una hora sin televisión* (1987).

BIBLIOGRAFÍA. A. Marqueríe, *Ensayo crítico del teatro de Jaime Salom* (Madrid, 1973). [M.S.]

SALOMÓN, CARLOS (Madrid, 1923-Santander, 1955). Su temprano traslado a Santander vincula a este poeta con los movimientos literarios santanderinos y, en general, con la fundación de la revista *Proel*. Su poesía, iniciada con *Pasto de la aurora* (1947), muestra preocupación existencial y una dicción contenida que apoya su andadura en el verso corto y en la rima asonante. Entre sus libros más representativos figuran *La orilla* (1951), *La sed* (1951), *Firmes alas transparentes* (1952) y *Región luciente* (1953), título este último recabado en Fray Luis de León * y que recapitula la aspiración central del poeta: elevarse a un ámbito celeste como refugio frente a la dolorosa contingencia humana. [A.S.Z.]

SALUCIO DEL POYO, DAMIÁN (?, h. 1580-?, h. 1623). De ascendencia italiana, vivió en Murcia hasta 1610 y posteriormente en Sevilla. Dramaturgo elogiado por Lope de Vega * y Cervantes *, quizá fue también director de una compañía teatral. Entre sus obras destacan un *Discurso de la casa de Guzmán y su origen*, de carácter genealógico; una *Loa en alabanza de los dedos*, un *Baile pastoril*, el auto sacramental *Las fuerzas de Sansón* y varias comedias: *La privanza y caída de don Álvaro de Luna*, *La próspera fortuna del famoso Ruy López de Ávalos el Bueno*, *El rey perseguido* —publicadas entre 1613 y 1615— y *La vida y muerte de Judas*, inédita hasta el pasado siglo. Sus piezas dramáticas, en las que predominan los asuntos de fondo histórico nacional, se caracterizan por la casi absoluta falta de personajes femeninos y por la ausencia de graciosos.

BIBLIOGRAFÍA. L. Caparrós Esperante, *Entre validos y letrados. La obra dramática de Damián Salucio del Poyo* (Valladolid, 1987). [J.G.L.]

SALVÁ, ALBERTO (seudónimo). Véase SCHINCA, MILTON.

SALVADOR, ÁLVARO (Granada, 1950). Es profesor de Literatura Hispanoamericana en la Universidad de Granada. Entre sus libros de poemas destacan *Y...* (1971), *La mala crianza* (1974), *De la palabra y otras alucinaciones* (1975), *Los cantos de Ilíberis* (1976), *Las cortezas del fruto* (1980), *Tristia* (en colaboración con Luis García Montero, 1982), *El agua de noviembre* (1985), *Reina de corazones* (1989) y *La condición del personaje* (1992). Como ensayista ha publicado, entre otros, los libros *Para una lectura de Nicanor Parra* (1975), *Rubén Darío y la moral estética* (1986) e *Introducción al estudio de la literatura hispanoamericana* (en colaboración con Juan Carlos Rodríguez, 1987). La poesía de Álvaro Salvador evolucionó de las innovaciones formales novísimas de sus primeros libros a una estética de la experiencia más conectada con la poesía realista. Siguiendo el magisterio de poetas como Ángel González o Jaime Gil de Biedma, pretende romper las barreras entre los temas históricos y los íntimos, analizando en sus versos el sentido ideológico de la educación sentimental.

BIBLIOGRAFÍA. A. Jiménez Millán, «*Las cortezas del fruto* de Álvaro Salvador», en *Hora de poesía*, núms. 19-20 (1982), págs. 46-49; J. C. Rodríguez Gómez, «La guarida inútil. (La poesía de Álvaro Salvador)», en Á. Salvador, *Las cortezas del fruto* (Madrid, 1980), págs. 15-25. [L.G.M.]

SALVADOR, FRANCISCO (Tegucigalpa, 1934). Director de teatro y dramaturgo. Fundó el Teatro de la Universidad Nacional Autónoma de Honduras en 1959 y es autor de la pieza teatral *El sueño de Matías Carpio*, con la que obtuvo el Premio Nacional de Teatro José Trinidad Reyes. Fue director de la revista de arte *Kukulcán* y fundó el primer cine-club universitario que hubo en Honduras. Ha escrito narraciones que se encuentran en antologías hondureñas y extranjeras. Tiene una obra inédita de teatro titulada *Golpe de Estado*. [O.A.]

SALVADOR, HUMBERTO (Guayaquil, Ecuador, 1909). Narrador y ensayista. En los relatos breves de *Ajedrez* (1929) y *Taza de té* (1932), y en la novela *En la ciudad he perdido una novela* (1929), se mostró interesado en la psicología profunda y en la renovación técnica, para derivar hacia el realismo socialista en las novelas *Camarada* (1932) y *Trabajadores* (1935). *Noviembre* (1939), *La novela interrumpida* (1942), *Prometeo* (1943) y *La fuente clara* (1946) son otras novelas suyas. [T.F.]

SALVADOR, TOMÁS (Villada, Palencia, 1921-Barcelona, 1984). Participó en la División Azul e ingresó en la Policía. Más tarde se dedicó a trabajos editoriales. Tiene una extensa obra narrativa de temática muy variada, de la que destacan *Cuerda de presos* (1953), Premio Miguel de Cervantes; *Hotel Tánger* (1955), *Cabo de Vara* (1958), *El atentado* (1960), Premio Planeta; *Un lugar llamado lejos* (1979) y *Camello para un viaje* (1984). [G.R.F.]

SALVADOR LARA, JORGE (Quito, 1926). Historiador, poeta y ensayista, ha colaborado también en numerosos periódicos. De su obra en prosa destacan *El pensamiento en los pueblos antiguos. Introducción a la historia de la sociología* (1960) y *La patria heroica. Ensayos críticos sobre la Independencia* (1961); en poesía, *Voces de alma en fuga* (1949) y *Cuaderno del combatiente* (1958). [J.C.]

SALVAGO, JAVIER. Véase POESÍA ESPAÑOLA POSTERIOR A 1975.

SALVO Y VELA, JUAN (¿?-Madrid, 1720). Sastre, autor de comedias de santos y de magia que obtuvo resonantes éxitos con su serie *El mágico de Salerno*, en cinco partes (1715-20). Es considerado como el autor que dio forma a la comedia de magia dieciochesca. Aunque empezó escribiendo comedias de santos, la fama —incluso en forma de insultos por parte de Leandro Fernández de Moratín *— le llegó por *El mágico de Salerno*.

BIBLIOGRAFÍA. J. L. Gotor, «El mágico de Salerno», en *Teatro di magia*, a cura di E. Caldera (Roma, 1983), págs. 107-147. [J.A.B.]

SAMANIEGO, FÉLIX MARÍA DE (Laguardia, Álava, 1745-1801). De familia noble y bien acomodada, fue director del Seminario de Nobles de Vergara —colegio modelo, considerado como la primera escuela laica en España—, participó activamente en la Sociedad Vascongada de Amigos del País —uno de los más destacados núcleos de la Ilustración—, ocupó la alcaldía de Tolosa y fue diputado del País Vasco en Madrid. No se le puede considerar propiamente como un hombre de letras, pero, al igual que tantos autores de la época, cultivó la literatura como distracción. De espíritu epicúreo y enciclopedista, cultivó, con desenfado y acentos anticlericales, la poesía erótica *(Jardín de Venus)*. También, además de intervenir en polémicas literarias con Tomás de Iriarte, García de la Huerta * y otros, ejerció la crítica teatral a favor de los reformadores neoclásicos. Sin embargo, su nombre ha quedado asociado a las *Fábulas morales* (1781), que compuso a instancias de su tío, el conde de Peñaflorida, para los alumnos del Seminario de Vergara. Las fábulas tuvieron un gran éxito y fueron utilizadas como texto escolar hasta hace pocas décadas. Esta colección de ciento treinta y siete apólogos toma sus asuntos de Esopo, Fedro, La Fontaine y John Gay para adaptarlos a un estilo natural y gracioso, aunque prosaico. La intención pedagógica de las fábulas no favorece la originalidad ni el logro estético —en este sentido son inferiores a las de Tomás de Iriarte *—. Samaniego se amolda al espíritu de la poesía dieciochesca que prescinde de metáforas y demás flores poéticas para ir directo, con su enseñanza fácil, a la mente del destinatario infantil, al que en un principio iban dirigidas. Su muy dieciochesca afición a la vida tranquila, la amistad y el buen vivir le impidió acometer otras empresas literarias para las que estaba preparado.

BIBLIOGRAFÍA. E. Palacios Fernández, *Vida y obra de Samaniego* (Vitoria, 1975). [J.A.R.]

SAMANIEGO, FILOTEO (Quito, 1928). Poeta, periodista, crítico de arte y literatura. De su obra poética se destacan *Signos* (1961), *Signos II* (1967), *Los niños sordos* (1977) y *Oficios del río* (1983). [J.C.]

SAMAYOA CHINCHILLA, CARLOS (Ciudad de Guatemala, 1898). Periodista, diplomático, director de la Biblioteca Nacional de Guatemala y del Instituto de Antropología e Historia de Guatemala. En su obra narrativa, inspirada sobre todo en leyendas populares, figuran obras como *Madre Milpa* (1934, cuentos), *Cuatro suertes* (1934, cuentos), *La casa de la muerta* (1941, relatos) y *Estampas de la Costa Grande* (1957, relatos). [A.B.F.]

SAMBLANCAT, ÁNGEL. Véase NOVELA GALANTE.

SAMPEDRO, JOSÉ LUIS (Barcelona, 1917). Ha sido catedrático de Economía. Sus dos primeras novelas, *La estatua de Adolfo Espejo* (1940) y *La sombra de los días* (1947), permanecen inéditas, a pesar de haber merecido esta última el Premio Internacional de Novela. Siguieron *Congreso en Estocolmo* (1952) y *El río que nos lleva* (1961), en una línea de narrativa realista, que se convierte en paródica en *El caballo desnudo* (1970). *Octubre, octubre* (1981) supone un cambio importante en la obra de este autor, que construye un extenso relato culturalista y metaliterario, mientras que *La sonrisa etrusca* (1985) es una novela de técnica más tradicional, que trata los temas de la muerte y la oposición campo-ciudad a través de un anciano enfermo y la relación con su nieto. En 1990 ha publicado *La vieja sirena*, una novela de ambientación histórica (la trama se desarrolla en el siglo III, en Alejandría), que pretende también ofrecer, a través del paralelismo con el pasado, una interpretación de nuestra época. José Luis Sampedro es autor además de obras teatrales —*La paloma de cartón* (1952), Premio Nacional de Teatro Calderón de la Barca, y *Un sitio para vivir* (1958)— y de ensayos sobre economía. En febrero de 1990 fue elegido miembro de número de la Real Academia Española de la Lengua. [G.R.F.]

SAMPER, JOSÉ MARÍA (Honda, Tolima, Colombia, 1828-Anapoima, Cundinamarca, Colombia, 1888). Utilizó el seudónimo de «Agudelo», y asistió a la tertulia bogotana de «El Mosaico». Dio a conocer varias obras de teatro, como *Los aguinaldos* (1849), *Un alcalde a la antigua y dos primos a la moderna* (1855) y *Dios corrige, no mata* (1855), y en 1857 publicó su *Colección de piezas dramáticas*. Entre sus novelas destacan *Martín Flores* (1866), *Un drama íntimo* (1870), *Florencio Conde* (1875) y *El poeta soldado* (1881). En ellas, como en su teatro y en sus artículos de costumbres, trató de reflejar la realidad colombiana de su tiempo. En *Flores marchitas* (1849), *Ecos de los Andes* (1860) y *Últimos cantares* (1874), reunió su poesía, y en 1881 dio a conocer una especie de confesión de fe titulada *Historia de un alma*. También escribió obras de tema histórico y filosófico. [J.V.]

SAMPER ORTEGA, DANIEL (Bogotá, 1895-1943). Dramaturgo y narrador colombiano. Sobre la azarosa vida de José de Solís y Folch de Cardona, virrey de Nueva Granada, versa su novela *Zoraya* (1931). También escribió *En el cerezal* (1924), texto narrativo de connotaciones románticas. Dio a conocer versos modernistas de sabor añejo, el drama *El escollo* (1926) y un libro costumbrista, *Nuestro lindo país colombiano* (1938). [J.V.]

SAMPERIO, GUILLERMO (México, D.F., 1948). Editor, coordinador de talleres de narrativa y literatura infantil, colaborador de numerosas publicaciones periódicas, director de Literatura del Instituto Nacional de Bellas Artes. Samperio se mueve a sus anchas en el texto breve, ya sea con un estilo realista, una prosa poética, un lenguaje proveniente del habla materna. Si de asuntos se trata, transita complacidamente por el político, el social, el erótico, el fantástico, la cotidianidad. *Lenin en el fútbol* (1978), *Textos extraños* (1981), *Gente de la ciudad* (1986) prueban lo anterior y muestran el continuo caminar del autor por las múltiples posibilidades de la literatura en un «movimiento perpetuo». *Manifiesto de amor* (1980) es el título de otra de sus obras. [J.E.C.]

SAN CRISTÓBAL, ALFONSO DE. Véase TRADUCCIONES DE CLÁSICOS EN LA EDAD MEDIA.

SAN FÉLIX, ÁLVARO (seudónimo de CARLOS BENAVIDES VEGA). Véase HISPANOAMÉRICA: TEATRO ACTUAL.

SAN JOSÉ, DIEGO (Madrid, 1885-Redondela, Pontevedra, 1962). Ejerció el periodismo. Su afán casticista lo llevó en numerosas ocasiones a recrear, con notable habilidad mimética, asuntos y estilos de los escritores de nuestro Siglo de Oro. De su obra narrativa destacan: *La bella malmaridada* (1913), *Doña Constanza* (1914), *El libro de Horas* (1915), *Cuando el motín de las capas* (1919), *La corte del rey embrujado* (1923), ambientada en la época de Carlos II, y *Una pica en Flandes. Memorias de un pícaro que no llegó a ser pícaro* (1924). Publicó también dos poemarios —*Hidalgos y plebeyos* (1912) y *Libro de diversas trovas* (1913)— y obras de teatro. [A.R.]

SAN JOSÉ, FRAY JERÓNIMO DE. Véase HISTORIOGRAFÍA DE LOS SIGLOS XVI Y XVII.

SAN MARTÍN, ANTONIO DE (La Coruña, 1841-1887). Novelista por entregas, fecundísimo, pero de escasa calidad literaria, se sirvió de los más variados temas para sus narraciones, desde la historia antigua a la moderna, desde su tierra natal a los más exóticos parajes, desde personajes sublimes hasta los de más baja ralea, desde la más cruda realidad hasta la más absurda fantasía. De sus más de doscientas novelas, pueden citarse *Horrores del feudalismo: la torre de los vampiros* (1871), *La ciudad del sueño. Viaje al interior de Marruecos* (1873), *La Edad del Hierro* (1874), *La sacerdotisa de Vesta* (1874), *Pompeya* (1874), *La esposa enterrada en vida* (1876), *Los misterios de la calle de Panaderos* (1880) y *Aventuras de don Francisco de Quevedo* (1883-84). [M.P.C.]

SAN PEDRO, DIEGO DE (?, h. 1437-?, h. 1498). Escritor castellano que estuvo al servicio de Juan Téllez Girón, segundo conde de Urueña, a quien acompañó en la campaña de Granada. La obra literaria de San Pedro comprende dos relatos sentimentales, un sermón de amores, dos poemas extensos y una treintena de poemas breves incluidos en su mayoría en el *Cancionero general* *. El *Tractado de amores de Arnalte y Lucenda* fue escrito en 1481-82 y publicado por primera vez en 1491. La estratagema de la seducción, el recurso de la medianera y la transgresión del secreto enlazan la obra con la tradición ovidiana; la manifestación del sentimiento amoroso, con la poesía cancioneril. La obra se dispone en una narración enmarcada: el relato del autor a las damas de la reina Isabel consiste en la narración autobiográfica del caballero Arnalte. Éste relata el vano empeño de una conquista amorosa, adoptando una perspectiva coherente y única. La epístola es el vehículo fundamental de la comunicación.

Cárcel de Amor se escribió hacia 1488 y se publicó por primera vez en 1492. Se trata del relato de una infortunada conquista amorosa que lleva al enamorado a la muerte después de fracasar, tras varios intentos de captar la voluntad de la amada. El autor, en su dimensión narrativa y, a diferencia del narrador del *Tractado*, adopta dos perspectivas: la omnisciente y la testimonial, puesto que desempeña en la historia el papel de amigo y mensajero. Se funden en *Cárcel de Amor* elementos narrativos procedentes de la tradición poética: recurso de la alegoría, muerte trágica y panegírico a las mujeres. De las narraciones caballerescas, la intriga por rivalidad, los duelos y combates. La conquista amorosa se organiza por medio del recurso epistolar, a través del cual se analiza pormenorizadamente el sentimiento. Además de traslucir el conflicto provocado por una concepción cortés y no naturalista del amor, en la *Cárcel* se pone de manifiesto la dificultad del personaje para observar las reglas de conducta de la sociedad. El estilo de *Arnalte y Lucenda* y *Cárcel de Amor* pone de relieve la formación retórica de su autor en las tres artes medievales y en la oratoria clásica, lo que se manifiesta en una organización narrativa compuesta de diferentes unidades retóricas. Whinnom analizó unos cambios estilísticos entre *Arnalte* y la *Cárcel*, comprobables en el abandono del latinismo sintáctico, del ritmo de la prosa y en una preferencia por el procedimiento de la *abbreviatio*. Los dos relatos sentimentales de San Pedro tuvieron bastante fortuna. Antonio de Guevara * introdujo algunas cartas de *Arnalte y Lucenda* en su *Libro áureo de Marco Aurelio*. *Cárcel de Amor* no sólo influyó en otros relatos —*Cárcel de Amor* de Nicolás Núñez *; *Tratado llamado Notable de Amor* de Juan de Cardona—, sino que fue elogiada por J. de Valdés * en su *Diálogo de la Lengua* y conoció numerosas ediciones en el siglo XVI.

El *Sermón de amores*, por su materia e intención paródica se relaciona con el relato sentimental. Se trata de un texto escrito a petición de las damas de la reina, en el que con la técnica de las *artes praedicandi* se desarrolla una materia profana: la normativa del código amoroso cortesano, que va dirigida especialmente a las mujeres.

BIBLIOGRAFÍA. I. A. Corfis, «The *Dispositio* of Diego de San Pedro's *Cárcel de Amor*», en *Iberoromania*, 21 (1985); M. Scordilis Brownlee, «Imprisoned Discourse in the *Cárcel de Amor*», en *Romanic Review*, 78 (1987); N. G. Round, «The Presence of Mosén Diego de Valera in *Cárcel de Amor*», en *The Age of the Catholic Monarchs, 1474-1516: literary studies in memory of Keith Whinnom*, ed. por I. Macpherson y A. Deyermond (Liverpool, 1989). [C.P.]

SAN ROMÁN, CANCIONERO DE. Véase CANCIONEROS ESPAÑOLES DEL SIGLO XV.

SANABRIA SANTALIZ, EDGARDO. Véase HISPANOAMÉRICA: NARRATIVA ACTUAL.

SÁNCHEZ, ALFONSO. Véase POÉTICAS DE LOS SIGLOS XVI Y XVII.

SÁNCHEZ, CLARA. Véase NARRATIVA ESPAÑOLA POSTERIOR A 1975.

SÁNCHEZ, ENRIQUILLO. Véase HISPANOAMÉRICA: NARRATIVA ACTUAL.

SÁNCHEZ, FLORENCIO (Montevideo, 1875-Milán, Italia, 1910). Nacido y formado en el Uruguay, a partir de 1892 viaja intermitentemente a la Argentina, para cuyos escenarios escribe la mayoría de sus obras, unas veinte (dos perdidas), estrenadas en gran parte por las compañías de los hermanos Podestá. Declina el breve período del teatro gauchesco, y Sánchez registra, el primero, los cambios de sensibilidad del público rioplatense. Es naturalista, ya que asume la teoría de la expresión especular de la sociedad que lo rodea. Muestra al público su propia imagen para que corrija sus males: prejuicios, sometimiento al medio, debilidad de la voluntad, ignorancia, machismo, vanidad. Estos males pueden ser individuales o sociales, como los que derivan del caudillismo o de la pobreza de una clase. Nutrido espiritualmente en los autores anarquistas que la Biblioteca Sempere difundía (Reclus, Bakunin, Malatesta), Sánchez basará en estas ideas los artículos que tantos conflictos le valieron con los propietarios de los diarios para los que escribió en sus comienzos; ideas que también aparecen en sus obras teatrales. Sánchez no es un escéptico y sus obras muestran su afán pedagógico. Pero hay una intuición de las psicologías, del ambiente, del lenguaje y el ritmo teatrales, que se concreta en piezas que conmovieron al público de su tiempo. Algunos de sus dramas, más allá de la renovación causada en su momento y ambiente, encierran caracteres esencialmente humanos y siguen vigentes en los escenarios. También sus sainetes trajeron elementos nuevos: disminuyeron el elemento folclórico y acentuaron la humanidad de sus personajes humildes en su lucha por la vida. El nombre del protagonista de una de sus primeras obras, *Canillita* (1902), niño vendedor de diarios, se volvió genérico. Dio categoría de tragedia al drama rural *Barranca abajo*, sin duda su texto más perfecto, estrenado el 26 de abril de 1905 en el Teatro Apolo de Buenos Aires, por la Compañía de los Hermanos Podestá. El registro atinado de rasgos psicológicos o de circunstancias sociales, que pudo haberle deparado un mero teatro costumbrista, se organiza de acuerdo a un ideario rector, pero éste no se impone a la realidad, no la vierte en estereotipos. Le sirve a Sánchez para hacer más agudas sus observaciones. Sin duda para que acción y personajes resulten conmovedores, el autor comienza por volcar su caritativa ternura sobre esos personajes con los que el destino se ensaña, como don Zoilo en *Barranca abajo*. No por ello los sustrae a ese destino: aunque los sociólogos digan que los gauchos no se suicidan y los directores protesten, el suicidio del protagonista es el único final retóricamente coherente de la obra citada. Pero hay otro Sánchez que antecedió al dramaturgo y cuyo mensaje también debe ser atendido: el Sánchez polemista. En 1897, sublevado su partido, el escritor participa en dos batallas contra el gobierno de su país: dos derrotas. Este breve contacto con la realidad militar y política le resulta más que suficiente. Publica en 1900, en el semanario *El Sol* de Buenos Aires, sus «Cartas de un flojo», donde analiza con sagaz virulencia los desastres que el caudillismo, «tropero de pasiones», implica para el país. Denigra a una sociedad cuya política tiene tantos subordinados y cuya juventud pone el coraje sobre otros valores. Sánchez se atreve a presentarse a sí mismo como un «flojo», atacando el mito nacional del coraje. *El caudillaje criminal en Sudamérica* (1903) prolonga el tema con el retrato de João Francisco Pereira de Souza, caudillo brasileño vinculado a las «patriadas» uruguayas.

BIBLIOGRAFÍA. R. F. Giusti, *Florencio Sánchez. Su vida y su obra* (Buenos Aires, 1920); J. Imbert, *Florencio Sánchez. Vida y creación* (Buenos Aires, 1954); J. Cruz, *Genio y figura de Florencio Sánchez* (Buenos Aires, 1966); *Florencio Sánchez. Persona y teatro* (Montevideo, 1981). [I.V.]

SÁNCHEZ, GUILLERMO. Véase SOLARTE, TRISTÁN.

SÁNCHEZ, HÉCTOR. Véase HISPANOAMÉRICA: NARRATIVA ACTUAL.

SÁNCHEZ, JOSÉ LEÓN (Alajuela, Costa Rica, 1930). A los 19 años fue condenado a 40 años de prisión en la isla presidio de San Lucas por un crimen que no había cometido. Sus experiencias allí le dieron el material para su novela testimonial más conocida, *La isla de los hombres solos*, editada por primera vez en la imprenta de madera de la prisión, en 1963. Ese mismo año obtiene el Premio Internacional de Literatura de Guatemala con su libro de cuentos *Cuando canta el caracol*, publicado en 1967. De carácter documental son los de *El poeta, el niño y el río* (1963) y *La catleya negra* (1972), y la novela *Picahueso* (1971), reimpresa más tarde bajo el título *La colina del buey*. Además de estas obras, ha publicado: *La luna de la hierba roja* (1984), denuncia de la corrupción a nivel internacional; *Tenochtitlan* (1986), novela de gran aliento sobre la última batalla de los aztecas y la conquista de México por Hernán Cortés *; *Campanas para llamar al viento* (1987), sobre la colonización pacífica de Baja California por el franciscano Fray Junípero de Serra, a mediados del siglo XVIII. Además de unos 15 libros de creación, Sánchez es un activo polemista en periódicos y revistas, sobre todo en Costa Rica y en México. [C.B.]

SÁNCHEZ, JOSÉ ROGERIO (Valladolid, 1876-Madrid, 1949). Fue catedrático de Literatura y Filosofía y Director General de Enseñanza después de la Guerra Civil. Colaboró en numerosas revistas y dirigió *La Segunda Enseñanza*. De sus ensayos sobre pedagogía y literatura, destacan: *Manual de preceptiva literaria y composición* (1903), *Estética general (Lógica del sentimiento)* (1907) e *Introducción a los estudios psicofilosóficos* (1918). Es autor también de diversas antologías de literatura y de las novelas, de carácter costumbrista, *Almas de acero*, *En busca de la vida* (ambas en la Biblioteca «Patria») y *Los tristes destinos* (1909). [A.R.]

SÁNCHEZ, JUAN. Véase IDEAS LINGÜÍSTICAS DEL SIGLO DE ORO.

SÁNCHEZ, LUIS ALBERTO (Lima, 1900). Escritor prolífico, político y educador. Uno de los más importantes historiadores y críticos literarios peruanos. Miembro de la Academia Nacional de Historia (1928) y de la Academia Peruana de la Lengua (1980). La vida y obra de Manuel González Prada * ha sido uno de los temas que ha establecido a la luz de nuevos textos y nuevas interpretaciones críticas. Entre los muchos estudios especializados sobre aspectos de la literatura del país, figuran: *La literatura peruana, derrotero cultural para una historia del Perú* (1.ª ed. en tres vols., 1928-36; 7.ª ed. en cinco vols., 1982); *La literatura del Perú* (1939 y 1943), versión de un ciclo de conferencias, reiterado en *Panoramas de la literatura del Perú, desde sus orígenes hasta nuestros días* (1974) e *Introducción crítica a la literatura peruana* (1974). *Los señores* (1983), *Los burgueses* (1983), *Los revoltosos* (1984) y *Los redentores* (1984), «relatos esperpénticos» de fondo testimonial, son algunos de los trabajos en que ha esbozado una saga sociológica y política del siglo XX. Sobre el pasado remoto ha escrito, entre otras obras, *Fuentes documentales sobre la ideología de la emancipación nacional* (1980). Es autor de la novela *El pecado de Olazábal* (1977). [F.M.R.A.]

SÁNCHEZ, LUIS RAFAEL (Humacao, Puerto Rico, 1936). Dramaturgo, narrador y ensayista, es el mejor representante del neobarroco en la literatura de su país. Se inicia como dramaturgo; su primer teatro está profundamente marcado por el existencialismo y el teatro del absurdo. Pero ya en éste, particularmente en *Farsa del amor compradito* (1960), se hallan un marcado sentido del humor y una autoconciencia de lo teatral que prefiguran muchos de sus logros posteriores. *La pasión según Antígona Pérez* (1968), obra de clara influencia brechtiana, marca su madurez teatral y comienza una exploración de lo latinoamericano en la cultura puertorriqueña que será de gran importancia en toda su obra. A la par que escribe su teatro, trabaja en sus primeros cuentos, que recoge en *Cuerpo de camisa* (1966). Esta colección señala un cambio profundo en su obra y se convierte en hito de la aparición de un nuevo grupo de autores boricuas y una nueva estética. En sus cuentos, Sánchez funde la voz narrativa con la de sus personajes para exaltar indirectamente la lengua popular del país y para crear un lenguaje propio que colinda con las ideas del neobarroco antillano. Su primera novela, *La guaracha del macho Camacho* (1976), reitera estos principios establecidos en sus cuentos a la vez que da a conocer al autor en el resto de Hispanoamérica. Bajo el título de «Escrito en puertorriqueño», comenzó a publicar ensayos para un periódico sanjuanero. Éstos, y los que más tarde publica, confirman su objetivo de crear una lengua, propia y neobarroca, que exalte la de la calle. *Quíntuples* (1985), su más reciente obra teatral, intenta llevar a este género los logros alcanzados en su prosa. Con *La importancia de llamarse Daniel Santos* (1988), Sánchez explora los mitos de la cultura popular latinoamericana desde una perspectiva puertorriqueña y crea un texto híbrido y neobarroco, por su lenguaje y por su forma. Con Sánchez las letras boricuas se latinoamericanizan.

BIBLIOGRAFÍA. E. Barradas, *Para leer en puertorriqueño: acercamiento a la obra de Luis Rafael Sánchez* (San Juan, 1981); E. Colón Zayas, *El teatro de Luis Rafael Sánchez: código, ideología y lenguaje* (Madrid, 1985); G. F. Waldman, *Luis Rafael Sánchez: pasión teatral* (San Juan, 1988); A. Figueroa, *La prosa de Luis Rafael Sánchez* (Nueva York, 1989). [E.B.]

SÁNCHEZ, MARIANO. Véase NOVELA POLICIACA.

SÁNCHEZ, MIGUEL (Valladolid, 1563/66-¿Plasencia, Cáceres?, 1610/22). Licenciado en cánones, «el divino» Miguel Sánchez fue secretario del obispo de Valladolid (1597-1605) y de los de Osma y Plasencia. De este dramaturgo, citado por numerosos poetas, entre ellos, Cervantes * y Lope de Vega *, que lo elogia en el *Arte nuevo* por haber inventado «el engañar con la verdad», se han conservado las comedias *La isla bárbara, La desgracia venturosa* y *La guarda cuidadosa*, muy interesante para la génesis de la comedia nueva.

BIBLIOGRAFÍA. S. Arata, *Miguel Sánchez «il divino» e la nascita della «Comedia nueva»* (Salamanca, 1989). [A.B.]

SÁNCHEZ, NÉSTOR (Buenos Aires, 1935). El malestar existencial y la experimentación con el lenguaje y la técnica narrativa se conjugaron en sus novelas *Nosotros dos* (1966), *Siberia blues* (1967), *El amhor, los Orsinis y la muerte* (1969) y *Cómico de la lengua* (1973). Con ellas se insertaba en la tradición metafísica de la narrativa argentina contemporánea, haciendo del texto la concreción del absurdo y un intento de llegar a una existencia auténtica. [T.F.]

SÁNCHEZ, PEDRO ANTONIO. Véase RETÓRICAS DEL SIGLO XVIII.

SÁNCHEZ, RICARDO. Véase LITERATURA CHICANA.

SÁNCHEZ, TOMÁS ANTONIO (Ruiseñada, Santander, 1723-Madrid, 1802). Bibliotecario de la Real Biblioteca y académico de la Real Academia Española y de la Real Academia de la Historia. Lo principal de su labor es de carácter erudito. Colaboró en la nueva edición de la *Bibliotheca Hispana Nova* (1799), de Nicolás Antonio *. Percibió el interés de la literatura medieval, y en su *Colección de poesías castellanas anteriores al siglo XV* (1779-90) editó por primera vez el *Cantar de Mio Cid* *, las obras de Gonzalo de Berceo * y del Arcipreste de Hita *, el *Libro de Alexandre* * y el *Rimado de palacio* del canciller Ayala *. Su obra editora se complementa con la de Francisco Cerdá y Rico *. [J.A.R.]

SÁNCHEZ, TOMÁS BERNARDO (¿?-¿?). De este autor español sólo se sabe que escribió dos comedias de magia: *El mágico Segismundo* (1735 y 1736) y *El mágico Muley* (1736). [J.A.B.]

SÁNCHEZ ALBORNOZ, CLAUDIO (Madrid, 1893-Ávila, 1984). Historiador español, discípulo del medievalista Eduardo de Hinojosa, a quien sucedió (1920) en su cátedra madrileña y quien le orientó por el camino de la historia institucional con fuerte base jurídica. Fue el encargado de la sección de Historia del Centro de Estudios Históricos y director del *Anuario de Historia del Derecho Español*, rector de la Universidad de Madrid (1932) y, como republicano liberal, diputado y Ministro de Estado (1933) en los gobiernos de Lerroux y Martínez Barrio. De estos años son sus importantes trabajos sobre la potestad real en los siglos VIII al XIII, sobre las vías romanas de Castilla y las instituciones del reino de Asturias, además de las amenas *Estampas de la vida en León durante el siglo X* (1926). Tras la guerra y ya en el exilio (en el que llegó a ostentar la presidencia de la República española en 1959), reanudó su tarea en Buenos Aires, donde creó una escuela de historiadores y escribió nuevas monografías como *En torno a los orígenes del feudalismo* (1942), *Ruina y extinción del municipio romano en España* (1943) y *España musulmana* (1946), pero su obra más relevante vino a ser una refutación muy extensa de *España en su historia* de A. Castro *: *Es-

paña: un enigma histórico (1957), cuyos dos extensos tomos fundamentan una visión europea, germánica y castellanista de lo español. [J.C.M.]

SÁNCHEZ DE ARÉVALO, RODRIGO (Santa María de Nieva, Segovia, 1404-Roma, 1470). Estudió Derecho, Artes y Teología en la Universidad de Salamanca, para pasar después de 1431 a la carrera eclesiástica. Estuvo en el Concilio de Basilea (1433-39), al lado de Alfonso de Cartagena *, desempeñando importantes cargos. Fue embajador del rey de Castilla cerca del emperador Alberto, de Roma, y del duque de Borgoña, de Francia, etc. Fue obispo de Oviedo, de Zamora, de Calahorra y Palencia, pero se establece definitivamente en Roma a partir de 1460, en donde defiende las posturas papales frente a las conciliaristas. En Roma, Paulo II le confiere la castellanía del Castel Sant'Angelo, donde sería tolerante carcelero de varios humanistas romanos del círculo de Pomponio Leto. La mayor parte de la obra de Sánchez de Arévalo está en latín, como sus obras históricas o el *Speculum honestae vitae*, que pronto fue traducido por el mismo autor, así como un amplio número de textos vinculables a los intereses humanistas. Sin embargo, conservamos, de tratados en castellano: la *Suma de la política* y el *Vergel de príncipes*, escritos ambos con posterioridad a 1454, ya que están dirigidos a Enrique IV. El primero trata de la fundación de una ciudad ideal: del sitio idóneo para construirla, del modo de defenderla en tiempo de guerra y de regirla en tiempo de paz. El *Vergel de príncipes* trata de tres ejercicios y «deportes» regios: el de las armas en primer lugar, pero también los de la caza y música, a los que Enrique IV era aficionado en exceso, según sus detractores.

BIBLIOGRAFÍA. M. Penna (ed.), *Prosistas castellanos del siglo XV* (Madrid, 1959);

R. B. Tate, *Ensayos sobre historiografía peninsular del siglo XV* (Madrid, 1970). [A.V.]

SÁNCHEZ DE BADAJOZ, DIEGO (Talavera la Real, Badajoz, s. XV-Badajoz, 1549). Dramaturgo extremeño de la primera mitad del siglo XVI y uno de los autores más interesantes de nuestro teatro primitivo. Graduado de bachiller en artes, seguramente en Salamanca, regresó para siempre a su tierra natal, de donde fue párroco a lo largo de bastantes años, hasta su muerte, y supo combinar siempre sus deberes eclesiásticos con su afición teatral. Su obra está constituida por veintiocho piezas dramáticas y unas cuantas composiciones líricas, todo ello contenido en un único libro que, con el título de *Recopilación en metro*, fue publicado en Sevilla por su sobrino Juan de Figueroa en 1554, ya muerto el autor, alguna de cuyas obras corrió también en edición suelta y anónima. Todas las piezas dramáticas llevan el título de *Farsas (Teologal, de la Natividad, de Santa Bárbara, de Salomón, de Ysaac, de la muerte,* etc.) y fueron compuestas principalmente para las festividades de Navidad y Corpus Christi. Todas son obras en un acto y en verso, con una estructura tripartita muy característica, consistente en un introito inicial recitado por un pastor, el desarrollo argumental, bien de tipo alegórico, bien bíblico figurativo o simplemente dialogal, y, por último, un villancico final cantado que viene a condensar la doctrina de la obra. La mayor parte de las piezas serían escenificadas en la iglesia o en sus inmediaciones, sobre un tablado fijo y sin apenas decorado; sólo una, la *Farsa de Santa Susaña* se escenificó sobre el escenario móvil de una carreta en la procesión del Corpus. El propósito principal de este teatro es la enseñanza de la doctrina cristiana, lo que convierte a las obras en una especie de catecismo escenificado, en el que incluso llega a intervenir como actor el propio clérigo. Pero lo admirable es que al lado de ese contenido grave, se hace abierta concesión a la risa y lo divertido, que puede llegar a rayar alguna vez en lo irreverente y grosero. Esa mezcla de elementos y de estilo, que el autor parece buscar conscientemente para la eficacia de sus propósitos doctrinales («que, entre reír y reír, / bueno es la verdá dezir»), la logra, por ejemplo, mediante la incorporación a la trama de una gran variedad de tipos cómicos de procedencia folclórica (el Pastor, el Fraile, el Negro, el Soldado), mediante la creación de múltiples situaciones grotescas (riñas, disputas, pullas) o en virtud de la utilización de diversas jergas lingüísticas caracterizadoras de aquellos personajes (la lengua rústica sayaguesa del pastor con abundantes extremeñismos, el habla del negro, los latines del clérigo, etc.).

BIBLIOGRAFÍA. J. López Prudencio, *Diego Sánchez de Badajoz. Estudio crítico, biográfico y bibliográfico* (Madrid, 1915); F. Weber de Kurlat (ed.), *Recopilación en metro (Sevilla, 1554)* (Buenos Aires, 1968); M. A. Pérez Priego, *El teatro de Diego Sánchez de Badajoz* (Extremadura, 1982); D. Sánchez de Badajoz. *Farsas*, ed. de M. Á. Pérez Priego (Madrid, 1985); A. E. Wiltrout, *A patron and a playwright in Renaissance Spain: the house of Feria and Diego Sánchez de Badajoz* (Londres, 1987). [M.A.P.P.]

SÁNCHEZ DE BADAJOZ, GARCI (Écija, Sevilla, h. 1450-?, h. 1520). Uno de los poetas más interesantes de la segunda mitad del siglo XV. Buena parte de su producción se halla en el *Cancionero general* *, aunque también figura en otros, como los de la Biblioteca Británica y la Nacional de París. Vivió una vida novelesca, cargada de aventuras amorosas y, según sus contemporáneos, terminó enloquecido por una desdichada pasión, aunándose así la creación literaria en torno a la enfermedad de amor y la propia realidad. Polémicas fueron sus *Liciones de Job apropiadas a las pasiones de amor,* parodia bíblica que escandalizó a los moralistas de su época y que fue considerada sacrílega, lo que motivó su expurgación del *Cancionero general.* Muy difundido fue su *Infierno de amor o de amadores,* largo poema de citas construido sobre la base de una alegoría tópica, que por entonces vemos ya en la primera ficción sentimental y en deuda con la literatura francesa del momento. Sus *Lamentaciones de amores* destacan por la nueva forma cada vez más extendida en coplas de pie quebrado. Asimismo escribe numerosas canciones, dezires, reqüestas y villancicos, siendo uno de los primeros poetas que cultiva el género del romance lírico, recientemente rescatado para la poesía amorosa cortesana. Garci Sánchez ha sido considerado como uno de los mejores poetas de cancionero, tanto por lo prolífico, como por la gran calidad de su obra, y sin duda es uno de los que, con Guevara *, Pinar * y otros renovaron la poesía amorosa en los últimos tiempos de Enrique IV.

BIBLIOGRAFÍA. P. Gallagher, *The life and works of Garci Sánchez de Badajoz* (Londres, 1968); N. G. Round, «Garci Sánchez de Badajoz and the revaluation of cancinero poetry», en *Forum for Modern Language Studies,* 6 (1970), págs. 178-187; B. Dutton, *El Cancionero español del siglo XV: 1370-1420* (Salamanca, 1991). [M.I.T.P.]

SÁNCHEZ BARBERO, FRANCISCO (Moríñigo, Salamanca, 1764-Melilla, 1819). Estudió Teología y Leyes. Ejerció el periodismo durante la Guerra de la Independencia. Fue encarcelado y desterrado por su liberalismo. En su poesía abundan los temas patrióticos, los políticos —como ocurre en las composiciones *A la batalla de Trafalgar* y *La invasión francesa en 1808*— y las letrillas y los *Diálogos satíricos*. También cultivó la poesía latina. [J.A.R.]

SÁNCHEZ BARBUDO, ANTONIO (Madrid, 1910). En los años treinta colaboró en numerosas publicaciones y fundó, con E. Azcoaga * y A. Serrano Plaja *, la revista *Hoja literaria* (1933). Durante la Guerra Civil escribió en *El mono azul* y *Hora de España* y obtuvo, compartido con J. Herrera Petere *, el Premio Nacional de Literatura por *Entre dos fuegos* (1938), libro compuesto por cinco relatos que se desarrollan en los primeros meses de la contienda. Después se exilió en México, en donde publicó artículos y cuentos en diversos periódicos y revistas. A partir de 1945 fue profesor en las Universidades de Texas y Wisconsin. En su única novela, *Sueños de grandeza* (1946), relató la disgregación de una familia, cuyos miembros se comprometen de forma desigual con la tragedia que vive España, entre 1936 y 1937. Es autor también del ensayo *Una pregunta sobre España* (1945) y de numerosos estudios sobre B. Pérez Galdós *, M. de Unamuno *, A. Machado * y Juan Ramón Jiménez *. En *Ensayos y recuerdos* (1980) se refirió a sus relaciones con A. Machado y con algunos componentes del grupo de *Hora de España*, a sus viajes y a diversos aspectos de la vida española.

BIBLIOGRAFÍA. E. R. Mulvihill, «Antonio Sánchez Barbudo», y J. Crispin, «Antonio Sánchez Barbudo, misionero pedagógico», en AA. VV., *Homenaje a A. Sánchez Barbudo* (Madison, 1981), págs. 3-22. [J.S.M.]

SÁNCHEZ BARRA, JOSÉ MARÍA. Véase LITERATURA INFANTIL HISPANOAMERICANA.

SÁNCHEZ DE LAS BROZAS, FRANCISCO (Brozas, Cáceres, 1523-Valladolid, 1600). Conocido por «el Brocense». En 1545 fue a estudiar a Salamanca, donde desde 1554 actuó como profesor bachiller hasta que obtuvo la cátedra de griego en 1559. En 1556 ganó la regencia de retórica en el Colegio Trilingüe de Salamanca, aunque no obtuvo el grado de licenciado en artes hasta 1574. Fue procesado por la Inquisición en varias ocasiones, acusado de haber sugerido que algunas traducciones de los textos bíblicos eran incorrectas y de atacar la excesiva idolatría de las imágenes, entre otras cosas. Su obra fundamental fue la *Minerva, seu de causis linguae latinae*, editada por primera vez en Salamanca (1587), reeditada en multitud de ocasiones en los siglos XVII y XVIII. Precedente de esta obra fue la *Minerva seu de latinae linguae causis et elegantiae*, descubierta recientemente. Las *Verae brevesque grammatices latinae institutiones coeterae fallaces et prolixae* (1560) perfeccionan los métodos de enseñanza del latín; posteriormente escribió una gramática en verso, *Arte para en breve saber latín* (1576). Junto a sus ediciones de autores clásicos, como Ovidio (*Ibis*, 1546), Virgilio (*Bucólicas*, 1591) y un excelente comentario al *Arte poética* de Horacio (1591), escribió poesía en latín y una serie de sonetos traducidos de Petrarca. Otras obras suyas importantes son: *De arte dicendi* (1556), *Organum Dialecticum et Rhetoricum* (1579), *Sphaera mundi* (1579), *Paradoxa* (1582). También hizo comentarios a las *Silvae* de Poliziano (1596) y a los *Emblemata* de Andrea Alciato. En 1574 publicó una edición comentada de Garcilaso de la Vega * y en 1582 una edición comentada y crítica de Juan de Mena *.

BIBLIOGRAFÍA. P. Urbano González de la Calle, *Francisco Sánchez de las Brozas. Su vida profesional y académica. Ensayo biográfico* (Madrid, 1923); M. Liaño, *Sanctius el Brocense* (Madrid, 1971); G. Clerico, «Francisco Sánchez de las Brozas», en *Minerva* (Lille, 1979); F. Sánchez de las Brozas, *Minerva (1562) o de los fundamentos y elegancia de la lengua latina*, introducción y traducción de E. del Estal (Salamanca, 1981). [J.F.A.]

SÁNCHEZ CALAVERA [o TALAVERA], FERRÁN (?, h. 1375/1380-?, d. 1422). Poeta vinculado a la corte de Enrique III, pertenecía a la misma generación que Francisco Imperial * y tenía parecidas preocupaciones poéticas. Fue comendador de Villarrubia, de la Orden de Calatrava. En ocasiones se le ha considerado converso, aunque sin razones para ello. Intervino en los debates recogidos en el *Cancionero de Baena* * sobre la predestinación y el libre albedrío. Entre sus composiciones destaca el *Dezir de las vanidades del mundo*, escrito a la muerte de Ruy Díaz de Mendoza, poema considerado antecedente de las coplas manriqueñas.

BIBLIOGRAFÍA. M. J. Díez Garretas, *La poesía de Ferrán Sánchez Calavera* (Valladolid, 1989). [O.L.F.]

SÁNCHEZ DE LA CÁMARA, DIEGO. Véase POESÍA ÉPICA DE LOS SIGLOS XVI Y XVII.

SÁNCHEZ CAMARGO, MANUEL (Madrid, 1911-1967). Fue catedrático de Literatura, periodista y crítico de arte, materia sobre la que publicó algunas monografías; entre ellas, *Solana* (1945), *Barjola* (1960) y *Diez pintores madrileños* (1966). Es también autor de la novela *Nosotros los muertos (Relato del loco Basilio)* (1948), en la que, a través de un narrador-testigo, se ofrece una cruda y tremendista visión de la vida de un manicomio. [G.R.F.]

SÁNCHEZ CUADRA, MARIO. Véase CAJINA VEGA, MARIO.

SÁNCHEZ DÍAZ, RAMÓN (Reinosa, Santander, 1869-?, 1960). Autor de libros de viajes, cuentos y novelas. Su concepción de la literatura como pedagogía deja siempre su reflejo en una escritura excesivamente dependiente de la voluntad de sensibilizar a sus lectores «con el sentimiento de la justicia». *Amores* (1901), que es una colección de cuentos, *Balada* (1906), que es una novela infantil, y *Jesús en la fábrica* (1911), que es una novela de tesis social, constituyen algunos de sus títulos más relevantes. [J.B.]

SÁNCHEZ DRAGÓ, FERNANDO. Véase NARRATIVA ESPAÑOLA POSTERIOR A 1975.

SÁNCHEZ ESPESO, GERMÁN (Pamplona, 1940). Estudió Filosofía y Letras. Ha mostrado un gran interés por los clásicos grecolatinos, la teología, el cine y las culturas orientales. En su vasta producción narrativa, en la que conviven los elementos simbólicos, alegóricos y de filiación bíblica con los eróticos y con la sátira social y política (referida tanto al presente como al pasado), ha alternado técnicas literarias de gran complejidad con otras más convencionales. Dicha producción se compone de *Experimento en Génesis* (1967), *Síntomas de Éxodo* (1969), *Laberinto Levítico* (1972), *De entre los Números* (1978), *Narciso* (1979), «*¡Viva el pueblo!*» (1981), *Paraíso* (relatos, 1981), *Baile de disfraces* (relatos, 1983), *La reliquia* (1983), *Pollo frío en la nevera* (1984), *En las alas de las mariposas* (1985), *Un cuchillo en un sueño* (1988) y *La mujer a la que había que matar* (1991). [A.R.]

SÁNCHEZ FERLOSIO, RAFAEL (Roma, 1927). Es uno de los escritores «del medio siglo» de mayor influencia, pese a lo limitado y discontinuo de su producción, iniciada por relatos aparecidos en revistas a finales de los cuarenta. Poco después estaba ya junto a I. Aldecoa * y A. Sastre * al frente de *Revista Española*, donde publica dos narraciones y la traducción de *Totò il buono* del escritor y guionista C. Zavattini, inspirador del incipiente neorrealismo español. El propio Ferlosio, como J. Fernández Santos *, se interesaba entonces por lo fílmico, y llegó a iniciar estudios en la Escuela Oficial de Cinematografía, que abandonará, al igual que los de Letras. No es ajena tampoco a esa influencia italiana su primera novela, *Industrias y andanzas de Alfanhuí* (1951), libro poético y de fantasía —como el *Pinocchio* de Carlo Collodi, por él prologado (1972)—, cuya estructura episódica e itinerante, junto a su condición de «novela de aprendizaje», remite tanto a la picaresca como, por la precisión y los hallazgos de su prosa, a Ramón Gómez de la Serna *. Pese a la excelencia de esa *opera prima*, el papel renovador de Ferlosio en la trayectoria de nuestra novelística está unido a su segundo libro, *El Jarama* (1956), Premio Nadal. Su autor la definió como «un tiempo y un espacio acotados. Ver simplemente lo que sucede allí», resumen cabal de las características más destacadas de un relato en tercera persona, fundamentalmente objetivo, salvo en las descripciones, impregnadas de aciertos metafóricos y lirismo, que comprende dieciséis horas de un domingo veraniego en torno a un encalve del río Jarama, el Puente Viveros. El discurso logra hábilmente la simultaneidad al presentar el transcurrir de ese tiempo sobre dos grupos de personajes contrapuestos por su edad, procedencia social y expresión lingüística: los jóvenes trabajadores que desde Madrid han llegado en pandilla y los lugareños que constituyen la clientela habitual de una venta cercana al lugar del baño. En especial, destaca el contrapunto entre el habla expresiva y castiza de los hombres del pueblo y la empobrecida e impersonal de los excursionistas madrileños, que el escritor resuelve armonizando la fidelidad al español vivo de los años cincuenta y la virtualidad estética. Esta preeminencia del diálogo contribuye además al objetivismo, sutilmente traicionado cuando el narrador se nos revela intérprete imaginativo de la realidad. Ello confiere a esta novela, considerada por algunos como una auténtica epopeya de la vulgaridad, por lo anodino de su contenido argumental y de su diálogo, un sesgo de auténtica ironía trágica. Cuando en la parte final una de las jóvenes, Luci, muere ahogada en el río —el primer y único acontecimiento relevante de la anécdota—, la novela en su totalidad cobra un nuevo significado. Detrás de cada uno de los banales sucesos de un día cualquiera se ocultaban otras tantas «epifanías» con las que una poderosa veta de poesía, mito, fatalismo y misterio nos eleva a una concepción trascendente de la realidad. En *El Jarama*, cuyo título es muy significativo a este respecto, como también el lema con una cita heraclitiana de Leonardo da Vinci, el río representa el eterno fluir de las cosas, la imperturbabilidad de la naturaleza frente a la contingencia de la temporalidad humana, el bergsoniano «élan vital». Pero el carácter protagonístico del Jarama alcanza el propio plano argumental cuando finalmente se nos muestra como juez y verdugo que poniéndose de parte del hombre natural, que lo respeta y teme, castiga a las masas ciudadanas que vienen a romper con su frenético deseo de evasión la paz rural. «Gente desesperada de la vida es lo que parecen», afirma uno de los clientes de la venta a punto de concluir la triste jornada, y la novela no deja de insinuar el origen social de esa alienación, así como de establecer lazos alusivos entre la desesperanza de la generación mayor y el drama de los vencidos de la Guerra Civil. El escritor confió a la cooperación del lector el descifrado de este mensaje. Nada extraño pues que del modelo compositivo de *El Jarama* surgiese la poética del «realismo social» tan sólo mediante la intensificación, con frecuencia simplificadora, de estos componentes de denuncia implícita allí presentes. Esta actitud del autor en *El Jarama* contrasta con la que ha adoptado finalmente. Luego de su abandono de la novela por las investigaciones lingüísticas y un largo interregno sin publicar apenas, en 1974 aparecieron dos volúmenes de ensayos, *Las semanas del jardín*, singularizados por la complejidad de una prosa que recuerda vivamente la de J. Benet *. Y en 1986, otros cuatro libros que sobre esa misma característica formal añaden además el propósito de influir en la sociedad, «cambiar el mundo», en palabras del propio Ferlosio. Se trata de una colección de artículos periodísticos —*La homilía del ratón*—, de ensayos —*Mientras no cambien los dioses, nada ha cambiado* y *Campo de Marte. I: «El ejército nacional»*—, y una novela discursiva y moralizante, *El testimonio de Yarfoz*, entrega parcial de un vasto ciclo narrativo sobre «las guerras barcialeas», en la que se plantean fragmentariamente los problemas de nuestra sociedad contemporánea que obsesionan al escritor. En 1992 se han reunido en dos tomos sus *Ensayos y artículos*.

BIBLIOGRAFÍA. D. Villanueva, *«El Jarama» de Sánchez Ferlosio. Su estructura y significado* (Santiago de Compostela, 1973); A. Gil y H. Scherer, *Kommunikative Prozesse und ihr literarisches Abbild in «El Jarama» von Rafael Sánchez Ferlosio* (Kassel, 1984); L. A. Hernando Cuadrado, *El español coloquial en «El Jarama»* (Madrid, 1988). [D.V.]

SÁNCHEZ GATELL, MIGUEL. Véase POESÍA ESPAÑOLA POSTERIOR A 1975.

SÁNCHEZ HERNANI, ENRIQUE. Véase HISPANOAMÉRICA: POESÍA ACTUAL.

SÁNCHEZ JULIAO, DAVID. Véase HISPANOAMÉRICA: NARRATIVA ACTUAL.

SÁNCHEZ LEÓN, ABELARDO. Véase HISPANOAMÉRICA: POESÍA ACTUAL.

SÁNCHEZ DE LIMA, MIGUEL (¿?-?, d. 1580). Sobre la vida de Miguel Sánchez de Lima, autor portugués repatriado en España, poco se sabe, aparte de que estuvo al servicio de Juan Fernández Pacheco, marqués de Villena. En el *Arte poética en romance castellano* (Alcalá de Henares, 1580) los dos protagonistas departen acerca de la poesía, y en el debate el autor no sólo pone en boca de uno de ellos —Cardenio— su abierta y general apología, sino además la defensa de la *nueva* poesía italianizante que Silvio, su interlocutor, detracta, escudándose en Castillejo *. La alabanza desmesurada de Montemayor * y, junto a él, de las traducciones al vulgar de los autores latinos que empiezan a abundar en la segunda mitad del siglo, se esgrime en detrimento de las novelas de caballerías, que no tienen «buena Rethorica» y corrompen a doncellas y mancebos. En el diálogo segundo se da cuenta, con ejemplos, de las formas poéticas de abolengo italiano, y en el tercero se incluye una brevísima novelita pastoril que Cardenio protagoniza junto a *Laurina*, nombre que nace de la significativa conjunción de Laura y Diana.

BIBLIOGRAFÍA. M. Sánchez de Lima, *El arte poética en romance castellano*, ed. de R. de Balbín Lucas (Madrid, 1944). [E.F.]

SÁNCHEZ MAZAS, RAFAEL (Madrid, 1894-1966). Estudió Derecho y ejerció el periodismo. Durante la Guerra Civil y en la inmediata posguerra ocupó diversos cargos oficiales. Fue después corresponsal en Italia del diario *ABC*. Mostró siempre un gran interés por el mundo clásico y renacentista. Su obra narrativa se compone de las novelas *Pequeñas memorias de Tarín* (1915) y *La vida nueva de Pedrito de Andía* (1951), y de los libros de relatos *Cuatro lances de boda* (1951) y *Las aguas de Arbeloa y otras cuestiones* (1956). Dejó parcialmente inédita una interesante novela, *Rosa Krüger*, que escribió durante la mencionada guerra (se publicó en 1984). Es autor también de *Apología de Bilbao* (1969) y *Fundación, hermandad y destino* (conjunto de ensayos, 1957). En *Sonetos de un verano antiguo y otros poemas* (1971) y *Poesías* (1990) y en *Las Terceras de ABC* (1977) se recogieron, respectivamente, su producción poética y algunos de sus artículos periodísticos.

BIBLIOGRAFÍA. J. de Entrambasaguas, «R. Sánchez Mazas», en *Las mejores novelas contemporáneas*, XII (Madrid, 1971), págs. 227-256; A. Trapiello, *Clásicos de traje gris* (Albacete, 1990), págs. 335-371. [A.R.]

SÁNCHEZ MEJÍAS, IGNACIO (Sevilla, 1891-Manzanares, Ciudad Real, 1934). Una figura singularísima, de enorme atractivo: torero, amigo de intelectuales y de la mayor parte de los poetas del Grupo del 27. Su muerte trágica, en un ruedo pueblerino, lo convierte definitivamente en un mito, al que contribuyeron poderosamente las composiciones que le dedicaron García Lorca * (*Llanto por Ignacio Sánchez Mejías*) y Alberti * (*Verte y no verte*). Además de eso, Sánchez Mejías estrenó obras de teatro, con cierto éxito, como *Sinrazón* (1928), relacionable con el mundo de Freud y Pirandello, y *Zaya* (1928), de tema taurino. Una tercera comedia, titulada *Ni más ni menos*, permaneció inédita hasta 1976.

BIBLIOGRAFÍA. A. García Ramos y F. Narbona, *Ignacio Sánchez Mejías* (Madrid, 1988); I. Sánchez Mejías, *Teatro*, prólogo de A. Gallego Morell (Madrid, 1988). [A.A.]

SÁNCHEZ NEYRA, PEDRO. Véase XIMÉNEZ DE SANDOVAL, FELIPE.

SÁNCHEZ-ORTIZ, EMILIO (Madrid, 1933). En La Laguna (Tenerife), donde estudió Derecho, fundó el Teatro de Cámara y Ensayo «La Carátula». Vivió después en diversos países europeos. Es autor de libros de narraciones —*Cuentos* (1959), *Un domingo a las cinco* (1964), *Las primeras horas...* (1965) y *Hoy, como todos los días* (1968)—, de un relato corto —*El vencido* (1968)— y de las novelas *P.DEM.A3S* (1973), es decir, *P(royecto) de m(onólogo) a 3 s(oledades)*, y *O* (1975). Todas estas obras, en las que recorre el camino que va desde el realismo tradicional hasta las técnicas experimentales, suelen estar pobladas de personajes escépticos, melancólicos, fracasados y solitarios. Es autor, además, de los poemarios *Escapar de este silencio* (1966) y *Abierta memoria dolorida* (1967). Ha colaborado también en numerosos periódicos y revistas. En 1992 publicó *Eduardo Westerdahl*, «reportaje con pretensiones de retrato psicológico». [A.R.]

SÁNCHEZ-OSTIZ, MIGUEL. Véase NARRATIVA ESPAÑOLA POSTERIOR A 1975.

SÁNCHEZ PALOMARES, RAMÓN DAVID. Véase PALOMARES, RAMÓN.

SÁNCHEZ PASTOR, EMILIO (Madrid, 1853-1935). Escritor y periodista de temas políticos, utilizó en ocasiones los seudónimos de «El Tío» y «Paco Media Luna». Colaboró en *La Vanguardia, La Gran Vía, Blanco y Negro*, etc., y dirigió *La Iberia*. Fue diputado, en 1881 y 1886, y senador y subsecretario de Gobernación. Fue gerente de la Sociedad de Autores. Publicó la novela *Modista, tiple y patrona* (1877). Para el teatro, además de múltiples sainetes, escribió las zarzuelas *La procesión cívica* (1893), *El tambor de granaderos* (1894), *España en París* (1900) y *Los locos* (1901); la comedia *Los calaveras* (1892) y el drama *El señorito Arturo* (1900). [M.P.C.]

SÁNCHEZ PELÁEZ, JUAN (Altagracia de Orituco, Guárico, Venezuela, 1922).

Poeta y profesor. Traductor de Eluard y Blaise Cendrars. Vivió en Chile, donde realizó estudios y se relacionó con Nicanor Parra *, Gonzalo Rojas *, Rosamel del Valle * y los integrantes del grupo «Mandrágora», que introdujo el surrealismo en ese país. Fue agregado cultural de la Embajada de Venezuela en Colombia. En Francia, donde residió durante muchos años, estuvo vinculado a la revista *Señal*, que los intelectuales venezolanos publicaban en ese país. Su producción poética está marcada por la escritura automática y configurada por el desarraigo, el desamparo y la alienación. Es considerado unánimemente como iniciador de la poesía contemporánea venezolana con su primer libro, *Elena y los elementos* (1951). En esta obra y en las que le siguen, la mujer es una obsesión. Su segundo libro, *Filiación oscura* (1966), contiene poemas de reflexión sobre su intimidad, desarrollando en él los rasgos más significativos de su erotismo. Le siguen *Un día sea* (antología, 1966) y *Lo huidizo y lo permanente* (1969). En *Rasgos comunes* (1975) condensa sus obsesiones con un lenguaje nítido y equilibrado; con este libro obtuvo el Premio Nacional de Literatura. *Poesía* (1984) reúne su obra completa hasta este momento.

BIBLIOGRAFÍA. J. R. Medina, *Ochenta años de literatura venezolana* (Caracas, 1981), E. Vera, *Flor y canto. Veinticinco años de poesía venezolana: 1958-1983* (Caracas, 1985). [H.J.B.]

SÁNCHEZ PÉREZ, ANTONIO (Madrid, 1838-1912). Catedrático del Instituto de San Isidro. Fue Gobernador de Valencia y Huelva. En ocasiones utilizó los seudónimos de «Gil Pérez» y «Jaque Mate». Fue colaborador asiduo de *La Ilustración Española y Americana*, *Madrid Cómico* y *La España Moderna*, con cuentos, artículos satíricos y de crítica literaria. Publicó las novelas *Las amigas del doctor* (1884), *Lo relativo* (1885), *Doña María, Mariquita y Maruja* (1894) y *Entre vivos y muertos* (1894). Estrenó, entre otras, las comedias *Tres en una* (1855), *Los hábiles* (1883) y *Bodas de azar* (1888). [M.P.C.]

SÁNCHEZ ROBAYNA, ANDRÉS (Las Palmas de Gran Canaria, 1952). Ensayista y poeta. En la primera de las modalidades, destacan, entre otras obras, *El primer Alonso Quesada* (1977), *Tres estudios sobre Góngora* (1983) y *Para leer «Primero sueño» de Sor Juana Inés de la Cruz* (1991). Como poeta, se reconoce en él, unánimemente, una gran originalidad. Aspiran sus textos, mallarmeanamente, al rigor absoluto, a la depuración de todo aquello que contamine el puro espacio verbal: «El poema es, en mi trabajo —explica—, un espacio de lenguaje hacia el metalenguaje». El silencio y la luz son, en este espacio, elementos que conducen a la revelación esencial —sin interferencias perturbadoras: el exceso emocional y lingüístico— de la materia. Su obra, de notable unidad tonal, abarca los siguientes títulos: *Tiempo de efigies* (1970), *Fragmentos nocturnos* (1975), *Miraje* (1977), *Abolida* (1977), *Clima* (1978), *La roca* (1984), *Poemas 1970-1985*, volumen que agrupa los títulos anteriores (1987) y al que han seguido *Palmas sobre la losa fría* (1989) y *Fuego blanco* (1992). Fundó y dirigió la revista *Literradura* (1976).

BIBLIOGRAFÍA. E. de Jongh Rossel, *Florilegium. Poesía última española* (Madrid, 1982); J. A. Masoliver Ródenas, «La poesía de Andrés Sánchez Robayna: en el éxtasis de la materia», en *Hora de Poesía*, 37 (1985), págs. 77-80; P. Provencio, *Poéticas Españolas contemporáneas. La generación del 70* (Madrid, 1988), págs. 225-232. [A.S.Z.]

SÁNCHEZ RODRÍGUEZ, JOSÉ (Málaga, 1875-1940). En sus libros iniciales, *Mis primeras notas* (1892), *Remembran-*

zas (1892) y *Nocturnas* (1896), muestra diversas influencias epocales. Su contacto con algunos poetas «nuevos» se produce al filo de 1900. En ese año publica *Alma andaluza* (con «Carta-prólogo» de Francisco Villaespesa * y «Epilogal» de Juan Ramón Jiménez *), obra reveladora de una fuerte personalidad poética. En 1902 ve la luz *Canciones de la tarde*. Posteriormente publicó poemas en revistas y se dedicó, sobre todo, al periodismo.

BIBLIOGRAFÍA. J. Sánchez Rodríguez, *Alma andaluza*, introducción de A. Sánchez Trigueros (Granada, 1981). [A. de A.]

SÁNCHEZ ROSILLO, ELOY. Véase POESÍA ESPAÑOLA POSTERIOR A 1975.

SÁNCHEZ SAORNIL, LUCÍA. Véase SAN-SAOR, LUCIANO DE.

SÁNCHEZ-SILVA, JOSÉ MARÍA (Madrid, 1911). En su juventud desempeñó diversos oficios. Se dedicó después al periodismo. Entre 1940 y 1952 fue subdirector del diario *Arriba*. En sus numerosísimos cuentos y novelas cortas, que se refieren muchas veces al mundo de la infancia, nos ofrece una visión optimista y cristiana de la vida. De ellos, destacan: *El hombre de la bufanda* (1934), *La otra música* (1941), *La ciudad se aleja* (1946), *La semana sin lunes* (1947), *Marcelino Pan y Vino* (1952), cuya versión cinematográfica alcanzó un enorme éxito; *Historias menores de Marcelino Pan y Vino* (1953), *Primavera de papel* (1953), *Historias de mi calle* (1954), *Quince o veinte sombras* (1955), *Fábula de la burrita Non* (1956), *El hereje* (1956), *Tres novelas y pico* (1958), *Cuentos de Navidad* (1960), *Adán y el señor Dios* (1967), *Cosa de ratones y conejos* (1981) y la serie de relatos sobre el niño Ladis. Es autor también de un libro de viajes, *Un paleto en Londres* (1952), y de las biografías, de carácter panegírico, *Juana de Arco* (1944) y *Franco... ese hombre* (1964). [A.R.]

SÁNCHEZ DE TAGLE, FRANCISCO MANUEL (Valladolid [hoy Morelia], México, 1782-México, D.F., 1847). Poeta insurgente, autor de odas heroicas, especialmente de una «A la heroica salida del benemérito general don José María Morelos por entre el ejército sitiador de Cuautla Amilpas». Hombre de dos épocas, tuvo tiempo para estrenar aires rococós y celebrar a alguna de las últimas virreinas de la Nueva España y a grandes caudillos sacros como San Vicente de Paúl, y luego pasó al sueño insurgente y al elogio de Morelos e Iturbide; fue diputado a las Cortes españolas (1814), y redactó el Acta de Independencia de México (1821); fue gobernante en diversas épocas y rangos, a la vez que temía y censuraba las «discordias civiles», guerras internas, motines y cuartelazos.
Fue mayoral de la Academia Mexicana, reemplazando a Navarrete, de 1809 a su muerte. [J.J.B.]

SÁNCHEZ TALAVERA, FERRÁN. Véase SÁNCHEZ CALAVERA, FERRÁN.

SÁNCHEZ DE TOCA, JOAQUÍN (Madrid, 1852-Pozuelo de Alarcón, Madrid, 1942). Fue un prestigioso político y jurisconsulto español. Entre sus numerosas obras, de carácter regeneracionista, destacan: *El Matrimonio. Su ley natural, su historia, su importancia social* (1873), *La crisis agraria europea y sus remedios en España* (1887), *Reconstitución de España en vida de Economía Política actual* (1911), en la que, en la línea de Costa *, aboga por reformas concretas e inmediatas desde arriba, y *Los problemas actuales de mayor urgencia para el Gobierno de España* (1916). [A.R.]

SÁNCHEZ TOLEDANO, MELCHOR (seudónimo). Véase TRIGUEROS, CÁNDIDO MARÍA.

SÁNCHEZ TORRE, LEOPOLDO.
Véase POESÍA ESPAÑOLA POSTERIOR A 1975.

SÁNCHEZ DE VALLADOLID, FERNÁN (¿?-¿?).
Canciller de Castilla durante los reinados de Alfonso XI * y Pedro I. Se le atribuyen las *Crónicas* de Alfonso X *, Sancho IV y Fernando IV, compuestas bajo mandato de Alfonso XI entre 1340-50, así como también la *Crónica de Alfonso XI* (véanse ALFONSO XI y CRÓNICA DE TRES REYES).

BIBLIOGRAFÍA. B. Sánchez Alonso, *Historia de la historiografía española*, I (Madrid, 1947). [A.J.]

SÁNCHEZ VALVERDE, ANTONIO.
Véase RETÓRICAS DEL SIGLO XVIII.

SÁNCHEZ VARONA, RAMÓN (Las Villas, Cuba, 1888-La Habana, 1962).
Narrador y dramaturgo. Junto con José Antonio Ramos *, Marcelo Salinas y otros autores, mantuvo activa la escena cubana en época de predominio de obras extranjeras dentro del llamado teatro culto. Cultivó diversos géneros y logró tener en cartel a lo largo de varios años algunas de sus piezas, entre ellas *Las piedras de Judea* (1915) y *El amor perfecto* (1948). En 1957 la Secretaría de Educación premió su drama *La sombra*. [M.Y.]

SÁNCHEZ DE VERCIAL, CLEMENTE (?, ¿1370?-?, a. 1434).
Bachiller en leyes y canónigo, autor del *Libro de los enxenplos por abc* y de un manual litúrgico, el *Sacramental* (1421-1423), junto con otras obras menores: las *Ordenanzas del Hospital de San Lázaro* y una *Breve copilación de las cosas necesarias a los sacerdotes*. En el ejemplario sigue un riguroso orden alfabético, agrupando los más de quinientos ejemplos bajo 438 rúbricas (de *Abbas* a *Ypocrita*), como venía haciéndose desde el siglo XIII. Cada división va precedida de un adagio latino seguido de su traducción en dístico, formando el conjunto una unidad indisoluble. Los ejemplos, considerablemente más desarrollados que en otras obras de su género, proceden de anécdotas clásicas, parábolas, milagros, fábulas, cuentos orientales, etc. Al no haberse hallado una fuente directa, es bastante probable que estemos ante un «ejemplario de ejemplarios», no exento de originalidad. El *Sacramental*, extenso catecismo, muy popular hasta su inclusión en el índice de 1559, se divide en tres partes. La primera es un compendio del dogma y las otras dos se destinan al comentario de los sacramentos.

BIBLIOGRAFÍA. E. Díaz-Jiménez Molleda, «Clemente Sánchez de Vercial», en *Revista de Filología Española*, VII (1920), págs. 358-368, y «Documentos para la biografía de Clemente Sánchez de Vercial», en *Boletín de la Biblioteca Menéndez Pelayo*, X (1928), págs. 205-224; A. H. Krappe, «Les sources du *Libro de exemplos*», en *Bulletin Hispanique*, XXXIV (1937), págs. 5-54; C. Sánchez de Vercial, *Libro de los enxenplos por a.b.c.*, ed. de J. E. Keller (Madrid, 1961); H. Sturm, «Libro de los enxenplos por a.b.c.», en *Kentucky Romance Quaterly*, XVII (1970), págs. 87-91; A. García y García, «Nuevas obras de Clemente Sánchez, arcediano de Valderas», en *Revista española de Teología*, 34 (1974), págs. 70-89. [M.J.L.]

SANCHIS SINISTERRA, JOSÉ (Valencia, 1940).
Formado en el Teatro Universitario Valenciano, es profesor del Instituto de Teatro de Barcelona y fundador, en 1977, del grupo «Teatro Fronterizo», para quien ha creado y dirigido sus espectáculos, generalmente surgidos de adaptaciones de textos literarios no concebidos para la escena: *La leyenda de Gilgamesh* (1977), *Ñaque o De piojos y actores* (1980). Ha escrito, también, *Midas* (1963), *Terror y miseria*

en el primer franquismo (1979), *¡Ay, Carmela!* (1986), *Perdida en los Apalaches* (1990) y *Lope de Aguirre, traidor* (1992). [M.S.]

SANCHO II, CANTAR DE. En el *Cantar de Sancho II* se proyecta una vasta materia épica de difícil reconstrucción. Hay dos versiones del poema, imbricadas, además, con los ciclos épicos de los conde de Castilla y del Cid. La *Crónica Najerense* funde una versión vernácula y otra latina, un *Carmen de morte sanctii regis;* su historia es muy esquemática: Fernando el Magno, primer rey de Castilla, ha repartido el reino entre sus hijos; Sancho, el primogénito y, por ello, rey castellano, es culpable de alzarse contra sus hermanos: García de Galicia, Alfonso de León y Urraca de Zamora, ciudad que cerca, tras desposeer de sus tierras a García y a Alfonso; éste y doña Urraca urdirían la muerte del rey, ejecutada por Vellido Dolfos y mostrada como castigo por su rebelde conducta; tras el magnicidio, el cerco de Zamora se levantaría, concluyendo el poema. En la segunda versión, reconstruible desde la *Estoria de España*, Sancho es atacado y hasta derrotado por García; el Cid también es más importante: intuye el asesinato, aunque no puede evitarlo; ocurre, después, el desafío de Diego Ordóñez a los zamoranos y el torneo de ambiguo resultado; Alfonso es nombrado nuevo rey, tras someterse a la prueba de la *Jura de Santa Gadea*, episodio que pudo formar un breve poema. Las crónicas generales incorporan curiosas variantes: la *Crónica de Castilla* * habla de una especial e íntima relación entre Alfonso y Urraca e, incluso, de una advertencia de Zamora a Sancho sobre la identidad del traidor; la *Crónica de veinte reyes* * acusa, de nuevo, a García de las luchas fratricidas: no sólo ataca a Sancho, sino también a Alfonso; la *versión regia* de la *Estoria de España* habla de un hermano más, bastardo, que llega a ser cardenal.

BIBLIOGRAFÍA. C. Reig (ed.), *El «Cantar de Sancho II» y el cerco de Zamora* (Madrid, 1947); Ch. F. Fraker, «Sancho II: epic and chronicle», en *Romania*, 95 (1974), págs. 467-507; D. G. Pattison, *From legend to chronicle* (Oxford, 1983), págs. 101-114; M. Vaquero, «The tradition of the *Cantar de Sancho II* in fifteenth century historiography», en *Hispanic Review*, 57 (1989), págs. 137-154. [F.G.R.]

SANCHO IV (?, 1258-Toledo, 1295). Podemos atribuir a influencia directa de Sancho los *Castigos e documentos para bien vivir*, el *Lucidario* y una traducción, con algún cambio en la disposición de la materia, de *Li livres dou trésor* de Brunetto Latini. Los *Castigos* son un espejo de príncipes dirigido a su hijo, el infante don Fernando, donde elementos de la tradición occidental se combinan con sentencias y ejemplos orientales. En el *Lucidario*, adaptación del *Elucidarium* de Honorio de Autun (h. 1095), un maestro va respondiendo a las preguntas de un discípulo sobre asuntos teológicos y fenómenos naturales. La traducción del *Tesoro* pudo servirle de inspiración para la parte primera del *Lucidario*. Es posible también que patrocinara otras obras (como la *Gran conquista de ultramar* *) y que interviniera tanto en la versión ampliada de la primera *Partida* como en la redacción de la *Primera crónica general*, ambas comenzadas durante el reinado de Alfonso X *. La creación literaria de Sancho IV, guiada siempre por un propósito didáctido-moral, influiría, sin duda, en la labor de su primo don Juan Manuel *.

BIBLIOGRAFÍA. *Castigos e documentos para bien vivir*, ed. de A. Rey (Bloomington, 1952); *Los «Lucidarios» españoles*, ed. de R. P. Kinkade (Madrid, 1968); R. P. Kinkade, «El reinado de Sancho IV:

puente literario entre Alfonso el Sabio y Juan Manuel», en *Publications of the Modern Language Association of America*, LXXXVII (1972), págs. 1039-1051. [M.J.L.]

SANCIANCO, GREGORIO. Véase LITERATURA FILIPINA.

SANDOVAL, ADOLFO DE (Oviedo, 1870-Madrid, 1947). Escribió novelas sentimentales, en las que se pone de relieve su ideología conservadora, como *Los amores de un cadete* (1927), *La gran fascinadora* (1928), *Almas gemelas* (1930), *Fuencisla Moyano* (1932) y *Amor y sacrificio* (1942). De sus ensayos destacan: *Carolina Coronado y su época* (1929) y *Los bellos países, España* (1932). Es autor también de una biografía de Menéndez Pelayo *. [G.R.F.]

SANDOVAL, ALEJANDRO. Véase HISPANOAMÉRICA: POESÍA ACTUAL.

SANDOVAL, FRANCISCO DE. Véase POESÍA ÉPICA DE LOS SIGLOS XVI Y XVII.

SANDOVAL, PRUDENCIO DE. Véase HISTORIOGRAFÍA DE LOS SIGLOS XVI Y XVII.

SANDOVAL Y CÚTOLI, MANUEL DE (Madrid, 1874-1932). Poeta, autor de *Prometeo* (1893), *Aves de paso* (1904), *Cancionero* (1909), *Musa castellana* (1911), *De mi cercado* (1912), *Renacimiento* (1915) y *Aún hay sol* (1925). Antonio Machado * le dedicó una elegía. [R.B.]

SANDOVAL Y ZAPATA, LUIS (México, s. XVII). Perteneció a un grupo nutrido pero muy diverso de poetas gongoristas. Desafortunadamente, de su obra, lograda casi toda en 1642 y 1665, sólo poseemos fragmentos. De ese conjunto brevísimo de textos nos queda, sin embargo, su magnífico soneto «Alada eternidad del viento», composición excelente no sólo por su perfección formal, sino además por su sutileza expresiva. No se observa en él la ostentación inútilmente frondosa que padecieron otros poetas barrocos novohispanos de la época.

BIBLIOGRAFÍA. A. Méndez Plancarte, «Don Luis de Sandoval y Zapata», en *Ábside*, I, 1 (1937). [E.P.-W.]

SANFUENTES, SALVADOR (Santiago de Chile, 1817-1860). Poeta y dramaturgo chileno, recordado por sus leyendas románticas en verso, como *El campanario* (1842), *Inami* o *La lengua de Ranco* (1855), *El bandido* (1855) y *Huentemagu* (1855), en buena parte recogidas en *Leyendas nacionales* (1855). En su obra teatral, a caballo entre el gusto neoclásico y el romanticismo, sobresalen el drama en verso de asunto indígena *Cora* o *La virgen del sol* (1841), ambientado en la corte de Atahualpa y sujeto a las unidades clásicas, y dos dramas de asunto exótico: el truculento *Carolina o Una venganza* (1840), ambientado en el siglo XVIII parisino, y *Juana de Nápoles*, representado en 1860 como homenaje póstumo a su autor. Fue discípulo de Andrés Bello *, y aunque destruyó parte de su obra original y de sus traducciones (tradujo a Virgilio, Tasso, Racine, Molière y Byron), otra parte quedó recogida en *Leyendas y obras dramáticas* (1850, 2 vols.), y en una edición hecha por sus amigos titulada *Dramas inéditos* (1863), que contiene una traducción y las dos primeras piezas citadas. Es autor también de *Teudo* o *Memorias de un solitario* (1857). [J.A.C.]

SANGUILY, MANUEL (La Habana, 1848-1925). Político y crítico cubano que participó activamente en la guerra de 1868 y en la lucha por la independencia de la isla. Fundador de *Hojas literarias* (1893-94) y colaborador de numerosos diarios, fue senador y ocupó varios cargos en organismos nacionales e internacionales de gran renombre. Obras suyas son: *Los caribes de las Indias* (1884), *Un insurrecto cubano en la corte* (1888), *Discursos y conferencias* (1918-19), *Juicios literarios* (1930). [R.F.B.]

SANÍN CANO, BALDOMERO (Rionegro, Antioquia, Colombia, 1861-Bogotá, 1957). Ensayista, filólogo, crítico y periodista. En 1886 se instaló en Bogotá, como superintendente del primer tranvía de la ciudad, después de ejercer por cinco años el profesorado en instituciones docentes de Antioquia. Ocupó transitoriamente, en el curso de su vida, cargos públicos, universitarios y diplomáticos. Autodidacta, profundizó en materias diferentes tales como filología, historia, ciencias sociales y políticas, así como en varias lenguas y literaturas clásicas y modernas. Por largos períodos y en distintas ciudades de Europa, donde trató personalmente a autores célebres, diversificó sus estudios. Fue por varios lustros colaborador de periódicos sudamericanos como *La Nación* de Buenos Aires, siendo su tarea, en este campo, la de escritor exclusivamente literario. Pocos hombres de letras en Hispanoamérica podrían competir con él en la amplitud del saber. En torno a él se realizó en Colombia la renovación literaria del modernismo*, superándose con ella una cultura oficial hasta entonces dominada por gramáticos, latinistas, versificadores, costumbristas e hispanistas. Su ascendiente se logró a través de la lectura y comentario que de libros ideológicos europeos, recién aparecidos en tal momento, hizo a sus amigos; sus doctrinas irían a recrearse, poéticamente, en páginas de jóvenes modernistas: José Asunción Silva* y Guillermo Valencia*, a la cabeza. En prosa sencilla, precisa y elegante, difundió el pensamiento moderno en muchas manifestaciones. Abogó por la verdad y la belleza, por la dignidad de la literatura, por la libertad de ideas y de expresión. Sus textos incitaron al lector hacia una gran variedad y riqueza de temas. No le abandonaron, en sus largos años, la tolerancia y la pasión intelectual, ni tampoco el humor y la sonrisa. Entre sus libros destacan: *La civilización manual y otros ensayos* (1925), *Crítica y arte* (1932), *Divagaciones filológicas y apólogos literarios* (1934), *Letras colombianas* (1944), *De mi vida y otras vidas* (1949), *Tipos, obras, ideas* (1949), *El humanismo y el progreso del hombre* (1955) y *Pesadumbre de la belleza* (1957).

BIBLIOGRAFÍA. *Homenaje a Sanín Cano*, número especial de la *Revista Iberoamericana*, vol. XIII, núm. 26, febrero (México, 1948); J. E. Ruiz, *Baldomero Sanín Cano* (Bogotá, 1992). [F.C.L.]

SAN-SAOR, LUCIANO DE (¿?-¿?). Seudónimo de Lucía Sánchez Saornil, poetisa ultraísta, que colaboró asiduamente en las revistas de este movimiento. [M.G.P.]

SANSÓN CARRASCO. Véase FLORES GARCÍA, FRANCISCO.

SANTA ANA, MANUEL MARÍA DE (Sevilla, 1820-1894). Primer marqués de Santa Ana, se le considera una figura de primer orden en la transformación del periodismo decimonónico. Tras comenzar como redactor del *Diario* sevillano, colaboró en la fundación de empresas tan relevantes como *El Mentor de la Infancia* (1843-45), *El Espectador* (1843-48), *El Diablo Cojuelo* (1848), *La Tauromaquia* (1848), *La Correspondencia de España* (1848-70), *La Época*, *La Gacetilla* (1853) y el *Boletín del Pueblo* (1854). Recopiló romances, leyendas y cuentos andaluces —*Romances y leyendas andaluzas: cuadros de costumbres meridionales* (1844)—, y, como autor, probó suerte en el teatro con dramas (*José María o vida nueva*, 1847; *El* *dos de mayo*, 1848) y comedias (*De casta le viene al galgo*, 1848; *Otro perro del hortelano*, 1850). Por intentar todos los géneros, tras poner en verso al padre Ripalda, firmó los sonetos de *Cien páginas de amor* (1884). [J.B.]

SANTA ANA, RAFAEL DE. Véase MUÑOZ SECA, PEDRO.

SANTA CRUZ, MELCHOR DE (¿?-?, d. 1576). Osado y simpático personaje, vecino de Toledo, quizá nacido en Dueñas, que fue capaz de dedicar a don Juan de Austria, emulando a Plutarco, una colección de chistes de españoles pretéritos y presentes. Se tituló la colección *Floresta española de apotegmas* (Toledo, 1574), y va ordenada como las *Partidas*, desde los Papas hasta los enfermos, por estamentos y sexos. Extraordinaria colección de dichos agudos, fue saqueada por toda clase de escritores, desde los más altos —Lope de Vega *, por ejemplo— a los más bajos. Francisco Asensio la continuó y ambas colecciones hicieron las delicias de los ilustrados. Santa Cruz, fiel a sus ideales pedagógicos, publicó además los *Cien tratados* (1576), colección de sentencias más próxima a la tradición medieval de Santillana * y Pérez de Guzmán * que a Erasmo.

BIBLIOGRAFÍA. M. de Santa Cruz, *Floresta general*, ed. de P. Ojanguren, 2 vols. (Madrid, 1910); *Floresta española*, ed. de R. Benítez Claros (Madrid, 1953). [A.B.]

SANTA CRUZ Y ESPEJO, FRANCISCO JAVIER EUGENIO DE (Quito, 1747-1795). Literato, científico y político ecuatoriano, es una de las figuras fundamentales de la Ilustración en Hispanoamérica. Entre sus obras destaca *El Nuevo Luciano de Quito o Despertador de los ingenios quiteños en nueve conversaciones eruditas para el estímulo de la literatura* (1779), diálogos sobre asuntos diversos (retórica, filosofía, teología, moral) que satirizaban la inútil erudición de los clérigos, y en particular de los jesuitas. Otras obras son *Marco Porcio Catón o Memorias para la impugnación del Nuevo Luciano de Quito* (1780), *La ciencia blancardina* (1781), *Reflexiones (...) acerca de un método seguro para preservar a los pueblos de las viruelas* (1785) y *Cartas riobambenses* (1787). En 1792 publicó siete números de *Primicias de la cultura de Quito*, buena muestra del periodismo ilustrado, de pretensiones educativas. Su inconformismo le costó el destierro y la cárcel. [H.R.]

SANTA FE, PEDRO DE (Zaragoza, f. s. XIV-h. 1450). De familia conversa, fue ennoblecido por los Reyes de Aragón. Obtuvo el bachillerato en Artes en la Universidad de Lérida (antes de 1418). A partir de 1420 está en Italia al lado de Alfonso el Magnánimo, a cuyo servicio se encuentra también como experto en actividades literarias. En Italia compuso algunos poemas relacionados con las actividades políticas del rey, recogidos en el *Cancionero de Palacio* *, compilación en la que Santa Fe es el poeta más representado. A la vuelta del Rey de Italia, quedó en Aragón al servicio de la reina María, llevando una actividad literaria en la corte y en la de Juan II de Navarra, y relacionándose con otros poetas de ésta, como Juan de Dueñas * —no extraña por esta circunstancia su presencia en el *Cancionero de Herberay des Essarts*—. Aparte de alguna composición religiosa y de las áulicas mencionadas, compuso una buena porción de canciones, con influencia trovadoresca, tradición que conoce en sus aspectos técnicos, y es uno de los poetas que se esfuerza en aplicar temas y técnicas de las *Leys d'amors* al castellano; incluso alguna de ellas, verdadera canción de amigo, está en gallego. Santa Fe fijó buena parte de los temas desarrollados en el siglo XV, como el de los efectos negativos y enfermizos del amor. Las destinatarias son damas conocidas de la corte aragonesa.

BIBLIOGRAFÍA. F. Vendrell (ed.), *La corte literaria de Alfonso V de Aragón y tres poetas de la misma* (Madrid, 1933); Ch. V. Aubrun (ed.), *Le Chansonnier espagnol d'Herberay des Essarts* (Burdeos, 1951). [R.C.G.G.]

SANTA MARÍA, PABLO DE (Burgos, 1352/1353-1435). Nació en el seno de una familia judía procedente de Aragón. Se le impuso al nacer el nombre de Selomoh Ha-Levi. Recibió una esmerada educación que le convirtió en figura fundamental de la comunidad hispanohebrea de la época: desempeñó misiones diplomáticas, fundó una escuela de estudios rabínicos y talmúdicos y llegó a ser rabino mayor de Burgos (1379). Su prestigio era grande, tanto entre sus correligionarios como en la corte de Enrique III. Hacia 1388 sufrió grandes dudas religiosas, y tras un período de reflexión decidió convertirse al cristianismo. Esta conversión, que causó estupor en la comunidad judía, se culminó con el bautizo de Selomoh Ha-Levi como Pablo de Santa María el 21 de julio de 1390 en la catedral de Burgos. Con él se convirtió toda su familia, salvo su mujer, de la que se divorció. Fue ordenado sacerdote, y se doctoró en Teología en París. Allí trabó amistad con Pedro de Luna * (futuro Benedicto XIII), personaje a quien estuvo muy vinculado y de quien fue valedor ante la corte castellana. Después de un período en Aviñón, regresó a Castilla, y emprendió una floreciente carrera política y religiosa: arcediano de Treviño (1396), obispo de Cartagena (1403), miembro del Consejo Real, albacea testamentario de Enrique III (1406), Canciller Mayor del Reino (1407), maestro del futuro Juan II *, obispo de Burgos (1415). Al morir Fernando de Antequera perdió parte de su predicamento en la corte y se centró en el gobierno de su diócesis hasta su muerte (30 de agosto de 1435). Le sucedió en la silla episcopal su hijo Alonso de Cartagena. Escribió en hebreo, latín y español. Su producción hebrea —de tema teológico— es muy reducida (cartas, etc.). Su producción en latín es de índole religiosa. Las *Additiones ad Postillam magistri Nicolai de Lyra super Bibliam* (terminadas en 1429) son testimonio de su vasta sabiduría escriturística, especialmente del Antiguo Testamento. Conoció el comentario de Lira en su estancia en París y durante años fue elaborando, al hilo de sus lecturas bíblicas, estas eruditas adiciones, difundidísimas en Europa. El *Scrutinium Scripturarum*, obra en la que se afanó muchos años (la terminó en 1432) es un diálogo fuertemente polémico, con dos partes claramente diferenciadas: refutación de los errores del judaísmo, basada en la evidencia que proporcionan las Escrituras, y explicación de los dogmas del cristianismo. La difusión y el éxito de esta obra fueron enormes: lo demuestra el hecho de que el Concilio de Trento solicitó su reedición. La producción literaria en español de Santa María es eminentemente de índole historiográfica, y heredera en ese sentido de la producción alfonsí. La *Suma de las corónicas de España* es un epítome de historia de España, desde los orígenes a los primeros años del XV, que mezcla hechos reales y leyendas. La escribió para la educación de Juan II, entonces príncipe. También escribió con esa finalidad las *Siete Edades del Mundo* o *Edades Trovadas* (h. 1418-26), compendio de historia universal e historia de España escrito en algo más de 300 estrofas de arte mayor. Su tendencia ideológica es la de enraizar la monarquía castellana en la línea de la *translatio imperii* y el milenarismo mesiánico. Este sentido se halla también en la continuación y refección de esta obra que un anónimo realizó hacia 1460. Santa María es también autor de una traducción del *De eruditione religiosorum libri VI* de Guillelmus de Paraldus, realizada seguramente en los últimos años de su vida, en los que fundó y patrocinó diversos establecimientos religiosos.

BIBLIOGRAFÍA. L. Serrano, *Los conversos don Pablo de Santa María y don Alfonso de Cartagena* (Madrid, 1942); F. Cantera Burgos, *Álvar García de Santa María y su familia de conversos* (Madrid, 1952); J. Krieger, *Pablo de Santa María: His Epoch, Life and Hebrew and Spanish Literary Production* (Madison, 1988). [J.C.C.L.]

SANTANA, RODOLFO (Caracas, 1944). Dramaturgo venezolano cuya producción se inicia con obras cercanas a la ciencia-ficción y al absurdo, sin alejarse totalmente de las preocupaciones sociales: *¿Dónde está KL-24.890?* (1963), *Los hijos del Iris* (1964, publ. 1968), *Algunos en el islote* (1965, publ. 1968), *Elogio de la tortura* (1966) y *La muerte de Alfredo Gris* (1968). Escribe después las cuatro piezas que forman el «ciclo de la violencia»: *Las camas* (publ. 1969), *El sitio* (1967, publ. 1969), *Los criminales* (1969, publ. 1970) y *El gran circo del Sur* (1970). Otras obras suyas son *Nuestro padre, Drácula* (1968), *Barbarroja* (Premio Nacional de Teatro 1970), *El animador* (1975), *La empresa perdona un momento de locura* (1976) y *Fin de round* (1977).

BIBLIOGRAFÍA. C. M. Suárez Radillo, *13 autores del nuevo teatro venezolano* (Caracas, 1971). [J.A.C.]

SANTANDER, FELIPE. Véase HISPANOAMÉRICA: TEATRO ACTUAL.

SANTIAGO, ELENA (Veguellina de Órbigo, León, 1941). Su verdadero nombre es Elena Fernández. Es autora de dos libros de poesía —*Después, el silencio* (1978) y *Ventanas y palabras* (1983)—, de diversas narraciones —algunas de ellas están recogidas en *Relato con lluvia y otros cuentos* (1987)—, y de las novelas: *La oscuridad somos nosotros* (1975), *Ácidos días* (1979), *Gente oscura* (1980), *Una mujer malva* (1981), *Manuela y el mundo* (1985), *Alguien sube* (1985) y *Veva* (1988). Gran parte de su obra tiene como tema la visión del mundo de los adultos desde la infancia, a la que considera el paraíso perdido.

BIBLIOGRAFÍA. N. Miñambres, «Los relatos de Elena Santiago: claves líricas de la soledad», en *Literatura Contemporánea en Castilla y León* (1986), págs. 410-415. [G.R.F.]

SANTIAGO, HERNANDO DE. Véase ORATORIA SAGRADA DE LOS SIGLOS XVI Y XVII.

SANTIAGO FUENTES, MAGDALENA (Cuenca, 1876-¿?). Narradora. Excesivamente lastrados de moralidades y voluntad educadora, sus cuentos y novelas se caracterizan por la atención prestada al análisis de las pasiones del corazón humano y por una marcada sensibilidad hacia los problemas sociales. Destacan, en su producción, títulos como *Abigail, narración de Tierra Santa* (1898), *Aves de paso* (1909), *Visión de la vida* (1909), *Vida de colegio* (1916) y *La novela de la infancia* (1918). [J.B.]

SANTIBÁÑEZ PUGA, FERNANDO. Véase SANTIVÁN, FERNANDO.

SANTILLANA, CANCIONERO DEL MARQUÉS DE. Véase CANCIONEROS ESPAÑOLES DEL SIGLO XV.

SANTILLANA, MARQUÉS DE. Véase LÓPEZ DE MENDOZA, ÍÑIGO.

SANTIVÁN, FERNANDO (Arauco, Chile, 1886-Valdivia, Chile, 1973).

Seudónimo del escritor chileno Fernando Santibáñez Puga. Inició su carrera literaria en Chillán, y después de la necesaria presencia en Santiago, la culminó en Valdivia. Continuó fiel a esta región, el sur de Chile, sobre la cual escribió sus más recordadas novelas «criollistas», en la mejor tradición tolstoyana: *La hechizada* (1916), *Charca en la selva* (1934) y *La cámara* (1945), entre muchas otras. Entre su trabajo ensayístico y autobiográfico destacan las *Memorias de un tolstoyano* (1955). [J.G.]

SANTO TOMÁS, FRAY DOMINGO DE. Véase IDEAS LINGÜÍSTICAS DEL SIGLO DE ORO.

SANTOB DE CARRIÓN (Carrión, Palencia, f. s. XIII-h. 1370). Sem Tob ben Yitzhak Ardutiel, fue judío eminente de la aljama de Carrión, y vivió durante los agitados reinados de Alfonso XI * y Pedro I, a cuyas cortes pudo haber estado vinculado. Conocido sobre todo por su poema *Proverbios morales*, escrito en castellano, es autor además de varias obras en hebreo y desempeñó un papel destacado en la judería castellana de su tiempo. La «maqāma» *Batalla del cálamo y las tijeras* es un debate, en prosa rimada, entre la pluma y las tijeras, del que sale vencedora la primera; también en los *Proverbios* encontramos un elogio de la pluma. El manuscrito señala que la obra se acabó en Soria en 1345. En Soria también acabó la traducción del árabe al hebreo de un tratado litúrgico de Israel Israelí. Escribió también un tratado cabalístico y varias obras, en prosa y verso, de carácter litúrgico. Aunque dedicados a Pedro I, los *Proverbios morales* fueron escritos seguramente en los últimos años de Alfonso XI, y cabe pensar que originariamente estuvieran destinados a éste. De transmisión manuscrita complicada, presenta la obra problemas por lo que se refiere a su forma métrica, pues puede reconocerse al tiempo como una agrupación de cuartetos heptasilábicos o como pareados alejandrinos con rima consonante interna; aunque acaso era normal esta estructura métrica entre los judíos que cultivaron la literatura gnómica romance en verso (como queda claro después del reciente descubrimiento de otro texto judaico aljamiado de carácter proverbial y con despuntes autobiográficos). Si bien la obra gozó de popularidad entre los hebreos de Castilla (se conserva un manuscrito aljamiado), también fue escrita para lectores cristianos, y su objeto inmediato pudiera ser el logro de la benevolencia real para la comunidad judía o bien para el propio autor. En este sentido, los *Proverbios* tienen un carácter apologético y, a veces, polémico. Integrados en la tradición medieval de las antologías de proverbios, tienen un hilo conductor autobiográfico: a lo tópico se añade el apasionado debate sobre los valores humanos. No son los preceptos de moral positiva lo más original e interesante, sino el relativismo moral y el pesimismo que tiñe su visión del hombre; concepción que no nace de especulaciones abstractas, sino de la observación de la vida diaria. Sus fuentes son la literatura sapiencial bíblica, la talmúdica y la árabe. Además de en el carácter sapiencial, la tradición judeoárabe aflora en los recursos estilísticos dominantes: homonimias, juegos de palabras, equívocos y paradojas.

BIBLIOGRAFÍA. S. Shepard, *Shem Tov. His world and his words* (Miami, 1978); Th. A. Perry (ed.), *Proverbios morales* (Madison, 1986). [M.A.S.]

SANTOS, EPIFANIO DE LOS. Véase LITERATURA FILIPINA.

SANTOS, FRANCISCO (Madrid, 1623-1698). De su vida sólo se sabe lo que él esparció en sus prólogos y textos: que nació en el Campillo de Madrid, que fue criado de la casa real en tiempos de Felipe IV y Carlos II y que padeció una gota aguda hacia 1670. De muy amplias lecturas, Santos aparece tardíamente en la escena literaria, pero desde 1663 el número y la fortuna editorial de sus obras —maraña bibliográfica desenredada por Arizpe— son muy dilatados. Aunque escribió comedias perdidas y versos, su creación es esencialmente en prosa: *Día y noche de Madrid* (Madrid, 1663), *Las tarascas de Madrid* (Madrid, 1665), *Los gigantones en Madrid por defuera* (Madrid, 1666), *El «no importa» de España, loco político y mudo pregonero* (Madrid, 1667), *Periquillo el de las gallineras* (Madrid, 1668), *El diablo anda suelto* (Madrid, 1670), *La verdad en el potro y el Cid resucitado* (Madrid, 1671), *Las tarascas de parto en el mesón* (1672), *El rey gallo y discursos de la hormiga* (Madrid, 1677), *El sastre del Campillo* (Madrid, 1685), *El vivo y el difunto* (Pamplona, 1692), *El escándalo del mundo y piedra de la justicia* (Pamplona, 1696), *El arca de Noé y campana de Belilla* (Zaragoza, 1697). Santos, como denotan los títulos, se mueve en los géneros barrocos de sueños, discursos, alegorías en la tradición de Quevedo*, Salas Barbadillo*, la picaresca, Gracián*, academias y sermones. La ocultación de la verdad en un mundo corrompido y engañoso donde sólo algunos —como el antipícaro *Periquillo el de las gallineras*— se guían por la «luz de la razón» y la doctrina cristiana es el tema central de toda su obra, que supo detectar la distorsión de valores en una nación decadente. Por ciertos aspectos de su prosa, por su actitud racionalista y didáctica y por el toque sentimental de algunas situaciones, Santos se presenta como un preilustrado, lo que explica su extraordinario éxito en el siglo XVIII.

BIBLIOGRAFÍA. F. Santos, *Obras en prosa y verso*, 4 vols. (Madrid, 1723); A. Valbuena Prat (ed.), *Periquillo el de las ga-* *llineras*, en *Novela picaresca española* (Madrid, 1962); F. Santos, *El arca de Noé, El «no importa» de España. La verdad en el potro*, ed. de J. Rodríguez Puértolas (Londres, 1973); F. Santos, *Obras selectas*, ed. de M. Navarro Pérez (Madrid, 1976); F. Santos, *El rey gallo*, ed. de V. Arizpe (Londres, 1990). [A.B.]

SANTOS ÁLVAREZ, MIGUEL DE LOS. Véase ÁLVAREZ, MIGUEL DE LOS SANTOS.

SANTOS TORROELLA, RAFAEL (Port-Bou, Gerona, 1914). Es licenciado en Derecho. Ha dirigido las revistas *Lazarillo, El espectador de las artes y las letras* y *Cobalto*. Publicó su primer libro de poemas antes de la Guerra Civil: *Del mar* (1935). Posteriormente ha publicado *Ciudad perdida* (1949), *Altamira* (1949), *Sombra infiel* (1952), *Nadie. Poemas del avión* (1954), *Hombre antiguo* (1956) *Cerrada noche* (1959), *Poesía (1935-1960)* (1961), *Cuaderno de Panticosa* (1970) y *Poesía para amigos* (1981). Ha recibido los Premios Boscán (1952) y Ciudad de Barcelona (1956). Como ensayista ha publicado numerosos libros, entre los que destacan *Arte y contemplación* (1945), *De la Escuela de Barcelona* (1960) y *Del Romanticismo al Pop Art* (1966). La huella de la Guerra Civil y el amor por el paisaje definen su poesía, que nace de una formación clásica y de una temática existencialista.

BIBLIOGRAFÍA. L. Jiménez Martos, *La generación poética de 1936. Antología* (Barcelona, 1972). [L.G.M.]

SANTULLANO, LUIS (Oviedo, 1879-México, D.F., 1952). Estudió Derecho y Magisterio. Escritor, pedagogo, traductor, periodista y destacado conferenciante, formó parte de la Junta para la Ampliación de Estudios y fue inspector de Primera enseñanza y, durante la República, secretario del Patronato de las Misiones Pedagógicas y profesor de Pedagogía correccional. Después de la Guerra Civil se dedicó a la enseñanza en Estados Unidos, Puerto Rico y México. Su producción narrativa se compone de *Carrocera, labrador* (1926), *Tres novelas asturianas* (1945) y otros títulos de menor interés. Entre sus numerosos ensayos destacan: *La autonomía y libertad en la educación* (1927), *De la Escuela a la Universidad* (1930), *Mirada al Caribe: Fricción de culturas en Puerto Rico* (1945), *Padres, hijos y maestros. Antipedagogía* (1945) y *El pensamiento vivo de Cossío* (1946). [A.R.]

SANZ, MARÍA. Véase POESÍA ESPAÑOLA POSTERIOR A 1975.

SANZ PÉREZ, JOSÉ (Cádiz, 1818-1870). Con el marqués de Santa Ana*, pone en pie un teatro interesante por lo que tiene de antecedente del género chico*. Destacan en su producción dramática *Chaquetas y fraques* (1846), *La flor de la canela* (1846), *El tío Caniyitas* (1849) y *Amores de sopetón* (1849). Su interés por las costumbres y el folclore andaluz se refleja en los cuentos de *Doña Luz y el fontanero* (1847) y *Los cuentos del peregrino* (1848). Es también autor de la novela *El niño mimado*. [J.B.]

SANZ DEL RÍO, JULIÁN (Torrearévalo, Soria, 1814-Madrid, 1869). Profesor de Historia del Arte en la Universidad de Barcelona y después de Pedagogía en la Superior de Magisterio de Madrid. Director del Museo Pedagógico y figura máxima de la Institución Libre de Enseñanza*. Inspirador y fundador de la escuela krausista española, sus obras, de rebuscado estilo, tienen un relevante matiz filosófico. Así ocurre en *Lecciones sobre el sistema de filosofía analítica de Krause* (1850), *El ideal de la humanidad para la vida* (1860), *Sistema de la filosofía metafísica* (1860-64) y en las póstumas *Análisis del pensamiento racional* (1877) y *Filosofía de la muerte* (1877).

BIBLIOGRAFÍA. J. López Morillas, *El krausismo español. Perfil de una aventura intelectual* (México, 1956); J. Sanz del Río, *Textos escogidos*, estudio preliminar de E. Terrón (Barcelona, 1968). [E.R.C.]

SANZ Y SÁNCHEZ, EULOGIO FLORENTINO (Arévalo, Ávila, 1822-Madrid, 1881). Vivió en la miseria, adquirió renombre como periodista, protagonizó aventuras y ofendió a reyes, ministros e intelectuales con sus mordaces ocurrencias y sátiras. Sus refinadas traducciones de Heine (en *El museo universal*, 1857), en cuartetos asonantados e imparisílabos, influyeron en la poesía de Bécquer*. Su drama romántico *Don Francisco de Quevedo* (1848) y su comedia *Achaques de la vejez* (1854) obtuvieron extraordinario éxito. Sus poesías, todavía dispersas, ejemplifican el paso del romanticismo al realismo; la famosa *Epístola a Pedro* (Berlín, 1855) es una meditación sobre la muerte con ecos de Espronceda*; poemas posteriores como *El color* (1866) o *En la agonía* (1871) muestran contactos con Bécquer.

BIBLIOGRAFÍA. J. M. Díez Taboada, «Eulogio Florentino Sanz, poeta de transición: 1822-1881», en *Revista de Literatura*, XIII (1958), págs. 48-78. [R.B.]

SARABIA, JOSEPH DE. Véase CANCIÓN REAL A UNA MUDANZA.

SARAO DE AMORES. Véase CANCIONEROS Y ROMANCEROS DE LOS SIGLOS XVI Y XVII.

SARAVIA, NICOLÁS. Véase BARRANTES CASTRO, PEDRO.

SARAVIA DE LA CALLE, LUIS. Véase LITERATURA POLÍTICA Y ECONÓMICA EN LOS SIGLOS XVI Y XVII.

SARDIO. Grupo literario venezolano que se inicia hacia 1955 como propulsor de las tendencias literarias en boga, integrado en su mayoría por artistas plásticos, escritores y poetas. El juego de las ideas expresadas en los editoriales de su revista, que comienza a aparecer en 1958 (el mismo año en que es derribada la dictadura de Pérez Jiménez), cobra un sentido no tradicional al impulsar los sentimientos de un humanismo político de izquierda, en la que se traducen, también, el pensamiento sartreano en toda su efusión y los ecos de la Revolución cubana, lo que, por cierto, no impide una imagen elitista de sus miembros, que más tarde les será reprochada. En las páginas de sus ocho números, publicados entre 1958 y 1961, era frecuente la inserción de escritos de Carpentier *, Borges *, Sartre, Rulfo *, Asturias *, Camus, Eliot, Pound, etc. Tal vez se hayan acrisolado en ese temperamento intelectual muchas de las mejores plumas que hoy representan las letras venezolanas. A ese cenáculo literario pertenecieron, entre otros, Adriano González León *, Salvador Garmendia *, Guillermo Sucre *, Ramón Palomares *, Edmundo Aray *, Francisco Pérez Perdomo * y otros que, luego, iban a integrar (después de desaparecida *Sardio*) el movimiento a *l'avant garde* conocido como «El Techo de la Ballena».

BIBLIOGRAFÍA. J. R. Medina, *Ochenta años de literatura venezolana* (Caracas, 1981); J. C. Santaella, *Diez manifiestos literarios venezolanos* (Caracas, 1986); A. Rama, *Antología de «El Techo de la Ballena»* (Fundarte, Caracas, 1987). [J.R.M.]

SARDUY, SEVERO (Camagüey, Cuba, 1937). Narrador, poeta y ensayista. Como poeta ha publicado *Overdose* (1972), *Big Bang* (1974) y, más recientemente, *Corona de las frutas* (1991). Como ensayista, hay que destacar *Escrito sobre un cuerpo* (1969), *Barroco* (1974) y *Para la voz* (1978). Vinculado a las tendencias experimentales de la última narrativa hispanoamericana y a la revista francesa *Tel Quel*, su narrativa es esencialmente una búsqueda lingüística incesante en el abigarrado y exuberante paisaje caribeño, una pretensión de subvertir los órdenes previamente establecidos, de destruir la realidad por medio de una escritura libre de ataduras, para así lograr en lo posible una expresión rica y fastuosa. En su primera novela, *Gestos* (1963), ligada aún en cierto modo a la narrativa tradicional, la acción gira en torno a una negra, lavandera, actriz, cantante y terrorista, pero, por encima de todo, preocupada por su amor frustrado y sus pequeños malestares físicos. En *De donde son los cantantes* (1967) propone un pastiche o antinovela que conjuga las tres grandes culturas que han dado lugar a la Cuba de hoy. *Cobra* (1972), alegoría de Oriente y Occidente, se compone de dos relatos que se cruzan, el del travesti Cobra y sus transformaciones corporales, y el de la iniciación del protagonista en una búsqueda erótica de la que surge la muerte. Barroco, humorismo, absurdo, episodios grotescos y ausencia de los valores propios del lenguaje dan como resultado un relato teatralizado que, aún simulando la búsqueda mística, se responde a sí mismo por la sensación de la vanidad de todo. En *Maitreya* (1973) aparece el deseo de resolver los problemas humanos con la ayuda de un redentor que no es otro que el futuro Buda de los tibetanos a que alude el título. La parodia religiosa surge, sobre todo, ante la negativa del redentor a cumplir los propósitos a que aspiran sus discípulos y ante la vaciedad de los sentimientos del elegido. Sus dos últimas novelas son *Colibrí* (1984), un relato de búsqueda y huidas, luchas y venganzas, y *Cocuyo* (1990), un prodigioso juego verbal donde los ambientes de negreros y prostitutas, el muelle, el burdel y el hospital, enmarcan la aventura de un niño que desde su inocencia inicial llega a una sabiduría parcial aportada por la experiencia; la desagradable visión nebulosa de su enamorada mancillada le lanza, mágica y frenéticamente, al odio que renueva su pasado y que le impele de nuevo a hacer uso del matarratas que libere al mundo de sus más despreciables habitantes.

BIBLIOGRAFÍA. AA. VV., *Severo Sarduy* (Madrid, 1976); J. Sánchez Boudy, *La temática novelística de Severo Sarduy* (Miami, 1976). [J.L.F.]

SARMIENTO, DOMINGO FAUSTINO (San Juan, Argentina, 1811-Asunción del Paraguay, 1888). Escritor, político y militar argentino. Autodidacto y alumno de fray José de Oro, se exilió en Chile en 1828. Regresa a la patria en 1836 y publica el periódico *El Zonda*. Vuelve a exiliarse en 1840, siempre en Chile, donde se dedica al periodismo, a la literatura y la educación. Viajó por Europa y África. En 1848 se casó con Benita Martínez, viuda de Castro, adoptando a su hijo Domingo. Participó en la campaña militar contra Rosas y se reinstaló en el país en 1851. Su carrera política le lleva a ser parlamentario, gobernador de San Juan, embajador en los Estados Unidos y presidente de la República (1868-74). Ocupa altos cargos en la masonería, llegando a gran maestre, y se retira, por razones de salud, al Paraguay, cuya guerra terminó él mismo en 1871. Sus *Obras completas* cubren 52 tomos pero, dada la caracterización periodística y polémica de la mayoría de ellas, es menester revisarlas y publicar una edición definitiva. Entre sus libros destacamos: *Método de lectura gradual* (1842), *Mi defensa* (1843), *Vida de fray Félix de Aldao* (1845), *Civilización y barbarie. Vida de Juan Facundo Quiroga* (o simplemente *Facundo*, 1845), *Viajes* (1849), *De la educación popular* (1849), *Argirópolis* (1850), *Recuerdos de provincia* (1850), *Campaña del ejército grande* (1851), *Las ciento y una* (polémica con las *Cartas quillotanas* de Juan Bautista Alberdi *, 1851), *Conflicto y armonías de las razas en América* (1883) y *Vida de Dominguito* (1886). En cuanto a la obra sarmientina, que algunos autores como Unamuno * y Martínez Estrada * consideran una de las cumbres de la prosa castellana en el siglo XIX, sólo cabe aquí examinarla desde el punto de vista literario. Hay otras perspectivas, como la documental-histórica, la filológica (polémica sobre el castellano de América) y de historia de las ideas. En este último aspecto, sin ser un hombre de formación metódica ni de lecturas exhaustivas, puede advertirse en él cierta intuición y sensibilidad filosófica, que van desde el eclecticismo de cuño francés de su juventud hasta sus tardías lecturas de Spencer y la asimilación del darwinismo social norteamericano. Literariamente, es un novelista del siglo XIX, aunque no haya escrito ninguna novela en sentido estricto. *Facundo* describe la historia heroica de ese caudillo de La Rioja, desde que derrota al tigre con un simple palo de árbol hasta que se convierte él mismo en «el tigre de los llanos». La indagación familiar y personal de Sarmiento en sus *Recuerdos de provincia* funda la tradición de la «novela americana de los orígenes», en la cual, a través de una crónica familiar, se indaga la identidad social de un pueblo. *Recuerdos* fija el espacio donde habrán de instalarse obras como *Ulises criollo* de José Vasconcelos * y *Paradiso* de Lezama Lima *. Desde otro punto de vista, también puede considerarse novelador decimonónico al Sarmiento de los *Viajes*, donde desmitifica su idolatría europea y toma como ejemplo de sociedad la norteamericana, y de Estado nacional, el Brasil, a la vez que perfila su reencuentro ancestral con España y el mundo árabe norteafricano. Sus cuadros de costumbres, sus narraciones en miniatura (la corrida de toros en las bodas reales de 1848, un paradigma), sus retratos al pasar, sus observaciones de sociología impresionista son las de un coetáneo de Balzac y de Pérez Galdós *. En el orden estilístico, la prosa de Sarmiento, aunque siempre dotada de la premura polémica e informativa y el descuido de la rapidez, es generosa en períodos cadenciosos, en adjetivación certera y persuasiva, en imágenes de impacto. Su lucha contra el léxico hispanizante le hace, por momentos, recuperar el olvidado castellano de España que se conserva en el habla americana; además utiliza galicismos y neologismos, como resultado de su propuesta de simplificación ortográfica. Sarmiento fue un historiador de discurso libre que consideró la historia como un proceso anónimo y épico, anudado por la aparición de los personajes heroicos que lo protagonizan.

BIBLIOGRAFÍA. R. Rojas, *El Profeta de la Pampa. Vida de Sarmiento* (Buenos Aires, 1945); E. Carilla, *Lengua y estilo en Sarmiento* (La Plata, 1964); E. Anderson Imbert, *Genio y figura de Sarmiento* (Buenos Aires, 1967); E. Martínez Estrada, *Las invariantes históricas en «El Facundo»* (Buenos Aires, 1974); P. Verdevoye, *Domingo Faustino Sarmiento* (Buenos Aires, 1988). [B.M.]

SARMIENTO, FRAY MARTÍN (Villafranca del Bierzo, León, 1695-Madrid, 1771). Erudito monje benedictino que pasó la mayor parte de su vida en el convento madrileño de San Martín, a cuya celda acudían los más prestigiosos hombres de letras de la época. Redactó miles de folios sobre los más diversos temas, de los que destacan los relacionados con la filología, la historia, la educación y las ciencias naturales. Su obra quedó inédita en vida, salvo la *Demostración criticoapologética del «Theatro crítico universal»* (1732), en defensa de Feijoo *, de quien fue amigo y colaborador. Su interesante correspondencia pone de relieve su importante papel en el movimiento cultural del siglo XVIII. [J.A.R.]

SARMIENTO DE GAMBOA, PEDRO. Véase CRONISTAS E HISTORIADORES DE INDIAS.

SARRIÁ, LUIS DE. Véase LUIS DE GRANADA, FRAY.

SARTORIO, JOSÉ MANUEL (México, 1746-1829). Autor de poemas de ocasión y de religión. Sus *Poesías profanas y sagradas* se publicaron, en siete tomos, en 1832; varias de ellas fueron tan célebres que se volvieron tradición popular e incluso jaculatorias, cantos y plegarias exitosas: «Bendita sea tu pureza / y eternamente lo sea...» Su mayor musa fue la Virgen María, con quien se permitió no pocas ni tan inocentes familiaridades en su gran cantidad de poemas marianos. [J.J.B.]

SASLAWSKI, LUIS. Véase ESCOBAR, LUIS.

SASSONE, FELIPE (Lima, 1884-Madrid, 1959). Autor teatral, poeta, escritor y novelista. Primero optó por el periodismo, luego viajó varias veces a Madrid, en donde compuso la mayor parte de su obra que está dedicada al teatro, en forma de comedias ligeras: *De veraneo* (1910), *El miedo de los felices* (1914), *La canción del pierrot* (1915) y *Lo que se llevan las horas* (1916). Sus mayores éxitos de público y crítica son *Calla corazón* (1923) y *Como una torre* (1936). Poesía: *A Santa Rosa de Lima* (1937), *Parva favilla* (1939) y *La canción de mi camino* (1954). Aunque su vocación y sus largas relaciones con la actriz María Palou lo inclinaron, sobre todo, a escribir obras dramáticas, no dejó de interesarse en el ensayo, la novela y la narración breve, según lo prueban ficciones como: *Malos amores* (1906), *Viendo la vida* (1908), *Ladrón de vida y amor* (1911), *A todo amor* (1926) y *La casa sin nombre* (1953). Merecen mencionarse: *Por la tierra y por el mar* (1930), *Casta de toreros* (1933), *María Guerrero, la grande* (1943) y *La rueda de mi fortuna* (1958). [F.M.R.A.]

SASTRE, ALFONSO (Madrid, 1926). Dentro del teatro español de posguerra, al estreno de *Escuadra hacia la muerte* (1953) se le suele atribuir un significado simbólico comparable al de *Historia de una escalera*, de Buero Vallejo *, y *Tres sombreros de copa*, de Miguel Mihura *. En el caso de Sastre, la restauración de un drama crítico, con base filosófica y fuerte carga social y política. En su famosa polémica con Buero, Sastre se opuso al posibilismo en nombre de un radicalismo que excluyera cualquier transacción con lo admitido. La consecuencia lamentable fue que su teatro, víctima de la censura y del desinterés de público y empresarios, apenas subió a los escenarios. En los últimos años, cuando reside en el País Vasco, por motivos políticos, es cuando, paradójicamente, ha vuelto a alcanzar el éxito comercial con el sainete crítico *La taberna fantástica* (1985, aunque escrita en 1966). Otros títulos destacados de su producción son: *Cargamento de sueños* (1948), *La mordaza* (1954), *Tierra roja* (1954), *Muerte en el barrio* (1955), *Guillermo Tell tiene los ojos tristes* (1955), *En la red* (1961), *Oficio de tinieblas* (1962) y *La sangre y la ceniza* (1965), sobre Miguel Servet. Es autor también de los ensayos *Drama y sociedad* (1956), *Anatomía del realismo* (1965) y *La revolución y la crítica de la cultura* (1970).

Muchas veces se han subrayado en su obra las influencias de Sartre, Marx, Valle-Inclán *, Brecht, etc. Fiel a su náusea ante el teatro burgués, Alfonso Sastre ha sufrido las dificultades del que, con un teatro revolucionario, se opone a los gustos predominantes del público.

BIBLIOGRAFÍA. F. Anderson, *Alfonso Sastre* (Nueva York, 1971), y prólogo a *Escuadra hacia la muerte* (Madrid, 1975); M. Ruggeri Marchetti, *Il teatro di A. Sastre* (Roma, 1975). [A.A.]

SASTURÁIN, JUAN. Véase NOVELA POLICIACA.

SATUÉ, FRANCISCO J. Véase NARRATIVA ESPAÑOLA POSTERIOR A 1975.

SAVARIEGO, GASPAR. Véase POESÍA ÉPICA DE LOS SIGLOS XVI Y XVII.

SAVATER, FERNANDO (San Sebastián, 1947). Es profesor de Ética y colaborador de diversas publicaciones. Ha escrito numerosos ensayos, entre los que destacan: *Ensayo sobre Cioran* (1974), *La infancia recuperada* (1976), *Panfleto contra el todo* (1978), *La tarea del héroe* (1981, Premio Nacional de Ensayo), *Invitación a la ética* (1982), *El contenido de la felicidad* (1986), *Humanismo impenitente* (1990) y *La escuela de Platón* (1991). Es también autor de obras dramáticas, como *Juliano en Eleusis* (1981) y *Vente a Sinapia* (1983), y de las novelas *Caronte aguarda* (1981), centrada en una intriga de tipo policial desarrollada en la España de la transición política, *Diario de Job* (1983) y *El dialecto de la vida* (1985). [G.R.F.]

SAVIÑÓN, ANTONIO (Las Palmas de Gran Canaria, 1768-Madrid, 1814). Aunque ha pasado a la historia literaria como autor de una *Numancia destruida* (1814), que era una versión de la de Ignacio López de Ayala *, Saviñón, liberal, fue sobre todo un traductor del teatro italiano. Tradujo a Alfieri principalmente: *Los hijos de Edipo*, *La muerte de Abel* y otras. En 1814 fue encarcelado y proscrito por Fernando VII. Murió en prisión.

BIBLIOGRAFÍA. M. Guimerá Peraza, *Antonio Saviñón, constitucionalista: 1768-1814* (Las Palmas de Gran Canaria, 1978). [J.A.B.]

SAWA, ALEJANDRO (Sevilla, 1862-Madrid, 1909). Es un claro representante de la bohemia * de fin de siglo. Se trasladó a Madrid en 1880, diez años después viajó a París, donde entró en contacto con el simbolismo francés, y regresó a la capital de España en 1896. Valle-Inclán * lo reflejó en su personaje Max Estrella de *Luces de bohemia*. Las novelas de Sawa unen elementos naturalistas con algunos del incipiente decadentismo y con recursos del folletín romántico. Hay en ellas una fuerte crítica del orden social y de la Iglesia. Escribió *La mujer de todo el mundo* (1885), *Crimen legal* (1886), *Declaración de un vencido* (1887), *Noche* (1888), *Criadero de curas* (1888) y *La sima de Igúzquiza* (1888). Es también autor de la obra teatral *Los reyes en el destierro* (1899), adaptación de una novela de Daudet, y de *Iluminaciones en la sombra* (1910), libro de impresiones, recuerdos y semblanzas, para el que refundió muchos de sus artículos periodísticos.

BIBLIOGRAFÍA. A. Phillips, *Alejandro Sawa. Mito y realidad* (Madrid, 1976). [G.R.F.]

SAWA, MIGUEL (Málaga, ¿1863?-Madrid, 1910). Con su hermano Alejandro llevó una vida bohemia en Madrid y París. Se dedicó muy pronto al periodismo: colaboró en *Madrid Cómico*, *La Caricatura* y *Alma Española*. Fue redactor de *El País* y *El Motín* y director de *Don Quijote* (1901) y *La Voz de Galicia*. Participó en *El Cuento Semanal*. Publicó *Amor* (1897 y 1901), *Fernando el calavera* (1903), *Ave, fémina* (1904) y *Crónica del centenario del Quijote* (1905). Con Pablo Becerra, *La muñeca* (1907) y *La ruta de Judith* (1910). [M.P.C.]

SAYAS, FRANCISCO DIEGO DE. Véase HISTORIOGRAFÍA DE LOS SIGLOS XVI Y XVII.

SBARBI Y OSUNA, JOSÉ MARÍA (Cádiz, 1834-Madrid, 1910). Fue sacerdote, cotizado orador y organista en Badajoz, Sevilla, Toledo y Madrid. Colaboró en diversas revistas y escribió numerosas obras sobre literatura, música y paremiología. Entre ellas: *El Refranero general español* (10 volúmenes, 1874-78), *Ambigú literario* (1897), en donde incluyó escritos de contenido variadísimo —puede leerse aquí su comentado artículo «Un plato de garrafales» (1874), en el que había denunciado los supuestos errores gramaticales de *Pepita Jiménez*, de Juan Valera *—, e *In illo tempore y otras frioleras. Bosquejo cervantino o pasatiempo quijotesco por todos cuatro costados* (1903). Publicó también una «novela histórica o historia novelesca» —*Doña Lucía* (1886)—, en la que atacó la edición de 1884 del *Diccionario de la Lengua Española*, y compuso una *Misa en fa*, un *Tedéum*, *Salmos y Miséreres*. [A.R.]

SCALABRINI ORTIZ, RAÚL (Corrientes, Argentina, 1898-Buenos Aires, 1959). Incursionó en el cuento y la poesía, pero su fama surge de *El hombre que está solo y espera* (1930), meditación lírica sobre el ser nacional. Entre sus trabajos históricos se cuentan *Política británica en el Río de la Plata* (1936) e *Historia de los ferrocarriles argentinos* (1940). [B.M.]

SCHINCA, MILTON (Montevideo, 1926). Poeta uruguayo. A veces ha escrito bajo el pseudónimo de «Alberto Salvá». Nostálgico e intimista, entre sus poemarios se cuentan *De la aventura* (1961), *Esta hora urgente* (1963), *Mundo cuestionado* (1964), *Cambiar la vida* (1970) y *El libro de Eis* (1985). Ha dado a conocer *Bulevard Sarandí* (1973), *Delmira* (1986) y otras obras de teatro, y ha desarrollado una destacada labor periodística. [J.L.F.]

SCHNEIDER, LUIS MARIO (Santo Tomé, Corrientes, Argentina, 1931). Escritor y crítico argentino, radicado en México desde 1960. Ha publicado los poemarios *Valparaíso* (1961), *El oído del tacto* (1962), *Memoria de la piel* (1965) y *Arponero del fuego* (1968), y la novela *La resurrección de Clotilde Goñi* (1977). Se le deben estudios fundamentales como *La literatura mexicana* (1967), *El estridentismo o una literatura de la estrategia* (1970), *Dos poetas rusos en México: Balmont y Maiakovsky* (1973), *Ruptura y continuidad. La literatura mexicana en polémica* (1975) y *México y el surrealismo (1925-1950)* (1978). [T.F.]

SCHÖN, ELIZABETH (Caracas, 1921). Poetisa y dramaturga venezolana. Su primer libro de poemas, *La gruta venidera*, se publicó en 1953; en 1957 estrena su obra teatral *Intervalo* (farsa en tres actos), a la que siguen otras como *La aldea* (1959) y *Lo importante es que nos miramos* (1964), testimonio de una constante en su producción dramática: el problema del reencuentro y de la comunicación. En 1971 le fue otorgado el premio Municipal de Literatura por su poema *La cisterna insondable*. Otras obras suyas: *En el allá disparado desde ningún comienzo* (1962), *El abuelo, la cesta y el mar* (1965), *Es oír la vertiente* (1973), *Incesante aparecer* (1977), *Encendido esparcimiento* (1981), *Del antiguo labrador* (1983), y el volumen de piezas teatrales *Melisa y el yo. Lo importante es que nos miramos. Jamás me miro. Al unísono* (1977).

BIBLIOGRAFÍA. C. M. Suárez Radillo, *Trece autores del nuevo teatro venezolano* (Caracas, 1971). [H.J.B.]

SCHOPF, FEDERICO (Osorno, Chile, 1940). Poeta, profesor e investigador de la literatura chilena y de la hispanoamericana, con estudios como *Del vanguardismo a la antipoesía* (1986). En sus poemarios *Desplazamientos* (1966) y *Escenas de peep-show* (1986) aparece como protagonista la ciudad, enriquecida con espacios temporalizados como el de la infancia y espacios simbólicos como el de la memoria. [A.M.]

SCHROEDER, JUAN GERMÁN (Pamplona, 1918). En Barcelona, donde reside desde 1927, fundó el «Teatro Estudio», en 1943, y «El Corral», en 1949. También ha dirigido, en el Liceo, óperas de Menotti y Bartok. Es autor de las comedias *Estrictamente familiar* (1952), *La ciudad sumergida* (1959), *La trompeta y los niños* (1961) y *La ira del humo* (1966). [M.S.]

SCHULTZ DE MANTOVANI, FRYDA. Véase LITERATURA INFANTIL HISPANOAMERICANA.

SCHWARTZ, PERLA. Véase HISPANOAMÉRICA: POESÍA ACTUAL.

SCORZA, MANUEL (Lima, 1928-Madrid, 1983). Narrador y poeta peruano. Emigró muy joven por razones políticas. Comienza como poeta ganando un importante premio en México en 1954 con su *Canto a los mineros de Bolivia*. Comprometido socialmente, escribe *Las imprecaciones* (1954), *Los adioses* (1958), *Desengaños del mago* (1961) y *Réquiem para un gentilhombre* (1962). Con el mismo espíritu escribe su ciclo de cinco novelas «La guerra silenciosa»: *Redoble por Rancas* (1970), *Historia de Garabombo el invisible* (1972), *El jinete insomne* (1977), *El cantar de Agapito Robles* (1977) y *La tumba del relámpago* (1979). Con estas obras consigue aportar valiosas novedades a la ficción indigenista. En *La danza inmóvil* (1983), su última novela, se planteó las relaciones entre el escritor y la lucha revolucionaria. [F.M.R.A.]

SCOTI DE AGOIZ, PEDRO. Véase TEATRO ESPAÑOL EN EL SIGLO XVIII.

SCRIVÁ, LUDOVICO. Véase NOVELA SENTIMENTAL.

SEBASTIÁN, JAVIER. Véase NARRATIVA ESPAÑOLA POSTERIOR A 1975.

SEBASTIÁN Y LATRE, TOMÁS (¿?-¿?). Autor aragonés que en 1772 publicó un *Ensayo sobre el teatro español* en el que disertaba sobre la nueva estética clasicista y el teatro clásico español, incluyendo una adaptación de *Progne y Filomena*, de Rojas Zorrilla *, que él convirtió en tragedia, y otra de Moreto *, *El parecido en la corte*. Su trabajo se inscribe en la corriente que intentaba refundir el teatro clásico español, adaptándolo a la ideología ilustrada. [J.A.B.]

SEBRELI, JUAN JOSÉ. Véase CONTORNO.

SECRETO. Véase CASTRO, GUILLÉN DE.

SEDEÑO, JUAN DE (Arévalo, Ávila, ?-¿?). Es autor de dos *Coloquios de amores y otro de bienaventuranza* (1536), de una versión en octavas de *La Celestina* y de la *Summa de varones ilustres* (Medina del Campo, 1551). Gonzalo Fernández de Oviedo * destaca la *Summa* como impulsora de sus *Quinquagenas de la nobleza de España* (1551-56).

BIBLIOGRAFÍA. *La Celestina, tragicomedia de Calisto y Melibea, sacada de prosa en metro castellano por J. Sedeño, vezino y natural de Arévalo*, ed. crítica en grafía clásica regularizada por M. Marciales (Mérida, Venezuela, 1971); J. de Sedeño, *Coloquios de amor y bienaventuranza*, ed. de P. M. Cátedra (Barcelona, 1986). [R.V.]

SEFARDÍ, MOISÉS. Véase ALFONSO, PEDRO.

SEGOVIA, CANCIONERO DE LA CATEDRAL DE. Véanse CANCIONEROS ESPAÑOLES DEL SIGLO XV y CANCIONEROS Y ROMANCEROS DE LOS SIGLOS XVI Y XVII.

SEGOVIA, TOMÁS (Valencia, 1927). Escritor mexicano de origen español, ha destacado con una obra poética de inspiración amorosa e inquietudes metafísicas: *La luz provisional* (1950), *Siete poemas* (1955), *Apariciones* (1957), *Luz de aquí* (1958), *El sol y su eco* (1960), *Anagnórisis* (1967), *Historias y poemas* (1968) y *Terceto* (1972) precedieron a la recopilación que tituló *Poesía 1943-1976* (1982). Posteriormente escribió *Cuaderno del nómada* (1978), *Figura y secuencias* (1979), *Personajes mirando a una nube* (1981), *Partición 1976-1982* (1983), *Cantata a solas* (1985), *Lapso* (1986), *Orden del día* (1988) y *Noticia natural* (1992). También ha dado a conocer las novelas *Primavera muda* (1954) y *Trizadero* (1973), esta última de gran significación renovadora, y una obra de teatro, *Zamora bajo los astros* (1960). En *Actitudes* (1960), *Contra-Corrientes* (1973) y *Poética y profética* (1985) pueden encontrarse sus reflexiones sobre literatura y otros temas. [T.F.]

SEGOVIA E IZQUIERDO, ANTONIO MARÍA (Madrid, 1808-Madrid, 1874). Abandonó la carrera militar y se dedicó al periodismo. Utilizó los seudónimos de «El Estudiante» y «El Cócora». Como diplomático, viajó por diversos países. Perteneció a la Academia de Bellas Artes de San Fernando y a la Real Academia Española de la Lengua. Es autor de artículos satíricos, en los que defiende las virtudes burguesas, y de poemas festivos, recogidos en *Composiciones en versos y prosa* (1839). Publicó también otros libros, como *Manual del viajero español de Madrid a París y Londres* (1851), *Los anónimos, los anonimistas y los anonimatos* (1873), y escribió numerosas obras teatrales, entre ellas,

El peluquero en el baile (1850) y *El aguador y el misántropo* (1854).

BIBLIOGRAFÍA. J. de Ramón Laca, *Don Antonio María Segovia, «El Estudiante»* (Madrid, 1975). [G.R.F.]

SEGUNDA CRÓNICA GENERAL. Véanse CRÓNICA DE 1344 e HISTORIOGRAFÍA DEL SIGLO XIV.

SEGUNDA PARTE DEL ROMANCERO GENERAL. Véase CANCIONEROS Y ROMANCEROS DE LOS SIGLOS XVI Y XVII.

SEGURA, BARTOLOMÉ DE. Véase POESÍA ÉPICA DE LOS SIGLOS XVI Y XVII.

SEGURA, FRANCISCO DE. Véase CANCIONEROS Y ROMANCEROS DE LOS SIGLOS XVI Y XVII.

SEGURA, JUAN DE. Véase NOVELA SENTIMENTAL.

SEGURA, MARTÍN DE. Véase RETÓRICA EN LOS SIGLOS XVI Y XVII.

SEGURA Y CORDERO, MANUEL ASCENSIO (Lima, 1805-1871). Militar de profesión, luchó en el bando realista, aunque terminó integrándose en el ejército peruano. Poeta y narrador, obtuvo en el teatro sus mejores aciertos, con obras como *El sargento Canuto* (1839), sátira contra el soldado fanfarrón, y la comedia constumbrista *Ña Catita* (1856). Obras suyas son también *La Pepa* (1833), *La saya y el manto* (1851), *Moza mala* (1855), *Las tres viudas* (1862) y *Los lances de Amancaes* (1862), además de *El santo de Panchita* (1859), escrita en colaboración con Ricardo Palma *. En sus cuadros de costumbres hizo gala también de un humor penetrante y festivo. [T.F.]

SEGURA MÉNDEZ, MANUEL (San José, Costa Rica, 1895). Inició su carrera con *Los pájaros de la noche* (1936), libro lírico de cuidada estructura. Publicó además la novela *Doña Aldea* (1928) y la antología *Poesía en Costa Rica* (1965). [A.B.F.]

SELGAS Y CARRASCO, JOSÉ (Lorca, Murcia, 1822-Madrid, 1882). Uno de los poetas que marcan la ruptura con la tendencia lírica esproncediana en sus libros de poemas simbólico-morales *La Primavera* (1850) y *El Estío* (1853). Sus compromisos políticos con el conde de San Luis le llevaron a la redacción del periódico satírico antiesparterista *El Padre Cobos* (1854-56); «no pocos chistes, locuciones equívocas y calificativos burlescos estampados allí por Selgas han pasado a ser proverbiales en nuestra lengua», escribía en 1882 Pedro Antonio de Alarcón *. También es autor de novelas sentimentales de hechura folletinesca. [L.R.T.]

SELIGSON, ESTHER (México, D.F., 1941). Escritora mexicana, se dio a conocer con el relato *Tras la ventana un árbol* (1969). Las novelas *Otros son los sueños* (1973) y *La morada del tiempo* (1981), y un relato más, *Luz de dos* (1978), completan su obra narrativa. Ha publicado los poemarios *Tránsito del cuerpo* (1977), *De sueños, presagios y otras voces* (1978), *Diálogos con el cuerpo* (1981) y *Sed de mar* (1986), y el ensayo *Las figuraciones como método de escritura* (1985). Traductora de Cioran y de otros autores, también ha desarrollado una notable labor como profesora de teatro. [T.F.]

SELLÉS, EUGENIO (Granada, 1844-Madrid, 1926). Se inició en el mundo literario como periodista y dramaturgo, e intervino después en la política. Parte de sus artículos políticos puede verse en *La política de capa y espada* (1876); agrupó algunos relatos en *Narraciones* (1893). Su nombre aparece sobre todo ligado a la polémica del naturalismo en el teatro. Sus dramas de tesis ocasionaron agudas disputas: *El nudo gordiano* (1878), *El cielo o el suelo* (1880), *Las vengadoras* (1884) y *La mujer de Lot* (1896). Con el paso del tiempo evolucionó hacia posiciones ideológicas muy conservadoras, como puede comprobarse en *Los domadores* (1898), *Los caballos* (1899), y *La nube* (1902). [J.R.J.]

SELVA, SALOMÓN DE LA (León, Nicaragua, 1893-París, 1959). Poeta modernista nicaragüense. Escribió también prosa de erudición y periodística, cultivando, a la vez, las humanidades clásicas. Fue seminarista, pero interrumpió los estudios sacerdotales para ir a las universidades norteamericanas de Cornell y Columbia. Después sería profesor en el William College. Concurrió a las tertulias de la nueva poesía norteamericana de la época; figuró en varias de sus antologías, como las de Edwin Markham, y fue colaborador de importantes revistas, como *Poetry*, de Chicago, o como *Century, Harper's Monthly* y *Contemporary verse*, de Filadelfia. Casi al final de la guerra europea de 1914, se enroló en el ejército de Su Majestad británica. A su regreso de Europa, residió en Estados Unidos y, después de viajar por México, Centroamérica y las naciones del Caribe difundiendo ideales obreristas, se trasladó a Panamá en 1933 y fundó, con Carleton Beals, el semanario *El Digesto Latinoamericano*. En su juventud, De la Selva fue poeta bilingüe. Luego, a partir de su libro *El soldado desconocido* (1922), nacido de sus experiencias bélicas, se afirmó como heredero universal de Rubén Darío*. Sus principales temas y motivos proceden del mundo grecorromano y del mundo precolombino: *Las hijas de Erectheo* (1933), *Evocación de Horacio* (1949), *Canto a la independencia nacional de México* (1955), *Evocación de Píndaro* (1957), *Acolmixtli Nezahualcóyotl* (1958), y su tratado de mitología clásica *Ilustre familia* (1954), verdadero poema en prosa. Su poesía de madurez es depurada, conforme el modelo horaciano. Su lenguaje es culto, pero no retórico. Sus versos suelen ser tradicionales, aunque su andadura discursiva les dé una apariencia de mayor libertad y soltura. Otras obras poéticas suyas son: *Oda a la tristeza y otros poemas* (1924), *Tres poesías a la manera de Rubén Darío* (1951), *Elogio al pudor* (1953) y *Versos y versiones nobles y sentimentales* (1964).

BIBLIOGRAFÍA. M. Fiallos Gil, *Salomón de la Selva... Apuntes para una biografía* (León, Nicaragua, 1963); E. Zepeda-Henríquez, *Horacio en Nicaragua o la lengua culta de Salomón de la Selva* y (Madrid, 1972). [E.Z.-H.]

SELVAJE, ACADEMIA. Véase ACADEMIAS y LIÑÁN DE RIAZA, PEDRO.

SEM TOB. Véase SANTOB DE CARRIÓN.

SEMEJANÇA DEL MUNDO (h. 1223). Primera geografía universal en castellano. Sus fuentes principales son las *Etimologías* de San Isidoro y la *Imago Mundi* de Honorio de Autun. Su autor debió ser un hombre culto, pues, además de conocer perfectamente el latín, pudo tener conocimientos de griego. Sin embargo, la aportación personal y la originalidad de la obra es mínima, limitándose su tarea a la organización y la distribución de los contenidos. Pero la compilación es especialmente interesante por mostrar el estado de la lengua en las traducciones y paráfrasis del período inmediatamente anterior a Alfonso X.

BIBLIOGRAFÍA. W. E. Bull y H. F. Williams, *Semejança del mundo* (Berkeley, 1959). [M.A.S.]

SEMPERE, ANDRÉS Véase RETÓRICA EN LOS SIGLOS XVI Y XVII.

SEMPERE, JERÓNIMO. Véanse NOVELA DE CABALLERÍAS y POESÍA ÉPICA DE LOS SIGLOS XVI Y XVII.

SEMPERE Y GUARINOS, JUAN (Elda, Alicante, 1754-1830). Doctor en Teología y abogado de los Reales Consejos. Publicó obras sobre diversos temas. Su aportación fundamental es el *Ensayo de una Biblioteca española de los mejores escritores del reinado de Carlos III* (1785-89), imprescindible para conocer la historia de las letras de aquel período. [J.A.R.]

SEMPRUM, JESÚS (Santa Bárbara, Zulia, Venezuela, 1882-El Valle, D.F., Venezuela, 1931). Crítico literario, ensayista y poeta venezolano. Escribe algunos cuentos con la temática social y dramática que vive el país bajo la dictadura de Juan Vicente Gómez. Su obra crítica, dispersa en publicaciones periódicas, fue recopilada por la Asociación de Escritores y publicada con el título *Estudios críticos* (1938). En 1956 se realiza una nueva edición a cargo de Luis Semprum y Pedro Díaz Seijas, con el título *Crítica literaria*. Escribió además *El canal de Panamá* (1912) y *Visiones de Caracas y otros temas* (1969).

BIBLIOGRAFÍA. H. Cuenca, *Jesús Semprum* (Caracas, 1932); P. Díaz Seijas, *Jesús Semprum, contextos y escritos* (Caracas, 1981). [H.J.B.]

SEMPRÚN, JORGE (Madrid, 1923). En 1939 se estableció en Francia. Bajo el nombre de «Federico Sánchez», militó, hasta 1964, en el Partido Comunista. En 1988 fue nombrado Ministro de Cultura por el Gobierno del PSOE. Sus primeras novelas, *Le grand voyage* (1963), *L'évanouissement* (1967) y *La deuxième mort de Ramón Mercader* (1969) —fueron traducidas al castellano con los títulos, respectivamente, de *El largo viaje* (1976), *El desvanecimiento* (1979) y *La segunda muerte de Ramón Mercader* (1970)—, en las que abundan los elementos autobiográficos, constituyen una reflexión sobre la trascendencia, personal y social, del compromiso político. En *Autobiografía de Federico Sánchez* (Premio Planeta de 1977) llevó a cabo una denuncia de diversos aspectos del Partido Comunista. Con posterioridad ha publicado: *Quel beau dimanche!* (1980: *Aquel domingo*, 1981), *L'algarabie* (1981: *La algarabía*, 1982), sobre las imaginarias comunas establecidas en París por un grupo de exiliados españoles después de un supuesto triunfo de la Revolución de mayo de 1968, *La montagne blanche* (1986: *La montaña blanca*, 1987), en donde diversos personajes luchan contra unos recuerdos que los atormentan, y *Netchaiev est de retour* (1987: *Netchaiev ha vuelto*, 1988), acerca de los fanatismos ideológicos, el terrorismo y la violencia. Es autor también de los ensayos *Itinerario* (1978), *Montand, la vida continúa* (1983) y de los guiones de algunas películas de Costa-Gavras, A. Resnais y J. Losey.

BIBLIOGRAFÍA. J. Sinnigen, «Narrativa y militancia: Las novelas de J. Semprún», en *Narrativa e ideología* (Madrid, 1982), págs. 35-65; L. Küster, *Obsession der Erinnerung. Das literarische Werk Jorge Semprúns* (Frankfurt, 1988). [A.R.]

SENADOR, JULIO (Cervillego de la Cruz, Valladolid, 1872-Pamplona, 1962). Fue notario en diversos pueblos y periodista. Publicó varios ensayos, en los que prolonga las inquietudes regeneracionistas de Costa * y de otros pensadores de finales del pasado siglo. Entre ellos: *Castilla en escombros* (1915), *La tierra libre. No pidáis pan. Pedid tierra* (1918), *La ciudad castellana. Entre todos la matamos* (1919), *La canción del Duero. Arte de hacer naciones y deshacerlas* (1919) y *Los derechos del hombre y los del hambre* (1928). En *Pequeños reparos a un gran libro. Desafinaciones de*

«La canción del Duero» de J. Senador (Murcia, 1919), J. Miguel Navarro consideró exagerado su pesimismo. [A.R.]

SENDEBAR. Véase LIBRO DE LOS ENGAÑOS.

SENDER, RAMÓN J. (Chalamera, Huesca, 1901-San Diego, California, 1982). Trabajó en diversos empleos e inició los estudios de Filosofía y Letras, que no llegó a concluir. Ejerció el periodismo, desde 1924, en varias publicaciones —entre ellas, *El Sol*, *La Libertad* y *Solidaridad Obrera*— y dirigió la revista *Tensor*. Por entonces, participó en el movimiento anarquista, que le acabó por decepcionar, y se acercó al comunismo, ideología de la que más tarde renegaría. Luchó activamente en la Guerra Civil, en la que murió su esposa, y en 1938 se exilió en Francia. Un año después embarca hacia México; allí vivió hasta 1942, fecha en que se instala en Estados Unidos, donde impartió clases de literatura. Regresó a España, para pasar largas temporadas, en 1976.

La extensísima obra narrativa de Sender se caracteriza por la diversidad de enfoques, procedimientos técnicos y temas que aborda. No obstante, pueden encontrarse elementos comunes en toda su producción: en especial, la preocupación por la naturaleza humana, en el terreno social, existencial y metafísico, y el afán por indagar sobre lo humano permanente que subyace bajo el devenir histórico. Marcelino C. Peñuelas ha establecido una acertada clasificación de su obra, en la que reseña las principales tendencias de la variada narrativa de este autor: 1. Narraciones realistas con implicaciones sociales: *Imán* (1930), *Siete domingos rojos* (1932), *Viaje a la aldea del crimen* (1934), *El lugar de un hombre* (1939) y *Réquiem por un campesino español* (1960). 2. Alegóricas, de intención satírica, filosófica o poética: *La noche de las cien cabezas* (1934), *La esfera* (1947) y *Los laureles de Anselmo* (1958). 3. Alegórico-realistas, con fusión de elementos de los dos grupos anteriores: *O. P. (Orden Público)* (1931), *Epitalamio del Prieto Trinidad* (1942), *El rey y la reina* (1949), *El verdugo afable* (1952) y *Los cinco libros de Ariadna* (1957). 4 Históricas: *Mr. Witt en el cantón* (1935), *Bizancio* (1956), *Carolus Rex* (1963), *Los tontos de la Concepción* (1963), *Jubileo en el Zócalo* (1964), *La aventura equinoccial de Lope de Aguirre* (1964), *Tres novelas teresianas* (1967) y *Las criaturas saturnianas* (1967). 5. Autobiográficas: *Crónica del alba* (1942 y 1966), serie compuesta, en su versión definitiva, por nueve novelas, agrupadas en tres tomos: I. *Crónica del alba*, *Hipógrifo violento*, *La «Quinta Julieta»*. II. *El mancebo y los héroes*, *La onza de oro*, *Los niveles del existir*. III. *Los términos del presagio*, *La orilla donde los locos sonríen*, *La vida comienza ahora*. 6. Cuentos: *Mexicayotl* (1940), *La llave* (1960), *Novelas ejemplares de Cíbola* (1961), *Cabrerizas Altas* (1966), *Las gallinas de Cervantes y otras narraciones parabólicas* (1967), *El extraño señor Photynos y otras narraciones americanas* (1968). 7. Narraciones misceláneas: *Contraataque* (1938), *La tesis de Nancy* (1962) —a la que siguieron, dada su popularidad, a pesar de su endeble factura, *Nancy, doctora en gitanería* (1974) y *Nancy y el Bato loco* (1974)—, *La luna de los perros* (1962) y *El bandido adolescente* (1965).

En las obras anteriores a la Guerra Civil predomina la preocupación social. La primera novela de Sender, *Imán*, es una violenta denuncia de la guerra de Marruecos, que surge de una experiencia directa de la contienda, y *Siete domingos rojos*, un testimonio del movimiento anarco-sindicalista, a partir del relato de una huelga general revolucionaria y su represión. También una de sus mejores obras, *Réquiem por un campesino español*, novela corta, cercana al realismo crítico, publicada primero, en 1953, con el título de *Mosén Millán*, tiene un marcado carácter social. Se narra en este libro, a través de la evocación de un sacerdote que no ha logrado evitar la ejecución de uno de sus feligreses, los sucesos ocurridos en un pueblo en los comienzos de la Guerra Civil. Ya en 1935 Sender abordó la novela histórica en *Mr. Witt en el cantón*, centrada en la rebelión cantonal de Cartagena durante 1873. El relato une el acierto de los retratos psicológicos a la reconstrucción de los acontecimientos y a un fondo de intencionalidad social. Parte de sus posteriores novelas de temática histórica se centran también en acontecimientos y personajes de la realidad española —*Carolus Rex, Tres novelas teresianas*—, a veces en relación con el mundo americano, como sucede en *Jubileo en el Zócalo*, sobre Hernán Cortés, o en *La aventura equinoccial de Lope de Aguirre*.

El entorno americano reaparece en los cuentos de *Mexicayotl* y en otra de sus novelas más logradas, *Epitalamio del Prieto Trinidad*, que gira en torno a un motín de reclusos en una isla penitenciaria del Pacífico. Sender realiza en esta obra, por medio de un ambiente obsesivo de desatadas y primitivas pasiones, una exploración psicológica de diversos tipos humanos; bajo un primer nivel realista, aparece otro, alegórico, con el que se intenta la indagación en las capas más profundas de la realidad, en busca de lo irracional y misterioso y de las más ocultas y complejas motivaciones de la conducta. Un doble nivel, realista y alegórico, tiene también *El rey y la reina*, relato en el que la relación señora-criado, en los días de la Guerra Civil, aparece con un carácter simbólico y desemboca en una interpretación de la naturaleza humana.

En *Crónica del alba* aborda la autobiografía novelada. El nombre del protagonista, José Garcés, coincide con el segundo nombre y segundo apellido de Sender. De los tres volúmenes que componen la serie, el primero, en el que se narra el mundo infantil del personaje y su acceso a la experiencia, es el que reviste mayor encanto e interés. En *Monte Ondina* (1981), el autor se aproxima al libro de memorias.

Sender ha escrito también numerosos ensayos, artículos y reportajes, algunos de ellos recogidos en libros, como *Teatro de masas* (1932), *Madrid-Moscú* (1934), *Proclamación de la sonrisa* (1934), *Examen de ingenios. Los noventayochos* (1961) o *Tres ejemplos de amor y una teoría* (1969). Ha escrito además obras de carácter teatral —entre ellas, *El secreto* (1935), *Hernán Cortés* (1940), *Don Juan en la mancebía* (1968) o *Los antofagastas* (1969)— y un libro de poemas, *Las imágenes migratorias* (1960).

BIBLIOGRAFÍA. M. C. Peñuelas, *La obra narrativa de Ramón J. Sender* (Madrid, 1971); C. L. King, *Ramón J. Sender: An Annotated bibliography, 1928-1974* (Metuchen, 1976); F. Carrasquer, *La verdad de Ramón J. Sender* (Leiden, 1982); AA. VV., *Ramón J. Sender. In memoriam* (Zaragoza, 1983). [G.R.F.]

SEÑORA PASCUALA, LA (seudónimo). Véase PEÑA Y GOÑI, ANTONIO.

SEÑORA TORIBIA, LA (seudónimo). Véase PEÑA Y GOÑI, ANTONIO.

SEÑORET, RAQUEL (Viña del Mar, Chile, 1922). Vinculada a Vicente Huidobro * desde 1945 hasta la muerte del poeta, es autora de diversos poemas que aparecen en revistas y antologías. Será en 1989 cuando se publique su libro *Anagogías*, de extraordinaria sensibilidad e imágenes solidarias. [J.L.F.]

SEONA, JERÓNIMO DE. Véase MALÓN DE CHAIDE, PEDRO.

SEPÚLVEDA, COMEDIA DE (1562/67). El único testimonio del siglo XVI de una pieza escrita según los cánones de la comedia italiana erudita, paralelo al ensayo populista de Lope de Rueda *. Su autor, en el prólogo dialogado, dice ser Sepúlveda, «escribano y poeta, vecino de Sevilla». Como ha demostrado Julio Alonso, la obra debió componerse entre 1562 y 1567, y no en 1547 que data un manuscrito. La fuente es *L'Hermafrodito* y, sobre todo, *Il viluppo* de Parabosco. Escrita en prosa, sigue en los parlamentos y desarrollo de la acción el modelo italiano. Las únicas novedades son la introducción de algunos «entremeses» y la división en cuatro actos en vez de cinco. Texto capital para la reconstrucción del teatro prelopista.

BIBLIOGRAFÍA. *Comedia de Sepúlveda*, ed. de J. Alonso Asensio (Londres, 1990). [A.B.]

SEPÚLVEDA, IGNACIO. Véase LITERATURA CHICANA.

SEPÚLVEDA, JUAN GINÉS DE. Véanse CERDÁ Y RICO, FRANCISCO, y CRONISTAS E HISTORIADORES DE INDIAS.

SEPÚLVEDA, LORENZO. Véase CANCIONEROS Y ROMANCEROS DE LOS SIGLOS XVI Y XVII.

SEPÚLVEDA LEYTON, CARLOS (Santiago de Chile, 1894-1941). Novelista y maestro chileno de extracción humilde, autor de una trilogía —*Hijuna* (1934), *La fábrica* (1935) y *Camarada* (1938)— cuyos principales ingredientes son sus propias experiencias y la realidad chilena. La primera de esas novelas es la historia de un niño proletario de un barrio marginal de Santiago, narrada por él mismo. [J.A.C.]

SEPÚLVEDA Y PLANTER, RICARDO (Zaragoza, 1846-Madrid, 1909). Estudió Derecho y fue redactor de diversas publicaciones *(El Cascabel, El Gato Negro, Blanco y Negro, Gente Vieja, La Época*, etc.); con Manuel Matoses * dirigió el periódico *El Mundo Cómico*. Perteneció a la Real Academia de la Historia y a la de Bellas Artes de San Fernando. Escribió poemas influidos por Bécquer * y Heine, recogidos en *Sin esperanza* (1867) y *Notas graves y agudas* (1868), así como una elegía a la muerte de su esposa, *¡Dolores!* (1881). Fue también narrador y autor de gran número de obras centradas en el Madrid histórico, como *La casa de las siete chimeneas* (1882), *El monasterio de San Jerónimo el Real* (1883), *Madrid viejo* (1887) y *El corral de la Pacheca* (1888). [G.R.F.]

SEREBRISKY, HEBE. Véase HISPANOAMÉRICA: TEATRO ACTUAL.

SERNA, JOSÉ DE LA (Burgos, ¿1853?-Madrid, 1927). Médico, escritor y crítico literario y taurino, colaboró en *La Ilustración Española y Americana, Madrid Cómico, ABC, El Imparcial, El Teatro*, etc. Utilizó en ocasiones los seudónimos de «Aficiones» y «Gilimón». Su dedicación al mundo teatral se plasmó en el libro *Figuras de teatro* (1914). Escribió también *Lo mejor del mundo, poesías festivas* (1878), *Prosa ligera* (1892) y la novela *La Rebolledo* (1909). [M.P.C.]

SERÓN, ANTONIO. Véase HUMANISTAS.

SERRA, JOAN. Véase HUMANISTAS.

SERRA, JOSEP (seudónimo). Véase FELIU Y CODINA, JOSÉ.

SERRA, NARCISO (Madrid, 1830-1877). Ocupó puestos administrativos, como el de censor de teatros, y continuó la comedia bretoniana en *Amor, poder y pelucas* (1855), *El amor y la Gaceta* (1863), *A la puerta del cuartel* (1867) y *¡Don Tomás!* (1867), cuya intriga gira en torno a un riguroso militar a quien Inocencia, la mujer de quien está enamorado, termina suavizando el carácter. Cultivó el drama histórico: *La boda* de Quevedo (1854), *La calle de la Montera* (1859) y *El loco de la guardilla* (1861), dramatización del proceso de escritura del *Quijote*. [J.R.J.]

SERRANO, ANTONIO. Véase LITERATURA FILIPINA.

SERRANO, EUGENIA (Madrid, 1921-1991). Estudió Filosofía y Letras. Desde 1943 se dedicó a la literatura y al periodismo (entre 1968 y 1981 fue redactora de *El Alcázar*). Su obra narrativa, en la que tiende a idealizar la realidad (en diversos artículos atacó el tremendismo literario de los años cuarenta), se compone de las novelas *Retorno a la tierra* (1945), *Chamberí-Club*, publicada como folletón en el diario *Pueblo; Perdimos la primavera* (1952), *Antonio. Novela napolitana* (1954) y *Pista de baile* (1963). Es autora también de numerosos cuentos, de un libro de poemas —*Oración de mujer* (1949)— y de *El libro de las siete damas* (1943), con biografías noveladas de mujeres célebres. [A.R.]

SERRANO, PÍO. Véase HISPANOAMÉRICA: POESÍA ACTUAL.

SERRANO ANGUITA, FRANCISCO (Sevilla, 1887-Madrid, 1968). Periodista con presencia en diarios como *El Globo, El Sol, La Tribuna, Heraldo de Madrid* e *Informaciones*. Ensayó —sin mucho éxito, pero con dominio de la técnica escénica— el teatro con obras como *El padre* (1914), *La dama del antifaz* (1917), *Manos de plata* (1930), *Tierra en los ojos* (1931) y *Siete puñales* (1933). Sin mayor acierto probó suerte con la narrativa (*Primicias*, 1902, y *Stabat mater*, 1923) y con la opereta *(Black el payaso)* (s.a.: ¿1942?). [J.B.]

SERRANO-PLAJA, ARTURO (San Lorenzo de El Escorial, Madrid, 1909-Estados Unidos, 1978). Intelectual de gran dinamismo y de ideología republicana, figura entre los fundadores y alentadores de importantes revistas —*Hoja Literaria, Octubre, Hora de España*— de la preguerra y de la guerra españolas. Destacó como poeta y como ensayista. En aquella primera vertiente, y tras algunos libros titubeantes —*Sombra indecisa* (1932), *Destierro infinito* (1936)—, encontrará su camino personal en las líneas del compromiso solidario y de la reflexión existencialista: *El Hombre y el Trabajo* (1938) y *Versos de guerra y paz* (1945) son títulos cuyo vigor poético no será desmentido cuando, desde el plural exilio, atienda Serrano-Plaja a coordenadas de signo trascendental, como las que enmarcan el originalísimo poemario *La mano de Dios pasa por este perro* (1965). En 1982, fue publicado el útil compendio antológico *Los álamos oscuros*. Entre su obra ensayística, cabe destacar *Realismo mágico en Cervantes* (1967) y *El arte comprometido y el compromiso del arte* (1968).

BIBLIOGRAFÍA. J. Cano Ballesta, «Poesía y revolución (1934-1936): A. Serrano-Plaja», en *La poesía española entre pureza y revolución (1930-1936)* (Madrid, 1972), págs. 171-174; A. Serrano-Plaja, *Los álamos oscuros*, prólogo de L. F. Vivanco (Barcelona, 1982), págs. 11-28. [A.S.Z.]

SERRANO PONCELA, SEGUNDO (Madrid, 1912-Caracas, 1976). Licenciado en Filosofía y Letras y en Derecho. Fue miembro de las Juventudes Socialistas. Se exilió en 1939, y residió en Santo Domingo, Puerto Rico y Venezuela, dedicado a la enseñanza universitaria. Ha publicado libros de cuentos —*Seis relatos y uno más* (1954), *La puesta de Capricornio* (1955), *La venda* (1956), *La raya oscura* (1959) y *Un olor a crisantemo* (1961)— y las novelas *Habitación para hombre solo* (1964), de corte experimental, sobre las vicisitudes de un ilegal emigrante español en Estados Unidos; *El hombre de la cruz verde* (1969), en torno a un proceso inquisitorial en la España de Felipe II, y *La viña de Nabot* (1979), sobre la Guerra Civil española. También es autor de ensayos y libros de crítica literaria, como *El pensamiento de Unamuno* (1953) y *Antonio Machado, su mundo y su obra* (1954). [G.R.F.]

SERRANO Y SANZ, MANUEL (Ruguilla, Guadalajara, 1868-Zaragoza, 1932). Catedrático de Historia de la Universidad de Zaragoza. Erudito e investigador, publicó numerosos trabajos de excepcional interés sobre historia de América, literatura y arte. De ellos destacamos los siguientes: *Apuntes para una Biblioteca de escritoras españolas desde el año 1401 al 1833* (1903-1905), *Compendio de la historia de América* (1905), *Noticias biográficas de Fernando de Rojas, autor de La Celestina y del impresor Juan de Lucena* (1907), *Historiadores de Indias* (1909), *Antología de poetisas españolas*, *Documentos relativos a la pintura de Aragón durante los siglos XIV y XV* (1915-1917), *Orígenes de la dominación española en América* (1918). [E.R.C.]

SERULLE, HAFFE. Véanse HISPANOAMÉRICA: NARRATIVA ACTUAL e HISPANOAMÉRICA: TEATRO ACTUAL.

SESÉ, MARÍA TERESA. Véase NOVELA ROSA.

SESENTA, LOS. Véase REVISTAS DEL EXILIO.

SETABIENSE, EL (seudónimo). Véase PÉREZ, NICOLÁS.

SETTIER, MARÍA (Madrid, 1900). Ha colaborado en diversas publicaciones. Es autora de libros de poesía —*Pleamar* (1952)—, de relatos —*Luz de mar* (1946) y *Cuentos selectos* (1945)— y de novelas —*Tigre real* (1944), *Mi Virgen morena y tú* (s.a.) y *Alma perdida* (1947)—. También ha escrito biografías. [G.R.F.]

SEVILLA, RAFAEL DE. Véase AUTOBIOGRAFÍAS Y MEMORIAS EN ESPAÑA.

SHELLEY, JAIME AUGUSTO (México, D.F., 1937). Escritor mexicano, con otros poetas de su generación (Juan Bañuelos, Oscar Oliva, Eraclio Zepeda * y Jaime Labastida *), publicó *La espiga amotinada* (1960) y *Ocupación de la palabra* (1965), libros que mostraban una declarada tendencia a relacionar la poesía con los problemas de la sociedad contemporánea, en particular los derivados de la corrupción política y de las condiciones de la vida en la gran ciudad. Esas preocupaciones se manifestaron también en los poemarios propios, *La gran escala* (1961), *Himno a la impaciencia* (1971), *Por definición* (1976) y *Girasol de urgencias* (1987), donde una poesía a menudo doliente se hace eco de las circunstancias históricas de cada momento y del vivir alienado que caracteriza al hombre de nuestro tiempo. En el volumen *Abuso del poder* reunió en 1987 *Himno a la impaciencia* con una obra de teatro, *La gran revolución*. En ese mismo año apareció su obra poética bajo el título de *Horas ciegas*. También es autor del ensayo *Hierofante. Vida de Percy B. Shelley* (1967). [T.F.]

SHIMOSE, PEDRO (Riberalta, Beni, Bolivia, 1940). Poeta, cuentista y crítico. Premio Casa de las Américas. Su poesía lo muestra ardientemente solidario con el hombre de América y la realidad cultural de ésta. La palabra desgarrada le brota de un corazón sensible y siempre decidido en sus afectos. Su libro *Poemas*, editado en España —donde el poeta radica— en 1988, reúne la poesía que tiene escrita de 1961 al presente: *Triludio en el exilio* (1961), *Sardonia* (1967), *Poemas para un pueblo* (1968), *Quiero* *escribir, pero me sale espuma* (1972), *Caducidad del fuego* (1975), *Al pie de la letra* (1976), *Reflexiones maquiavélicas* (1980) y *Bolero de caballería* (1985). Su volumen de cuentos se titula *El coco se llama Drilo* (1976). Shimose es autor de un importante *Diccionario de autores iberoamericanos* (1982) y de una *Historia de la literatura latinoamericana* (1990). [C.C.B.]

SICARDI, FRANCISCO A. (Buenos Aires, 1856-1927). Escritor argentino, conocido sobre todo por los cinco tomos de su novela *Libro extraño* (1891-1902), muestra destacada de una narrativa naturalista impulsada por el cientificismo positivista. Su formación de médico condicionó el análisis de la miseria en los suburbios de Buenos Aires. [T.F.]

SICCARDI, GIANNI. Véase HISPANOAMÉRICA: POESÍA ACTUAL.

SIERRA, ALONSO DE LA. Véase POESÍA ÉPICA DE LOS SIGLOS XVI Y XVII, LA.

SIERRA, JUAN (Sevilla, 1901-1989). Poeta del grupo «Mediodía». Su obra, en la que aborda, preferentemente, asuntos religiosos, se compone de: *María Santísima* (1934), *Palma y cáliz de Sevilla* (1944), *Claridad sin fondo* (1947) y *Álamo y cedro* (1982). [M.G.P.]

SIERRA, JUSTO (Campeche, México, 1848-Madrid, 1912). Abogado y periodista, desempeñó un papel relevante en la política y en la cultura mexicanas de su tiempo. Aunque dio a conocer poemas y cuentos, sus aportaciones fundamentales corresponden al campo de la historia, la sociología y la educación. Entre sus trabajos destacan los ensayos «Historia política» y «La era actual», escritos para la obra colectiva *México: su evolución social* (1900-1902), reunidos desde 1940 bajo el título *Evolución política del pueblo mexicano*. [T.F.]

SIERRA, MIGUEL . Véase TEATRO ESPAÑOL POSTERIOR A 1975.

SIERRA, PEDRO DE LA. Véase NOVELA DE CABALLERÍAS.

SIERRA I FABRA, JORDI. Véase NOVELA POLICIACA.

SIERRA O'REILLY, JUSTO (Tixcacaltuyn, Yucatán, México, 1814-Mérida, Yucatán, México, 1861). Abogado y fundador de numerosos periódicos como *El Museo Yucateco* y *La Unión Liberal*. Político distinguido en cuestiones de soberanía regional. Su novela *La hija del judío* (1848-1849) es considerada ejemplo sobresaliente de la novela de folletín en México e iniciadora de la corriente de reconstrucción histórica de la colonia. Otra obra: «El filibustero, leyenda del siglo XVII», en *El Museo Yucateco* (1841).

BIBLIOGRAFÍA. J. Lloyd Read, *The mexican historical novel* (Nueva York, 1973). [J.E.C.]

SIETE INFANTES DE LARA, LOS. En 1896, Ramón Menéndez Pidal * reconstruye esta extraña leyenda, rastreando su pervivencia (al menos, en dos versiones) por las crónicas generales. La débil justificación histórica del argumento permite inscribir el cantar en el ciclo de los condes de Castilla: al menos, el segundo de ellos, Garci-Fernández, es uno de los asistentes a las bodas de Ruy Velázquez y doña Lambra, acontecimiento alegre que se teñirá con la envidia y con el odio de la desposada (contraste narrativo) hacia los siete hijos de su cuñada doña Sancha, triunfantes en los torneos y en las fiestas que se celebran; el menor, Gonzalo González, mata a un primo de doña Lambra que le había afrentado; la respuesta de ella es inmediata: en el banquete de despedida, ordena a un criado que le arroje un pepino lleno de sangre, pero Gonzalo mata al sirviente, refugiado bajo el brial de doña Lambra. Ésta exige venganza a su marido; Ruy Velázquez, entonces, envía a Córdoba al padre de los infantes, Gonzalo Gustioz, con una carta escrita en caracteres arábigos, en que le pide a Almanzor que mate al portador de la misiva (motivo folclórico) y le indica, al mismo tiempo, el lugar exacto por donde iba a mandar a los infantes, a fin de que les tendiera una emboscada y les diera muerte. Estas circunstancias de embajadas entre nobles cristianos y moros le sirvieron a Ramón Menéndez Pidal para fechar el episodio en el 974. Almanzor encierra a Gonzalo Gustioz y confía su entretenimiento a su propia hermana, que quedará embarazada. Mientras, el ejército árabe se cobra la vida de los infantes y de su ayo, Nuño Salido; el padre ante las ocho cabezas prorrumpe en un angustioso y dilatado «planto», en el que identifica y enumera las virtudes de sus hijos; nace Mudarra, mezcla de dos culturas y de dos linajes diferentes, nuevo héroe, obligado a vengar a su padre y a sus hermanos; aquí es donde las crónicas generales difieren entre sí: la *Estoria de España* narra con rapidez esta venganza; la *Crónica de veinte reyes* * insiste en que Mudarra fue bautizado; la *Crónica General «Vulgata»* * añade el detalle de que Mudarra es aceptado por doña Sancha, esposa de Gonzalo Gustioz; la *Versión interpolada* de esta *Vulgata* se detiene en el combate de Ruy Velázquez y Mudarra, que, después, persigue a doña Lambra, dándole muerte en Sierra Morena; la *Crónica de 1344* * acuerda con estos últimos detalles, si bien sitúa el encuentro amoroso con la mora después del «planto». Todas estas razones son las que autorizan a pensar en una segunda redacción del cantar, posterior a 1250, de la que la *Estoria de España* sólo da una breve muestra, penetrando, en cambio, en el resto de las crónicas del siglo XIV.

BIBLIOGRAFÍA. R. Menéndez Pidal, *La leyenda de los infantes de Lara* [1896] (Madrid, 1971); C. Acutis, *La leggenda degli infanti di Lara. Due forme epiche nel Medioevo occidentale* (Turín, 1978); D. G. Pattison, *From legend to chronicle* (Oxford, 1983); A. M. Capdebosq, «La trame juridique de la légende des infants de Lara», en *Cahiers de Linguistique Hispanique Médiévale*, 9 (1984), págs. 189-205; J. G. Cummins, «The chronicle texts of the legend of the *Infantes de Lara*», en *Bulletin of Hispanic Studies*, 53 (1986), págs. 101-116. [F.G.R.]

SIETE SABIOS DE ROMA, LOS. Impresa por vez primera en 1530 (Burgos, Juan de Junta) y reeditada más de veintitrés veces hasta 1859, es la versión castellana de la *Historia Septem Sapientum Romae* (1330). El origen lejano remonta a una colección oriental de cuentos, el *Sendebar* *, en la que una narración principal encierra un número variable de relatos, aquí considerablemente occidentalizados.

BIBLIOGRAFÍA. A. González Palencia, *Versiones castellanas del «Sendebar»* (Madrid-Granada, 1946); A. Farrell, «Version *History of the Seven Sages*: a descriptive bibliography of Spanish editions», en *La Corónica*, IX, 1 (1980), págs. 57-66. [M.J.L.]

SIEVEKING, ALEJANDRO. Véase HISPANOAMÉRICA: TEATRO ACTUAL.

SIGLO DE ORO. El conflictivo —por su carácter temporal y valorativo— término *Siglo de Oro* para referirse a una etapa de la historia de España aparece al mediar el siglo XVIII (Luis Josef Velázquez *, Lanz de Casafonda *) como réplica a la historiografía italiana —que situaba su *Edad de Oro* en el pontificado de León X— y a la francesa —cuyo *Siècle d'Or* o *Grand Siècle* correspondía al reinado de Luis XIV—. Para los ilustrados españoles, el *Siglo de Oro* se identificaba con el siglo XVI en todas las manifestaciones, pues, por estética no admitían el teatro de Lope de Vega * y Calderón *, ni menos lo que después se denominará Barroco, y al que se referían como «gusto fantástico». Fueron los jesuitas expulsos *, como Lampillas * y Andrés y Morell *, o espíritus polemistas como Forner *, quienes, en el fragor de los debates «sobre España y su mérito literario», iniciaron, con evidente carácter apologético, una historiografía nacionalista, vigente hoy, que intentaba desmontar la *leyenda negra*. Ya se menciona en estos textos el término «renacimiento, restauración» de las artes, en el sentido que lo utilizaba la historia del arte desde Vasari. Fueron polémicas hasta cierto punto muy fecundas porque ayudaron a la difusión de colecciones de clásicos, como las del padre Estala *, a antologías poéticas, como la de Sedano, o dramáticas, como la de García de Huerta *, o de ediciones de textos medievales, como la colección de Tomás Antonio Sánchez * o de reediciones de autores del siglo XVI —Pérez de Oliva *, Garcilaso de la Vega *, Ambrosio de Morales *, Ginés de Sepúlveda *, etc.—, actitud en la que hay que incluir a Pellicer * y, desde luego, los *Orígenes del teatro español* de Leandro Fernández de Moratín *. Además, se reeditó a Nicolás Antonio * y se publicaron las bibliografías de Rodríguez de Castro y numerosas sobre artes y ciencias. La historiografía romántica, por su concepción del pasado —tanto la liberal como la conservadora—, por su odio a Felipe II y la Inquisición, por la insistencia en lo medieval y en lo tradicional, no podía admitir ni literaria ni históricamente la identificación del siglo XVI con *Siglo de Oro*. Procuró evitar el término y prefirió situar su edad más gloriosa en el terreno exclusivamente literario en algunos géneros y autores como el «teatro nacional», «el romancero» y «el cuento picaresco», que, más o menos, coincidía con los reinados de Felipe II a Felipe IV. En Europa hacia 1830 se utiliza ya el término *Renacimiento* como período histórico referido al siglo XVI, y en 1860 la obra de Burckhardt *(La cultura del Renacimiento en Italia)* significa la revalorización definitiva del período frente a la actitud medievalizante romántica. En España la historiografía liberal, con toques krausistas, preocupada por las causas de la decadencia española y su regeneración, aceptó utilizar el término *Siglo de Oro* para el período comprendido entre los Reyes Católicos y Felipe IV, pero sólo en sus manifestaciones artísticas, pues negaba que hubiera existido un Renacimiento intelectual y científico. La historiografía neocatólica, encabezada por Menéndez Pelayo * —que, por cierto, siempre mantuvo una visión más amplia y generosa y menos nacionalista que sus correligionarios—, aplicó el término al período histórico en todas sus manifestaciones y se propuso, en la tradición de las polémicas dieciochescas y utilizando sus catálogos bibliográficos de nombres ilustres, demostrar la existencia de la ciencia y filosofía españolas e intentar exculpar a la Inquisición y a la Iglesia. En estos años la historiografía literaria acude a otros términos procedentes de la filología —*Humanismo*—, de la historia del arte —*Gótico*, *Plateresco*, *Pre-renacimiento*— o de la religión —*Reforma*, *Contrarreforma*—, que se mezclan y se superponen a veces a *Renacimiento* y *Siglo de Oro*, y a la vez se utiliza la periodización por reinados o la más aséptica de siglos XVI y XVII. A esta confusión se añadió después de la Primera Guerra Mundial el término *Barroco*, que, procedente también en su aspecto positivo de la historia del arte —en el negativo venía del silogismo escolástico *baroco*—, pasó a la de la cultura en general, motivando la revalorización estética de Góngora *, Gracián * y otros autores. Y también, a través de determinados hispanistas, como Bell y Pfandl, de la Contrarreforma, de la Inquisición y de Felipe II. Así, reconocida la existencia de un *Renacimiento* español, que coincidiría con la Reforma y con el reinado de los Reyes Católicos y Carlos V, aplicaron *Siglo de Oro* al período que se inicia con Felipe II y se cierra con la muerte de Calderón. Periodización que aún se mantiene en numerosos hispanismos. Para otra historiografía, *Renacimiento* se opuso a *Barroco*, como dos culturas o períodos históricos enfrentados. En este caso, Cervantes * sería el fin del Renacimiento o el principio del Barroco (como defendió Hatzfeld). O lo que es lo mismo, el Renacimiento comenzaría hacia 1500 y el Barroco hacia 1600. Este período de esplendor literario entre 1500 y 1681 (muerte de Calderón) es denominado por un amplio sector de la historiografía *Siglo de Oro, Siglos de Oro* o *Edad de Oro*. Y también un sector de la misma lo amplía no sólo a la cultura sino a la periodización histórica. *Siglo de Hierro* lo ha denominado, en cambio, el historiador de la inquisición Henry Kamen, y *Edad conflictiva* don Américo Castro *. En fechas relativamente recientes otro término de la historia del arte, *manierismo* —ya utilizado por Vasari para referirse a la decadencia de la *edad de oro* de León X («arte a la manera de Miguel Angel») y por la crítica alemana del siglo XX para referirse a «Barroco»—, intenta abrirse paso como período cultural, en el mismo proceso de ampliación semántica de *Renacimiento* y *Barroco*. Afectaría sustancialmente a la forma y estructura de la obra literaria, sujeta a una construcción muy intelectual basada en unas reglas teóricas en un período que abarcaría algunas obras y autores de la segunda mitad del siglo XVI y principios del siglo XVII. Así, manieristas serían gran parte de las novelas pastoriles, poetas como Herrera *, o algunos escritores, como Góngora y Lope quienes, en los sonetos correlativos juveniles manifestarían esta actitud formal manierista y en otros barroca. Ha sido Emilio Orozco uno de los primeros en introducir el concepto en la literatura española. Y probablemente acabará, como los anteriores, asumiendo la denominación de período histórico entre *Renacimiento* y *Barroco*. Por el momento se limita a ocupar tan sólo una zona borrosa, de la que participan igualmente los otros dos términos.

BIBLIOGRAFÍA. A. F. G. Bell, *El Renacimiento español* (Zaragoza, 1944); O. Macrì, «La historiografía del Barroco literario», en *Thesaurus*, XV (1960), págs. 1-70; A. Castro, *De la edad conflictiva*, 2.ª ed. (Madrid, 1963); H. Hatzfeld, *Estudios sobre el Barroco* (Madrid, 1964); K. Whinnom, *Spanish literary historiography. Three forms of distortion* (Exeter, 1967); E. Carilla, *El Barroco literario hispánico* (Buenos Aires, 1969); O. H. Green, *España y la tradición occidental*, 4 vols. (Madrid, 1969); E. Orozco Díaz, *Manierismo y Barroco*, 2.ª ed. (Madrid, 1975); J. M. Rozas, «Siglo de Oro. La acuñación del término», en *Historia de la Literatura Española en la Edad Media y Siglo de Oro* (Madrid, 1976); D. A. Kossoff, «Renacentista, manierista, barroco: definiciones y modelos para la literatura española», en *Actas del Quinto Congreso Internacional de Hispanistas* (Burdeos, 1977), págs. 537-541; J. A. Maravall, *La cultura del Barroco*, 2.ª ed. (Barcelona, 1980). [A.B.]

SIGNES MENGUAL, MIGUEL (Valencia, 1935). Premio de Teatro Amigos de la Unesco Albor, 1966 con *Antonio Ramos*. Ha escrito más de treinta obras, entre las que destacan: *Un Eduardo más* (1983), *La comedia de Charles Darwin* (1986), *Mis queridos revolucionarios* (1986), *El bonito juego de los números* (1988) y *La rara distancia* (1991). [J.B.]

SIGÜENZA, FRAY JOSEPH DE. Véase HISTORIOGRAFÍA DE LOS SIGLOS XVI Y XVII.

SIGÜENZA Y GÓNGORA, CARLOS DE (México, 1645-1700). Es una figura de primer orden en las letras virreinales. Aunque cultivó asiduamente la poesía de tipo culterano, sus mejores facultades destacan en la prosa. Llegó a poseer una erudición excepcional que trascendía, con mucho, los ámbitos de la creación y la historiografía literaria. Se interesó por el estudio sistemático de la cosmografía, la historia, las ciencias naturales e incluso algunas ramas de la etnografía de Nueva España. Se educó con los jesuitas desde su primera juventud y llegó a obtener la cátedra de astronomía y matemáticas en la Universidad. Pero es, en todo caso, la expresividad y riqueza conceptual de su prosa lo que le distingue como exponente destacado del barroco americano. En la poesía cabe señalar su *Primavera indiana* (1668), *Oriental planeta evangélico* (1668), *Glorias de Querétaro* (1660) y su *Triunfo parthénico* (1683). Esta última colección reúne versos de concursos y celebraciones de índole religiosa compuestos en 1682. *Piedad heroica de don Hernando de Cortés* (1690-93) es una composición de leve aliento épico y sin rasgos memorables. De su obra en prosa merece atención su complejo relato titulado *Paraíso occidental* (1684), texto que supera ampliamente el recinto conventual que lo enmarca. Pero de toda su obra, la creación que aún se lee con placer es los *Infortunios que Alonso Ramírez padeció en poder de piratas ingleses* (1690). Se trata de una narración no muy extensa, contada en primera persona y en la que se aprovechan los convencionalismos narrativos propios de la historiografía indiana, de la novela bizantina y los libros de viajes. Además, en su proyección autobiográfica abundan los rasgos de la picaresca tardía. Alonso Ramírez es un criollo nacido en Puerto Rico, a quien le ocurren múltiples vicisitudes, sobre todo al ser capturado por piratas ingleses. En sus frecuentes vuelcos anecdóticos la obra alude indirectamente a la decadencia económica y política del imperio español. En un viraje, no excepcional en su tiempo, Sigüenza asume la categoría de personaje literario en los últimos segmentos de la narración. Hay que aludir, por último, a importantes textos suyos que se han perdido. Figuran entre ellos una *Historia de Nueva España* y el «Elogio fúnebre a la célebre poetisa sor Juana Inés de la Cruz», que fue allegada amiga suya.

BIBLIOGRAFÍA. J. Rojas Garcidueñas, *Don Carlos de Sigüenza y Góngora, erudito barroco* (México, 1945). [E.P.-W.]

SIJÉ, RAMÓN (Orihuela, Alicante, 1913-1935). Es anagrama de José Marín Gutiérrez, condiscípulo y amigo de Miguel Hernández *, cuyo libro, *Perito en lunas*, prologó. Cursó el bachillerato en Murcia, y en 1935 se licenció en Leyes por la Universidad de Madrid. Después de colaborar en periódicos locales, en *Cruz y Raya* *, de Madrid, y en *Isla*, de Cádiz, fundó, a mediados de 1934, en Orihuela, su propia revista: *El Gallo Crisis*. Su interés por el romanticismo español se plasmó en el libro *La decadencia de la flauta y el reinado de los fantasmas. Ensayo sobre el romanticismo histórico en España (1830 - Bécquer)*, aparecido póstumamente en 1973. [M.M.-C.R.]

SILÉN, IVÁN. Véase HISPANOAMÉRICA: POESÍA ACTUAL.

SILES, JAIME (Valencia, 1951). Catedrático de Filología Clásica, crítico y poeta de esencializado lirismo, que copia sus motivos en las culturas grecolatina y barroca, de las que es experto conocedor. Su obra —que cuenta, entre otros títulos, con *Génesis de la luz* (1969), *Biografía sola* (1971), *Canon* (1973) y *Alegoría* (1977)— fue compilada en el volumen *Poesía 1969-1970*, publicado en 1982. Han seguido *Música de agua* (1983), *Columnae* (1987), de gran virtuosismo formal, *Semáforos, semáforos* (1990) y *El gliptodonte y otras canciones para niños malos* (1990).

BIBLIOGRAFÍA. AA. VV., *Litoral. Revista de la Poesía y el Pensamiento*, núms. 166-168 (dedicados a Jaime Siles) (Málaga, 1986). [A.S.Z.]

SILES GUEVARA, JUAN (Oruro, Bolivia, 1939). Poeta, ensayista y crítico boliviano. Además de dedicarse a la literatura de su país en obras de alcance relevante —*Revisiones bolivianas* (1969) o *Las cien obras capitales de la literatura boliviana* (1975)—, demuestra en poesía una calidad indudable en los breves y afligidos poemas de *Camino hacia la ausencia* (1968) y *Elegías para el olvido* (1976). [J.L.F.]

SILES Y VARELA, JOSÉ (Madrid, 1850-1911). Poeta premodernista, celebrado por Clarín *. Escribió: *Lamentaciones* (1879), *El diario de un poeta* (1885) y *Las primeras flores* (1898). También es autor de cuentos. [R.B.]

SILIÓ, CÉSAR (Medina de Rioseco, Valladolid, 1865-Madrid, 1944). Estudió Derecho. Ejerció el periodismo y ocupó diversos cargos políticos. De su vasta producción ensayística destacan: *Los que nacen y los que mueren* (1887), *Problemas del día* (1899), su obra más interesante, en la que son visibles las huellas de Joaquín Costa *; *La educación nacional* (1914), *Don Álvaro de Luna y su tiempo* (1935) y *Maquiavelo y el maquiavelismo en España* (1941). [A.R.]

SILIÓ Y GUTIÉRREZ, EVARISTO (Santa Cruz de Iguña, Santander, 1841-1874). Fue redactor de *La Voz del Siglo*, *La Constitución* y *El Eco del País*. Cantor de su tierra, la montaña, escribió poesías de tono melancólico, recogidas en sus libros *Desde el valle* (1868) y *Poesías* (1897, póstumo). Publicó también el poema *Santa Teresa de Jesús* (1867) y la leyenda *El esclavo* (1867). [M.P.C.]

SILVA, ANTONIO DE (seudónimo). Véase BERMÚDEZ, JERÓNIMO.

SILVA, CLARA (Montevideo, 1903-1976). Poeta, narradora y crítica literaria uruguaya. Esposa del conocido escritor Alberto Zum Felde *, surgió tardíamente en la literatura con un libro de poemas, *La cabellera oscura* (1945), respaldado por un prólogo de Guillermo de Torre *. Prima en ella un ego extrovertido y discutidor, que vuelve a manifestarse en *Memoria de la nada* (1948). *Los delirios* (1954) agrega la tensión de una alternativa: amor humano-amor divino. Su primera novela, *La sobreviviente* (1951), se pliega al reflujo existencialista. Las dos siguientes, *El alma y los perros* (1962) y *Habitación testigo* (1967), completan una tríada narrativa, con un clima similar y claves no demasiado ocultas que las relacionan. *Aviso a la población* (1964) representa un rumbo diferente del resto de su obra al enfocar un tema social conflictivo (el del delincuente juvenil) que la aleja, aparentemente, de su propio centro. Porque las preocupaciones habituales se abren paso aun dentro de un marco que parece estar muy alejado de las mismas: la lucha entre el bien y el mal, la posibilidad de la salvación, la rebeldía. Volverá por sus fueros en sus últimos libros de poesía: *Guitarra en sombra* (1964), de temas y ritmos nuevos en ella; *Juicio final* (1971) y *Las furias del sueño* (1975). Como crítica importan sus dos documentados libros sobre Delmira Agustini * [I.V.]

SILVA, FELICIANO DE (Ciudad Rodrigo, Salamanca, h. 1491-1554). El novelista más famoso de la primera mitad del siglo XVI. Pocos son los datos seguros que se tienen sobre su vida:

puede que estudiara en Salamanca y que participara del lado del emperador en la guerra de las Comunidades. Desde 1523 fue regidor de su ciudad natal. Sus primeras obras se suman al género de los libros de caballerías: se trata de *Lisuarte de Grecia* (Sevilla, 1524, y diez ediciones más hasta 1587), *Amadís de Grecia* (Cuenca, 1530, y siete ediciones más hasta 1596) y las diferentes partes de *Florisel de Niquea* (seis ediciones de las dos primeras entre 1532 y 1588; seis de la tercera entre 1535 y 1566 y dos de la cuarta en 1551 y 1568); esto es, los libros séptimo, noveno, décimo, undécimo y duodécimo de *Amadís de Gaula* *. Fueron traducidos a todas las lenguas de Europa y pueden considerarse paradigmas del género, sobre todo *Amadís de Grecia*, que pasa por ser la mejor continuación de todas las que se hicieron. En algunas de sus ediciones se añade un «Sueño de amor», relato alegórico en la tradición de la novela sentimental. Fue autor también de otra obra, la *Segunda comedia de Celestina* (Medina del Campo, 1534), de la que se hicieron cuatro ediciones más antes de que fuera incluida en el *Índice de libros prohibidos* de 1559. En esta novela se retoma el hilo del relato de Fernando de Rojas *, fingiendo que Celestina no murió sino que sólo quedó malherida. Sirve entonces de intermediaria entre los amores de Felides y Poliandria que, a diferencia de su modelo, tienen un final feliz. También esta continuación pasa por ser lo mejor que se hizo, aunque dista mucho de ser una imitación de la *Tragicomedia* de Rojas. Los géneros que cultivó, criticados por los moralistas, y la prosa de sus obras, intrincada y altisonante, le valieron la burla de no pocos contemporáneos.

BIBLIOGRAFÍA. F. de Silva, *Segunda Celestina*, ed. de C. Baranda (Madrid, 1980). [R.R.]

SILVA, FERNANDO (Granada, Nicaragua, 1927). Poeta y narrador. Sus poemas suelen ser breves y esquemáticos, como apuntes tomados del natural, enriquecidos de agudeza y humor desencantado. No es una poesía descriptiva, sino objetivista, atenta al detalle, acuñado con frecuencia en el «feísmo», como permiten comprobar su libro *Barro en la sangre* (1952) y su breve selección poética *Agua arriba* (1968). Pero el mayor acierto del autor está en su prosa, especialmente en el cuento, que tiene todos los caracteres de la poesía de Silva, pero con ciertas virtudes añadidas: liberar plenamente la memoria de la niñez y contar con gracia, como en sus cuentos antológicos «El viejo», «Los promesantes», «Saturno», «La culebra» y los demás recogidos en *De tierra y agua* (1965), *Otros 4 cuentos* (1969) o *Ahora son 5 cuentos* (1974). Silva es también autor de *El comandante* (1969), serie de veinte cuadros o relatos, en los cuales predomina la forma dialogada y que se vinculan, sobre todo, por medio de esa figura de aguafuerte que es el comandante. [E.Z.-H.]

SILVA, JOSÉ ASUNCIÓN (Bogotá, 1865-1896). Es el modernista colombiano más conocido dentro y fuera de su país; su celebridad se debe en parte a las incidencias de su vida y, más legítimamente, a su poema más célebre, «Nocturno» (1894), y a la novela póstuma *De sobremesa*, escrita o reescrita en 1895 y no publicada hasta 1925. Bohemio por inclinación y aristócrata a su manera, se ajustó, en algunos aspectos, a los modelos literarios del fin del siglo. Vivió primero en el confortable ambiente de la burguesía comercial bogotana; en 1885 viajó a Europa y a su regreso a Colombia se hace cargo del negocio familiar que, a consecuencia de la guerra civil, experimenta pérdidas que en 1884 lo llevan a la quiebra. Secretario de la Legación de Colombia en Caracas, al volver a su país, enero de 1895, en el vapor *Amérique*, éste naufraga y Silva pierde, con el equipaje, «lo mejor de su obra». Fracasado en su proyecto de establecer una fábrica de baldosines y no hallando salida a sus dificultades, pide a un médico que le dibuje el corazón en el lugar donde está situado, y al amanecer del día siguiente, 24 de mayo, se suicida.

El poema más citado y mejor comentado de Silva, el «Nocturno III», apareció en una revista poco difundida de Cartagena de Indias, y es una rememoración lírica de la hermana muerta expresada con acentos románticos no incompatibles con el erotismo de la enunciación. El verso largo, la renuncia a la rima, los encabalgamientos, la alternancia de metros diversos y la singularidad de la adjetivación, fueron ya valorados por los contemporáneos como una revolución prosódica. La crítica ha señalado en este poema la presencia de Bécquer * y, más visible aún, las del verso de Verlaine y los ritmos de Edgar A. Poe. El poema, dividido en cuatro partes, es una reflexión, en el ámbito de un espacio nocturno, sobre la muerte de un ser a quien el hablante se siente entrañablemente ligado —la hermana: «una noche / en que ardían en la sombra nupcial y húmeda las luciérnagas fantásticas / a mi lado, lentamente...». La noche, la tristeza, la muerte reaparecen en las composiciones de Silva; la aquí comentada había de figurar en la sección «Nocturnos», de *El libro de versos* (1923). En la sección «Cenizas» se incluían poemas cuyo tono no deja lugar a dudas: «Muertos», «Triste», «Día de difuntos».

De sobremesa se lee hoy como testimonio de una época y como expresión de una retórica narrativa renovadora: la «novela modernista». Un grupo de jóvenes, entre bohemios y artistas, manifiestan sus ideas sobre la cultura, el refinamiento de la vida europea en contraste con «la barbarie» de la vida americana. El protagonista de la novela, José Fernández, recuerda en ideas y actitudes al Des Esseintes, de *À rebours* (1884), de J. K. Huysmans, héroe representativo de la decadencia finisecular. Silva aparece en *De sobremesa* como adelantado de la novela de conciencia y de la novela polifónica, diversificada en las voces narrativas y en las series que éstas tienen a su cargo.

BIBLIOGRAFÍA. J. C. Ghiano, *José Asunción Silva* (Buenos Aires, 1967); F. Charry Lara (ed.), *José Asunción Silva. Vida y creación* (Bogotá, 1985); F. Charry Lara, *José Asunción Silva* (Bogotá, 1989). [I.Z.]

SILVA, LINCOLN (Barrero Grande, Paraguay, 1945). Poeta, periodista y novelista paraguayo. Es autor de dos novelas técnicamente innovadoras: *Rebelión después* (1970), su primera obra narrativa, y *General general* (1975), novelas ambas que a través del humor y del grotesco satirizan la realidad política paraguaya vigente en la década del setenta (de gestación y publicación de ambas obras) y durante toda la dictadura del general Stroessner (1955-89). [T.M.F.]

SILVA, LUDOVICO (Caracas, 1937-1988). Poeta, ensayista, crítico y docente universitario venezolano. Escribió desde 1967 en su columna «Belvedere» en el diario *El Nacional*. Dirigió la revista literaria *Papeles*. Sus obras incluyen libros de poesía, de crítica y de ensayo: *Tenebra* (poemas, 1962), *La plusvalía ideológica* (ensayos, 1970), *Teoría y práctica de la ideología* (ensayos, 1971), *Boom* (1974), *Vicente Gerbasi y la modernidad poética* (ensayo, 1974), *Antimanual para uso de los marxistas, marxólogos y marxianos* (ensayo, 1976), *In vino veritas* (poemas, 1977), *Belleza y revolución: ensayos temporales* (1979), *Cadáveres de circunstancias* (poemas, con otros autores, 1979), *Cuaderno de la noche* (poemas, 1979), *Teoría del socialismo* (ensayos, 1979), *Piedras y campanas* (1979), *La soledad de

Orfeo (poemas, 1980), *Humanismo clásico y humanismo marxista* (ensayos, 1982), *Los astros esperan. Poesía y mito en «Myesis» de Juan Liscano* (ensayos, 1982), *La interpretación femenina de la historia* (1987), *Dos poetas contrapuestos de la generación del 58 (Juan Calzadilla y Alfredo Silva Estrada)* (ensayo, 1988) y *La torre de los ángeles* (ensayos, 1991). [H.J.B.]

SILVA, MANUEL. Véase HISPANOAMÉRICA: POESÍA ACTUAL.

SILVA, MEDARDO ÁNGEL (Guayaquil, 1898-1919). Poeta ecuatoriano, la voz modernista de mayor trascendencia del país. Junto con Ernesto Noboa y Caamaño (1899-1927), Arturo Borja (1892-1912) y Humberto Fierro * configuran la llamada generación «decapitada», por la prematura muerte de todos ellos. Silva se suicidó. Su poesía es rica en ritmos y musicalidad. El dolor, el hastío, la inconformidad con el medio y el cansancio espiritual, decadentista, la caracterizan. Varios de sus poemas circulan hoy como canciones populares, melancólicas. *El árbol del bien y del mal* (1918) es el único libro de versos que publicó. También dejó una novela corta, *María Jesús* (1919), que apareció como folletín. [H.R.]

SILVA, VÍCTOR DOMINGO (Tongoy, Coquimbo, Chile, 1882-1960). Escritor, político y diplomático chileno, Premio Nacional de Literatura en 1954, cuya abundante obra poética y cuentística puede ser conocida a través de dos recopilaciones: *Los mejores poemas de Víctor Domingo Silva* (1948) y la *Antología de cuentos* (1957). Entre sus novelas se encuentran *Golondrina de invierno* (1912), *Palomilla brava* (1923) y su continuación *El cachorro* (1937), *El mestizo Alejo* (1934), *La criollita* (1935) y *Los árboles no dejan ver el bosque* (1948). Y entre sus numerosas piezas de teatro, *El primer acto* (1909), *Nuestras víctimas* (1912), *La vorágine* (1919), *Las aguas muertas* (1921), *Muñequitas* (1924) y *Fuego en la montaña*. (1938). [J.A.C.]

SILVA ACEVEDO, MANUEL (Santiago de Chile, 1942). Poeta, utiliza un lenguaje de modo agresivo, irónico y transgresor, con resonancias de la antipoesía. En sus libros *Lobos y ovejas* (1976), *Mester de bastardía* (1977) y *Monte de Venus* (1979), entre otros, denuncia la situación histórico-social, en metáforas visionarias que describen la dinámica entre dominador y dominado. En su primer libro, el hablante se desdobla ambiguamente en oveja y lobo. En *Mester de bastardía* trata la relación poder-ciudadano con lenguaje experimental e imágenes esperpénticas. Finalmente, en *Monte de Venus*, aborda el tema erótico y amoroso, caracterizado por el desencuentro. La soledad se establece entre los amados como un fantasma. [A.M.]

SILVA BELINZÓN, CONCEPCIÓN. Véase HISPANOAMÉRICA: POESÍA ACTUAL.

SILVA ESTRADA, ALFREDO (Caracas, 1933). Poeta y ensayista venezolano. Una de las características esenciales de su escritura poética radica en la depuración del lenguaje y en una cuidadosa reorganización del texto lírico. Su primer libro, *De la casa arraigada* (1953), denota cierto deslumbramiento por el lenguaje y una seducción verbal que rehúye los aspectos confesionales. Posteriormente, publica *Cercos* (1954), *Del traspaso* (1962), *Integraciones. De la unidad en fuga* (1962), *Literales* (1963), *Lo nunca proyectado* (1963), *Transverbales I* (1967), *Transverbales II* (1972), *Transverbales III* (1972), *Los moradores* (1975), *Los quintetos del círculo* (1978), *Contra el espacio hostil* (1979) y *Dedicación y ofrendas* (1986). En 1981 recibió el Premio Municipal de Poesía con su libro *Contra el espacio hostil*. Como ensayista, ha publicado *La palabra transmutada* (1989). [J.R.M.]

SILVA Y FIGUEROA, GARCÍA DE.
Véase AUTOBIOGRAFÍAS Y MEMORIAS EN ESPAÑA.

SILVA Y MENDOZA, DIEGO DE (Madrid, 1564-1630). Conde de Salinas. Desempeñó cargos en la corte y en la milicia, tanto en el reino de Castilla como en los de Nápoles y Portugal, de donde llegó a ser virrey en 1616. Parece ser que casi toda su obra fue escrita entre finales del siglo XVI y los primeros años del XVII. Su poesía —compuesta, sobre todo, por sonetos y glosas— puede verse como puente entre las formas petrarquistas de Garcilaso de la Vega * y Camões * y el barroquismo de sus contemporáneos. Nunca publicó sus poemas, que en su mayor parte todavía permanecen manuscritos, pero aun así fue muy admirado por sus coetáneos.

BIBLIOGRAFÍA. D. de Silva, *Antología poética*, ed. de T. J. Dawson (Madrid, 1985); C. Gaillard, «Un inventario de las poesías atribuidas al conde de Salinas», en *Criticón*, 41 (1988). [R.R.]

SILVA VALDÉS, FERNÁN (Montevideo, 1887-1975). Poeta, narrador y dramaturgo. Uno de los iniciadores a comienzos de los años veinte, junto con Pedro Leandro Ipuche *, del nativismo. El poemario *Agua del tiempo* (1921) representa un hito fundamental con respecto a la estética modernista en el Uruguay. El nativista es el intérprete de la voz de lo autóctono, canta las peculiaridades telúricas con una expresión novedosa, acorde con el ultraísmo argentino. Silva Valdés definió el nativismo de este modo: «El arte moderno que se nutre en el paisaje, tradición o espíritu nacional (no regional) y que trae consigo la superación estética y el agrandamiento geográfico del viejo criollismo que sólo se inspiraba en los tipos y costumbres del campo.» *Poemas nativos* (1925) y *Romancero del sur* (1938) enriquecen la lírica nativista. En 1970 recibió el Gran Premio Nacional de Literatura. [H.J.V.]

SILVA VILA, MARÍA INÉS (Salto, Uruguay, 1926-Montevideo, 1991). En sus dos primeros libros, *La mano de nieve* (1951) y *Felicidad y otras tristezas* (1964), exploró los temas de la muerte, la desdicha y la soledad en la infancia y la adolescencia atribuladas, con algún toque de humor negro y de fantasía. Después de estas «silenciosas migraciones a la fantasmagoría, al ensueño y a la intriga simbólica» (que es como Mario Benedetti * caracterizó sus cuentos), escribió la novela *Salto Cancán* (1969), divorciándose de aquel mundo inicial, para dedicarse a mirar y analizar con diversas perspectivas, polifónicamente, la ciudad natal de Salto. Hay mucha burla, invención y humor satírico en ese retrato de la ciudad provinciana. *Los rebeldes del 900* (1971) retomó algunos episodios singulares de la historia nacional, sin renunciar al registro de largos documentos ni al gesto novelístico. [J.R.]

SILVANO FILOMENO (seudónimo). Véase GONZÁLEZ CARVAJAL, TOMÁS.

SILVEIRA, MIGUEL (Celorico, Portugal, 1578-Nápoles, 1639). Judío converso, estudió Filosofía, Jurisprudencia, Medicina y Matemáticas en Coimbra y Salamanca. Profesor de Cosmografía de los pajes del rey, en 1610 marchó a Nápoles en el séquito del Conde de Lemos. Allí residió hasta su muerte. Compuso, durante más de veinte años, un en su tiempo muy celebrado poema épico enciclopédico, *El Macabeo* (Nápoles, 1638), en veinte cantos, sobre la restauración del templo de Salomón por Judas Macabeo, con fuerte influjo de Tasso. Es autor también de otros poemas heroicos menores, como *El sol vencido* (Nápoles, 1639), dedicado a doña Ana Carafa, duquesa de Medina de las Torres, *Anarda*, en 82 octavas, y *Parténope ovante*, en 50 octavas, en encomio de la entrada del Conde-Duque en Nápoles. [A.B.]

SILVELA, FRANCISCO (Madrid, 1845-1905). Político, jurisconsulto y literato español. Diputado por Ávila y ministro en varias ocasiones. Llegó a ser presidente del Consejo de Ministros. De 1869 datan sus primeros triunfos oratorios. En su juventud escribió el folleto *Los neo-cultos* (1868) y, en colaboración con Liniers, *La Filocalia o el arte de distinguir a los cursis de los que no lo son* (1868), que le dieron fama de erudito e ingenioso. Su trabajo más interesante fue el prólogo que puso a las *Cartas de sor María de Ágreda*, fiel reflejo del reinado de Felipe IV. Se le deben, además: *Estudios sobre las bases del Código Civil* (1876), *Orígenes, historia y caracteres de la prensa española* (1886), *Discursos políticos (1885-1890)* (1892) y *El mal gusto literario en el siglo XVIII*, que fue su discurso de ingreso en la Real Academia Española. [E.R.C.]

SILVELA, MANUEL (París, 1830-Madrid, 1892). Político, jurisconsulto, periodista y escritor. Conocido con los seudónimos de «Velista», o «Velisla», y «Juan Fernández». Salió en defensa de la Academia Española y de su *Diccionario* a raíz de los ataques de Antonio de Valbuena * en su obra *Fe de erratas del Diccionario de la Academia*. Editó las obras completas de L. Fernández de Moratín *. [E.R.C.]

SILVESTRE, GREGORIO (Lisboa, 1520-Granada, 1569). Por haber nacido en la noche del 30 al 31 de diciembre se llamó Gregorio Silvestre, pero sus apellidos eran Rodríguez de Mesa. Hijo del médico del rey de Portugal, vivió en Lisboa y en Zafra. Organista famosísimo, obtuvo en 1541 la plaza de la catedral de Granada, ciudad donde se casó, tuvo cinco hijos y murió, pocos meses después que doña María, desconocida dama granadina, a quien dirige parte de su poesía amorosa. Fue, además, excelente jugador de ajedrez y experto en escritura cifrada.

Con Montemayor * y Diego Hurtado de Mendoza *, Gregorio Silvestre representa la simbiosis poética que se produjo de 1540 a 1570 entre las tradiciones que procedían del *Cancionero general* *, de Garci Sánchez de Badajoz * y de Castillejo *, y las nuevas de Garcilaso de la Vega *. Mal conocido hoy, fue este injerto poético de géneros y metros el que hizo posible la poesía de Góngora * y Lope de Vega *. De gran difusión manuscrita, los versos de Silvestre se publicaron después de su muerte (*Las Obras*, Granada, 1582). Esta colección, preparada probablemente por el propio Silvestre, va dividida en cuatro libros. Los tres primeros recogen los poemas de arte menor; el cuarto, la poesía a la manera italiana. En el libro primero se incluyen *Lamentaciones* en la línea de Garci Sánchez de Badajoz, el gran creador del género; glosas a las más célebres canciones y villancicos («Las tristes lágrimas mías», «La bella malmaridada», «Un abrazo me dio Inés») y varias sátiras dentro de la tradición cancioneril («A Cupido», «A un tejedor», «A un doctor» [López de Villalobos *]); en el segundo, las fábulas de «Dafne y Apolo» y «Píramo y Tisbe», basadas en Ovidio y en Castillejo, modelos de las fábulas octosilábicas posteriores, y dos extensos poemas en la tradición medieval de los juicios e infiernos de Amor («Visita de Amor», «Residencia de Amor»); en el tercero, la poesía de devoción en arte menor, con glosas (a las *Coplas* de Jorge Manrique *), romances y poemas meditativos de extraordinario interés espiritual; en el libro cuarto, sonetos —profanos y de devoción—, canciones, elegías, epístolas y la «Fábula de Narciso» en octavas reales, inspirada en Ovidio y Alamanni.

BIBLIOGRAFÍA. A. Marín Ocete, *Gregorio Silvestre: estudio biográfico y crítico* (Granada, 1939). [A.B.]

SIMANCAS, DIEGO DE. Véase Autobiografías y Memorias en España.

SIMÓN, CÉSAR (Valencia, 1932). Es profesor de Teoría de la Literatura en la Universidad de Valencia. Ha escrito los siguientes libros de poemas: *Pedregal* (1970), *Erosión* (1971), *Estupor final* (1977), *Precisión de una sombra: (Poesía 1970-1982)* (1984), *Quince fragmentos para un tema único: el tema único* (1985) y *Extravío* (1991). Es también autor de una novela, *Entre un aburrimiento y un amor clandestino* (1979), y un texto lírico en forma de diario titulado *Siciliana* (1989). Su poesía sustituye cualquier peligro retórico por la intensidad intelectual y la relación elegíaca con el mundo. Aunque en ocasiones utiliza la poesía narrativa, su obra procura ser la expresión depurada de una experiencia emocional a través de un lenguaje cuidado y simbólico. Escrita con distanciamiento, más con una visión fría que con una apuesta ética, la obra de César Simón tiene como tema recurrente el enfrentamiento con el mundo, la reflexión previa sobre el hecho de existir.

BIBLIOGRAFÍA. C. Simón, *Precisión de una sombra. (Poesía 1970-1982)*, prólogo de M. Mas (Madrid, 1984), págs. 7-21; J. L. García Martín, «Una escritura al margen», en *Renacimiento*, núm. 4 (1990). [L.G.M.]

SIMÓN, PEDRO. Véase Cronistas e Historiadores de Indias.

SIMONET Y BACA, FRANCISCO JAVIER (Málaga, 1829-Madrid, 1897). Estudió en la Universidad Central de Madrid y fue catedrático de árabe en Granada. Como arabista, escribió, además de múltiples estudios eruditos, entre los que destaca una *Crestomatía arabigoespañola* (1858), varias leyendas sobre el pasado musulmán andaluz —*La Alhambra* y *Almanzor* (1858)—. Cultivó también la poesía y la novela —*Recuerdos de un poeta*. [M.P.C.]

SINÁN, ROGELIO (seudónimo). Véase Domínguez Alba, Bernardo.

SINCERO (seudónimo). Véase López Maldonado, Javier.

SINUÉS, MARÍA DEL PILAR (Zaragoza, 1835-Madrid, 1893). Poetisa y novelista de inspiración romántica, empezó a escribir siendo niña y lo hizo hasta su muerte, con lo que su obra se compone de más de cien títulos. Aunque tuvo gran éxito entre la clase media y la popular y ganó una gran fortuna —que dilapidó rápidamente—, sus argumentos pecan de sensiblería, de desbordamiento de sentimientos y pasiones, y, en cambio, le falta profundidad en el análisis de caracteres. Dirigió la revista *El Ángel del Hogar*. Como poeta publicó *Ecos de mil liras* (1857) y *Flores del alma* (1860). Como narradora, pueden citarse *Rosa* (1854), *La diadema de perlas* (1857), *Fausta Sorel* (1861), *Un nido de palomas* (1861), *Celeste* (1863), *No hay culpa sin pena* (1864), *El alma enferma* (1865), *Cuentos de color cielo* (1867), *La hija del siglo* (1873), *La gitana* (1878), *Una herencia trágica* (1882), *Narraciones del hogar* (1885), etc. [M.P.C.]

SÍSIFO. Véase Alcázar Velasco, Raúl.

SKÁRMETA, ANTONIO (Antofagasta, Chile, 1940). Su prestigio data de los años sesenta por su trabajo como actor y director en el conjunto estudiantil CADIP, mientras estudiaba Filosofía en el

Instituto Pedagógico de la Universidad de Chile (se graduó en 1964), por cuentos como «Pescado» que obtuvieron rápido elogio y reconocimiento, y por su reconocido carisma personal. Su primer volumen de cuentos es *El entusiasmo* (1967), seguido de *Desnudo en el tejado* (1969, premio Casa de las Américas), *El ciclista de San Cristóbal* (1973), *Tiro libre* (1973) y *Novios y solitarios* (1975). Con el golpe militar de 1973 se traslada a Buenos Aires, y en 1975 a Berlín Occidental, desde donde viaja a diversos países por compromisos artísticos y académicos. De esta época son más de ocho películas en las que participa como actor, guionista y/o director, y cuatro novelas cortas: *Soñé que la nieve ardía* (1975), *No pasó nada* (1980), *La insurrección* (1982) y *Ardiente paciencia* (1985; el libreto radial y el filme son de 1983; el estreno mundial de la versión teatral, 1984). En 1976 edita en Estados Unidos un volumen titulado *Joven narrativa chilena después del golpe*. [J.G.]

SMITH, OCTAVIO (Caibarién, Cuba, 1921-La Habana, 1987). Poeta que perteneció al grupo de «Orígenes» *. Dentro de un hermetismo que se recrea en la sorpresa del lenguaje, busca la perfección en lo difícil combinada con un intenso poder imaginativo. Ha publicado *Del furtivo destierro* (1946), *Estos barrios* (1966) y *Crónica* (1974). Ha ejercido de abogado y notario. [C.R.B.]

SOARES DE ALARCÓN, JOAN. Véase POESÍA ÉPICA DE LOS SIGLOS XVI Y XVII.

SOBAQUILLO (seudónimo). Véase CAVIA, MARIANO DE.

SOCA, SUSANA (Montevideo, 1907-Río de Janeiro, 1959). Escritora uruguaya, es autora de algunos ensayos y de dos libros de poesía: *En un país de la memoria* (1959) y *Noche cerrada* (1962). La cultura uruguaya le debe la publicación de una revista, *Entregas de La Licorne*, que empezó a aparecer en París (el año 1937), que continuó en Montevideo (a partir de 1953 y hasta su trágica muerte en un accidente aéreo el año 1959) y que reflejó con excepcional calidad el espacio intelectual cosmopolita al que Susana Soca se había integrado. «Habitante de tres mundos», para Carlos Real de Azúa *, el mundo familiar, el cultural y el de «la vocación de una invisible y trasmundana presencia», su poesía refleja sobre todo este último, ofrecido en un decir que adelanta palabra tras palabra: fiel a «la intensidad y lucidez de la introspección», que señalara Esther de Cáceres *, sacrifica música e ímpetu, se muestra tímida hasta en sus símbolos y lucha por dar, ante todo, lo propio de su experiencia ontológica. [I.V.]

SOFFIA, JOSÉ ANTONIO (Santiago de Chile, 1843-1886). Poeta chileno, autor de epigramas y sátiras de los que sólo quiso imprimir *Exequias del candidato popular* (1876), y de poemas dedicados a la familia y a la patria, reunidos en *Poesías líricas* (1875), *Hojas de otoño* (1876) y *Poemas y poesías* (1885). [J.A.C.]

SOLA, EMILIO. Véase NARRATIVA ESPAÑOLA POSTERIOR A 1975.

SOLA, OTTO DE (Valencia, Carabobo, Venezuela, 1912-Palma de Mallorca, España, 1975). Poeta y crítico literario. Perteneció al grupo «Viernes» *. Sus primeros poemas aparecieron en las revistas *Élite*, *Billiken* y en el diario *El Universal*. Desempeñó funciones diplomáticas en Francia, Checoslovaquia, Suecia y otros países. Del neorromanticismo melancólico y surrealizante de sus comienzos derivó hacia un acercamiento cada vez más profundo e íntimo a la geografía americana. Influyó en su temática el contacto con el paisaje y con la gente de distintos países.

Su primer libro de poemas fue *Acento* (1935), seguido luego de *Presencia* (1938), *De la soledad y las visiones* (1940), *El viajero mortal* (1943), *El desterrado del océano* (1952), *Al pie de la vida* (1954), *El árbol del Paraíso* (1958), *Un libro para el viento* (1968), *Mientras llega el futuro* (1970) y *Civilización* (1974), entre otros. [C.R. de G.]

SOLANA, RAFAEL (Veracruz, México, 1915). Periodista y crítico literario, se dio a conocer como poeta con *Ladera* (1934), para insistir después con *Los sonetos* (1937), *Los espejos falsarios* (1944), *Alas* (1958), *Pido la palabra* (1964) y otros poemarios. Es autor de numerosos relatos breves, como los incluidos en *Los santos inocentes* (1944) y *Trata de muertos* (1947), y de novelas como *El sol de octubre* (1959) *La casa de la Santísima* (1960) y *El palacio Maderna* (1960). Entre sus piezas de teatro sobresalen *Las islas de oro* (1952), *Estrella que se apaga* (1953), *Sólo quedaban las plumas* (1953), *Debiera haber obispas* (1954), *Una vez al año* o *Ensalada de Nochebuena* (1963), *Los lunes salchichas* (1967), *Carnes frías* (1979) y *Camerino de salchichas* (1987). [T.F.]

SOLANO, VICENTE (Cuenca, Ecuador, 1791-1865). Polemista, orador sagrado, periodista, fabulista, epistológrafo, científico y franciscano. Admirador de Bolívar. Promocionó periódicos como *El Eco del Azuay*, *La Alforja*, *La Escoba*. Sus escritos se hallan recogidos en *Colección de artículos publicados en el periódico intitulado «La República»* (1861) y *Obras de fray Vicente Solano* (1892, 1893, 1894 y 1895). [H.R.]

SOLANO Y POLANCO, RAMÓN DE (Santander, 1871-1946). Poeta y novelista. Ejerció la abogacía. Colaborador de *Los Contemporáneos*. Entre sus novelas destacan *La tonta* (1904) y *Amor de pobre* (1915). En poesía sobresalen *Viacrucis* (1907), *Romancero de Cervantes* (1916) y *Libro de versos* (1922). Es también autor de la comedia *Las domadoras* (1910). [J.B.]

SOLAR, ALBERTO DEL (Santiago de Chile, 1860-Buenos Aires, 1920). Prolífico escritor y militar chileno, autor de los libros de poemas *Juvenilia* (1879), *Penumbra* (1894), *El océano* (1908) y *El firmamento* (1908); las novelas *Huincahual* (1888, novela indigenista) y *Contra la marea* (1894); las comedias *El doctor Morris* (1904) y *Un drama íntimo* (1907); el drama *Chacabuco* (1907); una obra sobre su experiencia en la guerra del Pacífico titulada *Diario de campaña 1879-1881* (1886); el libro de viajes *De Castilla a Andalucía* (1886), y los ensayos *Suerte de la lengua castellana* (1889) y *Valbuenismos y valbuenadas* (1890). [J.A.C.]

SOLAR, ENRIQUE DEL (Santiago de Chile, 1844-Los Andes, Chile, 1893). Crítico y abogado, autor de *Poesías líricas* (1868), de tres volúmenes de *Leyendas y tradiciones* (1875-82) que dan prueba de su afición a la historia, y de las novelas costumbristas *Dos hermanos* (1887), *Una aventura de Ercilla* (1888), *Antonio* (1889), *El bautismo del cacique*, *Historia de antaño* (1896) y *Las hadas del Andalién* (1903). [J.A.C.]

SOLAR, HERNÁN DEL. Véase LITERATURA INFANTIL HISPANOAMERICANA.

SOLAR CORREA, EDUARDO (Viña del Mar, Chile, 1891-Santiago de Chile, 1935). Ensayista y crítico chileno, abogado y profesor de gramática y literatura. Tras unos juveniles escarceos poéticos prepara dos interesantes antologías: *Poetas de Hispanoamérica: 1810-1926* (1926) y *Escritores de Chile* (1932, 2 vols.), y una colección de ensayos titulada *Semblanzas literarias de la colonia* (1933). En *La muerte del humanismo en Chile* (1934) hace una defensa de los estudios clásicos, y en su obra póstuma *Las tres colonias (Ensayo de interpretación histórica)* (1943) indaga en los aspectos espirituales de Chile durante los tres siglos de dominio español. [J.A.C.]

SOLARES, IGNACIO. Véase HISPANOAMÉRICA: NARRATIVA ACTUAL.

SOLARI SWAYNE, ENRIQUE (Lima, 1915). Dramaturgo peruano. Estudió psicología en Munich. Catedrático en la Universidad de San Marcos, ha colaborado en numerosas revistas tanto de su especialidad como literarias. Su obra literaria incluye los dramas *Colla-cocha* (1956) y *La mazorca* (1965). [J.C.]

SOLARTE, TRISTÁN (Bocas del Toro, Panamá, 1924). Seudónimo del escritor panameño Guillermo Sánchez, autor de poemas como los reunidos en *Voces y paisajes de vida y muerte* (1955) y *Evocaciones* (1955), y de las novelas *El ahogado* (1957) y *Confesiones de un magistrado* (1968), caracterizadas por sus climas poéticos y de misterio. [T.F.]

SOLDADO, JUAN (seudónimo). Véase AFÁN DE RIVERA, ANTONIO MARÍA.

SOLDADO VIEJO NATURAL DE BORJA, UN. Véase NOGUÉS Y MILAGRO, ROMUALDO.

SOLER, BARTOLOMÉ (Sabadell, Barcelona, 1894-Palau de Plegamans, Barcelona, 1975). A los dieciocho años emigró a la América hispana. En 1922 volvió a Sabadell. Con su primera novela, *Marcos Villarí* (1927), en la que desarrollaba, con técnicas naturalistas, una violenta tragedia rural, se colocaba en los antípodas del arte deshumanizado del momento (en diversas ocasiones mostró también su hostilidad contra los escritores del 98). Su producción narrativa posterior, caracterizada por la variedad de escenarios, por el hondo patetismo de las historias, por la aparición de personajes que adquieren el valor de «casos» patológicos y por la escasa depuración expresiva, se compone de *Germán Padilla* (1927), *Almas de cristal* (1940), *La vida encadenada* (1945), *Karú-Kinká* (1946), *La llanura muerta* (1947), *Patapalo* (1949), la más interesante de todas; *La selva humillada* (1951), *Tamara* (1953) y *Los muertos no se cuentan* (1960), desafortunada réplica de *Un millón de muertos*, de José M.ª Gironella *. Es autor, además, de diversas obras de teatro y de los libros de memorias *Mis primeros caminos* (1962), *La cara y la cruz del camino* (1963) y *Mis últimos caminos* (1965).

BIBLIOGRAFÍA. A. Román, *La novelística de Bartolomé Soler* (Madrid, 1976); D. Viñas i Camps, *Estudi sobre l'obra literaria del sabadellenc Bartomeu Soler* (Sabadell, Barcelona, 1978). [A.R.]

SOLER, CAROLA. Véase LITERATURA INFANTIL ESPAÑOLA.

SOLER, ISIDRO. Véase CAAMAÑO, ÁNGEL.

SOLER, RAFAEL. Véase NARRATIVA ESPAÑOLA POSTERIOR A 1975.

SOLER DE CORNELLÁ, LEONARDO. Véase RETÓRICAS DEL SIGLO XVIII.

SOLER PUIG, JOSÉ (Santiago de Cuba, 1916). Narrador cubano de amplia producción cuyas novelas aspiran a abordar, de manera directa y objetiva, diversos contextos de la realidad de su país en el período prerrevolucionario. Su primera obra, *Bertillón 166* (1960), sobre la lucha contra la dictadura, obtuvo el premio Casa de las Américas de ese mismo año. Otras novelas suyas son: *El derrumbe* (1964), *El pan dormido* (1975) y *El caserón* (1976). [M.Y.]

SOLÍS, DIONISIO (Córdoba, 1774-Madrid, 1834). Poeta y dramaturgo. Su verdadero nombre era Dionisio Villanueva y Ochoa. Traductor de la *Batracomiomaquia*, de Horacio, y de las versiones francesas de Shakespeare que hizo Ducis, asimismo refundió un número importante de obras de Lope de Vega *, Calderón de la Barca *, Tirso de Molina *, Rojas Zorrilla *, Alfieri y M. J. Chénier. Escribió fábulas morales, odas de tema amoroso, epigramas y romances pastoriles y moriscos. Es también autor de las comedias *La comparsa de repente* (1828), *La pupila* (1830) y *Las literatas*, y de las tragedias *Tello de Neira* y *Blanca de Borbón*. Tiene interés el prólogo que colocó al frente del *Orestes* (1815), de Alfieri, por las ideas que sobre la tragedia allí se exponen. [J.B.]

SOLÍS, EDUARDO. Véase LITERATURA FILIPINA, LA.

SOLÍS Y RIVADENEYRA, ANTONIO DE (Alcalá de Henares, Madrid, 1610-Madrid, 1686). Graduado en Derecho civil y canónico en Salamanca, fue secretario del conde de Oropesa, y más tarde secretario real de Felipe IV y Carlos II. Famoso cronista de Indias, se ordenó sacerdote a los cincuenta y siete años. Escribió poemas para todo tipo de reuniones literarias, academias, certámenes, justas poéticas, recogidos en 1692 por Juan Goyeneche. Aunque se pueden encontrar algunas composiciones poéticas de interés, Antonio de Solís destacó más como historiador y comediógrafo. Como autor dramático pertenece a la escuela calderoniana. Al parecer, escribió su primera comedia a los diecisiete años, *Amor y obligación*, y colaboró con Calderón de la Barca * en la refundición de *Il pastor fido* de Guarini. Entre sus obras encontramos *Las amazonas*, drama heroico; *Triunfos de amor y fortuna*, comedia legendaria, y *Eurídice y Orfeo*, mitológica; pero las más famosas son sus comedias de capa y espada, que utilizan siempre el mismo esquema en las relaciones entre personajes (E. Juliá Martínez). *El amor al uso* es una divertida pieza en que se parodian los tópicos literarios sobre el amor y la honra. Otra obra estimable es *El doctor Carlino*, del mismo título que la de Góngora *; *La gitanilla de Madrid* es adaptación de la novela cervantina. Las *Comedias* de Antonio de Solís fueron recopiladas y publicadas el año 1681 en Madrid. Pero su fama se debe, sobre todo, a su oficio de cronista: la *Historia de la conquista de México, población y progresos de la América septentrional, conocida por el nombre de Nueva España*, que aparece por vez primera en Madrid en 1684, está basada en las cartas de Hernán Cortés y las obras de López de Gómara * y Bernal Díaz del Castillo *, y tuvo gran éxito en los siglos siguientes. La crónica, «uno de los trabajos históricos más bellos y acabados de nuestra lengua», según el juicio romántico de don Cayetano Rosell, se centra en los personajes y los hechos de Hernán Cortés * y sus oficiales; exalta igualmente a los jefes aztecas y la cultura de los indígenas.

BIBLIOGRAFÍA. A. de Solís, *Amor y obligación*, ed. de E. Juliá Martínez (Madrid, 1930); A. de Solís, *Historiadores de sucesos particulares*, II, ed. de C. Rosell (Madrid, *Biblioteca de Autores españoles*, XVIII, 1948); L. Arocena, *Antonio de Solís, cronista indiano. Estudio sobre las formas historiográficas del barroco* (Buenos Aires, 1963); A. de Solís, *Varias poesías sagradas y profanas*, ed. de M. Sánchez Regueira (Madrid, 1968); A. de Solís, *Obra dramática menor*, ed. crítica de M. Sánchez Regueira (Madrid, 1986); F. Serralta, *Antonio de Solís et la «Comedia» d'intrigue* (Toulouse, 1987). [R.V.]

SOLOGUREN, JAVIER (Lima, 1921). Poeta y editor de la *Rama Florida*, ha contribuido a través de ésta a estimular la producción lírica peruana. Su obra no es extensa y se caracteriza por un refinamiento que es producto de una conciencia artística rigurosa. Son ejemplos de su actividad creadora *El morador* (1944), *Vida continua* (1946), *Detenimientos* (1947), *Otoño* (1959), *La gruta de la sirena* (1961), *Recinto* (1967), *Las uvas del racimo* (1975) y *Folios de El Enamorado y la Muerte* (1980). En *Vida continua (1945-1980)* (1981) incluyó una selección de poemas anteriores y otros de nuevas colecciones. [F.M.R.A.]

SOLÓRZANO, CARLOS (San Marcos, Guatemala, 1922). Radicado en México desde 1939, ha contribuido decisivamente a la difusión del teatro hispanoamericano por medio de estudios críticos y de antologías como *Teatro hispanoamericano contemporáneo* (1965), *Teatro breve hispanoamericano* (1969) y *El teatro actual latinoamericano* (1972). Su obra de creación ofrece piezas dramáticas de gran calidad, como *Doña Beatriz, la sin ventura* (1952), *El hechicero* (1954), *Las manos de Dios* (1956) y *El sueño del ángel* (1965), donde, con técnica a menudo expresionista, supo mostrar la angustia metafísica y los problemas psicológicos y sociales del hombre hispanoamericano contemporáneo. También ha cultivado la novela con acierto en *Los falsos demonios* (1966) y *Las celdas* (1971). [T.F.]

SOLÓRZANO Y PEREIRA, JUAN. Véase LITERATURA EMBLEMÁTICA.

SOMERS, ARMONÍA (Montevideo, 1914). Narradora y ensayista. Comenzó cultivando una narrativa magnetizante, sombría, de elementos «perversos» y retorcimientos estilísticos: esto atrajo la atención sobre Armonía Somers desde la publicación de su primera novela, *La mujer desnuda* (1950), pero en especial por los cuentos de *El derrumbamiento* (1953), con historias, personajes y situaciones donde se extrema la iconoclastia, se ofende a la religión y se subvierte a la sociedad. Una sintaxis difícil y una imaginación torturada sirven a un mismo fin: producir la imagen de un mundo en el que se funden, como si fuesen una sola, las imágenes del infierno y del paraíso; sus personajes son vagabundos, violadores, locos, asesinos, ebrios, una serie de individuos en los que se anotan como rasgos comunes el toque del mal, el demonismo interior, y al mismo tiempo una angustia inequívoca detrás de la desesperanza. Fue enigmática durante mucho tiempo la identidad de la escritora, quien con su nombre verdadero (Armonía Etchepare de Henestrosa) trabajaba en la enseñanza después de obtener su título de maestra en 1938 y publicaba ensayos de índole pedagógica. En 1963 publicó nuevos cuentos, *La calle del viento norte,* y dos años más tarde la novela *De miedo en miedo.* En 1967 se recogieron *Todos los cuentos (1953-1967),* y en 1969 apareció la novela *Un retrato para Dickens.* Transcurrió más de una década antes de dar a conocer tres breves relatos con el título *Tríptico darwiniano* (1982) y dos novelas, *Viaje al corazón del día* (1986) y *Sólo los elefantes encuentran mandrágora* (1986), la última de las cuales constituye hasta hoy su obra maestra.

BIBLIOGRAFÍA. J. Ruffinelli, «Armonía Somers: paraíso infernal, celeste infierno», en *Crítica en marcha* (México, 1979); A. M. Rodríguez Villamil, *Elementos fantásticos en la narrativa de Armonía Somers* (Montevideo, 1990); R. Cosse: *Armonía Somers. Papeles críticos* (Montevideo), 1990. [J.R.]

SOMIGLIANA, CARLOS. Véase HISPANOAMÉRICA: TEATRO ACTUAL.

SOMMERS, JOSEPH. Véase LITERATURA CHICANA.

SOMOZA Y MUÑOZ, JOSÉ (Piedrahíta, Ávila, 1781-1852). Ilustrado propietario abulense, testigo del cambio histórico que supuso la Guerra de Independencia y sus consecuencias posteriores. En sus breves trabajos evoca, en ágil y castiza prosa, el mundo que se fue —*Usos, trajes y modales del siglo XVIII* (1837), *La duquesa de Alba y fray Basilio* (1838), *El pintor Goya y lord Wellington* (1838)— y reconstruye, al modo costumbrista, los nuevos usos sociales —*La vida de un diputado a Cortes* (1842), *Las funciones patrióticas en un pueblo de Castilla en 1835* (en *Biblioteca de Autores Españoles*, LXVII)—. Su talante insobornablemente liberal le convierte en una figura representativa del tiempo que le tocó vivir, sobre el que el escritor proyecta, además, una corta producción poética de elegante tono sensual, como en el soneto «La luna mientras duermes te acompaña, / tiende su luz por tu cabello y frente, va del semblante al cuello, y lentamente / cumbres y valles de tu seno baña [...].» [L.R.T.]

SOREL, ANDRÉS (Segovia, 1937). Su verdadero nombre es Andrés Martínez López. Su primera obra de creación, *Crónica de un regreso*, finalista del Premio Biblioteca Breve en 1963, fue prohibida por la censura y no vio la luz hasta 1982. Tras varias incursiones en el ámbito del ensayo (*Introducción a Cuba*, 1968, y *Vida y obra del Che Guevara*, 1968, entre otros), en que se ponen de manifiesto las inquietudes políticas y sociales que le llevarían a un breve exilio en Francia de 1971 a 1973, publica en este último año *Narraciones de amor y muerte en diez ciudades del mundo*, libro al que siguen *Free on board Carolina (Como la enfermedad, como la muerte)* (1974), *Discurso de la política y el sexo* (1978), *El perro castellano* (1979), *Concierto en Sevilla* (1982), *Babilonia: La puerta del cielo* (1990) y *El libertador en su agonía* (1992), ficticia reconstrucción de la biografía de José Martí*. De su labor ensayística cabe citar *Guía popular de Antonio Machado* (1975), *Miguel Hernández, escritor y poeta de la revolución* (1976), *Miseria de nuestra cultura* (1980), *Castilla como agonía, Castilla como esperanza* (1985) y *Liberación, desolación de la utopía* (1986). [J.S.M.]

SORELA, PEDRO. Véase NARRATIVA ESPAÑOLA POSTERIOR A 1975.

SORIA. Véase CANCIONERO GENERAL.

SORIANO, ELENA (Fuentidueña de Tajo, Madrid, 1911). Estudió Magisterio y Filosofía y Letras. Fundó y dirigió la revista *El Urogallo*. Ha publicado la novela *Caza menor* (1951), y otras tres que forman la trilogía *Mujer y hombre: La playa de los locos* (1955), *Espejismos* (1955) y *Medea 55* (1955), cuyo tema común es la complejidad de las relaciones amorosas, así como el libro de relatos *La vida pequeña* (1989), sobre el mundo cotidiano de la clase media española. En *Testimonio materno* (1986) narra una experiencia autobiográfica. También es autora de numerosos ensayos sobre literatura y otros temas. [G.R.F.]

SORIANO, MANUEL (Galicia, 1859-1933). Periodista y autor dramático. Fue redactor de *Nuevo Mundo* y *El Teatro* y colaborador de *La Gran Vía*, *La Ilustración Española y Americana*, *Madrid Cómico*, *ABC*, etc. Como dramaturgo, escribió: *La Compañía de Jesús* (1897), con Á. Ramos; *El estado de sitio* (1899) y *Los sobrinitos* (1900), con Falcato; *La molinera* (1900) y *El arlequín* (1909), con Morales del Campo, y *Trinos de gorrión* (1913). [M.P.C.]

SORIANO, MERCEDES. Véase NARRATIVA ESPAÑOLA POSTERIOR A 1975.

SORIANO, OSVALDO (Mar del Plata, Buenos Aires, 1943). Dedicado profesionalmente al periodismo, se inició en la literatura, en 1973, con la novela *Triste, solitario y final*, homenaje a personajes del cine cómico norteamericano y la novela negra. Entre 1976 y 1983 estuvo exiliado en París y luego regresó a la Argentina, retomando sus actividades periodísticas. En novelas como *No habrá más penas ni olvido* (1980) y *Cuarteles de invierno* (1987) alegoriza, a través de ambientes ínfimos de provincia, la crisis argentina de los años setenta y ochenta. *A sus plantas rendido un león* (1987) se adentra en la temática del actual mundo multinacionalizado. Sus dos anteriores títulos fueron llevados al cine. Un libro que recoge buena parte de su producción periodística es *Artistas, locos y criminales* (1990). En 1991 publicó otra novela: *Una sombra ya pronto serás*. [B.M.]

SORIANO, RODRIGO (San Sebastián, 1868-Santiago de Chile, 1944). Periodista, político y escritor. Fue diputado republicado por Valencia (1901-09) y luego por Madrid; aunque en los últimos años de su vida moderó mucho sus ideas políticas. Fue desterrado con Unamuno * en 1924. Después fijó su residencia en París. De 1939 a 1944 fue embajador en Chile. Ejerció la crítica de arte en *La Época;* fue fundador de *El Radical* (1903) y de *España Nueva,* que dirigió de 1906 a 1924; redactor de *Vida Nueva* y *El Pueblo,* y colaborador de *El País, La Lidia, Heraldo de Madrid,* etc. Publicó las colecciones de crónicas *Moros y cristianos. Notas de viaje* (1893-94) y *Por esos mundos* (1897), los libros de relatos *Grandes y chicos* (artículos y cuentos, 1893-94), *Las flores rojas* (cuentos, 1901) y *El triunfo de don Carlos, fantasías, caprichos, etc.* (1901). [M.P.C.]

SOSA, ANTONIO DE. Véase HAEDO, FRAY DIEGO DE.

SOSA, LOPE DE. Véase CANCIONERO GENERAL.

SOSA, ROBERTO (Yoro, Honduras, 1930). Poeta. Pertenece a la generación literaria de 1950. Después de publicar *Caligramas* (1959), *Muros* (1966) y *Mar interior* (1967), gana con *Los pobres* (1969) el premio Adonais de Poesía en Madrid. Con *Un mundo para todos dividido* (1971) ahonda y dignifica la dimensión social de su poesía. Es, también, antólogo de la poesía y el cuento hondureños. [A.B.F.]

SOTO, APULEYO. Véase LITERATURA INFANTIL ESPAÑOLA.

SOTO, DOMINGO DE. Véase LITERATURA POLÍTICA Y ECONÓMICA EN LOS SIGLOS XVI Y XVII.

SOTO, GARY. Véase LITERATURA CHICANA.

SOTO, HERNANDO DE. Véase LITERATURA EMBLEMÁTICA.

SOTO, JUVENAL. Véase POESÍA ESPAÑOLA POSTERIOR A 1975.

SOTO, MÁXIMO. Véase HISPANOAMÉRICA: TEATRO ACTUAL.

SOTO, PEDRO JUAN (Cataño, Puerto Rico, 1928). Narrador que, a partir de *Spiks* (1957), se establece como una voz determinante en la cuentística puertorriqueña. Sus cuentos y estampas de la emigración de Nueva York se destacan por su estilo conciso, sobrio, que recuerda a Hemingway. Sus novelas *Usmaíl* (1959), *Ardiente suelo, fría estación* (1961), *El francotirador* (1969), *Temporada de duendes* (1970) y *Un oscuro pueblo sonriente* (1984), están todas dirigidas a la denuncia del colonialismo en Puerto Rico, y ofrecen una imagen crítica de la sociedad puertorriqueña, que se presenta como enajenada y huérfana de preocupaciones existenciales sustantivas. Por haber vivido muchos de sus años formativos en Estados Unidos, tiene una aguda sensibilidad por los problemas del emigrante. En *Ardiente suelo, fría estación* se ocupa del rechazo que sufren los emigrados cuando regresan a Puerto Rico.

BIBLIOGRAFÍA. R. Marqués, *Cuentos puertorriqueños de hoy* (San Juan, P.R., 1959); C. Meléndez, *El arte del cuento en Puerto Rico* (Nueva York, 1961). [R.R.A.]

SOTO, VICENTE (Valencia, 1919). Licenciado en Derecho. En 1953 emigró a Inglaterra. Su obra narrativa la componen *Vidas humildes, cuentos humildes* (1948), *La zancada* (Premio Nadal de 1966), novela en la que, a través de la rememoración del protagonista, se aborda el tema del paso de la infancia a la adolescencia; *Bernard, uno que volaba* (1972), *Casicuentos de Londres* (1974), *El gallo negro* (1974), *Cuentos del tiempo de nunca acabar* (1977), *Tres pesetas de historia* (1983) y *Una canción para un loco* (1986). [G.R.F.]

SOTO APARICIO, FERNANDO. Véase HISPANOAMÉRICA: NARRATIVA ACTUAL.

SOTO DE ROJAS, PEDRO (Granada, 1584-1658). Bachiller en cánones (1610) y canónigo de la colegial de El Salvador de su ciudad natal, a la que volvió tras su estancia en Madrid, donde asistió a la academia del conde de Saldaña y a la Academia Selvaje, en la que leyó su *Discurso sobre la poética*. Amigo del Conde-Duque de Olivares y del Duque de Alba, junto a Paravicino * y Góngora *, cuya influencia fue decisiva en su poesía, tras la aparición del *Polifemo* y las *Soledades*. Ello no le privó de la estima de Lope de Vega * y Cervantes *. Su vuelta desengañada a Granada no fue definitiva, pues hizo diversos viajes a la corte para asuntos relacionados con la curia granadina. Sostuvo frecuentes discusiones con el cabildo y fue encarcelado dos veces. Su nombramiento como letrado del Santo Oficio no allanó tensiones. En 1629 decidió construirse un carmen, que habitaría desde 1632 hasta su muerte, y que le sirvió de solitario refugio. Su primer soneto es de 1608. De escritura lenta y trabajada, comenzó en 1611 su *Desengaño de amor en rimas*, que acabó en 1614 y publicó en Madrid, 1623. En 1610 acudió al *Certamen* sevillano por la beatificación de San Ignacio. Posteriormente publicó los *Fragmentos de Adonis* (Granada, 1652), junto al *Paraíso cerrado para muchos, jardines abiertos para pocos*, autorizando así esa fábula que se había publicado sin su nombre en 1619. De 1639 es la edición barcelonesa de *Los rayos de Faetón*. Al revés de Quevedo * y Góngora, Soto vio publicados en vida todos sus libros, sin que faltara, al lado del *Paraíso*, el comentario del poeta Francisco de Trillo y Figueroa *, así como un *Discurso contra el ocio y en loor del ejercicio*, que Soto había leído en la Academia granadina de Sebastián López Hierro de Castro. Su nombre no aparece, sin embargo, en ninguno de los certámenes poéticos granadinos de su tiempo. Sus versos giran en torno a dos temas fundamentales del barroco: el desengaño y la soledad, patentes en toda su obra y en sus fábulas mitológicas. Los *Fragmentos de Adonis* es una silva en siete fragmentos, donde el mito vinculado al intimismo se entrelaza con excursos descriptivos muy cercanos a *L'Adone* de Marino, de sensualidad y delicadeza claramente marcadas por el estilo de las *Soledades*. En *Los rayos de Faetón* renueva un tema tratado por Aldana * y Villamediana *, entre otros, con gran riqueza de imágenes y metáforas, en las que el canto de la naturaleza en el palacio del sol se funde con la desenfrenada caída del arriesgado joven que convierte en fría ceniza su desaforado vuelo. El *Desengaño* constituye un cancionero al modo petrarquista a su amada Fénix. Configurado como fracasada autobiografía amorosa, se repliega al final en la huida del amor profano y en la búsqueda de Dios. Cargado de neoplatonismo y de reminiscencias clásicas (de Teócrito, Virgilio y Horacio), recoge la tradición poética de Garcilaso * y de fray Luis de León *, pero en un estilo cargado de reminiscencias iconográficas y mitológicas, cercano a Guarini, a Marino, a los poetas antequerano-granadinos y al mismo Góngora. En él se desarrolla el tópico de la enfermedad de amor y una variada gama de temas y motivos barrocos en torno a la peregrinación amorosa. El *Paraíso* es un libro-jardín dividido en siete mansiones que describen detalladamente su carmen granadino, auténtico jardín-libro en el que había mezclado la tradición de tópicos grecolatinos, resucitada en el renacimiento italiano, con las ideas del jardín bíblico y la singular concepción de los jardines árabes que el carmen ejemplificaba, remedo en todos los casos del paraíso perdido. En la tradición de los hexamerones, su microcosmía reflejaba la propia creación del mundo y del hombre y se ofrecía, en la realidad y en el poema, como itinerario que conducía desde el génesis a la mansión celeste. Territorio para la erudición de polianteas, la emblemática, los tratados de agricultura y la interpolación de versos ajenos, pero también para el halago de los sentidos y la orfebrería miniaturista, propia de lo granadino, al decir de García Lorca *. Silva métrica de compleja arquitectura, que remeda las *Soledades* gongorinas en un peregrinaje simbólico sin figuras, donde la naturaleza ha sido dominada por el arte. Su preciosismo fue encomiado por los poetas de la generación del 27, que lo imitarían en su poesía y en sus *paraísos*, como Aleixandre * y Emilio Prados *. Estilo en el que culmina su tendencia al cultismo, el hi- pérbaton, la hipérbole, la metáfora verbal, la paradoja y el dislocamiento sintáctico, plagado de dificultades que requieren la colaboración del lector.

BIBLIOGRAFÍA. A. Gallego Morell, *Pedro Soto de Rojas* (Granada, 1948); E. Orozco, *Introducción a un poema barroco granadino. De las «Soledades» gongorinas al «Paraíso» de Soto de Rojas* (Granada, 1955); J. M. Rozas, *Sobre Marino y España* (Madrid, 1981); P. Soto de Rojas, *Paraíso cerrado*, ed. de A. Egido (Madrid, 1982); AA. VV., *«Al ave el vuelo». Homenaje a Pedro Soto de Rojas* (Universidad de Granada, 1984); A. Egido, *Silva de Andalucía* (Málaga, 1990). [A.E.]

SOTO VERGÉS, RAFAEL (Cádiz, 1936). Poeta cuya breve obra es una de las primeras en anticipar —mediante la potenciación simbólica— fórmulas renovadoras del realismo vigente a finales de los años cincuenta. Se inicia con *La Agorera* (1959), a la que siguen, entre otras, *Epopeya sin héroe* (1967), *El gallo ciego* (1970) y *Viento oscuro lejano* (1987). Es autor también de una farsa poética: *El recovero de Uclés* (1962).

BIBLIOGRAFÍA. A. Domínguez Rey, «Constelación mágica: Rafael Soto Vergés», en *Novema versus Povema (Pautas líricas del 60)* (Madrid, 1987), págs. 41-47; J. Rodríguez Padrón, «Un gallo ciego que chilla a las constelaciones (Rafael Soto Vergés)», en *Ínsula*, núm. 543 (marzo de 1992), págs. 20-21. [A.S.Z.]

SOTOMAYOR, ÁUREA MARÍA. Véase HISPANOAMÉRICA: POESÍA ACTUAL.

SOTTO, VICENTE. Véase LITERATURA FILIPINA.

SOUVIRÓN, JOSÉ MARÍA (Málaga, 1904-Madrid, 1973). Poeta perteneciente al grupo de *Litoral*. Entre su amplia obra pueden citarse *Gárgola* (1923) y *Conjunto* (1928). Se recogió su producción en *Poesía entera (1923-1973)* (1973). [M.G.P.]

SPELUCÍN, ALCIDES (Trujillo, Perú, 1897-1976). Poeta modernista peruano, asociado con el grupo «Bohemia» de Trujillo. Su poesía está llena de referencias mitológicas, siguiendo el gusto de esa escuela, a pesar de ser contemporáneo de César Vallejo *. Publicó *El libro de la nave dorada* (1926) y *Las paralelas sedientas* (1929). [J.C.]

SPOTA, LUIS (México, D.F., 1925-1985). Periodista profesional, director de publicaciones periódicas, conductor y comentarista de televisión, comisionado de boxeo. Su obra es vasta (casi treinta novelas); su carrera literaria cobra notoriedad con *Casi el paraíso* (1956), en donde critica con dureza a la burguesía mexicana; su mirada narrativa alcanza a todos los grupos y clases sociales, tal como se aprecia en *Más cornadas da el hambre* (1950), *Las horas violentas* (1958) o *Los sueños del insomnio* (1966). La obsesión del escritor fue el poder, evidente en las obras mencionadas y sobresaliente, con un contenido político, en la serie titulada *La costumbre del poder*, constituida por seis novelas: *Retrato hablado* (1975), *Palabras mayores* (1975), *Sobre la marcha* (1976), *El primer día* (1977), *El rostro del sueño* (1979) y *La víspera del trueno* (1980). Otras obras: *El tiempo de la ira* (1960), *La carcajada del gato* (1964) y *Las cajas* (1973).

BIBLIOGRAFÍA. S. Sefchovich, *Ideología y ficción en la obra de Luis Spota* (México, 1985). [J.E.C.]

STEFANICH, JUAN (Asunción, 1889-1976). Periodista, narrador, crítico y ensayista paraguayo. Destacado orador y polémico escritor, ha escrito una novela (*Aurora*, 1920), innumerables artículos periodísticos y varios ensayos de carácter crítico e histórico. A menudo inspiradas en la dramática realidad histórico-política de su país, sus obras más conocidas incluyen, además de la novela arriba mencionada, *Hacia la cumbre* (1914) y *Horas trágicas: prosas de paz y de dolor* (1922). [T.M.F.]

STEINBERG, ALICIA. Véase HISPANOAMÉRICA: NARRATIVA ACTUAL.

STEINER, ROLANDO (Managua, 1936-1987). Dramaturgo, crítico de teatro y de cine. De vocación precoz, publicó a sus veintiún años *Judit* (1957), primera pieza de una «trilogía del matrimonio». En 1964 estrenó en Madrid la segunda, *Un drama corriente*, y en 1968 representó a Nicaragua con la tercera, *La puerta*, en el Festival de Teatro Nuevo de México, con ocasión de celebrarse allí los decimonovenos Juegos Olímpicos de la Era Moderna. La creación teatral de Steiner, por sus experimentos de índole técnica, por su brevedad —incluidas aquellas piezas que no son de un solo acto— y porque el autor solía manejar pocos personajes, parece destinada a representarse como teatro de ensayo, decididamente renovador. También recreó mitos literarios griegos, como en *Antígona en el infierno* (1958) y en *Pasión de Helena* (1963).

BIBLIOGRAFÍA. O. Rodríguez Sardiñas-C. M. Suárez Radillo, *Teatro selecto contemporáneo hispanoamericano* (Madrid, 1971). [E.Z.-H.]

STOLK, GLORIA (Caracas, 1918-1979). Escritora venezolana. Cultivó la poesía —*Rescate y otros poemas* (1950), *Cielo insistente* (1960)—, pero destacó sobre todo como narradora, con libros de cuentos como *Los miedos* (1955) y *Ángel de piedra* (1962), y en particular con varias novelas, entre las que merecen recordarse *Bela Vegas* (1953), *Amargo el* *fondo* (1957), *Cuando la luz se quiebra* (1961) y *La casa del viento* (1965). También dio a conocer ensayos sobre literatura y otros temas. [T.F.]

STORNI, ALFONSINA (Sala Capriasca, Suiza, 1892-Mar del Plata, Argentina, 1938). Desde su primer libro, *La inquietud del rosal* (1916), aparece sólidamente afirmada por su feminidad: la condición femenina como forma y como situación desde la que se habla, con reminiscencias románticas que fueron desvaneciéndose en su poesía ulterior. Incorporada a la literatura argentina (y nacionalizada en 1920), publicó sucesivamente *El dulce daño* (1918), *Irremediablemente* (1919) y *Languidez* (1920). El acento melancólico y a veces quejumbroso de sus versos fue provocado por la contradicción entre la realidad del mundo indiferente que la rodeaba y el alma sensible del poeta que, en su caso, se creía disimulada por la fealdad física. Viajó a Europa en 1930 y 1934, y quizá por el contacto con las corrientes estéticas de la vanguardia su poesía perdió en espontaneidad y ganó en complicación. *Mundo de siete pozos* (1934) y *Mascarilla y trébol* (1938) recogen los testimonios del cambio. Enferma de cáncer, decidió poner fin a su vida, adentrándose en el mar hasta que las aguas la cubrieron.

BIBLIOGRAFÍA. C. Nalé Roxlo, *Genio y figura de Alfonsina Storni* (Buenos Aires, 1964). [I.Z.]

SUÁREZ, CIPRIANO. Véase RETÓRICA EN LOS SIGLOS XVI Y XVII.

SUÁREZ, GASTÓN (Tupiza, Potosí, Bolivia, 1928-La Paz, 1984). Cuentista y autor de teatro. Sus relatos *Vigilia para el último viaje* (1963) y *El gesto* (1969) se ocupan del desamparo y el abandono de gentes del campo y la ciudad que viven en medio del silencio y la desesperación. Su obra de teatro *Vértigo o el perro vivo* (1968) es el drama del hombre de hoy extraviado en el laberinto de la sociedad. Suárez tiene una «biografía» del ave más importante de los Andes y símbolo de Bolivia: *Mallko* (1974), y un ameno libro que se llama *Las aventuras de Miguelín Quijano* (1983). [C.C.B.]

SUÁREZ, GONZALO (Oviedo, 1934). Estudió Filología Francesa en Madrid. Su producción narrativa, en la que dominan los elementos fantásticos y policiacos, está formada por *De cuerpo presente* (1963), *Los once y uno* (1964), *Trece veces trece* (1964), *El roedor de Fortimbrás* (1965), *Rocabruno bate a Ditirambo* (1966), *La zancada del cangrejo* (1969), *Operación «Doble Dos»* (1974), *Gorila en Hollywood* (1980), *La reina roja* (1981) y *Remando al viento* (1988), guion de la película del mismo título. También es autor de una obrita de estructura dialogada, *La noche y el viento* (1983). De las numerosas películas que ha dirigido destacan: *Ditirambo* (1967), *El extraño caso del doctor Fausto* (1969), *Aoom* (1969), *Morbo* (1971), *Al diablo con amor* (1973), *La loba y la paloma* (1974), *Parranda* (1977), *Reina zanahoria* (1977), *Epílogo* (1984) y *Don Juan en los infiernos* (1991). También ha adaptado para Televisión Española *La Regenta* de Clarín * (1975) y *Los pazos de Ulloa* de E. Pardo Bazán * (1985).

BIBLIOGRAFÍA. J. Hernández Ruiz, *Gonzalo Suárez: un combate ganado con la ficción* (Alcalá de Henares, Madrid, 1991). [A.R.]

SUÁREZ, JOSÉ G. Véase LITERATURA FILIPINA.

SUÁREZ, MARCIAL (Allariz, Orense, 1918). Encasillado dentro de lo que algunos llaman «teatro de ideas», ha obtenido los premios Calderón de la Barca, Isaac Fraga y el Lope de Vega, este último en 1980 con *Dios está lejos*, obra entre policiaca y melodramática. Otras obras suyas son: *Personajes al trasluz, Nuestro mundo, Las monedas de Heliogábalo* (1966) y *Altas fidelidades.* [M.S.]

SUÁREZ, MARCO FIDEL (Hatoviejo, hoy Bello, Antioquia, Colombia, 1856-Bogotá, 1927). Filólogo, ensayista y político colombiano. De origen humilde, autodidacta, conocedor de lenguas clásicas y modernas y estudioso de muy diversas materias como el derecho internacional, fue ascendiendo hasta ser elegido en 1918 presidente de Colombia, cargo al que renunció tres años después. Se inició brillantemente en 1881 con un *Ensayo sobre la gramática de don Andrés Bello,* que amplía y corrige doctrinas de éste. Fue jefe de la Unión Conservadora. Brilló como humanista y escritor de elegante prosa, teñida muchas veces de punzante ironía. Desengañado de la política y apartado de su trajín, escribió *El libro de los sueños* (1924). Continuando esta obra hasta su muerte, formó los doce volúmenes de *Sueños de Luciano Pulgar* (1925-40). Son diálogos literarios en que critica a los hombres y a las costumbres sociales y políticas de ese tiempo. Se refieren también a la vida colombiana y a sus hombres representativos e ideas en distintas épocas. Dejó asimismo numerosas páginas literarias y filológicas y un tomo de *Estudios* (1935).

BIBLIOGRAFÍA. J. Ortega Torres, *Marco Fidel Suárez. Bibliografía* (Bogotá, 1956). [F.C.L.]

SUÁREZ, MIGUEL. Véase POESÍA ESPAÑOLA POSTERIOR A 1975.

SUÁREZ, VICENTE. Véase ZABALETA, JUAN DE SANTOS DE.

SUÁREZ BRAVO, CEFERINO (Oviedo, 1825-Barcelona, 1896). Diplomático y periodista, llevó una vida bohemia y cosmopolita. Se sirvió del seudónimo de «Ovidio». Dando muestras de una vena satírica y costumbrista, colaboró asiduamente en *El Diario de Barcelona, La España, El Siglo Futuro* y *El Contemporáneo;* y fundó, con Navarro Villoslada *, el semanario satírico *El Padre Cobos.* Como dramaturgo, anticipa el romanticismo legendario y grandilocuente de Echegaray * (*Amante y caballero,* 1847; *Don Enrique II,* 1847; *Los dos compadres, o Verdugo y sepulturero,* 1848). Probó suerte también con la comedia, donde reaparece con frecuencia su vena satírica; y con la novela, género en el que, por *Guerra sin cuartel* (1885), recibe el premio de la Academia. Esta última, así como *El cetro y el puñal* (1851) y *Soledad* (1893), dan cuenta de un tipo de relato en el que predomina el gusto por la peripecia, el enredo y la descripción colorista. [J.B.]

SUÁREZ CARREÑO, JOSÉ (Guadalupe, México, 1915). Abogado instruido en España, cultiva la poesía, la novela, el teatro y el guión cinematográfico. Su primer libro de poemas es *La tierra amenazada* (1943). Es ganador de varios premios literarios: el primero, compartido con Vicente Gaos * y Alfonso Moreno, en 1943, le llegó con *Edad de Hombre* (1944). Su obra *Las últimas horas* (1950) consiguió el Premio Nadal. El drama *Condenados* recibió el premio Lope de Vega, en 1952, y fue luego adaptado al cine. [P.A.P.]

SUÁREZ DE DEZA, ENRIQUE (Buenos Aires, 1905). Hijo de padres españoles, desarrolla toda su actividad literaria en España, donde alcanza un notable éxito de público, en 1925, con *Ha entrado una mujer.* Antes de la Guerra Civil repite los aplausos con *Amantes* (1931) y *Una gran señora* (1932), para decaer después con obras como *Miedo* (1946) y *Nocturno (Historia de un gran amor)* (1946). [J.B.]

SUÁREZ DEZA, VICENTE. Véase TEATRO MENOR DE LOS SIGLOS XVI Y XVII.

SUÁREZ FERNÁNDEZ, CONSTANTINO (Avilés, Asturias, 1890-Madrid, 1941). Ejerció el periodismo. Entre 1906 y 1921 vivió en Cuba, donde inició su carrera literaria con el seudónimo de «Españolito». Publicó las novelas, de corte realista: *Isabelina* (1924), *Sin testigos y a oscuras* (1924), *El hijo de trapo* (1926), *Rafael* (1926) y *Una sombra de mujer* (1927), entre otras. De sus numerosos ensayos y libros eruditos destacan: *¡Emigrantes!* (1915), *Ideas* (1921), *Vocabulario cubano* (1921), *Galicia la calumniada* (1923) y *Escritores y artistas asturianos*, 7 volúmenes (1936-59) —en el IV (1955), J. M. Martínez Cachero le dedicó una amplia semblanza. [A.R.]

SUÁREZ DE FIGUEROA, CRISTÓBAL (Valladolid, h. 1571-¿Nápoles?, d. 1644). Hijo de un abogado gallego de poca fortuna, «se desterró» a Italia hacia 1588 y se doctoró en Derecho en Bolonia en 1593. Auditor del Ejército, volvió a España en 1604, viviendo en Valladolid y Madrid y granjeándose las enemistades de casi todos los literatos de su tiempo. En 1623 fue nombrado auditor de Catanzaro. Sufrió un proceso inquisitorial y fue encarcelado por Urbano VIII. Probablemente siguió viviendo en Nápoles hasta su muerte.

De personalidad fuerte e inflexible, lo mejor de su obra está teñido de autobiografismo y de crítica ética. Comenzó escribiendo una traducción de *El pastor Fido* (1602) —alabada por Cervantes * quizá con ironía— y una novela pastoril, *La constante Amarilis* (1609), donde se narran los amores de don Juan Andrés Hurtado de Mendoza y de doña María de Cárdenas, y un poema heroico, *España defendida* (1612). Volvió a exaltar a los ascendientes del duque de Lerma en los *Hechos de don García Hurtado de Mendoza* (1616). En 1614 publicó una *Historia y anal relación de los padres de la Compañía de Jesús... en Oriente* y en 1615 su adaptación española de la *Plaza universal de todas ciencias y artes* de Garzoni, título y definición de este libro enciclopédico, pues allí aparecen todas las curiosidades y todos los personajes más notables en ciencias y artes de la historia. Cajón de sastre útil para curiosos romanticistas. Y al mismo género pertenecen las *Varias noticias importantes para la humana comunicación* (1621) y *Pusilipo. Ratos de conversación en lo que dura el paseo* (1629). Este gusto por la autobiografía, la visión crítica y dialogante del mundo le llevó a componer su obra más importante, *El pasajero* (1617). Se trata de un extenso diálogo dividido en diez *alivios* o capítulos en los que un doctor, un maestro en artes y teología y un militar y orífice tratan de todas las materias. Las referencias de este neoaristotélico a la literatura son continuas y de gran interés por sus fobias. Suárez de Figueroa, moralista y duro crítico, da una visión ácida de la sociedad de su tiempo con una prosa admirable.

BIBLIOGRAFÍA. C. Suárez de Figueroa, *El pasajero*, ed. de M. I. López Bascuñana (Barcelona, 1988). [A.B.]

SUÁREZ DE FIGUEROA, GÓMEZ. Véase VEGA, EL INCA, GARCILASO DE LA.

SUÁREZ LYNCH, B. Véanse BIOY CASARES, ADOLFO, y BORGES, JORGE LUIS.

SUÁREZ DE PERALTA, JUAN (México, ¿1540?-Trujillo, Cáceres, 1591). Es sobrino de la primera esposa de Hernán Cortés *, la infortunada Catalina Suárez Marcaida a quien, se dice, el capitán mandó matar. Pertenece, pues, a la primera generación de criollos, y su obra manifiesta muy bien esta postura ideológica y social. Suárez de Peralta escribe *Tratado del descubrimiento de las*

Indias, conocida también como *Noticias históricas de Nueva España* (1590). Es una amplia relación de la vida criolla en el siglo XVI. Nos ofrece un cuadro psicológico de los hijos de los conquistadores, sus diversiones, su lujo y sus ideales aristocráticos. Sobresale la amenidad con la que se inserta el devenir histórico y político dentro del contexto social. Suárez de Peralta escribió también *Tratado de la caballería, la jineta y la brida* (1580), en el que se habla del arte de la caballería como símbolo de linaje y posición social. [M.D.B.]

SUÁREZ RADILLO, CARLOS MIGUEL (La Habana, 1919). Escritor y director teatral cubano, afincado en España desde 1957. Dirigió en Madrid el grupo Los Juglares, «Teatro Hispanoamericano de Ensayo» (1957-1964); también estuvo al frente de la compañía madrileña Los Títeres (1959-1962) y del Teatro de los Barrios (1971-1972) en Caracas. Gran conocedor del teatro hispanoamericano, entre sus investigaciones destacan *Lo social en el teatro hispanoamericano contemporáneo* (1975), *El teatro barroco hispanoamericano* (1981) y *El teatro neoclásico y costumbrista hispanoamericano* (1984). También ha cultivado la poesía (*La caracola y la campana*, 1978) y la novela (*Un niño*, 1972; *Alguien más en el espejo*, 1984). Tres volúmenes de sus memorias aparecieron sucesivamente en 1986, 1988 y 1990. [T.F.]

SUÁREZ Y ROMERO, ANSELMO (La Habana, 1818-1878). Pedagogo, escritor y crítico literario. Entre 1838 y 1839, a instancias de Domingo del Monte, escribió *Francisco*, una novela antiesclavista que no se publicaría hasta 1880. En *Colección de artículos* (1859) reunió escritos que antes habían aparecido en periódicos y revistas. [T.F.]

SUÁREZ SOLÍS, RAFAEL (Avilés, España, 1881-La Habana, 1968). Nacionalizado cubano, Suárez Solís se incorporó activamente a la vida artística en Cuba como periodista, crítico de cine, ensayista, narrador y dramaturgo. A sus distinciones como promotor cultural se suman los premios obtenidos por sus obras teatrales y su quehacer periodístico. De asunto español o de asunto cubano, sus obras teatrales imponían una nota de reflexión dentro del teatro costumbrista que se producía durante los años treinta y cuarenta. Entre estos textos pueden mencionarse *Barrabás*, pieza teatral premiada en 1937 por la Dirección de Cultura, y *Un pueblo donde no pasaba nada; novela del tiempo inquieto*, publicada en 1962. [M.Y.]

SUÁREZ DE TOLEDO, JOSEP (seudónimo). Véase BANQUERI, JOSÉ ANTONIO.

SUBERCASEAUX, BENJAMÍN (Santiago de Chile, 1902-Tacna, Perú, 1973). Escritor chileno que pasó en Francia la mayor parte de su vida y viajó por distintos países árabes. Entre sus novelas se encuentran la autobiográfica *Daniel* (1942, publicada primero como *Niño de lluvia*), *Mar amargo* (1936), *Rahab* (1938), y las novelas breves de *Y al Oeste limita con el mar* (1937). Más interesante resulta *Jemmy Button* (1950), historia fantástica de una expedición inglesa a la Tierra del Fuego para «civilizar» a algunos indios. Su ensayo más elogiado es *Chile o una loca geografía* (1940), un análisis de las tierras, la vida y los pueblos chilenos. *Contribución a la realidad* (1939) reúne una serie de estudios de crítica literaria. [J.A.C.]

SUBERO, EFRAÍN (Pampatar, Nueva Esparta, Venezuela, 1931). Escritor y crítico literario. Su poesía muestra la búsqueda de un lenguaje depurado para la expresión de una intimidad solidaria con el destino ajeno, como muestran *Estancias de amor iluminado* (1956), *Isla de luz sobre el amor anclada* (1957), *Inventario del hombre* (1959), *Todavía la noche* (1963), *En estos parajes* (1965), *Casi letanía* (1965), *Libro de elegías* (1969), *Razones* (1969) y *Nuevas razones* (1974). Ha desarrollado también una amplia labor como ensayista y crítico literario. [T.F.]

SUCRE, GUILLERMO (Tumeremo, Bolívar, Venezuela, 1933). Poeta, crítico y ensayista, formó parte del grupo «Cantaclaro» en 1950, fue protagonista principal de «Sardio» * hacia 1958 y fundó la revista *Zona franca*. En su primer libro de poesía, *Mientras suceden los días* (1961), ya se vislumbra una confrontación entre el ser, el lenguaje y la existencia, que va a estar presente también en sus ensayos. Su obra poética acentúa progresivamente la precisión de su experiencia verbal con *En la profundidad del verano* (1962), *La mirada* (1969), *En el verano cada palabra respira en el verano* (1976) y *Serpiente breve* (1977). Con *Borges, el poeta* (1967) y en especial con *La máscara, la transparencia* (1976), se convirtió en figura fundamental de la crítica literaria hispanoamericana. [J.R.M.]

SUEIRO, DANIEL (Rois, La Coruña, 1931-Madrid, 1986). Fue periodista. En sus novelas *La criba* (1961), *Estos son tus hermanos* (1965), *La noche más caliente* (1965) y *Balada del Manzanares* (1987), que tiene como eje la vida degradada del Madrid de los años cuarenta, en su narración *Solo de moto* (1967) y en los relatos recogidos en *La rebusca y otras desgracias* (1958), *Los conspiradores* (1964), *Toda la semana* (1964) y *Servicio de navaja* (1977), plagados de personajes marginados, antiheroicos y frustrados, pone de relieve su deseo de dar testimonio, valiéndose de procedimientos realistas, de diversos aspectos de la vida española. Idéntico afán crítico se revela en sus libros de ensayo y de carácter documental *El arte de matar* (1968), *Los verdugos españoles* (1971), donde recogió las memorias de los últimos ejecutores de sentencias en España; *La verdadera historia del Valle de los Caídos* (1977), *Historia del franquismo* (1977), escrita en colaboración con Bernardo Díaz-Nosty, y *La flota es roja* (1983). Diferente orientación tienen su novela *Corte de corteza* (1969), en la que abordó las consecuencias de un trasplante de cerebro, y el relato *El cuidado de las manos* (1974). En 1988 se publicaron sus *Cuentos completos*. También escribió guiones para cine y televisión. [A.R.]

SUÑÉN, JUAN CARLOS. Véase POESÍA ESPAÑOLA POSTERIOR A 1975.

SUÑÉN, LUIS. Véase POESÍA ESPAÑOLA POSTERIOR A 1975.

SUR. Revista literaria argentina, fundada por Victoria Ocampo * en 1931. Se publicó con regularidad mensual hasta 1970. Posteriormente ha dado números monográficos o antológicos de aparición irregular. En algún momento, su tirada alcanzó los 5.000 ejemplares, cantidad notable para la época y el lugar. A partir de 1933, añadió a sus actividades la edición de libros. La secretaría fue desempeñada por Guillermo de Torre *, José Bianco *, Héctor Álvarez Murena * y Enrique Pezzoni. Entre los miembros de su comité de redacción se contaron figuras como Alfonso Reyes *, Pedro Henríquez Ureña *, José Ortega y Gasset *, Jorge Luis Borges * y Eduardo Mallea *. La revista, iniciada como un intento de definición de la identidad argentina dentro de América, así como de concentración de jóvenes escritores del continente, se convirtió en plataforma de difusión de una zona muy influyente de la intelectualidad porteña, con prestigiosos contactos europeos y norteamericanos: T. S. Eliot, Paul Valéry, Bernard Shaw,

William Faulkner, Waldo Frank, Aldous Huxley. En años sucesivos: Jean-Paul Sartre, Albert Camus, Graham Greene, Simone de Beauvoir, los narradores italianos del cuarenta y la nutrida población de los exiliados republicanos españoles: Francisco Ayala *, Rosa Chacel *, María Zambrano *, Juan Ramón Jiménez *, Jorge Guillén *, etc. Los avatares políticos fueron creando fisuras entre sus miembros, notables a partir de la guerra civil en España y la inmediata guerra mundial. La revista se manifestó partidaria de la legalidad republicana y, luego, claramente antifascista. Durante el gobierno peronista (1946-55) mantuvo una línea de elocuente abstención, más tarde convertida en franco antiperonismo. Ello motivó nuevas disputas ideológicas, protagonizadas por Sábato * y Martínez Estrada *, de un lado, y Borges, del otro. En cualquier caso, *Sur* se preocupó por conservar cierta exigencia de calidad literaria y de novedad intelectual que la hicieron consulta obligada del medio profesional y diletante de gran parte de América.

BIBLIOGRAFÍA. P. y A. Lafleur, *Las revistas literarias argentinas* (Buenos Aires, 1968); D. Meyer, *Victoria Ocampo contra viento y marea* (Buenos Aires, 1981); B. Matamoro, *Genio y figura de Victoria Ocampo* (Buenos Aires, 1986). [B.M.]

SUREDA, JACOBO (Valldemosa, Mallorca, 1901-Palma de Mallorca, 1935). Poeta posmodernista y ultraísta, autor de *El prestidigitador de los cinco sentidos* (1926). [M.G.P.]

SYLVESTER, SANTIAGO (Salta, Argentina, 1942). Escritor argentino, autor de los poemarios *En estos días* (1963), *El aire y su camino* (1966), *Esa frágil corona* (1971), *Palabra intencional* (1974), *La realidad provisoria* (1977), *Libro de viaje* (1982) y *Perro de laboratorio* (1987). En *Entreacto* (1990) reunió poemas de los últimos cinco libros citados, junto a otros inéditos. Ha publicado también un libro de cuentos, *La prima carnal* (1986). [T.F.]

SZICHMAN, MARIO. Véase HISPANOAMÉRICA: NARRATIVA ACTUAL.

T

TABLADA, JOSÉ JUAN (México, D.F., 1871-Nueva York, 1945). Principal animador de la poesía mexicana durante la última década del siglo XIX y las primeras del XX, por su iniciativa personal se fundó en 1898 la *Revista Moderna*, que respondió especialmente a su propia estética, compartida en sus manifestaciones plásticas con el dibujante Julio Ruelas. En *El florilegio* (1899; 2.ª ed., 1904) mostró el aspecto más radical, subterráneo y subversivo del modernismo finisecular: vicios y pecados suntuosos, paraísos artificiales, misas negras, sensualidades terroríficas y jadeantes, pesadillas museográficas, siempre con un despliegue de lujos verbales y métricos espectacular.

El pésimo cálculo de sus ambiciones políticas en la Revolución mexicana lo llevó necesariamente al destierro y a la internacionalización. Vivirá principalmente en los Estados Unidos, y también por Europa y Sudamérica. Hacia 1918, en *Al sol y bajo la luna*, aparece como un autor cosmopolita, lleno de inspiraciones e influencias de los más diversos orígenes. Su fuerza como introductor y abanderado de las vanguardias se revela ya plenamente al año siguiente y durante una década: *Un día* (1919), donde brillan sus *hai-kais* o poemas «sintéticos» que buscan parecerse a modelos japoneses; *Li-Po y otros poemas* (1920), con sus composiciones ideográficas y juegos de alternancias y paralelismos sintácticos; *El jarro de flores* (1922), que descubre una especie de «vanguardia autóctona», de excentricidad y exotismo ajenos al modelo europeo, en la inspiración folclórica, arrabalera y cotidiana que se acentuará en el poemario *La feria* (1928). Es autor asimismo de libros de memorias, de viajes, de botánica, de artes plásticas, de adulaciones y sátiras políticas, de novelas y de traducciones poéticas. La Universidad Nacional Autónoma de México publica sus *Obras* desde 1971.

BIBLIOGRAFÍA. A. Mariscal Acosta, *La poesía de José Juan Tablada* (México, 1949). [J.J.B.]

TABLANTE DE RICAMONTE (seudónimo). Véanse MACHADO RUIZ, ANTONIO y MACHADO RUIZ, MANUEL.

TABLARES, PEDRO DE (?, 1500/06-Roma, 1565). Este «hombre agudísimo, chistoso y de un natural tan apacible y adornado de tan grandes prendas, que era muy querido de todos los Príncipes y Grandes» se hizo jesuita en 1549. Amigo de San Francisco de Borja y de Diego Hurtado de Mendoza *, acabó como administrador de los donativos de la Compañía. Compuso una veintena de sonetos tan famosos, que fueron glosados, imitados y refundidos por los mayores poetas de su tiempo y del siglo XVII. Los más conocidos son «Amargas horas de los dulces días», que refundió Lope de Vega * en *La Arcadia*, y «¡Ay, Floralba, soñé que te!... ¿Dirélo?», refundido también por Quevedo *.

BIBLIOGRAFÍA. A. L.-F. Askins, «Amargas horas de los dulces días», en *Modern Language Notes*, 82 (1967); G. Sabat Rivers, «Quevedo, Floralba y el padre Tablares», en *Modern Language Notes*, 93 (1978). [A.B.]

TABOADA, LUIS (Vigo, Pontevedra, 1848-Madrid, 1906). Fue funcionario de los Ministerios de la Gobernación y Fomento, secretario particular de los políticos Ruiz Zorrilla y Nicolás María Rivero, y periodista. Colaboró en numerosas publicaciones; entre ellas, *Nuevo Mundo, Madrid Cómico*, donde llevó una sección titulada «De todo un poco», *El Meteoro, El Cascabel, El Solfeo, El Gato Negro, El Duende, La Gran Vía, Vida Galante, Barcelona Cómica, La Ilustración Ibérica, La Ilustración Española y Americana, Blanco y Negro, Actualidades, ABC, El Liberal* y *El Imparcial*. Escribió artículos costumbristas, de tono humorístico, centrados, principalmente, en la clase media. De sus obras, algunas compuestas por recopilación de sus artículos, hay que destacar: *Errar el golpe* (1885), *Madrid en broma* (1891), *La vida cursi* (1892), *Caricaturas* (1892) o *Páginas alegres* (1893), y las novelas *La viuda de Chaparro* (1899), *Pescadero, a tus besugos* (1905) y *Pellejín. Historia de un diputado de la mayoría* (1910), en las que presenta, con humor burlesco, personajes que en su ridiculez tienen un carácter trágico. En 1900 publicó un libro de memorias, *Intimidades y recuerdos (páginas de la vida de un escritor)*. [G.R.F.]

TABOADA TERÁN, NÉSTOR (La Paz, 1929). Novelista y cuentista. Sus cuentos enfocan las pobres vidas y la rebeldía del obrero y del indio de Bolivia. Su novela está atenta, además, a la renovación técnica y del lenguaje. En sus últimos libros ha tomado asuntos arrancados de añejas tradiciones de la época colonial. Entre sus obras figuran *El precio del estaño* (1960), *Indios en rebelión* (1968), *El signo escalonado* (1975), *Manchay Puitu, el amor que quiso ocultar Dios* (1977) y *No disparen contra el Papa* (1989). [C.C.B.]

TAFALLA NEGRETE Y POLINILLO, JOSEPH (Zaragoza, 1639-¿Madrid?, 1685/96). Hijo de boticario, este personaje preilustrado, fue examinador del Colegio de Boticarios de Aragón, maestro en artes (1656) y jurado del Consejo de Aragón (1672), y se instaló en 1678 en Madrid con el marqués de Alcañices. Como profesional redactó una perdida *Información del chocolate*, sobre sus daños y provechos. Como poeta de academia y de circunstancias, buen improvisador, seguidor de Góngora *, Lope de Vega * y Quevedo *, dejó una abundante colección de sonetos, romances, décimas y glosas, profanas y divinas, que se publicó póstuma con el título de *Ramillete poético* (Zaragoza, Miguel Román, 1706). [A.B.]

TAFUR, PERO (¿Córdoba?, h. 1405-h. 1480). Cordobés probablemente, de familia de hidalgos de la ciudad, de 1436 a 1439 viajó por Europa y por tierras del cercano Oriente; en 1454, acaso conmovido por las noticias de la caída de Constantinopla, escribió un libro de su viaje que constituye un curioso relato de su experiencia viajera. A la descripción de los lugares visitados, añade noticias de interés histórico y legendario. Parece que viajó con sus propios medios y valiéndose de las rutas comerciales y su organización económica.

BIBLIOGRAFÍA. *Andánzas e viajes de un hidalgo español*, ed. de M. Jiménez de la Espada (Barcelona, 1982); F. López Estrada, «Pero Tafur, trotamundos medieval», en *Historia 16*, núm. 98 (junio de 1984), págs. 111-118, y núm. 99 (julio de 1984), págs. 111-121. [F.L.E.]

TAIBO II, PACO IGNACIO. Véase NOVELA POLICIACA.

TALAVERA, HERNANDO DE (Talavera de la Reina, Toledo, h. 1430-Granada, 1507). De ascendencia judía por parte materna, sirvió como niño de coro en Talavera, para pasar luego a ser aprendiz de caligrafía, escritor de libros en Barcelona (1442), oficio que, en cierto modo, le permitió ir viviendo cuando estudiaba poco después en Salamanca, en donde acabó regentando la cátedra de Filosofía Moral (1464-66). Abandonó la docencia para ingresar en la Orden de San Jerónimo, en donde se le encomendaron importantes cargos, llegando a ser prior del monasterio del Prado en Valladolid. Poco después Isabel la Católica lo hizo su confesor, cargo desde el que influía en la política de su tiempo. Fue obispo de Ávila (1485) e intervino en la guerra de Granada, donde acabaría siendo el primer arzobispo. Su gobierno espiritual fue beneficioso, porque mantuvo los compromisos reales fijados en la capitulación y trabajó en un apostolado pacífico y razonado, educativo y en la propia lengua de los granadinos, que dio muchos frutos antes de que se exacerbaran los ánimos inquisitoriales. Su obra literaria es variada: reelaboró el primer volumen de *Vita Christi* de Francesc Eiximenis (Granada, 1496). Compuso un *Breve tractado (...) de loores del bienaventurado Sant Juan Evangelista* (h. 1475-76), una *Glosa del Ave María* y ocho tratados sobre la vida espiritual, que llevan por título *Breve e muy provechosa doctrina de lo que debe saber todo christiano* (1496). De atribución dudosa es un *Psalterio* en lengua castellana. Fue un activo difusor del arte de la imprenta. Impulsó, con la dirección del fraile Pedro de Alcalá, la publicación en 1505 de un *Arte para ligeramente saber la lengua arábiga*, con fines pastorales. La *Colocación muy provechosa* es una especie de sermón u homilía para la preparación del Adviento. Muy interesante es su traducción anotada de la obra de Petrarca *Contra medicum*. Impugnó el famoso libelo que se difundió en Sevilla en pro de los conversos en su *Católica impugnación*.

BIBLIOGRAFÍA. H. de Talavera, *Católica impugnación*, ed. de F. Márquez y F. Martín (Madrid, 1961). [M.A.S.]

TALAVERA, NATALICIO (Villarrica, Paraguay, 1839-Campamento de Paso Pucú, Paraguay, 1867). Periodista, poeta y narrador paraguayo. Famoso cronista y poeta-testigo de la guerra de la Triple Alianza (1864-70), el mérito principal de sus obras radica en el hecho de haber sido concebidas y escritas en el campo de batalla. Muerto antes de que terminara la guerra, dejó un «Himno», muchas crónicas (publicadas en *El Semanario*, periódico de la época) y diversos poemas patrióticos cuya nota recurrente es el dolor de impotencia frente a la destrucción de la patria invadida y sufriente. [T.M.F.]

TALENS, JENARO (Tarifa, Cádiz, 1946). Catedrático de Teoría de la Literatura en la Universidad de Valencia. Es poeta y ensayista. Entre su amplia bibliografía poética destacan los libros *En el umbral del hombre* (1964), *Víspera de la destrucción* (1970), *El vuelo excede el ala* (1973), *El cuerpo fragmentario* (1978), *Otra escena / Profanaciones* (1980), *Proximidad del silencio* (1981), *Tabula Rasa* (1985), *La mirada extranjera* (1985) y *El sueño del origen y la muerte* (1988). Ha reunido toda su obra poética en los volúmenes *Cenizas del sentido. Poesía reunida 1972-1975* (1989) y *El largo aprendizaje (1975-1991)* (1991). Como ensayista ha publicado, entre otros, los libros *El espacio y las máscaras* (1975), *Novela picaresca y práctica de la transgresión* (1975), *El ojo tachado* (1986) y *Elementos para una semiótica del texto artístico* (1987). La poesía de Jenaro Talens reflexiona, desde distintos registros, sobre las relaciones entre el texto poético y la realidad, entre el sujeto y la producción de su discurso. A partir de *Tabula Rasa* (1985), se produce un cambio en sus tonos al suavizarse la conciencia metapoética en favor de las implicaciones de la experiencia subjetiva del protagonista de los textos.

BIBLIOGRAFÍA. J. M. Company, «Del amor y sus ficciones», en Jenaro Talens, *Proximidad del silencio* (Madrid, 1981), págs. 11-19; M. Mas y J. L. Ramos, *Jenaro Talens. Quervo poesía*, Monográfico núm. 8 (1986); R. Jara, *La modernidad en litigio* (Sevilla, 1989). [L.G.M.]

TALESNIK, RICARDO. Véase HISPANOAMÉRICA: TEATRO ACTUAL.

TALLET, JOSÉ ZACARÍAS (Matanzas, Cuba, 1893-La Habana, 1989). Periodista y profesor en la Escuela Profesional de Periodismo de La Habana, fue también un militante activo en numerosos grupos políticos y cívicos de su país. Tras el triunfo de la Revolución cubana (1959) ocupó distintos cargos oficiales y culturales. Acentos de amargo desengaño (en lo personal y en lo histórico-cultural) y de radical sinceridad e ironía punzante, caracterizan definitoriamente la original poesía de Tallet, recogida en un solo libro, *La semilla estéril* (1951), de aparición muy tardía respecto a las piezas que lo componen. Ese abrupto escepticismo del poeta se encauzó, naturalmente, por las vías expresivas del prosaísmo más afilado, en modos y fechas que lo hacen un adelantado de la después llamada *antipoesía*. Cultivó ocasionalmente la modalidad negrista; en esta dirección su poema «La rumba» alcanzó en sus tiempos una gran popularidad.

BIBLIOGRAFÍA. Cintio Vitier, *Lo cubano en la poesía* (La Habana, 1970). [J.O.J.]

TÁMARA, FRANCISCO. Véase LITERATURA APOTEGMÁTICA, CUENTOS Y CHISTES.

TAMARIZ, CRISTÓBAL DE (¿?-¿Sevilla?, 1569/1574). Buen poeta en latín y vulgar, según Argote de Molina *, el licenciado Tamariz ha pasado a la historia literaria por una colección de *novelle* en verso —octavas y tercetos— de tono picante, en las que abundan engaños a maridos, amantes burlados y escasa o nula moralidad. Son las novelas *de la tinta, de las flores, de los bandos, del licenciado Tamariz, del Portazgo*. Tres más recogió Mal Lara * en la *Philosophia vulgar* —una de ellas, la *Novela del cordero*, se remonta a la «fazaña» de *Pitas Payas* del *Libro de buen amor*, que Argote de Molina conocía—. Es probable que también sean suyas dos novelas de subidísimo tono: *El sueño de la viuda* y *El jardín de Venus*.

BIBLIOGRAFÍA. C. de Tamariz, *Novelas y Cuentos en verso*, ediciones de A. Rodríguez Moñino (Valencia, 1956) y W. T. McCready (Madrid, 1978). [A.B.]

TAMARIZ CRESPO, REMIGIO (Cuenca, Ecuador, 1884-1948). Poeta modernista ecuatoriano, preocupado por los temas del campo. Introduce la poesía descriptiva de estilo bucólico. Destacan entre sus obras *Lucía* (1916), *Yaraví métrico* (1920), *Cantares* (1925), *El capulí* (1935). [J.C.]

TAMAYO, FRANZ (La Paz, 1879-1956). Poeta modernista boliviano. Regresó literariamente a la Grecia clásica para encontrar en el mito de Prometeo y en la personalidad del escultor Scopas las fuentes de su teatro más importante, teatro que en Bolivia se ha valorado más por su acentuada condición lírica que por su casi inexistente movimiento escénico y su escasa acción. *La Prometheida* (1917) y *Scopas* (1939) son los títulos de estas obras. También se inclinó Tamayo por el estilo del poeta persa Omar Khayam y por una actitud de tipo filosófico que se expresa en proverbios y sentencias breves de gran concentración y riqueza conceptual. En este orden podemos citar sus obras *Nuevos Rubayat* (1927), *Scherzos* (1932) y *Epigramas griegos* (1945). Franz Tamayo fue un gran esteta, un señor del verso modernista, al cual entregó su extraordinario talento y un vocabulario de riquísimos matices. Su poesía, llena de símbolos y hermética como la personalidad del indio del altiplano, es equiparable a la de los mejores poetas de la lengua. Es también autor de un ensayo literario de singular valía titulado *Horacio y el arte lírico* (1915). [C.C.B.]

TAMAYO, JOSÉ. Véase AUTOBIOGRAFÍAS Y MEMORIAS EN ESPAÑA.

TAMAYO Y BAUS, MANUEL (Madrid, 1829-1898). Concebía el teatro —y así lo expuso en *De la verdad como fuente de belleza en la literatura dramática* (1858)— como una forma artística superior, en la que el escritor presenta la realidad a través de entes imaginarios. Según él, el dramaturgo debía seleccionar de la realidad sólo lo bello o, cuando menos, atenuar los aspectos menos gratos de ella; el teatro debía presentar cómo debería ser ésta, más bien que cómo es. Hijo de actores y escritor precoz, conoció bien los entresijos del mundo del teatro y se ejercitó como traductor y adaptador de numerosas piezas.

De su teatro histórico destacan: *Virginia* (1853), tragedia, en endecasílabos, de temática romana; *La Ricahembra* (1854), *Locura de amor* (1855), de ambiente medieval, y, sobre todo, *Un drama nuevo* (1867), que transcurre en la Inglaterra isabelina, y que constituyó su éxito más notable. *Un drama nuevo* es una de las piezas mejor construidas del teatro decimonónico español, centrada en los problemas del actor obligado a desdoblarse en otros personajes: Yorick, actor de la compañía de Shakespeare, está casado con Alicia, que se enamora del galán joven. Los paralelismos entre su papel de marido celoso que debe matar a la esposa infiel en la obra que representa y su situación real convergen en las últimas escenas, abocándole a Yorick al asesinato. El hombre y el actor, realidad y ficción, se unen así en *un drama nuevo*. Tamayo traslada con gran habilidad las fórmulas de la comedia bien hecha al drama histórico, consiguiendo un producto de refinada teatralidad.

En su aportación a la alta comedia destacan *Lo positivo* (1862), *La bola de nieve* (1865), *Lances de honor* (1867) y *Los hombres de bien* (1870). Todas ellas tienen en común tanto la cuidada construcción como la ejemplaridad. Tamayo fustiga, aunque sin acritud, vicios de la época —materialismo, hipocresía, inmoralidad—, añorando un pasado supuestamente más inocente y feliz.

BIBLIOGRAFÍA. N. H. Payler, *Las fuentes del teatro de Tamayo y Baus. Originalidad e influencia* (Madrid, 1959); R. Esquer Torres, *El teatro de Manuel Tamayo y Baus* (Madrid, 1959); G. Flynn, *Manuel Tamayo y Baus* (Nueva York, 1973). [J.R.J.]

TAMAYO VARGAS, AUGUSTO (Lima, 1914). Escritor, abogado, catedrático de literatura en la Universidad de San Marcos. Su obra lírica incluye *Del mar, del amor y de la sinrazón* (1946), *Paisajes de ternura* (1961) y *Cantata augural a Simón Bolívar* (1964). Esos y otros poemarios fueron reunidos con nuevos poemas en *Hallazgo de la vida (1930-1979)* (1979). Su obra crítica incluye *Tema, drama y problema del Ollantay* (1956), *Poesía contemporánea del Perú* (1966) y *Literatura peruana* (2 tomos, 1976). [J.C.]

TAMAYO DE VARGAS, TOMÁS (Madrid, 1587-1642). Cursó sus primeros estudios en Pamplona. Más tarde regentó una cátedra de teología en Toledo.

En 1621 fue nombrado secretario de la Embajada de Venecia, cronista de Castilla en 1626 y, dos años más tarde, cronista mayor de las Indias. Fue preceptor del conde de Melgar y en 1632 fue nombrado ministro en el Consejo de Órdenes por el rey. Sus obras más importantes fueron: *Defensa de la «Historia General de España» del padre Juan de Mariana* (Toledo, 1616) y *Notas a Garcilaso de la Vega, príncipe de los poetas castellanos* (Madrid, 1622). Como comentarista de Garcilaso de la Vega * fue poco original e hizo suyas muchas observaciones de «Prete Jacopín».

BIBLIOGRAFÍA. A. Alatorre, «Garcilaso, Herrera, Prete Jacopín y don Tomás Tamayo de Vargas», en *Modern Language Notes*, 78 (1963), págs. 126-151; A. González Palencia, «Polémica entre P. Mantuano y Tomás Tamayo de Vargas, con motivo de la *Historia* del padre Mariana», en *Boletín de la Real Academia de la Historia*, 84 (1984), págs. 331-351. [J.F.A.]

TAPIA, EUGENIO DE (Ávila, 1776-Madrid, 1860). Poeta, dramaturgo, novelista e historiador, utilizó los seudónimos de «Ernesto», «El licenciado Machuca», «Correa» y «Valentín del Mazo». Fue director de la Biblioteca Nacional y miembro de la Academia de la Lengua. Liberal moderado, redactó con Quintana * el *Semanario Patriótico* (1808). Dirigió además la *Gaceta de la Regencia* (1812) y *El Museo Literario* (1844). Su poesía, que se halla recogida en dos tomos de *Poesías* (1821 y 1832) y en *Juguetes satíricos en prosa y verso* (1839), da cabida tanto a una vena seria (bien representada por el fragmento típico de su *Sevilla restaurada*), como a una vena burlesca, satírica y costumbrista (*La bruja, el duende y la Inquisición*, 1837). Ensayó la novela, dentro de una línea costumbrista, con *Viaje de un curioso por Madrid* (1838), así como el teatro con *El hijo predilecto* (1839) y *Un falso novio y una niña inexperta* (1859). [J.B.]

TAPIA, ¿GONZALO? (¿?-¿?). Distinto de Juan de Tapia, aparece en los cancioneros de finales del siglo XV nombrado como Tapia. Sus relaciones literarias (Cartagena, Mencía de Sandoval, Duque de Medinaceli, Duque de Alba, etc.) lo enclavan en la corte castellana de los Reyes Católicos. Su dilatada producción —es uno de los poetas mejor representados en el *Cancionero general* *— incluye todos los géneros del momento y sirvió de modelo a poetas como Jorge Manrique *.

BIBLIOGRAFÍA. B. Dutton, *El cancionero del siglo XV* (Salamanca, 1991). [M.I.T.P.]

TAPIA, JOSÉ FÉLIX (Madrid, 1910-1969). Trabajó como agente de publicidad y como periodista. Colaboró en *El Noticiero de Bilbao* y en *La Nación*. Es autor de *La luna ha entrado en casa* (1946), novela que la crítica ha calificado de *poemática*, con la que ganó el Premio Nadal, y de *Profesión: empleado* (1947). Ha escrito también libros sobre asuntos diversos, como *Los 2.000 bombardeos de Malta* (1945) y la biografía novelada *Vida, obra y muerte de Verdi* (1951). [G.R.F.]

TAPIA, JUAN DE (¿?-?, d. 1460). Poeta vinculado a la casa real de Aragón seguramente por sus relaciones con los Infantes, a quienes sirve en Castilla antes de 1432. Ya al lado de Alfonso el Magnánimo, junto al cual permanecería durante toda su vida, cayó prisionero en la batalla de Ponza. Fue alcaide de Torpea y alcanzó a servir al rey Ferrante. Su amplia producción se recoge en los cancioneros de procedencia italiana, como el *Cancionero de Estúñiga* * o el *Cancionero de Palacio* *. Compuso poemas amorosos y de carácter laudatorio, como el dedicado a Lucrecia de Alagno. Llaman la atención algunos, como el que enumera a todas las damas vinculadas a la corte aragonesa de Nápoles y aquellos otros en los que está presente el tema de la liturgia amorosa.

BIBLIOGRAFÍA. N. Salvador, *La poesía cancioneril* (Madrid, 1977); B. Dutton, *El cancionero del siglo XV* (Salamanca, 1991). [M.I.T.P.]

TAPIA, LUIS DE (Madrid, 1871-Cuart de Poblet, Valencia, 1937). Licenciado en Derecho, colaboró en diversos periódicos y revistas con poesías festivas, a menudo en secciones fijas. A veces utilizó el seudónimo de «David». Es, según Julio Cejador, el mejor satírico de su época. Colaboró en *El Gato negro, Nuevo Mundo, El Imparcial, Madrid Cómico, Alma Española*, etc. Fundó el semanario satírico *¡Alegría!* (1907). Fue redactor de *La Jornada* (1919) y *La Libertad* (1930-31), secretario de la sección de Literatura del Ateneo de Madrid y diputado en las Constituyentes de la Segunda República (1931). Recogió sus poesías —más de 15.000— en sus libros *Salmos* (1903 y 1904), *Bombones y caramelos* (1911), *Coplas* (1914), *Coplas del año* (1917 y 1919), *Cincuenta coplas de Luis de Tapia* (1933), edición homenaje. En prosa escribió *Así vivimos* (1916), cuadros satíricos; *En casa y en la calle* (1917), *Un mes en París. Un día en Reims. Una hora en Madrid* (1919), crónicas, y las comedias *Rosario o la viuda astuta* (1920) y *Matemos al lobo* (1922), teatro para niños. [M.P.C.]

TAPIA Y RIVERA, ALEJANDRO (San Juan de Puerto Rico, 1826-1882). Considerado «la más grande figura de la literatura insular del siglo XIX», cultivó todos los géneros y dirigió la investigación para la *Biblioteca Histórica de Puerto Rico* (1854). Sus obras más notables son: *Mis memorias* o *Puerto Rico, como lo encontré y como lo dejo* (1928), *La Sataniada* (poema épico-filosófico de carácter alegórico-burlesco, 1878), *Póstumo el transmigrado* (novela, 1882) y *La cuarterona* (drama, 1867). [M.T.B.]

TARADELL, FRANCISCO DE. Véase RETÓRICAS DEL SIGLO XVIII.

TARIO, FRANCISCO (México, D.F., 1911-Madrid, 1977). Seudónimo de Francisco Peláez, pianista, astrónomo y colaborador de las principales revistas literarias de México. Su narrativa fantástica se caracteriza por personificar a los objetos y hacerlos narradores, por un detallismo descriptivo y por un rompimiento de la supuesta lógica de las frases, según se aprecia en *La noche* (1943) y *Tapioca Inn* (1952). Es autor también de *Una violeta de más* (1968). [J.E.C.]

TÁRRAGO Y MATEOS, TORCUATO (Granada, ¿1822?-Madrid, 1889). Director de *La Verdad* (1860) y de *El Popular*. Con títulos como *El ermitaño de Monserrate* (1848), *Los celos de una reina y el amor de una mujer* (1849), *El monje negro* (1857), *El Gran Capitán* (1862-63), *Memorias de un hechicero* (1863) o *Roberto el diablo* (1863), ocupa un puesto de cierto relieve en el campo del folletín, sin alcanzar la altura de M. Fernández y González * o de Pérez Escrich *. [J.B.]

TÁRREGA, FRANCISCO AGUSTÍN (Segorbe o Valencia, 1554/55-Valencia, 1602). Dramaturgo y poeta. Canónigo de la catedral de Valencia desde 1584, ciudad donde gozó de un gran prestigio como escritor. Participó, junto a Bernardo Catalán de Valeriola en la fundación y dirección de la Academia de los Nocturnos (1591-94). Compuso numerosos poemas para la citada Academia, de aceptable calidad en su mayoría, y entre los que destacan los satíricos y eroticoburlescos. Más importante es su aportación al teatro español: se conservan diez comedias suyas (y un *Auto sacramental del Colmenar*, de atribución discutida), escritas entre 1585 y 1599. En sus obras, desarrolla temas históricos *(El cerco de Pavía)*, hagiográficos *(La fundación de la Orden de Nuestra Señora de la Merced)*, etc. Sobresalen su tratamiento del tema del honor nacional *(La sangre leal de los montañeses de Navarra)* y sus decisivas aportaciones, como han señalado R. Froldi y J. L. Canet, a la conformación de la comedia barroca —*El Prado de Valencia* (1589) es, en este sentido, su drama más significativo.

BIBLIOGRAFÍA. H. Mérimée, *L'art dramatique à Valencia* (Tolosa, 1913); *Poetas dramáticos valencianos*, ed. de E. Juliá Martínez (Madrid, 1929); R. Froldi, *Lope de Vega y el nacimiento de la Comedia* (Salamanca, 1968); F. A. Tárrega, *El Prado de Valencia*, ed. de J. L. Canet (Londres, 1985). [J.L.S.]

TARSIS (seudónimo). Véase BETANCORT CABRERA, JOSÉ.

TASSIS Y PERALTA, JUAN DE (Lisboa, 1582-Madrid, 1622). Segundo conde de Villamediana. Su vida como cortesano y poeta se inicia en 1599 cuando forma parte del séquito real de Felipe III, en el viaje que el monarca realiza a Valencia para recibir a su futura esposa doña Margarita de Austria. En este mismo año se publican sus dos primeros sonetos y empieza a ser reconocido su talento poético. Aunque todo esto hacía presagiar una fulgurante carrera política, entre 1601 y 1605 su vida se ve envuelta en turbios asuntos económicos, amorosos y judiciales. En 1605 marcha a Francia, Flandes o Nápoles. En 1608 es desterrado de la corte por tahúr. En 1611 realiza otro viaje a Italia. Durante su estancia en este país, que se prolongó hasta 1615, intervino como maestre de campo en las luchas de Lombardía y entró en contacto con la vida literaria italiana. Estos años son de gran actividad literaria: escribe una carta al embajador de Florencia en Roma, el único escrito en prosa de carácter personal que se conserva del conde. Son blanco de sus dardos en particular los validos y favoritos del rey, don Francisco de Sandoval y Rojas, duque de Lerma, don Rodrigo Calderón, marqués de Siete Iglesias, y don Jorge de Tobar, secretario de Estado. En 1618 se le procesa por sus sátiras y se le destierra de la corte, confinándole en Alcalá de Henares hasta 1621. En este período, probablemente, escribe poemas de soledad y desengaño cortesano, como la *Silva que hizo el autor estando fuera de la corte*. Con la muerte de Felipe III y la subida al trono de Felipe IV, la vida de Villamediana cambia radicalmente. El rey le indulta de la pena de destierro, le devuelve el cargo de correo mayor y le nombra gentilhombre de la reina. A instancias de la reina y para conmemorar el cumpleaños de Felipe IV rey, escribe *La gloria de Niquea*. primera obra teatral de carácter culto-gongorino que se compone en España. A raíz del incendio que tuvo lugar durante la representación de esta obra —incendio provocado, según la tradición, por Villamediana, a fin de tener a la reina entre sus brazos—, nace la leyenda de sus amores con doña Isabel de Borbón, esposa de Felipe IV. Por sus sátiras, sus supuestos o reales amores con la reina, su homosexualidad y otras razones, hoy desconocidas, fue asesinado en la calle Mayor de Madrid.

La vida literaria de Villamediana se desarrolla en el cruce del Renacimiento al Barroco. Es un poeta que vive intensamente el cambio de centuria, como queda reflejado en su obra: sigue vinculado al espíritu, pensamiento y formas del mundo renacentista, a la par que arraiga profundamente en la poesía de signo cultista del barroco. Sólo seis de sus poemas se publicaron en vida. Sus versos se editaron póstumos, bajo el título de *Obras*, en Zaragoza (1629 y 1634) y se reimprimieron, con añadidos, en Madrid en 1635, edición que tuvo tres reediciones más durante el siglo XVII (Madrid, 1643, ¿1644?; Barcelona, 1648). Las *Obras* se abren con *La gloria de Niquea;* siguen los sonetos en distintos apartados: «Sacros», «Líricos», «Amorosos», «Fúnebres», «Satíricos» (únicamente se publican tres: «Estos tres sonetos, aunque son satíricos, como no tocan a singulares personas se ha permitido su estampa»); las fábulas mitológicas: «*Faetón*», «*Apolo y Dafne*», «*La Europa*», «*La Fénix*», «*Dafne y Apolo*»; unos cuantos versos de arte mayor y un buen número de arte menor. Estas ediciones, muy descuidadas, presentan numerosos errores de transmisión textual y problemas de autoría y atribución.

En conjunto, la obra poética de Villamediana puede situarse en la línea que va desde la lírica cortés, pasando por el neoplatonismo de Ficino, L. Hebreo y Castiglione, hasta la estética puramente barroca. En su poesía amorosa es patente la influencia de Petrarca, Garcilaso de la Vega*, Acuña*, Camões, Diego Hurtado de Mendoza*, A. Maluenda*, Herrera* y, en especial, la de Góngora* y Marino. Pero su fama de «supremo poeta del amor» le viene dada por la espiritualidad de sus sonetos de signo petrarquista, en los que canta un amor sublimado, trascendente, que habita en «la región del aire y la del fuego», en «la más alta esfera» a la que el poeta, cual nuevo Ícaro o Faetón, intenta ascender: «Tal vez la más sublime esfera toco / de los orbes de Amor...» Entre los «*Sonetos sacros*» son de destacar, por su extraordinario interés, los dirigidos a Cristo crucificado. Mención aparte merecen sus *Fábulas* mitológicas. De sus cuatro fábulas (excluimos «*Dafne y Apolo*» porque no es del conde, sino de Collado del Hierro*, como ha demostrado la crítica), es el «*Faetón*» la más compleja de contenido y forma, la más ambiciosa y extensa y la más gongorina. La línea argumental se basa en la versión que del mito da Ovidio en su *Metamorfosis*. *Apolo y Dafne* es posterior al *Faetón*. Desarrollada en octavas, sigue, aunque ampliándolo considerablemente, el texto de Ovidio. «*La Europa*», escrita en silvas, como las *Soledades* de Góngora, es, en esencia, una versión libre de *La Europa* de Marino, con procedimientos estilísticos gongorinos. «*La Fénix*», también en silvas, acusa asimismo, en multitud de rasgos, la influencia de Góngora.

BIBLIOGRAFÍA. E. Cotarelo y Mori, *El conde de Villamediana* (Madrid, 1886); N. Alonso Cortés, *La muerte del conde de Villamediana* (Valladolid, 1928); J. M. Rozas, *Cancionero de Mendes Britto* (Madrid, 1965); L. Rosales, *Pasión y muerte del conde de Villamediana* (Madrid, 1969); J. de Tassis, *Obras*, ed. de J. M. Rozas (Madrid, 1980); Conde de Villamediana, *Poesía impresa completa*, ed. de J. F. Ruiz Casanova (Madrid, 1990); J. de Tassis, *Obras*, ed. de M. T. Ruestes (Barcelona, 1991). [M.T.R.]

TATUM, CHARLES M. Véase LITERATURA CHICANA.

TÁVORA, SALVADOR (Sevilla, 1930). Nacido en un barrio obrero de Sevilla, soldador, obrero textil, antiguo novillero y cantante, creó en 1971 el grupo «La Cuadra». Es autor y director de los espectáculos: *Quejío* (1972), *Los palos* (1975), *Herramientas* (1977), *Andalucía amarga* (1979), *Nanas de espinas* (1982), *Las bacantes* (1987) y *Alhucema* (1988). En 1986 se le concedió la medalla al Mérito en las Bellas Artes. [M.S.]

TEATRO DE COLEGIO. En los ambientes escolares de los primeros años del siglo XVI se habían difundido diferentes obras que, alejadas del teatro de

Juan del Encina * o Lucas Fernández *, venían a sumarse a la tradición de la comedia humanística. Es el caso, por ejemplo, de la *Historia Baetica* (1494), de Carlos Verardi, o el *Philodoxus* (1501), de Leon Battista Alberti. Al tiempo que López de Villalobos * o Pérez de Oliva * traducían a Plauto y Terencio, aparecieron las comedias humanísticas de Juan Maldonado (*Hispaniola*, 1519), Juan Pérez, «Petreius», *(Necromanticus, Suppositi)* o, ya muy avanzado el siglo, Juan de Mal Lara * (*Locusta*, 1548). Los modelos de estas primeras obras son, en un primer momento, Horacio y Aristóteles, para llegar, pasada la mitad del siglo XVI, a Séneca. Paralela a esa corriente, habría que señalar la influencia de *La Celestina* y sus continuaciones, que inspiraron obras dramáticas como las de Torres Naharro * o las del estudiante Bartolomé Palau *. Al haberse aficionado los alumnos a estas lecturas, los profesores de gramática vieron en ellas un medio inmejorable para perfeccionar su conocimiento del latín, así que comenzaron a fomentar tanto sus representaciones como la creación de nuevas obras. Por este motivo, en círculos universitarios de renombre, como Salamanca, Alcalá de Henares y Valencia comenzaron a aparecer, mediado el siglo XVI, las obras de Juan Lorenzo Palmireno * (*Lobenia, Octavia*), Juan de Valencia o Jaime Romanyá, escritas siempre en latín. Por supuesto, aunque estas obras pueden estar influidas por el teatro de corte más «popular», se diferencian de él en su tono elevado y en el uso de géneros más cultos, como la tragedia, todo de acuerdo con la formación de sus autores y del público que las veía representar.

Esta práctica tuvo una especial repercusión en los colegios de la recién creada Compañía de Jesús, donde aparecieron gran cantidad de tragedias de tema bíblico, como las de Pedro Pablo de Acevedo (*Lucifer Furens*, 1563), Juan Bonifacio (*Tragedia Namani, Tragedia Iezabelis*) o Miguel Venegas (*Saul Gelboeus*, 1559). Las representaciones fueron adquiriendo cada vez más y mayor complejidad escénica y, también, paulatinamente el castellano iba ganando terreno en estos dramas, tanto que no tardaron en escribirse obras íntegramente en este idioma (así, el entremés *Hércules, vencedor de la ignorancia* o el *Coloquio de Moisés*); además, poco a poco fueron perfilándose diferentes géneros (obras de tema clásico, de tema religioso y de tema popular), cada uno con sus propias características. Esto, por supuesto, acarreó mayor fama a este teatro, que pronto comenzó a ser imitado fuera de los ambientes universitarios, como muestra buena cantidad de las piezas contenidas en el *Códice de Autos viejos* *. Por otro lado, hay que añadir que sería en este teatro de colegio donde las representaciones dramáticas irían adquiriendo progresivamente las peculiaridades escénicas (incluida la transgresión de las reglas clásicas del drama) y la disposición (con loas, entremeses, etc.) que popularizaría años después la comedia nueva de Lope de Vega *. Suele admitirse que la obra más importante que se produjo en estos colegios es la *Tragedia de San Hermenegildo*, compuesta hacia 1590. Durante un tiempo se atribuyó a Juan de Mal Lara (y se fechó hacia 1580), pero hoy parece que fue escrita conjuntamente por dos padres jesuitas y Juan de Arguijo *.

BIBLIOGRAFÍA. J. García Soriano, *El teatro universitario en España* (Toledo, 1945); N. Griffin, *Jesuit School Drama. A Checklist of Critical Literature* (Londres, 1976). [R.R.]

TEATRO ESPAÑOL, EL.

SIGLOS XVI Y XVII: Bajo el lema poco definido de *auto, representación, farsa, égloga* abundan a lo largo del siglo XVI piezas breves (de quinientos a mil versos), en general compuestas en coplas reales —dobles quintillas— o en coplas de pie quebrado, y rara vez en arte mayor —cuando la gravedad del tema lo exigía—, que se remontan a la tradición medieval. Las representaciones religiosas, que ya existen en Toledo desde principios del siglo XV, se llevan a cabo en Navidad, Semana Santa y, sobre todo, en el Corpus, con temas extraídos del Antiguo Testamento y de los Evangelios auténticos o apócrifos (véase CÓDICE DE AUTOS VIEJOS). De Virgilio proceden las *églogas* —de Francisco de Madrid *, de Juan del Encina *, de Lucas Fernández *, de López de Yanguas *—, a través de la égloga neolatina, en clave alegórica y en estilo bajo, de acuerdo con la poética virgiliana medieval, lo que originó la presencia de un pastor rústico y cómico que hablaba en una lengua literaria, con rasgos dialectales leoneses, conocida como sayagués. Este pastor cómico se fusionó con el bíblico navideño, constituyendo un personaje habitual en el teatro sacro y profano. En realidad, los dos grandes creadores del teatro primitivo, Juan del Encina y Gil Vicente *, acudieron a todos los materiales literarios y vitales susceptibles de llevarse a la representación, desde la pastorela, *La Celestina*, los libros de caballerías, o la lírica amorosa cancioneril que suministra la lengua y el tono de los protagonistas enamorados. Con la *Propalladia* (1517) de Torres Naharro * aparece la *comedia* sujeta a una preceptiva de corte horaciano: cinco actos o *jornadas* —como los denominó su autor—, mantenimiento de las unidades —lugar, tiempo y acción—, y del «decoro» de los personajes. Aunque escritas en verso, algunas de las comedias de Torres Naharro se aproximan algo a la comedia que se hacía en Italia y que actualizaba los temas y personajes de la clásica. Tuvo Torres Naharro, en simbiosis con *La Celestina*, numerosos imitadores —*La Radiana* de Agustín Ortiz;

La tesorina y *La Vidriana* de Jaime de Huete *; la *Farsa Ardemisa* de Diego de Negueruela; *La Tidea*, de Francisco de las Natas; la *Florisea*, de Francisco de Avendaño *, etc.—. Es, sin embargo, Lope de Rueda * quien, con la venida a Sevilla de cómicos profesionales italianos, adapta la comedia italiana. Actor, director y autor, Rueda eliminó el material erudito, redujo la intriga a la mínima expresión y llenó la acción de pasos y entremeses (véase TEATRO MENOR). Aunque escritas en prosa, no van divididas en cinco actos sino en varias *escenas* —división probable de su editor—. De esta comedia italiana a lo popular sólo quedan los escasos ejemplos de Rueda, Alonso de la Vega * y Timoneda *. Sin embargo, debió de existir una comedia a la manera erudita y culta de la comedia italiana, de la que sólo se ha conservado un ejemplo en vulgar —hay varios latinos—. Se trata de la *Comedia de Sepúlveda* * (hacia 1564), similar a la italiana, pero con dos novedades: división en cuatro actos e inclusión de entremeses. Hay que llegar a *La Dorotea* de Lope de Vega *, para encontrar otra comedia en prosa sujeta a las reglas —«acción en prosa» la llamó su autor, que la dividió, además, en cinco actos—, aunque difícilmente representable.

De forma paralela a la tradición vulgar —aunque aprovechándose de ésta en personajes y recursos cómicos, los entremeses, por ejemplo— se desarrolló en las universidades y colegios un teatro en latín o en latín y vulgar, que mantenía la preceptiva clásica en cuanto a la división en cinco actos y la separación entre comedia, escrita en prosa, y tragedia, en verso (véase TEATRO DE COLEGIO). En manos de los jesuitas, sobre todo, este teatro, cada vez con mayores pasajes en lengua vulgar, acabó presentando, salvo la división en cinco actos, algunos rasgos característicos del teatro del Siglo de Oro en su primera fase: la polimetría y las figuras morales. Es, pues, en el teatro de colegio donde hay que buscar la génesis —o poligénesis— de este teatro que surge en varias zonas geográficas en fechas próximas y que coincide con el establecimiento de los «corrales de comedias», esto es, patios descubiertos en los que se construyeron de forma fija escenarios que, remodelados, acabaron siendo los modernos teatros. Hasta la aparición de los «corrales» —hacia 1570—, las obras se representaban en el atrio de las iglesias, en las plazas y con tablados móviles —«carros»— o desmontables, en las salas o patios palaciegos. Y hasta entonces también, salvo algunos grupos que no pasaban de ocho actores —como es el caso de Lope de Rueda—, los representantes son aficionados. Los «corrales» estaban regentados por cofradías que con las recaudaciones podían mantener hospitales y realizar otros ejercicios piadosos. Esta finalidad humanitaria fue, aun en los momentos en que más arreciaron los ataques de los moralistas, la que permitió el desarrollo de grandes compañías teatrales que podían representar numerosos días al año y llevar repertorios de hasta cincuenta comedias distintas, pues no era frecuente mantener en cartel una obra más de tres días. Lo que explica que sólo de Lope de Vega se conserven medio millar de obras dramáticas. El escaso teatro conservado en estos años de implantación de los «corrales» —Miguel Sánchez *, Morales *, Juan de la Cueva *, Rey de Artieda *, Virués *, Mercader *, Lupercio Leonardo de Argensola *, Cervantes *, el joven Lope de Vega, etc.— se caracteriza por la división en cuatro actos, la polimetría, la separación, aunque no totalmente nítida, entre tragedia —que abunda— y comedia, gusto por la trama compleja, con anagnórisis y figuras morales, y uso frecuente de la tramoya o maquinaria escénica.

Hacia 1590, con Lope de Vega se perfilan ya los rasgos característicos de la *comedia nueva*: división en tres actos, con loas, entremeses y bailes (véase TEATRO MENOR DE LOS SIGLOS XVI Y XVII); polimetría de acuerdo con la situación escénica o sentimental siempre a expensas de la poética de los géneros líricos o épicos; la figura del donaire o *gracioso*; la no separación entre tragedia y comedia según las normas clásicas (aunque hubo dos géneros bastante definidos, la comedia y la tragicomedia); el no mantenimiento de las unidades de tiempo y lugar —aunque se mantuvo, en general, la de acción y se procuró mantener la de tiempo en cada uno de los actos o *jornadas*—; galanes, damas, criados y criadas, padres —la madre no aparece apenas, al igual que desaparecen las celestinas, cuyas funciones representan los criados u otros personajes—, reyes —frecuentes en las tragicomedias y en la primera época de las comedias—, como personajes habituales; los asuntos de la trama procedentes de las más diversas fuentes —novelas italianas, mitología, historia sagrada y profana, etc.—; y el amor y el honor como los móviles centrales de la acción.

A partir de 1620, con las nuevas técnicas escenográficas y teatros cerrados importados de Italia, al lado de las comedias características de los «corrales» con mínimo decorado, se desarrolló un tipo de obra dramática, incluida la ópera, que tendía cada vez más a crear la admiración de un público deslumbrado por la escenografía, la música y, sobre todo, por la palabra. Por tratarse de un teatro en verso que vivía a expensas de la lengua poética, las novedades introducidas por el Góngora * más extremo pasaron a los parlamentos de los personajes. Si Guillén de Castro *, Vélez de Guevara *, Ruiz de Alarcón * o incluso Tirso de Molina * se mueven en la estética de Lope de Vega, los jóvenes como Calderón de la Barca * o Moreto * lo hacen en la gongorina, más concorde con los nuevos gustos del público barroco.

Por lo que respecta al teatro religioso, muy original es en esta época el desarrollo, gracias, sobre todo a Calderón, del auto sacramental. Estas piezas alegóricas en un acto se representaban en la octava del Corpus e históricamente se remontan a los autos religiosos del siglo XV, que se representaban en carros en distintos lugares de los pueblos y ciudades. Con el gran desarrollo del teatro profano las compañías teatrales, que no podían representar durante la Cuaresma, encontraron en los autos del Corpus, muy bien remunerados por los ayuntamientos, una fuente de reservas económicas importante. Literariamente, en cambio, el auto sacramental barroco sólo en algunos aspectos alegóricos —sobre la Eucaristía, esencialmente— se remonta a sus orígenes históricos; en el resto se limitó a aplicar como sermón alegórico todos los procedimientos del teatro profano, desde el vestuario hasta los personajes, incluidos la dama, el galán y el gracioso, lo que motivó su supresión en el siglo XVIII a raíz de las críticas de los ilustrados como Nicolás Fernández de Moratín *.

BIBLIOGRAFÍA. J. L. Flecniakoska, *La formatio de l'«auto» religieux en Espagne avant Calderón (1550-1635)* (París, 1961); N. D. Shergold, *A History of the Spanish Stage* (Oxford, 1967); B. C. Wardropper, *Introducción al teatro religioso del Siglo de Oro* (Salamanca, 1967); J. P. W. Crawford, *Spanish Drama before Lope de Vega*, 2.ª ed. (Philadelphia, 1968); A. Valbuena Prat, *El teatro español en su Siglo de Oro* (Barcelona, 1969); R. Froldi, *Lope de Vega y la formación de la comedia* (Salamanca, 1973); A. Hermenegildo, *La tragedia en el Renacimiento español* (Barcelona, 1973); J. M. Díez Borque, *Los géneros dramáticos en el siglo XVI* (Madrid, 1987) y *El teatro del siglo XVII* (Madrid, 1987); J. E. Varey, *Cosmovisión y escenografía: el teatro español en el Siglo de Oro* (Madrid, 1987); T. Ferrer Valls, *La práctica escénica cortesana: de la época del Emperador a la de Felipe III* (Londres, 1991). [A.B.]

SIGLO XVIII: Las primeras décadas de la centuria dieciochesca, en lo que al teatro se refieren, pueden considerarse una prolongación de la estética barroca. El público que asistía a las representaciones seguía viendo con agrado, temporada tras temporada, numerosas comedias antiguas, preferentemente de Calderón de la Barca *, Moreto * y Rojas Zorrilla *, es decir, de los autores más próximos, que aún gozaban de la máxima aceptación. Hasta bien avanzado el siglo, las compañías incluían en sus repertorios un considerable número de comedias áureas, alternando con otras modernas, que progresivamente irían en aumento.

Los nuevos dramaturgos que escribían en aquel período, con Antonio de Zamora * y José de Cañizares * a la cabeza, seguidos de otros más mediocres, como Juan Agramunt * y Toledo, Pedro Scoti de Agoiz, Eugenio Gerardo Lobo *, Juan Salvo y Vela *, Tomás Añorbe * o Bernardino José de Reinoso, se pueden considerar, en términos generales, discípulos o continuadores de los grandes maestros barrocos, Lope de Vega * y Calderón, sintiéndose más identificados con el estilo de este último. No obstante, sería un error pensar que sus obras no evolucionaron nada con relación a sus modelos. Muy atentos a los gustos del público, que paulatinamente iban cambiando, intentaron satisfacer sus preferencias, que, a imitación del teatro cortesano, se inclinaban cada vez más por las representaciones espectaculares, en las que la maquinaria, la escenografía y el acompañamiento musical desempeñaban un importante papel.

Entre las modalidades populares que cosecharon mayores éxitos, destacan las comedias de magia, las heroicas, las de santos y las de figurón. Las de magia constituyen un género muy propio de este siglo, aunque existan precedentes en el anterior. Fueron muy famosas *El mágico de Salerno, Pedro Vayalarde*, de Salvo y Vela; *El anillo de Giges, El asombro de Francia* y *Marta la romarantina*, de Cañizares. Las de santos continuaron manteniendo su antiguo prestigio, aunque los síntomas de desgaste y agotamiento se fueron acentuando con el paso del tiempo. Las sucesivas prohibiciones que sobre ellas recayeron, desde el reinado de Fernando VI, acabarían casi definitivamente con su representación. El interés por las comedias heroicas no cesó, pero alcanzó sus cotas más altas de popularidad en el último tercio del siglo, coincidiendo con su mayor modernización. Las de figurón, sin pertenecer al grupo de las espectaculares, recibieron también el beneplácito del público y de la crítica. En manos de Zamora y Cañizares, experimentaron algunas innovaciones. Uno y otro compusieron, respectivamente, piezas tan logradas como *El hechizado por fuerza* y *El dómine Lucas*. Otro interesante aspecto de la producción dramática es el de las refundiciones de obras del Siglo de Oro —de Lope, Ruiz de Alarcón *, Mira de Amescua *, etc.— hechas por autores del dieciocho. Una de las más sobresalientes, por las importantes modificaciones que introduce, fue *No hay plazo que no se cumpla ni deuda que no se pague* y *Convidado de piedra* (1713), de Zamora, sobre la leyenda de don Juan, que previamente había llevado a las tablas Tirso de Molina *. Tras la muerte de Cañizares, una serie de autores pretendieron imitarle. Entre ellos, se encuentran Manuel de Iparraguirre *, José Lobera y Mendieta, Antonio Frumento, Vicente Guerrero * y Manuel Daniel Delgado.

Frente a este tipo de teatro tradicional surge otro cuyos planteamientos estéticos se fundamentan en la normativa clásica. La publicación de la *Poética o reglas de la poesía en general y de sus principales especies* (1737) de Luzán * supuso un hito en la historia del movimiento neoclásico. Aparte de exponer con suma claridad las reglas poéticas, el preceptista aragonés señala los defectos más comunes de nuestras comedias; entre otros: falta de verosimilitud, el no respetar las unidades de acción, tiempo y lugar, y mostrar costumbres dañosas para el público. Su influencia no fue inmediata. Habrá que esperar algunos años para oír las primeras voces de los que secundan el ideario neoclásico, las de Nasarre * y Montiano *. Además de teórico, este último fue autor de dos tragedias, *Virginia* (1750) y *Ataúlfo* (1753). La lista de partidarios del nuevo gusto se fue engrosando con otros muchos nombres: Clavijo y Fajardo *, los Fernández de Moratín *, Tomás de Iriarte *, Jovellanos *, etc. Se abriría así un amplio debate sobre el teatro que daría lugar a que, en medio de la polémica, se sucedieran las críticas a la dramaturgia barroca, con frecuencia más moderadas que las que suscitaba el moderno teatro popular. Se intentaba no sólo imponer un cambio estético sino reformar en profundidad el espectáculo, haciendo de él un entretenimiento útil. Siendo ministro el conde de Aranda *, durante el reinado de Carlos III, se realizaron numerosas reformas. Bernardo de Iriarte * fue el encargado de seleccionar y arreglar del repertorio antiguo las piezas que mejor se acomodaron al estilo neoclásico. En este período también se tradujeron bastantes obras de autores extranjeros —Metastasio, Racine, Corneille, Destouches, Voltaire, Molière, etc.—, en los que se vio la posibilidad de encontrar nuevos caminos para el anhelado cambio que propugnaban los sectores ilustrados. A pesar de la categoría literaria de sus autores (Nicolás Fernández de Moratín, Cadalso *, Jovellanos, Álvarez Cienfuegos * o M. J.

Quintana *), pocas son las tragedias originales que lograron éxito entre el público. La más notable de todas ellas, aunque no exenta de objeciones por parte de algunos críticos, es *Raquel*, de García de la Huerta *, estrenada en 1772.

La comedia neoclásica, iniciada con *La petimetra* (1762), de Nicolás Fernández de Moratín, y *El mísero y el pedante*, de Cándido María Trigueros *, y continuada con obras de Tomás de Iriarte, tuvo en Leandro Fernández de Moratín su mejor cultivador. Su producción no es muy extensa, pero en ella encontramos piezas modélicas, como *El sí de las niñas*, estrenada en 1806, y *La comedia nueva*, en 1792. En la primera, aborda temas muy característicos en su obra dramática: la educación de los jóvenes y la elección matrimonial. La segunda es una sátira dirigida al teatro de su época, donde ataca especialmente la comedia heroica, uno de los géneros más en boga.

En los últimos veinte años del siglo se aprecia un resurgimiento del teatro popular, con autores como Luis Moncín, Fermín del Rey, Manuel Fermín de Laviano *, Luciano Comella *, Antonio Valladares *, Gaspar Zabala * y Vicente Rodríguez de Arellano *. Compusieron obras de temática diversa, pero sus mayores triunfos los consiguieron con la comedia heroica y la sentimental. En aquella exaltan la figura del rey, los ideales nobles, como el honor, el valor y la defensa de la patria, en medio de una espectacular puesta en escena, donde tenían lugar batallas, asaltos, entradas triunfales, etc. Fueron protagonistas de algunas de las más aplaudidas, Carlos XII de Suecia, Catalina II de Rusia y Federico II de Prusia. La comedia sentimental, género procedente de Francia, refleja ideas emanadas del pensamiento ilustrado propio de la época. Su creador fue Nivelle de la Chaussée, y el introductor en España fue Luzán, con la traducción de la obra del dramaturgo francés *La razón contra la moda*, en 1751. Posteriormente aparecieron las primeras comedias originales, *El delincuente honrado* (1773), de Jovellanos, y *El precipitado* (1785), de Trigueros. Unos años más tarde el teatro sentimental pasó de los restringidos círculos neoclásicos al ámbito popular, donde adquirió un amplio desarrollo, aunque a costa de desvirtuar alguna de sus principales características originarias.

Dentro del teatro menor, destaca de manera muy especial el sainete. Ramón de la Cruz * manejó este género con gran acierto y supo retratar con humor, y cierta intención crítica, tipos, costumbres y ambientes de la sociedad de su tiempo. Otro notable sainetero fue Juan Ignacio González del Castillo *, con buena parte de sus obras ambientadas en Cádiz, su ciudad natal.

Para completar este variado panorama, convendría recordar la importancia alcanzada por las representaciones musicales, especialmente la zarzuela y la ópera, sin olvidar la tonadilla ni la atención que buen número de autores prestaron al acompañamiento musical en muchas de sus obras.

BIBLIOGRAFÍA. J. A. Cook, *Neo-classic drama in Spain. Theory and practice* (Dallas, 1959); J. Campos, *Teatro y sociedad en España: 1780-1820* (Madrid, 1969); I. L. MacClelland, *Spanish drama of Pathos: 1750-1808*, 2 vols. (Liverpool, 1970); J. Caro Baroja, *Teatro popular y magia* (Madrid, 1974); R. Andioc, *Teatro y sociedad en el Madrid del siglo XVIII* (Madrid, 1976); P. Mérimée, *L'art dramatique en Espagne dans la première moitié du XVIIIe siècle* (Toulouse, 1983). [I.V.G.]

SIGLO XIX: Escasa fue la vida teatral durante las tres primeras décadas del siglo: la languidez escénica que habían originado las tragedias neoclásicas, compensada en parte por el éxito de un teatro popular como el de Ramón de la

Cruz * y otros entremesistas, se vio asaltada por los acontecimientos políticos, que redujeron la escena prácticamente a la inexistencia. Sólo en un hombre neoclásico, Leandro Fernández de Moratín *, pervive el teatro: aunque por planteamientos y arranque pertenezca al siglo anterior, es en el XIX cuando se estrenan algunas de sus piezas más conocidas: *La mojigata* en 1804, aunque fuera compuesta hacia 1791, y *El sí de las niñas*. Pese a que el teatro dominante del siglo no seguirá sus pautas moratinianas, una buena parte del teatro costumbrista, pasada la furia inicial, seguiría la senda moratiniana en las comedias de costumbres y realistas a lo largo de la centuria. La invasión francesa, la Guerra de la Independencia y la reposición en el trono de Fernando VII —que volvió a establecer la Inquisición suprimida por Napoleón— apenas permitieron sobrevivir a un teatro que poco a poco iría rompiendo amarras respecto a las viejas estructuras; de hecho, fue en las tablas donde se produjo la declaración de guerra al neoclasicismo.

La decadencia manifiesta del teatro había alejado a los espectadores: las obras moralizadoras neoclásicas y los «regimientos» ilustrados de conducta nada tenían que ver con el público, acostumbrado poco antes a los grandes dramas clásicos y a sus reposiciones. Cuando el romanticismo europeo vuelve los ojos a la historia —o a la leyenda histórica— para convertirla en fuente de argumentos, los españoles, con más ansias que capacidad creadora, acuden al teatro del siglo XVII para inspirarse en su amplio fondo de formas, de tramas, de estructuras y de personajes. De ahí arranca su lema de combate: ruptura total con las normas neoclásicas, desaparición de la diferencia entre tragedia y comedia, que permite otro término, el «drama», que acoge bajo sus alas obras de límites más difusos que los anteriores: en él caben, por ejemplo, desde *Don Álvaro* a comedias de capa y espada como *Honoria*, de Hartzenbusch *. De este modo quedan invalidadas las tres unidades aristotélicas impuestas en el siglo anterior, así como la unidad de estilo; como si tuvieran en Lope de Vega * su referente inmediato, se admiten varias acciones y toda suerte de contrastes y claroscuros: amores, conjuras, titanismos, heroicidades, sinos infortunados, con todo un aparato efectista sobre la escena y la exageración antinatural que descubre geografías insólitas hasta entonces para la acción, como los sepulcros o el cadalso.

El principal mérito de un teatro concebido desde tales perspectivas consistió en rehacer parte del clima teatral español, del que podría dar cuenta un análisis, año por año, de las carteleras. Aunque recientemente se ha avanzado en ese estudio, es poco todavía lo que conocemos —carteleras madrileñas de algunos años de la cuarta y quinta décadas— para ver con claridad y rigor la importancia que el nuevo teatro ejerció sobre la sociedad; es más, los escasos datos permiten suponer que la escena española se alimentó de subproductos, de traducciones de mediocres autores franceses en su mayoría, como Scribe o Dumas, que disminuyen a medida que avanza la centuria, sustituidas por refundiciones de las comedias áureas (de cualquier modo, durante el XVIII no se había perdido la tradición de estas refundiciones, vertidas a la moda del siglo). Y que el teatro «nuevo» no hizo furor entre unos espectadores que acudieron por centenas de miles a ver un melodrama barato como *La pata de cabra* —tal vez el mayor éxito del siglo— mientras dejaron prácticamente de lado el *Don Álvaro*, pese a sus aspectos innovadores y polémicos: once representaciones en Madrid y menos aún en provincias.

No hay que esperar al año de *Don Álvaro* (1835) para ver destellos románticos en la escena: las fuerzas motrices de las costumbres y la vida, espoleadas por la situación política y, ante todo, por la lucha de la independencia —Quintana * y Álvarez de Cienfuegos * lo demostraron en poesía— habían iniciado el cambio que se fue gestando entre 1808 y 1835 y que apunta, por ejemplo, en la polémica entre Juan Nicolás Böhl de Faber *, cónsul alemán en Cádiz, que expuso las ideas de Schlegel sobre el teatro español, y José Joaquín de Mora * y Antonio Alcalá Galiano *, quienes replicaron en nombre de las doctrinas de Luzán * oponiéndose a lo romancesco y osiánico. El paso más significativo se daría en 1828 con el *Discurso sobre el influjo que ha tenido la crítica moderna en la decadencia del teatro antiguo español y sobre el modo con que debe ser considerado para juzgar convenientemente de su mérito peculiar*, de Agustín Durán *, para quien el teatro se ha llenado de escoria «acomodada a las tres unidades» y ha sido refrenado por la crítica, más preocupada por medir la sujeción a las reglas que los efectos de su belleza. Aboga ahí el crítico por la vuelta a la dramática de los Siglos de Oro, a las «costumbres caballerescas de los siglos medios», al hombre «interior considerado como individuo», a las pasiones, a la libertad, para el autor, en sus formas expresivas. Cuatro años más tarde, tras el prólogo de Alcalá Galiano a *El moro expósito*, el romanticismo estaba prácticamente consolidado en el plano teórico. Sólo faltaría el regreso, en 1834, de los liberales emigrados en Inglaterra y Francia para cerrar de modo definitivo el proceso de maduración; 1834 es el año de estreno de *La conjuración de Venecia*, de Martínez de la Rosa *, del *Macías*, de Larra *, y de la publicación de *El moro expósito* con el citado prólogo de Alcalá Galiano.

Fue un hombre de transición, Francisco Martínez de la Rosa, quien abrió el fuego con *La conjuración de Venecia*. De formación neoclásica, pese a asistir en París a la transformación romántica, en 1827 defendía aún las tres unidades con cierta timidez en su *Arte Poética*, y se mostraba discípulo de Meléndez Valdés * con sus anacreónticas, epigramas y composiciones amatorias. Antes de su exilio ya había estrenado algunas comedias de estirpe moratiniana y tragedias adscritas al rigor neoclásico, en las que puede apreciarse esa mirada a la historia que será una constante romántica: por ejemplo, *La viuda de Padilla*, tragedia a lo Alfieri, con los comuneros de Castilla como portavoces de las ideas constitucionalistas del autor en el Cádiz de 1812. En París escribió y estrenó otro drama histórico con la rebelión morisca de las Alpujarras por eje, *Abén Humeya*. *La conjuración de Venecia*, que se había publicado en París en 1830 y se estrenó en 1834, en el momento en que la Regente llamaba a su autor —el prohombre del justo medio— a ocupar la presidencia del nuevo gobierno, dosifica con mesura los crímenes y la sangre, la traición y las pasiones, pese al melodramatismo constante; el indudable éxito de su presentación ayudaría, pese a las deficiencias formales y a los efectos sentimentaloides, a la imposición de la nueva corriente romántica.

Por la misma senda medievalizante camina una pieza de Mariano José de Larra, *Macías* (1834); por más que puedan reprochársele a su estructura y a su versificación los soportes clásicos, el amor que arrastra a doña Elvira y a Macías se dispara con un resorte interno cercano a las nuevas corrientes.

Mayor vuelo, y con todas las características, hasta el exceso, del nuevo movimiento, posee *Don Álvaro, o la fuerza del sino*, de Ángel de Saavedra, duque de Rivas *, que ya había dado indicios claros de romanticismo en su poema *El moro expósito*. Su *Don Álvaro* supone para la literatura española lo que el *Hernani*, de Victor Hugo, para la francesa: la imposición del nuevo espíritu en literatura. Rivas tenía, para esa fecha, una larga trayectoria escénica, desde *Aliatar* (1816), *El Duque de Aquitania* (1817), *Malek-Adhel* (1818), *Lanuza* (1822) y *Arias Gonzalo* (1827), que, pese a sus contenidos liberales y a su ideario político, son derivados de la tragedia neoclásica. En *Don Álvaro*, en cambio, Rivas mezcla prosa y verso, tragedia y comedia, y desprecia las unidades, emplea elementos típicamente románticos como sentimentalismo desbordado, tormentas, suicidios, desafíos, etc., hasta el punto de que pocas veces se ha reunido tal copia de ingredientes de esta escuela. Tempestades escénicas, un manantial de sangre que brota de la familia Calatrava y el suicidio del protagonista entre toques de oración, ermitas, monasterios, abismos y frailes se suman a los temas tratados en la obra: en ellos Rivas agota los del ramo de la pasión: amor, venganza, honor, lucha de los enamorados contra el ambiente y la fatalidad que se interpone. En cuanto a las rupturas formales, *Don Álvaro* sólo respeta los cinco actos aconsejados por Horacio: en todo lo demás, mezcla prosa y verso, lo trágico y lo cómico, los romances con las décimas, las silvas con las redondillas. Y al lado de esa idealización de las abstracciones más desaforadas, cuadros de costumbres en que intervienen militares, lugareños, frailes, soldados, arrieros, dibujados de un solo y fuerte trazo, muy expresionista en apariencia, pero de cartón en el fondo. Rivas insistiría en idénticos materiales explosivos en otra pieza, *El desengaño en un sueño*, escrita en 1842, que no llegó a representarse por su apartosa escenografía; pese a la asfixiante lírica, a las variadas influencias —desde Calderón de la Barca * a Shakespeare y Byron—, esta pieza supone el paso del desengaño romántico a la moderación.

Abierta la vía, por ella se lanzaron enseguida los nuevos autores, con un éxito delirante al año siguiente, 1836: *El trovador*, de Antonio García Gutiérrez *, a quien no se le pueden buscar antecedentes clásicos porque tiene en ese momento 23 años: toda su abundante producción, desde dramas a comedias, libretos para zarzuelas y algunas poesías líricas, pertenece al romanticismo, con asuntos medievales, truculencia desmesurada *(El Paje)*, y personajes y momentos históricos como Roger de Flor *(Venganza catalana)* y las germanías valencianas *(Juan Lorenzo)*.

Otro dramaturgo que aprovechó la historia fue Juan Eugenio de Hartzenbusch, que ayudó a legitimar el triunfo del romanticismo con *Los amantes de Teruel* (1837), leyenda que ya habían utilizado autores áureos como Rey de Artieda *, Pérez de Montalbán * y Tirso de Molina *.

Sería en 1844 cuando José Zorrilla * estrenase la pieza más popular del siglo, *Don Juan Tenorio*, que redondea el mito de un personaje creado por la literatura española. Formalmente, la pieza es un cajón de sastre de recursos escénicos que van golpeando al espectador y de efectismos muchas veces pueriles; en su favor hay que señalar el colorido alegre y vivaz de una acción que se precipita con prisa, sobre todo en la primera parte; los rasgos de los personajes, firmemente dibujados, la materialización de la arrogancia y el ímpetu que enlaza con el pasado español, así como la sutil idealización de doña Inés.

Al lado de los citados, otros dramaturgos de menor éxito y calidad insisten en las características románticas, con la historia e incluso la Biblia por fuentes de sus tramas: José María Díaz * con títulos como *Julio César* (1841), *Lucio Junio Bruto* (1844), *Jefté* (1845); Patricio de la Escosura *, José Castro y Orozco *, Gil y Zárate *, con *Carlos II, el Hechizado* (1837), Antonio Hurtado *, Mariano Roca de Togores *... Con ellos va agotándose el movimiento romántico hasta el punto de quedar la escena sumida en crisis. Aunque los dramas históricos perduren todavía, sus excesos van imponiendo el giro hacia la comedia de costumbres heredada de Moratín, junto a la importación de formas francesas. Pese al agotamiento, la fachada teatral es brillante, incluso avanzada ya la segunda mitad de siglo, con numerosos autores mimados por el favor del público. Pero en su mayoría se trataba de traducciones y productos efímeros, que no sobrevivieron a su tiempo: Mor de Fuentes *, Miñano *, Forner *, Rodríguez de Arellano *, etc. inundaron la escena con mediocridades.

Las principales figuras del romanticismo tampoco desatendieron la comedia ni el drama de costumbres, y de Martínez de la Rosa, del duque de Rivas, de Hartzenbusch, de Espronceda *, de Larra podrían citarse títulos adscritos a este género sin que importen ya mucho salvo para la sociología o para los historiadores del teatro. En medio de esa vaciedad se explica que un autor como Manuel Eduardo de Gorostiza * figurase a la cabeza de las carteleras por convertir en plebeya vulgaridad y chocarrería lo que en Moratín es un juego sutil de ingenio, como puede apreciarse en su título más conocido, *Contigo pan y cebolla* (1833). No tardaría en suplantarle en el favor del público Manuel Bretón de los Herreros *, que, oscilando entre Moratín y Ramón de la Cruz, prosigue la comedia costumbrista para entroncar con el teatro realista de la segunda mitad del siglo. Más quilates ofrecía Ventura de la Vega *, que también intentó el drama histórico en su juventud; en *El hombre de mundo* (1845), a medio camino entre Bretón y Echegaray *, termina exaltando la excelencia y santidad del matrimonio.

Habrá sin embargo nombres célebres del momento como Adelardo López de Ayala *, que gozaría en vida de una reputación sólo comparable a la de Calderón, o como Manuel Tamayo y Baus *, el dramaturgo de técnica más perfecta de su siglo, autor de *Un drama nuevo*, donde intenta la experimentación dramática. Quizá no sea una pieza brillante ni lograda, pero introduce un elemento clave que utilizarán a menudo los dramaturgos de vanguardia del siglo XX, desde Pirandello a los maestros del absurdo: el teatro dentro del teatro.

Con José de Echegaray llegamos al único autor que, tras un examen cuidadoso de los resortes capaces de mover al público, halló una receta que aplicó a aquella burguesía anacrónica del último tercio del siglo, de ideología desfasada. Echegaray no trató de fustigarla ni de zaherirla, sino que a una España sumida en el folletín le ofrece el folletín. Su teatro está hecho de un batiburrillo de cosas viejas, es un cajón de sastre donde se encuentran dejes calderonianos mezclados con otros didácticos, con una temática que no podía corresponder a la burguesía liberal que había forjado el siglo, sino a la España imperial, muerta hacía tiempo como fuerza creadora: de ahí su predilección por los problemas del honor para concluir en la tragedia de la muerte. Su sesentena de comedias desarrollan sólo pasiones violentas, emplean personajes desequilibrados, amorales o inconscientes; usan de abundantes efectismos, bruscos contrastes e inverosimilitudes pertinaces que apuntalan un teatro que muy pronto sonaría a hueco: *El libro talonario, La esposa del vengador, En el puño de la espada, El gran galeoto, O locura o santidad, Un crítico incipiente, Vida alegre y muerte triste, Mancha que limpia*, etc., plagaron los escenarios hasta la aparición de Benavente *.

Pueden citarse algunos contemporáneos de Echegaray, aunque no gozaron de su prestigio ni de su éxito: Enrique Gaspar *, de un realismo poderoso, en camino ya hacia el teatro galdosiano por sus temas sociales; Joaquín Dicenta *, que ha pasado a la historia por un melodrama, *Juan José* (1895), en el que algunos quieren ver un drama social: de hecho es un melodrama de celos y honra, que tiene por toda novedad la inclusión de un personaje proletario que termina matando al señorito con quien se escapa la protagonista femenina, Rosa, o José Feliu y Codina *, autor de un drama de ambiente rural con fondo de amor (*La Dolores*, 1892). Eugenio Sellés * y Leopoldo Cano * son otros dos nombres absolutamente olvidados por las tablas.

Con Benito Pérez Galdós * se cierra el teatro del siglo, que se prolongará durante la primera década del XX; es en el novelista una pasión tardía en la que entra por la puerta falsa de las adaptaciones de sus propias novelas: *Realidad* y *El abuelo*; de la adaptación, a escribir para las tablas sólo había un paso que Galdós dio sin grandes diferencias en cuanto al enfoque del mundo. Pese a la torpeza para el manejo de las estructuras dramáticas, títulos como *Electra, Doña Perfecta, La de San Quintín, La loca de la casa, Los condenados, Casandra, Alma y vida, Celia en los infiernos, Santa Juana de Castilla*, etc., ponen de manifiesto un poderoso instinto dramático. Además de su hábil manejo de diálogos y escenas, Galdós introduce en el teatro español, encastillado, salvo en casos concretos como el de Enrique Gaspar, en un mundo falso de echegarayismos, el nervio de una sociedad viva que debate problemas y cuestiona valores que trascienden incluso los de la sociedad de la Restauración. A su lado empieza a estrenar, en los últimos años del siglo, Jacinto Benavente: aunque arranca en *El nido ajeno* (1894) del realismo de un Enrique Gaspar, tan contrario al efectismo de la alta comedia de Echegaray, va limando aristas formales y temáticas y alcanza ya dentro del siglo XX un tono medio de finura y elegancia característico de su dramaturgia: *La noche del sábado* (1903) es su primer paso firme hacia la consolidación de un teatro que dominará el primer cuarto de la nueva centuria.

BIBLIOGRAFÍA. *Cartelera teatral madrileña, I: años 1830-1839 y II: años 1840-1849* (Madrid, 1961 y 1963); F. García Pavón, *El teatro social en España* (Madrid, 1962); J. Campos, *Teatro y sociedad en España (1780-1820)* (Madrid, 1969); E. Allison Peers, *Historia del movimiento romántico español*, 2.ª ed. (Madrid, 1973); E. Caldera, *La commedia romantica in Spagna* (Pisa, 1973) e *Il dramma romantico in Spagna* (Pisa, 1974); L. Romero Tobar, *La teoría dramática española: 1800-1870* (Madrid, 1874); J. López, *La poesía y el teatro realista* (Madrid, 1981); J. Rubio Jiménez, *Ideología y teatro en España, 1890-1900* (Zaragoza, 1982); P. Menarini y otros, *El teatro romántico español (1830-1850). Autores, obras, bibliografía* (Bolonia, 1982); AA. VV., *Teatro romantico spagnolo: Autori, personaggi, nuovi analisi* (Bolonia, 1984). [M.A.]

SIGLO XX (AÑOS 1900-1939): La división tradicional en un antes y un después de la Guerra Civil de 1936-1939 explica un condicionante que se debe tener muy en cuenta para el teatro español del siglo XX. Por su carácter de espectáculo público que sobrepasa las dimensiones de lo estrictamente textual, se ve afectado más aún que otros géneros por los cambios sociales, los acontecimientos históricos y los gustos cambiantes del público. De ahí que la historia del teatro español del siglo XX sea, en gran medida, la historia de las tensiones de la época y la expresión de la mentalidad de las clases sociales que lo sustentan. El paréntesis de varias décadas —en algunas modalidades la ruptura definitiva— a causa del control estricto de las manifestaciones culturales que se establece después de 1939, afectan a la normal evolución del teatro español de forma que podríamos decir irreversible. La guerra y el exilio, cuando no la muerte, de muchos de los dramaturgos que lo hubieran hecho posible impiden el desarrollo de un verdadero teatro vanguardista durante varias décadas. Sin embargo, los géneros más populares y de mayor éxito comercial no se ven excesivamente afectados. Algo similar ocurre con la traducción y representación de autores extranjeros. Los grandes renovadores de la escena, anteriores y posteriores a 1936, y los autores más comprometidos socialmente, desaparecen o ven reducido su número de representaciones. La progresiva recuperación de una cierta normalidad, sin embargo, es anterior, en algunos años, al retorno a la democracia.

El origen de las tendencias renovadoras de la escena española debe situarse a finales del siglo XIX. Los estrenos de *Realidad* (1892), de Benito Pérez Galdós *, y de *El nido ajeno* (1894), de Jacinto Benavente *, han sido considerados por algunos críticos como simbólicas fechas de partida. La producción de estos autores y de Joaquín Dicenta * —sobre todo su drama *Juan José* (1895)—, entre pocos más, prepara el terreno para abandonar las grandes modalidades que habían dominado las últimas décadas del siglo, cuyas características, sin embargo, reaparecerán, más o menos modificadas, en determinados autores. A la labor de los primeros renovadores se añade la influencia de dramaturgos extranjeros como Ibsen y Chéjov, y de los más significativos directores de escena europeos.

Las grandes tendencias del primer tercio del siglo son el teatro poético, el drama burgués, el de carácter social, las modalidades cómicas y el teatro de experimentación y vanguardia.

El teatro poético, auténtica moda del momento, contaba con el favor del público, siempre atraído por la sonoridad del verso, excesivamente buscada por los dramaturgos, en algunos casos hasta el amaneramiento. Con un recuerdo del teatro barroco pasado por ciertos aspectos románticos y neorrománticos se escriben obras de gran fuerza lírica. Este tipo de drama se encuentra íntimamente unido al Modernismo en autores como Francisco Villaespesa *, que halla sus argumentos preferentemente en la historia lejana y las leyendas. En Eduardo Marquina * sirve para exponer valores estereotipados del carácter español. Otros autores de dramas en verso son los hermanos Machado *, López Alarcón *, etc.

El drama burgués, que enlaza con algunas modalidades del siglo XIX, se especializa en retratar los conflictos surgidos en el seno de la clase media-alta de la sociedad, que, además, se convierte en su público más asiduo. De ahí que la crítica que contienen algunas de las mejores piezas sea presentada de forma amable. El mejor exponente es, sin duda alguna, Jacinto Benavente, Premio Nobel de Literatura en 1922. Su influjo y aceptación por el público no deben olvidarse a pesar de las críticas que ha recibido. Tras él resalta la figura de Gregorio Martínez Sierra *, conocido también por su faceta como director de escena y su labor en el *Teatro del Arte*. Algunos autores parten de la estructura de la comedia burguesa para aportar visiones particulares. Es el caso, por ejemplo, de Alejandro Casona * con obras llenas de fantasía, nostalgia y referencias populares, y que continuará su labor después de la guerra, en el exilio.

El teatro social, no exento de ideología revolucionaria más o menos asimilada, tiene su mejor representante en Joaquín Dicenta. Viene a ser el contrapunto del burgués, presentando personajes de las clases sociales menos favorecidas en situaciones hasta entonces reservadas a la nobleza o la burguesía. Ángel Guimerá *, José Fola Igúrbide *, Federico Oliver *, Marcelino Domingo *, etc., son otros dramaturgos de esta corriente.

Gran parte de la cartelera está dominada por las diferentes modalidades cómicas. Carlos Arniches * y sus sainetes, Joaquín y Serafín Álvarez Quintero * o Pedro Muñoz Seca * con el astracán, representan la mejor vertiente de un teatro popular no exento de virtudes artísticas, heredero de toda una corriente de gran cultivo en la historia literaria española.

Sin embargo, lo que más interesa, en cuanto a calidad, para la evolución de la historia del teatro del siglo XX son los intentos innovadores de un grupo de dramaturgos. La mayoría de ellos tienen problemas para estrenar su obra y sólo la valiente actuación de algunas compañías y actores, especialmente la de Margarita Xirgu, logra que las piezas tengan más eco que el del texto impreso. Por este camino, encontramos a grandes nombres de otros géneros literarios como José Martínez Ruiz * o Miguel de Unamuno *, autor éste último de obras que, a pesar de sus carencias en la concepción del espectáculo teatral, presentan singular interés. Mención aparte merecen Jacinto Grau * y Ramón Gómez de la Serna *, tan fecundo en casi todos los géneros.

Los autores que consiguen excelentes resultados en este tipo de teatro son, sin duda alguna, Ramón María del Valle Inclán * y Federico García Lorca *, cuyas lecciones todavía están siendo asimiladas, y que representan lo mejor del teatro contemporáneo español. Aunque partiendo de las modalidades de éxito en el momento —especialmente del drama en verso—, su concepción totalizadora del espectáculo y la renovación de personajes y temas los sitúan en una posición particular con respecto a sus contemporáneos. Otros autores de teatro innovador que merecen citarse, aunque su producción pertenezca más bien a la postguerra, son Rafael Alberti *, que cultivó un teatro poético cargado de símbolos y muy próximo a su producción poética, y Pedro Salinas *, cuyas obras, a causa del exilio, son escasamente conocidas en España y cuando han sido estrenadas o editadas no han tenido suficiente eco.

La Guerra Civil provoca el abandono de la normalidad en los espectáculos teatrales. Lo que se representa durante la contienda bélica se carga de connotaciones ideológicas y sirve, en la mayoría de los casos, como propaganda ideológica y parodia brutal y simplista de las posiciones contrarias. Su poca consistencia artística se debe en gran medida a haber sido escrito apresuradamente y a la peculiar situación de autores, público y circuito teatral. Aunque todo esto contribuye a aumentar la importancia como documento, le resta valor literario.

BIBLIOGRAFÍA. J. Guerrero Zamora, *Historia del teatro contemporáneo*, 4 vols. (Barcelona, 1961-1967); F. García Pavón, *Teatro social en España* (Madrid, 1962); G. Torrente Ballester, *Teatro español contemporáneo* (Madrid, 1968); M. Esgueva Martínez, *La colección teatral «La Farsa»* (Madrid, 1969); R. Esquer Torres, *La colección dramática «El Teatro Moderno»* (Madrid, 1969); L. García Lorenzo, *El teatro español hoy* (Barcelona, 1975); R. Marrast, *El teatre durant la guerre civil espanyola* (Barcelona, 1978); J. Rubio Jiménez, *Ideología y teatro en España: 1890-1900* (Zaragoza, 1982); F. Ruiz Ramón, *Historia del teatro español. Siglo XX*, 7.ª ed. (Madrid, 1986); R. de la Fuente Ballesteros, *Introducción al teatro español del siglo XX (1900-1938)* (Valladolid, 1987); A. Berenguer, *El teatro en el siglo XX (hasta 1939)* (Madrid, 1988); A. M.ª Arias de Cossío, *Dos siglos de escenografía en Madrid* (Madrid, 1991). [P.O.E.]

AÑOS 1939-1975: De las diversas barreras, muchas veces infranqueables, con que los dramaturgos españoles tropezaron en el período que estudiamos, hay que destacar tres: una censura implacable, unos empresarios escasamente proclives a arriesgarse con experimentos renovadores de dudoso éxito, y un público, en su mayoría conservador, reacio a aceptar en un escenario situaciones y conflictos que pusieran en duda o en peligro sus más sólidos principios morales, sociales y políticos.

A partir de 1939 continúan en la brecha viejas glorias —Jacinto Benavente *, Eduardo Marquina *, Luis Fernández Ardavín * y Manuel Linares Rivas *, entre otros— y se reestrenan obras de Pedro Muñoz Seca *, Carlos Arniches *, que todavía, hasta 1943, da a conocer algún texto nuevo, y los hermanos Álvarez Quintero *.

Junto a ellos hay que citar a diversos dramaturgos que habían iniciado su carrera antes de 1939, o que lo harán en los años siguientes, y que, a lo largo de tres décadas, obtienen notables éxitos de público. Mercedes Ballesteros *, Joaquín Calvo Sotelo *, Luis Delgado Benavente *, Luis Escobar *, Agustín de Foxá *, José Antonio Giménez Arnau *, Juan Antonio de Laiglesia *, José López Rubio *, Juan Ignacio Luca de Tena *, Julia Maura *, Edgar Neville *, José María Pemán *, Horacio Ruiz de la Fuente, Víctor Ruiz Iriarte *, el argentino Enrique Suárez de Deza * y Claudio de la Torre *, entre otros muchos, se orientan, siguiendo las pautas del teatro benaventino, hacia los dramas trascendentes —con tesis de profundidad más aparente que real—, en los que se defienden los más rancios valores tradicionales, o cultivan la comedia de evasión, poética, de corte humorístico, sentimental, fantástico o intrascendente, aunque no exenta muchas veces de gracia, ingenio y calidad literaria. Tampoco faltan las escapadas a la historia pasada, con el fin de idealizarla o de reconstruirla arqueológicamente, como hicieron J. I. Luca de Tena, en ¿Dónde vas, Alfonso XII? (1957), y Joaquín Calvo Sotelo, en El proceso del Arzobispo Carranza (1964), respectivamente. Hay que precisar que, aunque en obras de Mariano Tomás *, Luis Rosales *, Luis Felipe Vivanco *, Sebastián Cladera, Ramón Cué, José María Pemán, Rafael Duyos, Luis Felipe Solano y de algunos más se exalten las viejas glorias imperiales o a los vencedores en la Guerra Civil, el teatro de orientación política fue menos abundante de lo que podría esperarse.

Sin embargo, los mayores éxitos del teatro en los años de la inmediata posguerra corresponden a la zarzuela y a obras de ínfima calidad literaria. Los espectáculos de variedades y folclóricos, plagados de tópicos andalucistas, la revista, las astracanadas del peor gusto, la alta comedia degradada y las obras lacrimógenas y folletinescas, cultivadas por Antonio Quintero, Luis Tejedor, José de Lucio, Leandro Navarro, José Alfayate, Adolfo Torrado * y un largo etcétera, alcanzan éxitos de público memorables.

Por otro lado, los textos clásicos y de destacados autores extranjeros —Priestley, Sartre, Cocteau, Brecht, O'Neill, Miller, Strindberg, etc.— tuvieron acogida en los teatros nacionales Español y María Guerrero, creados en 1940, en los teatros «Íntimos» y «de Cámara» y en los grupos universitarios.

El teatro de humor de esta época tendrá sus mejores representantes en Jardiel Poncela *, a pesar de que sus propuestas antirrealistas e imaginativas no siempre fueran comprendidas por el público, y en el Miguel Mihura * de *Tres sombreros de copa* (1952). Ambos, sin embargo, quedan lejos de la acritud y desesperanza del teatro del absurdo que cultivan por entonces Ionesco, Beckett y Adamov. En una línea más tradicional se inscriben Tono *, Álvaro de Laiglesia * y Carlos y Jorge Llopis *.

En 1949, con el estreno de *Historia de una escalera*, de Buero Vallejo, se inicia un cambio importante en el teatro español. Para G. Torrente Ballester *, el público madrileño asistía a las representaciones de dicha obra para «contemplar algo más hondo que la realidad —porque la mentira es una forma de realidad—. Iba a ver la verdad, sencillamente».

Las angustias existenciales, primero, y las inquietudes sociales, más tarde, habituales también en la poesía, el cine y en la narrativa española de la época, en numerosos dramas de autores americanos y europeos y en el neorrealismo italiano, adquieren especial relieve en la obra del mencionado dramaturgo y en la de Alfonso Sastre *, quien, en compañía de José María de Quinto, funda, en 1950, el TAS (Teatro de Agitación Social), con un manifiesto en el que se reconocía que «lo social es una categoría superior a lo estético», y, en 1960, el Grupo de Teatro Realista (G.T.R.).

A la sombra de Buero Vallejo y de Alfonso Sastre van a surgir, a partir de la segunda mitad de la década de los cincuenta, diversos dramaturgos —Lauro Olmo *, José María Rodríguez Méndez *, Ricardo Rodríguez Buded *, Carlos Muñiz *, José Martín Recuerda *, Alfredo Mañas *, Agustín Gómez Arcos *, Andrés Ruiz *, en parte de su producción, Ricardo López Aranda * y, en sus primeras obras, Antonio Gala * parecen los más destacados—, a los que habitualmente se agrupa bajo la denominación de Generación realista. Otro autor, Alfonso Paso, que también comenzó aceptando los postulados de los anteriormente mencionados, seguirá después una línea conformista y ajustada a los gustos de un público poco exigente.

Dichos autores, rigurosamente coetáneos de los «angry young men» ingleses, con la intención de poner al descubierto las injusticias y contradicciones existentes en el seno de la sociedad española, y sin adscripción específica a una ideología concreta, sienten inclinación por un teatro crítico, comprometido y testimonial. También, con el fin de establecer un paralelismo entre el pasado y el presente, cultivan con frecuencia el teatro histórico.

Todos ellos se mantuvieron al margen de los experimentos vanguardistas y del teatro del absurdo. Sin embargo, la estética realista deriva, con frecuencia, hacia el expresionismo y el esperpento (en Muñiz y Martín Recuerda) y hacia la farsa popular y el ambiente desgarrado del sainete (en Lauro Olmo), o se tiñe de lirismo (en Antonio Gala).

Muy avanzada la década de los sesenta comienza a desarrollarse un teatro de carácter experimental y vanguardista, que ha recibido diversas denominaciones: subterráneo, del silencio, maldito, marginado, inconformista, soterrado, innombrable, encubierto, de alcantarilla, etc.

Entre sus representantes, de muy distinta formación y edades, hay que mencionar a: José Arias Velasco, José María Bellido *, Jesús Campos *, Juan Antonio Castro *, Ángel García Pintado *, Alfonso Jiménez Romero *, Jerónimo López Mozo *, Fernando Macías, Fernando Martín Iniesta, quien, como Fernando Arrabal * inició su carrera mucho antes, Antonio Martínez Ballesteros *, Luis Matilla *, Manuel Martínez Mediero *, Alberto Miralles *, Domingo Miras *, Francisco Nieva *, que alcanzará notables éxitos a partir de 1975, Manuel Pérez Casaux *, Carlos Pérez Dann *, Eduardo Quiles *, Miguel Ángel Rellán *, Luis Riaza *, Miguel Romero Esteo *, José Ruibal *, Hermógenes Sainz *, Diego Salvador y Germán Ubillos *.

Estos dramaturgos, que nunca tuvieron conciencia de formar un grupo homogéneo, pretendieron ofrecer una visión crítica de diversos aspectos, morales, sociales y políticos, del mundo contemporáneo. Sin embargo, frente a las técnicas realistas que habían imperado hasta entonces en los escenarios, se sirvieron, en la mayor parte de los casos, de procedimientos alegóricos, simbólicos y connotativos, muchas veces crípticos y de difícil interpretación.

Además, el afán de dar a sus obras una dimensión universal, los llevó, más de una vez, a convertir a sus personajes, despojados de rasgos psicológicos individualizadores, en encarnaciones de ideas abstractas —el poder, la dictadura, la opresión— y a poblar el escenario de artilugios mecánicos y electrónicos, representativos de un mundo progresivamente deshumanizado.

Aunque los procedimientos estilísticos difieren notablemente de unos autores a otros, es fácil advertir en ellos las huellas, según los casos, de Brecht, Piscator, Artaud, Grotowski, del surrealismo, del expresionismo, del teatro del absurdo y de una tradición española que va del entremés y de los autos sacramentales hasta el esperpento, la tragedia grotesca, el género chico y la revista.

A partir de esta época surgen también numerosos grupos independientes —Tábano, Els Joglars, Els Comediants, Los Goliardos, Caterva, Margen, Teatro Universitario de Murcia, Akelarre, La Cuadra, Ditirambo, TEI (Teatro Experimental Independiente), Teatro Libre, Esperpento, Los Cátaros, Teatro Estudio Lebrijano, etc.— que buscaron con ahínco una línea de trabajo peculiar e inconfundible. Dichos grupos, aunque atendieron a ese «nuevo teatro», con frecuencia intentaron rebajar la importancia del autor y convertir el texto en un elemento más de la representación. El deseo de llegar a públicos más amplios y de conseguir la participación de los espectadores, los llevó también a apropiarse de técnicas propias de la farsa, la pantomima, el teatro de títeres, el circo, el cabaret y la comedia musical.

Añadamos que, a lo largo de esas décadas, diversos autores —Gonzalo Torrente Ballester *, Germán Schroeder *, Ángel Zúñiga, José Camón Aznar, Marcial Suárez * y Pedro Laín Entralgo *— manifestaron, en algunos de sus textos, unas discretas inquietudes intelectuales. Otros, por el contrario —Jaime de Armiñán *, Jaime Salom *, Juan José Alonso Millán *, Ana Diosdado *, etc.— se adentraron desde un principio por sendas más trilladas.

Recordemos, para terminar, que, con la excepción de Alejandro Casona *, que, a partir de 1961, obtuvo grandes éxitos en España, los dramaturgos que al terminar la guerra, o en épocas posteriores, se exiliaron —Max Aub *, Rafael Alberti *, León Felipe *, Pedro Salinas *, José Bergamín *, José Martín Elizondo *, Fernando Arrabal *, José Guevara *, Jacinto Grau *, Álvaro Custodio *, Salvador de Madariaga *, José Ricardo Morales *, etc.— permanecieron, con excepciones irrelevantes —José M.ª Camps, por ejemplo, obtuvo en 1972 el Premio Lope de Vega con *El edicto de gracia*—, alejados de nuestros escenarios.

BIBLIOGRAFÍA. A. C. Isasi Angulo, *Diálogos del teatro español de la posguerra* (Madrid, 1974); L. García Lorenzo, *El teatro español hoy* (Barcelona, 1975); F. Ruiz Ramón, *Historia del teatro español. Siglo XX*, 2.ª ed. (Madrid, 1975); A. Miralles, *Nuevo teatro español: una alternativa social* (Madrid, 1977); G. E. Wellwarth, *Spanish Underground Drama* (Madrid, 1978); L. García Lorenzo, *Documentos sobre el teatro español contemporáneo* (Madrid, 1981); M. P. Pérez-Stanfield, *Direcciones de teatro español de posguerra* (Madrid, 1983); C. Oliva, *El teatro desde 1936* (Madrid, 1989).
[A.R.]

POSTERIOR A 1975: A partir de 1975, el teatro, al compás de los cambios trascendentales que han tenido lugar en la sociedad española, se ha visto favorecido por diversos factores. De ellos, hay que mencionar la desaparición de la censura, las subvenciones crecientes —y, muchas veces, polémicas— de la

Administración Central y de los Gobiernos de las Comunidades Autónomas —lo que ha permitido la creación de un Centro Dramático Nacional (1978) y de diversos Teatros Estables— y el establecimiento de un Centro de Documentación Teatral (1983) y de un Centro Nacional de Nuevas Tendencias Escénicas (1984). También se ha revitalizado la Escuela de Arte Dramático y han proliferado los festivales —según Luciano García Lorenzo, «durante 1989 se celebraron en España, como mínimo, ciento sesenta y cinco festivales, muestras, jornadas, semanas, encuentros, ciclos, etc.»— y las editoriales y las revistas —a la veterana *Primer acto* se ha unido *El Público*— que han dado a conocer textos dramáticos.

Sin embargo, el tan esperado florecimiento teatral no se ha producido. Las obras publicadas o estrenadas en este período de tiempo ofrecen, con pocas excepciones, un interés limitado, y, como consecuencia, el público, que, además, tiene cubiertas, a través del cine y de otras formas de comunicación, sus necesidades de diversión y de verse representado artísticamente, se siente cada vez menos atraído por este género literario. Andrés Amorós escribía en 1987: «Si las masas no se agolpan ante las taquillas, si la televisión no ofrece grandes sumas por las transmisiones, si los periódicos no le dedican más espacio a la información y crítica de teatro, es puramente y simplemente porque no le interesa a más gente [...] No es derrotismo, me parece, sino realismo comprobar el papel limitado que juega el teatro dentro de nuestra sociedad». Para Fernando Lázaro Carreter, la crisis obedece, en gran medida, a los cambios operados en la mentalidad de los espectadores: «El arte dramático ha extraído secularmente sus temas de los quebrantamientos de normas [...] Pues bien, el creador teatral se encuentra hoy sin referencia segura, sin casi nada que la sociedad burguesa pueda considerar transgresión. Con el derrumbamiento de la llamada moral tradicional, con la libertad omnímoda en todas las materias, es apenas posible inventar conflictos conmovedores, esto es, de participación intensa del espectador en ellos. Podrá contemplarlos con curiosidad, pero frenado siempre su juicio por la convicción de que no debe asombrarse. Incluso con cosas que aun hoy deberían inducir al asombro, se ha alcanzado el convencimiento de la imposibilidad actual de transgredir: prácticamente todo vale, lo cual significa que nada vale».

De los dramaturgos que iniciaron su carrera en décadas precedentes, Antonio Buero Vallejo * y Antonio Gala * han mantenido una presencia continuada en los escenarios. Los vinculados a la corriente realista que dominó en los años cincuenta y sesenta —Alfonso Sastre *, José María Rodríguez Méndez *, Lauro Olmo *, Carlos Muñiz *, José Martín Recuerda *, Ricardo López Aranda * y Ramón Gil Novales *—, en las escasas obras que han podido estrenar, han mostrado, junto a su fidelidad a antiguos presupuestos estéticos, una mayor inclinación por recrear e interpretar asuntos de la historia pasada.

Los autores del teatro experimental que proliferó entre 1968 y 1975 —Luis Riaza *, Juan Antonio Castro *, José Martín Elizondo *, Luis Matilla *, Ángel García Pintado *, José Ruibal *, Alberto Miralles * y Manuel Martínez Mediero *— han tenido, si se exceptúa a Francisco Nieva * y a José M.ª Bellido *, que se ha orientado hacia un teatro comercial de escasos vuelos, grandes dificultades para dar a conocer sus producciones. En 1986, Jerónimo López Mozo * resumía así las quejas de muchos de ellos: «Fuimos una generación castigada por una censura que se mostró muy severa con quienes nos oponíamos con mayor o menor fuerza, más o menos directamente, al sistema franquista [...] Contra lo que esperábamos, la llegada de la democracia no supuso el reconocimiento de nuestra obra ni, por tanto, la salida de la marginación. Quienes podían y debían asumir la revisión del teatro escrito antes de 1975 y recuperar sus textos más valiosos no lo hicieron, y si hubo algún intento, fue tan contrario a nuestros intereses, que causó más daño que beneficio». En 1977 se intentó recuperar para la escena española a Fernando Arrabal *. Sin embargo, la polémica acogida que obtuvieron los estrenos de *El arquitecto y el emperador de Asiria* (1977), *El cementerio de automóviles* (1977), *Oye, Patria, mi aflicción* (1978) y *El rey de Sodoma* (1983) enfrió los ánimos de los empresarios. Parecida suerte corrieron las presentaciones de *La risa en los huesos* (1989), de José Bergamín *, *Interview de Mrs. Muerta Smith por sus fantasmas* (1991), de Agustín Gómez Arcos *, y de *El adefesio* (1976), *Noche de guerra en el Museo del Prado* (1978) y *La pájara pinta* (1987), de Rafael Alberti *.

Otros escritores que vivieron en el exilio han permanecido marginados, con alguna excepción irrelevante, de nuestra escena. Así ha ocurrido con Max Aub *, Rafael Dieste *, Jacinto Grau *, León Felipe *, José Ricardo Morales *, Paulino Masip *, Álvaro Custodio * y Teresa Gracia (Barcelona, 1932), autora de *Las republicanas* (1984), *Casas Viejas* (1992), sobre los dramáticos acontecimientos ocurridos en este lugar en 1933, y *Una mañana, una tarde y una vida de la señorita Pura* (1992).

Mejor acogida han tenido otros dramaturgos de la vieja guardia —Valle-Inclán *, García Lorca * y, en menor medida, Jacinto Benavente *, Miguel Mihura *, Alfonso Paso *, Enrique Jardiel Poncela *, Carlos Arniches *, Pedro Muñoz Seca *, Pedro Pérez Fernández * y Alejandro Casona *— y de nuestro Siglo de Oro —en 1985 se creó la Compañía Nacional de Teatro Clásico, que comenzó sus actividades un año después—. Por otra parte, diversos novelistas y ensayistas —Carmen Martín Gaite *, Eduardo Mendoza *, Miguel Delibes *, Javier Tomeo *, Fernando Savater *, Gonzalo Torrente Ballester * y Fernando Quiñones *— han hecho sus pinitos en este género, con creaciones originales o con adaptaciones dramáticas de algunos de sus relatos.

También, como ha ocurrido en épocas pasadas, los empresarios han abierto sus puertas, preferentemente, a los cultivadores de un teatro de evasión, humorístico, de corte folletinesco o moralizador y de crítica amable y superficial. Entre los más favorecidos han estado Ana Diosdado *, Juan José Alonso Millán *, José Luis Martín Descalzo *, Jaime Salom * y Sebastián Junyent *. A ellos hay que añadir a: PEDRO MARIO HERRERO (Oviedo, 1929): *No le busques tres pies al alcalde* (1975), *Un día en libertad* (1983) y *El homenaje* (1988). JULIO MATHIAS (Málaga, 1921): *Prohibido seducir a los casados* (1984) y *Un sastre... a la medida* (1984). RAFAEL MENDIZÁBAL (San Sebastián, 1940): *Mi tía y sus cosas* (1985), *Mala yerba* (1989), *La abuela echa humo* (1990) y *De cómo Antoñito López, natural de Játiva, subió a los cielos* (1990). SANTIAGO MONCADA (Madrid, 1928): *Violines y trompetas* (1977), *Salvad a los delfines* (1985), *Entre mujeres* (1988), *El hombre del Taj-Mahal* (1990), *Cena para dos* (1991) y *Caprichos* (1992). MIGUEL SIERRA (Peñaflor, Zaragoza, 1932): *Alicia en el París de las maravillas* (1978), *María la Mosca* (1980), *La belleza del diablo* (1987) y *Palomas intrépidas* (1990). Por su parte, MARÍA MANUELA REINA (Puente Genil, Córdoba, 1957), después de diversas obras minoritarias —*El navegante* (1983), *El pasajero de la noche* (1987), *Lutero o La libertad esclava* (1987)—, se ha convertido, con las estrenadas posteriormente —*La cinta dorada* (1989), *Alta seducción* (1989), *Reflejos con cenizas* (1990) y *Un hombre de cinco estrellas* (1992)— en figura importante de este grupo. Recordemos, por último, que en los primeros años de vida democrática, algunos autores, a la cabeza de los cuales se sitúan Antonio D. Olano, Eloy Herrera y Fernando Vizcaíno Casas *, intentaron un teatro erótico y político de signo conservador —las libertades públicas suelen ser en sus dramas las culpables de todos los males del país—, de bajísima calidad literaria.

De los dramaturgos que han iniciado o consolidado su carrera en estos años, algunos —Álvaro del Amo, Alfredo Amestoy, Marisa Ares, Sergi Belbel, José Luis Alegre Cudós, Javier Maqua, Miguel Medina Vicario, Francisco Melgares, Vicente Molina Foix *, Jesús Riosalido * y Alfonso Vallejo *, entre otros— han permanecido fieles a procedimientos vanguardistas e innovadores —las exploraciones de mundos oníricos, la apropiación de técnicas habituales en el cine y en el teatro del absurdo y el intento de derribar las barreras que separan la realidad de la ficción y la vida de la apariencia han sido los más habituales— y, en algunos casos, se han decantado por actitudes nihilistas y por la denuncia, mediante el empleo a veces de símbolos y alegorías, de diversos aspectos de la sociedad contemporánea.

Otros —en especial, Miguel Alarcón, Fernando Almena, Jesús Alviz, Alfonso Armada, José Luis Alonso de Santos *, Francisco Benítez, Fermín Cabal *, Ernesto Caballero, Fernando Fernán Gómez *, Manuel Gómez García, Teodoro Gracia, Antonio Fernández Leyva, Eduardo Ladrón de Guevara, Jorge Márquez, Ignacio del Moral, Miguel Murillo, Antonio Onetti, Paloma Pedrero, Maxi Rodríguez y José Sanchis Sinisterra *—, aunque puedan servirse esporádicamente de técnicas más novedosas, se han esforzado por revitalizar el sainete, la farsa, el esperpento, la comedia de costumbres, el drama naturalista y el realismo poético y fantástico. A través de estas modalidades dramáticas han pretendido dar testimonio de los problemas de la sociedad en que viven (la violencia, el paro, la droga, la delincuencia y las más diversas formas de opresión social), en encontrar nuevos ángulos para enfrentarse a conflictos habituales del ser humano (la soledad, la incomunicación, el desvalimiento, la marginación, el amor, el sexo, como puede verse en *La edad de oro de los perros*, de Alfonso Armada, la frustración, la desesperanza, la necesidad de romper con prejuicios atávicos, eje de *La llamada de Lauren*, de Paloma Pedrero, las posibilidades de un cambio social, encaradas casi siempre, como ocurre en textos de Ernesto Caballero y Antonio Onetti, con notable escepticismo, etc.) o han tenido como meta el juego intrascendente y ameno. Tampoco han faltado los que se han orientado hacia un teatro histórico, ambientado en épocas remotas —algunas obras de Ignacio García May, Ángel Navas Mormeneo, Francisco Ors, Lourdes Ortiz y Concha Romero— o más recientes —la Guerra Civil española aparece, por ejemplo, en dramas de José Luis Alonso de Santos, Fernando Fernán Gómez y José Sanchis Sinisterra.

Señalemos también, por su contraste con el pasado, el cultivo de este género por un abundante número de mujeres (en 1987 se creó una Asociación de Dramaturgas con el fin de «reivindicar, sin ningún tipo de tinturas ideológicas ni pancartas feministas, la actividad dramatúrgica femenina y, a través del teatro, contribuir a mejorar la situación de la mujer dentro del contexto social, cuyo sistema se obstina todavía en cerrarle determinados ámbitos de actuación»).

A continuación, y sin propósitos de exhaustividad, damos una relación de estos dramaturgos —a ella hemos incorporado a Daniela Fejerman y Rodrigo García, que, aunque nacidos en Argentina, han desarrollado sus actividades teatrales en España—. Debe tenerse en cuenta, además, que muchos de ellos —Leopoldo Alas, José Luis Alegre Cudós, Álvaro del Amo, Jesús Alviz, Francisco Benítez, Teodoro Gracia, Javier Maqua, Sabas Martín, etc.— han cultivado también, con mayor intensidad y, a veces, con aciertos más rotundos, la poesía, la novela y el cuento: MIGUEL ALARCÓN (Granada, 1951): *Parábola* (1977), *Espiral* (1979), *Hotel Monopol* (1984) y *Réquiem* (1987). LEOPOLDO ALAS (Arnedo, Logroño, 1962): *Última toma* (1985) y *La pasión de Madame Artú*, obrita que formó parte del espectáculo *Precipitados* (1992). JOSÉ LUIS ALEGRE CUDÓS (Almunia de San Juan, Huesca, 1951): *Teatro Otro* (1978), *El gran teatro del mudo* (1982), *La madre que te parió (Your mother!)* (1983), *Minotauro a la cazuela* (1983), *Sala de No Estar* (1983) y *La hija de Hamlet* (1985). FERNANDO ALMENA (Córdoba, 1943): *Redobles para un mono libre* (1980), *Es muy peligroso asomarse... al exterior* (1982), *Ejercicios para ahuyentar fantasmas* (1983) y *Tinto con gaseosa* (1985). JESÚS ALVIZ (Acebo, Cáceres, 1946): *Inés María Calderón, virgen y mártir. ¿Santa?* (1985), sobre el crimen de Don Benito de 1902, y *Wallada* (Premio del I Certamen de la Comunidad de Madrid en 1990). IGNACIO AMESTOY (Bilbao, 1947): En sus obras —*Ederra* (1981), *Dionisio: una pasión española* (1983), sobre el poeta Dionisio Ridruejo *, *Doña Elvira, imagínate Euskadi* (1985), en donde, tomando como pretexto a Lope de Aguirre, reflexiona, como en otras ocasiones, sobre el País Vasco, y *Durango, un sueño. 1439* (1989)— ha intentado actualizar técnicas habituales en la tragedia clásica. ÁLVARO DEL AMO (Madrid, 1942): *Correspondencia* (1979), *Geografía* (1985), *Motor* (1988), *La emoción* (1992) y *Lenguas de gato* (1992). Es autor también de diversos ensayos sobre cine. MARISA ARES (Madrid, 1958): *Negro seco* (1986) y *Mordecai Slaughter en: «Rotos intencionados»* (1987). ALFONSO ARMADA (Vigo,

Pontevedra, 1958): *Cabaret de la memoria* (1987), *La balsa de la medusa* (1988), *La edad de oro de los perros* (1989), *Amor mortal* (1990). Estudió en la Escuela Superior de Arte Dramático. SERGI BELBEL (Tarrasa, Barcelona, 1963): *A.G./V.W. Calidoscopios y faros de hoy* (1986) —el resto de su teatro está escrito en catalán—. FRANCISCO BENÍTEZ (Córdoba, 1944): *Melodrama verídico de Burri de Carga* (1985), *Farsa inmortal del anís Machaquito* (1985), *Joaquín Muñoz en casa de las máscaras* (1986) y *El rosario de la Aurora* (1990). ERNESTO CABALLERO (Madrid, 1957): *Rosaura (El sueño es vida, Milady)* (1984), *El cuervo graznador grita venganza* (1985), *Squash* (1988), *Operación Feniscolta* (1988), *Sol y sombra* (1989), *Retén* (1991), de carácter antimilitarista, *Querido Ramón* (1992), espectáculo basado en textos de Ramón Gómez de la Serna *, *Mientras miren* y *A Cafarnaúm*, obritas que formaron parte del espectáculo *Precipitados* (1992), y *Auto* (1992), en donde cuatro personajes, ignorantes de los papeles que están obligados a representar, se enfrentan con una realidad esquiva. Se graduó en la Escuela Superior de Arte Dramático. TEÓFILO CALLE (Casas de Benítez, Cuenca, 1937): *Las cometas* (1986). JOSÉ LUIS CARRILLO (Cáceres, 1955): *Cómicos de fusia* (1980), *Gus, el idiota* (1980), *Opalina y los enanos* (1980), *Juegos de amor y adivinanzas* (1985) y *El brazalete engastado o La locura del amor* (1986). COSME CORTÁZAR (Bilbao, 1947): *Menina desnuda* (1989). GERMÁN DÍEZ BARRIO (Buenavista de Valdavia, Palencia, 1952): *El quinto viaje de Crislón* (1983) y *Los robotines* (1986). DANIELA FEJERMAN (Buenos Aires, 1963): *Ejercicio de olvido* (1986). ANTONIO FERNÁNDEZ LERA (Madrid, 1952): *Delante del muro* (1985), *Carambola* (1987), *Proyecto Van Gogh: entre los paisajes* (1989) y *Los hombres de piedra* (1990). RODRIGO GARCÍA (Buenos Aires, 1964): *Acera derecha* (1989), *Martillo* (1991) y *Matando horas* (1991). Es creador y director del grupo teatral «La Carnicería». IGNACIO GARCÍA MAY (Madrid, 1965): *Alesio, una comedia de tiempos pasados* (1987) y *Operación Ópera* (1991). Es profesor de la Escuela de Arte Dramático y autor de una adaptación de *Hamlet* (1988), de Shakespeare. YOLANDA GARCÍA SERRANO (Madrid, 1958): *Ecolodáctico. Un viaje rústico hacia lo mágico* (1983), *No hay función, por defunción* (1984) y *La llamada es del todo inadecuada* (1985). MANUEL GÓMEZ GARCÍA (Madrid, 1950): *¿Quién mató a la Demo?* (1983) y *Los lobos de Madrid* (1990). Es responsable también de una versión teatral de dos *Leyendas* de G. A. Bécquer *. TEODORO GRACIA (Puebla de la Calzada, Badajoz, 1952): *La herencia de Sixto* (1981) y *Trastos viejos* (1982). AMANCIO LABANDEIRA (Treviño, Burgos, 1939): Es autor de tres obras, *Una espada española en Florida*, *La cuestión de Nueva Orleans* y *De San Diego a Monterrey* (1991, en versión española e inglesa), en las que, mediante una escrupulosa reconstrucción arqueológica, analiza la presencia de España en la América del Norte durante los siglos XVI y XVIII. EDUARDO LADRÓN DE GUEVARA (Madrid, 1939): *Agencia* (1980), *Only you, amor mío* (1981), *Coto de caza* (1983), *Cosa de dos* (1986), *Volviste, Bisonte* (1987) y *Próxima parada, felicidad* (1992). MARIBEL LÁZARO (Pueblonuevo, Córdoba, 1948): *Humo de beleño* (1982), *«Mari y Julio»: dos dinosaurios pacíficos* (1982), *El mensaje de los dinosaurios felices* (1983) y *La fosa* (1986). FERNANDO [G.] LOYGORRY (Madrid, 1960): *De un solo golpe* (1984) y *La otra cara* (1990). JAVIER MAQUA (Madrid, 1945): *La soledad del guardaespaldas* (1987), *Triste animal* (1990) y *Coches abandonados* (1992). JORGE MÁRQUEZ (Sevilla, 1958): *Hernán Cortés* (1990), *Mientras que Némesis duerme* (1990) y *Hazme de la noche un cuento* (1991). ADOLFO MARSILLACH (Barcelona, 1928): *Yo me bajo en la próxima, ¿y usted?* (1981), *Mata-Hari* (1983) y *Feliz aniversario* (1990).

Ha escrito también diversas series para televisión. SABAS MARTÍN (Santa Cruz de Tenerife, 1954): *Las cartas de los náufragos* (1987), *Así que pasen cincuenta años* (1987), *Los ciegos* (1990), *La barraca de las maravillas maravillosas* (1990) y *Teatro de maniobras* (1990), en donde, mediante una parábola de carácter seudohistórico, lanza una diatriba contra la guerra. MIGUEL MEDINA VICARIO (Madrid, 1946): *Ratas de archivo* (1977), *El café de Marfil o Las últimas fiestas de las Acabanzas* (1978), *El laberinto de los desencantos* (1982), *El camerino* (1983), *Claves de vacío* (1983) y *La plaza (Fantasía para difuntos)* (1987). Ha publicado también el ensayo *El teatro español en el banquillo* (1976). Es profesor de la Escuela de Arte Dramático de Madrid. FRANCISCO MELGARES (Madrid, 1938): *Anselmo B, o la desmedida pasión por los alféizares* (1986). IGNACIO DEL MORAL (San Sebastián, 1957): *La Gran Muralla* (1982), *Soledad y ensueño de Robinsón Crusoe* (1983), *Sabina y las brujas (o La noche de Sabina)* (1985), *Una del Oeste* (1986), *3-9-1 Desescombro* (1986), *Historias para-lelas* (1987), escrita con Margarita Sánchez; *Zenobia* (1987), *Días de calor* (1988), *Acuárium* (1989) y *Papis y Oseznos*, obritas que formaron parte del espectáculo *Precipitados* (1992). MIGUEL MURILLO (Badajoz, 1953): *El reclinatorio* (1980), *El aparato* (1982), *Retablo* (1985), *Las maestras* (1986), *Tierra Seca* (1986), *Custodia y los gatos* (1986), *Dogma de fe* (1986) y *Perfume de mimosas* (1989). ÁNGEL NAVAS MORMENEO (Zaragoza, 1940): *Agón* (1989), obra en la que, tomando como pretexto los últimos días de Felipe II, lleva a cabo una inquietante reflexión sobre la enfermedad y la muerte. En 1992 ganó el Premio «Ciudad de Segovia» de teatro con *Náufragos del subsuelo*. NANCHO NOVO (La Coruña, 1958): *Poor Johnny* (1986) y *Maldita seas* (1991). ANTONIO ONETTI (Sevilla, 1962): *Los peligros de la jungla* (1986), *Malfario* (1987), *Líbrame, Señor, de mis cadenas* (1989), sobre la droga,

La diva al dente (1990) y *Marcado por el típex* (1990). FRANCISCO ORS (Casinos, Valencia, 1933): *Contradanza* (1978), donde, con personajes de la corte de Isabel I de Inglaterra, hace una apología de la libertad sexual, *El día de gloria* (1983) y *Viento de Europa* (1985). LOURDES ORTIZ (Madrid, 1943): *Las murallas de Jericó* (1980), donde diversos personajes, ficticios y reales —Larra *, Rimbaud, Malraux, Stalin, Trotski, etc.—, discuten sobre lo divino y lo humano; *Penteo* (1983) y *Yudita* (1988 y 1991). Es profesora de la Escuela de Arte Dramático. PALOMA PEDRERO (Madrid, 1957): *La llamada de Lauren* (1985), *Resguardo personal* (1985), *Invierno de luna alegre* (1987), *Besos de lobo* (1987), *El color de agosto* (1987), *Noches de amor efímero* (1989) y *Una estrella* (1990). LORENZO PÍRIZ-CARBONELL (Sitges, Barcelona, 1945): *Juana la loca* (1981), *Federico* (1982), *Entreacto* (1984), *Vivir, para siempre vivir* (1984), *Secretos de familia* (1985), *Electra y Agamenón* (1985), *El trapecio* (1986), *La actriz* (1987) y *Colón* (1991). ALFONSO PLOU (Zaragoza, 1964): *Laberinto de cristal* (1987) y *La ciudad, noches y pájaros* (1990). PILAR POMBO (Madrid, 1953): *Una comedia de encargo* (1984), *Mientras llueve* (1986), *Amalia* (1986) y *Remedios* (1987). CARMEN RESINO (Madrid, 1941): *Ulises no vuelve* (1983), *Personal e intransferible* (1988), *Teatro breve* (ocho piezas) (1990), *El oculto enemigo del profesor Schneider* (1990) y *Pop... y patatas fritas* (1991). MAXI RODRÍGUEZ (Mieres, Asturias, 1965): *Ondas* (1983), *El mio coito o la épica del B.U.P.* (1988), *El swin del maletín y otras acciones* (1988) y *El color del agua* (1990). CONCHA ROMERO (Puebla del Río, Sevilla, 1945): *Un olor a ámbar* (1983), sobre la esperpéntica lucha entre Alba de Tormes y Ávila para poseer los restos de Santa Teresa de Jesús *, y *Las bodas de una Princesa* (1988) y *Juego de Reinas* (1991), acerca de las relaciones de Isabel la Católica con su hermano Enrique IV y su hija Juana, respectivamente. ETELVINO VÁZQUEZ (Oviedo, 1950): *Malas noticias acerca de mí mismo* (1985), *Campo de Marte* (1985), *Carlota Corday* (1986) y *Devocionario* (1989). ANTONIO VELASCO SÁNCHEZ (Murcia, 1949): *La incierta luz de las sombras* (1990). Otras de sus obras, aunque han ganado premios, permanecen inéditas. ALFONSO [GARCÍA] ZURRO (Salamanca, 1959): *Farsas maravillosas* (1983), *Carnicerito torero* (1986), *Por narices* (1990) y *Carromato de cómicos* (1992).

Junto a estos autores, hay que referirse a diversos grupos teatrales, surgidos en los años sesenta y setenta o creados posteriormente, que han ofrecido, muchas veces en espacios abiertos, espectáculos en los que los elementos plásticos, sonoros y gestuales suelen dominar sobre la palabra. De ellos, sobresalen *Els Joglars*, que ha tenido a Albert Boadella como principal animador, *Els Comediants* , *La Cubana*, *La Fura dels Baus* y *Dagoll-Dagom*, en Cataluña, y *La Cuadra*, en Sevilla, con Salvador Távora * al frente.

BIBLIOGRAFÍA. F. Cabal y J. L. Alonso de Santos, *Teatro español de los 80* (Madrid, 1985); AA. VV., *La escritura teatral a debate*, edición coordinada por A. Fernández Lera (Madrid, 1985); A. Amorós, «El teatro», en *Letras Españolas (1976-1986)* (Madrid, 1987); *Documentos sobre el teatro independiente español*, edición coordinada por A. Fernández Torres (Madrid, 1987); P. W. O'Connor, *Dramaturgas españolas de hoy* (Madrid, 1988); L. García Lorenzo, «Teatro español último: de carencias y realidades», en *Cuenta y Razón*, núms. 48-49 (1989), págs. 51-57; C. Oliva, *El teatro desde 1936* (Madrid, 1989) y «El teatro», en *Historia y crítica de la Literatura española*, vol. 9 (Barcelona, 1992). [A.R.]

TEATRO INDOAMERICANO COLONIAL. El teatro fue considerado en la

América hispánica como instrumento idóneo para el adoctrinamiento de los indios. De esta manera se explica la proliferación del teatro misionero desde el asentamiento de las primeras colonias, con un fuerte componente indígena que facilitó la labor proselitista. La temática era generalmente religiosa y con frecuencia se recurría al marco genérico del auto sacramental. Dentro del teatro prehispánico está documentada, en especial por los cronistas, la existencia de representaciones autóctonas: *areytos* (Caribe), *taquis* (Perú), *mitotes* (México) y el *tun* quiché, base del *Rabinal Achí*, encontrado en 1859 y luego traducido al español y publicado en 1862. En quechua se escriben tres obras peruanas: el *Ollantay*, *Usca Paúcar* y *La tragedia del fin de Atau Wallpa*, deudoras todas ellas de la tradición dramática española y la transmisión oral, y que dejan traslucir el desencanto y las nostalgia de un pueblo sometido *(Ollantay)* o el odio a los conquistadores *(Tragedia del fin de Atau Wallpa)*. Otra obra importante —además de textos como *Adoración de los Reyes, Historia de la conquista de Quesaltenango, El pobre más rico* de Gabriel Centeno de Osma o *El hijo pródigo* de Juan Espinosa Medrano *— es el *Güegüense* de Nicaragua, publicado en 1874, compuesto en una mezcla de náhuatl y español, y cuya base argumental es la resistencia pasiva a la autoridad.

BIBLIOGRAFÍA. J. Basadre, *Literatura inca* (París, 1938); J. Cid Pérez y D. Martí de Cid, *Teatro indoamericano colonial* (Madrid, 1970); F. Horcasitas, *El teatro náhuatl. Épocas novohispana y moderna* (México, 1974); R. Acuña, *Farsas y representaciones escénicas de los mayas antiguos* (México, 1978). [R.F.B.]

TEATRO MEDIEVAL. La Edad Media europea conoció un espléndido desarrollo teatral. Controvertido, como siempre, el problema de sus orígenes, la opinión más generalizada los sitúa en el marco de la liturgia de la Iglesia. De ese modo, han ido perdiendo fuerza otros argumentos menos extendidos que reclamaban su ascendencia en ceremonias y ritos paganizantes de carácter popular o que contemplaban la posibilidad de conectarla con reminiscencias del teatro clásico. En realidad, aquellas ceremonias de tipo folclórico (cantos, bailes, danzas) se verían más bien prolongadas en los espectáculos juglarescos y en determinadas formas de la poesía tradicional. La Iglesia, en cambio, tras condenarlas y prohibirlas, les opondría su propio ceremonial dramático, en el que también había sabido reinsertarlas. El teatro clásico, por su parte, llega a la Edad Media como resto culto y minoritario, sin vigor para generar de suyo un espectáculo popular, y sólo dejará su huella en determinadas creaciones eruditas, como las piezas latinas de la monja alemana Hrostwitha, en el siglo X, o la llamada «comedia elegiaca» de los siglos XII y XIII. Fue, pues, la Iglesia la que dio impulso al espectáculo dramático, aprovechando sin duda que su ceremonial e incluso la propia misa poseían un cierto carácter teatral, rememorativo. A fines del siglo IX, en el monasterio benedictino de Saint-Gall, en Suiza, se inició la costumbre de introducir determinadas interpolaciones cantadas o *tropos* en los textos litúrgicos, interpolaciones que en seguida cobrarían forma dialogada y escenificada al alternar en ellas las intervenciones de coro y solistas. Los primeros tropos se produjeron en el introito de la misa del domingo de Pascua, donde pasó a escenificarse un diálogo entre el ángel y las santas mujeres que llegan al sepulcro de Cristo. Esa ceremonia, conocida con el nombre de *Visitatio sepulchri*, se extendió pronto por las iglesias y monasterios europeos, al tiempo que se le incorporaban otras escenas que iban ensanchando su cuerpo dramático. Sobre ese esquema representacional se creó también un nuevo drama litúrgico para la noche de Navidad, conocido como *Officium pastorum*, que rememoraba el diálogo de los pastores evangélicos ante el pesebre donde había nacido Cristo. Para las mismas festividades navideñas se crearon también otros dramas, como el *Ordo stellae*, sobre la adoración de los Magos, y el *Ordo prophetarum*, imponente desfile de profetas que daban testimonio de la divinidad de Cristo nacido y que cerraba la sibila Eritrea anunciando el juicio final. Progresivamente fue apareciendo también el drama en lengua vulgar, bien a través de versiones de aquellas piezas latinas, bien sobre todo a partir de adaptaciones vernáculas de responsorios y otras lecciones litúrgicas *(Jeu d'Adam)*. Las representaciones se fueron haciendo así más complejas, con mayor número de actores y aparato, y salieron del templo a la plaza pública. Las vidas de santos, los milagros de la Virgen, los episodios de la vida y pasión de Cristo, temas de carácter teológico y moral con intervención de figuras alegóricas, muchas veces combinado todo ello con escenas e intercalados de tipo cómico, fueron los asuntos de que en lo sucesivo pasó a ocuparse el teatro medieval.

En España, la situación y el desarrollo de aquel teatro es bastante diferente a la descrita. Mientras que el este peninsular conoció un teatro idéntico al de Europa (drama litúrgico en latín, representaciones vernáculas, misterios y pasiones, que en algún caso han llegado hasta el presente), no ocurrió lo mismo en otras zonas de la Península. Castilla, en efecto, presenta una gran carencia de textos dramáticos hasta el siglo XV. Parece que en el oeste peninsular apenas fue conocido el drama litúrgico en latín (sólo los casos muy aislados y esporádicos de Silos y Compostela documentan alguna versión de la *Visitatio sepulchri*), debido seguramente a la tardía implantación del rito romano. Lo que hubo de prosperar, en cambio, serían adaptaciones en lengua vulgar introducidas por la clerecía francesa cluniacense, así como determinadas formas representacionales vernáculas creadas sobre el ceremonial litúrgico o las lecciones evangélicas. Esa situación es la que viene a reflejar y propiciar el célebre pasaje de las *Partidas* de Alfonso X * el Sabio, en el que se precisan las representaciones que pueden hacer los clérigos: «así como de la *nascencia* de Nuestro Señor Jesu Christo, en que muestra cómo el ángel vino a los pastores [...], e otrosí de su aparición, cómo los tres *Reyes Magos* le vinieron adorar; e de su *Resurrección*, que muestra que fue crucificado e resucitado al tercer día». A ella respondería ya el famoso *Auto* (o *Representación*) de los Reyes Magos *, de fines del siglo XII, de probable ascendencia franca y creado a impulsos de las representaciones litúrgicas, pero sobre bases textuales diferentes, en este caso los apócrifos y el *Évangile de l'enfance*. Muestras también de aquel estado de cosas habrían de considerarse las ceremonias de la catedral toledana en el siglo XIII que describió en 1765 el canónigo Fernández Vallejo: una es una versión vulgarizada próxima al *Officium pastorum* y la otra un canto de la sibila, también en lengua vulgar.

Sólo a partir del siglo XV comienza a haber datos más precisos sobre actividades dramáticas y textos teatrales. De un teatro sacro en las iglesias, para las mismas ocasiones que ya reseñaba el texto de las *Partidas*, dan noticia, por ejemplo, el Concilio de Aranda de 1473, el complutense de 1480 o las sinodales de Ávila de 1481. Toledo continuó siendo también un vigoroso foco teatral y allí se documenta, además de numerosas representaciones para el Corpus desde fines de siglo, un *Auto de la Pasión*, escrito y adaptado por Alonso del Campo, capellán de coro de la catedral desde 1486. Muestras también de ese teatro sacro, pero localizado ahora en ambientes conventuales franciscanos, son la *Representaçión del Nasçimiento de Nuestro Señor*, compuesto por Gómez Manrique * para el monasterio de Calabazanos, y el anónimo *Auto de la huida a Egipto*, escrito para el convento de clarisas de Santa María de la Bretonera. Este teatro eclesiástico pasó también en la época a las cortes señoriales, según documenta la *Crónica del condestable don Miguel Lucas de Iranzo* *, en cuyo palacio jienense se celebraban todos los años representaciones sobre el nacimiento y los Reyes Magos, y conforme se desprende incluso de la obra de Juan del Encina * para los duques de Alba. Pero los ambientes cortesanos desarrollaron también otros espectáculos teatrales de carácter profano. De esa condición son los *momos*, juegos y mascaradas muy diversas a que aluden reiteradamente las crónicas, y para alguno de los cuales compuso letra Gómez Manrique, y seguramente diversas piezas dialogadas que aparecen recogidas en los cancioneros poéticos de la época, como el anónimo *Diálogo del viejo, el Amor y la hermosa*, el *Diálogo del Amor y un viejo*, de Rodrigo Cota *, o las *Coplas de Puertocarrero*. A un teatro de carácter politicoalegórico y pastoril pertenecería la *Égloga* de Francisco de Madrid, de 1495, y tal vez la anónima *Égloga del molino de Vascalón*.

BIBLIOGRAFÍA. K. Young, *The Drama of the Medieval Church* (Oxford, 1933); R. B. Donovan, *The Liturgical Drama in Medieval Spain* (Toronto, 1958); F. Lázaro Carreter, *Teatro medieval* (Madrid, 1965); O. B. Hardison, *Christian rite and Christian drama in the Middle Ages* (Baltimore, 1965); H. López Morales, *Tradición y creación en los orígenes del teatro castellano* (Madrid, 1968); J. Drumbl, «Quem quaeritis». *Teatro sacro dell'alto medioevo* (Roma, 1981); R. E. Surtz (ed.), *Teatro medieval castellano* (Madrid, 1983); A. Gómez Moreno, *El teatro medieval castellano* (Madrid, 1991). [M.A.P.P.]

TEATRO MENOR DE LOS SIGLOS XVI Y XVII. Las representaciones teatrales del Siglo de Oro no estaban constituidas únicamente por una comedia: antes de ella, entre cada uno de sus actos y al final se solían ofrecer, también, otras piececillas dramáticas, conocidas según su forma y su lugar en la representación como loa, entremés, jácara, baile y mojiganga o fin de fiesta, la mayoría de ellas tomadas de los hábitos de representación en el teatro de colegio *. Además de distraer de la acción principal de la comedia, estas piezas servían para entretener al público mientras los actores descansaban, se cambiaban de ropa o se preparaba el escenario para el siguiente acto. Normalmente, estas piezas no tenían ninguna relación con el asunto de la comedia y, con frecuencia, ni tan siquiera eran del mismo autor, pero no por ello hay que creer que fueran menos importantes, pues, además de que conservamos obrillas de los mejores escritores dramáticos (desde Lope de Vega * o Calderón de la Barca *), muchas veces un buen entremés o un buen baile podían salvar una representación.

La *loa* se entonaba siempre al principio de la función, y solía servir de introducción: se pedía silencio, se encomiaba la labor de los actores y se alababa al público. Frecuentemente, podía relatarse brevemente el asunto de la comedia que seguía. Sabemos de su uso desde mediados el siglo XVI, si bien ya desde tiempos de Juan del Encina * solían entonarse unos versos para situar la acción. Prácticamente todos los autores escribieron loas para sus comedias, aunque Rojas Villandrando * reunió en *El viaje entretenido* cuarenta loas que podían servir para cualquier comedia y en las que se elogiaba esta o aquella ciudad, las virtudes del teatro, la poesía, los días de la semana, etc. También Andrés Gil Enríquez, Salazar y Torres *, Antonio de Solís * y otros autores se especializaron en escribir loas apropiadas para cualquier comedia, hasta el extremo de que el público se hastió de escuchar siempre el mismo tipo de elogios, fuera cual fuera el asunto de la comedia. Así, mediada la segunda década del siglo XVII, se habían suprimido de la mayoría de las representaciones y se guardaban únicamente para las grandes ocasiones (actuaciones en la Corte, presentación de la compañía en una ciudad nueva) y las representaciones religiosas.

El *entremés*, que también recibía los nombres de *comedia antigua* o *sainete*, solía situarse al final del primer acto de la comedia, aunque a veces podían representarse dos: uno al final de cada acto. Generalmente, en estas obritas se escenificaba la burla de un personaje avispado a otro bobo, como en los *Pasos* de Lope de Rueda *, el gran creador del género: los personajes eran tipos vulgares, casi folclóricos (el alcalde ignorante, el estudiante, la gitana, el vizcaíno, el negro) y las situaciones eran de lo más cotidiano. Solían escribirse en prosa, pero entre 1600 y 1620 fue ganando terreno el entremés en verso. Entre los mejores entremeses primitivos cuentan *El examinador micer Palomo*, de Antonio Hurtado de Mendoza *, y los anónimos *Melisendra* y *Los romances*, y de los autores que lo llevaron a la madurez hay que mencionar singularmente a Cervantes * y Quiñones de Benavente *, que fijaron diferentes tipos: entremeses de enredo (un personaje se burla de otro), de costumbres (se recrea una merienda, un día de fiesta) o de caracteres (diversos personajes se presentan ante otro). Fiel a su visión burlona, el entremés no muestra nunca el interior de sus personajes: se limita a burlarse de ellos igual que hace el espectador. Entre sus cultivadores más celebrados cabe recordar a Francisco de Ávila, Francisco Bernardo de Quirós y Francisco de Castro.

El *baile* (a modo de *ballet*, diríamos hoy) solía situarse entre el segundo y el tercer acto, aunque también podía representarse al fin del entremés, como cierre. En un principio se limitó a una letrilla que describía los movimientos que iban haciendo los actores, pero más adelante se convirtió en toda una dramatización independiente (llamada a veces *baile entremesado* o *entremés bailado*), como el *Baile del caballero de Olmedo* o el *Baile de Celestina*, anónimos. La variedad de bailes que se podían representar era enorme, y entre los más famosos cuentan la *zarabanda* (muy criticada por sus movimientos lascivos), la *chacona*, el *matachín*, la *pavana*, la *folía*, etc. Entre sus mejores cultivadores figuraron León Merchante *, Salazar y Torres y Pedro Francisco Lanini.

La *mojiganga* apareció mediado el siglo XVII. Consistía en una representación ridícula, en la que los actores llevaban atuendos estrafalarios o disfraces de animales, aunando características del entremés (al escenificarse brevemente una burla o una situación cómica) y el baile. Solía aparecer al final de la representación y, entre bailes y música, ponía fin al espectáculo. Sin embargo, no era normal que se representaran ordinariamente, así que se reservaban para ocasiones extraordinarias (cumpleaños de los reyes, nacimiento de los infantes) y días de fiesta (Corpus Christi, Carnaval, San Juan, Navidad), desapareciendo definitivamente en los primeros años del siglo XVIII. Entre los autores que las cultivaron podemos recordar a Román Montero, Francisco Antonio Monteser o Vicente Suárez Deza. Muy parecido a la mojiganga era el *fin de fiesta:* aunque no era tan estrafalario ni ruidoso tenía, esencialmente, sus mismas características.

Hay que mencionar, por último, la *jácara*, una composición que solía representarse entre dos actos o al final de la comedia. Normalmente, aparecía una actriz y cantaba, con una música peculiar y lenguaje de germanía, un romance de tema rufianesco: peleas entre jaques, broncas entre prostitutas y rufianes, vidas de ladrones, etc. Entre las más famosas cuentan las de *Ñarro* y *Periquillo el de Madrid*, anónimas. A veces podía escenificarse la acción que se narraba, introduciendo otro personaje, y se llamaba entonces *jácara entremesada*. Fue el género más apreciado desde que se introdujo, a principios del siglo XVII, y frecuentemente era exigido por el público cuando no se les ofrecía: tanto es así que se formaron verdaderas relaciones de delincuentes fingidos, continuadas y contestadas por nuevas jácaras y nuevos personajes. Su éxito motivó que llegaran a introducirse jácaras en los entremeses y en los bailes. También algunos autores decidieron hacer jácaras *a lo divino*, sobre vidas de santos, pero no tuvieron demasiado éxito.

BIBLIOGRAFÍA. E. Cotarelo, *Colección de entremeses, loas, bailes, jácaras y mogigangas* (Madrid, 1911); E. Asensio, *Itinerario del entremés desde Lope de Rueda a Quiñones de Benavente* (Madrid, 1965); J. L. Flecniakoska, *La loa* (Madrid, 1975); L. Garcia Lorenzo (ed.), *Los géneros menores en el teatro español del Siglo de Oro* (Madrid, 1988). [R.R.]

TEILLIER, JORGE (Lautaro, Chile, 1935). Su poesía buscó inspiración en la vida aburrida y gris de una persona cualquiera, en las anécdotas insignificantes de cada día, en la atmósfera provinciana de su tierra natal. Entre sus libros de versos se cuentan *Para ángeles y gorriones* (1956), *El cielo cae con las hojas* (1958), *El árbol de la memoria* (1961), *Poemas del país de nunca jamás* (1963), *Los trenes de la noche* (1964), *Crónica del forastero* (1968), *Muertes y maravillas* (1971) y *Pueblos y fantasmas* (1978). [T.F.]

TEITELBOIM, VOLODIA (Chillán, Chile, 1916). Narrador y ensayista chileno, militante comunista y escritor comprometido en la línea del realismo crítico. En colaboración con Eduardo Anguita *, preparó la *Antología de poesía chilena nueva* (1935), obra de gran importancia en la evolución literaria del país. Ya en el exilio, ha dirigido la revista *Araucaria de Chile*. Su primera novela, *Hijo del salitre* (1952), reúne el afán testimonial con la denuncia de las condiciones del proletariado campesino. A ésta le siguieron *La semilla en la arena* (1965) y *La guerra interna* (1979). Como ensayista, ha publicado *El amanecer del capitalismo y la conquista de América* (1945), *Hombre y hombre* (1969), *El oficio ciudadano. El pan y las estrellas* (1973), *Pólvora del exilio* (1975), *La lucha continúa* (1976) y *Neruda* (1984). [J.A.C.]

TEIXIDÓ, RAÚL (Sucre, Bolivia, 1943). Novelista y cuentista boliviano. Su primer libro, *El sueño del pez* (1965), reúne cuentos surrealistas y angustiosos. *Los habitantes del alba* (1969) está compuesto de tres historias de adolescencia y juventud que giran en torno del amor, la esperanza y la amistad. [J.L.F.]

TEJADA, AGUSTÍN DE. Véase CANCIONEROS Y ROMANCEROS DE LOS SIGLOS XVI Y XVII.

TEJADA, JOSÉ LUIS. (El Puerto de Santa María, Cádiz, 1927-1990). Poeta y ensayista. Trabajó como profesor de Literatura en la Universidad de Cádiz. Entre sus libros de poemas se encuentran *Para andar conmigo* (1962), *El cadáver del alba* (1968), *Poemía* (1985) y *Aprendiz de amante* (1986). Publicó también un ensayo titulado *Rafael Alberti entre la tradición y la vanguardia* (1977). La poesía de José Luis Tejada recoge la técnica de las formas clásicas y elementos populares de la cultura andaluza. [L.G.M.]

TEJADO Y RODRÍGUEZ, GABINO (Badajoz, 1819-Madrid, 1891). Colaboró en *El Extremeño, El Padre Cobos, El Laberinto, Los españoles pintados por sí mismos* y *El Pensamiento Español*. El título de su discurso de entrada en la Real Academia, «La España que se va», dice claramente cuál es la ideología de las novelas (*El caballero de la reina*, 1847; *Víctimas y verdugos. Cuadros de la Revolución Francesa*, 1859; *La mujer fuerte*, 1859; *El ahorcado de palo y Mundo, demonio y carne*, 1878) que llevan su firma. Tradujo a Manzoni y es autor, también, del drama *La herencia de un trono* (1848). [J.B.]

TEJEDA, GASPAR DE. Véase LITERATURA EPISTOLAR EN LOS SIGLOS XVI Y XVII.

TEJEDA Y GUZMÁN, LUIS JOSÉ DE (Córdoba del Tucumán, Argentina, 1604-1680). Se le considera el primer poeta importante de la Argentina. Fue encarcelado en 1660 y en 1663 se ordenó dominico. Su obra se conservó en un manuscrito autógrafo titulado *Libro de varios tratados y noticias*, que se publicó por primera vez en 1947. Antes se habían dado a conocer *El peregrino en Babilonia y otros poemas* (1916) y *Coronas líricas. Prosa y verso* (1917). «El peregrino en Babilonia», poema narrativo de carácter autobiográfico, ofrece especial interés, aunque la fama de Tejeda se basa sobre todo en sus composiciones de inspiración religiosa. [R.F.B.]

TEJERA, NIVARIA. Véanse HISPANOAMÉRICA: NARRATIVA ACTUAL e HISPANOAMÉRICA: POESÍA ACTUAL.

TELLADO, CORÍN. Véase NOVELA ROSA.

TÉLLEZ, GABRIEL. Véase TIRSO DE MOLINA.

TÉLLEZ, HERNANDO (Bogotá, 1908-1966). Escritor colombiano, destacó por la novedad y agudeza de sus comentarios sobre la realidad nacional y sobre temas literarios, reunidos en volúmenes como *Inquietud del mundo* (1943), *Luces en el bosque* (1966), *Literatura* (1951), *Literatura y sociedad* (1956) y *Confesión de parte* (póstumo, 1967). En sus cuentos, reunidos en *Cenizas para el viento y otras historias* (1950), se refirió reiteradamente a la violencia que azotó Colombia a partir de 1948. [F.C.L.]

TÉLLEZ, TELLO (seudónimo). Véase PÉREZ Y GONZÁLEZ, FELIPE.

TÉLLEZ RUBIO, JUAN JOSÉ. Véase POESÍA ESPAÑOLA POSTERIOR A 1975.

TENORIO, JOSÉ MANUEL. Véase FABULISTAS ESPAÑOLES DE LOS SIGLOS XVIII-XIX.

TENORIO, MIGUEL ÁNGEL. Véase HISPANOAMÉRICA: TEATRO ACTUAL.

TENREIRO, RAMÓN MARÍA (La Coruña, 1879-Berna, Suiza, 1938). Estudió Derecho. Fue crítico literario de la revista *La Lectura* y colaboró en *El Sol* y en otras muchas publicaciones. Obtuvo acta de diputado en las Cortes de la República por el Partido Republicano Gallego. Su obra narrativa, en la que destacan los toques líricos, el vocabulario levemente arcaizante y la inclinación por demorarse en la descripción de emociones y sensaciones y por introducir referencias culturales, se compone de *Embrujamiento* (novela breve, 1908), *Lunes antes del alba* (cuentos, 1918), *El loco amor* (1925), *Dama pobreza (Un milagro de San Francisco)* (1926), *Nuevas florecillas de San Francisco* (1927), «ramillete denso de la fragancia que conservan en nuestro recuerdo las narraciones oídas de los labios maternos»; *La balada del viento* (novela corta, 1927), *La esclava del Señor* (1927) y *La ley del pecado* (1930). Es autor, además, de *El califa Cigüeña y otros cuentos de W. Hauff* (1932) y de una adaptación para niños de *El conde Lucanor*, de don Juan Manuel * (1934). Tradujo también diversas obras de Goethe, Hebbel, Fogazzaro y Joergensen, entre otros. [A.R.]

TEODORO, ANASTASIO. Véase LITERATURA FILIPINA.

TEOTICO, JOSÉ R. Véase LITERATURA FILIPINA.

TERÁN, ANA ENRIQUETA (Valera, Trujillo, Venezuela, 1918). Poetisa venezolana, figura fundamental de los grupos poéticos surgidos en 1942. Sus primeros poemas, reunidos en sus libros *Al norte de la sangre* (1946) y *Presencia terrena* (1949), rinden tributo a las formas clásicas, a Garcilaso de la Vega * y a Góngora *. Trabaja luego el verso libre y el poema en prosa, especialmente en los textos recogidos en *Libro de los oficios* (1975) y *Música con pie de salmo* (1985). Varios libros de poemas permanecen aún inéditos. En 1989 le es adjudicado el Premio Nacional de Literatura. Otros poemarios: *Verdor secreto* (1949), *Testimonio* (1954), *De bosque a bosque* (1970) y *Casa de hablas* (1991).

BIBLIOGRAFÍA. J. de D. Andrade, *Notas sobre la poesía de Ana Enriqueta Terán* (Valera, 1969). [J.R.M.]

TERÁN Y ZORRILLA, LUIS DE. Véase FOLLETÍN.

TERCERA CRÓNICA GENERAL. Véase CRÓNICA GENERAL «VULGATA».

TERESA DE JESÚS, SANTA (Ávila, 1515-Alba de Tormes, Salamanca, 1582). Religiosa carmelita que fue escritora por obediencia religiosa y cuyas obras lograron una gran difusión y le concedieron un lugar importante en la mística literaria de los Siglos de Oro. Teresa de Cepeda y Ahumada nació en el seno de una familia de mercaderes de ascendencia conversa; su abuelo había sido penitenciado en 1485 en Toledo, y su padre, que pasó a Ávila sus negocios, vinculó a su familia con linajes hidalgos de esta ciudad. Teresa, de figura hermosa, pronto se aficionó a la lectura de los libros de ficción, sobre todo de caballerías, y luego siempre fue inclinada a leer los «buenos libros». No tenía una formación en las humanidades de altos vuelos teológicos, lo que achacaba a haber sido mujer («no tenemos letras las mujeres»). Confiesa, sin embargo, haber leído libros de preparación devota y espiritual (San Jerónimo, San Agustín, San Gregorio, la *Vida de Cristo*, fray Francisco de Osuna *, fray Bernardino de Laredo, etc.). Debido a estas inquietudes, siempre fue amiga de «letrados» y gran conversadora con ellos. Con una gran intuición y destreza intelectual, supo formarse un criterio firme, con el que pudo defender el ansia de verdad que la movía y no caer en peligros heréticos.

Sus hermanos fueron acomodándose, sobre todo en empresas de Indias; en 1530, Hernando se fue al Perú con Francisco Pizarro; Rodrigo, al Río de la Plata en 1535; y les siguieron Lorenzo y Jerónimo; y en 1535 Teresa profesó en el convento de la Encarnación, de las carmelitas descalzas de Ávila. Así comenzó una propia aventura espiritual que no acabó hasta su muerte.

Durante años, la vida conventual de la monja corrió por los cauces de la disciplina común del Carmelo, con achaques corporales y alguna manifestación excepcional de su vida interior. En 1562 inició la labor de restituir a su forma primitiva la disciplina de las monjas en Ávila, en el convento de San José; la ciudad no se mostró generosa con el intento de reforma y Teresa tuvo que ayudarse, para salir adelante, de los caudales enviados por su hermano Lorenzo desde América. La Orden calzada recibió con hostilidad los propósitos de Teresa, y, apoyada en su prevención y recelo por el nuncio Monseñor Sega, quiso encerrarla en Toledo, pero sus amigos (entre los que estaban fray Luis de León * y fray Juan de la Cruz *) la ayudaron, así como los jesuitas; y en la corte el conde de Tendilla movió a Felipe II en favor del propósito reformista, grato al rey, y se logró la consideración de provincia independiente para los descalzos. Desde entonces la actividad de Teresa es imparable, y asegura con ello la prosecución de su Reforma, a la que se entrega en cuerpo y alma, viajando a los lugares en que va fundando y organizando los nuevos conventos. Esto no le impide, al mismo tiempo, dedicarse a escribir los libros y cartas que cree más convenientes para el logro de su fin.

Toda su obra estuvo siempre en relación con el propósito religioso que movió su vida; en sus escritos se reúnen experiencia y doctrina; aparentemente es el suyo un escribir «desconcertado», pero en él subyace un tenso cañamazo doctrinal, como indica V. García de la Concha; es un desconcierto que instaura la teología en la propia vida; y además sabe dar noticia de esta experiencia. En el *Libro de la vida* (1588), escrito por obediencia, cuenta su vida desde la niñez, en lo que puede ser una confesión espiritual escrita; es como «una carta de grandes dimensiones», según O. Steggink, dirigida a sus directores espirituales. Si esta obra es el testimonio de su alma, una obra «interior», en contraste, el *Libro de las fundaciones* (1613) representa la narración de la actividad a que le condujo su vocación caminante como fundadora de la provincia del Carmelo descalzo.

Las *Moradas o castillo interior* (1588) es consecuencia del esfuerzo por presentar un sistema de su experiencia y visiones interiores; las siete moradas son sucesivos grados de la oración que conducen a Dios. El *Camino de perfección* (1588) «trata de avisos y consejos que da Teresa de Jesús a las hermanas religiosas e hijas suyas», como ella estampa en cabeza del libro.

Escribió otras obras dentro de este dominio del alma y de la acción religiosa movida por ella: relaciones, conceptos, exclamaciones, constituciones, avisos, «modos de visitar», pensamientos y sentencias. Subrayaremos la gran importancia de otras dos actividades: la epistolar, muy intensa y variada, en la que logra su más alta espontaneidad —más de 400 cartas han llegado hasta nosotros—. Quien ojea un mapa con la indicación de los caminos que corrió Teresa por España se asombra; y allí donde no pudo llegar su presencia, la carta le permitió dirigir sus conventos, aconsejar o reprender, según fuese conveniente. Su epistolario es así el complemento de sus viajes. Y, en contraste, Teresa cultivó también la poesía; en esto hizo como otras muchas mujeres de la época, algunas monjas como ella, sólo que esta poesía estaba dedicada exclusivamente a la alegría interior del convento; casi todas son glosas de cantares a lo divino inventados.

La consideración editorial (vía de la literaria) de Teresa comienza en la corte del rey: María, hermana de Felipe II, quiso en 1586 que se imprimiese *El libro de la vida;* se pidió el manuscrito a la Inquisición, y, ya aprobado, se juntó con otros libros de ella, *Camino de perfección* y *Moradas*, y con la recomendación del Consejo de la Orden pasó al Consejo Real, y a manos de fray Luis de León, que cuidó de su censura y publicación conjunta en el volumen *Libros de la madre Teresa de Jesús* (Salamanca, 1588). La *Apología* de la misma, escrita en 1589, además de una defensa de su edición, es un reconocimiento de la capacidad expresiva de Teresa; y a partir de ahora se producirá la gran difusión impresa de los escritos, cuya categoría literaria se basa en su accesibilidad comunicativa, trate asuntos elevados de mística o a ras del suelo.

Sus méritos religiosos se vieron pronto reconocidos por la Iglesia: fue beatificada en 1614 y canonizada en 1622. Su fama llegó al punto de que Felipe IV en 1627 inició su propuesta para que fuese patrona de los reinos de España, y celebró fiestas con este propósito, pero encontró la oposición de los santiaguistas, como Quevedo *, y no prosperó la propuesta. La obra de Teresa de Jesús quedó incorporada a la literatura de la mística española, con sus preferencias por el activismo y la comunicación, no sólo con las minorías, sino accesible también a otros muchos; y al mismo tiempo que autora de libros religiosos se la reconoce como una escritora de primer orden en la literatura española de los Siglos de Oro. Este fue el juicio que puso fray Luis de León en la carta-dedicatoria de la primera edición de sus obras, antes referida: «... Porque en la alteza de las cosas que trata, y en la delicadeza y claridad con que las trata, excede a muchos ingenios; y en la forma del decir, y en la pureza y facilidad del estilo, y en la gracia y buena compostura de las palabras, y en una elegancia desafeitada [sin adornos] que deleita en extremo, dudo yo que haya en nuestra lengua escritura que con ellos se iguale.» Este juicio es hoy válido, como lo era en la primera salida de sus obras a la imprenta. En 1970 Pablo VI la nombró Doctora Universal de la Iglesia.

BIBLIOGRAFÍA. G. Etchegoyen, *L'amour divin. Essai sur les sources de Sainte Thérèse* (Burdeos-París, 1923); S. de Santa Teresa, *Vida de Santa Teresa de Jesús* (Burgos, 1937-39); Santa Teresa de Jesús, *Obras completas*, 3 vols. (Madrid, 1951-86); M.ª Jiménez Salas, *Santa Teresa de Jesús: bibliografía fundamental* (Madrid, 1962); F. Márquez Villanueva, «Santa Teresa y el linaje», en *Espiritualidad y literatura en el siglo XVI* (Madrid, 1968); AA. VV., *Introducción a la lectura de Santa Teresa* (Madrid, 1978); V. García de la Concha, *El arte literario de Santa Teresa* (Barcelona, 1978); E. Renault, *Santa Teresa de Ávila y la experiencia mística* (Palencia, 1981); E. de la Madre de Dios, O. C. D., y O. Steggink, O. C., *Santa Teresa y su tiempo*, 3 vols. (Salamanca, 1982-1984); AA. VV., *Actas del Congreso Internacional Teresiano* (Salamanca, 1983); AA. VV., *Santa Teresa y la literatura mística hispánica* (Madrid, 1984); S. T. de Jesús, *Libro de la vida*, comentario literario de F. Rico, noticia preliminar y texto de J. García López (Barcelona, 1989). [F.L.E.]

TERRAZAS, FRANCISCO DE. Véase CONQUISTADOR ANÓNIMO, EL.

TERRAZAS, FRANCISCO DE (México, ¿1525?-¿1600?). Hijo del conquistador del mismo nombre, es el primer poeta nacido en Nueva España del que se tiene noticia. Es una figura de gran popularidad en el ambiente literario de su época. Cervantes * lo alaba en su *Canto de Calíope*. Como poeta lírico destacan los sonetos insertos en el cancionero *Flores de baria poesía* (México, 1577). Es célebre el que se inicia así: «Dejad las hebras de oro ensortijado.» La poesía de Terrazas se inscribe dentro de la lírica culta de corte petrarquista e italianizante. De su poema heroico *Nuevo mundo y conquista* se conserva un fragmento. Compuesto en octavas reales, es una apología épica a las hazañas guerreras de los conquistadores venidos con Hernán Cortés *, entre los que se contaba el padre del poeta.

BIBLIOGRAFÍA. J. García Icazbalceta, *Francisco de Terrazas y otros poetas del siglo XVI* (Madrid, 1962) [M.D.B.]

TERZÓN Y MUELA, SANCHO (seudónimo). Véase MATEU Y SANZ, LORENZO.

TESORO DE DIVINA POESÍA. Véase CANCIONEROS Y ROMANCEROS DE LOS SIGLOS XVI Y XVII.

TEXEDA, JERÓNIMO DE. Véase IDEAS LINGÜÍSTICAS DEL SIGLO DE ORO.

THORNDIKE, GUILLERMO. Véase HISPANOAMÉRICA: NARRATIVA ACTUAL.

THORNE, CARLOS. Véase HISPANOAMÉRICA: NARRATIVA ACTUAL.

TÍA JEROMA, LA (seudónimo). Véase PEÑA Y GOÑI, ANTONIO.

TIEMPO, CÉSAR. Véase BOEDO.

TIJERAS, EDUARDO (Morón de la Frontera, Sevilla, 1931). Ha ejercido el periodismo. Es autor de la novela corta *El vino del sábado* (1965) y de las extensas: *Jugador solitario* (1969) y *El sol tiene la anchura del pie humano* (1982). Ha publicado también numerosos ensayos; entre ellos, *Últimos rumbos del cuento español* (1969), *Pío Baroja* (biografía, 1971) y *El estupor del suicidio* (1980). [G.R.F.]

TIMONEDA, JOAN (Valencia, ¿1518?-1583). Editor, librero y escritor en castellano y catalán. Hasta 1545 fue zurrador de pieles, oficio que cambió por el de librero. Como editor se distinguió en la publicación de pliegos sueltos, obras de cálculo (*Timón de tratantes*, 1563, compuesta por él mismo) y, especialmente, en las antologías poéticas (cancioneros y romanceros) y obras de teatro; entre los cancioneros destacan *Sarao de amor* (1561), *Enredo de amor* (1573) y *Guisadillo de amor* (1573); entre los romanceros, alcanzaron fama sus cuatro «rosas», de 1573: *Rosa de amores*, *Rosa española*, *Rosa gentil* y *Rosa real*. Editó también las comedias de Alonso de la Vega * (1566) y Lope de Rueda * (1567), en cuya fijación, según algunos críticos, pudo haber intervenido.

Como poeta, nos dejó unas discretas composiciones de carácter tradicional —mayor soltura demostró en las que escribió en catalán, impresas en la *Flor de enamorados* (Barcelona, 1562)—. Más importante, y más discutida, ha sido su labor como autor teatral (también fue actor ocasional). En efecto: se le calificó durante mucho tiempo de imitador que se apropiaba de obras y recursos ajenos (de Rueda, por ejemplo); pero desde Eduardo Juliá Martínez se inició la reivindicación de su obra dramática; primero, de la religiosa (B. W. Wardropper), considerada eslabón fundamental en la conformación del auto sacramental; más recientemente, de su teatro profano (M. Diago). Sus *autos*, recogidos en tres *Ternarios* —uno espiritual (1558), y dos sacramentales (1575)—, suman en total ocho, de los que destacan el de *La oveja perdida* (publicado en dos versiones: la del *Ternario espiritual* y la del primer *Ternario sacramental*), el de *L'Església militant* (primer *Ternario sacramental*) y el *Auto de la Fe o Pragmática del Pan* (segundo *Ternario sacramental*).

El teatro profano se recoge en dos volúmenes, muy distintos entre sí: la *Turiana* (1565), colección de piezas largas (farsas como la *Trapacera*, *Rosalina* y *Aurelia*, o la tragicomedia *Filomena*) y cortas, como el *Entremés de un ciego y un moço y un pobre*, o el *Paso de dos clérigos... y dos moços suyos, simples*; tradicionalmente se ha negado, para estas obras, la paternidad de Timoneda, aunque en la actualidad se piensa lo contrario. Frente a estas obras, en verso y con un fuerte tono populista (recursos, lenguaje, personajes, etc.), se yerguen las *Tres comedias* (1559), en prosa, versiones libres de obras plautinas *(Amphitrion, Menenos)* y ariostescas *(Cornelia)*; poseen notable valor dramático y constituyen un importante puente entre Torres Naharro * y la comedia de fines de siglo. Más sostenida ha sido su fama como narrador: a las colecciones de anécdotas y facecias (*Sobremesa y alivio de caminantes*, 1563, ampliada en 1569), tenemos que unir sus colecciones de cuentos: *Buen aviso y portacuentos* (1564) y, sobre todo, *El Patrañuelo* (1565), su obra más famosa, y en la que, con gran eficacia y notable mérito, aclimata a nuestra literatura la *novella* italiana.

BIBLIOGRAFÍA. J. Timoneda, *Obras*, ed. de E. Juliá Martínez (Madrid, 1947); E. Juliá Martínez, «Originalidad de Timoneda», en *Revista Valenciana de Filología*, V (1955-58), págs. 91-151; B. W. Wardropper, *Introducción al teatro religioso del Siglo de Oro* (Salamanca, 1967); R. Froldi, *Lope de Vega y la formación de la comedia* (Salamanca, 1968); J. Timoneda, *El Patrañuelo*, ed. de R. Ferreres (Madrid, 1971); C. García, «El teatro religioso de J. Timoneda», en *Teatros y prácticas escénicas*, I (Valencia, 1984), págs. 137-162. [J.L.S.]

TINAJERO VILLAMAR, FERNANDO (Quito, 1940). Estudió filosofía en Praga. Crítico, novelista y ensayista, es uno de los valores de la nueva narrativa ecuatoriana. Ganó el Premio Nacional de Novela con *El desencuentro* (1977). Posteriormente ha publicado *Aproximaciones y distancias* (1986) y *De la evasión al desencanto* (1987). [J.C.]

TÍO, EL (seudónimo). Véase SÁNCHEZ PASTOR, EMILIO.

TÍO GILENA, EL (seudónimo). Véase PEÑA Y GOÑI, ANTONIO.

TIRSO DE MOLINA (Madrid, 1579-Almazán, Soria, 1648). Gabriel Téllez, conocido como escritor con el seudónimo de Tirso de Molina, nació en el seno de una familia humilde de la España de los Austrias. Pocos datos seguros tenemos de su infancia y adolescencia, solamente que en la escuela primaria estableció sólida amistad con Matías de los Reyes *. Es posible, por otra parte, que estudiara Humanidades en el famoso Colegio Imperial de la Compañía de Jesús, como Calderón de la Barca *. Si fue así, debió allí de adquirir una sólida formación humanística, de la que da muestras en sus creaciones literarias. En 1600 ingresa en el convento de la Merced de Madrid, terminando su noviciado en el de Guadalajara, donde profesa el 21 de enero de 1601. Será en la Orden de la Merced donde Tirso reciba una amplia educación humanística y teológica. Entre los años 1604 a 1610 reside en los conventos de las ciudades de Guadalajara, Toledo, Soria y Segovia. A principios de la década de 1610 Gabriel Téllez ya es un dramaturgo conocido en los ámbitos teatrales de la época. Andrés de Claramonte *, por ejemplo, lo cita en su *Letanía moral* (1611) como poeta cómico. De 1610 a 1615 reside en Madrid y Toledo. En la ciudad del Tajo vive una de sus épocas más felices: entregado a la lectura, la producción teatral, la enseñanza y el trato con los amigos. En esta ciudad se encuentra cuando es seleccionado para una expedición a la isla de Santo Domingo. Permanece allí desde mayo de 1616 hasta abril de 1618. De este modo, Tirso es uno de los pocos escritores áureos que tiene la oportunidad de conocer de cerca la realidad del Nuevo Mundo. Tras su regreso a España, continúa su vida andariega visitando diversas ciudades, hasta que se establece en Madrid. La residencia en la corte le permite entregarse a la escritura teatral, a frecuentar las academias literarias y a participar en la política de la Orden. Pero el 6 de marzo de 1625 se hace público el dictamen de la Junta de Reformación, gobernada por el conde-duque de Olivares, en el que se censuran las comedias profanas y de malos incentivos de Tirso de Molina. Ello le obliga a trasladarse a Sevilla. Poco después es elegido comendador del convento de Trujillo para el trienio 1627-29. Durante el primer año de su estancia en la ciudad extremeña sale a la luz en Sevilla la *Primera parte* de sus comedias, y poco después se imprime en la misma ciudad *El burlador de Sevilla y convidado de piedra*. En 1632 es nombrado cronista general, lo que conlleva la empresa de redactar la *Historia* de la Orden de la Merced. En 1634 aparece la *Tercera parte* de sus comedias (antes que la *Segunda*); en 1635 publica la *Segunda* y *Quarta* partes, así como *Deleytar aprovechando*, y en 1636 sale a la luz la *Quinta parte* de sus piezas dramáticas. Los últimos años los vive como comendador del convento de Soria. A principios de 1648 cae enfermo en el convento de Almazán, seguramente camino de la corte. Fallece hacia el 20 de febrero, y recibe sepultura en la capilla de enterramiento de los frailes.

Tirso de Molina supo armonizar a la perfección su condición de fraile mercedario y de escritor de comedias, tanto profanas como de asunto sagrado. Dentro de la historia de la comedia española del Siglo de Oro constituye una de las cumbres, al lado de Lope de Vega * y de Calderón de la Barca. Se mostró siempre orgulloso de su talento literario y defendió con ahínco la comedia nueva frente a los ataques de los aristotélicos y los moralistas. Para Tirso, la comedia se configura como un espectáculo total y globalizador capaz de interesar a todos y a cada uno de los espectadores de los «corrales». La tarea del comediógrafo es entretener, divertir, provocar la admiración, por espacio de más de dos horas, de ese público heterogéneo, ruidoso y exigente. Para ello, aparte de una amplia gama de recursos dramáticos, de conocimiento del oficio y de un repertorio de recetas teatrales, Tirso se sirvió de una rica y variada temática. En sus comedias se encuentran elementos villanescos, hagiográficos, históricos o seudohistóricos, bíblicos, cortesanos y religiosos, que aparecen conjuntados armoniosamente en buena parte de sus piezas teatrales, en las que es frecuente la mezcla de elementos profanos y sagrados. Buena prueba de ello son sus comedias hagiográficas y bíblicas, donde, al lado de escenas de fuerte exaltación religiosa, es posible encontrar un elevado número de recursos propios de las comedias de enredo. Son dignas de mención a este propósito piezas tales como la trilogía de *La Santa Juana* (1613-14), *La Dama del olivar* (1614) y *La mujer que manda en casa* (hacia 1620). Se sirvió de la Historia para componer piezas teatrales. La mayoría de las veces lo hizo con un claro propósito pedagógico: mostrar a los espectadores la vida de personajes reales, para que tomen ejemplo de ellos. Tal es el caso de la comedia histórica más conocida del mercedario, *La prudencia en la mujer*, que se configura como un *de regimine principis*, y en donde la resolución y el valor de la reina doña María de Molina contrastaría en la mente de los espectadores con el comportamiento del valido conde-duque de Olivares.

La inmensa mayoría de la producción teatral de Tirso se agrupa bajo el poco preciso marbete de comedias de enredo, de costumbres, de carácter. Se trata de obras pensadas para distraer al auditorio y tenerlo con los ojos puestos en el escenario. El núcleo de todas estas comedias lo constituye la fábula de amores, la dialéctica amor-celos y el triunfo del primero sobre el segundo al cabo de una intriga que engolosina al público. El paradigma de este tipo de comedias se encuentra en dos de las más importantes piezas dramáticas escritas por Tirso: *Don Gil de las calzas verdes* (1615) y *Marta la piadosa* (1614-15). La primera de ellas cuenta con una de las tramas más enredadas de la comedia nueva y gira en torno a la astucia y artería de doña Juana y de los ingeniosos medios empleados para que don Martín vuelva a sus brazos y cumpla su palabra de matrimonio. En *Marta la piadosa*, por su parte, nuestro autor ofrece también un divertido enredo teatral con tono de farsa, parodia e irónica ambigüedad. En esta misma línea se encuentran otras comedias, tales como *El vergonzoso en palacio* (hacia 1611), *El castigo del penséque* (1613), *La villana de La Sagra* (1614), *La villana de Vallecas* (1620) y *El amor médico* (1625-26).

Con todo, las dos grandes creaciones de Tirso de Molina son *El condenado por desconfiado* (publicada en 1635) y *El burlador de Sevilla y convidado de piedra* (editada en 1627). Ambas piezas responden a una honda preocupación de la España áurea: el problema del libre albedrío y la gracia divina, y descansan sobre sólidos cimientos filosófico-teológicos. En la primera de ellas el ermitaño Paulo, soberbio y temerario, se condena porque pide a Dios una revelación sobre si se va a salvar o condenar y, al enterarse por el demonio de que tendrá el mismo fin que el bandolero Enrico, se entrega al pecado renunciando a la misericordia divina. Paulo es, pues, la encarnación del orgullo y de la soberbia intelectual, incapaz de comprensión y caridad, mientras que Enrico es el hombre de acción que evita la condenación merced a su amor filial. La obra maestra de Tirso de Molina, aunque su autoría se haya puesto en duda e incluso se le haya atribuido al dramaturgo Andrés de Claramonte, es *El burlador de Sevilla y convidado de piedra*. El propio título da cuenta de la acción teatral: los engaños de un galán y la irresponsable invitación a cenar hecha a un muerto. Es en esta obra donde se dramatiza por primera vez el mito de don Juan, un don Juan que en esta ocasión goza burlando a hombres y mujeres y destruyendo vida y honras, aunque él no sea el único culpable. Al final, la justicia divina, encarnada en la estatua de don Gonzalo, le alcanzará y le precipitará a los infiernos para escarmiento de quienes se atrevan a desafiar al Todopoderoso. Toda la comedia, por otra parte, está presidida por el dinamismo, por un *crescendo* en las acciones del burlador, sin que falten el lirismo y las acertadas imágenes poéticas.

Además de piezas teatrales, Tirso de Molina también escribió obras en prosa: *Los cigarrales de Toledo* (1621) y *Deleitar aprovechando* (1635) son dos misceláneas compuestas por poesías, novelas y comedias. La última obra del mercedario fue la voluminosa *Historia general de la Orden de Nuestra Señora de la Merced* (1639), en la que narra de un modo ameno la historia de su orden desde la fundación hasta sus días. Es el último fruto de un escritor que fue abandonando poco a poco la literatura profana para entregarse a tareas literarias más cercanas a su condición de religioso.

BIBLIOGRAFÍA. Tirso de Molina, *Comedias*, colección ordenada e ilustrada por E. Cotarelo y Mori, 2 vols. (Madrid, 1906-1907); *Obras dramáticas completas*, ed. de B. de los Ríos, 3 vols. (Madrid, 1946-1962); S. Maurel, *L'univers dramatique de Tirso de Molina* (Poitiers, 1971); I. T. Agheana, *The situational drama of Tirso de Molina* (Madrid, 1972); D. Darst, *The comic art of Tirso de Molina* (North Carolina University de Chapel Hill, 1974); H. W. Sullivan, *Tirso de Molina and the drama of the Counter Reformation* (Amsterdam, 1976); M. Wilson, *Tirso de Molina* (Nueva York, 1977); AA. VV., *Homenaje a Tirso* (Madrid, 1981); R. L. Kennedy, *Estudios sobre Tirso* (Madrid, 1983); M. F. Trubiano, *Libertad, gracia y destino en el teatro de Tirso de Molina* (Madrid, 1985); AA. VV., «Homenaje a Tirso de Molina», en *Revista Canadiense* de *Estudios Hispánicos*, X, núm. 2 (1986); F. Florit, *Tirso de Molina ante la comedia nueva. Aproximación a una poética* (Madrid, 1986); Xavier A. Fernández, *Las comedias de Tirso de Molina*, 3 vols. (Pamplona-Kassel, 1991). [F.F.D.]

TIZÓN, HÉCTOR (Yala, Argentina, 1929). Diplomático y narrador, se inicia literariamente junto al grupo que edita *Tarja*. Su mundo narrativo se ambienta en el norte argentino y en buena medida se nutre de tradiciones y costumbres que el novelista rescata para formar con ellos el tejido de sus historias. Su escritura se adscribe al *realismo mágico*. Es autor de las novelas *Fuego en Casabindo* (1969), *El cantar del profeta y el bandido* (1972), *Sota de bastos, caballo de espadas* (1975) y *El hombre que llegó a su pueblo* (1988), y de las colecciones de relatos *A un costado de los rieles* (1960), *El jactancioso y la bella* (1972) y *El traidor venerado* (1978). [R.F.B.]

TOB MAGULA, HAYIM YOM. Véase LITERATURA SEFARDÍ.

TOBAR GARCÍA, FRANCISCO (Quito, 1928). Poeta y dramaturgo, destaca sobre todo en este último campo, en el que ha producido numerosas obras que se han representado dentro y fuera del país, y en las que alternó el uso de la prosa y del verso. Títulos representativos son *El miedo* (1954), *Atados de pies y manos* (1957), *Alguien muere la víspera* (1962), *Extraña ocupación* (1966) y *Cuando el mar no exista* (1967). En su obra poética destacan *Amargo* (1951), *Smara* (1954) y *Naufragio* (1961). Es autor de la novela *La corriente limpia* (1977). [J.C.]

TÓJAR, FRANCISCO DE (¿?-¿?). Impresor que desarrolló su labor en Salamanca a caballo de los siglos XVIII y XIX. Fue hombre de ideas avanzadas, por lo que sufrió el acoso de la Inquisición. En 1792 publicó su comedia *El bastardo de Suecia* y tradujo algunas novelas. La más importante es el *Zimeo* (1776), de Saint Lambert. Al mismo tiempo hizo una versión libre de parte de la *Nouvelle Helöisse* de Rousseau, bajo el título *La filósofa por amor* (1799).

BIBLIOGRAFÍA. J. Álvarez Barrientos, «La novela española en la época de la Revolución francesa», en *Cultura hispánica y Revolución francesa*, volumen coordinado por L. Busquets (Roma, 1990), págs. 57-73. [J.A.B.]

TOLEDANO, EL (RODRIGO JIMÉNEZ DE RADA). Véase HISTORIOGRAFÍA DEL SIGLO XIII.

TOLEDANO, FRANCISCO (La Rambla, Córdoba, 1932). Entre sus libros de poesía se encuentran los títulos *Tren Talgo Madrid-Mediodía* (1974), *Trilogía interrogante* (1977), *Abeley* (1982), *Miradas a otro espejo desde la gran ciudad* (1986) y *Razones son de entendimiento* (1992). En 1989 publicó una selección de su obra con el título *De ayer a hoy*. Sus poemas son el fruto de una reflexión sobre la distancia que hay entre la experiencia personal y la expresión literaria, distancia resuelta mediante la economía verbal y un controlado sistema metafórico. [L.G.M.]

TOLEDANO, MIGUEL (¿Cuenca?, ?-?, d. 1616). Presbítero, autor de *Minerva sacra* (Madrid, 1616), colección de poemas sobre la vida de Cristo y algunos santos, en la línea de la poesía religiosa conceptista de Alonso de Ledesma *. A lo largo de sus páginas se rehacen algunos poemas de autor conocido («Mira, Zaide, que te aviso», de Lope de Vega *) y tradicionales («A la sombra de mis cabellos»). Su autor se muestra un versificador fácil en los octosílabos y bastante acertado en los endecasílabos.

BIBLIOGRAFÍA. M. Toledano, *Minerva sacra*, ed. de A. González Palencia (Madrid, 1949). [R.R.]

TOLEDANO ROMANZADO. Véase HISTORIOGRAFÍA DEL SIGLO XIII.

TOLEDO, ABRAHAM. Véase LITERATURA SEFARDÍ.

TOLEDO, ALFONSO DE (Cuenca, ?-¿?). Conquense, según alguno de los abundantes manuscritos que han conservado la obra didáctica titulada *Invencionario*, compuesta hacia 1460 y revisada en 1474. En ella se analizan los orígenes de varias instituciones, utilizando como fuente la Biblia, algunas compilaciones jurídicas y la *Historia escolástica* de Pedro Comestor, de donde extrae la mayor parte de las anécdotas con las que se enriquece la obra.

BIBLIOGRAFÍA. R. A. Del Piero, «Sobre el autor y la fecha del *Invencionario*», en *Hispanic Review*, 30 (1962), págs. 12-20. [J.S.H.]

TOLENTINO, AURELIO. Véase LITERATURA FILIPINA.

TOMÁS, MARIANO (Hellín, Albacete, 1891-Madrid, 1957). Ejerció el periodismo. Debido a sus cargos oficiales, tuvo que recorrer parte de Europa. De entre sus novelas, de corte sentimental, destacan: *La florista de Tiberíades* (1926), *Semana de Pasión* (1931), *Viena* (1932), *Juan de la Luna* (1936), *La niña de plata y oro* (1939), *La platera del Arenal* (1943), *Mazurca* (1945) y *La pobre Circe* (1949). Es autor también de libros de poemas y de dramas en verso, en la línea de los de E. Marquina *. [A.R.]

TOMEO, JAVIER (Quicena, Huesca, 1932). Es jurista y criminólogo. En sus novelas crea universos cerrados, obsesionantes, basados en lo onírico, el absurdo y el humor. En ellas, que en ocasiones se acercan a la metanovela, el lenguaje constituye un elemento de indagación y autorreflexión. Mediante la palabra —claramente insuficiente como vehículo de comunicación— los personajes ponen de relieve lo inconsistente e inútil de la existencia. Ha publicado: *El cazador* (1967), *Ceguera al azul* (1969), reeditada con el título de *Preparativos de viaje* (1986), *El unicornio* (1971), *Los enemigos* (1974), *El castillo de la carta cifrada* (1979), *Diálogo en «re» mayor* (1980), *Amado monstruo* (1985), *El cazador de leones* (1987) y *La ciudad de las palomas* (1988). En *Historias mínimas* (1988) ha reunido cuarenta y dos escenas breves, de difícil clasificación. *Bestiario* (1988), *El mayordomo miope* (1989), *El discutido testamento de Gastón de Puyparlier* (1990) y *El gallitigre* (1990) son sus últimas creaciones. [G.R.F.]

TONO (Jaén, 1896-Madrid, 1978). Seudónimo de Antonio de Lara. Fue colaborador de *La Codorniz* y cultivador de un teatro de humor, hilvanado en su mayor parte con una historia disparatada. En colaboración con Mihura *, escribió, en 1943, *Ni pobre, ni rico, sino todo lo contrario*. Es autor además de: *Rebeco* (1944), *Guillermo Hotel* (1945), *Romeo y Julieta Martínez* (1946), *Algo flota sobre Pepe* (1949) y *¡Qué bollo es vivir!* (1950). [M.S.]

TORAL Y VALDÉS, DOMINGO DE. Véase AUTOBIOGRAFÍAS Y MEMORIAS EN ESPAÑA.

TORBADO, JESÚS (León, 1943). Ha colaborado como periodista en diversos medios de comunicación. Es autor de las novelas *Las corrupciones* (1966), *La construcción del odio* (1967), *Moira estuvo aquí* (1971), *En el día de hoy* (1976), Premio Planeta, narración de ficción política sobre las posibles consecuencias del triunfo de la República en la Guerra Civil, en la que se mezclan personajes inventados con otros históricos; *La ballena* (1982), *El fin de los días* (1986) y *Ensayo de banda* (1988). También ha publicado volúmenes de relatos —*El general y otras hipótesis* (1967), *Historias de amor* (1968) y *El inspector de vírgenes* (1991)—, el libro de viaje *Tierra mal bautizada* (1969) y otras obras de temática y características diversas, como *La Europa de los jóvenes* (1969) y, en colaboración con Manuel Leguineche, *Los topos* (1977).

BIBLIOGRAFÍA. M. A. Castro Díez, *La narrativa de Jesús Torbado* (León, 1990). [G.R.F.]

TORO, FERMÍN (El Valle, Venezuela, 1806-Caracas, 1865). Sociólogo, escritor, político y diplomático venezolano. Redactor y colaborador en *El Liceo Venezolano*, allí publicó su novela romántica *Los mártires* (1842), de tema social. Se considera que esta obra es la primera novela escrita por un autor venezolano. En ella se cuenta el drama de los trabajadores en el siglo XIX, cuando aún no se habían establecido las leyes protectoras para ellos. Anteriormente había escrito dos obras: *La viuda de Corinto* (1837) y *La sibila de los Andes* (1840), que constituyen buenos ejemplos de prosa novelada. Publicó también artículos políticos y precursores del costumbrismo. En 1832 escribió la *Descripción de los honores fúnebres consagrados a los restos del Libertador Simón Bolívar*, estilísticamente su mejor obra. Es también autor de poemas de tendencia neoclásica como «A la zona tórrida», «Canto a la conquista» y «A la ninfa del Anauco». Su obra más importante, donde muestra su ideario político y social, es la titulada *Reflexiones sobre la ley del 10 de abril de 1834* (1845).

BIBLIOGRAFÍA. A. Mijares, *Libertad y justicia social en el pensamiento de Fermín Toro* (Caracas, 1947); E. Toro, *Fermín Toro* (Caracas, 1952); J. A. de Armas Chitty, *Fermín Toro y su época* (Caracas, 1966). [H.J.B.]

TORO LUNA, FRANCISCO (Fernán Núñez, Córdoba, 1875-¿?). Escritor costumbrista, de la escuela de los hermanos Álvarez Quintero, caracterizado por el colorismo de los cuadros que pone en escena. Sobresalen títulos como *La cruz de mayo* (1901), *La sacristía* (1909) y *La niña de los caprichos* (1910). [J.B.]

TORÓN, SAULO (Gran Canaria, 1885-1974). Poeta posmodernista, influido por Tomás Morales * y Antonio Machado *. Su obra, compuesta de *Las monedas de cobre* (1919), *El caracol encantado* (1921), *Canciones de la orilla* (1932) y *Frente al muro, Resurrección y otros poemas* (1963), ha sido recogida en *Poesías* (1970). En 1976, J. Artiles editó sus *Poesías satíricas*. [M.G.P.]

TORQUEMADA, ANTONIO DE (Astorga, León, h. 1507-León, 1569). Estudió humanidades en Salamanca, aunque no obtuvo, al parecer, título alguno. A su vuelta de un viaje por Italia (1528-30), donde protagonizó algún episodio picaresco, entró al servicio del conde de Benavente como secretario. Su gran erudición se debe a que dispuso de la biblioteca del citado conde y otros señores. Escribió: *El Ingenio o juego de marro* (Valencia, 1547), los *Coloquios satíricos* (Mondoñedo, 1553) y la *Historia del caballero don Olivante de Laura* (Barcelona, 1564), de gran éxito. El *Jardín de flores curiosas* apareció póstumamente en Salamanca (1570), así como el tratado *Manual de escribientes* (1574), de interés filológico. Los *Coloquios satíricos* de Torquemada están en la línea de los de P. Luján * y P. Mexía *, aunque alcanzaron menos popularidad que los de éstos. Se encuentran en ellos los más diversos motivos: lo propiamente satírico de tendencia erasmista —la honra y la soberbia, el juego, la medicina, la aristocracia, sus modas y modales, etc.—, y lo pastoril (seis años antes de la *Diana* de Montemayor *). En el *Jardín de flores curiosas,* dialogan Antonio, Luis y Bernardo. En este «clásico del género mítico-fantástico» (G. Allegra) los interlocutores abordan a lo largo de los seis tratados que lo componen temas como los fenómenos naturales maravillosos, los fantasmas, visiones, trasgos, la hechicería, la fortuna, felicidad, hado, las tierras septentrionales... El *Jardín* goza de una fortuna muy diferente a los *Coloquios:* en menos de cincuenta años conoce siete ediciones en español en diversas ciudades; fue traducido, con varias ediciones en cada caso, al francés, italiano e inglés, y más tarde al alemán.

BIBLIOGRAFÍA. A. de Torquemada, *Colloquios satíricos,* en M. Menéndez Pelayo, *Orígenes de la novela,* II (Madrid, 1907), págs. 485-581; A. de Torquemada, *Manual de escribientes,* ed. de M. J. Canellada y A. Zamora Vicente (Madrid, 1970); A. de Torquemada, *Jardín de flores curiosas,* ed. e introd. de G. Allegra (Madrid, 1982); L. Rodríguez Cacho, *Pecados sociales y literatura satírica en el siglo XVI: los «Coloquios» de Torquemada* (Madrid, 1989). [R.V.]

TORQUEMADA, JUAN DE (España, ¿1557?-México, 1624). Es el último de los grandes cronistas franciscanos del siglo XVI. Según su propio testimonio, fue uno de los creadores de los «Ejemplos» y «Pasos de la Pasión», que servían para afianzar la cultura religiosa de los naturales y formaban parte del Teatro de Evangelización. La gran obra de Torquemada es *Los veintiún libros rituales y monarquía indiana, con el origen y guerra de los indios occidentales* (1615), conocida como *Monarquía indiana* y basada en Sahagún *, Motolinía * y, sobre todo, Mendieta *, así como en fuentes indígenas y en las obras de algunos conquistadores, como Bernal Díaz del Castillo *. Se compone de tres libros: en el primero se trata acerca de la organización social indígena y la forma de gobierno de las distintas culturas prehispánicas; en el segundo Torquemada presenta un amplio panorama sobre religión, fiestas, educación y otros aspectos de la vida social indígena; y el tercero nos habla de la evangelización franciscana y de las vidas de algunos religiosos. Torquemada escribió también una *Vida del venerable fray Sebastián de Aparicio.*

BIBLIOGRAFÍA. A. Moreno Toscano, *Fray Juan de Torquemada y su «Monarquía indiana»* (México, 1963). [M.D.B.]

TORRADO, ADOLFO (La Coruña, 1904-Madrid, 1958). Colaboró en *La Voz de Galicia* y en otras publicaciones. En 1929 se instaló en Madrid. Con Leandro Navarro, estrenó después, entre otros dramas, *Los hijos de la noche* (1933), *La Papirusa* (1935), *Los caimanes* (1935), *La mujer que se vendió* (1935) y *Dueña y señora* (1936). En los años cuarenta, ya en solitario, alcanzó una enorme popularidad —la crítica siempre le fue adversa— con una serie de obras teatrales en las que las peripecias folletinescas —es notable su habilidad para resolver felizmente los más intrincados laberintos familiares y sociales— conviven o alternan con el humor de trazo grueso, conseguido muchas veces a costa de los más sobados tópicos sobre las peculiaridades lingüísticas y el carácter de los gallegos. Según Francisco de Cossío, «el torradismo fue el procedimiento más eficaz para ganar dinero haciendo saltar a las gentes sencillas de la risa a las lágrimas». Las de mayor aceptación fueron: *Un caradura* (1940), *El famoso Carballeira* (1940), *Mosquita en Palacio* (1940), *Chiruca* (1941), donde, como en otras ocasiones, presenta la ascensión social de un personaje humilde y de escasas luces —en este caso, a consecuencia de una herencia inesperada—, con el que el público se identificaba con facilidad; *La duquesa de Chiruca* (1942), *El ladrón* *de gallinas* (1942), *El gran calavera* (1945), *¡Qué verde era mi padre!...* (1946), *Una gallega en Nueva York* (1946), *Sabela de Cambados* (1946) y *Mamá nos pisa los novios* (1947). También escribió libretos de zarzuelas y guiones cinematográficos. En 1948 se publicaron, en cinco tomos, sus *Obras completas*. [A.R.]

TORRE, ALFONSO DE LA (Burgos, ?-?, 1460). Escritor de la primera mitad del siglo XV, del que sabemos muy poco, y al que se identifica tradicionalmente como natural de Burgos y bachiller en teología en el Colegio de San Bartolomé (Salamanca) hacia finales de los años treinta de ese siglo, identificación que aparece hoy como verosímil. También ocasionalmente ha sido considerado de origen hebreo, lo que explicaría su ausencia en la documentación y probable desaparición posterior en las persecuciones de su época; hipótesis que resta por demostrar. Aparte de algunos poemas esparcidos entre diferentes cancioneros de la época, de carácter pretendidamente biográfico y donde en líneas generales sigue las convenciones de su tiempo, así como de una traducción de las *Éticas* de Aristóteles, atribución actualmente rechazada, destaca como autor de la *Visión deleytable*. Esta obra, compuesta a petición de don Juan de Beamonte para la educación del príncipe Carlos de Viana * en su infancia —datos que la misma obra nos proporciona en su proemio— y, por tanto, escrita probablemente hacia 1430-40, fue publicada primero en catalán en 1484, y en castellano posiblemente al año siguiente (*Visión delectable de la philosophía et de las otras sçiençias*, Burgos, 1485), traducida al italiano en el siglo XVI y reimpresa en castellano hasta el XVII. En ella desarrolla el autor gran parte del saber de su tiempo mediante la alegoría de un sueño, donde el Entendimiento asciende gradualmente por el monte de las virtudes y ciencias, comenzando por las artes liberales (en el orden de Gramática, Lógica, Retórica, Aritmética, Geometría, Música y Astrología) para explayarse posteriormente en tres grandes apartados: la Casa de la Sabieza (filosofía primera o metafísica), la Casa de la Natura (filosofía natural), que junto con las artes liberales forman la primera parte del libro, y una tercera integrada por la Casa de la Razón (filosofía moral). Considerada obra fundamental para entender la prosa latinizante de la centuria, debido a su gran calidad literaria, destaca en ella el silencio que el autor muestra hacia el pensamiento tomista y la decidida inclinación por la teología negativa de Maimónides, cuya *Guía de perplejos*, aparte de las enciclopedias clásicas del medioevo (San Isidoro, Martianus Capella, Boecio, etc.) y obras de carácter alegórico (*Anticlaudianus*, etc.), se encuentra entre sus fuentes más importantes.

BIBLIOGRAFÍA. M. R. Lida, «Perduración de la literatura antigua en Occidente», en *Romance Philology*, V (1951-52), págs. 99-131; F. Rico, *El pequeño mundo del hombre* (Madrid, 1970); E. R. Curtius, *Literatura europea y edad media latina* (México, 1981), págs. 753-756; *Visión deleitable*, ed. de J. García López (Salamanca, 1992). [J.G.L.]

TORRE, CLAUDIO DE LA (Las Palmas de Gran Canaria, 1895-Madrid, 1973). Antes de la guerra, contribuyó a la literatura de vanguardia con la novela *En la vida del señor Alegre* (1924) y el interesante drama *Tic-tac* (1930), de tendencia neoexpresionista. Después, estrenó, entre otras obras, *Tren de madrugada* (1946), *El río que nace en junio* (1950), *La caña de pescar* (1958) y *El cerco* (1962), ambiciosa tragedia de signo intelectual. También escribió las novelas *Alicia al pie de los laureles* (1940) y, al final, *El verano de Juan «el Chino»* (1971). Además de todo eso, desempeñó una importante labor como hombre de teatro, adaptador y director del Teatro Nacional María Guerrero en la posguerra. [A.A.]

TORRE, FERNANDO DE LA (Burgos, 1416-1475). Apenas tenemos más detalles sobre su vida que los que se desprenden de su obra. Estudió en Florencia y asistió al Concilio de Basilea. Participó en las guerras civiles de Juan II * y, aunque era partidario del rey, no lo era tanto de Álvaro de Luna *. En 1454, Enrique IV premió sus servicios a la corona y hacia el final de su vida fue regidor de su ciudad natal. Su obra literaria está integrada por una buena cantidad de poesías y una cuarentena de cartas en prosa, recogidas en el *Libro de veynte cartas e qüistiones*, otros manuscritos y los cancioneros más importantes de su época (*Baena* *, *Estúñiga* *). Como poeta, cultiva los temas y formas típicos de la poesía de entonces: canciones amorosas, cosautes, rondeles, «repullones» de tema satírico, decires didacticonarrativos y una buena cantidad de poemas dialogados bajo la forma de preguntas y respuestas. Estos últimos tratan de varios debates poéticos, fundamentalmente de tema amoroso, en los que intervienen varios poetas. Mucho más interesantes son sus cartas en prosa, algunas de tipo muy formal, como la «consolatoria», la «recuesta de amores» o la «exhortación a las letras», pero entre las cuales hay otras menos convencionales, escritas con tono ensayístico o familiar. Los destinatarios de las cartas son muy numerosos y variados: desde Enrique IV o el marqués de Santillana * hasta grandes damas, religiosos letrados, como Alfonso de Madrigal *, caballeros y cortesanos.

BIBLIOGRAFÍA. M. J. Díez Carretas, *La obra literaria de Fernando de la Torre* (Valladolid, 1983). [J.G.G.]

TORRE, FRANCISCO DE LA (¿?-?, h. 1570). Un halo de misterio rodea la vida y auténtica identidad de este poeta, cuya obra, de fuertes connotaciones petrarquistas, salió a la luz gracias al volumen de poesías que editó Francisco de Quevedo * en 1631; ningún contemporáneo suyo, compañero de andanzas y letras, parece haberlo conocido. Quevedo atribuyó esas composiciones poéticas a un bachiller, cuyo nombre se hallaba borrado en cinco sitios del manuscrito, que a su parecer había vivido en el siglo XV y se llamaba Alfonso. En unas recientísimas investigaciones, M.ª Luisa Cerrón Puga ha demostrado la *existencia* de este poeta: al exhumar el manuscrito (12936-9 de la Biblioteca Nacional de Madrid) que contiene las endechas editadas por Quevedo, donde de nuevo son atribuidas al poeta, da cuenta de la independencia de ambos textos con respecto al original perdido, a partir de unas variantes ortográficas y textuales. Su editor posterior, que tomó probablemente la obra de manos de Sarmiento, quiso, con toda probabilidad, borrar las huellas de un enigmático poeta en dificultades con la Inquisición, pero no resistió a la tentación de lanzar unas veladas pullas a Herrera * en la dedicatoria, que habría aprovechado la desairada situación del desconocido para adueñarse de no pocos de sus versos. Quevedo hizo desaparecer tan bien los rastros de su identidad, que todavía hoy no se sabe quién pudo ser ese poeta con un nombre tan corriente como el de Francisco de la Torre.

Su obra es deudora del petrarquismo, probablemente a partir de las traducciones e imitaciones que practicaba el círculo del Brocense *, y sus composiciones poéticas, que abarcan sonetos —se hicieron célebres los dedicados a las *Noches*—, canciones, odas de sabor horaciano y varias églogas, dejan ver el influjo de Virgilio (especialmente, *Eneida*, IV), el Ovidio de las *Metamorfosis*, y, entre los poetas italianos, se observa, como en Aldana *, la impronta de Benedetto Varchi. El poeta canta la ausencia del ser amado, y la identificación del sujeto lírico se produce con elementos de la naturaleza, avecillas o personajes de la tradición clásica como Eco e Ifis.

BIBLIOGRAFÍA. J. de Sena, *Francisco de la Torre e dom João de Almeida* (París, 1974); A. Blanco Sánchez, *Entre fray Luis y Quevedo. En busca de Francisco de la Torre* (Salamanca, 1982); G. Hughes, *The poetry of Francisco de la Torre* (Toronto, 1982); F. de la Torre, *Poesía completa*, ed. de M. L. Cerrón Puga (Madrid, 1984); M. L. Cerrón Puga, *El poeta perdido: aproximación a Francisco de la Torre* (Pisa, 1984). [E.F.]

TORRE, GERARDO DE LA (Oaxaca, México, 1938). Estudiante de teatro, aprendiz en una refinería, redactor de periódicos obreros, ha llevado esas experiencias a las colecciones de cuentos *El vengador* (1973) y *Viejos lobos de Marx* (1990). Con la novela *Muertes de Aurora* (1980) amplía su visión social e inevitablemente recupera el movimiento estudiantil de 1968, siempre atento a las exigencias de la forma narrativa. *Ensayo general* (1970) es otra novela suya.

BIBLIOGRAFÍA. R. Teichman, *De la onda en adelante* (México, 1987). [J.E.C.]

TORRE, GUILLERMO DE (Madrid, 1900-Buenos Aires, 1971). Cronista excelente de los movimientos de vanguardia españoles de los años veinte (*Literaturas europeas de vanguardia*, 1925), fue uno de los más importantes animadores del movimiento ultraísta, para el que escribe, en 1920, el *Manifiesto vertical ultraísta*. Dentro de la estética a la que el *Manifiesto* remite se localiza la escritura de su libro *Hélices* (1923), espléndido documento de la «poesía ultra». Desde 1924 publica asiduamente en la *Revista de Occidente* *, y colabora con Giménez Caballero * en *La Gaceta Literaria* *. Fue traductor de Max Jacob y de Verlaine. Su obra crítica (interesada por el arte y por la literatura), siempre serena, equilibrada y documentada, va cobrando madurez en ensayos como *Examen de conciencia* (1928), *Itinerario de la nueva pintura española* (1931), *Picasso. Noticias sobre su vida y su arte* (1936), y, ya en el exilio, con *Guillaume Apollinaire: su vida y su obra y la teoría del cubismo* (1946). Ya en plena madurez, bajo el título de *Problemática de la literatura* (1951), pretende dar una explicación histórica a ciertos fenómenos literarios contemporáneos. Desde 1956 ocupó una cátedra de literatura en la Universidad de Buenos Aires y vivió dedicado casi con exclusividad a la crítica y a la reflexión literarias. Con *Las metamorfosis de Proteo* (1956) somete a revisión la propia labor del crítico, desde la idea de que éste debe evolucionar y amoldar su visión, subjetiva, a distintas perspectivas y direcciones. Su *Historia de las literaturas de vanguardia* (1965) es la reelaboración, desde la distancia que el tiempo otorga a las cosas, de *Literaturas europeas de vanguardia*. También el tema americano, y la universalidad de la lengua española, tendrán cabida en sus nuevas obras. Fiel reflejo de ello son: *Claves de la literatura hispanoamericana* (1959) y *Tres conceptos de la literatura hispanoamericana* (1963). Sus últimas obras, *Al pie de las letras* (1967), *El espejo y el camino* (1968), *Nuevas direcciones de la crítica literaria* (1970) y *Doctrina y estética literaria* (1970), constituyen una de las más relevantes muestras, en castellano, de la preocupación por definir los métodos y objetivos de la crítica y de la teoría literarias en la actualidad.

BIBLIOGRAFÍA. E. de Zuleta, *Guillermo de Torre* (Buenos Aires, 1962); G. Videla, *El ultraísmo* (Madrid, 1963); AA. VV., en *Ínsula*, núm. 292 (1971); E. de Zuleta, *Historia de la crítica española contemporánea* (Madrid, 1974). [J.B.]

TORRE, JOSEFINA DE LA (Las Palmas de Gran Canaria, 1909). Poeta incluida por Gerardo Diego * en la segunda edición de su antología *Poesía española contemporánea* (1934). Su obra se compone de *Versos y estampas* (1927), con prólogo de P. Salinas *, *Poemas de la isla* (1930) y *Marzo incompleto* (1969). Es autora también de la novela *Memorias de una estrella* (1954) y del drama *Una mujer entre los brazos* (1956). [M.G.P.]

TORRE, MATILDE DE LA (Cabezón de la Sal, Santander, 1884-México, 1946). Maestra y diputada del Partido Socialista, tuvo que marchar al exilio tras la Guerra Civil. Su trayectoria literaria se inicia con un *Jardín de damas curiosas: epistolario sobre feminismo* (1917), para seguir con un *Don Quijote, rey de España* (1928), ensayo que recuerda muchos de los viejos planteamientos regeneracionistas. Luego evoluciona hacia la narrativa, y, ya en el contexto de la rehumanización literaria de los años treinta, hace de sus novelas (*El banquete de Saturno*, 1931, y *Mares en la sombra*, 1940) vehículo para la construcción, desde su militancia ideológica, de utópicos diseños sociales, o testimonio de la situación de los movimientos obreros antes y durante la guerra. [J.B.]

TORRE Y SEVIL, FRANCISCO DE LA (Tortosa, Tarragona, 1625-Madrid, 1681). Participó frecuentemente en las justas poéticas de Zaragoza, Valencia y Madrid. Se le ha confundido alguna vez con el poeta Francisco de la Torre * que editó Quevedo *. Sus libros *Entretenimiento de las musas* (Madrid, 1654) y *Símbolos selectos* (Madrid, 1667) demuestran que fue un poeta conceptista en la línea más pura, cercano a su amigo Baltasar Gracián *. Tradujo los epigramas de Juan Owen, poeta satírico inglés del siglo XVI, que publicó de manera definitiva en dos partes de *Agudezas* (Madrid, 1680-82).

BIBLIOGRAFÍA. M. Alvar, *Edición y estudio del «Entretenimiento de las Musas» de don F. de la Torre y Sevil* (Valencia, 1987). [R.R.]

TORRELLA. Véase TORROELLA, PERE.

TORRELLAS. Véase TORROELLA, PERE.

TORRELLES. Véase TORROELLA, PERE.

TORRENT, FERRÁN. Véase NARRATIVA ESPAÑOLA POSTERIOR A 1975.

TORRENTE BALLESTER, GONZALO (Serantes, El Ferrol, La Coruña, 1910). Crítico, ensayista, dramaturgo y novelista, miembro de la Real Academia Española y Premio Cervantes en 1985. La acogida de *La saga/fuga de J. B.* (1972) lo situó en primera línea de nuestra narrativa, treinta años después de su primera novela, *Javier Mariño* (1943), que, ambientada autobiográficamente en el París de 1936, narra el debate religioso, amoroso y político de su protagonista. Frente al experimentalismo de años anteriores, *La saga/fuga de J. B.* ofrece una propuesta exigente, pero gratificante, de imaginación e ironía. El título anuncia ya su estructura musical de variaciones y también su condición de saga o leyenda mítica de Castroforte del Baralla y de sus héroes, todos los cuales comparten las iniciales J. B. con el proteico narrador José Bastida.

Esta novela no constituyó una sorpresa en la trayectoria de su autor. Era el resultado de una evolución de tres decenios, cuya unidad se había visto favorecida por la presencia de un número reducido de elementos sustanciales, y por el carácter eminentemente intelectual del autor, que siempre acompañó su labor creativa de reflexiones teóricas sobre los fundamentos de la literatura, de lo que dan cumplida muestra su libro *El Quijote como juego* (1974), su discurso de la Real Academia Española (1977) y, sobre todo, *Los cuadernos de un vate vago* (1982).

Como novelista, Torrente sobresale por el planteamiento y la resolución profundamente irónicos de sus narraciones. Su ironía se basa en la percepción sistemática de lo maravilloso en lo real y de lo real en lo maravilloso. De hecho, el dualismo es otra de las características de este autor, que definió El Ferrol de su nacimiento como una ciudad lógica, diseñada a escuadra, en un contorno mágico, el mar abierto a la aventura y el valle de Serantes donde transcurrió su primera infancia, recreada en un libro autobiográfico entreverado de fantasía: *Dafne y ensueños* (1982). Porque «la lógica puede obedecer a una necesidad intelectual, pero también son necesarios el disparate y el absurdo: son intelectualmente necesarios», leemos en el prólogo a su novela de 1950-51, publicada en 1983, *La princesa durmiente va a la escuela*. También en el pórtico de *Don Juan* (1963) confiesa que por temperamento y educación se siente inclinado «al más estrecho realismo y, con idéntica afición, a todo lo contrario», como le ocurre al escritor Leopoldo Allones que «pasa con toda naturalidad del realismo a la fantasía más desenfrenada, vuelve a la realidad, juega con ella» en *Off-side* (1969). Nada extraño, pues, que Torrente, guiado por Ortega y Gasset *, reconozca su pertenencia a lo que él mismo llama «la tradición anglocervantina» y, en definitiva, proclame un discipulaje «cada vez más consciente y voluntario» hacia Cervantes *.

Fragmentos de Apocalipsis (1977) es arquetipo de «metanovela». Su personaje-narrador la define como «un conjunto de palabras en el que estaré yo mismo, hecho palabra también; con las cartas a la vista, quiero decir, con la advertencia reiterada de que es una ficción verbal, y en modo alguno una historia verdadera ni siquiera verídica» de los peregrinos avatares y habitantes de Villasanta de la Estrella, trasunto de la capital jacobea sobre la· que Torrente ha escrito *Compostela y su ángel* (1948) y *Santiago de Rosalía de Castro* (1989). Muy próximo a esa «duplicación interior» está otro rasgo cervantino: la ficción del «manuscrito encontrado». Entre otras, dos obras de Torrente obedecen a tal recurso: *Quizá nos lleve el viento al infinito* (1984) y *La rosa de los vientos* (1985).

Este último título manifiesta además otro de los principios unificadores en la trayectoria de su autor. Es aquel dualismo ya aludido, pero aplicado ahora a la personalidad humana. La multiplicidad del *yo* es, en efecto, uno de sus temas repetidos, que en *Quizá nos lleve el viento al infinito* encuentra forma de expresión en el molde de la novela de intriga, en *Yo no soy yo, evidentemente* (1987) recoge la problemática de la metaficción, y en *Filomeno a mi pesar* (1988) se encarna en el caso singular de un señorito, hijo de gallego y portuguesa, que pasea su indefinición personal por la Europa convulsa del segundo tercio de este siglo amparándose en su doble nombre de Ademar de Alemcastre y Filomeno Freijomil. En esta novela brilla también otro aspecto fundamental en la obra de Torrente, la presencia de la mujer.

Hay, por último, otras dos constantes interdependientes: la Historia y sus tergiversaciones y la manipulación de los mitos en un sentido irónico y humanizador. En cuanto a la primera, la «nostalgia de la Historia», que ha tenido su última muestra en *Crónica del rey pasmado* (1989), es notable la reiteración del tema napoleónico, presente asimismo en una de las novelas cortas de *Las sombras recobradas* (1979). Su mejor plasmación está en *La isla de los jacintos cortados* (1980), perfecta síntesis de novela lírica —el fracaso de una seducción amorosa por medio de la palabra— y novela fantástica, el relato de cómo Napoleón no existió realmente, sino que fue inventado por Metternich, Nelson y Chateaubriand en una isla del Mediterráneo con el propósito de dotar de un líder a la Francia acéfala del Directorio.

El primer escrito desmitificador de Torrente, el cuento «Gerineldo», data de 1944. En 1950 tal planteamiento da ya de sí una obra considerable, *Ifigenia*. En cierto modo también *El golpe de estado de Guadalupe Limón* (1946), de imprecisa ambientación en la Hispanoamérica de la Independencia, pertenece a esta tendencia desmitificadora, en concreto a la variante que plantea la relación del hombre con su propio mito que el autor desarrolló teatralmente en *El retorno de Ulises* (1946).

La primera vocación de Torrente fue la dramática, interrumpida en 1950. Todos los rasgos apuntados como definidores de su universo literario aparecen ya en esta fase eminentemente teatral (1937-50) de su formación, con piezas nunca representadas como *El viaje del joven Tobías* (1938), *El casamiento engañoso* (1939), *Lope de Aguirre* (1941), *República Barataria* (1942), la ya citada *El retorno de Ulises* (1946) y *Atardecer de Longwood* (1950). En 1982 el autor reunió toda esta labor en dos volúmenes de *Teatro*, que contienen además unos interesantes «Diarios de trabajo (1942-1947)».

Con todo, sus primeros intentos narrativos tampoco fueron satisfactorios para quien modestamente se ha reconocido como «un artista nada prematuro, un sastre que aprendió a costa del paño». No obstante, antes del clamoroso y tardío éxito de la novela de 1972, ya había alcanzado el reconocimiento del premio de la Fundación Juan March para su novela *El señor llega* (1957), primera de la trilogía *Los gozos y las sombras*, continuada por *Donde da la vuelta el aire* (1960) y *La pascua triste* (1962). En la mejor tradición realista, esta saga aporta una magistral narración de ambiente y de personajes. Pueblanueva del Conde es una imaginaria villa de la Galicia costera en la que, en los tormentosos años de la República, se debate la vigencia del antiguo régimen señorial, simbólicamente representado por el *pazo*, y el nuevo horizonte de la sociedad industrializada, cuyo representante es el despótico ingeniero y propietario de los astilleros Cayetano Salgado. En 1991 se publicó la novela *Las islas extraordinarias*. En *Torre del aire* (1992), César Antonio Molina recogió los artículos que publicó entre 1975 y 1979 en el diario *Informaciones*.

BIBLIOGRAFÍA. A. Giménez, *La narrativa de Gonzalo Torrente Ballester* (Barcelona, 1979); C. Becerra, *Gonzalo Torrente Ballester* (Madrid, 1982); AA. VV., *Gonzalo Torrente Ballester. Premio de literatura en lengua castellana Miguel de Cervantes 1985* (Barcelona, 1987); A. G. Loureiro, *Mentira y seducción. La trilogía fantástica de Torrente Ballester* (Madrid, 1990). [D.V.]

TORRENTE MALVIDO, GONZALO (El Ferrol, La Coruña, 1935). Es hijo de Gonzalo Torrente Ballester *. Estudió Derecho y Filosofía y Letras, pero no concluyó ninguna de las dos carreras. Entre sus obras narrativas destacan: *Hombres varados* (1963), *La muerte dormida* (1963), *Balada de Juan Campos* (1963), testimonio de la vida carcelaria; *Tiempo provisional* (1968), *Cuentos de la mala vida* (1980), *Introducción al crimen de la herradura* (1985) y *Cuentos recuperados de la papelera* (1986). [G.R.F.]

TORREPALMA, CONDE DE. Véase VERDUGO Y CASTILLA, ALFONSO.

TORRES, ALFONSO DE. Véase RETÓRICA EN LOS SIGLOS XVI Y XVII.

TORRES, CARLOS ARTURO (Santa Rosa de Viterbo, Boyacá, Colombia, 1867-Caracas, 1911). Escritor colombiano, se inició como poeta con las antologías *La lira nueva* (1886) y *Parnaso colombiano* (1886-87). Su tono culto y meditativo era más el de un ensayista, lo cual explica su alejamiento de los modernistas. Su libro de ensayos más conocido es *Los ídolos del foro, ensayo sobre las supersticiones políticas* (1910), también publicado con el título de *Idola fori*. Analiza los vicios sociales, políticos y culturales de los hispanoamericanos, que achaca al trasplante de ideas europeas no bien asimiladas. Publicó también *Obra poética* (1906), *Estudios ingleses* (1907) y *Literatura de ideas* (1911).

BIBLIOGRAFÍA. R. Sierra Mejía, *Carlos Arturo Torres* (Bogotá, 1990). [F.C.L.]

TORRES, JUAN DE (?, h. 1400/1410-?, d. de 1463). De noble familia castellana, fue paje al servicio de Alfonso el Magnánimo, pasando, a su vuelta de Nápoles, al servicio de Álvaro de Luna *, a cuyo lado alcanzó la alcaidía de los alcázares de Jaén y, más tarde, la maestresalía de Juan II * y Enrique IV. Fue también un militar destacado e intervino en las luchas contra Juan II de Aragón como jefe del ejército castellano (1462). Esta faceta militar se completa con la de justador y caballero andante por el extranjero, según testimonio de Hernando del Pulgar *. Es el poeta más prolífico del *Cancionero de Palacio* *, después de Pedro de Santa Fe *. La mayoría de sus composiciones son amatorias, de un acendrado cortesanismo y con planteamientos amorosos muy tradicionales.

BIBLIOGRAFÍA.. F. Vendrell de Millás, *El «Cancionero de Palacio»* (Barcelona, 1945); N. Salvador Miguel, *La poesía cancioneril. El «Cancionero de Estúñiga»* (Madrid, 1977). [M.I.T.P.]

TORRES DEL ÁLAMO, ÁNGEL (Madrid, 1880-1958). Autor cómico. Colabora en *Blanco y Negro*, *Informaciones*, *Heraldo de Madrid* y *El Liberal*, con el seudónimo de «Lentejica». Como hombre de teatro, domina sobre todo el sainete, con preferencia por las costumbres y ambientes madrileños de los barrios bajos. Entre sus muy numerosas obras, en colaboración casi todas con Antonio Asenjo, destacan *El chico del cafetín* (1911), *La Mary-Tornes* (1912) y *Las paralelas* (1917). Es también autor de la comedia *Llévame al «Metro», mamá* (1919). [J.B.]

TORRES BODET, JAIME (México, D.F., 1902-1974). Escritor mexicano, uno de los más representativos del grupo que se formó en torno a la revista *Contemporáneos* *, de la que fue codirector. Con anterioridad, junto a Bernardo Ortiz de Montellano *, había publicado *La Falange* (1922-23), otra de las revistas que entonces animaron la actividad literaria del país. Su obra poética se inició dentro de un postmodernismo de orientación intimista, y luego se hizo eco de las corrientes de vanguardia y de las inquietudes de cada momento, consiguiendo siempre el equilibrio entre tradición y novedad que declaraba buscar. *Fervor* (1918), *El corazón delirante* (1922), *Canciones* (1922), *Nuevas canciones* (1923), *La casa* (1923), *Los días* (1923), *Poemas* (1924), *Biombo* (1925), *Poesía* (1926, antología), *Destierro* (1930), *Cripta* (1937), *Sonetos* (1949), *Selección de poemas* (1950), *Fronteras* (1954), *Sin tregua* (1957) y *Trébol de cuatro hojas* (1958) fueron los títulos de sus numerosos poemarios, reunidos finalmente en *Obra poética* (1967, 2 vols.). Con las novelas *Margarita de niebla* (1927), *La educación sentimental* (1929), *Proserpina rescatada* (1931), *Estrella de día* (1933) y *Primero de enero*

(1934), y con narraciones breves como las incluidas en *Nacimiento de Venus y otros relatos* (1941), Torres Bodet trató de introducir en la narrativa mexicana las novedades que habían renovado la narrativa europea y norteamericana de la época. También fue notable su contribución a los estudios literarios, y al respecto merecen mención sobre todo las notas críticas integradas en el volumen que tituló *Contemporáneos* (1938), así como los ensayos *Tres inventores de realidad* (1955, sobre Stendhal, Dostoievsky y Pérez Galdós *) y *Rubén Darío, abismo y cima* (1966). Con *Tiempo de arena* inició en 1955 la publicación de sus memorias, que más tarde se concretaron también en *Años contra el tiempo* (1969), *La victoria sin alas* (1970), *El desierto internacional* (1971) y *La tierra prometida* (1972).

BIBLIOGRAFÍA. E. Carballo, *Jaime Torres Bodet* (México, 1968); B. K. Miller, *La poesía constructiva de Jaime Torres Bodet* (México, 1974). [T.F.]

TORRES NADAL, LUIS. Véase HISPANOAMÉRICA: TEATRO ACTUAL.

TORRES NAHARRO, BARTOLOMÉ DE (Torre de Miguel Sesmero, Badajoz, h. 1485-¿Badajoz?, h. 1540). Dramaturgo y poeta del siglo XVI, es autor del más representativo teatro español del Renacimiento. De ascendencia y apellido extremeños, tras cursar estudios de latinidad en Salamanca y desempeñar durante algunos años funciones eclesiásticas en la diócesis de Badajoz, emprendió viaje a Italia, donde pasaría casi todo el resto de su vida. En la Roma de León X, en círculos eclesiásticos y pontificios, dio a conocer su obra literaria. Ante el propio Papa representó varias de sus obras, y al cardenal de Santa Cruz, lo mismo que al obispo de Scala, dedicó poemas y comedias. Hacia 1517, tal vez cansado de esperar beneficios que no llegaban, abandonó Roma para establecerse en Nápoles, donde, al servicio de Fabrizio Colonna, continuó su carrera literaria y sacó a la luz pública su obra. En 1530 se hallaba en Sevilla, y es probable que pasara los últimos años de su vida como clérigo en su Extremadura natal. Naharro reunió sus obras en un volumen que se editó por vez primera en Nápoles en 1517, con el título de *Propalladia*, esto es, «ejercicio preliminar o primeros ensayos dedicados a Palas». El volumen contenía, aparte la dedicatoria y el proemio en prosa sobre teoría dramática, siete piezas teatrales (el *Diálogo del Nascimiento* y las comedias *Serafina, Trofea, Soldadesca, Tinellaria, Imenea* y *Jacinta*), precedidas y seguidas de diverso número de composiciones poéticas (romances, canciones, epístolas, capítulos e incluso sonetos en italiano). En sucesivas ediciones de la obra se añadieron aún dos comedias más, la *Calamita* y la *Aquilana*. Del mayor interés resulta el citado proemio, donde traza una original teoría dramática —aunque basada en parte en los *Praenotamenta* (1499) de Badio Ascensio a Terencio—, en la que, tras definir la comedia como «un artificio ingenioso en notables y finalmente alegres acontecimientos, por personas disputado», propone la división de ésta en cinco jornadas, recomienda mesura en el número de personajes, las clasifica en «a noticia» y «a fantasía», y señala el «introito» y el «argumento» como sus partes principales.

La producción teatral de Naharro está constituida, pues, por nueve obras, las cuales podrían agruparse en tres distintas modalidades dramáticas. Por un lado, las piezas que, en cuanto a su asunto, entroncarían con una cierta tradición teatral hispánica, como ocurre con el *Diálogo*, que enlazaría con las representaciones navideñas y coloquios pastoriles del siglo XV, o la comedia *Trofea*, panegírico dramático de don Manuel *el Afortunado*, en la tradición de los momos y espectáculos cortesanos. Por otro lado, las otras siete comedias, que el propio autor divide en *a noticia* («de cosa nota y vista en realidad de verdad) y *a fantasía* (de cosa fantástica o fingida, que tenga color de verdad aunque no lo sea»). Las dos comedias «a noticia», *Soldadesca* y *Tinellaria*, están en gran medida inspiradas en la observación directa del natural y tratan de reproducir animadamente un fragmento de la realidad, en este caso, circunscrita a la vida y costumbres romanas que conoce el autor (escenas de la vida militar española en Italia o el pintoresco cuadro de un banquete en el tinelo de la servidumbre en el palacio de un cardenal, respectivamente). En ambas piezas es escasa la acción, pero muy vivo y animado el diálogo, con mezcla de diversas lenguas en boca de los criados, y en el que queda reflejada, con alguna mordacidad y espíritu crítico, aquella realidad observada. Las comedias «a fantasía», por su parte, están ya alejadas de esas intenciones veristas y persiguen, en cambio, la representación de una acción inspirada siempre en un caso de amores y en un ambiente urbano. Esa situación amorosa, apreciablemente variada de una a otra pieza, es la que crea la intriga, que Naharro sabe potenciar y conducir con admirable destreza: unas veces, como en la *Jacinta*, será la dama quien tenga que decidirse entre varios pretendientes; otras, como en la *Serafina*, el galán, ayudado por un fraile legitimador, tendrá que resolver su caso con dos mujeres; otras, como en la *Calamita* o la *Himenea*, surgirá la figura del oponente —el padre o el hermano— que complicará la relación entre los amantes. A esa intriga amorosa quedan enteramente subordinados los personajes, de manera que en éstos no tendrá tanta importancia el estudio de caracteres y pasiones como su misma participación en la trama, que se suele complicar aún con una segunda intriga protagonizada por los criados y otras figuras secundarias; de igual modo, los diálogos, sobrios y animados, a veces con mezcla de lenguas, irán estrechamente ajustados a la acción sin apenas desvíos discursivos ni líricos. Por su aportación tanto a la teoría como a la práctica dramáticas, Naharro ha de ocupar un lugar principal en la historia del teatro español. Aunque la teoría es un tanto abstracta y generalizadora, y más bien referida a cuestiones externas, no deja de suponer una ruptura con las convenciones más o menos clasicistas de la época. Su práctica teatral, en cambio, no llegará a poseer la gravedad que inspira la teoría, y sus comedias, lejos de la rigidez clasicista, buscarán más bien lo insólito y el despropósito verosímil, convirtiéndose ante todo en un espectáculo jocoso y divertido, concebido como estaba para el público particular de las cortes renacentistas de Roma y Nápoles.

BIBLIOGRAFÍA. M. Cañete-M. Menéndez Pelayo (eds.), *Propaladia*, 2 vols. (Madrid, 1880-1900); J. E. Gillet (ed.), *Propalladia and other works of Bartolomé de Torres Naharro* (Bryn Mawr-Filadelfia; Pennsylvania, 1943-51); D. W. McPheeters (ed.), *Comedias* («Soldadesca», «Tinelaria», «Himenea») (Madrid, 1973); S. Zimic, *El pensamiento humanístico y satírico de Torres Naharro* (Santander, 1978), 2 vols. [M.A.P.P.]

TORRES SÁNCHEZ, RAFAEL. Véase HISPANOAMÉRICA: POESÍA ACTUAL.

TORRES VILLARROEL, DIEGO DE (Salamanca, 1693-1770). Este polifacético, inquieto y desconcertante personaje rompe, con una trayectoria biográfica y una obra difíciles de comprender y de interpretar, bastantes de los moldes aplicados al siglo XVIII. Estrechamente vinculado a su ciudad natal, después de una juventud desenfadada y aventurera comenzó a publicar en

1718, bajo el seudónimo de «El Piscator de Salamanca», sus famosos *Almanaques y Pronósticos;* publicaciones de carácter heterogéneo, donde alternaba las predicciones puramente meteorológicas con las de posibles acontecimientos y que tenían una gran aceptación, gracias a lo cual pudo ser quizá el primer escritor español que viviera desahogadamente con el producto de sus escritos. Su afición por la astrología y las matemáticas le llevan, en un episodio que evidencia la decadencia de la universidad salmantina, a ocupar en 1726 la cátedra de Matemáticas de dicha institución. Desde entonces, alterna sus estancias en Madrid y Salamanca, hasta que a los cincuenta y dos años se ordena sacerdote. En 1750 solicita la jubilación anticipada, a lo que la Universidad —siempre enfrentada con él— se opone, pero a la que en cambio accede el Consejo Real. En 1752 aparece por suscripción pública una edición de sus obras en catorce volúmenes. Y muere, finalmente, en Salamanca, cuando ya es un autor tremendamente popular, protegido por la nobleza, y ha alcanzado la consideración y el reconocimiento que buscó afanosamente.

Su producción literaria es muy amplia y heterogénea. Aparte de los almanaques, que por su propia condición le permitían desmesuras, extravagancias y atrevimientos propios de su fértil imaginación, cultivó la poesía en su juventud y el teatro —es autor de una colección de sainetes, en algunos de los cuales intervino como actor—. También publicó obras seudocientíficas que evidencian su osadía científica en las más diferentes materias. Debemos añadir dos hagiografías y una obra titulada *La Barca de Aqueronte* (1743), sátira de distintos grupos humanos. No obstante, su fama ha quedado vinculada a una peculiar obra en prosa, donde rinde homenaje a su admirado Quevedo *: *Visiones y visitas de Torres con don Francisco de Quevedo por la corte* (1727-28), interesante no sólo por las curiosas noticias que nos proporciona sobre el Madrid del siglo XVIII, sino también porque —según Sebold—, inmerso entre los tipos y las situaciones pintorescas que forman la estructura argumental de la obra, puede percibirse un seudomisticismo que da al conjunto una dimensión de profundidad humana casi equivalente a la que encontramos en los lienzos del Bosco o en los caprichos de Goya. Pero su prestigio se cimenta, sobre todo, en una de las creaciones fundamentales de la literatura española dieciochesca: su *Vida* (1743-58), peculiar obra, entre la autobiografía y la novela, que ha despertado gran interés en la crítica. Aunque se la ha considerado como una novela picaresca, la realidad es que estamos muy lejos de las aventuras y desventuras de un pícaro. Torres, después de haber triunfado y ascendido socialmente, escribe esta novela autobiográfica para vindicación y justificación polémica de su persona y obra literaria. Según Suárez-Galbán, dicho texto «no responde a otra cosa que a ese deseo de ser reconocido y apreciado; de ser estimado legítimamente como miembro auténtico y prestigioso de un cuerpo social [...]. Se trata de una insaciable ansia de fama, un enorme anhelo de reconocimiento que halla su solución y alivio en la redacción de la *Vida*». Víctima de la incomprensión de sus coetáneos, Torres crea su personaje para dirigirse a ellos e informarles, de manera que rectifiquen su visión errónea, disipen los mitos que él mismo contribuyó a forjar y, claro está, para reivindicar su propia trayectoria y fama. Aparece así, según Sebold, por primera vez en España, un libro en el que un hombre de la «clase media» se considera importante precisamente por pertenecer a tal clase y por haber tenido que bregar con los mismos problemas prosaicos que los demás hombres de su clase.

BIBLIOGRAFÍA. E. Suárez-Galbán, *La «Vida» de Torres Villarroel: literatura antipicaresca, autobiografía burguesa* (Carolina del Norte, 1974); R. P. Sebold, *Novela y autobiografía en la «Vida» de Torres Villarroel* (Barcelona, 1975); G. Mercadier, *Torres Villarroel. Masques et miroirs* (París, 1981); D. de Torres Villarroel, *Vida*, ed. de M. M. Pérez López (Madrid, 1990); E. Martínez Mata, *Los «Sueños» de Diego de Torres Villarroel* (Salamanca, 1990). [J.A.R.]

TORRI, JULIO (Saltillo, Coahuila, México, 1889-México, D.F., 1970). Autor de *Ensayos y poemas* (1917), *De fusilamientos* (1940, cuentos) y algunas «prosas dispersas» que, junto a las obras citadas, conformaron finalmente el volumen titulado *Tres libros* (1964). Con esa breve producción, que completan el manual *La literatura española* (1952) y otros escritos de menor interés, demostró poseer un talento original, particularmente eficaz en textos breves que borraban los límites entre el relato y el poema. De expresión refinada y esencial, fue observador resignado e irónico, atento por igual a temas amorosos o trascendentales y especialmente acertado al ocuparse de literatura, a cuya enseñanza —en la Escuela Nacional Preparatoria y en la Facultad de Filosofía y Letras de la Universidad Autónoma de México— dedicó buena parte de su vida. Había sido miembro del Ateneo de la Juventud. En 1987 se publicaron algunos textos suyos desconocidos, en el volumen *El ladrón de ataúdes*.

BIBLIOGRAFÍA. S. I. Zaïtzeff, *El arte de Julio Torri* (México, 1983); B. Espejo, *Julio Torri, el voyerista desencantado* (México, 1986). [T.F.]

TORRIJOS, CONDE DE. Véase ALCALÁ GALIANO, JOSÉ.

TORROELLA, PERE (¿Gerona?, h. 1405-?, h. 1475). También llamado Torrellas, Torrella, Torroellas y Torrelles, pasó su vida al servicio de la casa de Aragón y, en especial, al del Príncipe Carlos de Viana *, Juan II de Navarra y Alfonso el Magnánimo, en cuyas cortes ejerció como consejero, senescal, embajador, señor del Ampurdán y alcaide de Ampurias. Viajó a Nápoles y allí ejerció una notable actividad poética. Su vida, como la de otros escritores de la época, es la del aristócrata políticamente muy activo y literariamente destacado, con formación y relaciones amplias, que, en el caso de Torroella, le llevaron a entablar amistad con humanistas como Pontano, que le dedica alguno de sus libros. Integrado en la corte, participa en su vida caballeresca y poética, dedica prosas elegíacas, como la que escribe a la memoria de Inés de Clèves, y poemas panegíricos, como en el que alaba a la amante de Alfonso el Magnánimo, Lucrecia de Alagno. Escritor bilingüe, es perfecto ejemplo de la integración de las tradiciones poéticas castellana y catalana. Se le recuerda más que por su producción en prosa (algunas cartas y discursos) por algún poema en especial, como el *Maldezir de mujeres* (anterior a 1458), violento ataque antifemenino en el que se describe a la mujer como depositaria de todos los vicios y, en la más pura tradición medieval, como inferior al hombre, que desató una polémica literaria muy activa, incluso después de la muerte del poeta: Juan de Flores * lo convierte en personaje en su *Historia de Grisel y Mirabella* y le adjudica una muerte tan pintoresca como fantástica.

BIBLIOGRAFÍA. M. de Riquer, *Història de la literatura catalana*, III (Barcelona, 1964); N. Salvador, *La poesía cancioneril* (Madrid, 1977); B. Dutton, *El cancionero del siglo XV*, VII (Salamanca, 1991). [J.S.H.]

TORROMÉ Y ROS, RAFAEL (Aragón, 1861-Madrid, 1924). De niño se trasladó a Valencia y posteriormente a Madrid para continuar sus estudios. Estuvo siempre muy interesado por los temas pedagógicos. A veces publicó con el seudónimo de «Espolín». Fue redactor de *El Cronista, La Opinión, El Imparcial* y colaborador de *La Ilustración Española y Americana, Madrid Cómico, La Vida Galante, La Niñez, El Mundo de los Niños, El Magisterio Español*, etc. Escribió el poemario *La vida interna* (1912); en narrativa, *Cuentos del maestro* (1906), *El triunfo de la templanza* (1906), *Escenas infantiles* (1907), *Aventuras de alfeñique* (1907), *La venganza del mar* (1907), *Cuentos de cuentos* (1907) y *En busca de la fortuna* (1907), y para el teatro: *La fiebre del día* (1887), *El sentido común* (1890), *La dote* (1891) y *Los irresistibles* (1893). [M.P.C.]

TORTAJADA, VICENTE. Véase POESÍA ESPAÑOLA POSTERIOR A 1975.

TORUÑO, JUAN FELIPE (Posoltega, Nicaragua, 1898-San Salvador, 1980). Erudito y polígrafo nicaragüense, dedicado especialmente a la historia de la literatura hispanoamericana. Publicó los libros de versos *Senderos espirituales* (1922), *Ritmos de vida* (1924), *Hacia el sol* (1940), *Vaso espiritual* (1941), *Raíz y sombra del futuro* (1944), *Arcilla mística* (1946) y *Huésped de la noche y otros poemas* (1947). Fue autor también de las novelas *La mariposa negra* (1928) y *El silencio* (1937), así como de un tomo de cuentos, *De dos tierras* (1948). Pero su valor auténtico se halla en el campo de la historia de la literatura, con el auxilio de la bibliografía. Sus dos principales obras son: *Índice de poetas de El Salvador en un siglo: 1840-1940* (1941) y *Síntesis panorámica de la poesía en América* (1942). Otros títulos de erudición y crítica literarias: *Los desterrados* (1938), *Poesía y poetas de América* (1945), *El introvertismo en poesía* (1950), *Desarrollo literario de El Salvador* (1958) y *Gavidia: entre raras fuerzas étnicas, de su obra y de su vida* (1969).

BIBLIOGRAFÍA. A. Argüello, *Los precursores de la poesía nueva en Nicaragua* (Managua, 1963). [E.Z.-H.]

TOSTADO, EL. Véase FERNÁNDEZ DE MADRIGAL, ALFONSO.

TOUR, CAMILO DE LA (seudónimo). Véase ROJAS, ARÍSTIDES.

TOVAR, JUAN (Puebla, México, 1941). Periodista, guionista y dramaturgo. Si bien no está emparentado con la «literatura de la onda», en la novela *El mar bajo la tierra* (1967) hay una visión juvenil de circunstancias familiares conflictivas. Las novelas *La muchacha en el balcón o la presencia del coronel retirado* (1970) y *Criatura de un día* (1984), así como el volumen de cuentos *El lugar del corazón* (1974), tocan niveles profundos de la realidad, y *Memoria de apariencias* (1989) es un volumen de relatos que busca un equilibrio entre la realidad objetiva y la subjetiva. Es también autor de los relatos breves de *Hombres en la oscuridad* (1965) y *Los misterios del reino* (1966). [J.E.C.]

TRABA, MARTA (Buenos Aires, 1930-Mejorada del Campo, Madrid, 1983). Escritora argentina, cultivó la crítica de arte y desarrolló una incansable actividad cultural en diversos países, particularmente en Colombia. Inició su carrera literaria con el poemario *Historia natural de la alegría* (1951), y en 1966 ganó el Premio Casa de las Américas de La Habana con la novela *Las ceremonias del verano*, a la que siguieron *Los laberintos insolados* (1967) y *La jugada del sexto día* (1969). En esas narraciones ya era fundamental el tema del viaje, que adquiere una significación crítica en su novela más destacada, *Homérica latina* (1979), donde se denuncia la feroz represión ejercida por los gobiernos latinoamericanos. Con *Conversación al sur* (1981) inició una trilogía que no pudo concluir y a la que pertenece la novela póstuma *En cualquier lugar* (1984). Había dado a conocer los relatos breves de *Pasó así* (1968), y tras su muerte se publicaron los «cuentos norteamericanos» reunidos en *De la mañana a la noche* (1986). En los artículos de *El són se quedó en Cuba* (1966) se encuentra el testimonio de su adhesión a la Revolución Cubana, de la que se alejó en los años setenta. Desde *El museo vacío* (1958), fueron muy numerosos sus estudios sobre el arte contemporáneo de Latinoamérica, Europa y los Estados Unidos. [T.F.]

TRADUCCIONES DE CLÁSICOS EN LA EDAD MEDIA. Dejando aparte el hecho de que la literatura en romance comienza por ser «romanceamientos» de textos en otra lengua, principalmente el latín, y que así comienza la gran producción del *roman* francés y los géneros equivalentes españoles, como los primeros especímenes del *mester de clerecía* *, conviene prestar atención a aquellos casos en los que la traducción conlleva, además, una voluntad de recuperación y conservación de lo escrito en una lengua para ser incorporado en otra. Es lo cierto que la traducción puede considerarse como un *desplazamiento energético*, como dice Steiner, entre otros modernos teóricos de la traducción, en el que se aúna un proceso de dislocación (etimológicamente hablando) y otro complementario de recuperación en otra lengua. Será opción de unos u otros traductores la de aprovechar las virtualidades literarias que pueden abrirse en esta ocasión. Desde luego, ya en el siglo XV el tratado de Bruni *De interpretatione recta* (de h. 1426) hace un tratamiento de la traducción filológica como investigación sobre los placeres afectivos de la retórica. A las puertas, naturalmente, de la traducción como un proceso de creación literaria. Por ello, se puede hablar de localización diacrónica y rupturista de la traducción normal. Ese respeto por la información del pasado acaso se pueda encontrar en las primeras traducciones de autores clásicos de la edad media castellana, en el caso del taller alfonsí, pero no debe olvidarse que la traducción de algunos clásicos (Lucano, Ovidio, entre otros) tiene un fin meramente práctico, el de formar parte de nuevas obras o grandes compilaciones históricas, como la *General estoria*; y, además, están muy marcadas por la recepción de los autores clásicos en la Edad Media, con dos vectores básicos: la adaptación moral y la cristianización, por medio de las técnicas de interpretación y lectura escolar de índole exegética. Será, sin embargo, a finales del siglo XIV y durante todo el siglo XV cuando, en sincronía con otras culturas como la francesa o italiana, la traducción de los textos clásicos tenga una finalidad tan pragmática como de interés por los autores antiguos. Varios textos clásicos traducidos al francés van a penetrar en la península por la vía de Cataluña y directamente (será el caso de las traducciones de Pedro López de Ayala *). No obstante, muy pronto se empieza a acceder a los clásicos en traducciones nuevas que tienen diversos objetivos. No hay un despegue de la tradición medieval total y absoluto —baste recordar el caso de Alfonso de San Cristóbal, que traduce la obra de Vegecio *De re militari* al objeto de glosarla después en sentido alegórico; el de Enrique de Villena * al traducir la *Eneida* de Virgilio—. Sin embargo, el número crecido de autores de los que se dispone en pleno siglo XV conviene interpretarlo en un marco general del acceso a la cultura y los cambios intelectuales del prehumanismo español. Se traducirá a Tito Livio, el *Epítome* de Floro, César, Quinto Curcio, Josefo, Trogo Pompeyo o Justino, Valerio Máximo, Orosio, Plinio el Viejo, Plinio el Joven, Plutarco, Procopio, Salustio, Vegecio, Frontino, Polibio, Tucídides, Homero, las *Ilias latina*, Lucano, Virgilio, Ovidio, Cicerón, Luciano, Eusebio, Paladio, Boecio, Séneca, Platón, Aristóteles, etc. Interesa señalar que tanto los promotores, como los destinatarios de estas traducciones, eran personas pertenecientes, en la mayor parte de los casos a la aristocracia —el caso más significativo es el del Marqués de Santillana *—, y con insistencia en autores principalmente históricos o moralistas, aunque los traductores en sus prólogos tienen una actitud de novedad al insistir en el repertorio que ofrecen para una actuación *civil* a los lectores de sus obras. El traductor, precisamente, no oculta su nombre y considera su oficio como el de un letrado. El proceso de traducción es bastante mecánico y uniforme: en algunos casos, se dicta el texto; en otros, se transcribe directamente en una *ceda* o *minuta* que luego va a ser sometida a un proceso conocido como *ordinatio*, capitulación o división en párrafos. Éste de la *ordinatio* no deja de ser un procedimiento medieval. En algunos casos, se sigue glosando el texto. Es en el prólogo o dedicatoria de la traducción en donde encontramos preciosas indicaciones sobre el quehacer del traductor. Pocas son, sin embargo, las variantes, no obstante que algunos autores, como Alfonso de Madrigal *, se extienden sesudamente en la teoría de la traducción, al objeto de presentarla como un ejercicio de escritura original —traducir es crear—, lo que se convertirá en tópico andando el tiempo. En la península se discute si conviene traducir *pro verbo verbum*, esto es, literalmente, o *ad sententiam*. La opción por una u otra forma va a originar una apología sobre la pobreza de la lengua receptora, frente a la original. Estos tópicos son problemas reales y no sólo mero eco de la doctrina expresada por San Jerónimo en su epístola a Pamaquio *De optimo genere interpretandi*, que ni siquiera el Tostado pone en tela de juicio. La traducción es, durante el siglo XV, un quehacer literario más al que se dedican muchos de los que cultivan también otros géneros nuevos, como la epístola. Además, es una de las marcas caracterizadoras del humanismo romancista y aristocrático, que perseverará durante el siglo XVI —no se olvide que la mayor parte de las ediciones impresas de romanceamientos de clásicos del siglo XVI son textos traducidos durante la centuria anterior—. En este sentido, el ejercicio de traducir no se puede desvincular de un deseo de cambio estilístico y enriquecimiento del romance. La traducción, como recomiendan los autores de la retórica clásica —Quintiliano o Cicerón— es una ejercitación para pulir el estilo propio. Resultados de la corriente traductora son: el nuevo estilo y el latinismo de la prosa del siglo XV.

BIBLIOGRAFÍA. M. Morreale, «Apuntes para la historia de la traducción en la Edad Media», en *Revista de Literatura*, 15 (1959), págs. 3-10; P. E. Russell, *Traducciones y traductores en la península ibérica* (Bellaterra, 1985); J. N. H. Lawrance, «On Fifteenth-Century Spanish Vernacular Humanism», en *Medieval and Renaissance Studies in Honour of Robert Brian Tate* (Oxford, 1986). [A.F.]

TRADUCCIONES DEL ITALIANO EN LOS SIGLOS XVI Y XVII. La moda galante peninsular hizo rápida mella en la alta sociedad napolitana —una vez anexionado su reino a la corona española desde principios del siglo XVI—, en el vestuario, los juegos, los deportes, los bailes, las costumbres militares y marineras, la manera de cortejar, los préstamos lingüísticos, la divulgación de poemas recogidos del *Cancionero general* * y otros florilegios. También hubo cierto interés por la lectura de obras de la saga de *Amadís* y *Palmerín*, imitadas por Bernardo Tasso (1560) y Dolce

(1562), por novelas sentimentales como la *Cárcel de amor* de Diego de San Pedro *, traducida y editada en Venecia (1514) por Manfredo, así como por numerosas obras de ficción (entre otras, de Alonso Núñez de Reinoso *, Montemayor *, Guevara * y Boscán *), impresas y difundidas en Italia por Giolito de Venecia, al cuidado de Alonso de Ulloa. Pero las obras españolas eran, en general, según Croce, «ecos apagados de algo que ya había pasado de moda en Italia», y la infraestructura de esa anexión política, que había facilitado el influjo de nuestro país sobre las costumbres italianas, fue en el campo de la literatura mucho más poderoso en sentido inverso. Alberto Blecua ha distinguido para el siglo XVI dos grandes períodos en el influjo de las fuentes italianas a través de sus traducciones: una primera etapa llega hasta casi la mitad del siglo, y en ella aparecen, por ejemplo, el *Cortesano* de Baltasar Castiglione en la célebre traducción de Boscán (1534), interesante según ha demostrado en detalle Margherita Morreale, entre otras razones porque, a decir de Garcilaso de la Vega *, no se ciñó al «rigor de la letra» sino a la «verdad de las sentencias». Se traduce asimismo el *Eurialo y Lucrecia* de Piccolomini, reimpresa al menos cuatro veces desde 1496 hasta 1533; Pero Fernández de Villegas traduce el *Infierno* dantesco en 1515; la traducción del *De remediis* de Petrarca por Francisco de Madrid en 1510 se reimprimió seis veces hasta 1534; los *Triunfos* aparecen ya en 1512 y se reimprimen tres veces hasta 1541, tratando de guardar, según el propio Obregón, «la misma medida y número de versos que el toscano tiene». Conservamos además una anónima traducción del *Decamerón*, que vio la luz en cinco ocasiones desde 1496 hasta 1550; *De las caídas de los príncipes*, gracias a la traducción de López de Ayala * y Cartagena * (1495); y la *Fiammeta* en 1497. Sin olvidar aquí la *Historia de los honestos amores de Peregrino y Ginebra*, traducción de Hernando Díaz sobre *Il libro del Peregrino* de Jacopo Caviceo (1508), impresa seis veces desde 1527 hasta 1559; el *Orlando enamorado* de Boiardo, que con el título de *Espejo de caballerías* apareció en 1533 —también fragmentariamente traducido por Hernando de Acuña *, hasta la sexta octava del canto cuarto—, y en la misma fecha, la primera parte del *Morgante* de Pulci.

Una segunda etapa, que abarcaría desde 1543 hasta 1560, está marcada por el interés hacia el Petrarca y el Boccaccio en lengua vulgar. Aparecen así vertidas al castellano obras como la *Arcadia* de Iacoppo Sannazaro (1547), conjuntamente por Diego López de Ayala, Diego de Salazar y Blasco de Garay, el *Coloquio de las damas* de Aretino (1548) por Fernán Juárez, el *Orlando furioso* de Ariosto por J. de Urrea * y Alcocer * (1549 y 1550) —cuyo influjo en la épica y en colecciones de romances, cancioneros y otras obras y antologías de entre 1530 y 1650 ha sido analizada por Maxime Chevalier—. Se traduce a su vez por anónimos la *Zucca del Doni* (1551), los *Asolanos* de Pietro Bembo (1551); se «imita» de forma libre y no se «romanza» —como Alonso Núñez de Reinoso especifica en el prólogo— la traducción de Dolce del libro V de Aquiles Tacio en *Los amores de Clareo y Florisea* (1552), la *Circe* de Gelli (1551) por Juan Lorenzo Ottovanti, el *De partu Virginis* de Sannazaro por Hernández de Velasco (1554), *Los Christiados* de Vida (1554) por Martín Cordero, y el *Riso di Democrito e pianto di Heraclito* de Fragoso (1554) por Alonso de Lobeira. Aparece asimismo reeditado el *Decamerón* en 1544 y 1550, *Las caídas de príncipes* en 1552, y Diego López de Ayala se encarga de verter al castellano con el título de otra obra de Boccaccio, *El Laberinto de Amor* (Sevilla, 1546), las *Trece cuestiones muy curiosas sacadas del Filocolo*, reeditadas así en Toledo, 1549, y reimpresas en Venecia en 1553 junto a la anónima *Cuestión de amor*, por Alonso de Ulloa. De Petrarca se vuelven a traducir los *Triunfos*, esta vez en endecasílabos, por Hozes (1554), así como el *Triunfo de amor* en la versión octosilábica de Alvar Gómez de Ciudad Real, que tuvo una gran difusión impresa en apéndice a la *Diana* de Montemayor. El Brocense *, además, edita y comenta las *Sylvae* de Poliziano como libro de texto en 1554. Gutierre de Cetina * viajó muy probablemente a finales de la década de los treinta por Italia, donde pudo conocer a Luigi Tansillo, cuyas composiciones amorosas traduce con fidelidad e imita de forma muy cercana en más de una ocasión, y en otras tan sólo son fuente de inspiración. Aldana * y Francisco de la Torre *, poetas ambos de la segunda mitad del siglo, también dieron muestras de sentir su obra poética muy estrechamente vinculada a los petrarquismos del quinientos, como los poemas pastoriles de Varchi, con quien el primero intercambió sonetos —además de traducir en versión amplificada la *Fábula de Faetonte* de Luigi Alamanni— y a quien el segundo siguió, junto a otros poetas como Amalteo, Guidiccioni y el mismo Petrarca, con fidelidad rayana en la traducción. De éste tradujo Salomón Usque *De los sonetos, madrigales y sextinas* (Valencia, 1567) y Enrique Garcés *Los sonetos y canciones* (1591).

Los cuentistas italianos que siguieron los pasos del Boccaccio del *Decamerón* llegaron a España a través fundamentalmente de las mismas ediciones italianas, como testimonian, por ejemplo, ya algunas *patrañas* de *El Patrañuelo* (1566) de Timoneda *, que toman argumentos de las *Porretane* de Sabadino degli Arienti (1510), de Masuccio Salernitano (1476) e *Il Pecorone* (escrito en 1385, pero publicado a principios del XVI) de Giovanni Fiorentino. Como ha demostrado Arróniz en el campo de la comedia española, hay muy poco en la España de la primera mitad del siglo que adapte esas anécdotas a las tablas, salvo *La Constanza* de Castillejo * o la anónima *Serafina*, aunque esporádicamente hicieran mella otras fuentes: Juan del Encina * ya siguió de cerca la *Segunda Égloga* de Antonio Tebaldeo en su *Égloga de Fileno y Zambardo*, como señaló en su día J. W. Crawford. El influjo italiano en el teatro español es más patente después de la mitad del siglo, cuando Lope de Rueda * tradujo y reelaboró una comedia italiana anónima, *Gl'Ingannati*, que se había estrenado en Siena, en 1531, en la célebre Academia de los *Intronati* y Sepúlveda * compone su *Comedia*. Las *Novelle* de Matteo Bandello, con tan gran influencia en el teatro secular español, fueron a su vez muy conocidas, pero en fechas todavía algo tempranas, a través de nuevo de las ediciones italianas —gracias ante todo a la edición al cuidado de Alonso de Ulloa e impresa por Camillo Franceschini en Venecia, en 1556—, pues su traducción al español, hecha a través de la versión libre francesa de Bovistau y Belleforest, se dio a conocer muy posteriormente, en 1589, en Salamanca, por el impresor Vicente de Millis Godínez, y después en Madrid, 1596, y Valladolid, 1603; los *Hecatommithi* de Giraldi Cinthio fueron también traducidos hacia finales de siglo en una edición a cargo de Juan Gaitán de Vozmediano, en Toledo. La *Gerusalemme Liberata* de Torquato Tasso, que inspiró a Juan de la Cueva * en *La Conquista de la Bética* y a Cristóbal de Virués * en *El Montserrate*, fue traducida por Bartolomé Cayrasco de Figueroa apenas apareció la primera edición italiana en Parma (1581); sólo unos años después, en 1587, por Juan de Sedeño *, y ya en 1636 por Antonio Sarmiento de Mendoza. Sin olvidar aquí las dos únicas traducciones del italiano que Cervantes * salvó por boca de don Quijote (II, cap. 62), porque «felizmente ponen en duda cuál es la traducción o cuál el original»: la *Aminta* (Cremona, 1580) de Tasso, traducida por Juan de Jáuregui * —que se publicó en dos ediciones a principios del siglo XVII; en Roma, 1607, y en Sevilla, 1618— y el *Pastor Fido* (Venecia, 1590) de Battista Guarino, traducida por Cristóbal Suárez de Figueroa * e impresa en Nápoles, pocos años antes, en 1602. Singular fortuna tuvieron en la tradición satírica del XVII, los *Ragguagli di Parnaso* (1607-1612) de Boccalini, que inspiraron a Cervantes, Quevedo *, Saavedra Fajardo * y Gracián *, entre otros, y fueron seleccionados y traducidos por el portugués Fernando Pérez de Sousa en Madrid, 1634, con el título *Discursos políticos, y avisos del Parnaso*, y vueltos a imprimir en una segunda parte en Huesca, 1640, cuya buena acogida propició una reedición de ambas partes en Madrid, en 1653.

BIBLIOGRAFÍA. A. Farinelli, *Italia e Spagna. Saggi sui rapporti storici, filosofici ed artistici tra le due civiltà* (Torino, 1929); B. Croce, *España en la vida italiana durante el Renacimiento* (Buenos Aires, 1945); R. H. Williams, *Boccalini in Spain. A Study of his Influence on Prose Fiction of the Seventeenth Century* (Wisconsin, 1946); J. Fucilla, *Relaciones hispano-italianas* (Madrid, 1955); M. Morreale, *Castiglione y Boscán: El ideal cortesano en el Renacimiento español* (Madrid, 1959); F. Meregalli, «Las relaciones literarias entre España e Italia en el Renacimiento», en *Thesaurus*, XVII (1962), págs. 606-624; M. Chevalier, *L'Arioste en Espagne* (Bordeaux, 1966) y *Los temas ariostescos en el romancero y la poesía española del Siglo de Oro* (Madrid, 1968); O. Arróniz, *La influencia italiana en el nacimiento de la comedia española* (Madrid, 1969); P. L. Ávila, *Contributo a un repertorio bibliografico degli scritti pubblicati in Italia sulla cultura spagnola (1940-1969)* (Pisa, 1971); A. Rumeu de Armas, *Alfonso de Ulloa, introductor de la cultura española en Italia* (Madrid, 1972); J. Siracusa y J. L. Laurenti, *Relaciones literarias entre España e Italia. Ensayo de una Bibliografía de literatura comparada* (Boston, 1972); J. Arce, *Tasso y la poesía española* (Barcelona, 1973); A. Blecua, «Gregorio Silvestre y la poesía italiana», en *Doce consideraciones en torno a las relaciones hispano-italianas en tiempos de Alfonso y Juan de Valdés* (Roma, 1979), págs. 150-168. [E.F.]

TRADUCCIONES DE OTRAS LENGUAS EN LOS SIGLOS XVI Y XVII.

Es difícil hablar de traducciones en sí durante el Siglo de Oro, pues, si unas veces aparecen como tales, muchísimas otras nos encontramos con que gran parte de las obras de este período (y en numerosas ocasiones las obras enteras) no son sino traducciones de otras obras: abundantes versos de Garcilaso de la Vega * reproducen pasajes enteros de la *Arcadia* de Sannazaro; en las *Anotaciones* de Herrera * pueden seguirse paso por paso las enseñanzas de Quintiliano, y muchos epigramas de Quevedo * no pueden ocultar ser traducciones de Marcial o Juvenal. No por eso hay que creer que son plagios o imitaciones, sino que han sido utilizados como modelos a los que se pretende emular conscientemente y que resultan convertidos en obra propia. Esta imitación consciente y sabia había sido uno de los caballos de batalla para los literatos del Renacimiento y lo continuó siendo para los del Barroco: no en vano, tanto las primeras letras como la enseñanza superior de gramática y retórica empezó, hasta el siglo XVIII, por la imitación de los mejores autores clásicos. Todas estas enseñanzas influyeron en el desarrollo de los dos tipos de traducción que se impusieron en la época: traducción *ad sensum*, esto es, del sentido de los pasajes o las enseñanzas, empleando las palabras y la sintaxis propias del traductor, y traducción *ad* *litteram*, esto es, de cada una de las palabras del texto original. Todas tuvieron sus defensores y sus detractores, ya desde mediados del siglo XV, pero sobre todo contaron con las limitaciones de toda traducción. Aunque el número de obras traducidas en este período es muy elevado (sobre todo entre 1540 y 1560) —más abajo sólo indicaremos la fecha de publicación de cada primera edición—, es necesario dejar claro que todos los hombres medianamente cultos de la época no tenían la menor dificultad a la hora de leer un texto en latín. Podían —es cierto— no llegar a sentirla como una lengua natural (esto es, entendiéndola y disfrutando de ella sin necesidad de ir traduciéndola mentalmente palabra por palabra), pero en modo alguno se les podía llamar ignorantes de una lengua que habían estudiado desde sus primeros años. De esta manera, frecuentemente los traductores dejaban bien claro al frente de sus obras que su tarea no era facilitar las cosas a sus lectores, sino dignificar la lengua española con una obra clásica.

La mayor parte de las traducciones, lógicamente, son de los textos latinos más apreciados. La *Eneida* fue vertida al castellano por Gregorio Hernández (1555), Diego López (1600), Cristóbal de Mesa * (1615) y Juan Francisco de Enciso (1698), sin contar versiones fragmentarias de Francisco de las Natas, Gregorio de Tapia y fray Antonio de Moya. Menos fortuna tuvo Lucano, traducido por Martín Laso de Oropesa (h. 1530) y Juan de Jáuregui *. La poesía de Horacio apareció al cuidado de Villén de Biedma (1599) y de Urbano Campos (1682), pero prácticamente no hubo poeta que no tradujera alguna de sus composiciones; igual ocurre con Ovidio (especialmente con sus *Metamorfosis*, lectura escolar), pero traducido singularmente por Jorge de Bustamante (h. 1543), Antonio Pérez Sigler (1580) o Pedro Sánchez de Viana (1589). Cicerón, maestro de la elocuencia y modelo para toda una generación de humanistas, fue uno de los autores más traducidos: entre los traductores de sus diferentes obras figuran humanistas de la talla de Thámara (1546), Juan de Jarava (1549) y Simón Abril * (varias veces entre 1572 y 1589), pero continuaron apareciendo versiones españolas hasta mediados del siglo XVII. Lo mismo puede decirse de Séneca, del que se tradujeron todas las obras repetidas veces entre 1482 y 1692, al cuidado de diferentes ingenios, pero que fue imitado y adaptado por infinidad de escritores. La comedia humanística tuvo una rara fortuna: Plauto fue muy traducido, pero sólo durante un corto período, por López de Villalobos * (1515), Pérez de Oliva * (1525), Juan de Verzosa (1555) y Timoneda * (1559), y Terencio sólo por Simón Abril (1577), pero ambos influyeron sobre todo el teatro de colegio * y las comedias celestinescas. Además de estos grandes autores, hay que mencionar algunas versiones de historiadores (Tácito, Salustio, Suetonio), aparecidas durante el siglo XVII, las *Metamorfosis* de Apuleyo, al cuidado de Diego López de Cortegana (h. 1513, pero publicada en 1540), tan importante en la evolución de la novela, o la *Historia Natural* de Plinio, traducida por Jerónimo de Huerta (entre 1599 y 1629).

Menos suerte, desde luego, tuvieron las versiones de clásicos griegos, hechas a menudo sobre versiones latinas (en las que se publicaron muchísimas veces) o italianas. Posiblemente, el más traducido fue Aristóteles, cuyas obras aparecieron repetidamente entre 1488 y 1633 al cuidado de tan importantes intérpretes como Juan de Jarava, Simón Abril, Ambrosio de Morales * o Murcia de la Llana. La *Odisea* fue traducida por Gonzalo Pérez (entre 1550 y 1556); Plutarco y Platón, aunque conocidos por todos y leídos en latín, sólo aparecieron fragmentariamente, mientras las *Fábulas* de Esopo o los diferentes diálogos de Luciano se fueron reimprimiendo sin interrupción en sus numerosas traducciones. Los trágicos fueron mal conocidos en el siglo XVI, aunque hay algunas traducciones de humanistas como Pérez de Oliva (Sófocles) y Simón Abril (Eurípides). Las obras científicas tuvieron una gran difusión, y entre ellas merecen recordarse las traducciones de los tratados de Dioscórides, por Laguna * (1555), de Hipócrates, por Alonso Suárez (1564) y Alonso Manuel Sedeño (1699), y de Galeno, al cuidado de Jerónimo Murillo (1572) o Antonio Pérez (1575). También pertenecen a este apartado las versiones de las *Tablas* de Cebes (con no menos de cinco traducciones entre 1532 y 1630) y las diferentes obras de Euclides (entre 1576 y 1689). También entre los autores griegos, los historiadores (Jenofonte, Tucídides) fueron traducidos preferentemente durante el siglo XVII.

Además de textos clásicos, también se tradujo buen número de obras de ficción, tanto en prosa como en verso. De los libros de caballerías traducidos del francés, los más importantes fueron *Le chevalier Délibéré* de Olivier de la Marche, traducido por Hernando de Acuña * (1553) y Jerónimo de Urrea (1555), y el *Perceforest*, por Fernando de Mena. Este, también tradujo —posiblemente, del francés— la novela griega *Teágenes y Cariclea* (1587). La poesía contó también con excelentes muestras. Del portugués se tradujeron varias obras, pero la más importante es sin duda *Os Lusíadas*, de Camões, tarea de la que se ocuparon Benito Caldera y Luis Gómez de Tapia (ambos en 1580).

BIBLIOGRAFÍA. Th. S. Beardsley, Jr., *Hispano-Classical Translations Printed between 1482 and 1699* (Duquesne U.P., Pittsburgh, 1970). [R.R.]

TRAGGIA, JOAQUÍN. Véase RETÓRICAS DEL SIGLO XVIII.

TRAPIELLO, ANDRÉS. Véanse NARRATIVA ESPAÑOLA POSTERIOR A 1975 y POESÍA ESPAÑOLA POSTERIOR A 1975.

TRATADO DEL CUERPO Y DEL ÁNIMA. Véase DEBATES POÉTICOS EN LA EDAD MEDIA.

TRATADO DE MONTERÍA. Véase CETRERÍA Y MONTERÍA, LIBROS DE.

TREJO, BLANCA LYDIA. Véase LITERATURA INFANTIL HISPANOAMERICANA.

TREJO, MARIO. Véase HISPANOAMÉRICA: POESÍA ACTUAL.

TREJO, OSWALDO (Tovar, Mérida, Venezuela, 1928). Cuentista, novelista y diplomático vinculado a numerosos organismos culturales. Sus cuentos y novelas muestran una cambiante inquietud: desconocen la fuerza de la anécdota, se desdoblan en juegos de espejos que multiplican personajes y espacios, y suelen presentar intercalados capítulos de escritura experimental que muestran la rica imaginería del autor. Los relatos incluidos en *Escuchando al idiota y otros cuentos* (1952), seleccionados de *Los cuatro pies* (1948), prescinden del referente histórico y sus personajes carecen de rasgos caracterizadores: no hay ilusión de vida ni de realidad. La fragmentación de las secuencias narrativas, la irrealidad y el juego lingüístico producen una narración de tendencia experimental que han continuado los escritores José Balza * y Luis Britto García *. Publicó además: *Cuentos de la primera esquina* (1952), *Aspasia tenía nombre de corneta* (1953) y *Depósito de seres* (1965). Entre sus novelas de atildada prosa se encuentran *También los hombres son ciudades* (1962), relato de rasgos líricos y autobiográficos donde el narrador explora, a través del protagonista niño, el universo infantil; *Andén lejano* (1968), *Textos de un texto con Teresa* (1975) y *Al trajo, trejo,* *troja, trujo, treja, traje, trejo* (1980). Son novelas difíciles, casi impenetrables, de carácter experimental, en las cuales el lenguaje actúa como un personaje en busca de lo contemporáneo. En 1989 publicó una aventura del lenguaje titulada *Metástasis del verbo*.

BIBLIOGRAFÍA. E. Match de Vera, *Indagaciones en el universo narrativo de Oswaldo Trejo* (Caracas, 1982). [J.R.M.]

TRIANA, JOSÉ (Camagüey, Cuba, 1931). Dramaturgo. Su obra pertenece a las últimas tendencias de la vanguardia y predomina en ella el llamado «teatro de la crueldad». Se aprecian influencias de Jean Genet, Jean Giraudoux y Virgilio Piñera *. Consiguió premios en su país con *Medea en el espejo* (1960), *La muerte del Ñeque* (1963) y *La noche de los asesinos* (1965). Con esta última obtuvo reconocimiento mundial en 1967, cuando fue presentada en Londres. Esta pieza ha aparecido en escena además en La Habana, París, San Pablo, Nueva York, Zurich, Venecia y México, y ha sido traducida a diecinueve idiomas. El éxito más reciente de Triana ha sido *Palabras comunes (Words Apart)*, estrenada también en Londres en 1986. Otras obras suyas son *El parque de la fraternidad* (1962) y *El mayor general hablará de Teogonía* (1962). Muchas de sus piezas han sido incluidas en numerosas antologías. Triana se trasladó a París en 1980 y actualmente reside en Londres.

BIBLIOGRAFÍA. R. de la Campa, *José Triana: ritualización de la sociedad cubana* (Madrid, 1979). [E.S.-G.A.]

TRIGO, FELIPE (Villanueva de la Serena, Badajoz, 1864-Madrid, 1916). Fue médico en diversos pueblos de Extremadura. Entró después, por oposición, en el Cuerpo de Sanidad Militar. Participó también en la campaña de Filipinas. A comienzos de siglo abandonó su profesión y se dedicó de lleno a la literatura y al periodismo. Sus desequilibrios y dificultades para adaptarse a la sociedad de su época lo llevaron al suicidio. La mayor parte de sus relatos cortos y novelas —*Las ingenuas* (1901), *La sed de amar* (1903), *El alma en los labios* (1904), *La Altísima* (1907), *La bruta* (1908), *Sor Demonio* (1909), *En la carrera* (1909), *Cuentos ingenuos* (1909), *Las posadas del amor* (1909), *Así paga el diablo* (1911) y *El papá de las bellezas* (1913), entre otros—, escritos con estilo descuidado y con abundantes solecismos, tienen como tema dominante la vida sexual. Trigo, al mismo tiempo que se recrea en descripciones típicamente decadentistas, fustiga, con clara intención moralizadora, muchas hipocresías y prejuicios arraigados en la vida española y se lanza a una defensa, superficial y reiterativa, de la necesidad de liberar los instintos sexuales. Para R. Cansinos-Assens *: «La novela de Felipe Trigo no es la novela galante, amena, frívola y sensual, en una sola palabra: alegre, engalanada con las más finas ropas de fiesta de la literatura, según se muestra en Zamacois *. La novela de Trigo es una lectura seria y profunda, algo así como cursos prácticos de psicología y de fisiología.»

Mayor interés tienen dos obras posteriores en las que lo erótico se integra en unas preocupaciones regeneracionistas que lo aproximan a los escritores del 98. La primera de ellas, *El médico rural* (1912 y 1975), con abundantes elementos autobiográficos, constituye una denuncia de la ignorancia y de la situación mísera de los campesinos extremeños. En la otra, *Jarrapellejos* (1914 y 1988), lanza una violenta diatriba contra el caciquismo imperante en las zonas rurales. Sus buenas intenciones sociales, morales y educativas se acentúan en dos curiosas obras: *Socialismo individualista* (1904) y *El amor en la vida y en los libros* (1907).

BIBLIOGRAFÍA. M. Abril, *Felipe Trigo*

(Madrid, 1917); A. Martínez San Martín, *La narrativa de Felipe Trigo* (Madrid, 1983); J. M.ª Fernández Gutiérrez, *La novela corta galante: Felipe Trigo* (Barcelona, 1989). [A.R.]

TRIGUEROS, CÁNDIDO MARÍA (Orgaz, Toledo, 1736-Madrid, 1798). Fue beneficiado de Carmona, miembro de la Academia de Buenas Letras de Sevilla y de la Academia de la Historia, y ejemplo de la curiosidad dieciochesca hacia todas las formas de saber. Polemizó con Juan Pablo Forner * y asistió a la tertulia sevillana de Pablo de Olavide *. Usó los seudónimos de «Melchor Díaz de Toledo», «Melchor Sánchez Toledano» y «Crispín Caramillo». Su obra poética incluye *El poeta filósofo* (1774-78), las *Poesías de Melchor Díaz de Toledo* (1776) y *La riada* (1784). Cultivó la tragedia con *Viting, El cerco de Tarifa* y *Egilona;* la comedia, con *El mísero y el pedante* y *Los menestrales* (1784); contribuyó al drama nuevo con *El precipitado* (1785) y *Los ilustres salteadores.* Compuso también entremeses, sainetes, refundiciones de comedias de Lope de Vega * y traducciones y adaptaciones de Crébillon, Molière, Racine y Voltaire. Su colección de novelas cortas, *Mis pasatiempos,* apareció póstuma en 1804.

BIBLIOGRAFÍA. F. Aguilar Piñal, *Un escritor ilustrado: Cándido María Trigueros* (Madrid, 1987). [G.C.]

TRIGUEROS, EDGAR. Véase HISPANOAMÉRICA: NARRATIVA ACTUAL.

TRIGUEROS DE LEÓN, RICARDO (Ahuachapán, El Salvador, 1917-San Salvador, 1965). Poeta, crítico literario y editor. Fue uno de los fundadores de la Casa de la Cultura de San Salvador. Orientó, durante doce años, las ediciones del Ministerio de Educación. Es autor de *Campanario* (1941), de los sonetos de *Presencia de la rosa* (1945), de *Nardo y estrella* (1943), *Labrando en madera* (1947), *Perfil en el aire* (1955) y *Pueblo* (1960). [A.B.F.]

TRILLO Y FIGUEROA, FRANCISCO DE (San Pedro Cerbás, Galicia, 1618-Granada, d. 1678). Oriundo de Galicia, vivió en Granada desde los once años. Allí se casó en 1640 y fue soldado en Italia desde 1643. Hacia 1650 se encuentra de nuevo en Granada, donde publica la mayoría de sus obras, dedicado a la historia y a las antigüedades. No es seguro que el pobre de solemnidad, maestro de armas, con numerosos hijos, que murió en 1680 y que atendía por don Francisco de Trillo y Figueroa fuera el poeta.

Compuso Trillo un poema épico sobre el Gran Capitán, *Neapolisea* (1651), con un interesante prólogo sobre sus ideas literarias. En él defiende una poesía culta, erudita y conceptista, cercana a la pintura, pero rechaza por completo la oscuridad. Imitó a Góngora * en la poesía burlesca, compuesta en romances y letrillas en general, recogida en sus *Varias poesías heroicas, satíricas y amorosas* (1652), donde se incluye una serie de églogas, de sonetos bíblicos y amorosos y la *Fábula de Leandro* en romance. Publicó también un *Epitalamio a don Juan Ruiz de Vergara y Dávila* y, por encargo de la ciudad de Granada, escribió en varias ocasiones relaciones de certámenes y fiestas. Dejó inédito un *Apologético historial* (1672) sobre las antigüedades de Santiago y de Granada.

BIBLIOGRAFÍA. A. Gallego Morell, *Francisco y Juan de Trillo y Figueroa* (Granada, 1950); F. de Trillo y Figueroa, *Obras,* ed. de A. Gallego Morell (Madrid, 1951). [A.B.]

TRISTÁN DE LEONÍS. Sólo se ha conservado un folio manuscrito (Biblioteca Nacional de Madrid) de la primitiva versión del Tristán francés en prosa; el breve fragmento es de la segunda mitad del siglo XIV, deriva de la compilación de Rusticiano de Pisa y pertenece a una traducción distinta del *Cuento de Tristán*. Se relacionan con este fragmento los dos textos catalanes del *Tristany* (Andorra y Cervera) y las diferentes versiones impresas, en Valladolid (1501), Sevilla (1528) y Sevilla (1534); de esta última edición, que difiere del resto en su parte final, con la introducción de dos hijos de Tristán e Iseo, deriva una traducción italiana de 1555 (*Opere magnanime dei due Tristani cavalleri della Tavola Ritonda*, Venecia). El *Tristán de Leonís* presenta características nuevas, posiblemente debidas al cruce del texto francés en prosa y a la recopilación de Rusticiano de Pisa (de finales del s. XIII). En los textos impresos, y sobre todo en el de 1501, son abundantes los materiales procedentes de la novela sentimental.

BIBLIOGRAFÍA. M.ª R. Lida de Malkiel, «Arthurian literature in Spain and Portugal», en *Arthurian literature in the Middle Ages*, ed. de P. S. Loomis (Oxford, 1959), págs. 406-418; H. L. Sharrer, *A critical bibliography of Hispanic Arthurian material* (Londres, 1977). [C.A.]

TRISTE DELEYTACIÓN. Anónimo relato sentimental escrito en castellano, pero por un autor catalán, entre 1458-67. En la narración se alternan el verso y la prosa y la primera y tercera persona narrativas para relatar una doble intriga amatoria que concluye en fracaso y que, desde el prólogo, parece tener una finalidad ejemplar. En el hilo argumental se inserta un debate entre la Razón y la Voluntad, recurso alegórico que representa la dialéctica interna del enamorado, y algunos razonamientos entre personajes, especialmente el adoctrinamiento a la joven enamorada. Con otros relatos sentimentales, comparte la utilización de cartas y el peregrinaje como expiación.

BIBLIOGRAFÍA. F. Vigier, «Le *De arte amandi* d'André Le Chapelain et la *Triste deleytación*, roman sentimental anonyme de la seconde moitié du XVe siècle», en *Mélanges de la Casa de Velázquez*, XXI (1985); O. Tudorica Impey, «Un doctrinal para las doncellas enamoradas en la *Triste deleytación*», en *Boletín de la Real Academia Española*, 66 (1986). [C.P.]

TROBO, CLAUDIO. Véase NOVELA POLICIACA.

TROCHE, JULIO CÉSAR (San Bernardino, Paraguay, 1927). Dramaturgo y crítico teatral paraguayo. Es autor de varias obras teatrales, entre las que se destaca *El pan de sus maizales* (1955), pieza ganadora del primer premio en la I Olimpiada Artística del Paraguay que se llevara a cabo en 1955. Fue también cofundador (con el escritor Rubén Bareiro Saguier *) y director de la revista literaria *Alcor*. [T.M.F.]

TRONCOSO, EL. Véase LITERATURA APOTEGMÁTICA, CUENTOS Y CHISTES.

TRONCOSO DE LA CONCHA, MANUEL DE JESÚS (Santo Domingo, 1878-1955). Sociólogo y escritor dominicano de notable prestigio continental, coleccionista de tradiciones y autor de *Narraciones dominicanas* (1946). [J.L.C.]

TROYANO, MANUEL (Ronda, Málaga, 1843-Madrid, 1914). Estudió Derecho. Fue redactor de *El Globo*, en donde alcanzaron gran popularidad sus críticas de los sermones de Semana Santa, y de *El Imparcial*, en el que, durante quince años, escribió artículos políticos. Dirigió el diario *España* (1904-05) y colaboró en otras publicaciones —entre ellas, *La Lectura* y *Vida Nueva*—. Fundó en 1895 la Asociación de la Prensa de Madrid. De él escribió Azorín * en 1906: «A su lado hemos nacido nosotros en el periodismo y se ha formado nuestra personalidad literaria.» [A.R.]

TRUEBA Y COSSÍO, TELESFORO (Santander, 1799-París, 1835). Novelista, dramaturgo y periodista. Se dedica a la carrera diplomática. Educado en Francia e Inglaterra, se exilia a este último país en 1823, para no regresar a España hasta la muerte de Fernando VII. Su obra, que está escrita en inglés y que en España se conoce sólo a través de traducciones (importantes por la repercusión que tuvieron en nuestro país para el desarrollo de la narración histórica), cuenta en el terreno de la novela con títulos como *Gómez Arias, or the Moors of the Alpujarras* (1828, trad. española 1831), que ha sido considerada como la primera novela histórica a la manera de Scott escrita por un español, *The Castilian and the Black Prince* (1829, trad. española 1845) y *Salvador the Guerrilla* (1834); con una colección de relatos legendarios, también de corte romántico, bajo el título *The Romance of History: Spain* (1830, trad. 1840); y con dos obras de carácter costumbrista, que llevan los títulos de *The incognito of Sins and Peccadilloes* (1831) y de *Paris and London* (1831). Es autor también de alguna pieza teatral en español y de dos ensayos sobre Pizarro y Cortés.

BIBLIOGRAFÍA. S. García Castañeda, *Don Telesforo de Trueba y Cossío (1799-1835). Su tiempo, su vida y su obra* (Santander, 1978). [J.B.]

TRUEBA Y DE LA QUINTANA, ANTONIO DE (Montellano, Vizcaya, 1819-Madrid, 1889). Autodidacta en su formación, se dio a conocer con su colección de poemas breves *Libro de los cantares* (1851), que inaugura una manera lírica de aproximación al estilo de las canciones de tradición popular, y que tendrá sus cultivadores más significativos en Bécquer * y los poetas de su círculo. Trueba es autor de colecciones de cuentos, elementales de estructura y de intención moral, como los recogidos en el divulgado libro *Cuentos de color de rosa* (1854). Desde 1862 fue cronista oficial de su tierra natal —Vizcaya—, actividad en la que desplegó un gran entusiasmo. [L.R.T.]

TRUJILLO, CARLOS ALBERTO (Castro, Chile, 1950). Cofundador del taller literario «Aumén», Trujillo —*Las musas desvaídas* (1976), *Escrito sobre un balancín* (1979), *Lo que no vemos debajo del agua* (1986)— transmite con su poesía la imagen del sur de Chile, el lento transcurrir del tiempo, las casas húmedas, la lluvia incesante; una paz que contrasta con el ritmo agitado de las ciudades. A él llegan noticias y objetos procedentes de otros ámbitos que ponen de relieve el contraste con la vida y mitología propias de Chiloé. [A.M.]

TUDELA, MARIANO (La Coruña, 1925). Estudió Derecho. En 1956 se instaló en Madrid. Es periodista, traductor y guionista de cine, radio y televisión. Su obra narrativa se compone de los libros de relatos *La linterna mágica* (1948) y *El hombre de las tres escopetas* (1952), y de las novelas *El torerillo de invierno* (1951), *Más que maduro* (1956), *El techo de lona* (1959), *Nueva tierra de promisión* (1963), *Últimas noches del corazón* (1972), *La madrugada de las mercenarias* (1976), *El aliento del diablo* (1978), *Los cómplices del sol* (1979), de corte policiaco, y *Amarga canción del recuerdo* (1988), sobre el mundo del último exilio español. Es autor también de ensayos, caracterizados por la ligereza y la amenidad —*Los españoles con el culo al aire* (1979), *Aquellas tertulias de Madrid* (1984), etc.—, y de biografías de, entre otros, Azorín *, Valle-Inclán *, Pío Baroja *, Andersen, Luis Candelas y Pancho Villa. [A.R.]

TUDENSE, EL (LUCAS DE TUY). Véanse BIOGRAFÍAS MEDIEVALES e HISTORIOGRAFÍA DEL SIGLO XIII.

TUNDIDOR, JESÚS HILARIO (Zamora, 1935). Poeta, cuyos libros iniciales —*Río oscuro* (1960), *Junto a mi silencio* (1963), *Las hoces y los días* (1966), *En voz baja* (1969) o *Pasiono* (1972)— muestran influencias del realismo social y existencial. Desde *Tetraedro* (1978), sin embargo, se observan planteamientos de carácter experimental muy personales. Siguen a esta obra *Libro de amor para Salónica* (1980), *Repaso de un tiempo inmóvil* (1981), *Mausoleo* (1988) y *Construcción de la rosa* (1990).

BIBLIOGRAFÍA. A. Domínguez Rey, «Lo esencial del canto: Jesús Hilario Tundidor», en *Novema versus Povema (Pautas líricas del 60)* (Madrid, 1987), págs. 49-70; C. A. Ayuso, «Jesús Hilario Tundidor: reconstruir la realidad huidiza», en *Ínsula*, núm. 543 (marzo de 1992), pág. 19. [A.S.Z.]

TURCIOS, FROYLÁN (Juticalpa, Olancho, Honduras, 1875-San José de Costa Rica, 1943). Dirigió las revistas *Ariel* y *Esfinge*, las más significativas de Honduras en su tiempo. Ministro de Estado, diplomático y viajero. Fue Secretario de Propaganda de Augusto César Sandino en los primeros años de su campaña de liberación. La obra de Turcios se inicia con *Mariposas* (1894, prosa y verso) y continúa con *Renglones* (1899, prosa y verso), *Hojas de otoño* (1905, prosas), *Annabel Lee* (novela, 1906), *El vampiro* (novela, 1910), *El fantasma blanco* (1911, narración), *Tierra maternal* (poesía y cuentos, 1911), *Prosas nuevas* (1914), *Cuentos del amor y de la muerte* (1930) y *Páginas de ayer* (1932, prosa). [A.B.F.]

TURIA, RICARDO DEL (Valencia, h. 1578-h. 1640). Seudónimo que se creía de Luis Ferrer de Cardona hasta que La Barrera demostró que debía ser el de Pedro Juan de Rejaule y Toledo, célebre jurista de la Audiencia valenciana. De su labor como poeta hay que destacar *Soledades*, que, a imitación de Góngora *, realizó en los últimos años de su vida. Más recordado fue como comediógrafo, pues en la segunda parte del *Norte de poetas* (Valencia, 1616) publicó cuatro comedias, de las que sobresale *La burladora burlada*, y un interesante *Discurso apologético sobre el juicio de las comedias*, donde defiende las innovaciones de la comedia nueva.

BIBLIOGRAFÍA. F. Sánchez Escribano y A. Porqueras, *Preceptiva dramática española del Renacimiento y el barroco* (Madrid, 1972). [R.R.]

TUSQUETS, ESTHER. Véase NARRATIVA ESPAÑOLA POSTERIOR A 1975.

TUY, LUCAS DE. Véase HISTORIOGRAFÍA DEL SIGLO XIII.

TZÁNTZICOS. Derivado de la palabra jíbara *tzantza* (cabeza reducida), el término sirvió para que se autodenominasen los componentes de un grupo literario ecuatoriano que en los años sesenta publicó la revista *Pucuna* y desarrolló una intensa actividad. Sobre la producción literaria —a cargo de Alfonso Murriagui *, Ulises Estrella *, Rafael Larrea y Humberto Vinueza, entre otros— prevalecieron los aspectos polémicos e iconoclastas, que se concretaban en agresividad hacia las normas de una civilización occidental necesitada de purificación, incitando al «indio salvaje» a reducir a la nada la cabeza del blanco, y en mostrar los aspectos más injustos de la realidad ecuatoriana. [T.F.]

U

ÚBEDA, BENEFICIADO DE. Véase BENEFICIADO DE ÚBEDA.

UBIDIA, ABDÓN (Quito, 1944). Cuentista, novelista y ensayista ecuatoriano, se inició con el grupo de los *Tzántzicos* * y publicó sus primeras obras en la revista *Pucuna*. Sus cuentos han sido incluidos en antologías dentro y fuera del país. Destacan la colección de relatos breves *Bajo un mismo extraño cielo* (1979) y la novela *Sueño de lobos* (1986). [J.C.]

UBILLOS, GERMÁN (Madrid, 1943). Fue uno de los colaboradores de *El Fernando*, obra colectiva realizada, en 1971, para el Teatro Universitario de Murcia. Es autor también de *La tienda* y *Reinado de los lobos*, estrenadas en 1971 y 1974, respectivamente. [M.S.]

UCEDA, JULIA (Sevilla, 1926). Profesora de Literatura Española, ha impartido clases en Estados Unidos, Irlanda y España. Ha publicado los siguientes libros de poemas: *Mariposa en cenizas* (1959), *Extraña juventud* (1962), *Sin mucha esperanza* (1966), *Poemas de Cherry Lane* (1968), *Campanas en Sansueña* (1977) y *Viejas voces secretas de la noche* (1981). En *Poesía* (1991) ha recogido toda su obra, adelantando parte de un libro inédito titulado *Del camino de humo*. Estilo confesional, cercano a la experiencia, que traza un tono simbolista a partir de los datos biográficos concretos, la poesía de Julia Uceda recoge temáticas sociales, pero no con intencionalidad política, sino por simpatía y solidaridad con el ser humano de su tiempo. El tema del sueño como medio de conocimiento aparece frecuentemente en sus libros, sobre todo a partir de *Poemas de Cherry Lane*. Julia Uceda es una de las poetas españolas que con más intensidad y acierto se ha planteado los problemas metafísicos y el diálogo del ser humano con el tiempo.

BIBLIOGRAFÍA. J. L. García Martín, «Recuerdo del silencio. La poesía de Julia Uceda», en *Jugar con fuego*, VIII-IX (1979), págs. 55-68; J. Uceda, *Poesía*, introducción de F. J. Peñas-Bermejo (Ferrol, 1991), págs. 7-73. [L.G.M.]

UGARTE, MANUEL (Buenos Aires, 1874-Niza, Francia, 1951). Escritor argentino, durante algunos años residió en Francia, desde donde dio a conocer poemas —*Palabras* (1893), *Versos* (1894), *Sonatina* (1898)— y volúmenes de crónicas de factura modernista, como *Paisajes parisienses* (1901) y *Crónicas del bulevar* (1902). Al regresar a su país ingresó en el Partido Socialista, del que pronto le separarían planteamientos nacionalistas e hispanoamericanistas cada vez más acentuados. La voluntad de luchar por la liberación de su América, que veía acosada por el imperialismo anglosajón, determina las obras en que concretó su proyecto cultural y político: entre otras, *La joven literatura hispanoamericana* (1906), *Las nuevas tendencias literarias* (1908), *El porvenir de la América española* (1910), *La Patria Grande* (1922), *El destino de* *un continente* (1923), *El dolor de escribir* (1933) y *Escritores latinoamericanos de 1900* (1943). [R.F.B.]

UGENA, DOMINGO (¿?-¿?). Autor que publicó en 1788 un folleto satírico-costumbrista atacando a los periodistas del momento, titulado *Entusiasmo alegórico o novela original intitulada «Pesca literaria que hizo Minerva de papeles anónimos en uno de los días en que estaba más cargada la atmósfera de Madrid de escritores periódicos»*. Aunque así lo parezca por su título, no es una novela. Incluye al final un «Diccionario satírico» de términos literarios. [J.A.B.]

ULACIA, MANUEL. Véase HISPANOAMÉRICA: POESÍA ACTUAL.

ULIBARRÍ, SABINE. Véase LITERATURA CHICANA.

ULLÁN, JOSÉ MIGUEL (Villarino de los Aires, Salamanca, 1944). Su poesía evoluciona desde una concepción solidaria —muy decantada en libros iniciales: *El jornal* (1965), *Amor peninsular* (1965), *Un humano poder* (1966)— hacia fórmulas experimentales de textos posteriores, como *Maniluvios* (1972), *Frases* (1975), *Soldadesca* (1979) o *Manchas nombradas* (1984), donde la poesía visual, el juego fónico y una acerada ironía se combinan con rigor y originalidad. [A.S.Z.]

ULLOA, ANTONIO DE (Sevilla, 1716-¿?). Guardiamarina, autor de numerosas obras, algunas en colaboración con Jorge Juan *, y muchas de ellas aún inéditas. Destacan las *Noticias americanas. Entretenimiento físico-histórico sobre la América meridional y la septentrional oriental*, que se publicaron en 1944.

BIBLIOGRAFÍA. F. de Solano, *Antonio de Ulloa y la Nueva España* (México, 1979). [J.A.B.]

ULLOA BARRENECHEA, RICARDO (San José de Costa Rica, 1928). Poeta, pintor y músico costarricense. Estudió en España. En Madrid publicó sus poemarios *Cantares y poemas en soledad* (1957) y, luego, *Corazón de una historia* (1962). Una obra de equilibrio interior, mesurada, culta, cálida. [A.B.F.]

ULLOA PEREIRA, LUIS DE (Toro, Zamora, 1584-1674). Corregidor de León de 1625 a 1631, viajó con frecuencia a la corte. Relató novelescamente su vida en unas extrañas *Memorias* (1639-40) que se centran en el enfrentamiento entre Suldino Dovalle —don Luis— y su hermano Fraudelio —don Jerónimo de Ulloa—. La edición definitiva de sus *Obras* (1674) recoge un centenar de sonetos; el poema heroico *Raquel*, sobre la famosa judía de Toledo y sus amores con Alfonso VIII, fuente de la *Raquel* de Diamante y de la de García de la Huerta *; varias epístolas en tercetos de tono estoico y horaciano; elegías, églogas, romances; una paráfrasis de los siete salmos penitenciales y una interesante defensa de la literatura *(Defensa de libros fabulosos y poesías honestas y de las comedias que ha introducido el uso)*.

BIBLIOGRAFÍA. J. García Aráez, *Don Luis de Ulloa Pereira* (Madrid, 1952). [A.B.]

ULTRAÍSMO ARGENTINO. Se vincula con el ultraísmo español y con la recepción de las vanguardias históricas europeas, notoriamente el futurismo italiano y la llamada (no siempre correctamente) «poesía cubista» francesa (Guillaume Apollinaire). Eclosiona en Argentina en 1921, cuando Jorge Luis Borges * vuelve de su primer viaje a España, donde entró en contacto con el ultra peninsular. De la generación anterior llegan a los jóvenes vanguardistas el apoyo y la militancia de Ricardo Güiraldes *, Oliverio Girondo * y Macedonio Fernández *, al tiempo que la mirada ceñuda de Leopoldo Lugones *. Ramón Gómez de la Serna * será un contacto constante, sobre todo por su estancia en la Argentina. En lo concreto del hacer poético, el ultraísmo destaca por su profusión de manifiestos y textos doctrinales, sobre todo los destinados a exaltar la belleza de la moderna civilización industrial, el verso libre, la poesía visual y el caligrama. Los grupos ultraístas se identifican con revistas como *Prisma, Proa, Inicial* y, sobre todo, *Martín Fierro*, que da nombre al movimiento: «martinfierrismo». Estas revistas son, en ocasiones, murales y apoyan actitudes vanguardistas en otros campos: la pintura cubista de Emilio Pettorutti, la arquitectura racionalista de Alberto Prebisch, la música dodecafónica de Juan Carlos Paz. En un momento de exaltación nacionalista polemizan con la *Gaceta Literaria* madrileña, planteando la independencia literaria y aun idiomática de América. Borges propone un «idioma de los argentinos». Entre los militantes del ultraísmo figuran también Norah Lange *, Francisco Luis Bernárdez *, Guillermo de Torre * (teórico notorio de las vanguardias e historiador de los movimientos estéticos de este siglo), Nicolás Olivari y Amado Villar. Casi todos los poetas de la época pasan por las páginas de *Martín Fierro*, algunos pronto olvidados (Antonio Vallejo) o que se dedicaron a otras disciplinas (el historiador Ernesto Palacio). A menudo la tendencia martinfierrista se identifica con el llamado *grupo Florida*, estetizante y apolítico, contrapuesto al *grupo Boedo* *, realista y de izquierda. Los martinfierristas pusieron el acento en la experimentación expresiva y la doctrina poética. En tanto, los boedistas se decantaban por lo político y social, sin descuidar, en algunos casos, las innovaciones técnicas.

BIBLIOGRAFÍA. N. Ibarra, *La nueva poesía argentina. Ensayo crítico sobre el ultraísmo. 1921-1929* (Buenos Aires, 1939); J. J. Bajarlía, *El vanguardismo poético en América y España* (Buenos Aires, 1957); E. González Lanuza, *Los martinfierristas* (Buenos Aires, 1961); C. Córdova Iturburu, *La revolución martinfierrista* (Buenos Aires, 1962). [B.M.]

ULTRAMAR. Véase REVISTAS LITERARIAS Y CULTURALES ESPAÑOLAS.

UMBRAL, FRANCISCO (Madrid, 1935). Su infancia y primera juventud transcurrieron en Valladolid. Desde 1961 se instala en Madrid. Colaboró, desde muy temprano, en numerosas publicaciones. Sus miles de artículos han aparecido en periódicos como *El Norte de Castilla, Diario Proa, Diario de León, La Vanguardia, El País, Diario 16, El Mundo* y en múltiples revistas. En 1975 obtuvo el Premio Nadal, por *Las ninfas*; en 1990, el premio de periodismo Mariano de Cavia y, en 1992, el Premio de la Crítica, por *Leyenda del César Visionario*.

No es posible separar, en el caso de un autor como Umbral, su faceta de periodista, novelista, ensayista o memorialista, puesto que estas formas de escritura no son más que variantes de su concepto de la literatura como vivencia y de la vida como materia literaria y de su afán por romper los límites entre los géneros. A pesar de una aparente dispersión y variedad de caminos expresivos, existen una serie de constantes en su obra: el logro de una prosa rica y trabajada, en la que caben los más variados registros lingüísticos y recursos expresivos, y la aparición de una serie de ejes temáticos, como el mundo de la infancia y de la adolescencia, el erotismo y la presencia de Madrid y su entorno, tratados, desde la raíz autobiográfica, con una mezcla de ironía y lirismo.

En sus novelas *Balada de gamberros* (1965) y *Travesía de Madrid* (1966) predominan aún el realismo y el carácter testimonial. En la primera aparece ya el tema de la infancia y la adolescencia, que volverá a estar presente en otras muchas de sus mejores obras, entre ellas, *Memorias de un niño de derechas* (1972), *Las ninfas* (1975), *Los helechos arborescentes* (1980) o *El hijo de Greta Garbo* (1982). Ha explicado Umbral su interés por este tema, al señalar que la infancia «es la única novela que todo hombre lleva completa y cerrada dentro de sí [...]. Todo está haciéndose y deshaciéndose, en nuestra vida, menos la infancia, cerrada para siempre. Las otras novelas hay que hacerlas: la novela de la infancia se nos hace sola». El lirismo, a través de una emotiva reflexión sobre la muerte, es el tono que predomina en uno de los libros más elogiados por la crítica, *Mortal y rosa* (1975); mientras que la memoria colectiva de una historia todavía no muy lejana, reflejada con una visión, a la vez, trágica, lírica, irónica y satírica, aparece en otras novelas, como *El fulgor de África* (1989) y *Leyenda del César Visionario* (1991). Además de las citadas, componen la producción novelística de este autor: *Las vírgenes* (1969), *Si hubiéramos sabido que el amor era eso* (1969), *Las europeas* (1969), *El Giocondo* (1970), *Retrato de un joven malvado* (1976), *Los amores diurnos* (1979), *A la sombra de las muchachas rojas* (1980), *La bestia rosa* (1981), *Las ánimas del purgatorio* (1982), *Las giganteas* (1982), *Pío XII, la escolta mora y un general sin un ojo* (1985), *La belleza convulsa* (1985), *Sinfonía borbónica* (1987), *Un carnívoro cuchillo* (1988), *Nada en domingo* (1988) y *El día en que violé a Alma Mahler* (1988).

Entre la crónica y las memorias noveladas, se encuentran obras como *La noche que llegué al Café Gijón* (1977), *Trilogía de Madrid* (1984) o *Y Tierno Galván ascendió a los cielos* (1990). Umbral es además autor de numerosos ensayos, entre ellos, *España cañí* (1975), *Tratado de perversiones* (1977), *La fábula del falo* (1985), *El fetichismo* (1986) o *Guía de la postmodernidad* (1987), además de algunos sobre autores que le son especialmente afines: *Larra, anatomía de un dandy* (1965), *Lorca, poeta maldito* (1968) o *Ramón y las vanguardias* (1978).

Los artículos aparecidos en la prensa, interesante y personal crónica cotidiana, han sido recogidos por el escritor en cerca de treinta volúmenes, como *Amar en Madrid* (1972), *Spleen de Madrid* (1973), *Crónicas antiparlamentarias* (1974), *Diario de un snob* (1974), *Suspiros de España* (1975), *La guapa gente de derechas* (1975), *Mis paraísos artificiales* (1976), *Las jais* (1977), *Diario de un snob.2* (1978), *Teoría de Madrid* (1980), *Los ángeles custodios* (1981), *Spleen de Madrid.2* (1982), *España como invento* (1984), *Memorias de un hijo del siglo* (1986) o *Guía irracional de España* (1989). Ha escrito también un *Diccionario para pobres* (1977) y un *Diccionario cheli* (1982).

BIBLIOGRAFÍA. A.-A. Herrera, *Francisco Umbral* (Madrid, 1991). [G.R.F.]

UNAMUNO Y JUGO, MIGUEL DE (Bilbao, 1864-Salamanca, 1936). Es probablemente la figura más representativa de la España de su tiempo: en nadie encarnó de manera tan definida y tajante el espíritu inconformista y heterodoxo del modernismo y nadie como él vivió su vida en el escenario nacional.

Vasco de origen y castellano de vocación, fundió lo natal y lo vital en ejemplar simbiosis de variedad en la unidad. No sería excesivo considerar su vida como una sucesión de crisis, determinadas en gran parte por el espíritu de contradicción; fue católico ferviente, perdió la fe y luchó por recuperarla; pasó por herético siendo un alma encendida por la pasión religiosa y escindida entre la voluntad de creer y la imposibilidad de concordar razón y fe.

Profesó cátedra de griego en la Universidad de Salamanca. Quien bien le conocía y bien le quería le llamó donquijotesco, y la designación es certera en cuanto se refiere al designio de transformar España afirmándose en ella misma.

Excitator Hispaniae, dijo E. Curtius, y en excitar, estimular e incitar se le pasó la vida, empeñado en despertar a sus compatriotas del sueño de dormir para meterlos en el sueño de soñar.

Rector de su Universidad, sin la decisión del ministro Bergamín, que lo destituyó, su destino de luchador tal vez se hubiera moderado; asestó duros golpes y los recibió: procesado, condenado y, durante la dictadura del general Primo de Rivera, desterrado a Fuerteventura. Dos libros de poesía, *De Fuerteventura a París* (1925) y *Romancero del destierro* (1928), aparecidos, respectivamente, en París y Buenos Aires, y una narración, *Cómo se hace una novela*, publicada en el *Mercure de France* (1926), en traducción de Jean Cassou, dieron testimonio de que su capacidad creadora no había sido afectada por el destierro. Dedicó numerosos artículos, algunos muy virulentos, a combatir la dictadura de Primo de Rivera y a quien consideraba su inspirador: el rey.

Llegada la República, no tardó Unamuno en enfrentarse con los nuevos gobernantes, más inclinados a honrarle que a escucharle. Ni sus advertencias ni las de Ortega y Gasset * fueron escuchadas. Que comenzada la Guerra Civil tomara posición junto a los sublevados es posible explicarlo por varias razones. Su disentimiento fue transformándose en recelo frente a la actitud del sector del Partido Socialista encabezado por Largo Caballero, y en una antipatía emocional respecto a don Manuel Azaña *, Presidente de la República, que contribuyeron a situarle cerca de sus enemigos.

El día de la inauguración del curso académico 1936-37, en octubre de 1936, se produjo su ruptura con el franquismo, y desde ese día, hasta el de su fallecimiento, vivió en relativa soledad. Una tarde del mes de diciembre, mientras conversaba en su casa con un amigo, calló de pronto, inclinó la cabeza y pareció quedar dormido; y dormido quedó, mas para la eternidad.

Unamuno fue antes que nada y sobre todo poeta, creador en verso y en prosa. Incluso en su espléndido tratado filosófico *Del sentimiento trágico de la vida en los hombres y en los pueblos* (1913) y en su recreación cervantina *Vida de don Quijote y Sancho* (1905), la poesía impregna el texto. Como novelista comenzó con *Paz en la guerra* (1897), escrita cuando pugnaban en su espíritu el deseo de vivir en la fe maternal y la imposibilidad de lograrla: lírica, tejida con reminiscencias infantiles y adolescentes, nutrida por la idea de la oposición ciudad-campo y del conflicto entre el que hace la historia desde fuera y quien la vive y acaso la sufre desde dentro. Espacios abiertos, descritos como lugares de contemplación propicios para elevar el alma a Dios, y cerrados, en donde el intrahistórico vive al margen, en ámbito que es para él como útero materno que le sirve de refugio. Descripciones eliminadas de la novela siguiente, *Amor y pedagogía* (1902). Un punto de coincidencia de esta novela con la que le precede es la presencia como actante del autor ficcionalizado, bajo la máscara de Pachico Zabalbide en *Paz en la guerra* y de don Fulgencio Entrambosmares del Aquilón en *Amor y pedagogía*.

A partir de *Niebla* (1914) sus novelas se limitan a la acción interior; las llamó nivolas para distinguirlas de las trazadas en torno a un incidente propiamente «novelesco». La estructura de *Niebla* incluye en sus últimas ediciones tres fragmentos complementarios de la narración: prólogo, postprólogo e historia de la obra. Firma el prólogo Víctor Goti, personaje de la novela y amigo del autor y del protagonista, situado como personaje en el mundo de la ficción y como introductor de la invención en idéntico espacio que Unamuno. Por lo menos en tres direcciones apunta la renovación de esta obra: en la autonomía del personaje, en la duplicación interior de la materia novelable que lleva dentro de sí una ficción paralela y, por último, en su carácter metanovelesco: el texto reflexiona sobre su construcción y el interés se desplaza de la acción a cuestiones de producción: invención del personaje, modos de poner en marcha los mecanismos de la conducta y de hacerlo por el sentimiento y el dolor. *Niebla* es la invención unamuniana más original.

Abel Sánchez (1917) expone el máximo pecado capital que el autor atribuía a la casta hispánica. El mito de Caín y Abel, el del postergado y el favorecido por un Dios no siempre justo, le sirve de pauta estructural para exponer el antagonismo de Joaquín-Caín y de Abel, el atormentado y el preferido; alma de fuego la de aquél y tranquila, en su seguridad, la de éste. Se pregunta el protagonista cuál es la causa de que el antagonista logre sin esfuerzo lo que a él le es negado.

La tía Tula (1921) y *Teresa* (1924) son dos extremos que por su diversidad se complementan: versa una sobre la voluntad de dominio y la otra sobre el amor romántico. Tula trata a quienes la rodean como muñecos, ordenando sus vidas del modo que le parece mejor. *Teresa*, escrita en prosa, y que incluye en el texto los poemas del protagonista, trata de una pasión idealizada, envuelta por un clima de sensibilidad enfermiza, muy parecido al que impregna los poemas de Lamartine.

Al escribir en París *Cómo se hace una novela* (1926), además de llevar la metanovela a su culminación, expuso la figura del autor en la del protagonista, marcado por un nombre coincidente con los apellidos de aquél —U. Jugo de la Raza— y por su horror a ser-para-la-muerte. Como en *La peau de chagrin*, de Balzac, siente la fatalidad de vivir para morir, leyendo el libro de la vida de inevitable final.

San Manuel Bueno, mártir (1931) es generalmente considerada como la mejor de sus novelas. Intensa, densa, emotiva, construida con rigurosa limitación de recursos estilísticos, el simbolismo nominativo (Manuel-Emanuel; Ángela, la mediadora, narradora, mensajera; Lázaro, el resucitado a la espiritualidad), contribuye al planteamiento último del gran tema unamuniano: la fe. Creer o no creer, creer creyendo que no se cree, tal es el tema y el argumento, desarrollado junto al lago de Sanabria, en cuyo fondo duerme una ciudad sumergida.

Del teatro de Unamuno tal vez lo más logrado sean su versión de *Fedra* (1924), los dramas *Sombras de sueño* (1931), *El otro* (1932) y la comedia *El hermano Juan* (1934). A la visión personal de la figura trágica de Fedra le siguen dos obras cuyo germen se encuentra en narraciones breves: «El que se enterró» (1908), dedicado al tema del doble y a la pregunta ontológica: ¿quién soy yo?, y «Tulio Montalbán y Julio Macedo» (1920), historia de un hombre vencido por su leyenda. En esta galería de sombras no podía faltar la de don Juan, alterada hasta el punto de la caricatura: el tipo no tiene otra personalidad que la forjada por las mujeres.

Desde *Poesías* (1907) se situó a la cabeza de la renovación de la lírica: los mejor dotados entre los entonces jóvenes —Juan Ramón Jiménez* y Antonio Machado*— sintieron la autenticidad de su llamada a la interiorización. *El Cristo de Velázquez* (1920) es un poema de religiosidad propia de quien aprendió en San Juan de la Cruz* y fray Luis de León* la manera simbólica de acercarse en sus nombres al hijo de Dios.

Casi veinte años después de morir su autor se publicó el *Cancionero* (1953), un diario poético y, mucho más, recordatorio de intenciones, memorias y esperanzas, esbozos de figuras y síntesis de paisajes. Todo dicho desde la intimidad.

Ensayos, artículos sobre esto y aquello, descripción entrañable del paisaje, crítica politicosocial, crítica literaria, retratos contemporáneos y del cercano ayer, le ocuparon largas horas de su vida.

BIBLIOGRAFÍA. J. Marías, *Miguel de Unamuno* (Madrid, 1943); H. Benítez, *El drama religioso de Unamuno* (Buenos Aires, 1949); C. Blanco Aguinaga, *El Unamuno contemplativo* (México, 1954); R. Gullón, *Autobiografías de Unamuno* (Madrid, 1964); M. García Blanco, *En torno a Unamuno* (Madrid, 1965); J. Ferrater Mora, *Unamuno. Bosquejo de una filosofía* (Buenos Aires, 1974); A. Sánchez Barbudo (ed.), *Miguel de Unamuno* (Madrid, 1974); L. González Egido, *Agonizar en Salamanca. Unamuno (julio-diciembre, 1936)* (Madrid, 1986). [R.G.]

UNDURRAGA, ANTONIO DE (Santiago de Chile, 1911). Poeta de vanguardia, ensayista y crítico. Su ensayo *Teoría del creacionismo* apareció como prólogo del libro *Poesía y prosa* (1957) de su maestro Vicente Huidobro *. Sus versos imaginistas buscan el lirismo en los temas que más preocupan al hombre contemporáneo. De su abundante obra poética sobresalen *La siesta de los peces* (1938), *Morada de España en ultramar* (1939), *Antología poética de Antonio de Undurraga* (1942), *Transfiguración en los párpados de Sagitario* (1944), *Zoo subjetivo* (1947), los cinco libros poéticos de *Red en el génesis* (1946), *Epitafios para el hombre de Indias* (1957) y *Hay levadura en las columnas* (1960). Escribió también el manifiesto de la revista *Caballo de Fuego*, estudios críticos sobre la poesía de Jorge Carrera Andrade * (aparecidos en 1942), Pablo de Rokha * (en 1945), Luis Emilio Recabarren (1946) y Carlos Pezoa Véliz * (1951), y el *Atlas de la poesía de Chile* (1958). [J.A.C.]

UPSALA, CANCIONERO DE. Véase CANCIONEROS Y ROMANCEROS DE LOS SIGLOS XVI Y XVII.

URABAYEN, FÉLIX (Ulzurrun, Navarra, 1883-Madrid, 1943). En 1911 se trasladó a Toledo, como profesor de la Escuela Normal. Desde 1925 colaboró habitualmente en el diario *El Sol* —en 1983 Miguel Urabayen recogió en un volumen los folletones que publicó aquí hasta 1936—. Bajo la influencia del pensamiento liberal y reformista que emana del krausismo * y de los regeneracionistas anteriores, en su obra, además de censurar tanto las formas de vida primitivas como el falso progreso, propone una serie de reformas, siempre moderadas y cautas, para transformar la vida económica, social y ética de la España del interior. Su producción narrativa, que tiene como escenarios habituales las tierras de la montaña navarra y Toledo, se compone de: *Toledo: Piedad* (1920), *La última cigüeña* (1921), *Toledo la despojada* (1924), *El barrio maldito* (1925), *Vida ejemplar de un claro varón de Escalona* (1926), *Por los senderos del mundo creyente* (1928), *Centauros del Pirineo* (1928), *Serenata lírica a la vieja ciudad* (1928), *Vidas difícilmente ejemplares* (1930), *Tras de trotera, santera* (1932), *Estampas del camino* (1934), *Don Amor volvió a Toledo* (1936) y *Bajo los robles navarros* (inédita hasta 1965).

BIBLIOGRAFÍA. J. J. Fernández Delgado, *Félix Urabayen: La narrativa de un escritor navarro-toledano* (Toledo, 1988). [A.R.]

URBANEJA ACHELPOHL, LUIS MANUEL (Caracas, 1873-El Valle, D.F., Venezuela, 1937). Cuentista, novelista, ensayista y periodista. Redactor y colaborador de la revista *Cosmópolis* desde su fundación en 1894 y fundador y redactor de *El Cojo Ilustrado* *, dirigió también la revista *Alma Venezolana* (1910-11). Fue uno de los creadores y teóricos de la tendencia literaria del criollismo, interesado en aspectos de la vida rural y de la expresión popular. Su novela *En este país* (1910) describe el paisaje venezolano, sus pueblos, sus personajes típicos y su lenguaje. Es también autor de *Nubes de verano* (cuentos, 1909), de las novelas *El tuerto Miguel* (1927) y *La casa de las cuatro pencas* (1937), y de ensayos como *El criollismo en Venezuela en cuentos y prédicas* (1945).

BIBLIOGRAFÍA. J. R. Pocaterra, *Luis Manuel Urbaneja Achelpohl* (Caracas, 1938); E. Subero, *Bibliografía: Luis Manuel Urbaneja Achelpohl* (Caracas, 1971). [H.J.B.]

URBANO, RAFAEL (Madrid, 1870-1924). Desde muy joven ejerció el periodismo en provincias. En 1895 obtuvo un empleo en el Ministerio de Instrucción Pública y se trasladó a Madrid. Escritor muy apreciado en los círculos intelectuales de la época, colaboró en numerosos periódicos y tradujo diversas obras. Fueron muy aplaudidas sus conferencias en el Ateneo madrileño. En sus últimos años mostró una gran afición por el ocultismo. De sus obras, destacan: *Tristitia seculae: soliloquios de un alma* (1900), *Historia del socialismo. Parte antigua: la conquista utópica* (1903), *Manual del perfecto enfermo (ensayo de mejora)* (1911) y varios volúmenes en la Biblioteca del Más Allá —entre ellos, *El sello de Salomón (Un regalo de los dioses)* (1907) y *El diablo. Su vida y su poder* (1922).

BIBLIOGRAFÍA. R. Gómez de la Serna, «R. Urbano», en *Pombo* (Madrid, 1918); F. C. Sainz de Robles, «R. Urbano», en *Raros y olvidados* (Madrid, 1971), págs. 39-42. [A.R.]

URBINA, LUIS GONZAGA (México, D.F., 1864-Madrid, 1934). Poeta elegiaco mexicano. Alcanzó gran éxito popular y no escasa estimación por libros como *Ingenuas* (1902), donde aparece «El poema del lago», *Puestas de sol* (1910) y *Lámparas en agonía* (1914). A partir de 1915 se aleja del país y escribe poemas de exilio y añoranza en *Glosario de la vida vulgar* (1920), donde se recoge «La elegía del retorno», y en *El corazón juglar* (1920). Es autor de ensayos como *La vida literaria en México* (1917). No le fue desconocida la ambivalencia a que debía éxitos populares y tibiezas de crítica: «Los modernistas no me reputan como suyo porque me encuentran romántico; los románticos no me tienen como suyo porque me encuentran modernista.» [J.J.B.]

URBINA, PEDRO ANTONIO (Llucmajor, Mallorca, 1936). Estudió Derecho y Filosofía. En su producción narrativa, para la que se ha servido de técnicas realistas y experimentales, el análisis crítico de la realidad y el reflejo de las frustraciones, soledad y desvalimiento del ser humano dejan paso con frecuencia a las reflexiones trascendentes y a las propuestas sociales utópicas. De ella, destacan: *Cena desnuda* (1967), *El carromato del circo* (1968), *Días en la playa* (1969), *La página perdida* (1969), *Gorrión solitario en el tejado* (1972), *Una de las cosas...* (1973), *La otra gente* (1976), serie de relatos escrita en 1963 para un público juvenil; *Pisadas de gaviotas sobre la arena* (1979) y *Mnemósine está en la galería* (1991). Es autor también de libros de poesía —*Mientras yo viva* (1979), *Los doce cantos* (1979), *Estaciones cotidianas* (1984) y *La rama* (1988)—, de dos biografías —*Lawrence de Arabia* (1963) y *David, el rey* (1990)—, de una obra de teatro —*El seductor* (1975), basada en Soren Kierkegaard—, de un conjunto de prosas poéticas —*Hojas y sombras* (1990)— y del ensayo *Filocalía o Amor a la belleza* (1988), donde conjuga los asuntos de estética con los filosóficos y teológicos.

BIBLIOGRAFÍA. K. Schwartz, «Themes, Style and Structure in the Novels of Pedro Antonio Urbina», en R. Landeira y L. González del Valle (eds.), *Nuevos y novísimos. Algunas perspectivas críticas sobre la narrativa española desde la década de los 60* (Universidad de Colorado, 1987), págs. 169-193. [A.R.]

URDANETA, AMENODORO. Véase LITERATURA INFANTIL HISPANOAMERICANA.

URDANGARÍN, HÉCTOR. Véase GARINI, S. L.

UREÑA, DANIEL (San José de Costa Rica, 1876-1932). Poeta y dramaturgo costarricense. Dentro de su producción teatral destacan obras como *María del Rosario* (1906) y *Los huérfanos* (1910). [A.B.F.]

UREÑA DE HENRÍQUEZ, SALOMÉ (Santo Domingo, 1850-1897). Poeta nacional dominicana, en su obra mostró una preocupación constante por la libertad y el progreso de su país, en su tiempo amenazado desde el exterior por Haití y España, y desde dentro por sucesivos gobiernos dictatoriales. Sus versos, que aparecían con regularidad en los periódicos, alcanzaron un éxito extraordinario. Diez composiciones suyas fueron recogidas en *Lira de Quisqueya* (1874), primera antología de la poesía dominicana, y en 1880 se publicaron sus *Poesías*. Aún escribiría después otros poemas, como el famoso «Sombras» (1881), que acusa su desencanto ante la realidad política de la República Dominicana. Su poesía de inspiración familiar y sentimental pasó casi desapercibida. La educación de las mujeres fue la ocupación fundamental de sus últimos años.

BIBLIOGRAFÍA. S. Rodríguez Demorizi, *Salomé Ureña de Henríquez* (Santo Domingo, 1984). [T.F.]

UREÑA DE MENDOZA, NICOLÁS (Santo Domingo, 1822-1875). Poeta romántico dominicano, publicó la mayor parte de sus poemas en revistas y antologías bajo el seudónimo de «Nísidas». Escribió poemas campesinos, elegiacos y de exilio, entre los que destaca «El guajiro predilecto». [J.L.C.]

URETA, ALBERTO J. (Ica, Perú, 1885-Lima, 1966). Poeta, catedrático y diplomático. Modernista rezagado. Su trabajo se caracterizó por un tono intimista de resignada melancolía y momentos de suave nostalgia por el tiempo perdido. Entre sus poemarios se cuentan *Rumor de almas* (1911), *El dolor pensativo* (1917), *Florilegio* (1920), *Las tiendas del desierto* (1933) y *Elegías de una cabeza loca* (1937). [F.M.R.A.]

URIBE, ARMANDO. Véase HISPANOAMÉRICA: POESÍA ACTUAL.

URIBE, MARÍA LUZ. Véase LITERATURA INFANTIL ESPAÑOLA.

URIBE PIEDRAHITA, CÉSAR (Medellín, Antioquia, Colombia, 1897-Bogotá, 1951). Novelista y médico colombiano. En *Toá, narraciones de caucherías* (1933) su propósito fue, como en parte el de José Eustasio Rivera *, denunciar las injusticias sufridas por los trabajadores del caucho. Se interesaba, clínicamente, por la aniquilación moral del ser humano en la selva, que achacaba, más que a los estragos físicos, a la codicia del blanco. Su segunda obra, *Mancha de aceite* (1935), critica la explotación extranjera del petróleo. [F.C.L.]

URONDO, FRANCISCO (Santa Fe, Argentina, 1930-1976). Cultivó el teatro (*Sainete con variaciones*, 1966), la narrativa (*Todo eso*, 1966; *Al tacto*, 1967), la crítica literaria (*Veinte años de poesía argentina*, 1968) y, sobre todo, la poesía. Entre sus libros de versos se cuentan *Breves* (1959), *Lugares* (1961), *Nombres* (1963), *Del otro lado* (1967) y *Adolecer* (1968). Figura entre los «desaparecidos» bajo el gobierno militar del general Videla. [T.F.]

URREA, JERÓNIMO DE (Épila, Zaragoza, 1510-?, 1570/74). Capitán, intervino en las campañas de África, Francia e Italia. Peleó junto a Garcilaso de la Vega * en Muy (1536) y participó en la expedición a Argel (1541) y en la batalla de Mühlberg (1547). Publicó (1549) su traducción del *Orlando furioso* en octavas reales, de éxito asombroso. Tradujo en tercetos *Le chevalier déliberé* de La Marche (*Discurso de la vida humana*, 1555) y en prosa escribió *Diálogos de la verdadera honra militar* (1556), sobre las leyes del duelo. Dejó inéditos un curioso libro de caballerías, con toques muy realistas, *Don Clarisel de las Flores*, y un poema épico, *El victorioso Carlos Quinto*. Se ha perdido *La famosa Épila*, novela pastoril.

BIBLIOGRAFÍA. P. Geneste, *Le capitaine-poète aragonais Jerónimo de Urrea* (París, 1978); L. Ariosto, *Orlando furioso*, traducción de J. de Urrea, introducción de P. Gimferrer, ed. de F. J. Alcántara (Barcelona, 1988). [A.B.]

URREA, PEDRO MANUEL (?, 1486-?, a. 1536). Perteneció a la nobilísima familia de los Jiménez de Urrea y, a pesar de su destino de segundón —la Iglesia—, siguió la carrera cortesana y militar (participó en la guerra de Navarra), heredando la aldea de Trasmoz y manteniendo muy buenas relaciones con su madre, Catalina de Hijar, a la que dedicará la *Penitencia de amor*. Su obra literaria se ha compilado en dos cancioneros, publicados en Logroño, 1513, y en Toledo, 1516. Éste segundo tiene importantes composiciones nuevas, como una serie de *Églogas* de estilo encinesco, aunque más elaboradas, y una serie de prosas de carácter sentimental y alegórico. Ambos conservan su colección poética con la misma ordenación que el *Cancionero* de Encina *, cuya influencia es patente (poemas religiosos, alegóricos y didácticos, poesía de circunstancia —personales y burlescas—, motes y glosas, romances con sus deshechas, canciones y villancicos, églogas dramáticas). De entre los textos poéticos extensos destaca la *Sepultura de amor*, en donde describe la propia; así como también los romances, de un lirismo como el de Garci Sánchez de Badajoz *. La *Penitencia de amor*, que se editó suelta en Burgos en 1514 y nuevamente en el *Cancionero* de 1516, es una extraña comedia celestinesca —fue un buen conocedor de *La Celestina*, cuyo primer acto puso en verso— en la que se mezclan las influencias de Serafino Aquilano y, sobre todo, de Eneas Silvio Piccolomini con las de la novela sentimental al uso —en el prólogo se presenta una curiosa teoría del tratado de amores—. Se ha perdido su *Peregrinación a Jerusalén*, en verso, que figura en el índice de libros prohibidos de Valdés.

BIBLIOGRAFÍA. P. M. Urrea, *Églogas dramáticas y poesías*, ed. de E. Asensio (Madrid, 1950); R. L. Hathaway, *Villancicos from the «Cancionero» of Pedro Manuel Jiménez de Urrea* (Exeter, 1976). [M.I.T.P.]

URRECHA, FEDERICO (San Martín, Navarra, 1855-Barcelona, 1930). Periodista, novelista y autor dramático, fue redactor de *El Imparcial* y *Heraldo de Madrid*; colaborador de otros muchos periódicos, y director de *Los Madriles*. Colaboró en *El Cuento Semanal* y *Los Contemporáneos*. Como narrador, publicó *Después del combate* (1886), *El vencejo de Burgaleda* (1887), *El rehén del Patuco* (1889), *La estatua* (1890), *Cuentos del vivac* (1892) y *Agua pasada* (1897). Estrenó la comedia *Tormento* (1892). Como crítico y cronista, escribió *El teatro, apuntes de un traspunte* (1900) y *El teatro contemporáneo en Barcelona* (1910). [M.P.C.]

URRIÉS. Véase CANCIONERO DE ESTÚÑIGA.

URRUTIA, JORGE (Madrid, 1945). Inició su andadura poética con *Lágrimas saladas* (1966) y *La fuente como un pájaro escondido* (1968). La reflexión sobre el lenguaje, el afán experimental y la expresión de sus inquietudes amorosas constituyen las notas más destacadas de sus libros *El grado fiero de la escritura* (1977), *Del estado, evolución y permanencia del ánimo* (1979), *Delimitaciones* (1985) y *La travesía* (1987). En 1989 publicó una recopilación de su poesía, bajo el título de *Construcción de la realidad* (1989). En 1991 aparece su último poemario, *Invención del enigma*. [N.G.]

URTUSÁSTEGUI, TOMÁS. Véase HISPANOAMÉRICA: TEATRO ACTUAL.

URZAGASTI, JESÚS (Tarija, Bolivia, 1941). Poeta y novelista. Su poesía es densa y sugestiva (*Yerubia*, 1978). Su novela *Tirinea* (1978) es casi antinovela, sin argumento, desarraigada de nuestra realidad y concebida en forma de monólogo. *El país del silencio* (1978) cuenta con tres narradores, cuya diversidad parece confluir en una unidad: la palabra. [C.C.B.]

USIGLI, RODOLFO (México, D.F., 1905-1980). Dramaturgo, crítico y teórico del teatro, Usigli es, junto a Xavier Villaurrutia *, Celestino Gorostiza * y Salvador Novo *, uno de los renovadores de la escena mexicana del siglo XX. Amigo y admirador de Bernard Shaw, al que tradujo al castellano, su teatro coincide en algún aspecto con el de éste: tendencia hacia la moralización, ironía, alta comedia destinada a las clases medias. Toda la producción de Usigli se dirige a examinar críticamente los mitos sobre los que se sustenta la cosmovisión mexicana, a la que objetivamente va desmontando en sus más íntimos resortes. Este teatro crítico, impecablemente construido y que partiendo del simbolismo incorpora el psicoanálisis al drama —como en *Jano es una muchacha* (1952)—, tuvo dificultades para la representación y recibió acerbas críticas, hasta que logró la aceptación por parte del público alrededor de la mitad del siglo, por el choque emocional que suscitaba. La primera obra de Usigli fue *Quatre chemins* (1929), escrita en francés, a la que siguieron *El niño y la niebla* (1936) y *Medio tono* (1937). Sus dramas principales son *El gesticulador* (escrito en 1937, aunque estrenado diez años más tarde) y *Corona de sombras* (1947). La primera analiza los ideales revolucionarios y su subversión, mientras que la segunda ensaya el teatro histórico con la interpretación del truncado imperio de Maximiliano. Esta pieza forma parte de una trilogía, compuesta también por *Corona de fuego* (1961) —sobre la conquista— y *Corona de luz* (1969) —sobre los milagros de la Virgen de Guadalupe. Otras obras suyas son: *Función de despedida* (1949), *Tres comedias* (1967), *Moralidad en dos actos y un interludio según «La vida es sueño»* (1972) y *¡Buenos días, señor presidente!* (1972).

BIBLIOGRAFÍA. F. Dauster, *Historia del teatro hispanoamericano: siglos XIX y XX* (México, 1973); D. L. Shaw, «La técnica dramática en *El gesticulador* de Rodolfo Usigli», *Texto crítico*, 10 (1978). [R.F.B.]

USLAR PIETRI, ARTURO (Caracas, 1906). Novelista, historiador de la cultura, ensayista, crítico y diplomático venezolano. Doctor en Ciencias Políticas y en Economía, ha sido Ministro de Educación (1939-41) y de Hacienda (1939-41), redactor de la Ley de Educación conocida como «ley Uslar Pietri» (1940), Secretario de la presidencia de la República del presidente Isaías Medina Angarita (1941), Ministro de Relaciones Interiores y Senador de la República. A raíz del derrocamiento del presidente Medina, es encarcelado y desterrado a Estados Unidos. De regreso a Caracas es nuevamente encarcelado en 1958 por el dictador Pérez Jiménez, a causa de la publicación de un manifiesto de los intelectuales contra la dictadura. En 1963 fue candidato a la presidencia de la República y fundó el partido político Frente Nacional Democrático. Ha sido también individuo de número de las Academias de Ciencias Políticas y Sociales (1955), Venezolana de la Lengua (1958), Nacional de la Historia (1960) y profesor fundador de la Facultad de Economía de la Universidad Central. Ha obtenido innumerables premios literarios, entre ellos el del concurso de cuentos de *El Nacional* (1949), con «El baile del tambor»; el Nacional de Literatura en dos oportunidades: en 1954, compartido con Mariano Picón Salas *, y en 1982. Dirigió el «Papel literario» de *El Nacional* y escribió semanalmente su columna editorial «Pizarrón», que mantuvo durante muchos años. En 1922 inició la publicación de sus cuentos con «La lucha», en la revista *Billiken*. En 1928 fundó con otros compañeros la revista vanguardista *válvula* y escribió el manifiesto-editorial (en el único número publicado), donde rechazaba el ambiente y las condiciones de vida de los intelectuales bajo la dictadura gomecista. Se convirtió en entusiasta propulsor de la renovación vanguardista e intervino en las polémicas sobre el arte nuevo.

Al graduarse de abogado en 1929 viajó a Francia y a Inglaterra. Su contacto en París con Miguel Ángel Asturias * y con Alejo Carpentier * le acercó a las concepciones del surrealismo y le brindó la posibilidad de captar el sentido mágico, maravilloso, de la realidad hispanoamericana. Fue el primer teórico del «realismo mágico» con un ensayo que incluyó en su libro *Letras y hombres de Venezuela* (1948). En España publicó su primera novela: *Las lanzas coloradas* (1931), de tema histórico, considerada la primera novela del llamado «realismo mágico» hispanoamericano. Con gran prestigio regresó de Europa en 1936, después de la muerte del dictador Gómez, y fundó junto a Pedro Sotillo, Julián Padrón * y Alfredo Boulton la revista *El Ingenioso Hidalgo*. Escribió luego las novelas *El camino de El Dorado* (1947), sobre la vida de Lope de Aguirre, *El laberinto de Fortuna —Un retrato en la geografía* (1962) y *Estación de máscaras* (1964)—, *Oficio de difuntos* (1976) y *La isla de Róbinson* (1981), así como numerosas colecciones de cuentos: *Barrabás y otros relatos* (1928), *Red* (1936), *Treinta hombres y sus sombras* (1949), *Pasos y pasajeros* (1966) y *Los ganadores* (1980). Uslar Pietri se interesó por la renovación del lenguaje así como por superar la estética modernista, criollista y folclorizante que prevalecía en la década de 1920. En casi todos los cuentos de *Red* trató de asuntos regionales, pero desde una perspectiva renovadora, y con *Treinta hombres y sus sombras* culminó la tendencia de transfiguración del proceso narrativo al integrar una visión mágica y misteriosa en las narraciones criollistas, procedentes de la tradición oral. Fuera de las obras de ficción, ha escrito ensayos que constituyen un elevado aporte a la historiografía literaria, como *Breve historia de la novela hispanoamericana* (1955), y ensayos de historia cultural y de reflexión sobre el hacer y las circunstancias del hombre venezolano e hispanoamericano como los reunidos en sus libros *Letras y hombres de Venezuela* (1948), *En busca del Nuevo Mundo* (1969), *Veinticinco ensayos* (1969), *Fachas, fechas y fichas* (1982), *Globo de colores* (1985, recopilación de ensayos sobre sus innumerables viajes por el mundo) y *Godos, insurgentes y visionarios* (1986). Son muy abundantes sus escritos interpretativos de la situación venezolana: *De una a otra Venezuela* (1950) muestra sus puntos de vista sobre el petróleo, la educación, la población y la política del país, y también merecen mención *Venezuela, un país en transformación* (1958) y *Petróleo de vida y muerte* (1966). El teatro y la poesía no han estado ausentes de las numerosas publicaciones de Uslar Pietri: *Chúo Gil y las tejedoras* (1960) es una obra teatral cuyo tema central es la murmuración y sus efectos en los seres que la sufren; *Manoa* (1972) y *El hombre que voy siendo* (1986) reúnen sus poemas. En *Oraciones para despertar* (1967) compiló sus discursos acerca de figuras históricas tan importantes como Bolívar, Miranda y Alfonso X * el Sabio, entre otros. Premio «Príncipe de Asturias» de las letras en 1990, en este mismo año publica una novela histórica sobre el personaje de don Juan de Austria, *La visita en el tiempo*.

BIBLIOGRAFÍA. D. Miliani, *Uslar Pietri: renovador del cuento venezolano* (Caracas, 1969); M. Szichman, *Uslar, cultura y dependencia* (Caracas, 1975); I. Quintana, *Uslar Pietri: una manera de ser hombre* (Caracas, 1982); AA. VV., *El valor humano de Arturo Uslar Pietri* (Caracas, 1984); AA. VV., *Arturo Uslar Pietri* (Madrid, 1988); AA. VV., *Contribución a la bibliohemerografía de Arturo Uslar Pietri* (Caracas, 1989). [J.R.M.]

UTRERA, MIGUEL RAMÓN (San Sebastián de los Reyes, Aragua, Venezuela, 1909). Poeta, ensayista y docente venezolano. Su infancia y su juventud transcurrieron por los parajes de su población nativa, conformando un mundo de vivencias rurales, caracterizadas por un noble lirismo nativista. El paisaje que le rodea, el aire sutil y la cálida brisa tropical de los campos cultivados y la poética imagen de la aldea oculta en bucólico ribazo, han influido poderosamente en su obra de creación. Además es dueño de una prosa prístina y fluida, que lo ha colocado entre los más calificados ensayistas venezolanos. En 1981 le fue otorgado el Premio Nacional de Literatura, en consideración a su obra poética total. Sus obras son: *Nocturnal* (1940), *Rescoldo* (1944), *Aquella aldea* (1962), *Selección poética* (1964) y *Poesía de Aragua* (1967). [J.R.M.]

UZIEL, JACOBO. Véase POESÍA ÉPICA DE LOS SIGLOS XVI Y XVII.

UZÍN FERNÁNDEZ, ÓSCAR (Oruro, Bolivia, 1933). Narrador boliviano, en *El ocaso de Orión* (1972) toca el problema del celibato sacerdotal, de actualidad en el país hasta hace poco. Luego, en *La oscuridad radiante* (1976), trata de un caso de pugna violenta que desemboca en las puertas de una parroquia del agro boliviano. Es fácil advertir a través de estas novelas la condición de sacerdote del autor. [C.C.B.]

UZTÁRIZ, JERÓNIMO DE. Véase LITERATURA POLÍTICA Y ECONÓMICA DEL SIGLO XVIII

V

VACA DE GUZMÁN, GUTIERRE JOAQUÍN (Sevilla, 1733-Madrid, 1804). Hermano de José María Vaca de Guzmán *. Fue alcalde de casa y corte en Granada. Escribió algunas poesías, pero su obra más importante es el relato novelesco-utópico titulado *Viajes de Enrique Wanton a las tierras desconocidas australes y al país de las monas* (1769-78). Los dos primeros tomos son una adaptación de la obra original escrita en italiano por Zaccaria Seriman. Los otros dos son originales suyos. En los *Viajes* traza una sátira de las costumbres nacionales, y muestra de qué modo estaban cambiando las formas de relación social y cómo aparecían nuevos valores.

BIBLIOGRAFÍA. J. Escobar y A. Percival, «Viaje imaginario y sátira de costumbres en la España del siglo XVIII: los *Viajes de Enrique Wanton al país de las monas*», en *Aufstieg und Krise der Vernunft* (Viena, 1984), págs. 79-94. [J.A.B.]

VACA DE GUZMÁN, JOSÉ MARÍA (Marchena, Sevilla, 1744-Madrid, h. 1816). Fue Alcalde del Crimen en Granada. Se dio a conocer con el poema épico *Las naves de Cortés destruidas* (1778) y el romance heroico *Granada rendida* (1779), premiados por la Real Academia Española, lo que le convirtió en representante de la poesía conmemorativa y académica imperante en los ambientes literarios de la Ilustración. Es autor también de la égloga *Columbano* (1784). [J.A.R.]

VAGAD, FRAY GAUBERTE FABRICIO DE (¿?-¿?). Monje cisterciense del monasterio de Santa María de Santa Fe (Zaragoza), cronista real del aragonés Juan II (1466) y luego cronista oficial del reino (1495); como tal, compiló una *Crónica de Aragón*, impresa en 1499, con noticias que van desde Íñigo Arista hasta Alfonso V. Para el período contemporáneo, Vagad debió de usar documentos conservados en diferentes archivos reales y referencias conocidas por él directamente. Fue autor, también, de una *Crónica en verso*, de 208 quintillas, centrada en la invasión árabe, los reyes de Aragón y la muerte de Carlos de Viana.

BIBLIOGRAFÍA. R. B. Tate, «Escritos históricos de Fabricio de Vagad», en *Ensayos sobre la historiografía peninsular del siglo XV* (Madrid, 1970), págs. 261-279, y ed. de «Crónica en verso», págs. 304-340. [F.G.R.]

VAL, LUIS DE (Valencia, 1867-1930). Cultivador del folletín por entregas, este novelista español fue en su tiempo uno de los más populares narradores del género; publicó más de doscientos títulos, algunos de los cuales alcanzaron un enorme éxito popular: *Los ángeles del hogar*, el más famoso de todos, *El llanto de los pobres* (1892), *La hija del adulterio* (1895), *La ciega de Barcelona* (1899), *Sin hogar, o los secretos del honor* (1903), *Sin trabajo, o el pan del obrero* (1905), *El hijo de la obrera* (1905), *La máscara social* (1909), *Los besos de la muerte* (1910) y *Los ángeles del arroyo*

(1911), entre otros muchos. Después, ya fabulosamente rico, Luis de Val empezó a publicar novelas independientes en volumen, en un intento de cambiar de género y acceder a la novela más «seria»: *Flor de carne, Aves sin nido* y *Claro de luna* son títulos de esta segunda etapa. [M.A.]

VALADÉS, EDMUNDO (Guaymas, Sonora, México, 1915). Periodista y cuentista mexicano, hace de una y otra profesión una actividad vital. Como periodista colabora en las publicaciones periódicas nacionales más importantes. Como cuentista publica *La muerte tiene permiso* (1955) y *Las dualidades funestas* (1966). Los asuntos de la primera colección son variados y el erotismo y la violencia imperan en la segunda. En uno y otro caso los recursos narrativos, el lenguaje, el ambiente, la caracterización, el conocimiento de los imperativos genéricos hacen de cada texto una pieza única de incuestionables cualidades literarias. Es también director de la revista *El cuento*, que en su prolongada vida se ha constituido como una gran antología de la cuentística universal. Otras obras: *El libro de la imaginación* (1970), y *Sólo los sueños y los deseos son inmortales, palomita* (1980).

BIBLIOGRAFÍA. M.ª del C. Millán, *Antología de cuentos mexicanos*, 2 (México, 1976). [J.E.C.]

VALBUENA Y GUTIÉRREZ, ANTONIO DE (Pedrosa del Rey, León, 1844-1929). Poeta, periodista, crítico de gran erudición y novelista. Su obra *Ripios literarios*, escrita con desenfado y gracia, es una sátira contra los poetas de la época. En 1884, con el seudónimo de «Miguel de la Escalada», comenzó a publicar en los *Lunes* de *El Imparcial* una colección de artículos que luego reuniría en un volumen con el título de *Fe de erratas del Nuevo Diccionario de la Academia*, materia que le proporcionó asunto para otros dos volúmenes, más uno de *Ripios académicos* (todos ellos se publicaron entre 1887 y 1896). El tono mordaz e ingenioso aparece en numerosos escritos; entre ellos: *Cuentos de barbería, aplicados a la política* (1879), *Ripios vulgares* (1891), *Capullos de novela* (1891), *Ripios ultramarinos* (1893), *Des-trozos literarios* (1899), etc. [E.R.C.]

VALCÁRCEL, GUSTAVO (Arequipa, Perú, 1921). Poeta, novelista y ensayista. De su obra narrativa se destaca la novela *La prisión* (1951). De sus ensayos, el estudio *Perú: mural de un pueblo. Apuntes marxistas sobre el Perú prehispánico* (1965). Ha recogido su lírica en *Obra poética, 1947-1987* (1988). [J.C.]

VALCÁRCEL, LUIS E. (Cuzco, Perú, 1893). Ensayista e historiador cuyo pensamiento tuvo una gran influencia en los escritores asociados con *Amauta* *, sobre todo en José Carlos Mariátegui *, quien basó sus ideas sobre el imperio inca en los escritos de Valcárcel. De su obra destacan *Del ayllu al imperio* (1925), *Tempestad en los Andes* (1927), *Historia de la cultura antigua del Perú* (2 vols., 1943 y 1949) y *La ruta cultural del Perú* (1945). [J.C.]

VALDELOMAR, ABRAHAM (Ica, Perú, 1886-Ayacucho, Perú, 1919). Utilizó el seudónimo de «El Conde de Lemos», y fue narrador, poeta, periodista, ensayista y dramaturgo. Inspirado en Manuel González Prada *, se inició como modernista escribiendo poemas, crónicas periodísticas y cuentos, así como las novelas cortas *La ciudad de los tísicos* (1911) y *La ciudad muerta* (1911). Fue fundador de la revista *Colónida* (1916) y cabeza del movimiento intelectual del mismo nombre, dedicado a revitalizar la literatura del Perú. Como escritor, se le considera iniciador del cuento criollista peruano. Su mejor ficción se encuentra en dos colecciones de cuentos: *El caballero Carmelo* (1918) y *Los hijos del sol* (publicado póstumamente en 1921). En «El caballero Carmelo», relato que da título a la colección más significativa, destaca un vocabulario arcaico y la retórica de las novelas de caballerías. En él la riña de gallos se convierte en un símbolo de la dignidad y la nobleza naturales de la gente del campo. En la segunda colección, recrea el lujo magnífico del pasado precolombino, con un estilo que muestra ciertas reminiscencias del *Salambó* de Flaubert. En el volumen *Las voces múltiples* (1916) incluyó algunos poemas suyos, junto a los de otros escritores jóvenes. Es autor también de *La mariscala* (biografía, 1915) y *Belmonte el trágico* (ensayo, 1918), entre otras obras.

BIBLIOGRAFÍA. C. A. Ángeles Caballero, *Valdelomar, conferenciante* (Ica, 1964); A. Zubizarreta, *Perfil y entraña de «El caballero Carmelo»* (Lima, 1968); L. A. Sánchez, *Valdelomar o la belle époque* (México, 1969). [F.M.R.A.]

VALDERRAMA, PILAR DE (Madrid, 1892-1979). Su producción poética, en la que suele expresar sus melancolías, soledades, desgracias familiares e ideas tradicionales y conservadoras, se compone de *Las piedras de Horeb* (1923), *Huerto cerrado* (s.a.: ¿1925?), *Esencias. Poemas en prosa y verso* (1930), *Holocausto* (1943) y de la antología *Obra poética* (1958). En *De mar a mar* (1984) se recogieron, con prólogo de Carlos Murciano *, algunos de sus textos inéditos. Es autora también de dos obras de teatro, *La vida que no se vive* (1930), que no se ha publicado, y *El tercer mundo* (1934). Antonio Machado *, con el que, a partir de 1928, mantuvo una prolongada relación sentimental, le dedicó, bajo el nombre de «Guiomar», numerosos poemas. En una de las cartas que le envió puede leerse: «Toda una vida esperándote sin conocerte, porque, aunque tú pienses otra cosa, toda mi vida ha sido esperarte, imaginarte, soñar contigo». A dicha relación se refirió Pilar de Valderrama extensamente en su libro *Sí, soy Guiomar. Memorias de mi vida* (1981).

BIBLIOGRAFÍA. J. Ruiz de Conde, *Antonio Machado y Guiomar* (Madrid, 1964); J. M.ª Moreiro, *«Guiomar», un amor imposible de Machado* (Madrid, 1982). [A.R.]

VALDÉS, ALFONSO DE (Cuenca, h. 1490-Viena, 1532). Pocas cosas se conocen de la vida privada de A. de Valdés, con excepción de una carta sin firma de 15 de enero de 1524, así como un documento, fechado en 1525, donde se alude a ciertas deudas suyas contraídas con el Concejo de Cuenca. Su familia, documentada en esta ciudad desde el siglo XII, donde había ocupado con frecuencia regidurías, procede probablemente de solar asturiano, aunque en ocasiones se ha apuntado un posible origen leonés. No sabemos con exactitud por qué medios asciende en el servicio del Emperador Carlos V, donde se introduce como segundón de noble familia, si bien se ha hablado con frecuencia de su aprendizaje latino junto a Pedro Mártir de Anglería *; últimamente se ha subrayado su profunda amistad con Maximiliano Transilvano (?-1538), también perteneciente al servicio diplomático del Emperador, y que posiblemente apoyó su entrada en la Cancillería. En 1522 es ya escribiente de ordinario, y en 1524 aparece como registrador y contrarrelator. Es nombrado en 1526 latinista oficial, con un sueldo de cien mil maravedís y encargado de la correspondencia de Roma e Italia; también por esa época trabaja en estrecha colaboración con Mercurio Di Gattinara, canciller del Emperador. Su proximidad a éste, al parecer, fue más estrecha de lo que permiten adivinar sus títulos oficiales; en las cartas de la época salidas de la cancillería aparece Valdés junto a Carlos V como *su secretario*, y posiblemente ya en 1527 su influencia en la corte era predominante, constituyéndose en cabeza visible del movimiento erasmista en España y frecuente corresponsal de Erasmo. En 1529 la Corte abandona España y Valdés, con ella, recorre gran parte de Europa y asiste a la Dieta de Augsburgo (julio-septiembre de 1530), donde mantendrá conversaciones con Melanchton. Se conservan cartas fechadas en Piacenza, Bolonia, Mantua, Innsbruck y la misma Augsburgo. Estando en Viena en 1532, murió el 3 de octubre de la peste declarada en la ciudad.

Como Secretario de cartas latinas han quedado importantes escritos suyos de carácter oficial, no pocos inspirados en la íntima colaboración con el Canciller Gattinara y que suelen juzgarse como obra de ambos. De entre todas ellas destacan la relación de la batalla de Pavía, encargada por el Consejo del Emperador el 24 de febrero de 1525, las cartas enviadas a la Curia romana a finales de 1526 y las relaciones oficiales del Emperador con Erasmo, de entre las que se pueden destacar la felicitación imperial de 4 de agosto de 1526 a propósito del tratado *De libero arbitrio*, y la protesta de la Corte ante los teólogos de Lovaina por sus ataques a Erasmo, carta escrita sobre un borrador valdesiano de septiembre de 1527. Pero, aparte de una importante colección de epístolas latinas de carácter privado, entre cuyos corresponsales sobresale con mucho Erasmo de Rotterdam, las dos obras principales de Valdés son el *Diálogo de las cosas ocurridas en Roma* (Italia, s.l., 1527), también conocido como *Diálogo de Lactancio y un arcediano*, y el *Diálogo de Mercurio y Carón* (Italia, s.l., 1529), quizá ambos publicados juntos a finales de 1529 o en el año siguiente, extremo que desconocemos con exactitud, aunque sólo fueron prohibidas de modo formal en 1559. El primero, escrito entre principios de julio y principios de agosto de 1527, intenta responder a la sorpresa provocada en todo el Cristianismo tras el asalto de las tropas imperiales a la Sede Apostólica y el ulterior sacrilegio de reliquias y saqueo de la ciudad (15 de junio de 1527), conocido históricamente como *Saco de Roma*. Escrita en forma de diálogo entre Lactancio y un arcediano que viene de Roma, en su primera parte se responde a las acusaciones del arcediano contra el Emperador, y se busca en el saqueo el castigo providencial de Dios, cuestión que se trata ampliamente en la segunda parte, que termina con una invitación al Concilio general. Conocida en forma manuscrita en la corte, fue inmediatamente atacada por el nuncio Baltasar Castiglione; para escribirla tuvo en cuenta Valdés documentos de la Cancillería que solía manejar. En el segundo diálogo, escrito entre el verano de 1528 y la primavera de 1529, en una primera parte doce almas se van sucediendo y entrecortando la historia que Mercurio cuenta a su amigo Carón acerca del desafío caballeresco entre el Emperador y Francisco I, rey de Francia. En el primer grupo figuran un predicador, un obispo, un cardenal, un sacerdote, un teólogo, cinco personas que ocupan altos puestos de gobierno y un casado, única alma que no es condenada. En su segunda parte, un tercio de la obra y quizá algo posterior a la primera por cuanto supone la lectura reflexiva de ésta por parte del autor y un intento evidente de dar ejemplos positivos, aparecen ocho ánimas, con predominio del Buen Rey, al que acompañan, entre otros, un obispo, un predicador, un cardenal, un franciscano pobre y una mujer. En ambos diálogos, escritos en una de las mejores prosas del Renacimiento, es evidente la dependencia de la obra de Erasmo, especialmente de la *Institutio principis* y los *Coloquia*, así como de Pontano y Luciano.

BIBLIOGRAFÍA. M. Bataillon, *Erasmo y España*, 2.ª ed. (México, 1979); D. Donald y E. Lázaro, *Alfonso de Valdés y su época* (Cuenca, 1983); A. de Valdés, *Diálogo de Mercurio y Carón*, ed. de R. Navarro Durán (Barcelona, 1987). [J.G.L.]

VALDÉS, DIEGO DE. Véase ORATORIA SAGRADA DE LOS SIGLOS XVI Y XVII.

VALDÉS, ENRIQUE (Aisén, Chile, 1943). Con *Ventana al Sur* (1975) y *Trapananda* (1985) elabora un díptico narrativo cuya acción transcurre en el Sur. La primera novela, de forma autobiográfica, se estructura en torno al viaje como experiencia iniciática. Narración polifónica, yuxtapone planos espaciales y temporales, mientras el narrador adulto vuelve a la infancia. *Trapananda* es el nombre ficcionalizado del lugar del destierro. El protagonista reproduce la historia de su padre, prisionero político, y al referirse al pasado alude a la situación del presente. [A.M.]

VALDÉS, GABRIEL DE LA CONCEPCIÓN (La Habana, 1809-Matanzas, Cuba, 1844). Hijo natural de una bailarina española y un mestizo cubano, fue depositado en la Casa de Beneficencia de La Habana (de donde procede su apellido Valdés, que era el del fundador de aquel hospicio). Su seudónimo, «Plácido», parece haberlo tomado de la novela *Plácido y Blanca* de la condesa de Genlis. Trabajó en numerosos oficios, principalmente en labores de carey y platería. Sospechoso de actividades revolucionarias contra el Gobierno de España, se le inculpó, sin pruebas rotundas, de haber sido uno de los organizadores de «la conspiración de la Escalera», y fue fusilado por ello en la ciudad donde transcurriera casi toda su vida. Precoz y prácticamente autodidacto (aunque gozara del aliento amistoso de algunos ilustres mentores de la época), es autor de perfectos sonetos y romances (entre éstos, «Jicotencal» mereció los elogios de Menéndez Pelayo *, quien lo consideraba digno de Góngora *) y de deliciosas letrillas de cálido sabor cubano. Una insólita combinación de espontaneidad y refinamiento da la nota más singular y valiosa de su estilo.

BIBLIOGRAFÍA. C. Vitier, *Lo cubano en la poesía* (La Habana, 1970); E. García, *Cuba: Plácido, poeta mulato de la emancipación* (Nueva York, 1986). [J.O.J.]

VALDÉS, HERNÁN. Véase HISPANOAMÉRICA: NARRATIVA ACTUAL.

VALDÉS, JUAN DE (Cuenca, h. 1509-Nápoles, Italia, 1542). Hermano menor de Alfonso de Valdés *, con el que compartió un extraordinario parecido físico. Poco sabemos de su primera infancia en Cuenca, si bien consta que en 1523 se hallaba en Escalona formando parte, como paje, de la servidumbre de Diego López Pacheco, marqués de Villena, en torno al cual se había establecido un grupo de alumbrados cuya figura preeminente es Pedro Ruiz de Alcaraz, influencia que resultó decisiva en la postulación de una línea religiosa personal y heterodoxa. Probablemente cursó lenguas clásicas en Alcalá entre los años 1526-1530, lo que suponemos por el dominio que después nos mostrará de las lenguas sagradas, aunque sólo nos consta que estudió artes por una carta de Erasmo (Basilea, 1 de marzo de 1528) y el testimonio de Navagero. En 1529 se publica, sin nombre de autor, el *Diálogo de doctrina cristiana* (Alcalá, 1529), cuya condena inquisitorial, muy moderada, motiva su viaje a Italia. En Roma, donde ya se encuentra en el verano de 1531, estuvo, al servicio del papa Clemente VII y como Secretario Imperial, salvo una breve estancia en Nápoles, donde se establece tras la muerte del papa Clemente VII. Esta época puede seguirse, con lagunas, en su correspondencia con el cardenal Ercole Gonzaga, donde se nos muestra un desconocido Valdés *gentilhuomo di spada et capa*. Su actitud de reformador religioso se acentúa desde 1535, y quizá se convierte en absorbente a partir de 1536. Es segura también la existencia de un grupo restringido de adeptos, de los que formarían parte, entre otros muchos, Mario Galeota, encargado de la difusión clandestina de sus escritos, Pietro Carnesecchi, que morirá en la hoguera como hereje, y cuyo proceso inquisitorial es una importante fuente documental para este período de la vida de Valdés, y la bella Giulia Gonzaga, discípula preferida, a quien dirige, dedica o aparece en gran parte de su obra napolitana. Por otra parte, muy importante parece la extensión de sus doctrinas en Nápoles, sus relaciones con Bernardino Ochino de Siena, general de la orden capuchina, al que posiblemente proporcionaba la base de sus sermones, y las reuniones de los valdesianos en el monasterio de San Efrano y en la iglesia de San Pablo, donde podrían haberse dado prácticas iconoclastas que iban más allá de la estricta praxis valdesiana, siempre marcada por la prudencia y el autocontrol. Su actividad política al servicio del Emperador continúa, y así en 1537 es nombrado «veedor de los castillos» de Nápoles. Su muerte, acaecida poco después, y que le libró de ver condenadas la totalidad de sus doctrinas y la dispersión de sus discípulos, se debió probablemente a una enfermedad, que, aunque nos es desconocida, se documenta en sus cartas de 1540. En esta etapa italiana no se interrumpe su actividad literaria, como se atestigua en el *Diálogo de la lengua*, que debemos posiblemente a sus primeros años en Nápoles (h. 1534), diálogo clásico, de estricto corte renacentista, que se desarrolla entre cuatro interlocutores (Coriolano, Pacheco, Marcio y Valdés) y que se enmarca dentro de la corriente de ennoblecimiento de la lengua romance, tal como ocurrió en Francia con Du Bellay y en Italia con Pietro Bembo —fue publicado por primera vez por Gregorio Mayans * en 1737—. Un año después del *Diálogo* —aunque siempre dentro de una cronología fluctuante— debió escribirse el *Alfabeto cristiano*, del que se conserva una traducción italiana póstuma en Venecia (1545), diálogo de asunto doctrinal desarrollado entre el autor y Giulia Gonzaga. De esta actitud evangelizadora surgen sus otras obras menores, de cronología igualmente incierta y difusión manuscrita, generalmente restringida a círculos selectos, como las *Cento e dieci divine considerazioni* (Basilea, 1550), sólo conocidas hasta hace poco en su traducción italiana, estructuradas como preguntas y respuestas y en ocasiones como meditaciones personales, así como diferentes tratados, catecismos y opúsculos doctrinales, como los *Comentarios* a *Romanos* (Venecia, 1556), *Corintios* (Venecia, 1557) y al *Evangelio de San Mateo* (primera edición en Madrid, 1880), y su traducción del *Salterio* (primera edición en Bonn, 1880), conservados manuscritos.

BIBLIOGRAFÍA. J. de Valdés, *Las ciento diez divinas consideraciones. Recensión inédita del Manuscrito de Juan Sánchez (1558)*, ed. de J. Tellechea Idígoras (Salamanca, 1975); J. C. Nieto, *Juan de Valdés y los orígenes de la reforma en España y en Italia* (México, 1979); M. Bataillon, *Erasmo y España*, 2.ª ed. (México, 1979). [J.G.L.]

VALDÉS, JULIO CÉSAR (La Paz, 1856-1918). Escritor costumbrista boliviano. En sus trabajos, siempre matizados de humor, ridiculiza y caricaturiza tipos, sucesos y hábitos con sana y alegre intención. Fue el primer novelista que valoró a la mestiza o *chola* como elemento social positivo en Bolivia. Reunió artículos literarios y de costumbres en *Mi noviciado* (1887), *Siluetas y croquis* (1889) y *Picadillo* (1898). [C.C.B.]

VALDÉS PICA, ALEJO. Véase LITERATURA FILIPINA.

VALDEZ, LUIS. Véase LITERATURA CHICANA.

VALDIVIA, LUIS DE. Véase IDEAS LINGÜÍSTICAS DEL SIGLO DE ORO.

VALDIVIELSO, JOSEPH DE (Toledo, ¿1560?-Madrid, 1638). Uno de los poetas más leídos de su época. Fue capellán de la capilla mozárabe de Toledo y de su cardenal. Participó en las academias y certámenes de su ciudad, donde inició una larga amistad con Lope de Vega *. Se trasladó a Madrid en 1609 y obtuvo el empleo de censor de libros. En 1597 el influyente fray Gabriel de Talavera le encargó el poema *Vida, excelencias y muerte del gloriosísimo patriarca y esposo de Nuestra Señora San Joseph*, que, desde su publicación (Toledo, 1604), se convirtió en un verdadero éxito editorial. Su obra más conocida es el *Romancero espiritual* (Toledo, 1612), muy popular en su época. Esta «poesía a lo divino», siguiendo la máxima de «instruir deleitando», consistía fundamentalmente en rehacer composiciones conocidas por todos (villancicos, romances o redondillas, poemas cultos), dándoles contenido religioso, igual que otros hicieron con la poesía de Garcilaso de la Vega * y Boscán *. Hay que buscar las razones de su éxito en lo atractivo de los modelos que se imitan y en el tono popular de la escritura. Otras obras suyas son *Sagrario de Toledo* (Madrid, 1615) y *Elogios al Santísimo Sacramento* (Madrid, 1630). Como colofón de los *Diálogos de la pintura* de Vincencio Carducho (Madrid, 1633) escribió su discurso *En gracia del noble arte de la pintura*. Como autor dramático obtuvo cierto éxito, llegando a publicar *Doce autos sacramentales. Dos comedias divinas* (Toledo, 1622) y otras obras sueltas.

BIBLIOGRAFÍA. J. M. Aguirre, *José de Valdivielso y la poesía religiosa tradicional* (Toledo, 1965); J. de Valdivielso, *Romancero espiritual*, ed. de J. M. Aguirre (Madrid, 1984). [R.R.]

VALDIVIESO, JAIME. Véase HISPANOAMÉRICA: NARRATIVA ACTUAL.

VALDIVIESO, MERCEDES. Véase HISPANOAMÉRICA: NARRATIVA ACTUAL.

VALDIVIESO, PEDRO DE. Véase ORATORIA SAGRADA DE LOS SIGLOS XVI Y XVII.

VALDOVINOS, ARNALDO (Villeta, Paraguay, 1908-Buenos Aires, 1991). Poeta, ensayista, narrador y periodista paraguayo. Durante la guerra del Chaco publicó *Bajo las botas de una bestia rubia* (1933) y *Cruces de quebracho* (1934), relatos que reflejan la angustia y el horror de la contienda. Unos años después apareció uno de sus más elogiados poemas, «El mutilado del Agro» (1935), donde canta también el dolor de los caídos. Circunstancias políticas lo llevaron al exilio en la Argentina, donde vivió casi medio siglo. De esa época son sus estudios sobre el folclore paraguayo, reunidos en forma de libro con el título de *La incógnita del Paraguay* (1944). [T.M.F.]

VALENCIA, DIEGO DE (León, h. 1350-?, h. 1412). Franciscano, muy respetado y admirado por sus contemporáneos. Sus poemas, conservados en el *Cancionero de Baena* *, corresponden a los géneros cultivados en la época (sátiras, respuestas, preguntas, panegíricos, etc.). En ellos, se advierte siempre su preocupación por los sucesos políticos, puesto que para él la historia es enseñanza y la poesía ejemplo, y el paso de las formas subjetivas de la poesía palaciega a las objetivas y un tanto pedantes y superficiales de la poesía didáctica de la corte de Juan II *. Respondió a la pregunta que Sánchez Calavera * hizo sobre la predestinación y a otra sobre la Trinidad y la Encarnación; por sus coincidencias temáticas, doctrinales y literarias, dos tratados en prosa sobre esos mismos temas pueden ser también obra suya.

BIBLIOGRAFÍA. W.-D. Lange, *El fraile trobador. Zeit, Leben und Werk des Diego de Valencia de León* (Frankfurt del Main, 1971); I. Vázquez Janeiro, *Tratados castellanos sobre la predestinación y sobre la Trinidad y la Encarnación* (Madrid, 1984). [M.A.S.]

VALENCIA, GERARDO (Popayán, Cauca, Colombia, 1911). Poeta y autor teatral. Formó parte del grupo poético colombiano «Piedra y Cielo» *, surgido hacia 1935. Su poesía conjuga sencillez y profundidad, como demuestran sus libros *El ángel desalado* (1940), *Un gran silencio* (1967), *El libro de las ciudades* (1972), *El sueño de las formas* (1981) y *Poemas tardíos* (1985). [F.C.L.]

VALENCIA, GUILLERMO (Popayán, Cauca, Colombia, 1873-1943). Poeta, político y diplomático colombiano. Cursó estudios de humanidades y leyes. Jefe del partido conservador, fue parlamentario y dos veces candidato a la presidencia de la República de Colombia. Se le consideró la más alta cifra del movimiento parnasiano en lengua española, pero el parnasianismo ha de relacionarse en su caso con un eficaz aprovechamiento directo de la herencia cultural grecolatina, facilitado por la tradición clasicista hispanocolombiana. Su libro *Ritos* se publicó por primera vez en 1899 (con el título de *Poesías* en 1898), aun cuando fue la edición de Londres, de 1914, la que le dio mayor celebridad. Fue traductor de muy distintos poetas, clásicos y modernos. En *Catay* (1929) dio versiones de poetas chinos desde el siglo VIII, sobre texto francés en prosa de Franz Toussaint. La traducción le era tarea poética predilecta, acaso más que la de sus propios borradores. Su poesía es de insuperable maestría formal, sabia en adjetivación, parca y culta, de acendrado simbolismo, melancólica elegancia y gran sentido de la plasticidad. Todo el esteticismo modernista se advierte en sus poemas, que no ofrecen, sin embargo, mayores novedades de técnica o de metros. La especie particularmente intelectual y formal de su inspiración ha hecho que su poesía se crea surgida de la reflexión y el pulimento, y ajena a la confesión, la autobiografía y la confidencia. Esa índole de sus poemas obedece tanto a las exigencias de forma («amando los detalles, odiar el universo; / sacrificar un mundo para pulir un verso») como a los temas que en ellos desfilan; entre estos, el Oriente, el desierto, la Biblia y el cristianismo, el esplendor o la nostalgia de lo clásico, la Edad Media, el Renacimiento y la época moderna. No olvida, requerido por la ola mundonovista de esos años, a ciudades, héroes y poetas colombianos. Orador destacado, se han recogido varios tomos de sus discursos.

BIBLIOGRAFÍA. S. Karsen, *Guillermo Valencia, Colombian Poet* (Nueva York, 1951); B. Acosta Polo, *La poesía de Guillermo Valencia* (Barranquilla, 1963); VV. AA., *Estudios. Edición en homenaje a Guillermo Valencia* (Cali, 1976); G. Espinosa, *Guillermo Valencia* (Bogotá, 1989). [F.C.L.]

VALENCIA, JUAN DE. Véanse HUMANISTAS y TEATRO DE COLEGIO.

VALENCIA, PEDRO DE (Zafra, Badajoz, 1555-Madrid, 1620). Humanista. Estudió en Salamanca griego con el Brocense * y hebreo con Arias Montano *, cuya *Biblia Políglota* defendió contra el padre Andrés de León. Una vez graduado se estableció en su ciudad natal, donde escribió su obra maestra, *Academia sive de iudicio erga verum ex ipsis primis fontibus* (Amberes, 1596), estudio histórico del criterio de verdad, en el que asegura que la verdadera sabiduría no viene de los hombres, sino que procede de Dios. En su *Censura de las «Soledades» y el «Polifemo» y obras de don Luis de Góngora hecha a su instancia* trata de convencer a su amigo de la conveniencia de escribir en un estilo más sencillo. En 1607 fue nombrado cronista oficial del reino por Felipe II. También censuró el *Tesoro* de Covarrubias *. Es autor, además, de diversos discursos, tales como el *Discurso sobre el precio del trigo*, en el que discute sobre agricultura; *Discurso contra la ociosidad, Relación de la traza de las virtudes fecha por Pedro de Valencia y Juan Bautista Lavaña, Tratado acerca de los moriscos en España*, en el que combate la aplicación de medidas coercitivas para conseguir la conversión de los mismos y se opone a que sean expulsados; *Discurso al arzobispo de Toledo sobre que no se pongan cruces en lugares inmundos, Discurso sobre la labor de la tierra*, en el que declara que los asuntos económicos y sociales nada tienen que ver con la fe religiosa; *Del acrecentamiento de la labor de la tierra*, dirigido al rey, y el *Discurso acerca de los cuentos de las brujas y cosas tocantes a magia*, escrito como protesta a los autos de fe, y en el que criticaba el sistema judicial de la Inquisición.

BIBLIOGRAFÍA. M. Serrano y Sanz, *Pedro de Valencia. Estudio biográfico-crítico* (Badajoz, 1901); J. A. Maravall, *Utopía y reformismo en la España de los Austrias* (Madrid, 1982); P. de Valencia, *Academia*, edición, introducción y notas de J. Oroz (Badajoz, 1988), págs. 247-304. [J.F.A.]

VALENCIA GOELKEL, HERNANDO. Véase MITO.

VALENTE, JOSÉ ÁNGEL (Orense, 1929). Poeta y ensayista. Los años de su infancia y adolescencia —transcurridos en Galicia, y evocados en poemas como «Tiempo de guerra» o «Lugar vacío en la celebración»— fueron los años de la Guerra Civil y de la desoladora posguerra. En 1946 inició en Santiago de Compostela sus estudios universitarios, continuados a partir del año siguiente en Madrid, en cuya Universidad se graduó en Filología Románica. La esclerotizada situación cultural y política española le hace trasladarse en 1955 a la Universidad de Oxford, en donde recibió el grado de Master of Arts y en cuyo Departamento de Español enseñó hasta 1958. Desde ese año hasta 1975 residió en Ginebra como funcionario de un organismo internacional. Más tarde se trasladó a Collongues-sous-Salève (Francia) y, finalmente, a Almería, residencia que en la actualidad combina con largas estancias en París y Ginebra.

Tras algunos versos de adolescencia escritos en castellano y en gallego, su obra poética se inicia con *A modo de esperanza* (Premio Adonais de 1955), libro que, como los siguientes —*Poemas a Lázaro* (Premio de la Crítica de 1960) y *La memoria y los signos* (1966)—, aparece definido por una clara voluntad realista, no ajena a las tendencias de la poesía española del momento; un contexto —el reflejado por la antología *Un cuarto de siglo de poesía española (1939-1964)* (1966), de J. M. Castellet— en el que nuestro autor se distingue, sin embargo, por un peculiar sentido de exigencia verbal y de rigor constructivo, en ocasiones casi lapidario, y que tiende con la misma hondura o intensidad expresiva a la elegía y a la sátira. Valente impugna el «formalismo temático» de los lenguajes imperantes y, frente a la idea de «comunicación», propone la idea de la poesía como una empresa de conocimiento, visible en los poemas de *Siete representaciones* (1967), en los que se advierte una profunda crítica moral. En *Breve son* (1968) se alude, entre ecos de la lírica tradicional española, a la «difícil» misión de la poesía, que pronto se traduce en un «collage» paródico, *Presentación y memorial para un monumento* (1970) y, en los libros posteriores —*El inocente* (1970), *Treinta y siete fragmentos* (1972) e *Interior con figuras* (1976)—, en una radical crítica del lenguaje, cada vez más atenta a las dimensiones «filosóficas» de la expresión poética. En *El fin de la edad de plata* (1973) reunió diferentes narraciones y poemas en prosa.

A partir de *Material memoria* (1979), la poesía de Valente —ya para entonces considerablemente alejada de los patrones que guiaron a los poetas españoles del medio siglo— adquiere nuevos registros. La meditación sobre la palabra, liberada ahora de toda «información», de toda finalidad —una palabra de la que se predica, sobre todo, su «aparición» y su «ininteligibilidad»—, da paso a una escritura de raíz metafísica, fuertemente marcada por la poesía de Juan de la Cruz y, en el plano de la reflexión intelectual, de un modo genérico, por las tradiciones místicas árabe y judía. En tal línea se inscriben *Tres lecciones de tinieblas* (1980), los poemas en lengua gallega recogidos en *Sete cántigas de alén* (1981) y en su reedición ampliada *Cántigas de alén* (1989), *Mandorla* (1982), *El fulgor* (1984), *Al dios del lugar* (1989) y *No amanece el cantor* (1992), libros todos en los que se advierte una peculiar tensión lingüística fundada en la fragmentación y la «suspensión» del sentido. Ha publicado asimismo dos recopilaciones de su obra poética: *Punto cero* (1972 y 1980) y *Material memoria (1979-1989)* (1992). Son muy notables sus versiones de poemas de C. P. Cavafis, E. Montale, P. Celan, J. Donne, G. M. Hopkins, E. Jabès, etc.

Una actividad ensayística y crítica ininterrumpida desde los años cincuenta hasta el presente ha dado lugar a la colección de ensayos *Las palabras de la tribu* (1971), al *Ensayo sobre Miguel de Molinos* (1974), a *La piedra y el centro* (1983) y al más reciente *Variaciones sobre el pájaro y la red* (1991), páginas que, además de reflejar el itinerario intelectual de su autor, encierran sugestivas reflexiones acerca de la tradición cultural española y acerca de diferentes y frontales cuestiones relacionadas con el espíritu de la modernidad literaria.

BIBLIOGRAFÍA. J. Lezama Lima, «J. A. Valente: un poeta que camina su propia circunstancia», en *Revista de Occidente*, núm. 9 (julio de 1976), pág. 61; A. Sánchez Robayna, «Pensamiento y figuras de J. A. Valente», en *Guadalimar*, núm. 31 (1978), págs. 55-57; J. A. Valente, *Entrada en materia* (antología), introducción de J. Ancet (Madrid, 1985); J. Goytisolo, «Introducción a *Material memoria*», en *Syntaxis*, núm. 18 (otoño de 1988), págs. 13-16; A. Terry, «J. A. Valente; The Body and the Place of Writing», en *Romance Studies*, núm. 20 (verano de 1992), págs. 75-87, y «Reading Valente: A Preface to *Tres lecciones de tinieblas*», en *Bulletin of Hispanic Studies*, Special Homage Volume (1992), págs. 325-334; C. Rodríguez Fer (ed.), *José Ángel Valente* (Madrid, 1992). [A.S.R.]

VALENZUELA, LUISA (Buenos Aires, 1938). Periodista y narradora argentina, dirigió *Crisis*, revista de política, sociología y literatura. Es autora de las novelas *Hay que sonreír* (1966), *El gato eficaz* (1972), *Como en la guerra* (1977), *Cola de lagartija* (1983) y *Novela negra con argentinos* (1990), y de los cuentos incluidos en *Los heréticos* (1967), *Aquí pasan cosas raras* (1975), *Libro que no muerde* (1980), *Cambio de armas* (1982) y *Donde viven las águilas* (1983). Su literatura muestra un compromiso constante con la lucha contra la represión y la violencia, tanto las derivadas de regímenes políticos policiacos como las institucionalizadas por una cultura patriarcal que ha hecho de la mujer su víctima preferida. La rebelión liberadora que proponen sus relatos afecta directamente al lenguaje, encargado de mantener y propagar los prejuicios políticos, morales, religiosos y sexuales.

BIBLIOGRAFÍA. S. Magnarelli, *Reflections/Refractions: Reading Luisa Valenzuela* (New York, 1988). [T.F.]

VALERA, DIEGO DE (Cuenca, 1413-Puerto de Santa María, Cádiz, ¿1488?). Fue un testigo de excepción en la vida pública de la segunda mitad del siglo XV. Nacido en el seno de una familia de conversos e hijo del médico del rey Juan II *, Alfonso Chirino, ocupó desde muy joven cargos palatinos: fue doncel del rey, participó en la guerra contra los nazaríes (1431), fue armado caballero en 1435 y representó a Castilla en varios países, alcanzó los cargos de justicia mayor de Palencia y, posteriormente, de alcaide del Puerto de Santa María, para acabar como consejero y cronista de los Reyes Católicos. Además de algunas poesías y cartas de cierto valor, la mayor parte de su obra es o bien de carácter histórico o bien doctrinal. Como escritor, es el típico producto de la cancillería castellana, en donde se le dota de una discreta educación literaria y retórica, pero que al tiempo es testigo apasionado de la nueva cultura y promotor de ésta, acogida por un cada vez más numeroso público lector. Su primera obra, *Árbol de batallas*, es una traducción dedicada a Álvaro de Luna * del original francés de Honoré Bonet. *Espejo de verdadera nobleza* (1441) es un estudio sobre la esencia, el origen y las clases de la nobleza. La *Defensa de virtuosas mugeres*, dirigido a la reina doña María, entra de pleno en la polémica, de notable éxito durante el siglo XV, sobre la mujer. En la *Exhortación de la paz* adopta un determinado tipo de discurso retórico ciceroniano para recomendar al rey que no derrame sangre innecesariamente. Ya durante el reinado de Enrique IV, escribió su *Tratado de las armas*, compuesto entre 1458 y 1467 y dedicado a don Alfonso V de Portugal. Como apéndice de este *Tratado* puede considerarse su *Ceremonial de príncipes*, que trata de las prerrogativas de cada una de las dignidades. Otras obras del género moral son: *Providencia contra Fortuna*, que contiene indicaciones prácticas para uso de don Juan Pacheco, marqués de Villena y privado de Enrique IV; *Breviloquio de virtudes*, donde Valera examina los conceptos de las virtudes teologales. Durante la época de los Reyes Católicos se dedica a la producción historiográfica, aunque no da de lado a la prosa política y moral, con *Doctrinal de príncipes*, compendio del género de los manuales para la educación de príncipes. Aparte de algunos opúsculos (*Preheminencias y cargos de los oficiales de armas*, *Genealogía de los reyes de Francia*), Valera es, sobre todo, conocido por tres obras. La *Crónica abreviada de España* o *Valeriana*, escrita entre 1479 y 1481, es un compendio histórico que abarca desde los tiempos primitivos hasta Juan II, en el que se incorporan fuentes muy diversas, desde *Crónicas generales* antiguas hasta cualquier tipo de leyenda o fábula. La segunda obra importante de Valera es su *Memorial de diversas hazañas* o *Crónica de Enrique IV*, en la que selecciona algunos pasajes destacados del reinado del rey. La labor de Valera es fundamentalmente la de un compilador; no busca, por tanto, la originalidad, pero sí la máxima divulgación (al servicio de un nuevo y más amplio público lector), pues, como él mismo dice, lo que va a escribir, aunque ya está en crónicas, éstas son, sin embargo, difíciles de leer. El *Memorial* consta de cien capítulos y un prólogo y se puede considerar una continuación, cronológicamente hablando, de su *Crónica abreviada* y como antesala de su más enjundiosa *Crónica de los Reyes Católicos*, que llega hasta el año 1488, y que se puede dividir en dos partes: la primera gira en torno a la guerra de Portugal y la segunda a la de Granada. Para su primera parte Valera se vale de las *Décadas* de Alfonso de Palencia *, aunque añade detalles y juicios personales; la segunda parte utiliza materiales de primera mano, como las relaciones coetáneas de los hechos, lo que da un valor importante al testimonio de Valera, entusiasmado espectador y divulgador del milenarismo de los primeros tiempos del reinado de los Reyes Católicos.

BIBLIOGRAFÍA. *Crónica de los Reyes Católicos*, ed. de J. de Mata Carriazo (Madrid, 1927); *Memorial de diversas hazañas*, ed. de J. de Mata Carriazo (Madrid, 1941); *Tratado de las epístolas, Tratado en defensa de las virtuosas mujeres, Tratado de las armas, Doctrinal de Príncipes*, ed. de M. Penna, en *Prosistas castellanos del siglo XV*, I (Madrid, 1959). [A.J.]

VALERA, JUAN (Cabra, Córdoba, 1824-Madrid, 1905). Era hijo de doña Dolores Alcalá Galiano y Pareja y don José Valera y Viaña. Cursó entre 1837-40 estudios de Filosofía en el Seminario de Málaga, en años de especial efervescencia para el romanticismo español. Publica sus primeros versos en *El Guadalhorce*, periódico malagueño, y compone sonetos a imitación de Lamartine. Marcha más tarde a Granada, donde conoce la estrechez de un pupilaje. Sus lecturas románticas ya no influyen tanto en su ánimo, y sí, por el contrario, son los clásicos quienes gozan de su especial favor. Lee a Propercio, Catulo y Horacio. Tiene sus primeros triunfos poéticos locales en la revista *La Alhambra*. En 1846 se licencia en Derecho. Con anterioridad, Valera ha sufrido los primeros desdenes amorosos. Gertrudis Gómez de Avellaneda *, poetisa que triunfa en el Liceo madrileño, y que le inspiraría encendidos y sentimentales versos, se muestra inasequible. Istúriz, el 14 de enero de 1847, le nombra agregado sin sueldo en la Legación de Nápoles, primera experiencia en su carrera diplomática. En Italia surgen nuevas escaramuzas sentimentales y amorosas. Primero, con una dama conocida con el nombre de «Saladita» y, más tarde, con Lucía Palladi, marquesa de Bedmar y princesa de Cantacuceno, la «dama griega» o «la muerta», por la palidez de su rostro. A finales de 1849 Valera abandona su destino de Nápoles y regresa a Madrid, en donde pronto se sentirá hastiado y desengañado. Al año siguiente fue nombrado agregado de número en la Legación de Lisboa, con sueldo de 12.000 reales anuales. En 1851 se tralada a la embajada de Río de Janeiro como Secretario de Legación. Experiencia, esta última, descrita en su novela *Genio y figura*. En septiembre de 1853 regresa a Madrid y colabora en la prensa madrileña con artículos literarios y políticos. En 1857 viaja a Rusia bajo las órdenes del duque de Osuna. Las cartas que Valera escribió desde Rusia a su amigo Leopoldo Augusto Cueto * son un fiel reflejo de la fatuidad y ostentación de que hace gala el duque de Osuna en su misión diplomática. En 1858 es elegido diputado a Cortes por Archidona. Por aquel entonces funda el periódico satírico *El Cócora y El Contemporáneo*. En el año 1861 es elegido miembro de la Real Academia de la Lengua, en la que ingresa con un discurso sobre «La libertad en el arte». Entre 1867 y 1871 aparecieron sucesivamente los tres tomos traducidos por él de la *Poesía y arte de los árabes en España y Sicilia*, del alemán Schack. El 24 de febrero de 1872 es nombrado director general de Instrucción Pública, cargo político que perderá a tenor de los sucesos acaecidos por estas fechas, y que suponen su ostracismo político. Es, sin duda, el período más fecundo del autor, interrumpido nuevamente por su carrera diplomática en 1881. Olvidado todo tipo de recelo político y desengañado de la Corte, Valera se sumerge en un mundo idílico, carente de ambiciones y capaz de ofrecer, desde esa *aurea mediocritas*, páginas de innegable belleza. Las fechas comprendidas entre los años 1881 y 1883 suponen el retorno a la vida diplomática: primero, ministro de España en Lisboa, más tarde en Washington y, por último, en Bruselas y Viena. El año 1895 es el comienzo de una nueva etapa de creación novelesca. Sus tres novelas, *Juanita la Larga*, *Genio y figura* y *Morsamor*, se publican, respectivamente, en 1895, 1897 y 1899. Valera ha abandonado definitivamente la vida diplomática. Retirado de la vida pública y enfermo de la vista, casi ciego, su mundo se reducirá casi exclusivamente a la conocida tertulia de la cuesta de Santo Domingo. Murió en Madrid, el 18 de abril de 1905.

Su producción literaria comprende los siguientes apartados: crítica literaria, poesía, estudios políticos e históricos, ensayos, cuentos, teatro y novela. Valera escribió a lo largo de su vida numerosos prólogos, ensayos y recensiones de libros que demuestran unos conocimientos literarios de primera magnitud. De sus publicaciones al respecto destacan: *Del romanticismo en España y de Espronceda*, *De lo castizo de nuestra cultura en el siglo XVIII y en el presente*, *La poesía lírica y épica en la España del siglo XIX*, *Del misticismo en la poesía española*, *La moral en el arte*, *De la naturaleza y carácter de la novela* (1880), *Sobre las novelas de nuestros días*, *Con motivo de las novelas rusas*, *Apuntes sobre el nuevo arte de escribir novelas* (1886-1887), *Consideraciones sobre el «Quijote» y las diferentes maneras de comentarle*, *La libertad en el arte*, etc.

Aparte de los estudios citados, es imprescindible el conocimiento de sus epistolarios, publicados y ordenados por la crítica.

El primer *corpus* poético, de corte romántico y convencional, data de 1840. De él destacan «La divinidad de Cristo», versos impecables, pero carentes de sinceridad y calor humano; los sáficos «A Delia», a imitación de Lamartine; y «A Lucía», en donde evocó su amor por la marquesa de Bedmar. No menos interesantes son sus paráfrasis y traducciones de poetas extranjeros —Goethe, Byron, Heine, etc.— La traducción de *Pervigilium Veneris*, por ejemplo, es un modelo de perfección. Destacan también sus composiciones: «A la muerte de Espronceda», «A mis amigos», «A la maga de mis sueños» y «Fábula de Euforión».

Valera fue un gran conocedor de la realidad histórica española y extranjera. La lectura de su epistolario sobre la desafortunada política española en las colonias revela cuán cercano estaba del conflicto del 98. De sus estudios históricos y políticos destacamos la continuación de la monumental obra —*Historia de España*— iniciada por Modesto Lafuente [*]; *Sobre los varios modos de entender la Historia, la revolución y la libertad religiosa en España*, *Notas diplomáticas*, *De la revolución en Italia, España y Portugal*, etc. *La enseñanza de la filosofía en las Universidades*, la crítica del *Ensayo sobre el catolicismo*, de Donoso Cortés [*], *El racionalismo armónico*, *De la filosofía española*, *Metafísica a la ligera*, *La Metafísica y la Poesía* y *Psicología del amor*, constituyen el mejor ejemplo de su ensayismo filosófico y religioso.

También Valera demuestra desde fecha temprana una profunda preocupación por el cuento, tanto desde el punto de vista teórico como práctico. Su estudio *Florilegio de cuentos, leyendas y tradiciones vulgares*, o su extenso artículo «Cuento», que figura en el *Diccio-*

nario enciclopédico hispanoamericano, muestran una preocupación poco común por dicho género. Sus relatos breves suelen situarse en un mundo fantástico, impregnado de situaciones y personajes que nos trasladan a un contexto mágico, como ocurre en «El pájaro verde», «El pescadorcito Urashima», «La muñequita», «La buena fama», etc. Valera publicó también cuentos históricos —«El bermejino prehistórico», «Los cordobeses en Creta», «El cautivo de doña Mencía»—, religiosos —«El útimo pecado» y «San Vicente Ferrer de talla»— y morales y psicológicos —«El doble sacrificio» y «El maestro Raimundico».

Género que no ofrece gran interés, a diferencia de sus novelas y relatos breves, es el teatro. En él destacan: *La venganza de Atahualpa* (1878), *Lo mejor del tesoro* (1878), *Asclepigenia* (1878), en donde contrapone dos concepciones de la vida: la platónica y la epicúrea, y *Gopa* (1882).

Pepita Jiménez (1874) fue su primera novela, escrita, según él, «en plenitud de mi vida, cuando más sana y alegre estaba mi alma, con optimismo envidiable y con un panfilismo simpático a todo que nunca más se mostrará ya en lo íntimo de mi ser, por desgracia». La estructura externa la protagoniza el viejo pretexto literario —hallazgo fortuito de manuscritos—, que supone un homenaje a la memoria de Cervantes *. El legajo que el deán finge encontrar consta de tres partes: *a)* «Cartas de mi sobrino», *b)* «Paralipómenos», y *c)* «Epílogo. Cartas de mi hermano». A través de ellas se analiza el proceso de seducción seguido por una joven viuda para casarse con el seminarista Luis de Vargas, y cómo la vocación religiosa es sustituida por la vocación matrimonial. En *Las ilusiones del doctor Faustino* (1875), el protagonista, «un doctor Fausto en pequeño», en palabras del autor, encarna con fidelidad al filósofo frustrado y al artista obcecado en traspasar los lindes del misterio. La sátira al materialismo de la época se manifiesta a través de sus protagonistas: Constancia simboliza el orgullo y el egoísmo; Rosita, el amor sensual, y María, el afecto espiritualizado. El final es pesimista, pues Faustino se suicida ante el fracaso e inutilidad de su vida.

El comendador Mendoza (1877) es una novela basada en las relaciones adúlteras de doña Blanca Roldán con don Fadrique López de Mendoza. La primera, personifica el fanatismo religioso; el segundo, el pensamiento librepensador; del choque de estas dos concepciones surgirá el drama. *Pasarse de listo* (1878) da título a una narración corta en la que el protagonista termina suicidándose por creer que su mujer mantiene relaciones adúlteras. El excesivo espíritu razonador y analítico del personaje provocará, precisamente, este desafortunado lance. Valera, tan reacio a mantener una tesis en sus novelas, nos ha dejado en *Doña Luz* (1879) una bien clara: la de que nadie, religioso ni seglar, está exento del amor humano; tema que, como es obvio, muestra concomitancias con otras novelas de la época, como *La Regenta*, de Clarín *; *La fe*, de Palacio Valdés *; *El crimen del padre Amaro*, de Eça de Queiroz; o *La falta del abate Mouret*, de Zola. Sin embargo, Valera, apartado de la corriente naturalista, basará su relato en el análisis del proceso psicológico de sus personajes. *Juanita la Larga* (1895) es una novela que, según su autor, «no pretende demostrar ni demuestra cosa alguna. Su mérito, si lo tuviere, ha de estar en que divierta». La trama se reduce a los ardides empleados por Juanita *la Larga*, hija natural de Juana Gutiérrez, para casarse con el cincuentón don Paco. La obra, que tiene un final feliz, se desarrolla en un contexto geográfico —Villa Alegre— que puede identificarse con Cabra y Doña Mencía, lugares geográficos de grato recuerdo al autor. *Genio y figura* (1897) y *Morsamor* (1899) cierran el ciclo novelesco de Valera. La primera relata las aventuras galantes de Rafaela, que acaba suicidándose al saber que su única hija, Lucía, ha ingresado en un convento por sentirse avergonzada por su conducta. La segunda, narra las peregrinaciones del religioso Miguel de Zuheros por diversos países. El protagonista, desengañado del mundo, decide regresar al convento. Relato que, según la crítica, puede ser una autobiografía espiritual que se acopla perfectamente al estado de Valera: viejo, achacoso y ciego. De igual forma, fray Miguel equivaldría a Fausto, y Tiburcio, su criado, a Mefistófeles.

BIBLIOGRAFÍA. M. Bermejo Marcos, *Don Juan Valera, crítico literario* (Madrid, 1968); C. De Coster, *Bibliografía crítica de don Juan Valera* (Madrid, 1970); J. F. Montesinos, *Valera o la ficción libre* (Madrid, 1970); M. Azaña, *Ensayos sobre Valera* (Madrid, 1971); A. Jiménez Fraud, *Juan Valera y la generación de 1868* (Madrid, 1973); L. Jiménez Martos, *Juan Valera (un liberal entre dos fuegos)* (Madrid, 1973); F. Pérez Gutiérrez, «Juan Valera», en *El problema religioso en la generación de 1868* (Madrid, 1975), págs. 21-96; L. López Jiménez, *El naturalismo y España. Valera frente a Zola* (Madrid, 1977); E. Tierno Galván, «Don Juan Valera o el buen sentido», en *Idealismo y pragmatismo en el siglo XIX español* (Madrid, 1977), págs. 95-130; E. Rubio Cremades (ed.), *Juan Valera* (Madrid, 1990). [E.R.C.]

VALERA, LUIS (Madrid, 1870-1927). Hijo de Juan Valera *; marqués de Villasinda. Consagrado a la carrera diplomática, fue representante de España en Lisboa, Bruselas, San Petersburgo, Roma, Viena y Pekín. Precisamente de sus viajes y de su amplia cultura —no sólo libresca— derivan sus obras, pero a la vez sus obligaciones diplomáticas limitan su dedicación literaria. Publicó *Sombras chinescas, recuerdos de un viaje al Celeste Imperio* (1902) y *Visto y soñado* (1903), colección de leyendas y narraciones también de tema oriental; *Del antaño quimérico* (1905), novelas cortas y cuentos, y las novelas *Un alma de Dios* (1906), *El filósofo y la tiple* (1908) y *De la muerte al amor* (1910). [M.P.C.]

VALERA MORA, VÍCTOR (Valera, Trujillo, Venezuela, 1935-1984). Escritor venezolano, adscrito a las corrientes poéticas emanadas de la influencia de Maiakovsky, Whitman y otros poetas cuyas tendencias estéticas han llegado al vanguardismo latinoamericano de los años sesenta. En ocasiones contestatario, irónico y resueltamente seguidor del realismo social, escribió *Amanecí de bala* (1971), un libro que cifra toda su experiencia lírica. Sus últimas creaciones han sido editadas con el título *Setenta poemas estalinistas*, en los que desarrolla un sentido más ácido y decididamente conceptual. Algunos de sus poemas han sido recogidos en la *Antología de poesía venezolana contemporánea* (1981), editada por la Casa del Escritor. [J.R.M.]

VALERO MARTÍN, ALBERTO (Madrid, 1882-1941). Licenciado en Derecho, ejerció como abogado criminalista. Fue colaborador de diversas publicaciones periódicas y colecciones de novelas cortas. Escribió libros de poesía, dentro de la estética modernista, en los que muestra especial interés por los desheredados, como se observa en *Las poesías de los miserables y otros poemas* (1924). Es también autor del libro *Castilla madre. Salamanca (De la tierra, de las piedras y de los hombres)* (1916), compuesto por estampas en las que recrea paisajes y lugares de la mencionada zona; de novelas, como *La moza del mesón* (1915) y *Stradella* (1939), y de obras teatrales, entre las que destacan *Amor suicida* (1919) y *No matarás*

(1924), escrita en colaboración con Alfonso Vidal y Planas *. [G.R.F.]

VALERO DE TORNOS, JUAN (Madrid, 1842-1905). Abogado, periodista y escritor muy respetado en su tiempo. Fue redactor de diversos periódicos; fundador de *El Año 61*, *La Asociación Científica* y *Gente Vieja*; director de *El Telégrafo Autógrafo* (en París) y de *El Porvenir*, *El Diario del Pueblo*, *La Suavidad* (de carácter satírico) y *La Raza Latina*. Firmó en ocasiones sus artículos con los seudónimos de «Garci Fernández», «Un Portero del Observatorio» y «Cagliostro». Escribió obras de divulgación jurídica y sociológica, colecciones de artículos, como *Crónicas retrospectivas por «Un Portero del Observatorio»* (1901) o *Pláticas políticas* (1902), y la novela *Viaje a Babia, novela política* (1873). [M.P.C.]

VALJALO, DAVID (La Serena, Chile, 1924). Ensayista, narrador, editor, diplomático y director de Ediciones de la Frontera y de la revista *Literatura Chilena*. Próximo a las escuelas de vanguardia, se aproxima al mismo tiempo a los maestros del Siglo de Oro, especialmente a Quevedo *. Ha publicado los poemarios *Los momentos sin número* (1948), *El otro fuego* (1960), *Trece poemas* (1966), *Poemas de la resistencia* (1985) y *Elegía al aniversario del universo* (1985). Es autor de la farsa teatral *La primera aventura de don Quijote* (1965). [A.B.F.]

VALLADARES, JUAN. Véase AUTOBIOGRAFÍAS Y MEMORIAS EN ESPAÑA.

VALLADARES Y SAAVEDRA, RAMÓN DE (Algeciras, Cádiz, 1824-Génova, Italia, 1901). Colaborador del *Semanario Pintoresco* (1845) y director de *El Siglo XIX*. Se distinguió como dramaturgo por el arreglo de obras extranjeras, pero es también autor de comedias originales, entre las que se pueden citar *El pacto sangriento* (1848), *Una cabeza de ministro* (1848), *La escuela de los ministros* (1855), *Lo que falta a mi mujer* (1856) o *Lo que sobra a mi mujer* (1856). De sus dramas, cabe destacar *Para un traidor, un leal* (1845) y *La independencia española* (1855). Es autor asimismo de la novela *Parodias de verdades* (1845). [J.B.]

VALLADARES Y SOTOMAYOR, ANTONIO (Madrid, 1740-h. 1820). Periodista —en su *Semanario erudito* (1787-91) dio a conocer numerosas obras inéditas de autores españoles—. Publicó una colección de novelas, en nueve tomos, *La Leandra* (1797-1807). Pero su más constante tarea fue la de traductor, adaptador y autor original de comedias de notable éxito popular. [J.A.R.]

VALLADOLID, ALFONSO DE (Valladolid, 1270-1349). Rabbi Abner de Burgos escribe obras doctrinales con fines propagandísticos y en contra del judaísmo, como el *Monstrador de justicia* o el *Libro de las tres graçias*. Más interesante es su *Tratado contra los que dicen que hay fadas y venturas*, escrito antes de 1349. Ataca ahí la superchería, tomando un gran número de expresiones coloquiales, refranes, etc., de su época. También hizo algunas traducciones del hebreo al castellano, como el *Libro de las batallas de Dios*. [A.J.]

VALLADOLID, JUAN DE (Valladolid, h. 1403-1470). Conocido en los varios cancioneros en los que se recogen sus abundantes poemas como «Juan Poeta». Era cristiano nuevo, hijo del pregonero de Valladolid. Fue fustigado en muchas ocasiones en poesía satírico-burlesca —Antón de Montoro hasta lo acusó de plagiario—. Su relación con Gómez Manrique y con otros nobles recuerda la de inferioridad establecida entre los trovadores y los juglares. Y acaso como tal ejerció: anduvo por Nápoles y por otras tierras.

BIBLIOGRAFÍA. B. Dutton, *El cancionero del siglo XV*, VII (Salamanca, 1991). [C.G.G.]

VALLE, ADRIANO DEL (Sevilla, 1895-Madrid, 1957). Poeta. Militó primero en el ultraísmo —fundó, con Isaac del Vando-Villar *, la revista *Grecia*—, para insertarse después en el grupo de seguidores neopopularistas de García Lorca * y Alberti *. Los ecos del *Romancero gitano*, sobre todo, pero también de *Marinero en tierra*, son intensos y evidentes en *Primavera portátil* (1934) y *Los gozos del río* (1940). Adriano del Valle es un neobarroco desbordado, que da cauce libre en su obra a todas las sensaciones, incluso al conceptismo extremo. También, como puede verse en *Arpa fiel* (1941), uno de sus textos más representativos, cultiva el verso clásico con aplicación. Su producción se completa con: *La Innombrable* (1954), *Misa de Alba en Fátima y Gozos de San Isidro* (1955), *Égloga de Gabriel Miró y Fábula del Peñón de Ifach* (1957). Todos estos libros se recopilaron en *Obra poética* (1977).

BIBLIOGRAFÍA. A. del Valle, *Arpa fiel*, prólogo de D. Alonso (Madrid, 1941); A. del Valle, *Antología necesaria*, ed. de M. García Ramírez (Sevilla, 1992). [M.G.P.]

VALLE, ÁNGELA (Tegucigalpa, 1920). Poeta. Fue colaboradora de las revistas *Honduras Literaria* y *Extra* de Tegucigalpa. Ha publicado los poemarios *Iniciales* (1961) y *Lúnulas* (1969). [O.A.]

VALLE, FÉLIX DEL (Ica, Perú, 1892-Buenos Aires, 1950). Su nombre era Félix González del Valle. Vivió durante muchos años en España. Fue colaborador y comentarista taurino de *El Sol* y *La Voz* (1924-35) y redactor de *La Libertad* (1935-37), de Madrid. Su firma aparece también en diversas publicaciones argentinas y peruanas. En 1928 obtuvo el Premio Antonio Zozaya. Es autor de *Tres novelas frívolas: El camino hacia mí mismo, La criolla del charlestón* y *La señorita París-Sevilla* (1930), de unas *Prosas poemáticas*, publicadas en Lima (1921), y de diversas obras —*Madrid en quince estampas* (1940), *Toledo* (1943) y *Juergas en Sevilla* (1947), entre otras— en las que se pone de relieve su admiración por el arte, la cultura y las costumbres de Castilla y Andalucía. [A.R.]

VALLE, FRANCISCO (León, Nicaragua, 1942). Poeta en verso y prosa. Bibliotecario. En su obra se observan los signos de inseguridad y desconcierto que parecen característicos de su generación. Sus libros *Casi al amanecer* (1964) y *Laberinto de espadas* (1974) se hallan construidos en un espacio onírico, donde parece que el poeta, «como un topo», no encuentra la salida. Valle es un estilista que domina el verso suelto, el versículo y la prosa poemática (*La puerta secreta,* 1979). Los títulos de sus otras obras, *Luna entre ramas* (1980) y *Sonata para la soledad* (1981), confirman la visión nocturna y de abandono en su poesía.

BIBLIOGRAFÍA. J. E. Arellano, *Panorama de la literatura nicaragüense* (Managua, 1977). [E.Z.-H.]

VALLE, JOSÉ MARÍA DEL. Véase NOVELA POLICIACA.

VALLE, JUAN (Guanajuato, México, 1838-Guadalajara, México, h. 1865). Poeta ciego, cantor de los liberales, bohemio y casi mendigo, lapidado en las calles por los conservadores, fue el autor del poema más pertinente de la época de las Guerras de Reforma (1858-61): «La guerra civil», probablemente uno de los mejores y más sentidos tratamientos que el tema guerrero alcanzó en la poesía hispánica del siglo XIX. [J.J.B.]

VALLE, JUAN DEL (seudónimo). Véase CADALSO Y VÁZQUEZ, JOSÉ.

VALLE, JUVENCIO (Villa Almagro, Cautín, Chile, 1900). Seudónimo de Gilberto Concha Riffo. Sólo en 1933, cuando ya había publicado los poemarios *La flauta del hombre Pan* (1929) y *Tratado del bosque* (1932), se traslada a la capital. Viaja por el mundo, especialmente a España en 1938-39, donde estuvo preso por casi tres meses. Lleno de honores, se jubila de su trabajo en la Biblioteca Nacional en 1973 y se acoge a un largo exilio interno. Otros de sus poemarios memorables son: *Nimbo de piedra* (1941), *El hijo del guardabosque* (1951) *Del monte en la ladera* (1960) y *Estación al atardecer* (1961). En 1984 una excelente *Antología poética*, editada en México, inicia un proceso de revaloración de su obra. [J.G.]

VALLE, RAFAEL HELIODORO (Tegucigalpa, 1891-México, D.F., 1959). Poeta hondureño, autor de los libros de versos *Como la luz del día: poemas de pasión, amor y sacrificio* (1913), *Ánfora sedienta* (1922) y *Contigo* (1941), entre otros. Sus relatos —*El rosal del ermitaño: cuentos de monjas y de arrepentidos* (1911), *Tierras de pan llevar* (1939)— están animados del color entrañable de la vida rural, de una recreación del inmediato pasado y de las tradiciones que cobran vida pictórica desde la palabra. Publicó también trabajos sobre historia y aspectos variados de la cultura centroamericana. [A.B.F.]

VALLE, ROSAMEL DEL (Curacaví, Chile, 1901-1963). Seudónimo del poeta chileno Moisés Gutiérrez, perteneciente a la primera generación vanguardista y catalogado como ultramodernista, por unos, y como representante del superrealismo órfico, por otros.

Fundó con Humberto Díaz Casanueva * algunas revistas de vanguardia, y desde 1946 trabajó en Nueva York como funcionario de la división de publicaciones de la ONU. Su obra poética, caracterizada formalmente por el versolibrismo, está compuesta por *Mirador* (1926), *Poesía* (1939), el poema *Orfeo* (1944), *El joven olvido* (1949), *Fuegos y ceremonias* (1952) y *El corazón escrito* (1960). En *La visión comunicable* (1956) adquieren gran protagonismo la noche (tema recurrente en toda su obra), el misterio y lo onírico. También dejó obras en prosa como *País blanco y negro* (1929), los relatos de *Las llaves invisibles* (1946), y *La violencia creadora* (1959), un ensayo sobre la poesía de Díaz Casanueva. [J.A.C.]

VALLE-ARIZPE, ARTEMIO DE (Saltillo, Coahuila, México, 1888-México, D.F., 1961). Licenciado en Derecho, diplomático y cronista de la ciudad de México. Por su extensa e importante obra, centrada en la época virreinal, es el principal representante de la corriente colonialista conformada con los textos de Luis González Obregón, Jorge de Godoy, Francisco Monterde *, Mariano Silva y Aceves, Ermilo Abreu Gómez *, Genaro Estrada y Julio Jiménez Rueda *. Valle Arizpe la define como una sustitución del presente por el pasado, un acto evasivo que no tiene en cuenta a la Revolución y que ofrece una interpretación poética de la historia de México. Sus más destacados relatos y novelas son *Vidas milagrosas* (1921), *Cuentos del México antiguo* (1939), *El Canillitas* (1941) y *La güera Rodríguez* (1949).

BIBLIOGRAFÍA. E. Carballo, *Protagonistas de la literatura mexicana* (México, 1986). [J.E.C.]

VALLE CAVIEDES, JUAN DEL (Porcuna, Jaén, 1652-Lima, h. 1697). Andaluz, pasó al Perú en su niñez. En 1873 Manuel de Odriozola publicó su obra manuscrita, con el título *Diente del Parnaso*. A esos textos se agregarán sus *Poesías serias y jocosas*. Pero su obra irá apareciendo en remesas. Muy tardíamente, en 1947, se dará a conocer su poesía mística y amorosa. En esta última, se dirige a diferentes mujeres —Filis, Lisi, Amarinda, Marcia y Catalina— que se muestran desdeñosas, ingratas o esquivas. Es, en todo caso, la vena satírica y claramente quevedesca la que justifica su renombre. Siguiendo la huella del gran poeta español, Caviedes escribirá romances, quintillas y sonetos en los que se desborda la intención satírica y punzante. Sin contenerse, arremete contra las flaquezas humanas, pero su saña no es menor al comentar la avaricia y las pequeñeces de clérigos, sastres y médicos. Su obra poética es un hito importante en la poesía barroca hispanoamericana y en la poesía satírica peruana. De sus poemas de circunstancias hay que mencionar, por su interés autobiográfico, la «Carta que escribió el autor a la monja de México» y el romance titulado «En la muerte de la mujer del autor». Escribió también tres obras dramáticas —*Baile del amor tahúr*, *Baile cantado del amor médico* y el entremés *El amor alcalde*— en las que fustiga a damas fingidas, caballeros falsos, beatas hipócritas y médicos ignorantes.

BIBLIOGRAFÍA. J. del Valle Caviedes, *Diente del Parnaso*, ed. de L. A. Sánchez y D. Ruzo (Lima, 1925); D. R. Reedy, *The poetic art of Juan del Valle Caviedes* (Chapel Hill, 1964). [E.P.-W.]

VALLE-INCLÁN, RAMÓN MARÍA DEL (Villanueva de Arosa, Pontevedra, 1866-Santiago de Compostela, La Coruña, 1936). A su nombre en el Registro Civil, Ramón Valle y Peña, prefirió uno, adaptado a la figura de sí mismo, que constituyó su primera creación.

Novelista, cuentista y autor dramático, poeta, ensayista y periodista, destacó en todas sus actividades como espíritu original y escritor exigente.

Uno de los primeros y más notables representantes del modernismo en España, hizo amistad con Rubén Darío *, con quien coincidió en la necesidad de renovar la literatura hispánica. Hombre de paradojas y contradicciones, se dijo carlista en los primeros años de su vida y se declaró amigo de la Unión Soviética en sus últimos tiempos, esforzándose siempre en afirmar su independencia y su rebeldía. Viajó a México y sintió la atracción de un país en el que la belleza tomaba formas tan diferentes de las ibéricas. Su heterodoxia político-literaria le llevó a un aristocratismo acorde con su carácter y su temperamento. Practicó primero la escritura artística y el esteticismo, pasando luego a modos de penetración en la realidad acusadamente distorsionados, próximos al expresionismo. Su destreza en el manejo del lenguaje estaba a la altura de los mejores. Intentó incluso ir más allá de los lenguajes utilizados en el mundo de habla española, empeñándose en la creación de un lenguaje integrador, de múltiples facetas.

Construyó objetos verbales expresivos, con los que intentó descubrir los estratos más hondos del alma humana. Imaginó situaciones reveladoras, personajes insólitos y figuras de clara presencia literaria, en las que a veces se manifiestan rasgos del autor, de lo que era y de lo que fingía o deseaba ser.

La imagen que transmitió de sí mismo se fragmentó en el derroche de anécdotas, reales o apócrifas, que circularon y todavía circulan en torno a su vida, contribuyendo, si no a falsearla, a presentarla desde puntos de vista reductores de lo esencial. Así, lo anecdótico, si bien permite reconocerlo a primera vista, facilita la deformación y el debilitamiento de las categorías.

Ingenioso, ocurrente y de palabra acerada, encontró en las tertulias de café y de ateneo el vehículo idóneo para la expresión de su agudeza y de su talento. Vivió años de bohemia y aceptó la pobreza antes que la sumisión. Amó la hermosura en donde quiera que la encontró: él mismo declaró que no la hallaba ni en el amor de los efebos ni en la música de aquel teutón que se llamó Wagner.

Si en *Femeninas* (1895) aparecen ciertas figuras de mujer que, con unas u otras formas, tardarán en abandonar el texto valleinclanesco, no es allí ni son ellas las mujeres más sólidamente caracterizadas. Mayor interés tienen Adega, la inocente protagonista de *Flor de Santidad* (1904), y las que aparecen en las cuatro *Sonatas*.

Desde la primera en orden de publicación, *La sonata de otoño* (1902), actúa en estas obras un don Juan «feo, católico y sentimental», el marqués de Bradomín, de clara prosapia decadente. Por la *Sonata de primavera* (1904) cruza la delicada figura de María Rosario, mientras que la *Sonata de estío* (1903) se centra en la bella e incestuosa niña Chole. El ciclo se cierra en 1905 con *Sonata de invierno*. Novelas líricas, cuyo mayor atractivo reside en el entrelazamiento de los tres temas centrales (el erotismo, la religión y la muerte), en la estilización de los paisajes gallegos, en el exotismo de las páginas localizadas en México, y en una prosa refinada, exquisita y rica en tonalidades musicales y en efectos sensoriales. Leídas en su contexto epocal, en estas obras se declara lo mejor y lo más trivial del primer modernismo. Instalado en Madrid, la publicación de las *Sonatas* le situó entre los renovadores más distinguidos del momento. Complaciéndose en actuar contra corriente, elogia y censura, predica y practica, discute y, cuando llega el caso, recurre al improperio. Una discusión con Manuel Bueno * le costó la pérdida del brazo izquierdo. Colabora en «Los lunes» de *El Imparcial* e intenta convertirse en actor profesional. En 1907 se casó con la actriz Josefina Blanco, y en el mismo año publicó la primera de sus comedias bárbaras, *Águila de blasón*, seguida por *Romance de lobos* (1908), obra de intenso dramatismo, en que don Juan Manuel Montenegro, señor feudal y, al mismo tiempo, protector de una hueste de mendigos, se enfrenta con sus hijos para defender a aquellos; algunas escenas alcanzan plena dimensión trágica. El tercer volumen de la trilogía, *Cara de plata* (1922), lo protagoniza el primogénito de Montenegro, de condición y conducta más elevada que la de sus hermanos, «Los lobos». Si en *Romance* es perceptible el giro hacia lo social, éste se acusa con vigor en las tres novelas dedicadas a la guerra carlista, casi coincidentes en su aparición con las recién mencionadas: *Los cruzados de la causa* (1908), *El resplandor de la hoguera* (1909) y *Gerifaltes de antaño* (1909) integran un vasto panorama histórico, tan realista como podía resultar la contienda española vista desde la perspectiva y la óptica de una subjetividad apasionada. La novela histórica, una de las tentaciones más constantes del autor, como de sus mayores y de sus coetáneos —*Episodios nacionales*, de Pérez Galdós *; *Memorias de un hombre de acción*, de Pío Baroja *—, surgió en él como necesidad imperiosa de cambiar desde las fantasías románticas a las realidades de la vida patria. Novelas, sin duda, y también actas de acusación, según lo son, en distintas claves, las de Galdós y las de Baroja.

Los versos de *Aromas de leyenda* (1907) se inscriben —y no solamente por su fecha— al final del romanticismo; parecen textos rezagados, en que todavía no se advierten señales del cambio operado en los primeros volúmenes de las *Comedias bárbaras* y la trilogía de la guerra carlista, tan cercanos en el tiempo. Todavía en obras dramáticas, como *Cuento de abril* (1910) y *La marquesa Rosalinda* (1913), el asunto corresponde a la voz valleinclanesca de la primera época, ya disonante en las narraciones posteriores. La oscilación entre el fantasear primero y el imaginar de más tarde produce la impresión de un ir y venir de la mente entre dos posibilidades que la atraen con fuerza distinta. No tardará en inclinarse por la percepción de la realidad desde una perspectiva desmitificadora, que le lleva a renovadas formas de creación. *Voces de gesta* (1911) es la despedida a idealidades en que lo trágico y lo pastoril confluyen en hermosa idealización arcaica. Después de ella, no más tragedias o no más artificios trágicos. A partir de entonces, la tragedia está en el drama, tan escueto en su línea que el ornamento y la escenografía sobran. *La lámpara maravillosa* (1916) recoge, con lenguaje críptico, cargado de alusiones gnósticas y teosóficas, sus ideas sobre mística y creación artística.

Invitado por el Gobierno francés, en la primavera de 1916 visitó el frente de guerra, y como producto de esa visita, y de su fantasía, son las impresiones recogidas en *La media noche: visión estelar de un momento de guerra*. En 1922 vuelve a México para asistir a las fiestas conmemorativas de la independencia. Posiblemente este viaje sirvió de incitación a la escritura de *Tirano Banderas*, considerada como su mejor novela. Eran años de intensa transfiguración artística: el esperpento había llegado con una obra más, *Luces de bohemia* (1920 y 1924), más cercana a lo trágico que a lo grotesco. La estética de la deformación le sirve como modo de penetrar en los estratos más profundos de la realidad, sistemáticamente degradada en un ambiente de realismo despiadado. De Valle es el nombre —esperpento— puesto al sistema; precedentes, Quevedo * y Goya. *Los cuernos de don Friolera* (1921) y *El terno del difunto* (1926) (en ediciones posteriores se titulará *Las galas del difunto*) recurren a la técnica del distanciamiento, más tarde practicada por Bertolt Brecht. La revisión del drama calderoniano-zorrillesco es a la vez irónica en presentación y cruel en significado, como en *Divinas palabras* (1920). Los personajes de estas farsas son marionetas movidas por un «Maese Pedro», que los maneja como encarnaciones de lo demoniaco y de lo religioso tradicional. La virtud de la palabra sagrada se impone, en una escena de milagro final, a las pasiones carnales.

Tirano Banderas (1926) es, según opinión generalizada, la realización artística más completa de Valle-Inclán. Cabeza de serie de las llamadas novelas de la dictadura, cultivadas en este siglo por escritores tan diversos como Miguel Ángel Asturias *, Francisco Ayala *, Alejo Carpentier *, Gabriel García Márquez * y Augusto Roa Bastos *. Espacio imaginario y dramático, una república hispanoamericana, y tiempo intenso y acelerado, se presenta el tema de la degradación del hombre por la tiranía en cuatro niveles: narrativo, histórico, simbólico y figurativo, utilizando una estructura cerrada, sin digresiones ni apenas descripciones. Dramatización y teatralización; personajes animalizados o cosificados, que se mueven en círculos concéntricos y actúan como bufones, cuando el momento lo requiere, son algunos de los elementos más singulares de esta obra. Añádase a ellos el carácter de las imágenes, el diálogo sin palabras, los modos de presentación, el subrayado de la expresión por el gesto, la animación de los objetos y la utilización de la corriente de conciencia en el contexto de la alucinación y la droga.

Retornó Valle-Inclán a la novela histórica con un plan extenso basado en sucesos del reinado de Isabel II. *El ruedo ibérico* es el título general de la serie: llegó el autor a ver publicados *La corte de los milagros* (1927) y *Viva mi dueño* (1928); *Baza de espadas* apareció póstumamente, aunque en folletones de *El Sol* había ido publicándose en vida del autor. Ironía elevada a sarcasmo, burla cáustica, parodia histórica, esperpentismo...

Proclamada la República el 14 de abril de 1931, Valle fue designado Conservador General del Patrimonio Artístico y posteriormente Director de la Escuela de Bellas Artes en Roma. Cansado y enfermo, volvió a Santiago de Compostela, sufrió varias intervenciones quirúrgicas y falleció el 5 de enero de 1936.

BIBLIOGRAFÍA. R. Gómez de la Serna, *Don Ramón María del Valle-Inclán* (Buenos Aires, 1944); J. Rubia Barcia, *A Biobibliography and Iconography of Valle-Inclán: 1866-1936* (Berkeley, 1960); G. Díaz-Plaja, *Las estéticas de Valle-Inclán* (Madrid, 1965); A. Risco, *La estética de Valle-Inclán en los esperpentos y en «El ruedo ibérico»* (Madrid, 1966); M. Fernández Almagro, *Vida y literatura de Valle-Inclán* (Madrid, 1966); E. S. Speratti-Piñero, *De «Sonata de otoño» al esperpento (Aspectos del arte de Valle-Inclán)* (Londres, 1968); R. Lima, *Valle-Inclán: the theatre of his life* (Columbia, 1988); R. Doménech (ed.), *Ramón del Valle-Inclán* (Madrid, 1989); S. M. Greenfield, *Valle-Inclán: anatomía de un teatro problemático*, 2.ª ed. (Madrid, 1990). [R.G.]

VALLEJO, ALFONSO (Santander, 1943). Es médico. De su producción dramática, llena de connotaciones sociopolíticas, y en la que la realidad y la fantasía se entrecruzan constantemente, sobresalen: *Fly-by* (1973), *Ácido sulfúrico* (1975), *Eclipse* (1976), *A tumba abierta* (1978), *El cero transparente* (1980), *Gaviotas subterráneas* (1983), *Orquídeas y panteras* (1984) y *Hölderlin* (1984). [M.S.]

VALLEJO, CÉSAR ABRAHAM (Santiago de Chuco, Perú, 1892-París, 1938).

Es probablemente uno de los más grandes poetas de la lengua española de todos los tiempos, pero quizá el más complicado. Más difícil aún que el barroco Góngora *, cuya poesía puede traducirse a prosa; la de Vallejo, más hermética, es intraducible a otra lengua que la suya. No es menor la ironía de que, siendo el poeta más difícil, sea también uno de los más populares. Y esto es así seguramente porque su poesía es capaz de comunicar una intensa emoción, una activa subjetividad, que conmueve al lector aunque el significado completo del poema no sea controlable. Su poesía madura corresponde a la estética del cubismo, a su recomposición de la figura, de la representación. Vallejo logró una proeza difícil: conciliar una gran emotividad comunicativa y un lenguaje experimental, exploratorio. Su obra posee la poderosa persuasión de un humanismo tradicional y dramático, y la intrigante, agónica expresión de un arte poético moderno y original.

Fue el undécimo y último hijo de la pareja de mestizos que conformaron Francisco de Paula Vallejo y María de los Santos Mendoza. Sus familiares han contado que, ya de niño, jugaba misteriosamente con tener hambre —hurtaba panes del horno para comerlos a escondidas—, y que en otra ocasión explicó que los palotes que había trazado en la tierra eran una carta a su madre en la que le decía que pasaba hambre. Su familia, sin embargo, era acomodada, y el padre había sido gobernador de su pueblo. Entre 1905 y 1908, en Huamachuco, empieza su curiosidad literaria. Intenta iniciar estudios universitarios en Trujillo, pero debe empezar a trabajar. Lo hace en la zona minera de Quiruvilca, cerca de Santiago. Después trabaja como maestro y luego como ayudante del cajero de la hacienda azucarera Roma, cerca de Trujillo. Estas experiencias son su primer contacto serio con la realidad social de su país. Por fin, en 1913 empieza sus estudios formales en la Universidad de Trujillo; en 1915 se gradúa con una tesis sobre *El romanticismo en la poesía castellana*, primera expresión de sus ideas sobre literatura. Su noción de la sinceridad como centro de la expresión poética es característica de su confesionalismo posterior, y de su percepción de la poesía como una forma superior de la verdad. Entre 1915 y 1917 estudia leyes, aunque no llega a terminar. Vallejo descubrió en Trujillo la mejor literatura de su tiempo gracias al grupo de escritores que encabezaba el filósofo Antenor Orrego * y que integraban varios jóvenes literatos universitarios, conocidos en la ciudad como los «bohemios». En ese grupo, entró en relación con los grandes poetas del modernismo latinoamericano, como Rubén Darío *; pero también conoció la obra de Whitman, Verlaine y los simbolistas franceses. A comienzos de 1918 decide irse a Lima, donde llega con los primeros poemas de *Los heraldos negros*, su primer libro, impreso a fines de 1918. Publica algunos de esos poemas en revistas limeñas, y su reputación literaria empieza a crecer. En la capital encuentra dos importantes grupos de escritores e intelectuales, el de la revista *Colónida*, encabezado por el escritor Abraham Valdelomar *, seguidor de Wilde y D'Annunzio, y el grupo de José Carlos Mariátegui *, un brillante ensayista y luchador social, fundador del Partido Socialista Peruano. Mariátegui escribiría el mejor estudio del período sobre el poeta, saludando su genio artístico y, sin duda, influyendo en su percepción política del Perú. Toda su experiencia de Trujillo y Lima, incluyendo su torturada y dramática experiencia amorosa, se transparenta en *Los heraldos negros*. Desde el primer poema, Vallejo aparece como un poeta distinto. A pesar de que el libro lleva todavía las señales del modernismo hispanoamericano en que ha aprendido el ejercicio poético, su personalidad se impone dentro del mismo canon rítmico y temático de esa corriente. El punto de vista del poemario es la misma persona poética confesional, que expone y discute su experiencia, sus percepciones, valores y creencias, para librarse de esas ataduras y descubrir su desnuda humanidad. Y esta es la verdadera innovación que hace dentro del discurso modernista; vacía los nombres de contenido para poner en duda la significación tradicional del mundo. Por eso el libro es profundamente ambiguo; se mueve entre polarizaciones de afirmación y negación, de saber y no saber, de responder y dudar. Por otra parte, inserta dentro del discurso un habla más cotidiana, señalando una dirección poética nueva. Ese coloquio es familiar, semirrural, pero también descarnado y vivo. Este libro le trae una amplia reputación como poeta; pero su situación personal es crítica. Pierde el empleo y decide salir al extranjero; para despedirse viaja a su pueblo natal y allí, sin proponérselo, se ve envuelto en una asonada popular y termina preso en Trujillo el 5 de noviembre de 1920. Pasa en la cárcel tres meses y medio. Sólo las protestas de las asociaciones estudiantiles universitarias y de varias figuras de la cultura peruana logran que sea puesto en libertad el 26 de febrero de 1921. Esa experiencia de la prisión lo marcará para toda la vida.

En octubre de 1922 aparece *Trilce*, uno de los libros fundamentales de la poesía vanguardista hispanoamericana, pero cae en la indiferencia de la crítica, incapaz de comprender la propuesta radical del poeta. El neologismo «trilce» proviene del número 3, y la numerología es evidentemente importante en este libro. La unidad, la dualidad y el tercer término de una figura en proceso de constituirse, son elementos, sin embargo, no en concordia, sino en profunda discordia. En este libro Vallejo propone superar la estética de la armonía y se presenta como el abanderado de una nueva poética, basada en el desamparo y la orfandad del número impar. Por otro lado, esta perspectiva supone la crítica de las explicaciones tradicionales, pero una crítica hecha en nombre del absurdo, que será una de las formas, y la conciencia misma, de la orfandad. Desde el absurdo, el poeta procede a disolver corrosivamente el edificio del humanismo. Su rebelión poética, que le lleva a buscar formas nuevas, es también una rebelión metafísica. *Trilce* se publica el año veintidós en una coincidencia interesante con otros grandes libros de la vanguardia internacional: el *Ulises* de Joyce y *Tierra baldía* de Eliot. Coincidencia que ocurre fuera de las corrientes predominantes vanguardistas y que es una respuesta peculiar y particular al fenómeno común del «cambio del texto» que en Vallejo va a tener soluciones radicales y diferentes. En *Trilce* es dominante el análisis de la temporalidad. En primer lugar, el tiempo es el transcurso, pero incluye también su no transcurrir, algo detenido. En segundo lugar, el tiempo también es una especie de transtemporalidad, casi paradójica, que supone un tiempo reversible, revertido, donde se indaga por su insuficiencia. Así el tiempo es visto como incompleto, como defectivo. Otra experiencia muy marcada es la de la orfandad, que se deduce también de la temporalidad. En el poema XIV leemos: «Cual mi explicación. Esto me lacera de temprania.» Como Vallejo marca mucho la prosodia gramatical en este libro, podríamos leer: «Esto me lacera de temprania como si fuese mi explicación.» Ahí tendríamos cierta representación, pero Vallejo ha traspuesto la sintaxis para dudar de su propia explicación. El objeto ha desaparecido: esto (no sabemos qué sea esto) está escamoteado, y es visible el escamoteo permanente del nombre en el texto; y, sin embargo, la percepción de esto que es mi explicación, el dolor de lo que es temprano, sugiere una temporalidad naciente que conmueve, hiere y gravita sobre el habla del poeta. Una de las grandes vías abiertas por el libro va a ser justamente esta noción de lo temprano que se relaciona con la germinación, el nacimiento, el recomienzo. Al mismo tiempo hay una suerte de apocalipsis figurado, un mundo que se deshace frente a la serie de imágenes del nacimiento de una nueva percepción. Al final la noción de la orfandad nos vuelve al hombre pobre del primer poema de *Los heraldos negros*, que es el hijo huérfano no solamente en el sentido literal, sino en el sentido de la defectibilidad que lo hace también un huérfano del lenguaje, que es la peor orfandad. Por eso recomienza a usar, casi reinventándolo, el lenguaje desde el balbuceo, y, luego, desde su prenominación y su transformación.

En 1923 publica *Escalas melografiadas*, conjunto de relatos, y ese mismo año *Fabla salvaje*, una breve novela. Su situación económica es pésima, pero con su último sueldo compra un pasaje de barco para Francia, hacia donde sale el 17 de junio de 1923, y desde donde ya no volverá a su país. Las dificultades materiales lo persiguen en París. Enferma de gravedad y deben intervenirlo quirúrgicamente; pasa una temporada refugiado en el taller del artista costarricense Max Jiménez. Se hace amigo del escritor español Juan Larrea [*] y con él publica, en 1926, la revista *Favorables, París, Poema*, de la que salen sólo dos números. Desde 1925, empieza a escribir crónicas de la vida artística y mundana parisién para revistas de Lima, *Mundial* y *Variedades*. Siguiendo el estilo ligero y cosmopolita de la crónica, Vallejo da cuenta de sus propias preocupaciones estético-filosóficas. Pronto su conciencia artística se va formando por afinidades y rechazos. Se siente cerca de los buscadores de lo nuevo, pero rechaza a los surrealistas y otros vanguardistas acusándolos de mecánicos; es más claro en sus rechazos, ya que tampoco acepta la similitud del arte americano y del europeo. Sabe que el nuevo arte debe partir de un entrañamiento vitalista con las realidades de América, pero no parece tener muy claros los procesos formales para lograrlo. En 1928, viaja a la Unión Soviética donde piensa establecerse; pero regresa a París y se casa con Georgette Philippart. Sus crónicas de viaje declaran su nueva filiación política, su compromiso de artista militante. En 1930 publica en la revista *Bolívar*, en Madrid, un extenso reportaje, que luego reúne en libro bajo el título *Rusia en 1931*. Expulsado de Francia por su actividad política, se instala en Madrid. Escribe *El tungsteno* (1931), una novela que renuncia a la literatura en nombre del compromiso político. Ese mismo año treinta ingresa en el Partido Comunista español, y está en Madrid cuando el 14 de abril de 1931 se proclama la República española. La Guerra Civil española lo conmueve profundamente y se entrega a la causa republicana con verdadera pasión; escribe periodismo de denuncia, pero también lo que será su última obra, *España, aparta de mí este cáliz*, que es el más importante producto poético de la guerra española. Enferma en marzo de 1938 y muere en la capital francesa el 15 de abril, víctima de unas fiebres de origen misterioso. En julio de 1939, aparece en París, editado por su viuda y Raúl Porras Barrenechea, *Poemas humanos*, una colección heterogénea de los poemas y prosas escritos por Vallejo desde 1923. En primer lugar, esta obra busca rehacer el discurso poético moderno. Ello exige enfrentarse a la tradición para cuestionarla y también asumir la urgencia del sentido de la historicidad. Estos poemas parecen explorar un lenguaje que hablando de cualquier área de la realidad revele en sí mismo las marcas de la historicidad, y este es también un comportamiento verbal que forma parte del proyecto poético general deducible del libro. Dar curso al lenguaje de la historicidad significa plantear un nuevo diálogo del hombre en el mundo moderno, y de aquí que sea el coloquio, el espacio desde donde el poema se gesta; y este diálogo requiere ser hecho desde la perspectiva de la conflictividad histórico-social moderna que emerge en la poesía de Vallejo. Pero no se trata, otra vez, de respuestas a partir de figuras llenas de sentido, sino de evidencias de una interrogación que la época impone y que demanda, a su vez, nuevos modos de procesamiento y registro. A diferencia de muchos escritores de su tiempo, Vallejo no ve en el habitante urbano el sujeto de la promesa capitalista, sino el de su coste humano. Este desamparo del sujeto en el lenguaje da forma a la visión de la historicidad de la experiencia moderna.

BIBLIOGRAFÍA. J. Larrea, *César Vallejo o Hispanoamérica en la cruz de su razón* (Córdoba, 1958); X. Abril, *Vallejo* (Buenos Aires, 1958); A. Flores, *Aproximaciones a César Vallejo* (Nueva York, 1971); J. Ortega, *César Vallejo* (Madrid, 1974); R. Paoli, *Mapas anatómicos de César Vallejo* (Florencia, 1981); J. Ortega, *La teoría poética de César Vallejo* (Lima, 1985). [J.O.]

VALLEJO, FERNANDO. Véase HISPANOAMÉRICA: NARRATIVA ACTUAL.

VALLEJO, GABY. Véase HISPANOAMÉRICA: NARRATIVA ACTUAL.

VALLEJO, JOSÉ JOAQUÍN (Copiapó, Chile, 1811-Totoralillo, Chile, 1858). Uno de los primeros costumbristas chilenos, más conocido como «Jotabeche». Desde 1840 publicó en *El Mercurio* de Valparaíso y en otros periódicos numerosos artículos satíricos y de costumbres (menos sentidos que los de Larra*), de los que puede encontrarse buena muestra en los libros *Colección* de los artículos de Jotabeche (1847) y Obras de don José Joaquín Vallejo (Jotabeche) (1911). [J.A.C.]

VALLEJOS, ROQUE (Asunción, 1943). Poeta, ensayista, periodista y crítico literario paraguayo. Prolífico escritor, ha publicado varios poemarios, entre los que destacan especialmente *Los arcángeles ebrios* (1964), *Poemas del apocalipsis* (1969) y *Tiempo baldío* (1988). También es autor de varias antologías literarias y de un interesante ensayo crítico titulado *La literatura paraguaya como expresión de la realidad nacional* (1971, 2.ª ed. corregida y aumentada). [T.M.F.]

VALLÉS, PEDRO DE. Véase LITERATURA APOTEGMÁTICA, CUENTOS Y CHISTES.

VALLVÉ Y LÓPEZ, MANUEL. Véase NOVELA POLICIACA.

VALMAR, MARQUÉS DE. Véase CUETO, LEOPOLDO AUGUSTO DE.

VALVERDE, ÁLVARO. Véase POESÍA ESPAÑOLA POSTERIOR A 1975.

VALVERDE, HUMBERTO. Véase HISPANOAMÉRICA: NARRATIVA ACTUAL.

VALVERDE, JOSÉ MARÍA (Valencia de Alcántara, Cáceres, 1926). Es catedrático de Estética en la Universidad de Barcelona. Ha sido también profesor en Estados Unidos y Canadá. Como poeta, se inicia con el libro *Hombre de Dios* (1945), en el que muestra una intelección religiosa y franciscana de la poesía. *La espera* (1949) y *Versos del domingo* (1954) incorporan a esta característica fuertes acentos de temporalidad, de cotidianeidad y de simpatía por los seres marginados. *Enseñanzas de la edad. Poesía 1945-1970* (1971), compendio de su producción hasta esa fecha, insertaba, entre otras novedades, *Voces y acompañamientos para San Mateo* (1959), *La conquista de este mundo* (1960) y *Años inciertos* (1970). Posteriormente, sólo ha publicado *Ser de palabra* (1976), reflexión metapoética que sigue proclamando la encarnación humana de la poesía, y unas esperadas *Poesías reunidas* (1990), que facilitan el acceso a una obra necesitada de revisión por parte de la crítica. Es autor también de rigurosos trabajos críticos y de numerosas traducciones.

BIBLIOGRAFÍA. M.ª I. Paraíso, «José María Valverde, trayectoria de una vocación asumida», en *Cuadernos Hispanoamericanos*, LXII (1965), págs. 383-402; J. L. Cano, «Notas sobre José María Valverde», en *Poesía española contemporánea. Las generaciones de posguerra* (Madrid, 1974), págs. 165-173; J. L. García Martín, «José María Valverde», en *La segunda generación poética de posguerra* (Badajoz, 1986), págs. 305-308. [A.S.Z.]

VALVERDE, SALVADOR. Véase LEÓN, RAFAEL DE.

VALVERDE DE HAMUSCO, JUAN. Véase IDEAS LINGÜÍSTICAS DEL SIGLO DE ORO.

VALVIDARES Y LONGO, RAMÓN DE. Véanse FABULISTAS ESPAÑOLES DE LOS SIGLOS XVIII Y XIX y POESÍA ÉPICA DE LOS SIGLOS XVIII Y XIX.

VAN HALEN, JUAN. Véase NARRATIVA ESPAÑOLA POSTERIOR A 1975, LA.

VANASCO, ALBERTO. Véanse HISPANOAMÉRICA: NARRATIVA ACTUAL e HISPANOAMÉRICA: POESÍA ACTUAL.

VANDO-VILLAR, ISAAC DEL (Albaida del Aljarafe, Sevilla, 1890-Sevilla, 1963). Director de la revista *Grecia* (1918-1920), codirector de *Tableros* (1921-1922) y uno de los líderes del ultraísmo. Sólo publicó una obra poética: *La sombrilla japonesa* (1924). [M.G.P.]

VANEGAS, JUAN DE DIOS (León, Nicaragua, 1873-1964). Poeta, prosista y autor de ensayos biográficos e históricos. Fue el más sobrio de los modernistas nicaragüenses, cantor de la naturaleza en *Urnas y voces del campo* (1907), y del hogar y las cosas domésticas, especialmente en *Los poemas de la hermana* (1935). También es autor de *Poemas de la ausencia* (1925), y cultivó con acierto singular el poema en prosa («Frutas de mi tierra»). Escribió, además, literatura de viajes: *Por tierras fecundas* (1926). Describió asimismo, con maestría, fiestas religiosas populares de su ciudad, como en *Semana Santa en León* (1926). Por otra parte, su ensayo biográfico *Nacimiento y primera infancia de Rubén Darío* (1941) ha sido imprescindible para los dariístas.

BIBLIOGRAFÍA. A. Argüello, *Los precursores de la poesía nueva en Nicaragua* (Managua, 1963); J. Linares, *Letras nicaragüenses* (Managua, 1966). [E.Z.-H.]

VANGUARDIAS EN ESPAÑA. El término es demasiado ambiguo para significar algo más que el sentido general que toma una determinada actitud artística —y el resultado material de sus muy diversos enfoques y logros—, que se origina en la crisis del racionalismo a lo largo del siglo XIX y que se extiende hasta nuestros días. De la misma forma que a partir del concepto y el significado de «modernidad», período con el que coincide el vanguardismo, se han generado derivados que incluso en la actualidad sirven para marcar toda una forma de pensamiento y estilos en las artes, el vanguardismo ha venido siendo una de las alternativas del arte y, a la vez, ha influido en otros desarrollos artísticos, en algunos casos hasta llegar a una vulgarización y una integración en la cultura de masas que traiciona su sentido y lo convierte en *kitsch*.

Nos referimos aquí al período de eclosión de los «ismos» vanguardistas en España, cuyas fechas se extienden desde 1909, año en que Gómez de la Serna publica en *Prometeo* su traducción del manifiesto futurista de F. T. Marinetti, y mediados de los años 30, en que prácticamente se agotan los impulsos vanguardistas, aunque hay que señalar que esta vena sigue fluyendo subterránea y florece en ocasiones, tras la Guerra Civil, en la obra de escritores dispersos —Miguel Labordeta *, Carriedo *, Cirlot *, por sólo citar tres de ellos—, sin llegar a constituirse en tendencia relevante. No hay que olvidar que un José Moreno Villa * sigue escribiendo poemas surrealistas hasta 1936, o que la peculiar escritura de Vicente Aleixandre * mantiene sus rasgos hasta mucho después.

En el origen de las vanguardias coincide la crisis del mundo occidental, la transformación sociopolítica del mapa de la dominación imperialista, la eclosión de nuevas ideologías, desde el anarquismo y el comunismo hasta el fascismo, y un cierto cansancio de los escritores jóvenes respecto de la tradición literaria y la ideología estética imperante y las subsiguientes reacciones. Si en el origen del romanticismo ya está en germen la nueva sensibilidad, es a partir del rechazo del realismo y el naturalismo decimonónicos cuando empiezan a manifestarse las nuevas actitudes vanguardistas. La misma metáfora militar que se utiliza como denominación genérica hace del vanguardismo una de las más arriesgadas aventuras estéticas de la historia de las artes, puesto que se trata, con todas las ingenuidades que arrastra y los fracasos que implica, de edificar una estética nueva, uno de cuyos pilares básicos es su proyecto utópico de igualar el arte a la vida y otro consagrar la ruptura entre el artista y la sociedad mediante la cada vez más radical defensa y práctica del arte como realidad y lenguaje autónomos, lo que tiene como consecuencias principales la especulación técnica, la búsqueda de formas de comportamiento social alternativas por parte de los artistas y la coincidencia frecuente de los grupos vanguardistas con movimientos sociales de carácter revolucionario.

El origen de estos movimientos es esencialmente europeo y París el foco de atracción, aunque no el único punto de origen. Simbolismo e impresionismo serían sus primeras manifestaciones, y hay mucho en los ensayos de Baudelaire sobre el arte que muestra el origen de la primera reflexión sobre arte y realidad que dará lugar a las actitudes diversas de los vanguardistas, cuya negación del arte precedente lleva en sí un concepto del arte tan alto, pese a algunas de las afirmaciones de futuristas, dadaístas o surrealistas, como en las edades anteriores. No es otra cosa la importancia que toma la vieja aspiración de la fusión de las artes, que en las experiencias vanguardistas del primer tercio del siglo XX es tan característica y que los textos programáticos y los escritos de arte de vanguardia muestran profusamente. De lo que se trata es de la superación por todos los medios, como ilustran la obra y las ideas de Mallarmé, de Valéry o de Breton, entre tantos otros, de las limitaciones del arte decimonónico más ligado al arte burgués.

Las primeras corrientes vanguardistas son el cubismo en Francia y el futurismo en Italia, y en la estética de ambas ya se detectan los rasgos esenciales de toda vanguardia: búsqueda prioritaria y permanentemente especulativa de normas y prácticas originales y la correspondiente negación de la tradición del pasado, un internacionalismo que forma parte del utopismo de los nuevos movimientos sociales, integración de las diversas artes, declaraciones programáticas, conciencia y en ocasiones búsqueda de una esencia efímera, etc. El futurismo, especialmente, suministra a los «ismos» subsiguientes el repertorio básico de medios en su búsqueda de novedades: una sistemática teorización en torno a la despersonalización o «extrañamiento» y lo que sería una nueva retórica consistente en la transgresión de las estructuras y las pertinencias gramaticales y semánticas, y en la técnica de eliminación de nexos y partículas, así como de la puntuación ortográfica. A ello hay que sumar la ruptura con la disposición tradicional del texto sobre la página, de acuerdo con la huella del *«Coup de dés»* de Mallarmé, y la inclusión de signos matemáticos o musicales, que es el resultado de la búsqueda de la «palabra en libertad» propugnada por Marinetti, todo lo cual da como resultado un alejamiento del lector no iniciado. El maquinismo y los adelantos técnicos proporcionan un nuevo repertorio de imágenes y temas que el futurismo será el primero en utilizar provocativamente.

En España, en el proceso que media el nacimiento de la vanguardia destaca el fenómeno del modernismo, en cuyo nacimiento y alcances el papel esencial lo cumple el poeta nicaragüense Rubén Darío, que en su obra parte de una síntesis de las corrientes francesas que propician la modernidad y desembocan en las distintas experiencias de la vanguardia al poner en la superficie la crisis de los valores estéticos que representa y catalizar sus componentes ideológicos y estéticos. De hecho, es del conglomerado modernista del que nacen las principales corrientes vanguardistas a partir de 1910 como ruptura con el propio modernismo. Esas corrientes se configurarán, andando los años, como Ultraísmo y Creacionismo, pero bastante antes, y gracias a Ramón Gómez de la Serna, el futurismo italiano se divulgó en España mediante la publicación en la revista *Prometeo* del texto de Marinetti «Fundación y manifiesto del Futurismo» en 1909, el mismo año de su nacimiento. Allí publicó el mismo año Gómez de la Serna el que constituye el primer texto vanguardista español: «El concepto de la nueva literatura», y en 1910 su traducción de la «Proclama futurista a los españoles» de Marinetti.

Con su revista *Prometeo*, primero, y luego con su tertulia del café Pombo y sus múltiples relaciones literarias, Ramón Gómez de la Serna es uno de los primeros en contestar en profundidad la literatura finisecular y se configura como el aglutinador del primer núcleo vanguardista, en el que se integran diversamente jóvenes escritores provinientes del modernismo, como Pedro Garfias, Eugenio Montes, Adriano del Valle y otros. Muy pronto José Ortega y Gasset teoriza sobre el arte nuevo y en las páginas de su *Revista de Occidente* se crea, años después, un decisivo espacio de discusión y creación literaria sin el cual no podría comprenderse la complejidad cultural del primer tercio del siglo.

Entre 1909 y los años 1916-1918, en que florecen los primeros grupos vanguardistas, la información que llega de las vanguardias foráneas es desordenada e incompleta pero creciente. El cubismo se conoce sólo parcialmente y los primeros ensayos de José Moreno Villa, por ejemplo, se desarrollan ya en la década de los veinte. Fue la llegada a España de Vicente Huidobro en 1918 la que dio impulso decisivo al vanguardismo autóctono, aunque ya con anterioridad las revistas literarias, tan abundantes como efímeras en su mayoría, comenzaron a canalizar diversamente el conocimiento de las experiencias de la vanguardia europea por los grupos de jóvenes escritores. Desde *España* o *Los Quijotes*, *Cervantes*, *Grecia* y *Cosmópolis*, que, sin serlo, dan cabida a informaciones o traducciones de autores vanguardistas, hasta *Ultra*, *Tableros*, *Perseo*, *Reflector*, *Vértices*, *Tobogán* u *Horizonte*, que ya son palestras del vanguardismo. En sus páginas se dan a conocer textos de Mallarmé («*Un Coup de Dés*»), de Apollinaire, de Max Jacob, de Reverdy, de los expresionistas alemanes o de los dadaístas. Y se presentan Guillermo de Torre y Rafael Cansinos-Asséns —que proviene del modernismo— como traductores y trasmisores principales del panorama de los «ismos» europeos, con una inmediatez y actualidad, por otra parte, nuevas en la historia de la literatura española. No son ajenas las huellas, más particulares, de autores de otros ámbitos, como Walt Whitman o Ezra Pound, que se pueden rastrear en los textos creacionistas.

El vanguardismo español se desarrolla en estrecha relación con el hispanoamericano y con el catalán. Andando los años, una revista como *La Gaceta Literaria* informa oportunamente de las novedades en las distintas culturas hispánicas, y sigue con ojo atento la actualidad de las letras portuguesas.

El primer momento del vanguardismo español, tras la actividad sostenida de Gómez de la Serna, se materializa, a partir de 1916 con el ultraísmo, cuyo foco principal sería Sevilla y que, aunque confuso en sus escasos planteamientos teóricos, acertó con un nombre, sirvió para despertar la polémica en torno a la vanguardia en España, y puso en marcha una inquietud renovadora que tuvo algunos ecos en escritores ya maduros, como Antonio Machado[*] o José Moreno Villa, y alentó en las primeras experiencias de algunos de los jóvenes que con el tiempo alcanzarían gran categoría estética, como Jorge Luis Borges o, entre los españoles, Gerardo Diego, Jorge Guillén, Vicente Aleixandre, Luis Cernuda y Rafael Alberti. Desde los primeros momentos, y sobre todo, a partir de la influyente presencia de Vicente Huidobro, la obra de Juan Larrea, Pedro Garfias, Guillermo de Torre o Adriano del Valle, entre muchos otros de segunda y tercera fila (algunos de cuyos nombres es preciso mencionar, como Antonio Espina, Xavier Bóveda, César A. Comet, Fernando Iglesias Caballero, J. Rivas Panedas, J. M. Romero o J. de Aroca), nace en conexión con la vanguardia europea, y la poesía de Gerardo Diego encuentra en ella una de sus dos vertientes más fecundas.

Del ultraísmo, a pesar de carecer de un contenido teórico auténticamente elaborado, debe recordarse, al menos, su papel de promotor de unas inquietudes renovadoras de las que en algunos aspectos no parece siquiera haber sido consciente, y una primera experimentación en castellano con las propuestas técnicas de la literatura futurista, expresionista y dadaísta, que percibimos en los textos y que pueden detectarse expresamente en los manifiestos firmados por Jorge Luis Borges o en los más confusos de Guillermo de Torre.

El primer manifiesto, titulado «Ultra», de 1918, se reprodujo en la revista *Grecia* el 15 de marzo de 1919 y no es otra cosa que una moderada invitación a los jóvenes escritores con ansias renovadoras a participar en una tarea no muy claramente definida pero indudablemente vanguardista. El más lúcido de los manifiestos es el publicado por Borges con el título de «Ultraísmo» en 1921, tanto por su interpretación del sentido del movimiento como por la síntesis de su propuesta en cuatro famosos principios: «1. Reducción de la lírica a su elemento primordial: la metáfora. 2. Tachadura de las frases medianeras, los nexos y los adjetivos inútiles. 3. Abolición de los trebejos ornamentales, el confesionalismo, la circunstanciación, las prédicas y la nebulosidad rebuscada. 4. Síntesis de dos o más imágenes en una, que ensanche de ese modo su facultad de sugerencia». Estas ideas básicas constituyen la mejor síntesis de lo que la estética ultraísta aporta, hasta la saciedad, sobre textos abigarrados en los que destaca el nuevo papel protagonista de los elementos del mundo moderno, del cine, del maquinismo, de la técnica y de la ciencia en conexión metafórica original con conceptos y lugares comunes de la poesía anterior. Respecto a la creación ultraísta, aparte de los abundantes textos dispersos en las páginas de sus revistas, habría que destacar dos libros: *Imagen* (1922), de Gerardo Diego, y *Hélices* (1923), de Guillermo de Torre.

Casi simultáneamente, el Creacionismo se desarrolla con la llegada a España de Huidobro y la incorporación de Gerardo Diego y Juan Larrea, y forma un movimiento de vanguardia mucho más sólido en sus teorizaciones y en sus logros artísticos. No hay radicales diferencias entre Creacionismo y Ultraísmo en cuanto al origen de sus presupuestos, puesto que en el fondo son las especulaciones sobre la analogía propugnadas por Marinetti y el sentido de las realizaciones del cubismo lo que Gerardo Diego asume en su reflexión sobre la imagen creacionista y, en un nivel más amplio, las que llevará a cabo hasta finales de la década de los veinte buena parte de los vanguardistas españoles, si bien conectadas con tratamientos diversos del lenguaje poético que tienen que ver con la recuperación de Góngora, con la huella de la poesía tradicional, con el descubrimiento de Mallarmé o con las exigencias de la «poesía pura».

Estrechamente vinculado con la aportación de Reverdy en Francia, lo que dio lugar a una pequeña pero enconada controversia, el creacionismo de Vicente Huidobro plantea esencialmente la consideración del objeto artístico como una realidad absoluta y nueva, con sus propias dimensiones y su propia atmósfera, que el artista añade a la realidad del mundo: «Hacer un poema como la Naturaleza hace un árbol». La teoría creacionista se concentra principalmente en los escritos de Vicente Huidobro —«Non serviam», el «Prefacio» a «Adán», «Arte poética», en *El espejo de agua,* y tantos otros textos— y de Gerardo Diego en sus artículos y en los textos introductorios de *Imagen* o de *Manual de espumas,* así como en el manifiesto de Juan Larrea «Presupuesto vital».

Aparte de la común batalla contra los clichés literarios y contra la poesía anecdótica o descriptiva, contra lo tradicionalmente «poético», los elementos principales que la propuesta creacionista desarrolla a partir de Mallarmé, de Marinetti, de Pound, de Max Jacob, de Reverdy, son una nueva conciencia poética absoluta y totalizadora, el antirretoricismo, la libre búsqueda de analogías que permita el extrañamiento, la depuración de lo superfluo («El adjetivo cuando no da vida mata»), la liberación del espacio textual y la consagración del verso libre para la búsqueda exigente del ritmo interior del poema.

En menor medida que Huidobro, Gerardo Diego aportó importantes reflexiones a la estética creacionista, y ya desde muy pronto. En su manifiesto «Posibilidades creacionistas», de 1919, desarrollaba una conocida concepción de la imagen poética del creacionismo a partir de la búsqueda de imágenes de múltiple valor virtual por un poeta-creador que construye y sugiere en una obra que sólo aspira «a la propia independencia, a la finalidad en sí misma». En este sentido, la plenitud en su último grado la alcanza lo que Diego llama la «imagen múltiple», que identifica con la esencia misma de la poesía y cuyo efecto en el lector equipara exactamente con el de la música. De acuerdo con esta concepción, el poema creacionista, carente de toda anécdota y depurado del sentimiento, se compondría de una serie de imágenes sin referentes reales, autosuficientes en sus cualidades fonéticas y de sugerencia semántica, yuxtapuestas a la manera de los planos del cuadro cubista para crear una estructura compleja y de sugerencias múltiples.

A pesar de la insistencia de algunos críticos en el escaso valor de muchos textos creacionistas, resulta evidente hoy que la práctica creacionista posibilitó muchos de los hallazgos poéticos más complejos y enriquecedores de nuestra literatura del primer tercio de siglo y significó verdaderamente un avance en la expresión literaria de la modernidad, y aparte del valor de algunas de sus aportaciones, como *Altazor* de Huidobro, *Versión celeste* de Juan Larrea o la «poesía de creación» de Gerardo Diego, difícilmente se explicaría buena parte de la mejor literatura de la preguerra sin las reflexiones a que dio lugar en la formación de un buen número de poetas empeñados en una creación intensa y auténticamente personal.

Entre las tendencias que se afianzan en los primeros años veinte, como el neopopularismo o un cierto clasicismo que viene de atrás, alcanza gran importancia entre 1922 y 1928 la llamada «poesía pura», con las ideas de Juan Ramón Jiménez en el momento de publicar su *Segunda antología poética* (1922) y con la intensa presencia en algunos poetas de la huella de Paul Valéry, que criticó dura y excesivamente Antonio Machado. Muy pronto la fórmula de «arte deshumanizado» usada por Ortega y Gasset se identificó con la poesía con la que varios poetas, y destacadamente Jorge Guillén, proponían un gran rigor en la forma del poema y una precisión excluyente en la palabra poética, en la línea de la «fiesta del intelecto» deseada por Valéry para la poesía. Tanto en Pedro Salinas —de *Presagios* (1923) a *Seguro azar* (1929)—, como en Gerardo Diego —*Soria* (1923), *Versos Humanos* (1925)—, en Rafael Alberti —*Marinero en tierra* (1925), *La amante* (1926)—, en Luis Cernuda

—*Perfil del aire* (1927)— o en el Federico García Lorca de *Canciones* (1927) y el *Romancero gitano* (1928), entre otros, se puede detectar una breve fase purista, no necesariamente excluyente de otros estímulos, ultraístas o neopopularistas. Sin embargo, frente a las ideas de Bremond, Jorge Guillén defendió en la famosa «Carta a Fernando Vela» una poesía formalmente exigente pero nunca alejada del calor humano, una poesía pura «*ma non troppo*», en expresión afortunada. Son evidentes los peligros de caer en un formalismo frío de acuerdo con las exigencias de depuración que la poesía pura implica, no tan alejadas de las creacionistas; sin embargo, los ejemplos citados y el primer y el segundo *Cántico* (1928 y 1936) de Jorge Guillén son exponentes de las posibilidades del purismo a la hora de conseguir una lengua poética verdaderamente creadora.

Aunque el acercamiento al surrealismo por parte de los escritores españoles es posterior a 1927, la difusión de las experiencias surrealistas y de la obra de los principales autores del surrealismo francés fue inmediata y se siguió de cerca en las revistas. La obra de Philippe Soupault, de Louis Aragon, André Breton, Francis Picabia o Tristan Tzara es conocida desde antes de la publicación del primer manifiesto surrealista en 1924. La revista catalana *Trossos* y las primeras revistas ultraístas ya publicaron traducciones de sus textos. Las experiencias de Dalí y de Buñuel en el ámbito francés son inmediatas y un artista atento como es José Moreno Villa reflexiona acerca del movimiento apenas publicarse el primer manifiesto. José María Hinojosa, a la vuelta de su viaje a París protagoniza la actividad más ortodoxamente surrealista y atrae a su órbita, una vez participa en la dirección de la revista *Litoral*, la atención de otros jóvenes escritores.

El fuerte ingrediente de descontento sociopolítico que forma parte de la filosofía surrealista es uno de los elementos que va acercando a su órbita a varios escritores destacados a medida que culmina la década de los veinte, y en 1928 aparecen publicadas las primeras muestras de ese peculiar acercamiento. Sobre las relaciones entre el surrealismo francés y las modalidades surrealistas españolas sigue la controversia, pero al margen de la falta de cultivo por parte de los escritores españoles de algunas técnicas que propugnan los franceses en los principios del movimiento —y que a la larga no serán lo principal de su aportación—, como la escritura automática o la creación colectiva, buena parte de la crítica acepta que algunos libros de algunos autores de los años veinte y treinta pertenecen plenamente al surrealismo o son superrealistas, de acuerdo con la traducción del término que se acuñó en la época y que algunos todavía utilizan para marcar las diferencias.

Los estudios de Morris o de Ilie han mostrado la amplitud de la influencia surrealista en las artes, desde la pintura al cine. Entre los escritores que cabría considerar surrealistas en esos momentos de su trayectoria se hallan José Moreno Villa, José María Hinojosa, Rafael Alberti, Federico García Lorca, Vicente Aleixandre, Luis Cernuda, Emilio Prados, Antonio Espina o Juan José Domenchina, y habría que tener en cuenta los textos de Salvador Dalí, los poemas de Luis Buñuel y algunos de Manuel Altolaguirre, de Dámaso Alonso, de Gerardo Diego o de Juan Larrea. La mención de estos últimos permite referirnos a una cuestión central en el estudio del vanguardismo español, puesta de relieve por J. M. Rozas o por Víctor García de la Concha, y es la de los múltiples aspectos que enlazan creacionismo y surrealismo en técnicas y procedimientos, por encima de sus diferencias de objetivos estéticos y vitales.

Aunque puede rastrearse en algunos

rasgos de la cultura española una corriente que, partiendo de la Edad Media y pasando por Quevedo, por Goya, por Solana y Valle-Inclán, tiene afinidades con los aspectos oníricos y mágicos del magma surrealista, el estudio de los textos muestra que, esencialmente, es la crítica al Estado, a la Iglesia y a los valores morales establecidos, la voluntad de subversión de las relaciones tradicionales entre el individuo y la sociedad, entre el hombre y los objetos, la aguda conciencia sociopolítica lo que está en la base de la mayor parte de los textos producidos por el surrealismo en España y cabría ver el acercamiento de los escritores al movimiento como una forma útil de aprovechamiento de sus planteamientos y técnicas para expresar la doble crisis personal y colectiva que testimonian sus obras.

Con la excepción destacada de *La flor de California* y otros de José María Hinojosa, exponentes de un surrealismo mimético del francés, basta mencionar libros como *Sobre los ángeles* (1929), de Alberti; *Poeta en Nueva York* (1929-30), de García Lorca; *Pasión de la tierra* (1929), de Vicente Aleixandre; *Un río, un amor* (1929) o *Los placeres prohibidos* (1931), de Luis Cernuda; las *Carambas* (1931), *Puentes que no acaban* (1933) o *Salón sin muros* (1936), de José Moreno Villa, entre otros, para constatar que, a diferencia de muchos de los experimentos ultraístas o creacionistas, el surrealismo de estos textos es mucho más un medio que un objeto estético. Lo que resulta significativo, en este sentido, es la reticencia de casi todos los escritores mencionados en aceptar su adscripción al surrealismo, por más que algunos de ellos, como Luis Cernuda —o, en otra línea, Jorge Guillén— reconozcan más tarde la importancia del «estímulo» superrealista o el papel decisivo de Juan Larrea como mediador entre el surrealismo francés y su modalidad española.

Sin lugar a dudas, la mejor parte en la literatura de la vanguardia corresponde a un buen número de escritores que no pueden adscribirse —o al menos no de una manera decidida— a ninguno de los «ismos», pero que recogen del vanguardismo inicial los aspectos más hondos de la renovación estética y, esencialmente, la nueva valoración del lenguaje poético, y que, en algunos casos, se acercan de manera más o menos duradera pero siempre personal al surealismo a finales de la década de los veinte en aras de una tendencia general al compromiso social o humanista. Algunos de ellos han sido y siguen siendo agrupados por buena parte de la crítica con criterios hoy muy discutibles con varios marbetes de mayor o menor éxito de los cuales el principal es el de «generación» o «grupo» del 27.

Es obvio que este núcleo de escritores está trabado por muy intensos lazos de amistad e influencias recíprocas, pero también lo es que desde muy pronto la fuerte personalidad de todos ellos desborda con mucho el sentido limitador de estos conceptos. La corriente general del vanguardismo acentúa el rigor de un buen número de jóvenes literatos que redescubren casi simultáneamente los valores de la poesía tradicional de la Edad Media y del Renacimiento, con Lope de Vega a la cabeza, y la potencialidad moderna de la poesía de Góngora. Dichos jóvenes integran esas experiencias lectoras en una práctica de la escritura que debe mucho al vanguardismo ambiental, venga de la corriente mallarmeana, del purismo de Valéry o de la línea más combativa que enlaza el creacionismo con el surrealismo. Tienen, por lo demás, una figura viva, la de Juan Ramón Jiménez, que ejerce su influencia principal durante los años veinte y reciben el impulso de dos poetas hispanoamericanos cuya presencia en España es decisiva, como lo había sido la de Rubén Darío: Vicente Huidobro, en los momentos de formación de una corriente vanguardista, y Pablo Neruda cuando ya la tendencia general es la de un creciente compromiso social.

El verdadero ámbito de intercambio de experiencias y aprendizajes y fuente esencial para el conocimiento de la poesía de la época son las revistas literarias. *Alfar, Verso y prosa, Mediodía, Carmen, Lola, Papel de Aleluyas, Litoral, La Gaceta Literaria* *, *Meseta, Gallo, Cruz y raya* *, *Los cuatro vientos, Héroe, Índice literario, Caballo Verde para la Poesía, Octubre, Gaceta de arte,* son sólo una parte principal de las revistas en las que el vanguardismo se presenta con sus múltiples facetas y posibilidades en una geografía que desborda claramente los focos culturales tradicionales.

La antología *Poesía española. Antología* (1932), que volvería a publicarse, ampliada y con algunos cambios en 1934 con el título de *Poesía española contemporánea* (1901-1934), elaborada por Gerardo Diego, es, finalmente, el punto coetáneo de referencia imprescindible, por lo que respecta a la poesía, para el conocimiento de la poesía del primer tercio de siglo, tal y como la valoraban el recopilador y el grupo de amigos que apoyaron su publicación.

Dejando aparte la presencia obligada de Juan Ramón Jiménez, la selección de los más jóvenes es única y exclusivamente la que gira en torno a las diversas experiencias vanguardistas. En 1932 aparecen el *senior* José Moreno Villa, Pedro Salinas, Jorge Guillén, Dámaso Alonso, Juan Larrea, Gerardo Diego, Federico García Lorca, Rafael Alberti, Fernando Villalón, Emilio Prados, Vicente Aleixandre, Luis Cernuda y Manuel Altolaguirre. Dos años después, aunque amplíe la nómina por lo que respecta a los poetas de la órbita modernista, Gerardo Diego no abre demasiado la mano respecto a sus coetáneos. En efecto, mientras tienen cabida Rubén Darío, Unamuno, Valle-Inclán, Villaespesa, Marquina, los Machado, Enrique de Mesa, Tomás Morales, José del Río Sanz o *Alonso Quesada,* entre los más jóvenes sólo se incluye a Mauricio Bacarisse, Antonio Espina, Juan José Domenchina, León Felipe, Ramón de Basterra, Ernestina de Champourcín y Josefina de la Torre, casi todos ellos en el ambiente vanguardista. Destaca, sin embargo, la ausencia de muchos nombres asimilables a la vanguardia —de manera destacada Huidobro, ya que está Darío.

El vanguardismo tiene un amplio desarrollo en todos los géneros, aunque el más evidente y el más estudiado haya sido el de la poesía, donde alcanzó mayores logros. El máximo exponente en la prosa es Ramón Gómez de la Serna, pero hay que mencionar la obra de autores que fueron permeables en sus años de madurez a los estímulos de la vanguardia, como Valle-Inclán, Gabriel Miró o Ramón Pérez de Ayala, el grupo de prosistas aglutinado por la *Revista de Occidente* en la serie «Nova Novorum», los nombres de Benjamín Jarnés, Antonio Espina, Melchor Fernández Almagro, Claudio de la Torre, Corpus Barga, Valentín Andrés Álvarez, Juan Chabás o, sólo en un primer momentos Rosa Chacel o Francisco Ayala, y en otra dirección, Wenceslao Fernández Florez, Enrique Jardiel Poncela, Edgar Neville, etc., así como la labor de Ernesto Giménez Caballero al frente de *La Gaceta literaria.* No puede olvidarse la obra en prosa de los ya citados Pedro Salinas y Juan José Domenchina y, en un lugar muy destacado, la aportación de José Bergamín, tardíamente revalorizado, en el terreno del aforismo —*El cohete y la estrella* (1923) y *La cabeza a pájaros* (1933)— y del ensayo —*El arte de birlibirloque* (1930) o *Mangas y capirotes* (1933)—. Por lo que respecta al teatro, igualmente, la obra vanguardista de Gómez de la Serna, de García Lorca, de Alberti o, ya a partir de los años cuarenta, de Pedro Salinas se suma a una nómina relativamente amplia: desde las originales aportaciones de Unamuno, Azorín o Valle-Inclán, a las de los más jóvenes, desde Enrique Jardiel Poncela a los Claudio de la Torre, Valentín Andrés Álvarez o Ignacio Sánchez Mejías, en la línea del teatro surrealista.

BIBLIOGRAFÍA. G. de Torre, *Historia de las literaturas de vanguardia* (Madrid, 1971); G. Videla, *El Ultraísmo* (Madrid, 1971); J. Cano Ballesta, *La poesía española entre pureza y revolución* (Madrid, 1972); P. Ilie, *Los surrealistas españoles* (Madrid, 1972); R. Buckley y J. Crispin, *Los vanguardistas españoles (1925-1935)* (Madrid, 1973); D. Pérez Minik, *Facción española surrealista de Tenerife* (Barcelona, 1975); A. Blanch, *La poesía pura española. Conexiones con la cultura francesa* (Madrid, 1976); A. L. Geist, *La poética de la generación del 27 y las revistas literarias: de la vanguardia al compromiso (1918-1936)* (Barcelona, 1980); J. M. Rozas y G. Torres Nebrera, *El grupo poético del 27* (Madrid, 1980); G. Gullón, *Poesía de vanguardia española. Antología* (Madrid, 1981); P. Ilie (ed.), *Documents of the Spanish Vanguard* (Chapel Hill, The University of North Carolina Pres, 1982); V. Bodini, *Los poetas surrealistas españoles* (Barcelona, 1982); V. García de la Concha (ed.), *El Surrealismo* (Madrid, 1982); F. J. Díez de Revenga, *Panorama crítico de la generación del 27* (Madrid, 1987); J. M. Barrera, *El ultraísmo de Sevilla (Historia y textos)* (Sevilla, 1987); A. Soria Olmedo, *Vanguardismo y crítica literaria en España (1910-1930)* (Madrid, 1988); F. Fuentes Florido, *Poesías y poética del ultraísmo* (Barcelona, 1989); A. Soria Olmedo (ed.), *Antología de Gerardo Diego. Poesía española contemporánea* (Madrid, 1991). [F.J.D.C.]

VANGUARDIAS EN HISPANOAMÉRICA.

Según la opinión crítica más extendida, por vanguardia se entiende el conjunto de movimientos innovadores que agitaron la literatura hispanoamericana de los años veinte, relacionables con los numerosos «ismos» que en Europa afectaron a la literatura y a las artes plásticas durante las primeras décadas del siglo XX. Sólo en los primeros momentos la dependencia es evidente: la vanguardia hispanoamericana recibió del exterior el impulso que necesitaba para abordar la modernización, pero esa modernización fue una respuesta a necesidades propias. Eso explica la rápida criollización de las novedades, que además buscan y encuentran precursores locales en Leopoldo Lugones *, Julio Herrera y Reissig *, José María Eguren *, Ramón López Velarde * y otros poetas, y a veces ofrecen realizaciones, como las de César Vallejo * en *Trilce* (1922), difíciles de adscribir a una orientación concreta aunque inexplicables fuera de aquel contexto.

Algunas experiencias renovadoras tempranas se debieron a escritores hispanoamericanos, como los «poemas ideográficos» y los *hai-kais* de José Juan Tablada *. Pero el protagonismo de aquella vanguardia correspondió sin duda a Vicente Huidobro *, quien aportó a la literatura hispánica el *creacionismo* *, probablemente con la ayuda del futurismo, del cubismo y del dadaísmo, cuyas propuestas le permitieron madurar las propias. Huidobro se mostró partidario de un arte de creación, destinado a plasmar hechos nuevos, realidades mentales, y con ese fin suprimió la puntuación, apeló a experiencias ideográficas y a una libertad plena en la elaboración de las imágenes. En francés o en castellano publicó *Horizon carré* (1917), *Tour Eiffel* (1918), *Hallali* (1818), *Ecuatorial* (1918), *Poemas árticos* (1918), *Automne régulier* (1925) y *Tout à coup* (1915), además de una segunda edición de *El espejo de agua* (1918), obras que representan su producción más característicamente creacionista: la que mejor se ajusta a su pretensión de ofrecer «objetos creados», por medio de asociaciones insólitas de un lenguaje que trata de evitar cualquier referencia o significación fuera del poema.

Huidobro estuvo en Madrid en 1918, y su presencia tal vez influyó en el despertar de las inquietudes vanguardistas que algunos jóvenes, reunidos en torno a la figura ya consagrada de Rafael Cansinos-Asséns *, concretaron poco después en un movimiento que denominaron *ultraísmo*. Poco preocupados por formular su propia teoría, los ultraístas españoles trataron de romper con la tradición literaria nacional y se mostraron receptivos hacia cuantas novedades los ayudasen a sentirse plenamente contemporáneos. Esa actitud encontraría repercusión en Hispanoamérica, pues Jorge Luis Borges *, su mejor teórico, difundió las novedades desde que regresó a Buenos Aires en 1921. *Prisma* (1921-1922) y *Proa* (dos épocas: 1922-1923 y 1924-1926) fueron las revistas desde las que alentó la renovación, que ofreció algunos resultados notables en obras de Eduardo González Lanuza *, Leopoldo Marechal *, Francisco Luis Bernárdez * y sobre todo Oliverio Girondo *, quien antes de entrar en contacto con los ultraístas porteños ya había publicado *Veinte poemas para ser leídos en el tranvía* (1922), abundante en las metáforas audaces, en los neologismos y en las referencias a un entorno urbano moderno que eran características destacadas de la nueva lírica. Con intensidad variable, la irrupción de esa modernidad se produjo en muchos otros países, y hay que destacar el caso de México, donde el *estridentismo* * de Manuel Maples Arce * se inspiró en la vida de la ciudad y conjugó la exaltación futurista de la mecánica y del dinamismo con la irreverencia dadaísta para las convenciones culturales. Pero ni siquiera fue necesaria la presencia de un *ismo* relevante: no lo fue el *simplismo* de Alberto Hidalgo * para Perú, que contó con varias revistas efímeras y, además de Vallejo, con algunos poetas destacables, como Carlos Oquendo de Amat * o el propio Hidalgo; ni lo fue el *runrunismo* de Benjamín Morgado para Chile, donde a la presencia ocasional de Huidobro se sumaban los esfuerzos renovadores de Juan Marín *, Humberto Díaz Casanueva *, Pablo de Rokha * y, en alguna medida, de Pablo Neruda *. En algún caso lo llamativo es precisamente la proliferación de movimientos, como ocurrió en Puerto Rico, donde la renovación se asoció a poéticas personales y efímeras. Entre ellos merece destacarse el *diepalismo* (de José I. de *Die*go Padró y Luis *Palés* Matos *), que se dio a conocer en 1921 con el descubrimiento, muy reiterado por entonces, de la riqueza fonética del lenguaje, utilizable para la obtención de efectos rítmicos y onomatopéyicos (diepálicos). Escaso interés ofrecen otros, como el *euforismo* (1922) o el *noísmo* (1925). Por otra parte, hay países en los que el impacto vanguardista apenas consigue alterar la práctica literaria: es el caso de Colombia, donde las novedades suelen identificarse con el poemario *Suenan timbres* (1926), de Luis Vidales *, o de Venezuela, a pesar de Antonio Arráiz * y de *Áspero* (1924).

La vanguardia hispanoamericana encontró pronto su propio camino, determinado por un americanismo mundonovista que empujaba a los escritores a la búsqueda de su identidad cultural. Eso explica que una vanguardia como la uruguaya se orientase desde el principio hacia una nativismo moderno y cosmopolita, de notable repercusión: el criollismo de Fernán Silva Valdés * y Pedro Leandro Ipuche * parece haber influido en Borges y en la criollización del ultraísmo argentino *, y a Ildefonso Pereda Valdés * se debe el hallazgo de los temas negros como posibilidad para enriquecer la poesía de la época. Lo cierto es que el ultraísmo argentino adoptó pronto una actitud nacionalista y encontró su propia tradición, en la riqueza metafórica de la poesía gauchesca del siglo XIX o en el *Lunario sentimental* de Lugones. Significativamente, la revista fundamental de esos años se tituló *Martín Fierro* (1924-1927), y la orientación puramente vanguardista que trató de darle Girondo no impidió que conjugase los hallazgos artísticos contemporáneos con las peculiaridades propias, para un desarrollo cultural autónomo. El *martinfierrismo* permitiría así integrar en la vanguardia a quienes compartían la temática urbana de Buenos Aires, a veces, como en los casos de Roberto Mariani o Nicolás Olivari, aprovechando una tradición que venía desde Baldomero Fernández Moreno * o del verdadero descubridor del arrabal, Evaristo Carriego *. En algunos países esa orientación encontró fácilmente peculiaridades étnicas y culturales con que identificarse: en el Caribe, y particularmente en Cuba, las preocupaciones nacionalistas se tradujeron en el desarrollo de la poesía negra o afroantillana, iniciada al parecer por Palés Matos desde Puerto Rico, en 1926, y a la que pronto darían tradición y coherencia recopilaciones como la *Antología de la poesía negra hispanoamericana* (1935), de Emilio Ballagas *, y *Órbita de la poesía afrocubana, 1928-1937* (1938), de Ramón Guirao *. La poesía afroantillana, en la que destacaron Ballagas y Nicolás Guillén *, supo aprovechar ciertas aportaciones de la vanguardia, como los experimentos rítmicos u onomatopéyicos del diepalismo, o la abundancia y novedad de las imágenes en las que entonces se hizo residir la especificidad de la lírica. En un proceso semejante, los países andinos, y Perú en especial, propenden a fundir vanguardia e indigenismo: buen ejemplo es el grupo literario *Orkopata* (1926-1930), dirigido en Puno por Arturo Peralta (más conocido como Gamaliel Churata), y que tuvo su órgano de expresión en el *Boletín Titikaka* (1925-1930). Encontró sus mejores manifestaciones poéticas en los libros *Ande* (1926) y *El Kollao* (1934), de Alejandro Peralta *.

Hay que tener muy presente, además, que esa fusión peruana de vanguardia e indigenismo encontraba en *Amauta* *, la publicación izquierdista de José Carlos Mariátegui *, el medio fundamental para manifestarse. A medida que avanzaba la década, en muchos países la renovación adquiría un carácter social y político cada vez más acusado. En México los estridentistas se referían al trabajo en las fábricas y exaltaban a las masas obreras, favorecidos por el clima creado en el país por la aún reciente Revolución Mexicana. Fruto de esa atmósfera de creciente tensión fue una polémica que al parecer enfrentó en Buenos Aires a los martinfierristas, o «grupo de Florida», con los escritores ligados a las revistas *Los pensadores, Extrema Izquierda* y *Claridad,* desde entonces conocidos como Grupo de Boedo *. Artificial o no, esa polémica dejó en claro la existencia de distintas actitudes ante el hecho literario: vanguardia o ultraísmo se veían como opuestos a la literatura realista y de izquierdas, de modo que la poesía (la metáfora) parecía quedar del lado de la frivolidad artepurista, mientras se adjudicaba a la novela y el cuento la misión de expresar los problemas del hombre. El dilema se puede percibir con mayor claridad en un país como Ecuador, donde las manifestaciones más notables de la vanguardia coincidieron con tiempos de insurgencia popular, a partir de 1919, y respondieron a la voluntad de utilizar las novedades como un arma contra la cultura «oficial». En ese momento encontraban su voz aquellos sectores medios que habían accedido a la educación tras el esfuerzo liberal por imponer una enseñanza laica y gratuita, y lo hacían a la vez que se extendían noticias sobre la revolución soviética. Su rebeldía había de crecer con el tiempo, de modo que en buena parte sus representantes derivaron desde la vanguardia hacia el socialismo, que contó con algunos núcleos estables desde 1925. Por un tiempo la renovación literaria y la subversión política parecieron conciliables, pero pronto surgieron diferencias entre quienes favorecían una actitud cosmopolita y una renovación formal de la literatura, porque concebían el arte como una creación autónoma, y aquellos otros imbuidos de preocupaciones sociales y nacionalistas, decididos a reflejar en la literatura la verdad histórica y social del país, e incluso a convertirse en protavoces de un pensamiento socialista revolucionario y antiimperialista.

Debe tenerse en cuenta que muchos países hispanoamericanos encontraban en la crisis económica de 1929 la constatación definitiva del fracaso de sus proyectos de desarrollo. Las preocupaciones políticas y sociales, que hasta entonces se habían diluido en las esperanzas compartidas, se acentuaban hasta descubrir una América desheredada, expuesta a todas las formas de explotación imaginables. En ese clima la vanguardia terminó identificada con el decadente arte burgués, con lo que dejó de existir. Desde luego, su fin es difícil de determinar, incluso cuando se contó con un libro «clausurador», como *El movimiento estridentista* (1926), de Germán List Arzubide, o la *Exposición de la actual poesía argentina (1922-1927)* (1927), de Pedro Juan Vignale y César Tiempo. Vanguardia y posmodernismo no siempre habían significado una necesidad de elegir: de hecho la criollización de las tendencias que llegaban del exterior significaba un acercamiento entre esas opciones, que en la mayor parte de los países coexistieron sin enfrentamientos que merezcan recordarse, incluso en la obra de un mismo autor. Cuando llegó la hora del compromiso con la realidad social y política, llegó también el momento de manifestar inquietudes espirituales y de explorar las dimensiones profundas de la conciencia. En este último aspecto fue decisiva la tardía irrupción del surrealismo, que en los años veinte apenas contó con manifestaciones hispanoamericanas: la primera muestra fue quizá un grupo que Aldo Pellegrini * dirigió en Buenos Aires a partir de 1926, y que en 1928 y 1930 publicó los dos únicos números de la revista *Que*. Pero esa pobreza no impidió la propagación de una atmósfera que afectó a escritores numerosos. Entre otros, a los mexicanos que se reunieron en torno a la revista *Contemporáneos* *, al menos cuando se interesaron por los límites entre la conciencia y el subconsciente, indagaron en la significación secreta del mito y buscaron salidas para el hombre perdido y amenazado de muerte. Y afectó de algún modo a Neruda, que en *Residencia en la tierra* (1933-1935) ofreció una poesía difícil, abundante en imágenes visionarias y enumeraciones caóticas, para dar cuenta de una profunda desolación existencial. Esas aportaciones habían de contaminar en buena medida la poesía hispanoamericana posterior.

Centrada la atención en los manifiestos y en la poesía, con frecuencia se ignora que las novedades afectaron también a otros géneros literarios. En Ecuador, por ejemplo, la vanguardia alcanzó sus mejores resultados con los cuentos de *Un hombre muerto a puntapiés* (1927) y las novelas *Débora* (1927) y *Vida del ahorcado* (1932), de Pablo Palacio *, muestras relevantes de una literatura que reclamaba autonomía para la creación artística y afrontaba una escritura descaradamente de ficción. *El habitante y su esperanza* (1926), de Pablo Neruda, *Margarita de niebla* (1927), de Jaime Torres Bodet *, *No toda es vigilia la de los ojos abiertos* (1928), de Macedonio Fernández *, *Mío Cid Campeador* (1929), de Vicente Huidobro, entre otras obras, prueban que la narrativa también se vio afectada por inquietudes vanguardistas en lugares muy diversos. Tampoco deben ignorarse iniciativas teatrales renovadoras, como la que el Grupo de Ulises desarrolló en México desde enero de 1928 hasta bien entrado 1929, o que los dramaturgos hicieron por entonces notables esfuerzos para introducir en escena el mundo de lo irracional y subconsciente y para poner de relieve la autonomía artística del hecho teatral. Esas aportaciones contribuyen a la excepcional riqueza de la literatura hispanoamericana de la época.

BIBLIOGRAFÍA. O. Collazos (ed.), *Los vanguardismos en la América Latina* (Barcelona, 1977); H. J. Verani (ed.), *Las vanguardias literarias en Hispanoamérica (Manifiestos, proclamas y otros escritos)* (Roma, 1986); N. T. Osorio, *Manifiestos, programas y polémicas de la vanguardia literaria hispanoamericana* (Caracas, 1988); G. Videla de Rivero, *Direcciones del vanguardismo hispanoamericano* (Mendoza, 1990); J. Schwartz, *Las vanguardias latinoamericanas. Textos programáticos y críticos* (Madrid, 1991). [T.F.]

VARALLANOS, JOSÉ (Huancayo, Perú, 1908). Poeta peruano, especialmente atento a la presencia del cholo y el indio en la ciudad. De su lírica se destacan *El hombre del Ande que asesinó su esperanza* (1928) y *Primer cancionero cholo* (1931). En prosa tiene una extensa obra, entre la que se encuentran los estudios *Huancayo, síntesis de su historia* (1944) y *El cholo y el Perú* (1962). En 1972 publicó una antología de su obra, *El caudal de los años*. [J.C.]

VARELA, ALFREDO (Buenos Aires, 1914-1984). Periodista y novelista argentino. Entre sus obras se cuentan la novela *El río oscuro* (1945) —que sirvió de inspiración a la película *Las aguas bajan turbias*, rodada en Buenos Aires en 1951—, unas crónicas de viajes y una biografía novelada sobre el guerrero de la independencia argentina Martín Miguel de Güemes. [R.F.B.]

VARELA, BENIGNO (Zaragoza, 1882-¿?). Periodista, cronista y novelista español famoso en la prensa de la época por sus campañas monárquicas que le llevaron a dirigir hasta 1931 el periódico *La Monarquía*. Durante las dos primeras décadas del siglo XX, publicó numerosas novelas y relatos de corte realista y colorido, así como crónicas sobre la situación política del momento en defensa de su ideal político. Entre los títulos narrativos figuran: *Novelitas: Estrellas con rabo* (1903), *El sacrificio de Márgara* (1909), *Senda de tortura* (1909), *Corazones locos* (1910), *Volcanes de amor* (cuentos, 1910), *Mujeres vencidas* (1912), *Por algo es Rey* (novela, 1913), etc. Entre sus crónicas figuran *Los que conspiran contra el Rey* (1910) y *En defensa del Rey* (1931). [M.A.]

VARELA, BLANCA (Lima, 1926). Poeta peruana de valor reconocido. Las notas dominantes de su producción son la rebeldía contra las condiciones inhumanas de la vida y la mezcla de tristeza e ironía con que se expresa en obras como *Ese puerto existe* (1959), *Luz de día* (1963), *Valses y otras falsas confesiones* (1972) y *Canto villano* (1978). En 1986 publicó *Canto villano. Poesía reunida 1949-1983*. [F.M.R.A.]

VARELA, CARLOS MANUEL. Véase HISPANOAMÉRICA: TEATRO ACTUAL.

VARELA, FÉLIX (La Habana, Cuba, 1788-San Agustín, Florida, EE.UU., 1853). Sacerdote, educador y filósofo. Renovó la enseñanza de la Filosofía y el Derecho Constitucional en sus clases del Seminario de San Carlos de La Habana. Representó a Cuba en 1820 en las Cortes Constitucionales españolas.

Disueltas las mismas, se refugió en los Estados Unidos, donde continuó su labor apostólica y patriótica. Publicó el periódico *El Habanero*. Sus obras más destacadas fueron: *Instituciones de filosofía ecléctica* (1812), *Apuntes filosóficos* (1817), *Lecciones de filosofía*, en cuatro volúmenes (1818-20), y *Cartas a Elpidio*, de la que publicó un tomo sobre la impiedad (1835) y otro sobre la superstición (1838). [E.A.B.]

VARELA, JUAN CRUZ (Buenos Aires, 1794-Montevideo, 1839). Poeta y dramaturgo argentino. La llegada de Juan Manuel de Rosas al poder determinó su exilio en Montevideo a partir de 1829. Su lírica se puede dividir en dos orientaciones, propias de la época: la primera de carácter bucólico y amatorio («A Delia», «A Laura»), y la segunda de tipo patriótico («Triunfo de Ituzaingó»), filantrópico o cívico. Pero el nombre de Varela va unido al género dramático con tragedias como *Dido* (1823), *Argia* (1824) e *Idomeneo* (1825) —de la que sólo se ha podido recuperar el primer acto—, o el sainete *A río revuelto, ganancia de pescadores*. *Dido* recrea el libro IV de la *Eneida* y desarrolla el tema de la renuncia al amor que hace Eneas para seguir su destino, con lo que demuestra que el deber está por encima de sus deseos; *Argia* presenta las luchas entre Creón y Adrasto, mostrando el tema del tirano y la lucha por la libertad, otro tema querido por los hombres del XVIII; e *Idomeneo* dramatiza el tema de la religión como elemento opresivo en el mundo pagano. El teatro de Varela es el máximo ejemplo de la fórmula neoclásica en el Río de la Plata.

BIBLIOGRAFÍA. J. M. Gutiérrez, *Estudios sobre las obras y la persona del literato y publicista argentino D. Juan Cruz Varela* (Buenos Aires, 1871). [R.F.B.]

VARELA, LORENZO (La Habana, 1917-Madrid, 1978). Era hijo de emigrantes gallegos. Después de pasar unos años en Lugo, en 1935 se trasladó a Madrid, donde estudió Filosofía y Letras y escribió en *P.A.N.* y *El Sol*. Durante la Guerra Civil apoyó activamente a la República —su nombre aparece con frecuencia en las revistas *El Mono Azul* y *Hora de España*— y empezó a cultivar la poesía. A partir de 1939 vivió en México y Buenos Aires. Colabora en *Taller, Romance*, con críticas sobre literatura y arte, poemas y el cuento de ambiente gallego «El ilusionista» (agosto de 1940), *Correo Literario, Cabalgata, De Mar a Mar* —aquí dio a conocer «Duelo en tres cantos por la muerte de Miguel Hernández»—, *Sur* y *La Nación*. En 1976 regresó a España. En su poemario *Torres de amor* (1942) —en él se incluyó, con la excepción de un poema, el librito *Elegías españolas*, aparecido en México en 1940— se mezclan, mediante la fusión de lo popular y lo culto, la apasionada exaltación de los placeres cotidianos y de la libertad y la justicia con la evocación nostálgica de España —en especial, de Galicia—. En otros poemas, escritos con posterioridad, recrea preferentemente asuntos relacionados con el arte. Es autor también de ensayos sobre el Renacimiento, Murillo, Baudelaire, de quien tradujo *Curiosidades estéticas*, Luis Falcini, Dalí * y Luis Seoane. En su producción en gallego suele referirse, con aliento épico, a las experiencias dolorosas del exilio, a héroes de la resistencia antifranquista y a diversas injusticias sociales. En 1979 se editaron *Homaxes*, con textos suyos, en gallego y castellano, inéditos y dispersos en otras publicaciones, y *Poesía*, en donde se recogieron *Torres de amor, Catro poemas pra catro grabados* (1944), *Lonxe* (1954) y *Homenaje a Picasso* (1963). [A.R.]

VARGAS, LUIS DE (?, 1892-?, 1949). Representante, en los años veinte y treinta, de la comedia sentimental —*¿Quién te quiere a ti?* (1928), *Las po-*

brecitas mujeres (1931), *Mis chavales, Mi conquista de anoche* y *Salón de té*, entre otras—, cultivó también el sainete (*La de los claveles dobles*, 1931). [J.B.]

VARGAS LLOSA, MARIO (Arequipa, Perú, 1936). Pasó los primeros años de su niñez en Cochabamba (Bolivia), Piura y Lima; en este último lugar, estudió dos años en el colegio militar Leoncio Prado, experiencia que se convertiría en materia de su primera novela, *La ciudad y los perros*. Sus inicios literarios fueron tempranos pero algo oscuros: cuando viaja a París y luego a Madrid en 1959, es conocido en su país apenas por un reducido círculo de lectores. A los 18 años ya se había casado con la viuda de un tío suyo, lo que provocó un gran escándalo familiar; esta historia y la de su propia formación literaria serán la materia de otra de sus novelas, *La tía Julia y el escribidor*.

En realidad, sus años formativos coinciden con la presencia dominante de un grupo de narradores peruanos que pertenecen a la llamada «generación del 50», con la que el autor tiene una relación tangencial. Por un lado, es evidente que esta generación (cuya principal figura es Julio Ramón Ribeyro *) estimuló su imaginación y su vocación literaria con su visión realista de la sociedad peruana, especialmente la de Lima. Estos influjos son visibles en los cuentos juveniles de Vargas Llosa y en sus primeras novelas. Pero, por otro lado, es evidente que su proyecto literario era radicalmente distinto, pues si bien podía seguir a los «del 50» en el retrato crítico de la vida urbana de Lima y en el examen de la crisis social y moral que suponía, se apartaba de su camino en cuanto al uso de técnicas narrativas innovadoras y en su resistencia a presentar «tesis» o propuestas ideológicas de determinado signo. En general, puede decirse que la novedad que introduce su obra es la ruptura del modelo de representación naturalista y del esquema intelectual algo simplista en el que se apoyaba el documentalismo de ese grupo. La misma evolución de las novelas del autor demostrará su rápida independencia estética, estimulada por su experiencia europea y el descubrimiento de otras formas, ideas y modelos, entre ellos Sartre, Flaubert y la rebeldía surrealista.

Su fecunda obra creadora —una de las más representativas del llamado «boom», ese momento cumbre de la novela hispanoamericana de los años 60— puede agruparse en dos grandes períodos, o quizá en tres, si las nuevas líneas que aparecen en sus obras más recientes alcanzan una definición en el futuro. El primero comprende *Los jefes* (1959), su único libro de cuentos, el relato *Los cachorros* (1967) y las novelas *La ciudad y los perros* (1963), *La casa verde* (1966) y *Conversación en la Catedral* (1969). Estas obras no pueden ser más diversas por intención, asunto y forma, pero configuran, sobre todo si se atiende a las novelas, una unidad en el nivel de complejidad del proyecto y de la visión narrativa que proponen. Y aun las conexiones con el mundo de *Los jefes* y *Los cachorros* no deben soslayarse, pues son parte del mismo mundo ficticio, en el que predominan los personajes violentos, desadaptados y marginales.

Las tres novelas están marcadas por un índice geométrico de crecimiento en el número de historias que cuentan y en la interacción de las mismas. El esquema básico de *La ciudad y los perros* es binario: un microcosmos (el colegio Leoncio Prado) y un macrocosmos (la ciudad, Lima y sus alrededores); cada uno con su respectivo tono, ritmo y conflictividad, y los dos oponiéndose y haciendo contraste. En *La casa verde* la estructura tiene un diseño simétrico, regulado por cinco grandes historias y dos amplios espacios en oposición (Piura en la costa norte, por un lado; la selva amazónica por otro), entre cuyos intersticios discurren episodios e incidentes menores que convierten al conjunto en un tejido laberíntico —pero riguroso— de tiempos, espacios y aventuras siempre en expansión. *Conversación en la Catedral* es estructuralmente menos simétrica que la anterior, pero es aún más abarcadora y tiene las proporciones de una verdadera saga histórica. Son notables la cantidad de líneas argumentales que se entrecruzan, el número y variedad de personajes, así como el virtuosismo de las técnicas para representar dramáticamente la realidad objetiva, la moral de las relaciones interpersonales, la actitud introspectiva de la meditación histórica, etc. El esfuerzo de Vargas Llosa es siempre *inclusivo* y *centrípeto*, espoleado por el ideal inalcanzable de la *novela total:* la creación de un doble del mundo real, tan completo como se pueda y regido por sus propias leyes; mejor dicho, un *rival* ficticio de la realidad que le da origen. Por eso, en la concepción literaria del autor, el novelista puede ser visto como un «deicida», un artífice que se empeña en superar o completar la creación divina, añadiéndole sus propias construcciones imaginarias.

El segundo período creador de Vargas Llosa arranca con *Pantaleón y las visitadoras* (1973) y sigue con *La tía Julia y el escribidor* (1977), *La guerra del fin del mundo* (1981), *Historia de Mayta* (1984), *¿Quién mató a Palomino Molero?* (1986), *El hablador* (1987) y *Elogio de la madrastra* (1988). En verdad, hay aquí dos series dentro de un mismo período de producción, que tal vez se disciernan con mayor claridad en adelante: por un lado, tenemos las novelas cuyo tema es esencialmente político *(La guerra del fin del mundo* e *Historia de Mayta);* por otro, las que reelaboran vivencias más privadas y aun su propia experiencia de escritor. Es un período marcado por una actitud reflexiva, tanto sobre las grandes cuestiones de la sociedad latinoamericana moderna como las del arte narrativo con el que las representa. Hay que recordar que esta porción de su obra ha sido escrita básicamente en su país (o, al menos, desde la perspectiva de éste), al que retornó en 1974. En mayor o menor grado, ambos ramales del período revelan que el autor ha moderado considerablemente el afán totalizador y que ahora trabaja con historias menos complejas y dentro de márgenes más restringidos, aunque sigue siendo fundamental para él el efecto de contraste que brinda el desarrollo paralelo de dos o más historias. Igualmente, es notorio que sus convicciones realistas han sufrido una crisis: ahora, más que mostrar las amplias posibilidades del realismo, le interesa subrayar sus limitaciones, la inevitable traición que el lenguaje de la ficción hace al mundo objetivo y a la experiencia real.

De este conjunto, la obra de mayor envergadura y trascendencia es, sin duda, *La guerra del fin del mundo;* la más insólita también en su repertorio, pues es la única cuya acción no transcurre en el Perú y cuyo tema no es una vivencia directa, sino una reelaboración de los materiales que le brinda un libro clásico: *Os Sertões* (1902) de Euclides da Cunha. Estas páginas describen la célebre rebelión de Canudos iniciada por un líder mesiánico, Antonio Consejero, que puso en peligro la estabilidad del Brasil republicano hasta que fue sangrientamente sofocada. Sobre esa base, el autor elabora un vasto cuadro, de proporciones épicas, que reconstruye libremente hechos del pasado histórico brasileño como un caso que le permite reflexionar sobre cuestiones vivas hoy: el fanatismo ideológico, el papel de los intelectuales y los políticos, la violencia, la religión, la tradición y el cambio, etc. *Historia de Mayta* coloca la reflexión política otra vez en el Perú y la proyecta sobre el marco de su presente crisis, al mismo tiempo que expone el dilema de escribir una novela en esas circunstancias y sobre esos temas.

Hay un sesgo farsesco y más liviano en *Pantaleón y las visitadoras, La tía Julia y el escribidor* y *¿Quién mató a Palomino Molero?* La presencia del humor está asociada a su nueva posición frente al realismo del primer período y a su deseo de usar la ficción como un vehículo autorreferencial y a veces autoparódico. Esto es muy visible en *La tía Julia y el escribidor*, pero también en *Historia de Mayta* y *El hablador;* cada vez más, el narrador abandona la soberana objetividad de sus novelas iniciales y se convierte en un actor que participa de su propia ficción, generándola y criticándola al mismo tiempo. Hay otro tipo de parodia en *¿Quién mató a Palomino Molero?*, que usa las formas típicas del *thriller* pero las somete a una distorsión que da al relato un aire grotesco de humorada policial. Esa deliberada exageración está también presente en *Elogio de la madrastra*. Aunque ésta es la primera novela erótica del autor, no es, por cierto, la primera en la que el elemento perverso y transgresor de la sexualidad aparece en su obra. Al contrario: es un rasgo característico de un admirador de Bataille, Sade y la literatura libertina, en los que ve otra manifestación de la eterna rebeldía del individuo ante las normas del mundo social.

Paralelamente a este proceso de renovación estética, Vargas Llosa desarrolló otros intereses y experiencias que contribuyeron al reajuste de sus posiciones intelectuales y personales. La tarea crítica, que había comenzado temprano a través de su ejercicio periodístico, dio frutos más consistentes; entre ellos, su estudio *García Márquez: historia de un deicidio* (1971), su ensayo *La orgía perpetua. Flaubert y «Madame Bovary»* (1975) y posteriormente las recopilaciones de sus páginas de crítica literaria, cultural y política, tituladas *Contra viento y marea* (1983). Con *La señorita de Tacna* (1981) inicia (o reinicia, si se tiene en cuenta un lejano antecedente teatral de su adolescencia) una fase de intenso interés por la creación dramática, que ha continuado con *Kathie y el hipopótamo* (1983) y *La Chunga* (1986).

BIBLIOGRAFÍA. J. L. Martín, *La narrativa de Vargas Llosa* (Madrid, 1974); *World Literature Today*, número dedicado a Mario Vargas Llosa (Norman, Oklahoma, 52:1, 1974); *Review*, número dedicado a *Conversación en la Catedral* (Nueva York, 14, 1975); J. M. Oviedo (ed.), *Mario Vargas Llosa* (Madrid, 1981); J. M. Oviedo, *Mario Vargas Llosa: la invención de una realidad*, 3.ª ed. (Barcelona, 1982); D. Gerdes, *Mario Vargas Llosa* (Boston, 1985); R. Boland, *Mario Vargas Llosa; Oedipus and the «Papa» State* (Madrid, 1988); M. M. Gladieu, *Mario Vargas Llosa* (París, 1989); M. L. Lichtblau (ed.), *Mario Vargas Llosa. A Writer's Reality* (Syracuse, Nueva York, 1991). [J.M.O.]

VARGAS OSORIO, TOMÁS (Oiba, Santander, Colombia, 1908-Bucaramanga, Colombia, 1941). Poeta, narrador, ensayista y periodista. Sufrió, hasta su temprana muerte, una cruel enfermedad. Figuró en el grupo poético «Piedra y Cielo»*. Su poesía conmueve por el ansia con que anheló vivir la vida que pronto se le negaba: quiso que fuera desnuda de artificio y apasionada de la tierra. Escribió también sugestiva prosa. El periodismo lo ejerció con calidad literaria. Su primer libro, *Vidas menores* (1937), incluye cuentos cuyo frecuente escenario es su región santandereana. *Huella en el barro* (1939) reunió ensayos con gran intuición de lo que ocurría en el mundo. *Regreso de la muerte* (1939) es un conjunto de poemas. *La familia de la angustia* (1941), que anticipa el existencialismo, reúne ensayos sobre Nietzsche, Dostoievsky, Unamuno * y Proust.

BIBLIOGRAFÍA. C. Martín, *Tomás Vargas Osorio* (Bogotá, 1990). [F.C.L.]

VARGAS Y PONCE, JOSÉ DE (Cádiz, 1760-Madrid, 1821). Poeta agudo e ingenioso, con gran facilidad para repentizar. Diputado en Cádiz (1813). Dentro de la línea festiva y satírica, que es la que mejor concuerda con su pluma, su obra más destacada es la *Proclama de un solterón a las que aspiren a su mano* (1808), en octavas reales. Del mismo tono es *El peso duro* (1790), poema épico burlesco. Es autor también de la tragedia *Abdalazis y Egilona* (1804), así como de una relevante obra de erudición histórica sobre la marina española. [J.B.]

VARGAS VICUÑA, ELEODORO (Cerro de Pasco, Arequipa, Perú, 1924). Cuentista. Sus historias transcurren en las aisladas villas de los Andes peruanos, donde transcurrió su infancia. Su colección más importante, *Ñahuin* (1958; aumentada, 1978), recoge sus primeras producciones (*Ñahuin*, 1950; *Taita Cristo*, 1963) y agrega cinco cuentos nuevos. Estas narraciones tienen un significado preciso en el desarrollo histórico del movimiento indigenista. Su prosa poética vital y tierna se manifiesta a través de imágenes y símbolos que enraízan en el mundo mítico indígena y se transforman en naturaleza andina. Por su estilo, cabe emparentarlo con Juan Rulfo *. [F.M.R.A.]

VARGAS VILA, JOSÉ MARÍA (Bogotá, 1860-Barcelona, España, 1933). Periodista, narrador y polemista colombiano. Su vida fue agitada y viajera. Enfrentado al gobierno conservador, tuvo que abandonar siendo joven Colombia. Ganándose siempre su vida con la pluma, vivió en Venezuela, Estados Unidos y Europa. Gozó de mucha popularidad por sus novelas *Aura o las violetas* (1887), *Flor de fango* (1895), *Ibis* (1900) y diecinueve más. Publicó en total 68 volúmenes, contando sus ensayos y diatribas. Atacó con virulencia al clero, al imperialismo yanqui y a los dictadores hispanoamericanos. Osciló entre diversas tendencias: fue sentimental, modernista y realista. Sus excesos verbales, amaneramiento, egolatría y defectos artísticos le valieron menosprecio y censuras. Mas hay quienes se proponen, no su plena revaloración, pero sí ser comprensivos con algunas de sus pasiones.

BIBLIOGRAFÍA. V. L. Besseiro *Un hombre libre: Vargas Vila, su vida y su obra* (Buenos Aires, 1924); A. Giordano, *Vargas Vila: su vida y su pensamiento* (Buenos Aires, 1946); A. Escobar Uribe, *El divino Vargas Vila* (Bogotá, 1968). [F.C.L.]

VARLOTTA, JORGE. Véase LEVRERO, MARIO.

VARONA, ENRIQUE JOSÉ (Camagüey, Cuba, 1839-La Habana, 1933). Ensayista y crítico literario. Filósofo y sociólogo. Se le considera uno de los más altos exponentes del un tanto heterodoxo positivismo hispanoamericano. Su crítica literaria muestra influencias de Taine y Sainte Beuve. Entre sus libros fundamentales, todos ellos colecciones de ensayos, cabe citar: *Artículos y discursos* (1881), *Estudios literarios y filosóficos* (1883), *Seis conferencias* (1887), entre ellas la famosa sobre Cervantes *, y, ya en el siglo XX, *Desde mi belvedere* (1907), *Violetas y ortigas* (1908) y la colección de aforismos *Con el eslabón* (1918). Publicó además cinco poemarios. [E.A.B.]

VASCO, JUSTO E. Véase NOVELA POLICIACA.

VASCONCELOS, JOSÉ (Oaxaca, México, 1882-México, D.F., 1959). Abogado, miembro destacado del Ateneo de la Juventud, militante en los movimientos revolucionarios maderista y villista, sobresale después en sus actividades como Rector de la Universidad de México y como Secretario de Educación Pública durante el gobierno de Álvaro Obregón. Este último puesto lo distingue por el apoyo decidido a la educación y a la cultura a través de reformas educativas de profundo carácter social, el establecimiento de bibliotecas, la edición de obras clásicas puestas al alcance del pueblo y el patrocinio de la pintura mural. No sólo se dedica a la literatura, sino también a la sociología, a la historia y, particularmente, a la filosofía. *La raza cósmica* (1925) es un libro que le otorga fama e importancia, pero son sus memorias las que lo acreditan como un agudo testigo de su tiempo: *Ulises criollo* (1935), *La tormenta* (1936), *El desastre* (1938) y *El proconsulado* (1939). De ellas afirmó: «Escribí mis libros para incitar al pueblo contra el Gobierno. Me creyeron un payaso. Escribir es hacer justicia. No quería séquito literario, quería gente armada. ¿Qué escritor que en verdad lo sea no es un político?» Por otra parte, su acerba crítica lo hace ser, junto con Mariano Azuela *, el escritor de la revolución traicionada. Otras obras: *La sonata mágica* (1933), *El viento de Bagdad* (1945) y *La flama* (1959).

BIBLIOGRAFÍA. E. Carballo, *Protagonistas de la Revolución mexicana* (México, 1986). [J.E.C.]

VASSEUR, ÁLVARO ARMANDO (Montevideo, 1878-1969). En sus años de Buenos Aires, cuando tenía veinte, conoce a Rubén Darío *, a Leopoldo Lugones * y a Almafuerte *. Su obra muestra la influencia de este último. Entre 1900 y 1907 compartió el caldeado clima literario montevideano con Roberto de las Carreras * (con el que mantuvo una virulenta polémica) y con Julio Herrera y Reissig *. Entre 1907 y 1936 publica libros como *Cantos del otro yo* (1908) o *Vino de la sombra* (1918). Su traducción de Walt Whitman, la primera que circuló en el Río de la Plata, así como el «auguralismo» de sus primeros *Cantos* (que Vicente Huidobro * considera precursor del «futurismo»), han quedado como sus contactos mayores con las generaciones posteriores. [I.V.]

VAYO, ESTANISLAO DE KOSTKA (Valencia, 1804-1864). Novelista y poeta, su narración de *Los terremotos de Orihuela o Enrique y Florentina* (1829) marca una cierta transición desde el sentimentalismo de su novela epistolar *Voyleano o exaltación de las pasiones* (1827) y el costumbrismo de *Las aventuras de un elegante o las costumbres de hogaño* (1832). Pero su mejor vena se halla en el territorio de la novela histórica, con *La conquista de Valencia por el Cid* (1831), *Los expatriados o Zulema y Gazul* (1834), *Juana y Enrique, reyes de Castilla* (1835) y *La hija del Asia* (1835). [J.B.]

VAZ FERREIRA, MARÍA EUGENIA (Montevideo, 1875-1924). Es la primera mujer uruguaya en introducir el amor como tema literario, rebeldía social que muy pronto desemboca en el lirismo sensual y confesional de Delmira Agustini * y Juana de Ibarbourou *. Se da a conocer en 1894, a los diecinueve años, con poemas neorrománticos. Su primer libro, *Fuego y mármol*, fechado en 1903, queda inédito hasta la publicación de sus *Poesías completas* en 1986. Ya en la reunión de contrarios del título se manifiesta la dicotomía clave de su poesía: el impulso erótico contrapuesto a la inmaculada imagen marmórea, su «perpetuo afán contradictorio», como dice en su gran poema «El regreso», la transformación en exaltación artística del hecho vital. María Eugenia alcanza su plenitud creadora y su inconfundible voz personal en el último decenio de su vida. *La isla de los cánticos* (1924) continúa el carácter reflexivo y las conquistas formales del modernismo, pero introduce una perspectiva distinta. Recoge una experiencia solitaria de valor hondamente afectivo y testimonia un vacío existencial en un lenguaje directo, de gran fuerza expresiva, que produce una inquietante transfiguración simbólica de la realidad. Es el libro por el cual se la juzga digna de figurar entre las voces líricas más importantes de la poesía hispanoamericana moderna. Sus principales poemas, reunidos en gran parte en este volumen, poseen aún la espontaneidad y la intensidad lírica que aseguran su perdurabilidad.

BIBLIOGRAFÍA. M. E. Vaz Ferreira, *Poesías completas*, introducción de H. J. Verani (Montevideo, 1966); homenaje a María Eugenia Vaz Ferreira, en *Revista de la Biblioteca Nacional*, núm. 12 (febrero, 1976). [H.J.V.]

VAZ DE SOTO, JOSÉ MARÍA (Paymogo, Huelva, 1938). Desde 1965 es catedrático de Instituto. Ha publicado las novelas *El infierno y la brisa* (1971), en donde relata las experiencias negativas de un grupo de adolescentes internos en un colegio religioso; *Diálogos del anochecer* (1972), *El precursor* (1975), en la que el barojiano protagonista llega, después de un implacable autoanálisis, a un nihilismo extremo; *Fabián* (1977), *Fabián y Sabas* (1982), *Diálogos de la alta noche* (1982) y *Despeñaperros* (1988). En estas obras se debaten, mediante una pluralidad de perspectivas (el diálogo de corte filosófico domina en ellas), y con tonos irónicos y satíricos, algunos de los más significativos problemas sociales y culturales de la España de estas últimas décadas. Es autor también del ensayo *Defensa del habla andaluza* (1981) y de guiones cinematográficos.

BIBLIOGRAFÍA. J. A. Fortes, *La nueva narrativa andaluza* (Madrid, 1990), págs. 344-346. [A.R.]

VÁZQUEZ, ÁNGEL (Tánger, Marruecos, 1929-Madrid, 1980). Narrador de tendencia realista, es autor de *El cuarto de los niños* (1958), *Se enciende y se apaga una luz* (1962), Premio Planeta, *Fiesta para una mujer sola* (1964) y *La vida perra de Juanita Narboni* (1976). De esta última novela, en la que se refiere a la decadencia de la influencia occidental en una ciudad del norte de África, existe una versión cinematográfica. [G.R.F.]

VÁZQUEZ, ETELVINO. Véase TEATRO ESPAÑOL POSTERIOR A 1975.

VÁZQUEZ, FRANCISCO. Véase NOVELA DE CABALLERÍAS.

VÁZQUEZ, JOSÉ (seudónimo). Véase CADALSO Y VÁZQUEZ, JOSÉ.

VÁZQUEZ, PURA. Véase LITERATURA INFANTIL ESPAÑOLA.

VÁZQUEZ, RICARD. Véase LITERATURA CHICANA, LA.

VÁZQUEZ, SEBASTIÁN (¿?-¿?). Autor dramático de finales del siglo XVIII, responsable de una interesante comedia en dos actos titulada *Cuanto la ciencia pretende, amor lo sabe vencer. Encanto, hermosura y rey* (1779). [J.A.B.]

VÁZQUEZ-AZPIRI, HÉCTOR (Oviedo, 1931). Cursó estudios de Medicina y de Filosofía y Letras. Más tarde ejerció diversos oficios. Su producción narrativa inicial, de carácter documental y crítico, y en la que abundan los recuerdos y las propias experiencias, se compone de las novelas *Víbora* (1956) y *La arrancada* (1965), acerca de su forzada convivencia con los maquis de las montañas de Asturias y de sus contactos con los marineros asturianos, respectivamente, y del relato corto *La navaja* (1965), en el que presenta la Guerra Civil desde la perspectiva de un niño. Con *Fauna* (1968), monólogo en el que afloran de forma obsesiva sus frustraciones, se convierte en un destacado representante de la novela experimental. Publicó después *Juego de bobos* (1972), en donde desarrolla, con toques esperpénticos, aspectos de la vida asturiana durante la Guerra de la Independencia, y *Corrido de Vale Otero* (1974), sobre la historia de una familia obrera de su tierra, desde comienzos de siglo hasta 1936. Es autor también de las biografías y ensayos *El cura Merino, el regicida* (1965), *De Alfonso XIII al Príncipe de España* (1973), *Víctor Manuel* (1974) e *Historias de bandoleros asturianos* (1977). [A.R.]

VÁZQUEZ DE MELLA, JUAN (Cangas de Onís, Asturias, 1861-Madrid, 1928). Fue académico de la Española y diputado a Cortes desde 1893 hasta 1916, inclusive. Su programa político, expuesto en la mayor parte de sus discursos y trabajos, era el de la monarquía tradicional, con la responsabilidad social del rey, el voto imperativo y la representación por clases. Reconoció como fórmula político-administrativa el regionalismo federativo. Sus *Obras completas* (31 volúmenes) se publicaron en 1931. Editó numerosos artículos de crítica literaria e históricos. Poco antes de su muerte apareció su obra *Filosofía de la Eucaristía* (1928).

BIBLIOGRAFÍA. R. García y García de Castro, *Vázquez de Mella. Sus ideas. Su persona* (Granada, 1940); C. Abraira López, *La idea del derecho en Vázquez de Mella* (Madrid, 1962). [E.R.C.]

VÁZQUEZ MÉNDEZ, GONZALO (La Paz, 1928). Poeta boliviano, canta sus sentimientos con seriedad en versos diáfanos y sencillos. En algún poema nos ha hecho su autorretrato: caminante hacia la bruma, está unido al paisaje y a la tierra, y siente en sí la plenitud del universo. Sus obras son *Alba de ternura* (1957) y *Del sueño y la vigilia* (1966). [C.C.B.]

VÁZQUEZ MONTALBÁN, MANUEL (Barcelona, 1939). Es licenciado en Filosofía y Letras y periodista. Castellet lo incluyó en la antología *Nueve novísimos poetas españoles* (1970). Ha publicado los libros de poesía *Una educación sentimental* (1967), *Movimientos sin éxito* (1969), *A la sombra de las muchachas sin flor* (1973), *Coplas a la muerte de mi tía Daniela* (1973), *Praga* (1982) y *Pero el viajero que huye* (1991). En *Memoria y deseo* (1986) ha recogido la obra poética publicada hasta esa fecha, en la que predominan el sentido lúdico, la ironía, la recreación de mitos personales y contemporáneos y los experimentos formales, y en la que subyace una carga testimonial y crítica. Elementos similares encontramos en su narrativa, compuesta por *Recordando a Dardé* (1969), *Happy end* (1974), *Cuestiones marxistas* (1974), *El pianista* (1985), *Los alegres muchachos de Atzavara* (1987), *Galíndez* (1990), y por la larga serie sobre el personaje de Pepe Carvalho, próxima a la novela negra, iniciada con *Yo maté a Kennedy* (1972), y continuada, entre otros libros, con *Tatuaje* (1974), *Los mares del Sur* (1979), *Asesinato en el Comité Central* (1981), *Los pájaros de Bangkok* (1983), *La Rosa de Alejandría* (1984) y *El delantero centro fue asesinado al atardecer* (1988). También ha escrito relatos y ensayos, como *Manifiesto subnormal* (1970) y *Crónica sentimental de España* (1971). Su última obra, aparecida en 1992, es *Autobiografía del general Franco*.

BIBLIOGRAFÍA. G. Navajas, «Género y contragénero policiaco en *La Rosa de Alejandría* de M. Vázquez Montalbán», en *Teoría y práctica de la novela posmo-*

derna (Barcelona, 1987); M. Blanco Chivite, *Manuel Vázquez Montalbán* (Madrid, 1992). [G.R.F.]

VÁZQUEZ RIAL, HORACIO. Véase NARRATIVA ESPAÑOLA POSTERIOR A 1975.

VÁZQUEZ DE TAPIA, BERNARDINO (España, ?-México, ?). Desempeña varios cargos importantes en la Nueva España y es un rico encomendero. Escribe una singular y breve crónica: *Relación de méritos y servicios del conquistador Bernardino Vázquez de Tapia, vecino y regidor de esta gran ciudad de Tuxtitlán, México*. Su obra es una autobiografía «oficial» en la que destaca sus méritos, e interesa sobre todo porque presenta un velado ataque contra Carlos V por la supresión de la encomienda. Ve la conquista como una misión providencialista, en la que Dios apoya la empresa, y se observa en él la habilidad del escritor que sabe seleccionar minuciosamente los episodios que conscientemente desea narrar. Una de sus cualidades es que relata sólo los sucesos en los que fue testigo presencial. Esto otorga una subjetividad peculiar a su *Relación* y también hace que su estilo sea claro, cuidadoso y de gran valor testimonial.

BIBLIOGRAFÍA. A. Yáñez, *Crónicas de la Conquista* (México, 1950). [M.D.B.]

VÁZQUEZ VIGO, CARMEN. Véase LITERATURA INFANTIL ESPAÑOLA.

VEGA, ALONSO DE LA (¿?-Valencia, 1560/1566). Actor de la compañía de Lope de Rueda *. En 1560 figura en Sevilla como «calcetero» y como representante en los carros del Corpus. Murió en Valencia antes de 1566, pues en ese año Joan Timoneda * publicó a título póstumo *Las tres famosísimas comedias de Alonso de la Vega*. En realidad, en la colección hay dos comedias, *Tholomea* y *Duquesa de la Rosa*, y la *Tragedia llamada Serafina*. Basadas en fuentes italianas, escritas en prosa, divididas en *scenas* —división probable del editor— y salpicadas de *pasos*, siguen fielmente el modelo teatral de Rueda. Muy extraño es el desenlace trágico de *Serafina*, cuando el desarrollo de la acción y la tradición literaria —*Plácida y Vitoriano* de Encina *— exigían la resurrección de los dos amantes. Probablemente intervino Timoneda para evitar problemas con la censura.

BIBLIOGRAFÍA. A. de la Vega, *Tres comedias*, ed. de M. Menéndez Pelayo (Dresde, 1905); A. Hermenegildo, *La tragedia en el Renacimiento español* (Barcelona, 1973); J. Alonso Asensio y otros, *Teatros y prácticas escénicas. I: El Quinientos valenciano* (Valencia, 1984). [A.B.]

VEGA, ANA LYDIA (San Juan de Puerto Rico, 1947). Narradora y ensayista. La publicación de su primer libro de cuentos, *Vírgenes y mártires* (1981, en colaboración con Carmen Lugo Filippi), fue un éxito editorial inusitado que sirvió para activar la discusión del feminismo en el país. Su aportación a este texto también sirvió para consolidar el empleo del lenguaje callejero en la creación de una lengua literaria propia. Con su segundo libro, *Encancaranublado* (1982, premio Casa de las Américas), fomenta una visión caribeña de la cultura de Puerto Rico. En los cuentos de *Pasión de historia* (1987), demuestra su gran interés por las narrativas policiaca e histórica. [E.B.]

VEGA, CARLOS (Buenos Aires, 1898-1966). Investigador, folclorista y escritor argentino, cuya producción se concentró en el origen y desarrollo de las danzas regionales. Obras de investigación suyas son: *Danzas y canciones argentinas, teorías e investigaciones*. *Un ensayo sobre el tango* (1936), *Los bailes criollos en el teatro nacional* (1937), *Bai-*

les tradicionales argentinos (1940), *Los instrumentos musicales aborígenes* (1946) y *La ciencia del folklore* (1960). Entre sus obras narrativas figuran *Agua* (1932) y *Cantos mínimos* (1933). Como poeta publicó *Cardales. Las bestias* (1941). [R.F.B.]

VEGA, DANIEL DE LA (Quilpué, Valparaíso, Chile, 1892). Escritor chileno que cultivó la poesía neorromántica —*Las montañas ardientes* (1919), *Romancero* (1934), *Reino de angustias* (1939) y *Mansión desvanecida* (1942)—, la novela —*Caín, Abel y una mujer* (1933)—, el cuento —*La muchedumbre ahora es triste* (1935), *Marta Lerroux y otras amigas* (1935), *El amor eterno dura tres meses* (1938), *La sonrisa con lágrimas* (1941) y *La comarca nocturna* (1943)—, el poema dramático —*La Quintrala* (1936)—, la crónica periodística —*Las instantáneas* (1927)— y los cuadros históricos —*Silva de plata vieja* (1950). [J.A.C.]

VEGA, DIEGO DE LA. Véase ORATORIA SAGRADA DE LOS SIGLOS XVI Y XVII.

VEGA, GABRIEL DE LA. Véanse ESTEBANILLO GONZÁLEZ, LA VIDA Y HECHOS DE y NOVELA PICARESCA.

VEGA, GARCILASO DE LA (Toledo, h. 1501-Niza, Francia, 1536). Descendiente de los más ilustres linajes en armas y letras, muy joven (1519) intervino en el alboroto civil contra el cabildo toledano y asistió como procurador mayor de su ciudad en la cortes de Santiago (1521). Nombrado 'contino' del rey, peleó contra los comuneros en la batalla de Olías, donde fue herido, y en 1522 participó en el sitio de Rodas, con Boscán * y el duque de Alba. Caballero de Santiago en 1523, casó dos años más tarde con doña Elena de Zúñiga. Durante los desposorios (1526) de Leonor de Austria con Francisco I, conoció a Castiglione y a Navaggero y, muy probablemente, a Isabel Freyre —su presunto gran amor—, que contrajo matrimonio en 1528 con don Antonio de Fonseca, uno de los más inteligentes administradores del rey, y que murió de puerperio en 1533 ó 1534. Tras asistir a la coronación de Carlos V en Bolonia, donde vivió cerca de un año, volvió en 1531 a Toledo como testigo de la boda secreta de su sobrino. Por este motivo, cuando finalizaba un viaje por Tolosa, París, Utrecht y Colonia, fue desterrado a una isla del Danubio y en 1532 a Nápoles. Allí conoció a los miembros de la Academia Pontaniana —Minturno, Tansillo, Bernardo Tasso— y allí residió, salvo unos viajes esporádicos a Toledo en 1533 y a Aviñón —donde visitó la tumba de la Laura de Petrarca—, hasta su temprana y heroica muerte, ocurrida en la jornada de Francia, al intentar asaltar la fortaleza de Muy, cerca de Frejus.

Las obras de Boscán con algunas de Garcilaso de la Vega (Barcelona, Amorós, 1543) produjo la mayor revolución de la lírica española. Nunca obra tan breve ha abierto, por su originalidad y variedad, tantos senderos nuevos en la tradición literaria hispana. El clima de recepción era óptimo: en 1543 aparecieron tres ediciones, dos en 1544 y diez más hasta 1557. Garcilaso se convirtió de inmediato en el modelo de los jóvenes poetas. Hubo alguna voz discrepante, como la burlesca de Castillejo *, pero la copla de arte mayor —el enemigo real del endecasílabo, no el octosílabo como presumió Boscán— enmudece a partir de 1554; en 1574 el Brocense * lo eleva a categoría de clásico al editarlo con adiciones, notas y variantes. Como réplica, con otro método, editó Herrera * el texto del toledano con *Anotaciones* (1580). Las ediciones con el comento del Brocense se suceden con notable regularidad hasta 1612. A partir de esta fecha, el público joven prefirió la nueva poesía gongorina o la conceptista de Alonso de Ledesma *. Todavía en 1622 Tamayo de Vargas * hizo una edición con comentarios para enfrentar la estética garcilasiana a la de Góngora *. Intento vano, porque los gustos barrocos condenaron al silencio editorial la voz de Garcilaso, que sólo se vuelve a recuperar, casi definitivamente, con la edición neoclásica de José Nicolás de Azara * en 1765.

El orden de *algunas obras* de Garcilaso en la edición de 1543 no parece obedecer a otros criterios que los métrico-genéricos: sonetos, canciones —la canción I se intercala entre aquéllos—, elegías, epístola y églogas. Como en el caso de los poemas de Boscán, se establece una gradación de menor a mayor, lo que permite conjeturar que el barcelonés aplicó los mismos criterios a la colección de poesías que «por el amistad grande que entrambos mucho tiempo tuvieron» le entregó la familia de Garcilaso «para que las dexasse como devían de estar» (doña Ana Girón *A los lectores*). No existe, desde luego, un orden cronológico: la *Égloga II*, por ejemplo, es anterior a las otras dos y la *Elegía a la muerte de don Bernardino de Toledo* fue, posiblemente, su composición última. Lapesa, como Keniston, intentó, con notable éxito, trazar la trayectoria literaria de Garcilaso partiendo de los poemas datados, de los dos ciclos amorosos —Isabel Freyre, dama napolitana— y de la lengua poética: más cercana a la tradición del cancionero en alguno de los sonetos y canciones; mayor uso del epíteto y de la mitología en su etapa napolitana. Antonio Prieto ha rehecho esa vida y obra del poeta e incluso ha publicado los textos de acuerdo con esos criterios en que diacronía y sincronía se interfieren.

El gran tema de la poesía garcilasiana es el amor: a la amada, a la naturaleza, a los amigos. El primer ciclo amoroso, el más amplio e intenso, está constituido, como en Petrarca, por los poemas *in vita* e *in morte* de Isabel. En varios sonetos y en las canciones se relata el doloroso y áspero proceso («Cuando me paro a contemplar mi estado», *Soneto I;* «Por ásperos caminos soy llevado», *Soneto VI;* «No pierda más quien ha tanto perdido», *Soneto VII*) de un amor predestinado («Yo no nací sino para quereros», *Soneto V*, 9) e imposible en el que el triunfo de la pasión sobre la razón provoca en el «yo» poético de Garcilaso la desesperación o el remordimiento. En definitiva, aparece como víctima de esa enfermedad que genera melancolía, tristeza, palidez y debilidad físicas («si aquella amarillez... y mi flaqueza», *Canción I*) por no poder dominar ni cumplir el deseo de posesión del objeto amado y, en grado más neoplatónico, por la ausencia que impedía la transmisión de los *espíritus* a través de la vista («De aquella vista pura y excelente...», *Soneto VIII*). En esos textos, anteriores a 1533 —salvo el último—, la expresión del sentimiento amoroso todavía mantiene el tono desgarrado de la poética cancioneril, sin llegar a los extremos de Garci Sánchez de Badajoz * («Salid, tristes alaridos»), y la atracción por ciertas fórmulas, juegos de conceptos, figuras etimológicas («sé que me *acabo* y más he yo sentido / ver *acabar*...», *Soneto I*). Petrarca sugiere los temas —la dialéctica moral razón/pasión—; el tono proviene de Ausiàs March, a quien traduce («Amor, amor un hábito vestí», *Soneto XXVII*) e imita («Como la tierna madre que el doliente», *Soneto XIV*). En la *Canción IV* («El aspereza de mis males quiero»), quizá como en ningún otro lugar, se advierte con mayor nitidez la simbiosis de ambos modelos de matices sentimentales diversos. Si el salmo «*Super flumina*» sugiere el tema de la *Canción III* («Danubio, río divino»), de Petrarca procede el descubrimiento de la hermosura natural, de la percepción del paisaje que se aproxima al universo estético virgiliano. La nueva sentimentalidad renacentista —melancolía dulce, añoranza de un amor y una arcadia perdidas, integración neoplatónica del hombre y la naturaleza, «dolorido sentir»— aflora definitivamente en la *Égloga I*. Salicio y Nemoroso —desdoblamientos poéticos del autor— poco se parecen a los pastores sayagueses de la tradición enciniana. Garcilaso, en la veta más rica del virgilianismo renacentista —Sannazaro—, acude al marco bucólico para insertar en él una síntesis admirable del *Canzoniere* de Petrarca: el pastor Salicio llorará en la primera parte de la égloga el proceso dramático de amores —felicidad/desdicha— que se ha cerrado con el matrimonio de Galatea; en la segunda, Nemoroso revivirá en un melancólico planto los momentos felices de un amor truncado por la muerte de Elisa. Algunos sonetos (el virgiliano «¡Oh dulces prendas por mi mal halladas», *Soneto X*) presentan el mismo temple lírico. Poeta del recuerdo, todavía volvió a rememorar su antigua pasión en la *Égloga III*. Pero en esta égloga no pretendió tanto transmitir un sentimiento amoroso como intentar acercar la palabra poética a los cromatismos pictóricos. Fiel al principio aristotélico-horaciano del *ut pictura poesis*, la égloga, compuesta en octavas reales —la estrofa narrativa—, presenta lo que los retóricos entendían como *ékphrasis*: la descripción de unas escenas artificiales o naturales como un cuadro. Cuatro ninfas, en un *locus amoenus* de las riberas del Tajo, al pie de Toledo, tejen unos tapices con las historias desastradas de Orfeo y Eurídice, Apolo y Dafne, Venus y Adonis y, un caso contemporáneo, el funeral de la ninfa Elisa —para la mayoría de los críticos, Isabel Freyre; para algunos, Inés de Castro—, «cuya vida mostraba que había sido / fuera de tiempo y casi en flor cortada». Con esta égloga admirable en todos los aspectos, abría Garcilaso las posibilidades de una poesía sensual y colorista, descriptiva, que dio sus frutos más sazonados en el Barroco. En fechas muy próximas debió componer los sonetos de tema mitológico («A Dafne ya los brazos le crecían», *Soneto XIII;* «Si quexas y lamentos pueden tanto», *Son. XV;* «Pasando el mar Leandro el animoso», *Soneto XXVIII*). En la tradición dramática de Encina *, pero con otros presupuestos estéticos, se inscribe la *Égloga II*, representable, dedicada al panegírico de la casa de Alba, extenso relato épico que llena la parte central de la obra, enmarcado por la historia amorosa de Albanio —quizá el duque o su hermano—, a quien consuelan Salicio y Nemoroso. La amistad, tan realzada por los humanistas, motivó algunas de las composiciones mejores y más originales. Es la *Elegía I. A la muerte de don Bernaldino*, en tercetos, una consolatoria estoica, en la que los motivos religiosos y el menosprecio del mundo, característicos del planto medieval, son sustituidos por los motivos paganos de un vitalismo radiante («desordenaba con lascivo vuelo / el viento sus cabellos; con su vista / se alegraba la tierra, el mar, el cielo»). En la *Elegía a Boscán* —«ninguna obra suya se le iguala», a juicio de Herrera—, como en varios sonetos, el amigo es el fiel receptor de los celos y desesperanzas de un Garcilaso ausente del amor napolitano. Si en la anterior elegía epistolar, el estilo tendía a hacerse íntimo y coloquial, en la *Epístola a Boscán* —una exaltación gratuita de la amistad inspirada en la *Ética* de Aristóteles—, se atrevió a liberar al verso de toda afectación: la compuso en endecasílabos sueltos («Entre muy grandes bienes que consigo / el amistad perfecta nos concede / es aqueste descuido suelto y puro.» Y, en fin, para su amigo Mario Galeota, que ardía en amores por doña Violante Sanseverino, escribió la *Ode ad florem Gnidi*, mal llamada *Canción V* («Si de mi baja lira»). Por el tratamiento del tema, por la estructura —inclusión ejemplar de la fábula de Anajárete—, por la métrica y ritmo es el primer intento, perfecto, de adaptar la oda horaciana. Y es que Garcilaso era un excelente poeta neolatino, imitador de Horacio en tres odas, admirado por Seripando y Bembo. Y sin embargo, quien abrió tantos caminos nuevos, en las ocho coplas octosilábicas conservadas no pudo o no quiso distanciarse un ápice de la tradición del cancionero.

Expuso Garcilaso parte de sus ideales lingüísticos en la carta a Jerónima Palova, en la traducción que Boscán hizo de *El cortesano* (1534). Son los quintilianistas: naturalidad sin caer en la sequedad, uso de vocablos propios, «muy cortesanos y no nuevos ni... desusados de las gentes». En el rechazo de los libros de caballerías —«libros que matan hombres»— y en el de las traducciones de estilo medieval, coincide con los juicios de Juan de Valdés *. Garcilaso, además de introducir una nueva visión del mundo, creó unos moldes poéticos revolucionarios. El ritmo de su poesía procede de una lectura melódica de los antiguos —Virgilio y Horacio, sobre todo—, tan opuesta al arte mayor, que su verso, con los cultismos semánticos, los *hipérbata*, los encabalgamientos, los epítetos, se pliega —con naturalidad trabajada y apenas perceptible— a los más finos matices del sentimiento y del sentido.

BIBLIOGRAFÍA. G. de la Vega, *Works. A Critical Text with a Bibliography*, ed. de H. Keniston (Nueva York, 1925); M. Arce Blanco, *Contribución al estudio de la lírica española del siglo XVI* (Madrid, 1930); E. Sarmiento (comp.), *Concordancias de las obras poéticas en castellano de Garcilaso de la Vega* (Madrid, 1970); A. Prieto, *Garcilaso de la Vega* (Madrid, 1975); Sh. Ghertman, *Petrarch and Garcilaso. A Linguistic Approach to Style* (Londres, 1975); A. Gallego Morell, *Garcilaso: documentos completos* (Barcelona, 1976); G. de la Vega, *Poems*, ed. de E. L. Rivers (Londres, 1980); E. L. Rivers (ed.), *La poesía de Garcilaso* (Barcelona, 1981); I. Azar, *Discurso retórico y mundo pastoral en la «Égloga Segunda» de Garcilaso* (Amsterdam, 1981); A. y Cruz, *Imitación y transformación: el petrarquismo en la poesía de Boscán y G. de la Vega* (Stanford, 1982); D. Fernández Morera, *The Lyre and Oaten Flute: Garcilaso and the Pastoral* (Londres, 1982); AA. VV., *Academia literaria renacentista (III): Garcilaso de la Vega* (Salamanca, 1984); R. Lapesa, *Garcilaso. Estudios completos* (Madrid, 1985; incluye *La trayectoria poética de Garcilaso*, Madrid, 1948); A. Gargano, *Fonti, miti, topoi. Cinque studi su Garcilaso* (Nápoles, 1988). [A.B.]

VEGA, EL INCA, GARCILASO DE LA (Cuzco, Perú, 1540-Córdoba, España, 1616). Es una de las figuras más admiradas y discutidas que produjo el Nuevo Mundo en el siglo XVI. En Cuzco, su ciudad natal, fue bautizado Gómez Suárez de Figueroa. Luego en España cambiará su nombre para honrar la memoria de su padre. Este, el capitán extremeño Sebastián Garci Lasso de la Vega, pertenecía a la más rancia nobleza castellana. Entre sus antepasados ilustres figuraban Jorge Manrique *, Garcilaso de la Vega *, el gran poeta toledano, y el marqués de Santillana *. Su madre, la ñusta Isabel Chimpu Ocllo, era una princesa incaica, sobrina de Huayna Cápac, emperador del Tahuantinsuyo. Así, en el brillante mestizo convergen el más fino legado literario de Castilla y el antiquísimo trasunto historicomítico que Garcilaso aprendió en la tradición oral que le transmitieron sus parientes maternos. Refiriéndose a ese aprendizaje que le inculcaron *amautas* (filósofos) del imperio, él nos dice: «En estas pláticas yo como muchacho, entraba y salía muchas veces donde ellos estaban, y me holgaba de las oír, como huelgan los tales de oír fábulas». Cuando tenía quince años su padre fue nombrado Justicia Mayor y Corregidor del Cuzco.

En este contexto privilegiado, el Inca se relacionó con las figuras más influyentes de aquel virreinato como lo fueron Francisco de Mendoza y los Pizarro, entre otros. También recordará en sus libros la tremolina de aventureros, transeúntes y conquistadores que acudían a las divertidas cenas que su padre solía ofrecer en Cuzco. Pero en busca de mejores horizontes el joven Garcilaso marchó a España el 20 de enero de 1560. En Montilla fue acogido por su tío Alonso de Vargas; y es allí donde el Inca comenzará un vasto programa de lecturas que gradualmente configurarían su extensa formación humanística. Muerto su tío, Garcilaso se traslada a Córdoba en 1591, ciudad en la que terminará sus días. Su primer gran empeño fue la traducción de los *Dialoghi di amore* que había escrito el humanista judío-portugués Jehudah Abrabanel, conocido en España como León Hebreo. A la postre, la suya, publicada en 1590, ha quedado como la más fina versión castellana que poseemos de ese complejísimo texto. No sabemos, a punto fijo, dónde el Inca adquirió un conocimiento tan sutil del italiano. Su segundo gran proyecto estaría más cercano a sus intereses históricos. Después de laboriosas redacciones, en 1605 Garcilaso publicó en Lisboa la *Historia de la Florida y jornada que a ella hizo el gobernador Hernando de Soto*. Ya en esa extensa narración, repleta de cadencias e idealizaciones del pasado, el Inca anuncia el gran proyecto de su vida: sus *Comentarios reales que tratan del origen de los Incas, reyes que fueron del Perú...*, obra que constaba de dos partes. La primera —con el título ya indicado— apareció en Lisboa en 1609. La segunda se publicó póstumamente en Córdoba, con el título de *Historia general del Perú* (1616). En la primera parte —y con un marcado sesgo autobiográfico— el Inca relata la historia del imperio incaico y la conquista del Perú, e indirectamente expone su elevado linaje materno. En la segunda se narra la consolidación de aquel importante virreinato así como las guerras civiles del Perú. Pero con notable vehemencia el Inca también utilizará esa segunda parte para refutar acusaciones de traición que se hicieron contra su padre. Además de esas importantes obras, Garcilaso redactó la *Relación de la descendencia del famoso Garci Pérez de Vargas...* (1929), que inicialmente fue concebida como parte de *La Florida*, pero que el Inca desglosaría. La relevancia histórica de las narraciones de Garcilaso ha sido tema polémico a lo largo de muchos años. Lo que ya no es discutible es que él figura entre los grandes prosistas del siglo XVI; y hoy, con una visión ajena a las realidades de su época, sus textos se consideran como fundadores de la tradición literaria e historiográfica hispanoamericana.

BIBLIOGRAFÍA. J. Greer Varner, *El Inca: the life and times of Garcilaso de la Vega* (Austin, 1968); J. Durand, *El Inca Garcilaso, clásico de América* (México, 1976); E. Pupo-Walker, *Historia, creación y profecía en los textos del Inca Garcilaso de la Vega* (Madrid, 1982).

[E.P.-W.]

VEGA, ISAAC DE (Granadilla, Tenerife, 1920). Fue Profesor de la Enseñanza General Básica. Desde principios de los setenta se dedica, en exclusiva, a la literatura. Isaac de Vega pertenece a una generación definida por José Domingo como «del bache», o «aplastada». Sus fundamentos se encuentran en el silencio ambiental, en la imposibilidad de discusión y de relación efectiva fuera del estrecho marco de los amigos. Esas constantes proceden también de la intransigencia que la Guerra Civil Española depara. Atrapado entre lo onírico y las otras premisas de la vanguardia, de tanta importancia en la isla en que habita, Isaac de Vega se ve forzado a reconstruir la tradición literaria en su obra: ni la narrativa de su marco más próximo, ni la de los escritores del resto del Estado, inmediatamente anteriores y contemporáneos, le sirven. El surrealismo no colma todas sus aspiraciones, y los supuestos del existencialismo lo atraen hasta formar parte de su acervo. Por todo ello, las novelas y los cuentos de Isaac de Vega discurren en un paisaje solitario y árido, desprovisto de historia y de huellas humanas, y por la sinceridad. *Fetasa* (1957), la novela cumbre de la narrativa contemporánea de las islas Canarias, y uno de los textos más inquietantes de la escritura de la posguerra en España, se convierte en la piedra angular de su generación, que desde entonces comienza a llamarse «fetasiana». Ha publicado, además, *Antes de amanecer* (1965), *Parhelios* (1977), *Pulsatila* (1988) y *Tassili* (1992); y los libros de cuentos *Cuatro relatos* (1968), *Conjuro en Ijuana* (1981), *Siemprevivas* (1983) y *Viento* (1991). En 1988 le fue concedido el «Premio Canarias de Literatura» por el conjunto de su obra.

BIBLIOGRAFÍA. J. Peñate Rivero, *Isaac de Vega: dependencia y literatura en Canarias* (Santa Cruz de Tenerife, 1982). [D.L.H.A.]

VEGA, JOSÉ LUIS. Véase HISPANOAMÉRICA: POESÍA ACTUAL.

VEGA, JULIO DE LA (Santa Cruz, Bolivia, 1924). Poeta, novelista, dramaturgo. Es poeta de corazón exaltado, imágenes desmesuradas y grandes ensueños, apegado a las gentes y paisajes de Bolivia. *Amplificación temática* (1957), *Temporada de líquenes* (1960) y *Poemario de exaltaciones* (1967) son los títulos de sus obras poéticas. Su novela *Matías, el apóstol suplente*, de 1971, es un extenso y casi mágico monólogo interior, que se ha convertido en una de las mejores novelas bolivianas contemporáneas. De la Vega es autor de tres obras teatrales: *El sacrificio* (1965), *Se acabó la diversión* (1973) y *La presa* (1984). [C.C.B.]

VEGA, RICARDO DE LA (Madrid, 1839-1910). Hijo del dramaturgo Ventura de la Vega *, consagró su producción al género chico *: *La verbena de la Paloma* (1894), a la que tituló también *El boticario y las chulapas y Celos mal reprimidos*. Su obra ofrece una visión, muchas veces caricaturesca, de los tipos y costumbres familiares de los barrios bajos madrileños. De ella, destacan: *La canción de la Lola* (1880), *Pepa, la frescachona o El colegial desenvuelto* (1886) y *El señor Luis el tumbón o Despacho de huevos frescos* (1891). Tiene también un drama titulado *La abuela* (1884). Consiguió con su estilo imprimir cierta calidad a los libretos de zarzuela. [P.A.P.]

VEGA, VENTURA DE LA (Buenos Aires, 1807-Madrid, 1865). Su educación —primero con los jesuitas y luego bajo la dirección de Alberto Lista *— y su actividad literaria se produjeron en Madrid. Participó activamente en la vida cultural madrileña (tertulia de la Partida del Trueno, fundación del Liceo Artístico y Literario), compaginando su dedicación literaria con empleos burocráticos: auxiliar del Ministerio de Gobernación, comisario del Teatro Español y director del Real Conservatorio. Ajeno a los excesos románticos, representó, desde sus comienzos literarios, la continuidad del drama moratiniano y la búsqueda del *justo medio*. La corrección y el academicismo son notas destacables en su producción. Realizó un largo aprendizaje como traductor de dramas de Delavigne, Dumas, Hugo o Scribe, y obtuvo su éxito más notable como autor original con *El hombre de mundo* (1845), comedia de análisis de costumbres contemporáneas, de cuidada construcción y medidos diálogos. Otras obras suyas son:

Amor de madre (1842), *Bruno el tejedor* (1844) y *Cada oveja con su pareja* (1859). Cultivó también el drama histórico, en *Don Fernando de Antequera* (1844), y la tragedia, en *La muerte de César* (1862), tardío rebrote de la tragedia neoclásica, donde justifica la tiranía como mal menor.

BIBLIOGRAFÍA. J. K. Leslie, *Ventura de la Vega and the Spanish theatre: 1820-1865* (Princeton, 1940); J. Montero Alonso, *Ventura de la Vega: su vida y su tiempo* (Madrid, 1951). [J.R.J.]

VEGA CARPIO, FÉLIX LOPE DE (Madrid, 1562-1635). El «Fénix de los ingenios españoles», nació en Madrid el 25 de noviembre de 1562, hijo de Félix de Vega Carpio, bordador, y de Francisca Fernández Flórez. Estudió con la Compañía de Jesús; también, tal vez, en la Universidad de Alcalá. En 1583, intervino en la conquista de la isla Terceira. Al regreso, conoció a la primera de las numerosas mujeres que amó: Elena Osorio, *Filis*, hija del empresario teatral Jerónimo Velázquez, separada de su marido. En 1587, al saber que un importante personaje, Francisco Perrenot Granvela, lo desplazaba del amor de Elena, hizo circular contra ella y su familia unos poemas insultantes, por lo que fue condenado a cuatro años de destierro de Madrid y a dos del reino de Castilla. Pero, en mayo de 1588, se casa por poderes con una joven de familia acomodada, Isabel de Urbina, *Belisa*, a la que deja pronto para alistarse en la Armada Invencible. Lope aseguró haber luchado en el galeón *San Juan*, pero es dudoso. Con Isabel cumplió su destierro en Valencia (1589-1590), donde afianza su estética teatral, junto a notables dramaturgos como Tárrega *, Gaspar Aguilar *, Guillén de Castro *, Carlos Boil * y Ricardo del Turia *. Cada dos meses, enviaba a Madrid nuevas comedias. Para acercarse a la corte, entra al servicio del duque de Alba, don Antonio, y vive casi todo el tiempo en Alba de Tormes, en un ambiente refinado e idílico; allí escribe la novela pastoril *La Arcadia*. Murió su primogénita, y falleció la dulce *Belisa* (septiembre, 1594) al dar de nuevo a luz otra hija, Teodora, que le sobrevivirá muy poco. En diciembre de 1595 le llega el anhelado perdón y regresa a Madrid, donde es acogido calurosamente. Una nueva pasión lo aguarda: Micaela Luján, *Celia* o *Camila Lucinda* en sus versos, mujer bella e inculta, también casada, con la que mantiene relaciones hasta 1608, y de la que tendrá cinco hijos, entre ellos dos de sus predilectos: Marcela (1606) y Lope Félix (1607). Pero en 1598 se había casado, tal vez por dinero, que nunca disfrutó, con Juana de Guardo, hija de un rico abastecedor de carnes, vulgar y poco agraciada. Interviene como poeta en acontecimientos palaciegos, se instala en Toledo, pasa temporadas en Sevilla, etc. Otra hija del matrimonio, Jacinta, murió pronto, pero Juana y Carlos Félix, nacido en 1606, sobrevivieron. En 1605 había entrado al servicio, como secretario, del disipado duque de Sessa; la relación con él le resultará funesta. Por influencia suya, fue nombrado familiar del Santo Oficio. Dispuesto a corregir su vivir irregular, ingresa en la Cofradía de Esclavos del Santísimo Sacramento (1609), y se consagra al hogar. Pero éste se desmorona: en 1612 fallece Carlos Félix, y en 1613 su esposa, al dar a luz a otra hija, Feliciana. Se ordenó de sacerdote en 1614; instigado por el duque, cae una y otra vez en sus naturales inclinaciones y en 1616 se amanceba con una hermosa muchacha, Marta de Nevares, *Amarilis* o *Marcia Leonarda*, también casada, aunque pronto viuda. No obtuvo el cargo de cronista real que ambicionaba, tal vez por culpa de su vida escandalosa y su amistad con el de Sessa, no bienquisto por los reyes. Pero lo adora el público, y organiza el magno certamen poético con que se solemnizó la beatificación de San Isidro. Con Marta, tiene una nueva hija, Antonia Clara; pero su adorada Marcela, por huir esta vez de la vida irregular del padre, ingresa en las trinitarias descalzas (1621). En 1634, morirá Félix como soldado en la costa venezolana. Sigue interviniendo triunfalmente en fiestas poéticas públicas, se representan obras suyas ante los reyes en ocasiones como la canonización de San Isidro, San Ignacio, San Francisco Javier, San Felipe Neri y Santa Teresa * (1622). Sin embargo, esta última plenitud de su vivir fue corta; se quebró con la ceguera y posterior locura de Marta, a cuyo cuidado dedicó sus últimas y flacas energías. Había ganado mucho dinero, pero había dilapidado más; el de Sessa deja de favorecerle. En 1629, contrae una grave enfermedad y algunas comedias suyas son rechazadas por el público. *Amarilis* muere en 1632; dos años después, su hija Antonia Clara huye con Cristóbal Tenorio, galán sin escrúpulos, llevándose dinero y joyas. El 24 de mayo de 1634 termina su última comedia, *Las bizarrías de Belisa* . Murió el 27 de agosto del año siguiente, con muestras de gran piedad. A su entierro asistió una gran multitud. El duque de Sessa no cumplió el ofrecimiento de pagarle un enterramiento digno, y sus restos se han perdido.

Cultivó la mayor parte de los géneros vigentes en su tiempo, muchas veces con extraordinaria calidad. Y tan copiosamente, que ello le valió el título de «Monstruo de la naturaleza». Su obra lírica es muy extensa. Estrictamente líricos son sus libros *Rimas sacras* (1604), *Romancero espiritual* (1619), *Triunfos divinos con otras rimas sacras* (1625), y una serie de folletos con uno o varios poemas, como *Cuatro soliloquios* (1612) y las églogas *Amarilis* (1633) y *Filis* (1635). Libros misceláneos son las *Rimas* (1602), formado por doscientos sonetos, y los poemas épicos *La hermosura de Angélica* y *La Dragontea;* y las burlescas *Rimas humanas y divinas del licenciado Tomé de Burguillos* (1634), donde incluye *La Gatomaquia*. Intercala poesías líricas en varios de sus volúmenes en prosa, las junta a diversos poemas épicos y las mezcla con prosas y comedias en *La vega del Parnaso* (1637).

Prolonga en sus composiciones más refinadas la lírica que Garcilaso había instaurado; pero no olvida la poesía octosilábica del Cancionero y revitaliza formas líricas populares, que suele insertar en sus comedias. Contribuye, además, a la creación del Romancero * nuevo; muchos de sus romances constituían una crónica de sus amores —en gran parte de sus obras, Lope literariza su propio vivir— y gozaban de enorme popularidad. Pero Góngora *, prestigioso entre los doctos, lo ataca cruelmente. Lope se defiende, lo zahiere sobre todo en sus comedias, lo envidia y admira a la vez. Y, sin modificar su conducta poética —sencillez, «conceptos» al modo cancioneril, adorno moderado compatible con la claridad—, cede a veces al estilo gongorino.

La vena épica de Lope se desarrolla, primero, bajo el influjo del espíritu lozano y entusiasta de Ariosto y, más tarde, bajo el más austero de Tasso. Pertenecen a este género *La Dragontea* (1598, sobre la derrota y muerte del corsario Drake), *El Isidro* (1599; excepcionalmente compuesto en quintillas octosilábicas, en correspondencia con el carácter popular del santo madrileño cuya vida narra), *La hermosura de Angélica* (1602, única contribución de Lope a la épica imaginaria ariostesca, irregular y farragosa) y *Jerusalén conquistada* (1609, en veinte cantos, como la «liberata» de Tasso, y unas mil octavas reales, centradas en la tercera cruzada).

Estos poemas y, desde luego, su teatro, disgustaban a los doctos fieles a las doctrinas aristotélicas. Tres de ellos,

Pedro Torres Rámila, Cristóbal Suárez de Figueroa * y Juan Pablo Mártir Rizo *, publican un feroz libelo contra Lope, la *Spongia* (1617), donde juzgan despectivamente sus novelas pastoriles y descalifican toda su épica; llaman a *La Dragontea* «deshonor de España» y califican la *Jerusalén* de «pedestre oración». Pero Lope, aunque amargado —culteranos y aristotélicos lo descalifican—, prosigue con sus intentos épicos. Tras el *Polifemo* de Góngora, ensaya la fábula mitológica extensa, con cuatro poemas: *La Filomena* (1621, donde ataca a Torres Rámila), *La Andrómeda* (1621), *La Circe* (1624) y *La rosa blanca* (1624, blasón de la hija del conde-duque, cuyo complicado origen mítico expone). Vuelve a la épica histórica con *La corona trágica* (1627, en 600 octavas sobre la vida y muerte de María Estuardo). Por fin, en 1634, con el buen humor que había inspirado las *Rimas de Burguillos*, compone *La Gatomaquia*, gracioso poema épico-burlesco de 2.811 versos, donde narra las peripecias amorosas de los gatos Marramaquiz, Zapaquilda y Micifuz.

Ya en prosa, sólo tres géneros narrativos dejaron de interesarle: el caballeresco, el morisco y el picaresco. Y así, escribió dos novelas pastoriles, *La Arcadia* (1589, cuyo argumento encubre peripecias amorosas del duque de Alba) y *Los pastores de Belén* (1612, con tema sacro, desarrollado con particular encanto). En 1604, cediendo al prestigio europeo de la novela bizantina, publica *El peregrino en su patria*, obra miscelánea, en que las aventuras de los protagonistas se entremezclan con poesías y comedias. Conforme al modelo de la *novella* italiana que Cervantes * había introducido, escribe sus cuatro novelas dedicadas a Marcia Leonarda: *Las fortunas de Diana* (1621, incluida en el volumen de *La Filomena*), *La desdicha por la honra*, *La prudente venganza* y *Guzmán el Bravo*, publicadas con *La Circe* (1624). Sigue los pasos de Cervantes, a quien estimaba poco y al que, sin embargo, dice, «no faltó gracia ni estilo».

Mientras, viejo y cansado, cuida a Marta de Nevares, ultima Lope una obra maestra, elaborando tal vez materiales muy anteriores: *La Dorotea* (1632, año en que muere *Amarilis*), donde evoca sus amores mozos con Elena Osorio. La denominó «acción en prosa»; está dividida en cinco actos, y es un largo texto irrepresentable, en la estela de *La Celestina*, en donde los personajes encubren apenas a los protagonistas de aquellos episodios juveniles.

Como escritos apologéticos y doctrinales y cartas, puede abrirse en la obra de Lope un apartado, en el que se incluiría el poema *Arte nuevo de hacer comedias* (1609, en 376 endecasílabos sueltos dirigidos a la Academia de Madrid, con los que, irónicamente, defiende su estética teatral); *Isagoge a los reales estudios de la Compañía de Jesús* (1629, novela en silvas para las fiestas de fundación del Colegio Imperial), *El laurel de Apolo* (1630, casi 7.000 versos en alabanza de escritores y pintores españoles y extranjeros) y *Triunfo de la fe en los reinos del Japón* (1618, en prosa, sobre hechos acaecidos en las misiones de los jesuitas). Se conservan, además, casi 800 cartas dedicadas, en su mayor parte, al duque de Sessa, de enorme valor biográfico.

Lope declaró haber escrito 1.500 piezas dramáticas; se conservan 426 comedias a él atribuidas (de las que sólo 314 son seguras) y 42 autos sacramentales. Aprovechando hallazgos de precursores, como los valencianos antes citados, de Juan de la Cueva *, y de *La Celestina*, fija la fórmula de la comedia (nombre genérico dado a cualquier pieza teatral larga), que obtiene una triunfal acogida popular. Quebranta las unidades de lugar, tiempo y acción, exigidas por los preceptistas (y también por escritores como Cervantes, frustrado como autor dramático por el triunfo de

Lope). Y mezcla lo cómico y lo trágico tratando, dice, de imitar a la naturaleza. Al servicio de este ideal, forja la «figura del donaire», que media con su sentido común y su buen humor entre los espectadores y la escena. Pero al postular tal mezcla, renuncia a la tragedia (*El castigo sin venganza* es bastante excepcional) y se predispone para componer comedias propiamente dichas, y tragicomedias, entre las que destacan las de comendadores, con asuntos de honra. Escribe en verso, con variedad de metros (predomina el octosílabo) y estrofas conforme a las exigencias de la peripecia. Adopta la división en tres actos o jornadas, y acoge temas de muy variada naturaleza, sumiéndolos en un clima intensamente español: de historia antigua *(El esclavo de Roma)* y extranjera *(El gran duque de Moscovia)*, religiosos *(La buena guarda)*, mitológicos *(El laberinto de Creta)*, de enredo inventado *(El acero de Madrid, La dama boba* y *El perro del hortelano)*, etc. Especialmente importantes son las obras inspiradas en temas de la historia y leyendas españolas, con que contribuía a la forja de una conciencia nacional *(El mejor mozo de España, El mejor alcalde el rey, Fuente Ovejuna, Las paces de Toledo y judía de Toledo;* se le ha atribuido, pero no es suya, *La estrella de Sevilla)*. Algunas de sus mejores tragicomedias se inspiran en canciones populares *(Peribáñez y el comendador de Ocaña, El caballero de Olmedo)*. Otras comedias *(El villano en su rincón)* dramatizan también motivos folclóricos. Probablemente, ningún otro escritor ha interpretado tan profundamente a su pueblo.

BIBLIOGRAFÍA. L. de Vega, *Comedias escogidas*, ed. de J. E. Hartzenbusch, en *Biblioteca de Autores Españoles* (1853-60), vols. 24, 34, 41 y 52; L. de Vega, *Colección escogida de obras no dramáticas*, ed. de C. Rosell, *ibid.* (1856), vol. 38; *Obras de Lope de Vega*, publicadas por la Real Academia Española, ed. de M. Menéndez y Pelayo (1890-1913), 15 vols.; reaparece en la *Biblioteca de Autores Españoles; Obras de Lope de Vega*, publicadas por la Real Academia Española, ed. de E. Cotarelo (1916-30), 13 vols.; L. de Vega, *Poesías líricas*, ed. de J. F. Montesinos, 2 vols. (Madrid, 1926-27); A. González de Amezúa, *Lope de Vega en sus cartas*, 4 vols. (Madrid, 1935-43; reed. en 1989); M. Romera-Navarro, *La preceptiva dramática de Lope de Vega y otros ensayos sobre el Fénix* (Madrid, 1935); K. Vossler, *Lope de Vega y su tiempo* (Madrid, 1940); J. de Entrambasaguas, *Estudios sobre Lope de Vega*, 3 vols. (Madrid, 1946-1958); L. de Vega, *Cartas completas*, ed. de A. Rosenblat, 2 vols. (Buenos Aires, 1948); M. Goyri de Menéndez Pidal, *De Lope de Vega y del Romancero* (Zaragoza, 1953); J. Simón Díaz y J. de José Prades, *Ensayo de una bibliografía de las obras y artículos sobre la vida y escritos de Lope de Vega* (Madrid, 1955); D. Alonso, *Poesía española* (Madrid, 1957); J. Simón Díaz y J. de José Prades, *Nuevos estudios* (Madrid, 1961); L. C. Pérez y F. Sánchez Escribano, *Afirmaciones de Lope de Vega sobre preceptiva dramática* (Madrid, 1961); A. Zamora Vicente, *Lope de Vega. Su vida y su obra* (Madrid, 1961); F. Ynduráin, *Lope de Vega como novelador* (Santander, 1962); J. H. Parker y A. M. Fox, *Lope de Vega. Studies (1937-1962). A critical survey and annotated bibliography* (Toronto, 1964); Lope de Vega, *Obras poéticas*, ed. de J. M. Blecua (Barcelona, 1964); N. Salomon, *Recherches sur le thème paysan dans la «comedie» au temps de Lope de Vega* (Burdeos, 1965); F. Lázaro Carreter, *Lope de Vega. Introducción a su vida y a su obra* (Salamanca, 1966); W. T. McCready, *Bibliografía temática de estudios sobre el teatro español antiguo* (Toronto, 1966), págs. 314-413; J. F. Montesinos, *Estudios sobre Lope de Vega* (Salamanca, 1967); A. Castro y H. A. Rennert, *Vida de Lope de Vega*, con adiciones de F. Lázaro Carreter (Madrid, 1968); R. Froldi, *Lope de Vega y la formación de la comedia* (Madrid, 1968); S. Griswold Morley y C. Bruerton, *Cronología de las comedias de Lope de Vega* (Madrid, 1968); E. Orozco, *Lope y Góngora frente a frente* (Madrid, 1973); R. Menéndez Pidal, *De Cervantes y Lope de Vega*, 7.ª ed. (Madrid, 1973); D. Alonso, *Obras completas*, III (Madrid, 1974), págs. 739-938; J. M. Rozas, *Significado y doctrina del «arte nuevo» de Lope de Vega* (Madrid, 1976); AA. VV., *Lope de Vega: el teatro*, ed. de A. Sánchez Romeralo, 2 vols. (Madrid, 1989). [F.L.C.]

VEGAS, DAMIÁN (¿?-?, d. 1590). Quizá pueda identificarse con el licenciado Damián de Vega elogiado por Cervantes * en *La Galatea*. En todo caso, Vegas era eclesiástico y había pasado gran parte de su vida en Toledo, donde publicó en 1590 su *Poesía christiana, moral y divina*. Se trata de una interesante colección de poesía religiosa, en diferentes metros, en la tradición que aparecía en el *Cancionero general de la doctrina cristiana* (1579) de Juan López de Úbeda. Incluye también dos coloquios y la comedia *Jacobina o bendición de Isaac*, para compensar las «comedias vanas que tenía escritas siendo mozuelo».

BIBLIOGRAFÍA. C. Alberto de la Barrera, *Catálogo bibliográfico y biográfico del antiguo teatro español* (Madrid, 1860), págs. 458-459; gran parte de su obra está publicada en *Romancero y Cancionero sagrados*, ed. de J. de Sancha, *Biblioteca de Autores Españoles*, XXXV (Madrid, 1950). [A.B.]

VEINTIMILLA DE GALINDO, DOLORES (Quito, Ecuador, 1830-Cuenca, Ecuador, 1857). Poetisa ecuatoriana de espíritu romántico. Dejó apenas un manojo de poemas. Rondan en ellos la queja amorosa, el sufrimiento, la amargura, el desencanto y la melancolía. La injuria y la calumnia acabaron por llevarla al suicidio, convirtiéndose así en un trágico paradigma de osadía frente a un medio social represivo e intolerante. [H.R.]

VELA, ARQUELES. Véase ESTRIDENTISMO.

VELA, EUSEBIO (Toledo, 1688-México, 1737). Es el representante más destacado del teatro hispanoamericano del XVIII. En 1713 se encontraba ya en México, donde fue actor, autor de comedias y arrendatario del Coliseo. De las catorce piezas que se le atribuyen, por ahora se conocen sólo tres: *El apostolado en Indias y martirio de un cacique*, *Si el amor excede al arte, ni amor ni arte a la prudencia* y *La pérdida de España por una mujer* [T.F.]

VELA, FERNANDO (Oviedo, 1888-Llanes, Asturias, 1966). Su nombre era Fernando García-Vela. Amigo y colaborador de Ortega y Gasset *, publicó numerosos artículos y ensayos, de temática variadísima (sobre filosofía, física, biología, deportes y, muy especialmente, sobre literatura y estética). Colaboró en *El Sol*, *Revista de Occidente* *, de la que fue secretario, *Crisol*, *Luz*, *Heraldo de Madrid*, *España* de Tánger, y dirigió el *Diario de Madrid*. Recogió sus escritos, en los que destacan la claridad expositiva, la elegancia del estilo y unas adecuadas dosis de subjetivismo, en *El arte al cubo y otros ensayos* (1927), libro que contribuyó notablemente a la comprensión del arte nuevo; *El futuro imperfecto* (1934), *El grano de pimienta* (1950) y *Circunstancias* (1952). Es autor también de *Fútbol Association y Rugby* (con el seudónimo de «F. Alonso de Caso», 1924), uno de los primeros libros sobre fútbol que se han escrito en España; de biografías de *Mozart* (1943) y *Talleyrand* (1943), y de *Estados Unidos entran en la historia* (1946) y *Or-*

tega y los existencialismos (1961), donde demuestra una aguda comprensión de la filosofía de este pensador. En *Inventario de la modernidad* (1983), con prólogo de José-Carlos Mainer, se recogieron sus más destacados ensayos. Realizó también numerosas traducciones, especialmente de filosofía.

BIBLIOGRAFÍA. R. García-Vela, «Para una bibliografía de F. Vela», en *Boletín del Instituto de Estudios asturianos*, XXXIV (1980), págs. 597-636; T. Rodríguez Neira, *F. Vela y Asturias: evocación de situaciones y perspectivas* (Oviedo, 1985); AA. VV., «Homenaje a Fernando Vela», en *Revista de Occidente*, núm. 90 (noviembre de 1988), págs. 113-141. [A.R.]

VELARDE, FERNANDO (Hinojedo, Santander, 1823-Londres, 1881). Vivió gran parte de su vida en Hispanoamérica. Sus *Flores del desierto* (1848), sus *Melodías románticas* y sus *Cánticos del Nuevo Mundo* (1860) dan cuenta de unas extraordinarias dotes de poeta, que no siempre se vieron acompañadas por el buen gusto ni por la disciplina. Excesivo en todo, lo fue también en la grandilocuencia con la que da escape a su romanticismo. [J.B.]

VELARDE, JOSÉ (Conil de la Frontera, Cádiz, 1849-Madrid, 1892). Estudió Medicina. Su poesía recibió la influencia de Núñez de Arce * y de José Zorrilla * —éste, sobre todo, influyó en sus leyendas en verso—. Escribió un extenso poema, que no concluyó («Alegría»), los libros *Poesía* (1872), *Nuevas poesías* (1878), *A orillas del mar* (1882), *Voces del alma* (1884) y las leyendas *Teodomiro o La cueva del Cristo* (1879), *La niña de Gómez Arias* (1880) y *El último beso* (1884). [G.R.F.]

VELASCO, JUAN DE (Riobamba, Ecuador, 1727-Faenza, Italia, 1792). Expulsado del Ecuador en 1767, junto con los demás miembros de la Compañía de Jesús, escribió desde el exilio en Italia su más célebre obra: *Historia del reino de Quito* (1789). Es reconocido como el primer historiador de su patria. Relacionó los sucesos históricos y prehistóricos que trata con un tono y perspectiva que tienen mucho de legendario y maravilloso, y que sugieren una gran capacidad literaria. Es uno de los grandes forjadores del pasado mítico ecuatoriano. [H.R.]

VELASCO, LOLA. Véase POESÍA ESPAÑOLA POSTERIOR A 1975.

VELASCO, MIGUEL ÁNGEL. Véase POESÍA ESPAÑOLA POSTERIOR A 1975.

VELASCO MACKENZIE, JORGE (Guayaquil, Ecuador, 1949). Narrador ecuatoriano. Recrea con singular maestría el habla, el ritmo y el ambiente de las clases marginales de su ciudad natal, un mundo de violencia, pero también de poesía y ternura. Obras principales: *De vuelta al Paraíso* (1975), *Como gato en tempestad* (1977), *Raimundo y la creación del mundo* (1979), *El rincón de los justos* (1983) y *Tambores para una canción perdida* (1985). [H.R.]

VELASCO SÁNCHEZ, ANTONIO. Véase TEATRO ESPAÑOL POSTERIOR A 1975.

VELASCO ZAZO, ANTONIO (Madrid, 1884-1960). Novelista y dramaturgo. Fundador de *Arte y Juventud* y de *El teatro por dentro*. Cronista oficial de Madrid desde 1923, hace de los temas de su tierra la materia exclusiva de su producción literaria, dentro siempre de los parámetros del costumbrismo. *Sangre joven* (1904), *Mujer de teatro* (1908), *Espejo de pícaros* (1912) y *A tontas y a locas* (1916), son los títulos de algunas de sus novelas. Entre su producción dramática destacan *Andrés* (1902), *Hacia* *la cumbre* (1906) y *La reina de los mayos* (1911). [J.B.]

VELÁZQUEZ, LUIS JOSÉ (Málaga, 1722-1772). Marqués de Valdeflores. Escribió poesía y fue miembro de varias academias privadas de gran importancia en la evolución del género en el siglo XVIII. En Granada, bajo el seudónimo de «El Caballero Doncel del Mar», era asiduo de la Academia del Trípode, dirigida por el conde de Torrepalma, Alonso Verdugo y Castilla *. En Madrid, hacia 1750, con el seudónimo de «El Marítimo», formaba parte de la Academia del Buen Gusto. Además perteneció a las Academias de la Historia, de Buenas Letras de Sevilla y de Bellas Letras de París. En 1754 publicó los *Orígenes de la poesía castellana*, primera historia de la poesía española. Deficiente en algunos aspectos, fue de gran utilidad para los sucesivos historiadores, que se valieron de ella para sus propios estudios, ya que estableció la periodización que posteriormente se ha venido empleando con algunas matizaciones. A pesar de que Mayans * ya se había referido a la «Edad de Oro» para aludir al siglo XVI, fue Velázquez quien acuñó en los *Orígenes* la expresión «Siglo de Oro», con el sentido que hoy conocemos. En 1765 publicó un *Viaje de España*. Era gran amigo del marqués de la Ensenada, que le favoreció, aunque precisamente esa amistad fue la causa de su desgracia en 1766, a raíz del motín de Esquilache y la expulsión de los jesuitas. Se le consideró uno de los instigadores del motín y filojesuita, de manera que fue encarcelado en el penal de Alhucemas, de donde salió en 1772 para morir en su casa. [J.A.B.]

VELÁZQUEZ DEL CASTILLO, GABRIEL. Véase NOVELA DE CABALLERÍAS.

VELÁZQUEZ DE VELASCO, ALONSO (Valladolid, ?-¿?). Uno de los militares más prestigiosos del siglo XVI. Fue editor de textos y autor de unas *Odas* (Amberes, 1593), traducidas de los Salmos, y de *La Lena o El Celoso* (Milán, 1602), desvergonzada comedia en prosa a imitación de *La Celestina* y las novelas italianas.

BIBLIOGRAFÍA. M. Menéndez Pelayo, *Orígenes de la novela*, III (Madrid, 1910), págs. 276-288. [R.R.]

VÉLEZ DE GUEVARA, JUAN (Madrid, 1611-1675). Era hijo de Luis Vélez de Guevara *. Estudió Leyes en Alcalá de Henares. Sus comedias más conocidas son *El mancebón de los palacios, o Agraviar para alcanzar, Encontráronse dos arroyuelos, No hay contra el amor poder* y *Riesgos de amor y amistad*. Mayor éxito tuvieron sus entremeses, sobre tipos populares, *El sastre, El bodegón*, donde unos valentones y sus amigos se las ingenian para marcharse sin pagar después de haber dado cuenta de una opípara comida, *Los holgones, El loco, La melindrosa, La pretendida* y *Los valientes*, la zarzuela *Los celos hacen estrellas*, con música de Juan Hidalgo, la *Mojiganga de las figuras y lo que pasa en una noche* y los bailes, en los que satiriza diversas costumbres de la época, *El juego del hombre, Los trajes, El arquitecto, El pregonero* y *La esgrima*. Cultivó también la poesía. [J.S.M.]

VÉLEZ DE GUEVARA, LUIS (Écija, Sevilla, 1579-Madrid, 1644). Se graduó de bachiller en Artes en Osuna, pero interrumpió luego sus estudios. Muy joven entró al servicio del cardenal de Sevilla, don Rodrigo de Castro. Como otros escritores de su época, Vélez participó en campañas militares en tierras de Italia y en otras zonas del Mediterráneo. Fijó pronto su residencia en la corte, entrando a formar parte de los servidores del conde de Saldaña. Es por estos años cuando se da a conocer como poeta y cuando logró establecer relaciones de amistad con otros ingenios cortesanos. Al no recibir remuneración por sus servicios, buscó el amparo del marqués de Peñafiel, que le consiguió el puesto de ujier de cámara del rey, cargo más honorífico que lucrativo. Eran bien conocidos en la corte los memoriales poéticos que el escritor andaluz escribía con el fin de allegar ropas y dineros con los que mantener a su numerosa familia (casó cuatro veces), ya que sus ingresos fueron hasta el día de su muerte muy menguados. Pese a este drama personal, frecuente entre los escritores del Siglo de Oro, fue Vélez un hombre abierto a la simpatía y a la amistad —le honraron con la suya los más célebres autores del momento—, aunque esto no impidió que viviera en más de una ocasión situaciones conflictivas y pendencias, llevado por su carácter orgulloso y altivo, un tanto indisciplinado; carácter que propició que sus anécdotas, donaires y maledicencias corrieran de boca en boca por el Madrid de los Austrias.

Cultivó Vélez de Guevara los principales temas dramáticos en boga durante el siglo XVII: piezas bíblicas, autos navideños, comedias inspiradas en el Romancero *, obras de historia nacional y entremeses. La crítica siempre ha destacado el hecho de que el escritor ecijano sea el comediógrafo que ofrece entre su producción menos piezas de las llamadas de costumbres o de capa y espada, y de que mostrara su preferencia por un teatro llamado «de cuerpo», por Suárez de Figueroa *, o «de fábrica», por Bancés Candamo *, es decir, un teatro inspirado en leyendas de ambiente histórico, nacional o extranjero, y protagonizado por príncipes y reyes. Esto no significa que no se pueda considerar a Vélez como autor adscribible a la nómina de los que siguen el modo lopesco de hacer comedias. Las cuatrocientas piezas teatrales que, según Pérez de Montalbán *, escribió nuestro poeta, concuerdan con la fórmula teatral que se aplaudía en los corrales. En cualquier caso, lo cierto es que Vélez se inclinó por los personajes nobles a la hora de configurar sus comedias: doña Inés de Castro (Reinar después de morir), Guzmán el Bueno (Más pesa el rey que la sangre), el rey don Pedro el Cruel (El diablo está en Cantillana) y la reina Isabel (La niña de Gómez Arias, La luna de la sierra) son las figuras dramáticas que aparecen constantemente en su teatro; pero Vélez, lejos de adular a estos personajes, muestra una y otra vez los deberes y la responsabilidad del soberano; por ello le hace decir a Alfonso X * en A lo que obliga el ser rey: «Que se atreva la venganza al rey si es culpado el rey.»

Su obra más famosa es Reinar después de morir, en donde se escenifican los trágicos amores del rey don Pedro de Portugal con doña Inés de Castro. Para ello, Vélez contaba con el inmediato precedente de varias piezas de diversos autores que habían abordado el mismo asunto, sobre todo la Nise lastimosa y la Nise laureada de Jerónimo Bermúdez *. Nuestro autor, sin embargo, crea una obra atravesada por un intenso lirismo, en el que el desenlace con Inés muerta, fresca y bella aún, coronada reina después de la muerte, se aleja del macabro desenterramiento contado en la leyenda. Muy interesante es, asimismo, La serrana de la Vera, comedia que tiene como protagonista a un personaje atípico: la villana Gila, mujer de rasgos varoniles, capaz de, vestida de hombre, vengar su deshonra dando muerte con sus propias manos a su seductor. Pieza, pues, que se diferencia de otras del mismo asunto en que acaba trágicamente y no, como era usual, en un matrimonio arreglado. Vélez compuso La serrana para que fuese representada por la actriz Jusepa Vaca, y toda la obra está llena de escenas concebidas para el lucimiento de la famosa cómica. Además de estas dos obras, las más importantes del autor, deben destacarse las ya mencionadas *La luna de la sierra*, *La niña de Gómez Arias*, *El diablo está en Cantillana* y *Más pesa el rey que la sangre*.

Pero Vélez de Guevara no sólo fue autor dramático, sino que también nos dejó una obra en prosa, *El diablo Cojuelo*, publicada en 1641, aunque escrita unos pocos años antes. En ella se nos cuenta el recorrido aéreo de don Cleofás Pérez Zambullo y el diablo Cojuelo por diversas ciudades españolas, «pajareando» y sorprendiendo a las gentes, cuando no se sienten observadas, lo que configura un entretenido cuadro satírico de la sociedad española del siglo XVII. Vélez se sirve en este relato tanto de fuentes literarias, especialmente las sátiras lucianescas y los *Sueños* de Quevedo *, como de abundante materia folclórica —el propio Cojuelo era un personajillo de la tradición oral—. Asunto más espinoso es el de la forma. Aunque para parte de la crítica *El diablo Cojuelo* es una novela picaresca, parece más verosímil considerarlo como un relato satírico-alegórico, ya que, a pesar de los desplazamientos geográficos, apenas existe relación entre los personajes centrales y la realidad. Mayor unanimidad ha existido a la hora de señalar la firme voluntad de estilo observable en la narración de Vélez, ya que toda ella está montada sobre un uso de la lengua lleno de agudezas y complejidades: metáforas atrevidas y juegos de palabras desafían una y otra vez al lector.

BIBLIOGRAFÍA. L. Vélez de Guevara, *Reinar después de morir. El diablo está en Cantillana*, ed. de M. Muñoz Cortés (Madrid, 1948); C. G. Peale, *La anatomía de «El diablo Cojuelo»* (Chapel Hill, 1977); E. Nagy, *Villanos, hampones y soldados en tres comedias de Luis Vélez de Guevara* (Valladolid, 1979); L. Vélez de Guevara, *La serrana de la Vera*, ed. de E. Rodríguez Cepeda (Madrid, 1982); AA. VV., *Antigüedad y actualidad de Luis Vélez de Guevara* (Amsterdam-Filadelfia, 1983); L. Vélez de Guevara, *El Diablo Cojuelo*, ed. de A. R. Fernández e I. Arellano (Madrid, 1988). [F.F.D.]

VELILLA Y RODRÍGUEZ, JOSÉ DE. Véase MONTOTO Y RAUTENSTRAUCH, LUIS.

VELISLA (seudónimo). Véase SILVELA, MANUEL.

VELOZ MAGGIOLO, MARCIO (Santo Domingo, 1936). Escritor, periodista y antropólogo dominicano, ha destacado especialmente como autor de novelas como *El buen ladrón* (1960), *Los ángeles de hueso* (1966), *De abril en adelante* («protonovela», 1975), *La biografía difusa de Sombra Castañeda* (1981), *Florbella* («arqueonovela», 1986) y *Materia prima* («protonovela», 1988). Ha cultivado el cuento: *Creonte y seis relatos* (incluye una pieza de teatro, 1963), *La fértil agonía del mar* (1982). [T.F.]

VENEGAS, ALEJO (Toledo, h. 1498/99-h. 1572). Filósofo y moralista. Estudió teología, y ejerció como preceptor de gramática y humanidades. Entre sus obras merecen recordarse su *Tratado de ortografía* (Toledo, 1531), con reglas para escribir griego, latín y castellano, y *Primera parte de las diferencias de libros que hay en el universo* (Toledo, 1540, y cinco ediciones más hasta 1583). Como filólogo se le deben las *Brevia scholia in Petri Papaes Samaritem Comoediam* (Toledo, 1542) y la edición de las paráfrasis bíblicas de Alvar Gómez de Ciudad Real (Toledo, 1541), donde incluye una «Disertación sobre la poesía» muy influida por las ideas de Juan Luis Vives *. Su obra más conocida fue la *Agonía del tránsito de la muerte* (Toledo, 1537, reeditada varias veces y traducida al italiano). Está inspirada en la *Praeparatio ad mortem* de Erasmo, aunque el autor muestra también su acuerdo con la tradición de la Iglesia.

BIBLIOGRAFÍA. A. Venegas, *Primera parte de las diferencias de libros que hay en el universo*, prólogo de D. Eisenberg (Barcelona, 1983); A. Venegas, *Tratado de Ortografía*, ed. de L. Nieto (Madrid, 1986); I. Adeva Martín, *El Maestro Alejo Venegas del Busto. Su vida y sus obras* (Toledo, 1987). [R.R.]

VENEGAS, MIGUEL. Véanse HUMANISTAS y TEATRO DE COLEGIO.

VENEGAS FILARDO, PASCUAL (Barquisimeto, Lara, Venezuela, 1911). Crítico, poeta y economista. Autor proveniente de uno de los grupos literarios más célebres del país, *Viernes* *, que actuó a finales de la década del treinta y comienzos del cuarenta (1938-41), y cuya orientación se identifica con «la rosa de los vientos», es decir, hacia todas las direcciones, todos los vuelos y todas las formas literarias. La obra poética de Venegas Filardo comienza con *Cráter de voces* (1939), cuya escritura denota un sentido más hacia lo textual que hacia lo vivencial. Le sigue *Música y eco de tu ausencia* (1941), cuya intención, como en el poemario anterior, es una búsqueda de lo conceptual. Sus medios técnicos, en general, van desde el verso libre a la elaboración del soneto. Su obra poética se continúa con los siguientes títulos: *Los cantos fluviales* (1962), *Pequeña antología* (1964), *Elegía a la sombra de tu paso* (1967), *Selección poética* (1968) y *Cinco poemas en inglés* (1970). Recibió el Premio Municipal de Poesía en 1961 y el Nacional de Literatura en 1983. En el terreno del ensayo publicó, entre otros, los libros *Tiempo de poesía: notas críticas* (1980) y *Viajeros a Venezuela en los siglos XIX y XX* (1983). [J.R.M.]

VENEGAS SAAVEDRA, PEDRO. Véase MEDRANO, FRANCISCO DE.

VERA, DIEGO DE . Véase CANCIONEROS Y ROMANCEROS DE LOS SIGLOS XVI Y XVII.

VERA, HELIO (Villarrica, Paraguay, 1946). Cuentista y periodista paraguayo. Abogado de profesión, ejerce el periodismo desde 1967. Comenzó a publicar cuentos en suplementos literarios de la prensa local, obras que junto a otros escritos fueron reunidos y publicados posteriormente en *Angola y otros cuentos* (1984). Es también autor de *En busca del hueso perdido. Tratado de paraguayología* (1990), obra de aguda y punzante ironía, galardonada en 1988 con el Premio V Centenario de la Embajada de España y del Instituto de Cooperación Iberoamericana (ICI). [T.M.F.]

VERA, PEDRO JORGE (Guayaquil, Ecuador, 1914). Novelista, cuentista, poeta y dramaturgo ecuatoriano. Ha ido más allá del realismo social que caracterizó a la generación del 30. En el fondo de su novelística yace el dilema del intelectual en un medio como el Ecuador del siglo XX: compromiso social frente a responsabilidad artística. Sus cuentos destacan por su dominio del género y por su poder introspectivo. Obras principales: *Los animales puros* (novela, 1946), *Luto eterno* (cuentos, 1953), *La semilla estéril* (novela, 1962), *Tiempo de muñecos* (novela, 1971), *Jesús ha vuelto* (novela, 1975), *El pueblo soy yo* (novela, 1976), *Las familias y los años* (novela, 1982) y *¡Ah los militares!* (1986). [H.R.]

VERA Y FIGUEROA, JUAN ANTONIO DE. Véase VERA Y ZÚÑIGA, JUAN ANTONIO DE.

VERA E ISLA, FERNANDO DE LA (Mérida, Badajoz, 1825-Madrid, 1891). Publicó *Ensayos poéticos*, con prólogo de José Zorrilla * (1852), y *Versos* (1883). En su producción se destacan las octavas de *En la tumba de Enrique Gil*, la elegía a la muerte de Espronceda * y algunos sonetos. [R.B.]

VERA Y MENDOZA, FERNANDO DE. Véase POÉTICAS DE LOS SIGLOS XVI Y XVII.

VERA Y ZÚÑIGA [o FIGUEROA], JUAN ANTONIO DE (Mérida, Badajoz, 1581/83-1659). Conde de la Roca, fue famoso político, teórico y práctico, embajador de Venecia entre 1632 y 1642. Como teórico publicó un importante diálogo en cuatro discursos, *El Embajador* (Sevilla, 1620), que se convirtió en un clásico del género a partir de la traducción francesa de 1635. Como poeta compuso una fábula de *Píramo y Tisbe* en octavas; adaptó en redondillas en *El Fernando* (1533), la *Gierusalem liberata*, de Tasso, y en *El Judas desesperado*, la obra *La disperazione di Giuda*, que circulaba a nombre de Tasso. Como biógrafo escribió unas *Resultas de la vida de don Fernando Álvarez de Toledo, tercer duque de Alba* (1643) y como dramaturgo dos piezas políticas *El miglior giglio di Francia* (1640), con el anagrama Notoniano Vadin, sobre Luis IX, que el propio Vera tradujo al castellano *(La mejor lis de Francia)*, en 1655, y *El Rey don Pedro defendido* (1647), contra la visión de Pero López de Ayala *, en la tradición de Malvezzi.

BIBLIOGRAFÍA. B. Cinti, *Letteratura e politica in J. A. de Vera, ambasciatore spagnuolo a Venezia (1632-1642)* (Venecia, 1966). [A.B.]

VERAGÜE, PEDRO DE (¿?-¿?). Fue autor de la *Doctrina de la discripción o Tractado de la doctrina*, poema didáctico posterior a 1398, cuya primera parte constituye un catecismo de la doctrina cristiana (breve exposición del Credo, Mandamientos, siete virtudes, los pecados capitales...), y la segunda (*Trabajos mundanos*) pertenece a la tradición gnómica y sentenciosa. Es clara la dependencia de la obra respecto al *Libre de bons amonestaments* (1398) de Fra Anselm Turmeda, a su vez inspirado en la *Doctrina* del Schiavo di Bari.

BIBLIOGRAFÍA. R. A. del Piero, *Dos escritores de la baja Edad Media castellana* (Madrid, 1971); F. Rico, «Pedro de Veragüe y fra Anselm Turmeda», en *Bulletin of Hispanic Studies*, 50 (1973), págs. 224-236. [M.A.S.]

VERANIO, LUCIO (seudónimo). Véase ANTILLÓN, ISIDORO.

VERBITSKY, BERNARDO (Buenos Aires, 1902-1979). Practicó los más consabidos métodos del realismo social, aplicado sobre todo a historias de ambiente modesto. Entre sus novelas se cuentan *Es difícil empezar a vivir* (1941), *Una pequeña familia* (1951), *Calles de tango* (1953), *Villa Miseria también es América* (1957), *Un hombre de papel* (1966), *La neurosis monta su espectáculo* (1969) y *Enamorado de Joan Báez* (1975). [B.M.]

VERDAGUER, MARIO (Mahón, Baleares, 1885-Barcelona, 1963). Estudió Derecho y fue periodista. Colaboró en *La Gaceta Literaria* * y en *La Vanguardia*. Escribió dos novelas de influencia modernista, ambientadas en Baleares, *La isla de oro: novela de pasión y de paisajes* (1926) y *Piedras y viento* (1928). De tendencia vanguardista es *El marido, la mujer y la sombra* (1927), narración en la que se observa una posible influencia de Pirandello, mientras que en *Un intelectual y su carcoma* (1934), narrada en primera persona, aborda la novela psicológica. También escribió poesía y obras teatrales.

BIBLIOGRAFÍA. R. Fuentes Mollá, *La novela vanguardista de Mario Verdaguer* (Barcelona, 1985). [G.R.F.]

VERDES MONTENEGRO, JOSÉ (Madrid, 1865-México, 1939). Licenciado en Filosofía y Letras, fue catedrático de instituto en varias ciudades y, por último, en Madrid. Fue director de *El Mundo Obrero*, en Alicante (1901-04), y redactor de *Vida Nueva*. Publicó *Colores y notas* (1883), libro de poemas, con Manuel Corral; *El incrédulo, poema dramático* (1885), *Campoamor* (1887), estudio literario, y *Nuestros hombres de ciencia* (1889). [M.P.C.]

VERDUGO Y CASTILLA, ALFONSO (Alcalá la Real, Jaén, 1706-Turín, Italia, 1767). Era Conde de Torrepalma. Fue diplomático en Italia y formó parte de las Academias del Trípode y del Buen Gusto, así como de la Real Academia Española. Alcanzó notoriedad por su poema *Deucalión* y por otras composiciones de tono grave y ascético fieles a los gustos barrocos.

BIBLIOGRAFÍA. N. Marín, *Poesía y poetas del setecientos. Torrepalma y la Academia del Trípode* (Granada, 1971). [J.A.R.]

VERDUGO DE LA CUEVA, PABLO. Véase POESÍA ÉPICA DE LOS SIGLOS XVI Y XVII.

VERDÚGUEZ GÓMEZ, CÉSAR (La Paz, 1941). Narrador boliviano, representante del realismo proletario en los cuentos de *Mirando al pueblo* (1966). En *Lejos de noche* (1978) los temas de los relatos sobrepasan lo estrictamente boliviano para alcanzar lo universal. También de cuentos es su libro *Once* (1981). [J.L.F.]

VERGARA, FRANCISCO DE. Véase IDEAS LINGÜÍSTICAS DEL SIGLO DE ORO.

VERGARA, JOSÉ. Véase LITERATURA FILIPINA.

VERGARA, JOSÉ MANUEL. Véase HISPANOAMÉRICA: NARRATIVA ACTUAL.

VERGARA, JUAN DE. Véase HUMANISTAS.

VERGARA, LUISA. Véase NARRATIVA ESPAÑOLA POSTERIOR A 1975.

VERGARA Y VERGARA, JOSÉ MARÍA (Bogotá, 1831-1872). Autodidacto, consagró su vida a las letras, especialmente a las colombianas. Fue el primer historiador de éstas y, también, el primero que en Hispanoamérica historió una literatura nacional. Dirigió *El Mosaico*, semanario de la tertulia del mismo nombre en que apareció lo mejor de su país en aquel tiempo, tanto en verso como en prosa. Viajes a Francia y España consiguieron que la Real Academia, en 1870, estableciera academias filiales en América. De regreso, organizó y dirigió la Academia Colombiana, la primera del Nuevo Continente. Escribió cuentos, novelas, cuadros de costumbres, poemas y crítica literaria. Aparte de su *Historia de la literatura en Nueva Granada, desde la Conquista hasta la Independencia, 1538-1820* (1867), que su temprana muerte no le permitió continuar, se han publicado 5 volúmenes de *Obras escogidas* (1931). [F.C.L.]

VERGEL DE AMORES. Véanse CANCIONERO GENERAL y CANCIONEROS Y ROMANCEROS DE LOS SIGLOS XVI Y XVII.

VERGEL DE FLORES DIVINAS. Véase CANCIONEROS Y ROMANCEROS DE LOS SIGLOS XVI Y XVII.

VERGÉS, PEDRO. Véase HISPANOAMÉRICA: NARRATIVA ACTUAL.

VERZOSA, JUAN DE. Véase HUMANISTAS.

VETANCURT, AGUSTÍN DE (México, 1620-1700). Amigo de Sigüenza y Góngora * y criollo como él, pertenece a la Orden de San Francisco, a la que servirá como religioso y fiel historiador. Es profesor de teología y filosofía, y un profundo conocedor de la lengua y la cultura mexicanas. Entre sus abundantes obras destaca *Theatro mexicano* (1698), muy documentada crónica de los principales sucesos del virreinato. El autor, como hombre barroco, tiene la idea de «theatro» como escenario espacial y temporal de los principales acontecimientos. Documenta los sucesos naturales, los políticos y la historia de la labor evangelizadora de los franciscanos. *Menologio franciscano* (1698) es una muy interesante narración de las vidas de los más prominentes religiosos franciscanos que realizaron su labor apostólica en Nueva España. *Arte para aprender la lengua mexicana* (1673) y *Cronografía sacra* (1676) son otros títulos suyos. [M.D.B.]

VEYRA, JAIME DE. Véase LITERATURA FILIPINA.

VIAJE DE TURQUÍA. Diálogo renacentista escrito en 1557 (fecha del prólogo), que permaneció manuscrito hasta 1905, cuando M. Serrano y Sanz * lo publicó en la *Nueva Biblioteca de Autores Españoles* atribuyéndoselo a Cristóbal de Villalón * por ciertas semejanzas con *El Crótalon* *, y bajo la consideración de relato autobiográfico. Las investigaciones de Marcel Bataillon vinieron a demostrar su carácter de «novela de viajes», con lo que se enriqueció su valor literario. Además de señalar su acusado erasmismo, Bataillon creyó encontrar a su autor en Andrés Laguna *, helenista y médico. Sin embargo, esta atribución no ha sido confirmada por ningún documento, y críticos como R. Schevill, W. Markrich, R. García Villoslada o C. Dubler dudaron de ella. L. y J. Gil apuntaron la posible autoría hacia algún estudiante de teología de Alcalá relacionado con el mundo diplomático. Encaminada a satisfacer la curiosidad sobre un tema candente, como habían hecho en su *Palinodia* Vasco Díaz Tanco * (1547) y en *Historia de los turcos*, Vicente Rocca (1555), bajo la forma de relato autobiográfico de un cautivo evadido y con andadura de novela por su movimiento y notas personales, la obra se articula en un coloquio sostenido por tres personajes cuya filiación literaria procede del folclore. Juan de Votadiós (clérigo hipócrita que vive explotando la devoción de los pobres) y Matalascallando (su alegre camarada, socarrón y a menudo ingenuo), son sorprendidos por su antiguo compañero Pedro de Urdemalas, que, vestido de peregrino, regresa de tierras de turcos; a través de dos conversaciones, una nocturna y otra matinal, Pedro les narra su vida en la galera, su cautiverio, estancia entre los turcos, su fuga y regreso a España, y les muestra un cuadro de la religión, administración y costumbres turcas, deteniéndose en detalles insignificantes, en observaciones localizadas, con una presentación sin orden aparente e información fragmentaria, pero, en definitiva, completa y directa. Soldado convertido en médico para destacar en la cautividad y llegar hasta la casa del gran turco, se erige en testigo ocular de lo que, sin embargo, no es sino una recopilación enmascarada de tres obras señaladas por Marcel Bataillon: el *Trattato de' costumi et vita de' turchi* de G. A. Menavino (1548), la *Cosmographia* de Münster (1550) y las *Observaciones* de P. Belon (1553); a ellas hay que añadir gacetas manuscritas y relatos orales de auténticos fugados. Se viene a ofrecer así una visión de Turquía como contrapunto de España: mediante el hábil manejo del diálogo, la realidad lejana se proyecta sobre la cercana y verificable para dar a conocer la verdadera situación de esta última, lo que quizá impidió la publicación de este texto. Desde la misma forma de la obra (coloquio) hasta el atrevimiento crítico, y la visión de la sociedad española (prejuicios morales, hipocresía religiosa, instituciones tradicionales, etc.), denotan la filiación erasmista del autor. La amenidad de que la dotan las aventuras y fantasías la acerca a *El Crótalon*, mientras que el enjuiciamiento de la actualidad la coloca en la línea de Alfonso de Valdés *. Equilibrada entre ambos polos, es «obra maestra de la literatura edificante, nutritiva y atrayente para el espíritu», llegando a erigirse en utopía reformista.

BIBLIOGRAFÍA. M. Bataillon, *Le docteur Lagune, auteur du «Voyage en Turquie»* (París, 1958); L. y J. Gil, «Ficción y realidad en el *Viaje de Turquía*», en *Revista de Filología Española*, XLV (1962), págs. 89-160; *Viaje de Turquía*, ed. de F. García Salinero (Madrid, 1979); M.ª S. Ortolá, *Un estudio del «Viaje de Turquía». Autobiografía o ficción* (Londres, 1983). [A.R.G.]

VIALE, ÓSCAR. Véase HISPANOAMÉRICA: TEATRO ACTUAL.

VIANA, ANTONIO DE. Véase POESÍA ÉPICA DE LOS SIGLOS XVI Y XVII.

VIANA, CARLOS DE (Peñafiel, Valladolid, 1421-Barcelona, 1461). Nieto de Carlos III *el Noble*, hijo de Juan II de Aragón y doña Blanca, príncipe de Viana desde 1423 y heredero del reino de Navarra desde 1428. Tras la muerte de su madre (1442) se enemista con su padre, quien lo deshereda. A pesar de todo, en 1457 es proclamado rey de Navarra por sus parciales, lo que provoca una serie de disturbios políticos que culminan en 1461 con la prisión del príncipe, con quien, no obstante, su padre se ve obligado a pactar, solución infructuosa puesto que el príncipe fallece pocos meses después. De acuerdo con el prohemio que nos transmiten los manuscritos de la *Visión deleitable*, Alfonso de la Torre * habría escrito su obra a petición de Juan de Beamonte para la educación del príncipe, si bien la relación entre ambos nos es desconocida en sus últimos extremos. Obra propia es su traducción de la *Ética a Nicómaco*, realizada a partir de la versión italiana de Leonardo Bruni d'Arezzo, así como su correspondencia con Joan Roís de Corella, que gira en torno a un *dubbio* amoroso que se remonta hasta la poesía provenzal y que tiene una extensa descendencia en la literatura castellana. Obras del príncipe son también la *Epístola exhortatoria* que Fernando de Bolea y Galloz envía tras su muerte a los príncipes de España, plan de una obra filosófico-religiosa que proyectaba, así como la *Crónica de los reyes de Navarra*. Carlos de Viana, siguiendo la tradición familiar, se convirtió en promotor de las actividades humanísticas en España y participó en la difusión de obras italianas en la Península. Poetas catalanes lloraron su muerte en textos recogidos en el *Cancionero de Barberà*.

BIBLIOGRAFÍA. P. E. Russell y A. R. D. Padgen, «Nueva luz sobre una versión española cuatrocentista de la *Ética a Nicómaco*: Bodlian Library ms. Span. D.L.», en *Homenaje a G. Gustavino* (Madrid, 1974); M. Metzeltin, «Acerca de la estructura de la *Crónica de los reyes de Navarra* del príncipe de Viana», en *Homenaje a Álvaro Galmés de Fuentes* (Madrid, 1985). [J.G.G.]

VIANA, JAVIER DE (Canelones, Uruguay, 1868-1926). Ante todo cuentista, fue también novelista, dramaturgo y periodista. Su mundo era rural, y en él representó los conflictos del cambio económico, social y político que determinaría la desaparición del «gaucho»; en este sentido, su obra tiene importancia documental. Su gran valor artístico se asienta en la capacidad narrativa para el cuento corto, el diseño de personajes con notable economía expresiva, y la escritura de diálogos casi perfectos. Presenció, vivió y testimonió las guerras políticas: fue militante del Partido Blanco, y en esa condición participó en la revolución del Quebracho, y en el levantamiento del general Aparicio Saravia contra el presidente «colorado» José Batlle y Ordóñez. Esta experiencia se encuentra registrada en *Crónicas de la revolución del Quebracho* (1891-1943) y en *Con divisa blanca* (1904). Lo mejor de Viana es anterior a 1904. En esta fecha se exilió en Argentina, hasta 1918. Murió ocho años más tarde, en extrema pobreza, tras haber ocupado una diputación en 1923. En sus cuentos, Viana heredó la influencia del naturalismo francés. El retrato que hizo de la vida cotidiana del campo uruguayo posee cierta dosis de amargura, con la cual desmitifica esa actualidad, pues le duele el contraste con la historia gloriosa de las luchas por la independencia. En ese contraste hay claramente una idealización del pasado, lo cual le permite a Alberto Zum Felde * referirse a la «arcadia cimarrona» junto a la actitud deliberada de ensombrecer el presente. Esa doble imagen se hace literaria, y llega a fundar la primera visión lúcida de la transición social y del triunfo de la ciudad sobre el campo. Los primeros libros, *Campo* (1896), *Gaucha* (1899) y *Gurí* (1901), trazan esa imagen, con resultados irregulares en la medida en que manejó mejor el cuento que la novela. *Gaucha* es una novela frustrada por el exceso naturalista. En el exilio argentino escribió numerosos cuentos, algunos débiles, para ganarse la vida, y los recopiló en libros a partir de 1910: *Macachines* (1910), *Leña seca* (1911), *Yuyos* (1912), *Abrojos* (1919), *Cardos* (1919), *Sobre el recado* (1919), *Ranchos* (1920), *Paisanas* (1920), *Bichitos de luz* (1920), *De la misma lonja* (1920), *Del campo y de la ciudad* (1921), *Potros, toros y aperiases* (1922), *La Biblia gaucha* (1925), *Tardes del fogón* (1925) y *Pago de deuda* (1934).

BIBLIOGRAFÍA. T. J. Freire, *Javier de Viana, modernista* (Montevideo, 1957); M. E. Cantonnet, *Las vertientes de Javier de Viana* (Montevideo, 1969); J. J. da Rosa, *Javier de Viana* (Montevideo, 1979); A. Barros-Lémez, *La obra cuentística de Javier de Viana* (Montevideo, 1985); R. Sum Scott, *J. de Viana: un narrador del 900* (Montevideo, 1986). [J.R.]

VICENS, JOSEFINA (Villahermosa, Tabasco, México, 1915-México, D.F., 1988). Periodista, argumentista y adaptadora cinematográfica. *El libro vacío* (1958) ha sido considerado una novela de la soledad, del tedio, del vacío, de la infecundidad, de la inadaptación, de la imposibilidad de escribir, de la incapacidad de trascender. *Los años falsos* (1982) sigue en buena medida el tono de la obra anterior, explorando la precaria relación de los personajes con su entorno.

BIBLIOGRAFÍA. D. González Dueñas y A. Toledo, *Josefina Vicens: la inminencia de la primera palabra* (México, 1986). [J.E.C.]

VICENT, MANUEL (Villavieja, Castellón, 1936). Es licenciado en Derecho y periodista. En 1966 ganó el Premio Alfaguara con su novela *Pascua y naranjas*, a la que siguieron: *El resuello* (1966), *El anarquista coronado de adelfas* (1979), *Ángeles o neófitos* (1980) y *Balada de Caín*, relato metafórico, de cuidado lenguaje, centrado en personajes bíblicos y escrito en tono iconoclasta y paródico, con el que obtuvo el Premio Nadal en 1987. Es autor también de diversos ensayos. [G.R.F.]

VICENTE, GIL (¿Lisboa?, h. 1465-?, a. 1540). El más grande dramaturgo portugués del Renacimiento, que escribió gran parte de su obra en castellano. Aunque desconocemos casi todo sobre su vida, sabemos que ejerció su carrera en las cortes bilingües de Manuel el Afortunado y de Juan III, entre 1502 y 1536, fechas de su primera y última obras representadas. Si bien en algún momento del pasado se quiso hacer de él un consumado latinista y profundo teólogo, con estudios en Salamanca y París, hoy la opinión crítica tiende a verlo como un autor de no amplia formación erudita, pero sí de una gran curiosidad intelectual, muy atento a todo género de lecturas en romance y familiarizado con los textos latinos de la liturgia, los libros de horas y los florilegios de sermones. Sus obras, divulgadas primero en ediciones y pliegos sueltos, hoy prácticamente en su totalidad perdidos, y prohibidas en el riguroso Índice inquisitorial de 1551, no fueron recogidas y editadas en conjunto hasta 1562. La tarea la llevó a cabo su hijo Luis Vicente, quien publicó en Lisboa, en un volumen, la *Compilaçam de todas las obras de Gil Vicente*, si bien con numerosos retoques, correcciones y añadidos (entre ellos, la clasificación en autos de devoción, comedias, tragicomedias y farsas, además de las acotaciones y rúbricas) sobre los textos vicentinos originales. Gil Vicente, que prácticamente no contaba con tradición dramática alguna (su hijo pudo asegurar que fueron sus obras las primeras representadas en Portugal), llega al teatro a partir del ejemplo de Juan del Encina * en Castilla. Sin embargo, abandonará pronto esa dependencia y buscará su inspiración en las más variadas materias literarias y artísticas (sermones burlescos, libros de caballerías, iconografía), al tiempo que sabrá asimilar de manera original todos los progresos dramáticos de la época (comedia naharresca, teatro alegórico). Dotado excepcionalmente como dramaturgo y como lírico, llegará a crear así el teatro tal vez más moderno del Renacimiento. Sus piezas, nacidas para ser representadas en los salones de palacio, adquirieron en seguida amplia popularidad y se propagaron en ediciones sueltas y ante públicos diversos. Gracias a ello podría decirse que prendió en Portugal el gusto por el teatro y que Gil Vicente fue su auténtico creador y promotor. Del casi medio centenar de obras que compuso nuestro autor, once están escritas exclusivamente en lengua castellana, lengua en la que también se expresan algunos personajes de las demás piezas escritas en portugués. El uso literario del castellano obedece al bilingüismo de la corte en aquellos años, pero también a razones retóricas y literarias: continuidad del modelo, decoro dramático, estilo elevado o incluso musicalidad verbal. De todos modos, aunque ello supone un reconocimiento cultural del castellano y del valor literario de su empleo, el portugués, como lengua materna y familiar, queda reservado para la creación artística más natural y espontánea; al dramaturgo popular habrá que buscarlo, pues, en las obras en portugués; al retórico, al artista culto, en las castellanas.

La actividad teatral vicentina se inicia en 1502 con un simple monólogo dramático, el *Auto de la visitación o Monólogo del vaquero*. Se trata de una obra festiva y de circunstancias, con ocasión del nacimiento del príncipe, y que se representa ante el público selecto y minoritario de la cámara real. La pieza enlaza así con la tradición del «momo» cortesano, pero el esquema elemental de éste se ve enriquecido con unas formas de presentación teatral, aprendidas ya en el arte de Encina: la figura del pastor protagonista, el habla rústica (sayagués) en que se expresa o la propia situación dramática del rústico que irrumpe en la sala de palacio. Dentro de este estilo pastoril, extendiéndolo también a asuntos religiosos, escribe Gil Vicente en estos primeros tanteos el *Auto pastoril castellano*, para la Navidad de 1502, por encargo de la reina, en el que sobre el diseño de las tradicionales representaciones navideñas introduce una más honda y matizada caracterización de personajes, así como un intenso lirismo de inspiración bíblica, o el *Auto de los Reyes Magos*, para 1503. De estos primeros años es también el *Auto de San Martín*, compuesto para el Corpus de 1504, en el que se escenifica un episodio de la vida del santo, pero no hay ninguna asociación con el tema eucarístico del día.

Pronto, sin embargo, Gil Vicente dejará atrás estos primeros escarceos teatrales y sabrá reelaborar de forma muy original los precarios materiales recibidos. Tal se advierte ya en el *Auto de los cuatro tiempos*, compuesto para los maitines de Navidad, quizá de 1511, que como una auténtica «laude» escinificada representa la adoración ante el nacimiento de un impresionante cortejo de figuras alegóricas, bíblicas y mitológicas; o en el *Auto de la sibila Casandra*, para la Navidad de 1513, también de una sorprendente categoría lírica e igualmente inspirado en fuentes muy diversas: la Biblia, el drama navideño del «Ordo prophetarum» o incluso el libro de caballerías italiano *Guerino il meschino*. Por su parte, el *Auto de la Barca de la Gloria*, representado el viernes santo de 1519, pertenece a una serie cíclica formada también por el *Auto da Barca do Inferno* (1517) y el *Auto da Barca do Purgatório* (1518). Las tres, englobadas por Luis Vicente en una supuesta trilogía, no constituyen realmente una unidad entre sí, aunque traten el mismo asunto del viaje de las almas al otro mundo en el último día. Las dos últimas están escritas en portugués y por ellas desfila una multitud de tipos humanos populares y pintorescos. En la de la *Gloria*, en cambio, las almas que van a embarcarse pertenecen a los estamentos superiores de la nobleza y el clero, y a la sátira social, también presente en las otras dos, añade ahora el autor la presencia de la propia Muerte como personaje central.

Hacia 1521, después de escribir la portuguesa *Comedia Rubena* y tras la suspensión temporal del teatro en la corte por la muerte de don Manuel, Gil Vicente ensaya un tipo de obras dramáticas en un registro más grave y elevado. En ellas adapta la comedia novelesca y se centra en el relato de aventuras amorosas entre grandes personajes. La lectura de libros de caballerías, que le suministraban los lances argumentales *(Primaleón, Amadís de Gaula *)*, así como de la comedia naharresca, hubieron de ser determinantes en esta nueva orientación de su teatro. A esta etapa pertenecen dos muy notables piezas escritas en castellano, la *Tragicomedia de Amadís de Gaula* y la *Tragicomedia de Don Duardos* (h. 1522). La «tragicomedia» es la nueva fórmula ahora concebida, cuyo asunto será una historia amorosa entre notables personas (frente a los personajes de baja condición, en la comedia), tratada en un estilo retórico y cuidado que el autor tomará principalmente de la poesía de cancioneros y de sus tópicos y fraseología amorosa. En el *Don Duardos*, no obstante, a ese fondo medieval (leyenda caballeresca, amor cortés), sabrá superponer el autor una serie de motivos temáticos y literarios que proclaman ya la nueva ideología renacentista: la igualdad de todos ante el amor, el estudio anímico de los personajes o la importancia concedida al paisaje como marco de las pasiones humanas.

BIBLIOGRAFÍA. C. Michaëlis de Vasconcelos, *Notas vicentinas* (Lisboa, 1922); G. Vicente, *Tragicomedia de «Don Duardos»*, ed. de D. Alonso (Madrid, 1942); G. Vicente, *Obras completas*, 6 vols., ed. de M. Marqués Braga (Lisboa, 1942-1944); I. S. Révah, *Les Sermons de Gil Vicente* (Lisboa, 1949); G. Vicente, *Obras dramáticas castellanas*, ed. de Th. R. Hart (Madrid, 1972); E. Asensio, *Estudios portugueses* (París, 1974); S. Reckert, *Gil Vicente: espíritu y letra* (Madrid, 1977); M.ª L. Carvalhão Buescu (ed.), *Compilaçam de todas las obras de*

Gil Vicente, 2 vols. (Lisboa, 1983). [M.A.P.P.]

VICENTE ANDIÓN Y GONZÁLEZ, ANTONIO FRANCISCO (Madrid, 1883-¿?). Poeta y novelista. Los versos de su *Nieve, sol y tomillo* (1912) merecieron un prólogo de Manuel Machado *, que elogia el realismo con que Andión trata los escenarios y sorprende a las figuras, que protagonizan los diálogos de sus campesinos. A este libro primerizo siguen *Serraniegas* (1912) y *Trenos, salmos y meditaciones* (1913). Es también autor de las novelas cortas *Historia de juglaría* (1913) y *Rosa mística* [J.B.]

VICETTO Y PÉREZ, BENITO (El Ferrol, La Coruña, 1824-1878). Historiador y novelista, autor de una buena porción de narraciones históricas escritas a la manera de Walter Scott, entre las que destacan *El caballero verde* (1844), *Los hidalgos de Monforte* (1857), *Rojín Rojal* (1857) y *El caballero de Calatrava* (1863). El *Semanario Pintoresco* dio a conocer sus *Cuentos* (1844). Dentro siempre de su gusto por las leyendas medievales, es autor también de varios dramas. Escribió una biografía de Espartero. [J.B.]

VICIANA, MARTÍN DE. Véase IDEAS LINGÜÍSTICAS DEL SIGLO DE ORO.

VICTORIANO, PACÍFICO. Véase LITERATURA FILIPINA.

VICUÑA, CECILIA (Santiago, Chile, 1948). Perteneció al grupo la «Tribu No», que en los años sesenta desarrolló *happenings* y acciones de arte. Paralelamente trabajaba en poesía y plástica (en este arte hizo las «esculturas precarias» con materiales de desecho). En su poesía inserta imágenes gráficas, utilizando un lenguaje cargado de sensualidad. En *Luxumei* (1969) recoge el gozo de los sentidos y sensaciones carnales referidas al cuerpo de la mujer, con la sintaxis de la antipoesía. *Sabor a mí* (1973) es un libro objeto, con piedras, mensajes y fotos viejas. En sus versos aparecen la naturaleza como elemento constante y referencias a las culturas indígenas, llegando a utilizar expresiones de las lenguas quechua y aymara. [A.M.]

VICUÑA MACKENNA, BENJAMÍN (Santiago de Chile, 1831-1886). Uno de los más importantes historiadores y escritores del siglo XIX en Chile. Entre sus numerosísimos libros se deben mencionar sus extensos y detallados estudios sobre la historia de Chile, sobre Santiago, Valparaíso, la Patagonia, sobre períodos o hechos determinados (como la administración de Montt, la guerra contra el Perú o la jornada del 20 de abril de 1851), y una serie de trabajos biográficos sobre la Quintrala, los hermanos Carrera, Bernardo O'Higgins, Diego Portales y Tomás de Figueroa, sólo para citar los más destacados por su interés literario, además de histórico. [J.G.]

VIDA LITERARIA, LA. Véase REVISTAS LITERARIAS Y CULTURALES ESPAÑOLAS.

VIDAL, LUIS FERNANDO. Véase HISPANOAMÉRICA: NARRATIVA ACTUAL.

VIDAL CADELLANS, JOSÉ (Barcelona, 1928-Igualada, Barcelona, 1960). Colaboró en el semanario *Destino*. Su obra narrativa, teñida de inquietudes sociales y existenciales, se compone de *No era de los nuestros* (Premio Nadal de 1959), en la que presenta a un personaje que decide marginarse de los convencionalismos sociales y religiosos que su familia quiere imponerle, y, póstumas, *Cuando amanece* (1961), *Juan y la otra gente* (1962), con nueve relatos enlazados por un mismo protagonista, y *Ballet para una infanta* (1963), en donde se adentra por un mundo absurdo y de resonancias kafkianas. [A.R.]

VIDAL FOLCH, IGNACIO. Véase NARRATIVA ESPAÑOLA POSTERIOR A 1975.

VIDAL Y PLANAS, ALFONSO (Santa Coloma de Farners, Gerona, 1891-Tijuana, México, 1965). Estudió en el seminario de Toledo. En Madrid llevó más tarde una vida bohemia y ejerció el periodismo. En 1923 mató al escritor L. Antón del Olmet *, por lo que estuvo en la cárcel. Vivió después en Estados Unidos y en México. En sus novelas, escritas «en pro de las rameras, de los golfos abandonados, de las niñas corrompidas, de las ancianas tiradas en el arroyo como montones de basura», intentó rastrear la virtud encubierta en medio de la miseria moral y material de los bajos fondos. De ellas destacan *La barbarie de los hombres* (1915), *Memorias de un hampón* (1918), *Santa Isabel de Ceres* (1919), con la que obtuvo un enorme éxito; *El pobre Abel de la Cruz* (1923) y *La novicia cupletista* (1931). Es autor también de numerosas novelas cortas, de obras de teatro, de idéntico corte folletinesco, y de *Cirios en los rascacielos y otros poemas* (1963).

BIBLIOGRAFÍA. F. C. Sainz de Robles, «A. Vidal y Planas», en *Raros y olvidados* (Madrid, 1971), págs. 165-168; R. Cansinos-Assens, *La novela de un literato*, 2 (Madrid, 1985), págs. 108-110. [A.R.]

VIDALES, LUIS (Calarcá, Caldas, Colombia, 1904-Bogotá, 1990). Poeta del grupo «Los Nuevos» *, considerado como el introductor de ciertas corrientes vanguardistas en la poesía colombiana. Su mejor faceta es el humorismo, a través del cual la encorsetada tradición poética del país se contorsiona en la forma libérrima y en la audacia irreverente. Su libro *Suenan timbres* (1926) causó grandes polémicas al ser publicado, y queda como uno de los hitos de la modernidad en Colombia. [E.C.]

VIDIELLA, RAFAEL (Tortosa, Tarragona, 1890-Barcelona, 1982). Tipógrafo de profesión, se dedicó a la política y participó activamente en la formación del PSUC. Dirigió en Valencia *Solidaridad Obrera*. Se exilió en 1939. Ha escrito varios trabajos sobre el movimiento obrero español, un libro de recuerdos personales e intencionalidad política, *De París a la cárcel de Madrid* (1931) y la novela *Los de ayer* (1938).

BIBLIOGRAFÍA. M. Roig, *Rafael Vidiella: l'aventura de la revolució* (Barcelona, 1976). [G.R.F.]

VIEIRA, ANTONIO. Véase ORATORIA SAGRADA EN EL SIGLO XVIII.

VIEJO PANCHO, EL (seudónimo). Véase ALONSO Y TRELLES, JOSÉ.

VIENTÓS GASTÓN, NILITA (San Sebastián, Puerto Rico, 1908-San Juan de Puerto Rico, 1989). Ensayista y editora. Fundó la revista *Asomante* (1945-51) que dio a conocer la literatura puertorriqueña en el mundo hispánico y ayudó a familiarizar a los puertorriqueños con lo más innovador de la cultura en el resto del mundo. Tras pleitos legales, *Asomante* se convirtió en *Sin Nombre* (1971-84). Se autodefinió como una lectora que escribía, y sus libros principales —*Introducción a Henry James* (1956) e *Índice cultural* (1962, 1964, 1971 y 1984)— así lo prueban. El primer volumen de sus memorias, *El mundo de la infancia* (1984), es una aportación importante a un género poco cultivado en Hispanoamérica. [E.B.]

VIERA Y CLAVIJO, JOSÉ DE (Realejo Alto, Tenerife, 1731-Las Palmas, 1813). Sacerdote, historiador, polígrafo y académico de la Real Academia de la Historia. Ganó fama por su predicación sagrada en La Laguna, donde formó parte de la tertulia del marqués de Villanueva del Prado. En 1770 se traslada a Madrid para editar su obra principal, *Noticias de la historia general de las Islas Canarias* (1772-83), y entra al servicio del Marqués de Santa Cruz, lo que le permite viajar por Europa. En 1784 pasa a Las Palmas, donde su espíritu enciclopédico alterna los estudios de ciencia y botánica con la práctica poética.

BIBLIOGRAFÍA. S. de la Nuez, «Viera y Clavijo, poeta ilustrado», en *Anales de literatura española de la Universidad de Alicante*, 2 (1983), págs. 155-176. [J.A.R.]

VIERNES. Grupo literario constituido en Venezuela entre los años de 1938 y 1941. Lanzó una revista con el mismo nombre, donde se agruparon sus principales componentes: Pascual Venegas Filardo*, Pablo Rojas Guardia*, Rafael Olivares Figueroa*, Vicente Gerbasi*, Luis Fernando Álvarez*, José Ramón Heredia*, Óscar Rojas Jiménez, Fernando Cabrices, Ángel Miguel Queremel* y Otto de Sola*. Publicaron una serie de libros, especialmente de poesía. En *Viernes* culmina el movimiento de renovación y cambio que ya se había iniciado con las vanguardias en 1928. Los poetas de este signo animan las más enconadas batallas del surrealismo y se abren jubilosamente a una experiencia literaria de alcance internacional, estableciendo y afirmando lazos y afinidades con movimientos similares de otros países. *Viernes* inaugura un estilo poético y una concepción de vida que sirve para introducir variantes en la forma del poema y en el sentido liberador del lenguaje. *Viernes* no es exclusivamente rebeldía literaria, sino un paso de avance para asimilar la poesía venezolana a la lírica contemporánea.

BIBLIOGRAFÍA. Instituto Autónomo Biblioteca Nacional, *Índice de revistas literarias venezolanas: «Viernes»* (Caracas, 1978); P. Venegas Filardo, *Tiempo de poesía: notas críticas* (Caracas, 1980); J. C. Santaella, *Diez manifiestos literarios venezolanos* (Caracas, 1986). [H.J.B.]

VIETA, EZEQUIEL (La Habana, 1922). Uno de los más sobresalientes narradores cubanos. Desde su primer libro de cuentos, *Aquelarre* (1954), ha seguido su propio sistema de representación, con un original sello estilístico que suma a las desavenencias con las estructuras tradicionales del lenguaje una inquietud por la revelación conceptual de la problemática de la existencia humana. La ironía, el sentido del humor, la penetración psicológica caracterizan su actitud de narrador también en otros textos, como *Libro de los epílogos* (1963), *Swift: la lata de manteca* (1980), *Mi llamada es* (1982) y *Baracutey* (1984). Ensayista y dramaturgo, es autor también de varias novelas, y una de ellas, *Vivir en Candonga* (1966), fue premiada en el primer concurso convocado por la Unión de Escritores de Cuba. Dentro de la narrativa cubana de este siglo, ha sido de los primeros en asumir una postura renovadora y experimentalista. [M.Y.]

VIGHI, FRANCISCO (Palencia, 1890-Madrid, 1962). Poeta ligado al vanguardismo. Su obra más característica es *Versos viejos* (1961), recopilación selectiva de su quehacer, en el que un suave humor es la nota dominante. En *Nuevos poemas* (1984) se recogieron, con prólogo de J. Castañón, otros textos suyos. [M.G.P.]

VIGIL DÍAZ, OTILIO (Santo Domingo, 1880-1963). Poeta vanguardista dominicano, promotor del *vedhrinismo*, caracterizado por la audacia en las imágenes y el verso libre; movimiento antecesor del *postumismo*. [J.L.C.]

VIGNALE, PEDRO JUAN. Véase VANGUARDIAS EN HISPANOAMÉRICA.

VILA Y BLANCO, JUAN (Alicante, 1813-1886). Por sus crónicas y poemas, se le conoció como el «Milton alicantino». Escribió para el *Heraldo de Madrid* y *El Pensamiento*, y fue el fundador, en Alicante, de varios periódicos. Como poeta, canta (en *Poesías*, 1840; en *Cantares y otras rimas que lo parecen*, 1876, y en *Ejercicios poéticos*) las tradiciones y paisajes levantinos. Es también autor de leyendas, como *Anacaona* (1856) y *Aroma y flor de cielo* (1862). [J.B.]

VILA Y CAMPS, ANTONIO. Véase LITERATURA POLÍTICA Y ECONÓMICA DEL SIGLO XVIII.

VILALTA, MARUXA (Barcelona, 1932). Escritora y directora teatral mexicana, de origen español. Se dio a conocer con las novelas *El castigo* (1957), *Los desorientados* (1958) y *Dos colores para el paisaje* (1961). Una adaptación teatral de la segunda se estrenó en 1960, y su éxito determinó que la autora optase por escribir piezas dramáticas: *Un país feliz* (1963), *Trío* (tres piezas en un acto: *Soliloquio del tiempo*, *Un día loco* y *La última letra*, 1964), *El 9* (1965), *Cuestión de narices* (1966), *Esta noche juntos, amándonos tanto* (1970), *Nada como el piso 16* (1975), *Historia de él* (1978), *Una mujer, dos hombres y un balazo* (1981), *Pequeña historia de horror (y de amor desenfrenado)* (1984) y *Una voz en el desierto* (1990). También es autora de un libro de relatos, *El otro día, la muerte* (1974). [T.F.]

VILA-MATAS, ENRIQUE (Barcelona, 1945). Ha colaborado en diversas publicaciones. Como narrador, es autor de *Mujer en el espejo contemplando el paisaje* (1973), *La asesina ilustrada* (1977), *Nunca voy al cine* (1982), *Una casa para siempre* (1984), memorias de un ventrílocuo que se desdobla en distintas voces, hasta encontrar la propia, como narrador, en un país árabe, *Historia abreviada de la literatura portátil* (1985) y *Suicidios ejemplares* (1991), donde muestra, como en el resto de sus obras, su capacidad para el humor y para el empleo de técnicas de procedencia vanguardista. En *El viajero más lento* (1991) ha reunido una parte de sus artículos. [G.R.F.]

VILARIÑO, IDEA (Montevideo, 1920). Poeta y crítica literaria. Su primera publicación, *La suplicante* (1945), es un pequeño cuaderno que la autora firma simplemente Idea y que no pasa inadvertido. Canta con sensualidad el amor, el mar, el verano; no se olvida de la muerte. Con *Cielo cielo* (1947) cambian ritmo y sintaxis, la muerte aparece como una entidad invasora que marca todos los gestos del hombre en el mundo, relacionada por metáforas, todavía, con el espacio que determina. Al inaugurar un sistema al que será fiel, Vilariño reestructura estos dos cuadernos: será *Paraíso perdido* (1949) el nombre de un nuevo y significativo poema. Ese paraíso perdido es la infancia, y el hastío es otra dominante que corroe la forma. Esta poesía está lista para responder a una experiencia límite: una enfermedad grave y prolongada. *Por aire sucio* (1950) vino «de la incomunicación y la clausura, del abandono total, del arrabal de la muerte», dijo Mario Benedetti *. *Nocturnos* (1955) agudiza el tono de una escritura que ha desahuciado al mundo en legítimos oxímoros: «un aire negro un cieno / relampagueante». En *Poemas de amor* (1958) canta la experiencia amorosa como promesa incumplida, éxtasis que culmina en pesadumbre, pasado sin futuro. La relación hombre-mujer se muestra en una línea decreciente, de modo casi argumental. El libro se vuelve un *best-seller* poético en el Uruguay. Siguen otros que mantienen las visiones inclementes y que extienden la desazón del vivir de lo personal a lo colectivo: *Pobre mundo* (1966), *No* (1980). Este último incluye sus poemas más breves, más despojados. Es autora de estudios críticos sobre el ritmo en la poesía, sobre las letras de tango, sobre Julio Herrera y Reissig *, por señalar algunos de sus intereses recurrentes.

BIBLIOGRAFÍA. C. Peri Rossi, «Ritmo en los poemas de amor de Idea Vilariño», en *Aquí Poesía*, supl. núm. 2 (1966), págs. 19-46; M. L. Canfield, «La proyección cósmica: Idea Vilariño», en *Configuración del arquetipo* (Firenze, 1988), págs. 69-94; S. Crelis Leco, *Idea Vilariño: poesía e identidad* (México, 1990). [H.J.V.]

VILCHES, JUAN DE. Véase HUMANISTAS.

VILLACORTA, JUAN CARLOS (Zamora, 1916). Desde su juventud se ha dedicado al periodismo. Su producción narrativa, en la que suele referirse a paisajes y gentes de su tierra natal y de León, se compone de dos libros de cuentos —*La tercera muchacha* (1956) y *La flor y la ceniza* (1969)— y de la novela *Cielo lejano* (1954), en donde recrea sus años infantiles. Es autor también de un ensayo sobre San Juan de la Cruz *, de dos libros de poemas —*Duero verde y maduro* (1951) e *Itinerario lírico de Astorga* (1989)—, y de la guía *El libro de Llanes* (1985). [A.R.]

VILLAESPESA, FRANCISCO (Laujar de Andarax, Almería, 1877-Madrid, 1936). Comenzó estudios en la Universidad de Granada, pero pronto se fue a Málaga, donde se puso en contacto con algunos poetas, y luego a Madrid —últimos años del pasado siglo— donde llevó a cabo una incesante labor como fundador y colaborador en revistas, animador de tertulias y promotor de empresas culturales. Su esposa, Elisa González Columbie, que murió pronto, le inspirará algunos de sus textos más sugerentes. Su gran éxito como poeta y dramaturgo y su espíritu aventurero le llevaron a emprender numerosos viajes por América, a partir de 1911. Autor de varias novelas y de piezas teatrales tan populares como *El alcázar de las perlas* (1911) o *Aben-Humeya* (1913), Villaespesa es, ante todo, un poeta de obra extensísima: más de cincuenta libros de poemas publicados, y varios inéditos. Los primeros —*Intimidades* (1898) y *Luchas* (1899)— presentan fuertes reminiscencias del romanticismo tardío (aunque en ellos advirtamos ciertos rasgos comunes al inicial modernismo español). Con *La copa del rey de Thule* (1900) se inserta decididamente en la corriente modernista —son inequívocas aquí las resonancias de Rubén Darío *, José Asunción Silva * y otros hispanoamericanos—. Sus libros más importantes coinciden con los primeros años de siglo. De ellos, destacan: *La musa enferma* (1901), *El alto de los bohemios* (1902), *Rapsodias* (1905) y *Tristitiae rerum* (1906). En este período y en los años siguientes hay en Villaespesa al menos dos tonos: si en alguno de sus libros se deja llevar por su excesiva exuberancia y facilidad, en otros —*Rapsodias*, por ejemplo— la voz se hace contenida y los silencios saben sugerir lo que las palabras callan. A partir, aproximadamente, de 1906, surge en sus versos una nota orientalista, que explotará hasta la exageración, y, unos años más tarde —hacia 1911— sentimos que la voz del poeta parece convertirse en eco de su obra anterior, aunque nunca falten poemas dignos de ser destacados.

BIBLIOGRAFÍA. F. Villaespesa, *Poesías completas*, prólogo de F. de Mendizábal (Madrid, 1954); A. Sánchez Trigueros, *Francisco Villaespesa y su primera obra poética: 1897-1900* (Granada, 1974); F. Villaespesa, *Antología poética*, introducción de L. F. Díaz Larios (Almería, 1977). [A. de A.]

VILLAFAÑE, JAVIER. Véase LITERATURA INFANTIL HISPANOAMERICANA.

VILLAGRA MARSAL, CARLOS (Asunción, 1932). Poeta y narrador paraguayo. De su obra poética merece mención especial *Guarania del desvelado: 1954-1979* (1979). En prosa, es autor de la novela corta *Mancuello y la perdiz* (1965). [T.M.F.]

VILLAIZÁN, JERÓNIMO DE (Madrid, 1604-1633). Licenciado en Leyes en 1629 y doctor en 1630. Desarrolló una brillante actividad cortesana junto a Felipe IV, del que fue poeta y dramaturgo preferido. Sólo se han conservado cuatro comedias de atribución segura, todas en la tradición de Lope de Vega *: *A gran daño gran remedio*, *Ofender con las finezas*, *Sufrir más por querer más* y *Transformaciones de amor*.

BIBLIOGRAFÍA. F. M. Inserni, *Vida y obra de Jerónimo de Villaizán*, con edición crítica de *A gran daño gran remedio* (Barcelona, 1960). [J.G.L.]

VILLALOBOS, ARIAS DE (España, 1568-¿?). Bachiller y presbítero, llegó a México a temprana edad. Fue un célebre autor de comedias, ahora desaparecidas. Su admiración por Góngora * se tradujo en su *Esdrújula*, una «canción» que conmemora la fiesta de San Hipólito, patrón de la ciudad de México. El estilo cultista se manifiesta en las referencias mitológicas, en el uso del hipérbaton y en el léxico suntuario. Su mejor obra es *Canto intitulado «Mercurio»*, poema épico sobre la conquista que tiene momentos verdaderamente dramáticos, como la Noche Triste, en que se evocan los episodios cruciales de la contienda: «Noche infeliz, amarga y desabrida / tu memoria las almas entristece.» Asimismo, son logradas sus descripciones sobre las fiestas idolátricas y las predicciones mágicas de los naturales.

BIBLIOGRAFÍA. A. Méndez Plancarte, *Poetas novohispanos* (México, 1943). [M.D.B.]

VILLALOBOS, ESTEBAN DE. Véase CANCIONEROS Y ROMANCEROS DE LOS SIGLOS XVI Y XVII.

VILLALOBOS, HÉCTOR GUILLERMO (Ciudad Bolívar, Venezuela, 1911-1986). Poeta, educador y periodista. La temática preponderante en sus poemarios gira alrededor de la raigambre nativista. Sus textos son elaboraciones en las que predomina el sentido emocional en imágenes sobre el terruño, el calor hogareño, los afectos, la belleza y el sentimiento amoroso, como arquetipos básicos en el desarrollo de su temperamento lírico. El conjunto de su obra contiene los siguientes títulos: *Afluencia* (1937), *Jaguey* (1943), *En soledad y en vela* (1954), *Mujer: tú eres la madre tierra* (1963) y *Barbechos y neblinas* (1973). Como periodista, fue fundador del diario *El Luchador* y, asimismo, se destacó como articulista de la revista regional *Oriflama*, entre otras. [J.R.M.]

VILLALÓN, CRISTÓBAL DE (Valladolid, 1505-?, d. 1558). Natural de Valladolid, fue bachiller y licenciado en Artes (Alcalá, 1525-40), y bachiller licenciado en Teología (Salamanca-Valladolid, 1545), ejerciendo como docente en lecciones universitarias (Valladolid, 1530-45) y como preceptor de nobles (los hijos del conde de Lemos). Su humanismo, en perfecto equilibrio entre el pasado clásico y el presente, apoyado en una base cristiana reformista, se percibe tanto en su *Ingeniosa comparación entre lo antiguo y lo presente* (Valladolid, 1539), escrita en forma de diálogo entre Alberto y Guillermo que

Jerónimo narra a su amigo Gaspar, y que contiene interesantes comentarios sobre artistas coetáneos, como en *El Scholástico*, «en el cual se forma una académica república o scholástica universidad con las condiciones que debe tener el buen discípulo y debe ser elegido el buen maestro». Compuesta en estructura dialogada, a la manera de Castiglione, comprende cuatro libros que corresponden a cuatro días distintos, recogiendo las conversaciones ocurridas en una finca retirada del duque de Alba en Salamanca entre F. Pérez de Oliva *, F. de Navarra, F. de Bobadilla y otros personajes ligados a la Universidad; las propuestas en torno al hombre de letras (libertad, educación, moral, labores, etc.) se matizan con historias edificantes, relatos cortos, e incluso chistes. Esta obra permaneció manuscrita hasta 1911, cuando Marcelino Menéndez Pelayo * la editó parcialmente; la versión definitiva es de R. Kerr (1967). Es autor también de la *Tragedia de Mirra* (Medina del Campo, 1536), relato corto tomado de Ovidio (*Metamorfosis*, X), del *Provechoso tratado de cambios y contrataciones de mercaderes y reprobación de usuras* (Valladolid, 1541), tratado didáctico de índole moral, y de la *Gramática castellana* (1558). Se le han atribuido el *Diálogo de las transformaciones de Pitágoras*, *El Crótalon* * y *Viaje de Turquía* *.

BIBLIOGRAFÍA. J. J. Kincaid, *Cristóbal de Villalón* (Nueva York, 1973). [A.R.G.]

VILLALÓN, FERNANDO (Sevilla, 1881-Madrid, 1930). Ganadero extravagante, brujo y poeta tardío, de personalidad legendaria. Su primer libro, *Andalucía la baja* (1927), es desigual y localista. *La Toríada* (1928) fue su contribución al centenario de Góngora *: es un poema mitológico sobre un tema familiar, de valor hoy documental. *Romances del ochocientos* (1929) es el gran acierto poético de Villalón, sobre todo por la serie de los trece romances así titulada. El conjunto constituye una recreación de la Andalucía romántica: guerras napoleónicas, toreros, bandoleros, Isabel II, etc. Los romances lorquianos fueron un estímulo. Pero Villalón no fue un mero epígono. Son los suyos versos de estilo heroico, ceñido, tributarios, sobre todo, del Romancero * viejo. Los últimos poemas villalonianos revelan un surrealismo personal. En 1926 escribió un ensayo, *Taurofilia racial*, sobre los toros y el toreo. En 1987 se reeditaron sus *Obras*.

BIBLIOGRAFÍA. J. Issorel, *Fernando Villalón ou la rebellion de l'automne. Un poète andalou de la génération de 1927* (Perpiñán, 1988); P. Moyano, *Fernando Villalón. El poeta y su obra* (Potomac, Scripta Humanística, 1990). [M.G.P.]

VILLALONGA, MIGUEL (Palma de Mallorca, 1899-Bunyola, Mallorca, 1946). Fue militar. En 1934 apareció en la revista *Brisas* su novela *Miss Giacomini. Ocho días de vida provinciana*, editada en volumen en 1941. Se trata de una irónica visión de una ciudad provinciana en los últimos años del siglo XIX. Publicó además, en *El Español*, la novela *El tonto discreto* (1943) y, en *Fantasía*, en 1945, los relatos *Absurdity Hotel* y *La novela de un joven cursi*. Su *Autobiografía*, de la que aparecieron algunos capítulos en *La Estafeta Literaria*, se editó completa en 1947. En el libro *Vacaciones de Semana Santa* (1963) se recogen cuentos de diversas épocas. [G.R.F.]

VILLALVA, JUAN DE. Véase RETÓRICAS DEL SIGLO XVIII.

VILLAMEDIANA, CONDE DE. Véase TASSIS Y PERALTA, JUAN DE.

VILLAMOR, JUAN. Véase LITERATURA FILIPINA.

VILLANUEVA, FRANCISCO. Véase LITERATURA FILIPINA.

VILLANUEVA, SANTO TOMÁS DE. Véase ESPIRITUALIDAD, ERASMISMO Y TEOLOGÍA EN ESPAÑA EN LOS SIGLOS XVI Y XVII.

VILLANUEVA, TINO. Véase LITERATURA CHICANA.

VILLANUEVA ESTENGO, JOAQUÍN LORENZO (Játiva, Valencia, 1757-Dublín, 1837). Estudió Filosofía, y se ordenó sacerdote. De ideología liberal, fue diputado en las Cortes de Cádiz y, posteriormente, condenado a reclusión en un convento. Durante el trienio liberal estuvo en Roma como embajador, pero se le negó la entrada en los Estados pontificios. Perteneció a la Real Academia Española de la Lengua. En 1823 emigró a Londres, donde escribió su autobiografía, *Vida literaria* (1825). Publicó también obras sobre temas relacionados con la religión: *Catecismo del Estado según los principios de la religión* (1793), *Tratado de la Divina Providencia* (1798), *El Kempis de los literatos* (1807), *Las Angélicas fuentes o el tomista en las Cortes* (1811) y *Poesías escogidas* (1833), escritas bajo la influencia de fray Luis de León *. [G.R.F.]

VILLANUEVA Y OCHOA, DIONISIO Véase SOLÍS, DIONISIO.

VILLAR, AMADO. Véase ULTRAÍSMO ARGENTINO.

VILLARDEFRANCOS, MARÍA LUISA. Véase LITERATURA INFANTIL ESPAÑOLA.

VILLAREAL, JOSÉ ANTONIO. Véase LITERATURA CHICANA.

VILLAREJO, JOSÉ S. (Asunción, 1907). Periodista, narrador y ensayista paraguayo. Autor de *Ocho hombres* (1934), una de las mejores novelas de la guerra del Chaco, fue también actor (como oficial de regimiento) en el trágico conflicto chaqueño. Entre sus publicaciones posteriores a 1940 figuran:*Cabeza de invasión* (1944), otra novela muy elogiada; *Eutimio Salinas* (1986), hasta la fecha su última novela publicada, y varios cuentos y ensayos aparecidos en diversos periódicos, revistas y antologías literarias. [T.M.F.]

VILLARROEL, GASPAR DE (Quito, h. 1587/90-Charcas, Perú, 1665). Escritor, orador sagrado y teólogo agustino ecuatoriano. *Govierno eclesiástico pacífico y unión de los dos cuchillos, pontificio y regio* (1665-57) es su obra más comentada. Sirviéndose de anécdotas ilustrativas, y en un estilo que encaja en la tradición del Siglo de Oro, discute la relación legal entre el poder eclesiástico y el poder temporal en América. El libro interesa, además, por los asuntos de la vida social, política y religiosa que recoge de la época. [H.R.]

VILLASANDINO, CANCIONERO DE. Véase CANCIONERO DE BAENA.

VILLAURRUTIA, XAVIER (México, D.F., 1903-1950). Poeta y dramaturgo mexicano, también cultivó la novela —*Dama de corazones* (1923)— y realizó numerosas traducciones del francés, inglés e italiano. Los primeros pasos poéticos los da en 1919, y ya se encuentra incluido en la antología *Ocho poetas* (1923). Durante este período colabora con Salvador Novo *, junto al que funda, en compañía de Jaime Torres Bodet * y Bernardo Ortiz de Montellano *, la revista *La Falange* (1922-1923). *Reflejos* (1926) será su primer volumen de poesía, al que seguirán *Nocturnos* (1933), *Nocturno de los ángeles* (1936), *Nocturno del mar* (1937), *Nocturno rosa* (1937), *Nostalgia de la muerte* (1938), *Décima muerte y otros poemas no coleccionados* (1941) y *Canto a la primavera y* *otros poemas* (1948). Los temas predilectos en su poesía son los de la soledad y la muerte, estando sus versos transidos por la angustia y el miedo. Poeta asociado al surrealismo, es de una gran riqueza imaginística. Novo y Villaurrutia fundan la revista *Ulises*, de efímera vida (1927-28), y en 1928, junto a un granado grupo de escritores, inicia la aventura de la revista *Contemporáneos* * (1928-1931), publicación cosmopolita al estilo de la *Nouvelle Revue Française* o *Revista de Occidente* *. Su interés por el teatro se inicia con la andadura de *Ulises*, que le llevará a fundar el Teatro del mismo nombre (1928), y más adelante (1932) pondrá en marcha con Carlos Gorostiza * el «Teatro de Orientación», empresas ambas que supondrán importantes intentos de renovación de la escena mexicana, intentando un teatro experimental ajeno al comercial. Así nacen las piezas cortas de Villaurrutia: *Parece mentira* (1933), *¿En qué piensas?* (1934), *Sea usted breve* (1934), *Ha llegado el momento* (1934) y *El ausente* (1937). A partir de 1940, Villaurrutia se introduce en el teatro comercial con obras en tres actos: *Invitación a la muerte* (1940), *La hiedra* (1942), *El yerro candente* (1942), *El pobre Barba Azul* (1946) y *Juego peligroso* (1949). Su teatro con frecuencia remite a mitos culturales —Fedra en *La hiedra*, Electra en *El yerro candente* o Hamlet en *Invitación a la muerte*— y se puede adscribir al simbolismo, por su ambiente poético, el tratamiento desrealizado de los personajes y los juegos temporales (real y psíquico). También es destacable su labor como crítico y ensayista: *Textos y pretextos* (1940).

BIBLIOGRAFÍA. S. Moretta, *La poesía de X. Villaurrutia* (México, 1976); O. Paz (ed.), *Xavier Villaurrutia. Antología* (México, 1980); S. Snaids, *El teatro de Xavier Villaurrutia* (México, 1983). [R.F.B.]

VILLAVA, JUAN FRANCISCO. Véase LITERATURA EMBLEMÁTICA.

VILLAVERDE, CIRILO (San Diego, Pinar del Río, Cuba, 1812-Nueva York, 1894). Novelista y periodista cubano. Su novela *Cecilia Valdés* (primera parte, 1839; completa, 1882) presenta el tema de la esclavitud con sus connotaciones económicas y sociales, dentro de una estructura argumental de fuertes tonos costumbristas. Muestra a la vez las influencias románticas de Scott y Manzoni y cierta técnica realista. Integra matices de las tres vertientes europeas de la narrativa romántica (la histórica, la sentimental y la social) con la costumbrista que era tan predominante en Hispanoamérica. Se le consideraba en la cúspide de la narrativa cubana del siglo XIX. Otras dos novelas que han recibido cierto reconocimiento fueron *Dos amores* (1858) y *El penitente* (1889). [E.A.B.]

VILLAVICIOSA, JOSÉ DE (Sigüenza, Guadalajara, 1589-Cuenca, 1658). Estudió Derecho y cánones en Cuenca. Ejerció como abogado en Madrid hasta 1612, cuando fue nombrado relator del Consejo de la Inquisición. Posteriormente fue inquisidor de Murcia en 1638 y de Cuenca en 1644, desempeñando también diversos cargos religiosos. Sólo le conocemos una obra, *La Mosquea* (Cuenca, 1615), inspirada en la *Moschaea* de Teófilo Falenge. En ella se relata una jocosa guerra entre moscas y hormigas con el tono elevado de los grandes poemas épicos. Sin duda, se trata de la muestra más sobresaliente de épica burlesca que se escribió en España, comparable únicamente a *La Gatomaquia* de Lope de Vega *.

BIBLIOGRAFÍA. J. de Villaviciosa, *La Moschea*, ed. de J. M.ª Balcells (Cuenca, 1983). [R.R.]

VILLEGAS, ALBERTO DE (La Paz, 1897-El Chaco, 1934). Escritor boliviano de tendencia modernista, su prosa es una caracterizada expresión del *decadentismo* —adquirido en Francia— y de la actitud frívola, nostálgica, propia de un *dandy* de las letras. Hizo una interpretación mística de Potosí (*La campana de plata*, 1925), escribió las reflexiones de un bar exclusivo para mujeres (*Memorias del malabar*, 1928) y trazó los recuerdos de mujeres remotas, perdidas en el olvido (*Sombras de mujeres*, 1929). [C.C.B.]

VILLEGAS, ANTONIO DE (¿?-?, d. 1566).

Fue vecino de Medina del Campo y poco más se sabe de su vida, salvo los escasos datos relativos a la aparición de su única obra, la miscelánea titulada *Inventario*, para la que solicitó licencia de impresión en 1551, que no llegó a utilizar; en 1565 aparece, no obstante, la primera edición en Medina del Campo bajo los auspicios del impresor Francisco del Canto, con una serie de poesías elegíacas, el brevísimo relato pastoril *Ausencia y soledad de amor*, una «Oración por la reina Dido a Eneas», un «Retrato a la princesa doña Juana» y otras composiciones, siempre en quintillas o redondillas, salvo la dilatada *Historia de Píramo y Tisbe*, que cuenta con 1.265 versos en tercetos, y, por último, el famoso cuento morisco del «Abencerraje» *. A la reedición de 1577, se le añaden una «Cuestión y disputa entre Ayax Telamón y Ulises sobre las armas de Aquiles» y algunas poesías de circunstancias, a su vez en arte menor. La melancolía amarga que caracteriza algunas de sus piezas, junto a alusiones bíblicas, como al «Super flumina Babylonis» (salmo 137), o la predilección por Garci Sánchez de Badajoz *, poeta de Écija, donde abundaban los cristianos nuevos, hicieron sospechar a Marcel Bataillon que el autor fuera de origen converso.

BIBLIOGRAFÍA. F. López Estrada, «Estudio y texto de la narración pastoril *Ausencia y soledad de amor* de A. de Villegas», en *Boletín de la Real Academia Española*, XXIX (1949); A. de Villegas, *Inventario*, ed. de F. López Estrada (Madrid, 1955); F. López Estrada, *El Abencerraje y la hermosa Jarifa. Cuatro textos y su estudio* (Madrid, 1957); *El abencerraje*, ed. anotada de F. López Estrada (Madrid, 1965). [E.F.]

VILLEGAS, ESTEBAN MANUEL DE (Matute, Logroño, 1589-Nájera, Logroño, 1669).

De familia hidalga rica, vivió en Madrid desde 1603, donde, precoz poeta, conoció a los más importantes escritores de la corte. Estudió Leyes en Salamanca (1609-13) y se retiró a Nájera. Allí, tras numerosos problemas familiares y pleitos, en 1651 se vio envuelto en un proceso inquisitorial por ciertas proposiciones sobre el libre albedrío, que, fallado al cabo de ocho años, le valió unos meses de destierro. Amigo de los más ilustres humanistas españoles, como Lorenzo Ramírez de Prado, Luis de la Cerda, Tamayo de Vargas *, la labor de Villegas como filólogo se desconocía a causa de la pérdida de las *Disertaciones críticas*. Recientemente descubierto el autógrafo por Juan Bravo Vega, esa colección de *varias lecciones* y comentarios filológicos es de un interés extraordinario. Inéditos quedaron el *Antiteatro* o *Discurso contra las comedias*, en cinco sátiras, el *Libro de las sátiras*, en verso, incautado por la Inquisición, y numerosas epístolas, versos y prosas dedicadas a Ramírez de Prado. Póstuma (1774) se publicó su traducción de la *Consolación de la filosofía* de Boecio. Desde muy joven escribió con singular cuidado una obra poética muy original: *Las eróticas o amatorias* (Nájera, 1617, pero 1618). La colección va dividida en dos partes y cuatro libros cada una: las odas, versiones de Horacio, las *Delicias* —en cantilenas— y traducciones de Anacreonte constituyen la primera parte; las elegías, los idilios, los sonetos y epigramas y finalmente «*Las latinas*» —égloga, en hexámetros con fuertes dependencias de la bucólica virgiliana— integran la segunda. Su poesía, visiblemente influida por los hermanos Argensola *, intentó aclimatar en algunas de sus composiciones los pies métricos de la poesía clásica a las cadencias de la lengua romance («Lícidas y Coridón, Coridón el amante de Filis») y, con Quevedo *, el mundo estético y amoroso de la anacreóntica. Mal recibida por sus contemporáneos —por motivos, en general, extraliterarios—, la lírica de Villegas se convirtió en el modelo preferido de los poetas neoclásicos.

BIBLIOGRAFÍA. E. M. de Villegas, *Eróticas o amatorias*, ed. de N. Alonso Cortés (Madrid, 1956); J. Bravo Vega, *Esteban Manuel de Villegas*, 4 vols. (Logroño, 1989-90). [A.B.]

VILLEGAS, ÓSCAR. Véase HISPANOAMÉRICA: TEATRO ACTUAL.

VILLEGAS SELVAGO, ALONSO (Toledo, 1534-¿1615?). Religioso que desempeñó diversos cargos en Toledo. En su juventud publicó la *Comedia selvagia* (Toledo, 1554), una comedia humanística donde se rastrean las huellas de *La Celestina*, la *Segunda Celestina* de Feliciano de Silva * y la *Tragicomedia de Lisandro y Roselia* de Sancho Muñón *. Es un excelente ejercicio dramático, donde los amores furtivos, equivocaciones y anagnórisis anuncian lo que sería más adelante la comedia de capa y espada. En su madurez publicó obras de contenido religioso y moral, como un nuevo *Flos Sanctorum* (Toledo, 1578) y una *Vitoria y triunfo de Jesuchristo* (Madrid, 1603).

BIBLIOGRAFÍA. P. Heugas, *La Célestine et sa descendence directe* (Burdeos, 1973). [R.R.]

VILLENA, ENRIQUE DE (Castilla, h. 1384-Madrid, 1434). El tributo que le rinden los escritores de su generación y de la siguiente, como el Marqués de Santillana * o Juan de Mena *, que lo describen como un maestro polifacético, y las solapadas críticas de miembros del clero cultivado de entonces, como Alfonso de Madrigal * o fray Lope de Barrientos *, por un lado, y su fama póstuma de mago y hombre oscuro, por otro, han marcado el estudio crítico de la personalidad de este intelectual pionero del primer tercio del siglo XV. Pero también determinadas condiciones del marco general histórico y de los cambios que se producen a finales del siglo XIV y principios del siguiente condicionan la actividad y la influencia de este escritor. Nacido de la estirpe aristocrática más elevada de Castilla y Aragón —fue nieto de Enrique II de Castilla por parte de madre y bisnieto de Pedro el Ceremonioso de Aragón por parte de padre—, pasó los primeros años de formación en la corte de su abuelo, Alfonso de Aragón, conde de Denia y Ribagorza, duque de Gandía, marqués de Villena y condestable de Castilla, pues al poco de nacer perdió a su padre, Pedro de Aragón, en la batalla de Aljubarrota, y se iniciaron largos procesos entre la madre y el abuelo sobre dotes y otros asuntos económicos estipulados en las capitulaciones matrimoniales de Juana, la madre, y Pedro. Fue jurado heredero del marquesado de Villena y, a la larga, también le correspondía la condestablía de Castilla. Sin embargo, los cambios profundos antitrastamaristas que se producen en Castilla a principios del siglo XV, con la muerte inesperada de Enrique III de Castilla, la regencia de su esposa, la reina Catalina de Lancaster, y el desplazamiento en 1412 del infante Fernando de Antequera, tío de don Enrique, hacia la corona de Aragón, acaban socavando la influencia de la nobleza trastamarista de Castilla y Aragón en beneficio de otros. Por eso, los primeros testimonios documentales que de Villena conservamos pertenecen a una larga serie pedigüeña, a raíz, sobre todo, del abandono de la corte del abuelo, con el que no siempre se llevó bien. Pero ahí recibió su primera formación y pudo estar presente en la vida de la corte real barcelonesa de Juan I y, luego, de Martín el Humano, en donde se familiarizó con el mundo literario catalán activísimo de finales del siglo XIV, asistiendo a la continuación de las tradiciones poéticas de raigambre occitana y a la creación de una nueva cultura cancilleresca, de enorme repercusión posterior. Pero comprometido con una rica heredera, doña María de Albornoz, va a Castilla e inicia entonces una larga carrera tras el poder —es nombrado conde de Cangas y Tineo—, con episodios desafortunados, como la renuncia al condado y el divorcio de su esposa para convertirse en maestre de la Orden de Calatrava (1404), contra la opinión de varios de sus freires, que andando el tiempo triunfarían y lo dejarían desposeído de todo. Cuando en 1412 Fernando de Antequera es elegido rey de Aragón, Villena une su destino al de su tío y brilla en alguna medida hasta que en 1416 muere don Fernando y le sucede Alfonso el Magnánimo. Alguna ruptura se produce, acaso debida a las muchas deudas acumuladas por Villena, y éste decide volver a tierras conquenses de su esposa, hasta que, poco después, obtiene de Juan II * de Castilla una pequeña merced, el señorío de Iniesta.

Aunque su labor literaria debió comenzar mucho antes, como poeta en las cortes de Castilla y Aragón —no se ha conservado, sin embargo, ni uno solo de sus versos por los que fue tan alabado—, es en 1417, al tiempo que preparaba las maletas para abandonar definitivamente Aragón, cuando datamos su primera obra, *Los dotze treballs de Hèrcules*, cuya primera versión es en lengua catalana, pero que posteriormente tradujo al castellano el propio autor. Es el primero y principal ejemplo de la exégesis mitológica del prerrenacimiento español. Los doce trabajos se exponen desde el punto de vista histórico y evehemerista —exposición literal—, desde el alegórico y desde el tropológico. El último sentido sirve para aplicar cada uno de los trabajos de Hércules a un estado social distinto. Los antecedentes italianos del tema, casi coetáneos, como el de Coluccio Salutati, tienen en común con el tratamiento de Villena su relativo «civilismo» o preocupación social o política, poniendo la cultura al servicio de la sociedad. Una sociedad que cada vez es más cultivada, gracias al despertar de intereses que se muestran en la abundante correspondencia científica de un grupo de intelectuales cada vez más cultivados. Así, Villena se convierte en estos años en un corresponsal cualificado de algunos aficionados de la corte de Castilla y redacta para ellos y para sus servidores tratados con forma epistolar, como el *Tratado de la lepra*, la *Exposición del salmo «Quonian videbo»* o el *Tratado de fascinación*, obras todas que son, en realidad, exposiciones sobre fragmentos bíblicos o aspectos rituales que de ellos se derivan. Los planteamientos de Villena no siempre son acordes con la ortodoxia y por eso fue atacado por intelectuales más conservadores, como Fernán Pérez de Guzmán *, pero ponía a disposición del lector una sopesada teoría de la exposición literal —que se vincula siempre a la investigación científica y humanística— y fuentes científicas no universitarias que representan la tradición más pura de la especulación hispana desde Alfonso X * el Sabio —Villena fue el último usufructador de algunas de sus obras perdidas—. El *Tratado de consolación*, compuesto también en la primera mitad del segundo decenio del siglo XV, es un testimonio de su información retórica y cancilleresca, como el *Arte cisoria*, sobre la etiqueta de la mesa de los príncipes. Por entonces también tenemos rastros de otras obras perdidas, fruto de su actividad consejera a la ciudad de Cuenca, como cierto *Código precioso*, o resultado de sus preocupaciones científico-mitológicas, como el *Libro de los fuegos inextinguíbiles*, entre otras.

Pero el ascenso del prestigio en el ámbito cultural coincidía con la caída en el social, que detentaban las mismas personas. Pues si al lado del bando de Enrique, infante de Aragón, desempeña un papel importante en actuaciones como la de Montalbán (1420), a los pocos años la definitiva ruptura con el rey de Aragón y de Navarra, sus parientes (h. 1429), lo colocan en situación más difícil aún, lo que condiciona hasta su propia actividad literaria, puesta ahora ya al servicio de los mecenas de Castilla nombrados, especialmente del marqués de Santillana, para el que traduce la *Divina comedia* y acaba siendo el destinatario final de su *Traducción y glosas de «La Eneida»*. Importante labor ésta, pues no sólo es la primera versión de la obra de Virgilio, sino también el soporte de un legado cultural importantísimo contenido en las glosas a los tres primeros libros, únicos que conservamos glosados de los doce que Villena llegó a traducir. La *Epístola a Suero de Quiñones* y el *Arte de trovar* son, con las *Glosas*, las últimas obras conservadas de Villena. La primera es de carácter amoroso y plantea, a petición del interesado, el determinismo que marca al famoso justador del puente de Órbigo. El *Arte de trovar* se conserva sólo fragmentariamente y es la primera compilación teórica castellana de la gaya ciencia de raigambre tolosana. Otras obras le son atribuidas con poca base, como el *Tratado de astrología*, que, sin embargo, pudo compilarse a partir de textos que poseía en su biblioteca.

Villena murió en diciembre de 1434, arruinado y socialmente desprestigiado; poco después Juan II manda requisar su biblioteca y que Lope de Barrientos la revise. Éste ordena quemar una porción de textos científicos, entre los que perecerían algunos libros de la tradición alfonsina, ahora perdidos parcial o totalmente. A partir de entonces empieza a decaer su fama, hasta que se recupera en el siglo XVIII. No obstante, Villena fue mentor de un par de generaciones de escritores castellanos. Como poeta, fue considerado jefe de una escuela alegórica en la que la poesía tiene un valor científico, y en tal sentido defendió Villena su pensamiento en las *Glosas*, en la línea de Boccaccio y otros expositores.

BIBLIOGRAFÍA. E. de Villena, *Tratado de consolación*, ed. de D. C. Carr (Madrid, 1976); A. D. Deyermond y J. K. Walsh, «Enrique de Villena como poeta y dramaturgo: bosquejo de una polémica frustrada», en *Nueva Revista de Filología Hispánica*, núm. 28 (1979), págs. 57-85; P. M. Cátedra, *Exégesis-ciencia-literatura. La «Exposición del salmo "Quonian videbo"» de Enrique de Villena* (Madrid, 1985). [P.C.]

VILLENA, LUIS ANTONIO DE (Madrid, 1951). Es licenciado en Filosofía y Letras. Ha escrito poesía —*Sublime solarium* (1971), *El viaje a Bizancio* (1978), *Hymnica* (1979), *Huir del invierno* (1981), Premio de la Crítica, *Poesía 1970-1980* (1983 y 1989), *La muerte únicamente* (1984) y *Como a lugar extraño* (1991)— y prosa narrativa —los relatos de *Para los dioses turcos* (1980), el libro de memorias noveladas *Ante el espejo* (1982), *Amor-pasión* (1983), *En el invierno romano* (1986), *La tentación de Ícaro* (1986) y *Chicos* (1989)—. El culturalismo esteticista que impregna los libros de Villena no ahoga, sin embargo, el intimismo, la búsqueda de la plenitud erótica y el vitalismo, constantes de una obra que pretende la identificación de vida y literatura, y en la que la exaltación de la belleza y el deseo no representa sino un afán de afirmación del yo en el mundo. Es autor además de ediciones críticas, artículos, antologías y ensayos, como *Introducción al dandysmo* (1974), *Dados, amor y clérigos* (1978), *Oscar Wilde* (1979), *Corsarios de guante amarillo* (1983), *Postnovísimos* (1986) y *Máscaras y formas de fin de siglo* (1988).

BIBLIOGRAFÍA. AA. VV., *Luis Antonio de Villena. Sobre un pujante deseo* (Málaga, 1990). [G.R.F.]

VILLORO, JUAN. Véase HISPANOAMÉRICA: NARRATIVA ACTUAL.

VINCENZI, MOISÉS (Tres Ríos, Costa Rica, 1895-1964). De padre italiano y madre costarricense, educador, filósofo, poeta, ensayista. Entre sus obras de pensamiento se destacan: *Valores fundamentales de la razón* (1919), *Metafísica de la libertad* (1921), *Principios de crítica filosófica* (1928), *El Hombre y el Cosmos* (1961) y *Humanismo y barbarie* (1963). Publicó novelas: *Atlante* (1924), *La Rosalía* (1931), *Pierre de Monval* (1935), *La señorita Rodiet* (1936) y *Elvira* (1940), y los poemas de *Las cumbres desoladas* (1947). [A.B.F.]

VINUEZA, HUMBERTO. Véanse HISPANOAMÉRICA: POESÍA ACTUAL y TZÁNTZICOS.

VIÑAS, CELIA. Véase LITERATURA INFANTIL ESPAÑOLA.

VIÑAS, DAVID (Buenos Aires, 1929). Ensayista, narrador y dramaturgo argentino. Fue fundador y animador de la revista *Contorno* *, núcleo juvenil de 1955 que aporta a la crítica argentina un programa renovador, basado en la fenomenología existencial, la sociología marxista del conocimiento y el psicoanálisis. Fue profesor en Argentina, Europa y Estados Unidos. Durante la dictadura militar (1976-83) vivió exiliado en México y España. Sus novelas actúan sobre el esquema de la alegoría histórica, valiéndose de las técnicas de la narración-reportaje en torno a grandes eventos históricos: *Cayó sobre su rostro* (1955), *Los años despiadados* (1956), *Los dueños de la tierra* (1958), *Los hombres de a caballo* (1967), *Jauría* (1975) y *Cuerpo a cuerpo* (1979). Lo mismo ocurre en los cuentos de *Las malas costumbres* (1963). Su obra crítica abarca los varios volúmenes de *Literatura argentina y realidad política* (a partir de 1964). También ha ensayado el teatro: *Sara Golpman, mujer de teatro* (1957), *Lisandro* (1972), *Tupac Amaru* (1973) y *Poder, apogeo y escándalos del Coronel Dorrego* (1986; una primera versión se publicó en el volumen *Dorrego. Maniobras. Tupac Amaru*, 1974). Ha escrito guiones de cine como *El jefe, El candidato* y *La Patagonia rebelde*.

BIBLIOGRAFÍA. J. C. Tealdi, *Borges y Viñas* (Madrid, 1983). [B.M.]

VIÑAS, ISMAEL. Véase CONTORNO.

VIÑAS, JUAN DE LAS (seudónimo). Véase GUZMÁN, ENRIQUE.

VIRAMONTES, HELENA MARÍA. Véase LITERATURA CHICANA.

VIRUÉS, CRISTÓBAL DE (Valencia, 1550-d. 1614). Hijo del médico y humanista Alonso de Virués. Fue capitán de los tercios españoles y participó en las campañas italianas y en la batalla de Lepanto. Residió largas temporadas en Italia y en Madrid. Murió en fecha incierta, aunque después de 1614, ya que Cervantes * lo cita como vivo en su *Viaje del Parnaso*. Escribió *El Monserrate* (Madrid, 1587), poema épico religioso. El resto de sus obras aparecieron en el volumen *Obras trágicas y líricas* (Madrid, 1603), aunque sus tragedias fueron escritas entre 1580 y 1586. Compuso cinco: *La gran Semíramis, La cruel Casandra, Atila furioso, Elisa Dido* y *La* *infelice Marcela.* En ellas se produce una acumulación de muertes y horrores con un afán moralizador. Virués se esforzó, sobre todo en *La infelice Marcela,* por acomodarse al «arte nuevo», siendo uno de los introductores del romance en la comedia. Su obra sirvió de puente hacia el teatro de Lope de Vega *.

BIBLIOGRAFÍA. *Poetas dramáticos valencianos,* ed. de E. Juliá Martínez (Madrid, 1929); C. de Virués, *La infelice Marcela,* ed. de J. G. Weiger (Valencia, 1985); J. L. Sirera, «Rey de Artieda y Virués: la tragedia valenciana del Quinientos», en J. L. Canet Vallés (coord.), *Teatro y prácticas escénicas,* II (Valencia, 1986). [F.F.D.]

VISCARRA FABRE, GUILLERMO (La Paz, 1901-1980). Poeta boliviano, autor de libros de versos como *Criatura del alba* (1949) y *Nubladas nupcias* (1966), entre otras obras. Tiene el alma endurecida por los rigores del sol y los vientos, anhelante, en actitud de espera, pero madura a la vuelta de los años. Su poesía es sentida y vibrante, lírica, una de las más detacadas en la literatura boliviana contemporánea. [C.C.B.]

VISIÓN DE FILIBERTO. Véase DEBATES POÉTICOS EN LA EDAD MEDIA.

VITAL, HAYIM. Véase LITERATURA SEFARDÍ.

VITALE, IDA (Montevideo, 1926). Poeta uruguaya. Ha ejercido esporádicamente la crítica literaria. A su primer libro, *La luz de esta memoria* (1949), siguen *Palabra dada* (1953) y *Cada uno en su noche* (1960). Tres libros que guardan bastante unidad entre sí, hasta el punto de que la autora, para señalarla, recoge en el último textos de los libros anteriores. Un silencio, esta vez mayor, antecede a *Oidor andante* (1972). A partir de este poemario ingresan nuevos temas, vivencias culturales y el paso del tiempo. Sus últimos libros y antologías han ido apareciendo fuera de su país, en Venezuela o en México, donde vivió más de diez años: *Fieles* (1976), *Jardín de sílice* (1980), *Entresaca* (1984), *Sueños de la constancia* (1988). Este último volumen reúne gran parte de su obra, la publicada en libros con el agregado de nuevos textos. [H.J.V.]

VITERI, ATANASIO (Latacunga, Ecuador, 1908-Quito, 1965). Poeta, ensayista y periodista ecuatoriano. Su poesía ha recibido reconocimiento internacional, y debido a su crítica social ha provocado polémicas en el país. Destacan *Cinco poemas y canto a Zola* (1944), *La tierra del cristal oscurecida. Epopeya del Reino de Quito* (1956) y *Poesía* (1962). [J.C.]

VITERI, EUGENIA (Guayaquil, 1932). Cuentista ecuatoriana. Junto a su marido, el novelista Pedro Jorge Vera *, ha recorrido diversos países. De su obra se destacan *El anillo y otros cuentos* (1955), *Doce cuentos* (1963), *El mar trajo la flor* (1963) y *Los zapatos y los sueños* (1978). [J.C.]

VITIER, CINTIO (Cayo Hueso, Florida, EE.UU., 1921). Poeta cubano, destacado componente del grupo de «Orígenes» *. Vivió su adolescencia en Matanzas y luego en La Habana, donde se graduó como doctor en Leyes. Ha sido profesor en la Universidad Central de Las Villas y, de 1962 a 1977, investigador en la Biblioteca Nacional José Martí. Su obra poética está recogida en *Vísperas (1938-1953)* (1953), *Testimonios (1953-1968)* (1968), *La fecha al pie* (1981), *Hojas perdidizas* (1988) y *Poemas de mayo y junio* (1990). Su poesía se apoya en una esencial preocupación por la palabra, a través de la cual busca «una participación de solitarios». Su objetivo es el ser y las cosas, enmarcadas en lo cotidiano, pero más todavía la palabra misma que como ser insondable se perfecciona en vía de conocimiento. Ha realizado además una importante labor como estudioso de la literatura cubana. Merecen destacarse: *Diez poetas cubanos* (1948), donde antologó a los poetas del grupo de «Orígenes»; *Cincuenta años de poesía cubana* (1952), *Lo cubano en la poesía* (1958), *Poética* (1961), *Temas martianos* (1969), *Ese sol del mundo moral. Para una historia de la eticidad cubana* (1975), *Temas martianos* (segunda serie, 1982). En su novela *De Peña Pobre* (1976) rememora la época de gestación del grupo al que pertenece.

BIBLIOGRAFÍA. A. Díaz Quiñones, *Cintio Vitier: La memoria integradora* (San Juan, Puerto Rico, 1987). [C.R.B.]

VITIER, MEDARDO (Las Villas, Cuba, 1886-La Habana, 1960). Erudito historiador de la cultura cubana. En su obra *Las ideas en Cuba* (2 vols., 1938), evaluó el pensamiento filosófico y sociopolítico de su país. La completó con *La filosofía en Cuba* (1948). Estudió además grandes figuras de las letras de su patria: *Martí, estudio integral* (1954), *Varona, maestro de juventudes* (1937), *La lección de Varona* (1945), *José de la Luz y Caballero como educador* (1956). Se preocupó también por la ensayística hispanoamericana y por grandes pensadores universales, Kant y Ortega y Gasset * entre otros. Sus artículos periodísticos formaron su libro póstumo *Valoraciones* (1960). [E.A.B.]

VITORIA, FRAY BALTASAR DE. Véase FÁBULAS MITOLÓGICAS EN LOS SIGLOS XVI Y XVII.

VITORIA, FRANCISCO DE. Véanse ESPIRITUALIDAD, ERASMISMO Y TEOLOGÍA EN ESPAÑA EN LOS SIGLOS XVI Y XVII, HUMANISTAS, LOS y LITERATURA POLÍTICA Y ECONÓMICA EN LOS SIGLOS XVI Y XVII, LA.

VITTORIELLO, CARLOS. Véase HISPANOAMÉRICA: TEATRO ACTUAL.

VIU, FRANCISCO DE (Naval, Huesca, 1883-Madrid, 1932). Periodista. En su teatro encara, con una actitud propia del melodrama, algunas cuestiones sociales, como la lucha de clases. Destacan en su producción, bastante amplia, obras como *Así en la tierra...*, *Peleles*, *Los humildes* y *La novia*. [J.B.]

VIVANCO, LUIS FELIPE (San Lorenzo de El Escorial, Madrid, 1907-Madrid, 1975). Su condición de arquitecto no le impide una extensa formación humanística, que marca su concepción de la vida y, consiguientemente, su obra poética. Apasionado por la Filosofía, cursa estudios en el Madrid de la preguerra con Xavier Zubiri, que no es ajeno a la intensidad intimista que destaca en él. Hacia 1933, comienza su amistad con otros jóvenes poetas españoles —Rosales *, los Panero *— y se integra en el empeño común por hacer de la poesía un ejercicio cordial. Es significativo, a este respecto, que uno de sus primeros textos publicados —apareció en el número 2 de la revista *Los Cuatro Vientos* (1933)— lleve por título «La fuerza de los hombres». Sus colaboraciones críticas en *Cruz y Raya* *, que se inician (1933) encomiando el acento pasional de Pablo Neruda *, tienen este mismo signo. El primer libro que publica, *Cantos de primavera* (1936), no es otra cosa, así, que la concreción práctica de dichos postulados: en él se celebra el advenimiento del amor desde coordenadas trascendentes. Cuando estalla la guerra pasa a integrarse al bando nacional, donde participa —Pamplona, Burgos—, junto a intelectuales como Ridruejo *, Laín Entralgo *, Rosales o Torrente *, en trabajos de propaganda. Colabora con Rosales en un drama, *La mejor reina de España* (1939) y en una compilación de *Poesía heroica del imperio* (1940-43). Al acabar la contienda, se constituye en uno de los alentadores de *Escorial* (1940-50), revista de signo aperturista. El mismo año de su fundación, publica Vivanco *Tiempo de dolor (poesía 1934-1937)*, donde destaca una dimensión ascética, que considera la soledad y el dolor como elementos purgativos del hombre. Por el contrario, en su libro siguiente, *Continuación de la vida* (1949), se produce una conversión hacia la cotidianeidad como nueva clave religiosa: no en las brumas del ensueño —explica el poeta—, sino en los mínimos avatares diarios es donde debemos anclar nuestra apetencia trascendente. Tal convicción se desarrolla de modo magistral en *El descampado* (1957), compendio de poesía concreta, cuyo franciscanismo jubiloso —la austeridad y la admiración son normas constantes en sus recursos estilísticos— tiene escaso parangón entre nosotros. Un paisaje de carrasca y pedregal y sus seres menudos constituyen los insignes heraldos de Dios. Tras este libro, su obra poética se incrementa con *Memoria de la plata* (1958), escrito entre 1927 y 1931, y con una selección de su poesía de posguerra, que, con el título *Los caminos (1945-1965)*, se publica en 1974 e incluye textos inéditos en libro. Póstumo, ha aparecido *Prosas propicias* (1976), de excelentes hallazgos imaginativos y lingüísticos. Como crítico literario, cabe citar sus trabajos sobre Fernández de Moratín * o sobre diversos autores de la poesía española contemporánea.

BIBLIOGRAFÍA. J. L. Cano, «La poesía de Luis Felipe Vivanco», en *Poesía española del siglo XX* (Madrid, 1960), págs. 437-442; L. F. Vivanco, *Antología poética*, introducción de J. M. Valverde (Madrid, 1976), págs. 7-15; V. García de la Concha, «Luis Felipe Vivanco: de *Cantos de primavera* a *Tiempo de dolor*» y «Luis Felipe Vivanco: *Continuación de la vida*», en *La poesía española de 1935 a 1975* (Madrid, 1987). [A.S.Z.]

VIVERO, LUIS DE. Véase CANCIONERO GENERAL.

VIVES, JUAN LUIS (Valencia, 1492-Brujas, 1540). Formado en un ambiente de criptojudaísmo (sus padres fueron condenados por la Inquisición), estudió en Valencia con Daniel Sisó y quizá con Jeroni Amiguet, quien —según Palmireno *— le había incitado a escribir una invectiva contra Nebrija *; a los diecisiete años, en 1509, fue enviado a París, donde estuvo en el colegio de Monteagudo, entonces dominado por la lógica nominalista de Juan Mir. En 1512 se instaló en Brujas como preceptor de una familia de comerciantes de origen valenciano (años más tarde se casó con una de sus hijas, Margarita Valdaura); y, en 1517, nombrado tutor de Guillermo de Croy, obispo de Cambrai, se trasladó a Lovaina, en cuya universidad llegó a ser profesor, a pesar de las dificultades que hubo de afrontar. Pero, cansado de Lovaina y temeroso de volver a España para ocupar la cátedra de Alcalá que le habían ofrecido, se dirigió en 1523 a Inglaterra. Allí recibió un apoyo de todas las instituciones: al poco de llegar fue contratado como lector en el Corpus Christi College de Oxford; tuvo el amparo del cardenal Wolsey, de los reyes y, especialmente, de la reina Catalina de Aragón, a quien dedicó algunas de sus obras. Sin embargo, el divorcio de Enrique VIII de la reina le obligó en 1526 a volver a instalarse en Brujas, donde vivió los últimos años de su vida con grandes penurias económicas, remediadas en parte por la pensión que desde 1532 le concedió el emperador Carlos y por la protección que a partir de 1538 le dispensó la duquesa de Nassau doña Mencía de Mendoza. Murió en Brujas el 6 de mayo de 1540.

En la obra y pensamiento de Vives se

produce una ligera evolución, marcada por los ambientes culturales en que vivió. Así, en su estancia en París, parece más próximo al humanismo literario italiano. Entonces escribe algunos versos latinos, entre los que destaca el *Genethliacon Jesu Christi* (1518), y compone la *Fabula de homine* (1518) influido fundamentalmente por Pico della Mirandola. En la Universidad de Lovaina, además de enfrentarse a los teólogos y juristas medievalizantes que la dominaban, como reflejan *In pseudodialecticos* o *Aedes legum*, se dedicó mayoritariamente a tareas filológicas y retóricas: en ese período empieza a escribir el comentario a la *Ciudad de Dios* de San Agustín (incluido en el índice inquisitorial) y redacta las diversas *praelectiones* a los cursos que iba explicando. Sus intereses durante el paso por Inglaterra sufren una inflexión hacia la ética, la filosofía moral y la política. Muestra de ello son los tratados *De Francisco Galliae rege a Caesare capto* (1525), *De Europa desidiis et bello turcico* (1526), la *Instrucción de la mujer cristiana* (1528), célebre en la historia literaria por sus ataques a la literatura inmoral, y *De pacificatione* (1529). En una época en que su situación económica empieza a empeorar publica el *De subventione pauperum* (1526). Los últimos años de su vida en Brujas están caracterizados por un retorno a la labor filológica y retórica. En ellos escribe las obras más importantes sobre esos y otros temas: el *De disciplinis* (1531), el *De ratione dicendi* (1532), el *De conscribendis epistolis* (1536), los diálogos *Linguae Latinae exercitatio* (1538), el *De anima et vita* (1538) y el *De veritate Fidei Christianae*, que apareció póstumamente en 1543. Todas presentan aportaciones valiosísimas en los diversos campos que tratan. En cuestiones filológicas adopta actitudes renovadoras, desde la reducción —como R. Agrícola— de la retórica a la *elocutio* y a la censura, tanto de la poesía en vulgar como de los libros de caballerías (la poesía en vulgar que llegó a conocer Vives fue la poesía de cancionero, que identificó con el estamento caballeresco).

BIBLIOGRAFÍA. J. L. Vives, *Opera omnia*, ed. de G. Mayans, 8 vols. (Valencia, 1782-1790, reimpresa en Londres, 1964); F. Watson, *Tudor School-Boy Life. The Dialogues of Juan Luis Vives* (Londres, 1908); F. Watson, *Juan Luis Vives. A Scholar of the Renascente* (Londres, 1920); J. L. Vives, *Obras completas*, vers. cast. de L. Riber, 2 vols. (Madrid, 1947-1948); P. Sainz Rodríguez y otros, *Homenaje a Luis Vives. Ponencias leídas en el VI Congreso Internacional de Estudios Clásicos* (Madrid, 1974); J. Ijsewijn, «Juan Luis Vives, 1512-1517. A Reconsideration of evidence», en *Humanistica Lovaniensia*, 26 (1977), págs. 140-152; C. G. Noreña, *Juan Luis Vives* (Salamanca, 1978); A. Buck, *Juan Luis Vives. Arbeitsgespräch in der Herzog August Bibliothek Wolfenbüttel* (Hamburgo, 1981); J. Ijsewijn y A. Losada, *Erasmus in Hispania. Vives in Belgio. Acta Colloqui Brugensis 23-26 IX 1985. Colloquia Europalia I* (Lovaina, 1986); J. L. Vives, *Diálogos y otros escritos*, versión castellana de F. Alcina (Barcelona, 1988). [B.M.M.]

VIZCAÍNO, JOSÉ ANTONIO (Madrid, 1933). Ha desempeñado diversos oficios. En sus libros de cuentos —*El salvaje* (1963), *El suceso* (1965) y *Años de amor y violencia* (1968)— practica un realismo crítico moderado. Siguiendo el modelo celiano, ha escrito los relatos de viajes *De Roncesvalles a Compostela* (1965) y *Caminos de la Mancha* (1966). [N.M.C.M.]

VIZCAÍNO CASAS, FERNANDO (Valencia, 1926). Es abogado y periodista. Ha publicado numerosos ensayos, novelas y libros de recuerdos en los que, de forma supuestamente humorística, ensalza nostálgicamente las formas de vida de la España franquista y vapulea a políticos de esa época, convertidos después en demócratas, y a diversas instituciones surgidas desde 1975. De ellos destacan: *Mis queridas nostalgias* (1970), *Contando los cuarenta* (1971), *La España de posguerra (1939-1953)* (1975), *Niñas... ¡al salón!* (1976), *La boda del señor cura* (1977), *De «camisa vieja» a chaqueta nueva* (1977), *Mis audiencias con Franco y otras entrevistas* (1978), *... y al tercer año resucitó* (1978), *Las autonosuyas* (1981), *... y habitó entre nosotros* (1982), *Cien años de honradez* (1984), *Chicas de servir* (1985), *Zona roja* (1986), *Isabel, camisa vieja* (1987) y *El señor de los bonsais* (1991). Es autor también de obras de teatro y de un *Diccionario del cine español* (1966).

BIBLIOGRAFÍA. L. Garrido, *Fernando Vizcaíno Casas* (Madrid, 1992). [A.R.]

VIZCONDE GAZENOLZ DE TUILDONNÉ, EL (seudónimo). Véase GONZÁLEZ DE TEJADA, JOSÉ.

VODÁNOVIĆ, SERGIO (Santiago de Chile, 1926). Abogado, estudió teatro en las Universidades de Columbia y Yale. Ha desempeñado diversos cargos académicos en las universidades chilenas. Entre sus obras dramáticas de mayor éxito se encuentran *El senador no es honorable* (1952), *Mi mujer necesita marido* (1953), *Deja que los perros ladren* (1959), *Perdón, estamos en guerra* (1966) y *Nos tomamos la Universidad* (1969). Después de 1973 estuvo algún tiempo fuera del país, pero hacia el final de la década participa en algunos proyectos de teatro de creación colectiva junto al ICTUS, especialmente en *¿Cuántos años tiene un día?* (1978) y *La mar estaba serena* (1982), obras cruciales en el desarrollo del teatro chileno de ese período. [J.G.]

VON VACANO, ARTURO. Véase HISPANOAMÉRICA: NARRATIVA ACTUAL.

VULGARÍN, AGUSTÍN. Véanse HISPANOAMÉRICA: POESÍA ACTUAL e HISPANOAMÉRICA: TEATRO ACTUAL.

W

WÁCQUEZ, MAURICIO. Véase Hispanoamérica: narrativa actual.

WALLPARRIMACHI, JUAN (Potosí, Bolivia, 1793-Chuquisaca, Bolivia, 1814). Poeta quechua. Al tiempo que luchaba en los campos como guerrillero, compuso unos poemas elegiacos de gran belleza («Ámame», «Despedida», «Canción», «Mi madre», etc.) sobre sus frustrados amores con una muchacha blanca. Tradujo también el dolor de su raza vencida por el conquistador. En sus poemas, por primera vez, el paisaje americano nutre la poesía de Bolivia. [C.C.B.]

WALSH, MARÍA ELENA (Ramos Mejía, Buenos Aires, 1930). Escritora argentina, con *Otoño imperdonable* (1947) inició una trayectoria poética muy personal, en la que figuran libros como *Apenas viaje* (1948), *Baladas con ángel* (1951), *Casi milagro* (1958), *Hecho a mano* (1965) y *Juguemos con el mundo* (1976), parcialmente recogidos con composiciones nuevas en *Los poemas* (1982). Con frecuencia ha buscado inspiración en la poesía popular, y ha escrito cuentos y poemas para niños. [T.F.]

WALSH, RODOLFO (Choele-Choel, Río Negro, Argentina, 1927-1977). Periodista y escritor. Cultivó el teatro —*La granada* (1965), *La batalla* (1965)—, pero merece mención sobre todo por relatos como los reunidos en *Los oficios terrestres* (1966) y *Un kilo de oro* (1967). Su poderosa imaginación se conjugó con preocupaciones políticas en los cuentos de *Variaciones en rojo* (1953), en el relato breve *Un oscuro día de justicia* (1973), y en las novelas *Operación masacre* (1957), *El caso Satanowsky* (1958) y *¿Quién mató a Rosendo?* (1969), ficciones inspiradas en hechos históricos contemporáneos. Fue uno de los «desaparecidos» bajo la represión que sucedió al golpe militar de 1976. [T.F.]

WAST, HUGO (Córdoba, Argentina, 1883-Buenos Aires, 1962). Seudónimo del escritor y político Gustavo Martínez Zuviría. Desdeñado por la crítica por su inclinación a un efectismo folletinesco, eso no le impidió ser durante mucho tiempo el novelista argentino más difundido dentro y fuera de su país. Entre sus numerosas obras se cuentan *Flor de durazno* (1911), *Fuente sellada* (1919), *La que no perdonó* (1923), *Desierto de piedra* (1925), *Lo que Dios ha unido* (1945), *Morir con las botas puestas* (1952) y *¿Le tiraría usted la primera piedra?* (1955). También escribió poemas, cuentos, teatro y ensayos. Carácter autobiográfico tiene su *Vocación de escritor* (1945). [T.F.]

WATANABE, JOSÉ. Véase Hispanoamérica: poesía actual.

WENDELL, JOHN. Véase Gelman, Juan.

WEST, SIDNEY. Véase Gelman, Juan.

WESTPHALEN, EMILIO ADOLFO (Lima, 1911). Poeta y periodista. En los años treinta formó con Xavier Abril * y César Moro * un grupo surrealista que ejerció considerable influjo en el desarrollo de la poesía peruana. Asimiló esa estética y la combinó con la tradición poética española para crear la poesía hermética de *Las ínsulas extrañas* (1933) y *Abolición de la muerte* (1935). Muchos de los poemas son extensos, carecen de títulos o puntuación que sirvan de guía para la lectura; semejan, en primera instancia, el fluir de la conciencia del hablante poético, poesía visual, construida con imágenes que se eslabonan a menudo por asociaciones de conceptos o de sonidos. Las pautas estructurales son perceptibles gradualmente y muestran imágenes reconocibles como pertenecientes al canon de la poesía tradicional. El acierto de Westphalen como poeta reside en el perfecto equilibrio entre momentos de intensa pasión y el control de las emociones. En *Bajo zarpas de la quimera. Poemas 1930-1988* (1991) ha reunido su obra, incluida la recopilación *Ha vuelto la Diosa Ambarina* (1988) y los poemas que antes había dado a conocer en *Otra imagen deleznable* (1980), *Arriba bajo el cielo* (1982), *Máximas y mínimas de sapiencia pedestre* (1982), *Nueva serie* (1984) y *Belleza de una espada clavada en la lengua* (1986).

BIBLIOGRAFÍA. J. Rodríguez Padrón, *El pájaro parado (Leyendo a E. A. Westphalen)* (Madrid, 1992). [F.M.R.A.]

WIESSE, MARÍA (Lima, 1894-1964). Poeta, novelista y biógrafa peruana. Escribió con el seudónimo de «Myriam». Colaboró en numerosas revistas y periódicos, entre ellas *Amauta* * y *El Mercurio Peruano*. De su obra se destacan las novelas *La Huachafita* (1927) y *Diario sin fecha* (1948). Escribió también relatos para niños, entre los que destacan *Linterna mágica* (1954) y *El pez de oro y otras historias absurdas* (1958). [J.C.]

WIETHÜCHTER, BLANCA. Véase HISPANOAMÉRICA: POESÍA ACTUAL.

WIEZELL, ELSA (Asunción, 1927). Escritora paraguaya. De sus más de veinte poemarios publicados, destacan *Poemas de un mundo en brumas* (1950), *Tronco al cielo* (1960), *Tiempo de amar* (1965), *Mensajes para hombres nuevos* (1966) y *La cosecha del viento norte* (1974). [T.M.F.]

WILCOCK, JUAN RODOLFO (Buenos Aires, 1919-Lubiano di Bagno Regio, Viterbo, Italia, 1978). Colaborador de la revista *Sur* *, con *Libro de poemas y canciones* (1940), *Ensayos de poesía lírica* (1945), *Persecución de las musas menores* (1946), *Paseo sentimental* (1946), *Los hermosos días* (1946) y *Sexto* (1953) se convirtió en uno de los poetas más destacados de la generación argentina del 40 y en el mejor representante de un intimismo neorromántico especialmente interesado en la experiencia amorosa. Con Silvina Ocampo * escribió la pieza de teatro *Los traidores* (1956). Después se trasladó a Italia, y en italiano dio a conocer buena parte de sus escritos desde que en 1961 publicó la colección de relatos breves *Il caos*, el poema *Luoghi comuni* y las notas y apuntes de *Fatti inquietanti di nostro tempo*. Le pertenecen los cuentos fantásticos de *La sinagoga de los iconoclastas* (1972), *El templo etrusco* (1973) y *Libro de los monstruos* (1978), y los poemarios *Poesías españolas* (1963), *Cancionero italiano: 34 poesías de amor* (1974) y *Poesías* (póstumo, 1980). [T.F.]

WILDE, EDUARDO (Tupiza, Bolivia, 1844-Bruselas, 1913). Escritor argentino. Médico escéptico y liberal, anticlerical y cargado de ironía, fue funcionario, ministro, embajador, educador, cirujano y político. Su obra, dispersa y circunstancial, está constituida por una serie de textos a primera vista costumbristas, que entregan un retrato sonriente y crítico del Buenos Aires de fines del XIX y comienzos del siglo actual. Editadas en diez tomos, sus *Obras completas* (1918-39) permiten distinguir un volumen orgánico, pero inacabado: *Aguas abajo* (1914), autobiografía originalísima en la que los materiales de la propia vida han sido elaborados en tono de novela. Coetáneo del modernismo y del naturalismo, sus otros textos narrativos escapan a todo influjo de escuela. *Tiempo perdido* (1878), *Prometeo y compañía* (1898) y *Por mares y por tierras* (1899) contienen algunos de sus mejores cuentos y relatos. [R.A.B.]

WOLFF, EGON (Santiago de Chile, 1926). Ingeniero químico y empresario chileno, hijo de inmigrantes alemanes. Se inicia como dramaturgo en 1957 con *Discípulos del miedo* y *Mansión de lechuzas*, dentro de la corriente del «realismo psicológico». Estas obras tienen la evidente intención de mostrar el sentimiento de inseguridad de la clase media chilena ante lo que el propio Wolff denomina «la intromisión violenta de lo moderno». Las obsesiones de sus protagonistas —el dinero y el mantenimiento de su mundo incontaminado— conducen a sus familias respectivas a la ruina o al choque violento con la realidad. El mismo tema de inautenticidad y catarsis final se da en *Parejas de trapo* (1959), mientras *Niñamadre* (1961) incide en la capacidad de autorrealización del ser humano, por miserable que sea su existencia. El gran éxito de Wolff llegó con *Los invasores* (1963), que puede considerarse como una alegoría política sobre la sustitución de unas formas de cultura por otras. El industrial Lucas Meyer y su familia personifican los temores, los valores y los egoísmos de la burguesía. Y China (y los demás harapientos que invaden su casa) resume el ideal del «hombre nuevo», impulsor del levantamiento pacífico y creador de un mundo sin diferencias de clases y auténticamente justo. *Flores de papel* (1968) puede interpretarse como una premonición pesimista del ascenso al poder de Salvador Allende. Wolff reitera aquí la misma problemática, ahora con mayor nivel de abstracción. Eva, representante de la alta burguesía, busca en el Merluza la sinceridad y el calor humano. Pero este nuevo «invasor», sumido en la miseria y el abandono seculares, carece de dotes creativas y sólo le queda «una implacable necesidad de destruir», como muestra el final de la obra. Piezas posteriores profundizan la simbología del «realismo psicológico» inicial (*El signo de Caín*, 1969; *Espejismos*, 1978; *El sobre azul*, 1978; *Álamos en la azotea*, 1981; y *Háblame de Laura*, 1986) o concluyen el ciclo del «realismo social» iniciado con *Los invasores* (*Kindergarten*, 1977; *José*, 1980; y *La balsa de la Medusa*, 1984).

BIBLIOGRAFÍA. E. Castedo-Ellerman, *El teatro chileno de mediados del siglo XX* (Santiago, 1982); T. Fernández, *El teatro chileno contemporáneo (1941-1973)* (Madrid, 1982). [A.L.M.]

WONG, ÓSCAR. Véase HISPANOAMÉRICA: POESÍA ACTUAL.

WYLD OSPINA, CARLOS (Antigua, Guatemala, 1891-Quezaltenango, Guatemala, 1956). Periodista, poeta, novelista, ensayista, político y profesor. Fue cronista de la Revolución Mexicana de 1910. Sus obras, en diversos géneros literarios, llevan los títulos: *El solar de los Gonzaga* (1919, novela), *Las dádivas simples* (1921, poesía), *El autócrata* (1935, ensayo biográfico), *La tierra de los nahuyacas* (1933, cuentos), *La gringa* (1935, novela) y *Los lares apagados* (1958, novela). [A.B.F.]

X

XIMÉNEZ, MAÍN (seudónimo). Véase Barba Jacob, Porfirio.

XIMÉNEZ DE SANDOVAL, FELIPE (Madrid, 1903-1978). Abogado y diplomático. Escribió relatos vanguardistas —*Tres mujeres más equis* (1930)—, el «pastiche» romántico *Los nueve puñales* (1936) y novelas de guerra —*Camisa azul* (1938)—, de carácter intelectual —*El hombre y el loro* (1951)— y realistas —*Manuela Limón* (1952) y *Las patillas rojas* (1954)—. Colaboró con Pedro Sánchez Neyra en obras teatrales como *Mercedes la Gaditana* (1932) y *Bacarrat* (1933). También ha escrito biografías —entre ellas, *José Antonio Primo de Rivera* (1941)— y ensayos —*La piel de toro* (1944)—, así como una *Historia del cotilleo* (1960). [G.R.F.]

X-504 (seudónimo). Véase Jaramillo Escobar, Jaime.

Y

YACA, NICK. Véase LITERATURA CHICANA.

YANKAS, LAUTARO (Talca, Chile, 1902). Seudónimo del narrador indigenista chileno Manuel Soto Morales, autor, entre otras obras, de las novelas *Mujer del Laja* (1930), *Flor Lumao* (1932), *El cazador de pumas* (1947), *El último toqui* (1950) y *El vado de la noche* (1955), además de un libro de cuentos titulado *Rotos* (1945). [J.A.C.]

YANKE, GERMÁN. Véase POESÍA ESPAÑOLA POSTERIOR A 1975.

YÁÑEZ, AGUSTÍN (Guadalajara, Jalisco, México, 1904-México, D.F., 1980). Licenciado en derecho, maestro en filosofía, profesor universitario, gobernador de su estado natal y secretario de Educación Pública. Yáñez, junto con José Revueltas *, inaugura la novela mexicana moderna al emplear novedosas técnicas narrativas como el monólogo interior, la introspección, la alteración de los planos temporales, el perspectivismo; el costumbrismo queda atrás para dar paso a niveles más profundos de la realidad. *Al filo del agua* (1947) es la novela que revoluciona la estructura narrativa; con *La tierra pródiga* (1960) y *Las tierras flacas* (1962) forma una trilogía que mira hacia una geografía provinciana o rural y hacia las criaturas que la habitan, como las de *Al filo del agua* apresadas en «un pueblo de mujeres enlutadas», sujetas por la religión e invadidas por las culpas y los deseos; algunas de ellas reaparecen en obras posteriores, como Gabriel, quien ha dejado de ser campanero para convertirse en músico, protagonista de la vida artística postrevolucionaria, y de la novela *La creación* (1959), o como María, liberada de la sujeción del cura don Dionisio, y Damián Limón, que de tránsfuga de la justicia llega a ser oficial revolucionario, según se sabe en *Las vueltas del tiempo* (1973). Las tres novelas constituyen un ciclo, aunque cada una de ellas muestra una estructura independiente y distinta, producida, respectivamente, por las voces externas e internas de un personaje colectivo, por los movimientos musicales de una sinfonía, por una historia totalmente dialogada.

Resulta claro que Yáñez muestra una clara conciencia artística, literaria, que le permite ubicar cada texto en el respectivo lugar del cosmos novelístico. Dicha conciencia ha quedado expresada específicamente al explicar él mismo su trabajo: «Supuestos el personaje y las circunstancias, se va desenvolviendo la vida, se van recogiendo los diversos aspectos del destino y se van uniendo como si hubiesen ocurrido en la realidad. El proceso de la composición puede demandar que aparezca otro personaje que realice un equilibrio, de compensación...» Así, *Al filo del agua* es el resultado de un escritor-arquitecto que va construyendo cada muro, cada piso, cada nivel, por lo que cada capítulo es pieza única y a la vez armónica con el resto para dar un conjunto sostenido por una cuidada escritura, un efectivo uso de símbolos, arquetipos e imágenes y por un doble y significativo ritmo: sagrado y pagano. Otras obras suyas son *Flor de juegos antiguos* (1942), *Archipiélago de mujeres* (1943) y *Ojerosa y pintada* (1960).

BIBLIOGRAFÍA. J. J. Flasher, *México contemporáneo en las novelas de Agustín Yáñez* (México, 1969); H. F. Giacoman (ed.), *Homenaje a Agustín Yáñez* (Nueva York, 1973). [J.E.C.]

YÁÑEZ, MIRTA. Véase HISPANOAMÉRICA: NARRATIVA ACTUAL.

YÁÑEZ, RICARDO. Véase HISPANOAMÉRICA: POESÍA ACTUAL.

YÁÑEZ, RODRIGO (¿?-¿?). Autor del *Poema de Alfonso XI*, posible modelo de crónica rimada, y una de las tres piezas historiográficas destinadas a describir las hazañas reales del monarca Alfonso XI *, muerto a mediados del siglo XIV. Época tardía, por tanto, para la forma épica; quizá, por ello, Rodrigo Yáñez improvisa una nueva disposición métrica (versos octosilábicos, que riman *abab*) para desarrollar un contenido en el que se mezcla el antiguo espíritu de los cantares de gesta con las nuevas orientaciones literarias de las crónicas reales. Por eso, el formador de la *Gran Crónica de Alfonso XI*, en 1376, amplifica la crónica de la que parte, mediante las noticias más jugosas que le brinda el *Poema*. Su línea argumental se extiende desde que el rey es declarado mayor de edad hasta la toma de Algeciras (1344). Es curiosa la similitud entre el *Poema de Alfonso XI* y el *Poema da Batalha do Salado* del portugués Afonso Giralde, que parece indicar una tradición común a ambos textos.

BIBLIOGRAFÍA. D. Catalán, *Poema de Alfonso XI. Fuentes, dialecto, estilo* (Madrid, 1955); Y. Ten Cate (ed.), *Poema de Alfonso XI* (Madrid, 1956). [F.G.R.]

YÁÑEZ BIANCHI, ÁLVARO. Véase EMAR, JUAN.

YÁÑEZ COSSÍO, ALICIA (Quito, 1929). Escritora ecuatoriana. La represión de la mujer por las normas, convenciones y consumismo que rigen la sociedad actual está en el centro de sus preocupaciones. Por contigüidad, su obra es un alegato feminista contra el sistema económico capitalista que condiciona el comportamiento humano actual. Obras principales: *El beso y otras fricciones* (1975), *Bruna, soroche y los tíos* (1977) y *Yo vendo unos ojos negros* (1979). [H.R.]

YÁÑEZ DE ECHEVARRÍA, MARÍA FLORA (Santiago de Chile, 1901). Narradora criollista chilena conocida también como «Mari Yan», cuya obra muestra una doble preocupación psicológica y panteísta. Cultivó la novela —*El abrazo de la tierra* (1933), *Mundo en sombra* (1935), *Espejo sin imagen* (1936), *Las cenizas* (1942), *El estanque* (1945) y *La piedra* (1952)—, el cuento —*Juan Estrella* (1954) y *¿Dónde están el trigo y el vino?* (1963)— y la autobiografía —*Visiones de infancia* (1947). [J.A.C.]

YARZA, PÁLMENES (Nirgua, Yaracuy, Venezuela, 1916). Poetisa, docente y diplomática venezolana. Colaboradora de la *Revista Nacional de Cultura* * y de diversos periódicos de Venezuela. En 1974 le es otorgado el premio municipal de Literatura del Distrito Federal por el poemario *Contraseñas del tiempo (1962-1968)*. Su obra poética está compuesta también por los siguientes libros: *Pálmenes Yarza* (1936), *Espirales* (1942), *Instancias* (1947), *Amor* (1950), *Ara* (1950), *Esquema poético* (1959), *Ágora* (1961), *Elegías del segundo* (1961), *Recuento de un árbol y* *otros poemas* (1974) y *Poemas* (1976). [C.R. de G.]

YAURI MONTERO, MARCOS. Véase LITERATURA INFANTIL HISPANOAMERICANA.

YCAZA TIGERINO, JULIO (Estelí, Nicaragua, 1919). Poeta, ensayista, crítico literario, sociólogo y político. Su prestigio sociológico ha hecho sombra a su producción literaria. No obstante, su poesía, dispersa o guardada hasta la edición madrileña de *Poemas del campo y de la muerte* (1959), resulta de veras ejemplar. Se habla de un poemario nativo, donde el paisaje rural de Nicaragua y su gente van de lo típico a lo arquetípico. Y, allí, la naturaleza tropical es vida, mientras que lo humano es muerte: una muerte concreta y testimonial, pero dicha con palabra contenida y cuidadosamente elaborada. Su otro libro poético, *Tierra de promisión* (1960), consta de nueve cantos casi corales o, si se prefiere, de un sólo himno nacional, en cuya expresión los elementos sonoros armonizan con los plásticos. En lo referente a la obra crítica de Ycaza, él fue quien introdujo en Nicaragua la estilística de las fuentes. Es, además, un dariísta reconocido, en libros como *Los nocturnos de Rubén Darío* (1954), *La poesía y los poetas de Nicaragua* (1958), *Estudio de la poética de Rubén Darío* (1967), en colaboración con Eduardo Zepeda-Henríquez*, y *La palabra y el ritmo en Rubén Darío* (1987). Ha dado a la imprenta, igualmente, sus *Discursos académicos* (1978), que son auténticos ensayos, sin contar sus seis volúmenes de sociología política y cultural, amén de otras publicaciones. [E.Z.-H.]

YEPES, JOSÉ RAMÓN (Maracaibo, Zulia, Venezuela, 1822-1881). Poeta, novelista, marino y político venezolano. Redactor del periódico literario *El Rayo Azul* de Maracaibo y colaborador de *El Semanario* de la misma ciudad. Pertenece a la corriente del romanticismo, dentro de la cual es autor de *Anaida* (1860) e *Iguaraya* (1868), ambas novelas de tema indiano, *Poesías* (1882) y *Novelas y estudios literarios* (1882).

BIBLIOGRAFÍA. G. Yepes Boscán, *La novela indianista en Venezuela. «Anaida» e «Iguaraya», de José Ramón Yepes* (Maracaibo, 1965). [H.J.B.]

YÉPEZ PAZOS, FÉLIX (Carchi, Ecuador, 1933). Estudió jurisprudencia en la Universidad Central en Quito. Poeta, cuentista y crítico. Ha publicado, entre otros libros, *Habitantes subterráneos* (1960), *Cerote* (1966), *El aire manchado* (1967), *La charca* (1970) y *Los años enterrados* (1985). [J.C.]

YEROVI, LEÓNIDAS (Lima, 1881-1917). Poeta, dramaturgo y periodista peruano. Se inició en el periodismo como redactor de *Actualidades* (1903-07) y *La Prensa* (1903-17), y rápidamente popularizó un estilo muy personal. Reflejó las emociones y la insatisfacción de la bohemia de su tiempo en crónicas risueñas y de juicio penetrante, así como en poesías de fácil vena. Fue editor de *Monos y Monadas* (1905-10). Por la amable gracia de sus comedias ligeras adquirió renombre y se le denominó «jefe del teatro nacional». Sus mejores comedias son *La de cuatro mil* (1903) y *Casa de tantos* (1917). [F.M.R.A.]

YEROVI, NICOLÁS. Véase HISPANOAMÉRICA: TEATRO ACTUAL.

YNSFRÁN, PABLO MAX (Asunción, 1894-1972). Poeta, ensayista, crítico literario y periodista paraguayo. Miembro de la llamada promoción de «Crónica» —y uno de los fundadores de la primera revista paraguaya (*Crónica*, 1913-15), que apoyó la estética modernista—, está también entre los primeros ensayistas de su país. Participó activamente en el Gobierno del general José Félix Estigarribia —quien fuera jefe de operaciones en la guerra del Chaco (1932-35) y luego presidente de la república (1939-40)—, cuyas memorias publicó en inglés bajo el título de *The epic of the Chaco war: 1932-1935* (1950). Desterrado en 1940 al iniciarse la dictadura del general Morínigo, se exilió en los Estados Unidos, donde residió durante muchos años. De sus obras publicadas se destacan *El Paraguay contemporáneo* (1929) y *La expedición norteamericana contra el Paraguay: 1858-1859* (1958). [T.M.F.]

YONÁ, YA'ACOB ABRAHAM. Véase Literatura sefardí.

YOUNG NÚÑEZ, CÉSAR (Ciudad de Panamá, 1934). Poeta panameño de ascendencia china. Pertenece a la corriente de la antipoesía y en su obra son frecuentes los elementos de la cultura popular. Ha publicado *Poemas de rutina* (1967), *Instrucciones para los ángeles* (1972-73) y *Carta a Blanca Nieves* (1978). [A.B.F.]

YRAYZOZ, FIACRO (Pamplona, 1860-¿?). Escribió poesías y relatos humorísticos para revistas, sin que luego hayan sido recogidos en libro. Colaboró en *La Ilustración Española y Americana* y *Madrid Cómico*. El género en el que más a gusto se sintió fue el teatro, para el que escribió, además de múltiples juguetes y sainetes, las zarzuelas *Los molineros* (1887), *La boda del cojo* (1891), *La madre del cordero* (1892), *La mujer del molinero* (1893), *Los voluntarios* (1893), *Vientos en popa* (1894), *La roncalesa* (1897), *Polvorilla* (1900), *Lola Montes* (1902), *¡La maldita bebida!* (1909), *Al cantar de la jota* (1912), etc. [M.P.C.]

YUNQUE, ÁLVARO (La Plata, Argentina, 1889-Tandil, Buenos Aires, 1982). Seudónimo de Arístides Gandolfi Herrero, que en los años veinte estuvo relacionado con el Grupo de Boedo *, e hizo una literatura de orientación realista e inspiración popular. Entre sus libros de poemas se cuentan *Versos de la calle* (1924) y *Poemas gringos* (1932), pero destacó especialmente como autor de relatos breves, en gran medida sobre niños y destinados a los niños: *Barcos de papel* (1926), *Zancadillas* (1926), *Jauja* (1928), *Espantapájaros* (1930) y *No hay vacaciones* (1935), entre otros volúmenes. Cultivó también la novela y el teatro, realizó varias antologías y publicó ensayos sobre literatura argentina y otros temas. [T.F.]

YURKIEVICH, SAÚL (La Plata, Argentina, 1931). Escritor argentino, es autor de los poemarios *Volanda linde lumbre* (1961), *Cuerpos* (1965), *Ciruela de loculira* (1965), *Berenjenal y merodeo* (1966), *Fricciones* (1969), *Retener sin detener* (1975), *Rimbomba* (1978) y *Transver* (1988). Su obra constituye ante todo una celebración del lenguaje, una apuesta crítica y autorreflexiva por la invención, lo que le convierte en destacado representante de la reactivación vanguardista iniciada en los años sesenta. Ejerce la enseñanza universitaria en París, y es autor de *Fundadores de la nueva poesía latinoamericana* (1971, 1984), *Confabulación con la palabra* (1978), *A través de la trama. Sobre vanguardias literarias y otras concomitancias* (1984) y otros estudios sobre literatura hispanoamericana. [T.F.]

YXART, JOSÉ (Tarragona, 1852-1895). Fue un destacado crítico literario y teatral que colaboró en publicaciones de Barcelona —*La Reinaxença*, *La Vanguardia* y *La Publicidad*— y de Madrid —*La España Moderna* y *La Época*—. Escribió en catalán y castellano. Sus artículos han sido recogidos, en parte, en *El año pasado: letras y artes en Barcelona* (1886-1890) y en *El arte escénico en España* (1894-96). [G.R.F.]

Z

ZABALETA, JUAN DE SANTOS DE (Sevilla, 1600/1615-Madrid, 1667). A pesar de su fama de madrileño, gracias a los nuevos datos descubiertos por Ana Elejabeitia, don Juan de Santos de Zabaleta —en las letras, Juan de Zabaleta— era sevillano, hijo de un caballero de Santiago y en Madrid, donde ya se encuentra hacia 1640, vivía con una casada que utilizaba nombre falso por haber desaparecido su marido. Con ella tuvo el escritor tres hijos. Sea por los largos pleitos que al parecer hubo de poner para conseguir dos mayorazgos, sea por su fealdad física, que fue crudamente caricaturizada, sea, en fin, por su ceguera en 1664, este autor, cronista de Felipe IV, acumula sobradas razones psicológicas para fundamentar su severidad moral, su espíritu introvertido y su poco disimulada misoginia. Sólo o en colaboración con Calderón de la Barca *, Matos Fragoso *, Martínez de Meneses, Cáncer *, Villaviciosa *, Vicente Suárez y otros autores cultivó el teatro, del que destaca su comedia *El ermitaño galán*. Su prosa filosófica y moral, las más de las veces, se asienta sobre tres pilares: estricta religiosidad, erudición y cierto afán de ir contracorriente, valiéndose de la ficción o de la narración sólo para apoyar su intención doctrinal y hacerla más efectiva, de acuerdo con la tópica horaciana del *delectare et prodesse*. En *Theatro del hombre. Historia y vida del conde de Matisio* (1652), Zabaleta ataca la vida licenciosa del Conde, interrumpiendo el relato con continuas digresiones morales. Lo mismo cabría decir de *El emperador Commodo*. En *Problemas de la Filosofía natural, acompañados de consideraciones morales* (1652), intenta aclarar las paradojas y contradicciones que confunden al hombre barroco. De carácter más místico y religioso son los *Milagros de los trabajos* (1667) y la *Historia de Nuestra Señora de Madrid*. Más consideración merece sus *Errores celebrados de la antigüedad* (1653), donde examina temas clásicos a la luz de su inconformismo y del pensamiento seiscentista. Pero sobre todo *El día de fiesta por la mañana* (1654) y *El día de fiesta por la tarde* (1659), entretenido y no menos veraz espejo de la corte madrileña, le ha dado fama de costumbrista. Obras esencialmente didácticas, donde el cuadro satírico de costumbres se hipertrofia con el fin de hacer más clara y amena la exposición moral. Todo ello estilizando elementos provenientes de la novela picaresca y cortesana, pero utilizando y seleccionando lo mismo para que la finalidad ética resulte relevante.

BIBLIOGRAFÍA. W. S. Hendrix, «Notes on collection of types a form of *Costumbrismo*», en *Hispanic Review*, I (1933); C. Cuevas García, «Juan de Zabaleta y la funcionalidad moral del costumbrismo», en *Homenaje a don Agustín Millares Carlo*, II (1975); J. de Zabaleta, *El día de fiesta por la mañana y por la tarde*, ed. de C. Cuevas García (Madrid, 1983); A. Elejabeitia, «La nueva biografía del escritor Juan de Zabaleta», en *Letras de Deusto*, 14 (1984), págs. 57-73; J. de Zabaleta, *La honra vive en los muertos*, ed. de A. Elejabeitia (Kassel, 1986). [E.R.]

ZACARÍAS, ANTONIO. Véase LITERATURA FILIPINA.

ZAGAL, EL (seudónimo). Véase ALARCÓN Y ARIZA, PEDRO ANTONIO.

ZAHONERO, JOSÉ. Véase FOLLETÍN.

ZAID, GABRIEL (Monterrey, Nuevo León, México, 1934). En *Fábula de Narciso y Ariadna* (1958), *Seguimiento* (1964), *Campo nudista* (1969) y *Práctica mortal* (1973) dio a conocer una poesía renovadora y a veces irónica, que luego reunió en *Cuestionario 1951-1976* (1976). Mostraba una orientación neorromántica, atenta a la realidad cotidiana pero deseando trascenderla, concediendo a la poesía la capacidad de abordar experiencias ajenas a la lógica. También ha sido un ensayista notable, interesado por temas literarios y por otros económicos, políticos y sociales, como demuestran *La máquina de cantar* (1967), *Los demasiados libros* (1972), *Leer poesía* (1972), *Cómo leer en bibicleta. Problemas de la cultura y el poder en México* (1975), *El progreso improductivo* (1979), *La feria del progreso* (1982), *La poesía en la práctica* (1986) y *La economía presidencial* (1987). También merecen mención especial sus antologías *Omnibus de poesía mexicana* (1971) y *Asamblea de jóvenes poetas de México* (1980). Fue el compilador de *Daniel Cosío Villegas. Imprenta y vida pública* (1985). [T.F.]

ZALAMEA, JORGE (Bogotá, 1905-1969). Miembro destacado del grupo de «Los Nuevos» *. Poeta elocuente, hizo, como él mismo solía decir, de su mayor vicio (la retórica) su mayor virtud. Desde el compromiso político que caracteriza su poesía, es autor de una obra que podría llamarse clásica en la literatura de nuestro tiempo: *El gran Burundún Burundá ha muerto* (1952), poema satírico de gran vuelo verbal, cuyo contenido consiste en un certero ataque a las dictaduras latinoamericanas, pero desde la referencia inmediata de la realidad colombiana de los años cuarenta y cincuenta. [E.C.]

ZALAMEA BORDA, EDUARDO (Bogotá, 1907-1963). Novelista y periodista. En su novela *Cuatro años a bordo de mí mismo* (1934), escrita en forma de diario, el joven narrador cuenta sus intensas experiencias en las salinas de Bahíahonda, península de la Guajira. Fue obra importante en Colombia en cuanto a la renovación del lenguaje narrativo. [F.C.L.]

ZALDUMBIDE, GONZALO (Quito, 1884-1965). Diplomático y escritor, sus trabajos de crítica literaria, entre los que se cuenta *Cuatro clásicos americanos: Rodó, Montalvo, fray Gaspar de Villarroel, P. J. B. Aguirre* (1947), constituyen notables ejercicios de estilo, insuperados por la prosa ecuatoriana de su tiempo. Aunque se ocupó de distintos autores, hay que destacar su persistente interés en la obra de José Enrique Rodó *. La influencia del «arielismo» es perceptible en la obra de Zaldumbide, incluso en *Égloga trágica*, novela de la que se publicaron algunos capítulos en 1916 y que no apareció completa hasta 1956. [T.F.]

ZAMACOIS, EDUARDO (Pinar del Río, Cuba, 1873-Buenos Aires, 1971). En 1888 se instaló en Madrid, en donde llevó una turbulenta vida amorosa. Después de unos fugaces estudios universitarios, se dedicó a la literatura y al periodismo. A partir de 1939 vivió en Francia, Cuba, México, Nueva York y Buenos Aires. Zamacois fue hasta 1910 el más destacado impulsor en España de la literatura galante y pasional (amena, sensual y frívola), de origen francés. Hasta esa fecha publica, entre otras novelas, *La enferma* (1896), *Tik-Nay (El payaso inimitable)* (1900), *Incesto* (1900), *El seductor* (1902), *Duelo a muerte* (1902), *Memorias de una cortesana* (1903) y *Sobre el abismo* (1905). A partir del mencionado año, aunque nunca renunciará del todo a los elementos eróticos, va dando paso a otras preocupaciones, como puede verse en *El otro* (1910), *Europa se va* (1913), *La opinión ajena* (1913) y *El misterio de un hombre pequeñito* (1914). Hacia 1922 inicia una nueva etapa en la que se vincula más estrechamente con la tradición realista española. A ella pertenecen *Memorias de un vagón de ferrocarril* (1922), *Una vida extraordinaria* (1923), *Las raíces* (1927), *Los vivos muertos* (1929), *El delito de todos* (1933), *La antorcha apagada* (1935) y *El asedio de Madrid* (1938), sobre la guerra. Escribió también numerosísimos relatos breves y cuentos, dramas, y los libros autobiográficos *Años de miseria y de risa* (1916), *Confesiones de «un niño decente»* (1922) y *Un hombre que se va...* (1964). Es autor además de obras de contenido variadísimo. Entre ellas, *Tipos de café* (1895), *Humoradas en prosa* (1896), *Impresiones de arte* (1904) y *De Córdoba a Alcazarquivir* (artículos, 1916). En *Desde mi butaca* (1907), *El teatro por dentro* (1911) y *La carreta de Tespis* (1918) recogió sus artículos de crítica teatral.

BIBLIOGRAFÍA. J. de Entrambasaguas, «E. Zamacois», en *Las mejores novelas contemporáneas*, VI (Madrid, 1960), págs. 581-622; L. S. Granjel, *E. Zamacois y la novela corta* (Salamanca, 1980); J. J. Soler, «El espiritualismo en las novelas de E. Zamacois», en *Revista de Estudios Hispánicos*, XV (1981), págs. 181-197. [A.R.]

ZAMBRANO, MARÍA (Vélez-Málaga, 1904-Madrid, 1991). Estudió Filosofía y Letras y fue discípula de Ortega y Gasset * y de Zubiri. Pasó la Guerra Civil en Madrid, Valencia y Barcelona. En febrero de 1939 se exilió. Después de una breve estancia en México, fue profesora en La Habana y Puerto Rico (1940-53). Vivió más tarde en Roma (1953-64), Francia (1964-78), Suiza (1978-84) y, hasta su muerte, en Madrid. En 1988 se le otorgó el Premio Cervantes. Colaboró en numerosas publicaciones españolas y americanas. Publicó, entre otros, los siguientes ensayos: *Nuevo liberalismo* (en la portada, *Horizonte del liberalismo*) (1930), *Los intelectuales en el drama de España* (1937 y 1977), *Filosofía y poesía* (1939), *Pensamiento y poesía en la vida española* (1939 y 1981), *La agonía de Europa* (1945), *El hombre y lo divino* (1955; 2.ª ed., aumentada, en 1973), uno de sus textos más importantes; *Persona y democracia* (1958), *La España de Galdós* (1960), *España, sueño y verdad* (1965 y 1982), *El sueño creador* (1965), *La tumba de Antígona* (1967), *Claros del bosque* (1977), *Senderos* (1986), *De la aurora* (1986), *Delirio y destino* (1988), *Los bienaventurados* (1990) y *Los sueños y el tiempo* (1992). En toda esta obra, de gran complejidad temática y que, en su mayor parte, constituye un todo unitario, María Zambrano reflexiona sobre la historia y la vida españolas, investiga, desde posturas antirracionalistas, acerca del valor de lo vital y se esfuerza en desentrañar las relaciones entre la persona y la realidad —una realidad siempre misteriosa y de límites imprecisos, incluso cuando parece próxima y asequible— y en acercar y fundir filosofía y poesía. En *Algunos lugares de la pintura* (1991), Amalia Iglesias recopiló sus escritos sobre arte.

BIBLIOGRAFÍA. J. F. Ortega Muñoz y otros, *María Zambrano o la metafísica recuperada* (Málaga, 1982); AA. VV., *María Zambrano*, revista *Anthropos* (marzo-abril de 1987); AA. VV., *María Zambrano* (Madrid, 1989); AA. VV., en *Ínsula*, núm. 509 (mayo de 1989). [A.R.]

ZAMORA, ANTONIO DE (Madrid, h. 1660/1664-1728). Autor dramático cuyas obras se representaron con éxito en la primera mitad del siglo XVIII, tanto en los teatros de la corte como en los públicos. Continuador de la estética barroca, siguió la huella de Calderón de la Barca *, a quien admiraba profundamente. Sintonizó muy bien con los gustos del espectador, procurando ofrecerle lo que más le agradaba. En 1722 editó un tomo de *Comedias nuevas*, donde recopila una buena muestra de su producción. En el prólogo de esta obra expuso su punto de vista sobre el arte de componer «poesía cómica». Su teatro recoge las principales modalidades populares de la época: comedias de santos, heroicas, de magia, de figurón, zarzuelas, etc. Al primer grupo pertenecen *El custodio de la Hungría, San Juan Capistrano, La fe se firma con sangre y el primer inquisidor San Pedro mártir* y *El lucero de Madrid y divino labrador, San Isidro*, espectacular refundición de la trilogía que Lope de Vega * dedicó al santo patrón de Madrid. Dentro de sus comedias heroicas figuran *Mazariegos y Monsalves* y *La Doncella de Orleans*. De magia, *Duendes son los alcahuetes y el espíritu Foleto*. Una de sus piezas más valiosas es *El hechizado por fuerza*, comedia de figurón representada en 1698. Además de la refundición citada, tiene algunas más basadas en obras barrocas, de Mira de Amescua *, Ruiz de Alarcón *, etc. Destaca entre todas *No hay plazo que no se cumpla ni deuda que no se pague y Convidado de piedra*, donde retoma el mito de don Juan ya escenificado por Tirso de Molina *. La intriga se hace aquí más complicada y uno de los cambios esenciales es el arrepentimiento del protagonista antes de su muerte.

BIBLIOGRAFÍA. J. W. Barlow, «Zorrilla's indebtedness to Zamora», en *Romanic Review*, XVII (1926), págs. 303-318; S. Trifilo, «Influencias calderonianas en el drama de Zamora y de Cañizares», en *Hispanófila*, IV (1961), págs. 39-46; P. Mérimée, *L'art dramatique en Espagne dans la première moitié du XVIIIe siècle* (Toulouse, 1983), págs. 23-80. [I.V.G.]

ZAMORA, BERNICE. Véase LITERATURA CHICANA.

ZAMORA, JOSÉ MARÍA. Véase LITERATURA FILIPINA.

ZAMORA, LORENZO DE. Véase POESÍA ÉPICA DE LOS SIGLOS XVI Y XVII.

ZAMORA Y CABALLERO, EDUARDO (Valencia, 1837-Madrid, 1899). Político, historiador y escritor en todos los géneros. Fue director de *La Europa*. Estrenó las comedias *La piedra de toque* (1862), *Un día en el gran mundo* (1863), *La mejor joya, el honor* (1864) y *La última batalla* (1867), además de varios juguetes. Recogió sus poesías en los volúmenes *Ecos del alma* (1863), *Romancero de la guerra del Pacífico* (1866) y *El rebuzno de Yara, romancero histórico* (1870). Publicó también la novela *La niña expósita* (1863). [M.P.C.]

ZAMORA VICENTE, ALONSO (Madrid, 1916). Ha sido catedrático de Lingüística Románica en la Universidad de Salamanca. Su labor científica se orienta con preferencia a los campos de la dialectología —*Dialectología* (1960)—, la crítica literaria —*Presencia de los clásicos* (1951), *Las «Sonatas» de Ramón del Valle-Inclán* (1951), *La novela picaresca* (1961), *Lope de Vega, su vida y su obra* (1961), *Camilo José Cela* (1962) y *Lengua, literatura, intimidad* (1966)— y la edición de nuestros clásicos. Como creador, ha optado por la narrativa breve y la novela, géneros a los que ha dedicado los títulos siguientes: *Primeras hojas* (1955), *Smith y Ramírez, S. A.* (1957), *Un balcón a la plaza* (1965), *A traque barraque* (1972), *Desorganización* (1975), *El mundo puede ser nuestro*

(1976), *Sin levantar cabeza* (1977), *Mesa, sobremesa* (1980), *Tute de difuntos* (1982), *Estampas de la calle* (1983), *Suplemento literario* (1984) y *Vegas bajas* (1987).

BIBLIOGRAFÍA. J. Sánchez Lobato, *Alonso Zamora Vicente* (Madrid, 1982). [N.M.C.M.]

ZAMUDIO, ADELA (Cochabamba, Bolivia, 1854-1928). Narradora y poetisa postromántica, es la verdadera iniciadora del cuento en Bolivia, con sus relatos de tendencia moralista. Su poesía se tiñe de una fuerte protesta, que asume la defensa de la mujer frente a los privilegios sociales y políticos del varón, así como de la religiosidad en el sentido puro, apartado de los formalismos y las apariencias. Es autora de *Ensayos poéticos* (1887), *Íntimas* (novela, 1913), *Ráfagas* (1914), *Cuentos breves* (1943), *Novelas cortas* (1943), etc. Son famosos sus poemas «Nacer hombre» y «Quo vadis?». El primero de éstos recuerda a sor Juana Inés de la Cruz *. [C.C.B.]

ZAPATA, LUIS (Chipalcingo, Guerrero, México, 1951). Licenciado en letras francesas y traductor. Considerada críticamente como novela homosexual, *El vampiro de la colonia Roma* (1979) es la historia de un pícaro en la que se mezclan la biografía, la sátira y la censura social. *En jirones* (1985) es un diario desgarrado acerca de la relación pasional entre dos hombres. Es autor también de las novelas *De pétalos perennes*, (1981), *Melodrama* (1983) y *Ese amor que hasta ayer nos quemaba* (1989).

BIBLIOGRAFÍA. R. Teichman, *De la onda en adelante* (México, 1987). [J.E.C.]

ZAPATA, MARCOS (Ainzón, Zaragoza, 1845-Madrid, 1913). Fue poeta, periodista y autor dramático. Vivió en Argentina de 1890 a 1898 y fue estudiante de Derecho. Su poesía se publicó en 1902, prologada por Ramón y Cajal *. Entre sus obras dramáticas destacan *La capilla de Lanuza* (1861), con la que alcanzó gran éxito, *El castillo de Simancas* (1873), *La corona de abrojos* (1875), *El solitario de Yuste* (1877) y *La piedad de una reina* (1887). También fue autor de libretos de zarzuela, como *El anillo de hierro* (1878), *Camoens* (1879) y *El reloj de Lucerna* (1884) y redactor de *La discusión*, *El orden* y *Gente vieja* (1903). [P.A.P.]

ZAPATA DE CHAVES, LUIS (Llerena, Badajoz, 1526-1595). Fue paje de la emperatriz Isabel, acompañó al emperador Carlos V y al príncipe Felipe en diferentes viajes por Europa y, en sus estancias en Sevilla, asistió a las tertulias literarias del palacio de los Gelves. Pasó una temporada en la cárcel (aproximadamente, de 1566 a 1590) por razones no muy claras, después de haber recibido la Orden de Santiago. Se le conoce especialmente por el *Carlo famoso* (Valencia, 1566), poema épico dedicado a cantar las glorias de Carlos V, y una *Miscelánea* (compuesta durante los últimos años de su vida y titulada así por bibliotecarios posteriores) que reúne recuerdos y experiencias personales, opiniones literarias, historias curiosas, chascarrillos y digresiones varias. También escribió un *Libro de cetrería* (1583) y tradujo al castellano el *Arte poética* de Horacio (1592).

BIBLIOGRAFÍA. J. Menéndez Pidal, *Vida y obras de don Luis de Zapata* (Madrid, 1915); L. Zapata, *Miscelánea. Silva de curiosos casos*, selección y notas de A. Rodríguez Moñino (Madrid, s.a.); L. Zapata, *Varia historia (Miscelánea)*, ed. de I. Montiel, 2 vols. (Madrid, 1949); F. Márquez Villanueva, «Don Luis de Zapata o el sentido de una fuente cervantina», en *Fuentes literarias cervantinas* (Madrid, 1973); L. Zapata, *Carlo famoso*, ed. facsímil, con introducción y apéndices de M. Terrón Albarrán (Badajoz, 1981). [B.M.M.]

ZAPATA OLIVELLA, MANUEL (Lorica, Córdoba, Colombia, 1920). Médico, antropólogo y escritor. Especial atención merecen sus novelas, que le han permitido mostrar sus preocupaciones sociales y acercarse a las profundas raíces culturales de amplios sectores marginales de la población latinoamericana: *Tierra mojada* (1947), *La calle 10* (1960), *Detrás del rostro* (1963), *Chambacú, corral de negros* (1963), *En Chimá nace un santo* (1964), *Changó, el Gran Putas* (1983). Ha publicado libros de relatos breves, como *Pasión vagabunda* (1948) y *Cuentos de muerte y libertad* (1961), y ha dado a conocer varias obras teatrales, como *Hotel de vagabundos* (1954), *Los pasos del indio* (1960) y *El retorno de Caín* (1962). [T.F.]

ZAPATER, JUAN PABLO. Véase POESÍA ESPAÑOLA POSTERIOR A 1975.

ZARAGOZA, FLAVIO Y MIGUEL. Véase LITERATURA FILIPINA.

ZARAGOZA Y CARRILLO, FRANCISCO. Véase LITERATURA FILIPINA.

ZARAGOZA SALLÉS, CRISTÓBAL (Villajoyosa, Alicante, 1923). Licenciado en Historia. Su prosa, ágil y directa, y a menudo con numerosas referencias a asuntos de actualidad, hace su obra asequible a un amplio espectro de público. Dentro de su obra cabe mencionar, entre otras, las novelas *El escándalo del silencio* (1968), *No tuvieron la tierra prometida* (1969), *Los domingos vacíos* (1970), *La larga espera* —formada por dos partes: *Un puño llama a la puerta* (1970) y *El cambio de camisa* (1971)—, *Manú* —Premio Ateneo de Sevilla, 1975—, *Generaciones* —su obra más ambiciosa, retrato de los últimos cincuenta años de la sociedad española, continuada en 1989 con *Generaciones II*—, *Y Dios en la última playa* —Premio Planeta, 1981—, *Del color del viento* (1982), *Un muerto en la 105* (1984) y *Al fin, la libertad (Un parado en el top-less)* —Premio Internacional Plaza y Janés, 1986—. Es autor, asimismo, de varios ensayos históricos y de obras de divulgación. [J.S.M.]

ZÁRATE, AGUSTÍN DE (?, 1506-?, 1565). Uno de los más importantes historiadores y cronistas españoles del Perú; ya fue citado por el Inca Garcilaso de la Vega * en sus *Comentarios reales*. Trabajó para el virrey Núñez Vela, y siempre permaneció fiel al emperador Carlos V, aun cuando vivió directamente la insurrección de Gonzalo Pizarro. En parte, este es el tema de su obra más notable, *Historia del descubrimiento y conquista del Perú y de las guerras y cosas señaladas en ella, acaecidas hasta el vencimiento de Gonzalo Pizarro y de sus secuaces que en ella se rebelaron contra Su Majestad* (1555). [R.F.B.]

ZÁRATE, MANUEL. Véase LITERATURA INFANTIL HISPANOAMERICANA.

ZARDOYA, CONCHA (Valparaíso, Chile, 1914). Hija de españoles, se traslada muy joven a Madrid. Es autora de numerosos libros de poesía que indagan, a través de una variada retórica de cuño clasicista, en preocupaciones perennes. Ya desde libros iniciales como *Pájaros del Nuevo Mundo* (1946) o *Dominio del llanto* (1947) aparece el tema de la muerte, que alcanzará en las obras de Zardoya irisaciones múltiples, pero cuyo tratamiento más usual —así, en el libro *No llega a ser ceniza lo que arde* (1985)— reviste un senequismo injertado de fortaleza cristiana. El tema de España, central también en su cosmovisión, aparece con insistencia en *El desterrado ensueño* (1955), *Corral de vivos y muertos* (1965) y *Retorno a Magerit* (1986). Cabe destacar, por último, una línea franciscana, muy patente en *La hermosura sencilla* (1953), pero que configura, azorinianamente, toda la personalidad lírica de su autora. Otros títulos importantes son *Debajo de la luz* (1959), *Hondo Sur* (1968), *Altamor* (1986) y *Patrimonio de ciegos* (1992). Entre sus ensayos destacan los cuatro volúmenes dedicados a la *Poesía española del siglo XX* (1974).

BIBLIOGRAFÍA. AA. VV., en *Sin nombre*, homenaje a Concha Zardoya, núm. 3 (San Juan de Puerto Rico, octubre-diciembre de 1978); I. Paraíso, «Muerte y salvación en la poesía de C. Zardoya», en *Letras de Deusto*, vol. 3, núm. 5 (enero-junio de 1978), págs. 187-200; M. Rodríguez Pequeño, *La poesía de Concha Zardoya (Estudio temático y estilístico)* (Valladolid, 1987). [A.S.Z.]

ZARRALUKI, PEDRO. Véase NARRATIVA ESPAÑOLA POSTERIOR A 1975.

ZARZUELA, LA. Cualquier estudio de nuestro teatro de los siglos XIX y XX no puede prescindir del tema de la zarzuela. Sin embargo, los manuales no suelen hacerlo. ¿A qué se debe esto? Ante todo, al carácter «centáurico» de la zarzuela, mixto de música y literatura. Normalmente, los historiadores de nuestra música se ocupan exclusivamente de ella, desentendiéndose de los aspectos teatrales y literarios. Desde la otra ladera, los literatos no suelen ni acercarse a un género que les llevaría a terrenos para ellos resbaladizos. En un país como el nuestro, donde la música suele vivir tan al margen del resto de nuestra cultura, la conclusión es catastrófica: la zarzuela, como obra de arte unitaria, suele quedarse en tierra de nadie. Únase a ello el prejuicio pedante contra los géneros considerados «menores» o, entre comillas, «populares». En realidad, la zarzuela es un mundo bastante más amplio y variado de lo que suele pensarse. Para apreciarla justamente, habrá que considerarla en su realidad histórica, prescindiendo tanto de la idealización nostálgica como de los prejuicios ideológicos y estéticos. El término «zarzuela» se aplicó a obras muy variadas: la característica común a todas ellas sería su alternancia del declamado —no recitativo— con el canto y una partitura musical de menor envergadura que la del género operístico. En ese sentido, coincide el teatro lírico popular español con las mismas funciones que desempeñaron el *Singspiel*, la ópera cómica y la ópera bufa en Alemania, Francia e Italia, respectivamente.

Para los antecedentes españoles, podemos remontarnos —así lo hacen algunos historiadores— hasta Lucas Fernández * o Juan del Encina *. El origen de la zarzuela y del nombre se sitúa en el palacete conocido por ese nombre, que construyó en las afueras de Madrid el infante don Fernando, hermano de Felipe IV. Suele mencionarse como simbólico comienzo del género alguna obra de Calderón de la Barca *, como *El golfo de las sirenas* (1657). En sentido estricto, la zarzuela se desarrolla en el segundo tercio del siglo XIX, cuando músicos y libretistas acuden, para inspirarse, a nuestra tradición popular lírico-dramática. Es fundamental la creación del Teatro de la Zarzuela (1856), en Madrid. El actor francés Arderíus aporta la novedad de los *bufos*. Conviven entonces la zarzuela grande, con vocación de ópera, y el género chico o teatro por horas, mucho más popular. Éste triunfa rotundamente en la época de la Restauración, unido al tipismo madrileño. En nuestro siglo, decae el género chico y se restablece la supremacía de la zarzuela grande, influida ahora por la moda de la opereta vienesa, extensa y cosmopolita. En los años de la posguerra, sólo los compositores Federico Moreno Torroba y Pablo Sorozábal mantienen un género que decae totalmente —como creación— en los años cincuenta.

A lo largo de décadas, obras con música o sin ella compartieron la cartelera, en muchos teatros. Y los autores más populares del teatro de texto colaboraron también en obras con música: los hermanos Álvarez Quintero *, Muñoz Seca *, Abati *, los Paso *...

No son sólo ellos. No suele recordarse que también escribieron textos para obras musicales autores de la talla de Carlos Arniches *, Pío Baroja *, Jacinto Benavente *, G. Martínez Sierra *..., aparte de los popularísimos López Silva *, Ricardo de la Vega *, Ramos Carrión *, Perrín * y Palacios *, etc. Por el otro lado, compusieron música de zarzuela nada menos que Albéniz, Granados, Falla, Turina o Joaquín Rodrigo.

Sin entrar en pormenores técnicos, recordemos que el rótulo *zarzuela* incluye subgéneros bastante variados, todos ellos con obras muy populares. Estos pueden ser algunos ejemplos: regional madrileño *(La verbena de la Paloma, La Revoltosa...)*, mitológico *(El joven Telémaco)*, obras de pascuas *(Los sobrinos del capitán Grant)*, parodias *(El dúo de la Africana)*, psicalipsis *(La corte de Faraón)*, revistas *(Cinematógrafo nacional, La Blanca doble)*, operetas *(Molinos de viento, El rey que rabió)*. Es un muestrario mínimo —y desordenado— pero que puede dar una idea del amplio abanico que comprende nuestro género lírico. Otros prefirieron las denominaciones «ópera cómica» (Arrieta *), «drama lírico» (Miguel Marqués), «teatro lírico español» (Peña y Goñi *)...

Una pequeña lista cronológica es suficiente para comprobar la vitalidad del género lírico en el primer tercio de nuestro siglo. Recordemos unos pocos títulos: 1898: *La fiesta de San Antón* (López Torregrosa), *Gigantes y cabezudos* (Fernández Caballero), *El santo de la Isidra* (López Torregrosa); 1899: *Don Lucas del Cigarral* (Vives); 1900: *La alegría de la huerta* (Chueca), *El barquillero* (Chapí), *La tempranica* (Giménez); 1901: *El barbero de Sevilla* (Nieto y Giménez), *El bateo* (Chueca); 1902: *El puñao de rosas* (Chapí), *La venta de Don Quijote* (Chapí); 1903: *La reina mora* (Serrano); 1904: *Bohemios* (Vives), *El húsar de la guardia* (Vives y Giménez), *El pobre Valbuena* (López Torregrosa y Valverde); 1905: *La gatita blanca* (Giménez y Vives), *El mal de amores* (Serrano), *Moros y cristianos* (Serrano); 1907: *Alma de Dios* (Serrano), *La patria chica* (Chapí); 1909: *La alegría del batallón* (Serrano); 1910: *La corte de Faraón* (Lleó), *Molinos de viento* (Luna); 1912: *La generala* (Vives); 1913: *Los cadetes de la reina* (Luna); 1914: *El amigo Melquiades* (Serrano y Valverde), *Las golondrinas* (Usandizaga); 1916: *El asombro de Damasco* (Luna), *La canción del olvido* (Serrano); 1918: *El niño judío* (Luna); 1920: *La dogaresa* (Millán); 1921: *La alsaciana* (Guerrero); 1922: *La montería* (Guerrero); 1923: *Doña Francisquita* (Vives), *Los gavilanes* (Guerrero); 1924: *La leyenda del beso* (Soutullo y Vert), *La linda tapada* (Alonso); 1925: *La calesera* (Alonso); 1926: *El caserío* (Guridi), *El huésped del sevillano* (Guerrero); 1927: *Los de Aragón* (Serrano), *La del Soto del Parral* (Soutullo y Vert), *La villana* (Vives); 1928: *La meiga* (Guridi), *La Parranda* (Alonso), *La pícara molinera* (Luna), *El último romántico* (Soutullo y Vert); 1929: *Los claveles* (Serrano); 1930: *El cantar del arriero* (Díaz Giles), *La Dolorosa* (Serrano), *La picarona* (Alonso), *La rosa del azafrán* (Guerrero); 1931: *Katiuska* (Sorozábal); *Las Leandras* (Alonso); 1932: *Don Gil de Alcalá* (Penella), *Luisa Fernanda* (Moreno Torroba); 1933: *Adiós a la bohemia* (Sorozábal); 1934: *La chulapona* (Moreno Torroba), *La del manojo de rosas* (Sorozábal); 1936: *La tabernera del puerto* (Sorozábal).

Desde el punto de vista literario, lo ha definido rotundamente Alonso Zamora Vicente *: «Vale la pena acercarse a esa literatura finisecular, costumbrista, teatral, orillada de cantables, en la que el pueblo de Madrid se veía oscuramente halagado. Debemos reconocer que, durante muchos años, esa literatura ha estado arrinconada, olvidada desde la gran altura que supuso la producción noventayochista y la subsiguiente, con la natural alteración en la trayectoria del gusto colectivo, pero no debemos despreciar sistemáticamente esos años del cruce entre los siglos XIX y XX. Existieron, tuvieron sus alzas y bajas vitales, y tuvieron, forzosamente, que dejar huellas en los jóvenes de entonces (el caso de Valle-Inclán *), en los que estrenaban su vocación de escritor y que pasaron ese tiempo con el alma alerta, tensa de novedades y afán de vivir. Es muy difícil escapar, en la época de máxima plasticidad, a los pesos externos. Esa literatura, canturreada o recitada, por todas partes, insensiblemente casi, con una frecuencia que hoy no podemos comprender (recordemos las numerosas funciones diarias y los copiosos teatros dedicados a ellas) acabaría por hacerse un hueco ineludible, por hacerse camino, por llegar a una meta más alta que la del público municipal y medio a que se dirigía». Recuerda el ilustre académico el espaldarazo literario que dio al género nada menos que Rubén Darío *, el campeón de la gran renovación poética de comienzos de siglo: «En cuanto al verso libre moderno... ¿no es verdaderamente ejemplar que en esta tierra de Quevedos y Góngoras, los únicos innovadores del instrumento lírico, los únicos libertadores del ritmo, hayan sido los poetas del *Madrid Cómico* y los libretistas del género chico?».

Algo paralelo puede leerse en los buenos musicólogos actuales. Por ejemplo, en un excelente artículo de Carlos Gómez Amat: «Ya en el siglo XX, los nombres de Vives, Usandizaga o Guridi muestran un panorama de valores estéticos que se prolonga hasta Moreno Torroba o Sorozábal; el primero, más auténticamente castizo y más refinado; el segundo, más directo heredero de estilos ya periclitados. Por otra parte, la mejor fortuna señala el trabajo de los que se dedicaron, francamente y sin complejos, a la lírica con mayor poder de difusión popular: Serrano, Luna, Alonso, Guerrero y algunos más».

A la vez, hay que reconocer un tremendo error, el divorcio entre los músicos renovadores y los de zarzuela, en nuestro siglo: «A partir de algunos compositores y sobre todo de la generación de maestros, en la que se incluyen Conrado del Campo, Turina, Esplá, Guridi o Julio Gómez, encontramos un divorcio casi total, con algunas excepciones, entre los artistas que dedicaban su esfuerzo a la música de mayor intención estética y los zarzuelistas que dejaban libre su natural impulso para llegar directamente al pueblo. Estos últimos eran hombres de teatro cien por cien, como lo fueron algunos de sus predecesores decimonónicos, y no querían saber nada —o querían saber poco— de otros empeños que, aunque podían dar prestigio en el mundo intelectual, no daban la posibilidad de comer caliente todos los días. Los sinfonistas situados, a su vez, menospreciaban olímpicamente a estos colegas de supuesta segunda fila, aunque en el fondo de su corazón les tuviesen cierta envidia. Es entonces cuando el adjetivo «zarzuelero», tan temido, adquiere su matiz más virulento».

El cierre del Teatro Real (1925) produce un gran hueco en la música española, parcialmente ocupado —dentro de sus posibilidades— por la zarzuela. Alcanzan grandes éxitos obras importantes como *El caserío* de Guridi, o *Doña Francisquita* de Vives, en 1923, quizá la última gran fecha de la zarzuela, en su concepción tradicional. A la vez, triunfa el maestro Guerrero, con su inspiración sencilla y popular.

Con sus luces y sus sombras, recordemos el juicio ponderado de Federico Sopeña: «Digamos sencillamente que sin una renovación de la ópera era imposible una renovación de la zarzuela y sin Teatro Real era también imposible que los compositores de zarzuela, musicalmente ilusionados con la ópera, vencieran la tentación de la música fácil y del dinero abundante».

En los últimos años, en cambio, una renovación de los montajes escénicos y el auge creciente de la ópera han motivado un redescubrimiento de la zarzuela, que se extiende también a los espectadores más jóvenes, ausentes de cualquier nostalgia.

Es justo que así sea. La zarzuela es nuestro gran teatro musical, con figuras de primera categoría. Sin ningún patrioterismo, Bretón, Chueca o Chapí valen tanto —por lo menos— como Offenbach. Su valor histórico es evidente: es el testimonio vivo, inapreciable, de todo un período de nuestra historia contemporánea. Además, constituye un capítulo inexcusable en la historia de nuestra música y nuestro teatro. Y de nuestro pueblo.

BIBLIOGRAFÍA. R. Alier, *Qué es y en qué consiste la zarzuela* (Barcelona, 1984); A. Amorós (ed.), *La zarzuela de cerca* (Madrid, 1987). [A.A.]

ZAVALA, VÍCTOR. Véase HISPANOAMÉRICA: TEATRO ACTUAL.

ZAVALA MUNIZ, JUSTINO (Melo, Uruguay, 1898-Montevideo, 1968). Narrador, historiador y dramaturgo uruguayo. En 1921 publicó *Crónica de Muniz*, alegato en favor de su abuelo frente a los ataques de los adversarios políticos. La índole documental del libro no impidió que su realización fuera más allá de las intenciones iniciales, para descubrir en él sólidos méritos literarios. Dado el éxito de este libro, Zavala acometió la «crónica» por segunda vez, promoviendo un género que imbrica irregularmente ficción y realidad histórica. *Crónica de un crimen* (1926) tomó su asunto de un caso judicial famoso en su ciudad natal, Melo, y la siguiente, *Crónica de la Reja* (1930), intentó ser un cuadro amplio de la sociedad rural uruguaya. *Última crónica* fue publicada póstumamente, en 1987, y si bien continúa dentro del proyecto de análisis social, está más centrada en un personaje de modelo autobiográfico. Todas las «Crónicas» de Zavala Muniz exhiben en su raíz un origen oral: los relatos familiares, los relatos «de fogón». Zavala se destacó por la obra narrativa pero también por la dramática, desde *La cruz de los caminos* (1933), *En un rincón del Tacuarí* (1938) y *Fausto Garay, un caudillo* (1942), obras en las que exploró igualmente la oposición «civilización-barbarie» como reflejo de los paradigmas ciudad-campo dentro de la unidad nacional. [J.R.]

ZAVALA Y ZAMORA, GASPAR (Aranda de Duero, Burgos, 1762-Madrid, h. 1824). Escribió teatro y novela. Como autor dramático conoció un notable éxito popular, tanto en la línea de la comedia heroica (*Triunfos de valor y ardid*, 1786; *El sitio de Pultova*, 1786; *Sitiador sitiado y conquista de Stralsundo*, 1787; *La destrucción de Sagunto*, 1787; *Por ser leal y ser noble dar puñalada contra su sangre. La toma de Milán*, 1788; *La Tamara o el poder del beneficio*, 1788; *Aragón restaurado por el valor de sus hijos*, 1808); de la comedia sentimental (*El amor constante o la holandesa*, 1787; *La Justina*, 1788; *Las víctimas del amor. Ana y Sindhám*, 1788; *El triunfo del amor y la amistad*, 1803; *El rey Eduardo*, 1804; *Eduardo y Federica*, 1811); del drama sacro (*La toma de Hai por Josué*, 1801); como en el terreno de la tragedia (*La Elvira portuguesa*, 1801). En el campo de la novela, destacan sus traducciones de Florian (*Novelas nuevas* y *Fábulas*) y su narración sentimental *La Eumenia o la Madrileña, teatro moral* (1805), que también revela la influencia de Florian.

BIBLIOGRAFÍA. R. Andioc, *Teatro y sociedad en el Madrid del siglo XVIII* (Valencia, 1976); G. Carnero, «Un alicantino de Aranda de Duero. (Dos precisiones biográficas sobre Gaspar Zavala y Zamora.)», en *Castilla*, 14 (1989); R. Fernández Cabezón, *Lances y batallas: Gaspar Zavala y Zamora y la comedia heroica* (Valladolid, 1990). [J.B.]

ZAVALETA, CARLOS EDUARDO (Carás, Perú, 1928). Vigoroso cuentista y novelista de obra discontinua. Fue uno de los que abrieron el camino de la renovación de la narrativa peruana. Pasó su infancia en la sierra, luego vivió en la ciudad provincial de Tarma y finalmente se instaló en Lima. Es autor de *El cínico* (novela, 1948), *La batalla* (cuentos, 1954), *Los Ingar* (novela, 1955), *El Cristo Villenas* (cuentos, 1955), *Unas manos violentas* (cuentos, 1958), *Muchas caras del amor* (cuentos, 1966), *Niebla cerrada* (cuentos, 1970), *Los aprendices* (novela, 1974), *La marea del tiempo* y *Retratos turbios* (1982). Su reputación se funda en las composiciones que retratan la vida de las pequeñas comunidades andinas. Representativo de la nueva corriente de regionalismo es el relato «La batalla», que da nombre al volumen, y en el que describe la ceremonia de descabezamiento del cóndor que se celebra en la sierra peruana. *Los Ingar* gira en torno al sinsentido de la violencia en la vida rural. [F.M.R.A.]

ZAVALÍA, ALBERTO DE (Buenos Aires, 1911-1988). Dramaturgo y director teatral y cinematográfico. Fue fundador del grupo «Teatro de Buenos Aires». Obras dramáticas suyas son: *El corazón extraviado* (1955), *El límite* (1958), *El hijo pródigo* (1960), *La espada* (1961), *El octavo día* (1961), *La doncella prodigiosa* (1961) y *La cama de oro* (1963). [R.F.B.]

ZAYAS, ANTONIO DE (Madrid, 1871-1945). Duque de Amalfi. Viajó por numerosos países y de sus viajes a Oriente recogió sus impresiones en *A orillas del Bósforo* (1912). Traductor de J. M. de Heredia. Teorizó sobre poesía en *Ensayos de crítica histórica y literaria* (1907). Aunque le desagradaba el término «modernismo», como «modernista-parnasiano» podríamos considerarlo. Sobre su parnasianismo ya llamó la atención Antonio Machado *, en 1902, al reseñar *Joyeles bizantinos* y *Retratos antiguos*. Al lado de temas y motivos típicos de su época, figuran en su obra temas históricos y evocaciones de personajes de la tradición española. La perfección formal de sus versos y el hallazgo de palabras adecuadas para recrear ambientes son rasgos notorios a través de todas sus obras, entre las que destacamos: *Retratos antiguos* (1902), *Joyeles bizantinos* (1902), *Paisajes* (1903), *Noches blancas* (1905), *Leyenda* (1906), *Reliquias. Sonetos* (1910) y *Epinicios* (1912).

BIBLIOGRAFÍA. A. de Zayas, *Antología poética*, introducción de J. M.ª Aguirre (Exeter, 1980). [A. de A.]

ZAYAS, LOPE DE. Véase PUERTOCARRERO, LUIS DE.

ZAYAS Y SOTOMAYOR, MARÍA DE (Madrid, 1590-¿Madrid, 1661?). Al parecer de familia noble, vivió algunos años en Zaragoza, donde publicará en 1637 sus *Novelas amorosas y ejemplares*, vinculadas a Cervantes *, no sólo por el título sino por el impulso didáctico-moral (que no moralizante), y también a los *novellieri* italianos. Son diez novelas contadas en una reunión boccacciana por damas y galanes en unas frías noches de diciembre para entretener a la enferma Lisis. El marco es semánticamente pertinente, pues va engendrándose una historia de amor paralela a las propias historias entre Lisis y don Diego. Pero la relación entre el marco y los personajes se acentúa en *Parte Segunda del Sarao y entretenimiento honesto (Desengaños amorosos)* (Zaragoza, 1647), donde se muestra una clara mediación del *punto de vista*, dependiendo del sexo del narrador. María de Zayas intenta crear un adecuado marco de verosimilitud a través del escenario geográfico elegido y de la mención de hechos históricos cercanos en el tiempo, sin perjuicio de insertar en este marco cotidiano la fantasía y lo maravilloso. Desarrolla considerablemente la estética de la admiración, se interesa por lo extraordinario y no rehúye lo extraño y hasta lo que en buena lógica podríamos llamar lo *siniestro*. Esto ha propiciado que la crítica haya calificado su obra con los términos de *romanticismo* o *prerromanticismo*. Quiebra el principio del final feliz, pues sus narraciones están al servicio de una reflexión negativa barroca, irónica y siempre femenina del amor y sus circunstancias. De ahí que Lisis, espejo de todas sus protagonistas, acabe en la *muerte civil* de recluirse en un convento, tras haber defendido en vano la condición femenina y reivindicarla en las posibilidades que ofrecía un marco ideológico tan riguroso como el del siglo XVII. María de Zayas es una hábil novelista que sabe manejar con soltura tonos distintos y logra, con estilo directo y sencillo las más de las veces, captar la atención del lector. Cultivó además el teatro (se conserva la comedia *La traición en la amistad*). Como poetisa escribió algunos versos laudatorios y poemas amorosos o satíricos, que incluyó en sus novelas o en su obra dramática.

BIBLIOGRAFÍA. M. de Zayas, *Desengaños amorosos*, ed. de A. González de Amezúa (Madrid, 1950); I. V. Vasileski, *María de Zayas y Sotomayor. Su época y su obra* (Madrid, 1973); A. Melloni, *Il sistema narrativo di María de Zayas* (Turín, 1976); S. M. Foa, *Feminismo y forma narrativa. Estudio del tema y las técnicas en María de Zayas* (Valencia, 1979); S. Montesa, *Texto y contexto en la narrativa de María de Zayas* (Madrid, 1981). [E.R.]

ZEA, FRANCISCO (Madrid, 1825-1857). Aunque durante algún tiempo ejerció como maestro de armas y tuvo un empleo en el Ministerio de la Gobernación, su vida estuvo marcada por la adversidad y el sufrimiento. También colaboró en *El Observador* y en el *Semanario Pintoresco Español*. En algunos de sus escritos utilizó los seudónimos de «El Bachiller Sansón Carrasco» y «El Lazarillo de Tormes». Después de su muerte se imprimieron, con el título de *Obras en verso y prosa* (1858), sus artículos y gacetillas, de corte literario, costumbrista y político, y sus poesías. En algunas de estas últimas, aunque no faltan las caídas en lo retórico y sensiblero, se desvió notablemente de los excesos románticos. Para José M.ª de Cossío *, «aun debiendo el poeta cuanto hemos de notar al romanticismo, su educación literaria y sus gustos fueron por bien distinto camino y sus preferencias clasicistas formaron barrera, no siempre totalmente eficaz, que le libró de ser un romántico más». Escribió también obras de teatro, de las que destaca *El diablo alcalde* (1854), y tradujo textos de diversos autores italianos. [A.R.]

ZEA, LEOPOLDO (México, D.F., 1912). Ensayista, estuvo relacionado con el grupo de la revista *Tierra Nueva* (1940-1942), y tempranamente se orientó hacia el estudio de la historia de las ideas en México y en Latinoamérica. Sus reflexiones sobre la condición de una posible filosofía americana dieron lugar a *América como conciencia* (1953), y fueron ampliándose después en otros libros, como *América en la historia* (1957), *La filosofía americana como filosofía sin más* (1969), *Dialéctica de la conciencia americana* (1976), *Filosofía de la historia americana* (1978) y *Discurso desde la marginación y la barbarie* (1988). Sus investigaciones sobre el desarrollo del pensamiento americano se han concretado en obras numerosas, entre las que se cuentan *El positivismo en México* (1943), *Dos etapas del pensamiento en Hispanoamérica* (1949), *La filosofía en México* (1955), *El pensamiento latinoamericano* (1965), *Los precursores del pensamiento latinoamericano* (1971) y *Filosofía y cultura latinoamericana* (1976). [T.F.]

ZEDA (seudónimo). Véase FERNÁNDEZ VILLEGAS, FRANCISCO.

ZENEA, JUAN CLEMENTE (Bayamo, Oriente, Cuba, 1832-La Habana, 1871). Poeta y patriota cubano, murió fusilado por sus actividades independentistas. Tradujo a Musset, Lamartine, Leopardi y Longfellow. Además de escritos dispersos de carácter político, publicó *Poesías* (1855), *Lejos de la patria. Memorias de un joven poeta* (firmado con el seudónimo de «Adolfo de la Azucena», 1859), y *Cantos de la tarde* (1860). En 1874 se publicaron en Nueva York sus *Poesías completas*. [R.F.B.]

ZENO GANDÍA, MANUEL (Arecibo, Puerto Rico, 1855-San Juan, 1930). Médico y escritor. Cultivó todos los géneros, destacándose por sus novelas realista-naturalistas. Sus relatos se centran en la sociedad rural y urbana del país, descubriendo el dolor, las lacras morales y los males de la colonia a fines del siglo XIX y comienzos del XX. Aplicó la técnica científica al arte narrativo, logrando enmarcar la sordidez de la miseria con hermosas descripciones del paisaje, contrastando así la vida degradada de la gente con el ambiente natural lleno de signos estimulantes para la creación poética. Las novelas que integran las *Crónicas de un mundo enfermo* son *La charca* (1894), *Garduña* (1896), *El negocio* (1922) y *Redentores* (publicada póstumamente, en 1960). Tras los acontecimientos de 1898 (guerra hispanoamericana) formó parte del grupo compuesto por Hostos *, Henna y otros, para pedir al presidente Mackinley, en Washington, el derecho de Puerto Rico a determinar su destino político. [M.T.B.]

ZEPEDA, ERACLIO (Tuxtla Gutiérrez, Chiapas, México, 1937). Político, funcionario cultural y poeta. El contacto y el conocimiento de la vida de los indígenas en su estado natal le sirven como punto de arranque para la creación de los relatos que conforman *Benzulul* (1959). *Asalto nocturno* (1975) se aparta de esa línea: sus protagonistas muestran diferente personalidad, los contextos son variados, el humor impregna algunos cuentos. Es autor también de *Andando el tiempo* (1982), otro volumen de relatos.

BIBLIOGRAFÍA. AA. VV., *Confrontaciones. El creador frente al público. E. Zepeda* (México, 1985). [J.E.C.]

ZEPEDA-HENRÍQUEZ, EDUARDO (Granada, Nicaragua, 1930). Poeta, ensayista y crítico. Fue profesor de la Universidad Nacional Autónoma de Nicaragua, catedrático de la Universidad Centroamericana y Director de la Biblioteca Nacional de Managua. Ha residido en España entre 1954 y 1962, y desde 1972 hasta hoy. Es miembro de la Academia Nicaragüense de la Lengua y de la Academia de Geografía e Historia de Nicaragua, y ha recibido los premios de poesía Juan Boscán (1962) y Angaro (1987). En su obra poética se refleja un claro itinerario lírico y vital. A ella pertenecen *Lirismo* (1948), *El principio del canto* (1951), *Mástiles* (1952), *Como llanuras* (1958), *A mano alzada* (1964), *En el nombre del mundo* (1980), *Horizonte que nunca cicatriza* (1980) y *Al aire de la vida y otras señales de tránsito* (1992). Ha escrito numerosos libros de ensayo sobre literatura y cultura, como *Caracteres de la literatura hispanoamericana* (1964), *Introducción* *a la estilística* (1967), *Estudio de la poética de Rubén Darío* (1967), en colaboración con Julio Ycaza Tigerino *, *Folklore nicaragüense y mestizaje* (1976) y *Mitología nicaragüense* (1987). Es editor de las obras del padre Juan Eusebio Nieremberg * y, con Pablo Antonio Cuadra *, publicó *Rubén Darío. Antología poética. Año del centenario* (1966). [G.R.F.]

ZORITA [o ZURITA], ALONSO DE (España, ¿1511?-¿?) Doctor en Leyes, llega a México como oidor y ministro de la Real Audiencia. Admirador de Las Casas *, es también un defensor de los indios. Su obra *Breve y sumaria relación de los señores de la Nueva España* (1585) está escrita muchos años después de su estancia en América. Describe la vida social y moral de los antiguos mexicanos y compara su pasado con su presente. Se inspira en cronistas de la Conquista, tanto religiosos como soldados, y en la observación directa. El libro está escrito en estilo documental y claro, en el que se manifiesta un gran espíritu crítico y de denuncia. Como funcionario de la Corona, Zorita adopta una postura contraria a los encomenderos. [M.D.B.]

ZORRILLA, JOSÉ ANTONIO. Véase NARRATIVA ESPAÑOLA POSTERIOR A 1975.

ZORRILLA Y MORAL, JOSÉ (Valladolid, 1817-Madrid, 1893). Nacido y educado en el seno de una familia defensora de la monarquía absolutista, se educó en el Real Seminario de Nobles de Madrid, iniciando estudios de Derecho en Toledo y Valladolid, que abandonó para dedicarse a la literatura.

Tras algunas publicaciones esporádicas en revistas como *El Artista*, adquirió gran prestigio en el mundo literario madrileño tras la lectura de su poema «A la memoria del joven literato don Mariano José de Larra» (1837) en el entierro de éste. En adelante, el éxito acompañó a la mayor parte de sus obras, aunque el poeta vivió siempre acosado por las estrecheces económicas, debido a su prodigalidad y a su falta de sentido práctico. A lo largo de los años fue acumulando una copiosa bibliografía, en la que se suceden las entregas de libros de poesía, tras una primera recopilación en *Poesías* (1837), y los estrenos de dramas históricos, que se iniciaron con *Juan Dandolo* (1837), escrito en colaboración con García Gutiérrez *. Tanto para sus poesías como para sus dramas encontró temas en el pasado legendario español o en obras de historia, como las del padre Mariana *.

En los años cuarenta firmó ventajosos contratos con los teatros madrileños para abastecer su repertorio, obligándose a escribir obras en un tiempo relativamente reducido. A estos años corresponden algunos de sus más conocidos títulos: *El zapatero y el rey* (dos partes, 1839 y 1842); *Sancho García* (1842); *El puñal del godo* (1843), *El caballo del rey don Sancho* (1843); *Don Juan Tenorio* (1844), *La copa de marfil* (1844), *Más vale llegar a tiempo que rondar un año* (1845), *El alcalde Ronquillo* (1845), *El rey loco* (1847), *La reina y los favoritos* (1847), *La calentura* (1847), *El excomulgado* (1848), el «drama religioso de gran espectáculo» titulado *La creación y el diluvio universal* (1848), o *Traidor, inconfeso y mártir* (1849).

Paralelamente fue recogiendo en libros su producción poética, que solía anticipar en publicaciones periódicas: *Cantos del trovador* (primer volumen, 1840), *Recuerdos y fantasías* (1844), *Granada* (1852) o *Serenata morisca*. Vivió en México entre 1855 y 1866. Gracias a la generosidad de algunos amigos, a los ingresos obtenidos por sus lecturas poéticas y por la protección que le dispensó el emperador Maximiliano, pudo volver a España, donde residió hasta su muerte. Su estancia mexicana dio por resultado el libro de poesía *La flor de los recuerdos* (1857 y 1859) y *Álbum de un loco* (1867). A pesar de los honores con que fue acogido a su regreso, Zorrilla tuvo ocasión de comprobar amargamente que su tiempo había pasado. Su teatro obtiene en adelante poco éxito: *El encapuchado* (1870), *Pilatos* (1877) y *Entre clérigos y diablos* (1884) son prueba de ello. Sus libros poéticos resultaban ya muy reiterativos en temas y procedimientos, como puede verse en *El cantar del romero* (1866), *Ecos de las montañas* (1868), que fue lujosamente editado con grabados de Doré; *Gnomos y mujeres* (1886) y *A escape y al vuelo* (1888).

Zorrilla representa ante todo la culminación y la pervivencia, por su larga vida, del romanticismo tradicional y conservador. No escribió tratado alguno en que expusiera sus ideas sobre la poesía y el teatro. Sea cual fuere el género cultivado por él, destaca su habilidad en el manejo de la versificación, en especial de los metros tradicionales castellanos, llenos de ecos de sus lecturas de autores del Siglo de Oro. «Indignado —dirá en *Cada cual con su razón* (1839)— al ver nuestra escena nacional invadida por los monstruosos abortos de la elegante corte de Francia», se propuso revitalizar la tradición teatral española, de la que captó sobre todo los elementos externos: brillantez colorista, efectismos conseguidos mediante hábiles apariciones fantásticas o quiebros inesperados en la intriga y musicalidad de los versos. Su teatro da con frecuencia la impresión de ser un juego, en el que se trata de atrapar al espectador; en sus dramas hay un verdadero despliegue de categorías lúdicas, de las que sobresale la habilidad de los personajes para burlar a los contrarios. Muchos de sus dramas se convierten así en una sarta de trucos y engaños. Zorrilla se mantuvo fiel a esta estética hasta el final de sus días, acudiendo siempre a la tradición en busca de sus temas.

Destaca, entre sus obras, *Don Juan Tenorio*, verdadero espejo en que se reflejan los efectismos del drama romántico y sus propias peculiaridades como dramaturgo. Zorrilla abordó el tema de don Juan, introduciendo como fuerza decisiva del cambio experimentado por el protagonista el amor encarnado en una criatura virginal, doña Inés, instrumento de salvación del demoníaco protagonista. El desarrollo del drama está orientado y supeditado a la conversión del diabólico en angélico. El satanismo del héroe no sólo es un manido tópico; se funda, además, en la concepción dualista de la vida, propia del autor. Don Juan es demoníaco porque subvierte el orden moral y la organización social. Zorrilla lo presenta con líneas oscuras, para que al final contraste más la luminosidad de su salvación. Su instinto teatral y su dominio del oficio se hacen patentes en la construcción del drama y en la gradación de los efectos, mediante los cuales consigue una nítida presentación del conflicto.

Zorrilla concibió la poesía lírica como una efusión y expresión espontánea de sus sentimientos más íntimos. Su tradicionalismo es siempre decisivo, y los versos de la introducción a *Cantos del trovador* contienen su poética: «Mi voz, mi razón, mi fantasía / la gloria cantan de la patria mía. / Venid, yo no hollaré con mis cantares / del pueblo en que he nacido la creencia.»

Continuando la tendencia iniciada por el duque de Rivas * en sus *Romances históricos*, versificó temas y leyendas tradicionales, en las que proyectó su visión del pasado español y las supuestas carencias del tiempo en que escribía. Si es importante su tratamiento de los temas legendarios, no es menos interesante su técnica, en la que se descubren algunos rasgos premonitorios de lo que sería la poesía modernista.

BIBLIOGRAFÍA. N. Alonso Cortés, *José Zorrilla. Su vida y sus obras* (Valladolid,

1942); J. L. Picoche, «Le joueur dans le théâtre de Zorrilla (Vers une definition d'un romantisme espagnol)», en *Mélanges offerts à Charles V. Aubrun* (París, 1975), II, págs. 167-183; D. T. Gies, «*Don Juan Tenorio* y la tradición de la comedia de magia», en *Hispanic Review*, 58 (1990). [J.R.J.]

ZORRILLA DE SAN MARTÍN, JUAN (Montevideo, 1855-1931). Es la figura literaria a la que el Uruguay, su país, otorgó en vida mayor reconocimiento y honores. *La leyenda patria*, escrita a los veintitrés años con intención épica y acento neoclásico para un concurso patriótico, fue excluida de éste por su extensión pero le valió inmediato prestigio. Se le han reclamado precisiones que su lenguaje heroico no buscaba. Pretendía ser leyenda, creación de un entorno admirativo para la gesta de los *33 orientales*, necesario a la unidad espiritual de un país asediado por las guerras civiles desde su independencia. El fervoroso catolicismo de Zorrilla ignoró las resonancias masónicas de ese número nada casual. El mismo año en que cumplió en pocos días la febril factura de los cuatrocientos versos de esta obra, inició el *Tabaré*, extenso poema que le ocupó diez años. En 1876, siendo estudiante en Chile, había escrito un drama en verso, germen del *Tabaré* inspirado en una leyenda sobre los boroas, indios de ojos claros. Tabaré es el héroe romántico: solitario, desdichado, sensible, noble. Al ligarlo al tema de la cautiva, lo hace nacido de cristiana y bautizado, para que así se distinga de la «raza sin redención y sin historia». Zorrilla muesta su condición de poeta: inventa lo inexistente. Antes convirtió la historia en mito y levantó héroes griegos desde las huellas de una criolla bota de potro; ahora otorga espiritualidad a un impreciso, apenas estudiado charrúa. Como mestizo y bautizado, llena su alma (como el propio Zorrilla) de la nostalgia de la madre muerta, Tabaré entra a su paraíso lírico y cristiano, superando los transparentes prejuicios del propio poeta. Éste pone en boca de sus personajes palabras guaraníes y da nombres aborígenes a elementos de la naturaleza, ámbito de su poema. Sólo se resiste a su honesto afán el propio charrúa, ralo sostén para construir un mito perdurable. Pero sus lectores prescindieron de la veracidad histórica. Los prestigios del *Tabaré* durarán lo que el hechizo de su forma, que da continuidad a la breve delicadeza becqueriana, aprovecha los toques exóticos usuales en los textos románticos y muestra la capacidad de recrear el paisaje real, con aves y animales de bosques y ríos, aunque por él circulen los *kobolds* nórdicos como genios de las riberas uruguayas. Zorrilla no ignoró que el mayor mérito del *Tabaré* estaba en su lirismo y no en su fábula, imaginada a los veinte años. Ese lirismo inspiró un poema sinfónico a su compatriota Alfonso Brocqua; Tomás Bretón vio las posibilidades de escribir una ópera a partir del *Tabaré*. Miguel de Unamuno *, Juan Valera * y Mauricio Barrès lo celebraron como culminación del romanticismo latinoamericano, en momentos en que Rubén Darío * abría con *Azul...* las puertas del modernismo.

Después del *Tabaré* (1888), Zorrilla de San Martín, comprometido en múltiples tareas periodísticas, diplomáticas y burocráticas, sólo escribirá en prosa. *Huerto cerrado* (1910), *El sermón de la paz* (1924) y *El libro de Ruth* (1928) son colecciones de artículos, de reflexiones sobre estética o sobre temas bíblicos o morales. En 1907 se le encargó la organización del material que serviría para orientar con información histórica a quienes concursaran en el proyecto de monumento a José Artigas, el héroe nacional, que se levantaría en una plaza montevideana. Una vez más, Zorrilla de San Martín asumiría su tarea con largueza, y en 1910 aparece *La epopeya de Artigas*. Sin duda la obra en prosa de Zorrilla de San Martín no alcanzó la popularidad de sus dos «leyendas». Aunque nunca descuidó las formas, que le valieran ser nombrado miembro de la Academia de la Lengua Española, sus intenciones doctrinarias la hicieron menos apta para llegar a los vastos públicos que celebraron sus poemas. Sin embargo, aunque rijan otros gustos, difícilmente perderá el lugar que, gracias a *Tabaré*, ocupa en la historia de la literatura latinoamericana.

BIBLIOGRAFÍA. E. Anderson Imbert, *Análisis de Tabaré* (Buenos Aires, 1968); A. Seluja y A. Paganini, *Tabaré: proceso de creación* (Montevideo, 1979). [I.V.]

ZOZAYA, ANTONIO (Madrid, 1859-México, D.F., 1943). Fue un periodista de prestigio y un seguidor entusiasta de las doctrinas de Krause y Sanz del Río *. Dirigió el periódico *La Justicia* y fundó, en 1880, la *Biblioteca Económica Filosófica*. Se exilió después de la guerra. Entre sus ensayos destacan: *Ideogramas* (s.a.), *El libro del saber doliente* (s.a.), *La crisis religiosa* (1891), *Por los cauces serenos* (s.a.: ¿1911?) y *La guerra de las ideas* (1915). Escribió también libros de poemas —en 1928 se editaron *Sus mejores versos*, con prólogo de E. Ramírez Ángel *—, obras de teatro, relatos breves y las novelas *La maldita culpa* (1907), *Cómo delinquen los viejos* (1908), *La bala fría* (1908), *Inés de Magdala* (1912), *Los instintos* (1922) y *Miopita* (1927). [A.R.]

ZUBIZARRETA, CARLOS (Asunción, 1904-1972). Narrador y ensayista paraguayo. Considerado uno de los mejores prosistas de su país, ha dejado páginas inolvidables sobre el paisaje y las costumbres tradicionales del Paraguay en sus famosas *Acuarelas paraguayas* (1940). Otros títulos representativos de su producción literaria son: *Capitanes de la aventura* (1957), ensayos sobre dos figuras de la conquista (Irala y Núñez Cabeza de Vaca *); *Historia de mi ciudad* (1965), *Cien vidas paraguayas* (1961), *Los grillos de la duda* (1966), una colección de cuentos, y *Crónica y ensayo* (1969). [T.M.F.]

ZUGAZAGOITIA, JULIÁN (Bilbao, 1899-Barcelona, 1940). Militante destacado del PSOE, se dedicó al periodismo y a la política. Murió fusilado. Es autor de diversas biografías noveladas y de relatos de carácter social. Entre ellos, *Una vida heroica: Pablo Iglesias* (1926), *Una vida humilde: Tomás Meabe* (1927), *Una vida anónima: vida del obrero* (1927), *El botín* (1929) y *El asalto* (1930), novela sobre el movimiento obrero de las minas de Vizcaya entre 1886 y 1903. Mayor interés tienen sus memorias *Historia de la guerra de España* (1940: en 1968 se reeditaron con el título de *Guerra y vicisitudes de los españoles*). Es autor también de *Pedernales* (itinerario sentimental de una colonia escolar) (1929), de dos biografías más de Pablo Iglesias, de *Rusia al día* (1932) y de *Madrid, Carranza, 20* (1940), sobre la Guerra Civil.

BIBLIOGRAFÍA. J. Vázquez Marín, «Aproximación a la obra literaria de J. Zugazagoitia, precursor de la novela social», en *Kultura*, núm. 4 (1983), págs. 112-122. [A.R.]

ZULUETA, CLEMENTE. Véase LITERATURA FILIPINA.

ZULUETA, LUIS DE (Barcelona, 1878-Nueva York, 1964). Político, miembro del Partido Republicano Reformista y pedagogo. Fue diputado y embajador en Berlín. Se exilió en 1936. Colaboró en numerosas publicaciones. De sus libros destacan los ensayos *La edad heroica* (1916), *El ideal de la educación* (1921) y *El rapto de América* (1925), además de las *Cartas* que entre 1903 y 1933 intercambió con Miguel de Unamuno *. [G.R.F.]

ZULUETA DE LOS ÁNGELES, JUAN. Véase LITERATURA FILIPINA.

ZUM FELDE, ALBERTO (Bahía Blanca, Argentina, 1889-Montevideo, 1976). Ensayista y dramaturgo uruguayo. Dio categoría a la crítica literaria y posibilitó, por su labor, ese deslinde permanente cuya eficacia constituye el fundamento de la cultura literaria. Vivió muy joven el entusiasmo ácrata de comienzos de siglo y dispendió años juveniles en la *bohemia* típica de los intelectuales del 900. Fue periodista y muy joven dio a conocer el *Proceso histórico del Uruguay* (1919), cuyo enfoque sociológico fue en su época novedad asombrosa de historiografía. Una nutrida y apasionada labor de crítica dio pie a sus libros, verdaderos compendios e historias de la literatura, ya fuese de la nacional —*Crítica de la literatura uruguaya* (1921), *Proceso intelectual del Uruguay* (1930)— como de la continental —*El problema de la cultura americana* (1943), *Indice crítico de la literatura hispanoamericana. Los ensayistas* (1954) y *La narrativa* (1959). Partiendo de las corrientes hegemónicas de su época (naturalismo, positivismo, anarquismo, así como el influjo de Nietzsche), Zum Felde desenvolvió un trabajo crítico con que pronto superó a sus predecesores. Inauguró un modelo de crítica que sigue vigente hasta hoy: objetividad, rigor, concentración en la obra literaria y en los contextos filosóficos y sociales. Cierto intento literario y estético, más que crítico, se observa en *El huanakauri* (1919), *Domus aurea* (poemas, 1919), *Alción* (drama, 1934), *Aula magna o la Sybila y el filósofo* (drama, 1937), así como en los últimos años predomina un pensamiento integrador del cristianismo y el marxismo, después de su conversión a la religión: *Cristo y nosotros* (1959) y *Diálogo Cristo-Marx* (1971). Más allá de sus flancos débiles y de que el paso del tiempo haya envejecido su obra, Zum Felde ha ejercido una influencia notable en la cultura hispanoamericana como ejemplo de perspicacia crítica y talento expresivo, así como por la perspectiva historiográfica y sociológica característica de los ensayistas globales cuya estirpe tanto escasea. Se publicó póstumo un valioso libro teórico: *Metodología de la historia y la crítica literarias* (1980).

BIBLIOGRAFÍA. U. Cortazzo, *Zum Felde, crítico militante* (Montevideo, 1981). [J.R.]

ZÚMEL, ENRIQUE (?, 1822-Madrid, 1897). Dirigió *La España Artística*. Como dramaturgo, es autor de dramas y de comedias, entre las que destacan obras de magia y de santos, que continúan una tradición popular muy viva en el siglo anterior (*Batalla de diablos*, 1865). Cultivó también la novela, en la tradición histórica de moda en la época, con *Los dos gemelos* (1845) y *El primer Borbón* (1893). [J.B.]

ZUMETA, CÉSAR. Véase NATURALISMO EN HISPANOAMÉRICA.

ZUNZUNEGUI, JUAN ANTONIO DE (Portugalete, Vizcaya, 1900-Madrid, 1982). Licenciado en Derecho. En 1958 ingresó en la Real Academia Española. Su narrativa se adscribe a un realismo de corte tradicional, desde el que denuncia los fallos de la moral social, con un tono de marcado pesimismo. Sus primeros libros están centrados en la vida bilbaína; es el caso de la larga serie de *Cuentos y patrañas de mi ría* (1926-44), de su primera novela larga *Chiripi* (1931) y de *El chiplichandle* (1940), *¡Ay... estos hijos!* (1943), *El barco de la muerte* (1945), *La quiebra* (1947), *La úlcera* (1948) y *Las ratas del barco* (1950). Con *El supremo bien* (1951) inicia las novelas que se desarrollan en Madrid, y, con *Esta oscura desbandada* (1952), en la que presenta un amplio panorama crítico de la burguesía madrileña, las de ambiente contemporáneo. Después ha publicado, entre otras: *El camión justiciero* (1956), *El hijo hecho a contrata* (1956), *La vida como es* (1957), *Los caminos del Señor* (1959), *Una mujer sobre la tierra* (1959), *La vida sigue* (1960), *El premio* (1961), *El camino alegre* (1963), *Todo quedó en casa* (1965), *Un hombre entre dos mujeres* (1966), *La frontera delgada* (1968), *Una ricahembra* (1970) y *El don más hermoso*, que, aunque escrita con anterioridad, no pudo publicarse hasta 1979.

BIBLIOGRAFÍA. D. Carbonell, *La novelística de Juan Antonio Zunzunegui* (Madrid, 1965). [G.R.F.]

ZÚÑIGA, FRANCESILLO DE (¿?-Béjar, Salamanca, 1532). Sastre de origen judío, entró al servicio del duque de Béjar como bufón. Al parecer, en 1524 pasa a formar parte del séquito de Carlos V, en un viaje a Portugal. Entonces es cuando comienza a escribir su difundida *Crónica burlesca*, que incluye un epistolario del mismo temple, de la que en 1527 pide copia el infante don Fernando. La crónica, que comienza con la muerte de Fernando el Católico y prosigue con el reinado de Carlos V, retrata sarcásticamente la corte del emperador y los afanes de la nobleza española. Es parodia literaria del *Marco Aurelio*, cuyo manuscrito había presentado Fray Antonio de Guevara * al Emperador en 1525. Un «motejo» inoportuno le hizo perder el favor real; caído en desgracia, murió apuñalado por instigación de un noble antaño por él vejado.

BIBLIOGRAFÍA. M. Chevalier, *Cuentecillos tradicionales en la España del Siglo de Oro* (Madrid, 1975); F. de Zúñiga, *Crónica burlesca del emperador Carlos V*, ed. de D. Pamp de Avalle-Arce (Barcelona, 1981). [R.V.]

ZÚÑIGA, JUAN EDUARDO (Madrid, 1919). Es periodista, crítico literario y traductor. Su obra narrativa se compone de *Inútiles totales* (cuentos, 1951), *El coral y las aguas* (1962), novela de carácter simbólico, en la que trasplanta a la Grecia de Alejandro Magno problemas de su tiempo, *Largo noviembre de Madrid* (1980), conjunto de dieciséis cuentos que tienen como telón de fondo la Guerra Civil, y *La tierra será un paraíso* (1989), compuesta por siete relatos sobre el Madrid de la inmediata posguerra. En los cuarenta cuentos incluidos en *Misterios de las noches y los días* (1992), que giran en torno al amor y la muerte, se ha adentrado en los predios de la literatura fantástica. De sus diversos ensayos literarios e históricos sobresalen: *Los imposibles afectos de Iván Turgueniev* (1977), *El anillo de Pushkin* (1989) y *Sofía* (1990). [A.R.]

ZÚÑIGA, LUIS ANDRÉS (Comayagüela, Honduras, 1878-1964). Dirigió en Tegucigalpa las revistas *Semana Ilustrada*, *Germinal* y *Ateneo*. Fue director de la Biblioteca y Archivo Nacional de Honduras y subsecretario de Relaciones Exteriores, miembro de la Academia Hondureña de la Lengua y Premio Nacional de Literatura de Honduras en 1951, siendo el primer escritor nacional en recibirlo. Publicó *Rémy de Gourmont* (1912), *Mi vida en París* (1913), *Águilas conquistadoras* (1913), *Los conspiradores* (1914), *Fábulas* (1919) y *El banquete* (1920). [O.A.]

ZURITA, ALONSO DE. Véase ZORITA, ALONSO DE.

ZURITA, RAÚL (Santiago de Chile, 1951). Durante los años setenta sus poemas publicados en antologías y revistas lo destacan como uno de los poetas jóvenes más prometedores de su país. Pero desde *Purgatorio* (1979), *Anteparaíso* (1982), *Canto a su amor desaparecido* (1985) y *El amor de Chile* (1987), su obra es ya madura; su personalidad poética, inconfundible, y su lenguaje, de experta capacidad evocadora, casi una nueva liturgia oscilante entre el credo y lo profano. Es el poeta más imitado en Chile en la década de los ochenta. [J.G.]

ZURITA Y CASTRO, JERÓNIMO DE. Véase Historiografía de los siglos XVI y XVII.

ZURRO, ALFONSO [GARCÍA]. Véase Teatro español posterior a 1975.

Índice de obras

A aza enraizada. Cántigas de bendizer, 1464.
A batallas de amor... campos de pluma, 1403.
A boca de parir, 475.
A buena hambre no hay pan duro, 1034.
A Cafarnaúm, 1599.
A cara o cruz, 1201.
A cualquiera puede sucederle, 1090.
A demanda do Santo Graal, 436.
A destiempo, 526.
A dos aguas, 813.
A dos barajas, 981.
A escape y al vuelo, 1771.
A eso de la tarde, 418.
A falta de hechiceros lo quieren ser los gallegos y asombro de Salamanca, 654.
A falta de pan buenas son tortas: comedia de costumbres en un acto, 201.
A fe de hombre de bien, 252.
A flor de piel [García López, Ángel], 1320.
A flor de piel [Hoyos y Vinent, Antonio de], 748.
A flor de tierra, 612.
A fondo perdido, 923.
A fuego lento [Bobadilla, Emilio], 194.
A fuego lento [González, Otto-Raúl], 648.
A fuego lento [Grien, Raúl], 671.
A golpes, 356.
A gran daño gran remedio, 1733.
A imagen y semejanza, 1046.
A instancia de parte, 571.

A la abolición de la esclavitud, 30.
A la altura de las circunstancias, 681, 682.
A la América, 1000.
A la batalla de Trafalgar, 1510.
A la busca del Dios perdido, 134.
A la ciencia, 826.
A la costa, 985, 1361.
A la cuarta pregunta, 613.
A la deriva [Aub, Max], 109.
A la deriva [Blomberg, Héctor Pedro], 193.
A la diestra de Dios Padre, 218.
A la expedición española para propagar la vacuna en América, 1346.
A la guerra de África, 1341.
A la hora del crepúsculo, 10.
A la intemperie, 811.
A la libertad, 1341.
A la lumbre del hogar, 1061.
A la luz cambian las cosas, 573.
A la mitad del camino, 116, 1001.
A la moderna, 7.
A la muerte le gusta jugar en los espejos, 706.
A la orilla de este río, 964.
A la orilla de las estatuas maduras, 461.
A la orilla de un pozo, 341.
A la orilla del río de los sucesos, 948.
A la paz, 1341.
A la pintura, 27.
A la puerta del cuartel, 1540.
A la puerta del hombre, 1273.

A la Resurrección de Jesucristo, 1443.
A la sombra de la muerte, 1326.
A la sombra de las muchachas rojas, 1646.
A la sombra de las muchachas sin flor, 1703.
A la sombra de los días, 107.
A la sombra de mi vida, 1240.
A la sombra del agua, 1204.
A la sombra del amor, 617.
A la sombra del ciprés, 17.
A la sombra del mar, 1196.
A la sombra del pájaro tostado, 1050.
A la toma de Larache, 644.
A la vejez, navajazos, 1090.
A la vejez, viruelas, 215.
A la venida del Espíritu Santo, 1443.
A la vera del mar, 345, 346.
A la víbora de la mar, 141.
A las Nobles Artes, 646.
A las orillas de los ríos, 1058.
A las puertas del secreto, 90.
A Lelio, Gobierno moral, 1312.
A lo largo del camino, 874.
A lo largo del corto camino, 1173.
A lo lejos. España vista desde América, 1493.
A los cuatro gritos, 586.
A los pies de Afrodita, 817.
A Madrid me vuelvo, 215.
A mano alzada, 1769.
A matacaballo, 613.
A media tarde, 323.
A modo de esperanza, 1319, 1665.
A ninguna de las tres, 242.
A ninguna parte, 1425.

ÍNDICE DE OBRAS

A ocho columnas, 1156.
A ojos cerrados, 1064.
A orillas de una vieja dama, 541.
A orillas del Bósforo, 1767.
A orillas del Hudson, 691.
A orillas del mar, 1716.
A orillas del silencio [Patán, Federico], 1220.
A orillas del silencio [Pérez Clotet, Pedro], 1240.
A orillas del sueño, 509.
A palo seco, 982.
A París, 583.
A partir de Manhattan, 848.
A pesar de todo, 568.
A plena sombra, 612.
A pluma y a pelo, 354.
A primera sangre, 1000.
¿A qué jugamos?, 658.
A qué llamamos España, 817.
A rachas, 982.
A ras de las sombras, 1315.
A ras de tierra, 219.
A rey muerto, 1415.
A río revuelto, ganancia de pescadores, 1696.
A salto de mata, 581.
A salto de vida, 927.
A sangre y fuego, 277.
A Santa Rosa de Lima, 1530.
A secreto agravio, secreta venganza, 246.
A solas con la vida, 836.
A su imagen y semejanza, 356.
A sus plantas rendido un león, 1561.
A tal culpa tal castigo, 1211.
A tientas y a ciegas, 1315, 1329.
A tigre, zorra y buldog, 925.
A tiro limpio, 917.
A todo amor, 1531.
A tontas y a locas, 1716.
A traque barraque, 1760.
A través de Galicia, 251.
A través de la trama. Sobre vanguardias literarias y otras concomitancias, 1756.
A través de la vida, 606.
A través de mi espejo, 452.
A través de mis nervios, 194.
A través del tiempo, 1207.

A tu prójimo como a ti, 247.
A tu sombra lejana, 73.
A tumba abierta, 1678.
A un costado de los rieles, 1615.
A ustedes les consta, 1052.
A veces gran amor, 660.
A vuelo de buen cubero y otras crónicas, 218.
Abaddón el exterminador, 1486.
Abandonados en la tierra, 427.
Abanico, 432.
Abarca, 699.
Abdala, 978, 979.
Abdalazis y Egilona, 1700.
Abdul Bashur, soñador de navíos, 1080.
Abecedario de los animales, 884.
Abecedario espiritual, 1187.
Abel fabulador, 567.
Abel o el pescador, 1494.
Abel Sánchez, 1648.
Abelardo y Eloísa, sociedad anónima, 66.
Abeley, 1615.
Aben Humeya [Martínez de la Rosa, Francisco], 990, 1587.
Aben-Humeya [Villaespesa, Francisco], 1732.
Abencerraje, 1055, 1140, 1141.
Abierta memoria dolorida, 1515.
Abierto a todas horas, 27.
Abigail, 185.
Abigail, narración de Tierra Santa, 1524.
Abismos, 351.
Abolición de la muerte, 1748.
Abolida, 1516.
Abraham Lincoln, 1057.
Abrapalabra, 216.
Abre el ojo, 1442.
Abrí la verja de hierro, 784.
Abril, 1460.
Abril blues, 70.
Abril del alma, 1078.
Abril y ciclo marino, 90.
Abril y otros poemas, 1054.
Abrir una ventana a veces no es sencillo, 967.

Abrir y cerrar los ojos, 282.
Abrojos [Darío, Rubén], 423.
Abrojos [Viana, Javier de], 1725.
Absence, 591.
Absoluto amor, 749.
Abstracción del diálogo del Cid mío con mío Cid, 1320.
Abuso del poder, 1542.
Academia sive de iudicio erga verum ex ipsis primis fontibus, 1665.
Academias del jardín, 301, 1312.
Academias morales de las musas, 481.
Acapulco, 616.
Acceso a Samaria, 1301.
Accidentes, 1338.
Accidentes íntimos, 1090, 1322.
Acento, 1556.
Acera derecha, 1599.
Acerca de los viajes, 143.
Acerca del teatro de Calderón, 907.
Acercamientos y reencuentros, 1005.
Acero de Madrid, 709.
Acero y signo, 1440.
Acertar por carambola, 174.
Achalay, 789.
Achaques de la vejez, 1527.
Achaques del sexo feo, 1266.
Achiote de la comarca, 1239.
Ácido sulfúrico, 1678.
Ácidos días, 1524.
Aclaraciones y crítica, 1226.
Acolmixtli Nezahualcóyotl, 1536.
Aconsejo beber hilo, 578.
Acontecimientos literarios, 1203.
Acordes y disonancias, 162.
Acribillado amor, 1465.
Acrópolis, 341.
Acteón, 139.
Actitudes, 1534.
Acto con una oración y un sólo parlamento, 679.
Acto cultural, 237.
Acto propiciatorio, 957.
Acto rápido, 1221.
Acto y ceniza, 1268.

Actos del miedo, 623.
Acuarelas, 1274.
Acuarelas paraguayas, 1773.
Acuario, 35.
Acuárium, 1600.
Acusación, 349.
Ad artem suam auctor, 1098.
Adagio confidencial, 1499.
Adagio para una diosa muerta, 1304.
Adán, 390, 750.
Adán-Helicóptero, 1499.
Adán Buenosayres, 968.
Adán, Eva y yo, 912.
Adán liberado, 175.
Adán y compañía, 1198.
Adán y el señor Dios, 1517.
Adán y Eva, 1035.
Additiones ad Postillam magistri Nicolai de Lyra super Bibliam, 1523.
Adela y Teodoro, 250.
Adelfas, 874.
Adelita, 1103.
Adelita en su desván, 1036.
Adiciones a la historia del ingenioso hidalgo don Quijote de la Mancha..., 430.
Adiciones al memorial, 931.
Adiós, 309.
Adiós a Caracas, 952.
Adiós a la bohemia, 145, 199, 1764.
Adiós a la familia, 81.
Adiós al führer, 814.
Adiós Ayacucho, seguido de El oro de Moscú y otros peligros que acechan a los adolescentes en sus primeros pasos hacia la vida adulta, 1178.
Adiós, dijo el duende, 1303.
Adiós, Escuque, 1206.
¡Adiós, Madrid!, 123, 1357.
Adiós, poeta, 474.
Adivina, adivinador, 888.
Adjetivos sin agua, adjetivos con agua, 1320.
Admiraçión operum Dei, 296.
Adolecer, 1652.
Adolfo Hitler está en mi casa, 1431.
Adonis, 1314.
Adoración, 655.
Adoración de los Reyes, 1602.
Adrede, 436.
Adriana Buenos Aires (última novela mala), 525.
Adriano en Siria, 154.
Adúltera, 978.
Aedes legum, 1745.
Aeroplanos, 658.
Afán del corazón: 1925-1932, 405.
Afanes eternos, 469.
Afectos espirituales, 307.
Afectos vencen finezas, 1233.
Afirmación literaria latinoamericana, 288.
Afluencia, 1733.
Aforismos, 938.
Aforismos de la cabeza parlante, 172.
Afuera llueve, 702.
Agamenón vengado, 599.
Aganipe de los cisnes aragoneses celebrados en el clarín de la fama, 67.
Ágata, 1250.
Ágata ojo de gato, 230, 1321.
Ágatas para Ágata van Schoenhoven, 28.
Agencia, 1600.
Agón, 1600.
Agonía, 615.
Agonía del tránsito de la muerte, 1719.
Agonía y paisaje del caballo, 902.
Agonía y tres novelas más, 834.
Agonías, 199, 1210.
Agonizante sol, 1465.
Agor sin fin, 340.
Ágora, 1754.
Agosto, 409.
Agosto y otros difuntos, 92.
Agresión de las formas contra el ángel, 1440.
Agua [Arguedas, José María], 86.
Agua [Fernández, Jorge], 524.
Agua [Vega, Carlos], 1705.
Agua arriba, 1549.
Agua, azucarillos y aguardiente, 621, 1357.
Agua de arroz, 848.
Agua de lluvia, 304.
Agua de nieve, 493.
Agua del cielo, 692.
Agua del tiempo, 1552.
Agua en cestillo, 1373.
Agua pasada, 1653.
Agua que no has de beber, 350.
Agua quemada, 577.
Agua regia, 1063.
Agua removida, 1439.
Agua salada, 509.
Agua y cauce, 1189.
Aguafuertes, 835.
Aguafuertes españolas, 91.
Aguafuertes ibéricos, 1105.
Aguafuertes porteñas, 91.
Aguas abajo, 1749.
Aguas estancadas [Canelas, Demetrio], 271.
Aguas estancadas [Castro, Juan Modesto], 314.
Aguas fuertes, 1201.
Aguas mayores y menores, 1301.
Aguas negras, 313.
Aguas turbias, 458.
Aguatrino, 947.
Agudeza y arte de ingenio, 253, 665, 1308, 1377.
Agudezas, 1622.
Agüeibana (Poemas criollos), 377.
Águila de blasón, 1676.
¿Águila o sol? [Frías, Heriberto], 575.
¿Águila o sol? [Paz, Octavio], 1222.
Águilas conquistadoras, 1775.
Aguja de marear, 1426.
Aguja de navegar cultos, 1344.
Aguja que rompe el tiempo, 506.
Agustina de Aragón, 995.
A.G./V.W. Calidoscopios y faros de hoy, 1599.
¡Ah de la vida!, 72.
¡Ah los militares!, 1720.
Ahora, 343.
Ahora es preciso morir, 1090.
Ahora o nunca, 584.
Ahora que me acuerdo, 1356.
Ahora que soy él, 785.

Ahora son 5 cuentos, 1549.
Airampo, 426.
Aire de lluvia y luz, 772.
Aire de mar, 223.
Aire de mar en Gádor, 1091.
Aire de Roma andaluza, 467.
Aire de tango, 1009.
Aire dolido, 437.
Aire frío, 1275.
Aire nuestro, 681, 683.
«Aire nuestro» de Jorge Guillén, 1319.
Aire sin voz, 967.
Aires de Andalucía, 1186.
Aires de campo, 1424.
Aires de mar, 7.
Aires de mi tierra, 445.
Aires monteros, 1488.
Aires murcianos, 1006, 1291.
Aires puros, 1460.
Aixa, 318.
Ajedrez, 1501.
Ajedrez-Navegaciones, 90.
Akebedonys 1930, 345.
Al agua fuerte, 63.
Al aire de la vida y otras señales de tránsito, 1769.
Al aire de una mujer, 30.
Al aire libre, 1363.
Al amanecer, 454.
Al amor de la fuente, 136.
Al amor de la lumbre, 1204.
Al azar, 1205.
Al bello amanecer de este lucero, 848.
Al borde de la sombra, 254.
Al borde del abismo, 1415.
Al borde del silencio, 1316.
Al calor de Campeche, 1147.
Al calor del fogón, 817.
Al campo, 668.
Al cantar de la jota, 1756.
Al cielo por asalto, 1356.
Al diablo con amor, 1565.
Al dios del lugar, 1666.
Al eclipse de 1860, 1341.
Al este de la ciudad, 812, 1321.
Al filo de la sospecha, 1149, 1158.
Al filo del agua, 1399, 1478, 1753.
Al filo del tránsito (Poemas póstumos), 1232.

Al fin, la libertad (Un parado en el top-less), 1762.
Al final de la primavera, 1057.
Al hombro mi socavón, 347.
«Al jallo», 179.
Al lado del hombre, 809.
Al lector, 290.
Al margen de la ciencia, 771.
Al margen de los clásicos, 127.
Al norte de la sangre, 1608.
Al otro lado, 1090.
Al otro lado del mar, 809.
Al paso, 1225.
Al pie de la Alhambra, 903.
Al pie de la ciudad, 1009.
Al pie de la letra [Castellanos, Rosario], 304.
Al pie de la letra [Shimose, Pedro], 1543.
Al pie de la vida, 1556.
Al pie de las letras, 1621.
Al refutador de la memoria, 779.
Al regreso del Boiras, 545.
Al Senegal en avión, 1189.
Al sol y bajo la luna, 1571.
Al son de la guitarra, 610.
Al sur de mi garganta, 1165.
Al tacto, 1652.
Al trajo, trejo, troja, trujo, treja, traje, trejo, 1638.
Al través de la tempestad, 1176.
Al trote. Siluetas, croquis, rasgos, artículos literarios y descripciones de París y Madrid, 1211.
Al vencedor [Dragún, Osvaldo], 465.
Al vencedor [Lynch, Marta], 939.
Al volver, 173.
Al vuelo, 73.
Ala, 9.
Alá bendice Marruecos, 51.
Alabanza en la Torre de Ciales, 377.
Alabanzas de la ciudad, 1214.
Alabanzas del hombre y de la tierra, 1003.
Aladino, 882.
Alamiro, 389.
Álamo y cedro, 1543.

Álamos en la azotea, 1749.
Álamos talados, 89.
Alarma, 629.
Alarma española, 1010.
Alas, 1556.
Alas de murciélago, 102.
Alas de tierra. Poesía (1943-1975), 1367.
Alas en el viento, 90.
Alas en fuga, 967.
Alas nuevas, 777.
Alas rotas, 4.
Alas sobre el mar, 973.
Alas y olas, 612.
Alba de ternura, 1703.
Alba del alba, 87.
Alba del hijo, 930.
Alba lírica, 376.
Albacete, tierras y pueblos, 1465.
Albas y combates, 310.
Al-Basit, 912.
Albéniz, genio de Iberia, 1419.
Albergue para noctámbulos, 976.
Albertina en el país de los garamantes, 1090.
Alborada trovada, 756.
Albores y destellos, 1494.
Álbum de agujeros, 1304.
Álbum de un loco, 1771.
Álbum del corazón, 1278.
Álbum familiar, 35.
Álbum infantil. Cuentos, máximas y enseñanzas, en prosa y en verso, 1187.
Álbum para delincuentes, 314.
Alcalá de los gandules, 963.
Alcalá de los Zegríes, 837.
Alcancía. Ida - Alcancía. Vuelta, 117, 341.
Alcándara, 176.
Alcibíades-Club, 158.
Alción, 1774.
Alcor [Paredes, Pedro Pablo], 1214.
Alcor [Riosalido, Jesús], 1411.
Aldea en la niebla, 1468.
Aldea española, 537.
Alegato por la prensa y sus libertades, 1169.

ÍNDICE DE OBRAS

Alegoría, 1547.
Alegoría presuntuosa, 175.
Alegorías, 120.
Alegres provincias, 1206.
Alegría, 713, 1319.
Alegrías, 412.
Alegrías de viento y agua, 888.
Alejandra, 83.
Alejandra, Ludovina y Elvira, 833.
Aleluyas del brigadier, 377.
Aleluyas finas, 1000.
Alemania, 251.
Alemania y yo, 1313.
Alesio, una comedia de tiempos pasados, 1600.
Alevosías, 1463.
Alfabeto cristiano, 1662.
Alfama, 1301.
Alfanhuí, 1134.
Alfonso el Casto, 695.
Alfonso Guillén Zelaya en el neomodernismo de América, 1239.
Alfonso Paso y su teatro, 975.
Alfonso XII, 1373.
Alfonso XIII desenmascarado, 191.
Alfredo, 1193.
Alfredo Zitarrosa, el cantor de la flor en la boca, 506.
Algarabía, 13.
Algo, 152.
Algo está ocurriendo aquí, 704.
Algo flota sobre Pepe, 1616.
Algo más que sueños, 277.
Algo muere cada día, 966.
Algo pasa en la calle, 1349.
Algo sobre la muerte del mayor Sabines, 1487.
Algo sucede, 660.
Algo triste que llaman amor, 1061.
Alguien más en el espejo, 1568.
Alguien muere la víspera, 1615.
Alguien pasa de puntillas, 57.
Alguien que anda por ahí, 380.
Alguien sube, 1524.
Alguien te observa en secreto, 1090.

Algún extraviado temblor, 431.
Algún sol, 1063.
Algunas nubes, 1147.
Algunas palabras, 1054.
Algunas trovas últimas, 1197.
Algunos, 658.
Algunos aspectos de la literatura paraguaya, 168.
Algunos crímenes y otros poemas, 967.
Algunos en el islote, 1524.
Algunos españoles, 1241.
Algunos lugares de la pintura, 1759.
Algunos muchachos, 1001.
Algunos niños, tres perros y más cosas, 518.
Algunos poemas del pintor Ramón Gaya, 619.
Algunos poemas deliberadamente románticos, 834.
Alhucema, 1579.
Alhué, 657.
Alianza y condena, 1321, 1423.
Alias Gardelito y otros relatos, 807.
Alias ventolera, 62.
Aliatar, 1412, 1588.
Alicante y mi autobiografía, 52, 116.
Alicia al pie de los laureles, 1619.
Alicia en el París de las maravillas, 1597.
Alicia ya no sueña, 348.
Alimaña, 976.
Alis el salvaje, 1089.
Alivio de caminantes, 837.
Al-Kitab Arjona, 782.
Allá lejos y hace tiempo, 749.
Allá va eso, 783.
Allah-Akbar (Dios es grande). Leyenda de las tradiciones y el sitio de Granada, 530.
Alma [Florián, Mario], 567.
Alma [Machado, Manuel], 945.
Alma adentro, 497.
Alma América, 346.
Alma andaluza, 1517.
Alma araucana, 538.
Alma chilena, 1268.

Alma contemporánea. Estudio de estética, 901.
Alma de artista, 1065.
Alma de Dios, 1764.
Alma de luz, 1186.
Alma del pueblo, 1006.
Alma del tiempo, 1303.
Alma dominicana, 597.
Alma infanzona, 1076.
Alma mater, 876.
Alma montañesa, 907.
Alma. Museo. Los cantares, 945.
Alma nativa [House, Guillermo], 747.
Alma nativa [Leguizamón, Martiniano], 835.
Alma negra, 224, 849.
Alma perdida, 1542.
Alma popular, 1348.
Alma y cuerpo de Chile, 469.
Alma y momento, 99.
Alma y vida, 1590.
Almadía, 158.
Almanaque de auroras, 834.
Almanaque de versos, 352.
Almanzor, 1554.
Almas de acero, 1506.
Almas de cristal, 1557.
Almas de violeta, 790.
Almas gemelas, 1520.
Almas perdidas, 9.
Almas que luchan, 1197.
Almas rudas, 635.
Almas y paisajes, 219.
Almas y panoramas, 369.
Almas y rascacielos, 1419.
Almena de sal, 290.
Almenara, 1439.
Almenas del silencio, 495.
Almendras amargas, 431.
Almoneda (12 viejos sonetos de ocasión), 595.
Almudena o historia de viejos personajes, 834.
Alondra de verdad, 452.
Alrededor de la jaula, 367.
Alrededor de un día de abril, 1057.
Alsino, 1317.
Alta costura, 529.
Alta fidelidad, 1103.
Alta seducción, 1597.
Altamira, 1526.
Altamor, 1763.

ÍNDICE DE OBRAS

Altanoche [Escudero, Gonzalo], 490.
Altanoche [Montes de Oca, Marco Antonio], 1058.
Altar mayor, 493.
Altas esferas, 1488.
Altas fidelidades, 1566.
Altas hojas, 225.
Altasombra, 692.
Altazor, 390, 751, 752, 1687.
Alternando, 530.
Altiplano, 211.
Altos crecen los cardos, 95.
Altra Veu, 168.
Alturas de América, 903.
Alucinaciones, 590.
Alucinaciones de belleza, 1174.
Alumbramiento, 99.
Aluvión de fuego, 328.
Álvaro Guaica, 715.
Alza y baja, 850.
Amadeo I, 1244.
Amadís de Gaula, 267, 935, 1110, 1114, 1116, 1140, 1549, 1727.
Amadís de Gaula [Rey de Artieda, Andrés], 1399.
Amadís de Grecia, 1116, 1140, 1549.
Amado amo, 1090.
Amado monstruo, 1616.
Amado mundo podrido, 956.
Amado Nervo [Belaúnde, Víctor Andrés], 158.
Amado Nervo [Ory, Eduardo de], 1186.
Amalia [Mármol, José], 974, 1453.
Amalia [Pombo, Pilar], 1601.
¡Amami, Alfredo! o polvo de estrellas, 1046.
Amancayas, 254.
Amanda y Eduardo, 458.
Amanecer sin mediodía (1921-1936), 115, 948.
Amanecí de bala, 1671.
Amante, 240.
Amante de gacela, 1303.
Amante muerta no hace daño, 1152.
Amante y caballero, 1566.
Amantes [Gaitán Durán, Jorge], 583.

Amantes [Suárez de Deza, Enrique], 1566.
Amantes antípodas, 1047.
Amar a quien se aborrece, 1066.
Amar con poca fortuna, 1458.
Amar despreciando riesgos, 1362.
Amar después de la muerte, 1001.
Amar en Madrid, 1646.
Amar es bien, 1301.
Amar su propia muerte, 497.
Amaranto, 50.
Amarga canción del recuerdo, 1641.
Amarga sombra, 1430.
Amargo, 1615.
Amargo el fondo, 1565.
Amarguras de la muerte y pensamientos cristianos, 71.
Amarillo celeste, 1162.
Amarras de luz, 812.
Amasijo, 217.
Amaya o los vascos en el siglo VIII, 1097, 1139.
Amazona, 452.
Ambigú literario, 1532.
Ambigua y cruel. Novela siria, 1076.
Ámbito, 36.
Ámbito del amor eterno, 1105.
Ámbito y acento, 449.
A.M.D.G. (La vida en los colegios de jesuitas), 1230, 1238.
América [Bello, Andrés], 160.
América [Naranjo, Carmen], 1083.
América como conciencia, 1768.
América: el libro de los orígenes, 748.
América en Europa, 78.
América en la historia, 1768.
América (Estudios históricos y filológicos), 903.
América, fábula de fábulas y otros ensayos, 107.
América poética [Gutiérrez, Juan María], 560, 688.

América poética [Mendive, Rafael María de], 1016.
América, tierra firme, 78.
América y otros poemas, 1189.
América y sus enigmas, 926.
Americanismo literario, 597.
Americanos y europeos, 231.
Amérika, Amérikka, Amérikkka, 36.
Amiel. Un estudio sobre la timidez, 966.
Amigos de Moletú-Volevá, 302.
Amigos y maestros, 620.
Aminadab, 259, 1327.
Amirbar, 1080.
Amistad funesta, 978.
Amón, 589.
Amor [Sawa, Miguel], 1532.
Amor [Yarza, Pálmenes], 1754.
Amor a sombra y sol, 354.
Amor al oeste, 396.
Amor americano, 586.
Amor, celos y vitriolo, 581.
Amor, ciudad atribuida, 1066.
Amor con vista, 482.
Amor, conveniencia y eugenesia, 966.
Amor de artistas, 451.
Amor de don Perlimplín con Belisa en su jardín, 601.
Amor de madre, 1711.
Amor de pobre, 1556.
Amor en tierra y mar, 1173.
Amor es más laberinto, 803.
Amor, honor y poder, 243.
Amor insurrecto, 159.
Amor libre, 290.
Amor loco y amor cuerdo, 10.
Amor maternal, 418.
Amor mortal, 1599.
Amor mundo y todos los cuentos de José María Arguedas, 87.
Amor Omnia, 630.
Amor peninsular, 1644.
Amor perdido, 1052.
Amor, poder y pelucas, 1540.
Amor que vence al amor, 1399.
Amor se escribe sin hache, 785.

Amor solo, 452.
Amor suicida, 1671.
Amor, viajes y literatura, 777.
Amor vicioso, 1240.
Amor y obligación, 1558.
Amor y pedagogía, 1647.
Amor y sacrificio, 1520.
Amor y suplicio, 1222.
Amor y tiempo de poetas en guerra total, 1353.
Amorcitos, 446.
Amores, 1512.
Amores de Antón Hernando, 1039.
Amores de sopetón, 1527.
Amores y amoríos. (Historias y cuentos), 1236.
Amoretta, 465.
Amor-pasión, 1740.
Amos oxidente, 436.
Amour à mort, 1070.
Amparo de pobres, 1247.
Amparo, poema en tres cantos, 1353.
Amplificación temática, 1710.
Ana Bolena, 242, 1454.
Ana Isabel, una niña decente, 1201.
Anacaona [Muñoz Puelles, Vicente], 1090.
Anacaona [Vila y Blanco, Juan], 1731.
Anacleto se divorcia, 1078.
Anaconda, 1349.
Anacreónticas de última moda, 657.
Anagnórisis, 1534.
Anagó. Vocabulario lucumí (El yoruba que se habla en Cuba), 235.
Anagogías, 1539.
Anaida, 1755.
Anaité, 1054.
Analecta del reloj, 841.
Anales castellanos, 736.
Anales de los Xahil, 105.
Anales del descubrimiento, población y conquista de las provincias del Río de la Plata, 444.
Anales toledanos, 737.
Anales Toledanos Primeros, 1109.
Anales [Zurita, Jerónimo], 83.
Análisis del pensamiento racional, 1527.
Análisis del «Quijote», 1410.
Análisis funcional de la cultura, 986.
Análogo, simultáneo, 137.
Anarchia 36, 915.
Anarda, 1553.
Anarquía, 655.
Anarquía conyugal, 1270.
Anarquistas literarios, 126.
Anastasia o la recompensa de la hospitalidad, 976.
Anatomía del realismo, 1531.
Ancha es Castilla, 231.
Ancia, 1188, 1297, 1321.
Ancla, 73.
Anclas de oro, 1406.
¡Anda, la ópera!, 913.
Andalucía amarga, 1579.
Andalucía en verso, 614.
Andalucía la baja, 1734.
Andalucía: su comunismo y su cante jondo, 227.
Andaluz solo, 1477.
Andamios interiores, 964.
Andamos huyendo Lola, 617.
Andando el tiempo, 1769.
Andando por ahí, por esas calles, 354.
Andantes y allegros, 1366.
Andanzas callejeras, 440.
Andanzas por el desierto de Atacama, 1403.
Andanzas serranas, 1027.
Andanzas y malandanzas, 1413.
Andar y ver. Breviario de un observador, 488.
Andariegos, 1480.
Ande, 1232, 1693.
Andén lejano, 1637.
Andenes al ocaso, 304.
Andrés [Medio, Dolores], 1007.
Andrés [Velasco Zazo, Andrés], 1716.
Andrés cuenta su historia, 302.
Andrés Pérez, maderista, 129.
Andresa Escobar, 344.
Andrómeda y Perseo, 247.
Androvar, 1317.

Anfiteatro, 437.
Ánfora criolla, 1237.
Ánfora sedienta, 1674.
Ánforas, 696.
Ángel de Colombia, 1326.
Ángel de piedra, 1564.
Ángel en España, 883.
Ángel fieramente humano, 1187.
Ángel Guerra, 1244.
Ángel Pestaña, retrato de un anarquista, 838.
Ángela, 1163.
Angelaciones, 92.
Ángeles de Compostela, 452.
Ángeles o neófitos, 1725.
Angélica y Medoro, 214.
Angelina, 431.
Angelina o el honor de un brigadier. Un drama de 1880, 785.
Angelita, 127.
Angola y otros cuentos, 1720.
Anguita, 69.
Angulares, 1107.
Aníbal Ponce: humanismo y revolución, 811.
Anillo de jade, 405.
Anillo de sal, 140.
Anillo de silencio, 35.
Anillos, 814, 1099.
Anillos en el tiempo, 282.
Anillos para una dama, 583.
Ánima absorta, 1315.
Animal de fondo, 791, 1045.
Animales célebres, 1189.
Animales con pluma: el periodismo por dentro, 116, 1493.
Animales feroces, 346.
Animales literarios de Chile, 814.
Aniversario de una visión, 1488.
Aniversario del color, 1097.
Aniversarios inmortales, 953.
A lo que obliga el honor, 481.
A lo que obliga el ser rey, 1718.
Annabel Lee, 1642.
Anónimos contra el banquero, 1088.
Anotaciones a Garcilaso de la Vega, 83, 138, 240, 707,

708, 1072, 1193, 1305, 1705.
Anotaciones críticas al lenguaje bogotano, 413, 561.
Anotador idiomático, 70.
Anselmo B, o la desmedida pasión por los alféizares, 1600.
Anselmo el pescador, 51.
Ansia en vida, 977.
Antagonía, 662.
Antaño, 278.
Antaño y hogaño. Novelas y cuentos de la vida hispanoamericana, 827.
Ante el Cristo de Limpias, 912.
Ante el espejo, 117, 1740.
Antenor, 1056.
Anteo [Beltrán Guerrero, Luis], 162.
Anteo [Caballero Bonald, José Manuel], 230.
Anteo [Labrador Ruiz, Enrique], 812.
Anteo e Isolda, 687.
Anteparaíso, 1775.
Antes de amanecer, 1710.
Antes del mediodía, 834.
Antes del olvido, 431.
Antes del reino, 90.
Antes que anochezca, 82.
Antes que el tiempo acabe, 595.
Antes que llegue la noche, 1208.
Antes que mueran, 819.
Anticipación y reflexión, 656.
Anticípolis, 1189.
Anticlaudianus, 1619.
Antídoto contra la pestilente poesía de las «Soledades», 645, 787.
Antifaz, 674.
Antifaz desgarrado, 376.
Antifiguraciones, 988.
Antífona del otoño en el valle del Bierzo, 1303, 1320.
Antígona en el infierno, 1564.
Antígona furiosa, 590.
Antígona Vélez, 968.
Antigua, 213.
Antigua patria, 168.
Antiguas literaturas germánicas, 206.

Antigüedad de la villa de Utrera, 285.
Antigüedades de las islas Afortunadas, 1280.
Antigüedades y cosas memorables del Principado de Asturias, 298.
Antigüedades y Principado de la ilustrísima ciudad de Sevilla, 285.
Antiguo esplendor, 1091.
Antiguo muchacho, 595.
Antijovio, 795.
Antimanual para uso de los marxistas, marxólogos y marxianos, 1550.
Antinomia (1975-1981), 169.
Antisalmos, 1273.
Antiteatro, 1737.
Antiteatros críticos, 964.
Antofagasta, 1090.
Antología: «Cantoral», «Oniromancia», «El valle pierde su atmósfera» y otros poemas, 1443.
Antología colonial de Bolivia, 691.
Antología consultada de la joven poesía española, 1298.
Antología de costumbristas venezolanos, 1271.
Antología de la literatura fantástica, 205, 1162.
Antología de la novela cubana, 613.
Antología de la nueva poesía española, 153, 1298.
Antología de la nueva poesía venezolana, 1165.
Antología de la poesía amorosa de Honduras, 489.
Antología de la poesía culterana, 1215.
Antología de la poesía hispanoamericana [Cobo Borda, Juan Gustavo], 352.
Antología de la poesía hispanoamericana [Menéndez Pelayo, Marcelino], 1021.
Antología de la poesía mexicana moderna, 413.
Antología de la poesía negra hispanoamericana, 135, 1693.

Antología de la poesía norteamericana, 281.
Antología de la poesía romántica española, 53.
Antología de la poesía surrealista, 1215.
Antología de la poesía viva latinoamericana, 1228.
Antología de poesía chilena nueva, 69, 1606.
Antología de poesía venezolana contemporánea, 1671.
Antología de poetas ecuatorianos, 89.
Antología de poetas hispanoamericanos, 1020.
Antología de poetas líricos castellanos, 1020.
Antología de poetas y prosistas españoles, 881.
Antología de poetisas españolas, 1542.
Antología de prosistas ecuatorianos, 709.
Antología de tradiciones y leyendas bolivianas, 888.
Antología del cuento moderno venezolano, 1196.
Antología del ensayo uruguayo contemporáneo, 1360.
Antología del surrealismo español, 28.
Antología ecuatoriana: cantares del pueblo, 1024.
Antología infantil de la nueva poesía venezolana, 1165.
Antología para un papagayo, 1271.
Antología paraguaya, 1425.
Antología poética argentina, 1162.
Antología rota, 521.
Antón Retaco, 620, 883.
Antonia Fuertes, 91.
Antonio, 1556.
Antonio Arráiz, 75.
Antonio Azorín, 126.
Antonio B... «el Rojo», ciudadano de tercera, 1273.
Antonio de Leiva, 90.
Antonio Duvergé, 1053.
Antonio ha sido una hipérbole, 524.
Antonio José de Sucre, 954.

Antonio Machado, su mundo y su obra, 1542.
Antonio Machado y Pablo Casals, 73.
Antonio. Novela napolitana, 1541.
Antonio Pérez (El hombre, el drama, la época), 966.
Antonio Ramos, 1546.
Antonio Tovar, 1496.
Antoñita la fantástica, 882.
Antro fuego, 70.
Antropología metafísica, 971.
Anzuelos para la lubina, 77.
Añejo a la roca, 1147.
Año tras año, 919.
Añoranzas. Al amor y a ellas, 346.
Años, 668.
Años bajo el sol, 687.
Años contra el tiempo, 1626.
Años de amor y violencia, 1745.
Años de juventud del Doctor Angélico, 1201.
Años de miseria y de risa, 116, 1759.
Años de penitencia, 116, 147.
Años decisivos, 660.
Años inciertos, 1682.
Años y leguas, 1039.
Aoom, 1565.
Apalabrar, 1339.
Aparato de la elocuencia para los sagrados oradores..., 1379.
Apariciones, 1534.
Apariencia desnuda: la obra de Marcel Duchamp, 1224.
Apartada orilla, 173.
Apelación al tiempo, 614.
Apenas 6, 1169.
Apenas esto (Antología 1934-1959), 1073.
Apenas viaje, 1747.
Apocalipsis, 141, 142.
Apocalipsis XX, 759.
Apocatastasis, 282.
Apócrifo, 981.
Apócrifo del clavel y la espina, 455.
Apócrifo del domingo, 981.
Apolíneas, 874.
Apolo Pankrátor, 1214.

Apolo (Teatro pictórico), 945.
Apolo XI, 923.
Apolo y Apeles, 1253.
Apolo y Dafne, 356.
Apologema contra P. Fagnani, 279.
Apologética Historia Sumaria, 300, 402.
Apologético en favor de don Luis de Góngora, 497, 559.
Apologético historial, 1639.
Apología [Mier y Noriega, Servando Teresa de], 1032.
Apología [Teresa de Jesús, Santa], 1609.
Apología de Bilbao, 1515.
Apología por la verdad, 787.
Apologías y rechazos, 1487.
Apólogos y milesios, 598.
Apólogos y otras prosas inéditas, 983.
Apostasía, 702.
Apostillas a la escena, 1027.
Aprende y calla, 1090.
Aprendiz de amante, 1606.
Aprendizaje, 35.
Aprismo, marxismo, eurocomunismo, 318.
Aprobaciones, 1172.
Aprobados y suspensos, 123.
Aproximació al Tirant lo Blanc, 1325.
Aproximaciones a Gaudí en Capadocia, 662.
Aproximaciones a la literatura de nuestro tiempo: Robbe-Grillet, Borges, Sartre, 1486.
Aproximaciones y distancias, 1612.
Apuesta de amor, 1061.
Apuntaciones biográficas (1773-1781), 114.
Apuntaciones sueltas de Inglaterra, 1122.
Apuntamientos de cómo se deben reformar las doctrinas y la manera de enseñarlas, 4.
Apuntamientos y anotaciones sobre la historia de Paulo Jovio, 795.
Apuntes, 252.
Apuntes autógrafos para la historia de la poesía, 901.
Apuntes biográficos, 963.
Apuntes biográficos de escritores, oradores y hombres de estado de la República Argentina, 688.
Apuntes de ciudades, 1463.
Apuntes de literatura, 639.
Apuntes del natural, artículos festivos, 272.
Apuntes filosóficos, 1696.
Apuntes para formar un discurso sobre el Bien y el Mal, 891.
Apuntes para la historia de la Biblioteca de Lima, 1206.
Apuntes para un Diccionario de escritoras americanas del siglo XIX, 1186.
Apuntes para un Diccionario de escritoras españolas del siglo XIX, 1186.
Apuntes para un pequeño viaje, 905.
Apuntes para una Biblioteca de escritoras españolas desde el año 1401 al 1833, 1542.
Apuntes para una declaración de fe, 303.
Apuntes para una Memoria económica, 892.
Apuntes sobre el nuevo arte de escribir novelas, 1669.
Apuntes sobre la vida militar de Francisco Villa, 257.
Apuntes sobre poesía española de posguerra, 668.
Apuntes y estudios sobre la instrucción pública en España y sus reformas, 947.
Aquarium, 973.
Aquel 1811, 73.
Aquel abril, 919.
Aquel año rojo, 445.
Aquel domingo, 1537.
Aquelarre [González Lanuza, Eduardo], 653.
Aquelarre [Rojas, Carlos], 1431.
Aquelarre [Vieta, Ezequiel], 1730.
Aquelarre en Madrid, 1301.
Aquella aldea, 1655.

ÍNDICE DE OBRAS

Aquella gente..., 187.
Aquella mujer, 1250.
Aquellas tertulias de Madrid, 1641.
Aquellos ojos que fueron, 1061.
Aquellos polvos..., 158.
Aquí, cien años de raros, 1001.
Aquí en la tierra, 177.
Aquí está Dios, 396.
¡Aquí manda Narváez!, 134.
Aquí no ha pasado nada [Centurión Miranda, Roque], 326.
Aquí no ha pasado nada [Pla, Josefina], 1277.
Aquí pasan cosas raras, 1666.
Aquí quema la niebla, 1304.
Aquí se cuentan cuentos, 849.
Aquí se dice de un pueblo, 410.
Aquí viene un hombre, 445.
Aquí vivieron, 1074.
Aquí y ahora, 277.
Aquilana, 1626.
Ara, 1754.
Arabescos, 152.
Arabescos mentales, 211.
Aracne, 1068.
Aragón, literatura y ser histórico, 1324.
Aragón restaurado por el valor de sus hijos, 1766.
Arauco domado, 486, 688, 867, 1169.
Árbol adentro, 1224.
Árbol añoso, 50.
Árbol de batallas, 1667.
Árbol de Diana, 1276.
Árbol de la estirpe humana, 633.
Árbol de los Veras, 1046.
Árbol de pólvora, 1401.
Árbol de ti nacido, 340.
Árbol del tiempo, 343.
Árbol sin tierra, 710.
Árbol viejo, 9.
Árbol y farola, 191.
Arboleda de los enfermos, 295, 296.
Árboles petrificados, 426.
Arcadia [Gómez de Liaño, Ignacio], 1089.

Arcadia [Vega, Lope de], 850, 1142.
Arcadia todas las noches, 237.
Arcadio y los pastores, 1091.
Arcana mayor, 143.
Arcángel de mi noche, 593, 1319.
Arcángeles, 1090.
Arcanos, 1303.
Arceval y los ingleses, 948.
Archipiélago, 1089.
Archipiélago de mujeres, 1754.
Arcilla indócil, 1059.
Arcilla mística, 1630.
Arco Iris [Reynolds, Gregorio], 1404.
Arco iris [Ruiz Peña, Juan], 1477.
Arcos votivos, 154.
Arde el mar, 630, 1327.
Ardiente jinete, 1078.
Ardiente paciencia, 1555.
Ardiente suelo, fría estación, 1561, 1562.
Ardiente voz, 966.
Arena en los zapatos, 1146.
Arenga lírica al emperador de Alemania, 711.
Areyto mayor, 99.
Argal [Cáceres Romero, Adolfo], 238.
Argal [Prada Oropesa, Renato], 1316.
Argentina 78, 475.
Argentina: años de alambradas culturales, 380.
Argentina y conquista del Río de la Plata, con otros acaecimientos de los reinos del Perú, Tucumán y estado de Brasil..., 140.
Argentino hasta la muerte, 537, 726.
Argia, 1696.
Argirópolis, 1529.
Argos, 1410.
Argumentos del día, 820.
Aria, 1304.
Arias Gonzalo, 1412, 1588.
Arias tristes, 790.
Ariel, 1421.
Ariel disperso, 786.

Ariel prisionero, Ariel libertado, 202.
Aristodemo, 925.
Arlequín, 1441.
Arlequín, mancebo de botica o Los pretendientes de Colombina, 145.
Armelina, 1466.
Arminda Moscoso, 1248.
Armiño negro, 956.
Armonías [Blest Gana, Guillermo], 193.
Armonías [Mármol, José], 974.
Armonías [Palma, Ricardo], 1205.
Armonías íntimas, 370.
Armonías y cantares, 1474.
Armonías y rimas varias, 1474.
Arnalte y Lucenda, 1154, 1155.
Aroma de otro tiempo, 254.
Aroma y flor de cielo, 1731.
Aromas de ensueño, 874, 875.
Aromas de leyenda, 1676.
Aromas del terruño, 426.
Arpa fiel, 1326, 1673.
Arpegios, 874.
Arponero del fuego, 1533.
Arquita de Noé, 975.
Arquitectura del Acuario, 902.
Arquitectura inútil, 344.
Arrabal celebrando la ceremonia de la confusión, 96, 1154.
Arráncame la vida, 997.
¡Arre, Halley! ¡Arre!, 699.
Arriba, corazón, 465.
Arriba bajo el cielo, 1748.
Arrieros, 911.
Arroz y tartana, 190, 1127.
Ars moriendi, 945, 1231.
Ars praedicandi Aragonensis, 101.
Arte breve y compendiosa para aprender a leer, escribir, pronunciar y hablar la lengua española, 936.
Arte, cine y ametralladora, 147.
Arte cisoria, 1739.
Arte de acecho, 1088.

Arte de ajedrez, 927.
Arte de cetrería, 1301.
Arte de gobierno, 211.
Arte de hablar en prosa y verso, 638, 1379.
Arte de hablar, gramática filosófica de la lengua castellana, 169.
Arte de ingenio, tratado de la Agudeza, 665.
Arte de la lengua mexicana, 1166.
Arte de la putas, 536.
Arte de marear [Guevara, fray Antonio de], 678.
Arte de marear [Juaristi, Jon], 1302.
Arte de morir, 693.
Arte de navegar, 1005.
Arte de orar evangélicamente, 1377.
Arte de pájaros, 1101.
Arte de poesía castellana, 101, 479.
Arte de retórica, 1376.
Arte de servir a Dios, 500.
Arte de traducir el idioma francés al castellano, 279.
Arte de trovar, 100, 101, 1740.
Arte del bien morir, muy copiosa y devota para todo fiel cristiano, 540.
Arte grande de la lengua castellana..., 377.
Arte menor, 164.
Arte nuevo de hacer comedias, 6, 415, 1072, 1508, 1713.
Arte para aprender la lengua mexicana, 1723.
Arte para componer en metro castellano, 1051, 1305.
Arte para en breve saber latín, 1511.
Arte para ligeramente saber la lengua arábiga, 1573.
Arte poética castellana en coplas, 101.
Arte poética en romance castellano, 1305, 1514.
Arte poética española, 1305.
Arte poética fácil, 996.
Arte poética italiana, 996.
Arte real, 1057.

Arte y artistas en Guatemala, 669.
Arte y ciencia, 1304.
Arte y contemplación, 1526.
Arte y Estado, 629.
Artefactos, 984, 1216.
Artemio Lorenzo, poeta y medio hombre, 1015.
Artemis, 824.
Artículos en la prensa montañesa, 902.
Artigas, 759.
Artigas y su hijo el caciquillo, 951.
Artistas de variedades, 1072.
Artistas granadinos de los siglos XVI al XIX, 78.
Artistas, locos y criminales, 1561.
Artistas y temas segovianos, 975.
Arto cultural y otras joglarías, 128.
Artuña, 819.
Arturo de Osberg, 925.
Arturo, la estrella más brillante, 81.
Arturo Uslar Pietri, renovador del cuento venezolano contemporáneo, 1035.
Asalto nocturno, 1769.
Asamblea de jóvenes poetas de México, 1758.
Ascensión Tun, 1049.
Asclepigenia, 1670.
Asesinato, 836.
Asesinato de Lola, espejo oscuro, 529.
Asesinato del Sr. D. Florencio Varela, redactor del «Comercio del Plata», en Montevideo, 974.
Asesinato en el Comité Central, 1703.
Asesinato por anticipado, 1146.
Asesinos en la ciudad ideal. Una historia de autómatas, 1072.
Asfalto-infierno, 653.
Así bajaron los perros, 1067.
Así en la paz como en la guerra, 236.
Así en la tierra..., 1743.
Así es Babilonia, 996.

Así es la vida, 135.
Así es Nicaragua, 248.
Así fue, 109.
Así hablaba Zorrapastro, 224.
Así me fecundó Zaratustra, 79.
Así nació Tiresias, 1301.
Así paga el diablo, 1638.
Así pasan..., 426.
Así que pasen cinco años, 602.
Así que pasen cincuenta años, 1600.
Así se fundó Carnaby Street, 1209.
Así se hacen las efes, 1319.
Así sea uno de aquí, 705.
Así vivimos, 1577.
Asia y el lejano Oriente, 346.
Asklepios, el último griego, 496.
Asomando a las gentes, 1169.
Asombro, 583.
Asonante final y otros poemas, 568.
Asonantes (tono menor), 784.
Aspasia tenía nombre de corneta, 1637.
Aspectos económicos del futuro de Galicia, 671.
Aspectos psicológicos y psiquiátricos de la inmigración en Venezuela, 709.
Áspera brisa, 1025.
Áspero, 96, 1692.
Áspero mundo, 646.
Aspiraciones, 634.
Astillas, 1054.
Astrolabio [Colinas, Antonio], 355.
Astrolabio [Quezada, Jaime], 1346.
Astrolabio (antología 1972-1988) [Giménez Frontín, José Luis], 630.
Astucia, el Jefe de los Hermanos de la Hoja o los charros contrabandistas de la rama, 771.
Atados de pies y manos, 1615.
Atahualpa, 294.
Atahualpa o la conquista del Perú, 1494.
Atala, 533.
Atalanta e Hipomenes, 1280.

Atalaya de las corónicas, 740, 992.
Atalía, 901.
Atardece sin mí, 1273.
Atardecer de Longwood, 1624.
Ataúlfo, 1060, 1584.
Atelier de Poésie Ouverte, 1185.
Ático izquierda, 70.
Atila, 355.
Atila furioso, 1741.
Atlante, 1741.
Atlántida conquistada, 439.
Atlas arqueológico, 657.
Atlas de la poesía de Chile, 1649.
Atrapados, 762.
Atrapados en la ratonera: memorias de una novelista, 1007.
Atrás sin golpe, 443.
Atrevámonos a ser bolivianos, 138.
Atrevida, 1154.
Atrincherado amor, 1232.
Atusparia, 1407.
Audaces y extravagantes, 493.
Audi, filia, 118, 119.
Aula de cortesanos, 305.
Aula de Dios. Cartuxa Real de Zaragoza, 451.
Aula magna o la Sybila y el filósofo, 1774.
Aullido de licántropo, 54.
Aún [Neruda, Pablo], 1101.
Aún [Pombo Angulo, Manuel], 1313.
Aun de noche alumbra el sol, 634.
Aún es de día, 432, 1133.
Aún hay sol, 1520.
Aún no, 215.
Aún queda sol en los veranos, 1273.
Aunque es de noche [Albán, Laureano], 25.
Aunque es de noche [Fernández, Enrique] 615.
Aunque es de noche [Garfias, Francisco], 524.
Aura, 577.
Aura de soledad, 120.
Aura o las violetas, 1700.
Aurelia, 1611.

Aurelio y Alexandra, 15.
Aurora [Dicenta, Joaquín], 451.
Aurora [Guichot y Parody, Joaquín], 680.
Aurora [Stefanich, Juan], 1564.
Aurora boreal, 430.
Aurora de voces altas, 1073.
Aurora roja, 145.
Auroras, 318.
Auroras de Diana, 317.
Ausencia [Abril de Vivero, Pablo], 4.
Ausencia [Alonso Gamo, José María], 50.
Ausencia de mis manos, 1194.
Ausencia sin retorno, 1084.
Ausencia y soledad de amor, 1737.
Austríada, 1140.
Auto, 1599.
Auto da Barca do Inferno, 1727.
Auto da Barca do Purgatório, 1727.
Auto de fe, 1325, 1431.
Auto de la Barca de la Gloria, 1727.
Auto de la Fe o Pragmática del Pan, 1611.
Auto de la huida a Egipto, 1604.
Auto de la Pasión [Campo, Alonso del], 1603.
Auto de la Pasión [Fernández, Lucas], 525.
Auto de la sibila Casandra, 1727.
Auto de la visitación, 1726.
Auto de los cuatro tiempos, 1727.
Auto de los Reyes Magos, 1727.
Auto de San Martín, 1727.
Auto del Juicio Final, 1167.
Auto del Nacimiento, 1267.
Auto del nacimiento de Cristo Nuestro Señor, 67.
Auto del repelón, 479.
Auto del triunfo de la Virgen y gozo mexicano, 213.
Auto pastoril castellano, 1726.

Auto sacramental del Colmenar, 1578.
Auto sacramental del hijo pródigo, 497.
Auto sacramental del rapto de Proserpina, 497.
Autobiografía [Blanco White, José María], 715.
Autobiografía [Castelar, Emilio], 115.
Autobiografía [Fraile, Medardo], 573.
Autobiografía [Maeztu, Ramiro de], 950.
Autobiografía [Montes de Oca, Marco Antonio], 1058.
Autobiografía [Palafox, José de], 115.
Autobiografía [Villalonga, Miguel], 1734.
Autobiografía de Federico Sánchez, 116, 1329, 1537.
Autobiografía de Irene, 1162.
Autobiografía del general Franco, 1703.
Automne régulier, 390, 751, 1691.
Automoribundia, 117, 641, 1258.
Autopsia de Creso, 968.
Autorretrato, 490.
Autorretrato de artista con barba y pumpá, 237.
Autorretrato de desconocido, 606.
Autorretratos, 1304.
Autorretratos y transfiguraciones, 25.
Avanzada, 129.
Ave breve, 1233.
Ave, fémina, 1532.
Ave Maris Stella, 487.
Avelina Perdiguero, 613.
Avellaneda, 473.
Aventura, 692.
Aventura de un fotógrafo en La Plata, 185.
Aventura del miedo, 1426.
Aventura del quinteto inacabado, 1151.
Aventura y letra de América Latina, 417.
Aventurarse perdiendo, 1112.
Aventuras de alfeñique, 1630.

Aventuras de don Francisco de Quevedo, 1504.
Aventuras de Edmund Ziller en tierras del nuevo mundo, 1174.
Aventuras de Juan Lucas, 693.
Aventuras de Juan Luis. Historia divertida que puede ser útil, 1367.
Aventuras de Juanillo, 882.
Aventuras de Percy en Australia, 1090.
Aventuras de una peseta, 251.
Aventuras del bachiller Trapaza, 1145.
Aventuras del caballero Rogelio de Amaral, 529.
Aventuras del capitán Alonso de Contreras, 369.
Aventuras del submarino alemán U..., 146.
Aventuras en verso y prosa del insigne poeta y su discreto compañero, 1076.
Aventuras entre pájaros, 749.
Aventuras, inventos y mixtificaciones de Silvestre Paradox, 145.
Aventuras sigilosas, 840.
Aventuras, venturas y desventuras de un cazador a rabo, 433.
Aventuras y desventuras de un soldado viejo natural de Borja, 1106.
Aves de paso [Abreu, Héctor], 3.
Aves de paso [Sandoval y Cútoli, Manuel de], 1520.
Aves de paso [Santiago Fuentes, Magdalena], 1524.
Aves de paso [Sanz, María], 1304.
Aves de rapiña, 876.
Aves sin nido [Blanco Belmonte, Marcos Rafael], 187.
Aves sin nido [Matto de Turner, Clorinda], 1000, 1094, 1364, 1454.
Aves sin nido, [Val, Luis de], 1658.
Aves y flores, 874.
Avidez, 1183.

Avinareta o la vida de un conspirador, 145.
Avión, 506.
Aviso, 678.
Aviso a la población, 1548.
Aviso de privados y doctrina de cortesanos, 678.
Aviso para cuerdos, 912.
Avisos [Celaya, Gabriel], 324.
Avisos [Moreno, Miguel], 1067.
Avisos históricos, 1229.
Avisos y reglas cristianas, 119.
Axil, 1248.
¡Ay!, 675.
¡Ay, Carmela!, 1519.
¡Ay... estos hijos!, 1774.
¡Ay vida, no me mereces!, 1314.
Ayapá. Cuentos de Jicotea, 235.
Ayar Manco, 1410.
Ayer, 478.
Ayer, Hoy y Mañana [Flores, Antonio], 564.
Ayer, hoy y mañana [Tolentino, Aurelio], 876.
Ayer, nada más..., 58.
Ayer violento, 1201.
Ayer y ahora, 432.
Ayer y hoy. La evolución de la sociedad española en cien años, 1490.
Azahares, 346.
Azaleas, 1204.
Azaña, 1329, 1431.
Azor, 760.
Azorín, íntimo, 46.
Azorín: en torno a su vida y a su obra, 46.
Azotes y galeras, 319.
Azucena, que juega al tenis, 1089.
Azul..., 147, 199, 423, 1772.
Azul, amarillo y verde, 46.
Azul de mapa, 1363.
Azul de ti, 289.
Azules sonidos de la música, 1195.
Azulina, 848.

Babel Bárbara, 1253.
Babilonia, 458.

Babilonia: La puerta del cielo, 1560.
Bacarrat, 1751.
Báculo de Babel, 1300.
Baedeker 2000, 185.
Bahía Sonora, 221.
Bailando hasta la Cruz del Sur, 611.
Baile cantado del amor médico, 1675.
Baile de disfraces, 1512.
Baile del amor tahúr, 1675.
Baile en Capitanía, 572.
Baile pastoril, 1500.
Baile y cochino, 411.
Bailes tradicionales argentinos, 1705.
Bajar a la memoria, 1068.
Bajarse al moro, 51.
Baje la cadena, allegro jocoso pero no demasiado, 75.
Bajo amenaza, 1012.
Bajo continuo (Peces, pájaros y plantas del Perú), 828.
Bajo el cielo dorado, 1460.
Bajo el clamor de las sirenas, 596.
Bajo el oprobio, 655.
Bajo el oscuro sol, 158.
Bajo el samán, 1157.
Bajo el signo de Clío, 133.
Bajo el signo de Marte, 168.
Bajo el sol de Tarija, 41.
Bajo el sol del otoño: del bosque de mis recuerdos, 462.
Bajo este cien, 807.
Bajo la Cruz del Sur [Blomberg, Héctor Pedro], 193.
Bajo la Cruz del Sur [Fonfrías, Ernesto Juan], 570.
Bajo la garra, 813.
Bajo la luz del día, 1319.
Bajo la parra, 1466.
Bajo la refriega, 1236.
Bajo la selva, 446.
Bajo la verde arboleda, 1015.
Bajo las botas de una bestia rubia, 1663.
Bajo las lentas nubes, 304.
Bajo los árboles, 1005.
Bajo los cocoteros, 874.
Bajo los robles navarros, 1649.
Bajo los vientos del sur, 128.
Bajo palabra de amor, 28.

ÍNDICE DE OBRAS

Bajo palio, 704.
Bajo tolerancia, 660.
Bajo tu clara sombra y otros poemas sobre España, 1222.
Bajo tu ventana, 575.
Bajo un manto de estrellas, 1339.
Bajo un mismo extraño cielo, 1643.
Bajo zarpas de la quimera. Poemas 1930-1988, 1748.
Bajorrelieves, 439.
Bajos fondos, 1488.
Bala perdida, 1152.
Balada, 1512.
Balada de amor primero, 1059.
Balada de amor y soledad, 540.
Balada de Caín, 1328, 1725.
Balada de gamberros, 1645.
Balada de Juan Campos, 1624.
Balada de otro tiempo, 647.
Balada del amor que nace, 793.
Balada del Manzanares, 1569.
Balada y jaleo de Titín Aracena, 529.
Baladas con ángel, 1747.
Baladas de primavera, 790.
Baladas del corazón cercano, 202.
Baladas del dulce Jim, 1046.
Baladas para la paz, 132.
Baladas peruanas, 655.
Baladas y decires vascos, 324.
Baladro del sabio Merlín, 1026.
Balance de letras, 1005.
Balcanes y volcanes, 1355.
Balcón, 814.
Balcón del infierno, 1301.
Baldomera, 1214.
Ballenas, 1090.
Ballet para una infanta, 1134, 1728.
Balompié, 224.
Balsa de serpientes, 344.
Baltasar, 636, 1454.
Baltasar Gracián, 747.

Baltra, 1067.
Balún-Canán, 303.
Balzac, novela y sociedad, 439.
Balzac y la «Comedia humana», 1339.
Bambú, 1304.
Bananos y Hombres, 940.
Banca, novela escolar, 1431.
Bancarrota de almas, 876.
Banco de niebla, 1465.
Bandeo, 385.
Bandera y Viento, 76.
Baños de Baños. Viajes por mi patria, 447.
Baracutey, 1730.
Barajando, 131.
Bárbara de Blomberg, 489.
Bárbara Fidele, 1064.
Barbarroja, 1524.
Barbechos y neblinas, 1733.
Barbieri, 1231.
Barcelona Connection, 1150.
Barcelona modernista, 1017.
Barcelona negra, 1090, 1151.
Barco de piedra, 185.
Barco ebrio, 1402.
Barcos de papel, 196, 1756.
Barjola, 1512.
Barlaam e Josafat, 1113, 1334.
Barlovento, 260.
Baroja y Francia, 376.
Barquillos de canela, 1078.
Barrabás, 1568.
Barrabás y otros relatos, 1654.
Barranca abajo, 1505, 1506.
Barranco, 1091.
Barrio de Cimadevilla, 302.
Barrio de Maravillas, 340, 341, 1321.
Barrio latino, 610.
Barro de la sierra, 761.
Barro de siglos; cuentos del Ande y de la Tierra, 66.
Barro en la sangre, 1549.
Barroco, 1528.
Barroco ama a Gótico, 1301.
Barrunto, 174.
Bases para la teoría de la propiedad, 631.
*Bases y puntos de partida para la organización políti-

ca de la Confederación Argentina*, 26.
Bastión abierto, 1004.
Basuras, 1186.
Batalla campal de los perros contra los lobos, 1203.
Batalla de diablos, 1774.
Batalla de las ranas y los ratones, 414.
Batalla del cálamo y las tijeras, 1525.
Batalla hacia la aurora, 973.
Batallas campales, 1425.
Batilo, 1009.
Batman en Chile, 848.
Baza de espadas, 1677.
Bazar, 176.
Bazar de ingenios, 1301.
Beatriz, 641.
Beatriz Miami, 1090.
Beatus ille, 1086, 1090.
Beba, 1094, 1403.
Beber un cáliz, 616.
Bécquer, biografía e imagen, 1324.
Bécquer: poeta innovador, 1488.
Bela Vegas, 1564.
Belarmino y Apolonio, 1239.
Belianís de Grecia, 1116.
Belle de jour, 222.
Belleza, 791.
Belleza cruel, 546.
Belleza de una espada clavada en la lengua, 1748.
Belleza y revolución: ensayos temporales, 1550.
Bellezas grotescas, 363.
Bellísima bahía, 616.
Bello tono menor, 1204.
Belmonte el trágico, 1659.
Beltenebros [Bergamín, José], 173.
Beltenebros [Muñoz Molina, Antonio], 1086, 1090.
Bélver Yin, 1089.
Bene, 1087, 1090.
Bengalas, 1253.
Beni, 1404.
Benzulul, 1769.
Berenice: la idea fija, 81.
Berenjenal y merodeo, 1756.
¡Bernabé, Bernabé!, 1001.
Bernard, uno que volaba, 1562.

Bernardo del Carpio, 1193, 1280.
Bertillón 166, 1557.
Besad, besad, malditos, 203.
Besos de lobo, 1601.
Bestia dañina, 217.
Bestialismo, 1137.
Bestiario [Arreola, Juan José], 98.
Bestiario [Cortázar, Julio], 378, 379, 380.
Bestiario [Tomeo, Javier], 1616.
Bestiecillas plásticas, 429.
Betances, 203.
Beth-el, 519.
Bezana roja, 302.
Bías contra Fortuna, 915.
Bibiana, 1007.
Biblia de Alba, 180.
Biblia de Osuna, 181.
Biblia pequeña, 1227.
Biblia Políglota Complutense, 498, 1665.
Biblia Políglota de Amberes, 89.
Biblia Regia, 498.
Biblia rica de Toledo, 181.
Bibliografía catalana, 17.
Bibliografía de la novela venezolana, 290.
Bibliografía del cuento venezolano, 290.
Bibliografía hispanolatina clásica, 1020.
Biblioteca antigua, 827.
Biblioteca de escritores venezolanos contemporáneos, ordenados con noticias biográficas, 1438.
Biblioteca de las Tradiciones Populares Españolas, 941.
Biblioteca Hispano-Americana, 561, 1005.
Biblioteca hispanoamericana septentrional, 174.
Biblioteca Histórica de la Filología Castellana, 1022.
Biblioteca nueva de escritores aragoneses, 827.
Bibliotheca Hispana Nova, 71, 1508.
Bibliotheca Hispana rabbinica, 71.

Bibliotheca Hispana vetus, 71.
Bibliotheca Mexicana, 475.
Bichito de luz, 1424.
Bichitos de luz [Frugoni, Emilio], 575.
Bichitos de luz [Viana, Javier de], 1725.
Bienandanzas y fortuna, 147.
Bienaventurados los que aman, 539.
Bienaventurados los que lloran, 822.
Bienvenido, 217.
Bienvenido, Mr. Marshall, 1033.
Big Bang, 1528.
Bilis, 202.
Biografía [Grande, Félix], 668.
Biografía [Inglada, Rafael], 1302.
Biografía Atlántica, 1105.
Biografía breve del silencio, 168.
Biografía de ausente, 141.
Biografía de Buenos Aires, 1441.
Biografía de Henrique H. Gottel..., 691.
Biografía de Ignacio Ramírez, 560.
Biografía de José Félix Ribas, 648.
Biografía de Juan de Castellanos, 1211.
Biografía de «La Época», 75.
Biografía de las perversiones, 76.
Biografía de Roberto G., 534.
Biografía de un cimarrón, 144.
Biografía de un desconocido, 77.
Biografía de un escarabajo, 673.
Biografía del Caribe, 78.
Biografía del desarraigo, 356.
Biografía del doctor José Cecilio Ávila, 648.
Biografía del general Ignacio Miranda, 150.
Biografía del hombre triste, 920.

Biografía incompleta, 453.
Biografía sola, 1547.
Biografía y artículos, 1183.
Biografías de genios, traidores, sabios y suicidas, según antiguos documentos, 445.
Biografías de hombres políticos, 1253.
Biografías de la literatura boliviana, 691.
Biología de la democracia (Ensayo de sociología americana), 817.
Biombo, 1625.
Bizancio, 1538.
Bla, bla, bla, 668.
Black el payaso, 1541.
Blanca de Borbón [Espronceda y Delgado, José de], 501, 503.
Blanca de Borbón [Gil y Zárate, Antonio], 629.
Blanca de Borbón [Solís, Dionisio], 1558.
Blanca de Torrestella, 242.
Blanca luz, 1217.
Blanca o la huérfana de Menarques, 197.
Blanca Sol, 233.
Blanco, 1223, 1224.
Blanco en azul, 127.
Blanco Spirituals, 668.
Blancos y negros (Guerra en la paz), 255.
Blanquito, peón de brega, 323.
Blas y su mecanógrafa, 975.
Blasón de plata, 1439.
Blasón general y nobleza del universo, 664.
Blues castellano, 590.
Boabdil, 318.
Boadicea, 1075.
Bob Dylan, 70.
Boca de cabra, 795.
Bocados de oro, 1227, 1334.
Bocas de tormenta, 1366.
Bocetos al lápiz de americanos célebres, 1000.
Bocetos al temple, 1234.
Bochorno, 838.
Boda y mortaja, 1207.
Bodas de azar, 1516.

ÍNDICE DE OBRAS

Bodas de cristal, 221.
Bodas de sangre, 602.
Bodas de tierra y mar, 281.
Bodas que fueron famosas del Pingajo y la Fandanga, 1428.
Bogotá; reseña histórica y descriptiva de la ciudad, 639.
Bohemia, 127, 199.
Bohemia sentimental, 199, 637.
Bohemios, 1267, 1764.
Bolero de caballería, 1543.
Bolero y plena, 99.
Boletín y elegía de las mitas, 426.
Boletines de mar y tierra, 290.
Bolívar, 1404.
Bolívar de carne y hueso y otros ensayos, 709.
Bolívar, el libertador, 656.
Bolívar: su gloria y su drama, 234.
Bolívar y el pensamiento político en la Revolución Hispanoamericana, 158.
Bolívar y la revolución, 78.
Bolivia en la guerra del Pacífico, 18.
Bomarzo, 1074.
Bombardeo, 965.
Bombardeo de Valparaíso y otros relatos, 222.
Bombilla-Sol-Ventas. Peligros y seducciones de esta coronada Villa, 1355.
Bombones y caramelos, 1577.
Bombos y palos, 202.
Bongó. Poemas negros, 686.
Bononia sive de Libris Sacris in vernaculam linguam convertandis, 579.
Boom, 1550.
Boquitas pintadas, 1338.
Borburata, 449.
Borderland, 344.
Bordillo, 1088.
Borges, Cela, Vargas Llosa y Rosales, 698.
Borges, el poeta, 1569.
Borges a contraluz, 277.
Bororquia o La víctima de la Inquisición, 688.
Borradores, 623.

Borradores para una fidelidad, 1303.
Borrascas del corazón, 1430.
Borrones, 926.
Bosque doliente, 622.
Bosque durmiente: 1944-1946, 649.
Bosque sin salida, 1077.
Bosquejillo de la vida y escritos de Don José Mor de Fuentes, 115, 173, 1061.
Bosquejo de Europa, 948.
Bosquejo de la política de España, 990.
Bosquejo histórico de la literatura chilena, 65.
Bosquejo histórico de Venezuela, 1438.
Bosquejo histórico-crítico de la poesía castellana en el siglo XVIII, 414.
Bosquejos. El número trece, 193.
Botica modelo, 702.
Botín y fuego y otros relatos, 71.
Bouldroud, 347.
Bouquet de azucenas, 1186.
Boves «el Urogallo», 709.
Boy, 357.
Bramadero, 1047.
Brandy, mucho brandy, 127.
Brañaflor, 902.
Brasas sin cenizas, 116.
Brazo de niebla, 28.
Brenda, 8.
Bretón de los Herreros. Recuerdos de su vida y de sus obras, 215.
Breve antología de la poesía moderna hispanoamericana, 4.
Breve antología de poesía india, 492.
Breve antología del cuento paraguayo, 1249.
Breve canción de amor, 392.
Breve compendio para bien examinar la conciencia en el juicio de la confesión sacramental, 122.
Breve copilación de las cosas necesarias a los sacerdotes, 1518.
Breve e muy provechosa doc-

trina de lo que debe saber todo christiano, 1573.
Breve esplendor de mal distinta lumbre, 1301.
Breve extracto de la vida del general Mina, publicado por él mismo, 115.
Breve historia de América Latina, 417.
Breve historia de la novela hispanoamericana, 1654.
Breve historia de Venezuela, 1071.
Breve historia del ensayo hispanoamericano, 1191.
Breve historia del krausismo español, 1316.
Breve historia del modernismo, 562, 696.
Breve son, 1666.
Breve suma, 1219.
Breve tractado (...) de loores del bienaventurado Sant Juan Evangelista, 1573.
Breve tratado de la comunión cotidiana, 1050.
Breve y sumaria relación de los señores de la Nueva España, 1770.
Brevedad de lágrima, 567.
Breves, 1652.
Breves acotaciones para una biografía, 646.
Breves noticias sobre la novela española contemporánea, 1051.
Brevia scholia in Petri Papaes Samaritem Comoediam, 1719.
Breviario de amor, 876.
Breviario del cocido, 504.
Breviario del vino, 230.
Breviario imperial, 409.
Breviario sentimental, 673.
Breviarium vitae, 624.
Breviloquio, 534.
Breviloquio de amor y amicicia, 534, 798.
Breviloquio de virtudes, 1667.
Brevísima relación de la destrucción de las Indias, 300.
Brígida, 575.
Brillante muerte, 1302.
Brinco, 1341.

Brisa del canto, 772.
Briseida a Troilo, 1428.
Briznas [Alonso Cortés, Narciso], 50.
Briznas [Mazó, Ricardo], 1004.
Brocal, 365, 884.
Bronces, 1251.
Bruja de amor, 918.
Brújula, 784.
Brújulas fijas, 1419.
Bruma norteña, 260.
Brumas [Oteyza, Luis de], 1189.
Brumas [Rocuant, Miguel Luis], 1420.
Bruna, 1089.
Bruna la carbonera, 442.
Bruna, soroche y los tíos, 1754.
Bruno el tejedor, 1711.
Bubinzana, 699.
Buen aviso y portacuentos, 1612.
¡Buen humor!, 1252.
Buen profeta, 1320.
Buena hija y buena esposa, 925.
Buenas noches, Argüelles, 1331.
Buenas noches, señor don Simón, 1167.
Buenaventura Chatarra, 1372.
Buenos Aires, Buenos Aires, 380.
Buenos Aires, me vas a matar, 537.
Buenos Aires que en paz descanse, 518.
¡Buenos días, señor presidente!, 1653.
Buenos vientos, 50.
Buhardilla, 1083.
Bulevard Sarandí, 732, 1532.
Buñuelos de viento, 783.
Burdeos, 1091.
Bureo de las musas del Turia, 956.
Burlilla de don Berrendo, doña Caracolines y su Amante, 1063.
Bursario, 1428.
Buscabichos, 1460.
Buscado amor, 690.
Búscame entre las estrellas, 1070.
Buscapié, 310.
Buscar la realidad, 426.
Buscavida rifamuerte, 475.
Buscón poeta. Recorrido espiritual y novelesco del mundo, 454.
Buster Keaton está aquí, 1151.
Busto, 1049.
Bustos y rimas, 298, 299.

Caballería celestial, 1117.
Caballería cristiana, 1117.
Caballero, 1424.
Caballito del diablo, 228.
Caballo de copas, 36.
Caballo de manteca, 1097.
Caballo de pica, 34.
Caballo y Dios, 168.
Caballos para un capitán muerto, 241.
Cabanyal, 469.
Cabaret de la memoria, 1599.
Cabecita de pájaro, 880.
Cabecita loca, 777.
Cabello de elote, 951.
Cabeza de gallo, 427.
Cabeza de invasión, 1735.
Cabeza de zanahoria, 1106.
Cabeza rapada, 540.
Cabezas, cabecillas y cabezotas, 227.
Cabo de Hornos, 357.
Cabo de Vara, 1501.
Cabrera, 540.
Cabrerizas Altas, 1538.
Cacereño, 675.
Cáchalo, 450.
Cachisumpi, 223.
Cachivaches, 1206.
Cada cual con su razón, 1771.
Cada cual lo que le toca, 1441.
Cada día tiene su afán, 849.
Cada loco con su tema, 757.
Cada oveja con su pareja [Barros Grez, Daniel], 151.
Cada oveja con su pareja [Vega, Ventura de la], 1711.
Cada uno en su noche, 1742.
Cadáver lleno de mundo, 16.
Cadáveres de circunstancias, 1550.
Cadena historial o Historia de las historias del mundo, 1229.
Cadencias, 874.
Cadencias de cadencias, 945.
Cadira de onor, 1429.
Cádiz, 223.
Cádiz a vista de pájaro, 223.
Caducidad del fuego, 1543.
Cae la noche tropical, 1339.
Café del Liceo, 93.
Café des exilés, 1301.
Cagliostro, 752.
Caídos en el valle, 1089.
Caimán, 220.
Caín, 231.
Caín, Abel y una mujer, 1705.
Caín adolescente, 342.
Caín muere en la cruz, 213.
Caja del tiempo, 506.
Cajal: su tiempo y el nuestro, 966.
Cajamarca, 344.
Cal, 76.
Cal y canto, 26.
Calabazas, 1358.
Calambreñas, 1462.
Calamita, 1626, 1627.
Calandria, 834.
Calca, 546.
Calcomanías, 632.
Calderón y su teatro, 1020.
Calembour, 833.
Calendario manual y guía universal de forasteros en Venezuela para el año 1810, 160.
Calendario profano, 1303.
Calendas, 522.
Caléndulas, 1270.
Caleuche, 1268.
Calibán, apuntes sobre la cultura en nuestra América, 539.
Calibre catapulta, 475.
California la bella, 20.
Caligrafías, 1301.
Caligramas, 1561.
Calila e Dimna, 846, 1113, 1333.
Calima, 92.
Calistenia poética, 687.

ÍNDICE DE OBRAS

Cáliz de vértigo, 1088.
Call me Stone, 1046.
Calla corazón, 1530.
Callados como muertos, 1230.
Calle Comedias, 1090.
Calle de la Amargura, 1315.
Calle del mar, 1303.
Calle Urano, 1088.
Calles como incendios, 186.
Calles de tango, 1721.
Calvario de un alma, 876.
Calzada de Tirry 81, 1165.
Cama 36, 1083.
Camafeos, 1467.
Camaleón, 36.
Cámara de cristal, 667.
Cámara lenta, 1221.
Cámara oscura [Camerón, Juan], 252.
Cámara oscura [Durán, Manuel], 468.
Camarada [Salvador, Humberto], 1501.
Camarada [Sepúlveda Leyton, Fidel], 1540.
Camarada celeste, 519.
Camaradas, 1496.
Cambiar la vida [Baragaño, José A.], 138.
Cambiar la vida [Schinca, Milton], 1532.
Cambiar sueños por sombras, 1277.
Cambio de armas, 1666.
Cambio de bandera, 128.
Cambio de guardia, 1407.
Cambio de piel, 577, 1320.
Cambio de soles, 75.
Camello para un viaje, 1149, 1501.
Camellos sin anteojos, 1221.
Camera lucida, 478.
Camerino de salchichas, 1556.
Camila, 696.
Camilia, 1466.
Camilo José Cela, 1760.
Camilo José Cela: texto y contexto, 630.
Caminando por las Hurdes, 545, 919.
Camino, 1228.
Camino adelante, 784.
Camino al mediodía, 1083.
Camino de fuego, 1373.
Camino de imperfección, 900.
Camino de imperfección. Diario de mi vida (1906-1913), 188.
Camino de la cruz, 981.
Camino de la voz, 1074.
Camino de las horas, 1317.
Camino de perfección [Baroja, Pío], 145.
Camino de perfección [Díaz Rodríguez, Manuel], 449.
Camino de perfección [Salazar Mallén, Rubén], 1496.
Camino de perfección [Teresa de Jesús, Santa], 1609.
Camino del matrimonio, 657.
Camino en el alba, 314.
Camino espiritual..., 1205.
Camino hacia la ausencia, 1548.
Camino real [Bosch, Juan], 211.
Camino real [Rose, Juan Gonzalo], 1462.
Caminos [Pallais, Azarías H.], 1204.
Caminos [Soler, Bartolomé], 116.
Caminos de hierro, 9.
Caminos de la Mancha, 1745.
Caminos de locura, 1404.
Caminos de mi sangre, 391.
Caminos del amanecer, 449.
Caminos interiores, 615.
Caminos muertos, 1460.
Caminos silenciosos, 1040.
Caminos y señales, 772.
Camión, 1356.
Camisa azul, 1751.
Camoens, 1761.
Campamento, 911.
Campana y cadena, 68.
Campanada hacia el alba, 923.
Campanario, 1639.
Campanario de humanidad, 848.
Campanas de la tarde, 653.
Campanas en Sansueña, 1643.
Campanas para llamar al viento, 1506.
Campanela, 1358.
Campanitas de plata, 3.
Campaña del ejército grande, 1529.
Campeones, 1023.
Campesinas, 581.
Campesinos [Arderius, Joaquín], 79, 1131.
Campesinos [Durand, Luis], 469.
Campesinos en la ciudad, 902.
Campi elocuentiae, 1206, 1375.
Campo, 1725.
Campo abierto, 108.
Campo argentino, 537.
Campo cerrado, 108.
Campo de Agramante, 230.
Campo de amor y de batalla, 526.
Campo de espuma, 169.
Campo de hierros, 546.
Campo de juegos, 828.
Campo de los almendros, 108.
Campo de Marte, 1601.
Campo de Marte. I: «El ejército nacional», 1514.
Campo de sangre, 108.
Campo del Moro, 108.
Campo francés, 108.
Campo lírico, 208.
Campo nudista, 1758.
Campo nuestro, 632.
Campoamor, 1722.
Campodelagua, 1089.
Campos de Castilla, 942, 943.
Campos de Marte, 1090.
Campos de Níjar, 661.
Campos escolares, 632.
Campos semánticos, 325.
Campos unificados de conciencia, 70.
Can Girona, 73.
Canaima, 587.
Canal Zone, 16.
Canarias, 162.
Canción [Azofeifa, Isaac Felipe], 126.
Canción [Jiménez, Juan Ramón], 791.
Canción a Lepanto, 829.
Canción de amor al revés, 1052.

Canción de cuna, 991.
Canción de gesta, 1101.
Canción de la ternura, 1083.
Canción de la verdad sencilla, 224.
Canción de lo tachado, 996.
Canción de negros, 1023.
Canción de Rachel, 144.
Canción de siempre, 1410.
Canción del agua clara, 900.
Canción del amante andaluz, 1458.
Canción del solitario, 153.
Canción fúnebre panegírica, 1214.
Canción mía, 1079.
Canción olvidada, 168.
Canción para Chose, 1301.
Canción para dormir una rosa, 100.
Canción para lobos, 104.
Canción para una amazona dormida, 1320.
Canción real a san Hierónimo, 1316.
Canción redonda, 213.
Canción sobre el asfalto, 1064, 1327.
Canción tonta en el Sur, 882.
Canción trágica, 1221.
Canción y muerte de Rolando, 477.
Canción y otros poemas, 692.
Cancioneiro, 187.
Cancioneiro da Biblioteca Nacional, 1110.
Cancioneiro Geral, 1373.
Cancionerillo, 547.
Cancionerillo del Recuerdo y la Tierra, 623.
Cancionero [Encina, Juan del], 267, 479, 1652.
Cancionero [López Maldonado, Gabriel], 913.
Cancionero [Luzón, Juan de], 939.
Cancionero [Maluenda, Antonio de], 956.
Cancionero [Matos Paoli, Francisco], 1000.
Cancionero [Montesino, Ambrosio], 1059.
Cancionero [Rosas de Oquendo, Mateo], 1462.
Cancionero [Sandoval y Cútoli, Manuel de], 1520.
Cancionero [Unamuno, Miguel de], 1648.
Cancionero. Antología de ocios poéticos, 680.
Cancionero castellano, 1027.
Cancionero civil, 430.
Cancionero de 1628, 67.
Cancionero de amores, 938.
Cancionero de Baena, 112, 263, 267, 1246, 1512, 1620.
Cancionero de Estúñiga, 267, 1576, 1620.
Cancionero de Gallardo, 267.
Cancionero de la dicha, 299.
Cancionero de la vida honda y de la emoción fugitiva, 761.
Cancionero de la vida quieta, 1019.
Cancionero de Londres, 1445.
Cancionero de Nuestra Señora, 268.
Cancionero de obras de burlas provocantes a risa, 1060.
Cancionero de Palacio, 267, 798, 1406, 1522, 1625.
Cancionero de romances, 267.
Cancionero de Sagres, 1235.
Cancionero de San Román, 267.
Cancionero de Sanborombón, 125.
Cancionero de Villasandino, 260.
Cancionero del amor infeliz, 188.
Cancionero del arroyo, 199.
Cancionero del conde de Haro, 267.
Cancionero del niño peruano, 148.
Cancionero espiritual, 268.
Cancionero galante, 311.
Cancionero general, 56, 266, 267, 281, 507, 912, 1284, 1332, 1338, 1350, 1443, 1445, 1553.
Cancionero general de la doctrina cristiana [López de Úbeda, Juan], 268.
Cancionero general de la doctrina cristiana [Vegas, Damián], 1715.
Cancionero general de obras nuevas, 268.
Cancionero italiano: 34 poesías de amor, 1748.
Cancionero llamado Guirnalda esmaltada, 263.
Cancionero menor para los combatientes, 1317.
Cancionero montañés, 148.
Cancionero musical de los siglos XV y XVI, 103.
Cancionero musical de Palacio, 479, 1350, 1445.
Cancionero sin nombre, 1215.
Cancionero y romancero de ausencias, 703.
Canciones [Brannon Vega, Carmen], 213.
Canciones [García Lorca, Federico], 601.
Canciones [Rojas, Ricardo], 1439.
Canciones [Rosales, Luis], 1461.
Canciones [Torres Bodet, Jaime], 1625.
Canciones a la orilla del sueño, 133.
Canciones a Pilar Rioja, 1411.
Canciones agrias, 143.
Canciones al vuelo del aire, 673.
Canciones amargas, 1185.
Canciones contra mudanza, 437.
Canciones cotidianas, 429.
Canciones de amor y de sombra, 1411.
Canciones de Arauco, 848.
Canciones de ausencia, 1411.
Canciones de consuelo que son canciones de protesta, 377.
Canciones de guerra, 1006.
Canciones de Guiomar, 29.
Canciones de la azotea, 437.
Canciones de la orilla, 1617.
Canciones de la tarde [Estrella Gutiérrez, Fermín], 506.
Canciones de la tarde [Sán-

ÍNDICE DE OBRAS 1798

chez Rodríguez, José], 1517.
Canciones de la vida media, 1204.
Canciones de lluvia y cielo, 353.
Canciones de mar y tierra, 1015.
Canciones de nana y desvelo, 884.
Canciones de todos los tiempos, 1157.
Canciones de vela, 1411.
Canciones de verano, 437.
Canciones del amor amargo y otros poemas, 1304.
Canciones del amor prohibido, 916.
Canciones del corazón y de la vida, 3.
Canciones del farero, 1317, 1318.
Canciones del suburbio, 145.
Canciones despeinadas, 437.
Canciones en la noche, 750.
Canciones juveniles, 1184.
Canciones para Altair, 27.
Canciones para cantar en las barcas, 659.
Canciones para el álbum de Perséfone, 488.
Canciones para iniciar una fiesta, 289.
Canciones para matar un recuerdo, 770.
Canciones para Natacha, 887.
Canciones para niños, 882.
Canciones rebeldes, 849.
Canciones rusas, 1216.
Canciones y cuentos del pueblo quechua, 86.
Canciones y dedicatorias, 945.
Canciones y elegías, 139.
Canciones y ensayos, 505.
Canciones y luz menor, 923.
Canciones y otros poemas, 159.
Canciones y poemas, 1067.
Canciones y soliloquios, 596.
Candelas de verano, 1196.
Candente horror, 624.
Cándida otra vez, 1090.

Cándidas palomas, 809.
Candideces, 162.
Cándido, hijo de Cándido, 164.
Cándido Cordero, empleado público, 796.
Candil de sebo, 183.
Canek, 3.
Canillita, 1505.
Caniquí, 1357.
Canon, 1547.
Canonización de San Vicente Ferrer, 915.
Cánovas, 1244.
Cansancio, 1424.
Canta pájaro lejano, 884.
Canta Pirulero, 888, 1468.
Cántabras, 148.
Cantaclaro, 587.
Cantando en el pozo, 81.
Cantando por ambos mundos, 1467.
Cantar de la partición de los reinos, 485.
Cantar de los siete infantes de Lara, 485, 1455.
Cantar de Mio Cid, 274, 805, 1022, 1262, 1444, 1454, 1459, 1508.
Cantar de Sancho II, 1519.
Cantar de viejos, 577.
Cantar del trópico y la pampa, 365.
Cantar del vencido, 1367.
Cantarcillos de un marinero ciego, 793.
Cantares [Bacelo, Nancy], 131.
Cantares [Barga, Corpus], 141.
Cantares [Palau y Catalá, Melchor de], 1203
Cantares [Tamariz Crespo, Remigio], 1574
Cantares baturros, 318.
Cantares de amor y celos, 29.
Cantares de despedida, 437.
Cantares gallegos, 315, 1291.
Cantares populares y literarios, 1203.
Cantares y otras rimas que lo parecen, 1731.
Cantares y poemas en soledad, 1644.

Cántaro, 1468.
Cantas, 102.
Cantas baturras, 594.
Cantata a solas, 1534.
Cantata al Monte Sagrado, 75.
Cantata augural a Simón Bolívar, 1575.
Cantata en Aleixandre, 324.
Cantata en la tumba de Federico García Lorca, 1401.
Cantata heroica a Pedro Juan Caballero, 461.
Cantata soleá, 1301.
Cantatas, 1274.
Cante hondo, 945.
Cantica seu meditationes, 235.
Cántico, 681, 682, 683, 1688.
Cántico cósmico, 281.
Cántico de la erosión, 1303.
Cántico: El mundo y la poesía de Jorge Guillén, 626.
Cántico espiritual [Juan de la Cruz, San], 799, 800.
Cántico espiritual [Otero, Blas de], 1187, 1188.
Cántico inútil, 343.
Cántico lineal, 1231.
Cántico mortal a Julia de Burgos, 647.
Cánticos, 682.
Cánticos amorosos y patrióticos, 415.
Cánticos del Nuevo Mundo, 1716.
Cantidades discretas, 1090.
Cantiga de agüero, 1328.
Cántigas de alén, 1666.
Cantigas de Santa María, 44, 414.
Cantilenas, 596.
Canto, 759.
Canto a Bolívar, 953.
Canto a Buenos Aires, 1073.
Canto a Calíope, 643.
Canto a Cuba, 1228.
Canto a Guayaquil, 475.
Canto a Jujuy, 584.
Canto a la América Latina, 848.
Canto a la Argentina y otros poemas, 424.
Canto a la batalla de Carabobo, 97.

Canto a la independencia nacional de México, 1536.
Canto a la misión divina de la Francia, 87.
Canto a la patria, 1000.
Canto a la primavera en varios momentos, 617.
Canto a la primavera y otros poemas, 1736.
Canto a la Reina, 617.
Canto a los mineros de Bolivia, 1533.
Canto a Montevideo, 759.
Canto a su amor desaparecido, 1775.
Canto a un dios mineral, 413.
Canto a Venezuela, 97.
Canto al Doce de Octubre, 617.
Canto al Orinoco, 941.
Canto ceremonial contra un oso hormiguero, 350.
Canto de Calíope, 1610.
Canto de esperanza filial, 1232.
Canto de gallos al amanecer, 1012.
Canto de guerra de las cosas, 1919.
Canto de la afirmación, 352.
Canto de las musas mexicanas en la solemne colocación de la estatua ecuestre de bronce de Carlos IV en la plaza de México, 173.
Canto de los dos, 1477.
Canto de mi tierra, 1406.
Canto de Polifemo, 305.
Canto de una oveja del rebaño, 1077.
Canto desierto, 238.
Canto épico a las glorias de Chile, 423.
Canto épico al Rey Don Fernando VII, 1282.
Canto general, 1100, 1216.
Canto intitulado «Mercurio», 1733.
Canto kechwa, 86.
Canto llano, 1215.
Canto llano a Simón Bolívar, 203.
Canto negro por la luz: poemas para negros y blancos, 507.

Canto personal, 1209.
Canto pleno, 439.
Canto póstumo, 759.
Canto redondo, 217.
Canto rodado, 966.
Canto temporal, 409.
Canto villano, 1695.
Cantoral, 372.
Cantos [Bendezú, Francisco], 164.
Cantos [Oyuela, Calixto], 1191.
Cantos a Berenice, 1176.
Cantos a España, 874.
Cantos a Helena, 120.
Cantos a la patria [Cruchaga Santa María, Ángel], 405.
Cantos a la patria [Lozano, Abigail], 924.
Cantos a Rosa, 1078.
Cantos al destino, 1107.
Cantos al señor Sol, 888.
Cantos al sol que no se alcanza, 1058.
Cantos americanos, 902.
Cantos ceremoniales, 1101.
Cantos de Cifar, 409.
Cantos de la carne y del reino interior. Cantos civiles, 97.
Cantos de la Giralda, 29.
Cantos de la mañana, 19.
Cantos de la montaña, 426.
Cantos de la noche, 1429.
Cantos de la prisión y del destierro, 188.
Cantos de la revolución, 436.
Cantos de la tarde, 1769.
Cantos de la vendimia, 1467.
Cantos de los oasis de la noche, 1184.
Cantos de muerte y añoranza, 835.
Cantos de otoño, 1191.
Cantos de pitirre, 453.
Cantos de Plasencia y otros poemas, 690.
Cantos de primavera [Chirveches, Armando], 346.
Cantos de primavera [Vivanco, Luis Felipe], 1743.
Cantos de rebeldía, 453.
Cantos de sur y norte, 1468.
Cantos de Tomelloso y otros poemas, 690.

Cantos de vida y esperanza, 423, 424, 1045.
Cantos de vida y eternidad, 77.
Cantos del destierro, 238.
Cantos del gozante, 304.
Cantos del hogar, 1268.
Cantos del hombre, 1228.
Cantos del Ofrecimiento, 1207.
Cantos del otro yo, 1701.
Cantos del peregrino, 974.
Cantos del pueblo, 1232.
Cantos del Trópico, 874.
Cantos del trovador, 1451, 1770, 1771.
Cantos desde lejos, 1462.
Cantos escolares, 887.
Cantos filiales, 848.
Cantos Iberos, 324.
Cantos iniciales, 239.
Cantos mínimos, 1705.
Cantos nocturnos: Leopardianas, 1191.
Cantos para el abril de una doncella, 177.
Cantos para la coral de un hombre solo, 969.
Cantos para soldados y sones para turistas, 683.
Cantos rodados, 624.
Cantos sin eco, 649.
Cantos verdes a Costa Rica, 1173.
Cantos y cuentos, 982.
Caña brava, 459.
Cáñamo para un violín, 1090.
Cañas y barro, 190, 1127.
Cañaveral, 46.
Cañón de Juchipila, 1047.
Caoba y orquídeas, 445.
Caos, 708.
Cap Polonio, 474.
Capa y espada, 1038.
Capacidad de sufrimiento en los espíritus superiores, 1049.
Caperucita en la zona roja, 88.
Caperucita en Manhattan, 982.
Capirotazos, 194.
Capitán de cimarrones, 833.

Capitanes de la aventura, 1773.
Capitanes de plástico, 1326.
Capítulo de sucesos, 573.
Capítulos de literatura española, 1401.
Capítulos que se le olvidaron a Cervantes, 1053.
Capocómico, 320.
Capricho en rojo, 521.
Caprichos [Machado Ruiz, Manuel], 945.
Caprichos [Moncada, Santiago], 1597.
Caprichos de la fortuna, 1096.
Caprichos de millonario, 1154.
Capuletos y Montescos, 907.
Capullos de novela, 1658.
Capullos de rosa, 320.
Cara de Plata, 1258, 1676.
Caracas física y espiritual, 1097.
Carácter de la literatura del Perú independiente, 561.
Caracteres, 172.
Caracteres de la literatura hispanoamericana, 1769.
Carambas, 1069, 1689.
Carambola, 1599.
Caramelos de menta, 1326.
Caramurú. La vida por un capricho, 951.
Caras con almas, 778.
Caravana de ensueños, 1186.
Caravansary, 1080.
Caravanserai, 1303.
Carcajada de estaño, 282.
Cárcava, 907.
Cárcel criolla, 1420.
Cárcel de amor [Bautista, Amalia], 1300.
Cárcel de Amor [Núñez, Nicolás], 1155, 1157, 1504.
Cárcel de amor [San Pedro, Diego de], 112, 1113, 1154, 1434, 1435, 1504.
Cárcel de seda, 251.
Cárceles famosas, 76.
Cárceles y verdugos, 76.
Cardales. Las bestias, 1705.
Cardo labriego y otros poemas, 1000.

Cardo negro, 9.
Cardonal, 449.
Cardos, 1725.
Cardos como flores, 19.
Cardos y lirios, 567.
Carece de causa, 807.
Caretas, 876.
Cargamento de sueños, 1531.
Cariátide, 1496.
Caribal, 175.
Caribe amargo, 133.
Caribes y guaraníes, una sola y misma raza, 698.
Caricaturas, 1572.
Caricaturas y retratos, 575.
Caridad, 472.
Caridad la Negra, 307.
Caridad o frutos de la cooperación de todos al bien de todos, 9.
Caridad y misericordia que deben los fieles... a las ánimas del Purgatorio, 1008.
Cariño serrano, 625.
Cariños que matan, 1204.
Carlo famoso, 1280, 1761.
Carlos II, el Hechizado, 629, 1588.
Carlos III o los mendigos de la Corte, 68.
Carlos V y sus banqueros, 280.
Carlota, 1033.
Carlota Corday, 1601.
Carmela, 652.
Carmela rediviva, 999.
Carmelo, 51.
Carmen [Castera, Pedro], 304.
Carmen [Piñer, Luis], 1274.
Carmen, Carmen, 583.
Cármenes [Fariña Núñez, Eloy], 518.
Cármenes [Liscano, Juan], 852.
Carmina, 235.
Carmina y su novio, 158.
Carmucha, 1162.
¡Carne de cañón!, 426.
Carne de nobles, 910.
Carne de quimera, 812.
Carne de relieve, 918.
Carne de tierra, 584.
Carne de trueque, 1152.
Carne fresca, 1151.

Carnes frías, 1556.
Carnestolendas de Madrid, 308.
Carnet de identidad, 1463.
Carnicerito torero, 1601.
Caro Victrix, 1362.
Carolina, 17.
Carolina Coronado y su época, 1520.
Carolina o Una venganza, 1520.
Carolus Rex, 1538, 1539.
Caronte aguarda, 1152, 1531.
Carotas, gamberros y otras firmas, 46.
Carpeta de mi gestión terrestre, 417.
Carpio de Tajo, 709.
Carrera de la vida, 250.
Carrera de obstáculos, 1204.
Carretera de Cuernavaca, 1088.
Carretera intermedia, 1499.
Carriel número cinco (Un homenaje al costumbrismo), 838.
Carrito de mano, 1032.
Carrocera, labrador, 1527.
Carromato de cómicos, 1601.
Carta a Blanca Nieves, 1756.
Carta a don Bernardo Ferrándiz acerca de la pintura, 1341.
Carta a don Juan Prim, 258.
Carta a doña Violante de Prades, 101.
Carta a la madre, 608.
Carta a la novia, 323.
Carta a mi madre, 620.
Carta a París, 629.
Carta a Pedro de Mendoza, señor de Almazán, 101.
Carta a Pedro González de Mendoza, 101.
Carta a Roque Dalton, 17.
Carta a un poeta, 651.
Carta abierta a un fanático, 838.
Carta al hijo, 1084.
Carta al Perú, 711.
Carta aos romancistas portugueses, 904.
Carta apologética de la medicina sceptica del doctor Martínez, 520.

Carta atenagórica, 803.
Carta bajo la lluvia, 40.
Carta de... al caballero de las cinco letras E.A.D.L.M. acerca del drama nuevo intitulado «Dios protege la inocencia», 1184.
Carta de ayer, 1457.
Carta de Dido a Eneas, 11.
Carta de la Provincia de Quito y de sus adyacentes, 954.
Carta... de los trabajos de los Reyes, 1055.
Carta de noche, 144.
Carta de paz a un hombre extranjero, 77.
Carta del bachiller de la Arcadia, 1494.
Carta del licenciado Claros, 787.
Carta del más allá, 926.
Carta desarraigada a Blas de Otero, 586.
Carta-elegía a Jorge Cáceres, 638.
Carta en cuaderna vía, 227.
Carta histórica sobre el origen y progresos de las fiestas de toros en España, 537.
Carta magna del continente, 1442.
Carta sin tiempo, 1331.
Cartas [Fernández Iglesias, Roberto], 531.
Cartas [Hoyo Solórzano y Sotomayor, Cristóbal del], 748.
Cartas [Rodríguez de Almela, Diego], 1425.
Cartas [Salazar y Alarcón, Eugenio de], 1494.
Cartas [... en las que] da noticia de lo que ha observado en España, 233.
Cartas a Amaranta, 636.
Cartas a Ana Frank, 419.
Cartas a Elpidio, 1696.
Cartas a lord Holland, 1347.
Cartas a los delincuentes, 80.
Cartas a Luisa, 152.
Cartas a mi hijo, 639.
Cartas a mí mismo, 641.
Cartas a mi tío, 529.
Cartas a un caballero español desengañado para animarle a tener oración mental, 1050.
Cartas a un escéptico en materia de religión, 136.
Cartas al Ebro, 786.
Cartas al pueblo soberano, 1456.
Cartas al Rey, 1456.
Cartas al señor sol, 100.
Cartas al señor tiempo, 941.
Cartas amatorias, 95.
Cartas aragonesas, 954.
Cartas baturras, 318.
Cartas de amor de un sexagenario voluptuoso, 434.
Cartas de Blanco-Fombona a Unamuno, 188.
Cartas de don Justo Balanza, 1037.
Cartas de España, 1075.
Cartas de Juan de la Encina, 781.
Cartas de la edad de oro, 1460.
Cartas de negocios de José Requejo, 597.
Cartas de Nueva York, 979.
Cartas de prisionero, 1236.
Cartas de relación, 381.
Cartas de Relación de la conquista de Guatemala, 401.
Cartas de sor María de Ágreda, 1553.
Cartas del Caballero de la Tenaza, 497.
Cartas desde mi celda, 157.
Cartas eruditas y curiosas, 520.
Cartas familiares [Isla, Francisco de], 781.
Cartas familiares [Melo, Francisco Manuel de], 1012.
Cartas filológicas [Cascales, Francisco], 301, 871, 1307.
Cartas filológicas [Irisarri, Antonio José de], 779.
Cartas finlandesas, 592.
Cartas gredalenses, 201.
Cartas íntimas, 1269.
Cartas jamás escritas, 469.
Cartas literarias a una mujer, 155.
Cartas marruecas, 238, 892, 1122.
Cartas pedagógicas, 657.
Cartas politicoeconómicas, 233.
Cartas político-económicas al conde de Lerena, 99, 892.
Cartas pornopolíticas, 1456.
Cartas presentadas a la sociedad filosófica de aquella ciudad, 571.
Cartas quillotanas, 26, 1529.
Cartas riobambenses, 1522.
Cartas sin destinatario, 222.
Cartas sobre la Prensa y la política militante en la República Argentina, 26.
Cartas sobre los obstáculos que la naturaleza, la opinión y las leyes oponen a la felicidad pública, 233.
Cartas sobre materias político-económicas y otros asuntos de importancia, 892.
Cartas son cartas, 68.
Carteles, 629.
Carteles rotos, 982.
Cartones, 255.
Cartones de Castilla, 684.
Cartucherita, 1402.
Cartucho, relatos de la lucha en el norte de México, 257.
Casa común, 522.
Casa con dos puertas, 577.
Casa con dos puertas, mala es de guardar, 245.
Casa de campo, 463, 1321.
Casa de citas, 352.
Casa de hablas, 1608.
Casa de infancia y otros relatos, 469.
Casa de la mente, 633.
Casa de tantos, 1755.
Casa del placer honesto, 1492.
Casa editorial, 277.
Casa grande, 1094, 1176.
Casa León y su tiempo: aventura de un antihéroe, 215.
Casa perdida, 1359.
Casa que no existía, 522.
Casa vacía, 1366.
Casada por ambición, 1154.

Casada, virgen y mártir, 104.
Casado y con hijos, 256.
Casandra, 1104, 1590.
Casandra, el payaso y el vagabundo, 1426.
Casanova o la incapacidad de perversión, 934.
Casas muertas, 1189.
Casas Viejas, 1597.
¡Cásate, Pancho!, 1253.
Cascabeles de plata, 1186.
Cascarita de nuez, 544.
Casi al amanecer, 1673.
Casi críticas. Rasguños, 203.
Casi el encuentro, 320.
Casi el paraíso, 1564.
Casi en prosa, 1408.
Casi letanía, 1569.
Casi milagro, 1747.
Casi una leyenda, 1423.
Casi unas memorias, 1408.
Casicuentos de Londres, 1562.
Casimba, 923.
Caso del muerto en vida, 99.
Casos prodigiosos y cueva encantada, 1274.
Casta de hidalgos, 837.
Casta de toreros, 1531.
Castalia bárbara, 783.
Castelar, hombre del Sinaí, 787.
Castelar, verbo de la democracia, 673.
Castellanas, 581.
Castellano, español, idioma nacional, 48.
Castidad, 454.
Castigo divino, 1355.
Castigos e documentos para bien vivir, 509, 1227, 1519.
Castigos e exemplos de Catón, 1029.
Castigos y doctrinas que un sabio dava a sus hijas, 1113.
Castilla, 127.
Castilla bría y umbría, 1300.
Castilla como agonía, Castilla como esperanza, 1560.
Castilla desde mi centauro, 213.
Castilla en escombros, 1364, 1537.

Castilla habla, 434.
Castilla la Nueva, 639.
Castilla madre. Salamanca (De la tierra, de las piedras y de los hombres), 1671.
Castillo inexpugnable, defensorio de la Fe, 98.
Castillos de España [Leyda, Rafael], 839.
Castillos de España [Noel, Eugenio], 1105.
Cataclismo en los ojos, 638.
Catalanismo socialista, 47.
Catalina, 1167.
Catalina de Erauso, la monja alférez, 310.
Catalina o la bella labradora, 589.
Catálogo bibliográfico y biográfico del teatro antiguo español, desde sus orígenes hasta mediados del siglo XVIII, 148.
Catálogo de las lenguas de las naciones conocidas, 711.
Catálogo razonado, 609.
Catarofausto, 1038.
Catay, 1664.
Catechismo para instrucción de los nuevamente convertidos de moros, 122.
Catecismo completo, 1337.
Catecismo de los patriotas, 696.
Catecismo del Estado según los principios de la religión, 1735.
Catecismo político de la federación mexicana, 1062.
Catedral del alba, 90.
Catedral salvaje, 426.
Cathalogus librorum qui prohibentur, 831.
Catilina, 439.
Catleya Luna, 1495.
Católica impugnación, 1573.
Catolicismo, día tras día, 74.
Catolicismo y protestantismo como formas de existencia, 74.
Catón glosado, 1029.
14 de abril, 949.
Catorce mudos de amor, 234.
14 × 14 sonetos, 1300.
Catorce sonetos de Navidad y

Año Nuevo (1955-1968), 1155.
Catro poemas pra catro grabados, 1696.
Cauce de palabras, 445.
Cauce sin río, 815.
Caucho, 1236.
Causa criminal, 2.
Causa y remedio de los males públicos, 1103.
Causas perdidas, 242.
Cautiverio feliz y razón de las guerras dilatadas de Chile, 868, 1159, 1160.
Cayo Canas, 1108.
Cayó sobre su rostro, 1741.
Caza de conejos, 839.
Caza mayor, 545.
Caza menor, 1560.
Cazador en el alba, 121.
Cazar ballenas en los charcos bajo la luz cenital, 326.
Cecil, 1074.
Cecilia, 496.
Cecilia la cieguecita, 629.
Cecilia Valdés, 1454, 1736.
Cecilia y Dorsán, 1426.
Cedro amargo, 76.
Céfiro agreste de olímpicos combates, 1038.
Céfiro y Flora, 575.
Ceguera al azul, 1616.
Ceguera de amor, 1091.
Celda 12, 128.
Celda de conjeturas, 347.
Celda Verde, 271.
Celebración de la primavera, 299.
Celebración de un cuerpo horizontal, 1303.
Celebraciones, 153.
Celeste [Chirveches, Armando], 345.
Celeste [Sinués, María del Pilar], 1554.
Celestino antes del alba, 81.
Celia en el colegio, 572.
Celia en la revolución, 572.
Celia en los infiernos, 1590.
Celia, lo que dice, 572.
Celia, madrecita, 882.
Celia Montalván (te brindas voluptuosa e impudente), 1052.

Celia novelista, 572.
Celia se pudre, 1440.
Celiar, 951.
Celina o los gatos, 258.
Celinda, 1275.
Celos del aire, 918.
Celos no ofenden al Sol, 481.
Cementerio privado, 706.
Cementerio sin cruces, 1373.
Cena de cenizas, 952.
Cena de matrimonios, 1218.
Cena desnuda, 1650.
Cena para dos, 1597.
Cenáculo vinciano y otros escorzos, 1304.
Cenit, 75.
Ceniza, 1239.
Ceniza redimida, 258.
Ceniza viva, 148.
Cenizas [Herrera, Flavio], 708.
Cenizas [Herrera Petere, José], 710.
Cenizas [Mendicutti, Eduardo], 1016.
Cenizas de horizonte, 1420.
Cenizas de Izalco, 35.
Cenizas del sentido. Poesía reunida 1972-1975, 1573.
Cenizas para el viento y otras historias, 1607.
Cenizas y leyendas, 1235.
Censura de historias fabulosas, 71.
Censura de la locura humana y excelencias della, 1051.
Censura de las «Soledades» y el «Polifemo» y obras de don Luis de Góngora hecha a su instancia, 1665.
Centauros del Pirineo, 1649.
Centenario de Calderón, 1269.
Centinela contra franceses, 279.
Cento e dieci divine considerazione, 1662.
Central eléctrica, 916.
Centro del mundo, 120.
Cepo para nutria, 128.
Cerbero son las sombras, 1036.
Cerca de las estrellas, 907.
Cerca de Oviedo, 608.
Cerca del fuego, 796.

Cercanía de la gracia, 1347.
Cerco de arena, 1083.
Cerco de penumbras, 329.
Cerco de sombra, 956.
Cerco y ruina de Numancia, 919.
Cercos, 1551.
Ceremonia de la inocencia, 1320.
Ceremonia secreta, 436.
Ceremonial de príncipes, 1667.
Ceremonias, 1250.
Ceremonias de soledad, 623.
Ceremonias del alba, 578.
Ceremonias y ceremoniales, 905.
Ceremonias y otros actos, 1178.
Cerezas, cerezas, cerezas, 1301.
Cero grados/norte franco, 667.
Cerote, 1755.
Cerrada noche, 1526.
Cerrado por asesinato, 1149.
Cerrado por reformas, 1301.
Cerrazón sobre Nicómaco. Ficción harto doliente, 699.
Cerro del Tío Pío (1961-63), 615.
Certamen evangélico, 928.
Certamen nacional, 1267.
Certeza del camino, 895.
Cervantes [Espina, Antonio], 493.
Cervantes [Jarnés, Benjamín], 787.
Cervantes clave española, 971.
Cervantes o la crítica de la lectura, 577.
Cervantes y la libertad, 1461.
Cervantes y los casticismos españoles, 311.
Cervantes y los israelitas españoles, 273.
Cervantes y Quevedo, 122.
Cervantina y otros ensayos, 104.
Cerveza de grano rojo, 95.
César Frades y el inspector mentiroso, 1150.
César o nada, 145.

César Vallejo: itinerario del hombre. 1892-1923, 492.
César Vallejo o la teoría poética, 4.
Chacabuco, 1556.
Chácharas, 319.
Chácharas de café, 1356.
Chamarasca, 583.
Chambacú, corral de negros, 1762.
Chamberí-Club, 1541.
Chamberí por Fuencarral, 1373.
Changó, el Gran Putas, 1762.
Chantaje, 107.
Chañarcillo, 9.
Chaquetas y fraques, 1527.
Charca en la selva, 1525.
Charivari, 913.
Charlas con Troylo, 583.
Charlas literarias, 271.
Charles Atlas también muere, 1355.
Charlot, 641.
Chascarrillos baturros, 318.
Chascarrillos estudiantiles, 318.
Chascarrillos teatrales, 318.
Chavala, 920.
Chaves, 955.
Checas de Madrid, 208.
Chicas de servir, 1746.
Chicos, 1740.
Chile bajo la dominación española, 64.
Chile de pie en la sangre, 25.
Chile desde adentro y Venezuela desde afuera, 1073.
Chile escrito a lápiz, 997.
Chile, intimidad de un regreso, 133.
Chile o una loca geografía, 1568.
Chile, país de rincones, 828.
Chilenas y chilenos, 1236.
Chilenos en California, 222.
Chilenos en París, 1440.
Chimó y otros cuentos, 396.
Chin Chin el teporocho, 1354.
China 1964. Crónica de un desafío, 584.
China a la vista, 168.
Chinchina busca el tiempo, 234.

ÍNDICE DE OBRAS

Chinfonía burguesa, 1220.
Chinina Migone, 340.
Chiquilinga, o la gloria de ser hormiga, 888.
Chiripi, 1774.
Chirrín y la celda 18, 1439.
Chiruca, 1618.
Chistera de duende, 1088.
Chistes para desorientar a la po(lic)esía, 1216.
Chocolate a la española, 1002.
Cholos, 761.
Chopin, 692.
Choque feliz, 1430.
Chorizos y polacos, 823.
Christo Pathia, 1279.
Chronica, 1177.
Chronica Adefonsi Imperatoris, 736.
Chronicon Mundi, 736.
Chucherías, fruslerías históricas y chascarrillos de la historia, 1245.
Chúo Gil y las tejedoras, 1655.
Chuquisaca o la Plata perulera, 154.
Churum-Meru, 450.
Chuscos, matones y bandidos, 1049.
Chuso Tornos, peso pluma, 49.
Cicatrices, 1489.
Ciclo de lo ausente, 99.
Ciclo de Taormina, 1474.
Ciegas esperanzas, 1089, 1329.
Ciego en Granada, 1177.
¡Ciegos!, 443.
Cielo azul, 1402.
Cielo cerrado, 1009.
Cielo cielo, 1731.
Cielo de tierra, 176.
Cielo en rehenes, 135.
Cielo insistente, 1564.
Cielo lejano, 1732.
Cielo rasante. Seis décimas, 1302.
Cielo raso, 1439.
Cielo solo, 131.
Cielos del Sur, 469.
Cielos e inviernos, 1302.
Cielos y gentes, 19.
Cien años de honradez, 1746.

Cien años de soledad, 326, 602, 604, 722.
Cien cartas inéditas de Pablo Iglesias a Isidoro Acevedo, 8.
Cien cuentos nuevos, 883.
100 gotas de sangre y 200 de sudor, 466.
Cien españoles y Dios, 633.
Cien españoles y Franco, 633.
Cien máuseres, ninguna muerte y una sola amapola, 92.
Cien páginas de amor, 1522.
Cien poemas para niños, 41, 888.
Cien romances, 615.
Cien sonetos de amor, 1101.
Cien tratados, 1522.
Cien vidas paraguayas, 1773.
Ciencia española, 1020.
Ciencia y corazón: la novela de la fidelidad conyugal, 8.
Ciencia y fe, 318.
Ciencias Naturales, 341.
Ciertas cosas, 702.
Ciertas personas, 430.
Cierto olor a podrido, 984.
Ciertos animales criollos, 1071.
Ciertos tonos del negro, 1091.
Cifra de las rosas, 329.
Cima del gozo, 126.
Cimarrones, 1424.
Cinco cantos al destino del hombre, 1410.
Cinco casi sonetos, 1401.
Cinco conferencias de Pablo Neruda, 941.
Cinco cuentos de sangre, 647.
Cinco epístolas a los ipagrenses, 1158.
Cinco goles, 306.
Cinco historias del vino, 1347.
Cinco horas con Mario, 434.
Cinco horas sin corazón, 1184.
Cinco metros de poemas, 1169.
Cinco momentos de la lírica hispanoamericana, 1415.
Cinco poemas australes, 968.
Cinco poemas en inglés, 1720.

Cinco poemas y canto a Zola, 1742.
Cinco reglas de nuestra moral antigua, 876.
Cinco sinfonías, 97.
Cinco sitios de poesía, 1006.
Cinco sombras, 588.
Cinco temas en busca de un pensador, 1084.
Cinco variaciones, 988, 1134.
5... y... 7, 19.
50 años de atraso en poesía, 784.
Cincuenta años de cine, 949.
Cincuenta años de poesía cubana, 1743.
Cincuenta años de poesía española (1850-1900), 383.
Cincuenta coplas de Luis de Tapia, 1577.
50 poemas, 1439.
Cincuenta preguntas vivas, 922.
50 vacas gordas, 347.
Cine de hoy y de mañana, 949.
Cine y literatura, 630.
Cinelandia, 640.
Cinema de los sentidos puros, 1231.
Cinematógrafo, 288, 1131.
Cinematógrafo nacional, 1267, 1764.
Cintas rojas, 917.
Cintia de Aranjuez, 1143.
Cipotes, 62.
Ciprés de púrpura, 202.
Circe, 656.
Circe y el poeta, 348.
Circo de urgencias, 1411.
Circuito imperial, 629.
Circuito interior, 749.
Circulando el cuadrado, 905.
Circular sobre la tranquilidad pública, 893.
Círculo de angustia, 63.
Círculo de sombras, 1250.
Círculos del trueno, 622.
Círculos poéticos, 698.
Circuncisión del sueño, 1318.
Circunstancias, 1715.
Circus-loquio, 1221.
Cirios en los rascacielos y otros poemas, 1729.
Ciruela de locuira, 1756.

Cisne de Apolo, 298, 1305.
Cisne sin lago, 686.
Cisneros, 1230.
Cita con el pasado, 656.
Cita con un árbol, 1463.
Cita de ensueños, 786.
Cita de fantasmas, 68.
Citas y comentarios, 620.
Ciudad [Fernández Moreno, Baldomero], 537.
Ciudad [Hidalgo, José Luis], 712.
Ciudad [Ibargoyen Islas, Saúl], 760.
Ciudad [Millán, Gonzalo], 1035.
Ciudad asediada, 468.
Ciudad brumosa, 161.
Ciudad, casa de todos..., 1019.
Ciudad de entonces, 30, 1327.
Ciudad de la memoria, 1194.
Ciudad de Lima, 1967-1968, 828.
Ciudad de lunas muertas, 1304.
Ciudad errante, 445.
Ciudad impune, 1316.
Ciudad mía (1957-61), 615.
Ciudad perdida, 1526.
Ciudad Real, 303.
Ciudad rebelde, 62.
Ciudad romántica, 338.
Ciudad sitiada, 128.
Ciudad sonámbula, 1424.
Ciudad y selva, 310.
Ciudadano sin fin, 250.
Ciudades desiertas, 796.
Ciudades monumentales de España, 465.
Civilización, 1556.
Civilización y barbarie. Vida de Juan Facundo Quiroga, 1529.
Civilización y terrofobia, 1459.
Clamor, 681, 682, 1297.
Clamor campesino, 1196.
Clamor de la sangre, 177.
Clamor de lo incesante, 1303.
Clamor de que me vean, 1440.
Clamor de sombras, 437.
Clamores del Occidente, 902.
Clara, 382.

Clara Babel, 141.
Clara de Rosemberg, 157.
Clara Diana a lo divino, 1143.
Clara Porcia, 689.
Clarián de Landanís, 1116.
Claribalte, 538.
Claridad, 660.
Claridad del Sur, 396.
Claridad sin fondo, 1543.
Claridad vencida, 701.
Clarín armónico, 89.
Clarín, el provinciano universal, 234.
Clarín político, 23.
Clarines bien lejos, 92.
Clarisel de las Flores, 1116.
Clarivigilia primaveral, 105.
Claro de luna, 1658.
Claro desvelo, 1083.
Claro silencio, 1327.
Claros del bosque, 1759.
Claros varones de Castilla, 184, 1340.
Claros y nieblas, 1430.
Clase única [Giménez Arnau, José Antonio], 629.
Clase única [Lorén, Santiago], 923.
Clasicismo y romanticismo, 133.
Clásicos y modernos, 127.
Claude Lévi-Strauss o el nuevo festín de Esopo, 1224.
Claudia, mi Claudia, 543.
Claudio Oronoz, 258.
Claustro, 61.
Clave de los tres reinos, 1303.
Clave historial con que se abre la puerta a la historia eclesiástica y política: con la cronología de los Sumos Pontífices y los Emperadores, Reyes de España, Italia y Francia, con los orígenes de todas las Monarquías, etc., 567.
Claveles encarnados y amarillos, 1270.
Clavellinas de recreación, 854.
Claves de la literatura hispanoamericana, 1621.
Claves de vacío, 1600.
Claves y símbolos, 1467.

Clavijo, 147.
Clemencia [Altamirano, Ignacio Manuel], 52, 388, 1453.
Clemencia [Caballero, Fernán], 229.
Cleopatra Pérez, 1181.
Clericanallas, 202.
Clima, 1516.
Clío en pantuflas, 115.
Clipper, 346.
Clotilde, el viaje y el pájaro, 760.
Club de solteros, 99.
Coaybay, 1356.
Coba, 202.
Cobarde, 1251.
Cobardías, 849.
Cobra, 1528.
Cobre: cuentos mineros, 465.
Coca [Botelho Gonsálvez, Raúl], 211.
Coca [Martínez Moreno, Carlos], 988.
Coca, chicha y alcohol, 223.
Coches abandonados, 1600.
Cocorí, 687, 888.
Cóctel de don Nadie, 99.
Cóctel de verdad, 543.
Cocuyo, 1528.
Codex 3, 1177.
Códice de amor, 320.
Códice de Autos Viejos, 1580.
Códice liberado, 320.
Código, 58.
Código Civil chileno, 160.
Código precioso, 1740.
Coherencia y relevancia textual (De Berceo a Baroja), 1331.
Coirón, 161.
Cola de lagartija, 1666.
Cola de zorro, 221.
Colección, 1069.
Colección de anécdotas, historias y novelas, 602.
Colección de artículos publicados en el periódico intitulado «La República», 1556.
Colección de cantares andaluces recogidos y anotados, 445.
Colección de cuentos, fábulas, descripciones, anécdo-

tas y diálogos... sacados de comedias antiguas españolas, 788.
Colección de ejemplos prácticos de virtud, 602.
Colección de las mejores coplas de seguidillas, tiranas y polos que se han compuesto para cantar a la guitarra, 781.
Colección de lecturas recreativas, 879.
Colección de poesías castellanas anteriores al siglo XV, 1508.
Colección de varias historias, así sagradas como profanas, de los más célebres héroes del mundo..., 980.
Colección de varios hechos, raros y divertidos, 1426.
Colección de los artículos de Jotabeche, 1682.
Colectivismo agrario en España, 1365.
Cólera Buey, 620.
Colibrí, 1528.
Colilla IV, 1358.
Colla-Cocha, 1557.
Collar de ámbar, 571.
Colmena lírica, 1237.
Colmena y Pozo, 29.
Colocación muy provechosa, 1573.
Colofón de la luz, 1215.
Colón, 1601.
Colón, Cortés y Pizarro, 1253.
Colonia de lilas, 542.
Coloniaje romántico, 1205.
Colonización, 997.
Coloquio de las damas valencianas, 531.
Coloquio de los goces, 1025.
Coloquio de Moisés, 1580.
Coloquio entre amo y mozo, 531.
Coloquio familiar, 936.
Coloquio llamado prendas de amor, 1466.
Coloquios, 1031.
Coloquios de amores y otro de bienaventuranza, 1534.
Coloquios espirituales y sacramentales y canciones divinas, 652.

Coloquios matrimoniales, 935.
Coloquios pastoriles, 1466.
Coloquios satíricos, 1113, 1141, 1617, 1618.
Color, 1406.
Color de fuego, 809, 883, 1325.
Color y calor de España, 1419.
Colores en el mar y otros poemas, 1228.
Colores y notas, 1722.
Colorín colorado, 1078.
Columbano, 1657.
Columna social, 658.
Columnae, 1548.
Columpio de Luna a Sol, 883.
Comarca de amor, 900.
Comarca del jazmín y sus mejores cuentos, 315.
Comedia de Bras-Gil y Beringuella, 524.
Comedia de Calisto y Melibea, 1432, 1433, 1436.
Comedia de ensueño, 654.
Comedia de Preteo y Tibaldo, 56.
Comedia de San Francisco de Borja, 194.
Comedia de Santa Susana, 240.
Comedia de Sepúlveda, 1539, 1581.
Comedia del alma, 240.
Comedia del rescebimiento, 240.
Comedia famosa de Las burlas veras, 92.
Comedia famosa del gran Séneca de España, Felipe II, 1249.
Comedia Florinea, 1423.
Comedia Florisea, 118.
Comedia intitulada «Tesorina», 750.
Comedia llamada Vidriana, 750.
Comedia que no acaba, 109.
Comedia (que no lo es) burlesca, intitulada: llámenla como quisieren, 166.
Comedia Rubena, 1727.
Comedia selvagia, 1738.
Comedia sonámbula, 573.

Comedia Thebayda, 1332, 1423.
Comediantes y toreros o la vicaría, 1204.
Comedias bárbaras, 1676.
Comedieta de Ponza, 914.
Comentario en breve compendio de Disciplina militar, 1072.
Comentarios, 1159.
Comentarios del desengañado de sí mismo, prueba de todos los estados y elección del mejor de ellos, o sea, Vida de don Diego Duque de Estrada, escrita por sí mismo, 467.
Comentarios impertinentes sobre el teatro español, 1428.
Comentarios marginales, 136.
Comentarios (marginales) a la Guerra de las Galias, 1088.
Comentarios reales [Cisneros, Antonio], 350.
Comentarios reales que tratan del origen de los Incas, reyes que fueron del Perú... [Vega, El Inca, Garcilaso de la], 402, 468, 1709, 1762.
Cometas sobre los muros, 517.
Cómico de la lengua, 1508.
Cómicos de fusia, 1599.
Comiendo en Hungría, 1101.
Como a lugar extraño, 1740.
Cómo cayeron los héroes, 956.
Cómo delinquen los viejos, 1773.
Como Dios manda, 1458.
Como Dios nos hizo, 849.
Como el corte hace sangre, 1461.
Cómo el poder de las noticias nos da noticias del poder, 1064.
Como el polvo, 92.
Como el viento, 51.
Como en la guerra, 1666.
Como en la vida, 796.
Como en Santiago, 151.

Cómo estrenan los autores (crónicas de teatro), 1197.
Como gato en tempestad, 1716.
Cómo ha de ser el privado, 1345.
Cómo hacer teatro: Apuntes de orientación profesional en las artes y oficios del teatro español, 1413.
Como higuera en un campo de golf, 350.
Como la luz del día: poemas de pasión, amor y sacrificio, 1674.
Como la tierra y el mar, 1002.
Como la vida, 625.
Como la voz de muchas aguas, 169.
Como las flores, 849.
Cómo leer en bicicleta, 1758.
Como llanuras, 1769.
Como los gansos, 574.
Como los muertos, 57.
Como los pájaros de bronce, 573.
Como ovejas al matadero, 308.
Como quien espera el alba, 328.
Como quien lava con luz las cosas, 1413.
Como reina de baraja, 63.
Como reses, 915, 999.
Cómo se construye una nación, 648.
Cómo se hace una novela, 1647, 1648.
Cómo se vengan los nobles, 1069.
Como si hubiera muerto un niño, 1489.
Como tú, 973.
Como tú, ninguna, 1347.
Como un cuento de otoño, 1468.
Como una torre, 1530.
Compadre lobo, 1490.
Compadre Mon, 234.
Compañera de hoy, 385.
Compañero, 836.
Compañero de viaje, 75.
Compañeros de viaje, 625.
Comparecencias (poesía 1968-1980), 1058.
Compás binario, 107.
Compás de espera, 1007.
Compás errante, 699.
Compendio de doctrina christiana, 931.
Compendio de gramática castellana, 648.
Compendio de historia natural y civil del reino de Chile, 1048.
Compendio de la fortuna, 373.
Compendio de la historia de América, 1542.
Compendio de la historia geográfica, natural y civil del reino de Chile, 1048.
Compendio de navegación para uso de los caballeros guardias-marinas, 801.
Compendio de rhetórica latina y castellana, 1378.
Compendio historial, 1425.
Compendio historial de las conquistas del Nuevo Reino de Granada, 795.
Compendio histórico de las grandezas de la coronada villa y corte de Madrid, 56.
Compendio histórico del reino de Texcoco, 53.
Compendiolum, 1203.
Compermiso, 77.
Comportamiento y crisis empresarial argentina, 417.
Composición de lugar [Berenguer, Amanda], 172.
Composición de lugar [Martini, Juan Carlos], 994.
Composiciones en prosa y verso, 132.
Composiciones en versos y prosa, 1534.
Composiciones poéticas, 132.
Compostela y su ángel, 1623.
Compota de adelfas, 323.
Compraré un marido, 1154.
Comprensión de Dostoievski y otros ensayos, 133.
Comprensión de Venezuela, 1271.
Con Andrés Bello, 162.
Con bigote triste, 9.
Con canto no aprendido, 617.
Con Cervantes, 127.
Con divisa blanca, 1725.
Con Dorregaray, 154.
Con él, conmigo, con nosotros tres, 1019.
Con el corazón en la boca, 92.
Con el eslabón, 1700.
Con el viento solano, 34.
Con flores a María, 672.
Con la escopeta al hombro, 433.
Con la espada inocente de la luz, 448.
Con la frente marchita, 143.
Con la inmensa mayoría, 1188.
Con la lengua fuera, 307.
Con la llave en el suelo, 175.
Con la luz que declina, 429.
Con la maleta al hombro, 838.
Con la muerte a cuestas, 211.
Con la muerte al hombro, 308.
Con la música a otra parte, 123.
Con la noche a cuestas, 1329.
Con la punta de los ojos, 419.
Con la vida de otro, 903.
Con las horas contadas, 328.
Con las manos vacías, 545.
Con las mismas manos, 539.
Con las piedras, con el viento, 713.
Con las primeras luces, 988.
Con los días contados, 573.
Con los ojos abiertos, 906.
Con los ojos cerrados, 81.
Con los ojos de los muertos, 1420.
Con los ojos distantes, 795.
Con los zapatos puestos tengo que morir, 27.
Con Luis Buñuel en Hollywood y después, 1464.
Con motivo de las novelas rusas, 1669.
Con odio, con temor, con ira, 1252.
Con otra gente, 367.
Con Rubén Darío, 1226.
Con sordina, 1332.
Con tres heridas yo, 699.
Con un pie en el estribo, 116.
Con una mano en el ancla, 1426.

ÍNDICE DE OBRAS

Cóncava mujer, 1301.
Concepción Arenal (1820-1893). Estudio biográfico documental, 256.
Concepción e nascencia de la Virgen, 918.
Concepto y teoría del Derecho, 204.
Conceptos a las llagas de San Francisco, 833.
Conceptos de divina poesía, 268, 1424.
Conceptos de la metafísica, 1500.
Conceptos espirituales a Nuestra Señora de la Fuencisla, 833.
Concertar es amor, 624.
Concerto grosso, 1328.
Concherías, 472.
Conciencia, 522, 1319.
Conciencia puertorriqueña del teatro contemporáneo (1937-1956), 99.
Concierto barroco, 287.
Concierto de amor y otros poemas, 238.
Concierto de ocarina, 1088.
Concierto en mí, 1079.
Concierto en mí y en vosotros, 593.
Concierto en Sevilla, 1560.
Concierto para Guillotina y cuarenta cabezas, 87.
Conciliación, 78.
Concordia, 1172.
Conde de San Salvador o el Dios de las cosas, 618.
Condenados, 1330, 1566.
Condenados a vivir, 633.
Condición de una música inestable, 1302.
Cóndores no entierran todos los días, 57.
Conexiones con la tierra, 427.
Confabulación con la palabra, 1756.
Confabulario, 98.
Confabulario total (1941-1961), 98.
Confesión, 832.
Confesión de parte [Manrique de Lara, José Gerardo], 960.
Confesión de parte [Téllez, Hernando], 1607.
Confesión del Amante, 72.
Confesión rimada, 1246.
Confesiones de mujeres, 1185.
Confesiones de un magistrado, 1557.
Confesiones de «un niño decente», 1759.
Confessio amantis, 366.
Confianza, 1498.
Confidencias de Psiquis, 448.
Confidencias de un chorizo, 977.
Confidencias literarias, 607.
Confieso que he vivido, 1099, 1102.
Confines de Occidente, 259.
Conflicto y armonías de las razas en América, 1095, 1529.
Confluencia en la luz, 1220.
Confrontación del vacío, 1228.
Confrontaciones, 122.
Congregaciones, 921.
Congreso de burladas, 614.
Congreso en Estocolmo, 1502.
Conjeturas en la penumbra. Obras escogidas, 1495.
Conjunciones y disyunciones, 1224.
Conjunto, 1564.
Conjuro de amor, 385.
Conjuro en Ijuana, 1710.
Conjuros, 1423.
Conjuros a la muerte, 772.
Conmemoración breve de los reyes de Portugal, 372.
Conocer el surrealismo, 630.
Conocerás el poso de la nada, 308, 1326.
Conocimiento de la noche, 997.
Conocimiento y expresión de la Argentina, 954.
Conozco tu vida, 988.
Conquista de la Bética, 1280.
Conquista de las islas Molucas, 83.
Conquista de Méjico, 1282.
Conquista del Reino de Nápoles por su rey D. Carlos de Borbón, 1282.
Conquista y colonización de América por la calumniada España, 650.
Conquistadores y pobladores de la Nueva España, 761.
Consagración de los instantes, 426.
Consejos para Cristo al empezar el año, 429.
Consejos para sobrevivir, 352.
Consejos políticos y morales, 482.
Conservación de monarquías y discursos políticos, 890.
Consideración de Cataluña, 971.
Consideraciones espirituales sobre el «Cantar de los Cantares» de Salomón, 69.
Consideraciones sobre el «Quijote» y las diferentes maneras de comentarle, 1669.
Consignas, 27.
Consignas en la piedra, 204.
Consiliatoria, 305.
Consolatoria de Castilla, 742.
Consonancia, 437.
Constancia del ser, 1315.
Constancia y otras novelas para vírgenes, 578.
Constante Amarilis, 1142.
Constelaciones poéticas, 906.
Constelaciones y generaciones, 970.
Constitución filosófica que el «Filósofo Rancio», transformado en filósofo liberal, escribió antes que las llamadas Cortes extraordinarias su Constitución, 54.
Constitución y revolución argentina: J. B. Alberdi, 259.
Construcción de la destrucción, 1228.
Construcción de la realidad, 1653.
Construcción de la rosa, 1642.
Construcciones, 1316.
Constructores, 62.

Construir la muerte, 90.
Consuelo, 908.
Consuelo y juicio de Dios, 925.
Contagio, 1088.
Contando cuentos, 1205.
Contando los cuarenta, 1746.
Contar un cuento y otros relatos, 1417.
Contar y seguir, 1235.
Contemplación de España, 907, 1327.
Contemplación del destierro, 1202.
Contemplación del tiempo, 1107.
Contemplación y aventura, 996.
Contemplaciones, 1304.
Contemplaciones europeas, 1009.
Contemporáneos, 973.
Contienda de Ayax Telamonio y de Ulises sobre las armas de Aquiles, 11.
Contigo, 1674.
Contigo pan y cebolla, 659, 1589.
Continente arbitrario para niños y niñas, 997.
Continente enfermo, 1095.
Continente vacío. Viaje a Sudamérica, 1156.
Continúa el misterio de los ojos verdes, 1089, 1151.
Continuación de la nada, 525.
Continuación de la vida, 1744.
Contra algunos cizañadores de la nación convertidos del pueblo de Israel, 149.
Contra el campo del rey, 282.
Contra el desnudo corazón del cielo, 667.
Contra el espacio hostil, 1551.
Contra la anti-España, 208.
Contra la marea, 1556.
Contra la muerte, 1438.
Contra la ópera española, 1231.
Contra la verdad no hay fuerza, 150.
Contra las cuerdas, 1091.
Contra los encarecimientos de las coplas españolas que tratan de amores, 305.
Contra muerte y amor, 1090.
Contra natura, 715.
Contra Sandino en la montaña, 408.
Contra ti-Para ti, 1319.
Contra viento y marea [Echegaray, Miguel], 472.
Contra viento y marea [León, María Teresa], 836.
Contra viento y marea [Vargas Llosa, Mario], 1699.
Contra vosotros, 1091.
Contraataque, 1538.
Contracanto, 172.
Contra-Corrientes, 1534.
Contradanza, 1601.
Contradiccionario, 902.
Contramutis, 1167.
Contrapunteo cubano del tabaco y el azúcar, 1183.
Contrapunteo de la vida y de la muerte, 75.
Contrapunto, 300.
Contrapunto de la fe, 1058.
Contraseñas del tiempo (1962-1968), 1754.
Contrastes (Cuadro de costumbres), 255.
Contribución a la realidad, 1568.
Contribución al estudio del dialecto leonés de Zamora, 310.
Contribuciones al estudio de Rubén Darío, 80.
Convergencias, 1225.
Conversación a mi padre, 568.
Conversación al sur, 1631.
Conversación en la catedral, 1697, 1698.
Conversación sobre la guerra, 1328.
Conversaciones con Luis Buñuel, seguidas de 45 entrevistas con familiares, amigos y colaboradores del cineasta aragonés, 108.
Conversaciones de Laurisio Tragiense... sobre los vicios y defectos del teatro moderno..., 457.
Conversaciones literarias, 456.
Conversión de la Magdalena, 1143.
Convidado de piedra, 1584.
Convulsionario, 506.
Copa de sombra, 10, 1326.
Copagira, 238.
Copajira, 304.
Copenhague no existe, 675.
Copia perfecta, si cabe perfección en tal copia, del petimetre por la mañana, 56.
Copito de nieve, 913.
Coplas [Manrique, Jorge], 261, 326, 756, 957, 959, 1553.
Coplas [Puertocarrero, Luis de], 1338, 1604.
Coplas [Rugeles, Manuel Felipe], 1468.
Coplas [Tapia, Luis de], 1577.
Coplas a la Cortesía, 305.
Coplas a la muerte de mi tía Daniela, 1703.
Coplas a la muerte del obispo de Burgos, 1246.
Coplas a la Verónica, 1018.
Coplas a la Virgen de Guadalupe, 915.
Coplas al Espíritu Santo, 1018.
Coplas contra don Álvaro, 915.
Coplas contra los pecados mortales, 1018.
Coplas de ¡Ay, panadera!, 1060.
Coplas de Gil Parrado, 1207.
Coplas de Juan Panadero, 27.
Coplas de la aldea, 1420.
Coplas de la cena de Nuestro Señor, 1018.
Coplas de la Pasión con la Resurrección, 1443.
Coplas de las comadres, 1367.
Coplas de las hazañas de José, 896.
Coplas de los pecados mortales, 1014.
Coplas de Mingo Revulgo, 1017, 1018.
Coplas de Navidad, 1216.

Coplas de vicios y virtudes, 1246.
Coplas de Vita Christi, 1017.
Coplas de Yóçef, 896.
Coplas del año, 1577.
Coplas del menosprecio e contempto de las cosas fermosas del mundo, 1227.
Coplas del pecado original, 896.
Coplas en vituperio de las malas hembras y en loor de las buenas mugeres, 1018.
Coplas fechas para la Semana Santa, 957.
Coplas para el señor Diego Arias de Ávila, 957.
Coplas sobre diversas devoçiones y misterios de nuestra sancta fe catholica, 1059.
Coplas sobre las pestíferas bubas, 921.
Coquetismo y presunción, 566.
Cora, 1066.
Cora o La virgen del sol, 1520.
Coral de guerra, 36.
Corazón acróbata, 937.
Corazón adentro [Bueno, Manuel], 219.
Corazón adentro [Caamaño, Ángel], 227.
Corazón de hombre, 1156.
Corazón de tango, 623.
Corazón de una historia, 1644.
Corazón tan blanco, 970.
Corazones locos, 1695.
Corazones pobres, 814.
Corazones sin rumbo, 997, 1153.
Corbacho, 184, 934, 992.
Corcel de fuego, 1275.
Cordelia, 988.
Cordillera adentro, 314.
Córdoba del recuerdo, 278.
Corimbo, 1048, 1319.
Cornamusa, 488.
Cornelia Bororquia, 688, 1122.
Cornelia frente al espejo, 1162.
Cornudo y contento, 1466.
Coro concertado, 996.

Coro de ánimas, 1327.
Coro de las musas, 150.
Coro febeo de romances historiales, 414.
Corona de fuego, 1653.
Corona de hierro, 154.
Corona de las frutas, 1528.
Corona de luz, 1653.
Corona de oro a Quintana, 421.
Corona de sombras, 1653.
Corona góthica, castellana y austriaca, 1483.
Corona virtuosa y virtud coronada, 1103.
Corona y ramillete de flores salutíferas, 30.
Coronación [Donoso, José], 462.
Coronación [Mena, Juan de], 266, 1014.
Coronación de la espera, 633.
Coronación de la señora Gracisla, 1154.
Coronación de mosén Jordi de Sant Jordi, 914.
Coronación del marqués de Santillana, 1013, 1014.
Coronada y el toro, 1104.
Coronas del Parnaso y platos de las Musas, 1492.
Coronas líricas. Prosa y verso, 1607.
Coros del mediodía, 1003.
Corpus y otros cuentos, 1039.
Corral abierto, 64.
Corral de muertos, 973.
Corral de vivos y muertos, 1762.
Corre la voz, 612.
Corrección de vicios, 1492.
Corregir al que yerra, 618.
Correo interior, 1267.
Correo nocturno, 612.
Correo para la muerte, 614.
Correspondencia, 1599.
Correspondencia familiar (1888-1897), 592.
Correspondencia relativa a la reunión de los hospitales de Ávila, 1010.
Corresponsal en la Antártida, 222.
Corrido de Vale Otero, 1703.

Corridos sagrados y profanos, 656.
Corriente alterna, 1224.
Corrosión, 365.
Corsarios de guante amarillo, 1741.
Cortázar y Carpentier, 1366.
Corte de corteza, 1569.
Corte y cortijo, 13.
Cortes de la Muerte, 757.
Cortesanos en chaqueta, 174.
Cortina de bambú, 152.
Cosa de dos, 1600.
Cosa de ratones y conejos, 1517.
Cosa fácil, 1147.
Cosa tenda..., 347.
Cosas [Crespo, Luis Alberto], 392.
Cosas [González García, Matías], 652.
Cosas añejas, 1230.
Cosas de antaño, 652.
Cosas de España, 620.
Cosas de familia, 617.
Cosas de Granada, 13.
Cosas de hogaño, 652.
Cosas de mi tierra, 1402.
¡Cosas del mundo!, 566.
Cosas pasadas [Durón, Jorge Fidel], 469.
Cosas pasadas [Ortega Morejón, José María de], 1181.
Cosas sabidas y por saberse o Federación colombiana, tolerancia política, universidades e instrucción elemental y cuestión holandesa, 9.
Cosas vistas, 255.
Cosecha mayor, 281.
Cosecha sentimental, 151.
Cosillas para el Nacimiento, 1229.
Cosmapa, 1443.
Cosmogonías, 1253.
Cosmogonía [Cirlot, Juan Eduardo], 349.
Cosmogonía [Rokha, Pablo de], 1442.
Costas y montañas, 487.
Costumbre de sequía, 392.
Costumbres errantes o la redondez de la tierra, 1047.

Costumbres y devociones madrileñas, 1373.
Costumbres y tradiciones, 532.
Coto de caza [Delibes, Miguel], 435.
Coto de caza [Ladrón de Guevara, Eduardo], 1600.
Coto vedado, 117, 661.
Couleur de sang, 596.
Cozquilla del gusto, 956.
Cráter, 365.
Cráter de voces, 1720.
Creación, 1406.
Creación del mundo, 1281.
Credo, 304.
Credo de libertad, 526.
Cremona, 458.
Creo en ti, pero me engañas, 903.
Creonte y seis relatos, 1719.
Crepusculario, 1099.
Cresival, 812.
Crestomatía arabigoespañola, 1554.
Cría ojos, 464.
Criadero de curas, 1532.
Criatura de un día, 1630.
Criatura del alba, 1742.
Crimen [Arderius, Joaquín], 79, 1131.
Crimen [Aub, Max], 109.
Crimen [Espinosa, Agustín], 495.
Crimen legal, 1532.
Crímenes ejemplares, 108.
Criollos en París, 474.
Cripta, 1625.
Críptico y otros poemas, 1438.
Crisálidas, 874.
Crisis, cambio y tradición: ensayo sobre la forma de nuestra cultura, 1271.
Crisis de la democracia de América en la República Dominicana, 211.
Crisopeya, 301.
Cristal de Bohemia, 976.
Cristal herido, 68.
Cristales de bohemia, 817.
Cristales de Helicona, 1497.
Cristián y yo, 694.
Cristianos y moriscos, 504.
Cristo de Tacoronte, 689.

Cristo en los infiernos, 837.
Cristo versus Arizona, 321, 323.
Cristo y nosotros, 1774.
Cristóbal Colón [Benítez, Fernando], 168.
Cristóbal Colón [Cuenca y Velasco, Carlos Luis], 412.
Cristóbal Colón [Ribot y Fontseré, Antonio], 1407.
Cristóbal Nonato, 577.
Crítica cómplice, 165.
Crítica de la identidad: la pregunta por el Perú en su literatura, 1178.
Crítica de la literatura uruguaya, 1774.
Crítica de reflexión y censura de las censuras. Fantasía apologética y moral, 998.
Crítica literaria, 1537.
Crítica y arte, 1521.
Crítica y meditación, 74.
Crítica y poesía, 453.
Cromos y acuarelas (Cantos de nuestra época), 1366.
Crónica [López de Roncesvalles, García], 918.
Crónica [Margarit, Joan], 969.
Crónica [Pulgar, Hernando del], 1339.
Crónica [Smith, Octavio], 1555.
Crónica abreviada, 963.
Crónica abreviada de España, 410, 1667.
Crónica burlesca, 1775.
Crónica de 1344, 1425, 1544.
Crónica de Alfonso X, 1518.
Crónica de Alfonso XI, 45, 410, 1518.
Crónica de Aragón, 1657.
Crónica de Castilla, 1519.
Crónica de cuatro reyes, 45.
Crónica de don Álvaro de Luna, 184, 341, 742.
Crónica de don Pero Niño, 742.
Crónica de Enrique IV [Enríquez del Castillo, Diego], 481.
Crónica de Enrique IV [Pulgar, Hernando del], 1339.

Crónica de Enrique IV [Valera, Diego de], 1667.
Crónica de estatuas. Oratorio, 544.
Crónica de Fernando IV, 1518.
Crónica de Juan II de Castilla, 585, 610.
Crónica de la capital, 1061.
Crónica de la conquista de la Nueva España, 336.
Crónica de la intervención, 609.
Crónica de la nada hecha pedazos, 407.
Crónica de la población de Ávila, 737.
Crónica de la Reja, 1766.
Crónica de las horas, 1201.
Crónica de las Indias, 290.
Crónica de los conqueridores, 184, 531.
Crónica de los Reyes Católicos [Palencia, Alfonso de], 741.
Crónica de los Reyes Católicos [Pulgar, Hernano del], 1339.
Crónica de los Reyes Católicos [Valera, Diego de], 1668.
Crónica de los reyes de Navarra, 1724.
Crónica de Muniz, 1766.
Crónica de nuestro amor, 75.
Crónica de San Gabriel, 1407.
Crónica de Sancho IV, 1518.
Crónica de un crimen, 1766.
Crónica de un juez, 538.
Crónica de un regreso, 1560.
Crónica de una familia, 344.
Crónica de una muerte anunciada, 605.
Crónica de veinte reyes, 1519, 1544.
Crónica de Vizcaya, 609.
Crónica del alba, 1538, 1539.
Crónica del centenario del Quijote, 1532.
Crónica del condestable don Miguel Lucas de Iranzo, 1604.
Crónica del desamor, 1090.
Crónica del forastero, 1606.

ÍNDICE DE OBRAS

Crónica del Halconero, 149.
Crónica del héroe, 633.
Crónica del moro Rasis, 619.
Crónica del Niño Jesús de Chilca, 350.
Crónica del Perú, 401.
Crónica del rey don Pedro, 111.
Crónica del rey pasmado, 1623.
Crónica del tiempo muerto, 356.
Crónica del viaje de Sus Majestades a las Islas Baleares, Cataluña y Aragón en 1860, 565.
Crónica en verso, 1657.
Crónica Fragmentaria, 398.
Crónica General [Burguillos, Juan Sánchez], 225.
Crónica general [Gil-Albert, Juan], 624.
Crónica General de España [Eugui, Fray García de], 507, 738.
Crónica general de España [Morales, Ambrosio de] 1063.
Crónica general «Vulgata», 1544.
Crónica indecente de la muerte del cantor, 1368.
Crónica Mexicana, 54.
Crónica Mexicáyotl, 54.
Crónica moralizada del Orden de San Agustín en el Perú, con sucesos ejemplares en esta monarquía, 241.
Crónica Najerense, 366, 522, 736, 1519.
Crónica particular del Cid, 397.
Crónica Sarracina, 375, 739.
Crónica sentimental de España, 1703.
Crónica sentimental en rojo, 1151.
Crónica Troyana, 1248.
Crónica y alabanza del reino, 1080.
Crónica y ensayo, 1773.
Cronicario, 673.
Crónicas antiparlamentarias, 1646.
Crónicas coloniales, 530.

Crónicas contra los bribones, 680.
Crónicas de aldea, 300.
Crónicas de Bustos Domecq, 184, 207.
Crónicas de caña y muerte, 75.
Crónicas de Gerardo Rivera, 459.
Crónicas de Joaquín Edwards Bello. Valparaíso, Madrid, 474.
Crónicas de la revolución del Quebracho, 1725.
Crónicas de Marianela, 669.
Crónicas de mi destierro, 691.
Crónicas de nuestro tiempo, 1465.
Crónicas de un mundo enfermo, 815, 1769.
Crónicas del bulevar, 1643.
Crónicas generales de España, 1022.
Crónicas ginecológicas, 838.
Crónicas heroicas de una guerra estúpida, 336.
Crónicas literarias, 142.
Crónicas malditas, 1456.
Crónicas marchitas, 63.
Crónicas mestizas, 1025.
Crónicas parlamentarias, 926.
Crónicas personales, 218.
Crónicas reales, 1074.
Crónicas retrospectivas del teatro por un cómico viejo, 613.
Crónicas retrospectivas por «Un portero del observatorio», 115, 1672.
Crónicas sarracinas, 661.
Crónicas urbanas, 1304.
Cronicón Villarense, 842.
Cronilíricas, 29.
Cronografía sacra, 1723.
Cronologías, 447.
Cronos, 120.
Crotalogía o Arte de tocar las castañuelas, 539.
Cruce de vía, 126.
Cruces [Morales, Beltrán], 1063.
Cruces [Rivas Panedas, José], 1414.

Cruces de quebracho, 1663.
Cruz de fuego, 506.
Cruz del Sur [Kempff Mercado, Enrique], 807.
Cruz del Sur [Ortiz Sanz, Fernando], 1184.
Cuaderno catalán, 1408.
Cuaderno de Andalucía, 80.
Cuaderno de Berlín, 1303.
Cuaderno de escritura [Elizondo, Salvador], 478.
Cuaderno de escritura [Pujol, Carlos], 1339.
Cuaderno de Granada, 1066.
Cuaderno de itinerarios, 1405.
Cuaderno de la noche, 1550.
Cuaderno de la persona oscura, 1495.
Cuaderno de las ínsulas extrañas, 132.
Cuaderno de música, 884.
Cuaderno de otoño [Casal, Julio J.], 299.
Cuaderno de otoño [Ortiz, Fernando], 1303.
Cuaderno de Panticosa, 1526.
Cuaderno de poesía negra, 135.
Cuaderno de poesía renacentista, 1303.
Cuaderno de Soria, 639.
Cuaderno del combatiente, 1501.
Cuaderno del nómada, 1534.
Cuaderno griego, 174.
Cuaderno San Martín, 205.
Cuadernos con notas morales, 1071.
Cuadernos de Gofa, 715.
Cuadernos de infancia, 819.
Cuadernos de navegación en un sillón Voltaire, 218.
Cuadernos del destierro, 239.
Cuadrante [Barrios Cruz, Luis], 150.
Cuadrante [Guirao, Ramón], 686.
Cuadrante del pampero, 986.
Cuadrilátero, 429.
Cuadrivio, 1224.
Cuadros al fresco, 927.
Cuadros al fresco, cuentos de todos los colores, menos verdes, 1097.

1812

Cuadros antiguos, 64.
Cuadros de Andalucía, 1467.
Cuadros de costumbres [Caballero, Fernán], 229.
Cuadros de costumbres [Rico y Amat, Juan], 1408.
Cuadros de costumbres guatemaltecas, 1035.
Cuadros de la Revolución francesa, 1607.
Cuadros europeos, 1493.
Cuadros vivos (a pluma y al pelo), 1198.
Cualquiera de nosotros, 1012.
Cualquiercosario, 1167.
Cuando 900 mil Mach aprox, 70.
Cuando acabe la guerra, 1413.
Cuando acorta el día, 1273.
Cuando amanece, 1728.
Cuando amé a Felicidad, 185.
Cuando canta el caracol, 1506.
Cuando desaparecieron los topos, 468.
Cuando el aire es azul, 1338.
Cuando el amor muere, 1357.
Cuando el amor se vaya, 750.
Cuando el dolor adolece, 990.
Cuando el hijo de Fulano no es el hijo de Mengano, 903.
Cuando el mar no exista, 1615.
Cuando el motín de las capas, 1503.
Cuando el placer termine, 690.
Cuando el rey era niño, 573.
Cuando el toro se llama «Felipe», 125.
Cuando el viejo Simbad vuelva a las islas, 418.
Cuando engorda el Quijote, 545.
Cuando entonces, 1168.
Cuando era muchacho, 658.
Cuando estallaron los volcanes, 782.
Cuando florezcan los rosales, 976.
Cuando La Habana era chiquita, 888.
Cuando la luz se quiebra, 1565.
Cuando la sangre se parece al fuego, 354.
Cuando la yerba era verde, 609.
Cuando las Cortes de Cádiz, 1230.
Cuando las horas veloces, 116, 147.
Cuando llegue el verano y el sol llame a la ventana de tu cuarto, 40.
Cuando los guacamayos florecían, 507.
Cuando no se aguarda y príncipe tonto, 835.
Cuando otoño, 651.
Cuando quiero llorar no lloro, 1189.
Cuando sólo nos queda la comida, 460.
Cuando sonríes, 324.
Cuando tengas un hijo, 476.
Cuando venga el amor, 1061.
Cuando voy a morir, 539.
Cuando ya no hay remedio, 1252.
Cuanto la ciencia pretende, amor lo sabe vencer. Encanto, hermosura y rey, 1702.
Cuanto sé de mí, 714, 1321.
¿Cuántos años tiene un día?, 1746.
Cuarentena, 1074.
Cuarta poesía vertical, 803.
Cuartel de inválidos, 1207.
Cuarteles de invierno, 1561.
Cuarteto de máscaras, 1465.
Cuarto galeón, 169.
Cuarto mundo, 1459.
Cuarzo, 1303.
Cuatro años a bordo de mí mismo, 1758.
Cuatro bocetos, 345.
Cuatro clásicos americanos: Rodó, Montalvo, fray Gaspar de Villarroel, P. J. B. Aguirre, 1758.
Cuatro corazones con freno y marcha atrás, 785.
Cuatro cuentos, 152.
Cuatro ejemplos para una nueva sociedad canaria, 430.
Cuatro en el juego, 975.
Cuatro en la piel de toro, 349.
Cuatro esquinas, 671.
Cuatro horas, 1428.
Cuatro lances de boda, 1514.
Cuatro laúdes, 1016.
Cuatro meses de guerra civil en Madrid, 429.
Cuatro novelistas españoles: Delibes, Aldecoa, Sueiro y Umbral, 1095.
Cuatro para Delfina, 463.
Cuatro pisos y la portería, 975.
Cuatro poetas de hoy, 765.
Cuatro soliloquios, 1712.
Cuatro suertes, 1502.
Cuauhtémoc, 1156.
Cuba, una revolución en marcha, 540.
Cuba 66, 429.
Cuba: de Martí a Fidel Castro, 1097.
Cuba poética, 925.
Cubagua, 1157.
Cuchillo de arena, 407.
Cuchillo de caza, 648.
Cuchifritín, el hermano de Celia, 572.
Cuenca en volandas, 1073.
Cuenta dada de su vida política, 115.
Cuenta de la lavandera. Vía Iris. Antenas siderales, 660.
Cuenta nueva y otros poemas, 1058.
Cuentan que una vez, 888.
Cuentas y cuentos, 1459.
Cuentecitos sin importancia, 819.
Cuento de abril, 1676.
Cuento de marinos, 618.
Cuento de Navidad, 1220.
Cuento de Tristán de Leonís, 1110.
Cuento del lar, 1399.
Cuento español de posguerra, 573.
Cuentos al oído, 1399.
Cuentos andinos, 906.
Cuentos aragoneses, 189.
Cuentos argentinos, 747.
Cuentos breves [Barrett, Rafael], 149.

ÍNDICE DE OBRAS

Cuentos breves [Martínez Sierra, María], 992.
Cuentos breves [Zamudio, Adela], 1761.
Cuentos breves y maravillosos, 1019.
Cuentos campesinos, 911.
Cuentos caseros, 657.
Cuentos chapacos, 41.
Cuentos ciertos, 108.
Cuentos civilizados, 1408.
Cuentos clandestinos, 1232.
Cuentos claros, 165.
Cuentos coloniales, 796.
Cuentos con algún amor, 573.
Cuentos con y sin víboras, 1.
Cuentos contados, 598.
Cuentos costeños, 1426.
Cuentos crueles, 448.
Cuentos de ahora mismo, 1091.
Cuentos de amor, de locura y de muerte, 1350.
Cuentos de amor para tardes de lluvia, 79.
Cuentos de angustia y paisajes, 1496.
Cuentos de Apolo, 888.
Cuentos de aquí no más, 248.
Cuentos de ayer y de hoy, 283.
Cuentos de ayer y hoy, 1439.
Cuentos de barbería, aplicados a la política, 1658.
Cuentos de barro, 1495.
Cuentos de bichos, 1051.
Cuentos de Bloomsbury, 1095.
Cuentos de cabecera, 1083.
Cuentos de Chamico, 1083.
Cuentos de cipotes, 1495.
Cuentos de color cielo, 1554.
Cuentos de color de humo, 690.
Cuentos de color de lila y fragmentos sin color, 1181.
Cuentos de color de rosa, 1641.
Cuentos de colores, 940.
Cuentos de cualquier día, 427.
Cuentos de cuentos [Dicenta, Benedicto Joaquín], 451.
Cuentos de cuentos [Espinosa, Pedro], 496.
Cuentos de cuentos [Torromé y Ros, Rafael], 1630.
Cuentos de derrota y esperanza, 1054.
Cuentos de dos climas, 445.
Cuentos de dos tiempos, 450.
Cuentos de Eva Luna, 46.
Cuentos de Fray Mocho, 55.
Cuentos de Garibay, 854.
Cuentos de humor, 1459.
Cuentos de humoramor, 951.
Cuentos de invierno, 52.
Cuentos de Javier, 453.
Cuentos de Jicotea, 888.
Cuentos de Juan Pirulero, 3.
Cuentos de la buena y de la mala pipa, 1272.
Cuentos de la costa, 253.
Cuentos de la era, 152.
Cuentos de la España actual, 836.
Cuentos de la infanta, 422.
Cuentos de la mala uva, 901.
Cuentos de la mala vida, 1624.
Cuentos de la montaña, 814.
Cuentos de la oficina, 196.
Cuentos de la primera esquina, 1637.
Cuentos de la puna, 223.
Cuentos de la selva, 887, 1349.
Cuentos de la tierra, 1273.
Cuentos de la vida, de la muerte y del ensueño, 573.
Cuentos de la zona tórrida, 1009.
Cuentos de los héroes y de las selvas guaraníes, 660.
Cuentos de los juguetes vivos, 881, 1419.
Cuentos de Madrid, 79.
Cuentos de mamá, 608.
Cuentos de mi tía Panchita, 888, 940.
Cuentos de muerte y de sangre, 685.
Cuentos de muerte y libertad, 1762.
Cuentos de Navidad, 1517.
Cuentos de perros, 1419.
Cuentos de pueblo chico, 691.
Cuentos de tiempos universitarios, 348.
Cuentos de Tucumán, 223.
Cuentos de una misma historia, 19.
Cuentos de vacaciones, 1356.
Cuentos de verdad, 573.
Cuentos decentes, 1424.
Cuentos del amor y de la muerte, 1642.
Cuentos del Ampurdán, 144.
Cuentos del año 2100, 1326.
Cuentos del buen ánimo, 693.
Cuentos del dolor de vivir, 309.
Cuentos del general, 1411.
Cuentos del hogar, 144.
Cuentos del maestro, 1630.
Cuentos del Maule, 828.
Cuentos del medio rural mexicano, 1464.
Cuentos del México antiguo, 1674.
Cuentos del pícaro tío Conejo, 888.
Cuentos del reino secreto, 1025.
Cuentos del Río de la Plata, 1493.
Cuentos del tiempo de nunca acabar, 1562.
Cuentos del tío Fernando, 882.
Cuentos del viejo Alto Perú, 20.
Cuentos del vivac, 1653.
Cuentos del zodíaco, 1326.
Cuentos, dichos, anécdotas y modismos aragoneses, 1106.
Cuentos ecuatorianos de Navidad, 888.
Cuentos en guerrilla, 319.
Cuentos en tono menor, 673.
Cuentos en varios tiempos, 257.
Cuentos en verso, 1000.
Cuentos escritos en el exilio y apuntes sobre el arte de escribir cuentos, 211.
Cuentos estrambóticos, 1123, 1459.
Cuentos extraños, 152.
Cuentos fantásticos [Blanco, Eduardo], 186.
Cuentos fantásticos [Estrázulas, Enrique], 506.
Cuentos fatales, 929.

Cuentos frágiles [Fiallo, Fabio], 545.
Cuentos frágiles [Gutiérrez Nájera, Manuel], 690.
Cuentos fríos, 1275.
Cuentos gnóticos, 1054.
Cuentos griegos, 617.
Cuentos grises, 583.
Cuentos grotescos, 1278.
Cuentos históricos, leyendas antiguas y tradiciones populares de España, 1458.
Cuentos incoloros, 1051.
Cuentos infantiles, 41.
Cuentos ingenuos, 1638.
Cuentos inverosímiles, 354.
Cuentos magicorrealistas y canciones de fiestas tradicionales en el valle de Mantaro, 86.
Cuentos malévolos, 1205.
Cuentos, mentiras y exageraciones andaluzas, 574.
Cuentos mexicanos, 108.
Cuentos, microcuentos y anticuentos, 694.
Cuentos morales, 24.
Cuentos morales para niños formales, 887.
Cuentos negros de Cuba, 235, 888.
Cuentos nerviosos, 443.
Cuentos nicaragüenses, 248.
Cuentos, oraciones, adivinas y refranes populares e infantiles, 879.
Cuentos para chicos y grandes, 1326.
Cuentos para después, 887.
Cuentos para gente menuda, 1106.
Cuentos para los niños grandes, 151.
Cuentos para soñar, 836.
Cuentos para una inglesa desesperada, 954.
Cuentos pasionales, 705.
Cuentos peruanos, 887.
Cuentos pinoleros, 248.
Cuentos pintados, 887.
Cuentos pintados y cuentos morales para niños formales, 1313.
Cuentos políticos, 819.
Cuentos por palabras, 1326.
Cuentos rápidos, 529.
Cuentos raros, 46.
Cuentos recuperados de la papelera, 1624.
Cuentos republicanos, 608.
Cuentos selectos, 1542.
Cuentos sin ton ni son, 186.
Cuentos sobre Alicante y Albatera, 257.
Cuentos: Stories by Latinas, 856.
Cuentos, tipos y modismos de Aragón, cuentos baturros, 1106.
Cuentos ticos, 530.
Cuentos viejos, 888.
Cuentos vividos, 302.
Cuentos y anticuentos, 1019.
Cuentos y diálogos, 795.
Cuentos y fantasías, 63.
Cuentos y leyendas filipinos, 872.
Cuentos y leyendas negros de Cuba, 686.
Cuentos y narraciones [Fernández Juncos, Manuel], 532.
Cuentos y narraciones [Gavidia, Francisco], 618.
Cuentos y narraciones [Salado, Victoriano], 1491.
Cuentos y notas, 431.
Cuentos y parábolas, 648.
Cuentos y patrañas de mi ría, 1774.
Cuentos y relatos del norte argentino, 426.
Cuentos y tipos callejeros, 1426.
Cuerda de presos, 1325, 1501.
Cuerda menor, 519.
Cuerdas, percusión y alientos, 1229.
Cuerdas sobre tu voz de albas infinitas, 1163.
Cuerpo a cuerpo, 1741.
Cuerpo a tierra, 539.
Cuerpo de astronauta, convecino al cielo, 75.
Cuerpo de camisa, 1507.
Cuerpo perseguido, 1317, 1318.
Cuerpo presente, 1417.
Cuerpo y alma, 376.
Cuerpos [Chase, Alfonso], 343.
Cuerpos [Jamís, Faya], 784.
Cuerpos [Yurkievich, Saúl], 1756.
Cuerpos, almas y todo eso, 922.
Cuerpos mirándose en el espejo, 785.
Cuervo, 24.
Cuesta abajo, 1126.
Cuesta arriba, 1459.
Cuestión de amor, 1154.
Cuestión de amor y otros poemas, 1411.
Cuestión de astucia, 1151.
Cuestión de narices, 1731.
Cuestionario 1951-1976, 1758.
Cuestiones con la vida, 385.
Cuestiones estéticas, 562, 1400.
Cuestiones gongorinas, 562, 1400.
Cuestiones marxistas, 1703.
Cuestiones personales, 1491.
Cuestiones rubendarianas, 1009.
Cuidado con las novias, 629.
Cuidado y educación del niño, 150.
Cuidados intensivos, 1090.
Cui-Ping-Sing, 572.
Culminación de Montoya, 1328.
Culpables, 1500.
Cumandá o un drama entre salvajes, 1024, 1454.
Cumboto, 449.
Cumbrera del mundo, 148.
Cumbres de Extremadura, 709.
Cumpleaños, 577.
Cumpleaños lejos de casa, 116, 1025.
Cumplida Soledad, 984.
Cuna común, 461.
Cuna de cóndores, 828.
Cupido y Marte, 214.
Cuplé, 458.
Cuplés y canciones, 913.
Cura deslices de amor más prudencia que vigor, 652.
Curación del cuerpo de la república, 1247.

ÍNDICE DE OBRAS

Curas y mendigos, 164.
Curayú o El vencedor, 1372.
Curial y Güelfa, 1465.
Curiosa filosofía, 1103.
Curiosidades estéticas, 1696.
Curra, 1315.
Curriculum mortis, 12.
Currito de la Cruz, 1248.
Curro el de Lora, 643.
Curro Vargas, 451.
Curso de crítica literaria, 638.
Curso de historia de la literatura castellana de España y América, 234.
Curso de humanidades castellanas, 1379.
Curso superior de ignorancia, 1177, 1322.
Cursus philosophici, 923.
Curundú, 159.
Custodia y los gatos, 1600.
Cythara de Apolo, 1496.

D, 137.
Dabeiba, 57.
Dad este escrito a las llamas, 132.
Dador, 840.
Dados, amor y clérigos, 1741.
Dafne y ensueños, 1623.
Daimón, 1316.
Daimon en la niebla, 1067.
Daiquiri, 1304.
Dale que dale del hermitaño doloroso a su amigo... porque, habiendo puesto a su cargo recogiese los aguinaldos de la Pascua en viernes, parece que no da, ni toma, 326.
Dalilah, 419.
Dama de corazones, 1735.
Dama de soledad, 1319.
Dama pobreza (Un milagro de San Francisco), 1607.
Damas, 653.
Damas, señoras, mujeres, 51.
Dame la mano, 672.
Damón, 1142.
Danger de mort, 596.
Daniel [Dicenta, Joaquín], 451.
Daniel [Subercaseaux, Benjamín], 1568.
Daniel Cosío Villegas. Imprenta y vida pública, 1758.
Danza de galanes, 269.
Danza de la muerte [Ayala, Francisco], 121.
Danza de la muerte [Pérez de Guzmán, Fernán], 1246.
Danza de monos, 1000.
Danza del urogallo múltiple, 702.
Danzas y canciones argentinas, teorías e investigaciones. Un ensayo sobre el tango, 1704.
Daphnis y Cloe, 574.
Dardo, el caballo del bosque, 1064.
Dardo funerario, 349.
Darío, Cernuda y otros temas poéticos, 138.
Dársena en el tiempo, 1415.
David [Cisneros, Antonio], 350.
David [Uziel, Jacobo], 1281.
David, el rey, 1650.
David perseguido, 925.
Dawson, 491.
De 2 a 4, 70.
De abril en adelante, 1719.
De acedía, 991.
De ahora en adelante, 807.
De Alfonso XIII al Príncipe de España, 1703.
De algún tiempo a esta parte, 109.
De algunas otras veces, 1303.
De aliis mysteris, 235.
De Altamira a Hollywood (Metamorfosis del arte), 255.
De América a las trincheras, 179.
De amor [Feria, Luis], 522.
De amor [Ruiz Contreras, Luis], 1476.
De amor y de sombra, 46.
De amore, 806.
De Andalucía. Rimas, 382.
De ánima, 609.
De anima et vita, 1745.
De Antonio Fuentes al «Cordobés», 46.
De Antonio Machado a su grande y secreto amor, 493.
De aquí en adelante, 88.
De aquí y de allá [García Godoy, Federico], 597.
De aquí y de allá [Hernández, Julio], 701.
De aquí y de allí, 1240.
De arte, 179.
De arte dicendi, 1376, 1511.
De arte oratoria, 1376.
De arte rhetorica, 337.
De Astudillo a Moscú, 79.
De ausencia, 1019.
De autos, 1491.
De ayer, 37.
De ayer a hoy, 1615.
De barro y de esperanza, 1431.
De bello Nauariensi, 1098.
De Bitárica a «Crónicas de Caracas», 215.
De bosque a bosque, 1608.
De buena cepa, 7.
De Cádiz al puerto, 566.
De «camisa vieja» a chaqueta nueva, 1746.
De cara al mundo, 903.
De Cartago a Sagunto, 1244.
De caso y fortuna, 149.
De casta le viene al galgo, 1522.
De Castilla a Andalucía, 1556.
De Chepén a La Habana, 807.
De claro en claro, 324, 1321.
De cómo Antoñito López, natural de Játiva, subió a los cielos, 1597.
De cómo el hombre limpión tiró de la manta, 1166.
De compadre a compadre, 999.
De conciliis generalibus, 534.
De conscribendis epistolis, 1745.
De Córdoba a Alcazarquivir, 1759.
De corruptione rhetoricae, 1375.
De cosa en cosa, 418.
De crítica cervantina, 204.
¡De cuando acá nos vino!, 1368.
De cuando Dios Nuestro Señor mandó al profeta Jonás que fuese a la ciudad de Ní-

ÍNDICE DE OBRAS

nive a predicar su destrucción, 652.
De cuerpo presente, 1565.
De dentro de la piel, 308.
De Deo Deoque Homine Heroica, 1.
De dioses, hombrecitos y policías, 385.
De disciplinis, 1745.
De doctrina christiana, 1379.
De donde oscilan los seres en sus proporciones, 807.
De donde son los cantantes, 1528.
De dos tierras, 1630.
De entrada, 1304.
De entre los Números, 1512.
De España al Japón, 1189.
De este lado del mar, 234.
De este mundo, 760.
De este reino, 1178.
De Europa desidiis et bello turcico, 1745.
De exilio, 71.
De fide, 932.
De formandis sacris concionibus, 1170.
De Francisco Galliae rege a Caesare capto, 1745.
De fuegos, tigres, ríos, 649, 1320.
De Fuerteventura a París, 1647.
De fusilamientos, 1629.
De Galdós a Lorca, 948.
De Gallardo a Unamuno, 636.
De gentes de otro mundo, 1463.
De guante blanco [Muñoz y Pabón, Juan Francisco], 1078.
De guante blanco [Ruiz Contreras, Luis], 1476.
De historia para entenderla y escribirla, 578, 743.
De hombre a hombre, 1273.
De hoy para mañana, 627.
De iconografía, 1302.
De imitatione, 1376.
De institutione feminae christianae, 934.
De inventoribus rerum, 414.
De la amorosa inclinación a enredarse en cabellos, 633.

De la angustia a la libertad, 948.
De la aurora, 1759.
De la ausencia a la noche, 100.
De la aventura, 1532.
De la barbarie a la imaginación, 1067.
De la casa arraigada, 1551.
De la Ceca a la Meca, 458.
De la conquista a la independencia; tres siglos de historia cultural hispanoamericana, 1271.
De la costilla de Eva, 159.
De la creación del mundo, 7.
De la defensa nacional, 780.
De la Dictadura a la República (La vida política en Portugal), 1071.
De la diferencia entre lo temporal y lo eterno. Crisol de desengaños, 1103.
De la diversidad (Poesía 1965-1980), 430.
De la divina proporción, 1072.
De la edad conflictiva. El drama de la honra en España y en su literatura, 311.
De la educación popular, 1529.
De la elocuencia, 825.
De la época modernista (1892-1910), 1226.
De la Escuela a la Universidad, 1527.
De la Escuela de Barcelona, 1526.
De la estimación de la religión, 966.
De la evasión al desencanto, 1612.
De la facultad de los alimentos y medicamentos indianos, 1015.
De la felicidad, 606.
De la filosofía, 593.
De la filosofía española, 1669.
De la filosofía llamada lógica, 4.
De la hermosura de Dios y su amabilidad, 1103.
De la invención, 546.

De la locura metódica, 1302.
De la mañana a la noche, 1631.
De la mina y lo minero, 302.
De la misma lonja, 1725.
De la muerte al amor, 1671.
De la naturaleza al espíritu. Ensayo crítico de pintura contemporánea desde Sorolla a Picasso, 4.
De la naturaleza y carácter de la novela, 1669.
De la naturaleza y virtudes del indio, 1202.
De la niebla y sus nombres, 1059.
De la nobleza exemplificada en el linaje Lugo. El origen de la gran casa de Saavedra, 928.
De la olla al mole, 460.
De la palabra y otras alucinaciones, 1500.
De la poesía a la revolución, 1439.
De la poesía (Del pueblo), 965.
De la poesía heroico-popular castellana, 1034.
De la posible aurora, 77.
De la renuncia, 1302.
De la revolución en Italia, España y Portugal, 1669.
De la soledad y las visiones, 1556.
De la superficie al fondo, 213.
De la superstición al ateísmo (Meditaciones antropológicas), 285.
De la tierra, del mar y otros caminos, 352.
De la tierra sin fuego, 1416.
De la torería, 227.
De la verdad como fuente de belleza en la literatura dramática, 1575.
De la vida del señor etcétera, 288.
De la vigilia estéril, 304.
De la virtud del ocio, materia del olvido, 1301.
De la zona atlántica. (Galicia y Portugal), 606.
De las adivinanzas, 149.
De las cuatro estaciones, 811.

De las evoluciones sociales y los métodos en la política, 780.
De latrocinios y virginidades, 599.
De letras y números, 1011.
De literatura infantil o 50 respuestas de Antoniorrobles, 1419.
De litteris (crítica), 596.
De lo castizo de nuestra cultura en el siglo XVIII y en el presente, 1669.
De lo más hondo, 575.
De lo pintado a lo vivo, 926.
De lo que ocurrió el día de la inauguración del Gran Hotel, 795.
De lo que viene como si se fuera, 1271.
De lo vivo a lo pintado, 584.
De los campos porteños, 939.
De los duendes y la villa de Santa Inés, 372.
De los hijos ilustres, 1046.
De los malditos, de los divinos..., 1399.
De los nombres de Cristo, 933.
De los príncipes, 110.
De los quince a los treinta, 624.
De los remedios de cualquier fortuna, 1344.
De los siglos oscuros al de Oro, 49.
De los signos que aparesçerán antes del Juicio, 170.
De los sueños, 149.
De los trovadores en España, 1034.
De lugares, monumentos e implicancias varias, 544.
De Lutecia: arte y crítica, 462.
De Madrid a Biarritz, 354.
De Madrid a la luna, 412.
De Madrid a Lisboa, 447.
De Madrid a Nápoles, 21.
De Madrid a Oviedo, 1230.
De Madrid al cielo, 301.
De mar a mar, 1659.
De mi casona, 907.
De mi cercado, 1520.
De mi jardín sinfónico, 874.

De mi libro de horas, 653.
De mi rincón, 7.
De mi vida y de mi tierra, 426.
De mi vida y milagros, 116, 203.
De mi vida y otras vidas, 1521.
De mi villorrio, 905.
De miedo en miedo, 1559.
De milagros y de melancolías, 1074.
De «Mis Memorias». Estampas salmantinas, 953.
De mis romerías, 448.
De modo orandi, 931.
De monarchia, 534.
De mutatione monetae, 970.
De noche, 655.
De noche vienes, 1313.
De Oñate a La Granja, 1244.
De optima politia, 534.
De oratione libro III, 1375.
De orbe novo, 402, 994.
De otoñada, 1181.
De otro cielo, 1083.
De otro modo lo mismo, 203.
De pacificatione, 1745.
De palabra en palabra, 467.
De Palma a Vallejo, 318.
De pantalón largo, 1325.
De París a la cárcel de Madrid, 1729.
De París a Monastir (1915), 249.
De paso por la vida, 673.
De pecado en pecado, 291.
De película, 521.
De Peña Pobre, 1743.
De perfil, 796.
De perfil y de frente, 1003.
De perros y hombres, 320.
De pesca, 1215.
De pétalos perennes, 1761.
De pie sobre la sombra, 772.
De pinche a comendador: memorias, 369.
De pitón a pitón, 319.
De ponderibus et mensuribus, 970.
De por aquí nomás, 385.
De primis temporibus et quatuor ac viginti regibus primis Hispaniae et eius antiquitate, 741.
De puertas adentro, 1064.

De qué se ríe el licenciado, 1052.
De quince me llevo una, 996.
De ramas y secretos, 653.
De ratione concionandi, 1170.
De ratione dicendi, 1375, 1745.
De rebus Hispanorum gestis ad Novum Orbem, 402.
De rege et de regis institutione, 969.
De regimine principum, 1227.
De Regimine Urbis & Regni Valentifi, 998.
De rhetorica libri tres, 1376.
De rhetoricae facultate breve compendium ex varilis actoribus collectum, et recopilatum, 1378.
De rompe y rasga, 919.
De Roncesvalles a Compostela, 1745.
De sacra ratione concionandi, 1377.
De San Diego a Monterrey, 1600.
De San Pascual a San Gil, 1038, 1330.
De Sevilla al Yucatán, 1463.
De sobremesa, 1549, 1550.
De sobremesa. Cuentos y apólogos, 987.
De soledad y otros pesares, 615.
De solo estar, 304.
De spectaculis, 970, 1307.
De su jornada, 383.
De subventione pauperum, 1745.
De sueños, presagios y otras voces, 1535.
De tal palo tal astilla, 1234.
De tales cuales, 89.
De telón adentro, 104.
De tiempo y agonía, 568.
De tierra cálida, 87.
De tierra venezolana, 1270.
De tierra y agua, 1549.
De tierras altas, 82.
De Titta Ruffo a la Fons, pasando por Machaquito, 1248.

De tobillera a cocotte, 146, 1136.
De tribus dicendi generibus, 1376.
De tropeles y tropelías, 1354.
De tu boca a los cielos, 1088.
De un capricho celeste, 296.
De un modo cotidiano, 1302.
De un momento a otro, 27, 28.
De un mundo a otro, 777.
De un nido, 1147.
De un país lejano, 883, 1325.
De un periodista, 199.
De un solo golpe, 1600.
De una a otra Venezuela, 1655.
De una España peregrina, 173.
De una niña de provincias que se vino a vivir en un Chagall, 1300, 1320.
De unico vocationis modo, 402.
De Uruel al Moncayo, 907.
De vampiros y otros asuntos amorosos, 1088.
De vera et facili imitatione Ciceronis, 1206, 1376.
De veraneo, 1530.
De veritate Fidei Christianae,, 1745.
De Villahermosa a la China, 442.
De virtudes, 966.
De vuelta al Paraíso, 1716.
De vulgari Zyklon B manifestante, 70.
De Zitilchen, 820.
Deatráspicaelindio, 1073.
Debajo de la luz, 1763.
Debajo del cielo, 1273.
Deberes de la mujer, 1489.
Debiera haber obispas, 1556.
Débil tronco querido, 1273.
Débora, 1198, 1694.
Debora Blenn, 1089.
Décadas [Herrera y Tordesillas, Antonio de], 403.
Décadas [Palencia, Alfonso de], 1668.
Décadas y mitos, 1304.
Dechado de galanes, 267.
Dechado de varios subjetos, 369.

Decidnos, ¿quién mató al Conde?, 934.
Décima muerte y otros poemas no coleccionados, 1735.
Decimario, 347.
Décimas a Dios, 63.
Décimas en el mar, 1155.
Décimas sobre la brevedad de la vida y sus desengaños, 980.
Decimos: «Nuestra tierra», 1155.
Decir, 1301.
Decir contra los aragoneses, 915.
Declamaciones castellanas, 195.
Declaración conjunta, 172.
Declaración de un vencido, 199, 1532.
Declaración magistral sobre los emblemas de Andrés Alciato, 869.
Declaración por el reino de Portugal, 1012.
Declive, 586.
Decoraciones, 150.
Dédalo [Argensola, Bartolomé Leonardo de], 83.
Dédalo [Castro y Valdivia, Gonzalo de], 318.
Dédalo [Domenchina, Juan José], 459.
Dedicación y ofrendas, 1551.
Defectos escogidos, 1102.
Defensa de la hispanidad, 950, 1364.
Defensa de la «Historia General de España» del padre Juan de Mariana, 1576.
Defensa de la historia literaria de España, 137.
Defensa de las criaturas de tierna edad, 1247.
Defensa de libros fabulosos y poesías honestas y de las comedias que ha introducido el uso, 1644.
Defensa de virtuosas mugeres, 1667.
Defensa del espíritu, 950.
Defensa del habla andaluza, 1702.

Defensa del hombre, 614.
Defensorium, 533.
Definición de savia, 1303.
Deformarse es vivir, 1493.
Defunsión de don Enrique de Villena, 914.
Deja que los perros ladren, 1746.
Dejad crecer este silencio, 916.
¡Déjate querer, hombre!, 849.
Dejemos hablar al viento, 1168, 1321.
Del abreviado mar, 1226.
Del acrecentamiento de la labor de la tierra, 1665.
Del Acueducto al Alcázar, 839.
Del agua, del fuego y otras purificaciones, 1301.
Del amor, 418.
Del amor, del dolor y del misterio, 291.
Del amor, del dolor y del vicio, 637.
Del amor, del olvido, 1176.
Del amor clandestino y otros poemas incorporados, 701.
Del amor por sobre todas las cosas, 1169.
Del antaño quimérico, 1671.
Del antiguo labrador, 1533.
Del árbol de las Hespérides, 1463.
Del arte de la gramática, 337.
Del ayllu al imperio, 1658.
Del bajío y arribeñas, 426.
Del balcón a la calle, 70.
Del Bierzo y su gente, 284.
Del Bósforo a Gibraltar, 1488.
Del Bosque Divino donde Dios tiene sus aves y animales, 652.
Del brazo y por la calle, 1061.
Del Burgos desungido, 1300.
Del camino de humo, 1643.
Del campo y de la ciudad [Maldonado, Luis], 953.
Del campo y de la ciudad [Viana, Javier de], 1725.
Del campo y soledad, 607.
Del canto, la flor, 789.
Del cielo cuelgan ciudades, 63.

Del color del viento, 1762.
Del corazón de mi pueblo, 1202.
Del crepúsculo, 1402.
Del cuartel y del claustro, 1277.
Del desastre nacional y sus causas, 780.
Del dolor y las alas, 1301.
Del Ebro al Tíber, 487.
Del encuentro nupcial, 1276.
Del ensayo americano, 562.
Del estado, evolución y permanencia del ánimo, 1653.
Del fino amanecer, 213.
Del fondo del alma, obras póstumas, 1353.
Del fuego a la tiniebla, 960.
Del fuego secreto, 1095.
Del furtivo destierro, 1555.
Del gusto presente in letteratura italiana, 100.
Del hogar sólido, 281.
Del huerto del pecado, 748.
Del huerto provinciano, 1039.
Del jardín del amor, 901.
Del lado de la ausencia, 1303.
Del lenguaje, 596.
Del levantamiento por la tradición de España, 382.
Del llano a la montaña, 747.
Del Madrid del cuplé (Recuerdos pintorescos), 46.
Del mal el menos, 291.
Del mar, 1526.
Del mar a la montaña, 466.
Del mar, del amor y de la sinrazón, 1575.
Del mar y la ceniza, 158.
Del más acá, 174.
Del menos al más, 1273.
Del Miño al Bidasoa, 321.
Del mismo amor ardiendo, 1440.
Del misticismo en la poesía española, 1669.
Del monte en la ladera, 1674.
Del monte y los caminos, 1235.
Del montón, retratos de sujetos que se ven en todas partes, 1000.
Del nacimiento, 966.
Del natural, 150.

Del origen y principio de la lengua castellana o romance que hoy se usa en España, 34.
Del origen y reglas de la música, 508.
Del oscuro canto, 1220.
Del otoño y los mirlos, 173.
Del otro lado [Azcoaga, Enrique], 125.
Del otro lado [Urondo, Francisco], 1652.
Del picadero al proscenio, 1493.
Del Pirineo a Compostela, 639.
Del poema al lector, 300.
Del poema eterno, 459.
Del pozo y del Numa: un ensayo y una leyenda, 167.
Del Rastro a Maravillas, 1373.
Del rayo y de la lluvia, 653.
Del relámpago, 1438.
Del rey abajo, ninguno o El labrador más honrado, García del Castañar, 1441.
Del rey Ordás y su infamia, 522.
Del rigor al desatino, 1303.
Del romanticismo al modernismo, prosistas y poetas peruanos, 596.
Del Romanticismo al Pop Art, 1526.
Del romanticismo en España y de Espronceda, 1669.
Del sacrificio de la misa, 170.
Del Santísimo Sacramento, 966.
Del sentimiento trágico de la vida en los hombres y en los pueblos, 1647.
Del sentir, 89.
Del Seto de Oriente y otros relatos fantásticos, 988.
Del siglo de los chisperos, 987.
Del sol naciente, 590.
Del solar galaico, 91.
Del solar sevillano, 1078.
Del sueño y la vigilia, 1703.
Del tiempo de la muerte, 251.
Del tiempo extraño, 429.
Del tiempo y del olvido, 660.

Del tiempo y otros lugares, 1357.
Del tiempo y unas gentes, 595.
Del traspaso, 1551.
Del tren, 596.
Del uso de las relaciones en el lenguaje, 561.
Del uso y abuso de la Comunión, 1205.
Del vanguardismo a la antipoesía, 1533.
Del Veleta a Sierra Elvira, 13.
Del venero nativo, 649.
Del viejo saber olvidado, 673.
Del viento en los jazmines, 296.
Del viento y de las nubes, 793.
Del vivir, 1039.
Del vivir revolucionario, 179.
Delante de la luz cantan los pájaros, 1058.
Delante del muro, 1599.
Deleitar aprovechando, 1112, 1613, 1614.
Deleite de la discreción y fácil escuela de la agudeza, 542.
Delfín de música, 268.
Delfines y tiburones, 981.
Delgadina, 73.
Delicias del parnaso, 269.
Delimitaciones, 1653.
Delirio de los días, 1067.
Delirio y destino, 1759.
Delirium tremens, 148.
Delito, condena y ejecución de una gallina, 77.
Delle Acutezze altrimenti, spiriti, vivezze e concetti, 665.
Delmira, 732, 1532.
Demanda contra el olvido, 657.
Demanda de Cartago, 306.
Demanda del Santo Grial, 1110.
Demasiado oscuro para un fin de semana, 1151.
Demasiado para Gálvez, 1090, 1151.
Demasiados ángeles, 1273.
Demócrito, 83.
Demonio en caos, 70.
Demostración criticoapologé-

tica del «Theatro crítico universal», 1530.
Demostración por el reino de Portugal, 1012.
Dentro & Fuera, 159.
Dentro del cercado, 1039.
Dentro del río, 51.
Dentro y fuera del teatro, 613.
Depósito de seres, 1637.
Derecho consuetudinario y Economía popular de España, 384.
Derecho municipal consuetudinario de España, 384.
Derivas, 1047.
Derribado arcángel, 365.
Derribos: crónicas íntimas de un tiempo saldado, 1499.
Derrotero y viaje a España y a las Indias, 401.
Desahogos líricos... como un antídoto excelente contra la enfermedad del amor, 976.
Desamparados, 506.
Desaparece el polvo, 1165.
Desapariciones y fracasos, 1208.
Desarrollo literario de El Salvador, 1630.
Desasosiego de los horizontes, 772.
Desastre en Cartagena, 1457.
Desatemos el nudo, 1201.
Desbandada, 1457.
Descargo de conciencia, 817.
Descartes mentía, 1302.
Descenso y ascenso del alma por la belleza, 968.
Desciende, río invisible, 1088.
Descrédito del héroe, 230, 1322.
Descripción de la galera de don Juan de Austria, 953.
Descripción de la mentira, 590.
Descripción de las antigüedades y jardines de don Vincencio Juan de Lastanosa, 67.
Descripción de los honores fúnebres consagrados a los restos del Libertador Simón Bolívar, 1617.

Descripción de un naufragio, 1253.
Descripción del cielo, 711.
Descripción física y geológica de la provincia de Huesca, 954.
Descripciones, 852.
Descubridor de nada y otros cuentos, 573.
Descubriendo Tiwanaku, 197.
Descubrimiento del alba, 4.
Desde abajo es el viento, 985.
Desde aquí, 1035.
Desde el amanecer, 117, 341.
Desde el cabezo cortado, 152.
Desde el cielo, 1106.
Desde el cortijo. Sonetos, 1061.
Desde el infierno y otros cuentos, 258.
Desde el surco, 1402.
Desde el valle, 1548.
Desde entonces. (Cartas inacabadas), 615.
Desde esta orilla, 542.
Desde Inglaterra, 690.
Desde la carne al alma, 1079.
Desde la cola del dragón, 473.
Desde la falda, 1051.
Desde la luz preguntan por nosotros, 1440.
Desde la montaña. Cartas, 817.
Desde la puerta al portillo, 1061.
Desde la quilla hasta el tope, 819.
Desde la sangre y el silencio, 439.
Desde la silla eléctrica, 975.
Desde la última vuelta del camino, 116, 145, 199.
Desde lejos, 1176.
Desde los Andes, 343.
Desde mi belvedere, 1700.
Desde mi butaca, 1759.
Desde mi retiro, 817.
Desde mis poemas, 1327, 1423.
Desde Wad-Ras a Sevilla, acuarelas de la campaña de África, 1096.
Desdén, 1302.
Desdichas de la fortuna o Ju-

lianillo Valcárcel, 942, 945.
Deseada, 109.
Desechos sin rumbo, 396.
Desembocadura, 161.
Desengaño de amor en rimas, 1562.
Desengaño de celos, 1142.
Desengaño de los engaños en que viven los que ven y ejecutan comedias. Tratado sobre la cómica, parte principal de la representación, 1404.
Desengaño de los vicios y arrepentimientos del hombre, 505.
Desengaños al teatro español, 537, 1309.
Desengaños amorosos, 1112.
Desengaños de un casado y extremos de la mujer, 358.
Desengaños del mago, 1533.
Desenlace de Endimión, 140.
Deseo un millonario, 1154.
Desertores, 806.
Desfile romántico, 1406.
Desheredado, 326, 1277.
Deshoras, 380.
Desiderio, 18.
Desierto de piedra, 1747.
Desnuda intimidad, 1440.
Desnudo en el tejado, 1555.
Desnudo en Picadilly, 1495.
Desnudo en Punta Brava, 1196.
Desnudo pudor, 693.
Desocupado lector, 1438.
Desolación, 1041.
Desolación de la Quimera, 328.
Desolación del ansia, 174.
Desolación del héroe, 1091.
Desorganización, 1760.
Despedida del hombre, 1415.
Despeñaperros, 1702.
Despertador de cortesanos, 678.
Despertar para morir, 493.
Despertate, Cipriano, 429.
Despierta, mi bien, despierta, 35.
Desplazamientos, 1533.
Despojos de la noche, 1300.
Desposorio espiritual entre el

Pastor Pedro y la Iglesia mexicana, 1251.
Después de caminar cierto tiempo hacia el Este, 349.
Después de la bomba, 1495.
Después de la crisis, 84.
Después de la escalada, 679.
Después de la siega, 1355.
Después de la tormenta, 538.
Después del amor..., 1302.
Después del combate, 1653.
Después del desenlace, 639.
Después del diluvio, 466.
Después del llanto, 353.
Después del naufragio, 228.
Después del silencio, 1003.
Después del temporal, 64.
Después, el silencio, 1524.
Después los muros, 1169.
Destacamento Rojo, 62.
Deste agua no beberé, 350.
Destierro [Cisneros, Antonio], 350.
Destierro [Domenchina, Juan José], 459.
Destierro [Torres Bodet, Jaime], 1625.
Destierro infinito, 1541.
Destierro por vida, 431.
Destierro y atardecer, 1456.
Destino de quererte, 90.
Destinos, 656.
Destrozos literarios, 1658.
Destrucció de Hierusalem, 1227.
Destrucciones, 951.
Destruyan a Anderson, 1152.
Destruyción de Troya, 1457.
Desvaríos. Poemas líricos, 1363.
Desvelo, 1191.
Detenimientos, 1559.
Detrás de la cruz, 173.
Detrás de la piedra, 809.
Detrás del grito, 353.
Detrás del pavo, 256.
Detrás del rojo, 814.
Detrás del rostro, 1762.
Detrás del rostro que nos mira, 179.
Déu vos guard i passi-ho bé, 642.
Deucalión [Guillén, Alberto], 680.

Deucalión [Verdugo y Castilla, Alfonso], 1722.
Deudas de honor, 814.
Deudas pagadas, 1075.
Devocionario [Rossetti, Ana] 1463.
Devocionario [Vázquez, Etelvino], 1601.
Devocionario del amor sexual, 429.
Devoraciones, 663.
Devuelve el anillo, pelo cepillo, 1326.
Dezir a las siete virtudes, 770.
Dezir de las vanidades del mundo,, 1512.
Día de caza en 1936, 679.
Día de ceniza, 616.
Día por día de mi calendario, 945.
Día tras día, 463.
Día y noche de Madrid, 1526.
Diablo Mundo, 503.
Diadema de lirios, 570.
Diadema fúnebre, 290.
Diagnosis paraguaya, 1015.
Diagonal de sangre, 1412.
Dialéctica de la conciencia americana, 1768.
Dialectología, 1760.
Diálogo, 1626.
Diálogo contra los impugnadores del celibato y cristiandad del clero, 540.
Diálogo Cristo-Marx, 1774.
Diálogo de amor intitulado «Dórida», 574.
Diálogo de doctrina cristiana, 1661.
Diálogo de Ilustres en la Rotonda, 1156.
Diálogo de la captividad de Argel, 693.
Diálogo de la dignidad del hombre, 1250.
Diálogo de la discreción, 574.
Diálogo de la herida, 1303.
Diálogo de la lengua, 1378, 1504, 1662.
Diálogo de las condiciones de las mujeres, 305.
Diálogo de las fiebres interpoladas, 921.
Diálogo de las lenguas, 574.

Diálogo de las transformaciones de Pitágoras, 1734.
Diálogo de los mártires de Argel, 693.
Diálogo de los morabutos, de turcos y moros, 693.
Diálogo de Manuel y David (y otros ensayos), 454.
Diálogo de una dama y un galán, 531.
Diálogo del Amor y un viejo, 1604.
Diálogo del arte de torear, 1089.
Diálogo del cazador y del pescador, 153.
Diálogo del gordo y el flaco con una rocola, 77.
Diálogo del mosquito, 922.
Diálogo del Nascimiento, 1626.
Diálogo del viejo, el amor y la hermosa, 1604.
Diálogo en «re» mayor, 1616.
Diálogo entre dos perrillos, 31.
Diálogo entre el Amor y un viejo, 388, 437.
Diálogo entre el autor y su pluma, 305.
Diálogo entre la Adulación y la Verdad, 305.
Diálogo entre la cabeza y la gorra, 338.
Diálogo entre Memoria y Olvido, 305.
Diálogo entre Villalobos y un criado, 921.
Diálogo espiritual, 1055.
Diálogo existencial, 487.
Diálogo patriótico interesante, 712.
Diálogo secreto, 220.
Diálogo sobre la invención de las calzas, 1466.
Diálogos, 1156.
Diálogos con el cuerpo, 1535.
Diálogos con la página, 794.
Diálogos contra los judíos, 46.
Diálogos de Chindulza, 819.
Diálogos de fin de siglo, 17.
Diálogos de la alta noche, 1702.

Diálogos de la clase medium, 124.
Diálogos de la conquista del espiritual y secreto reino de Dios, 69.
Diálogos de la herejía, 635.
Diálogos de la montería, 139.
Diálogos de la soledad, 215.
Diálogos de la sombra y la pena, 1490.
Diálogos de la verdadera honra militar, 1652.
Diálogos de las luces perdidas, 202.
Diálogos de salón, páginas representables, 989.
Diálogos de un hombre solo, 903.
Diálogos de una espera, 795.
Diálogos del anochecer, 1702.
Diálogos del conocimiento, 37.
Diálogos familiares, 936.
Diálogos olímpicos, 1403.
Diálogos satíricos, 1511.
Diálogos sobre la violencia, 838.
Diálogos sobre poesía y literatura, 1440.
Diamantes y pedernales, 86.
Diamantes y perlas, 1494.
Diana, 2, 332, 389, 527, 589, 628, 1139, 1141, 1617.
Diana enamorada, 326, 1112, 1141.
Diana transfigurada, 202.
Diano, 143.
Diapasón negro, 1462.
Diario [Camprubí Aymar, Zenobia], 259.
Diario [Colón, Cristóbal], 358.
Diario [Jovellanos, Gaspar Melchor de], 797.
Diario (1937-1946) [Molina, Ricardo], 1048.
Diario [Reyles, Carlos], 1403.
Diario cómplice, 1302.
Diario de campaña 1879-1881, 1556.
Diario de ciudad, 1301.
Diario de Djelfa, 109.
Diario de Job, 1531.

Diario de la guerra del cerdo, 185.
Diario de la guerra y los dioses ametrallados, 770.
Diario de la muerte, 759.
Diario de Laurentino Agapito Agaputa, 1195.
Diario de Lecumberri, 1080.
Diario de Metropolitano, 147.
Diario de mi vida. La novela de dos años (1904-1905), 116, 188.
Diario de navegación, 694.
Diario de poeta, 12.
Diario del artista seriamente enfermo, 625, 626.
Diario de un buzo, 1302.
Diario de un cazador, 115, 433, 434, 1325.
Diario de un emigrante, 433.
Diario de un enfermo, 117.
Diario de un estudiante en París, 249.
Diario de un hombre humillado, 128, 1322.
Diario de un joven que se volvió loco, 1231.
Diario de un pintor (1952-1953), 619.
Diario de un poeta, 1000.
Diario de un poeta recién cansado, 1302.
Diario de un poeta recién casado, 258, 790.
Diario de un poeta tartesso, 1301.
Diario de un snob, 1646.
Diario de un sol de verano, 920.
Diario de un testigo de la guerra de África, 21, 115.
Diario de un viaje a California: 1848-1849, 1251.
Diario de una camarera, 222.
Diario de una loca, 827.
Diario de una maestra, 1007.
Diario de una multitud, 1084.
Diario de una resurrección, 1322, 1461.
Diario de una revolución (Octubre rojo y negro), 164.
Diario de una vinchuca, 827.
Diario imaginario, 1178.
Diario íntimo [Gil, Pío], 624.

Diario íntimo [González-Ruano, Cesar], 656.
Diario íntimo [Guzmán, Enrique], 691.
Diario íntimo [Noel, Eugenio], 1105.
Diario íntimo [Prados, Emilio], 1318.
Diario íntimo [Unamuno, Miguel de], 116.
Diario íntimo de un condenado, 436.
Diario íntimo: la novela de la vida de un hombre, 117.
Diario morir, 148.
Diario póstumo, 117, 641.
Diario semanario y poemas en prosa, 1487.
Diario sin fecha, 1748.
Diarios, 250.
Días como flechas, 968.
Días de 1989, 606.
Días de bohemia, 658.
Días de calor, 1600.
Días de campo, 591.
Días de combate, 1147.
Días de guardar [Monsiváis, Carlos], 1052.
Días de guardar [Pérez Merinero, Carlos], 1091, 1151.
Días de huracán, 1158.
Días de infancia y adolescencia, 116.
Días de la Regencia, 574.
Días de llamas, 1251.
Días de ocio en la Patagonia, 749.
Días de playa, 1301.
Días de ventisca, noches de huracán, 489.
Días del arenal, 1091.
Días del corazón, 431.
Días donde toda la tarde es un pájaro, 1050.
Días en la playa, 1650.
Días geniales o lúdicros, 285.
Días santos, 124.
Días y noches, 517.
Días y noches de amor y de guerra, 584.
Días y territorios, 126.
Diáspora, 1253.
Dibujo de figura, 1235.
Dibujo de la muerte, 283.
Dibujos hechos al azar de lu-

ÍNDICE DE OBRAS

gares que cruzaron mis ojos, 352.
Diccionario biográfico americano, 561.
Diccionario biográfico colonial de Chile, 1005.
Diccionario castellano con las voces de ciencias y artes, 548.
Diccionario cheli, 1646.
Diccionario crítico burlesco, 586.
Diccionario de autores iberoamericanos, 1543.
Diccionario de construcción y régimen de la lengua castellana, 413, 561.
Diccionario de disparates, 1174.
Diccionario de filosofía, 543.
Diccionario de Galicismos, o sea, de las voces, locuciones y frases de la lengua francesa que se han introducido en el habla castellana moderna, 139.
Diccionario de las letras nicaragüenses, 80.
Diccionario de literatura, 970.
Diccionario de los políticos o verdadero sentido de las voces y frases más usuales entre los mismos, 1408.
Diccionario de mitología, 489.
Diccionario de símbolos, 349.
Diccionario de varios conocimientos críticos, eruditos y curiosos, 976.
Diccionario de voces aragonesas, 551.
Diccionario del cine español, 1746.
Diccionario del entrometido, 1251.
Diccionario del hampa guayaquileña, 373.
Diccionario etimológico, 551.
Diccionario folclórico del Perú, 253.
Diccionario geográfico-estadístico de España y Portugal, 1037.
Diccionario histórico, biográfico, crítico y bibliográfico de autores, artistas y extremeños ilustres, 447.
Diccionario humorístico, 351.
Diccionario Matriz de la Lengua Castellana, 139.
Diccionario para pobres, 1646.
Diccionario para un macuto, 611.
Diccionario Quechua-Español, 372.
Diccionario secreto, 322.
Diccionario universal de Física, 350.
Dicen las florecillas, 1325.
Dichas y desdichas de Nicocles Méndez, 699.
Dichos de los Santos Padres, 910, 1334.
Dictado por la jauría, 250.
Dictámenes, 1002.
Dictatum Christianum, 89.
Didáctica, 930.
Didi Mahmud, 1411.
Dido, 1696.
Dido en la literatura española, 847.
Diecinueve de julio, 18, 1321, 1325.
19 figuras de mi historia civil, 147.
Dieciocho sonetos, 1155.
Diego Corrientes o el bandido generoso, 689.
Diego León, 899.
Diego Rivera, 1357.
Diente del Parnaso, 1675.
Dientes blancos, 17.
Dietario, 630.
Diez, 478.
Diez fragmentos en Abril, 1302.
Diez lecciones de técnica de actuación teatral, 1156.
Diez libros de las antigüedades de España, 741.
Diez mandamientos, 1335, 1337.
Diez mandamientos de amor, 1428.
Diez mujeres, 1228.
Diez narradores colombianos, 357.
Diez pintores madrileños, 1512.
Diez poetas cubanos, 1175, 1743.
Diez qüestiones vulgares, 534.
Diez rostros de Venezuela, 449.
Diezmo de madrugada, 699.
Diferentes razones tiene la muerte, 175.
Differentiae, 1098.
Difícil trabajo, 4.
Difuntos, extraños y volátiles, 616.
Digo, 429.
Dilectos decires, 208.
Dilthey, Jaspers y la comprensión del enfermo mental, 983.
Dimensión de la piedra, 617.
Dinamarca, solamente una pensión, 997.
Dinamismo espiritualista, 224.
Dinero para morir, 634.
Dionisio: una pasión española, 1599.
Dionysos: costumbres de la antigua Grecia, 462.
Dios corrige, no mata, 1503.
Dios de muertos, 213.
Dios deseado y deseante, 791.
Dios en la tierra, 1399.
Dios entre la niebla (1952-1972), 912.
Dios es alegre, 981.
Dios es rey de los reyes, 925.
Dios está lejos, 1330, 1565.
Dios le ampare, imbécil, 816.
Dios no nos quiere contentos, 590.
Dios se lo pague, 926.
¡Dios te salve!, 159.
Dios trajo la sombra, 12.
Dioscuros, 1209.
Dióscuros, 1463.
Díptico de la restitución, 807.
Dique seco, 107.
Direcciones del Modernismo, 686.

Directorio del púlpito, 1379.
Discanto, 430.
Discernimiento (1971-1979), 225.
Disciplina, 1090.
Disciplina Clericalis, 46, 962, 1113, 1334.
Disciplinas de amor, 16.
Discípulos del miedo, 1749.
Discos visuales, 1224.
Discurso a la catolicidad española, 1058.
Discurso a la sociedad literaria, 827.
Discurso a los pájaros, 1063.
Discurso acerca de los cuentos de las brujas y cosas tocantes a magia, 1665.
Discurso al arzobispo de Toledo sobre que no se pongan cruces en lugares inmundos, 1665.
Discurso apologético..., 939.
Discurso apologético sobre el juicio de las comedias, 1642.
Discurso baturro, 189.
Discurso contra el ocio y en loor del ejercicio, 1562.
Discurso contra la ociosidad, 1665.
Discurso contra las comedias, 1737.
Discurso crítico sobre el origen, calidad y estado presente de las comedias en España, 1191, 1309.
Discurso de economía política, 892.
Discurso de la casa de Guzmán y su origen, 1500.
Discurso de la ciudad de Cartagena, 301.
Discurso de la filosofía, 593.
Discurso de la novela española contemporánea, 109.
Discurso de la plaza de la Concordia, 109.
Discurso de la política y el sexo, 1560.
Discurso de la vida del ilustrísimo señor don Martín de Ayala escrita por él mismo, 122.
Discurso de la vida humana, 1652.
Discurso de las letras humanas, llamado el Humanista, 337.
Discurso de los amantes que vuelven, 1231.
Discurso de todos los diablos o infierno enmendado, 1343.
Discurso del capitán Francisco Draque, 303.
Discurso del gran poder, 80.
Discurso desde la marginación y la barbarie, 1768.
Discurso económico político en defensa del trabajo mecánico de los menestrales, 892.
Discurso en defensa de las comedias de Lope Félix de Vega Carpio y en contra del «Prólogo crítico», 1104.
Discurso en defensa del talento de las mujeres y de su aptitud para el gobierno y otros cargos en que se emplean los hombres, 62.
Discurso poético, 787, 1307.
Discurso sobre el estilo de don Luis de Góngora, 1307.
Discurso sobre el fomento de la industria popular, 892, 1426.
Discurso sobre el influjo que ha tenido la crítica moderna en la decadencia del teatro antiguo español, 468, 1587.
Discurso sobre el modo de escribir y mejorar la Historia de España, 571.
Discurso sobre el precio del trigo, 1665.
Discurso sobre la educación física y moral de las mujeres, 62.
Discurso sobre la educación popular de los artesanos y su fomento, 892, 1426.
Discurso sobre la labor de la tierra, 1665.
Discurso sobre la naturaleza y aplicación de las rentas y bienes eclesiásticos, 1062.
Discurso sobre la poesía castellana, 84.
Discurso sobre la poética, 1562.
Discurso sobre la utilidad de los conocimientos económico-políticos, y la necesidad de su estudio metódico, 892.
Discurso sobre las artes, 825.
Discursos [Mejía, José], 1008.
Discursos [Rey de Artieda, Andrés], 1399.
Discursos, epístolas y epigramas de Artemidoro, 1399.
Discursos a la nación mexicana, 301.
Discursos académicos, 1755.
Discursos académicos y tribuna patria e historia, 215.
Discursos apologéticos por el estilo del «Polifemo» y «Soledades», 1307.
Discursos forenses, 1010.
Discursos históricos de la muy noble y muy leal ciudad de Murcia y su reino, 301.
Discursos medicinales, 1016.
Discursos morales, 382.
Discursos morales y políticos, 518.
Discursos parlamentarios, 1054.
Discursos políticos (1885-1890), 1553.
Discursos sobre la elocuencia sagrada española, 1379.
Discursos sobre las tragedias españolas, 1060, 1309.
Discursos y palabras, 627.
Discusión, 206.
Disertación sobre las comedias españolas, 1309.
Disertaciones, 351.
Disertaciones críticas, 1737.
Disidencias, 661.
Disociaciones y despojos, 357.
Disparadero español, 173.
Disparando cocaína, 1088, 1151.
Disparatorio, 1015.

ÍNDICE DE OBRAS 1826

Disparos en el paraíso, 1088, 1301.
Dispertador a los trece cantones esguízaros, 1482.
Disputa contra los jueus, 1227.
Disputa del cristiano y el judío, 1335.
Distancia, 377.
Distancias, 37.
Distinción del sexo de los pollitos recién nacidos, 928.
Distinta sombra de Dánae, 1302.
Distinto y junto, 1273.
Distribución del silencio, 1228.
Ditirambo, 1565.
Ditirambos para coro y flauta, 461.
Ditirambos para mi propia burla, 1067, 1320.
Divagaciones apasionadas, 145.
Divagaciones. Desdén, 493.
Divagaciones filológicas y apólogos literarios, 1521.
Diván, 5.
Diván del Tamarit, 601.
Diversas rimas, 494.
Diversiones, 109.
Divertidas aventuras del nieto de Juan Moreira, 1221.
Divertimento, 380.
Divertimentos, 452.
Divina retribución sobre la caída de España, 742.
Divinas palabras, 1258, 1677.
Divisibilidad indefinida, 283.
División de plaza, 319.
Divorcio, 1156.
Divorcio nupcial, 476.
Doble acento, 568.
Doble agonía de Bécquer, 787.
Doble elegía, 615.
Doble filo, 806.
Doble fondo, 616.
Doble imagen, 1151.
Doce autos sacramentales. Dos comedias divinas, 1663.
Doce cuentos [Monegal, José], 1051.
Doce cuentos [Viteri, Eugenia], 1742.
Doce cuentos peregrinos, 605.
Doce cuentos y uno más, 1166.
Doce españoles de brocha gorda, 564.
Doce lunas de miel, 1154.
Doce maridos, 575.
Doce motivos para un reino, 213.
Doce para un fagot, 649.
Doce poemas negros, 234.
Doce reales de prosa y algunos versos gratis, 1198.
Doce relatos de la selva, 1456.
Doce siluetas, 408.
Doce sonetos, 177.
Doce triunfos de los doce apóstoles, 742.
Docena florentina, 391.
Doctrina a Sara, 1246.
Doctrina christiana en lengua arábiga y castellana, 122.
Doctrina cristiana, 868.
Doctrina de la discriçión, 1337, 1721.
Doctrina de la República, 976.
Doctrina de Salomón, 1066.
Doctrina y amonestación caritativa, 533.
Doctrina y estética literaria, 1621.
Doctrinal de príncipes, 1667.
Doctrinal de privados, 915.
Doctrinas e ideas, 301.
Documentos espirituales, 119.
Documentos relativos a la pintura de Aragón durante los siglos XIV y XV, 1542.
Documentos secretos, 1057.
Dogma de fe, 1600.
Dogma socialista de la Asociación de Mayo, 473.
Doleria del sueño del mundo, 757.
Dolor de España, 1002.
Dolor de juventud, 1049, 1323.
Dolor de sur, 1410.
Dolor de tierra verde, 902.
Dolor sin fin, 406.
Dolor y resplandor de España, 643.
Doloras, 256.
Dolores [Balart, Federico], 134.
¡Dolores! [Sepúlveda y Planter, Ricardo], 1540.
Dolores Veintimilla, asesinada, 997.
Dolorido sentir, 133.
Dolorosa, 7.
Dolorosa y desnuda realidad, 596.
Dolorosas, 1184.
Domar a la divina garza, 1276.
Dombo Salah Har y sus treinta y dos mujeres, 976.
Doménikos, Ego, 28.
Doméstico nací, 969.
Domicilios, 852.
Dominadoras, 912.
Domingo 7, 1314.
Domingo en el río, 807.
Domingo junto al paisaje, 1357.
Domingos dibujados desde una ventana, 1363.
Dominio del llanto, 1762.
Domitilo quiere ser diputado, 129.
Domus aurea, 1774.
Don Adolfo el libertino. Novela de 1900, 1037.
Don Alfonso el Sabio o el hijo de San Fernando, 303.
Don Alonso de Ercilla, 90.
Don Alonso de Solís, 652.
Don Álvaro de Luna, 629.
Don Álvaro de Luna, Condestable de Castilla, 204.
Don Álvaro de Luna y su tiempo, 1548.
Don Álvaro o la fuerza del sino, 627, 1104, 1412, 1451, 1586, 1587, 1588.
Don Álvaro o la fuerza del tino, 786.
Don Amor volvió a Toledo, 1649.
Don Armando Palacio Valdés, 406.
Don Bonifacio, 1035.
Don Carlos, 948.

Don Catrín de la Fachenda, 532.
Don Clarisel de las Flores, 1652.
Don Clorato de Potasa, 1103.
Don de fábula, 996.
Don de la ebriedad, 1319, 1423.
Don Diego de noche, 1492.
Don Dieguito, 659.
Don Elemento, 542.
Don Enrique II, 1566.
Don Esteban, 1138.
Don Fernando de Antequera, 1711.
Don Fernando el Emplazado, 215.
Don Fernando y doña Isabel, 1280.
Don Florindo, 153.
Don Francisco de Quevedo, 1527.
Don Galaz de Buenos Aires, 1074.
Don García, 375.
Don García Almorabid. Crónica del siglo XIII, 255.
Don Gil de Alcalá, 1764.
Don Gil de las calzas verdes, 1613.
Don Gonzalo González de la Gonzalera, 1234.
Don Goyo, 17, 674.
Don Guillermo, 827.
Don Hernando de Acuña. Noticias biográficas, 50.
Don Jaime el Conquistador, 489.
Don José, Pepe y Pepito [Granés, Salvador María], 669.
Don José, Pepe y Pepito [Luca de Tena, Juan Ignacio], 926.
Don Juan [Azorín], 127.
Don Juan [Mañas, Alfredo], 964.
Don Juan [Torrente Ballester, Gonzalo], 1134, 1623.
Don Juan de Austria, 90.
Don Juan de Carillana, 670.
Don Juan de Lanuza, 542.
Don Juan de Luna, 62.
Don Juan el Zorro, 495.
Don Juan en la mancebía, 1539.
Don Juan en los infiernos, 1565.
Don Juan. Ensayos sobre el origen de su leyenda, 966.
Don Juan I de Castilla, 1407.
Don Juan Manuel Rosas, 687.
Don Juan Tenorio, 502, 1079, 1269, 1289, 1588, 1770, 1771.
Don Juan Valera, 124.
Don Juan y el donjuanismo, 1488.
Don Juan y el teatro en España, 903.
Don Laureano y sus seis aventuras, 975.
Don Lazarillo Vizcardi. Sus investigaciones músicas con ocasión del concurso a un magisterio de capilla vacante, 508.
Don Leocadio o el Triunfo de Ayacucho, 1211.
Don Lucas del Cigarral, 1764.
Don Luis Mejía, 705, 976.
Don Luis o El inconstante, 952.
Don Martín el humano, 1207.
Don Miguel de la Mancha, 615.
Don Opas, 1283.
Don Otto y la niña Margarita, 1419.
Don Papis de Bobadilla o crítica de la pseudo-filosofía, 392.
Don Pedro de Alba y su tiempo, 765.
Don Pedro de Valdivia, 77.
Don Pedro del Puñalet, 1207.
Don Perfecto, 1162.
Don Polismán de Nápoles, 369.
Don Quijote, 1410.
Don Quijote con faldas, 250.
Don Quijote de la Mancha [Cervantes Saavedra, Miguel de], 138, 313, 322, 331, 332, 334, 335, 352, 363, 527, 528, 604, 679, 749, 913, 950, 1115, 1119, 1120, 1196, 1218, 1263, 1407, 1435, 1449, 1467, 1541.
Don Quijote de la Mancha [Guillén de Castro], 312.
Don Quijote, don Juan y la Celestina, 950.
Don Quijote en América, 519.
Don Quijote en los Alpes, 777.
Don Quijote, rey de España, 1622.
Don Quijote y el Cid (Viajes por Castilla), 464.
Don Quijote y el pensamiento español, 204.
Don Quintín el amargao, 94.
Don Quixote, 1052.
Don Ramiro, 1066.
Don Rodrigo, 93.
Don Rodrigo Calderón o La caída de un ministro, 1096.
Don Sancho «el Bravo», 104.
Don Sancho García, 239.
Don Segundo Sombra, 64, 865, 879.
Don Silves de la Selva, 935.
Don Simón Rodríguez, maestro de El Libertador y otros estudios, 1270.
Don Suero de Quiñones, el del Paso honroso, 50.
¡Don Tomás!, 1540.
Don Trifón o Todo por el dinero, 629.
Don Vasco de Quiroga, obispo de Utopía, 787.
Donaires de la piedra y el agua, 903.
Donaires del Parnaso. (Primera y Segunda Parte), 309.
Donde acaban los caminos, 1054.
Donde da la luz, 698.
Donde da la vuelta el aire, 1624.
Donde deben estar las catedrales, 1494.
Donde el amor cambia de nombre, 76.
Donde el mundo no cesa de referir su historia, 608.
¿Dónde está KL-24.890?, 1524.
¿Dónde está la verdad?, 134.
¿Dónde están el trigo y el vino?, 1754.
Donde habite el olvido, 328.

Donde hay agravios no hay celos, 1442.
Donde la ciudad cambia su nombre, 271.
Donde la sombra espanta, 1464.
Donde las cosas vuelan, 809.
Donde las Hurdes se llaman Cabrera, 284.
Donde llegan los pasos, 213.
Donde los ríos se bifurcan, 1422.
¿Dónde ponemos los asombros?, 432.
Donde se habla de las cosas, 373.
¿Dónde vas, Alfonso XII?, 926, 1593.
¿Dónde vas, triste de ti?, 926.
Donde viven las águilas, 1666.
Dondiego de noche, 976.
Doña Aldea, 1535.
Doña Bárbara, 587.
Doña Beatriz, la sin ventura, 1559.
Doña Berta, 24.
Doña Blanca de Navarra. Crónica del Siglo XV, 1097.
Doña Constanza, 1503.
Doña Elvira, imagínate Euskadi, 1599.
Doña Esquina, 1070.
Doña Francisquita, 541, 1764, 1765.
Doña Inés, 127.
Doña Inés de Castro [Concha, José], 365.
Doña Inés de Castro [Retes, Francisco Luis de], 1374.
Doña Isabel de Solís, reina de Granada, 990, 1138.
Doña Lucía, 1532.
Doña Luz, 1124, 1670.
Doña Luz y el fontanero, 1527.
Doña María Coronel, 1241.
Doña María de Castilla, 460.
Doña María de Molina, 1420.
Doña María de Pacheco, 309.
Doña María de Padilla. Un amor constante, 975.
Doña María la Brava, 976.
Doña María, Mariquita y Maruja, 1516.

Doña María Pacheco, 602.
Doña Marina, 1222.
Doña Mariquita, 575.
Doña Martirio, 917.
Doña Mencía o la boda en la Inquisición, 695.
Doña Mesalina, 917.
Doña Milagros, 1213.
Doña Perfecta, 1242, 1590.
Doña Ramona, 732.
Doña Rosita la soltera, 602.
Doña Urraca, 104.
Doña Urraca de Castilla, 1097.
Doña Velorio (nueve cuentos y una nivola), 61.
Doña Violante, 650.
Doñarramona, 159.
Dorada estación, 1468.
Dorada locura, 1231.
Dorado palacio de Lisboa, 51.
Dorando la píldora, 464.
Dormido en la yerba, 1318.
Dormir al sol, 185.
Dormir con los muertos, 573.
Dormir en tierra, 1399.
Dorrego. Maniobras. Tupac Amaru, 1741.
Dos amores, 1736.
Dos años y medio de inquietud, 188.
Dos brasas, 476.
Dos cetros, 90.
Dos colores para el paisaje, 1731.
Dos corazones con ruedas, 234.
Dos crímenes, 760.
Dos cuentos [Donoso, José], 462.
Dos cuentos [Salazar Mallén, Rubén], 1496.
Dos diarios de juventud, 1416.
Dos días de caza, 433.
Dos días de septiembre, 230, 1320.
Dos etapas del pensamiento en Hispanoamérica, 1769.
Dos exclusivas del hombre: la mano y el tiempo, 593.
Dos fantasías memorables, 184, 206, 1146.
Dos golosos a una breva, 680.

Dos guitarras, cantares, 1353.
Dos hermanos, 1556.
Dos hijos, 528.
Dos ideales políticos y otros trabajos (En torno de la guerra), 74.
Dos leones, 670.
2.000, 1102.
Dos mil setecientas voces que hacen falta en el diccionario y papeletas lexicográficas, 1206.
Dos muchachos metidos en un sobre azul, 1095.
Dos mujeres a las nueve, 926.
Dos novelas de amor, 312.
Dos obras maestras españolas: «El Libro de buen amor» y «La Celestina», 847.
Dos paquetes de cigarrillos, 1148.
Dos pesos de agua, 211.
Dos poemas [Araya, Carlomagno], 76, 77.
Dos poemas [Inglada, Rafael], 1302.
2 poemas [Jara Idrovo, Efraín], 784.
Dos poetas contrapuestos de la generación del 58 (Juan Calzadilla y Alfredo Silva Estrada), 1551.
Dos poetas mexicanos en la sombra, 690.
Dos poetas rusos en México: Balmont y Maiakovsky, 1533.
Dos pueblos de Castilla, 690.
Dos Reales y otros cuentos, 468.
Dos relatos y una perversión, 1209.
Dos rondeles con maderas del país, 437.
Dos señoras conversan, 218.
Dos siglos de prosa venezolana, 1271.
Dos veces Alicia, 69.
Dos veces el mismo río, 1221.
Dos veces la muerte y otros cuentos, 281.
Dos verdades encontradas, 998.

Dos viajes en automóvil, 432.
Dos viejos pánicos, 1275.
Dos voces, 951.
Doscientas ballenas azules, 633.
Dostoievsky, 310.
Doy por vivido lo soñado, 17.
Drama patrio, 624.
Drama y sociedad, 1531.
Dramas de la costa, 93.
Dramas inéditos, 1520.
Dramas y poesías, 242.
Dramoncillo, 109.
Dreamfield, 25.
Dresde, 1465.
Drop a star, 521.
Duda y amor sobre el Ser Supremo, 49.
Dudas y tristezas, 1380.
Duelo a muerte, 1759.
Duelo ceremonial por la violencia, 488.
Duelo de caballeros, 35.
Duelo en el Paraíso, 661.
Duelo en la Casa Grande, 794.
Duelo que fizo la Virgen el día de la pasión de su fijo Jesuchristo, 171.
Duende o cosa, 885.
Duendecitos y coplas, 173.
Duendes son los alcahuetes y el espíritu Foleto, 1760.
Dueña y señora, 1618.
Dueño mío: cuatro sonetos inéditos, 1155.
¿Duerme usted, señor presidente?, 1190.
Duermen bajo las aguas, 809.
Duero verde y maduro, 1732.
Dulce nombre, 493.
Dulce objeto de amor, 675.
Dulce y sabrosa, 1269.
Dulces y amargas, 541.
Dulioto, 153.
Dúo, 996.
Duplicaciones, 785.
Duque, 457.
Duquesa de la Rosa, 1704.
Durango, 981.
Durango, un sueño. 1439, 1599.
Durante el ensayo, 320.
Durante este tiempo, 984.

Durante la Reconquista, 192, 193.
Duro mundo, 50.

Ébano, 1173.
Ecce Pericles, 82.
Echarse las pecas a la espalda, 598.
Eclipse, 1678.
Eclipse de tierra, 135.
Eclipse de una tarde gongorina y Burla de don Luis de Góngora, 1231.
Eco y Narciso, 245.
Ecolodáctico. Un viaje rústico hacia lo mágico, 1600.
Ecos de la juventud, 980.
Ecos de la lucha, 1211.
Ecos de las montañas, 1771.
Ecos de los Andes, 1503.
Ecos de mi lira [Mitre, Bartolomé], 1042.
Ecos de mi lira [Ory, Eduardo de], 1186.
Ecos de mil liras, 1554.
Ecos de montaña, 310.
Ecos del alma [Acuña y Villanueva de la Iglesia, Rosario], 12.
Ecos del alma [Huidobro, Vicente], 750.
Ecos del alma [Zamora y Caballero, Eduardo], 1760.
Ecos del corazón, 104.
Ecos del silencio, 1480.
Ecos del Táder, 93.
Ecos e imágenes al fondo del espejo, 1496.
Ecos lejanos, 680.
Ecos nacionales, 1474.
Ecos perdidos [Díaz y Pérez, Nicolás], 447.
Ecos perdidos [Gómez Restrepo, Antonio], 639.
Ecuador amargo, 12.
Ecuador, drama y paradoja, 169.
Ecuador, padre nuestro, 1067.
Ecuatorial, 390, 751, 1691.
Ecué-Yamba-O, 286.
Edad, 591, 1327.
Edad de hombre, 1319, 1566.
Edad de la esperanza, 1004.
Edad dorada, 1033.

Edad oscura, 852.
Edad prohibida, 926.
Edades perdidas, 622.
Ederra, 1331, 1599.
Edgar en Stephane, 128.
Edipo, 990.
Edmeda, 1211.
Edmundo Kean, 574.
Eduardo Crema, maestro-crítico, 75.
Eduardo Westerdahl, 1515.
Eduardo y Federica, 1766.
Educación y enseñanza, 632.
Efectos navales, 1161.
Efectos personales y dominios públicos, 415.
Efímeras, 443.
Egilona [Gómez de Avellaneda, Gertrudis], 635.
Égloga, 1604.
Egilona [Trigueros, Cándido María], 1639.
Égloga de Cristino y Febea, 479.
Égloga de Fileno, Zambardo y Cardonio, 479.
Égloga de Gabriel Miró y Fábula del Peñón de Ifach, 1673.
Égloga de los dos rascacielos, 1302.
Égloga de Plácida y Vitoriano, 479, 480, 922, 1704.
Égloga del agua, 1196.
Égloga del molino de Vascalón, 1604.
Égloga, elegía, oda, 328.
Égloga en loor de la Natividad, 922.
Égloga sobre los infortunios de las grandes lluvias, 479.
Égloga trágica, 1758.
Églogas [Encina, Juan del], 479.
Églogas [Urrea, Pedro Manuel], 1652.
Églogas de carnaval, 479.
Églogas de Navidad, 479.
Églogas en respuesta de unos amores, 479.
Églogas pastoriles, 1196.
Ego inútil, 505.
Ejemplar poético, 415, 1305.
Ejemplario, 573.

Ejemplo, 53.
Ejercicio de consideración y meditación, 1050.
Ejercicio de olvido, 1599.
Ejercicio dual (la constante falacia del espejo), 806.
Ejercicio sobre Rilke, 991.
Ejercicios, 1496.
Ejercicios en la red, 999.
Ejercicios espirituales, 793.
Ejercicios. Notas críticas, 786.
Ejercicios para ahuyentar fantasmas, 1599.
Ejercicios para equilibristas, 999.
Ejercicios poéticos, 1731.
Ejercicios poéticos en forma de soneto sobre temas de Horacio, 105.
Él, 222.
El abadejillo, 1348.
El abanderado, 695.
El abanico de oro, 99.
El abanico rosa, 439.
El abate Marchena: su vida, su tiempo, su obra, 447.
El abedul en llamas, 1197.
El abismo, 40.
El abogado que asesinaba, 1148.
El abolengo, 849.
El aborto de María, 672.
El abrazo de la tierra, 1754.
El abuelo, 1244, 1590.
El abuelo, la cesta y el mar, 1533.
El abuelo de las hormigas, 1301.
El abuelo del rey, 1039.
El acecho, 241.
El aceitunero, 1348.
El acero de Madrid, 1714.
El acertijo y otros cuentos, 1315.
El acorde, 1000.
El acoso, 287.
El acoso de las cosas, 1414.
El adalid almogávar, 680.
El adefesio, 28, 1597.
El adiós del mariscal, 999.
El adulterio de un hombre infeliz, 803.
El agua amarga, 1313.

El agua cae en otra fuente, 1012.
El agua de noviembre, 1500.
El agua en los pulmones, 994.
El agua envenenada, 168.
El agua hierve, 975.
El agua que rodea la isla, 168.
El aguador de París, 976.
El aguador y el misántropo, 1535.
El águila y la serpiente, 691.
El ahogado, 1557.
El ahorcado de palo, 1607.
El aire, el agua y el árbol, 618.
El aire de un crimen, 167.
El aire manchado, 1755.
El aire que no vuelve, 109.
El aire y su camino, 1570.
El ala de la montaña, 708.
El ala de sombra, 1161.
El ala del sur, 615.
El ala del tigre, 203.
El alba, 641.
El alba de los mendigos, 154.
El alba del alhelí, 26.
El alba en las simas, 956.
El alba y otros cuentos, 1054.
El álbum familiar, 51.
El alcaide de sí mismo, 245.
El alcalde de Zalamea, 246.
El alcalde Ronquillo, 1770.
El alcázar de las perlas, 1732.
El Aleph, 206.
El alfabeto de la luna, 1474.
El alfabeto griego, 1186.
El alfabeto o la bata de encaje, 521.
El alfarero, 124.
El algarrobo, 1348.
El alhajadito, 106, 107.
El aliento de un siglo. Menéndez Pelayo, 1084.
El aliento del diablo, 1641.
El aljófar, 1147.
El «allegretto» de la Sinfonía VII, 1105.
El alma adolorida de la patria, 87.
El alma castellana, 127.
El alma de la copla, 1347.
El alma de la raza, 460.
El alma de los títeres, 292.
El alma del cantarillo, 1240.
El alma del pueblo, 541.

El Alma Desvelada, 984.
El alma dormida, 1249.
El alma en los labios, 1638.
El alma en un hilo, 354.
El alma encantadora de París, 637.
El alma enferma, 1554.
El alma lejana, 179.
El alma matinal y otras estaciones del hombre de hoy, 972.
El alma perdida de la princesa, 1230.
El alma repartida, 1079.
El alma y el ángel, 238.
El alma y el cuerpo de don Juan, 777.
El alma y el espejo, 455.
El alma y los perros, 1548.
El almendro y la espada, 572.
El altísimo secreto, 1089.
El alto de las ánimas, 675.
El alto de los bohemios, 1732.
El alumbrado, 1438.
El aluvión. Cuentos de golfos, 199.
El ama de llaves, 431.
El amanecer del capitalismo y la conquista de América, 1606.
El amante bilingüe, 977.
El amante desleal, 252.
El amante increíble, 1088.
El amante invisible, 777.
El amante jubilado, 1456.
El amante liberal, 334, 1112.
El amante novicio, 489.
El amante universal, 489.
El amargo sabor de la retama, 308.
El amasijo, 465.
El ámbito del tigre, 1302.
El americano ilustrado, 237.
El amhor, los Orsinis y la muerte, 1508.
El amigo Chirel, 251.
El amigo imaginario, 1303.
El amigo Manso, 1243.
El amigo Melquiades, 1764.
El amigo oculto y los espíritus de la tarde, 1326.
El amo criado, 695.
El amor [García Martí, Victoriano], 606.

El amor [Ibargoyen Islas, Saúl], 760.
El amor, el sueño y la muerte en la poesía mexicana, 811.
El amor al uso, 1558.
El amor alcalde, 1675.
El amor brujo, 91.
El amor casamentero, 166.
El amor constante, 313.
El amor constante o la holandesa, 1766.
El amor de Chile, 1775.
El amor de la estanciera, 878.
El amor de los amores, 837.
El amor de Soledad Acosta, 1347.
El amor en el «Cantar de los cantares», 273.
El amor en el claustro, 201.
El amor en la vida y en los libros, 1638.
El amor en los tiempos del cólera, 605.
El amor es un juego solitario, 1091.
El amor es un potro desbocado, 488.
El amor eterno dura tres meses, 1705.
El amor lejano, 1301.
El amor más desgraciado (Céfalo y Pocris), 1496.
El amor médico, 1614.
El amor no es amado, 180.
El amor no halla imposibles, 474.
El amor original, 138.
El amor patrio, 876.
El amor perfecto, 1518.
El amor propio, 1107.
El amor que pasa [Álvarez Quintero, hermanos], 58.
El amor que pasa [Castro, Cristóbal de], 311.
El amor tardío, 777.
El amor vence al desdén, 474.
El amor y el oro, 1494.
El amor y la Gaceta, 1540.
El amor y la lealtad, 49.
El amor y la muerte, 945.
El amor y la sangre, 391.
El Anacronópete, 618.
El análisis estilístico, 910.
El anarquista coronado de adelfas, 1725.

El andarín de su órbita, 1089.
El andén, 1272.
El anfitrión, 473.
El ángel, el molino, el caracol del faro, 1039.
El ángel agitado, 701.
El ángel caído, 473.
El ángel de la guarda, 176.
El ángel de la sombra, 929.
El ángel de los tristes, 93.
El ángel del pozo sin fondo, 1422.
El ángel del Señor abandona a Tobías, 167.
El ángel desalado, 1664.
El ángel exterminador, 222.
El ángel predicador S. Thomas de Acquino, en el quaresma, 1379.
El ángel triste, 1091, 1151.
El ángulo del horror, 1089.
El anillo, 680.
El anillo de Giges, 676, 1584.
El anillo de hierro, 1761.
El anillo de Pushkin, 1775.
El anillo y otros cuentos, 1742.
El animador, 1524.
El animal herido, 1182.
El animalario estrafalario, 1300.
El Antenor, 1122.
El antiguo Madrid, 1027.
El anti-Quijote, 1237.
El antojo de la patrona, 939.
El anzuelo dorado, 354.
El año cero, 432.
El año de gracia, 1087, 1089.
El año de Verdún, 249.
El año del cometa, 418.
El año del diluvio, 1017.
El año del francés, 72.
El año del wolfram, 675.
El año pasado: letras y artes en Barcelona, 1756.
El año sabático, 259.
El año triste, 819.
El apando, 1398.
El aparato, 1600.
El aparecido, 68.
El apóstol regresa, 952.
El apostolado en Indias y martirio de un cacique, 1715.

El árbol, el pájaro y la fuente, 373.
El árbol de la ciencia, 145.
El árbol de la memoria, 1606.
El árbol de los pañuelos, 489.
El árbol del bien y del mal [Armas Marcelo, Juan Jesús], 92.
El árbol del bien y del mal [Silva, Medardo Ángel], 1551.
El árbol del mejor fruto, 247.
El árbol del Paraíso, 1556.
El árbol enfermo, 583.
El árbol fragante, 1363.
El árbol genealógico, 748.
El árbol que canta, 306.
El arbusto, 429.
El arca [Acosta, Óscar], 10.
El arca [Bernárdez, Francisco Luis], 176.
El arca de Noé, 988.
El arca de Noé y campana de Belilla, 1526.
El arcediano de San Gil, 977.
El archipiélago de la muñequería, 1419.
El archipiélago maravilloso, 75.
El arco de la luna, 1300.
El arco y la lira, 1223, 1224, 1225.
El ardiente verano, 951.
El arlequín, 1560.
El armario, 10.
El armero de Florencia, 277.
El aroma de la sombra, 1231.
El arpa de David, 1038.
El arpa remendada, 1441.
El arpa y la sombra, 288.
El arquero y las torres, 437.
El arquitecto, 1717.
El arquitecto y el emperador de Asiria, 96, 1597.
El arrabal, 608.
El arrabal del mundo, 1174.
El arrepentido, 1089.
El arte al cubo y otros ensayos, 1715.
El arte comprometido y el compromiso del arte, 1541.
El arte de birlibirloque (Entendimiento del toreo), 173, 1690.
El arte de Juan Rulfo, 1424.

El arte de la palabra, 848.
El arte de la pintura, 1193.
El arte de los argentinos, 1197.
El arte de matar, 1569.
El arte de narrar, 1489.
El arte de no pensar en nada, 351.
El arte de ser bonita, 1219.
El arte de vivir sin soñar, 231.
El arte del teatro, en que se manifiestan los verdaderos principios de la declamación teatral y la diferencia que hay de esta a la del púlpito y tribunales, 1024.
El arte escénico en España, 1756.
El arte explicado y gramático perfecto, 508.
El arte, la literatura y el público, 75.
El arte mexicano moderno, 964.
El arte no se paga, 1091.
El arte simbólico, 204.
El arte y las masas, 196.
El artificio de la eternidad, 771.
El arzobispo don Suero, 1476.
El As de Bastos, 121.
El asalariado, 1346.
El asalto [Arenas, Reinaldo], 81.
El asalto [Zagazagoitia, Julián], 1773.
El asalto del cielo, 1088.
El asedio [Arco y Molinero, Ángel de], 78.
El asedio [Cuadros, Juan José], 410.
El asedio de Madrid, 1759.
El asedio del fuego, 1276.
«El asedio» y otros cuentos, 450.
El asesinato de la cupletista Ombliguete, 505.
El asesinato de Peter Pan, 1151.
El asesinato del Sr. Martel, 1149.
El asesino de César, 1431.
El asesino de la luna, 351.

El asesino de la muñeca, 1004.
El asesino de la rosa, 1146.
El asesino desvelado, 64.
El asesino en la muñeca, 1089.
El asistente del coronel, 277.
El asno, 1468.
El asno encantado, 1004.
El asno erudito, 515.
El asombro de Argel, 505.
El asombro de Damasco, 1764.
El asombro de Francia, Marta la romarantina, 713, 1584.
El asombro de Gracia, 594.
El asombro de Jerez, Juana la rabicortona, 523.
El astillero, 1168.
El astrólogo de Valladolid, 613.
El astrólogo fingido, 245.
El Ateneo de los muertos, 445.
El Ateneo de Madrid (1835-1935), 606.
El Ateneo en su marco. Ambientes, ideas, figuras, 834.
El atentado [Ibargüengoitia, Jorge], 760.
El atentado [Salvador, Tomás], 1329, 1501.
El atravesado, 240.
El atrevido en la corte, 823.
El audaz, 1242.
El ausente, 1736.
El auto de fe, 1163.
El autócrata, 1749.
El avaro, 1068.
El ave blanca, 917.
El ave en su aire, 391.
El aventurero de Saba, 440.
El avión negro, 382.
El avispero, 202.
El ayer perdido, 704.
El ayudante del verdugo, 812.
El Azar Objetivo, 283.
El bachancho, 1007.
El bachiller, 1102.
El báculo y el paraguas, 996.
El bailarín, 140.
El baile, 1103.
El baile de los espectros, 995.
El baile de Pan, 923.

El baile en Caracas, 648.
El balcón, 849.
El balcón de la felicidad, 1002.
El balcón vacío, 595.
El baldío, 1417.
El balneario, 981.
El banco de la plaza, 657.
El bandido [Blest Gana, Guillermo], 193.
El bandido [Sanfuentes, Salvador], 1520.
El bandido adolescente, 1538.
El bandido doblemente armado, 1091.
El bandolero [Casaccia, Gabriel], 298.
El bandolero [Molina, Tirso de], 1112.
El banquete [Jiménez Romero, Alfonso], 795.
El banquete [Zúñiga, Luis Andrés], 1775.
El banquete de Saturno, 1622.
El banquete de Severo Arcángelo, 968.
El barberillo de Lavapiés, 103, 823.
El barbero de repente, 910.
El barbero de Sevilla, 1267, 1764.
El barco de agua, 271.
El barco de la muerte, 1774.
El barón, 535.
El barón de Trenk, 1237.
El barquillero [Jackson Veyán, José], 783.
El barquillero [López Silva, José], 919.
El barrio de Palacio, 75.
El barrio encantado, 469.
El barrio maldito, 1649.
El barro florido, 1341.
El barroco, 1090.
El bastardo, 597.
El bastardo de Suecia, 1615.
El batallón, 570.
El bateo, 1764.
El baúl de los cadáveres, 816.
El baúl de los disfraces, 1500.
El bautismo del cacique, 1556.
El bazar de la madama, 92.

El bazar de los idiotas, 57.
El bebé furioso, 987.
El bebedor de lágrimas, 705.
El becerro de oro [Kurtz, Carmen], 809.
El becerro de oro [Luaces, Joaquín Lorenzo], 925.
El bello Adonis, 415.
El bello ideal, 1494.
El Benefactor y otros relatos, 468.
El Bernardo o Victoria de Roncesvalles, 134, 486, 1280.
El beso a la bella durmiente, 572.
El beso de Erato, 1413.
El beso de la mujer araña, 1339.
El beso y otras fricciones, 1754.
El Betis: la marcha verde, 698.
El Bidasoa, 147.
El bien hacer no se pierde, 1112.
El blasfemo coronado, 441.
El blasón de los Machucas, 1405.
El blocao, 443, 1131.
El bloqueo del hombre. Novela del drama de España, 349.
El bobo ilustrado, 581.
El bodegón, 1717.
El bolchevique, 474.
El bombardeo de Valparaíso y su época, 474.
El bonete maulino y otros cuentos, 1439.
El bonito crimen del carabinero y otras invenciones, 322.
El bonito juego de los números, 1546.
El bordo, 585.
El borracho del Nimbus, 960.
El bosque [González, Otto Raúl], 648.
El bosque [Ory, Carlos Edmundo de], 1186.
El bosque animado, 529, 1132.
El bosque de Ancines, 985.
El bosque del Pardo, 299.

El bosque insobornable, 1320.
El bosque persuasivo, 140.
El bosque transparente, 391.
El boticario y las chulapas y Celos mal reprimidos, 1710.
El botín, 1773.
El boxeador y un ángel, 121.
El brazalete engastado o La locura del amor, 1599.
El brazo derecho, 927.
El breviario sentimental de la madre, 803.
El brujo hípico y otros relatos, 617.
El buen camino, 1315.
El buen humor de las musas, 1312.
El buen ladrón, 1719.
El buen maestro, 144.
El buen militar a la violeta..., 238.
El Buen Pastor, 924.
El buen plazer trovado, 756.
El buen repúblico, 1441.
El buen salvaje, 231, 1328.
El buen vecino Sanabria U, 517.
El buey en el matadero, 704, 1134.
El buey suelto, 1234.
El bufón, 451.
El bufón de la reina y otros poemas, 1241.
El bulo, 1169.
El bulto vestido de negro capuz, 489, 1283, 1458.
El buque, 176.
El buque fantasma, 1091.
El burlador de Sevilla [Claramonte y Corroy, Andrés de], 350.
El burlador de Sevilla [Porras, Antonio], 1315.
El burlador de Sevilla y convidado de piedra, 1613, 1614.
El buscapiés, 126.
El Buscón, 555, 647, 1144.
El buzo incorregible, 1304.
El caballerito del Puerto, 610.
El caballero, 317.
El caballero, la muerte y el diablo, 590.

El caballero Carmelo, 1659.
El caballero de Calatrava, 1728.
El caballero de Castilnovo, 382.
El caballero de Erlaiz, 145.
El caballero de Febo, 1441.
El caballero de industria, 598.
El caballero de la Clara Estrella, 1117.
El caballero de la Cruz, 935.
El caballero de la muerte, 291.
El caballero de la reina, 1607.
El caballero de la Tenaza, 1343.
El caballero de la Virgen, 191.
El caballero de las botas azules, 317, 1123.
El caballero de las espuelas de oro, 302.
El caballero de Olmedo, 1714.
El caballero de Sajonia, 167.
El caballero del Febo, 1116, 1185.
El caballero del hongo gris, 640.
El caballero del Sayal, 826.
El caballero encantado, 1245.
El caballero leal, 597.
El caballero matón, 765.
El caballero perfecto, 1492.
El caballero Plácidas, 1114.
El caballero puntual, 1492.
El caballero relámpago, 1178.
El caballero verde, 1728.
El caballero Zifar, 509.
El caballista, 349.
El caballito que quería volar, 1326.
El caballo, 642, 1319.
El caballo andaluz, 10.
El caballo de coral, 282.
El caballo del caballero, 1075.
El caballo del rey don Sancho, 1770.
El caballo dentro de la muralla, 1404.
El caballo desnudo, 1502.
El caballo griego, 53, 116.
El caballo perdido, 700.
El caballo y el mono, 1150.
El caballo y su sombra, 63.
El Cabito, 624.

ÍNDICE DE OBRAS

1834

El cabo de las tormentas, 145.
El cachorro, 1551.
El cacique, 1329, 1457.
El cacique de Turmequé, 635.
El cacique o la justicia del pueblo, 568.
El caciquismo en Andalucía, 1324.
El cadáver bajo el jardín, 1090, 1151.
El cadáver del alba, 1606.
El cadáver del tiempo, 1090.
El Cadmo, 672.
El café de Chinitas, 936.
El café de Euterpe, 545.
El café de Marfil o Las últimas fiestas de las Acabanzas, 1600.
El Café de Nadie, 506.
El Caín de Cataluña, 1442.
El caldero de oro, 1025.
El caleidoscopio de Hermes, 1440.
El calendario incompleto del pan y el pescado, 1318.
El califa Cigüeña y otros cuentos de W. Hauff, 1608.
El califa de Bagdad, 589.
El cáliz rojo, 493.
El callado dolor de los tzotziles, 1464.
El calor animal, 638.
El calor del nido, 849.
El calvario, 7.
El camaleón sobre la alfombra, 92.
El camarada Pantoja, 129.
El cambaranga, 377.
El cambio de camisa, 1762.
El camerino, 1600.
El camino [Andrade Rivera, Gustavo], 66.
El camino [Baroja, Ricardo], 147.
El camino [Delibes, Miguel], 432, 433, 1133.
El camino alegre, 1775.
El camino de El Dorado, 1654.
El camino de fuego, 476.
El camino de Ñielol, 347.
El camino de Paros (meditaciones y andanzas), 1422.
El camino del bien, 1241.

El camino hacia mí mismo, 1673.
El camino rojo a Sabaiba, 735.
El camión justiciero, 1775.
El campanario, 1520.
El campo, 590.
El campo, la ciudad y el cielo, 1161.
El campo de la verdad, 467.
El campo y el fuego, 19.
El canal de la Mancha, 1064.
El canal de Panamá, 1537.
El canastillo de fresas, 541.
El canciller Cadejo, 584.
El cancionero de Sevilla, 612.
El candado, 259.
El candelabro de los malos oficios, 461.
El candelabro de los siete brazos, 273.
El candidato, 1162.
El Canillitas, 1674.
El cansado sol de septiembre, 307.
El cantar de Agapito Robles, 1533.
El cantar de la noche, 191.
El cantar del arriero, 1764.
El Cantar del Cid, 1022.
El cantar del profeta y el bandido, 1615.
El cantar del romero, 1771.
El cántaro de Plata, 506.
El cántaro del angelito, 158.
El cántaro fresco, 759.
El cante jondo: origen y realidad folclórica, 349.
El cántico espiritual, 589.
El canto cotidiano, 125.
El canto de la llanura (meditaciones pampeanas), 1441.
El canto de las sirenas de Gaspar Hauser, 63.
El canto de los grillos, 609.
El canto de San Martín, 968.
El canto del aljibe, 1424.
El canto del destino, 372.
El canto del gallo, 629.
El canto del recuento, 102.
El canto del siglo, 346.
El canto del solitario, 876.
El canto del urogallo, 617.
El canto errante, 423.

El Canto nacional, 281.
El cantor de los amores, 505.
El cantor de los castillos, 980.
El cantor vagabundo, 145.
El caos de los sueños, 1406.
El capirote, 672.
El capitán Cassou, 71.
El capitán de patricios, 688.
El capitán Kid, 617.
El capitán Malacentella, 777.
El capitán negrero, 598.
El capitán Serrallonga, 353.
El capitán Veneno, 21.
El capitán Vergara, 1221.
El capote de paseo, 783.
El capulí, 1574.
El caracol en el espejo, 583.
El caracol encantado, 1617.
El caracol y la diosa, 76.
El caraqueño [Díaz Sánchez, Ramón], 449.
El caraqueño [Martín Recuerda, José], 982.
El carillón de los muertos, 807.
El cariño de los tontos, 165.
El carnaval, 285.
El carnaval de los viejos, 451.
El carnaval del relajo, 1346.
El carnero, 867, 1427.
El carro de heno o el inventor de la guillotina, 321.
El carro del heno, 630.
El carromato del circo, 1650.
El casamiento de Laucha, 1221.
El casamiento engañoso [Cervantes Saavedra, Miguel de], 334.
El casamiento engañoso [Torrente Ballester, Gonzalo], 1624.
El cascabel del halcón, 137.
El caserío, 541, 1764, 1765.
El caserón, 1557.
El casi casamiento o Mientras más vieja más verde, 151.
El caso de la mujer asesinadita, 816, 1033.
El caso de los cuatro enigmas, 1149.
El caso de los tacones cortados, 1149.

El caso de mi amigo Alfazeta, 1184.
El caso del cadáver riente, 1149.
El caso del criado guaraní, 1149.
El caso del crimen repetido, 1149.
El caso del hombre de la valija negra, 658.
El caso del psicoanálisis, 1149.
El caso Sábato. Torturas y libertad de prensa. Carta abierta al general Aramburu, 1487.
El caso Satanowsky, 1747.
El caso Stravinsky, 1357.
El castellano como factor de nuestra nacionalidad, 876.
El castellano en América, 561.
El castellano en Venezuela, 242.
El castigo, 1731.
El castigo de la miseria, 748.
El castigo de un celoso, 910.
El castigo del penséque, 1614.
El castigo sin venganza, 1714.
El castigo sin venganza y el teatro de Lope de Vega, 459.
El castillo, 20.
El castillo de Elsinor, 356.
El castillo de irás y no volverás, 649.
El castillo de la carta cifrada, 1616.
El castillo de las tres murallas, 982.
El castillo de Lindabridis, 245.
El castillo de Perth, 81.
El castillo de Simancas, 1761.
El castillo interior, 1174.
El cataclismo [Alegría, Fernando], 36.
El cataclismo [Desnoes, Edmundo], 437.
El catrero de Canata, 1032.
El caudal de los años, 1695.
El caudal de los hijos, 917.
El caudillaje criminal en Sudamérica, 1506.

El caudillo, 1491.
El caudillo de los ciento, 93.
El caudillo de Zamora, 1167.
El cazador [Reyes, Alfonso], 1400.
El cazador [Tomeo, Javier], 1616.
El cazador de doncellas, 1019.
El cazador de leones, 1616.
El cazador de piedras, 211.
El cazador de pumas, 1753.
El cazador de zorros azules y otros cuentos, 887.
El cebo, 1149.
El celo indiscreto, 966.
El celoso corregido, 49.
El celoso extremeño [Cervantes Saavedra, Miguel de], 59, 334, 353.
El celoso extremeño [Coello y Ochoa, Antonio], 353.
El celoso y la tonta, 781.
El celoso y su enamorada, 109.
El cementerio de automóviles, 96, 1597.
El cementerio de los elefantes, 466.
El cementerio de los pájaros, 583.
El cencerro de cristal, 685.
El cenotafio de Newton, 1301.
El centauro, 968.
El central, 81.
El centro de gravedad, 1240.
El centro de la pista, 140.
El centro de las almas, 1315.
El centro del aire, 1025, 1087.
El centro del infierno, 58.
El centro del mundo, 1090.
El centro inaccesible, 991.
El centroforward murió al amanecer, 419.
El cepillo de dientes, 438.
El cerco [Aub, Max], 109.
El cerco [Lagos, Concha], 815.
El cerco [Martini, Juan Carlos], 994.
El cerco [Torre, Claudio de la], 1619.
El cerco de la luz, 1302.
El cerco de Pavía, 1578.

El cerco de Tarifa, 1639.
El cerco de Zamora, 375.
El cero transparente, 1678.
El cerro de las Campanas, 998.
El cerro del ruido, 981.
El cetro y el puñal, 1566.
El cetro y la bomba, 460.
El Chacho, 687, 878.
El chalé de Gardel, 732.
El chaleco blanco, 1357.
El chalet de las Rosas, 640.
El charco, 1149.
El charlatán, 1426.
El charlestón, 462.
El charro, 314.
El Ché Guevara: aspectos políticos y económicos de su pensamiento, 18.
El chico, 135.
El chico del cafetín, 1625.
El chileno consolado en los presidios, 474.
El chileno en Madrid, 474.
El chino, 521.
El chiplichandle, 1774.
El chiquillo blanco, 1025.
El chiquito de los quiebros, 917.
El chiripá rojo, 613.
El chirrión de los políticos, 127.
El chispero, 1253.
El chófer de María Luz, 1250.
El Cholo, 1192.
El Cholo Portales, 564.
El cholo y el Perú, 1695.
El chulla Romero y Flores, 761.
El cianuro..., ¿solo o con leche?, 51.
El ciclista de San Cristóbal, 1555.
El ciego del Bulabá, 277.
El cielo cae con las hojas, 1606.
El cielo de esmalte, 1358.
El cielo lejos, 304.
El cielo o el suelo, 1536.
El cielo para Bwana, 649.
El ciervo y otros poemas, 521.
El címbalo estruendoso, 988.
El cínico, 1767.
El cinturón traído de Cuba, 1088.

ÍNDICE DE OBRAS

El circo [Gómez de la Serna, Ramón], 641.
El circo [Goytisolo, Juan], 661.
El circo de la verbena, 832.
El circo de papel, 41.
El circo y otras piezas falsas, 1019.
El círculo de los paraísos, 58.
El círculo de los tres soles, 1077.
El círculo de tiza de Cartagena, 1428.
El círculo infinito, 1091.
El círculo vicioso, 427.
El cisne de Vilamorta, 1212.
El ciudadano del olvido, 752.
El ciudadano Flor de Lis, 918.
El ciudadano Simón, 938, 1207.
El clamor, 1078.
El clamor de la tierra, 459.
El clavo, 669.
El clavo ardiendo, 173.
El clown bebe, 224.
El cochecito rojo, 1496.
El Cocinero de su Majestad, 530.
El coco se llama Drilo, 1543.
El cocodrilo rojo, 847.
El cocodrilo solitario del panteón rococó, 87.
El cofre de Psiquis, 1404.
El cohete y la estrella, 172, 1690.
El cojo, 963.
El coleccionista, 107.
El coleccionista de relámpagos, 147.
El colibrí con su larga lengua, 545.
El collar de fuego, 814.
El collar de María Antonieta, 934.
El collar sobre el río, 593.
El coloquio de los perros, 334, 1142.
El color, 1527.
El color de agosto, 1601.
El color de nuestra piel, 658.
El color del agua, 1601.
El color del verano, 81.
El color que el infierno me escondiera, 988.

El coloso de arcilla, 75.
El comandante, 1549.
El combate, 249.
El combate de don Carnal y doña Cuaresma, 51.
El combate de Ópalos y Tasia, 1104.
El combatiente del Este, 454.
El comedor de la pensión Venecia, 79, 1131.
El comendador Mendoza, 1670.
El cometa, 147.
El compadre, 465.
El compadrito, 158.
El compendio y declaración de lo que son obligados a guardar los caballeros de la Orden de Santiago..., 122.
El complot mongol, 175.
El Comulgatorio, 664.
El concejo y consejeros del príncipe, 579.
El concierto de San Ovidio, 220.
El conde Alarcos [Castro, Guillén de], 312, 313, 670.
El conde Alarcos [Milanés y Fuentes, José Jacinto], 1034.
El conde de Candespina, 489.
El conde de Guadalhorce, su época y su labor, 982.
El conde de Irlos, 313.
El conde de Leo, 70.
El conde de Luxemburgo, 239.
El Conde de Peñalba, 65.
El conde de Saldaña, 410.
El conde de Sex o Dar la vida por su dama, 353.
El conde don Julián, 1332.
El conde León Tolstoi, 234.
El conde loco, 1062.
El conde Lucanor, 84, 111, 194, 509, 763, 962, 963, 1130, 1262, 1334, 1608.
El conde Sol, 885.
El conde-duque de Olivares. (La pasión de mandar), 966.
El condenado por desconfiado, 1614.
El cóndor, 462.
El cóndor sin alas, 926.

El conflicto del inspector, 1148.
El conocimiento de los tiempos, 1233.
El conquistador español del siglo XVI. Ensayo de interpretación, 187.
El Consejo de Familia en España, 384.
El conspirador, 234, 1094.
El cónsul del mar del Norte, 1301.
El Contemplado, 1498.
El contenido de la felicidad, 1531.
El contenido del corazón, 1322.
El continente de los hombres solos, 1403.
El continente de siete colores, 78.
El convidado de papel, 786.
El coral y las aguas, 1775.
El corazón abierto, 1157.
El corazón amarillo, 1102.
El corazón azul del alumbrado, 1303.
El corazón cansado, 814.
El corazón de Jesús, 161.
El corazón de la flauta, 1058.
El corazón de la noche, 814.
El corazón de María, 1493.
El corazón de piedra verde, 948.
El corazón de un bandido, 574.
El corazón del lobo, 1091.
El corazón delirante, 1625.
El corazón en los labios, 623.
El corazón en su sitio, 324.
El corazón escrito, 1674.
El corazón extraviado, 1767.
El corazón iluminado y otros poemas, 826.
El corazón juglar, 1650.
El corazón y la tierra, 1064.
El corcel de las crines albas, 1201.
El cordero de Isaías, 247.
El coronel no tiene quien le escriba, 603.
El coronel que asesinó a un palomo y otros cuentos, 545.
El corpus de sangre, 823.

El corral de la Pacheca, 1540.
El correo de Estambul, 672.
El correo prodigioso, 1089.
El corresponsal de la tristeza, 1241.
El corrido de Pablo Damián, 124.
El Corrido Popular Mexicano. (Su historia, sus temas, sus intérpretes), 419.
El cortacaras, 1070.
El cortejo de la Irene, 541.
El cortesano, 1034.
El cortesano descortés, 1492.
El cortesano español, 195.
El Cosmopolita, 1052.
El costado de la luz, 88.
El crepúsculo de las catedrales, 1420.
El criador de gorilas, 91.
El crimen al alcance de la clase media, 51.
El crimen de ayer, 451.
El crimen de Cuenca, 615.
El crimen de Europa (Nuestra guerra), 164.
El crimen de la calle Oxford, 77.
El crimen de las estanqueras, 672.
El crimen de un avaro, 825.
El crimen del fauno, 748.
El crimen del metro, 1149.
El crimen del padre Amaro, 1126.
El criollismo en Venezuela en cuentos y prédicas, 1650.
El crisol roto, 99.
El cristal de mi lágrima, 126.
El cristal nervioso, 102.
El cristal y la esencia, 1460.
El cristiano errante, 779.
El Cristo, 982.
El Cristo de espaldas, 231.
El Cristo de la fe y los Cristos literarios, 158.
El Cristo de los gitanos, 936.
El Cristo de Velázquez, 1648.
El Cristo moderno, 568.
El Cristo negro, 1495.
El Cristo Villenas, 1767.
El Criterio, 136.
El Criticón, 1120, 664, 665, 666, 1112.

El Crótalon, 1723, 1734.
El cruce del río, 939.
El cruzado, 974.
El cuaderno de Blas Coll, 1054.
El cuajarón, 1328.
El cuarto de atrás, 982, 1326.
El cuarto de Gallina, 451.
El cuarto de la noche, 436.
El cuarto de los niños, 1702.
El cuarto poder [Olmo, Lauro], 1166.
El cuarto poder [Rabasa, Emilio], 1353.
El cuclillo de la madrugada, 10.
El cuello cercenado, 534.
El cuentero, 282.
El cuento de Don Mateo, 376.
El cuento de nunca acabar [Martín Gaite, Carmen], 982.
El cuento de nunca acabar [Miralles, Alberto], 1038.
El cuento del dragón, 849.
El cuento en Hispanoamérica, 318.
El cuento hispanoamericano en el siglo XIX, 693.
El cuerdo amante, 1067.
El cuerpo, 1166.
El cuerpo de Giulia-no, 477.
El cuerpo fragmentario, 1573.
El cuerpo y los sucesos, 668.
El cuervo del arca, 1083.
El cuervo graznador grita venganza, 1599.
El cuidado de las manos, 1569.
El culto sevillano, 1377.
El cumpleaños de Juan Ángel, 165.
El cura de aldea, 1241.
El cura de Almuniaced, 73.
El cura de Monleón, 145.
El cura Merino, el regicida, 1703.
El curandero de su honra, 1239.
El Curial del Parnaso, 1402.
El curioso impertinente, 313, 353.
El curioso y sabio Alejandro,

fiscal y juez de vidas ajenas, 1492.
El curso, 1328.
El custodio de la Hungría, San Juan Capistrano, 1760.
El daño, 253.
El daño de los celos, 15.
El de la cruz dorada, 1458.
El debut de Nonito, 518.
El Decamerón español, 1426.
El declive y la cuesta, 1499.
El decorado y la naturaleza, 1301.
El dedo ajeno, 1192.
El defensor, 1497.
El degollado, 414.
El delantero centro fue asesinado al atardecer, 1703.
El deleitoso, 1466.
El delincuente, 1439.
El delincuente honrado, 797, 1585.
El delito de todos, 1759.
El delito natal, 947.
El demonio de media tarde, 981.
El derecho a matar, 436.
El derecho de la fuerza, 947.
El derecho de matar, 1315.
El derrotero de la novela, 1241.
El derrumbamiento, 1559.
El derrumbe [Achugar, Hugo], 9.
El derrumbe [Andréu Iglesias, César], 67.
El derrumbe [Soler Puig, José], 1557.
El desafío de la Vicenta, 651.
El desahucio, 538.
El desastre, 1701.
El desastre nacional y sus causas, 1365.
El desatino, 590.
El descampado, 1744.
El descenso de Orfeo, 1088.
El desconfiado prodigioso, 109.
El desconocido, 809, 1329.
El desdén, 1070.
El desdén, con el desdén, 1069.
El desdichado en fingir, 1476.
El desencanto, 185.

El desencuentro, 1612.
El desengaño en un sueño, 1413, 1588.
El deseo, 777.
El deseo de toda ciudadana, 733.
El desexilio y otras conjeturas, 165.
El desfile de la victoria, 448.
El desfile del amor, 1276, 1322.
El desguace, 1330.
El desheredado, 635.
El desierto, 1350.
El desierto de los ojos, 1091.
El desierto de seda, 1088.
El desierto entra en la ciudad, 91.
El desierto internacional, 1626.
El desierto verde, 566.
El deslinde: prolegómenos a la teoría literaria, 562, 1401.
El desorden de tu nombre, 1036, 1087.
El despertar de Tina, 988.
El despertar de un condenado a muerte, 814.
El desquite, 129.
El destello, 686.
El desterrado, 456.
El desterrado del océano, 1556.
El desterrado ensueño, 1762.
El desterrado. Vida y obra de Horacio Quiroga, 563.
El destierro es redondo, 1405.
El destino de Lázaro, 68.
El destino de un continente, 1644.
El desván, 806.
El desván de los machos y el sótano de las hembras, 1404.
El desvanecimiento, 1537.
El detective loco, 1148.
El detén, 35.
El detenido, 302.
El día, 153.
El día de fiesta por la mañana, 1757.
El día de fiesta por la tarde, 1757.

El día de gloria, 1601.
El día de tu boda, 633.
El día del odio, 1186.
El día en que violé a Alma Mahler, 1646.
El día implacable, 976.
El día intermitente, 1090.
El día menos pensado, 76.
El día que me quieras, 237.
El día que murió Marylin, 1047.
El día sábado, 429.
El día señalado, 1009, 1328.
El diablo al amanecer, 1088.
El diablo alcalde, 1768.
El diablo anda suelto, 1526.
El diablo blanco, 1189.
El diablo Cojuelo, 1719, 1145.
El diablo en coche, 820.
El diablo en el poder, 258.
El diablo en México, 443.
El Diablo en Palacio, 1178.
El diablo está en Cantillana, 1718, 1719.
El diablo las carga, 1459.
El diablo mudo, 247.
El diablo mundo, 56, 502, 1283, 1289, 1451, 1459.
El diablo predicador y mayor contrario amigo, 161.
El diablo se humaniza, 99.
El diablo. Su vida y su poder, 1650.
El diablo tiene frío, 590.
El diablo toca la flauta, 351.
El dialecto de la vida, 1531.
El diálogo de las pistolas, 684.
El diapasón del ventisquero (Poemas: 1974-1975), 1430.
El diario de Gabriel Quiroga, 589.
El diario de Hamlet García, 996.
El diario de un poeta, 1548.
El diario que a diario, 683.
El dichoso verano, 2.
El dictador suicida, 336.
El dilema de Krause, 35.
El dinero del Opus es nuestro, 460.
El dios de la intemperie, 1440.

El Dios del siglo, 1493.
El diosero, 1439.
El diputado por mi pueblo, 429.
El Directorio de las horas canónicas, 793.
El Discreto, 665.
El discreto encanto de la burguesía, 222.
El discreto impertinente, 1456.
El discutido indiscutible, 203.
El discutido testamento de Gastón de Puyparlier, 1616.
El disputado voto del señor Cayo, 434.
El diván de Abz-ulAgrib, 459.
El diván de las sombras, 1411.
El divino, 57.
El divino impaciente, 1230.
El divino Isaac, 634.
El divino Narciso, 803.
El divino Orfeo, 247.
El divino Platón, 88.
El divino portugués, 1249.
El doble del doble, 1090.
El doble otoño de mamá bis, 627.
El doce de octubre de Cervantes, 948.
El doctor Bebé, 1278.
El doctor Carlino [Góngora y Argote, Luis de], 644.
El doctor Carlino [Solís y Rivadeneyra, Antonio de], 1558.
El doctor Centeno, 1243.
El doctor Grijalbo, 57.
El doctor inverosímil, 640.
El doctor Juan Rana, 1348.
El doctor Lañuela, 1123, 1459.
El doctor Morris, 1556.
El doctor Torralba, 1038.
El doctor Wolski, 299.
El dogma, 476.
El dolor de escribir, 1644.
El dolor de vivir, 219.
El dolor. Estudio de psicofísica, 144.
El dolor paraguayo, 149.
El dolor pensativo, 1651.

El dolor supremo, 77.
El domador de fieras, 256.
El domador de leones, 1088.
El domador de pulgas, 792.
El dómine Lucas, 1584.
El domingo por la tarde, 611.
El dominó azul, 258.
El don de febrero, 921.
El don de gentes, 778.
El don de la palabra, 128.
El don de lo invisible, 771.
El don impuro, 1301.
El don más hermoso, 1775.
El donado hablador, vida y aventuras de Alonso, mozo de muchos amos, 30, 1145.
El doncel de don Enrique el Doliente, 821, 946, 1138, 1139.
El Dorado, 147.
El dos de mayo [Ariza, Juan de], 90.
El dos de mayo [Santa Ana, Manuel María de], 1522.
El drama del palacio deshabitado, 641.
El duelo contra su dama, 137.
El dueño de la luna, 1088.
El dueño del átomo, 640.
El dulce daño, 1565.
El dúo de la Africana, 472, 1764.
El duque, 1023.
El duque de Alba [Cañete, Manuel], 278.
El duque de Alba [Roca de Togores, Mariano], 1420.
El Duque de Aquitania, 1588.
El duque de Viseo, 1346.
El duro del vecino, 1061.
El eco, 659.
El eco de los pasos, 1273.
El Ecuador en la América prehispánica, 1480.
El Ecuador y su joven poesía, 392.
El Edén, 26.
El edicto de gracia, 1330, 1595.
El edicto de Milán, 663.
El edificio de la escuela, 631.
El efecto Doppler, 1089.
El ejército de runas, 376.
El elemento vasco en la historia de Venezuela, 1431.

El elixir de la vida, 528.
Él, ella y ellos, 212.
El embajador [Prieto, Antonio], 1331.
El Embajador [Vera y Zúñiga, Juan Antonio de], 1721.
El embarcadero, 30.
El emblema del sueño, 1195.
El Embrujado, 1258.
El embrujo de Sevilla, 1403.
El embrujo del oro, 385.
El embustero en su enredo, 1064.
El emperador Commodo, 1757.
El emperador de la China, 436.
El emperador fingido, 195.
El emplazado, 996.
El empleado, 125.
El empleo, 271.
El emprendedor o Aventuras de un español en el Asia, 981.
El Enano de las Musas, 410.
El encantado terrestre, 793.
El encantador solitario, 90.
El encanto de la serpiente, 1302.
El encanto de sus manos, 70.
El encapuchado, 1771.
El encubierto, 794.
El encubierto de Valencia, 201.
El encuentro, 1174.
El endecasílabo dactílico, 561.
El enemigo [Benítez Vinueza, Leopoldo], 169.
El enemigo [Echegaray, Miguel], 472.
El enemigo [Martín Recuerda, José], 982.
El enemigo [Picón, Jacinto Octavio], 1269.
El enemigo de Dios, 948.
El enemigo de los poetas y otros cuentos, 1231.
El enemigo en casa, 611.
El enemigo y la mañana, 12.
El enfermo, 127.
El engañao, 982, 1330.
El engaño a los ojos, 1000.
El engaño del zorzal, 467.

El engaño en la fineza, 1190.
El engaño feliz, 948.
El enigma, 913.
El enigma biográfico de Tirso de Molina, 1410.
El enigma de eros, 606.
El enigma del Kursaal, 1147.
El enigma interior, 589.
El ensayo de la comedia, 151.
El ensayo y día de comedia, 835.
El entenado, 1489.
El entierro de Cortijo, 1427.
El entierro de Genarín, 1089.
El entretenido, 1062.
El entrevistario, 203.
El entusiasmo, 1555.
El ermitaño de Monserrate, 1577.
El ermitaño galán, 1757.
El erotismo y la muerte, 690.
El escándalo [Alarcón y Ariza, Pedro Antonio], 21, 1124.
El escándalo [González García, Matías], 652.
El escándalo de Tierra Santa, 633.
El escándalo del Islam, 633.
El escándalo del mundo y piedra de la justicia, 1526.
El escándalo del silencio, 1762.
El escándalo y el fuego, 58.
El escarabajo, 1074.
El escarabajo gris, 835.
El escarabajo y el hombre, 1404.
El escepticismo político de la clase obrera, 574.
El esclavo, 1548.
El esclavo blanco, 566.
El esclavo de Roma, 1714.
El esclavo de su culpa, 319.
El esclavo del demonio, 1037.
El esclavo en grillos de oro, 137.
El escollo, 1503.
El escondido y la tapada, 245.
El escorpión, 614.
El escote, 1089.
El escritor, 127.
El escritor en la sociedad de masas, 122.

ÍNDICE DE OBRAS

El escritor en su siglo, 122.
El escritor y el cine, 122.
El escritor y su imagen, 122.
El escritor y sus fantasmas, 1486.
El escudo de Aquiles, 55.
El escultor de su alma, 592.
El escupido, 234.
El esfuerzo, 131.
El espacio c, 124.
El espacio en el tiempo, 396.
El espacio escarlata, 460.
El espacio y las máscaras, 1573.
El espada, 3.
El espadachín, 1072.
El espantajo, 528.
El español del almacén, 639.
El español Gerardo, 1112.
El español y los siete pecados capitales, 447.
El espectáculo imaginario, 439.
El espectador, 322, 1179, 1180, 1258.
El espejo, 1163.
El espejo de agua, 390, 750, 751, 1687, 1691.
El espejo de cristal, 497.
El espejo de la fuente, 99.
El espejo de Lida Sal, 107.
El espejo de Narciso, 988.
El espejo del alma [Fernández de Minaya, Lope], 534.
El espejo del alma [Perillán Buxó, Eloy], 1253.
El espejo del sueño, 148.
El espejo negro, 91.
El espejo y el camino, 1621.
El espejo y el canasto, 1277.
El espejo y la ventana, 1182.
El espejo y su sombra, 1413.
El esperado, 674.
El espía que vino del cielo, 177.
El espíritu de la aristocracia y otros ensayos, 589.
El espíritu de Martí, 964.
El espíritu del siglo, 990.
El estado de sitio, 1560.
El estanque [Canto, Estela], 277.
El estanque [Herrera, Ernesto], 706.
El estanque [Yáñez de Echevarría, María Flora], 1754.
El estanque de los lotos, 1103.
El estanque inefable, 290.
El estilete de oro, 382.
El estío, 1535.
El estrangulado, 670.
El estrecho dudoso, 281.
El estridentismo o una literatura de la estrategia, 1533.
El estruendo de las rosas, 1146, 1268.
El estuche de cocodrilo, 1072.
El estudiante, 919.
El estudiante de la mesa redonda, 78.
El estudiante de Salamanca [Espronceda y Delgado, José de], 502, 925, 1283, 1289.
El estudiante de Salamanca [Rivera, Luis], 1415.
El estudiante enfermo, 445.
El estudioso de la aldea, 1206.
El estupor del suicidio, 1611.
El eterno cantar, 575.
El eterno milagro, 273.
El Evangelio americano, 183.
El evangelio de Lucas Gavilán, 835.
El evangelio del amor, 637.
El Evangelio en triunfo, o historia de un filósofo desengañado, 1164.
El examen, 380.
El examinador micer Palomo, 1605.
El excomulgado, 1770.
El exiliado, 1460.
El existir medita su corriente, 624.
El éxodo de Yangana, 1431.
El éxodo y las flores del camino, 1102.
El expediente del náufrago, 455.
El extensionista, 735.
El extrañado, 459.
El extraño [Luis, Leopoldo de], 930.
El extraño [Martínez Mena, Alfonso], 988.
El extraño [Reyles, Carlos], 1403.
El extraño caso del doctor Fausto, 1565.
El extraño habitante, 1019.
El extraño señor Photynos y otras narraciones americanas, 1538.
El extraño vate, 1273.
El extraño viaje de Simón el Malo, 237.
El fabricante de piolín, 658.
El fabulero, 1104.
El fabuloso imperio de Juan sin Tierra, 1007.
El falso cuaderno de Narciso Espejo, 1023.
El falso Inca, 1221.
El famoso Carballeira, 1618.
El fanático por la nobleza, 1237.
El fantasma blanco, 1642.
El fantasma de Higüey, 70.
El fantasma imperfecto, 994.
El fantasmón de Aravaca, 925.
El faro bendito, 925.
El faro de Biarritz, 158.
El favorito de Carlos III, 670.
El Fénix de África, 1012.
El fénix del recuerdo, 1240.
El Fénix y su historia natural, 1229.
El Fernando, 999, 1280, 1643, 1721.
El feroz cabecilla, 1077.
El fervor y la ceniza, 352.
El fetichismo, 1646.
El fiero (y dulce) instinto terrestre. Ejercicios y ensayos, 137.
El figón, 1215.
El filántropo, 575.
El filibusterismo, 873, 1416.
El filibustero, 65.
El filósofo, 642.
El filósofo de aldea, 1118.
El filósofo y la tiple, 1671.
El fin de Chipí González, 1412.
El fin de Finisterre, 1047.
El fin de la edad de plata, 1666.
El fin de la esperanza, 175.
El fin de las razas felices, 1301.
El fin de los días, 1617.

El fin de Satán y otros poemas, 346.
El fin de una aventura sideral, 158.
El fin del mundo o el segundo milenario, 234.
El fin del viaje, 1102.
El fin pericial y su procedimiento: una institución procesal consuetudinaria, 384.
El final de la guerra, 1457.
El final de Norma, 21.
El final de «Tosca» (La novela de una gran cantante), 989.
El final del cielo, 1089.
El Fiord, 818.
El firmamento, 1556.
El fistol del diablo, 1221.
El flaco y el gordo, 1275.
El florilegio, 1571.
El folklore literario de México, 258.
El fondo de mi cartera, 817.
El fondo del vaso, 121.
El forastero, 587.
El fraile del Rastro, 1198.
El francés y los siete pecados capitales, 447.
El francotirador, 1561.
El frigorífico, 1346.
El Frinosomo vino a Babel, 1088.
El frontero de Baeza, 1374.
El frontón, 617.
El fuego, 526.
El fuego dado al cielo, 309.
El fuego de Lesbos, 1374.
El fuego de San Telmo, 277.
El fuego interrumpido, 1072.
El fuego y la ceniza, 1300.
El fuego y su aire, 815.
El fulgor, 1666.
El fulgor de África, 1646.
El fulgor y la sangre, 34.
El furgón de cola, 661.
El futurismo, 47.
El futuro de la universidad, 74.
El futuro fue ayer, 926.
El futuro ha comenzado, 1431.
El futuro imperfecto, 1715.
El gabán del rey, 1458.

El gajo de enebro, 955.
El galán de su mujer, 999.
El galán sin dama, 757.
El Galateo, 854.
El galeón atormentado, 1301.
El gallardo español, 334.
El gallego y su cuadrilla y otros apuntes carpetovetónicos, 322.
El gallitigre, 1616.
El gallo cantor, 620.
El gallo ciego, 1563.
El gallo de Bagdad y otros poemas, 1301.
El gallo de la alquería y otros compuestos, 544.
El gallo de las espuelas de oro, 1071.
El gallo de oro, 1479.
El gallo embrujado, 887.
El gallo en el espejo, 812.
El gallo negro, 1562.
El gallo pinto, 887.
El gallo y la muerte, 572.
El garabato, 835.
El garbanzo, 1198.
El gatito negro, 541.
El gato, 609.
El gato de Cheshire, 65.
El gato de los ojos de oro, 883.
El gato eficaz, 1666.
El gato junto al agua, 1202.
El gato murió de histeria, 77.
El Gato y la montera, 837.
El gato y su selva, 476.
El gaucho Florido, 1403.
El gaucho Martín Fierro, 685, 701.
El gaviota, 457.
El gay saber, 1215.
El general en su laberinto, 605.
El general Miranda, 1438.
El general y otras hipótesis, 1617.
El género epistolar, 1052.
El Génesis fue mañana, 439.
El Genil y los olivos, 1367.
El genio alegre, 58.
El gesticulador, 1653.
El gesto, 1565.
El gíbaro, 49.
El Gigante Amapolas y sus formidables enemigos; o sea Fastos dramáticos de una guerra memorable, 25, 1454.
El Giocondo, 990, 1646.
El gliptodonte y otras canciones para niños malos, 884, 1548.
El globo de Trapisonda, 1089.
El gobierno y la alianza, 680.
El golfo de las sirenas, 1763.
El golpe de estado de Guadalupe Limón, 1624.
El golpe en vago. Cuento de la decimoctava centuria, 613, 1138.
El gongorismo en América, 563.
El gordo, 1237.
El gori-gori, 1348.
El gorrión de Londres, 749.
El gorro frigio, 849.
El grado fiero de la escritura, 1653.
El grafógrafo, 478.
El gramófono, 1465.
El gran Burundún Burundá ha muerto, 1758.
El gran calavera, 1619.
El Gran Capitán, 1577.
El Gran Capitán Gonzalo de Córdoba, 50.
El gran circo del Sur, 1524.
El gran ciudadano, 1078.
El gran cobarde, 89.
El gran deschave, 320.
El gran duque de Moscovia, 1714.
El gran galeoto, 471, 1589.
El gran hijo de David más perseguido, 925.
El Gran Hotel, 640.
El gran inquisidor, 87.
El gran Justicia de Aragón Don Martín Batista de Lanuza, 518.
El gran mercado del Mundo, 247.
El gran momento de Mary Tribune, 598, 1134.
El gran patio de Palacio, 1441.
El gran patriarcha don Juan de Ribera, arzobispo de Valencia, 16.
El gran químico del mundo, 137.

El gran responsable, 521.
El gran rival; comedia en cuatro actos, 649.
El gran Serafín, 185.
El gran simulacro, 849.
El gran solitario de palacio, 120.
El gran teatro, 1074.
El gran teatro del mudo, 1599.
El gran teatro del mundo, 243, 247.
El gran torbellino del mundo, 145.
El Gran Tuleque, 1463.
El gran zoo, 683.
El grano de maíz rojo, 794, 1321.
El grano de pimienta, 1715.
El Greco y Toledo, 966.
El gremio agrícola, 201.
El grencho, 817.
El griego, 540.
El grillo [Muñiz, Carlos] 1075.
El grillo [Nalé Roxlo, Conrado], 1083.
El grimorio, 65.
El grito, 1091.
El grito de la paloma, 307.
El grito de Lares, 903.
El grito del luisón, 652.
El grito inútil, 546.
El grongo, 1407, 1408.
El grumete, 598.
El grupo poético de los años cincuenta (una antología), 598.
El guajhú, 298.
El guardainfante, 1348.
El guardián de la casa, 1204.
El guerrero ciego, 1368.
El Guitón Honofre, 647, 1144.
El gusto de Holanda, 1037.
El gusto de la vida, 92.
El gusto del día, 1037.
El habitante, 439.
El habitante y su esperanza, 1099, 1694.
El hábito, 459.
El hablador, 1698, 1699.
El hacedor, 207, 726.
El hacedor de silencio, 165.
El hacha, 521.

El hacha de plata, 277.
El hada Alegría, 1250.
El halcón, 1149.
El hallazgo y otros cuentos del mar, 848.
El haz de leña, 1159.
El hazmerreír, 938.
El hechicero, 1559.
El hechizado por fuerza, 1584, 1760.
El hechizo de Tomayquichua, 906.
El Hércules de Ocaña, 438.
El hereje, 1517.
El hermano, 573.
El hermano asno, 150.
El hermano Juan, 1648.
El hermano menor, 612.
El hermoso corsario, 1304.
El héroe [Cañas, Alberto], 277.
El Héroe [Gracián, Baltasar], 664, 665.
El héroe de las mansardas de Mansard, 1312, 1322.
El héroe de las mujeres, 185.
El héroe galopante, 259.
El héroe y heroínas de Montellano, 1138.
El héroe y sus máscaras, 411.
El híbrido venezolano como elemento de la constitución social y política de Venezuela, 715.
El hidalgo de Madrigal, 488.
El hidalgo don Tirso de Guimaraes, 70.
El hierro y el hilo, 441.
El hijo [Cajina Vega, Mario], 241.
El hijo [Rodríguez Castelo, Hernán], 1426.
El hijo adoptivo, 1312.
El hijo de don Juan, 471.
El hijo de Greta Garbo, 1646.
El hijo de la obrera, 1657.
El hijo de la tempestad, 855.
El hijo de Madame Butterfly, 876.
El hijo de trapo, 1567.
El hijo del guardabosque, 1674.
El hijo del jardinero, 518.
El hijo del león, 1493.
El hijo del vecino, 1070.

El hijo hecho a contrata, 1775.
El hijo legal, 1135.
El hijo obediente, 166.
El hijo predilecto, 1576.
El hijo pródigo [Alarcón y Ariza, Pedro Antonio], 21.
El hijo pródigo [Cazón Vera, Fernando], 320.
El hijo pródigo [Espinosa Medrano, Juan], 1602.
El hijo pródigo [Grassi y Techi, Ángela], 670.
El hijo pródigo [Vega Carpio, Félix Lope de], 1112.
El hijo pródigo [Zavalía, Alberto de], 1767.
El hijo santo, 1039.
El hilo de oro, 1161.
El hilo de seda, 355.
El hilo y la cuerda, 282.
El himno a la sangre, 765.
El himno de Riego, 503.
El hipogeo secreto, 477.
El hogar, 590.
El hogar invadido, 1330.
El hogar, tú y tu tía, 903.
El hombre, 1231.
El hombre absurdo, 179.
El hombre acecha, 703.
El hombre bajo la tierra, 1186.
El hombre-bebé, 1346.
El hombre como método, 1207.
El hombre contra el hombre, 1455.
El hombre de Adén, 784.
El hombre de Guayaquil, 278.
El hombre de hierro, 188.
El hombre de la aguja en el pajar, 642.
El hombre de la bufanda, 1517.
El hombre de la cruz verde, 1542.
El hombre de la levita gris, 1157.
El hombre de la situación, 1221.
El hombre de las tres escopetas, 1641.
El hombre de los hongos, 586.
El hombre de los medios abrazos, 1459.

El hombre de los pájaros, 545.
El hombre de los santos, 540, 1321.
El hombre de Madrid, 1090.
El hombre de mundo, 1589, 1710.
El hombre de oro, 188.
El hombre de otra parte y otras narraciones, 1341.
El hombre de paja, 221.
El hombre del Ande que asesinó su esperanza, 1695.
El hombre del búho, 654.
El hombre del crepúsculo, 277.
El hombre del renacimiento, 1303.
El hombre del Taj-Mahal, 1597.
El hombre del verde caballo, 976.
El hombre deshabitado, 27, 28.
El hombre en la calle, 647.
El hombre es débil, 1272.
El hombre feliz, 241.
El hombre feliz, independiente del mundo y de la fortuna, 1025.
El hombre invisible, 1251.
El hombre junto al mar, 1195.
El hombre mediocre, 771.
El hombre pervertido, 518.
El hombre que compró un automóvil, 529.
El hombre que espera, 693.
El hombre que está solo y espera, 1532.
El hombre que había olvidado, 466.
El hombre que hablaba de Octavia de Cádiz, 218.
El hombre que hizo un milagro, 996.
El hombre que llegó a su pueblo, 1615.
El hombre que murió en la guerra, 945.
El hombre que no sabía pecar, 981.
El hombre que parecía un caballo, 82.
El hombre que se adelantó a su fantasma, 69.
El hombre que se comió un autobús, 544.
El hombre que se reía del amor, 997.
El hombre que soñaba, 140.
El hombre que trabajó el lunes, 450.
El hombre que trasladaba las ciudades, 466.
El hombre que tuvo harén, 1189.
El hombre que vendía talento, 66.
El hombre que vivió dos veces, 825.
El hombre que volvió del paraíso, 838.
El hombre que voy siendo, 1655.
El hombre sentimental, 970, 1322.
El hombre solo, 576.
El hombre, un falsificador, 669.
El hombre verde, 669.
El hombre vivificador y destructor de la naturaleza, 1443.
El Hombre y el Cosmos, 1741.
El hombre y el loro, 1751.
El Hombre y el Trabajo, 1541.
El hombre y la historia: ensayo de sociología venezolana, 627.
El hombre y la mosca, 1468.
El hombre y la naturaleza venezolana en Rómulo Gallegos, 997.
El hombre y lo divino, 1759.
El hombre y su historia, 540.
El hombre y su medio y otros ensayos, 543.
El hombrecillo vestido de gris y otros cuentos, 1326.
El homenaje, 1597.
El hondero entusiasta, 1100.
El hondero lanzó la piedra, 1406.
El honor es lo primero, 835.
El honor y el trabajo, 1415.
El honorable Poroto, 1188.
El honrador de su padre, 438.
El horizonte de cemento, 807.
El horizonte recogido, 615.
El horror de la historia, 852.
El horror de morir, 748.
El horroroso crimen de Peñaranda del Campo, 145.
El hostigante verano de los dioses, 221.
El hotel del cisne, 145.
El hotelito, 583.
El huallipén, 369.
El huanakauri, 1774.
El huaso, 814.
El huérfano, 151.
El huérfano inglés, 919.
El huerto, 654.
El huésped del mar, 1462.
El huésped del rector, 1087.
El huésped del sevillano, 926, 1764.
El humanismo como responsabilidad, 669.
El humanismo y el progreso del hombre, 1521.
El humo de los barcos, 1304.
El humo de mi pipa, 627.
El humo dormido, 1039.
El húsar, 1091.
El húsar de la guardia, 1764.
El ideal de la educación, 1773.
El ideal de la humanidad para la vida, 1527.
El ideal de un calavera, 192, 193.
El ideal de una esposa, 671.
El ideal nuevo, 1403.
El idilio de la Robleda, 1019.
El idilio de Pedrín, 451.
El idilio de un enfermo, 1200.
El idioma de los argentinos, 205.
El idiota enamorado, 630.
El idiota o los trabucaires del Pirineo, 998.
El ídolo azteca, 1149.
El ilustre Manguindoy, 689.
El imaginero, 1050.
El imperio jesuítico, 929.
El Imperio perdido, 1245.
El implacable amor, 1185.
El impulso y su freno, 1360.
El incendio, 1465.
El incendio de Roma, 1241.
El incendio del astillero, 1403.

ÍNDICE DE OBRAS

El incendio y las vísperas, 680.
El incongruente, 640.
El incrédulo, poema dramático, 1722.
El increíble hombre inapetente y otros relatos, 1089.
El incurable, 623.
El indio, 911.
El indio Enrique y Fray Bartolomé de las Casas, 960.
El infamador, 414.
El infante de Mallorca, 17.
El infierno de la voluptuosidad, 1374.
El infierno de los aburridos, 614.
El infierno musical, 1276.
El infierno son los otros, 1089.
El infierno tan temido, 1168.
El infierno verde, 973.
El infierno y la brisa, 1702.
El informe de Brodie, 207.
El ingeniero apurado, 166.
El ingeniero Balboa y otras historias civiles, 1235.
El Ingenio o juego de marro, 1617.
El ingenioso hidalgo Miguel de Cervantes Saavedra, 1096.
El ingenioso hidalgo y poeta Federico García Lorca asciende a los infiernos, 1328, 1431.
El inglés de los güesos, 939.
El inocente [Hernández, Juan José], 701.
El inocente [Lacruz, Mario], 812, 1149.
El inocente [Valente, José Ángel], 1666.
El inquieto Anacobero y otros cuentos, 617.
El inquilino, 1088.
El insaciable Eros, 76.
El insaciable Peter Cash o Los cuernos de la abundancia, 1240.
El insomnio de una noche de invierno, 49, 1086.
El inspector de vírgenes, 1617.
El instinto, 419.

El interior de las sombras, 1236.
El intermediario [Casals, Pedro], 1088, 1151.
El intermediario [García Montalvo, Pedro], 1089.
El interrogatorio, 40.
El introvertismo en poesía, 1630.
El intruso, 190, 1127.
El inútil, 474.
El invencionero, 1455.
El invierno de Gunter, 967.
El invierno en Lisboa, 1086, 1090, 1321, 1326.
El invisible anillo, 467.
El irracionalismo poético (El Símbolo), 212.
El Isidro, 1280, 1712.
El italiano y los siete pecados capitales, 448.
El jactancioso y la bella, 1615.
El jaguar y la luna, 409.
El jándalo, 452.
El Japón heroico y galante, 637.
El Japón y su duende, 633.
El jaquemart, 1090.
El Jarama, 556, 662, 981, 1133, 1321, 1328, 1513, 1514.
El jardín de al lado, 463.
El jardín de Atocha, 1431.
El jardín de Bermudo (Derecho, Historia, Letras), 162.
El jardín de Falerina, 245.
El jardín de Ida, 1304.
El jardín de las delicias, 120, 121, 1321.
El jardín de las Hespérides, 1431.
El jardín de las malicias, 122.
El jardín de las siete puertas, 319.
El jardín de los frailes, 124.
El jardín de los poetas, 1366.
El jardín de los sueños, 338.
El jardín de ópalo, 1303.
El jardín de Venus [Llovet, Enrique], 903.
El jardín de Venus [Tamariz, Cristóbal de], 1574.
El jardín del infierno, 465.

El jardín extranjero, 1302, 1320.
El jardín mojado, 1301.
El jardín seráfico, 871.
El jardín vacío, 1036.
El jardinero, 611.
El jarro de flores, 1571.
El jaul, 792.
El jefe, comedia política, 975.
El jefe de familia, 192.
El jetón, 63.
El jinete de la brisa, 667.
El jinete de la Divina Providencia, 735.
El jinete del caballo de copas, 976.
El jinete insomne, 1533.
El jinete polaco, 1086, 1090, 1326, 1330.
El jornal, 1644.
El jorobadito, 91.
El joven, 1155.
El joven Dios, 981.
El joven Franz Moreno, 537.
El joven olvido, 1674.
El joven Telémaco, 189, 1764.
El joven Virginio, 1272.
El Judas desesperado, 1721.
El judío Aarón, 476.
El judío errante, 1151.
El juego de la verdad, 543.
El juego de las hormigas rojas, 795.
El juego del hombre, 1717.
El juego del pirata, 1326.
El juego del tiempo, 694.
El juego en que andamos, 620.
El juez de los divorcios, 335.
El juez que perdió la conciencia, 348.
El juglar del Cid, 1325.
El juguete rabioso, 91.
El juguete roto, 496.
El juicio, 658.
El Juicio final [Boix y Ricarte, Vicente], 201.
El Juicio Final [Cladera, Cristóbal], 1282.
El juicio final [Rodríguez, Argenis], 1422.
El juramento, 419.
El juramento de la Primorosa, 1035.

El justo tiempo humano, 1195.
El Kempis de los literatos, 1735.
El Kollao, 1232, 1693.
El laberinto [Afán de Ribera, Antonio Joaquín], 13.
El laberinto [Arrabal, Fernando], 96.
El laberinto [Casola, Augusto], 301.
El laberinto [Laguerre, Enrique A.], 815.
El laberinto [Mujica Láinez, Manuel], 1074.
El laberinto de amor, 334.
El Laberinto de Creta [Diamante, Juan Bautista], 438.
El laberinto de Creta [Vega Carpio, Félix Lope de], 1714.
El laberinto de Fortuna, 1654.
El laberinto de la soledad, 1222, 1223, 1225.
El laberinto de las aceitunas, 1017.
El laberinto de las sirenas, 145.
El laberinto de los desencantos, 1600.
El laberinto de sí mismo, 812.
El laberinto de Sión, 143.
El laberinto del Quetzal, 1095.
El laberinto vasco, 285.
El ladrón de ataúdes, 1629.
El ladrón de gallinas, 1619.
El ladrón de música, 506.
El ladrón y la selva, 506.
El ladronzuelo, 917.
El lagar de la viñuela, 1402.
El lago de Carucedo, 626.
El lago enigmático, 1018.
El lago y la corza, 885.
El landó de seis caballos, 1476.
El largo adiós, 630.
El largo aprendizaje (1975-1991), 1573.
El largo día ya seguro, 1201.
El largo viaje, 1537.
El latino de repente, 1206.
El laúd del valle, 546.

El laurel de Apolo, 415, 1713.
El laurel sobre la lira, 429.
El lazarillo de ciegos caminantes, 293.
El lazo de púrpura, 1325.
El lazo doble, 625.
El lecho de Procusto. Sonetos baladíes, 213.
El lenguaje de los políticos, 1011.
El lenguaje poético de Góngora y su influencia poética en la literatura española moderna, 1323.
El león ciego, 706.
El León de Suero de Quiñones, 50.
El león prodigioso, 642.
El león recién salido de la peluquería, 534.
El león y la virgen, 921.
El leproso y otras narraciones, 308.
El leve Pedro, 65.
El libertador en su agonía, 1560.
El libertino, 583.
El libro, 609.
El libro blanco, 19.
El libro bravo, 686.
El libro de arena, 207.
El libro de David Jerusalem y otros poemas, 143.
El libro de Dios, 1277.
El libro de Dios y de los húngaros, 350.
El libro de Eis, 1532.
El libro de Horas, 1503.
El libro de la caza menor, 433.
El libro de la cocina española. Gastronomía e historia, 935.
El libro de la crueldad: Del cuartel y de la guerra, 348.
El libro de la decadencia: Del periódico y de la política, 348.
El libro de la imaginación, 1658.
El libro de la infancia, 888.
El libro de la nave dorada, 1564.
El libro de la patria, 343.

El libro de la población y hazañas... de Lorca, 1248.
El libro de la sangre, 760.
El libro de la tierra chilena, 8.
El libro de la vida, 1609.
El libro de la vida doliente: Del hospital, 348.
El libro de la vida trágica: Del cautiverio, 348.
El libro de las apologías, 1406.
El libro de las ciudades, 1664.
El libro de las cosas perdidas, 1059.
El libro de las grayas, 285.
El libro de las horas, 506.
El libro de las parábolas, 680.
El libro de las pasiones, 1053.
El libro de las siete damas, 1541.
El libro de las siete locuras de amor, 1230.
El libro de las visiones y las apariciones, 308.
El libro de Lilian, 488.
El libro de Llanes, 1732.
El libro de los abrazos, 584.
El libro de los chicos enamorados, 887.
El libro de los elogios, 137.
El libro de los glosas, 1033.
El libro de los Somaris, 1236.
El libro de los sonetos, 177.
El libro de los sueños, 1566.
El libro de mi padre, 462.
El libro de mis hijos, 888.
El libro de mis primos, 1252.
El libro de mis vidas manileñas, 874.
El libro de Ruth, 1772.
El libro de Segovia, 1327.
El libro de Tamar, 1302.
El libro de un naturalista, 749.
El libro de versos, 1550.
El libro de Volumnia, 793.
El libro del amor, 148.
El libro del héroe, 459.
El libro del olvido, 1049.
El libro del saber doliente, 1773.
El libro del talismán, 143.
El libro del trópico, 63.
El libro fiel, 929.
El libro mudo (Secretos), 639.

El libro que mata a la muerte o Libro de los Jinas, 1463.
El libro talonario, 1589.
El libro vacío, 719, 1725.
El licenciado de Escobar, 189.
El licenciado Farfulla, 405.
El licenciado Vidriera [Cervantes Saavedra, Miguel de], 334, 749.
El licenciado Vidriera [González Elipe, Francisco, y Romero Larrañaga, Gregorio], 652, 1458.
El líder, 318.
El límite, 1767.
El límite del hastío, 973.
El limonero real, 1489.
El lindo don Diego, 1069.
El lindo Don Gato, 881.
El lino de los sueños, 1342.
El linyera, 825.
El llamado del mundo, 1317.
El llano en llamas, 1477, 1478.
El llanto alegre, 1274.
El llanto de la nada, 1220.
El llanto de los pobres, 1657.
El llanto de Raquel. Canto bíblico, 826.
El llanto subterráneo, 1317.
El lobo, 451.
El lobo y otros cuentos, 747.
El loco, 1717.
El loco amor, 1607.
El loco asesinado, 1148.
El loco de la guardilla, 1541.
El loco estero, 193.
El logrero, 151.
El lucero de Madrid y divino labrador, San Isidro, 1760.
El lucero del alba, 848.
El lucero eclipsado, 1008.
El luchador, 917.
El lugar [Gorostiza, Carlos], 658.
El lugar [Levrero, Mario], 839.
El lugar de morir, 1077.
El lugar de un hombre, 1538.
El lugar del aire, 1304, 1339.
El lugar del corazón, 1630.
El lugar del hombre, 468.
El lugar donde crece la hierba, 702.

El lugar donde mueren los mamíferos, 438.
El lugar más lejano, 326.
El lugar sin límites, 462.
El lujo, 670.
El lunes te amaré, 809.
El luto humano, 1399, 1478.
El luto robado, 277.
El Macabeo, 1281, 1552.
El macizo boliviano, 1018.
El Madrid de José Antonio, 208.
El Madrid de los abuelos, 1373.
El Madrid liberal, 504.
El madrigal de Cetina, 1057.
El madrigal infinito, 273.
El maestrante, 1200.
El maestro de esgrima, 1091.
El mágico de Apolonio, 1024.
El mágico de Salerno, 1501, 1584.
El mágico Muley, 1508.
El mágico prodigioso, 245.
El mágico Segismundo, 1508.
El mago de la cara de vidrio, 847.
El mago y la llama, 211.
El maijú y otras historias de Tata Mundo, 458.
El maíz: grano sagrado de América, 1315.
El mal amor, 522.
El mal de amores, 1764.
El mal gusto literario en el siglo XVIII, 1553.
El mal metafísico, 589.
El mal poema, 945, 946.
El maleficio, 147.
El maleficio de la luna, 692.
El maleficio de la mariposa, 602.
El maleficio de la U, 1373.
El malmuerto, 1315.
El malogrado, 602.
El malvado Carabel, 529.
El manantial y otros cuentos del campo, 1493.
El mancebo y los héroes, 1538.
El mancebón de los palacios, o Agraviar para alcanzar, 1717.
El manto y la corona, 203.

El manuscrito carmesí, 583, 1330.
El manuscrito del diablo, 827.
El Manzanares, 103.
El maño, 277.
El mar [Dalton, Roque], 422.
El mar [Rica, Carlos de la], 1407.
El mar bajó de la montaña, 1462.
El mar bajo la tierra, 1630.
El mar canta mi sueño, 310.
El mar dulce, 1221.
El mar es como un potro, 97.
El mar es una tarde con campanas, 698.
El mar inmóvil, 49.
El mar trajo la flor, 1742.
El mar y el tiempo, 522.
El mar y la montaña, 212.
El mar y las campanas, 1102.
El mar y sus pescaditos, 304.
El Marañón y el Amazonas, 401.
El marido, la mujer y la sombra, 1721.
El marido assigurado, 201.
El marido de Nieves Mármol, 1023.
El marido de su madre, 999.
El marido extraviado y buena casada, 829.
El marido hace mujer, 757.
El marido y su sombra, 474.
El mariscal Solano López, 1164.
El marqués de Talamanca, 583.
El marquesito, 1245.
El «Martín Fierro», 206.
El Mártir del Gólgota, Tradiciones de Oriente, 1241.
El marxismo como moral, 74.
El marxismo en España (Cartas polémicas con Blanco Amor), 540.
El más sagrado deber, 272.
El matador de tiburones, 1402.
El matemático, 128.
El materialismo, 650.
El matrero, 1424.
El matrero Luciano Santos, 937, 938.

El Matrimonio. Su ley natural, su historia, su importancia social, 1517.
El mayor encanto, amor, 243.
El mayor general hablará de Teogonía, 1638.
El mayor pequeño, 1012.
El mayorazgo de Labraz, 145, 1315.
El mayordomo miope, 1616.
El mecanógrafo, 1089.
El médico de las damas, 1270.
El médico de su honra, 243, 246.
El médico rural, 1638.
El médico y su ejercicio profesional en nuestro tiempo, 965.
El mejor alcalde el rey, 1714.
El mejor de los mundos, 1358.
El mejor mozo de España, 1714.
El Menandro, 1402.
El mendigo, 827.
El mendigo de la catedral de León, 1053.
El mendigo rojo, 925.
El mensaje de los dinosaurios felices, 1600.
El mensaje del tetrarca, 630.
El mensajero, 1090.
El mensajero de los últimos días, 326.
El mercader amante, 15.
El mercadillo utópico, 1166.
El mercurio, 674, 1134.
El mesón del mundo, 539.
El mesón del Sevillano, 506.
El mestizo Alejo, 1551.
El mestizo José Vargas, 1023.
El metal de los muertos, 493.
El método Flower, 1152.
El método histórico de las generaciones, 970, 1263.
El metro de platino iridiado, 1312, 1321.
El miajón de los castúos, 342.
El miedo, 1615.
El miedo bajo las campanas, 698.
El miedo de los felices, 1530.
El miedo de perder a Eurídice, 258.

El miedo y la esperanza, 1328.
El milagro [Carrión, Ignacio], 1088.
El milagro [Robleto, Hernán], 1420.
El milagro del año, 587.
El milagro del pan y de los peces, 1428.
El milagro y otros cuentos, 65.
El minutero, 921.
El minuto de cristal, 447.
El mio coito o la épica del B.U.P., 1601.
El mirador, 1091.
El mirador de Próspero, 561, 1422.
El misántropo, 919.
¡El miserable puchero!, 301.
El mísero y el pedante, 1585, 1639.
El mismo cielo, 820.
El mismo libro, 1304.
El mismo mar de todos los veranos, 1091.
El misterio de la cripta embrujada, 1017.
El misterio de la isla de Tokland, 1326.
El misterio de la vida y de la muerte de Mata-Hari, 637.
El misterio de los guantes negros, 1149.
El misterio de los tres suicidas, 1149.
El misterio de «María Celeste», 705.
El misterio de un hombre pequeñito, 1759.
El misterio del agua, 1317, 1318.
El misterio del hermano fantasma, 1149.
El misterio del hotel, 440.
El misterio del pañuelo azul, 1148.
El misterioso asesino de Potestad, 1315.
El misticismo como instrumento de investigación de la verdad, 214.
El mito de Doñana, 467.
El mito de Fedra en la literatura, 614.

El mito de Psiquis, 204.
El mito del Plata, 8.
El mito trágico del Ángelus de Millet, 421.
El mito y el logos, 1174.
El modernismo, 637.
El modernismo literario, 967.
El modernismo literario de Venezuela en sus orígenes, 772.
El modernismo y los poetas modernistas, 188.
El molinero de Subiza, 476.
El molino de viento y otras..., 322.
El molino que no muele, 832.
El momento de la muerte, 803.
El monarca del tiempo, 970.
El monasterio de San Jerónimo el Real, 1540.
El monje blanco, 977.
El monje de Potosí, 574.
El monje negro, 1577.
El monje y el pajarillo, 885.
El mono azul, 467, 1327.
El mono gramático, 1224.
El monólogo eterno, 1176.
El Monserrate, 1281, 1741.
El monstruo [Edwards Bello, Joaquín], 474.
El monstruo [Hoyos y Vinent, Antonio de], 748.
El monstruo de la fortuna, 353.
El monstruo y otros cuentos, 1072.
El montañés Juan Pascual, y primer asistente de Sevilla, 748.
El monte, 235.
El montuvio ecuatoriano (ensayo de presentación), 407.
El monumento a Goro, 1004.
El morador, 1559.
El morbo, 10.
El Moro Expósito o Córdoba y Burgos en el siglo XI, 29, 999, 1283, 1412, 1448, 1451, 1587.
El motín de la luz, 842.
El motivo es el poema, 633.
El Moto, 607.
El motor, 587.

El movimiento de vanguardia de Nicaragua, 80.
El movimiento estridentista, 506, 1694.
El movimiento intelectual de Arequipa a fines del siglo XVIII y principios del XIX, 158.
El movimiento V. P., 273.
El movimiento y el sueño, 1459.
El muchacho despatriado. Juan Ramón Jiménez en Francia (1901), 1319.
El muchacho español, 1493.
El muelle, 674, 1214.
El muerto, su adulterio y la ironía, 1419.
El muerto profesional, 1083.
El muerto vivo, 169.
El mundo alucinante, 81.
El mundo comedia es o El baile de Luis Alonso, 223.
El mundo de Juan Lobón, 172, 1321.
El mundo de la bella Simonetta, 78.
El mundo de la infancia, 1729.
El mundo de los maharachías, 82.
El mundo de los recuerdos, 659.
El mundo de los toros, 440.
El mundo del escritor, 543.
El mundo dividido (poesía 1951-1970), 431.
El mundo es ancho y ajeno, 35.
El mundo es ansí, 145, 146.
El mundo es un lugar extraño, 1494.
El mundo novelado de Pereda, 987.
El mundo puede ser nuestro, 1760.
El mundo que agoniza, 517.
El mundo que tú eres, 281.
El mundo sonriente, 765.
El mundo tal como es o todos locos, 987.
El mundo visto a los ochenta años, 1356.
El mundo y su doble, 80.
El muro, 1226.

El muro al final del túnel, 1147.
El muro secreto, 1228.
El museo de cera, 473.
El museo de los esfuerzos inútiles, 1253.
El museo vacío, 1631.
El nabab de Cuscatlán, 622.
El nacionalismo continental. Crónicas chilenas, 474.
El naranjal ardiente, 1417.
El Narcete, 365.
El Narciso en su opinión, 312, 313.
El nardo del ánfora, 1174.
El narrador, 98.
El natural desdichado, 1441.
El navegante, 1597.
El necio bien afortunado, 1492.
El negocio, 1769.
El negrero, 1108.
El negro de cuerpo blanco, 835.
El negro en Costa Rica, 466.
El negro en la literatura costarricense, 466.
El negro que tenía el alma blanca, 777.
El nicaragüense, 409.
El nido ajeno, 162, 1590, 1591.
El nido de la paloma, 1358.
El niño, la golondrina y el gato, 883, 1325.
El niño castizo, 224.
El niño de la bola, 21, 1124.
El niño de la flor en la boca, 307.
El niño de Robben Island, 441.
El niño del pasaje, 1231.
El Niño Jesús, 1245.
El niño judío, 594, 1764.
El niño mimado, 1527.
El niño poeta, 887.
El niño que enloqueció de amor, 149.
El niño que no tuvo infancia, 803.
El niño que tenía miedo, 884.
El niño que tenía un vidrio verde, 1073.
El niño que vino con el viento, 518.

El niño se las trae, 1357.
El niño y la niebla, 1653.
El nivel de la lágrima, 1228.
El «no importa» de España, loco político y mudo pregonero, 1526.
El nocturno del hermano Beltrán, 145.
El nombre de las cosas, 225.
El Norte, 280.
El novelista, 640.
El novillo del alba, 488.
El novio, 917.
El nudo, 396.
El nudo ciego, 438.
El nudo gordiano [Barnatán, Marcos Ricardo], 143.
El nudo gordiano [Sellés, Eugenio], 1536.
El 9, 1731.
El nuevo canto del hombre, 617.
El nuevo David, 179.
El nuevo don Juan, 908.
El nuevo Fígaro, 157.
El Nuevo Luciano de Quito o Despertador de los ingenios quiteños en nueve conversaciones eruditas para el estímulo de la literatura, 1522.
El Nuevo Mundo, 211.
El nuevo mundo en la Luna, 299.
El nuevo Olimpo, 195.
El nuevo Palacio del Retiro, 243, 247.
El nuevo paraíso, 658.
El nuevo príncipe, 231.
El nuevo relato ecuatoriano, 294.
El nuevo romanticismo, 444, 1295.
El nuevo teatro venezolano, 347.
El nuevo viajero universal en América, 173.
El número 111, 186.
El número 30, 987.
El «nunc dimitiis» trovado, 922.
El nunca usado mar, 1174.
El obispo leproso, 1038, 1039.
El oboe, 1327, 1410.

El obrero de Maguncia, 1232.
El obsceno pájaro de la noche, 462.
El obsesivo mundo de Benjamín, 1187.
El ocaso de los gauchos, 747.
El ocaso de Orión, 1655.
El ocaso de un régimen, 74.
El ocaso de un siglo, 115, 689.
El occiso, 505.
El océano, 1556.
El octavo día [Pinillos, Manuel], 1273.
El octavo día [Zavalía, Alberto de], 1767.
El octavo, no mentir, 472.
El oculto enemigo del profesor Schneider, 1601.
El oficio ciudadano. El pan y las estrellas, 1606.
El oficio de leer, 257.
El oficio literario, 1054.
El ogro filantrópico, 1225.
El oído del tacto, 1533.
El ojo, 633.
El ojo de cristal, 1411.
El ojo de vidrio, 1146.
El ojo tachado, 1573.
El ojo vacío, 1089.
El okapi, 458.
El olivar, 594.
El olor cálido y acre de la orina, 1301.
El olvidado y Alhambra, 289.
El ombú, 749.
El ómnibus pintado con cerezas, 95.
El opio del ensueño, 1250.
El Oráculo invocado. Poesía 1965-1983, 143.
El orador cristiano, 1003, 1171, 1173, 1379.
El Orestes, 365.
El organista de Móstoles, 1240.
El orgullo de Albacete, 2.
El origen del mono, 72.
El oro de los sueños, 1025, 1086.
El oro de los tigres, 207.
El oro del moro, 1241.
El osario de Dios, 92.
El oscuro, 1072.

El oscuro dominio, 748.
El oscuro esplendor, 452.
El oscuro límite, 1367.
El oso muerto, 1357.
El oso y el madrileño, 1036.
El otoño de las rosas, 216, 1327.
El otoño de piedra, 760.
El otoño del patriarca, 604, 1418.
El otoño del siglo, 1089.
El otoño recorre las islas, 154.
El otro [Salas, Horacio], 1491.
El otro [Unamuno, Miguel de], 1648.
El otro [Zamacois, Eduardo], 1759.
El otro Andrés Bello, 563.
El otro árbol de Guernica, 309, 1325.
El otro archipiélago, 92.
El «otro» barrio, 1061.
El otro día, la muerte, 1731.
El otro, el mismo, 207.
El otro fuego, 1672.
El otro fútbol, 433.
El otro lado del tiempo, 1226.
El otro mundo [Gorkin, Julián], 658.
El otro mundo [Miquelarena, Jacinto], 1037.
El otro mundo, cuento fantástico, 354.
El otro rostro de América, 566.
El otro rostro del peronismo, 1487.
El otro sueño, 411.
El ovillo de Ariadna, 1300.
El pacto de Cristina, 1083.
El pacto del Sinaí, 614.
El pacto sangriento, 1672.
El padre [Rial, José Antonio], 1404.
El padre [Ruibal, José], 1468.
El padre [Serrano Anguita, Francisco], 1541.
El padre Casafús, 289.
El padre de familia [Olive, Pedro María], 1165.
El padre de familia [Rivera, Luis], 1415.

El padre Juan, 12.
El padrino a mojicones, 993.
El pago de las deudas, 192.
El país de cuatro pisos, 647.
El país de jauja, 985.
El país de la cola de paja, 164.
El país del silencio, 1653.
El país odontológico, 838.
El paisaje en la literatura mexicana, 964.
El paisaje infinito, 1302.
El paisaje y el alma argentina, 1348.
El paisano Aguilar, 63, 64.
El pajareador, 1439.
El pájaro azul, 1186.
El pájaro Dunga, 441.
El pájaro en el pantano, 760.
El pájaro en la mano y otros cuentos, 1201.
El pájaro niño, 887.
El pájaro pico de oro, 630.
El pájaro que vino de la noche, 417.
El paje, 597, 1588.
El palacio de las blanquísimas mofetas, 81.
El Palacio de Plata, 349.
El palacio en sombras, 1204.
El palacio Maderna, 1556.
El palomo cojo, 1016.
El pan de bodas, 103.
El pan de cada día [Bacelo, Nancy], 131.
El pan de cada día [Domingo, Marcelino], 460.
El pan de la locura, 658.
El pan de los muertos, 812.
El pan de sus maizales, 1640.
El pan del hombre, 147.
El pan del pobre, 574.
El pan dormido, 1557.
El pan mojado, 1557.
El pan muerto, 1365.
El pan nuestro [Herrera, Ernesto], 706.
El pan nuestro [Pedroni, José], 1228.
El pan sobre las aguas, 133.
El pan y los peces, 956.
El panamericanismo, 596.
El pantano, 917.
El pantano de Elisa (Novela ejemplar), 953.

El Panteón Universal, 123.
El paño de lágrimas, 256.
El pañuelo blanco, 189.
El papá de las bellezas, 1638.
El papa del mar, 190.
El Papa Verde, 106.
El papel político de los militares en el Paraguay: 1870-1990, 618.
El papiro de la muerte, 1149.
El Paraguay, sus grandezas y sus glorias, 460.
El Paraguay contemporáneo, 1756.
El Paraguay y la lucha por su expresión, 648.
El paraíso, 507.
El paraíso de los niños, 431.
El paraíso de los nudos, 1035.
El paraíso de los solteros, 650.
El paraíso desdeñado, 131.
El paraíso podrido, 1496.
El paraíso recobrado. Poema, 989.
El páramo, 1174.
El parecido, 1312.
El parecido en la corte, 1534.
El paredón, 988.
El Parnaso español, 656, 1344.
El Parnaso Filipino, 871.
El Parnaso venezolano, 241.
El parque, 389.
El parque de la fraternidad, 1638.
El pasado, 748.
El pasaje, 389.
El pasaje de la luna, 1091.
El pasajero [Cajina Vega, Mario], 241.
El pasajero [Moreno Villa, José], 1068.
El pasajero [Suárez de Figueroa, Cristóbal], 1118, 1567.
El pasajero de la noche, 1597.
El pasajero de ultramar, 674.
El paseo Ahumada, 848.
El pasillo oscuro, 1428.
El paso de los gansos, 36.
El paso del dolor, 1277.
El paso del mar Rojo, 900.
El paso errante, 356.

El paso honroso, 1283.
El pastel del diablo, 982.
El pastelero de Madrigal, 530.
El pastor Clasiquino, 503.
El pastor de Fílida, 1141.
El pastor de Nochebuena, 1202.
El patache, 179.
El patán de Carabanchel, 1191.
El patio [Álvarez Quintero, hermanos], 58.
El patio [Edwards, Jorge], 473.
El patio [López Becerra, Salvador], 1302.
El patio de la noche, 1441.
El patio de los duendes, 431.
El patio de Monipodio [Custodio, Álvaro Muñoz], 419.
El patio de Monipodio [Mora, Fernando], 1061.
El patrañuelo, 1113, 1117, 1612.
El patriarca del valle, 489, 1138.
El patriciado uruguayo, 1360.
El patriota Manuel Rodríguez, 1268.
El patrón de España, 1026.
El payador, 930.
El payaso de las bofetadas y el pescador de caña, 521.
El pecado, 299.
El pecado de Alejandra Leonard, 159.
El pecado de Eva, 825.
El pecado de Olazábal, 1507.
El pecado de San Jesusito, 251.
El pecado mortal, 1162.
El pecado original de América, 58.
El pecador, 72.
El pecador impecable, 1089.
El pecho y la espalda, 1411.
El «pedigree», 147.
El Pelayo [Espronceda, José de], 1283.
El Pelayo [López Pinciano, Alonso], 916, 1280.
El Pelayo [Ruiz de la Vega, Domingo], 1477.

El peligro, 777.
El peligro del hombre, 301.
El pelo de la dehesa, 215.
El peluquero de Su Alteza, 278.
El peluquero en el baile, 1535.
El penitente, 1736.
El Pensamiento, 670.
El pensamiento boliviano en el siglo XX, 574.
El pensamiento de Cervantes, 311.
El pensamiento de Dilthey. Evolución y sistema, 770.
El pensamiento de Lastarria, 1191.
El pensamiento de Unamuno, 1542.
El pensamiento en los pueblos antiguos. Introducción a la historia de la sociología, 1501.
El pensamiento español contemporáneo, 74.
El pensamiento latinoamericano, 1769.
El pensamiento perdido, 173.
El pensamiento secreto de Mallarmé, 562.
El pensamiento vivo de Cossío, 1527.
El pensil de la niñez, 886.
El pentágono, 165.
El pentagrama eléctrico, 506.
El peor enemigo, 967.
El pequeño mundo del hombre, 556.
El pequeño patíbulo, 947.
El pequeñuelo y otros cuentos, 747.
El peregrino en Babilonia y otros poemas, 1607.
El peregrino en Indias. En el corazón de América del Sur, 154.
El peregrino en su patria, 1112, 1713.
El peregrino entretenido. Viaje romancesco, 154.
El peregrino indiano, 1484.
El peregrino junto al mar, 1301.
El perfecto caballero, 313.
El perfecto señor, 921.
El perfil de la quimera, 66.

El perfil de nuestra expresión, 1441.
El periodista, 910.
El Periquillo Sarniento, 128, 532, 1145.
El perjurio de la nieve, 185.
El perro, 282.
El perro castellano, 1560.
El perro de la escribana, 1019.
El perro del hortelano [Limendoux, Félix], 1714.
El perro del hortelano [Vega, Lope de], 849.
El perro loco, 308.
El perro mundo de Ornitóteles, 73.
El perro negro, 1493.
El perro y la calentura, 496.
El personalismo, 256.
El Perú histórico y artístico, 561.
El pescado indigesto, 584.
El peso de la noche, 473.
El peso de la nube parda, 1060.
El peso duro, 1700.
El pétalo impar, 1304.
El petróleo latinoamericano: su tragedia y su grandeza, 839.
El pez de oro y otras historias absurdas, 1748.
El pez dormido, 1073.
El pez que fuma, 342.
El pez sigue flotando, 1007.
El pianista, 1703.
El picadero, 389.
El picador Veneno y otras novelas, 1105.
El pícaro amante, 252.
El pícaro oficio, 158.
El pie de espuma, 1273.
El pie de la letra, 626.
El pie izquierdo, 927.
El pie sobre el cuello, 159.
El pincel mágico, 884, 919.
El pintor de su deshonra, 246.
El pintor Goya y lord Wellington, 1560.
El pintor Joaquín Mir, 1277.
El pisito, 125.
El placer de recordar, 116, 1252.

El plan infinito, 46.
El plano oblicuo, 1401.
El plenamar de las garzas de ámbar, 1462.
El pobre Abel de la Cruz, 1729.
El pobre amor, 1184.
El pobre baby, 273.
El pobre Barba Azul, 1736.
El pobre hombrecillo, 1426.
El pobre más rico, 1602.
El pobre Valbuena, 1764.
El pobrecito embustero, 1476.
El poder del gran señor, 475.
El poema a la mujer, 1467.
El poema cotidiano, 381.
El poema de la locura, 87.
El poema de la tierra, 1429.
El poema de las tierras pobres, 649.
El poema de los toros, 382.
El poema de los tres carros, 125.
El poema de Nenúfar, 278.
El poema del beso, 1467.
El poema negro de Chile, 147.
El poeta [Gramcko, Ida], 667.
El poeta [Leiva y Ramírez de Arellano, Francisco de], 835.
El poeta [Mármol, José], 974.
El poeta ausente, 191.
El poeta conmemorativo, 349.
El poeta de guardilla, 977.
El poeta, el niño y el río, 1506.
El poeta en la calle, 27.
El poeta en la corte, 1034.
El poeta filósofo, 1639.
El poeta niño, 90.
El poeta oculto, 1191.
El poeta que se volvió gusano, 36.
El poeta soldado, 1503.
El poeta y el banquero: escenas contemporáneas de la revolución española, 998.
El poeta y su pueblo. Homenaje a F. García Lorca, 1367.
El poeta y sus encrucijadas, 1456.

El poliedro y el mar, 69.
El políptico de los días del mar, 301.
El político, 664, 665, 890.
El polizón del «Ulises», 883, 1326.
El polvo enamorado, 1276.
El pornógrafo, 675.
El portero y el otro, 839.
El portón invisible, 1424.
El porvenir de España, 592, 1364.
El porvenir de la América española, 1643.
El porvenir de Paco Tudela, 917.
El positivismo en México, 1769.
El potrero, 320.
El pozo [Casaccia, Gabriel], 298.
El pozo [Onetti, Juan Carlos], 1167, 1168.
El pozo de la angustia, 173.
El pozo muerto, 770.
El Prado de Valencia [Mercader, Gaspar], 166, 1024, 1142.
El Prado de Valencia [Tárrega, Francisco Agustín], 1578.
El Prado por la noche, 406.
El precio de la derrota, 77.
El precio de los días, 1304.
El precio de los sueños [Muñiz, Carlos], 1075.
El precio de los sueños [Pla, Josefina], 1276.
El precio del estaño, 1572.
El precipitado, 1585, 1639.
El precursor, 1702.
El predicador, 1046.
El predicador, al cual preceden unas reflexiones sobre los abusos del púlpito y medios de su reforma, 1379.
El pregonero, 1717.
El prejuicio racial en Puerto Rico, 186.
El premio, 1325, 1775.
El premio de la constancia y pastores de Sierra Bermeja, 1142.
El premio de la traición, 15.
El premio de la virtud, 104.

ÍNDICE DE OBRAS

El premio de la virtud y castigo del vicio, 15.
El premio del vencedor, 597.
El presidente colgado, 336.
El presidente Mínguez, 1241.
El presidente negro, 234.
El presidio político en Cuba, 979.
El preso, 910.
El prestidigitador de los cinco sentidos, 1570.
El pretendiente de la oratoria sagrada, 1379.
El primer acto, 1551.
El primer Alonso Quesada, 1516.
El primer amor, 192.
El primer año de matrimonio. Cartas a Julia, 670.
El primer Borbón, 1774.
El primer botón del mundo, 883.
El primer día, 1564.
El primer Girón, 90.
El primer hijo, 469.
El primer Juicio Final, 68.
El primer loco, 317.
El primer Mariano Azuela, 129.
El primer pleito, 239.
El primer poder, 1088.
El primer poeta criollo del Río de la Plata, 835.
El primo, 281.
El príncipe azul, 1251.
El príncipe constante [Calderón de la Barca, Pedro], 243, 245.
El príncipe constante [Rey de Artieda, Andrés], 1399.
El príncipe de Viana, 779.
El príncipe destronado, 432, 434.
El príncipe don Carlos, 794.
El príncipe Fantasio, 1065.
El príncipe que no tenía corazón, 882.
El príncipe que quiso ser princesa, 1374.
El príncipe que todo lo aprendió en la vida, 1002.
El príncipe que todo lo aprendió en los libros, 880.
El príncipe tirano, 415.
El príncipe y las ovejas, 813.

El principio del canto, 1769.
El principio del placer, 1194.
El privado del virrey, 1427.
El problema de la cultura americana, 1774.
El problema de la lengua en América, 48.
El problema de México y la ideología nacional, 301.
El problema del Sahara, 661.
El problema nacional. Hechos, causas y remedios, 947.
El problema social del indio, 105.
El proceso creador, 314.
El proceso de Satanás, 980.
El proceso del arzobispo Carranza, 250, 1593.
El proceso del tango, 239.
El proconsulado, 1701.
El procurador Yerbabuena, 920.
El pródigo, 1156.
El profesor inútil, 786.
El Profeta, 1065.
El profeta falso Mahoma, 1442.
El progreso improductivo, 1758.
El pronóstico cumplido, 1112.
El protagonista de la virtud, 164.
El protector de Inglaterra, 1181.
El protestantismo comparado con el catolicismo en sus relaciones con la civilización europea, 136.
El proyecto y otros relatos, 1499.
El público, 602.
El pueblo, 1079.
El pueblo continente, 1176.
El pueblo cuenta, 282.
El pueblo de los majos, 301.
El pueblo del sol, 18.
El pueblo dormido, 1165.
El pueblo maravilloso, 369.
El pueblo olvidado y otros relatos del País Vasco, 309.
El pueblo sin Dios, 517.
El pueblo soy yo, 1720.

El pueblo y los atentados, 348.
El puente [Gorostiza, Carlos], 658.
El puente [Maia, Circe], 951.
El puente de las ánimas, 145.
El puente de los siglos, 614.
El puente oculto, 1439.
El puerto, 109.
El puerto sereno, 1373.
El puertorriqueño dócil, 975.
El púlpito, o reflexiones a los jóvenes eclesiásticos que se dedican al santo ministerio de la predicación evangélica, 1379.
El pulso de España, 1071.
El pulso era normal, 926.
El punto muerto, 313.
El puñal, 1407.
El puñal del godo, 1770.
El puñao de rosas, 94, 103, 1764.
El purgatorio, 465.
El purgatorio de San Patricio, 245.
El que busca, 1252.
El que espera..., 916.
El que se casa por todo pasa, 574.
El quebrado gananciozo, 825.
El quechua en el castellano del Ecuador, 373.
El Quijote como juego, 1623.
El Quijote de El Dorado, 17.
El Quijote de la España contemporánea: Miguel de Unamuno, 136.
«El Quijote» durante tres siglos, 761.
El quinto infierno, 346.
El quinto viaje de Crislón, 1599.
El quitapesares, 938.
El rabino de Praga, 1088.
El rabo, 1468.
El racionalismo armónico, 1669.
El radicalismo de mañana, 1439.
El rajá de Bengala, 1201.
El ramo de ortigas, 611.
El rapto, 121.
El rapto de América, 1773.

El rapto de doña Almodís, 378.
El rapto de Europa, o siempre se puede hacer algo, 109.
El rapto de la Sabina, 204.
El rapto de las Sabinas, 1321.
El rapto del Santo Grial o El Caballero de la Verde Oliva, 445.
El rapto y otros cuentos, 495.
El raro capricho de las cosas, 926.
El rastrero, 995.
El Rastro, 641.
El rastro de la mariposa, 1163.
El Rastro por la mañana, 406.
El raudal de muertos cansados, 1372.
El rayo de Andalucía y genízaro de España, 410.
El Rayo Macoy, 1355.
El rayo que no cesa, 702.
El realismo mágico y otros ensayos, 65.
El realismo mítico en Óscar Cerruto, 1415.
El realismo y la literatura contemporánea, 51.
El realismo y la novela actual [Bosch, Andrés], 211.
El realismo y la novela actual [García Viñó, Manuel], 614.
El rebaño hambriento en la tierra feraz, 995.
El rebelde, 250.
El rebuzno de Yara, romancero histórico, 1760.
El reclinatorio, 1600.
El recovero de Uclés, 1563.
El recuento de los daños, 342.
El recuerdo de hoy, 211.
El recurso del método, 287, 1418.
El redentor del pueblo, 978.
El redentor no nacido, mártir, confesor y virgen: San Ramón, 307.
El redil, 1358.
El reflejo, 1090.
El Refranero general español, 1532.

El refugiado Centauro Flores, 1419.
El regalo de la madrina, 1373.
El Regenerador, 1053.
El regente Heredia o la pasión heroica, 215.
El régimen constitucional, 1316.
El régimen parlamentario en la práctica, 125.
El regimiento de Lupián, 1215.
El regreso [Barquero, Efraín], 147.
El regreso [Krauze, Ethel], 809.
El regreso [Pereira, Antonio], 1235.
El regreso a España del refugiado político, 419.
El regreso de Anaconda, 1349.
El regreso de Ion, el extraterrestre, 1346.
El regreso de Quetzalcóatl, 419.
El regreso del Gran Tuleque, 732.
El rehén del Patuco, 1653.
El reinado de Witiza, 608.
El reino de este mundo, 287.
El reino del revés, 887.
El reino donde la noche se abre, 1187.
El reino milenario, 609.
El rejo de enlazar, 442.
El relámpago, 258.
El relevo, 325.
El reloj de Baltasar, 658.
El reloj de la Puerta del Sol, 50.
El reloj de Lucerna, 1761.
El reloj loco, 47.
El remanso gris, 832.
El remedio en la desdicha, 2.
El renacimiento de la novela española en el siglo XIX, 636.
El reñidero, 320.
El reo, 977.
El reo santo, 318.
El reportaje y el ensayo, 706.
El rescate del mundo, 304.
El resplandor, 951.

El resplandor de la hoguera, 1676.
El resplandor de las palabras, 1273.
El responsable de las ranas, 1091.
El resuello, 1725.
El retablo, 1348.
El retablo de las maravillas, 335.
El retablo de Maese Pedro, 642.
El retablo del gran relajo, 87.
El retablo milagroso, 224.
El reto, 140.
El retorno [Burgos, Carmen de], 223.
El retorno [Fuente, Pablo de la], 576.
El retorno [Goytisolo, José Agustín], 660.
El retorno [Mejía Sánchez, Ernesto], 1009.
El retorno de Caín, 1762.
El retorno de los galeones, 562, 696.
El retorno de Ulises, 1624.
El retraído, 787.
El retrato de Zoé y otras mentiras, 478.
El retrato del Schifanoia, 1087.
El retrato oval, 624.
El retrato y la imagen, 277.
El reverso, 458.
El rey cobardica, 882.
El rey criollo, 610.
El rey de Sodoma, 1597.
El rey de Tebas, 242.
El rey del tango, 1239.
El Rey don Pedro defendido, 1721.
El rey Ecco Ecco, 760.
El rey Eduardo, 1766.
El rey gallo y discursos de la hormiga, 1526.
El rey ha muerto, 629.
El rey loco, 1770.
El rey mendigo, 661.
El rey monje, 597.
El rey Nicéforo, 1493.
El rey penitente David arrepentido, 925.
El rey perseguido, 1500.

ÍNDICE DE OBRAS

El rey que rabió [Aza, Vital], 123, 1764.
El rey que rabió [Ramos Carrión, Miguel], 1357.
El rey se acerca a su templo, 796.
El rey se divierte, 1105.
El rey sin reino, 369.
El rey trovador, 976.
El rey viejo, 168.
El rey y la reina, 1538, 1539.
El rincón de los besos, 458.
El rincón de los justos, 1716.
El riñón de la montaña, 530.
El río [Berenguer, Amanda], 171.
El río [Heraud, Javier], 697.
El río [Matute, Ana María], 1001.
El río de la luna, 674, 1321.
El río de los Ángeles, 1048.
El río del olvido, 1089.
El río del tiempo, 848.
El río fértil, 836.
El río hacia la mar, 782.
El río invisible, 1102.
El río oscuro, 1695.
El río que nace en junio, 1619.
El río que nos lleva, 1502.
El río viene crecido, 168.
El ritmo, 1292, 1466.
El rito, 1328.
El ritual de la salamandra, 87.
El rival de su mujer, 796.
El robo de «El Sol de Oriente», 1148.
El robo de las Sabinas [Coello y Ochoa, Antonio], 353.
El robo de las Sabinas [García Gutiérrez, Antonio], 598.
El robo del cochino, 734.
El robo del Museo del Prado, 1149.
El rodeo, 75.
El roedor de Fortimbrás, 1134, 1565.
El rollo de mis padres, 984.
El romancero de Hernán Cortés, 757.
El romancero del dos de mayo, 657.
El romancero hispánico, 1023.
El romancero histórico, 612.
El romanticismo de los clásicos, 1058.
El Romanticismo en la América Hispánica, 563.
El romanticismo político, 417.
El Rómulo, 994.
El rorcual azul, 1091.
El rosal de la leyenda, 903.
El rosal del ermitaño: cuentos de monjas y de arrepentidos, 1674.
El rosario de Eros, 19.
El rosario de la Aurora, 1599.
El rosario de marfil, 459.
El rostro de la furia, 1420.
El rostro de la patria, 1440.
El rostro de los días, 668.
El rostro del país, 541.
El rostro del sueño, 1564.
El rostro desnudo, 760.
El rostro y la condición, 438.
El roto, 474.
El rubí del Ganges, 1326.
El ruedo de almas, 476.
El ruedo ibérico, 1677.
El rufián dichoso, 334.
El rufián viudo llamado Trampagos, 335.
El ruiseñor, 176.
El ruiseñor de Catuche, 1097.
El ruiseñor de la aurora y otros poemas, 1417.
El rumbo de la rosa, 819.
El rumor de la batalla, 429.
El rumor de la luz, 1236.
El rumor del Dies Irae, 782.
El rumor del tiempo, 216.
El sabio en su retiro y villano en su rincón, 999.
El sabio instruido de la gracia en varias máximas o ideas, 869.
El sabor de España, 460.
El sabor de la tierra, 282.
El sabor de la tierruca, 1125, 1234.
El sabor del pecado, 219.
El sabor del sol, 912.
El saboteador, 1169.
El saco, 4.
El saco de Roma y muerte de Borbón, 414.
El sacrificio, 1710.
El sacrificio de Calliroe, 1278.
El sacrificio de Isaac, 899.
El sacrificio de Márgara, 1695.
El sacrificio de Panda-Murti, 419.
El sagaz Estacio, marido examinado, 1492.
El saltamontes, 1463.
El saltamontes verde, 883.
El salto, 1273.
El salto de la novia, 912.
El salto del pasiego, 476.
El salvaje [Quiroga, Horacio], 1350.
El salvaje [Rueda, Salvador], 1466.
El salvaje, 1745.
El sambenito, 794.
El samovar hierve, 431.
El Santero de San Saturio, 619.
El santísimo nacimiento de Nuestro Señor, 72.
El santo de la Isidra, 94, 1764.
El santo de mayo, 794.
El santo de Panchita, 1535.
El Santo Inocente, 215.
El santo rey don Fernando, 247.
El santo sin nacer y mártir sin morir, 1368.
El sargento Canuto, 1535.
El sargento Federico [Asenjo Barbieri, Francisco], 103.
El sargento Federico [Olona, Luis], 1167.
El sargento Felipe, 1270.
El sastre, 1717.
El sastre del Campillo [Belmonte y Bermúdez, Luis de], 161.
El sastre del Campillo [Santos, Francisco], 1526.
El sastre desastrado, 911.
El sauce permanece, 73.
El sayal y la púrpura, 954.
El sayón, 1458.
El scholástico, 854, 1734.

El secreto [Cabezas, Juan Antonio], 234.
El secreto [Camarillo de Pereyra, María Enriqueta], 251.
El secreto [Sender, Ramón], 1539.
El secreto de Barba Azul, 529.
El secreto de la escala, 1057.
El secreto de la felicidad, 188.
El secreto de la filosofía, 1177.
El secreto de un loco, 158.
El secreto de una dama, 1415.
El secreto de una náyade, 1466.
El secreto del acueducto, 640.
El secreto del arte, 1090.
El secreto del contador de gas, 1147.
El secreto del doctor Baloux, 973.
El secreto del molino, 1149.
El secuestro del general, 17.
El seductor [Urbina, Pedro Antonio], 1650.
El seductor [Zamacois, Eduardo], 1759.
El segundo del apocalipsis, 798.
El segundo libro del trópico, 63.
El segundo piso, 1064.
El 6 de agosto, 102.
El self-government y la monarquía doctrinaria, 125.
El sello de Salomón (Un regalo de los dioses), 1650.
El semblante, 1406.
El sembrador, 309.
El semental negro, 948.
El senador no es honorable, 1746.
El sendero andante, 1238.
El sendero ardiente, 1238.
El sendero innumerable, 1238.
El sendero. Notas sobre mi evolución espiritualista en vista de un futuro, 686.
El sentido común [Salazar Mallén, Rubén], 1496.
El sentido común [Torromé y Ros, Rafael], 1630.
El sentido de la muerte, 543.

El sentido del progreso desde mi obra, 433.
El sentido humanista del socialismo, 1410.
El sentimiento de la riqueza en Castilla, 374.
El sentimiento de lo eterno, 606.
El sentimiento de tristeza en la literatura contemporánea, 430.
El señor Carrascas, 1250.
El señor Cuatro y otras gentes, 576.
El señor cura, 123.
El señor de Bembibre, 626, 627, 1138, 1451.
El señor de Calcena, 635.
El señor de la burbuja, 1495.
El señor de los bonsais, 1746.
El señor de Noches Buenas, 411.
El señor de palo, 699.
El señor de Pigmalión, 670.
El señor feudal, 451.
El señor Galíndez, 1221.
El señor García, 1007.
El Señor Gobernador, 123.
El señor inquisidor y otras vidas por oficio, 285.
El señor Laforgue, 1221.
El señor llega, 1624.
El señor Luis el tumbón o Despacho de huevos frescos, 1710.
El señor Monitot, 82.
El señor Pandolfo, 1241.
El señor presidente, 106.
El señor y lo demás son cuentos, 24.
El señorito, 574.
El señorito Arturo, 1515.
El señorito mimado, 778.
El señorito Octavio, 1200.
El separatista, 910.
El séptimo pétalo del viento, 141.
El sepulturero, 1231.
El ser y la muerte: bosquejo de filosofía integracionista, 543.
El sermón de la paz, 1772.
El 68: las revoluciones imaginarias, 694.

El sexo débil, 1358.
El Sexto, 86.
El sí de las niñas, 535, 536, 1585, 1586.
El Sigerico, 829.
El siglo, 970.
El siglo de las luces, 287.
El siglo del viento, 584.
El siglo pitagórico, 481, 1145.
El siglo XVIII en España. Su literatura, 75.
El significado de nuestro presente, 967.
El signo de Caín, 1749.
El signo de los tiempos, 1090.
El signo escalonado, 1572.
El signo y el garabato, 1224.
El silbo del aire, 883.
El silenciero, 165.
El silencio [Delgado, Agustín], 430.
El silencio [Toruño, Juan Felipe], 1630.
El silencio de Dios, 1315.
El silencio de la cartuja, 1027.
El silencio de la escritura, 1325.
El silencio de las palabras, 1088.
El silencio de las sirenas, 1089, 1322.
El silencio sonoro, 1490.
El simbolismo de las religiones del mundo, 1463.
El sindicato de las esmeraldas, 950.
El síndrome de Estocolmo, 1235.
El sistema Pelegrín. Novela de un profesor de cultura física, 529.
El sitio, 1524.
El sitio de Bilbao, 598.
El sitio de las abras, 458.
El sitio de Mons, 1368.
El sitio de París [Marquina, Pedro], 977.
El sitio de París [Perillán Buxó, Eloy], 1253.
El sitio de Pultova, 1766.
El sobre azul, 1749.
El sobre en blanco, 440.
El sobrino de Malbrán, 1197.
El socio, 1332.

ÍNDICE DE OBRAS

El socorro de los mantos, 835.
El sofá, 1156.
El sol, ese enemigo, 578.
El sol, la luna y las estrellas, 883.
El sol amargo, 1104.
El sol bajo las patas de los caballos, 13.
El sol ciego, 441.
El sol de invierno, 967.
El sol de la humanidad, 568.
El sol de los jaguares, 35.
El sol de los muertos, 902.
El sol de octubre, 1556.
El sol en el hormiguero, 583.
El sol en Sagitario, 1301.
El sol nuevo. Cuadro dramático, 1181.
El sol pintó de oro los bohíos, 1462.
El sol que estás mirando, 615.
El sol tiene la anchura del pie humano, 1611.
El sol vencido [Flores Jaramillo, Renán], 566.
El sol vencido [Silveira, Miguel], 1553.
El sol y su eco, 1534.
El solar de la raza, 589.
El solar de los Gonzaga, 1749.
El solar guaraní, 168.
El soldado católico en guerra de religión, 893.
El soldado desconocido, 1536.
El soldado Juan Rana, 1348.
El soldado Paz que nunca fue a la guerra, 356.
El soldado Píndaro, 1112.
El solitario, 321.
El solitario de la habitación 5-3, 320.
El solitario de Yuste, 1761.
El solitario viento de las hojas, 622.
El sombrero de copa, 123.
El sombrero de tres picos, 21, 1124.
El sombrero del ministro, 309.
El sombrerón, 1184.
El somier, 1088.

El son del corazón, 921.
El son entero, 683.
El son se quedó en Cuba, 1631.
El sonámbulo, 282.
El soneto en Venezuela, 1214.
El soplo, 1166.
El sordo, 1272.
El sótano, 505.
El subtil cordobés Pedro de Urdemalas, 1492.
El suceso, 1745.
El sueño creador, 1759.
El sueño de Alejandría, 1046.
El sueño de Escipión, 283.
El sueño de la razón [Álvarez Murena, Héctor Alberto], 58.
El sueño de la razón [Buero Vallejo, Antonio], 220.
El sueño de la razón [Domingo, Xavier], 460.
El sueño de la viuda, 1574.
El sueño de las formas, 1664.
El sueño de los cuerpos, 1304.
El sueño de los héroes, 185, 379.
El sueño de Manón, 136.
El sueño de Matías Carpio, 1501.
El sueño de Oslo, 407.
El sueño de rapiña, 1403.
El sueño de Sarajevo, 1431.
El sueño de Torba, 1091.
El sueño de unas noches de verano, 839.
El sueño de Venecia, 445, 1322.
El sueño del ángel, 1559.
El sueño del origen y la muerte, 1573.
El sueño del pez, 1606.
El sueño ha terminado, 118.
El sueño robado, 68.
El suicida, 1400.
El suicidio de la modernidad, 467.
El suicidio de Werther, 451.
El suicidio del príncipe Ariel, 134.
El sultán de Recoletos, 158.
El sumario, 71.
El sumidero, 63.
El superagente, 1468.
El supremo bien, 1774.

El supremo diálogo y otros poemas, 953.
El supremo dictador, 344.
El sur, 1087, 1089.
El sur dormido, 100.
El sur y después, 732.
El Sur y la esperanza, 1460.
El surrealismo entre Viejo y Nuevo mundo, 823.
El swin del maletín y otras acciones, 1601.
El tablado de Arlequín, 145.
El tacto fervoroso, 459.
El Tajín, 749.
El talego-niño, 1348.
El talismán de Afrodita, 617.
El taller blanco, 1054.
El tamaño de mi esperanza, 205.
El tamaño del infierno, 128.
El tambor de granaderos, 1515.
El tango, 1491.
El tango del ángel, 1428.
El tanto por ciento, 908.
El tañido de una flauta, 1276.
El tañido fantasma, 1149.
El tapabocas, 781.
El targuá, 458.
El taxidermista, 608.
El teatrito de don Ramón, 982, 1330.
El teatro, 1184.
El teatro, apuntes de un traspunte, 1653.
El teatro actual latinoamericano, 1559.
El teatro barroco hispanoamericano, 1568.
El teatro con adolescentes, 124.
El teatro contemporáneo en Barcelona, 1653.
El teatro de Buero Vallejo. Una meditación española, 459.
El teatro del siglo, 1323.
El teatro en España, 574.
El teatro en soledad, 641.
El teatro en Valladolid de los siglos XVI al XVIII, 50.
El teatro en Valladolid. Siglo XIX, 50.
El teatro español en el banquillo, 1600.

El teatro heroico, 1233.
El teatro, hoy, 459.
El teatro moderno, 927.
El teatro neoclásico y costumbrista hispanoamericano, 1568.
El teatro por dentro [Flores García, Francisca], 566.
El teatro por dentro [Zamacois, Eduardo], 1759.
El teatro que yo he visto, 975.
El teatro uruguayo, 834.
El teatro y sus enemigos, 456.
El techo de lona, 1641.
El tejado de vidrio, 908.
El tejedor de milagros, 87.
El tejedor de Segovia, 1476.
El tejedor o la batalla de Maipú, 151.
El tema de Cristo en la poesía de Rubén Darío, 687.
El tema de España en la poesía española contemporánea, 272.
El tema de nuestro tiempo, 1179, 1263.
El tema del cisne en Rubén Darío, 687.
El temblor de Lima, 1169.
El temor de Hernán Cortés y otras narraciones de la Nueva España, 1057.
El templario, 1250.
El templario y la villana, 378.
El templo de la Fama, 1283.
El templo de los alabastros, 1406.
El templo de Talía, 989.
El templo etrusco, 1748.
El «Tenorio» en Monóvar, 46.
El tercer jardín, 1302.
El tercer mundo, 1659.
El terno del difunto, 1677.
El terruño, 1403.
El tesoro, 434.
El tesoro de Cuauhtemoc, 1189.
El tesoro de los lagos de Somiedo, 1463.
El tesoro del ausubal, 652.
El tesoro del Capitán Nemo, 1326.
El testamento de Heiligenstadt, 54.

El testarudo, 151.
El testigo, 1303.
El testimonio de Juan Peña, 1401.
El testimonio de Yarfoz, 1514.
El tiempo, 1001.
El tiempo banal, 107.
El tiempo de la ira, 1564.
El tiempo de la sospecha, 347.
El tiempo derramado, 900.
El tiempo en el espejo, 285, 1319.
El tiempo en nuestros brazos, 1059, 1327.
El tiempo, ese círculo, 233.
El tiempo insuficiente, 1491.
El tiempo no está con nosotros, 71.
El tiempo prometido, 326.
El tiempo que destruye, 633.
El tiempo que nos teje, 1303.
El tiempo que pasa, 63.
El tiempo que se fue, 1488.
El tiempo recobrado [Gil, Ildefonso Manuel], 623.
El tiempo recobrado [Maya, Rafael], 1003.
El tiempo y yo, o El mundo a la espalda, 122.
El tigre [Aguilera-Malta, Demetrio], 17.
El tigre [Herrera, Flavio], 708.
El tigre luminoso, 343.
El tintero, 1075.
El tío Caniyitas, 1527.
El tío Charra, 613.
El tío de todos, 223.
El tío Pepe, 913.
El tío Quico, 16.
El tirador de palomas, 103.
El tirano Aguirre o la conquista de El Dorado, 216.
El tirano de Taormina, 1474.
El tirano inmóvil, 704.
El tonto discreto, 1734.
El tony chico, 695.
El toque de Diana, 1067.
El toque de rancho, 431.
El torerillo de invierno, 1641.
El torero Caracho, 640.
El torero por las astas, 1064.

El torero y su sombra, 975.
El torito negro, 884.
El tornavoz, 615.
El torneo [Baroja, Ricardo], 147.
El torneo [Calderón, Fernando], 242, 1454.
El tragaluz, 220.
El traidor contra su sangre, 999.
El traidor melancólico, 1087.
El traidor venerado, 1615.
El Transcantábrico, 72.
El tránsito de fuego, 1163.
El tranvía, 834.
El trapecio, 1601.
El trapecio de Dios, 545.
El trapecio de las imágenes, 1341.
El trato de Argel [Cervantes, Miguel de], 331, 335.
El trato de Argel [Fernández Guerra, Aureliano], 531.
El travieso Jimmy, 521.
El trébol, 1219.
El trébol florido, 28.
El 30 de febrero, 815.
El tren amarillo, 584.
El tren casi fluvial, 947.
El tren de cuerda, 389.
El tren que corría, 280.
El tren que no llegó jamás a su destino, 351.
El tres es siempre mágico, 468.
El triángulo tiene cuatro lados, 9.
El Tribunal de la sangre o los secretos del rey, 1178.
El tribunal de los ofrecimientos, 213.
El tributo a París, 161.
El tributo de las cien doncellas, 103.
El tributo de las siete doncellas, 251.
El triciclo, 96.
El trino del diablo, 1073.
El trino soterrado, 985.
El triunfo de don Carlos, fantasías, caprichos, etc., 1561.
El triunfo de la novela, 636.
El triunfo de la templanza, 1630.

ÍNDICE DE OBRAS

El triunfo de la vida [Favero, Ulises], 518.
El triunfo de la vida [Rivas Groot, José María], 1414.
El triunfo de los otros, 1221.
El triunfo de Pierrot, 1399.
El triunfo del amor y la amistad, 1766.
El triunfo del ideal, 462.
El trompo de siete colores, 1183.
El tronco herido, 1176.
El trovador, 597, 598, 1588.
El trovador colombiano, 82.
El trueno entre las hojas, 1417.
El tuerto es rey, 577.
El tuerto Miguel, 1650.
El tulipán florido, 760.
El tumulto, 1422.
El túnel [Alcalá Galiano, José], 30.
El túnel [Sábato, Ernesto], 1485.
El tungsteno, 1681.
El turbión, 10.
El turno del ofendido, 422.
El tutor, 414.
El tutor y su pupila, 151.
El último abencerraje, 1053.
El último Adán, 90.
El último beso, 1716.
El último bohemio, 1067.
El último café, 1090.
El último concierto, 1090.
El último contrabandista, 223.
El último cuadro, 426.
El último de la fiesta, 1303.
El último de los onas, 994.
El último día, 1061.
El último estudiante, 91.
El último filo, 1316.
El último gallinero, 987.
El último grumete de la Baquedano, 357.
El último guajolote, 1314.
El último habitante, 40.
El último Juan Ramón, 686.
El último libro. Poesías, 624.
El último manuscrito de Hernando Colón, 1090.
El último oasis, 1474.
El último patriota, 587.

El último perro, 879.
El último pirata, 1402.
El último pirata del Mediterráneo, 164.
El último piso, 109.
El último que se duerma, 468.
El último romántico, 1764.
El último Solar, 587.
El último toqui, 1753.
El último tranvía, 93.
El único lugar posible, 617.
El único remedio, 1236.
El único umbral, 1320.
El unicornio [Mujica Láinez, Manuel], 1616.
El unicornio [Tomeo, Javier], 1074.
El universo invisible, 650.
El urogallo, 1007.
El Uruguay y su gente, 951.
El uso de la palabra, 726.
El vado de la noche, 1753.
El vagabundo pasa de largo, 1456.
El vagón de Tespis, 917.
El Valdemaro, 986.
El valiente negro en Flandes, 350.
El valle de Andorra, 1167.
El valle de Josafat, 1177.
El valle de la muerte invisible, 1149.
El valle de la pájara pinta, 888.
El valle de las hamacas, 88.
El Valle de los Caídos, 1431.
El valle del cuarto menguante, 196.
El valle, la ciudad y el monte, 772.
El valle nublado, 203.
El valle que elegimos, 702.
El valor de amar, 636.
El valor no tiene edad, 438.
El vals de Venzano, 757.
El vampiro, 1642.
El vampiro de la calle de Claudio Coello, 488, 926.
El vampiro de la colonia Roma, 1761.
El vampiro rojo, 1147.
El vasallo instruido en las principales obligaciones que debe a su legítimo monarca, 893.

El Vasauro, 1169.
El vaso de leche y sus mejores cuentos, 1439.
El vaso de rocío. Idilio griego, 1466.
El 28 literario (1927-1935), 396.
El velero en la botella, 438.
El velo en el rostro de Agamenón, 128.
El vencejo de Burgaleda, 1653.
El vencido [Andújar, Manuel], 68.
El vencido [Sánchez-Ortiz, Emilio], 1515.
El vendaval [Gimferrer, Pere], 630, 1327.
El vendaval [Robleto, Hernán], 1420.
El vendedor de naranjas, 522.
El veneno de la víbora, 70.
El vengador [Castillo-Puche, José Luis], 308.
El vengador [Torre, Gerardo de la], 1621.
El ventrílocuo y la muda, 1459.
El verano de Juan «el Chino», 1620.
El verano también moja las espaldas, 356.
El verdadero hogar, 917.
El verde camino, 1428.
El verde vuelve, 304.
El verdugo afable, 1538.
El verdugo cuidadoso, 923.
El verdugo de Sevilla, 594, 1078.
El vergel, 1425.
El vergonzoso en palacio, 1614.
El vermouth de Nicomedes, 613.
El vértigo, 458.
El viaje [Heraud, Javier], 697.
El viaje [Kurtz, Carmen], 809.
El viaje a Atenas, 1251.
El viaje a Bizancio, 1740.
El viaje a ninguna parte, 522.
El viaje de la familia Hueco, 468.

El viaje de los siete demonios, 1074.
El viaje de Turquía, 1160.
El viaje del alma, 1112.
El viaje del joven Tobías, 1624.
El viaje en el jardín, 541.
El viaje entretenido, 1441, 1604.
El viaje español, 1091.
El viaje hacia el mar, 1071.
El viaje inverso, 290.
El viajero, 1207.
El viajero de Agartha, 1316.
El viajero imperfecto, 820.
El viajero inmóvil, 476.
El viajero inmóvil: introducción a Pablo Neruda, 563.
El viajero más lento, 1731.
El viajero mortal, 1556.
El viajero perdido, 1025.
El viajero y su sombra, 1058.
El vicario, 348.
El Victorial. Crónica de don Pero Niño, conde de Buelna, 457.
El victorioso Carlos V, 1280, 1652.
El viejo, 454.
El viejo celoso, 335.
El viejo criado, 382.
El viejo enamorado [Ágreda y Vargas, Diego], 15.
El viejo enamorado [Cueva, Juan de la], 414.
El viejo grupo, 342.
El viejo país, 1347.
El viejo solar, 47.
El viejo y la niña, 535.
El viento, 966.
El viento blanco, 426.
El viento de Bagdad, 1701.
El viento de los reinos, 147.
El viento del rencor, 429.
El viento distante, 1194.
El viento dobló las esquinas, 302.
El viento en la bandera, 373.
El viento en la pared, 419.
El viento en los árboles, 1302.
El viento se acuesta al atardecer, 1325.
El viento y el verso, 48.
El viento y la paloma, 1000.
El vientre del pez, 526.

El vigía, 136.
El vil metal, 987.
El villano en su rincón, 1714.
El vino del sábado, 1611.
El vino trago a trago, 460.
El violín del diablo, 657.
El violín y la chatarra, 458.
El violón del diablo, 611.
El virus, 302.
El visitador, 1035.
El visitante, 162.
El visitante solo, 1414.
El vitral, 313.
El viudo Rius, 18.
El vividor, 151.
El vivo y el difunto, 1526.
El vizcaíno fingido, 335.
El vocabulario del humanista, 1206.
El vodevil de la pálida, pálida, pálida, pálida rosa, 1457.
El volumen de la ausencia, 1499.
El vuelo de la carne, 1319.
El vuelo de la celebración, 1423.
El vuelo de la dicha, 440.
El vuelo de los gavilanes, 1422.
El vuelo del tigre, 1073.
El vuelo excede el ala, 1573.
El Wilsonismo, 596.
Él y su cuerpo, 455.
El yelmo roto, 82.
El yerro candente, 1736.
El zaguán de aluminio, 1003.
El zapatero, 311.
El zapatero y el rey, 1770.
El Zarco [Altamirano, Ignacio Manuel], 52.
El Zarco [Carrasquilla, Tomás], 289.
El zarpazo, 57.
El zoo cotidiano, 203.
El zorro de arriba y el zorro de abajo, 87.
El zorro enterrando a su abuela debajo de un arbusto, 1088.
Eldorado, 1091.
Eldorado y las ocupaciones nocturnas, 12.
Elección de sepultura, 923.
Elecciones generales, 635.

Electa, 874.
Electra, 1165, 1244, 1590.
Electra Garrigó, 1275.
Electra y Agamenón, 1601.
Electroterapia, 1025.
Elegantiae, 1098.
Elegía [Ávila Echazú, Edgar], 119.
Elegía [Nervo, Amado], 1102.
Elegía 1830, 1206.
Elegía a Guatimocín, mi padre, alias «el Globo», 1190.
Elegía a la muerte de Federico García Lorca, 948.
Elegía a la muerte de Unamuno, 948.
Elegía a la sombra de tu paso, 1720.
Elegía a medias, 1414.
Elegía a un amigo muerto, 1158.
Elegía a una partida, 11.
Elegía al aniversario del universo, 1672.
Elegía atlántica, 28.
Elegía de Medina Azahara, 1048.
Elegía en Astaroth, 599, 1327.
Elegía por la muerte de Paul Valéry, 171.
Elegía por una esperanza, 1331.
Elegía sin fin, 1220.
Elegía total, 623.
Elegía y no, 771, 1320.
Elegías [Armijo, Roberto], 93.
Elegías [Núñez, Aníbal], 1303.
Elegías [Ridruejo, Dionisio], 1408.
Elegías [Ruiz Aguilera, Ventura], 1474.
Elegías convencionales, 1443.
Elegías de la carne, 104.
Elegías de San Juan, 1406.
Elegías de Sandua, 1048.
Elegías de Tenochtitlán, 648.
Elegías de una cabeza loca, 1651.
Elegías de varones ilustres de Indias, 303, 867.

Elegías del segundo, 1754.
Elegías españolas, 1696.
Elegías europeas, 1058.
Elegías intermedias, 790.
Elegías italianas, 633.
Elegías lamentables, 790.
Elegías para el olvido, 1548.
Elegías puras, 790.
Elegías y gozos temporales, 960.
Elegir al enemigo, 1496.
Elegos, 1054.
Elelín, 1439.
Elemental liturgia, 806.
Elementos de ética o filosofía moral, 657.
Elementos de gramática castellana, 550.
Elementos de la ciencia contradanzaria, para que los currutacos, pirracas y madamitas del nuevo cuño puedan aprender por principios a bailar las contradanzas por sí solos o con las sillas..., 782.
Elementos de literatura preceptiva [Macías y García, Marcelo], 947.
Elementos de literatura preceptiva [Moreno, Gabriel René], 1066.
Elementos de literatura (retórica y poética), 151.
Elementos de retórica con ejemplos latinos de Cicerón y castellanos de fray Luis de Granada para uso de las escuelas, 1378.
Elementos para un análisis específico de los poblamientos indígenas, 1300.
Elementos para una semiótica del texto artístico, 1573.
Elena, 215.
Elena Bellamuerte, 525.
Elena Laverón o el vuelo de las formas, 1300.
Elena Ossorio, 488.
Elena y los elementos, 1516.
Elena y María, 805.
Eleodora, 234.
Elevación, 1103.
Elia, 229.
Elisa, 652.

Elisa, alma de cántaro, 419.
Elisa Dido, 1741.
Ella y él, 1154.
Ella y sus ellos, 806.
Ello dispara, 228.
Elocuencia española en arte, 795, 1377.
Elogio a la soledad, 617.
Elogio al pudor, 1536.
Elogio de Ameghino, 929.
Elogio de don Alonso de Ercilla, 1072.
Elogio de la crítica, 650.
Elogio de la danza, 1066.
Elogio de la madrastra, 1698, 1699.
Elogio de la reina Católica Doña Isabel, 352.
Elogio de la sombra, 207.
Elogio de la tortura, 1524.
Elogio del sabio benedictino Fr. Benito Jerónimo Feijoo, 947.
Elogio en loor de tres famosos varones, 826.
Elogio lírico de España, 87.
Elogios al Santísimo Sacramento, 1663.
Elogios, asperezas y nostalgias del País Vasco, 310.
Elogios... (De la palabra), 965.
Eloísa, 956.
Eloísa está debajo de un almendro, 785.
Eloy, 465.
Elphistone, 1300.
Els miralls, 630.
Elsinor, 478.
Elsinore, 411.
Elvira, 1741.
Elvira de Albornoz, 439.
Elvira, o la novia del Plata, 472.
Embajada a Tamorlán, 84.
Embajador en el infierno, 926.
Emblemas morales, 389, 869.
Emblemas moralizadas, 869.
Emblemata centum, 869.
Embrión, 1303.
Embrujamiento [López Pinillos, José], 1607.
Embrujamiento [Tenreiro, Ramón María], 917.

¡Emigrantes!, 1567.
Emilia es la canción, 599.
Emilia Reynalds, 671.
Emiliano Zapata, 951.
Emilio, 515.
Emocionario de Laín Sánchez, 1214.
Emociones, 258.
Empalador, 1302.
Empeños de amor y honra, 62.
Empresas espirituales y morales, 869.
Empresas morales, 869.
Empresas políticas, 1483.
Empresas sacras, 869.
En agosto hizo dos años, 277.
En alabanza del bolo alimenticio, 159.
En alta mar (recuerdos de un marino), 447.
En Asia se muere bajo las estrellas, 633.
En blanco menor, 937.
En brazos de la muerte, 822.
En busca de Cordelia y poemas rumanos, 784.
En busca de esos niños en hilera, 28.
En busca de la fortuna, 1630.
En busca de la igualdad, 1068.
En busca de la vida, 1506.
En busca de María, 694.
En busca del Gran Kan, 190.
En busca del Grial, 214.
En busca del hueso perdido. Tratado de paraguayología, 1720.
En busca del Nuevo Mundo, 1655.
En busca del unicornio, 1088, 1330.
En campo de gules, 20.
En campos de pluma. Retrato de una Europa desaparecida, 935.
En casa, 1088.
«En casa de Gutenberg», «Banquete platónico» y otros poemas, 214.
En casa y en la calle, 1577.
En castellano, 1188.
En cautivos sueños encarcelada, 119.

En Cejunta y Gamud, 534.
En Chimá nace un santo, 1762.
En ciernes, 167.
En coche cama, 1147.
En compañía de Tolstoy, seguido de otros motivos e indicaciones, 133.
En común, 153.
En corral ajeno, 1273.
En cualquier lugar, 1631.
En Cuba y al servicio de la revolución cubana, 986.
En defensa de lo usado, 1156.
En defensa del Rey, 1695.
En días como éstos, 1090.
En el allá disparado desde ningún comienzo, 1533.
En el aura del sauce, 1183.
En el camino, 634.
En el cerezal, 1503.
En el corazón de la tragedia, 637.
En el crimen el castigo, 814.
En el crimen va el castigo, 205.
En el día de hoy, 1329, 1616.
En el estado, 167.
En el fondo, 813.
En el grabado, 1302.
En el horizonte se alzó la niebla, 437.
En el infierno se están mudando, 670.
En el invierno de la vejez, 665.
En el invierno romano, 1740.
En el kilómetro 13, 1250.
En el lendel de la vida, 1236.
En el León fronterizo, 50.
En el limpio solar, 382.
En el mar austral, 55.
En el mejor de los mundos, 80.
En el nombre del mundo, 1769.
En el nombre del padre [Arce, Manuel José], 77.
En el nombre del padre [Granés, Salvador María], 670.
En el océano de nadie, 80.
En el otro costado, 28.
En el otro cuarto, 1459.
En el país del arte (tres meses en Italia), 190.
En el poder y en la oposición, 123.
En el puño de la espada, 1589.
En el reducto, 1088.
En el remoto Cipango, 1189.
En el revés del cielo, 1176.
En el San Juan hay tiburón, 459.
En el segundo hemisferio, 545.
En el siglo pasado, 1271.
En el silencio, 214.
En el texto de Garcilaso, 556.
En el tiempo, 951.
En el tiempo de los tallos verdes, 1273.
En el umbral de la vida, 219.
En el umbral del hombre, 1573.
En el umbral del misterio, 1463.
En el verano cada palabra respira en el verano, 1569.
En esta tierra, 1001.
En este gran vacío, 1274.
En este lado, 647.
En este lugar sagrado, 429.
En este país, 1650.
En estos días, 1570.
En estos parajes, 1569.
En familia [Insúa, Alberto], 777.
En familia [Orrego Luco, Luis], 1176.
En favor de Venus, 625.
En Flandes se ha puesto el sol, 976.
En gracia del noble arte de la pintura, 1663.
En gran noche, 37.
En honor de las palabras, 1058.
En jirones, 1761.
En la agonía, 1527.
En la aldea, 346.
En la ardiente oscuridad, 220.
En la azotea, 407.
En la barca de Ulises, 1420.
En la calzada de Jesús del Monte, 452.
En la carrera, 1638.
En la casa del padre, 230.
En la casa del pez que escupe el agua, 709.
En la cima mueren los suicidas, 806.
En la ciudad de los Césares, 429.
En la ciudad he perdido una novela, 1501.
En la corte de Yahuar-Huacac, 20.
En la costa, 144.
En la esquina del círculo, 1151.
En la extensión de la palabra, 1459.
En la glorieta y otros sitios, 747.
En la herencia del día, 1413.
En la hoguera, 540.
En la jaula de los leones, 975.
En la letra, ambigua selva, 633.
En la lucha final, 1088.
En la luna, 752.
En la masmédula, 632.
En la noche dormida, 194.
En la noche no hay caminos, 1329.
En la noche y en la niebla, 1237.
En la orilla, 1313.
En la orilla. Mi España, 697.
En la penumbra [Benet, Juan], 167.
En la penumbra [Mariani, Roberto], 196.
En la perfecta edad, 1304.
En la piel de la mujer, 1277.
En la primavera de la niñez y en el estío de la juventud, 665.
En la profundidad del verano, 1569.
En la punta de los dedos, 809.
En la quietud del pueblo, 476.
En la red, 1531.
En la red de los éxodos, 1414.
En la rueda del viento, 884.
En la sangre, 252, 1094.
En la selvática Bribonicia, 995.
En la soledad del tiempo, 1408.
En la sombra, 647.
En la tenue geografía, 99.

ÍNDICE DE OBRAS

En la tierra del cáncer, 1195.
En la tierra florida, 273.
En la tumba de Enrique Gil, 1721.
En la verbena de Madrid, 596.
En la vida de Ignacio Morel, 1329.
En la vida del señor alegre, 1323, 1619.
En la zona, 1489.
En las alas de las mariposas, 1512.
En las calles, 761.
En las líneas de fuego (1915), 249.
En las manos de Dios, 1357.
En las minas de Potosí, 1018.
En las orillas del Sar, 316, 1291.
En las oscuras manos del olvido, 452.
En lo más hondo, 164.
En los cínicos brazos, 828.
En los hilos del títere, 1090.
En los reinos de taifa, 117, 661.
En los traspatios, 1108.
En lugar del amor, 1301.
En lugar del hijo, 1209.
En mala tarde, 1426.
En Mayerling, una noche, 934.
En medio de todo, 1049.
En medio del camino, 391.
En mi jardín pastan los héroes, 1195.
En mí y no estando. Antología poética, 687.
En moscas cerradas, 128.
En nombre del rey, 237.
En noviembre llega el arzobispo, 1440.
En octubre no hay milagros, 1404.
En once años (1935-1945), 1408.
En onda azul, 290.
En otros parques donde estar ardiendo, 649.
En plena estación, 1236.
En pleno día, 638.
En poder de Barba-Azul, 1154.
En pos de la gloria, 241.
¿En qué piensas?, 1736.

En reposo, 848.
En resumen, 1274.
En resumen 1927-1988, 1327.
En román paladino, 132.
En serio y en broma, 272.
En silencio... [Champourcín, Ernestina de], 343.
En silencio [Muñiz, Carlos], 1075.
En soledad de amor herido, 770.
En soledad y en vela, 1733.
En su lugar la poesía, 539.
En torno a Debussy, 78.
En torno a Galileo, 1263.
En torno a Góngora, 1215.
En torno a Lope, 49.
En torno a los orígenes del feudalismo, 1508.
En torno al lenguaje, 240.
En torno al lirismo gallego del siglo XIX, 142.
En trenes o en gacelas..., 174.
En tropel, 1467.
En tu vida estoy yo, 476.
En un lugar de la Mancha..., 1096.
En un lugar no identificado, 427.
En un monte de Rubio, 1077.
En un país de la memoria, 1555.
En un rincón del Tacuarí, 1766.
En un vasto dominio, 37, 1321.
En una ciudad llamada San Juan, 975.
En una noche como ésta, 702.
En una silla de ruedas, 940.
En uso de razón, 1190.
En verdad os digo, 1049.
En viaje, 271.
En vida [Conti, Haroldo], 367.
En vida [Quiñones, Fernando], 1347.
En viento y en agua huidiza, 1303.
En voz baja [Nervo, Amado], 1103.
En voz baja [Tundidor, Jesús Hilario], 1642.

Enamorado de Joan Báez, 1721.
Encancaranublado, 1704.
Encarnación, 452.
Encendido esparcimiento, 1533.
Encerrados con un solo juguete, 977.
Enciclopedia de latinoamericana omnisciencia, 73.
Enciclopedia del erotismo, 322.
Encono de hormigas, 175.
Encontráronse dos arroyuelos, 1717.
Encrucijada de Carabanchel, 1325.
Encrucijadas, 779.
Encuentro, 1054.
Encuentro con Ilitia, 1331.
Encuentro con Ulises, 794, 1327.
Encuentros, 1226.
Endimión, 599.
Enemigo de plata, 1302.
Enemigo íntimo, 583.
Enemigo que huye, 172.
Enemigo rumor, 840.
Enemigos ocultos, 613.
Energeia, 1185.
Engañar con la verdad, 1112.
Engaños deste siglo, 1118.
Engaños y desengaños, 192.
Engaños y desengaños del profano amor, 1118.
Engarces, 777.
English Spoken, 1166.
Engracia, 1207.
Engracia y Antoñita, 183.
Engranajes, 77.
Enigma del cuerpo y del espíritu, 1226.
Enigma del invitado, 689.
Enigma para un domingo, 1147.
Enigma y símbolo, 251.
Enjambre, 147.
Enjambre de rimas, 102.
Enllà, 965.
Enmendar la plana a Dios, 848.
Enredo de amor, 1611.
Enrique Díez-Canedo: su tiempo y su obra, 456.

¡Enriqueta sí; Enriqueta no!, 903.
Enriquillo, 588, 1454.
Enroque, 436.
Ensalada de pollo, 411.
Ensalmos y conjuros, 1009.
Ensayo biológico sobre Enrique IV de Castilla y su tiempo, 966.
Ensayo de banda, 1617.
Ensayo de otro mundo, 539.
Ensayo de un catálogo de periodistas españoles del siglo XIX, 1186.
Ensayo de un crimen, 1147.
Ensayo de una bibliografía jarnesiana, 787.
Ensayo de una biblioteca de traductores españoles, 1229.
Ensayo de una biblioteca española de libros raros y curiosos, 586.
Ensayo de una Biblioteca española de los mejores escritores del reinado de Carlos III, 1537.
Ensayo de una despedida, 215.
Ensayo de una introducción al estudio de la legislación comparada y programa de esta asignatura, 125.
Ensayo de una teoría de la visión, 283.
Ensayo general, 1621.
Ensayo histórico sobre el Tucumán, 672.
Ensayo histórico-apologético de la literatura española, 62, 818.
Ensayo semiológico de sistemas literarios, 1331.
Ensayo sobre Cioran, 1531.
Ensayo sobre el catolicismo, 1669.
Ensayo sobre el catolicismo, el liberalismo y el socialismo, 463.
Ensayo sobre el doctor Francia y la dictadura en Sudamérica, 132.
Ensayo sobre el teatro español, 1534.

Ensayo sobre la educación de la nobleza, 250.
Ensayo sobre la gramática de don Andrés Bello, 1566.
Ensayo sobre la historia de la literatura ecuatoriana, 709.
Ensayo sobre la inteligencia española, 1428.
Ensayo sobre la literatura de cordel, 285.
Ensayo sobre la mejoría de nuestro teatro, 1278.
Ensayo sobre Miguel de Molinos, 1666.
Ensayos [Baquero, Gastón], 138.
Ensayos [Cané, Miguel], 271.
Ensayos [Novo, Salvador], 1156.
Ensayos anglo-españoles, 948.
Ensayos biográficos, 1157.
Ensayos críticos [Henríquez Ureña, Pedro], 561, 696.
Ensayos críticos [Lozano y Lozano, Juan], 924.
Ensayos críticos sobre Filosofía, Literatura e Instrucción Pública españolas, 828.
Ensayos de crítica filosófica, 1020.
Ensayos de crítica histórica y literaria, 1767.
Ensayos de literatura española, 342.
Ensayos de pedagogía y filosofía, 143.
Ensayos de poesía lírica, 1748.
Ensayos e imaginaciones sobre Madrid, 161.
Ensayos japoneses, 964.
Ensayos liberales, 966.
Ensayos literarios y críticos, 853.
Ensayos martianos, 973.
Ensayos poéticos [Aribau y Farriols, Buenaventura Carlos], 90.
Ensayos poéticos [Asquerino, Eduardo], 104.
Ensayos poéticos [Bermúdez de Castro y Díez, Salvador], 175.
Ensayos poéticos [Jérica, Pablo de], 788.
Ensayos poéticos [Maturana y Vázquez, Vicenta], 1001.
Ensayos poéticos [Navarro y Rodrigo, Carlos], 1097.
Ensayos poéticos [Vera e Isla, Fernando de la], 1720.
Ensayos poéticos [Zamudio, Adela], 1761.
Ensayos religiosos, políticos y literarios, 1341.
Ensayos sentimentales, 342.
Ensayos sobre arquitectura y poesía, 1317.
Ensayos sobre cinco temas de Thomas Mann, 36.
Ensayos sobre educación, 632.
Ensayos sobre literatura social, 639.
Ensayos sobre literatura y arte, 448.
Ensayos sobre subversión, 58.
Ensayos y artículos, 1514.
Ensayos y crítica, 975.
Ensayos y perfiles, 1005.
Ensayos y poemas, 1629.
Ensayos y recuerdos, 1511.
Ensayos y revistas, 23.
Enseñanza libre, 1267.
Enseñanzas de la edad. Poesía 1945-1970, 1682.
Ensueño de un patio de ysaty, 300.
En tiempo de Alfonso XII, 574.
Entonces era siempre, 73.
Entrada libre. Crónicas de la sociedad que se organiza, 1052.
Entrada por las raíces (Entrañamiento en prosa), 99.
Entrando en calor, 257.
Entrando en fuego, 639.
Entrañas de niño, 289.
Entre apagados muros, 699.
Entre bobos anda el juego, 1442.
Entre cañones me miro, 930.

ÍNDICE DE OBRAS   1864

Entre clérigos y diablos, 1771.
Entre cubanos, 1182.
Entre doctores, 2.
Entre dos fuegos, 1511.
Entre dos luces, 1162.
Entre dos oscuridades, 809.
Entre el clavel y la espada, 27.
Entre espacios intermedios: whamm!, 70.
Entre faldas anda el juego, 10.
Entre hermanos, 590.
Entre hierros, 458.
Entre la cruz y la espada, 409.
Entre la guerra y la revolución (España en 1917), 74.
Entre la huella y el mar, 573.
Entre la libertad y el miedo, 78.
Entre la paz y la guerra (Marruecos), 348.
Entre la piedra y la cruz, 1054.
Entre la tierra y el mar, 798.
Entre las breñas, 1422.
Entre las sombras y las iluminaciones, 1226.
Entre llamas, 670.
Entre los muertos, 196.
Entre manzanos, 117.
Entre Marx y una mujer desnuda, 12, 722.
Entre mujeres, 1597.
Entre naranjos, 190, 1127.
Entre palenquinos, 765.
Entre paréntesis, 1408.
Entre pintores y escritores, 1226.
Entre Ríos, mi país, 622.
Entre rocas, 451.
Entre sombra y luces, 1226.
Entre todas las mujeres, 912.
Entre tu vida y mi sueño, 1073.
Entre un aburrimiento y un amor clandestino, 1554.
Entre visillos, 981, 1328.
Entre vivos y muertos, 1516.
Entre volcanes, 253.
Entreabierto, 392.
Entreacto [Celaya, Gabriel], 324.
Entreacto [Píriz-Carbonell, Lorenzo], 1601.

Entreacto [Sylvester, Santiago], 1570.
Entredós, 912.
Entregar la carta, 412.
Entregas, 125.
Entrego los demonios, 1455.
Entremés a una monja parienta suya, 746.
Entremés de «El Director», 109.
Entremés de la infanta Palancona, 1267.
Entremés de un ciego y un moço y un pobre, 1611.
Entremés del justicia y litigantes, 307.
Entremés del viejo niño, 307.
Entremés entre dos rufianes, 652.
Entremés para la noche de San Juan, 1070.
Entresaca, 1742.
Entretenimiento de las musas, 1622.
Entretenimientos poéticos, 989.
Entretiempo, 615.
Entrevista, 447.
Entrevistas, semblanzas y crónicas, 142.
Entusiasmo alegórico o novela original intitulada «Pesca literaria que hizo Minerva de papeles anónimos en uno de los días en que estaba más cargada la atmósfera de Madrid de escritores periódicos», 1644.
Enumeración de la patria, 1162.
Enveses y otros reveses, 418.
Enviado especial, 158.
Envíos, 633.
Épica, 1047.
Epidemia de nieve, 174.
Epifanías, 147.
Epigramas [Cardenal, Ernesto], 280.
Epigramas [Guillén, Alberto], 680.
Epigramas a Valeria, 760.
Epigramas Americanos, 456.
Epigramas confidenciales, 132.

Epigramas griegos, 1575.
Epigramas infantiles, 1187.
Epigramas y jeroglíficos a la vida de Cristo, 833.
Epilírica, 811.
Epílogo, 1565.
Epílogo de una culpa, 1181.
Epinicios, 1767.
Episodios chaqueños, 326, 1277.
Episodios contemporáneos de la Historia de España, 251.
Episodios nacionales [Celaya, Gabriel], 324.
Episodios nacionales [Pérez Galdós, Benito], 8, 422, 1138, 1243, 1676.
Episodios nacionales [Salado, Victoriano], 1491.
Episodios nacionales contemporáneos, 539, 966.
Epístola a Arias Montano sobre la contemplación de Dios y los requisitos della, 33.
Epístola a Diego Ramírez Pagán, 1055.
Epístola a Pedro, 1527.
Epístola a Suero de Quiñones, 1740.
Epístola católica a Rafael Arévalo Martínez, 1204.
Epístola de Jovino a sus amigos de Sevilla, 797.
Epístola de una noche sin caminos, 1462.
Epístola exhortatoria, 1724.
Epístola exhortatoria a las letras, 926.
Epistola Horati Flacci de Arte Poetica in methodum redacta, 301.
Epístola moral a Fabio, 527.
Epístola mortal y otras soledades, 289.
Epístola satírica y censoria, 1344.
Epistolario [Altolaguirre, Manuel], 53.
Epistolario [Ganivet, Ángel], 592.
Epistolario [Rizal, José], 1416.
Epistolario espiritual, 870.

Epistolario y otros poemas, 833.
Epístolas, 679.
Epístolas e evangelios con sus dotrinas y sermones, 181.
Epístolas familiares, 114, 678, 870.
Epístolas y poemas, 423.
Epístola-sermón a algunos zurriaguistas, 755.
Epitafio para un soñador, 1330.
Epitafios o elogios fúnebres a Felipe III, 1210.
Epitafios para el hombre de Indias, 1649.
Epitalámica, 58.
Epitalamio, 201.
Epitalamio a don Juan Ruiz de Vergara y Dávila, 1639.
Epitalamio a las bodas de una viejísima viuda dotada de cien escudos y un beodo soldadísimo de Flandes, calvo de nacimiento, 539.
Epitalamio del Prieto Trinidad, 1538, 1539.
Epitheta M. Tulli Ciceronis, 1375.
Epítome breve de la elocuencia española, 1377.
Epítome de la Biblioteca Oriental y Occidental, Náutica y Geográfica, 403, 838.
Epítome de la ortografía latina y castellana, 795.
Epítome de la vida y hechos del rey don Pedro de Aragón, 309.
Epítome de las fábulas de la antigüedad, 1274.
Epítome de las historias portuguesas, 518.
Epítome de los reyes de Argel, 693.
Epitome troporum, 1375.
Épocas militares en los países del Plata, 8.
Epopeya del pueblo mártir: tres cantos a Lídice, 1105.
Epopeya sin héroe, 1563.
Epos de los destinos, 1177.
Equilibrio, 616.
Equilibrio del día, 1300.
Equilibrio y otros desequilibrios, 616.
Equilibrios e incomunicaciones, 491.
Equipaje de amor para la tierra, 1329, 1465.
Equis Andacalles, 517.
Era de noche y... llovía, 702.
¡Era el amor!, 1154.
Era una vez, 20.
Eran las doce y de noche, 445.
Eran tiempos heroicos y frágiles, 1089.
Erasmo en España, 204.
Eres, 1301.
Ernesto, 652.
Ernesto Sábato: claves políticas, 1487.
Eros [Díaz de la Rionda, Silverio], 448.
Eros [Díez de Tejada, Vicente], 457.
Eros y Anteros, 526, 1327.
Erosión, 1554.
Erosión de los espejos, 1300.
Erosiones, 633.
Erótica, 1065.
Erótica hispánica, 460.
Eróticos y sentimentales, 1185.
Erotismo y liberación de la mujer, 74.
Errar el golpe, 1572.
Errores celebrados de la antigüedad, 1757.
Errores del corazón, 635.
Es cielo y es azul, 1177.
Es decir, 1303.
Es difícil empezar a vivir, 1721.
Es mentira, 257.
Es mi hombre, 94.
Es muy peligroso asomarse... al exterior, 1599.
Es oír la vertiente, 1533.
Es otoño en Crimea, 1339.
Es tarea de amarte y de vivir, 545.
¡Es un bandido!, 438.
Esa espiga sembrada en Carabobo, 1372.
Esa frágil corona, 1570.
Esa larga tarea de aprender a morir, 1275.
Esas sombras del trasmundo, 1457.
Esbozos novelescos, 202.
Esbozos y rasguños, 1234.
Escalas de renunciación, 1165.
Escalas melografiadas, 1680.
Escalera de luna, 984.
Escaleras en el limbo, 1088.
Escándalo y soledades, 633.
Escapar de este silencio, 1515.
Escaramuza, 345.
Escaramuzas, 194.
Escarmientos de amor moralizados, 308.
Escarmientos de Jacinto, 1118.
Escenas andaluzas, 504.
Escenas de la vida revolucionaria, 1458.
Escenas de peep-show, 1533.
Escenas de pudor y liviandad, 1052.
Escenas infantiles, 1630.
Escenas junto a la muerte, 786.
Escenas matritenses, 1027, 1028, 1451.
Escenas montañesas, 1234.
Esclavitud, 917.
Escombros, 344.
Escombros del sueño, 658.
Escorial: vida y transfiguración, 1490.
Escribituras, 1300.
Escribo soledad, 615.
Escribo tu nombre, 1349.
Escrito a cada instante, 1209.
Escrito a ciegas, 12.
Escrito en Cuba, 848.
Escrito en el aire, 466.
Escrito en el sur, 58.
Escrito en España, 1408.
Escrito en la pared, 1071.
Escrito en las paredes. Papeles encontrados por un preso, 54.
Escrito en un dólar, 675, 1151.
Escrito en Valparaíso, 252.
Escrito sobre un balancín, 1641.

ÍNDICE DE OBRAS

Escrito sobre un cuerpo, 1528.
Escritores aragoneses, 623.
Escritores contemporáneos en Castilla y León, 1496.
Escritores de Chile, 1556.
Escritores del reino de Valencia, 796.
Escritores en prosa anteriores al siglo XV, 619.
Escritores hispanoamericanos de hoy, 138.
Escritores latinoamericanos contemporáneos, 1071.
Escritores latinoamericanos de 1900, 1644.
Escritores navarros de ayer y de hoy, 779.
Escritores y artistas asturianos, 1567.
Escritos biográficos..., 691.
Escritos combativos, 285.
Escritos inéditos y dispersos, 475.
Escritos pedagógicos, 1464.
Escritura de Raimundo Contreras, 1442.
Escuadra hacia la muerte, 1531.
Escuchando al idiota y otros cuentos, 1637.
Escuela de amor, 566.
Escuela de avisados, 757.
Escuela de humorismo, 440.
Escuela de libertad, 787.
Escuela de mandarines, 496.
Escuela de pájaros, 213.
Escuelas al aire libre, 143.
Escultor de la sombra, 99.
Esdrújula, 1733.
Ese algo de Dávalos, 277.
Ese amor que hasta ayer nos quemaba, 1761.
Ese chico pelirrojo al que veo cada día, 1046.
Ese día, 1430.
Ese puerto existe, 1695.
Ese que llaman pueblo, 458.
Ese sol del mundo moral. Para una historia de la eticidad cubana, 1743.
Esencia de los días, 1301.
Esencias. Poemas en prosa y verso, 1659.

Eslava-101, 488.
Esmaltines, 369.
Esmeralda de Oriente. Novela mogrebí, 1076.
Esmeraldas, 55.
Eso y más, 1495.
Esos rostros que asoman en la multitud, 409.
Esos tus ojos, 1074.
Espacio, 28.
Espacio-luz, 1491.
Espacio, me has vencido, 426.
Espacio tiempo, 711.
Espacios de ausencia y luz, 1187.
Espacios en disolución, 1187.
Espacios libres, 839.
Espacios métricos, 1162.
Espacios para decir lo mismo, 1187.
Espadas como labios, 36.
Espantapájaros [Girondo, Oliverio], 632.
Espantapájaros [Yunque, Álvaro], 1756.
España [Benot y Rodríguez, Eduardo], 169.
España [García Martí, Victoriano], 606.
España [Madariaga, Salvador de], 948.
España, aparta de mí este cáliz, 1681.
España cañí, 1646.
España como invento, 1646.
España como problema, 816.
España contemporánea, 424.
España de cerca y de lejos, 1360.
España defendida, 1567.
España defendida y los tiempos de ahora, 1343.
España durante la guerra: Política y acción de los alemanes, 161.
España en el corazón, 1100.
España en Londres, 318.
España en París [Castro y Serrano, José de], 318.
España en París [Sánchez Pastor, Emilio], 1515.
España en sí, 349.

España en su historia, 311, 1508.
España en su laberinto teatral del siglo XVII, 173.
España es invencible, 79.
España es un sabor, 125.
España está un poco mal, 1455.
España filosófica contemporánea, 592.
España inteligible: razón histórica de las Españas, 971.
España invertebrada, 1179.
España leal, 17.
España musulmana, 1508.
España nervio a nervio, 1105.
España nuestra. El libro de las juventudes, 629.
España, pasión de vida, 1107.
España (Poema en cuatro angustias y una esperanza), 683.
España por don Alfonso XII. Versos, 817.
España: ¡Qué país!, 975.
España sagrada, 567.
España, sueño y verdad, 1759.
España: un enigma histórico, 1509.
Español de dos riberas, 833.
Español del éxodo y del llanto, 521.
Españoles de tres mundos, 790, 924.
Españoles en la cultura del Paraguay, 1277.
Españoles en París, 202.
Espartero [Bermejo, Ildefonso Antonio], 174.
Espartero [Flórez, José Segundo], 1138.
Espatolino, 1453.
Espectáculo «collage», 1038.
Espectáculo del año 2000, 90.
Espectros, la casa antigua, 674.
Especulaciones en la misma naturaleza, 1303.
Espéculo, 43.
Espéculo de los legos, 509.
Espejismos [Aristiguieta, Jean], 90.

Espejismos [Ifach, María Gracia], 765.
Espejismos [Soriano, Elena], 1560.
Espejismos [Wolff, Egon], 1749.
Espejo de avaricia, 109.
Espejo de caballerías, 1116.
Espejo de enamorados, 267.
Espejo de las istorias, 184.
Espejo de los humildes, 70.
Espejo de naufragio, 250.
Espejo de paciencia, 134.
Espejo de pícaros, 1716.
Espejo de príncipes rebeldes, 1301.
Espejo de príncipes y caballeros, 1116, 1185.
Espejo de sombras, 116, 185.
Espejo de verdadera nobleza, 1667.
Espejo del tiempo, 1015.
Espejo, poemas antiguos, 1155.
Espejo sin imagen, 1754.
Espejo y laberinto, 1302.
Espejos [Chabás, Juan], 340.
Espejos [Linares, Abelardo], 1302, 1322.
Espejos de noviembre para sueños de abril, 1440.
Espejos paralelos, 849.
Espejos planos, 1301.
Espejos rodantes, 1201.
Espejos y bares, 1302.
Espejos y disfraces, 1023.
¡Espérame en Siberia, vida mía!, 785.
Esperando a Rodó, 951.
Esperando la carroza, 732.
Esperando la mano de nieve, 173.
Esperanza y Caridad, 1249.
Esperanzas, 320.
Esperanzas y recuerdos, 1409.
Esperar no es un sueño, 1273.
Espiga pueril, 1165.
Espinas de una flor, 258.
Espinas en los ojos, 285.
Espiral [Alarcón, Miguel], 1599.
Espiral [Malpartida, Juan], 1303.
Espirales, 1754.
Espirales del Cuje, 613.
Espíritu áspero, 430.
Espíritu de los mejores diarios literarios que se publican en Europa, 350.
Espíritu militar español, 1327.
Espirituales, 202.
Espiritualidad y literatura: una relación tormentosa, 852.
Espumas y estrellas, 1204.
Esquema de la literatura mexicana moderna, 1184.
Esquema generacional de las letras hispanoamericanas, 563, 1263.
Esquema poético, 1754.
Esquemas, 1474.
Esquina, 506.
Esquina a Velázquez, 160.
Esquiveles y Manriques, 948.
Esquizotexto y otros poemas, 1438.
Esta bella ciudad envenenada, 1317.
Esta cara de la luna, 977.
Esta guitarra dura, 1456.
Esta hora urgente, 1532.
Esta labor digital, 1302.
Esta luz donde habitas, 92.
Esta manzana roja, 1315.
Esta mañana del mundo, 356.
Esta mujer que soy, 966.
Esta música, 1304.
Esta noche, 967.
Esta noche en el bosque, 521.
Esta noche es la víspera, 1476.
Esta noche gran velada: Kid Peña contra Alarcón por el título europeo, 228.
Esta noche juntos, amándonos tanto, 1731.
Esta oscura desbandada, 1133, 1774.
Esta tierra de gracia, 1211.
Esta tierra del amor, 981.
Esta tierra sin razón y poderosa, 16.
Estaba la pájara pinta sentada en el verde limón, 69.

Estación al atardecer, 1674.
Estación de la luz, 648.
Estación de máscaras, 1654.
Estación del norte, 1304.
Estación. Ida y vuelta, 340.
Estación reunida, 697.
Estaciones, 126.
Estaciones cotidianas, 1650.
Estaciones y Cristofanías, 497.
Estado de coma, 92.
Estados Unidos entran en la historia, 1715.
Estambul otomano, 661.
Estamos en las muñecas, 705.
Estampa, 1496.
Estampas de ayer y retratos de hoy, 1003.
Estampas de la calle, 1761.
Estampas de la Costa Grande, 1502.
Estampas de la vida en León durante el siglo X, 1508.
Estampas de ultramar, 1303.
Estampas del camino, 1649.
Estampas del Madrid teatral fin de siglo. I. Teatros de declamación, 430.
Estampas grotescas, 1373.
Estampas locales, 817.
Estampas madrileñas, 919.
Estampas mulatas, 457.
Estampas y madrigales, 50.
Estancia de los desamparados, 848.
Estancia en la heredad, 1301.
Estancias [Azar, Héctor], 124.
Estancias [Guerra, José Eduardo], 675.
Estancias de amor iluminado, 1569.
Estancias de una nueva verdad, 213.
Estancias, errancias, querencias, 141.
Estar contigo, 1489.
Estar vivo, 772.
Estas ruinas que ves, 760.
Estatua con palomas., 663.
Estatua de aire, 490.
Este, 1076.
Este canto rodado, 667.
Este claro silencio, 1079.

ÍNDICE DE OBRAS

Este cuarto-de-estar-para-vivir, 545.
Este domingo, 462.
Éste era un gato, 1357.
Éste era un país..., 1493.
Este error, 1215.
Este es estilo de escrebir cartas mensageras, 1871.
Este hombre, 25.
Este judío de números y letras, 807.
Este mar narrativo, 137.
Este mundo desolado, 1196.
Este otro Rubén, 1165.
Este pueblo de América, 78.
Este pueblo necesita..., 589.
Este resto de llanto que me queda, 92.
Este tiempo amargo, 576.
Este verano en Málaga, 30.
Este y otros viajes, 1156.
Esteban, 405.
Esteban Rampa, 987.
Estela de presagios, 669.
Estela del fuego que se aleja, 662, 1321.
Estelas, 1301.
Estelas. Homenajes, 1009.
Estética, 1034.
Estética da muñeira, 1058.
Estética de Azorín, 669.
Estética del peligro, 811.
Estética general (Lógica del sentimiento), 1506.
Esther, 1453.
Esther y otros poemas, 204.
Estigma, 1151.
Estilo de masas, 1442.
Estilo indirecto, 1151.
Estilográficas, 1091.
Estío, 258.
Estío serrano, 99.
Estirpe de la danza, 66.
Esto, lo otro y lo de más allá, 251.
Esto no es un libro, 1188.
Estoraques, 388.
Estoria de dos amadores, 1113.
Estoria de España, 41, 42, 45, 366, 397, 398, 400, 523, 737, 738, 739, 740, 963, 1336, 1454, 1519, 1544.
Estoria del arca abierta, 77.

Estoria del fecho de los godos, 737.
Estoria de Merlín, 1026.
Estos 13, 349.
Estos barrios, 1555.
Estos hombres de ahora, 1278.
Éstos que ahora son poemas, 54.
Estos son tus hermanos, 1569.
Estrafalarios, 147.
Estrago y melodía, 1300.
Estravagario, 1101.
Estrazilla, 1181.
Estrella de día, 1625.
Estrella en alto y nuevos poemas, 749.
Estrella la gitana, 273.
Estrella que se apaga, 1556.
Estrella segregada, 329.
Estrellas del cuplé, 1374.
Estrellas en el pozo, 213.
Estrellas fugaces, 29.
Estrictamente familiar, 1533.
Estrofas, 1239.
Estructura y sentido del Novecentismo español, 448.
Estructuras correlativas en la poesía española contemporánea, 910.
Estudio de la poética de Rubén Darío, 1755, 1770.
Estudio Q, 835.
Estudios, 1566.
Estudios biográficos y críticos sobre algunos poetas sudamericanos anteriores al siglo XIX, 560, 688.
Estudios críticos [García Marruz, Fina], 606.
Estudios críticos [Medinaceli, Carlos], 1006.
Estudios críticos [Semprum, Jesús], 1537.
Estudios de crítica literaria y gramatical, 561.
Estudios de historia argentina, 672.
Estudios de literatura boliviana, 1066.
Estudios de literatura española del siglo XV, 847.
Estudios de literatura española y comparada, 847.

Estudios de literatura europea, 1331.
Estudios de literatura venezolana, 1271.
Estudios de política francesa contemporánea, 123.
Estudios económicos y sociales, 125.
Estudios filosóficos y políticos, 125.
Estudios filosóficos y religiosos, 631.
Estudios helénicos [Lugones, Leopoldo], 930.
Estudios helénicos [Reyes, Alfonso], 1401.
Estudios heredianos, 342.
Estudios históricos: orígenes venezolanos, 1431.
Estudios históricos sobre la revolución argentina: Belgrano y Güemes, 1042.
Estudios históricos sobre las costumbres españolas, 489.
Estudios históricos y literarios, 460.
Estudios ibéricos, 384.
Estudios indígenas. Contribución a la historia antigua de Venezuela, 1431.
Estudios ingleses, 1625.
Estudios jurídicos, 1494.
Estudios jurídicos y políticos, 631.
Estudios lingüísticos (Temas españoles, 1951, y Temas hispanoamericanos, 1953), 48.
Estudios literarios [Cánovas del Castillo, Antonio], 273.
Estudios literarios [Giner de los Ríos, Francisco], 631.
Estudios literarios [González Suárez, Federico], 657.
Estudios literarios [Oyuela, Calixto], 1191.
Estudios literarios y filosóficos, 1700.
Estudios sobre educación, 632.
Estudios sobre el teatro de Lope de Vega, 1020.
Estudios sobre la Edad Media, 1269.

Estudios sobre la literatura chilena, 405.
Estudios sobre las bases del Código Civil, 1553.
Estudios sobre las obras y la persona del literato y publicista argentino D. Juan Cruz Varela, 560, 688.
Estudios sobre letras hispánicas, 65.
Estudios sobre poesía contemporánea, 1319.
Estudios sobre poesía española contemporánea, 328.
Estudios sobre versificación castellana, 561.
Estudios y artículos literarios, 1191.
Estudios y discursos de crítica literaria, 1020.
Estudios y textos ganivetianos, 592.
Estupor final, 1554.
Esvero y Almedora, 1002, 1283.
Etcétera, 944, 1210.
Etcétera, etcétera, 668.
Eterna memoria, 704.
Eternidad es barro, 1426.
Eternidades, 790.
Ética, 74.
Ética a Nicómaco, 1724.
Ética de la felicidad y otros lenguajes, 1325.
Ética y estética de los sexos, 273.
Ética y política, 74.
Etimologías, 1536.
Eudoxia, 1122.
Eudoxia, hija de Belisario, 1056.
Eufemia, 1466.
Eufrosina o la Gracia, 786.
Eugenio o proclamación de la primavera, 611.
Euphormionis Lusinini Satyricon, 665.
Eurídice y Orfeo, 1558.
Eurindia, 1439.
Europa, 840.
Europa-América, preguntas a la esfinge de la cultura, 1271.
Europa inquieta, 596.
Europa (1985-87), 1303.

Europa: parada y fonda, 432.
Europa se apaga, 227.
Europa se va, 1759.
Europa y algo más, 541.
Europa y otros poemas, 1303.
Eusebio [Fernández de Madrigal, Alfonso], 534.
Eusebio [Montengón, Pedro], 1056, 1122.
Eustorgio y Clorilene, historia moscovita, 1118.
Eutimio Salinas, 1735.
Eutrapelia, honesta recreación, 658.
Eva en el tiempo, 168.
Eva inmortal, 1065.
Eva libertaria, 912.
Eva Luna, 46.
Eva sin manzana, 93.
Eva y don Juan, 419.
Eva y la vida, 1002.
Evangélicas, 1202.
Evangelios e epístolas de todo el anyo, 181.
Evangelios moralizados, 918.
Evaristo Carriego, 205.
Evasión, 453.
Evento, 279.
Evocación, 462.
Evocación de Horacio, 1536.
Evocación de Laura Estébanez, 834.
Evocación de Píndaro, 1536.
Evocación de sombras en la ciudad geométrica, 65.
Evocaciones [Pagano, José León], 1197.
Evocaciones [Solarte, Tristán], 1557.
Evohé, 1253.
Evolución política del pueblo mexicano, 1543.
Evoluciones, 1068.
Ex libris, 107.
Exaltación del matrimonio, 629.
Examen crítico de la acentuación castellana, 169.
Examen crítico del tomo primero del anti-Quijote, 1229.
Examen de chistes, 505.
Examen de conciencia, 1621.
Examen de críticos, 761.

Examen de ingenios. Los noventayochos, 1539.
Examen de ingenios para las ciencias, 749.
Examen de maridos, 1475.
Examen del «Antídoto...», 787.
Examen del quijotismo, 964.
Examen imparcial de la zarzuela intitulada «Las labradoras de Murcia» e incidentalmente de todas las obras del mismo autor, 638.
Examen sobre los delitos de infidelidad a la patria, imputados a los españoles sometidos bajo la dominación francesa, 1367.
Exámenes de los sermones del P. Eliseo, con instrucciones utilísimas a los predicadores, 1379.
Examinador miser Palomo, 757.
«Excelencia, importancia y estado presente del teatro», 1430.
Excelencias de la reina doña Isabel, 741.
Exclamación y querella de la gobernación, 957.
Exemplar de castigos y piedades, 1190.
Exequias de la lengua castellana, 571, 1311.
Exequias del candidato popular, 1555.
Exercitatorio de la vida espiritual, 498, 793, 931.
Exhalaciones del alma, 1068.
Exhortación de la paz, 1667.
Exilios, 760.
Exit [Giménez Bartlett, Alicia], 1089.
Exit [Muñoz, Gonzalo], 1076.
Exorcismos de esti(l)o, 237.
Exóticas, 655.
Experiencia de sueño y destino, 133.
Experiencia jurídica, naturaleza de la cosa y lógica de lo «razonable», 1362.

ÍNDICE DE OBRAS

Experiencias de amor y fortuna, 1118.
Experimento, 539.
Experimento en Génesis, 1512.
Explicación, según las reglas de la rhetórica de la oración de Cicerón en defensa de la ley de C. Manilio, 1378.
Explicación del mapa geológico de España, 954.
Explicación y elogio de la ciudad creadora, 900.
Exploración de la poesía, 325.
Exploraciones famosas, 76.
Explosiones del sentimiento, 1068.
Exposición, 1302.
Exposición de la actual poesía argentina (1922-1927), 1694.
Exposición del credo, 1227.
Exposición del salmo «Quonian videbo», 1739.
Exposición moral al salmo 86, 1055.
Expresión de Hispanoamérica, 136.
Expresión y reunión (1941-1969), 1188.
Exquisito retrato sin coloridos de la lisonja, de la petimetra por la mañana, 56.
Extensión habitual, 282.
Exterminio en Lastenia, 430.
Extracción de la piedra de locura, 1276.
Extracto de poesía, 784.
Extramuros, 540, 1326.
Extraña fruta y otros poemas, 630.
Extraña juventud, 1643.
Extraña ocupación, 1615.
Extraño accidente, 1083.
Extravagante jerarquía, 296.
Extravío, 1554.
Extravíos, 785.
Extremeñas, 581.
Extremos de lealtad y valor heroico navarro, 1425.
Exul umbra, 459.

F. G.: un bárbaro entre la belleza, 58.
Fabián, 1702.
Fabián y Sabas, 1702.
Fabla-Blafa, 282.
Fabla salvaje, 1680.
Fables, 515.
Fábula, 668.
Fábula burlesca de Apolo y Leucotoe, 999.
Fábula de Acis y Galatea, 293.
Fábula de Acteón, 305.
Fábula de Adonis, 755, 756.
Fábula de Alfeo y Aretusa, 1314.
Fábula de Apolo y Dafne, 1312.
Fábula de Céfalo y Pocris, 1367.
Fábula de Daphne y Apolo, 1214.
Fábula de Equis y Zeda, 453.
Fábula de Faetonte, 1303.
Fabula de homine, 1745.
Fábula de la burrita Non, 1517.
Fábula de la ciudad, 704.
Fábula de Leandro, 1639.
Fábula de Leandro y Hero, 195.
Fábula de Narciso, 11.
Fábula de Narciso y Ariadna, 1758.
Fábula de octubre, 522.
Fábula de Orfeo, 1496.
Fábula de Pan y Siringa, 1312.
Fábula de Píramo y Tisbe [Castillejo, Cristóbal de], 305.
Fábula de Píramo y Tisbe [Góngora, Luis de], 644, 1284.
Fábula de Polifemo y Galatea, 644.
Fábula de una verdad, 213.
Fábula del cangrejo, 756.
Fábula del corazón, 140.
Fábula del rebelde y el prófugo, 795.
Fábula verde, 108.
Fábula y signo, 1498.
Fábula y vida, 340.
Fabulario, 674.

Fábulas [Barros Grez, Daniel], 151.
Fábulas [Campoamor, Ramón de], 256, 516.
Fábulas [Estremera, José de], 506.
Fábulas [Folgueras, Luis de], 516.
Fábulas [Gelman, Juan], 620.
Fábulas [Goytisolo, Luis], 663.
Fábulas [Hartzenbusch, Juan Eugenio], 695, 1451.
Fábulas [Núñez de Cáceres, José], 888.
Fábulas [Tassis y Peralta, Juan de], 1579.
Fábulas [Zúñiga, Luis Andrés], 1775.
Fábulas con Dios al fondo, 981.
Fábulas, cuentos y alegorías morales, 516.
Fábulas de la garza desangrada, 544.
Fábulas del tiempo amargo, 836.
Fábulas en verso, 80.
Fábulas en verso castellano, 515, 516.
Fábulas en verso castellano y en variedad de rimas, 516, 1332.
Fábulas literarias, 515, 778, 1311.
Fábulas mexicanas, 1462.
Fábulas mitológicas en España, 383.
Fábulas modernas, 344.
Fábulas morales, 515, 775, 1502.
Fábulas Morales, Políticas y Literarias, 516.
Fábulas morales y literarias, 392, 516.
Fábulas originales, 151.
Fábulas originales en verso castellano, 516.
Fábulas para la infancia, 886.
Fábulas políticas, 169, 516.
Fábulas satíricas, políticas y morales sobre el actual estado de Europa, 516.

Fábulas sin moraleja y finales de cuentos, 3.
Fábulas y cuentos, 506.
Fábulas y poesías varias, 886, 597.
Fábulas y romances militares, 516.
Fábulas zoológicas, 985.
Facetas, 951.
Fachas, fechas y fichas, 1655.
Facundo en la ciudadela, 140.
Fadrique Gutiérrez, hidalgo extravagante de muchas andanzas, 459.
Falenas, 1399.
Falsa alarma, 1275.
Falsas maniobras, 239.
Falsificaciones, 436.
Fama inmortal, 412.
Fama póstuma, 1249.
Fama y obras póstumas, 801.
Familia de cuentos, 241.
Famosísimos romances, 1457.
Famoso Bernardo, 335.
Famosos y heroicos hechos del Cid, 793.
Fantasía coral, 461.
Fantasía en la plazuela, 923.
Fantasmas aztecas, 1490.
Fantasmas de la historia, 658.
Fantasmas y enfermedades, 1250.
Fantomas contra los vampiros internacionales, 380.
Farabeuf, 477.
Farinelli [Afán de Ribera, Antonio Joaquín], 13.
Farinelli [Cavestany, Juan Antonio], 319.
Faro, 302.
Farra, 128.
Fárrago, 671.
Farsa Ardemisa, 1581.
Farsa de Costanza, 305.
Farsa de la intolerancia en una ciudad de provincia lejana y fanática que bien puede ser ésta, 66.
Farsa de primavera, 153.
Farsa de Santa Susaña, 1509.
Farsa de verano, 1007.

Farsa del amor compradito, 1507.
Farsa del corazón, 179.
Farsa del mundo, 922.
Farsa del Obispo don Gonzalo, 415.
Farsa infantil de la cabeza del dragón, 880.
Farsa inmortal del anís Machaquito, 1599.
Farsa llamada «Custodia del hombre», 1202.
Farsa o cuasi comedia de una doncella, un pastor y un caballero, 524.
Farsa para no dormir en el parque, 66.
Farsa sacramental, 922.
Farsa salmantina, 1202.
Farsa sobre la felice nueva de la concordia y paz, 922.
Farsa y licencia de la reina castiza, 1258.
Farsas contemporáneas, 985.
Farsas maravillosas, 1601.
Farsas y églogas al modo y estilo pastoril y castellano, 524.
Fascismo: génesis y desarrollo, 694.
Fastos del espíritu, 1157.
Fatalidad, 51.
Fátima, la esclava, 1088.
Fatti inquietanti di nostro tempo, 1748.
Fatum. El mejor rábula, 1460.
Fauna, 1703.
Fauna contemporánea, 786.
Fauna/Desplazamientos, 839.
Fausta Sorel, 1554.
Fausto, 255, 878.
Fausto Garay, un caudillo, 1766.
Fauvette, 186.
Favor de Hércules contra Fortuna, 915.
Favores de las musas, 1008.
Fe de erratas, 1303.
Fe de erratas del Diccionario de la Academia, 1553.
Fe de erratas del Nuevo Diccionario de la Academia, 1658.

Fe de vida, 545.
Fe, Esperanza y Caridad, 564.
Fe y amor, 1051.
Febrero 33 y seis pedazos de teatro, 599.
Febrero de 1913, 691.
Fechas de un retorno, 68.
Federica de Bramante o las florecillas del fango, 903.
Federica no era tonta y otros cuentos, 669.
Federico, 1601.
Federico García Lorca (1899-1936), 1430.
Federico II de Sicilia y Alfonso X de Castilla, 1058.
Fedora, 574.
Fedra [García Viñó, Manuel], 614.
Fedra [Miras, Domingo], 1038.
Fedra [Unamuno, Miguel de], 1648.
Felicidad y otras tristezas, 1552.
Felicidades conyugales, 1087.
Felina calma y oleaje, 1301.
Felipe Ángeles, 618.
Felipe Delgado, 1488.
Felipe «el Atrevido», 62.
Felipe, el prudente, 249.
Felipe Trigo. Exposición y glosa de su vida. Su filosofía. Su moral. Su arte. Su estilo, 4.
Félix Vargas, 127.
Feliz aniversario, 1600.
Feliz año, Chaves Chaves, 278.
Femeninas, 1676.
Femina suite, 1067.
Feria de los farsantes, 64.
Feria del libro, 786.
Fermín Galán, 27, 28.
Fernán Caballero, la novelista novelable, 1205.
Fernán Méndez Pinto, 481.
Fernanda, 146.
Fernando el calavera, 1532.
Ferviente humo, 1043.
Fervor, 1625.
Fervor de Buenos Aires, 205.
Fervor de la memoria, 612.
Festival de terror, 1151.
Festivas demostraciones al

ÍNDICE DE OBRAS

nacimiento del Príncipe de España D. Felipe Próspero, 998.
Fetasa, 1710.
Fiarse del porvenir, 1430.
Fiat Lux, 346.
Ficciones, 206.
Fidelia, 1270.
Fidelidad, 615.
Fidelidad del sueño, 1367.
Fiebre [Castro, Juan Antonio], 314.
Fiebre [Otero Silva, Miguel], 1189.
Fiebre de amor, 146.
Fiebres, 194.
Fiel al humo, 781.
Fieles, 1742.
Fieles guirnaldas fugitivas, 595.
Fieras afemina amor, 245.
Fiésole, 237.
Fiesta al noroeste, 1001.
Fiesta de cuerpo presente, 782.
Fiesta de las chamarras, 305.
Fiesta en el Olimpo, 992.
Fiesta en el río, 1277.
Fiesta en la calle, 967.
Fiesta en Marilandia, 1325.
Fiesta en noviembre, 955.
Fiesta Nacional, 223, 927.
Fiesta para una mujer sola, 1702.
Fiesta perpetua, 1089.
Fiestas, 661.
Fiestas de la boda de la incasable malcasada, 1492.
Fiestas del jardín, 308.
Fiestas gordas del vino y el tocino, 1457.
Fiestas nupciales que la ciudad y el reino de Valencia han hecho al casamiento de Felipe III, 15.
Fiestas populares de Granada, artículos de costumbres y escenas populares, 13.
Figura, amor y muerte de Amado Nervo, 1184.
Figura de paja, 609.
Figura y carácter del indio, 1188.
Figura y secuencias, 1534.

Figuración de la persona, 1178.
Figuración de ti, 1303.
Figuración y fuga, 147.
Figuraciones [Doménech, Ricardo], 460.
Figuraciones [Ríos Ruiz, Manuel], 1410.
Figuraciones en el mes de marzo, 450.
Figuras animadas, 157.
Figuras de la cultura boliviana, 1188.
Figuras de la Pasión del Señor, 1038, 1039.
Figuras de teatro, 1540.
Figuras en la arena, 213.
Figuras y estampas de la antigua Caracas, 1157.
Fila 1.ª número 9, 70.
Filadelfia, paraíso de conspiradores, 691.
Filiación oscura, 1516.
Filipinas ante Europa, 872.
Filipinas, filipinos y filipinistas, 876.
Filipinizad los filipinos, 876.
Filis [Argensola, Lupercio Leonardo], 83.
Filis [Vega Carpio, Félix Lope de], 1712.
Filocalía o Amor a la belleza, 1651.
Filoctetes, 770.
Filomena, 1611.
Filomeno a mi pesar, 1330, 1623.
Filosofía cortesana moralizada, 151.
Filosofía de la elocuencia, 279, 1378.
Filosofía de la Eucaristía, 1703.
Filosofía de la historia americana, 1768.
Filosofía de la muerte, 1527.
Filosofía de la religión, 474.
Filosofía de las leyes, 256.
Filosofía de los toros, 916.
Filosofía del Derecho, 632.
Filosofía del entendimiento, 160.
Filosofía del libro, 227.
Filosofía elemental, 136.
Filosofía fundamental, 136.

Filosofía Moral para la juventud española, 515.
Filosofía natural, 4.
Filosofía racional, 4.
Filosofía y cultura latinoamericana, 1769.
Filosofía y poesía, 1759.
Fin de fiesta [Goytisolo, Juan], 662.
Fin de fiesta [Guido, Beatriz], 680.
Fin de la tierra, 900.
Fin de mundo, 1101.
Fin de raza, 693.
Fin de round, 1524.
Fin de semana [Gullón, Ricardo], 686.
Fin de semana [Melo, Juan Vicente], 1012.
Fin de semana [Recagoechea, Juan], 1362.
Fin de un amor, 53.
Final, 681.
Final de calle, 466.
Final de un adiós, 660.
Final del juego, 380.
Final en borrador, 588.
Finale capriccioso con Madonna, 1067.
Finalmente, 1426.
Fine champagne, 702.
Finis britanniae, 751.
Finisterra, 1054.
Finisterre, 164.
Firmes alas transparentes, 1500.
Firmeza en los imposibles y fineza en los desprecios, 1118.
Flaquezas humanas, 189.
Flavio, 317.
Flechazos, 319.
Flor, 1270.
Flor Crombet, el Sucre cubano, 373.
Flor de Apolo, 150.
Flor de areyto, 1462.
Flor de banana, 159.
Flor de carne, 1658.
Flor de durazno, 1747.
Flor de enamorados, 268, 1611.
Flor de fango, 1700.
Flor de juegos antiguos, 1754.
Flor de la estufa, 1240.

1872

Flor de María, 1040.
Flor de mayo, 190.
Flor de oro, 1174.
Flor de otoño, 1428.
Flor de romances, 826.
Flor de romances y glosas y canciones y villancicos, 268.
Flor de sal, 1328.
Flor de Santidad, 1045, 1676.
Flor de varios romances, 268.
Flor del trópico, 345, 346.
Flor Lumao, 1753.
Flor pagana. Bíblica. Serranas. De la vida. Del ensueño, 1026.
Flora Tristán, la Precursora, 1315.
Flora Tristán: una reserva de utopía, 1315.
Floración [López de Haro, Rafael], 912.
Floración [Peña Barrenechea, Ricardo], 1231.
Florando de Castilla, 1116.
Florbella, 1719.
Florencio Conde, 1503.
Florencio Cornejo, 690.
Florentino y el diablo, 103.
Flores, 88, 138, 1445, 253.
Flores de almendro, 1189.
Flores de baria poesía, 1610.
Flores de cardo, 1317.
Flores de dichos y hechos sacados de varios y diversos autores, 853.
Flores de España, 1067.
Flores de filosofía, 1227, 1333, 1334.
Flores de papel, 1749.
Flores de poetas ilustres, 268, 496, 1497, 1344.
Flores de primavera, 136.
Flores del alma, 1554.
Flores del campo [Díaz Meza, Aurelio], 446.
Flores del campo [Montoto y Rautenstrauch, Luis], 1061.
Flores del desierto, 1716.
Flores del volcán, 35.
Flores marchitas [Masanés y Dalmau, María Josefa], 996.

Flores marchitas [Samper, José María], 1503.
Flores para los muertos, 51.
Flores Sacramentorum, 924.
Flores y perlas, 822.
Floresta de los guacamayos, 290.
Floresta de rimas antiguas castellanas, 200.
Floresta de varia poesía, 1355.
Floresta española de apotegmas, 854, 1522.
Florido laude, 1155.
Florido mayo, 672.
Florilegio, 1651.
Florilegio de cuentos, leyendas y tradiciones vulgares, 1669.
Florilegium artis versificatoriae, 301.
Florilegium: Poesía última española, 1299.
Florín quince principal, 142.
Florinda [Galves, María Rosa], 589.
Florinda [Rivas, Duque de], 1283, 1412.
Florisea, 1581.
Florisel de Niquea, 1116, 1140, 1549.
Florisondo, 217.
Florito, 1066.
Flos sanctorum [Ramírez Lozano, José Antonio], 1091.
Flos Sanctorum [Villegas Selvago, Alonso], 1738.
Flower al aparato, 1151.
Flower en el calzoncillo eterno, 1152.
Flower en el tataranieto del Coyote, 1152.
Fly-by, 1678.
Foc cec, 630.
Fogata, 1196.
Folclore venezolano, 1165.
Folios de El Enamorado y la Muerte, 1559.
Folk-lore andaluz, 941.
Folklore de la República Dominicana, 888.
Folklore del niño cubano, 888.

Folklore nicaragüense y mestizaje, 1770.
Folklore puertorriqueño, 888.
Folklore salvadoreño, 888.
Folklore venezolano, 1431.
Folklore y cultura, 852.
Follaje en los ojos, 1412.
Follas novas, 316, 317, 1291.
Folletos literarios, 23.
Fontana cándida: 1895-1952, 466.
Fontefrida, 164.
Forma de margen, 1303.
Formación social del pueblo paraguayo, 168.
Formas de la ausencia, 431.
Formas de la identidad nacional, 997.
Formas en el sueño figuran infinitos, 1187.
Fortuna, 114.
Fortunata y Jacinta, 964, 1243.
Fortuny, 630.
Fosco, 988.
Fosforescencias, 696.
Fotografías comentadas, 693.
Fotografías íntimas, 998.
Fra Diávolo, 1066.
Fra Filippo Lippi, 303.
Frágil ciudad del tiempo, 1303.
Fragmento a la Purísima Concepción, 350.
Fragmento preliminar al estudio del Derecho, 25.
Fragmentos a su imán, 840.
Fragmentos de Adonis, 1562.
Fragmentos de Apocalipsis, 1321, 1623.
Fragmentos de interior, 982.
Fragmentos de Karey I. Roshan, 1317.
Fragmentos de un discurso enamorado, 1301.
Fragmentos de un poema, 1283.
Fragmentos en espiral desde el pozo, 815.
Fragmentos nocturnos, 1516.
Fragmentos para una autobiografía casi lírica, 544.
Fragua íntima, 455.
Franceses y prusianos, 412.

Francia engañada, Francia respondida, 337.
Francisco, 1454, 1568.
Francisco Bernardone, 179.
Francisco en Harlem, 63.
Francisco en los caminos, 63.
Francisco González Bocanegra. Su vida y su obra, 651.
Francisco Pizarro, 77.
Francisco Pizarro, largo en vida y en hazañas, 975.
Francisco y Francisca. Chascarrillos de negros viejos, 235.
Franco... ese hombre, 1517.
Francófilos y germanófilos, 447.
Frases, 1644.
Frases históricas, 1189.
Fray Anselmo Turmeda, heterodoxo español (1352-1423-32?), 249.
Fray Gerundio de Campazas, 417, 780, 1121, 1122, 1473, 1379.
Fray Judas, 1162.
Fray Luis de León o El siglo y el claustro, 318.
Frecuencia modulada, 813.
Frecuentación de la muerte, 196.
Free on board Carolina (Como la enfermedad, como la muerte), 1560.
Frente al mar, 917.
Frente al muro, Resurrección y otros poemas, 1617.
Frente rojo contra España, 291.
Fresas de Aranjuez, 927.
Fresdeval, 124.
Freud y el Moisés de Miguel Ángel, 461.
Fricciones, 1756.
Friné, 903.
Friso menor, 284.
Frívolamente, 596.
Frivolidad, 748.
Froilán, el amigo de los pájaros, 1326.
Froilán Urrutia, 314.
Fronda lírica, 567.
Frontera [Arriví, Francisco], 99.
Frontera [Durand, Luis], 469.
Frontera [Fernández Flórez, Darío], 529.
Frontera junto al mar, 956.
Fronteras, 1625.
Fronteras infernales de la poesía, 173.
Fru Jenny: novelas danesas, 1162.
Fruslerías, 134.
Fruslerías selectas, 412.
Frustración política en 22 años, 902.
Fruta prohibida, 1240.
Fruto vedado, 672.
Frutos, 732, 951.
Frutos amargos, 1184.
Frutos coloniales, 1025.
Frutos de la educación, 1211.
Frutos de mi tierra, 289.
Frutos de nuestro huerto..., 1183.
Frutos naturales, 1237.
Fue en una venta, 975.
Fuego blanco, 1516.
Fuego de pobres, 203.
Fuego en Casabindo, 1615.
Fuego en el rastrojo, 1221.
Fuego en la arena, 839.
Fuego en la ciudad, 445.
Fuego en la montaña, 1551.
Fuego extraño, 57.
Fuego libre, 1047.
Fuego lleno de semillas, 1220.
Fuego sucesivo, 1157.
Fuego y mármol, 1701.
Fuegos bajo el agua. La invención de Utopía, 1211.
Fuegos fatuos, 439.
Fuegos y astillas, narraciones vulgares, 445.
Fuegos y ceremonias, 1674.
Fuegos y juegos, 809.
Fuencisla Moyano, 1520.
Fuensanta, 993.
Fuente de Aganipe, 518.
Fuente de Juvencia, 208.
Fuente de salud, 1467.
Fuente escondida, 977.
Fuenteovejuna [Monroy y Silva, Cristóbal de], 1051.
Fuente Ovejuna [Vega Carpio, Félix Lope de], 1714.
Fuente secreta, 848.
Fuente sellada, 1747.
Fuentes documentales sobre la ideología de la emancipación nacional, 1507.
Fuentes fugitivas, 1232.
Fuera de lugar, 546.
Fuera de quicio, 51.
Fuera del juego, 1195.
Fuera del mundo, 1304.
Fuera es de noche, 488.
Fuero General de Navarra, 1109.
Fuero Real, 43.
Fueron así tus días y los míos, 545.
Fueros leoneses de Zamora, Salamanca, Ledesma y Alba de Tormes, 311.
Fuerte es el silencio, 1314.
Fuertes y débiles, 917.
Fueye, 506.
Fuga [Anderson Imbert, Enrique], 65.
Fuga [Oquendo, Diego], 1169.
Fuga de negras, 63.
Fugacidad, 99.
Fugas y engranajes, 785.
Fuiste a ver a la abuela???, 228.
Fulano de tal, 699.
Fulgor y muerte de Joaquín Murieta, 1101.
Función de despedida, 1653.
Función de la novela, 257.
Función patronal, 652.
Funcionario público, 1007.
Funciones de la metáfora lírica, 1415.
Fundación, hermandad y destino, 1515.
Fundación del desengaño, 179.
Fundación del entusiasmo, 1058.
Fundación en la llanura, 1188.
Fundaciones, 852.
Fundadores de la nueva poesía latinoamericana, 1756.
Fundamentos de filosofía, 543.
Fundamentos de Sociología de la Literatura, 544.
Funeral, 999.

Funeral de mi sangre, 997.
Furia y paloma, 391.
Furor, 257.
Furor de Bilbao, 1304.
Fútbol, 159.
Fútbol Association y Rugby, 1715.
Futesas literarias, 1213.
Fútiles, 50.

Gabriel Andaral, 955.
Gabriela, 1367.
Gabriela Mistral, rebelde magnífica, 812.
Gaby Brimmer, 1313.
Gajes del oficio, 1491.
Galán, valiente y discreto, 1038.
Galaor, 715.
Galatea, 1112, 1141.
Galateo español, 666.
Galdós [Alas, Leopoldo], 23.
Galdós [Cimorra, Clemente], 349.
Galdós, novelista moderno, 686.
Galería, 960.
Galería bibliográfica de artistas españoles del siglo XIX, 1186.
Galería biográfica de artistas españoles del siglo XIX, 1186.
Galería de amigos, 280.
Galería de enormidades, 1091.
Galería de espejos, 826.
Galería de espejos sin fondo, 1267.
Galería de fantasmas, 1208.
Galería de la literatura española, 544, 1097.
Galería de raros, 280.
Galería de tipos, 566.
Galería de títeres, 63.
Galiana, 608.
Galicia la calumniada, 1567.
Galicia. La esquina verde, 606.
Galíndez, 1326, 1703.
Gallego, 144.
Gallo ciego, 537.
Galope, 544.
Galope de volcanes, 997.

Gálvez en Euzkadi, 1090, 1151.
Gamboa Road Gang, 159.
Ganando el pan, 29.
Ganar amigos, 1475.
Ganarás la luz, 521.
Ganarse la muerte, 590.
Ganas de hablar, 18.
Ganimedes en Manhattan, 984.
Garabato, 1186.
Garabatos en el agua, 617.
Garba, 1068.
García Lorca en Cuba, 973.
García Lorca y el flamenco, 668.
García Márquez: historia de un deicidio, 1699.
García Márquez: la soledad y la gloria, 357.
Garcilaso de la Vega, 1458.
Gardel, Onetti y algo más, 951.
Garduña, 1769.
Garganta y corazón del sur, 906.
Gárgola [Ramírez Lozano, José Antonio], 1091.
Gárgola [Souvirón, José María], 1564.
Gárgoris y Habidis. Una historia mágica de España, 1324.
Garra de luz, 696.
Garras blancas, 440.
Garras de astracán, 1046.
Gatuperio, 436.
Gaucha, 1094, 1725.
Gaudeamus, 1088.
Gaudí, una arquitectura de anticipación, 1267.
Gavidia: entre raras fuerzas étnicas, de su obra y de su vida, 1630.
Gavilla de fábulas sin amor, 321.
Gaviotas perdidas, 193.
Gaviotas subterráneas, 1678.
Gay Flower, detective muy privado, 1151.
Gazapo, 1490.
Gelatina, 839.
Genealogía de los reyes de Francia, 1667.

Generaciones, 1762.
Generaciones II, 1762.
Generaciones y semblanzas, 184, 1246, 1247.
General Estoria, 42, 43, 181, 836, 1334, 1369.
General general, 1550.
Generales y doctores, 923.
Género chico [Hernández, Julio], 701.
Género chico [Lucio y López, Celso], 927.
Génesis, 1214.
Génesis de la luz, 1547.
Genethliacon Jesu Christi, 1745.
Genio de España. Exaltaciones a una resurrección nacional. Y del mundo, 629.
Genio del pueblo, 1442.
Genio e ingenio de don Miguel de Unamuno, 949.
Genio hispánico y mestizaje, 629.
Genio y figura [Paso y Cano, Antonio], 2, 1219.
Genio y figura [Valera, Juan], 1124, 1668, 1669, 1670.
Genio y figura de Ezequiel Martínez Estrada, 1174.
Genio y figura de Ricardo Palma, 1190.
Genio y figura de Sarmiento, 65.
Genio y figura de Victoria Ocampo, 998.
Gente conocida, 606.
Gente de la ciudad [Edwards, Jorge], 473.
Gente de la ciudad [Samperio, Guillermo], 1503.
Gente de Madrid, 598.
Gente de Madrid: siluetas y semblanzas, 575.
Gente de mar, 1404.
Gente de pueblo, 282.
Gente de Santa Cruz, 807.
Gente del 98, 116, 147, 199.
Gente en el hotel, 309.
Gente en la isla, 126.
Gente, gentecilla y gentuza: críticas y sátiras, 104.
Gente menuda. Romances infantiles, 1187.

Gente nueva, 199.
Gente oscura, 1524.
Gente sin suelo. Novela del éxodo civil, 349.
Gente solitaria, 429.
Gentes de mi tiempo, 469.
Gentes y gentecillas, 517.
Gentil caballero, 999.
Geocanción de España, 689.
Geografía [Amo, Álvaro del], 1599.
Geografía [Aub, Max], 108.
Geografía de la isla de Santo Domingo, 70.
Geografía del cante jondo, 956.
Geografía infructuosa, 1101.
Geografía invisible de América, 25.
Geografía y Descripción Universal de las Indias, 403.
Geografías, 165.
Geometría moral, 1053.
Georgetown blues y otros poemas, 690.
Gerardo Diego, 960.
Gerardo o la torre de las damas, 824.
Gerardo o Los amores de una solterona, 76.
Gerifaltes de antaño, 1676.
Gerineldo, 311.
Germán Padilla, 1557.
Gesta, 58.
Gesta de las Mocedades de Rodrigo, 1045.
Gestación, 652.
Gestas heroicas castellanas, 881.
Gestos, 1528.
Gethsemani, Ky, 280.
Gigantes y cabezudos, 472, 1764.
Gigantomaquias, 1280.
Gil Blas de Santillana, 781.
Gil Gómez, el insurgente, 443.
Gil González de Ávila, 1232.
Gil Pérez de Marchamalo, 1075.
Gilles de Räis, 752.
Giralda, 672.
Giraldillas, 319.
Giraluna, 185.
Girasol [Brannon Vega, Carmen], 213.

Girasol [Rosa-Nieves, Cesáreo], 1462.
Girasol de urgencias, 1542.
Girola, 972.
Giros de mi hélice, 715.
Gladys Fairfield, 193.
Gleba, 792.
Globo de colores, 1655.
Gloria [Cano, Leopoldo], 272.
Gloria [Pérez Galdós, Benito], 1234, 1242, 1243.
Gloria en subasta, 1158, 1321.
Gloria y peluca, 103.
Gloria y sangre, 752.
Glorias de Querétaro, 1547.
Glosa, 1489.
Glosa al cancionero, 102.
Glosa castellana al Regimiento de príncipes, 597.
Glosa de los diez mandamientos, 1227.
Glosa del Ave María, 1573.
Glosa del Pater noster, 1227.
Glosario, 1177.
Glosario de la vida vulgar, 1650.
Glosario de voces indígenas de Venezuela, 54.
Glosario del bajo español en Venezuela, 54.
Glosario gongorino, 314.
Glosas, 1740.
Glosas a las Coplas de Mingo Revulgo, 1340.
Glosas castellanas, 1074.
Glosas y chanzonetas, 203.
Gnomos y mujeres, 1771.
Gobelinos de niebla, 66.
Gobierno General, Moral y Político, hallado en las Aves más generosas y nobles, 514.
Godos, insurgentes y visionarios, 1655.
Godoy, en la España de los majos, 349.
Goethe desde dentro, 1180.
Golfo de Penas, 357.
Golgothá, 704.
Golillas rojas, 168.
Golondrina de invierno, 1551.

Golondrinas, 906.
Golpe de Estado, 1501.
Golpeando el silencio, 815.
Golpes bajos, 1468.
Gomez Arias or the Moors of the Alpujarras, 1138, 1641.
Gómez Carrillo, 1186.
Gondar y Forteza, 91.
Gong en el tiempo, 698.
Góngora, 1215.
Góngora y el «Polifemo», 49.
Gonzalo de Oyón, 76.
Gopa, 1670.
Gor, 143.
Gorila en Hollywood, 1565.
Gorrión solitario en el tejado, 1650.
Gota a gota el mar se agota, 115.
Gotán, 620, 726.
Gotas de ajenjo, 567.
Gotas de rocío, 93.
Gotas de sangre, 202.
Goteras, 989.
Govierno eclesiástico pacífico y unión de los dos cuchillos, pontificio y regio, 1735.
Goya, 1177.
Goya y su España, 639.
Gozos de la vista, 48.
Gozos del amor y del dolor, 837.
Gracia plena, 1228.
Gracias, abuela, 806.
Gracias por el fuego, 164.
Gracias y desgracias del Teatro Real, 639.
Gracioso convite, 1187.
Grado elemental, 646.
Gradual de laudes, 620.
Grafitos, 655.
Grageas, 319.
Gramática Castellana [Nebrija, Elio Antonio de], 101, 1098.
Gramática castellana [Villalón, Cristóbal de], 1734.
Gramática de la lengua castellana, 1051.
Gramática de la lengua castellana destinada al uso de los americanos, 160, 559.
Gramática de los cuatro dia-

lectos literarios de la lengua euskera, 551.
Gramática del Poema del Cid, 551.
Gramática histórica de la lengua castellana y catalana, 551.
Gramática latina, 284.
Gramática parda [García Hortelano, Juan], 598, 1321.
Gramática parda [Ramos Martín, José], 1358.
Gran Bebé, 50.
Gran cabotaje, 518.
Gran café, 923.
Gran conquista de ultramar, 1110, 1114, 1519.
Gran Crónica de Alfonso XI, 45, 1754.
Gran señor y rajadiablos, 150.
Gran Sol, 34, 1133, 1321.
Gran teatro del fin del mundo, 90.
Gran Tour, 1455.
Gran Vía, 1301.
Granada [Collado de Hierro, Agustín], 356.
Granada [Zorrilla y Moral, José], 1770.
Granada la bella, 591.
Granada rendida, 1657.
Granada y Sevilla, 1466.
Granadeño, toro bravo, 1064.
Granados, 1419.
Grandes y chicos, 1561.
Grandeza, 289.
Grandeza mexicana, 135.
Grandeza y servidumbre de veinte Premios Planeta, 76.
Grandezas y excelencias de la Virgen, 1196.
Granos de arena, 1061.
Grant Crónica de Espanya, 739.
Grecia 60, 612.
Gregorio y yo, 992.
Grimalte y Gradissa, 373, 565, 1154.
Grimpolario, 812.
Gringo viejo, 577.
Gris, 1161.
Grisel y Mirabella, 565, 1113, 1154.

Gritando su agonía, 1422.
Grito de gloria, 8.
Grito de piedra, 698.
Grito del hombre, 372.
Grito en las venas, 651.
Gritos de combate, 1159.
Gritos de la tierra, 633.
Groovy, 1328.
Grosso modo, 436.
Grot, 165.
Guad, 609.
Guadalajara en la obra de Galdós, 504.
Guadalquivir, 1088.
Guadalupe, 426.
Guadaña al resucitado, 627.
Guajiras, cantares y pensamientos, 162.
Guanche, 1083.
Guanuma, 597.
Guarania del desvelado: 1954-1979, 1733.
Guárdate del agua mansa, 245.
Guarnición de silla, 672, 1321.
Guaro y champaña, 849.
Guaschicocha. Leyendas y cuentos de Ancash, 887.
Guásinton: relatos y crónicas, 407.
Guatemala, las líneas de su mano, 282.
Guatemala, país ocupado, 584.
Guatimoc, 533.
Guatimozín, último emperador de México, 635, 1453.
Guayabo negro, 635.
Güegüense, 1602.
Guerra ayá, 376.
Guerra civil, 18.
Guerra de Granada, 756, 1012, 1140, 1467.
Guerra de mujeres, 1493.
Guerra de Quito, 401.
Guerra del tiempo, 287.
Guerra en el extranjero, 273.
Guerra en la sangre, 948.
Guerra es la vida del hombre, 307.
Guerra sin cuartel, 1566.
Guerra viva, 710.
Guerra y paz de las estrellas, 1191.

Guerra y vicisitudes de los españoles, 1773.
Guerras civiles de Granada, 1137, 1140.
Guerrero, 149.
Guía artística y sentimental de Astorga, 50, 686.
Guía de jardines, 219.
Guía de la novela española contemporánea, 614.
Guía de la postmodernidad, 1646.
Guía de las guías de Granada, 782.
Guía de Madrid para el año de 1656, 987.
Guía de Mallorca, Menorca e Ibiza, 1277.
Guía de pecadores [Gudiño Kieffer, Eduardo], 674.
Guía de pecadores [Luis de Granada, fray], 930, 931.
Guía de perplejos, 1619.
Guía del lector del Quijote, 948.
Guía espiritual, 499, 1050.
Guía espiritual de Castilla, 794.
Guía irracional de España, 1646.
Guía monumental y artística de Asturias, 1007.
Guía popular de Antonio Machado, 1560.
Guía secreta de Canarias, 92.
Guía y avisos de forasteros que vienen a la corte, 850, 1368.
Guillaume Apollinaire: su vida y su obra y la teoría del cubismo, 1621.
Guillermo, 68.
Guillermo Díaz-Plaja, 960.
Guillermo Hotel, 1616.
Guillermo Tell, 1177.
Guillermo Tell tiene los ojos tristes, 1531.
Guión de los reyes, 540.
Guión para un crimen, 1147.
Guirnalda con amores, 185.
Guirnalda salvadoreña, 1004.
Guisadillo de amor, 1611.
Guitarra en sombra, 1548.
Guitarrón, 50.

ÍNDICE DE OBRAS

Gulmara, 1016.
Gurí, 1725.
Gurises y pájaros, 1460.
Gus, el idiota, 1599.
Gustavo Adolfo Bécquer: vida y poesía, 439.
Gustavo Wasa, 104.
Gusto a México, 1271.
Guzmán de Alfarache, 30, 38, 39, 494, 647, 665, 666, 831, 832, 920, 935, 1119, 1120, 1140, 1144, 1343.
Guzmán: eclipse de una ambición de poder, 449.
Guzmán el Bravo, 1713.
Guzmán el Bueno [Fernández de Moratín, Nicolás], 537.
Guzmán el Bueno [Gil y Zárate, Antonio], 629.

Ha entrado un ladrón, 529.
Ha entrado una mujer, 1566.
Ha estallado la paz, 632, 1132.
Ha llegado el momento, 1736.
Ha sonado la muerte, 573.
Ha vuelto la Diosa Ambarina, 1748.
Ha vuelto Ulises, 1156.
Haber estado allí, 595.
Habides, 908.
Habitación para hombre solo, 1541.
Habitación testigo, 1548.
Habitaciones contiguas, 1302.
Habitante de la Osa. Vida y pasión de Juan Ramón Molina, 1239.
Habitante del eco, 1000.
Habitantes subterráneos, 1755.
Hábito de esperanza, 568.
Habla viva, 1035.
Háblame de Laura, 1749.
Hablando de lo que habla: estudios de lenguaje, 1325.
Hablando solo, 608.
Háblanos, Bolívar, 281.
Hablar soñando. Antología poética, 289.
Hablar soñando y otras alucinaciones, 289.
Háblenme de Funes, 385.

Hace mal tiempo afuera, 617.
Hace tiempo... mañana, 447.
Hace tiempos. Memorias de Eloy Gamboa, 289.
Hacele bien a la gente, 807.
Hacer cuentas sin la huéspeda, 566.
Hacer que hacemos, 778.
Hacia abajo, 318.
Hacia Cervantes, 311.
Hacia el fin del mundo, 120.
Hacia el sol, 1630.
Hacia el sur, 620.
Hacia el Sur se fue el domingo, 710.
Hacia la cruz del sur, 409.
Hacia la cumbre [Stefanich, Juan], 1564.
Hacia la cumbre [Velasco Zazo, Antonio], 1717.
Hacia la dicha, 917.
Hacia la gnosis. Ciencia y teosofía, 1463.
Hacia la inmensa mayoría, 1188.
Hacia la liberación del lector latinoamericano, 464.
Hacia la mujer nueva, 1315.
Hacia la noche viva, 1440.
Hacia la realidad creada, 29.
Hacia la tierra del Zar, 876.
Hacia las cumbres, 1186.
Hacia nuevos umbrales, 214.
Hacia otra España, 949, 1365.
Hacia otra luz, 212.
Hacia tu isla, 1083.
Hacia un humanismo americano, 1176.
Hacia un nuevo humanismo: programa de una antropología filosófica, 1357.
Hacia una constitución poética del año en curso, 1312.
Hacia una luz lejana, 3.
Hacia una moral sin dogmas, 771.
Haciendo de República, 251.
Hado y divisa de Leónido y Marfisa, 244.
Hagan juego, 1151.
Hago el amor, 50.
Hai-kais, 653.
Hallali, 390, 751, 1691.

Hallazgo de la vida (1930-1979), 1575.
Halma, 1244.
Hambre y amor, 227.
Hampa, 1409.
Hampa afrocubana: los negros esclavos, 1183.
Hampa y miseria, 995.
Han matado a un hombre, han roto un paisaje, 271.
Happy end, 1703.
Harlem todos los días, 450.
Harmónica vida de Santa Teresa, 226.
Harpya destructor, 1006.
Hasta aquí, del Edén, 1273.
Hasta aquí no más, 1441.
Hasta el fin nadie es dichoso, 104.
Hasta la fecha [Pastori, Luis], 1220.
Hasta la fecha [Ridruejo, Dionisio], 1408.
Hasta luego, 568.
Hasta no verte Jesús mío, 1313.
Hasta que llegue el día y huyan las sombras, 1187.
Hasta reventar, 1236.
Hay alguien que está esperando, 657.
¿Hay árboles en Guernica?, 1152.
Hay levadura en las columnas, 1649.
Hay más, 1273.
Hay que deshacer la casa, 806, 1331.
Hay que ser modernos, 1002.
Hay que sonreír, 1666.
Hay sangre en las rosas, 1149.
Hay surcos que no se llenan, 544.
Hay tiempo de nacer, 976.
Hay tiempo para llorar, 652.
Hay un lugar feliz lejos, muy lejos, 1474.
Hay una juventud que aguarda, 271.
Hay una selva en mi voz, 344.
Hazme de la noche un cuento, 1600.
He amado a Wagner, 1088.
He visto a Dios, 429.

Heautontimoroumenos, 840.
Hebras de sol, 570.
Hechicero del Ande, 457.
Hechizo de la triste marquesa, 142.
Hechizo en la montaña, 471.
Hechizos, 319.
Hecho a mano, 1747.
Hecho en Corona, 543.
Hechos de don Alonso de Monroy, 184.
Hechos de don García Hurtado de Mendoza, 1567.
Hechos del Cid, 1280.
Hechos y hazañas de don Balón de Baba, 1214.
Hechos y relaciones, 620.
Hélade, 90.
Hélices, 1621, 1686.
Hélices de huracán y de sol, 490.
Hemos perdido el sol, 838.
Henry Black, 463.
Heptamerón, 968.
Heraclés. Sobre una manera de ser, 624.
Heráclito cristiano y segunda arpa a imitación de la de David, 1344.
Heráclito y Demócrito de nuestro siglo, 921.
Herbalario (1953-1979), 437.
Herbarium, 203.
Hércules jugando a los dados, 629.
Hércules, vencedor de la ignorancia, 1580.
Heredarás el viento, 781.
Herejías. Estudios de crítica inductiva sobre asuntos españoles, 620.
Herencia, 1000, 1094.
Herencia del otoño, 25, 1320.
Herida en el vuelo, 16.
Herido ver, 614.
Hermán o la vuelta del cruzado, 242, 1454.
Hermana de los ángeles, 306.
Hermana muerte, 1090.
Hermanita, 9.
Hermanito menor, 342.
Hermano del viento, 310.
Hermano Lobo y otras prosas, 588.

Hermanos monigotes, 881, 1419.
Hermes en la vía pública, 1161.
Hermoso fuego, 1067.
Hernán Cortés [Madariaga, Salvador de], 948.
Hernán Cortés [Márquez, Jorge], 1600.
Hernán Cortés [Sender, Ramón J.], 1539.
Hernán Cortés en Cholula, 489.
Hernandía, 1282.
Hernando del Pulgar, 90.
Hernani, 1587.
Herodes: su persona, reinado y dinastía, 847.
Héroe de paz, 234.
Héroe y mártir, 213.
Heroica de Buenos Aires, 465.
Heroína y otros poemas, 1209.
Herramientas, 1579.
Herreros de mi sangre, 1220.
Herrumbrosas lanzas, 167, 1321.
Hesperoida, 175.
Heterodoxia, 1485.
Hexasílabos de los tres reinos, 437.
Hicieron partes, 308, 1325.
Hidalgos y plebeyos, 1503.
Hierba del cielo, 436.
Hierofante. Vida de Percy B. Shelley, 1542.
Higiene de los placeres y de los dolores, 124.
Higiene del veraneo, 154.
Higiene sexual del casado, 154.
Higuamota, 489.
Hijo de hombre, 1417, 1418.
Hijo de la Tierra, 1488.
Hijo de ladrón, 1439.
Hijo del salitre, 1606.
Hijos de Adán, 20.
Hijos de ciego, 998.
Hijos de la ira, 48, 623, 1064, 1296.
Hijos de Madrid ilustres en santidad, dignidades, armas, ciencias y artes, 56.
Hijuna, 1540.

Hilo de oro, hilo de plata, 789.
Hilván de escenas, 1039.
Hima Súmac, 1000.
Himenea, 1627.
Himno a la alegría, 1232.
Himno a la carne, 1467.
Himno a la impaciencia, 1542.
Himno a la Virgen, 448.
Himno a las milicias y sus poemas, 138.
Himno de pólvora, 657.
Himnos, 343.
Himnos de Hierofantes, 1214.
Himnos del cielo y los ferrocarriles, 1217.
Himnos y quejas, 93.
Himnos y textos, 1158.
Hipógrifo violento, 1538.
Hipólito, 770.
Hiponángela, 314.
Hipos, 1342.
Hipótesis, 675.
Hispán e Iberia, 227.
Hispania victrix, 1494.
Hispaniola, 1580.
Hispanoamérica libertada, 225.
Histeria y sugestión, 771.
Historia abreviada de la literatura portátil, 1731.
Historia antigua [Botas, Víctor], 1301.
Historia antigua [Fernández Retamar, Roberto], 539.
Historia antigua de México, 351.
Historia apologética, 337.
Historia Augusta, 678.
Historia Baetica, 1580.
Historia chichimeca, 402.
Historia civil y política de México, 320.
Historia como sistema, 1179.
Historia compostelana, 736.
Historia contemporánea de Bolivia, 138.
Historia crítica de España y de su cultura, 995.
Historia crítica de la literatura española, 62, 553.
Historia crítica de las Cortes reformadoras, 256.

Historia crítica del asesinato cometido en la persona del gran mariscal de Ayacucho, 779.
Historia crítica del pensamiento español. Del Barroco a la Ilustración, 1324.
Historia crítica del reinado de don Alfonso XIII durante su menoridad, 1002.
Historia crítica del teatro ecuatoriano, 437.
Historia de antaño, 1556.
Historia de arrabal, 589.
Historia de Belgrano y de la independencia argentina, 1042.
Historia de Chucho el Ninfo, 411.
Historia de coral y jade, 208, 1325.
Historia de Costa Rica: el descubrimiento y la conquista, 530.
Historia de Costa Rica: la independencia, 530.
Historia de dos hermanos, 231.
Historia de él, 1731.
Historia de Erasto, 757.
Historia de España y de la civilización española, 51.
Historia de Felipe IV, 337.
Historia de Flores y Blancaflor, 1113, 1116.
Historia de Francisco y otras maravillas, 1071.
Historia de Garabombo el invisible, 1533.
Historia de Gibraltar, 936.
Historia de Gloria, 578.
Historia de Grisel y Mirabella, 1629.
Historia de Juan Opositor, 794.
Historia de judíos, 834.
Historia de juglaría, 1728.
Historia de la América Central, 1035.
Historia de la Baja California, 351.
Historia de la casa de Bolívar y anotaciones sobre su reedificación, 1278.
Historia de la Compañía de Jesús en la Nueva España, 34.
Historia de la conquista de México, población y progreso de la América septentrional conocida con el nombre de Nueva España, 403, 1558.
Historia de la conquista de Quesaltenango, 1602.
Historia de la cultura antigua del Perú, 1658.
Historia de la cultura en la América Hispánica, 697.
Historia de la cultura paraguaya, 325.
Historia de la dama, 541.
Historia de la divertida ciudad de Caribdis, 1240.
Historia de la eternidad, 206.
Historia de la filosofía, 970.
Historia de la filosofía en México, 1357.
Historia de la Florida y jornada que a ella hizo el gobernador Hernando de Soto, 1709.
Historia de la fundación y discurso de la provincia de Santiago de México de la Orden de Predicadores, 427.
Historia de la gente, 1036.
Historia de la guerra de España, 1773.
Historia de la guerra de España en el Pacífico, 1156.
Historia de la guerra de la Triple Alianza, 1164.
Historia de la guerra y presa de África..., 1494.
Historia de la Iglesia y del mundo, que contiene los sucesos desde la creación hasta el diluvio, 59.
Historia de la imprenta, 173.
Historia de la insurrección federal en 1873, 1178.
Historia de la literatura argentina, 99.
Historia de la literatura boliviana, 564.
Historia de la literatura colonial de Chile, 1005.
Historia de la literatura costarricense, 203.
Historia de la literatura ecuatoriana, 148.
Historia de la literatura en Nueva Granada, desde la conquista hasta la independencia, 1538-1820, 560, 1722.
Historia de la literatura española, francesa, inglesa e italiana en el siglo XVIII, 29.
Historia de la literatura extranjera, 623.
Historia de la literatura hispanoamericana, 65.
Historia de la literatura infantil chilena, 1231.
Historia de la literatura latinoamericana, 1543.
Historia de la literatura paraguaya, 1424.
Historia de la literatura republicana: nuevo carácter de la literatura en el Perú independiente, 431.
Historia de la Monja Alférez, doña Catalina de Erauso, escrita por ella misma, e ilustrada con notas y documentos, 486.
Historia de la nación chichimeca, 53.
Historia de la noche, 207.
Historia de la novela en España desde el romanticismo a nuestros días, 650.
Historia de la novela hispanoamericana, 36.
Historia de la Nueva México, 1252.
Historia de la pintura en España, 1269.
Historia de la poesía castellana en la Edad Media, 1020.
Historia de la poesía hispanoamericana desde sus orígenes hasta 1892, 1020, 1400.
Historia de la Provincia de San Vicente de Chiapá y Guatemala, 401.
Historia de la rebelión y cas-

tigo de los moriscos de Granada, 1140.
Historia de la República Argentina, 906.
Historia de la revolución de España durante los años 1820-1823, 1037.
Historia de la revolución de Nueva España, 1032.
Historia de la revolución federal en Venezuela, 54.
Historia de la Sagrada Pasión, 1205.
Historia de la Santa Iglesia Metropolitana de Filipinas, 871.
Historia de la Segunda República española, 1277.
Historia de la tauromaquia. Cronicón español, 349.
Historia de «La Vanguardia» (1884-1936), 249.
Historia de la vida de César, 482.
Historia de la vida de Lucio Anneo Séneca español, 994.
Historia de la vida del buscón llamado don Pablos, ejemplo de vagamundos y espejo de tacaños, 555, 647, 1144.
Historia de las cuevas de Salamanca, 211.
Historia de las dinastías mahometanas en España, 619.
Historia de las fortunas de Semprilis y Geronodano, 482.
Historia de las ideas estéticas en España, 1020.
Historia de las Indias de Nueva España e islas de Tierra Firme, 468.
Historia de las Indias y conquista de México, 402, 442, 911.
Historia de las letras paraguayas, 325.
Historia de las literaturas de vanguardia, 1621.
Historia de las naciones vascas de una y otra parte del Pirineo..., 781.
Historia de las revoluciones de la Medicina, 1037.
Historia de Lisseno y Fenissa, 1121, 1217.
Historia de lo inmediato, 834.
Historia de los amores de Clareo y Florisea, 1141.
Historia de los amores del valeroso moro Abindarráez y de la hermosa Jarifa, 2.
Historia de los bandos de Zegríes y Abencerrajes, caballeros moros de Granada, 1140, 1248.
Historia de los dos enamorados Ozmín y Daraja, 1140.
Historia de los ferrocarriles argentinos, 1532.
Historia de los heterodoxos españoles, 1020.
Historia de los indios de la Nueva España, 163.
Historia de los indios en España, 310.
Historia de los Macabeos, 181.
Historia de los movimientos, separación y guerra de Cataluña, 1012.
Historia de los naufragios... sucedidos en el mar desde el siglo XV hasta el presente, 976.
Historia de los reyes de Bretaña, 842.
Historia de los Reyes Magos, 181.
Historia de los sucesos de Aragón, 337.
Historia de los templos de España, 155.
Historia de los turcos, 1723.
Historia de Madrid, 1036.
Historia de Marco Antonio y Cleopatra, 309.
Historia de Mayta, 1698, 1699.
Historia de mi ciudad, 1773.
Historia de mi voz, 234.
Historia de no, 1087, 1091.
Historia de Nuestra Señora de Madrid, 1757.
Historia de Nueva España, 1547.
Historia de Oliveros de Castilla y Artús de Algarbe, 1113, 1114, 1116.
Historia de París y Viana, 1113, 1116.
Historia de perros, 143.
Historia de Píramo y Tisbe, 1737.
Historia de Puerto Rico, 214.
Historia de rapaces y otros cuentos, 1460.
Historia de Roberto el Diablo, 1113, 1114, 1116.
Historia de Sagunto, 1280.
Historia de San Martín y de la emancipación americana, 1042.
Historia de Santa Librada, 1202.
Historia de Santa Marta y del Nuevo Reino de Granada, 15.
Historia de Santa Orosia, 1203.
Historia de Sarmiento, 929.
Historia de sombras, 760.
Historia de Talavera, 642.
Historia de Tlaxcala, 1077.
Historia de Tomelloso, 608.
Historia de un alma, 1503.
Historia de un amanecer, 121.
Historia de un anillo, 702.
Historia de un corazón, 80.
Historia de un día, 58.
Historia de un frac y otros cuentos, 1439.
Historia de un idiota contada por él mismo o El contenido de la felicidad, 128.
Historia de un minuto, 1107.
Historia de un número, 1277.
Historia de un otoño, 794.
Historia de un pendón, 923.
Historia de un Pepe, 1035.
Historia de un poema: la IV égloga de Virgilio, 1054.
Historia de un tomate paliducho, 883.
Historia de una casa, 1221.
Historia de una escalera, 219, 220, 1330, 1531, 1593.
Historia de una maestra, 1425.
Historia de una muñeca abandonada, 884.

ÍNDICE DE OBRAS

Historia de una pasión argentina, 954.
Historia de una sonrisa, 901.
Historia de una taberna, 440.
Historia de una tertulia, 440.
Historia de una «vedette» contada por su perro, 1374.
Historia de unos cuantos, 1428.
Historia de Venezuela, 15.
Historia del arte frívolo, 1374.
Historia del caballero don Olivante de Laura, 1617.
Historia del cautivo, 619.
Historia del Conde-duque de Olivares, 310.
Historia del corazón, 36, 37, 1297.
Historia del cotilleo, 1751.
Historia del descubrimiento, población y conquista del Río de la Plata, 444.
Historia del descubrimiento de las regiones australes, 401.
Historia del descubrimiento y conquista del Perú y de las guerras y cosas señaladas en ella, acaecidas hasta el vencimiento de Gonzalo Pizarro y de sus secuaces que en ella se rebelaron contra Su Majestad, 1762.
Historia del Ecuador, 1214.
Historia del emperador Carlos V, 1031.
Historia del famoso predicador Fray Gerundio de Campazas, alias Zotes, 417, 780, 1121, 1122, 1173, 1379.
Historia del filósofo Segundo, 1334.
Historia del franquismo, 1569.
Historia del gato que vino con Solís, 1326.
Historia del monasterio de Arlanza, 98.
Historia del Monte Celia, 850.
Historia del Nuevo Mundo, 403, 1076.
Historia del pequeño chamán, 630.
Historia del perínclito Epaminondas del Cauca, 779.
Historia del reino de Quito, 1716.
Historia del rey don Pedro y su descendencia, que es el linage de las dos Castillas, 664.
Historia del Romanticismo francés, 1020.
Historia del socialismo. Parte antigua: la conquista utópica, 1650.
Historia del toreo, 935.
Historia del traje, 1036.
Historia del Yucatán desde la época más remota hasta nuestros días, 65.
Historia destructionis Troiae, 836.
Historia eclesiástica del cisma del reino de Inglaterra, 1405.
Historia eclesiástica del Ecuador, 657.
Historia eclesiástica indiana, 1016.
Historia ejemplar de dos constantes mugeres españolas, 1118.
Historia en el Sur, 1477.
Historia fabulada, 709.
Historia funambulesca del profesor Landormy, 259.
Historia General de América, 1269.
Historia General de Bolivia, 85.
Historia general de Chile, 151.
Historia General de España [Fernández Guerra, Aureliano], 530.
Historia general de España [Lafuente y Zamalloa, Modesto], 814.
Historia General de España [Mariana, Juan de], 970.
Historia General de Filipinas, 871.
Historia general de la Orden de la Merced, 1368.
Historia general de la Orden de Nuestra Señora de la Merced, 1614.
Historia general de la República del Ecuador, 657.
Historia general de las conquistas del Nuevo Reino de Granada, 538.
Historia general de las cosas de la Nueva España, 1489.
Historia General de las Indias, 300, 1402.
Historia General de los hechos de los castellanos en las islas y tierra firme del mar océano, 403.
Historia general del Perú, 1709.
Historia general del Perú. Origen y descendencia de los Incas, 1080.
Historia general y natural de las Indias, islas y tierra firme del mar océano, 402, 538.
Historia geográfica, civil y política de la isla de San Juan Bautista de Puerto Rico, 1.
Historia imperial y cesárea, 1031.
Historia Índica, 401.
Historia literaria de España., 67.
Historia natural, 1049.
Historia natural de la alegría, 1630.
Historia natural y moral de las Indias, 10, 402.
Historia para unas manos, 203.
Historia partenopea, 742.
Historia personal de la literatura chilena (Desde don Alonso de Ercilla hasta Pablo Neruda), 440.
Historia personal del «boom», 463.
Historia peruana verdadera, 711.
Historia poética de la lucha de Filipinas por su Independencia, 874.
Historia política de la España contemporánea, 526.
Historia prodigiosa, 185.
Historia Roderici, 736.
Historia silense, 736.

Historia sintética de la literatura uruguaya, 1403.
Historia social de Chile, 64.
Historia tan natural, 1275.
Historia tendenciosa de la clase media argentina, 731, 1060.
Historia tragicómica de don Henrique de Castro, 1118.
Historia troyana polimétrica, 1029.
Historia universal de la infamia, 206.
Historia universal de la medicina, 816.
Historia verdadera de la conquista de la Nueva España, 441, 911, 1368.
Historia verdadera y extraña del conde Fernán González y su esposa doña Sancha, 980.
Historia verídica de la revolución, 146.
Historia visible e historia esotérica, 1360.
Historia vulgar, 431.
Historia y anal relación de los padres de la Compañía de Jesús... en Oriente, 1567.
Historia y antología de la literatura boliviana, 119.
Historia y crítica de la literatura española, 1286.
Historia y crítica de la novela venezolana, 68.
Historia y estilo, 964.
Historia y filosofía. Ensayos de dialéctica, 540.
Historia y leyenda de Coyoacán, 1156.
Historia y primera parte de la guerra que don Carlos V... en Nápoles, 1494.
Historia y relación, 329.
Historia y sucesión de la Cueva, 414.
Historia y viaje del mundo, 113.
Historiadores de Indias, 1542.
Historiae de rebus Hispaniae libri XXX, 970.
Historial de un libro, 327.
Historias, 164.

Historias, historietas y cuentecillos, 917.
Historias caballerescas españolas, 1458.
Historias con cárcel, 465.
Historias con tangos y corridos, 1174.
Historias cortesanas, 46.
Historias cotidianas y fantásticas, 1174.
Historias crueles, 1476.
Historias de amor, 1617.
Historias de amor y otros cuentos chinos, 1088.
Historias de bandoleros asturianos, 1703.
Historias de Bigotillo, ratón de campo, 747.
Historias de Chu-MaChuco, 391.
Historias de cronopios y de famas, 380.
Historias de familia, 1078.
Historias de finados y traidores, 623.
Historias de la Artámila, 1001.
Historias de la calle Cádiz, 1089.
Historias de la cuenca minera, 1272.
Historias de mala muerte, 109.
Historias de media tarde, 1456.
Historias de medio siglo, 834.
Historias de mi calle, 1517.
Historias de otra edad, 1079.
Historias de Pago Chico, 1221.
Historias de Tata Mundo, 458.
Historias de un galpón abandonado, 733.
Historias de una historia, 68.
Historias del reino vigilado, 1107.
Historias desaforadas, 185.
Historias e invenciones de Félix Muriel, 454.
Historias en Venecia, 132.
Historias fingidas y verdaderas, 1188.
Historias madrileñas, 825.

Historias menores de Marcelino Pan y Vino, 1517.
Historias mínimas, 1616.
Historias nicaragüenses, 80.
Historias para mi abuela, 1315.
Historias para quitar el miedo, 66.
Historias para ser contadas, 465.
Historias paralelas, 1600.
Historias peregrinas y ejemplares, 337, 1112.
Historias personales, 927.
Historias veniales de amor, 1235.
Historias y poemas, 1534.
Histórica relación del reino de Chile, 1190.
Historietas baturras y cuentos de mi tierra, 318.
Historietas malignas, 1205.
Historiografía del Ecuador, 148.
Histrión, 545.
Hogares humildes, 613.
Hogueras en la montaña, 646.
Hojarasca, 530.
Hojarasca literaria, versos y artículos, 272.
Hojas al viento [Casal, Julián del], 298.
Hojas al viento [Guido y Spano, Carlos], 680.
Hojas caídas, 213.
Hojas de otoño [Soffia, José Antonio], 1555.
Hojas de otoño [Turcios, Froylán], 1642.
Hojas de parra, 1216.
Hojas perdidizas, 1742.
Hojas secas, 995.
Hojas sueltas, 791.
Hojas y flores, 78.
Hojas y pétalos, 1237.
Hojas y sombras, 1651.
Hokusai, 164.
Hölderlin, 1678.
Hollywood, 4.
Holocausto, 1659.
Holy Smoke, 237.
Homaxes, 1696.
Hombre a solas, 351.

ÍNDICE DE OBRAS

Hombre antiguo, 1526.
Hombre cuadrado, 1273.
Hombre de amor, 291.
Hombre de Dios, 1682.
Hombre en forma de elegía, 1319.
Hombre en la luna, 648.
Hombre en paz, 684.
Hombre en su tierra, 623.
Hombre naciente, 1489.
Hombre nuevo, 1319, 1443.
Hombre planetario, 290.
Hombre pobre todo es trazas, 245.
Hombre que daba sed, 653.
Hombre secreto, 258.
Hombre soy, 956.
Hombre último, 910.
Hombre y Dios, 48.
Hombre y hombre, 1606.
Hombre y tierra, 310.
Hombres [González Rojas, Eugenio], 656.
Hombres [Morosoli, Juan José], 1071.
Hombres, mujeres y fantoches, 298.
Hombres con toro dentro, 988.
Hombres curtidos, 466.
Hombres de acero, 376.
Hombres de honor, 458.
Hombres de maíz, 106.
Hombres del Norte, 592.
Hombres del Sur, 1439.
Hombres del Uruguay, 1493.
Hombres e ideas de nuestro tiempo, 596.
Hombres en la oscuridad, 1630.
Hombres en soledad, 589.
Hombres en su siglo, 1225.
Hombres en tempestad, 545.
Hombres grises, montañas azules, 1441.
Hombres sin presente, 1186.
Hombres sin tiempo, 1214.
Hombres varados, 1624.
Hombres y caballos, 98.
Hombres y cosas de la Puerta del Sol, 75.
Hombres y cosas que pasaron, 835.
Hombres y engranajes, 1485.
Hombres y letrados de América, 643.
Hombres y mujeres, 1071.
Homenaje, 681, 683.
Homenaje a Aurelio Arteta, 833.
Homenaje a Bolívar, 952.
Homenaje a Domingo Rivero, 1415.
Homenaje a don Nadie, 1084.
Homenaje a Kid Valencia, 1090.
Homenaje a la memoria de Federico Balart, 272.
Homenaje a los indios americanos, 281.
Homenaje a Miguel Hernández, 765.
Homenaje a Picasso, 1696.
Homenaje a Rómulo Gallegos, 1071.
Homenaje privado, 211.
Homenajes e In promptus, 624.
Homenajes y otros poemas, 93.
Homeopatía, pequeñas novelas, 443.
Homérica latina, 1630.
Homero Manzi, 1491.
Homo atomicus, 58.
Homo loquens, 699.
Hondo Sur, 1763.
Hondón Catracho, 1240.
Hongos de la riva, 905.
Honoria, 1586.
Honra y vida, 451.
Honras fúnebres, 1206.
Hora 0, 280.
Hora ciega, 759.
Hora de junio, 1228.
Hora y 20, 1228.
Horacio en España, 1020.
Horacio Kalibán o los autónomas, 746.
Horacio y el arte lírico, 1575.
Horal, 1487.
Horario primaveral, 924.
Horas ciegas, 1542.
Horas de ausencia, 650.
Horas de estudio, 561, 696.
Horas de horas, 699.
Horas de lucha, 655.
Horas de luz, 1353.
Horas de martirio, 924.
Horas de mi vida, 209.
Horas de Nuestra Señora con muchos otros oficios y oraciones, 181.
Horas de oro, 945.
Horas de recreación, 1051.
Horas de tristeza, 306.
Horas de vida, 670.
Horas felices, tiempos crueles, 777.
Horas lejanas, 706.
Horas perdidas, 104.
Horas testimoniales, 573.
Horas trágicas: prosas de paz y de dolor, 1564.
Horas turbias, 1404.
Horizon carré, 390, 1691, 751.
Horizontales, 342.
Horizonte de entrada, 1300.
Horizonte del liberalismo, 1759.
Horizonte que nunca cicatriza, 1769.
Horizontes desde la rada, 991.
Horizontes espirituales, 406.
Horizontes incendiados, 1188.
Horizontes y bocacalles, 64.
Hormesinda, 537.
Hormiga Negra, 878.
Horno, 407, 674.
Horror vacui, 1457.
Horrores del feudalismo: la torre de los vampiros, 1504.
Hospicio de Sodoma, 213.
Hospital de incurables y viaje de este mundo y el otro, 1312.
Hospital de los necios, 757.
Hospital General, 1313.
Hostería de la rosa y del clavel, 1050.
Hotel de vagabundos, 1762.
Hotel del Cuzco y otras provincias del Perú, 680.
Hotel Monopol, 1599.
Hotel pájaro, 1047.
Hotel Savoy, 1090.
Hotel Tánger, 1501.
Hoy, 967.
Hoy, como todos los días, 1515.

Hoy es fiesta, 220.
Hoy es un largo día, 1084.
¡Hoy sale, hoy! [Burgos, Javier de], 223.
¡Hoy sale, hoy...! [Luceño, Tomás], 927.
Hoy se comen al flaco, 465.
Huairapamushcas, 761.
Huancayo, síntesis de su historia, 1695.
Huaraches de ante azul, 73.
Huasipungo, 761.
Huasteca, 911.
Huelga de cómicos, 227.
Huelga en el puerto, 836.
Huella de almas, 7.
Huella en el barro, 1699.
Huellas [Estrada, Rafael], 505.
Huellas [Reyes, Alfonso], 1401.
Huellas de su pensamiento, 691.
Huellas del actor en peligro, 1091.
Huellas en el agua, 1157.
Huellas en el cristal, 1300.
Huellas en la tierra, 315.
Huellas literarias, 202.
Huentemagu, 1520.
Huerfanías, 1346.
Huerto, 584.
Huerto cerrado [Bryce Echenique, Alfredo], 218.
Huerto cerrado [Valderrama, Pilar de], 1659.
Huerto cerrado [Zorrilla de San Martín, Juan], 1772.
Huerto de inquietud, 154.
Huerto de lilas. Poemas, 344.
Huerto humilde, 1184.
Huerto silencioso, 406.
Huésped de la noche y otros poemas, 1630.
Huésped de mi tiempo, 35.
Huésped de un tiempo sombrío, 930.
Huéspedes nocturnos, 1250.
Huida, 1477.
Huida de la ciudad araña, 1089.
Huincahual, 1556.
Huir del invierno, 1322, 1740.
Humana voz, 812, 1319.

Humanismo clásico y humanismo marxista, 1551.
Humanismo impenitente, 1531.
Humanismo y barbarie, 1741.
Humano destino, 852.
Humano paraíso, 1054.
Humano todavía, 314.
Humberto Fabra, 1356.
Humboldt, ese desconocido, 811.
Humo, dolor, placer, 777.
Humo de beleño, 1600.
Humo de marlo, 1424.
Humo de pipa, 1332.
Humo en el mar, 848.
Humo hacia el sur, 217.
Humor honesto y vago, 1277.
Humor y amor de Aquiles Nazoa, 1097.
Humoradas, 256.
Humoradas en prosa, 1759.
Humos de rey, 837.
Huyeron todas las islas, 343.
H_2O, 1411.
Hyde Park blues, 1301.
Hymni et saecula, 89.
Hymnica, 1740.

Iba caminando, 282.
Iberismo y germanismo, 650.
Ibis, 1700.
Icada, Nevda, Diada, 340.
Icaria, Icaria, 1329.
Ida y vuelta [Defilippis Novoa, Francisco], 429.
Ida y vuelta [Galich, Manuel], 584.
Idea de Dios, 995.
Idea de la comedia de Castilla, 1229, 1307.
Idea de un príncipe politico-cristiano, 1482, 1483.
Idea del principio en Leibniz, 1179.
Idea del teatro, 1180.
Ideales, 530.
Ideario político, 215.
Ideárium español, 591, 1364, 1365.
Ideas, 1567.
Ideas de México, 1218.
Ideas e impresiones, 462.

Ideas estéticas en la poesía contemporánea, 36.
Ideas generales sobre el arte del teatro, 1455.
Ideas pedagógicas modernas, 1316.
Ideas sobre la novela [Baroja, Pío], 145.
Ideas sobre la novela [Ortega y Gasset, José], 1130, 1180.
Ideas y creencias, 1179.
Identidad, 813.
Identidad de ciertas frutas, 172.
Ideogramas, 1773.
Ideología autoritaria, 1424.
Idilio, 627.
Idilio sacro, 1362.
Idilio salvaje, 1190.
Idilios vascos, 145.
Idilios y elegías, 1068.
Idioma del mundo, 1442.
Idola fori, 1625.
Ídolos rotos, 448.
Idomeneo [Álvarez de Cienfuegos, Nicasio], 56.
Idomeneo [Varela, Juan Cruz], 1696.
Ifigenia, 1624.
Ifigenia cruel, 1401.
Ifigenia o Diario de una señorita que escribió porque se fastidiaba, 1217.
Ignacia, 1425.
Ignacio de Cantabria, 1169.
Igual que guantes grises, 930, 1327.
Iguaniona, 70.
Iguaraya, 1755.
Il caos, 1748.
Illimani, 1404.
Illustrium Scriptorum religionis Societatis Iesu Cathalogus, 1405.
Ilona llega con la lluvia, 1080.
Iluminaciones en la sombra, 116, 198, 1532.
Ilustración y defensa de la «Fábula de Pyramo y Tisbe», compuesta por don Luis de Góngora, 1307.
Ilustre familia, 1536.
Imagen, 453, 1686, 1687.

ÍNDICE DE OBRAS

Imagen primera, 609.
Imagen virtual, 290.
Imágenes [Bonifaz Nuño, Rubén], 203.
Imágenes [Patón, Federico], 1220.
Imágenes de infancia, 1439.
Imágenes desterradas, 347.
Imágenes, hombres y muñecos, 1221.
Imágenes nucleares, 693.
Imágenes para el fin del milenio. Nueva expulsión del Paraíso, 90.
Imágenes sin tierra, 73.
Imágenes sucesivas, 771.
Imágenes, voces y visiones (Ensayos sobre el habla poética), 1187.
Imágenes y reflejos, 1156.
Imaginación y violencia en América Latina, 464.
Imagineros, 832.
Imán, 1538.
Imenea, 1626.
Imitación de la vida, 1106.
Imitación del amor, 656.
Imperialismo y antiimperialismo, 517.
Imperio del hombre sobre la naturaleza, 312.
Ímpetu, pasión y fuga, 227.
Importancia de la lengua sánscrita, 592.
Impresiones [Campo Arona, José], 256.
Impresiones [Luna y Novicio, Antonio de], 872.
Impresiones. Cantares., 1210.
Impresiones de arte, 1759.
Impresiones de Kitaj: la novela pintada, 1091.
Impresiones de un viaje a Rusia, 8.
Impresiones de viaje [Altavas, Enrique], 876.
Impresiones de viaje [Bolet Peraza, Nicanor], 201.
Impresiones musicales, 1231.
Impresiones y paisajes, 601.
Impresiones y recuerdos, 569, 1106.
Impugnación a las doctrinas filosóficas de Victor Cousin, 938.

Impugnación de la secta de Mahoma, 1227, 1336.
In Aphtonii progymnasmata scholia, 953.
In Ianum, 1098.
In illo tempore y otras frioleras. Bosquejo cervantino o pasatiempo quijotesco por todos cuatro costados, 1532.
In memoriam, 784.
In nomine Patris, 702.
In Pipiltzintzin o La guerra de las gordas, 1156.
In pseudodialecticos, 1745.
In sintaxin scholia, 953.
In Ticitezcatl o El espejo encantado, 1156.
In vino veritas, 1550.
Inami o La lengua de Ranco, 1520.
Incendio, 461.
Incendio de sollozos, 1415.
Incendio en el silencio, 491.
Incesante aparecer, 1533.
Incesto, 1759.
Incidente en Atocha, 1089.
Incidentes melódicos del mundo irracional, 227.
Incitación a la tristeza, 701.
Incitación al nixonicidio y alabanza de la revolución chilena, 1102.
Incitaciones y valoraciones, 964.
Inconexiones, 1302.
Inconfidencias, 89.
Indagación del choteo, 964.
Indagaciones sobre el lenguaje, 543.
Indecisiones, 1232.
Independencia y socialismo, 68.
Indicaciones para el buen gobierno, 795.
Índice bibliográfico de Costa Rica, 459.
Índice crítico de la literatura hispanoamericana. Los ensayistas, 562, 1774.
Índice cultural, 1729.
Índice de la nueva poesía hispanoamericana, 711.
Índice de la poesía boliviana contemporánea, 1350.

Índice de la poesía ecuatoriana contemporánea, 294.
Índice de poetas de El Salvador en un siglo: 1840-1940, 1630.
Índice general de la poesía hondureña, 937.
Indicios de la rosa, 907.
Indicios pánicos, 1253.
Indicios vehementes, 1463.
Indios, 211.
Indios en rebelión, 1572.
¡Indisoluble!, 426.
Indisposizione generalle della monarchia di Spagna, 1482.
Índole, 1000, 1094.
Inducciones, 620.
Indulgencia para todos, 659.
Indumentaria, 699.
Industrias y andanzas de Alfanhuí, 1513.
Inefable noviembre, 432.
Inefable orilla, 1406.
Inés de Magdala, 1773.
Inés just coming, 672.
Inés María Calderón, virgen y mártir. ¿Santa?, 1599.
Inevitablemente, amar, 1300.
Infierno de amor o de amadores, 912, 1510.
Infierno de todos, 1276.
Infierno negro, 17.
Influencia de las ideas modernas, 279.
Influencia del elemento histórico-político en la literatura dramática y en la novela, 9.
Información de los sucesos de Aragón, 83.
Información del chocolate, 1572.
Información del derecho divino y humano por la Purísima Concepción, 415.
Información para extranjeros, 590.
Información y sociedad, 690.
Informe bajo llave, 939.
Informe de una injusticia, 307.
Informe sobre el expediente de la ley agraria, 797, 892.
Informe sobre el fomento de

la marina mercante, 892.
Informe sobre la extracción de aceites a reinos extranjeros, 892.
Informe sobre poesía española del siglo XX, 794.
Infortunios que Alonso Ramírez padeció en poder de piratas ingleses, 868, 1145, 1547, 1775.
Infundios, 1455.
Ingavi y otros cuentos, 447.
Ingeniosa comparación entre lo antiguo y lo presente, 1733.
Ingenuas, 1650.
Inglaterra vista por los españoles, 310.
Inglaterra y los ingleses, 975.
Ingleses, franceses y españoles, 948.
Íngrimo, 1495.
Inicial, 927.
Iniciales, 1673.
Inmaculada, 124.
Inmaculada Cienfuegos y otros relatos, 1089.
In/Mediaciones, 1224.
Inmensas soledades del Orinoco, 1272.
Inocencia, 472.
Inocentes o culpables, 1094.
Inquietud del mundo, 1607.
Inquietud del silencio, 1070.
Inquietud (Ráfagas de amor y dolor), 529.
Inquietud, serenidad, plenitud, 158.
Inquietudes [Balbontín, José Antonio], 134.
Inquietudes [Ory, Eduardo de], 1186.
Inquisición, brujería y criptojudaísmo, 285.
Inquisición de la poesía, 325.
Inquisiciones, 205.
Inquisidores, 988.
Inseguridad del hombre, 69.
Insinuaciones críticas, 772.
Insistencia en la tristeza, 583.
Insistencias en Luzbel, 216.
Insolación [Heredia, José Ramón], 698.
Insolación [Pardo Bazán, Emilia], 1213.

Inspiraciones, 1474.
Instancias, 1754.
Instituciones de filosofía ecléctica, 1696.
Instituciones de la gramática española, 1377.
Instituciones poéticas, con un Discurso preliminar en defensa de la Poesía y un compendio de la Historia Poética o Mitología, para inteligencia de los Poetas, 457, 1310.
Instituciones políticas: Obra en que se trata de la Sociedad Civil i de las Leyes, de la Policía, de la Real Hacienda, del Comercio y Fuerzas de un estado, y en general de todo quanto pertenece al Gobierno, 891.
Instituciones theológicas, 34.
Institutiones rhetoricae, 1376.
Institutionum Rhetoricarum, 579, 1376.
Instrucción de la mujer cristiana, 1745.
Instrucción para la enseñanza de la gramática, 337.
Instrucciones para blindar un corazón, 1303.
Instrucciones para los ángeles, 1756.
Instrumento espiritual, 235.
Ínsula Ibérica, 1232.
Insularismo, 186, 1226.
Integraciones. De la unidad en fuga, 1551.
Intemperie, 239.
Intercadencias de la calentura de Amor, 679.
Interior con figuras, 1666.
Interior esencial, 1301.
Interiores [Estrella, Ulises], 506.
Interiores [Lamillar, Juan], 1302.
Interlunio, 632.
Intermedio para mujeres, 809.
Intermedio provinciano, 537.
Interpretación de la mujer hispana durante la época imperial, 1220.

Interrogante, 694.
Intervalo, 1533.
Intervención y pretexto, 633.
Interview de Mrs. Muerta Smith por sus fantasmas, 635, 1597.
Íntimas [Bartrina y de Aixemús, Joaquín María], 152.
Íntimas [Reyes, Arturo], 1402.
Íntimas [Valdés Pica, Alejo], 874.
Íntimas [Zamudio, Adela], 1761.
Intimidades, 1732.
Intimidades literarias, 1186.
Intimidades y recuerdos (páginas de la vida de un escritor), 116, 1572.
Intimidatoria, 1303.
Intramuros, 1357.
Introducción a Cuba, 1560.
Introducción a Henry James, 1729.
Introducción a la estilística, 1770.
Introducción a la filosofía, 970.
Introducción a la Historia de España en el siglo XIX, 1269.
Introducción a la historia de la literatura mística en España, 1323.
Introducción a la literatura [Amorós, Andrés], 1324.
Introducción a la literatura [Argüello, Manuel E. B.], 87.
Introducción a la muerte, 490.
Introducción a la vida devota, 1344.
Introducción a las ciencias sociales, 122.
Introducción a los «Anales del reinado de Isabel II», 544.
Introducción a los estudios psicofilosóficos, 1506.
Introducción a Santiago, 415.
Introducción a una historia contemporánea del anticlericalismo español, 285.

Introducción al budismo zen: enseñanzas y textos, 70.
Introducción al crimen de la herradura, 1624.
Introducción al dandysmo, 1741.
Introducción al elefante y otras zoologías, 439.
Introducción al estudio de la lingüística romance, 311.
Introducción al estudio de la literatura hispanoamericana, 1500.
Introducción al estudio de la patología psicosomática, 816.
Introducción crítica a la literatura peruana, 1507.
Introducción del símbolo de la fe, 931.
Introducción literaria a la filosofía, 593.
Introducción y defensa de nuestra historia, 215.
Introducciones a la Política y Razón de estado del Rey Católico don Fernando, 1482.
Introductiones latinae, 1098, 1370.
Introito a la esperanza, 988.
Introspección hispánica, 77.
Inundación castálida, 802, 803.
Inútiles totales, 1775.
Invasión de la realidad, 212.
Invectiva apologética, 461.
Invención 2, 153.
Invención a dos voces, 813.
Invención de la muerte, 58.
Invención de los soles, 1316.
Invención de Montevideo, 951.
Invención del enigma, 1653.
Invención del otoño, 835.
Invención del paisaje, 1300.
Invencionario, 1616.
Invenciones y artificios, 642.
Inventando que sueño, 796.
Inventario [Casado, Miguel], 1301.
Inventario [Díaz Valcárcel, Emilio], 450.
Inventario [Villegas, Antonio de], 1737.

Inventario base, 323.
Inventario de asombros, 452.
Inventario de la modernidad, 1716.
Inventario del hombre, 1569.
Inventario teatral de Nicaragua, 80.
Invernales, 1301.
Invertidos célebres, 1137.
Investigaciones filosóficas sobre la belleza ideal, 1310.
Investigaciones sobre la influencia social de la conquista y del sistema colonial de los españoles en Chile, 827.
Investigaciones y conjeturas de Claudio Mendoza, 663.
Invierno de luna alegre, 1601.
Invierno sin pretexto, 1086, 1090.
Invitación a la ética, 1531.
Invitación a la muerte, 1736.
Invitación al olvido, 100.
Invitado a morir, 704.
Invitados en «El Paraíso», 1074.
Invocación a Centroamérica, 1173.
Invocaciones, 328.
Ion y su perro Khan-Guau, 1346.
Ir a más, 693.
Ir por lana..., 151.
Ir por lana y salir trasquilado, 993.
Iras de bronce, 426.
Iras santas, 346.
Irracionalismo poético (El símbolo), 1324.
Irremediablemente, 1565.
Irresponsables [Mata, Pedro], 997.
Irresponsables [Podestá, Manuel T.], 1094.
Isabel, camisa vieja, 1746.
Isabel-Clara, 1135.
Isabel entre las plantas, 277.
Isabel, reina de corazones, 907.
Isabel Sandoval, modas, 1061.
Isabel II, 1373.
Isabel II de España, 1007.
Isabela, 83.

Isabelina, 1567.
Isabelita, la Miracielos, 907.
Isagoge a los reales estudios de la Compañía de Jesús, 1713.
Isidoro Rodríguez, S.R.L., 593.
Iskanwaya, 196.
Isla Cofre Mítico, 669.
Isla de Cuba pintoresca, histórica, política y literaria, 68.
Isla de güijes, 144.
Isla de lobos, 981.
Isla de luz sobre el amor anclada, 1569.
Isla de pájaros, 817.
Isla y nada, 99.
Islario, 227.
Islas de música, 1025.
Ismael, 8.
Ismaelillo, 978.
Ismos, 639.
Isolina la ex figurante, 411.
Istoria general o Grande i universal istoria, 708.
Itabo, 76.
Ítaca, 17.
Italia fascista (Política y literatura), 340.
Italia, guía para vagabundos, 78.
Itinerario [Sábato, Ernesto], 1487.
Itinerario [Semprún, Jorge], 1537.
Itinerario contemplativo, 1057.
Itinerario de amor, 183.
Itinerario de Antonio Machado, 344.
Itinerario de la nueva pintura española, 1621.
Itinerario de Little Corn Island, 408.
Itinerario espiritual de Bolivia, 675.
Itinerario lírico de Astorga, 1732.
Itinerarios de Madrid, 75.
Itinerarios por las cocinas y las bodegas de Castilla, 488.
Izas, rabizas y colipoterras, 321.

Jabalí, 460.
Jácara del avaro, 109.
Jacinta [Delgado Benavente, Luis], 431.
Jacinta [Torres Naharro, Bartolomé], 1626, 1627.
Jacinta la pelirroja, 1069.
Jacinta Ruiz, 204.
Jacinta se marchó a la guerra, 987.
Jacobina o bendición de Isaac, 1715.
Jacobo el templario, 201.
Jaguey, 1733.
Jahel, 919.
Jaime el Barbudo, 920.
Jaime el Conquistador, 219.
Jalisco-Michoacán, 1156.
Jamás te olvidaré, 351.
James Dean... amor que me prohíbes, 1301.
Jano es una muchacha, 1653.
Jaque a la dama, 540, 1329.
Jaque a la reina, 999.
Jaque mate [Arciniega, Rosa], 77.
Jaque mate [Masó, Salustiano], 996.
Jaraiz, 29.
Jardiel Poncela y su teatro, 975.
Jardim anagrammatico, 30.
Jardín, 924.
Jardín Botánico, 900.
Jardín cerrado, 1318.
Jardín de damas curiosas: epistolario sobre feminismo, 1622.
Jardín de flores curiosas, 1617, 1618.
Jardín de invierno, 1102.
Jardín de la elocuencia, 1377.
Jardín de la pereza, 1359.
Jardín de nobles doncellas, 373.
Jardín de Orfeo, 355.
Jardín de papel, 837.
Jardín de sílice, 1742.
Jardín de Venus, 1502.
Jardín del alma cristiana, 450.
Jardín del unicornio, 1303.
Jardín espiritual, 1196.
Jardín inglés, 1339.
Jardín pasional, 418.

Jardín vedado, 1000.
Jardines de África, 1089.
Jardines de Murillo, 1304.
Jardines lejanos, 790.
Jardines solos, 278.
Jardines trágicos, 426.
Jarilla, 374.
Jarrapellejos, 1638.
Jarri, 1088.
Jarrón de las abreviaturas, 807.
Jarvis, 1303.
Jauja [León, Ricardo], 837.
Jauja [Yunque, Álvaro], 196, 1756.
Jauría, 1741.
Javier de Miranda, 1078.
Javier Mariño, 1133, 1622.
Jazmín inacabado, 615.
Jazmines póstumos, 612.
Jefté, 1588.
Jemmy Button, 1568.
Jeremías el anarquista, 308.
Jeromín, 357.
Jerónimo y su almohada, 825.
Jerusalem/Damasco, 702.
Jerusalén conquistada, 1712.
Jerusalén y la Tierra Santa, 637.
Jesucristo [Querol, Vicente Wenceslao], 1341.
Jesucristo [Rokha, Pablo de], 1442.
Jesús [Acosta, Agustín], 9.
Jesús [Piñera, Virgilio], 1275.
Jesús Corleto, 348.
Jesús en la fábrica, 1512.
Jesús ha vuelto, 1720.
Jesús (Memorias de un jesuita novicio), 1236.
¡Jettatore!, 812.
Jicaral [Gutiérrez, Joaquín], 687.
Jicaral [Pérez Cadalso, Eliseo], 1239.
Jícaras tristes, 494.
Jicoténcal, 1453.
Jimena de Ordóñez, 1458.
Jinete del silencio. (Poemas no antiguos sino viejos, escritos hace 40 años), 227.
Jinetes de la inmortalidad, 1406.

J'irai comme un cheval fou, 96.
Jirón del mundo, 251.
Jirones de espera, 128.
Joan Miró y Cataluña, 1267.
Joaquín Costa, el gran fracasado, 348.
Joaquín Muñoz en casa de las máscaras, 1599.
Joaquina Sánchez, 1372.
Job, 405.
Joc de pilota. Pelota valenciana, 324.
Jocoseria, 1348.
Joe Giménez, promotor de ideas, 1065.
Jorge Cuesta, 1052.
Jorge Luis Borges o el juego trascendente, 998.
Jorge Manrique o tradición y originalidad, 1497.
Jornada de los coches de Madrid a Alcalá, 361.
Jornada hecha. Poesía: 1934-1952, 632.
Jornadas alegres, 308.
José [Palacio Valdés, Armando], 1200.
José [Wolff, Egón], 1749.
José Antonio Maitín y su «Canto fúnebre», 1211.
José Antonio Primo de Rivera, 1751.
José Antonio Ramos Sucre, el solitario de «La Torre de Timón», 1226.
José Campeche: los diablejos de la melancolía, 1427.
José de la Luz y Caballero como educador, 1743.
José el carpintero, 872.
José Guadalupe Posada, 282.
José María o vida nueva, 1521.
José Martí: mi tiempo en un mundo nuevo, 811.
José Oviedo y Baños, 1070.
José Trigo, 1218.
Jovellanos: el fracaso de la Ilustración, 234.
Joven narrativa chilena después del golpe, 1555.
Joven poesía española, 1298.
Jóvenes en el daguerrotipo, 1303.

ÍNDICE DE OBRAS

Jovillos, 453.
Jovino a sus amigos de Salamanca, 797.
Joy, 1147.
Joyeles bizantinos, 1767.
Joyería, 924.
Juan B. Justo y las luchas sociales en Argentina, 417.
Juan Boscán, 1020.
Juan Caballero, 283.
Juan Criollo, 923.
Juan Cuello, 878.
Juan Dandolo, 1770.
Juan de Aria, 192.
Juan de Castellanos. Estudio de las «Elegías de varones ilustres de Indias», 1211.
Juan de Castellanos o el afán de expresión, 75.
Juan de la Luna, 1616.
Juan de la Rosa: Memorias del último soldado de la Independencia, 18, 1361.
Juan de los Desamparados, 1460.
Juan de Mairena, 944, 1210, 1257.
Juan de Mañara, 942.
Juan de Mena, poeta del prerrenacimiento español, 847.
Juan de Padilla [Asquerino, Eusebio], 104.
Juan de Padilla [Barrantes, Vicente], 148.
Juan de Urbina, 823.
Juan el Negro, 956.
Juan el perdío, 1272.
Juan el tonto, 412.
Juan Estrella, 1754.
Juan Francisco de León, 237.
Juan Francisco de León o el levantamiento contra la Compañía Guipuzcoana, 1157.
Juan García Coral, «el Corredera», 1196.
Juan Ismael. Ocultaciones, 1274.
Juan Jacobo Rousseau, 589.
Juan José, 451, 1165, 1590, 1591.
Juan Labrador, 999.
Juan Latino, 794.
Juan Lorenzo, 598, 1588.

Juan Manuel de Rosas, 878.
Juan Moreira, 687, 878.
Juan Palmieri, 824.
Juan Pedro, el Dallador, 623.
Juan Perucho, el mágico prodigioso, 1339.
Juan Quintín en Pueblo Mocho, 519.
Juan Ramón Jiménez: año de gracia de 1903, 2.
Juan Ramón Jiménez de viva voz, 676.
Juan Ramón Jiménez en su obra, 456.
Juan ríe, Juan llora, 109.
Juan Risco, 241.
Juan se durmió en la torre, 1201.
Juan Sin Miedo, 667.
Juan sin Tierra [Goytisolo, Juan], 661.
Juan Sin Tierra [Gutiérrez, Eduardo], 878.
Juan Soldao, 1066.
Juan Valera y la generación de 1868, 794.
Juan van Halen, el oficial aventurero, 145.
Juan Vulgar, 1269.
Juan y la otra gente, 1728.
Juana creó la noche, 981.
Juana de Arco, 1517.
Juana de Nápoles, 1520.
Juana del Amor Hermoso, 987.
Juana, Juanita y Juanilla, 55.
Juana la loca, 1601.
Juana la violetera, 78.
Juana Lucero, 694, 1094.
Juana y Enrique, reyes de Castilla, 1701.
Juanita la Larga, 1669, 1670.
Juanita Tenorio, 1269.
Jubileo en el Zócalo, 1538, 1539.
Júbilo y fuga, 135.
Júbilo y miedo, 778.
Júbilos, 365, 884.
Judas, 524.
Judas y los demás, 782.
Judíos, moros y cristianos, 322.
Judit, 1564.
Judith contra Holofernes, 746.

Judith y las rosas, 1083.
Judith y Salomé, 303.
Jueces en la noche, 220.
Juego de bobos, 1703.
Juego de cartas, 108.
Juego de damas, 1067.
Juego de las dos esquinas, 340.
Juego de mártires, 281.
Juego de niños, 1476.
Juego de Reinas, 1601.
Juego limpio [León, María Teresa], 836.
Juego limpio [Luis, Leopoldo de], 930.
Juego limpio [Romero, Emilio], 1456.
Juego peligroso, 1736.
Juegos de agua, 924.
Juegos de amor y adivinanzas, 1599.
Juegos de la edad tardía, 1087, 1089, 1321, 1326.
Juegos de manos, 661.
Juegos de Nochebuena con cien enigmas hechas para honesta recreación, 833.
Juegos de sociedad, 51.
Juegos del yo, 836.
Juegos florales, 1276.
Juegos malabares, 472.
Juegos para aplazar la muerte, 1208.
Juegos y otros poemas, 888.
Juergas en Sevilla, 1673.
Jufre de Flandes, 480.
Jugador solitario, 1611.
Jugando a la gallina ciega, 93.
Jugar con fuego, 103.
Juglarías, 82.
Juguemos con el mundo, 1747.
Juguete de nadie, 1488.
Juguetes de la niñez y travesuras del ingenio, 1343.
Juguetes del ingenio y rasgos de la poesía, 1104.
Juguetes en la frontera, 884, 885.
Juguetes satíricos en prosa y verso, 1576.
Juicio contra un sinvergüenza, 1218.
Juicio crítico de algunos poe-

tas hispanoamericanos, 560.
Juicio crítico de los poetas españoles contemporáneos, 993.
Juicio de artes y sciencias, 1484.
Juicio final, 1548.
Juicio final. Andante, 1063.
Juicio inicial al hombre, 586.
Juicios críticos de los principales poetas españoles de la última era, 638.
Juicios literarios, 1521.
Juicios sumarios, 304.
Juiciosa, cortesana filosofía, en el otoño de la varonil edad, 665.
Juigalpa: una ciudad que va a la deriva, 1464.
Julepe de menta, 629.
Jules Rock, 1088.
Julia [Cisneros, Luis Benjamín], 233.
Julia [Moix, Ana María], 1046.
Julián, 627.
Julián Romero, 972.
Juliano en Eleusis, 1531.
Julieta compra un hijo, 1002.
Julieta rediviva, 650.
Julio, 595.
Julio César, 439, 1588.
Junta de sombras, 1401.
Juntacadáveres, 1168.
Junto a la última piel, 1095.
Junto a mi silencio, 1319, 1642.
Junto al agua, 1304.
Junto al brasero, 692.
Junto al Pásig, 1416.
Júpiter, 618.
Júpiter y Semele, 438.
Juramentos de mujer, 318.
Juratorio, 1410.
Jusep Torres Campalans, 108.
Justa de la Razón y la Sensualidad, 1018.
Justa y Rufina, 1078.
Justicia, S. A. (El que juzga hombres), 225.
Justicia bárbara, 698.
Justicia para el Ecuador, 490.
¡Justicia, señor Gobernador!, 849.

Justo de Valdediós, 384.
Justo el Evangélico. Novela de sarcasmo social y cristiano, 1131.
Justos y benéficos, 630.
Juvenilia [Carré, Miguel], 271.
Juvenilia [Solar, Alberto del], 1556.
Juventud, 784.
Juventud, divino tesoro, 991.
Juventud, egolatría, 145.
Juventud. ¿Poesía? Asonantes. Otros poemas, 784.
Juventud triunfante, 781.
Juventudes exhaustas, 277.
Juyungo, 1182.

Kaleidoscopio espiritual, 876.
Kalendario manual y Guía de forasteros en Chipre para el Carnaval del año de 1768 y otros, 238.
Kantutas, 310.
Karra Maw'n, 1366.
Karú-Kinká, 1557.
Kasida del olvido, 1458.
Kathie y el hipopótamo, 1699.
Katiuska, 1764.
Kikiriquí-Mangó, 1186.
Kikuyo, 366.
Kilómetro 83, 457.
Kindergarten [Bernárdez, Francisco Luis], 176.
Kindergarten [Boti, Regino E.], 212.
Kindergarten [Wolff, Egón], 1749.
Klaus ha vuelto, 1088.
Kodak, 711.
Kodak-Ensueño, 212.
Konco, 1158.
Krelko, 463.
Kronios (La rebelión de los atlantes), 152.

La abuela, 1710.
La abuela echa humo, 1597.
La Academia, 594.
La academia político-literaria, 151.
La acción de Villalar, 249.
La actriz, 1601.
La adaptación al medio, 1064.

La adivinanza en Nicaragua, 888.
La advertencia, 1214.
La afición, 1358.
La Afición y la Esperanza, 385.
La afirmación española, 1364, 1493.
La afrancesada, 103.
La afrenta del Cid vengada, 828.
La africanía de la música folklórica en Cuba, 1183.
La agonía antillana. El imperialismo yanqui en el mar Caribe, 74.
La agonía de Europa, 1759.
La agorera, 1319, 1563.
La agresión británica, 1002.
La aguja sobre la piedra, 976.
La ahojada, 369.
La alacena, 1226.
La aldea, 1533.
La aldea de San Lorenzo, 144.
La aldea perdida, 1201.
La alegría de amar, 1185.
La alegría de andar, 656.
La alegría de la huerta, 594, 1219, 1764.
La alegría de leer, 352.
La alegría del abuelo, 783.
La alegría del batallón, 1764.
La alegría del capitán Ribot, 1200.
La alemanita, 1250.
La alfombra roja, 939.
La algarabía, 1537.
La Alhambra, 1554.
La alianza de las fuerzas del trabajo y de la cultura, 919.
La almadraba, 1461.
La almoneda del diablo, 848.
La Alpujarra, 21.
La alsaciana, 1358, 1764.
La Altísima, 1638.
La amada inmóvil, 1103.
La amante, 26, 1687.
La amante del presidente, 1422.
La América en peligro, 183.
La amiga del Rey. Las tiples. La vicaría, 1248.
La amnistía cristiana, 1251.
La amortajada, 202.

La andanza y el hallazgo, 667.
La Andrómeda, 1713.
La antesala, 110.
La antesala del infierno, 975.
La antipatía, 150.
La antorcha apagada, 1759.
La antropología en la obra de Fray Luis de Granada, 816.
La apacible locura, 654.
La appasionata, 124.
La araña, 457.
La Araucana, 486, 867, 1005, 1169, 1280.
La arboleda perdida, 26, 116.
La Arcadia [Vega Carpio, Félix Lope de], 1424, 1571, 1711, 1713.
La Arcadia moderna, 1474.
La ardilla y la rosa, 343.
La Argentina, 140.
La Argentina manuscrita, 444.
La argentinidad, 1439.
La aritmética en el amor, 192, 193, 1361.
La armadura de sal, 1302.
La armónica montaña, 1088.
La arpista, 125.
La arquitectura de las lenguas, 551.
La arrancada, 1702.
La asesina ilustrada, 1731.
La asonada, 956.
La audiencia de los confines, 107.
La aurora de Colón, 489.
La Aurora de Cristo, 161.
La Austríada, 1467.
La autonomía literaria, 1316.
La autonomía y libertad en educación, 1527.
La avaricia, 179.
La aventura de Marta Abril, 996.
La aventura equinoccial de Lope de Aguirre, 1538, 1539.
La aventurera, 635.
La azucena milagrosa, 1412.
La babosa, 298.
La bahía, 306.
La bahía de silencio, 955.
La bala fría, 1773.

La balada de la cárcel de Reading, 989.
La balada del álamo Carolina, 367.
La balada del herido pájaro y otros cuentos, 489.
La balada del viento, 1607.
La balandra «Isabel» llegó esta tarde, 1023.
La balanza, 1080.
La ballena, 1617.
La ballena roja, 1073.
La balsa de la medusa [Armada, Alfonso], 1599.
La balsa de la Medusa [Wolff, Egon], 1749.
La Baltasara, 353.
La banda de los enanos calvos, 1052.
La bandera de Chile, 699.
La baraja de los desatinos, 142.
La baraja francesa, 431.
La bárbara memoria, 314.
La barbarie de los hombres, 1729.
La Barca de Aqueronte, 1628.
La barca sin pescador, 302.
La barcarola, 1101.
La barraca, 190, 1127.
La barraca de las maravillas maravillosas, 1600.
La barricada, 1184.
La batalla [Díaz, Leopoldo], 439.
La batalla [Walsh, Rodolfo], 1747.
La batalla [Zabaleta, Carlos Eduardo], 1767.
La batalla de América Latina, 417.
La batalla de aquel general, 51.
La batalla de Pavía, 826.
La batalla de Washington, 469.
La batalla del Verdún, 1428.
La batalla teatral, 75.
La beata, 151.
La Beldaca, 1214.
La bella de inteligencia: Jean Harlow, 838.
La bella del mal amor, 836.
La bella Dorotea, 1033.
La bella Easo, 255.

La bella, enigma y pesadilla, 1090.
La bella guayanesa, 829.
La bella malmaridada, 1503.
La bella pendoncete, 505.
La bella y la fiera, 188.
La belleza convulsa, 1646.
La belleza del diablo, 1597.
La belleza ideal, 100.
La belleza que el cielo no amortaja, 1430.
La Beltraneja, 1240.
La beneficencia, la filantropía y la caridad, 80.
La bestia emocional, 445.
La bestia rosa, 1646.
La Biblia gaucha, 1725.
La Biblia y el Alcorán, 1458.
La biblioteca, 951.
La Biblioteca de Alejandría, 606.
La bicicleta de la muerte, 620.
La bien pagada, 291.
La bien plantada, 1177.
La biografía difusa de Sombra Castañeda, 1719.
La biografía, género de creación literaria, 50.
La Blanca doble, 1764.
La blanca emoción, 1301.
La boca del tigre, 1316.
La boda [Lera, Ángel María de], 838.
La boda [Piñera, Virgilio], 1275.
La boda de Anita, 1154.
La boda de la chica, 1218.
La boda de Luis Alonso, 223.
La boda de Quevedo, 1540.
La boda del cojo, 1756.
La boda del señor cura, 1746.
La bodega, 190.
La bofetada, 1156.
La bohemia de mi tiempo, 1206.
La bohemia española en París a finales del siglo pasado, 199.
La boina roja y cinco cuentos más, 461.
La bojiganga, 627.
La bola, 1353, 1361.
La bola de nieve, 1575.
La bola negra, 99.

La bolsa [Martel, Julián], 1094.
La bolsa [Miró, José María], 1040.
La bolsa de huesos, 746.
La bolsa o la vida, 318.
La bomba increíble, 1497.
La bonita y la fea, 311.
La boquilla de ámbar, 142.
La borrachera nacional, 419.
La botella de Klein, 65.
La braña, 902.
La brigada celeste, 994.
La brizna de paja en el viento, 587.
La bruja [Mas, José], 995.
La bruja [Ramos Carrión, Miguel], 1357.
La bruja, el duende y la Inquisición, 1576.
La bruja cigüeña, 885.
La bruja y el ideal, 30.
La brújula loca, 926.
La bruta, 1638.
La buena fama, 1373.
La buena gente, 1174.
La buena guarda, 1714.
La buena hija, 994.
La buena letra, 1088.
La buena muerte, 672.
La buena vida, 324.
La bufanda amarilla, 884.
La burladora burlada, 1642.
La busca, 145, 1257.
La busca del jardín, 179.
La búsqueda [Francovich, Guillermo], 574.
La búsqueda [Ríos Ruiz, Manuel], 1410.
La búsqueda de interlocutor, 982.
La caballeresa del sol, 17.
La cabaña, 609.
La cabellera oscura, 1548.
La cabeza a pájaros [Bergamín, José], 172, 1690.
La cabeza a pájaros [Olona, Luis], 1167.
La cabeza de Goliath, 986.
La cabeza de la hidra, 577.
La cabeza de Salomé, 1184.
La cabeza del cordero, 121.
La cabeza y el corazón, 30.
La cabra y la flor, 1412.

La cacería, 1221.
La cacería real, 598.
La cadena rota, 1489.
La caída, 680.
La caída de las flores, 796.
La caída de los Limones, 1238.
La Caída de Luzbel, 1282.
La caída del águila, 583.
La caja de fósforos, 593.
La caja de música, 624.
La caja de plata, 411, 1322.
La caja vacía, 280.
La cala, 1104.
La calandria, 431, 1361.
La calentura, 1770.
La calesera, 1764.
La callada palabra, 694.
La calle 10, 1762.
La calle de la amargura, 438.
La calle de la gran ocasión, 702.
La calle de la luna, 467.
La calle de la Montera, 1541.
La calle de la tarde, 819.
La calle de la vida y de la muerte, 825.
La calle de las dos palmas, 1009.
La calle de los árboles dormidos, 840.
La calle de Toledo, 919.
La calle de Valverde, 108.
La calle del agujero en la media, 657.
La calle del viento norte, 1559.
La calle oscura, 1192.
La cama de oro, 1767.
La cama y el sofá, 545.
La cámara, 1525.
La cámara vacía, 1149.
La camarada Ana, 948.
La camisa, 1166.
La camisa de Adán, 320.
La campana de descansar, 166.
La campana de Huesca, 273.
La campana de la Almudaina, 1207.
La campana de plata, 1737.
La campana del negro, 70.
La campana del terror, 998.
La campana y el martillo pa-

gan al caballo blanco, 54.
La Campaña, 578.
La campesina, 214.
La cana, 1147.
La canción de la calle y otros poemas, 291.
La canción de la huerta, 1006.
La canción de la Lola, 1710.
La canción de la muerte, 1006.
La canción de la vida, 1006.
La canción de las estrellas, 1366.
La canción de las figuras, 476.
La canción de las mulas muertas, 615.
La canción de mi camino, 1530.
La canción de nosotros, 584.
La canción de una vida, 545.
La canción del barrio, 292.
La canción del Duero. Arte de hacer naciones y deshacerlas, 1537.
La canción del olvido, 541, 1764.
La canción del pierrot, 1530.
La canción del pirata, 1347.
La canción humana, 575.
La canción lejana, 193.
La canción rota, 9.
La candelada, 1219.
La candidatura de Dios, 735.
La candidatura de Rojas, 84, 345.
La cantera, 306.
La cantidad hechizada, 841.
La cantinera de las trenzas rubias, 956.
La caña de pescar, 1619.
La capa del estudiante, 938.
La capa del rey García, 174.
La capilla de Lanuza, 1761.
La cara de Ana, 699.
La cara de la desgracia, 1168.
La cara de la miseria, 1186.
La cara del villano, 1339.
La cara y la cruz del camino, 1557.
La caracola y la campana, 1568.
La caravana pasa, 424.
La carcajada del gato, 1564.

La cárcel [Aub, Max], 109.
La cárcel [Zárate, Jesús], 1329.
La cárcel modelo o La venganza de un malvado, 2.
La cárcel sin puertas, 629.
La careta, 1349.
La caridad cristiana, 1241.
La carne [Gamboa, José Joaquín], 590.
La carne [Satué, Francisco J.], 1091.
La carne antigua, 960.
La carne contigua, 1009.
La carne de René, 1275.
La carne en el asador, 271.
La Carolea, 1280.
La carpeta en forma de acordeón, 705.
La carraspera y la tos, 1066.
La carrera de Cándida, 876.
La carreta [Amorín, Enrique], 63, 64.
La carreta [Marqués, René], 975.
La carreta de Tespis, 1759.
La carretera, 714.
La carroza de plomo candente, 1104.
La carta [Guerra Garrido, Raúl], 675.
La carta [Prado Nogueira, José Luis], 1317.
La carta entera, 1461.
La carta magna, 1330.
La cartuja del Paular, 542.
La casa [Mujica Láinez, Manuel], 1074.
La casa [Pemán, José], 1230.
La casa [Rica, Carlos de la], 1407.
La casa abandonada, 1317.
La casa de Ágreda, 517.
La casa de agua, 489.
La casa de Aizgorri, 144, 145.
La casa de Bernarda Alba, 602.
La casa de Bernarda Alba y el teatro de García Lorca, 459.
La casa de cartón, 4, 12.
La casa de cristal, 382.
La casa de la Fama, 834, 1325.

La casa de la muerta, 1502.
La casa de la playa, 609.
La casa de la razón y el desengaño, 1368.
La casa de la Santísima, 1556.
La casa de la Troya (Estudiantina), 1153, 1248.
La casa de las brujas, 1347.
La casa de las chivas, 1500.
La casa de las comadres, 594.
La casa de las cuatro pencas, 1650.
La casa de las espirales, 1463.
La casa de las mil vírgenes, 128.
La casa de las siete chimeneas, 1540.
La casa de los Abila, 1278.
La casa de los celos, 334.
La casa de los espíritus, 46.
La casa de los linajes, 382.
La casa de los masones, 1250.
La casa de los Montoya, 623.
La casa de los viejos, 429.
La casa de Lúculo o el arte de comer, 251.
La casa de Pero Hernández, 1332.
La casa de vecindad [González del Castillo, Juan Ignacio], 651.
La casa de vecindad [Osorio Lizarazo, José Antonio], 1186.
La casa de vidrio, 213.
La casa del ángel, 680.
La casa del calor, 1091.
La casa del grillo, 1401.
La casa del qué dirán, 989.
La casa del silencio, 216, 217.
La casa del sueño, 1090, 1151.
La casa del tahúr, 1038.
La casa del viento, 1565.
La casa en la tierra, 1313.
La casa encendida, 1461.
La casa endiablada, 746.
La casa fantasma, 80.
La casa grande, 326.
La casa iluminada, 1235.
La casa inundada, 700.
La casa junto al mar, 951.
La casa junto al río, 618.

La casa nueva, 641.
La casa por dentro, 941.
La casa que arde de noche, 616.
La casa sin cimientos, 234.
La casa sin nombre, 1531.
La casa solariega, 345.
La casa verde, 1321, 1697.
La casa vieja, 1332.
La casa y el ladrillo, 165.
La casa y su sombra, 818.
La casada sin marido, 832.
La cáscara del banano, 839.
La casilla de los Morelli, 380.
La casta, 917.
La casta Susana, 472.
La catedral, 190, 1127.
La catedral de Sevilla, 919.
La catedral sumergida, 301.
La catedral y el niño, 187.
La catira, 321, 323, 1321.
La catleya negra, 1506.
La caverna de Lot, 1301.
La caverna del humorismo, 145.
La caza de la perdiz roja, 433.
La caza del unicornio, 1273.
La caza del zorro, 55.
La caza en España, 433.
La caza sutil, 1407.
La ceiba en el tiesto, 815.
La Celestina [Rojas, Fernando de], 322, 362, 388, 934, 1021, 1119, 1202, 1367, 1372, 1423, 1431, 1432, 1435, 1549, 1580, 1581, 1652, 1713, 1717.
La Celestina [Silva, Feliciano], 1738.
La Celestina como contienda literaria, 311.
La celosa, 301.
La cena, 608.
La cena de los camareros, 1240.
La cena de Nochebuena, 227.
La cena del rey Baltasar, 247.
La cena en el jardín, 343.
La Cenicienta, 880.
La cenicienta del Palace, 488.
La cesta de la plaza, 1096.
La Chanca, 661.
La Chanson de Roland y el neotradicionalismo, 1023.

La charca [Reyes Pazos, Félix], 1755.
La charca [Zeno Gandía, Manuel], 1769, 1094.
La charra, 1204.
La Chaskañawi, 1006.
La chavala, 541, 919.
La chica del Crillón, 474.
La chica del gato, 94.
La chingana, 151.
La chiquilla, 655.
La Chocholila o El fin del mundo es el jueves, 1456.
La Christiada, 1281.
La chulapona, 541, 1764.
La Chunga, 1699.
La cicatriz y el reino, 813.
La ciega de Barcelona, 1657.
La ciénaga, 1403.
La ciencia blancardina, 1522.
La ciencia de la cultura, 1177.
La ciencia del birlibirloque, 1468.
La ciencia del dolor, 187.
La ciencia del folklore, 1705.
La ciencia española, 1020.
La ciencia y la metafísica, 583.
La cifra, 207.
La cigarra, 1181.
La cigüeña del Palacio, 50.
La cigüeña dijo «sí», 903.
La cinta dorada, 1597.
La Cintia de Aranjuez, 375.
La Circe, 1713.
La circuncisión del señor solo, 839, 1320.
La cita, 1147.
La ciudad [Iribarren, Manuel], 779.
La ciudad [Jiménez, Diego Jesús], 1319.
La ciudad [Leurero, Mario], 839.
La ciudad aledaña, 396.
La ciudad alegre y confiada, 162.
La ciudad amarilla, 956.
La ciudad anárquica, 978.
La ciudad automática, 251.
La ciudad blanca, 1301.
La ciudad castellana. Entre todos la matamos, 1537.
La ciudad de la niebla, 145.
La ciudad de las cúpulas, 1301.
La ciudad de las palomas, 1616.
La ciudad de los Césares, 1439.
La ciudad de los muertos, 59.
La ciudad de los prodigios, 1017.
La ciudad de los sueños [Hernández, Juan José], 701.
La ciudad de los sueños [Narbona, Rafael], 1084.
La ciudad de los techos rojos, 1157.
La ciudad de los tísicos, 1658.
La ciudad del estudio, 794.
La ciudad del sueño. Viaje al interior de Marruecos, 1504.
La ciudad del tango, 998.
La ciudad deshabitada, 280.
La ciudad desierta, 76.
La ciudad en llamas, 257.
La ciudad encantada, 496.
La ciudad instantánea, 941.
La ciudad invisible, 405.
La ciudad junto al río inmóvil, 955.
La ciudad letrada, 563, 1354.
La ciudad muerta, 1658.
La ciudad, noches y pájaros, 1601.
La ciudad oscura, 1301.
La ciudad perdida, 571.
La ciudad roja, 956.
La ciudad se aleja, 1517.
La ciudad sin horizonte, 538.
La ciudad sin Laura, 176.
La ciudad sumergida [Rojas, Jorge], 1438.
La ciudad sumergida [Schroeder, Juan Germán], 1533.
La ciudad tan personal, 186.
La ciudad y el viento, 19.
La ciudad y las visiones, 1226.
La ciudad y los perros, 1320, 1321, 1697.
La ciudad y sus sombras, 1303.
La civilización en los cinco primeros siglos del cristianismo, 303.
La civilización manual y otros ensayos, 1521.
La cizaña, 849.
La claque, 1090.
La claridad desierta, 173.
La clase baja, 431.
La clase media, 443.
La coartada, 522.
La cocina, 1358.
La cocina de las sombras, 1277.
La cocina de Navidad, 460.
La cocina en Galdós, 504.
La cocina francesa, 460.
La cofradía de la pirueta, 291.
La cola de la sirena, 1083.
La coleccionista, 1304.
La colegialada, 151.
La cólera de Aquiles, 662.
La cólera del bronce, 439.
La cólera secreta, 702.
La coleta del maestro, 820.
La colina del buey, 1506.
La colina del pájaro rojo, 1174.
La collera de avutardas, 382.
La colmena, 321, 323, 1133.
La colonización de Puerto Rico, desde el descubrimiento hasta la reversión a la Corona española de los privilegios de Colón: 1493-1550, 214.
La columna de foc, 47.
La columna y el viento, 140.
La comarca nocturna, 1705.
La comedia de Charles Darwin, 1546.
La comedia de la vida, 1493.
La comedia nueva, 535, 775, 1585.
La comedianta famosa, 927.
La cometa y el eco, 135.
La compañera, 147.
La compañera Virginia, 615.
La Compañía de Jesús, 1560.
La comparsa, 585.
La comparsa de repente, 1558.
La competencia en los nobles y discordia concordada, 414.

La comunicación humana, 74.
La comunión de los atletas, 1049.
«La Concepción» de Murillo, 814.
La concubina y el dictador, 1346.
La condecoración, 1166.
La condesa de Alba-Rosa, 99.
La condesa de Castilla, 56.
La condesa de la Banda, 693.
La condesa sangrienta, 1276.
La condición del pasajero, 1301.
La condición del personaje, 1500.
La condición necesaria, 633.
La confesión, 341.
La confesión de un confesor, 1236.
La conjura de Xinum, 3.
La conjuración de Almagro, 193.
La conjuración de los Pazzi, 522.
La conjuración de México, 489.
La conjuración de Venecia, 990, 1587.
La conquista de este mundo, 1682.
La Conquista de la Bética, 414.
La conquista de la elegancia, 422.
La conquista de lo irracional, 421.
La conquista de Madrid, 79.
La conquista de Mequinenza por los Pardos de Aragón, 828.
La conquista de Valencia por el Cid, 1701.
La conquista del Mogreb, 1071.
La conquista del Perú, 307.
La conquista del planeta, 581.
La conquista del reino de Maya, por el último conquistador español, Pío Cid, 592.
La consagración de la nada, 74.

La consagración de la primavera, 288.
La conspiración vendida, 760.
La constancia de Arcelina, 415.
La constancia del tiempo, 349.
La Constancia victoriosa, 1362.
La constante Amarilis, 1567.
La Constitución inglesa y la política del continente, 125.
La construcción de la Torre de Babel, 167.
La construcción del odio, 1616.
La contemplación y la fiesta, 1178.
La contracorriente, 107.
La conversión de la Magdalena, 955.
La convulsión política y social de nuestro tiempo, 1487.
La copa de Anacreonte, 136.
La copa de Hebe, 1406.
La copa de huesos, 1190.
La copa de marfil, 1770.
La copa de plata, 1253.
La copa de sangre, 1101.
La copa de Verlaine, 199.
La copa del rey de Thule, 1732.
La copia de yeso, 389.
La copia y otros originales, 658.
La copla andaluza, 1347.
La copla de picadillo, 907.
La copla popular, 319.
La cópula, 1466.
La Coquito, 158.
La corbata, 1218.
La cornisa, 1050.
La corona, 124.
La corona de abrojos, 1761.
La corona de fuego o los subterráneos de las torres de Altamira, 1220.
La corona de hierro, 641.
La corona trágica, 1713.
La corporeidad de lo·abstracto, 459.

La corredoira y la rúa, 1248.
La corrida de toros, 10.
La corriente [Gorkin, Julián], 658.
La corriente [Romero, Luis], 1457.
La corriente limpia, 1615.
La corrupción, 1491.
La corte de Faraón, 1267, 1764.
La corte de los milagros [Picón, José], 1270.
La corte de los milagros [Valle-Inclán, Ramón María del], 1677.
La corte del Buen Retiro, 489.
La Corte del Cuervo Blanco, 660.
La corte del rey embrujado, 1503.
La corteza embrujada, 427.
La cortina de abalorios, 1060.
La cosa humana, 1064.
La cosecha del viento norte, 1748.
La costa de la muerte, 995.
La costa de los fuegos tardíos, 1235.
La costumbre, 1413.
La costumbre de morir, 675, 1151.
La costumbre del poder, 1564.
La Covadonga, 320.
La creación, 1753.
La creación de la pedagogía nacional, 84.
La creación de un continente, 596.
La creación humana. Epopeya dialéctica, 900.
La creación y el diluvio universal, 1770.
La création pure: essais d'esthétique, 751.
La creciente, 221.
La Crespina Marauzmana, 1281.
La cresta del cangrejo, 92.
La criba, 1569.
La criolla del charlestón, 1673.
La criollita, 1551.
La crisis actual de la democracia, 1410.
La crisis agraria europea y

sus remedios en España, 1517.
La crisis de la alta cultura en Cuba, 964.
La crisis del catolicismo, 74.
La crisis del humanismo, 949.
La crisis religiosa, 1773.
La Cristíada, 745.
La cristiandad del imperio mexicano, 475.
La crítica en la edad ateniense, 1401.
La crítica literaria contemporánea, 65.
La crítica literaria en España, 126.
La crítica literaria y sus métodos, 65.
La cruel Casandra, 1741.
La cruz de la Torreblanca, 1458.
La cruz de los caminos, 1766.
La cruz de mayo, 1617.
La cruz de Santiago, 1088.
La cruz del matrimonio, 476.
La cruz del valle, 157.
La cruz invertida, 1329.
La cruz y la espada, 65.
La cruzada del perro, 1091.
La cuarentena, 662.
La cuarta locura, 1090.
La cuarterona, 1577.
La cucarachita Mandinga, 888.
La cueca larga, 1216, 1237.
La cuerda matrimonial, 702.
La cuerda rota, 71.
La cuestión argentinochilena: la mentira patriótica, el militarismo y la guerra, 771.
La cuestión de Nueva Orleans, 1600.
La cuestión palpitante, 1093, 1125, 1212.
La cueva de Salamanca, 335.
La cueva sin quietud, 1054.
La culpa ajena, 777.
La culpa del primer peregrino, 481.
La culpa fue de aquel maldito tango, 1357.
La culta dama, 1156.
La culta latiniparla, 1344.

La cultura en la encrucijada nacional, 1487.
La cultura española y la cultura establecida, 74.
La cultura mexicana en el siglo XX, 1052.
La cultura paraguaya y el libro, 1277.
La cultura y las letras coloniales en Santo Domingo, 561.
La cultura y las letras coloniales en Santo Domingo, 697.
La cuna de Esmeralda, 474.
La cuna del gaucho, 835.
La cuna no da nobleza, 249.
La cuna y la sepultura, 1344.
La curiosa invención de la escuela de plañideros, 1240.
La Dama Beata, 252.
La dama blanca [Mas y Prat, Benito], 995.
La dama blanca [Morón, Jerónimo], 1066.
La dama boba [Garro, Elena], 618.
La dama boba [Vega Carpio, Félix Lope de], 1714.
La dama de Cachemira, 1151.
La dama de Elche, 172.
La dama de la luna roja, 87.
La dama de los peces de colores, 1004.
La dama del alba, 302.
La dama del antifaz, 1541.
La Dama del olivar, 1613.
La dama del rey, 635.
La Dama del Viento Sur, 1089.
La dama doctora o La teología en la rueca, 777.
La dama duende, 243, 245.
La dama errante, 145.
La dama labradora, 1426.
La dama muda, 1046.
La Dama Presidente, 835.
La dama y el oso, 667.
La dama y el pastor, 1445.
La danta blanca, 888.
La danza de la luna, 373.
La danza de las sombras, 85.
La danza de los horizontes, 759.

La danza de los salmones, 1499.
La danza del corazón, 573.
La danza del urogallo múltiple, 735.
La danza inmóvil, 1533.
La danza prima, 253.
La danza puertorriqueña, 214.
La danza que sueña la tortuga, 280.
La de Bringas, 1243.
La de cuatro mil, 1755.
La de los claveles dobles, 1697.
La de San Quintín, 1590.
La decadencia de la flauta y el reinado de los fantasmas. Ensayo sobre el romanticismo histórico en España (1830 - Bécquer), 1547.
La decadencia de lo azul celeste, 1490.
La decadencia del analfabetismo, 173.
La decadencia nacional, 1180.
La decena del fraile, 920.
La décima sinfonía, 1091.
La décima y la copla, 888.
La decoración, 1499.
La defensa de la fe y príncipe prodigioso, 999.
La degollación de los inocentes, 653.
La del manojo de rosas, 1357, 1764.
La del Soto del Parral, 1764.
La Delpinada, 1457.
La demencia consciente, 1302.
La democracia de los muertos. Ensayo de poesía mexicana (1800-1921), 1163.
La democracia establecida. Una crítica intelectual, 74.
La depravación de los astros, 1250.
La derrota de los pedantes, 535, 1311.
La derrota de Mañara, 689.
La desaparición de Francisco Montesco, 258.

La desdicha en la constancia, 1067.
La desdicha por la honra, 1713.
La deseada, 440.
La desembocadura, 64.
La desesperanza, 463.
La desgracia venturosa, 1508.
La desheredada, 23, 1243.
La deshumanización del arte, 1130, 1180, 1294.
La desordenada codicia de los bienes ajenos, 593, 1145.
La despedida [Castañeda, Juan Pedro], 1088.
La despedida [Fuente, Pablo de la], 576.
La destrucción de Constantinopla, 826.
La destrucción de Sagunto, 1766.
La destrucción o el amor, 36, 37.
La destrucción o el humor, 1304.
La detonación, 220.
La devoción de la Cruz, 243.
La devoción de la misa, 247.
La diadema de perlas, 1554.
La diamantina fortaleza, 208.
La Diana, 1262.
La Diana enamorada, 628.
La Diana o El arte de la caza, 536.
La dictadura de O'Higgins, 64.
La dictadura y la anarquía, 85.
La difícil ceremonia, 90.
La difícil convivencia, 1084.
La difícil costumbre de estar lejos, 1245.
La dificultad de ser normal, 1089.
La diosa del placer, 820.
La Diosa Razón, 158.
La discreta enamorada, 541.
La diva al dente, 1601.
La Divina Comedia, 212.
La divina pareja. Historia y mito en Octavio Paz, 16.
La divina zarzuela, 412.
La divisa punzó, 672.
La doble historia del doctor Valmy, 220.

La doble vista, 1270.
La dogaresa, 1764.
La dolida infancia de Perucho González, 509.
La Dolores, 522, 1590.
La Dolorosa, 1764.
La dona forte, 168.
La doncella, 587.
La doncella de agua, 1438.
La doncella de labor, 1249.
La doncella de Loarre, 1250.
La Doncella de Orleans, 1760.
La doncella prodigiosa, 1767.
La donjuanía, 948.
La dorada mediocridad, 219.
La Dorotea, 415, 1581, 1713.
La dote, 1630.
La dote de una joven, 671.
La Dragontea [Sánchez Dragó, Fernando], 1091.
La Dragontea [Vega Carpio, Félix Lope de], 1280, 1712, 1713.
La droga es joven, 984.
La duda [Echegaray, José], 471.
La duda [Garfias, Francisco], 615, 1327.
La duda inquietante, 633.
La dueña de las nubes, 529.
La dulce edad, 1302.
La dulce mentira, 1184.
La dulce oscuridad, 1250.
La Duma (La revolución en Rusia), 1071.
La duquesa de Alba y fray Basilio, 1560.
La duquesa de Benamejí, 942, 945.
La duquesa de Chiruca, 1618.
La duquesa de Nit, 79.
La dura tierra, 509.
La economía presidencial, 1758.
La edad de los prodigios, 1038.
La edad de oro [Álvarez, José María], 55.
La edad de oro [Buñuel, Luis], 222.
La edad de oro [Flores Arenas, Francisco], 566.
La edad de oro de los perros, 1598, 1599.

La Edad del Hierro, 1504.
La edad del trapo, 143.
La edad despareja, 64.
La edad geométrica, 1088.
La edad heroica, 1773.
La edad y el polvo, 54.
La educación de la adolescencia, 144.
La educación del indio, 684.
La educación nacional, 1548.
La educación sentimental [Marías, Julián], 971.
La educación sentimental [Torres Bodet, Jaime], 1625.
La elección de los alcaldes de Daganzo, 335.
La elegía unánime, 575.
La eliminatoria, 1325.
La Elvira portuguesa, 1766.
La embrujada, 344.
La emoción, 1599.
La emoción del momento, 606.
La emoción divertida, 1462.
La emperatriz de los helados, 1404.
La empresa de ser hombre, 816.
La empresa perdona un momento de locura, 1524.
La enamorada Elisea, 389.
La enamorada indiscreta o El peligro en la verdad, 1373.
La encantada Melisendra, 71.
La encantadora, 273.
La encerrada, 680.
La encrucijada, 102.
La encrucijada del Espíritu Santo, 1412.
La encrucijada salvadoreña, 35.
La endemoniada de Santiago, 81.
La endiablada, 1046.
La enferma [Quiroga, Elena], 1349.
La enferma [Zamacois, Eduardo], 1759.
La enferma del corazón, 1458.
La enmascarada, 457.
La enredadera [Alonso, Eduardo], 49.
La enredadera [Rodríguez

Aldecoa, Josefina], 1425.
La enseñanza de la filosofía en las Universidades, 1669.
La enseñanza de la historia, 51.
La enseñanza del español en España, 311.
La entonces música, 546.
La entrada en el gran mundo, 1430.
La entrega de los dones, 79.
La entretenida, 335.
La entundada, 1182.
La envenenada, 699.
La envoltura del sueño, 1182.
La epopeya castellana a través de la literatura española, 1022.
La epopeya de Artigas, 1772.
La epopeya de la ciudad, 575.
La epopeya de las comidas y las bebidas de Chile, 1237.
La epopeya del Moncada, 1430.
La epopeya del Morro, 346.
La ermita, la fuente y el río, 977.
La errancia sin fin: Musil, Borges, Klossowsky, 609.
La errante melodía, 1468.
La escala rota, 926.
La escasa merienda de los tigres y otros poemas, 811.
La escena contemporánea, 562, 972.
La Escena Hespañola Defendida, 1310.
La esclava de su amante, 1112.
La esclava de su galán, 695.
La esclava del Señor, 1608.
La esclava instruida, 55.
La escoba de la bruja, 98.
La escogida senda, 356.
La escritura del vidente, 143.
La escuadra la mandan los cabos, 164.
La Escuela de Astorga vista desde dentro, 50.
La escuela de Celestina y el hidalgo presumido, 1492.
La escuela de las cortesanas, 849.
La escuela de los ministros, 1672.
La Escuela de los Sofistas, 837.
La escuela de Platón, 1531.
La escuela del amor, 658.
La esfera, 1538.
La esfera del canto, 1174.
La esfinge del sendero, 281.
La esfinge maragata, 493.
La esfinge mestiza. Crónica menor de México, 1367.
La esfinge roja, 575.
La esgrima, 1717.
La espada, 1767.
La espada de Berenguer, 977.
La espada de Bernardo, 598.
La espada de la paloma, 823.
La espada desnuda, 168.
La espada dormida, 1146, 1268.
La espada encendida, 1101.
La espada sagrada y arte para nuevos predicadores, 1368.
La espada y el laúd, 1207.
La espada y la pared, 391.
La espada y otras narraciones, 1495.
La España barroca, 1491.
La España completa, 208.
La España de Bonafoux, 203.
La España de Galdós, 1759.
La España de mi experiencia, 116, 134.
La España de posguerra (1939-1953), 1746.
La España del Cid, 1022.
La España negra, 690.
La España peregrina, 503.
La España que fue, 115.
La España real, 971.
La española inglesa, 334, 1112.
La espera [Álvarez Fernández, Pedro], 57.
La espera [Juan Arbó, Sebastián], 798.
La espera [Rubio, Rodrigo], 1465.
La espera [Ruiz, Andrés], 1468.
La espera [Valverde, José María], 1682.
La espera injuriosa, 1327, 1490.
La espera trágica, 1221.
La espera y la esperanza. Historia y teoría del esperar humano, 816.
La espera y otros cuentos, 1072.
La esperanza me mantiene, 596.
La espía que nunca espió, 419.
La espiga amarga, 941.
La espiga amotinada, 730, 811, 1542.
La espiga en el desierto, 1231.
La espiral, 63.
La esposa del doctor Thorne, 1455.
La esposa del señor, 1025.
La esposa del vengador, 1589.
La esposa enterrada en vida, 1504.
La espuela, 79.
La espuma, 1200.
La espuma del champagne, 849.
La esquina del miedo, 1372.
La esquina y el viento, 432.
La estación de las hojas amarillas, 1499.
La estación que sigue al verano, 1273.
La estación violenta, 1222, 1223.
La estafa, 211.
La Estafeta, 837.
La estafeta del Dios Momo, 1492.
La estancia saqueada, 1047.
La estancia vacía, 1208.
La estanquera de Vallecas, 51.
La estatua, 1653.
La estatua de Adolfo Espejo, 1502.
La estatua de Prometeo, 245.
La estatua de sal, 441.
La estela de una vida, 902.
La estética arbitraria, 47.
La estética en la naturaleza, en la ciencia y en el arte, 1269.
La estrella de la esperanza, 13.
La estrella de la Giralda, 995.
La estrella de Sevilla, 350, 1714.

ÍNDICE DE OBRAS

La estrella del capitán Chimista, 145.
La estrella negra, 1076.
La estrella perdida, 79.
La estrella roja, 528.
La estrella sin alma, 291.
La estrella y el corazón, 1035.
La estrella y la espiga, 183.
La estrella y la estela, 1058.
La estructura social (Teoría y método), 971.
La eterna angustia, 344.
La eterna bestia, 765.
La eterna doña Juana, 1002.
La eterna trampa, 695.
La eternidad contigo, 347.
La eternidad del soneto, 1214.
La Eumenia o la Madrileña, teatro moral, 1122, 1766.
La Europa de Estrasburgo, 629.
La Europa de los jóvenes, 1617.
La evasión, 939.
La evasión de los débiles, 1083.
La evolución de las ideas argentinas, 771.
La excomunión, 691.
La existencia como economía, como desinterés y como caridad, 301.
La expedición norteamericana contra el Paraguay: 1858-1859, 1756.
La experiencia literaria, 217, 562, 1401.
La exposición del «Libro de Job», 934.
La expresión americana, 840.
La expresión de la irrealidad en la obra de Jorge Luis Borges, 563.
La expulsión de los moriscos, 1242.
La exterminación de los pobres y otros «pienses», 277.
La extravagante cruzada de un castrado enamorado, 96.
La fábrica [Garcitoral, Alicio], 615.
La fábrica [Sepúlveda Leyton, Carlos], 1540.

La fábula de Domingo Ortega, 440.
La fábula de Eco y Narciso, 999.
La fábula del falo, 1646.
La falda pantalón, 248.
La fama del tartanero, 643.
La familia de Alvareda, 229, 1124.
La familia de Carlos IV, 1240.
La familia de Errotacho, 145.
La familia de la angustia, 1699.
La familia de León Roch, 1242, 1243.
La familia de Pascual Duarte, 322, 1132.
La familia interrumpida, 328.
La familia Quintana, 133.
La familia vino del Norte, 1049.
La famosa Épila, 1652.
La farándula, 158.
La Farándula niña, 881.
La farsa del hombre que amó a dos mujeres, 177.
La fascinación, 192.
La fascinación de lo irreal, 624.
La fase del rubí, 1090.
La fatalidad de los cuerpos, 58.
La favorita, 701.
La faz iluminada, 834.
La fazienda de ultramar, 180.
La fe, 1200, 1670.
La fe de la estrella, 1220.
La fe se firma con sangre y el primer inquisidor San Pedro mártir, 1760.
La fea burguesía, 496.
La fecha al pie, 1742.
La felicidad, 1207.
La felicidad gris, 143.
La felicidad humana, 971.
La felicidad ja, ja, 218.
La felicidad no lleva impuesto de lujo, 51.
La Fénix de Salamanca, 1038.
La feria [Arreola, Juan José], 98.
La feria [Tablada, José Juan], 1571.
La feria de Cuernicabra, 964.

La feria de las burbujas, 1462.
La feria de los días, 612.
La feria de los discretos, 145.
La feria del come y calla, 964.
La feria del progreso, 1758.
La feria vacía, 956.
La fértil agonía del mar, 1719.
La fiebre, 1104.
La fiebre del día, 1630.
La fiel infantería, 611, 1326.
La fiera, el rayo y la piedra, 245.
La fiera campesina, 1235.
La fiesta, 1426.
La fiesta de la sangre, 1076.
La fiesta de los dragones, 885.
La fiesta de los locos, 1089.
La fiesta de los moribundos, 1372.
La fiesta de los tiburones, 649.
La fiesta de San Antón, 1764.
La fiesta de San Juan el Bautista, 852.
La fiesta del corazón, 692.
La fiesta del embajador, 1422.
La fiesta del rey Acab, 813.
La fiesta nacional (Rojo y negro), 945.
La fijeza, 840.
La filantropía, 976.
La Filocalia o el arte de distinguir a los cursis de los que no lo son, 1553.
La Filomena, 1307, 1713.
La filósofa por amor, 1122, 1615.
La filosofía americana como filosofía sin más, 1768.
La filosofía de Eugenio D'Ors, 74.
La filosofía de Husserl, 301.
La filosofía de la cultura y el materialismo histórico, 301.
La filosofía de la vida, 1500.
La filosofía de Menéndez y Pelayo, 204.
La filosofía del derecho en don Francisco Giner y su relación con el pensamiento contemporáneo, 1410.

La filosofía del Derecho en el siglo XX, 1363.
La filosofía del Derecho y el método positivo, 158.
La filosofía del Padre Gratry, 970.
La filosofía en Bolivia, 574.
La filosofía en Cuba, 1743.
La filosofía en México, 1769.
La filosofía helenística, 1401.
La finestra, 1457.
La flama, 1701.
La flama en el espejo, 203.
La flauta del hombre Pan, 1674.
La flauta prohibida, 1185.
La flecha y la esponja, 256.
La flor [Bernárdez, Francisco Luis], 176.
La Flor [Castro, Rosalía de], 315.
La flor de California, 715, 1689.
La flor de la canela, 1527.
La flor de la peste, 1090.
La flor de la soledad, 193.
La flor de lis [Estremera, José], 506.
La flor de lis [Poniatowska, Elena], 1314.
La flor de los años (1908-1924), 1355.
La flor de los recuerdos, 1771.
La flor del almendro, 1236.
La flor del cardo, 989.
La flor del trigo, 506.
La flor y la ceniza, 1732.
La floresta de los leones, 208.
La florista de Tiberíades, 1616.
La flota es roja, 1569.
La fontana de oro, 1242.
La forja, 140.
La forja de un rebelde, 116, 140.
La forma de su huida, 1438.
La forma del silencio, 1338.
La formación de sí mismo, 47.
La Fornarina, 1241.
La fortuna en la desgracia, 1190.
La fosa, 1600.
La fragua, 458.
La franja luminosa, 68.

La frente de una mujer oblicua, 1304.
La frescura de Lafuente, 594.
La frontera [Ibáñez, Roberto], 759.
La frontera [Masip, Paulino], 996.
La frontera de Dios, 981, 1328.
La frontera del adiós, 133.
La frontera del hombre, 309.
La frontera delgada, 1775.
La frontera nómada, 16.
La frontera y otras moradas, 759.
La frutera de Murillo, 611.
La fuente clara, 1501.
La fuente como un pájaro escondido, 1653.
La fuente de la edad, 455, 1321, 1326.
La fuente intermitente, 497.
La fuente oscura, 612.
La fuente serena, 948.
La fuerza bruta, 224.
La fuerza de la sangre [Castro, Guillén de], 312, 313.
La fuerza de la sangre [Cervantes Saavedra, Miguel de], 334.
La fuerza del amor, 127.
La fuerza del interés, 15.
La fuerza del mal, 849.
La fuerza del querer, 625.
La fuga, 1192.
La fuga de la quimera, 655.
La fuga en el espejo, 495.
La Fulgencia, 1426.
La función Delta, 1090.
La función interrumpida, 882.
La Fundación, 220.
La fundación de la Orden de Nuestra Señora de la Merced, 1578.
La fundación de la República, 85.
La furia y otros cuentos, 1162.
La furiosa manzanera, 1487.
La Galatea, 83, 331, 335, 547, 666, 905, 1143, 1715.
La Galera, 1330.
La galera de Tiberio, 1157.

La galería del silencio, 87.
La Gallarda, 28.
La gallina ciega, 108.
La gallina de los huevos de oro, 2.
La gangrena, 1329, 1499.
La garduña de Sevilla y anzuelo de las bolsas, 308, 1145.
La garra, 849.
La garza sin sombras, 807.
La gata, el espejo y yo, 715.
La gatita blanca, 1764.
La Gatomaquia, 1280, 1712, 1713, 1736.
La gaviota [Caballero, Fernán], 228, 229, 1137, 1223, 1224.
La gaviota [Granada, Nicolás], 668.
La gaya ciencia, 101.
La gaznápira, 174.
La generación de los ochenta, 1299.
La generación del 98, 816.
La generala, 1267, 1764.
La gente alegre, 301.
La gente de rompe y rasga, 224.
La gente del bronce, 301.
La Giganteida, 938.
La ginecomaquia, 715.
La gitana, 1554.
La gitana o Memorias egipcias, 1165.
La gitanilla, 334.
La gitanilla de Madrid, 1558.
La gloria, 817.
La gloria de don Ramiro, 824.
La gloria de Niquea, 1578, 1579.
La gloria del arte, 104.
La Goletera, 1402.
La gota de agua [Leñero, Vicente], 836.
La gota de agua [Pedroni, José], 1228.
La gota de mercurio, 1158.
La gota de sangre, 1147.
La gota de tinta, 823.
La gotera, 732.
La gran aldea, 905, 1094, 1361.
La gran borrachera, 693.
La gran cacería, 999.

La gran ciencia, 1353.
La gran conquista de Ultramar, 619.
La gran escala, 1542.
La gran esperanza, 611.
La gran fascinadora, 1520.
La gran guerra, 178.
La gran ilusión, 1091, 1322.
La gran jugada, 372.
La Gran Muralla, 1600.
La gran noche, 517.
La gran nodriza, 999.
La gran prueba, 419.
La gran revolución, 1542.
La gran Semíramis, 1741.
La gran sequía, 1001.
La gran serpiente, 1201.
La gran sultana doña Catalina de Oviedo, 334.
La Gran Vía, 621, 1245.
La gran vida, 80.
La granada, 1747.
La grandeza de Tito, 581.
La granja del solitario, 614.
La grant crónica de Espanya, 531.
La Grecia eterna, 637.
La greda vasija, 1464.
La grieta [Bengoa, Juan León], 168.
La grieta [Morales, José Ricardo], 1064.
La gringa, 1749.
La gruta de la sirena, 1559.
La gruta del silencio, 750.
La gruta iluminada, 76.
La gruta venidera, 1533.
La Guacha, 617.
La guapa gente de derechas, 1646.
La guaracha del Macho Camacho, 724, 1507.
La guarda cuidadosa [Cervantes Saavedra, Miguel de], 335.
La guarda cuidadosa [Sánchez, Miguel], 1508.
La guarda del puente, 981.
La guaricha, 1196.
La guarida, 573.
La güera Rodríguez, 1674.
La guerra [Cavestany, Juan Antonio], 319.
La guerra [García Serrano, Rafael], 611.

La guerra [Machado Ruiz, Antonio], 944.
La guerra a muerte, 9.
La guerra a través de un alma, 47.
La guerra de Galio, 16.
La guerra de la Cotxinxina, 1267.
La guerra de las ideas, 1773.
La guerra de los cuatro reales, 376.
La guerra de los dos mil años, 608.
La guerra de los tres años, 1353.
La guerra de treinta años, 1176.
La guerra del fin del mundo, 1698.
La guerra del general Escobar, 1329.
La guerra del Transvaal y los misterios de la banca de Londres, 950.
La guerra desde Londres, 948.
La guerra empieza en Cuba, 1476.
La guerra gaucha, 879.
La guerra interna, 1606.
La guerra literaria, 945.
La guerra nueva, 1329.
La guerra que yo viví: crónicas de los frentes españoles (1936-1939), 782.
La guerra sobre los hombros, 1468.
La guirnalda, 574.
La guirnalda del silencio, 290.
La guitarra, 1466.
La guitarra, o primera página de un libro, 473.
La guitarra de los negros, 1235.
La guitarra rota, 320.
La Habana para un infante difunto, 237.
La hacienda real de Castilla, 280.
La harpa de Belén, 1267.
La hechizada, 1525.
La heredad junto al viento, 647.
La heredera de Almazán o Los caballeros de la Banda, 68.

La heredera de Sangumí, 378.
La herencia de Lenín, 596.
La herencia de Sixto, 1600.
La herencia de un rey, 412.
La herencia de un trono, 1607.
La herencia devota, 214.
La herencia leve, 772.
La herencia: mito o meta de la psiquiatría, 709.
La herencia obstinada. Análisis de cuentos nahuas, 257.
La hermana de Celia, Mila y Piolín, 882.
La hermana de la caridad, 1025.
La hermana del verdugo, 1205.
La hermana San Sulpicio, 1126, 1153, 1200.
La hermana terca, 476.
La hermosura de Angélica, 1712.
La hermosura sencilla, 1762.
La hidalga del Valle, 247.
La hiedra, 1736.
La hija de Celestina, 1145, 1492.
La hija de Cervantes, 531.
La hija de Dios y la niña guerrillera, 173.
La hija de don Quijote, 1019.
La hija de Hamlet, 1599.
La hija de Jano, 629.
La hija de Jefhté, 783.
La hija de la mascota, 670.
La hija de Natalia, 1201.
La hija del Adelantado, 1035.
La hija del adulterio, 1657.
La hija del aire, 27, 243.
La hija del Asia, 1701.
La hija del judío, 1543.
La hija del mar, 317.
La hija del rey, 1232.
La hija del siglo, 1554.
La hija del tabernero, 832.
La hijastra del amor, 1269.
La hiperestésica, 640.
La Hispálica, 161.
La Hispálida, 1374.
La historia a escena, 584.
La historia clínica. Historia y teoría del relato patográfico, 816.
La historia de los amores de

Clareo y Florisea y de los trabajos de la sinventura Isea, 1160.
La historia de los Arráiz, 1490.
La historia de los Tarantos, 964.
La historia de San Kildán, 1089.
La historia del matrimonio, 564.
La historia en cuentos, 888.
La historia en el Perú, 561.
La historia más triste, 1089, 1322.
La hoguera, 451.
La hoguera bárbara, 1214.
La hoguera del diablo, 832.
La hoguera feliz, 981.
La hoguera transparente, 1050.
La hoja de aire, 687.
La hoja de parra, 916.
La hoja que no había caído en su otoño, 616.
La hoja roja, 433.
La hoja voladora, 1228.
La hojarasca, 603.
La homilía del ratón, 1514.
La honda travesía del águila, 1300.
La hondonada, 782.
La honestidad defendida de Elisa Dido, 410.
La honra de Dido restaurada, 826.
La honrada, 1269.
La hora, 1195.
La hora azul, 529.
La hora de las ventanas iluminadas, 290.
La hora de los vencidos, 277.
La hora de María y el pájaro de oro, 674.
La hora de todos, 98.
La hora de todos y la fortuna con seso, 1343.
La hora del amor [Almena Mengot, Vicente], 47.
La hora del amor [Burgos, Carmen de], 223.
La hora del orífice, 1406.
La hora negra, 798.
La hora robada, 695.
La hora romántica, 572.

La hora transparente, 1303.
La horda, 190, 1127.
La horrible vengaza, 49.
La hostería de Cantillana, 204.
La hostia y los jinetes, 1411.
La hoya, 627.
La Huachafita, 1748.
La huelga, 1075.
La huelga de los poetas, 273.
La huella de las cosas, 58.
La huella de tu nombre, 1426.
La huella heráldica, 158.
La huella perenne, 709.
La huerta de Valencia, 308.
La huida, 995.
La huida del tiempo, 1277.
La humanidad en el futuro, 279.
La humanidad y los Césares, 1463.
La humildad, 79.
La Iberiada [Savariego, Gaspar], 1280.
La Iberiada [Valvidares y Longo, Ramón de], 1283.
La idea de la fama en la Edad Media castellana, 847.
La idea del derecho en Vázquez de Mella, 1703.
La Iglesia y el Estado, 151.
La Iglesia y el Estado en sus relaciones mutuas en España, 1266.
La iluminada, 169.
La ilusión, 454.
La ilustre ciudad, 975.
La ilustre figuranta, 999.
La ilustre fregona, 334.
La imagen de España, 122.
La imagen en el espejo, 257.
La importancia de llamarse Daniel Santos, 1507.
La importancia del demonio y otras cosas sin importancia, 173.
La impureza, 1009.
La incansable, 458.
La incierta luz de las sombras, 1601.
La inclusera, 820.
La incógnita, 1147, 1244.
La incógnita del Paraguay, 1663.
La increíble y triste historia de la cándida Eréndira y de su abuela desalmada, 605.
La incultura teatral en España, 1428.
La independencia española, 1672.
La Indiana, 783.
La industria y la suerte, 1476.
La industriosa madrileña y fabricante de Olot, o Los efectos de la aplicación, 468.
La infancia, 1191.
La infancia de mi musa, 627.
La infancia recuperada, 1531.
La infanta Inés de Castro, 1280.
La infelice Dorotea, 350.
La infelice Marcela, 1742.
La infeliz aventura, 1049.
La influencia del tango, 505.
La informante, 445.
La ingeniosa Helena, 1492.
La inglesa y el trapense, 311.
La iniciación, 1496.
La inmolada, 656.
La Innombrable, 1673.
La inocencia en el asilo de las virtudes, 696.
La inocencia perdida, 1282.
La inquietud del rosal, 1565.
La inquietud errante, 926.
La inscripción ibérica de Arjona, 782.
La insignia, 521.
La insolación, 813.
La inspiración y el estilo, 167.
La Institución Libre de Enseñanza, 631.
La instrucción del pueblo, 80.
La ínsula Barataria, 823.
La insurrección, 1555.
La insurrección del sud, 473.
La insurrección solitaria, 989.
La intentona del dragón, 1152.
La interina, 311.
La interpretación femenina de la historia, 1551.
La inundación, 1240.
La invasión francesa en 1808, 1510.
La invención de Morel, 185.

ÍNDICE DE OBRAS

La invención del «Quijote» y otros ensayos, 124.
La Invisible Prisión, 50.
La invitación [Berenguer, Amanda], 172.
La invitación [García Ponce, Juan], 609.
La invitación [Guido, Beatriz], 680.
La ira de la noche, 704.
La ira del humo, 1533.
La isla, 661.
La isla. Tablas de un naufragio, 455.
La isla bárbara, 1508.
La isla de las rosas rojas, 344.
La isla de los bucaneros, 222.
La isla de los cánticos, 1702.
La isla de los cantos, 1161.
La isla de los hombres solos, 1506.
La isla de los jacintos cortados, 1326, 1624.
La isla de los pájaros, 828.
La isla de los Santos (Itinerario en Irlanda), 133.
La isla de oro, 424.
La isla de oro: novela de pasión y de paisajes, 1721.
La isla de Raghú, 75.
La isla de Róbinson, 1654.
La isla de San Balandrán, 1270.
La isla del otro, 793.
La isla del viento, 1088.
La isla desierta, 91.
La isla en peso, 1274.
La isla inaudita, 1017.
La isla mágica, 461.
La isla ofendida, 234.
La isla sin mar, 1412.
La isla virgen, 17.
La isla y los demonios, 813.
La izquierda y la derecha en el hombre y en la cultura, 227.
La japonesa, 913.
La jarra de azucenas, 649.
La jaula [Castillo, Andrés], 306.
La jaula [Jiménez Romero, Alfonso], 795.
La jaula en el árbol, 695.
La jaula por de dentro, 76.
La jerga nacional, 1166.

La jeringuilla, 1088.
La Jerusalem restaurada, 356.
La Jerusalén conquistada, 486.
La jirafa sagrada, 948.
La jornada, 1184.
La jornada del rey don Felipe III en Portugal, 904.
La joven isleña, 901.
La joven literatura hispanoamericana, 1643.
La judía de Toledo, 104.
La jugada del sexto día, 1630.
La jugadora de póker, 613.
La juglaresa, 826.
La juncalera, 1236.
La jura en Santa Gadea, 695.
La Justina, 1766.
La juventud de Aurelio Zaldívar, 705.
La juventud de Leopoldo Panero, 686.
La juventud europea y otros ensayos, 74.
La juventud no vuelve, 1313.
La laguna de los nenúfares, 1162.
La lámpara común, 960.
La lámpara de Aladino: notículas, 187.
La lámpara de la fama, 1373.
La lámpara en el molino, 694.
La lámpara maravillosa, 1677.
La lámpara que anda, 1174.
La lampe d'argile, 825.
La lanza capitana, 211.
La lanzadora de cuchillos, 1090.
La lapa, 179.
La larga espera, 1762.
La larga noche de los lobos, 105.
La Leandra, 1672.
La lección de pintura, 389.
La lección de Varona, 1743.
La lechuza ambiciosa, 282.
La lectura es secreto, 341.
La Lena o El Celoso, 1717.
La lengua en la mano, 633.
La lengua poética de Góngora, 49, 416, 644.
La lenta libertad, 53.
La lente opaca, 708.

La lentitud de los bueyes, 1303.
La leña está verde, 658.
La letra e: fragmentos de un diario, 1057.
La ley de Herodes y otros cuentos, 760.
La ley de la fuerza, 635.
La ley de Malthus, 989.
La ley del hombre, 1251.
La ley del pecado, 1608.
La leyenda de Gilgamesh, 1518.
La leyenda de Jaun de Alzate, 145.
La leyenda de la estrella solitaria, 208.
La leyenda de Lorca, y otros escritos, 669.
La leyenda de los siete infantes de Lara, 1022.
La leyenda del beso, 1764.
La leyenda del Conde de Luna, 177.
La leyenda del maestro, 1358.
La leyenda del monje, 277.
La leyenda del Pacífico, 1040.
La leyenda del yermo, 451.
La leyenda patria, 1772.
La libertad caída, 568.
La libertad como medida, 927.
La libertad de España por Bernardo del Carpio, 414.
La libertad de Italia, 1091.
La libertad de Roma por Mucio Cévola, 414.
La libertad del escritor, 132.
La libertad en el arte, 1669.
La libertad en las artes, 273.
La libertad y el amor, 688.
La limpia concepción de la Virgen Nuestra Señora, 1007.
La linda tapada, 1764.
La línea española, 1300.
La linterna de Diógenes, 680.
La linterna mágica [Cuéllar, José Tomás de], 388, 411, 1453.
La linterna mágica [Duque, Aquilino], 467.
La linterna mágica [Tudela, Mariano], 1641.

La linterna sorda, 324.
La lira cristiana, 925.
La lira de la libertad, 169.
La lira de las musas, 195.
La lira del Tajo, 1489.
La lira nueva [Rivas Groot, José María], 1414.
La lira nueva [Torres, Carlos Arturo], 1625.
La literatura americana de nuestros días, 597.
La literatura de la prensa, 529.
La literatura de los quechuas, 820.
La literatura del Perú, 1507.
La literatura dominicana, 597.
La literatura en 1881, 23, 1200.
La literatura española, 1629.
La literatura mexicana, 1533.
La literatura paraguaya como expresión de la realidad nacional, 1682.
La literatura peruana, 1535-1914, 596.
La literatura peruana, derrotero cultural para una historia del Perú, 1507.
La literatura picaresca desde la historia medieval, 1324.
La literatura social argentina, 196.
La llaga [Casaccia, Gabriel], 298.
La llaga [Gamboa, Federico], 590, 1094.
La llama, 140.
La llama fría, 1191.
La llama pensativa, 1406.
La llama y la arena, 1277.
La llamada [Cordero Espinosa, Jacinto], 372.
La llamada [Laforet, Carmen], 813.
La llamada de Lauren, 1598, 1601.
La llamada es del todo inadecuada, 1600.
La llamarada, 815.
La llanura, 982.
La llanura muerta, 1557.
La llave, 1538.
La llave de grafito, 1303.

La llave de la sombra, 778.
La llave de oro o los orientales, 1220.
La llegada, 647.
La Llum, 630.
La lluvia, 257.
La lluvia amarilla, 1087, 1089.
La lluvia no mata las flores, 120.
La loba [Moya, Antonio-Prometeo], 1072.
La loba [Rey Soto, Antonio], 1399.
La loba y la paloma, 1565.
La loca, 505.
La loca de la casa, 1244, 1590.
La loca de la guardia, 906.
La loca del Vaticano, 1178.
La loca jornada, 934.
La loca juventud, 1358.
La locura de Madrid, 594.
La locura del amo, 1493.
La locura juega al ajedrez, 65.
La lógica, 250.
La lógica del vampiro, 1089.
La Lola se va a los puertos, 942, 945.
La lombriz, 1072.
La lucha continúa, 1606.
La lucha de pasiones, 680.
La lucha del día, 1183.
La luciérnaga, 129.
La luna, 1088.
La luna blanca de Chesed, 1088.
La luna de Fausto, 709.
La luna de la hierba roja, 1506.
La luna de la sierra, 1718, 1719.
La luna de los perros, 1538.
La luna de miel, 1415.
La luna de Valencia, 1008.
La luna del bajo fondo, 240.
La luna del otoño, 1157.
La luna era mi tierra, 76.
La luna ha entrado en casa, 1328, 1576.
La luna ha muerto, 353.
La luna no era de queso, 647.
La luna nona y otros cuentos, 1108.

La luna se hizo con agua, 64.
La luna y el lirio, 828.
La luna y el sol, 789.
La luz, de otra manera, 1302.
La luz a nuestro lado, 930.
La luz apagada, 272.
La luz armada, 1462.
La luz de esta memoria, 1742.
La luz del Tajo, 574.
La luz entre nosotros, 1339.
La luz provisional, 1534.
La luz que regresa, 478.
La luz viene del mar, 692.
La Machaquito, 820.
La madeja, 299.
La madeja del pecado, 956.
La madona del carrusel, 273.
La Madonna de la tempestad, 1088.
La madre, 1490.
La madre del cordero [Martínez Pedroza, Fernando], 989.
La madre del cordero [Yrayzoz, Fiacro], 1756.
La madre hipócrita, 651.
La madre naturaleza, 1125, 1212, 1213.
La madre que te parió (Your mother!), 1599.
La madre Quimera, 906.
La madrecita, 429.
La madriguera, 1426.
La madrugada de las mercenarias, 1641.
La maestra normal, 589.
La magia de la crónica, 706.
La magia de Leonardo de Vinci, 88.
La mágica de Nimega, 13.
La maja del Buen Retiro, 1061.
La maja desnuda, 190.
La majestad caída o la Revolución mexicana, 998.
La mal casada, 415.
La mala compañía, 1301.
La mala crianza, 1500.
La mala espalda, 1182.
La mala estrella de Perucho González, 1455.
La mala hora [Benítez Vinueza, Leopoldo], 169.
La mala hora [García Márquez, Gabriel], 603.

La mala ley, 849.
La mala memoria, 1195.
La mala sed, 476.
La mala sombra [García Monge, Joaquín], 607.
La mala sombra [Recacoechea, Juan], 1362.
La mala vida, 616.
La mala vida en Madrid, 901.
La malasangre, 732, 590.
La malcasada, 223.
La malcontenta, 1348.
La maldecida, 136.
¡La maldita bebida!, 1756.
La maldita culpa, 1773.
La Maldonada, 669.
La maleta del náufrago, 1301.
La malhora, 129.
La malquerida, 162, 163.
La mampara, 217.
La mancha de sangre, 530.
La mano armada, 1091, 1151.
La mano de Dios pasa por este perro, 1541.
La mano de nieve, 1552.
La mano del ausente, 623.
La mano desasida (Canto a Machu Picchu), 12.
La mano en la tierra, 1277.
La mano en la trampa, 680.
La mano junto al muro, 1023.
La mansión de Araucaíma, 1080.
La mansión de los elegidos, 238.
La manta del caballo, 1156.
La manzana dañada, 293.
La mañana debe seguir gris, 1049.
La mañosa, 211.
La máquina de cantar, 1758.
La máquina de pedir, 1468.
La máquina de pensar en Gladys, 839.
La máquina humana, 568.
La mar entre las islas, 526.
La mar es mala mujer, 675.
La mar estaba serena, 1746.
La maravillosa colina de las edades primitivas, 1046.
La marca, 848.
La marcha de Cádiz, 1219.
La marcha de los descalzos, 1019.

La marea, 632.
La marea del tiempo, 1767.
La marea sube, 1000.
La marimandona, 1358.
La mariposa azul y otros cuentos, 544.
La mariposa negra, 1630.
La mariposa y la viga, 537.
La mariscala [Mariátegui, José Carlos], 971.
La mariscala [Valdelomar, Abraham], 1659.
La marquesa de Bellaflor o El niño de la Inclusa, 123.
La marquesa de Pinares, 1489.
La marquesa de Yolombó, 289.
La marquesa Rosalinda, 1676.
La Mary-Tornes, 1625.
La más desgraciada amistad, 1112.
La máscara de cera, 351.
La máscara de estuco, 157.
La máscara de la muerte, 524.
La máscara del alma, 234.
La máscara del poder, 216.
La máscara, la transparencia, 1569.
La máscara social, 1657.
La máscara y los dientes, 1064.
La mascota de Pancho Villa, 1419.
La maté porque era mía, 1357.
La máxima felicidad, 346.
La maya, 1112.
La mayor, 1489.
La mayor confusión, 1249.
La mayor hazaña de Carlos V, 794.
La mayor venganza de honor, 410.
La mazorca, 1557.
La mecánica del choque, 947.
La media distancia, 1089.
La media naranja, 30.
La media noche, 116.
La media noche: visión estelar de un momento de guerra, 1677.
La medusa, 18.
La meiga, 1764.

La mejor flor de Sicilia, 1496.
La mejor joya, el honor, 1760.
La mejor lis de Francia, 1721.
La mejor reina de España, 1743.
La mejor venganza, 947.
La Mekka, 848.
La melindrosa, 1717.
La memoria cautiva, 581.
La memoria, ese olvido, 1252.
La memoria veranea, 656.
La memoria y los días, 900.
La memoria y los signos, 1665.
La memoria y otras extremidades, 1090.
La mentira del amor, 219.
La mentira del silencio, 1002.
La mercería de La Dalia Roja, 1035.
La mesa de esmeralda, 437.
La mesa del Buscón: en homenaje a Quevedo, 460.
La mesa moderna: cartas sobre el comedor y la cocina cambiadas entre el Doctor Thebussem y un cocinero de Su Majestad, 1213.
La mesa puesta, 153.
La mesonera del cielo, 1038.
La mestiza, 65.
La metafísica, 624.
La metafísica de la materia, 214.
La Metafísica y la Poesía, 1669.
La mies de hogaño, 50.
La Millona, 1078.
La mina, 918.
La mirada [Guelbenzu, José María], 674.
La mirada [Sucre, Guillermo], 1569.
La mirada del hombre, 1367.
La mirada en el centro, 796.
La mirada extranjera, 1573.
La mirada inmóvil, 692.
La mirada que dura, 1302.
La misa, 320.
La misa de Arlequín, 1023.
La misantropía y el arrepentimiento, 594.
La miseria del hombre, 1438.
La misteriosa desaparición

de la marquesita de Loria, 463.
La misteriosa muerte del Dr. Cropp, 1147.
La mitad del tiempo, 30.
La Mitología contada a los niños e Historia de los Grandes Hombres de la Grecia, 879.
La mitra en la mano, 188.
La moderna novela ecuatoriana, 1405.
La mojigata, 535, 1586.
La molinera, 1560.
La Monarquía, 251.
La monarquía de los leones, 1025.
La moneda de hierro, 207.
La moneda en el suelo, 623.
La monja alférez [Coello de Portugal, Carlos], 354.
La monja alférez [Pérez de Montalbán, Juan], 486, 1249.
La monja enterrada en vida, 998.
La Montálvez, 1181.
La montaña blanca, 1537.
La montaña labriega, 396.
La montaña rebelde, 234.
La montería, 1358, 1764.
La mora encantada, 760.
La morada del tiempo, 1535.
La moral de la derrota, 1071, 1364.
La moral de Misia Paca, 706.
La moral en el arte, 1669.
La mordaza, 1531.
La Moreira, 623.
La morisca de Alajuar, 1413.
La mosca dorada, 1215.
La Mosquea, 1281, 1736.
La moviola de Eurípides, 167.
La moza del mesón, 1671.
La muchacha de la Guaira, 211.
La muchacha de las bragas de oro, 977, 1329.
La muchacha del sombrerito rosa, 1476.
La muchacha en el balcón o la presencia del coronel retirado, 1630.
La muchedumbre ahora es triste, 1705.

La mudanza [Garro, Elena], 618.
La mudanza [Leñero, Vicente], 836.
La mueca, 1221.
La muerte [Gamboa, José Joaquín], 590.
La muerte [García Martí, Victoriano], 606.
La muerte al final, 1149.
La muerte de Abel, 1341.
La muerte de Alfredo Gris, 1524.
La muerte de Artemio Cruz, 577.
La muerte de Ayax Telamón, 414.
La muerte de Buenos Aires, 687.
La muerte de Camoens, 421.
La muerte de Carmen, 948.
La muerte de Cervantes, 947.
La muerte de César, 1711.
La muerte de García Lorca, 1404.
La muerte de Gerion, 349.
La muerte de Honorio, 1189.
La muerte de Munuza, 797.
La muerte de Valdovinos, 259.
La muerte de Vanderbilt, novela del transatlántico, 474.
La muerte de Virginia, 414.
La muerte del ángel, 203.
La muerte del cisne [González Martínez, Enrique], 654.
La muerte del cisne [Reyles, Carlos], 1403.
La muerte del humanismo en Chile, 1556.
La muerte del Ñeque, 1638.
La muerte del príncipe don Juan, 899.
La muerte del rey don Sancho, 414.
La muerte discreta, 290.
La muerte dormida, 1624.
La muerte en Beverly Hills, 630.
La muerte en casa, 1414.
La muerte en el paraíso, 133.
La muerte hizo su agosto, 623.

La muerte le sienta bien a Villalobos, 1328.
La muerte o la libertad, 1205.
La muerte o la vida, 1273.
La muerte se hace actriz, 1149.
La muerte supitaña, 687.
La muerte tiene color, 593.
La muerte tiene permiso, 1658.
La muerte únicamente, 1740.
La muerte viaja sola, 309.
La muerte y el diablo, 620.
La muerte y el morir, 836.
La muerte y la niña, 1168.
La muerte y otras sorpresas, 165.
La mujer, el as de oros y la luna, 1023.
La mujer, el torero y el toro, 777.
La mujer a la que había que matar, 1512.
La mujer alta, 21.
La mujer artificial o La receta del doctor Miró, 2.
La mujer como mito y como ser humano, 255.
La mujer de ámbar, 640.
La mujer de aquella noche, 643.
La mujer de cera, 684.
La mujer de espalda, 137.
La mujer de Lot [Cancela, Arturo], 259.
La mujer de Lot [Sellés, Eugenio], 1536.
La mujer de nadie [Cossío, Francisco de], 382.
La mujer de nadie [Francés, José], 573.
La mujer de Ojeda, 1039.
La mujer de otro, 926, 1329.
La mujer de sal, 208.
La mujer de su casa, 80.
La mujer de todo el mundo, 1532.
La mujer del César, 354.
La mujer del molinero, 1756.
La mujer del prójimo, 320.
La mujer desconocida, 777.
La mujer desengañada por la veleidad del hombre, 358.
La mujer desnuda, 1559.

La mujer en el siglo XX, 971.
La mujer enigma, 158.
La mujer española ante la República, 992.
La mujer fácil, 777.
La mujer feliz, dependiente del mundo y la fortuna, 1025.
La mujer fuerte, 1607.
La mujer habitada, 159, 723.
La mujer honrada, 910.
La mujer ideal, 658.
La mujer imaginaria, 473.
La mujer mnemotécnica, 80.
La mujer nueva, 813, 1325.
La mujer propia, 354.
La mujer que manda en casa, 1613.
La mujer que se vendió, 1618.
La mujer que soñamos, 440.
La mujer según los diferentes aspectos de su espiritualidad, 650.
La mujer valerosa, 598.
La mujer y la política española, 574.
La mujer y su sombra, 971.
La mujer-hombre, 151.
La muñeca, 1532.
La muñeca irrompible, 880.
La muñeca rota, 455.
La Muracinda, 414.
La muralla, 250.
La muralla robada, 1277.
La musa, 1466.
La musa bohemia, 655.
La musa de los Madriles, 301.
La musa del arroyo, 919.
La musa enferma, 1732.
La musa popular, 1061.
La musa roja, 90.
La música, 778.
La música del hogar, 925.
La música dizque folklórica, 73.
La música en Cervantes y otros ensayos, 1494.
La música en Cuba, 288.
La música en la sociedad europea, 1494.
La música extremada [Armani, Horacio], 92.
La música extremada [Fernández, Enrique], 524.

La música extremada [Ors, Miguel D'], 1177.
La música y el recuerdo, 996.
La musiquilla de las pobres esferas, 848.
La mutua primavera, 191.
La Nao Capitana, 146.
La Nao de China, 168.
La naranja, 825.
La Nardo, 640.
La narrativa centroamericana, 1355.
La naturaleza de las cosas, 1303.
La navaja [Quiles, Eduardo], 1346.
La navaja [Vázquez-Azpiri, Héctor], 1703.
La nave de los locos, 145, 642, 1253.
La Navidad en las montañas, 52.
La Neapolisea, 1280.
La necesidad de una crítica literaria que beneficie en fondo y forma la obra de nuestros poetas, 69.
La Negra, 1373.
La negra Angustias, 1439.
La neurosis monta su espectáculo, 1721.
La niebla y el árbol, 304.
La nieta de su abuelo, 227.
La nieta del duque, 76.
La nieve de su mano, 771.
La nieve del Almirante, 1080.
La niña calendulera, 885.
La niña de Gómez Arias, 1716, 1718, 1719.
La niña de la bola, 849.
La niña de la rosa, 506.
La niña de los caprichos, 1617.
La niña de los embustes, Teresa de Manzanares, 308, 1145.
La niña de Luzmela, 493, 1153.
La niña de New York. Una revisión de la vida erótica de José Martí, 1191.
La niña de plata y oro, 1616.
La niña de Sanabria, Melita Palma, 1409.

La niña de sus ojos, 450.
La niña del caracol, 572.
La niña del río, 524.
La niña en casa y la madre en la máscara, 990.
La niña expósita, 1760.
La niña Piedad, 1490.
La niña que no tenía nombre, 63.
La niña que riega la albahaca y el príncipe preguntón, 881.
La niña vegetal y otros cuentos, 673.
La niña y otros relatos, 813.
La niñez engañosa, 189.
La noche [Bosch, Andrés], 210, 1329.
La noche [Castillo, Andrés], 306.
La noche [Sáenz, Jaime], 1488.
La noche [Tario, Francisco], 1577.
La noche a la deriva, 1176.
La noche alucinada, 1012.
La noche azul, 1089.
La noche buena, 1457.
La noche ciega, 1067.
La noche ciega al corazón que canta, 93.
La noche de Catalina virgen, 172.
La noche de la luciérnaga, 169.
La noche de las cien cabezas, 1538.
La noche de los ángeles inciertos, 951.
La noche de los asesinos, 734, 1638.
La noche de los cerdos, 1404.
La noche de San Juan, 832.
La noche de Tlatelolco, 1313.
La noche del día menos pensado, 588.
La noche del regimiento, 849.
La noche del sábado, 162, 1590.
La noche del tramoyista, 1091.
La noche del Verbo, 1069.
La noche del viaje, 1359.
La noche en casa, 674.

La noche en el camino, 469.
La noche española, 1088.
La noche junto al álbum, 1302.
La noche le es propicia, 661.
La noche loca, 1002.
La noche más caliente, 1569.
La noche más lejana, 1339.
La noche no se acaba, 1330.
La noche oscura del niño Avilés, 1427.
La noche que llegué al Café Gijón, 1646.
La noche repetida, 1268.
La noche sin riberas, 838.
La noche transfigurada, 1089.
La noche y el barro, 277.
La noche y el viento, 1565.
La noche y siempre la noche, 698.
La noche y sus consejos, 1301.
La Nochebuena, 1272.
La nona, 382, 731.
La noria, 1133, 1328, 1457.
La noria del agua muerta, 29.
La noticia, 1166.
La novela de Egipto, 318.
La novela de la infancia, 1524.
La novela de la Purísima Concepción, 871.
La novela de la sangre, 221.
La novela de Lino Arnáiz, 917.
La novela de mi amigo, 1039.
La novela de Pepita Jiménez, 124.
La novela de un hombre, 975.
La novela de un literato, 117, 199, 274.
La novela de un novelista, 117, 1201.
La novela de un perseguido, 1455.
La novela de un toro, 1105.
La novela del amor, 635.
La novela del corsé, 1089.
La novela del indio Tupinamba, 669.
La novela del petróleo en Venezuela, 290.
La novela ecuatoriana, 1431.
La novela en Bolivia, 691.

La novela española actual, 376.
La novela española contemporánea, 1107.
La novela extramuros, 1339.
La novela futura, 671.
La novela indianista en Hispanoamérica, 562.
La novela interrumpida, 1501.
La novela latinoamericana. Panoramas: 1910-1980, 1354.
La novela lírica, 686.
La novela moderna, 234.
La novela número 13, 529, 1132.
La novela peruana y la evolución social, 318.
La novela picaresca, 1760.
La novena maravilla, 497.
La novia, 1743.
La novia de ayer, 912.
La novia de don Juan, 1240.
La novia de Lázaro, 924.
La novia de Marte, 657.
La novia de nieve, 880.
La novia de Reverte, 643.
La novia de Tola, 1173.
La novia del hereje o La inquisición en Lima, 906, 1453.
La novia del viento, 786.
La novia judía, 1088.
La novia y el pantalón, 157.
La novicia cupletista, 1729.
La nube [Palencia, Ceferino], 1204.
La nube [Sellés, Eugenio], 1536.
La nube y el reloj, 282.
La nueva catolicidad, 629.
La nueva ciudad, 63.
La nueva Esmeralda, 348.
La nueva literatura, 273.
La nueva literatura francesa, 637.
La nueva narrativa boliviana, 1415.
La nueva novela, 984.
La nueva novela hispanoamericana, 577.
La nueva poesía, 456.
La nueva teosofía, 636.

La nueva voz de los antiguos ríos, 1019.
La Numancia, 335.
La Numantina [Cadalso y Vázquez, José], 239.
La Numantina [Mosquera, Francisco], 1280.
La obediencia nocturna, 1012.
La obispilla, 987.
La obra de Trajano, 152.
La obra literaria de Enrique Bernardo Núñez, 75.
La obra literaria del pintor Solana, 321.
La oca, 1078.
La ocasión, 1328, 1489.
La ocasión la pintan calva, 1357.
La ocasión por los cabellos, 1066.
La octava palabra, 29.
La odalisca de los laureles, 760.
La Odisea, 1064.
La odisea del istmo, 381.
La oficina de paz de Orolandia, 82.
La ofrenda de piedra, 35.
La olla grande, 689.
La onza de oro, 1538.
La ópera española y la música dramática en España en el siglo XIX, 1231.
La opinión, 1240.
La opinión ajena, 1759.
La oposición y conjunción de los grandes luminares de la tierra, 594.
La oración que en defensa del pedo (pro crepitu ventris) compuso el doctísimo y célebre..., 980.
La orana Tahití. Notas de un viaje al Pacífico, 222.
La orgía [Buenaventura, Enrique], 218.
La orgía [Mas, José], 995.
La orgía imaginaria, 216.
La orgía perpetua. Flaubert y «Madame Bovary», 1699.
La orgullosa, 1278.
La originalidad artística de «La Celestina», 847.

La originalidad de Rubén Darío, 65.
La orilla, 1500.
La orilla donde los locos sonríen, 1538.
La orilla oscura, 1025, 1321.
La orilla sitiada, 1000.
La Oronta, 672, 1112.
La orquesta de cristal, 848.
La oscura historia de la prima Montse, 977.
La oscura potestad, 910, 1320.
La oscura vida radiante, 1439.
La oscuridad es otro sol, 1176.
La oscuridad radiante, 1655.
La oscuridad somos nosotros, 1524.
La otra, 1462.
La otra cara [Corrales Egea, José], 376.
La otra cara [Loygorry, Fernando G.], 1600.
La otra cara del sueño, 692.
La otra casa de Mazón, 167.
La otra circunstancia, 1007.
La otra estrella en el cielo, 120.
La otra gente [Buitrago, Fanny], 221.
La otra gente [Cunqueiro, Álvaro], 418.
La otra gente [Urbina, Pedro Antonio], 1650.
La otra mitad, 988.
La otra mitad del sueño, 169.
La otra muerte del gato, 282.
La otra música [Aguirre, Francisca], 17.
La otra música [Sánchez-Silva, José María], 1517.
La otra orilla [Arteche, Miguel], 100.
La otra orilla [López Rubio, José], 918.
La otra orilla [Ruiz, Bernardo], 1468.
La otra orilla de la droga, 1328.
La otra pasión, 193.
La otra Sonia, 1089.
La otra vida, 917.

La otra vida del capitán Contreras, 926.
La otra voz: poesía y fin de siglo, 1225.
La oveja de Natham, 876.
La oveja negra y demás fábulas, 1057.
La oveja perdida, 1611.
La pachada, 956.
La paga, 1075.
La página perdida, 1650.
La pájara pinta [Alberti, Rafael], 881, 1220, 1597.
La pájara pinta [Cazón Vera, Fernando], 320.
La palabra acero, 1070.
La palabra del hombre, 900.
La palabra del mudo, 1407.
La palabra estéril, 75.
La palabra mágica, 1057.
La palabra opuesta, 290.
La palabra transmutada, 1552.
La palabra y el ritmo en Rubén Darío, 1755.
La palma de la mano, 537.
La palma rota, 1039.
La paloma, el sótano y la torre, 699.
La paloma de cartón, 1503.
La Paloma de la Iglesia y prodigio de Italia, Santa Columba, 13.
La paloma de vuelo popular, 683.
La paloma torcaz, 989.
La pampa, 824.
La pampa y su pasión, 589.
La Papirusa, 1618.
La parada de Maimós, 92.
La paradoja del ave migratoria, 663.
La paradójica vida de Zarraustre, 57.
La parcela, 917, 1361.
La parcela en el Edén, 1058.
La pared contigua, 107.
La pared de tela de araña, 208.
La pareja, 93.
La parranda, 187.
La partida, 432.
La partida de la aurora, 290.
La parturienta, 709.

La pasajera, 760.
La pascua triste, 1624.
La pasión de amar, 250.
La pasión de Justo Pómez, 545.
La pasión de los siniestros, 1091.
La pasión de Madame Artú, 1599.
La pasión desvelada, 966.
La pasión según Antígona Pérez, 1507.
La Pasión y muerte de Jesús, 1241.
La pastora de Guadiela, 1489.
La pata de cabra, 1586.
La pata de la raposa, 1238.
La pata de la sota, 382.
La pata de palo, 503.
La pàtria, 90.
La patria chica, 1764.
La patria chica de los gusanos de seda, 608.
La patria del indiano, 538.
La patria elemental, 1460.
La patria en armas, 168.
La patria goza de calma, 1152.
La Patria Grande, 1643.
La patria heroica. Ensayos críticos sobre la Independencia, 1501.
La patria oscura, 1301.
La patria y el pan, 1104.
La patria y yo, 924.
La patriota de Sudamérica, 696.
La pava trufada, 967.
La paz de los escándalos, 1410.
La paz del molino, 643.
La paz del pueblo, 466.
La paz del sendero, 1238.
La paz dura quince días, 611.
La paz empieza nunca, 1329, 1456.
La paz imposible, 1084.
La pecadora, 214, 440.
La pechuga de la sardina, 1166.
La pedrada, 784.
La peliculera, 1061.
La pelusa, 920.
La pena de deportación, 80.
La pena negra, 354.

La penitencia y el mérito, 633.
La pensionista, 13.
La penúltima hora, 231.
La penúltima versión de Colorada Villanueva, 939.
La peña de los enamorados, 531.
La Pepa, 1535.
La pequeña ciudad, 1488.
La pequeña Gyaros, 180.
La pequeña lumbre, 815.
La pequeña pasión, 1090.
La pérdida de España, 1283.
La pérdida de España por una mujer, 1715.
La pérdida del centro, 614.
La pérdida del reino, 180.
La Peregrina del cielo, 1267.
La peregrina y prestigiosa historia de Arnaldo de Monterrat, 1474.
La peregrinación de Bayoán, 747.
La pereza, 543.
La perfecta casada [Cubillo de Aragón, Álvaro], 411.
La perfecta casada [Luis de León, fray], 934.
La pérgola de las flores, 17.
La perla cubana, 783.
La Perromaquia, 1104.
La perseverancia del desaparecido, 1304.
La Persiana, 252.
La persona humana y el estado totalitario, 301.
La pesca de marido, 320.
La peste negra, 62.
La peste viene de Melos, 465.
La Petenera [Gala, Antonio], 583.
La Petenera [Góngora, Manuel, y Serrano Anguita, Francisco], 643.
La petimetra, 537, 1585.
La piara, 158.
La pica en Flandes, 639.
La pícara Justina, 920, 1144.
La pícara molinera, 1764.
La picarona, 1764.
La piedad de la esfinge, 1237.
La piedad de un hijo vence la impiedad de un padre, y real jura de Artajerjes, 154.

La piedad de una reina, 1761.
La piedad desnuda, 59.
La piedad sentimental, 369.
La piedra [Manfredi Cano, Domingo], 956.
La piedra [Yáñez de Echevarría, María Flora], 1754.
La piedra absoluta, 12.
La piedra de toque, 1760.
La piedra del pueblo, 147.
La piedra en el vacío, 1201.
La piedra escrita, 1318.
La piedra filosofal, 137.
La piedra que era Cristo, 1189.
La piedra solitaria, 125.
La piedra y el centro, 1666.
La piedra y el espejo, 1201.
La piedrafina y el pavorreal, 144.
La piel de la tierra, 1091.
La piel de los otros, 834.
La piel de toro, 1751.
La piel del limón, 1500.
La pieza oscura, 848.
La pintura, 1367.
La pintura ecuatoriana del siglo XX, 902.
La pintura española del siglo XX, 619.
La piqueta, 545.
La pirámide de Khéops, 460.
La pista de los actos fallidos, 1149.
La planta, 732.
La plasmatoria, 1078.
La platera del Arenal, 1616.
La playa de los locos, 1560.
La playa del olvido, 1302.
La playa larga, 884.
La Plaza de doña Elvira, 356.
La plaza de las carretas, 64.
La plaza de Puerto Santo, 702.
La plaza (Fantasía para difuntos), 1600.
La plebe en acción, 85.
La pluma verde, 1078.
La plusvalía ideológica, 1550.
La pobre Circe, 1616.
La poesía chilena, 984.
La poesía chilena moderna, 126.
La poesía chilena. Orígenes y desarrollo desde el siglo XVI al XIX, 36.
La poesía contemporánea en Cuba, 539.
La poesía cubana en 1936, 1174.
La poesía de Buenos Aires, 1491.
La poesía de la generación del 27, 272.
La poesía de Rubén Darío, 1497.
La poesía de San Juan de la Cruz, 49.
La poesía de Vicente Aleixandre, 212.
La poesía defendida y definida, Montalbán alabado, 1307.
La poesía del Yo al Nosotros, 961.
La poesía en la práctica, 1758.
La poesía en Puerto Rico, 1462.
La poesía hispanoamericana del siglo XIX, 1415.
La poesía indígena de México, 1184.
La poesía larense, 1070.
La poesía lírica y épica en la España del siglo XIX, 1669.
La poesía mexicana del siglo XX, 1052.
La poesía modernista en Puerto Rico, 815.
La poesía popular de Puerto Rico, 888.
La poesía popular española y mitología y literatura celtohispanas, 384.
La poesía posmodernista en el Paraguay, 968.
La poesía romántica, 910.
La poesía sevillana de los años setenta, 806.
La poesía y la narrativa en el Paraguay, 1249.
La poesía y los poetas de Nicaragua, 1755.
La poética de Andrés Bello y sus seguidores, 282.
La poética de Campoamor, 593.

ÍNDICE DE OBRAS

La poética de Luis Cernuda, 430.
La política angélica, 481.
La política armónica, 1002.
La política de capa y espada, 1535.
La política idealista, 47.
La polvareda y otros cuentos, 836.
La portentosa vida de la Muerte, emperatriz de los sepulcros..., 201.
La posada del bergantín, 309.
La posada y el camino, 1027.
La pradera de San Isidro, 406.
La pregonada, 253.
La prehistoria de Antonio Machado, 28.
La prensa ante las masas, 926.
La prensa en Hispanoamérica, 566.
La prensa libre, 1097.
La presa, 1710.
La presa del diablo, 453.
La presencia de Miguel de Unamuno en Antonio Machado, 28.
La pretendida, 1717.
La prima carnal, 1570.
La prima Fernanda, 942, 945.
La Primavera, 1535.
La primavera canta, 1186.
La primavera de los pueblos, 27.
La primavera en viaje hacia el invierno, 1089.
La primera aventura de don Quijote, 1672.
La primera noche galante. Cuentos para una tarde de domingo, 222.
La primera parte de las comedias y tragedias, 414.
La primera piedra [Cerdán Tato, Enrique], 326.
La primera piedra [Mancisidor, José], 956.
La primera República, 1244.
La primera verbena, 301.
La primera vía, 652.
La princesa Citalá, 618.
La princesa del palacio de hierro, 1490.

La princesa del salón secreto, 882.
La princesa durmiente va a la escuela, 1623.
La princesa está triste, 370.
La princesa que no tenía corazón, 692.
La princesa que se chupaba el dedo, 4.
La princesita de la sal, 883.
La princesita fea, 882.
La princesita que tenía los dedos mágicos, 620, 882.
La prisión, 1658.
La privanza y caída de don Álvaro de Luna, 1500.
La procesión cívica, 1515.
La procesión de los ardientes, 642.
La procesión de los días, 529.
La procesión de los tontos, 696.
La pródiga, 21.
La prodigiosa historia de los dos amantes Argenis y Poliarco, 375.
La profecía, 1415.
La prole, 203.
La promesa, 168.
La Prometheida, 1574.
La prometida, 952.
La promoción de «El cuento semanal» (1907-1925), 1490.
La propia, 658.
La propia imagen, 68.
La próspera fortuna del famoso Ruy López de Ávalos el Bueno, 1500.
La protección de un sastre, 56.
La próxima, 752.
La prudencia en la mujer, 1613.
La prudencia política, 1327.
La prudente venganza, 1713.
La prueba, 1213.
La prueba del laberinto, 1091, 1330.
La psicología del pueblo español, 51, 1364.
La psicología fisiológica, 657.
La psyche, 953.
La puchera, 1125.

La puente segoviana, 1348.
La puerta [Azócar, Rubén], 126.
La puerta [Molina Campos, Enrique], 1049.
La puerta [Rellán, Miguel Ángel], 1368.
La puerta [Steiner, Rolando], 1564.
La puerta de las tinieblas, 1428.
La puerta de los sueños, 1089.
La puerta de marfil, 227.
La puerta del oro, 934.
La puerta secreta, 1673.
La puesta de Capricornio, 1541.
La pulga del por qué, 1109.
La pulga y la chispa, 838.
La punta de los Cuatro Degollados, 835.
La puñeta, 439.
La pupila, 1558.
La pupila insomne, 993.
La pureza cautiva, 136.
La púrpura de la rosa, 245.
La que buscaba don Juan, 824.
La que huele a tomillo y a romero, 948.
La que lleva el luto, 168.
La que no perdonó, 1747.
La que no tiene nombre, 540.
La quebrada de los cuervos, 778.
La quema de Judas, 694.
La quema del Judas, 342.
La querella de México, 691.
La Quibla, 1301.
La quiebra [Bianchi, Edmundo], 179.
La quiebra [Zunzunegui, Juan Antonio de], 1774.
La Quijotita y su prima, 532.
La quimera [Godoy y Sala, Ramón de], 634.
La quimera [Pardo Bazán, Emilia], 1213.
La quincena soviética, 1049, 1322.
La Quinta de Laura, 308.
La quinta de Palmyra, 640.
La quinta del americano, 1091.

La «Quinta Julieta», 1538.
La quinta soledad, 923.
La Quintrala [Bórquez Solar, Antonio], 208.
La Quintrala [Díaz Meza, Aurelio], 446.
La Quintrala [Petit, Magdalena], 1268.
La Quintrala [Vega, Daniel de la], 1705.
La rabalera, 472.
La Radiana, 1581.
La radio, 848.
La raíz amarga, 749.
La raíz errante, 648.
La raíz flotante, 573.
La raíz rota, 140.
La raíz y las hojas. Crítica y estimación, 1350.
La rama, 1650.
La rama de Salzburgo, 313.
La rama del verano, 91.
La rama ingrata, 1327.
La rama viva, 632.
La Rambla, 365.
La rampa, 223.
La rana viajera, 251.
La rara distancia, 1546.
La rastra, 956.
La raya oscura, 1541.
La raza cósmica, 1701.
La raza de Caín, 1403.
La razón contra la moda, 938, 1585.
La razón de la sinrazón, 1245.
La razón del silencio, 643.
La real moza, 522.
La realidad mágica, 1440.
La realidad mexicana en su novela de hoy, 1035.
La realidad provisoria, 1570.
La realidad reflejada, 1350.
La realidad y el deseo, 327.
La realidad y los papeles, 537.
La reata humana, alaridos plebeyos en aleves romances, 505.
La rebelión, 587.
La rebelión de las masas, 1179.
La rebelión de las musas, 903.
La rebelión de los cañeros, 1463.

La rebelión de los niños, 1253.
La rebelión de los personajes, 169.
La rebelión de los sentidos, 960.
La rebelión humana, 459.
La Rebelión Pocomía y otros relatos, 466.
«La rebelión» y otros cuentos, 587.
La Rebolledo, 1540.
La rebotica, 123.
La rebusca y otras desgracias, 1569.
La recompensa polaca, 1151.
La reconquista de Málaga, canto épico, 78.
La red [García Nieto, José], 608.
La red [López Pinillos, José], 917.
La red de flores, 989.
La red y el tridente, 1147.
La redacción, 1358.
La redención de Judas, 670.
La redimida, 876.
La redoma de homúnculus, 995.
La redoma del primer ángel, 221.
La redoma encantada, 695.
La reforma política en Colombia, 1158.
La Regenta, 23, 24, 202, 1126, 1565, 1670.
La región más transparente, 576.
La reina de los mayos, 1717.
La reina de los mercados, 1267.
La reina de Rapa Nui, 1317.
La reina del Chaco, 154.
La reina del Plata, 1316.
La reina mora, 1764.
La reina roja, 1565.
La Reina Silencio, 660.
La reina Topacio, 55.
La reina y la comedianta, 319.
La reina y los favoritos, 1770.
La religión del lenguaje español, 823.
La reliquia [Moreto y Cabañas, Agustín], 1070.

La reliquia [Sánchez Espeso, Germán], 1512.
La rendición de Santiago, 819.
La renegada de Valladolid, 161.
La renquera del perro, 623.
La renuncia del héroe Baltasar, 1427.
La República, 251.
La República Argentina, treinta y siete años después de su Revolución de Mayo, 26.
La república de Caín, 1278.
La república de las letras, 1186.
La resaca [Goytisolo, Juan], 661.
La resaca [Laguerre, Enrique], 815.
La resentida, 815.
La Residencia de Estudiantes, 794.
La respuesta inelegante, 1304.
La restauración nacionalista, 1439.
La resurrección de Clotilde Goñi, 1533.
La revancha y otros cuentos, 211.
La revista «Alfar» y la prensa literaria de su época, 1047.
La revista «Cántico» y sus poetas, 352.
La revoltosa [Estrella Gutiérrez, Fermín], 506.
La revoltosa [Fernández Shaw, Carlos], 541, 621, 919, 1764.
La revolución, 346.
La revolución de la independencia, 64.
La revolución de Laíño, 251.
La Revolución de Mayo, 25.
La revolución del 0,75, 204.
La revolución del trabajo, 201.
La revolución en Chile y los mensajes del proscrito, 183.
La revolución filipina, 873.
La revolución martinfierrista, 373.

ÍNDICE DE OBRAS

La revolución mexicana. Sus orígenes, sus hombres, su obra, 74.
La revolución y la crítica de la cultura, 1531.
La revuelta, 211.
La riada, 1639.
La ricahembra [Fernández Guerra, Aureliano], 531.
La Ricahembra [Tamayo y Baus, Manuel], 1575.
La risa en los huesos, 172, 1597.
La robotización del hombre y otras páginas, 1487.
La roca, 1322, 1516.
La roca de Patmos, 817.
La roca desnuda, 396.
La Rodoguna, 1233.
La romería, 348.
La roncalesa, 1756.
La ronda de la hechizada, 87.
La ronda de los días, 1301.
La ronda del hijo, 159.
La ronquera de fray Luis y otras inquisiciones, 794.
La rosa, 321.
La rosa blanca, 1713.
La rosa blindada, 657.
La Rosa de Alejandría, 1703.
La rosa de la espinela, 12.
La rosa de los vientos [Espina, Concha], 493.
La rosa de los vientos [Hinojosa, José María], 715.
La rosa de los vientos [Torrente Ballester, Gonzalo], 1623.
La rosa de tus días, 300.
La rosa del azafrán, 541, 1764.
La rosa del paraíso, 1420.
La rosa primitiva, 749.
La rosa profunda, 207.
La rosa separada, 1102.
La Rosalía, 1741.
La Rosita, 451.
La rubiera, 667.
La rueca de los semblantes, 807.
La rueda Catalina, 10.
La rueda de color, 219.
La rueda de fuego, 467.
La rueda de la virtud, 75.

La rueda de mi fortuna, 1531.
La rueda dentada, 683.
La rueda y el viento, 1064.
La rueda y la serpiente, 833.
La Rulla, 1065.
La rusa, 1088.
La Rusia actual, 637.
La ruta, 140.
La ruta cultural del Perú, 1658.
La ruta de Damasco, 876.
La ruta de don Quijote, 127.
La ruta de Hernán Cortés, 168.
La ruta de Judith, 1532.
La ruta de la libertad, 168.
La ruta de su evasión, 1173.
La ruta eterna, 136.
La sabia Flora malsabidilla, 1492.
La sacerdotisa de Vesta, 1504.
La sacristía, 1617.
La saga/fuga de J. B., 1134, 1321, 1622.
La sagrada blasfemia, 177.
La sagrada familia [Barnet, Miguel], 144.
La Sagrada Familia [Hernández d'Jesús, Enrique], 705.
La sagrada familia y otros poemas, 630.
La sal de la culpa (Antología 1989-1990), 1302.
La sal del chocolate, 1465.
La sal perdida, 923.
La sal viste luto, 307.
La sala de espera, 955.
La salamandra, 794.
La salud del espíritu del niño, 144.
La Salvación. Sociedad de Seguros del Alma, 3.
La samaritana, 429.
La sandalia de madera, 168.
La sandía y otros cuentos, 65.
La sangre [Cestero, Tulio Manuel], 338.
La sangre [Quiroga, Elena], 1349.
La sangre de Cristo, 917.
La sangre de la raza, 1403.
La sangre de las almas, 208.

La sangre de las guitarras, 193.
La sangre de Medusa y otros cuentos marginales, 1194.
La sangre de mi hermano, 1151.
La sangre del tiempo, 608.
La sangre devota, 921.
La sangre en libertad, 715.
La sangre española, 1409.
La sangre hambrienta, 812.
La sangre leal de los montañeses de Navarra, 1578.
La sangre vacía, 1496.
La sangre y el río, 169.
La sangre y la ceniza, 1531.
La sangre y la esperanza, 691.
La santa bohemia, 198.
La Santa Cecilia, 670.
La Santa Duquesa, 1250, 1323.
La santa furia del padre Castañeda, 278.
La Santa Juana, 1613.
La Sataniada, 1577.
La Saturna [Acosta, José María], 10.
La Saturna [Miras, Domingo], 1038.
La savia, 1250.
La saya y el manto, 1535.
La Seca y otros cuentos, 544.
La secreta guerra de los sexos, 255.
La secreta obscenidad de cada día, 733.
La secretaria, 1468.
La sed, 1500.
La sed de amar, 1638.
La sed de Slind Bader, 1495.
La sed y el agua, 98.
La Segua, 277.
La segunda esposa, 247.
La segunda muerte de Ramón Mercader, 1537.
La segunda parte de la «Sylva de los versos y loas de Lisandro», 201.
La segunda voz, 54.
La selva humillada, 1557.
La selva prometida, 405.
La selva y el reino, 179.
La semana de colores, 617.
La semana sin lunes, 1517.
La semilla, 1079.

La semilla del tiempo, 964.
La semilla en la arena, 1606.
La semilla encendida, 1000.
La semilla estéril [Tallet, José Zacarías], 1574.
La semilla estéril [Vera, Pedro Jorge], 1720.
La sencillez de las fábulas, 930.
La sencillez de los seres, 152.
La senda iluminada, 136.
La senda jaque, 1302.
La senda oscura, 179.
La senda triste, 47.
La sensibilidad americana, 575.
La sensitiva, 443.
La sensualidad pervertida, 145.
La señal [Arredondo, Inés], 97.
La señal [Atencia, María Victoria], 107.
La señal [Sabines, Jaime], 1487.
La señal del corazón, 1067.
La señal que nos valga. 1952-1990, 1049.
La señora, 591.
La señora, los suyos y los otros, 1039.
La señora Cornelia, 334.
La señora del ministro, 133.
La señora en su balcón, 618.
La señora Enriqueta y su ramito, 143.
La señora Ordóñez, 939.
La señora que no dijo sí, 51.
La señora Tártara, 1104.
La señorita, 1104.
La señorita B, 1104.
La señorita Charleston, 1061.
La señorita Cortés Monroy, telegrafista, 496.
La señorita de Tacna, 1699.
La señorita de Trevélez, 94.
La señorita Goldie, 543.
La señorita malcriada, 778.
La señorita París-Sevilla, 1673.
La señorita Primavera, 542.
La señorita que arrojó el antifaz, 1420.
La señorita Remington, 1156.
La señorita Rodiet, 1741.

La serpiente, 1061.
La serpiente de oro, 35.
La serrana de la Vera, 1718.
La serrana o la comedia de la televisión, 709.
La sevillana, 1061.
La sexualidad maldita, 1137.
La sibila de los Andes, 1617.
La siembra del Señor, 247.
La siesta de los peces, 1649.
La siesta del gorila y otros poemas, 648.
La siesta en el parque, 186.
La Sigea, 374.
La silesia, 919.
La sílfida del acueducto, 95.
La silueta de humo, 796.
La sima de Igúzquiza, 1532.
La simiente. Novela de los hijos de la guerra, 349.
La simulación en la lucha por la vida, 771.
La sin ventura, 291.
La sinagoga de los iconoclastas, 1748.
La sinagoga vacía, 1324.
La sinrazón, 341.
La sirena, 583.
La sirena negra, 1213.
La sirena varada, 301, 1330.
La soberbia castigada, 252.
La sobreviviente, 1548.
La sociedad chilena del siglo XVII: mayorazgos y títulos de Castilla, 64.
La sociedad contemporánea como materia novelable, 1127.
La sociedad de consumo, 694.
La sociedad ideal, 568.
La sociedad secreta Abakuá, 235.
La sociología científica, 657.
La soleá, 1267.
La soledad, 155, 316, 542.
La soledad absoluta de la tierra, 1304, 1320.
La soledad cerrada, 324.
La soledad, contigo, 1226.
La soledad de Orfeo, 1551.
La soledad del guardaespaldas, 1600.
La soledad en pedazos, 1491.

La soledad era esto, 1036, 1328.
La soledad inquieta, 673.
La soledad recóndita, 1490.
La soledad sonora [Jiménez, Juan Ramón], 790.
La soledad sonora [Quiroga, Elena], 1349.
La soledad y el desierto, 1231.
La soledad y el recuerdo, 912.
La soltera, 910.
La sombra [Catarinéu, Ricardo, J.], 319.
La sombra [Durán Orozco, José], 469.
La sombra [García Velloso, Enrique], 613.
La sombra [Guzmán Cruchaga, Juan], 692.
La sombra [Pérez Galdos, Benito], 1242.
La sombra [Sánchez Varona, Ramón], 1518.
La sombra abierta, 1318.
La sombra ante el espejo, 169.
La sombra de las banderas, 1313.
La sombra de las cumbres, 315.
La sombra de los días, 1502.
La sombra de Peter Wald, 777.
La sombra del arquero, 1089.
La sombra del avión, 150.
La sombra del caudillo, 691.
La sombra del ciprés es alargada, 432, 1133, 1328.
La sombra del convento, 589.
La sombra del Ensueño, 456.
La sombra del humo en el espejo, 694.
La sombra del madero, 68.
La sombra del tiempo, 1339.
La sombra desterrada, 459.
La sombrilla japonesa, 1683.
La sonámbula, 635.
La sonata del alba, 1372.
La sonata mágica, 1701.
La sonrisa con lágrimas, 1705.
La sonrisa de la esfinge, 637.
La sonrisa de Puca-Puca, 223.
La sonrisa de un espíritu, 606.

La sonrisa del muerto, 1151.
La sonrisa etrusca, 1502.
La sonrisa y la hormiga, 472.
La sortija de la lluvia, 937.
La sotana, 1465.
La sueca desnuda, 1151.
La suegra de Tarquino, 158.
La suerte, 956.
La suerte o la muerte, 452.
La Sulamita, 610.
La suplicante, 1731.
La taberna de los Tres Reyes, 936.
La taberna fantástica, 1531.
La tabernera del puerto, 541, 1764.
La tabla de Flandes, 1091, 1151.
La Tamara o el poder del beneficio, 1766.
La tarde, 812.
La tarde a perros, 1252.
La tarde del dinosaurio, 1253.
La tarde llega callada, 1070.
La tarea del héroe, 1324, 1531.
La tarjeta de Canuto, 412.
La tauromaquia, 1304.
La telaraña, 196.
La tempestad [Herrera, Flavio], 708.
La tempestad [Juan Arbó, Sebastián], 798.
La tempestad [Ramos, Luis Arturo], 1357.
La tempranica, 1764.
La tentación de Ícaro, 1740.
La tentación de morir, 440.
La tentación de vivir, 77.
La tentación va de compras, 903.
La teoría poética de César Vallejo, 1178.
La teoría y el método, 1064.
«La tercera». Comedia nueva de la Tercera Dominica Santa Columba de Reati, 13.
La tercera muchacha, 1732.
La tercera palabra, 302.
La ternura del dragón, 1090.
La ternura del hombre invisible, 1431.
La terraza, 203.
La tesis andinista, 1018.

La tesis de Nancy, 1538.
La tesorina, 1581.
La tía fingida, 334.
La tía Julia y el escribidor, 1697, 1698, 1699.
La tía Tula, 1648.
La Tidea, 1581.
La tienda, 1643.
La tienda de muñecos, 616.
La tierra [López Pinillos, José], 917.
La tierra [Nieto, Ramón], 1104.
La tierra amenazada, 1566.
La tierra ardía, 1411.
La tierra catalana, 144.
La Tierra de Campos, 947.
La tierra de Jauja, 1466.
La tierra de los nahuyacas, 1749.
La tierra de nadie, 988.
La tierra de oriente y sus habitantes, 92.
La tierra de uno, 304.
La tierra del agua y del sol, 377.
La tierra del cristal oscurecida. Epopeya del Reino de Quito, 1742.
La tierra del hambre, 471.
La tierra del rey don Sebastián, 1167.
La tierra del tiempo perdido, 1025.
La tierra éramos nosotros, 1009.
La tierra es de todos, 133.
La tierra es redonda. Novela de aventuras alrededor del mundo, 1189.
La tierra es un préstamo, 1072.
La tierra grande, 951.
La tierra libre. No pidáis pan. Pedid tierra, 1537.
La tierra madre, 103.
La tierra más ajena, 1276.
La tierra pródiga, 1753.
La tierra prometida [Cuadra, Pablo Antonio], 409.
La tierra prometida [Giménez Arnau, José Antonio], 629.
La tierra prometida [Guelbenzu, José María], 675.

La tierra prometida [Torres Bodet, Jaime], 1626.
La tierra purpúrea, 749.
La tierra redentora, 1250.
La tierra será un paraíso, 1775.
La tierra siempre verde, 290.
La tinta simpática, 1091.
La tirana [Maqueira, Diego], 965.
La tirana [Ramírez Ángel, Emiliano], 1355.
La Tizona, 906.
La toma de Hai por Josué, 1766.
La toma de Valencia por el Cid, 999.
La tonta, 1556.
La tonta del bote, 1035.
La toquera vizcaína, 1249.
La torcaza, 458.
La Toríada, 1734.
La tormenta, 1701.
La torre, 955.
La torre de Babilonia, 481.
La torre de cubos, 887.
La torre de las esfinges (psicologación morbo-panteísta), 710.
La torre de los alucinados, 1458.
La torre de los ángeles, 1551.
La torre de los siete jorobados, 291.
La torre de marfil, 618.
La Torre de Timón, 1358.
La torre gótica, 1251.
La torre herida por el rayo, 96, 1328.
La torre vigía, 1001.
La tórtola de la puñalada, 1147.
La tortuga ecuestre, 1070.
La tos, 986.
La Tosca, 574.
La «tournée» de Dios, 785.
La tradición clásica en España, 847.
La tradición de la pobreza, 352.
La tragedia de Miguel Orozco, 1455.
La tragedia de Pierrot, 239.
La tragedia de todos, 606.
La tragedia del beso, 541.

La tragedia del fin de Atau Wallpa, 1602.
La tragedia del generalísimo, 1455.
La tragedia del rey Christophe, 218.
La tragedia del «Titanic», 474.
La tragedia griega en el teatro mexicano, 124.
La tragedia y el hombre: notas estético-sociológicas, 1347.
La traición a la patria y otros ensayos, 461.
La traición de Rita Hayworth, 1338.
La traición en la amistad, 1768.
La trama celeste, 185.
La trama de Argel, 606.
La trama de oro, 1236.
La trampa [Buenaventura, Enrique], 218.
La trampa [Clarimón, Carlos], 351.
La trampa [Masip, Paulino], 996.
La trampa [Matute, Ana María], 1001.
La trampa de la noche, 1274.
La trampa del pajonal, 64.
La trampera general, 620.
La transmigración de las almas, 1061.
La trastienda, 951.
La travesía, 1653.
La trayectoria de las revoluciones, 748.
La tregua, 164.
La trepadora, 587.
La tríbada confusa, 496.
La tríbada falsaria, 496.
La tribu del Halcón, 147.
La tribuna, 1125, 1212.
La tribuna roja, 1065.
La trilogía del vino, 29.
La triple dama, 1151.
La triple porfía, 280.
La tristeza, 966.
La tristeza del burdel, 291.
La tristeza del suburbio, 382.
La tristeza errante, 1374.
La tristeza voluptuosa, 461.

La trompa de Eustaquio, 1207.
La trompeta y los niños, 1533.
La truhana, 583.
La tumba, 796.
La tumba de Antígona, 1759.
La tumba de Filidor, 90.
La tumba del relámpago, 1533.
La tumba etrusca, 1303.
La tuna de oro, 616.
La túnica de Neso, 459.
La turbina, 79, 1131.
La úlcera, 1774.
La última astracanada, 1241.
La última aventura, 1499.
La última batalla, 1760.
La última campaña, 590.
La última cigüeña, 1649.
La última corrida, 1349.
La última escala del «Tramp Steamer», 1080.
La última hornada, 532.
La última inocencia, 1276.
La última lección, 923.
La última letra, 1731.
La última llama, 1025.
La última lucha, 1249.
La última mudanza de Felipe Carrillo, 218.
La última mujer y el próximo combate, 354.
La última niebla, 202.
La última noche de Camoens, 1075.
La última noche de Dostoievski, 1253.
La última noche del tigre, 1193.
La última novela ejemplar de Cervantes, 310.
La última opereta, 903.
La última raya del tigre, 642.
La última razón, 814.
La última sonrisa, 823.
La última xana, 1007.
La única libertad, 1090.
La universidad de Honduras, 469.
La universidad y el teatro, 124.
La urna, 137.
La urna sangrienta o El panteón de Scianella, 1251.

La urna y otras historias de amor, 617.
La uva duodécima, 771.
La vaca rabiosa, 887.
La valija de fuego, 1228.
La vara de fuego, 89.
La vara mágica, 667.
La varillita de la virtud, 369.
La vega del Parnaso, 1712.
La veintena, 1315.
La vejez de Heliogábalo, 748.
La velada en Benicarló, 123.
La veleta oxidada, 280.
La venda, 1541.
La venda de Cupido, 10.
La venda en los ojos, 918.
La vendimia de Francia, 1428.
La venenosa, 291.
La venganza de Afrodita, 1197.
La venganza de amor, 1008.
La venganza de Atahualpa, 1670.
La venganza de don Mendo, 1078, 1079.
La venganza de Hayna Capac, 18.
La venganza de la gleba, 590.
La venganza de la Julia, 1373.
La venganza del compadre, 124.
La venganza del cóndor, 596.
La venganza del mar, 1630.
La venganza honrosa, 16.
La venida del Mesías en gloria y majestad, 812.
La venta de don Quijote, 541, 1764.
La venta encantada, 157.
La ventana, 999.
La ventana daba al río, 611.
La ventana en el rostro, 422.
La ventana oblicua, 1054.
La Venus bolchevique, 291.
La Venus celeste, 291.
La Venus de la alameda, 906.
La Venus mecánica, 444. 1131.
La Venus miente, 912.
La verbena de la Paloma, 621, 1710, 1764.
La verdad en el potro y el Cid resucitado, 1526.
La verdad en la ilusión, 70.

ÍNDICE DE OBRAS

La verdad por la mentira, 104.
La verdad sobre el caso Savolta, 1017, 1321.
La verdad sobre «El otro árbol de Guernica», 309.
La verdad sospechosa, 1475.
La verdad y otras dudas, 1059.
La verdadera historia de la muerte de Francisco Franco y otros cuentos, 109.
La verdadera historia del Valle de los Caídos, 1569.
La veta de la sangre, 1054.
La Vía Láctea, 222.
La victoria de playa Girón, 784.
La victoria del Cristo de Lepanto, 1327.
La victoria del hombre, 1439.
La victoria no viene sola, 64.
La victoria sin alas, 1626.
La vida altiva de Valle-Inclán, 949.
La vida blanca, 955.
La vida breve, 1167, 1168.
La vida cachonda, memorias de una cupletista, 505.
La vida comienza ahora, 1538.
La vida como es, 1775.
La vida conquistada, 907.
La vida conyugal [Aub, Max], 109.
La vida conyugal [Pitol, Sergio], 1276.
La vida cotidiana, 388.
La vida cotidiana en el Siglo de Oro español, 935.
La vida criolla en el siglo XVI, 168.
La vida cursi, 1572.
La vida de Canalejas, 573.
La vida de Frontera, 1303.
La vida de Rubén Darío, 425.
La vida de siempre, 92.
La vida de un diputado a Cortes, 1560.
La vida de un español del siglo XIX al XX, 606.
La vida del Derecho, 384.
La vida del venerable Gregorio López, 3.
La vida difícil, 288, 1131.

La vida económica de España en una fase de su hegemonía: 1516-1556, 280.
La vida empieza a medianoche, 1154.
La vida en el chaleco, 993.
La vida en la sombra, 1003.
La vida en los conventos y seminarios, 104.
La vida en un bloc, 903.
La vida en un hilo, 1103.
La vida encadenada, 1557.
La vida entera [Martini, Juan Carlos], 994.
La vida entera [Piñera, Virgilio], 1274.
La vida es larga y además no importa, 186.
La vida es sueño, 137, 194, 243, 244, 246.
La vida española en el siglo XIX, 447.
La vida exagerada de Martín Romaña, 218.
La vida fácil, 1304.
La vida humilde [Blanco Belmonte, Marcos Rafael], 187.
La vida humilde [Espinosa, Januario], 496.
La vida imposible, 1064.
La vida inquieta, 1366.
La vida intelectual, 194.
La vida interna, 1630.
La vida inútil de Pito Pérez, 1456.
La vida literaria en México, 1650.
La vida maravillosa, 1191.
La vida mata, 1088.
La vida misma, 1477.
La vida no vale nada, 1356.
La vida nos sujeta, 649.
La vida nueva [Álvarez Murena, Héctor Alberto], 58.
La vida nueva [Rodó, José Enrique], 1421.
La vida nueva de Pedrito de Andía, 1132, 1514.
La vida pequeña, 1560.
La vida perra de Juanita Narboni, 1702.
La vida privada de mamá, 1476.

La vida que no se vive, 1659.
La vida que pasa, 1176.
La vida real, 144.
La vida rota, 141.
La vida sale al encuentro, 984.
La vida santiaguina, 671.
La vida secreta, 117.
La vida sigue, 1775.
La vida simplemente, 315.
La vida social en el coloniaje, 1188.
La vida solitaria del dictador Francia, 168.
La vida y hechos de Estebanillo González, hombre de buen humor, 1145.
La vida y la muerte del santo fray Luis Beltrán, 15.
La vida y muerte de Judas, 1500.
La Vidriana, 1581.
La vieja del candilejo, 652, 1458.
La vieja del molino de aceite, 1152.
La vieja ley, 809.
La vieja piel del mundo (Sobre el origen de la tragedia y la figura de la historia), 454.
La vieja rosa, 81.
La vieja señorita del Paraíso, 583.
La vieja sirena, 1502.
La viejecita, 472.
La vigilia del Almirante, 1418.
La vigilia y el viaje, 153.
La villa de las Siete Estrellas, 1373.
La villa imperial de Potosí, 783.
La Villa y Corte pintoresca, 1355.
La villana, 1764.
La villana de La Sagra, 1614.
La villana de Vallecas, 1614.
La viña de Nabot, 1542.
La viña salvaje, 355.
La violencia creadora, 1674.
La virgen casada, 1135.
La Virgen de Aránzazu, 1493.
La Virgen de la Almudena, 1266.

La Virgen de la Salceda, 837.
La Virgen de las Siete Calles, 566.
La Virgen del lago, 345.
La Virgen del Rocío ya entró en Triana, 1248.
La virgen del sol, 1024.
La Virgen del valle, 1458.
La virgen desnuda, 291.
La virgen no tiene cara y otros cuentos, 449.
La Virgencita, 825.
La Virtud coronada, 939.
La virtud o algo parecido, 1329.
La virtud vence al destino, 71.
La visión, 1303.
La visión comunicable, 1674.
La visión del arcángel, 291.
La visión optimista, 1493.
La visita de Safo, 1303.
La visita del mar (1980-1984), 1197.
La Visita del Sol, 456.
La visita que no tocó el timbre, 250.
La víspera del buen amor, 1363.
La víspera del degüello, 439.
La víspera del hombre, 975.
La víspera del trueno, 1564.
La víspera encendida, 968.
La viuda andaluza, 460.
La viuda blanca y negra, 640.
La viuda de Chaparro, 1572.
La viuda de Corinto, 1617.
La viuda de Padilla [Barrantes, Vicente], 148.
La viuda de Padilla [Martínez de la Rosa, Francisco], 990, 1587.
La viuda del conventillo, 1455.
La viuda es sueño, 903.
La viuda inconsolable, 1019.
La viuda negra, 1.
La viudita naviera, 1230.
La viva elegía, 900.
La vizcondesa de Armas, 91.
La vocación [Lafuente, Federico], 814.
La vocación [Rueda, Salvador], 1466.
La voluntad, 126, 127.
La voluntad de la niña, 55.

La voluntad y el destino, 606.
La vorágine [Rivera, José Eustasio], 1414.
La vorágine [Silva, Víctor Domingo], 1551.
La voz a ti debida, 1498.
La voz adolorida, 836.
La voz amenazada, 25.
La voz cálida, 623.
La voz de los cuatro vientos, 1226.
La voz de los mitos, 606.
La voz del creyente, 93.
La voz del torrente, 444.
La voz en el viento, 343.
La voz inacabada, 1440.
La voz íntima, 1157.
La voz lejana, 1355.
La voz que nos hablamos, 73.
La voz y la sangre, 68.
La vuelta a Cádiz en sesenta minutos, 223.
La vuelta al día en ochenta mundos, 380.
La vuelta al hogar, 213.
La vuelta al mundo de un novelista, 117, 190.
La vuelta completa, 1489.
La vuelta de Franz Moreno, 537.
La vuelta de Martín Fierro, 701.
La vuelta de presidio, 919.
La vuelta de Rocha, 807.
La vuelta de zamba, 377.
La vuelta del muerto, 75.
La yerba santa, 656.
La Zafra, 9.
La zancada, 1328, 1562.
La zancada del cangrejo, 1565.
La zanja, 671.
La zapatera prodigiosa, 601.
La zarzuela nueva, 431.
La zona intermedia, 280.
Laberinto, 790.
Laberinto amoroso, 269.
Laberinto de amor, 968.
Laberinto de cristal, 1601.
Laberinto de espadas, 1673.
Laberinto de Fortuna, 230, 266, 754, 935, 1013, 1014.
Laberinto del Marqués de Cádiz, 1195.

Laberinto, 544.
Laberinto Levítico, 1512.
Laberinto mágico, 108.
Laberintos, 540.
Labios como espadas, 900.
Labios descarnados, 1251.
Labrando en madera, 1639.
Ladera, 1556.
Ladera este, 1223, 1224.
Ladridos a la luna, 1315.
Ladrillos de plata, 521.
Ladrón de fuego, 1303.
Ladrón de vida y amor, 1531.
Lady Pepa, 1089.
Lagar, 1041.
Lagartijo y Frascuelo y su tiempo, 1231.
Lago Argentino, 546.
Lágrimas, 229.
Lágrimas de acero, 973.
Lágrimas de Jeremías castellanas, 1344.
Lágrimas de San Pedro, 268.
Lágrimas del corazón [Orellana, Francisco José], 1174.
Lágrimas del corazón [Reyes, Severino], 876.
Lágrimas indias, 684.
Lágrimas saladas, 1653.
Lágrimas y pensamientos, 219.
Lágrimas y sonrisas, 599.
Laguna H-3, 385.
La hermosura de Angélica, 1712.
Lais de Bretanha, 1110.
Lais de Corinto, 311.
Lalia. Ensayos de estudio lingüístico de la sociedad, 596.
Lamentación [Benavides, Manuel D.], 164.
Lamentación [Sá de Miranda, Francisco de], 1481.
Lamentación a la quinta angustia, 1018.
Lamentaciones [Palacios, Pedro Bonifacio], 1202.
Lamentaciones [Siles y Varela, José], 1548.
Lamentaciones de amores, 1510.
Lamentos políticos de un po-

ÍNDICE DE OBRAS

brecito holgazán, 386, 1037.
Lampa vida, 1487.
Lámpara evocadora, 848.
Lámparas en agonía, 1650.
Lampedusa, 1088.
Lançarote del Lago, 436, 1110.
Lancelot, 28º-7.º (Guía integral de una isla atlántica), 495.
Lances de honor, 1575.
Lanchas en la bahía, 1439.
Landrú, 1401.
Languidez, 1565.
Lanuza, 1412, 1588.
Lanza y sable, 8.
Lápices de café, 302.
Lapidario, 43.
Lápidas, 591.
Lapso, 1534.
Lapsus, 957.
L'arbre de Guernica, 96.
Lares y penares, 68.
Larga carta a Francesca, 355.
Largo, 137.
Largo lamento, 1498.
Largo noviembre de Madrid, 1775.
Largo regreso a Ítaca, 649.
Larra, anatomía de un dandy, 1646.
Larva, 1091.
Larvas, 196.
Las Abidas, 76.
Las aceitunas, 1466.
Las adelfas, 942, 945.
Las adivinaciones, 230.
Las afueras, 662, 1320.
Las agonías, 1232.
Las aguas de Arbeloa y otras cuestiones, 1514.
Las aguas del mundo, 476.
Las aguas derramadas, 1494.
Las aguas detenidas, 1304.
Las aguas muertas, 1551.
Las águilas [López Pinillos, José], 917.
Las águilas [Mallea, Eduardo], 955.
Las alas de Ícaro, 251.
Las alas invencibles, 493.
Las alas sin sombra o La historia de Víctor Rey, 124.

Las alegres comadres, 1204.
Las alforjas, 1348.
Las algas, 809.
Las alimañas, 988.
Las almas, 120.
Las alumbradas de la Encarnación Benita, 1038.
Las amarras terrestres, 342.
Las amazonas [Mata y Fontanet, Pedro], 998.
Las amazonas [Solís y Rivadeneyra, Antonio de], 1558.
Las amigas del doctor, 1516.
Las andariegas, 69.
Las ánforas y las urnas, 439.
Las Angélicas fuentes o el tomista en las Cortes, 1735.
Las ánimas del purgatorio, 1646.
Las apariencias no engañan, 1090.
Las armas del viento, 1054.
Las armas secretas, 380.
Las armas y el polvo, 1054.
Las arras, 458.
Las arrecogías del beaterio de Santa María Egipciaca, 982.
Las ataduras, 982.
Las autonosuyas, 1746.
Las aventuras de Celendín, 887.
Las aventuras de Juan Luis, 1122.
Las aventuras de Miguelín Quijano, 1565.
Las aventuras de un elegante o las costumbres de hogaño, 1701.
Las aventuras del Bachiller Trapaza, 308.
Las aventuras del caballero Kosmas, 1267.
Las aventuras del camote, 468.
Las aventuras del roto Juan García, 9.
Las aventuras perdidas, 1276.
Las averías, 347.
Las aves de paso, 1415.
Las aves y los niños, 995.
Las bacantes [Escolano, Mercedes], 1301.

Las bacantes [Távora, Salvador], 1579.
Las barbas de valde, 837.
Las barcas, 137.
Las batallas en el desierto, 719, 1194.
Las bellas armas reales, 88.
Las bellas furias, 1047.
Las berlinas del sueño, 1320.
Las bestias, 1091.
Las bestias y otros ejemplos, 782.
Las bicicletas son para el verano, 522, 1330.
Las bizarrías de Belisa, 1712.
Las blancuras sagradas, 1420.
Las bodas de Camacho el rico, 1010.
Las bodas de doña Sancha, 598.
Las bodas de una Princesa, 1601.
Las bodas del alma, 1112.
Las brasas, 215, 1319.
Las bravías, 919.
Las brujas, 342.
Las brujas en Zugarramurdi, 987.
Las brujas y su mundo, 285.
Las buenas conciencias, 576.
Las buenas intenciones, 108.
Las cacatúas, 301.
Las cadenas del duque de Alba, 972.
Las cajas, 1564.
Las calandrias griegas, 588.
Las calles de Madrid, 1373.
Las calles de nuestros padres, 1151.
Las calles del tiempo, 807.
Las calles y los hombres, 1347.
Las camas, 1524.
Las canciones, 1373.
Las canciones de Beatriz, 1220.
Las canciones del alba [Cabanillas, José Julio], 1301.
Las canciones del alba [González, Fernando], 646.
Las capeas, 1105.
Las caras y las máscaras, 584.

Las caridades de la señora Tordoya, 907.
Las cartas, 956.
Las cartas de los náufragos, 1600.
Las castañeras picadas, 541.
Las catedrales, 541.
Las Catilinarias, 1052.
Las celdas, 1559.
Las cenizas, 1754.
Las ceremonias del verano, 1630.
Las cerezas del cementerio, 1039.
Las chicas de Terpsícore, 158.
Las chismosas, 227.
Las ciegas hormigas, 1273, 1321, 1328.
Las cien doncellas, 2.
Las ciento y una, 1529.
Las cinco advertencias de Satanás, 785.
Las cítaras colgadas de los árboles, 583.
Las citas, 1067.
Las ciudades del mar, 1277.
Las ciudades nativas, 1414.
Las claraboyas, 506.
Las clases jornaleras de Puerto Rico, 214.
Las clepsidras, 710.
Las colinas y el viento, 1005.
Las columnas de Hércules, 75.
Las comarcas, 1462.
Las cometas, 1599.
Las condiciones objetivas, 1090.
Las confesiones de un bibliófago, 1090.
Las confesiones de un pequeño filósofo, 126.
Las consecuencias, 234.
Las constelaciones secretas, 1058.
Las contradicciones sobrenaturales, 250.
Las conversiones, 982.
Las coplas de Israel Sivo, 1302.
Las coplas del pueblo, 381.
Las coronas de Mirto, 826.
Las corrientes literarias en la América Hispánica, 561, 697.

Las corrupciones, 1616.
Las Cortes de la Muerte, 297.
Las cortezas del fruto, 1500.
Las cosas, 1019.
Las cosas como son, 324.
Las cosas del abuelo, 1326.
Las cosas olvidadas, 1346.
Las cosas que me acechan, 1301.
Las cosas usuales, 1228.
Las cosas y el delirio, 1047.
Las costumbres de antaño, 659.
Las criaturas de la noche, 427.
Las criaturas saturnianas, 1538.
Las crónicas americanas, 1347.
Las crónicas de Al-Andalus, 1347.
Las crónicas de Hispania, 1347.
Las crónicas del sochantre, 418, 1321.
Las crónicas inglesas, 1347.
Las crónicas. Poesía bajo consigna, 1275.
Las cruces sobre el agua, 588.
Las cuatro culturas indias de Cuba, 1183.
Las cuatro estaciones, 1342.
Las cuatro vidas del doctor Cucalón, 923.
Las cumbres, 1430.
Las cumbres desoladas, 1741.
Las cúspides doradas, 66.
Las dádivas simples, 1749.
Las damas de la camelia, 1066.
Las de Barranco, 813.
Las de Caín, 58.
Las de Pinto, 1402.
Las Delicias, 142.
Las dictaduras organizadoras y la gran farsa democrática, 346.
Las distancias doradas, 221.
Las distracciones, 157.
Las domadoras, 1556.
Las dos caras de la luna, 1428.
Las dos doncellas, 334.
Las dos emparedadas, 1411.

Las dos estrellas de Francia, 837.
Las dos fundaciones de Buenos Aires, 825.
Las dos orillas, 133.
Las dos sendas, 978.
Las dualidades funestas, 1658.
Las Edades, 646.
Las edades de Lulú, 1089.
Las elegías de Empalme, 437.
Las encomiendas de indígenas en Chile, 64.
Las eróticas o amatorias, 1737.
Las escaleras, 641.
Las escenas cumbres, 320.
Las estaciones, 1300.
Las estaciones juntas, 648.
Las estaciones provinciales, 455.
Las estéticas de Valle-Inclán, 448.
Las estrellas, 176.
Las estrellas vencidas, 784.
Las eternas mironas, 10.
Las europeas, 1646.
Las faltas justificadas, 989.
Las familias y los años, 1720.
Las fantasías de Juan Silvestre, 940.
Las fantásticas aventuras del Barón Roldán, 1091.
Las feas, 1184.
Las figuraciones como método de escritura, 1535.
Las firmezas de Isabela, 644.
Las flechas del amor, 777.
Las flores, 58.
Las flores conjuradas, 814.
Las flores de don Juan, 489.
Las flores de Paracelso, 526.
Las flores del frío, 1302.
Las flores rojas, 1561.
Las formas del fuego, 1358.
Las formas desnudas, 299, 300.
Las fortunas de Diana, 1713.
Las francesitas del café, 650.
Las fronteras de la pasión, 777.
Las fronteras de Venezuela, 1438.
Las fronteras del realismo, 36.

Las fuentes legendarias, 1058.
Las fuerzas de Sansón, 1500.
Las fuerzas eternas, 299.
Las fuerzas extrañas, 929.
Las fuerzas iniciales, 534.
Las fuerzas morales, 771.
Las funciones patrióticas en un pueblo de Castilla en 1835, 1560.
Las furias, 1274.
Las furias del sueño, 1548.
Las gacetillas, 691.
Las galas del difunto, 1677.
Las galeras de oro, 439.
Las galgas, 227.
Las gallinas de Cervantes y otras narraciones parabólicas, 1538.
Las genealogías, 633.
Las generaciones en la historia, 1263.
Las gestas heroicas castellanas, 406, 1323.
Las giganteas, 1646.
Las glorias del gran Púas, 616.
Las golondrinas, 1764.
Las grandes cortesanas, 541.
Las guardillas, 277.
Las guerras civiles, 104.
Las guerras de nuestros antepasados, 434.
Las guerrillas granadinas, 782.
Las habladoras, 1348.
Las hadas, 620, 883.
Las Hadas de Villaviciosa de Odón, 620.
Las hadas del Andalién, 1556.
Las hadas del mar, cuentos de magia, 522.
Las harpías en Madrid y coche de las estafas, 308, 1145.
Las hazañas del Cid, 312.
Las hermanas, 1174.
Las hermanas Coloradas, 608, 1328.
Las hermanas de Búfalo Bill, 987.
Las hermanas generosas, 56.
Las hetairas sabias, 748.
Las hijas de Erectheo, 1536.

Las hijas de Gracián Ramírez, 695.
Las hijas de la noche, 1253.
Las hijas del Cid [Borao y Clemente, Jerónimo], 205.
Las hijas del Cid [Marquina, Eduardo], 976.
Las hijas del Zebedeo, 506.
Las hilanderas [Martín Elizondo, José], 981.
Las hilanderas [Oliver, Federico], 1165.
Las historias prohibidas de Pulgarcito, 422.
Las hoces y los días, 1642.
Las hogueras, 1329.
Las hogueras de Castilla, 748.
Las hogueras del rey, 1088.
Las hogueras más altas, 653.
Las hojas cantan con el viento, 50.
Las horas, 323.
Las horas completas, 455.
Las horas del amor y otras horas, 614.
Las horas del día, 311.
Las horas del hospital y otros cuentos, 1274.
Las horas doradas, 929.
Las horas muertas, 230, 1321.
Las horas perdidas, 391.
Las horas solitarias, 145.
Las horas vacías, 63.
Las horas violentas, 1564.
Las hormigas viajan de noche, 976.
Las hortensias, 700.
Las huellas digitales, 507.
Las humanas certezas, 281.
Las ideas biológicas del padre Feijoo, 965.
Las ideas en Cuba, 1743.
Las ideas jurídicas en el Poema del Cid, 374.
Las iluminaciones, 981.
Las ilusiones, 624.
Las ilusiones del doctor Faustino, 1124, 1670.
Las imágenes migratorias, 1539.
Las imprecaciones, 1533.
Las impurezas de la realidad, 1356.

Las incredulidades, 1059.
Las influencias, 538.
Las ingenuas, 1638.
Las iniciales del misal, 537.
Las inquietudes de Ana María, 496.
Las inquietudes de Shanti Andía, 145.
Las insaciables, 311.
Las inseparables, 223.
Las instantáneas, 1705.
Las ínsulas extrañas [Cáceres, Esther de], 238.
Las ínsulas extrañas [Incháustegui Cabral, Héctor], 770.
Las ínsulas extrañas [Westphalen, Emilio Adolfo], 1748.
Las ínsulas extrañas (Viajes por las cinco partes del mundo), 448.
Las interrogaciones del silencio, 459.
Las invasiones inglesas, 278.
Las invitadas, 1162.
Las islas blancas, 1178.
Las islas de oro, 1556.
Las islas desoladas, 9.
Las islas extraordinarias, 1624.
Las islas invitadas, 53.
Las jais, 1646.
Las jaulas, 1404.
Las jaulas del sol, 947.
Las jiras, 73.
Las joyas de la serpiente, 1090.
Las labradoras de Murcia, 405.
Las lágrimas de Angélica, 138.
Las lágrimas de David, 634.
Las lágrimas de la Trini, 2.
Las lágrimas de San Pedro, 539.
Las lágrimas del sol, 1025.
Las lanzas coloradas, 1654.
Las Leandras, 1764.
Las lecciones de Jena, 128.
Las lecciones suspendidas, 128.
Las lenguas celtolatinas, 147.
Las lenguas de diamante, 759.

Las letras chilenas, 65.
Las letras del diablo y otros cuentos, 87.
Las letras en las funciones universitarias, 150.
Las letras. Letras de cambio, o los mercachifles literarios: Estrenas y aguinaldos del Dr. Tomé Lobar, 586.
Las letras y los días, 19.
Las leyes de la noche, 58.
Las leyes del juego, 1146.
Las ligas de Juanita, 1019.
Las limaduras de Hephaestos, 930.
Las Linares, 475.
Las lises del blasón, 1439.
Las literatas, 1558.
Las llaves de Urgell, 1054.
Las llaves del Estrecho, 1096.
Las llaves del infierno, 1431.
Las llaves invisibles, 1674.
Las lóbregas alturas, 1301.
Las «locas» de postín, 1374.
Las lomas tienen espinos, 956.
Las luces asesinadas y otros poemas, 712.
Las luces del mundo, 615.
Las luchas de nuestros días, 348.
Las luchas fratricidas de España, 422.
Las luminarias de Hanukah, 273.
Las madres, 575.
Las madreselvas, 1358.
Las maestras, 1600.
Las majas vengativas, 406.
Las mal calladas, 939.
Las malas costumbres, 1741.
Las malas lenguas, 927.
Las manchas del sol. Poesía: 1956-1987, 612.
Las manos, 314.
Las manos de amar, 204.
Las manos de Dios, 1559.
Las manos de mamá, 257.
Las manos del día, 1101.
Las manos juntas, 405.
Las manos largas, 906.
Las manos son inocentes, 918.
Las manos vacías [Avilés Blonda, Máximo], 120.
Las manos vacías [Fernández Nicolás, Severiano], 538.
Las manzanas de Mefisto, 545.
Las mareas del Sur: 1924-1930, 1402.
Las mariposas cantan, 135.
Las mariposas tropicales, 9.
Las máscaras [Edwards, Jorge], 473.
Las máscaras [Pérez de Ayala, Ramón], 94, 163, 1238.
Las máscaras democráticas del modernismo, 1354.
Las medias naranjas, 256.
Las medias palabras, 472.
Las memorias en el convento, 168.
Las Meninas, 220.
Las metamorfosis de Proteo, 1621.
Las mil noches de Hortensia Romero, 1347.
Las mil y una calorías, 633.
Las milongas, 164.
Las minas y los mineros, 304.
Las miradas perdidas, 606.
Las misas herejes, 292.
Las mismas palabras, 662.
Las mocedades de Hernán Cortés, 489.
Las mocedades de Ulises, 418.
Las mocedades del Cid [Cáncer y Velasco, Jerónimo de], 259.
Las mocedades del Cid [Castro, Guillén de], 312, 313.
Las mocedades del duque de Osuna, 1051.
Las monedas contra la losa, 212, 1322.
Las monedas de cobre, 1617.
Las monedas de Heliogábalo, 1566.
Las montañas ardientes, 1705.
Las montañas del oro, 928.
Las moscas, 129.
Las muertas, 760.
Las muertes, 1176.
Las muertes ajenas, 1009.
Las muertes inútiles, 538.
Las mujeres, 542.
Las mujeres de América, 629.
Las mujeres de don Juan, 1267.
Las mujeres de la independencia, 671.
Las mujeres de la literatura, 1189.
Las mujeres de la noche, 320.
Las mujeres de Tirso, 1410.
Las mujeres del siglo, 214.
Las multitudes argentinas, 1095.
Las muñecas de Marcela, 411.
Las murallas de Jericó, 1601.
Las murallas del sueño, 1191.
Las musarañas [Muñoz Rojas, José Antonio], 1078.
Las musarañas [Ruiz Nestosa, Jesús], 1477.
Las musas desvaídas, 1641.
Las Navas de Tolosa, 1026, 1280.
Las naves de Cortés, 93.
Las naves de Cortés destruidas [Fernández Moratín, Nicolás], 536.
Las naves de Cortés destruidas [Vaca de Guzmán, José María], 1657.
Las naves quemadas, 92.
Las necedades y locuras de Orlando, 1281.
Las neuróticas, 777.
Las ninfas, 1328, 1645, 1646.
Las noches, 1275.
Las noches contadas, 1151.
Las noches de invierno, 1165.
Las noches de la vigilia, 1009.
Las noches de oro, 99.
Las noches del Albaicín, 13.
Las noches del Botánico, 158.
Las noches del Buen Retiro, 145.
Las noches del panteón, 186.
Las noches del placer, 1112.
Las noches sin estrellas, 1342.
Las novelas de Urbano y Simona, 1239.
«Las novelas ejemplares» de Cervantes, 761.
Las nubes, 328.
Las nuevas tendencias literarias, 1643.

Las obras de Boscán con algunas de Garcilaso de la Vega, 209, 1705.
Las obras de don Luis de Góngora, comentadas por Salcedo Coronel, 1307.
Las olas y los años, 352.
Las Órdenes militares, 247.
Las oscuras golondrinas, 1245.
Las oscuras versiones, 546.
Las otras vidas, 1090.
Las paces de Toledo y judía de Toledo, 1714.
Las pagodas ocultas, 750.
Las palabras cruzadas, 280.
Las palabras de Guanape, 92.
Las palabras de la tribu, 1297, 1666.
Las palmeras de cartón, 1036.
Las palomas de Eros, 136.
Las parábolas olímpicas, 490.
Las paralelas, 1625.
Las paralelas sedientas, 1564.
Las paredes, 590.
Las paredes oyen, 1475.
Las parrandas, 566.
Las Pascuas del Tiempo, 710.
Las pasiones artificiales, 985.
Las patillas rojas, 1751.
Las pequeñas causas, 10.
Las pequeñas estaturas, 1214.
Las pequeñeces cuiscomeñas de Antón Colorado, 691.
Las peras del olmo, 1224.
Las perdices del domingo, 433.
Las peregrinaciones del deseo, 690.
Las personalidades psicopáticas, 709.
Las personas decentes, 618.
Las personas decentes me asustan, 1456.
Las personas del verbo, 625.
Las perversas, 989.
Las piedras, 668, 1319.
Las piedras de Chile, 1101.
Las piedras de Horeb, 1659.
Las piedras de Judea, 1518.
Las piedras mágicas, 836.
Las píldoras, 148.
Las pistolas, 1152.

Las planchadoras, 987.
Las playas, 1302.
Las plumas del fénix, 122.
Las pobrecitas mujeres, 1697.
Las poesías de los miserables y otros poemas, 1671.
Las posadas del amor, 1638.
Las posadas del otoño, 1105.
Las posibilidades del odio, 1338.
Las preguntas al silencio, 1274.
Las primeras flores, 1548.
Las primeras horas..., 1515.
Las primeras rosas, 1278.
Las primicias, 855.
Las profanaciones literarias. El libro de los plagios, 104.
Las propiedades del pájaro solitario, 801.
Las prostitutas os precederán en el reino de los cielos, 981.
Las provincias del aire, 612.
Las pruebas de la suerte, 131.
Las pruebas del caos, 65.
Las púberes canéforas, 186.
Las puertas [Medina Vidal, Jorge], 1006.
Las puertas [Penna, Leonardo], 1230.
Las puertas de Babel, 193.
Las puertas de la noche, 343.
Las puertas del Edén, 541.
Las puertas del fuego, 657.
Las puertas del pasatiempo, 381.
Las puertas del tiempo, 687.
Las puertas del verano [Cuzzani, Agustín], 419.
Las puertas del verano [Estupiñán Bass, Nelson], 507.
Las querellas del ciego de Robliza, 953.
Las querellas del Rey Sabio, 476.
Las querencias, 907.
Las quince mil vidas del caminante, 1106.
Las quinientas apotegmas, 854, 1467.
Las quintas, 1240.
Las ráfagas, 487.
Las raíces, 1759.

Las raíces del espíritu, 977.
Las ranas, 1463.
Las ratas [Bianco, José], 180.
Las ratas [Delibes, Miguel], 433, 1321.
Las ratas del barco, 1774.
Las ratas suben a la ciudad, 1456.
Las recetas de Pickwick, 935.
Las reglas del fuego, 1303.
Las reglas del juego, 1091.
Las relaciones económicas entre Cuba y los Estados Unidos, 1182.
Las republicanas, 1597.
Las resistencias del diamante, 324.
Las revistas poéticas españolas (1939-1975), 1465.
Las rimas universales, 381.
Las riquezas del alma, 670.
Las rojas son las carreteras, 981.
Las rosas audaces, 1195.
Las rosas de Engaddi, 82.
Las rosas de Hércules, 1065.
Las rosas de la fontana, 208.
Las rubaiyátas de Horacio Martín, 668, 1327.
Las ruinas de la muralla, 782.
Las ruinas de mi convento, 1138.
Las ruinas del mundo, 1047.
Las sacrificadas, 168.
Las salvajes en Puente San Gil, 982.
Las segadoras de Vallecas, 405.
Las seiscientas apotegmas, 854, 1467.
Las semanas del jardín, 1514.
Las semillas, 545.
Las señales del tiempo, 912.
Las señas, 747.
Las señoras primero, 51.
Las sergas de Esplandián, 1114.
Las siestas del cañaveral, 610.
Las siete antorchas del sol, 381.
Las siete columnas, 529.
Las siete Cucas (Una mancebía en Castilla), 1105.

Las siete virtudes, 79, 212.
Las sílabas ocultas, 1304.
Las sílabas y el tiempo, 1165.
Las sirenas de la lujuria, 291.
Las soledades de Babel, 165.
Las sombras, 656.
Las sombras de Hellas, 439.
Las sombras de Loyola, 1493.
Las sombras recobradas, 1623.
Las sombras rojas, 1091.
Las «Sonatas» de Ramón del Valle-Inclán, 1760.
Las supersticiones, 789.
Las tapadas, 971.
Las tapias, 988.
Las tarascas de Madrid, 1526.
Las tarascas de parto en el mesón, 1526.
Las tardes, 1301, 1322.
Las tardes del sanatorio, 178.
Las tardes en sus oficios y dos gardenias for you, 1303.
Las tardes o el deseo, 1274.
Las tentaciones, 169.
Las teorías estéticas de Cervantes, 204.
Las Terceras de ABC, 1515.
Las terrazas, 1006.
Las tertulias de Madrid, 406.
Las tiendas del desierto, 1651.
Las tierras flacas, 1753.
Las tinieblas floridas, 131, 1130.
Las torres desprevenidas, 570.
Las torres y el viento, 1372.
Las tradiciones, 1304.
Las tragedias grotescas, 145.
Las travesías, 955.
Las tres carabelas, 998.
Las tres caras de Venus, 968.
Las tres colonias (Ensayo de interpretación histórica), 1557.
Las tres cosas del tío Juan, 1106.
Las tres famosísimas comedias de Alonso de la Vega, 1704.
Las tres Marías [Díaz-Cañabate, Antonio], 440.
Las tres Marías [Mora, Fernando], 1061.

Las tres musas del Melodino, 1012.
Las tres primeras personas, 124.
Las tres ratas, 1214.
Las tres reinas magas, 885.
Las tres rosas, 575.
Las tres sultanas o Solimán II, 1425.
Las tres últimas musas castellanas. Segunda cumbre del Parnaso español, 1344.
Las tres ventanas, 1073.
Las tres viudas, 1535.
Las trescientas en defensa de las mujeres, 757.
Las tribulaciones de Jonás, 1427.
Las tribulaciones de una familia decente, 129.
Las ubres luminosas, 152.
Las últimas banderas, 838, 1329.
Las últimas fotografías, 257.
Las últimas horas, 1133, 1328, 1566.
Las últimas veinticuatro horas de Francisco Layret, 949.
Las uñas del miedo, 307.
Las uvas del racimo, 1559.
Las uvas y el viento, 1101.
Las vacas flacas, 124.
Las veladas del chalet Gris, 145.
Las veleidades de la fortuna, 145.
Las venas abiertas de América Latina, 584.
Las vengadoras, 1536.
Las venturas de Totora, 887.
Las veredas olvidadas, 1462.
Las vértebras de Pan, 518.
Las vestales, 168.
Las vestiduras recamadas, 649.
Las víctimas, 238.
Las víctimas del amor. Ana y Sindhám, 1766.
Las víctimas del fanatismo, 538.
Las viejas difíciles, 1075.
Las viejas voces, 1457.
Las vigilias, 1302.
Las viñas del Moro, 1178.

Las violetas, 239.
Las vírgenes, 1646.
Las vírgenes locas, 574.
Las virtudes del pájaro solitario, 662.
Las virtudes peligrosas, 1046.
Las visitaciones del diablo, 280.
Las visitas, 223.
Las vísperas de España, 1400.
Las voces, 25.
Las voces de Laye, 630.
Las voces del ángel, 1430.
Las voces ilusorias, 772.
Las voces múltiples [Abril de Vivero, Pablo], 4.
Las voces múltiples [Valdelomar, Abraham], 1659.
Las voces naturales, 1214.
Las voces y los ecos, 1298.
Las vueltas, 109.
Las vueltas del tiempo, 1753.
Lascas, 446.
Latinoamérica: intuición de Chile y otros ensayos en busca de una conciencia histórica, 1271.
Latinoamérica y otros ensayos, 107.
Latitud, 1025.
Latitudes, 290.
Laudatorias heroicas, 208.
Laura o la soledad sin remedio, 145.
Láurea. Cantos patrióticos, 1237.
Laurel de ceniza, 175.
Laurel de la costumbre, 1303.
Laureles [Arco y Molinero, Ángel de], 78.
Laureles [Guillén, Alberto], 680.
Laureles-rosas, 1186.
Lautaro, 17.
Lautaro, joven libertador de Arauco, 36.
Lawrence de Arabia, 1650.
Lazarillo de ciegos caminantes, 867, 1145.
Lazarillo de Manzanares con otras cinco novelas, 382, 1145.
Lazarillo de Tormes, 527,

555, 746, 870, 920, 1119, 1143, 1144, 1145, 1372.
Lazarillo español. Guía de vagos en tierras de España por un peregrino industrioso, 154.
Lázaro [Aguilera-Malta, Demetrio], 17.
Lázaro [Alegría, Ciro], 35.
Lázaro [Picón, Jacinto Octavio], 1269.
Lázaro, don Juan y Segismundo, 173.
Lázaro en el laberinto, 220.
Lazos indisolubles, 1236.
Le château de grisou, 1070.
Le Pérou contemporain, 596.
Le rivoluzioni del teatro musicale italiano, 100.
Le sang dans la rue, 107.
¿Le tiraría usted la primera piedra?, 1747.
Lealtad, amor y amistad, 1008.
Leandro el Bel, 935.
Lebab o los despojos, 923.
Lebrel de sombras, 1302.
Lección crítica, 1310.
Lección sobre la belleza, 150.
Lecciones de cosas. Veinte poemas para el nieto Malcolm, 147.
Lecciones de derecho constitucional, 747.
Lecciones de economía civil o de el comercio, escritas para el uso de los caballeros del real seminario de Nobles, 892.
Lecciones de filosofía, 1696.
Lecciones de filosofía moral y elocuencia, 967, 1410.
Lecciones de literatura, 1096.
Lecciones de política positiva, 827.
Lecciones de Retórica y Poética, 1310.
Lecciones de tinieblas, 617.
Lecciones sobre el sistema de filosofía analítica de Krause, 1527.
Lecciones solemnes a las obras de don Luis de Góngora y Argote, 1307.
Lecciones solemnes sobre las «Soledades», 1229.
Lecciones sumarias de psicología, 631.
Lectura de poetas y poesía, 852.
Lectura insólita de «El capital», 675, 1328.
Lectura transitoria, 137.
Lecturas americanas, 998.
Lecturas clásicas para los niños, 887.
Lecturas de la infancia. Cuentos, 1187.
Lecturas españolas, 127.
Lee sin temor, 1185.
Leer a Saint-Simon, 1339.
Leer poesía, 1758.
Legiones y Falanges, 572.
Legislación del alma, 701.
Leitmotiv, 839.
Lejana, 692.
Lejanías, 1420.
Lejano pago, 1460.
Lejos de la patria. Memorias de un joven poeta, 1769.
Lejos de noche, 1722.
Lengua, enseñanza y literatura, 311.
Lengua, literatura, intimidad, 1760.
Lengua de cal, 128.
Lengua de pájaro, 143.
Lengua Española. La expresión literaria, 910.
Lengua y creación en la obra de Rómulo Gallegos, 75.
Lengua y cultura, 1464.
Lengua y literatura de España y su Imperio, 629.
Lenguaje, expresión literaria y Lingüística del español, 910.
Lenguaje del hombre, 1025.
Lenguaje y poesía. Algunos casos españoles, 683.
Lenguas de fuego, 1467.
Lenguas de gato, 1599.
Lenin en el fútbol, 1503.
Lente de agua, 699.
Lentiscar de Cartagena, 1118.
Leña seca, 1725.
Leña verde, 172.
León Felipe, poeta de barro. (Biografía), 1411.
León Zaldívar, 1162.
Leoncia, 635.
Leoncio Pancorbo, 40.
Leonor de Aquitania, 451, 1330.
Leopoldo Lugones [Borges, Jorge Luis, y Edelberg, Betina], 206.
Leopoldo Lugones [García Calderón, Ventura], 596.
Lepolemo o el caballero de la cruz, 1116.
Lepra de oro, 848.
Les conditions sociologiques de l'Amerique Latine, 596.
Les démocraties latines de l'Amerique, 596.
L'Església militant, 1611.
L'espai desert, 630.
L'espill, 999.
Letanía de las moscas, 282.
Letanía moral, 350, 1612.
Letanías del año, 70.
Letra menuda, 1198.
Letra muerta, 1036.
Letras, damas y pinturas: Rembrandt y Watteau, 75.
Letras colombianas, 1521.
Letras de la Nueva España, 562, 1401.
Letras e ideas, 636.
Letras hispánicas, 563.
Letras uruguayas, 615.
Letras vencidas, 1156.
Letras y hombres de Venezuela, 1654, 1655.
Letras y letrados, 1003.
Letras y letrados de Hispanoamérica, 187.
Letters from Spain, 188.
Lettre d'amour, 1070.
Levantamiento del país con textos libres, 1226.
¡Levántate y anda!, 458.
Levante, 36: la increíble retaguardia, 46.
Leviatán, etcétera, 1424.
Ley de amor, 1187.
Ley del canto, 1443.
Ley social, 607.
Leyenda, 1767.
Leyenda de la ciudad perdida, 36.
Leyenda del Caballero del Cisne, 1114.

Leyenda del César visionario, 1321, 1645, 1646.
Leyenda Patria. Poema sinfónico en tres tiempos, 680.
Leyendas, 156, 1290, 1600.
Leyendas andaluzas, 794.
Leyendas chilenas, 8.
Leyendas de Guatemala, 105, 106, 107.
Leyendas de la música, 454.
Leyendas del Norte, 74.
Leyendas del Quijote, 1214.
Leyendas españolas, 1062, 1283.
Leyendas históricas de la Independencia, 1222.
Leyendas mexicanas, 1416.
Leyendas nacionales, 1520.
Leyendas y episodios chilenos, 446.
Leyendas y episodios nacionales, 444.
Leyendas y fábulas peruanas, 887.
Leyendas y obras dramáticas, 1520.
Leyendas y recortes, 1000.
Leyendas y tradiciones, 1556.
Leyendas y tradiciones de Sevilla, 273.
Leyendo América Latina, 352.
Leyes de la versificación castellana, 783.
Lezama Lima: el ingenuo culpable, 648.
L'Hereu, 1241.
Libellus contra sacerdotes publicos concubinarios, 534.
Liber consolationis et consilis, 1226.
Líber Falco, 98.
Liber generationis Adam, 89.
Liber regum, 375.
Liberación [Chávez Aliaga, Nazario], 344.
Liberación [Marinello, Juan], 973.
Liberación, desolación de la utopía, 1560.
Liberalismo y jacobinismo, 1421.
Liberta, 1357.
Libertad, libertad, libertad, 661.
Libertad, temporalidad y transferencia en el psicoanálisis existencial, 983.
Libertad bajo palabra, 1222, 1223.
Libertad en la cadena, 967.
Libertinaje y pasión, 258.
Líbrame, Señor, de mis cadenas, 1600.
¡Líbranos de todo mal!, 221.
Libre dels tres reys d'Orient, 805.
Libres por el temor, 348.
Libreto, 1088.
Libritos, librotes y librajos, 1476.
Libro apolíneo, 462.
Libro áureo de Marco Aurelio, 677, 1504.
Libro blanco para la paz, 1300.
Libro conplido en los iudizios de las estrellas, 43.
Libro de Adán y Eva, 642.
Libro de Agricultura, 137.
Libro de Alexandre, 805, 909, 1028, 1029, 1508.
Libro de Alfonso, 542.
Libro de amor para Salónica, 1642.
Libro de Apolonio, 969, 1029.
Libro de axedrez, dados e tablas, 44.
Libro de buen amor, 112, 296, 509, 553, 663, 908, 909, 1029, 1337, 1469, 1470, 1471, 1472, 1473, 1574.
Libro de Buen Amor, otro, 203.
Libro de caballerías, 1267.
Libro de Caín, 391.
Libro de Calixto y Melibea y de la puta vieja Celestina, 1432.
Libro de cetrería, 1761.
Libro de confesión, 534.
Libro de cuentos, 746.
Libro de diversas trovas, 1503.
Libro de elegías, 1569.
Libro de entretenimiento de la pícara Justina, 920.
Libro de epitafios, 1079.
Libro de Esther, 786.
Libro de héroes, 75.
Libro de horas [Lindo, Hugo], 849.
Libro de horas [Murciano, Antonio], 1079.
Libro de horas líricas, 673.
Libro de Josep Abarimatea, 1110.
Libro de la caza [López de Ayala, Pedro], 112, 908.
Libro de la caza [Manuel, Infante don Juan], 45.
Libro de la ensoñación, 1485.
Libro de la erudición poética, 293, 1307.
Libro de la infancia y muerte de Jesús, 969.
Libro de la justicia de la vida espiritual, 1337.
Libro de la migración, 1456.
Libro de la montería, 45.
Libro de la oración y meditación, 930, 931.
Libro de la verdad, 1005.
Libro de la vida, 113, 114, 119.
Libro de la vida y costumbres de don Alonso Enríquez de Guzmán, 482.
Libro de la vocación, 923.
Libro de las algas, 34.
Libro de las alucinaciones, 714, 1321.
Libro de las antigüedades de las ciudades de España, 1063.
Libro de las batallas de Dios, 1672.
Libro de las bienandanzas e fortunas, 609.
Libro de las cinco paradojas, 534.
Libro de las confesiones, 1237, 1337.
Libro de las consolaciones de la vida humana, 936.
Libro de las cruzes, 43.
Libro de las fábulas, 437.
Libro de las fundaciones, 1609.
Libro de las generaciones, 842.
Libro de las grandezas y cosas memorables de España, 1005.

ÍNDICE DE OBRAS

Libro de las memorias de las cosas, 540, 1328.
Libro de las noches abiertas, 355.
Libro de las nuevas herramientas, 55.
Libro de las preguntas, 1102.
Libro de las reglas cómo se debe trovar, 101.
Libro de las sátiras, 1737.
Libro de las sombras, 1303.
Libro de las suertes, 31.
Libro de las tres gracias, 1337, 1672.
Libro de las tribulaciones, 534.
Libro de las verdades, 1053.
Libro de las virtuosas y claras mujeres, 935.
Libro de loas, 1165.
Libro de los buenos proverbios, 1333, 1334.
Libro de los cantares, 1641.
Libro de los consonantes, 101.
Libro de los cuarenta cantos, 576.
Libro de los doze sabios, 1334.
Libro de los enxenplos por a.b.c, 509, 1518.
Libro de los epílogos, 1730.
Libro de los Estados, 111, 143, 962, 1334.
Libro de los evangelios del aviento fasta la dominica in Passione, 181.
Libro de los fragmentos, 1071.
Libro de los fuegos inextinguíbiles, 1740.
Libro de los gatos, 509.
Libro de los héroes, 526.
Libro de los mensajes, 1485.
Libro de los monstruos, 1748.
Libro de los oficios, 1608.
Libro de los paisajes, 929.
Libro de los recuerdos, 1477.
Libro de los siete sabios, 1113.
Libro de Madrid, 639.
Libro de Manuel, 380.
Libro de Marco Polo, 540.
Libro de Ming, 1488.

Libro de miseria de omne, 1029.
Libro de moda o ensayo de la historia de los currutacos, pirracas y madamitas del nuevo cuño, 782.
Libro de montería, 84.
Libro de motes de damas y caballeros, 1034.
Libro de música de vihuela intitulado «El Maestro», 1034.
Libro de navíos y borrascas, 1073.
Libro de Ondina, 542.
Libro de oro de las escuelas, 827.
Libro de poemas, 601.
Libro de poemas y canciones, 1748.
Libro de retratos, 1193.
Libro de Rolando, 487.
Libro de Ruth, 1191.
Libro de signos, 671.
Libro de Sigüenza, 1039.
Libro de todos los santos, 955.
Libro de varios tratados y noticias, 1607.
Libro de versos, 1556.
Libro de veynte cartas e qüistiones, 1620.
Libro de viaje, 1570.
Libro declarante... de la santa fe cathólica, 1337.
Libro del amor, 1485.
Libro del caballero Zifar, 194, 1110, 1114, 1334.
Libro del cavallero et del escudero, 962, 1334.
Libro del conosçimiento de todos los reynos, 112.
Libro del consejo e de los consejeros, 637, 1226, 1334.
Libro del mar, 90.
Libro del Passo Honroso, 742, 1427.
Libro del Quadrante sennero, 43.
Libro del regimiento de señores, 20.
Libro en el qual se contienen cincuenta romances, 1445.
Libro espiritual que trata de los malos lenguajes del mundo, carne y demonio y de los remedios contra ellos, 119.
Libro extraño, 1094, 1543.
Libro infinido, 111, 961, 1334.
Libro nuevo de entremeses, intitulado «Cómico festejo», 312.
Libro primero de las sátiras, 1165.
Libro que no muerde, 1666.
Libro sin tapas, 699.
Libros de las cosas de la Nueva España y de los naturales de ella, 163.
Libros del Cabildo de Quito, 1480.
Libros del saber de Astronomía, 43.
Libros y perros, 1001.
Liciones de Job apropiadas a las pasiones de amor, 1510.
Lidamante de Armenia, 574.
Lides de estaño, 1049.
Ligeros libertinajes sabáticos, 1087.
Lihn y Pompier, 848.
Lilí, 346.
Lilia culpa, 58.
Lilith, 349.
Lilus Kikus, 1313.
Lima, coplas y guitarras, 457.
Lima, hora cero, 366.
Lima en rock, 1404.
Lima fundada, 1233.
Lima la horrible, 1495.
Limbo, 453.
Límite humano, 784.
Límites del hombre, 250.
Lina y su sombra, 315.
Línea, 1191.
Línea de fuego, 159.
Línea de la vida, 633.
Línea del alba, 749.
Linea imperatorum, 57.
Línea y acento, 125.
Líneas finales, 874.
Linguae Latinae exercitatio, 1745.
Lingüística general, 1253.
Linterna mágica, 1748.
Lionfort, 186.
Li-Po y otros poemas, 1571.
Lira americana, 1205.

Lira de Quisqueya, 1651.
Lira romántica sudamericana, 1074.
Lira triste, 1237.
Lira y tribuna, 953.
Lírica de percepciones, 633.
Lírica española, 1461.
Lírica española de hoy, 272.
Lírica infantil en México, 887.
Lírica poesía, 921.
Líricos remansos, 996.
Lirio entre espinas, 991.
Lirismo, 1769.
Lisandro, 1741.
Lisardo enamorado, 308.
Lisi desdeñosa, 599.
Lisuarte de Grecia, 1116, 1549.
Literales, 1551.
Literatos extranjeros, 179.
Literatura, 1607.
Literatura, historia y política, 1193.
Literatura arcaica. Estudios críticos, 147.
Literatura argentina y realidad política, 1741.
Literatura cubana. Ensayos críticos, 342.
«Literatura» de Bonafoux, 202.
Literatura de ideas, 1625.
Literatura de la Real Audiencia de Quito. Siglo XVII, 1426.
Literatura del Paraguay, 1424.
Literatura entre paréntesis, 705.
Literatura española contemporánea (1898-1950), 340.
Literatura española del siglo XX, 1497.
Literatura española: libros y autores clásicos, 142.
Literatura española: libros y autores contemporáneos, 142.
Literatura española: libros y autores modernos, 142.
Literatura española. Siglo XIX, 29.
Literatura extranjera, 637.
Literatura filatélica de España, 1213.
Literatura guaraní del Paraguay, 141.
Literatura hispanoamericana: hombres, meditaciones, 973.
Literatura indígena y colonial mexicana, 1184.
Literatura peruana, 1575.
Literatura popular en España en los siglos XVIII y XIX, 967.
Literatura prehispánica y colonial en Bolivia, 119.
Literatura salmantina del siglo XX, 1496.
Literatura uruguaya, 202.
Literatura venezolana en el siglo XIX, 1270.
Literatura y clase social, 1354.
Literatura y enfermedad, 1011.
Literatura y neurosis, 63.
Literatura y problemas de Sociología, 1316.
Literatura y psicología: La neurosis del escritor español, 63.
Literatura y revolución, 36.
Literatura y sociedad, 1607.
Literaturas europeas de vanguardia, 751, 1293, 1621.
Literaturas exóticas, 637.
Literaturas malsanas, 620.
Litoral (Reseña de una vida inútil), 1204.
Liturgia para cornudos, 439.
Liturxia do corpo, 910.
Livia, 618.
Lívida luz, 304.
Llama de amor viva, 799, 800.
Llamada, 77.
Llamada de los proletarios, 18.
Llamada y tropa, 598.
Llamadme publicano, 521.
Llámala Siboney, 1151.
Llamando a las puertas del infierno, 1151.
Llamarada [Hoyos y Vinent, Antonio de], 748.
Llamarada [Mendizábal Santa Cruz, Luis], 1016.
Llamémosle X, 419.
Llampo de sangre, 315.
Llanto de octubre, 1318.
Llanto de Venus en la muerte de Adonis, 414.
Llanto por Ignacio Sánchez Mejías, 601, 1515.
Llanto subterráneo, 1318.
Llanura [Alcaide, Juan], 29.
Llanura [Andújar, Manuel], 68.
Llegada, 306.
Llegada de los dioses, 220.
Llegada de todos los trenes del mundo, 413.
Llegada de un jaguar a la tranquera, 947.
Llegaron del mar, 1054.
Llegó el plomero, 320.
Llévame al «Metro», mamá, 1625.
Llibre de Gamaliel, 1227.
Llibre de meravelles, 509.
Llorar es un placer, 648.
Llueve sobre el mar, 450.
¡Lluvia!, 1300.
Lluvia de cohetes, 70.
Lluvia de enero, 1182.
Lluvia de flores, 1363.
Lluvia menuda, 431.
Lluvia para Yosia, 419.
Lluvias de hierba, 617.
Lo absoluto, 256.
Lo actual y lo eterno en José Cecilio del Valle, 469.
Lo amargo por dulce, 1162.
Lo barroco, 1177.
Lo bello y lo siniestro, 1324.
Lo cómico contemporáneo, 493.
Lo crudo, lo cocido y lo podrido, 733.
Lo cubano en la poesía, 1743.
Lo demás es silencio [Celaya, Gabriel], 324.
Lo demás es silencio [Monterroso, Augusto], 1057.
Lo desconocido liberado seguido de las tres y media etapas del vacío, 638.
Lo histórico y lo antihistórico en el Paraguay, 1015.
Lo huidizo y lo permanente, 1516.

Lo impenetrable, 590.
Lo importante es que nos miramos, 1533.
Lo imprevisto, 920.
Lo inexplicable, 999.
Lo infinitamente pequeño, 1277.
«*Lo invisible*», 127.
Lo máximo murmura, 667.
Lo mejor de la mujer, 320.
Lo mejor del mundo, poesías festivas, 1540.
Lo mejor del tesoro, 1670.
Lo mismo de siempre, 1252.
Lo nunca proyectado, 1551.
Lo pasado, pasado, 1245.
Lo popular y lo folklórico en el Táchira, 1468.
Lo positivo, 1575.
Lo prohibido, 1243.
Lo propio, lo de todos, 633.
Lo que ay de más y de menos en España, 891.
Lo que cantan los niños, 881.
Lo que dejó la tempestad, 1372.
Lo que dicen las campanas, 1186.
Lo que Dios ha unido, 1747.
Lo que Dios quiere, 219.
Lo que el tiempo deja, 1402.
Lo que es del César [Aparicio, Juan Pedro], 72.
Lo que es del César [Garibay, Ricardo], 616.
¡Lo que es el mundo!, 104.
Lo que está en el corazón, 1403.
Lo que falta a mi mujer, 1672.
Lo que las lágrimas pueden, 1008.
Lo que me dejé en el tintero, 115.
Lo que niega la vida. Por el decoro. Comedias originales, 150.
Lo que no dijo Guillermo, 903.
Lo que no vemos debajo del agua, 1641.
Lo que nos falta, 1464.
Lo que puede un empleo, 990.
Lo que se habla por ahí, 440.
Lo que se llevan las horas, 1530.

Lo que sobra a mi mujer, 1672.
¡Lo que son las cosas!, 412.
Lo que son las mujeres, 1442.
Lo que son los yerbales, 149.
Lo que sucedió..., 669.
Lo que vale el talento, 1240.
Lo que vi en la guerra. Diario de un soldado, 1105.
Lo relativo, 1516.
Lo rojo y lo azul, 786.
Lo social en el teatro hispanoamericano contemporáneo, 1568.
Lo uno y lo otro, 325.
Loa en alabanza de los dedos, 1500.
Lobenies, 1580.
Lobos, perros y corderos, 981.
Lobos y ovejas, 1551.
Locos de verano, 813.
Locura de amor, 1575.
Locura de mis ojos, 789.
Locura la vida es, 765.
Locura y muerte de Nadie, 786, 1130.
Locuras de carnaval, 145.
Locuras de Europa, 1482.
Logaritmo, 212.
Lógica, 669.
Lógica del zoo, 1054.
Lola, 1163.
Lola, espejo oscuro, 529, 1132.
Lola, Lolita, Lolilla y Lolo, 1241.
Lola, su novio y yo, 1456.
Lola Casanova, 1439.
Lola Montes, 1756.
Lola o Flor de un día, 258.
Lola y Loló, 542.
Lolita Acuña, 1399.
Lolita. Canciones y juegos de las niñas, 881.
Londres, 251.
Londres victoriano, 167.
Lonxe [Lázaro, Ángel], 833.
Lonxe [Varela, Lorenzo], 1696.
Looping, 973.
Loor de espacio, 1000.
Loores de los claros varones de España, 1246.
Loores de Nuestra Señora, 171.

Lope de Aguirre, 1624.
Lope de Aguirre, príncipe de la libertad, 1189.
Lope de Aguirre, traidor, 1519.
Lope de Vega, personaje de sus comedias, 383.
Lope de Vega, su vida y su obra, 1760.
Lope de Vega, sus amores y sus odios, 761.
Lope de Vega en la vida y en los libros, 1323.
Lope de Vega: su vida y sus obras, 78.
Lope en silueta, 127.
Lope-Calderón y Shakespeare: comparación de dos estilos dramáticos, 419.
Lorca, poeta maldito, 1646.
Lorca. El poeta y su pueblo, 140.
Lorencín o el camarero del cine, 670.
Los 1001 cuentos de una línea, 794.
Los 2.000 bombardeos de Malta, 1576.
Los abanicos del Caudillo, 1302.
Los Abel, 1001.
Los abrazos del pulpo, 1049.
Los adioses [Charry Lara, Fernando], 343.
Los adioses [Guache, Ángel], 1302.
Los adioses [Lorenzo, Pedro], 923.
Los adioses [Onetti, Juan Carlos], 1167.
Los adioses [Sabat Ercasty, Carlos], 1485.
Los adioses [Scorza, Manuel], 1533.
Los adolescentes, 342.
Los aeropuertos, 537.
Los aguiluchos, 968.
Los aguinaldos, 1503.
Los aguinaldos del infante, 187.
Los agujeros negros, 467.
Los ahorcados del cuarto menguante, 326.
Los álamos oscuros, 1541.
Los albañiles, 835, 1320.

Los albañiles de Los Tapes, 1071.
Los alcaldes de Valladolid, 598.
Los alcaldes encontrados, 1348.
Los alegres desahuciados, 973.
Los alegres muchachos de Atzavara, 1703.
Los alemanes en la conquista de América, 78.
Los alivios de Casandra, 308.
Los almendros del paseo de Covadonga, 1406.
Los alrededores del tiempo, 684.
Los altares, 1161.
Los altillos de Brumal, 1088.
Los amantes [López Anglada, Luis], 907.
Los amantes [Rey de Artieda, Andrés], 1399.
Los amantes andaluces, 308.
Los amantes de Teruel [Hartzenbusch, Juan Eugenio], 627, 695, 1588.
Los amantes de Teruel [Romero Larrañaga, Gregorio], 1458.
Los amantes del sol poniente, 704.
Los amantes desunidos, 1402.
Los amigos, los amantes y la muerte, 1039.
Los amigos de Claudio, 1250.
Los amigos de Toti Tang, 1090.
Los amigos enemigos, 755.
Los amigos y el viento, 672.
Los amores, 910.
Los amores criminales de las vampiras Morales, 87.
Los amores de Afrodita, 221.
Los amores de Dido y Eneas, 313.
Los amores de Hortensia, 234.
Los amores de Juan Rivault, 159.
Los amores de la Nati, 1035.
Los amores de la virreina, 613.

Los amores de un cadete, 1520.
Los amores diurnos, 1646.
Los amores imposibles, 1300.
Los amores secretos, 1089.
Los amores tardíos, 145.
Los amores y las vidas, 1089.
Los amoríos de 1790, 613.
Los amos benévolos, 815.
Los amos del valle, 709.
Los anales, 814.
Los anales de la Inquisición de Lima, 1205.
Los anales del Cuzco, 1206.
Los Andes no creen en Dios, 385.
Los ángeles custodios, 1646.
Los ángeles de hueso, 1719.
Los ángeles del arroyo, 1657.
Los ángeles del hogar, 1657.
Los ángeles enfermos, 1052.
Los ángeles terribles, 342.
Los animales, 712.
Los animales puros, 1720.
Los animales vivos, 291.
Los aniversarios, 68.
Los anónimos, los anonimistas y los anonimatos, 1534.
Los anteojos de azufre, 1070.
Los antepasados, 7.
Los anticuarios, 223.
Los antofagastas, 1539.
Los antojos [anteojos] de mejor vista, 539.
Los años, 995.
Los años (1946-1960), 164.
Los años cansados, 807.
Los años de fuego, 940.
Los años de la ira, 838.
Los años del fuego, 1091.
Los años despiadados, 1741.
Los años enterrados, 1755.
Los años falsos, 1725.
Los años sin excusa, 116, 147.
Los años triunfales, 545.
Los aparecidos [Lucio y López, Celso], 927.
Los aparecidos [Sanz, María], 1304.
Los aprendices, 1767.
Los apuros de Correa, 613.
Los árboles bajo la luna, 1468.
Los árboles de oro, 283.

Los árboles mueren de pie, 302.
Los árboles no dejan ver el bosque, 1551.
Los arcángeles ebrios, 1682.
Los Arcángeles: parábola, 625.
Los archivos secretos, 598.
Los argonautas de la selva, 169.
Los argonautas que vuelven, 77.
Los argonautas y otros poemas, 352.
Los arriates, 1410.
Los asesinatos del Seguro Obrero, 465.
Los asesinos de los días de fiesta, 436.
Los asesinos de última hora, 828.
Los asesinos las prefieren rubias, 994.
Los asistentes, 1215.
Los áspides de Cleopatra, 910, 1441.
Los astros, 1197.
Los astros del abismo, 19.
Los astros esperan. Poesía y mito en «Myesis» de Juan Liscano, 1551.
Los atracadores, 1149.
Los autonautas de la cosmopista, 380.
Los aventureros, 587.
Los avitaminosos, 382.
Los aztecas, 1267.
Los bailes criollos en el teatro nacional, 1704.
Los bailes y el teatro de los negros en el folklore de Cuba, 1183.
Los bajos fondos, 517.
Los bancos son de piedra, 351.
Los bandidos de Río Frío, 1221, 1361.
Los bandos de Castilla o El Caballero del Cisne, 919, 1138.
Los banquetes, 834.
Los baños de Argel, 331, 334, 1104.
Los bárbaros, 452.
Los Baroja, 285.

Los barrios bajos, 919.
Los batautos, 1326.
Los bellos países, España, 1520.
Los besos de la muerte, 1657.
Los bienaventurados, 1759.
Los bigardos del ron, 973.
Los blancos pies en tierra, 689.
Los bogavantes, 1316.
Los borradores de un meditador, 1071.
Los botijistas, 301.
Los bravos, 540, 1133.
Los brazos de la i griega, 1235.
Los brujos de Ilamatepeque, 62.
Los buenos días, 1226.
Los buenos días perdidos, 583.
Los buenos mozos, 541, 919.
Los buenos negocios, 325.
Los buitres, 617.
Los burgueses [Bullrich, Silvina], 221.
Los burgueses [Sánchez, Luis Alberto], 1507.
Los buscadores de agua, 518.
Los buzos, 1201.
Los caballeros, 1347.
Los caballeros de Loyola, 1250.
Los caballeros del Dorado, 154.
Los caballos [Frugoni, Emilio], 575.
Los caballos [Rosencof, Mauricio], 1463.
Los caballos [Sellés, Eugenio], 1536.
Los caballos del alba, 1195.
Los caballos del sueño, 784.
Los cachorros, 1697.
Los cachorros del león, 607.
Los caciques [Arniches, Carlos], 94.
Los caciques [Azuela, Mariano], 129.
Los cadetes de la reina, 1764.
Los caimanes [Ciges Aparicio, Manuel], 348.
Los caimanes [Torrado, Adolfo], 1618.

Los calaveras, 1515.
Los cálices vacíos, 19.
Los camellos distantes, 9.
Los caminos, 1322, 1744.
Los caminos borrados, 706.
Los caminos cortados. Antología general, 930.
Los caminos de Roma, 1426.
Los caminos del alba, 1220.
Los caminos del Esla, 72, 1025.
Los caminos del mundo, 429.
Los caminos del oro y de la plata (Deuda exterior y tesoros ultramarinos), 280.
Los caminos del Señor, 1775.
Los caminos dispersos, 1342.
Los campesinos y otros condenados, 436.
Los canarios, 1372.
Los cantares populares chilenos, 8.
Los cantos de Ilíberis, 1500.
Los cantos del Pacífico, 346.
Los cantos fluviales, 1720.
Los cantos precarios, 1184.
Los capitanes de Rojas. Descubrimiento y entrada al Norte Argentino, 349.
Los caranchos de la Florida, 939.
Los caribes de las Indias, 1521.
Los casos de Juan el Zorro, 259.
Los casos de Perú Rimá, 461.
Los castizos, 301.
Los catalanes en la defensa y reconquista de Buenos Aires, 1051.
Los caudillos bárbaros, 85.
Los caudillos letrados, 85.
Los celos de una reina y el amor de una mujer, 1577.
Los celos de una vieja, 1240.
Los celos hacen estrellas, 1717.
Los cementerios civiles y la heterodoxia española, 794.
Los centauros, 837.
Los cercos, 391.
Los chamarileros, 2.
Los charros, 826.
Los chicos, 826.
Los chulos de Madrid, 998.

Los ciegos [Loveira y Chirino, Carlos], 923.
Los ciegos [Maluenda, Rafael], 956.
Los ciegos [Martín, Sabas], 1600.
Los cielos, 238.
Los cielos de la muerte, 92.
Los cielos que perdimos, 1458.
Los cien caballeros de Isabel la Católica, 1250.
Los cigarrales de Toledo, 1118, 1137, 1614.
Los cinco libros de Ariadna, 1538.
Los cinco libros de la enamorada Elisea, 1142.
Los cinco libros postreros..., 1063.
Los cinco mártires de Arabia, 1281.
Los cinco sentidos, 186.
Los cipreses creen en Dios, 632, 1132, 1325.
Los círculos del hombre, 900.
Los círculos del infierno, 1196.
Los cisnes, 1074.
Los clarines del miedo, 838.
Los clásicos redivivos. Clásicos futuros, 127.
Los claveles, 1764.
Los climas, 1276.
Los cohetes de la verbena, 1373.
Los colores ocultos, 622.
Los cómicos de la legua, 1165.
Los compadres codiciosos, 976.
Los compadritos, 382, 732.
Los cómplices del sol, 1641.
Los comuneros [Arciniegas, Germán], 78.
Los comuneros [Diosdado, Ana], 458.
Los comuneros [López Álvarez, Luis], 907.
Los condenados, 1244, 1590.
Los conjurados, 207.
Los conquistadores [Jaimes Freyre, Ricardo], 783.
Los conquistadores [Román, José], 1443.

Los conquistadores de la Antártida, 357.
Los conquistadores del ideal, 187.
Los conspiradores [Ibargüengoitia, Jorge], 760.
Los conspiradores [Sueiro, Daniel], 1569.
Los conspiradores [Zúñiga, Luis Andrés], 1775.
Los consuelos, 472.
Los consulados del Más Allá, 467.
Los contemporáneos, 650.
Los contrabandistas, 1182.
Los convidados de agosto, 303.
Los convidados de piedra, 473.
Los cortesanos de don Juan II, 1066.
Los crepúsculos, 1426.
Los crepúsculos del jardín, 929.
Los crímenes del Santo Niño Jesús de Praga, 544, 1152.
Los crímenes misteriosos, 680.
Los criminales, 1524.
Los cristales fingidos, 608.
Los cronistas y la historia, 1070.
Los crueles espejos, 1000.
Los cruzados de la causa, 1676.
Los cuadernos de Adrián Dale, 272.
Los cuadernos de Doñana, 888.
Los cuadernos de la tierra, 12.
Los cuadernos de un vate vago, 1623.
Los cuatro espejos, 466.
Los cuatro grandes de la literatura chilena del siglo XX: Augusto d'Halmar, Pedro Prado, Gabriela Mistral, Pablo Neruda, 440.
Los cuatro horizontes del cielo, 1236.
Los cuatro jinetes del Apocalipsis, 190, 849.
Los cuatro libros cardinales, 467.

Los cuatro musicantes, 1109.
Los cuatro ochavos, 1061.
Los cuatro perros, 834.
Los cuatro pies, 1637.
Los cuatro reyes de la baraja, 709.
Los cuchillos del miedo, 32.
Los cuentos de Alfredo Alvarado, El Rey del Joropo, 75.
Los cuentos de Mamá Vieja, 789.
Los cuentos del peregrino, 1527.
Los cuentos del viejo reloj, 882.
Los cuentos tristes, 940.
Los cuernos de don Friolera, 1258, 1677.
Los cuernos de la luna, 1413.
Los cuerpos del sueño, 137.
Los cuerpos gloriosos, 1301.
Los cuervos están de luto, 87.
Los culpables, 1064.
Los curas comunistas, 984.
Los de abajo, 128, 129, 1478.
Los de Aragón, 1764.
Los de ayer, 1729.
Los de enfrente, 573.
Los dedos de la mano, 815, 940.
Los dedos en el barro, 1015.
Los defraudados, 1403.
Los delfines, 1500.
Los delirios, 1548.
Los delitos insignificantes, 1312.
Los demás, 695.
Los demasiados libros, 1758.
Los demonios de la lengua, 1480.
Los demonios de Potranco, 1049.
Los demonios ocultos, 1316.
Los demonios y los días, 203.
Los derechos del hombre y los del hambre, 1537.
Los derrotados, 67.
Los desagravios de Cristo, 410.
Los desencontrados, 1054.
Los desgajados, 76.
Los deshabitados, 722, 1350.
Los deshabitados paraísos, 177.
Los desheredados, 57.

Los desiertos del ángel, 92.
Los desiertos dorados, 179.
Los desorientados, 1731.
Los despiertos, 429.
Los despojos del invicto señor, 1330.
Los desposados, 192.
Los desposorios de Inés, 597.
Los desterrados [Morales, Rafael], 1064.
Los desterrados [Nieto, Ramón], 1104.
Los desterrados [Quiroga, Horacio], 1350.
Los desterrados [Toruño, Juan Felipe], 1630.
Los desterrados de la Dictadura (Reportajes y testimonios), 948.
Los devaneos de Erato, 1463.
Los diablos danzantes, 396.
Los diablos de San Francisco de Yare, 852.
Los diablos del petróleo, 834.
Los diamantes de la Corona [Asenjo Barbieri, Francisco], 103.
Los diamantes de la corona [Camprodón y Safont, Francisco], 258.
Los días, 1625.
Los días como pájaros, 302.
Los días contados, 36.
Los días de amor, guerra y omnipotencia de David «el Callado», 1057.
Los días de Cipriano Castro, 1270.
Los días de Julián Bisbal, 382.
Los días de la noche, 1162.
Los días de la paciencia, 356.
Los días de Lina, 319.
Los días de tu vida, 452.
Los días del hombre, 623.
Los días duros, 546.
Los días enemigos, 320.
Los días enmascarados, 576.
Los días íntimos, 1079.
Los días laborables, 1303.
Los días ocultos, 1191.
Los días perdidos, 1304.
Los días por vivir, 988.
Los días sedientos, 648.
Los días terrenales, 1398.

ÍNDICE DE OBRAS

Los días terrestres, 1158.
Los días y las noches, 819.
Los dientes de Raquel, 794.
Los diez libros de Arquitectura, 1184.
Los diez libros de Fortuna de Amor, 904, 1142.
Los diez libros éticos de Aristóteles, 4.
Los dioses de sí mismos, 92.
Los dioses del Olimpo, 1272.
Los dioses en el exilio, 1054.
Los dioses perdidos y otros ensayos, 1054.
Los dioses que se fueron, 1189.
Los dioses vuelven, 214.
Los dispositivos de la flor, 437.
Los doce cantos, 1650.
Los doce triunfos de los doce apóstoles, 1195.
Los domadores, 1536.
Los domingos, bacanal, 522.
Los domingos del profesor, 65.
Los domingos vacíos, 1762.
Los dominios, 349.
Los dominios del lobo, 970.
Los Dones de la Tierra (1982-1983), 1197.
Los dos amores, 224.
Los dos amores de Maximino Claudel, 169.
Los dos ángeles, 585.
Los dos compadres, o Verdugo y sepulturero, 1566.
Los dos Foscaris, 278.
Los dos gemelos, 1774.
Los dos matrimonios, 151.
Los dos mejores hermanos, San Justo y Pastor, 837.
Los dos verdugos, 96.
Los dotze treballs de Hércules, 1739.
Los dramaturgos españoles contemporáneos, 650.
Los duendes, 702.
Los Dueñas, 693.
Los dueños de la tierra, 1741.
Los efectos de la fuerza, 252.
Los egoístas, 1025.
Los elegidos, 457.
Los elementos de la civilización cristiana, 132.

Los elementos del desastre, 1080.
Los elementos terrestres, 1163.
Los emblemas de Alciato traducidos en rimas españolas, 869.
Los emigrantes, 748.
Los emisarios, 1080.
Los empecinados, 1267.
Los empeños de una casa, 803.
Los empeños del mentir, 757.
Los encantos de la culpa, 247.
Los encantos de Merlín, 1399.
Los encuentros [Aleixandre, Vicente], 37.
Los encuentros [González Sáinz, José Ángel], 1089.
Los enemigos [López Pinillos, José], 917.
Los enemigos [Tomeo, Javier], 1616.
Los enemigos de la tierra, 1373.
Los enemigos del alma, 955.
Los engañados, 1466.
Los engaños de un engaño y confusión de papel, 1069.
Los enigmas de María Luz, 16.
Los enredos de un lugar, 690, 1122.
Los ensayos, 1477.
Los eróticos y otros poemas, 749.
Los errores, 1398.
Los eruditos a la violeta o Curso completo de todas las ciencias..., 238, 1122.
Los escalones de una vida: autobiografía y otros comentarios, 1419.
Los escondites, 616.
Los esfuerzos inútiles, 576.
Los espacios azules, 90.
Los espacios cálidos, 622.
Los españoles, 971.
Los españoles con el culo al aire, 1641.
Los españoles pintados por sí mismos, 219, 387, 564.
Los espejos [Arredondo, Inés], 97.

Los espejos [Jiménez Romero, Alfonso], 795.
Los espejos [León Marchante, Manuel de], 838.
Los espejos [Rodríguez Spiteri, Carlos], 1430.
Los espejos de la palabra (Antología personal), 1095.
Los espejos del más allá, 698.
Los espejos envenenados, 436.
Los espejos falsarios, 1556.
Los espejos paralelos, 934.
Los espejos transparentes, 325.
Los espías de Sísifo, 1095.
Los espías del realista, 1049.
Los espirituados, 223.
Los espíritus, 528.
Los Estados Unidos en escorzo, 971.
Los Estados Unidos y la República Dominicana, 696.
Los estandartes del rey, 385.
Los estetas, los mendigos, los héroes, 667.
Los estrangulados, 1419.
Los eternos vagabundos, 835.
Los europeos, 125.
Los excelentes varones, 109.
Los exiliados, 298.
Los expatriados o Zulema y Gazul, 1701.
Los expedientes, 436.
Los éxtasis de la montaña, 710.
Los extraños huéspedes, 623.
Los extraordinarios, 952.
Los extremeños se tocan, 1078, 1241.
Los fabricantes de héroes se reúnen a comer, 915, 999.
Los faldones de Mexía, 839.
Los falsos demonios, 1559.
Los fanáticos, 838.
Los fanfarrones, 541.
Los fantasmas de Madrid y estafermos de la corte, 637.
Los fantasmas de mi cerebro, 633.
Los felinos del canciller, 1067.
Los figurones literarios, 589.
Los filos de la noche, 1091.

Los forjadores del mundo moderno, 419.
Los forzados, 319.
Los forzados de Gamboa, 159.
Los frailes de San Benito tuvieron una vez hambre, 1105.
Los frailes en España, 1071.
Los franceses en Getafe, 299.
Los frutos ácidos, 705.
Los frutos caídos, 702.
Los fuegos de San Telmo, 439.
Los fueros de la unión, 205.
Los fugitivos y otros cuentos, 216.
Los fundadores del alba, 1316.
Los funerales de la Mamá Grande, 603, 604.
Los galgos verdugos, 141, 142, 1321.
Los gallinazos sin plumas, 1407.
Los «Gallos» de Emilio Romero, 1456.
Los gallos salvajes, 87.
Los ganadores, 1654.
Los gatos [Casero y Barranco, Antonio], 301.
Los gatos [Gómez Arcos, Agustín], 635.
Los gatos salvajes y otras historias, 619.
Los gauchipolíticos rioplatenses, 563, 1354.
Los gauchos judíos, 622.
Los gavilanes, 1358, 1764.
Los gemidos, 1442.
Los geniecillos dominicales, 1407.
Los gestos de la otra vida, 1012.
Los gigantones en Madrid por defuera, 1526.
Los girasoles en invierno, 69.
Los giróvagos de numen, 76.
Los gitanos, 349.
Los gitanos de la Bética, 936.
Los gorrones, 1000.
Los gozos de Nuestra Señora, 1018.
Los gozos del río, 1673.

Los gozos y las sombras, 1624.
Los gramáticos, 1122.
Los grandes hombres ante la muerte, 779.
Los grandes relatos, 794.
Los grillos de la duda, 1773.
Los guerreros de Hibueras, 489.
Los guerrilleros [Aub, Max], 109.
Los guerrilleros [Codina, Iverna], 353.
Los guerrilleros negros, 833.
Los gusanos, 819.
Los hábiles, 1516.
Los habitantes [Garmendia, Salvador], 616.
Los habitantes [Guevara, Pablo], 680.
Los habitantes de la casa deshabitada, 785.
Los habitantes del alba, 1606.
Los hábitos del artillero, 1301.
Los hechos de Zacarías, 1071.
Los helechos arborescentes, 1646.
Los heraldos negros, 1679, 1680.
Los herbarios rojos, 250.
Los herederos, 298.
Los herederos de la promesa, 58.
Los heréticos, 1666.
Los hermanos queridos, 658.
Los hermosos días, 1748.
Los héroes en el teatro (Reflexiones sobre la manera de representar la tragedia), 1455.
Los hidalgos de Monforte, 1728.
Los Hijos [Cuesta y Cuesta, Alfonso], 413.
Los hijos [Martínez Olmedilla, Augusto], 989.
Los hijos de la fortuna, 1415.
Los hijos de la lluvia, 926.
Los hijos de la memoria, 638.
Los hijos de la noche, 1618.
Los hijos de Madrid, 55.
Los hijos de nadie, 1061.
Los hijos de Pu, 816.

Los hijos del agobio, 1091.
Los hijos del batallón, 541.
Los hijos del Iris, 1524.
Los hijos del limo, 1225.
Los hijos del sol, 1659.
Los hijos del tío Tronera, 598.
Los hijos muertos, 1001, 1321, 1325.
Los himnos, 575.
Los holgones, 1717.
Los hombres color del silencio, 1147.
Los hombres de a caballo, 1741.
Los hombres de bien, 1575.
Los hombres de Celina, 694.
Los hombres de España. (Desde Maura al vivillo), 1493.
Los hombres de la tierra y del mar, 799.
Los hombres de los cantos amargos, 1372.
Los hombres de piedra, 1599.
Los hombres del alba, 749.
Los hombres del hombre, 150.
Los hombres del triciclo, 95.
Los hombres lloran solos, 633.
Los hombres: Mary los descubre, 777.
Los hombres: Mary los perdona, 777.
Los hombres oscuros, 691.
Los horrores del triunfo, 214.
Los hoteles, 1302.
Los huérfanos, 1651.
Los Huertas, 298.
Los huéspedes reales, 702.
Los huéspedes secretos, 234.
Los hugonotes, 472.
Los huidos, 302.
Los humildes, 1743.
Los humildes senderos, 1403.
Los humoristas de Caracas, 1097.
Los huracanes, 566.
Los ídolos, 1074.
Los ídolos de Bacon, 574.
Los ídolos del foro, ensayo sobre las supersticiones políticas, 1625.
Los ilusos, 125.
Los ilustres salteadores, 1639.
Los importantes: pueblo, 271.

ÍNDICE DE OBRAS

Los imposibles afectos de Iván Turgueniev, 1775.
Los imposibles pájaros, 930.
Los inculpables, 1358.
Los indianos vuelven, 918.
Los indios estaban cabreros, 419.
Los infantes de Lara, 1193.
Los infiernos del pensamiento, 612.
Los Ingar, 1767.
Los inmigrantes, 587.
Los inmigrantes prósperos, 669.
Los inmorales, 923.
Los innombrables, 1456.
Los inocentes [Lamana, Manuel], 817.
Los inocentes [Reynoso, Oswaldo], 1404.
Los inocentes de la Moncloa, 1428.
Los inquisidores, 1174.
Los instantes, 912.
Los instintos, 1773.
Los instrumentos de la música afrocubana, 1183.
Los instrumentos musicales aborígenes, 1705.
Los insulares, 1201.
Los insurgentes, 237.
Los intelectuales en el drama de España, 1759.
Los intereses creados, 162, 163, 880.
Los inválidos, 635.
Los invasores, 1749.
Los invencibles, 445.
Los invisibles, 813.
Los invitados, 672.
Los irresistibles, 1630.
Los irresponsables, 451.
Los jácaros, 634.
Los jardines de Aranjuez, 49.
Los jardines interiores, 1103.
Los jefes, 1697.
Los jinetes del alba, 540.
Los Judas, 782.
Los judíos en la España moderna y contemporánea, 285.
Los jueces de Castilla, 1069.
Los jueces implacables, 1474.
Los juegos, 120, 719.
Los juegos de Azar, 124.

Los juegos olímpicos, 1496.
Los juegos peligrosos, 1176.
Los juglares, 541.
Los Julianes, 977.
Los justicieros, 1330.
Los laberintos insolados, 1630.
Los labios de la luna, 1095.
Los labios del monte, 152.
Los lados del cubo, 291.
Los ladrones somos gente honrada, 785.
Los lamederos del diablo, 92.
Los lances de Amancaes, 1535.
Los lanzallamas, 91.
Los lares apagados, 1749.
Los largos días, 342.
Los laureles de Anselmo, 1538.
Los leños vivientes, 459.
Los liberales, 608.
Los líricos y los épicos, 1420.
Los literatos en Cuaresma, 778, 1122, 1309.
Los lobos de Madrid, 1600.
Los locos, 1515.
Los lugares vacíos, 68.
Los lunes salchichas, 1556.
Los Madriles, 919.
Los maduros, 304.
Los maestros normalistas en el Perú, 148.
Los maitines de la noche, 710.
Los malcasados de Valencia, 312, 1313.
Los malditos, 1067.
Los males de la Patria y la futura revolución española. Consideraciones generales acerca de sus causas y efectos, 954, 1365.
Los malos pensamientos, 1018.
Los maniáticos, 1407.
Los maragatos: su origen, su estirpe, sus modos, 50.
Los Marañones, 154.
Los mares del Sur, 1329, 1703.
Los marginados, 1273.
Los mariditos, 411.
Los mártires, 1617.
Los mártires de Anáhuac, 65.

Los mártires de Fermín Toro, 290.
Los más antiguos, 1071.
Los más fieles amantes Leucipe y Clitofonte, 14, 1111.
Los mástiles, 916.
Los mástiles de oro, 405.
Los Mayos, 1312.
Los Médicis de Florencia, 794.
Los médicos de la moda, 910.
Los medios seres, 641.
Los mejores años, 1304.
Los mendigos, 1468.
Los menestrales, 1639.
Los mercenarios, 57.
Los meses, 760.
Los miedos [Blanco Amor, Eduardo], 187.
Los miedos [Stolk, Gloria], 1564.
Los mil y dozientos conseios y avisos discretos..., 904.
Los mil y un descubrimientos de América, 926.
Los milagros, 689.
Los militares, la televisión y otras razones de uso interno, 951.
Los miserables de España o secretos de la Corte, 1489.
Los misterios de Barcelona, 1267.
Los misterios de la calle de Panaderos, 1504.
Los misterios del amor, 1240.
Los misterios del Parnaso, 823.
Los misterios del reino, 1630.
Los mitos profundos de Bolivia, 574.
Los modernos, 369.
Los molineros, 1756.
Los momentos sin número, 1672.
Los monjes, 1104.
Los monos de San Telmo, 344.
Los monos enloquecidos, 407.
Los monstruos prestigiosos, 619.
Los monstruos vanos, 233.
Los montaraces, 64.

Los Montijos, 1278.
Los montoneros, 878.
Los moradores, 1551.
Los moriscos del reino de Granada, 285.
Los moros del Rif, 998.
Los mostenses, 277.
Los motivos de Circe, 1090.
Los mozos cundas, 517.
Los muertos [Aub, Max], 109.
Los muertos [Bernier, Juan], 177.
Los muertos [Hidalgo, José Luis], 712.
Los muertos [Levrero, Mario], 839.
Los muertos no pueden quedarse en casa, 177.
Los muertos no se cuentan, 1325, 1557.
Los muertos no se tocan, nene, 125.
Los muñecos, 1404.
Los muñecos no están de acuerdo, 419.
Los murciélagos no son pájaros, 308.
Los murmullos de Dios, 437.
Los muros de agua, 1398.
Los muros enemigos, 1012.
Los muros fugitivos, 1248.
Los museos abandonados, 1252.
Los músicos continúan el juego, 131.
Los mutantes, 1468.
Los nadadores, 1303.
Los naipes conjurados (Poemas: 1975-1976), 1430.
Los naranjos de la mezquita, 649.
Los naufragios de Leopoldo, 1062.
Los navíos de la Ilustración, 152.
Los Nazarenos, 1035.
Los negros brujos, 1183.
Los neo-cultos, 1553.
Los nidos de antaño, 1096.
Los nietos de Dantón, 219.
Los nietos de Ícaro, 251.
Los ninguno, 1083.
Los niños, 1330.
Los niños bien, 1493.

Los niños de la guerra, 1425.
Los niños extraños, 695.
Los niños numerados, 518.
Los niños se despiden, 526.
Los niños sordos, 1502.
Los niños tontos, 1001.
Los nísperos del alba maduraron, 1462.
Los niveles del existir, 1538.
Los nocturnos de Rubén Darío, 1755.
Los nombres [Morales, Beltrán], 1063.
Los nombres [Ocampo, Silvina], 1162.
Los nombres de la vida, 836.
Los nombres de las antiguas calles de Madrid, 987.
Los nombres del aire, 1480.
Los novelistas españoles, 1199.
Los nudos del silencio, 544.
Los nueve montes pelados o El milagro de las tres ciruelas, 419.
Los nueve puñales, 1751.
Los nuevos, 728.
Los nuevos profetas, 164.
Los obstáculos, 814.
Los ochenta son nuestros, 458.
Los ocho años, 277.
Los oficios terrestres, 1747.
Los ojos, 1468.
Los ojos abiertos [León, Carlos Augusto], 836.
Los ojos abiertos [Ramírez Ángel, Emiliano], 1355.
Los ojos cerrados, 1355.
Los ojos de Astarté, 1076.
Los ojos de los enterrados, 106.
Los ojos de los fantasmas, 291.
Los ojos del cielo, los labios del mar, 1301.
Los ojos del extraño, 1302.
Los ojos del pródigo, 1495.
Los ojos despoblados, 90.
Los ojos perdidos, 611.
Los olvidados [Buñuel, Luis], 222.
Los olvidados [Lera, Ángel María de], 838.
Los once y uno, 1565.

Los oradores del Ateneo, 1199.
Los orígenes, 12.
Los Orígenes de la Lengua Española, 1378.
Los orígenes de la nacionalidad uruguaya, 1360.
Los orígenes de la novela decimonónica (1800-1830), 544.
Los orígenes del modernismo en Colombia, 1003.
Los orilleros. El paraíso de los creyentes, 184, 206.
Los oscuros, 1090.
Los oscuros dominios, 656.
Los otros, 1457.
Los otros días, 1329.
Los padres viudos, 1049.
Los países grises, 369.
Los pájaros de Bangkok, 1703.
Los pájaros de la noche, 1535.
Los pájaros del sueño, 461.
Los pájaros errantes, 1317.
Los pájaros regresan de la niebla, 1415.
Los palacios desiertos, 702.
Los palcos, 1300.
Los palos, 1579.
Los pañamanes, 221.
Los papeleros, 17.
Los papeles de Flavio Alvisi, 1474.
Los papeles del ilusionista, 1091.
Los papeles del infierno, 218.
Los papeles del tiempo, 1301.
Los papeles reservados de Emilio Romero, 1456.
Los papeles salvajes, 437.
Los parientes ricos, 431.
Los párpados y el polvo, 784.
Los parques abandonados, 710.
Los pasajeros del jardín, 221.
Los pasos amarillos, 937.
Los pasos cantados, 289.
Los pasos contados, 116, 142.
Los pasos de la muerte, 1077.
Los pasos del cazador, 660.
Los pasos del indio, 1762.
Los pasos litorales, 795.
Los pasos perdidos [Barna-

tán, Marcos-Ricardo], 143.
Los pasos perdidos [Carpentier, Alejo], 287.
Los pasos vivientes, 836.
Los pastores de Belén, 1713.
Los pastores del Betis, 1143.
Los pastores del Narcea, 1408.
Los pazos de Ulloa, 1125, 1212, 1213, 1565.
Los pecados capitales en la Europa del Este, 448.
Los pechos privilegiados, 1476.
Los peligros de la jungla, 1600.
Los peligros de Madrid, 1118.
Los Pelópidas, 903.
Los penitenciales, 441.
Los pequeños seres, 616.
Los peregrinos de la espuma, 193.
Los peregrinos inmóviles, 911.
Los periodistas, 836.
Los perros, 1061.
Los perros de presa, 2.
Los perros del paraíso, 1316.
Los perros hambrientos, 35.
Los perros mueren en la calle, 307.
Los perros no ladraron, 1083.
Los pícaros, 1084.
Los pichones del Turia, 103.
Los pies de barro, 616.
Los pies por delante, 109.
Los pies sobre la tierra, 343.
Los pies y los zapatos de Enriqueta, 1039.
Los pigmeos, 1458.
Los Pimentel, 57.
Los Pincheira, 1268.
Los placeres prohibidos, 328, 1689.
Los platos del diablo, 847.
Los pobrecitos, 1218.
Los pobres [Barletta, Leónidas], 143.
Los pobres [Sosa, Roberto], 1320, 1561.
Los pobres contra los ricos, 79, 1131.
Los pobres de Madrid, 1184.
Los pocos sabios, 277.

Los poemarios del arte, 490.
Los poemas de la hermana, 1683.
Los poemas de Rafael Múgica, 324.
Los poemas de Sidney West, 620.
Los poemas de Venus García, 705.
Los poemas del hijo, 966.
Los poemas del indio Juan Diego, 253.
Los poemas del pueblo, 711.
Los «Poemas del toro» de Rafael Morales, 1176.
Los poetas de la generación republicana, 828.
Los poetas quiteños del «Ocioso en Faenza», 294.
Los pordioseros, 670.
Los poros del viento, 447.
Los porteños, 1074.
Los precursores, 917.
Los precursores de la independencia de Chile, 64.
Los precursores del pensamiento latinoamericano, 1769.
Los predestinados, 587.
Los premios, 379.
Los premios literarios ¿cosa nostra?, 698.
Los primeros acordes, 999.
Los primeros cuentos de Rubén Darío, 1009.
Los primeros cuentos del mundo, 65.
Los príncipes caídos, 460.
Los príncipes iguales, 79.
Los prisioneros de la noche, 444.
Los problemas actuales de mayor urgencia para el Gobierno de España, 1517.
Los prodigiosos, 87.
Los prójimos, 658.
Los pueblos, 126, 127.
Los pueblos de España. Ensayo de etnología, 285.
Los pueblos del norte de la Península Ibérica, 285.
Los puentes, 784.
Los puercos de Circe, 40.
Los puritanos, 927.

Los que aman, odian, 1146, 1162.
Los que conspiran contra el Rey, 1695.
Los que nacen y los que mueren, 1548.
Los que nacimos con el siglo, 684.
Los que no fuimos a la guerra, 529.
Los que no siembran no cogen, 670.
Los que nunca opinan, 271.
Los que pasaban, 672.
Los que pasan, 292.
Los que perdimos, 838.
Los que se fueron, 319.
Los que se van, cuentos del cholo y del montuvio, 16, 588, 627, 673.
Los que tenemos cincuenta años, 1358.
Los que van quedando en el camino, 17.
Los que viven por sus manos, 524, 614.
Los que vuelven, 225.
Los quintetos del círculo, 1551.
Los raros [Darío, Rubén], 423.
Los raros [Gimferrer, Pere], 630.
Los rayos de Faetón, 1562.
Los rebeldes del 900, 1552.
Los recodos del silencio, 1187.
Los recuerdos del porvenir, 617.
Los redentores, 1507.
Los redimidos, 1011.
Los regionales, 223.
Los registros cerebrales de César Frades, 1150.
Los reinos combatientes, 612.
Los reinos de la secreta esperanza, 1430.
Los reinos de mi mundo, 343.
Los relámpagos de agosto, 719, 760.
Los relojes de cera, 160.
Los remendones, 314.
Los renglones torcidos de Dios, 926.
Los restos de Ampurias, 642.

Los restos de la juerga, 1302.
Los retornos, 1232.
Los retratos, 411.
Los revoltosos, 1507.
Los revólveres hablan de sus cosas, 1036.
Los reyes, 380.
Los Reyes de Esparta, 204.
Los reyes en el destierro, 1532.
Los Reyes Nuevos de Toledo, 925.
Los ríos de la noche, 343.
Los ríos profundos, 86.
Los ríos redimidos, 1063.
Los robotines, 1599.
Los robots. Las penas, 1046.
Los romances, 1605.
Los rosales de Mañara, 273.
Los rostros del miedo, 444.
Los salmos de la noche, 648.
Los salvadores de la patria, 221.
Los San Lunes de «Fidel», 1332.
Los Sangurimas, novela montuvia ecuatoriana, 407.
Los santos inocentes [Delibes, Miguel], 434.
Los santos inocentes [Solana, Rafael], 1556.
Los Sea Harrier en el firmamento de eclipse, 965.
Los secuestrados días del amor, 1301.
Los sefardíes: Historia, lengua y cultura, 445.
Los semidioses, 1165.
Los senderos ocultos, 654.
Los sentidos del agua, 1146.
Los señores, 1507.
Los señores de Hermida, 1163.
Los siameses, 590.
Los siete infantes de Lara, 414, 485.
Los siete libros de la Diana, 1055, 1056, 1119, 1140.
Los siete locos, 91.
Los siete pecados, 705.
Los siete pecados capitales en USA, 447.
Los sigilos violados, 1303.
Los signos del zodiaco, 614.
Los signos sobre la mesa, 172.
Los silencios, 109.
Los silencios de fuego, 355.
Los símbolos precisos, 131.
Los sirgueros de la Virgen, 213, 868.
Los Soberanos sólo dependen de Dios en lo temporal, 893.
Los sobrevivientes, 179.
Los sobrinitos, 1560.
Los sobrinos del capitán Grant, 1357, 1764.
Los soldados lloran de noche, 1001.
Los soles truncos, 975.
Los Soliloquios, 811.
Los sonetos [Ory, Carlos Edmundo de], 1185.
Los sonetos [Solana, Rafael], 1556.
Los sonetos de Spoleto, 343.
Los soñadores del bajo fondo, 193.
Los sordomudos, 702.
Los sucesos de fray García Guerra, arzobispo de México, 39, 40.
Los sueños, 1215.
Los sueños corpóreos, 1213.
Los sueños de Bruno, 1465.
Los sueños de la razón, 164.
Los sueños del insomnio, 1564.
Los sueños del sapo, 887.
Los sueños en el cajón, 153.
Los sueños son vida, 783.
Los sueños y el tiempo, 1759.
Los suicidas, 165.
Los surcos, 18.
Los tambores de la aurora, 1236.
Los tambores de San Juan, 290.
Los tejados de Madrid o El amor anduvo a gatas, 173.
Los teléfonos, 679.
Los temas literarios y su interpretación, 199, 273.
Los términos del presagio, 1538.
Los terremotos de Orihuela o Enrique y Florentina, 1701.
Los terribles amores de Agliberto y Celedonia, 131, 1130.
Los territorios de la tarde, 1355.
Los terrores de la suerte, 947.
Los terrores del año mil (Crítica de una leyenda), 1179.
Los tímidos, 1420.
Los titanes y los dioses, 1280.
Los títulos, 341.
Los tontos de la Concepción, 1538.
Los topos [Acevedo, Isidoro], 8.
Los topos [Legineche, Manuel, y Torbado, Jesús], 1617.
Los topos [Liendo, Eduardo], 847.
Los toros, 383.
Los toros, las castañuelas y la Virgen, 629.
Los toros de Iberia. 6 historias de toros, 6, 611.
Los toros en la poesía española. Estudio y antología, 383.
Los toros salvajes, 211.
Los trabajos de Persiles y Sigismunda, 335, 986, 1119.
Los trabajos de Urbano y Simona, 1239.
Los trabajos del detective Ring, 529.
Los trabajos del infatigable creador Pío Cid, 592.
Los trabajos del mar, 1194.
Los trabajos del sol, 793.
Los trabajos perdidos, 1080.
Los trabajos y las noches, 1276.
Los traidores, 1162, 1748.
Los trajes, 1717.
Los transterrados, 109.
Los trasplantados, 192, 193.
Los tratados del doctor Alonso Ortiz, 1182.
Los tratos de la noche, 1271.
Los Trece, 1137.
Los trenes de la noche, 1606.
Los trenes del verano, 1025.
Los tres cuadernos rojos, 794.
Los tres etcéteras de don Simón, 1230.

ÍNDICE DE OBRAS

Los tres gauchos orientales, 937.
Los tres maridos burlados, 529.
Los tres retratos, 146.
Los tres siglos de México, 320.
Los tres tesoros, 1401.
Los tres testimonios y otros cuentos, 1073.
Los trescientos escalones, 17.
Los tripulantes de la noche, 1402.
Los tristes destinos, 1506.
Los triunfos de la verdad, 1112.
Los trofeos, 78.
Los trucos de la muerte, 1208.
Los últimos, 1056.
Los últimos caminos, 410.
Los últimos fabuladores, 705.
Los últimos iberos, leyendas de Euskaria, 74.
Los últimos románticos, 145.
Los últimos soles, 1047.
Los usurpadores, 121.
Los valientes [Burgos, Javier de], 223.
Los valientes [Vélez de Guevara, Juan], 1717.
Los valles imaginarios, 1456.
Los valores literarios, 127.
Los vanguardismos en la América Latina, 357.
Los vanos mundos, 1301.
Los vaqueros en el pozo, 598.
Los vates, 186.
Los vecinos del héroe, 1061.
Los veinte triunfos, 450.
Los veintiún libros rituales y monarquía indiana, con el origen y guerra de los indios occidentales, 1618.
Los vencedores, 348.
Los vencidos [Bark, Ernesto], 142, 198.
Los vencidos [Ciges Aparicio, Manuel], 348.
Los vencidos [Ferres, Antonio], 545.
Los verdes campos del Edén, 583.
Los verdes de mayo hasta el mar, 662.

Los verdugos españoles, 1569.
Los versos del capitán, 1101.
Los versos del eunuco, 1301.
Los versos hablados, 596.
Los viajeros, 1074.
Los viajeros de Indias, 709.
Los viajeros de la Ilustración, 639.
Los vidrios rotos, 566.
Los viejísimos cielos, 506.
Los viejos asesinos, 1357.
Los vientos, 684.
Los vientos verdes, 443.
Los viernes de Lautaro, 615.
Los villancicos de mi catedral, 1073.
Los visionarios, 145.
Los vivos muertos, 1759.
Los vivos y los muertos, 1459.
Los voluntarios, 1756.
Los Wallace somos así, 309.
Los yanquis en Santo Domingo, 696.
Los zapatos del hombre muerto, 1149.
Los zapatos y los sueños, 1742.
Lota de loco, 1155.
Lourdes y el aduanero, 1315.
Luces de bengala, 1241.
Luces de bohemia, 199, 200, 1238, 1258, '1399, 1532, 1677.
Luces de gálibo, 1300.
Luces de travesía, 1303.
Luces en el bosque, 1607.
Luces y sombras del flamenco, 230.
Lucha contra el murciélago y otros cuentos, 916.
Lucha de clases, 431.
Lucha de humos, 1078.
Lucha espiritual y amorosa entre Dios y el alma, 69.
Lucha por la respiración y otros ejercicios narrativos, 916.
Luchar contra la razón, 1374.
Luchas, 1732.
Luchas con el desconfiado, 454.
Luchas de «Pena» y «Alegría» y su transfiguración, 1068.

Luchas del hogar: drama, 201.
Lucía, 1574.
Luciano, 451.
Lucidario, 1334, 1336, 1519.
Luciérnagas. Cuentos y sensaciones, 142, 198.
Lucifer furens, 1580.
Lucifer ha llorado, 506.
Lucio Junio Bruto, 1588.
Lucio Tréllez. Relación contemporánea, 1181.
Lucrecia, 537.
Ludia, 1300.
Luego, ahora háblame de China, 1088.
Lugar a dudas, 1339.
Lugar Común, 271, 1320.
Lugar de origen [Carrera Andrade, Jorge], 290.
Lugar de origen [Pinillos, Manuel], 1273.
Lugar del elogio, 1304.
Lugar del tiempo, 1218.
Lugares [Cajina Vega, Mario], 241.
Lugares [Urondo, Francisco], 1652.
Lugares comunes, 1304.
Lugares comunes de letras humanas, 14.
Lugares de devoción y belleza. (Impresiones de Galicia), 606.
Lugares del corazón, 1078.
Lugares donde el espacio cicatriza, 1058.
Lugones, 417.
Luis, dado de Dios a Luis y Ana, 481.
Luis Álvarez Petreña, 108.
Luis Barrios Cruz, 1226.
Luis Buñuel, obsesiones de un espectador, 690.
Luis Candelas, el bandido de Madrid, 493.
Luis Vives. (Un español fuera de España), 966.
Luis Vives y la filosofía del Renacimiento, 204.
Luisa de Bustamante o La huérfana española en Inglaterra, 188.
Luisa en el país de la realidad, 35.

Luisa Fernanda, 541, 1764.
Luisa o la campana de la aldea, 1066.
Luiso («María, matrícula de Bilbao»), 454.
Lully Arjona, 422.
Lumpérica, 478.
Luna de arena, 250.
Luna de copas, 492, 1130.
Luna de enfrente, 205.
Luna de la patria y otros poemas, 369.
Luna de lobos, 1086, 1089.
Luna de miel, luna de hiel, 1239.
Luna entre ramas, 1673.
Luna muerta, 304.
Luna negra, 1428.
Luna Park, 282.
Luna silvestre, 1222.
Luna verde, 159.
Lunario de greguerías, 640.
Lunario sentimental, 929, 1693.
Lunes antes del alba, 1607.
Lúnulas, 1673.
Luoghi comuni, 1748.
Lusitania show, 956.
Luterito, 289.
Lutero o La libertad esclava, 1597.
Luto eterno, 1720.
Luxumei, 1728.
Luz cautiva, 1430.
Luz de aquí, 1534.
Luz de día, 1695.
Luz de domingo, 1238.
Luz de dos, 1535.
Luz de la caverna, 770.
Luz de la memoria, 1090.
Luz de mar, 1542.
Luz de oriente, 1091.
Luz de tu presencia, 1468.
Luz del alba o el hombre de cuatro siglos, 1174.
Luz del tiempo, 272.
Luz desde el sueño, 593.
Luz en el templo, 344.
Luz en la senda, 445.
Luz negra, 1019.
Luz que no muere, 956.
Luz sonreída, Goya, amarga luz, 623.
Luz y tinieblas. Poesías sagradas y profanas, 597.

Luz y vida, 1220.
Luzbel se refugió en mi verso y ya no puedo arrancármelo, 213.
Lysistrata, 412.

M-30, 1088.
Macachines, 1725.
Macanaz, otro paciente de la Inquisición, 982.
Maceo, líder, 973.
Machu Picchu de voces triunfales, 567.
Macías, 821, 946, 1587.
Macumba. Relatos de la tierra verde, 807.
Madame, 1088.
Madame García tras los cristales, 782.
Madame Lynch, 839.
Madera de boj, 321.
Madera quemada, 1417.
Madre de mi ceniza, 795.
Madre gallina África, 1090.
Madre mía, 55.
Madre Milpa, 1502.
Madrecita, 1358.
Madreperla, 1196.
Madreselva a Mausol, 1428.
¡Madrid!, 17.
Madrid callejero, 690.
Madrid, Carranza, 20, 1773.
Madrid cómico, 913.
Madrid continental, 1089.
Madrid, de corte a cheka, 572.
Madrid dramático, 757.
Madrid en broma, 1572.
Madrid en cueros, escenas cómicas, 55.
Madrid en 1818, 1184.
Madrid en quince estampas, 1673.
Madrid, entrevisto, 656.
Madrid es nuestro, 782.
Madrid: escenas y costumbres, 690.
Madrid goyesco, 1409.
Madrid hoy, 975.
Madrid: lilas de mayo, 975.
Madrid sentimental, 1355.
Madrid teñido de rojo, 208.
Madrid viejo, 1540.
Madrid y los madriles, 440.
Madrid y nuestro siglo, 1096.
Madrid y su gente, 639.

Madridgrado, 251.
Madrid-Moscú, 1539.
Madrigal en ciudad, 590.
Madrigales y elegías, 319.
Madrinita buena, 1250.
Madrugada [Gallardo, José Carlos], 586.
Madrugada [Padrón, Julián], 1196.
Maduro para el sueño, 1477.
Maelstrom [Cardoza y Aragón, Luis], 282.
Maelström [Fernández Flórez, Darío], 529.
Maestros y temperamentos, 344.
Magdalena [Dacarrete, Ángel María], 421.
Magdalena [Fernández Guardia, Ricardo], 530.
Magdalena [García Gutiérrez, Antonio], 598.
Magdalena peruana y otros cuentos, 218.
Magdalena Servín, 694.
Magia y amor del pueblo, 667.
Magias e invenciones, 138.
Mágica fecha, 68.
Magnificat, 615.
Maiakovski, poeta del futuro, 750.
Maite y otras fabulaciones vascas, 309.
Maitreya, 1528.
Maíz para otras gallinas, 956.
Majakuagimoukeia, 952.
Makbara, 661.
Mal de amor, 693.
Mal de piedra [Montemayor, Carlos], 1054.
Mal de piedra [Montiel, Enrique], 1090.
Mala cuna y mala fosa, 819.
Mala hierba, 145, 1257.
Mala yerba, 1597.
Maladrón, 106, 107.
Malafortuna, 1047.
Málaga, 1430.
Malagueñas, cantares, 443.
Malandanza de don Juan Martín, 228.
Malas noticias acerca de mí mismo, 1601.

Maldezir de mujeres, 1629.
Maldición, 148.
Maldición eterna a quien lea estas páginas, 1339.
Maldita política, 680.
Maldita seas, 1600.
Malditas sean las mujeres, 760.
Maldito amor, 544.
Malditos, 196.
Malek-Adhel, 1588.
Maleni, 169.
Malfario, 1600.
Malhumorismo, 203.
Mallko, 1565.
Mallorca poética, 17.
Malos amores, 1531.
Malos modales, 250.
Maltiempo, 1487.
Maluco: La novela de los descubridores, 131.
Malvaloca, 58.
Mamá, 991.
Mamá nos pisa los novios, 1619.
Mamita Yunai, 517.
Mampaso, 1089.
Mancha de aceite, 1651.
Mancha que limpia, 471, 1589.
Manchas de color y nuevos cuentos, 591.
Manchas, máscaras y sensaciones, 63.
Manchas nombradas, 1644.
Manchay Puitu, el amor que quiso ocultar Dios, 1572.
Mancuello y la perdiz, 1733.
Mandato del canto, 102.
Mandorla, 1666.
Mandrágora, siglo XX, 638.
Manera de silencio, 30.
Manera de vivir, 812.
Maneras de estar solo, 1304, 1320.
Maneras de llover, 849.
Mangacha, 1251.
Mangas y capirotes, 173, 1690.
Manglar, 687.
Manicomio [Hernández Catá, Alfonso], 705.
Manicomio [Láinez, Daniel], 817.

Manifestación de silencios, 128.
Manifestes, 390, 751.
Manifiesto, 1216.
Manifiesto de amor, 1503.
Manifiesto del humano amor, 698.
Manifiesto del humorismo, 212.
Manifiesto místico, 421.
Manifiesto nadaísta, 74.
Manifiesto por los teatros españoles y sus actores, 614.
Manifiesto subnormal, 1703.
Manifiesto trascendentalista, 25, 730.
Maniluvios, 1644.
Maniquí, 382.
Manoa, 1655.
Manojuelo de romances, 826.
Manolo, tragedia para reír o sainete para llorar, 406.
Manos cruzadas sobre el halda, 307.
Manos de plata, 1541.
Mansión de lechuzas, 1749.
Mansión desvanecida, 1705.
Mansión en la bruma, 445.
Mansura, 128.
Manú, 1762.
Manual de avisos del perfecto cortesano, 871.
Manual de confesores y penitentes, 890.
Manual de declamación, 1455.
Manual de doctrina, 540.
Manual de escribientes [Torquemada, Antonio de], 871, 1617.
Manual de espumas, 453, 1687.
Manual de extraños, 250.
Manual de historia de la literatura española, 109.
Manual de la joven adolescente, 1489.
Manual de Madrid, 1027.
Manual de oraciones, 1405.
Manual de patología política, 1095.
Manual de perdedores I, 1146.
Manual de perdedores II, 1146.

Manual de preceptiva literaria y composición, 1506.
Manual de psicología experimental, 1096.
Manual de zoología fantástica, 206.
Manual del caballero cristiano, 533.
Manual del perfecto enfermo (ensayo de mejora), 1650.
Manual del perfecto fulanista, 1357.
Manual del viajero español de Madrid a París y Londres, 1534.
Manual del visitador del preso, 80.
Manual elemental de Gramática Histórica española, 1022.
Manuel Acuña, poeta de su siglo, 787.
Manuel Aldano, 82.
Manuel Azaña, 629.
Manuel cuando no es tiempo, 234.
Manuel de Montparnasse, 656.
Manuel Ituveron, 273.
Manuel Pacho, 231.
Manuel Piar, caudillo de dos colores, 709.
Manuel Reina, 1186.
Manuel Sanguily, 373.
Manuela [Díaz Castro, Eugenio], 388, 442, 453.
Manuela [Halcón, Manuel], 693.
Manuela Limón, 1751.
Manuela Rosas. Rasgos biográficos, 974.
Manuela y el mundo, 1524.
Manuelote, 1372.
Mañana, 1007.
Mañana digo basta, 221.
Mañana los guerreros, 36.
Mañana me mato, 1241.
Mañana será la esperanza, 1462.
Mapa de América, 294, 562.
Mapa de Grecia, 132.
Mapa de la poesía negra americana, 135.
Mapimí 37, 951.

Maquiavelismo degollado, 1103.
Maquiavelo y el maquiavelismo en España, 1548.
Mar afuera, 179.
Mar amargo, 1568.
Mar de historias, 1246.
Mar de leva, 509.
Mar de octubre, 1091.
Mar del Norte, Mar Negro, 73.
Mar del Sur. Miniaturas históricas, 222.
Mar desterrado, 70.
Mar en sombra, 1302.
Mar interior, 1561.
Mar y playa, 1456.
Mar y tú y otros poemas, 224.
Mara, 1226.
Mararía, 95.
Marathon, 1060.
Maravilla, 777.
Maravillado cosmos, 698.
Maravillas, 637.
Maravillas del parnaso, 269.
Marcado por el típex, 1601.
Marcel Duchamp o el castillo de la pureza, 1224.
Marcela o ¿a cuál de los tres?, 215.
Marcelino Pan y Vino, 883, 1517.
Marcelo, 1458.
Marcha atrás, 1459.
Marcia, 277.
Marco Antonio, 349.
Marco Aurelio, 1775.
Marco Bruto, 1344.
Marco Porcio Catón o Memorias para la impugnación del Nuevo Luciano de Quito, 1522.
Marco Severi, 1221.
Marcos de Obregón, 30, 494.
Marcos Manaure, idea para una película venezolana, 1097.
Marcos Ramírez, 517.
Marcos Villarí, 1557.
Mare Nostrum, 190.
Marea de fervor, 1268.
Marea del silencio, 324.
Marea escorada, 172, 1325.
Marejada [Díaz Solís, Gustavo], 449.

Marejada [Escolano, Mercedes], 1301.
Maremágnum, 681, 682.
Maremoto, 1101.
Mares en la sombra, 1622.
Maretazos, 260.
Márgara, 825.
Margarita de niebla, 1625, 1694.
Margarita la tornera, 541.
Margarita poethica, 1435.
Margen, 459.
Marginales de la vida, 63.
Marginalia, 1401.
«Mari y Julio»: dos dinosaurios pacíficos, 1600.
María [Álvarez, Miguel de los Santos], 56.
María [Isaacs, Jorge], 779, 1453.
María Blanchard, 255.
María Cenicienta, 692.
María de la O, 837.
María de los Ángeles, 1096.
María de Padilla, 68.
María del Carmen, 522.
María del Consuelo, 834.
María del Rosario, 1651.
María Estuardo, 256.
María Fernanda, 143.
María Guerrero, la grande, 1531.
María Jesús, 1551.
María Jesús, casada y mártir, 650.
María Joaquina en la vida y en la muerte, 427.
María la malagueña, 443.
María la Mosca, 1597.
María la tonta, 429.
María Lionza, 667.
María Magdalena, 953.
María Montevelo, 457.
María Nadie, 217.
María o La hija de un jornalero, 123, 1124, 1451.
María Reyes, 837.
María Rosa, flor del Quillén, 217.
María Rosario Nava, 1372.
María Sabina, 321.
María Santísima, 1543.
María Soledad, 99.
María y Esperanza, 1465.

Marial o Discursos sobre la Virgen, 924.
Mariana Pineda, 602.
Marianela, 1242.
Marianik, 177.
Marianita, 671.
Mariano Fiallos, biografía, 1355.
Maribel y la extraña familia, 1033.
Marichu, 1163.
Mariluán, 192.
Mari-Micona, 814.
Marina o la hija de las olas, 954.
Marinero en tierra, 26, 1323, 1673, 1687.
Marineros perdidos en los puertos, 606.
Marino Faliero, 147.
Marinos vascos, 147.
Mario de Abredas, 1019.
Mario en el foso de los leones, 1490.
Mario Pareda, 298.
Mario Vargas Llosa: la invención de una realidad, 1190.
Mariona Rebull, 18.
Mari-Pérez, 99.
Mariposa en cenizas, 1643.
Mariposas [Muñoz San Román, José], 1078.
Mariposas [Turcios, Froylán], 1642.
Mariposas de oro, 1186.
Mariquilla Terremoto, 58.
Mariquita León, 1106.
Marisa Sabia y otros poemas, 233, 1327.
Mármoles bajo la lluvia, 1441.
Mármoles líricos, 1186.
Mármoles y lirios, 1237.
Marta aparente, 919.
Marta Ferrari, 658.
Marta la piadosa, 1613, 1614.
Marta la Romarantina, 278, 1411, 1584.
Marta Lerroux y otras amigas, 1705.
Marta, muchacha taquimeca, 975.
Marta Riquelme, 986.
Marta y María [Atencia, María Victoria], 107.

ÍNDICE DE OBRAS

Marta y María [Palacio Valdés, Armando], 1126, 1200.
Martí, el apóstol, 964.
Martí: el héroe y su acción revolucionaria, 986.
Martí, escritor, 765.
Martí, escritor americano, 973.
Martí, estudio integral, 1743.
Martí, líder de la independencia cubana, 373.
Martillo, 1599.
Martín Alonso Pinzón, verdadero descubridor de América, 650.
Martín de Aranda, 1464.
Martín de Caretas, 798, 1132.
Martín Fierro, 701, 878, 930, 937.
Martín Flores, 1503.
Martín Garatuza, 1411.
Martín Rivas, 192, 193, 1361.
Mártir de honor, 814.
Martirio de los santos mártires, 1281.
Martirio de San Lorenzo, 170.
Martirio de santa Engracia, 153.
Marusiña, 227.
Marx ante América Latina, 18.
Marx hoy, 811.
Maryando el mar, 1300.
Marzo, 1303.
Marzo anterior, 137.
Marzo incompleto, 1622.
Más abajo de la piel, 1193.
Más afuera, 656.
Más allá, 1350.
Más allá canta el mar, 1228.
Más allá de la moral de Kant, 1357.
Más allá de la selva, 152.
Más allá de la soledad, 815.
Más allá de la vida, 1197.
Más allá de las llamas, 353.
Más allá de las ruinas, 191.
Más allá de lo obscuro, 63.
Más allá de los raíles, 1499.
Más allá del relámpago, 923.
Más allá del río Birú, 1091.
Más allá del viento, 132.
Más chulo que un ocho, 158.

Más cornadas da el hambre, 1564.
Más cuentos escritos en el exilio, 211.
Más historias y cuentos, 1236.
Más pesa el rey que la sangre, 1718, 1719.
Más pudo el suelo que la sangre, 225.
Más que el mar, 522.
Más que maduro, 1641.
Más rimas, 1051.
Más vale llegar a tiempo que rondar un año, 1770.
Más vale tarde que nunca, 910.
Masas, 225.
Máscara que duerme, 1495.
Mascarada, 847.
Máscaras de bronce, 302.
Máscaras y formas de fin de siglo, 1741.
Mascarilla y trébol, 1565.
Mascaró, el cazador americano, 367.
Mástil, 1165.
Mástiles, 1769.
Mata a tu prójimo como a ti mismo, 439.
Matadero, 1252.
Matadero solemne, 915.
Mata-Hari, 1600.
Matalaché, 906.
Matamuertos y el cruel, 104.
Matando horas, 1599.
Matar o morir, 1272.
Matar por matar, 3.
Mate pastor, 1491.
Matemos al lobo, 1577.
Mateo, 458.
Mateo Montemayor, 457.
Máter dolorosa, 272.
Materia de Esperanza, 984.
Materia de eternidad, 177.
Materia de la muerte, 1218.
Materia de olvido, 169, 1320.
Materia de testamento, 1438.
Materia del ángel, 490.
Materia prima [Berenguer, Amanda], 172.
Materia prima [Veloz Maggiolo, Marcio], 1719.
Materia real, 427.

Materia y forma en poesía, 48.
Material de los sueños, 1399.
Material memoria, 1666.
Material poético, 1229.
Materias de sombra, 793.
Mathesis audax, 279.
Matías, el apóstol suplente, 1710.
Matonkikí y sus hermanos, 572.
Matrícula libre, 1232.
Matrimonio de un autor teatral con la junta de censura, 257.
Matrimonio para tres, 985.
Maula, 147.
Mauregato o el feudo de las cien doncellas, 1332.
Maurilia Maldonado y otras simplezas, 478.
Mausoleo, 1642.
Max, 166.
Máximas y mínimas de sapiencia pedestre, 1748.
Maximina, 1126, 1200.
Mayapán [Cardenal, Ernesto], 281.
Mayapán [Díaz Lozano, Argentina], 445.
Mayo florido, 1078.
Mayo. Oratorio de los cuatro héroes, 409.
Mayores con reparos, 51.
Mazariegos y Monsalves, 1760.
Mazurca, 1616.
Mazurca para dos muertos, 321, 323, 1326.
Mboi yaguá, 461.
Me acuesto a las ocho, 158.
Me casé con él, 1154.
Me casé contigo, 1154.
¡Me lo daba el corazón!, 1002.
Me monto en un potro, 1413.
Mecano dramático, 715.
Medallón de idilio, 154.
Medallones [Araya, Carlomagno], 75.
Medallones [González Anaya, Salvador], 649.
Medea, 1410.
Medea 55, 1560.
Medea en el espejo, 1638.

Medea y los visitantes del sueño, 87.
Media hora antes, 431, 1330.
Media hora jugando a los dados, 495.
Media vida deslumbrados, 761.
Medianoche, 405.
Medianoche en vídeo: 1/5, 137.
Medias negras, peluca rubia, 674.
Medicina e Historia, 816.
Medicina pintoresca y patética, 310.
Medicina rústica, 819.
Medida del criollismo, 487.
Medina y otras ciudades, 1304.
Medio siglo de milagros, 1420.
Medio siglo de prensa literaria española: 1900-1950, 1047.
Medio siglo de teatro infructuoso, 1476.
Medio tono, 1653.
Mediodía [García Saldaña, Parménides], 610.
Mediodía [Ortega, Julio], 1178.
Mediodía [Oyarzún, Luis], 1191.
Meditación, 1193.
Meditación en la costa, 954.
Meditación en Socar, 1079.
Meditación española sobre la libertad religiosa, 794.
Meditaciones [Hoyos y Vinent, Antonio], 748.
Meditaciones [Palma, Luis de la], 1205.
Meditaciones del Quijote, 1179.
Meditaciones físicas de un hombre que se fue, 699.
Meditaciones peruanas, 158.
Meditaciones poéticas, 1062.
Medora, 1466.
Megafón o la guerra, 968.
Méjico conquistada, 1282.
Mejor que el vino, 1439.
Melancolía [Bonafoux, Luis], 202.
Melancolía [Jiménez, Juan Ramón], 790.
Melancolía [Montoto y Rautenstrauch, Luis], 1061.
Melancolía [Obligado, Pedro Miguel], 1161.
Melancolías, rimas y cantigas, 93.
Melancólicas, 873.
Melenita de oro, 1428.
Melés y Teleo, 1314.
Melibea no quiere ser mujer, 1088.
Melisa y el yo. Lo importante es que nos miramos. Jamás me miro. Al unísono, 1533.
Melisendra, 1605.
Melocotón en almíbar, 1033.
Melodía italiana, 1058.
Melodías románticas, 1716.
Melodrama, 1761.
Melodrama verídico de Burri de Carga, 1599.
Melpómene, 278.
Melusina y el espejo, 173.
Memento de difuntos, 1090.
Memento de los pavorreales, 806.
Memorabilia, 624.
Memoria amarga de la paz de España, 614.
Memoria compartida, 356.
Memoria de apariencias, 1630.
Memoria de España [Escobar Galindo, David], 488.
Memoria de España [Rubia Barcia, José], 1464.
Memoria de Gris, el gato sin amor, 888.
Memoria de la estación ausente, 1303.
Memoria de la melancolía, 116, 837.
Memoria de la nada, 1548.
Memoria de la nieve, 1303.
Memoria de la piel, 1533.
Memoria de la plata, 1744.
Memoria de la tierra, 1468.
Memoria de la tierra y los muertos, 923.
Memoria de una generación destruida, 448.
Memoria de Valparaíso, 474.
Memoria del camino, 410.
Memoria del exilio, 656.
Memoria del fuego: Los nacimientos, 584.
Memoria del olvido, 1318.
Memoria del tiempo, 1491.
Memoria dunha edá, 910.
Memoria en ausencia de imagen/Memoria del cuerpo, 1187.
Memoria en defensa de la Junta Central, 798.
Memoria para el arreglo de la policía de los espectáculos y diversiones públicas y sobre su origen en España, 797.
Memoria parcial, 923.
Memoria poética, 1054.
Memoria secreta del hermano Leviatán, 1091.
Memoria sobre el cultivo del maíz en Antioquia, 689.
Memoria sobre el fuego de los volcanes, 825.
Memoria sobre el sentimiento del honor en el teatro de Calderón, 1465.
Memoria sobre la conveniencia y objeto de un Congreso General Americano, 26.
Memoria sobre los obstáculos que han impedido la realización de las Compañías proyectadas para la América Central, 779.
Memoria sobre los sucesos políticos ocurridos en Madrid los días 17, 18 y 19 de julio de 1854, 528.
Memoria testamentaria, 115.
Memoria y deseo [Pascual Buxó, José], 1218.
Memoria y deseo [Vázquez Montalbán, Manuel], 1703.
Memorial [Cadenas, Rafael], 239.
Memorial [Ferrán, Jaime], 542.
Memorial [Jover, José Luis], 1302.
Memorial burlesco, 1425.
Memorial de Amauta, 1302.
Memorial de arena, 1406.

ÍNDICE DE OBRAS

Memorial de diversas hazañas, 741, 1667.
Memorial de hierbas, 455.
Memorial de Isla Negra, 1099, 1101.
Memorial de la noche, 1489.
Memorial de la sangre, 964.
Memorial de la vida cristiana, 931.
Memorial de lo que debe hacer el cristiano, 931.
Memorial de los tiempos, 533.
Memorial de un testigo, 138.
Memorial del Ávila, 772.
Memorial del viento, 169.
Memorial para otras estaciones, 1303.
Memorial por el patronato de Santiago, 1344.
Memoriale pontificum, 540.
Memoriales [Benavente, Toribio de], 163.
Memoriales [Rodríguez, San Alonso], 1422.
Memorialistas chilenos: crónicas literarias, 440.
Memorias [Alcalá Galiano, Antonio], 29.
Memorias [Azaña, Manuel], 114.
Memorias [Escoiquiz, Juan de], 115.
Memorias [García Sanchiz, Federico], 116.
Memorias [Insúa, Alberto], 777.
Memorias [López Albújar, Enrique], 907.
Memorias [López de Córdoba, Leonor], 112, 911.
Memorias [Mier y Noriega, Servando Teresa de], 1032.
Memorias [Pérez Galdós, Benito], 115.
Memorias [Rodríguez, Argenis], 1422.
Memorias [Ulloa Pereira, Luis], 1644.
Memorias cronológicas sobre el teatro en España, 93.
Memorias de alegría, 1488.
Memorias de algunos linajes, 1014.
Memorias de Altagracia, 616.

Memorias de aquella guerra, 1468.
Memorias de Beowulf, 1231.
Memorias de Blanca Capello, gran duquesa de Toscana, 976.
Memorias de Chico Carlo, 887.
Memorias de Deucalión, 960.
Memorias de familia, 528.
Memorias de Juan Pedro Camargo, 1051.
Memorias de la Gran Ciudad del Cuzco, cabeza de los Reynos del Perú, 1046.
Memorias de la tierra escarlata, 623.
Memorias de la tierra y otros relatos, 806.
Memorias de Leticia Valle, 341.
Memorias de Mamá Blanca, 1217.
Memorias de Mambruno, 1477.
Memorias de memoria, 629.
Memorias de Pancho Villa, 691.
Memorias de poco tiempo, 230.
Memorias de un afrancesado, 989.
Memorias de un Alférez, 65.
Memorias de un amargado, 1455.
Memorias de un botón de rosa, 1042.
Memorias de un comediante, 613.
Memorias de un coronel retirado, 489.
Memorias de un desmemoriado, 115, 116, 199, 1476.
Memorias de un dictador, 116, 630.
Memorias de un emigrante, 347.
Memorias de un estudiante, 1270.
Memorias de un hampón, 1729.
Memorias de un hechicero, 1577.
Memorias de un hijo del siglo, 1646.

Memorias de un hombre de acción, 145, 1676.
Memorias de un hombre de bien, 1174.
Memorias de un hombre palabra, 1083.
Memorias de un impostor, 1411.
Memorias de un mártir, 1429.
Memorias de un muchacho, 519.
Memorias de un niño de derechas, 1646.
Memorias de un oficial del ejército español: campañas contra Bolívar y los separatistas de América, 115.
Memorias de un pájaro asustado, 1048.
Memorias de un señorito, 529.
Memorias de un setentón, natural y vecino de Madrid, 115, 1027.
Memorias de un sexagenario, 1312.
Memorias de un sietemesino, 1215.
Memorias de un solterón, 1213.
Memorias de un «sommier», 158.
Memorias de un suicida, 158.
Memorias de un tolstoyano, 694, 1525.
Memorias de un vagón de ferrocarril, 1759.
Memorias de un venezolano de la decadencia, 1278.
Memorias de un vigilante, 55, 1094.
Memorias de un voluntario de la Patria Vieja, 1176.
Memorias de una cortesana, 1759.
Memorias de una estrella, 1622.
Memorias de uno a quien no sucedió nada, 117, 1020.
Memorias de Villa Rosa, 505.
Memorias del calabozo, 1463.
Memorias del castillo del Bellver, 797.
Memorias del cura liberal don José Antonio Posse, 115.

Memorias del malabar, 1737.
Memorias del Nuevo Mundo, 90.
Memorias del olvido, 770.
Memorias del reinado de los Reyes Católicos, 176.
Memorias del subdesarrollo, 437.
Memorias habladas, memorias armadas, 1015.
Memorias históricas del rey don Alonso el Sabio, 326.
Memorias históricas sobre la marina, comercio y artes de la antigua ciudad de Barcelona, 892.
Memorias inéditas de José Antonio Primo de Rivera, 1431.
Memorias inmemoriales, 116, 126.
Memorias íntimas del teatro, 566.
Memorias literarias de París, 938, 891.
Memorias: los hombres de la ciudad, 799.
Memorias para la historia de la poesía y poetas españoles, 946.
Memorias políticas y de guerra, 116.
Memorias secretas de Lola, espejo oscuro, 529.
Memorias sin corazón, 634.
Memorias y compromisos, 608.
Memorias y elegías, 1005.
Memorias y esperanzas españolas, 74.
Memorias y otras confidencias, 828.
Men Rodríguez de Sanabria, 530.
Menandro, 1142.
Mendizábal, 1244.
Mendoza y Garay, 672.
Mene, 449.
Menéndez Pelayo. Historia de sus problemas intelectuales, 816.
Menesteos, marinero de abril, 836.
Menina desnuda, 1599.
Menipo, 83.

Menologio franciscano, 1723.
Menos da una piedra, 1090.
Menosprecio de corte y alabanza de aldea, 678, 679.
Mensaje hasta el aire, 712.
Mensaje sin destino, 215.
Mensajes para hombres nuevos, 1748.
Mentir a tiempo, 421.
Mentira desnuda, 972.
Menudencias épicas, 1078.
Mercaderes en el templo, 150.
Mercedes, 827.
Mercedes la Gaditana, 1751.
Mercedes (poemas absurdos), 1353.
Mercedes Urízar, 469.
Mercurial eclesiástica, 1053.
Mercurius Trimegistus, sive de triplici eloquentia sacra, española, romana, 795, 1377.
Meridiano 8-0, 690.
Merienda de blancos, 1152.
Meriendas del ingenio y entretenimientos del gusto, 1317.
Merlín, 1110.
Merlín y familia, 418.
Mesa, sobremesa, 1326, 1761.
Mesenianas, 648.
Meses de esperanza y lentejas, 1459.
Mester andalusí, 599, 1322.
Mester de bastardía, 1551.
Mester de juglaría, 848.
Mester de lujuria, 1300.
Mesteres, 910.
Metafísica a la ligera, 1669.
Metafísica de la libertad, 1741.
Metafísica de los sexos humanos, 227.
Metáfora del desafuero, 212, 1327.
Metal del diablo, 336.
Metal y piedra, 1063.
Metamorfosea, 1457.
Metamorfosis, 590.
Metanoia, 1185.
Metaory, 698.
Métase mi prieta entre el durmiente y el silbatazo, 1313.

Metástasis del verbo, 1638.
Meteoros, 32.
Meterse a redentor, 472.
Meterse en honduras, 566.
Methodus oratoriae, 1375.
Método de lectura gradual, 1529.
Método para enseñar y aprender la lengua griega, 566.
Metodología de la historia y la crítica literarias, 1774.
Metropolitanas, 1067.
Metropolitano, 147.
Mexicayotl, 1538, 1539.
México en 1554, 336.
México, historia de una ciudad, 1156.
México, pintura de hoy, 282.
México: su evolución social, 1094, 1543.
México y el surrealismo (1925-1950), 1533.
México y sus revoluciones, 1062.
Mezclilla, 23.
Mi abuelo, el rojo, 1342.
Mi abuelo primaveral y sudoroso, 705.
Mi adorado Juan, 1033.
Mi alma, 318.
Mi amigo Pidén, 469.
Mi atardecer entre dos mundos. Recuerdos y cavilaciones, 256.
Mi beligerancia, 929.
Mi caballo, mi perro y mi rifle, 1456.
Mi casa de nipa, 874.
Mi choza de nipa, 874.
Mi ciudad, 148.
Mi conquista de anoche, 1697.
Mi copa bohemia, 874.
Mi corazón se llama Cudillero, 916.
Mi cuarto a espadas, 122.
Mi Darío, 12.
Mi defensa, 1529.
Mi difuntito, 952.
Mi enemigo, 1300.
Mi fantástica esposa, 1357.
¡Mi general!, 911.
Mi gente, 634.
Mi guerra, 1240.

Mi guerrilla, 1084.
Mi hermana Elba, 1088.
Mi hermano Carlos, 916.
Mi hermano Emilio y yo, 57.
Mi idolatrado hijo Sisí, 433.
Mi infancia y juventud, 117.
Mi libro de Cuba, 1430.
Mi libro de memorias, 783.
Mi llamada es, 1730.
Mi madrina, 517.
Mi mamá me ama, 450.
Mi medio siglo se confiesa a medias, 116, 656.
Mi muerta, 1250.
Mi mujer, el diablo... y yo, 903.
Mi mujer necesita marido, 1746.
Mi mujer y el vecino, 1198.
Mi música es para esta gente, 1072.
Mi navegación, 1407.
Mi niñez y su mundo, 117, 256.
Mi nombre es Novoa, 1151.
Mi novia y mi novio, 1374.
Mi noviciado, 1663.
Mi novio el extranjero, 1207.
Mi obelisco y yo, 465.
Mi opinión: sobre las libertades, derechos y deberes de la mujer, 279.
Mi padre el emigrante, 622.
Mi país, 10.
Mi país, mi casa, 9.
Mi pariente el cocotero, 1412.
Mi parroquia, 1458.
Mi patria fue su música, 812.
Mi pueblo, 1083.
Mi rebeldía. «Mane-Thecel-Phares», 224.
Mi Santander, mi cuna, mi palabra, 452.
Mi secretaria, 1154.
Mi siglo y mi corazón, 169.
Mi teatro, 116, 431.
Mi tía Elisa, 1095.
Mi tía y sus cosas, 1597.
Mi tiempo y yo, 777.
Mi último suspiro, 117, 222.
Mi viaje a la Rusia sovietista, 1410.
Mi viaje a ninguna parte, 193.

Mi viaje alrededor de la locura, 838.
Mi vida al aire libre, 433.
Mi vida en París, 1775.
Mi vida en prosa. Crónicas íntimas, 117, 1198.
Mi Virgen morena y tú, 1542.
Mi vocación por el véspero, 1462.
Miau, 964, 1244.
Micaela y otros cuentos, 1237.
Microgramas, 290.
Micropoemas, 199.
Midas, 1518.
Miedo, 1566.
Miedo al hombre, 575.
Miedo en un puñado de polvo, 770.
Miel de la Alcarria, 522.
Miel sobre hojuelas, 649.
Mientras, 1188.
Mientras cantan los pájaros, 595.
Mientras ellas duermen, 970.
Mientras exista un poeta, un ladrón y una puta, 506.
Mientras las brasas duermen, 177.
Mientras llega el futuro, 1556.
Mientras llueve, 1601.
Mientras miren, 1599.
Mientras no cambien los dioses, nada ha cambiado, 1514.
Mientras que Némesis duerme, 1600.
Mientras suceden los días, 1569.
Mientras traza su curva el pez de fuego, 445.
Mientras yo viva, 1650.
Miércoles de ceniza [González Tuñón, Raúl], 657.
Miércoles de ceniza [Latorre, José María], 1089.
Migajas, 919.
Migraciones y vísperas, 1058.
Miguel Cané (padre). Un romántico porteño, 1073.
Miguel de Cervantes, el condenado por Dios a ser novelista, 997.
Miguel de Unamuno, 970.

Miguel Delibes, novelista de Castilla, 1496.
Miguel, el español de París, 448.
Miguel Hernández, escritor y poeta de la revolución, 1560.
Miguel Otero Silva, 1226.
Miguel Vicente Patacaliente, 75.
Miguelón, 1046.
1492. Vida y muerte de Juan Cabezón de Castilla, 90.
Mil millas, 981.
Mil ochenta y seis demonios, 419.
1810, 1424.
Milagro abierto, 429.
Milagro al Este, 419.
Milagro en el mercado viejo, 465.
Milagro en la Plaza del Progreso, 250.
Milagro en Londres, 160.
Milagros de los trabajos, 1757.
Milagros de Nuestra Señora, 171.
Milagros de Nuestra Señora de la Fuencisla, 30.
Millones al horno, 251.
Milón o el ser del circo, 495.
Miltín 1934, 478.
Mimbres de pena, 29.
Mimí, 506.
Mimosa, 825.
Mimoun, 1088.
Mina, 684.
Mina el mozo, héroe de Navarra, 691.
Minas del retorno, 1054.
Minerva, 754.
Minerva, seu de causis linguae latinae, 1511.
Minerva sacra, 1615.
Minés, 8.
Mínima muerte, 1318.
Mínimas del ciprés y los labios, 960.
Mínimas manías, 1304.
Minotauro a la cazuela, 1599.
Minotauroamor, 89.
Minué real, 918.
Minúsculas, 655.
Minusválidos, 1465.

Minuta de un testamento, 125.
Mío Cid, 948.
Mío Cid Campeador, 752, 1694.
Miopita, 1773.
Mirabilia, 1043.
Mirada al Caribe: Fricción de culturas en Puerto Rico, 1527.
Mirada del silencio, 1304.
Mirada en el olvido, 1063.
Miradas a otro espejo desde la gran ciudad, 1615.
Mirador [Montenegro, Walter], 1056.
Mirador [Valle, Rosamel del], 1674.
Mirador: las letras y el arte contemporáneos (1924-1929), 465.
Mirador terrestre, 290.
Miraje, 1516.
Miramar, 796.
Mírame Medusa y otros poemas, 1025.
Miranda, 1270.
Miranda o el tema de la libertad, 1157.
Mirando al pueblo, 1722.
Mirándola dormir, 90.
Mireya, 471.
Miro la tierra, 1194.
Mirtilo, o los pastores trashumantes, 1056.
Mis amigas las truchas, 433.
Mis audiencias con Franco y otras entrevistas, 1746.
Mis cantares [Díaz de Escovar, Narciso] 443.
Mis cantares [Rodríguez de Tió, Lola], 1430.
Mis chavales, 1697.
Mis consuelos, 1493.
Mis coplas, 443.
Mis dos banderas, 1051.
Mis dos mitades, 1004.
Mis dramas íntimos, 426.
Mis flores [Espina, Concha], 493.
Mis flores [Ribot y Fontseré, Antonio], 1407.
Mis memorias [Estévanez, Nicolás], 505.

Mis memorias [Mihura, Miguel], 116, 1033.
Mis memorias [Tapia y Rivera, Alejandro], 1577.
Mis memorias íntimas, 528.
Mis memorias sobre la revolución filipina, 876.
Mis mendigos, 79.
Mis paraísos artificiales, 1646.
Mis pasatiempos, 1639.
Mis primeras notas, 1516.
Mis primeros caminos, 1557.
Mis primeros ochenta años, 115, 689.
Mis queridas nostalgias, 1746.
Mis queridos revolucionarios, 1546.
Mis ratos perdidos o ligero bosquejo de Madrid de 1820 y 1821, 386, 1027.
Mis siete palabras, 639.
Mis turbaciones, 1301.
Mis últimos caminos, 1557.
Mis versos, 319.
Mis versos secretos y prosas canallas, 1456.
Mis viajes por Europa, 222.
Misa a oscuras, 1083.
Misa de Alba en Fátima y Gozos de San Isidro, 1673.
Misa de Amor, 1406.
Misa solemne, 960.
Misas de primavera, 649.
Miscelánea, 854, 1761.
Miscelánea de poesías sagradas y humanas, 313.
Miscelánea vallisoletana, 50.
Misceláneas, 659.
Miserere, 187.
Miserere en la tumba de R. N., 1317, 1327.
Miserere por un medio fraile, 1075.
Miseria de nuestra cultura, 1560.
Misericordia, 964, 1244.
Misericordia de mí, 1300.
Misiá señora, 69.
Misión a Estambul, 308.
Misión de la Universidad, 1180.
Miss Giacomini. Ocho días

de vida provinciana, 1734.
Miss Mary Merino, 963.
Misterio y poesía, 227.
Misterios de las noches y los días, 1775.
Misterios del corazón, 1096.
Misterios del mundo, 149.
Misteriosa Buenos Aires, 1074.
Misteriosa presencia, 624.
Mística ciudad de Dios, 14.
Místicas, 1102.
Misticismo libertario, 900.
Mitad de la vida, 1198.
Mitin de las mariposas, 148.
Mitología de la adolescencia, 1174.
Mitología de la sangre, 759.
Mitología nicaragüense, 1770.
Mitología personal, 1068.
Mitos [Bacarisse, Mauricio], 131.
Mitos [Linares, Abelardo], 1302.
Mitos, leyendas y cuentos peruanos, 86, 887.
Mitos guaraníes, 518.
Mitos simbólicos, 667.
Mitos y leyendas de Cantabria, 902.
Mitrídates, rey del Ponto, 307.
Mnemósine está en la galería, 1650.
Mo, 888.
Mocedades de Rodrigo, 805.
Moctezuma [Calzada, Bernardo María de], 250.
Moctezuma [García Ulecia, Alberto], 612.
Moctezuma, el de la silla de oro, 1057.
Modernismo, 142.
Modernismo frente a Noventa y ocho, 448.
Modernismo y modernistas [Argüello, Santiago], 88.
Modernismo y modernistas [Beltrán Guerrero, Luis], 162.
Modesto González, 1201.
Modista, tiple y patrona, 1515.
Modus concionandi, 1170, 1376.

Moheda, 684.
Moira estuvo aquí, 1616.
Moisés, 1442.
Moisés contemporáneo, 20.
Mojiganga de las figuras y lo que pasa en una noche, 1717.
Moletiques y pasiones, 1313.
Moletú-Volevá, 302.
Molino de agua, 1303.
Molino de Martos, 795.
Molino de papel, 883.
Molino de tiempo, 1232.
Molinos de viento, 1764.
Momento para tres, 233.
Momentos, 568.
Momentos de España, 51.
Momentos de ocio, 13.
Monarquía indiana, 1618.
Moneda falsa, 1353.
Mónica Sanders, 1402.
Mónica y el florentino, 346.
Monigote en la arena, 887.
Monigote pintado, 884.
Monigotes políticos, 302.
Monje y emperador, 443.
Monólogo de la casta Susana y otros poemas, 350.
Monólogo de una mujer fría, 693, 1325.
Monólogo del Papa, 109.
Monólogos, 73.
Monsieur Ferdinand Pontac, 1061.
Monsieur Jaquín, 1228.
Monstrador de justicia, 1672.
Montand, la vida continúa, 1537.
Montaña adentro, 217.
Montaña iris, 492.
Monte Calvario, 679.
Monte de Sancha, 571.
Monte de Venus, 1551.
Monte Ondina, 1539.
Monte perdido, 1315.
Monteazor, 902.
Montevideanos, 164.
Monumenta humanae salutis, 89.
Monzón napalm, 1047.
Morada, 1043.
Morada al sur, 102.
Morada de España en ultramar, 1649.
Morada de los gigantes, 347.

Morada y perfil de la canción frutal, 1105.
Moradas, 500.
Moradas imprevistas, 1157.
Moradas iridiscentes, 990.
Moradas o castillo interior, 1609.
Moral infantil. Páginas en verso, 1186.
Moral social, 747.
Moral y sociedad. Introducción a la moral social española del siglo XIX, 74.
Moralidad en dos actos y un interludio según «La vida es sueño», 1653.
Moralidades, 625.
Morbideces, 639.
Morbo, 1565.
Morbo nacional, 224, 1365.
Mordecai Slaughter en: «Rotos intencionados», 1599.
¡Moreira!, 320.
Morena y trágica, 1076.
Morfología de la novela, 1331.
Morfología del espanto, 1442.
Moriencia, 1417.
Morir al día, 1350.
Morir con las botas puestas, 1747.
Morir en el Golfo, 16.
Morir en la llanura, 1302.
Morir en sus brazos y otros cuentos, 1090.
Morir por cerrar los ojos, 109.
Morir viviendo en la aldea y vivir muriendo en la corte, 1076.
Morirás lejos [León, María Teresa], 836.
Morirás lejos [Pacheco, José Emilio], 719, 1194.
Morirse a tiempo, ensayo de un poema, imitación de Campoamor, 12.
Moros en la costa, 464.
Moros y cristianos, 21.
Moros y cristianos. Notas de viaje, 1561.
Morriña, 1213.
Mors in vita, 748.
Morsamor, 1669, 1670.
Mortal y rosa, 1646.
Mosaico, 1106.

Moscas sobre el mármol, 695.
Mosén Pedro, 787.
Mosko Strom, 77.
Mosquea, 326.
Mosquetazos, 1363.
«Mosquetazos» de «Aramis», 202.
Mosquita en Palacio, 1618.
Motivos de estética, 1197.
Motivos de la tierra escarlata, 648.
Motivos de Proteo, 1421.
Motivos de son, 683.
Motivos de Tristán, 426.
Motivos del cielo, 986.
Motivos estéticos, 476.
Motivos y letras de España, 188.
Motor, 1599.
Movimiento perpetuo, 1057.
Movimientos literarios de vanguardia, 630.
Movimientos sin éxito, 1703.
Moza mala, 1535.
Mozart, 1715.
Mozart, el amor y la culpa, 1088.
Mr. Witt en el cantón, 1538, 1539.
Mrs. Caldwell habla con su hijo, 323, 1134.
Mrs. Thompson, su mundo y yo, 926.
Mucha suerte con harto palo, 35.
Muchacho en llamas, 1490.
Muchachos, 1071.
Muchas caras del amor, 1767.
Mucho cuento, 598.
Muchos años después, 581.
Muda compasión del tiempo, 1274.
Mudanzas del tiempo, 1191.
Mudarse por mejorarse, 1476.
Muecas, 194.
Muelle de Caballería, 833.
Mueran los Chapetones, 382.
Muérete ¡y verás!, 215.
Muerte, S. A., 17.
Muerte a la zaga, 175.
Muerte de animales, 1088.
Muerte de lobo, 715.
Muerte de Narciso, 840.
Muerte de trompeta, 10.

Muerte de Virginia por la libertad de Roma, 242.
Muerte del apetito, 966.
Muerte del cielo azul, 1183.
Muerte en el barrio, 1531.
Muerte en el Edén, 770.
Muerte en la carretera, 1355.
Muerte militar, 650.
Muerte por agua, 257.
Muerte por el tacto, 1488.
Muerte por fusilamiento, 1328.
Muerte sin ahí, 1088, 1301.
Muerte sin fin, 659.
Muerte y memoria, 1054.
Muerte y transfiguración de Martín Fierro, 986.
Muertes de Aurora, 1621.
Muertes de perro, 121.
Muertes históricas, 691.
Muertes y maravillas, 1606.
Muerto de risa, 705.
Muertos y disfraces, 258.
Muestra de algunos procedimientos narrativos y de las actitudes sentimentales que habitualmente comportan, 646.
Muestra de la historia de las antigüedades de España, 741.
Muestrario del mundo o libro de las maravillas de Boloña, 452.
Muestras sin valor, 272.
Mujer de barro, 546.
Mujer de teatro, 1716.
Mujer del Laja, 1753.
Mujer en el espejo contemplando el paisaje, 1731.
Mujer, levántate y anda, 633.
Mujer sin Edén, 365.
Mujer: tú eres la madre tierra, 1733.
Mujer y hombre, 1560.
Mujeres célebres en la historia, 464.
Mujeres de ojos grandes, 997.
Mujeres del Quijote, 493.
Mujeres en la novela contemporánea, 51.
Mujeres españolas, 948.
Mujeres únicas, 671.
Mujeres vencidas, 1695.
Mulata de tal, 106, 107.

Mulita mayor, 888, 1488.
Múltiples móviles, 1091.
Multiplicada sombra, 1201.
Mundo a solas, 36, 37.
Mundo animal, 165.
Mundo araña, 70.
Mundo chico, 1460.
Mundo cuestionado, 1532.
Mundo de siete pozos, 1565.
Mundo, demonio y carne [Barros Grez, Daniel], 151.
Mundo, demonio y carne [Tejado y Rodríguez, Gabino], 1607.
Mundo, dinero y mujer, 1174.
Mundo en miniatura, 1201.
Mundo en sombra, 1754.
Mundo lunfardo, 55.
Mundo macho, 1047.
Mundo y sí, 1304.
Mundo y trasmundo de las leyendas de Bécquer, 614.
Mundos absurdos, 419.
Mundos nuevos, 436.
Munio Alfonso, 635, 1454.
Muñeca, 458.
Muñeca y macho, 598.
Muñecas perversas, 1136.
Muñequitas, 1551.
Muñoz, visitador de México, 1427, 1454.
Mural de la guerra federal, 1372.
Murámonos, Federico, 687.
Murciélagos, 164.
Murió hace quince años, 629, 1330.
Murmurios de la selva, 1197.
Muro contra la muerte, 1302.
Muro de cal, 1025.
Muro de hetairas, 1347.
Muros, 1561.
Musa callejera, 1332.
Musa canaria, 505.
Musa castellana, 1520.
Musarañas de celuloide, 1089.
Museo de cera, 55.
Museo de la novela de la Eterna, 525, 720.
Museo de máscaras, 835.
Museo provincial de los horrores, 1049.

Museo salvaje, 1176.
Museo simbólico, 906.
Música amenazada, 668.
Música celestial y otros poemas, 345.
Música cercana, 220.
Música con pie de salmo, 1608.
Música concreta, 426.
Música cordial, 136.
Música de agua, 1322, 1548.
Música de cuatro, 102.
Música de esferas, 1303.
Música de organillo, 1420.
Música de silencios, 698.
Música del lobo, 1185.
Música oscura, 1302.
Música para fuegos de artificio, 283.
Música sentimental, 252, 1094.
Música y eco de tu ausencia, 1720.
Música y pretexto, 1304.
Musiquero joven, musiquero viejo, 1237.
Mutaciones de la realidad, 1176.
Mutantes de invierno, 1089.
Mutatis mutandis, 477.
Mutis, 1088.
Mutismos, 1066.
Mystica Cithara, 235.

Nabla, 1185.
Nacerán los caminos, 923.
Nacha Regules, 196, 589.
Nacido del verbo oscuro, 1326.
Nacimiento de la República de Chile: 1808-1823, 64.
Nacimiento de Venus y otros relatos, 1626.
Nacimiento último, 36, 37.
Nacimiento y primera infancia de Rubén Darío, 1683.
Nada, 813, 1133, 1328.
Nada como el cielo raso, 74.
Nada como el piso 16, 1731.
Nada en domingo, 1646.
Nada es del todo, 1273.
Nada, nadie, 1313.
Nada que hacer, 1090.
Nada que ver, 590.

ÍNDICE DE OBRAS

Nada que ver con otra historia, 590.
Nada se escurre, 848.
Nada terminado, 1079.
Nadie encendía las lámparas, 700.
Nadie es inocente, 1088.
Nadie, nada, nunca, 1489.
Nadie. Poemas del avión, 1526.
Nadie quiere descansar, 75.
Nadir, 158.
Nalú-Nega, 277.
Nana para dormir francesas, 698.
Nana para dormir muñecas, 883.
Nanas de espinas, 1579.
Nanas de la Navidad, 888.
Nancy, doctora en gitanería, 1538.
Nancy y el Bato loco, 1538.
Napalm, 450.
Nápoles recuperada por el rey don Alonso, 208, 1280.
Naranja, 407.
Narcisa Garay, mujer para llorar, 623.
Narcisia, 1301.
Narciso [Aub, Max], 109.
Narciso [Cueva y Silva, Francisco de la], 415.
Narciso [Sánchez Espeso, Germán], 1512, 1328.
Narciso en el acorde último de las flautas, 1209.
Narda o el verano, 478.
Nardo y estrella, 1639.
Narración del doble, 793.
Narración histórica, 855.
Narraciones [Halcón, Manuel], 693.
Narraciones [Sellés, Eugenio], 1535.
Narraciones de amor y muerte en diez ciudades del mundo, 1560.
Narraciones de tierras heroicas (1914-1915), 249.
Narraciones del hogar, 1554.
Narraciones dominicanas, 1640.
Narraciones extremeñas, 148.
Narraciones históricas, 64.
Narraciones históricas tomadas de los mejores hablistas castellanos, 657.
Narrado en bronce, 1301.
Narrativa cubana de la revolución, 230.
Narrativa hispanoamericana, 1424.
Narrativa: instrumental y observaciones, 137.
Narrativa modernista y concepción del mundo, 314.
Narrativa vasca actual, 649.
Narrativa venezolana contemporánea, 75.
Natacha [Carnés, Luisa], 283.
Natacha [Moock, Armando], 1061.
Nativa, 8.
Naturaleza, 1089.
Naturaleza muerta, 656.
Naturaleza no recuperable, 1303.
Naufragio [Bedregal, Yolanda], 158.
Naufragio [Frías, Heriberto], 575.
Naufragio [Tobar García, Francisco], 1615.
Naufragio en la sombra, 66.
Naufragio en tres cuerdas de guitarra, 219.
Naufragios [Núñez Cabeza de Vaca, Alvar], 1159.
Naufragios [Rauskin, Jacobo A.], 1359.
Naufragios de indios, 3.
Náufrago genuino, 320.
Náufragos de la tierra, 302.
Náufragos del subsuelo, 1600.
Náufragos y sobrevivientes, 1495.
Náutica espiritual, 1302.
Navanunca, 410.
Navarra, 779.
Navegación de altura, 185.
Navegación del alma por el discurso de todas las edades del hombre, 1494.
Navegaciones y regresos, 1101.
Navegar a todos los vientos, 566.
Navegar pintoresco, 901.
Naves, 193.
Navidad, 1079.
Navidades de Madrid y noches entretenidas, 297.
Navidades de Zaragoza, repartidas en cuatro noches, 18.
Nayjama, 457.
Nazarín, 222, 1244.
Neapolisea, 1639.
Necesidad de compañía, 658.
Necesidad de cumplir las leyes de reforma, 691.
Necesidad del mito, 411.
Necrocosmos, 588.
Necrofilia, 411.
Necromanticus, 1580.
Nefelibal, 986.
Negada permanencia, 701.
Negocio blanco, 1411.
Negro seco, 1599.
Negro y rojo, 1067.
Neologismos y americanismos, 1206.
Nephiboseth en Onou, diario de un loco, 1186.
Neptuno alegórico, 803.
Nerón [Cavestany, Juan Antonio], 319.
Nerón [Moreno Godino, Florencio], 1067.
Neruda, 1606.
Neruda y yo, 1442.
Nervios de la raza, 1105.
Netchaiev ha vuelto, 1537.
Neurosis sentimental, 613.
Ni amor se libra de amor, 245.
Ni César ni nada, 656.
Ni deuda que no se pague, 518.
Ni el tío ni el sobrino, 503, 1459.
Ni en la vida ni en la muerte, 819.
Ni héroe ni nada, 675.
¡Ni Margarita ni el diablo!, 903.
Ni más ni menos, 1515.
Ni pobre ni rico, sino todo lo contrario, 1033, 1616.
Ni rey ni Roque, 489, 1138.
Ni tanto, ni tan calvo..., 1000.

Ni tiro, ni veneno ni navaja, 578.
Nicaragua, tan violentamente dulce, 380.
Nicaragua: la revolución sandinista, 35.
Nicéforo el Bueno, 1493.
Nicéforo el Tirano, 1493.
Nick Carter se divierte mientras el lector es asesinado y yo agonizo, 839.
Nicolás Rienzi, el tribuno, 1465.
Nido de áspides, 1399.
Nido de cigüeñas, 649.
Nido de memorias, 1420.
Nido de vencejos, 966.
Nido real de gavilanes, 649.
Niebla [Palacios, Lucila], 1201.
Niebla [Unamuno, Miguel de], 1647, 1648.
Niebla cerrada, 1767.
Niebla de cuernos (Entreacto de Europa), 709.
Niebla en el bigote, 903.
Nieblas [Matamoro, Blas], 998.
Nieblas [Paso y Cano, Manuel], 1219.
Nieve [Casal, Julián del], 298.
Nieve [Mora, Fernando], 1061.
Nieve, sol y tomillo, 1728.
Nieve y lodo, 1270.
Nieves, 1051.
Nieves en Buenos Aires, 777.
Nimbo de piedra, 1674.
Nina, 966.
Nina la loca, 422.
Ninay, 872.
Ninette, 457.
Ninette, modas de París, 1033.
Ninette y un señor de Murcia, 1033.
Ninfas, fábulas y manzanas, 1157.
Ninfas y pastores de Henares, 650, 1142.
Ninfas y sátiros, 1374.
Ninfeas, 790.
Ninón, 1496.
Niñamadre, 1749.
Niñas... ¡al salón!, 1746.
Niñerías, 10.
Niño, ¿quieres un caramelito?, 1152.
Niño de ayer, 568.
Niño de lluvia, 1568.
Niño sin amigos, 410.
Niño y grande, 1039.
Niño y sombras, 1015.
Niños en el río, 347.
Nirvana, 1197.
Nise lastimosa, 174, 1718.
Nise laureada, 174, 1718.
Niú York, cartas marcadas, 848.
No [Aub, Max], 109.
No [Vilariño, Idea], 1732.
No amanece, 1252.
No amanece el cantor, 1666.
No bastan los átomos, 17.
No dejarse morir, 1365.
No des la espalda a la paloma, 1151.
No digas que fue un sueño, 1046, 1329.
No disparen contra el Papa, 1572.
No era de los nuestros, 1328, 1728.
No estamos solos, 71.
No habrá final feliz, 1147.
No habrá más penas ni olvido, 1561.
No hay amar como fingir, 837.
No hay contra el amor poder, 1717.
No hay contra lealtad cautelas, 835.
No hay contra un padre razón, 835.
No hay cosa como callar, 245.
No hay culpa sin pena, 1554.
No hay función, por defunción, 1600.
No hay mal que por bien no venga o Don Domingo de don Blas, 1476.
No hay más Fortuna que Dios, 247.
No hay otro cuerpo, 16.
No hay perjurio sin castigo, 654.
No hay plazo que no se cumpla ni deuda que no se pague, 1584, 1760.
No hay problemas, 437.
No hay que llorar, 382.
No hay relax para los muertos, 1151.
No hay ser padre siendo rey, 1441.
No hay tal lugar, 1276.
No hay tal lugar..., 1401.
No hay traidores sin castigo, ni lealtad sin lograr premio, 713.
No hay vacaciones, 1756.
No le busques tres pies al alcalde, 1597.
No llega a ser ceniza lo que arde, 1762.
No más que una rosa, 1317.
No matarás, 1671.
No me agarran viva: la mujer salvadoreña en la lucha, 35.
No me pises los pies, 674.
No me preguntes cómo pasa el tiempo, 1194.
No me vacilen al comisario, 1091.
No menor que el vacío, 522.
No pasará el invierno, 258.
No pasó nada, 1555.
No pronunciarás, 633.
No queda tiempo, 249.
No sé, 602.
No sé cómo decirlo, 391.
No se lo digas a nadie, 1091.
No sé quién soy, 1108.
No serán las Indias, 1091.
No siempre el amor es ciego, 438.
No siempre el tiempo siempre, 1414.
No somos nada, 306.
No son cuentos, 108.
No son todos los que están, 12.
No te duermas, no me dejes, 940.
No tenemos sitio para caminar, 1365.
No tenía corazón, 1152.
No time for flowers, 1046.
No toda es vigilia la de los ojos abiertos, 525, 1694.
No todo es silencio, 1430.

ÍNDICE DE OBRAS

No todos los hombres son románticos, 957.
No tuvieron la tierra prometida, 1762.
No una, sino muchas muertes, 366.
Nobleza del Andalucía, 84.
Nobleza obliga, 947.
Noche [González Rojas, Eugenio], 656.
Noche [Sawa, Alejandro], 1532.
Noche adelante, 782.
Noche adentro, 1367.
Noche cerrada, 1555.
Noche de califas, 1354.
Noche de dolor en las montañas, 902.
Noche de Equinoccio, 695.
Noche de guerra en el Museo del Prado, 28, 1597.
Noche de Independencia, 90.
Noche de San Juan, 98.
Noche del hombre, 1240.
Noche del sentido, 212.
Noche estival, 346.
Noche más allá de la noche, 355.
Noche oscura, 799, 800.
Noche perdida, 1373.
Noche rústica de Walpurgis, 1190.
Noche y día, 1420.
Nochebuena, 642.
Noches [Martí Miquel, Jaime], 980.
Noches [Torre, Francisco de la], 1620.
Noches blancas, 1767.
Noches de amor efímero, 1601.
Noches de invierno, 490, 1118.
Noches de placer, 308.
Noches de San Juan, 907.
Noches lúgubres, 238, 239, 532.
Noches tristes y día alegre, 532.
Nociones de Derecho internacional privado, 345.
Nociones de historia literaria, 151.
Nociones de instrucción cívica, 154.
Nociones de narrativa, 968.
Nociones de psicología, 1096.
Nocturnal, 1655.
Nocturnas, 1517.
Nocturno (Historia de un gran amor), 1566.
Nocturno a Rosario, 11.
Nocturno de alarmas, 798.
Nocturno de Bujara, 1276.
Nocturno de los ángeles, 1735.
Nocturno del mar, 1735.
Nocturno europeo, 954.
Nocturno rosa, 1735.
Nocturno sin consejo, 1301.
Nocturnos [Aristiguieta, Jean], 90.
Nocturnos [Martín Vivaldi, Elena], 984.
Nocturnos [Mas y Prat, Benito], 995.
Nocturnos [Vilariño, Idea], 1731.
Nocturnos [Villaurrutia, Xavier], 1735.
Nocturnos y otros sueños, 343.
Noé delirante, 372.
Noli me tangere, 873, 1416.
Nómada [Carranque de Ríos, Andrés], 288.
Nómada [Miró, Gabriel], 1038, 1039.
Nómadas, 343.
Nombrar contra el tiempo, 852.
Nombrar las cosas, 452.
Nombres, 1652.
Nombres y atributos de la impecable Virgen María, 203.
Norte adentro, 304.
Norte brumoso, 396.
Norte de los estados, 1187.
Norte de poetas, 1642.
Norte de príncipes, 994.
Norte y Sur, 1402.
Norte y Sur, recuerdos alegres de Vizcaya y mi tierra, 1096.
Norua, 1462.
Nos han dejado solos, 1347.
Nos matarán jugando, 614.
Nos tomamos la Universidad, 1746.
Nosotros dos, 1508.
Nosotros, ellas... y el duende, 903.
Nosotros los hombres, 429.
Nosotros los judíos, 794.
Nosotros, los leprosos, 309.
Nosotros los muertos (Relato del loco Basilio), 1512.
Nosotros, los Rivero, 1007, 1328.
Nostalgia de la muerte, 1735.
Nostalgias, 1403.
Nostálgicas, 47.
Nostálgicas mansiones, 347.
Nostálgico sur, 133.
Notable de amor, 1154.
Notas a Garcilaso de la Vega, príncipe de los poetas castellanos, 1576.
Notas de un novelista, 955.
Notas de un viaje de Roma a Buenos Aires, 611.
Notas de viaje, 876.
Notas diplomáticas, 1669.
Notas e impresiones, 271.
Notas graves y agudas, 1540.
Notas íntimas, 115.
Notas marginales, 1176.
Notas marginales al «Quijote», 47.
Notas marruecas de un soldado, 629.
Notas perdidas, cantares, 443.
Notas personales, 1458.
Notas sobre la experiencia poética, 633.
Notas y escorzos, 337.
Notas y opiniones, 1270.
Noticia de la California, 225.
Noticia de septiembre, 296.
Noticia del amor, 1302.
Noticia del viaje de España, 1122.
Noticias americanas. Entretenimiento físico-histórico sobre la América meridional y la septentrional oriental, 1644.
Noticias biográficas acerca del excelentísimo señor marqués del Mantillo, 819.
Noticias biográficas de Fernando de Rojas, autor de La Celestina y del impresor Juan de Lucena, 1542.

Noticias de la historia general de las Islas Canarias, 1730.
Noticias de la primera, 452.
Noticias de la Segunda Guerra Carlista, 71.
Noticias del Imperio, 1219.
Noticias del más acá, 54.
Noticias historiales de las conquistas de Tierra Firme en las Indias Occidentales, 401.
Noticias históricas de Nueva España, 1568.
Noticias más o menos sociales, 623.
Noticias privadas de casa, útiles para mis hijos, 93.
Noticias secretas de América..., 801.
Nou istories religioses o contemplacions, 1227.
Nova et vetera, 671.
Novae in grammaticam observationes, 301.
Novela como nube, 1191.
Novela de Andrés Choz, 1025.
Novela de la bolsa (Pablo Miranda, un corredor de valores), 69.
Novela del cordero, 1574.
Novela del descontento, 923.
Novela del más desdichado amante y pago que dan mugeres, 1118.
Novela negra con argentinos, 1666.
Novela picaresca y práctica de la transgresión, 1573.
Novela y poesía de Jaime Mendoza, 990.
Novela y sociedad, 439.
Novelas a Marcia Leonarda, 1118.
Novelas amorosas, 252.
Novelas amorosas y ejemplares, 1112, 1767.
Novelas antes de tiempo, 341.
Novelas aristocráticas, 748.
Novelas cortas [López Portillo y Rojas, José], 917.
Novelas cortas [Zamudio, Adela], 1761.
Novelas de varios sucesos en ocho discursos morales, 1118.
Novelas ejemplares, 334, 1112, 1117, 1119.
Novelas ejemplares de Cíbola, 1538.
Novelas exemplares y prodigiosas historias, 1274.
Novelas madrileñas, 850.
Novelas mexicanas, 1353.
Novelas morales, 986.
Novelas morales y ejemplares, 14.
Novelas para leer en un viaje, 975.
Novelas y ensayos, 1157.
Novelas y estudios literarios, 1755.
Novelas y novelistas, 636.
Noveletas, 208.
Novelistas españoles modernos, 136.
Novelistas ingleses contemporáneos, 2.
Novelitas: Estrellas con rabo, 1695.
Novenario, 392.
Noventa estrofas, 1467.
Novia, partido por dos, 1419.
Noviembre, 1501.
Noviembre y un poco de yerba, 583.
Novios de verano, 1250.
Novios y solitarios, 1555.
Novísima Poética Española, 572.
Novísimo espejo y doctrinal de caballeros en doce romances, 850.
Nube de paso, 1147.
Nube temporal, 53.
Nubes, 790.
Nubes de verano, 1650.
Nubes y flores, 989.
Nubladas nupcias, 1742.
Nubosidad variable, 982.
Nudo [Galindo, Sergio], 585.
Nudo [Ruiz Peña, Juan], 1477.
Nuestra América, 221, 1095.
Nuestra Andalucía, 971.
Nuestra bella que duerme, 1428.
Nuestra diaria palabra, 27.
Nuestra elegía, 385.
Nuestra epopeya, 1164.
Nuestra Natacha, 301.
Nuestra Señora de la Victoria, 835.
Nuestra Señora del Mar, 135.
Nuestras víctimas, 1551.
Nuestro enemigo, 917.
Nuestro fantasma, 93, 1330.
Nuestro fin de semana, 382.
Nuestro lindo país colombiano, 1503.
Nuestro milenio, 445.
Nuestro mundo, 1566.
Nuestro Norte es el Sur, 1064.
Nuestro padre, Drácula, 1524.
Nuestro padre San Daniel, 1039.
Nuestro pan, 627.
Nuestro planeta mundo, 213.
Nuestro virgen de los mártires, 1046.
Nuestros años grises, 652.
Nuestros cuentos, 227.
Nuestros hombres de ciencia, 1722.
Nueva burguesía, 129.
Nueva campaña, 23.
Nueva canción de Eurídice y Orfeo, 427.
Nueva Clariclea, 1121.
Nueva corónica y buen gobierno, 673, 402.
Nueva Filosofía de la interpretación del Derecho, 1362.
Nueva grandeza mexicana, 1155.
Nueva idea de la Tragedia antigua o ilustración última al libro singular de Poética de Aristóteles Stagirita, 656.
Nueva imagen del Caribe, 78.
Nueva literatura en España y América, 967.
Nueva obra y breve en prosa y en metro sobre la muerte del illustre señor el adelantado don Diego de Almagro, 482.
Nueva poesía española, 1298.
Nueva serie, 1748.

Nueva teoría de Andalucía, 639.
Nueva tierra de promisión, 1641.
Nueva, vieja estancia, 1095.
Nueva York, 1017.
Nueva York: Nivel de vida, nivel de muerte, 284.
Nuevas amistades, 598, 1320.
Nuevas andanzas y desventuras de Lazarillo de Tormes, 323, 1132.
Nuevas aventuras de don Laureano, 975.
Nuevas canciones [Machado Ruiz, Antonio], 943.
Nuevas canciones [Torres Bodet, Jaime], 1625.
Nuevas cartas de Nueva York, 1009.
Nuevas castellanas, 581.
Nuevas crónicas de..., 459.
Nuevas de este lugar, 10.
Nuevas direcciones de la crítica literaria, 1621.
Nuevas elegías, 1068.
Nuevas escenas matritenses, 321.
Nuevas florecillas de San Francisco, 1607.
Nuevas memorias de un afrancesado (En el Madrid goyesco), 989.
Nuevas odas elementales, 1101.
Nuevas páginas de mi vida, 117, 641.
Nuevas poesías [Alcover, Juan], 32.
Nuevas poesías [Moreno Torrado, Luis], 1068.
Nuevas poesías [Velarde, José], 1716.
Nuevas razones, 1569.
Nuevas rimas, 382.
Nueve cantos, 1228.
Nueve ensayos dantescos, 207.
Nueve estampas de alucinado, 18.
Nueve novísimos poetas españoles, 55, 128, 630, 991, 1046, 1049, 1209, 1298, 1703.
Nueve rayas de tiza, 430.

Nueve sonetos y tres romances, 459.
Nuevo amor, 1155.
Nuevo catecismo para indios remisos, 1052.
Nuevo centenar de sonetos, 1058.
Nuevo compuesto descompuesto viejo, 291.
Nuevo descubrimiento de Guayaquil, 306.
Nuevo descubrimiento del gran río de las Amazonas, 401.
Nuevo diálogo patriótico, 712.
Nuevo elogio de la lengua española, 608.
Nuevo ideal de la humanidad, 650.
Nuevo jardín de flores divinas, 203.
Nuevo liberalismo, 1759.
Nuevo Mundo Orinoco, 852.
Nuevo mundo y conquista, 1610.
Nuevo plano de la ciudad secreta, 1087, 1090.
Nuevo recuento de poemas, 1487.
Nuevo retablo de las Maravillas, 454.
Nuevo retablo de las maravillas y olé, 1166.
Nuevo ritmo de poesía infantil, 887.
Nuevo tablado de Arlequín, 145.
Nuevo tratado del paralelismo, 454.
Nuevo viaje al Parnaso, 1200.
Nuevos cantares, 1203.
Nuevos cantos, 1191.
Nuevos cantos de vida y esperanza, 391.
Nuevos chascarrillos baturros, 318.
Nuevos cuentos [Monegal, José], 1051.
Nuevos cuentos [Ramírez, Sergio], 1354.
Nuevos cuentos andinos, 907.
Nuevos cuentos de Bustos Domecq, 184, 207.

Nuevos cuentos de Pago Chico, 1221.
Nuevos estudios helénicos, 930.
Nuevos estudios sobre versificación castellana, 147, 561.
Nuevos lances y picardías de Lola, espejo oscuro, 529.
Nuevos motivos de estética, 1197.
Nuevos poemas [Fernández, Pablo Armando], 526.
Nuevos poemas [Pérez So, Reinaldo], 1252.
Nuevos poemas [Vighi, Francisco], 1730.
Nuevos poemas de amor, 912.
Nuevos recortes de vida, 302.
Nuevos retratos, 1364, 1493.
Nuevos retratos contemporáneos, 641.
Nuevos Rubayat, 1575.
Nuevos sermones y prédicas del Cristo de Elqui, 1216.
Nuevos tratados y otros ejercicios, 439.
Nugae, 1068.
Nuit, 591.
Nulidades del amor, 71.
Numa, 651.
Numancia, tragedia española, 908.
Numancia destruida [López de Ayala, Ignacio], 908.
Numancia destruida [Saviñón, Antonio], 1531.
Nunca, 7.
Nunca amanecerá, 907.
Nunca conocí un corazón tan solitario, 1088.
Nunca es tarde, 777.
Nunca llegarás a nada, 166.
Nunca más el mar, 463.
Nunca voy al cine, 1731.

Ña Catita, 1535.
Ñahuin, 1700.
Ñandú, 234.
Ñaque o De piojos y actores, 1518.
Núñez de Arce. Apuntes para su biografía, 309.

O [Cabrera Infante, Guillermo], 237.

O [Sánchez-Ortiz, Emilio], 1515.
O el frayle ha de ser ladrón, o el ladrón ha de ser frayle, 634.
O Lima, 176.
O locura o santidad, 471, 1589.
O. P. (Orden Público), 1538.
O vello mariñeiro toma o sol, 1058.
Oaristes, 826.
Obabakoak, 1326.
Obra de Vocablos, 1098.
Obra en marcha, 791.
Obra gruesa, 1216.
Obras completas (y otros cuentos), 1057.
Obras incompletas, 578.
Obras líricas y cómicas, divinas y humanas, 757.
Obras métricas, 1012.
Obras métricas a distintos asuntos, así serios, como festivos, 166.
Obras poéticas, poesías históricas y caballerescas, 201.
Obras póstumas, divinas y humanas, 1210.
Obras y días. Manual de señores y príncipes, 1103.
Obregón, Toral y la madre Conchita, 1419.
Obreros, zánganos y reinas, 1250.
Obscéneba, 1372.
Observaciones, 708.
Observaciones astronómicas y físicas..., 801.
Observaciones sobre el carácter de don Juan Tenorio, 1269.
Observaciones sobre la poesía popular, 1034.
Observatorio rústico, 1491.
Obsesiones con un tema obligado, 811.
Obsesivos días circulares, 1490.
Ocaña, el fuego infinito, 1468.
Ocarina, 76.
Ocaso, 88.
Ocaso en Poley, 1158, 1322.
Ocaso y restauración, 794.

Ocaybrú, 885.
Oceanografía del tedio, 1177.
Ochenta años de literatura venezolana, 1005.
87 poemas, 55.
Ocho, siete, seis, 545.
Ocho casos extraños y dos cosas más, 13.
Ocho comedias y ocho entremeses nuevos, nunca representados, 334.
Ocho cuentos, 211.
Ocho días en Leningrado, 61.
8 estrellas y 8 cenzontles, 1419.
Ocho hombres, 1735.
Ocho meses y un día en el Gobierno Civil de Barcelona (Confesiones y testimonios), 949.
Ocho modelos de felicidad, 1407.
Ocho poemas, 385.
Ocios, 1362.
Ocios de Castalia, 1190.
Ocios de la soledad, 1312.
Ocios de mi arresto, 981.
Ocios de mi juventud, 238.
Ocios poéticos, 1058.
Ocios y apuntes, 255.
Ocnos, 328.
Octaedro, 380.
Octava poesía vertical, 803.
Octavas a la venida del Rey don Felipe..., 1399.
Octavas rimas a la insigne victoria conseguida por el Marqués de Santa Cruz, 467.
Octavia, 1580.
Octubre, octubre, 1502.
Octubre en el menú, 1090.
Octubre imprescindible, 1066.
Octubre rojo en Asturias, 444.
Oculta filosofía, 1103.
Ocultación y revelación, 314.
Oculto en su memoria, 1157.
Oculto signo, 66.
Ocupación de la palabra, 811, 1542.
Ocupación del fuego, 391.
Ocupaciones del buscador, 1226.
Ocurrencia escénica, 225.

Oda a Carlos Baudelaire, 250.
Oda a Delmira Agustini y otros poemas, 615.
Oda a la primera exposición de las artes españolas, 820.
Oda a la tristeza y otros poemas, 1536.
Oda a las Bellas Artes, 1341.
Oda a Pestalozzi, 542.
Oda a Stalin, 711.
Oda al Río de la Plata, 1462.
Oda al Santísimo Sacramento del altar, 601.
Oda de un yo, 1237.
Oda del regreso, 793.
Oda en la ceniza, 212, 1322.
Oda provincial, 1363.
Odas [Peñaranda, Carlos], 1232.
Odas [Velázquez de Velasco, Alonso], 1717.
Odas elementales, 1099, 1101.
Odas inmortales, 273.
Odas. «La Triste» y otros poemas, 97.
Odas morales, 452.
Odas para el hombre y la mujer, 968.
Odas seculares, 929.
Odas vírgenes, 954.
Odio [Barletta, Leónidas], 143.
Odio [Danvila, Alfonso], 422.
Odisea 77, 28.
Odisea de tierra firme, 1271.
Odisea definitiva, 1301.
Odisea del alma. Poema lírico, 902.
Odiseo sin patria, 133.
Ofender con las finezas, 1733.
Off-side, 1623.
Oficina de horizonte, 811.
Oficina número 1, 1189.
Oficio de ángel, 144.
Oficio de cuerpos, 1302.
Oficio de difuntos, 1654.
Oficio de la palabra, 1005.
Oficio de muchachos, 77.
Oficio de tinieblas [Castellanos, Rosario], 303.
Oficio de tinieblas [Larreta, Antonio], 824.

ÍNDICE DE OBRAS

Oficio de tinieblas [Sastre, Alfonso], 1531.
Oficio de tinieblas 5, 321, 323.
Oficio terrenal, 977.
Oficios del río, 1502.
Oficios y maleficios, 642.
Ofrenda a una virgen loca, 340.
Ofrenda en el altar del bolero, 352.
Ofrenda en la memoria, 1302.
Ofrendas a la nada, 646.
Ofrendas y epitafios, 1058.
¡Oh, doctor!, 903.
¡Oh, es él!, 1091.
¡Oh, este viejo y roto violín!, 521.
¡Oh gloria inmarcesible!, 69.
¡Oh, hada cibernética!, 159.
¡Oh hermoso mundo!, 585.
Oh smog, 250.
Oí crecer las palomas, 1196.
Oidor andante, 1742.
Oigo el silencio universal del miedo, 1461.
Ojeada histórico-crítica sobre la poesía ecuatoriana, 560, 1024.
Ojerosa y pintada, 1754.
Ojo a la finca, 1034.
Ojo de agua, 1496.
Ojo del pozo, 1079.
Ojo por diente, 141.
Ojo por ojo, 917.
¡Ojo, vencedores!, 948.
Ojo y alma, 87.
Ojos, círculos, búhos, 663.
Ojos de agua, 1301.
Ojos de papel volando, 1019, 1088.
Ojos del bosque, 522.
O.K., 346.
Olas..., 759.
Olas y cantiles, 260.
Old Spain, 127.
Oldemas y los coroneles, 277.
Olé, 1089.
Oleaje, 161.
Oleaje en la tierra, 902.
Óleo, 595.
Oligarquía y caciquismo como la forma actual de gobierno en España: urgencia y modo de cambiarla, 384, 1363.
Oligarquía y literatura, 998.
Olimpia de Toledo, 147.
Olímpica, 124.
Olivos de eternidad, 622.
Ollanta, el jefe kolla, 457.
Ollantay [anónimo], 1602.
Ollantay [Rojas, Ricardo], 1439.
Olmeda, 125.
Olmedo y Bolívar, 306.
Olvida los tambores, 458.
Olvidanzas, 790.
Olvidar tu nombre, 1468.
Ombligo del mundo, 506.
Ommiada, 1107, 1238.
Omnia, 1303.
Omnibus de poesía mexicana, 1758.
Onca, 1091.
Once, 1722.
Once cuentos, 1056.
Onda, 461.
Onda y escritura en México: jóvenes de 20 a 33, 633.
Ondas, 1601.
Ondina, 1084.
Oneiron, 1274.
Only you, amor mío, 1600.
Opalina y los enanos, 1599.
Ópera bufa, 218.
Ópera ibérica, 1072.
Ópera ingenua para Isabel María, 1302.
Opera parva, 234.
Operación Barbarroja, 1090.
Operación «Doble Dos», 1565.
Operación Feniscolta, 1599.
Operación maravillosa, 1463.
Operación masacre, 1747.
Operación Ópera, 1600.
Operación Paquita, 903.
Operación pata de oso, 1326.
Operación Primavera, 1089.
Operación Puerto Rico sobre Venezuela, 75.
Opium, 1089.
Oppiano Licario, 841.
Opus 13 para cimarrona, 468.
Opus epistolarum, 994.
Opúsculos castellanos, 1063.
Opúsculos de erudición y bibliografía, 1020.
Ora marítima seguida de Baladas y canciones del Paraná, 27.
Oración a la palabra, 987.
Oración apologética por la España y su mérito literario, 571.
Oración de mujer, 1541.
Oración en alabanza de las obras de D. Saavedra Fajardo, 1003.
Oración en defensa de los gatos, 948.
Oración en otoño, 1465.
Oración en que se persuade que es menor mal sufrir ratones que tener gatos, 948.
Oración futura, 282.
Oración gratulatoria, 1191.
Oración para clamar por los oprimidos, 1468.
Oración por Marilyn Monroe y otros poemas, 281.
Oración que exhorta a seguir la verdadera idea de la elocuencia española, 1003.
Oraciones, rimas y cantares, 1051.
Oraciones evangélicas, 1210.
Oraciones para despertar, 1655.
Oráculo manual y arte de Prudencia, 665.
Oráculo sobre Managua, 281.
Oratio luculenta de laudibus Valentiae, 1332.
Orationis institutiones, 1377.
Oratorio, 795.
Oratorio de religiosos y ejercicio de virtuosos, 679.
Oratorio del Guadarrama, 1317.
Oratorio del maíz, 648.
Órbita de la poesía afrocubana (1928-1937), 686, 1693.
Ordenanzas del Hospital de San Lázaro, 1518.
Orestes en Sciro, 1184.
Orfeo [Jáuregui y Aguilar, Juan de], 787.
Orfeo [Valle, Rosamel del], 1674.

Orfeo en el infierno, 154.
Orfeo en la memoria, 9.
Orfeo militar, 1190.
Organum dialecticum et retoricum, 1376, 1511.
Orgullo de raza, 878.
Oriental planeta evangélico, 1547.
Oriente, 190.
Origen, épocas y progresos del teatro español, 614.
Origen, progresos y estado actual de toda la literatura, 66.
Origen, ser y existir de los españoles, 311.
Origen de los Machucas, 1405.
Origen y apogeo del «Género chico», 430.
Origen y epílogo de la filosofía, 1179.
Origen y progresos del histrionismo en España, 552.
Orígenes, 325.
Orígenes de la dominación española en América, 1542.
Orígenes de la lengua española, 1003.
Orígenes de la novela, 204, 1020.
Orígenes de la novela española y estudio de los novelistas anteriores a Cervantes., 1020.
Orígenes de la poesía castellana, 1717, 1309.
Orígenes del español, 1022.
Orígenes del progreso argentino. Una gran potencia en esbozo, 669.
Orígenes del régimen constitucional español, 526.
Orígenes del teatro español, 535, 552, 1545.
Orígenes, historia y caracteres de la prensa española, 1553.
Orikis y otros poemas, 144.
Orillas de la luz, 715.
Orillas del Ebro, 824, 1325.
Ornitóteles, el pájaro filosófico, 73.
Oro blanco, 308.
Oro, cascos y sedas, 277.

Oro de Indias, 346.
Oro de Yuscarán, 1239.
Oro del archipiélago, 208.
Oro negro, 1057.
Oro, plata, cobre y... nada, 1245.
Oro rojo, 57.
Oro, seda, sangre y sol, 748.
Oro y ébano, 567.
Oro y marfil, 1347.
Oro y oropel, 74.
Oro y piedra, 986.
Orogenia, 591.
Oros, copas, espadas y bastos, 822.
Orozco, 282.
Orphénica lyra, 1303.
Orphica, 1301.
Orquesta negra, 302.
Orquídeas, 343.
Orquídeas a la luz de la luna, 578.
Orquídeas azules, 1201.
Orquídeas para la médium, 310.
Orquídeas y panteras, 1678.
Ortega. Circunstancia y vocación, 971.
Ortega y Gasset. Etapas de una filosofía, 543.
Ortega y la nueva interpretación de la Historia Universal, 566.
Ortega y los existencialismos, 1716.
Ortega y su filosofía, 669.
Orto [Bernárdez, Francisco Luis], 176.
Orto [Peña Barrenechea, Enrique], 1231.
Ortografía castellana, 39, 40.
Ortografia kastellana nueva i perfeta dirixida al prinzipe Baltasar N. S. i el Manual de Epikteto, 377.
Ortometría. Apuntes para una rítmica, 655.
Osario, 1089.
Óscar, 809.
Óscar cosmonauta, 883.
Oscar Wilde, 1741.
Oscar Wilde (Traducciones y críticas), 675.
Oscilaciones, 1156.
Oscura noticia, 48.

Oscura palabra, 154, 730.
Oscuras materias de la luz, 1091.
Oscuras razones, 1302.
Oscuro, 1438.
Oscuro amanecer, 838.
Oscuro dominio, 823.
Oscuros días, 526.
Oseznos, 1600.
Osiris preludial, 1214.
Otas de Roma, 1114.
Otesnita, 1197.
Otilia Rauda, 585.
Otoñales, 1402.
Otoño, 1559.
Otoño en las dunas, 1317.
Otoño en Madrid hacia 1950, 116, 166.
Otoño en Málaga, 272.
Otoño iluminado, 32.
Otoño imperdonable, 1747.
Otoño indio, 672.
Otoño intenso, 807.
Otra escena / Profanaciones, 1573.
Otra imagen deleznable, 1748.
Otra ley, 1302.
Otra manera de cantar el tango, 1011.
Otra vez el mar, 81.
Otra vez la playa, 186.
Otra voz, 1401.
Otras inquisiciones, 206.
Otro Artagan, 1464.
Otro continente, 100.
Otro día nuestro, 975.
Otro libro de amor, 63.
Otro perro del hortelano, 1522.
Otro rapto de Europa, 409.
Otros 4 cuentos, 1549.
Otros hombres, 817.
Otros labios me sueñan, 1074, 1075.
Otros muertos, 109.
Otros poemas y una elegía, 639.
Otros son los sueños, 1535.
Oveja negra, 698.
Overdose, 1528.
Ovidia, 1304.
Oviedo y Baños y su «Historia de la conquista de Venezuela», 1278.

Óvulos, 1096.
Óxido de Carmen, 1409.
O'Yarkandal, 1495.
Oye, Patria, mi aflicción, 96, 1597.
Ozama, 1054.

Pabellón de reposo, 323.
Pabellones, 1304.
Pablo, 1221.
Pablo Iglesias, 1166.
Pabluras, 1326.
Pábulo para la historia, 691.
Pachamama, 574.
Paco y su gata, 981.
Padilla o El asedio de Medina, 1458.
Padre del mar, 907.
Padre mercader, 443.
Padre Pío de Pietralcina, 310.
Padres e hijos, 833.
Padres, hijos y maestros. Antipedagogía, 1527.
Padres y otras profesiones, 807.
Pagaré a cobrar y otros poemas, 35.
Pagaría por no verte, 1146.
Páginas alegres, 1572.
Páginas americanas, 1176.
Páginas bárbaras, 1018.
Páginas chilenas, 444.
Páginas de Ángel Pino, 444.
Páginas de ayer [Gil Fortoul, José], 627.
Páginas de ayer [Turcios, Froylán], 1642.
Páginas de oro, 1219.
Páginas de un diario, 1304.
Páginas de un libro, 273.
Páginas de un pobre diablo, 150.
Páginas del pasado, 613.
Páginas efímeras, 597.
Páginas libres, 655.
Páginas literarias, 241.
Páginas locas, 566.
Páginas perdidas. Retratos históricos, 627.
Pago Chico, 1221.
Pago de deuda, 1725.
Pago de traición, 1315.
Paidología, 143.
País anterior a las estrellas, 698.

País blanco y negro, 1674.
País de la esperanza, 1059.
País de los Losadas, 1235.
País del humo, 1220.
País portátil, 653, 1320.
País secreto, 290.
Paisa, 647.
Paisaje, 1302.
Paisaje con figuras, 583, 1327.
Paisaje dividido, 1302.
Paisaje estridentista, 1413.
Paisaje histórico de la cultura venezolana, 449.
Paisajes [Cardozo, Lubio], 282.
Paisajes [Zayas, Antonio de], 1767.
Paisajes de dentro y fuera, 614.
Paisajes de España. Galicia y Navarra, 669.
Paisajes de ternura, 1575.
Paisajes del Alma en Guerra, 50.
Paisajes del Alma en Paz, 50.
Paisajes después de la batalla, 662.
Paisajes parisienses, 1643.
Paisajes y canciones, 698.
Paisajes y elegías, 612.
Paisanas, 1725.
Paisano, 1206.
Paja brava, 51.
Pajarera, 1406.
Pájaro de barro, 476.
Pájaro de mar por tierra, 347.
Pájaro en tierra, 1439.
Pájaro en una tormenta, 1057.
Pájaro pinto, 492, 1130.
Pájaros de la cañada, 615.
Pájaros de oro, 1089.
Pájaros del Nuevo Mundo, 1762.
Palabra cabra desmandada, 418.
Palabra dada, 1742.
Palabra de aragonés, 977.
Palabra de mujer, 1096.
Palabra intencional, 1570.
Palabra sobre palabra, 646.
Palabra viva, 836.
Palabras [Pinto, Manuel María], 1274.

Palabras [Ugarte, Manuel], 1643.
Palabras a la oscuridad, 215.
Palabras a mi madre y otros poemas, 1237.
Palabras al viento, 219.
Palabras comunes (Words Apart), 1638.
Palabras cruzadas, 1314.
Palabras de fe, 158.
Palabras de honor: 1962-1970, 941.
Palabras de tierra, 617.
Palabras desatadas, 28.
Palabras en el muro, 704.
Palabras en la oscuridad, 1322.
Palabras en libertad, 541.
Palabras en reposo, 347.
Palabras mayores [Garciasol, Ramón de], 614.
Palabras mayores [Spota, Luis], 1564.
Palabras para Julia y otras canciones, 660.
Palabras reunidas, 28.
Palabras y letras, 122.
Palacio Salvo, 1185.
Palacio Valdés o la armonía, 1084.
Palco, modista y coche, 1270.
Paleografía española, 225.
Palindroma, 98.
Palinodia, 1723.
Palinodia de la nefanda y fiera nación de los turcos, 450.
Palinuro de México, 1218.
Palique, 23.
Paliques, 259.
Palma, 972.
Palma y cáliz de Sevilla, 1543.
Palmas flamencas, 208.
Palmas sobre la losa fría, 1516.
Pálmenes Yarza, 1754.
Palmerín de Inglaterra, 757, 1116.
Palmerín de Oliva, 1116.
Palo de ciego, 993.
Palo verde, 939.
Palo y hueso, 1489.
Palomas intrépidas, 1597.

Palomicas de mi palomar, 875.
Palomilla brava, 1551.
Palomita blanca, 813.
Palos de ciego, 162, 1151.
Palotes, 581.
Pamela, 1267.
Pameos y meopas, 380.
Pampa (poemas inéditos), 686.
Pan y toros, 100, 103, 1105, 1270.
Panal de cuentos, 1460.
Panamá defendida, 573.
Pancho Mendrugo, 49.
Panegírico, 741.
Panegírico al duque de Lerma, 644.
Panegírico de la poesía, 1308.
Panegírico de Trajano, 1482.
Panfleto contra el todo, 1531.
Pánico o peligro, 1338.
Panoplia lírica, 711.
Panorama de la crítica literaria en México, 612.
Panorama de la literatura ecuatoriana, 89.
Panorama de la literatura nicaragüense, 80.
Panorama de la literatura norteamericana, 1357.
Panorama de la literatura venezolana actual, 852.
Panorama del cuento paraguayo, 1249.
Panorama del pensamiento jurídico en el siglo XX, 1363.
Panorama matritense, 385, 386, 1027.
Panoramas de la literatura del Perú, desde sus orígenes hasta nuestros días, 1507.
Panoramas de la vida, 659.
Pantaleón y las visitadoras, 1698, 1699.
Pantheos, 1484.
Pánuco 137, 951.
Paños calientes, 202.
Papá o el diario de Alicia Mir, 752.
Papel de fumar, 812.
Papel impreso, 977.
Papel mojado, 1036.
Papel que escribió un señor de estos reinos a Lope de Vega Carpio en razón de la nueva poesía, 1307.
Papeles crítico-apologéticos, 781.
Papeles de Pandora, 544.
Papeles de Recienvenido, 525.
Papeles de Rosas, 835.
Papeles del Doctor Angélico, 1201.
Papeles en el viento, 133.
Papeles para la pequeña y la gran historia, 926.
Papeles sobre la «nueva novela» española, 614.
Papeles sobre Velázquez y Goya, 1180.
Papelíos, 169.
Papelucho, 887.
Papelucho en la clínica, 887.
Papelucho historiador, 887.
Papelucho huérfano, 887.
Papis, 1600.
Par de reyes, 616.
Para algunos, 1402.
Para andar conmigo, 1606.
Para ángeles y gorriones, 1606.
Para bien morir, 1302.
Para canción y canción de Evita Paraíso, 1190.
Para cantar, 809.
Para cantar mañana, 622.
Para comerte mejor, 674.
Para contribuir a la confusión general, 1228.
Para curar el cáncer no sirven las libélulas, 1195.
Para empezar, 814.
Para esta noche, 1167, 1168.
Para la voz, 1528.
Para las seis cuerdas, 207.
Para leer el Pato Donald, 464.
Para leer mañana, 354.
Para leer «Primero sueño» de Sor Juana Inés de la Cruz, 1516.
Para los dioses turcos, 1740.
Para mamá en el cielo. Cuentos de Navidad, 834.
Para mis amigos, 819.
Para morirnos de otro sueño, 1252.
Para nacer he nacido, 1102.
Para no volver, 1091.
Para nunca ser vistos, 1304.
Para que exista la llama, 618.
Para que se cumplan las escrituras, 419.
Para quemar el trapecio, 1302.
Para romper el silencio: resistencia y lucha en las cárceles salvadoreñas, 36.
Para saber y contar, 1236.
Para ser libres, 617.
Para subir al cielo, 813.
Para ti, 1319.
Para todos. Exemplos morales, humanos y divinos, 1249.
Para un traidor, un leal, 1672.
Para una filosofía de la vida y otros ensayos, 964.
Para una lectura de Nicanor Parra, 1500.
Para una revisión de las letras argentinas, 986.
Para una tumba sin nombre, 1167.
Para verte mejor, América Latina, 437.
Para vivir aquí [Goytisolo, Juan], 662.
Para vivir aquí [Pacheco, Cristina], 1193.
Para vivir mañana, 431.
Para vosotros dos, 324.
Parábola, 1599.
Parábola de la nueva literatura, 684.
Parábola del buen lector, 1178.
Parábola del canto, 647.
Parábola del náufrago, 434, 1134.
Parábolas, 902.
Parábolas del Ande, 344.
Parábolas y circunloquios de Rabí Isaac ben Yehuda: 1325-1402, 794.
Paradiso, 724, 840, 841, 1529.
Paradoja en alabanza de los cuernos, 338.
Paradojas racionales, 921.
Paradox, rey, 145.
Paradoxa, 1511.
Paraíso, 1512.

ÍNDICE DE OBRAS

Paraíso cerrado, cielo abierto, 1474.
Paraíso cerrado para muchos, jardines abiertos para pocos, 1562, 1563.
Paraíso en el Nuevo Mundo, 838.
Paraíso encerrado, 541.
Paraíso manuscrito, 1301.
Paraíso occidental, 1547.
Paraíso perdido, 1282, 1731.
Parajes de una época, 1066.
Paralelo 40, 308.
Paralelo 53 Sur, 973.
Paralelogramo, comedia con seis cuadros, 490.
Páramo, 1496.
Páramo de sueños, 347.
Paranoia en otoño, 1301.
Paraphernalia de la olla podrida, de la misericordia y la mucha consolación, 1457.
Paraphrasis in totum Aristotelem, 756.
Paráphrasis panegírica, 414.
Parásitas negras, 1196.
¡Pare usted la jaca, amigo!, 1357.
Parece cosa de brujas, 915.
Parece mentira, 1736.
Parejas, 1198.
Parejas de trapo, 1749.
Pares y Nines, 51.
Parhelios, 1710.
París, 839.
París al día, 202.
Paris and London, 1641.
París: impresiones de un emigrado, 190.
París, la revolución de Mayo, 577.
París, Londres y Madrid, 1163.
París-Madrid. Un viaje en el año 19, 141.
París, 1914. Diari d'un estudiant, 249.
París, situación irregular, 848.
Parlamentarismo español, 127.
Parnaso colombiano, 1625.
Parnaso dominicano, 154.
Parnaso español, 919.
Parnaso filipino, 874.

Parnaso venezolano, 242.
Parodias de verdades, 1672.
Parque, 431.
Parranda, 1565.
Parrillada, 306.
Parsimonia, 97.
Parte de una historia, 34.
Parte de vida, 612.
Parte primera de la crónica del Perú, 348.
Parte Segunda del Sarao y entretenimiento honesto (Desengaños amorosos), 1767.
Parténope ovante, 1553.
Partes de naufragio, 439.
Partición 1976-1982, 1534.
Partidas, 908, 1334, 1519, 1603.
Partidas y regresos, 495.
Partiendo de la angustia, 68.
Partituras secretas, 300.
Parusía, 1480.
Parva favilla, 1530.
Pasaban en silencio nuestros dioses, 957.
Pasado en claro, 1224.
Pasados por agua, 1071.
Pasaje, 347.
Pasaje de primera, 960.
Pasaje por el limbo, 1428.
Pasan hombres oscuros, 973.
Pasando y pasando, 750.
Pasaporte diplomático, 1089.
Pasar y siete canciones, 128.
Pasaron por aquí, 135.
Pasarse de listo, 1670.
Pascua y naranjas, 1725.
Pascual Abah, 584.
Pascual de la Sierra, 887.
Pascual López. Autobiografía de un estudiante de medicina, 1212.
Pascualica, 227.
Pase usted, fantasía, 208.
Pasen y vean, 147.
Paseo de los tristes, 475.
Paseo de mentiras, 227.
Paseo en trapecio, 1490.
Paseo sentimental, 1748.
Paseos por Madrid, 142.
Pasión [Micón, fray Juan], 268.
Pasión [San Pedro, Diego de], 1281.

Pasión de Helena, 1564.
Pasión de historia, 1704.
Pasión de la tierra, 36, 1689.
Pasión de Nuestro Señor Jesucristo, 207.
Pasión de Roma, 825.
Pasión de sombra, 459.
Pasión del verbo, 365.
Pasión inédita, 271.
Pasión para una sombra, 760.
Pasión trovada, 1195.
Pasión vagabunda, 1762.
Pasión y muerte [Barga, Corpus], 141, 142.
Pasión y muerte [Retana, Álvaro], 1135, 1136.
Pasión y muerte de Miguel Servet, 620.
Pasión y muerte de Silverio Leguizamón, 259.
Pasión y muerte del Conde de Villamediana, 1461.
Pasión y muerte del cura Deusto, 694.
Pasión y triunfo de Christo, 1233.
Pasionarias [Almendros Camps, José Antonio], 47.
Pasionarias [Flores, Manuel M.], 565.
Pasionarias [Mendive, Rafael María de], 1016.
Pasionarias [Palma, Ricardo], 1205.
Pasiones, 627.
Pasiones pasadas, 970.
Pasiones terrestres, 1047.
Pasiono, 1642.
Paso a nivel, 93.
Pasó así, 1631.
Paso de comedia, 1189.
Paso de dos, 1221.
Paso de dos clérigos... y dos moços suyos, simples, 1611.
Paso de hombre, 1248.
Paso de sombra, 405.
Paso de tropa, 1193.
Paso del unicornio, 437.
Paso honroso, 1002.
Pasodoble bajo la lluvia, 615.
Pasolini, 1301.
Pasos sin huellas, 1329.
Pasos y pasajeros, 1654.

Passeig D'Aniversari, 1327.
Pasteur, 472.
Pastillas de menta, 1240.
Pasto de la aurora, 1500.
Pasto verde, 610.
Pastor de Fílida, 589.
Pastor Luna, 687.
Pastor perdido, 418.
Pastorales y jacintos, 214.
Patapalo, 1557.
Patas de perro, 465.
Patatús, 160.
Patio de luces y otros relatos, 40.
Patrañas y otros extravíos, 71.
Patria de sal cautiva, 329.
Patria de sueño: San Cristóbal, 1214.
Patria del dolor y llanto, 573.
Patria nueva, 458.
Patria perdida, 760.
Patria y redención, 874.
Patrimonio de ciegos, 1763.
Patrón salmantino, 92.
Patrona de Madrid restituida, 1492.
Paula y Paulita, 786, 1130.
Paulina, el mundo y las estrellas, 883.
Paulino, 71.
Pausa, 1401.
Pautas, 1226.
Pautas para conjurados, 991.
Paz en la guerra, 1647.
P.DEM.A3S (P(royecto) de m(onólogo) a 3 s(oledades)), 1515.
Pecados veniales, 55.
Pecas, Dragoncín y el tesoro, 885.
Peccata minuta, 1415.
Peces joviales, 212.
Pedagogía universitaria. Problemas y noticias, 632.
Pedernales, 1773.
Pedir el fuego, 1058.
Pedrada planetaria, 234.
Pedrarias Dávila, 1327.
Pedregal, 1554.
Pedro Arnáez, 973.
Pedro Claver. El santo de los esclavos, 1270.
Pedro de Urdemalas, 335.

Pedro el Católico, rey de Aragón, 197.
Pedro el Ciego, 960.
Pedro López García, 109.
Pedro Páramo, 1477, 1478, 1479.
Pedro Sánchez, 1234.
Pedro Vayalarde, 1584.
Pedro y Catalina, 68.
Pedro y el capitán, 165.
Pedro y Juana, 907.
Pegar la hebra, 432.
Pegaso encadenado, 903.
Pelayo [Espronceda y Delgado, José de], 1289.
Pelayo [Jovellanos, Gaspar Melchor de], 797.
Pelayo [Quintana, Manuel José], 1346.
Pelé y Melé, 1215.
Peleles, 1743.
Pellejín. Historia de un diputado de la mayoría, 1572.
Pelo de tormenta, 1104.
Pen Club, 636.
Pena de extrañamiento, 848.
Pena de muerte, 813.
Penas sin importancia, 590.
Penas y alegrías del amor, 837.
Penitencia de amor, 1154, 1652.
Pensamiento poético en la lírica inglesa [siglo XIX], 327.
Pensamiento y poesía en la vida española, 1759.
Pensamientos, 515.
Pensamientos acerca de la educación, 514.
Pensamientos del amante, 343.
Pentagrama sin pájaros, 996.
Pentateuco de Constantinopla, 895.
Pentélicas, 874.
Penteo, 1601.
Penúltima tarde, 706.
Penúltimos castigos, 147.
Penumbra [Acebal, Francisco], 7.
Penumbra [Solar, Alberto del], 1556.
Penumbra. Libro de Marcela, 537.

Penumbras, 1318.
Penumbras y otros poemas, 1241.
Peñarrisca, 1049.
Peñas arriba, 1125, 1234.
Peonía, 1094, 1458.
Peor es hurgallo, 353.
Pepa, la frescachona o El colegial desenvuelto, 1710.
Pepa Doncel, 162.
Pepa Niebla, 926.
Pepe Corvina, 505.
Pepe Prida, 916.
Pepinillos en vinagre [García Santisteban, Rafael], 611.
Pepinillos en vinagre [Polo y Peyrolón, Manuel], 1312.
Pepita Jiménez, 1124, 1532, 1670.
Pepitas, 1183.
Pepito Trápala, 412.
Pequeña antología [Cruchaga Santa María, Ángel], 405.
Pequeña antología [Venegas Filardo, Pascual], 1720.
Pequeña clave ortográfica, 454.
Pequeña crónica, 71.
Pequeña crónica de nuestros días, 1225.
Pequeña hermana muerte, 807.
Pequeña historia de horror (y de amor desenfrenado), 1731.
Pequeña meditación al atardecer en un cementerio junto al mar, 80.
Pequeña ópera lírica, 188.
Pequeña sinfonía del Nuevo Mundo, 282.
Pequeñas causas, 1064.
Pequeñas maniobras, 1275.
Pequeñas memorias de Tarín, 1514.
Pequeñeces, 357, 1181.
Pequeño relato nocturno, 177.
Pequeño teatro, 1001, 1329.
Pequeño teatro americano, 887.
Pequeños cazadores, 994.
Pequeños hombres ante la vida, 779.

ÍNDICE DE OBRAS

Pequeños poemas [Campoamor y Campoosorio, Ramón de], 256, 316.
Pequeños poemas [Montoto y Rautenstrauch, Luis], 1061.
Pequeños reparos a un gran libro. Desafinaciones de «La canción del Duero» de Julio Senador, 1537.
Percusión, 137.
Perdida, 760.
Perdida en los Apalaches, 1519.
Perdidos en la luz, 179.
Perdimos el paraíso, 539.
Perdimos la primavera, 1541.
Perdón, estamos en guerra, 1746.
Peregrina o El pozo encantado, 449.
Peregrinación a Jerusalén, 1652.
Peregrinación de Luz del Día, o viaje y aventuras de la Verdad en el Nuevo Mundo, 26.
Peregrinación del hermano Bartolomé Lorenzo, 10.
Peregrinación del mundo, 113.
Peregrinación por el arte de México, 964.
Peregrinaciones [Burgos, Carmen de], 222.
Peregrinaciones [Darío, Rubén], 424.
Peregrinaciones [Méndez Pinto, Fernán], 113.
Peregrinaje, 445.
Peregrinaje de estío (por Aragón, Francia y Guipúzcoa) y otras andanzas, 406.
Peregrinajes literarios en Francia, 1403.
Peregrinando, 876.
Peregrinos de Calvario (Tres novelas cortas), 283.
Perfecciones analíticas de la lengua bascongada, 781.
Perfecta ausencia, 701.
Perfil de cresta, 874.
Perfil del aire, 328, 1688.
Perfil del cante, 1079.

Perfil del hombre y la cultura en México, 1357.
Perfil en el aire, 1639.
Perfiles y colores, sátira de costumbres, 989.
Perfume de mimosas, 1600.
Peribáñez y el comendador de Ocaña, 1714.
Perico, 1071.
Perico en Londres, 1495.
Pericoloso sporgersi, 1304.
Periquillo el de las gallineras, 1526.
Periquillo entre ellas, 1332.
Perito en lunas, 702, 1547.
Perla de dos Orientes, 195.
Perla de proverbios morales, 151.
Perlas de mi rosario, 445.
Perlas negras, 1102.
Perlas y lágrimas, 925.
Pero el amor se va, 912.
Pero el viajero que huye, 1703.
... Pero ellos no tienen bananas, 1037.
Pero... ¿hubo alguna vez once mil vírgenes?, 785.
Pero... ¡si soy mi hermano!, 4.
... Pero sin hijos, 1495.
Pero Vázquez de Escamilla, 1345.
Perpetua heredad, 162.
Perpetuo arraigo, 459.
Perro de circo, 252.
Perro de laboratorio, 1570.
Perros verdes, 1088.
Persecución (Cinco piezas de teatro experimental), 81.
Persecución de las musas menores, 1748.
Perséfone, 90.
Perseo vencido, 1191.
Persiles, 331, 1112, 1442.
Persistencia del desvelo, 1414.
Persistencias, 1226.
Persona non grata, 473, 721.
Persona y democracia, 1759.
Personae, 1303.
Personajes al trasluz, 1566.
Personajes mirando a una nube, 1534.
Personal e intransferible, 1601.

Personas, ideas, mares, 633.
Personas, libros y lugares, 280.
Personas, obras, cosas, 1179.
Personas en la sala, 819.
Personas y personajes. Memorias informales, 116, 975.
Persuasión de los días, 632.
Perú: mural de un pueblo. Apuntes marxistas sobre el Perú prehispánico, 1658.
Perú Rimá, 652.
Perú: ropa apolillada, 1206.
Perú. Ropa vieja, 1206.
Peruanidad, elementos esenciales, 158.
Pesadumbre de la belleza, 1521.
Pescadero, a tus besugos, 1572.
Pescar en seco, 783.
Petición y denuncia, 314.
Petra Regalada, 583.
Petróleo de vida y muerte, 1655.
Philobiblion, 282.
Philodoxus, 1580.
Philosophía Antigua Poética, 916, 1305.
Philosophia vulgar, 953, 1574.
Phoenix, 945, 946.
Phrases Ciceronis, 1375.
Piano-bar de solitarios, 429.
Picadillo, 1663.
Picadura mortal, 1090, 1152.
Picahueso, 1506.
Picasso, ¿estás ahí?, 840.
Picasso. Noticias sobre su vida y su arte, 1621.
Picassos en el desván, 1235.
Picatrix, 43.
Pic-Nic, 96.
Picos Pardos, 436.
Pido la muerte al rey, 704.
Pido la palabra, 1556.
Pido la paz y la palabra, 1188.
Piedad heroica de don Hernando de Cortés, 1547.
Piedra a piedra, 452.
Piedra adolescente, 806.
Piedra de amolar, 1410.
Piedra de sacrificios, 1228.
Piedra de sol, 1223.

Piedra de toque de la verdad sobre cuál es la verdadera patria de S. Lorenzo, 999.
Piedra libre, 680.
Piedra negra o del temblor, 1209.
Piedra pintada, 57.
Piedra pulida, 1066.
Piedra que rueda, 469.
Piedra quejida, 1300.
Piedra viva, 28.
Piedra y cielo, 790.
Piedras blancas, 646.
Piedras preciosas [Rueda, Salvador], 1467.
Piedras preciosas [Sánchez, Clara], 1091.
Piedras y campanas, 1550.
Piedras y viento, 1721.
Piel adentro, 694.
Piel contra piel, 439.
Piel de España, 1105.
Piel nocturna, 1402.
Pierre de Monval, 1741.
Pierres y Magalona, 1116.
Pies desnudos [Aguirre, Manuel Agustín], 18.
Pies desnudos [Darío, Guevara], 888.
Pigmeos, vagabundos y omnipotentes, 1346.
Pilar Guerra, 440.
Pilatos, 1771.
Pillán, 496.
Pim, pam, pum, 66.
Pinares adentro, 77.
Pinceladas históricas, 1051.
Pintado sobre el vacío, 77.
Pintapoco, 825.
Pintura europea perdida por España. De Van Eyck a Tiépolo, 619.
Pío Baroja, 1611.
Pío Baroja en su rincón, 1241.
Pío Baroja y su tiempo, 799.
Pío IX, 136.
Pío XII, la escolta mora y un general sin un ojo, 1646.
Piojos grises, 1147.
Pipá, 23.
Pipiolos y pelucones, 151.
Pirámide 179, 120.
Píramo y Tisbe, 1312, 1721.
Pirandello y Cía., 636.

Piraterías, 1204.
Piropos andaluces, 445.
Pirrón en Tarfia, 1314.
Pirulí (Versos para párvulos), 882.
Pisadas de gaviotas sobre la arena, 1650.
Pisagua, 84.
Pisando la dudosa luz del día, 321.
Piscator cómico, 1191.
Piscatores para las damas, 911.
Piscatores para los pajes, 911.
Pisito clandestino, 985.
Pisito de solteras, 93.
Pista de baile, 1541.
Pítaco, 56.
Pityusa, 901.
Pizzicato irrisorio y gran pavana de lechuzos, 1457.
Placeres y fatigas de los viajes, 1074.
Plácida, la joven y otras narraciones, 1349.
Plácido y Blanca, 1661.
Plan de evasión, 185.
Plan para una historia filosófica de la poesía española, 91.
Plancton, 169.
Plantel de inválidos, 517.
Planto de la reina doña Margarida, 914.
Planto de las virtudes e poesía por el magnífico señor don Íñigo de Mendoza, 957.
Plata dorada, 939.
Plata y bronce, 343.
Platero y yo, 790.
Pláticas literarias, 405.
Pláticas políticas, 1672.
Playa del sur, 447.
Playa honda, 1192.
Playa negra, 1176.
Playa nudista y otros relatos, 90.
Playa sola, 633.
Playas, ciudades y montañas, 251.
Plaza de vida, 77.
Plaza del castillo, 611.
Plaza del mercado, 314.

Plaza universal de todas ciencias y artes, 1567.
Plazas sin muros, 1474.
Pleamar, 1542.
Plectro rústico, 1237.
Pleito riré, 376.
Plenilunio, 461.
Plenitud [Barrios Cruz, Luis], 150.
Plenitud [Nervo, Amado], 1103.
Plenitud [Rugeles, Manuel Felipe], 1468.
Plenitud de España, 697.
Plenitud del tiempo, 811.
Plenos poderes, 1101.
Pliegos de cordel [Caballero Bonald, José Manuel], 230.
Pliegos de cordel [Muelas, Federico], 1073.
Pliegos de testimonios, 1058.
Plomo y mercurio, 709.
Pluma de pavo real, tambor de piel de perro, 675.
Pluma en ristre, 1332.
Plumaditas, 1186.
Plumas de España, 1463.
Plumitas, 951.
Plural, 1408.
Población Esperanza, 17.
Pobre, paralítico y muerto, 125.
Pobre mundo, 1732.
Pobre negro, 587.
Pobrecito poeta que era yo..., 422.
Pocho, 856.
Poda, 185.
Poder, apogeo y escándalos del Coronel Dorrego, 1741.
¿Podrá la ciencia resucitar al hombre?, 1007.
Podría ser que una vez..., 1326.
Poema a la juventud, 282.
Poema a un hombre llamado Roberto Clemente, 1231.
Poema abierto al presidente Johnson y otros poemas, 760.
Poema de Alfonso XI, 45, 1754.
Poema de Almería, 736.
Poema de Apolonio, 1275.

Poema de Chile, 1041.
Poema de Fernán González, 98, 1029, 1043.
Poema de la Bestia y el Ángel, 1230.
Poema de la creación, 1035.
Poema de la llama y del clavel, 90.
Poema de la tarde, 1157.
Poema de nieve, 174.
Poema de Yúçuf, 1029.
Poema del agua, 53.
Poema del buen anunciamiento, 1278.
Poema del campo, 715.
Poema del cante jondo, 601.
Poema del retorno, 282.
Poema desesperado, 61.
Poema en cuatro temps, 187.
Poema eucarístico y otros, 849.
Poema filial, 1157.
Poema heroico de la invención de la Cruz, 922.
Poema heroico del asalto y conquista de Antequera, 297.
Poema nacional: Aires españoles, 1467.
Poema nacional: costumbres populares, 1467.
Poema para el Hijo del Hombre, 372.
Poema para Grecia, 90.
Poema trágico de Atalanta e Hipomenes, 1050.
Poema trágico del español Gerardo y desengaño del amor lascivo, 337.
Poemario de exaltaciones, 1710.
Poemas [Arenas, Braulio], 80.
Poemas [Argueta, Manlio], 88.
Poemas [Astudillo, Rubén], 105.
Poemas [Ávila Jiménez, Antonio], 120.
Poemas [Baquero, Gastón], 138.
Poemas [Barba Jacob, Porfirio], 139.
Poemas [Belli, Carlos Germán], 159.

Poemas 1953-1955 [Castellanos, Rosario], 304.
Poemas [Castillo, Otto René], 307.
Poemas [Gaztelu, Ángel], 620.
Poemas: 1963-1969 [Gimferrer, Pere], 630.
Poemas [Ory, Carlos Edmundo de], 1185.
Poemas 1970-1985 [Sánchez Robayna, Andrés], 1516.
Poemas a Lázaro, 1321, 1665.
Poemas a mi patria, 573.
Poemas adrede, 453.
Poemas al hijo, 1195.
Poemas ancestrales, 1158.
Poemas anuales, 1302.
Poemas arcaicos, 370.
Poemas árticos, 390, 751, 1691.
Poemas automáticos, 18.
Poemas breves, 1184.
Poemas chontaleños, 1463.
Poemas civiles, 575.
Poemas comprometidos, 320.
Poemas con amor, 760.
Poemas con bastón, 842.
Poemas con los míos, 842.
Poemas contemporáneos, 1213.
Poemas cortos, 1159.
Poemas cristianos, en que se exponen con sencillez las verdades más importantes de la religión, 1164.
Poemas de amar y pasar, 1407.
Poemas de amor [Estrázulas, Enrique], 506.
Poemas de amor [González Canale, Aurelio], 651.
Poemas de amor [Vilariño, Idea], 1731.
Poemas de amor desesperado, 1162.
Poemas de amor y de muerte, 214.
Poemas de añoranzas, 370.
Poemas de ausencia, 973.
Poemas de caballería, 282.
Poemas de cada día, 176.
Poemas de carne y hueso, 176.

Poemas de Cherry Lane, 1643.
Poemas de dolor antiguo, 623.
Poemas de doña Chavala y don Chaval..., 885.
Poemas de este tiempo y de otro, 848.
Poemas de Guadalupe, 807.
Poemas de guerra y esperanza, 749.
Poemas de Italia, 615.
Poemas de la ausencia, 1683.
Poemas de la cardencha en flor, 29.
Poemas de la ciudad [Beneyto, María], 168.
Poemas de la ciudad [Echevarría, María Jesús], 472.
Poemas de la consumación, 37, 1322.
Poemas de la extranjera, 760.
Poemas de la gloria, del amor y del mar, 1065.
Poemas de la imaginación barroca, 306.
Poemas de la isla, 1622.
Poemas de la ofensa, 784.
Poemas de la oficina, 164, 727.
Poemas de la paz, 1067.
Poemas de la Plaza Real, 966.
Poemas de la Quebrada de la Virgen, 1440.
Poemas de la resistencia, 1672.
Poemas de la tierra [Beltrán Guerrero, Luis], 162.
Poemas de la tierra [Lizano, Jesús], 900.
Poemas de la tierra y la sangre, 355.
Poemas de Lida Sal, 1302.
Poemas de mayo y junio, 1742.
Poemas de noche y de silencio, 1201.
Poemas de provincia y otros poemas, 650.
Poemas de rutina, 1756.
Poemas de sangre y lejanía, 1188.
Poemas de tierra caliente, 784.
Poemas de un joven, 1219.

Poemas de un mundo en brumas, 1748.
Poemas de una pena, 102.
Poemas de una psicótica, 667.
Poemas de una sola angustia, 770.
Poemas de viaje, 1949-1953, 749.
Poemas del amor doliente, 346.
Poemas del apocalipsis, 1682.
Poemas del campo y de la muerte, 1755.
Poemas del desastre y otros poemas, 348.
Poemas del desempleo, 1302.
Poemas del destierro, 253.
Poemas del hilo, 1049.
Poemas del hombre, 1484, 1485.
Poemas del hombre común, 45.
Poemas del manicomio de Mondragón, 1209.
Poemas del olvido, 1220.
Poemas del país de nunca jamás, 1606.
Poemas del pinar, 541.
Poemas del Toro, 1064.
Poemas desde París, 834.
Poemas elegidos, 633.
Poemas elementales, 176.
Poemas eleusinos, 381.
Poemas en América, 53.
Poemas en forma de..., 1195.
Poemas en la cruz, 25.
Poemas en menguante, 216.
Poemas en prosa [García Lorca, Federico], 601.
Poemas en prosa [Oyarzún, Luis], 1191.
Poemas en veinte surcos, 224.
Poemas escritos en España, 138.
Poemas excluidos, 216.
Poemas gringos, 1756.
Poemas humanos, 1681.
Poemas infantiles, 1187.
Poemas interdictos, 964.
Poemas invisibles, 138.
Poemas itálicos, 177.
Poemas líricos, 47.
Poemas lúgubres, 1190.

Poemas mágicos y dolientes, 790.
Poemas mayores, 1410.
Poemas mediterráneos, 912.
Poemas mexicanos, 1273.
Poemas mineros, 1272.
Poemas místicos, 686.
Poemas montevideanos, 575.
Poemas nacionales, 176.
Poemas nativos, 1552.
Poemas nicaragüenses, 409.
Poemas numerales, 281.
Poemas orientales y bogotanos, 352.
Poemas paganos, 1366.
Poemas para alcanzar un segundo, 28.
Poemas para amar a América, 1173.
Poemas para el atril de una pianola, 657.
Poemas para el perro de la carnicería y algunos homenajes, 690.
Poemas para recordar a Venezuela, 1273.
Poemas para un cuerpo, 328.
Poemas para un pueblo, 1542.
Poemas perseverantes (1947-1960), 102.
Poemas políticos, 687.
Poemas póstumos, 625, 626.
Poemas prohibidos y de amor, 749.
Poemas proletarios, 1155.
Poemas puros. Poemillas de la ciudad, 48.
Poemas rompecabezas, 885.
Poemas rústicos, 1189, 1400.
Poemas sacramentales, 1300.
Poemas sin nombre, 924.
Poemas sobrios, 302.
Poemas solariegos, 929.
Poemas solitarios, 686.
Poemas sonámbulos, 1440.
Poemas sueltos [Machado, Luz], 941.
Poemas sueltos [Sabines, Jaime], 1487.
Poemas tardíos, 1664.
Poemas terrenales, 429.
Poemas y antipoemas, 1216.
Poemas y antipoemas a Eduardo Frei, 1216.

Poemas y armonías, 32.
Poemas y canciones, 968.
Poemas y otros papeles, 357.
Poemas y palabras, 1228.
Poemas y poesías, 1555.
Poemía, 1606.
Poemillas a Celina, 1490.
Poemínimos, 750.
¿Poesía?, 784.
Poesía, revolución del ser, 138.
Poesía, una historia de locos (1962-1986), 350.
Poesía a través del tiempo, 343.
Poesía abierta, 1185.
Poesía chilena: 1961-1973. Gonzalo Millán, Waldo Rojas, Óscar Hahn, 257.
Poesía christiana, moral y divina, 1715.
Poesía color de libertad, 138.
Poesía como participación: hacia Miguel Hernández, 1423.
Poesía con nombres, 1188.
Poesía concreta, 1458.
Poesía contemporánea del Perú, 1575.
Poesía contra poesía, 25.
Poesía de Aragua, 1655.
Poesía de entretiempo, 1232.
Poesía de este mundo, 672.
Poesía de la sierra, 541.
Poesía de paso, 848.
Poesía de pie, 282.
Poesía de qué, 1236.
Poesía del mar, 541.
Poesía del siglo XX, 13.
Poesía en armas, 1408.
Poesía en bicicleta, 89.
Poesía en Ciudad-Kaos, 348.
Poesía en Costa Rica, 1535.
Poesía en la tierra, 1195.
Poesía en movimiento. México 1915-1966, 347.
Poesía en seis tiempos, 177.
Poesía en treinta años (1941-1971), 448.
Poesía entera, 69.
Poesía entera (1923-1973), 1564.
Poesía escrita, 477.
Poesía espacial, 835.
Poesía española contemporá-

ÍNDICE DE OBRAS 1968

nea *(1915-1931)*, 452, 1690.
Poesía española contemporánea *(1939-1980)*, 1465.
Poesía española del siglo XX [Cano, José Luis], 272.
Poesía española del siglo XX [Zardoya, Concha], 1763.
Poesía española. Ensayo de métodos y límites estilísticos, 49.
Poesía española para niños, 883.
Poesía fundamental, 648.
Poesía heroica del imperio, 1743.
Poesía infantil popular en Guatemala, 888.
Poesía infantil recitable, 881.
Poesía inminente, 92.
Poesía juglaresca y juglares, 1022.
Poesía menor, 10.
Poesía nicaragüense postdariana, 687.
Poesía nueva de Nicaragua, 281.
Poesía para amigos, 1526.
Poesía plural, 1005.
Poesía política, 1216.
Poesía popular. Ilustraciones del cancionero y romancero venezolano, 68.
Poesía reunida, 539.
Poesía reunida *(1953-1971)*, 1058.
Poesía reunida. *1972-1990*, 606.
Poesía. Selección *1952-1971*, 10.
Poesía social. Antología, 1298.
Poesía social española contemporánea, 930.
Poesía taller, 1228.
Poesía última, 689.
Poesía urgente, 324.
Poesía vertical, 803.
Poesía y alquimia. Los tres mundos de Gilberto Owen, 612.
Poesía y estilo de Pablo Neruda, 48.
Poesía y literatura, 328.
Poesía y novela, 910.

Poesía y poetas de América, 1630.
Poesía y poética, 659.
Poesía y posibilidad, 945.
Poesías, cartas, documentos, iconografía, 921.
Poesías, cuentos y artículos, 1268.
Poesías: *1932-1966*, 13.
Poesías caballerescas y orientales, 95.
Poesías casi completas, 173.
Poesías cómicas, 137.
Poesías completas y algunas prosas, 282.
Poesías costumbristas, humorísticas y festivas, 1097.
Poesías de don José de Espronceda, 502.
Poesías de guerra de Antonio Machado, 28.
Poesías de Melchor Díaz de Toledo, 1639.
Poesías de un mexicano, 1163.
Poesías de una Academia de las Letras humanas, 1367.
Poesías de viajes, 622.
Poesías epigramatarias, 392.
Poesías españolas, 1748.
Poesías extremeñas, 342.
Poesías familiares, 1341.
Poesías festivas, 189.
Poesías gallegas y castellanas, 71.
Poesías jocosas, 372.
Poesías jocosas y satíricas, 993.
Poesías ligeras, satíricas y festivas, 1332.
Poesías líricas [Lamarque de Novoa, José], 817.
Poesías líricas [Roa Bárcena, José María], 1416.
Poesías líricas [Soffia, José Antonio], 1555.
Poesías líricas [Solar, Enrique del], 1556.
Poesías líricas y jocoserias, 166.
Poesías líricas y leyendas históricas y tradicionales en verso, 817.
Poesías originales y traducidas, 1267.

Poesías patrióticas [Quintana, Manuel José], 1346.
Poesías patrióticas [Ribot y Fontseré, Antonio], 1407.
Poesías profanas y sagradas, 1530.
Poesías religiosas, caballerescas, amatorias y orientales, 95.
Poesías satíricas [Torón, Saulo], 1617.
Poesías satíricas y burlescas, 779.
Poesías serias [Cordero, Luis], 372.
Poesías serias [Moreno Torrado, Luis], 1068.
Poesías serias y humorísticas, 21.
Poesías serias y jocosas, 1675.
Poesías y cantares, 1203.
Poeta, nube e hijos, 55.
Poeta de guardia, 578.
Poeta en Nueva York, 601, 1689.
Poetas, voladores de luces, 848.
Poetas argentinos en Montevideo, 1074.
Poetas de América cantan a Bolívar, 1468.
Poetas de Hispanoamérica: *1810-1926*, 1556.
Poetas de los 70: Antología de poesía española contemporánea, 1299.
Poetas del Sur, 794.
Poetas españoles contemporáneos, 49.
Poetas españoles de posguerra, 961.
Poetas líricos de los siglos XVI y XVII, 310.
Poetas religiosos inéditos del siglo XVI, 947.
Poetas sociales españoles, 960.
Poetas y prosistas del novecientos, 273.
Poética [Gramcko, Ida], 667.
Poética [Luzán, Ignacio de], 767, 938, 939, 1262, 1308, 1309, 1310, 1584.

Poética [Vitier, Cintio], 1743.
Poética y plástica, 1174.
Poética y profética, 1534.
Poética y sátiras, 1240.
Pola Salavarrieta, 202.
Polémica de la guerra, 74.
Polémica de nuestro tiempo, 1084.
Policarpa Salavarrieta [Calcaño y Panizza, Eduardo], 241.
Policarpa Salavarrieta [Mitre, Bartolomé], 1042.
Policéfalo y señora, 640.
Polifemo, 293, 327, 1285, 1307, 1496, 1562.
Polifonías, 1250.
Poliforonte o el valor ostensible, 474.
Polispuercón, 58.
Política británica en el Río de la Plata, 1532.
Política de Dios, gobierno de Cristo, tiranía de Satanás, 1344.
Política de Estados Unidos y poesía de Hispanoamérica, 234.
Política feminista, 1278.
Política militar, 1011.
Política y enseñanza, 1316.
Política y toros, 1238.
Polixena, 967.
Pol-la d'ananta katanta paranta, 374.
Pollo frío en la nevera, 1512.
Polución, 614.
Polvo, 63.
Polvo de siglos, 643.
Polvo y ceniza, 281.
Polvo y espanto, 89.
Polvo y paja, 1420.
Pólvora del exilio, 1606.
Pólvora en salvas, 174.
Pólvora mojada, 174.
Pólvora sola, 431.
Polvorilla, 1756.
Polvos de arroz, 585.
Pomarrosas, 453.
Pombo, 641.
Pompas de jabón, 1245.
Pompeya, 1504.
Pongo la mano sobre España, 916.

Poniente solar, 219.
Pontifical, 1457.
Poor Johnny, 1600.
Pop... y patatas fritas, 1601.
Popol Vuh, 402.
Popular, 1300.
Por aire sucio, 1731.
Por algo es Rey, 1695.
Por amor de Dios, 459.
Por arte del sol, 622.
Por caminos nuevos, 698.
Por Castilla adentro, 374.
Por culpa ajena, 517.
Por debajo del sueño, 173.
Por definición, 1542.
Por distinta luz, 794.
Por donde corre el Zonda (fantasmagorías), 471.
Por el atajo, 905.
Por el camino de las tonterías..., 1399.
Por el camino de Proust, 998.
Por el camino de Swan, 1209.
Por el joyel del sombrero, 1232.
Por el monte abajo, 159.
Por el mundo arriba, 203.
Por el puente y por el río, 1034.
Por el río abajo, 672, 919.
Por el río de la calle, 673.
Por esos mundos [Delibes, Miguel], 432.
Por esos mundos [Soriano, Rodrigo], 1561.
Por esta libertad, 784.
Por Europa, 222.
Por fortunas peores, 1304.
Por la América desconocida, 154.
Por la noche los gatos. Poesía 1961-1986, 350.
Por la orilla del tiempo, 376.
Por la patria [Eltit, Diamela], 478.
Por la patria [Peñaranda, Carlos], 1231.
¡Por la patria! [Peón y Contreras, José], 1232.
Por la pendiente oscura, 109.
Por la primavera blanca, 28.
Por la redoma azul, 923.
Por la ruta serrana del Arcipreste, 227.

Por la ruta sin horizonte, 517.
Por la tierra, 444.
Por la tierra y por el mar, 1531.
Por la vida, 1094, 1403.
Por las sendas del vivir, 418.
Por los caminos de la medicina rural, 838.
Por los caminos de Liébana y Picos de Europa, 57.
Por los caminos van los campesinos, 409.
Por los campos de México, 818.
Por los cauces serenos, 1773.
Por los extraños pueblos, 452.
Por los Pirineos, 542.
Por los senderos del mundo creyente, 1649.
Por los tiempos de Clemente Colling, 700.
Por mares y por tierras, 1749.
Por narices, 1601.
Por orden alfabético, 64.
Por qué canta el pueblo, 1372.
¿Por qué corres, Ulises?, 583.
Por qué lucha Guatemala: Arévalo y Arbenz, dos hombres contra un imperio, 584.
¿Por qué mataron a Felipe?, 1088.
¿Por qué perdió el cóndor?, 1496.
Por qué se fueron las garzas, 722.
Por qué te engaña tu marido, 529.
¿Por qué te fuiste?, 1357.
Por senda propia, 1205.
Por ser leal y ser noble dar puñalada contra su sangre. La toma de Milán, 1766.
Por tercera vez, 1252.
Por Teruel, 109.
Por tierra fragosa, 610.
Por tierras, mares y cielos, 1048.
Por tierras fecundas, 1683.
Por un beso, 443.
Por un cabello, 13.
Por un cálido sendero, 1303.
Por un caminito así, 82.
Por un maldito anuncio, 1326.

Por un mundo menos malo, 981.
Por unos ojos color miel, 1151.
Por ver mi estrella María, 934.
Por vivir en quinto patio, 25.
Porfiar hasta morir, 946.
Poridat de las poridades, 1333.
Porque allí no habrá noche, 133.
Porqué... Cuentos negros de Cuba, 235.
Porque éramos jóvenes, 1425.
Porque mi vida se apaga, 1089.
Portafolio del navío desmantelado, 55.
Pórtico de Iberia, 812.
Portobelo, 437.
Pos veréis, 530.
Posada del ángel, 162.
Posdata, 1225.
Posesión entre pájaros, 304.
Positano mar amar, 927.
Postmortem, 999.
Postnovísimos, 1299, 1741.
Postrimerías, 1303.
Póstumo el transmigrado, 1577.
Posturas difíciles, 905.
Post-Vulgata, 1110.
Potestad, 732, 1221.
Pot-pourri, 252, 1094.
Potros, toros y aperiases, 1725.
Poundemonium, 1091.
Práctica de las virtudes de los buenos reyes d'España en coplas de arte mayor, 742.
Práctica de vuelo, 1229.
Práctica del púlpito para instrucción de un principiante manifestada según el estado presente de la oratoria, en los tres discursos, panegírico, moral y doctrinal, 1379.
Práctica mortal, 1758.
Práctica y breve declaración del camino espiritual, 1205.
Pradera eterna, 755.
Prado de serpientes, 1064.

Praenotamenta, 1626.
Praga, 1703.
Pragmáticas sobre los moriscos del Reino de Granada, 782.
Preceptos historiales, 578.
Precipitados, 1599, 1600.
Precisión de una sombra: (Poesía 1970-1982), 1554.
Preciso y continuo, 667.
Precursores indigenistas: José Cecilio del Valle, 1240.
Pregunta de nobles, 915.
Preguntas del emperador Adriano al infante Epitus, 1334.
Preheminencias y cargos de los oficiales de armas, 1667.
Preludio, aria y coda a Gabriel Fauré, 452.
Preludios, 1040.
Preludios a una noche total, 355.
Preludios de Clarín (1875-1880), 23.
Preludios de mi lira, 233.
Premática que este año de 1600 se ordenó, 1343.
Premios a la virtud, 518.
Preparativos de boda, 598.
Preparativos de viaje [Pereira, Gustavo], 1236.
Preparativos de viaje [Tomeo, Javier], 1616.
Prepoemas en postespañol, 12.
Presagios, 1498, 1687.
Presagios de amor, 250.
Presbiterianas, 655.
Presencia [Cortázar, Julio], 380.
Presencia [Guirao, Ramón], 686.
Presencia [Pardo García, Germán], 1213.
Presencia [Sola, Otto de], 1556.
Presencia de humo, 370.
Presencia de la rosa, 1639.
Presencia de los clásicos, 1760.
Presencia del hombre, 583.
Presencia del pasado, 38.
Presencia diaria, 951.

Presencia e imagen de Trujillo, 215.
Presencia en el tiempo, 213.
Presencia terrena, 1608.
Presencia y ausencia de Álvaro Cunqueiro, 1349.
Presencia y otros cuentos, 1168.
Presencias, 826.
Presencias de un zaragozano ausente, 319.
Presentación y memorial para un monumento, 1666.
Presente, 791.
Presente, mi general, 1415.
Presente profundo, 1349.
Presentido, 1147.
Presentimiento de lobos, 704.
Presiones y diamantes, 1275.
Prestigios, 826.
Pretendiente discreto, 1492.
Prima donna, 1090.
Primaleón, 1116, 1727.
Primavera, 75.
Primavera con una esquina rota, 165.
Primavera de la muerte, 212.
Primavera de luto y otros cuentos, 1036.
Primavera de papel, 1517.
Primavera en Eaton Hastings, 615.
Primavera indiana, 1547.
Primavera muda, 1534.
Primavera nocturna, 1196.
Primavera portátil, 1673.
Primavera triunfante, 372.
Primavera y flor de los mejores romances, 269.
Primaveras de antaño, 848.
Primeira e Segunda parte dos Romances, 904.
Primer amor, primer dolor, 984.
Primer cancionero cholo, 1695.
Primer libro de amor, 1408.
Primer libro de antisueños, 1272.
Primer libro de la ciudad, 905.
Primer libro de poemas, 607.
Primer paraíso, 281.
Primer romancero gitano, 601, 1673, 1688.

Primer testamento, 58.
Primer viaje andaluz, 321.
Primer viaje en torno del globo, 401.
Primer y último oficio, 1327, 1489.
Primera antología de poemas truncados, 125.
Primera antología poética, 1410.
Primera caza y otros cuentos, 747.
Primera Crónica General, 836, 1519.
Primera despedida, 1303.
Primera exposición, 153.
Primera imagen de Caracas y de Venezuela, 1073.
Primera mañana, última mañana, 1499.
Primera memoria, 1001, 1328.
Primera muerte de María, 477.
Primera navegación (Suma poética), 162.
Primera parte de Cortés Valeroso y Mejicana, 826.
Primera parte de las diferencias de libros que hay en el universo, 1719.
Primera parte de las Flores de poetas ilustres, 269, 415.
Primera parte del Romancero y tragedias, 826.
Primera tristeza, 687.
Primeras aventuras del maravilloso perro Cuatro Remos, 151.
Primeras historias de la guerra interminable, 1273.
Primeras hojas, 1760.
Primeras notas, 423.
Primeras poesías, 328.
Primeras ráfagas, 87.
Primero, vivir..., 849.
Primero de enero, 1625.
Primero derecha, 241.
Primero sueño, 1183.
Primeros acordes, 783.
Primeros poemas [Calzadilla, Juan], 250.
Primeros poemas [Rivas, Enrique de], 1413.
Primeros poemas [Rubio, Fanny], 1465.
Primeros poemas del naufragio, 1300.
Primicia de Oro de Indias, 346.
Primicias, 1541.
Primitivo, 1403.
Primus Calamus..., 279.
Princesa de fábula, 1399.
Princesitas del dólar, 239.
Principalium sententiarum... annotatio, 1435.
Príncipe azul, 732.
Príncipe jardinero y fingido Cloridano, 1275.
Príncipes y majestades, 202.
Principio de canto, 1406.
Principios analíticos de la idea del tiempo, 1500.
Principios de crítica filosófica, 1741.
Principios de estética, 301.
Principios de gramática general, 550, 638.
Principios de literatura, 480.
Principios de literatura general, 1380.
Principios de ortología y métrica de la lengua castellana, 559.
Principios de psicología, 771.
Principios de Sociología, 1316.
Principios elementales del Derecho, 631.
Principios filosóficos de la literatura, 594, 1310.
Prisión terrena, 177.
Prisión verde, 62.
Prisión y fuga de Francisco Morazán, 469.
Prisionero de guerra, 691.
Prismas [González Lanuza, Eduardo], 653.
Prismas [Reynolds, Gregorio], 1404.
Pro patria mori, 988.
Proa al sol, 832.
Problemas de España, 25.
Problemas de la cultura y el poder en México, 1758.
Problemas de la Filosofía natural, acompañados de consideraciones morales, 1757.
Problemas de la novela, 661.
Problemas del día, 1364, 1548.
Problemas y teoremas económicos, sociales y jurídicos, 780.
Problemática de la literatura, 1621.
Procesados del setenta, 652.
Proceso a Godoy, 1431.
Proceso a la publicidad, 1083.
Proceso a un régimen, 1330.
Proceso de adivinaciones, 430.
Proceso de cartas de amores, 1154.
Proceso en diciembre, 450.
Proceso entre Dolencia, Vejez, Destierro e Pobreza, 1197.
Proceso entre la Sobervia y la Mesura, 1197.
Proceso histórico del Uruguay, 1774.
Proceso intelectual del Uruguay, 562, 1774.
Proceso narrativo de la Revolución Mexicana, 1315.
Proceso y formación de la cultura paraguaya, 648.
Proclama de un solterón a las que aspiren a su mano, 1700.
Proclama del conquistador, 280.
Proclamación de la sonrisa, 1539.
Producción, ciencia y sociedad: de Descartes a Marx, 811.
Producciones escogidas de Manuel de Cabanyes, 233.
Proemio e carta, 59, 100, 101, 531, 770, 914, 1227.
Profecía, 837.
Profecía de Puerto Rico, 647.
Profecía del recuerdo, 593.
Profecías del agua, 1319, 1489.
Profesión de fe y otros poemas, 653.
Profesión: empleado, 1576.

ÍNDICE DE OBRAS

Profesores de idealismo, 596.
Profundo, 237.
Progne y Filomena [Castro, Guillén de], 313.
Progne y Filomena [Rojas Zorrilla, Francisco de], 1441, 1534.
Programa de elementos de la doctrina de la ciencia, 631.
Programa de las cuestiones sobre que versa el examen de la filosofía del Derecho, 631.
Programa-resumen de oratoria forense..., 150.
Progresos de la historia en el reino de Aragón, 67.
Prohibida la reproducción, 1064.
Prohibido aflojar, 674.
Prohibido el paso a perros y poetas, 1300.
Prohibido en otoño, 1103.
Prohibido seducir a los casados, 1597.
Prolegómenos del Derecho, 631.
Prólogo a una muerte, 1331.
Prólogo al adiós, 1184.
Prólogos epilogales, 173.
Prometeo [Cecco, Sergio de], 320.
Prometeo [Guillén, Alberto], 680.
Prometeo [Incháustegui Cabral, Héctor], 770.
Prometeo [Pérez de Ayala, Ramón], 1238.
Prometeo [Salvador, Humberto], 1501.
Prometeo [Sandoval y Cútoli, Manuel de], 1520.
Prometeo mal encadenado, 834.
Prometeo y Arlequín, 204.
Prometeo y compañía, 1749.
Promisión de México..., 409.
Pronombres personales, 813.
Pronóstico judiciario de los sucesos de este año de 1627, 497.
Pronóstico y lunario, 1233.
Prontuario histórico de Puerto Rico, 186.
Pronuncio amor, 684.

Propalladia, 305, 1581, 1626.
Propiedad horizontal, 833.
Propiedades de la magia, 633.
Proposiciones para una periodificación de la literatura venezolana, 290.
Prosa [Dávila, José Antonio], 426.
Prosa [Parra del Riego, Juan], 1217.
Prosa, cuentos y artículos humorísticos, 982.
Prosa de José Coronel Urtecho, 374.
Prosa de prisa, 683.
Prosa del observatorio, 380.
Prosa jubilar al padre Juan B. Cassini, 524.
Prosa ligera, 1540.
Prosa literaria, 271.
Prosa mínima, 772.
Prosa polémica, 1164.
Prosa política, 921.
Prosa y verso de Bolivia, 445.
Prosas apátridas, 1407.
Prosas de Gaspar, 671.
Prosas de llanto, 215.
Prosas de razón y hiel, 1464.
Prosas nuevas, 1642.
Prosas poemáticas, 1673.
Prosas profanas, 423, 425, 561, 643, 1292.
Prosas propicias, 1744.
Prosas transeúntes, 906.
Prosas y versos del pastor de Clenarda, 1142.
Prosecución que hizo de las «Coplas de los siete pecados mortales», 957.
Prosemas o menos, 646.
Proserpina, 356.
Proserpina rescatada, 1625.
Prospecto de la vida y aventuras de Periquillo Sarniento, 532.
Proteo, 1057.
Prótesis, 1090, 1150.
Protocolos, 1312.
Protocolos para la rehabilitación del firmamento, 1312.
Proust, 137.
Provechoso tratado de cambios y contrataciones de mercaderes y reprobación de usuras, 1734.

Proverbios, 100, 101, 261, 912, 915.
Proverbios morales [Barros, Alonso de], 151.
Proverbios morales [Santob de Carrión], 1525.
Proverbios morales y consejos cristianos, 1247.
Providencia contra Fortuna, 1667.
Provincialismo contra Rubén Darío, 234.
Provocaciones, 1195.
Próxima parada, felicidad, 1600.
Proximidad del silencio, 1573.
Proyecto de obras completas, 850.
Proyecto de una nueva división territorial de España, 954.
Proyecto del Reglamento de cárceles, 80.
Proyecto preliminar para una arqueología de campo, 1047.
Proyecto Van Gogh: entre los paisajes, 1599.
Prueba de fuego, 1035.
Pruebas de autor, 1301.
Pruvonena, 1190.
Psalmo a Venus Cavalieri, 290.
Psicología, 634.
Psicología de don Quijote y el quijotismo, 1356.
Psicología del amor [González Serrano, Urbano], 657.
Psicología del amor [Valera, Juan], 1669.
Psicologías del autor y lógicas del personaje, 686.
P.T.C. Puerto Sucre, vía Cristóbal, 92.
Pu, 1354.
Pubis angelical, 1339.
Pubis de vello rojo, 1090.
Puebla de las mujeres, 58.
Pueblecito, 1061.
Pueblito de antes, 426.
Pueblo [Azorín], 127.
Pueblo [Trigueros de León, Ricardo], 1639.
Pueblo en marcha, 661.

Pueblo enfermo, 84, 85, 1095.
Pueblo lejano, 1458.
Pueblo macho, 973.
Pueblo rechazado, 836.
Pueblos de allá, 302.
Pueblos y fantasmas, 1606.
Pueblos y leyendas, 888.
Puente, 468.
Puente de cáñamo, 518.
Puente de los suspiros, 372.
Puente del mundo, 1192.
Puentes de sangre, 709.
Puentes que no acaban, 1069, 1689.
Puer profeta, 1303.
Puerilidades burguesas, 142.
Puerta de salida, 695.
Puerta de tierra, 167.
Puerta del cielo, 1468.
Puerta obstinada, 63.
Puerta severa, 1069.
Puertas al campo, 1224.
Puerto de escala, 1414.
Puerto de fuego, 429.
Puerto de sombra, 340.
Puerto Limón [Gutiérrez, Joaquín], 687.
Puerto Limón [Jiménez, Mayra], 793.
Puerto Rico, isla de la simpatía, 792.
Puerto Rico lírico y otros poemas, 346.
Puerto Rico y su historia (Investigaciones críticas), 214.
Puerto Rico, como lo encontré y como lo dejo, 1577.
Puestas de sol, 1650.
Pugna de almas, 779.
Pulsatila, 1710.
Pulso de Puerto Rico, 815.
Pum... en el ojo, 545.
Punta de Plata, 98.
Punta de rieles, 1439.
Punto cero, 1666.
Punto de fuga [Gándara, Alejandro], 1089.
Punto de fuga [Monsreal, Agustín], 1052.
Punto final (Poemas del sueño y de la muerte), 1406.
Punto de referencia, 581.
Puntos de vista [Desnoes, Edmundo], 437.

Puntos de vista [Morales Villena, Gregorio], 1090.
Puñado de cantares, 653.
Pura, encendida rosa, 900.
Purgatorio, 1775.
Puro asombro, 920.
Puros hombres, 97.
Pusilipo. Ratos de conversación en lo que dura el paseo, 1567.
Puta vida y otros poemas, 1356.

Quaderno de versos, 1405.
Quadrupedumque, 1088.
Quasar azul, 1091.
Quatre chemins, 1653.
Quatretonda, 1088.
¡Qué bien huelen las señoras!, 816.
¡Qué bollo es vivir!, 1616.
¿Qué coños? Cinco cuentos y una charla, 597.
Qué es el Estado, 596.
¿Qué es esto?, 986.
¿Qué es la filosofía?, 1179.
¿Qué es un axioma?, 454.
Qué fue la guerra civil, 166.
¿Qué hacemos con los hijos?, 903.
¿Qué has hecho hoy para ganar la guerra?, 109.
Que la carne es hierba, 258.
¡Qué recuerdos de Venezuela!, 92.
Qué somos los argentinos, 487.
Qué te voy a contar, 1088.
Que trata de España, 1188.
Que ustedes lo pasen bien, 319.
...Que van a dar en la mar, 681, 682, 683.
Que veinte años no es nada. 1962-1982, 1491.
¡Qué verde era mi padre!..., 1619.
¡Que viene mi marido!, 94.
¡Que viva la música!, 240.
Quebranto de doña Luparia y otras farsas, 454.
Queda la ceniza, 1426.
Queda la noche, 1086, 1091, 1330.
Quedan señales, 391.

Quehaceres. Conocimientos. Compañías, 667.
Quehaceres e invenciones, 172.
Quejío, 1579.
Quemar las naves, 90.
Querella de amor, 914.
Querella de dioses, 659.
Queremos tanto a Glenda, 380.
Querer como no es costumbre, 652.
Querer por sólo querer, 757.
Querido Diego, te abraza Quiela, 1313.
Querido mundo terrible, 981.
Querido Ramón, 1599.
Queridos míos, es preciso contaros ciertas cosas, 635.
Qüestiones de filosofía moral, 534.
Quetzalcóatl, 281.
Quetzalcóatl, sueño y vigilia, 3.
Quevediana, 1300.
Quevedo [Espina, Antonio], 493.
Quevedo [Orellana, Francisco José], 1174.
Quevedo [Porras, Antonio], 1315.
Quevedo: poesía de España, la muerte y Dios, 794.
¿Quién disparó?, 158, 1147.
Quién es quien premia el amor, 137.
Quien habla no está muerto, 633.
Quien mal anda, ¿cómo acaba?, 1312.
¿Quién mató a la Demo?, 1600.
¿Quién mató a Palomino Molero?, 1698, 1699.
¿Quién mató a Rosendo?, 1747.
Quien piensa mal, mal acierta, 822.
¿Quién robó la «Lágrima de Budha»?, 1148.
¿Quién soy yo?, 926.
¡Quién supiera escribir!, 1002.
*Quién te ha visto y quién te

ve y sombra de lo que eras, 702.
¿Quién te quiere a ti?, 1696.
Quiero escribir, pero me sale espuma, 1543.
Quiero ver al doctor, 135.
Quiero vivir mi vida, 223.
Quijongo, 792.
Quijote de la Cantabria, 1406.
Quilito, 1162.
Quimera sangrienta, 1151.
Quimeras, 1404.
Química del espíritu, 711.
Quina lluna de mel!, 594.
Quince fragmentos para un tema único: el tema único, 1554.
Quince noches en vela, 57.
Quince o veinte sombras, 1517.
Quince poemas para una mujer que tiene quince nombres, 1220.
Quince presencias, 1401.
Quinceañera, 1354.
Quinquagenas de la nobleza de España, 1534.
Quinque articuli adversus judeos, 540.
Quinta del 42, 713.
Quinta estación, 282.
Quinta poesía vertical, 803.
Quinteto a don José Lezama Lima, 1464.
Quinto centenario, 611.
Quinto libro de cuentos mestizos, 1464.
Quíntuples, 1507.
Quito: del arrabal a la paradoja, 66.
Quizá Brigitte Bardot venga a tomar una copa esta noche, 912.
Quizá nos lleve el viento al infinito, 1623.

Rabel, 902.
Rabinal Achí, 1602.
Racimo de horca, 1065.
Radio. Poema inalámbrico en trece mensajes, 506.
Radiografía de la pampa, 986.
Rafael, 1567.
Rafael Alberti entre la tradición y la vanguardia, 1606.
Rafael Heliodoro Valle. Vida y obra, 10.
Rafaela, 1236.
Ráfagas [Guido y Spano, Carlos], 680.
Ráfagas [Zamudio, Adela], 1761.
Ráfagas de la tierra, 985.
Ráfagas de pasión, 7.
Raffles, 1207.
Rag. Tintas de abanico, 964.
Rahab, 1568.
Raíces bajo el tiempo, 588.
Raíces de la esperanza, 1488.
Raimundo y la creación del mundo, 1716.
Raíz, 712.
Raíz de cielo, 70.
Raíz de sueño, 217.
Raíz del hombre, 1222.
Raíz salvaje, 759.
Raíz y decoro de España, 966.
Raíz y espiga, 570.
Raíz y sombra del futuro, 1630.
Raíz y tiempo, 310.
Rajatabla, 216.
Ramas secas del pasado, 1090.
Ramillete de varias flores poéticas, 508.
Ramillete de varias flores poéticas recogidas y cultivadas en los primeros abriles de sus años, 461.
Ramillete poético, 1572.
Ramiro, conde de Lucena, 755, 1123, 1138.
Ramiro el enamorado, 3.
Ramo de errores, 948.
Ramo verde, 789.
Ramón (obra y vida), 639.
Ramón Pérez de Ayala, 1241.
Ramón y las vanguardias, 1646.
Ramos generales, 98.
Rancho amargo, 1460.
Ranchos, 1725.
Rápido tránsito, 374.
Rapsodia económico-política monárquica, 891.
Rapsodia euskera, 324.
Rapsodias, 1732.
Rapto en el tiempo, 1000.
Raquel [García de la Huerta, Vicente], 599, 1585.
Raquel [Ulloa Pereira, Luis de], 1644.
Raquela, 939.
Rarezas, 987.
Rarezas literarias, 1186.
Raro, 1303.
Raro de luna, 475.
Raros y olvidados, 1490.
Rasgo épico descriptivo de la fábrica y grandezas del Templo y la Compañía de Jesús de Zacatecas, 1.
Rasgos comunes, 1516.
Rasgos culturales del siglo XVI en Venezuela, 1211.
Rasgos de la vida de Urquiza, 835.
Rasputín, 310.
Rastro de Dios, 883, 1325.
Rasur o Semana de esplendor, 214.
Ratas de archivo, 1600.
Ratlles a L'aire, 168.
Ratón en ferretería, 342.
Ratos de padre, 1460.
Ratos perdidos, 1181.
Raucho, 685.
Raúl [Contreras, Francisco], 369.
Raúl [Fonfrías, Ernesto Juan], 570.
Rayas de lagartija, 392.
Rayo de sol, 1366.
Rayo que al alcanzarme, 852.
Rayo y simiente, 282.
Rayuela, 379, 720.
Raza ciega, 495.
Raza de bronce, 85.
Raza de Dioses, 977.
Raza gaucha, 1424.
Raza y alma, 1105.
Razas, pueblos y linajes, 285.
Razón de amor, 1498.
Razón de iniquidad, 910.
Razón de la existencia, 131.
Razón de la presencia, 1067.
Razón de poesía, 1005.
Razón de ser [Carpentier, Alejo], 288.
Razón de ser [Pastori, Luis], 1220.

Razón del idioma español en Puerto Rico, 570.
Razón y sin razón, 162.
Razonado desorden, 1215.
Razones, 1569.
Razones para el amor, 981.
Razones para el lector, 132.
Razones para la alegría, 981.
Razones para la esperanza, 981.
Razones son de entendimiento, 1615.
Razones y sentimientos, 1005.
Reader's Nuestro que estás en la tierra, 464.
Real envido, 590.
Realidad, 1244, 1590, 1591.
Realidad interna y función de la poesía, 153.
Realidad poética de mis montañas. Cuadros de costumbres de la sierra de Albarracín, 1312.
Realidad y ensueño, 122.
Realidad y literatura, 240.
Realismo mágico en Cervantes, 1541.
Rebañaduras, 341.
Rebaño de almas (El terror blanco en Rusia), 1071.
¡Rebeca!, 640.
Rebeco, 1616.
Rebeldía, 1201.
Rebelión, 649.
Rebelión después, 1550.
Rebelión vegetal y otros poemas menos amargos, 770.
Rebusco de las obras literarias, así en prosa como en verso, del P. J. F. Isla, 781.
Recabarren, 36.
Recado de Buen Amor, 410.
Recados contando a Chile, 1042.
Receso de la esmeralda, 1273.
Receta contra las suegras, 438.
Receta para casarse, 505.
Recetas morales, políticas y precisas para vivir en la corte, 89.
Recinto, 1559.
Recinto y otras imágenes, 1228.

Recital, 55.
Recits, 531.
Recolección, 1009.
Reconquista, 590.
Reconquista del hombre, 314.
Reconstitución de España, 1364, 1517.
Reconstitución y europeización de España, programa para un partido nacional, 384.
Reconstrucción de la niebla, 976.
Reconstrucción de Mariátegui, 318.
Recopilación de las leyes de Indias, 403.
Recopilación de leyendas, supersticiones y costumbres de campos, pueblos y citas de la región, 377.
Recopilación de refranes, 746.
Recopilación en metro, 1509.
Recopilación historial, 15.
Recordación florida; discurso historial y demostración natural, material, militar y política del Reyno de Guatemala, 578.
Recordando a Dardé, 1703.
Recordatorio, 233.
Recorrer esta distancia, 1488.
Recorrido de sombras, 1303.
Recreos del tiempo, 92.
Rectificación de la República, 1180.
Recuento, 662.
Recuento de poemas, 1487.
Recuento de un árbol y otros poemas, 1755.
Recuentos, 1034.
¡Recuerda, oh, recuerda!, 1273.
Recuerdo de Tijuana, 1339.
Recuerdos. Colección de poesías, 902.
Recuerdos de Extremadura, 447.
Recuerdos de Fernando Villalón, 693.
Recuerdos de Italia, 303.
Recuerdos de la invasión norteamericana (1846-1848) por un joven de entonces, 1416.
Recuerdos de la juventud, 1477.
Recuerdos de la patria, 1438.
Recuerdos de la Revolución, 566.
Recuerdos de la tierra, 835.
Recuerdos de la vida literaria y artística, 344.
Recuerdos de las montañas. Baladas y leyendas, 817.
Recuerdos de mi infancia, 117, 280.
Recuerdos de mi vida [Cejador, Julio], 116.
Recuerdos de mi vida [Maura y Gamazo, Gabriel], 1002.
Recuerdos de mi vida [Ramón y Cajal, Santiago], 1356.
Recuerdos de niñez y mocedad, 117.
Recuerdos de París, 627.
Recuerdos de provincia, 1529.
Recuerdos de Treinta y Tres, 1460.
Recuerdos de un anciano, 29, 115.
Recuerdos de un cenetista, 116.
Recuerdos de un médico, 115.
Recuerdos de un periodista de principios de siglo, 115.
Recuerdos de un poeta, 1554.
Recuerdos de viaje, 905.
Recuerdos del pasado: 1814-1860, 1251.
Recuerdos del tiempo viejo [Orrego Luco, Luis], 1176.
Recuerdos del tiempo viejo [Zorrilla, José], 115.
Recuerdos e impresiones, 115.
Recuerdos imborrables, 116.
Recuerdos literarios [García Merou, Martín], 607.
Recuerdos literarios [Lastarria, José Victorino], 827.
Recuerdos literarios y reminiscencias personales, 116.
Recuerdos y fantasías, 1770.
Recuerdos y olvidos [Benavente, Jacinto], 116, 163.

ÍNDICE DE OBRAS

Recuerdos y olvidos [Ayala, Francisco], 116, 121, 122, 1326.
Recursos del huésped, 705.
Red [Ortiz de Montellano, Bernardo], 1183.
Red [Uslar Pietri, Arturo], 1654.
Red en el génesis, 1649.
Redención [Fernández Pesquero, Javier], 538.
Redención [Reynolds, Gregorio], 1404.
Redentores, 1769.
Redil de ovejas, 835.
Redoble de conciencia, 1188.
Redoble por Rancas, 1533.
Redobles al amanecer, 573.
Redobles para un mono libre, 1599.
Reducto de soledad, 1201.
Reencuentro de personajes, 618.
Reencuentro y pérdida de la Mandrágora, 638.
Reflejos, 1735.
Reflejos con cenizas, 1597.
Reflejos de fray Candil, 194.
Reflejos en el Iowa River: divertimento en tono menor, 54.
Reflexiones (...) acerca de un método seguro para preservar a los pueblos de las viruelas, 1522.
Reflexiones a míster Renan, autor de la Vida de Jesús, 572.
Reflexiones de atardecer, 1226.
Reflexiones maquiavélicas, 1543.
Reflexiones para jóvenes capaces de leer, 852.
Reflexiones sobre el buen gusto en las ciencias y en las artes, 1310.
Reflexiones sobre la estructura narrativa, 122.
Reflexiones sobre la historia de Nicaragua, 375.
Reflexiones sobre la ley del 10 de abril de 1834, 1617.
Reflexiones sobre la no violencia, 134.

Reflexiones sobre las costumbres, 986.
Reflexiones sobre mi poesía, 1064.
Reflexiones sobre Norteamérica, 496.
Reflexiones sobre novelas venezolanas con motivo de «La trepadora», 1278.
Reforma agraria, fracaso nacional, 344.
Reforma de la fe pública, 384.
Reformas urbanas de Madrid, 954.
Refranero general ideológico español, 987.
Refugio de los poetas, 837.
Refutación a un compendio de la historia del Perú, 1206.
Regazo amargo, 1025.
Regimiento de navegación, 1005.
Regimiento de príncipes, 266, 957.
Regina Landa, 129.
Regina Tenebrarum, 349.
Región luciente, 1500.
Región y patria, 162.
Registro de huéspedes, 1271.
Registro de representantes, 1466.
Registro del mundo: 1922-1939, 290.
Reglas a los galanes, 1406.
Reglas de bien vivir, 119.
Reglas ordinarias de retórica, ilustradas con ejemplos de oradores y poetas del Siglo de Oro, para uso de las escuelas..., 1379.
Regocijo en el hombre, 1328.
Regreso, 202.
Regreso a Dios, 196.
Regreso al futuro, 40.
Regreso de la muerte, 1699.
Regreso de tres mundos, 1270.
Regreso entre la niebla y otros poemas, 69.
Regreso sin causa, 733.
Regrets, 299.
Reguero de luz, 16.
Reina de corazones, 1500.
Reina zanahoria, 1565.

Reinado de los lobos, 1643.
Reinaldo Solar, 587.
Reinaldos de Montalbán, 1116.
Reinar después de morir, 1718.
Reincidencias [Pellicer, Carlos], 1229.
Reincidencias [Pérez-Febres Cordero, Francisco], 1241.
Reino, 568.
Reino de angustias, 1705.
Reinos, 477.
Reír que alegra, 505.
Reiteraciones del bosque y otros poemas, 1047.
Reivindicación del conde don Julián, 661, 1134.
Relación, 954.
Relación breve de la conquista de la Nueva España, 15.
Relación de fiestas de la Inmaculada, 998.
Relación de la descendencia del famoso Garci Pérez de Vargas..., 1709.
Relación de la fiesta del Santísimo Sacramento, 1008.
Relación de la guerra de Chipre, 706, 708, 1072.
Relación de la traza de las virtudes fecha por Pedro de Valencia y Juan Bautista Lavaña, 1665.
Relación de las cosas de Yucatán, 818.
Relación de los hechos, 154, 730.
Relación de méritos y servicios del conquistador Bernardino Vázquez de Tapia, vecino y regidor de esta gran ciudad de Tuxtitlán, México, 1704.
Relación del descubrimiento, conquista y población... de la Florida, 1.
Relación del descubrimiento del río Apure hasta su ingreso en el Orinoco, 401.
Relación del nacimiento del nuevo infante, 350.
Relación entre las costumbres y escritos de Lope de Vega, 310.

Relación histórica del viaje a la América meridional..., 801.
Relación panegírica, 195.
Relación personal, 1035.
Relaciones [Gelman, Juan], 620.
Relaciones [Hidalgo, Bartolomé], 712.
Relaciones [Pérez, Antonio], 114.
Relaciones [Persia, Juan de], 113.
Relaciones contemporáneas, 1181.
Relaciones de la pedagogía con la psicología y con la ética, 1096.
Relaciones toledanas, 746.
Relajo con energía, 1422.
Relámpago de duración, 58.
Relámpagos, 194.
Relato con lluvia y otros cuentos, 1524.
Relato cruento, 71.
Relato de Babia, 455.
Relato inmoral, 529.
Relatos amorales, 356.
Relatos argentinos, 672.
Relatos de Emmanuel, 627.
Relatos de la Fundación, 1088.
Relatos de mar, desierto y muerte, 478.
Relatos de otro mundo, 794.
Relatos del asombro, 1088.
Relatos del Norte y del Sur, 1424.
Relatos populares, 848.
Relatos sobre la falta de sustancia, 1312.
Relicario, 639.
Religión y Estado en la España del siglo XVI, 1410.
Religiosas, 581.
Reliquias. Sonetos, 1767.
Reloj, 975.
Reloj de Atenas, 612.
Reloj de sol, 217.
Relojero, 458.
Relox de príncipes, 677.
Remando al viento, 1565.
Remanso de dolor, 607.
Remedios, 1601.

Remedios contra el cáncer, 1073.
Remedios de amor, 1007.
Remedios heroicos, 75.
Remembranzas [Lamarque de Novoa, José], 817.
Remembranzas [Sánchez Rodríguez, José], 1516.
Remington 22, 66.
Remismunda, 90.
Remolino, 772.
Remontando el Uluán, 1495.
Rémy de Gourmont, 1775.
Renacimiento, 1520.
Rendición de espíritu, 823.
Renga, 1224.
Rengloncitos, 50.
Renglones, 1642.
Renglones cortos, 1467.
Renuncia al tiempo, 785.
Reparto de tierras, 79, 1131.
Repaso de un tiempo inmóvil, 1642.
Repete, 820.
Repetición de amores, 927, 1154.
Repeticiones: ensayos sobre literatura mexicana, 633.
Repisas (narraciones breves), 407.
Réplicas a las proposiciones de Gerardo Basso, 928.
Reposo, 51.
Reprehensión contra los poetas españoles que escriben en verso italiano, 305.
Represalia de héroe, 18.
Representación ante el príncipe don Juan sobre el poder del Amor, 479.
Representación de «Don Juan Tenorio» por el carro de las meretrices ambulantes, 1404.
Representación de la famosa historia de Ruth, 747.
Representación de la historia evangélica del capítulo nono de San Juan, 747.
Representación de la parábola de San Mateo, 746.
Representación de Pasión, 479.
Representación de Resurrección, 479.

Representación del nacimiento de Nuestro Señor, 957, 1604.
Reprobación del amor mundano, 184, 934, 992.
República Barataria, 1624.
República literaria, 1311, 1484.
Requesta fecha al magnífico marqués de Santillana, 1246.
Réquiem [Alarcón, Miguel], 1599.
Réquiem [Díaz Casanueva, Humberto], 441.
Réquiem andaluz, 259, 1322.
Requiem para la luz y nocturno de septiembre, 490.
Requiem para un eclipse, 342.
Réquiem para un gentilhombre, 1533.
Requiem por la lluvia, 989.
Réquiem por mi infancia, 1468.
Réquiem por todos nosotros, 1328.
Réquiem por un campesino español, 1538.
Requiem por un girasol, 438.
Requiem por Yarini, 521.
Rerum a Ferdinando et Elisabe, 1098.
Rescate y otros poemas, 1564.
Rescoldo, 1655.
Reseña de los hospitales de ultramar, 1080.
Reseña histórica de la zarzuela, 103.
Reseña histórica sobre literatura venezolana, 242.
Reseñas y confidencias, 1235.
Resguardo personal, 1601.
Residencia en la tierra, 280, 1099, 1100, 1694.
Residentes. Semblanzas y recuerdos, 794.
Resistencia de particulares, 690.
Resolana, 392.
Respirando el verano, 1440.
Responso, 1489.
Responso poético al cuerpo

presente de José Trinidad Reyes, 10.
Responso por el niño Juan Manuel, 1083.
Respuesta [Guerrero, Manuel Vicente], 676.
Respuesta [Herrera, Fernando], 708.
Respuesta a Fernando de la Torre, 1018.
Respuesta a las piedras, 150.
Respuesta a mossén Diego de Olivares, 1018.
Respuesta a sor Filotea de la Cruz, 801, 803.
Respuesta al manifiesto de Francia, 1482.
Resta poética, 100.
Restauració, 1017.
Restauración de España, 1026.
Restauración de la abundancia de España, 890.
Restauración política de España, 890.
Restos de niebla, 1302.
Resultas de la vida de don Fernando Álvarez de Toledo, tercer duque de Alba, 1721.
Resumen de la historia de Venezuela, 139.
Resurrección, 1414.
Resurrección de la memoria, 1202.
Retablillo de don Cristóbal, 601, 1220.
Retablillo de la Anunciación, 177.
Retablo [Manrique de Lara, José Gerardo], 960.
Retablo [Murillo, Miguel], 1600.
Retablo [Padilla, Juan de], 1281.
Retablo de la Alhambra, 1301.
Retablo de la vida de Cristo, 1195.
Retablo de luna, 1301.
Retablo de Yumbel, 17.
Retablo infantil, 902.
Retablo Sacro del Nacimiento del Señor, 1461.

Retaguardia, 493.
Retahílas, 982.
Retazos, 1420.
Retén, 1599.
Retener sin detener, 1756.
Retiro lo escrito, 1090.
Retórica [Granada, fray Luis de], 1379.
Retórica [Mayans y Siscar, Gregorio], 515, 1003, 1173, 1309, 1378.
Retórica en lengua castellana [Salinas, fray Miguel de], 1376.
Retórica epistolar, 976.
Retórica para los que breve y fácilmente quisieran saber hablar con elegancia, 1378.
Retórica y poética, 254.
Retorno [Gómez, Francisco de Paula], 635.
Retorno [Iribarren, Manuel], 779.
Retorno a la creatura, 680.
Retorno a la sombra, 1231.
Retorno a la tierra, 1541.
Retorno a la vida, 55.
Retorno a Magerit, 1762.
Retorno al futuro, 282.
Retorno viviente, 396.
Retornos de lo vivo lejano, 27.
Retracciones, 1465.
Retrato a pluma de Máximo Jerez, 691.
Retrato de dama con perrito, 1404.
Retrato de familia [Hernández d'Jesús, Enrique], 705.
Retrato de familia [Infante, José], 771.
Retrato de familia con catástrofe, 1091.
Retrato de humo, 407.
Retrato de niño muerto, 1404.
Retrato de nuestro amor, 344.
Retrato de un desconocido, 1413.
Retrato de un escritor, 448.
Retrato de un general, visto de medio cuerpo y vuelto hacia la izquierda, 109.
Retrato de un hombre de pie, 948.

Retrato de un joven malvado, 1646.
Retrato de una bruja, 310.
Retrato del artista en 1956, 117, 625.
Retrato del autor, 1302.
Retrato del fascista adolescente, 1072.
Retrato hablado, 1564.
Retrato panegírico del serenísimo señor Carlos de Austria, 195.
Retrato respirable en un desván, 599.
Retrato verdadero y con copete de la petimetra por la tarde, 56.
Retratos [Fernández, Enrique], 524.
Retratos [Salaverría, José María], 1364, 1493.
Retratos antiguos, 1767.
Retratos con nombre, 37.
Retratos contemporáneos, 641.
Retratos de ambigú, 72, 1328.
Retratos de arena, 1157.
Retratos de cuerpo entero, 1253.
Retratos de época, 1456.
Retratos de los reyes de Aragón, 67.
Retratos españoles (bastante parecidos), 630.
Retratos familiares, 833.
Retratos reales e imaginarios, 1400.
Retratos turbios, 1767.
Retratos violentos, 1347.
Retratos y tormentos, 941.
Retumba como un sótano del cielo, 622.
Return Ticket, 1156.
Reunión elegida, 431.
Revelación del Paraguay, 629.
Revenas, 792.
Reverso, 1465.
Reverso de la transparencia, 329.
Revisiones bolivianas, 1548.
Revistas literarias de México, 52.
Revolución en el país que edificó un castillo de hadas y

otros cuentos maravillosos, 1019.
Revolución en la literatura y literatura en la revolución, 357.
Revolución y cultura en Bolivia, 119.
Revolución y Universidad en Bolivia, 138.
Rey, emperador y monje, 68.
Rhetorica, 1206.
Rhetórica castellana, en la cual se enseña el modo de hablar bien y formar una oración o discurso coordinado sobre cualquiera assumpto, 1378.
Rhetorica Ecclesiastica, 932, 1170, 1376, 1379.
Rhetórica filosófica, o principios de la verdadera eloquencia... a uso de los discípulos de las Escuelas Pías, 1379.
Rhetorica institutio, 1375.
Rhetoricae compendium, 1377.
Rhetoricae Prolegomena, 1376.
Rhetoricum libri IV, 89, 1375.
Rhetoris christiani, 1377.
Rhodopis, 518.
Rías de ensueño, 272.
Ricardo Molina. Perfil de un poeta, 352.
Ricardo Palma, 596.
Richard trajo su flauta y otros argumentos, 1066.
Rielo de instante, 1000.
Riente azar, 1302.
Rienzi, 12.
Riesgo y ventura del duque de Osuna, 972.
Riesgos de amor y amistad, 1717.
Riesgos y alivios de un manto, 999.
Rigoberto, 1061.
Rimado de ciudad, 1302.
Rimado de Madrid, 710.
Rimado de palacio, 112, 908, 1029, 1337, 1508.
Rimas [Altamirano, Ignacio Manuel], 52.
Rimas [Argensola, Bartolomé, y Lupercio, Leonardo de], 82, 83.
Rimas [Bécquer, Gustavo Adolfo], 155, 157, 254.
Rimas [Darío, Rubén], 423.
Rimas [Echevarría, Esteban], 472.
Rimas [Jáuregui, Juan de], 787.
Rimas [Jiménez, Juan Ramón], 790.
Rimas [Medrano, Francisco Sebastián], 1008.
Rimas [Mitre, Bartolomé], 1042.
Rimas [Moncayo, Juan de], 1050.
Rimas [Paredes, Antonio de], 1214.
Rimas [Rosales, Luis], 1327, 1461.
Rimas [Salcedo Coronel, José García], 1497.
Rimas [Vaz de Camoes, Luis], 253.
Rimas [Vega, Lope de], 1712.
Rimas [Querol Vicente, Wenceslao], 1341.
Rimas castellanas, 1492.
Rimas chilenas, 147.
Rimas de Burguillos, 1713.
Rimas de humo y de viento, 817.
Rimas de silencio y soledad, 826.
Rimas humanas y divinas, 15.
Rimas humanas y divinas del licenciado Tomé de Burguillos, 1712.
Rimas malayas, 874.
Rimas sacras, 1712.
Rimas varias, 17.
Rimas várias. Flores do Lima, 176.
Rimas y sonetos rezagados, 173.
Rimbomba, 1756.
Rincón de humildes, 1426.
Rincón: poemas alcareños, 50.
Rincones de la historia.
Apuntes para la historia social de España, 1002.
Rincones de mar, 302.
Rincones románticos, 251.
Rinconete y Cortadillo, 334.
Riñú o el amor salvaje, 898.
Río Darro. Cronicón de Granada, 782.
Río de aguas amargas, 615.
Río de Dios, 684.
Río esperanza, 960.
Río lunado: mitos y costumbres del Paraguay, 839, 888.
Río natural, 1318.
Río oscuro, 1642.
Río revuelto, 1189.
Río solar, 1303.
Río subterráneo, 97.
Río Tajo, 79.
Río volcado, 1406.
Rioja, 908.
Ripios académicos, 1658.
Ripios con moraleja, 1420.
Ripios literarios, 1658.
Ripios ultramarinos, 1658.
Ripios vulgares, 1658.
Risaralda, 90.
Risas y lágrimas, 202.
Ristra, 546.
Ristra de ajos, 1213.
Ritmo interior, 1490.
Ritmo lento, 982.
Ritmo-Iris, 148.
Ritmos [González, Pedro Antonio], 648.
Ritmos [Pérez Bonalde, José Antonio], 1239.
Ritmos acribillados, 613.
Ritmos de vida, 1630.
Ritmos indígenas de México, 257.
Rito de la consolación, 960.
Rito de sombras, 852.
Ritos, 1664.
Ritos profanos, 211.
Ritos y fiestas de los antiguos mexicanos, 468.
Ritual, 179.
Rituales, 1178.
Rivera o la fortuna en la prisión, 1430.
Riverita, 1126, 1200.
Roa Bastos, precursor del postboom, 968.

Robarás, matarás..., 70.
Roberto el diablo [Marco y Sanchis, José], 967.
Roberto el diablo [Tárrago y Mateos, Torcuato], 1577.
Robinsón, 611.
Roble huacho, 161.
Robles de la selva sagrada, 1366.
Robot, 1221.
Rocabruno bate a Ditirambo, 1565.
Rocío en el trébol, 314.
Rockefeller y su tiempo, 349.
Rodando en tu silencio, 1073, 1327.
Rodeada está de sueño, 955.
Rodil, 1205.
Rodrigo, 1056.
Rodrigo, último rey de los godos, 629.
Rogel de Grecia, 1116.
Roger de Flor [Bofarull y de Broca, Antonio], 197.
Roger de Flor [Escosura, Patricio de la], 489.
Rojas y pálidas, 277.
Rojín Rojal, 1728.
Rojo farol amante, 454.
Rojo sobre rojo, 680.
Roma, peligro para caminantes, 27.
Roma madre, 629.
Román Baldorioty de Castro, 1462.
Romance a un licenciado que deseaua hazer comedias, 201.
Romance de Angelillo y Adela, 1155.
Romance de lobos, 1676.
Romance de tierra verde, 1015.
Romance de un gaucho, 939.
Romance del fantasma y doña Juanita, 1230.
Romance sobre la muerte de Almagro, 482.
Romancerillo catalán, 1034.
Romancero [Mármol, Manuel María], 974.
Romancero [Sepúlveda, Lorenzo], 1424.
Romancero [Vega, Daniel de la], 1705.

Romancero de Carlos V, 148.
Romancero de Cervantes, 1556.
Romancero de Coromoto, 150.
Romancero de Indias, 77.
Romancero de la conquista de Granada, 78.
Romancero de la guerra del Pacífico, 1760.
Romancero de las sierras, 1231.
Romancero de una aldeana, 1019.
Romancero del destierro, 1647.
Romancero del mar, 260.
Romancero del pueblo, 134.
Romancero del sur, 1552.
Romancero espiritual [Valdivielso, Joseph de], 1663.
Romancero espiritual [Vega Carpio, Félix Lope de], 1712.
Romancero general, 267, 826, 1445, 1497.
Romancero general. Colección de romances castellanos anteriores al siglo XVIII, 468, 1446.
Romancero gitano, 601, 1673, 1688.
Romancero historiado, 268, 1424.
Romancero nuevo historiado, 269.
Romancero secreto de un casto varón, 985.
Romancero y Monstruo imaginado, 833.
Romances [Echeverría, Aquileo J.], 472.
Romances [Fernández Moreno, Baldomero], 537.
Romances [Prados, Emilio], 1317.
Romances de barriada, 77.
Romances de ciegos, 948.
Romances de Coral Gables, 791.
Romances de Cuba y otros poemas, 832.
Romances de España, 884.
Romances de germanía, 269.
Romances de hoy, 369.

Romances de la guerra, 79.
Romances de la voz sola, 1215.
Romances de norte a sur, 213.
Romances del camino, 382.
Romances del ochocientos, 1734.
Romances del río de enero, 1401.
Romances del Río Seco, 929.
Romances galegos, 187.
Romances históricos, 1289, 1412, 1771.
Romances históricos, tradicionales y de capa y espada, 657.
Romances históricos y dramáticos, 1232.
Romances populares, 575.
Romances populares murcianos, 993.
Romances y canciones, 1314.
Romances y cantares, 505.
Romances y corridos nicaragüenses, 1009.
Romances y leyendas andaluzas: cuadros de costumbres meridionales, 1521.
Romances y madrigales, 813.
Romanz del infant García, 485.
Romea o El comediante, 493.
Romeo y Julieta Martínez, 1616.
Rómpase en caso de incendio, 347.
Rompetacones y cien cuentos más, 881, 1419.
Roncando al sol como una foca en las Galápagos, 352.
Roncesvalles, 805, 1280, 1459.
Ronda, 941.
Ronda del Guinardó, 977.
Rondinelas, 476.
Rosa, 1554.
Rosa Chacel, 1496.
Rosa de agua, 1438.
Rosa de amores, 1611.
Rosa de cieno y ceniza, 948.
Rosa de tierra, 696.
Rosa española, 1611.
Rosa gentil, 1611.
Rosa Krüger, 1515.

Rosa mística [Andión, Vicente, y González, Antonio Francisco], 1728.
Rosa mística [Dobles Segreda, Luis], 459.
Rosa real, 1611.
Rosa y azul, 207.
Rosa-Fría, patinadora de la luna, 836.
Rosalba y los llaveros, 280.
Rosales en flor, 154.
Rosalía de Castro. Raíz apasionada de Galicia, 283.
Rosalina, 1611.
Rosario o la viuda astuta, 1577.
Rosas, 1445.
Rosas, diablos y sonrisas, 1267.
Rosas caídas, 566.
Rosas de abril, 926.
Rosas de infancia, 251.
Rosas de otoño, 162.
Rosas de pasión, 874.
Rosas iluminadas, 1468.
Rosas líricas, 975.
Rosas místicas, 7.
Rosas negras, 139.
Rosas y espinas místicas, 142.
Rosas y su época, 1095.
Rosaura, 685.
Rosaura a las diez, 436.
Rosaura (El sueño es vida, Milady), 1599.
Rosenda, 1457.
Rosián de Castilla, 1457.
Rostro de Chile, 405.
Rostro de la ausencia, 784.
Rostro en la estela, 1000.
Rostro en la soledad, 1440.
Rostro perdido, 476.
Rostros ocultos, 421.
Rostros y climas, 290.
Roto casi el navío, 148.
Rotos, 1753.
Rubén Darío, 1186.
Rubén Darío, abismo y cima, 1626.
Rubén Darío. Antología poética. Año del centenario, 1770.
Rubén Darío: breve biografía, 234.
Rubén Darío. Su personalidad literaria. Su última obra, 1421.
Rubén Darío: su vida y su obra, 369.
Rubén Darío y el modernismo, 563, 1354.
Rubén Darío y la moral estética, 1500.
Rubén Darío y su creación poética, 562.
Rubio cordero, 160.
Rúbricas, 786.
Rucacahuín, 446.
Ruecas de marfil, 493.
Rufinito, 597.
Ruidos y leyendas, 447.
Ruina de la infame Babilonia, 1058.
Ruina y extinción del municipio romano en España, 1508.
Ruinas [Castro, Rosalía], 317.
Ruinas [Muñiz, Carlos], 1075.
Ruiseñor perdido en el lenguaje, 432.
Ruiseñores del fondo, 614.
Rumbo, 622.
Rumbo a la otra vigilia, 770.
Rumbo desnudo, 778.
Rumbo sur, 1460.
Rumor de almas, 1651.
Rumor de Praga, 907.
Rumor del mundo, 148.
Rumor oculto, 595.
Rumores de mi huerto, 251.
Ruptura y continuidad. La literatura mexicana en polémica, 1533.
Ruptura y mímesis (Aproximación a la joven poesía sevillana), 1068.
Rusia al día, 1773.
Rusia en 1931, 1681.
Rusiñol y su tiempo, 1277.
Rusticatio Mexicana, 818.
Ruta de la poesía ecuatoriana contemporánea, 66.
Ruta de sangre, 1402.
Ruta del alba, 1350.
Rutas, 966.
Rutsi, el pequeño alucinado, 887.
Rutuchi, 1032.

Sab, 635, 1453.
Sábado, esperanza, 545.
Sábado de gloria, 986.
Sábado que nunca llega, 706.
Sabela de Cambados, 1619.
Saber y literatura, 998.
Sabina y las brujas (o La noche de Sabina), 1600.
Sabor a mí, 1728.
Sabor a PRI, 1052.
Sabor eterno, 135.
Sacerdotalis instructio circa missam, 540.
Sacerdote y caudillo, 998.
Sacramental, 1518.
Sacramento, 1269.
Sacramento y concubinato. (Novela original de costumbres contemporáneas), 1312.
Sacrificio y recompensa, 234.
Saetas, 272.
Safo, 589.
Safo, Friné y otras seductoras, 637.
Sagasta. Melilla. Cuba, 1071.
Sagitario en Géminis, 1495.
Sagrada materia, 526, 1320.
Sagrado y obsceno, 342.
Sagrario de Toledo, 1663.
Sagrario de Valencia, 309.
Sainete con variaciones, 1652.
Saint Cyprien, plage, campo de concentración, 68.
Saisons choisies, 751.
Sala de espera [Candel, Francisco], 271.
Sala de espera [Jarnés, Benjamín], 787.
Sala de No Estar, 1599.
Sala de Recreación, 308.
Salamanca o el metafísico del fracaso, 336.
Salamanca por dentro, 542.
Salamandra [Paz, Octavio], 1222.
Salamandra [Rebolledo, Efrén], 1362.
Salambó, 190.
Saldo de almas, 158.
Salero criollo, 55.

Salero de España o Las crónicas del 40, 1347.
Salerón, salerón, 793.
Salida con Juan Ruiz a probar la sierra, 227.
Salmo, 1078.
Salmo a los brazos de Carmen, 102.
Salmos [Cardenal, Ernesto], 280.
Salmos [Gramcko, Ida], 667.
Salmos [Tapia, Luis de], 1577.
Salmos a deshora, 461.
Salmos al viento, 660.
Saloma sin sal-o-mar, 461.
Salomé en la literatura, 273.
Salón de estío, 786.
Salón de té [Cobo Borda, Juan Gustavo], 352.
Salón de té [Vargas, Luis de], 1697.
Salón sin muros, 1069, 1689.
Saloya, 437.
Salpicón, 319.
Salta, 426.
Salterio lírico, 126.
Salterio y lamentación, 526.
Salto Ángel, 667.
Salto Cancán, 1552.
Salto sobre el área no hollada, 282.
Saltoncito, 495.
Saltos sobre la soga, 793.
Salud o nada, 50.
Salutaciones, 522.
Salutatio ad patriam, 1098.
Salvaciones y creencias, 927.
Salvad a los delfines, 1597.
Salvador Allende, 814.
Salvador the Guerrilla, 1641.
Salvadora, 977.
Salvaje, 1457.
Salve, Regina, 289.
Salvo el crepúsculo, 380.
Samarcanda y otros poemas, 690.
Samarkanda, 583.
Sampaguitas, 872.
Samuel, 597.
San Antonio de Padua, 1249.
San Camilo 1936, 321, 323, 1134.
San Cristóbal, 806.
San Fernando, 652.

San Gabriel de Valdivias, 129.
San Hombre, 779.
San Ignacio de Loyola, fundador de la Compañía de Jesús: poema heroico, 461.
San Juan, 109.
San Juan de los Reyes, 155.
San Lamuerte, 1412.
San Manuel Bueno, mártir, 348, 1648.
San Miguel de las Espinas, 226.
San Sebastián, mártir, 123.
Sancho García, 1770.
Sancho Saldaña o el Castellano de Cuéllar, 503, 1138.
Sanco Panco, 948.
Sandía ybyguy, 376.
Sandoval or the Freemason, 1138.
Sangama, 699.
Sangre de amor correspondido, 1339.
Sangre de España, 832.
Sangre de mestizos, 336.
Sangre de primavera, 338.
Sangre en el trópico, 1419.
Sangre es el nombre del amor, 1089.
Sangre joven, 1716.
Sangre patricia, 448.
Sangre santa, 248.
Sangre y arena, 190.
Sanjurjo. Un general expatriado, 158.
Sansón Nazareno, 481, 1281.
Santa, 590.
Santa, 1094.
Santa Catalina de Alejandría, 240.
Santa Fe, mi país, 377.
Santa Isabel, reina de Portugal, 1442.
Santa Isabel de Ceres, 1729.
Santa Juana de Castilla, 1590.
Santa María del Buen Aire, 825.
Santa Marina, 832.
Santa Mujer Nueva, 1315.
Santa Rogelia, 1201.
Santa Rosa de Lima, 183.
Santa Rosita y el péndulo proliferante, 828.

Santa Teresa de Jesús, 1548.
Santepar, 1088.
Santiago, el Cid y el Quijote, tres caballeros de España, 1464.
Santiago de León de Caracas, 1206.
Santiago de Liniers, 672.
Santiago de Rosalía de Castro, 1623.
Santificarás las fiestas, 839.
Santo y seña, 1341.
Santos Vega [Gutiérrez, Eduardo], 687.
Santos Vega [Obligado, Rafael], 1161.
Santos Vega o Los mellizos de «La flor», 103, 878.
Santuario, 1302.
Sara de Ur, 794.
Sara Golpman, mujer de teatro, 1741.
Sarao de amor, 268, 1611.
Sardonia, 1542.
Sarica la Borda, 189.
Sariri, 457.
Sarmiento, 986.
Sarmiento y Unamuno, 417.
Sartor Resartur. Vida y opiniones del señor Renfelsdrocks, 150.
Satanael, 948.
Satanás [Ramos, José Antonio], 1357.
Satanás [Rokha, Pablo de], 1442.
Sátira contra los malos escritores de este siglo, 711.
Sátira contra los vicios introducidos en la Poesía por los malos poetas, 571.
Sátira de infelice e felice vida, 1154, 1227, 1429.
Sátiras [Fernández de Moratín, Nicolás], 537.
Sátiras [Olivares Figueroa, Rafael], 1165.
Sátiras [Ruiz Aguilera, Ventura], 1474.
Sátiras morales, 268.
Sátiro o el poder de las palabras, 752.
Saturnal, 341.
Saturno y sus hijos, 834.

Saúl [Gálvez, María Rosa], 589.
Saúl [Gómez de Avellaneda, Gertrudis], 636, 1454.
Saúl ante Samuel, 167.
Saul Gelboeus, 1580.
Saúl sobre la espada, 138.
Saulo el leproso, 901.
Saulo: poema. Canto I, 779.
Sauna, 1089.
Saverio el cruel, 91.
Savoir faire, 1109.
Scherzos, 1575.
Scholia [Cuenca, Luis Alberto de], 411.
Scholia [Sánchez de las Brozas, Francisco], 1375.
School bus, 1089.
Scintinium Scripturarum, 1523.
Scopas, 1574.
¿Se acabarán los enredos?, 1167.
Se acabaron los cigarrillos, 249.
Se acabó la diversión, 1710.
¿Se comió el lobo a Caperucita?, 881, 1419.
Se desea un huésped, 4.
Se deshojó la flor, 876.
Se enciende y se apaga una luz, 1329, 1702.
Se está haciendo tarde (final en laguna), 796.
Se ha ocupado el kilómetro 6 (Contestación a Remarque), 168.
Se llama como quieras, 1058.
Se llevarán la noche, 772.
Se llevaron el cañón para Bachimba, 1077.
Se me ha perdido una niña, 584.
Se necesita un dictador, 133.
Se prohíbe cantar, 977.
Se rifa un hombre, 903.
Se ruega no dar la mano, 544.
Se ruega no tocar la carne por razones de higiene, 347.
Se va el caimán, 1152.
Se vende el campo, 488.
Se vende el sol, 1083.
Se vende un hombre, 838.
Se vuelven contra nosotros, 1268.

Sea usted breve, 1736.
Seamen rhymes, 1155.
Sebregondi retrocede, 818.
Secreto secretísimo, 526.
Secretos augurios, 68.
Secretos de familia, 1601.
Secretos en fuga, 162.
Secretum, 1331.
Secuencias de otro evangelio, 102.
Secuestro en Puerta de Hierro, 838.
Sed, 448.
Sed de mar, 1535.
Sed en el puerto, 306.
Seducción, 1201.
Seguimiento, 1758.
Según sentencia del tiempo, 625.
Segunda agonía, 1158.
Segunda antología poética, 790, 1687.
Segunda Celestina [Salazar y Torre, Agustín de], 1496.
Segunda comedia de Celestina [Silva, Feliciano de], 642, 1076, 1549, 1738.
Segunda enseñanza, 1035.
Segunda mano, 1301.
Segunda parte de la conquista o manual de vida perfecta, 69.
Segunda parte de la crónica del Perú, que trata del señorío de los incas yupanquis y de sus grandes hechos y gobernación, 348.
Segunda parte de la Universidad de amor, 67.
Segunda parte de la vida del pícaro, 1267.
Segunda parte de las Flores, 496.
Segunda parte de los Casos prodigiosos, 1274.
Segunda parte del caballero puntual. Los prodigios de amor, 1492.
Segunda parte del Lazarillo de Tormes, 936.
Segunda parte del Romancero general y flor de diversa poesía, 269.
Segunda Partida, 194.

Segunda poesía vertical, 803.
Segunda vida, 1060.
Segunda vida de una santa, 902.
Segundo abecedario, 794.
Segundo Abril, 1461.
Segundo cancionero espiritual, 1055.
Segundo libro de antisueños, 1272.
Segundo libro de la ciudad, 905.
Segundo libro de poemas, 607.
Segundo tomo del Ingenioso Hidalgo don Quijote de la Mancha... compuesto por el Licenciado Alonso Fernández de Avellaneda, natura l de la villa de Tordesillas, 527, 1092.
Segundos preludios, 1040.
Seguro azar, 1498, 1687.
Seguro de Tordesillas, 742.
Seguro secreto, 686.
Seis autores en busca de un personaje, 351.
Seis conferencias, 1700.
Seis ensayos en busca de nuestra expresión, 561, 697.
Seis ensayos heterodoxos, 630.
Seis estampas para un rompecabezas, 1317.
Seis falsas novelas, 640.
Seis leyendas, 917.
Seis mentiras en novela, 257.
Seis nocturnos, 1015.
Seis poemas, 150.
Seis poemas galegos, 601.
Seis problemas para don Isidro Parodi, 184, 206, 1146.
Seis relatos [Güiraldes, Ricardo], 686.
Seis relatos [Icaza, Jorge], 761.
Seis relatos y uno más, 1541.
6, 7 poemas, 1228.
Seis sonetos y un Poema de amor celeste, 349.
Selección de poemas [Bleiberg, Germán], 191.
Selección de poemas [Torres Bodet, Jaime], 1625.

ÍNDICE DE OBRAS

Selección de poesía para niños, 883.
Selección de teatro boliviano para niños, 888.
Selección y reforma, 794.
Selecta, 784.
Selma Lagerlöf, 1007.
Selva, 306.
Selva de aventuras, 369, 1111.
Selva militar y política, 1362.
Selva trágica, 699.
Selva virgen, 346.
Selvas dánicas, 1362.
Semáforos, semáforos, 1548.
Semana de pasión [Corrales Egea, José], 376.
Semana de Pasión [Tomás, Mariano], 1616.
Semana libre, 534.
Semana Santa, 1322.
Semana Santa en la niebla, 461.
Semanas del jardín, 335.
Semblanza de Góngora, 1323.
Semblanzas literarias de la colonia, 1556.
Semblanzas puertorriqueñas, 532.
Semblanzas y caricaturas, 203.
Semillas para un cuerpo, 1300.
Semillas para un himno, 1223.
Semprilis y Geronodano, 1112.
Sempronio, 419.
Senda de tortura, 1695.
Sendas fugitivas, 1232.
Sendebar o Libro de los engaños, 846, 1113, 1333, 1544.
Sendero de humildad, 589.
Senderos, 1759.
Senderos brillantes, 507.
Senderos espirituales, 1630.
Séneca o el beneficio de la duda, 583.
Seno, 1273.
Senos, 641.
Sensaciones, 73.
Sensaciones crepusculares, 63.
Sensaciones de arte, 637.
Sensaciones de viaje, 448.

Sensaciones del Japón y de China, 63.
Sentado sobre el suelo, 1273.
Sentido emocional de la patria, 1468.
Sentido evolutivo de la lírica de Jorge Carrera Andrade, 1165.
Sentimental dancing, 66.
Sentimientos, 537.
Sentimientos completos, 537.
Sentimientos de un patricio, 712.
Sentimientos espirituales, 307.
Sentina de escombros, 1420.
Sentir y soñar, 1482.
Sentires y querencias, 68.
Señales de humo [Díez, Luis Mateo], 455.
Señales de humo [Montero, Isaac], 1057.
Señales de tráfico, 347.
Señas de identidad, 661, 1134, 1266.
Señas de una generación: linaje de árboles, 653.
Señas y contraseñas, 444.
Señas y garabatos del habitante, 1440.
Señor de su ánimo, 1230.
Señor ex ministro, 926.
Señor Juez..., 529.
Señora ama, 162.
Señora de..., 806.
Señora de rojo sobre fondo gris, 435.
Señoras y señores, 977.
Señorear la Tierra, 630.
Señores de la distancia, 392.
Señorita, 476.
Señorita O-3, 234.
Señoritos chulos, fenómenos, gitanos y flamencos, 1105.
Septiembre, 1303.
Séptima poesía vertical, 803.
Sepulcro en Tarquinia, 355, 1322.
Sepultura de amor, 1652.
Sequía, 1078.
Ser alguna vez, 1215.
Ser de palabra, 1682.
Ser en el fondo, 900.
Ser fiel (1948-1962), 519.

Ser mujer y otras desventuras, 495.
Ser o no ser [Gorostiza, Celestino], 658.
Ser o no ser [López de Haro, Rafael], 912.
Serafina [Mor de Fuentes, José], 1061, 1122, 1310.
Serafina [Torres Naharro, Bartolomé], 1626, 1627.
Serafina [Vega, Alonso de la], 1704.
Serás gaviota, 1090.
Serena luz del viento, 475.
Serenata lírica a la vieja ciudad, 1649.
Serenata morisca, 1770.
Serenata y navaja, 296.
Serenidad, 1103.
Serenissimi principis Joannis secundi Aragonum regis vita, 184.
Seres de un día, 695.
Sermón contra los sodomitas, 540.
Sermón de amores [Castillejo, Cristóbal de], 305.
Sermón de amores [San Pedro, Diego de], 1504.
Sermón de la barbarie, 1304.
Sermón de las caídas públicas, 931.
Sermón de ser y no ser, 596.
Sermón perdido, 23.
Sermón trobado, 1018.
Sermones de doña Paquita, 575.
Sermones de San Bernardo, 540.
Sermones [Isla, José Francisco], 781.
Sermones líricos, 449.
Sermones y moradas, 27.
Sermones y prédicas del Cristo de Elqui, 1216.
Serpiente breve, 1569.
Serraniegas, 1728.
Servicio de navaja, 1569.
Servidumbre de paso, 296.
60 muertos en una escalera, 465.
60 poemas, 506.
62/ modelo para armar, 380.
Sete cántigas de alén, 1666.
Setecientas palmeras planta-

das en el mismo lugar, 137.
Setenario, 43, 1227.
Setenta poemas estalinistas, 1671.
Setenta veces siete, 478.
Severo Torelli, 541.
Sevilla [Barco, Pablo de], 1300.
Sevilla [Montoto y Rautenstrauch, Luis], 1061.
Sevilla en los labios, 1458.
Sevilla en tiempos de Cervantes, 230.
Sevilla, notas de arte, 356.
Sevilla restaurada, 1283, 1576.
Sevilla y otros poemas, 945.
Sexo no solitario, 234.
Sexo y saxofón, 74.
Sexta poesía vertical, 803.
Sexteto de amor ibérico, 1347.
Sextinas y otros poemas, 159.
Sexto, 1748.
Sexto sentido o Diario de Praga, 1190.
Shunko, 1.
Sí, 421.
Si el amor excede al arte, ni amor ni arte a la prudencia, 1715.
Si el verano es dilatado, 392.
Si hubiéramos sabido que el amor era eso, 1646.
Si mañana despierto, 583.
Si me han de matar mañana, 1077.
Si muero lejos de ti, 16.
Si se oyera el silencio, 1273.
Sí, soy Guiomar. Memorias de mi vida, 1659.
Si te dicen que caí, 977, 1134.
Si yo fuera Pedro Infante, 847.
¡Si yo fuera rico!, 823.
Siberia blues, 1508.
Siciliana, 1554.
Siempre [Maura, Julia], 1002.
Siempre [Nora, Eugenio de], 1107.
Siempre en capilla, 1328.
Siempre ha pasado algo, 1274.
Siempre heroica, 594.

Siempre la muerte, su paso breve, 648.
Siempre se olvida algo, 1275.
Siempre tarde, 148.
Siempreviva, 989.
Siemprevivas, 1710.
Sien de alondra, 105.
Siervo libre de amor, 112, 1154, 1155, 1428, 1429.
Siervo sin tierra, 231.
Siesta en el mirador, 296.
Siestas con viento sur, 432.
Siete años y unos días, 1104.
Siete árboles contra el atardecer, 409.
Siete caminos en luna de sueños, 1462.
Siete contra Georgia, 1016.
Siete cuentos, 75.
Siete cuentos quirománticos, 35.
Siete de espadas, 203.
Siete domingos rojos, 1538.
Siete Edades del Mundo o Edades Trovadas, 1523.
Siete ensayos de interpretación de la realidad peruana, 562, 972.
Siete gozos de amor, 1428.
Siete guiripas para don Hilario, 92.
Siete lunas y siete serpientes, 17.
Siete mil gallinas y un camello, 257, 1330.
Siete miradas en un mismo paisaje, 1091.
Siete movimientos, 306.
Siete noches, 207.
Siete Partidas, 43.
Siete poemas [Mastronardi, Carlos], 1049.
Siete poemas [Molina Campos, Enrique], 997.
Siete poemas [Segovia, Tomás], 1534.
Siete puñales, 1541.
Siete representaciones, 1666.
Siete Sabios de Roma, 846.
Siete sonetos de color, 656.
Siete tiempos, 809.
Siete tratados, 1052, 1053.
Siglo de Oro en las selvas de Erífile, 135, 868, 1143.

Siglo pasado, 23.
Signario, 492.
Signario de lágrimas, 1000.
Signo [Ávila Jiménez, Antonio], 120.
Signo [Paz Castillo, Fernando], 1226.
Signo +, 813.
Signo de amor, 912.
Signo del alba, 1240.
Signos, 1502.
Signos 8, 1300.
Signos 7, 1300.
Signos del ser, 1318.
Signos II, 1502.
Signos en el fuego, 89.
Signos en el tiempo, 1157.
Signos y obras, 972.
Sílaba moral, 1304.
Silbato de tinta amarilla, 95.
Silencio, 1426.
Silencio celeste, 1301, 1320.
Silencio de tu nombre, 1214.
Silencio pollos pelones, ya les van a echar su maíz, 280.
Silenter, 654.
Siluetas de escritores contemporáneos, 656.
Siluetas episcopales, 202.
Siluetas granadinas: bibliografías de escritores granadinos contemporáneos, 78.
Siluetas literarias, 46.
Siluetas y croquis, 1663.
Silva, 1445.
Silva criolla, 833.
Silva curiosa, 854.
Silva de cosas memorables, 533.
Silva de plata vieja, 1705.
Silva de poesía, 1494.
Silva de varia lección, 1031, 1032.
Silva palentina, 533.
Silva que hizo el autor estando fuera de la corte, 1578.
Silvalandia, 380.
Silvio, 70.
Simbad, 955.
Simbólicas, 476.
Símbolos del corazón, 225.
Símbolos profanos, 336.
Símbolos selectos, 1622.
Simón Bocanegra, 598.

ÍNDICE DE OBRAS

Simón Bolívar, 1438.
Simón Rodríguez, 1270.
Simón y Manuela, 451.
Simpatías y diferencias, 1400.
Simple canción, 1462.
Simple idea, 837.
Simplismo. Poemas inventados por A. H., 711.
Sin alba ni crepúsculo, 1274.
Sin camino, 308.
Sin cielo y otros relatos, 1422.
Sin embargo Juan vivía, 720.
Sin esperanza, 1540.
Sin esperanza, con convencimiento, 646.
Sin familia, 472.
Sin hogar, o los secretos del honor, 1657.
Sin honra no hay amistad, 1442.
Sin honra no hay valentía, 1069.
Sin la misericordia de Cristo, 179.
Sin levantar cabeza, 1761.
Sin mucha esperanza, 1643.
Sin noticias de Gurb, 1017.
Sin padre, 967.
Sin páginas amarillas, 1063.
Sin palo ni piedra, 458.
Sin patria, 1313.
Sin regreso, 760.
Sin rumbo [Cambaceres, Eugenio], 252, 1094.
Sin rumbo [Medina, Vicente], 1006.
Sin testigos y a oscuras, 1567.
Sin título, 680.
Sin trabajo, o el pan del obrero, 1657.
Sin tregua, 1625.
Sin velas, desvelada, 340.
Síndrome de naufragios, 633.
Sinfonía acabada, 93.
Sinfonía borbónica, 1646.
Sinfonía callejera, 1466.
Sinfonía del año, 1467.
Sinfonía inacabada y otras variaciones, 627.
Sinfonía sin límites, 849.
Sinfonizando imágenes a la luz del sol, 1462.
Singladuras, 493.

Sinopsis de las especies fósiles que se han encontrado en España, 954.
Sinrazón, 1515.
Síntesis panorámica de la poesía en América, 1630.
Sintiéndome vivir, salidas de tono, 194.
Síntomas de Éxodo, 1512.
Sirena [Arriví, Francisco], 99.
Sirena [López de Haro, Rafael], 912.
Sirenas mudas, 660.
Siringa, 354.
Siripo, 828.
Sirviéndole a Dios de hoguera, 63.
Sismo y exhortación a la muerte, 1487.
Sistema de la filosofía metafísica, 1527.
Sitiado en la orilla, 1273.
Sitiador sitiado y conquista de Stralsundo, 1766.
Sitilla, 689.
Sitio a Eros, 544.
Sitio de Ballesteros, 296.
Sitio de Tarifa, 1025.
Situación anómala, 1006.
Sixto VI. Relación inverosímil de un papado infinito, 1474.
Smara, 1615.
Smith y Ramírez, S. A., 1760.
Sóbol, 615.
Sobre ascuas, 55.
Sobre casi nada, 251.
Sobre casi todo, 251.
Sobre el abismo, 1759.
Sobre el amor, 1179.
Sobre el ángel y el hombre, 213.
Sobre el concepto en el Derecho positivo, 632.
Sobre el estado de la cultura española en el reinado de Fernando VI, 819.
Sobre el iberismo y otros escritos de literatura portuguesa, 1047.
Sobre el piélago, 340.
Sobre el prestigio del campo andaluz, 693.
Sobre el recado, 1725.

Sobre el romanticismo y otros temas, 162.
Sobre el silencio y otros llantos, 1304.
Sobre el Volga helado, 299.
Sobre enseñanza y educación, 593.
Sobre héroes y tumbas, 1485.
Sobre imagen, identidad y heterodoxia, 74.
Sobre judíos, moriscos y conversos, 794.
Sobre la cruz de la espada, 382.
Sobre la grama, 159.
Sobre la guerra civil y en la emigración, 75.
Sobre la hispanidad y su zozobra, 409.
Sobre la manifestación y el último lenguaje en poesía, 928.
Sobre la marcha, 1564.
Sobre la misma tierra, 587.
Sobre la oscuridad del «Polifemo» y «Soledades» de don Luis de Góngora, 1307.
Sobre la piel del mundo, 545.
Sobre la responsabilidad del escritor, 612.
Sobre la tierra, 593.
Sobre la tierra ardiente, 1083.
Sobre la vida y la obra de don Carlos Arniches, 975.
Sobre las brasas, 1090.
Sobre las circunstancias, 660.
Sobre las guerras civiles del país, 54.
Sobre las horas, 259.
Sobre las huellas de Humboldt, 1358.
Sobre las novelas de nuestros días, 1669.
Sobre las piedras grises, 798, 1328.
Sobre las ruinas, 1221.
Sobre los ángeles, 27, 28, 1689.
Sobre los varios modos de entender la Historia, la revolución y la libertad religiosa en España, 1669.
Sobre los viajes apócrifos de

Juan de Fuca y de Lorenzo Ferrer Maldonado, 1156.
Sobre Montalvo o desmistificación de un mixtificador, 997.
Sobre Ortega y Gasset y otros trabajos de historia de las ideas en España y la América española, 593.
Sobre ti, Venezuela, 92.
Sobre tierra prestada, 576.
Sobre tu piel oscura, 183.
Sobremesa y alivio de caminantes, 1612.
Sobrepunto, 1084.
Sobrevivirse, 451.
Sobrevivo, 35.
Socavones de angustia, 1356.
Socialismo individualista, 1638.
Sociedad Limitada, 1272.
Sociedad secreta, 849.
Sociología argentina, 771.
Sociología cultural del postfranquismo, 448.
Sociología de la ciudad americana, 698.
Sofía, 1775.
Sofía de los presagios, 159.
Sofía y Enrique, 1001.
Soga de niebla, 1372.
Sois como niños, 1038.
Sol, 1301.
Sol, amor y mar, 1088.
Sol de amanecer, 1061.
Sol de lenguas, 441.
Sol, están destruyendo a tus hijos, 436.
Sol o sombra, 50.
Sol sin sombra, 1313.
Sol y horizontes, 336.
Sol y soledades, 667.
Sol y sombra, 1599.
Sola en el Paraíso, 704.
Solamente el alba, 836.
Solamérica, 25.
Solana, 1512.
Solar, 1273.
Solar Montoya, 815.
Solaya o los circasianos, 239.
Soldadesca [Torres Naharro, Bartolomé], 1626, 1627.
Soldadesca [Ullán, José Miguel], 1644.

Soldaditos de Pavía, 1089.
Soldaditos de plomo, 239.
Soldado y conspirador, 303.
Soldados, 326.
Solecismos, 282.
Soledad [Acevedo Díaz, Eduardo], 8.
Soledad [Mas, José], 995.
Soledad [Mitre, Bartolomé], 1042, 1453.
Soledad [Salazar Mallén, Rubén], 1496.
Soledad [Suárez Bravo, Ceferino], 1566.
Soledad absoluta..., 647.
Soledad contigo, 55.
Soledad de la sangre y otros cuentos, 217.
Soledad es tu nombre, 476.
Soledad iluminada, 1189.
Soledad tercera, 837.
Soledad y angustia, 923.
Soledad & Compañía, 1191.
Soledad y ensueño de Robinsón Crusoe, 1600.
Soledades [Blasco, Eusebio], 189.
Soledades [Góngora, Luis de], 327, 644, 837, 1285, 1307, 1562, 1563, 1579.
Soledades [Turia, Ricardo del], 1642.
Soledades de la vida y desengaños del mundo, 925.
Soledades de Pedro de Jesús, 496.
Soledades. Galerías. Otros poemas, 942.
Soledades juntas, 53.
Solfeo, 194.
Soliloquio, 174.
Soliloquio del tiempo, 1731.
Soliloquios de un hombre extraviado, 1455.
Soliloquios del Ave María, 1008.
Solimán y Zaida, 1407.
Solitario, mira hacia la ausencia, 100.
Solitario de amor, 1253.
Sollozo por Pedro Jara, 784.
Sólo cenizas hallarás, 1321.
Solo de moto, 1569.
Solo de rosa, 217.
Solo de trompeta, 534, 1134.

Sólo el amor y la luna traen fortuna, 1033.
Sólo el mar, 1356.
Sólo entre las sombras, 876.
Sólo la voz, 849.
Sólo los elefantes encuentran mandrágora, 1559.
Sólo los sueños y los deseos son inmortales, palomita, 1658.
Sólo muere la mano que te escribe, los rostros escuchados, 1197.
Sólo para hombres, 78.
Sólo quedaban las plumas, 1556.
Sólo, sólo para mujeres, 806.
Sólo un pie descalzo, 1001.
Solos de Clarín, 23.
Solos en la tierra, 1330.
Solumbra, 1462.
Soluna, 107.
Sombra, 476.
Sombra alucinante, 1205.
Sombra apasionada, 1458.
Sombra de la memoria, 1304.
Sombra de la sombra, 1147.
Sombra de un amor, 77.
Sombra del jardín, 372.
Sombra del paraíso, 36, 37, 1296.
Sombra indecisa, 1541.
Sombra infiel, 1526.
Sombra marina, 1302.
Sombra verdadera, 1000.
Sombra y quimera de Larra, 1104.
Sombras [Linares, Abelardo], 1302.
Sombras [Martínez Estrada, Ezequiel], 986.
Sombras al sol, 19.
Sombras chinescas, recuerdos de un viaje al Celeste Imperio, 1671.
Sombras contra el muro, 1439.
Sombras de alas, 151.
Sombras de burocracia, 614.
Sombras de mariposas, 443.
Sombras de mujeres, 1737.
Sombras de obras, 1224.
Sombras de sueño, 1648.
Sombras en la pared, 429.
Sombras era, 648.

ÍNDICE DE OBRAS

Sombras nada más [Benedetto, Antonio di], 165.
Sombras nada más [Cerdán Tato, Enrique], 326.
Sombras paralelas, 1090.
Sombras sobre la tierra, 495.
Sombras suele vestir, 180.
Sombras y destellos, 134.
Sombras y pájaros, 1185.
Sombras y sueños, 1015.
Sombrero de ahogado, 784.
Somos, 1221.
Son de máquina, 356.
Son mis amores reales, 451.
Son nombres ignorados, 624.
Sonámbulo del sol, 1320.
Sonata, 951.
Sonata; carta de un adolescente, 161.
Sonata de estío, 1676.
Sonata de invierno, 1676.
Sonata de otoño, 1676.
Sonata de primavera, 1676.
Sonata para la soledad, 1673.
Sonatina, 1643.
Sones y canciones, 102.
Sonetería: 1966-1971, 941.
Soneto vivo, 1185.
Sonetos [Brannon Vega, Carmen], 213.
Sonetos [Díaz, Leopoldo], 439.
Sonetos [Fombona Pachano, Jacinto], 570.
Sonetos [Novo, Salvador], 1155.
Sonetos [Peñaranda, Carlos], 1232.
Sonetos [Torres Bodet, Jaime], 1625.
Sonetos a Eurídice, 1485.
Sonetos a ilustres varones, 793.
Sonetos a la piedra, 1408.
Sonetos a la sombra de sor Juana Inés de la Cruz, 941.
Sonetos a Sophía, 968.
Sonetos amorosos, 191.
Sonetos con corazón, 842.
Sonetos de amor por un autor indiferente, 1078.
Sonetos de broma, 1067.
Sonetos de esperanza presentida, 910.
Sonetos de Italia, 105.
Sonetos de la bahía, 272.
Sonetos de la sal y la ceniza, 488.
Sonetos de la vida interior, 506.
Sonetos de un verano antiguo y otros poemas, 1515.
Sonetos de una media muerte, 1317.
Sonetos de vida y propia muerte, 77.
Sonetos del amor oscuro, 601.
Sonetos del cielo y de la tierra, 506.
Sonetos del origen, 667.
Sonetos espirituales [Contreras y López de Ayala, Juan de], 370.
Sonetos Espirituales [Jiménez, Juan Ramón], 258.
Sonetos míos, 575.
Sonetos nobles y sentimentales, 941.
Sonetos para mi hija, 608.
Sonetos para pocos, 259.
Sonetos penitenciales, 488.
Sonetos sinfónicos, 903.
Sonetos venecianos, 105.
Sóngoro cosongo, 683.
Sonido de Dios, 812.
Sónnica la cortesana, 190.
Sonríe China, 837.
Sonrisas de París, 596.
Sons i sonets, 642.
Soñar de frente, 204.
Soñé que la nieve ardía, 1555.
Sopita de fideo, 1193.
Soplo que se va y no vuelve, 770.
Sor Alegría, 803.
Sor Demonio, 1638.
Sor Inés, 986.
Sor Juana Inés de la Cruz o las trampas de la fe, 1225.
Sor Lucila, 1181.
Sor Patrocinio, la monja de las llagas, 787.
Soria, 452, 1687.
Soria pura, 546.
Soroche, 1207.
Sorpresa de España, 1073.
Sorpresas de la vida, 251.
Sota de bastos, caballo de espadas, 1615.
Sotavento. Crónica de los olvidados, 172.
Sóteer o Tierra de Preseas, 618.
Sotileza, 1125, 1200, 1234.
Soy la madre, 365.
Soy un extraño para ti, 1090.
Spanish Folk Poetry in New Mexico, 856.
Spanish show, 956.
Spanish strip-tease, 583.
Speculum honestae vitae, 1509.
Speraindeo, 23.
Sphaera mundi, 1511.
Spiks, 1561.
Spleen de Madrid, 1646.
Spongia, 1713.
Squash, 1599.
Sr. López, López, 1301.
Stabat mater, 1541.
Stadium [Feria, Ramón], 522.
Stadium [Miquelarena, Jacinto], 1037.
Stefan Zweig. Cumbre apagada, 787.
Stéfano, 458.
Storia del Sant Grasal, 1110.
Stradella, 1671.
Su admiradora y amiga, 1315.
Su amado discípulo, 1163.
Su animal favorito, 1301.
Su desconsolada viuda, 1358.
Su espada por Santiago, solo y único patrón de las Españas, 1344.
Su hora más gloriosa, 140.
Su línea de fuego, 786.
Su majestad el botijo, 820.
Su majestad el hambre, 706.
Su majestad la sota, 1468.
Su primer novio, 839.
Su señoría tiene miedo, 1412.
Su único hijo, 24, 1126.
Sub sole, 848.
Sub terra. Cuadros mineros, 848, 1094.
Súbditos de la noche, 1088.
Sube para bajar, 75.
Subida al Amor, 212.

Subida del Monte Carmelo, 799, 800.
Subida del monte Sión, 500.
Sublevación inmóvil, 590.
Sublime decisión, 1033.
Sublime solarium, 1740.
Subordinaciones, 1228.
Subrogación de Sor Emérita, 522.
Suburbio, 66.
Sucede lo que pasa, 590.
Sucesión, 791.
Sucesos, 1150.
Sucesos de las islas Filipinas, 1416.
Sucesos reales que parecen imaginados de Gutierre de Cetina, Juan de la Cueva y Mateo Alemán, 761.
Sucesos y prodigios de amor, 1112, 1249.
Sucre: parábola ecuatorial, 38.
Sudeste, 367.
Suena el teléfono, 216.
Suenan timbres, 1692, 1729.
Sueño a la deriva, 1035.
Sueño de lobos, 1643.
Sueño del hombre, 755.
Sueño del infierno, 1312.
Sueño en el fuego, 1301.
Sueño en tres actos, 1463.
Sueño o el Infierno de los enamorados, 914.
Sueño y poesía, 1183.
Sueño y retorno de un campesino, 417.
Sueño y tragedia en el teatro norteamericano, 347.
Sueños [Ortiz de Montellano, Bernardo], 1183.
Sueños [Quevedo, Francisco de], 67, 1119, 1343, 1719.
Sueños con los ojos abiertos, 208.
Sueños de adolescente, 1015.
Sueños de arena, 1165.
Sueños de grandeza, 1511.
Sueños de la constancia, 1742.
Sueños de Luciano Pulgar, 1566.
Sueños de noches lejanas, 660.
Sueños de oro, 823.

Sueños de primavera. Leyendas, 817.
Sueños de segunda mano, 1052.
Sueños hay que verdad son, 247.
Sueños y realidades, 659.
Suerte de la lengua castellana, 1556.
Suertes, 620.
Suetonio Pimienta, 975.
Suevia, 272.
Sufrir a fuego lento, 977.
Sufrir más por querer más, 1733.
Sugerencias humanas, 347.
Suicidios ejemplares, 1731.
Suicidios y otras muertes, 385.
Suite alucinada, 1274.
Suite para la espera, 613.
Suites, 601.
Suma de la política, 1509.
Suma de las corónicas de España, 1523.
Suma de las virtudes, 939.
Suma de sagramentos et de las cosas a la cura de las ánimas pertenesçientes, 1337.
Suma de varia intención, 1302.
Suma poética, 1165.
Suma y narración de los incas que los indios llamaron capaccuna, que fueron señores de la ciudad de Cuzco y de todo lo a ella subjeto, 402.
Suma y sigue [Alegría, Claribel], 35.
Suma y sigue [Crespo, Ángel], 391.
Suma y sigue [González Lanuza, Eduardo], 653.
Sumag Allpa, 997.
Sumaria relación de las cosas de Nueva España, 464.
Sumario, 1101.
Sumario de la Historia General de las Indias, 402.
Sumario de la Medicina, 921.
Sumario de Somaris, 1236.
Sumas de historia troyana, 836, 1110.

Sumido-25, 811.
Summa Artis (Historia General del Arte), 383.
Summa de Maqroll el gaviero, 1080.
Summa de Philosophia natural, 576.
Summa de varones ilustres, 1534.
Supay, 574.
Supay el cristiano, 466.
Superchería, 24.
Supercherías y errores cervantinos, 761.
Superficie del enigma, 1414.
Superrealismo, 127.
Supersticiones de los siglos XVI y XVII, 1002.
Suplemento al papel intitulado «Los eruditos a la violeta»..., 238.
Suplemento literario, 1761.
Suprema ley, 590, 1094.
Suramérica, 1442.
Surcos: cuentos campesinos, 465.
Surgente, 1183.
Surrealistas y otros peruanos insulares, 828.
Surtidor, 1015.
Surumi, 820.
Susana, 145.
Susana tiene un secreto, 1002.
Susana y los jóvenes, 760.
Suspiro a una palmera, 291.
Suspiros de España, 1646.
Suspiros de Francia, 1482.
Sustos y enredos, 670.
Suzy, 457.
Swift: la lata de manteca, 1730.
Sylva, 1304.
Syncerato el parásito, 149.
Szomoru Vasárnap, 13.

Tabaré, 1453, 1772, 1773.
Taberna y otros lugares, 422.
Tablas alfonsíes, 43.
Tablas poéticas, 301, 1305.
Tablero de orientaciones, 1058.
Tabula Rasa, 1573, 1574.
Tabulae, 1375.

Tachas, 699.
Tachero, 430.
Tácito español ilustrado con aforismos, 19, 890.
Tácticas de vigía, 250.
Tacto sonoro, 391.
Taíb, 616.
Taide, 1232.
Taita, diga usted cómo, 282.
Taita Cristo, 1700.
Tal para cual, 157.
Tal para cual o las mujeres y los hombres, 659.
Tal vez un prodigio, 1330.
Tala, 1041.
Talegos de talegas, 987.
Talismán de distancias, 363.
Taller, 135.
Taller de arquitectura, 660.
Talleyrand, 1715.
Tallo sin muerte, 1220.
Talud derrumbado, 396.
Tamara, 1557.
Tamarugal. Una lejana historia entre dos cuentos que le pertenecen, 150.
Tamatea, novia del otoño, 172.
Tamayo, el indagador del misterio, 990.
Tamayo y la reivindicación marítima, 138.
También a mí me gusta la bella música, 1215.
También los hombres son ciudades, 1637.
También los muertos se vengan, 489.
También murió Manceñido, 283.
También por amor se muere, 1476.
También se muere el mar, 1065.
Tambores, 521.
Tambores para una canción perdida, 1716.
Tampoco llegarás a Samarkanda, 1152.
Tan pordiosero el cuerpo, 25.
Tan solos en el balneario, 814.
Tan triste como ella, 1168.
Tancredo en Asia, 378.

Tanda de valses, 1466.
Tangarupá, 63.
Tangencias, 874.
Tánger-Bar, 1091.
Tango: discusión y clave, 1487.
Tankas del mar y los bosques, 1302.
Tanmatra, 1252.
Tantadel, 120.
Tántalo [Díez de Tejada, Vicente], 458.
Tántalo [Jarnés, Benjamín], 786.
Tantas veces Pedro, 218.
Tapices de Goya, 1327.
Tapices de historia patria: esquema de una morfología de la cultura colonial, 215.
Tapioca Inn, 1577.
Taranto, 668.
¡Tararí!, 66.
Tarde de circo, 542, 883.
Tarde o temprano, 1194.
Tardes de oro, 381.
Tardes del fogón, 1725.
Tardes entretenidas, 308, 1112.
Tardes grises, 469.
Tardes nubladas, 1221.
Tardía declaración de amor de Seraphine Louis, 1455.
Tarot de Valverde de la Vera, 690.
Tarumba, 1487.
Tassili, 1710.
Tata Lobo, 3.
Tata Vizcacha, 164.
Tatatlán, tatatlán, 323.
Ta-te-tías y otros juegos, 674.
Tatuaje, 1703.
Taurofilia racial, 1734.
Tauromaquia, 314.
Tava-í, 839.
Taxímetro, 382, 1132.
Taza de té, 1501.
Te acordás, hermano, 687.
¿Te dio miedo la sangre?, 1355.
Te espero ayer, 1313, 1330.
Te juro Juana, que tengo ganas..., 280.
Te llamabas Rosicler, 733.
Te llamaré viernes, 1089.
Te quiero, bestia, 816.

Te trataré como a una reina, 1090.
Tea Rooms (Mujeres obreras), 283.
Teatrillo, 109.
Teatro breve [Bunster, Enrique], 222.
Teatro breve [Resino, Carmen], 1601.
Teatro breve hispanoamericano, 1559.
Teatro bufo, 96.
Teatro crítico universal, 520, 1232, 1308.
Teatro crítico venezolano, 1270.
Teatro de Buscón, 454.
Teatro de la España de Franco, 109.
Teatro de la vida humana, 1496.
Teatro de maniobras, 1600.
Teatro de masas, 1539.
Teatro de operaciones, 991.
Teatro del Arte, 1591.
Teatro difícil, 985.
Teatro ecuatoriano, 1426.
Teatro español anterior a Lope de Vega, 200.
Teatro hispanoamericano contemporáneo, 1559.
Teatro histórico-crítico de la elocuencia española, 279, 1378.
Teatro incompleto, 109.
Teatro menudo, 887.
Teatro mundial (Mil setecientos argumentos), 747.
Teatro Otro, 1599.
Teatro pánico, 96.
Teatro para armar y desarmar, 885.
Teatro para combatientes, 710.
Teatro para niños, 881.
Teatro paraguayo, 694.
Teatro pastoril, 757.
Teatro policiaco, 109.
Teatro popular. Novelas morales para mostrar los géneros de vida del pueblo y afectos, costumbres y pasiones del ánimo, 928.
Teatro popular y magia, 285.
Teatro real, 930.

Teatro reunido, 649.
Teatro revolucionario, 951.
Teatro sobre teatro, 1468.
Teatro social del siglo XIX, 814.
Teatro social en España, 608.
Teatro universal de proverbios, 746.
Teatro y educación, 124.
Teatro y sociedad en el Valladolid del siglo XIX, 1496.
Técnica y llanto, 1185.
Técnicas de Galdós, 686.
Tecún Umán, 307.
Telarañas [Muñiz, Carlos], 1075.
Telarañas [Pavlovsky, Eduardo], 731, 1221.
Telémaco, 1121.
Tello de Neira, 1558.
Tema, drama y problema del Ollantay, 1575.
Tema fundamental, 814.
Temas de amor, 64.
Temas de la Hélade, 687.
Temas de nuestra América, 972.
Temas martianos, 606, 1743.
Temas políticos, 70.
Temas y variaciones, 473.
Tembladera, 1357.
Tembladerales de oro, 947.
Temblor [Montero, Rosa], 1090.
Temblor [Muelas, Federico], 1073.
Temblor de cielo, 751, 752.
Tempestad en los Andes, 1658.
Tempestad secreta, 591.
Tempestades, 320.
Templo de la elocuencia, 1377.
Templo de la mortalidad, 58.
Templo militante christiano, 195.
Templo militante, triunfo de virtudes, festividades y vidas de santos, 240.
Temporada de duendes, 1561.
Temporada de líquenes, 1710.
Temps en peine (Tiempo en pena), 217.
Tendencias de la lírica venezolana a fines del siglo XIX, 1278.
Tendencias del teatro contemporáneo, 347.
Tendido Verso, 271.
Tendiendo el Vuelo, 391.
Tenebra, 1550.
Tenerife y el mar, 689.
Teneyda, 609.
Tengo, 683.
Tenía que suceder, 824.
Teniente Bravo, 977.
Tennessee Williams y el teatro norteamericano, 633.
Tenochtitlan, 1506.
Tenorio modernista, 1215.
Tenorio musical, 1215.
Tenso en la sombra, 1047.
Tentativa del hombre infinito, 1099, 1485.
Tentativas, 324, 1134.
Tentativas literarias, 56.
Teodomiro o La cueva del Cristo, 1716.
Teodoro Foronda, 669.
Teodoro o El huérfano agradecido, 1001.
Teología escolástica, 567.
Teoría, 1209.
Teoría de la ciudad argentina, 259.
Teoría de la eternidad, 1089.
Teoría de la expresión poética, 212.
Teoría de la frontera, 964.
Teoría de la humorística, 525.
Teoría de la niebla, 1165.
Teoría de la nieve, 1165.
Teoría de Madrid, 1646.
Teoría del arte en el Ecuador, 1405.
Teoría del conocimiento, 662.
Teoría del creacionismo, 1649.
Teoría del hecho jurídico, individual y social, 384.
Teoría del nous, 1174.
Teoría del olvido, 1000.
Teoría del socialismo, 1550.
Teoría del zumbel, 786, 1130.
Teoría y práctica de la ideología, 1550.
Teoría y realidad del otro, 816.
Teoría y técnica del cuento, 65.
Teorías políticas, 1316.
Tercer libro de las guerras civiles del Perú, el cual se llama la guerra de Quito, 348.
Tercer libro de las odas, 1101.
Tercera Antología Poética, 259.
Tercera parte de la comedia de Celestina, 642.
Tercera poesía vertical, 803.
Tercera residencia, 1100.
Terceto, 1534.
Terciopelo violeta, 586.
Terejó yéby frentepe, 376.
Terenci del Nilo. Viaje sentimental a Egipto, 1047.
Teresa [Alas, Leopoldo], 24.
Teresa [Chacel, Rosa], 340.
Teresa [Unamuno, Miguel de], 1648.
Teresa Cabarrús, 447.
Teresa de amar, 241.
Teresa de Jesús [González Blanco, Pedro], 650.
Teresa de Jesús [Marquina, Eduardo], 977.
Teresa de la Parra, 449.
Teresa o La fuerza de los celos, 568.
Teresita, 1451.
Tergiversaciones, 671.
Ternario espiritual, 1611.
Ternario sacramental, 1611.
Ternarios, 1611.
Ternezas y flores, 256.
Terno comediario, 450.
Terno dialogal, 450.
Terno farsario, 450.
Ternura, 1041.
Terra Nostra, 577.
Terra Patrum, 376.
Terrazo, 439.
Terredad, 1054.
Terrestre y celeste, 687.
Territorio, 1304.
Territorios, 380.
Territorios del puma, 599.
Territorios vigilados, 1091.
Terror y miseria en el primer franquismo, 1518.
Terror y terrorismo, 285.
Tertulia de anécdotas, 440.
Tertulia de boticas prodigio-

ÍNDICE DE OBRAS

sas y escuela de curanderos, 418.
Tertulia de la aldea y miscelánea curiosa de sucesos notables, aventuras divertidas y chistes graciosos para entretenerse las noches del invierno y del verano, 980.
Tertulias y grupos literarios, 1241.
Tesarái mboyvé, 431.
Teselas para un mosaico, 1158.
Teseo (Los problemas del arte), 454.
Teseo (Los problemas literarios), 454.
Tesoro, 1665.
Tesoro de divina poesía, 268.
Tesoro de la lengua castellana o española, 389.
Tesoro de varias poesías, 1196.
Tesoros del corazón, 144.
Testa de copo, 671.
Testamento de amores, 912.
Testamento del rey Felipe II, 899.
Testamento en la montaña, 77.
Testamento geométrico, 455.
Testamento literario, 1200, 1201.
Testigo de la esperanza, 1000.
Testigo de la historia, 1456.
Testigo de verano, 1005.
Testigo falso, 694.
Testigos de excepción, 1317.
Testimonio, 1608.
Testimonio de invierno, 296, 1322.
Testimonio de la ausencia, 1415.
Testimonio de las muertes de Sabina, 733.
Testimonio materno, 1560.
Testimonio secreto, 133.
Testimonios [Arvelo Larriva, Enriqueta], 102.
Testimonios [Losada, Benito Raúl], 923.
Testimonios [Ocampo, Victoria], 1162.
Testimonios (1953-1968) [Vitier, Cintio], 1742.

Testimonios sobre Mariana, 617.
Testimonios y comentarios, 596.
Testimonios y homenajes, 455.
Tetis y Peleo, 1496.
Tetraedro, 1642.
Teudo o Memorias de un solitario, 1520.
Texto de invocaciones, 177.
Textos al margen, 357.
Textos cautivos, 206.
Textos de un texto con Teresa, 1637.
Textos del desalojo, 1201.
Textos económicos, 1273.
Textos extraños, 1503.
Textos para decir María, 9.
Textos profanos, 750.
Textos y escenarios, 608.
Textos y pretextos, 1736.
The Buenos Aires Affaire, 1339.
The Castilian and the Black Prince, 1138, 1641.
The epic of the Chaco war: 1932-1935, 1756.
The incognito of Sins and Peccadilloes, 1641.
The land of the golden sacabas, 1236.
The Patent London superfine, 1215.
The Romance of History: Spain, 1641.
The Sower, 309.
The vision of Guernica, 823.
Theatro de los theatros de los pasados y presentes siglos, 137, 1307.
Theatro del hombre. Historia y vida del conde de Matisio, 1757.
Theatro Hespañol, 599, 1310.
Theatro mexicano, 1723.
Theologia moralis fundamentalis, 279.
Theórica y práctica de comercio y de marina, 891.
Thespis, 221.
Tholomea, 1704.
Thomas Mann y el nuevo humanismo, 1214.
Thunupa, 457.

Tiberio. Historia de un resentimiento, 966.
Tic-tac, 1619.
Tiempo, 1318.
Tiempo a la Orilla. 1942-1984, 984.
Tiempo al tiempo, 1303.
Tiempo ausente, 815.
Tiempo baldío, 1682.
Tiempo cautivo, 99.
Tiempo cenital, 1165.
Tiempo cercado, 1276.
Tiempo de abrazar, 1168.
Tiempo de amar, 1748.
Tiempo de arena, 1626.
Tiempo de cambio, 354.
Tiempo de ceniza, 1079.
Tiempo de destrucción, 983.
Tiempo de dolor (poesía 1934-1937), 1744.
Tiempo de efigies, 1516.
Tiempo de fulgor, 1355.
Tiempo de muñecos, 1720.
Tiempo de negros, 1460.
Tiempo de poesía: notas críticas, 1720.
Tiempo de regocijo, 308.
Tiempo de sequía, 1009.
Tiempo de siega, 1201.
Tiempo de siega y otras yerbas, 54.
Tiempo de silencio, 434, 556, 662, 982, 983, 984, 1133, 1134, 1266.
Tiempo de soledad [Crémer, Victoriano], 391.
Tiempo de soledad [Pascual Buxó, José], 1218.
Tiempo del hombre, 960.
Tiempo del 98, 314.
Tiempo destrozado, 426.
Tiempo detenido, 10.
Tiempo en Ávila y yo, 1252.
Tiempo en dos, 1178.
Tiempo ilícito, 1413.
Tiempo irredimible, 1015.
Tiempo lacerado, 487.
Tiempo mexicano, 577.
Tiempo nublado, 1225.
Tiempo Pasado, 257.
Tiempo perdido [Acuña y Villanueva, Rosario], 12.
Tiempo perdido [Rojas, José María], 1438.

Tiempo perdido [Wilde, Eduardo], 1749.
Tiempo probable, 1232.
Tiempo provisional, 1624.
Tiempo sin nosotros, 285.
Tiempo. Veinte poemas en verso, 1317.
Tiempo y abismo, 238.
Tiempo y poesía del padre Borges, 69.
Tiempo y tiempo, 517.
Tiempo y tiniebla, 1277.
Tiempos, 460.
Tiempos: antes del furor, 506.
Tiempos de odio, 436.
Tiempos de sol, 419.
Tiempos iluminados, 825.
Tiempos mejores, 1016.
Tiempos oscuros, tiempos de sol, 1236.
Tiene los cabellos rojizos y se llama Sabina, 257.
¿Tienen razón las mujeres?, 1215.
Tientos, 794.
Tientos de la pluma y el plumero, 794.
Tientos y diferencias, 288.
Tierra [López y Fuentes, Gregorio], 911.
Tierra [Mariscal Montes, Julio], 973.
Tierra adentro, 792.
Tierra adentro, mar afuera, 1207.
Tierra-Aire, 1232.
Tierra amanecida, 997.
Tierra aragonesa, 594.
Tierra argentina, 1493.
Tierra batida, 1035.
Tierra caliente, 545.
Tierra celeste, 778.
Tierra de cielo, 793.
Tierra de conejos, 973.
Tierra de gracia [Bernal, Rafael], 175.
Tierra de gracia [Morón, Guillermo], 1070.
Tierra de infancia [Brannon Vega, Carmen], 213.
Tierra de infancia [Lars, Claudia], 888.
Tierra de nadie [Onetti, Juan Carlos], 1167, 1168.

Tierra de nadie [Pinillos, Manuel], 1273.
Tierra de olivos, 545.
Tierra de pellines, 469.
Tierra de promisión [Beltrán Guerrero, Luis], 162.
Tierra de promisión [Fernández Nicolás, Severiano], 538.
Tierra de promisión [Rivera, Jose Eustasio], 1414.
Tierra de promisión [Ycaza Tigerino, Julio], 1755.
Tierra de reliquias, 369.
Tierra del Fuego, 357.
Tierra del sol amada, 1278.
Tierra difícil, 1304.
Tierra en la boca, 988.
Tierra en los ojos, 1541.
Tierra extranjera, 431.
Tierra honda, 777.
Tierra mal bautizada, 1617.
Tierra maternal, 1642.
Tierra mojada [Atencia, María Victoria], 107.
Tierra mojada [Zapata Olivella, Manuel], 1762.
Tierra muerta de sed, 852.
Tierra negra, 956.
Tierra nuestra (Por el río Caura), 954.
Tierra Nueva, 1768.
Tierra para morir, 838.
Tierra por medio, 431.
Tierra roja, 1531.
Tierra Roja, Tierra Negra, 75.
Tierra Seca, 1600.
Tierra sin nosotros, 713.
Tierra sin pan, 222.
Tierra, son y tambor, 1182.
Tierra viva, 168.
Tierra y alma, 1026.
Tierra y canción, 1458.
Tierra y cielo [Barrantes, Pedro], 148.
Tierra y cielo [Bollo, Sara], 202.
Tierra y Luna, 601.
Tierra y mujer o Lázara la profetisa, 227.
Tierra y tiempo, 1071.
Tierras de castigo, 59.
Tierras de España, 614.
Tierras de la memoria, 700.
Tierras de Manzanillo, 661.

Tierras de pan llevar, 1674.
Tierras hechizadas, 285.
Tierras interiores, 807.
Tierras que me oyeron, 185.
Tierras solares, 424.
Tierras y cromos, 1420.
Tigre Juan, 1239.
Tigre real, 1542.
Tigres en el jardín, 296.
Tik-Nay (El payaso inimitable), 1759.
Timbria, 1466.
Timbucos y calandracas, 80.
Timón de tratantes, 1611.
Timoteo se divierte, 817.
Tímpano y silencio, 495.
Timuarán y Cuabú, 507.
Tinellaria, 1626, 1627.
Tinieblas [Castelnuovo, Elías], 196.
Tinieblas [Molina, Roberto], 1049.
Tinieblas en las cumbres, 1238.
Tinta y papel, 606.
Tinto con gaseosa, 1599.
Tío Tigre y Tío Conejo, 97.
Tipos de café, 1759.
Tipos madrileños, 575.
Tipos, obras, ideas, 1521.
Tipos trashumantes, 1234.
Tipos y caracteres, 532.
Tipos y paisajes, 1234.
Tirano amor, 839.
Tirano Banderas, 1258, 1677.
Tirant lo Blanc, 1114.
Tirar al vuelo, 1151.
Tirinea, 1653.
Tirios, troyanos y contemporáneos, 92.
Tiro libre [Blasco, Jaime], 1151.
Tiro libre [Skármeta, Antonio], 1555.
Títeres, 355.
Títeres de pies ligeros, 986.
Titirimundi, 1091.
Título de dominio, 1054.
Tizona, 634.
Toá, narraciones de caucherías, 1651.
Tobeyo, 625.
Tobías, 1275.
Tobías o la cárcel de la vela, 26.

ÍNDICE DE OBRAS

Tobogán, 1149.
Tobogán de hambrientos, 323.
Tocaron mi corazón, 153.
Toda la función, 940.
Toda la noche oyeron pasar pájaros, 230.
Toda la poesía, 526.
Toda la semana, 1569.
Toda una dama, 347.
Todas esas muertes, 466.
Todas las almas, 970.
Todas las luces conducen a la sombra, 715.
Todas las mujeres, 1088.
Todas las noches amanece, 284.
Todas las piedras del muro, 25.
Todas las sangres, 86.
Todas somos compañeros, 93.
Todavía la noche, 1569.
Todavía la vida, 34.
Todo acaba bien... a veces, 145.
Todo al vuelo, 424.
Todo ángel es terrible, 574.
Todo bicho de uña, 342.
Todo el amor, 120.
Todo el códice, 320.
Todo el ingenio lo allana, 307.
Todo el mundo, 850.
Todo el tiempo, 839.
Todo empezó el domingo, 1314.
Todo es ventura, 1476.
Todo eso, 1652.
Todo está vivo, 391.
Todo lo más por decir, 612.
Todo lo vence el amor o La pata de cabra, melomimodrama mitológico-burlesco de magia y de grande espectáculo, 671.
Todo Madrid lo sabía, 849.
Todo más claro y otros poemas, 1498.
Todo por ella, 1156.
Todo por nada, 1185.
Todo quedó en casa, 1775.
Todo te nombra; poemario, 87.

Todo un conflicto de sangre, 461.
Todo un pueblo, 1211.
Todo verdor perecerá, 955.
Todos bailan (poemas de Juancito Caminador), 657.
Todos estábamos a la espera, 326.
Todos iban desorientados, 97.
Todos los árboles, 981.
Todos los cielos, 300.
Todos los cuentos (1953-1967), 1559.
Todos los enanos del mundo, 326.
Todos los fuegos el fuego, 380.
Todos los gatos son pardos, 577, 578.
Todos los poetas son santos, 352.
Todos los siglos del mundo, 63.
Todos los veranos, 367.
Todos mienten, 1091.
Todos morían en «Casa Manchada», 1456.
Todos somos fugitivos, 633.
Toisón, 369.
Toledo [Gómez de la Serna, Gaspar], 639.
Toledo [Valle, Félix del], 1673.
Toledo la despojada, 1649.
Toledo: Piedad, 1649.
Tomado de la mano, 73.
Tomás Moro, 708.
Tomás Rueda, 127.
Tomóchic, 575.
Tonada del transeúnte, 1439.
Tongo, 1083.
Tono de fauna, 567.
Tonos y formas, 1406.
Tonta de capirote, 667.
Topacios, 445.
Topía y utopía, 770.
Topoemas, 1224.
Topografía de un desnudo, 439.
Topografía e historia general de Argel, 331, 693.
Topografía o descripción de Argel, 693.
Toque de diana, 796.
Toque del alba, 947.

Toreo de salón, 321.
Torerito soberbio, 1419.
Tormenta de verano, 598.
Tormenta en el Ande, 282.
Tormento, 1243, 1653.
Tormento de Dios, 476.
Toros, santos y flores, 1220.
Toros y cañas, 1430.
Toros y pan, 469.
Torotumbo, 77.
Torquemada en la hoguera, 1244.
Torre de Babel, 282.
Torre del aire, 1624.
Torredonjil, 709.
Torremolinos Gran Hotel, 1325.
Torrente inmóvil, 1070.
Torres de amor, 1696.
Torres de Dios, 409.
Tórrido sueño, 1173.
Torrigiano, 1061.
Torrijos o las víctimas de Málaga, 375.
Tots els camins duen a Roma. Història d'un destí (1893-1914), 249.
Tour Eiffel, 390, 751, 1691.
Tout à coup, 390, 751, 1691.
Trabajadores, 1501.
Trabajos del vicio y afanes del amor vicioso, 1118.
Trabajos y miserias de la vida. Cuadros joco-serios, 68.
Tractado de amores de Arnalte y Lucenda, 1504.
Tractatus contra iudaeos, 937.
Tractatus de Purgatorio Sancti Patricis, 1340.
Tractatus de Re Criminali, 999.
Tractatus por instructione Evangelici praedicatores, 1377.
Tractatus septem, 970.
Tradición y evolución en el lenguaje actual, 284.
Tradiciones cuzqueñas, 1000.
Tradiciones de Piura, 253.
Tradiciones de Trujillo, 253.
Tradiciones del hogar, 817, 818.

Tradiciones épicas y cuentos viejos, 186.
Tradiciones, leyendas y cuentos argentinos, 471.
Tradiciones peruanas, 1205.
Tradiciones sevillanas, 273.
Tradiciones y leyendas de Panamá, 888.
Tradiciones y leyendas mexicanas, 886.
Traducción: literatura y literalidad, 1224.
Traducción y glosas de «La Eneida», 1740.
Traducciones poéticas [Arciniegas, Ismael Enrique], 78.
Traducciones poéticas [Pombo, Rafael], 1313.
Trafalgar Square, 1070.
Trágame tierra, 344.
Tragedia de la insigne reyna doña Isabel, 1227.
Tragedia de Mirra, 1734.
Tragedia de San Hermenegildo, 88, 1580.
Tragedia del fin de Atawallpa, 820.
Tragedia Iezabelis, 1580.
Tragedia Josephina, 297, 867.
Tragedia Namani, 1580.
Tragedias de amor, 1142.
Tragedias de la Historia. Santiaguillo el posadero, crónica del siglo XVI, 303.
Tragedias de la vida vulgar, 529.
Tragicomedia de Amadís de Gaula, 1727.
Tragicomedia de Calisto y Melibea, 1431, 1432, 1433, 1435, 1436, 1545, 1549.
Tragicomedia de don Cristóbal, 601.
Tragicomedia de Don Duardos, 1727.
Tragicomedia de España. (Unas Memorias sin contemplaciones), 1456.
Tragicomedia de Lisandro y Roselia, 1076, 1738.
Tragicomedia de Santa Catarina, 1072.
Tragicomedia de un hombre sin espíritu, 121.

Tragicomedia del serenísimo príncipe don Carlos, 1075.
Traidor, inconfeso y mártir, 439, 1770.
Trailer de sueños, 812.
Trajano, 814.
Tramojo, 92.
Trampa, 838.
Trampa de metal, 1355.
Trampa para pájaros, 51.
Trampas de barro, 1001.
Trance [Rivas Cherif, Cipriano], 1413.
Trance [Rubio, Alberto], 1464.
Tranquilamente hablando, 324.
Transa poética, 750.
Transculturación narrativa en América Latina, 563, 1354.
Transeúnte central, 811.
Transeúnte de los sueños, 133.
Transfigurable, 137.
Transfiguración de Jesús en el Monte, 606.
Transfiguración en los párpados de Sagitario, 1649.
Transformaciones de amor, 1733.
Tránsito [Aub, Max], 109.
Tránsito [López Álvarez, Luis], 907.
Tránsito [Platero, José María], 1278.
Tránsito de Caín, 1440.
Tránsito de fuego, 131.
Tránsito de sombras, 32.
Tránsito del cuerpo, 1535.
Tránsito y vigilia, 90.
Translación del Psalterio, 180.
Transparencia, 1214.
Transparencia indebida, 1301.
Transparencias, 1318.
Transparencias fugadas, 596.
Transtierro, 1438.
Transver, 1756.
Transverbales, 1551.
Trapacera, 1611.
Trapananda, 1661.
Tras de trotera, santera, 1649.

Tras la tormenta la calma, 855.
Tras la ventana un árbol, 1535.
Tras las huellas de Artorius, 445.
Trasluz [Pérez Clotet, Pedro], 1240.
Trasluz [Sanz, María], 1304.
Trasmallo, 1495.
Trasmundo, 1015.
Trastos viejos, 1600.
Trata de blancas, 272.
Trata de muertos, 1556.
Tratado, 1337.
Tratado acerca de los moriscos en España, 1665.
Tratado contra los fados, 1227.
Tratado contra los que dicen que hay fadas y venturas, 1336, 1672.
Tratado de algunas muy devotas oraciones, 931.
Tratado de amor, 1014.
Tratado de astrología, 1740.
Tratado de Confirmaciones reales de Encomiendas y Oficios y casos en que se requieren para las Indias Occidentales, 403, 838.
Tratado de consolación, 1739.
Tratado de Cosmografía, 1033.
Tratado de Derecho Mercantil, 204.
Tratado de fascinación, 1739.
Tratado de Geografía, 1033.
Tratado de la caballería, la jineta y la brida, 1568.
Tratado de la celebración de Cortes del Reyno de Valencia, 999.
Tratado de la Divina Providencia, 1735.
Tratado de la elocución o del perfecto lenguage y buen estilo respecto al castellano, 948, 1379.
Tratado de la inmortalidad del alma, 540.
Tratado de la lepra, 1739.
Tratado de la monarquía columbina, su gobierno y

causa de su ruina, 1025.
Tratado de la nobleza de la corona de Aragón, 948.
Tratado de la oración y meditación, 31.
Tratado de la pena, 997.
Tratado de la penitencia, 534.
Tratado de la presencia de Dios, 69.
Tratado de la reforma de la Iglesia, 57.
Tratado de la regalía de España, 892.
Tratado de la regalía de la amortización, 892.
Tratado de la religión y virtudes que debe tener el príncipe cristiano para gobernar y conservar sus estados, 1405.
Tratado de la tribulación, 1405.
Tratado de la victoria de sí mismo, 499.
Tratado de las armas, 1667.
Tratado de las fiebres, 781.
Tratado de las nubes, 1303.
Tratado de los cebos, 153.
Tratado de los galardones, 926.
Tratado de los romances viejos, 1020.
Tratado de mendicidad, 619.
Tratado de ortografía, 1719.
Tratado de perversiones, 1646.
Tratado de rhetórica para el uso de las escuelas, 1378.
Tratado de San Pedro y de San Juan, 955.
Tratado de sociología [Ayala, Francisco], 122.
Tratado de sociología [Hostos, Eugenio María de], 747.
Tratado de urbanismo, 646.
Tratado del amor de Dios, 500.
Tratado del bosque, 1674.
Tratado del descubrimiento de las Indias, 1568.
Tratado del libre albedrío, 1227.
Tratado del mal, 1274.

Tratado del modo de gobierno de San Ignacio, 1405.
Tratado del participio, 561.
Tratado del triunfo militar, 1203.
Tratado e dispido a una dama de religión, 1154.
Tratado espiritual... del divino sacrificio de la misa, 69.
Tratado histórico sobre el origen y progresos de las comedias y del histrionismo en España, 1229.
Tratado llamado Notable de Amor, 1504.
Tratado poético de la esfera, 1491.
Tratado que prueba que Dios es Trinidad, 1227.
Tratado sobre el título de duque, 1014.
Tratado sobre la monarquía columbina, 1122.
Tratado teórico-práctico de enseñanza, 797.
Tratados de política, 125.
Tratados en La Habana, 841.
Tratados y ejercicios, 439.
Tratamiento de choque, 51.
Travesía, 1439.
Travesía de extramares, 12.
Travesía de Madrid, 1645.
Travesía del horizonte, 970.
Trayecto Circo-Matadero, 323.
Trayectoria, 1341.
Trayectoria del polvo, 303.
Trayectoria del soneto en Honduras, 937.
Trébedes, 1088.
Trébol [Alcaide de Zafra, Joaquín], 29.
Trébol [Muñoz y Pabón, Juan], 1078.
Trébol de cuatro hojas [Mariscal Montes, Julio], 973.
Trébol de cuatro hojas [Torres Bodet, Jaime], 1625.
...13 bandas y 48 estrellas, 27.
Trece instantes, 849.
Trece poemas [Girri, Alberto], 633.
Trece poemas [Valjalo, David], 1672.
13 relatos, 427.

Trece sonetos con estrambote, 656.
Trece veces nunca, 344.
Trece veces trece, 1565.
Tregua [García Nieto, José], 607.
Tregua [Rey Moliné, Antonio], 1399.
Treinta hombres y sus sombras, 1654.
Treinta monedas, 606.
Treinta parábolas, 234.
Treinta poemas de transición, 834.
Treinta y dos poemas breves, 567.
Treinta y siete fragmentos, 1666.
Treinta y tantos poemas, 653.
33 abajo, 1070.
Tren, 701.
Tren de madrugada, 1619.
Tren Talgo Madrid-Mediodía, 1615.
Trenos, salmos y meditaciones, 1728.
Trenos de Jeremías, 1362.
Trenza, 1319.
Tres amores, 408.
Tres baladas en luna de vísperas, 1462.
Tres canciones, 437.
Tres chicas y un forastero, 1456.
Tres ciclos, 1303.
Tres comedias [Dominici, Pedro César], 462.
Tres comedias [Usigli, Rodolfo], 1653.
Tres cómicos del cine, 79.
Tres conceptos de la literatura hispanoamericana, 1621.
Tres contemporáneos: Cuesta, Gorostiza, Owen, 1054.
Tres contos, 1058.
Tres cuentos, 35, 888.
Tres cuentos venezolanos, 1023.
Tres damas para un galán, 13.
Tres ejemplos de amor y una teoría, 1539.
Tres elegías jubilares, 459.
Tres en una, 1516.

Tres en uno. Auto Sacramental a la usanza antigua, 1464.
Tres ensayos de teoría (1940-1945), 1274.
Tres ensayos sobre la vida sexual, 966.
Tres escenas en ángulo recto, 172.
Tres estrofas de amor. Canciones para soprano, 187.
Tres estudios sobre Góngora, 1516.
Tres farsas para títeres, 79.
Tres fechas claves del teatro contemporáneo en Venezuela, 347.
Tres figuras del siglo XVI, 972.
Tres films, 824.
Tres golpes de timbal, 1073.
Tres historias, 833.
Tres horas en el Museo del Prado, 1177.
Tres inmensas novelas, 752.
Tres inventores de realidad, 1626.
Tres lagunas, 377.
Tres lecciones de tinieblas, 1322, 1666.
Tres libros, 1629.
Tres meses en Río de Janeiro, 474.
Tres monólogos [Aub, Max], 109.
Tres monólogos [Costantini, Humberto], 385.
Tres movimientos, 1301.
Tres mujeres, 546.
Tres mujeres al cuadrado, 1015.
Tres mujeres más equis, 1751.
Tres mundos: Cataluña, España, Europa, 543.
Tres narraciones gallegas, 606.
Tres noches, 319.
Tres noches de amor y celos, 823.
Tres novelas asturianas, 1527.
Tres novelas de la costa, 1402.
Tres novelas frívolas, 1673.
Tres novelas inmorales, 637.
Tres novelas policíacas, 175.
Tres novelas teresianas, 1538, 1539.
Tres novelas y pico, 1517.
Tres novelitas burguesas, 463.
3-9-1 Desescombro, 1600.
Tres nuevos cuentos de Juan Pirulero, 3.
Tres obras y una promesa, 1412.
Tres oraciones fúnebres, 259.
Tres palabras y una mujer, 1201.
Tres pasos fuera del tiempo, 813.
Tres pesetas de historia, 1562.
Tres piezas de teatro hacia el mañana, 133.
Tres pisadas de hombre, 1329, 1331.
Tres poemas ancestrales, 1158.
Tres poemas de antes, 203.
Tres poesías a la manera de Rubén Darío, 1536.
Tres poetas chilenos: Nicanor Parra, Victoriano Vicario, Óscar Castro, 814.
Tres polirritmos inéditos, 1217.
Tres propuestas asilogísmicas, 1303.
Tres relatos porteños, 259.
Tres sombreros de copa, 1033, 1531, 1593.
Tres tiempos de poesía en Venezuela, 69.
Tres trayectos innobles, 1091.
Tres tristes tigres, 236, 237, 1320.
Tres ventanas, 431.
Tres viajes románticos, 1047.
Tres y un sueño, 1001.
Trescientos millones, 91.
377 A, madera de héroe, 434.
Triángulo, 1089.
Tribu, 241.
Tribunal de la justa venganza, erigido contra los escritos de don Francisco de Quevedo, maestro de errores, doctor en desvergüenzas, licenciado en bufonerías, bachiller en suciedades, catedrático de vicios y protodiablo entre los hombres, 1343.
Tribunal de la muerte, 76.
Tribunal Veneris, 489.
Tribunales de venganza, 12.
Trilce, 1679, 1680, 1691.
Trilingve de tres artes de las tres lengvas: kastellana, latina i griega, todas en romanze, 377.
Trilogía de Madrid, 1646.
Trilogía interrogante, 1615.
Trilogía italiana, 1104.
Trilogía lírica, 1462.
Trilogía prohibida, 835.
Triludio en el exilio, 1542.
Trinos de gorrión, 1560.
Trío, 1731.
Triplex explanatio in Cantica Canticorum, 934.
Tríptico darwiniano, 1559.
Tríptico del fuego, 1302.
Tríptico venezolano, 1035.
Triquitraques, 194.
Tristán, 1109, 1110.
Tristán de Leonís, 1110, 1116, 1640.
Tristán o el pesimismo, 1201.
Tristana, 1244.
Tristany, 1640.
Triste, solitario y final, 1146, 1561.
Triste animal, 1600.
Triste de la lluvia, 304.
Triste deleytacion, 1154.
Tristes y alegres [Cavestany, Juan Antonio], 319.
Tristes y alegres [Machado, Manuel, y Paradas, Enrique], 944, 1210.
Tristeza sobre un caballo blanco, 609.
Tristezas, 1403.
Tristezas del alma, 924.
Tristia, 1302, 1500.
Tristitia seculae: soliloquios de un alma, 1650.
Tristitiae rerum, 1732.
Tristula, 806.
Tristura, 1321, 1349.
Triunfete de amor, 914.
Triunfo de amor [Encina, Juan del], 479.

ÍNDICE DE OBRAS

Triunfo de Amor [Flores, Juan de], 565, 1154.
Triunfo de Amor y Marte, 195.
Triunfo de fama, 479.
Triunfo de la fe en los reinos del Japón, 1713.
Triunfo de las donas, 1429.
Triunfo del amor y de la lealtad. Día grande de Navarra, 781.
Triunfo del gobierno popular, 150, 895.
Triunfo del ideal, 462.
Triunfo militar, 1203.
Triunfo parthénico, 1547.
Triunfos al valor y honor en la corte de Rodrigo, 828.
Triunfos de amor y fortuna, 1558.
Triunfos de amor y poder, 1233.
Triunfos de la beata sor Juana de la Cruz, 1492.
Triunfos de la locura, 922.
Triunfos de valor y ardid, 1766.
Triunfos del amor de Dios, 69.
Triunfos divinos con otras rimas sacras, 1712.
Trizadero, 1534.
Trizas de papel, 1358.
Trofea, 1626.
Trofeo de amor y damas, 1356.
Trofeos, 945.
Trofeos de caza, 1220.
Troilo a Briseida, 1428.
Trompetas de órgano, 1467.
Tronco al cielo, 1748.
Tronos vacantes, 462.
Tropa ligera, 783.
Tropezón de la risa, 956.
Tropicales, 954.
Trópico [Bernal, Rafael], 175.
Trópico [Estrella Gutiérrez, Fermín], 506.
Trópico [Florit, Eugenio], 567.
Trópico [Herrera, Flavio], 708.
Trópico [Magdaleno, Mauricio], 951.

Trópico absoluto, 1054.
Trópico amargo..., 817.
Trópico enamorado, 336.
Trópico lacerado, 1440.
Trópico negro, 234.
Troppo Mare, 475.
Troteras y danzaderas, 1238.
Trozos de vida [González Prada, Manuel], 655.
Trozos de vida [Palacios, Lucila], 1201.
Trueno de su sepultura, 1330.
Truenos y arco iris, 159.
Truenos y flautas en un templo, 355.
Trujillo: causas de una tiranía sin ejemplo, 211.
Trunca unidad, 126.
Tu Caracas, Machu, 92.
Tú en los pinos, 1462.
Tú estás loco, Briones, 228.
Tu honra y la mía, 429.
Tú, la imposible: memorias de un hombre triste, 973.
Tu libro, 711.
Tú, mar, yo y ella, 1406.
Tú, mi residencia, 688.
Tu nombre envenena mis sueños, 1089.
Tu presencia en el tiempo, 1149.
Tú también naciste desnudito, 816.
Tu vida es mía, 168.
Tú, voz de sombra, 458.
Tudá, 1457.
Tumbaga, 519.
Túmulo imperial, 336.
Tunari, 1404.
Tungasuka, 259.
Tuntún de pasa y grifería, 1204.
Tupac Amaru [Dragún, Osvaldo], 465.
Tupac Amaru [Viñas, David], 1741.
Tupac Catari, la Sierpe, 445.
Turiana, 1611.
Turistas en España, 158.
Tus rosas frente al espejo, 50, 1327.
Tutankamen (Rey de Egipto), 451.
Tute cabrero, 382.
Tute de difuntos, 1761.

Tutú Marambá, 887.
Tuyú, 326.
Twist presidencial, 75.

U, 1442.
Uceda la Blanca, 464.
Ulises criollo, 1529, 1701.
Ulises no vuelve, 1601.
Última carta de amor de Carolina von Günderrode a Bettina Brentano, 1089.
Última conversación, 1016.
Última crónica, 1766.
Última lección, 128.
Última teoría sobre la Atlántida, 1156.
Última Thule, 593, 1327.
Última toma, 1599.
Última Tule, 1401.
Últimas horas en Lisca Blanca, 1047.
Últimas imaginarias, 649.
Últimas noches del corazón, 1641.
Últimas tardes con Teresa, 977, 1320.
Último cuerpo de campanas, 1059.
Último día, 973.
Último domicilio conocido, 782.
Último exilio, 1220.
Último Match, 1221.
Último recurso, 1302.
Último round, 380.
Últimos amores de Lope de Vega, 103.
Últimos cantares, 1503.
Últimos días coloniales en el Alto Perú, 1066.
Últimos instantes, 9.
Últimos rumbos del cuento español, 1611.
Ultramarinos [Bonafoux, Luis], 202.
Ultramarinos [Luceño, Tomás], 927.
Ultramontanos francos y heterodoxos vergonzantes, 691.
Umbral [Emar, Juan], 478.
Umbral [Gramcko, Ida], 667.
Umbral [Granell, Manuel], 669.

Umbral de cenizas, 1301.
Umbral de sueños, 1464.
Umbrales, 492.
Un abrazo de Dios, 633.
Un adulterio decente, 785.
Un agujero en la luz, 326.
Un aire imaginado, 586.
Un alcalde a la antigua y dos primos a la moderna, 1503.
Un alma de Dios [Ochoa, Juan], 1163.
Un alma de Dios [Valera, Luis], 1671.
Un alma de hielo, 635.
Un alma sola ni canta ni llora, 1232.
Un amor de Hernán Cortés, 1232.
Un amor del infierno, 1236.
Un anarquista, 109.
Un ángel, 1192.
Un ángel entre dos diablos, 574.
Un ángel menos, 1304.
Un año, 478.
Un año de mi vida, 432.
Un año de teatro (Ensayos de crítica dramática), 945.
Un año después de la boda, 629.
Un año en el otro mundo, 251.
Un año en el Sur, 355.
Un árbol lleno de manzanas, 939.
Un árbol solo, 432.
Un archimillonario, 1156.
Un aviador prevé su muerte, 1303, 1322.
Un baile de candil, 104.
Un balcón a la plaza, 1760.
Un bel morir, 1080.
Un belmontista, 1353.
Un beneficio, 440.
Un bolchevique, 311.
Un caballero de barba azafranada, 68.
Un caballero español, 963.
Un caballero particular, 575.
Un camarada más, 1413.
Un camino de rosas, 1465.
Un caracol en la cocina, 534.
Un caradura, 1618.
Un cariño al cuatro por ciento, 16.

Un carnívoro cuchillo, 1646.
Un caso rural, 150.
Un caso sencillo, 1303.
Un chaparrón de letrillas, 611.
Un cielo difícilmente azul, 671.
Un conspirador de ayer, 1373.
Un corazón burlado, 777.
Un corresponsal en la guerra, 1037.
Un crimen en la sombra, 1149.
Un cristiano en rebeldía, 794.
Un crítico incipiente, 1589.
Un cuarto con dos alcobas, 1407.
Un cuarto de siglo de poesía española (1939-1964), 1665.
Un cuchillo en un sueño, 1512.
Un cuento de Roncesvalles, 273.
Un cuento extravagante, 273.
Un cuento grande como una casa, 1326.
Un cuervo sobre el imperio, 476.
Un cura se confiesa, 115, 981.
Un desnudo de la historia, 1456.
Un día, 1571.
Un día de campo, 630.
Un día, el tiempo, las nubes, 1050.
Un día en el gran mundo, 1760.
Un día en la vida, 88.
Un día en la vida del general Obregón, 16.
Un día en libertad, 1597.
Un día loco, 1731.
Un día más, 573.
Un día muy distante, 622.
Un día sea, 1516.
Un día vendrá, 590.
Un día volveré, 977.
Un domingo a las cinco, 1515.
Un drama corriente, 1564.
Un drama en el campo, 192.

Un drama íntimo [Samper, José María], 1503.
Un drama íntimo [Solar, Alberto del], 1556.
Un drama nuevo, 1575, 1589.
Un duelo a muerte, 598.
Un Eduardo más, 1546.
Un elefante ocupa mucho espacio, 887.
Un enfermo y un loco, 273.
Un enredo y un marqués, 824.
¡Un ente singular!, 1096.
Un espacio erótico, 1315.
Un falso novio y una niña inexperta, 1576.
Un fantasma recorre Europa, 27.
Un gran silencio, 1664.
Un grito en la noche, 997.
Un guapo del 900, 476.
Un hogar, 476.
Un hogar sólido, 618.
Un hombre, 632, 1328.
Un hombre a la deriva, 539.
Un hombre de cinco estrellas, 1597.
Un hombre de estado, 908.
Un hombre de papel, 1721.
Un hombre de treinta años, 164, 1131.
Un hombre dice, 445.
Un hombre duerme, 1426.
Un hombre en el universo, 1268.
Un hombre entre dos mujeres, 1775.
Un hombre llamado Isla, 438.
Un hombre llamado Roni, 539.
Un hombre muerto a puntapiés, 1198, 1694.
Un hombre que se parecía a Orestes, 418, 1328.
Un hombre que se va..., 116, 199, 1759.
Un hombre serio, 204.
Un hombre sin suerte, 347.
Un hombre y una mujer, 488.
Un homenaje y siete nocturnos, 1080.
Un humano poder, 1644.
Un idilio bobo, libro de relatos, 1431.
Un idilio de estación, 685.
Un idilio nuevo, 1176.

ÍNDICE DE OBRAS

Un infeliz, 1455.
Un insurrecto cubano en la corte, 1521.
Un intelectual y su carcoma, 1721.
Un jardín al olvido, 1303.
Un joven de provecho, 1242.
Un juez rural, 1317.
Un kilo de oro, 1747.
Un largo etcétera, 40.
Un libro en prosa: miscelánea de literatura, ciencias e historia, 1431.
Un libro para el viento, 1556.
Un libro para mis nietos, 426.
Un libro viejo, 522.
Un lugar en la esfera terrestre, 1232.
Un lugar en la tierra, 760.
Un lugar llamado lejos, 1501.
Un lugar para el fuego, 1302, 1320.
Un maldito domingo, 465.
Un marido de ida y vuelta, 785.
Un matrimonio de conciencia, 439.
Un mes con el circo, 975.
Un mes en París. Un día en Reims. Una hora en Madrid, 1577.
Un mes entre prostitutas, 1137.
Un millón de muertos, 632, 1132, 1557.
Un modelo para la muerte, 184, 206, 1146.
Un modo de decir, 595.
Un momento muy largo, 221.
Un monstruo en libertad, 476.
Un muchacho en la Puerta del Sol, 782.
Un muerto de mal criterio, 1332.
Un muerto en la 105, 1762.
Un muerto en la tumba, 175.
Un mundo a cuestas, 1465.
Un mundo para Julius, 218.
Un mundo para todos dividido, 1561.
Un mundo sin «coca-cola», 1104.
Un mundo sumergido, 614.

Un naturalista en el Plata, 749.
Un náufrago en la sopa, 816.
Un negro con un saxo, 1091.
Un nido de palomas, 1554.
Un niño, 1568.
Un niño en la Revolución Mexicana, 765.
Un niño perdido, 749.
Un novelista en el Museo del Prado, 1074.
Un novelista español: Pío Baroja, 1051.
Un nudo morrocotudo, 412.
Un nuevo mar para el rey, 17.
Un oficio del siglo XX, 237.
Un olor a ámbar, 1601.
Un olor a crisantemo, 1541.
Un olvido, 109.
Un oscuro día de justicia, 1747.
Un oscuro pueblo sonriente, 1561.
Un otoño en el aire, 595.
Un país como éste no es el mío, 1302.
Un país feliz, 1731.
Un paleto en Londres, 1517.
Un paraguas bajo la lluvia, 1476.
Un paso más, 241.
Un pedazo de mar y una ventana, 354.
Un pequeño café, 436.
Un pequeño día de ira, 280.
Un pequeño incidente y otros cuentos, 1192.
Un perdido, 150.
Un periodista en el Concilio, 981.
Un perro andaluz, 222.
Un poco de humo y otros relatos, 1274.
Un poco locos, francamente, 203.
Un pueblo donde no pasaba nada; novela del tiempo inquieto, 1568.
Un pueblo y dos agonías, 61.
Un puñado de tierra, 309.
Un puñal en la noche, 574.
Un puño llama a la puerta, 1762.
Un ramo de pensamientos, 93.

Un rebato de Granada, 278.
Un réquiem para el padre Las Casas, 218.
Un retrato en la geografía, 1654.
Un retrato para Dickens, 1559.
Un río demasiado ancho..., 448.
Un río, un amor, 328, 1689.
Un rostro en cada ola, 1461.
Un rostro para Ana, 694.
Un santo varón, 999.
Un sastre... a la medida, 1597.
Un señor alto, rubio, de bigotes, 385.
Un señor de Barcelona, 1277.
Un servilón y un liberalito, 229.
Un sexo llamado débil, 984.
Un siglo de Cataluña, 18.
Un siglo en una noche, 444.
Un sitio para Soledad, 1235.
Un sitio para vivir, 1503.
Un sitio permanente, 526.
Un sobrino, 1184.
Un solo de saxofón, 1075.
Un soltero difícil, 16.
Un soñador para un pueblo, 220.
Un sueño de la razón, 1413.
Un tal Ezequiel Zamora, 1372.
Un tal José Salomé, 128.
Un tal Lucas, 380.
Un tal Servando Gómez, 476.
Un tiempo del verbo amar, 13.
Un tiempo para plantar begonias, 1152.
Un tiempo tuyo, 1088.
Un trabajo fácil, 1090.
Un valle en el mar, 1325.
Un velero en el Atlántico, 453.
Un vendedor de bagatelas, 749.
Un ventero y un ladrón, ¿cuál es mayor?, 911.
Un verano de los 80, 1304.
Un verano en Tenerife, 924.
Un verdadero hombre de bien, 104.
Un veterano, 1049.
Un viaje a Atenas, 618.

Un viaje a España, 1339.
Un viaje a la eternidad, 826.
Un viaje al infierno, 91.
Un viaje con el diablo, 496.
Un viaje de invierno, 167, 1134.
Un viaje de novios, 1125, 1212.
Un viaje en el año 19 y otros viajes, 142.
Un zapador en la colonia, 169.
Una acuarela móvil, 947.
Una audiencia. Poesías, 652.
Una aventura blanca, 1196.
Una aventura de Ercilla, 1556.
Una balandra encalla en tierra firme, 302.
Una bebida desconocida, 1196.
Una bomba para Doménica, 345.
Una botella, 109.
Una burbuja en el limbo, 459.
Una cabeza de ministro, 1672.
Una cana al aire, 1253.
Una canción en la madrugada, 466.
Una canción para un loco, 1562.
Una canción y un clavel, 837.
Una carta de barro, 534.
Una casa con goteras, 922, 1329.
Una casa de fieras, 848.
Una casa en la arena, 1101.
Una casa junto al río, 465.
Una casa para siempre, 1731.
Una cáscara de cierto espesor, 250.
Una catedral gótica, 1428.
Una chabola en Bilbao, 984.
Una cierva en el Richmond Park, 749.
Una ciudad llamada Eugenio, 445.
Una comedia de encargo, 1601.
Una comedia en un acto, 214.
Una conciencia de alquiler, 923.
Una conquista difícil, 912.
Una constante en la poesía de Andrés Eloy Blanco, 1035.
Una conversión en diez minutos, 848.
Una cristiana, 1213.
Una cruz en la tierra, 488.
Una cruz en Sierra Maestra, 17.
Una cuarta persona, 649.
Una cuerda de nylon y oro y otros cuentos maravillosos, 1019.
Una cuestión privada, 1057.
Una de las cosas..., 1650.
Una década de Césares, 678.
Una del Oeste, 1600.
Una deuda de honor, 826.
Una disidencia poética, 467.
Una docena de cuentos, 254.
Una dulce invasión, 999.
Una educación sentimental, 1703.
Una en otra, 229.
Una enfermedad moral, 1091.
Una escena social, 192.
Una escolaridad con vacaciones y cuatro maestros, 280.
Una espada española en Florida, 1600.
Una española en Francia. La emperatriz Eugenia, 75.
Una especie de memoria, 36.
Una esperanza y el mar, 1315.
Una estrella, 1601.
Una excursión a los indios ranqueles, 960.
Una extraña ciudad, 1303.
Una familia lejana, 577.
Una farsa, 455.
Una felicidad con menos pena, 590.
Una forma de la desventura, 616.
Una frustración: los derechos del hombre, 694.
Una gallega en Nueva York, 1619.
Una golfa subió a los cielos, 1456.
Una gota de tiempo [Andréu Iglesias, César], 67.
Una gota de tiempo [Madariaga, Salvador de], 948.
Una gran señora, 1566.
Una herencia trágica, 1554.
Una historia de guerra, 51.
Una historia madrileña, 1089.
Una historia sin nombre, 988.
Una historia vulgar, 1185.
Una hora de la vida de un calavera, 925.
Una hora sin televisión, 1500.
Una huérfana en Chorrillos, 1211.
Una isla en el mar Rojo, 529.
Una lágrima, 455.
Una lección de amor, 440.
Una lección de corte, 1075.
Una lección para maridos, 226.
Una lengua emerge, 391.
Una libra de carne, 419.
Una luz en la sombra, 1084.
Una luz muy lejana, 1072.
Una mala noche la tiene cualquiera, 1016.
Una mancha de sangre, 1147.
Una manera de morir, 1054.
Una mansión absolutamente espejo deambula insomne por una mansión absolutamente imagen, 80.
Una mañana, una tarde y una vida de la señorita Pura, 1597.
Una máquina gris y verso, 1095.
Una medalla para las conejitas, 1372.
Una meditación, 166, 167, 1134, 1320.
Una mina de oro en la Puerta del Sol, 161.
Una mínima incandescencia, 346.
Una modesta aportación a la historia del crimen, 1088.
Una muchachita de Valladolid, 250.
Una mujer a la medida, 997.
Una mujer con pantalones, 1066.
Una mujer de historia. Culpa y castigo, 1184.
Una mujer desconocida, 135.
Una mujer, dos hombres y un balazo, 1731.

ÍNDICE DE OBRAS

Una mujer en la calle, 1132, 1493.
Una mujer en la selva, 1419.
Una mujer entre los brazos, 1622.
Una mujer llega al pueblo, 1499.
Una mujer malva, 1524.
Una mujer misteriosa, 1096.
Una mujer muerta en vida, 1107.
Una mujer por caminos de España, 116, 992.
Una mujer sobre la tierra, 1775.
Una muñeca rusa, 185.
Una niña, 258.
Una noche con el señor Magnus & Hijos, 731, 1060.
Una noche de primavera sin sueño, 785.
Una noche de revolución, 201.
Una noche en el caballo de Troya, 349.
Una noche en el infierno, vista entre sueños, 987.
Una noche en Ferrara o la penitente de los teatinos, 186.
Una novela erótica, 1316.
Una novela que comienza, 525.
Una nube donde sueña Camila O'Gorman, 1047.
Una oculta razón, 1304.
Una ojeada al mapa de Venezuela, 1157.
Una página triste, 439.
Una paloma en la tormenta, 76.
Una pareja, un enano y una vieja, 674.
Una pasión prohibida, 1253.
Una pasión sudamericana, 1060.
Una pequeña familia, 1721.
Una pica en Flandes. Memorias de un pícaro que no llegó a ser pícaro, 1503.
Una plaza ocultando un lugar desconcertante, 1201.
Una poética para Antonio Machado, 686.
Una pregunta sobre España, 1511.
Una promoción desheredada: la poética del 50, 698.
Una proposición decente, 109.
Una punta de Europa. (Ritmo y matices de la vida gallega), 606.
Una quimera en París, 437.
Una ráfaga, 258.
Una ricahembra, 1775.
Una rosa y un clavel, 13.
Una semana de lluvia, 608.
Una semántica visual, 1267.
Una seña en la sepultura, 258.
Una señal de amor, 233.
Una sombra de mujer, 1567.
Una sombra ya pronto serás, 1561.
Una sonrisa detrás de la metáfora, 838.
Una supervivencia señorial, 1410.
Una tarde en la Boca del Asno o La boda de la Sole, 1330.
Una traducción del «Quijote», 1067.
Una tromba mortal para los balleneros, 991.
Una tumba, 167.
Una venganza de Felipe II, Memorias del Diablo en palacio, 1178.
Una ventana a la carretera, 1235.
Una vez al año o Ensalada de Nochebuena, 1556.
Una vida, 82.
Una vida anónima: vida del obrero, 1773.
Una vida color topacio, 1109.
Una vida estúpida, 975.
Una vida extraordinaria, 1759.
Una vida heroica: Pablo Iglesias, 1773.
Una vida humilde: Tomás Meabe, 1773.
Una vida presente, 971.
Una vieja, 258.
Una vieja historia de caminantes, 385.
Una violeta de más, 1577.
Una viuda difícil, 1083.
Una voz cualquiera, 177.
Una voz en el desierto, 1731.
Una y tres, 438.
Unamuno, 140.
Unamuno: bosquejo de una filosofía, 543.
Unamuno y América, 344.
Unas cosas y otras, 1274.
Unas manos violentas, 1767.
Unción de la tierra, 1000.
Unción y otros poemas, 475.
Undulaciones, 199, 1210.
Undumbre (Primores de amor sin anclas), 1462.
Unidad, 791.
Unidad de lugar, 1489.
Unificación, 1037.
Universal vocabulario en latín y en romance, 1203.
Universo de pueblo, 906.
Uno, 288.
Uno de los dos, 1355.
Uno de tantos [Álvarez, Emilio], 55.
Uno de tantos [Aub, Max], 109.
Uno de tantos [Palma, Angélica], 1205.
Uno, ninguno, 92.
Uno que pasaba, 1443.
Uno se vuelve loco, 1090.
Uno y el universo, 1485.
Uno y repique, 826.
Unos cuantos cuentos, 623.
Unos cuantos sonetos, 834.
Unos y otros, 1241.
Upsilón, 965.
Uranio 2000. Poemas del caos, 771.
Urbe, 78.
Urgencias de un río interior, 306, 1320.
Urgencias sin nombre, 1302.
Urnas y voces del campo, 1683.
Urpi, 567.
Urraca, 1086, 1090.
Úrsula, examíname, 16.
Uruguayos campiones, 1109.
U.S. Postage Air Mail Special Delivery, 16.
Usa: más o menos, más y menos, 1169.
USA y yo, 432.
Usca Paúcar, 1602.
Usmaíl, 1561.

Usos amorosos de la posguerra española, 982.
Usos amorosos del siglo XVIII en España, 982.
Usos, trajes y modales del siglo XVIII, 1560.
Usted, 1302.
¡Usted es Ortiz!, 1078.
Usted también podrá disfrutar de ella, 458.
Usted tiene ojos de mujer fatal, 785.
Usuras y figuraciones, 147.
Ut y las estrellas, 883.
Utama, 684.
U.Z. llama al espacio, 1214.

Va madurando el tiempo, 806.
Va y ven, 55.
Vacaciones de Semana Santa, 1734.
Vade retro!, 228.
Vafre dicta philosophorum ex Diogene Laertio, 1098.
Vagabundo del alba, 784.
Vagabundos provisionales, 539.
Vagamundo, 584.
Vagones de madera, 1428.
Vaivén, 1058.
Valbuenismos y valbuenadas, 1556.
Valentín, 625.
Valera en Italia, 124.
Valera en Rusia, 124.
Valeriana, 1667.
Valerio de las historias escolásticas y de los hechos de España, 741, 1425.
Valerio Rostro, traficante en sombras, 87.
Valiente mundo nuevo, 578.
Valija del desterrado, 91.
Valle, apóstol de América, 1239.
Valle de lágrimas, 839.
Valle de lágrimas y diversas rimas, 1026.
Valle de México, 281.
Valle del Norte, 148.
Valle sombrío, 1313.
Valle y mundo, 310.
Valle-Inclán visto por..., 504.
Vallejo y Mallarmé, 4.

Valor y miedo, 140.
Valoraciones, 1743.
Valores fundamentales de la razón, 1741.
Valparaíso, 1533.
Valparaíso, la ciudad del viento, 474.
Valparaíso, puerto de nostalgia, 1402.
Vals de bruma, 1302.
Vals de Mefisto, 1276.
Vals sin fin, 1468.
Valses nobles sentimentales, 973.
Valses y otras falsas confesiones, 1695.
Vámonos, patria, a caminar, 307.
¡Vámonos con Pancho Villa!, 1077.
Vanitas vanitatum, 186.
Varada tras el último naufragio, 1091.
Vargas, 1138.
Vargas Llosa: el vicio de escribir, 92.
Varia fortuna del soldado Píndaro, 337, 1145.
Varia invención, 98.
Variaciones, 1312.
Variaciones al estilo de Nanos Valaoritis, 1068.
Variaciones alrededor de nada, 671.
Variaciones del mar, 1000.
Variaciones en mar y en otoño, Antología Poética (1973-1990), 1068.
Variaciones en rojo, 1747.
Variaciones en tono de amor: trece poemas, 941.
Variaciones en vísperas de olvido, 1304.
Variaciones para muertos de percusión, 438.
Variaciones para un saxo, 1091.
Variaciones sobre el humanismo, 162.
Variaciones sobre el olvido, 1302.
Variaciones sobre el pájaro y la red, 1666.
Variaciones sobre el tema de

Nastasia Filippovna y el príncipe Mishkin, 814.
Variaciones sobre tema mexicano, 328.
Variaciones sobre un tema inextinguible, 624.
Variaciones y figuras sobre un tema de La Bruyère, 283.
Variaciones y reincidencias, 1304.
Variantes de noviembre, 1302.
Varias antigüedades de España, África y otras provincias, 34.
Varias fortunas, 1274.
Varias noticias importantes para la humana comunicación, 1567.
Várias rimas ao bom Jesús, 176.
Varios efectos de amor en cinco novelas ejemplares, 30.
Varios efectos de amor en once novelas, 1118.
Varona, maestro de juventudes, 1743.
Varones y hombres doctos, 826.
Vasco Núñez de Balboa [González Bocanegra, Francisco], 651.
Vasco Núñez de Balboa [Novo y Colson, Pedro de], 1156.
Vasito de agua, 159.
Vaso de resplandor, 941.
Vaso espiritual, 1630.
Vegas bajas, 1761.
Veinte añitos, 1103.
Veinte años, 466.
Veinte años de educación en México, 1357.
Veinte años de poesía argentina, 1652.
Veinte años de poesía española (1939-1959), 1298.
Veinte años de teatro en España, 975.
Veinte años después, 537.
Veinte elegías al cedro, 1464.
Veinte poemas de amor y una canción desesperada, 1099.
Veinte poemas desesperados y

una canción de amor, 900.
20 poemas experimentales, 1407.
Veinte poemas para ser leídos en el tranvía, 632, 1692.
Veinte rábulas de Flux, 708.
Veinticinco ensayos, 1655.
Veinticinco poemas, 1252.
Veinticinco poemas de amor, 285.
Veintinueve poemas, 1176.
Veintiséis cuentos infantiles en orden alfabético, 881, 1419.
Veintisiete silencios, 301.
Veintitrés, 1037.
Veintitrés poemas, 975.
Vejigantes, 99.
Vela de armas, 216.
Velada palatina, 546.
Veladas de invierno, 144.
Veladas del fogón, 495.
Veladas literarias de Lima, 659.
Velado desvelo, 173.
Velatorio para vivos, 1151.
¡Velay!, 272.
Velázquez, pájaro solitario, 619.
Veleidosa, 1232.
Velero paradójico, 671.
Vellido Dolfos, 215.
Velorio del albañil, 1487.
Velorio del solo, 620.
Venalidad, 319.
Vencedores y vencidos, 807.
Véncete a ti mismo, 455.
Vencida, 1205.
Vendaval amarillo, 1372.
Vendaval en los cañaverales, 817.
Vendimia [Dávila, José Antonio], 426.
Vendimia [Pérez Cadalso, Eliseo], 1239.
Vendimia del juglar, 1058.
Vendimia interrumpida, 1499.
Venecia de Casanova, 128.
Veneris tribunal, 1154.
Venezuela heroica, 186.
Venezuela, un país en transformación, 1655.
Venezuela violenta, 75.
Venganza, 192.

Venganza catalana, 598, 1588.
Venganza de un caballero y el juramento de un rey, 104.
Vengar con amor sus celos, 104.
Vengo a dar mi testimonio, 1460.
Venidos a menos, 956.
Ventana, 711.
Ventana a la calle, 659.
Ventana al Sur, 1661.
Ventanas de Francia, 124.
Ventanas sobre el bosque, 1302.
Ventanas y palabras, 1524.
Vente a Sinapia, 1531.
Ventura preferida, 927.
Venturia, 73.
Venus dinámica, 786.
Venus en el pudridero, 69.
Ver, 1191.
Ver y palpar, 752.
Verae brevesque grammatices latinae institutiones coeterae fallaces et prolixae, 1511.
Veraneo sentimental, 839.
Veraneo y otros cuentos, 462.
Verba, 47.
Verbo, 1406.
Verdad del agua y del viento, 458.
Verdad o mentira, 455.
Verdad y mentira, 1401.
Verdadera razón de estado, 890.
Verdades para la vida cristiana, recopiladas de los santos y graves autores, 30.
Verdades poéticas, 1203.
Verde de umbral, 183.
Verde doncella, 1456.
Verde y dorado en las letras americanas, 273.
Verdes mansiones, 749.
Verdor secreto, 1608.
Vereda del gamo, 1301.
Vergel de amores, 267.
Vergel de flores divinas, 268.
Vergel de la infancia, 320.
Vergel de príncipes, 1509.
Vergel de varios triunfos, 369.
Vergel espiritual del ánima religiosa, 69.

Vergüenza de querer, 476.
Versificación por pies métricos, 169.
Versión celeste, 823, 824, 1687.
Versiones, 452.
Verso simple, 789.
Verso vulgar, 349.
Versos [Acuña, Manuel], 11.
Versos [Castillo y Soriano, José del], 309.
Versos [Herrera, Fernando de], 706, 707.
Versos (1920-1938) [Loynaz, Dulce María], 924.
Versos [Ugarte, Manuel], 1643.
Versos [Vera e Isla, Fernando de la], 1720.
Versos a tres cás o neto, 1058.
Versos al Guadarrama, 1208.
Versos alegres, fruta del tiempo, 272.
Versos castellanos, obras juveniles, misceláneas, 17.
Versos de abril, 1413.
Versos de agua, 884.
Versos de amor, 1165.
Versos de antaño, 309.
Versos de ciego, 695.
Versos de Gil Parrado, 1207.
Versos de guerra y paz, 1541.
Versos de la calle, 1756.
Versos de las Horas, 456.
Versos de los veinte años, 1189.
Versos de pronto, 1185.
Versos de retorno, 1078.
Versos de salón, 1216.
Versos de un invierno, 40.
Versos del domingo, 1682.
Versos del mar y de los viajes, 1409.
Versos del mar y otros poemas, 1409.
Versos divinos, 452.
Versos dorados, 1045.
Versos humanos, 452, 1323, 1687.
Versos juntos, 1477.
Versos libres, 978.
Versos para niños, 883.
Versos pequeños, 568.
Versos políticos, 1207.
Versos prohibidos, 341.

Versos sencillos, 978.
Versos viejos [Cavestany, Juan Antonio], 1730.
Versos viejos [Vighi, Francisco], 319.
Versos y estampas, 1622.
Versos y oraciones de caminante, 521.
Versos y versiones nobles y sentimentales, 1536.
Versounverso, 1300.
Verte y no verte, 1515.
Vértice. Poesías, 344.
Vértigo de la infancia, 1304.
Vértigo o el perro vivo, 1565.
Vertumno y Pomona, 139.
Vestigios, 816.
Veva, 1524.
Vía Crucis, 590.
Vía crucis nuevo, 1019.
Vía muerta, 1104.
Vía única, 35.
Viacrucis [Diego, Gerardo], 452.
Viacrucis [Solano y Polanco, Ramón de], 1556.
Viage de Ambrosio de Morales... a los reynos de León y Galicia y Principado de Asturias, 1063.
Viage de Sannio, 414.
Viaje a Babia, novela política, 1672.
Viaje a China, 618.
Viaje a destiempo, 544.
Viaje a Francia, 935.
Viaje a Ipanda, 82.
Viaje a Italia, 1122.
Viaje a Jerusalem, 479.
Viaje a la Alcarria, 322.
Viaje a la aldea del crimen, 1538.
Viaje a La Habana (Novela entre viajes), 82.
Viaje a la luz, 1070.
Viaje a la Tarahumara, 168.
Viaje a las Castillas, 639.
Viaje a las Islas del Poniente. 1542-1546, 401.
Viaje a Nueva York, 281.
Viaje a pie, 1277.
Viaje a Sargadelos, 639.
Viaje a Sodoma, 1499.
Viaje a una provincia interior, 675.

Viaje a USA, 321.
Viaje al amanecer, 1270.
Viaje al centro de la fábula, 1057.
Viaje al corazón del día, 1559.
Viaje al frailejón, 1201.
Viaje al océano, 1301.
Viaje al país de las máquinas, 1157.
Viaje al país de los cuatreros (cinematógrafo criollo), 55.
Viaje al país gallego, 919.
Viaje al Pirineo de Lérida, 321.
Viaje al rincón de Ademuz, 271.
Viaje al río de la Plata. 1534-1554, 401.
Viaje al siglo XX, 116, 526.
Viaje alrededor de una mesa, 380.
Viaje arquitectónico anticuario de España, 1184.
Viaje artístico a varios pueblos de España, 209.
Viaje cómico al interior de la política, 1198.
Viaje de España [Ponz, Antonio], 1314.
Viaje de España [Velázquez, Luis José], 1717.
Viaje de sueño, 429.
Viaje de Turquía, 816, 1402, 1734.
Viaje de un curioso por Madrid, 1576.
Viaje de un filósofo a Selenépolis, 976, 1122.
Viaje del alba a la noche, 314.
Viaje del Parnaso, 7, 334, 1311, 1741.
Viaje, duelo y perdición (Tragedia, humorada y comedia), 454.
Viaje en autobús, 1277.
Viaje en el valle de la libertad, 50.
Viaje estático al mundo planetario, 711.
Viaje interminable, 25.
Viaje olvidado, 1161.
Viaje por la Europa roja, 447.
Viaje por la frontera del Duero, 545.

Viaje por la Sierra de Ayllón, 545.
Viaje por las escuelas de España, 161.
Viaje prohibido, 998.
Viaje y fin de don Frontán (Farsa trágica), 454.
Viajeras, 1211.
Viajero interior, 1273.
Viajeros a Venezuela en los siglos XIX y XX, 1720.
Viajes [Azara, Félix de], 401.
Viajes [Salas y Quiroga, Jacinto de], 1493.
Viajes [Sarmiento, Domingo Faustino], 1529.
Viajes a la América ignota, 760.
Viajes a través de la estirpe, 221.
Viajes de Enrique Wanton a las tierras desconocidas australes y al país de las monas, 1657.
Viajes de Saturnino Farandul, 581.
Viajes de una gota de agua, 992.
Viajes morrocotudos en busca de «Trifinus Melancolicus», 1252.
Viajes sentimentales, 505.
Viajes y estancias, 1074.
Víbora, 1702.
Víboras sociales, 57.
Vibración de estío, 624.
Vicente Barbieri y El Salado, 1491.
Vicente Fuentes, 1226.
Vicente Gerbasi y la modernidad poética, 1550.
Vicios, apuros y risa, 1068.
Vicios femeninos, 1137.
Víctimas y verdugos. Cuadros de la Revolución Francesa, 1607.
Víctor Hugo en América, 1414.
Víctor Manuel, 1703.
Victoria, 65.
Victoria de Cristo, 1202.
Victorial, 184, 742.
Victorio Ferri cuenta un cuento, 1276.
Vida [Castillo y Guevara,

madre Francisca Josefa de la Concepción de], 307.
Vida [Millán, Gonzalo], 1076.
Vida [Muñoz, Isaac], 1035.
Vida [Teresa de Jesús, Santa], 500.
Vida [Torres Villarroel, Diego de], 1628.
Vida a vida, 1015.
Vida alegre y muerte triste, 1589.
Vida anterior, 168.
Vida azarosa de Lope de Vega, 104.
Vida con mamá, 838.
Vida continua (1945-1980), 1559.
Vida criolla, 84.
Vida de Anastasio «el Pollo», 1073.
Vida de Aniceto «el Gallo», 1073.
Vida de Antonio Machado y Manuel, 1241.
Vida de Cervantes [Pellicer y Saforcada, Juan Antonio], 1229.
Vida de Cervantes [Quintana, Manuel José], 1346.
Vida de colegio, 1524.
Vida de diez emperadores, 678.
Vida de Dominguito, 1529.
Vida de don Gregorio Guadaña, 481, 1145.
Vida de don Juan Valera, 124, 1323.
Vida de don Miguel de Unamuno, 1496.
Vida de don Quijote y Sancho, 1647.
Vida de Fermín Galán, 79, 444.
Vida de fray Félix de Aldao, 1529.
Vida de Góngora, 1229.
Vida de Greta Garbo, 78.
Vida de la corte y oficios entretenidos de ella, 1343.
Vida de la Magdalena, 1029.
Vida de Lope de Vega, 311.
Vida de los ladrones célebres de Buenos Aires y sus maneras de robar, 55.
Vida de Miguel de Cervantes [Mayans y Siscar, Gregorio], 1003.
Vida de Miguel de Cervantes [Morán, Jerónimo], 1066.
Vida de Miguel de Cervantes Saavedra, 538.
Vida de Miguel Hernández, 765.
Vida de Nuestro Señor Jesucristo, 392.
Vida de Pedro Fermín Cevallos, 89.
Vida de Pedro Saputo, 572, 1123.
Vida de Pío Baroja, 1241.
Vida de pueblo, 617.
Vida de Ramón, 1241.
Vida de San Alejo, 786.
Vida de San Benito Palermo, 166.
Vida de San Dámaso, 166.
Vida de San Francisco, 268.
Vida de San Francisco Solano, 1169.
Vida de San Ignacio de Loyola, 1405.
Vida de San Ildefonso [Beneficiado de Úbeda], 165, 1029.
Vida de San Ildefonso [Martínez de Toledo, Alfonso], 992.
Vida de San Isidoro, 992.
Vida de San Joseph, 1281.
Vida de San Millán de la Cogolla, 170.
Vida de Santa María Egipciaca, 805.
Vida de Santa Oria, 170.
Vida de santa Orosia, 153.
Vida de Santo Domingo de Silos, 170.
Vida de un hombre, 28.
Vida de un ranchero, 855.
Vida del ahorcado. Novela subjetiva, 1199, 1694.
Vida del buscón llamado Pablos, 1343.
Vida del caballero de Gracia, 1368.
Vida del Centauro Quirón, 285.
Vida del escudero Marcos de Obregón, 494, 1144.
Vida del espíritu para saber tener oración con Dios, 396.
Vida del muy magnífico señor don Cristóbal Colón, 948.
Vida del padre Pedro de Ribadeneyra, 1205.
Vida del poeta [Barrenechea, Julio], 148.
Vida del poeta [Ruiz Peña, Juan], 1477.
Vida del repelente niño Vicente, 125.
Vida del segoviano Rodrigo de Contreras, 1443.
Vida del venerable fray Sebastián de Aparicio, 1618.
Vida del venerable padre don Pedro de Arellano, 475.
Vida ejemplar de un claro varón de Escalona, 1649.
Vida ejemplar y heroica de Miguel de Cervantes, 104.
Vida en claro, 117, 1068.
Vida, excelencias y muerte del gloriosísimo patriarca y esposo de Nuestra Señora San Joseph, 1663.
Vida fantástica, 826.
Vida galante, 913.
Vida humana, sociedad y derecho, 1362.
Vida interior, 1202.
Vida literaria, 117, 1735.
Vida, nacimiento, padres y crianza del capitán Alonso de Contreras, 369.
Vida o río, 1015.
¿Vida o sueño?, 1409.
Vida, obra y muerte de Verdi, 1576.
Vida, pasión y muerte del antihombre, 622.
Vida rimada de Fernán González, 98, 523.
Vida rústica, 649.
Vida secreta, 421.
Vida y aventuras, 855.
Vida y empresas literarias del ingeniosísimo caballero don Quijote de la Manchuela, 82, 1122.
Vida y fábulas de Esopo, 1457.
Vida y fugas de Fanto Fantini, 418.

Vida y hechos de fray Pedro Alfonso, caballero de Santiago y prior de Uclés y San Marcos de León, 122.
Vida y letra en el tiempo, 1005.
Vida y literatura de Valle-Inclán, 526.
Vida y martirio del glorioso español San Lorenzo, 999.
Vida y milagros de San Antonio de Padua, 39.
Vida y obra de Ángel Ganivet, 526, 591.
Vida y obra de don Diego Velázquez, 1269.
Vida y obra de Giner de los Ríos, 1096.
Vida y obra de Iparraguirre, 310.
Vida y obra de Luis Álvarez Petreña, 108.
Vida y obra del Che Guevara, 1560.
Vida y pasión de Santiago el pasajero, 1407.
Vida y poesía de Alonso de Ledesma, 1176.
Vida y purgatorio de San Patricio, 1249.
Vida y reinado de Carlos II, 1002.
Vida y sucesos del astrólogo don Gómez Arias, escrita por él mismo, 89.
Vida y trabajos de Jerónimo de Pasamonte, 1217.
Vidala, 789.
Vidas ajenas [Blasco, Eusebio], 189.
Vidas ajenas [Inglada, Rafael], 1302.
Vidas de celuloide, 77.
Vidas de españoles célebres, 1346.
Vidas de santos, diablos, mártires, frailes, clérigos y almas en pena, 1105.
Vidas difícilmente ejemplares, 1649.
Vidas escritas, 970.
Vidas humildes, cuentos humildes, 1562.
Vidas menores, 1699.
Vidas milagrosas, 1674.
Vidas mínimas, 657.
Vidas oscuras, 1278.
Vidas paralelas, 531.
Vidas perdidas, 143.
Vidas perras, 93.
Vidas rectas, 460.
Vidas sombrías, 144, 145.
Vidre ferit de sang, 168.
Vieja amiga, 1303.
Vieja España (Impresión de Castilla), 1493.
Vieja y nueva política, 1180.
Viejas historias de Castilla la Vieja, 432.
Viejas voces secretas de la noche, 1643.
Viejo jazz, 656.
Viejo matrimonio, 590.
Viejo poema, 1235.
Viejo y nuevo, 1004.
Viejos lobos de Marx, 1621.
Viejos personajes, 834.
Viejos relatos, 429.
Viena, 1616.
Viendo la vida, 1531.
Viendo mi vida pasar, 144.
Viene la muerte, 1468.
Vientecito suave del amanecer con los primeros aromas, 1206.
Viento, 1710.
Viento claro, 648.
Viento de enero, 578.
Viento de Europa, 1601.
Viento de romance, 19.
Viento del mundo, 760.
Viento del Norte, 1328, 1349.
Viento del pueblo, 703.
Viento dentro, 204.
Viento entero, 1224.
Viento fuerte, 106.
Viento negro, 213.
Viento oscuro, 1424.
Viento oscuro lejano, 1563.
Viento que lleva y atrae, 240.
Viento Sur, 1347.
Viento y marea, 1273.
Vientos contrarios, 390, 751.
Vientos del exilio, 165.
Vientos en popa, 1756.
Viernes de Dolores, 107.
Vigencia universal de Rubén Darío, 1240.
Vigilia, 65.
Vigilia del jazmín, 813.

Vigilia del náufrago, 622.
Vigilia en pie de muerte, 126.
Vigilia para el último viaje, 1565.
Vigilia por dentro, 440, 441.
Vigilia y octavario de San Juan Bautista, 2, 1143.
Vigilias, 35.
Villa Milo, 460.
Villa Miseria también es América, 1721.
Villaespesa, 794.
Villancicos [Fuertes, Gloria], 882.
Villancicos [Méndez, Concha], 1015.
Villavieja, 348.
Vincha brava, 1463.
Vindicación y honra de España, 650.
Vindicaciones de Calderón y del teatro antiguo español contra los afrancesados en literatura, 200.
Vindicias históricas por el honor de Galicia, 326.
Vino de la sombra, 1701.
Violencia inmóvil, 1226.
Violento idílico, 811.
Violeta sorprendida, 310.
Violeta-Perú, 1357.
Violetas y ortigas, 1700.
Violín y otras cuestiones, 620.
Violines y trompetas, 1597.
Virajes, 570.
Virazón, 212.
Vírgenes y mártires, 1704.
Virgilio, el poeta y su misión providencial, 497.
Virginia [Montiano y Luyando, Agustín], 1060, 1584.
Virginia [Tamayo y Baus, Manuel], 1575.
Virginidad, 70.
Viridario, 1274.
Viridiana, 222.
Virtud al uso y mística a la moda o Manual de gazmoñería, 13.
Vírulo I: Las mocedades, 152.
Vírulo II: Mediodía, 152.
Visión de la noche, 1086.
Visión de la vida, 1524.
Visión del ahogado, 1036.

Visión del arcángel en once puertas, 495.
Visión deleytable, 1619, 1724.
Visionarios y mártires, 18.
Visiones de Caracas y otros temas, 1537.
Visiones de infancia, 1754.
Visiones y lástimas, 1049.
Visiones y visitas de Torres con don Francisco de Quevedo por la corte, 1628.
Visita, 1060.
Visita a Maquiavelo, 794.
Visitaciones, 606.
Visitante profundo, 1488.
Visitas españolas, 964.
Víspera, 1459.
Víspera de la destrucción, 1573.
Víspera del gozo, 1497.
Víspera del odio, 319.
Víspera hacia ti, 607.
Víspera sin mañana, 1158.
Vísperas, 68.
Vísperas (1938-1953), 1742.
Vísperas de la muerte, 55.
Vista del amanecer en el trópico, 236.
Vistas de Europa, 637.
Visto y soñado, 1671.
Vita Beata, 927.
Vita Christi, 931.
Vitae humanae adversus omnes casus consolationes, 937.
Vitam venturi saeculi, 355.
Viting, 1639.
Vitoria y triunfo de Jesuchristo, 1738.
Viudas, 464.
¡Viva Cristo Ray! y todos los cuentos, 73.
¡Viva Cuba española!, 977.
¡Viva el duque nuestro dueño!, 51.
«¡Viva el pueblo!», 1512.
¡Viva el Rey!, 1189.
Viva España, 1353.
Viva la muerte, 96.
¡Viva la Pepa!, 314.
Viva lo imposible o El contable de estrellas, 250, 1033.
¡Viva México!, 1496.
Viva mi dueño, 1677.
Viviana y Merlín, 786.
Viviendo, 1252.
Viviendo y amando, 426.
Vivientes, 1071.
Vivimos de noche, 302.
Vivimos en una noche oscura, 79.
Vivir [Barrios, Eduardo], 150.
Vivir [Janés, Clara], 784.
Vivir aquí, 658.
Vivir contra morir, 1236.
Vivir de palabras, 203.
Vivir en Candonga, 1730.
Vivir es eso, 445.
Vivir para contarlo, 230.
Vivir, para siempre vivir, 1601.
Vivir para ver, 90.
Vivir quiero conmigo, 1221.
Vivir sin estar viviendo, 328.
Vivir sobre lo vivido (Antología poética 1960-1970), 285.
Viviré para ti, 1057.
Vivos, tilingos y locos lindos, 669.
Vocabulario cubano, 1567.
Vocabulario de romance en latín, 1097.
Vocabulario del humanista, 1375.
Vocabulario eclesiástico, 540.
Vocación, 149.
Vocación de escritor, 1747.
Vocación y ética, 965.
Vocero, 445.
Voces [Campero Echazú, Octavio], 254.
Voces [Porchia, Antonio], 1314.
Voces de alma en fuga, 1501.
Voces de gesta, 1677.
Voces de la campana mayor, 903.
Voces del alma, 1716.
Voces del Ángelus, 214.
Voces en el tiempo, 755.
Voces en Ruidera, 608.
Voces femeninas en la poesía paraguaya, 1277.
Voces íntimas, 817.
Voces sin réplica, 544.
Voces y acompañamientos para San Mateo, 1321, 1682.
Voces y paisajes de vida y muerte, 1557.
Vokabulario de refranes i frases proverbiales i otras formulas komunes..., 377.
Volanda linde lumbre, 1756.
Volanderas, 1211.
Volar sin alas, 999.
Volaterías, 1230.
Volavérunt, 721, 824, 1329.
Volcán, 1252.
Volcanes de amor, 1695.
Voltaire, 1339.
Voltaire en Nueva York, 543.
Voluntad, 1213.
Voluntad del fuego, 1302.
Voluptuosidad, 1076.
Volver a casa, 1036.
Volver a La Habana, 465.
Volver a la patria y otros comentarios, 55.
Volver a la razón, 1236.
Volverá a reír la primavera, 698.
Volverás a Región, 166, 1134.
Volverlo a intentar, 1304, 1322.
Volvió la paz, 1083.
Volviste, Bisonte, 1600.
Volvoreta, 529.
Vórtice, 194.
Vox tatuada, 441.
Voyleano o exaltación de las pasiones, 1701.
Voz aislada, 102.
Voz de la muerte, 272.
Voz de muchas aguas, 627.
Voz desde la vigilia, 1495.
Voz para tu nieve, 567.
Voz y voto del geranio, 648.
Vrbe, 964.
Vuelo y estilo, 340.
Vuelta [Paz, Octavio], 1224, 1322.
Vuelta [Prados, Emilio], 1318.
Vuelta al Sur, 410.
Vuelta (Seguimientos-ausencias), 1317.
Vuelve atrás, Lázaro, 1331.
Vulgata, 1110.

Wall Street y hambre, 975.
Wallada, 1599.
Walt Disney ama a Electra, 326.
Walt Whitman en Hispanoamérica, 36.
Week-end en Guatemala, 106.
West Indies Limited, 683.
Whitman, Darío y Neruda, 1464.
With His Pistoi in His Hand, 856.
Wuata Wuara, 84, 85.

X. Y. Z., 1205.
Xa vai no griffon no vento, 1326.
Xaimaca, 685.
Xochilt y otros poemas, 253.
XX poemas, 1155.

Y..., 1500.
Y... ahora la palabra, 1228.
Y ahora ya eres dueño del puente de Brooklyn, 1302.
Y al Oeste limita con el mar, 1568.
...y al tercer año resucitó, 1746.
Y así sucesivamente, 1162.
Y así tomaron posesión de las ciudades, 807.
Y con el sol me cubro, 937.
...y corría el billete, 107.
Y danzaste hacia el sur, 1302.
Y de Cachemira, chales, 458.
Y Dios en la última playa, 1329, 1762.
Y el ángel se hizo mujer, 643.
...y habitó entre nosotros, 1746.
Y hasta cuando esperaremos mandan-dirun-dan: mujer y poder en América Latina, 18.
Y Hesperia fue hecha, 1090.
Y la vida sigue, 150.
...Y no se lo tragó la tierra, 857.
Y no sólo es cuestión de mariposas, 128.
Y nos dijeron que éramos inmortales, 465.
Y otros poemas, 681.

Y por casa, ¿cómo andamos?, 465.
Y se hizo la luz..., 1419.
Y si muero mañana, 1147.
Y tenemos que vivir, 445.
Y Tierno Galván ascendió a los cielos, 1646.
Y un día el sol es juez, 354.
Y va de cuento..., 880.
Ya nada es rito, 1302.
Ya nadie espera al hombre, 1316.
Ya nadie recuerda a Fréderic Chopin, 382.
Ya no demora el fuego, 985.
Ya se oye el cenit, 1000.
Ya tenemos chica, 51.
Yanakuna, 820.
Yaraví métrico, 1574.
Yawar fiesta, 86.
Yemayá y Ochún, 235.
Yerba y olvido, 1079.
Yerbamar, 458.
Yerbas del Tarahumara, 1401.
Yerma, 602.
Yerros de naturaleza, 353.
Yerubia, 1653.
Yesca, 1163.
Yesterday, 1463.
Yo, 1230.
Yo amo a Columbo o la pasión dispersa, 838.
Yo aparecía pareciéndoles, 705.
Yo, aprendiz a poeta, 874.
Yo, argentino, 1174.
Yo, Bertolt Brecht, 120.
Yo, Bolívar Rey, 1190.
Yo conocía algo hace tiempo, 687.
Yo, el rey, 1329.
Yo, el Supremo, 1418.
Yo era un tonto y lo que he visto me ha hecho dos tontos, 27.
Yo estoy dentro, 529.
Yo, Goya, 1431.
Yo iba solo, 815.
Yo, inspector de alcantarillas, 629.
Yo, Martín Lutero, 907.
Yo maté a Kennedy, 1703.
Yo me bajo en la próxima, ¿y usted?, 1600.

Yo médico, yo catedrático, 537.
¡Yo necesito casarme!, 1240.
Yo no soy yo, evidentemente, 1623.
Yo pecador, 1341.
Yo, por Francisca, 256.
Yo puse una pica en Flandes, 581.
Yo que supe de la vieja herida, 1440.
Yo soy Brandel, 926.
Yo soy Fulana de Tal, 816.
Yo soy honrada, caballero, 995.
Yo soy mi casa, 63.
Yo también hablo de la rosa, 280.
Yo tuve veinte años, 429.
Yo, un boliviano cualquiera, 140.
Yo vendo unos ojos negros, 1754.
Yo vivo, 108.
Yo y el plagiario «Clarín», 202.
Yo y los días, 116.
Yocasta o casi, 1156.
Yo-yo y yo-él, 948.
Yudita, 1601.
Yugo de niebla, 19.
Yunga, 627, 674.
Yuria, 1487.
Yuyos, 1725.
Yvypóra, 1412.

Záfira, 963.
Zaida, 597.
Zalacaín el aventurero, 145.
Zama, 165.
Zamora, 302.
Zamora bajo los astros, 1534.
Zamorita, 356.
Zampoñas telúricas, 310.
Zancadillas, 196, 1756.
Zapata, 140.
Zarabanda, 529.
Zaragata. Fragmentos de la historia de un infeliz, 1000.
Zaragüeta, 123, 1357.
Zárate, 186.
Zarza florida, 1078.
Zaya, 1515.
Zedar de los espacios, 365.

ÍNDICE DE OBRAS

Zéjel del libro de amor y algunos más, 1411.
Zenobia, 1600.
Zimeo, 1615.
Zinda, 589.
Zogoibi, 824, 879.
Zona de angustia, 1231.
Zona de desastre, 1193.
Zona de peligro, 694.
Zona en territorio del alba, 1163.
Zona prohibida, 444.
Zona roja, 1746.
Zona sagrada, 577.
Zoo, 409.
Zoo subjetivo, 1649.
Zoologismos, 1366.
Zoon theatrykon, 124.
Zoosignica, 1300.
Zoraida, 56.
Zoraya, 1503.
Zorrilla, su vida y sus obras, 50.
Zozobra, 921.
Zuecos y naranjas, 885.
Zumalacárregui [Pérez Galdós, Benito], 1244.
Zumalacárregui, el caudillo romántico [Jarnés, Benjamín], 787.
Zurbarán: poemas, 50.
Zurzulita, 828.